U1012485

新元史

第三册

志（一）

柯劭忞 撰
張京華 黃曙輝 總校

上海古籍出版社

新元史卷之三十四　志第一

曆志一

自《三統術》以後七十餘家，至郭守敬之《授時》，測驗愈精，析理愈微，立數愈簡，信可謂度越前古者矣。然日月星辰之高遠，而以一人之智力窮之，欲其事事脗合，永無差忒，此必不可得之數也。明之《大統》，實本《授時》，至成化以後，交食已往往不驗。

皇朝宣城梅文鼎、婺源江永，皆深通數理。其糾《授時》疏舛凡數事：一曰增損歲餘、歲差。一歲小餘，古强今弱，一由日輪徑差，一由最卑動移。《授時》考古，則增歲餘而損歲差；推來，則增歲差而損歲餘。乃未得其根，而以法遷就之，似密實疏，不足爲法。一曰歲實消長。天行盈縮，進退以漸，無驟增、驟減之理。《授時》百年消長一分，是百年之内皆無所差，踰一年則驟增減一分，又積百年則平差一分，踰一年又驟增減一分，無此推算之法。一曰二十四氣用恒氣。當時高衡與冬至同度，最高與夏至同度，冬至爲盈初，夏至爲縮初，以爲盈縮之常限如此。故以兩冬至相距之日，均爲二十四氣，謂合於天之平分數也。設如五十餘年之後，高卑兩點各東移一度，則平冬至與定冬至不相值，及其極也，平冬至與定冬至相差兩日，猶能以兩定冬至相距之日，均爲二十四氣乎？且其求冬至也，自丙子年立冬後，依每日測景取對冬至前後日差同者爲準，得丁丑年冬至在戊戌日夜半後八刻，又定戊寅冬至在癸卯日夜半後三十三刻，己卯冬至在戊申日夜半後五十七刻，庚辰冬至在癸丑日夜半後八十一刻，辛巳冬至在己未日夜半後六刻。其求歲餘也，自宋大明以來得冬至時刻真數者有六，用以相距，各得其時，合用歲餘考驗四年相符不差，仍自大明壬寅年距今八百一十九年，每歲合得三百六十五日二十四刻二十五分，減大明術一十二秒，其二十五分爲今律歲餘合用之數。以此二事考之，則《授時》當年所定之歲實，已有微差。稽之於史，又多牴牾。夫一歲小餘二十四刻二十五分，積之四歲，正得九十七刻。丁丑冬至在戊戌日夜半後八刻，則辛巳冬至宜在己未夜半後五刻，不應有六刻也。如以辛巳之六刻爲是，則丁丑之冬至宜在九刻，不應爲八刻半也。此四年既皆實測所得，則已多半刻矣。而云相符不差，何也？又考大明五年十一月三日乙酉夜半後三十二刻七十分辰初三刻冬至。大明壬寅下距至元辛巳八百一十九年，以《授時》歲實積之，凡二十九萬九千一百三十三日六十刻七十五分，以乙酉辰初三刻距己未丑初二刻，凡二十九萬九千一百三十三日九十二刻，較多三十三刻。而云自大明壬寅距今每歲合得此數，何也？又云減大明術一十一秒。考大明術紀法與周天一歲小餘二十四刻二十八分一十四秒。《授時》減去三分一十四秒，非一十一秒也。又古時太陽本輪、均輪半徑之差，大於今日，則加減均數亦大，而冬至歲實宜更增矣。至元辛巳間高衝約與冬至同度，則歲實尤大，其小餘刻下之分約有三十分。而《授時》定爲二十五分，宜其自丁丑至於辛巳四年之間，即有半刻之差，而守敬未之覺也。

凡此數事，皆足訂《授時》之誤。今撮其大要著於篇，以備治曆者之參考焉。

至《授時》用平方、立方以求盈縮遲疾差，猶開方之舊術，用天元一御弧矢起數於圜三徑一，亦失之疏。若以弦矢求弧背，前後失均，象限以内差而多，象限以外差而少，此又不能爲前人諱者也。

《曆經》、《曆議》，皆守敬所撰。世祖詔李謙爲《曆議》，潤色其書而已，謙不能作也。札馬魯丁之《萬年曆》，實即明人所用之回回曆，《明史》詳矣，不具論。

治曆本末

蒙古初無曆法。太祖十五年，駐蹕撒馬爾干城，回鶻人奏五月望月蝕。中書令耶律楚材以《大明曆》推之，太陰當虧二分，食甚在子正，乃未盡初更而月已蝕。是年二月、五月朔，微月見於西南。楚材以舊曆不驗，遂別造《庚午元曆》。據《大明曆》減周天七十三秒，歲差亦減七十三秒。以中元庚午歲，國兵南伐，天下略定，推上元庚午歲天正十一月壬戌朔子正冬至，爲太祖受命之符。又以西域、中原地逾萬里，依唐僧一行里差之説，以增損之。東西測候，不復差忒。乃表上於行在曰：「漢、唐以來，經元創法不啻百家，其氣候之早晏，朔望之疾徐，二曜之盈衰，五星之起伏，疏密無定，先後不同。蓋都邑之各殊，或歷年之漸遠，不得不差也。唐曆八徙，宋曆九更，金《大明曆》百年纔經一改。此去中原萬里，以昔程今，昔密今疏，東微西著。今二月、五月朔，微月見於西南，較之於曆，悉爲先天。」自漢、唐以來曆算之書備矣，俱無此説。是年正月、四月雖皆爲小盡，然亦未有朔日見月者也。是時太祖方用兵西域，其書不果頒用。

楚材嘗言，西域曆五星密於中國，又作《麻答曆》，今不傳。楚材父履在金末作《乙未元曆》，楚材蓋本其父之書，更名爲《庚午元曆》云。

至世祖至元四年，西域人札馬魯丁用回回法撰《萬年曆》，帝稍採用之。其法爲默特納國王馬哈麻所造曆，元起西域阿剌必年，即隋開皇己未。不置閏月，以三百六十五日爲一歲。歲十二宮，宮有閏日，凡百二十八年宮閏三十一日。以三百五十四日爲一周，周十二月，月有閏日，凡三十年月閏十一日。歷千九百四十一年，宮月日辰再會。此其立法之大概也。

十三年，世祖平宋，詔前中書左丞許衡、太子贊善王恂、工部郎中郭守敬，立局改治新曆。先是，太保劉秉忠以《大明曆》遼、金承用歲久，浸以後天，議修正之。已而秉忠卒，事遂寢。至是，世祖思用其言，遂命恂與守敬率南北日官陳鼎臣、鄧元麟、毛鵬翼、劉巨源、王素、岳鉉、高敬等，分掌測驗、推步，以衡能推明曆理，俾參預之。

守敬首言：「曆之本在於測驗，而測驗之器莫先儀表。今司天渾儀，宋皇祐中汴京所造，不與此處天度相符，比量南北二極，約差四度。表石年深，亦復欹側不可用。」乃盡考其失，而移置之。既又別圖爽塏，以木爲重棚，創作簡儀、高表，用相比覆。又以爲天樞附極而動，昔人嘗展管望之，未得其的，作候極儀。極辰既位，天體斯正，作渾天象。象雖形似，莫適所用，作玲瓏儀。以表之測天之正圓，莫若以圓求圓，作仰儀。古有經緯，結而不動，守敬則易之，作立運儀。日有中道，月有九行，守敬則一之，作證理儀。表高景虚，罔象非真，作景符。月雖有明，察景則難，作窺几。曆法之驗，在於交會，作日月食儀。天有赤道，輪以當之，兩極低昂，標以指之，作星晷定時儀。以上凡十三等。又作正方案、九表、懸正儀、座正儀，凡四等，爲四方行測者所用。又作仰規覆矩圖、異方渾蓋圖、日出入永短圖，凡五等，與上諸儀互相參考。

十六年，改局爲太史院，以贊善王恂爲太史令，守敬爲同知太史院事，給印章，立官府。是年，奏進儀表式樣，守敬對御指陳理致，一一周悉。自朝至於日昃，上不爲倦。

守敬奏：「唐一行開元間令天下測景，書中見者凡十三處。今疆宇比唐尤大，若不遠方測驗，日月交食分數時刻不同，晝夜長短不同，日月星辰去天高下不同。可先南北立表，取直測景。」上可其奏。遂設監候官一十四員，分道相繼而出。

先測得：南海：北極出地一十五度。夏至景在表南長一尺一寸六分，晝五十四刻，夜四十六刻。衡岳：北極出地二十五度。夏至日在表端無景，晝五十六刻，夜四十四刻。岳臺：北極出地三十五度，夏至景長一尺四寸八分，晝六十刻，夜四十刻。和林：北極出地四十五度，夏至景長三尺二寸四分，晝六十四刻，夜三十六刻。鐵勒：北極出地五十五度，夏至景長五尺一分，晝七十刻，夜三十刻。北海：北極出地六十五度，夏至景長六尺七寸八分，晝八十二刻，夜一十八刻。繼又測得：上都：北極出地四十三度少。大都：北極出地四十二度强，夏至晷景長一丈二尺三寸六分，晝六十二刻，夜三十二刻。益都：北極出地三十七度少。登州：北極出地三十八度少。高麗：北極出地三十八度少。西京：北極出地四十度少。太原：北極出地三十八度少。安西府：北極出地三十四度半强。興元：北極出地三十三度半强。成都：北極出地三十一度半强。西涼州：北極出地四十度强。東平：北極出地三十五度太强。大名：北極出地三十六度。南京：北極出地三十四度太强。陽城：北極出地三十四度太。揚州：北極出地三十三度。鄂州：北極出地三十一度半。吉州：北極出地二十六度半。雷州：北極出地二十度太。瓊州：北極出地十九度太。

十七年，新曆告成。守敬上奏曰：

臣等竊聞帝王之事，莫重於曆。自黄帝迎日推策，帝堯以閏月定四時成歲，舜在璇璣玉衡以齊七政。爰及三代，曆無定法，周秦之間，閏餘乖次。西漢造《三統曆》，百三十年而後是非始定。東漢造《四分曆》，七十餘年而儀式備。又百二十一年，劉洪造《乾象曆》，始悟月行有遲速。又百八十年，姜岌造《三紀甲子曆》，始悟以月食衝檢日宿度所在。又五十七年，何承天造《元嘉曆》，始悟以朔望及弦定大小餘。又六十五年，祖冲之造《大明曆》，始悟太陽有歲差之數，極星去不動處一度餘。又五十二年，張子信始悟日月交道有表裏，五星有遲疾留逆。又三十三年，劉焯造《皇極曆》，始悟日行有盈縮。又三十五年，傅仁均造《戊寅元曆》，頗采舊儀，始用定朔。又四十六年，李淳風造《麟德曆》，以古曆章蔀元首分度不齊，始爲總法，用進朔以避晦晨月見。又六十三年，僧一行造《大衍曆》，始以朔有四大三小，定九服交食之異。又九十四年，徐昂造《宣明曆》，始悟日食有氣、刻、時三差。又二百三十六年，姚舜輔造《紀元曆》，始悟食甚泛餘差數。以上計千一百八十二年，曆經七十，改其創法者十有三家。

自是又百七十四年，欽惟聖朝統一六合，肇造區夏，專命臣等改治新曆。臣等用創造簡儀、高表，憑其測到實數，所考正者凡七事：一曰冬至。自丙子年立冬後，依每日測到晷景，逐日取對，冬至前後日差同者爲準，得丁丑年冬至在戊戌日夜半後八刻半。又定丁丑夏至，得在庚子日夜半後七十刻。又定戊寅冬至，在癸卯日夜半後三十三刻；己卯冬至，在戊申日夜半後五十七刻半；庚辰冬至，在癸丑日夜半後八十一刻半。各減《大明曆》十八刻，遠近相符，前後應準。二曰歲餘。自劉宋《大明曆》以來，凡測景驗氣得冬至時刻真數者有六，用以相距，各得其時合用歲餘。今考驗四年，相符不差。仍自宋大明壬寅年距至今日八百一十年，每歲合得三百六十五日二十四刻二十五分。其二十五分爲今曆歲餘合用之數。三曰日躔。用至元丁丑四月癸酉望月食既推求日躔，得冬至日躔赤道箕宿十度，黄道箕九度有畸。仍憑每日測到太陽躔度，或憑星測月，或憑月測日，或徑憑星度測日，立術推算。起自丁丑正月，至己卯十二月，凡三年，共得一百三十四事，皆躔於箕，與月食相符。四曰月離。自丁丑以來至今，憑每日測到逐時太陰行度推算，變從黃道求入，轉極遲極疾并平行處，前後凡十三轉，計五十一事，內除去不真的外，有三十事。得《人明曆》入轉後天，又因考驗交食加《大明曆》三十刻，與天道合。五曰入交。自丁丑五月以來，憑每日測到太陰去極度數，比擬黃道去極度，得月道交於黃道，共得八事。仍依日食法度推求，皆有食分得入時刻，與《大明》所差不多。六曰二十八宿距度。自漢《太初曆》以來，距度不同，互有損益。《大明曆》則於度下餘分附以太半少，皆私意牽就，未嘗實測其數。今新儀皆細刻周天度分，每度爲三十六分，以距線代管窺宿度餘分，並依實測，不以私意牽就。七曰日出入晝夜刻。《大明曆》日出入晝夜刻，皆據汴京爲準，其刻數與大都不同。今更以本方北極出地高下、黃道出入內外度，立術推求每日日出入晝夜刻，得夏至極長，日出寅正二刻，日入戌初二刻，晝六十二刻，夜三十八刻，冬至極短，日出辰初二刻，日入申正二刻，晝三十八刻，夜六十二刻，永爲定式。

所創法凡五事：一曰太陽盈縮。用四正定氣立爲升降限，立招差求得每日行分初末極差積度，比古爲密。二曰月行遲疾。古曆皆用二十八限，今以萬分日之八百二十分爲一限，凡析爲三百三十六限，依垛疊招差，求得轉分進退，其遲疾度數逐時不同，蓋前所未有。三曰黃赤道差。舊法以一百一度相減相乘。今依算術句股弧矢方圓斜直所容，求到度率積差差率，與天道實爲脗合。四曰黄赤道内外度。據累年實測内外極度二十三度九十分，以圓容方直矢接句股爲法求每日去極，與所測相符。五曰白道交周。舊法黄道變推白道，以斜求斜。今用立渾比量，得月與赤道正交，距春秋二正黄赤道正交一十四度六十六分。擬以爲法，推逐月每交二十八宿度分，於理爲盡。

詔賜名曰《授時曆》。十八年，頒新曆於天下。

十九年，守敬以推步之式與立成之數皆無定稿，乃著《推步》七卷、《立成》二卷、《曆議擬稿》三卷、《轉神選擇》二卷、《上中下三曆注式》十二卷，表上之。二十年，又詔太子諭德李謙就守敬之《曆議稿》重加修訂，以闡新曆順天求合之理。

大德三年八月朔，時加巳依新曆日食二分有奇，至其時不應，臺官皆懼。保章正齊履謙曰：「日當食不食，古有之。况時近午，陽盛陰微，宜當食不食。」遂考唐開元以來當食不食者凡十事以聞。六年六月朔，時加戌依新曆日食五十七秒，衆以涉交既淺，且近濁，欲匿不報。履謙曰：「吾所掌者，常數也。其食與否，則係於天。」獨以狀聞。及其時，果食。蓋高遠難窮之事，必積時累驗，乃見端倪。《授時曆》推日食之法，較前之十三家最密矣，然尚不能無數刻之差。故元之一代，日食四十有五，推食而不食者一，食而失推者一，夜食而誤書者一。履謙謂食與否係於天，是猶泥前人「當食不食，不當食而食」之謬說，誣莫甚矣。

泰定間，履謙爲太史院使，以《授時曆》行五十年未嘗推考，乃日測晷景並晨昏五星宿度，自至治三年冬至、泰定二年夏至天道加時真數，各減見行曆書二刻，撰《二至晷景考》二卷。《授時》雖有經串，而經以著定法，串以紀成數，求其法之所以然，數之所從出，則略而不詳，作《經串演說》八卷，以發明其蘊焉。

時鄱陽人趙友欽推演《授時》之理，著《革象新書》五卷，號爲新曆之學。

其《曆法改革篇》曰：「曆法由古及今，六十餘術矣。漢《太初》粗爲可取，然猶疏略未密。唐一行作《大衍術》，當時以爲密矣，以今觀之，猶自甚疏。蓋歲淺則差少未覺，久而積差漸多，不容不改，要當隨時測驗，以求真數。」

其《日道歲差篇》曰：「《統天術》謂周天赤道三百六十五度二十五分七十五秒，周歲三百六十五日二十四分二十五秒，百年差一度半。然又謂周歲漸漸不同，上古歲策多，後世歲策少，如此則上古歲差少，後世歲差多。當今術法倣之，立減加歲策之法，上考往古，百年加一秒，下驗將來，百年減一秒。」

其《黄道損益篇》曰：「二至之日，黄道平其度，斂狹每度約得十之九二分，斜行赤道之交。今之授時術步得冬至日躔箕宿，以此知寅申度數最少，已亥度數最多，其餘則多寡稍近。」

其《積年日法篇》曰：「前代造術者，逆求往古曰上元，求其積年總會，是以必立日法。然有所謂截元術，但將推步定數爲順算逆考，不求其齊。當今授時術采舊術截元之術，凡積年日法皆所不取。」

其《日月盈縮篇》曰：「月行十三度餘十九之七，然或先期，或後期，有差至四五度者，後漢劉洪始考究之，知月有盈縮。隋之劉焯始覺太陽亦有盈縮，最多之時在於春秋二分，均差兩度有餘。李淳風有推步月孛法，謂六十二日行七度，六十二年七周天。所謂孛者，乃彗星之一種光芒，偏掃者則謂之彗，光芒四出如渾圓者乃謂之孛。然孛以月爲名者，孛之所在，太陰所行最遲，太陰在孛星對衝處則所行最疾。孛星不常見，止以太陰所行最遲處測之。」

其《月有九道篇》曰：「月行出入黃道之内外，遠於黃道處六度二分。月道與黃道相交處在二交之始，名曰羅睺，交之中，名曰計都。自交初至於交中，月在黃道外，名曰陽限。自交中至於交出，月在黃道内，名曰陰限。所謂九行者，當以畫圖比之。四圖各畫黃道，似一圓環，俱於環南定爲夏至，環北定爲冬至，環西定爲春分，環東定爲秋分。將一圖畫爲青道，與黄道交於南北，南交爲羅，北交爲計。其青道一邊入在黄道西之東，是内青道；一邊出在黄道東之東，是外青道。又將一圖畫白道，亦與黄道交於南北，南交爲計，北交爲羅。其白道一邊入在黄道東之西，是内白道；一邊出在黄道西之西，是外白道。又將一圖畫朱道，與黄道交於東西，東交爲計，西交爲羅。其朱道一邊入黄道之南，是内朱道，一邊出在黄道南之南，是外朱道。又將一圖畫黑道，亦與黄道交於東西，東交爲羅，西交爲計。其黑道一邊入在黄道南之北，是内黑道；一邊出在黄道北之北，是外黑道。此雖畫四圖，然四圖之八道止是一道也。本八道而曰九行者，以北道之行，交於黄道，故道以九言也。八道常變易，不可置於渾儀上，亦不得畫於星圖。所可具者，黄、赤二道耳。欲别於黄，故塗以赤。赤道近八道皆相交遠近。朱道止十八度遠，黑道至三十度遠，青白二道約二十四度遠。」

其《地域遠近篇》曰：「古者立八尺之表，以驗四時日景。地中夏至，景在表北一尺六寸，冬至，景在表北一丈三尺。南至交廣，北至鐵勒等處驗之，俱各不同。表高八尺，似失之短。至元以來，表長四丈，誠萬古之定法也。所謂土圭者，自古有之。然地上天多，早晚太陽與人相近，則景移必疾；日午與人相遠，則景移必遲。世間土圭均畫而已，豈免午侵己未，而早晚時刻俱差？地中差已如是，若以八方偏地驗之，土圭之不可準尤爲顯然。

偏東者，早景疾而晚景遲，午景先至；偏西者，早景遲而晚景疾，午景後期；偏北者，少其晝而景遲；偏南者，多其晝而景疾。若南越，短景南指，而子午反復，則又謬逆甚矣。」

其《日月薄食篇》曰：「日之圓體大，月之圓體小。日道之周圍亦大，月道之周圍亦小。日道距天較近，月道距天較遠。日月之體與所行之道，雖有少廣之差，然月與人相近，日與人相遠。故月體因近視而可比日道之廣，日食、月食當以天度經緯而推。同經不同緯，止曰合朔。同經同緯合朔，而有食矣。人望日體，見爲月之黑體所障，故云日食。然日體未嘗有損，所謂食者，强名而已。日月對躔，而望若不當二交前後，則不食。望在二交前後，則必食。或既或不既，當以距交遠近而推。日月之圓徑相倍，日徑一度，月徑止得日徑之半，然在於近視，亦準一度。是猶省秤比於複秤，斤兩雖同，其實則有輕重之異。日之圓徑倍於月，則闇虚之圓徑亦倍於月。月既準一度，則闇虚廣二度矣。月食分數止以距交近遠而論，別無四時加減，八方所見食分並同。日食則不然。舊曆云：假令中國食既，戴日之下所虧纔半，化外反觀，則交而不食。何以言之？日月如大小二球，共懸一索。日上、月下，相去稍遠，人在其下正望之，黑球遮盡赤球，比若食既。若傍視，則分遠近之差，即食數有多寡也。」

其《五緯距合篇》曰：「古者止知五緯距度，未知有變數之加減。北齊張子信仰觀歲久，始知五緯又有盈縮之變，當加減常數以求其逐日之躔。所以然者，蓋五緯不由黄道，亦不由月之九道，乃出入黄道内外，各自有其道。視太陽遠近而遲疾者，如足力之勤倦。又有變數之加減者，比如道里之徑直斜曲。」

其《句股測天篇》曰：「古人測景，千里一寸之差，猶未親切。今别定表之制度，併述元有算法。就地中各去南北數百里，仍不偏於東西，俱立一表，約高四丈。於表首下數寸作一方竅，外廣而内狹，當中薄如連邊，兩旁如側置漏底之盌，形圓而竅方。以南北表景之數相減餘，名景差。兩表相距里路，各乘南北表景，各如景差而一即得。二表各與戴日之地相距數日，平遠各以表景加之，所得各以表高乘之，各如表景而一即得。日輪頂與戴日地相距數，以南北表景各加平遠所得自乘，名勾羃。日高自乘，名股羃。兩羃相併，名弦羃。開爲平方，名曰日遠。乃南北表竅之景距日斜遠也。」

其《乾象周髀篇》曰：「古人謂圓徑一尺，周圍三尺。後世考究則不然。圓一而周三，則尚有餘；圍三而徑一，則爲不足。蓋圍三徑一，是六角之田也。或謂圓徑一尺，周圍三尺一寸四分；或謂圓徑七尺，周圍二十二尺；或謂圓徑一百一十三，周圍三百五十五。徑一而周三一四，猶自徑多圍少；徑七而周二十二，却是徑少周多；徑一百一十三，周三百五十五，最爲精密。其考究之術，畫百眼茶盤一，眼廣一寸，方圖之内，畫爲圓圖，徑十寸，圓内又畫小方圖。小方以算術展爲圓象，自四角之方，添爲八角曲圓爲第一次。若第二次，則爲曲十六。第三次，則爲曲三十二。第四次，則爲曲六十四。凡多一次，其曲必倍。至十二次，則其爲曲一萬六千三百八十四。其初之小方，漸加漸展，漸滿漸實，角數愈多，而其爲方者不復方，而變爲圓矣。今先以第一次言之，内方之弦十寸，名大弦，自乘得一百寸，名大弦羃，内方之句羃五十寸，名第一次大句羃。以第一次大句羃，減其大弦羃，餘五十寸，名大股羃，開方得七寸七釐一毫有奇，名第一次大股。以第一次大股減其大弦，餘二寸九分二釐八毫有奇，名第一較，折半得一寸四分六釐四毫有奇，名第一次小句。此小句之數，乃内方之四邊與圓圍最相遠處也。以第一次小句自乘，得二寸一分四釐四毫有奇，名第一次小句羃。以第一次大句羃，折半得二十五寸。又折半得十二寸五分，名第一次小股羃，併第一次小句羃，得一十四寸六分四釐四毫有奇，名第一次小弦羃，開方得三寸八分二釐六毫有奇，名第一次小弦，即是八曲之一。八乘第一次小弦，得三十寸六分一釐有奇，即是八曲之周圍也。此以小數求之，不若改爲大數，將大弦改爲一千寸，然後依法而求。若求第二次者，以第一次小弦羃，就名第二次大句羃。以第一次大股羃減其大弦羃餘，爲第二次大股羃。開方爲第二次大股，以減其大弦餘爲第二較，折半名二次小句。此小句之數，即是八曲之邊，與圓圍最相遠處也。以第二次小句自乘，名第二次小句冪。以第二次大句冪兩折，名第二次小股冪。以第二次小股冪併第二次小句冪，名第二次小弦冪，開方爲第二次小弦，即是十六曲之一。以十六乘第二小弦即是十六曲之周圍也。以第二次倣第一次，若至十二次，亦遞次相倣。置第十二次之小弦，以第十二次之曲數一萬六千三百八十四乘之，得三千一百四十一寸五分九釐二毫有奇，即是千寸徑之周圍也。以一百一十三乘之，果得三百五十五。故言其法精密。要之方爲數之始，圓爲數之終。圓始於方，方終於圓。《周髀》之術，無出於此矣。」

友欽闡明曆理，於授時術尤有深得，傳其學於龍游人朱暉。有元一代，不爲曆官而知曆者，友欽一人而已。

新元史卷之三十五　志第二

曆志二

儀器

簡儀之制：四方爲趺，縱一丈八尺三分，去一以爲廣。趺面上廣六寸，下廣八寸，厚如上廣。中布横輄三、縱輄三。南二，北抵南輄；北一，南抵中輄。趺面四周爲水渠，深一寸，廣加五分。四隅爲礎，出趺面内外各二寸。繞礎爲渠，深廣皆一寸，與四周渠相灌通。又爲礎，於卯酉位廣加四維，長加廣三之二。水渠亦如之。北極雲架柱二，徑四寸，長一丈二尺八寸。下爲鼇雲，植於乾、艮二隅。礎上左右内向，其勢斜准赤道合貫上規。規環徑二尺四寸，廣一寸五分，厚倍之，中爲距，相交爲斜十字，廣厚如規。中心爲竅，上廣五分，方一寸有半，下二寸五分，方一寸，以受北極樞軸。自雲架住斜上去趺面七尺二寸，爲横輄。自輄心上至竅心六尺八寸。又爲龍柱二，植於卯酉礎。中分之北，皆飾以龍，下爲山形，北向斜植，以柱北架。南極雲架柱二，植於卯酉礎，中分之南，廣厚形制一如北架，斜向坤、巽二隅，相交爲十字。其上與百刻環邊齊，在辰巳、未申之間。南傾之勢準赤道，各長一丈一尺五寸。自趺面斜上三尺八寸爲横軑，以承百刻環。下邊又爲龍柱二，植於坤、巽二隅，礎上北向斜柱，其端形制一如北柱。

四游雙環，徑六尺，廣二寸，厚一寸。中間相離一寸，相連於子午、卯酉。當子午爲圓竅，以受南北極樞軸。兩面皆列周天度分，起南極，抵北極，餘分附於北極。去南北樞竅兩旁四寸，各爲直距，廣厚如環距，中心各爲横關，東西與兩距相連，廣厚亦如之。關中心相連，厚三寸，爲竅方八分，以受窺衡樞軸。窺衡長五尺九寸四分，廣厚皆如環。中腰爲圓竅，徑五分，以受樞軸。衡兩端爲圭首，以取中，縮去圭首五分，各爲側立横耳，高二寸二分，廣如衡面，厚三分。中爲圓竅，徑六分，其中心上下一線，界之以知度分。

百刻環，徑六尺四寸，面廣二寸，周布十二時百刻。每刻作三十六分，厚二寸，自半已上，廣三寸。又爲十字距。皆所以承赤道環也。百刻環内廣面卧施圓軸四，使赤道環旋轉，無澀滯之患。其環陷入南極架一寸，仍釘之。赤道環徑廣厚皆如四游環。面細刻列舍周天度分。中爲十字距，廣三寸，中空一寸，厚一寸。當心爲竅，竅徑一寸，以受南極樞軸。界衡二，各長五尺九寸四分，廣三寸。衡首斜剡五分刻度分，以對環面，中腰爲竅，重置赤道環南極樞軸，其上衡兩端自長竅外邊至衡首底厚倍之。取二衡運轉，皆着環面，而無低昂之失，且易得度分也。二極樞軸，皆以鋼鐵爲之，長六寸，半爲本，半爲軸。本之分寸一如上規。距心適取能容軸徑一寸。北極軸中心爲孔，孔底横穿通兩旁。中出一線曲，其本出横孔兩旁結之。孔中線留三分，亦結之。上下各穿一線，貫界衡兩端。中心爲孔，下洞衡底順衡中心爲渠，以受線直入内界。長竅中至衡中腰，復爲孔，自衡底上出結之。

定極環，廣半寸，厚倍之，皆勢穹窿，中徑六度，度約一寸許。極星去不動處三度，僅容轉周。中爲斜十字，距廣厚如環，連於上規環，距中心爲孔徑五釐。下至北極軸心六寸五分。又置銅板，連於南極雲架之十字，方二寸，厚五分，北面剡其中心存一釐以爲厚。中爲圓孔，徑一分，孔心下至南極軸心亦六寸五分。又爲環二。其一陰緯環，面刻方位，取趺面縱横輄北十字爲中心，卧置之。其一曰立運環，面刻度分，施於北極雲架柱下，當卧環中心上屬架之横輄下，抵趺輄之十字，上下各施樞軸，令可旋轉。中爲置距，當心爲竅，以施窺衡，令可俯仰，用窺日月星辰出地度分。右四游環，東西運轉，南北低昂，凡七政，列舍中外官去極度分皆測之。赤道環，旋轉與列舍距星相當，即轉界衡使兩線相對，凡日月五星中外官入宿度分皆測之。百刻環，轉界衡令兩線與日相對，其下直時刻則晝刻也。夜則以星定之，比舊儀測日月五星出没而無陽經陰緯雲柱之映。

其渾象之制：圓如彈丸，徑六尺，縱横各畫周天度分，赤道居中，去二極各周天四之一。黄道出入赤道内外，各二十四度。弱月行白道出入不常，用竹篾均分天度，考驗黄道所交，隨時遷徙。先用簡儀測致入宿去極度數，按於上。其校驗出入黄赤二道遠近疏密，了然易辨。仍參以算數爲準，其象置於方匱之上。南北極出入匱面各四十度太强，半見半隱。機運輪牙，隱於匱中。

仰儀之制：以銅爲之，形若釜，置於甎臺内，畫周天度，脣列十二辰位，蓋俯視驗天者也。

其銘辭云：「不可體形，莫天大也。無兢維人，仰釜載也。六尺爲深，廣自倍也。兼深廣倍，絜釜兑也。環鑿爲沼，準以溉也。辨方正位，曰子卦也。衡縮度中，平斜再也。斜起南極，平釜鐓也。小大必周，入地畫也。始周浸斷，浸極外也。極入地深，四十太也。北九十一，赤道齗也。列刻五十，六時配也。衡竿加卦，巽坤内也。以負縮竿，子午對也。首旋璣板，窾納芥也。上下懸直，與鐓會也。視日透光，何度在也。暘谷朝賓，夕餞昧也。寒暑發斂，驗進退也。薄蝕起自，鑒生殺也。以避赫曦，奪目害也。南北之偏，亦可概也。極淺十五，林邑界也。黄道夏高，人所載也。夏永冬短，猶少差也。深五十奇，鐵勒塞也。

黄道浸平，冬晝晦也。夏則不没，永短最也。安渾宣夜，昕穹蓋也。六天之書，言殊話也。一儀一揆，孰善悖也。以指爲告，無煩喙也。闇資以明，疑者沛也。智者是之，膠者怪也。古今巧曆，不億輩也。非讓不爲，思不逮也。將窺天朕，造化愛也。其有浚明，昭聖代也。泰山礪乎，河如帶也。黄金不磨，悠久賴也。鬼神禁訶，勿銘壞也。」

大明殿燈漏之制：高丈有七尺，架以金爲之。其曲梁之上，中設雲珠，左日右月。雲珠之下，復懸一珠。梁之兩端，飾以龍首，張吻轉目，可以審平水之緩急。中梁之上，有戲珠龍二，隨珠俛仰，又可察準水之均調。凡此皆非徒設也。燈毬雜以金寶爲之，内分四層，上環布四神，旋當日月參辰之所在，左轉日一周。次爲龍虎鳥龜之象，各居其方，依刻跳躍，鐃鳴以應於内。又次周分百刻，上列十二神，各執時牌，至其時，四門通報。又一人當門内，常以手指其刻數。下四隅，鐘鼓鉦鐃各一人，一刻鳴鐘，二刻鼓，三鉦，四鐃，初正皆如是。其機發隱於櫃中，以水激之。

正方案：方四尺，厚一寸。四周去邊五分爲水渠。先定中心，畫爲十字。外抵水渠，去心一寸，畫爲圓規。自外寸規之，凡十九規。外規内三分，畫爲重規。偏布周天度。中爲圓徑二寸，高亦如之。中心洞底植臬，高一尺五寸，南至則減五寸，北至則倍之。

凡欲正四方，置案平地，注水於渠，眡平，乃植臬於中。自臬景西入外規，即識以墨影，少移輒識之，每規皆然，至東出外規而止。凡出入一規之交，皆度以線，屈其半以爲中，即所識與臬相當，且其景最短，則南北正矣。復徧閲每規之識，以審定南北。南北既正，則東西從而正。然二至前後，日軌東西行，南北差少，即外規出入之景以爲東西，允得其正。當二分前後，日軌東西行，南北差多，朝夕有不同者，外規出入之景或未可憑，必取近内規景爲定，仍校以累日則愈真。

又測用之法，先測定所在北極出地度，即自案地平以上度，如其數下對南極入地度，以墨斜經中心界之，又横截中心斜界爲十字，即天腹赤道斜勢也。乃以案側立，懸繩取正。凡置儀象皆以此爲準。

圭表：以石爲之，長一百二十八尺，廣四尺五寸，厚一尺四寸。座高二尺六寸。南北兩端爲池，圓徑一尺五寸，深二寸。自表北一尺，與表梁中心上下相直。外一百二十尺，中心廣四寸，兩旁各一寸，畫爲尺寸分，以達北端。兩旁相去一寸爲水渠，深廣各一寸，與南北兩池相灌通以取平。表長五十尺，廣二尺四寸，厚減廣之半，植於圭之南端圭石座中，入地及座中一丈四尺，上高三十六尺。其端兩旁爲二龍，半身附表上擎横梁，自梁心至表顛四尺，下屬圭面，共爲四十尺。梁長六尺，徑三寸，上爲水渠以取平。兩端及中腰各爲横竅，徑二分，横貫以鐵，長五寸，繫線合於中，懸錘取正，且防傾墊。

按表短則分寸短促，尺寸之下所謂分秒太半少之數，未易分別。表長則分寸稍長，所不便者，景虛而淡，難得實影。前人欲就虛景之中考求真實，或設望箭，或置小表，或以木爲規，皆取端日光，下徹表面。今以銅爲表，高三十六尺，端挾以二龍。舉一横梁，下至圭面，共四十尺。是爲八尺之表五，圭表刻爲尺寸，舊一寸，今申而爲五釐，毫差易分別。

景符之制：以銅葉博二寸加長博之二，中穿一竅，若針芥然。以方框爲趺，一端設爲機軸，令可開闔。搘其一端，使其勢斜倚，北高南下，往來遷就於虛梁之中。竅達日光僅如米許，隱然見横梁於其中。舊法：一表端測晷，所得者日體上邊之景。今以横梁取之，實得中景，不容有毫末之差。至元十六年己卯夏至晷景，四月十九日乙未景一丈二尺三寸六分九釐五毫。至元十六年己卯冬至晷景，十月二十四日戊戌景七丈六尺七寸四分。

闚几之制：長六尺，廣二尺，高倍之。下爲趺，廣三寸，厚二寸。上框廣四寸，厚如趺。以板爲面，厚及寸，四隅爲足，撑以斜木，務取正方。面中開明竅，長四尺，廣二寸。近竅兩旁一寸分畫爲尺，内三寸刻爲細分，下應圭面。几面上至梁心二十六尺，取以爲準。闚限各長二尺四寸，廣二寸，脊厚五分，兩刃斜㓈，取其於几面相符，著限兩端，厚廣各存二寸，銜入几框。俟星月正中，從几下仰望，視表梁南北以爲識，折取分寸中數，用爲直景。又於遠方同日闚測取景數，以推星高下也。

西域儀象

世祖至元四年，扎馬魯丁造西域儀象。

咱秃哈剌吉，漢言渾天儀也。其制：以銅爲之。平設單環，刻周天度，畫十二辰位以準地面。側立雙環，而結於平環之子午，半入地下，以分天度。内第二雙環，亦刻周天度，而參差相交，以結於側雙環。去地平三十六度，以爲南北極。可以旋轉，以象天運，爲日行之道。内第三、第四環，皆結於第二環，又去南北極二十四度，亦可以運轉。凡可運三環，各對綴銅方釘，皆有竅，以代衡簫之仰窺焉。

咱秃朔八台，漢言測驗周天星曜之器也。外周圓牆，而東面啟門。中有小臺，立銅表高七尺五寸。上設機軸，懸銅尺，長五尺五寸，復如窺測之簫二，其長如之。下置横尺，刻度如數。其上以準掛尺。下本開圖之遠近。可以左右轉而周窺，可以高低舉而偏測。

魯哈麻亦渺凹只，漢言春秋分晷影堂也。屋二間，脊開東西横罅，以斜通日晷。中有臺，隨晷影南高北下，上仰置銅半環，刻天度一百八十，以準地上之半天。斜倚鋭首銅尺，長六尺，闊一寸六分，上結半環之中，下加半環之上，可以往來窺運，側望漏屋晷影，驗度數，以定春秋二分。

魯哈嘛亦木思塔餘，漢言冬夏至晷影堂也。屋五間，其屋下爲坎，深二丈二尺，脊開南北一罅，以直通日晷。隨罅立壁，附壁懸銅尺，長一尺六寸。壁仰畫天度半規，其尺亦可往來規運，直望漏屋晷影，以定冬夏二至。

苦來亦撒麻，漢言渾天圖也。其制：以銅爲丸，斜刻日道交環度數於其腹，刻二十八宿形於其上。外平置銅單環，刻周天度數，列於十二辰位以準地。而側立單環二，一結於平環之子午，以銅丁象南北極，一結於平環之卯酉，皆刻天度。即渾天儀而不可運轉窺測者也。

苦來亦阿兒子，漢言地理志也。其制：以木爲圓毬，七分爲水；其色綠，三分爲土地，其色白。畫江河湖海，脈絡貫串於其中。畫作小方井，以計幅員之廣袤，道里之遠近。

兀速都兒剌不定，漢言晝夜時刻之器也。其制：以銅如圓鏡而可掛，面刻十二辰位、晝夜時刻。上加銅條綴中，可以圓轉。銅條兩端，各屈其首爲二竅，以對望。晝則視日影，夜則窺星辰，以定時刻，以測休咎。背嵌鏡片，三面刻其圖凡七，以辨東西南北日影長短之不同、星辰向背之有異。故各異其圖，以盡天地之變焉。

新元史卷之三十六　志第三

曆志三

授時曆經上

步氣朔第一

至元十八年歲次辛巳爲元。上考往古，下驗將來，皆距立元爲算。周歲消長，百年各一。其諸應等數，隨時推測，不用爲元。

日周，一萬。

歲實，三百六十五萬二千四百二十五分。

通餘，五萬二千四百二十五分。

朔實，二十九萬五千三百五分九十三秒。

通閏，十萬八千七百五十三分八十四秒。

歲周，三百六十五日二千四百二十五分。

朔策，二十九日五千三百五分九十三秒。

氣策，十五日二千一百八十四分三十七秒半。

望策，十四日七千六百五十二分九十六秒半。

弦策，七日三千八百二十六分四十八秒少。

氣應，五十五萬〇六百分。

閏應，二十萬一千八百五十分。

按《授時曆》閏轉交三應，後有改定之數。閏應，二十萬一千八百五十分，明《大統曆法通軌》作二十萬二千五十分，實加二百分，是當時經朔改早二刻也。轉應，一十三萬一千九百四分，《通軌》作一十三萬二百五分，實減一千六百九十九分，是入轉改遲一十七刻弱也。交應，二十六萬一百八十七分八十六秒，《通軌》作二十六萬三百八十八分，實加二百分一十四秒，是正交改早二刻强也。梅文鼎謂《通軌》所述者乃《授時》續定之數，而《曆經》所存則其未定之初稿是也。

没限，七千八百一十五分六十二秒半。

氣盈，二千一百八十四分三十七秒半。

朔虚，四千六百九十四分七秒。

旬周，六十萬。

紀法，六十。

推天正冬至

置所求距，算以歲實。上推往古，每百年長一。下算將求，每百年消一。乘之，爲中積。加氣應，爲通積。滿旬周，去之；不盡，以日周約之爲日，不滿爲分。其日命甲子算外，即所求天正冬至日辰及分。如上考者，以氣應減中積，滿旬周，去之；不盡，以減旬周。餘同上。

求次氣

置天正冬至日分，以氣策累加之，其日滿紀法，去之，外命如前，各得次氣日辰及分秒。

推天正經朔

置中積，加閏應，爲閏積。滿朔實，去之，不盡爲閏餘，以減通積，爲朔積。滿旬周，去之，不盡，以日周約之爲日，不滿爲分，即所求天正經朔日及分秒。上考者，以閏應減中積，滿朔實，去之不盡，以減朔實，爲閏餘。以日周約之爲日，不滿爲分，以減冬至日及分，不及減者，加紀法減之，命如上。

求弦望及次朔

置天正經朔日及分秒，以弦策累加之，其日滿紀法，去之，各得弦望及次朔日及分秒。

推没日

置有没之氣分秒，如没限已上爲有没之氣。以十五乘之，用減氣策，餘滿氣盈而一爲日，併恒氣日，命爲没日。

推滅日

置有滅之朔分秒，在朔虚分已下爲有滅之朔。以三十乘之，滿朔虚而一爲日，併經朔日，命爲滅日。

步發斂第二

土王策，三日四百三十六分八十七秒半。

月閏，九千六十二分八十二秒。

辰法，一萬。

半辰法，五千。

刻法，一千二百。

推五行用事

各以四立之節，爲春木、夏火、秋金、冬水首用事日。以土王策減四季中氣，各得其季土始用事日。

氣候

正月

立春，正月節。　雨水，正月中。

東風解凍，蟄蟲始振，魚陟負冰。

獺祭魚，候雁北，草木萌動。

二月

驚蟄，二月節。　春分，二月中。

桃始華，倉庚鳴，鷹化爲鳩。

玄鳥至，雷乃發聲，始電。

三月

清明，三月節。　穀雨，三月中。

桐始華，田鼠化爲鴽，虹始見。

萍始生，鳴鳩拂其羽，戴勝降于桑。

四月

立夏，四月節。　小滿，四月中。

螻蟈鳴，蚯蚓出，王瓜生。
苦菜秀，靡草死，麥秋至。

五月

芒種，五月節。　　夏至，五月中。
螳螂生，鶪始鳴，反舌無聲。
鹿角解，蜩始鳴，半夏生。

六月

小暑，六月節。　　大暑，六月中。
温風至，蟋蟀居壁，鷹始摯。
腐草爲螢，土潤溽暑，大雨時行。

七月

立秋，七月節。　　處暑，七月中。
涼風至，白露降，寒蟬鳴。
鷹乃祭鳥，天地始肅，禾乃登。

八月

白露，八月節。　秋分，八月中。
鴻雁來，玄鳥歸，羣鳥養羞。
雷始收聲，蟄蟲坏户，水始涸。

九月

寒露，九月節。　霜降，九月中。
鴻雁來賓，雀入大水爲蛤，菊有黄華。
豺乃祭獸，草木黄落，蟄蟲咸俯。

十月

立冬，十月節。　小雪，十月中。
水始冰，地始凍，雉入大水爲蜃。
虹藏不見，天氣上升，地氣下降。閉塞而成冬。

十一月

大雪，十一月節。　冬至，十一月中。
鶡鴠不鳴，虎始交，荔挺出。
蚯蚓結，麋角解，水泉動。

十二月

小寒，十二月節。　大寒，十二月中。

雁北鄉，鵲始巢，雉雊。

雞乳，征鳥厲疾，水澤腹堅。

推中氣去經朔

置天正閏餘，以日周約之，爲日命之，得冬至去經朔。以月閏累加之，各得中氣去經朔日算。滿朔策，去之，乃全置閏，然俟定朔無中氣者裁之。

推發斂加時

置所求分秒，以十二乘之，滿辰法而一，爲辰數。餘以刻法收之，爲刻。命子正算外，即所在辰刻。如滿半辰法，通作一作辰，命起子初。

步日躔第三

周天分，三百六十五萬二千五百七十五分。

周天，三百六十五度二十五分七十五秒。

半周天，一百八十二度六十二分八十七秒半。

象限，九十一度三十一分四十三秒太。

歲差，一分五十秒。

周應，三百一十五萬一千七十五分。

半歲周，一百八十二日六千二百一十二分半。

盈初縮末限，八十八日九千九十二分少。

縮初盈末限，九十三日七千一百二十分少。

推天正經朔弦望入盈縮曆

置半歲周，以閏餘日及分減之，即得天正經朔入盈縮曆。冬至後盈，夏至後縮。以弦策累加之，各得弦望及次朔入盈縮曆日及分秒。滿半歲周去之，即交盈縮。

求盈縮差

視入限盈者，在盈初縮末限已下，爲初限，已上，反減半歲周，餘爲末限；縮者，在縮初盈末限已下，爲初限，已上，反減半歲周，餘爲末限。其盈初縮末者，置立差三十一，以初末限乘之，加平差二萬四千六百，又以初末限乘之，用減定差五百一十三萬三千二百，餘再以初末限乘之，滿億爲度，不滿退除爲分秒。縮初盈末者，置立差二十七，以初末限乘之，加平差二萬二千一百，又以初末限乘之，用減定差四百八十七萬六百，餘再以初末限乘之，滿億爲度，不滿退限爲分秒，即所求盈縮差。

又術：置入限分，以其日盈縮分乘之，萬約爲分，加其下盈縮積，萬約爲度，不滿爲分秒，亦得所求盈縮差。

赤道宿度

角十二一十　亢九二十　氐十六三十　房五六十　心六五十　尾十九一十　箕十四十

右東方七宿，七十九度二十分。

斗二十五二十　牛七二十　女十一三十五　虛八九十五太　危十五四十　室十七一十　壁八六十

右北方七宿，九十三度八十分太。

奎十六六十　婁十一八十　胃十五六　昴十一三十　畢十七四十　觜初五　參十一一十

右西方七宿，八十三度八十五分。

井三十三三十　鬼二二十　柳十三三十　星六三十　張十七二十五　翼十八七十五　軫十七三十

右南方七宿，一百八度四十分。

右赤道宿次，並依新製渾儀測定，用爲常數，校天爲密。若考往古，即用當時宿度爲準。

推冬至赤道日度

置中積，以加周應爲通積，滿周天分，上推往古，每百年消一。下算將來，每百年長一。去之，不盡，以日周約之爲度；不滿，退約爲分秒。命起赤道虛宿六度外，去之，至不滿宿，即所求天正冬至加時日躔赤道宿度及分秒。上考者，以周應減中積，滿周天，去之，不盡，以減周天，餘以日周之爲度；餘同上。如當時有宿度，止依當時宿度命之。

求四正赤道日度

置天正冬至加時赤道日度，累加象限，滿赤道宿次，去之，各得春夏秋正日所在宿度及分秒。

求四正赤道宿積度

置四正赤道宿全度，以四正赤道日度及分減之，餘爲距後度。以赤道宿度累加之，各得四正後赤道宿積度及分。

黃赤道率

積度至後黃道分後赤道	度率	積度至後赤道分後黃道	度率	積差	差率

初	一		一〇八六五		八十二秒
一	一	一〇八六五	一〇八六三	八十二秒	二分四六
二	一	二一七二八	一〇八六〇	三分二八	四分二
三	一	三二五八八	一〇八五七	七分三九	五分七六
四	一	四三四四五	一〇四九	十三分一五	七分四一
五	一	五四二九四	一〇八四三	二十分五六	九分〇七
六	一	六五一三七	一〇八三三	二十九分三六	十分七一
七	一	七五九七〇	一〇二二	四十分三六	十二分四〇
八	一	八六七九三	一〇八一二	五十二分七六	十四分〇八
九	一	九七六〇五	一〇八〇一	六十六分八四	十五分七六

十	一	十八四〇六	一〇七八六	八十二分六〇	十七分四五
十一	一	十一九一九二	一〇七七二	一〇〇五〇	十九分一六
十二	一	十二九九六四	一〇七五五	一一九二一	二十分八七
十三	一	十四〇七一九	一〇七四〇	一四一〇八	二十二分五八
十四	一	十五一四五九	一〇七二〇	一六二六六	二十四分三〇
十五	一	十六二一七九	一〇七〇四	一六八九六	二十六分〇五
十六	一	十七二八八三	一〇六八四	二一三〇	二十七分七九
十七	一	十八三五六七	一〇六六三	二四〇八〇	二十九分五五
十八	一	十九四二三〇	一〇六四二	二七〇三五	三十一分三一
十九	一	二十四八七二	一〇六二二	三〇一六五	三十三分〇七

二十	一	二十一五四九四	一○五九九	三三四七二	三十四分八五
二十一	一	二十二六○九三	一○五七五	三六九五七	三十六分六三
二十二	一	二十三六六六八	一○五五四	四○六二○	三十八分四二
二十三	一	二十四七二二二	一○五三○	四四四六二	四十分二○
二十四	一	二十五七七五二	一○五○六	四八四八二	四十二分
二十五	一	二十六八二五八	一○四八二	五二六八二	四十三分七九
二十六	一	二十七八七四○	一○四五六	五七○六一	四十五分五九
二十七	一	二十八分九一九六	一○四三二	六一六二○	四十七分二八
二十八	一	二十九九六二八	一○四○八	六三六五八	四十九分一七
二十九	一	三十一○○六三	一○三八二	七一二七五	五十分九五

三十	一	三十二 〇四一八	一 〇三五五	七 六三七〇	五十二分 三七
三十一	一	三十三 〇七七三	一 〇三三三	八 一六四三	五十四分 五〇
三十二	一	三十四 一一〇五	一 〇三〇六	八 七〇九三	五十六分 二六
三十三	一	三十五 一四一一	一 〇二八〇	九 二七一九	五十八分 〇一
三十四	一	三十六 一六九一	一 〇三五四	九 八五二〇	五十九分 七四
三十五	一	三十七 一九四五	一 〇二二九	十 四四九四	六十一分 四五
三十六	一	三十八 二一七四	一 〇二〇三	十 〇六三九	六十三分 一四
三十七	一	三十九 二三七七	一 〇一七七	十一 六九五三	六十四分 八一
三十八	一	四十 二五五四	一 〇一五二	十二 三四三四	六十六分 四七
三十九	一	四十一 二七〇六	一 〇一二六	十三 〇〇八一	六十八分 〇八

四十	一	四十二二八三二	一○一○一	十三六八八九	六十九分六七
四十一	一	四十三二九三四	一○○七五	十四三八五六	七十一分二四
四十二	一	四十四三○○九	一○○四九	十五○九八○	七十三分七六
四十三	一	四十五三○八五	一○○二七	十五八二五六	七十四分二六
四十四	一	四十六三○八五	一○○○○	十六五二八六	七十五分一七
四十五	一	四十七三○八五	九九七四	十七三二五三	七十七分三
四十六	一	四十八三○五九	九九五一	十八○九六五	七十八分五○
四十七	一	四十九三○一○	九九二五	十八八八一五	七十九分八四
四十八	一	五十二九三五	九九○一	十九六七九九	八十一分一二
四十九	一	五十一二八三六	九八七六	二十四九一一	八十二分三七

五十	一	五十二二七一二	九八五一	二十一三一四八	八十三分五七
五十一	一	五十三二五六三	九八二七	二十二一五〇五	八十四分七二
五十二	一	五十四二三九〇	九八〇三	二十二九九七七	八十五分八三
五十三	一	五十五二一九三	九七八〇	二十三八五六〇	八十六分八八
五十四	一	五十六一九七三	九二五五	二十四七二四八	八十七分八九
五十五	一	五十七一七二八	九七二一	二十五六〇三七	八十八分八五
五十六	一	五十八一四五九	九七〇八	二十六四九二二	八十九分七七
五十七	一	五十九一一六七	九六八五	二十七三八九九	九十分六三
五十八	一	六十〇八五二	九六六一	二十八二九六二	九十一分四四
五十九	一	六十一〇五一三	九六三九	二十九二一〇六	九十二分三二

六十	一	六十二○一五二	九六一六	三十一三二八	九十二分九四
六十一	一	六十二九七六八	九五九四	三十一○六二二	九十三分六一
六十二	一	六十三九三六二	九五二七	三十一九九八三	九十四分二六
六十三	一	六十四八九四三	九五五一	三十二九四○九	九十四分五八
六十四	一	六十五八四八五	九五二九	三十三八八九四	九十五分二八
六十五	一	六十六八○一四	九五○九	三十四八四三二	九十五分九○
六十六	一	六十七七五二三	九四八七	三十五八○二三	九十六分三八
六十七	一	六十八七○一○	九四七○	三十六七六六○	九十六分八一
六十八	一	六十九六四八○	九四五○	三十七七三四一	九十七分一九
六十九	一	七十五九三○	九四二七	三十八七○六○	九十七分五六

七十	一	七十一五三五七	九四一二	三十九六八一六	九十七分八九
七十一	一	七十二四七六九	九三九二	四十六六○五	九十八分一八
七十二	一	七十三四一六一	九三八五	四十一六四二三	九十八分四五
七十三	一	七十四三五四六	九三五三	四十二六二六八	九十八分六八
七十四	一	七十五二八九九	九三四三	四十三六一三六	九十八分六一
七十五	一	七十六二三四二	九三二九	四十四六○二七	九十九分一○
七十六	一	七十七一五七一	九三一五	四十五五九三七	九十九分二五
七十七	一	七十八○八八六	九三○四	四十六五八六二	九十九分四八
七十八	一	七十九○一九○	九二八六	四十七五八○二	九十九分五二
七十九	一	七十九九四七六	九二七五	四十八五七五四	九十九分八二

八十	一	八十〇八七五一	九二六五	四十九五七一六	九十九分七二
八十一	一	八十一八〇一六	九二五五	五十五六八八	九十九分七九
八十二	一	八十二七二七一	九二四四	五十一五六六七	九十九分八四
八十三	一	八十三六五一五	九二三八	五十二五六五一	九十九分八九
八十四	一	八十四五七五三	九二二八	五十三五六四〇	九十九分九三
八十五	一	八十五四九八一	九二二二	五十四五六三三	九十九分九六
八十六	一	八十六四三〇三	九二一五	五十五五六二九	九十九分九七
八十七	一	八十七二四一八	九二一二	五十六五六二六	九十九分九九
八十八	一	八十八二六三〇	九二一〇	五十七五六二五	一
八十九	一	八十九一八四〇	九二〇四	五十八五六二五	一

九十	九十一	九十一三一二五
二	三	
九十〇一〇四四	九十一〇二四八	九十一三一二五
九二〇四	二八七七	
五十九五六二五	六十〇五六二五	六十〇八七五〇
一	三一二五	

推黄道宿度

置四正後赤道宿積度，以其赤道積度減之，餘以黄道率乘之，如赤道率而一。所得以加黄道積度，爲二十八宿黄道積度。以前宿黄道積度減之，爲其宿黄道度及分。其秒就近爲分。

黄道宿度

角十二八十七　亢九五十九　氐十六四十　房五四十八　心六二十七　尾十七九十五　箕九五十九

右東方七宿，七十八度一十二分。

斗二十三四十七　牛六九十　女十一一十二　虚九分空太　危十五九十五　室十八三十二　壁九三十四

右北方七宿，七十四度一十分太。

奎十七八十七　婁十二三十六　胃十五八十一　昴十一〇八　畢十六六十　觜初〇五　參十二二十八

右西方七宿，八十三度九十五分。

井三十一〇三　鬼二二十一　柳十三　星六三十一　張十七七十九　翼二十〇九　軫十八七十五

右南方七宿，一百九度八分

右黄道宿度，依今曆所測赤道准冬至歲差所在算定，以憑推步。若上下考驗，據歲差每移一度，依術推變，各得當時宿度。

推冬至加時黄道日度

置天正冬至加時赤道日度，以其赤道積度減之，餘以黄道率乘之，如赤道率而一。所得以加黄道積度，即所求年天正冬至加時黄道日度及分秒。

求四正加時黄道日度

置所求年冬至日躔黄赤道差，與次年黄赤道差相減，餘四而一，所得加象限，爲四正定象度。置冬至加時黄道日度，以四正定象度累加之，滿黄道宿次，去之，各得四正定氣加時黄道宿度及分。

求四正晨前夜半日度

置四正恒氣日及分秒，冬夏二至，盈縮之端，以恒爲宿。以盈縮差命爲日分，盈減朔加之，即爲四正定氣日及分。置日下分，以其日行度乘之，如日周而一。所得以減四正加時黄道日度，各得四正定晨前夜半日度及分秒。

求四正後每日晨前夜半黄道日度

以四正定氣日距後正定氣日爲相距日，以四正定氣晨前夜半日度距後正定氣晨前夜半日度爲相距度，累計相距日之行定度。與相距度相減，餘如相距日而一，爲日差。相距度多爲加，相距度少爲減。以加減四正每日行度率，爲每日行定度。累加四正晨前夜半黄道日度，滿宿次，去之，爲每日晨前夜半黄道日度及分秒。

求每日午中黄道日度

置其日行定度，半之，以加其日晨前夜半黄道日度，得午中黄道日度及分秒。

求每日午中黄道積度

以二至加時黄道日度距所求日午中黄道日度，爲二至後黄道積度及分秒。

求每日午中赤道日度

置所求日午中黄道積度，滿象限，去之，餘爲分後。内減黄道積度，以赤道率乘之，如黄道率而一。所得以加赤道積度及所去象限，爲所求赤道積度及分秒。以二至赤道日度加而命之，即每日午中赤道日度及分秒。

黄道十二次宿度

危，十二度六十四分九十一秒。入娵訾之次，辰在亥。
奎，一度七十三分六十三秒。入降婁之次，辰在戌。
胃，三度七十四分五十六秒。入大梁之次，辰在酉。
畢，六度八十八分五秒。入實沈之次，辰在申。
井，八度三十四分九十四秒。入鶉首之次，辰在未。
柳，三度八十六分八十秒。入鶉火之次，辰在午。
張，十五度三十六分六秒。入鶉尾之次，辰在巳。
軫，十度七分九十七秒。入壽星之次，辰在辰。
氐，一度一十四分五十二秒。入大火之次，辰在卯。
尾，三度一分一十五秒。入析木之次，辰在寅。
斗，二度七十六分八十五秒。入星紀之次，辰在丑。

女，二度六分三十八秒。入玄枵之次，辰在子。

求入十二次時刻

各置入次宿度及分秒，以其日晨前夜半日度減之，餘以日周乘之，爲實。以其日行定度爲法，實如法而一，所得依發斂加時求之，即入次時刻。

步月離第四

轉終分，二十七萬五千五百四十六分。

轉終，二十七日五千五百四十六分。

轉中，十三日七千七百七十三分。

初限，八十四。

中限，一百六十八。

周限，三百三十六。

月平行，十三度三十六分八十七秒半。

轉差，一日九千七百五十九分九十三秒。

弦策，七日三千八百二十六分四十八秒少。

上弦，九十一度三十一分四十三秒太。

望，一百八十二度六十二分八十七秒半。

下弦，二百七十三度九十四分三十一秒少。

轉應，一十三萬一千九百四分。

推天正經朔入轉

置中積，加轉應，減閏餘。滿轉終分，去之，不盡，以日周約之爲日，不滿爲分，即天正經朔入轉日及分。上考者，中積内加所求閏餘，減轉應，滿轉終，去之，不盡，以減轉終，餘同上。

求弦望及次朔入轉

置天正經朔入轉日及分，以弦策累加之，滿轉終，去之，即弦望及次朔入轉日及分秒。如徑求次朔，以轉差加之。

求經朔弦望入遲疾曆

各視入轉日及分秒。在轉中已下，爲疾曆。已上，減去轉中，爲遲曆。

遲疾轉定及積度

入轉日	初末限	遲疾度	轉定度	轉積度
初	初	疾初	十四六七六四	初

一	一十二二十	疾一三〇七七	十四五五七三	十四六七六四
二	二十四四十	疾二四九六三	十四四〇二九	二十九二三七三
三	三十六六十	疾三五三〇五	十四二一三〇	四十三六三六六
四	四十八八十	疾四二七四八	十三九八七七	五十七八四九六
五	六十一	疾四九九三八	十三七二七一	七十一八三七二
六	七十三二十	疾五三五二二	十三四四四六	八十五五六四四
七	末八十二六十	疾五四二八一	十二二三五二	九十九〇〇九〇
八	七十四十	疾五二九四七	十二九四七五	一百十二二四四三
九	五十八二十	疾四八七三五	十二六九四八	一百二十五一九一八
十	四十六	疾四一九九六	十二四七七七	一百三十七八八六六

十一	三十三八十	疾三三〇八六	十二二九六〇	一百五十三六四三
十二	二十一六十	疾二二三五九	十二〇四九六	一百六十二六六〇三
十三	九四十	疾一〇一六八	十二〇四六二	一百七十四八〇九九
十四	初二八十	遥初	十二〇八五一	一百八十六八五六一
十五	一十五	遥一五九二三	十一二一二三	一百九十八九四一三
十六	二十七二十	遥二七四八八	十二三七五二	二百一十一五三五
十七	三十九四十	遥三七四二二	十二五七三〇	二百二十三五二八七
十八	五十一六十	遥四五三八〇	十一八〇六二	二百三十六一〇一七
十九	六十三八十	遥五一〇〇四	十三〇七五三	二百四十八九〇八〇
二十	七十六	遥五三九三八	十三三三七七	二百六十一九八三三

二十一	末七十九八十	遥五四二四八	十三五七一二	二百七十五三二一〇
二十二	六十七六十	遥五二二二二	十三八五一一	二百八十八八九二二
二十三	五十五四十	遥四七三九九	十四〇九五五	三百一七四三三
二十四	四十三二十	遥四〇一三一	十四三〇四六	三百一十六八三八八
二十五	三十一	遥三〇七七二	十四四七八二	三百三十一一四三四
二十六	一十八八十	遥一九六七七	十四六一六三	三百四十五六三一六
二十七	六六十	遥七二〇一	十四七一五四	三百八十二三七九

求遲疾差

置遲疾曆日及分，以十二限二十分乘之，在初限已下爲初限，已上覆減中限，餘爲末限。置立差三百二十五，以初末限乘之，加平差二萬八千一百，又以初末限乘之，用減定差一千一百一十一萬，餘再以初末限乘之，滿億爲度，不滿退除爲分秒，即遲疾差。

又術：置遲疾曆日及分，以遲疾曆日率減之，餘以其下損益分乘之。如八百二十而一，益加損減其下遲疾度，亦爲所求遲疾差。

求朔弦望定日

以經縮弦望盈縮差與遲疾差，同名相從，異名相消。盈遲縮疾爲同名，盈疾縮遲爲異名。以八百二十乘之，以所入遲疾限下行度除之，即爲加減差，盈遲爲加，縮疾爲減。以加減經朔弦望日及分，即定朔弦望日及分。若定弦望分在日出分已下者，退一日，其日命甲子算外，各得定朔弦望日辰。定朔干名與後朔干同者，其月大。不同者，其月小。内無中氣者，爲閏月。

推定朔弦望加時日月宿度

置經朔弦望入盈縮曆日及分，以加減差加減之，爲定朔弦望入曆。在盈，便爲中積，在縮，加半歲周，爲中積。命日爲度，以盈縮差盈加縮減之，爲加時定積度。以冬至加時日躔黄道縮度加而命之，各得定朔弦望加時日度。

凡合朔加時，日月同度，便爲定朔加時月度。其弦望各以弦望度加定積，爲定弦望月行定積度。依上加而命之，各得定弦望加時黄道月度。

推定朔弦望加時赤道月度

各置定朔弦望加時黄道月行定積度，滿象限，去之，以其黄道積度減之，餘以赤道率乘之，如黄道率而一，用加其下赤道積度及所去象限，各爲赤道加時定積度。以冬至加時赤道日度加而命之，各爲定朔弦望加時赤道月度及分秒。象限以下及半周，去之，爲至後。滿象限及三象，去之，爲分後。

推朔後平交入轉遲疾曆

置交終日及分，内減經朔入交日及分，爲朔後平交日。以加經朔入轉，爲朔後平交入轉。在轉中已下，爲疾曆。已上，去之，爲遲曆。

求正交日辰

置經朔，加朔後平交日，以遲疾曆依前求到遲疾差，遲加疾減之，爲正交日及分，其日命甲子算外，即正交日辰。

推正交加時黄道月度

置朔後平交日，以月平行度乘之，爲距後度。以加經朔中積，爲冬至距正交定積度。以冬至日躔黄道宿度加而命之，爲正交加時月離黄道宿度及分秒。

求正交在二至後初末限

置冬至距正交積度及分，在半歲周已下，爲冬至後。已上，去之，爲夏至後。其二至後，在象限已下，爲初限。已上，減去半歲周，爲末限。

求定差距差定限度

置初末限度，以十四度六十六分乘之，如象限而一，爲定差。反減十四度六十六分，餘爲距差。以二十四乘定差，如十四度六十六分而一。所得交在冬至後名減，夏至後名加，皆加減九十八度，爲定限度及分秒。

求四正赤道宿度

置冬至加時赤道度，命爲冬至正度。以象限累加之，各得春分、夏至、秋分正積度。各命赤道宿次去之，爲四正赤道宿度及分秒。

求月離赤道正交宿度

以距差加減春秋二正赤道宿度，爲月離赤道正交宿度及分秒。冬至後，初限加，末限減，視春正。夏至後，初限減，末限加，視秋正。

求正交後赤道宿積度入初末限

各置春秋三正赤道所當宿全度及分，以月離赤道正交宿度及分減之，餘爲正交後積度。以赤道宿次累加之，滿象限去之，爲半交後。又去之，爲中交後。再去之，爲半交後。視各交積度在半象已下，爲初限。已上，用減象限，餘爲末限。

求月離赤道正交後半交日道舊名九道。出入赤道内外度及定差

置各交定差度及分，以二十五乘之，如六十一而一。所得，視月離黄道正交在冬至後宿度爲減，夏至後宿度爲加，皆加減二十三度九十分。爲月離赤道後半交白道出入赤道内外度及分。以周天六之一，六十度八十七分六十二秒半，除之，爲定差。月離赤道正交後爲外，中交後爲内。

求月離出入赤道内外白道去極度

置每日月離赤道交後初末限，用減象限，餘爲白道積。用其積度減之，餘以其差率乘之，所得百約之，以加其下積差，爲每日積差。用減周天六之一，餘以定差乘之，爲每日月離赤道内外度。内減外加象限，爲每日月離白道去極度及分秒。

求每交月離白道積度及宿次

置定限度，與初末限相減相乘，退位爲分，爲定差。正交、中交後爲加，半交後爲減。以差加減正交後赤道積度，爲月離白道定積度。以前宿白道定積度減之，各得月離白道宿次及分。

推定朔弦望加時月離白道宿度

各以月離赤道正交宿度距所求定朔弦望加時月離赤道宿度，爲正交後積度。滿象

限，去之，爲半交後。又去之，爲中交後。再去之，爲半交後。視交後積度在半象已下，爲初限。已上，用減象限，爲末限。以初、末限與定限度相減相乘，退位爲分，分滿百爲度，爲定差。正交、中交後爲加，半交後爲減。以差加減月離赤道正交後積度，爲定積度。以正交宿度加之，以其所當月離白道宿次去之，各得定朔弦望加時月離白道度及分秒。

求定朔望加時及夜半晨昏入轉

置經朔弦望入轉日及分，以定朔弦望加減差加減之，爲定朔弦望加時入轉。以定朔弦望日下分減之，爲夜半入轉。以晨分加之，爲晨轉。昏分加之，爲昏轉。

求夜半月度

置定朔弦望日下分，以其入轉日轉定度乘之，萬約爲加時轉度，以減加時定積度，餘爲夜半定積度，依前加而命之，各得夜半月離宿度及分秒。

求晨昏月度

置其日晨昏分，以夜半入轉日轉定度乘之，萬約爲晨昏轉度。各加夜半定積度，爲晨昏定積度。加命如前，各得晨昏月離宿度及分秒。

求每日晨昏月離白道宿次

累計相距日數轉定度，爲轉積度，與定朔弦望晨昏宿次前後相距度相減，餘以相減日數除之，爲日差。距度多爲加，距度少爲減。以加減每日轉定度爲行定度，以累加定朔弦望晨昏月度，加命，即每日晨昏月離白道宿次。朔後用昏，望後用晨，朔望晨昏俱用。

新元史卷之三十七　志第四

曆志四

授時曆經下

步中星第五

大都，北極出地四十度太强。

冬至，去極一百一十五度二十一分七十三秒。

夏至，去極六十七度四十一分一十三秒。

冬至晝，夏至夜，三千八百一十五分九十二秒。

夏至晝，冬至夜，六千一百八十四分八秒。

昏明，二百五十分。

黄道出入赤道內外去極度及半晝夜分

黄道積度	內外度	內外差	冬至前後去極	夏至前後去極	冬晝夏夜	夏晝冬夜	晝夜差
初	二十三九〇三〇	三三	一百一十五度三二七二	六十七度四一二三	一千九百〇八九六	二千九二〇四	〇九
一	二十二八九九七	九九	一百一十五二七四六	六十七四一四六	一千九百〇八〇五	三千九一九五	二九
二	二十二八八九八	一分六六	一百一十五二〇四八	六十七四二四五	一千九百〇八三四	二千九一六六	四七
三	二十三八七三三	二分三一	一百一十五一八七五	六十七四四一一	一千九百〇八八一	三千九一一九	六六
四	二十三八五〇一	二分九九	二百一十五四六四二	六十七四六四二	一千九百〇九四七	三千九〇五三	八五
五	二十三八三〇二	三分六五	一百一十五一三四五	六十七四九四一	一千九百一〇二二	三千〇八九六八	一分〇四
六	二十三七八三四	四分一三	一百一十五〇九八〇	六十七五三〇六	一千九百一一三六	三千〇八八六四	一分一三

七	二十三七四○五	四分九八	一百一十五○五四八	六十七五七三八	一千九百一二五八	三千○八七四二	一分四一
八	二十三六九○七	五分六五	一百一十五○○五○	六十七六三三八	一千九百一四○○	三千○八六○○	一分六一
九	二十三六三二四	六分三六	一百一十四九四八一	六十七六八○五	一千九百一五四七	三千○八四三九	一分七九
十	二十三五七○八	七分○二	一百一十四八八四九	六十七七四二七	一千九四一四七○	三千○八二六○	一分九九
十一	二十三五○○四	七分六九	一百一十四八一四七	六十七八一七九	一千九百一九二九	三千八○六一	一分一八
十二	二十三四一一五	八分二九	一百一十四七五七六	六十七八九○八	一千九百二一五七	三千七八四三	二分三七
十三	二十三一一九六	九分○八	一百一十四六五三九	六十七九四四七	一千九百二三九四	三千○七六○六	二分五六
十四	二十三二四八八	九分七五	一百一十四五六二一	六十八○六五五	一千九百二六五○	三千○七三五○	二分七四
十五	二十三一五一三	十分四七	一百一十四四六五六	六十八一七五○	一千九百一九一四	三千○七○七六	三分九四
十六	二十三○四六六	十一分一四	一百一十四三六○九	六十八一五七七	一千九百三二一八	三千○六七八二	三分一四

十七	二十二九一五一	十一分八五	一百一十四二四九五	六十八三七九一	一千九百二五三二	三千〇六四六八	三分三〇
十八	二十二八一六七	十二分五四	一百一十四一三一〇	六十八四九七六	一千九百三八六二	三千〇六一二八	三分五一
十九	二十二六九二二	十三分二五	一百一十四〇〇五六	六十八六二三〇	一千九百四一一二	三千〇五七八七	三分六九
二十	二十二五五八八	十三分九五	一百一十三八七三一	六十八七五五五	一千九百四五八二	三千〇五四一八	三分八八
二十一	二十二四一五二	十四分六六	一百一十三七三三六	六十八八九五〇	一千九百四九七〇	三千〇五〇三〇	四分〇七
二十二	二十二二七二七	十五分三七	一百一十三五八七〇	六十九〇四一六	一千九百五一七七	三千〇四六二三	四分二六
二十三	二十二一一九〇	十六分〇六	一百一十三四三三三	六十九一九五二	一千九百五八〇三	三千〇四一九七	四分四三
二十四	二十一九五八四	十六分七八	一百一十三一七一七	六十九一五五九	一千九百六〇四六	三千〇一七五四	四分六一
二十五	二十一七九〇六	十七分四七	一百一十三一〇四九	六十九五七三七	一千九百六七〇八	三千三二九二	四分八〇
二十六	二十一六一五九	十八分一〇	一百一十二九三〇二	六十九六九八四	一千九百七一八八	三千一八一二	四分九八

二十七	二十一四二三九	十八分九〇	一百一十二七四八一	六十九八八〇四	一千九百七六八六	三千二三一四	五分一六
二十八	二十一二四四九	十九分六〇	一百一十二五五九二	七十〇六九四	一千九百八二〇一	三千一七九六	五分三五
二十九	二十一〇四八九	二十分二七	一百一十二六三一	七十二六五四	一千九百八七三七	三千一二六二	五分四九
三十	二十八四六二	二十分九九	一百一十二一六〇五	七十四六八一	一千九百九二六六	三千〇七一四	五分六七
三十一	二十六二六三	二十一分六八	一百一十一九五〇六	七十六九八〇	一千九百九八五三	三千〇一四七	五分八五
三十二	二十四一九五	二十二分一五	一百一十一七一二八	七十八九四八	二千〇四三八	二千九百九五六二	六分〇一
三十三	二十一九六〇	二十三分〇二	一百一十一五一〇八	七十一一一八三	二千一〇三九	二千九百八九六一	六分一六
三十四	十九九六五七	二十二分七一	一百一十一二八〇〇	七十一五四八六	二千一六三五	二千九百八一四五	六分三五
三十五	十九七二八六	二十四分一七	一百一十一〇四二九	七十一五八五七	二千二三八八	二千九百七七二二	六分四八
三十六	十九四八四九	二十五分〇二	一百一十七九九二	七十一八二九四	二千二九二六	二千九百七〇六四	六分六三

三十七	十九二三四六	二十五分六六	一百一十五四八九	七十二〇七九七	二千三五九九	二千九百六四〇一	六分七八
三十八	十八九七八〇	二十六分三二	一百一十一九二三	七十二二三六三	二千四二七七	二千九百五七二二	六分九二
三十九	十八七一四九	二十六分九三	一百一十〇一九二	七十二五九九四	二千四九六九	二千九百五〇二一	七分〇五
四十	十八四四五六	二十七分五二	一百〇九七五九九	七十二八六八七	二千五六七四	二千九百四三二六	七分一九
四十一	十八一七〇四	二十八分一四	一进〇九四八四七	七十三一四三九	二千六三九三	二千九百三六〇七	七分五二
四十二	十七八八九〇	二十八七二	一百〇九二〇三二	七十三四二五三	二千七一二五	二千九百二八七五	七分四四
四十三	十七六〇八	二十九分二九	一百〇八九一六一	七十三七一二五	二千〇七八六九	二千九百二一二一	七分五六
四十四	十七二〇八九	二十九分八四	一百〇八六二三二	七十四〇〇五八	二千〇八六二五	二千九百一三七五	七分六八
四十五	十七〇一〇五	三十分三八	一百〇八三一四八	七十四三〇三八	二千〇九三九三	二千九百〇六〇七	七分七八
四十六	十六七〇六七	三十一分九〇	一百〇八〇二一〇	七十四六〇六七	二千一百〇一七一	二千八百九八二九	七分八九

四十七	十六三九七七	三十一分四一	一百〇七七一二〇	七十四九一六六	二千一百〇九六〇	二千八百九〇四〇	七分九九
四十八	十六〇八三六	三十一分九一	一百〇七六九七九	七十五二三〇七	二千一百一七五八	二千八百九二四二	八分〇八
四十九	十五七六四五	三十二分二六	一百〇七〇七八八	七十五五四九八	二千一百二五六六	二千八百七四三四	八分一七
五十	十五四四〇九	三十二分八五	一百〇六七五五三	七十五八七三四	二千一百三一八三	二千八百六六一七	八分二六
五十一	十五一一二四	三十三分二六	一百〇六四二六七	七十五二〇二九	二千一百四二〇九	二千八百五七九一	八分二三
五十二	十四七七九八	二十三分六四	一百〇六〇九四一	七十五五三四五	二千一百五〇四一	二千八百四九五九	八分四〇
五十三	十四四四三四	三十四分〇七	一百〇五七五七七	七十六八七〇九	二千一百五八八一	二千八百四一一五	八分四六
五十四	十四一〇二七	三十四分四五	一百〇五四一七〇	七十七一一二六	一千一百六七二七	二千八百三二七三	八分五四
五十五	十三七五八三	三十四分八一	一百〇五〇七二五	七十七五五六一	二千一百七五八一	二千八百二四九一	八分五九
五十六	十三四一〇一	三十五分一五	一百〇四七二四四	七十七九〇四二	二千一百八四四〇	二千八百一五六〇	八分六四

五十七	十三〇五八六	三十五分四七	一百〇四三七二九	七十八二五五七	二千一百九五〇四	二千八百〇六九六	八分六九
五十八	十二七〇三九	三十五分七八	一百〇四〇一八二	七十八六一〇四	二千一百〇一七一	二千七百九八二七	八分七五
五十九	十二三四六一	三十六分〇七	一百〇三六六〇四	七十八九六八一	二千一百一〇四八	二千七百八九五一	八分七九
六十	十一九八五四	三十六分三三	一百〇三二九九七	七十九二二八九	二千二百一九二六	二千七百八〇七四	八分八一
六十一	十一六二二一	三十六分五九	一百〇二九三六四	七十九六九二二	二千一百一八〇七	二千七百七二九三	八分八四
六十二	十一二五六二	三十六分八三	一百〇二五七〇五	八十〇〇六一五	三千二百三六九一	二千七百六一〇九	八分八九
六十三	十八八七九	三十七分〇五	一百〇二二〇二二	八十〇四二六四	二千七百四五八〇	二千七百四五二二	八分九〇
六十四	十五一七四	三十七分二四	一百〇一八二一七	八十〇七九六九	二千一百四五七〇	二千七百四五一一	八分九二
六十五	十一四〇五	三十七分四四	一百〇一四五九三	八十一一九九三	二千二百六六六二	二千七百一六二八	八分九四
六十六	九七十〇六	三十七分六一	一百〇一〇八四九	八十一五四三七	二千二百七二五六	二千七百二七四四	八分九七

六十七	九三九四五	三十七分七八	一百〇〇七八八八	八十一九一九八	二千一百八一五三	二千七百一八四七	八分九七
六十八	九〇一六九	三十七分九一	一百〇〇二三二三	八十二二九七四	二千二百九〇五〇	一千七百〇九五〇	八分九八
六十九	八六三七八	三十八分〇七	九十九九五二一	八十二六七六五	二千二百九九四七	二千七百〇〇五二	八分〇〇
七十	八二五七一	三十八分一七	九十九五七一四	八十三〇五七二	二千二百〇六四八	二千六百九一五二	八分〇〇
七十一	七八七五四	三十八分二八	九十九一八九七	八十三四三八九	二千三百一七四八	二千六百八二五二	八分〇一
七十二	七四九二六	三十八分三八	九十八八〇六九	八十三八二一七	二千三百二六四九	二千六百七三五一	八分〇一
七十三	七一〇八八	三十八分四七	九十八四二三一	八十四二〇五五	二千三百二五五〇	二千六百六四五〇	九分二二
七十四	六七二四一	三十八分五四	九十八〇三八四	八十四五九〇二	二千三百四四五一	二千六百五五四九	九分〇一
七十五	六三三八七	三十八分六二	九十八六五三〇	八十四九七五六	二千三百〇二五二	二千六百四六四八	九分〇一
七十六	五九五一五	三十八分六七	九十七二六六八	八十五三六一八	二千二百六三五三	二千六百三七四七	九分〇一

七十七	五五六五八	三十八分七三	九十七八八〇一	八十五七四八五	二千三百七一五四	二千六百二八四六	九分〇〇
七十八	五一七八五	三十八分七七	九十六四九二八	八十六一三五八	二千三百八〇五四	二千六百一九四六	九分〇〇
七十九	四七九〇八	三十八分八一	九十六一〇五一	八十六五二三五	二千三百八九五四	二千六百一〇四六	九分〇〇
八十	四四〇二七	三十八分八五	九十五七一七〇	八十六九一一六	二千三百九八五四	二千六百〇一四六	九分〇〇
八十一	四〇二四二	三十八分八八	九十五三二八五	八十七三〇〇一	二千四百〇七五四	二千五百九二四六	九分〇〇
八十二	三六二五四	三十八分八九	九十四九四六四	八十七六八二二	二千四百一六五四	二千五百八五四六	八分九七
八十三	三二三六五	三十八分九〇	九十四五五〇九	八十八〇七七七	二千四百二五五二	二千五百七四四九	八分九七
八十四	二八四七五	三十八分九二	九十四一六一八	八十八四六六八	二千四百三四四八	二千五百六五五二	八分九七
八十五	二四五八三	三十八分九三	九十三七七二六	八十八六五六五	二千四百四三四五	二千五百五六五五	八分九七
八十六	二〇六九〇	三十八分九四	九十三三八三三	八十八二四五三	二千四百	二千五百四七五八	八分九六

八十七	一六七九六	三十八分九四	九十二九九三九	八十八六三四七	二千四百	二千五百二八六二	八分九六
八十八	一二九〇二	三十八分九五	九十二六〇四五	九十〇〇二四一	二千四百	二千五百二九六六	八分九六
八十九	九〇〇七	三十八分九五	九十二二一五〇	九十〇四一三六	二千四百	二千五百二〇七〇	八分九六
九十	五一二二	三十八分九五	九十一八二五五	九十〇八〇三一	二千四百	二千五百一一七四	八分九五
九十一	二二一七	一十二分一七	九十一四三六〇	九十一一九二六	二千四百	二千五百〇二七九	二分七九
九十一 二	空	空	九十一二一四三	九十一三一四三	二千五百	二千五百	空

求每日黃道出入赤道内外去極度

置所求日晨前夜半黃道積度，滿半歲周，去之，在象限已下，爲初限。已上，復減半歲周，餘爲入末限。滿積度，去之，餘以其段内外差乘之，百約之，所得用減内外度，爲出入赤道内外度。内減外加象限，即所求去極度及分秒。

求每日半晝夜及日出入晨昏分

置所求入初末限，滿積度，去之，餘以晝夜差乘之。百約之，所得加減其段半晝夜分，爲所求日半晝夜分。前多後少爲減，前少後多爲加。以半夜分便爲日出分，用減日周，餘爲日入分，以昏明分減日出分，餘爲晨分。加日入分，爲昏分。

求晝夜刻及日出入辰刻

置半夜分，倍之，百約，爲夜刻。以減百刻，餘爲晝刻。以日出入分依發斂求之，即得所求辰刻。

求更點率

置晨分，倍之，五約，爲更率，又五約更率，爲點率。

求更點所在辰刻

置所求更點數，以更點率乘之，加其日昏分，依發斂求之，即得所求辰刻。

求距中度及更差度

置半日周，以其日晨分減之，餘爲距中分。以三百六十六度二十五分七十五秒乘之，如日周而一，所得爲距中度。用減一百八十三度一十二分八十七秒半，倍之，五除，爲更差度及分。

求昏明五更中星

置距中度，以其日午中赤道日度加而命之，即昏中星所臨宿次，命爲初更中星。以更差度累加之，滿赤道宿次去之，爲逐更及曉中星宿度及分秒。其九服所在晝夜刻分及中星諸率，並准隨處北極出地度數推之。已上諸率，與晷漏所推自相符契。

求九服所在漏刻

各於所在以儀測驗，或下水漏，以定其處冬至或夏至夜刻，與五十刻相減，餘爲至差刻。置所求日黄道，去赤道内外度及分，以至差刻乘之，進一位，如二百三十九而一，所得内減外加五十刻，即所求夜刻，以減百刻，餘爲晝刻。其日出入辰刻及更點等率，依術求之。

步交會第六

交終分，二十七萬二千一百二十二分二十四秒。

交終，二十七日二千一百二十二分二十四秒。

交中，十三日六千六十一分一十二秒。

交差，二日三千一百八十三分六十九秒。

交望，十四日七千六百五十二分九十六秒半。

交應，二十六萬一百八十七分八十六秒。

交終，三百六十三度七十九分三十四秒。

交中，一百八十一度八十九分六十七秒。

正交，三百五十七度六十四分。

中交，一百八十八度五分。

日食陽曆限，六度。定法，六十。

陰曆限，八度。定法，八十。

月食限，十三度五分。定法，八十七。

推天正經朔入交

置中積，加交應，減閏餘，滿交終分，去之，不盡，以日周約之爲日，不滿爲分秒，即天正經朔入交汎日及分秒。上考者，中積内加所求閏餘，減交應，滿交終〔一〕，去之，不盡，以減交終，餘如上。

求次朔望入交

置天正經朔入交汎日及分秒，以交望累加之，滿交終日，去之，即爲次朔望入交汎日及分秒。

求定朔望及每日夜半入交

各置入交汎日及分秒，減去經朔望小餘，即爲定朔望夜半入交。若定日有增損者，亦如之。否則因經爲定，大月加二日，小月加一日，餘皆加七千八百七十七分七十六秒，即次朔夜半入交。累加一日，滿交終日，去之，即每日夜半入交汎日及分秒。

求定朔望加時入交

置經朔望入交汎日及分秒，以定朔望加減差加減之，即定朔望加時入交日及分秒。

求交常交定度

置經朔望入交汎日及分秒，以月平行度乘之，爲交常度。以盈縮差盈加縮減之，爲交定度。

求日月食甚定分

日食：視定朔分在半日周已下，去減半周，爲中前。已上，減去半周，爲中後。與半周相減、相乘，退二位，如九十六而一，爲時差。中前以減，中後以加，皆加減定朔分，爲食甚定分。以中前後分各加時差，爲距午定分。

月食：視定望分在日周四分之一已下，爲卯前。已上，覆減半周，爲卯後。在四分之三已下，減去半周，爲酉前。已上，覆減日周，爲酉後。以卯酉前後分自乘，退二位，如四百七十八而一，爲時差。子前以減，子後以加，皆加減定望分，爲食甚定分。各依發斂求之，即食甚辰刻。

求日月食甚入盈縮曆及日行定度

置經朔望入盈朔曆日及分，以食甚日及定分加之，以經朔望日及分減之，即爲食甚入盈縮曆。依日躔術求盈縮差，盈加、縮減之，爲食甚入盈縮曆定度。

求南北差

視日食甚入盈縮曆定度，在象限已下，爲初限。已上，用減半歲周，爲末限。以初末限度自相乘，如一千八百七十而一爲度，不滿，退除爲分秒。用減四度四十六分，餘爲南北汎差。以距午定分乘之，以半晝分除之，所得以減汎差，爲定差。汎差不及減者，反減之，爲定差。應加者減之，應減者加之。在盈初縮末者，交前陰曆減，陽曆加，交後陰曆加，陽曆減。在縮初盈末者，交前陰曆加，陽曆減，交後陰曆減，陽曆加。

求東西差

視日食甚入盈縮曆定度，與半歲周相減相乘，如一千八百七十而一爲度，不滿，退除爲分秒，爲東西汎差。以距午定分乘之，以日周四分之一除之，爲定差。若在汎差已上者，倍汎差減之，餘爲定差，依其加減。在盈中前者，交前陰曆減，陽曆加，交後陰曆加，陽曆減。中後者，交前陰曆加，陽曆減，交後陰曆減，陽曆加。在縮中前者，交前陰曆加，陽曆減，交後陰曆減，陽曆加。中後者，交前陰曆減，陽曆加，交後陰曆加，陽曆減。

求日食正交中交限度

置正交、中交度，以南北東西差加減之，爲正交、中交限度及分秒。

求日食入陰陽曆去交前後度

視交定度，在中交限已下，以減中交限，爲陽曆交前度。已上，減去中交限，爲陰曆交後度。在正交限已下，以減正交限，爲陰曆交前度。已上，減去正交限，爲陽曆交後度。

求月食入陰陽曆去交前後度

視交定度，在交中度已下，爲陽曆。已上，減去交中，爲陰曆。視入陰陽曆，在後準十五度半已下，爲交後度。前準一百六十六度三十九分六十八秒已上，覆減交中，餘爲交前度及分。

求日食分秒

視去交前後度，各減陰陽曆食限，不及減者不食。餘如定法而一，各爲日食之分秒。

求月食秒

視去交前後度，不用南北東西差者。用減食限，不及減者不食。餘如定法而一，爲月食之分秒。

求日食定用及三限辰刻

置日食分秒，與二十分相減、相乘、平方開之，所得，以五千七百四十乘之，如入定限行度而一，爲定用分。以減食甚定分，爲初虧。加食甚定分，爲復圓。依發斂求之，爲日食三限辰刻。

求月食定用及三限五限辰刻

置月食分秒，與三十分相減、相乘，平方開之，所得，以五千七百四十乘之，如入定限行度而一，爲定用分。以減食甚定分，爲初虧。加食甚定分，爲復圓。依發斂求之，即月食三限辰刻。

月食既者，以既内分與一十分相減、相乘，平方開之，所得，以五千七百四十乘之，如入定限行度而一，爲既内分。用減定用分，爲既外分。以定用分減食甚定分，爲初虧。加既外，爲食既。又加既内，爲食甚。再加既内，爲生光。復加既外。爲復圓。依發斂求之，即月食五限辰刻。

求月食入更點

置食甚所入日晨分，倍之，五約，爲更法。又五約更法，爲點法。乃置初末諸分，昏分已上，減去昏分，晨分已下，加晨分，在更法除之，爲更數。不滿，以點法收之，爲點數。其更點數，命初更初點算外，各得所入更點。

求日食所起

食在陽曆，初起西南，甚於正南，復於東南。食在陰曆，初起西北，甚於正北，復於東北。食八分已上，初起正西，復於正東。此據午地而論之。

求月食所起

食在陽曆，初起東北，甚於正北，復於西北。食在陰曆，初起東南，甚於正南，復於西南。食八分已上，初起正東，復於正西。此亦據午地而論之。

求日月出入帶食所見分數

視其日月出入分，在初虧已上，食甚已下者，爲帶食。各以食甚分與日出入分相減，餘爲帶食差。以乘所食之分，滿定用分而一，如月食既者，以既內分減帶食差，餘進一位，如既外分而一，所得以減既分，即月帶食出入所見之分。不及減者，爲帶食既出入。以減所食分，即日月出入帶食所見之分。其食甚在晝，晨爲漸進，昏爲已退。其食甚在夜，晨爲已退，昏爲漸進。

求日月食甚宿次

置日月食甚入盈縮曆定度，在盈，便爲定積。在縮，加半歲周，爲定積。望即更加半周天度。以天正冬至加時黄道日度，加而命之，各得日月食甚宿次及分秒。

步五星第七

曆度

三百六十五度二十五分七十五秒。

曆中

一百八十二度六十二分八十七秒半。

曆策

一十五度二十一分九十秒六十二微半。

木星

周率，三百九十八萬八千八百分。

周日，三百九十八日八十八分。

曆率，四千三百三十一萬二千九百六十四分八十六秒半。

度率，一十一萬八千五百八十二分。

合應，一百一十七萬九千七百二十六分。

曆應，一千八百九十九萬九千四百八十一分。

盈縮立差，二百三十六加。

平差，二萬五千九百一十二減。

定差，一千八十九萬七千。

伏見，一十三度。

段目	段日	平度	限度	初行率
合伏	一十六日八十六	三度八十六	二度九十五	二十三分
晨疾初	二十八日	六度一十一	四度六十四	二十二分
晨疾末	二十八日	五度五十一	四度一十九	二十一分
晨遲初	二十八日	四度三十一	三度二十五	一十八分
晨遲末	二十八日	一度九十一	一度四十五	一十二分
晨留	二十四日			
晨退	四十六日五十八	四度八十八一十二平	空三十二八十七平	
夕退	四十六日五十八	四度八十八一十一平	空三十二八十七平	一十六分
夕留	二十四日			

夕遲初	二十八日	一度九十一	一度四十五	
夕遲末	二十八日	四度三十一	三度二十五	一十二分
夕疾初	二十八日	五度五十一	四度一十九	一十八分
夕疾末	二十八日	六度一十一	四度六十四	二十一分
夕伏	二十六日八十六	三度八十六	三度九十五	二十二分

火星

周率，七百七十九萬九千二百九十分。

周日，七百七十九日九十二分九十秒。

曆率，六百八十六萬九千五百八十分四十三秒。

度率，一萬八千八百七分半。

合應，五十六萬七千五百四十五分。

曆應，五百四十七萬二千九百三十八分。

盈初縮末立差，十千一百三十五減。

平差，八十三萬一千一百八十九減。

定差，八千八百四十七萬八千四百。

縮初盈末立差，八百五十一加。

平差，三萬二百三十五負試。

定差，二千九百九十七萬六千三百。

伏見，一十九度。

段目	段日	平度	限度	初行率
合伏	六十九日	五十度	四十六度五十	七十三分
晨疾初	五十九日	四十一度八十	二十八度八十七	七十二分
晨疾末	五十七日	二十九度○八	三十六度三十四	七十分
晨疾初	五十三日	三十四度一十六	三十一度七十七	六十七分

晨次以末	四十七日	二十七度○六	二十五度一十五	六十二分
晨遲初	二十九日	二十七度七十二	一十六度四十八	五十三分
晨遲末	二十九日	六度二十	五度七十七	三十八分
晨留	八日			
晨返	二十八日九十六四十五	八度六十五六十七平	六度六十四三十二平	
夕退	二十八日九十六四十五	八度六十五六十七平	六度六十四三十二平	四十四分
夕留	八日			
夕退初	二十九日	六度二十	五度七十七	
夕退末	二十九日	一十七度七十二	一十六度四十八	二十八分
夕大疾初	四十七日	二十度○四	二十五度一十五	五十二分

夕大疾末	五十三日	二十四度一十六	三十一度七十七	六十二分
夕疾初	五十七日	三十九度○八	二十一度三十四	六十七分
夕疾末	五十九日	四十一度八十	三十八度八十七	七十分
夕伏	六十九日	五十度	四十六度五十	七十二分

土星

周率，三百七十八萬九百一十六分。

周日，三百七十八日九分一十六秒。

曆率，一億七百四十七萬八千八百四十五分一十六秒。

度率，二十九萬四千二百五十五分。

合應，一十七萬五千六百四十三分。

曆應，五千二百二十四萬五百六十一分。

盈立差，二百八十三加。

平差，四萬一千二十二減。

定差，一千五百一十四萬六千一百。

縮立差，三百三十一加。

平差，一萬五千一百二十六減。

定差，一千一百一萬七千五百。

伏見，一十八度。

段目	段日	平度	限度	初行率
合伏	二十日四十	二度四十	一度四十九	一十二分
晨疾	三十日	三度四十	二度一十一	一十一分
晨次疾	二十九日	二度七十五	一度七十一	一十分
晨遲	二十六日	一度五十	初八十二	八分
晨留	三十日			

晨退	五十二日六十四五十八	三度六十二五十四半	初二十八四十五半	
夕退	五十二日六十四五十八	三度六十二五十四半	初二十八四十五半	一十分
夕留	二十日			
夕遲	二十六日	一度五十	初八十三	
夕次疾	二十九日	二度七十五	一度七十一	八分
夕疾	三十日	三度四十	二度一十一	一十分
夕伏	二十日四十	二度四十	二度四十九	一十一分

金星

周率，五百八十三萬九千二十六分。

周日，五百八十三日九十分二十六秒。

曆率，三百六十五萬二千五百七十五分。

度率，一萬。

合應，五百七十一萬六千三百三十分。

曆應，一十一萬九千六百三十九分。

盈縮立差，一百四十一加。

平差，三減。

定差，三百五十一萬五千五百。

伏見，一十度半。

段目	段日	平度	限度	初行率
合伏	三十九日	四十九度五十	四十七度六十四	一度二十五分半
夕疾初	五十二日	六十五度五十	六十二度〇四	一度二十六分半
夕疾末	四十九日	六十一度	五十八度七十一	一度一十五分半
夕次疾初	四十二日	五十度二十五	四十八度二十六	一度二十三分半

夕次疾末	三十九日	四十二度五十	四十度九十	一度一十六分
夕還初	三十三日	二十七度	二十五度九十九	一度二分
夕還末	一十六日	四度三十五	四度○九	六十二分
夕留	五日			
夕退	一十日九十五一十三	三度六十九八十七	一度五十九十三	
夕退伏	六日	四度三十五	一度六十三	六十一分
合退伏	六日	四度三十五	一度六十二	八十二分
晨還	一十日九十五一十一	三度六十九八十七	一度五十九一十三	六十一分
晨留	五日			
晨還初	一十六日	四度三十五	四度○九	

晨還末	三十三日	二十七度	二十五度九十九	六十二分
晨次疾初	三十九日	四十二度五十	四十度九十	一度一分
晨次疾末	四十二日	五十度三十五	四十八度三十六	一度一十六分
晨疾初	四十九日	六十一度	五十八度七十一	一度二十三分半
晨疾末	五十二日	六十五度五十	六十三度〇四	一度二十五分半
晨伏	三十九日	四十九度五十	四十七度六十四	一度二十六分半

水星

周率，一百一十五萬八千七百六十分。

周日，一百一十五日八十七分六十秒。

曆率，三百六十五萬二千五百七十五分。

度率，一萬。

合應，七十萬四百三十七分。

曆應，二百五萬五千一百六十一分。

盈縮立差，一百四十一加。

平差，二千一百六十五減。

定差，三百八十七萬七千。

晨伏夕見，一十六度半。

夕伏晨見，一十九度。

段目	段日	平度	限度	初行率
合伏	一十七日七十五	三十四度二十五	二十九度〇八	二度一十五分五十八
夕疾	一十五日	二十一度三十八	一十八度一十六	一度七十分三十四
夕遲	一十二日	一十度一十二	八度五十九	十度一十四分七十二
夕留	二日			

夕退伏	一十一日一十八八十	七度八十一二十	二度二十八十	
合退伏	一十一日一十八八十	七度八十一二十	二度二十八十	一度三分四十六
晨留	二日			
晨退	一十二日	一十度一十二	八度五十九	一度
晨疾	一十五日	二十一度三十八	一十八度一十六	一度十四分七十二
晨伏	一十七日七十五	三十四度二十五	二十九度○八	一度七十分三十四

推天正冬至後五星平合及諸段中積中星

置中積，加合應，以其星周率去之，不盡，爲前合。復減周率，餘爲後合。以日周約之，得其星天正冬至後平合中積中星。命爲日，曰中積。命爲度，曰中星。以段日累加中積，即諸段中積。以度累加中星，經退則減之，即爲諸段中星。上考者，中積内減合應，滿周率去之，不盡，便爲所求後合分。

推五星平合及諸段入曆

各置中積，加曆應及所求後合分，滿曆率。去之，不盡，如度率而一爲度，不滿，退除爲分秒，即其星平合入曆度及分秒。以諸段限度累加之，即諸段入曆。上考者，中積内減曆應，滿曆率去之，不盡，反減曆率，餘加其年後合，餘同上。

求盈朔差

置入曆度及分秒，在曆中已下，爲盈。已上，減去曆中，餘爲縮。視盈縮曆，在九十一度三十一分四十三秒太已下，爲初限。已上，用減曆中，餘爲末限。其火星，盈曆在六十度八十七分六十二秒半已下，爲初限。已上，用減曆中，餘爲末限。縮曆在一百二十一度七十五分二十五秒已下，爲初限。已上，用減曆中餘爲末限。置各星立差，以初末限乘之，去加減平差，得數又以初末限乘之，去加減定差。再以初末限乘之，滿億爲度，不滿退除爲分秒，即所求盈縮差。又術：置盈縮曆，以曆策除之，爲策數，不盡爲策餘。以其下損益率乘之，曆策除之，所得，益加損減其下盈縮積，亦爲所求盈縮差。

求平合諸段定積

各置其星其段中積，以其盈縮差盈加縮減之，即其段定積日及分秒。以天正冬至日分加之，滿紀法去之，不滿命甲子算外，即得日辰。

求平合及諸段所在月日

各置其段定積，以天正閏日及分加之，滿朔策。除之爲月數，不盡，爲入月已來日數及分秒。其月數，命天正十一月算外，即其段入月經朔日數及分秒。以日辰相距，爲所在定月日。

求合平及諸段加時定星

各置其段中星，以盈縮差盈加縮減之，金星倍之，水星三之。即諸段定星。以天正冬至加時黄道日度加而命之，即其星其段加時所在宿度及分秒。

求諸段初日晨前夜半定星

各以其段初行率，乘其段加時分，百約之，乃順減退加其日加時定星，即其段初日晨前夜半定星。加命如前，即得所求。

求諸段日率度率

各以其段日辰距後段日辰爲日率，以其段夜半宿次與後段夜半宿次相減，餘爲度率。

求諸段平行分

各置其段度率，以其段日率除之，即其段平行度及分秒。

求諸段增減差及日差

以本段前後平行分相減，爲其段汎差。倍而退位，爲增減差。以加減其段平行分，爲初末日行分。前多後少者，加爲初，減爲末。前少後多者，減爲初，加爲末。倍增減差，爲總差。以日率減之，除之，爲日差〔二〕。

求前後伏遲退段增減差

前伏者，置後段初日行分，加其日差之半，爲末日行分。後伏者，置前段末日行分，加其日差之半，爲初日行分。以減伏段平行分，餘爲增減差。前遲者，置前段末日行分，倍其日差，減之，爲初日行分。後遲者，置後段初日行分，倍其日差，減之，爲末日行分，以遲段平行分減之，餘爲增減差。前後近留之遲段。木、火、土三星，退行者，六因平行分，退一位，爲增減差。金星，前後退伏者，三因平行分，半而退位，爲增減差。前退者，置後段初日行分，以其日差減之，爲末日行分。後退者，置前段末日行分，以其日差減之，爲初日行分。乃以本段平行分減之，餘爲增減差。水星，退行者，半平行分，爲增減差。皆以增減差加減平行分，爲初末日行分。前多後少者，加爲初，減爲末。前少後多者，減爲初，加爲末。又倍增減差，爲總差。以日率減一，除之，爲日差。

求每日晨前夜半星行宿次

各置其段初日行分，以日差累損益之，後少則損之，後多則益之，爲每日行度及分秒。乃順加退減，滿宿次去之，即每日晨前夜半星行宿次。

求五星平合見伏入盈縮曆

置其星其段定積日及分秒，若滿歲周日及分秒，去之，餘在次年天正冬至後。如在半歲周已下，爲入盈曆。滿半歲周，去之，爲入縮曆。各在初限已下，爲初限。已上，反減半歲周，餘爲末限。即得五星平合見伏入盈縮曆日及分秒。

求五星平合見伏行差

各以其星其段初日星行分，與其段初日太陽行分相減，餘爲行差。若金、水二星退行在退合者，以其段初日星行分，併其段初日太陽行分，爲行差。内水星夕伏晨見者，直以其段初日太陽行分爲行差。

求五星定合定見定伏汎積

木、火、土三星，以平合晨見夕伏定積日，便爲定合伏見汎積日及分秒。金、水二星，置其段盈縮差度及分秒，水星倍之。各以其段行差除之爲日，不滿，退除爲分秒。在平合夕見晨伏者，盈減、縮加。在退合夕伏晨見者，盈加、縮減。各以加減定積爲定合伏見汎積日及分秒。

求五星定合定積定星

木、火、土三星，各以平合行差除其段初日太陽盈縮積，爲距合差日。不滿，退除爲分秒，以太陽盈縮積減之，爲距合差度。各置其星定合汎積，以距合差日盈減縮加之，爲其星定合定積日及分秒。以距合差度盈減縮加之，爲其星定合定星度及分秒。

金、水二星，順合退合者，各以平合退合行差，除其日太陽盈縮積，爲距合差日。不滿，退除爲分秒，順加退減太陽盈縮積，爲距合差度。順合者，盈加縮減其星定合汎積，爲其星定合定積日及分秒。退合者，以距合差日盈加縮減、距合差度盈加縮減其星退定合汎積，爲其星退定合定積日及分秒。命之，爲退定合定星度及分秒。以天正冬至日及分秒，加其星定合定積日及分秒，滿旬周，去之，命甲子算外即得定合日辰及分秒。以天正冬至加時黄道日度及分秒，加其星定合定星度及分秒，滿黄道宿次，去之，即得定合所躔黄道宿度及分秒。徑求五星合伏定日：木、火、土三星，以夜半黄道日度，減其星夜半黄道宿次，餘在其日太陽行分已下，爲其日伏合。金、木二星，以其星夜半黄道宿次，減夜半黄道日度，餘在其日金、水二星行分已下者，爲其日伏合。金、水二星伏退合者，視其日太陽夜半黄道宿次，未行到金、水二星宿次，又視次日太陽行過金、水二星宿次，金、水二星退行過太陽宿次，爲其日定合伏退定日。

求木火土三星定見伏定積日

各置其星定見定伏汎積日及分秒，晨加夕減九十一日三十一分六秒，如在半歲周已下，自相乘，已上，反減歲周，餘亦自相乘，滿七十五，除之爲分，滿百爲度，不滿，退除爲秒；以其星見伏度乘之，一十五除之，所得，以其段行差除之，爲日，不滿，退除爲分秒；見加伏減汎積，爲其星定見伏定積日及分秒，加命如前，即得定見定伏日辰及分積。

求金水二星定見伏定積日

各以伏見日行差，除其段初日太陽盈縮積，爲日，不滿，退除爲分秒；若夕見晨伏，盈加縮減，晨見夕伏，盈減縮加，以加減其星定見定伏汎積日及分秒，爲常積。如在半歲周已下，爲冬至後，已上，去之，餘爲夏至後。各在九十一日三十一分六秒已下，自相乘，已上，反減半歲周，亦自相乘。冬至後晨，夏至後夕，一十八而一，爲分；冬至後夕，夏至後晨，七十五而一，爲分。以其星見伏度乘之，一十五除之；所得，滿行差，除之，爲日，不滿，退除爲分秒，加減常積，爲定積。在晨見夕伏者，冬至後加之，夏至後減之；夕見晨伏者，冬至後減之，夏至後加之。爲其星定見定伏定積日及分秒。加命如前，即得定見定伏日晨及分秒。

【校勘記】

〔一〕「考」、「者」二字原倒，「中」、「終」二字原乙，據《元史》卷五五志第七《曆四》乙正。

〔二〕「段汎差倍」、「末日行分」、「差以日率」十二字，原倒，據《元史》卷五五志第七《曆四》、《金史》卷二二志第二《曆下》乙正。

新元史卷之三十八　志第五

曆志五

授時曆議上

驗氣

天道運行，如環無端，治曆者必就陰消陽息之際，以爲立法之始。陰陽消息之機，何從而見之？惟候其日晷進退，則其機將無所遁。候之之法，不過植表測景，以究其氣至之始。智作能述，前代諸人爲法略備。苟能精思密索，心與理會，則前人述作之外，未必無所增益。

舊法擇地平衍，設水準繩墨，植表其中，以度其中晷。然表短促，尺寸之下所爲分秒大、半、少之數，未易分別。表長，則分寸稍長，所不便者，景虛而淡，難得實景。前人欲就虛景之中改求真實，或設望筩，或置小表，或以木爲規，皆取表端日光下徹圭面。今以銅爲表，高三十六尺，端挾以二龍，舉一横梁，下至圭面，共四十尺，是爲八尺之表五。圭表刻爲尺寸，舊寸一，今申而爲五，釐毫差易分别。

創爲景符，以取實景。其制以銅葉，博二寸，長加博之二，中穿一竅，若針芥然。以方框爲趺，一端設爲機軸，令可開闔，榰其一端，使其勢斜倚，北高南下，往來遷就於虚景之中，竅達日光，僅如米許，隱然見横梁於其中。舊法以表端測晷，所得者日體上邊之景，今以横梁取之，實得中景，不容有毫末之差。

地中八尺表景，冬至長一丈三尺有奇，夏至尺有五寸。今京師長表，冬至之景，七丈九尺八寸有奇，在八尺表則一丈五尺九寸六分；夏至之景，一丈一尺七寸有奇，在八尺表則二尺三寸四分。雖晷景長短所在不同，而其景長爲冬至，景短爲夏至，則一也。惟是氣至時刻考求不易。蓋至日氣正，則一歲氣節從而正矣。劉宋祖冲之嘗取至前後二十三四日間晷景，折取其中，定爲冬至，且以日差比課，推定時刻。宋皇祐間，周琮即取立冬、立春二日之景，以爲去至既遠，日差頗多，易爲推考。《紀元》以後諸曆，爲法加詳，大抵不出冲之之法。新曆積日累月，實測中晷，自遠日以及近日，取前後日率相埒者，參考同異，初非偏取一二日之景，以取數多者爲定，實減《大明曆》一十九刻二十分。仍以累歲實測中晷日差分寸，定擬二至時刻於後。

推至元十四年丁丑歲冬至

其年十一月十四日己亥，景長七丈九尺四寸八分五釐五毫。至二十一日丙午，景長七丈九尺五寸四分一釐。二十二日丁未，景長七丈九尺四寸五分五釐。以己亥、丁未二日之景相校，餘三分五釐爲晷差，進二位；以丙午、丁未二日之景相校，餘八分六釐爲法；除之，得三十五刻，用減相距日八百刻，餘七百六十五刻；折取其中，加半日刻，共爲四百三十二刻半，百約爲日，得四日；餘以十二乘之，百約爲時，得三時，滿五十又作一時，共得四時；餘以十二收之，得三刻；命初起距日己亥算外，得癸卯日辰初三刻爲丁丑歲冬至。此取至前後四日景。

十一月初九日甲午，景七丈八尺六寸三分五釐五毫。至二十六日辛亥，景七丈八尺七寸九分三釐五毫。二十七日壬子，景七丈八尺五寸五分。以甲午、壬子景相減，復以辛亥、壬子景相減，準前法求之，亦得癸卯日辰初三刻。至二十八日癸丑，景七丈八尺三寸四釐五毫，用壬子、癸丑二日之景與甲午景，準前法求之，亦合。此取至前後八九日景。

十一月丙戌朔，景七丈五尺九寸八分六釐五毫。二日丁亥，景七丈六尺三寸七分七釐。至十二月初六日庚申，景七丈五尺八寸五分一釐。準前法求之，亦在辰初三刻。此取至前後一十七日景。

十一月二十一日丙午，景七丈九寸七分一釐。至十二月十六日庚午，景七丈七寸六分。十七日辛未，景七丈一寸五分六釐五毫。準前法求之，亦得辰初三刻。此取至前後二十七日景。

六月初五日癸亥，景一丈三尺八分。距十五年五月癸未朔，景一丈三尺三分八釐五毫。初二日甲申，景一丈二尺九寸二分五毫。準前法求之，亦合。此取至前後一百六十日景。

推十五年戊寅歲夏至

五月十九日辛丑，景一丈一尺七寸七分七釐五毫。距二十八日庚戌景，一丈一尺七寸八分。二十九日辛亥景，一丈一尺八寸五釐五毫。用辛丑、庚戌二日之景相減，餘二釐五毫，進二位爲實。復用庚戌、辛亥景相減，餘二分五釐五毫爲法。除之，得九刻，用減相距日九百刻，餘八百九十一刻。半之，加半日刻，百約，得四日。餘以十二乘之，百約，得十一時，餘以十二收爲刻，得三刻。命初起距日辛丑算外，得乙巳日亥正三刻夏至。此取至前後四日景。

十四年十二月十五日己巳，景七丈一尺三寸四分三釐。距十五年十一月初二日辛巳，景七丈七寸五分九釐五毫。初三日壬午，景七丈一尺四寸六釐。用己巳、壬午景相減，以辛巳、壬午景相減，除之，亦合。此用至前後一百五十六日景。

十四年十二月十二日丙寅，景七丈二尺九寸七分二釐五毫。十三日丁卯，景七丈二尺四寸五分四釐五毫。十四日戊辰，景七丈一尺九寸九釐。距十五年十一月初四日癸未，景七丈一尺九寸五分七釐五毫。初五日甲申，景七丈二尺五寸五釐。初六日乙酉，景七丈三尺三分三釐五毫。前後互取，所得時刻皆合。此取至前後一百五十八九日景。

十四年十二月初七日辛酉，景七丈五尺四寸一分七釐。初八日壬戌，景七丈四尺九寸五分九釐五毫。初九日癸亥，景七丈四尺四寸八分六釐。距十五年十一月初九日戊子，景七丈四尺五寸二分五毫。初十日己丑，景七丈五尺三釐五毫。十一日庚寅，景七丈五尺四寸四分九釐五毫。以壬戌、己丑景相減爲實，以辛酉、壬戌景相減爲法，除之。或以壬戌、癸亥景相減，或以戊子、己丑景相減，若己丑、庚寅景相減，推前法求之，皆合。此取至前後一百六十三四日景。

推十五年戊寅歲冬至

其年十一月十九日戊戌，景七丈八尺三寸一分八釐五毫。距閏十一月初九日戊午，景七丈八尺一寸六分三釐五毫。初十日己未，景七丈八尺八分二釐五毫。用戊戌、戊午二日景相減，餘四分五釐爲晷差，進二位，以戊午、己未景相減，餘二寸八分一釐爲法，除之，得一十六刻，加相距日二千刻；半之，加半日刻，百約，得十日；餘以十二乘之，百約爲時，滿五十又進一時，共得七時；餘以十二收爲刻，命初起距日己亥算外，得戊申日未初三刻爲戊寅歲冬至。此取至前後十日景。

十一月十二日辛卯，景七丈五尺八寸八分一釐五毫。十三日壬辰，景七丈六尺三寸一釐五毫。閏十一月十五日甲子，景七丈六尺三寸六分六釐五毫。十六日乙丑，景七丈五尺九寸五分三釐。十七日丙寅，景七丈五尺五寸四釐五毫。用壬辰、甲子景相減爲實，以辛卯、壬辰景相減爲法，除之，亦得戊申日未初三刻。或用甲子、乙丑景相減，推之，亦合。若用辛卯、乙丑景相減爲實，用乙丑、丙寅景相減，除之，並同。此取至前後十六七日景。

十一月初八日丁亥，景七丈四尺三分七釐五毫。閏十一月二十日己巳，景七丈四尺一寸二分。二十一日庚午，景七丈三尺六寸一分四釐五毫。用丁亥、己巳景相減爲實，以己巳、庚午景相減，除之，亦同。此取至前後二十一日景。

六月二十六日戊寅，景一丈四尺四寸五分二釐五毫。二十七日己卯，景一丈四尺六寸三分八釐。至十六年四月初二日戊寅，景一丈四尺四寸八分一釐。以二戊寅景相減，用後戊寅、己卯景相減，推之，亦同。此取至前後一百五十日景。

五月二十八日庚戌，景一丈一尺七寸八分。至十六年四月二十九日乙巳，景一丈一尺八寸六分三釐。三十日丙午，景一丈一尺七寸八分三釐。用庚戌、丙午景相減，以乙巳、丙午景相減，推之，亦同。此取至前後一百七十八日景。

推十六年己卯歲夏至

四月十九日乙未，景一丈二尺三寸六分九釐五毫。二十日丙申，景一丈二尺二寸九分三釐五毫。至五月十九日乙丑，景一丈二尺二寸六分四釐。以丙申、乙丑景相減，餘二分九釐五毫爲晷差，進二位，以乙未、丙申景相減，得七分六釐爲法，除之，得三十八刻；加相距日二千九百刻，半之，加半日刻，百約，得十五日；餘以十二乘之，百約，得二時；餘以十二收之，得一刻；命初起距日丙申算外，得辛亥日寅正二刻爲夏至。此取至前後十五日景。

三月二十一日戊辰，景一丈六尺三寸九分五毫。六月十六日壬辰，景一丈六尺九分九釐五毫。十七日癸巳，景一丈六尺三寸一分一釐。用戊辰、癸巳景相減，以壬辰、癸巳景相減，準前法推之，亦合。此取至前後四十二日景。

三月初二日己酉，景二丈一尺三寸五釐。至七月初七日壬子，景二丈一尺一寸九分五釐五毫。初八日癸丑，景二丈一尺四寸八分六釐五毫。用己酉、壬子景相減，以壬子、癸丑景相減，如前法推之，亦合。此取至前後六十一二日景。

三月戊申朔，景二丈一尺六寸一分一釐。至七月初八日癸丑，景二丈一尺四寸八分六釐五毫。初九日甲寅，景二丈一尺九寸一分五釐五毫。用戊申、癸丑景相減，以癸丑、甲寅景相減，準前法推之，亦同。此取至前後六十二三日景。

二月十八日乙未，景二丈六尺三分四釐五毫。至七月二十一日丙寅，景二丈五尺八寸九分九釐。二十二日丁卯，景二丈六尺二寸五分九釐。用乙未、丙寅景相減，以丙寅、丁卯景相減，如前法推之，亦同。此取至前後七十五六日景。

二月三日庚辰，景三丈二尺一寸九分五釐五毫。至八月初五日庚辰，景三丈一尺五寸九分六釐五毫。初六日辛巳，景三丈二尺二分六釐五毫。用前庚辰與辛巳景相減，以後庚辰、辛巳景相減，如前推之，亦同。此取至前後九十日景。

正月十九日丁卯，景三丈八尺五寸一釐五毫。至八月十八日癸巳，景三丈七尺八寸二分三釐。十九日甲午，景三丈八尺三寸一分五毫。用丁卯、甲午景相減，以癸巳、甲午景相校，如前推之，亦同。此取至前後一百三四日景。

推十六年己卯歲冬至

十月二十四日戊戌，景七丈六尺七寸四分。至十一月二十五日己巳，景七丈六尺五寸八分。二十六日庚午，景七丈六尺一寸四分二釐五毫。用戊戌、己巳景相減，餘一寸六分爲晷差，進二位；以己巳、庚午景相減，餘四寸三分七釐五毫爲法；除之，得三十六刻；以相減距日三千一百刻，餘三千六十四刻；半之，加五十刻，百約，得一十五日；餘以十二乘之，百約，爲時滿五十，又進一時，共得十時；餘以十二收之爲刻，得二刻；命初起距日戊戌算外，得癸丑日戌初二刻冬至。此取至前後十五六日景。

十月十八日壬辰，景七丈四尺五分二釐五毫。十九日癸巳，景七丈四尺五寸四分五釐。二十日甲午，景七丈五尺二分五釐。至十一月二十八日壬申，景七丈五尺三寸二分。二十九日癸酉，景七丈四尺八寸五分二釐五毫。十二月甲戌朔，景七丈四尺三寸六分五釐。初二日乙亥，景七丈三尺八寸七分一釐五毫。用甲午、癸酉景相減，癸巳、甲午景相減，如前推之，亦同。若以壬申、癸酉景相減爲法，推之，亦同。此取至前後十八九日景。

若用癸巳與甲戌景相減，以壬辰、癸巳景相減，推之；或癸巳、甲午景相減，推之；或用甲戌、癸酉景相減，推之；或甲戌、乙亥景相減，推之；或以壬辰、乙亥景相減，用壬辰、癸巳景相減，推之：並同。此取至前後二十日景。

十月十六日庚寅，景七丈三尺一分五釐。十二月初三日丙子，景七丈三尺三寸二分。初四日丁丑，景七丈二尺八寸四分二釐五毫。用庚寅、丁丑景相減，以丙子、丁丑景相減，推之，亦同。此取至前後二十三日景。

十月十四日戊子，景七丈一尺九寸二分二釐五毫。十五日己丑，景七丈二尺四寸六分九釐。十二月初五日戊寅，景七丈二尺二寸七分二釐五毫。用己丑、戊寅景相減，以戊子、己丑景相減，推之，或用己丑、庚寅相減，推之，亦同。此取至前後二十四日景。

十月初七日辛巳，景六丈七尺七寸四分五釐。初八日壬午，景六丈八尺三寸七分二釐五毫。初九日癸未，景六丈八尺九寸七分七釐五毫。十二月十二日乙酉，景六丈八尺一寸四分五釐。用壬午、乙酉景相減，以辛巳、壬午相減，推之，壬午、癸未景相減，推之，亦同。此取至前後三十一二日景。

十月乙亥朔，景六丈三尺八寸七分。十二月十八日辛卯，景六丈四尺二寸九分七釐五毫。十九日壬辰，景六丈三尺六寸二分五釐。用乙亥、壬辰景相減，以辛卯、壬辰景相減，推之，亦同。此取至前後三十八日景。

九月二十二日丙寅，景五丈七尺八寸二分五釐。十二月二十八日辛丑，景五丈七尺五寸八分。二十九日壬寅，景五丈六尺九寸一分五釐。用丙寅、辛丑景相減，以辛丑、壬寅景相減，推之，亦同。此取至前後四十七八日景。

九月二十日甲子，景五丈六尺四寸九分二釐五毫。至十二月二十九日壬寅，景五丈六尺九寸一分五釐。至十七年正月癸卯朔，景五丈六尺二寸五分。用甲子、癸卯相減，壬寅、癸卯景相減，推之，亦同。此取至前後五十日景。

右以累年推測到冬夏二至時刻爲準，定擬至元十八年辛巳歲前冬至，當在己未日夜半後六刻，即丑初一刻。

歲餘歲差

周天之度，周歲之日，皆三百六十有五。全策之外，又有奇分，大率皆四分之一。自今歲冬至距來歲冬至，曆三百六十五日，而日行一周，凡四周，曆千四百六十。則餘一日，折而四之，則四分之一也。然天之分常有餘，歲之分常不足，其數有不能齊者，惟其所差至微，前人初未覺知。迨漢末劉洪，始覺冬至後天，謂歲周餘分太强，乃作《乾象曆》，減歲餘分二千五百爲二千四百六十二。至晉虞喜，宋何承天、祖冲之，謂歲當有差，因立歲差之法。其法損歲餘，益天周，使歲餘浸弱，天周浸强，强弱相減，因得日躔歲退之差。歲餘、天周，二者實相爲用，歲差由斯而立，日躔由斯而得，一或損益失當，詎能與天叶哉？

今自劉宋大明壬寅以來，凡測景驗氣得冬至時刻真數者有六，取相距積日時刻，以相距之年除之，各得其時所用歲餘。復自大明壬寅距至元戊寅積日時刻，以相距之年除之，得每歲三百六十五日二十四分二十五秒，比《大明曆》減去一十一秒，定爲方今所用歲餘。

餘七十五秒，用益所謂四分之一，共爲三百六十五度二十五分七十五秒，定爲天周。餘分强弱相減，餘一分五十秒，用除全度，得六十六年有奇，日卻一度，以六十六年除全度，適得一分五十秒，定爲歲差。

復以《堯典》中星考之，其時冬至日在女虚之交。及考之前史，漢元和二年，冬至日在斗二十一度；晉太元九年，退在斗十七度；宋元嘉十年，在斗十四度末；梁大同十年，在斗十二度；隋開皇十八年，猶在斗十二度；唐開元十二年，在斗九度半；今退在箕十度。取其距今之年、距今之度較之，多者七十餘年，少者不下五十年，輒差一度。宋慶元間，改《統天曆》，取《大衍》歲差率八十二年及開元所距之差五十五年，折取其中，得六十七年，爲日卻行一度之差。施之今日，質諸天道，實爲密近。

然古今曆法，合於今必不能通於古，密於古，必不能驗於今。今《授時曆》，以之考古，則增歲餘，而損歲差；以之推來，則增歲差，而損歲餘。上推春秋以來冬至，往往皆合；下求方來，可以永久而無弊；非止密於今日而已。仍以《大衍》等六曆，考驗春秋以來冬至疏密，凡四十九事，具列如後：

冬至刻	《大衍》	《宣明》	《紀元》	《統天》	《大明》	《授時》

獻公十五年戊寅歲，正月甲寅朔旦冬至：

丙辰二十二　乙卯八十八　丁巳三十三　乙卯二　丁巳三十五　甲寅九十九

僖公五年丙寅歲，正月辛亥朔旦冬至：

辛亥九十四　辛亥六十六　壬子七十四　辛亥二十七　壬子八十九　辛亥十四

昭公二十年己卯歲，正月己丑朔旦冬至：

己丑四十五　己丑二十　庚寅二十五　戊子九十二　庚寅二十九　戊子八十三

宋元嘉十二年乙亥歲，十一月十五日戊辰景長：

戊辰三十五　戊辰三十二　戊辰三十九　戊辰五十一　戊辰四十一　戊辰四十七

元嘉十三年丙子歲，十一月二十六日甲戌景長：

癸酉五十九　癸酉五十七　癸酉六十三　癸酉七十五　癸酉六十五　癸酉七十一

元嘉十五年戊寅歲，十一月十八日甲申景長：

甲申八　甲申六　甲申十二　甲申二十四　甲申十四　甲申十九

元嘉十六年己卯歲，十月二十九日己丑景長：

己丑三十三　己丑三十　己丑三十七　己丑四十八　己丑三十七　己丑四十四

元嘉十七年庚辰歲，十一月初十日甲午景長：

甲午五十七　甲午五十五　甲午六十一　甲午七十二　甲午六十三　甲午六十八

元嘉十八年辛巳歲，十一月二十一日己亥景長：

己亥八十二　己亥七十九　己亥八十五　己亥九十七　己亥八十七　己亥九十三

元嘉十九年壬午歲，十一月初三日乙巳景長：

乙巳六　乙巳四　乙巳十　乙巳二十一　乙巳一十一　乙巳一十七

大明五年辛丑歲，十一月乙酉冬至：

甲申七十　甲申六十八　甲申七十二　甲申八十九　甲申七十四　甲申七十九

陳天嘉六年乙酉歲，十一月庚寅景長：

庚寅十二　庚寅十三　庚寅五　庚寅二十四　庚寅八　庚寅十七

光大二年戊子歲，十一月乙巳景長：

乙巳八十　乙巳八十六　乙巳七十九　乙巳九十七　乙巳八十一　乙巳九十

太建四年壬辰歲，十一月二十九日丁卯景長：

丙寅八十三　丙寅七十八　丙寅七十七　丙寅九十五　丙寅九十八　丙寅八十七

太建六年甲午歲，十一月二十日丁丑景長：

丁丑三十二　丁丑三十三　丁丑二十五　丁丑四十三　丁丑二十七　丁丑三十六

太建九年丁酉歲，十一月二十三日壬辰景長：

癸巳四　癸巳六　壬辰九十九　癸巳十六　癸巳空　癸巳八

太建十年戊戌歲，十一月五日戊戌景長：

戊戌三十　戊戌三十　戊戌二十三　戊戌四十　戊戌二十四　戊戌三十三

隋開皇四年甲辰歲，十一月十一日己巳景長：

己巳七十七　己巳七十八　己巳六十九　己巳八十六　己巳七十一　己巳八十六

開皇五年乙巳歲，十一月二十二日乙亥景長：

乙亥一　乙亥二　甲戌九十二　乙亥十一　甲戌五十五　乙亥一十

開皇六年丙午歲，十一月三日庚辰景長：

庚辰二十五　庚辰二十六　庚辰十八　庚辰三十四　庚辰十九　庚辰三十四

開皇七年丁未歲，十一月十四日乙酉景長：

乙酉五十　乙酉五十　乙酉四十二　乙酉五十九　乙酉四十四　乙酉五十九

開皇十一年辛亥歲，十一月二十八日丙午景長：

丙午四十八　丙午四十九　丙午四十三　丙午五十七　丙午四十一　丙午五十六

開皇十四年甲寅歲，十一月辛酉朔旦冬至：

壬戌二十一　壬戌二十二　壬戌十二　壬戌二十　壬戌十四　壬戌二十九

唐貞觀十八年甲辰歲，十一月乙酉景長：

甲申四十三　甲申四十五　甲申三十一　甲申五十　甲申三十二　甲申四十四

貞觀二十三年己酉歲，十一月辛亥景長：

庚戌六十五　庚戌六十八　庚戌五十二　庚戌七十二　庚戌五十四　庚戌六十六

龍朔二年壬戌歲，十一月四日己未至戊午景長：

戊午八十三　戊午八十六　戊午六十九　戊午八十五　戊午七十一　戊午八十二

儀鳳元年丙子歲，十一月壬申景長：

壬申二十五　壬申二十八　壬申二十　壬申二十八　壬申十二　壬申二十二

永淳元年壬午歲，十一月癸卯景長：

癸卯七十二　癸卯七十五　癸卯五十七　癸卯七十六　癸卯五十八　癸卯六十八

開元十年壬戌歲，十一月癸酉景長：

癸酉四十九　癸酉五十四　癸酉三十一　癸酉五十　癸酉三十二　癸酉四十六

開元十一年癸亥歲，十一月戊寅景長：

戊寅七十四　戊寅七十八　戊寅五十五　戊寅七十四　戊寅五十六　戊寅七十

開元十二年甲子歲，十一月癸未冬至：

癸未九十八　甲申三　癸未八十　癸未九十九　癸未八十一　癸未九十五

宋景德四年丁未歲，十一月戊辰日南至：

戊辰十五　戊辰二十六　丁卯七十四　丁卯八十二　丁卯七十四　丁卯八十

皇祐二年庚寅歲，十一月三十日癸丑景長：

癸丑六十五　癸丑七十九　癸丑二十二　癸丑二十五　癸丑二十二　癸丑二十三

元豐六年癸亥歲，十一月丙午景長：

丙午七十三　丙午八十五　丙午二十六　丙午二十七　丙午二十六　丙午二十六

元豐七年甲子歲，十一月辛亥景長：

辛亥九十七　壬子一十　辛亥五十　辛亥五十一　辛亥五十　辛亥五十一

元祐三年戊辰歲，十一月壬申景長：

壬申九十四　癸酉八　壬申四十八　壬申四十八　壬申四十八　壬申四十八

元祐四年己巳歲，十一月丁丑景長：

戊寅十九　戊寅三十二　丁丑七十二　丁丑七十二　丁丑七十二　丁丑七十二

元祐五年庚午歲，十一月壬午冬至：

癸未四十四　癸未五十六　壬午九十六　壬午九十七　壬午九十六　壬午九十六

元祐七年壬申歲，十一月癸巳冬至：

癸巳九十二　甲午五　癸巳四十五　癸巳四十五　癸巳四十五　癸巳四十五

元符元年戊寅歲，十一月甲子冬至：

乙丑三十九　乙丑五十二　甲子九十一　甲子九十一　甲子九十一　甲子九十一

崇寧三年甲申歲，十一月丙申冬至：

丙申八十六　丙申九十九　丙申三十七　丙申三十六　丙申三十七　丙申三十七

紹熙二年辛亥歲，十一月壬申冬至：

癸酉十二　癸酉二十七　壬申五十七　壬申四十七　壬申五十七　壬申四十六

慶元三年丁巳歲，十一月癸卯日南至：

甲辰五十九　甲辰七十四　甲辰三　癸卯九十二　甲辰三　癸卯九十二

嘉泰三年癸亥歲，十一月甲戌日南至：

丙子五　丙子二十一　乙亥四十九　乙亥三十七　乙亥四十九　乙亥三十七

嘉定五年壬申歲，十一月壬戌日南至：

癸亥二十五　癸亥四十一　壬戌六十九　壬戌五十六　壬戌六十八　壬戌五十六

紹定三年庚寅歲，十一月丙申日南至：

丁酉六十五　丁酉八十三　丁酉七　丙申六十三　丁酉七　丙申九十二

淳祐十年庚戌歲，十一月辛巳日南至：

壬午九十四　壬午七十一　辛巳九十六　辛巳九十六　辛巳九十四　辛巳七十八

本朝至元十七年庚辰歲，十一月己未夜半後六刻冬至：

己未八十　庚申五　己未二十五　己未四　己未二十四　己未六

右自春秋獻公以來，凡二千一百六十餘年，用《大衍》、《宣明》、《紀元》、《統天》、《大明》、《授時》六曆推算冬至，凡四十九事。《大衍曆》合者三十二，不合者十七；《宣明曆》合者二十六，不合者二十三；《紀元曆》合者三十五，不合者十四；《統天曆》合者三十八，不合者十一；《大明曆》合者三十四，不合者十五；《授時曆》合者三十九，不合者十事。

今按獻公十五年戊寅歲正月甲寅朔旦冬至，《授時曆》得甲寅，《統天曆》得乙卯，後天一日；至僖公五年丙寅歲正月辛亥朔旦冬至，《授時》、《統天》皆得辛亥，與天合；下至昭公二十年己卯歲正月己丑朔旦冬至，《授時》、《統天》皆得戊子，並先一日。若曲變其法以從之，則獻、僖皆不合矣。可知《春秋》所書昭公冬至，乃日度失行之驗。一也。《大衍曆》考古冬至，謂劉宋元嘉十三年丙子歲十一月甲戌日南至，《大衍》與《皇極》、《麟德》三曆皆得癸酉，各先一日，乃日度失行，非三曆之差。今以《授時曆》考之，亦得癸酉。二也。大明五年辛丑歲十一月乙酉冬至，諸曆皆得甲申，殆亦日度之差。三也。陳太建四年壬辰歲十一月丁卯景長，《大衍》、《授時》皆得丙寅，是先一日；太建九年丁酉歲十一月壬辰景長，《大衍》、《授時》皆得癸巳，是後一日；一失之先，一失之後，若合於壬辰，則差於丁酉，合於丁酉，則差於壬辰，亦日度失行之驗。五也。隋開皇十一年辛亥歲十一月丙午景長，《大衍》、《統天》、《授時》皆得丙午，與天合；至開皇十四年甲寅歲十一月辛酉冬至，而《大衍》、《統天》、《授時》皆得壬戌；若合於辛亥，則失於甲寅，合於甲寅，則失於辛亥，其開皇十四年甲寅歲冬至，亦日度失行。六也。唐貞觀十八年甲辰歲十一月乙酉景長，諸曆得甲申，貞觀二十三年己酉歲十一月辛亥景長，諸曆皆得庚戌。《大衍曆議》以永淳、開元冬至推之，知前二冬至乃史官依時曆以書，非候景所得，所以不合，今以《授時曆》考之亦然。八也。自前宋以來，測景驗氣者凡十七事，其景德丁未歲戊辰日南至，《統天》、《授時》皆得丁卯，是先一日；嘉泰癸亥歲甲戌日南至，《統天》、《授時》皆得乙亥，是後一日；一失之先，一失之後，若曲變其數以從景德，則其餘十六事多後天，從嘉泰，則其餘十六事多先天，亦日度失行之驗。十也。

前十事皆《授時曆》所不合，以此理推之，非不合矣，蓋類其同則知其中，辨其異則知其變。今於冬至略其日度失行及史官依時曆書之者凡十事，則《授時曆》三十九事皆中，《統天曆》與今曆不合者僅有獻公一事。《大衍曆》推獻公冬至後天二日，《大明》後天三日，《授時曆》與天合。下推至元庚辰冬至，《大衍》後天八十一刻，《大明》後天十九刻，《統天曆》先天一刻，《授時曆》與天合。以前代諸曆校之，《授時》爲密，庶幾千歲之日至，可坐而致云。

按《授時曆議》信僧一行日度失行之説，最爲後人所非。其列十驗，宋景德丁未歲戊辰、嘉泰癸亥歲甲戌二至，皆史誤。唐貞觀甲辰歲乙酉、己酉歲辛亥二至，非術誤，即史誤。隋開皇甲寅歲辛酉日冬至、陳丁酉歲壬辰日冬至，皆術誤。宋大明辛丑歲乙酉日冬至，祖冲之詳記測景，推冬至乙酉日夜半後三十三刻七分，當時推算稍爲後天，而《大衍》以下至《授時》則皆爲先天。宋元嘉丙子歲甲戌日冬至，推是年平冬至一十日十五小時三十三分五十六秒，甲戌日申初二刻四分，加均減時，不能過十五時，是亦定冬至亦在甲戌日，《授時》推前一日癸酉，與《大衍》以下同，不能與天密合。魯昭公己卯歲己丑日冬至，是年上距僖公五年丙寅一百三十三年，平冬至二十八日十五小時一十一分二十六秒，壬辰日申初刻十一分，約計加均及小輪，不過辛卯日卯辰之間，不能減至己丑。以是知《春秋》時步天率先天二三日，《授時》則又先己丑日，失之遠矣。僖公丙寅歲辛亥日，按至元辛巳前四年丁丑高衝與冬至同度，上距僖公五年丙戌一千九百三十一年，約四百行七度，則此至高衝在冬至前一宫三度四十八分，於今法當加均一度八分，變時一日三小時三十六分，減平冬至猶是甲寅日卯時，再約計是時小輪，併徑加大其加均，或能至一度二三十分之間，變時一日十餘小時以減平冬至，則定冬至亦止癸丑日亥子之間，不能減至辛亥，則是時所推冬至先天兩三日矣。獻公戊寅歲甲寅日冬至，乃劉歆以四分術逆推，非有實測，不足爲據。郭守敬於十事中，以八事爲日行失度，其説誠失之誣。或者出於李謙等之增益，未可知也。

古今曆參校疏密

《授時曆》與古曆相校，疏密自見，蓋上能合於數百載之前，則下可行之永久，此前人定説。古稱善治曆者，若宋何承天，隋劉焯，唐傅仁均、僧一行之流，最爲傑出。今以其曆與至元庚辰冬至氣應相校，未有不舛戾者，而以新曆上推往古，無不吻合，則其疏密從可知已。

宋文帝元嘉十九年壬午歲十一月乙巳日十一刻冬至，距本朝至元十七年庚辰歲，計八百三十八年。其年十一月，氣應己未六刻冬至，《元嘉曆》推之，得辛酉，後《授時》二日；《授時》上考元嘉壬午歲冬至，得乙巳，與元嘉合。

隋大業三年丁卯歲十一月庚午日五十二刻冬至，距至元十七年庚辰歲，計六百七十三年。《皇極曆》推之，得庚申冬至，後《授時》一日；《授時》上考大業丁卯歲冬至，得庚午，與《皇極》合。

唐武德元年戊寅歲十一月戊辰日六十四刻冬至，距至元十七年庚辰歲，計六百六十二年。《戊寅曆》推之，得庚申冬至，後《授時》一日；《授時曆》上考武德戊寅歲，得戊辰冬至，與《戊寅曆》合。

開元十五年丁卯歲十一月己亥日七十二刻冬至，距至元十七年庚辰歲，計五百五十三年。《大衍曆》推之，得己未冬至，後《授時》八十一刻；《授時曆》上考開元丁卯歲，得己亥冬至，與《大衍曆》合，先四刻。

長慶元年辛丑歲十一月壬子日七十六刻冬至，距至元十七年庚辰歲，計四百五十九年。《宣明曆》推之，得庚申冬至，後《授時》一日；《授時曆》上考長慶辛丑歲，得壬子冬至，與《宣明曆》合。

宋太平興國五年庚辰歲十一月丙午日六十三刻冬至，距至元十七年庚辰歲，計三百年。《乾元曆》推之，得庚申冬至，後《授時》一日；《授時曆》上考太平興國庚辰歲，得丙午冬至，與《乾元》合。

咸平三年庚子歲十一月辛卯日五十三刻冬至，距至元十七年庚辰歲，計二百八十年。《儀天曆》推之，得庚申冬至，後《授時》一日；《授時曆》上考咸平庚子歲，得辛卯冬至，與《儀天》合。

崇寧四年乙酉歲十一月辛丑日六十一刻冬至，距至元十七年庚辰歲，計一百七十五年。《紀元曆》推之，得己未日冬至，後《授時》十九刻；《授時曆》上考崇寧乙酉歲，得辛丑日冬至，與《紀元曆》合，先二刻。

金大定十九年己亥歲十一月己巳日六十四刻冬至，距至元十七年庚辰歲，計一百一年。《大明曆》推之，得己未冬至，後《授時》一十九刻；《授時曆》上考大定己亥歲，得己巳冬至，與《大明曆》合，先九刻。《大明》冬至，蓋測驗未密故也。

慶元四年戊午歲十一月己酉日一十七刻冬至，距至元十七年庚辰歲，計八十二年。《統天曆》推之，得己未冬至，先《授時》一刻；《授時曆》上考慶元戊午歲，得己酉日冬至，與《統天曆》合。

周天列宿度

列宿著於天，爲舍二十有八，爲度三百六十五有奇。非日躔無以校其度，非列舍無以紀其度，周天之度，因二者以得之。天體渾圓，當二極南北之中，絡以赤道，日月五星之行，常出入於此。天左旋，日月五星溯而右轉，昔人曆象日月星辰，謂此也。然列舍相距度數，歷代所測不同，非微有動移，則前人所測或有未密。古用闚管，今新制渾儀，測用二綫，所測度數分秒與前代不同者，今列於左：

漢洛下閎所測	唐一行所測	宋皇祐所測	元豐所測	崇寧所測	至元所測
角十二度					十二度十一分

亢九度				九度少	九度二十分
氐十五度		十六度			十六度三十分
房五度			六度	五度太	五度六十分
心五度		六度		六度少	六度五十分
尾十八度		十九度		十九度少	十九度一十分
箕十一度		十度	十一度	十度半	十度四十分
東方七十五度		七十七度	七十九度	七十八度	七十九度二十分
斗二十六度及分	二十六度	二十五度			二十五度二十分
牛八度		七度		七度少	七度一十分
女十二度		十一度		十一度少	十一度二十五分

虚十度	十度少强		九度少强		八度九十五分
危十七度		十六度		十五度半	十五度四十分
室十六度	十六度	十七度			十七度一十分
壁九度				八度太	八度六十分
北方九十八度及分	九十八度二十五分	九十五度二十五分	九十四度二十五分	九十四度七十五分	九十三度八十分太
本十六度				十六度半	十六度六十分
婁十二度					十一度八十分
四十四度		十五度			十五度六十分
昴十一度				十一度少	十一度三十分
畢十六度	十七度	十八度	十七度	十七度少	十七度四十分

觜二度	一度			半度	五分
參九度	十度			十度半	十一度一十分
西方八十度	八十一度	八十三度	八十二度	八十三度	八十二度八十五分
井三十三度				三十三度少	三十三度二十分
鬼四度	三度	二度		二度半	二度二十分
柳十五度		十四度		十三度太	十三度二十分
星七度				六度太	六度三十分
張十八度			十七度	十七度少	十七度二十五分
翼十八度			十九度	十八度太	十八度七十五分
軫十七度					十七度三十分

西方一百一十二度	一百一十一度	一百一十度	一百一十度	一百九度二十五分	一百八度四十分

日躔

日之麗天，縣象最著，大明一生，列宿俱熄。古人欲測躔度所在，必以昏旦夜半中星衡考其所距，從考其所當。然昏旦夜半時刻未易得真，時刻一差，則所距、所當，不容無舛。晉姜岌首以月食衝檢，知日度所在。《紀元曆》復以太白誌其相距遠近，於昏後明前驗定星度，因得日躔。今用至元丁丑四月癸酉望月食既，推求得冬至日躔赤道箕宿十度，黄道九度有奇。仍自其年正月至己卯歲終，三年之間，日測太陰所離宿次及歲星、太白星距度，定驗參考，共得一百三十四事，皆躔箕宿，適與月食所衝允合。以金趙知微所修《大明曆法》推之，冬至猶躔斗初度三十六分六十四秒，比新測實差七十六分六十四秒。

日行盈朔

日月之行，有冬有夏，言日月行度，冬夏各不同也。人徒知日行一度，一歲一周天，曾不知盈縮損益，四序有不同者。北齊張子信積候合蝕加時，覺日行有入氣差，然損益未得其正。趙道嚴復準晷景長短，定日行進退，更造盈縮以求虧食。至劉焯立躔度，與四序升降，雖損益不同，後代祖述用之。

夫陰陽往來，馴積而變，冬至日行一度强，出赤道二十四度弱，自此日軌漸北，積八十八日九十一分，當春分前三日，交在赤道，實行九十一度三十一分而適平。自後其盈日損，復行九十三日七十一分，當夏至之日，入赤道内二十四度弱，實行九十一度三十一分，日行一度弱，向之盈分盡損而無餘。自此日軌漸南，積九十三日七十一分，當秋分後三日，交在赤道，實行九十一度三十一分而復平。自後其縮日損，行八十八日九十一分，出赤道外二十四度弱，實行九十一度三十一分，復當冬至，向之縮分盡損而無餘。盈縮均有損益，初爲益，末爲損。自冬至以及春分，春分以及夏至，日躔自北陸轉而西，西而南，於盈爲益，益極而損，損至於無餘而縮。自夏至以及秋分，秋分以及冬至，日躔自南陸轉而東，東而北，於縮爲益，益極而損，損至於無餘而復盈。盈初縮末，俱八十八日九十一分而行一象；縮初盈末，俱九十三日七十一分而行一象；盈縮極差，皆二度四十分。由實測晷景而得，仍以算術推考，與所測允合。

月行遲疾

古曆謂月平行十三度十九分度之七。漢耿壽昌以爲日月行至牽牛、東井，日過度，月行十五度，至婁、角，始平行，赤道使然。賈逵以爲今合朔、弦、望、月食加時，所以不中者，蓋不知月行遲疾意。李梵、蘇統皆以月行當有遲疾，不必在牽牛、東井、婁、角之間，乃由行道有遠近出入所生。劉洪作《乾象曆》，精思二十餘年，始悟其理，列爲差率，以囿進退損益之數。後之作曆者，咸因之。至唐一行，考九道委蛇曲折之數，得月行疾徐之理。

先儒謂月與五星，皆近日而疾，遠日而遲。曆家立法，以入轉一周之日，爲遲疾二曆，各立初末二限，初爲益，末爲損。在疾初遲末，其行度率過於平行；遲初疾末，率不及於平行。自入轉初日行十四度半强，從是漸殺，曆七日，適及平行度，謂之疾初限，其積度比平行餘五度四十二分。自是其疾日損，又曆七日，行十二度微强，向之益者盡損而無餘，謂之疾末限。自是復行遲度，又曆七日，適及平行度，謂之遲初限，其積度比平行不及五度四十二分。自此其遲日損，行度漸增，又曆七日，復行十四度半强，向之益者亦損而無餘，謂之遲末限。入轉一周，實二十七日五十五刻四十六分，遲疾極差皆五度四十二分。舊曆日爲一限，皆用二十八限。今定驗得轉分進退時各不同，今分日爲十二，共三百三十六限，半之爲半周限，析而四之爲象限。

白道交周

當二極南北之中，横絡天體以紀宿度者，赤道也。出入赤道，爲日行之軌者，黄道也。所謂白道，與黄道交貫，月行之所由也。古人隨方立名，分爲八行，與黄道而九，究而言之，其實一也。惟其隨交遷徙，變動不居，故强以方色名之。

月道出入日道，兩相交值，當朔則日爲月所掩，當望則月爲日所衝，故皆有食。然涉交有遠近，食分有深淺，皆可以數推之。所謂交周者，月道出入日道一周之日也。日道距赤道之遠，爲度二十有四。月道出入日道，不逾六度，其距赤道也，遠不過三十度，近不下十八度。出黄道外爲陽，入黄道内爲陰，陰陽一周，分爲四象：月當黄道爲正交，出黄道外六度爲半交，復當黄道爲中交，入黄道内六度爲半交，是爲四象。象别七日，各行九十一度，四象周曆，是謂一交之終，以日計之，得二十七日二十一刻二十二分二十四秒。每一交，退天一度二百分度之九十三，凡二百四十九交，退天一周有奇，終而復始。正交在春正，半交出黄道外六度，在赤道内十八度。正交在秋正，半交出黄道外六度，在赤道外三十度。中交在春正，半交入黄道内六度，在赤道内三十度。中交在秋正，半交入黄道内六度，在赤道外十八度。月道與赤道正交，距春秋二正黄赤道正交宿度。東西不及十四度三分度之二。夏至在陰曆内，冬至在陽曆外，月道與赤道所差者多；夏至在陽曆外，冬至在陰曆内，月道與赤道所差者少。蓋白道二交，有斜有直，陰陽二曆，有内有外，直者密而狹，斜者疏而闊，其差亦從而異。今立象置法求之，差數多者不過三度五十分，少者不下一度三十分，是爲月道與赤道多少之差。

晝夜刻

日出爲晝，日入爲夜，晝夜一周，共爲百刻。以十二辰分之，每辰得八刻三分刻之一。

無間南北，所在皆同。晝短則夜長，夜短則晝長，此自然之理也。春秋二分，日當赤道出入，晝夜正等，各五十刻。自春分以及夏至，日入赤道内，去極浸近，夜短而晝長。自秋分以及冬至，日出赤道外，去極浸遠，晝短而夜長。以地中揆之，長不過六十刻，短不過四十刻。地中以南，夏至去日出入之所爲遠，其長有不及六十刻者；冬至去日出入之所爲近，其短有不止四十刻者。地中以北，夏至去日出入之所爲近，其長有不止六十刻者；冬至去日出入之所爲遠，其短有不及四十刻者。今京師冬至日出辰初二刻，日入申正二刻，故晝刻三十八，夜刻六十二。夏至日出寅正二刻，日入戌初二刻，故晝刻六十二，夜刻三十八。蓋地有南北，極有高下，日出入有早晏，所有不同耳。今《授時曆》晝夜刻，一以京師爲正。

新元史卷之三十九　志第六

曆志六

授時曆議下

交食

曆法疏密，驗在交食，然推步之術難得其密，加時有早晚，食分有淺深，取其密合，不容偶然。推演加時，必本於躔離朓朒；考求食分，必本於距交遠近。苟入氣盈縮、入轉遲疾未得其正，則合朔不失之先，則失之後。合朔失之先後，則虧食時刻，其能密乎？日月俱東行，而日遲月疾，月追及日，是爲一會。交值之道，有陽曆、陰曆；交會之期，有中前、中後；加以地形南北東西之不同，人目高下邪直之各異，此食分多寡，理不得一者也。今合朔既正，則加時無早晚之差；氣刻適中，則食分無强弱之失。推而上之，自《詩》、《書》、《春秋》及三國以來所載虧食，無不合焉者。合於既往，則行之悠久，自可無弊矣。

《詩》、《書》所載日食二事

《書·胤征》：「惟仲康肇位四海，乃季秋月朔，辰弗集於房。」

今按：《大衍曆》作仲康即位之五年癸巳，距辛巳三千四百八年，九月庚戌朔，泛交二十六日五千四百二十一分入食限。

《詩·小雅·十月之交》，大夫刺幽王也。「十月之交，朔日辛卯，日有食之，亦孔之醜。」

今按：梁太史令虞鄺云，十月辛卯朔，在幽王六年乙丑朔。《大衍》亦以爲然。以《授時曆》推之，是歲十月辛卯朔，泛交十四日五千七百九分入食限。

《春秋》日食三十六事

隱公三年辛酉歲，春王二月己巳，日有食之。

杜預云：「不書日，史官失之。」《公羊》云：「日食或言朔或不言朔，或日或不日，或失之前或失之後，失之前者朔在前也，失之後者朔在後也。」《穀梁》云：「言日不言朔，食晦日也。」姜岌校《春秋》日食云：「是歲二月己亥朔，無己巳，似失一閏。三月己巳朔，去交分入食限。」《大衍》與姜岌合。今《授時曆》推之，是歲三月己巳朔，加時在晝，去交分二十六日六千六百三十一入食限。

桓公三年壬申歲，秋七月壬辰朔，日有食之。

姜岌以爲是歲七月癸亥朔，無壬辰，亦失閏。其八月壬辰朔，去交分入食限。《大衍》與姜岌合。以今曆推之，是歲八月壬辰朔，加時在晝，食六分一十四秒。

桓公十七年丙戌歲，冬十月朔，日有食之。

左氏云：「不書日，史官失之。」《大衍》推得在十一月交分入食限，失閏也。以今曆推之，是歲十一月加時在晝，交分二十六日八千五百六十入食限。

莊公十八年乙巳歲，春王三月，日有食之。

《穀梁》云：「不言日，不言朔，夜食也。」《大衍》推是歲五月朔，交分入食限，三月不應食。以今曆推之，是歲三月朔，不入食限。五月壬子朔，加時在晝，交分入食限。蓋誤五爲三。

莊公二十五年壬子歲，六月辛未朔，日有食之。

《大衍》推之，七月辛未朔，交分入食限。以今曆推之，是歲七月辛未朔，加時在晝，交分二十七日四百八十九入食限，失閏也。

莊公二十六年癸丑歲，冬十有二月癸亥朔，日有食之。

今曆推之，是歲十二月癸亥朔，加時在晝，交分十四日三千五百五十一入食限。

莊公三十年丁巳歲，九月庚午朔，日有食之。

今曆推之，是歲十月庚午朔，加時在晝，去交分十四日四千六百九十六入食限，失閏也。《大衍》同。

僖公十二年癸酉歲，春王三月庚午朔，日有食之。

姜氏云：「三月朔，交不應食，在誤條；其五月庚午朔，去交分入食限。」《大衍》同。今曆推之，是歲五月庚午朔，加時在晝，去交分二十六日五千一百九十二入食限。蓋五誤爲三。

僖公十五年丙子歲，夏五月，日有食之。

左氏云：「不書朔與日，史官失之也。」《大衍》推四月癸丑朔，去交分入食限，差一閏。今曆推之，是歲四月癸丑朔，去交分一日一千三百一十六入食限。

文公元年乙未歲，二月癸亥朔，日有食之。

姜氏云：「二月甲午朔，無癸亥；三月癸亥朔，入食限。」《大衍》亦以爲然。今曆推之，是歲三月癸亥朔，加時在晝，去交分二十六日五千九百十七分入食限，失閏也。

文公十五年己酉歲，六月辛丑朔，日有食之。

今曆推之，是歲六月辛丑朔，加時在晝，交分二十六日四千四百七十三分入食限。

宣公八年庚申歲，秋七月甲子，日有食之。

杜預以七月甲子晦食。姜氏云：「十月甲子朔，食。」《大衍》同。今曆推之，是歲十月甲子朔，加時在晝，食九分八十一秒。蓋十誤爲七。

宣公十年壬戌歲，夏四月丙辰朔，日有食之。

今曆推之，是月丙辰朔，加時在晝，交分十四日九百六十八分入食限。

宣公十七年己巳歲，六月癸卯，日有食之。

姜氏云：「六月甲辰朔，不應食。」《大衍》云：「是年五月在交限，六月甲辰朔，交分已過食限，蓋誤。」今曆推之，是歲五月乙亥朔，入食限，六月甲辰朔，泛交二日已過食限，《大衍》爲是。

成公十六年丙戌歲，六月丙寅朔，日有食之。

今曆推之，是歲六月丙寅朔，加時在晝，去交分二十六日九千八百三十五分入食限。

成公十七年丁亥歲，十有二月丁巳朔，日有食之。

姜氏云：「十二月戊子朔，無丁巳，似失閏。」《大衍》推十一月丁巳朔，交分入食限。今曆推之，是歲十一月丁巳朔，加時在晝，交分十四日二千八百九十七分入食限，與《大衍》同。

襄公十四年壬寅歲，二月乙未朔，日有食之。

今曆推之，是歲二月乙未朔，加時在晝，交分十四日一千三百九十三分入食限。

襄公十五年癸卯歲，秋八月丁巳朔，日有食之。

姜氏云：「七月丁巳朔，食，失閏也。」《大衍》同。今曆推之，是歲七月丁巳朔，加時在晝，去交分二十六日三千三百九十四分入食限。

襄公二十年戊申歲，冬十月丙辰朔，日有食之。

今曆推之，是歲十月丙辰朔，加時在晝，交分十三日七千六百分入食限。

襄公二十一年己酉歲，秋七月庚戌朔，日有食之。

今曆推之，是月庚戌朔，加時在晝，交分十四日三千六百八十二分入食限。

冬十月庚辰朔，日有食之。

姜氏云：「比月而食，宜在誤條。」《大衍》亦以爲然。今曆推之，十月已過交限，不應頻食，姜說爲是。

襄公二十三年辛亥歲，春王二月癸酉朔，日有食之。

今曆推之，是月癸酉朔，加時在晝，交分二十六日五千七百三分入食限。

襄公二十四年壬子歲，秋七月甲子朔，日有食之，既。

今曆推之，是月甲子朔，加時在晝，日食九分六秒。

八月癸巳朔，日有食之。

《漢志》：「董仲舒以爲比食又既。」《大衍》云：「不應頻食，在誤條。」今曆推之，交分不叶，不應食，《大衍》説是。

襄公二十七年乙卯歲，冬十有二月乙亥朔，日有食之。

姜氏云：「十一月乙亥朔，交分入限，應食。」《大衍》同。今曆推之，是歲十一月乙亥朔，加時在晝，交分初日八百二十五分入食限。

昭公七年丙寅歲，夏四月甲辰朔，日有食之。

今曆推之，是月甲辰朔，加時在晝，交分二十七日二百九十八分入食限。

昭公十五年甲戌歲，六月丁巳朔，日有食之。

《大衍》推五月丁巳朔，食，失一閏。今曆推之，是歲五月丁巳朔，加時在晝，交分十三日九千五百六十七分入食限。

昭公十七年丙子歲，夏六月甲戌朔，日有食之。

姜氏云：「六月乙巳朔，交分不叶，不應食，當誤。」《大衍》云：「當在九月朔，六月不應食，姜氏是也。」今曆推之，是歲九月甲戌朔，加時在晝，交分二十六日七千六百五十分入食限。

昭公二十一年庚辰歲秋，七月壬午朔，日有食之。

今曆推之，是月壬午朔，加時在晝，交分二十六日八千七百九十四分入食限。

昭公二十二年辛巳歲，冬十有二月癸酉朔，日有食之。

今曆推之，是月癸酉朔，交分十四日一千八百入食限。杜預以長曆推之，當爲癸卯，非是。按郭知杜誤者，法以下距至元辛巳一千八百年，於歲實內長一十九分，用以相乘，得六十五億七千四百三十九萬九千二百分，爲中積。內減閏應餘六十五億七千四百一十九萬七千一百五十分，滿朔實，去之，餘九萬六千五百三十七分三十四秒，反減朔實，餘一十九萬八千七百六十八分五十九秒，爲閏餘，以日周之，即一十九日八十七刻六十八分五十九秒也。再依前法，求得本年冬至日分爲三十五日一十四刻，內減閏餘，存一十五日二十六刻三十一分四十二秒，算外即乙卯日二十六刻，是爲是年正月經朔。再加十一朔實，即十二月經朔。因閏餘分滿一十八萬六十五朔五十二分○九秒者，其年有閏，故須加十二朔實，依法加十二朔實，併十五日二十六刻三十一分四十一秒，共三百六十九日六十三刻○二分五十七秒，滿紀法，去之，餘九日六十三刻○二分五十七秒，算外即癸酉日也。杜言癸卯，蓋少置一閏月耳。

昭公二十四年癸未歲，夏五月乙未朔，日有食之。

今曆推之，是月乙未朔，加時在晝，交分二十六日三千八百三十九分入食限。

昭公三十一年庚寅歲，十有二月辛亥朔，日有食之。

今曆推之，是月辛亥朔，加時在晝，交分二十六日六千一百二十八入食限。

定公五年丙申歲，春王三月辛亥朔，日有食之。

今曆推之，三月辛卯朔，加時在晝，交分十四日三百三十四分入食限。

定公十二年癸卯歲，十一月丙寅朔，日有食之。

今曆推之，是歲十月丙寅朔，加時在晝，交分十四日二千六百二十二分入食限，蓋失一閏。

定公十五年丙午歲，八月庚辰朔，日有食之。

今曆推之，是月庚辰朔，加時在晝，交分十三日七千六百八十五分入食限。

哀公十四年庚申歲，五月庚申朔，日有食之。

今曆推之，是月庚申朔，加時在晝，交分二十六日九千二百一分入食限。

右《詩》、《書》所載日食二事，《春秋》二百四十二年間凡三十有六事，以《授時曆》推之，惟襄公二十一年十月庚辰朔及二十四年八月癸巳朔不入食限。蓋自有曆以來，無比月而食之理。其三十四食，食皆在朔，經或不書日、不書朔，《公羊》、《穀梁》以爲食晦，二者非；左氏以爲史官失之者，得之。其間或差一日、二日者，蓋由古曆疏闊，置閏失當之弊，姜岌、一行已有定說。孔子作書，但因時曆以書，非大義所關，故不必致詳也。

三國以來日食

蜀章武元年辛丑，六月戊辰晦，時加未。

《授時曆》，食甚未五刻。

《大明曆》，食甚未五刻。

右皆親。二曆推戊辰皆七月朔。

魏黄初三年壬寅，十一月庚申晦食，時加西南維。

《授時曆》，食甚申二刻。

《大明曆》，食甚申三刻。

右《授時》親，《大明》次親。二曆推庚申皆十二月朔。

梁中大通五年癸丑，四月己未朔食，在丙。

《授時曆》，虧初午四刻。

《大明曆》，虧初午四刻。

右皆親。

太清元年丁卯，正月己亥朔食，時加申。

《授時曆》，食甚申一刻。

《大明曆》，食甚申三刻。

右《授時》次親，《大明》親。

陳太建八年丙申，六月戊申朔食，於卯申間〔一〕。

《授時曆》，食甚卯二刻。

《大明曆》，食甚卯四刻。

右《授時》次親，《大明》疏遠。

唐永隆元年庚辰，十一月壬申朔食，巳四刻甚。

《授時曆》，食甚巳七刻。

《大明曆》，食甚巳五刻。

右《授時》疏，《大明》親。

開耀元年辛巳，十月丙寅朔食，巳初甚。

《授時曆》，食甚辰正三刻。

《大明曆》，食甚辰正一刻。

右《授時》親，《大明》疏。

嗣聖八年辛卯，四月壬寅朔食，卯二刻甚。

《授時曆》，食甚寅八刻。

《大明曆》，食甚卯初刻。

右皆次親。

十七年庚子，五月己酉朔食，申初甚。

《授時曆》，食甚申初二刻。

《大明曆》，食甚申正初刻。

右《授時》次親，《大明》疏遠。

十九年壬寅，九月乙丑朔食，申三刻甚。

《授時曆》，食甚申一刻。

《大明曆》，食甚申四刻。

右《授時》次親，《大明》親。

景龍元年丁未，六月丁卯朔食，午正甚。

《授時曆》，食甚午正二刻。

《大明曆》，食甚未初初刻。

右《授時》次親，《大明》疏遠。

開元九年辛酉，九月己巳朔食，午正後三刻甚。

《授時曆》，食甚午正一刻。

《大明曆》，食甚午正二刻。

右《授時》次親，《大明》親。

宋慶曆六年丙戌，三月辛巳朔食，申正三刻復滿。

《授時曆》，復滿申正三刻。

《大明曆》，復滿申正一刻。

右《授時》密合，《大明》次親。

皇祐元年己丑，正月甲午朔食，午正甚。

《授時曆》，食甚午初二刻。

《大明曆》，食甚午正初刻。

右《授時》親，《大明》密合。

五年癸巳，十月丙申朔食，未一刻甚。

《授時曆》，食甚未三刻。

《大明曆》，食甚未刻初。

右《授時》次親。《大明》親。

至和元年甲午，四月甲午朔食，申正一刻甚。
《授時曆》，食甚申正一刻。
《大明曆》，食甚申正二刻。
右《授時》密合，《大明》親。
嘉祐四年己亥，正月丙申朔食，未三刻復滿。
《授時曆》，復滿未初二刻。
《大明曆》，復滿未初二刻。
右皆親。
六年辛丑，六月壬子朔食，未初虧初。
《授時曆》，虧初未初刻。
《大明曆》，虧初未一刻。
右《授時》親，《大明》次親。
治平三年丙午，九月壬子朔食，未二刻甚。
《授時曆》，食甚未三刻。
《大明曆》，食甚未四刻。

右《授時》親，《大明》次親。

熙寧二年己酉，七月乙丑朔食，辰三刻甚。

《授時曆》，食甚辰五刻。

《大明曆》，食甚辰四刻。

右《授時》次親，《大明》親。

元豐三年庚申，十一月己丑朔食，巳六刻甚。

《授時曆》，食甚巳五刻。

《大明曆》，食甚巳二刻。

右《授時》親，《大明》疏遠。

紹聖元年甲戌，三月壬申朔食，未六刻甚。

《授時曆》，食甚未五刻。

《大明曆》，食甚未五刻。

右皆親。

大觀元年丁亥，十一月壬子朔食，未二刻虧初，未八刻甚，申六刻復滿。

《授時曆》，虧初未三刻，食甚申初刻，復滿申六刻。

《大明曆》，虧初未初刻，食甚未七刻，復滿申五刻。

右《授時曆》虧初、食甚皆親，復滿密合。《大明》虧初，次親，食甚、復滿皆親。

紹興三十二年壬午，正月戊辰朔食，申虧初。

《授時曆》，虧初申一刻。

《大明曆》，虧初未七刻。

右皆親。

淳熙十年癸卯，十一月壬戌朔食，巳正二刻甚。

《授時曆》，食甚巳正二刻。

《大明曆》，食甚巳正一刻。

右《授時》密合，《大明》親。

慶元元年乙卯，三月丙戌朔食，午初二刻虧初。

《授時曆》，虧初午初一刻。

《大明曆》，虧初午初二刻。

右《授時》虧初親，《大明》虧初密合。

嘉泰二年壬戌，五月甲辰朔食，午初一刻虧初。

《授時曆》，虧初巳正三刻。
《大明曆》，虧初午初三刻。
右皆親。
嘉定九年丙子，二月甲申朔食，申正四刻甚。
《授時曆》，食甚申正三刻。
《大明曆》，食甚申正二刻。
右《授時》親，《大明》次親。
淳祐三年癸卯，三月丁丑朔食，巳初二刻甚。
《授時曆》，食甚巳初一刻。
《大明曆》，食甚巳初初刻。
右《授時》親，《大明》次親。
本朝中統元年庚申，三月戊辰朔食，申正二刻甚。
《授時曆》，食甚申正一刻。
《大明曆》，食甚申初三刻。
右《授時》親，《大明》疏。

至元十四年丁丑，十月丙辰朔食，午正初刻虧初，未初一刻食甚，未正二刻復滿。

《授時曆》，虧初午正初刻，食甚未初一刻，復滿未正一刻。

《大明曆》，虧初午正三刻，食甚未正一刻，復滿申初二刻。

右《授時》虧初、食甚皆密合，復滿親。《大明》虧初疏，食甚、復滿皆疏遠。

前代考古交食，同刻者爲密合，相較一刻爲親，二刻爲次親，三刻爲疏，四刻爲疏遠。今《授時》、《大明》校古日食，上自後漢章武元年，下訖本朝，計五十五事。密合者，《授時》七，《大明》二。親者，《授時》十有七，《大明》十有六。次親者，《授時》十，《大明》八。疏者，《授時》一，《大明》三。疏遠者，《授時》無，《大明》六。

前代月食

宋元嘉十一年甲戌，七月丙子望食，四更二唱虧初，四更四唱食既。

《授時曆》，虧初四更三點，食既在四更四點。

《大明曆》，虧初在四更二點，食既在四更五點。

右《授時》虧初親，食既密合。《大明》虧初密合，食既親。

十三年丙子，十二月己巳望食，一更三唱食既。

《授時曆》，食既在一更三點。

《大明曆》，食既在一更四點。
右《授時》密合，《大明》親。
十四年丁丑，十一月丁丑望食，二更四唱虧初，三更一唱食既。
《授時曆》，虧初在二更五點，食既在三更二點。
《大明曆》虧初在二更四點，食既在三更二點。
右《授時》虧初、食既皆親。《大明》虧初密合，食既親。
梁中大通二年庚戌，五月庚寅望月食，在子。
《授時曆》，食甚在子正初刻。
《大明曆》，食甚在子正初刻。
右皆密合。
大同九年癸亥，三月乙巳望食，三更三唱虧初。
《授時曆》，虧初三更一點。
《大明曆》，虧初三更三點。
右《授時》次親，《大明》密合。
隋開皇十二年壬子，七月己未望食，一更三唱虧初。

《授時曆》，虧初在一更四點。

《大明曆》，虧初在一更五點。

右《授時》親，《大明》次親。

十五年乙卯，十一月庚午望食，一更四點虧初，二更三點食甚，三更一點復滿。

《授時曆》，虧初在一更三點，食甚在二更二點，復滿在二更五點。

《大明曆》，虧初在一更五點。食甚在二更二點，復滿在二更五點。

右《授時》虧初、食甚、復滿皆親，《大明》虧初、復滿皆親，食甚密合。

十六年丙辰，十一月甲子望食，四更三籌復滿。

《授時曆》，復滿在四更四點。

《大明曆》，復滿在四更五點。

右《授時》親，《大明》次親。

後漢天福十二年丁未，十二月乙未望食，四更四點虧初。

《授時曆》，虧初在四更五點。

《大明曆》，虧初在四更一點。

右《授時》親，《大明》次親。

宋皇祐四年壬辰，十一月丙辰望食，寅四刻虧初。

《授時曆》，虧初在寅二刻。

《大明曆》，虧初在寅一刻。

右《授時》次親，《大明》疏。

嘉祐八年癸卯，十月癸未望食，卯七刻甚。

《授時曆》，食甚在辰初刻，

《大明曆》，食甚在辰初刻。

右皆親。

熙寧二年己酉，閏十一月丁未望食，亥六刻虧初，子五刻食甚，丑四刻復滿。

《授時曆》，虧初在亥六刻，食甚在子五刻，復滿在丑三刻。

《大明曆》，虧初在子初刻，食甚在子六刻，復滿在丑四刻。

右《授時》虧初、食甚密合，復滿親。《大明》虧初次親，食甚親，復滿密合。

四年辛亥，十一月丙申望食，卯二刻虧初，卯六刻甚。

《授時曆》，虧初在卯初刻，食甚在卯五刻。

《大明曆》，虧初在卯四刻，食甚在卯七刻。

右虧初皆次親，食甚皆親。

六年癸丑，三月戊午望食，亥一刻虧初，亥六刻甚，子四刻復滿。

《授時曆》，虧初在戌七刻，食甚在亥五刻，復滿在子三刻。

《大明曆》，虧初在亥二刻，食甚在亥七刻，復滿在子四刻。

右《授時》虧初次親，食甚、復滿皆親。《大明》虧初、食甚皆親，復滿密合。

七年甲寅，九月己酉望食，四更五點虧初，五更三點食既。

《授時曆》，虧初在四更五點，食既在五更三點。

《大明曆》，虧初在四更三點，食既在五更二點。

右《授時》虧初、食既皆密合。《大明》虧初次親，食既親。

崇寧四年乙酉，十二月戊寅望食，酉三刻甚，戌初刻復滿。

《授時曆》，食甚在酉一刻，復滿在酉七刻。

《大明曆》，食甚在酉三刻，復滿在戌二刻。

右《授時》食甚、復滿皆次親。

《大明》食甚、密合、復滿次親。本朝至元七年庚午，三月甲寅望食，丑三刻虧初，寅初刻食甚，寅六刻復滿。

《授時曆》，虧初在丑二刻，食甚在寅初刻，復滿在寅六刻。
《大明曆》，虧初在丑四刻，食甚在寅一刻，復滿在寅七刻。
右《授時》虧初親，食甚、復滿密合。《大明》虧初、食甚、復滿皆親。
九年壬申，七月辛未望食，丑初刻虧初，丑六刻食甚，寅三刻復滿。
《授時曆》，虧初在子七刻，食甚在丑四刻，復滿在寅一刻。
《大明曆》，虧初在丑二刻，食甚在丑六刻，復滿在寅二刻。
右《授時》虧初親，食甚、復滿皆次親。《大明》虧初次親，食甚密合，復滿親。
十四年丁丑，四月癸酉望食，子六刻虧初，丑三刻食既，丑五刻甚，丑七刻生光，寅四刻復滿。
《授時曆》，虧初在子六刻，食既在丑四刻，食甚在丑五刻，生光丑六刻，復滿寅四刻。
《大明曆》，虧初在丑初刻，食既丑七刻，食甚在丑七刻，生光在丑八刻，復滿寅六刻。
右《授時》虧初、食甚、復滿皆密合，食既、生光皆親。《大明》虧初、食甚、復滿皆次親，食既疏遠，生光親。
十六年己卯，二月壬辰望食，子五刻虧初，丑二刻甚，丑七刻復滿。
《授時曆》，虧初在子五刻，食甚在丑二刻，復滿在丑七刻。

《大明曆》，虧初在子七刻，食甚在丑三刻，復滿在丑七刻。

右《授時》虧初、食甚、復滿皆密合。《大明》虧初次親，食甚親，復滿密合。

八月己丑望食，丑五刻虧初，寅初刻甚，寅四刻復滿。

《授時曆》，虧初在丑三刻，食甚在寅初刻，復滿在寅四刻。

《大明曆》，虧初在丑七刻，食甚在寅二刻，復滿在寅四刻。

右《授時》虧初次親，食甚、復滿皆密合。《大明》虧初、食甚皆次親，復滿密合。

十七年庚辰，八月甲申望食，在晝戌一刻復滿。

《授時曆》，復滿在戌一刻。

《大明曆》，復滿在戌四刻。

右《授時》密合，《大明》疏。

已上四十五事密合者，《授時》十有八，《大明》十有一；親者，《授時》十有八，《大明》十有七；次親者，《授時》九，《大明》十有四；疏者，《授時》無，《大明》二；疏遠者，《授時》無，《大明》一。

定朔

日平行一度，月平行十三度十九分度之七，一晝夜之間，月先日十二度有奇，曆二十九日五十三刻，復追及日，與之同度，是謂經朔。經朔云者，謂合朔大量不出此也。日有盈縮，月有遲疾，以盈縮、遲疾之數損益之，始爲定朔。

古人立法，簡而未密，初用平朔，一大一小，故日食有在朔二，月食有在望前後者。漢張衡以月行遲疾，分爲九道；宋何承天以日行盈縮，推定小餘；故月有三大二小。隋劉孝孫、劉焯欲遵用其法，時議排抵，以爲迂怪，率不能行。唐傅仁均始採用之，至貞觀十九年九月後，四月頻大，復用平朔。訖麟德元年，始用李淳風《甲子元曆》，定朔之法遂行。淳風又以晦月頻見，故立進朔之法，謂朔日小餘在日法四分之三已上，虛進一日，後代皆循用之。然虞劆嘗曰：「朔在會同，苟躔次既合，何疑於頻大？日月相離，何拘於間小？」一行亦曰：「天事誠密，雖四大三小，庸何傷？」今但取辰集時刻所在之日以爲定朔，朔雖小餘在進限，亦不之進。甚矣，人之安於故習也！初，曆法用平朔，止知一大一小爲法之不可易，初聞三大二小之說，皆不以爲然。自有曆以來，下訖麟德，而定朔始行，四大三小，理數自然，唐人弗克若天，而止用平朔。迨本朝至元，而常議方革。至如進朔之意，止欲避晦日月見，殊不思合朔在酉、戌、亥，距前日之卯，十八九辰矣，若進一日，則晦不見月，此論誠然。苟合朔在辰、申之間，法不當進，距前日之卯已逾十四五度，則月見於晦，庸得免乎？且月之隱見，本天道之自然，朔之進退、出入爲之牽强，孰若廢人用天，不復虛進，爲得其實哉！至理所在，奚恤乎人言，可爲知者道也。

不用積年日法

曆法之作，所以步日月之躔離，候氣朔之盈虚，不揆其端，無以測知天道，而與之脗合。然日月之行遲速不同，氣朔之運參差不一，昔人立法必推求往古生數之始，謂之演紀上元。當斯之際，日月五星同度，如合璧連珠然。惟其世代綿遠，馴積其數至逾億萬，後人厭其布算繁多，互相推考，斷截其數而增損日法，以爲得改憲之術，此歷代積年日法所以不能相同者也。然行之未遠，浸復差失，蓋天道自然，豈人爲附會所能苟合哉！夫七政運行於天，進退自有常度，苟原始要終，候驗周匝，則象數昭著，有不容隱者，又何必捨目前簡易之法，而求億萬年宏闊之術哉？

今《授時曆》以至元辛巳爲元，所用之數，一本諸天，秒而分，分而刻，刻而日，皆以百爲率，比之他曆積年日法，推演附會，出於人爲者，爲得自然。或曰：「昔人謂建曆之本，必先立元，元正然後定日法，法定然後度周天以定分至，然則曆之有積年日法，尚矣。自黄帝以來，諸曆轉相祖述，殆七八十家，未聞舍此而能成者。今一切削去，無乃昧於本原，而考求未得其方歟？」是殆不然。晉杜預有云：「治曆者，當順天以求合，非爲合以驗天。」前代演積之法，不過爲合驗天耳。今以舊曆頗疏，乃命釐正，法之不密，在所必更，奚暇踵故習哉？遂取漢以來諸曆積年日法及行用年數，具列於後，仍附演積數法，以釋或者之疑。

《三統曆》西漢太初元年丁丑鄧平造，行一百八十八年，至東漢元和乙酉，後天七十八刻。

積年，一十四萬四千五百一十一。

日法，八十一。

《四分曆》東漢元和二年乙酉編訢造，行一百二十一年，至建安丙戌，後天七刻。

積年，一萬五百六十一。

日法，四。

《乾象曆》建安十一年丙戌劉洪造，行三十一年，至魏景初丁巳，後天七刻。

積年，八千四百五十二。

日法，一千四百五十七。

《景初曆》魏景初元年丁巳楊偉造，行二百六年，至宋元嘉癸未，先天五十刻。

積年，五千八十九。

日法，四千五百五十九。

《元嘉曆》宋元嘉二十年癸未何承天造，行二十年，至大明七年癸卯，先天五十刻。

積年，六千五百四十一。

日法，七百五十二。

《大明曆》宋大明七年癸卯宋祖冲之造，行五十八年，至魏正光辛丑，後天二十九刻。

積年，五萬二千七百五十七。

日法，三千九百三十九。

《正光曆》後魏正光二年辛丑李業興造，行一十九年，至興和庚申，先天十三刻。

積年，一十六萬八千五百九。

日法，七萬四千九百五十二。

《興和曆》興和二年庚申李業興造，行一十年，至齊天保庚午，先天九十九刻。

積年，二十萬四千七百三十七。

日法，二十萬八千五百三十。

《天保曆》北齊天保元年庚午宋景業造，行一十七年，至周天和丙戌，後天一日八十七刻。

積年，一十一萬一千二百五十七。

日法，二萬三千六百六十。

《天和曆》後周天和元年丙戌甄鸞造，行一十三年，至大象己亥，先天四十刻。

積年，八十七萬六千五百七。

日法，二萬三千四百六十

《大象曆》大象元年己亥馮顯造，行五年，至隋開皇甲辰，後天十刻。

積年，四萬二千二百五十五。

日法，一萬二千九百九十二。

《開皇曆》隋開皇四年甲辰張賓造，行二十四年，至大業戊辰，後天七刻。

積年，四百一十二萬九千六百九十七。

日法，一十萬二千九百六十。

《大業曆》大業四年戊辰張胄元造，行一十一年，至唐武德己卯，後天七刻。

積年，一百四十二萬八千三百一十七。

日法，一千一百四十四。

《戊寅曆》唐武德二年己卯道士傅仁均造，行四十六年，至麟德乙丑，後天四十七刻。

積年，一十六萬五千三。

日法，一萬三千六百。

《麟德曆》麟德二年乙丑李淳風造，行六十三年，至開元戊辰，後天一十二刻。

積年，二十七萬四百九十七。

日法，一千三百四十。

《大衍曆》開元十六年戊辰僧一行造，行三十四年，至寶應壬寅，先天一十四刻。

積年，九千六百九十六萬二千二百九十七。

日法，三千四十。

《五紀曆》寶應元年壬寅郭獻之造，行二十三年，至貞元乙丑，後天二十四刻。

積年，二十七萬四百九十七。

日法，一千三百四十。

《貞元曆》貞元元年乙丑徐承嗣造，行二十七年，至長慶壬寅，先天十五刻。

積年，四十萬三千三百九十七。

日法，一千九十五。

《宣明曆》長慶二年壬寅徐昂造，行七十一年，至景福癸丑，先天四刻。按：《宣明術》不著撰人姓名，徐昂所著《觀象術》則已失傳，且造於元和初，非長慶也。其誤始於周琮，而守敬因之。

積年，七百七萬五百九十七。

日法，八千四百。

《崇元曆》景福二年癸丑邊岡造，行十四年，後六十三年，至周顯德丙辰，先天四刻。

積年，五千三百九十四萬七千六百九十七。

日法，一萬三千五百。

《欽天曆》五代周顯德三年丙辰王朴造，行五年，至宋建隆庚申，先天二刻。

積年，七千二百六十九萬八千七百七十七。

日法，七千二百。

《應天曆》宋建隆元年庚申王處訥造，行二十一年，至太平興國辛巳，後天二刻。

積年，四百八十二萬五千八百七十七。

日法，一萬單二。

《乾元曆》太平興國六年辛巳吴昭素造，行二十年，至咸平辛丑，合。

積年，三千五十四萬四千二百七十七。

日法，二千九百四十。

《儀天曆》咸平四年辛丑史序造，行二十三年，至天聖甲子，合。

積年，七十一萬六千七百七十七。

日法，一萬一千。

《崇天曆》天聖二年甲子宋行古造，行四十年，至治平甲辰，後天五十四刻。

積年，九千七百五十五萬六千五百九十七。

日法，一萬五百九十。

《明天曆》治平元年甲辰周琮造，行一十年，至熙寧甲寅，合。

積年，七十一萬一千九百七十七。

日法，三萬九十。

《奉元曆》熙寧十七年甲寅衛朴造，行十八年，至元祐壬申，後天七刻。

積年，八千三百一十八萬五千二百七十七。

日法，二萬三千七百。

《觀天曆》元祐七年壬申皇居卿造，行三十一年，至崇寧癸未，先天六刻。

積年，五百九十四萬四千九百九十七。

日法，一萬二千三十。

《占天曆》崇寧二年癸未姚舜輔造，行三年，至丙戌，後天四刻。

積年，二千五百五十萬一千九百三十七。

日法，二萬八千八十。

《紀元曆》崇寧五年丙戌姚舜輔造，行二十一年，至金天會丁未，合。

積年，二千八百六十一萬三千四百六十七。

日法，七千二百九十。

《大明曆》金天會五年丁未楊級造，行五十三年，至大定庚子，合。

積年，三億八千三百七十六萬八千六百五十七。

日法，五千二百三十。

《重修大明曆》大定二十年庚子趙知微重修，行一百一年，至元朝至元辛巳，後天一十九刻。

積年，八千八百六十三萬九千七百五十七。

日法，五千二百三十。

《統元曆》後宋紹興五年乙卯陳德一造，行三十二年，至乾道丁亥，合。

積年，九千四百二十五萬一千七百三十七。

日法，六千九百三十。

《乾道曆》乾道三年丁亥劉孝榮造，行九年，至淳熙丙申，後天一刻。

積年，九千一百六十四萬五千九百三十七。

日法，三萬。

《淳熙曆》淳熙三年丙申劉孝榮造，行一十五年，至紹熙辛亥，合。

積年，五千二百四十二萬二千七十七。

日法，五千六百四十。

《會元曆》紹熙二年辛亥劉孝榮造，行八年，至慶元己未，後天一十刻。

積年，二千五百四十九萬四千八百五十七。

日法，三萬八千七百。

《統天曆》慶元五年己未楊忠輔造，行八年，至開禧丁卯，先天六刻。

積年，三千九百一十七。

日法，一萬二千。

《開禧曆》開禧三年丁卯鮑澣之造，行四十四年，至淳祐辛亥，後天七刻。

積年，七百八十四萬八千二百五十七。

日法，一萬六千九百。

《淳祐曆》淳祐十年庚戌李德卿造，行二年，至壬子，合。

積年，一億二千二十六萬七千六百七十七。

日法，三千五百三十。

《會天曆》寶祐元年癸丑譚玉造，行十八年，至咸淳辛未，後天一刻。

積年，一千一百三十五萬六千一百五十七。

日法，九千七百四十。

《成天曆》咸淳七年辛未陳鼎造，行四年，至至元辛巳，後天一刻。

積年，七千一百七十五萬八百五十九。

日法，七千四百二十。

此下不曾行用，見於典籍經進者二曆：

《皇極曆》大業間劉焯造，阻難不行，至唐武德三年己卯，先天四十三刻。

積年，一百萬九千五百一十七。

日法，一千二百四十二。

《乙未曆》大定二十年庚子耶律履造，不見行用，至辛巳，後天一十九刻。

積年，四千四十三萬二千一百二十六。

日法，二千六百九十。

《授時曆》元至元十八年辛巳爲元。

積年、日法不用。

實測到至元十八年辛巳歲。

氣應，五十五日六百分。

閏應，二十日一千八百五十分。

經朔，三十四日八千七百五十分。

日法，二千一百九十，演紀上元己亥，距至元辛巳九千八百二十五萬一千四百二十二算。

氣應，五十五日六百二分。

閏應，二十日一千八百五十三分。

經朔，二十四日八千七百四十九分。

日法，八千二百七十，演紀上元甲子，距辛巳五百六十七萬五百五十七算，日命甲子。

氣應，五十五日五百三十三分。

閏應，二十日一千八百八分。

經朔，三十四日八千七百二十五分。

日法，六千五百七十，演紀上元甲子，距辛巳三千九百七十五萬二千五百三十七算。

氣應，五十五日六百三十一分。

閏應，二十日一千九百一十九分。

經朔，三十四日八千七百一十二分。

【校勘記】

〔一〕「申」，原作「甲」，據上下文意改。

新元史卷之四十　志第七

曆志七

立成

至元十九年，郭守敬以《授時曆》雖頒行，然立成之數尚無定稿，乃比類編次，整齊分秒，裁爲二卷。《明志》據監本題「太史令臣王恂奉敕撰」，謂恂之稿本，守敬卒成之。監本久軼，然《明志》所載《大統通軌》之立成，則出於守敬原書無疑也。今採附《曆經》之後，以備步七政盈縮遲疾者之用焉。

太陽盈初縮末限立成冬至前後二象限同用

積日	平立合差	盈加分	盈積度	盈行度
十日	分十秒十微	百十分十秒十微	萬千百十分十秒十微	度千百十分十秒

初	四九三八六	五一〇八五六　九		一〇五一〇八　五
一	四九五七二	五〇五九一八　三	五一〇八五六　九	一〇五〇五九　一
二	四九七五八	五〇〇九六二	一〇一六七七　五二	一〇五〇〇九　六
三	四九九四四	四九五九八五　一	一五一七七二　六三	一〇四九五五　九九
四	五〇一三〇	四九〇九九〇　九	二〇一三七二　一六	一〇四九九九
五	五〇三一六	四八五九七七　九	二五〇四七一　二五	一〇四八五九　七
六	五〇五〇六	四八〇九四六　三	二九九〇六九　〇四	一〇四八〇八　四
七	五〇六八八	四七五八九六　一	三四七一六三　九七	一〇四七五八　九
八	五〇八七四	四七〇八一七　三	三九四七五二　一八	一〇四七〇八　二
九	五一〇六〇	四八五七三九　九	四四一八三六　〇一	一〇四六五七　三

一〇	五一二四六	四六〇六三三 九	四八八四一 〇〇〇	一〇四六〇七 九
一一	五一四三二	四五五五〇九 二	五三四四七三 三九	一〇四五五五 三
一二	五一八一八	四五〇二六六 一	五八〇〇二四 一三	一〇四五〇三 六
一三	五一八〇四	四四五一〇四 二	六五〇六九一	一〇四四五二 〇
一四	五一九九〇	四四〇〇二三 九	六六六五八一 五六	一〇四四〇〇 二
一五	五二一七六	四二四八二四 九	七二五八三七 九	一〇四二四八 二
一六	五二三六二	四一九六〇七 二	七五七六六二 四	一〇四二九九 〇
一七	五二五四八	四二四三七一 一	八〇〇〇六八 九七	一〇四二四三 七
一八	五二七三四	四一九一一六 二	八四一四六四 〇八	一〇四一九一 一
一九	五二九二〇	四一二八四二 九	八八三八七五 七一	一〇四一三八 四

二〇	五三一〇六	四〇八五五〇 九	九二五七六 〇〇〇	一〇四〇八五 五
二一	五三二九二	四〇六三四〇 三	九六八六一五 〇九	一〇四〇三二 四
二二	五三一七八	二九七九一一 一	一〇六九三九 一二	一〇三九七九 一
二三	五三六六四	三九二五六五 三	一〇四六七三 〇二三	一〇三九二五 六
二四	五二八五〇	三八七一九六 九	一〇八五九八 六五六	一〇三八七一 九
二五	五四〇三六	三八一八一一 九	一二二四七〇 六二五	一〇三八一八 一
二六	五四二二二	三七六四〇八 二	一一六二八八 七四四	一〇三七六四 〇
二七	五四四〇八	三七〇九八六 一	一二〇〇五二 八二七	一〇三七〇九 八
二八	五四五九四	三六五五四五 五	一二三七六二 八八	一〇三六五五 四
二九	五四七八〇	三六〇〇八五 九	一三七四一八 一四一	一〇五六〇〇 八

積日 十日	平立合差 分十秒十微	盈加分 百十分十秒十微	盈積度 萬千百十分十秒十微	盈行度 度千百十分十秒
三〇	五四九六六	三五四六〇七 九	一三一〇一九 〇〇〇	一〇二五四六 〇
三一	五五一五二	三四九一一一 五	一三四五六八 〇七九	一〇三四九一 一
三二	五五三三八	一四二五九六 一	一二八〇五六 一九二	一〇三四三五 八
三三	五五五二四	三二八〇六二 三	一四一四九三 五三	一〇二五八〇 六
三四	五五七一〇	三三五〇九九	一四四八七二 七七六	一〇三三二五 〇
三五	五五八九六	三二六九三八 九	一四八一九九 七五	一〇三二六九 三
三六	五六〇八二	三二一三四九 二	一五一四六七 三四	一〇三二一三 四
三七	五六二六八	三一五七四二	一五四六八〇 七五七	一〇三一五七 四

三八	五六四五四	三一〇一一四 三	一五七八三八 一六八	一〇三一〇二
三九	五八六四〇	三〇四四六八 九	一六〇九三九 三一	一〇三〇四四 六
四〇	五六八二六	二九八八〇四 九	一六三九六四 〇〇〇	一〇二九八八 〇
四一	五七〇一二	二九三二一二	一六六九七二 〇四九	一〇二八二一 二
四二	五七一九八	二八七四二一	一六九九〇三 二七二	一〇二八七四 二
四三	五七三八四	二八一七〇一 三	一七二七七四 八三	一〇二八一七 〇
四四	五七五七〇	二七五九一二 九	一七五五九四 四九六	一〇二七五
四五	五七七五六	二七〇二〇五 九	一七八三五四 一二五	一〇二七〇
四六	五七九四二	二六四四三〇 三	一八一〇五六 一八四	一〇二六
四七	五八一二八	二五八六三六 一	一八三七〇〇 四八七	一〇二五八六 三

四八	五八三一四	二五二八二二 三	一八六二八六 八四八	一〇二五二八 二
四九	五八五〇〇	二四六九九一 九	一九八八一五 〇八一	一〇三四六九 九
五〇	五八六八六	二四一一四一 九	一九三八五〇 〇〇	一〇二四一一 四
五一	五八八七二	二三五五三七 二三	一九三六九六 四一九	一〇二五五二 七
五二	五九〇五八	二二九三八六 一	一九六〇四九 一五二	一〇三九三八
五三	一五九二四四	二二三四八〇 三	一九八三四三 〇一三	一〇二三三四 八
五四	五九四四〇	二一七五五五 九	二〇〇五七七 八一六	一〇二一七五 五
五五	五九六一六	二一一六一二 九	二〇二七五三 七五	一〇二一一六
五六	五九八〇二	二〇五六五一 三	二〇四八六九 五〇四	一〇二〇五六 五
五七	五九九八八	一九九六七一 一	二〇六九二六 〇一七	一〇一九九六 七

五八	六〇一七四	一九三六七二　三	二〇八九二二　七二六	一〇一九三七　七
五九	六〇三六〇	一八七六五四　九	二一〇八五九　四五一	一〇一八七六　五
六〇	六〇五四六	一八一六一八　九	二一二七三七　〇〇〇	一〇一八一六　一
六一	六〇七三二	一七五五六四　三	二一四五五二　一八九	一〇一七五五　六
六二	六〇九一八	一六九四九一　一	二一六二〇七　八三二	一〇一六九四　九
六三	六一一〇四	一六四五九九　三	二一八〇〇二　七四三	一〇一六五五　九
六四	六一二九〇	一五七二八八　九	二一九六五六　七三六	一〇一五七二　八
六五	六一四七六	一五一一五九　九	二二一二〇九　六二五	一〇五二五
六六	六一六六二	一四五〇一二　三	二二七二一二　二四	一〇一四五〇　一
六七	六一八四八	二三八八四八　一	二三四一七一　一三四七	一〇一三八八　四

積日	平立合差	盈加分	盈積度	盈行度
十日	分十秒十微	百十分十秒十微	萬千百十分十秒十微	度千百十分十秒
六八	六二〇三四	二三二六六三	二三五五五九 八〇八	一〇一三一六 六
六九	六二三二〇	一二六四五七 九	二三六八八六 四二一	一〇二六四五
七〇	六二四〇六	一二〇二三五 九	一二八一五一 〇〇〇	一〇一二〇二 三
七一	六二五九二	二一三九九五 三	二二九三五三 三五九	一〇一一五九 九
七二	六二七七八	一〇七七二六	一〇三四九三 二二	一〇一〇七七 三
七三	六二九六四	一〇一四四五 八三	二三一五七〇 六七三	一〇一〇一四 五
七四	六三一五〇	〇九五一六一 九	二二三五八一 五六	一〇〇九五一 六
七五	六三三五六	八八八四六九	二三三五七六 八七五	一〇〇八八八 四

七六	六五五二二	八二五一三三	二三四四一五 三四四	一〇〇八二五 一
七七	六三七〇八	七六一六一一	二三五二五〇 四七七	一〇〇七六一 六
七八	六三八九四	六九七九〇三	二三六〇一一 〇八九	一〇〇六九七 九
七九	六四〇八〇	六二四〇〇九	二三六七〇九 九九一	一〇〇六二四 〇
八〇	六四二六六	五六九九二九	二三七二四四 〇〇〇	一〇〇〇五六 九九
八一	六四四五二	五〇五六六三	二三七九一三 九二九	一〇〇五〇五 八
八二	六四六三八	四四一二一一	一三八四一九 五九二	一〇〇四四一 一
八三	六四八二四	二七六五七三	二三八八六七 八三	一〇〇三七六 五
八四	六五〇一〇	三一一七四九	二五九二七一 七六	一〇〇三一一 七
八五	六五一九六	二四六七三九	二三九五四九 二五	一〇〇二四六 七

八六	六五一八二	一八一五四三	二三九七九六 六四	一〇〇一八一 五
八七	六五五六八	一一六一九一	一三九九七七 四〇七	一〇〇一一六 七
八八	六五七五四	五〇九九三	二四〇〇九三 五六八	一〇〇〇五〇 五
八九	〇〇〇〇〇	〇〇〇〇〇	三四〇一四四 一六二	一〇〇〇〇〇 〇

太陽縮初盈末限立成夏至前後二象限同用

積日	平立合差	縮加分	縮積度	縮行度
十日	分十秒十微	百十分十秒十 微	萬千百十分十 秒十微	度千百十分十 秒
初	四四六二	四八四八四七 三		九五一五一六
一	四四五二四	四八〇四一二	四八四八四七 三	九五一九五九

二	四四二八六	四七五九五八 七	九六五二五八 四	九五二四〇五
三	四四八四八	四七一四九〇 一	一四四一三七 一	九五二八五一
四	四五〇一〇	四六七〇〇五 三	一九三七〇七 二	九五七〇一〇 〇
五	四五一七二	四六二五〇四 三	一三七九七一 二五	九五三七五〇
六	四五〇三四	四五七九八七 一	二八四二二一 六八	九五四二一〇 二
七	四五四九六	四五三四五三 七	三三〇〇二〇 三九	九五四六五五
八	四五六五八	四四八九〇四 一	三七五三六五 七六	九五五一一〇
九	四五八三〇	四四四七三八 三	四二〇二五六 一七	九五五五六七
一〇	四五九八二	四三九七五六 三	四六四九〇〇 〇	九五八〇二五
一一	四六一四四	四三五一五八 一	五〇八六六五 六三	九五八四八五

積日 十日	平立合差 分十秒十微	縮加分 百十分十秒十微	縮積度 萬千百十分十秒十微	縮行度 度千百十分十秒
一二	四六三〇六	四三〇五四三 七	五五二一八一 四四	九五六九四六
一三	四六四六八	四二五九一三 一	五九五二四五 八一	九五七四〇九
一四	四六六五一	四二一六六三	六三七八一二 二七	九五七八七四
一五	四六九九三	四一六六〇三 三	六七九九五三 七五	九五八五四〇
一六	四六八五四	四一一九二四	七二六一四〇 八	九五八八〇八
一七	四七一一六	四〇七三一八 七	七六一八〇六 四九	九五九二七八
一八	四七二七八	四〇三五一七 一	八〇三五二九 三六	九五九七四九
一九	四七四四〇	三九七七八九 三	八四三七八一 〇七	九六〇二二一

二〇	四七六〇三	三九三〇四九三	八八五五六〇〇〇	九六〇六九六
二一	四七七六四	三八八二八五一	九二二八六四五三	九六二七二
二二	四七九二六	三八三五〇八九	九六一六九二〇四	九六一六五〇
二三	四八〇八八	三七八七一六一	一〇〇〇〇四三九一	九六二二二九
二四	四八二五〇	三七三九〇七三	一〇三七九一五五一	九六二六一〇
二五	四八四一二	三六九〇八二三	一〇七五三〇六二五	九六二〇九二
二六	四五七四〇	三八四二四一二	一一一二三二四四八	九六三五七六
二七	四八七三六	三五九二八三七	一一四八六一八五九	九六四〇六二
二八	四八八九八	三五四五一〇一	一一八四五七六九六	九六四五四九
二九	四九〇六〇	三四九六二〇三	一一三〇〇一七九七	九六四

三〇	四九二二二	三四四七一四 三	一二五四九九 〇〇〇	九六五五二九
三一	四九三八四	三〇九七九二 一	一二八九四六 一四三	九六六〇二一
三二	四九五四八	三五四八五一 七	一三二三四四 〇六四	九六六五一五
三三	四九七〇八	三二九八九九 一	一三五六九二 〇一	九六七〇一一
三四	五九八七〇	一二四九二八 三	一三八九九一 五九二	九六七五〇八
三五	五〇〇二三	三一九九四一 三	一四二二四〇 八七五	九六八〇〇六
三六	五〇一九四	三一四九三八 一	一四五四四〇 二八八	九六八五〇七
三七	五〇三五六	三〇九九一八 七	一四八五八九 六六九	九六九〇〇九
三八	五〇五一八	二〇四八八三 一	一五一六八八 八五六	九六九五一二
三九	五〇六八〇	二九九八三三 三	一五四七三七 六八七	九七〇〇一七

四〇	五〇八四二	二九四七六三 三	一五七七三六 〇〇〇	九七〇五二四
四一	五一〇〇四	二八九六七九 一	一六〇六八二 六三三	九七一〇三三
四二	五一一六六	二八四七八七	一六三五八〇 四二四	九七一五四二
四三	五一三二八	二七九四六二 一	一六六四二六 二一	九七二〇五四
四四	五一四五〇	二七四三二九 三	一六五三〇八 三二	九七二五六八
四五	五一六五二	二六九一八〇 三	一七一九六四 一二五	九七三〇八二
四六	五一八一四	二六四〇一五 一	一七四六五五 九二八	九七三五九九
四七	五一九七六	二五八八三一 七	一七七二九六 〇七九	九七四一一七
四八	五一一三八	二五三六三六 一	一七九八八四 四一六	九七四六三七
四九	五二三〇〇	二四八四二三 一	一八二四二〇 七七七	九七五一五八

積日	平立合差	縮加分	縮積度	縮行度
十日	分十秒十微	百十分十秒十微	萬千百十分十秒十微	度千百十分十秒
五〇	五三四六二	三四三一九二 三	一八四九〇五 〇〇	九七五六八一
五一	五三六二四	二三七九四六 二	一八七三六五 二三	九七六二〇六
五二	五三七八六	二三七六八三 七	一八七七六三 八四	九七六七三二
五三	五二九四八	二二七四〇五 一	一九二〇四三 三二一	九七七二六〇
五四	五三一一〇	二二二一一〇 三	一九四三七二 七二	九七七七八九
五五	五三二七二	二一六七九三	一九六五二八 三七五	九七八三二一
五六	五二四三四	二一一四七二 一	一九八七〇六 三六八	九七八八五一
五七	五三五九六	二〇六一二八 七	二〇〇八二〇 八九	九七九五八八

五八	五三七五八	二〇〇七六九 一	二〇二八八二 三七六	九七九九二四
五九	五三九二〇	一九五三九三 三	二〇四八九〇 〇六七	九八〇四六一
六〇	五四〇八二	一九〇〇〇一 三	二〇六八四四 〇〇〇	九八一〇〇〇
六一	五四二四四	一八四五九三 一	二〇八七四四 〇二三	九八一五四一
六二	五四四〇六	一七九一六八 七	二一〇五八九 九四四	九八二〇八四
六三	五四五六八	一七三七二八 一	二一二三八一 六三一	九八二六二八
六四	五四七五〇	一六八二七二 三	二一四一一八 九三	九八三一七五
六五	五四八九一	一六二七九八 三	二一五八〇一 六二五	九八五七二一
六六	五五〇五四	一五七三〇九 一	二一七四二九 六〇八	九八四二七〇
六七	五五二一六	一五一八〇五 七	二一九〇〇二 六九九	九八四

六八	五五六七八	一四六二八二 一	二二四五二〇 七三六	九八五三七一
六九	五五五四〇	一四〇七四四 三	二三一九八三 五五七	九八五九二六
七〇	五五七〇二	二五五一九〇 三	二二三三九一 〇〇〇	九八六四八一
七一	五五八六四	一二九六二〇 一	二二四七四一 九〇三	九八七〇二八
七二	五六〇二六	一二四〇三三 七	二二六〇二九 一〇四	九八七五九七
七三	五八一八八	一一八四三一	二二七二七九 四四一	九八八一五七
七四	五六一五〇	一二八一二三	二二八四六三 七五二	九八八七一九
七五	五六五一二	一〇七一七七 三	二二九九九一 八七五	九八二八三
七六	五六六七四	一〇一五二六 一	二六六六五六 四八	九八九八四八
七七	五六八三六	〇九五八五八 七	二三一六七八 九〇九	九九〇四一五

積日	平立合差	縮加分	縮積度	縮行度
七八	五六九九八	九〇一七五六	二三六三七四九六	九九〇九八三
七九	五七一六〇	八四七五三	二三二五三九二四七	九九一五五三
八〇	五七三二二	七八七五九三	二三四三八四〇〇〇	九九二一二五
八一	五七四八四	七三〇二七一	二三五一七一五九三	九九二六九八
八二	五七六四六	六七二七八七	二三五九〇一八六四	九九三二七五
八三	五七八〇八	六一五一四一	三二六五七四六五一	九九三八四九
八四	五七九七〇	五五七三二三	二三七一八九七九二	九九四四二七
八五	五八一三二	五九九三六三	二三七七四七一二五	九九五〇〇七
八六	五八二九四	四四一二五一	二三八二四六四八八	九九五五八八

十日	分十秒十微	百十分十秒十微	萬千百十分十秒十微	度千百十分十秒
八七	五八四五六	三八二九三七	二二八六八七七一九	九九六一七一
八八	五八六一八	三二四四八一	二三九〇七六五六	九九六七五八
八九	五八七八〇	二六五八六三	二三九三九五一三七	九九七二四二
九〇	五八九四二	二〇七〇八三	二三九六六一〇〇〇	九九七九三〇
九一	五九一〇四	一四八一四一	二三九八六八〇八三	九九八五一九
九二	五九二六六	八九〇三七	二四〇〇一六二二四	九九九一一〇
九三	五九四二八	二九七七一	二四〇一〇五二六一	九九九七〇三
九四	〇〇〇〇〇	〇〇〇〇〇	二四〇一三五〇五一	一〇〇〇〇〇〇

冬夏二至後晨昏分立成此通軌所載南京應天府晷刻也。

積日	冬至後晨分	冬至後昏分	夏至後晨分	夏至後昏分
百十日	千百十分十秒	千百十分十秒	千百十分十秒	千百十分十秒
初	二六八一七〇	七三一八五〇	一八一八三〇	八一八一七〇
一	八一六二	一八三八	一八五六	八一六四
二	八一三九	一八六一	一八五六	八一四四
三	八一〇一	一八九九	一八八七	八一一三
四	八〇四八	一九五三	一九三〇	八〇七〇
五	七九七九	二〇二一	一九八七	八〇一三
六	七八九六	二一〇四	二〇五六	七九四四

七	七七九七	二二〇三	二一三七	七八六三
八	七六八三	二三一七	二二三一	七七六九
九	七九五五	二四四五	二三三八	七六六二
一〇	七四一一	二五八九	二四五八	七五四二
一一	七二五二	二七四八	二五九〇	七四一〇
一二	七〇七八	二九二三	二七三四	七二六六
一三	六八八九	五一一一	二八九二	七一〇八
一四	六六八五	三三一五	三〇六二	六九三八
一五	六四六六	三五三四	三三四六	六七五四
一六	六二三二	三七六八	三四四一	六五五九

一七	五九八三	四〇一七	三六五〇	六三五〇
一八	五七一九	四二八一	三八七一	六一二九
一九	五四四一	四五五九	四一〇六	五八九〇
二〇	五一四七	四八五三	四三五三	五六四七
二一	四八三九	五一六一	四六一二	五五八八
二二	四五一七	五四八三	四八八五	五一一五
積日	冬至後晨分	冬至後昏分	夏至後晨分	夏至後昏分
百十日	千百十分十秒	千百十分十秒	千百十分十秒	千百十分十秒
二三	四一八一	五六一九	五一七一	四八二九
二四	三八二九	六一七七	五四六九	四五三一

二五	三四六四	六五三六	五七七九	四二二一
二六	三〇八五	六九二五	六一〇三	三八九七
二七	二六九二	七三〇八	六四三九	三五六一
二八	二二八四	七七一六	六七八七	三二二四
二九	一八六六	八一三四	七一四七	二八五三
三〇	一四三三	八五六七	七五二一	二四七九
三一	〇九八八	九〇一二	七九〇五	二〇九五
三二	〇五三一	九四六八	八三〇一	一六九九
三三	〇〇六一	九九三九	八七〇八	一二九二
三四	二五九五七九	七四〇四一一	九一二八	〇八七二

三五	九〇八五	〇九二五	九五五八	〇四四二
三六	八五八〇	一四二〇	一九〇〇〇〇	八一〇〇〇〇
三七	八〇六五	一九三五	〇四五二	八〇九五四八
三八	七五三九	二四六一	〇九一五	九〇八五
三九	七〇〇二	二九九八	一三八九	八六一一
四〇	六四五六	三五四四	一八七三	八一二七
四一	五九〇〇	四一〇〇	二三六六	七六三四
四二	五五三六	四六六四	二八六九	七一三一
四三	四七六三	五二三七	三三八二	六六一八
四四	四一八七	五八一九	三九〇三	六〇九七

四五	五五九二	六四〇八	四四五三	五五六七
四六	二九九六	七〇〇四	四九七	五
四七	二五九二	七六〇八	五五一九	四四八一
四八	一七八二	八二一八	六〇七三	三九二七
四九	一一六七	八八三三	六六三五	三三六五
五〇	〇五四四	九四五六	七二〇三	二七九七
五一	二四九九一八	七五〇〇八二	七七七九	二二二一
五二	九二八六	〇七一四	八二六一	一六三九
五三	八六五〇	一三五〇	八九四九	一〇五一
五四	八〇一〇	一九九〇	九五四三	〇四五七

五五	七三六六	二六三四	三〇〇一四二	七九九八五八
五六	六七一八	一二二八二	〇七四七	九二五三
五七	六〇六七	三九三三	二三五五	四六四五
五八	五四一四	四五八六	一九六九	八〇三一
五九	四七五九	五二四一	二五八六	七四一四
積日	冬至後晨分	冬至後昏分	夏至後晨分	夏至後昏分
百十日	千百十分十秒	千百十分十秒	千百十分十秒	千百十分十秒
六〇	四一〇二	五八九八	三三〇七	六七九三
六一	三四四一	六五五八	三八三三	六一六七
六二	二七八一	七二一九	四四六一	五五三九

六三	二一一九	七八八一	五〇九一	四九〇九
六四	一四五六	八五四四	五七二四	四二七六
六五	〇七九三	九二〇七	六五六一	三六三九
六六	〇一二八	九八七二	六九九九	三〇〇二
六七	一三九四六三	七六〇三三七	七六四〇	二三六〇
六八	八七九八	一二〇二	八二八二	一七七八
六九	八一三三	一八六七	八九二六	一〇七四
七〇	七四六八	二五三二	九五六九	〇四三一
七一	六八〇三	三一九七	二一〇二六	七八九七八四
七二	六一三八	三八六二	〇八六四	九一三六

七三	五四七四	四五三六	一五一二	八四八八
七四	四八一〇	五一九〇	二一六一	七八三九
七五	四一四七	五八五三	二八一〇	七一九〇
七六	二二三四八五	七六六五一五	二一三四六〇	七八六五四〇
七七	二八二四	七一七七	四一一〇	五八九〇
七八	二一六二	七八二八	四七六一	五二三九
七九	一五〇三	八四九七	五四一二	四五八八
八〇	〇八四三	九二五七	六〇六四	三九三六
八一	〇一八四	九八一六	六七一五	三二八五
八二	二二九五二六	七七〇四七四	六二六六	二五四

八三	八八六九	一一三二	八〇一八	二
八四	八二一三	一七八七	八六六八	
八五	七五五八	二四四二	九〇二〇	
八六	六九〇四	三〇九六	九九七二	〇〇二八
八七	六二四九	三七五一	二二〇六二四	七七九三七六
八八	五五九六	四四〇四	一二七五	八七二五
八九	四九二九	五〇六一	一九二六	八〇七四
九〇	四二八六	五七一四	二五七八	七四二二
九一	三六三四	六三六六	三二二九	六七七一
九二	二九八二	七〇一八	三八八一	六一一九

九三	二三二一	七六六九	四五五四	五四八六
九四	一六八〇	八三二〇	五一九一	四八〇九
九五	一〇二九	八九七一	五八四五	四一五五
九六	〇三七八	九六二二	六四九九	三五〇一
積日	冬至後晨分	冬至後昏分	夏至後晨分	夏至後昏分
百十日	千百十分十秒	千百十分十秒	千百十分十秒	千百十分十秒
九七	二一九七二六	七八〇二七四	七一五三	二八四七
九八	九〇七五	〇九二五	七八〇八	二一九二
九九	八四二三	一五七七	八四六四	一五二六
一〇〇	七七七三	二二二七	九一二一	〇八七九

一〇一	七一二三	二八七八	九七七八	〇二二三
一〇二	六四七一	三五二九	二三〇四三七	七六九五六三
一〇三	五八二〇	四一八〇	一〇九七	八九〇三
一〇四	五一六九	四八三一	一七五六	八二四四
一〇五	四五一八	五四八二	二四一六	七五八四
一〇六	三八六七	六一五三	三〇七八	六九二二
一〇七	三二一七	六七八三	三七四〇	六二六〇
一〇八	二五六八	七四五一	四四〇三	五五九七
一〇九	一九一九	八〇八一	五〇六七	四九三五
一一〇	一二七一	八七二九	五七三一	四二六九

一一一	一〇六二三	九三七七	六三九五	三六〇五
一一二	二〇九九七六	七九〇〇二四	七〇六〇	二九四〇
一一三	九三二九	〇六七一	七七二六	二三七四
一一四	八六八七	一三一三	八五九一	一六〇九
一一五	八〇四四	一九五六	二五九〇五六	七六〇九四四
一一六	七四〇三	二五九七	九七二二	〇二七八
一一七	六七六三	三二三七	二四〇三八七	七五九六一三
一一八	六一一六	三八七四	一〇五一	八九四九
一一九	五四九一	四五〇九	一九一五	八二八五
一二〇	四八五九	五一四一	二三七八	七六二三

一二一	四二二九	五七七一	三〇四	六九六〇
一二二	三六〇二	六三九八	三七〇〇	六三〇
一二三	二九七九	七〇二一	三三六〇	三六四〇
一二四	二三五九	七六四一	五〇一六	四九八四
一二五	一七四四	八二五六	五六七〇	四三三〇
一二六	一一三二	八八六八	六三二三	三六七七
一二七	〇五二五	九四七五	六九七三	三〇二七
一二八	一九九二三	八〇〇〇七七	七六一九	二三八一
一二九	九三三六	〇六七四	八二六二	一七三八
一三〇	八七三四	一二六六	八九〇〇	一一〇〇

積日	冬至後晨分	冬至後昏分	夏至後晨分	夏至後昏分
百十日	千百十分十秒	千百十分十秒	千百十分十秒	千百十分十秒
一三一	八一四九	一八三一	九五三五	〇四六五
一三二	七五六九	二四三一	二三〇一六五	七四九八五五
一三三	六九九六	三〇〇四	〇七九一	九二〇九
一三四	六四三〇	三五七〇	一四一〇	八五九〇
一三五	五八七一	四一二九	二〇二四	七九七六
一三六	五三一九	四六八一	二六三二	七五六八
一三七	四七七五	五二二五	三二三三	六七六七
一三八	四二三九	五七六一	三八二六	六一七四

一三九	三七一三	六二八七	四四一三	五五八七
一四〇	三一九四	六八〇六	四九九二	五〇〇八
一四一	二六八五	七三一五	五五六二	四四三八
一四二	二一八六	七八一四	六一二三	三八七七
一四三	一六九六	八三〇四	六六七五	二三二五
一四四	一二一六	八七八四	七二一八	二七八二
一四五	〇七四六	九二五四	七七五二	二二四九
一四六	一九〇二八八	八〇九七一二	二五八二七三	七四一七二七
一四七	一八九八三九	八一〇一六一	八七八四	一二一六
一四八	九四〇二	〇五九八	九二八五	〇七一五

一四九	八九七六	一〇二四	九七七四	〇一二六
一五〇	八五六一	一四三九	二六〇二五二	七五九七四八
一五一	八一五七	一八四三	〇七一七	九二八三
一五二	七七六七	二二三三	一一六九	八八三一
一五三	七三八六	二六一四	一六〇九	八三九一
一五四	七〇一七	二九八三	二〇三六	七九六四
一五五	六六六二	三三三八	二四五〇	七五五〇
一五六	六三一八	三六八二	二八五二	七一四八
一五七	五九八七	四〇一三	三二三九	六七六一
一五八	五六六九	四三三一	三六一二	六三八八

一五九	五三六三	四六三七	三九七二	六〇二八
一六〇	五〇六九	四九三一	四三一七	五六八三
一六一	四七八八	五二一二	四六四八	五三五一
一六二	四五二〇	五四八〇	四九六四	五三
一六三	四二六四	五七三六	五二六七	四七
一六四	四〇二一	五九七九	五五五四	四四四六
一六五	三七九一	六二〇九	五八二七	四一七三
一六六	三五七四	六四二六	六〇八五	五九一五
一六七	三三七〇	六六三〇	六三二八	三六七二
一六八	三一七八	六八二二	六五五七	三四四三

一六九	二九九九	七〇〇一	六七六九	五七三一
一七〇	二八三三	七一六七	六九六八	三〇三三
積日	冬至後晨分	冬至後昏分	夏至後晨分	夏至後昏分
百十日	千百十分十秒	千百十分十秒	千百十分十秒	千百十分十秒
一七一	二六八一	七三一九	七一五二	二八四八
一七二	二五四一	七四五九	七三一九	二六八一
一七三	二四一四	七五八六	七四七二	二五二八
一七四	二二九九	七七〇一	七六一一	二三八九
一七五	二一九七	七八〇三	七七三三	二二六七
一七六	二一〇七	七八九三	七八四一	二一五九

一七七	二〇三一	七九六九	七九三二	二〇六八
一七八	一九六六	八〇三四	八〇一〇	一九九〇
一七九	一九一四	八〇八六	八〇七一	一九二九
一八〇	一八七五	八一二五	八一一八	一八八二
一八一	一八四九	八一五一	八一四九	一八五一
一八二	一八三四	八一六六	八一六六	一八三四

晨分加二百五十分爲日出分，日周一萬分内減晨分爲昏分，昏分減二百五十分爲日入分，又減五千分爲半晝分。故立成只列晨昏分，則出入及半晝分皆具，不必盡列也。

太陰遲疾立成遲疾同用

限數	日率	益分	遲疾積度	疾曆限行度	遲曆限行度

百十限	十日千百十分	十分十秒十微十纖	度十分十秒十微十纖	度十分十秒	度十分十秒
初		一一〇八一五七五		一二〇七一	九八五五
一	八二〇	一一〇二三四二五	一一〇八一五七五	一二〇六五	九八六一
二	一六四〇	一〇九六三三二五	二二一〇五〇〇〇	一二〇五九	九八六七
三	二四六〇	一〇九〇一二七五	三三〇六八三二五	一二〇五三	九八七三
四	三二八〇	一〇八三七二七五	四三九六九六〇〇	一二〇四七	九八七九
五	四一〇〇	一〇七七一三二五	五四八〇六八七五	一二〇四	九八八六
六	四九二〇	一〇七〇三四二五	六五五七八二〇〇	一二〇三三	九八五二
七	五七四〇	一〇六三三五七五	七六二八一六二三	一二〇二六	九八
八	六五六〇	一〇五六一七七五	八六九一五二〇〇	一二〇一九	九九〇七

限數	日率	益分	遲疾積度	疾曆限行度	遲曆限行度
百十限	十日千百十分	十分十秒十微十纖	度十分十秒十微十纖	度十分十秒	度十分十秒
九	七三八〇	一〇四八八〇二五	七七四七六九七五	一二〇一二	九九一四
一〇	八二〇〇	一〇四一二三二五	一〇七九六五〇〇〇	一二〇〇四	九九二
一一	九〇二〇	一〇三三四六七五	一一八三七七三二五	一一九九六	九九九
一二	九八四〇	一〇二五五〇七五	一二八七一二〇〇〇	一一九八八	九九三七
一三	一〇六六一	一〇一七三五二五	一三八九六七〇七五	一一九八〇	九九四六
一四	一一四八一	一〇〇九〇〇二五	一四九一四〇六〇〇	一一九七二	九九五四
一五	一二三〇一	一〇〇〇四五七五	一五九二三〇六二五	一一九六三	九九六二
一六	一三一二一	九九一七一七五	一六九二三五二〇〇	一一九五五	九九七一

一七	一三九四一	九八二七八二五	一七九一五二三七五	一一九四六	九九八〇
一八	一四七六一	九七三六五二五	一八八九八〇二〇〇	一一九三七	九九八九
一九	一五五八一	九六四三二七五	一九八七一六七二五	一一九二七	九九九九
二〇	一六四〇一	九五四八〇七五	二〇八三六〇〇〇〇	一一九一八	一〇〇〇八
二一	一七二二一	九四五〇九二五	二一七九〇八〇七五	一一九〇八	一〇〇一八
二二	一八〇四一	九三五一八二五	二二七三五九〇〇〇	一一八九八	一〇〇三八
二三	一八八六一	九二五〇七七五	二三六七一〇八二五	一一八八八	一〇〇三八
二四	一九六八一	九一四七七七五	二四五九六一六〇〇	一一八七八	一〇〇四八
二五	二〇五〇二	九〇四二八二五	二五五一〇九三七五	一一八六七	一〇〇五九
二六	二一三二二	八九三五九二五	二六四一五二二〇〇	一一八五六	一〇〇六九

二七	二二一四二	八八二七〇 七五	二七三〇八 八一五二	一一八四六	一〇〇八〇
二八	二二九六二	八七一六二 七五	二八一九一 五二〇〇	一一八三五	一〇〇九一
二九	二三七八二	八六〇三五 二五	二九〇六三 一四七五	一一八二三	一〇一〇三
三〇	二四六〇二	八四八八八 二五	二九九二三 五〇〇〇	一一八一二	一〇一一四
三一	二五四二二	八三七二一 七五	三〇七七二 三八二五	一一八〇〇	一〇一二六
三二	二六二四二	八二五三五 七五	三一六〇九 六〇〇〇	一一七八八	一〇一三八
三三	二七〇六二	八一三三〇 二五	三二四三四 九五七五	一一七七六	一〇一五〇
三四	二七八八二	八〇一〇五 二五	三三二四八 二六〇〇	一一七六四	一〇一六二
三五	二八七〇二	七八八六〇 七五	三四〇四九 三一二五	一一七五一	一〇一七四
三六	二九五二二	七七五九六 七五	三四八三七 九二〇〇	一一七三九	一〇一八七

限數	日率	益分	遲疾積度	疾曆限行度	遲曆限行度
三七	三〇三四三	七六三一三 二五	三五六一三 八八七五	一一七二六	一〇二〇〇
三八	三一一六三	七五〇一〇 二五	三五三七七 〇二〇〇	一一七一三	一〇二一三
三九	三一九八三	七三六八七 七五	三七一二七 一二二五	一一七〇〇	一〇二一六
四〇	三二八〇三	七二三四五 七五	三七八六四 〇〇〇〇	一一六八六	一〇二三九
四一	三三六二三	七〇九八四 二五	三八五八七 四五七五	一一六七三	一〇二五三
四二	三四四四三	六九六〇三 二五	三九二九七 三〇〇〇	一一六五九	一〇一六七
四三	二五二六三	六八二〇二 七五	三九九九三 三三二五	一一六四五	一〇二八一
四四	三六〇八三	六六七八二 七五	四〇六七五 三六〇〇	一一六三一	一〇二九五
四五	三六九〇二	六五三四三 二五	四一三四三 一八七五	一一六一六	一〇三〇〇

百十限	十日千百十分	十分十秒十微十纖	度十分十秒十微十纖	度十分十秒	度十分十秒
四六	三七七二三	六三八八四二五	四一九九六六二〇〇	二六二	一〇三
四七	三八五四三	六二四〇五七五	四二六三五四六二五	一一五八七	一〇三三九
四八	三九三六三	六〇九〇七七五	四三二五九五二〇〇	一一五七二	一〇三五四
四九	四〇一八三	五九三九〇二五	四三八六八五九七五	一一五五七	一〇三六九
五〇	四一〇〇四	五七八五三二五	四四四二五〇〇〇〇	一一五四一	一〇三八四
五一	四一八二四	五六二九六七五	四五〇四一〇三二五	一一五二六	一〇四〇〇
五二	四二六四四	五四七二〇七五	四五六〇四〇〇〇〇	一一五一〇	一〇四一六
五三	四三四六四	五三二一五二五	四六一五一二〇七五	一一四九四	一〇四三二
五四	四四二八四	五一五一〇二五	四六六八二四六〇〇	一一四七八	一〇四四八

五五	四五一〇四	四九八七五 七五	四七一九七 五六二五	一一四六二	一〇四六四
五六	四五九二四	四八二二一 七五	四七六九六 三二〇〇	一一四四五	一〇四八一
五七	四六七四四	四六五四八 二五	四八一七八 五三七五	一一四二八	一〇四九七
五八	四七五六四	四四八五五 二五	四八六四四 〇二〇〇	一一四一一	一〇五一四
五九	四八三八四	四二一四二 七五	四九〇九二 五七二五	一一三九四	一〇五三一
六〇	四九二〇四	四一四一〇 七五	四九五二五 〇〇〇〇	一一三七七	一〇五四九
六一	五〇〇二四	三九六五九 二五	四九九三八 一〇七五	一一三五九	一〇五六六
六二	五〇八四五	三七八八八 二五	五〇三三四 七〇〇〇	一一三四二	一〇五八四
六三	五一六六五	三六〇九七 七五	五〇七一三 五八二五	一一三二四	一〇六〇二
六四	五二四八五	三四二八七 七五	五一〇七四 五六〇〇	一一三〇六	一〇六二〇

六五	五三三〇五	三二四五八 二五	五一四一七 四三七五	一一二八七	二〇六三八
六六	五四一二五	三〇六〇九 二五	五一七四二 〇二〇〇	一一二六九	一〇六五七
六七	五四九四五	二八七四〇 七五	五二〇四八 一一二五	一一二五〇	一〇六七六
六八	五五七六五	二六八五二 七五	五二三三五 五二〇〇	一一二三一	一〇六九四
六九	五六五八五	二四九四五 二五	五二六〇四 〇七五	一一二一二	一〇七三
七〇	五七四〇五	二三〇一八 二五	五二八五三 五〇〇〇	一一一九三	一〇七三三
七一	五八二二五	二一〇七一 七五	五三〇八三 六八二五	一一一七四	一〇七五二
七二	五九〇四五	一九一〇五 七五	五三二九四 四〇〇〇	一一一五四	一〇七七二
七三	五九八六五	一七一二〇 二五	五三四八五 四五七五	一一一三四	一〇七九二
七四	六〇六八五	一七一一五 二五	五三六五六 六六〇〇	一一一一四	一〇八一二

七五	六一五〇六	一三〇九〇 七五	五三八〇七 八一二五	一一〇九四	一〇八三二
七六	六二三二六	一一〇四六 七五	五三九三八 七二〇〇	一一〇七三	一〇八五二
七七	六三一四六	〇八九八三 二五	五四〇四九 一八七五	一一〇五三	一〇八七三
七八	六三九六六	六九〇〇二 五	五四一三九 〇二〇〇	一一〇三二	一〇八九四
七九	六四七八六	四七九七七 五	五四二〇八 〇二二五	一一〇一一	一〇九一五
八〇	六五六〇六	二六七五七 五	五四二五六 〇〇〇〇	一〇九九〇	一〇九三六
八一	六六四二六	〇五三四二 五	五四二八二 七五七五	一〇九六八	一〇九五八
八二	六七二四六	三五六一六	五四二八八 一〇〇〇	一〇九六六	一〇九五九
八三	六八〇六六	一七八〇八	五四二九一 六六一六	一〇九六五	一〇九六
		損分			

八四	六八八八六	一七八○八	五四二二九三 四四二二四	一○九六一	一○九六五
八五	六九七○六	三五六一六	五四二二九一 六六一六	一○九五九	一○九六六
八六	七○五二六	五三四二五	五四二二八八 一○○○	一○九五八	一○九六八
八七	七一三四六	二六七五七 五	五四二二八二 七五七五	一○九三六	一○九九○
八八	七二一六七	四七九七七 五	五四二二五六 ○○○○	一○九一五	一一○一一
八九	七二九八七	六九○○二 五	五四二二○八 ○二二五	一○八九四	一一○三三
九○	七三八○七	八九八三二 五	五四一三九 ○二○○	一○八七三	一一○五三
九一	七四六二七	一一○四六 七五	五四○四九 一八七五	一○八三二	一一○七二
九二	七五四四七	一三○九○ 七五	五三九三八 七二○○	一○八三二	一一○九四
九三	七六二六七	一五一一五 二五	五三八○七 八一二五	一○八一二	一一一一四

九四	七七〇八七	一七一二〇 二五	五三六五六 六六〇〇	一〇七九二	一一二四
九五	七七九〇七	一九一〇五 七五	五三四八五 四五七五	一〇七七二	一一五四
九六	七八七二七	二一〇七一 七五	五三二九四 四〇〇〇	一〇七五二	一一七四
九七	七九五四	二三〇一八 二五	五三〇八三 六八二五	一〇七三三	一一九三
九八	八〇三六	二四九四五 二五	五二八五三 五〇〇〇	一〇七一三	一二一二
九九	八一一八七	二六八五二 七五	五二六〇四 〇四七五	一〇六九四	一二三
一〇〇	八二〇〇八	二八七四〇 七五	五二三三五 五二〇〇	一〇六七六	一二五〇
一〇一	八二八二八	三〇六〇九 二五	五二〇四八 一一二五	一〇六五七	一二六九
一〇二	八三六四八	三二四五八 二五	五一七四二 〇二〇〇	一〇六三八	一二八七
一〇三	八四四六八	三四二八七 七五	五一四一七 四三七五	一〇六二〇	一三〇六

一〇四	八五二八八	三六〇九七 七五	五一〇七四 五六〇〇	一〇六〇二	一一三三四
一〇五	八六一〇八	三七八八八 二五	五〇七一三 五八二五	一〇五八四	一一三四二
一〇六	八六九二八	三九六五九 二五	五〇三三四 七〇〇〇	一〇五六六	一一三三九
一〇七	八七七四八	四一四一〇 七五	四九九三八 一〇七五	一〇五四九	一一三七七
一〇八	八八五六八	八三一四二 七五	四九五二四 〇〇〇〇	一〇五三一	一一三九四
一〇九	八九三八八	四四八五五 二五	四九〇九二 五七二五	一〇五一四	一一四一一
一一〇	九〇二〇八	四六五四八 二五	四八六四四 〇二〇〇	一〇四九七	一一四二八
一一一	九一〇二八	四八二二一 七五	四八一七八 五三七五	一〇四八一	一一四四五
一一二	九一八四八	四九八七五 七五	四七六九六 三二〇〇	一〇四六四	一一四六二
一一三	九二六六九	五一五一〇 二五	四七一九七 三六二五	一〇四四八	一一四七八

限數（百十限）	日率（十日千百十分）	損分（十分十秒十微十纖）	遲疾積度（度十分十秒十微十纖）	疾曆限行度（度十分十秒）	遲曆限行度（度十分十秒）
一一四	九三四八九	五三一二五二五	四六六八二四六〇〇	一〇四三二	一一四九四
一一五	九四三〇九	五四七二〇七五	四六一五一二〇七五	一〇四一六	一一五一〇
一一六	九五一二九	五六二九六七五	四五六〇四〇〇〇〇	一〇四〇〇	一一五二六
一一七	九五九四九	五七八五三二五	四五〇四一〇三二五	一〇三八四	一一五四一
一一八	九六七六九	五九三九〇二五	四四四六二五〇〇〇	一〇三六九	一一五五七
一一九	九七五八九	六〇九〇七七五	四三八六八五九七五	一〇五五四	一一五七二
一二〇	九八四〇九	六二四〇五七五	四三二五九五二〇〇	一〇三三九	一一五八七
一二一	九九二二九	六三八八四二五	四二六三五四六二五	一〇三二四	一一六二

一二二	一〇〇〇四 九	六五三四三 二五	四一九九六 六二〇〇	一〇三〇九	一一六二六
一二三	一〇〇八六 九	六六七八二 七五	四一三四三 一八七五	一〇二九五	一一六三一
一二四	一〇一六八 九	六八二〇二 七五	四〇六七五 三六〇〇	一〇二八一	一一六四五
一二五	一〇二五一 〇	六九六〇二 二五	三九九九三 三三二五	一〇二六七	一一六五九
一二六	一〇三三三 〇	七〇九八四 二五	三九二九七 三〇〇〇	一〇二五三	一一六七三
一二七	一〇四一五 〇	七二三四五 七五	三八五八七 四五七五	一〇二三九	一一六八六
一二八	一〇四九七 〇	七三六八七 七五	三七八六四 〇〇〇〇	一〇二二六	一一七〇〇
一二九	一〇五七九 〇	七五〇一〇 二五	三七一二七 一二二五	一〇二一三	一一七一三
一三〇	一〇六六一 〇	七六三一三 二五	三六三七七 〇二〇〇	一〇二〇〇	一一七二六
一三一	一〇七四三 〇	七七五九六 七五	三五六一二 八八七五	一〇一八七	一一七三九

一三二	一○八二五○	七八八六○七五	三四八三七九二○○	一○一七四	一一七五二
一三三	一○九○七○	八○一○五二五	三四○四九三一二五	一○一六二	一一七六四
一三四	一○九八九○	八一三三○二五	三三二四八二六○○	一○一五○	一一七七六
一三五	一一○七一○	八二五三五七五	三二四三四九五七五	一○一三八	一一七八六
一三六	一一一五三○	八三七二一七五	三一六○九六○○○	一○一二六	一一八○○
一三七	一一二三五○	八四八八八二五	三○七七二三八二五	一○一一四	一一八一二
一三八	一一三一七一	八六○三五二五	二九九二三五○○○	一○一○三	一一八二三
一三九	一一三九九一	八七一六二七五	二九○六三一四七五	一○○九一	一一八三五
一四○	一一四八一一	八八二七○七五	二八一九一五二○○	一○○八○	一一八四六
一四一	一一五六三一	八九三五九二五	二七三○八八一二五	一○○六九	一一八五六

一四二	一一六四五 一	九〇四二八 二五	二六四一五 二二〇〇	一〇〇五九	一一八六七
一四三	一一七二七 一	九一四七七 七五	二五五一〇 九三七五	一〇〇四八	一一八七八
一四四	一一八〇九 一	九二五〇七 七五	二四五九六 一六〇〇	一〇〇三八	一一八八八
一四五	一一八九一 一	九三五一八 二五	二三六七一 〇八二五	一〇〇二八	一一八九八
一四六	一一九七二 一	九四五〇九 二五	二二七三五 九〇〇〇	一〇〇一八	一一九〇八
一四七	一二〇五五 一	九五四八〇 七五	二一七九〇 八〇七五	一〇〇〇八	一一九一八
一四八	一二一三七 一	九六四三二 七五	二〇八三六 〇〇〇〇	〇九九九九	一一九二七
一四九	一二二一九 一	九七三六五 二五	一九八七一 六七二五	九九八五	一一九三七
一五〇	一二三〇一 二	九八二七八 二五	一八八九八 〇二〇〇	九九八〇	一一九四六
一五一	一二三八三 二	九九一七一 七五	一七九一五 二三七五	九九七一	一一九五五

一五二	一二四六五二	一〇〇〇四五七五	一六九二三五二〇〇	九九六二	一一九六三
一五三	一二五四七二	一〇〇九〇〇二五	一五九二三〇六三五	九九五四	一一九七二
一五四	一二六二九二	一〇一七三五二五	一四九一四〇六〇〇	九九四六	一一九八〇
一五五	一二七一一二	一〇二五五〇七五	二三八九六七〇七五	九九三七	一一九八八
一五六	一二七九三二	一〇三三四六七五	一二八七一二〇〇〇	九九二九	一一九九六
一五七	一二八七五二	一〇四一二三二五	一一八三七七三二五	九九二二	一二〇〇四
一五八	一二九五七二	一〇四八八〇二五	一〇七九六五〇〇〇	九九一四	一二〇一二
限數	日率	損分	遲疾積度	疾曆限行度	遲曆限行度
百十限	十日千百十分	十分十秒十微十纖	度十分十秒十微十纖	度十分十秒	度十分十秒
一五九	一三〇三九二	一〇五六一七七五	〇九七四七六九七五	九九〇七	一二〇

一六〇	一三一二一 二	一〇六三三 五七五	八六九一五 二〇〇	九九〇〇	一二〇六
一六一	一三二〇三 二	一〇七〇三 四二五	七六二八一 六二五	九八九三	一二〇
一六二	一三二八五 三	一〇七七一 二二五	六五五七八 二〇〇	九八八六	一二〇四〇
一六三	一三三六七 三	一〇八三七 二七五	五四八〇六 八七五	九八七九	一二〇四七
一六四	一三四四九 三	一〇九〇一 二七五	四三九六九 六〇〇	九八七三	一二〇五三
一六五	一三五三一 三	一〇九六三 三二五	三三〇六八 三二五	九八六七	一二〇五九
一六六	一三六一三 三	一〇〇二三 四二五	二二一〇五 〇〇〇	九八六一	一二〇六五
一六七	一三六九五 三	一〇〇八一 五七五	〇一一〇八 一五七五	九八五五	一二〇七一
一六八	一三七七七 三				

五星盈縮入曆度率立成五星盈縮同用。

入曆策	度率	入曆策	度率	入曆策	度率
	百十度十分十秒十微十纖		百十度十分十秒十微十纖		百十度十分十秒十微十纖
一	一五二一九○六二五○	二	三○四三八一二五○○	三	四五六五七一八七五○
四	六○八七六二五○○○	五	七六○九五二二五○	六	九一三一四三七五○○
七	一○六五三三四三七五○	八	一二一七五三五○○○○	九	一三六九七一五六二五○
十	一五二一九○六二五○○	一一	一六七四○九六八七五○		

木星盈縮立成

入曆	損益率	盈縮積	行定度	行積度
策	度十分十秒十微十纖	度十分十秒十微十纖	十度十分十秒十微十纖	百十度十分十秒十微十纖
初	益一五九〇〇八四八一	盈〇〇〇〇〇〇〇〇〇〇	一六八〇九一四七三一	一六八〇九一四七三一
一	一四二〇一三五六一	一五九〇〇八四八一	六三九一九八一一	三三四四八三四五四二
二	一二〇〇二七一八八	三〇一〇二三〇四二	四一九三三四三八	四九八六七六七九八〇
三	〇九三〇四九三六二	四二一〇四九二三〇	一四九五五六一二	六六〇一七二三五九〇
四	〇六一〇八〇〇八三	五一四〇九八五九二	一五八二九八六三三三	八一八四七〇九九二五
五	〇二四一一九三三二	五七五一七八六七六	四六〇二五六〇二	九七三〇七三五五二七
六	損〇二四一一九三五二	五九九二九八〇二八	一四九七七八六八九八	一一二二八五二二四二五

七	○六一○八○ ○八三	五七五一七八 六七六	一四六○八二 六一六七	一二六八九三 四八三九三
八	○九三○四九 三六二	五一四○九八 五九二	二八八五六八 八八	一四一一八二 ○五四八○
九	一二○○二七 一八八	四二一○四九 二三○	○一八七九○ 六二	一五五二○○ 八四五四二
十	一四二○一三 五六一	三○一○二二 ○四二	一三七九八九 二六八九	一六八九九九 七七二三一
十一	一五九○○八 四八一	一五九○○八 四八一	六二八九七七 六九	一八二六二八 七五○○○
初	益一五九○○ 八四八一	縮○○○○○ ○○○○	一三六二八九 七七六九	一九六二五七 七二七六九
一	一四二○一三 五六一	一五九○○八 四八一	七九八九二六 八九	二一○○五六 六五四五八
二	一二○○二七 一八八	三○一○二二 ○四二	一四○一八七 九○六二二一	二二四○七五 四四五二○
三	○九三○四九 三六二	四二一○四九 二三○	二八八五六八 八八一	二三八三六四 ○一四○八
四	○六一○八○ ○八三	五一四○四九 二三○	六○八二六一 六七	二五二九七二 二七五七五

入曆	損益率	盈縮積	行定度	行積度
五	○二四一一九 三五二	五七五一七八 六七六	九七七八六八 九八	二六七九五○ 一四四七二
六	損○二四一一 九三五二	五九九二九八 ○二八	一五四六○二 五六○二	二八三四一○ 四○○七五
七	○六一○八○ ○八三	五七五一七八 六七六	八二九八六三 三三	二九九二四○ 二六四○八
八	○九三○四九 三六二	五一四○九八 五九二	一六一四九五 五六一二	三一五八九八 二○二○
九	一二○○二七 一八八	四二一○四九 二三○	四一九三三四 三八	三三一八○九 一五四五八
十	一四二○一三 五六一	三○一○二二 ○四二	六三九一九八 一一	三四八四四八 三五二六九
十一	一五九○○八 四八一	一五九○○八 四八一	八○九一四七 三一	三六五二五七 五○○○○

火星盈縮立成

入曆	損益率	盈縮積	行定度	行積度

策	初	一	二	三	四	五	六	七	八
度十分十秒十微十纖	益二五八〇三九三三四	七九七〇〇五〇七二	四五九九七六三一三	一四六九五七二五二	損〇五四二八五〇六四	一六六二七五〇八五	二六〇二六二〇七二	三三六二五〇二一七	三九四二三九五二四
十度十分十秒十微十纖	盈〇〇〇〇〇〇〇〇〇	一一五八〇三九三三四	一九五五〇四四四〇六	二四一五〇二〇七一九	二五六一九七七九七一	二五〇七六九二九〇七	二三四一四一七八二二	二〇八一一五五七五〇	一七四四九〇五五三三
十度十分十秒十微十纖	二六七九九四五五八四	二三一八九一一三二二	一九八一八八二五六三	一六六八八六三五〇二	一四六七六二一八六	一三五五六三一六五	一二六一六四四一七八	一一八五六五六〇三三	二七六六六七二六
百十度十分十秒十微十纖	二六七九九四五五八四	四九九八八五六九〇六	六九八〇九三九四六九	八六四九六〇二九七一	一〇一一七二二四一五七	一一四七二八五五三二	一二七三四四九九五〇〇	一三九二〇一五五五三三	一五〇四七八二二二五九

九	四四二二五七 二九六	一三五〇六六 六〇〇九	一〇七九六四 八九五四	一六一二七四 七一二一三
十	四五六二〇〇 七五〇	九〇八四〇八 七二三	六五七〇五五 〇〇	一七一九三一 七六七一三
十一	四五二二〇七 九六三	四五二二〇七 九六三	六九六九八二 八七	一八二六二八 七五〇〇〇
初	益四五二二〇 七九六三	縮〇〇〇〇〇 〇〇〇〇	一〇六九六九 八二八七	一九三三二五 七三二八七
一	四五六二〇〇 七五〇	四五二二〇七 九六三	六五七〇五五 〇〇	二〇三九八二 七八七八七
二	四四二二五七 二九六	九〇八四〇八 七二二	七九六四八九 五四	二一四七七九 二七七四一
三	三九四二三九 五二四	一三五〇六六 六〇〇九	一一二七六六 六七二八	二二六〇五五 九四四六七
四	三三六二五〇 二一七	一七四四九〇 五五三三	一一八五六五 六〇三三	二三七九一二 五〇五〇〇
五	一六〇二六二 〇七二	二〇八一一五 五七五〇	一二六一六四 四一七八	二五〇五二八 九四六七八
六	一六六二七五 〇八五	二三四一四一 七八二二	一三五五六三 一一六五	二六四〇八五 二五八四三

七	○五四二八五○六四	二五○七六九二九○七	一四六七六二一一八六	二七八七六一四七○二九
八	損一四六九五七二五二	二五六一九七七九七一	一六六八八六三五○二	二九五四五○一○五二一
九	四五九九七六三二三	二四一五○二○七一九	一九八一八八二五六三	三一五二六八九三○九四
十	七九七○○五○七二	一九五五○四四四○六	二一二一八九一一三二二	三三八四五八○四四一六
十一	二五八○三九三三四	一一五八○三九三三四	二六七九九四五五八四	三六五二五七五○○○○

土星盈縮立成

入曆	損益率	盈縮積	行定度	行積度
策	度十分十秒十微十纖	度十分十秒十微十纖	十度十分十秒十微十纖	百十度十分十秒十微十纖
初	益二二○○一○三四六	盈○○○○○○○○○○	一七四一九一六五九六	一七四一九一六五九六

一	一九五〇二一 八一四	二二〇〇一〇 三四六	一六九二八〇 六四	三四五八八四 四六六〇
二	一六四〇四七 七六五	四一五〇三二 一六〇	一六八五九五 四〇一五	五一四四七九 八六七五
三	一二七〇八八 二一一	五七九〇七九 九二五	四八九九四四 六一	六七九三七九 三一三六
四	〇八四一四三 一三五	七〇六一六八 一三六	〇六〇四九三 八三	八三九九八四 二五二一
五	〇三五二一二 五五〇	七九〇三一一 二七一	一五五七一一 八八〇〇	九九五六九六 一二二一
六	損〇三五二二 五五〇	八二五五二三 八二一	一四八六六九 三七〇〇	一一四四三六 五五〇二一
七	〇八四一四三 二三五	七九〇三一一 二七一	三七七六三一 一五	一二八八一四 一八一三六
八	一二七〇八八 二一一	七〇六一六八 一三六	一三九四八一 八〇三九	一四二七六二 三六一七五
九	一六四〇四七 七六五	五七九〇七九 九二五	五七八五八四 八五	一五六三四〇 九四六六〇
十	一九五〇二一 八一四	四一五〇三二 一六〇	一三二六八八 四四三六	一六九六〇九 七九〇九六

十一	二二〇〇一〇 三四六	二二〇〇一〇 三四六	〇一八九五九 〇四	一八二六二八 七五〇〇〇
初	益一六三〇〇 五七五一	縮〇〇〇〇〇 〇〇〇〇	一三五八九〇 〇四九九	一九六二一七 七五四九九
一	一四八九九八 〇六四	一六三〇〇五 七五一	七二九〇八一 八六	二〇九九四六 八三六八五
二	一二七九八九 六五二	三一二〇〇三 八一五	九三九一六五 九八	二二三八八六 〇〇二八三
三	一九九九八〇 五一六	四三九九九三 四六七	一四二一九二 五七三四	二三八一〇五 二六〇一七
四	〇六四九七〇 六五八	五三九九七三 九八三	五六九三五五 九二	二五二六七四 六一六〇九
五	〇二二九六〇 〇七三	六〇四九四四 六四一	九八九四六一 七七	二六七六六四 〇七七八六
六	損〇二二九六 〇〇七三	六二七九〇四 七一四	一五四四八六 六二二三	二八三一一二 七四一〇九
七	〇六四九七〇 六五八	六〇四九四四 六四一	八六八七六九 〇八	二九八九八一 五一〇一七
八	〇九九九八〇 五一六	五三九九七三 九八三	一六二一八八 六七六六	三一五二〇〇 三七七八三

九	一二七九八九六五二	四三九九九三四六三	四九八九五九○二	三三一六九九二三六八五
十	一四八九九八○六四	三一二○○三八一五	七○九○四三一四	三四八五○八三七九九九
十一	一六三○○五七五一	一六三○○五七五一	八四九一二○○一	三六五二五七五○○○○

金星盈縮立成

入曆	損益率	盈縮積	行定度	行積度
策	度十分十秒十微十纖	度十分十秒十微十纖	十度十分十秒十微十纖	百十度十分十秒十微十纖
初	益○五三○○四八八九	盈○○○○○○○○○	一五七四九一一一三九	一五七四九一一一三五
一	五○○二一三一八	○五三○○四八八九	七一九二七五六八	三一四六八二八七○七
二	四四○五五五六五	一○三○二六二○七	六五九六一八一五	四七一二八○○五二二

三	三五一〇七六 三一	一四七〇八一 七七二	五七〇一二八 八一	六二六九八一 四四〇三
四	二三一七七五 一六	一八二一八九 四〇三	四五〇八三七 六六	七八一四八九 八一六九
五	〇八二六五二 一九	二〇五三六六 九一九	三〇一七一四 六九	九三四五〇六 九六三八
六	損〇〇八二六 五二一九	二一三六三二 一三八	一五二三六四 一〇三一	一〇八五八七 一〇六六九
七	二三一七七五 一六	二〇五三六六 九一九	一四九八七二 八七三四	一二三五七四 三九四〇三
八	三五一〇七六 三一	一八二一八九 四〇三	八六七九八六 一九	一三八四四二 三八〇二二
九	四四〇五五五 六五	一四七〇八一 七七二	七七八五〇六 八五	一五三二二〇 八八七〇七
十	五〇〇二一三 一八	一〇三〇二六 二〇七	七一八八四九 三三	一六七九三九 七二六三九
十一	五二〇〇四八 八九	〇五三〇〇四 八八九	六八九〇一三 六一	一八二六一八 七五〇〇〇
初	益〇五三〇〇 四八八九	縮〇〇〇〇〇 〇〇〇〇	一四六八九〇 一三六一	一九七三一七 七六二六一

一	五〇〇二一三 一八	〇五三〇〇四 八八九	七一八八四九 三三	二一二〇三六 六一二九三
二	四四〇五五五 六五	一〇三〇二六 二〇七	七七八五〇六 八五	二二六八一五 一一九七八
三	三五一〇七六 三一	一四七〇八一 七七二	八六七九八六 一九	一四一六八三 一〇五九七
四	二三一七七五 一六	一八二一八九 四〇三	九八七二八七 三四	二五六六七〇 三九三三
五	〇八二六五二 一九	二〇五三六六 九一九	一五一三六四 一〇三一	二七一八〇六 八〇三六二
六	損〇〇八二六 五二一九	二一三六二一 三八	一五三〇一七 一四六九	二八七一〇八 五一八三
七	二三一七七五 一六	二〇五三八六 九一九	四五〇八三七 六六	三〇二五五九 三五五九七
八	三五一〇七六 三一	一八二一八九 四〇三	五七〇一三八 八一	三一八二二九 四九四七八
九	四四〇五五六 五	一四七〇八一 七七二	六五九六一八 一五	三三三七八九 一一二九三
一〇	五〇〇二一三 一八	一〇三〇二六 二〇七	七一九二七五 六八	三四九五〇八 三八八六一

一一	五三〇〇四八八九	〇五三〇〇四八八九	七四九一一一三九	三六五二五七五〇〇〇〇

水星盈縮立成

入曆	損益率	盈縮積	行定度	行積度
策	度十分十秒十微十纖	度十分十秒十微十纖	十度十分十秒十微十纖	百十度十分十秒十微十纖
初	益〇五八〇〇五八一八	盈〇〇〇〇〇〇〇〇〇	一五七九九一二〇六八	一五七九九一二〇六八
一	五四〇二〇七二二	五八〇〇五八一八	七五九二六九七二	三一五五八三九〇四〇
二	四七〇五三四四六	一一二〇二六五四〇	六八九五九六九六	四七二四七九八七三六
三	五七一〇三九八七	五九〇七九九八六	五九〇一〇二三七	六二八三八〇八九七三
四	二四一七二三四八	一九六一八三九七三	四六〇七八五九八	七八二九八八七五七一

五	○八二五八五 二六	二二○三五六 三三一	三○一六四七 七六	九三六○○五 二三四七
六	損○○八二五 八五二六	二二八六一四 八四七	一五一三六四 七七二四	一○八七三七 ○○七一
七	二四一七二三 四八	二○三五六三 二一	一四九七七三 三九○二	一二三七一四 三三九七三
八	三七一○三九 八七	一九六一八三 九七三	八四八○二二 六三	一三八五六二 三六二三六
九	四七○五三四 四六	五九○七九九 八六	七四八五二八 ○四	一五三三一○ 八九○四○
十	五四○二○七 二二	一一二○二六 五四○	六七八八五五 二八	一六七九八九 七四五六八
十一	五八○○五八 一八	五八○○五八 一八	六三九○○四 三二	一八二六二八 七五○○○
初	益○五八○○ 五八一八	縮○○○○○ ○○○○	一四六三九○ ○四三二一	一九七二六七 七五四三二
一	五四○二○七 二二	五八○○五八 一八	六七八八五五 二八	二一一九四六 六○九六○
二	四七○五三四 四六	一一二○二六 五四○	七四八五二八 ○四	二二六六九五 一三七六四

三	三七一〇三九 八七	五九〇七九九 八六	八四八〇二二 六三	二四一五四三 一六〇二七
四	二四一七二三 四八	一九六一八三 九七二	八七七三三九 〇二	二五六五二〇 四九九二九
五	〇八二五八五 二六	二二〇三五六 三二一	一五一三六四 七七二四	二七一六五六 九七六五三
六	損〇〇八二五 八五二六	二二八六一四 八四七	一五三〇一六 四七七六	二八六九五八 六二四二九
七	二四一七二三 四八	二〇三五六三 二	四六〇七八五 九八	三〇二四一九 四一〇二七
八	三七一〇三九 八七	一九六一八三 九七三	一九〇一〇二 三七	三一八〇〇九 五一二六四
九	四七〇五三四 四六	五九〇七九九 八六	六八九五九六 九六	三三三六九九 一〇九六〇
十	五四〇二〇七 二二	一一二〇二六 五四〇	一五七五九二 六九七二	三四九四五八 三七三二
十一	五八〇〇五八 一八	五八〇〇五八 一八	一五七九九一 二〇六八	三六五二五七 五〇〇〇〇

新元史卷之四十一　志第八

天文志上

郭守敬創製諸儀表，臺官遵用百年，測驗之精，遠逾前代。於是日食、月五星凌犯，與夫彗孛、飛流之躔次，凡臺官所測者，畢上於中書省，而載於中書之日曆。雖不論占候，然元之季世，太史尚豫推休咎，因事上言。意者司天所掌，其書禁秘，故軼而不傳歟？今仍舊史之文，爲《天文志》，又據本紀訂其疏奪。蓋舊志與本紀所書者，皆出於日曆者也。觀天察變之君子，庶幾有取焉。

日食日暈珥諸變〔一〕

世祖中統二年三月壬戌朔，日有食之。三年十一月辛丑，日有背氣，重暈三珥。至元二年正月辛未朔，日有食之。四年五月丁亥朔，日有食之。五年十月戊寅朔，日有食之。七年三月庚子朔，日有食之。八年八月壬辰朔，日有食之。九年八月丙戌朔，日有食之。十二年六月庚子朔，日有食之。十四年十月丙辰，日有食之。十九年六月己丑朔，日有食之。七月戊午朔，日有食之。二十四年七月癸丑，日暈連環，白虹貫之。十月戊午朔，日有食之。二十六年三月庚辰朔，日有食之。二十七年八月辛未朔，日有食之。二十九年正月甲午朔，日有食之。有物漸侵入日中，不能既，日體如金環然，左右有珥，上有抱氣。三十一年六月庚辰朔，日有食之。

成宗大德元年四月癸巳朔，日有食之。三年八月己酉朔，日有食之。四年二月丁未朔，日有食之。六年六月癸亥朔，日有食之。七年閏五月戊午朔，日有食之。八年五月癸未朔，日有食之。

武宗至大二年正月丁亥，白虹貫日。八月甲寅，白虹貫日。四年正月壬辰，日赤如赭。

仁宗皇慶元年六月乙丑朔，日有食之。二年二月丁丑，日赤如赭。延祐元年三月己亥，白暈亘天，連環貫日。二年四月戊寅朔，日有食之。五月甲戌，日赤如赭。乙亥，亦如之。九月甲寅，日赤如赭。戊午，亦如之。三年五月戊申，日赤如赭。五年二月癸巳朔，日有食之。六年二月丁亥朔，日有食之。七年正月辛巳朔，日有食之。三月乙未，日有暈若連環然。八年七月丙申朔，日有食之。九月戊午朔，日有食之。

英宗至治元年三月己丑，交暈如連環貫日。六月癸卯朔，日有食之。二年十一月甲午朔，日有食之。

泰定帝泰定四年二月辛卯，白虹貫日。九月丙申朔，日有食之。

文宗天曆二年七月丙辰朔，日有食之。至順元年九月癸巳，白虹貫日。二年正月己酉，白虹貫日。八月甲辰朔，日有食之。十一月壬申朔，日有食之。三年五月丁酉，白虹並日出，長竟天。

惠宗元統元年三月癸巳，日赤如赭。閏三月丙申、癸丑、甲寅，皆如之。二年四月戊午朔，日有食之。至元元年十二月戊午，日赤如赭。閏十二月丁亥、戊子、己丑，皆如之。二年二月壬辰，日赤如赭。乙未、丙申，亦如之。三月庚申、壬戌、癸卯，四月丁丑，皆如之。八月甲戌朔，日有食之。十二月甲戌，日赤如赭。三年正月丁巳，日有交暈，左右珥上有白虹貫之。二月壬申朔，日有食之。八月癸未，日有交暈，左右珥上有白虹貫之。十月癸酉，日赤如赭。四年八月癸亥朔，日有食之。閏八月戊戌，日赤如赭。己亥、壬寅，亦如之。九月庚寅，皆如之。五年正月丙寅，日有交暈，左右珥上有白虹貫之。二月辛亥，日赤如赭。三月庚申、辛酉，四月丁未，皆如之。至正元年三月壬申，日赤如赭。二年八月庚子朔，日有食之。十月己亥朔，日有食之。三年四月丙申朔，日有食之。四年九月丁亥朔，日有食之。五年九月壬午朔，日有食之。六年二月庚戌朔，日有食之。七年正月甲辰朔，日有食之。八年七月丙申朔，日有食之。九年十一月戊午朔，日有食之。十年十一月壬子朔，日有食之。十二年四月癸卯朔，日有食之。十三年九月乙丑朔，日有食之。十四年三月癸亥朔，日有食之。十五年二月丙子，日赤如赭。五月己酉朔，日有食之。十六年三月，有兩日相盪。十七年正月丙子朔，日有食之。七月己丑，日有交暈，連環貫之。十八年三月己亥朔，日色如血。六月戊辰朔，日有食之。十二月乙丑朔，日有食之。二十年五月丁亥朔，日有食之。二十一年四月辛巳朔，日有食之。二十五年三月壬戌，日有暈，內赤外青，白虹如連環貫之。十月辛丑，日傍有一月、一星。二十六年二月丁卯，日有暈，左珥上有背氣一道。七月辛巳朔，日有食之。二十七年六月丙午朔，日有食之。十二月癸卯朔，日有食之。

月五星凌犯及星變上

憲宗六年六月，太白晝見。

世祖中統元年五月乙未，熒惑入南斗，留五十餘日。

二年二月丁酉，太陰掩昴。六月戊戌，太陰犯角。八月丙午，太白犯歲星。十一月庚午，太陰犯昴。十二月辛卯，熒惑犯房。壬寅，熒惑犯鉤鈐。

三年十一月乙酉，太白犯鉤鈐。

至元元年二月丁卯，太陰犯南斗。四月辛亥，太陰犯軒轅御女星。五月丙戌，太陰犯房。己亥，太陰犯昴。七月甲戌，彗星出輿鬼，昏見西北，貫上台，掃紫微、文昌及北斗，旦見東北，凡四十餘日。十二月甲子，太陰犯房。

二年六月丙子，太陰犯心宿大星。

四年八月庚申，填星犯天罇距星。壬戌，太白犯軒轅大星。甲子，歲星犯軒轅大星。十一月乙巳，填星犯天罇距星。

五年正月甲午，太陰犯井。二月戊子，太陰犯天關。己丑，太陰犯井。

六年十月庚子，太陰犯辰星。

七年正月己酉，太陰犯畢。九月丁巳，太陰犯井。十月庚午，太白犯右執法。十一月壬寅，熒惑犯太微西垣上將。

八年正月辛未，太陰犯畢。三月丁亥，熒惑犯太微西垣上將。九月丙子，太陰犯畢。

九年五月乙酉，太白犯畢距星。九月戊寅，太陰犯御女。十月戊戌，熒惑犯填星。十一月丁卯，太陰犯畢。

十年三月癸酉，客星青白如粉絮，起畢，度五車北，復自文昌貫斗杓，歷梗河，至左攝提，凡二十一日。

十一年二月甲寅，太陰犯井宿。十月壬辰，歲星犯壘壁陣。

十二年七月癸酉，太白犯井，辛卯，太陰犯畢。九月己巳，太白犯少民。己卯，太白犯太微西垣上將。十月癸丑，太陰犯畢。十一月丙戌，太陰犯軒轅大星。十二月戊戌，填星犯亢。戊申，太陰犯畢。

十三年九月辛亥，太白犯南斗。甲寅，太白入南斗。十二月乙卯，太陰犯填星。辛酉，熒惑掩鉤鈐。

十四年二月癸亥，彗出東北，長四尺餘。

十五年二月丁丑，熒惑犯天街。三月丁亥，太陰犯太白。戊子，太陰犯熒惑。十一月辛亥，太白、熒惑、填星聚於房。

十六年四月癸卯，填星犯鍵閉。七月丙寅，填星犯鍵閉。八月庚辰，太陰犯房宿距星。庚子，歲星犯軒轅大星。十月丙申，太陰犯太微西垣上將。十一月癸丑，太陰犯熒惑。

十七年四月庚子，歲星犯軒轅大星。七月戊申，太陰掩房宿距星。己酉，太陰犯南斗。八月丙子，太陰犯心宿東星。甲子，太陰犯右執法，並犯歲星。

十八年五月丙辰，歲星犯右執法。七月癸卯，太陰犯房宿距星。閏八月癸巳朔，熒惑犯司怪南第二星。庚戌，太陰犯昴。九月甲申，太陰犯軒轅大星。十一月甲戌，太陰犯五車次南星。丁丑，太陰犯鬼。丁亥，太陰掩心。十二月丙午，太陰犯軒轅大星。

二十年正月己巳，太陰犯軒轅御女。庚辰，太陰犯南斗，犯距星。二月庚寅，太陰掩昴。庚子，太白犯昴。壬寅，太白犯昴。乙巳，太陰犯心。三月己未，歲星犯鍵閉。庚申，太陰犯井。壬戌，太陰犯鬼。己巳，歲星犯房。癸酉，歲星掩房。四月己亥，太陰犯房。壬寅，太陰犯南斗。五月丙寅，太陰掩心。七月丙辰，太白犯井。癸亥，太陰犯南斗。乙丑，太白犯井。庚子，熒惑犯司怪。八月丙午，太白犯軒轅。丁未，歲星犯鉤鈐。九月壬子，太白犯軒轅少女。戊午，太陰犯斗。己巳，太白犯右執法。壬申，太陰掩井。癸酉，熒惑犯鬼。甲戌，太陰犯鬼，熒惑犯積尸氣，太白犯左執法。十月丙申，太陰犯昴。十一月戊寅，太白、歲星相犯。十二月甲辰，太陰掩熒惑。

二十一年閏五月戊寅朔，填星犯斗。七月甲申，太白犯熒惑。九月癸巳，太白犯南斗第四星。乙未，太陰犯井。十月己酉，太陰犯軫。十一月丙戌，太陰犯昴。己亥，太陰掩輿鬼。庚子，太陰犯心。

二十二年二月辛亥，太陰犯東井。癸丑，太陰犯鬼。壬戌，太陰犯心。八月癸丑，太陰入東井。十二月己亥，歲星犯填星。

二十三年正月壬午，太陰犯軒轅太民。乙酉，太陰犯氐。二月癸巳，歲星犯壁壘陣。丙午，太陰犯井。三月己巳，太陰犯婁。五月己巳，熒惑犯太微西垣上將。庚辰，歲星犯壘壁陣。乙酉，熒惑犯太微右執法。六月丙申朔，太白犯御女。八月乙卯，太白犯軒轅右角星。九月甲申，太陰犯天關。十月甲午朔，太白犯右執法。戊戌，太陰犯建星。辛亥，太陰犯東井。甲寅，太白犯進賢。壬寅，太白犯左執法。十一月戊辰，太白犯亢。己卯，太陰犯東井。辛巳，歲星犯壘壁陣。十二月戊戌，太白犯東咸。丁未，太陰犯東井。丁巳，太陰犯氐。

二十四年正月甲戌，太陰犯東井。乙酉，太陰犯房。二月庚子，太陰犯天關。辛丑，太陰犯東井。閏二月癸亥，太陰犯辰星。甲申，太陰犯牽牛。三月丙申，太陰犯東井。四月癸酉，太陰犯氐。甲戌，太陰犯房。七月戊戌，太陰犯南斗。辛丑，太陰犯牽牛。壬寅，熒惑犯輿鬼積尸氣。甲辰，熒惑犯輿鬼。壬子，太陰犯司怪。八月癸亥，太白犯亢。丙子，填星南犯壘壁陣。己卯，太陰犯天關。辛巳，太陰犯東井。甲申，太白犯房。九月丁酉，熒惑犯長垣。庚子，太白犯天江。乙巳，太陰犯畢。辛亥，熒惑犯太微西垣上將。壬子，太白犯南斗。十月壬戌，太陰犯牽牛大星。乙酉，熒惑犯左執法。十一月壬辰，太白犯壘壁陣。太陰暈太白、填星。丙申，熒惑犯太微東垣上將。庚子，太白晝見。丙辰，熒惑犯進賢。十二月丙寅，太陰犯畢，太白晝見。

二十五年正月乙巳，太陰犯角。戊申，太陰犯房。三月丁亥，熒惑犯太微東垣上相。戊子，太陰犯畢。己亥，太陰掩角。四月戊午，太陰犯井。五月戊申，太白犯畢。六月甲戌，太白犯井。丁丑，太陰犯歲星。七月己亥，熒惑犯氐。庚子，太白犯鬼。乙巳，太陰掩畢。八月丙辰，熒惑犯房。乙未，太白犯軒轅大星。九月癸未朔，熒惑犯天江。庚子，太陰犯畢。癸卯，熒惑犯南斗。十二月辛酉，太陰犯畢。甲子，太陰犯井。甲戌，太陰犯亢。熒惑犯壘壁陣。

二十六年正月辛丑，太陰犯氐。三月甲午，太陰犯亢。五月壬辰，太白犯鬼。七月戊子，太白經天四十五日。辛卯，太陰犯牛。乙未，太陰犯歲星。八月辛未，歲星晝見。九月戊寅，歲星犯井。乙未，太陰犯畢。辛丑，熒惑犯太微西垣上將。十月癸丑，太陰犯牛宿距星。甲寅，熒惑犯右執法。閏十月丁亥，辰星犯房。己丑，太陰犯畢，熒惑犯進賢，太陰犯井。十一月丁巳，熒惑犯亢。戊辰，太陰犯亢。

二十七年正月庚戌，太白犯牛。癸丑，太陰犯井。丁卯，熒惑犯房。壬申，熒惑犯鍵閉。二月戊寅，太陰犯畢。庚寅，太陰犯亢。三月壬子，熒惑犯鉤鈐。四月丙子，太陰犯井。壬辰，熒惑守氐十餘日。五月乙丑，太陰犯填星。六月己丑，熒惑犯房。七月辛酉，熒惑犯天江。九月癸卯，歲星犯鬼。十月辛巳，太白犯斗。十一月戊申，太陰掩填星。辛酉，太陰掩左執法。十二月辛卯，太陰犯亢。

二十八年正月壬寅，太白、熒惑、填星聚奎。二月癸未，太陰犯左執法。甲申，太白犯昴。三月丁未，太陰犯御女。己酉，太陰犯右執法。庚戌，太陰犯太微東垣上相。乙卯，太白犯五車。四月乙未，歲星犯輿鬼積尸氣。五月壬寅，太陰犯少民。甲寅，太陰犯牛。六月辛卯，太陰犯畢。七月己亥，太白犯井。八月丙寅，太白犯輿鬼。丙子，太陰犯牽牛。癸未，歲星犯軒轅大星。戊子，太白犯軒轅大星，并犯歲星。癸巳，太陰掩熒惑。九月丙辰，熒惑犯左執法。戊午，太白犯熒惑。辛酉，歲星犯少民。十月丙戌，太陰犯軒轅大星并御女。己丑，太陰犯太微東垣上相。十一月甲辰，太陰犯房。丙午，熒惑犯亢。丁未，太陰犯畢。庚申，熒惑犯氐。十二月庚辰，太陰犯御女。癸未，太陰犯東垣上相。己丑，熒惑犯房。庚寅，熒惑犯鉤鈐。

二十九年正月戊申，太陰犯歲星及軒轅左角。二月己巳，太陰犯畢。己丑，歲星犯軒轅大星。四月丙子，太陰犯氐。六月己丑，太白犯歲星。閏六月戊申，熒惑犯狗國。七月辛未，太陰犯牛。八月丁酉，辰星犯右執法。己亥，太白犯房。乙巳歲星犯右執法。九月壬戌，熒惑犯壘壁陣。辛巳，太白犯南斗。十月乙巳，太陰犯井。丁未，太陰犯鬼。乙卯，太陰犯氐。十一月壬戌，太陰犯壘壁陣。己卯，太陰犯太微東垣上將。十二月庚子，太陰犯井。甲辰，太陰犯太微西垣上將。

三十年正月丙寅，太陰犯畢。丁未，太陰犯氐。庚辰，歲星犯左執法。二月壬辰，太陰犯畢。乙巳，熒惑犯天街。庚戌，太陰犯牛。癸丑，太白犯壘壁陣。三月辛未，太陰犯氐。四月癸丑，太白犯填星。六月己丑，歲星犯左執法。丙申，太陰犯斗。七月甲子，太陰犯建星。辛巳，太陰犯鬼。八月甲午，辰星犯太微西垣上將。甲辰，太陰犯畢。戊申，太陰犯鬼。九月丁卯，太陰犯畢。十月庚寅，彗星入紫微垣，抵斗魁，光芒尺許，凡一月乃滅。丙申，熒惑犯亢。己亥，太陰犯天關。辛丑，太陰犯井。十一月乙丑，太陰犯畢。丁卯，太陰犯井。庚子，太陰犯鬼。丙子，熒惑犯鉤鈐。戊寅，歲星犯亢。十二月乙未，太陰犯井。

三十一年四月戊申，太白晝見，又犯鬼。五月庚戌朔，太白犯輿鬼。六月丙午，太陰犯井。八月庚辰，太白晝見。戊戌，太陰犯畢，太白犯軒轅。九月丁巳，太白經天。丙寅，太陰掩填星。辛未，太陰犯軒轅。乙亥，太白犯右執法，太陰犯平道。十月壬午，太白犯左執法。癸巳，太陰掩填星。乙未，太陰犯井。十一月己酉，太陰犯亢。庚申，太陰犯畢。癸酉，太白犯房。十二月癸未，歲星犯房。丁亥，歲星犯鉤鈐。壬辰，太陰犯鬼。庚子，太陰犯房，又犯歲星。

成宗元貞元年正月乙卯，太陰犯填星，又犯畢。癸酉，歲星犯東咸。二月癸未，熒惑犯太陰。壬辰，太陰犯平道。癸卯，太陰犯歲星。三月庚戌，太陰犯填星。壬戌，太陰犯房。四月庚寅，太陰犯東咸。閏四月癸丑，歲星犯房。甲寅，太陰犯平道。乙卯，太陰犯亢。丁巳，太陰掩房。五月丁亥，太陰犯南斗。七月丁丑，太陰犯亢。甲申，歲星犯房。八月乙酉，太陰犯牛。壬子，太陰犯壘壁陣。九月甲午，太陰犯軒轅。戊戌，太陰犯平道。十月辛酉，辰星犯房。壬戌，辰星犯鍵閉。戊辰，太白晝見，太陰犯房。十一月甲戌，太白經天及犯壘壁陣。乙酉，太陰犯井。丁亥，太陰犯鬼。十二月丙辰，太陰犯軒轅。甲子，太陰犯天江。

二年正月壬午，太陰犯輿鬼。丙戌，太白晝見。丁亥，太陰犯平道。庚寅，太陰犯鉤鈐。二月丁未，太陰犯井。三月乙酉，太陰犯鉤鈐。五月丁丑，太陰犯平道。六月乙巳，太白犯天關。丁巳，太白犯填星。癸亥，太陰犯井。七月壬午，填星犯井，太白犯輿鬼。八月庚子，太陰犯亢，太白犯軒轅。癸卯，太陰犯天江。乙卯，太陰犯天街，太白犯上將。九月戊辰，太白犯左執法。壬申，太陰掩南斗。丁丑，太陰犯壘壁陣。己丑，太陰犯軒轅。十一月丁丑，太陰犯月星，又犯天街。庚辰，太陰犯井。丁亥，太陰犯上相。戊子，太陰犯平道。壬辰，太陰犯天江。十二月丁未，太陰犯井。乙卯，太陰犯進賢。

大德元年三月戊辰，熒惑犯井。癸酉，太陰掩軒轅大星。五月癸酉，太白犯鬼積尸氣。乙亥，太陰犯房。六月乙未，太白晝見。七月庚午，太陰犯房。八月丁巳，祆星出奎。九月辛酉朔，祆星復犯奎。十月戊午，太白經天。十一月戊子，太白經天。十二月甲辰，太白經天，又犯東咸。丙午，太陰犯軒轅。甲寅，大陰犯心閏。十二月癸酉，太白犯建星。丙子，太白犯建星。

二年二月辛酉，歲星、熒惑、太白聚危，熒惑犯歲星。辛未，太陰犯左執法。丙子，太陰犯心。五月戊戌，太陰犯心。六月壬戌，太陰犯角。七月癸巳，太陰犯心。八月壬戌，太陰犯箕。九月辛丑，太陰犯五車南星。癸卯，太陰犯五諸侯。己酉，太陰犯左執法。十月壬戌，太白犯牽牛。戊寅，太陰犯角宿距星。十一月己亥，太陰犯輿鬼。辛丑，辰星犯牽牛。壬寅，太陰犯右執法。十二月戊午，太白經天。己未，填心犯輿鬼。乙丑，太白犯歲星，太陰犯熒惑。庚午，填星入輿鬼，太陰犯上將。甲戌，彗出子孫星下。己卯，太陰犯南斗。

三年正月丙戌，太陰犯太白。丁酉，太陰犯西垣上將。戊戌，太陰犯右執法。乙巳，太白經天。三月乙巳，熒惑犯五諸侯。戊戌，熒惑犯輿鬼。四月己未，太陰犯上將。丙寅，填星犯輿鬼，太陰犯心。五月丙申，太陰犯南斗。己亥，太白犯畢。六月庚申，太陰掩房。丁卯，熒惑犯右執法。壬申，歲星晝見。七月己卯朔，太白犯井。丁未，太陰犯輿鬼。八月丁巳，太陰犯箕。戊辰，太白犯軒轅大星。己巳，太陰犯五車星。九月壬辰，流星色赤，尾長尺餘，其光燭地，起自河鼓，没於牽牛之西，有聲如雷。乙未，太陰犯昴宿距星。丁酉，太白犯左執法。十月丙子，太陰犯房。十一月乙酉，太白犯房。

四年二月戊午，太陰犯軒轅。五月甲午，太陰犯壘壁陣。辛丑，太白犯輿鬼，太陰犯軒轅。五月甲午，太陰犯壘壁陣。辛丑，太白犯輿鬼，太陰犯昴。六月丁巳，太白犯填星。七月辛卯，熒惑犯井。八月癸丑，太陰犯井。甲子，辰星犯靈臺上星。閏八月庚辰，熒惑犯輿鬼。九月戊午，太白犯斗。壬戌，太陰犯輿鬼。甲子，太白犯斗。十二月庚寅，熒惑犯軒轅。癸巳，太陰犯房宿距星。

五年正月己酉，太陰犯五車。壬子，太陰犯輿鬼積尸氣。辛酉，太陰犯心。二月己卯，太陰犯輿鬼。三月戊申，太陰犯御女。丁卯，熒惑犯填星。己巳，熒惑、填星相合。四月壬申，太陰犯東井。五月癸丑，太陰犯南斗。乙卯，熒惑犯右執法。丁卯，太白犯井。六月甲申，歲星犯司怪。癸巳，太白犯輿鬼，歲星犯井。甲午，太白犯輿鬼。七月丙午，歲星犯井。辛亥，太陰犯壘壁陣。庚申，辰星犯太白。八月壬辰，太陰犯軒轅御女。乙未，填星犯太微上將。九月乙丑，自八月庚辰，彗出井二十四度四十分，如南河大星，色白，長五尺，直西北，後經文昌斗魁。南掃太陽，又掃北斗、天機、紫微垣、三公、貫索，星長丈餘，至天市垣巴蜀之東、梁楚之南、宋星上，長盈尺，凡四十六日而滅。十月癸未，太陰犯東井。辛卯，夜有流星，大如杯，色赤，尾長丈餘，光燭地，自北起，近東徐徐而行，分爲二星，前大後小，相離尺餘，没於危宿。十一月己亥，歲星犯東井。戊申，太陰犯昴。十二月甲戌，歲星犯司怪。辛亥，太陰犯南斗。

六年正月壬戌，填星犯太微西垣上將。二月庚午，太陰犯昴。三月壬寅，太陰犯輿鬼。癸卯，歲星犯井。甲寅，太陰犯鉤鈐。四月乙丑朔，太白犯東井。戊寅，太陰犯心。庚寅，太白犯輿鬼。六月癸亥朔，填星犯太微西垣上將。乙亥，太陰犯斗。七月癸巳朔，熒惑、填星、辰星聚井。庚子，太陰犯心。戊午，太陰犯熒惑。八月乙丑，熒惑犯歲星。己巳，熒惑犯輿鬼。辛巳，太陰犯昴。壬午，太白犯軒轅。九月丙午，熒惑犯軒轅。癸丑，太陰犯輿鬼。丁巳，太白犯右執法。十月壬午，熒惑犯太微西垣上將。十一月辛亥，填星犯左執法。乙未，辰星犯房。癸卯，太陰犯昴。己酉，太陰犯軒轅。十二月庚申朔，熒惑犯填星。乙丑，歲星犯輿鬼。乙未，太陰犯輿鬼。庚辰，熒惑犯太微東垣上相。癸未，太陰犯房。

七年正月戊戌，太陰犯昴。甲辰，太陰犯軒轅。二月戊寅，太陰犯心。四月癸亥，太陰犯東井。丙寅，太陰犯軒轅。乙亥，歲星犯輿鬼，太陰犯南斗。甲申，熒惑犯太微垣右執法。丁亥，歲星犯輿鬼。五月壬辰，辰星犯東井。閏五月戊辰，太陰犯心。七月戊寅，歲星犯軒轅。己卯，太陰犯井。乙酉，熒惑犯房。八月癸巳，太白犯氐。甲午，熒惑犯東咸，太陰犯牽牛。乙巳，亢星犯軒轅。辛亥，熒惑犯天江。九月丙寅，太白晝見。辛未，熒惑犯南斗。甲戌，太陰犯東井。乙亥，太白犯南斗。壬午，辰星犯氐。十月丁亥，太白經天。辛丑，太陰犯東井。十一月己未，太白經天。丙寅，填星犯進賢。戊辰，太陰犯東井。己卯，太陰犯東咸。十二月丙戌，太白經天，夜，熒惑犯壘壁陣。丙申，太陰犯東井。辛丑，太陰犯明堂。丁未，太陰犯天江。

八年三月乙丑，自去歲十二月庚戌，彗星見，約盈尺，指東南，測在室十一度，漸長尺餘，復指西北，掃騰蛇，入紫微垣，至是滅，凡七十四日。

九年正月丁巳，太陰犯天關。甲子，太陰犯明堂。己巳，太陰犯東咸。三月甲寅，熒惑犯氐。戊午，歲星犯左執法。四月庚辰，太陰犯井。壬辰，太白犯井。五月癸亥，歲星掩左執法。七月丙午，熒惑犯氐。甲寅，太白經天〔二〕。丁卯，熒惑犯房。八月辛巳，太陰犯東井。乙未，熒惑犯天江。九月丁巳，熒惑犯斗。十月丙戌，太白經天。十一月庚戌，歲星、太白、填星聚於亢。癸丑，歲星犯亢。丙寅，歲星晝見。十二月壬申，太白經天。丙子，太陰犯西咸。庚寅，熒惑犯壘壁陣。己亥，辰星犯建星。

十年正月丁巳，太白犯建星。閏正月癸酉，太白犯牽牛。己丑，太白犯壘壁陣。二月戊午，太陰犯氐。三月戊寅，歲星犯亢。四月辛酉，填星犯亢。六月癸丑，太陰犯羅堰上星。己未，歲星犯亢。七月庚辰，太陰犯牽牛。八月壬寅，歲星犯氐，熒惑犯太微垣上將。九月己巳，熒惑犯太微垣右執法。壬午，熒惑犯太微垣左執法。十月甲辰，太白犯斗。辛亥，太陰犯畢。甲寅，太陰犯井。十一月辛未，歲星犯房。壬申，太陰犯虛。甲戌，熒惑犯亢。戊子，熒惑犯氐。辛卯，太陰犯熒惑。十二月壬寅，太白晝見。乙巳，歲星犯東咸。戊午，太陰犯氐。

十一年六月丙午〔三〕，太陰犯南斗杓星。己巳，太陰犯亢。七月壬午，熒惑犯南斗。九月癸酉，太白犯右執法。己卯，太白犯左執法。十月乙巳，太白犯亢。己酉，熒惑犯壘壁陣。甲寅，太陰犯明堂。己未，太陰犯太白。十一月丁卯，太白犯房。丙子，太陰犯東井。乙酉，太陰犯亢。辛卯，辰星犯歲星。十二月丁巳，填星犯鍵閉。

武宗至大元年正月辛未，太陰犯井。甲申，太陰犯填星。二月丁未，太陰犯亢。甲寅，太陰犯牛距星。三月乙丑，太陰犯井。五月癸丑，太白犯輿鬼。七月庚申，流星起自句陳，南至於太角傍，尾跡約三尺，化爲白氣，聚於七公，南行，圓若車輪，微有鋭，經貫索滅。壬申，太白犯左執法。八月壬子，太陰犯軒轅太民。九月壬申，填星犯房。丙子，太陰犯井。癸未，太陰犯熒惑。十月辛丑，太白犯南斗。十一月庚申，太白晝見。癸亥，熒惑犯亢。己巳，太陰掩畢。甲戌，熒惑犯氐。乙亥，辰星犯填星。閏十一月壬寅，熒惑犯房。丁未，太陰犯亢。十二月甲子，太陰犯畢。丙子，太陰犯氐。戊寅，太白掩建星。

二年二月己巳，太陰犯亢。辛未，太陰犯氐。庚辰，太陰犯太白。三月戊戌，太陰犯氐。己亥，熒惑犯歲星。丙午，熒惑犯壘壁陣。五月辛卯，太陰犯亢。六月乙卯，太白犯井。癸酉，辰星犯輿鬼。乙亥，太陰掩畢。八月乙亥，太陰犯軒轅。丁丑，太陰犯右執法。九月丙午，太陰犯進賢。十月壬申，太陰犯左執法。十一月己亥，太陰犯右執法。庚子，太太陰犯上相。辛丑，熒惑犯外屏。十二月庚申，太陰犯參。癸亥，辰星犯歲星。辛未，太白犯壘壁陣。

三年正月壬辰，太陰犯軒轅御女。甲午，太陰犯右執法。丙申，太陰犯平道。二月辛亥，熒惑犯月星。庚申，熒惑犯天街，太陰犯軒轅少民。壬戌，太陰犯左執法。乙亥，太白犯月星。三月甲申，太陰犯井。庚寅，太陰犯氐。丙申，太陰犯南斗。丁未，太白犯井。甲寅，太陰犯軒轅御女。戊辰，太白晝見。五月乙酉，太陰犯平道。癸巳，熒惑犯輿鬼。

六月乙卯，太陰犯氐。七月戊寅，太陰犯右執法。己卯，太陰犯上相。八月甲子，太白犯軒轅太民。乙丑，太陰掩畢大星。辛巳，太陰犯建星。辛卯，太陰犯天廩。十月甲辰朔，太白經天。丙午，太白犯左執法。癸丑，熒惑犯亢。十一月甲戌朔，太白犯亢。丁亥，太陰犯畢。十二月甲辰朔，太陰犯羅堰。庚申，太陰犯軒轅大星。辛酉，太白犯填星。丙寅，太白犯氐。

四年二月甲子，太陰犯填星。三月丙戌，太陰犯太微上將。四月甲寅，太陰犯亢，熒惑犯壘壁陣。癸未，太陰犯氐。五月乙未，太陰犯太微東垣上相。庚戌，太陰犯氐。七月癸巳，太陰犯畢。丁酉，太陰犯鬼宿距星。閏七月丙寅，太陰犯軒轅。九月乙卯，太陰犯畢。十月丙申，太白犯壘壁陣。十一月甲寅，太陰犯輿鬼。十二月庚辰，太白經天。癸未，亦如之。甲申，太陰犯太微西垣上將。壬辰，太白經天。

仁宗皇慶元年正月癸丑，太陰犯太微東垣上相。二月壬午，太陰犯亢。三月丁酉朔，熒惑犯東井。壬寅，太陰犯東井。四月丙子，太白晝見。壬午，熒惑犯輿鬼。癸未，熒惑犯積尸氣。庚寅，太白經天。六月己巳，太陰犯天關。七月戊午，太陰犯東井。八月戊辰，太白犯軒轅。辛未，太陰犯填星。壬午，辰星犯右執法。乙酉，太白犯右執法。丁亥，辰星犯左執法。九月丁巳，太白犯亢。十月丁亥，太陰犯平道。戊子，太陰犯亢。十一月己亥，太陰掩壘壁陣。十二月甲申，熒惑、填星、辰星聚井。戊子，太陰犯熒惑。

二年正月戊申，太陰犯三公。三月庚子，熒惑犯壘壁陣。丁未，彗出東井。七月己丑朔，歲星犯東井。辛卯，太白晝見。乙未、丙辰，皆如之。丁巳，太白經天。八月戊午朔，太白晝見。壬戌，歲星犯東井。壬午，太陰犯輿鬼。

延祐元年二月癸酉，熒惑犯東井。三月壬辰，太陰掩熒惑。閏三月辛酉，太陰犯輿鬼。丙寅，太陰犯太微東垣。五月戊午，辰星犯輿鬼。六月乙未，熒惑犯右執法。十月庚戌，辰星犯東咸。十二月甲子，太陰犯輿鬼。癸卯，太陰犯房。甲辰，太陰犯天江。

二年正月乙卯，歲星犯輿鬼。己未，太白晝見。癸亥，太陰犯軒轅。丁卯，太陰犯進賢。二月戊子，太白晝見。癸巳，太白經天。丙午，亦如之。三月丙辰，太陰色赤如赭。四月庚子，太陰犯壘壁陣。五月辛酉，太陰犯天江。庚午，太白晝見。六月甲申，太白晝見。是夜，太陰犯平道。癸卯，太白犯東井。丙申，辰星犯輿鬼。九月己酉，太陰犯房。辛酉，太白犯左執法。十月丙子朔，客星見太微垣。十一月丙午，客星變爲彗，犯紫微垣，歷軫至壁十五宿，明年二月庚寅乃滅。

三年九月癸丑，太白晝見。丙寅，太白經天。十月甲申，太白犯斗。

四年三月乙酉，太陰犯箕。六月乙巳，太陰犯心。八月丙申，熒惑犯輿鬼。壬子，太陰犯昴。九月庚午，太陰犯斗。

六年正月戊寅，太陰犯心。二月己亥，太陰犯靈臺。三月己巳，太陰犯明堂。癸酉，太陰犯日星。甲戌，太陰犯心。五月辛酉，太陰犯靈臺。丁卯，太陰犯房。丙子，太陰犯壘壁陣。六月己亥，歲星犯東咸。七月壬戌，太陰犯心。丙子，太白犯太微垣右執法。八月乙酉，熒惑犯輿鬼。閏八月丙辰，辰星犯太微垣右執法。丁巳，太陰犯心。癸亥，熒惑犯軒轅。甲子，太陰犯壘壁陣。乙亥，太白犯東咸。十月癸亥，熒惑犯太微垣左執法。乙丑，太陰犯昴。戊辰，太陰犯東井。庚午，太白晝見。辛未，太陰犯軒轅。辛卯，熒惑犯進賢。庚子，太陰犯明堂。十二月丙寅，太陰犯軒轅。

七年正月乙未，太陰犯明堂上星。癸卯，太陰犯斗宿東星。二月辛酉，太陰犯軒轅御女。壬戌，太陰犯靈臺。丁卯，太陰犯日星。庚午，太陰犯斗宿距星。三月戊子，太陰犯酒旗上星，熒惑犯進賢。庚寅，太陰犯明堂上星。四月甲寅，太白犯填星。壬戌，太陰犯房宿距星。五月庚寅，太陰犯心宿東星。癸巳，太陰犯狗宿東星。丙申，太白犯畢宿距星。六月庚申，太陰犯斗宿東星。癸亥，太陰犯壘壁陣西二星。丁卯，太白犯井宿東扇第三星。辛未，太陰犯昴宿。七月丁亥，太陰犯斗宿東二星。戊戌，熒惑犯房宿上星。己亥，太陰犯昴宿距星。八月丙辰，太白犯靈臺上星。乙丑，熒惑犯天江。丁卯，太白犯太微垣右執法。壬申，太陰犯軒轅御女。九月乙酉，太陰犯壘壁陣西二星。丙戌，熒惑犯斗宿。癸巳，太陰犯昴宿東星。己亥，太白犯亢星。十月庚戌，太陰犯熒惑于斗。癸亥，太陰犯井宿。十一月癸卯，熒惑犯壘壁陣。乙卯，太陰掩昴宿。戊午，太陰犯井宿東星。庚申，太陰犯鬼宿。

英宗至治元年正月乙未，太陰掩房宿距星。甲辰，辰星犯外屏西第一星，辰星、太白、熒惑、填星聚於奎宿。二月壬子，太白、熒惑、填星聚於奎宿。辛酉，太白犯熒惑。癸亥，太陰犯心宿大星，又犯心宿東星。三月丁丑，太陰掩昴宿。四月戊午，太陰犯心宿大星。庚辰，太陰犯斗宿東第三星。五月戊寅，太白犯鬼宿積尸氣，太陰犯軒轅右角。庚辰，太陰犯明堂中星。六月己未，太陰犯虛梁東第二星。辛酉，太白經天。七月癸未，太陰犯昴宿。八月丁未，太陰犯心宿前星。己酉，太陰犯斗宿西第二星。壬子，熒惑犯軒轅大星。九月乙亥，熒惑犯靈臺東北星。壬午，熒惑犯太微西垣上將。丁酉，熒惑犯太微垣右執法。十月甲辰，太白經天。戊申，熒惑犯太微垣左執法。十一月辛未，熒惑犯進賢。丙子，太陰犯虛梁東第一星。戊寅，辰星犯房宿上星。丙戌，太陰犯井宿東扇北第二星。己丑，太陰犯酒旗西星，又犯軒轅右角。辛卯，太陰犯明堂中星。己亥，太白犯西咸南第一星。十二月甲辰，熒惑犯亢宿南第一星。庚戌，太陰犯昴宿東第一星。辛酉，熒惑入氐宿。

二年正月丁丑，太陰犯昴宿距星。庚辰，太白犯建星西第三星。辛卯，太陰犯心宿大星。甲午，熒惑犯房宿上星。丁酉，太白犯牛宿南第一星。辛巳，太白犯建星西第二星。辛卯，太陰犯心宿大星。甲午，熒惑犯房宿上星。丁酉，太白犯牛宿南第一星。二月己亥朔，熒惑犯鍵閉星。丙午，熒惑犯罰星南一星。戊申，太陰犯井宿東扇北第二星。庚戌，熒惑犯東咸北第二星。辛亥，太陰犯酒旗西第一星及軒轅右角星。壬子，太白犯壘壁陣西方第二星。癸丑，太陰犯明堂中星。己未，太陰犯天江南第一星。壬戌〔四〕，太白犯壘壁陣第六星。五月丙子，熒惑退犯東咸南第一星。六月壬申，熒惑犯心宿距星。七月己亥，熒惑犯天江南第一星。戊午，太陰犯井宿鉞星。九月己未，太陰犯明堂中星。十日庚辰，太陰犯井宿距星。辛巳，太陰犯井宿東扇北第二星及第三星。己丑，熒惑犯壘壁陣西第六星。十一月甲辰，太白犯壘壁陣第一星。乙巳，熒惑犯壘壁陣西第八星。戊申，太陰掩井宿東扇北第二星。己未，太陰犯東咸南第一星。庚申，太陰犯天江上第二星。辛酉，熒惑犯歲星。十二月乙丑，太白、歲星、熒惑聚於室，太白犯壘壁陣西第八星。乙亥，太陰掩井宿距星。戊寅，太白犯歲星。己丑，熒惑犯外屏西第三星，太陰犯建星西第二星。

三年正月壬寅，太陰犯鉞星，又犯井宿距星。癸卯，太陰犯井宿東扇南第二星。二月癸亥朔，熒惑、太白、填星聚於胃宿。癸酉，太白犯昴宿。辛巳，太陰犯東咸南第一星、第二星。五月戊戌，太白經天。癸卯，太陰犯房宿第二星。庚戌，太白犯畢宿右股第三星。六月癸未，填星犯畢宿距星。九月辛卯，填星退犯畢。十月己巳，太白犯亢。丙子，太白犯氐。十一月己丑朔，熒惑犯亢。庚寅，太白犯鉤鈐。乙未，太白犯東咸。壬寅，熒惑犯氐。十二月己巳，辰星犯壘壁陣。辛未，熒惑犯房。辛巳，熒惑犯東咸。

泰定帝泰定元年五月丙午，太白犯鬼宿。丁未，太白又犯鬼宿積尸氣。十月丙寅，太白犯斗宿距星。己巳，太白入斗宿魁，太陰犯填星。庚午，太白犯斗。壬午，熒惑犯壘壁陣。十二月庚午，熒惑犯外屏。乙亥，太白經天。

二年正月丙戌，辰星犯天雞。壬寅，太白犯建星。二月庚寅，熒惑、歲星、填星聚於畢宿。六月丙戌，填星犯井宿鉞星。丙午，填星犯井宿。八月癸巳，歲星犯天罇。十月壬辰，熒惑犯氐宿。癸巳。填星退犯井宿。十一月戊午，填星退犯井宿鉞星。十二月乙酉，熒惑犯天江，辰星犯建星。甲午，太白犯壘壁陣。

三年正月辛酉，太白犯外屏。三月丙午，填星犯井宿鉞星。戊辰，熒惑犯壘壁陣，填星犯井宿。庚午，填星、太白、歲星聚於井。四月戊戌，太白犯鬼宿。壬寅，熒惑犯壘壁陣。七月戊辰，太白經天，至於十二月。八月丁酉，太白犯軒轅御女。九月壬戌，太白犯太微垣右執法。十月辛巳，太白犯進賢。

四年正月己酉，太白犯斗宿。三月丁卯，熒惑犯井宿。九月壬子，太白犯房宿。閏九月己巳，太白經天，至十二月。十月乙巳，晝有流星。戊午，辰星犯東咸。十一月癸酉，太白犯壘壁陣，熒惑犯天江。十二月己未，歲星退犯太微西垣上將。

致和元年二月壬戌，太白晝見。五月庚辰，流星如缶大，光明燭地。七月丙戌，太白犯軒轅大星。

文宗天曆元年九月庚辰，太白犯亢宿。

二年正月甲子，太白犯壘壁陣。二月己酉，熒惑犯井宿。五月庚申，太白犯鬼宿積尸氣。六月丁未，太白晝見。七月癸亥，太白經天。十一月癸酉，太陰犯填星。

至順元年七月庚午，歲星犯氐宿。八月戊辰，太白犯氐宿。九月己丑，熒惑犯鬼宿。甲午，熒惑犯鬼宿。十一月甲申，熒惑退犯鬼宿。丙戌，太白犯壘壁陣。

二年二月壬子，太白晝見。乙卯，太白晝見。乙卯，太白犯昴。三月丙子朔，熒惑犯鬼宿。己卯，熒惑犯鬼宿積尸氣。五月丁丑，熒惑犯軒轅左角。甲午，太白犯畢宿。庚子，太陰犯太白。辛丑，太白經天。六月丁未，太白晝見。丁卯，太陰犯畢，太白犯井。八月乙卯，太白犯軒轅大星。庚申，太白犯軒轅左角。九月丙子，太白犯填星。十一月壬申朔，太白犯鉤鈐。

三年五月癸酉，熒惑犯東井。

【校勘記】

〔一〕「日食日暈珥諸變」題目下，原衍「月五星淩犯及星變上」九字，今删。

〔二〕「太白經天」下，原衍「己」字，據《元史》卷四八志第一《天文一》删。

〔三〕「十一年」，原作「十年」，據《元史》卷四八志第一《天文一》改。

〔四〕「壬戌」下，原衍「犯」字，據《元史》卷四八志第一《天文一》删。

新元史卷之四十二　志第九

天文志下

月五星淩犯及星變下

惠宗元統元年正月癸酉，太白晝見。二月戊戌，復如之。己亥，填星退犯太微東垣上相。丙辰，太陰犯天江下星。三月戊寅，太陰犯太微東垣上相。五月丁酉，熒惑犯太微垣右執法。六月丁丑，太陰犯壘壁陣西第二星。七月己亥，太陰犯房宿北第二星。九月甲午，太陰犯東咸西第一星，填星犯進賢。乙未，太陰犯天江下星。丁巳，太陰犯填星。己未，太陰犯氐宿距星。十月甲子，太陰入犯斗宿魁東北星。十一月甲午，太陰犯壘壁陣西方第二星。辛亥，太陰犯太微東垣上相。壬子，太陰犯填星。癸丑，太陰犯亢宿南第一星。十二月癸酉，太陰犯鬼宿東北星。乙亥，太白犯壘壁陣西第八星，太陰犯軒轅夫人星。己卯，太陰犯進賢。癸未，太陰犯東咸西第二星。

二年正月壬寅，太陰犯軒轅夫人星。庚戌，太陰犯房宿北第二星。二月癸酉，太陰犯太微東垣上相。丁亥，太白經天。三月辛丑，太陰犯進賢，又犯填星。四月丁丑，太白經天。戊寅，太白晝見。辛巳、壬午皆如之。壬午，太白犯鬼宿積尸氣。七月己亥，太白經天。甲辰、丙午，皆如之。己酉，太白晝見。夜，流星如酒盃大，色赤，尾約長五尺餘，其光燭地，起自天津之側，没於離宫之南。庚戌，太白經天。壬子，復如之，熒惑入犯鬼宿積尸氣。癸丑，太白經天。甲寅，亦如之。八月丙辰朔，太白經天。丁巳、戊午、己未，皆如之。癸亥、丙寅、戊辰、辛未、壬申、癸酉、甲戌、丁丑、己卯，皆如之。己卯，夜，太白犯軒轅御女星。庚辰，太白經天。壬午，亦如之。九月庚寅，太白經天。壬辰，太白入南斗魁。癸巳，太陰犯狗宿東星，太白犯靈臺中星。甲午，太白經天。乙未、己亥、壬寅，皆如之。乙巳，太白犯太微垣右執法。壬子，太白犯太微垣左執法。十月癸亥，熒惑犯太微西垣上將，太白犯進賢。乙亥，太陰犯軒轅夫人星，太白犯填星。十一月乙未，填星犯亢宿距星。庚戌，熒惑犯太微東垣上相。

後至元元年二月甲戌，熒惑逆行入太微垣。四月壬戌，太陰犯太微垣左執法。五月癸卯，太陰犯壘壁陣東方第四星。六月壬戌，太陰犯心宿大星。七月乙未，太陰犯壘壁陣西方第二星。八月辛亥，熒惑犯氐宿東南星。九月丁亥，太陰犯斗宿東南星。庚寅，太陰犯壘壁陣西方第二星。十月甲寅，熒惑犯斗宿西第二星。庚申，太陰犯壘壁陣東方東第二星。甲子，太陰犯昴宿西第二星。丁卯，太白犯斗宿魁第三星。戊辰，太白晝見。十一月甲申，太白經天。丙戌，亦如之。己丑，辰星犯房宿上星及鉤鈐星。丙申，太陰犯鬼宿東北星。己亥，太陰犯太微西垣上將。庚子，太陰犯太微垣左執法。十二月壬子，太陰犯壘壁陣西方第二星。辛酉，太白犯壘壁陣東方第六星。甲子，太白經天。乙丑，太陰犯軒轅夫人星。丙寅，太白經天。丁卯，亦如之。太陰犯太微垣右執法。庚午，太白經天。壬申，亦如之。癸丑，歲星晝見。乙亥，太白、歲星皆晝見。戊寅，太白經天，歲星晝見。閏十二月乙酉，熒惑犯壘壁陣西第八星。庚子，太陰犯心宿大星。壬寅，太陰犯箕宿距星。癸卯，太陰犯斗宿東南星。

二年正月壬戌，太陰犯太微垣右執法。甲子，太陰犯角宿距星。丁卯，太陰犯房宿距星。二月辛巳，太陰犯昴宿距星。甲申，太白經天。己丑，太陰犯太微垣右執法。三月壬戌，太陰犯心宿距星。甲子，太陰犯箕宿距星。乙丑，太陰犯斗宿東南星。四月丙戌，太陰犯角宿距星。五月庚戌，太陰犯靈臺第一星。五月丙辰，太白晝見。丁巳，亦如之。六月戊子，太白犯井宿東扇北第二星。七月己酉，太白犯鬼宿東南星。乙卯，太白犯熒惑。八月己卯，太陰犯心宿東第一星。辛巳，太陰犯箕宿東北星。九月庚戌，熒惑犯太微西垣上將。十月丙子，熒惑犯太微垣左執法。丁亥，太陰犯昴宿。己亥，熒惑犯進賢。十一月己酉，太陰犯壘壁陣西第八星。己未，太陰犯鬼宿積尸氣。丁卯，太陰犯房宿距星。

三年三月辛亥，太陰犯靈臺上星。四月甲戌，有星孛於王良，至七月壬寅没於貫索。辛卯，太陰犯壘壁陣西方第五星。庚子，太白晝見。五月壬寅，太白犯鬼宿東北星。乙巳，太陰犯軒轅左角。戊申，太白晝見。己未，太陰犯壘壁陣西方第六星。辛酉，太白晝見。丁卯，彗星見於東北，如天船星大，色白，長約尺餘，彗指西南，測在昴五度。六月庚午，太白經天。辛未、甲戌，皆如之。乙亥，太白犯靈臺上星。己未，太白經天。夜，太白犯太微西垣上將。壬午，太白晝見，太陰犯斗宿尖星。丁亥，太白犯太微垣右執法。己丑，太白晝見。庚寅，亦如之。七月癸卯，太白經天。乙巳，丙午，皆如之。庚戌，太白晝見。甲寅，太白經天。辛酉，太白晝見。壬戌，太白經天。癸亥、甲子，皆如之。八月庚午，彗星不見。其星自五月丁卯始見，戊辰，往西南行，日益漸遠，至六月辛未，芒彗愈長，約二尺餘，丁丑，掃上丞，己卯，光芒約三尺餘，入環衛，壬午，掃華蓋、杠星，乙酉，掃鉤陳大星及天皇大帝，丙戌，貫四輔，經樞心，甲午，出環衛，丁酉，出紫微垣，戊戌，犯貫索，掃天紀，七月庚子，掃河間，癸卯，經鄭晉，入天市垣，丙午，掃列肆，己酉，太陰光盛，微辨芒彗，出天市垣，掃梁星，至辛酉，光芒微小，在房宿鍵閉之上、罰星中星之西，難測。日漸南行，至是凡見六十有三日，自昴至房，凡歷一十五宿而滅。甲戌，太陰犯心宿後星。九月己亥，熒惑犯斗宿西第二星。甲辰，太陰犯斗宿魁第二星。丁未，太陰犯壘壁陣西第一星。己酉，太陰犯壘壁陣西第八星。辛酉，太陰犯軒轅大星。十月庚午，太白晝見。丙子，太陰犯壘壁陣西方第七星。壬午，太陰犯昴宿上行星。丁亥，太白晝見，太陰犯鬼宿積尸氣。庚寅，太白晝見。辛卯、丙申，皆如之。十一月丁酉，太白經天。戊戌，太白犯亢宿距星。己亥，太白經天。壬寅，太陰犯熒惑。癸卯，太陰犯壘壁陣西第六星。丁未，填星犯鍵閉。辛亥，太陰犯五車東南星。甲寅，太陰犯鬼宿西北星。丙辰，太陰犯軒轅左角。丁巳，太白經天，太陰犯太微垣三公東南星。戊午，太白經天。癸亥、甲子、乙丑，皆如之。十二月己巳，歲星退犯天罇東北星，填星犯罰星南第一星。甲戌，熒惑犯壘壁陣東第五星，太白犯東咸上星。

四年正月癸卯，太白犯建星西第三星。丙午，太陰犯五車東南星。辛亥，太陰犯軒轅左角。己未，填星犯東咸上星。庚申，太陰入斗魁，太白犯牛宿。二月戊寅，太陰犯軒轅大星。己卯，太陰犯靈臺中星。三月戊申，填星退犯東咸上星。六月辛巳，填星退犯鍵閉星。閏八月己亥，填星犯罰星南第一星，太陰犯斗宿南第二星。庚戌，太陰犯昴宿南第二星。乙卯，太陰犯鬼宿東南星。九月丙寅，太陰犯斗宿距星。戊辰，太白犯東咸上第二星。癸丑，奔星如酒盃大，色白，起自右旗之下，西南行，没於近濁。甲申，太陰犯軒轅御女。乙酉，太陰犯靈臺南第一星。庚寅，太白犯斗宿北第二星。十月辛亥，太陰犯酒旗上星。十一月辛未，熒惑犯氐宿距星。丁丑，太陰犯鬼宿東南星。戊寅，太白犯壘壁陣西第六星。十二月庚子，熒惑犯房宿上星。癸卯，太白經天。己酉、庚戌、辛亥，皆如之。壬子，熒惑犯東咸上第二星。乙卯，太白犯外屏西第二星，太陰犯斗宿距星。丙辰，太白經天。

五年正月庚午，太陰犯井宿東扇上星。乙亥，熒惑犯天江上星。二月甲午，太陰犯昴宿上西第一星。壬寅，太陰犯靈臺下星。四月壬寅，太陰犯日星及犯房宿距星。五月庚午，太陰犯心宿後星。壬申，太陰犯斗宿西第四星。丙子，太白犯畢宿右股西第三星。六月甲辰，熒惑退入南斗魁内。七月辛酉，熒惑犯南斗魁尖星。壬戌、甲子，皆如之。太陰犯房宿距星。甲戌，太白經天。乙亥、丙子、戊寅、乙酉、丙戌，皆如之。八月戊子，太白經天。己丑、庚寅、辛卯，皆如之。甲午，太陰犯斗宿西第四星。丁酉，太白犯軒轅大星。戊戌，太白經天。己亥、壬寅、甲辰，皆如之。乙巳，太陰犯昴宿上行西第三星。九月戊午，太白經天。己未，亦如之。十月己亥，熒惑犯壘壁陣西方第六星。十一月丁巳，熒惑犯壘壁陣東方第五星。十二月甲午，太陰犯昴宿距星。癸卯，熒惑犯外屏西第三星。

六年正月丁卯，太陰犯鬼宿距星。乙亥，太陰犯房宿距星。二月己丑，太陰犯昴宿。

丙申，太陰犯太微西垣上將。癸卯，太陰犯心宿大星。丁未，太陰犯羅堰南第一星。戊申，熒惑犯月星。己酉，彗星如房星大，色白，狀如粉絮，尾跡約長五寸餘，彗指西南，測在房七度，漸往西北行。太陰犯虛梁南第二星。三月癸丑，太陰犯軒轅右角。庚午，太陰犯房距星。壬申，太陰犯南斗杓第二星。丙子，太陰犯虛梁南第一星。戊寅，太白犯月星。辛巳，彗星不見。自二月己酉，及三月庚辰，凡見三十三日。四月乙巳，太陰犯雲雨西北星。五月丁卯，太陰犯斗宿西第二星。辛未，太陰犯虛梁西第二星。六月癸卯，太白晝見。己酉、辛亥，皆如之。太白又犯歲星，又太白、歲星皆犯右執法。七月甲寅，太白晝見。丁巳，復如之。庚申，太陰犯心宿距星，又犯中央大星。壬戌，太白晝見。癸亥，復如之。甲子，太陰犯羅堰。乙丑，太白晝見。丙寅、癸酉，皆如之。九月辛酉，太陰犯虛梁北第一星。丁卯，太陰犯昴宿距星，熒惑犯歲星。甲戌，太陰犯軒轅右角。十月丁酉，太白入南斗魁。己亥，太白犯斗宿中央東星。十一月乙卯，太陰犯虛梁西第一星。戊午，熒惑犯氐宿距星。丙寅，辰星犯東咸上第一星。戊寅，辰星犯天江北第一星。十二月癸未，太陰犯虛梁北第一星。乙酉，太陰犯土公東星。丁亥，熒惑犯鉤鈐南星。乙未，熒惑犯東咸北第二星。戊戌，太陰犯明堂星。

至正元年正月甲寅，熒惑犯天江上星。庚申，太陰犯井宿東扇北第二星。辛未，太陰犯心宿距星。癸酉，太陰犯斗宿北第二星。甲戌，太白晝見。乙亥、丙子、丁丑，皆如之。二月己卯，太白晝見。庚辰、丙戌，皆如之。癸巳，太陰犯明堂東南星。三月癸酉，太陰犯雲雨西北星。六月庚午，太陰犯井宿距星。七月乙酉，太陰犯填星。庚寅，太陰犯雲雨西北星。九月庚辰，太陰犯建星南第二星。壬辰，太陰犯鉞星，又犯井宿距星。十月己卯，歲星犯氐宿距星。丁巳，太陰犯月星。十一月己亥，太陰犯東咸南第一星。庚子，太陰犯天江北第二星。十二月丁巳，太白犯壘壁陣東方第五星。

二年正月戊子，太陰犯明堂北第二星。甲午，熒惑犯月星。三月戊子，太陰犯房宿北第二星。四月庚申，太陰犯羅堰上星。五月甲申，太白經天。七月乙未，太陰掩太白。丁酉，太白晝見。八月丙午，太白晝見。九月丁丑，太陰犯羅堰北第一星。戊子，太陰犯井宿東扇南第一星。十月癸丑，太陰犯建星北第三星。甲寅，太陰犯天闕。十一月辛卯，歲星、熒惑、太白聚於尾宿。

三年二月甲辰，太陰犯井宿西扇北第二星，填星犯牛宿南第一星，熒惑犯羅堰南第一星。乙卯，太陰犯氐宿東南星。三月壬午，太陰又犯氐宿東南星。七月庚辰，太白犯右執法。

四年十二月壬戌，太陰犯外屏西第二星。

七年七月丙辰，太陰犯壘壁陣東第四星。十一月庚戌，太陰犯天廩西北星。八年二月庚辰，太陰犯軒轅左角。癸未，太陰犯平道東星。三月丙辰，太陰犯建星西第一星。八月丙子，太陰犯壘壁陣西方第五星。九月己未，太陰犯靈臺東北星。

九年正月庚戌，太白犯建星東第三星。辛亥，太陰犯平道西星。二月甲申，太陰犯建星西第二星。三月己亥，太白犯壘壁陣東方第六星。七月丙午，太陰犯壘壁陣東方南第一星。癸丑，太陰犯天關。九月丙戌，熒惑犯靈臺上星。十一月戊辰，太陰犯畢宿左股北第三星。庚辰，太白犯壘壁陣西方第二星。十二月戊戌，太陰犯壘壁陣東方第五星。

十年正月壬申，太陰犯熒惑。二月辛丑，太陰犯平道東星。甲辰，太陰犯鍵閉。三月己卯，熒惑犯太微西垣上將。四月丙午，太白犯鬼宿西北星。六月，有星大如月，入北斗，震聲若雷。七月辛酉，太陰犯房宿北第一星。辛未，太白晝見。壬申、丁丑、壬午，皆如之。八月癸未朔，太白晝見。丁酉，復如之。九月癸丑朔，太白晝見。壬戌，熒惑犯天江南第二星。十月癸巳，歲星犯軒轅大星。丙申，太陰犯昴宿東第二星。十一月戊辰，太陰犯鬼宿東北星。十二月乙未，太陰犯鬼宿西北星。

十一年正月丙辰，辰星犯牛宿西南星。二月庚寅，太陰犯鬼宿東北星。乙未，太陰犯太微東垣上相。丁酉，太陰犯亢宿距星。三月丁卯，太陰犯東咸第二星。戊辰，太陰犯天江西第一星。七月己未，太陰犯斗宿東第三星。壬戌，太白犯右執法。甲子，太陰犯壘壁陣東方第一星。己巳，太白犯太微垣左執法，熒惑入犯鬼宿積尸氣。八月乙酉，太陰犯天江南第二星。九月乙卯，辰星犯太微垣左執法。丁巳，太白犯房宿第二星。戊辰，太陰犯鬼宿東北星。十月戊寅，熒惑犯太微西垣上將。辛巳，太陰犯斗宿距星。乙酉，太白犯斗宿西第一星。己丑，太白晝見，熒惑犯歲星。辛卯，太白犯斗宿西第四星。癸巳，歲星犯右執法。丙午，熒惑犯太微垣左執法。十一月辛亥，孛星見於奎宿。癸丑，孛星見於婁宿。甲寅，孛星見於胃宿。乙卯，亦如之。丙辰，孛星見於昴宿。丁巳，太陰犯填星，孛星微見於畢宿。丁卯，太白晝見。庚午，歲星晝見。十二月丙子，太白晝見。丁丑，太白經天。庚辰，亦如之。太白犯壘壁陣西方第六星。甲申，太陰犯填星。丙戌，太白經天，太白犯壘壁陣西方第七星。辛卯，太白經天。壬辰、甲午，皆如之。丁酉，太白晝見，太陰犯熒惑。庚子，太白經天，辰星犯天江西第二星。辛丑，太白經天。壬寅，太白晝見。

十二年正月乙丑，太陰犯熒惑。己巳，歲星犯右執法。二月庚寅，太陰犯太微東垣上相。癸巳，太陰犯氐宿距星。三月戊午，太陰犯進賢。壬戌，太陰犯東咸西第一星。戊辰，太白晝見。五月癸酉，太白犯填星。六月辛亥，太白犯井宿東第二星。七月丁酉，辰星犯靈臺北第二星。八月丁卯，太白犯歲星。九月壬辰，太陰犯軒轅南第三星。十月戊午，太陰犯鬼宿東北星。甲子，太陰犯歲星。乙丑，太陰犯亢宿南第一星。十一月庚寅，太陰犯太微東垣上相。

十三年正月乙酉，太陰犯太微東垣上相。戊戌，熒惑、太白、辰星聚於奎宿。二月己酉，太陰犯軒轅南第三星。庚戌，太白犯熒惑。壬子，太陰犯太微東垣上相。四月辛丑，太白犯井宿東扇北第一星。辛亥，太陰犯房宿北第二星。五月乙亥，太陰犯歲星。七月戊辰，太白晝見。九月庚寅，太陰犯熒惑。壬辰，太白經天，熒惑犯左執法。十月庚子，太白經天。甲辰，歲星犯氐宿距星。癸亥，太白犯亢宿距星。十一月壬申，太陰犯壘壁陣東方第四星。十二月丁酉，太白犯東咸北第一星。庚子，熒惑入氐宿。丁巳，太陰犯心宿距星。

十四年正月乙丑，熒惑犯歲星。丁卯，太陰犯建星西第二星。癸酉，熒惑犯房宿北第一星。二月戊午，太白犯壘壁陣西方第八星。六月甲辰，太陰入斗宿。七月乙丑，太陰犯角宿距星。壬午，太陰犯昴宿距星。十月壬子，太陰犯太微垣右執法。十一月丙子，太陰犯鬼宿東北星。十二月己亥，太陰掩昴宿。

十五年正月戊辰，太陰犯五車東南星。辛未，太陰犯鬼宿東北星。閏正月丁未，太陰犯心宿後星。丙辰，太白經天。三月庚寅，太陰犯五車東南星。五月丙申，太陰犯房宿距星。癸丑，太白經天。六月癸亥，太白經天。八月戊寅，太白晝見。九月己丑，太白晝見，太白入犯太微垣左執法。庚寅，太白晝見。十月己未，太陰犯壘壁陣西方第二星。癸酉，太陰犯軒轅大星。十一月乙酉，熒惑犯氐宿距星。庚寅，塡星退犯井宿東扇北第二星。己亥，太陰犯鬼宿東北星。十二月癸丑，熒惑犯房宿北第一星。

十六年正月己丑，太陰犯昴宿西第一星。四月癸亥，熒惑犯壘壁陣西方第四星。五月壬辰，太白犯鬼宿西北星。癸巳，太白犯鬼宿積尸氣。甲午，太陰入犯斗宿南第二星。丁酉，太陰犯壘壁陣西方第一星。秋七月丁酉，太陰犯壘壁陣星。八月丁卯，太陰犯昴宿西北星。甲戌，彗星見於正東，如軒轅左角大，色青白，彗指西南，約長尺餘，測在張宿十七度十一分，至十月戊午滅跡，西北行四十餘日。十一月丁亥，流星如酒盃大，色青白，尾跡約長五尺餘，其光燭地，起自西北，東南行，没於近濁，有聲如雷。壬辰，太陰犯井宿東扇上星。

十七年二月癸丑，太陰犯五車東南星。三月甲申，太陰入鬼宿積尸氣，又犯東南星。壬申，歲星犯壘壁陣西南第六星。七月癸未，太白入犯鬼宿積尸氣。甲申，太陰入犯斗宿距星。丁亥，塡星入犯鬼宿距星。八月癸卯，塡星犯鬼宿東南星，太白犯軒轅大星。己酉，歲星犯壘壁陣西方第六星。甲子，太陰犯五車尖星。閏九月，飛星如酒盃大，色青白，其光燭地，尾跡約長尺餘，起自王良，没於鉤陳之下。丙午，太陰犯斗宿南第三星。庚申，太陰犯井宿東扇北第一星。十月乙亥，熒惑犯氐宿距星。甲申，太陰掩昴宿。十二月庚午朔，熒惑犯天江北第一星。戊寅，太陰犯歲星。庚辰，太白犯壘壁陣東方第五星。甲申，太陰犯鬼宿距星。丁亥，歲星犯壘壁陣東方第五星。癸巳，太陰犯心宿後星。己亥，流星如金星大，尾跡約長三尺餘，起自太陰，往南行，没後化爲青白氣。

十八年正月辛丑，填星退入犯鬼宿積尸氣。丙午，太陰犯昴宿。二月乙亥，填星入守鬼宿積尸氣。三月丁卯，太白在井宿，失行於北，生芒角。熒惑犯壘壁陣東方第六星。四月辛卯，太白入犯鬼宿積尸氣。五月壬寅，太白犯填星。壬子，太陰犯斗宿東第三星。七月丁未，太陰犯斗宿南第三星。戊申，太白晝見。八月壬申，太陰掩心宿大星。甲申，太陰掩昴宿距星。十月己卯，太陰犯昴宿距星。十一月丙午，太陰犯昴宿距星，太白犯房宿上第一星。辛酉，太陰掩心宿大星。十二月戊寅，太白生黑芒，環繞其星，忽動忽静。癸未，復如之。戊子，太陰犯房宿南第二星。

十九年正月辛丑，太陰犯昴宿東第一星。癸丑，流星如酒盃大，色赤，尾跡約長五尺餘，起自南河，没於螣蛇，其星落處有聲如雷。三月庚戌，太陰犯房宿距星。五月丙申，熒惑入犯鬼宿積尸氣。丙午，太陰犯天江南第一星。丁未，太陰犯斗宿北第二星。七月丁酉，太白犯上將。甲辰，太白犯右執法。己酉，太白犯左執法。九月甲寅，太白入犯天江南第一星。十月，太白入犯斗宿南第三星。辛巳，流星如桃大，色黄，後離一尺，又一小星相隨，色赤，尾跡約長三尺餘，起危宿之東，没於畢宿之西。十二月戊辰，太白犯壘壁陣西方第七星。

二十年正月己亥，太陰犯井宿東扇北第二星。丙辰，熒惑犯牛宿東角星。三月戊子朔，彗星見東扇。四月丁卯，太陰犯明堂中星。癸酉，太陰犯東咸西第一星。五月癸卯，太陰犯建星西第二星。閏五月乙亥，流星如桃大，色赤，尾跡約長丈餘，起自房宿之側，没於近濁。六月癸巳，太白犯井宿東扇北第二星。戊戌，太白犯建星西第三星。七月乙丑，太陰犯井宿距星。八月辛卯，太陰犯天江北第二星。壬寅，填星犯太微西垣上將。甲辰，太陰犯井宿鉞星。十月戊子，熒惑犯井宿東扇北第一星。

二十一年正月庚申，太陰犯歲星。二月癸未，填星退犯太微西垣上將。壬寅，太陰犯天江北第一星。三月丙辰，太陰犯井宿西扇第二星。庚辰，熒惑入犯鬼宿西北星。五月壬戌，太陰犯房宿北第二星。癸酉，太白犯軒轅左角。甲戌，熒惑犯太白。六月乙未，熒惑、歲星、太白聚於翼宿。戊戌，太陰犯雲雨上二星。甲辰，太白晝見。七月丙辰，太陰犯氐宿東南星。十月甲申，太陰犯牛宿距星。十一月庚戌，太陰犯建星西第四星。癸亥，太陰犯井宿東扇北第四星。壬申，太陰犯氐宿東南星。

二十二年正月戊申朔，太白犯建星西第二星。乙卯，填星退犯左執法。二月己卯，太白犯壘壁陣西方第二星。乙酉，彗星見危宿七度二十分，色青白。丁酉，彗星犯離宮西星。三月戊申，彗星不見星形，惟有白氣，形曲，竟天西指，掃大角。壬子，彗星行過太陽前，惟有星形，無芒，如酒盃大，昏濛色白，測在昴宿六度，至戊午始滅。四月丙子朔，客星見在虚危之間，後四十餘日乃滅。丁亥，熒惑離太陽三十九度，不見，當出不出。五月辛酉，太陰犯建星西第四星。六月辛巳，彗星見於紫微垣，測在牛宿二度九十分，色白。戊子，彗星光芒掃上宰。七月乙卯，彗星滅。丙辰，熒惑見西方，須臾成白氣，如長蛇横亘中天，移時乃滅。八月癸巳，太陰犯畢宿右股第二星。九月丁未，太白犯亢宿南第一星。己酉，太陰犯斗宿北第一星。癸亥，歲星犯軒轅大星。丙寅，熒惑犯鬼宿西北星。己巳，流星如酒盃大，色青白，其光燭地。熒惑入犯鬼宿積尸氣。十月己卯，太陰犯牛宿距星。丁亥，辰星犯亢宿南第一星。戊子，太陰犯畢宿距星。十二月壬辰，太陰犯角宿距星。

二十三年正月庚戌，歲星退犯軒轅大星。二月戊戌，太白晝見。庚子，亦如之。三月辛丑，彗星見於東方。丙辰，太陰犯氐宿距星。四月辛丑，熒惑犯歲星。庚申，歲星犯軒轅大星。五月壬午，太白晝見。甲午，復如之。乙未，熒惑犯右執法。六月乙卯，太白犯井宿西扇北第二星。壬戌，太白晝見。夜，太白入犯井宿東扇南第二星。七月乙酉，太白晝見。丙戌、辛卯，皆如之。八月壬寅，太白入犯軒轅大星。乙巳，太陰犯建星東第二星。丁未，太白犯軒轅左角。己酉，太白晝見。壬子，復如之。丙辰，太陰犯畢宿北第二星。己未，太白晝見。辛酉，太白犯歲星。乙丑，太白入犯右執法。九月辛未，太白入犯左執法。乙亥，歲星入犯右執法。丁丑，辰星犯填星。丁亥，太白犯填星，辰星犯亢宿南第一星。十月癸卯，太白犯氐宿距星。戊午，太白犯房宿北第一星。十一月癸未，太陰犯軒轅右角，歲星犯太微垣左執法。

二十四年正月癸酉，太陰犯畢宿大星。戊寅，太陰犯軒轅右角。二月壬子，歲星自去年九月九日東行，入右掖門，犯右執法，出端門，留守三十餘日，犯左執法，今逆行入端門，西出右掖門，又犯右執法。太陰犯西咸南第一星。四月丁未，太陰犯西咸南第一星。癸丑，太白入犯井宿東扇北第一星。五月甲戌，太白犯鬼宿西北星。乙亥，又犯積尸氣。歲星入犯右執法。六月丁巳，太白犯右執法。七月癸亥，太白、歲星合於翼宿二星，相去八寸餘。甲子，歲星犯左執法。八月丁未，熒惑入犯鬼宿積尸氣。九月乙丑，太白晝見。甲申，太陰犯軒轅右角。戊子，熒惑犯軒轅大星。十月丙午，太陰犯畢宿大星。己酉，太陰犯井宿東扇南第一星。丙辰，太白犯斗宿西第二星。十二月乙卯，太陰犯太白。

二十五年正月丁卯，太白晝見。戊辰，復如之。太陰犯畢宿右股東第四星。甲戌，太白犯建星西第四星。二月丙午，太陰犯填星。三月戊辰，太白犯壘壁陣東方第五星。四月壬子，熒惑犯靈臺東北星。五月辛酉，熒惑犯太微西垣上將。流星如酒盃大，色青白，其光燭地，起自房宿之側，緩緩西行，没於太微垣右執法之下。七月丁丑，填星、歲星、熒惑聚於角亢。己卯，太陰犯畢宿左股北第二星。八月乙未，太陰犯建星東第三星。己亥，太陰犯壘壁陣東方第六星。九月丁丑，太陰犯井宿東扇南第一星。十月辛卯，熒惑犯天江東第二星。己酉，熒惑犯斗宿杓星西第二星，太陰犯右執法。庚戌，太陰犯太微東垣上相。閏十月戊辰，太白、辰星、熒惑聚於斗宿。太陰犯畢宿右股北第四星，又犯左股北第三星。壬申，太白犯辰星。十一月己丑，太白犯熒惑，太陰犯壘壁陣東方第五星。丙申，太陰犯畢宿大星。癸卯，太陰犯太微西垣上將。十二月丙辰，太陰犯太白。癸亥，太陰犯畢宿右股第二星。庚午，歲星掩房宿北第一星。辛未，太陰犯太微垣右執法。

二十六年正月戊戌，太陰犯太微西垣上將。辛丑，太陰犯亢宿距星。二月戊午，太陰犯畢宿大星。丁丑，歲星退行，犯房宿北第一星，歲星守鉤鈐。三月甲午，太陰犯左執法。四月己未，太陰犯軒轅大星。乙丑，太陰犯西咸西第一星。丙子，太白入犯鬼宿積尸氣。六月癸酉，流星如酒盃大，色青白，尾跡約長尺餘，起自心宿之側，東南行，其光燭地，没於近濁。七月丁酉，熒惑犯鬼宿積尸氣。甲辰，太白晝見。丙午、丁未、戊申，皆如之。八月辛亥，太白晝見。己未，太陰掩牛宿南三星。庚午，歲星犯鉤鈐。乙亥，太陰掩軒轅大星。九月壬辰，太白犯太微垣右執法。庚子，孛星見於紫微垣北斗權星之側，色如粉絮，約斗大，往東南行，過犯天棓星。辛丑，孛星測在尾十八度五十分。壬寅，孛星測在女二度五十分。癸卯，孛星測在女九度九十分。甲寅，孛星測在虛初度八十分。太陰犯太微西垣上將。乙巳，孛星出紫微垣北斗權星、玉衡之間，在於軫宿，東南行，過犯天棓，經漸臺、輦道，去虛宿、壘壁陣西方星，始消滅焉。丙午，熒惑犯太微西垣上將。十一月乙酉，太白犯填星。丁亥，太白犯房宿北第一星。戊子，熒惑犯太微東垣上相，太白犯鍵閉。己酉，流星如酒盃大，分爲三星，緊相隨。前星色青，後二星色赤，尾跡約長二丈餘，起自東北，緩緩往西南行，没於近濁。庚寅，太陰犯畢宿右股北第四星。丙申，太白、歲星、辰星聚於尾宿。庚子，太陰犯太微東垣上相。辛丑，填星犯房宿北第一星。甲辰，太白犯歲星。十二月戊午，太陰犯畢宿大星。庚申，太陰犯井宿西扇北第二星。乙丑，太陰犯軒轅左角。丙寅，太陰犯太微西垣上將。辛未，太陰犯西咸西第一星。甲戌，太陰犯建星西第三星。

二十七年正月癸巳，太陰犯太微垣上將。二月乙卯，太陰犯井宿西扇北第二星。三月辛巳，填星退犯鍵閉星。四月丙寅，太陰犯壘壁陣西方第四星。六月乙卯，太陰犯氐宿東北星。辛未，太陰犯井宿西扇北第二星。七月壬辰，熒惑犯氐宿東南星。丙申，太陰犯畢宿大星。己亥，太陰犯井宿東扇南第二星。八月庚戌，熒惑犯房宿北第一星。癸丑，太陰犯建星西第二星。九月丁丑，歲星犯房宿北第一星，熒惑犯天江南第二星。乙酉，太陰犯壘壁陣東方第六星。辛卯，填星犯鍵閉，太陰犯畢宿大星。癸巳，太陰犯井宿西扇北第二星。丁酉，熒惑犯斗宿西第二星。十月戊午，太陰犯畢宿右股西第二星。辛酉，太陰犯井宿東扇南第三星。癸亥，太陰犯鬼宿西南星。丁卯，歲星、太白、熒惑聚於斗宿。十一月戊寅，太白晝見。庚辰，太陰犯壘壁陣東方東南第一星。

二十八年正月庚寅，彗星見於畢、昴之間。三月庚寅，又見於西北。

新元史卷之四十三　志第十

五行志上

太祖十四年夏，西征，大雨雪，帝疑之。耶律楚材進曰：「克敵之徵也。」明年冬，震雷，帝又疑之。楚材曰：「西域主將死矣。」已而皆然。夫天之垂戒，無分於夷夏。夷夏雖殊族姓，又無不知天變之可畏者，或乃疑其附會失實，不亦妄乎？抑吾觀楚材之占候，雖驗於已事，然準以《洪範》五行之説，皆不合，於是又知機祥術數之學，或别有所承，而不必盡軌於經傳也。然考天變以徵人事，則豈有外於《洪範》之大義者哉？作《五行志》。

《洪範》曰：「水曰潤下。」失潤下之性，時則有水潦及霜雪、冰雹、震雷之變，魚孽、龍蛇之孽，鼓妖、人痾、豕禍，其徵爲恒寒，其色黑，是爲黑眚黑祥。

至元元年，真定、順天、河間、順德、大名、東平、濟南等路大水。

四年五月，應州大水。

五年八月，亳州大水。

六年十二月，獻、莫、清、滄四州及豐州、渾源縣大水。

九年九月，南陽、懷孟、衛輝、順天等路，洺、磁、泰安、通、灤等州淫雨，河水並溢，圮田廬，害稼。

十三年十二月，濟寧及高麗瀋州水。

十四年六月，濟寧路雨水，平地丈餘，損稼。曹州定陶、武清二縣，濮州、堂邑縣雨水，没禾稼。十二月，冠州、永年縣水。

十六年十二月，保定等路水。

十七年正月，磁州、永年縣水。八月，濮州、東平、濟寧、磁州水。

十八年二月，遼陽懿州、蓋州水。十一月，保定清苑縣水。

十九年，江南水。

二十年六月，太原、懷孟、河南等路，沁河水涌溢，壞民田一千六百七十餘頃。衛輝路清河溢，損稼。南陽府唐、鄧、裕、嵩四州河水溢，損稼。十月，涿州巨馬河溢。

二十一年六月，保定、河間、濱、棣大水。

二十二年秋，南京、彰德、大名、河間、順德、濟南等路河水壞田三千餘頃。高郵、慶元大水，傷人民七百九十五户，壞廬舍三千九十區。

二十三年三月，雄、霸二州及保定諸縣水。六月，安西路華州華陰縣大雨，潼谷水涌，平地三丈餘。杭州、平江二路屬縣水，壞民田一萬七千二百頃。大都涿、漷、檀、順、薊五州，汴梁、歸德七縣水。十月，河決開封、祥符、陳留、杞、太康、通許、鄢陵、扶溝、洧川、尉氏、陽武、延津、中牟、原武、睢州十五處。

二十四年三月，汴梁河水溢。六月，霸州益津縣雨水。九月，東京誼、静、威遠、婆娑等路水。十一月，大都路水。

二十五年二月，大都水。四月，渾河決。杭州、平江、湖州、秀州大水。五月，河決襄邑，平江路水。七月，御河溢，膠州大水，民采橡爲食。十二月，太原、汴梁二路河溢，害稼。

二十六年二月，紹興大水。五月，御河溢。六月，平灤路水，壞田稼一千一百頃。八月，霸州大水。

二十七年正月，甘州、無爲路大水。五月，江陰州大水。六月，河溢太康縣，没民田三十一萬九千畝。七月，泉州及懷孟路武陟、汴梁路祥符縣皆大水。江西贛、吉、袁、瑞、建昌、撫水皆溢，魏縣御河溢。八月，沁水溢，廣州清遠縣水。九月，御河決。十月，江陰、寧國大水。十一月，河決祥符義唐灣，太康、通許二縣，陳、潁二州，大被其患。易水溢，雄、莫等州皆受其患。

二十八年二月，常德路水。八月，浙東婺州水。九月，平灤、保定、河間三路大水。

二十九年五月，龍興路南昌、新建、進賢三縣水。閏六月，鎮江、常州、平江、嘉興、湖州、松江、紹興等路府水。揚州、寧國、太平三路大水。岳州華容縣水。河西務水。

三十年五月，深州静安縣大水。九月，恩州水。十月，平灤路水。

三十一年五月，峽州路大水。八月，趙州寧晉縣水。十月，遼陽路水。

元貞元年五月，建康溧陽州，太平當塗縣，鎮江金壇、丹徒等縣，常州無錫州，平江長洲縣，湖州烏程縣，鄱陽餘干州，常德沅江、澧州安鄉等縣水。六月，泰安州奉符、曹州濟陰、兖州磁陽等縣水。歷城縣大清河水溢，壞民居。七月，遼東利州、大都武衛屯田水。八月，平江、安豐等路大水。九月，廬州、平江二路大水。

二年五月，太原平晉縣，獻州交河、樂壽二縣，莫州任丘、莫亭等縣，湖南醴陵州水。六月，大都路益津、保定、大興三縣水，壞民田七千餘頃。晉州鼓城、獲鹿、槀城等縣，保定葛城、歸信、新安、束鹿等縣，汝寧潁州，濟寧沛縣，揚、廬、岳、澧四路，建康、太平、鎮江、常州，紹興五路水。七月，彰德、真定、曹州、濱州水。八月，棣州、曹州水。九月，河決河南杞、封丘、祥符、寧陵、襄邑五縣。十月，河決開封縣。十二月，江陵潛江縣，沔陽玉沙縣，淮安海寧朐山、鹽城等縣水。

大德元年三月，歸德、徐州，邳州宿遷、睢寧，鹿邑三縣，河南許州臨潁、郾城等縣，睢州襄邑、太康、扶溝、陳留、開封、杞等縣河水大溢，漂没田廬。五月，河決汴梁，發民夫三萬五千塞之。漳水溢，害稼。龍興、南康、澧州、南雄、饒州五路水。六月，和州歷陽縣江水溢，漂廬舍一萬八千五百區。七月，郴州耒陽縣〔一〕、衡州酃縣大水，溺死三百餘人。九月，温州平陽、瑞安二州水，溺死六千八百餘人。十一月，常德武陵縣大水。

二年六月，河決蒲口，凡九十六所，泛溢汴梁路、歸德府，並大名、東昌、平灤等路水。

三年八月，河間路水。

四年五月，保定、真定二路，通、薊二州水。六月，歸德睢州大水。

五年五月，宣德、保定、河間屬州水。寧海州水。六月，濟寧、般陽、益都、東平、濟南、襄陽、平江七路水。七月，江水暴風大溢，高四五丈，連崇明、通、泰、真州定江之地，漂没廬舍，被災者三萬四千五百餘户。遼陽大寧路水。八月，平、灤二州雨，灤河溢。順德路水。

六年四月，上都水。五月，濟南路大水。歸德府徐州、邳州睢寧縣雨五十日，沂、武二河合流，水大溢。東安州渾河溢，壞民田一千八十餘頃。六月，廣平路大水。

七年五月，濟南、河間等路水。六月，遼陽、大寧、平灤、昌國、瀋陽、開元六路雨水，壞田廬，男女死者百十有九人。修武、河陽、新野、蘭陽等縣趙河、湍河、白河、七里河、沁河、遼河皆溢。台州風水大作，寧海、臨海二縣死者五百五十人。

八年五月，太原陽武縣、衛輝獲嘉縣、汴梁祥符縣河溢，大名滑州、濬州雨水，壞民田六百八十餘頃。八月，潮陽颶風海溢，漂民廬舍。

九年六月，汴梁武陽縣思齊口河決。東昌博平、堂邑二縣水。潼川綿江、中江溢，水決入城。龍興、撫州、臨川三路水。七月，河陽玉沙縣江溢。嶧州水。揚州泰興縣、淮安山陽縣水。八月，歸德府寧陵，陳留、通許、扶溝、太康、杞縣河溢。大名元城縣大水。

十年五月，雄州、漷州水。平江、嘉興二路水，害稼。六月，保定滿城、清苑二縣水。大名、益都等路大水。定興縣水。七月，平江路大風，海溢。吳江州大水。

十一年六月，静海、容城、束鹿、隆平、新城等縣水。七月，冀寧文水縣汾水溢。十一月，杭州、平江水。盧龍、灤河、遷安、昌黎、撫寧等縣水。

至大元年五月，寧夏水。六月，益都水。七月，濟寧路雨水，平地丈餘，暴決入城，漂廬舍，死者十有八人。真定路大水，入南門，下注槀城，死者百七十人。彰德、衛輝二路水，損稻田五千三百七十頃。九月，泰安大水。十一月，河南水。

二年七月，河決歸德府，又決汴梁封丘縣。

三年六月，淯川、鄜城、汶上三縣水。峽州大雨，水溢，死者萬餘人。七月，循州、惠州大水，漂廬舍二百九十區。

四年六月，大都三河縣、潞縣，河東祁縣、懷仁縣，永平豐盈屯大水。七月，東平、濟寧、般陽、保定等路大水。江陵松滋縣、桂陽臨武縣水。

皇慶元年五月，歸德睢陽縣河溢。六月，大寧、水達達路水，宋瓦江溢，民避居亦母兒乞嶺。八月，松江府大風，海水溢。寧國路涇縣水。

二年五月，辰州沅陵縣水。六月，涿州范陽縣，東安州宛平縣、固安，霸州益津、永清、藁城等縣水，壞田七千六百九十餘頃。河決陳、亳、睢三州，開封、陳留等縣。八月，崇明、嘉定二州大風，海溢。

延祐元年五月，常德路武陵縣雨水，壞廬舍，溺死者五百人。六月，涿州范陽、房山二縣渾河溢，壞民田四百九十餘頃。七月，沅陵、盧溪二縣水。八月，肇慶、武昌、岳州、建康、杭州、建德、南康、江州、臨江、袁州、建昌、贛州、安豐、撫州、台州等路水。十二月，汴梁、南陽、歸德、汝寧、淮安水。

二年正月，渾河決。六月，河決鄭州，壞汜水縣治。七月，鄭州、昌平、香河、寶坻等縣水。全州、永州江水溢，害稼。

三年四月，潁州泰和縣河溢。七月，婺源州大水，溺死者五千三百餘人。

四年正月，解州鹽池水。二月，曹州水。

五年四月，廬州合肥縣大水。

六年六月，河間路漳河水溢，壞民田二千七百餘頃。益都、般陽、濟南、東平、濟寧等路，曹、濮、泰安、高唐等州大水，害稼。遼陽，廣寧、瀋陽、開元等路水。大名路屬縣水，壞民田一萬八千頃。歸德、汴梁府，汝寧、彰德、真定、保定、衛輝、南陽等路大水。

七年四月，安豐、廬州淮水溢，損禾麥一萬頃。城父縣水。六月，棣州、德州大水，壞田四千六百餘頃。七月，江陵縣水。上蔡、汝陽、西平等縣水。八月，霸州文安、大城二縣滹沱河溢，害稼。河間路水。汾州平遥縣水。是歲，河決汴梁原武縣。

至治元年六月，霸州大水，渾河溢，被災者三萬餘户。七月，薊州平谷、漁陽二縣，順州邢臺、沙河二縣，大名魏縣，永平義豐縣大水。彰德臨漳縣漳水溢。大都固安州、東安州、寶坻縣，真定元氏縣，淮安清河、山陽等縣水。東平、東昌二路，高唐、曹、濮等州水，害稼。乞里吉思部江水溢。八月，安陸府雨七日，江水大溢，被災者三千五百户。雷州海康、遂溪二縣海水溢，壞民田四千頃。九月，京山、長壽二縣漢水溢。十月，遼陽、肇慶等路水。

二年二月，濮州大水。五月儀封縣河溢。閏五月，睢陽縣亳社屯大水，六月，奉元鄠縣，邠州新平、上蔡二縣水。八月，廬州六安、舒城二縣水。十一月，平江路大水，損民田四萬九千六百頃。

三年五月，東安州水，壞民田一千五百餘頃。真定武邑縣水，害稼。六月，大都永清縣雨水，損田四百頃。七月漷州雨水，害稼。九月，漳州、建昌、南康等路水。

泰定元年五月，漷州、固安州水。隴西縣大雨水，漂死者五百餘家。龍慶路雨水，傷稼。六月，益都、濟南、般陽、東昌、東平、濟寧等路三十有二縣，曹、濮、高唐、德州等處十縣淫雨，水深丈餘，漂没田廬。大同渾源河溢，陳、汾、順、晉、恩、深六州雨水，害稼。真定滹沱河溢，漂民廬舍。陝西大雨，渭水及黑水河溢，損民廬舍。渠州江水溢。七月，真定、河間、保定、廣平等路三十有七縣大雨水五十餘日，害稼。大都路固安州清河溢。順德路任縣洺水溢。奉元朝邑縣、曹州楚丘縣、開州濮陽縣河溢。九月，延安路洛水溢。奉元長安縣大雨。澧水溢。濮州館陶縣水。十二月，杭州鹽官州海水大溢，壞堤塹，侵城郭，有司以石囤木櫃捍之不止。

二年正月，大都寶坻縣、肇慶高要縣雨水。鞏昌路水。閏正月，雄州歸信縣大水。二月，甘州路大雨水，漂没行帳孳畜。三月，咸平府清、滱二河合流〔二〕，失故道，隳提堰。四月，涿州房山、范陽二縣水。岷、洮、文、階四州雨水。五月，檀州大水，平地深丈有五尺。高郵興化、江陵公安水。浙西江湖水溢。河溢汴梁，被災者十有五縣。六月，通州三河縣大雨，水丈餘。冀寧路汾河溢。潼江府綿江、中江水溢入城，深丈餘。衛輝汲縣、歸德宿州大水。濟寧路虞城、碭山、單父、豐、沛五縣水。七月，睢州河決。八月，霸州、涿州永清、香河二縣大水，傷稼九千五十餘頃。九月，開元路三河溢，没民田，壞廬舍。十月，寧夏鳴沙州大雨水。曹州屬縣水。十月，常德路水。

三年正月〔三〕，恩州水。二月，歸德府河決。六月，大同縣大水。汝寧光州水。大昌屯河決。七月，河決鄭州，漂没陽武等縣民一萬六千五百餘家。東安、檀、順、漷四州雨，渾河決，温榆水溢，傷稼。延安路膚施縣水，漂民居九十餘户。八月，鹽官州大風海溢，捍海堤崩，廣三十餘里，袤二十里，徙居民千二百五十家以避之。真定蠡州，奉元蒲城縣，無爲州，歷陽、含山等縣水。九月，平遥縣汾水溢。揚州、寧國、建德諸屬縣水。十一月，崇明州三沙鎮海溢，漂民居五百家。十二月，遼陽大水。大寧路瑞州大水，壞民田五千五百頃，廬舍八百九十所，溺死者百五十人。

四年正月，鹽官州潮水大溢，捍海堤崩二千餘步。三月，渾河決。五月，睢州河溢。

六月，大都東安、固安、通、順、薊、檀、漷七州，永清、良鄉等縣雨水。七月，上都雲州大雨。北山黑水河溢。雲安縣水。衢州大水。八月，汴梁扶溝、蘭陽二縣河溢，漂民居一千九百餘家。濟寧虞城縣河溢，傷稼。滹沱河溢。崇明州海門縣海溢。十二月，夏邑縣河溢。汴梁中牟，開封、陳留三縣，歸德邳、宿二州雨水。

致和元年三月，鹽官州海堤崩，遣使禱祀，造浮圖二百十六，用西僧法厭之。河決碭山、虞城二縣。四月，鹽官州海溢，益發軍民塞之，置石囤二十九里。廣寧路大水。崇明州海溢。六月，南寧、開元、永平等路水。河間臨邑縣雨水。益都、濟南、般陽、濟寧、東平等路三十縣，濮、德、泰安等州九縣雨水，害稼。七月，廣西兩江諸州水。

天曆元年八月，杭州、嘉興、平江、湖州、建德、鎮江、池州、太平、廣德九路水，没民田萬四千餘頃。

二年六月，大都東安、通、薊、霸四州，河間靖海縣雨水，害稼。永平昌國諸屯水。

至順元年六月，河決大名路長垣、東明二縣，没民田五百八十餘頃。曹州、高唐等州水。前後武衛屯田水。七月，海潮溢，漂没河間運司鹽二萬六千七百引。閏七月，平江、嘉興、湖州、松江三路一州大水，壞民田三萬六千六百餘頃，被災者四十萬五千五百餘户。杭州、常州、慶元、紹興、鎮江、寧國等路，望江、銅陵、長林、寶應、興化等縣水，没民田一萬三千五百餘頃。大都、保定、大寧、益都屬州縣水。

二年四月，潞州潞城縣大雨水。五月，河間莫亭縣、寧夏河渠縣、紹慶彭水縣及德安屯田水。六月，大都、保定、真定、河間、東昌諸路水。彰德屬縣漳水決。十月，吳江州大風，太湖水溢，漂民居一千九百七十餘家。十二月，深州、晉州水。

三年三月，奉元朝邑縣洛水溢。五月，汴梁河水溢。江都、泰興、雲夢、應城等縣水。滹沱河決，没河間清州等處屯田。汾州大水。六月，無爲州、和州水。九月，莒、沂二州及泰安奉符縣、濟寧魚台縣、曹州楚丘縣，平江、常州、鎮江三路皆大水。

元統元年五月，汴梁陽武縣河溢，害稼。六月，京畿大霖雨水，平地丈餘。涇河溢，關中水災。黄河大溢，河南水災。泉州霖雨，溪水暴漲，漂民居數百家。七月，潮州大水。

二年正月，東平須城縣、濟寧濟州、曹州濟陰縣水災。二月，灤河、漆河溢，永平路屬縣皆水。瑞州路水。三月，山東霖雨，水湧。四月，東平、益都水。五月，鎮江路水，宣德府大水。六月，淮水漲，漂山陽縣境内民畜房舍。九月，吉安路水。

至元元年，河決汴梁封丘縣。

二年五月，南陽鄧州大水。六月，涇水溢。八月，大都至通州霖雨，大水。

三年二月，紹興大水。五月，廣西賀州大水，害稼。六月，衛輝淫雨至七月，丹、沁二河泛漲，與城西御河通流，平地深二丈餘，漂没人民房舍田禾甚衆。民棲於樹上，達魯花赤僧家奴以舟載飯食之，移老弱居城上，日給廪食，月餘水方退。汴梁蘭陽、尉氏二縣，歸德府皆河水泛溢。黄州及衢州常山縣皆大水。

四年正月，河決曹州，又決汴梁。五月，吉安永豐縣大水。黄河溢，平地水二丈，決白茅堤、金堤。六月，邵武大水，城市皆洪流，漂沿溪民居殆盡。

五年五月庚戌，汀州路長汀縣大水，平地深三丈許，損民居八百家，壞民田二百頃，溺死者八千餘人。七月，沂州沂、沭二河暴漲，決堤防，害田稼。邵武光澤縣大水。常州宜興州山水出，高一丈，壞民居。

六年二月，京畿五州十一縣及福州路福寧州皆大水。五月甲子，慶元奉化州山崩，水涌出平地，溺死人甚衆。六月，衢州西安、龍游二縣大水。庚戌，處州松陽、龍泉二縣積雨，水漲入城中，深丈餘，溺死五百餘人。遂昌縣尤甚，平地三丈餘。桃源鄉山崩，壓溺人民五十三家，死者三百六十餘人。秋，河北大水。七月壬子，延平南平縣淫雨，水泛漲，溺死百餘人，損民居三百餘家，壞民田二頃七十餘畝。乙卯，奉元路盩厔縣河水溢，漂溺居民。八月甲午，衛輝大水，漂民居一千餘家。十月，河南府宜陽縣大水，漂民居，溺死者衆。

至正元年，汴梁鈞州大水，揚州路崇明、通、泰等州海潮涌溢，溺死一千六百餘人。

二年四月，睢州儀封縣大水，害稼。六月癸丑夜，濟南山水暴漲，衝東西二關，流入大清河，黑山、天麻、石固等寨及卧龍山水通流入大清河，淹沒上下民居千餘家，溺死者無算。

三年二月，鞏昌寧遠、伏羌、成紀三縣山崩，水涌，溺死者無算。五月，黃河決白茅口。七月，汴梁中牟、扶溝、尉氏、洧川四縣，鄭州滎陽、汜水、河陰三縣大水。

四年五月，霸州大水。六月，河南鞏縣大雨，伊、洛水溢，漂民居數百家。濟寧路兗州，汴梁鄢陵、通許、陳留、臨潁等縣。大水，害稼，人相食。七月，灤河水溢，出平地丈餘，永平路禾稼廬舍漂沒甚衆。東平路東阿、陽穀、汶上、平陰四縣，衢州西安縣大水。温州颶風大作，海水溢，漂民居，溺死者甚衆。

五年七月，河決濟陰，漂官民亭舍殆盡。十月，黃河泛溢。

七年五月，黃州大水。八月壬午，杭州、上海浦中午潮退而復至。

八年正月辛亥，河決，淹濟寧路。四月，平江、松江大水。五月庚子，廣西山水湧，灕江溢，平地水深二丈餘，屋宇人畜漂沒。壬子，寶慶大水。乙卯，錢塘江潮比之八月中高數丈餘，沿江民皆遷居以避之。六月己丑，中興路松滋縣驟雨，水暴漲，平地深丈五尺餘，漂没六十餘里，死者一千五百人。是月，膠州大水。七月，高密縣大水。

九年七月，中興路公安、石首、潛江、監利等縣及沔陽府大水。夏秋，蘄州大水，傷稼。

十年五月，龍興瑞州大水。六月乙未，靈州靈石縣雨水暴漲，決堰，漂民居甚衆。七月，汾州平遥縣汾水溢。静江荔浦縣大水，害稼。

十一年夏，龍興南昌、新建二縣大水。安慶桐城縣雨水泛漲。花崖、龍源二山崩，衝決縣東大河，漂民居四百餘家。七月，冀寧路平晉、文水二縣大水，汾河泛溢東西兩岸，漂没田禾數百頃。河決歸德府永城縣，壞黄陵岡岸。静江路大水，決南北二渠。

十二年六月，中興路松滋縣驟雨，水暴漲，漂民居千餘家，溺死七百人。七月，衢州西安縣大水。

十三年夏，薊州豐潤、玉田、遵化、平谷四縣大水。七月丁卯，泉州海水日三潮。

十四年六月，河南府鞏縣大雨，伊、洛水溢，漂没民居，溺死三百餘人。秋，薊州大水。

十五年六月，荆州大水。

十六年，河決鄭州河陰縣，官署民居盡廢，遂成中流。山東大水。

十七年六月，大雨，漳河溢，廣平路皆水。秋，薊州五縣皆大水。

十八年秋，京師及薊州、廣東惠州、廣西賀州皆大水。

十九年九月，濟州任城縣河決。

二十年七月，通州大水。

二十二年三月，邵武光澤縣大水。

二十三年〔四〕，孟州濟源、温縣水。七月，河決東平壽張縣，圮城牆，漂田廬，人溺死甚衆。

二十四年三月，益都縣井水溢而黄。懷慶路孟州、河内、武陟縣水。七月，益都路壽光縣、膠州高密縣水。

二十五年秋，東平須城、東阿、平陰三縣，河決小流口，達於清河，壞民居，傷禾稼。

二十六年二月，河北徙，上自東明、曹、濮，下及濟寧，皆被其害。六月，河南府大霖雨，瀍水溢，深四丈許，漂東關居民數百家。秋七月，汾州介休縣汾水溢。薊州四縣、衛輝、汴梁鈞州俱大水，害稼。八月，棣州大清河決，濱、棣二州之界，民居漂流者衆。濟寧路肥城縣西黄水泛溢，漂没田禾民居百有餘里，德州齊河境七百餘里亦如之。

至元十五年十二月，黄河清，自孟津東柏谷至汜水縣蓼子谷，上下八十餘里，澄瑩見底，數月始如故。

元貞元年閏四月，蘭州上下三百餘里，河清三日。

至正十四年正月甲子朔，汴梁城東汴河冰作五色花草，三月方解。

十九年，鄭州黃河清，長數里。

二十年十一月，汴梁原武、滎澤二縣，黃河清三日。

二十一年十一月，河南孟津縣至絳州垣曲縣二百里，河清七日，新安縣亦如之。十二月，冀寧路石州河水清，至明年春冰泮始如故。

二十四年夏，衛輝路黃河清。

中統二年五月，西京、宣德隕霜殺禾。

三年五月，宣德、咸寧等路隕霜。八月，河間、平灤等路隕霜，害稼。

四年四月，武州隕霜，殺麥禾。

至元二年八月，太原隕霜，害稼。四月，檀州隕霜。

八年七月，鞏昌會、蘭等州霜，殺稼。

十七年四月，海寧州及益都路隕霜。

二十一年三月，山東隕霜，殺桑蠶盡死，被災者三萬餘家。

二十六年七月，濟南棣州隕霜，殺菽。

二十七年七月，大同、平陽、太原隕霜，殺禾。十一月，興、松二州及興隆路亦如之。

二十九年三月，濟南、般陽等路及恩州屬縣霜，殺桑。

元貞二年八月，金、復州隕霜，殺禾。

大德五年三月，湯陰縣霜，殺麥。五月，商州霜，殺麥。

六年八月，大同、太原霜，殺禾。

七年四月，濟南路隕霜，殺麥。五月，般陽路隕霜。

八年三月，濟陽、灤城二縣霜，殺桑。八月，太原交城、陽曲、管州、嵐州，大同懷仁隕霜，殺稼。

九年三月，河間、益都、般陽屬縣隕霜，殺桑。清、莫、滄、獻四州霜，殺桑一百四十一萬七十餘本，壞蠶一萬二千七百餘箔。

十年七月，大同渾源縣霜，殺禾。八月，綏德州米脂縣霜，殺禾二百八十頃。

至大元年八月，大同隕霜，殺禾。大名路隕霜。

四年七月，大寧等路隕霜。

皇慶二年三月，濟寧霜，殺桑。

延祐元年三月，東平、般陽等路，泰安、曹、濮等州大雨雪三日，隕霜，殺桑。閏三月，濟寧、汴梁等路，及隴州、開州、青城、渭源諸縣霜，殺桑，無蠶。七月，冀寧隕霜，殺禾。

四年夏，六盤山隕霜，殺禾五百餘頃。
五年五月，雄州歸信縣隕霜。
六年三月，奉元路同州隕霜。
七年八月，益津縣雨黑霜。
至治二年五月，遼東路隕霜。
三年七月，冀寧曲陽縣、大同路大同縣、興和路咸寧縣隕霜。八月，袁州宜春縣隕霜，殺禾。
泰定二年三月，雲需府大雪，民饑。
至順元年二月，京師大霜，晝霁。閏七月，奉元西和州，寧夏應理州、鳴沙州，鞏昌静寧、邠、會等州，鳳翔麟遊，大同山陰，晉寧潞城、隰州等縣隕霜，殺禾。
三年八月，渾源、雲内二州隕霜，殺禾。
至正六年九月〔五〕，彰德雨雪，結凍如琉璃。
七年八月，衛輝隕霜，殺禾。
九年三月，温州大雪。
十年春，彰德大寒，近清明節，雨雪三尺，民多凍餒而死。

十一年三月，汴梁路鈞州大雨雪，密縣平地雪深三尺餘。

十三年秋，邵武光澤縣隕霜，殺禾。

二十三年三月，東平路須城、東阿、陽穀三縣隕霜，殺桑，廢蠶事。八月，鈞州密縣隕霜，殺菽。

二十七年三月，彰德大雪，寒甚於冬，民多凍死。五月辛巳，大同隕霜殺麥。秋，冀寧路徐溝、介休二縣雨雪。十二月，奉元路咸寧縣井水冰。

二十八年四月，奉元隕霜，殺菽。

中統二年四月，雨雹。

三年五月，順天、平陽、真定、河南等郡雨雹。

四年七月，燕京昌平縣，景州蓨縣，上都路興、松、雲三州雨雹，害稼。

至元二年八月，彰德、大名、南京、河南、濟南、太原等路雨雹。

四年三月，夏津縣大雨雹。

五年六月，中山大雨雹。

六年二月，興國雨雹，大如馬首，殺禽獸。七月，西京大同縣雨雹。

七年五月，河內縣大雨雹。

十五年閏十一月，海州贛榆縣雨雹，傷稼。

十六年，保定等二十餘路雨雹。

十九年八月，雨雹，大如雞卵。

二十年四月，河南風雷雨雹，害稼。五月，安西路風雷雨雹。八月，真定元氏縣大風雹，禾盡損。

二十二年七月，冠州雨雹。

二十四年九月，大定、金源、高州、武平、興中等處雨雹。是歲，西京、北京、隆興、平灤、南陽、懷孟、鞏昌等路雨雹。

二十五年三月，靈壁、虹縣雨雹，如雞卵，害麥。五月，孟州烏河川雨雹。十二月，靈壽、陽曲、天成等縣雨雹。

二十六年夏，平陽、大同、保定等路大雨雹。

二十七年四月，靈壽、元氏二縣大風雹。六月，棣州厭次、濟陽二縣大風雹，傷禾黍菽麥桑棗。

二十九年閏六月，遼陽、瀋州、廣寧、開元等路雨雹。

三十年六月，易州雨雹。

三十一年四月，即墨縣雨雹。五月，密州路諸城、大都路武清雨雹。七月，陽信縣雨雹，真定路南宮、新河、易水、淶水等縣雨雹。八月，德州德安縣大風雨雹。

元貞元年五月，鞏昌金州、會州、和州雨雹大，無麥禾。七月，隆興路雨雹。

元貞二年五月，河中猗氏縣雨雹。六月，大同、隆興咸寧縣，順德邢臺縣，太原交河、離石、壽陽等縣雨雹。七月，太原、懷孟、武陟縣雨雹。

大德元年六月，太原崞州雨雹，害稼。

二年二月，檀州雨雹。八月，彰德安陽縣雨雹。

三年八月，隆興、平灤、大同、宣德等路雨雹。

四年三月，宣州涇縣、台州臨海縣風雹。五月，同州、平灤、隆興雹。

五年七月，雨雹。

八年五月，大寧路建州，蔚州靈仙縣雨雹。太原、大同、隆興屬縣陽曲、天成、懷安、白登風雹，害稼。八月，管州、嵐州、交城、陽曲、懷仁等縣雨雹。

九年六月，晉寧、冀寧、宣德、隆興、大同等路大雨雹，害稼。

十年四月，鄭州管城縣風雹，大如雞卵，積厚五寸。五月，大雨雹。七月，宣德縣雨雹。

十一年五月，建州雨雹。

至大元年四月，般陽新城縣、濟南厭次縣、益都高苑縣大風雨雹。五月，管城縣大雹，深一尺，無麥禾。八月，大寧縣雨雹，害稼，斃人畜。

二年三月，濟陰、定陶等縣雨雹。六月，嶧州、源州、金城縣雨雹。延安神木縣大雹一百餘里，斃人畜。

三年四月，靈壽、平陰等縣雨雹。

四年四月，南陽雨雹。閏七月，大同宣寧縣雨雹。

皇慶元年四月，大名濬州、彰德安陽縣、河南孟津縣雨雹。六月，開元路風雹，害稼。

二年七月，冀寧平定州雨雹，景州阜城縣風雹。八月，大同懷仁縣雨雹。

延祐元年五月，膚施縣大風雹，損稼並傷人畜。六月，宣平、仁壽、白登等縣雨雹。

二年五月，大同、宣德等路雹，害稼。

三年五月，薊州雹，深一尺。

五年四月，鳳翔府雹，傷麥禾。

六年六月，大同雨雹，大如雞卵。晉陽、西涼、鈞州、陽翟、新鄭、密等縣大雨雹。七月，鞏昌隴西縣雹，害稼。

七年八月，大同路雷風雨雹。

至治元年六月，武州雨雹，害稼。永平路大雹，深一尺，害稼。七月，真定、順德、大同等路雨雹。

二年四月，涇州涇川縣雨雹。六月，思州大風雨雹。

三年五月，大風雨雹，拔柳林行宮大木。十二月，遼陽雨雹。

泰定元年五月，冀寧陽曲縣雨雹，傷稼。思州龍泉縣雨雹，傷麥。六月，順元、太平軍、定西州、宣德府、鞏昌縣及八番等處雨雹。七月，龍慶路雨雹，大如雞卵，平地深三尺餘。八月，大同白登縣雨雹。十二月，延安路雹。

二年四月，奉元白水縣雨雹。五月，洮州路可當縣、臨洮府狄道縣雨雹。六月，興州、鄜州、静寧州及成紀、通渭、白水、膚施、安塞等縣雨雹。七月，檀州，延安、鄜州、綏德、鞏昌等路，八月，大都路檀州、鞏昌府静寧縣、延安路安塞縣，九月，檀州，並雨雹。

三年六月，鞏昌路大雨雹。中山府安喜縣、乾州永壽縣雨雹。七月，完州，房山、寶坻、玉田等縣大風雹，折木傷稼。八月，龍慶州雨雹一尺，大風損稼。

四年五月，常州、淮安二路，寧海州大雨雹。六月，中山雨雹。七月，彰德湯陰縣，冀寧定襄縣，大同武、應州雨雹，害稼。

致和元年四月，濬州、涇州大雹，傷麥禾。五月，冀寧陽曲縣、威州井陘縣雨雹。六月，涇川、湯陰等縣大雨雹。大寧、永平屬縣雨雹。

天曆二年七月，大寧惠州雨雹。八月，冀寧陽曲縣大雹，如雞卵，害稼。

三年七月，順州、東安州及平棘、肥鄉、曲陽、行唐等縣風雹，害稼。開元路雨雹。

至順二年七月，冀寧路雨雹。十二月，冀寧清源縣雨雹。是年，黄梅縣雨雹〔六〕。

三年五月，甘州雨雹。

元統元年三月戊子，紹興蕭山縣大風雨雹，拔木仆屋，殺麻麥，斃傷人民。

二年二月甲子，塞北東涼亭雨雹。

後至元元年七月，西和州、徽州雨雹。

二年八月甲戌朔，高郵寶應縣大雨雹。是時，淮浙皆旱，唯本縣瀕河田禾可刈，悉爲雹所害，凡田之旱者，無一雹及之。四年四月癸巳，清州八里塘雨雹，大過於拳，其狀有如龜者，有如小兒形者，有如獅象者，有如環玦者，或橢如卵，或圓如彈，玲瓏有竅，色白而堅，長老云：「人者固常見之，未有形狀若是者。」

至正二年五月，東平路東阿縣雨雹，大者如馬首。

三年六月，東平陽穀縣雨雹。

六年二月辛未，興國路雨雹，大如馬首，小者如雞子，斃禽畜甚衆。五月辛卯，絳州雨雹，大者二尺餘。

八年四月庚辰，鈞州密縣雨雹，大如雞子，傷麥禾。龍興奉新縣大雨雹，傷禾折木。八月己卯，益都臨淄縣雨雹，大如盃盂，野無青草，赤地如赭。

九年二月，龍興大雨雹。

十年五月，汾州平遥縣雨雹。

十一年四月乙巳，彰德雨雹，大如斧，時麥熟將刈，頃刻亡失，田疇堅如築場，無稭粒遺留，其地廣三十里，長百有餘里，樹木皆如斧所劈，傷行人、斃禽畜甚衆。五月癸丑，文水縣雨雹。

十三年四月，益都高苑縣雨雹，傷麥禾及桑。

十四年六月，薊州雨雹。

十七年四月，濟南大風雨雹。八月，慶陽鎮原州大雨雹。

十九年四月，莒州蒙陰縣雨雹。五月，通州及益都臨朐縣雨雹，害稼。

二十年五月，薊州遵化縣雨雹終日。

二十一年五月，東平雨雹，害稼。

二十二年八月，南雄雨雹如桃李實。

二十三年五月，鄜州宜君縣雨雹，大如雞子，損荳麥。七月，京師及隰州永和縣大雨雹，害稼。

二十五年五月，東昌聊城縣雨雹，大如拳，小如雞子，二麥不登。

二十六年六月，汾州平遥縣雨雹。

二十七年二月乙丑，永州城中晝晦，雞棲於塒，人舉燈而食，既而大雨雹，逾時方明。五月，益都大雷雨雹。七月，冀寧徐溝縣大風雨雹，拔木害稼。

二十八年六月，慶陽府雨雹，大如盂，小者如彈丸，平地厚尺餘，殺苗稼，斃禽獸。

太祖五年冬，大雷。

至順三年五月己巳，天鼓鳴於西北。

至正三年秋，興國路永興縣雷，擊死糧房貼書尹章於縣治。

七年五月庚戌，台州路黄巖州海濱無雲而雷。冬，衛輝路天鼓鳴。

十年六月戊申，廣西臨桂縣無雲而雷，震死邑民廖廣達。十二月庚子，汾州孝義縣雷雨。

十一年十二月，台州大雨震雷。

十二年三月丙午，寧國路無雲而雷。

十三年十二月庚戌，京師無雲而雷，少頃有火墜於東南。懷慶路河内縣及河南府天鼓鳴於東北。是日，懷慶之修武、潞州之襄垣縣皆無雲而雷，聲震天地。是月，汾州雷雨。

十四年十二月，孝義縣雷雨。

十九年二月，台州大雷電。

二十一年十一月戊申，温州樂清縣雷。

二十二年十月，大雨雷電。

二十四年，雷擊延春閣西脊。

二十七年乙未夜，晉寧路絳州天鼓鳴空中，如聞戰鬭之聲。十月，奉元路雷電。

至正二十五年六月戊申，京師大雨，有魚隨雨而落，長尺許，人取而食之。

至元二十年，有蒼龍見衛輝農家。

後至元五年六月庚戌，汀州長汀縣蛟出，大雨驟至，平地涌水，深三丈餘，漂没民居八百餘家，壞田二百餘頃。

至正十五年七月，嘉興城東，白龍見，烈風暴雨。

十七年六月癸酉，温州有龍鬭於樂清江中，颶風大作，所至有光如球，死者萬餘人。

八月癸丑，祥符縣西北有青白二龍見，若相鬬之勢，良久而散。

二十三年正月甲辰，廣西貴州江中有物登岸，蛇首四足而青色，長四尺許，軍民聚觀，殺之。

二十四年六月，保德州有黄龍見於咸寧井中。

二十七年六月丁巳，皇太子寢殿新甃井成，有龍自井而出，光焰爍人，宫人震懾仆地。又宫牆外長慶寺所掌成宗斡耳朵内大槐樹有龍纏繞其上，良久飛去，樹皮皆剥。七月，益都臨朐縣有龍見於龍山，巨石重千斤，浮空而起。

二十八年十一月，大同路懷仁縣河岸崩，有蛇大小相綰結，可載數車。

中統二年九月，河南民王四妻靳氏，一産三男。

至元元年，黄岡民婦生男狗頭。

二年正月，武城縣王甲妻崔，一産三男。

八年，昌黎縣民生子，中夜有光，或以爲非常。帝曰：「何幸生一好人，毋嫉也。」

十年八月甲寅，鳳翔寶雞縣劉鐵牛妻，一産三男。

二十年二月，高州張丑妻李氏，一産四子，三男一女。四月，固安州王得林妻張氏，懷孕五月，生一男，四手四足，圓頭三耳，一耳附腦後，生而即死，具狀有司上之。

二十二年四月，江陵縣民張二妻，一産三男。

二十八年九月，襄陽南漳縣民李氏妻黄，一産三子。

大德元年五月，遂寧州軍户任福妻，一産三男。十一月，遼陽打雁孛蘭奚户那懷妻和里迷，一産四男。

四年，寶應縣民孫奕妻朱氏，一産三男。

十年正月，江州湖口縣趙丙妻甘氏，一産四男。

泰定元年十月乙卯，泰州成紀縣趙思直妻張氏，一産三子。

致和元年三月壬辰，太平當塗縣楊太妻吴氏，一産三子。

至元元年正月，雲南婦人一産三男。又廣西師宗州呰生妻適和，一産三男。汴梁祥符縣市中一乞丐婦人，忽生髭鬚。

二年四月，黄岡縣周氏婦，産一男，狗頭人身，即死。

至正九年四月，棗陽民張氏婦，生男，甫及周歲，長四尺許，容貌異常，皤腹擁腫，見人輒嬉笑，如世俗所畫布袋和尚云。

二十三年五月。霸州民王馬駒妻趙氏，一産三男。六月，亳家務李潤妻張氏，一産三男。

至正三年秋，建寧浦城縣民家豕生豚，二尾八足。

十一年，鎮江民家豕生豚，如象形。

十二年，江寧陸氏家一豬生十四豚，内一豚人首豕身。

二十四年正月，保德州民家豕生豚，一首二身八蹄二尾。又海鹽趙氏宰豬，小腸忽如蛇，宛延而走，及里許方止〔七〕。

至元七年四月壬午，檀州雨黑霜。

元貞二年，處州天雨米，黑色。

大德十年二月，大同路黑霾。

延祐七年八月，益津路雨黑霜。

至正元年四月戊寅，彰德有赤風自西北來，忽變爲黑，晝晦如夜。

十一年十月，天雨黑子於饒州，衢州亦如之。十二月，建寧浦城雨黑子。

十三年正月二十三日，黑氣亘天。冬，袁州路每日暮，有黑氣環繞郡城。

十七年正月己丑，杭州降黑雨，河池水皆黑。

二十八年七月乙亥，京師黑霧，昏暝不辨人物，自旦近午始消，如是者旬有五日。

【校勘記】

〔一〕「郴州」，原作「彬州」，據《元史》卷五〇志第三上《五行一》改。
〔二〕「咸平府」，「咸」原作「減」，據《元史》卷五〇志第三上《五行一》改。
〔三〕「正月」，「月」字原重，據《元史》卷五〇志第三上《五行一》删。
〔四〕「二十三」，原作「三十三」，據《元史》卷五一志第三下《五行二》改。
〔五〕「至正」，原作「正正」，據《元史》卷五一志第三下《五行二》改。
〔六〕「雨雹」，原作「雪雹」，據上下文改。
〔七〕「及里許方止」，「止」字原脱，據退耕堂本補。

新元史卷之四十四　志第十一

五行志中

《洪範》曰：「火曰炎上。」失炎上之性，時則有火災、草妖、羽蟲之孽、羊禍。其徵恒燠，其色赤，是爲赤眚赤祥。

定宗三年戊申，野草自焚，牛馬十死八九，民不聊生。

至元十·年十二月，淮西正陽火，廬舍、鎧仗悉毀。十八年二月，揚州火。

元貞二年，杭州火，燔七百七十家。

大德八年五月，杭州火，燔四百家。九年三月，宜黃、興國之大冶等縣火。十年十一月，武昌路火。

延祐元年二月，真州揚子縣火。三年八月，重慶路火，郡舍十焚八九。六年四月，揚州火，燔官民廬舍一萬三千三百餘區。

至治二年四月，揚州、真州火。十二月，杭州火。三年五月，奉元路行宮正殿火。上都利用監庫火。九月，揚州江都縣火，燔四百七十餘家。

泰定元年五月，江西袁州火，燔五百餘家。三年六月，龍興路寧州高市火，燔五百餘家。七月，龍興奉新州、辰州辰溪縣火。八月，杭州火，燔四百七十餘家。四年八月，龍興路火。十二月，杭州火，燔六百七十家。

天曆二年三月，四川紹慶彭水縣火。四月，重慶路火，延二百四十餘家。七月，武昌路江夏縣火，延四百家。十二月，江夏縣火，燔四百餘家。三年四月，河内諸縣火。

至順元年五月丁酉，杭州火，池州火。

元統元年六月甲申，杭州火。

至正元年四月辛卯，台州火。乙未，杭州火，燔官舍民居公廨寺觀凡一萬五千七百餘間，死者七十有四人。二年四月，杭州又火。六年八月己巳，延平路火，燔官舍民居八百餘區，死者五人。十年，興國路自春及夏，城中火災不絶，日數十起。二十年，惠州路城中火災屢見。二十三年正月乙卯夜，廣西、貴州火，同知州事韓帖木不花、判官高萬章及家人九口俱死焉，居民死者三百餘人，牛五十頭，馬九匹，公署倉庫案牘焚燒皆盡。二十八年二月癸卯，京師武器庫災。己巳，陜西有飛火自華山下流入張良弼營中，焚兵庫器仗。六月甲寅，大都大聖壽萬安寺災。是日未時，雷雨中有火自空而下，其殿脊東鼇魚口火焰出，佛身上亦火起。帝聞之泣下，亟命百官救護，唯東西二影堂神主及寶玩器物得免，餘皆焚毀。

至元二年八月丙寅，濟南鄒平縣進芝一本。八年八月癸酉，益都濟州進芝二本。是年，武安文廟大成殿産芝，九莖金色，叩之有金玉聲。十五年四月，濟南歷城縣進芝。十九年六月，芝生眉州青神縣景德寺。二十二年十月，長葛、郾城各産芝草。二十三年四月丁未，江東宣慰司進芝一本。十月，濟寧進芝二本。二十六年三月癸未，東流縣獻芝。四月，池州貴池縣民王逸進紫芝十二本。六月，汲縣民朱良進紫芝。二十八年三月，芝生鈞州陽翟縣。二十九年六月，芝生賀州。

大德五年十二月，興元西鄉縣進芝一本，色如珊瑚。六年正月，濟南鄒平縣進芝一本，五枝五葉，色皆赤。

至大四年八月，芝生國學大成殿。

延祐二年三月，芝生大成殿。五年七月，芝生大成殿。

後至元元年十二月，芝草生於荆門州當陽縣覆船山，一本五榦，高尺有二寸。一本二榦，高五寸有半，榦皆兩歧。二本相依附，扶疏瑰奇，如珊瑚枝，其高者結爲華蓋慶雲之狀。五年十二月，芝草生於中書工部之屋梁，一本七榦。

至正六年夏，西湖書院生瑞草。

至元十一年十月，衢州東北雨米如黍。十一月，建寧浦城縣雨黑子如稗實。邵武大雨震電，雨黑黍如蘆穄。信州雨黑黍。鄱陽縣雨菽豆，郡邑多有民，皆取而食之。十六年六月，彰德路葦葉順次倚疊而生，自編成若旗幟，上尖葉聚粘如槍。民謡云：「葦生成旗，民皆流離。葦生成槍，殺伐遭殃。」又有黍自生成文，紅稭黑字，其上節云：「天下太平。」其下節云：「天下刀兵。」十八年，處州山谷中，小竹結實如小麥，饑民采食之。二十一年，明州象山縣竹穗生實，如小米，可食。

至正十一年，廣西慶遠府有異鳥飛見於述昆鄉，飛鳥千百隨之，蓋鳳凰云。其一飛去，其一留止者爲獞人射死，首長尺許，毛羽五色，有藏之以獻於帥府者，久而其色鮮明如生云。五月，興國有大鳥百餘，飛至郡西白朗山顛，狀如人立，去而復至者數次。十九年，京師鵂鶹夜鳴達旦，連月乃止。有杜鵑啼於城中，居庸關亦如之。二十三年，野鵲巢興聖宮，數年蕃息數千，驅之不去。二十七年三月丁丑朔，萊州招遠縣大社里黑風大起，有大鳥自南飛至，其色蒼白，展翅如席，狀類鶴，俄頃飛去，遺下粟黍稻麥黄黑豆蕎麥於張家屋上，約數升許。是歲大稔。

至元十五年四月，濟南無棣縣獻白雉。

中統二年正月辛未，御帳殿受朝賀。是夜東北有赤氣照人，大如席。

元統二年正月庚寅朔，河南省雨血。衆官晨集，忽聞燔柴烟氣，既而黑霧四塞，咫尺不辨，腥穢逼人，逾時方息。及行禮畢，日過午，驟雨隨至，霑灑垩牆及裳衣皆赤。

至元四年四月辛未，京師雨紅沙，晝晦。

至正五年四月，鎮江丹陽縣雨紅霧，草木葉及行人裳衣皆濡成紅色。十三年三月丙戌，彰德路西南，有火自天而下，如在城外，覓之無有。十二月庚戌，京城有火見於東南，潞州襄垣縣有火墜於東南。十四年，衛輝路有天光見於西方。十二月辛卯，絳州有紅氣起自北方，蔽天幾半，移時方散。十五年春，薊州雨血。十八年三月辛丑夜，大同路有黑氣蔽於西方，聲如雷然。俄頃，有雲如火，交射中天，遍地俱見火光，以物觸地，輒以火起。至夜半，空中如有兵戈相擊之聲。二十一年七月己巳，冀寧路忻州西北，有赤氣蔽空如血，逾時方散。八月壬午，棣州夜半有赤風亘天，起西北至於東北。癸未，彰德西北，夜有紅氣亘天，至明方息。乙酉，大同路北方，夜有赤氣蔽天，直過天庭，自東而西，移時方散，如是者三。十月癸巳昧爽，絳州有紅氣見於北方，如火。二十三年三月壬戌，大同路夜有赤氣亘天，中侵北斗。六月丁巳，絳州日暮有紅光見於北方，如火，中有黑氣相雜，又有白虹二，直衝北斗，逾時方散。庚申，晉寧路北方，日暮天赤，中有白氣如虹者三，一貫北斗，一貫北極，一貫天横，至夜分方滅。八月丙辰，忻州東北，夜有赤氣亘天，中有白色如蛇形，徐徐而行，逾時方散。十月丙申朔，大名路向青、齊一方，有赤氣照耀千里。二十四年九月癸酉，冀寧平晉縣西北方，至夜天紅半壁，有頃，從東而散。二十八年六月壬寅，彰德路天寧寺塔忽變紅色，自頂至踵，表裏透徹，如煅鐵初出於爐，頂上有光焰迸發，自二更至五更乃止。癸卯、甲辰亦如之。先是，河北有童謡云：「塔兒黑，北人作主南人客。塔兒紅，朱衣人作主人公。」七月癸酉，京師赤氣滿天，如火照人，自寅至辰，氣焰方息。

《洪範》曰：「木曰曲直。」失曲直之性，時則有木冰、木妖、狂人、鼠孽，時則有雞禍。其徵恒雨，其色青，是爲青眚青祥。

至元三十年正月，雨木冰三日。

大德七年十一月辛酉，木冰。

至順二年十一月丁巳，雨木冰。十二月癸亥，雨木冰。

後至元五年十一月癸酉，瑞州路新昌州雨木冰，至明年二月壬寅，冰始解。

至正四年正月，汴梁路鄭州尉氏、洧川、河陰三縣及龍興靖安縣雨木冰。十一月，東平雨木冰。十二年九月壬午，冀寧保德州雨木冰。十四年冬，龍興雨木冰。二十五年二月辛亥，汴梁雨木冰，狀如樓閣、人物、冠帶、鳥獸、花卉，百態具備，羽幢珠葆，彌望不絶，凡五日始解。

至元十九年，處州麗水縣樟樹生梨，可食。

元貞元年，太平路蕪湖縣進榆木，有文曰「天下太平年」。

後至元三年夏，上都、大都桑果葉皆有黄色龍文。九年秋，奉元桃杏實。十一年夏，松江普照寺黻帚開花。嘉興儒學閽人陶氏，磨上木肘發青條，開白花。又吴江分湖里，柳樹枯椿生長條如葦。進賢縣瑞竹生。十二年五月，汴梁祥符縣椿樹結實如木瓜。十六年七月，彰德李樹結實如小黄瓜。民謡云：「李生黄瓜，民皆無家。」二十一年，明州松樹結實，其大有盈尺者。八月，汴梁祥符縣邑中樹木，一夕皆有濕泥塗之。

憲宗七年九月，霖雨連月。九年夏四月，大雷雨，凡二十日。

至元七年八月，保定路霖雨，害稼。九年六月丁亥，京師大雨。十年，霖雨，害稼。十二月，河間霖雨。二十三年九月乙丑朔，雨壞太廟。二十四年六月，霸州益津縣霖雨，傷稼。九月，太原、河間、河南等路霖雨，害稼。二十五年五月，汴梁大霖雨。六月，睢陽霖雨。七月，保定路霸、漷二州淫雨，害稼。八月，嘉祥、魚臺、金鄉三縣淫雨。九月，莫、獻二州淫雨。保定路淫雨。二十六年六月，濟寧、東平、汴梁、濟南、順德、真定路，濱、棣州霖雨，害稼。七月辛巳，雨壞都城。八月，大都路霖雨。九月，昌國亦如之。二十七年二月，晉陵、無錫二縣霖雨。四月，芍陂屯田霖雨。七月，終南屯田霖雨。江西淫雨。二十八年八月，大名、清河、南樂諸縣霖雨爲災。九月，河間淫雨。

元貞二年八月，寧海州霖雨。

大德二年七月，大雨。五年八月，平灤路霖雨。是年，峽州、隨州、安陸、荆門、泰州、光州、揚州、滁州、高郵、安豐霖雨。六年五月，歸德、徐州、邳州、睢寧縣雨五十日。十月，濟南、濱、棣、泰安、高唐州霖雨，害稼。七年，浙西淫雨。八年五月，大名、滑、濬、德州、齊河霖雨。六月丁酉，汴梁祥符、開封、陳州霖雨。九年六月，潼川霖雨。十年六月，景州霖雨。十一年九月，襄陽霖雨。

至大二年，德州霖雨，害稼。四年七月，河間、順德、大名、彰德、廣平等路，德、濮、恩、通等州及冀寧祁縣霖雨，害稼。

皇慶元年，龍興路新建縣雨，害稼。

延祐元年五月，武陵縣霖雨。二年七月，潭州、金州、永州、茶陵霖雨。四年四月，遼陽蓋州雨水，害稼。六年七月，霸州文成縣雨，害稼。七年五月，汝寧府霖雨。

至治元年，江州、贛州淫雨。二年閏五月，安豐路雨，傷稼。三年五月，大名魏縣淫雨。保定定興縣，濟南無棣、厭次縣，濟寧碭山縣，河間齊東縣霖雨，害稼。

泰定元年七月，真定、廣平、廬州十一路雨，傷稼。德州、曹州淫雨。八月，汴梁考城、儀封，濟南沾化、利津等縣霖雨，損禾稼。二年五月，浙西諸路霖雨。六月，奉元、衛輝路及永平屯田雨，傷稼。九月，漢中道文州霖雨。三年十一月，廣寧路霖雨，傷稼。四年十月，大都路霖雨。是年，開封霖雨。

至順二年九月，湖州安吉縣霖雨。三年六月，京師霖雨。

元統二年三月，山東霖雨。

至元元年六月，大霖雨。二年五月乙卯，南陽鄧州大霖雨，自是日至於六月甲申乃止。八月，大都至通州霖雨。三年六月辛巳，衛輝路淫雨。四年六月，邵武路大雨。

至正二年秋，彰德路霖雨。三年四月至七月，汴梁路滎澤縣，鈞州新鄭、密縣霖雨，害稼。四年夏，汴梁蘭陽縣，許州長葛、郾城、襄城，睢州，歸德府亳州之鹿邑，濟寧之虞城淫雨，害蠶麥，禾皆不登。八月，益都霖雨，饑民有相食者。五年夏秋，汴梁祥符、尉氏、洧川，鄭州、鈞州、亳州久雨，害稼，二麥禾豆俱不登。河間路淫雨，妨害鹽課。八年五月，京師大霖雨，都城崩圮。鈞州新鄭縣淫雨，害麥。九年七月，高唐州大霖雨，壞官署民居。歸德府淫雨浹十旬。十年二月，彰德路大雨，害麥。二十年七月，益都高苑縣、陜州黽池縣大雨，害稼。二十三年七月，懷慶路河內、修武、武陟三縣及孟州淫雨，害稼。二十四年秋，密州安丘縣大雨。二十五年秋，密州安丘縣、潞州〔一〕、汴梁許州及鈞州之密縣淫雨，害稼。二十七年秋，彰德路淫雨。

至正六年八月，龍興進賢縣甘露降。二十年十月，國子學大成殿松柏樹有甘露降其上。

至正十年春，麗正門樓斗栱內，有人伏其中，不知何自而至，遠近聚觀之。門尉以白留守，達於都堂。上聞，有旨令取付法司鞫問。但云薊州人。問其姓名，詰其所從來，皆惘若無知，唯妄言禍福而已。乃以不應之罪笞之，忽不知所在。

至元二十二年六月，馬湖田鼠食稼。大德二年二月，沙州鼠傷稼。至正二十年八月，慶陽、延安、寧安等州野鼠食稼，初由鵪卵化生，既成牝牡，生育日滋，百畝之田，一夕俱盡。二十六年，泗州瀕淮兩岸，有灰黑色鼠，暮夜出穴，成羣覆地食禾。

至正十七年三月，上海李勝家伏雞七雛，一雛作牝雞鼓翼長鳴。十八年正月，錢塘盧子明伏雞一雛，有四足。二十二年，龍泉縣一雞二形，能鳴能伏。二十五年，瑞安縣鄭氏家有雄雞生子。

其色白，是爲白眚白祥。

《洪範》曰：「金曰從革。」失從革之性，時則有金石之妖、詩妖、毛蟲之孽。其徵恒暘，

大德二年六月，撫州崇仁縣辛陂村有星隕於地，爲緑色員石，邑人張椿以狀聞。

泰定四年八月，天全道山崩，飛石擊人，中者輒死。

至正十年正月甲戌，棣州白晝空中有聲，自西北而來，距州二十里隕於地，化爲石，其色黑，微有金星散布其上。有司以進，遂藏之司天監。十一月冬至夜，陝西耀州有星墜於西原，光耀燭地，聲如雷鳴者三，化爲石，形如斧，一面如鐵，一面如錫，削之有屑，擊之有聲。十六年冬十一月，大名路大名縣有星如火，自東南流，尾如曳篲，墜入於地，化爲石，青黑光瑩，狀如狗頭，其斷處類新割者。有司以進，太史驗視云：「天狗也。」命藏於庫。十九年四月己丑，建寧路甌寧縣有星墜於營山前，其聲如雷，化爲石。二十三年六月庚戌，益都臨朐縣龍山有星墜入於地，掘之深五尺，得石如磚，褐色，上有星如銀，破碎不完。

至元元年，龍興靖安縣山石迸裂，湧水，人多死者。十年三月，慶元奉化州南山石裂，其碎而大者，有山川、人物、禽鳥、草木之文。二十七年六月丁卯，沂州東蒼山有巨石，大如屋，崩裂墜地，聲震如雷。七月丙戌，廣西靈川縣臨江石崖崩。

庶徵之恒暘，劉向以爲春秋大旱也。

太宗十年八月，旱。

定宗三年，大旱。

中統元年八月，澤州、潞州旱。三年五月，濱、棣二州旱。四年八月，真定路及洺、磁等州，彰德路旱。十一月，東平、大名等路旱。

至元元年二月，東平、太原、平陽旱，分命西僧禱雨。二年，西京、北京、益都、真定、東平、順德、河間、徐、邳、宿旱。三年夏，黄州京北鷹朔旱。四年，順天東鹿旱。五年，京兆大旱。六月，真定等路旱。七年三月，益都、登、萊旱。七月，山東、南京旱。八年四月，蔚州靈仙、廣靈二縣旱。九年六月，高麗旱。十二年，太原等路旱。十三年十二月，平陽路旱。十五年，奉聖州及彰德等路旱。十六年七月，趙州旱。十八年二月，遼陽、廣寧、北京大定縣旱。十九年八月，真定以南旱。二十二年五月，廣平、汴梁、鈞州、鄭州、懷孟、濮州、東昌、廣平、平陽、彰德、衛輝旱。二十三年五月，汴梁旱，京畿旱。二十四年春，平陽旱，二麥枯死。二十五年，東平路須城等六縣，安西路商、耀、乾、華等十六州旱。二十六年，絳州大旱。二十七年，真定、平山、棗强三縣旱。二十八年二月，山東棣州旱。

元貞元年六月，環州、葭州及咸寧、伏羌、通渭等縣旱。七月，太原、安豐及河間肅寧、樂壽二縣旱。九月，泗州、賀州旱。二年七月，大名開州、懷州武陟縣、河間肅寧縣旱。九月，莫、獻州旱。十月，化州旱。十二月，遼東、開元二路及河南芍陂旱。

大德元年六月，汴梁、南陽大旱。七月，懷州武陟縣旱。八月，揚州、淮安、寧海州、真定、順德、河間旱。九月，鎮江丹陽、金壇二縣旱。十一月，常州路宜興州旱。十二月，平陽曲沃縣旱。二年二月，浙西嘉興、江陰，江東池州、建康、溧陽旱。五月，衛輝、順德、平灤等路旱。三年五月，荆湖諸路及桂陽、寶慶、興國三路旱。九月，大都、揚州、淮安旱。十月，揚、廬、隨、黄等州旱。四年三月，寧國、太平旱。五月，揚州、南陽、順德、東昌、歸德、汝寧、徐、濠等州旱，平棘、白馬二縣旱。五年六月，汴梁、南陽、衛輝、大名等路旱。九月，江陵旱。六年正月，陝西旱。七年，台州諸路旱。八年六月，鳳翔扶風、岐山、寶雞三縣旱。九年五月，道州旱。七月，晋州饒陽縣、漢陽漢川縣旱。八月，象州、融州、柳州屬縣旱。十年五月，京畿旱。安西春夏大旱，二麥枯死。十一年，台州自夏不雨，至秋九月。

至大元年二月，汝寧、歸德旱。五月，渭源縣旱。三年夏，廣平亢旱。四年六月，河間、陝西諸路旱。

皇慶元年六月，濱、棣、德三州及蒲臺等縣旱。二年九月，京畿大旱。

延祐二年春，檀、薊、濠三州旱。夏，鞏昌蘭州旱，濟寧、益都旱。四年四月，德安府旱。五年六月，荆州旱。七月，真定，河間、廣平、中山大旱。七年六月，黄、蘄二路及荆門旱。

州旱。九月，瀋陽旱。

至治元年四月，袁州、建昌及廣德路旱。五月，高郵州旱。六月，大同路、臨江路旱。二年二月，揚州、淮安路旱。十一月，岷州旱。三年夏，土番岷州、順德、真定、冀寧大旱。

泰定元年三月，臨洮狄道，石州、離石、寧鄉旱。六月，景、清、滄、莫等州，臨汾、涇川、靈臺、壽春、六合等縣旱。九月，建昌路旱。十二月，兩浙及江東諸路旱。二年三月，荆門州旱。五月，潭州、茶陵州、興國永興縣旱。七月，隨州、息州旱。三年五月，廬州、鬱林州旱，燕南、河南州縣十有四亢陽不雨。七月，關中、大名、永平、奉元諸路旱。九月，南思州旱。十一月，懷慶、修武路旱。四年五月，奉元醴泉、順德唐山、邠州淳化等縣旱。五月，大都、南陽、汝寧、廬州等路旱。六月，潞、霍、綏德三州旱。七月，江南、延安諸路旱。八月，真定、晉寧、延安、河南及藤州旱。十月，龍興路旱。十一月，永平路旱。十二月，大都、保定、真定、東平、濟南、懷慶等路旱。

致和元年二月，廣平、彰德等路旱。五月，涇州旱。六月，江陵路旱。

天曆元年八月，陝西大旱，人相食。二年夏，真定、河間、大名、廣平等四州四十一縣旱，峽州二縣旱。七月，大都之東安、薊州、永清、益津諸縣旱。八月，浙西湖州，江東池州、饒州旱。十二月，冀寧路旱。

至順元年七月，肇州、興州、東勝州及榆次、滏陽等十三縣旱。十月，武昌、湖廣常德、潭州諸路旱。十一月，冠州、廬州。江西龍興、南康、撫、瑞、袁、吉、饒州及大名、真定、河間諸路旱。二年三月，浙西旱。四月，霍、隰、石三州，阜城、平地二縣旱。八月，黄州旱。三年八月，真定路，冀寧路之陽曲、河曲二縣及荆門州、河南府之洛陽縣旱。四年夏，紹興旱，淮東、西亦旱。

元統元年夏，紹興旱，自四月不雨，至於七月。淮東、淮西皆旱。二年三月，湖廣旱，自是月不雨，至於八月。四月，河南旱，自是月不雨至於八月。秋，南康旱。

至元元年三月，益都路旱。夏，河南及邵武大旱。二年，蘄州、黄州，浙東衢州、婺州、紹興，江東信州，江西瑞州等路，及陝西皆旱。是年四月，黄州黄岡縣周氏婦産一男，未幾死，狗頭人身，咸以爲旱魃云。六年夏，大寧、廣寧、遼陽、開元、瀋陽、懿州旱。廣東南雄路旱，自二月不雨至於五月，種不入土。

至正二年，彰德、大同二路及冀寧平晉、榆次、徐溝縣，汾州孝義縣，沂州皆大旱，自春至秋不雨，人有相食者。秋，衛輝大旱。三年秋，興國大旱。四年，福州大旱，自三月不雨至於八月。興化、邵武、鎮江及湖南之桂陽皆旱。五年，曹州禹城縣大旱。夏，膠州高密縣旱。六年，鎮江及慶元奉化州旱。七年，懷慶、衛輝，河東及鳳翔之岐山，汴梁之祥符，河南之孟津，皆大旱。八年三月，益都臨淄縣大旱。五月，四川旱。十年夏秋，彰德旱。十一年，鎮江旱。十二年，蘄州、黄州大旱，人相食。浙東紹興旱。台州自四月不雨，至於七月。十三年，蘄州、黄州及浙東慶元、衢州、婺州，江東饒州，江西龍興、瑞州、建昌、吉安，廣東南雄，湖南永平，桂陽，皆大旱。十四年，懷慶河内縣、孟州，汴梁祥符縣，福建泉州，湖南永州、寶慶，廣西梧州，皆大旱。祥符旱魃再見。泉州種不入土，人相食。十五年，衛輝大旱。十六年，婺州、處州皆大旱。十八年春，薊州旱。莒州、濱州、般陽滋州縣、霍州、鄜州、鳳翔岐山縣，春夏皆大旱。莒州家人自相食。岐山人相食。十九年，晉寧、鳳翔，廣西梧州、象州，皆大旱。二十年，通州旱。汾州介休縣自四月至秋不雨。廣西賓州大旱，自閏五月不雨至於八月。二十二年，河南洛陽、孟津、偃師三縣大旱，人相食。二十三年，山東濟南、廣西賀州皆大旱。

後至元五年八月，京師童謡云：「白雁望南飛，馬札望北跳。」至正五年，淮楚間童謡云：「富漢莫起樓，窮漢莫起屋。但看羊兒年，便是吴家國。」十年，河南北童謡云：「石人一隻眼，挑動黄河天下反。」十五年，京師童謡云：「一陣黄風一陣沙，千里萬里無人家。回頭雪消不堪看，三眼和尚弄瞎馬。」十六年正月，松江民謡曰：「滿城多是火，官府四散躱。城裹無一人，紅軍府上點。」

太宗九年，左翼部謠言括民女。至元十一年四月，誅西京謠言惑衆者。後至元三年，郡邑皆相傳朝廷欲括童男女，於是市井鄉里競相嫁娶，倉卒成婚，貧富長幼多不得其宜者，此民謠言也。

元貞三年正月，海州牟平縣獲白鹿於聖水山以獻。至正十年，彰德境内狼狽爲害，夜如人形，入人家哭，就人懷抱中取小兒食之。二十三年正月，福州連江縣有虎入於縣治。二十四年七月，福州白晝獲虎於城西。二十九年正月，上都有狐數頭入行殿，直至御殿下。

皇慶二年八月，黄梅縣天雨毛。元統二年六月，彰德雨白毛，俗呼云「老君髯」。民謡曰：「天雨氂，事不齊。」至元三年三月，彰德雨毛，如綿而緑，俗呼云「菩薩綿」。民謡云：「天雨線，民起怨。中原地，事必變。」六年七月，延安路鄜州雨白毛，如馬鬃，所屬邑亦如之。至正十三年四月，冀寧榆次縣雨白毛，如馬鬃。七月，泉州如雨白絲。十八年五月，益都雨白氂。十九年三月，遵化路連日雨氂。八月，安仁縣怪物見空中，白色，頭黑，尾鋭。二十五年五月甲子，京師雨氂，長尺許，如馬鬃。二十七年五月，益都雨白氂。

至元二十四年七月癸丑，日暈連環，白虹貫之。至大元年七月，流星起句陳，化爲白氣，員如車輪，至貫索始滅。皇慶元年六月丁卯，天雨毛。延祐元年二月己亥，白暈亘天，連環貫日。至順三年五月丁酉，白虹並日出，其長竟天。後至元四年八月丁丑，京師白虹亘天。至正二十二年，京師有白氣如小索，起危宿，長五百丈，掃太微。二十四年六月癸卯，冀寧路保德州三星晝見，有白氣横突其中。二十六年三月丁亥，白虹五道亘天，其第三道貫日；又氣横貫東南，良久乃滅。二十七年五月，大名路有白氣二道。二十八年閏七月乙丑，冀寧文水縣有白虹貫日，自東北直繞西南，雲影中似日非日，如鏡者三，色青白，逾時方散。

至正二十一年，昆明縣生赤小犬，色如火，羣吠徧野。二十八年，上海金壽家雄犬生小狗八，其一嘴爪紅如鮮血。

【校勘記】

〔一〕「璐州」，原作「丘璐」，據《元史》卷五一志第三下《五行二》改。

新元史卷之四十五　志第十二

五行志下

《洪範》曰："土爰稼穡。"失土之性，稼穡不成，時則有饑饉，爲地震山崩，天雨土，花妖，蟲孽，牛禍。其徵恒風，其色黄，是爲黄眚黄祥。

中統元年五月，澤州饑。二年六月，塔察兒部饑。七月，桓州饑。三年五月，甘州饑。閏九月，濟南路饑。

至元二年四月，遼東饑。五年九月，益都饑。六年十一月，濟南及固安、高唐二州饑。七年五月，東京饑。七月，山東淄、萊等州饑。八年正月，西京、益都饑。九年四月，京師饑。七月，水達達部饑。十七年三月，高郵州饑。十八年二月，浙東饑。四月，通、泰、崇明等州饑。十九年九月，真定路饑，民流徙鄂州。二十三年七月，宣寧縣饑。二十四年九月，平灤路饑。十二月，平江、嘉興路，湖、秀二州饑。二十五年四月，蒲台縣饑。十一月，兀良合部饑。二十六年二月，合木裏部饑。三月，安西、甘州等路饑。四月，遼陽路饑。

閏十月，武平路饑，檀州饑。十二月，蠡州饑，河間、保定二路饑。二十七年二月，開元路寧遠等縣饑。四月，浙東婺州饑。河間任丘、保定定興二縣饑。九月，河東山西道饑。二十八年三月，真定、河間、保定、平灤、太原、平陽等路饑。杭州、平江、鎮江、廣德、太平、徽州饑。九月，武平路饑。十二月，洪寬女真部饑，大都饑。二十九年正月，清州、興州饑。三月，大寧之龍山縣、里州之和中縣饑，東安、固安、薊、棣四州饑。三月，咸寧、昌州饑。閏六月，南陽、懷孟、衛輝等府路饑。三十年十月，京師饑。

元貞二年四月，平陽絳州、太原陽曲、台州黃巖饑。

大德元年六月，廣德路饑。七月，寧海州文登、牟平等縣饑。三年八月，揚州、淮安等路饑。四年二月，湖北饑。三月，寧國、太平二路饑。九月，建康、常州、江陵等路饑。六年五月，福州饑。六月，杭州、嘉興、湖州、廣德、寧國、饒州、太平、紹興、慶元、婺州等路饑，大同路饑。七月，建康路饑。十一月，保定路饑。七年二月，真定路饑。五月，太原、龍興、南康、袁州，瑞州、撫州等路，高唐、南豐等州饑。六月，浙西饑。七月，常德路饑。八年六月，烏撒、烏蒙、忙部、東川等路饑。九年三月，常寧州饑。五月，寶慶路饑。八月，揚州饑。十年三月，濟州任城饑。四月，漢陽、淮安、道州、柳州饑。七月，黃州、沅州、永州饑。八月，成都饑。十一月，揚州、辰州饑。十二月，山東饑。

至大元年二月，益都、般陽、濟寧、濟南、東平、泰安大饑。六月，山東、河南、江淮等路大饑。二年七月，徐州、邳州饑。

皇慶元年六月，鞏昌、河州路饑。二年三月，晉寧、大同、東川、鞏昌、甘肅等路饑。四月，真定、保定、河間等路饑。五月，順德、冀寧二路饑。六月，上都饑。

延祐元年六月，衡州饑。七月，台州饑。十二月，歸德、汝寧、沔陽、安豐等府路饑。二年正月，晉寧、宣德、懷孟、衛輝、益都、般陽等路饑，漢陽路饑。三年二月，河間、濟南、濱、棣等處饑。四月，遼陽蓋州及南豐州饑。五月，寶慶、桂陽、澧州、潭州、永州、道州、袁州饑。四年正月，汴梁饑。五年四月，上都及遼陽饑。六年八月，山東濟寧饑。七年四月，上都、濟南蒙古軍饑。五月，大同、雲内、豐州、東勝州饑，瀋陽路饑。八月，廣東新州新興縣饑。

至治元年正月，蘄州蘄水縣饑。二月，河南汴梁、歸德、安豐等路饑。是春，般陽饑。五月，膠、濮二州饑。七月，南恩、新州饑。十一月，鞏昌成州饑。十二月，慶遠、真定二路饑。二年三月，河南、淮東、淮西諸路饑，延安延長、宜川二縣饑，奉元路饑。四月，東昌、霸州饑。九月，臨安河西縣饑。三年二月，京師饑。三月，平江嘉定州饑，崇明、黄巖二州饑。十一月，鎮江丹徒、沅州黔陽縣饑。十二月，歸、澧二州饑。

泰定元年正月，惠州、新州、南恩州，信州上饒縣，廣德路廣德縣，岳州臨湘、華容等縣俱饑。二月，慶元、紹興二路，綏德州米脂、清澗二縣饑。三月，臨洮狄道縣、石州離石縣饑。四月，江陵、荆門州、監利縣饑。五月，贛州、吉安、臨江等路，崑山、南恩等州饑。八月，冀寧、延安、江州、安陸、杭州、建昌、常德、全州、桂陽、辰州、南安等路屬州縣饑。九月，紹興、南康二路饑。十一月，泉州饑，中牟、延津二縣饑。二年正月，梅州饑，禄勸、英德二州饑。閏正月，河間、真定、保定、瑞州四路饑。二月，鳳翔路饑。三月，薊、漷、徐、邳四州饑，濟南、肇慶、江寧、惠州饑。四月，杭州、鎮江、寧國、南安、潯州、潭州等路饑。五月，廣德、袁州、撫州饑。六月，寧夏路饑。九月，瓊州、成州饑，德慶路饑。十二月，濟南、延川等路饑。三年三月，河間、保定、真定、衛輝、中山、順德、寧夏、建昌、大都、永平、奉元饑。四月，濟南饑。十一月，潘陽、大寧、永平、廣寧、金、復州，甘肅亦集乃路饑。四年正月，遼陽諸路饑。二月，奉符、長清、萊蕪三縣饑〔一〕，建康、淮安、蘄州屬縣饑。四月，通、薊等州，漁陽、永清等縣饑。七月，武昌江夏縣饑。

致和元年二月，乾州饑。三月，晉寧、冀寧、奉元、延安等路饑。四月，保定、東昌、般陽、彰德、大寧五路屬縣饑。五月，河南、東平、大同等路饑。七月，咸寧、長安、涇州、靈臺饑。

天曆二年正月，大同及東勝州饑，涿州房山、范陽等縣饑。四月，奉元耀州、乾州、華州及延安、邠、寧諸縣饑，流民數十萬。大都、興和、順德、大名、彰德、懷慶、衛輝、汴梁、中興等路，泰安、高唐、曹、冠、徐、邳等州饑，江東、浙西二道饑。八月，忻州饑。十月，漢陽、武昌、常德、澧州等路饑，鳳翔府大饑。三年正月，寧海州文登、牟平縣饑。懷慶、衡州二路饑。真定、汝寧、揚、廬、蘄、黄、安豐等路饑。二月，河南大饑。三月，東昌須城、昌邑縣饑。沂、莒、膠、密、寧海五州，臨清、定陶、光山等縣饑。鞏昌蘭州、定西州饑。四月，德州清平縣饑。

至順元年，秦州饑。二年二月，集慶、嘉興二路及江陰州饑。檀、順、濰、密、昌平五州饑。六月，興和路高原、咸平等縣饑。九月，思州鎮遠府饑。十二月，河南大饑。三年四月，大理、中慶路饑。五月，常寧州饑。七月，滕州饑。八月，大都寶坻縣饑。

元統元年夏，兩淮大饑。二年春，淮西饑。七月，池州饑。十一月，濟南、萊蕪縣饑。

至元元年春，益都路沂水、日照、蒙陰、莒四縣及龍興路饑。夏，京師饑。是歲，沅州、道州、寶慶及邵武、建寧饑。二年，順州及淮西安豐，浙西松江州，台州，江西江、撫、袁、瑞四州，湖北沅州盧陽縣饑。三年，大都及濟南、蘄州、杭州、平江、紹興、溧陽、瑞州、臨江饑。五年，上都開平縣、桓州，興和寶昌，濮州之鄄城，冀寧之文州，益都之膠、密、莒、濰四州，遼東瀋陽路，湖南衡州，江西袁州，八番順元等處皆饑。六年，順德之邢臺，濟城之歷城，大名之元城，德州之清平，泰安之奉符、長清，淮安之山陽等縣，歸德邳州，益都、般陽、處州、婺州四路皆饑。

至正元年春，京畿州縣，真定、河間、濟南及湖南饑。夏，彰德及温州饑。二年，保德州大饑。三年，衛輝、冀寧、忻州大饑，人相食。四年，霸州大饑，人相食。東平路東阿、陽穀、汶上、平陰四縣皆大饑。冬，保定、河南饑。五年春，東平路須城、東阿、陽穀三縣及徐州大饑，人相食。夏，濟南、汴梁、河南、邠州、瑞州、温州、邵武饑。六年五月，陝西饑。七月，彰德、懷慶、東平、東昌、晉寧等處饑。九年春，膠州大饑，人相食。鈞州新鄭、密縣饑。十四年春，浙東台州，江東饑。閩海福州、邵武、汀州，江西龍興、建昌、吉安、臨江，廣西静江等路皆大饑，人相食。十七年，河南大饑。十八年春，莒州蒙陰縣大饑，斗米金一斤。冬，京師大饑，人相食。彰德、山東亦如之。十九年正月至五月，京師大饑，銀一錠得米僅八斗，死者無算。通州民劉五殺其子而食之。保定路莩死盈道，軍士掠孱弱以爲食。濟南及益都之高苑，莒之蒙陰，河南之延津、新安、澠池等縣皆大饑，人相食。二十一年，霸州饑，民多莩死。

太宗五年癸巳十二月，大風霾七晝夜。

至元十六年，保定二十餘路大風害稼。二十年正月，汴梁延津、封丘二縣大風，麥苗盡拔。二十四年，西京、北京、隆興、平灤、南陽、懷孟等路大風。三十一年七月，棣州陽信縣大風，拔木發屋。

元貞元年，金、復州大風損禾。三年，順德大風。

大德二年五月，衛輝、彰德大風損禾。八年九月，潮州颶風，海溢。十年二月，大同路暴風。

至大元年秋，歸德大風。

延祐七年八月，延津縣大風，晝晦，桑隕者十八九。

至治元年三月。大同路大風，走沙土，壅没麥田一百餘頃。二年十二月，大同、衛輝、江陵屬縣皆大風。三年三月，衛輝路大風，桑隕蠶死。

泰定元年八月，永嘉縣大風，海溢。三年七月，寶坻、房山二縣大風折木。八月，鹽官州海溢。大都昌平等縣大風一晝夜，壞民居九百餘家。四年五月，衛輝路輝州大風九日，禾盡偃。是年，通州、崇明州大風。

天曆三年二月，胙城縣、新鄉縣大風。

至順元年，衛輝路大風。七月，廣平、真定、肥城、保定曲陽大風。二年十月，吴江州大風。是年，柳林行宮大風拔木。

元統元年三月，紹興蕭山縣大風拔木。

至正元年七月，廣西雷州颶風大作，湧潮水，拔木害稼。二年十月，海州颶風作，海水溢，溺死人民。四年七月，温州颶風大作。七年正月朔，大都大風。十三年五月乙丑，潯州颶風大作，壞官舍民居，屋瓦門扉皆飄揚七里之外。十四年七月甲子，潞州襄垣縣大風拔木。十六年，温州大風。十七年六月，温州颶風。十八年正月，大風起自西北，仆益都萬歲碑。二十一年正月癸酉，石州大風拔木，六畜皆鳴，人持槍矛忽生火焰，抹之即無，摇之即有。二十四年，台州路黄巖州海溢，颶風拔木，禾盡偃。二十七年三月庚子，京師有大風，起自西北，飛砂揚礫，昏冥蔽天，逾時風勢八面俱至，終夜不止，如是者連日。自後每日寅時風起，萬竅争鳴，戌時方息。至五月癸未乃止。二十八年正月，上都風霾。二月，上都大風晝晦。

至元四年六月。中都、順天、東平等處蠶災。七年五月，東平、大名等處蠶災。十七年二月，真定七路桑有蟲食之。二十二年五月，真定、廣平、河間、大名、濟南蠶災。二十三年五月，廣平等路蠶災。二十五年七月乙巳，保定路唐縣野蠶成繭。二十九年，真定之中山、新樂、平山、獲鹿、元城、靈壽；河間之滄州無棣，景州之阜城、東光；益都之濰州北海縣；有蟲食桑皆盡。

元貞元年四月，真定平山、靈壽二縣有蟲食桑。二年五月，隨州野蠶成繭。

大德元年六月，平灤路蟲食桑。五年四月，大都、彰德、廣平、真定、順德、大名、濮州蟲食桑。七年五月，濟寧等處蟲食桑。

至大元年五月，大名、廣平、真定三路蟲食桑。

至治元年五月，保定路飛蟲食桑。

致和元年六月，河南德安屯蠖食桑。

天曆二年二月，真定平山縣、河間臨津等縣、大名魏縣蟲食桑。四月〔二〕，濮州鄄城縣、大名路〔三〕，六月，衛輝，蠶災。三月，滄州、高州及南皮、鹽山、武城等縣蟲食桑〔四〕。

至順元年三月，濮州諸縣蟲食桑。五月，滄州、高唐州蟲食桑。二年二月，深、冀二州蟲食桑。三月，真定、汴梁二路，恩、冠、晉、冀、深、蠡、景、獻等州亦如之。五月，東昌、保定二路，濮、高唐等州蟲食桑。六月，濟寧路蟲食桑。七月，辰州、興國二路蟲食桑，傷禾。三年三月，高唐、深、冀等州，大名、汴梁、廣平三路蟲食桑。四月，東昌、濟寧二路及曹、濮等州蟲食桑。

至元八年六月，遼州和順縣、解州聞喜縣蝝生。十八年，高麗，夏津、武城縣蟊。二十三年五月，霸州、漷州蝻。十月，興化路仙游縣蟲傷禾。二十四年，鞏昌蚄爲災。二十七年四月，婺州螟害稼。雷雨大作，螟盡死，歲乃大稔。

元貞元年六月，利州龍山縣、蓋州明山縣螟。二年五月，濟州任城縣螟。

大德七年五月，濟南、東昌、般陽、益都等路蟲食麥。閏五月，汴梁開封縣蟲食麥。九年七月，桂陽郡蝝。

至大元年五月，東平、東昌、益都等路蝝。

皇慶二年五月，檀州及獲鹿縣蝻。

延祐七年七月，霸州及南邑縣蝻。

泰定二年七月，奉元路咸陽、興平、武功蝻。三年，鳳翔府岐山等縣蚄害稼。

天曆二年，淮安、廬州、安豐三路屬縣蝻。

至順元年七月，寶慶等路田生青蟲，食稼。

至正三年六月，梧州青蟲食稼。十年七月，同州蟲食稼。知州石亨祖禱於元妙觀，雨三日，蟲盡死。十九年五月，濟南章丘、鄒平二縣蝻，五穀不登。二十二年春，衛輝路螟。六月，膠水縣蚄生。七月，掖縣蚄生，害稼。二十三年六月，寧海文登縣蚄生。七月，萊州招遠、萊陽二縣，文登州、寧海州蚄生。

太宗十年八月，蝗。

中統三年五月，真定、順天、邢州等路蝗。四年六月，燕京、河間、益都、真定、東平蝗。八月，濱、棣等州蝗。

至元二年七月，益都大蝗。十二月，西京、北京、順德、徐、宿、邳等州、路蝗。三年，東平、濟南、益都、平灤、洺磁、順天、邢州、中都、河間、北京、真定路蝗。四年，山東、河南北諸路蝗。五年六月，東平等路蝗。六年六月，河南北、山東諸路蝗。七年三月，益都、登、萊蝗。七月，南京、河南諸路蝗。八年六月，上都、中都、大名、河間、益都、順天、懷孟、彰德、濟南、真定、衛輝、平陽、歸德、順德等路，淄、萊、洺、磁等州蝗。十五年，濮州蝗。十六年四月，大都十六路蝗。十七年五月，真定、咸平、沂州及漣、海、邳、宿等州蝗。十九年四月，别十八里部東三百餘里蝗害麥。二十一年六月，中衛屯田蝗。二十二年四月，大都、汴梁、益都、廬州、河間、濟寧、歸德、保定蝗。七月，京師蝗。二十五年七月，真定、汴梁蝗。八月，趙、晉、冀三州蝗。二十六年六月，東平、濟寧、東昌、益都、真定、廣平、歸德、汴梁、懷孟蝗。二十七年四月，河北蝗。二十九年六月，東昌、濟南、般陽、歸德等路蝗。三十年六月，大興縣蝗。九月，登州蝗。三十一年六月，東安蝗。

元貞元年六月，汴梁陳留、太康、考城等縣，睢、許等州蝗。二年六月，濟寧任城、魚臺縣，東平須城、汶上縣，開州長垣、清豐縣，德州齊河縣，滑州内黄縣，潁州太和縣蝗。七月，平陽、大名、歸德、真定等處蝗。八月，德州、彰德、太原蝗。

大德元年六月，歸德、邳州、徐州蝗。二年二月，歸德等處蝗。四月，江南、山東、兩淮、江浙、燕南屬縣百五十處蝗。六月，山東、河南、燕南、山北五十處，遼東、大寧路金源縣蝗。三年五月，揚州及淮安屬縣蝗，有鶖食之。十月，隴、陝蝗。四年五月，揚州、南陽、順德、東昌、歸德、濟寧、徐、濠、芍陂蝗。五年六月，順德路淇州蝗。七月，廣平、真定等路蝗。八月，河南睢、陳、唐、和等州，新野、汝陽、江都、興化等縣蝗。六年四月，真定、大名、河間等路蝗。七月，大都涿、順、固安三州及濠州鍾離、鎮江丹徒蝗。七年五月，益都、濟南等路蝗。六月，大寧路蝗。八年四月，益都臨朐、德州齊河縣蝗。六月，益津縣蝗。九年六月，通、泰、靖海、武清等州縣蝗。八月，涿州良鄉、河間南皮、泗州天長等縣及東安、海鹽等州蝗。十年四月，大都、真定、河間、保定、河南等路蝗。六月，龍興、南康等路蝗。十一年五月，真定、河間、順德、保定等路，六月，保定屬縣，七月，德州，八月，河南、真定等路蝗。

至大元年二月，汝寧、歸德二路蝗。五月，晉寧路蝗。六月，真定、保定二路蝗。八月，淮東蝗。二年四月，益都、東平、東昌、順德、廣平、大名、汴梁、衛輝等路蝗。六月，檀、霸、曹、濮、高唐、泰安等州，良鄉、舒城、歷陽、合肥、大安、江寧、句容、溧水、上元等縣蝗。七月，濟南、濟寧、般陽、河中、解、絳、耀、同、華等州蝗。八月，真定、保定、河間、懷孟等路蝗。三年四月，寧津、堂邑、茌平、陽穀、平原、齊河、禹城七縣蝗。五月，合肥、歷陽、蒙城、霍邱、懷寧等縣蝗。七月，磁州、威州，饒陽、元氏、平棘、滏陽、元城、無棣等縣蝗。

皇慶元年，彰德、安陽縣蝗。

延祐七年六月，益都蝗。

至治元年五月，霸州蝗。六月，衛輝、汴梁等處蝗。七月，江都、泰興、通許、臨淮、盱眙、清流等縣蝗。十二月，寧海州蝗。二年，汴梁祥符縣蝗，有羣鶖食蝗，既食而復吐之，積如丘垤焉。十二月，汴梁、順德、河間、保定、濟寧、濮州、益都諸路蝗。三年五月，保定路歸信縣蝗。七月，真定諸路蝗。

泰定元年六月，大都、順德、東昌、衛輝、保定、益都、濟寧、彰德、真定、般陽、廣平、大名、河間、東平等路蝗。二年五月，彰德等路蝗。六月，德、濮、曹、景等州，歷城、章丘、淄川、茌平等縣蝗。九月，濟南、歸德等路蝗。三年六月，東平須城縣、興國永興縣蝗。七月，大名、順德等路，趙州，曲陽、滿城、慶都、修武等縣蝗，淮安、高郵二路，睢、泗、雄、霸等州蝗。八月，永平、汴梁、懷慶等路蝗。四年五月，大都、南陽、汝寧、廬州等路蝗。洛陽縣有蝗五畝，羣鳥盡食之，越數日，蝗又集，又食之。六月，大都、河間、濟南、大名、陝州蝗。七月，藉田蝗。八月，冠州、恩州、大都、河間、奉元、懷慶諸路蝗。十二月，保定、濟南、衛輝、濟寧、廬州五路，南陽、河南二府蝗，博興州、臨淄、膠西等縣蝗。

致和元年四月，大都薊州、永平路石城縣蝗。鳳翔岐山縣蝗，無麥苗。五月，潁州及汲縣蝗。六月，武功縣蝗。

天曆二年四月，大寧興中州、懷慶孟州、廬州無爲州蝗。六月，益都路莒、密二州蝗。七月，真定、汴梁、永平、淮安、廬州、大寧、遼陽等路屬縣蝗。八月，保定行唐縣蝗。三年五月，廣平、大名、般陽、濟寧、東平、汴梁、南陽、河南等路，輝、德、濮、開、高唐五州蝗。

至順元年六月，滹、薊、固安、博興等州蝗。七月，解州、華州及河内、靈寶、延津等二十二縣蝗。二年三月，陝州諸路蝗。六月，孟州濟源縣蝗。七月，河南閿鄉、陝縣，奉元蒲城、白水等縣蝗。

元統二年六月，大寧、廣寧、遼陽、開元、瀋陽、懿州蝗。八月，南康諸縣蝗。

後至元二年七月，黄州蝗。三年六月，懷慶、温州、汴梁陽武縣蝗。七月，武陟縣鷹食蝗。五年七月，膠州即墨縣蝗。是年秋七月，螟生牧野南，有鸜鵒自西北來，啄螟食之盡。

至正四年，歸德府永城縣及亳州蝗。十二年六月，大名路開、滑、濬三州，元城十一縣蝗。十七年，東昌茌平縣蝗。十八年夏，薊州、遼州、濰州昌邑縣、膠州高密縣蝗。秋，大都、廣平，順德及濰州之北海、莒州之蒙陰、汴梁之陳留、歸德之永城皆蝗。順德九縣民食蝗，廣平人相食。十九年，大都霸州、通州，真定、彰德、懷慶、東昌、衛輝，河間之臨邑，東平之須城、東阿、陽穀三縣，益都路之益都、臨淄二縣，濰州、膠州、博興州，大同、冀寧二路，文水、榆次、壽陽、徐溝四縣，沂、汾二州及孝義、平遥、介休三縣，晉寧潞州及壺關、潞城、襄垣三縣，霍州趙城、靈石二縣，隰之永和，沁之武鄉，遼之榆社，奉元，及汴梁之祥符、原武、鄢陵、扶溝、杞、尉氏、洧川七縣，鄭之滎陽、汜水，許之長葛、郾城、臨潁，鈞之襄城、新城、密縣皆蝗，食禾稼草木俱盡，所至蔽日，礙人馬不能行，填坑塹皆盈。饑民捕蝗以爲食，或曝乾而積之，又罄，則人相食。七月，淮安清河縣飛蝗蔽天，自西北來，凡經七日，禾稼俱盡。八月，大同路蝗。二十年，益都臨朐、壽光二縣，鳳翔岐山縣蝗。二十一年六月，河南鞏縣蝗，食稼俱盡。七月，衛輝及汴梁滎澤縣、鄭州蝗。二十二年秋，衛輝及汴梁開封、扶溝、洧川三縣，許州及鈞之新鄭、密二縣蝗。二十五年，鳳翔岐山縣蝗，績溪縣蝗。

至元十六年四月，益都樂安縣朱五十家，牛生犑犢，兩頭四耳三尾，其色黃，既生即死。

大德九年二月，大同平地縣迷兒的斤家，牛生麒麟而死。

至大四年，大同宣寧縣民滅的家，牛生一犢，其質有鱗無毛，其色青黄，類若麟者，以其鞹上之。

泰定三年九月，湖州長興州民王俊家，牛生一獸，鱗身牛尾，口目皆赤，墮地即大鳴，母不乳之。具圖以上，不知何獸，或曰：「此瑞也，宜俾史臣紀録。」

至正九年三月，陳州楊家莊牛生黄犢，火光滿室，麻頂緑角，間生緑毛，不食乳，二日而死。十年秋，襄陽車城民家，牛生犢，五足，前三、後二。十六年春，汴梁祥符縣牛生犢，雙首，不及二日死。二十八年五月，東昌聊城縣錢鎮撫家，牛生黄犢，六足，前二後四。

至元二十四年，諸王薛徹都部雨土七晝夜，没死牛畜。

大德十年二月，大同平地縣雨沙黑霾，斃牛馬二千。

至治三年二月丙戌，雨土。

致和元年三月壬申，雨霾。

天曆二年三月丁亥，雨土霾。

至順元年三月丙戌，雨土霾。

後至元五年二月，信州雨土。

至正三年三月至四月，忻州風霾晝晦。二十六年四月乙丑，奉元路黄霧四塞。

至元元年十一月，興國路地震。四年八月，漢陽地震〔五〕。二十一年八月，松滋、枝江地震〔六〕。九月戊子，京師地震。二十六年正月丙戌，地震。二十七年二月癸未，泉州地震。丙戌，泉州地復震。八月癸未，武平路地大震。二十八年八月乙丑，平陽路地震，壞廬舍萬八百區。

元貞元年三月壬戌，地震。

大德六年十二月辛酉，雲南地震。戊辰，亦如之。七年八月辛卯夕，地震，太原、平陽尤甚，壞官民廬舍十萬計。平陽趙城縣范宣義郇堡徙十餘里。太原徐溝、祁縣及汾州平遥、介休、西河、孝義等縣地震成渠，泉涌黑沙。河州北城陷，長一里，東城陷七十餘步。八年正月，平陽地震不止。九年四月己酉，大同路地震，有聲如雷，壞廬舍五千八百，壓死者一千四百餘人。懷仁縣地震二所，涌水盡黑，其一廣十八步，深十五丈，其一廣六十六步，深一丈。五月癸亥，以地震，改平陽路爲晉寧，太原路爲冀寧。十一月壬子，大同地震。十二月丙子，又震。十年閏正月，晉寧、冀寧地震不止。三月，道州營道縣暴雨，山裂百三十餘處。八月壬寅，開城路地震。

至大元年六月丁酉，鞏昌隴西、寧遠縣地震。雲南烏撒、烏蒙地三日而大震者六。九月己酉，蒲縣地震。十月癸丑，蒲縣、陵縣地震。二年十二月壬戌，陽曲縣地震有聲。三年十二月戊申，冀寧路地震。四年三月己亥，寧夏路地震。七月癸未，甘州地震，大風，有聲如雷。閏七月甲子，寧夏地震。

皇慶二年六月己未朔，京師地震。丙寅，又震。七月壬寅，又震。

延祐元年二月戊辰，大寧路地震。四月甲申朔，大寧地震，有聲如雷。八月丁未，冀寧、汴梁等路，陟縣、武安等縣地震。十一月戊辰，大寧地震如雷。二年五月乙丑，秦州成紀縣北山移至夕川河，明日再移，平地突如土阜，高者二三丈，陷没民居。十一月乙卯，宣德縣屢震。三年八月己未，冀寧、晉寧等路地震。十月壬午，河南地震。四年正月壬戌，冀寧地震。七月己丑，成紀縣山崩。辛卯，冀寧地震。九月，嶺北地震三日。五年正月甲戌，懿州地震。二月癸巳，和寧路地震。丁酉，泰安縣山崩。五月己卯，德慶路地震。七月戊子，寧遠縣山崩。八月，伏羌縣山崩，秦州成紀縣山崩，朽壤墳起，没畜産。

至治二年九月癸亥，地震。十一月癸卯，地震。

泰定元年八月，成紀縣山崩水溢，壅土至來谷河成丘阜。十月庚申，奉元路同州地震。三年十二月丁亥，寧夏路地震。四年三月癸卯，和寧路地震如雷。八月，鞏昌通渭縣山崩，碉門地震，有聲如雷，晝晦。鳳翔、興元、成都、陜州、江陵等路地同日震。九月壬寅，寧夏地震。

致和元年七月辛酉朔，寧夏地震。己卯，大寧路地震。十月壬寅，大寧路地震。至順二年四月丁亥，真定涉縣一日五震或三震，月餘乃止。三年四月戊申，大寧路地震。五月戊寅，京師地震有聲。八月己酉，隴西地震。九月丁酉夜，京師地震有聲。

元統元年八月，鞏昌、徽州山崩。九月庚申，秦州山崩。十月丙寅，鳳州山崩。十二月丙申，鞏昌成紀縣地裂山崩。癸卯，安慶灊山縣地震。辛亥，秦州地裂山崩。十二月，饒州德興縣，餘干、樂平二州地震。二年五月，信州地震。八月辛未，京師地震。雞鳴山崩，陷爲池，方百里，人死者衆。

至元元年十一月壬寅，興國路地震。十二月丙子，安慶路地震，所屬宿松、太湖、灊山三縣同時俱震，廬州、蘄州、黄州亦如之。是月，饒州亦地震。二年正月乙丑，宿松地震。五月壬申，秦州山崩。三年八月辛巳夜，京師地震。壬午，又震，震損太廟神主，西湖寺神御殿壁傾，祭器皆壞。順州、龍慶州及懷來縣皆以辛巳夜地震，壞官民廬舍，傷人及畜牧。四年春二月乙酉，奉聖州地震，保安州及瑞州路新昌州地震。六月，新州路靈山裂。七月己酉，保安州地大震。丙辰，鞏昌府山崩。八月辛丑，宣德府地大震，改宣德爲順寧府。丙子，京師地震，日凡二三，至乙酉乃止。密州安丘縣地震。六年六月己亥，秦州成紀縣山崩地裂。

至正元年二月，汴梁路地震。二年四月辛丑，冀寧路平晉縣地震，聲如雷鳴，裂地尺餘，民居皆傾仆。五月，濟南山崩水涌。七月，惠州羅浮山崩，凡二十七處，壞民居無算。十二月乙酉，京師地震。三年二月，鈞州之新鄭、密縣地震。六月乙巳，秦州秦安縣南坡崩裂，壓死人畜。七月戊辰，鞏昌山崩，人畜死者衆。十二月，膠州及屬邑高密地震。四年八月，莒州蒙陰縣地震。十二月，東平路東阿、陽穀、平陰三縣及漢陽地震。五年春，薊州地震，所領四縣及東平汶上縣亦如之。十二月乙丑，鎮江地震。六年二月，益都路益都、昌樂、壽光三縣，濰州北海縣，膠州即墨縣地震。三月，高苑縣地震，壞民居。六月，廣州增城縣羅浮山崩，水涌溢，溺死百餘人。九月戊午，邵武地震，翌日地中有聲如鼓，夜復如之。七年二月，益都臨淄、臨朐，濰州之昌邑，膠州之高密，濟南之棣州地震。三月，東平路東阿、陽穀、平陰三縣地震，河水動搖。五月，臨淄地又震，七日乃止。河東地坼泉涌，崩城陷屋，傷人民。十一月，鎮江丹陽縣地震。九年六月，台州地震。七月庚寅，泉州大風雨，永春縣南象山崩，壓死者衆。十年，冀寧徐溝縣地震。五月甲子，龍興寧州大雨，山崩數十處。丙寅，瑞州上高縣蒙山崩。十月乙酉，泉州安溪縣後山鳴。十一年四月，冀寧路汾、忻二州，文水、平晉、榆次、壽陽四縣，遼州之榆社，懷慶之河内、修武二縣及孟州同時地震，聲如雷霆，圮房屋，壓死者甚衆。八月丁丑，中興路公安、松滋、枝江三縣，峽、荆門二州地震。十二年二月丙戌，霍州靈石縣地震。閏三月丁丑，陝西地震，莊浪、定西、静寧、會州尤甚，移山湮谷，陷没廬舍，有不見其跡者。會州公廨牆圮，得弩五百餘張，長丈餘，短者九尺，人莫能開挽。十月丙午，霍州趙城縣霍山崩，涌石數里，前三日，山鳴如雷，禽獸驚散。十三年三月，莊浪、定西、静寧、會州地震。七月，汾州白彪山坼。十四年四月，汾州介休縣地震，泉涌。七月，孝義縣地震。十一月，寧國路地震，所領寧國、旌德二縣亦如之。淮安路海州地震。十二月己酉，紹興地震。十五年四月，寧國敬亭、麻姑、華陽諸山崩。六月丁丑，冀寧之德州地震。十六年春，薊州地震，凡十日，所領四縣亦如之。六月，雷州地大震。十七年十月，静江路東門地陷，城東石山崩。十二月丁酉，慶元路象山縣鵝鼻山崩，有聲如雷。十八年二月乙酉，冀寧臨州地震。五月，益都地震。十九年正月甲午，慶元地震。二十年二月，延平順昌縣地震。二十二年三月，南雄路地震。二十三年十二月丁巳，台州地震。二十五年十月壬申，興化路地震，有聲如雷。十二月，洛陽山鳴。二十六年三月，海州地震如雷，贛榆縣吴山崩。六月，汾州介休縣地震，紹興山陰縣卧龍山裂。七月辛亥，冀寧路徐溝縣，石、忻、臨三州，汾之孝義、平遥二縣同日地震，有壓死者。丙辰，泉州同安縣三秀山崩。是月，河南府鞏縣大霖雨，地震山崩。十一月辛丑，華州蒲城縣洛岸崩，壅水絶流三日。十二月庚午，華州之蒲城縣洛水和順崖崩，其崖戴石，有巖穴可居，是日壓死辟亂者七十餘人。二十七年五月，山東地震。六月，沂州山石崩裂，有聲如雷。七月丙戌，静江靈川縣大藏山石崖崩。十月丙辰，福州雷雨，地震。十二月庚午，又震，有聲如雷。二十八年六月，冀寧文水、徐溝二縣，汾州孝義、介休二縣，臨州、保德州，隰之石樓縣及陝西皆地震。七月，遼陽雞鳴山崩。十月辛巳，陝西地又震。二十九年正月，中都地震。

至元元年十月壬子，恩州歷亭縣進嘉禾，一莖九穗。十一月丁酉，太原臨州進嘉禾二莖。四年十月辛未，太原進嘉禾二本，異畝同穎。六年九月癸丑，恩州進嘉禾，一莖三穗。七年夏，東平府進瑞麥，一莖二穗、三穗、五穗者各一本。十一年，興元鳳州進麥，一莖七穗；穀一莖三穗。十四年八月，嘉禾生襄陽。十七年十月，太原堅州進嘉禾六莖。十八年八月壬寅，瓜州屯田進瑞麥，一莖五穗。二十年癸巳，斡端宣慰司劉恩進嘉禾，同穎九穗、七穗、六穗者各一。二十三年五月，廣元路閬中麥秀兩岐。二十四年八月，濬州進瑞麥，一莖九穗。九月，中興路生嘉禾，一穗九莖。二十五年八月，袁州萍鄉縣進嘉禾。二十六年十二月，寧州民張世安進嘉禾一本。二十九年二月壬申，澤州獻嘉禾。三十一年，嘉禾生京畿，一莖九穗。

大德元年十一月辛未，曹州禹城縣進嘉禾，一莖九穗。九年，嘉禾生應州山陰縣〔七〕。

至大三年九月，河間路獻嘉禾，有異畝同穎及一莖數穗者，敕繪爲圖。

皇慶二年八月，嘉禾生渾源州，一莖四穗。

延祐四年九月，南城産嘉禾。七年五月，鄱陽進嘉禾，一莖六穗。

至治元年十月壬子，左丞相拜住獻嘉禾，兩莖同穗。二年八月，蔚昌府獻嘉禾。

泰定元年十月，成都縣穀一莖九穗。

後至元四年五月，彰德臨彰縣麥秀兩歧，有三穗者。

至正元年，延平順昌縣嘉禾生，一莖五穗。冀寧太原縣有嘉禾，異畝同穎。三年八月，晉寧臨汾縣嘉禾生，有五穗至八穗者。六年，洛陽産瑞麥，一莖三四穗。十年，彰德路穀、麥雙穗。十六年，大同路秦城鄉嘉禾生，一莖二穗、五穗，有九穗者，有異莖而同穗者。二十六年五月，洛陽縣康家莊有瑞麥，一莖五穗，雙穗、三穗者甚衆。

【校勘記】

〔一〕「三」，原作「二」，據《元史》卷五〇志第三上《五行一》改。

〔二〕「四月」，「月」字原脱，據上下文意補。

〔三〕「大名路」上，據《元史》卷三三本紀第三十三《文宗二》，當有「五月」二字。

〔四〕「高州」，據《元史》卷三三本紀第三十三《文宗二》，當作「高唐州」。
〔五〕「四年八月漢陽地震」，《元史》卷五一志第三下《五行二》云：「四年八月，莒州蒙陰縣地震。十二月，東平路東阿、陽谷、平陰三縣及漢陽地震。」
〔六〕「二十一年八月松滋枝江地震」，「二十一年」誤。《元史》卷五一志第三下《五行二》云：「十一年八月丁丑，中興路公安、松滋、枝江三縣，峽、荆門二州地震。」
〔七〕「嘉禾」，原作「嘉生」，據元史卷五一志第三下《五行二》改。

新元史卷之四十六　志第十三

地理志一

自唐末疆域分裂，歷五代至宋，遼與西夏尚據邊垂。金滅遼克宋，趙氏南遷，劃分南北。又歷百餘年，而元興。迨世祖取江南，中國始統於一姓焉。元之疆域，八州而外，幅員尤廣。世祖以前，阿母河、別失八里俱置尚書行省。至元初，別失八里、火州、斡端等處俱置宣慰司。又太祖分東邊之地封諸弟，分西北邊之地封諸子。其後，皇孫旭烈兀建國波斯，與朮赤、察合台之後並爲三大藩。職方之志，宜考其山川與其疆域之沿革，以次於十一行省之後，不應如舊史《地理志》之褊狹也。然舊志實本於《大一統志》與《經世大典》，官修之籍既不足徵，其局於褊狹，宜哉！今爲《地理志》，亦仍前史之舊，訂其舛譌，補其奪漏而已。其所不知，蓋闕如也。

中書省。統河北、山東西之地，謂之腹裏。領路二十九，州八，屬府三，屬州八十三，屬縣三百四十四。

大都路。金之中都，曰大興府。太祖十年，克中都，改燕京路，總管大興府。世祖中統元年，車駕幸燕京。五年，建爲中都，大興府仍舊。至元四年，始於中都之東北築新城而遷都焉。京城方六十里，十一門：正南曰麗正，南之右曰順承，南之左曰文明，北之東曰安貞，北之西曰健德，正東曰崇仁，東之右曰齊化，東之左曰光熙，正西曰和義，西之右曰肅清，西之左曰平則。大内南臨麗正門，正衙曰大明殿，曰延春閣。宮城周回九里三十步，分六門：正南曰崇天，崇天之左曰星拱，右曰雲從，東曰東華，西曰西華，北曰厚載。崇天門外有石橋三，中爲御道，星拱門南有御膳亭，亭東有拱辰堂，爲百官會集之所。厚載門北爲御苑，外周垣紅門十有五，内苑紅門五，御苑紅門四。大明門在崇天門内，大明殿之正門也。日精門在大明門左，月華門在其右。大明殿爲登極、正旦、壽節會朝之正衙。寢殿後連香閣，文思殿在寢殿東，紫檀殿在寢殿西，寶雲殿在寢殿後。鳳儀門在東廡中，麟瑞門在西廡中。鳳儀門外有内藏庫二十所。嘉慶門在後廡寶雲殿東，景福門在殿西，延春門在殿後，延春閣之正門也。懿範門在延春左，嘉則門在延春右。延春閣寢殿後有香閣。慈福殿又曰東暖殿，在寢殿東。仁明殿又曰西暖殿，在其西。景耀門在左廡中，清灝門在右廡中。玉德殿在清灝門外，有東西香殿。宸慶殿在玉德殿後，有東西更衣殿。隆福殿在大内西興聖之前。光天門，光天殿正門也。崇華門在光天門左，膺福門在其右。光天殿後有寢殿。青陽門在左廡中，明輝門在右廡中。壽昌殿又曰東暖殿，嘉禧殿又曰西暖殿。文德殿在明輝門外，又曰枏北殿，皆枏木爲之。盝頂殿在光天殿西北，後有盝頂小殿。香殿在宮垣西北隅，有前後寢殿。文宸庫在宮垣西南隅。酒房在東南隅，内庖在酒房北。興聖宮在大内西北萬壽山正西，後有寢殿。興聖門，殿之北門。明華門在左，肅章門在右。宏慶門在殿之東廡中，宣則門在西廡中。凝暉樓在宏慶南，延顥樓在宣則南。嘉德殿在寢殿東，寶意殿在其西。山字門在興聖宮後，延華閣之正門也，東西殿在閣西左右。芳碧亭在延華閣後圓亭東，徽青亭在圓亭西。興哥兒殿在延華閣右，木香殿在殿後。東盝頂殿在延華閣東版垣外，後有寢殿。盝頂之制，三椽其頂，如笥之平，故名。西盝頂殿在延華閣西版垣外。學士院在延華閣後。萬壽山在大内西北太液池之陽，金人名瓊華島，至元八年賜今名。廣寒殿在山頂，中有小玉殿。仁智殿在山之半。金露亭在廣寒殿東方。壺亭又曰線珠亭，自金露亭前複道登焉。瀛洲亭在温石浴堂後，荷葉殿在方壺亭前。温石浴室在瀛洲亭前。圓亭又曰臙脂亭，在荷葉殿稍西，爲后妃添妝之所。八面介福殿在仁智殿東，延和殿在西。更衣殿在山東。太液池在大内西，儀天殿在池中圓坻上。半山臺在儀天殿前。御苑在隆福宫西，香殿在石假山上，殿後有石堂。紅門外有太子斡耳朵荷葉殿，上有香殿，左有圓殿，在山前圓頂上。歇山殿在圓殿前，東西亭在殿後東西，水心亭在殿池中。棕毛殿在假山東，偏後有盝頂殿。儀鸞局在殿前三紅門外西南隅。九年，改爲大都。十九年，置留守司。二十一年，置大都路總管府。二十七年，改都總管府。至大中，本路達魯花赤莫吉，買靈椿里周氏地十九畝，建公署。舊領通、薊、涿、霸、雄、保、遂、安肅、檀、順、易十一州，太宗十一年析保、雄、易、遂、安肅五州爲順天路，後又升安次、同安二縣爲州，漷陰縣爲漷州，與雄、易二州並來屬。至元二十三年，又析雄、易二州隸保定路。延祐三年，升縉山縣爲龍慶州來屬。舊領大興、宛平、安次、漷陰、永清、寶坻、香河、昌平、武清、良鄉十縣，太宗七年析安次縣隸霸州，至元十三年升漷陰縣爲漷州，以武清、香河二縣隸之。户十四萬七千五百九十，口四十一萬一千三百五十。領院五，左、右警巡院二，初設警巡院三，至元四年省其一，以左右二院分領坊市。南城警巡院，大德九年，增置。分治四隅警巡院二。至大三年，增置。

縣六：大興。赤。金改遼析津縣爲大興縣，元因之。宛平。赤。金故縣，與大興分治郭下。良鄉。下。永清。下。寶坻。下。昌平。下。皇慶二年徙縣治於新店。

州十：

涿州。下。金故州，屬中都路。太宗八年，升涿州路。中統四年，復降爲州。舊領范陽、固安、新城、定興、奉先五縣。固安升爲州，新城後隸雄州，定興後隸易州。領縣二：范陽。下。倚郭。有盔頂殿。房山。下。金萬寧縣，後改奉先。至元二十七年改今名。

霸州。下。宋故州，治文安縣，屬河北東路。金改治益津縣，屬中都路。舊領益津、文安、大城、信安四縣。金升信安縣爲鎮安府，元初併入本州。至元四年，置保定縣。舊志「金置信安軍」，乃鎮安府之誤。領縣四：益津。下。倚郭。中統四年省。至元四年復置。有平曲水寨。文安。下。大城。下。保定。下。金隸雄州，至元二年省入益津，四年復置，改隸霸州。

通州。下。金故州，屬中都路。領縣二：潞縣。下。倚郭。三河。下。

薊州。下。金故州，屬中都路。領縣五：漁陽。下。倚郭。豐潤。下。本玉田縣之永濟務，金大定二十七年升爲縣，後避諱改豐潤。太祖十年，升爲潤州，至元二年省入玉田。未幾，以當衝要，復置。後又廢，十三年再置。玉田。下。遵化。下。平谷。下。本漁陽縣大王鎮，金升爲平峪縣。至元二年，省入漁陽縣。十三年復置，省峪爲谷。

漷州。下。金漷陰縣，屬大興府。至元十三年，升漷州，漷陰縣舊治在城南隅，升州後遷治於河西務，至正間復移舊治。以大興府之武清、香河二縣來屬。領縣二：香河。下。本武清縣地，遼析置。武清。下。

順州。下。金故州，屬中都路，舊領溫陽、密雲二縣，元初省縣入州。

檀州。下。遼故州，金初省入順州，元初復置。

東安州。下。金安次縣，屬大興府。太宗七年，改屬霸州；中統四年。升爲東安州。

固安州。下。金固安縣，屬涿州。憲宗九年，改屬霸州。又改隸大興府。中統四年，升爲固安州。下〔一〕。

龍慶州。下。金縉山縣，屬德興府。至元三年，省入懷來縣。五年，復置，改屬宣德府奉聖州。延祐三年，升爲龍慶州，改隸大都路。皇慶元年，建行宮涼殿。至治元年，又作行殿於流杯池。領縣一：懷來。下。金懷來縣，後更名嬀川，屬德興府。元初復舊名，延祐二年改屬本州。

上都路。金恒州地。元初爲札剌兒、兀魯特兩部分地。憲宗六年，世祖命劉秉忠建城於桓州東、灤水北之龍岡。中統元年，賜名開平府。五年，建爲上都。有重城。外城周十六里三百三十四步，南、北各有一門。東、西各二門。內城周六里三百三十步，東、西、南各一門。正南門曰明德門，內有大明殿，門左曰星拱，右曰雲從。有儀天殿，門左曰日精，右曰月華。寶雲殿側有東西暖閣。宸麗殿側有東西香殿。玉德殿後有壽昌堂，慈福殿有紫檀閣、連香閣、延春閣。其前拱辰堂，爲百官議政之所。後御膳房。凝暉樓側有綠珠、瀛洲二亭。有金露臺。世祖又遷宋汴京之熙春閣於上都，爲大安閣。閣後爲鴻禧、睿思二殿。城東南又有東、西涼亭，爲駐蹕之處。至元二年，置留守司。五年，置上都路總管府。十八年，升上都留守司，兼行本路總管府事。户四萬一千六十二，口十一萬八千一百九十一。領院一：警巡院。縣一：

開平。上。金清塞縣，中統元年改今名。

府一：

順寧府。金宣德州，屬西京路。元初爲宣寧府，太宗七年改山東路總管府。中統四年改宣德府，仍隸上都路。延祐五年，改隸大都路。泰定元年，復隸上都留守司。後至元三年，以地震改順寧府。舊領録事司，宣德、宣平二縣。元初以宏州之順聖縣來屬。至元二年，省録事司入宣德縣。領縣三：宣德。下。倚郭。至元二年，省德興府之龍門縣入之。二十八年，又割龍門縣地屬雲州。宣平。下。金置縣於大新鎮。元初移治辛南莊。順聖。下。

府領州二：

保安州。下。金德興府，屬西京路。至元三年，改奉聖州，後至元二年以地震改保安州。舊領德興、嬀川、縉山、礬山、龍門六縣。中統四年升望雲縣爲雲州，至元二年省礬山縣入永興，元初改金德興爲永興縣。龍門縣入宣德府之宣德，三年省縉山縣入懷來，元初改金嬀川爲懷來縣。五年復置縉山縣，改隸宣德府，延祐三年徙懷來隸龍慶州。領縣一：永興。下。倚郭。至元六年省入本州。未幾復置。延祐六年併入奉聖州。

蔚州。下。金故州，屬西京路。至元二年，省州入靈仙縣，隸弘州。是年復爲蔚州。至大元年升蔚昌府。後復爲蔚州，隸宣德府。領縣五：靈仙。下。靈邱。下。飛狐。下。定安。下。廣靈。下。

州五：

興州。下。金故州，屬北京路。至元三年改屬上都路。舊領興安、宜興二縣。天曆元年，升宜興爲州。後至元五年，省興安縣入本州。

宜興州。中。金宜興縣，屬興州。元初省入興州。至元二年，復置。天曆元年，升爲州。俗稱小興州，以興州爲大興州。

松州。下。金松山縣，屬大定府。中統三年，升爲松州，仍存縣。至元二年，省縣入州。

桓州。上。金故州，屬西京路。元初省。至元二年，復置。

雲州。下。金望雲縣，屬德興府。中統四年，升爲雲州，仍存縣，改屬宣德府。至元二年，省縣入州。二十八年，復析宣德之龍門鎮置望雲縣，隸本州。領縣一：望雲。下。金龍門縣。屬德興府。至元二年，廢爲鎮。二十八年，置縣。

興和路。上。金撫州，屬西京路。元初省，憲宗四年復置。中統三年以州爲内輔，升爲隆興府，建行宫。至元四年析隆興府自爲一路，行總管府事。至大元年降隆興路爲源州，隸中都留守司。四年，罷留守司，復置隆興路總管府。皇慶元年，改隆興路爲興和路。户八千九百七十三，口三萬九千四百九十五。中統三年，析大同府之懷安、天成二縣來屬。領縣四：高原。升爲路，豐利縣併入高原。舊領柔遠、集寧、豐利、威寧四縣。集寧縣下。倚郭。金柔遠縣。中統二年改今名，隸宣德府，三年來屬。懷安。下。金屬大同府。中統三年來屬，後廢。至元中復置懷安縣於陽門站。天成。下。金屬大同府，中統三年來屬。威寧。下。金威寧縣。舊志作咸寧，誤。元初屬宣德府，中統三年來屬。

州一：

寶昌州。下。金昌州，領寶山縣，屬西京路。元初隸宣德府。中統三年，改隸本路，置鹽使司。後省州，存縣。延祐六年，改寶山縣爲寶昌州。

永平路。下。金平州，屬中都路。太祖十年，改爲興平府。後又改興平路。中統元年，又改平灤路，置總管府。大德四年，以水患，改永平路。舊領盧龍、遷安、撫寧、昌黎、海山五縣。至元四年，省海山縣入昌黎。户一萬三千五百一十九，口三萬五千三百。領司一：録事司。中統元年置。縣四：盧龍。下。倚郭。遷安。下。至元二年省入盧龍縣，後復置。撫寧。下。至元二年與海山縣俱省入昌黎。三年復置。四年，又與海山縣俱省。七年復置，仍省昌黎縣入之。昌黎。下。至元十一年復置。十二年以海山縣故地來屬，改隸灤州。後復隸本路。

州一：

灤州。下。金故州，屬中都路。元初屬永平路。舊領義豐、馬城、石城、樂亭四縣。至元二年省石城縣入樂亭，三年改入義豐。四年又省馬城縣入義豐。延祐七年併永平灤邑縣於石城，是石城至元後復置，本路又有灤邑縣，均不可考。領縣二：義豐。下。倚郭。至元二年省入本州。三年復置。樂亭。下。元初嘗置漠州，尋廢，復爲樂亭縣。

德寧路。下。大德九年以黑水新城爲静安路，延祐五年改爲德寧路。領縣一：德寧。下。大德九年置静安縣，延祐五年改今名，趙王不魯納食邑沙、静、德寧等處。

净州路。下。金故州。太宗八年置，屬西京路。後升爲净州路。延祐七年《豐州修路碑》有德寧天山分司宣慰使，是舊無净州路，置路在仁宗以後。領縣一：天山。下。本榷場。金大定十八年置縣。元因之。

泰寧路。下。金泰州，屬北京路。元初隸遼陽行省。延祐二年改爲泰寧府，四年升泰寧府爲泰寧路。是年四月仍以泰寧路隸遼陽省。後改隸中書省。領縣一：泰寧。下。延祐四年置。按金泰州屬縣一，爲長春，其省併年分闕。

集寧路。下。金集寧縣，屬撫州。元初升爲路。領縣一：集寧。下。本市場。金明昌三年置縣。元因之。

應昌路。下。至元七年，斡羅陳萬户及其妃囊加真公主請於上都東北三百里答兒海子本藩駐夏之地，建城邑以居，遂名其城爲應昌府。二十二年，改爲應昌路。至正初罷之，撥屬魯王馬某沙王傅府。十四年復置，領縣一：應昌。下。

全寧路。下。元貞元年。囊家真公主請以應昌路東北七里駐冬之地，建城邑，名曰全州。大德元年，升全州爲全寧府。七年，又升爲全寧路。至正初罷之。十四年復置。領縣一：全寧。下。

寧昌路。下。延祐五年，置寧昌府。至治二年，升寧昌府爲下路。增置一縣。領縣一：寧昌。下。至治二年置。

沙井總管府。領縣一：沙井。豐州西北有沙井故城，駙馬趙王分地。

保定路。下。金保州，又改順天軍，屬中都路。太宗十一年，升順天路總管府。至元十二年，改保定路。舊領清苑、滿城二縣。太宗十一年，析中山府之慶都來屬。後又以行唐、唐縣、曲陽、新安、博野隸之。户七萬五千一百八十二，口十三萬九百四十。領司一：録事司。至元十二年置。縣八：清苑。中。附郭。滿城。中。唐縣。下。金隸中山府，後來屬。慶都。下。金隸中山府。後來屬。行唐。下。金隸真定府。後來屬。曲陽。下。金隸中山府，元初改恒州，置元帥府。以阜平、靈壽、行唐、唐縣隸之。元帥府罷，仍爲曲陽縣，改屬保定路。新安。下。金新安州附郭置渥城縣，至元二年，州、縣俱廢，改爲新安鎮，入歸信縣。四年，割入容城。九年，復置新安縣，來屬。博野。下。金隸蠡州。至元三年，省入蒲陰縣。十一年，復置，改屬本路。

州七：

易州。中。金故州，屬中都路。太宗十一年，改隸順天府。至元十年，隸大都路。二十三年，還隸保定。舊領易、淶水二縣。元初析涿州之定興縣來屬。領縣三：易縣。中。倚郭。元初存州廢縣。至元三年復置。淶水。下。定興。下。金析范陽縣黄村，一名皇甫鎮，置定興縣。本屬涿州，後來屬。

祁州。中。金故州，屬河北西路。元初隸真定路。後改隸保定路。舊領蒲陰、鼓城、深澤三縣。太宗十年，升鼓城爲軍民萬户所。至元三年，以深州之束鹿縣來屬。領縣三：蒲陰。中。倚郭。金舊縣。舊志至元三年置，誤也。深澤。下。至元二年併入束鹿縣，三年復置。束鹿。中。

雄州。下。金故州，屬中都路。舊領歸信、容城、保定三縣。太宗十一年，析雄州三縣隸順天路。至元二年，省保定入霸州益津縣，歸信、容城二縣與涿州之新城縣俱改隸大都路。十年，改本州隸大都路。十二年，改隸保定路。二十三年，以本州隸保定路，復以歸信、容城、新城三縣來屬。領縣三：歸信。下。容城。下。金已隸本州。舊志金隸安肅州，誤也。新城。下。金屬涿州。太宗二年，升新泰州。七年，復爲縣，隸大都路。十一年。改隸順天路。至元二年，隸雄州。十年，改隸大都。二十三年，復來屬。

安州。下。金故州，治高陽縣，後徙治渥城縣，屬中都路。舊領渥城、葛城、高陽三縣。至元二年，省州與渥城入歸信縣。尋復置安州，治葛城縣。領縣二：葛城。下。倚郭。金升高陽之葛城鄉爲縣。高陽。下。元初改屬河間路，後隸本州。

遂州。下。金故州，領遂城一縣，屬中都路。至元二年省州與遂城入安肅州爲鎮。後復置州，隸本路。

安肅州。下。金故州。屬中都路。元初改隸保定路。舊領安肅一縣，元初省。

完州。下。金永平縣。屬中山府，又改完州。至元二年，降永平縣。後復爲完州。初隸真定路，改隸本路。

燕京河北道肅政廉訪司

真定路。上。金真定府，屬河北西路。元初，升真定路總管府。舊領中山府、趙、邢、洺、磁、滑、濬、衛輝、祁、威、完十一州。後割磁、威隸廣平，濬、滑隸大名，祁、完隸保定，邢隸順德，洺隸廣平，衛輝自爲一路。又以冀、深、晉、冀四州來屬。舊領真定、藁城、平山、欒城、獲鹿、行唐、阜平、靈壽、元氏九縣。至元中，析行唐縣隸保定路，以潞州之涉縣來屬。户十三萬四千九百八十六，口二十四萬六百七十。領司一：録事司。縣九：真定。中。倚郭。玉華宮在衙城之北，爲睿宗神御殿，奉安御容。有新城鎮。藁城。中。金故縣。太祖十七年，升永安州，以無極、寧晉、新樂、平棘四縣隸之。太宗七年，復爲藁城縣。欒城。下。元氏。中。獲鹿。中。金故縣，後升鎮寧州。太宗七年，復爲獲鹿縣。平山。下。靈壽。下。阜平。下。涉縣。下。金隸潞州。元初升崇州，改隸真定。後廢州，仍爲涉縣。至元二年，省入磁州。後復置。

府一：

中山府。金故府，屬河北西路，領祁、完二州。太宗十一年，析二州隸順天府。後爲散府，隸真定路。舊領安喜、新樂、無極、永平、慶都、曲陽、唐縣七縣。永平升爲完州，與慶都、曲陽、唐縣俱改隸保定路。領縣三：安喜。中。新樂。下。無極。下。

州五：

趙州。中。金改宋趙州爲沃州，屬河北西路。元初仍爲趙州。舊志太祖十五年割所屬欒城、元氏隸真定，按二縣本隸真定路，舊志誤也。領縣七：平棘。中。寧晉。下。隆平。下。臨城。中。柏鄉。下。高邑。下。贊皇。下。至元二年，併入高邑。七年，復置。

冀州。上。金故州，屬河北東路。舊領録事司，信都、南宮、衡水、武邑、棗强五縣。元初析衡水隸深州，復置新河縣。後又省録事司入信都。領縣五：信都。中。倚郭。至元初，與録事司俱省入本州。後復置。三年，省録事司入之。南宮。上。棗强。中。武邑。中。新河。中。太宗四年，析南宮縣地置。

深州。下。金故州，屬河北東路。元初，隸河間路，置元帥府。太宗十年，改隸本路。舊領饒陽、安平、武强、束鹿、静安五縣。後析安平、饒陽、武强隸晉州，束鹿隸祁州，以冀州之衡水來屬。領縣二：静安。中。倚郭。本下博縣，宋改静安。衡水。下。

晉州。金鼓城縣，屬祁州。太祖十年，升爲晉州。太宗十年，改鼓城等處軍民萬户所。中統二年，復爲晉州。領縣四：鼓城。中。倚郭。饒陽。中。安平。下。太祖十九年，爲南平州行千户總管府事，領饒陽一縣。太宗七年，復改爲縣，隸深州。憲宗潛邸，隸鼓城軍民萬户所。中統二年，仍爲安平縣，隸本州。武强。下。元初置東武州，領武邑、静安。太宗六年，降州爲縣，隸深州。十一年，析屬祁州。中統二年，改隸本州。

蠡州。下。金故州，屬河北東路。元初，改隸真定路。舊領司候司、博野一縣。至元三年，俱省入本州。後復置博野縣，改隸保定路。十七年直隸中書省，二十一年還隸本路。

順德路。下。金邢州，屬河北西路。元初，置元帥府。後改安撫司。中統三年，升順德府。至元元年，以洺州、磁州來屬。二年，析洺、磁自爲一路，改本府爲順德路總管府。

舊領邢臺、唐山、内邱、平鄉、任、沙河、南和、鉅鹿八縣。憲宗五年，析平鄉縣道武鎮置廣宗縣。舊志作「武道鎮」，誤倒。户三萬五百一，口十二萬四千四百六十五。領司一：録事司。縣九：邢臺。中。倚郭。鉅鹿。中。内邱。中。平鄉。中。廣宗。中。宋故縣。金改宗城，屬洺州。元初復爲廣宗，後省入平鄉縣。憲宗五年，復置，屬本路。至元二年，又省入平鄉。尋復置。沙河。下。南和。下。至元二年，省入沙河縣。尋復置。唐山。下。至元二年省入内邱縣。尋復置。任縣。下。至元二年，省入邢臺，尋復置。

廣平路。下。金洺州，屬河北西路。太宗八年，置邢洺路總管府，以邢、磁、威隸之。憲宗二年，改洺磁路，止領磁、威二州。至元十五年，改廣平路總管府。舊領永年、廣平、宗城、新安、成安、肥縣、雞澤、曲周、洺水九縣。元初，省宗城入洺水縣，新安入威州，又析洺水隸威州，成安隸磁州。户四萬一千四百四十六，口六萬九千八十二。領司一：録事司。縣五：永年。中。倚郭。曲周。中。肥鄉。中。雞澤，下。元初省入永年，後復置。廣平。下。

州二：

磁州。中。金故州，屬河北西路。太祖十年，升爲滏源軍節度使，隸真定路。太宗八年，仍爲磁州，改隸邢洺路。舊領録事司，滏陽、武安、邯鄲三縣。至元二年，省真定之涉縣及成安縣入滏陽，省武安縣入邯鄲。後復置武安、成安二縣。至元三年，省録事司入滏陽。領縣四：滏陽。中。倚郭。武安。中。元統二年，移石山寨巡檢司於清水寨。邯鄲。下。成安。下。

威州。中。金故州，屬河北西路，治井陘縣。太宗六年，改隸邢洺路，以洺水縣來屬。憲宗二年，徙州治於洺水。舊領洺水、井陘、威三縣。至正間，省威縣入本州。領縣二：洺水。中。倚郭。本隸洺州。定宗二年，改隸本州。憲宗二年，徙州治於此。井陘。下。憲宗二年，徙縣治於天長鎮。

彰德路。下。金彰德府，屬河北西路。太宗四年，置彰德總帥府，領衛、輝二州。憲宗二年，降彰德爲散府，與衛、輝二州並隸真定路。至元元年，復立彰德路總管府，領懷、孟、衛、輝四州。二年，又析懷、孟爲一路，衛、輝爲一路。舊領安陽、林慮、湯陰、臨漳、輔巖五縣。至元四年，升林慮爲州。六年，併輔巖入安陽縣。户三萬五千二百四十六，口八萬八千二百六。領司一：録事司。縣三：安陽。上。湯陰。中。臨漳。中。

州一：

林州。下。金林慮縣，後升林州。太宗七年，行縣事。憲宗二年，復爲州。至元二年，復爲縣，省輔巖縣入之。六年，復爲州，割輔巖入安陽縣。

大名路。中。金大名府，屬大名府路。元初因之，置大名路總管府。舊領元城、大名、魏縣、冠氏、南樂、館陶、夏津、朝城、清平、莘縣十縣。冠氏升爲州，館陶、朝城析隸濮州，夏津析隸高唐州，莘縣析隸東昌路，清平析隸德州。以恩州之清河縣來屬。户六萬八千六百三十九，口十六萬三千六十九領司一：録事司。縣五：元城。中。倚郭。至元二年，併入大名縣，後復置。大名。中。倚郭。太宗六年，立縣治。憲宗二年，遷縣治於府城内。至元九年，置縣治於舊所。南樂。中。魏縣。中。清河。中。金故縣，屬恩州。太宗七年，改屬本路。

州三：

開州。上。金故州，屬大名府路。舊領濮陽、清豐、觀城、長垣四縣。元初，析觀城隸濮州。至元二年，又析大名路之長垣、東明來屬。領縣四：濮陽。上。倚郭。東明。中。太宗七年，割隸大名路。至元七年來屬。長垣。中。初隸大名路，至元二年來屬。清豐。中。

滑州。中。金故州，屬河北西路。元初，改隸大名路。領縣二：白馬。上。倚郭。内黄。中。

濬州。下。金故州，屬河北西路。至元二年，改隸大名路。舊領黎陽、衛縣。後併黎陽入本州，升衛縣爲州，隸衛輝路。

懷慶路。下。金懷州，屬河東南路，以與臨潢府懷州同，改南懷州，後又去「南」字。元初因之。太宗六年，行懷孟州事。憲宗七年，改懷孟路總管府。中統二年，仍爲州，隸真定路。至元元年，以懷孟隸彰德路。二年，復自爲一路，以淇州隸之。三年，又以淇州隸衛輝路。延祐六年，以仁宗潛邸，改懷慶路。户三萬四千九百九十三，口十七萬九百二十六。領司一：録事司。縣三：河內。中。清化鎮有廟學。修武。中。武陟。中。

州一：

孟州。下。金故州，屬河東南路，以水患徙治今城。故城謂之下孟州，新城謂之上孟州。元初，治下孟州。憲宗八年，復徙上孟州。舊領司候司，河陽、濟源、王屋、温縣四縣。至元三年，省王屋入濟源，併司候司入河陽。領縣三：河陽。下。濟源。下。太宗六年，升爲源州。七年，復爲縣。温縣。下。

衛輝路。下。金衛州，屬河北東路。舊治汲縣，以水患徙治於宜村新城，以胙城爲倚郭縣。憲宗元年，還州治於汲縣。中統元年，升衛輝路總管府。户二萬二千一百一十九，口十二萬七千二百四十七。領司一：録事司。中統元年置。縣四：汲縣。下。倚郭。新鄉。中。獲嘉。下。胙城。下。

州二：

輝州。下。金河平縣，又改蘇門縣，升爲輝州，屬河北東路。元因之，改隸本路。舊領山陽縣。至元三年，廢山陽爲鎮，入本州。

淇州。下。本衛縣之鹿臺鄉。憲宗五年，以大名、彰德、衛輝籍餘之户，置爲淇州。又置臨淇縣爲倚郭。中統元年，隸大名路。至元三年，改隸衛輝路，省縣入本州。

河間路。下。金河間府，屬河北東路。至元二年，升河間路總管府。自河間路以下四路、七州，舊隸山東東西道宣慰司。至大二年，改直隸中書省。舊領河間、肅寧二縣。至元二年，割濟南路之臨邑來屬。又析濟南路之齊東，景州之寧津，陵州之青城來屬。户七萬九千二百六十八，口十六萬八千五百三十六。領司一：録事司。縣六：河間。中。倚郭。肅寧。下。至元二年，廢爲鎮，入河間縣。後復置。齊東。下。金齊東鎮。劉豫置夾河巡檢司。金亂，大兵南下，城之。憲宗三年，置縣，屬河間路。四年，又屬濟南路。至元二年，仍隸本路。縣管寫户郊外皆章丘、鄒平地。寧津。下。金屬景州。至元二年，改隸本路。臨邑。下。金屬濟南府。太宗七年，改隸本路。憲宗三年，還屬濟南。至元二年，復屬本路，析縣南之新市入濟陽。青城。下。太宗七年，析臨邑、寧津地置，屬濟南路。中統間，改隸陵州。至元二年，改隸本路。

州六：

滄州。中。金故州，屬河北東路。元初，改隸河間路。延祐元年，徙州治於長蘆鎮。領縣五：清池。中。樂陵。中。縣治咸平鎮，至正末遷治棣州舊城。南皮。下。無棣。下。至元二年，省入樂陵縣，以縣治入棣州。尋復置，又分其西界於故城置縣，仍屬本州，謂之西無棣縣。鹽山。下。至元二十五年，以滄州之軍營城爲滄溟縣。其省、罷年分闕。

景州。中。金故州，又改觀州，治東光縣，屬河北東路。元初，改隸本路。至元二年，復爲景州。元初，徙治蓨縣。舊領東光、阜城、將陵、吳橋、蓨、寧津六縣。憲宗三年，升將陵爲陵州，寧津改隸河間路。領縣五：蓨縣。中。元初升爲元州。後復置。故城。中。元初隸河間路。至元三年省爲故城鎮，入陵州。是年，復析陵州西南界置故城縣來屬。阜城。下。東光。下。吳橋。中。金升將陵縣之吳川鎮爲縣。

清州。下。金故州，屬河北東路。太宗二年，升清寧府。七年，復爲清州。舊領司候司，會川、興濟、靖海三縣。至元二年，省司候司及靖海、興濟入會川縣。後復置二縣。領縣三：會川。中。靖海。下。興濟。下。

獻州。下。金壽州，又改獻州，屬河北東路。舊領樂壽、交河二縣。至元二年。省州及交河入樂壽，改隸河間路。未幾，復置。領縣二：樂壽。中。倚郭。交河。中。金析樂壽縣置。

莫州。下。金故州，屬河北東路。舊領任邱一縣。至元中，復置莫亭縣。領縣二：莫亭。下。倚郭。金析任邱地置縣，後省。至元中復置。任邱。下。至元二年省入河間縣，後復置。

陵州。下。金將陵縣，屬景州。憲宗三年，改隸河間府。是年，又升爲陵州，隸濟南路。至元二年，復爲縣。三年，仍爲州，還隸本路。移建州治於舊治西北七里。

東平路。下。金東平府，屬山東西路。太祖十五年，國王木華黎承制授嚴實東平行臺。太宗二年，以實爲東平路行軍萬户。實卒，子忠濟嗣爲萬户行總管府事。至元五年，始以東平爲散府。九年，升下路總管府。户四萬四千七百三十一，口五萬一百四十七。領司一：録事司。縣六：須城。下。倚郭。東阿。中。宋徙縣治於金橋鎮。陽穀。中。以水患，宋徙縣治於孟店。汶上。中。金太和八年，改汶陽縣爲汶上。壽張。下。金遷縣治於竹口鎮，後復舊治。平陰。下。至元十三年遷今治。

東昌路。下。金博州，屬山東西路。元初，改隸東平路。至元四年，升爲博州路總管府。十三年，改東昌路。舊領聊城、堂邑、博平、茌平、高唐五縣。至元七年，升高唐爲州，直隸中書省，析大名路莘縣來屬。二十六年，析堂邑屬地置邱縣。户三萬三千一百二，口十二萬五千四百六。領司一：録事司。縣六：聊城。中。倚郭。初隨博州隸東平路。至元四年，析爲博州總管府治。十三年，改東昌路總管府治。堂邑。中。宋以水患，徙城於舊治東十里。莘縣。中。博平。中。宋以水患徙縣治於寬平鎮，又割明靈砦隸清平。茌平。中。邱縣。下。本爲平恩鎮，隸曲周，後升爲縣。至元二年，省入堂邑。二十六年，宣慰司言：「差税詞訟，距堂邑二百餘里，往返不便。平恩有户二千七百，升縣爲宜。」乃復置邱縣隸本路。

濟寧路。下。金濟州，屬山東西路。舊治鉅野，後徙治任城。太宗七年，割隸東平府。至元六年，還治鉅野。八年升爲濟寧府，治任城。尋仍治鉅野。十二年，復置濟州。是年，又以鉅野爲府治，濟州仍治任城爲散州。十六年，升濟寧府爲路，置總管府。至正八年，遷濟寧路於濟州。十一年，置中書分省於濟寧。舊領任城、金鄉、嘉祥、鄆城四縣。後析任城縣隸濟州，嘉祥縣隸單州。至元六年，復置鉅野縣。八年，以濟州之鄆城、碭山、豐縣來屬。十二年，置肥城縣。户一萬五百四十五，口五萬九千八百十八。領司一：録事司。縣七：鉅野。中。倚郭。金廢縣，分其地隸嘉祥、鄆城、金鄉三縣。至元六年，復置。鄆城。上。金以水患，徙治盤溝村。至元八年，復還舊治。肥城。下。至元十二年，以平陰辛鎮寨東北十五里舊城置此縣，以平陰縣孝德等四鄉隸之。金鄉。下。舊隸濟州，至元二年來屬。碭山。下。金隸單州，又改隸歸德府。後圮於水。憲宗七年，復置，改隸東平路。至元二年，省入單父縣。三年，復置屬濟州。八年，改隸本路。虞城。下。金屬歸德府。後圮於水。憲宗二年，復置，改隸東平路。至元二年，省入單父縣。三年，復置，屬濟州。八年，改隸本路。豐縣。下。金屬徐州。憲宗二年，改隸濟州。至元八年，直隸本路。

州三：

濟州。下。至元十二年，别立濟州於任城，省縣入州。十五年，遷濟寧府於濟州，以鉅野行濟州事。是年，復於鉅野置濟寧府，州仍如舊。二十二年，復置任城縣，隸本州。領縣三：任城。下。倚郭。魚臺。下。金隸單州。太宗七年，改隸濟州。至元三年，省入金鄉縣。三年，復置。八年，隸濟寧府。十三年來屬。沛縣。下。金隸滕州。太宗七年，移滕州治此。憲宗二年，省州入縣。至元二年，省入豐縣。三年，復置。八年，隸濟寧路。十三年，來屬。

兖州。下。金故州，屬山東西路。元初，改隸濟州。憲宗二年，分隸東平路。至元五年，復屬濟州。十六年，隸本路。領縣四：嵫陽。下。曲阜。下。泗水。下。至元二年，省入曲阜。三年，復置。寧陽。下。至元二年，省入嵫陽。大德元年，復置。

單州。下。金故州，屬南京路。元初，改隸濟州。憲宗二年，屬東平府。至元五年，復屬濟州。十六年，隸本路。舊領單父、成武、魚臺、碭山、楚邱五縣。成武、楚邱改隸曹州，魚臺改隸濟州，碭山改隸歸德府。至元後，析濟州之嘉祥縣來屬。領縣二：單父。下。倚郭。元初與單州併屬濟州。憲宗二年，隸東平府。後省入本州。至元二年，復置。三年，還屬濟州，後改隸本州。嘉祥。下。金屬濟州。憲宗二年，隸東平府。至元二年，還屬濟州。後又改隸本州。舊治山口鎮，後遷橫山之南。金大定中，徙治萌山，城之。

曹州。上。金故州，屬山東西路。元初，隸東平路。至元二年，直隸中書省。舊領濟陰、定陶、東明三縣。至元三年，析濟南路禹城來屬，又析單州之成武、楚邱二縣來屬，改東明縣隸開州。户三萬七千一百五十一，口十九萬五千三百三十五。領縣五：濟陰。上。成武。中。定陶，中。禹城，中。楚邱。中。金初隸曹州，後改屬歸德府，又以限河不便，改屬單州。元初，還隸本州。

濮州。上。金故州，屬大名府路。元初，隸東平路。至元五年，直隸中書省。舊領鄄城、范縣。元初析開州之觀城，恩州之臨清來屬。至元三年，析東平路之館陶，至元五年析東平路之朝城來屬。户一萬九千一百四，口二萬三千一百二十一。領縣六：鄄城。上。朝城。中。館陶。中。有永濟鎮。臨清。下。觀城。下。范縣。下。舊志「原屬東平府，至元二年來屬」，按此縣金已屬濮州，舊志誤也。

高唐州。中。金高唐縣，屬博州。元初，隸東平路。至元七年，升州，直隸中書省，置高唐縣爲州治，析東平路之夏津、武城來屬。户一萬九千一百四，口二萬三千一百二十一。領縣三：高唐。中。倚郭。夏津。中。武城。中。宋以衛河決，徙城於舊治東十里。

泰安州。中。金故州，屬山東西路。元初，隸東平路。至元五年，直隸中書省。舊領奉符、萊蕪、新泰三縣。至元七年，析濟南府之長清來屬。户九千五百四十，口一萬七百九十五。領縣四：奉符。中。長清。中。萊蕪。下。新泰。下。至元二年省入萊蕪。三十一年，復置。

德州。中。金故州，屬山東西路。元初，隸東平路。舊領安德、平原、德平三縣。至元二年，析濟南府之齊河，大名府之清平來屬，直隸中書省。户二萬四千四百二十四，口十五萬六千九百五十二。領縣五：安德。中。治滳岡。平原。下。齊河。下。清平。下。德平。下。

恩州。中。金故州，屬大名府路。元初，隸東平路。至元七年，直隸中書省。舊領司候司，歷亭、武城、清河、臨清四縣。元初，析清河隸大名府，武城隸高唐州，臨清隸濮州。至元二年，又省司候司及歷亭入本州。户一萬五百四十五，口三萬七千四百七十九。

冠州。金冠氏縣，屬大名府。元初，隸東平路。至元六年，升冠州，直隸中書省。户五千六百九十七，口二萬三千四十。

山東東西道宣慰司至大二年，以益都、濟南、般陽三路，寧海一州，隸宣慰司，餘並令直隸中書省。按河間、東平、東昌、濟寧四路，曹、濮、高唐、泰安、德、恩、冠七州爲山東西道，至大以前宣慰司兼轄山東東西道，以河間路爲治所。《方輿勝覽》「河間路領以山東東西道」，可證也。刊本作「河東山西道」，乃字誤。至大二年以後，宣慰司始專轄山東東路，移治益都路矣。又至正六年，改爲山東東西道宣慰司都元帥府。

益都路。金益都府，屬山東東路。太祖二十一年，李全以益都降，授全益都路行中書省。全敗死揚州，其妻北還，仍爲行省，傳其子李璮。中統三年，璮反伏誅，仍置益都路行中書省及益都路總管府。至元三年，罷行省。二十四年，移宣慰司治益都。舊領益都一府，濰、膠、密、莒、沂、滕、嶧、博興、登、萊、寧海、行泰安州、行淄州十三州。至元二年，析登、萊二州入般陽路，省行淄州入益都縣，行泰安州入沂水縣。三年，省益都府入本路。九年，析寧海州直隸中書省。舊領益都、臨朐、壽光、博興、臨淄、穆陵、樂安七縣。後穆陵併入臨朐，博興升州，又割淄州之高苑縣來屬。户七萬七千一百六十四；口二十一萬二千五百二。領司一：録事司。縣六：益都。中。倚郭。至元二年，省行淄州淄川縣入之。淄川縣置於顔神縣，廢爲巡檢司。縣舊治北城，俗稱東陽城，金移治南城，俗稱南陽城。臨淄。下。至元三年，併入益都。十五年，復置。臨朐。下。金析臨朐，置穆陵縣。元省穆陵，仍入臨朐。至元二年，併入益都。二十五年，復置。高苑。下。憲宗七年，省行長山縣入之，本屬行淄州，來屬本路。樂安。下。壽光。下。

州八：

濰州。下。金濰州，屬山東東路。元初，隸益都路。舊領司候司，北海、昌邑、昌樂三縣。憲宗三年，省司候司入北海。是年，省各州録事司、司候司入倚郭縣。至元三年，省昌樂縣入北海，領縣二：北海。下。州治改。昌邑。下。

膠州。下。金膠西縣，屬密州。至元二十四年，舊志作太祖二十四年，誤甚。據《齊乘》改。於縣置膠州，析萊州之即墨縣、密州之高密縣來屬。領縣三：膠西。中。州治所。即墨。下。高密。下。後至元三年。立濰川鄉景芝社巡檢司。

密州。下。金故州，屬山東東路。元初，隸益都路。舊領司候司，諸城、安邱、高密、膠西四縣。後膠西、高密二縣析隸膠州。憲宗三年，又省司候司入諸城縣。領縣二：諸城。下。州治所，有中外二城。安邱。下。

莒州。下。金故州，屬山東東路。元初，隸益都路。舊領司候司，莒、日照、沂水三縣。憲宗三年，省司候司入莒縣。皇慶二年，析沂水地，置蒙陰縣。領縣四：莒。下。州治所。後至元間，參政馬睦火以城大難守，截去西南北三面，止修東北隅爲今治。沂水。下。至元二年，省行泰安州泰安縣入之。後至元二年，立穆陵關巡檢司。日照。下。蒙陰。下。皇慶二年，析沂水之龍寨鎮置。舊志：「舊名新泰。中統二年省入沂水。」按：新泰省入萊蕪在至元二年，後復置。舊志誤也。

沂州。下。金故州，屬山東東路。元初，隸益都路。領縣二：臨沂。中。州治所。憲宗三年，省司候司入之。至正十六年，置河南廉訪司。費。下。治祚城。

滕州。下。金故州，屬山東西路。元初，隸益都路。舊領滕、鄒、沛三縣。至元初，析沛縣入濟寧路。領縣二：滕縣。下。州治所。憲宗三年，省司候司入之。至正戊子，升徐州爲路，割滕、嶧、邳、宿四州隸之，遷滕縣於薛城，割滕之西南四鄉治之，東南六鄉，州自治之。鄒縣。下。

嶧州。下。金蘭陵縣，屬邳州。元初，於縣置嶧州。至元二年，又省縣入州。李璮爲益都路行省，以其姻親胡甲知沂州，嶧州畏其逼，盡割州東二十里外與之，後遂因而不改。

博興州。下。金博興縣，屬益都府。元初，升爲州。

山東東西道肅政廉訪司

濟南路。上。金濟南府，屬山東東路。元初，改濟南路。舊領淄、陵二州。至元二年，析淄州隸淄萊路，陵州隸河間路，以濱、棣二州來屬。户六萬三千二百八十九，口十六萬四千八百八十五。舊領歷城、臨邑、齊河、章邱、禹城、長清、濟陽七縣。至元二年，析臨邑隸河間路，長清隸泰安州，禹城隸曹州，齊河隸德州，析淄州之鄒平縣來屬。領司一：録事司。縣四：歷城，中。倚郭。金末，土人阻水立縣，號曰水寨。元初，始移置今縣。章丘。上。鄒平。上。濟陽。中。新市鎮舊屬臨邑，至元二年，併入本縣。撥户一千二百四十，置長官司，管撫下差稅，直隸本路。曲陽鎮有廟學。

州二：

棣州。上。金故州，屬山東東路。元初，濱、棣自爲一路。中統三年，改置濱棣路安撫使司。至元二年，與濱州俱隸濟南路。舊領司候司，厭次、商河、陽信三縣。元初，析滄州無棣縣之半來屬，其半仍屬滄州。至元二年，省司候司入厭次縣。領縣四：厭次。中。倚郭。商河。中。信陽，中。宋大中祥符間，與厭次縣互易其地，元因之。無棣。下。元初，析無棣縣半入滄州，以縣之三鄉來屬。滄州亦有無棣縣，故此縣又稱東無棣。

濱州。中。金故州，屬山東東路。舊領司候司，渤海、利津、蒲臺、霑化四縣。至元二年，省司候司入霑化縣，析蒲臺縣隸般陽路。領縣三：渤海。中。倚郭。利津。下。本渤海縣之永利鎮，金置縣，元初因之。霑化。下。宋升招安鎮爲縣，金改爲霑化。

般陽路。下。金淄州，屬山東東路。元初，隸濟南路。中統四年，升淄州路，以淄、登、萊三州隸之，治淄州。至元二年，改淄萊路。二十四年，改般陽路。舊領淄川、長山、鄒平、高苑四縣。太宗在潛，置新城縣。舊史《本紀》作至元十九年事。至元二年，析鄒平隸濟南路，高苑隸益都路，以濱棣路之蒲臺縣來屬。户二萬一千五百三十，口十二萬三千一百八十五。領司一：録事司。縣四：淄川。中。倚郭。長山。中。新城。中。本長山縣驛臺鎮。太宗以人民完聚，置縣曰新城，以田鎮、索鎮隸之。至元十九年，併淄萊路田、索二鎮，仍於驛臺立新城縣。蒲臺。中。本下縣，至元二年升中。

州二：

萊州。中。金故州，屬山東東路。元初，隸益都路。至元元年，改隸本路。舊領録事司，掖、萊陽、即墨、膠水、招遠五縣。至元二年，省録事司入掖縣。二十四年，析即墨縣入膠州。領縣四：掖。中。倚郭。西田場有廟學。招遠。下。本掖縣地。金初，置青峰縣，後改今名。萊陽。下。

登州。下。金故州，屬山東東路。元初，隸益都路。至元元年，改隸本路。至正十一年，立山東分元帥府於本州。領縣四：蓬萊。下。州治所。黄縣。下。福山。下。僞齊劉豫以登州之雨水鎮爲福山縣，楊疃鎮爲棲霞縣。棲霞。下。

寧海州。下。金故州，屬山東東路。元初，隸益都路。至元九年，直隸中書省。户五千七百十三，口一萬五千七百四十二。領縣二：牟平。中。州治所。文登。下。

河東山西道宣慰使司

大同路。上。金西京大同府，屬西京路。元初因之。至元十九年罷，後復置。二十五年，改大同路總管府。至大元年，省宣慰司，以大同路隸中都留守司。司罷，復置宣慰司，隸中書省。舊領大同、雲中、宣寧、懷安、天城、白登、懷仁七縣。元初，析懷安、天城二縣隸宣德府。至元二年，省雲中入大同縣。三年，置平地縣。金大同府舊有寧邊州、寧邊縣。至元中，分其地入武、朔二州。户四萬五千九百四十五，口十二萬八千四百九十六。領司一。録事司。縣五：大同。中。倚郭。白登。下。至元二年，廢爲鎮。隸大同縣，尋復置。宣寧。下。平地。下。本平地寨。至元二年省入豐州，二年復置。懷仁。下。

州八：

弘州。下。金故州，屬西京路。元初因之。舊領司候司，襄陰、順聖二縣。金貞祐二年，置大寧縣，旋廢。至元中，析順聖縣隸宣德府，又省司候司及襄陰縣入本州。

渾源州。下。金渾源縣，屬應州。後升爲州，仍置渾源縣及司候司。元初，改渾源縣爲恒陰。至元四年，司候司與縣俱省入本州。

應州。下。金故州，屬西京路。元初因之。領縣二：京城。下。州治所。山陰。下。至元二年，省入金城縣，後復置。

朔州。下。金故州，屬西京路。元初因之。舊領録事司，至元四年省入鄯陽縣。領縣二：鄯陽。下。至正末，孛羅帖木兒使其將姚伯顏不花截舊城西北，築新城。馬邑。下。金置固州，元初省。

武州。下。金故州，屬西京路。元初因之。舊領司候司及寧遠一縣。至元二年，析寧邊州之半來屬。四年，司及寧遠縣俱省入本州。

豐州。下。金故州，屬西京路。元初因之。舊領録事司及富民一縣。至元四年，俱省入本州。

東勝州。下。金故州，屬西京路。元初因之。舊領東勝一縣。元初置録事司。至元二年，析寧邊州之半來屬。四年，省録事司及東勝縣入本州。

雲内州。下。金故州，屬西京路。元初因之。舊領柔服、雲川二縣。元初，廢雲川縣，置録事司。至元四年，省司及柔服縣入本州。延祐六年，置南雲縣隸本州。其省罷年分闕。

河東山西道肅政廉訪司

冀寧路。上。金太原府，屬河東北路。太祖十三年，置太原路總管府。大德九年，以地震，改冀寧路。本隸中書省，至大元年，與晉寧路俱改隸肅政廉訪司。舊領陽曲、太谷、平晉、清源、徐溝、榆次、祁縣、文水、交城、孟縣、壽陽十一縣。金割壽陽縣之西張寨置晉州，元初升孟縣爲州。至元二年，又省晉州入壽陽縣。户七萬五千四百四，口十五萬五千三百二十一。領司一：録事司。縣十：陽曲。中。倚郭。文水。中。平晉。下。祁縣。下。舊隸寧州。至元二年，州廢。隸本路。榆次。下。舊隸晉州，至元二年，隸本路。太谷。下。清源。下。金晉州治此縣。州廢，隸本路。壽陽。下。交城。下。徐溝。下。

州十四：

汾州。中。金故州，屬河東北路。元初，置汾州元帥府，後罷。至元二年，復行州事。舊領西河、孝義、介休、平遥、靈石五縣。元初，析靈石縣隸霍州，仍置小靈石縣。後省小靈石縣入介休。領縣四：西河。中。孝義。下。至元三年，析温泉縣之半置巡檢司，隸本路。平遥。下。元初，改隸太原路。至元二年，仍屬本州。介休。下。元初改隸太原路。至元二年，仍屬本路。

石州。下。金故州，屬河東北路。元初，隸太原路。舊領司候司，離石、方山、孟門、温泉、臨泉、寧鄉六縣。至元二年，省温泉縣入孝義，升臨泉縣爲臨州。後司候司與孟門、方山二縣俱省入離石。領縣二：離石。下。倚郭。中統二年，省入本州。三年，復置。寧鄉。下。太宗九年，改隸太原府。定宗二年，改隸石州。憲宗九年，又隸太原府。至元三年，仍屬本州。

忻州。下。金故州，屬河東北路。元初，隸太原路。太宗元年，升爲九原府。後復爲州。按至元三年以崞、代、堅、臺四州隸忻州，其時忻爲九原府，故有屬州。領縣二：秀容。下。倚郭。至元二年，省入本州。四年，復置。定襄。下。

平定州。下。金故州，屬河東北路。元初，隸太原路。舊領平定、樂平二縣。至元二年，省平定縣入本州。領縣一：樂平。下。倚郭。至元二年，與平定縣俱省入本州，立巡檢司。七年，復置。

臨州。下。元初，徙治於舊城北四十里。金臨水縣，屬石州。中統二年，改臨泉縣，直隸太原路。三年，升爲州。

保德州。下。本嵐州地。宋置保德州。金因之，屬河東北路。元初，又析置芭州。憲宗七年，省倚郭保德縣入本州。至元二年，省芭州及隩州河曲縣入之。三年，又以省入管州之岢嵐州故地來屬。四年，析岢嵐之地復隸管州。

崞州。下。金崞縣，屬代州。乃馬真皇后稱制三年，升爲州。大德元年，又升爲隩州，巡檢司爲河曲縣。至元二年，隩州與所屬之河曲縣，均省入保德州爲巡檢司。大德元年，又復置河曲縣，隸本州，後復省。

管州。下。金故州，屬河東北路。元初，隸太原路。舊領靜樂一縣。太祖十六年，省静樂入本州，並省岢嵐州及嵐州之樓煩縣、寧化州之寧化縣入之。至元三年，析岢嵐入保德州。四年，復隸本州。

代州。下。大德五年，興屯田於太和嶺，分山陰、雁門、馬邑、鄯陽、洪濟、金城、寧武爲七屯。金故州，屬河東北路。元初，隸太原路。舊領雁門、崞縣、廣武三縣。元初，崞縣升爲州。中統四年，省雁門縣入本州，省廣武縣入崞州。

臺州。下。金升代州五臺縣爲臺州，元初因之。

興州。下。金升嵐州合河爲興州，元初因之。

堅州。下。金升代州繁峙縣爲堅州，元初因之。

嵐州。下。金故州，屬河東北路。至元二年，省入管州。五年，復置。

孟州。下。金升太原府孟縣爲孟州，元初因之。

晉寧路。上。金平陽府，屬河東南路。元初，置平陽路總管府。大德九年，改晉寧路。舊領臨汾、襄陵、洪洞、趙城、汾西、岳陽、浮山、和川、冀氏九縣。趙城改隸霍州。至元三年，省和川、冀氏入岳陽縣。四年，復置冀氏，併岳陽入之。後復改冀氏爲岳陽縣。舊志作「猗氏」，誤。户十二萬六百二十，口二十七萬一百二十一。領司一：録事司。縣六：臨汾。中。倚郭。襄陵。中。洪洞。中。浮山。下。後至元二年，立十八盤巡檢司。汾西。下。岳陽。下。

府一：

河中府。金故府，屬河東南路。憲宗在潛，置河解萬户府，領河中府及解州府，置録事司。舊領河東、臨晉、虞鄉、猗氏、萬泉、河津、榮河七縣。至元三年，省虞鄉入臨晉，省萬泉入猗氏，併録事司入河東，罷萬户府，本府仍領解州。八年，解州直隸平陽路。十五年，復置萬泉縣。領縣六：河東。下。府治所。萬泉。下。至元十四年，縣尹皇甫祐改建新城，廢舊治。猗氏。下。榮河。下。金升爲河州。元初，復爲榮河縣。臨晉。下。河津。下。

州九：

絳州。中。金故州，屬河東南路，又升晉安府。元初，置絳州行元帥府。後罷元帥府，仍爲絳州，隸平陽路。舊領録事司，正平、曲沃、稷山、翼城、太平、垣曲、絳、平水八縣。至元二年，省録事司入正平縣。平水，金徙置汾水之西，國初省入何縣，闕。領縣七：正平。下。倚郭。太平。中。曲沃，下。翼城。下。金升翼州，下。元初，復爲縣。稷山。下。絳縣。下。垣曲。下。至元二年，省入絳縣。十六年，復置。

潞州。下。金故州，屬河東南路。元初，爲隆德府，行都元帥府事。太宗三年，復爲潞州，隸平陽路。舊領録事司，上黨、壺關、屯留、長子、潞城、襄垣、黎城、涉八縣。金末，升涉縣爲州。至元三年，復爲涉縣，析隸真定路，併録事司入上黨。領縣七：上黨。下。倚郭。壺關。下。長子。下。潞城。下。屯留。下。至元三年，省入襄垣縣。十五年，復置。襄垣。下。黎城。下。至元二年，併涉縣、偏城等十三村入之。

澤州。下。金故州，屬河東南路。以與北京澤州同，加「南」字，後又去「南」字。元初因之。舊領司候司，晉城、端氏、陵川、陽城、高平、沁水六縣。至元三年，省司候司、陵川縣入晉城，省端氏入沁水。後復置陵川縣。領縣五：晉城。下。高平。下。陽城。下。沁水。下。陵川。下。

解州，下。至元二十九年，運使那海建運城，名鳳凰城。金故州，屬河東南路。元初，隸平陽路。舊領司候司，至元四年省入解縣。領縣六：解。下。安邑。下。聞喜。下。夏。下。平陸。下。芮城。下。

霍州。下。金升平陽府霍縣爲霍州，元初因之。舊領趙城、汾西、靈石三縣。後汾西改隸平陽府，又置霍邑爲附郭縣。領縣三：霍邑。下。倚郭。趙城，下。靈石。下。舊隸汾州，後改隸。

隰州。下。金故州，屬河東南路，又改南隰州，後復去「南」字。元初因之。舊領隰川、大寧、仵城、永和、石樓五縣。元初，以仵城本隰州之仵城鎮，仍省入隰川，蒲縣本隰州屬縣，金興定時升爲蒲州，仍降爲縣來屬。領縣五：隰川。中。州治所。大寧。下。至元三年，省入隰川。二十三年，復置。石樓。下。永和。下。蒲縣。下。

沁州。下。金故州，屬河東南路。元初，隸平陽路。舊領録事司，銅鞮、武鄉、沁源、綿上四縣。至元三年，省録事司入銅鞮。十年，省綿上縣入沁源。領縣三：銅鞮。下。倚郭。沁源。下。元初，改建縣城，據紫金山之半。武鄉。下。至元三年，省入銅鞮，後復置。

遼州。下。金故州，屬河東南路，又改南遼州，後復去「南」字。元初因之。舊領遼山、榆社、和順、儀城四縣。至元三年，省儀城縣入和順。領縣三：遼山。下。倚郭。榆社。下。至元三年，省入遼山。六年，復置。和順。下。至正十四年，達魯花赤木不剌徙縣城於舊治西南。

吉州。下。金故州，屬河東南路。元初屬平陽路。舊領司候司，十二鄉、鄉寧二縣。中統二年，省司候司入十二鄉。至元二年，省十二鄉入本州。領縣一：鄉寧。下。至元三年，省入本州，後復置。

中都開寧路。大德十一年六月，築行宮於旺兀察都之地，建爲中都。至大元年，置中都留守司，兼開寧路都總管府。是年十二月，置開寧縣，以大同路隸中都留守司。四年，罷中都留守司，開寧路及所屬開寧縣均廢。

嶺北等處行中書省領和寧路

和寧路。上。始名和林，亦名哈剌和林。本乃蠻故地。太祖滅乃蠻，建四大斡兒朵於其地。二十年，分封諸子，以哈剌和林之地與少子拖雷。太宗始定都於此。七年，城和林，作萬安宮。九年，營迦堅茶寒殿，在和林北七十餘里。十年，營圖蘇胡迎駕殿，在和林北三十餘里。魯卜魯克《和林紀行書》：「憲宗三年，奉命至和林，爲哈剌闕欒之都。有大街二：其一撒剌先人所住，中爲市場；其一支那人居之，皆工匠。二街之外，爲朝貴之大邸第。又佛堂十二，回回教寺二，基都教寺一。四圍以土爲城，開四門。傍城外有大離宮，內有殿，又有倉廪庫。」定宗、憲宗皆都之。世祖中統元年，遷都大興，置和林宣慰司都元帥府。後又分都元帥府於金山之南，和林止設宣慰司。至元二十七年，復置和林等處都元帥府。大德二年，改和林宣慰司都元帥府。四年，以都元帥府並行宣慰司事。十一年，罷宣慰司都元帥府，置和林總管府。皇慶元年，改和林路總管府爲和寧路總管府。

【校勘記】

〔一〕「升爲固安州下」，「下」字疑衍。

新元史卷之四十七　志第十四

地理志二

遼陽等處行中書省，領路七、府一，屬州十二，屬縣十。至元二十四年置。

遼陽路。上。金遼陽府，領遼陽、鶴野、宜豐、石城四縣。後改爲東京，領澄、復、蓋、瀋、貴德、來遠六州，婆娑府一路。元初，澄州《事文類聚》遼陽路有澄州，知澄州當廢於大德以後。及所屬臨溟、析木二縣，復州及所屬永康、化成二縣，貴德州及所屬貴德、奉集二縣，瀋州、來遠州，宜豐縣、石城縣俱廢，以婆娑府、廣寧府、蓋州、懿州爲四路，直隸中書省。至元六年，置東京總管府，降廣寧路爲散府，懿州路爲州，以隸之。省鶴野縣入遼陽。十五年，析廣寧，仍自行路事。十七年，又以婆娑府來屬。二十五年，改東京爲遼陽路。後廢婆娑府爲巡檢司。户三千七百八，口萬三千二百三十一。壬子年抄籍數。領縣一：遼陽。下，倚郭。至元六年，省警巡院及鶴野縣入之。

州二：

蓋州。下。金故州，屬東京路。元初，升蓋州路。至元六年，降爲州，隸東京總管府，省所屬熊岳、湯池、秀巖三縣入建安。八年，又省建安縣入本州。舊史《成宗紀》：元貞元年六月，蓋州明山縣螟。舊志無明山，未知何時省併。

懿州。下。金故州，屬北京路。元初，升懿州路。至元六年，降爲州，隸東京總管府，省所領順安、靈山二縣及義州之同昌縣入本州。至正二年，又升懿州爲路，以興中、義州屬之。

廣寧府路。下。金廣寧府，屬北京路。元初，置廣寧行帥府事。後以地遠，遷治臨潢，改總管府。至元六年，以户口少，降爲散府，隸東京路。十五年，復分爲路，行總管府事。舊領廣寧、望平、閭陽、鍾秀金《志》無此縣，據王圻《續文獻通考》增。四縣。廣寧已廢。至元六年，省鍾秀縣入望平。户四千五百九十五。至順錢糧户數。領縣二：閭陽。下。初立千户所。至元十五年，以户口繁，復立行千户所。後改爲縣。望平。下。至元十五年，改爲望平軍民千户所。後復爲縣。

舊志廣寧府路下有肇州。按《金史·地理志》：「肇州屬上京路，領縣一：始興。」《寰宇通志》與《明一統志》均引元《志》：「開元城西南曰寧遠縣，又西南曰南京，又南曰合蘭府，又南曰雙城，直抵伊麗王都。正西曰谷州，西北曰上京。上京之南曰建州，西曰濱州。又西曰黃龍府，金改爲利涉軍。又西曰信州，治信武縣。北曰肇州，治始興縣。東曰永州，曰昌州，曰延州。東北曰哈州，曰奴兒干城。皆渤海、遼、金所建，元廢。」是肇州入元已廢。世祖於阿八剌忽立城名曰肇州，特以肇州爲城名，非置經制州也。舊史載之，非是。

山北遼東道肅政廉訪司

山北遼東道開元等路宣慰司。元初置行中書省於北京路，又置開元路宣撫司隸北京行省。中統四年，罷開元路宣撫司。至元二年，罷北京行省，置山北遼東道開元等路宣撫司。十五年，改宣撫司爲宣慰司。二十三年罷。是年七月，復置。至正十一年，罷海西遼東道巡防捕盜所，立鎮寧州。

大寧路。上。金大定府，屬北京路。元初爲北京路總管府。舊領興中府及義、瑞、興、高、錦、利、惠、川、建、和十州。中統三年，割興州及松山縣屬上都路。至元五年，併和州入利州，爲永和鄉。七年，興中府降爲州，仍隸北京，改北京爲大寧路。二十五年，改武平路。後復爲大寧路。舊領大定、長興、富庶、松山、神山、惠和、金源、和衆、武平、静封，三韓十一縣。神山、静封二縣久廢。中統二年，省長興縣入大定，升三韓縣爲高州，升松山縣爲松州。户四萬六千六，口四十四萬八千一百九十三。壬子年數。領司一：録事司。初置警巡院，至元二年改置録事司。縣七：大定。下。龍山。下。至元四年，改屬利州，後復來屬。富庶。下。至元三年，省入中興州。後復置。和衆。下。金源。下。惠和。下。武平。下。

州九：

義州。下。金故州，屬北京路。至元七年，改隸婆娑府。後府廢，仍隸本路。至正二年，改屬懿州路。舊領宏政、開義、同昌三縣。至元六年，省同昌縣入懿州，宏政、開義二縣省入本州。

興中州。下。金興中府，屬北京路。元初省，至元七年又置興中州。舊領興中、永德、興城、宜民四縣。元初，俱省入本州。至正二年，改隸懿州路。

瑞州。下。金故州，屬北京路。元初因之。舊領瑞安、海陽、海濱三縣。元初，俱省入本州。

高州。下。金三韓縣，屬大定府。中統二年，升爲高州，隸大寧路。

錦州。下。金故州，屬北京路。元初因之。舊領永樂、安昌、神水、興城四縣，元初俱省入本州。

利州。下。金故州，屬北京路。元初因之，舊領阜俗、龍山二縣。元初，省阜俗縣入本州，龍山縣改隸大寧路。

惠州。下。遼故州，屬大定府。金皇統三年，廢。元初，復置。

川州。下。遼故州，金廢。元初復置。

建州。下。金故州，屬北京路。元因之。舊領建平、永霸二縣。元初，俱省入本州。

東寧路。本高麗西京。至元六年，高麗人崔坦等以西京府州縣鎮六十餘城來降。八年，置東寧府，與高麗畫慈悲嶺爲界。十三年，升東寧路總管府，設録事司。以静州、義州、麟州、威遠鎮隸婆娑府。二十七年，罷東寧路，悉歸本路所屬諸城於高麗。此事舊史遺之，據《高麗史》補。本路領司一：録事司。縣二：土山。下。中和。下。

鎮一：歸化鎮。按洪福源之叛，高麗徙餘民於海島，西京遂爲邱墟。至崔坦以西京内屬，所獻六十餘城，以徙民之故，多湮廢。然據《高麗史》所載，龍州、靈州、鐵州等處守臣皆爲坦等所殺，則諸州尚置官吏，不盡爲廢郡也。

崔坦等所獻之六十餘城，其地名之可考者，曰：定遠府，郭州、撫州、黄州，領安岳、三和、龍岡、咸從、江西五縣，長命一鎮。靈州、慈州、嘉州，遼隸顯州。順州，遼頭下城，在顯州東北。殷州、宿州、德州，領江東、永清、通海、順化四縣，寧遠、柔遠、安戎三鎮。昌州、鐵州，領定戎一鎮。唐安市州，遼隸東京道。泰州，遼隸上京道，金移治長春州。价州、朔州、宣州，遼隸會州，領寧朔、席島二鎮。成州，遼頭下城，領樹德一鎮。熙州、孟州，領三登一縣，椒島、椵島、寧得三鎮。延州，領陽嚴一鎮。雲州。

瀋陽路。金爲瀋州，屬東京路。舊領樂郊、章義、遼濱、挹婁四縣，因兵亂俱廢。太宗四年，高麗人洪福源率西京都護龜州四十餘城來降，立鎮守司以撫其衆。六年，徙其衆於遼陽，僑治遼陽故城。中統二年，改爲安撫高麗軍民總管府。三年，又立瀋州，以高麗質子爲安撫高麗軍民總管，分領二千餘户，治瀋州。元貞二年，併爲瀋州等路安撫高麗軍民總管府，仍治遼陽故城，領總管五，千户二十四，百户百二十五。户五千一百八十。至順錢糧户數。

總管府所轄者曰：新城州，遼城州，哥忽州，建安州，南蘇州，木底州，蓋羊州，代那州，滄籐州，磨米州，積利州，黎山州，延津州，安市州。以上十四州，並無城郭，是高麗降衆，各以其酋長領之。

開元路，金會寧府，屬上京路。舊領會寧、曲江、宜春三縣，後俱廢。太宗七年，即其地置開元、南京二萬户府。至元四年，改遼東路總管府。二十三年，又改開元路，領咸平府。後析咸平爲散府，俱隸遼東道宣慰司。至元二十七年，開元路寧遠縣饑。是本路有寧遠一屬，其省併年分闕。户四千三百六十七。至順錢糧户數。

咸平府。金舊府，屬咸平路。舊領平郭、銅山、新興、慶雲、清安、榮安、歸仁、玉山八縣，兵亂俱廢。元初隸開元路，後改隸宣慰司。至正二年，降爲咸平縣。

合蘭府水達達等路。金蒲與、合嬾、恤品、曷蘇館、胡里改五路之地。元初設軍民萬户府五：一曰桃温，距上都四千里；一曰胡里改，距上都四千二百里，大都三千八百里；一曰斡朵憐；一曰脱斡憐；一曰孛苦江；分領混同江南北之地。其人皆水達達，無城郭，逐水草爲居。户二萬九百六。至順錢糧户數。

河南江北等處行中書省，領路十一、府七、州一，屬州三十四，屬縣一百八十三。

河南江北道肅政廉訪司

汴梁路，上。宋開封府，爲東京，屬京畿路。金爲南京，屬南京路。太宗五年，崔立以南京降，仍爲南京路。至元二十五年，改汴梁路。舊領歸德府，延、許、裕、唐、陳、亳、鄧、汝、潁、徐、邳、嵩、宿、申、鄭、鈞、睢、蔡、息、廬氏行襄樊二十州。至元八年，升歸德府直隸行省，割亳、徐、邳、宿四州隸之，升申州爲南陽府，割裕、唐、汝、鄧、嵩、廬氏行襄樊七州隸之。九年，廢延州入延津縣。三十年，升蔡州爲汝寧府，直隸行省，割息、潁二州隸之。舊領開封、祥符、陽武、通許、太康、中牟、杞、鄢陵、尉氏、扶溝、陳留、延津、洧川、封邱十四縣。至元初，析鄭州之滎澤、原武二縣，析曹州之蘭陽縣來屬。户三萬一十八，口十八萬四千三百六十七。壬子年數。領司一：録事司。舊設警巡院，至元十四年改録事司。縣十七：開封。下。倚郭。祥符。下。倚郭。中牟。下。原武。下。鄢陵。中。滎澤。下。舊隸鄭州，至元二年來屬。封邱。中。金大定中，以河患，遷治新城。元初，又爲河水所湮，復遷於故城。扶溝。下。陽武。下。杞。中。中統初，河決城北面，爲水所圮，乃築新城於河北岸置縣。後又修故城，號南杞縣。延津。下。蘭陽。下。金析東明六鄉爲蘭陽縣，取首鄉蘭陽鄉爲名。舊隸曹州，至元初來屬。通許。下。尉氏。下。太康。下。洧川。下。陳留。下。

州五：

鄭州。下。金故州，屬南京路。元初因之。舊領管城、滎陽、汜水、河陰、原武、密、滎澤七縣。後析密縣隸鈞州，滎澤、原武二縣隸開封府。領縣四：管城。下。倚郭。元初省司候司入之。滎陽。下。汜水。下。河陰。下。

許州。下。金故州，屬南京路。元初因之。領縣五：長社。下。長葛。下。郾城。下。襄城。下。臨潁。下。

陳州。下。金故州，屬南京路。元初因之。領縣五：宛邱。下。西華。下。商水。下。至元二年，省南頓、項城入之。後復置。南頓，下。延祐二年，復商水鎮爲南頓縣。項城。下。至大二年，復置。

鈞州。下。金故州，屬南京路。元初因之。至元二年，析鄭州之密縣來屬。領縣三：陽翟。下。新鄭。下。密縣。下。

睢州。下。金故州，屬南京路。元初因之。舊領襄邑、考城、柘城三縣。元初，置儀封縣於東明縣之通安堡，隸本州。領縣四：襄邑。下。倚郭。考城。下。儀封。下。柘城。下。

河南府路。金河南府，屬南京路。元初改河南府路。舊領洛陽、宜陽、永寧、登封、鞏、偃師、孟津、新安、澠池九縣。金升澠池縣爲韶州，至元八年仍爲澠池縣，改隸陝州。户九千五百二，口六萬五千七百五十一。壬子年數。領司一：録事司。縣八：洛陽。至正二十六年，罷洛陽嵩縣宣慰司，嵩縣當是至正間析洛陽縣地置之。宜陽。下。永寧。下。登封。下。鞏縣。下。至正二十年，改立軍州萬户府。孟津。下。新安。下。偃師。下。

州一：

陝州。下。金故州，又改西安軍，屬河南路。元初，仍爲陝州。舊領陝、靈寶、湖城、閿鄉四縣。至元二年，省湖城縣入閿鄉，降韶州爲澠池縣來屬。領縣四：陝縣。下。靈寶。下。至元三年，省入陝縣。八年，廢虢州爲虢略縣，治靈寶。後復置靈寶縣，以虢略爲巡檢司，併虢州之朱陽縣入之。澠池。下。金韶州，置澠池司候司。至元二年，省司候司。八年，降州爲縣，隸本州。閿鄉。下。

南陽府。金申州，屬南陽路，以南陽縣爲治所。金《志》漏申州不載。至元八年，升爲南陽府，以唐、鄧、裕、嵩、汝五州隸之。二十五年，改屬汴梁路。後直隸行省。户六百九十二，口四千八百九十三。壬子年數。領縣二：南陽。下。倚郭。有三鵶巡檢司。鎮平。下。本陽管鎮，金末置縣。

州五：

鄧州。下。金故州，屬南京路。至元八年，改隸南陽府。舊領穰縣、南陽、内鄉、淅川、順陽五縣。金末析南陽縣，置申州。元初，省淅川、順陽二縣入内鄉縣，升穰縣之新野鎮爲縣。舊設録事司，至元二年併入穰縣。領縣三：穰縣。下。倚郭。内鄉，下。新野。下。

唐州。下。金故州，屬南京路。至元八年，改隸南陽府。舊領泌陽、比陽、湖陽、桐柏四縣。至元三年，以民力不及，廢湖陽、比陽、桐柏三縣。領縣一：泌陽。下。倚郭。元初廢。至元九年，復置。大德五年，省入本州。至元十六年，知南陽府梁曾以唐、鄧二州爲襄陽府所奪，爭之，復隸南陽府。唐、鄧二州改隸襄陽府年分闕。

嵩州。下。金故州，屬南京路。至元八年，改隸南陽府。舊領伊陽、福昌二縣。後福昌改隸河南府。至元三年，省伊陽縣入本州。領縣一：盧氏。下。至元二年，隸南京路。八年，隸南陽府。十一年，來屬。

汝州。下。金故州，屬南京路。至元八年，改隸南陽府。舊領梁、郟城、魯山、寶豐四縣。至元三年，廢郟城、寶豐入梁縣。後復置郟縣。領縣三：梁縣。下。魯山。下。郟縣。下。

裕州。下。金故州，屬南京路。至元八年，改隸南陽府。舊領方城、舞陽、葉三縣。後即葉縣行隨州事，就置昆陽縣爲屬邑。至元三年，罷州，併昆陽、舞陽二縣入葉縣。後復置舞陽縣。領縣三：方城。下。倚郭。葉縣。下。舞陽。下。

汝寧府。金蔡州，屬南京路。至元七年，改隸汴梁路。三十年，行省平章政事伯顏言：「蔡州去汴梁遠，凡事稽誤，宜升散府。」遂升爲汝寧府，直隸行省，以息、潁、信陽、光四州隸之。舊領汝陽、遂平、上蔡、西平、確山、平輿六縣。至元七年，省遂平、平輿二縣入汝陽。後復置遂平縣。抄籍户口闕。至順錢糧户數七千七十五。領縣五：汝陽。下。倚郭。元初廢，後置。上蔡。下。西平。下。確山。下。遂平。下。

州四：

潁州。下。金故州，屬南京路。至元三十年，改隸汝寧府。舊領汝陰、泰和、沈邱、潁上四縣。至元二年，省四縣及録事司入本州。後復置縣三：太和。下。沈丘。下。潁上。下。

息州。下。金故州，屬南京路。中統三年廢，四年復置。至元三年，罷息州安撫司，以其民隸南京路。至元三十年，改隸汝寧府。舊領新息、新蔡、真陽、褒信四縣。至元三年，省四縣入本州。後又置二縣：新蔡。下。至元四年置。真陽。下。

光州。下。宋故州，屬淮南西路。至元十二年，歸附，隸蘄黄宣慰司。二十二年，同蘄、黄等州直隸湖廣行省。三十年，改隸汝寧府。領縣三：定城。下。固始。下。宋末兵亂，徙治無常。至元十一年，復舊治。光山。下。兵亂地荒，至元十二年復置縣。

信陽州。下。宋信陽軍，屬京西北路。至元十四年，改信陽府，隸蘄黄宣慰司。十五年，降爲州，屬湖廣行中書省。二十九年，改隸河南行省。三十年，來隸汝寧府。舊領羅山、信陽二縣。至元二十年，以羅山當騶置要衝，徙州治此，而移縣治於西南，號曰羅山新縣。户三千四百一十四，口三萬三千七百五十一。至元七年數。領縣二：羅山。下。倚郭。信陽。下。

歸德府。宋應天府，金改歸德府，屬南京路。金亡，宋復取之。元初，與亳州之酇縣同時歸附，置京東行省。未幾，罷。憲宗二年，置司、府、州、縣官以撫定新附之民。至元八年，升爲散府，直隸行省，以宿、亳、徐、邳四州隸之。舊領睢陽、寧陵、夏邑、虞城、穀熟、碭山六縣。至元二年，析虞城、碭山二縣屬濟寧府，併穀熟縣入睢陽，酇縣入永州，又降永州爲永城縣，與寧陵、夏邑二縣俱隸本府。抄籍户數闕。至順錢糧户二萬三千三百一十七。領縣四：睢陽。下。倚郭。永城。下。夏邑。下。舊隸永州，至元二年來屬。未幾，廢。至元八年，復置，以碭山入之。寧陵。下。

州四：

徐州。下。金故州，屬山東西路。至元二年降爲下州。舊領彭城、蕭、永固三縣及録事司，至是省永固縣入蕭縣，省彭城縣、録事司入本州。領縣一：蕭縣。下。至元二年，併入徐州。十二年，復置。至正八年，升徐州爲總管府，以邳、宿、滕、嶧四州隸之。十三年，降爲武安州。以所轄縣隸歸德府，嶧、滕二州仍隸益都路。

宿州。中。金故州，屬南京路。元初，廢。中統三年，復置，改隸本府。舊領臨淮、蘄、靈壁、符離四縣及司候司。至元二年，省臨淮、蘄、靈壁三縣，並司候司入本州。四年，析靈壁縣地入泗州。十七年，復置靈壁縣來屬。領縣一：靈壁。下。

邳州。下。金故州，屬山東西路。元初，廢。中統三年，復置。至元八年，改隸本府。舊領下邳、蘭陵、宿遷三縣。元初以户少，省三縣入本州。至元十二年，復置睢寧、宿遷兩縣，隸淮安路。十五年，復來屬。領縣三：下邳。下。州治所。城北有黄堌城。宿遷。下。睢寧。下。

亳州。下。金故州，屬南京路。憲宗二年，改隸歸德府。舊領譙、酇、鹿邑、城父、衛真五縣。後省城父縣入譙，衛真縣入鹿邑，酇縣入永城。未幾，復置城父。領縣三：譙。下。鹿邑。下。城父。下。

襄陽路。下。宋襄陽府，屬京西南路。至元十年，宋守將吕文焕以城降，改襄陽府爲散府。十一年，升襄陽路總管府。舊領襄陽、鄧城、宜城、穀城、南漳五縣。元初，省鄧城縣入襄陽。至元十九年，割均、房二州，南陽府光化、棗陽二縣來屬。至順錢糧户數五千九十。領司一：録事司。縣六：襄陽。下。倚郭。兵亂廢，至元十四年復置。南漳。下。舊紀：至元十四年，均州復立南漳縣。南漳改隸均州及省併年分均無考。宜城。下。穀城。下。光化。下。棗陽。下。

州二：

均州。下。宋故州，屬京西南路。至元十二年，宋行均州事徐鼎以城降，改隸湖北宣慰司。十九年，來屬本路。領縣二：武當。下。兵亂，僑治無常。至元十四年，復置。鄖縣。下。宋鄖鄉縣，至元十四年改。

房州。下。宋故州，屬京西南路。至元十二年，知州李鑑以城降。十九年，改隸襄陽路。領縣二：房陵。下。竹山。下。

蘄州路。下。宋故州，屬淮南西路。至元十二年歸附，置淮西宣撫司。十四年，改總管府，設録事司。户三萬九千一百九十，口二十四萬九千三百二十一。自此以後至德安府，皆用至元二十七年數。領司一：録事司。縣五：蘄春。中。倚郭。蘄水。中。廣濟。中。宋嘉熙兵亂，徙治江中洲。歸附後，復舊治。黄梅。中。嘉熙兵亂，僑治江中洲。後復置。羅田。下。兵亂縣廢，至元十二年復置。大德中，遷縣治於官渡沙。

黄州路。下。宋故州，屬京西北路。至元十二年歸附。十四年，升爲總管府。舊紀：至元十四年，置宣慰司。疑誤。十八年，又置黄蘄州宣慰司，治黄州路。二十三年，罷宣慰司，直隸湖廣行省。二十九年，復置淮西道宣慰司，以蘄州、黄州二路隸之。大德三年，罷淮西道宣慰司，蘄、黄二路改隸河南江北行省。户一萬四千八百七十八，口三萬六千八百七十九。領司一：録事司。縣三：黄岡。中。州治所。黄陂。下。兵亂，僑治蘄州青山磯。歸附，還舊治。

麻城。下。兵亂，徙治什子山。歸附，還舊治。

淮西江北道肅政廉訪司

廬州路。上。宋故州，屬淮南西路。至元十三年，歸附。十四年，升爲總管府，隸淮西江北道。户三萬一千七百四十六，口二十二萬九千四百五十七。領司一：録事司。縣三：合肥。上。倚郭。梁縣。中。舒城。中。

州三：和州。中。宋故州，屬淮南西路。至元十四年，置安撫司。明年，升和州路。二十八年，降爲州，隸廬州路。舊設録事司，後省入歷陽。領縣三：歷陽。上。倚郭。含山。中。烏江。中。

無爲州。中。宋無爲軍，屬淮南西路。至元十四年，升無爲路。二十八年，降爲州，罷巢州爲縣隸之。領縣三：無爲。上。倚郭。廬江。中。巢縣。下。至元十四年，置鎮巢府。二十三年，降爲巢州。二十八年，復爲縣。

六安州。下。宋六安軍，屬淮南西路。至元十二年，歸附。二十二年，改隸黄蘄州宣慰司。二十八年，降爲縣，隸廬州路。後又升爲州。領縣二：六安。中。英山。中。

安豐路。下。宋壽春府，又以安豐縣爲安豐軍，並屬淮南西路。至元十四年，改安豐路總管府。十五年，降爲散府。二十八年，復升爲路，降臨濠府爲濠州以隸之。至正十二年，置安豐分元帥府。户一萬七千九百九十二，口九萬七千六百一十一。領司一：録事司。縣五：壽春。中。倚郭。安豐。下。霍邱。下。壽春、安豐、霍邱三縣，宋隸壽春府。至元十八年，來屬本路。元統二年，立淮鄉臨水山巡檢司。下蔡。下。與蒙城俱隸安豐府。二十八年，罷府，來屬本路。蒙城。下。金屬壽州。至元十八年，來屬本路。

州一：

濠州。下。宋故州，屬淮南西路。至元十三年歸附，置安撫司，十五年，升爲臨濠府，二十八年，復爲濠州，隸本路。舊領鍾離、定遠二縣。至元二十八年，降懷遠州爲縣，隸之。領縣三：鍾離。下。倚郭。定遠。下。懷遠。下。宋爲懷遠軍，領荆山一縣。至元二十八年，以軍爲縣，省荆山入之。

安慶路。下。宋安慶府，屬淮南西路。至元十二年，宋將范文虎以城降。十三年，置安撫司。十四年，改安慶路總管府，屬黄蘄州宣慰司。二十三年，罷宣慰司，直隸行省。舊領懷寧、宿松、望江、太湖、桐城五縣。至元三年，析懷寧縣境置灊山縣。户三萬五千一百六，口二十一萬九千四百九十。領司一：録事司。大德元年置。縣六：懷寧。中。宿松。中。天曆初，立鐵柱於小孤山，號海門第一關。望江。下。太湖。中。桐城。中。宋末徙治樅陽，又徙於李陽河。元初，始還舊治。灊山。下。本懷寧縣之清朝、玉照二鄉地。宋立四寨，仍隸懷寧縣。至元中，置野人原寨。至治間，始析置灊山縣，以山爲名。

淮東道宣慰使司皇慶二年，改淮東淮西道宣慰使司爲淮東道宣慰使司。

江北淮東道肅政廉訪司

揚州路。上。宋揚州，屬淮南東路。至元十三年歸附，置淮東都元帥府。十四年，改揚州路總管府。十五年，置淮東道宣慰司，本路屬焉。十九年，省宣慰司，本路直隸行省。二十六年，改浙西道宣慰司爲淮東淮西道宣慰司，仍治揚州路，升本路高郵府爲散府，直隸宣慰司。户二十四萬九千四百六十六，口一百四十七萬一千一百九十四。領司一：録事司。縣二：江都。上。倚郭。泰興。上。

州五：

真州。下。宋故州，屬淮南東路。至元十三年，置真州安撫司。十四年，改真州路總管府。二十一年，降爲州，隸揚州路。領縣二：揚子。上。倚郭。宋永正縣。至元二十八年，改揚子縣，移治新城，省録事司入之。六合。下。

滁州。下。宋故州，屬淮南東路。至元十五年，改滁州路總管府。二十年，仍爲州，隸揚州路。領縣三：清流。中。至元十四年，省録事司入之。來安。下。全椒。下。

泰州。上。宋故州，屬淮南東路。至元十四年，改泰州路總管府。至二十一年，仍爲州，隸揚州路。領縣二：海陵。上。倚郭。宋端平後，去縣城五里別築新城。後張士誠據之。如皋。下。

通州。中。宋故州，屬淮南東路。至元十五年，改通州路總管府。二十一年，仍爲州，隸揚州路。領縣二：静海。上。倚郭。海門。中。

崇明州。下。本通州海濱沙洲。宋建炎中有昇州句容縣姚、劉二姓避兵於沙上，其後遂稱姚劉沙。宋嘉定中，置天賜監場。至元十四年，置崇明州。

淮安路。上。宋楚州，又升屬縣山陽縣爲淮安軍，又改軍爲州，屬淮南東路。至元十三年，置行淮東安撫司。十四年，改總管府。二十年，置淮安府路總管府，以臨淮府，海寧、泗、安東三州隸之。二十七年，罷臨淮府。舊領山陽、鹽城、淮安、淮陰、新城、清河、桃園七縣，設録事司。至元二十年，省淮安、新城、淮陰三縣入山陽縣。户九萬一千二十二，口五十四萬七千三百七十七。領司一：録事司。縣四：山陽。上。宋淮安縣，至元十二年，以本縣馬羅軍寨爲山陽縣。十三年，淮安路歸附，仍存淮安縣。二十年，省淮安及新城縣入之。鹽城。上。桃園。下。本淮陽軍之桃園鎮，金置淮濱縣，後廢，至元中置桃園縣。清河，下。本泗州之清河口，宋置清河軍，至元十五年改爲縣。

州三：

海寧州。下。宋故州，屬淮南東路。金《志》亦有海州，後復爲宋地。至元十二年，歸附。十五年，升海州路爲總管府，又改爲海寧府，旋降爲州，隸淮安路。舊領録事司，朐山、東海、懷仁、沭陽四縣。至元二十年，省東海縣與録事司入朐山。領縣三：朐山。中。沭陽。下。贛榆。下。宋懷仁縣，金改贛榆。

泗州。下。宋故州，屬淮南東路。金《志》亦有泗州，後復爲宋地。至元十三年，降爲下州。舊領臨淮、淮平、虹、靈壁、睢寧五縣。至元十六年，析睢寧縣屬邳州。十七年，析靈壁縣屬宿州，以臨淮府五河縣來屬。二十一年，省淮平縣入臨淮。二十七年，廢臨淮府，以盱眙、天長二縣來屬。領縣五：臨淮。下。虹縣。下。宋故縣，金廢，元初復置。五河。下。盱眙。上。宋招信軍。至元十三年，行招信軍安撫司事，領盱眙、天長、招信、五河四縣。十四年，升招信路總管府。十五年，改臨淮府。十七年，以五河縣在淮北，改屬泗州。二十年，併招信縣入盱眙。二十七年，廢臨淮府入盱眙。天長。中。至正十五年，置淮東等處宣慰使司都元帥於本縣。

州一〔一〕：安東州。下。宋漣水軍，後改安東州，屬淮南東路。至元十二年，置安東分元帥府。後改隸淮安路。領縣一：漣水。下。

高郵府。宋高郵軍，屬淮南東路。至元十四年，升爲高郵路總管府。二十年，降高郵路爲府，隸揚州路，後改爲散府，隸宣慰司。舊領録事司及高郵、興化二縣。至元二十年，廢安宜府爲寶應縣來屬，又省録事司入高郵縣。户五萬九十有八。至順錢糧户數。領縣三：高郵。上。倚郭。興化。中。寶應。上。舊爲寶應軍。至元十六年，改爲安宜府。二十年，廢府爲縣，來屬。

荆湖北道宣慰司至正十一年，兼都元帥府。

山南江北道肅政廉訪司

中興路。上。宋爲江陵府，屬荆湖北路。至元十二年，歸附。是年，置懷遠、靈武二縣，分處新民。未詳何時裁併。十三年，改上路總管府，設録事司。天曆二年，以文宗潛藩，改爲中興路。户一十七萬六百八十，口五十九萬九千二百二十四。領司一：録事司。縣七：江陵。上。公安。中。石首。中。松滋。中。枝江。下。潛江。下。舊治白洑。至元二十七年，水圮城，遷今治。監利。中。

峽州路。下。宋峽州，屬荆湖北路。至元十三年，歸附。十七年，升爲峽州路。户三萬七千二百九十一，口九萬二千九百四十七。領縣四：夷陵。中。宋末隨州遷治不常。歸附後，還江北舊治。宜都。下。宋舊縣。長陽。下。遠安。下。至正初，達魯花赤沙班遷縣治於亭子山下。

安陸府。宋郢州，隸京西南路。至元十三年，歸附。十五年，升爲安陸府，隸宣慰司。户一萬四千六百六十五，口三萬三千五百五十四。領縣二：長壽。中。京山。中。兵亂，移治漢濱。至元十二年，還舊治。

沔陽府。宋復州，屬荆湖北路。至元十三年，歸附，升爲復州路。十五年，改爲沔陽府。户一萬七千七百六十六，口三萬九千五百五十五。領縣二：玉沙。中。倚郭。景陵。中。宋舊縣，兵亂，徙治無常。歸附後，還舊治。

荆門州。下。宋荆門軍，屬荆湖北路。至元十二年，歸附。十四年，升爲荆門府。十五年，遷府治於古城，降爲州。户二萬九千四百七十一，口一十六萬五千四百三十五。領縣二：長林。上。當陽。中。

德安府。宋舊府，屬荆湖北路。宋咸淳七年，徙治漢陽。至元十三年，歸附，還舊治，隸湖北道宣慰司。十八年，罷宣慰司，直隸行省，爲散府。三十年，改隸黄州路。後復隸宣慰司。舊領安陸、孝感、應城、雲夢、應山五縣。至元十五年，析應山縣隸隨州。户一萬九百二十三，口三萬六千二百一十八。領縣四：安陸。下。孝感。下。宋建炎中遷縣治於紫資寨。至元十六年，還舊治。應城。中。雲夢。下。

州一：

隨州。下。宋故州，屬京西南路。至元十二年，歸附。十三年，以兵亂，遷徙無常，即黄仙洞爲州治。舊領隨縣。十五年，以德安府應山縣來屬。户一萬五千九白六十六，口五萬二千六十四。領縣二：隨縣。下。應山。下。

【校勘記】

〔一〕「州一」二字疑衍。

新元史卷之四十八　志第十五

地理志三

陝西諸道行御史臺大德三年罷，延祐二年復置。

陝西等處行中書省，領路三、府五、州十八，屬州十一，屬縣七十九。

奉元路。上。金爲京兆府，屬京兆府路。憲宗三年，置從宜府於京兆。至元十五年，改京兆府爲安西府。十六年，升安西府爲安西路。皇慶元年，改爲奉元路。舊領長安、咸寧、興平、涇陽、臨潼、藍田、雲陽、高陵、終南、櫟陽、鄠、咸陽十二縣。至元元年，省雲陽縣入涇陽。舊志：併耀州之雲陽。案雲陽，宋隸耀州，金隸京兆府。四年，省櫟陽縣入臨潼。七年，又以盩厔縣來屬，省終南入之。户三萬三千九百三十五，口二十七萬一千三百九十九。壬子年數。領司一：録事司。縣十一〔一〕：咸寧。下。長安。下。咸陽。下。興平。下。臨潼。下。至元四年，併櫟陽縣入之。藍田。下。涇陽。下。至元元年，省雲陽縣入之。高陵。下。至正末，李思齊築鹿臺城於縣西南二十五里。盩厔。下。金故縣，隸鳳翔府，後升爲恒州。至元初，降爲縣來屬。鄠縣。下。金故縣，隸鳳翔府，後隸恒州。元初，升爲州，增置柿林縣。至元元年，復降郿州爲縣，省柿林入之。

州五：

同州。下。金故州，屬京兆府路。舊領馮翊、朝邑、白水、郃陽、澄城、韓城六縣。元初，省馮翊縣入本州。領縣五：朝邑。下。白水。下。郃陽。下。宋舊隸同州，金改隸禎州。至元初廢禎州，仍隸本州。澄城。下。韓城。下。金貞祐三年，升爲禎州。至元元年廢，二年再置，六年降爲韓城縣。

華州。下。金故州，屬京兆府路。舊領鄭、華陰、下邽、蒲城、渭南五縣。元初，省鄭縣入本州，至元十二年，復置鄭州，後省併。年分闕。省下邽縣入渭南。領縣三：華陰。下。蒲城。下。渭南。下。

耀州。下。金故州，屬京兆府路。舊領華原、同官、美原、三原四縣。至元元年，省華原縣入州，復置富平縣，省美原縣入富平。領縣三：三原。下。富平。下。宋故縣，金省入美原，至元元年復置。同官。下。

乾州。下。金故州，屬京兆府路。舊領奉天、醴泉、武功、好畤四縣。至元元年，省奉天縣入本州。五年，復置奉天，省好畤入之，又析邠州之永壽來屬。後又改奉天縣爲醴泉。領縣三：醴泉。下。至正初，改築新城於城西三十里。武功。下。金以嫌顯宗諱，改爲武功武亭。元復，後廢。至正四年，復置。永壽。下。至元十五年，徙縣治於麻亭。

商州。下。金故州，屬京兆府路。領縣一：洛南。下。

延安路。下。金延安府，屬鄜延府路。元改延安路。舊領膚施、延川、延長、臨真、甘泉、敷政、門山七縣。元初析甘州之宜川來屬，又省丹州入宜川縣。户六千五百三十九，口九萬四千六百四十一。壬子年數。領縣八：膚施。下。甘泉。下。宜川。下。元初，置司候司。至元六年，省入宜川。按金《志》，丹州縣一：宜川。宋《志》，鄜州縣一：宜川。宋《志》奪鄜州所屬之四縣，又奪丹州，誤以宜川屬鄜州也。舊志無丹州，以併丹州入宜川也。延長。下。延川。下。安定。下。本宋舊堡。憲宗二年，升爲安定縣。至元元年，析置丹頭縣。四年，併入本縣。安塞。下。本金舊堡。憲宗二年，升爲縣。至治三年，徙縣治於龍安鎮。保安。下。金爲保安州。至元六年，降爲縣。

州三：鄜州。下。金故州，屬鄜延路，舊領洛交、直羅、鄜城、洛川四縣。至元四年，省鄜城入洛川，又省洛交、直羅入州。六年，廢坊州，以中部、宜君二縣來屬。領縣三：洛川。下。中部。下。宜君。下。

綏德州。下。金故州，屬鄜延路。舊領清澗一縣，舊志：金領八縣。誤以城寨爲縣。十寨、一城、一堡。歸附後，升米脂寨爲縣，省嗣武城入之，升懷寧寨爲縣，省綏平寨入之。至元四年，又省定戎寨入米脂，懷寧縣入清澗，義合寨、綏德寨入本州。領縣二：青澗。下。米脂。下。

葭州。下。金故州，屬河東北路。後改屬鄜延路。舊領八寨、九堡。至元六年，省通泰堡、彌川堡入州，省太和寨入神木縣，建寧寨入府谷縣。領縣三：神木。下。元初，置靈州於古麟州之神木寨。至元六年，改靈州爲神木縣。吴堡。下。舊爲吴堡寨。府谷。下。宋爲府州。元初，建州治。至元六年，改爲府谷縣。

興元路。下。宋爲興元府，屬利州路。元初，改興元路總管府。至正十五年，改興元等處宣慰司都元帥府。舊領南鄭、城固、褒城、西縣四縣。元初，以鳳、金、洋三州來屬，析本路所屬西縣隸沔州，以洋州西鄉縣隸本路。户二千一百四十九，口一萬九千三百七十八。至元二十七年數。領縣四：南鄭。下。宋析置廉水縣，元初併廉水入之。城固。下。褒城。下。元徙治於山河堰東南五里。西鄉。下。宋端平中縣廢，元復置。

州三：

鳳州。下。宋故州，屬秦鳳路，後改隸利州路。元初，改隸興元路。至元五年，以倚郭梁泉縣省入本州。後至元二年，立留壩鎮巡檢司。

洋州。下。宋故州，屬利州路。元初，改隸興元路。舊領興道、真符、西鄉三縣。元初，析西鄉縣隸興元路。至元二年，併興道、真符二縣入本州。

金州。下。宋故州，屬京西南路，後改隸利州路。元初，隸興元路。舊領西城、漢陰、洵縣、石泉、平利、上津六縣。元初，俱省入本州。

陝西漢中道肅政廉訪司舊治安西路。延祐三年，徙治鳳翔。

鳳翔府。金故府，屬鳳翔府路。元初，屬興元路，尋置鳳翔路總管府。至元九年，改爲散府。舊領鳳翔、寶雞、虢、郿、盩厔、扶風、岐山、普潤、麟游九縣。元初，以郿、盩厔二縣改隸安西路，虢、普潤二縣並廢。户二千八十一，口一萬四千九百八。壬子年數。領縣五：鳳翔。下。扶風。下。岐山。下。寶雞。下。有益門城，元末李思齊所築。麟游。下。

邠州。下。金故州，屬慶原路。元初，直隸行省。舊領宜禄、新平、淳化、永壽、三水五縣。至元七年，省宜禄入本州，省三水入淳化縣，永壽改隸乾州。領縣二：新平。下。淳化。下。

涇州。下。金故州，屬慶原路。元初，隸都元帥府，又隸鞏昌都總帥府，又隸平涼府，後直隸行省。舊領涇川、長武、良原、靈臺四縣。至元十一年，省良原縣入靈臺，長武縣入涇川。領縣二：涇川。下。倚郭。靈臺。下。至元七年，併入涇川。十一年，復置。

開成州。下。金爲鎮戎州，屬鳳翔路。元初爲原州。鎮戎州，本唐原州高縣之地。至元十年，皇子西安王分治秦蜀，置開成府視上都，號爲上路。至治三年，降開成州。舊領東山、三川二縣，後改隸鎮原州，置開成爲附郭縣。領縣一：開成。下。

州一：

廣安州。下。金升宋東山寨爲廣安縣，隸鎮戎州，後廢。至元十年，復置廣安縣。十五年，升爲州，仍隸本路。開成路降州，廣安州應直隸行省。無明文可證。仍依舊志，隸開成州之下。

莊浪州。下。本莊浪路。大德八年，降路爲州。領縣一：莊浪。下。延祐六年，升莊浪巡檢司爲莊浪縣，移巡檢司於比卜渡。

鞏昌等處總帥府。元初爲鞏昌路便宜都總帥府，統鞏昌、平涼、臨洮、慶陽、隆慶五府及秦、隴、會、環、金、德順、徽、金洋、安西、河、洮、岷、利、巴、沔、龍、大安、褒、涇、邠、寧、定西、鎮原、階、成、西和、蘭二十七州。至元五年，析安西州屬脱思麻路。六年，析河州屬吐番宣慰司。七年，省洮州入安西州。八年，析岷州屬脱思麻路。十三年，置鞏昌路總管府。十四年，復行便宜都總帥府事。是年，析隆慶府，利、巴、大安、褒、沔、龍等州隸廣元路。二十年，又析涇、邠二州隸陝西漢中道宣慰司。帥府所統者：鞏昌、平涼、臨洮、慶陽四府，秦、隴、寧、定西、鎮原、階、成、西和、蘭、會、環、金、德順、徽、金洋十五州。二十一年，仍置便宜都總帥府。二十五年，改爲宣慰使司兼便宜都總帥府。二十六年，行省言：「鞏昌便宜都總帥府已升爲宣慰司，以舊兼府事，別立散府，調官分治。」從之。

鞏昌府。金爲鞏州，屬臨洮路。元初，改鞏昌府。舊領隴西、通渭、定西、通西、安西五縣。金升定西爲州，析通西、安西隸之。至元十三年，以金之寧遠寨置寧遠縣，伏羌寨置伏羌縣，鹽川鎮置漳縣。户四萬五千一百三十五，口三十六萬九千二百七十二。壬子年數。領司一：録事司。縣五：隴西。下。寧遠。下。伏羌。下。通渭。下。宋通渭寨，金升渭縣。漳縣。下。宋名鹽川寨，金爲鎮。至元十三年，置縣。

平涼府。金故府，屬鳳翔路。元初，屬鞏昌帥府。舊領平涼、潘原、崇信、華亭、化平五縣。後省潘原縣入平涼，化平縣入華亭。領縣三：平涼。下。崇信。下。華亭。下。

臨洮府。金故府，屬臨洮路。元初，隸鞏昌帥府。泰定元年，更置臨洮總管。舊領狄道、當川、康樂三縣。元初，省當川、康樂二縣入狄道。至元十三年，升渭源堡爲渭源縣。領縣二：狄道。下。渭源。下。

慶陽府。金故府，屬慶原路。元初，隸鞏昌帥府。舊領安化、彭原、合水三縣。至元七年，併安化、彭原二縣入合水。領縣一：合水。下。

秦州。中。金故州，屬鳳翔路。元初，隸鞏昌帥府。舊領成紀、治坊、甘谷、清水、雞川、隴城、秦安七縣。至元七年，省雞川、隴城二縣入秦安，治坊縣入清水，甘谷縣入通渭。領縣三：成紀。中。清水。中。秦安。中。

隴州。中。金故州，屬鳳翔路。元初，隸鞏昌帥府。舊領汧陽、汧源、隴安三縣。至元七年省隴安縣入汧源。延祐四年，又省汧源縣入本州。領縣一：汧陽。下。

寧州。下。金故州，屬廣源路。元初，隸鞏昌帥府。舊領安定、定平、真寧、襄樂四縣。至元七年，省襄樂、安定、定平入本州。領縣一：真寧。下。

安定州。下。宋爲定西城，屬蘭州。金爲定西縣，升爲州，屬秦鳳路。元初，隸鞏昌帥府。至正十二年，以地震，改安定州。十五年，又置軍民安撫司。舊領通西、安西二縣。至元三年，省二縣入本州。

鎮原州。下。金原州，屬廣源路。元初，改鎮原州，隸鞏昌帥府。舊領臨涇、彭陽二縣。元初，以鎮戎州之東山、三川二縣來屬。至元七年，省四縣俱入本州。

西和州。下。宋岷州，徙治於長道縣之白石鎮，改西和州，屬秦鳳路。元初，隸鞏昌帥府。舊領祐川、大潭、長道三縣。大潭、祐川，軍興久廢。至元七年，省長道入本州。

環州。下。金故州，屬慶原路。元初，隸鞏昌總帥府。舊領通遠一縣，至元七年，省入本州。

金州。下。本宋蘭州龕谷寨。金升爲龕谷縣，又置金州，以龕谷縣爲治所。至元七年，省縣入本州。

静寧州。下。金爲德順州，屬鳳翔路。元初，隸鞏昌帥府。舊領隴干、永洛、威戎、隆德、通邊、治平六縣。元初，省治平、永洛二縣入隴干。後復省隴干入本州，改爲靜寧州。領縣一：隆德。下。威戎、通邊二縣，金末已廢。

蘭州。下。金故州，屬臨洮路。元初，隸鞏昌帥府。舊領定遠、阿干二縣。元初，置司候司。至元七年，省司候司入本州。至大中，以定遠縣改隸金州，後廢入金州。領縣一：阿干。下。

會寧州。下。金會州，屬臨洮路。元初，隸鞏昌帥府。至正十二年，以地震，改會寧州。舊領保川一縣。金末，州陷於河西，僑治州西南百里會川城，名新會州。元初，遷於保川縣，改保川縣爲西寧。至元七年，併縣入州。

徽州。下。元初，置南鳳州於鳳州之河池縣，又升永寧鄉爲縣，析鳳州之兩當縣，同隸南鳳州。至元元年，改爲徽州，七年，省河池、永寧二縣入本州。領縣一：兩當。下。宋徙治於廣鄉鎮，元因之。

階州。下。宋故州，屬秦鳳路。元初，隸鞏昌帥府。舊領福津、將利二縣，至元七年，省入本州。新州治在柳樹城，距舊城東八十里。

成州。下。宋故州，屬秦鳳路。元初，隸鞏昌帥府。舊領同谷、栗亭二縣。太宗十三年，宋成都將田世顯來降，命遷於栗亭管民司事，不隸成州。析秦州之天水縣來屬。至元七年，省同谷、天水二縣入本州。太宗十年，宋雷、李二將來降，命遷於成州，行金洋州事，隸鞏昌帥府。舊《志》別立金洋州，誤。此是行金、洋二州事，非又置金洋州。

吐番等處宣慰司都元帥府以下宣慰司三、宣撫司二，俱隸宣政院。

河州路。下。金河州，屬臨洮路。元初，置河州路軍民總管府。舊領枹罕、寧河二縣。元初，省枹罕入本州，升定羌城爲定羌縣，安鄉關爲安鄉縣。領縣三：定羌。下。安鄉，下。寧河。下。

洮州路。下。金故州，屬臨洮路。元初，升洮州路，置元帥府。領縣一：可當。下。金故縣，元初因之。金《志》闕。

貴德州。下。本金積石州西界之地。元初，置貴德州，隸宣慰司，後廢。

積石州。下。宋積石軍溪哥城。金升爲州，屬臨洮路。元初置元帥府。

雅州。下。宋故州，屬成都路。憲宗八年，攻拔其城，改隸馬湖路。後改隸吐番宣慰司。領縣五：石山。下。瀘山。下。百丈。下。榮經。下。嚴道。下。石山、嚴道二縣，別隸六番招討使司。

黎州。下。宋故州，屬成都路。元初，隸馬湖路，後改隸吐番宣慰司。領縣一：漢源。下。

十八族元帥府。

帖成河里洋脱元帥府。

當陽元帥府。以上屬吐番宣慰司。

脱思麻路宣慰司都元帥府。本爲元帥府。至元三年，以西安州來屬。五年，又以岷州來屬。大德十一年，升爲宣慰司，以禮店文州萬户府隸之。領州三：

西安州。宋故州，屬秦鳳路。至元三年，來屬。

岷州。宋岷州，改西和州。元初，於祐川縣故地置岷州。至元七年，來屬。後置元帥府。

鐵州。沿革闕。

禮店文州蒙古漢兒軍民元帥府。至元九年置，後改隸吐番宣慰司。大德十一年，以屬吐番宣慰司不便，命仍隸脱思麻路。以上屬脱思麻路宣慰司。

松潘、客疊、威、茂等處軍民安撫司。至大二年，改爲宣撫司，遷治茂州汶川縣。

茂州。宋故州，屬成都路。領縣二：文山。下。汶川。下。

静州茶上必里溪安鄉等二十六族軍民千户所。

龍木頭都留等二十二族軍民千户所。

岳希蓬蘿匐村二十二族軍民千户所。

析藏軍民萬户府。以上屬松潘等處宣撫司。

碉門、魚通、黎、雅、長河西、寧遠等處軍民宣撫司。至元十九年，移成都宣慰司於碉門。大德二年，併土番碉門安撫司、運司，改爲碉門、魚通、黎、雅、長河西、寧遠軍民宣撫司。舊史《百官志》作安撫司，誤。

魚通路軍民萬户府。

碉門、魚通等處管軍守鎮萬户府。

長河西管軍萬户府。

朵甘思哈答、李唐、魚通等處錢糧總管府。

亦思馬兒甘軍民萬户府。

朵甘思管軍民萬户府。

剌馬兒剛等處招討司。

奔不思招討司。

奔不兒亦思剛百姓達魯花赤。

唆尼招討司。

征沔招討司。

天全招討司。

六番招討司。以上屬碉門漁通宣撫司。

烏思藏、納里迷、古魯孫等三路宣慰使司都元帥府

烏思藏管蒙古軍都元帥府。

納里迷古魯孫元帥府。

擔裏管軍招討使司。

沙魯思管民萬户。

搽里八管民萬户。

速兒麻加瓦管民官。

撒剌管民官。

出密萬户府。

嗸籠答剌萬户府。

思答籠剌萬户府。

伯木古魯萬户府。

湯卜赤八千户所。

加麻瓦萬户府。

札由瓦萬户府。

牙里不藏思八萬户府。

迷兒萬户府。以上屬烏思藏宣慰司。

四川等處行中書省，領路十一、府二、屬府三，屬州三十九，軍一，屬縣九十四。蠻夷土官，不在此數。

西蜀四川道肅政廉訪司

成都路。上。宋爲成都府路。元初置成都路總管府。至元十三年，設録事司。舊領嘉定、崇慶二府，眉、邛、黎、雅、威、茂、簡、漢、彭、綿十一州。後嘉定自爲一路，以眉、黎、雅、邛隸之。二十年，又析黎、雅屬吐番招討司，茂州屬松潘等處安撫司，降崇慶爲州，省隆州入仁壽縣。舊領成都、華陽、郫、新都、温江、新繁、雙流、靈泉、廣都九縣。至元二十年，析靈泉縣隸簡州，省廣都縣入雙流，以仁壽、金堂二縣來屬。户三萬二千九百一十二，口二十一萬五千八百八十八。至元二十七年數。領司一：録事司。縣九：成都。下。宋爲府治所。至元十三年，以本縣元管大城内西北隅，併入録事司。華陽。下。新都。下。郫縣。下。温江。下。雙流。下。新繁。下。仁壽。下。本宋隆州，領仁壽、井研二縣。至元二十年，省隆州、井研入仁壽縣來屬。金堂。下。本宋懷安軍，領金水、金堂二縣。元初，升爲懷州。至元二十年，省懷州、金水入金堂縣來屬。

州七：

彭州。下。宋故州，屬成都府路。元初因之。舊領九隴、濛陽、崇寧三縣。至元中，省九隴縣入本州。領縣二：濛陽。下。崇寧。下。

漢州。下。宋故州，屬成都府路。元初因之。舊領雒、什仿、綿竹、德陽四縣。中統初，省雒縣入本州。領縣三：什邡。下。德陽。下。至元八年，升爲德州。十三年，仍爲縣，隸成都路。十八年來屬。按舊《紀》：十八年以漢州德陽縣屬成都路。《紀》、《志》抵牾，未審孰是。綿竹。下。至元十三年，省入州，後復置。

安州。下。宋石泉軍，屬成都府路。中統五年，升爲州。舊領石泉、神泉、龍安三縣。是年，又省神泉、龍安二縣入本州。領縣一：石泉。下。

灌州。下。宋永康軍，屬成都府路。後廢爲灌口寨。元初，復置灌州。至元十三年，省所屬導江、青城二縣入本州。

崇慶州。下。宋崇慶府，屬成都府路。至元十二年，置總管府。二十年，降爲崇慶州。舊領晉原、江原、新津、永康四縣。至元二十年，省江原縣入本州。領縣三：晉原。下。新津。下。永康。舊《志》漏此縣。《明一統志》：「本朝省永康入崇慶州。」可證。

威州。下。宋故州，屬成都府路。舊領保寧、通化二縣。至元十九年，省保寧縣入本州。領縣一：通化。下。

簡州。下。宋故州，屬成都府路。舊領陽安、平泉二縣。至元二十年，省陽安入本州。二十二年，又併成都府所屬靈泉縣入之。平泉縣以地荒，亦廢不置。

嘉定府路。下。宋嘉定府，屬成都府路。至元十三年，升爲路，置總管府，後罷。二十二年，復置。舊領龍游、夾江、犍爲、峨眉、洪雅五縣。二十五年，省洪雅縣入夾江。領司一：録事司。縣四：龍游。下。夾江。下。峨眉。下。犍爲。下。

州二：

眉州。下。宋故州，屬成都府路。至元十四年，改隸嘉定府路。舊領眉山、彭山、丹稜、青神四縣。至元二十年，省州治眉山縣及丹稜縣，併入本州。領縣二：彭山。下。青神。下。

邛州。下。宋故州，屬成都府路。至元十四年。置安撫司，兼行州事。舊領臨邛、火井、蒲江、依政、安仁、大邑六縣。元初，省火井、安仁入大邑。至元二十一年，省州治臨邛縣及依政、蒲江二縣入本州。領縣一：大邑。下。

廣元路。下。宋爲利州路端平，後地荒民散者十有七年。憲宗二年，命汪特格城利州。三年，置都元帥府。至元十四年，罷帥府，改爲廣元路總管府。十六年，以廣元等路爲四川北道，置宣慰司。十九年，罷，仍爲總管府。舊領綿谷、葭萌、昭化、嘉川四縣。至元十四年，省葭萌縣入昭化，省嘉川入綿谷。户一萬六千四百四十二，口九萬六千四百六。至元二十七年數。領縣二：綿谷。下。昭化。下。

府一：

保寧府。下。宋爲閬州，屬利州路，以兵亂，移治大獲山。憲宗八年，宋守將楊大淵降，置東川路元帥府。至元十三年，升保寧府。二十年，罷元帥府，改保寧路。後仍改爲府，屬本路。舊領閬中、蒼溪、南部、新井、奉國、新政、西水七縣。又置新得、小寧二州來屬。後併二州入閬中縣，又省奉國入蒼溪縣，新井、新政、西水入南部縣。領縣三：閬中。下。倚郭。蒼溪。下。南部。下。

州四：

劍州。下。宋爲龍慶府，屬利州路。至元二十年，改劍州。舊領普安、武連、陰平、梓潼、普成、劍門六縣。武連、陰平二縣久廢。至元二十年，省普成、劍門二縣入普安。領縣二：普安。下。梓潼。下。

龍州。下。宋爲政州，又改龍州，屬利州路。憲宗八年，宋守將王知府以城降。至元二十二年，省所屬江油縣入本州。

巴州。下。宋故州，屬利州路。舊領化城、恩陽、曾口、難江、通江五縣。至元二十年，省難江、恩陽二縣入化城。領縣三：化城。下。曾口。下。通江。至元二十年，省通江入曾口縣。二十九年，廢新得州，又置通江縣。

沔州。下。宋故州，屬利州路。至元十四年，隸廣元路。舊領略陽、長舉二縣。至元二十年，廢褒州，置鐸水縣，遷州治於鐸水，又降大安州爲縣來屬，省所屬長舉縣及興元府之西鄉縣入略陽。領縣三：鐸水。下。倚郭。本西縣舊鎮，世祖始以其地升爲褒州，改鎮爲縣。大安。下。略陽。下。沔州舊治略陽，元移治鐸水縣。

順慶路。下。宋爲順慶府，屬潼川府路。以兵亂，徙治青居山。憲宗八年，宋裨將劉淵以城降。中統元年。置征南都元帥府。至元四年，置東川路統軍司。後改東川府。十五年，復改順慶府。十六年，置四川東道宣慰司。十九年，罷。二十年，升爲路，設録事司。舊領南充、西充流溪三縣。至元二十年，省所屬流溪縣入西充。户二千八百二十一，口九萬五千一百五十六。至元二十七年數。領司一：録事司。縣二：南充。下。至元二十年，併合州之漢初縣入之。西充。下。

府一：

廣安府。宋爲廣安軍，又改寧西軍，屬潼川府路，後城大良平爲治所。憲宗八年，宋守將蒲元圭以城降。至元十五年，廢寧西軍。二十年，置廣安府。舊領和溪、新明、渠江、岳池四縣。至元二十年，省和溪、新明二縣入岳池。領縣二：渠江。下。倚郭。岳池。下。

州二：

蓬州。下。宋故州，屬利州路。元初，置宣撫司都元帥府，後罷。至元二十年，又置蓬州路總管府。後復爲蓬州。舊領蓬池、良山、儀隴、伏虞、營山、相如六縣。至元二十年，省良山縣入營山，併蓬池、伏虞二縣入儀隴。領縣三：相如。下。倚郭。省金城寨入之。宋州治蓬池，至元二十年，蓬池省併，移治相如。儀隴。下。營山。下。

渠州。下。宋故州，屬潼川府路。中統三年，置渠州路軍民總帥府。至元十三年，置安撫司。二十年，罷安撫司爲渠州來屬。舊領流江、鄰水、鄰山、大竹四縣。至元二十年，併鄰水、鄰山二縣入大竹。領縣二：流江。下。至元二十六年，省入本州。後復置。大竹。下。

潼川府。宋故府，屬潼川府路。兵後地荒。中統元年，置潼川都元帥府。至元十五年，置宣慰司。後仍爲散府。舊領郪、中江、涪城、射洪、通泉、鹽亭、銅山、飛烏、東關、永泰十縣。元初，增置安岳縣。至元二十年，省涪城縣入郪縣，通泉縣入射洪，銅山、飛烏二縣入中江，東關、永泰二縣入鹽亭。領縣五：郪縣。下。倚郭。中江。下。射洪。下。宋末，縣省。元初，復置。鹽亭。下。安岳。下。宋普州，領安岳、樂至、安居三縣，後州縣俱廢。元初，復置安岳縣，併安居、樂至二縣地入之。

州二：

遂寧州。下。宋爲遂寧府，屬潼川府路。兵亂，權治蓬溪。元初，改爲州。舊領小溪、長江、蓬溪、青石、遂寧五縣。至元十九年，併遂寧、青石二縣入小溪，長江縣入蓬溪。領縣二：小溪。下。蓬溪。下。宋末縣省，元復置。

綿州。下。宋故州，屬成都府路。至元二十年，改隸潼川府。舊領巴西、彰明、魏城、羅江、鹽泉五縣。鹽泉久廢。至元二十年，省巴西、魏城二縣入本州。領縣二：彰明。下。羅江。下。

永寧路。下。宋爲瀘州江安、合江二縣之境。元初置西南番總管府。至元二十五年，改爲永寧路。領縣一：定川。下。

州一：

筠連州。下。宋羈縻州筠州、連州，元初，合爲一。州領縣一：騰川。下。

九姓羅氏黨蠻夷長官千户所。元初立夷民羅氏黨九人爲總把，至元中改爲長官千户。

四川南道宣慰司至元十六年置。

重慶路。上。宋爲重慶府，屬夔州路。以兵亂，遷治無常。至元十六年，置重慶路總管府。二十一年，升爲上路，析忠、涪二州爲屬郡。二十二年，又以瀘、合二州來屬。舊領巴、江津、璧山三縣。至元二十年，以南川縣來屬，廢南平軍入之。二十二年，省璧山縣入巴縣。後至元四年，又置墊江縣。户二萬二千三百九十五，口九萬三千五百三十五。至元二十七年數。領司一：録事司。縣四：巴縣。下。倚郭。江津。下。至元十六年，賜四川行省參政昝順田民百八十户於江津縣。南川。下。至元十二年，省重慶府隆化縣入之。墊江。下。

州六：

瀘州。下。宋故州，屬潼川府路。宋守將劉整以城歸附。宋人復取之，改江安州，徙治江南。至元十六年，復改瀘州，還故治。二十二年，來屬重慶路。舊領潼川、合江、江安、納溪四縣。至元二十年，省瀘川縣入本州。領縣三：江安。下。納溪。下。合江。下。宋治安樂故城，元升爲合江州，移治神臂江南。至元二十八年，復爲縣。

忠州。下。宋爲忠州，又升咸淳府，屬夔州路。元初，仍爲忠州。舊領臨江、豐都、墊江、南賓、龍渠五縣。龍渠縣久廢。至元中，省臨江縣入本州，省墊江縣入豐都。領縣三：臨江。下。南賓。下。豐都。下。

合州。下。宋故州，屬夔州路，後遷州治於釣魚山。至元十五年，宋將王立以城降，復還舊治。二十二年，來隸重慶路。舊領録事司，石照、漢初、赤水、銅梁、巴川五縣。至元二十年，省録事司及巴川縣入銅梁，赤水縣入石照，漢初縣入順慶路之南充，又省昌州及永昌、昌元二縣入大足縣來屬。領縣五：銅梁。下。舊治在縣北列宿壩，後移治涪江南岸東溪壩。元初，移今治，省巴江縣入之。定遠。下。本宋地，名女菁平。至元四年，便宜都總帥汪良臣立寨於母章德山。五年，改爲定遠城，置武勝軍，行和溪安撫司事。後復改定遠州。二十四年，降爲縣。石照。下。《明一統志》：元省石照縣入本州。其省入年分闕。大足。下。舊隸昌州，至元二十年，州廢來屬。昌寧。下。本昌元縣。至元二十年，省入大足縣。後復置今縣。

涪州。下。宋故州，屬夔州路，後移治三臺山。元初，復舊治。舊領涪陵、賓化、樂温、武龍四縣。賓化縣久廢。至元二十年，省涪陵、樂温二縣入本州。領縣一：武龍下。

資州。下。宋故州，屬潼川府路，元初省入簡州，後復置。舊領盤石、賓陽、内江、龍水四縣，盤石、賓陽、龍水三縣久廢。領縣一：内江。下。

珍州。下。宋故州，屬夔州路。領縣二：樂源。下。綏陽。下。

紹慶路。下。宋紹慶府，屬夔州路。至元二十八年，置總管府。泰定四年，紹慶路四洞酋何者等降，並命爲蠻夷長官，仍設巡檢司以撫之。户三千九百四十四，口一萬五千一百八十九。至元二十七年數。領縣二：彭水。下。黔江。下。

紹熙路。下。宋紹熙府，元初廢。至正初，置紹熙路總管府。領縣四：營懷。下。威遠。下。資官。下。應靈。下。

懷德府宣撫司至順二年，四川行省招諭懷德府驢谷什用等四洞及生蠻十二洞内附。詔升懷德府爲宣撫司以領之，諸洞各設長官司及巡檢司。

領州四：

來寧州。下。

柔遠州。下。

西陽州。下。宋思州，又改西陽州，元初因之。領縣三：務川。下。中水。下。寧夷。下。

服州。下。

石柱軍民宣撫司。宋石柱安撫司，元初改宣撫司。

石耶洞軍民府。本石柱宣撫司地，元初析置軍民府。

邑梅沿邊溪洞軍民府。元初改併鄉洞，置軍民府。

夔州路。下。宋爲夔州都督府。至元四年，置夔府路總帥府，戍開州。十五年，改夔州路總管府，以施、萬、雲安、大寧四州來屬。二十二年，又以開、達、梁山三州來屬。二十五年，析施州清江縣地入本路。户二萬二十四，口九萬九千五百九十八。至元二十七年數。

領司一：録事司。縣二：奉節。下。巫山。下。

州七：

施州。下。宋故州，屬夔州路。舊領清江、建始二縣。至元二十二年，省清江縣入本州。領縣一：建始。下。

達州。下。宋故州，屬夔州路。至元十五年，隸四川東道宣慰司。二十二年，改隸夔州路。舊領通川、永睦、新寧、巴渠、東鄉、明通六縣。永睦、巴渠、明通、東鄉四縣，至元中並省。領縣二：通川。下。新寧。下。宋《志》作新興，誤。

梁山州。下。宋爲梁山軍，屬夔州路。至元二十二年，改爲州。領縣一：梁山。下。

萬州。下。宋故州，屬夔州路。舊領南浦、武寧二縣。至元二十年，省南浦縣入本州。領縣一：武寧。下。

雲陽州。下。宋爲雲安軍，屬夔州路，又析置安義縣，尋爲雲安監。至元十五年，置雲安軍。二十年，升雲陽州，省雲安監入之。

大寧州。下。宋爲大寧監，屬夔州路。至元二十年，升爲州，省所屬大昌縣入之。

開州，下。宋故州，屬夔州路。舊領開江、清水二縣，元初，俱省入本州。

叙南等處蠻夷宣撫司大德七年，改叙州宣慰司爲叙南等處宣撫司。後至元三年，立横江巡檢司。

叙州路，下。宋戎州，屬潼川府路，後改叙州。宋末，城登高山爲治所。至元十二年，宋將郭漢傑以城降。十三年。置安撫司，未幾徙治三江口。罷安撫司，仍爲叙州。十八年，升爲路。二十二年，復置安撫司。二十三年，復爲路。舊《紀》：降叙州爲縣，誤。隸蠻夷宣撫司。領縣四：宜賓。下。有憲宗神御殿。慶符。下。南溪。下。宣化。下。宋舊縣，後廢爲鎮。元初，復置縣。

州二：

富順州。下。宋富順監，屬潼川府路。至元十二年，置富順監安撫司。二十年，罷安撫司，置富順州。

高州。下。宋爲羈縻州，後屬長寧軍。熙寧八年，夷人得個祥獻十州，内有高州。至元十五年，雲南行省遣使招諭内附。十七年，知州郭安復行州事。

馬湖路。下。本馬蠻地。宋時，蠻主屯於湖内。至元十三年内附。十九年，置總管府，遷於夷部溪口，瀕馬湖之南岸爲府治。二十五年，以沐川等五寨析隸嘉定者，還隸本府。領州二：

長寧州。下。本羈縻州，宋政和中建爲長寧軍。至元十二年，守將黄立以城降。二十二年，設録事司，後與所屬安寧縣俱省入本軍。泰定二年，又改軍爲州。

戎州。下。宋晏州，爲羈縻州。熙寧八年，夷人得個祥獻。至元十三年，蠻夷部宣撫司遣使招諭。十七年，部長得蘭紐來見，授大壩都總管。二十二年，升爲戎州，州治在箐前。所領長官司六：

泥溪長官司

平夷長官司。

蠻夷長官司。

夷都長官司。

雷波長官司。

沐川長官司。以上六長官司，宋俱爲馬湖部落。後至元二年，併爲三長官司。

鎮安路。下。領州一：

上林州。下。

長官司二：

鹿林蠻夷長官司。

鹿長蠻夷長官司。

諸部蠻夷長官司。

上羅計長官司。領蠻地羅計、羅星、乃古夜郎境，爲西南種族。宋設長寧軍，十州族姓俱效順，長、寧、晏、奉、高、薛、鞏、淯、思、峨等十州。各授以官。其後分姓他居，遂有上、下羅計之分。至元十三年，宣撫昝順引本部夷酋得賴阿當歸順，授得賴阿當千户。十八年，黎州同知李奇以武略將軍來充羅星長官。二十二年，夷人叛，誘誅羅星夷，行樞密院討平之。

下羅計長官司。本唐珙州，領蠻地，與叙州、長寧軍相接。至元十二年，長寧知軍率之内附。十三年，昝順引夷酋得顔個詣行樞密院降，奏充下羅計蠻夷千户。二十二年，諸蠻皆叛，惟本部無異志。後復爲珙州。

四十六囤蠻夷千户所。領豕蛾夷地，在慶符縣南抵定川。唐羈縻定州之文江縣也。至元十四年收附，宣慰使昝順招撫騰串豕蛾昔霞等部。於慶符縣僑置千户所，領四十六囤，曰黄水口上下落骨，山落牟許滿吴，麽落財，麽落賢，騰息奴，屯莫面，落搔，麽落梅，麽得辛，上落松，麽得會，麽得惡，落魂，落昧下村，落島，麽得亨，落燕，落得慮，麽得了，麽騰斛，許宿，麽九色，落搔屯右，麽得晏，落能，山落寡，水落寡，落得雷，麽得具，麽得淵，騰日彰，落昧上村，賴扇，許焰，騰朗，周頭，賣落炎，落女，愛答落，愛答速，麽得奸，阿郎頭，下得辛，上得辛，愛得婁，落鷗。

諸部蠻夷：
秦加大散等洞。以下各設蠻夷官。
斜崖冒朱等洞。
隴堤紂皮等洞。
石耶洞。
散毛洞。元初爲柔遠州。至元三十一年，散毛洞主覃順來貢方物，升其洞爲府。至正元年，降詔諭死可伐，散毛洞蠻覃全在叛，招降之，以爲散毛誓厓等處軍民宣撫使，置官屬。按《百官志》有「散毛洞安撫司」，疑「宣撫」爲字誤也。
彭家洞。
黑土石等處。
市備洞。至元十七年，施州、市備、大盤、散毛等洞款納。
樂化、兀都剌布、白享羅等處。
洪望、册德等族。
大江九姓羅氏。泰定三年湖廣行省奏九姓長官招降叛蠻，當即羅氏也。
水西。

鹿朝。

阿永蠻部。至元二十一年，酋長阿泥入覲，自言阿永鄰境烏蒙等蠻悉隸皇太子位，請依例附屬。詔從其請隸官府。

師壁洞安撫司。至元二十八年，賜師壁洞安撫司、師壁鎮撫所、師羅千户所印。至正十一年，師壁安撫司土官田驢什用、盤順府土官墨奴什用降，立長官司四，巡檢司七。

永順等處軍民安撫司。至大二年，以永順保靖南渭安撫司改永順等處安撫司。至正十一年，改宣撫司。按舊《志》以南渭州、保靖州屬新添葛蠻，隸湖廣行省，當是至大三年改永順安撫司後之制。

阿者洞。延祐七年，慈利州賊結懷德府阿者洞驢各什用、謝甲洞巨仙什用、恩石洞没爾什用、安壩洞重達義等入寇。阿者洞、謝甲洞又隸懷德府，未審何時改屬。

謝甲洞。至正十二年，向亞甲洞主墨得什用出降，立盤順府。向亞甲即謝甲。

上安下壩。

阿渠洞。

下役洞。

驢虛洞。

錢滿等處。

水洞下曲等寨。

必藏等處。

酌宜等處。

雍邦等處。

崖筍等處。

冒朱洞。

麻井柘歌等寨。

新附嵬羅金井。

沙溪等處。

宙窄洞。

新容米洞。至正十年，立四川容美洞軍民總管府。容美即容米也。至大元年，唐伯圭言：「十七洞之衆，惟容米洞、岡吉洞、抽攔洞有兵一千餘，皆不足懼。可分四道進兵：其一自紅沙寨直趨容米坑、珍昧惹、謝加阿惹、石驢等洞，其一從苦竹寨抵桑廚、上桑廚、抽攔洞，其一由紹慶至沙手摩大科、陽蔓師、大翁迦洞〔二〕，其一徵叉巴等洞兵接應。如此可平。」按伯圭所言各洞，多舊《志》所無。今附載容米洞下，以資參考。

甘肅等處行中書省。領路七、州二，屬州五。至元十八年，置行中書省。二十二年，罷，置宣慰司。隸寧夏行省。二十三年，復行省，罷宣慰司。

河西隴北道肅政廉訪司本爲鞏昌道。大德六年，移治甘州。至正三年，改河西隴北道。

甘州路。上。西夏改唐甘州爲宣化府。元初，仍爲甘州。至元元年，置甘肅路總管府。三年，置宣慰司。五年，罷宣慰司。舊《紀》作宣撫司，乃字誤。八年，改甘州路總管府。户一千五百五十，口二萬三千九百八十。至元二十七年數。

永昌路。下。宋爲西涼府，西夏因之。太祖二十一年，克西涼府及所屬槊羅、河羅等縣。至元十五年以永昌王宮殿所在，置永昌路，降西涼府爲州。領州一：

西涼州。下。

巡檢司一：

古浪城巡檢司。唐和戎城故地。

肅州路。下。宋爲肅州，西夏因之。太祖二十一年，克肅州。至元七年，置肅州路總管府。户一千二百六十二，口八千六百七十九。至元二十七年數。

沙州路。下。宋爲沙州，西夏因之。太祖二十二年，克沙州，隸拔都大王。至元十四年，復置沙州。十七年，升沙州路總管府。以貧民乞糧，須白於肅州路，往來甚遠，故升沙州爲路。領州一：

瓜州。下。宋爲瓜州，西夏因之。西夏亡，州廢。至元十四年，復立，二十八年，徙居民於肅州，但名存而已。

亦集乃路。下。在肅州東北五百里，城東北有大澤，西北俱沙磧。西夏立威福軍。太祖二十一年，歸附。至元二十三年，置總管府。舊領山丹、西寧二州，後並直隸行省。

寧夏府路。下。西夏爲興州，升興慶府，又改中興。太祖二十二年，西夏主李晛以城降。中統二年，置行省於中興府。至元八年，立西夏中興等路行尚書省。九年，改爲行中書省。十年，罷。二十四年，以中興府隸甘肅行省。二十五年，置寧夏路總管府。三十一年，分省按治寧夏。尋併歸甘肅行省。領州三：按至元十二年，於中興路改置懷遠、靈武二縣，分處新民。省併年分闕。

靈州。下。宋爲靈州，西夏改翔慶軍。元初，仍立州。

鳴沙州。下。宋靈州鳴沙縣，西夏因之。元初，升鳴沙州。

應理州。下。西夏爲應理縣。太祖二十一年，克應理縣，後升爲州。

山丹州。下。宋爲删丹縣。西夏取之。置甘肅軍。元初，爲阿只吉大王分地。至元六年，行山丹城事，譌删爲山字。二十二年，升爲州，直隸行省。

西寧州。下。吐番青唐城，宋改爲西寧州。元初，章吉駙馬分地。至元二十三年，置西寧州等處拘榷課程所。

兀剌海路。太祖二年，伐西夏，克兀剌海城。故城在龍骨山與山丹州接界。

【校勘記】

〔一〕此言「縣十一」，下文實列十縣。

〔二〕「沙手摩大科」，本書卷二四八列傳第一百四十五《雲南湖廣四川等處蠻夷》作「挲摩大科」。

新元史卷之四十九　志第十六

地理志四

雲南諸路行中書省。領路四十二、府七，屬府三，屬州五十六，屬縣五十二。甸寨軍民等府，不在此數。

雲南諸路道肅政廉訪司治中興路。至元二十七年，置雲南行御史臺。二十九年，徙行御史臺於西川，設雲南道肅政廉訪司。三十年，復立行臺。大德二年，罷，復置肅政廉訪司。又至順二年，置雲南等處宣慰司都元帥府，舊《志》不書，當爲元統後所罷。

中慶路。上。唐姚州。南詔蒙氏爲善闡府。至大理段氏，以高智昇領善闡牧，世有其地。憲宗三年，世祖征大理，收府八，善闡其一也。憲宗五年，置萬户府十有九，分善闡爲萬户府四。至元七年，改爲路。八年，分大理國三十七部爲南北中三路，路設達魯花赤并總管。十三年，置雲南行中書省，分置州縣，改善闡爲中慶路。領司一：録事司。縣三：昆明。中。倚郭。憲宗四年，分其地立千户二。至元十二年，改善州，領昆明、官渡二縣。二十一年，廢州存縣。尋又省官渡縣入焉。富民。下。唐匡州。烏蠻酋些門些禾即其地築馬舉籠城，號梨瀼甸。至元四年，立梨瀼千户所。十二年，改爲富民縣。

宜良。下。唐匡州。蠻酋囉氏即其地築囉哀籠城。憲宗六年，立宜良匡城及大池千户所，隸嵩盟萬户府。至元十三年，升宜良州，領大池、匡地二縣。二十一年，州罷爲縣，省二縣入焉。

州四：

嵩盟州。下。舊《志》作嵩明，誤脱「盟」字下半，《明一統志》可證。治沙札卧城。烏蠻車氏等居此，後爲枳氏所奪，因名枳磑。漢人嘗立長州，築金城及阿葛城，與蠻盟，故又名其地曰嵩盟。蒙氏置長州，段氏改嵩盟郡。憲宗六年，置嵩盟萬户府。至元十二年，復改長州。十五年，升嵩盟府。廿二年，降爲州。領縣二：楊林。下。雜種蠻枳氏、車氏、斗氏、麼氏所居。城東門内有石如羊，因名羊林。憲宗七年，立羊林千户所。至元十二年，改爲楊林縣。邵甸。下。治白邑村。車蠻、斗蠻舊名爲東甸，土音以東爲邵。憲宗七年，立邵甸千户。至元二十二年，改爲縣。

晉寧州。下。蒙氏改唐晉寧縣爲陽城堡部，段氏因之。憲宗七年，置陽城堡萬户府。至元十二年，改晉寧州。舊領三縣：晉寧、呈貢、歸化。後併晉寧縣入本州。領縣二：呈貢。下。世爲烏白、些門、些莫、徒阿、茶甦五種蠻所居，號晟貢城。憲宗六年，立呈貢千户所。至元十二年，析詔營、切龍、呈貢、雌甸、塔羅、和羅忽六城及烏納山立呈貢縣。歸化。下。舊爲安江城，有吴氏居之，因名大吴龍，後爲些莫徒蠻永偈所據，世隸善闡。憲宗六年，分隸呈貢千户。至元十三年，割大吴龍、安江、安淜立歸化縣。

昆陽州。下。南寧夷爨翫降，隋拜昆州刺史，即此地。至唐没於南詔。其後大理以高氏治之，名巨橋城。憲宗併羅富等十二城，立巨橋萬户府。至元十三年，改昆陽州。舊領三縣：三泊、易門、河西，後併河西縣入本州。領縣二：三泊。下。僰、獠所居之地，後爲大理所有，以隸善闡。至元十三年，於那龍城置三泊縣。易門。下。治市坪村。烏蠻酋紳磨由男所居之地。段氏時，高智昇治善闡，以高福世守其地。至元四年，立洟門千户所。十二年，改爲縣。縣西有泉曰洟源，譌爲易門。

安寧州。下。唐安寧縣。蒙氏以蠻酋蘇阿褒治之，段氏以善闡酋孫氏爲安寧城主。後袁氏、高氏互有其地。憲宗七年，隸陽城堡萬户府。至元三年，置安寧千户所。十二年，改安寧州。舊領三縣：禄豐、羅次、大甫。後省大甫縣入本州。領縣二：禄豐。下。舊爲禄琫甸白村，烏僰蠻居之，以地瘴熱，遷徙不常。段氏時，高智昇子義勝治其地。至元十三年，割安寧千户所之禄琫、化泥、驥宗龍三處立禄豐縣。因江中有石如甑，蠻語石爲禄，甑爲琫，譌爲禄豐也。羅次。下。治壓磨吕白村，本烏蠻羅部地。至元十二年，置羅次州，隸中慶路。二十四年，改爲縣，隸本州。

威楚開南等路。下。夷名俄碌睒。爨蠻築城居之，城名威楚。蒙氏以此地屬銀生節度。段氏以銀生屬姚州，又名當筋瞼，又改爲白鹿郡，又爲威楚郡。高昇泰執大理國柄，封其侄量成於威楚，築外城號德江城〔一〕，傳至裔孫長壽。憲宗三年，歸附。六年，立威楚萬户府。至元八年，改威楚路，置總管府。後改宣慰司，又仍爲總管府。舊領威楚、定遠、南寧三縣。後省南寧縣入定遠，改嶍嘉千户所爲嶍嘉縣。領縣三：威楚。下。倚郭。唐故縣，爲爨蠻所據。元初，立千户所。至元十五年，升爲威州，立富民、净樂二縣。二十一年，降爲威楚縣，併二縣入之。定遠。下。唐髳州。夷名直睒，蒙氏改牟州，以爨酋擡專守之，築新城曰耐籠。高氏又命雲南些莫徒酋夷羨徙二百户於黃蓬穽。憲宗四年，立牟州千户所，黄蓬穽爲百户。至元十二年，改定遠州，黄蓬穽改南寧縣。後改州爲縣，併南寧縣入之。

峨嘉。下。

州四：天曆二年，威楚路黄州土官哀放入貢，乃羈縻州。

鎮南州。下。濮落蠻所居川名欠舍，中有城曰雞和，蒙氏置石鼓縣，又於沙卻置俗富郡，即今州治也。大理時，欠舍、沙卻之地俱爲高氏所有。憲宗三年，内附。七年，置欠舍千户、石鼓百户。至元二十二年，改欠舍千户爲鎮南州，立定邊、石鼓二縣。二十四年，省二縣入本州。州屬尚有安遠一縣，省併年分闕。

南安州。下。黑爨蠻所居寨名摩楚，大理時爲高氏所據。憲宗立摩芻千户，隸威楚萬户府。至元十二年，改爲南安州，隸本路。領縣一：廣通。下。夷名路睒。蒙氏立路睒縣，大理時爲高氏屬地。其後宜州酋些莫徒裔易衰等附之，至高長壽遂移居路睒，築城曰龍戲新栅。憲宗七年，内附，立路睒千户。至元十二年，改爲廣通縣。

開南州。下。蒙氏爲銀生府，分十二甸，昔濮、和泥二種蠻所居。後爲金齒白蠻所據，蒙氏、段氏皆莫能復。中統三年，討平之，以所部隸威楚萬户府。至元十二年，置爲開南州。

威遠州。下。其川有六，昔濮、和泥二種蠻所居。後爲白夷酋阿只步等所據。中統三年，討平之。至元十二年，置爲威遠州，與開南並隸威楚路。

武定路軍民總管府。下。本獹鹿等蠻所居之地。至大理，使烏蠻阿㓡治此，其裔孫法瓦浸盛，併納洟胒共籠等地，以其遠祖羅婺爲部名。憲宗四年，内附。七年，置羅婺萬户府。至元八年，併所隸仁德、于矢二部入羅婺，爲北路總管府。十一年，割出仁德、于矢二部，改本路爲武定。領縣一：南甸。下。本路所治蠻名瀼甸，又曰洟陬籠。至元二十六年置縣。

州二：

和曲州。下。僰獹諸種蠻所居，名叵簉甸。蒙氏時，白蠻據其地。至段氏，以烏蠻阿㓡併吞諸蠻聚落三十餘處，分兄弟子姪治之，皆隸羅婺部。憲宗六年，改叵簉甸曰和曲。至元二十六年，升爲州。領縣一：元謀。下。舊名華竹，又曰環州。至元十六年，改爲縣。

禄勸州。下。舊名洪農碌勸甸，易籠蠻所居。至元二十六年，置禄勸州。領縣二：易籠。下。地名培場，有二水，合流繞城而東。蠻語洟爲水，籠爲城，故又名易籠。羅婺部大酋居之，爲羣蠻會集之地。至元二十六年，置易籠縣。石舊。下。舊有四甸：曰掌鳩，曰法塊，曰抹捻，曰曲蔽。後譌掌鳩爲石舊。至元二十六年，置縣。

鶴慶路軍民總管府。下。夷名其地爲白鶴川及樣共川，隸於越析詔。蒙氏合六詔爲一，於樣共置統謀郡。憲宗三年，内附，爲鶴州。七年，立二千户所，仍稱統謀，隸大理萬户府。至元十一年，罷統謀千户，復爲鶴州。二十年，爲燕王分地，隸行省。二十三年，升爲鶴慶府。尋改爲路。領縣一：劍川。下。夷名義督羅魯城，一名劍川。昔浪穹詔與南詔戰，敗走保劍川，改稱劍浪詔。後爲南詔所併，置劍川節度。大理時，改爲義督瞼。憲宗四年，內附。七年，立義督千户所。至元十一年，罷千户，立劍川縣。

雲遠路軍民總管府。本南詔乞藍夷地。元貞二年，雲南省臣也先不花征乞藍，拔瓦農、開陽二寨，其黨答剌率諸蠻來降，乞藍悉平，以其地爲雲遠路軍民總管府。

徹里軍民總管府。爲倭泥、貉獞、蒲剌、黑角諸蠻雜居之地。世祖命兀良合䚟伐交趾，經其地，悉降之。至元中，置徹里軍民總管府，領六甸。按大德中，雲南行省言：乞别立徹里軍民宣撫司。泰定二年，又立車里軍民總管府。疑廢置不常，故罷而復立也。

廣南西路宣撫司。宋特磨道、儂智高後裔居之。至元中，立廣南西路宣撫司。舊領路城、上林、羅佐、安寧、富州五州。後析路城、上林、羅佐三州隸來安路。本路領州二：

安寧州。下。富州。下。

麗江路軍民宣撫司。烏蠻麽、些所居之地，爲越析詔之屬部。後隸南詔，置麗水節度。宋時，爲蠻酋蒙醋醋所據，段氏莫能制。憲宗三年，世祖征大理，自卡頭濟金沙江，麽、些酋拒守。四年春，討平之，置茶罕章管民官。至元八年，置宣慰司。十三年，改麗江路，置軍民總管府。二十二年，府罷，立宣撫司。領府一：

北勝府。舊爲施蠻之地。南詔異牟尋取之，名北方睒，徙瀰河白蠻及羅落、麽、些諸蠻以實其地，號成偈睒，又改名善巨郡。大理段氏使高大惠治此郡，改名成紀鎮。憲宗三年，其酋高俊内附。至元十五年，立爲施州。十七年，改爲北勝州。二十五年，升爲府。雲南行省言：「金沙江西通安蘭五城，宜依舊隸茶罕章宣撫司。金沙江東永寧等處五城宜廢，以北勝施州爲北勝府。」本府領州三：

順州。下。夷名牛睒。南詔異牟尋徙諸浪人居之，與羅落、麼、些蠻雜處。後羅落蠻酋成斗族漸大，自爲一部，遷於牛睒，至十三世孫自瞠，猶隸大理。憲宗三年，内附。至元十五年，改牛睒爲順州。

蒗渠州。下。夷名羅共睒。羅落、麼、些三種蠻世居之。至元九年，内附。十四年，立寶山、莨渠二縣。十六年，改寶山、莨渠二縣爲州。本屬麗江路，後改屬北勝府。

永寧州。下。夷名樓頭睒，接吐番東徼，地名睒藍。麼、些蠻泥月烏逐出吐番，居此地。憲宗三年，其三十三世孫和字内附。至元十六年，改爲州，屬北勝府。

州四：

通安州。下。夷名三睒，爲越析麼些詔地，併於南詔，僕繲蠻居之，其後麼、些蠻又據之，世屬段氏。憲宗三年，其裔孫麥良内附。中統四年，以麥良爲三睒管民官。至元九年，其子麥兀襲父職。十四年，改爲通安州。

蘭州。下。南詔獹蠻地，名羅眉川，段氏始置蘭滄郡，以董慶者治之。後周氏疆盛，與董氏分爲二部，以蘭滄江爲限。憲宗四年内附，隸茶罕章管民官。至元十二年，改蘭州。

寶山州。下。麽、些蠻地。其先自樓頭徙此。世祖征大理，自卡頭濟江。圍大匱等寨。其酋内附，名其寨曰察罕忽魯罕。至元十四年，以大匱七處置寶山縣。十六年，升州。

巨津州。下。濮、獹二蠻之地，名羅波九睒。後爲麽、些蠻所奪，又爲蒙氏所併，屬麗水節度。憲宗三年，内附。至元十四年，於九睒置巨津州，以橋爲南詔、吐番來往之通津，故名。領縣一：臨西。下。大理極邊之地，夷名羅哀間，居民皆麽、些二種蠻。至元十四年，立臨西縣，以西臨吐番，故名。

東川府路。下。本大理國闕畔部。憲宗時，置萬户。至元十五年，改軍民府。二十八年，罷雲南四州，置東川府。至元十一年，立雲南鄧、川、趙、姚四州。當是罷此四州，置東川府。

茫部路軍民總管府。下。至元中置。領州二：

益良州。下。强州。下。

孟傑路。下。泰定三年，八百媳婦蠻請官守，置木安、孟傑二府於其地。

木安路。下。泰定三年置。

普安路。下。南詔東邊東爨烏蠻七部落居之。其後爨酋阿宋據其地，號于矢部，世爲酋長。憲宗七年，内附，命爲于矢萬户。至元十三年，改普安路總管府。明年，更立招討司。十六年，改宣撫司。二十二年，罷司爲路。

曲靖等路管軍總管府。唐爲曲州、靖州，後没於南詔蒙氏，置石城郡。段氏因之。後爲磨彌蠻酋所據。憲宗六年，内附，置磨彌部萬户府。至元八年，改爲中路。十三年，改曲靖路總管府。二十年，隸皇太子位下。二十五年，升宣撫司。二十八年，以曲靖路宣撫司改立管軍總管府。領縣一：南寧。下。倚郭。唐爲南寧州，治石城，後没於南詔蒙氏，改石城郡。段氏時，烏蠻酋據其地。憲宗三年，内附。六年，立千户所。至元十三年，升南寧州。二十二年，降爲縣。

州五：

陸涼州。下。南詔落温部蠻據其地。憲宗三年，内附，置落温千户所，隸於落蒙萬户。至元十三年，改爲陸涼州。領縣二：芳華。落温部之地，夷名忻歪，又名部封。元初，置千户。後改爲縣。河納。下。治蔡村。蒙氏置陸郎縣。元初，復併於落温部，置百户。至元中，改河納縣。

越州。下。舊爲魯望川，普麽部蠻居其地。憲宗四年，内附。六年，置千户所。至元十二年，改越州。

羅雄州。下。舊爲塔敝納夷甸。相傳槃瓠之裔，有羅雄者，前居此甸。至其孫普恐，名其部曰羅雄。憲宗四年，内附。七年，隸普磨千户。至元十三年，析夜苴部爲羅雄州。領縣一：亦佐。下。本夜苴部地。至元十三年，置縣。

馬龍州。下。夷名撒匡。僰剌蠻居之，後爲納垢蠻部所奪。至羅苴内附，置千户所。至元十三年，改爲州。即馬龍舊城也。領縣二：馬龍，下。通泉。下。本通泉鄉，納垢蠻之孫易陬分居其地。元初，爲易籠百户，後改爲通泉縣。

霑益州。下。唐爲西平州，又改盤州。後没於南詔，爲僰、剌二種蠻所居。磨彌部又奪之。元初，其孫普垢劂内附。憲宗七年，以本部隸磨彌萬户府。至元十三年，改霑益州。領縣三：交水。下。治易陬籠城。磨彌部酋蒙提居之。後大理高氏逐其子孫，而有其地。憲宗五年，内附。至元十三年，立爲縣。後至元二年，與羅山、石梁併入巡檢司。石梁。下。石梁山。本伍勒部酋世居其地。至元十三年，立爲縣，後併入巡檢司。二十四年，復立。羅山。下。夷名落蒙山，乃磨彌部東境。至元十三年，立爲縣，後併入巡檢司。

澂江路。下。唐南寧、昆二州地。後没於南詔，名羅伽甸，麽、些蠻居之，又爲僰蠻所奪。蒙氏置河陽郡。大理段氏析爲三部：曰强宗，曰休制，曰步雄。步雄部後居羅伽甸者，又號羅伽部。憲宗四年，内附。六年，置羅伽萬户府。至元三年，改萬户爲中路。十六年，升爲澂江路。領縣三：河陽。下。附郭。歸附後爲千户所。至元十六年，改河陽州。二十六年，降爲縣。江川。下。南詔徙曲旺蠻居此。段氏以些、麽蠻子孫分管其地，名步雄部。憲宗時，其酋弄景内附，置千户所。至元十三年。改千户爲江川州。二十年，降爲縣。又置雙龍縣，旋省。陽宗。下。麽、些蠻居此，號强宗部。憲宗時，其酋盧舍内附，立爲千户所。至元十三年，改爲陽宗縣，譯言强爲陽也。

州二：

新興州。下。唐求州，爲羈縻州。後没於南詔，置温富州。段氏徙些、麽蠻居其地。元初，内附，置部傍、普舍二千户所。至元十三年，改部傍千户爲休納縣，又於休納置新興州，隸澂江路。舊領休納、普舍，研和三縣，後省休納縣入本州。領縣二：普舍。下。强宗部蠻之裔長曰部傍，據普具龍城，次曰普舍，據普札龍城。後普舍孫苴剽内附，立普舍千户所。至元十三年，改爲縣，治普札龍城。研和。下。步雄部蠻居此。其孫龍鍾内附，立百户，至元十三年，改爲縣。

路南州。下。夷名路甸，有城曰撒呂，黑爨蠻之裔落蒙所築，因名落蒙部。憲宗時，内附，置落蒙萬户府。至元七年，併落蒙、羅迦、末迷三萬户爲中路。十三年，分中路爲二路，改羅迦爲澂江路，落蒙爲路南州。舊領彌沙、邑市二縣。至元二十四年，併彌沙縣入邑市。領縣一：邑市。下。至元十三年，即邑市、彌歪二城立邑市縣，彌沙等五城立彌沙縣，後併彌沙入本縣。

普定路。下。本普里部蠻。元初内附，置普定府。至元二十七年，斡羅思、吕國瑞賄丞相桑哥，請創羅甸宣慰司，奏言：「招到羅甸國札哇并龍家、宋家、犵狫、苗人諸種蠻夷四萬六千六百户。」阿卜、阿牙者來朝，爲曲靖路宣慰司同知脱因及普安路官所阻。雲南行省言：「羅甸即普里也，歸附後改普定府，印信俱存，隸雲南省三十餘年，賦役如期。今創羅甸宣慰安撫司，隸湖南行省。斡羅思等擅以兵脅降普定土官矣資男、札哇、希古等，勒令同其入覲。邀功希賞。乞罷之，仍以其地隸雲南。」從之。大德七年，改爲路。是年，中書省臣言：「蛇節等作亂，普定知府容苴率衆效順。容苴没，其妻適姑亦能宣力戎行，乞令襲其夫職。仍改普定爲路，隸曲靖宣慰司，以適姑爲本路總管，佩虎符。」按舊《志》普定路直隸行省，不隸於宣慰司。未知何時所改。領州四：

永寧州。下。領慕役項營下二寨長官司。

鎮寧州。下。本荒服地。元初始置四州，隸本路。領十二營、康佐二寨長官司。

習安州。下。領寧谷、西堡二寨長官司。

安順州。下。

仁德府。僰、剌蠻之地，號仲劄溢源部。後烏蠻名新丁者奪之，其後號新丁部，又謌新丁爲仁地。或云蒙氏改爲尋甸，段氏改仁德部。憲宗五年内附，明年立爲仁地萬户。至元十三年，改爲仁德府。領縣二：爲美。下。地名溢浦適侶睒甸，即仁地之故部。至元二十四年，置縣。歸厚。下。地名易浪浦籠，舊屬仁地部。至二十四年，置儻俸縣。二十五年，改歸厚縣。

羅羅、蒙慶等處宣慰司都元帥府。至元十二年，置羅羅宣慰司。泰定四年，八百媳婦蠻請官守，改爲羅羅、蒙慶等處宣慰司都元帥府。至正二年，罷。六年，復置八百宣慰司。

建昌路。下。唐巂州中都督府。後爲蒙詔所據，立城曰建昌府，以烏、白二蠻實之。傳至阿宗，娶落蘭部建蒂女沙智。憲宗時，建蒂内附，以阿宗守建昌。至元十二年，析其地置總管府五、州二十三，建昌其一路也。本路領州九：

建安州。下。建昌路治所。元初，置千户二。至元十五年，割建鄉城十四村及建蒂四村，置寶安州。十七年，改本千户爲建安州。二十六年，併寶安州入之。

永寧州。下。在建昌之東郭，名偏城。蒙詔立建昌府，領建安、永寧二州。至元十六年，分建昌爲二州：在城曰建安，在東郭曰永寧。領縣一：北社。此縣舊志所無，《翰墨全書》有之。《明一統志》：元屬永寧州，明初改爲碧舍。

瀘州。下。舊名沙城瞼。段氏於熱水甸立城曰洟籠，隸建昌。憲宗時内附，復叛。至元九年，平之。十五年，改洟籠爲瀘州。

禮州。下。唐蘇祈縣。後吐番、烏白蠻迭據其地，號籠麽城。至元九年，平其地，置千户所。十五年，改爲禮州。領縣一：瀘沽。羅落蠻所居。後烏蠻據之。自號曰落蘭部，或稱羅落。其酋蒲德遣姪建蒂内附，建蒂復叛殺蒲德自立。至元九年，平之，設千户所。十三年，升萬户。十五年，改爲瀘沽縣。

里州。下。蒙氏時，落蘭部小酋阿都居此，因名阿都部。其後裔納空隨建蒂内附。中統三年，復叛。至元十年，其子耶昒效順，隸烏蒙。十八年，置千户所。二十二年，同烏蠻叛，奔羅羅斯。二十三年，置軍民總管府。二十六年，罷爲州。

闊州。下。州治密納甸，烏蒙之地。其酋仲由蒙之裔名科居此，以名爲部號，後訛科爲闊。至其三十七世孫棘羅内附。至元九年，設千户所。二十六年，改爲州。

邛部州。下。唐邛部縣，後没於蠻。至宋，封其酋爲邛都王，治烏弄城。後麽、些蠻據其地。又爲仲由蒙之裔所奪。憲宗時，内附。中統五年，置邛部州安撫招討使，隸成都元帥府。至元十年，改屬羅羅斯宣慰司。二十一年，降爲州。

隆州。下。唐會川縣之西北境。蒙氏改會川爲會同暹，立五瞼，本州爲邊府瞼。其後瞼主楊大蘭於瞼北塏上立城名大隆城，即今州治。至元十三年，内附。十四年，設千户所。十七年，改隆州。舊置撒里府，領禮州、邛部州、隆州，其改併年分闕。

姜州。下。本會州府龍納城，羅落蠻世居之。烏蠻仲牟由之裔阿壇絳居閟畔部，其孫阿羅仕於大理段氏，奪龍納而有之，以祖名名其部曰絳部。憲宗時内附。至元八年，爲落蘭酋建蒂所破。九年，討平之，遂隸會川，後改屬建昌。十五年，改爲姜州。二十七年，復屬閟畔部萬户府，後又屬建昌。

蘇州。下。本邛都地。蒙氏隸建昌府。元初，内附，立蘇州，屬建昌路。領縣一：中縣。下。縣治在回頭甸，本東門蠻沙麻之地。至元十年，内附。十四年，置中州。二十二年，降爲縣來屬。此縣舊《志》屬建昌路，又無蘇州一州。《明一統志》：蘇州，明初尚因之，後改爲寧番衛，中縣屬蘇州。明初尚因而不廢，舊《志》誤也。

德昌路軍民府。下。蒙氏時屈部蠻所居。至元九年，内附。十二年，置定昌路，以本部爲昌州。二十三年，罷定昌路及德平路，置德昌軍民府，治本州葛魯城。領州四：

昌州。下。路治本州。烏蠻阿屈之裔用祖名爲屈部，其孫烏則至元九年内附。十二年，改本部爲州。兼領普濟、威龍，隸定昌路。二十三年，罷定昌路，併隸德昌。

德州。下。蒙氏時名吾越甸，城曰亦苴龍，所居蠻苴郎，以遠祖名部曰禎綖。憲宗時内附。至元十二年，置千户所。十三年，改爲德州，隸德平路。二十三年，改隸德昌。按德平路，當是入德州，二十三年所罷。

威龍州，下。舊名巴翠部，領小部三：曰沙媧普宗，曰烏雞泥祖，曰媧諾龍蒲，皆獹魯蠻種。至元十五年，合三部立威龍州。

普濟州。下。舊名玗甸，獹魯蠻所居。至元九年，隨屈部内附。十五年，於玗甸立定昌路。二十二年，路廢。改隸德昌路。《翰墨全書》：德昌路屬下有蘇州。《明一統志》：蘇州屬建昌路。今從《一統志》。

會川路。下。唐會川縣。後没於南詔，立會川都督府，又號清寧郡。至段氏，仍爲會川府。至元九年，内附。十四年，置會川路，治武安州，領州五：舊有通安州，省併年分闕。

武安州。下。本名龍泥城。南詔置清寧郡〔二〕。大理高凌據此。至元十四年，置管民千户所。十七年，改武安州。

黎溪州。下。蠻曰黎彄，譌爲今名。蒙氏徙白蠻居之，後爲羅羅蠻所奪。至元九年，蠻酋阿夷内附，改爲黎溪州。

永昌州。下。治故歸依城。南詔置會同府，立五瞼，徙張、王、李、趙、楊、高、周、段、何、蘇、龔、尹十二姓居之，以趙氏爲府主，後爲王氏所奪。及高氏專大理之政，逐王氏，以其子高政治會川。憲宗三年，征大理，高氏遁去。九年，故酋王氏孫阿龍率衆内附。至元八年，以其子阿禾領會川。十四年，置管民千户。十七年，改永昌州。

會理州。下。舊號昔陀城，蠻酋羅於則據之，其祖名阿壇絳，遂名曰絳部。後盡有四州之地，號蒙歪。憲宗八年，其孫亦蘆内附，隸閟畔萬户府。至元四年，屬落蘭部。十二年，改隸會川路。十五年，置會理州，仍隸會川。二十七年。復隸閟畔部萬户府。大德四年，併閟畔泗州、西州爲一，置爲磨州，其省併年分均闕。

麻龍州。下。本麻籠城地，名棹羅能。烏蠻蒙次次之裔，居閟畔東川，後裔普恐遷苗臥龍，其孫阿麻内附。至元五年，爲建蒂所併。十四年，立管民千户所，隸會川路。十七年，改爲州。二十七年，割屬閟畔部萬户府。

柏興府。舊爲摩沙蠻之地。唐立昆明縣，蒙氏改香城郡。至元十年，其鹽井摩沙酋羅羅將獶鹿、茹庫内附。十四年，置鹽井管民千户所。十六年，改爲閏鹽州，以獶鹿部爲普樂州，俱隸德平路。二十七年，併二州爲閏鹽縣，立柏興府。隸羅羅宣慰司。領縣二：

閏鹽。下。倚郭。蠻名賀頭甸。金縣。下。蠻酋利賨揭勒所居。至元十五年，立金州。後降爲縣。

臨安廣西元江等處宣慰司兼管軍萬户府本爲臨安廣西道軍民宣撫司，改宣慰司，年分闕。

臨安路。下。唐爲羈縻牂州，後没於南詔。蒙氏置通海郡都督府。段氏改秀山郡，復爲通海郡。蠻酋互相侵奪，或隸善闡，或隸阿僰。憲宗七年，内附，置阿僰部萬户府。至元八年，改爲南路。十三年，又改臨安路。領縣二：河西。下。蠻名休臘。唐初置西宗州，後没於南詔，爲步雄部，阿僰蠻又奪之。憲宗六年，内附。七年，立萬户府，休臘隸之。至元十二年，改河西州，隸臨安路。二十六年，降爲縣。蒙自。下。縣境有山曰自則，漢語謁爲蒙自。南詔以趙氏守其地。段氏時，阿僰蠻居之。憲宗六年内附，繼叛。七年，平之，立千户所。至元十三年，改蒙自縣。

千户一：

捨資千户。阿僰蠻所居地，名褒古，又曰部娚踵甸。傳至裔孫捨資，因以爲名。内附後，隸蒙自千户。至元十三年，改蒙自爲縣，以其地近交趾，遂以捨資爲安南道防送軍千户，隸臨安路。

州三：

建水州。下。治故建水城，蒙氏所築。每夏秋，溪水漲溢如海，蠻謂海爲惠，大爲歷，故名惠歷。漢語曰建水。些、麽徒蠻所居，内附後，立千户所。至元十三年，改建水州，隸臨安路。

石坪州。下。阿僰蠻所居之地，宋曰石坪縣。至元七年，以爲州，隸臨安路。

寧州。下。唐爲黎州，後没於蠻。地名浪曠，夷語旱龍也。步雄部蠻些麽徒據之，後屬爨蠻阿幾，以浪曠割與寧部酋豆圭。憲宗四年，寧部酋内附，置寧部萬户府，後改寧海府。至元十三年，改寧州，隸臨安路。舊領三縣：通海、嶍峨、西沙。西沙，寧部蠻所居，其裔孫西沙築城於此，因名西沙龍。憲宗四年，其酋普提内附，居此爲萬户。至元十三年，置西沙縣。二十六年，以隸寧州。至治二年，併入本州。領縣二：通海。下。倚郭。元初，立通海千户所，隸善闡萬户府。至元十三年，改通海部，隸寧海府。二十七年，府罷，直隸臨安路。後改隸寧州。嶍峨。下。舊爲嶍峨蠻所居，後阿㛮蠻酋奪之。至其孫阿次内附，立爲千户所。至元十三年，改爲州，領邛川、平甸二縣。三十六年，降爲縣，併二縣入之，隸臨安路。又改隸寧州。

阿迷萬户府。元初，隸南路總管府。大德中，直隸臨安廣西元江等處宣慰司。按《翰墨全書》：臨安路有阿迷州、王弄州。阿迷州，當由萬户改之。王弄州，當由王弄山大、小二部改之。其建置、省併年分俱闕。

千户所二：

納樓。

茶甸。

廣西路。下。唐爲羈縻州，東爨烏蠻等部所居之地。蒙氏析爲師宗、彌勒二部。憲宗七年，内附，隸落蒙萬户府。至元十二年，籍二部爲軍，立廣西路。十八年，復爲民。至元中，置廣南西宣撫司，其省罷年分闕。

領州三：

師宗州。下。爨蠻師宗據匿弄甸，號師宗部。至元中，以本部爲千户總把，領阿寧、豆勿、阿盧、豆吴四千户，屬廣南西路。後改置師宗州。

彌勒州。下。宋時些、麽徒蠻之裔據其地，號彌勒部。至元中，以本部爲千户總把，領吉輸、哀惡、步籠、阿欲四千户，屬廣南西路。後改置彌勒州。

維摩州。下。元初立維摩千户所，隸阿迷萬户府。至元中，以本部爲千户總把，領維摩、屈中二千户。後改維摩州。

元江路。下。蒙氏爲銀生節度屬地，徙白蠻蘇、張、周、段等十姓戍之，又開威遠等處置威遠瞼。後爲和泥所據，又爲些麽蠻阿僰諸部所有。憲宗四年，内附。七年，復叛。至元十三年，遥置元江府以羈縻之。二十五年，命雲南王討平之，割羅槃、馬籠、步日、思摩、羅丑、羅陀、步騰、步竭、台威、台陽、設棲、彌陀十二部於威遠，立元江路。其屬地曰：

馬籠部千户所。因馬籠山立寨，阿僰蠻所居。元初，立千户所。屬寧州萬户。至元十三年，改隸元江萬户。二十五年，屬元江路。

步日部。蒙氏立此甸，徙白蠻居之，名步日瞼。

溪處甸軍民副萬户府。元初置，隸雲南行省，後屬元江路。

虧容甸部。舊爲鐵容甸。

思陀甸部。舊爲官桂思陀部。元初，置和泥路，隸雲南行省。後屬元江路。

落恐甸軍民萬户府。舊爲伴溪落恐部。元初立萬户府，隸雲南行省。後屬元江路。

羅槃部。

思摩部。

羅丑部。

羅陀部。

步騰部。

步竭部。

台威部。

台陽部。

設棲部。

彌陀部。

案版寨。

羅必甸。

帶良甸。

普甸。
部目甸。
落甸。
帶洋甸。
他郎。
因遠。
不通。
沙財。
泥大。
帶思。
奚泥伽。
烏尤。
羅配。
法處。
七十門二處。

大甸。
越甸。
兀好滯。
帶來普勝侣也構甸。
部目司摩。
帶思帶良甸。
因遠羅必甸。
帶違帶羊撒里甸。
馬龍馬郎沙則尼甸。
羅尼羅初不甲甸。
大理金齒等處宣慰司都元帥府中統四年置。
大理路軍民總管府。上。唐姚州，治葉榆洱河蠻。後蒙舍詔皮羅閣併蒙嶲詔、越析詔、浪穹詔、邆賧詔、浪施詔，合五詔爲一，號南詔，治大和城。至閤羅鳳，號大蒙國。至異牟尋，又遷於羊苴乖城，即今府治，改號大禮國。後段氏有其地，更爲大理國。憲宗三年，收附。六年，置上下二萬户府。至元七年，併二萬户爲大理路。領司一：

録事司。憲宗七年，立中千户，屬大理萬户。至元十一年，罷千户，立録事司。十二年，升理州。二十一年，復爲録事司。

縣二：太和。下。附郭。唐開元末，皮羅鳳據其地。憲宗七年，於城内外立上、中、下三千户。至元二十六年，改中千户爲録事司，上、下二千户立縣。雲南。下。唐爲雲南州，又改匡州。後張仁果據之，號白子國。蒙氏、段氏並爲雲南州，又稱品甸。憲宗七年，立品甸千户所。至元十一年，復爲雲南州。後降爲縣。

府二：

永昌府。蒙氏、段氏皆爲永昌府。憲宗七年，分永昌之永平縣立千户所。至元十一年，置永昌州。十五年，升爲府，隸大理路府。領縣一：永平。下。蒙氏爲勝湘郡。至元十一年，改立千户所。後又爲縣。

騰衝府。蠻名越睒。僰、驃、峨昌三種蠻居之。唐置羈縻州。蒙氏取越睒，置軟化府，又改騰衝府。憲宗三年，府酋高救内附。至元十一年，改藤越州，又立藤越縣。十四年，改騰衝府。二十五年，省順江州及藤越、越甸、古湧三縣按越甸，至元中置。古湧置縣年分闕。入之，隸大理路。

州三：

鄧川州。下。夷有六詔，遼睒其一也。唐置遼睒州，治大釐城。蒙氏改德原城，隸大理。段氏因之。憲宗三年，内附，置德原千户所。至元十一年，改爲鄧川州。領縣二：浪穹。下。蠻名彌茨，乃浪穹詔所居之地。後其酋鐸羅望爲南詔所侵，移保劍川，更稱浪劍。貞元中，南詔滅之，以浪穹〔三〕、施浪、鄧賧總三浪爲浪穹州。憲宗七年，内附，立浪穹千户所。後改爲浪穹州。至元十一年，降爲縣，與鳳羽縣俱隸本州。鳳羽。下。蒙氏細奴邏興，有鳳翔於此，故名。至元十一年，置縣。

蒙化州。下。爲羅羅摩及棘蠻之地。後蒙氏細奴邏築城居之，號蒙舍詔，改稱南詔，改蒙舍城爲陽瓜州。段氏改開南縣。憲宗七年，立千户所。至元十一年，置蒙化府。十四年，升爲路。二十年，降爲州，隸大理路。

趙州。下。羅落蠻所居。蒙氏立十瞼，趙州賧其一也〔四〕。皮羅閣置趙郡，閣羅鳳改爲州。段氏又改天水郡。憲宗七年，置趙瞼千户所。至元十一年，改爲州，又於白崖瞼立建寧縣隸本州。二十五年，省建寧入本州。

姚安路軍民總管府。唐故州。蒙氏改爲弄棟府。段氏又改姚州。憲宗三年，内附。七年，置統矢千户所、大姚堡千户所。至元十二年，罷統矢，置姚州，隸大理路。天曆間，升姚安路總管府。領縣一：大姚。下。蠻名大姚堡。憲宗七年，立千户所。至元十一年，改爲縣。

十二關防送千户所。本雲南縣楚場地。至正間，因地僻險，立千户所。

蒙憐路軍民府。至元二十七年，從雲南行省請，以蒙憐甸爲軍民總管府，領只迷甸、金井甸。

蒙萊路軍民府。本蒙萊甸，與蒙憐路同時置。領邦毛甸、金齒等處宣撫司。其地在大理西南，土蠻凡八種，曰金齒、白夷、白僰、峨昌、驃、𤞑渠、羅比、蘇。自漢以來，不與中國通。蒙氏取其地爲大理屬部。及段氏時，金齒諸蠻浸盛。中統初，金齒、白夷諸酋各遣子弟入朝。二年，立安撫司以統之。至元八年，分金齒、白夷爲東西兩路安撫使。十二年，改西路爲建寧路，東路爲鎮康路。十五年，改安撫爲宣撫，置六路總管府。二十三年，罷兩路宣撫司，併入大理金齒等處宣撫司。

柔遠路。其地曰怒江，曰普坪瞼，曰申瞼僰寨，曰烏摩坪。中統初，僰酋阿八思入朝。至元十三年，與茫施、鎮康、鎮西、平緬、麓川俱立爲路，隸宣撫司。後併於麓川路。

茫施路。其地曰怒謀，曰大枯睒，曰小枯睒。即《唐書》所謂茫施蠻也。中統初，内附。至元十三年，置爲路。領甸五：

大固甸。

鵝林甸。

石甸。

孟茫甸。

羅必思甸。

鎮康路。其地曰石睒，黑僰所居。中統初，内附。至元十三年，置爲路。領灣甸。蠻名細睒。

鎮西路。其地曰于賴睒，曰渠蘭睒，白夷所居，中統初，内附。至元十三年，置爲路。領甸二。甸名闕。

平緬路。其地曰驃睒，曰羅必四莊，曰小沙摩弄，曰驃睒頭，白夷所居。中統初，内附。至元十三年，置爲路。至正十五年，改平緬宣撫司。

麓川路。其地曰大布茫，曰睒頭附賽，曰睒中彈吉，曰睒尾福祿培。皆白夷所居。中統初，内附。至元十三年，置爲路。至順元年，復置麓川路軍民總管府。其何時省罷，無考。

南睒。其地曰阿賽睒、午真睒，白夷、峨昌所居。至元初，内附。至元十五年，隸宣撫司。金齒六路、一睒，歲賦金銀各有差。

順寧府。本蒲蠻地名慶甸。泰定間，内附。泰定四年，置順寧府，直隸宣撫司。領縣一：

慶甸，下。與府同置。

州一：

寶通州。下。

烏撒烏蒙宣慰司。在本部巴的甸。烏撒者，蠻名也。所轄部六，曰烏撒部、阿頭部、易溪部、易娘部、烏蒙部、閟畔部。其東西又有芒布、阿晟二部。烏撒之裔折怒始强，盡有諸部之地。憲宗征大理，累招不降。至元十年，始附。十三年，置烏撒路。十五年，爲軍民總管府。二十一年，改宣撫司。二十四年，升烏撒烏蒙宣慰司。大德四年，立烏撒烏蒙等郡縣。《翰墨全書》：烏蒙路有阿都、奚娘二縣，東川府有淄都、烏撒二縣。當是大德四年所置，其省併年分闕。後至元元年，烏撒、烏蒙又改隸四川行省。

木連路軍民府。

蒙光路軍民府。

本邦路軍民府。舊名孟都，又名孟邦。至元二十六年，置總管府，領三甸。

孟定路軍民府。舊名景摩。至元二十六年，置總管府，領三甸。

孟昌路軍民府。至順二年，與孟定路並置。孟定路，當是至元後裁罷。

謀粘路軍民府，領孟陵甸。

南甸路軍民府。舊名南宋。至元二十六年，置總管府。領甸三：怒江甸，餘二甸闕。

歹羅甸路軍民府。領甸五：

滿東甸。

蒙忙甸。

木倒甸。
大都甸。
益當甸。
陋麻甸軍民官。
雲龍甸軍民府。領甸四：
忙兀甸。
忙吉剌甸。
忙牙甸。
忙藍甸。
縹甸路軍民府。後至元元年，置縹甸散府。
二十四寨達魯花赤。
孟隆路軍民府。本吾仲蠻地。泰定三年，奉方物來獻，置孟隆路。
木朵路軍民府。至元三十年，以金齒木朵甸户口增殖，立下路總管府，賜其長兩珠虎符。泰定三年，置木朵路，當是已廢復置。
領甸九：

木禮甸，木朵甸，小花甸，木攬甸，孟住甸，歹魯甸，歹羅甸，羅落甸，木茅甸。
何羅拉木多等處軍民官：
木樓府。
大姑等處。
雲南金齒孟定各甸軍民官：
孟定甸。
銀沙羅甸。
孟徑甸。
景新甸。
九索帶火甸。
思摩甸。
都目甸。
不里侶也構甸。
沙則泥大甸。
阿都甸。

木倒甸。

孟綾甸。

木麓甸。

震濃甸。

蒲阿思。

大部馬二十四寨。

廣甸。

甸尾。

銀生羅茫。

必畔。

茫部奚。

八納等部。

和能等部。

孟愛等甸軍民府。至元三十一年，其酋長遣子入朝，置軍民總管府。

蒙兀路。

通西軍民總管府。大德元年，蒙陽甸酋納款，遣其弟阿不剌等獻方物，懇請歲貢銀一千兩及置馹傳，置通西軍民府。

木來府。至元二十九年，置散府，用其士人馬列知府事。泰定三年，置木來州。當是已廢復置。按自木連路以下，當俱隸烏撒烏蒙宣慰司。

邦牙等處宣慰司。至元中，於蒲緬王城置邦牙宣慰司。未幾，罷。後至元四年復立。至正二年罷。

建都寧遠都護府。至元十一年置。

吕告蠻部安撫司。至元十七年，有安撫使王阿濟。

蒙樣剛等甸軍民官。元貞二年復置。初置及裁置年分闕。

銀沙羅甸等處軍民府。天曆二年，置銀沙羅甸等處宣慰司都元帥府。至順二年，改軍民總管府。

者線蒙慶甸軍民府。至順二年，與銀沙羅甸並置。孟併孟廣者樣等甸軍民官。至順二年置。

蘆傳路軍民總管府。至順二年置。

傀羅府。元統元年置。

穆由甸軍民官。後至元元年置。

范陵甸軍民官。後至元元年置

老告軍民總管府。至正四年置。

老了耿凍路軍民總管府。至正七年置。

【校勘記】

〔一〕「築外城」，「城」原作「成」，據《元史》卷六一志第十三《地理四》及嘉慶《大清一統志》卷四八〇、清宣統《楚雄縣志》述輯卷之三等改。

〔二〕「清寧郡」，「清」原作「請」，據明萬曆《四川總志》卷一八改。

〔三〕「浪穹」，原作「浪窮」，據王圻《續文獻通考》卷二三一《輿地考》改。

〔四〕「十瞼」、「趙州賧」，《元史》卷六一志第十三《地理四》同，並引《新唐書》云：「夷語，瞼若州。」本書「瞼」、「賧」多混用。

新元史卷之五十　志第十七

地理志五

江浙等處行中書省。領路二十二、府一、州二。屬州二十四，縣九十六。陸站一百八十處，水站八十二處。

江南浙西道肅政廉訪司

杭州路。上。宋杭州，屬浙西路。宋高宗南渡都之，爲臨安府。至元十三年，平宋，置兩浙大都督府，又置浙西宣慰司於臨安。未幾，罷大都督府，立行尚書省。十五年，改杭州路總管府。二十一年，徙江淮行省於杭州，改江浙行省。二十三年，復徙行省於揚州。二十六年，仍徙杭州。本路舊領錢塘、仁和、餘杭、臨安、新城、富陽、鹽官、於潛、昌化九縣。後升鹽官縣爲州。户三十六萬八百五十，口一百八十三萬四千七百一十。至元二十七年鈔籍。領司二：左、右録事司。宋遷都杭州，設九廂。元至元十四年，分爲四隅録事司。泰定二年，併爲左、右二司。元統二年，復立杭州四隅録事司。縣八：錢塘。上。仁和。上。與錢塘分治城内。餘杭。中。臨安。中。有青山務。新城。中。富陽，中。於潛，中。昌化。中。有窑口巡檢司。

州一：

海寧州。中。有硤石務。宋鹽官縣。元貞元年，升爲州。天曆二年，改海寧州。

湖州路。上。宋湖州，屬浙西路。至元十三年，升湖州路總管府。舊領烏程、武康、歸安、安吉、長興、德清六縣。後升長興縣爲州。户二十五萬四千三百四十五。鈔籍闕，用至順錢糧數。領司一：録事司。舊設東西南北四廂。至元十三年，立總督四廂。十四年，改録事司。縣五：烏程。上。歸安。上。與烏程皆爲倚郭。安吉。中。德清。中。武康。中。

州一：

長興州。中。宋故縣。元貞元年，升爲州。

嘉興路。上。宋嘉興府，屬浙西路。至元十四年，升嘉興路總管府。舊領嘉興、海鹽、華亭、崇德四縣。後升華亭縣爲府，升海鹽、崇德縣爲州。户四十二萬六千六百五十六，口二百二十四萬五千七百四十二。領司一：録事司。舊置廂官。至元十四年，改録事司。縣一：嘉興。上。倚郭。有風涇白牛務、魏塘務。

州二：

海鹽州。中。有澉浦務。宋海鹽縣。元貞元年，升爲州。

崇德州。中。宋崇德縣。元貞元年，升爲州。

平江路。上。宋平江府，屬浙西路。至元十三年，升平江路總管府。二十一年，徙浙西宣慰司於本路。舊領吴、長洲、崑山、常熟、吴江、嘉定六縣。後升崑山、常熟、吴江、嘉定俱爲州。户四十六萬六千一百五十八，口二百四十三萬三千七百。領司一：録事司。

縣二：吴縣。上。倚郭。長洲。上。倚郭。

州四：

崑山州。中。宋崑山縣。元貞元年，升爲州。皇慶二年，徙州治於太倉。

常熟州。中。宋常熟縣。元貞元年，升爲州。

吴江州。中。宋吴江縣。元貞元年，升爲州。

嘉定州。中。宋嘉定縣。元貞元年，升爲州。

常州路。上。宋常州，屬浙西路。至元十四年，升常州路總管府。舊領晉陵、武進、無錫、宜興四縣。後升宜興縣爲府，無錫縣爲州。户二十萬九千七百三十，口一百二萬一十一。領司一：録事司。縣二：晉陵。中。倚郭。武進。中。倚郭。

州二：

宜興州。中。宋宜興縣。至元十五年，升宜興府。二十年，仍爲縣。二十一年，復升爲府，仍置宜興縣隸之。元貞元年。降爲州，省宜興縣入本州。

無錫州。中。宋無錫縣。元貞元年，升爲州。

鎮江路。下。宋鎮江府，屬浙西路。至元十三年，升鎮江路總管府。户十萬三千三百一十五，口六十二萬三千六百四十四。領司一：録事司。縣三：丹徒。中。倚郭。丹陽。中。金壇。中。

建德路。上。宋建德府，屬浙西路。至元十三年，置建德府安撫司。十四年，改建德路總管府。户十萬三千四百八十一，口五十萬四千二百六十四。領司一：録事司。縣六：建德。中。倚郭。有神泉監，宋置以鑄銅錢，後廢。元復置，後又廢。淳安。中。遂安。下。桐廬。中。分水。中。壽昌。中。有西隖寨。

松江府。宋華亭縣，爲嘉興府屬縣。至元十四年，升爲華亭府，仍隸嘉興路。十五年，改松江府，直隸行省。户十六萬三千九百三十一。至順錢糧數。領縣二：華亭。上。倚郭。至元十五年置。上海。上。本華亭縣地，名華亭海，宋時商販雲集，又曰上海市。至元二十八年，置上海縣。

江陰州。上。宋江陰軍，屬浙西路。至元十二年，依舊置軍，行安撫司事。十四年，升爲江陰路總管府。二十八年，降爲州，隸常州路。後直隸行省。舊領江陰一縣，省入本州。户五萬三千八百二十，口三十萬一百七十七。

浙東道宣慰司都元帥府舊治婺州。大德六年，移治慶元。

慶元路。上。宋慶元府，屬浙東路。至元十三年，置宣慰司。明年，改爲慶元路總管府。至治三年，復慶元路，未知何時省罷。舊領鄞、慈溪、奉化、象山、定海、昌國六縣。後奉化、昌國二縣俱升爲州。户二十四萬一千四百五十七，口五十一萬一千一百五十二。領司一：録事司。縣四：鄞縣。上。倚郭。有小溪鎮巡檢司，本唐之光溪鎮。象山。中。慈溪。中。定海。中。

州二：

奉化州。下。宋奉化縣。元貞元年，升爲奉化州。

昌國州。下。宋改唐翁山縣爲昌國縣。至元十四年，升爲州，仍置昌國縣隸之，後省縣入本州。

衢州路。上。宋衢州，屬浙東路。至元十三年，升衢州路總管府。户十萬八千五百六十七，口五十四萬三千六百六十。領司一：録事司。縣五：西安。中。倚郭。龍游。上。有陳村營，至元中立。江山。下。宋改禮賢縣。元初，復舊名。有任山營，在仙霞關。常山。下。宋改唐常山縣爲信安。元仍復舊名。有草萍營，至元二十一年立。開化。中。

浙東海右道肅政廉訪司

婺州路。上。宋婺州，屬浙東路。至元十三年，升婺州路總管府。舊領金華、東陽、義烏、蘭溪、永康、武義、浦江七縣。後升蘭溪縣爲州。户二十二萬一千一百一十八，口一百七萬七千五百四十。領司一：録事司。縣六：金華。上。倚郭。東陽。上。義烏。上。永康。中。武義。中。浦江。中。

州一：

蘭溪州。宋蘭溪縣。元貞元年，升爲州。

紹興路。上。宋紹興府，屬浙東路。至元十三年，改紹興路總管府。至正十六年，移江南行御史臺治紹興。舊領會稽、山陰、嵊、諸暨、上虞、餘姚、蕭山、新昌八縣。後升餘姚、諸暨二縣爲州。户一十五萬一千二百三十四，口五十二萬一千五百八十八。領司一：録事司。縣六：山陰。上。倚郭。會稽。中。倚郭。上虞。上。蕭山。中。嵊縣。上。宋改剡縣爲嵊縣，取四山爲嵊之義。新昌。中。宋以楓橋鎮置義安縣，又改新昌。

州二：

餘姚州。下。宋餘姚縣。元貞元年，升爲州。

諸暨州。下。宋諸暨縣。元貞元年，升爲州。

温州路。上。宋温州，又升瑞安府，屬浙東路。至元十三年，置温州路總管府。舊領永嘉、瑞安、樂清、平陽四縣。後升瑞安、平陽二縣爲州。户十八萬七千四百三，口四十九萬七千八百四十八。領司一：録事司。縣二：永嘉。上。倚郭。樂清。下。

州二：

瑞安州，下。宋瑞安縣。元貞元年。升爲州。

平陽州，下。宋平陽縣。元貞元年，升爲州。

台州路，上。宋台州，屬浙東路。至元十三年，置安撫司。十四年，改台州路總管府。舊領臨海、黄巖、天台、仙居、寧海五縣。後升黄巖縣爲州。户十九萬六千四百一十三，口一百萬三千八百三十三。領司一：録事司。縣四：臨海。上。倚郭。仙居。上。寧海。上。天台。中。

州一：

黄巖州。下。宋黄巖縣。元貞元年，升爲州。

處州路。上。宋處州，屬浙東路。至元十三年，升處州路總管府。户十三萬二千七百五十四，口四十九萬三千二百九十二。領司一：録事司。縣七：麗水。中。倚郭。龍泉。中。有併山寨。松陽。中。遂昌。中。青田。中。縉雲。中。慶元。中。

江東建康道肅政廉訪司大德八年，徙治寧國。

寧國路。上。宋寧國府，屬江南東路。至元十四年，升寧國路總管府。户二十三萬二千五百三十八，口一百一十六萬二千六百九十。領司一：録事司。舊立四廂。至元十四年，改録事司。縣六：宣城。上。倚郭。南陵。中。涇縣。中。寧國。中。旌德。中。太平。中。

徽州路。上。宋徽州，屬江南東路。至元十四年，升徽州路總管府。舊領歙、休寧、績溪、黟、祁門、婺源六縣。後升婺源縣爲州。户一十五萬七千四百七十一，口八十二萬四千三百四。領司一：録事司。舊設四廂。至元十四年，改置録事司。二十九年，罷。縣五：歙縣。上。倚郭。休寧。中。有五城務。祁門。中。黟縣。下。績溪。下。有西阬寨，置鎮守營。

州一：

婺源州。下。宋婺源縣。元貞元年，升爲州。惠洽鄉有巡檢司。

饒州路。上。宋饒州，屬江南東路。至元十四年，升饒州路總管府。十九年，改隸隆興行省。舊領鄱陽、餘干、浮梁、樂平、德興、安仁六縣。後升樂平、浮梁、餘干三縣俱爲州。户六十八萬二百三十五，口四百三萬六千五百七十。領司一：録事司。舊設三廂，至元四年改置。縣三：鄱陽。上。倚郭。德興。上。安仁。中。

州三：

餘干州。中。宋餘干縣。元貞元年，升爲州。

浮梁州。中。宋浮梁縣。元貞元年，升爲州。

樂平州。中。宋樂平縣。元貞元年，升爲州。

江南諸道行御史臺

集慶路。上。宋江寧府，又改建康府，屬江南東路。至元十四年，改建康路。十五年，立江淮行中書省，後徙於杭州，改江浙行省。二十三年，徙江南行御史臺於建康。天曆二年，以文宗潛邸，改建康路爲集慶路。舊領上元、江寧、溧陽、溧水、句容，後升溧水、溧陽二縣俱爲州。户二十一萬四千五百三十八，口一百七萬二千六百九十。領司一：録事司。縣三：上元。中。倚郭。江寧。中。倚郭。句容。中。

州二：

溧水州。中。宋溧水縣。元貞元年，升爲州。

溧陽州。中。宋溧陽縣。至元十四年，改爲溧州。十五年，升溧州府。十六年，改溧陽路，領録事司並溧陽縣。二十八年，罷路，止存溧陽縣。元貞元年，升爲州。

太平路。下。宋太平府，屬江南東路。至元十四年，升爲太平路總管府。户七萬六千二百二，口四十四萬六千三百七十一。領司一：録事司。舊設四廂。至元十四年，改置。縣三：當塗。中。倚郭。蕪湖，中。繁昌。下。

池州路。下。宋池州，屬江南東路。至元十四年，升池州路總管府。户六萬八千五百四十七，口三十六萬六千五百六十七。領司一：録事司。縣六：貴池。下。倚郭。青陽。下。建德。下。銅陵。下。石埭。中。東流。下。

信州路。上。宋信州，屬江南東路。至元十四年，升爲信州路總管府。舊領上饒、玉山、弋陽、貴溪、鉛山、永豐六縣。後升鉛山縣爲州，直隸行省。户四十三萬二千二百九十，口六十六萬二千二百一十八。領司一：録事司。縣五：上饒。中。倚郭。玉山。中。弋陽。中。有寶豐場，宋之舊縣，後裁。元置榷場。貴溪。中。永豐。中。

廣德路。下。宋廣德軍，屬江南東路。至元十四年，升爲廣德路總管府。户五萬六千五百一十三[一]，口三十三萬九千七百八十。領司一：録事司。至元二十八年罷。縣二：廣德。中。倚郭。建平。中。

鉛山州。宋鉛山縣，屬信州。至元二十九年，升爲州，直隸行省，割上饒縣之乾元、永樂二鄉，弋陽之新政、善政二鄉來屬。户二萬六千三百三十五，口闕。

福建等處行中書省。領路八、屬州二、屬縣四十六。

福建閩海道肅政廉訪司

福州路。上。宋福州，屬福建路。至元十五年，改爲福州路總管府。十七年，置福建行省於本路。是年，徙於泉州。十八年，復徙於本路。十九年，又回泉州。二十二年，罷行省，置福建道宣慰司。後罷宣慰司，復立行省於本州。大德二年，又置宣慰司都元帥府，罷行省，隸江浙行省。至正十六年，復置福建等處行中書省。本路舊領閩、侯官、福清、連江、古田、永泰、長溪、永正、閩清、寧德、懷安、長樂、福安十三縣。後升長溪縣爲福寧州，析寧德、福安隸之，又升福清縣爲州。户七十九萬九千六百九十四，口三百八十七萬五千一百二十七。領司一：録事司。至元十五年，行中書省於府城十二廂，分四隅，置録事司。十六年，併其二，置東西二司。二十年，復併爲一。縣九：閩縣。中。倚郭。侯官。中。倚郭。懷安。中。古田。上。閩清。中。長樂。中。連江。中。羅源。中。永福。中。

州二：

福清州。下。宋福清縣。元貞元年，升爲州。

福寧州。上。宋長溪縣。至元二十三年，升爲州。領縣二：寧德。中。福安。中。

建寧路。下。宋建寧府，屬福建路。至元十六年，改建寧路總管府。户一十二萬七千二百五十四，口五十萬六千九百二十六。領司一：録事司。縣七：建安。中。倚郭。甌寧。中。倚郭。浦城。中。建陽。中。宋建陽縣，又改嘉禾。元復舊名。崇安。中。松溪。下。政和。下。

泉州路。上。宋泉州，屬福建路。至元十四年，置行宣慰司，兼行征南元帥府事。十七年，改爲行中書省，置泉州路總管府。是年，又徙泉州行省於隆興。大德元年，以福建平海等處行中書省治泉州，後罷。户八萬九千六十，口四十五萬五千五百四十五。領司一：録事司。至元十五年。置南北二司。十六年，併爲一。縣七：晉江。中。倚郭。南安。中。惠安。下。同安。下。永春。下。安溪。下。德化。下。

興化路。下。宋太平軍，尋改興化軍，屬福建路。至元十四年，升興化路總管府。户六萬七千七百三十九，口三十五萬二千五百三十四。領司一：録事司。縣三：莆田。中。倚郭。至元十一年，割左右兩廂屬録事司。仙游。下。興化。下。宋析莆田縣地置興化，移軍治於此縣。後復徙治莆田。

邵武路。下。宋邵武軍，屬福建路。至元十三年，升爲邵武路總管府。户六萬四千一百二十七，口二十四萬八千七百六十一。領司一：録事司。縣四：邵武。中。倚郭。光澤。中。泰寧。中。建寧。中。

延平路。下。宋南劍州，屬福建路。至元十五年，升爲南劍路總管府。延祐元年，改南劍路爲延平路。户八萬九千八百二十五，口四十三萬五千八百六十九。領司一：録事司。縣五：南平。中。倚郭。宋劍浦縣。延祐元年，改爲南平。尤溪。中。沙縣。中。順昌。中。將樂。中。

汀州路。下。宋汀州，屬福建路。至元十五年，升爲汀州路總管府。户四萬一千四百二十三，口二十三萬八千一百二十七。領司一：録事司。縣六：長汀。中。倚郭。寧化。中。清流。下。宋舊縣，紹定中廢。至元中，復置。連城。下。宋蓮城。至元中，改爲連城。上杭。下。武平。下。

漳州路。下。宋漳州，屬福建路。至元十八年，升爲漳州路總管府。舊領龍溪、漳浦、龍巖、長泰四縣。至治間，以龍溪、漳浦、龍巖三縣地僻遠難治，析其地置南勝縣，後改南靖。户二萬一千六百九十五，口十萬一千三百六。屯田一百五十頃。領司一：録事司。縣五：龍溪。下。倚郭。漳浦。下。龍巖。下。長泰。下。南靖。下。

江西等處行中書省，領路十八、州九，屬州十三，屬縣七十六。

江西湖東道肅政廉訪司

龍興路。上。宋隆興府，屬江南西路。至元十二年，置行都元帥府及安撫司。十四年，改元帥府爲江西道宣慰司，本路爲總管府，置行中書省。十五年六月，併隆興省於福建，其宣慰司，除額設員數外，餘並罷去。七月，復以塔出等行中書省於贛州。十六年，移贛州行省還隆興。十七年，又併泉州行省於隆興。十九年，併江西、福建行省爲一，罷宣慰司，隸皇太子位。十一月，以袁州、饒州、興國軍復隸隆興省。二十一年，改隆興路爲龍興路。二十七年，移行省於吉州，後復還本路。舊領南昌、新建、奉新、豐城、分寧、靖安、武寧、進賢八縣。後升豐城縣爲富州，析武寧、分寧二縣隸寧州，又以武寧還隸本路。户三十七萬一千四百三十六，口一百四十八萬五千七百四十四。至元二十七年鈔數。領司一：録事司。宋分置九廂。至元十三年廢城内六廂，置録事司。縣六：南昌。上。倚郭。至元二十年，割録事司所領城外二廂、東西兩關來屬。新建。上。倚郭。進賢。中。奉新。中。靖州。中。武寧。中。至元二十三年，置寧州，領武寧、分寧二縣。大德五年，改武寧縣，隸本路。

州二：

富州。上。宋豐城縣，隸隆興府。至元二十三年，升爲州。

寧州。中。至元二十三年，於武寧縣置寧州，武寧爲倚郭縣。大德八年，析武寧直隸本路，徙州治於分寧。領縣一：分寧。宋屬隆興府。至元二十三年，改隸寧州。

吉安路。上。宋吉州，屬江南西路。至元十四年，升吉州路總管府。皇慶元年，改爲吉安路。舊領廬陵、吉水、安福、太和、龍泉、永新、永豐八縣。後升吉水、安福、太和、永新四縣俱爲州。至順間，又析永新州地置永寧縣。户四十四萬四千八十三，口二百二十二萬四百一十五。領司一：録事司。縣五：廬陵。上。倚郭。永豐。上。萬安。中。龍泉。中。永寧。下。本永新縣地，至順間，分置永寧縣。

州四：

吉水州。中。宋吉水縣。元貞元年，升爲州。

安福州。中。宋安福縣。元貞元年，升爲州。

太和州。下。宋太和縣。元貞元年，升爲州。

永新州。下。宋永新縣。元貞元年，升爲州。

瑞州路。上。宋瑞州，屬江南西路。至元十四年，升瑞州路。舊領高安、上高、新昌三縣。後升新昌縣爲州。户十四萬四千五百七十二，口七十二萬二千三百二。領司一：録事司。至元十四年置。縣二：高安。上。倚郭。上高。中。至正九年，罷本縣長官司。

州一：

新昌州。下。宋太平興國六年，析高安縣地置新昌縣。元貞元年，升爲州。

袁州路。上。宋袁州，屬江南西路。至元十三年，置安撫司。十四年，改總管府，隸湖南行省。十九年，改隸江西行省。舊領宜春、分宜、萍鄉、萬載四縣。後升萍鄉縣爲州。户十九萬八千五百六十三，口九十九萬二千八百一十五。領司一：録事司。至元十三年，置兵馬司。十四年，改録事司。縣三：宜春。上。倚郭。分宜。上。萬載。中。

州一：

萍鄉州。中。宋萍鄉縣。元貞元年，升爲州。

臨江路。上。宋臨江軍，屬江南西路。至元十三年，隸江西行都元帥府。十四年，升臨江路總管府。舊領清江、新淦、新喻三縣。後升新淦、新喻二縣爲州。户十五萬八千三百四十八，口七十九萬一千七百四十。領司一：録事司。宋隸都監司。至元十三年，置兵馬司。十五年改。縣一：清江。上。倚郭。

州二：

新淦州。中。宋新淦縣。元貞元年，升爲州。

新喻州。中。宋新喻縣。元貞元年，升爲州。

撫州路。上。宋撫州，屬江南西路。至元十四年，升撫州路總管府。户二十一萬八千四百五十五，口一百九萬二千二百七十五。領司一：録事司。至元十四年，廢宋三厢立。縣五：臨川。上。崇仁。上。金溪。上。宜黄。中。樂安。中。

江州路。下。宋江州，屬江南西路。至元十二年，置江東西宣撫司，治江州。十三年，改爲江西大都督府，隸揚州行省。十四年，罷都督府，置江州路總管府，隸龍興行都元帥府。後置行中書省，本路直隸焉。十六年，改隸黄蘄等路宣撫司。二十二年，復隸行省。至正十六年，又改爲宣慰司都元帥府。户八萬三千九百七十七，口五十萬三千八百五十二。領司一：録事司。宋都監司。至元十二年，立兵馬司。十四年改。縣五：德化。中。瑞昌。中。彭澤。中。湖口。中。德安。中。

南康路。下。宋南康軍，屬江南東路。至元十四年，升南康總管，隸江淮行省。二十二年，改隸江西行省。舊領星子、都昌、建昌三縣。後升建昌縣爲州。户九萬五千六百七十八，口四十七萬八千三百九十。領司一：録事司。縣二：星子。下。本路治所。都昌。下。

州一：

建昌州。下。宋建昌縣。元貞元年，升爲州。

贛州路。上。宋贛州，屬江南西路。至元十四年。升贛州路總管府。舊領贛、安遠、雩都、虔化、信豐、龍南、瑞金、興國、會昌、石城十縣。後升虔化縣爲寧都州，析龍南、安遠二縣隸之。升會昌縣爲州，析瑞金縣隸之。户七萬一千二百八十七，口二十八萬五千一百四十八。領司一：録事司。至元十五年立。縣五：贛縣。上。州治所。興國。中。信豐。下。雩都。下。石城。下。元貞元年，以石城隸寧都，其復隸贛州，年分闕。

州二：

寧都州。下。宋虔化縣，後改寧都縣。元貞元年，升爲州。領縣二：龍南。下。以縣在龍灘之南，故名。至元二十四年，併入信豐縣。至大二年，復置。安遠。下。至元二十四年，併入會昌縣。至大二年，復置。

會昌州。下。宋會昌縣。元貞元年，升爲州。舊《志》：大德元年升寧都、會昌爲州，並隸贛州路。大德乃元貞之誤。

建昌路。下。宋建昌軍，屬江南西路。至元十四年，升爲建昌路總管府。舊領南城、南豐、新城、廣昌四縣。後升南豐縣爲州，直隸行省。户九萬二千二百二十三，口五十萬三千三十八。領司一：録事司。至元十四年，割南城置録事司。縣三：南城。中。新城。中。廣昌。中。

南安路。下。宋南安軍，屬江南西路。至元十四年，升南安總管府。十五年，析大庾縣城之四坊，置録事司。十六年，廢。户五萬六百一十二，口三十萬三千六百六十六。領縣三：大庾。中。倚郭。南康。中。上猶。下。宋上猶縣，又改南安。至元十六年，改永清。後復爲上猶。

南豐州。下。宋南豐縣，隸建昌軍。至元十九年，升爲州，直隸江西行省。户二萬五千七十八，口一十二萬八千九百。

廣東道宣慰使司都元帥府至元十五年置。

海北廣東道肅政廉訪司至元三十年，治廣州。

廣州路。上。宋廣州，屬廣南東路。至元十三年，内附。十五年，置廣州路總管府。三十年，升爲上路。舊領南海、番禺、增城、懷集、清遠、東莞、新會、香山八縣，後懷集析屬賀州。户十七萬二百一十六。口一百二萬一千二百九十六。領司一：録事司。至元十六年置，以州之東城、西城、子城並番禺、南海二縣在城民户隸之。縣七：南海。中。倚郭。番禺。下。倚郭。東莞。中。增城。中。香山。下。新會。下。清遠。下。宋清縣，元改清遠。

韶州路。下。宋韶州，屬廣南東路。至元十三年，内附。十五年，置韶州路總管府。分曲江縣城西廂地及城外三廂置録事司。二十九年，罷録事司。三十年，分贛州行院官一員。舊領曲江、樂昌、翁源、仁化、乳源五縣。翁源析屬英德州。户一萬九千五百八十四，口一十七萬六千二百五十六。領縣四：曲江。中。延祐五年，併翁源縣入之。樂昌。下。仁化。下。乳源。下。

惠州路。下。宋惠州，屬廣南東路。至元十六年，升惠州路總管府，置録事司，至元二十九年，罷録事司。户一萬九千八百三，口九萬九千一十五。領縣四：歸善。下。倚郭。博羅。下。海豐。下。河源。下。

南雄路。下。宋南雄州，屬廣南東路。至元十五年，升南雄路總管府，置録事司。二十九年，罷録事司。户一萬七百九十二，口五萬三千九百六十。領縣二：保昌。下。倚郭。

至元二十七年，降南雄州爲保昌縣。按保昌宋舊縣，非因降改，殆省本州入保昌也。其復爲南雄州，未知何時。始興。下。

潮州路。下。宋潮州，屬廣南東路。至元十六年，升潮州路總管府。二十三年，復以江西等處行院副使兼廣東道宣慰使司，鎮潮州。舊領梅州。延祐四年，以梅州隸廣東宣慰司。户六萬三千六百五十，口四十四萬五千五百五十。領司一：録事司。至元二十一年置。縣三：海陽。下。倚郭。潮陽。下。揭陽。下。

德慶路。下。宋德慶府，屬廣南東路。至元十四年，廣西宣慰司以兵收附，改隸廣西道。十七年，置德慶路總管府。二十九年，仍改隸廣東道。户一萬二千七百五，口三萬二千九百九十七。領縣二：端溪。下。倚郭。龍水。下。

肇慶路。下。宋肇慶府，屬廣南東路。至元十六年，廣西宣慰司收附，改隸廣西道。十七年，置爲下路總管府。二十九年，改隸廣東道。户三萬三千三百三十八，口五萬五千四百二十九。領縣二：高要。中。倚郭。四會。中。

英德州。下。宋英德府，屬廣南東路。至元十三年，收附。十五年，置英德路總管府。二十七年，罷總管府，併所屬真陽、浛光二縣爲英德州。《翰墨全書》：元管真陽、浛光二縣，今爲新民員州。大德四年，復升爲路，置真陽、浛光、翁源三縣。延祐元年，復降爲州，併真陽、浛光入之。領縣一：翁源。大德五年置。延祐元年，併入曲江。其復立年分闕。

梅州。下。宋故州，屬廣南東道。至元十六年，升梅州路總管府。二十三年，降爲州，屬潮州路。延祐四年，改爲散州，直隸宣慰司。户二千四百七十八，口一萬四千八百六十五。領縣一：程鄉。下。

南恩州。下。宋故州。至元十三年，升南恩總管府。十九年，降爲散州。户一萬九千三百七十三，口九萬六千八百六十五。領縣二：陽江。下。陽春。下。

封州。下。宋故州。至元十三年收附，明年復叛，廣西宣慰司定其亂，遂隸廣西道。十七年，置封州路總管府。二十九年，降爲散州。仍屬廣東道〔二〕。户二千七十七，口一萬七百四十二。領縣二：封州。下。開建。下。

新州。下。宋故州，屬廣南東路。至元十六年，升新州路。十九年，降爲散州。户一萬一千三百一十六，口六萬七千八百九十六。領縣一：新興。下。

桂陽州。下。宋桂陽縣，屬連州。至元十九年，升爲散州，析連州陽山縣來屬。爲蒙古觧忽都忽郡王分地。舊隸湖南道宣慰司，後復隸廣東道。户六千三百五十六，口二萬五千六百五十五。領縣一：陽山。下。

連州。下。宋故州，屬廣南東路。至元十三年，置安撫司，直隸行中書省。十七年，罷安撫司，升爲連州路，隸湖南道。二十九年，改隸廣東道。元貞元年，降散州。户四千一百五十四，口七千一百四十一。領縣一：連山。下。

循州。下。宋故州，屬廣南東路。至元十三年，升爲循州路。二十三年，降散州。户一千六百五十八，口八千二百九十。領縣三：龍川。下。興寧。下。長樂。下。

【校勘記】

〔一〕「户五萬六千五百一十三」，「户」字原脱，據《元史》卷六二志第十四《地理五》補。

〔二〕「廣東道」，「廣」字原脱，《元史》卷六二志第十四《地理五》同。據清嘉慶《大清一統志》卷四四七、道光《廣東通志》卷三等補。

新元史卷之五十一 志第十八

地理志六

湖廣等處行中書省，領路三十二、府二、州十三、安撫司十五、軍三、屬州十五、屬縣一百四十二。蠻夷土官府州縣等，不在此數。

江南湖北道肅政廉訪司

武昌路。上。宋鄂州，屬荆州北路。至元十一年，歸附，置安撫司。十四年，置湖北宣慰司，改安撫司爲鄂州路總管府。十八年，移宣慰司於潭州。十九年，本路直隸行省。大德五年，以鄂州爲世祖親征之地，改武昌路。户一十一萬四千六百三十二，口六十一萬七千一百一十八。至元二十七年抄籍數。領司一：録事司。至元十三年置。縣七：江夏。中。倚郭。咸寧。下。嘉魚。下。蒲圻。中。崇陽。中。通城。中。武昌。下。宋武昌縣，升爲壽昌軍，後復爲縣，又再爲軍。至元十四年，升散府。大德五年，裁府，仍改縣爲武昌。

岳州路。上。宋岳州，屬荆湖北路。至元十三年，升岳州路總管府。舊領巴陵、華容、平江、臨湘四縣。元貞元年，升平江爲州。户一十三萬七千五百八，口七十八萬七千七百四十三。領司一：録事司。縣三：巴陵。上。倚郭。臨湘。中。華容。中。

州一：

平江州。下。宋平江縣。元貞元年，升平江縣。

常德路。上。宋常德府，屬荆湖北路。至元十二年，置安撫司。十四年，改常德路總管府。十五年，置荆湖北道宣慰司於本路，未幾罷。舊領武陵、桃源、龍陽、沅江四縣。元貞元年，升桃源、龍陽爲州，又析沅江縣隷龍陽。户二十萬六千四百二十五，口一百二萬六千四百二。領司一：録事司。縣一：武陵。上。

州二：

桃源州。中。宋桃源縣。元貞元年，升爲州。

龍陽州。下。宋龍陽縣，改辰陽，又復舊。元貞元年，升爲州。領縣一：沅江。下。

澧州路。上。宋澧州，屬荆湖北路。至元十四年，置安撫司。十四年，改澧州路總管府。延祐三年，又改爲安定軍民府。舊領澧陽、安鄉、石門、慈利四縣。元貞元年，升慈利爲州。户一十萬九千九百八十九，口一百一十一萬一千五百四十三。領司一：録事司。縣三：澧陽。上。倚郭。至正十六年，倪文俊陷澧陽，元帥孫毅遷縣治於新城。石門。上。安鄉。下。

州一：

慈利州。中。宋慈利縣。元貞元年，升爲州。

土州二：

安定州。

柿溪州。

辰州路。下。宋辰州，屬荆湖北路。至元十四年，升辰州路總管府。户八萬三千二百二十三，口一十一萬五千九百四十五。領縣四：沅陵。中。辰溪。下。盧溪。下。叙浦。下。

土州二：

上溪州。

施容州。二州皆溪洞地，元初置。

沅州路。下。宋沅州，屬荆湖北路。至元十二年，置沅州安撫司。元貞元年，升沅州路總管府。户四萬八千六百三十二，口七萬九千五百四十五。領縣三：盧陽。下。黔陽。下。麻陽。下。

興國路。下。宋興國軍，屬江南西路。至元十四年，升爲興國路總管府。舊隸江西行省。至元三十年，改隸湖廣。户五萬九百五十二，口四十萬七千六百一十六。領司一：錄事司。至元十七年置。縣三：永興。下。倚郭。大冶。下。通山。下。

漢陽府。下。宋漢陽軍，屬荆湖北路。至元十年，宋守將王儀以城降。十四年，升爲府。至元二十九年，割湖廣省之漢陽隸河南省。其還隸本省年分闕。户一萬四千四百九十二，口四萬八百六十六。領縣二：漢陽。至元二十年。升中縣。有陽羅堡。至元十六年，改隸鄂州路。尋復舊。漢川。下。舊治大赤，至正二十二年，移治長城鄉。《翰墨全書》：漢陽、漢川二縣，俱隸岳州路。至元十二年，取岳州；十四年，已置漢陽府，不容隸岳州爲縣。今不取。

歸州。下。宋故州，屬荆湖北路。至元十二年，置安撫司。十四年，升歸州路總管府。十六年，降爲州。至正十五年，改隸四川行省。户七千四百九十二，口一萬九百六十四。領縣三：秭歸。下。倚郭。巴東。下。興山。下。

靖州路。下。宋靖州，屬荆湖北路。至元十二年，置安撫司。元貞元年，沅州升爲路，以靖州隸之。延祐四年，升靖州路總管府。後至元四年，以湖廣行省元領新化洞、古州、潭溪、龍里、洪州諸洞來屬。九年，罷總管府，改立靖州軍民安撫司。户二萬六千五百九十四，口六萬五千九百五十五。領縣三：永平。下。會同。下。通道。下。

湖南道宣慰司都元帥府至元十五年，置治衡州。十八年，移治潭州。至正十年，以宣慰使司兼都元帥府。

嶺北湖南道肅政廉訪司

天臨路。下。宋潭州，屬荆湖南路。至元十三年，置安撫司。十四年，改潭州路總管府。十六年，遷行省於鄂州，湖南道宣慰司治潭州。天曆二年，以潛邸所幸，改天臨路。舊領長沙、湘潭、益陽、湘陰、醴陵、瀏陽、攸、衡山、安化、湘鄉、寧鄉、善化十二縣。元貞元年，升醴陵、瀏陽、攸、湘鄉、湘潭、益陽、湘陰並爲州。户六十萬三千五百一，口一百八萬一千一十。領司一：録事司。宋置兵馬司。至元十四年改。縣五：長沙。上。倚郭。善化。上。倚郭。衡山。上。宋改屬衡州，後又屬潭州。元初因之。後又改屬衡州。寧鄉。上。安化。下。

州七：

醴陵州。中。宋醴陵縣。元貞元年，升爲州。

瀏陽州。中。宋瀏陽縣。元貞元年，升爲州。元初遷州治於居仁鎮。

攸州。中。宋攸縣。元貞元年，升爲州。

湘潭州。下。宋湘潭縣。元貞元年，升爲州。

益陽州。中。宋益陽縣。元貞元年，升爲州。

湘陰州。下。宋湘陰縣。元貞元年，升爲州。

衡州路。上。宋衡州，屬荆湖南路。至元十三年，置安撫司。十四年，改衡州路總管府。舊領衡陽、茶陵、耒陽、常寧、安化、酃六縣。至元十九年，升茶陵、常寧、耒陽爲州。後至元二年，分衡陽界置新城縣。户一十萬三千三百七十三，口二十萬七千五百二十三。領司一：録事司。宋立兵馬司，分城中民户爲五廂。至元十三年改置。縣四：衡陽。上。倚郭。安仁。下。酃縣。下。宋隸茶陵軍，元初改隸本路。新城。下。舊爲衡陽東鄉，後析置。

道州路。下。宋道州，屬荆湖南路。至元十三年，置安撫司。十四年，改道州路總管府。户七萬八千一十八，口一十萬九百八十九。領司一：録事司。縣四：營道。中。倚郭。寧遠。中。江華。中。元統二年，立濤墟巡檢司。永明。下。舊治在瀟水南，元初移今治。元統二年，立白面墟巡檢司。

永州路。下。宋永州，屬荆湖南路。至元十三年，置安撫司。十四年，改永州路總管府。户五萬六千六百六十六，口一十萬五千八百六十四。領司一：録事司。縣三：零陵。上。倚郭。東安。上。祁陽。中。

郴州路。下。宋郴州，屬荆湖南路。至元十三年，置安撫司。十四年，改郴州路總管府。户六萬一千二百五十九，口九萬五千一百一十九。領司一：録事司。宋置兵馬司。至元四年改。縣六：郴陽。中。倚郭。宋郴縣。至元十三年，改郴陽縣。宜章。中。永興。中。興寧。下。宋資興縣，後改興寧。桂陽。下。桂東。下。宋析桂陽置桂東縣，治上猶寨。

全州路。下。宋全州，屬荆湖南路。至元十三年，置安撫司。十四年，改全州路總管府。户四萬一千六百四十五，口二十四萬五百一十九。領司一：録事司。宋置兵馬司。至元十五年改。縣一：清湘。上。倚郭。灌陽。下。

寶慶路。下。宋邵州，升寶慶府，屬荆湖南路。至元十二年，置安撫司。十四年，改寶慶路總管府。至正十一年，置湖南元帥府，分府寶慶。户七萬二千三百九，口一十二萬六千一百五。領司一：録事司。縣二：邵陽。上。倚郭。新化。中。

武岡路。下。宋武岡軍，屬荆湖南路。至元十三年，置安撫司。十四年，改武岡路總管府。户七萬七千二百七，口三十五萬六千八百六十三。領司一：録事司。宋置兵馬司，至元十五年改。縣三：武岡。上。倚郭。宋舊縣，後廢。元復置。新寧。下。宋廢武岡縣，置新寧於水頭江北。元因之。綏寧。下。宋蒔竹縣，屬邵州。後改隸本路。

桂陽路。下。宋桂陽軍，屬荆湖南路。至元十二年，置安撫使。十四年，改桂陽路總管府。户六萬五千五十七，口一十一萬二千二百四。領司一：録事司。縣三：平陽。上。臨武。中。藍山。下。

茶陵州。下。宋茶陵縣，屬衡州，後升縣爲軍，復爲縣。至元十九年，升爲州。户三萬六千六百四十二，口一十七萬七千三百二。

耒陽州。下。宋耒陽縣，屬衡州。至元十九年，升爲州。户二萬五千三百一十一，口一十一萬一千。

常寧州。下。宋常寧縣，屬衡州。至元十九年，升爲州。户一萬八千四百三十一，口六萬九千四百二。

廣西兩江道宣慰使司都元帥府至元十四年，置廣西道宣撫司。是年，改宣慰司。元貞元年，併左右兩江宣慰司爲廣西兩江道宣慰司，仍分司邕州。至正二十三年，改廣西等處行中書省。

嶺南廣西道肅政廉訪司

靜江路。上。宋靜江府，屬廣南西路。至元十五年，升靜江路總管府。至正二十三年，置廣西等處行中書省。户二十一萬八百五十二，口一百三十五萬二千六百七十八。領司一：録事司。縣十：臨桂。上。倚郭。興安。下。靈川。下。理定。下。宋遷治上津駟。元初又遷治上權塘。義寧。下。修仁。下。荔浦。下。陽朔。下。宋舊縣。《宋史·地理志》漏之。永福。下。古縣。下。

南寧路。下。宋邕州，屬廣南西路。至元十三年，置安撫司。十六年，改邕州路總管府，兼左右兩江溪洞鎮撫。泰定元年，改南寧路。舊領丹行等處長官司，後廢。户一萬五百四十二，口二萬四千五百二十。領司一：録事司。縣二：宣化。下。武緣。下。

梧州路。下。宋梧州，屬廣南西路。至元十四年，置安撫司。十六年，改梧州路總管府。户五千二百，口一萬九百一十。領縣一：蒼梧。下。

潯州路。下。宋潯州，屬廣南西路。至元十三年，置安撫司。十六年，改潯州路總管府。户九千二百四十八，口三萬八十九。領縣二：桂平。下。平南。下。宋屬龔州，紹興中州廢，以縣隸本州。

柳州路。下。宋柳州，屬廣南西路。至元十三年，置安撫司。十六年，改柳州路總管府。户一萬九千一百四十三，口三萬六百九十四。領縣三：柳城。下。倚郭。舊治龍江，元初移治龍江東。馬平。下。宋柳州治馬平，元初徙治柳城。洛容。下。

慶遠南丹溪洞等處軍民安撫司。宋爲慶遠府，屬廣南西路。至元十三年，置安撫司。十六年，改慶遠路總管府。大德元年，併南丹州安撫司爲慶遠南丹溪洞等處軍民安撫司。户二萬六千五百三十七，口五萬二百五十三。領縣六：宜山。下。忻城。下。天河。下。思恩。下。河池。下。荔波。下。宋荔波州。元初，降爲縣。

土州四：

南丹州。宋元豐三年置，管轄諸洞蠻酋。元初置安撫司，後併入慶遠。舊領丹平等處蠻夷長官司，後廢。

東蘭州。宋蘭州，命土人韋氏爲知州。元初，改東蘭州。

那州。蠻猺所居，舊名那地。宋置那州，元初因之。

地州。宋故州，又析置孚州，後省。元初因之。

平樂府。宋昭州，屬廣南西路。大德五年，升爲平樂府。户七千六十七，口三萬三千八百二十。領縣四：平樂。下。倚郭。恭城。下。立山。下。龍平。下。

鬱林州。下。宋故州，舊治興業縣，後徙治南流，屬廣南西路。至元十四年，仍行州事。户九千五十三，口五萬一千五百二十八。領縣三：南流。下。倚郭。興業。下。博白。下。

容州。下。宋故州，屬廣南西路。至元十三年，置安撫司。十八年，改容州路總管府。大德五年，降散州。户二千八百九，口七千八百五十四。領縣三：普寧。下。北流。下。陸川。下。

象州。下。宋故州，屬廣南西路。至元十三年，置安撫司。十五年，改象州路總管府。大德五年，降散州。户一萬九千五百五十八，口九萬二千一百二十六。領縣三：陽壽。下。來賓。下。武仙。下。

賓州。下。宋故州，屬廣南西路。至元十三年，置安撫司。十六年，改賓州路總管府。

大德五年，降散州。户六千一百四十八，口三萬八千八百七十九。領縣三：嶺方。下。倚郭。上林。下。宋舊屬邕州，後來屬。遷江。下。

橫州。下。宋故州，屬廣南西路。至元十三年，置安撫司。十六年，改橫州路總管府。大德五年，降散州。户四千九百四十八。口三萬一千四百七十六。領縣二：寧浦。下。倚郭。永淳。下。宋永安縣，後改永淳。

融州。下。宋故州，屬廣南西路。至元十四年，置安撫司。十六年，改融州路總管府。二十三年，降散州。户二萬一千三百九十三，口三萬九千三百三十四。領縣二：融水。下。懷遠。下。

藤州。下。宋故州，屬廣南西路。至元十三年，仍行州事。户四千二百九十二，口一萬一千二百一十八。領縣二：鐔津。下。倚郭。岑溪。下。

賀州。下。宋故州，屬廣南東路，後改屬西路。至元十三年，仍行州事。户八千六百七十六，口三萬九千二百三十五。領縣四：臨賀。下。倚郭。富川，下。桂嶺，下。懷集。下。宋屬廣州。至元十五年，改隸本州。

貴州。下。宋故州，屬廣南西路。元初因之。舊領鬱林縣，大德九年，廢縣，止行州事。户八千八百九十一，口二萬八百一十一。

田州上思等處宣撫使司都元帥府

左右兩江溪洞。至元二十八年，置左右兩江宣慰司都元帥府。元貞元年罷。

思明路。宋思明州，屬邕州永平寨。至元二十三年，置思明路。户四千二百二十九，口一萬八千五百一十。領土州七：

上思州。宋故州，屬邕州遷隆寨。元初，改隸本路。泰定元年，黄勝許致仕，其子志熟襲爲上思州知州。

志明州。宋故州，屬遷隆寨。元初，改隸本路。

禄州。宋故州，屬邕州永平寨。元初，改隸本路。領縣一：武黎。

西平州。宋故州，屬永平寨。元初，改隸本路。

思明州。宋故州，屬永平寨。元初，改隸本路。天曆二年，思明州土官黄思永貢方物。

上石西州。宋故州，屬永平寨。元初，改隸本路。

下石西州。宋分石西州爲上、下二州。元初，改隸本路。

江州。宋故州，屬古萬寨。元初，改隸本路。領縣一：羅自。《翰墨全書》：思明路有忠州，領縣一：寧福；又有遇隆州。當爲大德後所省併。

太平路。宋平嶺南，於左右二江溪洞立五寨。其一曰太平寨，與古萬、遷隆、永平、横山四寨各領洞溪州縣，屬邕州。元初，仍爲五寨。後廢，置太平路於麗江，以控制左江溪洞州縣。户五千三百一十九，口二萬二千一百八十六。領縣四：陀陵。宋舊名駱陀縣，後改名。隸古萬寨。崇善。宋舊縣，隸古萬寨。永康。宋舊縣，隸遷隆寨，後升爲州。羅陽。宋名福川縣，後改隸遷隆寨。

土州十六：

太平州。舊名瓠陽，爲西原農峒地。唐波州。宋爲太平州，隸太平寨。元初，改隸本路。

思誠州。本西原地。宋分上思誠、下思誠二州。至元中，併爲一，隸太平寨。元初，改隸本路。

安平州。舊名安山，亦唐波州地。宋置安平州，隸太平寨。至元十四年，知州李惟屏以所屬溪洞來附。

養利州。宋故州，隸太平寨。

萬承州。舊名萬陽。唐置萬陽、萬杉二州。宋省爲一州，隸太平寨。

左州。舊名左陽。宋故州，隸古萬寨。

全茗州。舊名連岡谷，西原地。宋置州，隸邕州。

鎮遠州。舊名古隴，宋置州。

思同州。舊名永寧，爲西原地，宋置州。

茗盈州。宋故州。泰定三年，全茗州土官許文寇茗盈州。

龍英州。宋龍英洞，隸太平寨。元初，升爲州，省上懷思州入之。

結安州。舊名營周，亦西原地。宋置結安洞，隸太平寨。元初，升爲州。

結倫州。宋結倫洞，隸太平寨。元初，升爲州。

都結州。宋都結洞，隸太平寨。元初，升爲州。

上下凍州。舊名凍江，宋置凍州，隸太平寨。元初，分上凍、下凍二州，隸本路。尋合爲一，改隸龍州。

田州路軍民總管府。宋田州，隸邕州横山寨。元初，升田州路。户一千九百九十一，口一萬六千九百一。領縣一：上林。

土州七：

上隆州。宋故州，隸横山寨。元初，改隸本路。

恩誠州。宋故州，隸横山寨。元初，改隸本路。

歸德州。宋故州，隸横山寨。元初，改隸本路。

果化州。宋故州，隸横山寨。元初，改隸本路。

泗城州。宋故州，隸横山寨。元初，改隸本路。

向武州。宋故州，隸横山寨。元初。改隸本路。領縣一：富勞。

都康州。宋故州，隸横山寨。元初，改隸本路。

軍民府一：

思恩軍民府。宋隸邕州遷隆鎮。元初，改隸本路。

利州，宋故州，隸邕州横山寨。元初，改隸本路。

奉議州。宋故州，隸廣西行省安撫司。元初，隸廣西兩江道宣慰司。

龍州。宋故州，隸太平寨。元初，改太平路。大德中，升爲龍州萬户府。王圻《續通考》：田州路下有思恩府，功饒、懷德、婪鳳、兼下、隆武、龍歸、朝歸、辰等州，羅波、船帶、唐興、强山、咸德、永寧、都陽、古帶、南海、武林、順陽、華陽等縣。與《翰墨全書》合。疑亦大德後所裁併。

來安路軍民總管府。宋來安軍。至元十三年，知來安軍李維屏、知來安軍兼知湅州事岑從義降，升爲來安路。《續通考》：來安路有程縣、上林長官司、安隆長官司、羅博州、侯州、龍川州、安德州、歸仁州、樂歸州、順隆州、昭假州、訓州、路城州。《翰墨全書》又有七源州、唐興州、回城州。延祐六年，來安路總管岑世興叛，據唐興州。

鎮安路軍民總管府。宋鎮安洞，置右江軍民宣撫司。元初，改爲鎮安路。至元十八年，召鎮安州岑從毅入覲。二十九年，從毅始降，以老疾，詔其子斗榮襲佩虎符，爲本路軍民總管。

海北海南道宣慰司都元帥府

海北海南道肅政廉訪司至元三十年，置。後罷。大德三年，復置。

雷州路。下。宋雷州，屬廣南西路。至元十五年歸附，置安撫司。十七年，爲海北海南道宣慰司治所，改安撫司爲雷州路總管府，隸宣慰司。户八萬九千五百三十，口一十二萬五千三百一十。領縣三：海康。中。徐聞。下。遂溪。下。

化州路。下。宋化州，屬廣南西路。至元十五年，置安撫司。十七年，改化州路總管府。户一萬九千七百四十九，口五萬二千三百一十七。領縣三：石龍。下。吴川。下。石城。下。

高州路。宋高州，屬廣南西路。至元十五年，置安撫司。十七年，改高州路總管府。户一萬四千六百七十五，口四萬三千四百九十三。領縣三：電白。下。茂名。下。信宜。下。

欽州路。下。宋欽州，屬廣南西路。至元十五年，置安撫司。十七年，改欽州路總管府。户一萬三千五百五十九，口六萬一千三百九十三。領縣二：安遠。下。倚郭。靈山。下。宋欽州治此。元初，徙治安遠。

廉州路。下。宋廉州，屬廣南西路。至元十七年，升廉州路總管府。户五千九百九十八，口一萬一千六百八十六。領縣二：合浦。下。倚郭。石康。下。

乾寧軍民安撫司。宋瓊州，屬廣南西路。至元十五年，隸海北海南道宣慰司。元統二年，以潛邸所幸，改乾寧軍民安撫司。户七萬五千八百三十七，口一十二萬八千一百八十四。領縣七：瓊山。下。倚郭。澄邁。下。臨高。下。文昌。下。樂會。下。會同。下。至元二十九年，敕以海南新附四州洞寨五百一十九，民二萬餘户置會同、定安二縣，隸瓊州。按王圻《續通考》：至元三十年析樂會縣置會同，二十九年析瓊山置定安。疑誤也。定安。下。天曆二年，升爲南康州。

南寧軍。宋昌化軍，又改南寧軍，屬廣南西路。至元十五年，隸海北海南道宣慰司。户九千六百二十七，口二萬三千六百五十二。領縣三：宜信。下。昌化。下。感恩。下。

萬安軍。下。宋萬安州，改爲軍，屬廣南西路。至元十五年，隸海北海南道宣慰司。户五千三百四十一，口八千六百八十六。領縣二：萬安。下。倚郭。陵水。下。

吉陽軍。下。宋朱厓軍。後廢爲縣，又復爲吉陽軍，屬廣南西路。至元十五年，隸海北海南宣慰司。户一千四百三十九，口五千七百三十五。領縣一：寧遠。下。

八番順元等處宣慰司都元帥府。《經世大典》：順元諸蠻，又名亦奚卜薛。至元十五年，羅殿國主羅阿察、河中府方蕃主韋昌盛皆納土。十六年，西南八番等同卧龍番主龍昌順、大龍番主龍延三、小龍番主龍延萬、武盛軍番主程延隨、遏蠻軍番主龍羅篤、太平番主石延賢、永順軍番主洪延暢、静海軍番主盧延陵皆來降。其部曲有龍文貌、龍文求等，朝廷立八番宣慰司以統之。至元十六年，潭州行省招降西南諸番洞寨一千六百二十有六、户十萬一千一百六十有八，西南五番千一百八十六寨、户八萬九千四百。又西南番三百一十五寨、大龍番三百六十寨。二十二年，改隸西川行省。二十六年，置八番、羅甸二宣慰司，隸四川行省。是年，改隸湖廣行省。二十八年，復隸四川。是年，析八番洞蠻隸湖廣。二十九年，又以羅甸宣慰司隸雲南。是年，合八番、羅甸二宣慰司都元帥府爲一，改八番順元等處宣慰司都元帥府。三十年，復改隸湖廣行省。至治二年，置八番軍民安撫司，改長官所二十有八爲州縣。

羅番遏蠻軍安撫司。唐番酋龍應召之後，世據羅番。至元十六年，歸附。

程番武勝軍安撫司。唐末程元龍平溪洞，世據程番。至元十六年，歸附。

金石番太平軍安撫司。唐番酋石寶之後。至元十六年，歸附。

卧龍番南寧州安撫司。唐番酋龍德壽之後。至元十六年，歸附。

小龍番静蠻軍安撫司。唐番酋龍方靈之後。至元十六年，歸附。

大龍番應天府安撫司。唐番酋龍昌宗之後。至元十六年，歸附。

洪番永盛軍安撫司。至元十六年，歸附。

方番河中府安撫司。唐番酋方德恒之後，以征討九蠻授土官。至元十六年，歸附。

盧番静海軍安撫司。唐番酋盧君聘之後。至元十六年，歸附。以上二十一年並授安撫使懷遠大將軍，佩虎符。

韋番蠻軍民長官，唐番酋辛四海之後。按大小龍番合爲一部，故曰八番方番之長。韋氏又析其族，分設長官與盧番同。

木瓜犵狫蠻軍民長官。元初，番酋石朝璽歸附，設長官司。木瓜犵狫，亦作水東犵狫。此金石番之分族。

盧番蠻軍民長官。又作簽盧番。

定遠府。至元二十九年，析盧番安撫司西北境，置八番宣慰司；撫定光蘭諸州洞蠻，置定遠府，領桑州。至元二十七年，桑州總管黄布蓬，那州長羅光寨，安郡州長閉光過内附。

章龍州。

必化州。宋寶化州，譌必化。

小羅州。

思同州。《翰墨全書》有安慶州、東灤州、曾州、知山州，那州、郡州、洪池州、龍裏州。

朝宗縣。

上橋縣。又作上馬橋。唐番酋方定遠授土官，歷宋至元初因之。

新安縣。

麻峽縣。

小羅縣。

章龍縣。

島山縣。

華山縣。

都雲縣。

羅博縣。《翰墨全書》又有會朝縣、必際縣、鴨水縣、高縣、伯汭縣、龍里縣。疑大德後所裁併。

管番民總管府。至元二十一年，罷西南番安撫司，置總管府。二十五年，改隸四川行省。按番族甚多，八番設安撫司，又別立定遠府及管民總管府以統之。領：

小程番。以下各設蠻夷長官。

獨塔等處。

客當、客地。又作各營各迪。

天臺等處。

梯下。

黨兀等處。

勇都、朱砂、古筑等處。《翰墨全書》：金竹府所轄蠻夷長官曰：勇都、朱砂、古筑等處，大小化等處，浴甲洛屯等處，低當低界等處，百眼佐等處，獨石寨，重州，阿孟州，上龍州，峽江州，羅賴州，乘州，向州，阿島州，羅邦州，多爲管番民官總管府轄地。附著以備參考。

大小化等處。

洛甲、洛屯等處。

低當、低界等處。

獨石寨。

百眼佐等處。至治二年，百眼等處蠻夷長官司言：「康佐寨主等殺巡檢王忠以叛。」宣慰司討平之。

羅來州。

那歷州。

重州。宋勳州，廢爲重州長官司。

阿孟州。

上龍州。本桑州上隆寨，元初置上龍州，後降爲長官司。

峽江州。

羅賴州。木爪犵狫地。

桑州。至元二十九年，斡羅斯招撫桑州生苗，詣闕貢獻。

白州。

北島州。

羅那州。

龍里等寨。

六寨等處。

帖犵狫等處。

木當三寨等處。

山齋等處。即山寨之譌。

羨塘帶夾等處。

都雲、桑林、獨立等處。

六洞、柔遠等處。

竹古弄等處。至元二十七年，金竹府土官言：「招降竹古弄、古魯花等處三十餘寨。」

中都雲、板水等處。

金竹府。唐蠻酋金密定，授金竹寨土官。至元二十六年，改四川金竹寨爲金竹府。二十七年，置金竹府大隘等處四十二寨蠻夷長官。二十九年，金竹知府㬋驢言：「招諭平岱山齋寨主，今有百眼佐、阿冒谷、各營各迪等久欲内附。」詔從之。

都雲軍民府。至元二十八年，洞蠻爛土立定雲府。後至元元年，平伐、都雲、定雲酋長等來降，即其地復立宣撫司。《翰墨全書》：都雲定雲安撫司所轄軍民官，曰萬朝、平壩、焦溪、江水、望城等處，吴黎、當溪等處，中都、雲板水等處，大洞、幹真等處，李殿、李稍等處，上都雲等處，八千寨樓等處，丹竹、楊西等處，上官溪、厓斗、厓尾、銅鼓等處，黎波、重端等處，周色、竹明等處，上水洞等處，平珠、平駝等處；所轄蠻夷長，曰安化洞長官，安化、中州等處，卯雄、中團等處，曰安化下州雙隆〔二〕、思母〔三〕、歸仁、各丹五寨長官，曰銅人、大小江等處，古州、八萬等處，容江、八黄等處，十利、合水等處，新化等處，寶安等處，湖耳、洞提溪等處，省溪等處，務溪等處，董寨等處，萬灰等處，平岳溪等處，施溪等處，武龍、潭溪、皮林、銅左、五開、賴寨、地西、七洞、邦厓等處。其中都雲、板水、李殿、李稍等地名，已見上下文。附著以備參考。

萬平等處。

南寧丹州。至元二十九年，諭平伐等部詔書：南順丹州北懷金竹。舊《志》州誤竹。

陳蒙爛土等處。至元二十六年，中下爛土等處洞長忽帶等，以洞三百、寨一百一十來降。二十八年，改陳蒙洞爲陳蒙州。二十九年，置陳蒙爛土軍民安撫司。

李稍、李殿等處。

陽安等處。

八千蠻。

恭焦溪等處。

都鎮。又作都鎮馬乃等處。

平溪等處。

平月。

李厓。

陽並。

盧山等處。

乖西軍民府。皇慶元年置。二年，又隸播州宣撫司。

上都雲等處。《明一統志》：上都雲等處、中都雲、板水等處，並元置。

順元等路軍民安撫司。至元二十年，討平四川九溪十八洞，大處爲州，小爲縣，分立總管府，聽順元路宣慰司節制。宣慰司改安撫司年分闕。二十八年，改隸湖廣行省。

雍真、乖西、葛蠻等處。唐蠻酋楊立信之後。皇慶元年，改乖西等處軍民府，隸播州宣慰司。

葛蠻、雍真等處。大德五年，葛蠻、雍真土官宋隆濟叛。七年，討平之。

曾竹等處。大德七年，順元同知宣撫事宋阿重，嘗爲曾竹蠻夷長官，以其叔宋隆濟叛，上言宜深入烏撒、烏蒙。

至水東，招木樓苗，擒隆濟以獻。

龍平寨。王圻《續文獻通考》作把平塞，《明一統志》同。

骨龍等處。《經世大典》作龍骨長官。蠻酋宋國，以征南功，授土官。

底寨等處。唐蠻酋蔡氏，以討黑羊功授底寨土官，子孫世據其地。宋隆濟反，達魯花赤也思干避於底窩揚苦寨，即底寨。

茶山、百納等處。

納壩、紫江等處。唐紫薑縣，後譌江。至元二十九年，安撫使宋子賢招諭平伐大甕眼、紫江、皮陵、潭溪、九堡等處蠻夷，皆降。

磨波、雷波等處。

漕尼等處。

青山、遠地等處。至元二十六年，青山苗以不莫台卑包等三十三寨内附。

木窩、普冲、普泥等處。

武當等處。

養龍坑、宿徵等處。唐番酋蔡崇隆，以征九洞革老，授養龍土官。

骨董、龍里、清江、木樓、甕眼等處。

高橋、青塘、鴨水等處。

落邦札佐等處。大德五年，犵狫阿觧寨，去落邦札佐長官司十里。

平遲、安得等處。

六廣等處。

貴州等處。

施溪、樣頭、朵泥等處。宋丹川縣。

水東寨。

市北洞。

平月。

中曹、百納等處。又作中嶆。舊《志》管番民總管府下，復出中嶆百納及底窩紫江、甕眼納八二處。今删。

龍里寨。《明一統志》：龍里長官司與湖耳洞、亮寨、歐陽、新化、中林驗洞、赤溪湳洞六長官司，均元置，隸思州宣撫司。湖耳等四寨，均見思州安撫司下，惟中林驗洞不見舊《志》。

思州軍民安撫司。宋思州。元置安撫司〔四〕，原轄：欒敦洞、上黎平、水從、潭溪、八丹、洪州、曹滴、古州、新化、湖耳、亮寨、歐陽十二長官司。至元十八年，改安撫司爲宣慰司，兼管内安撫使，自龍泉坪徙司治於清江。二十一年，省宣慰司，以思、播二州隸順元路宣慰司。後復置。二十九年，改思州宣慰司爲軍民安撫司，領婺川縣。宋務川縣，所屬蠻夷洞官曰：明溪、甘細、甕甸、古州、八萬、龍團、横坡、得明、地野、新坑、歐陽。

鎮遠府婺州楠木洞。至元二十一年，白厓洞、楠木洞蠻侵辰州，討平之，立爲一府、九州。鎮遠府當置於此時。白厓爲施溶州，亦此時。

古州八萬洞。宋鎮遠州。至元十八年，置鎮遠沿邊溪洞招討司。二十年，立總管府，以五開洞屬之。至治二年，府廢，五開洞改爲上黎平長官司。

偏橋、中寨。宋蠻酋安崇誠，以功授偏橋長官司。至元二十年，來附。

野雞坪、德勝寨。

偏橋、四甲等處。

思印江等處。元初，蠻酋張恢以功授印江長官司。

石千等處。

曉愛、瀘洞、赤溪等處。又作赤溪湳洞。

卑帶洞、大小田等處。

黄道溪。宋丹陽縣。元爲野雞坪、黄道溪地。

省溪、壩場等處。

金容、金遠等處。鎮遠府附郭。元初，置鎮安縣，尋又改安夷縣。後改金容、金遠及楊溪、公俄兩長官司。

臺蓬、若洞、住溪等處。思州附郭。

洪安等處。

葛章、葛商等處。

平頭著可、通達等處。

溶江、芝子坪等處。

亮寨。

沿河。

龍泉平。思州舊治龍泉平，及火，其城移治清江。至元十七年，敕安撫司還舊治。蠻酋張坤元，以功授龍泉坪長官司。

祐溪。

水特姜。

楊溪、公俄等處。鎮遠府附郭。

麻勇洞。

恩勒洞。

大萬山、蘇葛辦等處。元初，蠻酋田穀以功授大萬山長官司。

五寨、銅人等處。

銅人、大小江等處。初隸都雲都定安撫司，後改隸思州。

德明洞。

烏羅、龍十等處。唐蠻酋楊通禄，以功授烏羅長官司。

西山、大洞等處。

禿羅。

浦口。

高丹。宋蠻酋何永壽，以功授高丹洞長官司。

福州。

永州。

迺州。

鑾州。

程州。

三旺州。

地州。

忠州。

天州。
文州。
合鳳州。
芝山州。
安習州。
茆蘿等團。
荔枝、安化、上中下蠻。
曹滴等洞。
洛卜寨。
麥著土村。亦曰麥著黄洞。
衙迪洞。
會溪、施容等處。
感化州等處。
契鋤洞。
臘惹洞。

劳巖洞。

驢遲洞。

來化州。

客團等處。

中古州。

樂墩洞。後至元四年，古潭溪、龍里、洪州諸洞三百餘處，洞民六萬餘户，分隸清州、中古州、洪州，均隸思州安撫司，龍里則隸管民總管府。至治二年，置中古州樂墩洞長官司。

上里坪。即上黎平。至元二十年，立古州八萬軍民總管府。至治二年，改總管府爲上黎平長官司。

洪州泊李等洞。《明一統志》：洪州泊里與潭溪蠻夷長官司、八丹蠻夷長官司，俱宋置軍民長官司，元因之。

張家洞。

朗溪洞。

旋秉前江等處。至元二年置。

提溪等處。

石阡等處。元初，蠻酋楊九龍，以功授石阡副長官司。

歐陽寨。

新化。

湖耳洞。

溶江芝子平茶。

溶漢芝麻子平。《翰墨全書》又有曉隘坡、德明、上甲寨、德牙、松明洞、小江、西莊寨、毛柵等處，金容、金洞等處，葛安、葛齊等處。

沿邊溪洞宣慰使司。宋蠻酋田二鳳，以功授沿邊溪洞軍民宣撫司，子孫世襲其職。元初改宣慰司。

播州軍民安撫司。宋播州安撫司，本隸四川省。至元十六年，改播州爲播南路。二十八年，從播州萬户楊漢英之請，以播州等處管軍萬户楊漢英爲紹慶、珍州、南平等處宣慰使，行播州軍民宣撫使，播州等處管軍萬户。二十九年，改隸湖廣行省，領播州軍民都鎮撫司。播州宣慰使楊鑑降明，所領安撫司二：曰草塘，曰黄平。是黄平、草塘二處俱設安撫司。舊《志》略。所領長官司六：曰真州，即珍州，曰播州，曰餘慶，曰白泥，曰容山，曰重安。惟重安不見舊《志》。

播川縣。附郭。宋鼎山縣。至元十五年，以鼎山仍隸播州。十六年改鼎山爲播川縣。

黄平府。至元二十八年置。至治三年，罷播州長官所，徙其民隸黄平府。

平溪、上塘、羅駱家等處。

水車等處。
石粉、羅家、永安等處。
錫樂、平等處。
白泥等處。元初，蠻酋楊正寶，以功授白泥司副長官〔五〕。
南平綦江等處。宋以南川縣銅佛頂地，置南平軍。
珍州思寧等處。唐之播川鎮，後改鎮爲珍州。至正末，改爲真州。
水烟等處。
溱洞、涪洞等處。宋廢溱州爲溱溪寨。
洞天觀等處。
葛浪洞等處。
賽𡾰、埡黎、焦溪等處。
小孤單、張倒柞等處。
烏江等處。
舊州草塘等處。
恭溪、杳洞、水囤等處。

平伐、月石等處。

下壩。

寨章。

橫坡。

平地寨。

寨勞。

寨勇。

上塘。

寨坦。

吟奔。

平模。

林種、密秀。

沿河祐溪等處。元初，蠻酋張坤義，以功授沿河祐溪長官司。

餘慶州。唐蠻酋毛巴，以功授餘慶州刺史，子孫世有其地。

容山等處。《翰墨全書》：洪溪、馬峽等處，清江、中平、三都、望浦、仁懷、古磁，俱隸播州軍民安撫司。

新添葛蠻軍民安撫司。唐蠻酋宋景陽以功授大萬谷落總管，子孫世有其地。至元二十八年來降，置安撫司。大德元年，授葛蠻驛券一。南宋時，蠻酋宋永高攻麥新城蠻，克之，改曰新添城，別號新添，爲遏蠻軍。後又譌爲葛蠻。

南渭州。宋羈縻州，屬荆湖路。元初屬新添葛蠻安撫司。

落葛、谷鴟橋等處。自落葛、谷鴟等處至麥傲，《翰墨全書》皆爲八番順元宣慰司所屬。

昔不梁、駱拓密約等處。又作駱杯密約。有洛白河，駱拓即洛白。

乾溪、吴地等處。

噥聳、古平等處。宋隆濟作亂，自貴州至新添界，噥聳、波甕城、都朵等處。都朵又作都桑。

都鎮、馬乃等處。

坪普、樂重墺等處。又作落重頓。

落同當等處。又作落重同。

獨禄。

三陂、地蓬等處。

小葛龍、洛邦、到駱、豆虎等處。

羅月和。

麥敖。

大小田陂帶等處。

都雲洞、洪安、畫劑等處。

谷霞寨。至大三年，谷霞寨主洛卜傍來降。

剌客寨。

吾狂寨。至大三年，吾狂寨主的鴟來降。

必郎寨。

谷底寨。

都谷部寨。至大三年，都谷部寨主只驗來降。

犵狫寨。《明一統志》：犵狫寨，亦元置，並隸平越指揮司。

平伐等處軍民安撫司。大德元年，平伐九寨來降，立長官司。至大三年，升軍民安撫司。後至元元年，復改宣慰司。三年，又爲安撫司。

安刺遠。

思樓寨。元貞初。宣慰使呼魯國圖招降思樓、浴暮、梅求諸蠻。

浴暮寨。

梅求望懷寨。
甘長。
桑州郎寨。
永縣寨。
平里縣寨。
鎖州寨。
雙隆寨。
思母寨。
歸仁寨。
各丹洞。自各丹至光州，《翰墨全書》爲永順、保静、南渭三州安撫司所屬蠻夷軍民長官。
木當寨。
雍郎、客都等處。
雍門犵狫等處。
棲求等處。
伴客蠻、婁水等處。又作仲家婁水。

樂賴、蒙囊、吉利等處。

華山、谷津等處。

青塘、望懷、甘長、不列、獨良等處。

光州。宋功州，聲轉爲光州。至元三十年，光州蠻光龍等入貢，授蠻夷長官。

者者寨。

安化、思雲等洞。

北遐洞。

茅難、思風、北郡、都變等處。《翰墨全書》屬永順等三州安撫司。

必證縣。

潘樂盈等處。

誠州富盈等處。

赤畬洞。

羅章特團等處。

福水州。

允州等處。

欽村。

硬頭三寨等處。

顔村。

水歷吾洞等處。

順東六龍圖。

推寨。

橘叩寨。

格慢等處。

客盧寨。

地省等處。

平魏。

白厓。唐以宋沱洞、烏引洞、蘆荻洞、村望洞、白厓洞五寨，命田氏世官其地。宋因之。至元二十一年，升爲施溶州。後仍爲白厓長官司。

雍門、客當、樂賴、蒙囊、大化、木瓜等處。

嘉州。

分州。

平硃。大德元年，平硃六洞蠻及十部洞蠻皆來降。二年，立平硃石洞三蠻夷長官司，設土官二十四員。

洛河、洛腦等處。

寧溪。

甕除。

麥穰。

孤頂得同等處。

邑甕。

陂控州。

南平。

獨山州。至大三年，獨山州土官蒙天童款附，置獨山州窖洞、木洞、都谷部等處諸軍民司。

木洞。

瓢洞。

窖洞。

大青山、骨計等處。

百佐等處。
九十九寨蠻。
當橋山、齊朱、谷列等處。
虎列、谷當等處。
真除、杜珂等處。
楊坪、楊安等處。
棣甫、都城等處。
楊友閬。
百也客等處。
阿落傳等寨。
蒙楚。
公洞龍木。
三寨、貓犵剌等處。
黑土石。
洛濱、洛咸。

益輸沿邊蠻。

割和寨。

王都、谷浪寨。

王大寨。

只蛙寨。

黄平下寨。

林拱、章秀、拱江等處。

密秀丹張。丹張即前單張，各郎西即前葛浪洞，草堂即前草塘，恭溪、焦溪、林種俱見前。疑諸地前屬播州，後屬平伐，遂重複如此。

林種拱幫。

西羅剖盆。

杉木箐。

各郎西。

恭溪、望城、崖嶺等處。

孤把。又名孤把當。

焦溪、篤住等處。

草堂等處。

上桑直〔六〕。

下桑直。元初置桑直縣安撫司，至正末廢。

米坪。

今其平尾等處。

保靖州。宋羈縻州，元因之。

待團等處。

西北地附録。太祖長子朮赤、次子察合台及太祖孫旭烈兀分封之地，爲西北三藩，稱篤來帖木兒、月祖伯、不賽因位下者。文宗至順三年，《經世大典》成書，據當時藩王位下載其封地，故不稱朮赤諸王。舊《志》采自《經世大典》，今因之。其地名與《經世大典圖》互有出入，則纂修《大典》者之疏也。

篤來帖木兒位下：察合台大王五世孫。

途魯吉。《經世大典圖》在可失哈耳北，阿力麻里西南。本西突厥之地，後屬西遼。太祖滅西遼，以其地封察合台。

柯耳魯。《大典圖》在阿力麻里西北，本突厥三姓葉護葛邏普之地。太祖六年，其酋阿爾思蘭來降。後帖木耳駙馬封其子沙哈普於其地。

畏兀兒地。本高昌地，唐置交河郡，又爲回鶻所據，後自號畏兀兒。太祖六年，其亦都護來朝，置達魯花赤監之。

哥疾寧。城名。《大典圖》作嘎自尼。唐漕國之鶴悉那城。後爲貨勒自彌屬城。太祖十六年，取之。

可不里。城名。《大典圖》在哥疾寧城東，貨勒自彌屬地。

巴達哈傷。城名，亦部落名。本西遼地。哲別克西遼，其酋將遁入巴達克山，即此地。

忒耳迷。城名。本唐之喝密。《圖》貨勒自彌屬地。太祖十五年，自將大軍攻下之。

不花剌。城名。唐安國地。本西遼屬部，後爲貨勒自彌所併。太祖十五年，取之。

那黑沙不。城名。唐那色波國地。太祖十七年，駐兵此地。英宗以後，元人稱其地曰咳而什。葛葛兒克汗建宮殿於其地。國語稱宮殿曰咳爾什。

的里安。城名。《大典圖》作的安里，在不花剌、柯提之間。

撒麻耳干。城名。本唐康國地，後爲回紇所據，貨勒自彌復取之。太祖十六年，攻拔其城。憲宗置阿梅河等處行尚書省，治此。後爲駙馬帖木兒都城，東有養夷沙鹿梅牙、塞藍、塔什干，西有渴石、迭里迷諸城，皆隸焉。

忽氈。地名。《大典圖》在察赤南，撒麻耳干東。本唐俱戰提國地。太祖十五年，征貨勒自彌，使別將攻克忽氈。

馬耳亦囊。城名。

可失哈耳。城名。本西遼屬地，太祖十三年取之。

忽炭。城名。《圖》在倭赤之西，可失哈耳之東南。本兀丹部，又曰斡端。至元中，置宣慰司都元帥府。未幾罷。

柯提。城名。《大典圖》在貨勒自彌東南，爲貨勒自彌舊部。

兀提剌耳。《圖》在撒麻耳干之北。城名。蒙古人稱爲卯危巴里克，譯言惡城，以攻城多傷士卒。

巴補。城名。《大典圖》在忽氈東。

譌跡邗。《大典圖》作譌跡，即舊史《本紀》之養吉干。

倭赤。城名。

苦叉。亦作曲先。元初置曲先答林元帥府。

柯散。城名。《大典圖》在察赤西，本寧遠國之渴寨城。唐置休循州都督府。

阿忒八失。《大典圖》在亦剌八里西南，又曰渾八升。

八里茫。《大典圖》在倭赤北。屠寄說「茫」爲「沙」之誤字，八里沙即八剌沙衮。西遼都城。

察赤。唐石國地，又名塔什干。太祖十五年，征西域，攻拔其城。

也云赤。城名。《大典圖》在亦剌八里西。

亦剌八里。城名。《大典圖》在阿力麻力西南。

普剌。城名。

也迷里。城名。《大典圖》在普剌東北。定宗潛邸在此。

阿力麻里。城名。《大典圖》在苦叉北。至元八年，北平王南木合建幕庭之地。

合剌火者。本火州治。至治間，地入察合台後王。至順元年，復立總管府。

魯古塵。《圖》在合剌火者之東，他古新之西。唐柳中縣，又曰柳陳城。

別失八里。《圖》在魯古塵之北，本回鶻五城，爲畏兀兒地。憲宗置行尚書省。至元二十年，改立宣慰司元帥。後爲察合台後王屬地。

他古新。城名。《大典圖》在魯古東北。

仰吉八里。

古塔巴。

彰八里。《大典圖》在別失八里之西，由此而西爲古塔巴，又西仰吉八里。

月祖伯大王位下：朮赤五世孫。

撒耳柯思。部族名。太祖十六年，命速不台征其部落，取之。《大典圖》在阿蘭、阿思之南。

阿蘭、阿思。部族名。亦名阿速。太祖十六年，速不台取其地。

欽察。部族名。

斡羅斯。部族名。詳《外國列傳》。

不里阿耳。部族名，亦城名，又作布爾嘎爾。《大典圖》在欽察東北。唐波臘國。太祖十六年，速不台征其部族。後拔都西戎，始城之。

撒吉剌。部族名，亦城名。斡羅斯之屬地。

花剌子模。部族名。又作貨勒自彌。詳《外國列傳》。

賽藍。城名。本西突厥地。先爲海都分地，又屬拔都後王，後爲駙馬帖木兒所取。

巴耳赤邗。城名。一曰八兒真。太祖十五年，朮赤攻拔其地。

氈的。城名。一名鄭成。太祖征西域，朮赤分兵取氈的、養吉干。

不賽因大王位下：旭烈兀四世孫。

八哈剌因。地名。沈曾植説：「當作哈剌八因。」

怯失。地名。《大典圖》：與八哈剌因隔海東西相對。

八吉打。即報達。詳《列傳》。

孫丹尼牙。哈兒班答大王所築都城。

忽里模子。地名。大德中，合贊大王遣使來朝，浮海歸，其登陸處爲忽普謨斯，即此地。

可咱隆。城名。《大典圖》在失羅子西。先爲法而斯部屬地。

設剌子。法而斯之都城。一名石羅子。

泄剌失。城名。《大典圖》在設剌子東。

苦法。

瓦夕的。城名。與苦法均爲報達屬城。

兀乞八剌。城名。《大典圖》在毛夕里東南。報達屬城。

毛夕里。本一小國。中統三年，旭烈兀大王滅之。

設里汪。地名。《大典圖》在兀乞八剌東，一名失兒灣。太祖十六年，者别攻拔其城。按《大典圖》誤，當作兀乞八剌東北，當次於巴耳打阿、打耳班之下，不當介於毛夕里、羅耳之間。

羅耳。國名。旭烈兀滅之。

乞里茫沙杭。城名。報達屬城。憲宗七年，旭烈兀克之。

蘭巴撒耳。城名。《大典圖》在乞里茫沙東，又曰倫白塞耳，本木剌夷堡。憲宗六年，降於旭烈兀。

那哈完的。城名。又曰你訶温多。唐阿昧國城都。

亦思法杭。城名。本貨勒自彌屬城，爲波斯舊都。

撒瓦。

柯傷。

低廉。地名。又曰低楞。木剌夷堡。旭烈兀平木剌夷，其部衆負嶮自守，至哈而班答始取之。

胡瓦耳。

西模娘。城名。《圖》在塔米設之南，撒里牙之東，即遼之仙門國。

阿剌模忒。城名。本木剌夷屬堡，旭烈兀攻降之。

可疾云。城名。又曰憨顏。貨勒自彌屬地。太祖十五年，大將哲別攻拔之。

阿模里。《大典圖》直裏海正南，爲馬三德蘭部之會城。

撒馬牙。本馬三德蘭部屬城。

塔米設。達拔里斯單部屬城。

贊章。城名。《大典圖》在可斯費音西北。

阿八哈耳。城名。

撒里茫。本毛夕耳部屬城。旭烈兀征報達，道破此城。

朱里章。本貨勒自彌屬城。

的希思丹。地名。

巴耳打阿。本阿而俺部都城。

打耳班。地名，譯言門。波斯築城乞兒吉思山之要隘，打耳班其通行之門。者別、速不台討欽察等部，即取道於此。

巴某。城名。《大典圖》失載。又曰八米俺。太祖追札剌勒哀丁，道攻此城，皇孫阿禿干中流矢卒。城破，夷爲平地。

塔八辛。城名。《大典圖》失載。

不思忒。本昔義斯單部之會城。

法因。本木剌夷之屬城。

乃沙不因。太祖十六年，皇子拖雷攻拔其城。

撒剌哈西。城名。太祖十六年，拖雷克之。

途思。本貨勒自彌屬城。太祖十二年，拖雷克之。

巴瓦兒的。城名。

麻里兀。又曰馬魯，爲呼拉商屬部四大城之一。其三曰彌沙不兒，曰巴里黑，曰哈烈。

塔里干。城名。本唐之咀剌健國。又曰塔思寒。太祖十六年，親征攻拔其城。

巴黑里。城名。唐之縛喝國地。

吉利吉思、撼合納、謙州、益蘭州等處。吉利吉思者，初以漢地女四十人與烏思之男結婚此地。「乞利」譯言四十，「吉思」譯言女子也。相傳乃蠻部始居此。元初，析其民爲九千户。其地長一千四百里，廣半之。昂可剌爲吉利吉思之附庸，因水名其地。晝長夜短，日没炙羊胛熟，東方已曙。烏斯亦以水爲名。撼合納，譯言布囊也，地形似之。至元中，徙兀連、撼合結、吉利吉思三部入於肇州。謙州，又曰欠欠祝，或曰汪汙始居此地。益蘭州。益蘭者，譯言蛇。初，其地見一巨蛇穴中出，飲河水，故名之。至元七年，劉好禮爲吉利吉思、撼合納、謙州、益蘭州等處斷事官，以益蘭州爲治所。

征東行中書省，領招討司一、勸課使五。至元二十年，置征東行中書省。大德三年，改鎮東行中書省。五年，復爲征東行中書省。未幾罷。至大元年，復置。皇慶元年，又罷。《方輿勝覽》：鎮東行中書省，領安撫高麗總管府、瀋州高麗總管府、躭羅國軍民安撫司。按高麗總管府併於瀋州高麗總管府，改屬遼陽行省。舊《志》征東行省下，復列瀋陽等路高麗軍民總管府，一路隸於兩省，誤甚矣。躭羅安撫司，後改總管府，大德五年，與五道税課使皆罷。

征東招討司。

慶尚州道勸課使。

東界交州道勸課使。

全羅州道勸課使。

忠清道勸課使。

西海道勸課使。

躭羅國招討司。其貢賦，每歲進毛施布百匹。後改爲軍民都達魯花赤總管府。二十一年，又改爲軍民安撫司。三十一年，還隸高麗國。大德四年，復置躭羅總管府。五年，改軍民萬户府。是年，高麗王昛請罷耽羅總管府，隸本國，置萬户府如合浦鎮邊事例。從之。

【校勘記】

〔一〕「卷之五十一」，「之」字原脱，據全書體例補。

〔二〕「雙隆」，原作「隻隆」，據《元史》卷六三志第十五《地理六》改。下文「雙隆寨」不誤。

〔三〕「思母」，原作「思丹」，據《元史》卷六三志第十五《地理六》改。下文「思母寨」不誤。

〔四〕「安撫司」，原作「安撫思」，據退耕堂本改。

〔五〕「白泥」，原作「泊泥」，據退耕堂本改。

〔六〕「上桑直」，「直」原作「置」，據退耕堂本改。下文注有「元初置桑直縣」云云。

新元史

第一册

本紀

柯劭忞 撰
張京華 黃曙輝 總校

上海古籍出版社

圖書在版編目(CIP)數據

新元史/柯劭忞撰;張京華,黄曙輝總校.--上
海:上海古籍出版社,2022.1
ISBN 978-7-5732-0184-3

Ⅰ.①新… Ⅱ.①柯… ②張… ③黄… Ⅲ.①中國歷
史-元代-紀傳體 Ⅳ.①K247.042

中國版本圖書館 CIP 數據核字(2021)第 244168 號

新元史(全十册)

柯劭忞 撰
張京華 黄曙輝 總校

上海古籍出版社出版發行
(上海市閔行區號景路 159 弄 1-5 號 A 座 5F 郵政編碼 201101)
(1) 網址:www.guji.com.cn
(2) E-mail:guji1@guji.com.cn
(3) 易文網網址:www.ewen.co

印刷 山東韻傑文化科技有限公司
開本 890×1240 1/32
印張 162.25 插頁 34 字數 2,882,000
印數 1—1,050
版次 2022 年 1 月第 1 版
2022 年 1 月第 1 次印刷
ISBN 978-7-5732-0184-3/K·3104
定價:780.00 元

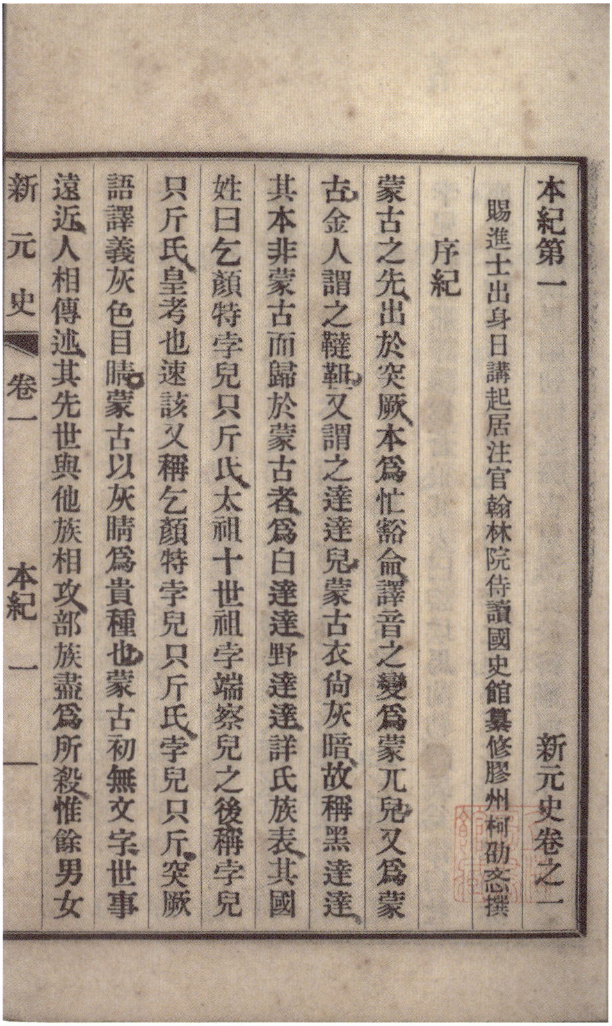
本紀第一　　新元史卷之一

賜進士出身日講起居注官翰林院侍讀國史館纂修膠州柯劭忞撰

序紀

蒙古之先出於突厥本爲忙豁侖譯音之變爲蒙兀兒又爲蒙古金人謂之韃靼又謂之達達兒蒙古衣尚灰暗故稱黑達達其本非蒙古而歸於蒙古者爲白達達野達達詳氏族表其國姓曰乞顔特孛兒只斤氏太祖十世祖孛端察兒之後稱孛兒只斤氏皇考也速該又稱乞顔特孛兒只斤氏孛兒只斤突厥語譯義灰色目睛蒙古以灰睛爲貴種也蒙古初無文字世事遠近人相傳述其先世與他族相攻部族盡爲所殺惟餘男女

新元史　卷一　本紀　一

1917 年鉛印本（上海圖書館藏）　書影一

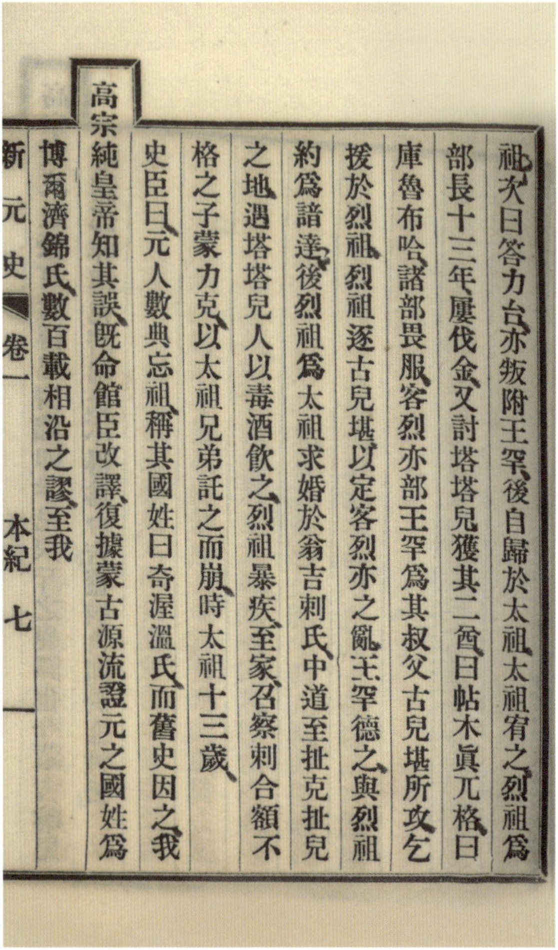
祖次曰答力台亦叛附王罕後自歸於太祖太祖宥之烈祖爲
部長十三年屢伐金又討塔塔兒獲其二酋曰帖木眞兀格曰
庫魯布哈諸部畏服客烈亦部王罕爲其叔父古兒堪所攻乞
援於烈祖烈祖逐古兒堪以定客烈亦之亂王罕德之與烈祖
約爲諳達後烈祖爲太祖求婚於翁吉剌氏中道至扯克扯兒
之地遇塔塔兒人以毒酒飲之烈祖暴疾至家召察剌合額不
格之子蒙力克以太祖兄弟託之而崩時太祖十三歲
史臣曰元人數典忘祖稱其國姓曰奇渥溫氏而舊史因之我
高宗純皇帝知其誤既命館臣改譯復據蒙古源流證元之國姓爲
博爾濟錦氏數百載相沿之謬至我

新元史　卷一　本紀　七

1917 年鉛印本（上海圖書館藏）　書影二

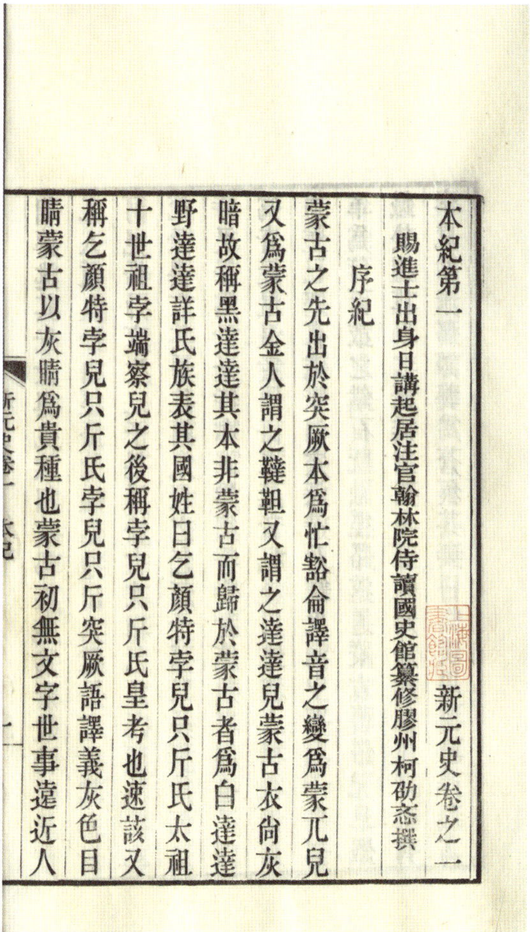
本紀第一　　　　　　　　新元史卷之一

賜進士出身日講起居注官翰林院侍讀國史館纂修膠州柯劭忞撰

序紀

蒙古之先出於突厥本爲忙豁侖譯音之變爲蒙兀兒又爲蒙古金人謂之韃靼又謂之達達兒蒙古衣尚灰暗故稱黑達達其本非蒙古而歸於蒙古者爲白達達野達達詳氏族表其國姓曰乞顏特孛兒只斤氏太祖十世祖孛端察兒之後稱孛兒只斤氏皇考也速該又稱乞顏特孛兒只斤氏孛兒只斤突厥語譯義灰色目睛蒙古以灰睛爲貴種也蒙古初無文字世事遠近人

新元史卷一　本紀　一

退耕堂開雕初刻本（上海圖書館藏）　書影一

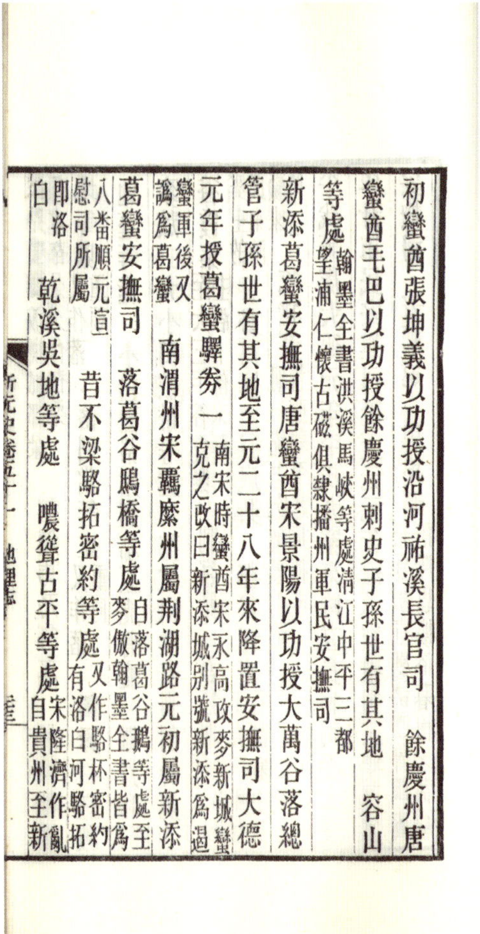

初蠻酋張坤義以功授沿河祐溪長官司　餘慶州唐蠻酋毛巴以功授餘慶州刺史子孫世有其地　容山等處翰墨全書洪溪馬峽等處淸江中平三都望浦仁懷古磁俱隸播州軍民安撫司

新添葛蠻安撫司唐蠻酋宋景陽以功授大萬谷落總管子孫世有其地至元二十八年來降置安撫司大德元年授葛蠻驛劵一南宋時蠻酋宋永高攻麥新城蠻克之改曰新添城別號新添爲過蠻軍後又譌爲葛蠻　南渭州宋羈縻州屬荆湖路元初屬新添葛蠻安撫司　落葛谷鵶橋等處自落葛谷鵝等處至麥傚翰墨全書皆爲八番順元宣慰司所屬　昔不梁駱拓密約等處又作駱杯密約有洛白河駱拓即洛白　乾溪吳地等處　噥聳古平等處宋隆濟作亂自貴州至新

新元史卷五十一　地理志

退耕堂開雕初刻本（上海圖書館藏）　書影二

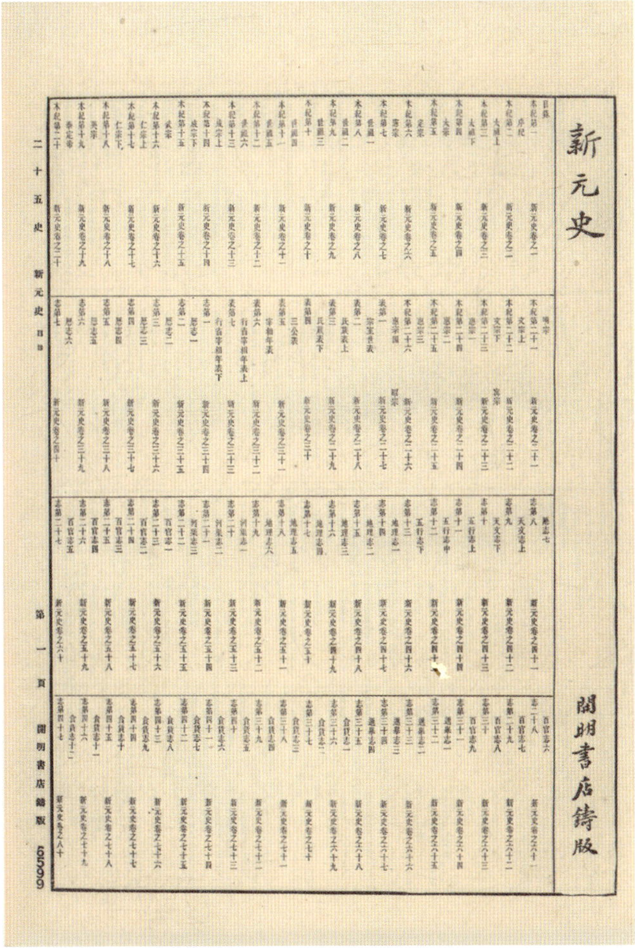

新元史

目錄

本紀第一	序紀	新元史卷之一
本紀第二	太祖上	新元史卷之二
本紀第三	太祖下	新元史卷之三
本紀第四	太宗	新元史卷之四
本紀第五	定宗	新元史卷之五
本紀第六	憲宗	新元史卷之六
本紀第七	世祖一	新元史卷之七
本紀第八	世祖二	新元史卷之八
本紀第九	世祖三	新元史卷之九
本紀第十	世祖四	新元史卷之十
本紀第十一	世祖五	新元史卷之十一
本紀第十二	世祖六	新元史卷之十二
本紀第十三	成宗上	新元史卷之十三
本紀第十四	成宗下	新元史卷之十四
本紀第十五	武宗	新元史卷之十五
本紀第十六	仁宗上	新元史卷之十六
本紀第十七	仁宗下	新元史卷之十七
本紀第十八	英宗	新元史卷之十八
本紀第十九	泰定帝	新元史卷之十九
本紀第二十	明宗	新元史卷之二十
本紀第二十一	文宗上	新元史卷之二十一
本紀第二十二	文宗下　寧宗	新元史卷之二十二
本紀第二十三	惠宗一	新元史卷之二十三
本紀第二十四	惠宗二	新元史卷之二十四
本紀第二十五	惠宗三	新元史卷之二十五
本紀第二十六	惠宗四　昭宗	新元史卷之二十六
表第一	宗室世表	新元史卷之二十七
表第二	氏族表上	新元史卷之二十八
表第三	氏族表下	新元史卷之二十九
表第四	三公表	新元史卷之三十
表第五	宰相年表	新元史卷之三十一
表第六	行省宰相年表上	新元史卷之三十二
表第七	行省宰相年表下	新元史卷之三十三
志第一	曆志一	新元史卷之三十四
志第二	曆志二	新元史卷之三十五
志第三	曆志三	新元史卷之三十六
志第四	曆志四	新元史卷之三十七
志第五	曆志五	新元史卷之三十八
志第六	曆志六	新元史卷之三十九
志第七	曆志七	新元史卷之四十
志第八	天文志上	新元史卷之四十一
志第九	天文志下	新元史卷之四十二
志第十	五行志上	新元史卷之四十三
志第十一	五行志中	新元史卷之四十四
志第十二	五行志下	新元史卷之四十五
志第十三	地理志一	新元史卷之四十六
志第十四	地理志二	新元史卷之四十七
志第十五	地理志三	新元史卷之四十八
志第十六	地理志四	新元史卷之四十九
志第十七	地理志五	新元史卷之五十
志第十八	地理志六	新元史卷之五十一
志第十九	河渠志一	新元史卷之五十二
志第二十	河渠志二	新元史卷之五十三
志第二十一	河渠志三	新元史卷之五十四
志第二十二	百官志一	新元史卷之五十五
志第二十三	百官志二	新元史卷之五十六
志第二十四	百官志三	新元史卷之五十七
志第二十五	百官志四	新元史卷之五十八
志第二十六	百官志五	新元史卷之五十九
志第二十七	百官志六	新元史卷之六十
志第二十八	百官志七	新元史卷之六十一
志第二十九	百官志八	新元史卷之六十二
志第三十	百官志九	新元史卷之六十三
志第三十一	選舉志一	新元史卷之六十四
志第三十二	選舉志二	新元史卷之六十五
志第三十三	選舉志三	新元史卷之六十六
志第三十四	選舉志四	新元史卷之六十七
志第三十五	食貨志一	新元史卷之六十八
志第三十六	食貨志二	新元史卷之六十九
志第三十七	食貨志三	新元史卷之七十
志第三十八	食貨志四	新元史卷之七十一
志第三十九	食貨志五	新元史卷之七十二
志第四十	食貨志六	新元史卷之七十三
志第四十一	食貨志七	新元史卷之七十四
志第四十二	食貨志八	新元史卷之七十五
志第四十三	食貨志九	新元史卷之七十六
志第四十四	食貨志十	新元史卷之七十七
志第四十五	食貨志十一	新元史卷之七十八
志第四十六	食貨志十二	新元史卷之七十九
志第四十七		新元史卷之八十

開明書店鑄版

二十五史　新元史　目錄　第一頁　開明書店鑄版　6599

開明書店《二十五史》本　書影一

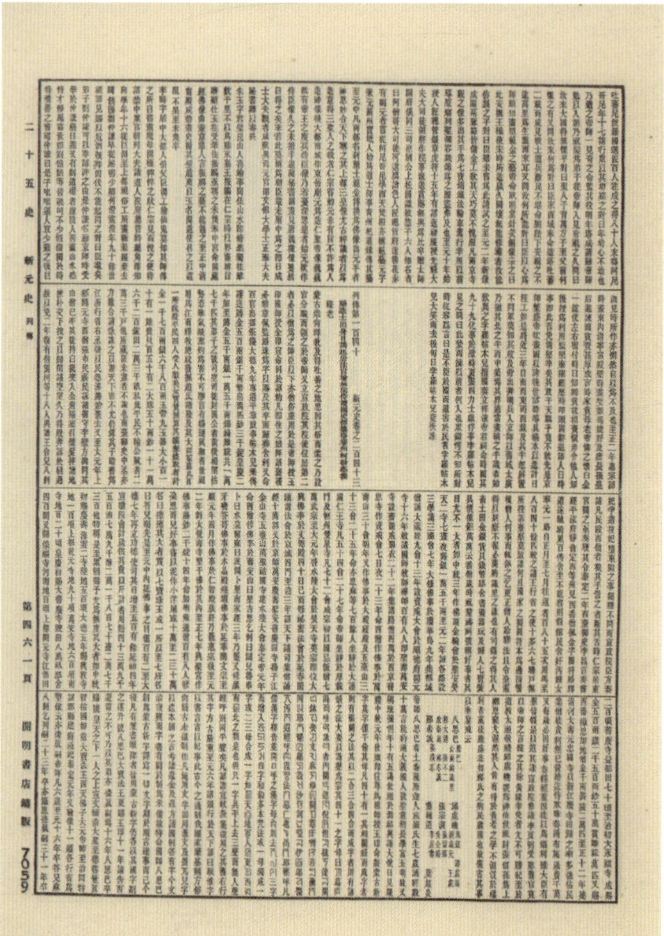
二十五史　新元史　列傳

第四六一頁　開明書店鑄版　7059

開明書店《二十五史》本　書影二

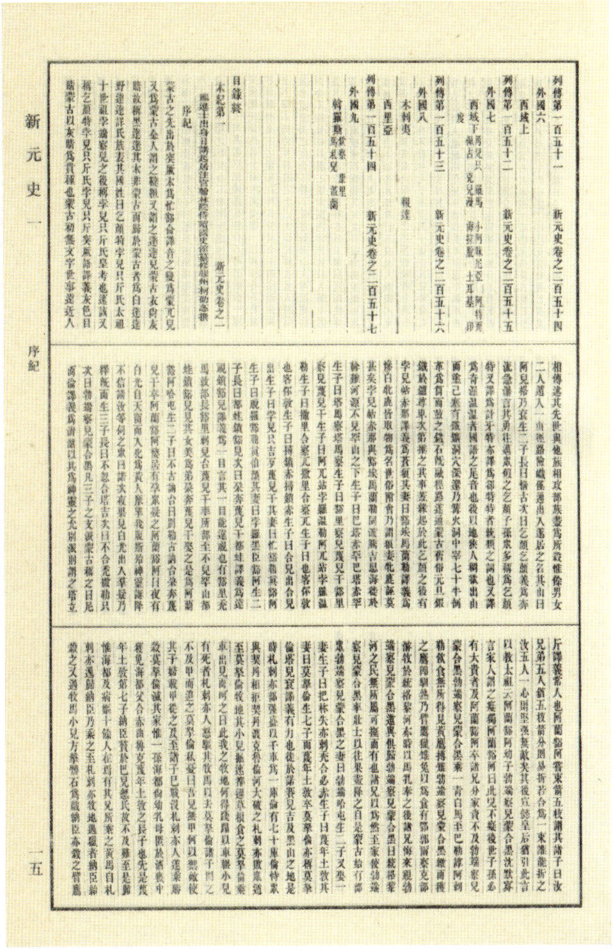

上海書店、上海古籍出版社《元史二種》本　書影一

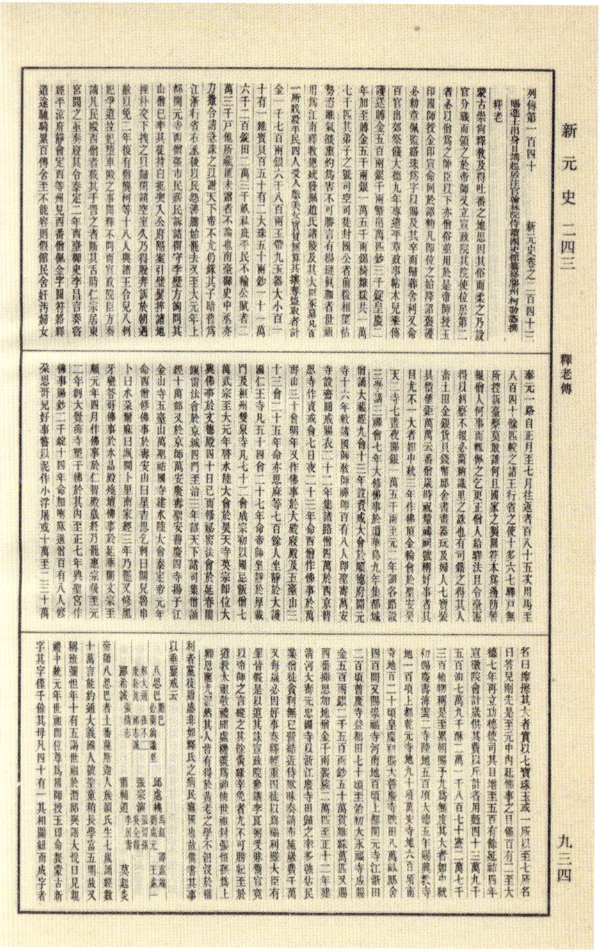

新元史　二四三　　　釋老傳　　　九三四

列傳第一百四十　　新元史卷之二百四十三

賜進士出身日講起居注官翰林院侍讀國史館纂修膠州柯劭忞撰

釋老

蒙古崇尚釋教及得吐番之地思因其俗而柔之乃設官分職而領之於帝師又立宣政院其院使位居第二者必以僧爲之帝臣以下亦僧俗並用於是帝師授玉印國師授金印宣命同於詔勅凡帝位之始降詔褒護必勅章佩監絡珠爲字以賜及其卒而歸葬舍利又命百官出郭祭餞大德九年專遣平章政事帖木兒乘傳護送賻金五百兩銀千兩幣帛萬匹鈔三千錠皇慶二年加至賻金五千兩銀一萬五千兩錦綺雜綵共一萬七千匹其弟子之號司空司徒封國公者前後相望怙勢恣睢氣焰熏灼爲害不可勝言有楊璉眞珈者世祖用爲江南釋教總統發掘趙氏諸陵及其大臣冢墓凡百一所戕殺平民四人受人獻美女寶貨無算其攘奪盜取者計金一千七百兩銀六千八百兩玉帶九玉器大小百一十有一雜寶貝百五十有二大珠五十兩鈔一十一萬六千二百錠田二萬三千畝私庇平民不輸公賦者二萬三千戶他所藏匿未露者不論也南臺御史中丞亦力撒合請誅之以謝天下帝不允仍錄其子暗普爲江浙行省右丞後以民怨沸騰始罷去又至大元年上都開元寺西僧強市民薪民訴諸留守李璧方詢問其由僧已率其黨持白挺突入公府隔案引璧髮捽諸地捶扑交下拽之以歸閉諸空室久乃得脫奔訴於朝遇赦以免二年復有僧龔柯等十八人與諸王合兒八刺妃爭道拉妃墮車毆之事聞釋不問而宣政院臣方奏請凡民毆西僧者截其手詈之者斷其舌時仁宗居東宮聞之亟奏寢其令泰定二年西臺御史李昌言奏嘗經平涼府靜會定西等州見西番僧佩金字圓符絡繹道途騁騎累百傳舍至不能容則假館民舍奸污婦女奉元一路自正月至七月往返者百八十五次用馬至八百四十餘匹較之諸王行省之使十多六七驛戶無所控訴臺察莫敢誰何且國家之制圓符本爲邊防警報僧人何事而輒佩之乞更正僧人給驛法且令臺憲得以糾察不報必蘭納識里之誅也有司籍之得其人畜土田金銀貨貝錢幣邸舍書畫器玩及婦人七寶裝具價億萬萬云番僧歲時祝釐禳禬號稱好事者其目尤不一大者如中統三年作佛頂金輪會於聖安寺天一寺七晝夜賜銀一萬五千兩至元二年詔各路設三壇講三藏會七年大修佛事於瓊華島九年集都城僧誦大藏經九會十三年設資戒大會於順德府開元寺十六年敕諸國師教師禪師百有八人即聖壽萬安寺設齋圓戒賜衣二十二年集諸路僧四萬於西京普恩寺作資戒會七日夜二十三年命西僧作佛事於萬壽山三十會明年又作佛事於大殿寢殿及五臺山三十三會二十五年命亦思麻等七百餘人坐靜於大護國仁王寺凡五十四會二十七年命帝師坐靜於厚載門及桓州雙泉寺凡七十二會成宗初以國忌飯僧七萬武宗至大元年啓水陸大會於昊天寺英宗即位大興佛事於文德殿四十日已而修秘密法會於延春閣鎮雷法會於京城四門至治三年詔天下諸司集僧誦經十萬部又於京師萬安慶壽聖安普慶四寺揚子江金山寺五臺山萬聖祐國寺建水陸大會泰定帝元年命西僧修佛事於壽安山曰星吉思乞刺曰闊兒魯弗卜曰水朵爾麻曰颯間卜里南家經三年乃罷又修黑牙蠻答哥佛事於水晶殿燒壇佛事於延華閣文宗至順元年四月作佛事於仁智殿歲終乃罷惠宗後至元二年創大覺海寺塑千佛於其內至正七年與聖宮作佛事賜鈔二千錠十四年命加喇麻選僧百有八人修朵思哥兒好事繼以泥作小浮屠或十萬至二三十萬名曰擦擦其大者實以七寶珠玉或一所以至七所名曰答兒剛先是至元中內廷佛事之目僅百有二至大德七年再立功德使司其目增至五百有餘延祐四年宣徽院會計歲供其費以斤計者用麪四十三萬九千五百油七萬九千酥二萬一千八百七十蜜二萬七千三百他物稱是至累朝賜予亦爲無度其大者如世祖初賜慶壽海雲二寺陸地五百頃大德五年賜興教寺地一百頃上都乾元寺地九十頃萬安寺地六百頃南寺地百二十頃皇慶初賜大普慶寺陝田八萬畝邸舍四百間又賜崇福寺河南地百頃上都開元寺江浙田二百頃普慶寺益都田七十頃至治初大永福寺成賜金五百兩銀二千五百兩鈔五十萬貫雜綵萬匹又賜西番撒思加地僧金千兩銀五千兩幣二萬匹至正十二年建清河大壽元忠國寺以浙江廢寺田歸之其多強佔民業僧徒貪利無已營結近侍欺昧奏請布施莫覺千萬又每歲必因好事奏釋輕重囚徒以爲福利雖大臣有罪皆假是以逭其誅宣政院參議李良弼受賕鬻官竟以帝師之言縱之其餘殺人之盜夤緣幸免者尤不可勝紀至於道教太祖敕丘處機號爲神仙世祖封張留孫爲上卿恩寵之隆然其人皆有得於黃老之學不汨沒於權利者寡徒騁雄非如釋氏之病民蠹國也故備書其事以垂鑒戒云

八思巴　膽巴　必蘭納識里　邱處機　馬鈺　劉處元　譚處端　王處一
郝大通　孫不二　宋德方　郝志誠　張宗演　張留孫　吳全節
酈希成　張清志　蕭輔道　李居壽　莫起炎

帝師八思巴者土番薩斯迦人族款氏生七歲誦經數十萬言能約通大義國人號聖童稍長學富五明故又稱班彌怛年十有五謁世祖於潛邸與語大悅日見親禮中統元年世祖即位尊爲國師授玉印命製蒙古新字其字僅千餘其母凡四十有一其相關紐而成字者

上海書店、上海古籍出版社《元史二種》本　書影二

本書整理人員名録

總校：張京華　黄曙輝

覆校：李偉國

分校：張京華　周建剛　湯軍　石强　鄭娉

出版前言

《新元史》，民國柯劭忞（一八四八——一九三三）撰。柯氏字鳳蓀，又字鳳笙，號蓼園，山東膠州人。清同治九年舉人，光緒十二年進士，曾任翰林院日講起居注。宣統二年選爲資政院議員，出任山東宣慰使，兼督辦山東團練大臣。民國三年，選爲參政院參政、約法會議議員，均辭未就。任清史館總纂，又代理館長，纂修《清史稿》，總閱全書，删正各朝本紀，並撰《天文》、《時憲》、《災異》三志，《儒林》、《文苑》、《疇人》各傳，另有趙爾巽修、柯劭忞纂《清史藝文志》四卷單印本。卒於民國二十二年。

《新元史》是柯劭忞最重要的一部著作。關於柯氏的學術成就、《新元史》的得失和學術界的評議等問題，張京華教授的前言作了詳細論述。而另一些重要問題，如柯氏何時萌生編撰想法，何時開始搜集材料，何時撰寫，何時初具規模，何時成書，何時排印、刊刻，何時被定爲二十五史之一，何時修訂再印，等等，有的没有明確的説法，有的若明若暗，有的言人人殊。今略作梳理。

一、《新元史》的編撰過程

柯劭忞治史，開始時重點並非元史，牟潤孫《蓼園問學記》：

鳳老有一次閒談時，問我説：「你知道我平生用功最多的是哪一部書？」……我那時剛剛問學於先師，如何能瞭解先師用功最多的是哪部書？先師説：「我四十歲之前，集中精力爲《文獻通考》校注。不只校勘出《通考》刻本之誤，也校出馬貴與編撰之誤。自有《通考》以來，不用説校，就是從頭到尾讀一遍者，不知有誰？後來由於捻軍戰事影響，稿本全失，遂改治元史。」……我曾問先師何不撰《新宋史》而著《新元史》？先師説：「只將舊史删改而找不到新材料去增補，則大可不必另撰新史。《宋會要》我見不到，何從撰《新宋史》？」徐松自《永樂大典》中抄出《宋會要》，柯先生當然知道，而《宋會要輯稿》印行，是柯先生歸道山以後的事。（《海遺叢稿（二編）》［北京：中華書局，二〇〇九年］）

可見，他之所以研究《文獻通考》而不撰寫《新宋史》，是因爲没有見到《宋會要》等大量的新材料。

柯氏光緒十二年年近四十，中進士入翰林，得以閱讀大量元史新材料。牟小東《記近代史學家柯劭忞》（《史學研究》一九九三年第一期）云，時《永樂大典》尚有八千册存於翰林院，其中有無刻本流傳的元代各家文集及元《經世大典》，遂抄録其中有關元史材料。稍後又得讀柯逢時所藏《經世大典》原本二三十册，於是有了撰寫《新元史》的基礎。後又得洪鈞《元史譯文證補》，並翻譯洪氏所未及見到的東西方學者的著作。又博訪《四庫全書》未收之秘笈和元碑拓本等等，參互考證。採摭乾隆時錢大昕以來各家研究《元史》的成果，訂誤補遺。

至光緒末，《新元史》已有部分稿子。魯海《柯劭忞與新元史》：

晚清陳代卿在《節慎齋文存》的《北遊小記》中記柯劭忞：「光緒甲辰六月初二，余由津門乘火車入都……居停主人爲柯鳳蓀少司成，余權膠州時所得士也，時方十四齡，文采斐然……四十餘年，見余猶執弟子禮不倦，其血性有過人者。鳳蓀樸學，不隨風氣爲轉移。著有《新元史》，嘗得歐洲秘藏歷史，爲中土所無。余在京見其初稿，以爲奇書秘傳，未知何時告成，俾余全睹爲快也。」（《史學月刊》一九八一年第六期）

光緒甲辰爲光緒三十年，即一九〇四年。陳代卿記述的「初稿」，可以理解爲已經開始寫作的稿子。

中國古代的「正史」定爲《史記》等二十四史，是清乾隆纂修《四庫全書》期間的事。至清末的宣統初年（一九〇九年），曾有過欲將魏源《元史新編》列入正史的官方舉措，柯劭忞成了此次事件實際上的主角，也反映了其時《新元史》初具規模。

王建偉《清末決定元史新編未能列入「正史」的關鍵文獻》：

> 《元史》刊行不久即遭物議，入清後學者更以糾訛重修爲志。清初邵遠平曾撰《元史類編》四十二卷，晚清李慈銘一度推譽其爲「於舊史具有增削，斷制亦多審當，采證碑誌，俱鑿鑿可從」。乾隆年間，又有公推「一代儒宗」的錢大昕計劃重修《元史稿》一百卷，成書者雖僅《氏族表》三卷與《藝文志》四卷，但於後世元史研究亦多開創之功。鴉片戰争以後，近代思想家魏源處乖離之世，有感而發，遂以一己之力，發憤撰著《元史新編》。惜草稿初成，其人即捐塵世，直至半個世紀後的清末光緒三十一年（一九〇五），方由族孫魏光燾請歐陽俌與鄒代過二人「伏案數年」，重加整理，勒爲九十五卷刊行於世。魏源在日，有仿《新唐書》、《舊唐書》前例並存之意，曾托人代呈，「而期朝廷列爲正史，以補舊《元史》之不足」。嗣以草稿初成，兼之時局變化，魏源旋亦身故，未克實現。至光緒三十一年，魏光燾請人將《元史新編》整理刊行，並復申其族祖魏源遺志，謂「倘當代大君子爲加鑒定，上呈乙覽，俾得與新、舊《唐書》、新、舊《五代史》同列正史，以傳之天下後世」。不久有翰林院編修袁勵准正式上奏，呈請

朝廷將《元史新編》列入正史，遂有清末「欽定正史」之舉措。這是中國君主專制王朝的最後一次「欽定正史」。（《文獻》二〇一六年五月第三期）

王建偉發現相關原始檔案一則，正是在清末「欽定正史」事件中決定《元史新編》最終命運的關鍵文獻，前賢迄未引用。此件原始文獻現藏於中國第一歷史檔案館「軍機處録副奏摺」案卷中，題爲「奏：孫家鼐等，《元史新編》校閲已竣呈繳原書並附呈《校勘記》由」：

國史館總裁、大學士臣孫家鼐等謹奏，爲《元史新編》簡員校閲已竣，謹將原書呈繳，並附呈《校勘記》一册，恭折仰祈聖鑒事。

竊臣等於上年九月初九日准軍機處交片：本日翰林院編修袁勵准呈進故員魏源重修《元史》，奉旨「著南書房會同國史館詳閲具奏，欽此」，欽遵於十二月二十四日奏派學部丞參上行走柯劭忞暫充國史館幫提調，俾勘定魏源《元史新編》是否能列入正史，奉旨「依議，欽此」。今該員已將《元史新編》校閲完竣，並撰《校勘記》一册附於原書之後，呈請具奏前來。

臣等公同覆閲，竊謂自遷、固以後，因舊史陋不足觀，或奉敕别爲一書，或出於私家之撰述，如宋祁、歐陽修之《新唐書》及修之《新五代史》，皆義例精嚴，足證舊史之紕繆，文章之美，又遠出舊史之上，故頒爲正史，人無異辭。至柯維騏之《宋史新編》，用力雖勤，論者終廁於别史，良以《宋史》固嫌蕪冗，然柯氏之書取材不出舊史之外，文筆又未必逾於舊史，宜其不能爲正史也。魏源長於史學，尤精輿地，所撰《海國圖志》、《聖武記》諸書久已傳播海内，以《元史》過於草率，别撰《元史新編》，以補前人之未及。然卷内有目無書者不止一處，蓋猶是未成之稿。源删掇舊史，具見剪裁，增皇子諸王傳及太祖、太宗、憲宗平服各國傳，苦心搜討，最爲詳贍。其《氏族表》、《藝文志》全本之錢大昕，《宰相表》訂訛補漏多採錢氏《考異》之説，《河渠》、《食貨》諸志提綱挈領，芟除冗漫，亦較舊史爲愈，洵卓然可傳之巨制。然其書乃别史體裁，間與正史不合。如列傳標分各目，曰功臣、文臣、武臣、相臣、言臣，一部《二十四史》，從無此例。源意在以事分人，實已大偭史法，與邵遠平《元史類編》以宰輔、庶官等目分題者何以異？《欽定四庫全書》隸《元史類編》於别史，則此書亦别史也。又元太祖之事蹟，莫詳於洪鈞所撰之《元史譯文證補》，其書本之元人拉施特書，爲中國未見之秘笈。源所撰《太祖本紀》，以拉施特書校之，訛漏殊多，均應改定。至《世祖本紀》以下，全用《元史類編》原文。遠平删節舊史，謬誤叢出，或存其事而删其日，使甲日之事移於乙日，或將甲乙丙三日之事並於一日，甚至將正月之事而移至於秋冬，連篇累牘，幾於糾不勝糾。此本紀之可議者也。舊史列傳，蕪者宜芟，闕者尤宜補。博考元人文集及現存之石刻，名將如張興祖見於姚燧所撰之碑，如寧玉見於閻復所撰之碑；名臣如陸垕見於陸文圭所撰之墓誌，如高克恭見於鄧文原所撰之行狀。其人皆舊傳所無。又舊傳略而碑誌詳者，如虞集所撰之姚天福碑，危素所撰之哈喇解家傳，趙孟頫所撰之阿魯渾薩里碑，程鉅夫所撰之昔里鈐部先世述。似此者尤不勝枚舉，源書一概不登，採摭未免儉陋。至如泰赤烏，太祖之族人，而與西夏、高昌諸國同列一傳。赤老温愷赤與赤老温，一爲劄剌爾氏，一爲遜都臺氏，而誤爲一人。有《奸臣傳》，而無《叛臣》、《逆臣傳》。外國宜爲傳，不列於傳而列於志。《儒林》、《文苑》、《忠義》、《孝義》諸傳，一卷之中區分子目，曰儒林一、儒林二，從一至於六七。列傳之末，往往云某人碑其神道，某人撰其志銘，皆有乖於史法。此列傳之可議者也。《氏族表》宜據《蒙古部族考》補之，《地理志·西北地附録》宜據洪鈞附録《釋地》補之，《百官志》删内宰司、修内司及上都留守司、尚供總管府等之官屬，《選舉志》删會試各行省中選之名額，《禮志》删祀南郊禮節，《樂志》删郊祀樂章。刑法爲朝廷大政，而志竟無之，使一代典章制度闕而不完。此表、志之可議者也。臣等管窺所及，竊謂源書入之別史，實在《宋史新編》之上，入之正史，則體例殊多未合，尚非《新唐書》、《新五代史》之比。臣等爲慎重史事起見，公論攸關，不敢臆爲軒輊。編修袁勵准請將魏源《元史新編》列入正史之處，應毋庸議。臣等愚昧之見，是否有當，伏乞皇上聖鑒訓示。

再，史館幫提調柯劭忞以校閲事竣，呈請銷差。臣等查該員别無經手事件，自應准其銷差。合併聲明。謹奏。

宣統元年八月二十九日

這份由孫家鼐、榮慶、鹿傳霖、陸潤庠、朱益藩、吴士鑒、鄭沅等人具銜的奏折，其評述《元史新編》部分，顯然出之於「國史館幫提調」柯劭忞之手。其否決《元史新編》列入正史的理由，可以概括爲第一猶是未成之稿，第二觀其體例乃是别史，第三所用材料尚有重大缺漏，第四體例和撰寫方面也存在諸多問題。這份「理由」，可以視爲柯氏自己編《新元史》的取材和編例。

據王建偉研究，《元史新編》奉旨交南書房會同國史館閲辦，起先並非即交柯氏勘查，而是由史官惲毓鼎主持，於光緒三十四年九月底擬出覆奏草稿，謂「分正體、補缺、匡謬、正訛四段，而折重於平服各國傳、外國傳、宗室世系表，以特表其長」。但後來以種種原因發生變故，國史館方再奏請柯劭忞爲幫提調重新審閲。此爲《元史新編》最終未能列入

「正史」的關鍵節點。光緒三十四年十二月二十六日惲毓鼎《澄齋日記》載「史館總裁奏以柯充史館幫提調，專任閱看魏氏《新編》……今日特來訪，請余助理其事」云云。《澄齋日記》還説，柯劭忞已「精研《元史》垂二十年」，且「成本紀若干卷」，本爲審讀《元史新編》的絶佳人選。

前述柯氏四十歲之前治學重點在《文獻通考》，如從四十歲開始將治學重點轉向元史，至宣統元年年過六十，已用力二十年之久，且能寫出對《元史新編》的如此全面的評議，其《新元史》已有詳細綱目并已撰寫相當一部分稿子是毫無疑義的。學界或認爲柯氏以一位正在撰寫《新元史》的學者，否定《元史新編》列入正史的動議，難逃瓜田李下之嫌，但另一方面也可以説明柯氏作爲元史專家對魏氏著作的評述是中肯的，且其時柯氏的《新元史》已初具規模。

民國初年，柯氏《新元史》稿初成。房學惠《羅振玉友朋書劄》披露《一九一三年二月十五日柯劭忞致羅振玉》：

弟之《元史》稿冬間亦粗成，七八卷刊清，食貨諸志見亦脱稿矣，容得便寄上，嚴爲指摘是荷。（《文獻》二〇〇五年四月第二期）

又《一九一三年柯劭忞致羅振玉》：

弟近撰《元史》諸志，粗已就緒，欲得公所刊《海運》書一閱，至以爲叩。又，弟近得明初人所著張陳明方諸載記，係明鈔本，似國初撰《明史》諸公未見，此書亦可謂秘笈矣。（同上）

又：

承示欲助貲刊鄙著《元史》，感戢無似，但愧不敢當耳！擬脱稿即郵寄公與静庵閲之，再議剞劂，今固不敢領此款也。近得文芸閣所鈔《經世大典》數册，内馬政、鹽法、倉庾俱完整，若刊入叢書，亦一佳事矣。（同上）

這幾通書札明示，在一九一三年，柯氏的《新元史》已接近完成，羅振玉表示將出資幫助其刊行。

大約在兩三年以後，即一九一五至一九一六年間，《新元史》終於完稿。由王宇、房學惠《柯劭忞致羅振玉手札廿三通》（《文獻》二〇〇一年一月第一期）所揭載的柯氏諸信札，可以考見柯劭忞《新元史》成稿及初次排印的時間。文中所録之第四札云：

頃由瑞臣兄處送來惠款三百元，以爲刊書之費，至爲感泐。惟公旅食東瀛，亦非饒裕，弟殊增愧赧矣。拙著付梓須明年春間，此項存弟處恐便隨手用去，益無以副公之原期，擬與瑞臣妥商，先存於翰文齋韓君處，明年開梓，以便陸續取用，較爲妥便。

高誼雲天，必不敢辜負此意也。

信中有「拙著付梓須明年春間」云云，據其以下數札，《新元史》開排的那一年「梧生」去世，梧生即柯氏的兒女親家徐坊，徐坊逝世於一九一六年，則此信乃一九一五年所寫，其時《新元史》應已接近完稿，羅振玉兑現早先的承諾，惠款三百元，以爲刊書之費，説明羅氏對此書的重視。「瑞臣」是寶熙的字。寶熙（一八七一——？），滿洲正藍旗人，愛新覺羅氏，字瑞臣，前後在清廷、民國任官，曾任僞滿洲國的内務處長。

其第七札云：

敝著《新元史》共二百五十六卷，其體例大概仿班、范二史，與後來諸史稍不同。目録刊成，當先呈左右。

「目録刊成」云云，説明已開始刊刻。但其書實爲二百五十七卷，此處謂二百五十六卷，説明後來有補充或分合未定。

其第八札云：

《新元史》已一律告竣，共二百五十七卷。梧生與壽民兩兄任訂書之事。擬先就排木板，印五百部，費省而工邇。梧生近患肝氣，事逆中□。俟其痊癒，不難料理就緒也。自惟疏□，幸賴友朋之力成此一書。而左提右挈，公之力尤多。涵泳高義，尤詐□瘖慨。

深感泐矣。

大奸隕世，實快人心。而時事搶攘，阽危百出，不知遼東皂帽何日言於東海，言

「大奸」當指袁世凱，一九一六年改元，即皇帝位，六月卒。據此，此札當寫於一九一六年六月。「東海」是徐世昌的號。徐世昌（一八五五—一九三九）天津人，字卜五，號菊人，又號東海。一九一八年由安福國會選爲總統，一九二二年卸任。

其第六札云：

敝著排印僅十餘卷，約歲杪可完，但校刊太疏，容奉呈教正。

其第五札云：

弟之拙著已排印五十餘卷，全書共二百七十卷，今秋或可竣工。校刊弟自任之。忙迫已亟，幾於日不暇給矣。前索《經世大典》抄本，弟有二册在亂書堆中，無從尋覓，以至遲遲不作報書。今撿得一册，托轉世兄寄呈。尚有一册，容撿出即當續寄也。

傕、汜構亂於卓殛之後，可爲歎息。幼安歸國之期恐仍需時日矣。

「傕汜構亂於卓殛之後」應指一九一六年六月袁世凱死後的亂象，「今秋或可竣工」云

云説明此信即寫於其年六月，「幼安」是謝介石的字。謝介石，張勳復辟時被授爲外務部右丞。二百七十卷當爲約數。

其第九札云：

前奉手翰，敬悉興居康豫，至以爲慰。弟一切均記□粗通。惟梧生於八月一日去世，良友□□，□□無似，並時事紛紜，目見耳聞，俱增歎吒，益覺無聊賴耳。附上《高麗史》一卷、《安南志略》三卷，乞詧入。《志略》尚有一本，因二小兒抄一副本，校讎未竟，容續行奉上。元楊仲益國《氏族葬圖》及《經世大典》抄本一册並奉呈。《族葬圖》關於元一代掌故，似可刊入叢書。《大典》抄本内有《謚法考》，極爲珍秘。惟此係文學士芸閣所輯，《大典》所載，本之《元志・因革禮》。又王圻《續通考》載元謚法，王亦采自《因革禮》，不採自《大典》，芸閣均未之知。乞公録一副本，將此本寄還。又乞勿遽行付梓。俟忞得暇，取《續通考》，詳加考訂，作《元謚法考》，寄呈教正，再付梓不遲也。此外尚有《大典》抄本數册，倉促不及撿出，容再寄。

弟頽力衰顔，壯心未已，不甘作遁世一流人也。梧生亡，吾黨又少一人，想聞此噩耗，亦爲涕零。世無忠孝人，但亟圖自私自利耳。唐之季世，政於今日相同，公以爲然否？

拙作《元史》，梧生本任行管刊刻，今已下世，此事須著壽民□□任之。今歲杪可付梓也。

徐坊卒於一九一六年八月一日，此信應寫於其後不久。《新元史》刊刻之事，本由徐坊主事，現在準備請「壽民」擔任，壽民其人無考。信中還提到了多種與元史相關的圖書資料，也很重要。

其第十札云：

敝著《新元史》共二百五十七卷，見已排印訖，均裝訂，二月内即可竣事，容再寄呈教正。

此爲第十札，未明標時間。寫於一九一六年秋後的第九札謂徐坊已下世，《新元史》刊刻之事須著壽民任之，此札謂已排印完成，則應在其後之一九一七年。文章作者考證，札十一——十三言賑災等事。一九一七年，華北遭水災，羅振玉鬻物助賑，友朋相助籌款，柯參與其中，故這三通書札均爲一九一七年所寫。作者將第十札繫於三書之前，可證他認爲此信寫於此前或此期間，故知《新元史》鉛印本於一九一七年完工。這裏寫的「共二百五十七卷」是準確的。

二、《新元史》的排印和刻印

據上所述，《新元史》的第一個版本是完成于一九一七年的鉛排本。

今上海圖書館、北京大學圖書館等處均藏有此本。上圖所見共五十九册，二百五十七卷。館方書目著録有《勘誤》一卷，而實物未見。書外形高一九七毫米，寬一二二毫米；版心高一四二毫米，寬一零七毫米。每半葉十行，行二十四字。單魚尾。上面魚尾上題「新元史」，下題卷數、本紀（表、志、列傳）、葉數；下面魚尾上下空白。第一册爲目録。目録首頁，首行頂格題「新元史目録」，次行空一格小字題「賜進士出身日講起居注官翰林院侍讀國史館纂修膠州柯劭忞撰」。

此本有校改痕跡，如卷一葉一下第八行第七字「議」，有筆跡劃去「言」旁，并於該行天頭書「義」字。刻本作「義」（葉一下，第十行，第七字）。又同卷葉三上第三行第二十字「免」，有筆跡將上部改作「刀」，加點，天頭書「兔」字。刻本作「兔」（葉三上，第九行，第十一字）。又同卷葉五上第九行第十三字「針」，旁有△符號，天頭書「釘」字。刻本作「釘」（葉六上，第一行，第六字）。卷一末「史臣曰」一段下，又有「高宗」二段，「高宗」二字高二字，刻本則高一字；三「博爾濟錦」，「爾」字皆係後貼上，原似作「宛」，難以認清。卷四葉十上第四行第十八至二十一字作「奇十察克」，旁有△符號，天頭書「欽察」。刻本作「欽察」。卷七葉八下第六行第二十四字作「章」，旁有插入符號，天頭書「平」字。刻本作「平章」。同卷同葉第七行第二十字作「辛」，旁有△符號，天頭書「幸」字。刻本作「幸」。《地理志六》（卷五十一）葉二十二上「下桑亘」，無改動，當作「直」。表部分基本無改動。

這些改動，應是當時購藏此書者據《勘誤》所爲。

鉛印本之後，又有木刻本，即退耕堂本。退耕堂爲徐世昌的齋名和刻書處名。徐世昌與柯劭忞爲同年進士，又同時入翰林。在那個時代，鉛排印書是新的技術，但讀書人仍看重傳統的木刻本，木刻本的成本要比鉛排本高得多。這一次是徐世昌資助了柯劭忞。徐氏序云：「余既爲付梓，又序其簡端，以諗承學之士，庶幾以余言爲不謬乎？」

關於此本的刊刻時間，有一九一九、一九二〇、一九二一、一九二二年等多種説法。《新元史》木刻本前有「教育部呈文」和「大總統令」各一道，然均未署日期。

「教育部呈文」有云：「本年十一月七日，准公府秘書廳函開柯劭忞所著《新元史》一部，奉諭交部閱看等因。」「本年」是那一年呢？呈文末署「署教育次長代理部務傅嶽棻」，查劉壽林編《辛亥以後十七年職官年表》（中華書局，一九六六年，第五六—七二頁），傅嶽棻於一九一九年六月五日任此職。其年五月四日，「五四」運動爆發，因聽聞政府有撤換之意，北京大學校長蔡元培於九日晨辭職出京。蔡元培的辭職使學潮再起波瀾，北京教育界開始了長達數月的挽留蔡元培的運動。在挽蔡的過程中，北大聯合其他學校組織了北京專門以上學校職教員聯合會。教育部總長傅增湘因主張慰留蔡元培而承受巨大壓力，先是離部出走，後又呈請辭職。十五日傅的辭呈被照准，次長袁希濤十六日起暫行代理部務。北京學生於六月三日上街分頭講演，導致政府大規模逮捕，使得處於國務院與各教職員、學生間的袁希濤左右爲難。五日傅嶽棻就教育次長職，同日令胡仁源署北大校長。蔡元培於九月十二日返京，十三日，傅嶽棻即拜訪蔡元培，但此後數日政府方面輿論卻報導傅嶽棻訓令各學校一致上課，如學生聯合會再有蠢動立即解散；北京大學限二十日上課，如再不上課，即嚴行查辦或解散一部分。蔡元培雖已返京復職，但能支持多久，則很難預料。在此情形下，北大浙籍教職員馬叙倫、周作人、朱希祖、康寶忠等人可能即有意驅傅，但必須師出有名，就是借發「現」以驅傅。所謂發「現」，就是要求教職員薪俸全部或大部分發現大洋。罷傅一事，雖由靳雲鵬擔保，但此事經教職員一再交涉，因安福部的干涉而始終未能做到。一直到直皖戰爭結束，安福部倒臺，靳雲鵬再次組閣，纔做到了驅傅的承諾。（詳見《中山大學學報》〔社會科學版〕二〇一一年第三期何樹遠《五四時期北京教職員聯合會的挽蔡驅傅運動》）

傳嶽棻於至一九二〇年八月十一日去職。據此可確定呈文遞交於一九一九年年底。據教育部呈文，閱看《新元史》以決定可否列入正史，乃由公府秘書廳奉諭交辦，教育部呈大總統文謂「擬請特頒明令，將柯劭忞所著《新元史》仿照前例與《元史》一併列入正史，用廣流傳，以光册府」，大總統令的頒布距此不會太久。

前已述及，一九一七年鉛印本之後，應即開始籌備木刻本的工作，由鉛排本到木刻本，柯氏一定有所修改，前述上海圖書館藏鉛印本中之批改，在木刻本中均已照改，即爲證據。至一九一九年教育部呈文之時，應已大體刻成，至一九二〇年補刻大總統令和教育部呈文後印行，其事或就在傅嶽棻去職之前。徐世昌一九一八年至一九二二年任總統，時間是相合的。據筆者在上海辭書出版社圖書館所見，退耕堂開雕本有徐序在前和「大總統令」在前兩種印本，或與此有關。

上海圖書館藏有四部「退耕堂開雕」本《新元史》，均爲初刻本。外形高三一二毫米，寬二一三毫米；版心高二二一毫米，寬一五四毫米。行款半頁十行，行二十一字。其中一部編號四〇二三〇三—六二，前有内封。標明第一册的内容有序、命令、呈文和目録。上海辭書出版社圖書館藏有兩部「退耕堂開雕」本《新元史》，其中一部原爲蔣氏密韻樓藏書，封面藍紙黄綾包角，扉頁正面爲書名，背面爲「退耕堂開雕」版記，目録前首爲徐世昌序，下爲「大總統令」和「教育部呈文」，另一部封面白色，裝訂較爲簡單，目録前首爲「大總統令」和「教育部呈文」，下爲徐世昌序。財産登記時間爲民國十九年六月六日，距初刻出印已近十年，應爲初刻之後印本。

退耕堂開雕本又有所謂庚午重訂本。庚午年爲民國十九年，即一九三〇年，時柯劭忞已八十三歲，在經過修訂以後，印行《新元史》新版本。此本現在上海頗難見，據内容差異辨別，上海圖書館與上海辭書出版社均無藏。北大圖書館有《新元史》的鉛印本、民國九年「退耕堂開雕」本、民國十九年本，但著録上没有提到有「庚午重訂本」字樣。

一九三五年上海開明書店縮小影印出版《二十五史》，《新元史》所用底本即爲經作者最後修訂的「庚午重訂本」，一九八九年上海古籍出版社、上海書店聯合出版《元史二種》，其中的《新元史》實際上也是用的「庚午重訂本」，其底本來自上海圖書公司，《出版説明》謂「《新元史》版本，初稿爲鉛印本，刊於一九二〇年前，錯字多，不足據。定稿有天津徐氏退耕堂刻本，開明書店《二十五史》即據以影印」，殆因學界習稱之「庚午重訂本」原書中並無相應版記或刻印時間標注，而「退耕堂開雕」版記則仍其舊，行款亦與初刻相同（實際上絶大多數印版仍用舊版），故當時做如此叙述。

開明書店籌劃影印《二十五史》之時間距庚午年即一九三〇年及柯劭忞逝世之一九

三三年甚近。開明書店版一九三五年出版，一九三六年葉聖陶爲開明書店撰寫的廣告，說到「庚午重訂本」（見葉至善、葉至美、葉至誠編《葉聖陶集》第十八卷《廣告集》中，《開明版新元史》一則，注明原文於一九三六年十二月一日刊出）：

明代編修《元史》，工作非常潦草。當時參與其事的人，不通曉蒙古文，對於元代的典章文物不很了了，只是胡亂抄録一陣，以致舛誤百出。一般批評都説各史中間《元史》最爲荒蕪，應該加以修訂或考證，這就給了一部分學者提出了一個用功的目標。他們用功的結果，自然成了著作，最著名而成書最後的是柯劭忞的《新元史》。

《新元史》立例非常謹嚴，所取材料有許多是一般人所未見的；跟《元史》的草草成書正相反背。這部書對於《元史》，恰同《新五代史》對於《五代史》，《新唐書》對於《唐書》一樣；在傳統上，又曾被列爲正史；我們在取得了它的出版權以後，就把它跟《二十四史》結集在一起，合稱《二十五史》。我們所依據的是庚午重訂本，也就是最後的定本。庚午是民國十九年，這個本子印成之後，不到幾年，柯氏就逝世了。

除了《二十五史》以外，滙印的全史都無《新元史》。先前木刻的《新元史》售價很貴，而且不易買到。因此，我們特地把《二十五史》裏的《新元史》另印單本，供應文化界的需求。備有《二十四史》的一定樂於聽到這個消息，因爲有了這一部書，他所有的全史是完璧了。史學家跟元史研究者必然歡迎這個普及本，是我們所敢斷言的。

值得注意的是，廣告中提到，「我們在取得了它的出版權以後，就把它跟《二十四史》結集在一起，合稱《二十五史》。我們所依據的是庚午重訂本，也就是最後的定本。庚午是民國十九年，這個本子印成之後，不到幾年，柯氏就逝世了」，《二十四史》都是古人的著作，其中最晚的《明史》成於清乾隆間，都已經没有版權問題，但《新元史》是當代學者的著作，必須從作者或其繼承人那裏取得出版權。也有文章説柯氏後人一直在跟開明書店争版權。

所以不能將開明書店出版《新元史》看作是一般的古籍影印（複製），正如葉聖陶先生在所擬廣告中所説的，「木刻的《新元史》售價很貴，而且不易買到」，開明書店是用影印的方式出版了一部當時的新的著作，而且通過這種方式，使《新元史》得到了較爲廣泛的傳播，要知道，開明書店版的《二十五史》在當時是可以稱爲暢銷書的。

柯氏一九一三年至一九一七年致羅振玉信札的刊布已經使我們得以弄清了以前一直十分模糊的《新元史》成稿和初次印行的時間，相信隨著新資料的不斷出現，「退耕堂開雕」的刊刻過程和「庚午重訂本」的修訂刊印過程一定也可以更爲清楚的。

三、《新元史》幾種主要版本的優劣

以明確標注爲「庚午重訂本」的開明書店本與上海古籍出版社和上海書店的《元史二種》相較，僅有極細微的差異，而以這兩種本子與上海圖書館所藏四部及上海辭書出版社圖書館所藏兩部相較，則確實可見修訂的情形。

（一）增補内容

以《新元史》卷五一志第十八《地理志六》爲例：

「播州軍民安撫司」條之「二十九年，改隸湖廣行省，領播州軍民都鎮撫司」下，加了數行小字注文「播州宣慰使楊鑑降明，所領安撫司二，曰草塘，曰黄平。是黄平、草塘二處俱設安撫司，舊志略。所領長官司六，曰真州，即珍州，曰播州，曰餘慶，曰白泥，曰容山，曰重安。惟重安不見舊志」，對《元史》卷六三志第十五《地理志六》的相應内容有較多的補充。

「新添葛蠻軍民安撫司」，原無「軍民」二字，《元史》同上亦無「軍民」二字，然其卷一六本紀第十六《世祖十三》至元二十八年十二月己巳有「立葛蠻軍民安撫司」，卷一七本紀第十七《世祖十四》至元二十九年正月丙午又有「從葛蠻軍民安撫使宋子賢請」云云，《全元文》卷五六六陸文圭七《中奉大夫廣東道宣慰使都元帥墓誌銘》載揚珠布哈「大德元年除嘉議大夫、葛蠻軍民安撫使」。均可證柯氏修改有據。

「平伐等處軍民安撫司」，「軍民安撫司」爲重訂所加，《元史》卷六三志第十五《地理志六》相應記述亦無，武宗本紀中有。

「平伐等處軍民安撫司」下「密秀丹張」，下增添注文「丹張即前單張，各郎西即前葛浪洞，草堂即前草塘，恭溪、焦溪、林種俱見前。疑諸地前屬播州，後屬平伐，遂重複如此」，對諸地名的重複提出了疑問。此下有地名「上桑置」「下桑直」，其中的「置」字初刻作「直」是，「下桑直」下有注文「元初置桑直縣安撫司」云云，庚午重訂部分重刻時將「上桑直」刻成「上桑置」，顯爲涉下而誤。

「不賽因大王位下」注文「旭烈兀四世孫」，原爲小字單行，重訂改爲雙行，以與全書體例相符。

（二）删削内容

「退耕堂開雕」初刻本卷二三四列傳第一百三十一《儒林一》有《張樞傳》，卷二四一列傳第一百三十八《隱逸》又有《杜本傳》又附「張樞」，内容與《元史》卷一九九列傳第八十六《隱逸》之《張樞傳》大體相同。庚午重訂本删去了《隱逸》中《杜本傳》附「張樞」，同時删去了書前目録中的「張樞」，而未及删去卷前目録中的「張樞」。

(三)修改内容

「退耕堂開雕」初刻本卷一九九列傳第九十六《愛薛傳》：「愛薛，西域人，祖不阿里，父不魯麻失。愛薛通拂菻語及星曆醫學。」庚午重訂本改爲：「愛薛，拂菻人，祖不阿里，父不魯麻失。愛薛通拂菻語及星曆醫學。」《元史》作：「愛薛，西域弗林人，通西域諸部語，工星曆醫藥。」據清洪鈞《元史譯文證補》二十七《西域古地考二》（清光緒刻本）「拂菻」條：「拂菻之名，唐時始見，《舊唐書》云『拂菻國，一名大秦，在西海之上』《元史》『愛薛，西域弗菻人』，是元時猶有此稱。漢大秦爲古之羅馬，今之義大利。東晉時羅馬分王居黑海西，今土耳其都城之地，轄治東境，别之曰東羅馬。羅馬國亡而東羅馬獨存，明時始爲土耳其所滅。其都城名康思灘丁諾潑里斯，康思灘丁，王名，蓋始建城者，潑里斯猶言城，諾爲連屬字，猶華文之字，今亦省文稱諾潑爾，東羅馬本國之書則稱康思灘丁諾潑凝，其地土人省文，惟稱潑凝，急讀之音如潑菻，阿剌比人稱之爲拂菻。本屬城名，假爲國號。唐時阿剌比人滅波斯，侵印度，環葱嶺地悉歸役屬，方言流播，遂入中華。此《唐書》拂菻所由來也。」按：西域有廣狹兩義，狹義專指葱嶺以東而言，廣義則凡通過狹義西域所能到達的地區都在内。「退耕堂開雕」初刻本作「西域人」，失之籠統，《元史》「西域弗林人」，「西域」爲廣義，亦不甚精確，庚午重訂本遂改爲「拂菻人」。

「退耕堂開雕」初刻本卷二三七列傳第一百三十四《文苑上》「范椁」，目録及正文均誤作「范椁」，庚午重訂本已改正。

「退耕堂開雕」初刻本卷二三九列傳第一百三十六《篤行上》類傳小序「《周官》以六行教萬民，曰孝弟睦婣任恤」，庚午重訂本「弟」改爲「友」，是。

庚午重訂本總體優於初雕本，但以兩者相較，也存在少量初雕本不誤而庚午重訂本反誤之例，原因是修訂時出現新的錯誤、修訂後版面之限制以及原版殘損等等。如：

「退耕堂開雕」初刻本卷四三志第十《五行志上》，至正二十四年，「正月，保德州民家豭豕生豚，一首二身八蹄二尾。又海鹽趙氏宰豬，小腸忽如蛇，宛延而走，及里許方止」。庚午重訂本末脱「止」字。應爲原版日久殘損。

「退耕堂開雕」初刻本卷五一志第十八《地理志六》「思州軍民安撫司，宋思州，元置安撫司」，庚午重訂本誤作「元置安撫思」。又「白泥等處，元初，蠻酋楊正寶，以功授白泥司副長官」，庚午重訂本誤作「泊泥」。又：「上桑直……下桑直。」庚午重訂本誤作「上桑置」。疑爲部分重刻時涉上下文而誤。

「退耕堂開雕」初刻本卷二一〇列傳第一百七《老的沙傳》「時哈麻與脱脱有隙」，庚午重訂本作「與哈麻與脱脱有隙」。挖改有誤。

「退耕堂開雕」初刻本卷二一八列傳第一百十五《余闕傳》「推官黄秀倫，經歷楊恒」，庚午重訂本改爲「推官黄禿倫歹，歷楊恒」。「黄秀倫」改爲「黄禿倫歹」，是，然「經歷楊恒」之「經」字不可省，此顯爲在改一字、補一字時誤挖去了「經」字。

「退耕堂開雕」初刻本卷二三七列傳第一百三十四《文苑上》卷前目録「洪希文」，庚午重訂本誤作「洪无文」。應爲「希」字殘損，誤補「无」字。

「退耕堂開雕」初刻本卷二三八列傳第一百三十五《文苑下》顧德輝「集唱和詩十卷，爲《草堂雅集》」，庚午重訂本作「集唱和詩十三」，按當作「集唱和詩十三卷」，初刻本誤作「十卷」，重訂本補「三」字，占「卷」字位，遂脱「卷」字。

開明書店《二十五史》本所用爲庚午重訂本，但與同爲庚午重訂本的《元史二種》本相較，也出現少量差錯，原因應出於印製前的剪貼、描修等技術環節。如：

《元史二種》本卷五七志第二十四《百官志三》「二十二年，權置山北道廉訪司於惠州」，開明書店版誤作「三十二年」。按下文有「二十三年」、「二十五年」，又同書《惠宗本紀四》二十二年九月「甲辰，權置山北道廉訪司於惠州」，《元史·百官八》亦云：「二十二年九月，權置山北廉訪司於惠州。」

《元史二種》本卷八六志第五十三《禮志六》「一曰迎香。……至日質明，有司具香酒樓輿」，開明書店版誤作「主日」。

《元史二種》本卷二一二列傳第一百九《崔敬傳》「直而不訐，即惠宗亦無以罪之」，開明書店版誤作「直而不許」。

《元史二種》本卷二二六列傳第一百二十三《徐壽輝傳》「閏三月」，開明書店鑄版誤作「門三月」。

《元史二種》本卷二三八列傳第一百三十五《文苑傳下》王逢「至正中，作《河清頌》，台臣薦之」。開明書店版誤作「台臣萬之」。同卷：郭鈺「牛衣以當長夜遂成痁瘧」。開明書店版誤作「遂成店瘧」。

《元史二種》本卷二四三列傳第一百四十《釋老》目録「王處一」，開明書店版脱「一」字。

《元史二種》本卷二四五列傳第一百四十二《列女中》《吴妙寧傳》「喈異而去」，開明書店版「啃」誤作嗜。

《元史二種》本卷二四八列傳第一百四十五《雲南湖廣四川等處蠻夷傳》「五月，宋氏復令平浪巡檢歐陽濯龍」，開明書店版誤作「歌陽濯龍」。

除以上版本以外，「退耕堂開雕」初刻本，一九五六年臺灣《二十五史》編刊館有景印本。一九七五年臺灣藝文印書館有《二十五史》仿古線裝縮印。一九八八年中國書店有三欄縮印影印本，仿古線裝六函六十册，單頁，係借故宫博物院藏板刷印，原版「退耕堂開雕」改署「北京市中國書店刷印」。一九九八年天津古籍出版社有《二十四史外編》本。

基於以上論述，這次校點整理，以庚午重訂本爲底本，「退耕堂開雕」初刻本爲校本，參校以《元史》、《續文獻通考》（王圻）、元人碑傳、文集等，遇有異同之處，凡可判定爲《新元史》明顯訛誤者，適當改字出校，餘以異同校列之，或不出校勘記，以儘量保持《新元史》原著面貌。

柯氏另撰有《新元史考證》五十八卷，對撰寫《新元史》過程中所遇「事有異同」者略加考證，説明去取之由，也起到了交代《新元史》主要取材的作用。今亦加以標點整理，附於書後。

另攝製本書鉛印本、退耕堂開雕初刻本、庚午重訂本等各版本之書影若干幀，冠於書前，供研究參考。

《新元史》出於一人之手，卷帙浩繁，至爲不易，難免存在一些問題。如雖然校訂了《元史》的一些錯訛，但卻又增加了一些謬誤，柯氏門人陳漢章撰《新元史本證》，指出了《新元史》的許多互相矛盾和錯誤的地方，可作參考。至於有些學者認爲應補缺的卻没有補，如《藝文志》，則乃柯氏有意爲之，前引牟潤孫《蓼園問學記》云：

我問柯先生：「您著《新元史》，爲什麼没有《藝文志》？」鳳老説：「你知道不知道《漢書·藝文志》所根據的是漢中秘藏書目？我找不到元内府藏書目，何從爲之撰《藝文志》。」

柯氏蓋因未見元代官方藏書目録，不願勉強拼湊，闕則闕之也。

《新元史》問世以後，章太炎説：「柯書繁富，視舊史爲優，列入正史可無愧色。」王國維、梁啟超以此書未敘體例及取材爲憾。其實，此書的體例雖未作概括，而全書結構一遵諸正史，還是嚴謹而清晰的。上文所引柯氏於宣統初年所作對魏源《元史新編》的評述，也可以看作對《新元史》編例的表達。至於取材，王國維、梁啟超只是認爲柯氏應於書前作出交代而已，此點《新元史考證》已經作了補救。有人認爲由於該書所引用的材料，一概不注明出處，致使學者不敢引用，則亦過矣。試問二十四史中有哪一部是事事注明出處的？柯氏在評述魏源《元史新編》時有云：「列傳之末，往往云某人碑其神道，某人撰其志銘，皆有乖於史法。」此爲史家之通例，亦爲柯氏之例。

總體而言，《新元史》後出轉精，其體例較爲嚴謹，其採擇文獻有超越前人之處，特別是在明《永樂大典》只剩下不到一千卷的今天，似不能斷言「凡他能接觸到的材料，今天人們都能看到，可以直接利用第一手材料，不需要轉引《新元史》中的轉手材料」，要知道柯氏當時是翻檢過多達八千卷的《永樂大典》的。

這次本社整理出版，對於此書得到更充分的利用，從而推動元史研究的進一步發展，是有意義的。

李偉國

二〇一七年元月

整理前言

一

《新元史》共二百五十七卷。其中本紀二十六卷，表七卷，志七十卷，列傳一百五十四卷。書成，由教育部呈送大總統，由大總統頒令，「准仿照《新唐書》、《新五代史》前例，一併列入正史」。故而雖非史館所出，但體制上仍爲奉敕欽定傳統，比同天子王官之書。其後即與《清史稿》一同增入正史「二十四史」之列，是爲「二十六史」，有以也。

編纂者柯劭忞，字鳳蓀，又字鳳笙，號蓼園，山東膠州人。同治九年舉人，光緒十二年進士，爲翰林院庶吉士，升編修。出任湖南學政，回京任國子監司業、翰林院日講起居注。光緒三十二年，赴日本考察教育，回國任貴州提學使，回京任學部丞參，補右參議，遷左丞，及京師大學堂經科監督。宣統二年選爲資政院議員，出任山東宣慰使，兼督辦山東團練大臣，回京任典禮院學士，賜紫禁城騎馬，宣統皇帝伴讀。民國三年，選爲參政院參政、約法會議議員，均辭未就。任清史館總纂，又代理館長，纂修《清史稿》，總閱全書，删正各朝本紀,並撰《天文》、《時憲》、《災異》三志,《儒林》、《文苑》、《疇人》各傳,另有趙爾巽修、柯劭忞纂《清史藝文志》四卷單印本。任東方文化事業總委員會委員長暨中方首席代表,編纂《續修四庫全書總目提要》。晚年倡議校刻《十三經》,立石曲阜,事未畢,臨終猶以爲憾。卒於民國二十二年,張爾田爲撰《清故學部左丞柯君墓誌銘》。又王森然撰《柯劭忞先生評傳》,王桐齡撰《介紹柯鳳孫先生〈新元史〉》,柳詒徵撰《柯劭忞傳》,徐一士撰《談柯劭忞》,崔振化撰《柯劭忞軼事》等。

著作除《新元史》、《清史稿》外,有《春秋穀梁傳注》十五卷,《新元史考證》五十八卷,《譯史補》六卷,合爲《柯劭忞先生遺著》三種,民國二十四年北京大學研究院文史部編,北京大學出版組印行。又有《蓼園詩鈔》五卷,《蓼園詩續鈔》二卷,廉泉編,民國十三年上海中華書局出版。又有《爾雅注》、《文獻通考校注》、《文選補注》、《説經札記》、《蓼園文集》等,未刊印。

二

昔張之洞謂「由小學入經學者,其經學可信」,「由經學入史學者,其史學可信」,「以經學史學兼詞章者,其詞章有用」。柯劭忞一生治學,身兼小學、經學、史學、詞章四段,其途徑次第恰如張之洞所言。

張爾田《墓誌銘》云：「七歲能韻語，父老驚爲奇童，乃益自憤發勵於學。鄒魯聖人之邦，號樸學藪，地壯，盡得其書而讀之，於天文、曆算、輿地、聲韻、訓故，靡不綜貫。其學由博而精，蘄於有用。然一以經爲歸，無歧騖也。」此即由小學入經學也。

又云：「國朝儒者，諸經皆有説，獨《穀梁》無完書。君以爲《公羊》闡微言，《穀梁》章大義。《穀梁》魯學也，治之宜先。宋氏三科與邵公異，此《穀梁》家所特聞。不先通此，非常異義可怪之言作，其罪至於誣聖。成《穀梁補箋》若干卷，《春秋》之誼大明。」此即柯氏治學之骨幹，所謂「其經學可信」也。

又云：「遜位詔下，君痛哭，解組去。會史館開，館長趙公與有舊，聘君總纂。君自顧儒臣，國亡無所自蓋，修故國之史即以恩故國，其職也。」此即「由經學入史學」也。

又云：「君於文，師梅郎中，疏樸古澹。尤工於詩，奄有漁洋、竹垞之長，晚年所刻《蓼園集》是也。」此即「以經史之學兼詞章」也。

吴宓由「中國學術系統」而論柯氏詠史詩，與張之洞用心略同，故可爲張爾田作一注脚。吴氏《空軒詩話》云：

陳寅恪《王觀堂先生挽詞》中「北門學士邀同死」，指膠州柯鳳孫先生劭忞。往者王静安先生嘗語宓云：「今世之詩，當推柯鳳老爲第一，以其爲正宗，且所造甚高也。」宓曾由姜叔明（忠奎）君道引，進謁柯先生二次。民國二十二年八月三十一日，柯先生溘逝，宓撰文一篇，題曰《悼柯鳳孫先生》，述先生學行，謂若論中國學術系統（經史子集）、人格規範，柯先生乃純乎其純者。生平精力所注，厥在經學，於《穀梁》所得尤深。又撰成《新元史》二百五十七卷，精勤宏博，至堪欽服。其詩集名《蓼園詩鈔》，民國十三年南湖居士廉泉先生編，以體分爲五卷。柯先生詩法盛唐，專學杜工部，光明俊偉，純正中和，如其爲人。柯先生遵照中國學術系統，視詩爲末藝小道，然詩實能表現先生之精神、思想、學術、行事，此亦中國文學之正宗觀念也。集中重要之作，有關史事者，爲卷二之《哀城南》、《後哀城南》（庚子義和拳殺戮士大夫），卷三之《三哀詩》（甲午殉難死職之三將）、《歷歷》（宣統朝攝政王）、《憶昨》（張文襄公之洞）、《歎息》（辛亥四川鐵路案引起革命）、《昔者》（辛亥武昌及沿江革命）、《漢家》（辛亥三十六鎮陸軍之倒戈）、《資江》（哀端方）、《垂簾》（隆裕太后下詔遜國宣布共和）、《瀛台》、《團城》、《北海》、《歲暮懷人詩》（王静安等），卷四之《丙午過膠州故居》（德人取占膠澳地）、《詠史三首》（庚子之亂）、《讀〈三國志·董卓傳〉》等，卷五之《挽奉新張忠武公勳》等。

此言中國學術以系統與人格爲首要，詩文則爲末藝小道。然則末藝小道正當歸本於系統與人格，既能歸本於系統與人格，則末藝小道亦將同其偉大而不朽。古昔《學記》有言：「三王之祭川也，皆先河而後海，或源也，或委也，此之謂務本。」柯氏《新元史》之作，正合古人原委本末之義。

民國十五年，《新元史》出版後僅四年，李思純著《元史學》，謂元史學積明、清兩代，延六百餘年，凡四五波折，而後大成。其言曰：

屈指以計中國既往之元史學家，不能不以柯氏爲集其大成。蓋錢大昕、洪鈞二氏之作，僅當名之曰專著，而非全史。何秋濤、李文田、沈曾植之作，僅當名之曰校讎考證，而非造史。邵遠平、屠寄之作，固可稱造史矣，而所造僅成一部分之史，未能全部改造。魏源庶幾全部改造矣，而又限於時代，限於材料，聞見未廣，漏略極多。惟柯劭忞出，然後其書兼具全部改造與詳備博洽之二種長處。中國元史學之有柯劭忞，正如集百川之歸流以成大海，集衆土之積累以成高峰。蓋斯學自康乾來，如果樹放花，初作蓓蕾。道咸之間，則嫩芽漸吐，新萼已成。至同光之間，千紅萬紫，爛漫盈目。及柯劭忞氏之著作成，而後繁花刊落，果實滿枝矣。柯氏之著此書，費時四十餘年，曾耗半生之精力以從事。其書以中華民國十一年出版，政府明令列入正史之中，蓋明、清兩代凡六百餘年之一切學者士大夫所耗竭心力而未完成者，柯氏以半生之力，集其大成，可謂偉矣。

三

《新元史》纂成以後，據云梁啟超、王國維、陳垣諸人均有批評。

蕭一山《清代通史·清代學者著述表》載：「曩在梁任公先生座次，逢王静安先生，譚及此書，均以未叙體例及取材爲憾。」

徐中舒《追憶王静安先生》載：「先生謂《元史》乃明初宋濂諸人所修，體例初非不善，惟材料不甚完備耳。後來中外秘笈稍出，元代史料漸多，正可作一部《元史補正》，以輔《元史》行世，初不必另造一史以掩原著也。」

梁啟超《中國近三百年學術史》云：「柯著彪然大帙，然篇首無一字之序，無半行之凡例，令人不能得其著書宗旨及所以異於前人者在何處？篇中篇末又無一字之考異或案語，不知其改正舊史者爲某部分？何故改正？所根據者何書？著作家作此態度，吾嘗舉此書記載事實是否正確，以問素治此學之陳援庵垣，則其所序批評，似更下魏著（引者注：指魏源《元史新編》）一等也，吾無以判其然否。」

李思純《元史學》載：「關於改造元史之事，吾曾聞陳垣援庵討論及之。陳氏於柯劭忞『改造全史』之事，不甚同意，而其意則傾向於『爲舊元史作注作補』之法。……陳氏之言如此，竊以爲甚當。蓋吾人若不能以歐美新史體改造元史，則必以注、補爲正當之方法。同時吾讀柯劭忞之《新元史》，覺柯氏誠不屑注、補舊史，而毅然出於改造。然其所改造成功之新元史，既不能盡採新材料，亦未能應用新史體，似於篤舊與圖新，俱有所未至也。」

諸人所批評，見仁見智，大致不能認同《新元史》之仍爲傳統史學之舊體，而批評其不能如現代學者著述之新體。按柯劭忞、王國維諸人介乎新舊交替之間，處境均乎不免尷尬。「以豨韋氏之流觀今之世，孰能不波？」然而時代弔詭爲一事，學者之願力爲又一事。有史家，有史官；有史學，有史著。史家與史官之別不可以道里計。我國歷史傳統，乃是以史官之史著，構成核心骨幹；乃是以一種内在化的用心與筆法，支撐起一種制度。要之，我國歷史傳統乃是一種制度性的存在，世官世疇，綿歷久遠。換言之，我國歷史傳統即其制度性本身，即可證明其存在的真實性與合理性，初不必依賴後世揭示「五十凡」與「三科九旨」而後有以自立也。現代史家、史學之學術標準，愈析愈細，論者談之容易，然而實不能入於其中，有如以李唐之暴發户、趙郡之假冒牌，窺視崔、盧、李、鄭之真門庭，何所聞而來，何所見而去，大略皮相與想象居多也。

王森然《評傳》云：

其治元史，乃由經以及史，亦以清同光間風氣，治西北史地（尤以元史）爲新奇時髦之學問。然柯先生勤搜窮討所得，不爲零篇專題之貢獻，而必宏大其體裁，精嚴其義例，醇美其文章，以撰成《新元史》二百五十七卷，與二十四史並列分席；不憚辛勞，舍易就難，亦中國學術之大幸也。往年王静安先生談及《新元史》，頗惜柯先生不用新法，作成零篇，或作爲舊《元史》之校勘增訂本，致《新元史》更待校注。或又譏《新元史》無索引，檢查不易。凡此固亦甚是；然苟知中國學術系統之重要，及古來中國學者著述之精勤不苟，歷數十年若一日，此種精神，此種願力，唯宏偉之柯先生有之也。

王森然論説「中國學術系統」之重要，竟與吴宓同一眼光，可謂辟見。

王森然《評傳》又云：「民國成立，爲宣統侍講，以孤忠自鳴，隱居不仕，以著述自娱。……雖經袁、徐、段諸氏屢聘其出山，終清高自持，不求仕進。」

徐一士《一士類稿》亦云：「鳳蓀樸學，不隨風氣爲轉移。」

柯氏所纂，既題《新元史》之名，署款「賜進士出身日講起居注官翰林院侍讀國史館纂修膠州柯劭忞撰」，版式仿殿本廿四史，而行文避清諱。柯氏本志不言自明。其書幸而成爲我國歷史傳統中最後僅存之碩果，此即其書最偉大之處、不可企及之處。只看柯氏身後，京師不能設史館，朝中不能存起居注，舉無史官，作新史而可以爲典要者百不餘一，故知新史云云絶非侈口而談之易易也。

民國十六年，北京政府大元帥頒令恢復設置國史館。其《大元帥令》云：「我國修史之職，起源甚古，左史右史，見於三代，自秦漢以迄明清，史官史院，建置益備。歷代對於史料之典藏，史職之尊重，史權之獨立，淵源有自，蔚爲中國文化之特質。我國五千年悠久歷史得以緜延不絶，中華文化得以光耀世界者，史政制度之確立，實有以致之。」

近人批評柯氏者，又有「不識時代意義」（沈雲龍《徐世昌評傳》），「對清廷所授的官職仍念念不忘」、「仍然以封建朝廷的史臣自居」（朱仲玉《清代人物傳稿》「柯劭忞」條），「思想頑固，影響品質」、「《新元史》成書於辛亥革命之後，清朝已滅亡將及十年，而柯氏在讚語中猶自稱『史臣曰』，可見其思想的頑固倒退」（王慎榮《元史探源》），甚至稱民國政府大總統令爲「僞令」等等，非學術語，尤非史家語，不足論。

四

《新元史》後出轉精，其採擇文獻有超越前人之處，柳詒徵《傳》曾簡括之云：「綜蒙漢文《秘史》、《蒙古源流》、《蒙鞑備録》、《黑鞑事略》、《親征録》、《西遊記》、《契丹國志》、《大金國志》、《西夏書》、《平夏録》、《昭忠録》、《北巡私記》、《庚申外史》、《經世大典叙録》、《元典章》、《廟學典禮》、《中堂事記》、《明實録》、《東國通鑑》、《高麗史》、《元寇紀略》、《成吉思汗實録》、《元史譯文證補》、《蒙古氏族表》、《西域錢譜》，與唐宋遼金諸史，元人碑傳志狀，及清儒錢大昕、邵晉涵、何秋濤、張穆、李文田諸儒考訂之説。」

但最令學者注意的，則是日本東京大學因此書授予柯氏名譽文學博士學位一事。東京大學文學部東洋史學系教授會所作《新元史》論文審查報告略云：

《元史》係有明初年，太祖敕當時文臣宋濂、王禕等編纂之書。有元一代，雖不過百年，而政治勢力所及，極其廣大，幾跨亞歐二洲。《元史》編纂之時，上距元末僅二三年，史料之搜集尚未完全。前後開史館二次，僅費三百餘日，創始失之過早，竣功失之過促，疏漏舛錯之多，在所難免。史料取捨之不當，叙述繁簡之失宜，固亦應有之事也。其書初脱稿時，已有非議之者，太祖欲修改之，未果。清初，經大儒顧炎武、朱彝尊等之指摘，其蕪雜紕漏之處，益公表於世。邵遠平著《元史類編》四十二卷，大加糾正删補，是爲後儒修改《元史》之權輿。乾隆年間，錢大昕亦曾修改《元史》，僅成《藝文志》及《氏族表》一部分而止。道光、咸豐年間，魏源著《元史新編》九十五卷，從來之面目爲之一新，未及完稿而輟筆，後人代爲補輯，始公表於世。以上各種著作，對於《元史》之改訂增補，雖綽有相當成績，然未能採用西方史料，對於關係西域之記事，仍多付闕如。光緒年間，洪鈞重譯纂録拉西脱、多孫諸家之書，以補其闕漏，名爲《元史譯文證補》，然有目無篇者尚多，不得稱爲完書。其後屠寄作《蒙兀兒史記》，參照《元朝秘史》及西方史料，證以實地之調查，對於《元史》大加補訂，然完全脱稿者，僅《本紀》、《列傳》、《世系表》及《地理志》之一斑，其餘有目無篇者仍不少。著者柯君承襲諸家之後，參考諸家之著述，修改《元史》，表面似乎易於成功，實際上則等於當群雄割據迭興之後，而成統一之功，其爲難處正自不少也。

審查報告舉其特色有三：第一，參照西方之史料，如拉西脱、多孫等諸家之著作，以補舊史之闕漏、正舊史之謬誤是也。第二，參考蒙古史料之《元朝秘史》，以補訂舊史之闕是也。第三，參照中國史料《經世大典》之一部，如《國朝典章》等，以增補舊史之闕是也。

舉其亦尚不無可指摘之點有二：第一，取捨添删之處，尚有未盡得宜者。第二，考證究索尚有未盡之處。

結論云：

要之，本論文雖有二條遺憾，而不能掩其三大特色。改修《元史》一節，爲向來史學家屢作而未成之事，著者以半生之苦心毅力成此大著，不可謂非千秋不朽之盛業也。《元史類編》之長處在博引旁搜，其短處在煩瑣冗慢。《元史新編》之長處在文章雅潔，論斷明快，其短處在記事簡略，史實不備。本論文兼有二書之長，而無二書之短。自非學識該博，精力絶倫，安能得此？依據以上之理由，認爲著者有可受文學博士學位之資格。

（以上據王桐齡譯文。）

其時桑原隲藏亦曾表示：「柯氏之《新元史》，雖亦有不是可非議之處，然較之魏源之著書，其體裁内容，實遥爲優越。以之列入正史，應無不合也。」（桑原隲藏《唐宋元時代中西通商史》，馮攸譯，上海商務印書館民國十九年版）

按審查報告所述明初《元史》編纂之狀，與四庫館臣大略從同。《四庫總目提要·元史》云：

洪武二年，得元十三朝《實録》，命修《元史》，以濂及王褘爲總裁。二月，開局天寧寺。八月，書成，而順帝一朝史猶未備。乃命儒士歐陽佑等往北平採其遺事。明年二月，詔重開史局，閲六月，書成。爲紀四十七卷，志五十三卷，表六卷，列傳九十七卷。書始頒行，紛紛然已多竊議。迨後來遞相考證，紕漏彌彰。顧炎武《日知録》

摘其趙孟頫諸傳備書上世贈官，仍志銘之文，不知芟削。《河渠志》言耿參政，《祭祀志》言田司徒，引案牘之語，失於翦裁。朱彝尊《曝書亭集》又謂其急於成書，故前後複出。因舉其一人兩傳者，條其篇目，爲倉猝失檢之病。然《元史》之舛駁不在於蕆事之速，而在於始事之驟。以後世論之，元人載籍之存者，説部文集尚不下一二百種。以訂史傳，時見牴牾，不能不咎考訂之未密。其在當日，則重開史局距元亡二三年耳。後世所謂古書，皆當日時人之書也。其時有未著者，有著而未成者，有成而未出者，勢不能裒合衆説，參定異同。

民國九年教育部致大總統之呈文（具名「署教育次長代理部務傅嶽棻」），亦同四庫館臣之論。呈文云：

《元史》原書成於明初，距元之亡不過二三年，元人之説部文集足供史料者，當時或有未著，或著而未成，或成而未出，雖憑採訪以修訂，未合衆説以參稽，《四庫全書總目》論之詳矣。宋濂、王禕諸儒，固皆一時鴻博之彦，而兩次開局，僅及年餘，始事既驟，蕆事又速，倉猝失檢，舛漏實多。顧炎武《日知録》指其沿用誌銘，直引案牘，猶止失於檢裁。朱彝尊《曝書亭集》列舉其一人兩傳，則尤屬紕繆之大者。厥後中外大通，譯籍叢出，於成吉思汗之偉跡，伊蘭四汗之雄圖，堪以參證發明者，不一而足。

可見自《元史》而《新元史》，三家之見莫不中肯如此。

惟當日東京大學審查報告，尚有周折。徐一士《一士類稿》載：

傅芸子君講學日本京都帝國大學，余以東京帝國大學博士論文審查會當時對《新元史》所作審查報告推論得失頗詳，因函請以關於此事聞諸日友者相告，近承函示：

（一）聞諸倉石武四郎教授：當日審查《新元史》，此邦史學名宿箭内亘博士（東京帝大教授）甚爲致力。博士爲倉石君高等學校之師，倉石君一日往謁，適值博士爲審查《新元史》之工作，皇皇巨著，堆積室中。博士云：「以此書言之，其價值可在博士之上，亦可在博士之下，即此一編，頗難斷定。又，原書之異於舊《元史》者，未比較言之，須爲之一一查對，以作成報告，故工作頗覺麻煩云。」

（二）據聞東京帝大方面，最初尚無授予鳳老博士學位之意；此事係由當日駐華公使小幡酉吉之提議而成。

（三）青木正兒博士云：鳳老既得博士後，對於日本之有博士學位者，無不重視。當日有某博士嘗往謁，鳳老歡迎甚至，禮貌有加，實則此君固虛擁此頭銜者也。

五

《新元史》先有初稿鉛字排印本，綫裝五十九册。民國九年，又有天津徐氏退耕堂刻本。民國十九年，又有著者自訂最後定本，學者稱之爲庚午重訂本。

民國九年天津退耕堂刻本，内封背面鎸「退耕堂開雕」。單魚尾，每單頁十行，每行二十一字。開本極爲闊大，白紙精印本，字體端正，墨色光黑，版式疏闊，以清内府紅色貢綾作書衣。

庚午重訂本，民國二十四年六月上海開明書店有拼版縮印本。扉頁及版框署「開明書店鑄版」。十二開，共四百八十八頁，每頁四欄，每欄四十五行，每行二十一字。銅板紙印刷，皮面精裝。一九六二年臺灣開明書店有重印本。

退耕堂刊本，一九五六年臺灣《二十五史》編刊館有景印本。一九七五年臺灣藝文印書館有《二十五史》仿古線裝縮印。一九八八年中國書店有三欄縮印影印本，仿古線裝六函六十册，單頁。係借故宫博物院藏板刷印，原版「退耕堂開雕」改署「北京市中國書店刷印」。

此外，一九八九年上海古籍出版社與上海書店有影印《元史二種》(《新元史》、《蒙兀爾史記》)本(二〇一二年重印)。一九九八年天津古籍出版社有《二十四史外編》本。

關於《新元史》之訛誤與校正，學者所論不少。民國十五年，上海中華書局出版李思純《元史學》，第四章有「柯劭忞之誤點」一節。民國二十六年，國立中央研究院《歷史語言研究所集刊》第七本第三分刊有陳叔陶《新元史本證》。

退耕堂刊本與庚午重訂本有所不同，如退耕堂刊本《隱逸傳・張樞》與《儒林傳・張樞》傳主重出，庚午重訂本删之(然《隱逸傳》中「使者强之，行至杭州，稱病而歸。至正八年卒，年五十七」一節，爲《儒林傳》所無，當存之)。如《地理志六》「密秀丹張」，退耕堂本無注，庚午重訂本有注云：「丹張即前單張，各郎西即前葛浪洞，草堂即前草塘，恭溪、焦溪、林種俱見前。疑諸地前屬播州，後屬平伐，遂重複如此。」

《新元史》爲匡正《元史》而作，但沿用《元史》内容亦不少，而刊刻倉促，凡沿用《元史》之處，偶有删節不當，刻工亦偶生訛誤。兹舉數例：

《英宗本紀》云：「馬得芻秣，民獲刈穫。」退耕堂刊本、開明書店鑄版均同。按《元史》作「馬得芻牧，民得刈獲」。

《五行志下》退耕堂刊本云：「天曆二年，二月，真定平山縣、河間臨津等縣、大名魏縣，蟲食桑。四，濮州鄄城縣、大名路。六月，衞月輝蠶災。三月，滄州、高州及南皮、鹽山、武城等縣蟲食桑。」「四」下脱「月」字，「衛月輝」衍「月」字。開明書店鑄版改正云：「天曆二年，二月，真定平山縣，河間臨津等縣、大名魏縣，蟲食桑。四月，濮州鄄城縣、大名路。六月，衛輝蠶災。三月，滄州、高州及南皮、鹽山、武城等縣蟲食桑。」然「鄄城縣」下尚脱「蠶災」二字。「大名路」上脱「五月」二字，下脱「蠶災」二字。《元史・文宗本紀》：「天曆二年四月丙辰，濮州鄄城縣蠶災。五月庚辰，大名路蠶災。」「高州」，據《元史》當作「高唐州」。又三月一條當移在二月、四月之間。

《食貨志十二》：「中統元年，以各處被災。驗實免科差。四年，以秋旱霜災，減大名等路税粮。三年，開元等路饑，減户賦布二匹，秋税減其半，水達達户，減青鼠二，其租税，被災者免征。真定等路旱蝗，其代輸築城役人户，悉免之。五年，東勝旱，免其租賦。八年，以去歲東平及西京旱蝗水潦，免其租賦。七年，益都登萊旱蝗，詔減其今年包銀之半。東京路饑兼造船勞役，免今年絲銀十之三。南京、河南等路蝗，減今年絲銀十之三。以南京、河南旱蝗，減今年差賦十之三。」以上四年、三年、五年、八年、七年，編年有誤。當逐年爲序，「三年」上當補「至元」年號。據《元史・世祖本紀三》：「至元六年，開元等路饑，減户賦布二匹，秋税減其半，水達達户減青鼠二，其租税被災者免征。」「豐州、雲内、東勝旱，免其租賦。」《元史・世祖本紀四》：「至元七年，益都、登、萊蝗旱，詔減其今年包銀之半。」《元史·世祖四本紀》："至元九年，以去歲東平及西京等州縣旱蝗水潦，免其租賦。"均同。

《食貨志十三》云："道川營道等處江溢山裂，溺死者衆。"退耕堂刊本、開明書店鑄版《新元史》誤"道州"爲"道川"，又删節"暴雨"、"漂蕩民廬"六字，刻意減省，轉失詳實。按《元史·成宗本紀四》作"道州營道等處暴雨，江溢山裂，漂蕩民廬，溺死者衆"。

《選舉志一》云："六齋東西相向，下兩齋左曰遊藝，右曰依仁"，"中兩齋左曰據德，右曰志道"，"上兩左者曰時習，右曰日新。"退耕堂刊本、開明書店鑄版均同。按"上兩左者"，《元史》作"上兩齋左"，文較精整。

《禮志一》云："宋政和祠制局言：古祭祀無不用玉。"退耕堂刊本、開明書店鑄版均同。按"祠制局"當作"禮制局"。《元史·祭祀志一》作"禮制局"，《宋史》亦作"禮制局"。

《禮志七》云："至元四年，封昔本土山爲武成山，其神曰武定公。"退耕堂刊本、開明書店鑄版均同。"武成山"當作"武定山"。《元史·世祖本紀三》作"武定山"，《新元史·世祖本紀二》亦作"武定山"。

同卷，"至元十四年，加封廣惠安邱雹衆靈沛侯，加封靈霈公。""雹衆"當作"雹泉"，"靈沛侯"當作"靈霈侯"，後"加封"當作"追封"。《元史·世祖紀六》云："至元十四年，安丘雹泉靈霈侯追封靈霈公。"

《禮志十》云：「宮車晏駕……送葬官三員，居五里外，日一次，澆飯祭之。」退耕堂刊本、開明書店鑄版均同。據《元史·祭祀志六》，「澆飯」當作「燒飯」。

《兵志一》云：「中書省臣言：舊給事人有失職者，詔百人。」退耕堂刊本、開明書店鑄版均同。按「詔百人」不辭，《元史·文宗本紀四》作「詔復其百人」，當補「復」字或「復其」二字。

《兵志二》云：「石州之土馬堡口。」退耕堂刊本、開明書店鑄版均同。「土馬」係誤分一字爲二，按《元史·文宗本紀一》作「塢」。

《兵志四》云：「其夜禁之法：三更之點，鐘聲絶，禁人行；五更三點，鐘聲動，聽人行。」退耕堂刊本、開明書店鑄版均同。「三更之點」誤，當作「一更三點」。《元史·兵志四》云：「其夜禁之法：一更三點，鐘聲絶，禁人行；五更三點，鐘聲動，聽人行。」又《元史·刑法四》云：「諸夜禁：一更三點，鐘聲絶，禁人行；五更三點，鐘聲動，聽人行。」

《刑法志上》云：「瀆刑之例……諸年老七十以上者、幼十五以下，不任杖責者。」退耕堂刊本、開明書店鑄版均同。按上「者」字當作「年」，屬下讀。《元史·刑法志一》云：「諸年老七十以上、年幼十五以下，不任杖責者。」

《耶律楚材傳》云：「帝亦自灼羊髀以相符驗。」又《張庭瑞傳》云：「我裂羊髀卜之，視肉之文理何，如其兆。」「脾」字誤。《元史·耶律楚材傳》作「胛」，又《郭寶玉傳》云：「睿宗令軍中祈雪，又燒羊胛骨，卜得吉兆，夜大雪，深三尺。」又《新元史·外國傳八》云：「來議軍事，以羊胛骨卜之吉。」又作「髀」。蘇天爵《國朝文類》卷五七載宋子貞《中書令耶律公神道碑》云：「每將出征，必令公預卜吉凶，上亦燒羊髀骨以符之。」檢《宋史·張亢傳》云：「使諜伏敵砦旁草中，見老羌方炙羊髀占吉凶。」又《外國傳二·夏國下》云：「卜有四，一以艾灼羊脾骨以求兆，名炙勃焦。」《遼史·二國外紀·西夏》云：「卜有四，一炙勃焦，以艾灼羊脾骨。」沈括《夢溪筆談》卷一八云：「西戎用羊卜，謂之跋焦。卜師謂之厮乩。以艾灼羊髀骨，視其兆，謂之死跋焦。其法，兆之上爲神明，近脊處爲坐位，坐位者主位也。近傍處爲客位。」曹元忠《蒙韃備録校注》云：「按《黑韃事略》云：『其占筮則灼羊之枚子骨，驗其文理之逆順，而辨其吉凶。天棄天與，一決於此，信之甚篤，謂之燒琵琶。』……所謂燒琵琶者，蓋沿遼制。宋葉隆禮《契丹國志》記行軍云：契丹行軍不擇日，用艾和馬糞於白羊琵琶骨上炙，炙破便出行，不破則不出。琵琶骨即羊髀骨。《元史·郭德海傳》云：『又燒羊胛（原注：疑髀之誤。）骨，卜得吉兆。』《耶律楚材傳》亦云：『帝每征討，必命楚材卜，帝亦自灼羊脾（原注：亦疑髀之誤。）以相符應。』是也。徐珂《清稗類鈔·方伎類》『蒙人之卜筮』條：『蒙俗遇事必卜，卜筮之權，操於喇嘛，人民亦兼有能之者。卜有二法，一以羊胛骨（原

注：羊前腿大骨，俗呼喀拉把）抹浄，手執骨之反面凹處，口對骨之正面，將所卜事由叙明，吐涎於其上之凸處，仰置火中燃之，去性後輕取出（原注：防其碎裂也），冷後視其裂紋以定吉凶，裂紋長而直者吉，曲而短者凶。』枚子骨、琵琶骨、喀拉把者，今通稱肩胛骨是也。

《文苑傳序》云「稱詩者推楊載、虞集、揭傒斯、范槨」，目録云「范槨」，正文云「范槨字亨父」，又《文苑傳下》云「受業范槨之門」，《董士選傳》云「范槨等數人，皆以文學顯」。諸「槨」字皆誤，《元史》本傳作「梈」。據其字推其名，當以從亨作「梈」爲是。吴澄《吴文正集》卷三五《江西廉訪司經歷司廳壁記》、蘇天爵《國朝文類》、張雨《句曲外史貞居先生詩集》、何喬遠《閩書》卷四四《范梈傳》、《弘治八閩通志》、《正德瓊臺志》、《嘉靖廣東通志初稿》、《萬曆瓊州府志》、宋濂《宋文憲公全集》、喻均《江右名賢編》，皆云「范梈字亨父」。

亦有《元史》及《新元史》退耕堂刊本、開明書店鑄版均誤者。茲舉數例。

《五行志》云：「華州之蒲城縣洛水和順崖崩，其崖戴石，有巖穴可居，是日壓死辟亂者七十餘人。」「辟」字，退耕堂刊本、開明書店鑄版及《元史》均誤。王圻《續文獻通考》、《隆慶華州志》卷一〇作「避」。

《禮志四》云：「及定公正其序，書曰『從事先公』。」退耕堂刊本、開明書店鑄版及《元史·祭祀志三》均誤。按「從事」當作「從祀」。王圻《續文獻通考》與蘇天爵《國朝文類》引劉致《太廟室次議》，及《春秋》三傳原文，均作「從祀」。

《劉國傑傳》云：「鄧太獠據前寨，劉太獠據後寨……破蕭太獠……破閻太獠……破曾太獠……廣東盜陳大獠。」下文又云：「別盜鍾太獠。」退耕堂刊本、開明書店鑄版同。按「陳大獠」亦當作「陳太獠」。《元史·劉國傑傳》均作「太獠」，且又有「復攻走嚴太獠」。然黄溍《金華黄先生文集》元刊本卷二五《湖廣等處行中書省平章政事贈推恩效力定遠功臣光禄大夫大司徒柱國追封齊國公謚武宣劉公神道碑》本作「鄧大獠」、「劉大獠」、「蕭大獠」、「閻大獠」、「曾大獠」、「廖大獠」、「嚴大獠」、「陳大獠」、「鍾大獠」。

《元史·干文傳傳》云：「妾之父母買鄰家兒，爲妾所生，兒初不死。」按「爲」字誤。《新元史·循吏》改作「妾父買鄰兒，爲妾所生，謂兒實不死」。退耕堂刊本、開明書店鑄版同。下句增一「謂」字，是也，而上句「爲」字仍誤。曾廉《元書》卷九〇、陳芳生《疑獄箋》卷一、胡文炳《折獄龜鑑補》卷一均改「爲」作「謂」，亦通。黄溍《金華黄先生文集》卷二七《嘉議大夫禮部尚書致仕(干)(于)公神道碑》本作「以爲」，云：「妾之父母買鄰家兒，以爲妾所生，兒初不死。」

又多有《新元史》退耕堂刊本、開明書店鑄版均誤者，柯氏尚未及改正。兹舉數例。

《新元史·禮志五》云：「《春秋》之義，父不祭於支庶，君不祭於臣僕之家。」退耕堂刊本、開明書店鑄版均同，蘇天爵《國朝文類》引元永貞《真定玉華宫罷遣太常禮樂議》、王圻《續文獻通考》卷一一一引方永貞，亦同。按《漢書·韋賢傳》及杜佑《通典》、鄭樵《通志》所引，「支庶」下有「之宅」二字，《新元史》脱。

《新元史·禮志八》云：「表章定制……仍盛以鎖鑰全表匣，飾以螭。」退耕堂刊本、開明書店鑄版均同。按「鎖鑰全表匣」當作「金鎖鑰表匣」。同書《禮志四》云：「祝册藏以楠木縷金雲龍匣，塗金鎖鑰。」《禮志五》云：「凡帝后册寶，以匣匱金鎖鑰藏於太廟。」

《禮志十》云：「《禮》曰：披髮徒跣，居於倚廬，寢苫枕塊，哭泣於時。」退耕堂刊本、開明書店鑄版均同。按「於時」當作「無時」。《禮記·問喪》云：「故哭泣無時，服勤三年，思慕之心，孝子之志也，人情之實也。」

同卷：「禮曰……又曰：『始死，如有窮；既殯，瞿瞿如有求而弗得；既葬，皇皇如有望而弗至。』」退耕堂刊本、開明書店鑄版均同。按「如有窮」上脱「充充」二字。《禮記·檀弓上》作「充充如有窮」。

《樂志二》云：「洋洋在上，匪遠具邇。」退耕堂刊本、開明書店鑄版均同。按當作「其邇」。

《新元史·兵志三》云：「致和元年九月，文宗自江陵入大都，平章速速等啟……又丞相燕帖木兒等啟……别不花等又啟。俱奉令：『旨准，敬此。』」退耕堂刊本、開明書店鑄版均同。按「敬此」當作「欽此」，史官照録原檔已不宜，又且訛誤。

《兵志四》云：「後遇病軍死者，請比照養濟院事例，官爲斂瘞，定立名碑，俾家人識驗。實爲養生葬死無憾之一。」退耕堂刊本、開明書店鑄版均同。按「之一」當作「之義」。

同卷：「打捕户折納皮舊例：虎皮貂折貂皮五十張，熊皮一折十五張，鹿皮一折七張，豺一青狼皮一折五張，粉獐皮一折三張，金錢豹皮一折狼十張，土豹一折十張，葫葉豹金絲絨皮一折六張，山四皮一折五張，狐皮一折二張。利用監新定折納貂皮：羊麈鹿皮及麋鹿一折七張，豹皮花熊皮一折十五張，例鼠皮一折一張，雞翎鼠皮十折一張，飛生鼠十折一，山分鼠四折一，鼠掃張鼠皮五折一張。」退耕堂刊本、開明書店鑄版略同。校以《大元聖政國朝典章》三十八《兵部》卷之五，原本錯行誤植甚多。「打捕户折納」下脱「貂」字，「虎皮貂」當作「虎皮一」，「豺一」當作「豺狼」，「一折五張」當作「一折十張」，「狼十張」當作「四十張」，「土豹」下脱「皮」字，「山四」當作「山羊」，「麈」當作「麞」（《大元聖政國朝典章》亦誤），「豹皮花熊皮」當作「貊皮即花熊皮」，「例鼠」當作「山鼠」，「飛生鼠十折一」當作「飛生鼠皮一折六張」，「山分鼠」當作「分鼠皮」，「鼠掃張鼠皮」當作「掃鼠皮」。唯有「金絲絨皮」，《國朝典章》作「金絲織皮」，似以《新元史》改作「絨皮」爲是。

《太祖諸子傳二》云：「彊宇敉安，自此始矣。」退耕堂刊本、開明書店鑄版均同。按「彊」當作「疆」。

《史秉直傳》云：「是時，令諸將位至省臣者許自擇，欲相去將，欲相罷將。」退耕堂刊本、開明書店鑄版均同。按「欲相去將，欲相罷將」二句同義重複，姚燧《牧庵集》卷一六《榮禄大夫福建等處行中書省平章政事大司農史公神道碑》作「朝廷以南紀平，諸將功至省臣者仍將其軍，制許自擇，欲將去相，欲相罷將」。

《趙天麟傳》云：「春秋二百二十四年之間。」退耕堂刊本、開明書店鑄版均同。按當作「二百四十二年」。邵遠平《元史類編》卷二五作「二百四十二年」。

《韓國昌傳》云：「有兄弟五人爲盜，皆論死。昌閔其牘戚然曰：『兄從弟者也，今若是，幾於族矣。』乃議最幼者減死。」退耕堂刊本、開明書店鑄版均同。按「兄從弟」誤倒，蘇天爵《國朝文類》卷五五《監察御史韓君墓碣銘》作「弟從兄者也」。

《鐵哥傳》退耕堂刻本云：「愛薛，西域人，祖不阿里，父不魯麻失。愛薛通西域語。」其言不詳。開明書店鑄版改二「西域」作「拂菻」，作「愛薛，拂菻人……愛薛通拂菻語」，詳而無謂。《元史》云「愛薛，西域弗林人，通西域諸部語」，記事最善。

《鄭玉傳》云：「玉憂患餘生，昏耄成疾，行至海上，夏感風痹。」退耕堂刊本、開明書店鑄版均同。按「夏」當作「復」，鄭玉《師山集》卷一《上鼎珠丞相書》作「復」。

《儒林傳一》云：「俞琰，字玉吾叟，平江人。」退耕堂刊本、開明書店鑄版均同。按「叟」字爲俞琰自稱及尊稱，如所著《黄帝陰符經注》署「林屋山人俞琰玉吾叟解」。此當云「字玉吾」。宋有俞琬，亦字玉吾，吴縣人，邃於《易》學。

同卷：「薛元，字微之。……友直，龍陽州判官；友諒，翰林直學士。」退耕堂刊本、開明書店鑄版均同。按「友直」上當補「子」字。又二子長幼次序當作友諒、友直。程鉅夫《雪樓集》卷九《薛庸齋先生墓碑》云：「配徐氏追封河南郡夫人，生友諒；及王、郝、楊三婦；次王氏，生友直；次任氏。」

《新元史·方技傳》云：廖應淮「晝賣卜，夜飲，輒大醉。當醉中自語曰：『天非宋天，地非宋地，奈何！』」退耕堂刊本、開明書店鑄版均同。按「當」字誤，應作「嘗」。宋濂《宋文憲公全集》卷三九《溟涬生贊》「晝市大衍數，夜沽酒痛飲，不醉弗休。醉中嘗大叫曰」云云。

《列女傳·陳淑真》云：「衣帶有刺繡字，詞曰：『海水群飛，不二其行。湖水澮澮，之子澄清。視刃視飴，見衣見清。』」退耕堂刊本、開明書店鑄版均同。按下「清」字誤。魏源《元史新編》卷五二作「見衣見情」，《乾隆漢陽縣志》卷二九《列女》作「見衣見心」。

《列女傳·義烈女朵那》云：「至正中，寇陷杭……已而又欲汙之，女持刀自刎，曰：『我主二千石，我誓不奴他姓，况汝賊乎？』」退耕堂刊本、開明書店鑄版均同。按「奴」字誤，陶宗儀《南村輟耕録》卷一一、田汝成《西湖遊覽志餘》卷九、《萬曆杭州府志》卷八九同，《嘉靖浙江通志》卷四八、《康熙浙江通志》卷四〇、《康熙錢塘縣志》卷二八均作「從」。

底本中有引用元人文獻而仍稱「本朝」者，如《曆志五》「本朝至元十七年庚辰歲」，「距本朝至元十七年庚辰歲」，《曆志六》「本朝中統元年庚申」，「上自後漢章武元年，下訖本朝，計五十五事」，「本朝至元七年庚午」等；又有按語中仍稱「我大清」者，如《河渠志一》「至我大清乾隆間平西域」，本次整理均依舊不改。

底本中偶有目録與正文不一，或有目無文，或有文無目，本次整理均儘量統一，另加校記説明。

底本不分段落，本次整理酌分段落。卷中有整篇詔令等大段引文，則提行另起，以清眉目。

底本避清諱，如《忠義傳三》「化州通判遊宏道」，《忠義傳四》及《惠宗本紀四》「趙宏毅字仁卿」，《循吏傳》「于宏毅」，《隱逸傳》「廬陵人張宏毅」，均本名「弘毅」；《樂志一》「天生五材，孰能去兵；恢張宏業，我祖天聲」，「宏」字避清諱，《元史·禮樂志三》及王圻《續文獻通考》本作「弘」，蘇天爵《國朝文類》作「鴻」，嵇璜《續文獻通考》作「洪」；又如「玄」作「元」、「淳」作「湻」、「女真」作「女直」之類，本次整理均徑改，不出校。

底本文字多異體、俗體通假混用，如「臺」與「台」、「答」與「荅」、「穎」與「潁」、「錠」與「定」、「藥」與「葯」、「贏」與「嬴」、「饑」與「飢」、「稟」與「禀」、「於」與「于」、「鐵」與「鉄」、「浚」與「濬」、「礙」與「碍」、「櫃」與「柜」、「太」與「大」、「廕」與「蔭」、「鬧」與「閙」、「歷」與「歴」與「曆」之類，本次整理儘量統一爲正體，不出校。

底本中蒙古、西域人姓名及地名多作音譯，往往不一，如帖木兒、帖木耳，克什米耳、喀什米爾之類，本次整理均依其舊；至同卷之中前後音譯不同，後者當遵前者所譯，則作校記說明。

上古稱謂，取其名自呼。東夷從鳥，西羌從羊，北狄從犬從狼，南蠻從蛇從狗，乃是其先祖發祥，各有動物關乎生存，伴隨親密，與褒貶之義無涉。後世不明，妄加點綴，不啻數典忘祖。底本中猺、獠、獞、獹、犵狫各族之名，宗事先祖，保存古義，故本次整理均依舊不改。

底本喜用古字，如「擒」作「禽」、「寨」作「砦」、「圓」作「圜」、「浙」作「淛」、「悦」作「説」、「毆」作「歐」、「實」作「寔」、「奸」作「姦」、「賜」作「錫」、「齋」作「齊」、「輛」作「兩」、「歡」作「懽」又作「驩」、「鴆」作「酖」、「澗」作「磵」、「駭」作「駴」、「盾」作「楯」、「賑」作「振」之類，字義可通，本次整理則儘量不改，以存作者心意。

本次整理，由張京華、周建剛、湯軍、石强、鄭娉五人分册點校，由張京華、黄曙輝總校全書，李偉國覆校，張京華撰寫校記。

張京華

二〇一六年十月

於湖南科技學院國學院

目録

第一册

第二册

第三册

第四册

第五册

第六册

新元史卷之一百七　列傳第四

新元史卷之一百八　列傳第五

新元史卷之一百十二 列傳第九

新元史卷之一百十三 列傳第十

新元史卷之一百十四 列傳第十一

新元史卷之一百二十九　列傳第二十六

新元史卷之一百三十　列傳第二十七

新元史卷之一百三十一　列傳第二十八

第七册

新元史卷之一百三十七　列傳第三十四

新元史卷之一百四十一　列傳第三十八

新元史卷之一百四十二　列傳第三十九

新元史卷之一百四十三　列傳第四十

新元史卷之一百四十四　列傳第四十一

新元史卷之一百四十五　列傳第四十二

新元史卷之一百四十六　列傳第四十三

新元史卷之一百四十七　列傳第四十四

新元史卷之一百四十八　列傳第四十五

新元史卷之一百四十九　列傳第四十六

新元史卷之一百五十四　列傳第五十一

新元史卷之一百五十五 列傳第五十二

新元史卷之一百五十六 列傳第五十三

第八册

新元史卷之一百七十五　列傳第七十二

新元史卷之一百七十六　列傳第七十三

新元史卷之一百七十七　列傳第七十四

新元史卷之一百七十八　列傳第七十五

新元史卷之一百九十一　列傳第八十八

新元史卷之一百九十二　列傳第八十九

新元史卷之一百九十三　列傳第九十

新元史卷之一百九十四　列傳第九十一

新元史卷之一百九十五　列傳第九十二

新元史卷之一百九十六　列傳第九十三

新元史卷之一百九十七　列傳第九十四

新元史卷之一百九十八　列傳第九十五

新元史卷之一百九十九　列傳第九十六

第九册

新元史卷之二百四　列傳第一百一

新元史卷之二百五　列傳第一百二

新元史卷之二百六　列傳第一百三

新元史卷之二百七　列傳第一百四

新元史卷之二百八　列傳第一百五

新元史卷之二百九　列傳第一百六

新元史卷之二百一十　列傳第一百七

新元史卷之二百十一　列傳第一百八

新元史卷之二百十二　列傳第一百九

新元史卷之二百十三　列傳第一百十

新元史卷之二百十四　列傳第一百十一

新元史卷之二百三十　列傳第一百二十七

新元史卷之二百三十一　列傳第一百二十八

新元史卷之二百三十二　列傳第一百二十九

忠義三

新元史卷之二百三十三　列傳第一百三十

新元史卷之二百三十五　列傳第一百三十二

新元史卷之二百三十六　列傳第一百三十三

第十册

新元史卷之二百三十七　列傳第一百三十四

新元史卷之二百三十八　列傳第一百三十五

新元史卷之二百三十九　列傳第一百三十六

新元史卷之二百四十　列傳第一百三十七

新元史卷之二百四十一　列傳第一百三十八

新元史卷之二百四十五　列傳第一百四十二

新元史卷之二百四十六　列傳第一百四十三

新元史考證

新元史序

明人修《元史》，倉卒成書，紕複挂漏，讀者病之。乾隆中，錢竹汀少詹思别爲一書，成補志、補表及列傳百餘篇，然迄未卒業。今《藝文志》、《氏族表》俱刊行於世，列傳則佚而不傳。自少詹以後，改訂舊史者，雖有成書，仍不饜讀者之意。膠西柯鳳孫學士爲余丙戌同年，既入翰林，假館中所貯《永樂大典》讀之，擇裨於元史者，鈔爲巨帙，固知其有著書之志矣。已而從元和陸文端公家得洪文卿侍郎繙譯西書藁本，始知刊行之《元史譯文證補》漏遺尚多，而東西學者之撰述，洪氏所未及見者，學士亦獲而譯之。又博訪通人，假其藏書，多《四庫》未收之祕笈，旁及元碑拓本，又得三千餘事。於是參互攷訂，殫十餘年之精力，撰《新元史》二百五十有七卷，近世治史學者，未有及學士之博篤者也。余嘗質於學士曰：「侏儒之文，紕翻疊譯，往往彼此牴牾。私家之狀誌，又恐虛罔不實。可據爲信史乎？」學士曰：「其牴牾者，必博求證據，不敢逞胸臆以決之。其虛罔者，覈諸事實，不難知也。」蓋其用意矜慎如此。元之太祖力征經營，武功燀赫，舊史所謂奇勛偉績，史官失於記載者，今之新史具詳其事。世祖以來，紀綱法度，粲然畢舉，凡丁賦、税則、鈔法、海運、河防、刑制，與夫服制之圖，郊祀之議，君臣之謚法，舊史所略而未備者，今則綴述遺聞，悉著於篇。至於宗藩懿戚，下逮當時之士，以功名、文學、節義顯者，補爲列傳，皆學者所不可不知者也。昔新舊《唐書》，論者互有短長。學士此書贍而不蕪，義例尤嚴，視舊史殆倍蓰過之，其列於正史宜矣。余既爲付梓，又序其簡端，以詒承學之士，庶幾謂余言爲不謬乎？

天津徐世昌

大總統令

教育部呈柯劭忞所著《新元史》，「精審完善」，請特頒明令，列入正史，「以廣流傳」等語。《元史》原書由宋濂、王褘倉卒蕆事，疆域、姓氏舛漏滋多，前代通儒屢糾其失，間有述作，均未成書。柯劭忞博極群言，搜采金石，旁譯外史，遠補遺文。羅一代之舊聞，萃畢生之精力，詢屬詮采宏富，體大思精。應准仿照《新唐書》、《新五代史》前例，一併列入正史，以餉士林。此令。

教育部呈文

呈爲奉諭交部閲看之《新元史》，精審完善，擬請仿新舊《唐書》《五代史》之例，與《元史》一併列入正史，以廣流傳，而光册府，恭呈仰祈鈞鑒事。本年十一月七日，准公府祕書廳函開，柯劭忞所著《新元史》一部，奉諭交部閲看等因。查《元史》原書成於明初，距元之亡不過二三年，元人之説部文集足供史料者，當時或有未著，或著而未成，或成而未出，雖憑採訪以修訂，未合衆説以參稽，《四庫全書總目》論之詳矣。宋濂、王褘諸儒，固皆一時鴻博之彦，而兩次開局，僅及年餘，始事既驟，蕆事又速，倉猝失檢，舛漏實多。顧炎武《日知録》指其沿用誌銘，直引案牘，猶止失於檢裁。朱彝尊《曝書亭集》列舉其一人兩傳，則尤屬紕繆之大者。厥後中外大通，譯籍叢出，於成吉思汗之偉迹，伊蘭四汗之雄圖，堪以參證發明者，不一而足。柯劭忞所著《新元史》廣搜群籍，旁及金石遺文，復遠譯東西學者撰述，參互考正，力求精當，訂誤、補遺、删複之外，於正是非、審虚妄兩端，尤爲加意。用力既勤，閲時又久，覃思竭慮者凡十有餘年，始克成書。故其精審完善，實遠出《元史》原書之上。查清乾隆年間頒行《二十四史》，《唐書》及《五代史》均新舊並存。《新元史》足以訂正舊史，饋餉士林，非僅如新舊《唐書》、新舊《五代史》文字有繁簡、體例有異同已也。擬請特頒明令，將柯劭忞所著《新元史》仿照前例，與《元史》一併列入正史，用廣流傳，以光册府。是否有當，理合具文，呈請鑒核施行。謹呈大總統。

署教育次長代理部務傅嶽棻。

新元史卷之一　本紀第一

賜進士出身日講起居注官翰林院侍讀國史館纂修膠州柯劭忞撰〔一〕

序紀

蒙古之先，出於突厥。本爲忙豁侖，譯音之變爲蒙兀兒，又爲蒙古。金人謂之韃靼，又謂之達達兒。蒙古衣尚灰暗，故稱黑達達。其本非蒙古而歸於蒙古者，爲白達達、野達達。詳《氏族表》。其國姓曰乞顔特孛兒只斤氏。太祖十世祖孛端察兒之後，稱孛兒只斤氏。皇考也速該又稱乞顔特孛兒只斤氏。孛兒只斤，突厥語譯義灰色目睛，蒙古以灰睛爲貴種也。

蒙古初無文字，世事遠近，人相傳述。其先世與他族相攻，部族盡爲所殺，惟餘男女二人，遁入一山，徑路險巇，僅通出入，遂居之，名其山曰阿兒格乃衮。生二子，長曰惱古，次曰乞顔。「乞顔」義爲奔流急瀑，言其勇往邁衆似之。乞顔子孫衆多，稱爲乞顔特，又譯爲計牙特，亦譯爲郤特。「特」者，統類之詞也。又譯爲奇渥温。「温」者，國語之尾音也。

後以地狹人稠，欲出山，而塗已塞。有鐵鑛洞穴深邃，乃篝火洞中，宰七十牛，剖革爲筒而鼓之。鐵石既融，徑路遂通。蒙古舊俗，元旦鍛鐵於鑪，尊卑次第捶之，其事蓋緣起於此。

乞顏之後，有孛兒帖赤那，譯義爲蒼狼。其妻曰豁埃馬蘭勒，譯義爲慘白牝鹿。皆取物爲名，世俗附會，乃謂狼妻牝鹿，誣莫甚矣。孛兒帖赤那與豁埃馬蘭勒，同渡騰吉思海，徙於斡難河源不兒罕山之下，生子曰巴塔赤罕。

巴塔赤罕生子曰塔馬察。塔馬察生子曰豁里察兒蔑兒干。豁里察兒蔑兒干生子曰阿兀站孛羅温勒。阿兀站孛羅温勒生子曰撒里合察兀。撒里合察兀生子曰也客你敦。也客你敦生子曰撏鎖赤。撏鎖赤生子曰合兒出。合兒出生子曰孛兒只吉歹蔑兒干。其妻曰忙豁勒真豁阿，生子曰脱羅豁勒真伯顏。其妻曰孛羅黑臣豁阿，生二子，長曰都蛙鎖豁兒，次曰朵奔蔑兒干。「都蛙」譯義爲遠視，「鎖豁兒」譯義爲一目，言其一目能遠視也。

有豁里禿馬敦部長豁里剌兒台蔑兒干率所部至不兒罕山，都蛙鎖豁兒見其女美，爲弟朵奔蔑兒干娶之，是爲阿蘭豁阿哈屯。生二子，曰不古訥台，曰别勒古訥台。朵奔蔑兒干卒，阿蘭豁阿嫠居有孕，衆疑之。阿蘭豁阿曰：「夜有白光，自天窗而入，化爲黄人，摩挲我腹，斯殆神靈誕降。不信，請汝等伺之。」衆曰：「諾。」次夜，果見白光出入，群疑乃釋。既而生三子，長曰不忽合塔吉，次曰不合秃撒勒只，次曰勃端察兒蒙合黑。凡三子之支派，蒙古稱之曰尼而倫，譯義爲清潔，以其爲神靈之胤。別派則謂之塔立斤，譯義常人也。

阿蘭豁阿嘗束箭五枝，謂其諸子曰：「汝兄弟五人，猶五枝箭，分則易折，若合爲一束，誰能折之？汝五人一心，則堅强無敵矣。」其後宣懿皇后猶引此言以教太祖云。

阿蘭豁阿幼子勃端察兒蒙合黑，沈默寡言，家人謂之癡，獨阿蘭豁阿曰：「此兒不癡，後世子孫必有大貴者。」及阿蘭豁阿卒，諸兄分家資，不及勃端察兒蒙合黑。勃端察兒蒙合黑乘一青白馬，至巴勒諄阿剌勒，飲食無所得，見黄鷹搏雉，勃端察兒蒙合黑繳而獲之，鷹即馴熟，乃臂鷹獵雉兔以爲食。有鄂郭爾察克部遊牧於統格黎河，亦時以馬乳奉之。後諸兄悔，來視勃端察兒蒙合黑，邀與俱歸。勃端察兒蒙合黑曰：「統格黎河之民無所屬，可撫而有也。」諸兄以爲然，至家，使勃端察兒蒙合黑率壯士以往，果盡降之。自是蒙古始有部衆。

勃端察兒蒙合黑之妻曰勃端哈屯，生二子。又娶一妻，生子曰把林失亦剌禿合必赤，生子曰蔑年土敦。其妻曰莫拏倫，生七子，而蔑年土敦卒。莫拏倫亦稱莫拏倫塔兒衮，譯義有力也。徙於諾賽兒吉及黑山之地。是時札剌亦部强盛，以千車爲一庫倫，有七十庫倫，恃衆與契丹相拒。契丹渡克魯倫河，大破之。札剌亦敗，衆遁至莫拏倫牧地。其小兒掘速都遜草根食之，莫拏倫乘車出，見而呵之曰：「此我之牧地，何得踐蹋！」以車輾小兒，有死者。札剌亦人怒，驅其牧馬以去。莫拏倫諸子聞之，不及甲而追之。莫拏倫私憂曰：「吾兒無甲，何以禦敵？」使其子婦載甲從之。及至，諸子已戰没。札剌亦人遂乘勝殺莫拏倫，滅其家。惟一孫海都尚幼，乳母匿於酒甕中獲免。海都父合赤曲魯克，蔑年土敦之長子也。先是，蔑年土敦第七子納臣贅於巴兒忽氏，故不及難。至是歸，惟海都及病嫗十餘人在焉。有其兄所乘之黄馬自札剌亦逸歸，納臣乃乘之，至札剌亦牧地，遇獵者，納臣紿殺之。又遇牧馬小兒，方擊髀石爲戲，納臣亦殺之，臂鷹驅馬而返。遂將海都徙於巴兒忽。海都稍長，納臣與巴兒忽怯谷諸部共立之，蒙古稱罕自海都始。率衆攻札剌亦，虜其部衆爲奴。後海都又徙於巴兒忽真土窟姆之地，造一橋於巴兒忽真河以通來往，名曰海都赤勒拉姆。納臣則徙於斡難河。

海都卒，長子伯升豁兒多黑申嗣。伯升豁兒多黑申卒，子屯必乃薛禪嗣。屯必乃薛禪生九子，皆有智勇，部衆益强。卒，第六子合不勒罕嗣。海都次子察剌孩領忽生子曰想昆必勒格。「想昆」即契丹之「詳衮」，譯義辦事官也。想昆必勒格生子曰俺巴孩，後嗣合不勒之罕位。

合不勒罕有威望，蒙古諸部莫不降附。金主聞其名，召見，禮遇甚優。合不勒恐飲食中毒，宴會輒託詞沐浴，出而吐其食物。一日酒酣，合不勒拊掌而躍，捋金主之鬚。左右呵其失禮，合不勒皇恐謝罪。金主釋不問，仍厚賜遣之。金之大臣謂：「縱去此人，將爲邊患。」遣使要之返，合不勒不從，語倔强。金人再遣使詰問，合不勒他往以避之。使者歸，遇諸塗，挾以入朝。中道遇其諳達賽亦柱歹，告之故。賽亦柱歹贈以良馬，使乘間逸去。至夜，使者以索縶其足。次日得間，始疾馳而返。使者追及之，合不勒次妻蔑台火魯拉思氏，以所居之新帳居使者。合不勒告其部衆曰：「不殺此人，我終不免。汝等不助我，則先殺汝等。」衆從之，遂襲殺使者。未幾，合不勒病卒。

合不勒生七子，不立其子，而立其從弟俺巴孩爲罕。先是，合不勒妻呼阿忽豁阿，其弟曰賽因特斤，翁吉拉特人也，延塔塔兒巫者治疾，不效而卒，執巫者殺之。塔塔兒部衆怒，與翁吉拉特搆兵。合不勒諸子助母黨，與塔塔兒戰於貝闌色夷闊端之地。合不勒第四子合丹剌傷塔塔兒酋，瘡愈，戰於攸剌伊拉克，再戰於開兒伊拉克，卒爲合丹所殺。故塔塔兒仇蒙古。俺巴孩既立，嫁女於塔塔兒，自往送之。塔塔兒遂執俺巴孩及其弟烏斤巴勒哈里，獻於金。金人以蒙古殺其使者，乃製木驢之刑，釘俺巴孩兄弟於驢背。俺巴孩將死，謂從者布勒格赤曰：「汝歸，爲我告合不勒罕七子中之忽圖剌及我合答安太石，言我爲一國之主，不忍兒女之愛，以至如此，後人當以我爲鑑。若等將五指爪磨禿，縱磨傷十指，亦當爲我復仇。」又使告於金主曰：「汝假他人之手以獲我，又置我於非刑。我死，則我之伯叔兄弟必能復仇。」金主曰：「此言可告汝部衆，朕不畏也。」縱布勒格赤歸。

於是部衆共立合不勒第五子忽圖剌爲罕。忽圖剌罕糾諸部復仇，敗金人於境上，大掠而去。是時，金熙宗皇統三年也。其後金大定間，童謠曰：「達達來，達達去，趁得官家沒去處。」金世宗聞之，曰：「此必韃靼將爲國患。」乃下減丁之令，歲歲用兵北邊，恣行殺戮。蒙古諸部銜仇剌骨，亦出没爲金邊患。金丞相完顏襄乃築長城以限之，而使汪古部守其要隘。至太祖伐金，汪古部反爲蒙古嚮導焉。忽圖剌驍勇，力能折人，每食盡一羊，音吐甚洪，隔七嶺之遠猶聞之。一日出獵，遇朵兒奔人，欺其無從者，欲追而殺之。忽圖剌之馬陷淖中，自馬上躍登於岸，追者駭走。家人聞遇朵兒奔，以爲必死，設筵祭之，其妻獨不謂然。及歸，忽圖剌曰：「我出獵，而徒手返，何以對衆？」復入朵兒奔牧群，奪其馬。中道獲野鴨卵，盛以靴。家人乃撤祭筵，以享其夫婦。忽圖剌長子曰拙赤罕，後率所部千人歸於太祖。次曰阿勒壇，亦素附太祖，後叛歸客烈亦部王罕。初，俺巴孩爲金人所殺〔二〕，部衆會議立罕，推族人朵答兒主議。朵答兒請使哈答兒禿克主之。哈答兒禿克讓於莫圖根。莫圖根曰：「汝等公議立罕，則事可定。否則必有内亂。」言畢而出，部衆遂共立忽圖剌爲罕。及忽圖剌卒，布拉火力兒等欲立塔兒忽台爲罕，部衆不從。於是諸部各立部長，不相統屬。

爲尼而倫部長者曰也速該，合不勒罕第二子把兒壇之子也，是爲太祖皇考，追謚烈祖神元皇帝。自此塔兒忽台與烈祖有隙。塔兒忽台者，合答安太石之子，爲泰亦赤兀部長。故太祖屢爲泰亦赤兀部所困。把兒壇娶於巴兒忽氏，曰蘇尼吉兒哈屯，生四子，長曰蒙哥禿乞顔，次曰揑坤太石。揑坤太石長子曰火察兒，善射，從太祖攻討諸部，屢有功，後從攻塔塔兒違軍令，太祖奪其所獲，遂與阿勒壇奔王罕。王罕敗，復奔乃蠻。太祖平乃蠻，俱伏誅。次爲烈祖。次曰答力台，亦叛附王罕，後自歸於太祖，太祖宥之。烈祖爲部長十三年，屢伐金。又討塔塔兒，獲其二酋，曰帖木真兀格，曰庫魯布哈，諸部畏服。客烈亦部王罕爲其叔父古兒堪所攻，乞援於烈祖。烈祖逐古兒堪以定客烈亦之亂，王罕德之，與烈祖約爲諳達。後烈祖爲太祖求婚於翁吉剌氏，中道至扯克扯兒之地，遇塔塔兒人以毒酒飲之。烈祖暴疾，至家召察剌合額不格之子蒙力克，以太祖兄弟託之而崩，時太祖十三歲。

史臣曰：元人數典忘祖，稱其國姓曰奇渥温氏，而舊史因之。我高宗純皇帝既命館臣改譯，復據《蒙古源流》證元之國姓爲博爾濟錦氏，數百載相沿之謬，至我高宗始爲之釐訂焉。博爾濟錦，即孛兒只斤之異譯也。今蒙古喀兒喀諸部，非博爾濟錦氏不得爲台吉，蓋猶自別於庶姓云。

【校勘記】

〔一〕此本書作者柯劭忞署銜，每卷卷目下均有，今保留此條，以下皆省去。

〔二〕「俺巴孩」，原作「俺巴該」，蓋形近而誤，今據上下文改。

新元史卷之二　本紀第二

太祖上

太祖法天啟運聖武皇帝，諱帖木真，烈祖長子也。母曰宣懿皇后訶額倫。烈祖討塔塔兒，獲其部酋曰帖木真兀格。師還，駐於迭里溫孛勒答黑，適宣懿皇后生太祖，烈祖因名曰帖木真，以志武功。太祖生時，右手握凝血如赤石，面目有光。是歲爲乙亥，金主亮貞元三年也。

先是，泰亦赤兀部長塔兒忽台等與烈祖有隙，烈祖崩，部衆多叛附泰亦赤兀。宗人最長者曰脱端火兒真，亦欲叛去，蒙力克之父察剌合留之。脱端火兒真曰：「深池已涸，堅石已裂，留復何爲？」卒不顧而去。宣懿皇后自持旄纛追叛衆，始還其大半。然察剌合竟以力戰，腦中流矢。帝視之，察剌合曰：「汝父卒，部衆盡叛，我力戰邀之，乃爲所傷。」帝感泣。察剌合創甚，旋卒。

及帝稍長，泰亦赤兀人忌之。一日，其酋率部衆奄至。帝入帖兒古捏山，爲邏者所獲，乘間逸去。泰亦赤兀部下鎖兒干失剌匿之，獲免。遂徙帳於合剌只魯格山之青海子。

帝娶於弘吉剌氏，曰光獻翼聖皇后孛兒台，以后之黑貂裘獻於客烈亦部王罕。王罕大悅，乃爲帝招集舊部，歸附漸衆，又徙帳於客魯漣河源不兒吉之地。

已而蔑兒乞三部酋，曰脱黑脱阿，曰答亦兒兀孫，曰合阿台答兒麻剌，悉衆來攻。帝與皇弟別勒古台、阿魯剌人博爾朮、兀良合人者勒蔑奉宣懿皇后入不兒罕山。蔑兒乞人掠孛兒台而去。帝獲免，乃椎胸告天：「不兒罕山遮護我，他日子孫世祀之，勿敢忘。」已而帝乞援於王罕及宗人札木合，大敗蔑兒乞於不兀剌之地，迎孛兒台歸。

帝幼與札木合約爲諳達，至是交日密，徙帳於豁兒豁納黑主不兒之地，與札木合連營，逾年，復分軍而去，仍還合剌只魯格山。於是巴魯剌人忽必來，忙忽人哲台，兀良合人速不台，者勒蔑之弟察兀兒罕，博爾朮之弟斡歌連，蒙格禿與其子汪古兒，及撒察別乞、孛圖駙馬，帝從父答里台，從弟阿勒壇、忽察兒等，俱先後來歸。阿勒壇、忽察兒、撒察別乞三人首謀推戴，與諸將盟於青海子，請帝稱罕，以統蒙古之部衆，時爲金大定二十九年。己酉，帝以稱罕事告於王罕及札木合。札木合使謂阿勒壇、忽察兒曰：「吾與帖木真諳達交不終，皆由汝等之離間。今汝等立吾諳達爲罕，其忠於所事，勿使疑汝等反覆也。」其後阿勒壇等卒叛附於王罕云。

太祖既稱罕，命斡歌連扯兒必、合赤温脱忽剌温、哲台、多豁勒忽扯兒必四人爲火兒赤，汪古兒、薛赤兀兒、合答安答勒都兒罕三人爲保兀兒赤，迭該爲火你赤，古出古兒爲抹赤，朵歹扯兒必總管家中奴婢，忽必來、赤勒古台、合剌孩脱忽剌温三人同皇弟合薩兒爲兀勒都赤，合剌勒歹脱、忽剌温二人與皇弟别勒古台爲阿黑答赤，泰亦赤兀忽圖、抹里赤、木勒合勒忽三人爲阿都兀赤，命阿兒孩合撒兒、塔孩、速客該、察兀兒孩四人巡邏遠近，速不台爲前鋒護衛，以博爾朮、者勒蔑歸附獨早，命爲衆官之長。是時，官制草創而已。

久之，札木合弟紿察兒牧於斡列該不剌合，與帝之牧地近，奪部將答兒馬剌之馬，答兒馬剌射殺之。札木合大怒，遂糾泰亦赤兀、亦乞列思、兀魯特、那牙勒、火魯剌思、巴隣、弘吉剌、合塔斤、撒勒只兀、朵兒邊、塔塔兒，共十三部，合兵三萬人來攻。

時孛圖父捏坤在泰亦赤兀部下，使巴魯剌思人木勒客脱塔黑等來告變。帝在古連勒古之地，分部衆爲十三翼以待之。宣懿皇后及斡勒忽訥部爲第一翼。帝與子弟及宗人之子弟爲第二翼。撒姆哈準之後人曰布拉柱，阿答兒斤將曰木忽兒忽蘭，火魯剌思將曰察魯哈，與客烈亦之分部爲第三翼。蘇兒嘎圖之子曰得林赤、博歹阿特人曰火力台爲第四翼。莎兒合秃主兒乞之子撒察别乞、曰泰出，與札剌亦部爲第五、六翼。乞顔特人渥秃助忽都朵端乞爲第七翼。蒙格秃之子曰程克索特、巴牙兀將曰汪古兒爲第八翼。答里台、忽察兒及都黑剌特、努古思、火兒罕、撒哈夷特、委神四部爲第九翼。忽都剌之子拙赤罕爲第十翼。阿勒壇爲第十一翼。答忽與晃火攸特部、速客特部爲第十二翼。努古思部爲第十三翼。與札木合大戰於答蘭巴泐渚納，軍失利，部將察合安死之。

帝退保斡難河哲捏列之地，兀魯特人朮赤台、忙兀特人畏答兒各率所部來歸。頃之，帝與照烈人同獵於烏者兒哲兒們山。照烈人食盡，已歸其半，帝要與同宿，分糧給之。明日，再獵，復驅獸向之，使獲多。照烈人感悅，中道相謂曰：「泰亦赤兀與我兄弟，然薄待我。今帖木真厚我如此，盍歸之？」其酋曰烏魯克，曰塔海答魯，俱請降，謂帝曰：「我等爲泰亦赤兀所虐，如無主之馬，無牧之牛羊，故棄彼而從汝。」帝大悅，曰：「我方熟寐，幸汝捽我髮以醒我，異日汝兵車所至，我必悉力助之。」然其後照烈人復叛去。塔海答魯爲泰亦赤兀所殺，照烈部遂亡。帝寬仁有度量，諸部皆謂：「泰亦赤兀無道，帖木真以己衣衣人，以己馬乘人，真吾主也。」於是遠近相率歸附。

甲寅，帝年四十歲，金章宗明昌四年也。塔塔兒酋蔑古真薛兀勒圖等爲金邊患，金丞相完顏襄討之。帝聞之，欲復世仇，助金人攻塔塔兒。徵兵於主兒乞，遲六日，主兒乞部長撒察别乞、泰出俱不至。乃與王罕攻塔塔兒於忽剌禿失禿延之地，獲蔑古真薛兀勒圖。金人授帝爲札兀惕忽里，譯言百户長也。

師還，遣六十人齎俘獲遺主兒乞部長。主兒乞殺十人，奪五十人之衣馬而歸之。帝大怒，引衆逾沙磧，攻主兒乞於闊朵額阿剌勒，大破之。撒察別乞、泰出僅以妻孥免。先是，帝奉宣懿皇后以旄車載湩酪，大會諸部於斡難河，撒察別乞從者斫皇弟別勒古台，創甚，衆怒，執其二哈敦，故主兒乞人有憾於帝焉。

是年，札剌亦人古温兀阿率其子木華黎來歸，董喀亦部、禿別干部來降。

乙卯，王罕弟額兒客合剌以乃蠻兵攻王罕。王罕奔西遼，欲歸於帝，中途資用乏絶。丙辰，王罕至古薛兀兒海子，帝使塔海速客該迎之，振其部衆饑，與王罕宴於土兀拉河，重訂父子之約。冬，與王罕合兵攻主兒乞於帖列禿阿馬撒剌之地，獲撒察別乞、泰出，誅之。

丁巳，帝在霍拉思布拉思之地，攻兀都亦特蔑兒乞，戰於那莫察山，敗之，歸其俘於王罕。

戊午，王罕兵勢漸振，不謀於帝，自率所部攻蔑兒乞於土兀剌河。蔑兒乞酋脱黑脱阿奔巴兒古真。王罕俘獲甚多，而無所遺於帝，帝亦不以爲意。

己未，帝與王罕合兵攻乃蠻不亦魯黑罕，逾阿爾泰山，追至兀隴古河，又至乞失泐巴失海子，獲其將也的脱孛魯。不亦魯黑奔謙謙州。

冬，復與乃蠻驍將可克薛兀撒卜剌黑戰於巴亦答剌黑之地，交綏而退。明日，將復戰，札木合搆帝於王罕曰：「帖木真如野鳥依人，終必飛去。我如白翎雀，棲汝幕上，寧肯去乎？」王罕將兀卜赤兒古鄰聞而斥之曰：「既爲宗人，又爲諳達，奈何讒之？」然王罕終信其言，乘夜引衆去。帝聞王罕去，怒曰：「彼棄我之易如此，直以燒飯待我也！」乃退舍於撒里河。王罕至土兀剌河，其子桑昆爲可克薛兀撒卜剌黑所襲，部衆潰散。王罕復遣使乞援，且請以博爾朮、木華黎、博爾忽、赤老温將援兵。帝許之。博爾朮等敗乃蠻，返所虜以歸王罕。王罕大悅，遣使謂帝曰：「曩者衣食乏絶，我子帖木真食之、衣之，今又救我之難，不知何以爲報也。」又召博爾朮往，賜以衣一襲、金們忽兒十。博爾朮還白其事，帝命受之。冬，帝與皇弟合薩兒再伐乃蠻，戰於忽蘭盞側山，大敗之，封屍以爲京觀。

庚申，帝會王罕於撒里河之不魯古厓。時蔑兒乞酋托黑托阿遣泰亦赤兀人忽敦忽兒章，糾合泰亦赤兀諸酋，曰盎庫兀庫楚，曰忽里兒，曰忽都答兒，曰塔兒忽台，曰哈剌兒禿克等共會於斡難河沙磧中。帝與王罕輕騎襲之，塔兒忽台、忽都答兒敗死，盎庫兀庫楚、忽敦忽兒章奔巴兒古真，忽里兒奔乃蠻，泰亦赤兀部亡。哈答斤部、撒兒助特部素附泰亦赤兀，乃與朵兒奔、塔塔兒、弘吉剌諸部會於阿雷泉，斬牛馬爲誓，欲乘我不備攻之。弘吉剌人特因恐事不就，遣使來告變。帝與王罕自虎圖海子逆戰於捕魚兒海子，諸部皆敗走，弘吉剌部來降。

冬，帝幸徹徹兒山，金之邊地也，又敗塔塔兒酋阿剌兀都兒、合丹太石、察忽斤、帖木兒等於答蘭揑木兒格思之地。是役也，合薩兒留後，聞部將者卜客言弘吉剌人有異志，遽率所部攻之。弘吉剌人怒，遂叛附於札木合。

辛酉，弘吉剌、亦乞列思、火魯拉思、朵兒奔、塔塔兒、哈答斤、撒兒助特諸部會於刊河，議立札木合爲古兒罕，以足蹋岸土，刀斫林木，而誓曰：「有泄此謀，如土崩、木折。」遂悉衆來攻。有火魯拉思人火力台知其事，與妻弟麥兒吉台言之。麥兒吉台贈以剪耳白馬，使馳告於帝。夜至一古闌，其將曰忽蘭，曰哈剌蔑兒乞歹，見而執之。然二將亦心附於帝，易以良馬，使疾去。火力台來告變，帝得先期戒嚴。戰於海拉兒帖泥河，大敗之。札木合遁走，弘吉剌部復降。

壬戌，帝親征察合安、阿勒赤、都答兀惕、阿魯孩四部塔塔兒，追至兀魯回河。其衆降，帝悉誅之。阿勒壇、忽察兒、答里台三人違軍令，帝命忽必來、哲別奪其所獲。三人怒，遂有異志。

秋，乃蠻不亦魯黑汗、蔑兒乞酋托黑托阿之子忽都、泰亦赤兀酋盎庫兀庫楚，又合撒兒助特、衛拉特、朵兒奔、哈答斤諸部來攻。帝與王罕會於汪古部哈剌温赤敦之地。桑昆後至，逾山隘。乃轡兵從之，使神巫投石水中，以致風雪。俄風反，乃轡衆大潰，退至奎騰之地，士馬僵凍，墜厓谷死者無算。札木合率部衆來應，見不亦魯黑敗，乃大掠諸部而去。帝自追盎庫兀庫楚，頸中流矢，創甚，卒獲盎庫兀庫楚，誅之。遂與王罕同駐於阿剌兒。

冬，帝徙帳於阿兒卻宏哥兒之地。帝爲皇子朮赤求婚於王罕，王罕辭。桑昆子欲尚帝女豁真別乞，帝亦不從。自此與王罕有隙。帝移駐阿不只合闊帖格兒之地，王罕亦西還徹徹爾温都爾。

癸亥，桑昆謀害帝，僞許婚，請帝飲布渾察兒，譯言許婚酒也。帝率十騎以往，道過蒙力克帳，宿焉。蒙力克諫謂：「王罕父子意叵測，請以馬疲道遠謝之。」帝從之，使從騎不合台、乞剌台往謝，自率八騎返。

桑昆計不就，欲潛師來襲。其圉人乞失力克知之，密與弟巴歹來告變。帝亟移營於卯温都兒山後，使者勒蔑斷後哨敵。山前多紅柳，王罕兵至，蔽於柳林，偵者不之覺。阿勒赤歹從者曰泰赤吉歹，曰牙的兒，方牧馬，見之，馳告於帝。帝倉卒戒嚴，以忙兀特將畏答兒、兀魯特將朮赤台爲前鋒，大戰至晡。朮赤台射桑昆，中其頰，王罕始斂兵而退。帝以衆寡不敵，亟引去。次日，皇子窩闊台，大將博爾朮、博爾忽始至。畏答兒受重傷，創發，中道卒。

時部衆潰散，帝率左右至巴勒渚納河，飲水誓衆曰：「異日甘苦相同，儻負約，使我如河水之涸。」飲畢，以杯與從者，從者亦誓死相從無貳志。其後稱諸臣爲巴勒渚納特，延賞及於子孫焉。既而部衆漸集，得四千六百人，分兩軍。帝自將一軍，忙兀特、兀魯兀特人爲一軍，循合勒哈河兩岸而行，至宏吉拉別部帖兒格阿蔑勒牧地。帝使朮赤台告之曰：「我等本爲諳達，如從我，則不失舊好。否則以兵相見。」於是帖兒格阿蔑勒來降。帝遂駐於董嘎淖爾、脱兒哈河。是地水草茂美，可以休息士卒。遣阿兒海者温告於王罕及阿勒壇、忽察兒、脱忽魯兒等，語詳《王罕傳》。帝遣使後，復徙帳於巴勒渚納，以其地險阻可保也。撒哈夷部、呼真部俱來降。

秋，帝將攻王罕，遣合薩兒僞請降。王罕信之，不設備。帝晝夜兼進，襲王罕於徹徹爾温都爾，盡俘其衆。王罕父子走死，客烈亦部亡。時王罕諸將皆降，獨哈里巴率數十騎馳去，不知所終。

帝既滅王罕，拓地西至乃蠻。乃蠻太陽罕忌帝威名，遣使約汪古部長阿剌忽思的斤忽里夾攻我。阿剌忽思的斤忽里遣使告其事於帝，且請降。

甲子春，獵於帖蔑延河，與諸將會議討乃蠻。獵畢，駐兵於哈勒哈河建忒垓山。宣布札薩克，以令於衆。立千户、百户、牌子頭，設六等扯克必官。選宿衛士八十人，散班七十人，又命阿兒孩選護衛千人，臨敵則爲前鋒。

夏四月，禡牙伐乃蠻。師至乃蠻境外客勒忒該哈答，濱哈利河。乃蠻按兵不動，帝引還。

秋，再議進兵，以忽必來、哲別爲前鋒。時太陽罕已至杭海山之哈兒只兀孫河，與朵兒奔、塔塔兒、合答斤、撒兒助特諸部，及蔑兒乞酋托黑托阿、客烈亦酋納鄰大石、衛拉特酋忽都哈別乞、札只剌酋札木合等，連兵而進，陣於納忽山東厓察兒乞馬兀惕之地。帝自臨前敵指揮諸將，大破乃蠻兵，擒太陽罕，殺之。乃蠻將火力罕速八赤等猶力戰，帝欲降之，不從，皆戰死。帝獎歎久之，曰：「使我麾下諸將皆如此，我復何憂！」是日，朵兒奔、塔塔兒、哈答斤、撒兒助特諸部皆降，札木合、托黑托阿遁去，太陽罕子古出魯克奔於不亦魯黑。乃蠻南部亡。

冬，再伐蔑兒乞，至塔兒河。其別部酋帶亦兒兀孫來獻女，後復叛去。托黑托阿奔於不亦魯黑。帶亦兒兀孫遁至呼魯哈察卜，築壘自守。遣博兒忽、沈伯率右翼兵討平之。

乙丑春，襲不亦魯黑於兀魯塔山莎合水上，禽之。乃蠻北部亡。

帝以西夏納我仇人桑昆，自將伐之。圍力吉里城，又進攻乞鄰古撒城，俱克之，大掠而還。

是年，札木合至唐努嶺，其家奴五人執之來降。帝曰：「以奴賣主，不忠莫甚焉！」札木合及五人并伏誅。

新元史卷之三　本紀第三

太祖下

元年丙寅，帝大會部衆於斡難河之源，建九斿白纛，即皇帝位。群臣共上尊號曰成吉思合罕。先是，有巫者闊闊出，蒙力克之子也，自詭聞神語，畀帖木真以天下，其號曰成吉思。群臣以札木合僭號古兒罕，旋敗，乃廢古兒罕不稱，而從闊闊出之言，尊帝爲成吉思合罕。國語「成」爲氣力强固，「吉思」爲多數也。

帝大封功臣，以博爾朮爲右翼萬户，木華黎爲左翼萬户，納牙阿爲中軍萬户。豁兒赤以言符命，亦封爲萬户，以博爾忽爲第一千户。功臣封萬户、千户者共八十五人。以忽都虎爲札兒忽，譯言斷事官也。以也客捏兀鄰領宿衛千人，也孫帖額領箭筒士千人，斡哥連、不合、阿勒赤歹、朵歹、朵豁勒忽、察乃、阿忽台、阿兒孩分領護衛散班八千人，分番入直，是爲四怯薛。

是年，命忽必來征合兒魯，者别追古出魯克。

二年丁卯秋，帝親征西夏，入兀剌海城。遣阿勒壇、布剌二人往諭乞兒吉思部。

是年，皇子朮赤領右翼軍征和林西北部族。斡亦剌部長忽都哈別乞迎降。進討秃馬、斡亦剌於失黑失特之地，於是斡亦剌、不里牙特、巴兒渾、兀兒速特、哈卜哈納思、康哈思、秃巴思諸部悉降。乞兒吉思部長也迪亦納勒、阿勒迪額兒、斡列別克的斤亦望風納款，獻白海青、白馬、黑貂等方物。林木中部族失必兒、客思的音、巴亦特、秃哈思、田列克、脱額列思、塔思、巴只吉等亦降。

三年戊辰春，帝至自西夏。

冬十月，金主璟卒，其叔父衛王永濟嗣位。帝再討古出魯克、托黑托阿，以斡亦剌部長忽都哈別乞爲嚮導，至也兒的石河。托黑托阿中流矢死，蔑兒乞部亡。古出魯克奔西遼，其後篡西遼主直魯古而自立。

四年己巳春，畏兀兒部亦都護來降。先是，托黑托阿死，其子忽都等將奔畏兀兒，亦都護不納，與忽都等戰於真河，敗之，以蔑兒乞爲帝世仇，遣使來告戰事。帝命阿惕乞剌黑、答兒伯前後再使其國，且徵貢獻。亦都護遂遣使貢方物，帝悦，賜大紅衣、金帶以寵之。

五年庚午秋，帝再伐西夏。西夏主李安全遣其世子遵頊拒戰，敗之，獲其副元帥高令公。復入兀剌海城，獲其太傅鮮卑謁答。至克夷門，又敗夏師，獲其將嵬名令公。進薄中興府，引河水灌城。水決，壞其堤，乃班師。遣謁答入城諭西夏主，西夏主納女請和，師還。

遂議伐金。先是，帝貢歲幣於金，金主使衛王永濟受貢於净州。帝見永濟不爲禮，永濟歸，欲請兵，會金主卒，不果。及永濟嗣位，詔使來傳言，當拜受。帝問使者曰：「新天子爲誰？」曰：「衛王也。」帝遽南向唾曰：「我謂中原皇帝是天上人作，此等庸懦者亦爲之耶？何以拜爲！」即乘馬北去。永濟聞之，益怒，遣兵分屯山後，欲俟帝入貢，就害之，然後引兵深入。會金糺軍來降，泄其事，帝遣人伺之，得實，遂與金絶。金邊將納哈買住亦言於永濟曰：「蒙古已併吞鄰部，而修弓矢甲楯不休，行營令男子乘車惜馬力，其意非圖我而何？」永濟以爲妄言，囚之，至是始釋之。帝復遣使於畏兀兒，徵兵助戰。

六年辛未春，忽必來招降合兒魯，其部長阿兒思蘭與畏兀兒亦都護俱覲帝於克魯倫河。亦都護奏曰：「蒙陛下恩賜，願藉衮衣金帶之寵，使臣得預四子之末。」帝感其言，遂以亦都護爲義子，尚阿勒敦公主。

二月，帝自將伐金，登克魯倫山，解衣以帶置頂，跪禱於天，誓復俺巴孩罕之仇。使脱忽察兒率三千騎巡西邊，以防後路。

三月，帝渡漠而南，以者別爲前鋒。

夏四月，金主遣其西北路招討使粘合合達求和，帝不許，乃使其將獨吉千家奴、完顏胡沙築烏沙堡以備我。

秋七月，帝奄至，千家奴等敗遁，克烏沙堡及烏月營。

八月，帝進克白登城，圍西京。自烏沙堡至此，凡七日。金將紇石烈胡沙虎以麾下突圍走，率三千騎追之，敗胡沙虎於翠屏口，遂克西京及昌、桓、撫等州。金招討使紇石烈九斤、監軍斡奴等率大兵屯於野狐嶺，號四十萬，以完顏胡沙爲後援。其裨將巴古失、桑臣二人謂九斤曰：「聞蒙古破撫州，方縱兵大掠，若掩其不備，必獲大勝。」九斤曰：「不然。彼之形勢不易遽破，宜明日馬步俱進，爲萬全之計。」次日，帝聞金兵至，方食，投匕箸而起，與九斤等戰於野狐嶺北口之貛兒觜。木華黎先登陷陣，帝率諸軍繼之。九斤等大敗，伏尸徧野，金之精兵猛將盡没於此。

九月，完顏胡沙遁至宣平，大兵追擊之，復敗其衆於澮河堡，胡沙僅以身免。

閏九月，帝進克宣德州，薄德興府。軍不利，引還。命皇子拖雷、駙馬赤苦等盡拔德興境内諸堡。

冬十月，者別乘勝入居庸關，游兵至中都城外。金主欲南奔，會乣軍來援，蒙古問鄉民：「乣軍多少？」鄉民紿曰：「二十萬。」者别乃襲金群牧監，驅其馬而還。

是冬，皇子朮赤、察合台、窩闊台分徇雲内、東勝、武朔、寧、豐、净等州，俱克之。

七年壬申春正月，金耶律留哥聚衆於隆安，自稱都元帥，遣使來降。

時西京復爲金守。秋，帝自將攻之。金將奥屯襄來援，帝誘至密谷口，大敗之，盡殲其衆。帝攻城，爲流矢所中，乃徹圍。

冬十二月，者别克東京。先是，者别至東京城下，不攻而退。金人以兵已退，不設備，者别率精騎突至，遂克之。

八年癸酉春，耶律留哥自立爲遼王，改元元統。

秋七月，帝自將大軍圍德興府，皇子拖雷、駙馬赤古先登，克之。

八月，者别、古亦捏克等略地懷來，金將完顔綱、朮虎高琪拒戰，大敗之。追至居庸關北口，又敗之。金人嚴兵守隘，熔鐵錮關門，布鐵蒺藜百餘里，大軍不能進。帝遣翁吉剌將哈台、布札留攻北口，自率大軍繞出紫荆關。金人以奥屯襄守紫荆，比至，帝已逾隘，敗金兵於五回嶺，分遣者别、速不台從間道襲居庸南口，克之，金將訛魯不兒等以北口降，遂取居庸。帝駐蹕龍虎台，遣喀台、哈台二將，率五千騎，斷中都援路。

是月，金胡沙虎廢其主永濟，弑之，而立豐王珣，改元貞祐。

冬十月，帝自將大軍，攻克涿、易二州。分兵三道：命皇子朮赤、察合台、窩闊台爲右軍，循太行而南，取保、遂、安肅、安、定、邢、洺、磁、相、衛、懷、孟，掠澤、潞、遼、沁、平陽、太原、吉、隰，拔汾、石、欣、代、武等州；皇弟合撒兒、斡陳那顔、布札爲左軍，循海而東，取平、灤、薊等州；帝與皇子拖雷爲中軍，取雄、霸、莫、安、河間、滄、景、獻、深、祁、蠡、冀、恩、濮、開、滑、博、濟、泰安、濟南、濱、棣、益都、淄、濰、登、萊、沂等州。别遣木華黎攻密州。凡克九十餘城，兩河、山東數千里之地，望風瓦解，惟中都及通、順、真定、清、沃、大名、東平、德、邳、海州十一城堅守不下。

冬十月，三道兵還，合屯大口，以逼中都。

是月，與金將朮虎高琪戰於中都城下，大敗之。金將胡沙虎爲高琪所殺。

九年甲戌春正月，帝駐蹕中都北郊。初，金粘罕營中都，於城外築四子城，樓櫓、倉廒、甲仗庫各穿地道通於内城，人笑之。粘罕曰：「不及百年，吾言當驗。」至是，金人分守四城，大兵攻内城，四城兵迭用炮擊之。又開南薰門，誘兵入，縱火焚之，死傷甚衆。

二月，帝欲班師，遣阿剌淺入城詔諭金主。

三月，金主遣其平章完顔承暉來乞和，帝復遣阿剌淺報之，諭金主曰：「山東、河北州縣盡爲我有，汝所守唯中都耳。天既弱汝，我復迫汝於險，天其謂我何？我今歸，汝不能犒軍，以弭諸將之怒耶？」金主與廷臣會議，其丞相朮虎高琪曰：「彼兵力已疲，再與決戰，何如？」完顏承暉曰：「此孤注也，敗則不能復振。不如俟其退，再爲戰守之計。」金主從之，奉衛紹王女岐國公主及金帛、童男女五百人、馬三千匹以獻。遣承暉送帝出居庸，至野麻池而返。

是月，大兵克嵐州。

夏五月，金主遷於南京，留其太子守忠守中都。帝聞之，怒曰：「既和而復遷，是有疑心，特以和議款我耳。」遣阿剌淺往詰責之。會金乣軍扈金主南遷，至良鄉。金主命輸鎧仗入官，乣軍怒，殺其帥詳衮，推斫答、比涉耳、札剌兒三人爲帥，來請降。時帝避暑於魚兒濼，遣石抹明安、撒木合入古北口，與斫答等圍中都。

秋七月，金主召太子守忠赴南京。

冬十月，木華黎克順州。

十二月，木華黎徇遼西諸路，克懿州。錦州張鯨，高州盧琮、金朴等，俱以城降。

是年，始置行省於宣平，以撒木合領之，部署降衆。

十年乙亥春正月丁丑，金右副元帥蒲察七斤以通州降。以七斤爲都元帥。

二月，木華黎圍北京。留守奧屯襄先爲其部將習烈所殺，推寅答虎爲帥，寅答虎以城降。以吾也而權北京兵馬都元帥，寅答虎爲留守。金興中府元帥石天應降，以天應爲興中府尹。帝遣阿剌淺諭金主以河北、山東未下諸城來獻，及去帝號爲河南王，金主不從。

三月，金主遣其將永錫、慶壽、李英等援中都，人負糧三斗，慶壽、英亦負之以率其衆。慶壽至涿州旋風寨，英至霸州青戈寨，皆爲大軍所敗。中都援絶，人相食。

夏五月庚申，金右丞相兼都元帥承暉仰藥死，衆以城降。石抹明安入中都，遣使來獻捷。帝駐蹕桓州之涼陘，命忽都虎等按視中都帑藏，以石抹明安爲太傅，兼管蒙古、漢軍都元帥。

秋八月，木華黎遣史天倪克平州，又遣史進道等克廣寧府。紅羅山賊帥杜秀降，以秀爲錦州節度使。

冬十月，金宣撫使蒲鮮萬奴據遼東，僭號大王。

十一月，耶律留哥來朝。史天祥克興州，擒其節度使趙守玉。

十二月，史天倪克大名府及曹州。張鯨總北京十提控兵，從木華黎南伐。鯨謀反伏誅，其弟致據錦州以叛。是年，取城邑凡八百六十有二。改中都爲薊州，改河間路之深州隸真定路，升鼓城縣爲晉州，改千滏縣爲滏陽縣。

十一年丙子春，帝自魚兒濼還盧朐河行宫，脱侖扯兒必克真定府。

夏四月，金將張開復取河間府滄、獻、邢、清等州。

六月，張致陷興中府。

秋七月，木華黎敗張致於神木縣，進圍錦州。

八月，木華黎克錦州，張致伏誅。進拔蘇、復、海等州，獲金將完顏衆家奴。帝命撒木合率萬騎，假途西夏，以趨關中。

冬十月，撒木合攻潼關，間道出禁坑。金兵潰走，獲其將尼蘭古蒲魯虎。進略汝州，直抵南京之杏花營。金花帽軍入援，撒木合戰不利，引還。花帽軍者，金蔚州人郭忠所將之義兵也。

十一月，撒木合敗金將蒲察阿里不孫於澠池，渡河，圍平陽府。金主遣使乞和，帝欲許之，詔撒木合曰：「譬圍場中，獐鹿吾已盡取，只餘一兔，盍舍之？」撒木合請使金主去帝號，金主不從。是冬，蒲鮮萬奴遣使來降，已而復叛，自稱大真國。

十二年丁丑春，木華黎覲帝於土拉河。夏，史天祥擊斬武平賊祁和尚及興州叛將重兒。察罕敗金將夾谷監軍於霸州。帝聞蔑兒乞餘衆入乃蠻境，問：「諸將誰能爲我討蔑兒乞者？」速不台請行，帝許之，命脱忽察兒率二千騎同往。速不台至垂河，大敗蔑兒乞，盡殲其衆。托黑托阿子忽都、赤剌温二人奔奇卜察克。

秋八月，封木華黎爲國王，賜九斿旗，諸將咸聽節制。詔曰：「太行以北，朕自制之；太行以南，悉以付卿。」於是木華黎專征河北，連拔遂城、蠡州。

冬，進克大名府。金中山府趙、邢、威、磁、洺等州守將俱以城降，遂東取淄、濰、登、萊、沂等州。

是年，禿馬特叛。禿馬特酋歹都禿勒死，其妻脱灰塔兒渾率部衆以叛。帝遣博爾忽討之，戰没。帝怒，議親征。博爾朮等諫，乃使朵兒伯朵黑申往。朵兒伯朵黑申槎山通道，一戰平之，獲脱灰塔兒渾。是年，帝將征貨勒自彌，徵兵於西夏，不應，遂伐之。

十三年戊寅春正月，圍中興府，西夏主李遵頊出走西涼，師還。遣者别討古出魯克。古出魯克篡西遼主直魯古，部衆不服。者别至，遠近響應，古出魯克奔巴達克山，者别獲而殺之。

三月，木華黎克新城、霸州。

秋八月，石抹明安出紫荆關，獲金經略使行元帥事張柔。柔不屈，明安壯而釋之。詔還柔舊職，得以便宜行事。木華黎自太和嶺徇河東，克代、隰二州。

九月，進克太原府。

冬十月，克平陽府。遂定忻、澤、絳、潞、汾、霍等州。

是年，契丹人耶律喊舍等據高麗江東城，遣元帥哈真、副元帥札剌討之。高麗王皞使其僕射趙冲等以兵來會。

十二月，克江東城，喊舍自縊死，斬其僞丞相以下百餘人。高麗王皞來貢方物。

十四年己卯春，帝親征貨勒自彌，以皇弟斡赤斤留守和林。

五月，遣劉仲禄佩金虎符，徵道士邱處機於登州。

六月，帝會諸皇子、大將於也兒的失河，議分兵討貨勒自彌。禡牙之日，雪深三尺。

九月，皇子察合台、窩闊台圍謁剌脱兒城，朮赤西北攻氈的城，諸將阿剌黑等東南攻伯訥特克城，帝與拖雷徑渡錫爾河趨布哈爾。帝至賽爾奴克城，遣丹尼世們諭降之；從間道襲努爾城，遣前鋒將岱爾巴圖諭降之，遂圍布哈爾城。

是年，張柔克金雄、昌、保諸州，敗賈瑀於孔山臺，擒斬之。復敗金恒山公武仙於滿城，拔完城、曲陽、中山諸州縣。於是深、冀以北，鎮定以東三十餘城悉降。

冬十一月，木華黎克晉安府，屠之。金丞相高琪用事，聚精兵於河南，而置河北不問。金主殺高琪。

十五年庚辰春，帝親攻布哈爾。其酋率所部二萬餘人突圍走，追及於阿母河，盡殺之，城民出降。是時，察合台、窩闊台已拔謁剌脱兒，獲其守將伊那克只克，檻送行在誅之。朮赤先攻下八兒真等城，阿剌黑等攻下忽氊等城。

夏五月，進至撒馬爾干城，朮赤等三路之師亦傅城下。貨勒自彌蘇爾灘先居撒馬爾干，聞大兵至，遁走，使其將阿爾潑汗嬰城固守。帝遣者別、速不台各率輕騎追蘇爾灘，又使脱忽察兒爲二將後援。帝自率諸皇子圍撒馬爾干，阿兒潑汗以波斯兵出戰，中伏大敗。康里兵開門出降，阿兒潑汗引親兵突圍走。帝恐康里兵反覆，仍盡誅之，以降將巴克曷勒蔑里克、哀密兒阿米守撒馬爾干。

夏，帝避暑於渴石。帝以蘇爾灘母土而堪哈敦在烏爾鞬赤，遣丹尼世們往諭之。土而堪不答，奔馬三德蘭，與蘇爾灘妻俱爲者别、速不台所獲。

秋，命朮赤、察合台、窩闊台攻烏爾鞬赤。帝自率大軍攻忒耳迷城，克之。進至賽蠻，分軍略巴達克山，以阿母河北之地悉定，遂渡河，攻克巴而黑城。見其城險固，恐爲後路之患，墮之。東入塔里堪山，攻諸司雷脱柯寨。遣塔忽等使於金。

冬十月，復遣蒙古塔忽、譪里剌等使於金。

十二月，蘇爾灘入嘎比斯海島，聞其母妻被獲，幼子又爲帝所殺，心悸而卒。

是年，木華黎略地至真定府，金恒山公武仙降，木華黎承制授史天倪河北都元帥，以仙副之。濟南嚴實籍大名、彰德、磁、洺、恩、博、滑、濬等州户三十萬來降。木華黎承制授實金紫光禄大夫、行尚書省事。木華黎留實團東平，分兵徇河北諸州。董俊判官李全以中山叛。

十六年辛巳春，克諾司雷脱柯寨，屠之。朮赤等攻烏爾韃赤，屢失利。帝駐蹕塔里堪，朮赤等以軍事來告。帝廉知朮赤、察合台素不合，改命窩闊台總諸軍，并力急攻，克之。召察合台、窩闊台赴塔里堪，使朮赤屯兵鹹海、裹海之間。拖雷渡阿母河，連拔安狄枯、馬魯諸城。進圍你沙不兒城，三月，克之。又進拔海拉脱城，旋奉帝命，會師於塔里堪。

夏六月，宋使苟夢玉來聘。

秋七月，金主使烏庫里仲端來乞和，帝曰：「念汝遠來，河朔既爲我有，關西未下數城，宜割付於我，封汝主爲河南王，勿復違也。」帝以蘇爾灘子札剌勒丁據嘎自尼，與阿敏蔑里克兵合，自率三皇子討之。

八月，踰印度固斯大山，至八米俺，命忽都虎扼喀不爾山之隘。忽都虎與札剌勒丁戰於巴魯安，失利。

九月，帝親攻八米俺城，皇孫漠阿圖堪中流矢卒。帝怒，城下之後，遇生物悉屠之，改城名曰卯庫兒干。帝聞忽都虎失利，疾趨嘎自尼，軍中不及爨，掬米食之。帝至巴魯安，巡視戰地，以諸將不知形勢，自忽都虎以下皆受譴責。時札剌勒丁已遁，追及於印度河。會日暮，帝命列陣圍之，又使烏克兒古兒札、古都斯古兒札瀕河設伏，截其登舟之路。黎明，大戰，敗其右翼兵，獲阿敏蔑里克。未幾，其右翼亦潰，札剌勒丁以中軍七百人突圍走。帝欲生致札剌勒丁，令軍中毋發矢。札剌勒丁以蓋自蔽，策馬自峭岸投於印度河，泅水而遁。帝見之，以口齕指，謂諸皇子曰：「凡爲將者，皆應如此也。」尋遣巴剌土爾台渡河追札剌勒丁，不及而還。

是月，木華黎出河西，克葭、綏德、保安、鄜、坊、丹等州，進圍延安府。

十二月，宋京東安撫使張林來降，以林爲滄、景、濱、棣等州行都元帥。

是年，帝遣拙兒馬罕討巴里塔部，遣朵兒伯朵黑申討朵兒別部，遣者別、速不台討康里、奇卜察克等十一部。者別、速不台與奇卜察克兵戰於高喀斯，敗之，獲其部酋之弟玉兒格及其子塔阿兒。

十七年壬午春，以札剌勒丁未獲，嘎自尼諸城復叛，遣窩闊台討平之。初，巴魯安之敗，海拉脱亦叛，至是帝遣按只吉歹討平之。窩闊台既定嘎自尼，請進攻昔義斯單，帝曰：「隆暑將至，宜遣別將攻之，汝勿往。」

三月，封崑崙山神爲元極王，大鹽池神爲惠濟王。

夏四月，道士邱處機謁帝於行在。帝聞巴里黑復叛，自將討平之。遂避暑於巴魯安。以西域大定，設達魯花赤監治之。

秋，窩闊台來覲於古南柯而干城。配克部酋薩拉爾阿黑默特來降，並獻軍糧，以地熱，令居民每户春黍米百斤，供士卒三人食。帝欲從印度斯單經唐古特而歸，行數城，聞唐古特復叛，又以道路險惡，乃改途，渡質渾河，循故道至撒馬爾干。或曰：左右見一角獸，形如鹿而馬尾，作人言曰：「汝主宜早還。」帝遂決意班師。帝次布哈爾，召天方教士曷世甫等述其教規。帝曰：「麥哈禮拜我不謂然，上帝降鑒無所不周，何爲拘拘於一地乎？」命自後祈禱之文，皆書御名，又命免天方教士賦役。

秋九月丙午朔，車駕渡阿母河，中途見邱處機，駐蹕於撒馬爾干。金平陽公胡天祚以青龍堡降。

冬十月丙子朔，下詔班師。

十一月，金河中府降，以石天應爲兵馬都元帥守之。

十二月，車駕駐忽纏河，察合台、窩闊台自布哈兒來獻獵獲，朮赤以疾不至。

是年，者别、速不台平奇卜察克，其酋遁入斡羅斯。

十八年癸未春正月甲寅，車駕發忽纏河，駐蹕赤兒赤克河。二月庚辰，獵於東山，見大豕，射之，馬踣，帝易馬而還。自此兩月不出獵。

夏，者別、速不台與斡羅斯戰於喀勒吉河孩兒桑之地，大敗之，獲其計掖甫、扯而尼哥等部酋，檻送朮赤誅之。詔以馬十萬匹犒師。

三月，國王木華黎卒。

十月，金主珣卒，其太子守緒立。宋復遣苟夢玉來聘。西夏主李遵頊傳位於子德旺。

十九年甲申夏，帝避暑額兒的失之地。初，帝遣者別、速不台追蘇爾灘，命之曰：「事定之後，由奇卜察克回至蒙兀兒斯單，與我相見，然後全師東返。」至是，者別、速不台來告捷，請遵前命，覲帝於行在。未幾，者別中道卒。

秋七月，嗣國王孛魯伐西夏，克銀州。

冬，皇孫忽必烈、旭烈兀來迎，忽必烈射一兔，旭烈兀射一山羊以獻。帝進次布哈蘇赤忽之地，大犒三軍，支金帳以宴之。帝命諸將取石壓行帳，以免傾覆，烏布赤不從，會獵又不從衆合圍，帝怒，囚烏布赤於營中三日，既而宥之。

二十年乙酉春，帝至和林行宮，分封諸子：以和林之地與拖雷，以葉密爾河邊之地與窩闊台，以錫爾河東之地與察合台，以鹹海西貨勒自彌之地與朮赤。

二月，武仙以真定叛，襲殺史天倪。

三月，史天澤復真定，武仙敗走。

夏六月，史天澤敗宋將彭義斌於贊皇，獲之。

秋，帝親征西夏。初，西夏主僞降，請納質子，且言願助兵西討。及徵兵於西夏，其大將阿沙敢卜對使者曰：「俟大國兵敗，吾師方出。」帝怒，西夏主乃陰結漠北諸部酋，爲拒守之計。至是，帝自將伐之，假道於畏兀兒。

冬十月，武仙入真定，史天澤奔藁城。

十一月，帝獵於阿兒不合之地，墮馬，遂不豫。駐蹕於搠斡兒合惕，遣使責西夏主拒命。

是年，皇子朮赤卒。

二十一年丙戌春，帝駐蹕汪古答蘭呼圖克之地，感惡夢。時諸孫在側者惟亦孫哥。遣使召窩闊台、拖雷至。次日，帝屏諸將及從官，謂窩闊台、拖雷曰：「我殆將死矣。我爲汝等創業，無論東、西、南、北，皆有一歲程。我遺命無他，汝等欲禦敵廣土衆民，必合衆心爲一，方能永享國祚。我死，奉窩闊台爲主。」又曰：「我享此大名，死無所憾，我願歸於故土。察合台雖不在側，當不至背我遺命。」言畢，麾二子出。

三月，自將諸軍，拔西夏黑水等城。敗其將阿沙敢卜於賀蘭山，獲之。

夏，避暑於渾垂山。詔封功臣户口食邑爲十投下，以國王孛魯爲首。克西夏甘、肅等州。

秋七月，西夏主李德旺卒，從子晛立。大軍克西涼府及搠羅、河源等縣，遂踰沙陀，至黄河九渡，拔應昌等縣。

九月，李全執張林以叛。郡王帶孫圍全於益都。

冬十一月庚申，帝親攻靈州，西夏主李晛率五十營來援。丙寅，逆擊之。時河冰已合，諸將從冰上渡河，西夏主敗遁。帝曰：「李晛經此敗，不能復振矣。」丁丑，五星聚於西南。帝駐蹕鹽川州。

十二月，國王孛魯遣李喜孫招諭李全，爲全部將所殺。西夏亦集乃路來降。

二十二年丁亥春，帝留兵圍中興府，自率師渡河，攻積石州。

三月，克洮、河二州及西寧縣。分遣斡真那顔克信都府。

是月，李全降。

夏四月，帝駐蹕隆德縣，進拔德、順等州。

五月，克臨洮府，遣唐慶等責歲幣於金。

閏月，避暑於六盤山。

六月，金遣完顏合周、奧屯阿虎來請和。帝謂群臣曰：「朕自去歲五星聚之時，已許不殺略，遽忘下詔耶？今可布告中外，令彼行人亦知朕意。」

是月，西夏主上表乞降，貢黃金佛及童男女、駝馬、金銀器，備九九之禮。帝允之，賜西夏主名失都兒忽，譯言正直也。西夏主乞展期一月後入朝。帝遣脱侖扯而必慰諭之。是時帝已不豫，密諭左右：「我死，勿發喪，俟西夏主來，即殺之。」

秋七月，帝駐蹕清水縣之西江。壬午，帝疾甚。己丑，崩於靈州。帝臨崩，謂左右曰：「金精兵在潼關，南據連山，北限大河，難以遽破。若假途於宋，金、宋之世仇也，必許我，則由唐、鄧直擣大梁。金雖撤潼關之兵以自救，然千里赴援，士馬俱疲，吾破之必矣。」言訖而崩，年七十有三。

西夏主來朝，託言帝有疾，不能見，令於帳外行禮。越三日，諸將遵遺命殺之。西夏亡。

諸皇子奉梓宫還漠北，至薩里川哈老徒之行宫，乃發喪，葬起輦谷。先是，帝道過起輦谷，見一大樹，愛之，盤桓樹下良久，謂從者曰：「異日必葬我於此。」至是，有述前命者，遂葬樹下焉。

至元三年冬十月，追謚聖武皇帝，廟號太祖。至大二年冬十一月，加謚法天啟運聖武皇帝。

史臣曰：天下之勢，由分而合，雖阻山限海、異類殊俗，終歸於統壹。太祖龍興朔漠，踐夏戕金，蕩平西域，師行萬里，猶出入户闥之内，三代而後未嘗有也。天將大九州而壹中外，使太祖抉其藩、躪其途，以窮其兵力之所及，雖謂華、夷之大同肇於博爾濟錦氏可也。

新元史卷之四　本紀第四

太宗

太宗英文皇帝，諱窩闊台，太祖第三子也。母曰光獻翼聖皇后。太祖長子朮赤，次察合台，二人素不相能。太祖十四年，親征西域，議立嗣而行，察合台請以帝爲嗣，太祖從之，事具《朮赤傳》。十六年，朮赤、察合台攻烏爾鞬赤，屢失利，太祖改命帝爲統帥。帝調和兩兄，兵復振，遂克烏爾鞬赤。十七年春，帝略地印度河下游，請進攻昔義斯單，太祖召帝還，與察合台等從太祖班師。二十一年，從太祖伐西夏。太祖崩，皇弟拖雷監國，帝分地在葉密爾河，留於霍博之地，安輯部衆。

元年己丑夏，帝至忽魯班雪不只之地，皇弟拖雷來迎。

秋八月己未，諸王百官會於怯緑連河闊迭額阿剌勒，請帝遵太祖遺詔即位，共上尊號曰木亦堅合罕。皇兄察合台持帝右手，皇叔斡赤斤持帝左手，皇弟拖雷以金杯進酒贊。帝東向拜日，察合台率皇族及群臣拜於帳下。

先是，太祖崩，金主遣其知開封府完顏麻斤來弔。至是，復遣其御史大夫完顏訥申來歸太祖之賵。帝曰：「汝主久不降，使先帝勞於兵間，朕豈忘耶？何以賵爲！」卻之。

敕宿衛等依前番直，宣太祖聖訓以諭之。始建倉廩，立駟傳。蒙古人有馬百者，輸牝馬一；牛百者，輸牸牛一；羊百者，輸羒羊一。著爲令。中原人以户計出賦調，命耶律楚材主之。西域人以丁計出賦調，命麻合没的牙剌瓦赤主之。凡諸王、駙馬朝會，及使者往來，不得科斂百姓。

冬十一月，勅諸王、衆官人管轄之地，僉軍事理有妄分彼此者，罷其達魯花赤以下等官。

是年，始立三萬户，以劉黑馬、粘合重山、史天澤爲之。賜撒吉思不花金符，安輯山東、河北諸州。木剌夷國王來朝。西域伊思八剌納酋内附。

二年庚寅春正月，詔自元年以前事勿問。定諸路課税、酒課，驗實息十取一，雜税三十取一。帝與拖雷獵於斡兒寒河。

夏四月，帝避暑於塔密兒河。朵豁勒圍慶陽，與金將完顏彝等戰於大昌原，失利。東平行省嚴實入覲。帝遣斡骨欒使於金，北還，金陝西左副元帥盧鼓椎見使者，有不遜語。帝聞之，大怒。

六月，金主復遣完顏奴申來聘，帝不受。

秋七月，帝自將伐金，命斡赤斤留守，皇弟拖雷及其子蒙哥皆從。

八月，史天澤克衛州。

冬十月，遣速哥使於金。

十一月，始置十路徵收課税使。以陳時可、趙昉使燕京，劉中、劉桓使宣德，周立和、王貞使西京，呂振、劉子振使太原，楊簡、高廷英使平陽，王晉、賈從使真定，張瑜、王鋭使東平，王德亨、侯顯使北京，夾谷永、程泰使平州，田木西、李天翼使濟南。大兵攻潼關、藍田關，俱不克。

十二月，大兵拔天勝寨及韓城、蒲阪。帝至平陽，以田野不治，問都總管李守賢。對曰：「貧民無耕具，故荒田多。」詔給牛萬頭，仍徙關中户口，墾河東荒地。

是年，改乾寧軍爲清寧軍，復改隆德府爲潞州。遣李邦瑞使於宋，至寶應縣不得入。詔行省李全護送邦瑞，宋邊將又拒之。乃改道出於蘄、黄，與宋行人定約而還。遣綽兒馬罕率精兵三萬，討札剌勒丁，戰於合而拉耳之地，大敗之。

三年辛卯春正月，李全攻揚州，爲宋將趙葵所殺。

二月，大兵克鳳翔府，分兵攻宋西和州，獲其將强俊。金平涼、慶陽、邠原等府州皆降。速不台與金將完顏彝戰於倒回谷，失利。

夏五月，帝避暑於九十九泉，以李全妻楊妙真爲山東淮南行省。金降人李國昌言於拖雷，請出寶雞，自漢中達於唐、鄧，從之。遣搠不罕使於宋，假道且請會兵。搠不罕至沔州，宋青野原統制張宣殺之。

秋八月，帝幸西京，始立中書省，改侍從官名。以耶律楚材爲中書令，粘合重山爲左丞相，鎮海爲右丞相。耶律楚材奏請州縣長吏專理民事，萬户府專理軍政，課税所專理錢穀，各不相統攝。從之。拖雷入大散關，拔宋鳳州、洋州，進圍興元。分軍爲二：西軍由沔州渡嘉陵江，東軍趨饒風關，略地而東。初，皇叔斡赤斤遣著古與等使於高麗，高麗人殺之。至是，帝命撒里塔征高麗，討其殺使者之罪。

九月，帝自將圍河中府。命平陽移粟西京，都總管李守賢言：「百姓疲敝，不任輸載。」詔罷之。

冬十二月己未，克河中府。戊辰，拖雷渡漢水，與金將布哈戰於禹山，布哈引兵還，邀其輜重，獲之。撒里塔圍高麗東京，高麗王瞮請降。是年，大名守將蘇椿反，命楊傑只哥討斬之。綽兒馬罕追札拉勒丁至庫兒忒山，札拉勒丁敗死。貨勒自彌亡。綽兒馬罕遂取阿尼忒、愛而西楞、梅法而司三部之地。

四年壬辰春正月壬午朔，拖雷敗金將完顔兩婁室於襄城。丙戌，帝自河清縣白坡渡河，三日軍畢渡。庚寅，拖雷使者至，奏已渡漢江。詔諸軍即日進發。甲午，帝至鄭州，金屯軍元帥馬伯堅以城降。丙申，大雪。丁酉，帝至新鄭縣。是日，拖雷及金兵戰於鈞州之三峰山，大敗之，獲其大將布哈。自是，金兵不能復振。戊戌，帝至三峰山。壬寅，克鈞州，獲金大將合達及完顔彝等。辛丑，金潼關守將李平以城降。庚戌，金許州兵以城降。是月，撒里塔自高麗班師。帝遣使以璽書諭高麗王暾。

二月戊午，帝至盧氏縣，遇金將徒單兀典等，金兵不戰而潰。完顔重喜來降，帝命斬重喜於馬前。遂下商、虢、嵩、汝、陝等州。乙丑，分兵攻歸德府，許、鄭、陳、亳、壽、潁、睢、永等州進。

三月丁亥，克中京，金將强伸復取之。命速不台等圍南京。宋人以兵來會。遣使諭金主降。壬寅，金主使其諫議大夫裴滿阿虎帶、大府監國世榮來乞和，以其弟之子曹王譌可爲質。癸卯，速不台攻南京，不克。

夏四月丁巳，金主復使其户部侍郎楊仁奉金帛乞和，速不台以城不易下，許之。戊午，金主又使仁賫珍寶來謝。己未，遣没忒入城詔諭金主。是月，車駕北還，留速不台圍南京。帝由半渡至真定府。幸中都，出居庸關，避暑於官山。高麗國遣使來貢方物。

五月，勅使臣無牌面文字，始給馬之縣官及元差官皆罪之。若兵事及送御用物，仍驗數應付車牛。帝不豫。

六月，疾甚。拖雷禱於天地，請以身代之。未幾，帝疾瘳。遣金質子曹王譌可歸。高麗復叛，徙都於江華島。

七月，遣唐慶諭金主降。甲申，金人殺唐慶及從者三十餘人。乙酉，國安用叛附於金。

八月辛亥，速不台敗金將武仙等於京水。復遣撒里塔征高麗。

九月，帝次阿剌合的思之地。皇弟拖雷卒。

冬十月，高麗國遣使來謝罪。

十一月，帝獵於納蘭赤剌温之地。

十二月，駐蹕於太祖大斡爾朵。金主以汴京不能守，議渡河取衛州。撒里塔攻高麗處仁城，中流矢卒，别將鐵哥引兵還。

是年，立彰德路總元帥府，改懷州爲行懷孟州事。遣王檝使於宋，議夾攻金人。宋使鄒伸之來報命。帝許以成功之後，歸宋河南地。

五年癸巳春正月丙午朔，金主渡河。辛亥，金將白撒攻衛州。丁巳，撒吉思不花等敗白撒於白公廟。金主奔歸德府。戊辰，金京城西面元帥崔立殺留守完顔奴申等，以南京降。

二月，帝幸鐵列都之地。命皇子貴由及諸王按赤帶將左翼兵，討蒲鮮萬奴。

夏四月癸巳，崔立以金太后王氏、皇后徒單氏、梁王從恪、荆王守純，及宗室男女五百餘人，至速不台軍中。甲午，速不台殺從恪、守純，送王氏、徒單氏赴行在。忒木觧率諸軍圍歸德。

五月，金將蒲察官奴乘夜來攻，撒吉思不花及都元帥董俊等皆戰没。詔諭高麗王悔過來朝，且數其五罪。

六月壬午，速不台克中京，獲金中京留守强伸。辛卯，金主自歸德奔蔡州。己亥，金主入於蔡州。是月，帝命以孔子五十一世孫元措襲封衍聖公。

秋八月，帝獵於兀必思之地。以阿同葛等充宣差勘事官，括中州民户。

九月，遣王檝使於宋，且徵糧。辛亥，塔察兒築長圍以困蔡州。是月，皇子貴由等獲萬奴，遼東平。

冬十月甲申，金將麻琮以徐州降。高麗人畢賢甫與洪福源殺高麗宣諭使鄭毅，以西京降。高麗將崔瑀攻賢甫斬之，福源來奔。

十一月，宋遣其都統制孟珙等來會師，并輸糧三十萬石。

十二月己卯，拔蔡州外城。己丑，拔其西城。

是冬，帝幸阿魯兀忽可吾行宫。敕修孔子廟及渾天儀。趙揚據興州叛，易州達魯花赤趙瑨討斬之。金海、沂、萊、濰等州降。

六年甲午春正月戊申，金主傳位于宗室子承麟。己酉，大兵克蔡州，金主自縊死，承麟爲亂兵所殺，金亡。金息州行省抹撚兀典降於宋，大兵追殺之。

是春，會諸王於斡兒寒河。

夏五月，金將武仙奔澤州，爲戍兵所殺。帝幸答蘭答八思之地，大會諸王百官，頒大札薩克以令於衆曰：

凡當會不赴而私宴者，斬。諸出入宫禁，各有從者，男女止限十人，出入毋得相雜。軍中凡十人置甲長一，聽其指揮，專擅者罪之。其甲長以事來宫中，置權攝一人，甲外一人，二人不得擅自往來，違者罪之。諸公事非當言而言者，拳其耳；再犯，笞；三犯，杖；四犯，論死。諸千户越萬户前行者，以木鏃射之。百户、甲長、諸軍有犯，其罪同。諸軍甲内數不足，於近翼抽補足之。諸人或居室，或在軍中，毋敢喧呼。凡來會，用善馬五十匹爲一羈，守者五人，飼羸馬三人，守乞烈思三人。但盜馬一二者，即論死。諸人馬不應絆於乞烈思内者，輒没與畜虎豹人。諸婦人製質孫燕服不如法者，及妒者，乘以驏牛狗部中，論罪，即斂財爲更娶。

六月，宋將全子才率萬餘人自合肥趨汴京。崔立爲部將李伯淵等所殺。

七月，子才入汴。己卯，宋制置使趙葵陷泗州。乙酉，宋監軍徐敏子入洛陽，都元帥塔察兒拒戰於龍門北，大敗之。以忽都虎爲中州斷事官，野里朮副之。遣大達海紺卜伐宋，取四川諸路。

八月，宋將全子才等以糧盡，引還。帝幸答八思之地，議自將伐宋，國王查剌請行，允之。

冬十二月己卯，遣王檝使於宋，責宋人敗盟。宋遣鄒伸之、李復禮等來報謝。帝獵於斡兒寒河。

是年，東平行省嚴實入覲，授實東平路行軍萬户，偏裨賜金符者八人。改威州爲邢洺路。設國子監助教官於燕京，令大臣子弟入學。

七年乙未春，城和林，作萬安宫。初，太祖居怯緑連河，又徙於盧朐河。帝即位，亦居怯緑連河及盧朐河，至是始建都於和林，國語曰喀剌科魯木。春，帝居萬安宫一月，居揭揭察哈殿二月。夏，避暑於昔剌斡兒朵。秋，居於闊闊腦兒行宫。冬，大獵於汪吉河。四時臨幸，率以爲常。帝以欽察、斡羅斯部未定，命諸王拔都、大將速不台討之，皇子貴由、合丹，皇弟闊列堅及諸王鄂爾達、昔班、唐古忒、貝達爾、不里、蒙哥、撥綽皆從行。帝諭拔都曰：「聞欽察别部酋八赤蠻有膽勇，速不台可勝之。」又以金秦、鞏二十餘州固守不降，命皇子闊端招諭之。又命皇子曲出、大將忽都虎伐宋，諸王唐古伐高麗。

秋七月，諸王口温不花略唐州，宋將全子才、劉子澄等皆遁。僉宣德、西京、平陽、太原、陜西五路人匠充軍，每二十户僉一人。

冬十月，曲出拔棗陽及光化軍。

十一月，略襄、鄧諸州，敗宋制置使趙范於郢州之上閘口。再戰，大兵失利，遂引還。闊端至鞏昌，承制授金便宜總帥汪世顯原官。初，大兵克蔡州，世顯即殺金行省粘葛，至是以鞏昌來降，從闊端伐宋。

十二月，闊端克沔州，唐古克高麗鳳、海、洞、慈及金山、歸信等州。中書省臣請契勘《大明曆》，從之。

是年，置大興府版籍。改濟寧府爲山東路總管府，濟州改隸東平府。安次縣改隸霸州，林州改行縣事。

八年丙申春正月，萬安宫成，諸王來會宴，帝手觴賜中書令耶律楚材曰：「朕所以推誠委卿者，先帝之命也。非卿則中原無今日，朕之安枕，皆卿力也。」詔印造交鈔行之，不得過萬錠。

二月，命應州萬户郭勝、鈞州萬户孛朮魯久住、鄧州萬户趙祥從皇子曲出伐宋。

三月，復修孔子廟及司天臺。宋王旻、李伯淵等以襄陽降，命游顯守之。

夏四月，曲出克隨、郢二州及荆門軍。復詔忽都虎括中原户口，得一百一十餘萬，定税每户出絲一斤，以供官用，五户出絲一斤，以賜貴戚、功臣。上田畝税三升半，中田三升，下田二升半，水田畝五升。商税三十分之一。鹽價銀一兩四十斤，以爲永額。

六月，立編修所於燕京，經籍所於平陽，編集經史，以梁陟充長官，王萬慶、趙著副之。

秋七月，詔燕京路民户及真定路新籍户，每二十户僉軍一人，以答不也兒領之。命陳時可閱刑名、科差、課税等案，赴和林照磨。詔以真定民户奉太后湯沐。諸王、貴戚、斡魯朵：拔都，平陽府；茶合帶，太原府；皇子古與克，大名府；孛魯台，邢州；果魯干，河間府；孛魯古帶，廣寧府；也苦，益都、濟南二府户内撥賜；按赤帶，濱、棣二州；斡陳，平涼州；皇子闊端、駙馬赤古、公主阿剌海、公主果真、國王查剌、茶合帶、鍛真、蒙古寒札、按只那顏、折那顏、火斜、朮思，並於東平府户内撥賜有差。耶律楚材言其不便，乃命設達魯花赤，朝廷别置官吏收其租賜之，非奉詔不得徵調兵賦。

八月，大兵克棗陽軍及德安府。

九月，闊端攻武休關，入興元，敗宋兵於陽平關，斬其將楊雲、曹友聞。時金秦、鞏二十餘州皆降，惟會州都總管郭蝦蟆堅守不下。

冬十月，按竺邇克會州，郭蝦蟆自焚死。丙午，闊端拔文州。按竺邇招撫吐番諸部，略定龍州，與闊端合兵攻成都府，克之。會皇子曲出卒，闊端遂班師。

十一月，口温不花遣察帶圍真州，不克。

十二月，中書省課績，以知濟南府張榮爲第一。

是年，改滏陽軍爲邢洺路，置邢總管府。升涿州路。速不台討布而嘎而部，平之。

九年丁酉春，帝獵於揭揭察哈澤。蒙哥等獲欽察别部酋八赤蠻，斬之。波爾塔斯、毛而杜因、薩克孫三部來降，裏海以北悉定。

夏四月，築埽隣城，作揭揭察哈殿。

六月，皇叔斡赤斤所部譌言括民女，帝怒，因括之以賜將士，自七歲以上未嫁之女得四千餘人。

秋八月，命斷事官朮虎乃、山西中路課税所長官劉中試諸路儒士，中選者蠲其賦役，令與本處長官同署公事，得東平楊奂等四千三十人。

冬十月，獵於野馬川，駐蹕行宫。口温不花等克光州，進拔復州。攻蕲州，宋知州徐臬固守，攻安豐軍，宋知軍杜杲固守，俱不下，遂引還。

是年，拔都等入斡羅斯，克其勒冶贊城，進拔克羅姆訥城，皇弟闊列堅中流矢卒，遂圍物拉的迷爾都城。

十年戊戌春，國王塔斯伐宋，入北峽關，宋將汪統制降。拔都等克物拉的迷爾城，分兵拔廓在爾斯科城。

二月，遣王檝使於宋。

三月己丑，宋通好使周次説來報謝。

夏四月，築圖蘇湖城，作迎駕殿。襄陽裨將劉義執游顯等，降於宋，宋復取襄樊。

六月，中書令耶律楚材陳時務十策，曰信賞罰，正名分，給俸禄，官功臣，考殿最，均科差，選工匠，務農桑，定土貢，制漕運。帝悉行之。

秋八月，徵收課税使陳時可、高慶良奏諸路旱蝗，詔免今年田租，仍停舊未輸納者。以察罕爲馬步軍都元帥。察罕克天長縣及滁、泗等州。

九月，察罕圍盧州，宋知州杜杲拒戰，兵失利，引還。

冬十月辛未，宋人取光州。楊惟中建太極書院於燕京。

十一月，衍聖公孔元措奏禮樂散失，亡金太常官吏及禮册、樂器尚存者，請降旨收録。從之。

十二月，高麗國遣使貢方物。

是年，改平州爲興平府，立鼓城等處軍民萬户府。改深州隸真定路。塔海克隆慶府。宋洋州守將以城降。綽兒馬罕再入義拉克阿剌伯，敗哈里發於侃匿斤城，分兵取角兒只屬部之地。

十一年己亥春正月，富民劉廷玉等請以銀一百四十萬撲買中原課税，中書令耶律楚材奏罷之。宋孟珙復取信陽軍，尋又取光化軍及息、蔡二州。

是春，獵於揭揭察哈澤，皇子闊端至自西川。

夏四月，賜高麗王王瞮璽書，徵其入朝。

六月，高麗國遣使奉表謝罪。塔海攻重慶府，不克。

秋七月，以山東諸路災，免其田租。

冬十一月，蒙哥等圍阿速部蔑怯思城。

十二月，塔海與宋兵戰於歸州大埡砦，失利。宋復取夔州。西域賈人奥都拉合蠻撲買中原銀課二萬二千錠，以四萬四千錠爲額，從之。初，奥都拉合蠻，宴人也。國法：春、夏浴水中者死。帝與皇兄察合台出獵，見奥都拉合蠻浴，察合台欲斬之。帝曰：「彼遺金沒而求之，非浴也。」乃免死，令給事左右。後日見親信，遂恣爲奸利焉。

是年，金降將王榮執懷州達魯花赤純只海以叛。純只海妻善禮伯倫奪純只海歸，討榮，誅之。升順天軍爲路，置總管府，以易州、祁州、定州及雄州之三縣屬之。立太原路總管府。綽兒馬罕分兵攻角兒只諸部，角兒只大將阿拔克迎降。

十二年庚子春正月，以奥都拉合蠻充提領諸路課税所官。蒙哥等克蔑怯思城。拔都以斡羅斯諸部悉定，遣使來奏捷。命萬户張柔等分道伐宋。

二月，按竺邇敗宋舟師於夔門。

夏四月，始令製登歌樂，肄習於曲阜孔子廟。遣王檝使於宋。未幾，檝以疾卒，宋人歸其喪。

秋八月，宋將余玠以舟師入寇，泝河抵南京而返。

冬十二月，詔皇子貴由班師。敕州縣失盜不獲者，以官物償之。

是年，敕代償官民借回鶻金，計子母七萬六千錠。仍敕凡借貸歲久者，惟子本相侔而止，著爲令。籍諸王大臣所俘男女，放爲良民。以曷思麥里爲懷孟、河南二十八處都達魯花赤。東平行軍萬户嚴實卒。角兒只將阿拔克及凱辣脱酉阿釋阿甫妻湯姆塔入朝，帝厚撫之，詔綽兒馬罕盡返角兒只侵地，又諭角兒只歲貢外，不得任意苛斂。

十三年辛丑春正月，獵於揭揭察哈澤。辛酉，帝疾甚，醫言脈絶。耶律楚材請大赦天下，從之，異日而瘳。

三月，都總管萬户劉嶷入覲，命嶷巡撫天下，察百姓利病。以劉敏行省事於燕京，賜敏手詔曰：「卿之所行，有司不得與聞。」拔都等敗波蘭兵於勒基逆赤城。

夏四月，高麗王瞮以族子綧入質。

冬十月，以牙剌瓦赤同行省劉敏主管燕京公事。未幾，牙剌瓦赤以流言誣敏，敏出手詔示之。帝聞之，按問得實，罷牙剌瓦赤。

十一月丁亥，帝出獵，耶律楚材諫，不聽。庚寅，還至鈋鐵鐸胡蘭山，奥都剌合蠻進酒，帝飲醉。辛卯遲明，崩於行宮，年五十六。葬起輦谷。至元三年冬十月，追謚英文皇帝，廟號太宗。

初，帝愛拖雷子蒙哥。一日，召蒙哥，撫其首曰：「是可以君天下。」異日，帝用㸺犊豹，皇孫失烈門在側曰：「用㸺犊豹，則犢將安養？」帝又曰：「是有仁心，可以君天下。」及帝崩，六皇后乃馬真氏召耶律楚材問立君，楚材對曰：「此非外臣所敢與者。」后乃與諸王定議立皇子貴由爲嗣。皇后臨朝稱制，以俟拔都等之至焉。

壬寅春，皇后乃馬真氏稱制元年，拔都等班師返。

夏五月，大兵攻宋遂寧、瀘州，克之。

秋七月，張柔自五河口渡淮，攻揚、滁、和諸州，敗宋統制王溫等於天長縣。

冬十月，張柔克通州。

十二月，大兵攻敘州，獲宋都統制楊大全。是年，右丞相鎮海罷。

癸卯春正月，高麗國遣使來貢方物。

三月，大兵克資州。汪世顯卒，以其子德臣代之。

夏五月，熒惑犯房星。耶律楚材奏：「當有驚擾，然終無事。」未幾，皇叔斡赤斤引兵趨和林，皇后欲西遷以避之。楚材曰：「臣觀天道，無他變也。」已而果如其言。

秋，察罕奏以張柔總諸軍，屯杞縣。

是年，貝住征羅馬國，分兵入西里亞，羅馬酋開廓蘇降。

甲辰春，諸王大會於也只里河。

夏五月，中書令耶律楚材卒。察罕圍宋壽春府，不克。宋壽春兵從海道寇膠、密諸州。至是，大兵突至，樹柵以遏援師。宋將劉雄飛堅守，不下。

冬十月，高麗國遣使奉表來覲。

是年，併岢嵐、寧化、樓煩三縣入管州。

乙巳秋，察罕率步騎三萬，與張柔再攻壽春，進至揚州，宋制置使趙葵請和，乃班師。

九月，宋裨將劉整陷鎮平縣。

是年，貝住克凱辣脱城，遵太宗遺命，以其地與湯姆塔。

史臣曰：太宗寬平仁恕，有人君之量。常謂即位之後，有四功四過：「滅金，立站赤，設諸路探馬赤，無水處使百姓鑿井，朕之四功；飲酒，括叔父斡赤斤部女子，築圍牆妨兄弟之射獵，以私憾殺功臣朵豁勒，朕之四過也。」然信任奥都拉合蠻，始終不悟其奸，尤爲帝知人之累云。

新元史卷之五　本紀第五

定宗

定宗簡平皇帝，諱貴由，太宗長子也。母曰昭慈皇后，乃馬真氏。生於太祖元年丙寅。

太宗五年，以皇子與諸王按赤帶將左翼軍討蒲鮮萬奴，獲之，遼東平。

七年，諸王拔都討奇卜察克、斡羅斯諸部，太宗以敵據堅城不易下，命帝與諸王之長子貝達爾、不里、蒙哥等及皇弟闊列堅俱從行，所向克捷。

十一年，帝與蒙哥攻阿速部之蔑怯思都城。城險固，圍三月不下，乃選敢死士十人，躡雲梯而上，始克之。帝又與不里等别將一軍，與拔都大軍會於杜惱河。

十二年冬，拔都渡河，取格蘭城，帝駐河東，爲拔都後援。

十三年春二月，太宗崩，昭慈皇后與諸王、大臣會議，立帝爲嗣。皇后臨朝稱制，俟帝返然後歸政。

明年壬寅，爲皇后稱制之元年。春三月，太宗凶問至軍中，全軍東返。拔都至浮而嘎河，散遣諸軍。帝先歸奔喪。

癸卯夏，諸王斡赤斤以大衆趨和林，人心震駭。皇后遣斡赤斤之子往詰其父。斡赤斤聞大軍東返，帝已至葉密爾河，乃曰：「吾來視喪，非有他也。」遂引衆還。

甲辰，帝至和林，皇后屢召拔都。拔都與帝有隙，又以帝之立出皇后意，非太宗遺命，託足疾遷延不至。久之，遣其弟與子來會。

初，帝與拔都等宴軍中。拔都自以年長，先飲酒，帝詬之。拔都遣使訴其事於太宗，太宗大怒，欲謫帝爲探馬赤，置於邊遠之地。諸王忙該及阿勒赤歹、晃豁兒台、掌吉等諫曰：「成吉思汗有訓，内事只家中斷，外事只野外斷。此外事，請付拔都治之。」太宗從之，事得解。然拔都終與帝有隙焉。

乙巳，皇后以拔都不至，乃召諸王、諸延，會於答蘭答八思之地，定議以帝嗣位。

元年丙午秋七月，帝即位於汪吉宿滅秃里之地。斡羅斯、羅姆、角兒只、法兒斯、克而漫、瓦夕斯諸國皆來朝。報達之哈里發、天主教之教王，及木剌夷、阿勒坡諸國，皆遣使來賀。帝錫賚優渥，凡后妃、公主、諸王、大臣及其家之子弟皆有賜，將士賜及其家，朝賀者賜及從人。以車五百乘載金帛，頒賜畢，尚有羨餘，使群臣奪取以爲笑樂焉。帝諭報達使者法克哀丁：「哈里發遇蒙古人無禮，如不悛，將興兵討之。」木剌夷使者亦不見禮而歸。

帝詰斡赤斤稱兵之事，使諸王蒙哥、鄂爾達按之，誅其官屬數人，宥斡赤斤不問。命中書令楊惟中宣慰平陽。斷事官斜徹橫恣不法，惟中按誅之。以耶律鑄領中書省事。冬，獵黃羊於野馬川。皇太后乃馬真氏崩。太后攝政四年，法令廢弛，諸王自以勅令徵西域貨財，使者絡驛於道。呼拉商等處長官阿兒渾入覲，盡取前後諸王勅令奏聞，帝申令禁止之。諸王由是斂戢。

奥都拉合蠻伏誅。復以鎮海爲中書左丞相，以牙剌瓦赤管財賦，以其子馬忽惕爲突而基斯單、撒馬爾干等處長官，賜金獅符。

以察罕經略江淮，賜貂裘一、鑌刀十。察罕使權萬户史權等伐宋，克虎頭關，進至黄州。軍前左右司郎中李楨表言：「襄陽乃吴、蜀之要，宋之襟喉，得之則可以爲他日取宋之資。」帝嘉納之。

是年，拔都與大將兀良合台討孛烈兒、乃捏迷思諸部，平之。

二年春，以忙哥撒爾爲斷事官。張柔敗宋兵於泗州。柔帳下吏夾谷顯祖上變，誣柔。逮柔至和林，訊之得實，顯祖伏誅。

夏，避暑於曲律淮黑哈速之地。

秋七月，帝西巡。萬户郝和尚朝於行宮，帝賜銀萬錠，和尚固辭，遂賜其將校劉天禄等金銀符。

八月，命野里知吉帶征西域。抽諸王部衆十之二，使野里知吉帶領之，屬國如羅姆、角兒只、毛夕耳、的牙佩壳耳、阿勒坡等皆轄之，收其貢賦以充軍實。帝諭野里知吉帶曰：「朕將自往，以汝爲前鋒耳。」詔蒙古户百選一人，充拔都魯。

九月，取太宗宿衛之半，以也曲門答兒領之。

冬十月，括諸路户口，敢隱實者誅籍之。

是年，皇弟闊端卒。西域婦法瑪特以巫蠱術厭闊端，撒馬爾干人希雷發其事，闊端臨卒亦遣使告於帝，爲法瑪特所害。詔丞相鎮海鞫之，法瑪特辭伏，處以極刑。未幾，又有人告希雷厭禳皇子忽察，希雷亦伏誅。以高麗不入貢，遣兵討之。

三年春三月，帝不豫，西巡葉密爾河。帝在潛藩，葉密爾河爲湯沐地。帝嘗謂「此地水土宜於朕體」，遂決意西巡。未至别失八里，疾大漸，崩於横相乙兒之地，年四十有三。葬起輦谷。追謚簡平皇帝，廟號定宗。

帝嚴重有威，在位未久，不及設施。昭慈皇后稱制時，君權下替。帝既立，政柄復歸於上。然好酒色，手足有拘攣疾，嘗以疾不視事，委鎮海、喀達克二人裁決焉。

是年，大將速不台卒。蒙古諸部大旱，河水盡涸，野草自焚，牛羊十死八九。萬户郝和尚因歲饑，輸穀千石以贍國用。

帝既崩，皇后斡兀立海迷失不發喪，先赴於拔都及拖雷妃客烈亦氏，請依乃馬真皇后故事，臨朝稱制，以俟立君。拔都許之。與諸王、大臣會於阿勒塔克山。

己酉，皇后稱制元年，遣使者八拉等會拔都於阿勒塔克山。拔都欲立憲宗，使者還報。皇后與二子忽察、腦忽皆不悦。

庚戌春，諸王、大將再會於闊帖兀阿蘭之地，定議立憲宗。

是年，宋制置使余玠寇興元、文州，汪德臣、鄭鼎拒之。降將王德新據階州以叛。以李楨爲襄陽兵馬萬户。

史臣曰：定宗誅奥都拉合蠻，用鎮海、耶律鑄，賞罰之明，非太宗所及。又乃馬真皇后之弊政，皆爲帝所剗革。舊史不詳考其事，謂前人之業自帝而衰，誣莫甚矣。

新元史卷之六　本紀第六

憲宗

憲宗桓肅皇帝，諱蒙哥，睿宗拖雷之長子也。母曰顯懿莊聖皇后，客烈亦氏。生於太祖三年戊辰十二月三日。有晃忽答部人知天象，言帝後必大貴，故以蒙哥名之。蒙哥，譯義長生也。太宗在潛邸，養以爲子，使昂灰二皇后撫之。睿宗卒，始命帝歸藩。

太宗七年，從拔都討奇卜察克、斡羅思諸部。九年，入奇卜察克，其別部酋八赤蠻敗遁，匿於浮而嘎河林中。帝入林搜捕，見空營，一病嫗在焉。訊之，則八赤蠻已遁於寬田吉思海島。時北風大作，海之北岸水淺，遂渡水，出其不意擒之。帝命之跪，八赤蠻曰：「我一國之主，豈圖苟活？且我非駝，何以跪爲？」帝囚之。八赤蠻謂守者曰：「我竄於海島，與魚何異？然卒見擒，天也。今水回期將至，汝等宜早還。」守者白於帝，即日班師，而水已至，後軍有浮渡者。八赤蠻請受刃於帝，帝命皇弟撥綽斬之。

與拔都等進攻斡羅斯之勒治贊城，帝躬自搏戰，克之。

十一年春，又與定宗攻拔阿速之蔑怯思城。

十二年，圍斡羅斯計掖甫城。帝遣使諭降，城人殺使者，帝怒，晝夜力攻，克之，盡屠其衆。

太宗崩，諸軍東返。定宗即位，命帝屯六盤山，控制秦隴，爲伐蜀之計。

定宗崩，皇后斡兀立海迷失臨朝稱制，拔都與諸王、大將會於阿勒塔克山，議立君。皇后遣使者帖木兒來會。至者西方諸王忽必烈、阿里不哥、末哥，東方諸王也孫格、塔察兒、帖木迭兒、也速不花及大將兀良合台、速你帶、忙哥撒兒數人。時大將野里知吉帶自西域至，建議遵太宗之命，立失烈門。皇弟忽必烈作而言曰：「太宗既欲立失烈門，而汝等輔立定宗，豈太宗命耶？阿克塔隆爲太祖愛女，即有罪，宜會諸王、哈屯定讞，乃不問而殺之，又豈太祖、太宗法耶？今日之事，奈何以太宗之命爲辭？」聞者語塞。初，太祖分部衆於子弟，睿宗以幼子，所得獨多，故諸將多睿宗舊部。睿宗卒，帝兄弟尚幼，事皆決於莊聖皇后。后有才智，能御衆，又與拔都善，故衆皆屬意於帝。時又有建議者，謂拔都最長，當立。拔都不可，衆曰：「王既不肯自立，請王審擇一人，以定大計。」拔都曰：「吾國家幅員甚廣，非聰明睿智、能效法太祖者，不可爲主。我意在蒙哥。」衆應曰：「然。」帝固讓，皇弟末哥曰：「衆謂拔都言是聽，今奈何不從！」拔都曰：「末哥言是也。」議遂定。

皇后又遣使告於拔都，會議宜在東，不宜在西。且諸王未集，不能定議。拔都曰：「太祖、太宗大業未可輕授，今帝位已定，請屈意相從。明年再會於東方可也。」使其弟伯勒克、脱哈帖木兒將大軍衛帝而東，拔都自駐於西，以備非常。

元年辛亥春，諸王、大將再會於闊帖兀阿蘭之地。太宗、定宗諸子及察合台子也速蒙哥皆不至。拔都遣使者勸之，仍不納。於是伯勒克等請於拔都，拔都乃申令於衆，有梗議者以國法從事。西方諸王別兒哥、脱哈帖木兒，東方諸王也古、脱忽、也孫格、按只帶、塔察兒、也速不花暨西方大將班里赤等皆至，乃諏日奉帝即位焉。

夏六月，帝即位於斡難河、克魯倫河之間。追尊皇考拖雷爲帝，尊客烈亦氏爲皇太后。即位日，諸王列於右，諸哈屯、公主列於左，皇弟七人列於前，文臣以孛爾該爲班首，武臣以忙哥撒兒爲班首。禮成，大宴七日。既而御者克薛傑上變，言贏逸，自出追之，遇車馬甚衆。一車折轅，誤以克薛傑爲同行者，使助其縛轅。見車中有藏甲，訝而問之，御者曰：「爾車亦如此，何問爲？」更問他車御者，乃知失烈門、忽察、腦忽三王欲乘宴會作亂。帝秘其事，命忙哥撒兒以兵逆之，止三王衛士，使各從二十人，獻九白之貢。翌日，帝親詰失烈門等，皆不承。考訊失烈門從官，始吐實，而自剄以死。復命忙哥撒兒窮治失列門等黨羽，太祖功臣也孫帖額、掌吉、爪難、合答、曲憐、阿里出等及野里知吉帶之二子，皆坐誅，死者七十人。諸王也速蒙哥、不里後期不至，遣大將卜憐吉觶屯兵備之。

帝遂更改庶政。命皇弟忽必烈總治漠南諸路軍民。開府於金蓮川，以忙哥撒兒爲斷事官。以孛爾該爲大必闍赤，掌宣發號令、朝覲貢獻及内外聞奏諸事。以晃忽兒留守和林，阿藺答兒副之。以牙剌瓦赤、卜只兒、斡魯不、覩答兒等充燕京等處行尚書省事，賽典赤、匿咎馬丁佐之，以訥懷、塔剌海、麻速忽等充别失八里等處行尚書省事，暗都剌兀尊、阿合馬、也的沙佐之。以阿兒渾充阿母河等處行尚書省事，法合魯丁、匿只馬丁佐之。以察罕、也柳干總兩淮等處蒙古、漢軍；以帶答兒統四川等處蒙古、漢軍；以和里觶統吐番等處蒙古、漢軍，皆仍前征討。封克薛傑爲答剌罕。命僧海雲掌釋教事，道士李真常掌道教事。

頒便益事宜於國中：凡朝廷及諸王濫發牌印，詔命盡收之。諸王馳馹，許乘三馬，遠行亦不得過四馬。諸王不得擅招民户。諸官屬不得以朝覲爲名賦歛民財。輸糧者許於近倉輸之。罷築和林城夫役五千人。依太祖、太宗舊制，免耆民及釋、道等教之丁税，惟猶太教不預此例。改定西域税則，牛、馬百税一，不及百者免。代償定宗及皇后、皇子虧欠商貨銀五十萬錠。

秋，察罕入覲，命以都元帥兼領尚書省事。

冬十一月，皇弟忽必烈入覲。帝聞西夏人高智耀名，召見之。從智耀言，免海内儒士徭役，無有所與。

是冬，執野里知吉帶於八脱吉斯之地，命拔都誅之。以僧那摩爲國師，總領天下釋教。

二年春正月，帝幸失灰之地。命皇弟旭烈兀討木剌夷，以乃蠻人怯的不花爲前鋒。皇太后客烈亦氏崩。置經略司於汴，以忙哥、史天澤、楊惟中、趙璧等爲經略使，屯田唐、鄧諸州。

二月，察罕攻宋隨、郢、安、復等州，與宋將馬榮戰於大脊山。

三月，命東平萬户嚴忠濟立局，製冠冕、法服、鐘磬、儀仗，肄習之。

夏四月，帝駐蹕和林。定宗皇后斡兀立海迷失及失烈門母以厭禳事覺，命忙哥撒兒鞫治得實，並賜死。以忽察、腦忽、失烈門三王皆由其母煽惑，免死。謫忽察於蘇里該之地，腦忽、失烈門於没脱赤之地。禁錮和只、納忽、孫脱等於軍中。

定太宗子孫分地：合丹居别失八里，蔑里居也兒帖石河，海都居海押立，别里哥居曲兒只，脱脱居葉密立，蒙哥都及太宗皇后乞里吉忽帖尼居闊端太子分地之西。仍以太宗皇后、諸妃資産分賜諸王。遣貝剌至察合台藩地，逮治違命諸臣。乞兒吉思、謙謙州等處，皆遣兵巡察。命察合台孫忽剌旭烈殺也速蒙哥，代其位。忽剌旭烈未至而卒，其妃倭耳干納殺也速蒙哥，自爲監國。以太宗子不里付海都殺之。定宗用事大臣喀達克等並伏誅。

六月，皇弟忽必烈入覲。

秋七月，命忽必烈征大理，塔塔兒台撒里、秃兒花撒征印度。詔諭宋荆南、襄陽、樊城、均州諸守將，使來附。

八月庚申，帝始以冕服拜天於日月山。癸亥，帝用孔元措言，合祭昊天、后土，作神牌，以太祖、睿宗配。是月，忽必烈次臨洮，請城利州以爲取蜀根本。

冬十月，汪德臣掠宋成都，薄嘉定，爲宋將余玠所卻。命諸王也古討高麗。帝獵於月帖古忽蘭之地，墮馬，傷臂，不視朝百餘日。

十二月戊午，大赦天下。以帖哥出、闊闊朮等掌帑藏；孛闌合剌孫掌斡脱；阿剌忽掌祭祀、醫巫、卜筮，阿剌不花副之；只兒斡帶掌驛傳。徙工匠五百户修行宫。是年，籍漢地户口。印度遣使入貢。

三年春正月，汪德臣城利州、閬州，分兵屯田，宋人不敢侵軼。帝獵於怯蹇察罕之地。諸王也古以怨襲諸王塔察兒營。帝遂會諸王於斡難河北。罷也古征高麗兵，以札剌兒帶爲征東元帥。遣必闍赤別兒哥括斡羅思户口。帝大封同姓，命皇弟忽必烈於河南、陝西自擇其一，忽必烈願有陝西，遂受京兆分地。

三月，察罕攻宋海州，敗宋將王國昌於城下，獲都統一人。

六月，命兀良合台從皇弟忽必烈征大理，皇弟旭烈兀征報達。又命撒里等征印度斯單、克什米爾，受旭烈兀節度。撒里等由克什米爾入印度斯單界，大掠而還。帝幸火兒忽納要不兒之地，諸王拔都遣使乞買珠銀萬錠，帝以千錠賜之，仍諭曰：「太祖、太宗之財，費用如此，何以給諸王之賜？王宜詳審之，此銀就充歲賜之數。」

秋八月，帝幸軍腦兒，以忙哥撒兒爲萬户，哈丹爲札魯花赤。

九月，忽必烈次忒刺之地。分兵三道，兀良哈台由西道，諸王抄合、也只烈由東道，忽必烈由中道以進。

冬十月，忽必烈渡金沙江，摩挲蠻酋唆火魯迎降。

十二月，忽必烈入大理。帝幸汪古部。命諸王也古與洪福源征高麗，攻拔禾山、東州、春州等城。

是年，怯的不花入苦亦斯單，進至塔密干，攻吉兒都苦堡，木剌夷酋遣兵援之。忙哥撒兒卒。忙哥撒兒涖事嚴，人多怨之，帝爲下詔慰諭其子。

四年春二月，宋將余晦城紫金山，汪德臣大敗之，奪其城。三月，釋宋使王元善南歸。帝獵於怯蹇察罕之地。夏，帝駐蹕於月兒滅怯土。札剌兒帶至軍中，也古罷歸。秋七月，詔官吏赴朝廷，理算錢糧者許自首不公，仍禁以後浮費。兀良合台攻烏蠻赤押城，拔之。大理酋段興智降〔一〕。

秋八月，皇弟忽必烈至自大理，駐於桓、撫二州。

冬十一月，城光化軍，帝大獵於也滅千哈理察海之地。是年，會諸王於顆顆腦兒之西，祭天於日月山。初籍新軍。帝令大臣求可以慎固封守、嫻於將略者。擢史樞征行萬户，配以真定、相、衛、懷、孟之兵，使屯於唐、鄧二州。張柔移屯亳州，自亳築甬道屬汴隄，以通商賈之利。詔柔率山前八軍城亳州。宋均州總管孫嗣宗遣人賫蠟書請降。詔權萬户史權以精兵援之。宋驍將鍾顯、王梅、杜柔、袁師信各率所部來降。

五年春，定漢民科差包銀額征四兩，以半輸銀，半折絲絹、顏料等物。

夏，帝駐蹕月兒滅怯土。

秋九月，張柔會都元帥察罕於符離，築横江堡，兼立水栅，以通陳、蔡、潁、息之路。

是年，史樞敗宋舟師於漢水之鴛鴦灘。兀良合台攻魯魯厮、阿伯等部，降之。改命札剌兒帶、洪福源征高麗。馬步軍都元帥兼領尚書省事察罕卒。權真定等路萬户史天安卒。

六年春正月，帝會諸王、百官於月兒滅怯土，大宴六十餘日，賜金帛有差，仍定擬諸王歲賜之數。忽必烈奏請續僉内地漢軍，從之。

夏四月，駐蹕答密兒之地。

五月，幸昔剌斡魯朵。

六月，大白晝見。幸斛亦兒阿塔之地。諸王也孫格、駙馬也速兒等請伐宋，帝亦以宋人囚使者月里麻思，會議討之。太宗末，月里麻思使於宋，宋人囚之，至是已十六年。

秋七月，諸王塔察兒、駙馬帖里該率所部過東平，掠民羊豕。帝聞之，遣使按問其罪。由是諸軍斂戢無犯者。

冬，帝駐蹕阿塔哈帖乞兒蠻之地。以阿母河回回降户分賜諸王、大將。旭烈兀率怯的不花、布帖木兒等分三道進兵，木剌夷酋兀克乃丁請降。帝以木剌夷人凶悍，命旭烈兀悉誅之。兀克乃丁入朝，亦殺之於中途。

十二月，城棗陽軍。

是年，大理酋段興智及素丹諸部長來覲。兀良合台討烏、白蠻三十七部，悉平之，遂自昔八兒之地還重慶，敗宋將張實。賜兀良合台金縷織文衣一襲、銀五千兩，賚軍士彩帛二萬四千匹。始建城郭、宮室於桓州東、灤水北之龍岡。

七年春，帝幸忽蘭也兒吉之地。詔諸王出師伐宋。命阿藍答兒行省事於京兆，劉太平佐之，鈎考陝西諸路財賦。皇弟忽必烈固請率妃主入覲。董文蔚攻宋襄陽、樊城，與宋將高達戰於白河。

夏六月，謁太祖行宮，祭旗鼓，復會諸王於怯緑憐之地，還幸月兒滅怯土。兀良合台奏請依漢故事，以西南夷悉爲郡縣，從之。以劉時中爲宣撫使，加兀良合台大元帥，還鎮大理。

秋，駐蹕於軍腦兒，釃馬乳祭天。

九月，以駙馬納陳之子乞解爲達魯花赤，鎮守斡羅斯，仍賜馬三百匹、羊五千匹。回鶻獻水精盆、珍珠傘等物，值三萬餘錠。帝曰：「方今百姓疲敝，所急者錢耳。朕獨有此何爲？」命卻之。賽典赤以爲言，帝稍償其值，禁勿再獻。諸王塔察兒率諸軍伐宋，圍樊城，會霖雨連月，遂班師。

冬十一月，兀良合台伐安南，入其都城。安南國王陳日煚遁入海島，遂大享戰士而還。

十二月，帝渡漠南，駐蹕於玉龍棧赤，皇弟忽必烈、阿里不哥及諸王八里土、玉龍塔失、昔烈吉、出木哈兒，公主脱滅干來迎。帝見忽必烈，相對泣下，不令有所白而止。

是冬，皇弟旭烈兀至報達，克其乞里茫沙杭城。

八年春正月朔，幸也里本朵哈之地，受朝賀。

二月，陳日煚傳國於長子光昺，遣其陪臣阮學士來貢方物，兀良合台送詣行在。旭烈兀平報達，獲哈里發木司塔辛，殺之，遣使來獻捷。帝獵於也里海牙之地，遂自將伐宋，命阿里不哥留守和林，阿蘭答兒輔之，命張柔從忽必烈攻鄂州，以趨臨安，塔察兒攻荆山以分兵力。又命兀良合台自雲南進兵，會於鄂州。紐鄰敗宋師於靈泉山，進攻雲頂山堡，克之。成都府彭、漢、懷安、綿等州及威、茂諸蕃悉降，以紐鄰爲都元帥。帝自東勝渡河。命參知政事劉太平括興元户口。高麗質子王綧譖洪福源，帝召福源殺之。

夏四月，帝駐蹕六盤山，召見諸路守令，豐州千户郭燧奏請城金州，從之。是時軍四萬，號十萬，分三道而進：帝由隴州入大散關，諸王末哥由洋州入米倉關，孛里察萬户由漁關入沔州。以明安答兒爲太傅，守京兆。詔徵益都行省李璮兵，璮奏益都南北要衝，兵不可撤，從之。

五月，皇子阿速帶因獵傷民稼，帝責之，撻近侍數人。士卒有拔民葱者，斬以徇。由是大兵所至，秋毫無犯。

秋七月，留輜重於六盤山。帝自將大軍出寶雞，攻重貴山，所向克捷。

八月辛丑，李壇與宋人戰於漣水，大敗之。

九月，帝進駐漢中。紐鄰率衆渡馬湖江，獲宋將張實，遣實招諭苦竹隘。實入城，與宋將楊立堅守。行北京七路兵馬都元帥府事史天祥卒。

冬十月壬午，帝次寶峰。癸未，幸利州，觀其城塹淺惡，以汪德臣能守，賜卮酒獎諭之。遂渡嘉陵江，至白水江，命德臣造浮梁以濟，進次劍門。戊子，遣史樞攻苦竹隘，裨將趙仲開門出降，詔賜仲衣帽，遷於重慶。己亥，獲張實，支解之。賜汪德臣玉帶，留精兵五百守之。遣使招諭龍州。帝駐蹕高峰。庚子，圍長寧山，守將王佐等出戰，敗之。

十一月己酉，帝督諸軍，先攻鵝頂堡。壬子，與宋師戰於望春門，敗之。宋知縣王仲出降。是夜，克鵝頂堡，以彭天祥爲達魯花赤守之。諸王末哥、塔察兒等略地還，俱引兵來會。丙辰，進攻大獲山，遣王仲招守將楊大淵，大淵殺之。帝怒，督諸軍力攻，大淵遂以城降，授大淵爲都元帥。庚午，帝駐蹕和溪口。是月，宋龍州降。

十二月，楊大淵與汪德臣分攻相如等縣。紐鄰攻簡州不克。乙酉，帝次於運山，宋守將張大悦降。進至青居山，其裨將劉淵等殺都統段文鑒降。丁酉，隆州降。己亥，大良山守將蒲元圭降。詔諸軍毋俘掠。癸卯，克雅州。石泉山守將趙順降。甲辰，遣降人晉國寶招諭合州守將王堅，堅固守不下。

是年，兀良合台狥宋内地，連克静江府、辰、沅等州，進圍潭州。皇子辨都卒。

九年春正月乙巳朔，帝駐蹕重貴山北，置酒大會，因問群臣曰：「今在敵境，天將暑，汝等謂可居否乎？」脱歡曰：「南土瘴厲，車駕宜早還，新俘户口委官吏治之可也。」八里赤曰：「脱歡怯，臣請居之。」帝稱善。戊申，晉國寶還至峽口，王堅追殺之。諸王末哥進攻渠州禮義山，曳剌秃魯雄攻巴州平梁山。丁卯，楊大淵攻合州，俘男女八萬餘。是月，大兵克利州。隆慶、順慶諸府，蓬、閬、廣安守將相繼降。命渾都海以兵二萬守六盤山，乞台不花守青居山，紐鄰造浮梁於涪州之藺市，以杜援兵之路。

二月丙子，帝自雞爪灘渡江，直抵合州城下。辛巳，攻一字城。癸未，攻鎮西門。

三月，攻東新門及奇勝門、鎮西門諸堡。

夏四月丙子，大雷雨，凡二十日。乙未，攻護國門。宋將吕文德以艨艟千餘，泝嘉陵江而上，命史天澤擊敗之。六月丁巳，汪德臣選敢死士夜登外城，會大雨，梯衝盡折，後軍不克進而止。是日，德臣感疾卒。帝不豫。

秋七月，留兵三千圍合州，餘衆悉攻重慶。癸亥，帝崩於釣魚山，年五十有二。史天澤等奉梓宫北還，葬起輦谷。廟號憲宗，追謚桓肅皇帝。

帝沈斷寡言，不喜侈靡。太宗朝群臣擅權，政出多門。至是，凡詔令皆帝手書，更易數四，然後行之。御群臣甚嚴，嘗諭左右曰：「汝輩得朕奬諭，即志氣驕逸，災禍有不立至者乎？汝輩其戒之。」然酷信巫覡卜筮之術，凡行事必謹，叩之無虚日，終不自厭也。

史臣曰：憲宗聰明果毅，内修政事，外闢土地，親總六師，壁於堅城之下，雖天未厭宋，賫志而殂，抑亦不世之英主矣。然帝天資涼薄，猜嫌骨肉，失烈門諸王既宥之而復誅之。拉施特有言：「蒙古之内亂，自此而萌，隳成吉思汗睦族固本之訓。」嗚呼！知言哉！

【校勘記】

〔一〕「段興智」，原作「段智興」。按，段智興爲大理國宣宗皇帝，乃大理國末代皇帝段興智之曾祖，祖孫名用字同，故易混。今乙正。下同。

新元史卷之七　本紀第七

世祖一

世祖聖德神功文武皇帝，諱忽必烈，睿宗第四子，憲宗同母弟也。以太祖十年乙亥秋八月乙卯生。

太祖十九年春，自西域班師，至乃蠻境阿拉馬克委之地，帝與皇弟旭烈兀來迎，帝射一兔，旭烈兀射一山羊。國俗：童子初獵禽獸，以血染長者拇指。旭烈兀持太祖手，用力重。太祖曰：「爾用力如此，吾爲爾恥之。」帝則捧太祖之手，輕拭之，太祖甚悦。及長，仁明英睿，事莊聖皇后以孝聞。

在潛邸，徵名儒竇默、姚樞、許衡等，詢以治道，思大有爲於天下。蒙古興，垂六十年，至帝始延攬文學之士，待以殊禮焉。

憲宗即位，詔漠南、漢地軍國之事，悉聽帝裁決，開府於金蓮川，得專封拜。邢州爲帝分地，後又分二千户爲功臣食邑，民不堪命，詣王府訴之。劉秉忠、張文謙言於帝曰：「邢州户本萬餘，軍興以來，不滿數百，得良吏撫之，責以成效，使四方取法，則天下皆受王之賜矣。」帝從之，以脱兀脱、張耕爲邢州安撫使，劉肅爲商榷使，輕徭薄賦，期年户增數倍。自是帝益以儒者爲可用。

二年，帝移駐桓、撫二州，時牙剌洼赤、布智兒等行燕京中書省事，一日殺二十八人。其一人已杖而釋之，有獻環刀者，復追還，斬其人以試刃。帝聞其事，召布智兒責之曰：「凡死罪，宜詳讞而後行刑，今一日殺二十八人，必多冤濫。況既杖而後斬之，此何刑也？」布智兒惶恐謝罪。帝請置經略司於汴京以圖宋，置都轉運司於新衛，以濟軍儲，憲宗並從之。夏六月，覲憲宗於曲先腦兒，奉命征雲南。秋七月丙午，禡牙出師。

三年，憲宗大封同姓，敕帝河南、京兆自擇其一，帝願受京兆分地。奏割河東解州鹽池供軍餉，令民受鹽入粟，轉漕嘉陵。又奏置宣撫司於京兆，以孛蘭奚、楊惟中爲使，關、隴大治。

秋八月，帝自六盤山次臨洮。

九月壬寅，帝次忒剌，分三道以進。大將兀良合台出西道，諸王抄合、也只烈出東道，帝自將大軍出中道，留輜重於滿陀城。

冬十月，經西番界至金沙江，乘革囊以濟，摩娑二部酋唆火脱因、塔裏馬迎降。

十一月辛卯，遣玉律朮、王君侯、王鑑等諭大理。辛丑，白蠻酋阿塔剌降。

十二月丙辰，圍大理城。初，大理酋段興智微弱，國事皆決於高祥。是夜，祥率所部遁去。帝入城，謂左右曰：「城破而玉律朮等不出，其人必死矣。」諸將以大理殺使者，欲屠城。張文謙言於帝曰：「此高祥所爲，非民之罪，請宥之。」帝乃使姚樞裂帛爲旂，書止殺之令，由是一城獲免。辛酉，分兵攻龍首關，次趙瞼。癸亥，獲高祥。祥不屈，斬之。時白日當午，雲起雷震。帝曰：「忠臣也！」命以禮葬之。帝承制以劉時中爲大理金齒等處宣撫使，留兀良合台討魯魯斯、阿伯諸部，自率諸將班師。

四年夏五月，帝辟暑於六盤山。秋八月，駐桓、撫二州。冬，駐金蓮川。

五年冬駐奉聖州。

六年春三月，命劉秉忠建城郭於桓州東、灤水北，後名爲開平府。冬，移駐合剌八剌合孫之地。

七年春，憲宗命阿藍答兒、劉太平鈎考京兆、河南財賦，推驗經略、宣撫兩司官吏。帝聞之不悅，用姚樞言，率妃主以下入朝。冬十二月，覲憲宗於也可迭烈孫之地，憲宗與帝皆泣下，不令帝有所白而止。遂議分道伐宋。

八年冬十一月戊午，帝禡牙於開平。

九年春二月，會諸王於邢州。

夏五月，次小濮州，徵宋子貞、李昶，訪問得失。

秋七月甲寅，次汝州，以大將拔都兒爲前鋒，戒勿妄殺。以楊惟中、郝經宣撫江淮，烏古論貞督餉蔡州。兵有犯法者，貞縛送有司，帝即斬之。由是將士肅然，無敢違命者。

八月丙戌，渡淮。辛卯，入大勝關，分遣張柔入虎頭關。壬辰，帝次黄陂。時淮民被俘者衆，帝悉宥之。庚子，諸將茶忽䚡得宋沿江制置司榜，有云：「今夏諜者聞北兵會議，取黄陂民船，由陽邏堡濟江會於鄂州。」帝曰：「吾前無此意，能如其言，吾所願也。」辛丑，帝次於江北。

九月壬寅，諸王穆哥自合州遣使以憲宗凶問告，且請北歸。帝曰：「吾奉命南征，豈可無功而返？」甲辰，登香爐山，俯大江，江北爲陽邏堡，其南岸曰許黄洲，宋人嚴兵守之，列戰船江中，軍容甚盛。董文炳率死士鼓櫂疾趨，諸將分三道繼之，宋兵敗遁。文炳麾衆登南岸，使其弟文用輕舟報捷。帝問戰勝狀，因舉鞭仰指曰：「天也！」丁未，帝濟江，駐許黄洲。己酉，次鄂州。庚戌，圍城。帝謂張柔曰：「吾猶獵者，不能禽圈中豕，野獵以供汝食，汝破圈取之可也。」柔作鵝車洞火其城，別遣勇士先登。城垂克，會宋將高達來援，引兵入，復堅守不下。

冬十月辛未朔，帝駐龜山。

十一月丙辰，移駐牛頭山。兀良合台至潭州，遣使來告。命也里蒙哥以兵援之，且加勞問。時憲宗用事大臣阿藍答兒、渾都海、脱火思、脱里赤等憚帝英明，謀立皇弟阿里不哥。阿藍答兒乘傳發兵，去開平百餘里，皇后遣使謂之曰：「發兵，大事也，太祖皇帝曾孫真金在此，何故不令知之？」阿藍答兒不能對。后又聞脱里赤已至燕京，乃遣脱歡愛莫干馳告於帝，請早還。丁卯，發牛頭山，聲言以大兵趨臨安，留大將拔都兒圍城。

閏月庚午朔，還駐青山磯。辛未，張文謙獲降民二萬北歸。宋制置使賈似道遣使求和，請輸歲幣。帝令趙璧等語之曰：「汝以生靈之故，來求和好，其意甚善。然我奉命南征，豈能中止？果有事大之心，請命於朝廷可也。」是日，帝班師。及至襄陽，高麗世子倎來迎。帝曰：「唐太宗親征高麗，不能服。今其世子自來歸我，此天意也。」己丑，車駕至燕京。脱里赤方括民兵，帝悉縱之，民大悦。

中統元年春三月戊辰朔，車駕至開平府，哈丹、阿只吉率西路諸王，塔察兒、也先哥、忽剌忽兒、爪都率東路諸王來會，偕文武大臣勸進。帝三讓，諸王、大臣固請。辛卯，即皇帝位。遣高麗世子倎歸，以兵送之，仍赦高麗境内。

夏四月戊戌朔，八春、廉希憲、商挺爲陝西、四川等路宣撫使，趙良弼參議司事，粘合南合、張啟元爲西京等處宣撫使。己亥，詔諭高麗國歸其俘與逃户。辛丑，詔曰：

朕惟祖宗肇造區宇，奄有四方，武功迭興，文治未洽，五十餘年於此矣。蓋時有先後，事有緩急，天下大業，非一聖一朝所能兼備也。先皇帝即位之初，風飛雷厲，將大有爲。憂國愛民之心雖切於己，尊賢使能之道未得其人。方董夔門之師，遽遺鼎湖之泣。豈期遺恨，竟弗克終。

肆予冲人，渡江之後，蓋將深入焉。乃聞國中重以僉軍之擾，黎民驚駭，若不能一朝居者，予爲此懼，驛騎馳歸。目前之急雖紓，境外之兵未戢。乃會羣議，以濟良規。不意宗盟輒先推戴，咸謂國家之大統不可以久曠，神人之重寄不可以暫虚。求之今日，太祖嫡孫之中，先皇母弟之列，以先以長，止予一人。雖在征伐之間，每存仁愛之念。博施濟衆，實可爲天下主。天道助順，人謀與能，祖訓傳國大典，於是乎在，孰敢不從？朕峻辭固讓，至於再三，祈懇益堅，誓以死請。於是俯徇輿情，勉登大寶。自惟寡昧，屬時多艱，若涉淵冰，罔知攸濟。爰當臨御之始，宜新宏遠之規。祖述變通，正在今日。雖承平未易遽臻，而饑渴所當先務。禁約諸路管軍頭目人等，凡事一新，毋循舊弊。若軍前立功者，速行遷賞，例從優渥。外用進奉軍前克敵之物，及斡脱拜見撒花等物，並行禁絶。今後應科斂差發，斟酌民力，期於均平安静，俾吾民共享室家之樂。鰥寡孤獨不能自存者，所在官司於官倉内優加賑恤。五嶽四瀆、名山大川、歷代帝王及忠臣烈士載於祀典者，官吏歲時致祭。

嗚呼！曆數攸歸，欽應上天之命；勳親斯託，敢忘列祖之規？體極建元，與民更始。朕所不逮，更賴我遠近宗親、中外文武，同心協力，獻可替否之助也。誕告多方，體予至意。

丁未，遣翰林侍讀學士郝經、禮部郎中劉人傑使於宋。丙辰，帖木兒、李舜欽等行部考課各路諸色工匠。乙丑，徵諸道兵宿衛京師。置互市於漣水軍，禁私商越境，犯者死。是月，阿里不哥僭號於和林。

五月戊辰，命燕帖木兒、忙古帶節度黄河以西諸軍。丙戌，建元中統，詔曰：

祖宗以神武定四方，淳德御羣下。朝廷草創，未遑潤色之文；政事變通，漸有綱維之目。朕獲纘舊服，載擴丕圖，稽列聖之洪規，講前代之定制。建元表歲，示人君萬世之傳；紀時書王，見天下一家之義。法《春秋》之正始，體《大易》之乾元。炳焕皇猷，權輿治道。可自庚申年五月十九日，建元爲中統元年。

惟即位體元之始，以立綱陳紀爲先。朕宵衣旰食，孜孜求治。然天下之大，萬事之衆，豈能徧知？自今凡政令之未便，人情之未達，朝廷得失，軍民利害，有上書陳言者，皆得實封呈獻。若言不可采，並無罪責；如其可用，朝廷優加遷賞，以旌忠直。軍人臨陣而亡，及被傷而死者，仰各管頭目用心照管，仍仰各路宣撫使量給衣糧，優恤其家。百姓犯死刑者，州府審問獄成，便行處斷，則死者不可復生，斷者不可復續，萬一差誤，悔將何及？今後仰所在官司推問得實，具事情始末及斷定招款，申宣撫司再行審復無疑，呈省聞奏，待報處決。

甲午，以阿里不哥反，赦天下，詔曰：

朕獲承丕祚，已降德音。不期同氣之中，俄有鬩牆之侮。顧其沖幼，敢啟兹謀？皆被凶讒，相濟以惡。朕惟父子兄弟之親，宗廟社稷之重，遣使敦諭，至於再三。亂黨執迷，曾無少革，以致宗族咸怒，戈甲載興。重念兵方弭而復徵，民甫休而再擾，危疑未釋，反側不安，詿誤者至及於無辜，拘囚者或生於不測，非朕本意，蓋然傷心。宜推曠蕩之恩，普示哀矜之意。於戲！悛心或啟，忍加管蔡之刑？内難既平，式續成康之治。

乙未，立十路宣撫司。賽典赤、李德輝爲燕京路宣撫使，徐世隆副之。宋子貞爲益都、濟南等路宣撫使，王磐副之。河南路經略使史天澤爲河南宣撫使。楊果爲北京等路宣撫使，趙昞副之。張德輝爲平陽太原路宣撫使，謝瑄副之。孛魯海牙、劉肅並爲真定路宣撫使。姚樞爲東平路宣撫使，張肅副之。張文謙爲大名、彰德等路宣撫使，游顯副之。粘合南合爲西京路宣撫使，崔巨濟副之。廉希憲爲京兆等路宣撫使。汪惟正爲鞏昌等處便宜都總帥，虎闌箕爲鞏昌元帥。勑：「科放差發，分三限送納，其三限寬期展日，務令百姓易輸。」

六月戊戌，李壇爲江淮大都督。劉太平等謀反，事覺，伏誅。渾都海舉兵反。壬子，詔陝西、四川宣撫司八春節制諸軍。乙丑，信苴段實爲大理國總管。是月，召真定劉郁，邢州郝子明，彰德胡祗遹，燕京馮渭、王光益、楊恕、李彥通、趙和之，東平韓文獻、張昉等，乘傳至開平府。高麗王倎遣其子㥇來賀即位，賜倎國王印及虎符。

秋七月癸酉，立行中書省於燕京，行六部，禡禡爲中書丞相，王文統、趙璧爲平章政事，張易爲參知政事。王鶚爲翰林學士承旨兼修國史。河南路宣撫使史天澤兼江淮諸翼軍馬經略使。丙子，造中統元寶交鈔。立互市於潁州、漣水、光化軍。帝自將討阿里不哥。

八月丁未，詔都元帥紐璘所過毋擅捶官吏。己酉，立秦蜀行中書省。廉希憲爲中書右丞，行省事。

九月丁卯，帝駐蹕轉都兒哥。以阿里不哥違命，詔諭中外。己巳，高麗國遣使賀改元。阿藍答兒舉兵反，與渾都海兵合。壬午，諸王合丹、合必赤與汪良臣等合兵討阿藍答兒、渾都海。丙戌，阿藍答兒、渾都海伏誅，隴右悉平。

冬十月癸丑，初行中統寶鈔。

十二月丙申，遣禮部郎中孟嘉、禮部員外郎李文俊使安南。乙巳，帝至自和林，駐蹕燕京近郊。賜親王末哥等及先朝皇后帖古倫、兀魯忽乃妃子銀幣有差。自是歲以爲常。

二年春正月己丑，李璮敗宋兵於漣水。

二月己亥，宋兵復攻漣水，李璮失利。詔阿朮等援之。丁酉，詔行中書省丞相禡禡及平章政事王文統等率各路宣撫使赴開平。丙午，車駕幸察罕腦兒。高麗王倎遣其世子愖來朝。減民間差發。陝西借民錢，以今年稅賦償之。丁巳，李璮敗宋兵於沙湖堰。己未，車駕至開平府。

三月壬戌朔，日有食之。

夏四月己亥，祀天於舊桓州之西北郊。丙午，詔軍中所俘儒士，聽贖爲民。金齒蠻來貢方物，遣兵部郎中劉芳齎璽書諭金齒蠻。乙卯，詔十路宣撫使量免民間課程。命宣撫司官勸農桑，抑遊惰，禮高年，問民疾苦，舉文學才識可以從政及茂才異等，列名上聞，以聽擢用。其官職污濫及民之不孝、不悌者，量輕重議罰。丁巳，命平章政事王文統舉讀史一人，文統以中書詳定官周止應其選。辛酉，勑大理、合剌章兵扈從北上者，還其本國。

五月乙丑，崔明道、李全義爲詳問官，詣宋淮東制置司訪問國信使郝經等所在，仍以稽留信使、侵擾疆埸詰之。丙寅，命宣撫使姚樞赴省，同議軍國調度。戊辰，發浪國來貢方物，賜金幣遣之。庚午，封皇弟末哥世子昌童爲永寧王。乙亥，東平路管民總管嚴忠濟罷。丙子，東平路經歷邢衡坐誣告張易論死。己卯，召見前濟南宣撫使宋子貞、真定宣撫使劉肅、河東宣撫使張德輝、北京宣撫使楊果。庚辰，不花、史天澤爲中書右丞相，忽魯不花、耶律鑄爲左丞相，塔察兒、廉希憲爲平章政事，張文謙爲右丞，楊果、商挺爲參知政事，粘合南合爲平章政事、行省北京。庚寅，李昶爲翰林侍讀學士。壬辰，封諸王木苑爲建昌王。

六月癸巳，罷諸路拘孛蘭奚。禁諸王擅招民户及徵民户私錢。戊戌，詔十路宣撫司并管民官定鹽酒稅課。己亥，高麗王倎奏請改名禃，遣其世子愖來朝。癸卯，嚴忠範爲東平路行軍萬户兼管民總管，仍諭達魯花赤等官並聽節制。乙卯，詔：「宣聖廟及管內書院，有司歲時致祭，月朔釋奠，禁軍民侵擾褻瀆，違者罪之。」丙辰，汪良臣同僉鞏昌路便宜都總帥，凡軍民官並聽節制。戊午，詔毋收衛輝、懷孟賦稅以償官借芻粟。庚申，宋瀘州安撫使劉整以城降，以整行夔府路中書省兼安撫使，佩虎符。罷金、銀、銅、鐵、丹粉、錫碌坑治，所役民夫及河南舞陽薑户、藤花户，還之州縣。賜大理國總管段實虎符，優詔撫諭之。命李璮領益都路鹽課。放工局繡女，聽其婚嫁。

秋七月辛酉朔，立軍儲部轉運使司。癸亥，立翰林國史院，王鶚爲翰林學士承旨。乙丑，遣使者分祀五嶽四瀆及后土，凡十有九處，分五道。每歲代祀自此始。萬家奴爲安撫高麗軍民達魯花赤，賜虎符。丁丑，大司農左三部尚書賽典赤爲中書平章政事。壬午，翰林學士闊闊爲中書左丞，遣納速剌丁、孟甲等使安南。乙酉，諭將士大伐宋。詔曰：

朕即位之後，深以戢兵爲念，故遣使於宋，以通和好。宋人不務遠圖，伺我小隙，反起邊釁，東剽西掠，曾無寧日。諸大臣皆以舉兵南伐爲請，朕重以兩國生靈之故，猶待信使北還，庶有悛心，以成和議。今留而不至者又半載矣！往來之禮遽絶，侵擾之暴不已。彼嘗以衣冠禮樂之國自居，當如是乎？曲直之分，灼然可見。今遣王道貞往諭。卿等約會諸將，秋高馬肥，水陸分道而進，以爲問罪之舉。尚賴宗廟社稷之靈，其克有勳。卿等宣布朕心，明諭將士，各當自勉，毋替朕命。

八月丁酉，命開平府官釋奠於宣聖廟。庚子，封王禃爲高麗國王。辛丑，徵李冶爲翰林學士。乙巳，頒中統權定條法，詔曰：

事匪前定，無以啟臣民視聽不惑之心；政豈徒爲，必當奉帝王坦白可行之制。

我國家開建之始，禁網疏闊，雖見施行，不免闕略。或得於此，而失於彼；或輕於昔，而重於今。以玆奸猾之徒，得以上下其手。朕惟欽恤，期底寬平，迺立九章，用頒十道。據五刑之内，流罪似可删除。除犯死罪者依條處置外，其餘遞減一等。決杖不得過一百七。著爲令。

初立勸農司。陳邃、崔斌、成仲寬、粘合從中爲濱棣、平陽、濟南、河間勸農使，李士勉、陳天錫、陳膺武、忙古帶爲邢洺、河南、東平、涿州勸農使。封萬户張柔爲安肅公，張榮爲濟南公。詔陝西、四川行省存恤歸附軍民。詔：「自今使臣有矯稱上命者，有司不得聽受。諸王、后妃、公主、駙馬非聞奏，不許擅取官物。」頒斗斛權衡。命劉整招諭夔府、嘉定等處軍民。宥宋私商七十五人，還其貨，聽榷場貿易。仍檄宋邊將還北人留南者。

九月丙子，諭諸王、駙馬：「凡部民詞訟，勿擅決，聽朝廷處置。」癸未，遣阿沙、焦端義撫恤甘肅等路軍民。置諸路提舉學校官，詔曰：「諸路學校久廢，無以作成人才。今擬選博洽多聞之士，以教導之。據王萬慶、敬鉉等三十人，可充諸路提舉學校官。仍選高業儒生教授，嚴加訓誨，務使成材，以備他日選擢之用。」是月，阿里不哥襲敗諸王亦孫哥，遂入和林，逾沙漠而南。

冬十月庚寅朔，帝自將討阿里不哥。庚子，張啟元爲中書右丞，行中書省於平陽、太原等路。命平章政事趙璧、左三部尚書怯烈門率蒙古、漢軍屯燕京近郊。河南屯田萬户史權爲江漢大都督。壬寅，亳州張柔，歸德邸浹，睢州王文幹，水軍解成、張榮實，東平嚴忠嗣，濟南張宏七萬户，各率所部兵赴行在。乙巳，指揮使鄭江率千人赴開平。指揮使董文炳率善射者千人由魚兒泊赴行在。丙辰，平章政事塔察兒率萬人由古北口赴行在。

十一月壬戌，諸王合丹等與阿里不哥戰於昔木土腦兒，大敗之，阿里不哥遁。辛未，復敗阿里不哥於阿兒忒之地，其將阿速等降，阿里不哥棄和林西走。癸酉，帝駐蹕帖買和來之地。尚書怯烈門、平章政事趙璧兼大都督，率諸軍從塔察兒駐北邊。罷十路宣撫使，惟存開元一路。丁丑，徵諸路宣撫使赴中都。帝移蹕速木合打之地。鷹坊阿里沙及其弟阿散坐擅離扈從，論死。

十二月庚寅，封皇子真金爲燕王，領中書省事。甲午，帝至開平，放諸路新僉軍，中外解嚴。

三年春正月庚午，罷高麗互市。癸酉，以軍興，勅停公私逋賦毋徵。丙戌，江漢大都督史權、鄂州萬户張宏彦將兵八千人赴燕京。

二月己丑，李壇舉兵反，以漣、海三城獻於宋。庚寅，宋兵攻新蔡縣。辛卯，始定中外官俸。甲午，李壇陷益都。乙未，詔諸道，以今歲民賦市馬。辛丑，李壇寇蒲臺。癸卯，平章政事趙璧兼大都督，統諸軍討李璮。甲辰，命水軍萬户解成、張榮實，大名萬户王文幹、東平萬户嚴忠範，會濟南萬户張宏、歸德萬户邸浹、武衛軍礮手元帥薛勝，會濱、棣二州。張柔及其子弘範將二千人赴開平。丙午，命諸王合必赤總督諸軍，阿只愛不干、趙璧行中書省事於山東，宋子貞參議行省事，中書左丞闊闊、尚書怯烈門、宣撫使游顯行宣慰司事於大名。己酉，王文統坐與李璮同謀，伏誅，仍詔諭中外。辛亥，都元帥阿海分兵戍平灤、海口及東京、廣寧、懿州。壬子，李璮陷濟南府。癸丑，宋兵攻滕州。

三月己未，括木速蠻、畏兀兒、也里可温、答失蠻等爲兵。庚申，括北京鷹房等户爲兵，以趙炳將之。辛酉，鄭鼎、瞻思丁、答里帶、三島行宣慰司事於平陽，禡禡、廉希憲、商挺、麥肖行中書省事於陝西。壬申，撒吉思、柴楨行宣慰司事於北京。癸酉，阿朮、史樞等敗李璮兵於濟南。乙亥，宋將夏貴寇符離。戊寅，韓世安等敗李璮兵於高苑。乙酉，宋夏貴寇蘄縣。

夏四月丁亥，詔博興、高苑等處軍民爲李璮脅從者，並釋其罪。丙申，宋兵寇徐、邳二州。癸卯，宋兵寇亳州。乙巳，命諸路詳讞冤獄。乙卯，詔史天澤討李璮，諸將皆受節度。

五月戊午，宋兵陷蘄縣，權萬户李義、千户張好古死之。甲子，宋兵寇利津。戊辰，右丞相忽魯不花兼中書省都斷事官，賜虎符。平章政事賽典赤兼領工部及諸路工作。丁丑，徐、邳總管李景讓坐宋兵前攻邳州以城降，論死。大司農姚樞與左三部尚書劉肅依前商議中書省事。

六月乙酉，宋兵寇滄州。戊子，韓世安敗宋兵於濱州丁河口。丙申，高麗國遣使來貢方物。癸卯，太原總管李毅奴哥、達魯花赤戴曲薛坐受李璮僞檄，伏誅。壬子，申嚴軍官及部卒擾民之禁。

秋七月甲戌，史天澤等克濟南，獲李璮，誅之。戊寅，夔府行省兼安撫使劉整入覲，以整行中書省於成都、潼川兩路。

八月戊申，命翰林學士王鶚纂《太祖皇帝實録》。

九月戊午，亳州萬户張弘略敗宋兵於蘄縣，復蘄縣、宿州。己未，安南國王陳光昺遣使來貢方物。壬申，授陳光昺及達魯花赤訥剌丁虎符。庚子，中翼千户久住敗宋兵於虎腦山。

冬十月壬戌，以劉人傑不附李璮，擢益都路總管。乙丑，分東、西川都元帥府爲二，以帖的、劉整等爲都元帥。丙寅，賜高麗國新曆，且責國王欺慢之罪。戊寅，詔益都路官吏軍民爲李璮脅從者，並赦其罪勿問。

十一月乙巳，諭左丞相史天澤：「朕或乘怒，欲有誅殺，卿等宜遲留一二日，覆奏行之。」

十二月丙辰，立河南、山東統軍司。塔剌渾火兒赤爲河南路統軍使，盧昇副之。茶不花爲山東路統軍使，武秀副之。丁巳，立十路宣慰司。癸亥，享列祖於中書省，以大禮使攝祀事。壬申，楊大淵爲東川都元帥。

四年春正月乙酉，宋賈似道遣楊琳以蠟書誘楊大淵南歸，爲大淵部將所執，詔誅之。丙戌，姚樞爲中書左丞，改諸路監榷課税所爲轉運司。甲午，立十路奥魯總管。癸卯，召商挺、趙良弼入覲。

二月甲子，車駕幸開平，遣王德素、劉公諒使於宋，致書宋主，詰其稽留郝經等之故。

三月癸卯，初建太廟。己酉，高麗王禃遣使入貢，并上表謝恩。

夏四月戊寅，召竇默、許衡赴開平，改滄、清、深三州鹽提領所爲轉運司。

五月乙酉，初立樞密院，以皇子燕王兼判樞密院事。戊子，改開平府爲上都，達魯花赤兀良吉爲上都路達魯花赤，總管董銓爲上都路總管兼開平府尹。

六月癸酉，線真爲中書右丞相，塔察兒爲左丞相。

秋七月乙未，以故東平權萬户吕義死事，賜謚忠節。

八月辛亥，置大理金齒等路都元帥府，以淄、萊、登三州爲總管府。戊午，阿脱、商挺行樞密院於成都。壬申，車駕至自上都。九月，釋宋諜王立、張達等十八人，給衣服遣還。

冬十一月丙戌，享於太廟，合丹、塔察兒、王盤、張文謙爲大禮使攝祀事。高麗王禃遣使貢方物，命禃入朝。

十二月丁未，四川都元帥欽察戍虎嘯山。

新元史卷之八　本紀第八

世祖二

至元元年春正月丁丑朔，高麗國遣使賀正旦。戊戌，楊大淵進羅絹三百端，優詔諭之。癸卯，罷宋人互市。

二月辛亥，選儒士譯寫經書，並纂修國史。丙辰，罷陝西行户部。癸酉，車駕幸上都。詔總管史權等二十三人入覲。

三月己亥，命尚書宋子貞陳時務，子貞條十三策，敕中書省議行之。辛丑，立漕運司。

夏四月己卯，詔高麗國王王禃入朝。丁卯，追治李璮逆黨張邦直、姜郁等二十七人之罪。

五月乙亥，唆脱顔、郭守敬行視西夏河渠。己亥，中書右丞粘合南合爲平章政事。

六月乙巳，召王鶚、姚樞赴上都。戊申，高麗國遣使貢方物。

秋七月甲戌，彗星出輿鬼。癸未，以西番十八族部立安西州，行安撫司事。庚子，阿里不哥與玉龍答失、阿速帶、昔里給來降，詔皆宥之，誅其部將不魯花等五人。

八月乙巳，立山東行中書省，中書左丞相耶律鑄、參知政事張惠等行省事。頒新立條格：省併州縣，定官吏員數，分品從給俸祿，授公田，考殿最。均賦役，招流亡，禁擅用官物及以官物進獻、借貸官錢、擅科差役。凡軍馬不得停住村坊，詞訟不得越訴。恤鰥寡，勸農桑，驗雨澤，物價以鈔爲準。具賊盜囚徒起數，申省部。又頒陝西四川、西夏中興、北京行中書省條格。定諸王使臣驛傳、稅賦、差發，不得擅招民户，及以銀與非投下人爲斡赤。禁口傳敕旨，及追呼行省官屬。癸丑，僧子聰同議樞密院事。詔子聰復姓劉氏，賜名秉忠，拜太保，參領中書省事。乙卯，改燕京爲中都。丁巳，以改元，赦天下，詔曰：

應天者惟以至誠，拯民者莫如實惠。朕以菲德，獲承慶基，内難未戡，外兵弗戢，夫豈一日，於今五年。賴天地之畀矜，暨祖宗之垂裕，凡我同氣，會於上都。雖此日之小康，敢朕心之少肆。比者星芒示警，雨澤愆期，皆闕政之所由，顧斯民其何罪？宜布維新之令，溥施在宥之仁。據不魯花、忽察、脱滿、阿里察、脱火思等，搆禍我家，依成吉思皇帝札撒克正典刑訖。可大赦天下，改中統五年爲至元元年。自至元元年八月十六日昧爽以前，除殺祖父母、父母不赦外，其餘罪無輕重，咸赦除之。敢以赦前事相告者，以其罪罪之。

九月壬申朔，立翰林國史院。辛巳，車駕至自上都。庚寅，益都千户毛璋、劉成等謀反，伏誅。

十月壬寅朔，高麗國王王禃來朝。庚戌，有事於太廟。丁卯，宋理宗殂，其太子禥嗣位〔一〕。

冬十一月辛巳，討骨嵬蠻。壬辰，罷領中書左右部阿合馬爲平章政事，阿里爲中書右丞。十二月庚午，始罷諸萬户世守，立遷轉法。

二年春正月辛未朔，日有食之。己卯，鄧州監戰納懷、新舊軍萬户董文炳並爲河南副統軍。甲申，申嚴越界販馬之禁。癸巳，八東乞兒部牙西來貢方物。丁酉，高麗國王王禃遣其弟琠來貢方物。

二月辛丑朔，都元帥按陳敗宋兵於釣魚山。戊申，封諸王兀魯帶爲河間王。丁巳，車駕幸上都。癸亥，并六部爲四。麥朮丁爲吏禮部尚書，馬亨爲户部尚書，嚴忠範爲兵刑部尚書，别魯丁爲工部尚書。甲子，以蒙古人充各路達魯花赤，漢人充總管，回回人充同知，著爲令。同知東平路宣慰使寶合丁爲中書平章政事，廉訪使王晋爲參知政事，廉希憲、商挺罷。

三月丁亥，敕邊軍習水戰、屯田。

夏四月庚寅，敕軍中犯法者勿擅戮，輕罪斷，重罪上聞。詔四川、山東等路邊軍屯田。

閏五月癸亥，移秦蜀行省於興元路。丁卯，分河南屬州爲太宗子孫采地：鄭州隸合丹，鈞州隸明里，睢州隸孛羅赤，蔡州隸海都。平章政事趙璧行省事於南京、河南府、大名、順德、洺磁、彰德、懷孟等路，平章政事廉希憲行省事於東平、濟南、益都、淄萊等路，中書左丞姚樞行省事於西京、平陽、太原等路。詔諸路府州不滿千户者，可并則并之。各投下并於所隸府州。散府州户少者，不更設録事司及司候司。附郭縣以府州兼領。括諸路未占户籍任差職者以聞。

六月戊寅，移山東統軍司於沂州。萬户重喜城十字路及正陽，命禿剌戍之。己卯，高麗國遣使賀聖誕節。參知政事王晉罷。

秋七月癸亥，安南國王遣使貢方物。戊寅，高麗國遣使貢方物。己卯，中書省臣皆罷。安童爲中書右丞相，伯顔爲中書左丞相。

八月戊子，召許衡於懷孟，楊誠於益都。車駕至自上都。

九月庚子，皇孫鐵木兒生。

冬十月己卯，有事於太廟。癸未，敕順天張柔、東平嚴忠濟、河間馬總管、濟南張林、太原石抹總管等户改隸民籍。

十一月丙申，召李昶於東平。

十二月癸酉，召張德輝於真定，徒單公履於衛州。丁亥，選諸翼軍萬人充侍衛親軍。

三年春正月乙未，高麗國遣使賀正旦。丙午，遣朵端、趙璧撫諭四川軍民。壬子，立制國用使司，以阿合馬爲使。

二月丙寅，廉希憲、宋子貞爲中書平章政事，張文謙復爲中書左丞，史天澤爲樞密副使。癸酉，立安撫高麗軍民總管府，治瀋州。壬午，中書右丞張易爲同知制國用使司事，參知政事張惠爲副使。癸未，車駕幸上都。甲申，罷西夏行省，立宣慰司。立東京、廣寧、懿州、開元、恤品、合懶、婆娑等路宣撫司。

三月己未，前參知政事王晉及近侍和哲斯、轉運使王明坐隱匿鹽課，並論死。

夏四月己卯，申嚴瀕海私鹽之禁。

五月乙未，遣使者慮囚。丙辰，罷益都行中書省。

六月丁卯，封皇子南木合爲北平王。戊寅，申嚴陝西、河南竹禁。

秋七月丙申，罷息州安撫司。壬寅，詔上都路總管府遇車駕巡幸，行留守司事。

八月丁卯，兵部侍郎黑的、禮部侍郎殷弘使日本，賜璽書曰：

皇帝奉書日本國王：朕惟自古小國之君，境土相接，尚務講信修睦，況我祖宗受天明命，奄有區夏，遐方異域，畏威懷德者，不可悉數。朕即位之初，以高麗無辜之民，久罹鋒鏑，即令罷兵，還其疆埸，反其旄倪。高麗君臣，感戴來朝。計王君臣，亦已知之。高麗，朕之東藩也。日本密邇高麗，開國以來，時通中國。至於朕躬，而無一乘之使，以通和好。尚恐國王知之未審，故特遣使持書，布告朕心。冀自今以往，通問結好，以相親睦。且聖人以四海爲家，不相通好，豈一家之理哉？以至用兵，夫誰所好？王其圖之。

又賜高麗王禃璽書曰：

今爾國人趙彝來告，日本與爾國爲近鄰，典章文物有足嘉者。漢、唐而下，亦或通使中國。故今遣黑的等往日本，欲與通和。卿其導去使以徹彼疆，開悟東方，向風慕義。茲事之責，卿宜任之。

戊子，高麗國遣使賀聖誕。

九月戊午，車駕至上都。

冬十月丁丑，徙平陽經籍所於大都。太廟成，平章政事趙璧等集羣臣廷議，定太廟爲八室。

十一月辛卯，初給府、州、縣、司官吏俸及職田。平章政事宋子貞致仕。辛亥，忽都答兒爲中書左丞相。禁天文圖讖等書。

十二月，改四川行樞密院爲行中書省，賽典赤、也速帶兒等僉行中書省事。丁亥，張柔判行工部事，與行工部尚書段天祐等城大都。

四年春正月癸卯，修曲阜宣聖廟。乙巳，百濟國遣使來朝。辛亥，趙璧爲樞密副使。立諸路洞冶都總管府。癸丑，封昔木土山爲武定山，其神曰武定公，泉爲靈淵，其神曰靈淵侯。乙卯，高麗國遣使來朝。戊午，城大都。析上都隆興府自爲一路。立開元等路轉運司。

二月庚申，粘合南合復爲中書平章政事，阿里復爲中書右丞。丁卯，改經籍所爲弘文院，以馬天昭知院事。丁亥，車駕幸上都。

三月己丑，耶律鑄復爲中書右丞相。壬寅，右丞相忽都察兒、史天澤、耶律鑄、伯顔俱罷。

五月丁亥朔，日有食之。敕上都重建宣聖廟。丙辰，析東平路博州別爲一路。

六月乙丑，史天澤復爲中書左丞相，忽都答兒、耶律鑄爲平章政事，伯顔爲中書右丞，廉希憲爲中書左丞，阿里、張文謙並參知政事。乙酉，罷宣徽院。黑的、殷弘奏高麗使者不能導至日本。命仍至高麗，賫璽書切責高麗國王，使通諭日本，期於必得要領。

秋七月戊戌，大名路達魯花赤愛魯、總管張弘範，坐盜用官錢，免官。

八月丙寅，復立宣徽院，以線真爲院使。丁丑，封皇子忽哥赤爲雲南王。壬午，命怯綿討建都蠻。高麗國遣使賀聖誕。阿朮略地襄陽，敗宋兵於牛嶺。九月戊申，許衡爲國子祭酒。安南國王遣使貢方物。庚戌，遣雲南王忽哥赤鎮大理、鄯闡、察罕章、赤禿哥兒、金齒等處，立大理等處行六部，闊闊帶以尚書兼雲南王傅，柴禎以尚書兼府尉，寧源以侍郎兼司馬。詔安南國王陳光昺入朝。癸丑，車駕至自上都。

冬十月庚申，宋復陷開州。辛酉，制國用司言：「別怯赤山石絨織爲布，火不能然。」詔采之。西番酋阿奴版的哥等率衆來降，授喝吾等處總管。庚辰，定品官子孫廕叙格。

十一月乙酉，有事於太廟。甲戌，立夔府路總元帥府。

十二月庚戌，立諸位斡脱總管府。

五年春正月庚子，建上都城隍廟。辛丑，高麗國王王禃遣其弟淐來賀正旦，並奏通使日本。遣北京路總管于也孫脱、禮部郎中孟甲往諭高麗。

二月辛丑，析甘州路之肅州别爲一路。

三月甲寅，禁民間兵器，犯者驗多寡定罪。甲子，敕怯綿招諭建都。丁丑，罷諸路女真、契丹、漢人爲達魯花赤者，回回、畏兀兒、乃蠻、唐兀特人仍舊。

夏五月癸亥，都元帥百家奴拔宋嘉定府五花、石城、白馬三砦。

六月辛巳朔，濟南人王保和等妖言惑衆，敕誅首惡三人，餘勿論。己酉，蔡國公張柔卒。封諸王昔里吉爲河平王。

秋七月辛亥，召高鳴、劉瑜、郝謙、李天輔、韓彦文、李祐赴上都。壬子，罷各路奥魯官，令管民官兼領之。癸丑，立御史臺，右丞相塔察兒爲御史大夫。詔曰：「臺官職在直言，朕或有未當，其極言無隱，毋憚他人，朕爲爾主。」仍諭天下知之。戊辰，罷西夏宣撫司。庚午，遣都統領脱朵兒、統領王國昌等點閲高麗兵船。立東西二川統軍司，以劉整爲都元帥，與阿朮同議軍事。

八月庚子，忙古帶討西番及建都蠻。

九月丁巳，阿朮圍樊城。己丑，命黑的、殷弘復齎國書使日本，仍敕高麗人導送。車駕至自上都。史天澤復爲樞密副使。

冬十月戊寅朔，日有食之。己卯，敕中書省、樞密院，有事與御史臺同奏。庚辰，御史中丞阿里爲參知政事。立河南等路行中書省，參知政事阿里行省事。庚寅，敕禿忽思等譯《毛詩》、《孟子》、《論語》。乙未，有事於太廟。以和禮霍孫、獨胡剌充翰林待制，兼起居注官。

十一月庚申，宋兵自襄陽攻沿山城寨，阿朮分遣諸軍敗之。

十二月戊寅，諭沿邊屯戍軍士，逃役者處死。

六年春正月癸丑，高麗國王王禃遣使來告誅權臣金俊。立四道提刑按察司。戊午，阿朮略宋復州、德安府，俘萬人而還。庚申，參知政事楊果罷爲懷孟路總管。詔樞密副使史天澤、駙馬忽剌出至襄陽視師。

二月己丑，頒新製蒙古字於天下，詔曰：

朕惟字以書言，言以紀事，此古今之通制也。我國家創業朔方，俗尚簡古，未遑制作，凡文書皆用漢字及畏兀字，以達本朝之言。今文治寖興，而字書方闕，其於一代制度，實爲未備。特命國師八思巴創爲蒙古新字，譯寫一切文字，期於順事達言而已。自今以後，凡璽書頒發，並用蒙古新字，仍以漢字副之。其餘公式文書，咸仍其舊。

三月壬子，黑的、殷弘至對馬島，爲日本人所拒而還。戊午，阿朮圍樊城，築堡於鹿門山。辛酉，敗宋將張世傑於赤灘浦。

夏四月辛巳，制玉璽大小十紐。

六月辛巳，怯綿討建都，失利，又擅追唆火兒璽書、金符，論死。丙申，高麗國王王禃遣其世子愖來朝。癸卯，詔董文炳率兵赴襄陽。秋七月己巳，立諸路蒙古字學。癸酉，立國子學，遣使者審理諸路冤滯，詔諭宋國軍民，示以不欲用兵之意，復遣脱朶兒、王昌國等至高麗，相視耽羅等處。海道萬户解汝楫、李庭等敗宋將夏貴於虎尾洲，又敗宋將范文虎於鑵子灘。

八月己卯，立金州招討使司。丙申，詔諸路勸課農桑，命中書省采農桑事，列爲條目，相土地所宜者，頒行之。高麗權臣林衍廢其王禃，立禃弟淐爲王。高麗世子愖奏其事。遣斡朶思不花、李諤等至高麗按之。

九月己未，封高麗世子愖爲東安公。愖辭，授愖特進上柱國。敕率兵三千，赴其國難。辛未，敕萬户宋仲義征高麗。忽剌出、史天澤並爲平章政事，阿里爲中書右丞，行河南中書省事，賽典赤行陝西四川中書省事。車駕至自上都。斡朶思不花、李諤以高麗樞密副使金方慶至，奉王淐表，稱禃疾病，令淐權國事。

冬十月己卯，定朝儀服色。丁亥，遣兵部侍郎黑的、判官徐世雄，召王禃、王淐及林衍俱詣闕。命國王頭輦哥率大軍赴高麗，趙璧行中書省於東京，仍詔諭高麗軍民。

十一月癸卯，高麗龜州都領崔坦等以西京内附。庚午，安南國王遣使貢方物。高麗國王王禃遣使從黑的入朝，奏禃已復位。

十二月己丑，析彰德、懷孟、衛輝爲三路。

七年春正月辛丑朔，高麗國遣使賀正旦。丙午，耶律鑄、廉希憲罷。立尚書省，罷制國用使司。平章政事忽都答兒爲中書左丞相，國子祭酒許衡爲中書左丞，制國用使司阿合馬平章尚書省事，同知制國用使司事張易同平章尚書省事，制國用使司副使張惠、僉制國用使司事李堯咨、麥朮丁並參知尚書省事。己酉，敕諸投下官隸中書省。甲寅，高麗國王王禃奏請從七百人入覲，詔許從四百人。詔高麗西京内附，改爲東寧府，畫慈悲嶺爲界。丁巳，蒙哥爲高麗安撫使，佩虎符。詔諭高麗臣民曰：

朕即位以來，閔爾國久罹兵亂，册定爾王，撤還兵戍。十年之間，其所以保護安全者，無所不至。不圖逆臣林衍自作不靖，擅易國王禃，立安慶公淐。詔衍赴闕，復稽延不至，豈可釋而不誅？已遣行省率兵東下，惟衍一身是討，淐本非得已，在所寬宥。自餘脅從詿誤，一無所問。

二月辛未朔，中書右丞伯顔爲樞密副使。丙子，帝御行宮，觀劉秉忠、許衡及太常卿徐世隆所起朝儀，大悦，舉酒賜之。丁丑，以歲饑，罷築宮城。壬辰，立司農司，參知政事張文謙爲司農卿。設四道巡行勸農司，勸課農桑，興修水利。乙未，萬户張弘範敗宋兵於萬山堡。高麗國王王禃來朝，求見皇子燕王。詔曰：「汝一國主也，見朕足矣。」禃請以子惎見，從之。詔諭禃曰：「卿内附在後，故班諸王下。我太祖時亦都護先附，即令班諸王上，阿思蘭後附，則班其下。卿宜知之。」未幾，命蒙哥、趙良弼送禃還。詔國王頭輦哥率兵戍高麗王京，脱脱朶兒、焦天翼爲高麗國達魯花赤。又詔諭高麗臣民曰：

朕惟臣之事君，有死無二。不意爾國權臣，輒敢擅易國主。彼既驅率兵衆，將致爾等危擾不安，以爾黎庶之故，特遣兵護送國王禃還國，奠居舊京。命達魯花赤同往鎮撫，以靖爾邦。爾東土之人，咸當無畏，安堵如故。已別敕將帥，嚴戢兵士，勿令侵犯。爾或妄動，必致俘略，宜審思之。

三月庚子朔，日有食之。改諸路行中書省爲行尚書省。甲寅，車駕幸上都。

夏四月壬午，設諸路蒙古字學教授，定達魯花赤子弟蔭叙格。癸未，定軍官等級，以軍多少爲差。己丑，林衍死，衍黨裴仲孫等復立王禃疏屬承化侯温爲王，竄於珍島。

五月癸卯，也速帶兒、嚴忠範等及宋兵戰於嘉定、重慶，皆敗之，獲其都統牛宣。甲辰，威州番酋降。丁未，同知樞密院事合答爲平章政事。丙辰，括天下户口。減諸路課程十分之一，免上都糧税。管民官遷轉，以六十月爲一考。改宣徽院爲光禄司，宣徽使線真爲光禄司使。庚申，命樞密院閲實軍數。

六月庚戌，敕戍軍還，所過州縣村坊主者給飲食、醫藥。丁亥，罷各路洞冶總管府。

丙申，立籍田於中都東南郊。禁邊民擅入宋境剽掠。

秋七月庚申，初給軍官俸。壬戌，僉諸道回回軍。乙丑，閱實諸路礮手户。也速帶兒敗宋兵於金剛臺。八月戊辰朔，築環城以逼襄陽。庚辰，御史大夫塔察兒同知樞密院事，御史中丞帖只爲御史大夫。高麗世子愖來賀聖誕。駙馬斡羅陳建城於答兒海子，賜名應昌府。

九月丙寅，括河西户口。

冬十月乙亥，宋人寇莒州。乙酉，有事於太廟。己丑，車駕至自上都。

十一月丁巳，忻都、史樞並爲高麗、金州等處經略使，佩虎符，屯田高麗。安南國遣使貢方物。

閏月丁卯朔，高麗世子愖還。壬辰，申明勸課農桑賞罰之法。設諸路脱脱禾孫。

十二月丙申朔，改司農司爲大司農司，御史中丞博羅兼大司農卿。安童奏：「博羅以臺臣兼領，前無此例。」帝曰：「司農非細事，朕深諭此，其令博羅總之。」秘書監趙良弼充國信使，使日本，賜日本璽書曰：

蓋聞王者無外，高麗與朕既爲一家，王國實爲鄰境，故嘗遣信使修好，爲疆場之吏抑而弗通。所獲二人，勅有司慰撫，賫牒以還。繼欲通問，值高麗權臣林衍搆亂，坐是弗果。豈王亦因此輟不遣使，或已遣而中道梗塞耶？不然，日本素號秉禮之國，王之君臣寧肯漫爲不思之事乎？近已平林衍，高麗安輯，特令秘書監趙良弼充國信使，持書以往。如即發使，與之偕來。親仁善鄰，國之善事。其或猶豫，以至用兵，夫誰所樂爲也？王其圖之。

敕歲祀大社稷、風師、雨師、雷師。丁亥，金齒、驃部酋阿匿福、勒丁、阿匿爪來降，獻馴象三、馬十九。辛酉，諸王伯忽兒爲也可札魯忽赤。

八年春正月乙丑朔，高麗國遣使賀正旦，兼貢方物。己卯，同僉河南等路行中書省事阿里海牙參知尚書省事。設樞密院斷事官。丙戌，高麗安撫使阿海攻珍島失利。壬辰，敕諸路鰥寡孤獨、疾病不能自存者，官給廬舍、薪米。

二月乙未朔，定民間婚娶禮幣，貴賤有差。丁酉，發中都、真定、順天、河間、平灤五路民築宫城。己亥，罷諸路轉運司。以尚書省奏定條畫頒天下。移陝西四川行中書省於興元。癸卯，東京等路行尚書省事趙璧爲中書右丞。甲辰，命忽都答兒招諭裴仲孫。乙巳，大理等處都元帥寶合丁、雲南王傅闊闊帶毒殺雲南王，事覺，伏誅。戊申，以治事日程諭中外官吏。庚戌，申嚴東川鹽井之禁。庚申，奉御九住以梳櫛侍太祖，奉所落鬚髮上之，詔藏於太廟夾室。

三月乙丑，置河東山西道按察司，改河東陝西道爲陝西四川道，山北東西道爲山北遼東道。丙子，改鹽課都轉運司爲都轉運鹽使司。辛巳，殺濱棣路萬户韓世安，籍其家。甲申，車駕幸上都。乙酉，中書左丞許衡罷爲集賢大學士、國子祭酒。立國子學，置司業、博士、助教等官。己丑，立西夏中興等路行尚書省，趁海參知行尚書省事。命尚書省閲實天下户口，頒條畫諭天下。敕有司留滯獄訟以致越訴者，官民皆罪之。忻都、史樞行經略司於鳳州等處。

夏四月壬寅，忻都、忽林赤、王國昌分道討裴仲孫。平灤路昌黎縣民生子，中夜有光，詔鞠養之。或諫，帝曰：「何幸生一好人！毋嫉也。」每月命給米四斗。戊午，阿朮等與宋將范文虎戰於湍灘，大敗之，獲統制朱勝等百餘人。

五月乙丑，以大兵圍襄陽。敕賽典赤、鄭鼎率所部水陸並進，趨嘉定，汪良臣、彭天祥趨重慶，扎剌不花趨瀘州，曲立吉思趨汝州，牽制宋之援兵。僉省也速帶兒、鄭鼎爲軍前行尚書省事，賽典赤行省事於興元，轉給軍糧。丙寅，雲南落羽蠻貢方物。辛未，分金齒、白夷爲東西兩路安撫使。己卯，史天澤平章軍國重事。辛巳，令蒙古官子弟好學者，兼習算術。癸未，史樞、忻都等討珍島賊，大破之，斬王温，其黨金通精走死，珍島平。高麗國遣使貢方物。

六月甲午，敕樞密院：「凡軍事徑奏，不必由尚書省。」癸卯，宋將范文虎援襄陽，阿朮等大敗之。己未，山東統軍司塔出、董文炳坐城五河口遲，爲宋兵所據，決罰有差。

秋七月壬戌朔，僉女真、水達達軍。丁卯，國王頭輦哥行尚書省於北京、遼東等路。辛未，立左、右十三衛親軍都指揮司。乙酉，阿朮敗宋將來興國於湍灘。高麗世子愖入質。

八月壬辰朔，日有食之。己亥，詔招諭宋襄陽守臣呂文煥。壬子，車駕至自上都。遷成都統軍司於眉州。己未，聖誕節，初立内外仗及雲和署樂位。

九月壬戌朔，敕阿朮略地漢南。癸亥，高麗世子愖歸。丙寅，罷陝西四川行尚書省，也速帶兒行四川尚書省事於興元、京兆等路。甲戌，僉西夏、回回軍。太廟殿柱壞。丙子，敕享太廟毋用犧牛。壬午，宋兵寇膠州，千户蔣德等敗之，獲宋統制范廣。癸未，詔四川民力困弊，免茶鹽等課税，仍敕有司有言茶鹽之利者以違制論。

冬十月丁酉，有事於太廟。

十一月辛酉朔，遣阿魯忒兒等撫治大理。壬戌，罷諸路交鈔都提舉司。乙亥，建國號曰大元，詔曰：

誕膺景命，奄四海以宅尊；必有美名，紹百王而紀統。肇從隆古，匪獨我家。唐之爲言蕩也，堯以之而著稱；虞之爲言樂也，舜因之而作號。馴至禹興而湯造，互名夏大以殷中。世降以還，事殊非古。雖乘時而有國，不以義而制稱。爲秦爲漢者，蓋從初起之地名。曰隋曰唐者，又即所封之爵邑。是皆徇百姓見聞之狃習，乃一時經制之權宜，概以至公，不無少貶。

我太祖聖武皇帝握乾符而起朔土，以神武而膺帝圖。四震天聲，大恢土宇，輿圖之廣，歷古所無。頃者耆宿詣庭，奏章申請，謂既成於大業，宜早定於鴻名。在古制以當然，於朕心乎何有？可建國號曰大元，蓋取《易經》乾元之義。兹大冶流形於庶品，孰名資始之功；予一人底定於萬邦，尤切體仁之要。嘉與敷天，共隆大號。咨爾有衆，體予至懷。

丙戌，立四川行尚書省於成都。

十二月辛卯，宣徽院請以闌遺、漏籍等户淘金，帝曰：「姑止，毋重勞吾民也。」乙巳，減百官俸。

九年春正月庚申朔，高麗國遣使賀正旦，兼貢方物。甲子，并尚書省入中書省。平章尚書省事阿合馬、同平章尚書省事張易爲中書平章政事，參知尚書省事張惠爲中書左丞，參知尚書省事李堯咨、麥朮丁爲參知中書政事。省六部爲四：曰吏禮部、户部、兵刑部、工部。丙寅，遣不花、馬璘諭高麗具征耽羅舟糧。敕諸路僉軍三萬人赴河南。丁丑，皇子西平王奥魯赤及諸王也速觧兒、禿魯率所部討建都蠻。庚辰，改北京、中興、四川、河南四路行尚書省，復立京兆中書行省。辛巳，敕軍民訟田者，民田有餘分之軍，軍田有餘亦分之民。其軍驅入民籍者，還正之。壬午，改山東東路都元帥府統軍司爲行樞密院，也速帶兒、塔出並爲行樞密院副使。乙酉，詔元帥府統軍司、總管萬户府閲實軍籍。

二月庚寅朔，國信使趙良弼遣書狀官張鐸同日本十二人至京師請覲，帝不許。辛卯，詔：「扎魯忽赤乃太祖開創，所置位百司右，並立左右司。」壬辰，高麗國遣使賀建國號。改中都爲大都。甲午，命阿朮統蒙古軍，劉整、阿里海牙統漢軍。戊申，始祭先農於東郊。車駕幸上都。

三月甲戌，括民間四教經，焚之。阿朮等克樊城外城，築重圍守之。

五月戊午朔，立和林轉運司，小云失别爲使，兼提舉交鈔使。辛酉，罷僉回回軍。癸亥，敕拔都軍屯田於怯鹿難之地。丙寅，僉徐、邳二州軍，戍邳州。庚午，罷西番禿魯干等處金銀礦户爲民。乙酉，詔安集答里伯所部流民。

六月壬辰，京師大雨，壞牆屋，壓死者衆。己亥，塔出略地漣州，拔白頭河諸堡。

秋七月丁巳朔，禁私鬻回回曆。壬午，詔官府文移並用蒙古字，仍遣百官子弟入蒙古學。

八月丙戌朔，日有食之。癸卯，阿朮等大敗宋襄陽援兵，獲其都統張順。乙巳，車駕至自上都。

九月甲子，阿朮等敗宋兵於櫃門關，獲其都統張貴及將士二千餘人。癸酉，河南行中書省阿里坐奏軍數不實，免官，並杖之。甲戌，罷水軍總管府。

冬十月丙戌朔，封皇子忙哥剌爲安西王。遣使招諭扮卜、忻都蠻。壬辰，有事於太廟。癸巳，趙璧爲平章政事。張易爲樞密副使。癸卯，初立會同館。

十一月壬戌，諸王只必帖木兒、伯特穆爾築新城成，賜名永昌府。己巳，徵高麗兵討耽羅。辛未，召高平儒者楊恭懿，不至。

十二月乙酉朔，詔諸路達魯花赤、管民長官，兼管諸軍奧魯。辛丑，諸王忽剌出括逃民高麗界，高麗達魯花赤上其事，詔：「高麗之民猶未安集，禁之。」辛亥，宋將昝萬壽寇成都，嚴忠範失利，遣使逮忠範至京師。癸丑，改拱衛司爲拱衛直都指揮使司。

【校勘記】

〔一〕「禥」，原作「諶」，據《宋史》卷四六本紀第四十六《度宗》改。

新元史卷之九　本紀第九

世祖三

十年春正月乙卯朔，高麗國王王禃遣其世子愖來朝。戊午，忻都、鄭溫、洪茶邱討耽羅。宿州萬户也先不花請築堡牛頭山，以扼兩淮糧運，不允。也先不花因言：「前宋人城五河，統軍司皆得罪。今不築，恐宋人先之。」帝曰：「汝言雖是，若坐視宋人戍之，罪亦不免也。」己未，禁陰陽圖讖等書。癸亥，阿里海牙等克樊城。丁卯，立秘書監。庚午，僉陝西探馬赤軍。己卯，宋將昝萬壽寇成都，僉京兆等路新軍援之。命諸王阿不合市藥於師子國。壬午，東川統軍司合剌乞益兵戍雲門山及虎頭山，以京兆新僉軍益之。

二月丙戌，皇后、皇太子受册寶，遣太常卿合丹告太廟。丙申，雲南落羽鑾酋阿旭叛。遣斷事官麥肖勾校四川陝西行省錢穀。遣勘馬剌失里、乞帶脱因、卜云失等使緬國，賜緬王璽書曰：「間者大理、鄯闡等路宣慰司都元帥府差乞帶脱因，導王國使詣京師，且言嚮至王國，但見臣下，未嘗見王，又欲觀吾大國舍利。朕矜閔遠來，命其覲見，又使縱觀舍利。

詢其所來，乃知王有内附之意。朕一視同仁，今再遣勘馬剌失里及禮部郎中、國信使乞帶脱因，工部郎中、國信副使卜云失往諭王國。誠能謹事大之禮，遣其子弟若貴臣一來，以彰我國家無外之義，用敦永好，時乃之休。至於用兵，夫誰所好？王其思之。」丁未，宋京西安撫使知襄陽府吕文焕以城降。

三月甲寅朔，勅大司農司遣使巡行勸課，令農事有成。其探馬赤等户，並行入社，一體開興水利。乙丑，罷宋京湖安撫司，立河南等路行中書省。丙寅，攝太尉、中書右丞相安童授皇后弘吉剌氏册寶；攝太尉、同知樞密院事伯顔授皇太子真金册寶。壬申，前中書左丞相耶律鑄平章軍國重事，中書左丞張惠爲中書右丞。車駕幸上都。罷中興等處行中書省。

夏四月癸未朔，吕文焕入覲，授文焕侍衛親軍都指揮使、襄漢大都督。罷河南等路行中書省，以平章軍國重事史天澤、湖廣行中書省平章政事阿朮、參知行中書省事阿里海牙行荆湖等路樞密院事，鎮襄陽。淮西行中書省左丞相合丹，參知行中書省事劉整，山東都元帥塔出、董文炳行淮西等路樞密院事，守正陽。丁酉，贖江南儒士爲人掠賣者。辛丑，罷四川行中書省。以鞏昌二十四處便宜總師汪良臣行西川樞密院事，東川閬、蓬、廣安、順慶、夔府、利州等路統軍使合剌行東川樞密院事，東川副統軍王仲仁同僉行樞密院事。

五月壬子朔，詔獄囚除殺人者待報，餘一概疏放，限八月内自至大都。乙亥，免代輸僉軍户絲銀及伐木夫户税。負前朝官錢不能償者毋徵。主守失陷官錢者，杖釋之。陣亡軍及工匠無丁産者，量加廩給。

六月丁亥，免大都、南京兩路賦役。丁酉，立光州等處招討司。戊申，耽羅平，失里伯爲耽羅國招討使，尹邦寶副之。趙良弼自日本返。

閏月己巳，罷東西兩川統軍司。丙子，平章政事賽典赤行省雲南，統合剌章、鴨赤、赤科、金齒、茶罕章諸蠻。

秋七月戊申，高麗國遣使賀皇后、皇太子受册。國子祭酒許衡謝病歸。

八月庚戌朔，前所釋獄囚自至大都者二十二人，並赦之。丁丑，高麗國遣使賀聖誕節。

九月辛巳，合伯爲中書平章政事。壬午，立河南宣慰司。丙戌，立東宫宫師府。己丑，敕秋獵鹿豕，先薦太廟。丙午，車駕至自上都。

冬十月乙卯，有事於太廟。庚申，有司斷死罪五十人，詔審覆宥十三人，餘令有司再加審覆以聞。合答帶爲御史大夫。也速答兒與皇子西平王合兵攻建都，獲其酋卜濟，建都蠻降。

十一月癸未，命布只兒修起居注。

十二月甲寅，宋夏貴寇正陽，合丹等擊敗之。壬戌，召阿朮同吕文煥入覲。安南國遣使貢方物。

十一年春正月己卯朔，宫闕告成，帝始御正殿受皇太子、諸王、百官朝賀。高麗國遣使賀正旦，兼貢方物。庚寅，初立軍官以功升散官格。忙古帶等以兵戍建都，立建都寧遠都護府，兼互市監。壬辰，立四川屯田經略司。丙午，彰德人趙當道等謀叛，事覺，伏誅。免于闐采玉工差役。詔中書省僉軍十萬人伐宋。

二月壬申，廉希憲爲中書右丞，北京等處行中書省事。車駕幸上都。

三月庚寅，鳳州經略使忻都、高麗軍民總管洪茶邱等征日本。辛卯，改荆湖、淮西行樞密院爲行中書省，伯顔、史天澤並爲左丞相，阿朮爲平章政事，阿里海牙爲右丞，吕文煥爲參知政事，行中書省於荆湖。合答爲左丞相，劉整爲左丞，塔出、董文炳爲參知政事，行中書省於淮西。癸巳，獲嘉縣尹常德課最諸縣，優詔賞之。遣要速木、咱興憨失招諭八魯酋。

夏四月辛亥，分陝西、隴右諸州置提刑按察司，治鞏昌。癸丑，初建東宫。乙亥，也速帶兒同撒吉思所部戍益都。

五月丙申，皇女忽都魯揭里迷失公主下嫁高麗世子王愖。辛丑，敕新僉軍户銀絲均配於民者，並除之。

六月癸丑，敕合答選蒙古軍與漢軍分戍沿江堡隘，古不來拔都、翟文彬等略地荆南，以綴宋之西兵。丙辰，免上都、隆興兩路僉軍。庚申，大舉伐宋，詔曰：

自太祖皇帝以來，宋與使介交通，殆非一次。彼此曲直之事，亦所共知，不必歷舉。逮我憲宗之世，朕奉命南伐，師次鄂渚，賈似道復遣宋京詣我近臣博都歡、前河南路經略使趙璧請罷兵息民，願奉歲幣於我。朕以國之大事，必須入計，用報而還。即位之始，追憶是言，乃命翰林侍講學士郝經等奉書往聘，蓋爲生靈計也。古者兵交，使在其間，惟和與戰，宜俟報音，其何與於使哉？而乃執之，卒不覆命。至如留此一介行李，於此何損，在彼何益？以致師出連年，邊境之間，死傷相籍，係累相屬，皆彼宋自禍其民也。襄陽被圍五年，屢拒王師，義當不貸。朕先有成命，果能出降，許以不死，既降之後，朕不食言，悉全其命，冀宋悔過，或啟令圖。而乃執迷，罔有悛心，所以問罪之師，有不能已者。

今遣爾等水陸並進，布告遐邇，使咸知之。夫以天下爲事，爰及干戈，自古有之。無辜之民，初無與焉。若彼界軍民官吏人等，去逆效順，與衆來附，或別立奇功者，驗等第官資遷擢。其所附軍民，宜嚴敕將士，毋得妄行殺掠，父母妻孥毋致分散，仍加振給，令得存濟。其或固拒不從，及迎敵者，俘戮何疑。

甲子，忙古帶、八都、百家奴分率武衛軍南征。丙寅，合剌合孫爲中書左丞，崔斌參知政事，仍行河南道宣慰司。

秋七月乙亥朔，山北遼東道提刑按察使兀魯失不花同廉希憲行省北京，國王頭輦哥毋署事。癸未，宋度宗殂，其太子㬎嗣位。癸巳，高麗國王王禃卒。同知上都留守司事張煥册世子愖爲高麗國王。

八月甲辰朔，諸路立社稷壇。丁未，復改淮西行中書省爲行樞密院。辛未，高麗國王王愖遣使賀聖誕節。是月，都元帥忽敦、右副元帥洪茶邱、左副元帥劉復亨與高麗將金方慶等征日本。太保劉秉忠卒。

九月甲戌朔，伯顏、史天澤視師於襄陽，分三道伐宋。伯顏自率大軍趨鄂州。癸巳，車駕至自上都。

冬十月丁未，忽敦等克日本對馬島〔一〕。己酉，有事於太廟。庚申，長河西千户必剌冲反，副元帥覃澄率所部討之。帝曰：「澄勿獨往，趣益兵三千，付火你赤助澄。」壬戌，忽敦等敗日本兵於博多。甲子，引兵還。乙丑，伯顏克沙洋堡。宋新城總制黃順來降。己巳，克新城。

十一月壬午，西川行樞密院也速帶兒攻嘉定府。乙酉，宋復州安撫使翟貴以城降。丁亥，詔宋安撫使昝萬壽，及凡守城將校納款來降，與避罪及叛亡者，悉從原免。癸巳，東川元帥楊文安等敗宋兵於馬湖江。召征日本諸將忽敦、劉復亨等入覲。

十二月丙辰，伯顏克陽邏堡，宋制置使夏貴敗遁。己未，宋知鄂州張晏然、權知漢陽軍王儀並以城降。都統程鵬飛以本軍降。阿里海牙鎮鄂州，伯顏、阿朮將大軍水陸東下。襄陽路總管賈居貞爲宣撫使、商議行中書省事。

十二年春正月癸酉朔，高麗國遣使賀正旦，兼貢方物。甲戌，宋知黄州陳奕以城降。乙亥，東川副都元帥張德潤拔渠州禮義城，獲宋安撫使張資。丁丑，宋蘄州安撫使管景模遣使請降。丙戌，宋知江州錢真孫及知六安軍曹明俱以城降。丁亥，宋知南康軍葉閶以城降。戊子，知德安府來興國以城降。己丑，伯朮、唐永堅齎璽書招諭郢州。選蒙古、畏兀、漢人十四人赴行中書省，爲新附州郡民官。庚寅，左衛指揮副使鄭温、唐古、帖本兒率衛軍同札失的、囊力帶戍黄州。詔諭宋重慶府官吏軍民歸附。壬辰，宣撫使賈居貞僉書行中書省事，戍鄂州。乙未，兵部尚書廉希賢、工部侍郎嚴忠範、秘書監丞柴紫芝奉國書使於宋。合剌章舍里威叛。己亥，大理總管信苴日刺殺其酋。合剌章平，置合剌章民官，選廉能者任之。追諸王海都、八剌金銀符。

二月癸卯，宋知安慶府范文虎以城降。甲辰，中書右丞博魯歡爲淮南都元帥，中書右丞阿里爲左副都元帥，仍命阿里、撤吉思等各部蒙古、漢軍會邳州。丙午，宋都統制張林以池州降。罷西夏中興都轉運司。戊申，詔諭江、黄、鄂、岳、漢陽、安慶等處歸附官吏軍民，令農者就耒，商者就塗，士庶緇黄各安本業，如官吏妄有騷擾，詣行中書省陳告。平章軍國重事史天澤卒。庚戌，禮部侍郎杜世忠、兵部郎中何文著、計議官撒魯都丁等使日本國。辛亥，同知濟南府事張漢英齎璽書，招諭宋淮東制置使李庭芝。庚申，召降臣張晏然等赴闕，仍諭之曰：「朕省卿所奏云：『宋之權臣不踐舊約，拘留使者，實非宋主之罪。倘蒙聖慈，止罪擅命之臣，不令趙氏乏祀者。』卿言良是。卿既不忘舊主，必能輔翼我家。比卿奏上，已遣伯顏按兵不進，仍遣兵部尚書廉希賢等持書往使，果能悔過來附，既往之愆，朕復何究？至於權臣賈似道，尚無罪之之心，况肯令趙氏乏祀乎？若其執迷罔悛，未然之事，朕將何言？天其鑒之。」

辛酉，命闊闊出安輯湖南降附州縣。阿失罕、唐永堅、綦公直等齎璽書招諭郢州。伯顏等與宋都督賈似道、淮西制置使夏貴戰於魯港，大敗之。甲子，宋知太平州孟之縉、無爲軍劉權俱以城降。乙丑，遣使齎璽書招諭宋江陵府官吏軍民。宋福州團練使、知特摩道事農士貴率州縣三十有七，户十萬，詣雲南行中書省請降。戊辰，宋知和州王善、知安東州孫嗣武俱以城降。己巳，復遣拜朮、唐永堅等宣諭郢州官民。庚午，宋都統權兵馬司事徐玉榮等以建康府降。宋賈似道送國信使郝經、劉人傑等來歸。詔安南國王陳光炳以舊制六事諭之，趣其來朝。車駕幸上都。

三月壬申朔，宋鎮江府總管石祖忠以城降。甲戌，宋江陰軍僉判李世修以城降。乙亥，安西王忙兀剌、諸王只必帖不兒、駙馬昌吉等從西平王奥魯赤征吐蕃。丙子，國信使廉希賢等至建康。諭諸將毋妄有侵掠。宋知滁州王文虎以城降。庚辰，宋知寧國府顔紹卿以城降。甲申，宋知西海州丁順以城降。乙酉，知東海州施居文、知平江府潛説友並以城降。江東路得府二、州五、軍二、縣四十三，户八十三萬一千八百五十二，口一百九十一萬九千一百六。丙戌，宋常州安撫使戴之泰以城降。廉希賢、嚴忠範等至獨松關，宋將張濡殺忠範，執希賢送臨安，創甚卒。辛卯，宋將高世傑據岳州，未幾復降，誅之。丙申，側布番酋税昔、確州番酋莊寮男車甲等率四十三族，詣四川行樞密院降。辛丑，阿朮分兵攻揚州。

夏四月乙巳，改西夏中興道按察司爲隴右河西道。丙午，宋知荆門軍劉懋以城降。丁未，阿里海牙遣郎中張鼎齎璽書入江陵，宋荆湖制置使朱禩孫、副使高達等出降。知陝州趙真知、歸州趙仔權、澧州毛浚、常德府新城總制魯希文、權知府事周明等先後悉以城降。辛亥，遣使招諭宋鎮撫使吕文福。甲寅，立登聞鼓。辛酉，宋郢州安撫使趙孟桂以城降。丁卯，大司農、御史中丞孛羅爲御史大夫。罷隨路巡行勸農官，以其事隸提刑按察司。庚午，高達爲行省參知政事。

五月辛未朔，中書右丞廉希憲、參知政事脱博忽魯禿花行中書省於江陵府。丁丑，阿朮立木栅於揚子橋，斷淮東糧道。庚辰，諭參知政事高達曰：「昔我國家出征，所獲城邑即委而去之，未嘗置兵戍守，以此連年征伐不息。夫争國家者，收其土地、人民而已。得土地而無人民，其誰與居？今欲保守新附城邑，使百姓安業，蒙古人未之知也。爾熟知其事，宜加勉旃！」辛巳，宋知辰州吕文興、知沅州文用圭、知靖州康玉、知房州李鑑等皆以城降。荆南湖北路得府三、州十一、軍四、縣五十七，户八十萬三千四百一十五，口一百一十四萬三千八百六十。丁亥，召伯顔赴闕，蒙古萬户阿剌罕權行中書省事。庚寅，宋鎮撫使吕文福降。壬辰，宋都統制劉師勇復陷常州。

六月庚子朔，日有食之。宋嘉定安撫使昝萬壽以城降，賜名順。癸卯，范文虎招諭安豐、壽州等處官民。甲辰，萬户阿剌罕爲行中書省參知政事。敕失里伯、史樞同范文虎招諭安豐軍。乙卯，宋知叙州郭漢傑以城降。辛酉，宋潼川安撫使、知江安州梅應春以城降。丙寅，宋揚州都統姜才攻揚子橋木栅，阿朮大敗之。戊辰，罷山東經略司。

秋七月辛未，阿朮率阿塔海、董文炳等大敗宋舟師於焦山，宋將張世傑、孫虎臣等皆遁，宋人自是不復能軍。壬申，阿塔海敗宋將劉師勇、張彦於吕城。己卯，立燕南河北道提刑按察司。癸未，敕左丞相伯顔率諸將直趣臨安，右丞阿里海牙取湖南，蒙古萬户宋都帶，漢軍萬户武秀、張榮實、李恒，兵部尚書吕師夔行都元帥府，取江西。罷淮西行樞密院，右丞阿塔海、參知政事董文炳同署行中書省事。甲午，遣使招諭宋李庭芝及夏貴。伯顔爲河南行中書省右丞相，阿朮爲左丞相。

八月辛酉，車駕至自上都。丙寅，高麗國遣使賀聖誕節。

九月甲戌，杜世忠等爲日本人所殺。壬午，阿朮築灣頭堡。乙酉，罷襄陽統軍司。甲午，宋揚州都統姜才攻灣頭堡，阿朮、阿塔海等敗之。丙申，玉昔帖木兒爲御史大夫。括江南諸郡書版及臨安秘書省《乾坤寶典》等書。

冬十月戊戌朔，有事於太廟。

十一月丁卯，阿里海牙圍潭州。乙亥，伯顔等分軍趣臨安。丙子，宋權融、宜、欽三州總管岑從毅，沿邊巡檢使李維屏等詣雲南行省降。丁丑，立諸路都轉運司。己卯，宋江西轉運使判官劉槃以隆興府降。江西路得府州六、軍四、縣五十六，户一百五萬一千八百二十九，口二百七萬六千四百。壬午，伯顔克常州。改順天路爲保定路。

十二月己亥，宋主㬎遣柳岳奉書詣軍中，請班師修好。辛丑，宋都統制祁安以許浦降。甲辰，伯顔次平江府，都統王世傑以城降。戊申，中書右丞相忽都帶兒率内外文武官及緇黄耆庶，請上帝尊號曰「憲天述德仁文義武大光孝皇帝」，皇后曰「貞懿順聖昭天睿文光應皇后」，帝不允。癸丑，宋主再使陸秀夫、夏士材、吕師孟詣軍前請和。庚申，宋知隨州朱端履以城降。丙寅，宋安撫使趙與可以吉安州降。

十三年春正月丁卯朔，阿里海牙克潭州。湖南平，得府一、州六、軍二、縣四十，户五十六萬一千一百一十二，口百五十三萬七千七百四十。宋主㬎遣其宗正少卿陸秀夫等至軍前求稱姪納幣，或稱姪孫，伯顔卻之。己巳，宋安撫使劉漢傑以嘉興府降。辛未，宋乍浦鎮統制劉英以本軍降。辛未，宋澉浦鎮統制胡全、福建路馬步軍總管沈世隆來降。宋主㬎遣其監察御史劉岊奉表稱臣，乞存境土，以奉蒸嘗。甲戌，宋都帶克瑞州。乙亥，敕四川制置使趙定應入覲。甲申，宋主㬎遣其知臨安府事賈餘慶等齎傳國璽及降表至伯顔軍前。

乙酉，宋陳宜中、張世傑等以益、廣二王遁。丁亥，雲南行省賽典赤以改定雲南諸路名來上。戊子，大名路達魯花赤小鈴部坐姦贓論死，没其家。己丑，伯顔遣囊嘉特齎傳國璽赴闕。甲午，真定總管昔班爲中書右丞。

二月戊子，宋知建德軍方回、知婺州劉怡、知盧州梁椅、知台州楊必大，皆以城降。丁酉，詔劉頡、程德輝諭淮西制置使夏貴降。己亥，克臨江軍。庚子，宋主㬎率文武百僚詣祥曦殿望闕上表，諭各路郡縣歸附，遣其右丞相兼樞密使賈餘慶、樞密使謝堂、端明殿學士簽樞密院事家鉉翁、端明殿學士同簽樞密院事劉岊等充祈請使。辛丑，伯顔入臨安，得兩浙路府八、州六、軍一、縣八十一，户二百九十八萬三千六百七十二，口五百六十九萬二千六百五十。丁未，詔曰：

間者，行中書省右丞相伯顔遣使來奏，宋母后、幼主暨諸大臣百官，已於正月十八日齎璽綬奉表降附。朕惟自古降王必有朝覲之禮，已遣使往迎。爾等各守職業，其勿妄生疑畏。凡歸附前犯罪，悉從原免。公私逋欠，不得徵理。歸附州城官吏，非奉朝廷諭敕，不得擅自科取差發，騷擾百姓。應抗拒王師及逃亡嘯聚者，並赦其罪。百官有司、諸王邸第、三學、寺、監、秘省、史館及禁衛諸司，各宜安居。所在山林河泊出産，權免徵税，許貧民任便採取貨賣。秘書省圖書，太常司祭器、樂器、法服、樂工、鹵簿、儀衛，宗正譜牒，天文地理圖册，凡典故文字，并户口版籍，盡仰收拾。前代聖賢之後，高尚儒、醫、僧、道、卜筮，通曉天文曆算，並山林隱逸名士，仰所在官司具以名聞。鰥寡孤獨不能自存者，量加贍給〔二〕。

戊申，立浙東西宣慰司於臨安，户部尚書麥歸、秘書監焦友直爲宣慰使，吏部侍郎楊居寬同知宣慰司事，並兼知臨安府事。乙卯，諭宋淮東制置使李庭芝、淮西制置使夏貴歸附。丁巳，命焦友直括宋秘書省禁書圖籍。戊午，祀先農東郊。宋淮西制置使夏貴降，淮西路得府二、州六、軍四、縣三十四，户五十一萬三千八百二十七，口一百二萬一千三百四十九。庚申，召伯顔以宋主㬎入覲。辛酉，車駕幸上都。甲子，董文炳、唆都發三學諸生赴京師。太學生徐應鑣與子琦、崧，女元娘，同赴井死。

三月丁卯，伯顔籍宋太廟景靈宫禮樂器、册寶、郊天儀仗，秘書省、國子監、國史院、學士院、太常寺圖書、祭器、樂器送京師。戊寅，免諸路儒户徭役。置總管萬户府於廉州，中書右丞、河南等路宣慰使合剌合孫，襄陽管軍萬户邸浹並行府事。庚辰，囊家特以宋玉璽來上。乙酉，宋贛、吉、袁三州及南安軍俱來降。中書右丞音班罷爲户部尚書。

閏月丙申，置宣慰司於濟寧路。丁酉，詔阿里海牙、忽都帖木兒入覲，脱撥忽魯秃兒、崔斌並留後鄂州。辛亥，樞密副使張易以宋降臣吴堅、夏貴等赴上都。甲子，中書省左右司郎中郝禎爲參知政事。

夏四月丙子，省東川行樞密院及成都經略司。庚辰，修太廟。乙酉，召昭文館大學士姚樞、翰林學士王磐、翰林侍講學士徒單公履赴上都。

五月乙未朔，伯顏以宋主㬎至上都。丙申，召見㬎於大安殿，授開府儀同三司、檢校大司徒，封瀛國公。以宋平，告天地、祖宗於上都之近郊。己亥，以伯顏同知樞密院事。癸卯，放沂、莒、膠、密、寧海五州防軍爲民。丁未，宋都統姜才攻灣頭堡，千户董士元死之。戊申，昔里罕、阿塔赤敗宋兵於瓜洲。改博州爲東昌路。乙卯，宋江西制置使黄萬石以所部來降。是月，宋陳宜中、張世傑等立益王昰於福州，改元景炎。

六月己巳，置行户都於大名府。壬申，改兩浙大都督府爲安撫司。設諸路宣慰司，並帶相銜。甲戌，以《大明曆》浸差，命太子贊善王恂與亡宋日官更造新曆，樞密副使張易領之。史弼等敗姜才於丁村堡。壬辰，諭陳宜中、張世傑、劉師勇等歸附。户部尚書張澍爲中書參知政事，行中書省事於北京。

七月乙巳，宋制置使朱煥以揚州降。丁未，諭廣西路官民歸附。乙卯，宋泰州守將孫良臣以城降，獲李庭芝、姜才。通、滁、高郵等州相繼來降，得州十六、縣三十三，户五十四萬二千六百二十四，口一百八萬三千二百十七。淮東行省右丞阿里海牙爲行省平章政事，僉書樞密院事、淮東行樞密院別乞里迷失爲行省右丞，參知政事董文炳爲左丞，淮東左副元帥塔失、兩浙大都督范文虎、江東江西大都督吕師夔、淮東淮西左副都元帥陳巖並參知政事。

八月己巳，漢軍都元帥闊闊帶、李庭討海都、篤哇，詔諭庭曰：「汝從平江南，多出死力。男子立功，要在西北。今有違我太祖成憲者，汝往征之。」乙亥，殺宋淮東制置使李庭芝、都統姜才。庚辰，罷襄陽統軍司。車駕至自上都。奧魯赤爲荆湖行省參知政事。

九月己亥，有事於太廟。庚子，命姚樞、王磐選宋三學生有實學者留京師，餘聽還家。癸卯，以宋平，大赦天下。丙午，敕常德府歲貢包茅。丁未，諭西川行樞密院檄重慶官民内附。乙卯，以吐番合答城爲寧遠府。辛酉，阿朮入覲。

冬十月戊子，淮東左副都元帥阿里爲平章政事，河南等路宣慰使合剌合孫爲中書右丞，兵部尚書王儀、吏部尚書兼臨安府安撫使楊鎮、河南河北提刑按察使迷里忽辛並參知政事，與參知政事陳巖行中書省事於淮東。

十一月，宋知處州李珏以城降。甲辰，阿剌罕敗宋秀王與罤於瑞安，獲之。癸丑，宋知福州王剛中以城降。庚申，敕管民及理財官由中書省調，軍官由樞密院定議。高麗國王王愖遣使來告更名賰〔三〕。

十二月甲子，宋益王昰奔惠州，遣使奉表請降。丁卯，置元江府，以羈縻阿僰諸蠻。戊辰，宋泉州提舉市舶司蒲壽庚及知泉州田真子以城降。壬申，有告轉運使姜毅所言悖妄，指毅妻、子爲證，帝曰：「妻、子豈爲證者耶？」詔勿問。庚寅，詔：「管軍將校及亡宋官吏有奪民田廬産業者，俾各歸其主，無主則分給附近貧民。凡亡宋繁冗科差、聖節上供、經總制錢等百有餘件，悉蠲免之。」

十四年春正月，阿剌罕入汀關。癸巳，宋知循州劉興以城降。壬寅，宋知汀州黄去疾、監軍吴浚以城降。癸卯，復立諸道提刑按察司。戊申，宋知潮州馬發以城降。丁巳，宋權知梅州錢榮之以城降。甲寅，敕宋福王趙與芮家貲在杭州者，有司輦至京師付其家。己未，置江淮等路都轉運鹽使司及江淮榷茶都轉運使司。

二月壬戌，宋瑞州安撫使姚文龍以城降。癸亥，彗星出東北。戊辰，祀先農於東郊。甲戌，車駕幸上都。丙戌，宋知連州過元龍已降復叛，塔海將兵討之，元龍棄城遁。丁亥，宋知南恩州陳堯道、僉判林叔虎以城降。御史大夫孛羅爲樞密副使兼宣徽使。

三月庚寅朔，以冬無雨雪，遣使問便民之政於耶律鑄、姚樞、王磐、竇默等，對曰：「足民之道，唯節浮費。靡穀之多，無踰醪醴麯糵。祈賽神社，費亦不貲。宜一切禁止。」從之。辛卯，復立行中書省於潭州，立廣南西路宣撫司於静江。壬寅，宋肇慶府新封等州來降。癸卯，知壽昌府張之綱坐附叛逆伏誅。庚戌，宋建寧府通判郭纘以城降。四川都掌蠻、羅計蠻及鳳凰、中壠、羅韋、高崖等四砦，播州蠻酋楊邦憲、思州蠻酋田景賢皆降。癸丑，廣南西路慶遠、鬱林、昭、賀、藤、梧、融、賓、柳、象、邕、廉、容、貴、潯等府州皆降。浙西宣慰使阿塔海爲平章政事，行中書省事於江淮。郡王合谷爲平章政事，行中書省事於北京。是月，宋文天祥陷梅州。

夏四月癸酉，罷各路轉運司。丙戌，禁江南用銅錢。宋張世傑陷潮州。

五月癸巳，淮西民張德興起兵陷黄州及壽昌軍。丁巳，宣慰使鄭鼎與德興戰於樊口，兵敗，死之。癸卯，改廣南西路宣撫司爲宣慰司。立安撫司於欽州。西番酋阿立丁寧占等來降。丙子，融州安撫使譚昌謀反，伏誅。諭瀘州阿永蠻及筠、連州蠻歸附。

六月辛酉，宋文天祥陷雩都、興國等縣。丙寅，宋涪州安撫使楊立降。丁亥，行省參知政事、行江東道宣慰使奥魯赤爲參知政事、行湖北道宣慰使。

秋七月癸卯，諸王昔里吉執北平王那木罕、右丞相安童以叛，詔伯顔討之。諸王忽魯帶所部來歸。丙午，立行御史臺於揚州，都元帥相威爲御史大夫。置八道提刑按察司。戊申，立行中書省於江西，參知政事、行江西宣慰使塔出爲右丞，參知政事、行江西宣慰使麥朮丁爲左丞，淮東宣慰使徹里帖木兒、江東宣慰使張榮實、江西宣慰使李恒、招討使也的迷失、萬户昔里門、荆湖路宣撫使程鵬飛、兵馬招討使蒲壽庚並參知政事、行江西省事。壬子，宋文天祥圍贛州。丁巳，湖廣行省參知政事、行江東道宣慰使吕文焕爲行省左丞。

八月戊午朔，建太廟於大都。不花行西川樞密院事。辛未，常德府總管魯希文謀反，伏誅。車駕獵於上都之北。己卯，昂吉兒、忻都等獲張德興。甲申，李恒敗文天祥於興國，天祥走循州。

九月丙申，廣南東路廣、連、韶、德慶、惠、潮、南雄、英德等州府皆降。壬子，福建路宣慰使唆都克建寧府及南劍州。冬十月丙辰朔，日有食之。己未，有事於太廟。庚寅，塔出圍廣州，宋制置使張鎮孫以城降。壬午，立宣慰司於黄州。甲申，湖廣行省參知政事忽都帖木兒、脱搏忽魯禿花、崔斌並爲中書左丞，鄂州總管府達魯花赤張鼎、湖北道宣慰使賈居貞並參知政事。

十一月庚子，吏部尚書别都魯丁爲中書參知政事。

十二月庚午，宋梁山防禦使袁世安以城降。乙亥，都元帥楊文安克咸淳府。參議中書省事耿仁爲中書參知政事。

【校勘記】

〔一〕「日本」，原作「日木」，據下文改。

〔二〕「瞻給」，原作「瞻給」，據《元史》卷九本紀第九《世祖六》至元十三年二月改。

〔三〕「賰」，原作「睶」，下文或從「目」，或從「日」，皆誤。據《高麗史》卷二八《忠烈王世家》改。下同。

新元史卷之十　本紀第十

世祖四

十五年春正月辛卯，阿老瓦丁率所部戍斡端城。己亥，以諸路州縣管民官兼領收括闌遺，若官吏隱匿及擅易馬匹、私配婦人者，没其家。禁買賣江南良家子女。丙午，萬户禿滿答兒、郝札剌不花等克瀘州。庚戌，東川副都元帥張德潤克涪州。

二月戊午，祀先農，蒙古胄子代耕藉田。癸亥，命淮南行省平章政事阿塔海、阿里選擇江南廉能官吏，汰冗員與不勝任者。壬午，福建路宣慰使唆都克潮州。立太史院。淮南行省參知政事夏貴、范文虎、陳巖並爲行省左丞，黄州路宣慰使唐兀帶、史弼並行省參知政事。

三月乙酉，忙古帶、唆都、蒲壽庚行中書省事於福州。合剌帶以舟師討廣南。甲午，西川行樞密院招降重慶路。庚子，都元帥李庭自請討張世傑，從之。壬寅，以諸路歲比不登，免今歲田租、絲銀。癸卯，都元帥楊文安克紹慶府。乙巳，廣南西道宣慰司招降雷、化、高三州。宋張世傑以宋主昰奔磠洲。參知政事密立忽辛、張守智並行大司農司事。

夏四月乙卯，都元帥劉國傑以兵戍北邊。丙辰，僉軍討雲南蠻。戊午，江南行省左丞夏貴等分道檢覈錢穀，察郡縣被旱甚者、吏廉能者舉以聞，其貪殘不職者罷之。甲子，宋主昰殂於磠洲。庚午，張世傑等立其弟衛王昺。丁丑，雲南臨安、白衣、和泥城寨一百九，威楚、金齒、落落軍民三萬二千二百，禿老蠻、高州、筠連州城寨十九，俱來降。壬午，立行中書省於建康府。改北京行中書省爲宣慰司。

五月癸未朔，詔翰林學士和禮霍孫，今後用宰執及將兵重臣，與儒臣年老者同議。乙酉，福建宣慰使史格以兵討張世傑。己亥，江東道按察使阿八赤誣奏宣慰使呂文煥私匿兵仗，詔行臺御史大夫相威按之，事白，免阿八赤官。

六月辛酉，高麗國王王賰來朝。丙寅，選軍、民官廉能者各一人，分領江南防拓關隘。甲戌，汰江南冗官，其宣慰司除額設官員外餘並罷去，仍削各官舊帶相銜。罷茶運司及營田司，以其事隸宣慰司。罷漕運司，以其事隸行中書省。各路總管府依驗户數多寡，以上中下三等設官。亡宋官吏入仕者，付吏部録用。罷江淮行中書省參知政事史弼、唐兀帶，湖廣行中書省參知政事張鼎，無爲軍達魯花赤忙古帶。己未，宋張世傑等以宋主昺徙於厓山。戊寅，全州洞猺降。己卯，張弘範爲蒙古、漢軍都元帥，從海道攻厓山。庚辰，處州賊張三八、章焱作亂，宣慰使謁只里討平之。辛巳，安南國遣使貢方物。

秋七月壬午朔，宋湖南制置使張烈良、提刑劉應龍等起兵，阿里海牙討獲之。甲申，諸王愛牙赤率所部戍建都，立江南湖北道、嶺南廣西道、福建廣東道提刑按察司。丙戌，湖廣行省左丞崔斌爲江淮行省左丞，參知政事張守智爲湖廣行省左丞。丁亥，水軍萬户張榮實率所部防江口。丙申，右丞塔出、吕師夔，參知政事賈居貞行中書省事於贛州。丁酉，江西行省參知政事李恒爲都元帥，以蒙古、漢軍攻厓山。丙午，改開元宣撫司爲宣慰司。定江南官禄職田。禁江南、浙西等處非理徵科擾民。

八月壬子朔，禮部尚書柴椿等使安南國，徵陳光昞入朝。壬戌，漳州安撫使沈世隆斬受張世傑僞檄者，坐擅殺，籍家貲。帝曰：「世隆何罪？其還之。」擢本路管民總管。乙丑，濟南總管張宏代輸民賦，貸阿里、阿塔赤等銀不能償，詔依例停徵。封泉州神女爲護國明著靈惠協正善慶顯濟天妃。己卯，初立提刑按察司於畏兀兒。辛巳，詔行省唆都、蒲壽庚等曰：「諸番居東南海島者，皆有慕義之心，可因番舶商人，宣布朕意。誠能來朝，朕將寵禮之。其往來互市，各從所欲。」福州行省左丞董文炳，僉樞密院事、參知政事唆都、蒲壽庚並爲左丞。

九月癸未，省東西川行樞密院，分設宣慰司。

冬十月己未，有事於太廟。庚申，車駕至自上都。丁卯，弛山場樵采之禁。

十一月丁亥，立荆湖北道宣慰司。壬辰，徵宋丞相馬廷鸞、章鑑赴闕，不至。丁酉，召淮南行省左丞陳巖入覲。丁未，移江南行御史臺治杭州。立淮東道宣慰司於揚州。詔沿海通日本國市舶。是月，皇子西安王忙哥剌卒。

閏月庚戌朔，羅氏蠻酋阿榨、西南番酋韋昌盛並來降。甲寅，車駕幸光禄寺。甲子，都元帥張弘範克漳州。壬寅，張弘範獲宋丞相文天祥於潮州五坡嶺。

十二月己卯朔，大霸都掌蠻降。戊申，敘州禿老蠻殺使臣撒里蠻，四川行省以兵討之。封伯夷爲昭儀清惠公，叔齊爲崇讓仁惠公。置開成路屯田總管府。

十六年春正月己酉朔，高麗國遣使賀正旦，兼貢方物。癸丑，以瓊、崖、儋、萬諸州俱平，詔阿里海牙入覲。甲寅，移贛州行中書省於隆興。辛酉，宋合州安撫使王立以城降，詔誅立，籍其家，既而赦之，以爲潼川路安撫使、知合州事。壬戌，立成都等路四道宣慰司。丙子，叉巴、散毛等四洞蠻降。中書左丞别乞里迷失同知樞密院事。甲申，張弘範大敗宋張世傑於崖山，宋丞相陸秀夫負宋主昺蹈海死，世傑奪港遁去，遇颶風溺死。是月，高麗國王王賰來朝。

二月戊寅朔，祭先農於籍田。壬午，訪求通皇極數番陽祝泌子孫，其甥傅立以泌書來上。癸未，置五衛指揮司。甲申，敕江淮、湖南、江西、福建造戰船六百艘以征日本。禁諸奧魯及漢人執弓矢，出征還，甲仗即輸之官庫。癸卯，遣嘉定新附軍屯田脱里伯之地。甲辰，車駕幸上都。乙巳，立四川道提刑按察司。

三月戊申朔，詔：「大兵渡江以來，農民失業。今已安集，務宜敦本力田，各管民官以時勸課，如無成效者罪之。」壬子，囊嘉帶括兩淮造回回礮軍匠六百人及各路軍匠能造礮者，俱至京師。甲戌，順元、八番蠻降，以其酋龍方零等爲安撫使。太常寺纂《至元州縣社稷通禮》，上之。

夏四月己卯，立江西榷茶運司及諸路轉運鹽司。癸巳，以給事中兼起居注掌諸司聞奏事。揚州行省選南軍二萬人充侍衛軍。

五月辛亥，詔漳、泉、汀、邵武等處暨八十四畬官民，若舉衆來降，官遷擢，軍民安堵如故。癸酉，兀里養合帶言：「賦北京、西京車牛俱至，可運軍糧。」帝曰：「民之艱苦，汝等不問，但知役民。若今年盡取之，來歲禾稼何由得種？其止之。」甲申，宋張世傑所部將校百五十八人詣雷、瓊等州降。命高麗國造戰船以征日本。壬辰，參知政事、行河南等路宣慰使忽辛爲中書左丞、行中書省。癸巳，不花行西川樞密院事以兵討未降城寨。雲南都元帥愛魯、納速剌丁分定亦乞不薛及忙木、巨木秃等三百寨，軍還，獻馴象十二。

六月甲辰，免四川今年差稅。參知政事、行中書省事別都魯丁爲河南等路宣慰使，忽辛爲湖南行省左丞。占城、馬八兒諸國遣使貢方物及犀、象各一。

秋七月戊申，寧國路新軍百户詹福謀反，伏誅。罷西川行樞密院。丁巳，安南國遣使貢馴象。癸酉，八番、羅氏諸蠻降。

八月丁丑，車駕至自上都。庚寅，沅州路蒙古軍總管乞答合以兵討桐木籠、犵狫伯諸蠻。

九月乙巳朔，范文虎薦可爲守令者三十人。詔曰：「今後所薦，朕自擇之。有不勤於官守者，勿問漢人、回回，皆論死，且沒其家。」女直、水達達軍不出征者，隸民籍輸賦。戊午，遣使諭西南蠻酋，能率所部歸附者，官不失職，民不失業。乙丑，忽必來、別速台爲都元帥，率所部戍斡端城。己巳，麻陽縣達魯花赤武伯不花導軍官唐兀帶劫掠辰溪、沅等州，並伏誅。

冬十月己卯，有事於太廟。丁酉，詔皇太子參預朝政。

十一月壬子，禮部尚書柴椿偕安南國使杜中贊齎璽書，諭安南世子陳日烜來朝。乙卯，西安王相趙炳劾運使郭琮、郎中令郭叔雲盜用官錢，命尚書禿速忽、侍御史郭祐按之。

十二月庚辰，安南國遣使貢藥材。甲申，詔諭占城國王來朝。

十七年春正月癸卯朔，高麗國遣使賀正旦兼貢方物。丙午，萬户綦公直率所部戍别失八里。丙辰，定遷轉官員法及諸路差税課程。辛酉，廉州海賊霍公明等伏誅。丁卯，畋於近郊。戊辰，釋宋俘三萬餘人爲民。立行中書省於福州。都元帥張弘範卒。

二月乙亥，中書右丞張易言高和尚有秘術，能役鬼爲兵，命和禮和孫與高和尚同赴北邊。丁丑，答里不罕平羅羅斯，獲蠻酋谷納。詔答里不罕還，以阿答代之。納速剌丁以兵征緬國。己丑，殺宋制置使張珏。辛丑，以廣東民不聊生，召行省右丞塔出、左丞吕師夔廷詰之，也的迷失、賈居貞行宣慰司，往撫其民。

三月甲辰，車駕幸上都。己未，阿里海牙等以兵討羅氏鬼國。辛未，陝西運使郭琮等殺西安王相趙炳，詔械琮等至京師廷鞫之，並伏誅。

夏四月癸酉，南康賊杜可用僞稱萬乘元年，伏誅。庚子，權停百官俸。

五月甲辰，作行宫於察罕諾爾。癸丑，藥剌海以四川兵與納速剌丁同征緬國。移福州行省於泉州。甲寅，汀州賊廖得勝等作亂，伏誅。

六月辛未朔，忽都帶兒括闌遺户墾江北田。壬申，招諭占城國。丁丑，招諭羅氏鬼國。戊戌，高麗國遣使貢方物。敕江淮等處行鈔法，廢宋銅錢。《授時曆》成，詔曰：

自古有國牧民之君，必以欽天授時爲立治之本。黄帝、堯、舜以至三代，莫不皆然。爲日官者，皆世守其業，隨時考驗，以與天合，故曆法無數更之弊。及秦滅先聖之術，每置閏於歲終，古法蓋殫廢矣。由兩漢而下，立積年日法，以爲推步之準，因仍沿襲，以迄於今。夫天運流行不息，而欲以一定之法拘之，未有久而不差之理。差而必改，其勢有不得不然者。太史院作靈臺，制儀象，日測月驗，以考其度數之真，積年日法皆所不取，庶幾脗合天運，而永終無弊。乃者新曆告成，賜名《授時曆》，自至元十八年正月一日頒行。布告遐邇，咸使聞知。

秋七月己酉，立行中書省於安西府，李德輝爲行省參知政事，兼領錢穀事。徙泉州行省於隆興。戊午，中書參知政事郝禎、耿仁並爲左丞。開膠萊河。甲子，遣安南國王子陳倪還。乙丑，罷江南財賦總管府。己巳，中使咬難至江南訪求高士。

八月乙卯，改蒙古侍衛總管爲親軍都指揮使司。戊寅，占城、馬八兒國皆遣使奉表貢方物。唆都請招諭三佛齊等八國，不從。丁亥，集賢大學士兼國子祭酒許衡致仕。戊戌，高麗國王王睶來朝。范文虎、忻都、洪茶邱爲中書右丞，李庭、張拔突爲參知政事，並行中書省事。

九月壬子，車駕至自上都。壬戌，也罕的斤率所部戍斡端。丁卯，羅氏酋阿察等降。癸酉，高麗國王王睶加開府儀同三司、中書左丞相、行中書省事。丁丑，命湖南行省討亦奚不薛。壬午，立陜西四川等處行中書省，不花爲右丞，李德輝、汪惟正並爲左丞。己丑，命招討使都實窮河源。壬辰，亦奚不薛酋遣從子入朝，帝曰：「亦奚不薛不稟命，輒以官授其從子，無人臣禮。俟其酋出，乃罷兵。」丙申，招諭爪哇國。

十一月己亥朔，俱藍、馬八兒、闍婆等國俱遣使來朝。丁卯，復遣教化、孟慶元等齎書諭占城國。

十二月庚午，殺江淮行省平章政事阿里伯、右丞崔斌。辛未，高麗國王王賰率所部水軍征日本。諭諸將征日本取道高麗，毋擾其民。以高麗藩臣金方慶爲征日本都元帥，朴球、金周鼎爲管高麗國征日本軍萬户，並賜虎符。癸酉，高麗國王王賰爲行省中書右丞相。丁亥，復詔管民官兼管諸軍奥魯。戊子，征亦奚不薛軍戍羅葡甸。壬辰，陳桂龍據漳州叛。甲午，新建太廟成，自舊廟奉遷神主於祏室，行大享禮。改畏兀兒斷事官爲北庭都護府。丙申，遼東路新軍以妻子易馬，敕以今年所輸賦税贖之。安南國來貢馴象。是月，左丞相阿朮卒於别失八里軍中。

十八年春正月戊戌朔，頒《授時曆》。高麗國遣使賀正旦兼貢方物。辛丑，召阿剌罕、范文虎、囊家帶入覲。丁未，畋於近郊。敕江南州縣官兼用蒙古、回回人。命忻都、洪茶邱率所部由高麗泛海至日本，范文虎率所部由慶元路泛海至日本，以張珪、李庭留後。丙辰，車駕幸漷州。

二月辛未，車駕幸柳林。乙亥，立上都留守司。移荆湖行省於鄂州，湖南宣慰司於潭州。己丑，詔諭烏瑣納等毋侵羅氏鑾，違者許羅氏酋阿利奏聞。乙未，皇后弘吉剌氏崩。丙申，車駕至自柳林。中書右丞、行江東道宣慰使阿剌罕爲中書左丞相、行中書省事，江西道宣慰使兼招討使也的迷失爲參知政事、行中書省事。

三月戊戌，國子祭酒致仕許衡卒。丙午，車駕幸上都。辛酉，立登聞鼓院。

夏四月辛未，命雲南行省討哈喇章。癸酉，復中外官吏俸。

五月戊申，罷畏兀兒提刑按察使司。

六月丙寅，謙州織工貧，鬻妻子，敕官與贖還，賜粟振之。己巳，忻都、洪茶邱等與日本兵戰於鹿島，失利。庚寅，阿剌罕有疾，以阿塔海代之。中書左丞忽都帖木兒爲中書右丞、行中書省事，御史中丞、行御史臺事忽剌出爲中書左丞、行尚書省事。

秋七月丁酉，分置安西行中書省於河西。己亥，阿剌罕卒。辛酉，賜唆都駝蓬以辟瘴毒。占城國來貢象、犀。

八月庚午，忙古帶爲中書右丞、行中書省事。申嚴大都總管府兵馬司、左右警巡院斂民之禁。庚寅，高麗國遣使賀聖誕。壬辰，范文虎等遇颶風敗舟，棄其全軍而返，左副都元帥阿剌帖木兒等皆溺死。

閏月丙午，車駕至自上都。丁巳，改思州宣撫司爲宣慰司，兼管内安撫使。汰中書省及諸司冗員。括江南户口税課。庚申，安南國遣使貢方物。

九月癸亥朔，畋於近郊。壬辰，占城國遣使貢方物。

冬十月乙未，有事於太廟，祔貞懿昭聖順天睿文光應皇后。己亥，立陳日烜叔父遺愛爲安南國王。庚子，鎮安州蠻酋岑從毅殺知州李顯，召從毅入朝。丁未，置安南國宣慰司，以孛顔帖木兒爲參知政事，行安南國宣慰使，都元帥柴椿、忽哥兒副之。壬子，集百官於憫忠寺，焚《道藏》僞經，有隱匿者罪之。封失里咱牙信合八剌麻合迭瓦爲占城國王，立行中書省於占城，唆都爲右丞，劉深爲左丞，也里迷失爲參知政事。庚戌，納陳遺愛於安南。招諭干不昔國。壬子，改大都、南陽等處屯田孛蘭奚總管府爲農政院。癸丑，皇太子至自北邊。辛酉，邵武賊高日新降。

十一月癸亥朔，招諭探馬禮蠻酋。甲子，漳州賊陳弔眼伏誅。壬午，召爪哇國王入覲。

十二月甲午，瓮吉剌㑊爲中書右丞相。己亥，罷日本行中書省。癸丑，免益都、淄萊等路開河夫今年租賦，仍給傭直。丙辰，福州賊林天成伏誅。

新元史卷之十一　本紀第十一

世祖五

十九年春正月壬戌朔，高麗國遣使賀正旦。丙寅，罷征東行中書省。撒里蠻執叛王昔里吉等以獻，皇子北平王遣諸王札剌忽奏聞。丁卯，札剌忽入覲。立太僕院。丙子，畋於近郊。丁丑，高麗國貢紬布。

二月辛卯朔，車駕幸柳林。修太廟及司天臺。甲午，諸王相吾答兒、行中書省右丞太卜、參知政事也罕的斤征緬國。壬寅，命軍官陣亡者其子襲職，以疾卒降一等授官，著爲令。乙巳，立廣東道提刑按察司。戊申，車駕至自柳林。己酉，汰省部冗官。徙浙東宣慰司於温州。僉都掌、阿永等部軍征答馬剌。都掌酋乞免僉軍，以牛馬運餉，允之。庚戌，以參知政事唐兀帶等分屯建康、江陵、池州等路。壬子，僉亦奚不薛及播、思、叙三州軍征緬國，亦奚不薛酋阿峻不從命。

三月辛酉朔，烏蒙蠻叛，那海、火魯思迷同討之。戊寅，益都千户王著與妖僧高和尚殺阿合馬、郝禎。壬午，王著、高和尚伏誅，殺樞密副使張易。戊子，領北庭都護府阿必失哈爲御史大夫、行御史臺事。

夏四月辛卯，敕和禮霍孫集中書省、御史臺、樞密院、翰林院等官，議阿合馬所管財賦。丁酉，和禮霍孫爲中書右丞相。降右丞相瓮吉剌帶爲大都留守，仍同僉樞密院事。壬寅，敕灤州造官車，勿賦於民。乙巳，汰倉庫官，考覈諸路平準庫。丙午，收諸王別帖木兒總軍銀印。庚戌，以用兵海外，供億繁重，詔慰諭軍民，應有逋欠錢糧及官吏侵盜，並權停罷。括江南隱匿逃軍。壬子，定民間貸錢取息法，以三分爲準。定内外官三年考滿法。

五月己未朔，黜省、部官黨附阿合馬者七百十四人。瀘州管軍總管李從受賄，縱軍士私還，致賊殺萬户爪難等，伏誅。追治阿合馬罪，戮其尸於通元門外。罷南京宣慰司。戊辰，並江西、福建行中書省爲一。壬申，逮參知政事耿仁至大都，命中書鞫之。中書右丞張惠罷。甘肅行省左丞麥朮丁爲中書右丞，行御史臺御史中丞張雄飛爲參知政事。

六月甲午，詔阿合馬濫設官府二百四，留三十三，餘悉罷之。戊戌，占城復叛，行省平章政事唆都以兵討之。己亥，管軍萬户何子志使暹國。壬子，敕中外官立限決事。癸丑，罷大司徒及農政院。丁巳，亦奚不薛降。

秋七月戊午朔，日有食之。分立行樞密院於揚州、岳州。辛酉，追治郝禎罪，戮其尸。

壬申，敕百官奏事同御史臺奏聞。癸酉，賜高麗王王賰金印。丁丑，罷昌總帥汪札剌兒帶罷，以别速帖木兒代之。乙酉，闍婆國獻金佛塔。

八月癸巳，僉羅羅斯等軍征緬國。辛亥，車駕駐龍虎臺。甲寅，聖誕節，是日還宫。乙卯，御正殿受賀。

九月丁巳朔，敕中書省窮治阿合馬黨與。戊午，阿合馬子阿散伏誅。庚申，罷漣、海州屯田。游顯爲平章政事，行省揚州。辛酉，耿仁、撒都魯丁及阿合馬子忻都俱伏誅。俱藍國、蘇木都速國及也里可温教主並遣使奉表貢方物。壬戌，敕：「官吏受賄及倉庫官侵盜，御史知而不糾者，罪之。」乙丑，僉亦奚不薛軍。丁卯，安南國世子陳日烜遣使貢方物。己巳，罷雲南宣慰司。壬申，蠻洞向世雄兄弟及散毛諸洞叛，敕四川行省招撫之。辛巳，釐正選法，定諸路歲貢儒吏額。

冬十月丁亥朔，整治鈔法。辛卯，平章軍國重事耶律鑄爲中書左丞相。壬辰，有事於太廟。罷西京宣慰司。丙申，立詹事院。甲辰，占城國降。乙巳，招諭法里郎、阿魯、乾伯等國。罷屯田總管府。丁未，女直人六十，自請造船運糧，赴鬼國贍軍，從之。庚戌，移成都宣慰司於碉門。罷廣元路及順慶府宣慰司。詔兩廣、福建五品以下官，從行省銓注。乙卯，阿合馬子忽辛、秣速忽俱伏誅於揚州。

十一月戊午，宋衍聖公孔洙爲國子祭酒兼提舉浙東道學校事。頒示阿合馬罪狀。甲戌，赦天下重囚，除謀反大逆，殺祖父母、父母，妻殺夫、奴殺主外，其餘犯死罪者赦之，充軍征日本、占城、緬國。丙子，大盤洞酋向臭友等來朝。戊寅，馬八兒國遣使貢金葉書及方物。

十二月壬辰，昭文館大學士張文謙爲樞密副使。乙未，徙瀛國公趙㬎於上都。殺宋丞相文天祥。癸卯，定御史臺選擇臺臣格。徵處士劉因爲右贊善大夫，因以母老辭歸。中書右丞扎薩克爲平章政事。罷南京屯田總管府。

二十年春正月丙辰朔，高麗國遣使賀正旦。己未，立皇后弘吉剌氏。癸亥，藥剌海以兵討亦奚不薛。乙丑，高麗國遣使貢方物。阿塔海復爲征東行中書省左丞相。丙寅，發五衛軍征日本。以去歲河北、山東諸路旱，權停租稅勿徵，仍諭管民官，水旱逾時不報，及按察司不隨時檢察，皆罪之。壬申，移鞏昌按察司治甘州。行省右丞闍里帖木兒率三十五萬户征日本。丁丑，楊廷璧爲宣慰使，招諭俱藍等國。壬午，畋於近郊。改廣東提刑按察司爲海北廣東道，廣西按察司爲海北廣西道，福建按察司爲福建閩海道，鞏昌按察司爲河西隴北道。

二月戊子，賜俱藍國王瓦你金符。癸巳，敕斡脱錢仍其舊。亦奚不薛降。庚子，省西川東西北三道宣慰司，及潼川等路鎮守萬户府、新軍總管府，威、灌、茂等州安撫司。辛丑，定軍官選格及官吏贓罪法。癸丑，諭中書省大事奏聞，小事便宜行之，毋稽緩。

三月丁巳，罷河西行御史臺。立鞏昌等處行工部。罷泉州行中書省及福建市舶總管府。己未，罷安西行中書省，立行工部。乙丑，兀奴忽魯帶魯揚州罪囚。立雲南道提刑按察司。丙寅，車駕幸上都。丁卯，新會縣民林桂芳等作亂，僞號羅平國，伏誅。乙亥，阿塔海戍曲先，漢都魯迷失戍斡端。壬午，罷福建道宣慰司，復立行中書省於漳州。中書右丞張惠爲平章政事，御史中丞也先帖木兒爲中書左丞，並行中書省事。

夏四月丙戌，立別失八里、和林等處宣慰司。庚寅，藥剌海戍亦奚不薛。召也速答兒還成都。壬辰，都元帥張林、招討使張瑄、總管朱清等從征日本。高麗國王王賰領征東行省，規畫日本事宜。癸卯，王賰爲征東行中書省左丞相。庚戌，也速帶討獨山都掌蠻，平之，獲其酋得蘭紐。辛亥，麥朮丁等檢覈萬億庫，請使蒙古人鞫其獲罪者。詔曰：「蒙古人爲利所汩，亦異往日矣！其擇可任者使之。」

五月己未，罷五衛軍征日本。庚申，定江南民官及轉運司公田。丙寅，免江南租稅三之二。辛未，唆都等入占城，其王孛由補剌者吾遁，降璽書招諭之。甲戌，並江淮、雲南州縣。耶律老哥爲中書參知政事。頒行宋文思院小口斛。立海西遼東道提刑按察司。己卯，宣慰使朱國寶率阿里海牙舊部討占城。

六月丙戌，甘州行省參知政事王椅爲中書參知政事。己丑，增官吏俸。庚寅，定市舶抽分法。丙申，修大都城。辛亥，四川行省參知政事曲立吉思等討平九溪十八洞，以其酋長入朝。

秋七月丙辰，免骨嵬軍賦役。丙寅，立亦奚不薛宣慰司。壬申，亦奚不薛軍民千户宋添富及順元路軍民總管阿里等降，立亦奚不薛總管府，以阿里爲總管。丁丑，立鋪軍，捕淮西盜賊。

八月癸未，以明里察平章軍國重事。甲午，安南國遣使貢方物。濟州新開河成。立都漕運司。戊午，象山縣海賊尤宗祖降。丙寅，古答奴國因商人阿剌畏等内附，罷占城行中書省。辛未，廣東盜起。

冬十月壬辰，車駕至自上都。甲午，平章政事扎散爲樞密副使。乙未，有事於太廟。庚子，建寧路總管黄華叛，僞稱宋祥興五年，卜鄰吉帶、史弼等合討之。耶律鑄罷。癸卯，造船於新開河，以分海運。己酉，僉河西質子充軍。癸丑，總管陳義自備海船三十艘征日本，授義萬户，佩虎符。壬戌，復立南京宣慰司。戊寅，禁雲南軍官没良民爲奴及黥其面。

十二月壬辰，以中書參知政事溫迪罕、中書參議禿魯花廉貧，賜鈔旌之。丙午，罷雲南都元帥府。敕大官質子赴京師，著爲令。北勝州洞蠻叛，雲南行省阿合八失討平之。

二十一年春正月乙卯，右丞相和禮霍孫率百官上尊號曰「憲天述道仁文義武大光孝皇帝」，諸王百官朝賀如朔旦儀。詔曰：

惟我祖宗創業垂統，區宇之廣，衆所悉知。其御下也爲善，而有功者必賞，爲惡而有罪者必罰，此我祖宗之定制也。比者公卿耆舊詣闕拜章，謂朕壽祉方隆，請上尊號。屬兹大慶，宜布寬條。兹用播告中外，凡爾有衆，自今以始，各務維新，無替朕命。

己未，罷雲南都元帥府。甲子，罷揚州等處理算官。丁卯，建都蠻及金齒諸蠻俱降。庚午，立江淮、荆湖、江西、四川行樞密院及耽羅國安撫司。甲戌，王積翁齎璽書使日本，未至，爲舟人所殺。己卯，馬八兒國遣使貢方物。

二月辛巳，管如德爲行省參知政事，征緬國。丁亥，翰林學士承旨撒里蠻祀先農於藉田。壬辰，邕、賓、梧、韶、衡等州盜並起，湖南宣慰使撒里蠻討平之。丁未，阿塔海以水軍征占城。戊申，徙江淮行省於杭州，浙西宣慰司於平江，省黄州宣慰司。漳州盜起，江浙行省討平之。秦州總管劉發謀反，事覺伏誅。

三月丁巳，皇子北平王諾木罕及安童至自北邊。唆都攻占城不克，引兵還。丙寅，車駕幸上都。丁卯，太廟正殿成。乙亥，高麗國王王賰遣使賀上尊號。

夏四月乙酉，置大都留守司及大都路總管府。戊申，高麗國王王賰及公主以其世子源來朝。發思、播二州蠻軍征緬國。

五月癸丑，敕收集唆都及江淮、江西兩省潰軍，凡至者給糧，舟楫損壞者修之。戊午，敕中書省奏目及文書皆不用畏兀兒字。己未，占城國王請降，遣其孫路司理勒𠻘等奉表來朝。庚午，鄂州達魯花赤趙翥等齎璽書諭安南國。括天下私藏天文圖讖《太乙雷公式》、《七曜曆》、《推背圖》、《苗太監曆》，有私習及收匿者罪之。丁丑，以征占城兵潰，追忽都虎、烏馬兒、劉君慶等敕命、虎符，以孛魯合答兒等代之，仍聽阿里海牙節制。

閏月己卯，封怯里刺王爲郡王，罷西南番安撫司四總管府。丙戌，遷揚州行御史臺於杭州。庚寅，賜歸附蠻酋十八人冠帶。理算江南造船隱弊，詔按察司毋得沮撓。癸巳，改封皇子北平王那木罕爲北安王。甲辰，安南國世子陳日烜遣使貢方物。

六月壬子，增官吏俸。甲寅，封皇子托歡爲鎮南王，鎮揚州。庚申，改蒙古都元帥府爲都萬户府，礮手元帥府爲萬户府，礮手都元帥府爲回回礮手軍匠萬户府。甲子，移阿剌帶和林屯田軍與憨答孫所部合屯五河。

秋七月丁丑朔，荆湖、四川合兵討叉巴、散毛洞蠻。詔軍官勿帶相銜。丁亥，江淮行省以占城使者大牛達連扎入朝，及其地圖來上。戊子，鎮南王托歡以兵征占城，假道安南。安南國世子陳日烜遣使貢方物。釋安南國前使黎英等還。

八月丁未，華帖、白水江、鹽井三部蠻叛，雲南行省討平之。占城國王乞歲修職貢，遣使獻三象。庚午，車駕至自上都。甲戌，建都女子沙智有功，授建昌路總管，佩虎符。

九月甲申，京師地震。置福建鹽課市舶都轉運司。并福建、江淮兩行省爲一，中書右丞、行省事忙兀帶爲江淮等處行中書省平章政事，左丞呼刺出、蒲壽庚參知政事，管如德分省泉州。

冬十月丁未，有事於太廟。戊申，藥剌海率探馬赤討金齒蠻。己酉，敕管軍萬户爲行省宣慰使者，毋兼管軍事；仍爲萬户者，毋兼管民政。辛酉，征東招討司征骨嵬夷。定處斷軍人逃亡例，爲首起意者處死。張萬爲征緬招討使，佩三珠虎符。戊辰，立常平倉。甲戌，詔行中書省，凡征日本船並增價募之。

十一月甲申，封南木里、忙哥赤爲郡王。己丑。海盜黎德伏誅。庚寅，占城國王遣使賀聖誕，獻禮幣及二象。占城舊州酋寶嘉婁亦奉表内附。庚子，范文虎爲中書左丞，商量樞密院事。辛丑，和禮霍孫、麥朮丁、張雄飛、温迪罕皆罷。前右丞相安童復爲右丞相，盧世榮爲中書右丞，史樞爲中書左丞，不魯迷失海牙、撒的迷失並參知政事，拜降參議中書省事。壬寅，敕中書省整鈔法。南巫里、別里剌、理倫、大力等國各遣使奉表貢方物。

十二月甲辰，置常平鹽局。乙巳，御史中丞崔彧罷。丙寅，八番酋龍昌寧、龍延萬等入朝。置八番宣慰司，招撫西南諸番。乙酉，鎮南王至安南境，陳日烜拒命，分六道攻之。

二十二年春正月戊寅，遣使慮諸路獄囚。壬午，置上都等路羣牧都轉運司、諸常平鹽鐵坑冶都轉運司。戊子，封駙馬唆都哥爲寧昌郡王。蜀人趙和尚冒稱宋廣王，伏誅。移五條河屯田軍於兀失蠻、扎失蠻之地。乙未，罷江南行御史臺。改提刑按察司爲提刑轉運司。立江西行樞密院。罷福建行中書省，置宣慰司。丙申，畋於近郊。阿必赤合爲中書平章政事。荆湖占城行省平叛蠻百六十六洞。辛丑，揚兀魯帶爲征骨嵬招討使。丙戌，烏馬兒敗陳日烜於富良江，日烜遁，鎮南王入安南都城。

二月乙巳，帝駐蹕柳林。改江淮、江西元帥招討司爲上、中、下三萬户府。辛亥，廣東宣慰使月的迷失討潮、惠二州盜郭逢貴等，平之。丙辰，罷開膠萊新河。壬戌，詔大都舊城居民遷新城者，以貲高及居官者爲先，定制以八畝爲一分，其地過八畝及貧不能作室者，皆不得冒據。收天下銅錢。戊辰，車駕幸上都。復立江南行御史臺，徙治江州。置真定、濟南、太原、甘肅、江西、江淮、湖廣等處宣慰司兼都轉運使司。甕吉剌帶爲中書左丞相。己巳，復立提刑按察使司。忽都魯爲中書平章政事。詔各道提刑按察司，能遵奉條晝、溢事有成者，任滿升職；贓污不稱任者，除名。罷融州總管府。

三月丙子，張公禮、彭質等往占城測候日晷。癸未，罷甘州行中書省，立宣慰司。

夏四月癸卯，立行樞密院都鎮撫司。庚戌，監察御史陳天祥劾中書右丞盧世榮，詔世榮、天祥俱赴上都。癸丑，詔追捕宋廣王及陳宜中。中書省、樞密院、御史臺官慮大都及諸路罪囚。壬戌，御史中丞阿剌帖木兒、郭佑，侍御史白禿帖木兒等以盧世榮等罪狀奏，阿剌帖木兒等與世榮質於帝前，世榮款服下獄。癸亥，敕麥朮丁與安童治中書省事。

五月甲戌，御史中丞郭佑爲中書參知政事。壬午，忻都爲鴉里玉詔討使。詔近地不服者討之，毋興兵遠攻。右巴等洞蠻平。丁亥，汰六部冗官，擇廉潔有幹局者存之。戊子，復徙行御史臺於杭州。戊戌，鎮南王引大軍北還，大將唆都、李恒俱戰殁。庚戌，高麗國遣使貢方物。

秋七月戊寅，分甘州屯田新軍屯於亦集乃路。壬午，陝西四川行省左丞汪惟正入覲。以降酋郭逢貫等至京師。庚寅，唐兀帶復爲荆湖占城行省左丞。

八月丙辰，車駕至自上都。

九月戊辰，并哈喇章、金齒二宣撫司爲一，置臨安廣西道宣撫司。罷榷酤，聽民自造。乙亥，聽民自實兩淮荒地，免税三年。敕貢物惟地所産，非所産者，毋輒上。丙子，真臘、占城二國遣使貢方物及樂工十人。丙戌，速木都剌、馬答二國遣使貢朝。癸巳，烏蒙蠻叛，也速帶兒以兵討之。

冬十月己亥，合撒兒海牙使安南國。庚子，有事於太廟。乙巳，征東招討使朵兒台、楊兀魯克台征骨嵬，賜楊兀魯克台三珠虎符，爲征東宣慰使都元帥。癸丑，哈塔海爲征東行省左丞相，劉國傑、陳巖並爲左丞，洪茶邱爲右丞，同征日本。賜脱里安、答即古阿散等印，考覆中書省，其制如三品。丙辰，中書參議帖木兒爲參知政事，位郭佑上，且命之曰：「自今之事，皆責於汝。」馬法國遣使貢方物。戊午，江淮行省平章忙古臺爲江浙行省左丞相。復置敘州宣撫司。癸亥，答即古阿散理算江南錢穀。丁卯，烏蒙宣撫司使阿蒙叛，雲南行省以征羅必丹兵討之。壬申，以討日本，遣阿八剌督江淮軍需，察忽督遼東軍需。戊寅，徵高麗兵萬人、船六百五十艘征日本。癸巳，漕江淮米百萬石，貯於高麗合浦。征東行省及高麗各貯米十萬石，以備軍需。乙未，禿魯歡爲參知政事。盧世榮伏誅。

十二月己亥，減天下罪囚。丁未，皇太子卒。己未，丹太廟楹。辛酉，立集賢院。甲子，罷哈喇章都元帥，命哈喇酋長子入質京師，千户、百户子留質雲南。丙寅，停遷轉工匠官。

是歲，占城行省參知政事亦里迷失等引軍還。

二十三年春正月戊辰朔，以皇太子哀，罷朝賀。庚辰，馬八兒國來獻銅盾。丁亥，禁陰陽僞書《顯明曆》。丁酉，畋於近郊。

二月甲辰，雪雪的斤爲緬中行省左丞相，阿台董阿參知政事，兀都迷失僉行中書省事；阿里海牙爲安南行省左丞相，奥魯赤平章政事，烏馬兒、亦里迷失、阿里、昝順、樊楫並參知政事。乙巳，罷山北遼東道宣慰司，立東京等處行中書省，闊闊你敦爲左丞相，塔出行省右丞，楊仁風、亦而撒合並參知政事。戊午，罷江南行樞密院。荆湖占城行省以兵征安南。封陳益稷爲安南國王，陳秀爰爲輔義公。甲子，立甘州行中書省。

三月乙亥，麥朮丁復爲中書右丞。立欽察衛親軍都指揮使。丙子，車駕幸上都。丁丑，徙東京行中書省於咸平府。

夏四月庚子，立燕南、河東、山東等路宣慰司。甲辰，徙江南行御史臺於建康路。己未，遣要束木鈎考荆湖行省錢穀。

五月己巳，以阿里海牙言，遣參知政事禿魯歡等按治要束木贓罪。甲戌，徙江東道按察司於宣州。辛卯，安南國遣使貢方物。湖廣行省左丞相阿里海涯自殺於京師。

六月乙巳，立大司農司。辛亥，亦馬剌丹忒忽里使安南。丁巳，薛闍干爲中書平章政事。辛酉，高麗國遣使貢方物。

秋七月丙寅朔，必速蠻等使爪哇國。己巳，罷遼陽行中書省，復置三道宣慰司。壬申，拜答兒以兵討阿蒙，斬之。壬午，鐵木兒爲中書左丞。癸巳，銓定中書省、行省、樞密院、御史臺、行臺、六部官。詔諭中外。

八月丙申，敕樞密院選侍衛軍千人扈從北征。罷淮東、蘄黄宣慰司。辛酉，永康縣民陳巽四等謀反，伏誅。

九月乙丑朔，馬八兒、須門那、僧急里、南巫力、馬蘭丹、那旺、丁呵兒、來來、急闌亦帶、蘇木都剌十國，各遣子弟上表貢方物。壬辰，高麗國來獻日本俘。

冬十月丁酉，有事於太廟。己亥，車駕至自上都。己酉，塔塔兒、楊兀魯帶以兵征骨嵬。辛亥，河決開封路祥符、陳留等州縣十五處。壬戌，馬八兒國來獻鞍勒、氈甲。

十一月乙丑，張瑄、來阿八赤爲海道運糧萬户，佩虎符。丁丑，塔察兒、忽難使於諸王阿兒渾。

十二月癸卯，籍阿里海牙貲産。

是歲，大都饑。

二十四年春正月癸酉，俱藍國遣使來朝。丙戌，程鵬飛爲中書右丞，阿里爲中書左丞。丁亥，不顏里海牙爲中書參知政事。復改江浙行省爲江淮行省。辛卯，發江淮、江西、湖廣三行省蒙古及漢券軍、雲南行省軍及海外黎兵，分道討安南。立征交趾行尚書省。

二月甲午，畋於近郊。乙未，麥朮丁爲中書平章政事。庚子，范文虎爲中書右丞、商議樞密院事。壬子，封駙馬昌吉爲寧濮郡王。丙辰，馬八兒國來貢方物。

閏月乙丑，畋於近效。立尚書省，桑哥、鐵木兒爲尚書省平章政事，阿魯渾撒里爲尚書右丞，葉李爲左丞，馬紹爲參知政事。甲申，鎮南王脱歡徙鎮南京。范文虎改尚書右丞、商議樞密院事。改行中書省爲行尚書省。吏部尚書忻都爲尚書省參知政事。庚寅，車駕幸上都。

三月甲午，造至元寶鈔。乙卯，車駕駐涼陘。丙辰，馬八兒國來獻異獸。河決汴梁。

夏四月，諸王乃顔反。

五月庚子，高麗國王王賰授行尚書省平章政事。是月，車駕親征乃顔。

六月，車駕次撒兒都魯之地。前軍獲乃顔，誅之。乙亥，車駕駐於大利斡魯脱之地。盡得乃顔輜重。

秋七月癸巳，皇子愛牙赤等敗叛王失都兒於咸平。

八月乙丑，車駕還京師。李海剌孫爲征東行省參知政事。脱滿答兒爲都元帥，分道討緬國。己巳，謫從逆諸王從軍自效。癸酉，朵兒朵海獲叛王阿赤思，赦之。甲申，女國來貢方物。

九月辛卯，安南國遣使貢方物。壬子，高麗國王王賰來朝。

冬十月朔，日有食之。甲子，有事於太廟。丙子，殺中書參知政事郭佑、楊居寬。乙酉，羅葡甸蠻酋火者阿禾等來降。丙戌，立遼陽行尚書省，薛闍干、闊里帖木兒並爲行省平章政事，洪茶邱爲右丞，亦兒撒合爲左丞，楊仁風、阿老瓦丁並爲參知政事。

十一月壬辰，雲南行省右丞愛魯敗安南兵於木兀門。桑哥爲尚書省右丞相，帖木兒爲左丞相，阿里渾撒里爲平章政事，葉李爲右丞，馬紹爲左丞。丙午，鎮南王脱歡敗安南兵於界河。己酉，封駙馬帖木兒爲濟寧郡王。

十二月癸亥，金竹寨蠻酋搔驢等來降。乙酉，鎮南王脱歡以諸軍入安南。陳日烜奔敢喃堡。

新元史卷之十二　本紀第十二

世祖六

二十五年春正月辛卯，忙古帶爲江淮行尚書省右丞相。戊戌，大赦。壬寅，高麗國遣使貢方物。癸卯，海都寇北邊，諸王朮伯、駙馬昌吉等以兵討之。丙午，畋於近郊。癸丑，立江南行大司農司及淮東西兩道勸農營田司。

二月丁巳，改濟州漕運司爲都漕運司，領南北漕運。戊午，諸王哈丹禿魯干叛，李庭等以兵討之。庚申，大司徒撒里蠻等進讀祖宗《實録》，帝曰：「太宗事則然，睿宗少有可易者，定宗固日不暇給。憲宗事汝不能憶之，猶當詢知者。」壬戌，罷遼東海西道提刑按察司。改南京路爲汴梁路，北京路爲武平路，西京路爲大同路，東京路爲遼陽路，中興府爲寧夏府路。己卯，高麗國王王賰爲征東行尚書省左丞相。壬午，皇孫雲南王也先鐵木兒出鎮大理。

三月丁亥，松江民曹夢炎歲以米萬石輸官，遥授夢炎浙東道宣慰副使。改曲靖路總管府爲宣撫司。庚寅，車駕幸上都。李庭爲征東行省左丞、商議樞密院事。辛卯，鎮南王自安南班師。丁酉，車駕駐野狐嶺。阿東、塔不帶總京師禁衛諸軍。己亥，陳日烜遣使進金人代罪。

夏四月乙丑，循州賊鍾明亮作亂，江淮行省左丞相忙古帶、行樞密院副使也的迷失以兵討之。庚辰，安南國遣使貢方物。甲申，皇孫鐵木兒率諸軍討叛王火魯火孫、哈丹秃魯干。

五月戊子，諸王察合子闊闊帶叛應哈丹，牀兀兒討獲之。己丑，河決襄邑。丁酉，改雲南烏撒宣撫司爲宣慰司，兼管軍萬户府。戊戌，汪家奴、火魯忽帶、察罕等復叛。壬寅，渾天儀成。癸丑，移四川行中書省於重慶。高麗國遣使貢方物。河決開封。

六月辛酉，定御史任滿，驗所言事大小、多寡爲升降。乙丑，詔蒙古人總漢軍，習水戰。戊辰，管軍元帥阿里帶敗海都兵於業里干腦兒。癸未，處州賊柳世英作亂，宣慰副使史耀討平之。

秋七月戊戌，車駕幸許泥百牙之地。乙巳，保定路唐縣野蠶成繭，可爲帛。

八月丙辰，安童率本部怯薛蒙古軍巡北邊。庚辰，車駕次孛羅孩腦兒。

九月壬辰，車駕至大都。乙未，篤哇入寇。庚子，鬼國及建都蠻貢方物。癸卯，置徵理司，專治合追錢穀，禿烈羊阿、吴誠並爲徵理使。江南行台御史中丞劉宣自殺。

冬十月己未，有事於太廟。庚申，參知政事忻都等十二人理算江淮、江西、福建、四川、甘肅、陝西六行省錢穀。丙寅，大同民李伯祥、蘇永福謀反，伏誅。庚午，海都入寇。丙子，瀛國公趙㬎學佛法於土蕃。己卯，也不干入寇，不都馬失等敗之。免儒户雜徭。高麗國遣使貢方物。是月，用壽張縣尹韓仲暉議，自安山開河至臨清以濟運。

十一月丁亥，金齒蠻來貢方物。山東東西道提刑按察使何榮祖爲中書參知政事。柳州賊黄德清、潮州賊蔡猛等作亂，俱伏誅。庚寅，脉哥里合寇建州。癸巳，也速帶兒、牙林海剌孫執叛王揑坤、忽都答兒來降。己亥，禮部侍郎李思衍等使安南國，諭陳日烜入朝。辛丑，馬八兒國遣使來朝。叛王帖列涅入寇。

十二月丁巳，海都入寇，諸王闊闊出等敗之。丙子，也速不花以昔烈門叛，諸王八八、拜答罕，駙馬昌吉等以兵討之。也速不花降，昔烈門遁至朵郎不帶之地，獲之。庚辰，高麗國遣使貢方物。

二十六年春正月丙戌，京師地震。辛卯，哈丹入寇。戊戌，蒙古都萬户按的忽都合、荆湖行省左丞唐兀帶與月的迷失等討江西羣盜。立武衛親軍都指揮司。癸卯，罷膠萊海道運糧萬户府。高麗國遣使貢方物。鍾明亮寇贛州。畬民卯大老等作亂，伏誅。戊申，湖廣行省參知政事張守智、翰林直學士李天英徵糧運於高麗。移廣州按察司於韶州。

二月辛亥朔，籍江南户口。癸亥，移江淮行尚書省於杭州。改浙西道宣慰司爲淮東道，治揚州。丙寅，福建行省拜降、江西行院月的迷失、江淮行省忙古帶合兵討江西羣盜。丁卯，車駕幸上都。伯顔知樞密院事，總北邊諸軍。伯答兒爲中書平章政事。哈丹入寇開元路，治中兀顔牙兀格敗之。己巳，立左右翼屯田萬户府。甲戌，鞏昌總帥汪惟和率所部北征，敕入都受命。

三月庚辰朔，日有食之。台州賊楊鎮龍僭稱大興國，宣慰使史弼討斬之。癸巳，金齒蠻酋賽完降。

夏四月己酉朔，福建行省參知政事魏天佑執宋江西提刑謝枋得送京師，枋得不食卒。戊辰，安南國遣使貢方物。甲戌，御史大夫玉魯吕爲太傅，加開府儀同三司。召江淮行省參知政事忻都至京師，户部尚書王巨濟理算江淮錢穀，左丞相忙古帶總之。丁丑，徙乃顔降衆於江南充水軍。

五月丙申，鍾明亮降。復徙行御史臺於杭州，浙西按察司於平江。參知政事忻都爲尚書左丞，中書參知政事何榮祖爲尚書參知政事，參議尚書省事張天佑爲中書參知政事。己亥，置回回國子學。辛丑，青山猺降。

六月辛亥，安山渠成，賜名會通河。庚申，諸王乃蠻台敗哈丹於托吾兒河。丙寅，要忽兒入寇。辛巳，尚書省斷事官禿烈羊阿理算雲南錢穀。復立雲南提刑按察司。海都寇和林，宣慰使怯伯、同知乃蠻台、副使八黑鐵兒並叛降海都。宣慰使劉哈剌拔都脱歸，賜名察斡脱赤。甲戌，雲南中下爛土洞蠻酋忽帶等降。乙亥，乃顏餘黨金剛奴寇折連怯兒。

秋七月戊寅朔，海都入寇，帝下詔親征。辛卯，敕和林屯田乞兒吉思等軍討海都。戊戌，信州賊鮑惠日等作亂，伏誅。李庭等率所部北征。壬寅，賦百官家，製軍人衣襖。

九月丁亥，罷斡端宣慰使元帥府。

冬十月甲子，有事於太廟。

閏月戊寅，車駕至自上都。庚辰，月的迷失獲賊首邱應祥、董賢舉送京師。乙酉，命自今所授宣敕並付尚書省。丙戌，四川生番心𢭃等來降。鍾明亮復叛，寇梅州，月的迷失與福建、江西行省合兵討之。丁亥，安南國遣使貢方物。己丑，籍江南、四川户口。婺州賊葉萬文作亂，江淮行省平章政事不憐吉歹討平之。庚子，取泗濱石爲磬，以補宫縣之樂。辛丑，羅斛國、女國俱來貢方物。乙巳，緬國來貢方物。壬子，漳州賊陳機容、邱大老、張順等降。癸丑，建寧賊黄福等謀反，伏誅。

十二月丁丑，諸王小薛與哈丹禿魯干通謀，伏誅。丁亥，封皇子闊闊出爲寧遠王。甲午，管軍萬户汪惟能爲征西都元帥，屯漠北。

是歲，馬八兒國來獻花驢。

二十七年春正月戊申，改大都路總管府爲都總管府。庚戌，河東山西道宣慰使阿里火者爲尚書右丞，宣慰使如故。癸丑，安南國遣使貢方物。乙卯，製祀天幄殿。高麗國遣使貢方物。己未，掌吉寇甘木里，諸王朮伯、拜答罕、亦憐真等敗之。乙丑，伸思、八兒等謀作亂，事覺伏誅。丙寅，敕高麗國發耽羅戍兵，討哈丹。辛未，高麗國王王賰來朝。

二月乙亥朔，立全羅道萬户府。癸未，泉州地震。己丑，鍾明亮降。癸巳，江西賊華大老等作亂，伏誅。

三月己未，立雲南蒙憐、蒙萊二路軍民總管府。放福建獵户、沙魚皮户爲民。庚申，罷行大司農司及各道勸農營田司。復移四川行中書省於成都。詔風憲之選仍歸御史臺，如舊制。癸亥，建昌縣賊邱大老等作亂，伏誅。辛未，太平縣賊葉大五等作亂，伏誅。

夏四月癸酉朔，車駕幸上都。癸未，罷海道運糧萬户府，置臨清漕河運糧上萬户府。庚子，哈丹寇海陽。

五月乙巳，哈丹寇開元。戊申，鍾明亮叛，江西行省左丞管如德、行樞密副使也的迷失合兵討之。罷江西行樞密院。戊午，移江西行中書省於吉州。癸亥，績溪縣賊胡發等作亂，伏誅。己巳，立雲南行御史台。庚午，婺州賊吕重二、泉州賊陳七師作亂，並伏誅。

六月壬申朔，河決太康。甲戌，桑州蠻酋黄布蓬等來降。庚辰，杭州賊唐珍等作亂，伏誅。丁酉，大司徒撒里蠻等進《定宗實録》。

秋七月癸丑，罷緬中行尚書省。江淮行省平章政事沙不丁以倉庫吏欺盜，請依宋法黥面、斷腕，帝曰：「此回回法也。」不允。高麗國遣使賀聖誕。戊午，建平賊王静照作亂，伏誅。壬午，車駕駐老鼠山西。乙丑，蕪湖賊徐汝安等作亂，伏誅。丙寅，雲南闍力白衣甸等蠻酋來降。

八月辛未朔，日有食之。丁亥，復移四川南道宣慰司於重慶。癸巳，武平路地大震，壓死官民七千二百二十人。己亥，中書平章政事帖木兒等以兵赴武平路。

九月乙巳，遼東行省平章政事闍里帖木兒敗哈丹於瓦法。戊申，武平地復震。丙辰，大赦。

冬十月壬申，封皇孫甘剌麻爲梁王，出鎮雲南。癸酉，有事於太廟。己卯，僉甘肅民兵。乙酉，梁洞、吴湯暖等二十洞蠻來降〔一〕。己丑，新作太廟登歌、宫縣樂。罷成都路歲貢鸕鷀。

十一月戊申，立揚州、建康、鎮江七萬户府，杭州四萬户府。壬戌，大司徒撒里蠻等進

《太宗實録》。癸亥，河決祥符義唐灣。甲子，移河北河南道提刑按察司於許州。

十二月丙戌，興化縣賊朱三十五作亂，伏誅。乙未，諸王乃蠻台、遼陽行省平章政事薛闍干、右丞洪察忽分屯雙城及婆娑府諸城，以禦哈丹。己亥，青田賊劉甲乙等寇温州。

二十八年春正月癸丑，高麗國遣使貢方物。甲寅，有虎入於南城。辛酉，復行海運，置都糧運萬户府，以督歲運。壬戌，尚書右丞相桑哥有罪免。

二月癸酉，罷福建行中書省，立宣慰司。丙子，罷徵理司。丁丑，太子右詹事完澤爲尚書右丞相，翰林學士承旨不忽木爲平章政事。己卯，立金齒等處宣慰司都元帥府、曲靖等處宣慰司管軍萬户府。壬午，以桑哥咎監察御史，命御史大夫月兒魯與桑哥廷辯。癸未，車駕幸上都，駐蹕大口。召御史臺及中書、尚書兩省官議桑哥罪。乙酉，立江淮、湖廣、江西、四川等處行樞密院。丙戌，改提刑按察司爲肅政廉訪司。集賢大學士何榮祖爲尚書右丞，集賢學士賀勝爲尚書參知政事。皇子鎮南王脱歡出鎮揚州。丁亥，逮湖廣行省平章政事要束木，籍其家。辛卯，封諸王帖木兒不花爲肅遠王。癸巳，籍桑哥家。

三月乙卯，乃顔餘黨牙兒馬赤等作亂，塔海討平之。壬戌，中書右丞崔彧罷爲御史中丞。南丹州蠻酋莫國麟入覲，授安撫使，賜三珠虎符。

夏四月乙未，徙湖廣行樞密院於鄂州。

五月丁酉朔，薛闍干等及高麗兵與哈丹戰，大敗之。戊戌，脱脱、塔剌海等至杭州，鞠僧官楊璉真伽贓罪。參知政事廉希恕爲湖廣行省右丞，與海北海南宣慰使都元帥陳仲達合討瓊州黎蠻。立左右兩江宣慰司都元帥府。移江淮行樞密院於建康。甲辰，要束木伏誅。辛亥，徵前太子贊善劉因爲集賢學士，不至。癸丑，罷尚書省，尚書右丞相完澤爲中書右丞相，平章政事麥朮丁、不忽木並中書平章政事，尚書右丞何榮祖爲中書右丞，左丞馬紹爲中書左丞，參知政事賀勝、高翥並參知中書政事。征東行尚書省左丞相、駙馬、高麗國王王賰爲行中書省左丞相。丁巳，頒《至元新格》。己未，門答占爲御史大夫，行御史臺事。

六月乙酉，郴州〔二〕、桂陽、寶慶、武岡盜起，江淮行樞密院以兵討之。

七月丙申朔，高麗國遣使賀聖誕。己亥，尚州蠻降。庚子，移江西行樞密院於贛州。戊申，揚州學正李淦劾尚書右丞葉李妄舉桑哥，請斬李以謝天下，驛召淦至京師。丁巳，桑哥伏誅。

八月乙丑朔，平陽地震。丙寅，馬八兒國來貢方物。己卯，諭思州溪洞官楊都要招撫叛蠻。戊子，咀喃番遣使進金書寶塔及黑獅子。

九月辛丑，平章政事麥朮丁商議中書省事，咱喜魯丁爲中書平章政事。丙午，立行宣政院於杭州。辛亥，安南國世子陳日烜遣使貢方物，且謝不朝之罪。壬子，宣撫使楊祥等齎璽書諭流求國。乙卯，復置四川行樞密院，治成都。庚申，禮部尚書鐵里，禮部侍郎阿老瓦丁、不剌同使俱藍，禮部侍郎别帖木兒、亦列失金同使馬八兒，禮部侍郎脱西使於馬都。

冬十月己巳，修真定路玉華宫孝思殿。癸酉，有事於太廟。辛巳，塔剌海、張忽辛等坐理算錢穀受贓，並伏誅。召高麗王王賰及忽都魯揭里迷失公主入朝。癸未，羅斛國來進金字表及方物。罷行樞密院。己丑，召諸路轉運司至京師議税法。癸巳，禮部尚書張立道使安南。免衛輝路種仙茅户徭役。

十一月壬寅，左吉使新合剌的音。丁亥，耽羅國來貢方物。乙卯，新添葛蠻酋來貢方物。增中外官吏俸。戊午，金齒蠻酋阿腮入覲。

十二月己巳，立新添葛蠻安撫司。辛未，兵部尚書帖滅、兵部侍郎明思昔答思使於羅孛卜兒。壬申，立河南江北行中書省。甲戌，罷鈎考錢穀。庚辰，改江淮行中書省爲江浙行中書省。癸未，别都兒丁爲中書左丞。丙戌，八番洞蠻來貢方物。戊子，赦罪囚非殺人抵死者，悉釋之。

二十九年春正月甲午朔，日有食之，免朝賀。己亥，太史令郭守敬兼領都水監事。丙午，敕用蒙古語諭河南官吏，用漢語諭江浙官吏，著爲令。罷河南道宣慰司。諭平伐、木甕眼等蠻酋歸附。癸丑，立陳蒙、爛土軍民安撫司。

二月甲子朔，金竹蠻來貢方物，減所部貢馬，賜衣襖遣還。丁卯，畋於近郊。己巳，赦罪人勿鞭背。庚午，諭百眼、左阿、吉谷、各當、各迪等蠻酋歸附。壬申，遣使分行諸路，釋死罪以下囚。乙亥，復立福建行中書省，亦黑迷失、史弼、高興並爲福建行省平章政事，征爪哇。戊寅，立征行左右軍都元帥府。加高麗王賰太保，賜號推忠宣力定遠功臣。詔諸王叛附合丹者納答兒從鎮南王，聶怯來從合剌合孫，阿禿從雲南王，朵列禿從阿里，八里帶從月的迷失自效。丁亥，乞台不花等使緬國。

三月甲午，脱忽思等至合敦奴孫之地，與駙馬闊里吉思議屯田。己亥，以討女直納里哥，立征東招討司。丁未，桑哥黨納速剌丁滅里、忻都、王巨濟並伏誅。定贓罪十三等，枉法者五，不枉者八〔三〕，罪入死者以聞。己酉，同知宣徽院事帖哥、通政院使剌真並爲中書平章政事，兼領舊職。阿里爲中書右丞，梁諳都剌爲參知政事，麥术丁、何榮祖並參議中書省事。罷八番、羅甸宣慰司，改順元等處宣慰司爲八蕃、順元等處宣慰司，兼都元帥府。遥授安南國王陳益稷湖廣行省平章政事，居鄂州。庚戌，車駕幸上都。賜蠻酋五十六人綾絹及鞍轡弓矢。

夏四月辛卯，立雲南諸路廟學。

五月丁未，雪楊居寬、郭佑冤，給還家貲。

六月己巳，察昔折乙烈番酋率其部衆來降。

閏月壬寅，罷福建歲造象齒鞶帶。回回人獻大珠，卻之。辛亥，上思州蠻酋黄勝許作亂，行樞密副使劉國傑以兵討之。高麗饑，來請粟，賜米十萬石以賑之。戊寅，岑從毅降。乙卯，張立道以安南使者入覲，奉陳日烜表貢方物。

秋七月庚申朔，高麗國王遣其世子謜來賀聖誕。辛酉，移河北河南道廉訪司於汴梁。壬申，建社稷壇。戊寅，黎兵百户鄧志願謀反，伏誅。

八月壬寅，括唐兀秃魯花所部闊象赤及河西逃户。甲辰，車駕幸上都。丙午，開新河，自通州至大都，以郭守敬董其役。詔丞相以下皆操畚牐，聽守敬指撝。壬子，都元帥塔剌赤、行樞密副使程鵬飛以兵討黄勝許，勝許遁入安南。戊午，移燕南河北廉訪司於真定。不敦、忙兀魯迷失以兵征八百媳婦蠻。

九月辛酉，吏部尚書梁曾、禮部郎中陳孚使安南，諭陳日烜入朝。丁丑，罷雲南行御史臺。丁亥，立烏斯藏、納里、速古兒孫三路宣慰使司。

冬十月戊子朔，日本人至四明，求互市。丙申，四川行省以蠻酋向思聰等入覲。甲辰，信合納帖音國遣使來朝。廣東道宣慰使進暹國所上金字表。乙卯，諸王明里帖木兒叛附海都。

十一月丙子，思州蠻酋楊秀朝等來貢方物。

十二月庚寅，改封皇孫梁王甘剌麻爲晉王，鎮北邊。己酉，金齒蠻酋忽魯馬使其子阿魯來貢方物。

三十年春正月壬戌，諭漆頭、金齒蠻歸附。乙丑，省内外官司二百五十五，汰冗官六百六十九員。庚午，驗洞蠻酋楊總國等來朝。乙亥，謚皇太子真金曰明孝太子。丙子，西番一甸酋來朝。是月，前右丞相安童卒。

二月己丑，高麗王王賰奏易名曰昛。丙申，江淮行樞密院不憐吉歹進鷹，卻之。敕軍官勿從禽擾民。丁酉，回鶻人獻答納珠，直鈔數萬錠，帝曰：「珠何用？宜留吾鈔以賙貧者。」卻之。丁未，車駕幸上都。辛亥，敕鞏昌便宜總帥汪惟和以兵討土番，行樞密院明安答兒以兵討西番。復立雲南行御史臺。

三月庚申，同知樞密院事札散知樞密院事。己巳，復立行大司農司。

夏四月己亥，移江南行大司農司於揚州。甲寅，授光州、邦厓、金竹府、大龍番、師壁散毛洞諸酋軍民長官，賜以璽書。

五月壬戌，定雲洞蠻酋來降。以江南民怨楊璉真珈，罷其子江浙行省左丞暗普。

六月丙戌，選河西質子軍從皇孫阿南達討西番。乙巳，授皇孫帖木兒皇太子寶，撫軍北邊。

秋七月，免福建貢沙魚皮及泉州織作紵絲。壬申，月失察兒知樞密院事。丁丑，新河成，賜名通惠河。庚寅，梁曾、陳孚以安南使者陶子奇、梁文藻入覲。

九月癸丑朔，車駕至自上都。

冬十月癸未朔，祔明孝太子於太廟。安置陶子奇等江陵，賜以冬衣。己丑，兵部侍郎禿魯禿花等使闍藍、可兒納答、信合納帖音三國。庚寅，有事於太廟。慧星見。甲辰，大赦天下。

十一月丁巳，立海北海南道肅政廉訪司。己卯，河南行省平章政事伯顏爲中書平章政事，位帖哥、剌真、不忽木上。

十二月壬辰，中書左丞馬紹以病免，詹事丞張九思爲中書左丞。庚子，亦里迷失、史弼坐縱爪哇酋，師還，各杖七十，没家資三之一。辛丑，高麗國王王昛及魯國公主來朝。

三十一年春正月壬子朔，帝不豫，免朝賀。癸亥，知樞密院事伯顏至自北邊。庚午，帝大漸。癸酉，崩於紫檀殿。在位三十五年，年八十。乙亥，葬起輦谷。

夏五月戊午，上尊謚曰聖德神功文武皇帝，廟號世祖，國語曰薛禪皇帝。

史臣曰：唐太宗承隋季之亂，魏徵勸以行王道、敦教化，封德彝駁之曰：「書生不知時務，聽其虛論，必誤國家。」太宗黜德彝而用徵，卒致貞觀之治。蒙古之興，無異於匈奴、突厥。至世祖獨崇儒嚮學，召姚樞、許衡、竇默等敷陳仁義道德之説，豈非所謂書生之虛論者哉？然踐阼之後，混壹南北，紀綱法度燦然明備，致治之隆，庶幾貞觀。由此言之，時無今古，治無夷夏，未有舍先王之道，而能保世長民者也。至於日本之役，棄師十萬，猶圖再舉；阿合馬已敗，復用桑哥。以世祖之仁明，而吝於改過如此，不能不爲之歎息焉。

【校勘記】

〔一〕「梁洞吴湯暖」，《元史》卷一六本紀第十六《世祖十三》作「梁洞梁宫朝、吴曲洞吴湯暖」。

〔二〕「郴州」，原作「彬州」，據《元史》卷一六本紀第十六《世祖十三》改。

〔三〕「不枉者八」，「八」原作「七」，據《元史》卷一七本紀第十七《世祖十四》至元二十九年三月甲午條改。

新元史卷之十三　本紀第十三

成宗上

成宗欽明廣孝皇帝，諱鐵木耳，明孝太子真金第三子也。母爲太子元妃弘吉剌氏。至元二年九月庚子生。二十五年，諸王哈丹等叛，世祖遣帝率諸將討平之，命帝撫軍北邊。三十年六月乙巳，受皇太子寶。

三十一年春正月癸酉，世祖崩，諸王大臣遣使赴於北邊。夏四月壬午，帝至上都。先是，御史中丞崔彧得傳國玉璽，上之，元妃遣中書右丞張九思齎至上都授於帝。晉王甘剌麻率諸王勸進。甲午，即皇帝位於上都之大安閣。知樞密院事伯顏宣揚顧命詔曰：

朕惟太祖聖武皇帝受天明命，肇造區夏，聖聖相承，光昭兹緒。迨我先皇帝體元居正以來，然後典章文物大備。臨御三十五年，薄海内外，罔不臣屬。宏規遠略，厚澤深仁，有以衍皇元萬世無疆之祚。我昭考早正儲位，德盛功隆，天不假年，四海觖望。顧惟眇質，仰荷先皇帝殊眷，親授皇太子寶，副以撫軍之任。今春宫車遠馭，奄棄臣民，乃有宗藩昆弟之賢，戚畹官僚之舊，謂祖訓不可以違，神器不可以曠，合詞推戴，誠切意堅。朕勉徇所請，於四月十四日即皇帝位。可大赦天下。除殺祖父母、父母，妻妾殺夫，奴殺主，不赦外，其餘一切罪犯，咸赦除之。議行貢舉法，無學田處，量撥閒田以贍生徒。勸課農桑，停罷一切不急之役。軍官奥魯官撫養軍人，不得妄行科配，陣亡及病死者依例優恤。江淮以南夏税特免一年，已納者準充來年數目。各處酒税等課，定額三十分取一，若額外辦出增餘，額自作額，增自作增，禁諸人撲買。名山大川、聖帝明王、賢臣烈士載於祀典者，除常禮外，擇日遣官致祭。其不盡事件，仰中書省續議奏聞。

是日，追尊皇考明孝太子曰皇帝，尊太子元妃曰皇太后。庚子，忽篤海、明哥頒即位詔於高麗，李衍、蕭泰登頒即位詔於安南。丁未，湖廣盜起，劉國傑等以兵討之。己酉，金齒蠻酋阿魯爲孟定路總管，賜虎符。

五月戊午，上大行皇帝尊謚曰聖德神功文武皇帝，廟號世祖，皇后尊謚曰昭睿順聖皇后，皇考尊謚曰文惠明孝皇帝，廟號裕宗。庚申，雲南蠻酋適習、四川散毛洞蠻酋覃順等來獻方物。壬申，議增官吏俸。乙亥，札珊知樞密院事。戊寅，封皇姑高麗王妃爲安平公主。加御史大夫月魯呂太師，知樞密院事伯顔太傅，月赤察兒太保。賜月魯呂上方玉帶寶服，還鎮北邊。

六月庚辰朔，日有食之。壬辰，帖木兒復爲中書平章政事。乙未，以上世祖、裕宗尊謚，詔天下，免本年包銀、俸鈔及中原地税、江淮以南夏税之半。辛丑，賜宋使簽書樞密院事家鉉翁號處士，放還田里。癸卯，封駙馬闊里吉思爲高唐王。甲辰，修《世祖實録》。

秋七月壬子，詔御史大夫月魯吕振臺綱。

壬戌，詔曰：「孔子之道，垂憲萬世，有國家者，所當崇奉。諸路應設廟學、書院，禁官民褻瀆。學田勿得侵奪。作養後進，嚴加訓誨。若文行可觀者，有司保舉，肅政廉訪司體覆，以備擢用。」

癸亥，省肇州宣慰司入遼東道。癸酉，陝西行省平章政事不忽木爲中書平章政事。甲戌，詔諭暹國王敢木丁來朝。

八月戊子，初祀社稷，用堂上樂。己丑，大都留守段貞、平章政事范文虎監浚通惠河。

九月壬子，駐蹕三部落，受諸王百官賀聖誕。辛未，秃古帖木耳使闍藍國。

冬十月戊寅，車駕至自上都。乙未，金齒孟愛甸蠻酋遣其子來朝，立孟愛甸軍民總管府。壬寅，緬國來貢馴象。乙巳，遣南巫里、速木答剌等國使者還，賜三珠虎符及金幣有差。

十一月丁未朔，朝皇太后於隆福宮，上玉册、玉寶。壬子，罷湖廣、江西行樞密院。丁巳，伯顏察兒參議中書省事，其兄平章政事伯顏奏曰：「兄弟宜相嫌避。」辭職。帝曰：「兄平章於上，弟參議於下，何所嫌耶？」不允。甲子，湖南道宣慰使何瑋爲中書參知政事。癸酉，詔改明年爲元貞元年。

十二月庚子，孛羅曷答兒將禁衛兵戍和林。從帝師請，釋京師死囚三十人、杖以下百人。曲靖、澄江等路蠻酋來獻方物。太傅、知樞密院事伯顏卒。

元貞元年春正月戊申，諸王阿失罕來朝。癸丑，太僕卿只而合朗爲御史大夫。癸亥，雲南行省左丞楊炎龍爲中書左丞。庚午，江浙行省平章政事阿老瓦丁爲中書參知政事。壬申，立北庭都元帥府。中書平章政事合伯爲都元帥，江浙行省右丞撒里蠻副之，皆佩虎符。立曲先塔林都元帥府，雙都察爲都元帥，佩虎符。甲戌，有飛書告朱清、張瑄謀反，詔慰勉之。乙亥，封皇姑囊家真公主爲魯國大長公主，駙馬蠻子台爲濟寧王。

二月丁丑，合伯、撒里蠻、孛來將探馬赤軍萬人戍北邊。壬午，罷江南茶稅。戊子，思州蠻酋田哈剌不花等來朝。緬國阿剌札高微班的來獻舍利。丁酉，車駕幸上都。癸卯，工部尚書呂天麟爲中書參知政事。罷河西軍，聽各還所屬。

三月己巳朔，安南國世子陳日燇遣使來慰國哀，並謝罪。丙辰，金齒蠻酋來朝。

夏四月辛巳，妖人蒙蟲僭擬乘輿，伏誅。癸巳，牙那木假兵部尚書，佩虎符，使馬答兒的音國。敕官吏不得擅離職任。

閏月甲寅，立梭鼇招討使司，塔兒忽帶爲招討使，佩虎符。壬戌，塔即古阿散坐不法伏誅。戊辰，遣愛牙赤覈實高麗儲糧。是月，蘭州上下三百餘里河清三日。

五月戊寅，命麥朮丁、何榮祖釐正選法。己卯，流別闍於江西，從月的迷失討賊自效。辛巳，罷行大司農司。平章政事麥朮丁加平章軍國重事。中書左丞、商議中書省事何榮祖罷爲昭文館大學士，與中書省事。丙申，前太傅伯顔子買的爲僉書樞密院事。

六月甲寅，翰林學士承旨董文用等進《世祖實録》。乙卯，省左右兩江宣慰司都元帥府、宣撫司爲廣西兩江道宣慰司都元帥府。敕上封事者，命中書省檢視再聞奏。癸亥，立蒙古都元帥府於西川。阿拉帖木兒、岳樂罕並爲都元帥，佩虎符。

秋七月己卯，詔諸路有儒知吏事、吏通經術者，廉訪使歲貢二人，委省臺官考試，中程者用之，所舉非人，罪坐選舉官。壬午，立肇州屯田萬户府，以遼陽行省左丞阿散領之。戊戌，管軍萬户朱永福、邊珍裕坐妖言惑衆伏誅。

八月辛酉，緬國進馴象。己巳，駙馬阿海知樞密院事。

九月甲戌，帝至自上都。乙亥，從帝師請，釋死罪三人、杖以下四十七人。己卯，罷四川淘金户，還其原籍，追論建言者之罪。庚辰，罷寧夏路行中書省。丁亥，爪哇國來貢方物。

冬十月癸卯，有事於太廟。帝曰：「親享之禮，祖宗未行，今玉册、玉寶成，朕其躬涖之。」癸丑，平章軍國重事荅失蠻以兵討西北叛王。戊辰，遣安南貢使還，仍詔諭陳日燇來朝。

十一月丙戌，毯陽佐、法兒剌、阿魯等國各遣使奉金字表來朝。戊戌，詔江浙行省括隱漏官田及檢劾避役户。是月，戒飭御史臺、廉訪司，凡糾察官吏不公，及不知百姓疾苦者，罪之。敕各投下及影占户計者，均當雜泛差徭。

十二月甲子，徙縉山乞里乞思等部衆於山東。

二年春正月丙子，蠲兩都站户和雇、和市。己丑，御史中丞禿赤爲御史大夫。乙未，禁諸王、公主、駙馬擅罷官吏。

二月丙午，禁軍官擅以家奴代役。括蒙古漸丁充行伍。庚戌，詔軍人擅更代及逃歸者死。庚申，自六盤山至黄河置屯田。丙寅，大都留守司達魯花赤段貞爲中書平章政事。

三月壬申，中書平章政事不忽木罷爲昭文館大學士、平章軍國事。癸酉，忻都劾晉王甘剌麻，朵羅台劾太師月魯吕，皆有異志。詔樞密院鞫之，事不實。忻都論死，朵羅台謫從軍自效。丙子，車駕幸上都。

夏四月己亥朔，命撒的迷失招集忙古歹部流民。

五月戊辰朔，免兩都徭役。甲戌，詔蒙古馬牛羊百取其一，羊不滿百者亦取之，色目人羊滿百，乃取其一，著爲令。庚辰，土番寇階州，諸王帖木兒不花、只列等以兵討之。庚寅，罷四川馬湖進獨本葱。是月，野蠶成繭。

六月丙午，上思州叛蠻黄勝許遁入安南。

秋七月庚午，肇州萬户府置屯田。壬午，括伯顔、阿朮、阿里海牙等占江南民田，及權豪隱匿者，令輸租。增江西、河南行省參知政事各一員，朱清爲河南行省參知政事，張瑄爲江西行省參知政事。授高麗世子王謜爲儀同三司，領都僉議司事。丙戌，岳樂也奴等使馬八兒國。己丑，廣西賊陳飛等寇昭、梧、藤、容等州，湖廣行省左丞八都馬辛討平之。

八月丁酉朔，禁舶商以金銀渡海。

九月辛未，車駕幸安同泊，受諸王、百官賀聖誕。戊寅，臨安路捨資蠻叛，梁王松山討降之。甲申，也先不花討乞藍蠻，其别部酋答剌率諸蠻降，以其地爲雲遠路軍民總管府。是月，河決杞、封邱、祥符、寧陵、襄邑五縣。

冬十月丁酉，有事於太廟。壬子，車駕至自上都。贛州賊劉六十作亂，江西行省左丞董士選討平之。

十一月丁卯，答馬剌國來進馴象。己巳，兀都帶等進所譯《太宗》、《憲宗》、《世祖實録》，帝曰：「忽都魯迷失非昭睿順聖皇后所生，何爲稱公主？順聖太后崩時，裕宗已還自軍中，所紀日月先後差錯。又别馬里思丹礮手亦思馬音及泉府司皆小事，不足書也。」辛未，遣樞密院官整飭江南鎮戍諸軍，列將校勤惰以聞。壬辰，緬王遣其子僧伽巴叔撒邦巴來貢方物。

十二月戊戌，立徹里軍民總管府。癸亥，釋大都獄囚百人。金齒、羅斛蠻酋來朝。

大德元年春正月辛未，諸王亦憐真來朝，卒於道，賜幣帛五百匹。己丑，分和林漢軍屯田於五條河。辛卯，張斯立爲中書參知政事。

二月丙申，蒙陽甸蠻酋緬吉遣其弟阿不剌等來獻方物，以其地立通西軍民總管府。戊午，羅羅斯蠻酋來朝。己未，改福建行省爲福建平海等處行中書省，徙治泉州。封的立普哇拿阿迪提牙爲緬國王。庚申，行徽政院副使王慶端爲中書右丞。改元貞三年爲大德元年，赦天下，免上都、隆興差税三年。詔曰：

朕荷天地之洪禧，承祖宗之丕祚，仰遵成憲，庶務和平。比者藥木忽兒、兀魯速不花、朵兒朵懷等去逆效順，率衆來附，畢會宗親，釋其罪戾。適星芒之垂象，豈天意之儆予？宜推一視之仁，誕布更新之化。可改元貞三年爲大德元年。於戲！側身修行，咸攄奉若之誠；革故鼎新，幸底雍熙之治。咨爾臣庶，體予至懷。

是月，敕自正月一日至七月二十日，禁捕打禽獸，著爲令。

三月庚午，陝西行省平章政事也先帖木兒爲中書平章政事，中書左丞梁德珪爲中書右丞。癸酉，畋於柳林。甲戌，西番寇階州，陝西行省平章政事脱列伯討平之。丙子，車駕幸上都。丁丑，封諸王帖木兒不花爲鎮西武靖王，江西行省左丞八都馬辛爲中書左丞。庚辰，札忽魯赤脱而速坐受賂，爲奴所告，毒殺其奴，論死。庚寅，立江淮等處財賦總管府。

夏四月癸巳朔，日有食之。壬寅，賜暹國及羅斛蠻來朝者衣幣有差。詔優恤江南茶户。

五月丙寅，河決開封。戊辰，安南國遣使來朝。庚寅，平伐蠻酋來降，乞隸於亦奚不薛，從之。上思州叛蠻黄勝許遣其子來降。

六月甲午，湖廣行省參知政事崔良知廉貧，賜鹽課鈔千錠旌之。戊戌，平伐九寨蠻來降。甲寅，罷亦奚不薛歲貢馬及氈衣。是月，和州歷陽縣江漲，漂没民居一萬八千餘家。詔江浙、湖廣、江西秋糧折輕賞鈔。

秋七月辛未，省蒙古軍萬户府入曲先塔林都元帥府。丁亥，河決杞縣蒲口。衡州路酃縣大水，山崩。

八月丁巳，妖星出於奎。

九月甲子，八百媳婦蠻寇徹里，也先不花以兵討之。丙寅，罷括兩淮民田。壬午，車駕至自上都。己丑，罷南丹州安撫司，立慶遠南丹溪洞等處軍民安撫司。平珠六洞蠻及十部蠻皆來降。

冬十月丁酉，有事於太廟。辛丑，温州妖人陳空崖僞稱羅平國正治元年，伏誅。乙卯，爪哇國遣使奉表來降。

十一月癸亥，高麗國王王昛告老，乞以爵傳其子謜。丁丑，以謜爲征東行中書省左丞相、高麗國王，仍封昛逸壽王，賜號推忠宣力定遠保節功臣。

十二月戊戌，禁諸王、駙馬奪民田，其獻田者罪之。壬寅，朝洞蠻來降。丁未，旌表烈婦漳州萬户府知事闞文興妻王氏。

閏月甲子，福建行省平章政事高興奏，漳浦縣産水晶，乞采之。帝曰：「不勞民則可，勞民勿取。」己卯，播州宣撫使楊漢英請討平伐叛蠻，命湖廣行省平章政事哈剌哈孫從宜收撫。

二年春正月壬辰，以水旱，免郡縣田糧十之三，災甚者盡免之，老病單弱免差稅三年。己酉，釋流求俘歸，諭其國王效順。省土番碉門安撫司、運司，立碉門、魚通、黎、雅、長河西、寧遠安撫司。

二月壬戌，徙重慶宣慰司都元帥府於成都。立福建軍民宣慰司都元帥府。乙丑，中書右丞張九思爲平章政事，與中書省事。己巳，畋於漷州。丙子，罷中外土木之役。乙酉，車駕幸上都。詔民播種，怠惰及有司勸課不至者，各道廉訪司治之。丙戌，梁德珪爲中書平章政事。

三月戊子，詔僧人犯罪，聽有司專決，輕者與僧官約斷，不至者罪之。壬子，封東鎮沂山爲元德東安王，南鎮會稽山爲昭德順應王，西鎮吳山爲成德永靖王，北鎮醫巫閭山爲貞德廣寧王，與嶽瀆同祀，著爲令。

夏四月庚申，也速帶兒擅調甘州戍軍，遣伯顔等笞之。

五月辛卯，罷海南黎兵萬户府及屯田萬户府。壬辰，昭文館大學士何榮祖加平章政事，與中書省事。中書左丞八都馬辛爲中書右丞。己酉，耽羅國來貢方物。

六月庚申，罷江南門攤，復行兩稅法。

秋七月癸巳，河復決蒲口，遣尚書阿海、御史劉賡等塞之。壬寅，詔高麗國王王謜入侍，復以其父昛爲國王。

九月己丑，車駕幸阻嬀之地，受諸王、百官賀聖誕。安南、爪哇及金齒蠻各來貢方物。丙申，帝至自上都。癸卯，命御史臺鞫樞密副使塔剌忽帶贓罪。庚戌，汰中外冗員。

冬十月壬戌，立蒙古萬户府於鳳翔路。

十一月庚寅，安南國來貢方物。丙申，罷雲南行御史臺，置肅政廉訪司。壬寅，中書右丞王慶端爲中書平章政事。

十二月庚午，湖廣行省平章政事哈剌哈孫爲江浙行省左丞相。甲戌，彗星見。

新元史卷之十四　本紀第十四

成宗下

三年春正月癸未朔，暹國、羅斛國及没剌由諸番來貢方物。賜暹世子虎符。庚寅，遣使問民疾苦。除本年内郡包銀、俸鈔。免江南夏税十之三。增小吏俸。置各路惠民局。封藥木忽兒爲定遠王。辛卯，命御史臺鞫浙西廉訪使王遇贓罪。壬辰，杖流高麗藩臣趙仁規於安西，崔冲紹於鞏昌。工部尚書也先帖木兒、翰林待制賈汝舟齎詔諭高麗王王昛，「自今命官有罪，毋輒行殺戮」。癸巳，哈剌哈孫爲中書左丞相。是月，詔中外軍官奥魯官撫養軍人，不得妄有科配。置各路管民官。招誘新附軍人逃竄者，限百日内出首免罪。

二月癸丑朔，車駕幸柳林。丁巳，罷四川、福建等處行中書省，陝西行御史臺，江東、荆南、淮西三道宣慰司，立四川、福建宣慰司都元帥府，陝西漢中道肅政廉訪司。壬申，加號解州鹽池神惠康王曰廣濟，資寶王曰永澤，泉州海神曰護國庇民明著天妃，鹽官州海神曰靈感宏祐公，吴大夫伍員曰忠孝威惠顯聖王。金齒蠻來貢方物。庚辰，車駕幸上都。

三月癸巳，緬國世子信合八的奉表來謝，賜衣遣之。補陀僧一山齎詔使日本，諭以通好息民之意，日本人不報。甲午，命何榮祖等更定律令。

夏四月庚午，申嚴江浙、兩淮私鹽之禁。己卯，禮部尚書月古不花爲中書左丞。

五月丙申，海南速古臺諸番來貢方物。庚子，復立征東行中書省，闊里吉思爲平章政事，耶律希逸爲左丞。

六月癸丑，罷大名路黄河故道田租。

秋七月丙申，淮安等縣蝗，在地者爲鶖啄食，飛者鶖擊殺之。詔禁捕鶖，著爲令。

八月己酉朔，日應食不食。

九月癸未，車駕幸古栅，受諸王、百官賀聖誕。癸巳，罷括江南手號軍。己亥，車駕至自上都。

冬十月戊申朔，有事於太廟。壬子，册立伯牙吾氏爲皇后。甲寅，復立海北海南道肅政廉訪司。

十一月戊子，釋罪囚二十人。

十二月癸酉，禁捕天鵝、鵵鵚。

四年春正月辛丑，詔蒙古都元帥也速帶兒勿擅決重刑。癸卯，復淮東漕渠。

二月丁未朔，日有食之。丙辰，皇太后崩。甲戌，罷稱海屯田，改置於阿札之地。乙亥，車駕幸上都。置西京太和嶺屯田。

夏四月丙辰，置五條河屯田。丙子，命李庭提調諸衛屯田。丁巳，緬國遣使進白象。戊午，中書省斷事官不蘭奚爲中書平章政事。

五月癸未，諭集賢大學士阿魯渾撒里等曰：「集賢、翰林乃養老之地，自今滿秩者遷官，勿令輒去。」

六月己酉，立緬國王子窟麻剌哥撒八爲緬國王。壬子，高麗國王王昛來朝。丙辰，太傅月赤察兒爲太師，中書右丞相完澤爲太傅。丁巳，御史中丞不忽木卒，貧無以葬，賜鈔五百錠。甲子，立眈羅總管府。暹、爪哇、弔吉而、蘸八等國遣使來朝。

秋七月甲戌朔，上皇太后尊謚曰徽仁裕聖皇后。乙酉，緬國阿散哥也遣其弟者蘇等九十一人來貢方物。詔者蘇赴上都，餘留安慶。

八月癸卯朔，阿魯渾薩里爲中書平章政事。

閏月庚子，車駕至自上都，中書右丞賀仁傑爲平章政事。

九月甲子，改中御府爲中政院。

冬十月癸酉朔，有事於太廟。

十一月壬寅朔，詔免兩都、隆興路大德五年絲銀、税糧，附近養駝馬諸郡免税糧十之三，其餘免十之二，徒罪減半，杖以下釋之。江北荒田，耕種者收税展限一年，著爲令。敕中書省定鹽法條畫。

十二月癸巳，劉深、合剌帶等將兵三萬討八百媳婦蠻。

五年春正月壬子，罷檀、景兩州採金鐵冶提舉司。

二月己卯，劉深、合剌帶並爲湖廣行省中書右丞，鄭祐爲參知政事，皆佩虎符。丁亥，立征八百媳婦二萬户府。丁酉，車駕幸上都。敕雲南行省汰冗官千五百一十四員。己亥，永寧路阿永蠻酋雄挫來朝，賜幣帛有差。

三月戊午，馬來忽等國遣使來朝。己巳，戒飭中外官吏。己未，也速忽都爲湖廣行省參知政事，與劉國傑等討四川叛蠻。是月，征東行省平章政事闊里吉思以不能和輯高麗，召還。薛超兀兒、忙兀都魯迷失等自緬國阿占城班師。

夏四月壬午，調雲南軍討八百媳婦。癸巳，宣慰使塔察兒、刑部尚書王爲亨使高麗，詔諭高麗王曰：「向以爾國自作不靖，遣平章政事闊里吉思等與王鎮撫之，非欲久任於彼，今已召還。然聞爾國越禮濫罰，官冗民弊。王其勉思累朝覆育之恩，以本國生靈爲念。威福予奪，當自己出。事體有未便，民情有未安者，其審圖之。」

五月辛亥，怯烈亦帶脱脱以兵討土番。丙辰，曲靖等路宣慰使忽林失入覲。壬戌，雍真葛蠻宋隆濟叛。

六月丙戌，宋隆濟陷楊黄寨，雍真總管府達魯花赤也里干遁。己丑，緬國遣使貢馴象九。壬辰，宋隆濟寇貴州，知州張懷德戰敗，死之。

秋七月丁未，命御史大夫秃忽赤整飭臺綱。軍官受贓者，與民官同例，量罪殿黜。戊申，立眈羅軍民萬户府。癸亥，叛王哈丹孫脱歡來降。暗伯、阿忽台並知樞密院事。河南妖人段丑厮等詐稱神異誑衆，伏誅。

八月甲戌，雲南行省平章政事薛超兀兒等以兵討金齒蠻。水西土官妻蛇節叛應宋隆濟。

九月庚辰，彗星出東井。征緬萬户曳剌福山等進馴象六。河南行省平章政事二哥等赴雲南訊諸王闊闊，平章政事薛超兀兒、忙兀都魯迷失，左丞劉得禄，參知政事高阿康受賂旋師之罪。

冬十月丙寅朔，以畿内饑，增明年海運糧爲百二十萬石。己巳，緬國遣使來貢方物。戊寅，雲南武定路蠻酋羣則來貢方物。壬午，車駕至自上都。丙戌，以歲饑禁釀酒。弛山澤之禁。

十一月丁未，劉國傑、也先忽都將萬人，八剌、阿塔赤將五千人，討宋國濟、蛇節、羅兒酋阿女等。戊申，猺人藍賴率丹陽三十六洞來降。

十二月甲戌，定强竊盜條格。

六年春正月乙巳，晉王甘剌麻卒。丁未，命江浙行省平章政事阿里專領江浙財賦。庚戌，江南僧石祖進告朱清、張瑄不法十事，命御史臺鞫之。帝問臺臣曰：「朕聞江南富民侵占民田，致貧者流離轉徙，卿等聞之否？」對曰：「富民乞護持璽書，依倚以欺貧民，官府不能詰治，宜悉追之。」帝即命行之，毋越三日。己未，諸王真童坐誣告濟南王也里只，謫劉國傑軍中自效。

二月庚午，謫諸王孛羅於四川從軍自效。丙戌，陝西行省平章政事也速帶而、參知政事汪維勤、湖廣行省平章政事劉國傑同討亦奚不薛，一切聽也速帶而、劉國傑節制。罷討八百媳婦，免右丞劉深等官。癸巳，帝不豫，釋京師重囚三十八人。是月，遣乾討虜軍征亦奚不薛，依例給軍械糧餉。

三月丁酉，以水旱災，大赦天下。甲寅，合祭昊天上帝、皇地祇於南郊，中書左丞相哈剌哈孫攝祭事。

夏四月丁卯，曲赦雲南諸部蠻夷。釋大都輕重囚三十八人。庚辰，上都大水。戊子，車駕幸上都。

五月戊申，太廟寢殿災。

六月癸亥朔，日有食之，太史院失於推驗，詔中書省議罪以聞。甲子，建孔子廟於京師。辛未，有事於太廟。乙亥，安南國遣使貢方物及馴象二。

秋七月辛酉，江浙行省參知政事忽都不丁爲中書右丞。

九月己酉，龍興路譌言括民間童男女，至有殺其子者，命誅爲首者三人。

冬十月甲子，改浙東宣慰司爲宣慰司都元帥府，徙治慶元。罷軍儲所，立屯儲軍民總管萬户府。浙西人林都鄰告廉訪使張珪藏禁書及推算帝五行，運使合只亦劾珪沮撓鹽法，敕臺省官同鞫之。丙子，車駕至自上都。

十一月甲午，劉國傑裨將宋光與蛇節等戰，大敗之。辛亥，同知樞密院事合答知樞密院事。

十二月庚申朔，雲南地震。戊辰，又震。甲子，衡州賊袁舜一等伏誅。高麗國王王昛來朝。

七年春正月乙卯，籍朱清、張瑄家資。戊午，定民官陣亡子孫，降祖父秩二等廕叙格。

二月壬戌，詔中書省汰諸司冗員。辛未，平章政事、行上都留守木八剌沙，陝西行省平章政事阿老瓦丁並爲中書平章政事，江南行臺御史中丞尚文爲中書左丞，江浙行省參知政事董士珍爲中書參知政事。丁丑，定中書省自左、右丞相以下，平章政事二員，左、右丞各一員，參知政事二員，爲八府。己卯，侍御史朵台爲中書參知政事。庚辰，監察御史杜肯構等劾太傅完澤受朱清、張瑄賄，不報。壬午，諭中書省曰：「比有以歲課增羨希求爵賞者，此非掊克於民，何從而出？自今除元額外，勿以增羨爲正數。」罷江南財賦總管府及都水庸田司、行通政院。

三月庚寅，遣郝天挺、塔出等十四人宣撫循行諸道，仍下詔戒飭之。都城火。徙甘肅政廉訪司治甘州。乙未，中書平章政事伯顏、梁德珪、段貞、阿里渾薩里，右丞八都馬辛，左丞月古不花，參知政事迷而火者、張斯立並坐受朱清、張瑄賄免官，洪君祥爲中書右丞。甲辰，詔曰：

慶賞刑罰，國之大柄，二者不可偏廢。朕自即位以來，恪遵聖祖成憲，優遇臣下。品爵以榮其身，祿賜以厚其家。期於履正奉公，有裨國政，百姓乂安，以稱朕懷，不務出此。若平章伯顏、暗都剌，右丞八都馬辛等，營私網賄，蒙蔽上下，以致政失其平，民受其弊。今已籍没家資，投戍邊遠，明正其罪。用是更張，以清庶務。遣使巡行郡邑，問民疾苦，分別淑慝。以近年所定贓罪條例，互有輕重，特敕中書集議，酌古準今爲十二章。又以官吏俸薄，不能養廉，京朝百司，月俸之外，增給禄米，外任官無公田，官標撥公田，無田則量支禄米。自今已始，凡在内外有官守者，洗心滌慮，公勤奉職，治民均平，無俾吾民重困，式符委任責成之意。

乙巳，殺前雲南行省右丞劉深。罷雲南征緬分省。戊申，卜蘭奚、岳鉉等進《大一統志》，賜賚有差。己酉，諸王脱歡坐誣告諸王脱脱，謫湖廣軍前自效。甲寅，車駕幸上都。

夏四月癸亥，徵陳天祥、張孔孫、郭筠至京師，天祥、孔孫爲集賢大學士，筠爲昭文館大學士，皆商議中書省事。庚辰，蛇節降。丁亥，蛇節伏誅。禁管民官打量軍人地畝。

五月丁未，諸王牀兀兒入覲。乙卯，立和林宣慰司都元帥府，忽剌出遥授中書左丞，爲宣慰使都元帥。

閏月戊午朔，日有食之。壬戌，禁軍民犯曲阜林廟。己巳，徵諸王孛羅、真童入覲。右丞相完澤卒。庚辰，雲南行省平章也速帶而入覲，獻金五百兩。帝曰：「此卿等效死所獲者。」賜鈔償之。

六月癸巳，叛蠻雄挫降。乙未，命阿伯、阿忽台等整飭河西軍事。

秋七月丙寅，哈剌哈孫爲中書右丞相、知樞密院事。丙子，敕集賢、翰林院老臣預議朝政，其餘三品以下年七十者，皆升散官一等致仕。罷遼東宣慰司。丁丑，叛王篤哇、察八而、滅里帖木兒等皆請降，詔安西王置馹傳以俟其來。戊寅，叛蠻麻剌降，獻童男女二百人，金五百兩，及馬牛羊，卻之。是月，斷事官帖木兒不花等使高麗，執其藩臣石冑及冑子天補赴京師。

八月辛卯，地震，平陽、太原尤甚。庚戌，緬國獻馴象四。

九月戊午，車駕至自上都。兵部尚書脱脱帖木兒使高麗，執其國相吴祈赴京師。是月，高麗國王王昛入朝，詔止之。

冬十月辛卯，復立陝西行御史臺。刑部尚書塔察兒、翰林直學士王約使高麗。癸巳，只而合忽知樞密院事。庚子，改普定府爲普定路，以蠻酋容苴妻適姑爲總管，佩虎符。改敘州路爲敘南等處諸部蠻夷宣撫司。庚戌，翰林國史院進太祖、太宗、定宗、睿宗、憲宗五朝《實録》。

十一月甲寅，併海道運糧萬户府爲海道都漕運萬户府。亦乞不薛賊黨魏傑等降。己卯，諸王滅怯禿、玉龍帖木而使察八而。

十二月甲申朔，詔内郡歲比不登，其民已免差徭者，並免其田租。乙酉，弛京師酒課。辛丑，免順元等路本年逋税。丁未，以轉運勞，免思、播二州，辰、沅等路税糧年，常、澧三分之一，淘金、站户無種佃者免其雜役。

是年，諸道奉使宣撫，罷贓吏一萬八千四百七十三人，徵贓四萬五千八百六十五錠，審冤獄五千一百七十六事。

八年春正月甲寅，彗星出於奎。己未，以災異迭見，詔恤民隱，省刑罰。除色目人外，願爲僧道者，若平户丁多差役不缺，及有昆仲侍養父母者，方許簪剃。凡妄獻田土、山場、窑冶，希圖徼名貪利者，悉禁之。平陽、太原兩路免差稅三年，上都、隆興、延安、大同、懷孟、衛輝、彰德、真定、河南、安西等路免二年，保定、河間兩路免一年。江南佃户私租太重，以十分爲率，減二分，著爲令。仍弛山場、河泊之禁。其田宅之訟，除契約分明，依例賜給外，其餘盡行革撥諸路。罪囚廉訪司分別審録，輕者決之，有疑者分具始事，中臺詳讞。庚申，雲南順元同知宣撫事宋阿重執其叔父隆濟來獻。癸亥，禁錮朱清、張瑄族屬。丙寅，御史中丞、太僕卿塔思不花爲中書右丞，江南行臺御史中丞趙仁榮爲中書參知政事。是月，平陽地震。

二月甲午，徙建康道廉訪司治寧國。甲辰，翰林學士承旨撒里蠻進金書《世祖實録節文》一册，漢文《實録》八十册。丙午，車駕幸上都。

三月戊辰，中書左丞尚文乞致仕，不允。詔受宣敕不赴任者，永不叙用。

夏四月丁未，分教國子生於上都。丙寅，禁納鷹鶻人濫給鋪馬。

五月癸未朔，日有食之。壬申，罷福建都轉運鹽使司。是月，霖雨，河決祥符、太康、獲嘉、陽武等縣。

六月丁酉，汝寧縣妖人李曹驢等妄言得天書惑衆，伏誅。

秋七月辛酉，罷江淮等處財賦總管。癸亥，諸王合贊遣使入貢。

八月，杭州火。

九月癸丑，車駕至自上都。庚申，伯顔、梁德珪復爲中書平章政事，八都馬辛爲中書右丞，迷而火者爲中書參知政事，江浙行省平章阿里爲中書平章政事。庚午，户部尚書張祐爲中書參知政事。癸酉，叛王察八而、朵瓦等來降。

冬十月辛卯，有事於太廟。辛巳，宣徽使、大都護長壽爲中書右丞，陝西行省右丞脱歡爲中書參知政事。丁亥，安南國遣使入貢。庚寅，封皇姪海山爲懷寧王。戊戌，杖流吴祈、石天補等於安西。

十一月壬子，制用院使忽鄰、翰林直學士林元撫慰高麗。戊辰，武備卿鐵古迭而爲御史大夫。

十二月辛丑，封諸王出伯爲威武西寧王。

九年春正月壬申，弛京師酒禁。

二月丁酉，封諸王完澤爲衛安王，定遠王岳木忽而爲威定王。辛丑，大赦天下。詔御史臺、翰林院、國史院、集賢院、六部舉五品以上廉能識治體者三人，行省、行臺、各路宣慰司舉五人。大都、上都、隆興三路免本年差發、税糧，腹裏各路免包銀俸鈔，江南佃種官田免租税三分，前年拖欠差税課程並行蠲免。敕有司非急之務，毋生事煩擾，小罪即與疏決，勿禁係。鰥寡孤獨，常年養濟外，每人賜中統鈔十兩，官司常加存問，年八十以上存侍丁一名，九十以上存二名，免其差役。流民不能復業者，官司常加優恤，願種官田者，免差税五年。是月，忽鄰卒於高麗。

三月丁未朔，車駕幸上都。戊午，樞密副使高興爲中書平章政事，仍樞密院副使。

夏四月乙酉，大同路地震，壞廬舍無算，壓死二千餘人。懷仁縣地裂，湧黑水。己丑，東川路蠻酋阿葵來獻方物。

五月戊申，徵陝西儒學提舉蕭𣂏赴闕，命有司給以安車。戊午，改各道肅政廉訪司爲詳刑觀察司。以地震，改平陽爲晉寧路，太原爲冀寧路。

六月丙子朔，以立皇太子，遣中書右丞相哈剌哈孫告昊天上帝，御史鐵古迭而告太廟。庚辰，立皇子德壽爲皇太子。賜高年帛有差，孝子順孫量材任用，親年七十别無侍丁者，從近遷除。外任五品官以下，並減一資致仕。官止一子承廕者，免傛使。家貧給終身半俸，其精力未衰者録用之。罪囚五年以上，除惡逆外，疑不能決者，釋之。流人量移內地。

秋七月辛亥，始立郊壇。丁卯，大司徒段貞、中書右丞八都馬辛並爲中書平章政事，參知政事合剌蠻子爲右丞，參知政事迷而火者爲中書左丞，參議中書省事也先伯忽爲參知政事。

八月丁丑，給曲阜林廟灑掃户。以尚珍署田五千頃供祭祀。是月，歸德、陳州河決。

九月戊申，帝御壽寧宫，受諸王、百官賀聖誕。庚申，車駕至自上都。

冬十月辛巳，有事於太廟。庚寅，駙馬按替不花自篤哇來歸。乙未，諭中書省、樞密院、御史臺曰：「省中事聽右丞相哈剌哈孫總裁，自後用人，非與哈剌哈孫共議者，悉罷之。」辛丑，復以詳刑觀察司爲廉訪司。

十一月丁未，置南城警巡院。庚午，祀昊天上帝於南郊，攝太尉右丞相哈剌哈孫、左丞相阿忽台、御史大夫鐵古迭而爲三獻官。

十二月丙子，京師地震。庚寅，皇太子卒。

十年春正月壬寅朔，高麗國遣使貢方物。甲辰，詔訪莊聖皇后、昭睿順聖皇后、徽仁裕聖皇后儀範中外之政，以備紀録。丁卯，封駙馬合伯爲昭武郡王。營國子學。

閏月甲午，前中書平章政事鐵哥、江浙行省平章政事闍里、河南行省平章政事阿散並爲中書平章政事，行宣政院使張閭、四川行省左丞杜思敬並爲中書左丞，參議中書省事劉源爲中書參知政事。

二月丙辰，封孛羅爲鎮寧王。是月，晉寧、冀寧二路地震。篤哇遣使來朝。丁卯，月古不花爲中書左丞。戊辰，車駕幸上都。三月己卯，崆古國遣使來貢方物。乙未，慮大都囚釋上都死罪三人。

夏四月庚子朔，詔匿鷹犬者没家貲之半。壬戌，雲南行省平章政事也速帶而討羅雄州叛蠻，獲其酋阿邦龍，斬之。癸亥，立崑山、嘉定等處水軍上萬户府。

五月辛未，京師旱。乙酉，同知樞密院事塔哥忽台、塔剌海並知樞密院事。封駙馬鐵木而爲濮陽王，公主忙歌台爲鄆國大長公主。丁亥，詔右承相哈剌哈孫、左丞相阿忽台等整飭庶政百司勤惰，悉以名聞。

六月壬戌，來安路總管岑雄叛，未幾遣其子來降。復立淮西道肅政廉訪司。

秋七月辛巳，釋諸路罪囚，凡常赦所不原者皆赦之。

八月壬寅，開成路地震，壞官民廬舍無算，壓死故秦王妃也里完等五千餘人。丁巳，重修文宣王廟成，行釋奠禮。

九月壬申，諸王篤哇遣使賀聖誕。是月，高麗國王王昛入朝。

冬十月丁未，有事於太廟。丁卯，安南國遣使貢方物。

十一月己巳，車駕至自上都。丁亥，武昌路火。

十二月乙卯，帝不豫。丙寅，宣政使沙的等禱于太廟。癸亥，瓊州那蓬洞蠻酋王文何等作亂，伏誅。

十一年春正月丙寅朔，帝大漸。癸酉，崩於玉德殿。在位十有三年，年四十有二。乙亥，葬起輦谷。九月壬申，上尊謚曰欽明廣孝皇帝，廟號成宗，國語曰完澤篤皇帝。

史臣曰：成宗席前人之業，因其成法而損益之，析薪克荷，帝無愧焉。晚年寢疾，不早決大計，傳位武宗，使易世之後，親貴相夷，禍延母后。悲夫！以天子之尊，而不能保其妃匹，豈非後世之殷鑒哉！

新元史卷之十五　本紀第十五

武宗

武宗仁惠宣孝皇帝，諱海山，順宗答剌麻八拉第二子也。順宗三子：長曰魏王阿木哥，其母微；帝與仁宗皆昭獻元聖皇后弘吉剌氏所出，所謂興聖皇太后也。帝以至元十八年七月十九日生。

成宗大德三年，命帝代寧遠王闊闊出鎮北邊，禦叛王海都。四年八月，敗海都於闊别列之地。五年，海都率篤哇等大舉入寇。八月朔，與海都戰於鐵堅古山，敗之。越二日，海都悉衆來攻，大戰於合剌合塔。王師失利，帝親冒矢石，援諸王、駙馬以出。明日復戰，王師分五隊，爲海都所乘。帝突出敵陣之後，全師而返。海都遁去，旋病死。

八年十月，封懷寧王，賜金印，食瑞州六萬五千户，歲給五户絲及幣帛千匹。九年七月，置王府官。時海都子察八兒擁其父衆，雖納款，不肯入朝。十年七月，帝自脱忽思圈之地追察八兒弟斡羅思，獲其妻孥輜重。八月，襲察八兒於也兒的石河，盡俘其衆。察八兒奔於篤哇。諸王明里鐵木兒、阿魯灰等悉降。冬，駐於按台山，擊察八兒弟秃曲滅，走之，北邊悉平。

十一年春正月，成宗崩，左丞相阿忽台等潛謀推成宗皇后伯牙吾氏稱制，以安西王阿難答輔之。皇弟愛育黎拔力八達奉興聖太后入定內難，執阿忽台等，殺之，遣使迎帝於北邊。既而太后意猶豫，使日者推帝及皇弟之星命，問所宜立，曰：「重光大荒落有災，旃蒙作噩祚久。」重光，帝年幹；旃蒙，皇弟年幹也。太后惑其言，遣近侍托爾諭帝：「日者所言運祚修短，不可不思。」是時帝已至和林，謂康里脱脱曰：「我扞禦邊陲，勤勞十年，又位居嫡長，神器應歸於我。今太后以星命休咎爲言，天道茫昧，安能豫知？此殆任事之臣造奸謀以惑聖聽耳，汝爲我往察之。」康里脱脱既行，帝率大軍由西道，使諸王昂哈由中道，床兀兒由東道，分趨上都。康里脱脱入見太后，述帝意。太后愕然曰：「此我爲太子遠慮耳。今諸王、大臣議已定太子，不速來何爲？」

五月，帝至上都。皇弟奉太后來會，左右部諸王畢至。乃廢成宗皇后伯牙吾氏出居東安州，執安西王阿難答至上都，俱賜死。甲申，帝即位，受諸王百官朝賀於大安閣。詔曰：

昔我太祖皇帝以武功定天下，世祖皇帝以文德洽海內，列聖相承，丕衍無疆之祚。朕自先朝撫軍朔方，殆將十年，親御甲冑，力戰卻敵者屢矣。方諸藩内附，邊事以寧，遽聞宫車宴駕，乃有宗室諸王、貴戚元勛，相與定策於和林，咸以朕爲世祖曾孫之嫡，以功以賢，宜登太寶。朕謙讓未遑，至於再三。還至上都，宗王、大臣復請於朕。間者奸臣乘隙，謀爲不軌，賴祖宗之靈，母弟愛育黎拔力八達禀命太后，恭行天罰。内難既平，神器不可久虚，合詞勸進，誠意益堅。朕勉徇輿情，於五月二十一日即皇帝位。任大守重，若涉淵冰。屬嗣服之云初，其與民而更始。可大赦天下。教育學校人才，以備擢用。係籍儒户，蠲免雜徭差役。優恤北庭戰士，仍禁管軍官、奥魯官非理科擾。經過軍馬，牧養駝馬人等，毋得擾民。諸色人等，勿得别投户名，影避差徭，亦不得將土地妄詞呈獻。優恤蒙古站赤，仍禁各投下濫給鋪馬。義夫節婦、孝子順孫，具實以聞，别加恩賜。上都、大都、隆興三路，免差税三年。其餘路分，量輕重蠲免。雲南八番田場地面，免差發一年，並免積年逋欠。鰥寡孤獨不能自存者，常加存問。逃户復業者，免差税三年。被災之處，山場湖泊課税權行停罷，聽貧民采取。各處鐵冶，聽人煽辦。名山大川、聖帝明王、忠臣烈士載在祀典者，官吏擇日致祭。其餘民間利害，有合興修者，中書省核議奏聞。

是日，追尊皇考答剌麻八拉爲皇帝，尊皇考元妃弘吉剌氏爲皇太后。詔曰：「蓋聞孝治天下者，王政所先；養以天下者，尊稱爲大。恭承先德，寅紹丕基。愴昭考之長違，賴慈闈之篤祜。方衍無疆之慶，曷勝報本之情。謹依先朝成憲，追尊皇考曰皇帝，尊太母元妃曰皇太后，其應行典禮，以次舉行。」

壬辰，加知樞密院事朵兒朵海太傅，中書右丞相哈剌哈孫答剌罕太保，並録軍國重事。知樞密院事塔剌海爲中書左丞相，預樞密院、宣徽院事。同知徽政院事床兀兒、也可札魯忽赤阿沙不花、江浙行省平章政事明里不花並爲中書平章政事。江浙行省左丞劉正爲中書左丞，遥授中書左丞欽察、福建道宣慰使也先帖木兒並爲中書參知政事。中書右丞、行御史中丞塔思不花爲御史大夫。平章政事床兀兒旋改知樞密院事。特授乞台普濟中書平章政事。延慶使抄兒赤、同知和林等處宣慰司事塔海並爲中書右丞。阿里爲中書左丞。脱脱爲御史大夫。

是月，敕高麗王王昛歸國。平章政事撒勒帖木兒，翰林學士郭貫鎮撫高麗。中書平章政事合散出爲遼陽行省平章政事。

六月癸巳朔，立皇弟愛育黎拔力八達爲皇太子，受金寶，詔曰：

朕承列聖之貽謀，協宗王之翌戴，必謹親賢之託，共成繼述之功。母弟愛育黎拔力八達性稟温文，行全孝敬，夙著忠勤之節，素明治理之方，載惟靖亂之殊勛，式符元良之渥命，乃遵裕皇居東宮舊制，於六月朔旦授以皇太子寶，俾領中書之務，仍兼宥密之司。匪特篤兄弟友愛之情，實以衍宗社隆昌之福。

甲午，建行宫於旺兀察都之地，立爲中都。丁酉，上皇考尊謚曰昭聖衍孝皇帝，廟號順宗，大行皇帝尊謚曰欽明廣孝皇帝，廟號成宗。元妃弘吉剌氏失憐答里尊謚曰貞慈静懿皇后。祔廟躋順宗於成宗之上。己亥，羅羅斯宣慰使斡羅思爲中書左丞。諸司聽皇太子各置一人。拱衛直都指揮使馬謀沙角觝屢勝，遥授平章政事。壬寅，左丞相塔剌海加太保、録軍國重事，兼太子太師。癸卯，立詹事院。甲辰，平章政事、行和林宣慰使都元帥憨剌合兒，通政使、武備院卿帖木兒不花，並知樞密院事。戊申，特授尚乘卿索蘭奚、床兀兒並爲平章政事。大同屯儲軍民總管府達魯花赤怯里朮丁爲中書右丞。辛卯，中書平章政事脱虎脱出爲江西行省平章政事。壬子，封皇妹祥哥剌吉爲魯國大長公主，駙馬琱阿不剌爲魯王。敕樞密院銓調軍官遵世祖定制，近侍勿輒有請。軍官許父子兄弟襲職，近侍不得援以爲例。丙辰，御史大夫塔思不花、脱脱並遥授左丞相。戊午，高麗前王王謜進封瀋陽王，加開府儀同三司、太子太傅、上柱國、駙馬都尉，入中書省參議政事。己未，寧遠王闊闊出進封寧王。庚申，遥授左丞相塔思不花爲右丞相。

七月癸亥朔，封諸王禿剌爲越王。甲子，御史大夫鐵古迭兒等以即位告天地於南郊。

丙寅，前中書參知政事趙仁榮爲太子詹事。太傅右丞相哈剌哈孫、左丞相塔剌海綜理中書庶務。己巳，立宫師府。壬申，御史大夫鐵古迭兒等以即位告太廟。癸酉，立和林行中書省。太師月赤察兒爲行省右丞相，中書右丞相哈剌哈孫爲左丞相，依前太保、録軍國重事。丙子，江浙行省平章政事塔失海牙、知樞密院事床兀兒並爲中書平章政事。丁丑，封諸王八不沙爲齊王，朵列納爲濟王，迭里哥兒不花爲北寧王，太師月赤察兒爲淇陽王。加平章政事脱虎脱太尉。中書左丞相塔剌海爲中書右丞相，御史大夫塔思不花爲中書左丞相，浙江行省平章政事教化、河南江北行省平章政事法忽魯丁並爲中書平章政事。平章政事鐵木迭兒出爲江西行省平章政事。己卯，集賢院使別不花爲中書平章政事。庚辰，御史中丞只兒合郎爲御史大夫。辛巳，加至聖文宣王尊號爲大成至聖文宣王。置行工部於中都。同知樞密院事也兒吉尼知樞密院事。御史中丞王壽、浙江行省左丞郝天挺並爲中書右丞。壬午，御史大夫鐵古迭兒等，以即位告社稷。甲申，瞻思丁使西域。丙戌，同知宣徽院事孛羅答失爲中書左丞。中書參知政事欽察出爲四川行省左丞。辛卯，敕唐兀秃魯花户籍已定，其入諸王、駙馬部下避役及冒匿者，皆罪之。

八月甲午，敕不由中書奏者，勿與官。外任官勿帶相銜。乙未，治書侍御史兀伯都剌爲中書參知政事。戊戌，封御史大夫脱脱秦國公。辛亥，中書左丞孛羅帖木兒以國文譯

《孝經》進，詔曰：「此乃孔子之微言，自王公至於庶人，皆當由是而行。其命中書省刊印，諸王以下皆賜之。」丁巳，中書左丞王壽罷爲御史中丞。戊午，中書平章政事乞台普濟、床兀兒、別不花等並加太尉。中書右丞塔海加太尉、平章政事。中書左丞孛羅帖木兒爲中書右丞。禁諸色人帶金翅雕帽頂。

九月甲子，車駕至自上都。時巡狩三不剌，翰林學士王文用諫曰：「先帝新棄天下，陛下巡狩不以時，無以慰臣民之望，宜早還。」帝即日還大都。乙丑，中書右丞相塔剌海攝太尉，請皇考皇帝、大行皇帝尊諡於南郊。辛未，加塔剌海、塔思不花太尉。壬申，塔剌海奉册寶，上皇考及大行皇帝尊諡、廟號，又上大行皇帝元妃弘吉剌氏尊諡，祔於太廟。甲戌，改太常寺爲太常禮儀院。丁丑，定中書省官爲十二員：右丞相塔剌海，左丞相塔思不花，平章政事床兀兒、乞台普濟如故，阿沙不花、塔失海牙爲平章政事，孛羅答失、劉正爲右丞，郝天挺、也先帖木兒爲左丞，于璋、兀伯都剌爲參知政事。甲申，立尚書省。塔剌海、塔思不花仍領中書省，脱虎脱、教化、法魯忽丁任尚書省。命自舉官屬。丙戌，中書平章政事別不花出爲江浙行省平章政事。辛卯，御史臺臣諫立尚書省，帝曰：「卿言良是，脱虎脱、教化、法魯忽丁此三臣願任其事，姑聽之。」

冬十月壬寅，封知樞密院事床兀兒爲容國公。乙巳，敕陰陽法師勿謁諸王、駙馬之門。丙午，詔整飭臺綱。封御史大夫鐵古迭兒爲鄆國公。中衛親軍都指揮使買奴爲知樞密院事。

十一月癸亥，鎮遠王牙忽都進封楚王。丙寅，朝皇太后於隆福宮，上册寶。己巳，詔中書省官十二員。脱虎脱仍爲宣政院，教化留京師，其餘各授職任。戊寅，授皇太子玉册。己卯，帝御大明殿，受諸王、百官賀。

十二月辛丑，幸大聖壽萬安寺。吏部尚書察乃授平章政事，領工部事。禁漢人挾弓箭、彈弓。庚申，詔曰：

仰惟祖宗應天順人，肇啟疆宇，華夏一統，罔不率從。逮朕嗣服丕圖，纘膺景命，遵承遺訓，恪慕洪規，祇惕畏敬，未知攸濟。永思創業艱難，煢然軫念。萬事之統，在予一人。間者歲比不登，流民未還。是以責任股肱耳目大臣，贊襄嘉猷，朝夕入告，樂與率土之民，共享治安之化。邇寧遠肅，顧不韙歟？可改大德十二年爲至大元年。誕布維新之令，式符永固之休。凡公事，並經由中書省可否施行，内外大小衙門毋得隔越闕奏。監察御史、廉訪司嚴糾内外官吏，年終考其殿最者一人，以憑黜陟。政令得失、軍民利病，許人上書陳言。若言無可采，並無罪責；如其可取，重加遷擢。培養學校人才，以備擢用。其貢舉法，中書省續議舉行。勸課農桑，孝弟力田之人，量加旌賞。存恤蒙古探馬赤各翼軍人及各翼漢軍。管軍官舉放軍人錢物，詔書到日，盡行除免。典賣親丁，悉聽圓聚，價不追還。圍獵飛放，毋得騷擾百姓。驅户毋得投充怯歹、鷹房子名色，影避差徭。站赤消乏，仰中書省、通政院先將户口合并截補，管設頭目，其整治事理次第舉行。禁捕野物地面，除上都、大同、隆興三路外，大都周圍各禁五百里。其餘禁斷處所及山場、河泊、蘆蕩，並開禁一年，聽民采捕。民户流移，所在官司勿與本管户一體科徵。其原籍官司，用心招誘，毋侵占所抛田産。内庭作佛事，毋釋重囚，以輕囚代之。岳鎮、海瀆，風師、雨師、雷師，有司潔齋致祭。

至大元年，春正月辛酉，曲赦御史臺見繫贓吏。甲子，中書平章政事阿沙不花授右丞相，行御史大夫。丙寅，罷江南行都水監。丁卯，中書右丞也罕的斤爲平章政事，議陝西行省事。己巳，緬國進馴象六。己丑，雲南王也先帖木兒進封營王。是月，召前中書右丞尚文至京師，以疾辭。

二月甲辰，立皇太子衛率府。戊午，不達達思等送爪哇使歸其國。是月，中書平章政事乞台普濟爲中書左丞相。

三月戊寅，車駕幸上都。封阿沙不花爲康國公。甘肅行省右丞脱脱木兒爲中書平章政事，加大司徒。己卯，修《順宗》、《成宗實録》。敕怯薛歹、昔寶赤、諸王駙馬部下勿踐百姓田禾，犯者罪之。

夏四月戊戌，以永平路鹽課賜桑哥剌失公主，中書省臣執不可，從之。封三寶奴爲渤國公，香山爲賓國公。加鐵古迭兒右丞相，都護買住中書右丞。癸卯，加平章政事教化太子太保、太尉、平章軍國重事，封魏國公。甲辰，知樞密院事也兒吉尼遥授右丞相。乙卯，米榍等使蘇魯國。丙辰，罷征東行中書省。

五月丙寅，知樞密院事塔魯忽台遥授右丞相。己巳，緬國進馴象六。乙亥，知樞密院事憨剌合兒遥授左丞相。丙子，禁白蓮社，放其人隸民籍，加右丞相塔思不花上柱國，左丞相乞台普濟太子太傅。甲申，立大同侍衛親軍都指揮使司。

六月己丑，加三寶奴録軍國重事，曲出太子太保，脱虎脱上柱國、太尉、大慈都平章軍國重事。戊戌，威定王藥木忽兒進封定王。封駙馬阿失爲昌王。宦者李邦寧遥授左丞相。己酉，乞台普濟録軍國重事。敕無照會官不得赴任。

七月庚申，立廣武康里侍衛親軍都指揮使司。壬戌，立中都留守司兼開寧路總管府。壬申，塔察兒等九人使諸王寬闍，月魯等十二人使諸王脱脱。癸酉，禮部尚書阿里灰等賫璽書諭安南國，禮部侍郎管祝思監等使緬國，脱里不花等十二人使諸王合兒班答。壬午，封乃蠻帶爲壽王。是月，詔中書右丞相塔思不花、左丞相乞台普濟曰：「中書，政本也，軍國之務，小大由之。朕自即位以來，勵精求治，爰立輔相，以總中書。期年於茲，大效未著，豈選用之未當歟？何萬機之猶繁，而羣生之寡遂也？今特命塔思不花爲中書右丞相，乞台普濟爲左丞相，統百官、平庶政，便者舉行，弊者革去，一新條理。諸內外大小事務，並聽中書省區處奏聞。違者罪之。」

八月戊申，特授佩頭太師。

九月丙辰，高麗國王王昛卒。雪尼台等使薛思迷干部。辛酉，諭諸王察八兒、寬闍入朝。乙亥，車駕至自上都。庚辰，册王謜爲征東行省右丞相，嗣高麗國王，依前駙馬都尉、瀋陽王。封諸王禿滿爲陽翟王。

冬十月甲午，阿沙不花知樞密院事。敕持內降文書買河間路鹽及以諸王、駙馬命至運司者，一切禁之。甲辰，加左丞相、知樞密院事帖木兒不花録軍國重事。中書右丞禿忽魯、河南行省右丞也速、內史脱孛花並知樞密院事。

十一月丁卯，知樞密院事也兒吉尼爲御史大夫。己巳，塔思不花、乞台普濟並爲中書右丞相，脱虎脱爲左丞相。壬申，高麗國王王謜來朝。是月，覈天下屯田。

閏月甲寅，太傅達剌罕哈剌哈孫卒。

十二月庚申，封和郎撒爲隴王。甲戌，平章政事、太子賓客王大亨行太子詹事，平章軍國重事、太子少詹事大藏都爲太子詹事。

二年，春正月己丑，從皇太子請，罷宫師府。庚寅，殺越王秃剌。辛卯，皇太子率諸王、百官上尊號曰統天繼聖欽文英武大章孝皇帝。乙未，以上尊號謝太廟。己亥，容國公床兀兒進封句容郡王。丙申，詔曰：

朕荷三靈之隆眷，承列聖之丕基，永言置器之艱，恒切履霜之懼。迺者皇太子率中外臣庶，僉謂撫軍十載，遐邇悉平，當宁九重，成規具舉，苦稽舊典，盍進徽稱？豈朕躬之克當，惟祖武之顯式。已於正月十七日御大明殿，受統天繼聖欽文英武大章孝皇帝之號，越五日躬詣太室謝訖。爰念即位之初，恒以賑災恤民爲務，而恩澤猶未溥博，流離猶未安集，豈有司奉行之不至歟？今特命中書省遴選内外官僚，專以撫治爲事。簡汰冗員，撙節浮費，官吏各修乃職。勸農桑，興學校，撫字百姓，嚴戢吏胥。御史、廉訪司年終每道考其殿最者一人，以憑黜陟。圍獵飛放及過往屯戍、出使人等擾害百姓，有司再行禁戢。災區經賑濟百姓，本年腹路差税、江淮夏税並行蠲免。本年正月以前，民間逋欠、差税課程，並行蠲免。鰥寡孤獨不能自存者，除常例外，每名給中統鈔十五兩。禁捕野獸地面，除上都、中都、大同三路及大都周圍五百里外，其餘再弛禁一年。諸位下占據山場、河泊、關津、橋梁並抽分等錢，盡行革罷。檢視流民，計口贍濟。其還鄉者，量給行糧。流民合納差稅，勿令見户包納。岳瀆、帝王及忠臣、烈士載於祀典者，有司蠲潔致祭。大小職官四品以下，普覃散官一等。

二月癸亥，罷行泉府院，歸市舶於行省。

三月己丑，遼陽行省右丞洪重喜告高麗國王王謜不法，敕王謜從皇太后幸五臺山，勿令辨對。諸王老章代梁王松山鎮雲南。庚寅，車駕幸上都。封諸王也速不干爲襄寧王。己亥，封阿剌的納八剌公主爲趙國公主，駙馬汪安爲趙王。

夏四月辛酉，立興聖宫江淮財賦總管府。癸亥，立鎮守海口屯儲親軍都指揮使司。

五月丁亥，通政院使憨剌合兒爲知樞密院事，督建興聖宫，大都留守養安等董其役。

六月甲戌，革「毆西番僧者斷手，詈者斷舌」之令。

秋七月癸未，河決歸德府。壬辰，改四川松、潘、威、茂等州安撫司爲宣撫司，移治茂州汶川縣。己亥，河決封邱縣。

八月癸酉，立尚書省。乞台普濟爲尚書省右丞相，脱虎脱爲左丞相，三寶奴、伯顔、也速爲平章政事，保八爲右丞，忙哥帖木兒爲左丞，王羆爲參知政事，中書左丞劉楫授尚書左丞、商議尚書省事。甲寅，海剌孫授平章政事、商議樞密院事。己未，立皇太子左衛率府。江西行省參知政事郝彬爲尚書省參知政事。甲戌，賜太師佩頭名脱爾赤顔。丁丑，詔天下敢有沮撓尚書省事者罪之。

九月庚辰朔，頒尚書省條畫於天下，改各行中書省爲行尚書省。詔：「朝廷得失，軍民有上言者，得實封上聞。饑民復業者，一切逋欠，並行蠲免，仍除差税三年。中外吏員依世祖皇帝定例，以九十日爲滿。如有子證父，奴訐主，及妻妾、弟姪干犯名義者，一切禁之。」頒行至大銀鈔。

壬寅，追奪前平章政事教化魏國公爵。丙戌，車駕至自上都。丙申，占八國遣使貢白面象、伽藍木。秃堅、張也先、伯顔使不憐八孫國，薛徹兀、李唐、徐伯顔使八昔國，察罕、亦不剌金、楊呼答兒、阿里使占八國。陝西行台御史大夫沙的授左丞相、行土番等處宣慰使都元帥。

冬十月庚戌朔，皇太子爲尚書令。頒行銅錢法。癸亥，翰林學士承旨不里牙敦爲御史大夫。乙丑，以皇太后不豫，釋天下大辟囚百人。丁卯，御史大夫只兒合郎、中書左丞相脱虎脱、尚服院使大悲都並爲知樞密院事。癸酉，知樞密院事秃忽魯加左丞相。丁丑，遼陽行省平章政事合散爲左丞相、行中書平章政事，中書參知政事伯都爲平章政事、行中書右丞，商議中書省事忽都不丁爲右丞、行中書左丞，參議中書省事帖里脱歡、賈鈞並中書參知政事。是月，杖流洪重喜於潮州。

十一月庚辰，雲南行省右丞算只兒威招諭蠻酋谷保等，受谷保賂，復進兵失利。詔嚴鞫其罪，已而釋之。乙酉，詔冬至祀南郊，以太祖皇帝配；明年夏至祀北郊，以世祖皇帝配。丁亥，湖廣行省左丞散朮帶爲平章政事、商議樞密院事。丙午，諸王孛蘭奚坐私怨殺人，杖流北邊。是月，中書參知政事賈鈞僉知樞密院事。

十二月乙卯，有事於太廟。上太祖聖武皇帝尊謚曰法天啟運聖武皇帝，光獻皇后尊謚曰光獻翼聖皇后，睿宗莊聖皇后尊謚曰顯懿莊聖皇后。和林行省右丞囊家帶擅至京師，詔鎖囊家帶至和林鞫之。丁丑，增百官俸，定流官封贈格，内外官三品以上者，許請謚，贈謚不在此例。是年，常豐洞蠻叛，率洗土、不兒、散毛諸洞蠻寇永寧路。

三年春正月癸未，汰中書省官吏一百八十一員，聽尚書省遷叙。乙酉，特授李孟平章政事、集賢大學士、同知徽政院事。辛卯，立弘吉剌氏爲皇后，脱虎脱攝太尉，授皇后寶册。戊戌，敕湖廣行省招諭叛蠻黄勝許。辛丑，萬户移剌四奴討湖廣乖西帶叛蠻，聽其便宜調遣。壬寅，雲南行省右丞算只兒威招諭八百媳婦。乙巳，定樞密院知院七員、同知院事二員、副使二員、僉院事二員、同僉院事一員。御史臺增御史大夫、中丞、侍御史、治書侍御史各二員。丁未，立右衛阿速親軍都指揮使司。

二月庚戌，以皇后受册寶，告謝太廟。己未，商議尚書省事劉楫整頓鈔法。甲子，以上皇太后尊號，告祀南郊。乙丑，僉樞密院事賈鈞復爲中書參知政事。己巳，寧王闊闊出與越王秃剌子阿剌納失里等謀反，事覺，闊闊出下獄，賜其妻完者死，竄阿剌失里於伯鐵木兒分地，磔畏兀僧鐵里等於市。三寶奴賜號答剌罕，餘並晉秩二等。辛未，加脱克赤顔録軍國重事。壬申，尚書平章政事樂實遥授左丞相，封齊國公。癸酉，左丞相、行中書省平章政事合散商議遼陽行省事。甲戌，以上皇太后徽號，告祀太廟。是月，詔大司農司總天下農政，定奪黜陟。

三月乙酉，知樞密院事只兒合郎爲陝西行尚書省平章政事。壬辰，車駕幸上都。回回人木八剌等坐妖言伏誅。

夏四月己酉，容美洞蠻叛。高麗國王王謜加號純誠守正推忠宣力定遠保節功臣。

五月甲申，封諸王完者爲衛王。乙未，尚書參知政事王羆加大司徒。

六月丁未朔，詔太尉尚書右丞相脱虎脱、太保尚書右丞相三寶奴總治百司，庶務並從尚書省奏行。戊申，中書左丞忽都不丁爲中書右丞。甲子，太子詹事斡赤爲中書左丞。壬申，以西北叛王察八兒等來朝，告祀太廟。賜脱虎脱、三寶奴珠衣，封三寶奴爲楚國公。是月，荆門州大水，山崩，死者三千四百餘人。

秋七月，封晉王長女寶塔失憐爲韓國長公主。

八月丁未，浙江行省左丞相呼剌出、遥授中書右丞相鼈日並爲御史大夫。甲子，畋於昂兀腦兒。

九月己卯，平伐蠻酋不老丁來降。辛巳，立宣慰司都元帥府於察罕腦兒。丙戌，車駕至自上都。尚書右丞保八遥授平章政事。是月，流寧王闊闊出於高麗。

冬十月戊申，帝率皇太子、諸王、羣臣朝興聖宫，上皇太后尊號曰儀天興聖慈仁昭懿壽元皇太后。庚戌，告謝太廟。辛酉，大赦天下。大都、上都、中都免至大三年秋税，其餘諸路今歲被災人口曾經體覆者，依上蠲免。内外不急之役，截日停罷。至大二年以前負欠差税、課程，並行蠲免。闊闊出餘黨未發覺者，並原其罪。官民田土，諸人勿得陳獻。諸收取錢物者，許實訴。丁卯，封駙馬買住韓爲衮王。壬申，馬合謀但的遥授尚書右丞，爲海外諸番宣慰使都元帥、領海道運糧漕運萬户府事。丞相鐵古迭兒爲陝西行臺御史大夫。

十一月辛巳，脱虎脱進太師、録軍國重事，封義國公。戊子，容美蠻酋田墨施什用等來降。丙申，有事於南郊，尊太祖皇帝配享昊天上帝。己亥，殺武衛親軍都指揮使鄭阿思蘭，籍其家。

十二月甲辰朔，以建大崇恩福元寺，乞其剌遥授左丞，曲列、劉良遥授參知政事，並領行工部事。己未，鎮南王老章坐僭擬乘輿，召赴京師。

四年春正月癸酉朔，帝不豫，大赦天下。庚辰，帝崩於玉德殿。在位四年，年三十有一。壬午，葬起輦谷。夏六月甲子，上尊謚曰仁惠宣孝皇帝，廟號武宗，國語曰曲律皇帝。

史臣曰：武宗舍其子而立仁宗，與宋宣公舍與夷而立穆公無以異。公羊子曰：「宋之亂，宣公爲之。」然則英宗之弑，文宗之篡奪，亦帝爲之歟？《春秋》貴讓而不貴争，公羊子之言過矣！帝享國日淺，濫恩倖賞，無一善之可書，獨傳位仁宗，不愧孝友。其流祚於子孫，宜哉！

新元史卷之十六　本紀第十六

仁宗上

仁宗聖文欽孝皇帝，諱愛育黎拔力八達，順宗第三子，武宗同母弟也。以至元二十二年三月丙子生。

大德九年冬十月，成宗不豫，皇后伯牙吾氏出帝與興聖皇太后居懷州。十年冬十二月，帝至懷州。所過屏供張，戒飭扈從之士毋擾累郡縣，民皆感悅。

十一年春正月癸酉，成宗崩。戊子，帝與皇太后赴喪。二月辛亥，至大都，入臨出居舊邸。時安西王阿難答、諸王明里帖木兒已先至。中書左丞相阿忽台、平章政事八都馬辛、前中書平章政事伯顏、中政院使怯烈道興等，潛謀推皇后稱制，以阿難答輔之。三月乙卯朔，阿忽台等請皇后以丁巳日垂簾，自右丞相哈剌合孫以下皆列牘署名。丙辰，帝率衛士入宮，召阿忽台等，責以亂祖宗舊制，執之。戊辰，殺左丞相阿忽台、平章政事八都馬辛、中政院使怯烈道興等。寧王闊闊出、楚王牙忽都進曰：「今内難已平，太子世祖之孫，宜早正大位。」帝曰：「王何爲出此言？奸臣搆亂，故誅之，吾豈欲覬覦神器耶？」懷寧王吾兒，宜入承大統。」乃遣使迎武宗於北邊，帝以太子監國。武宗遲回不至，夏五月乙丑，帝奉皇太后幸上都，率左右部諸王勸進。武宗即位，六月癸巳，立帝爲皇太子，受金寶。

帝遣使求經籍，有進《大學衍義》者，命詹事丞王約等節而譯之。帝曰：「治天下，此一書足矣。」命與《圖像孝經》、《列女傳》並刊布天下。十一月戊寅，受玉册，領中書省、樞密院。

至大二年八月，立尚書省，詔帝兼尚書令。詹事院啟金州獻瑟瑟洞，請采之。帝曰：「吾以賢爲寶，瑟瑟何用？若此者，後勿復言。」淮東宣慰使撒都獻玉觀音、七寶帽頂、寶帶、寶鞍，俱卻之。

四年春正月庚辰，武宗崩。壬午，罷尚書省。命中書右丞相塔思不花、知樞密院事鐵木兒不花等參鞫尚書右丞相脱虎脱、左丞相三寶奴、平章政事樂實，右丞保八、左丞忙哥帖木兒、參知政事王羆罪狀。丙戌，脱虎脱、三寶奴、樂實、保八、王羆俱伏誅。杖流忙哥帖木兒於海南，流平章政事速思不花於高麗。壬辰，詔世祖舊臣前平章政事程鵬飛、董士選，太子少傅李謙，少保張驢，中書右丞陳天祥、尚文、劉正，中書左丞郝天挺，御史中丞董士珍，太子賓客蕭𣹹，參知政事劉敏中、王思廉、韓從益，侍御史趙君信，廉訪使程鉅夫，杭州達魯花赤阿合馬乘傳至京師，咨以庶政。丁酉，雲南行省左丞相鐵木迭兒爲中書右丞相，太子詹事完者、集賢大學士李孟並爲中書平章政事。戊戌，中書右丞相塔思不花、徽政院使沙沙並爲御史大夫。己亥，改尚書行省仍爲中書行省。庚子，停各處營造。罷廣武喀剌衛、萬户等府。辛丑，塔失鐵木兒知樞密院事。

二月乙巳，命和林、浙江二行省依前設左丞相，餘省但置平章政事。辛亥，禁諸王、駙馬擅據山場，聽民樵采。罷阿老瓦丁買賣浙鹽，供中政院食羊。禁宣政院違制度僧人。甲寅，罷江南行通政院、行宣政院。甲子，命中書平章政事李孟領國子監。丙寅，陝西行省平章政事孛羅帖木兒、江浙行省平章政事烏馬兒、甘肅行省平章政事闊里吉思、河南行省參知政事塔失帖木兒、江浙行省參知政事萬僧，坐前任贓罪及挾勢害民，俱免官。庚午，思州蠻酋楊正思等來朝，賜金帛有差。是月，中書左丞相康里脱脱罷爲江浙行省左丞相。

三月庚辰，詔前樞密副使吴元珪、前中書左丞拜降、前陝西行省右丞兀伯都剌至京師，同諸老臣議事。丙戌，罷五臺山行工部。己丑，命毋赦謀反大逆、殺祖父母父母，妻妾殺夫、奴婢殺主等罪。庚寅，即皇帝位於大明殿，受諸王、百官朝賀。詔曰：

惟昔先帝事皇太后撫朕眇躬，孝友天至。踐祚曾未逾月，授朕皇太子寶，領中書令、樞密使，百揆機務，悉聽總裁，於今五年。先帝奄棄天下，勛戚、元老咸謂：「大寶之承既有成命，非與前聖賓天而始徵集宗親議所宜立者比，當稽前代故事，即正宸極。」朕以國恤方新，誠有未忍，是用經時。今則上奉皇太后之命，下徇諸王勸進之誠，三月十八日於大都大明殿即皇帝位。凡尚書省誤國之臣，先已伏誅。同惡之徒，亦已放殛。百司庶政，悉歸中書。命丞相鐵木迭兒，平章政事完者、李道復等從新按治。可大赦天下。敢以前赦事相告者，以其罪罪之。

其可爲法程拯民者，具如左方：一，凡制詔、號令、錢糧、選法、刑名，一切政務，並從中書省聞奏區處，敢有擅自奏請者，以違制論。一，内外百司，其清慎公勤，五事備具者，優加遷擢，有貪污敗事者，陳告得實，依條斷罪。一，庶事更張，圖治伊始，式遵世祖皇帝成憲，仰中書省參酌舉行。一，凡言軍民利病政事得失有可采者，量加旌擢；如不可采，亦無罪譴。一，仰提調官申明累降條畫，勸課農桑，經過軍馬及昔寶赤、探馬赤等，毋得索取飲食芻藁，縱放頭匹。一，康里軍衛已罷，上項屯軍悉聽放還，其各處軍馬陣亡病死者常例存恤外，各加一半，雲南等處新附漢軍每名給布一匹。一，各投下、諸色人等，不得擅招户計，誘占奴婢，違者治罪。一，站赤消乏，除海青外，應進獻鷹犬，並令止罷，毋給諸王駙馬投下及各衙門鋪馬。一，陳獻地土及山場窑治之人，並行治罪。一，比者寶合丁、乞兒八答私買所盜内府寶帶，既已伏誅，今後諸人毋得似前申獻。一，民間和雇和買、一切雜泛差役，除軍人並大都至上都自備站户外，其餘不論是何户計，一體均當。一，恢辦商税、課租，並遵舊制，法外多取及欺盜入己者，依例究治。一，營築中都，已令停罷，其餘不急之役，截日停止。一，鰥寡孤獨、廢疾無恤者，除常例外，每人給至元鈔一貫。一，名山大川、聖帝明王、忠臣烈士，凡在祀典者，次第加封。除常祀外，主者施行。一、韓脱因不花、唐華、鄭阿思蘭等已經昭雪，元没資産悉還本家，今後内外重囚，省部再三詳讞，方許奏准。一，比年詔赦頻數，吏貪民盜，不知儆畏。

自今以始，其各洗心節慮，以保厥身，非常之恩，不可再覬。於戲！凡我有官君子，皆古所謂治天職、食天禄者，宜一心力，欽乃有司，無替朕命。

遣僉知樞密院事不蘭奚頒即位詔於高麗。辛卯，御史中丞李士英爲中書左丞。丁酉，命月赤察兒依前爲太師，宣徽使鐵哥爲太傅，集賢大學士曲出爲太保。是月，前陝西行省左丞兀伯都刺爲中書右丞，昭文館大學士察罕爲參知政事。平章政事、知樞密院事床兀兒，欽察親軍都指揮使脱火赤拔都兒，左丞相、知樞密院事鐵木兒不花，並録軍國重事。知樞密院事也速、兼山東河北蒙古軍都萬户也先帖木兒、仁虞院事也兒吉尼、太子詹事月魯帖木兒並知樞密院事。

夏四月戊申，以即位告天地於南郊。丁巳，罷中政院。戊午，以即位告於大廟。辛酉，敕國子監師儒之職，有才德者，不拘品級選用。乙丑，封知樞密院事鐵木兒不花爲宣寧郡王。丁卯，詔曰：

朕惟食貨，生民之本，權以幣帛，先在適時。我世祖皇帝參酌古今，立中統、至元鈔法，天下流行，公私蒙利，五十年於兹矣。比者尚書省不究利病，輒意變更，既創至大銀鈔，又鑄至大銅錢。鈔以倍數太多，輕重失宜；錢以鼓鑄弗給，新舊滯用；曾未再期，其弊滋甚。爰咨廷議，允協輿言，皆願變通，以復舊制。其罷資國院及各處泉貨監提舉司，買賣銅器聽民自便。應尚書省已發各處至大鈔本及至大銅錢，截日封貯，民間行使者，赴行用庫倒换。有司依舊印造中統鈔，子母並行，以便民用。

改封北寧王帖里哥兒不花爲湘寧王。革僧、道、也里可温、答失蠻、白雲宗、頭陀教等各衙門免差發。

五月癸酉，八百媳婦及大小車里蠻俱叛，命雲南王及行省右丞阿忽台討之。丙子，命翰林國史院修《大行皇帝實録》及累朝皇后、功臣列傳。壬午，金齒蠻來獻馴象。戊子，羅鬼蠻來獻方物。

六月乙巳，命侍臣咨訪内外才堪信用者，悉以名聞。仍戒飭諸王恪恭乃職。甲寅，封亦思丹爲懷仁郡王。丁巳，命和林行省右丞孛里、馬速思經理青海屯田。己未，封知樞密院事孛羅爲澤國公。甲子，請大行皇帝謚於南郊，上尊謚曰仁惠宣孝皇帝，廟號武宗。己巳，魏王阿木哥入朝。命翰林侍講阿林鐵木兒以國語譯《貞觀政要》，使蒙古、色目人誦習之。

秋七月癸未，甘州地震，大風有聲如雷。己亥，詔諭中書省曰：「朕前戒近侍，毋輒以文記傳旨中書，自今敢有犯者，不須奏聞，直捕其人，付刑部究治。」敕御史臺選老成更事者爲監察御史。

閏七月辛丑，遣國子祭酒劉賡至曲阜，以太牢祀孔子。丙午，祔武宗皇帝於太廟。戊申，封李孟秦國公，亦憐真乞剌思爲司徒。己酉，吐蕃寇禮店、文州，命亦憐真等討之。壬戌，立上都通政院，領蒙古諸驛。乙丑，魯國大長公主祥哥剌吉進號皇姊大長公主。遣使招諭黑水、白水等蠻。

八月己巳朔，裁京官諸司員額，並依至元三十年舊制。丙戌，安南世子陳日㷃來貢方物。

九月己亥朔，遥授左丞相不花進太尉。壬子，改元皇慶，詔曰：

朕賴天地祖宗之靈，纂承聖緒，永惟治古之隆，羣生咸遂，國以乂寧。朕夙興夜寐，不敢怠遑，任賢使能，興滯補弊，庶其臻兹斂時五福，用敷錫厥庶民，朕之志也。逾年改元，厥有彝典，其以至大五年爲皇慶元年。

是月，遣都水監木八剌沙往取杭州所造龍舟，中書省臣諫曰：「陛下踐阼，誕告天下，凡非宜取索，勿得擅進。若取此舟，有乖前旨。」詔止之。

冬十月戊辰朔，有事於太廟。丁丑，禁僧寺勿冒占民田。戊子，以故太師月兒魯那演子木剌忽知樞密院事。壬辰，議收至大銀鈔。

十一月戊戌，封司徒買僧爲趙國公。辛亥，諸王不里牙敦等誣告八不沙不法，詔竄不里牙敦於河南。己未，遼陽行省平章政事阿散爲中書平章政事。丙寅，加徽政使羅源大司徒。

十二月癸酉，封宣政使愛薛秦國公。壬午，詔曰：「今歲不登，民何以堪！春蒐其勿令供億。」甲申，占城國遣使貢方物。庚寅，曲赦京師大辟囚一人，並流罪。乙未，敕内降旨，一切勿行，遣禮部尚書乃馬台等頒皇慶元年曆於安南國。

皇慶元年春正月戊戌朔，召河南行省右丞王約至京師。庚子，帝諭御史大夫塔思不花曰：「凡大臣不法，卿等劾奏勿避，朕自裁之。」加太師、録軍國重事、知樞密院脱兒赤顔開府儀同三司，封淇陽王。庚戌，封知樞密院事、駙馬醜漢爲安遠王，出總北軍。癸丑，旌表廣州路番禺縣孝子陳韶孫。戊午，改封濟王朵列納爲吴王。崇福使也里牙襲封秦國公。是月，以中書平章政事李孟爲翰林學士承旨、知制誥，仍兼平章政事。

二月甲戌，改和林行省爲嶺北行省。己卯，八百媳婦蠻來獻馴象。壬午，封孛羅爲永豐郡王。

三月己亥，以帝生日爲天壽節，高麗國遣使來賀聖誕。戊申，前河南行省平章政事塔失海牙爲御史大夫。甲寅，諸王也先不花等遣使來貢方物。丙辰，封同知徽政院事不蘭奚爲趙國公。庚申，遣户部尚書馬兒經理河南屯田。乙丑，封諸王塔思不花爲恩平王。

夏四月癸酉，車駕幸上都。封鄆國大長公主忙哥台爲大長公主。壬午，封知樞密事木剌忽爲廣平王。

五月丙申朔，中書平章政事阿散爲中書左丞相，江浙行省平章政事張驢爲中書平章政事。加知樞密院事也先帖木兒開府儀同三司。

六月乙丑朔，日有食之。丁卯，天雨毛。己未，京師地震。丁亥，敕罷封贈，戒左右勿僥倖加官。

秋七月丙午，中書參知政事賈鈞乞病歸，賜鈔三百錠，給安車還籍。

八月己卯，吏部尚書許師敬爲中書參知政事。庚辰，車駕至自上都。辛卯，安南國王陳益稷來朝。

九月戊戌，罷討八百媳婦及大小車里，以璽書招諭之。辛丑，遣司徒田忠良等至真正府玉華宫祀睿宗御容。八百媳婦及大小車里蠻來獻方物。甲辰，參議中書省事阿里海涯爲參知政事。

冬十月甲子，有事於太廟。癸未，中書參知政事察罕加平章政事、商議中書省事。戊子，翰林學士承旨玉連赤不花等進《順宗》、《成宗》、《武宗實録》。辛卯，以諸王入覲，赦天下，敢以赦前事相告者，以其罪罪之。

十一月丙午，諭六部官毋踰越奏事。丙辰，晉封濮陽王、駙馬脱脱木兒爲岐王。庚申，占城國來獻犀象。緬國遣使來朝。雲南不農蠻酋岑福來朝。

十二月癸亥，中書平章政事李孟致仕。樞密副使張珪爲中書平章政事。庚辰，知樞密院事答失蠻罷。丁亥，遣使祈雪於社稷及嶽鎮海瀆。定省部減削繁冗格例。是月，諸王春丹叛。黎賊王奴歐等作亂，僞稱平章元帥。

二年春正月甲午，察罕腦兒等處宣慰使伯忽爲御史大夫。辛丑，封乞台普濟爲安吉王，中書右丞相鐵木迭兒以病免。丁未，太府卿禿忽魯爲中書右丞相。是月，黎賊王奴歐降。

二月甲子，立弘吉剌氏爲皇后，遣使祭告天地、太廟。丁丑，命張珪領國子學。丁亥，帝諭左右曰：「回回人以寶玉鬻於官，朕思此物何足爲寶？惟善人乃可爲寶。善人用則國家安，此朕所宜寶也。」

三月丙申，御史中丞脱歡答剌罕爲御史大夫。杖流高麗陪臣李思温、金深於臨洮。丙午，詔曰：「《易》述《家人》，《詩》美《關雎》，故帝王受命，必建置后妃，所以順天地之義，重人倫之本也。弘吉剌氏夙由世戚，來嫁我家，事皇太后有孝恭之懿，輔朕躬着淑慎之善。於二月十六日授以册寶，立爲皇后。於戲！位乎内，位乎外，得政道之相成；用之國，用之鄉，庶民風之不變。咨爾有衆，咸使聞知。」

壬子，右丞相秃忽魯等以天時亢旱，又隕霜雨沙，乞黜免，以當天意，帝不允。甲辰，高麗王王謜以長子燾入覲，請傳位於燾。詔授燾征東行省左丞相、上柱國，襲封高麗國王。

夏四月丙戌，遣納剌忽等護送高麗王謜歸國。乙亥，車駕幸上都。辛巳，加御史大夫伯忽開府儀同三司。

五月辛丑，中書右丞兀伯都剌爲平章政事，左丞八剌脱因爲右丞，參知政事阿里海牙爲左丞，參議中書省事秃魯花帖木兒爲參知政事。是月，中書平章政事張珪罷爲大司徒。

六月己未，京師地震。癸亥，秃忽魯等以災異，乞賜放黜，不允。丙寅，京師地震。辛未，以參知政事許師敬綱領國子學。甲申，以宋儒周敦頤、程顥、程頤、張載、邵雍、司馬光、朱熹、張栻、吕祖謙及前中書左丞許衡從祀孔子廟廷。河決陳、亳、睢等州及開封、陳留縣。

秋七月壬寅，京師地震。

八月丁卯，車駕至自上都。庚午，侍御史薛居敬爲中書參知政事。是月，崇明、嘉定二州海溢。

九月癸巳，宣徽院使完者知樞密院事。戊申，封脱歡爲安定王。

冬十月己卯，敕中書省議科舉法。封不答里爲安德王。乙酉，旌表高州民蕭又妻毛氏貞節。

十一月甲辰，詔曰：

惟我祖宗以神武定天下，世祖皇帝設官分職，徵用儒雅，崇學校爲育才之地，設科舉爲去取之方，規模宏遠矣。朕以眇躬，獲承丕祚，繼志述事，祖訓是式。若稽三代以來，取士各有科目，要其本末，舉人宜以德行爲首，試藝則以經術爲先，詞章次之。浮華過實，朕所不取。爰命中書參酌古今，定其條制。其以皇慶三年八月，天下郡縣舉其賢者、能者，充賦有司，次年三月會試京師，中選者朕將親策焉。

是月，辰州蠻酋吴千道作亂。

十二月丙子，定百官致仕資格。

新元史卷之十七　本紀第十七

仁宗下

延祐元年春正月丁亥，授前中書右丞劉正平章政事、商議中書省事。庚子，江浙行省左丞高昉爲中書參知政事。丁未，詔曰：

惟天惟祖宗眷佑有國，朕自即位，於今四年。比者陰陽失和，災異屢見，豈朕修德之未至歟？抑官吏未選，而政令之或乖歟？思以回天心，召和氣，側身修行，實切朕衷。庸敕有司，務共乃職，爰布維新之令，誕敷濟衆之仁。可改皇慶三年爲延祐元年。

所有合行事理，條列於後：一，上都、大都差税，自延祐元年蠲免二年。一，曾經賑濟災户，免延祐元年差税。一，内外一切不急之役，截日停罷。一，普免百姓欠負錢糧。一，流民所至，有司勤加存恤，復免差役三年，原拋田産，盡行給復。一，除謀反大逆、謀殺祖父母父母、妻妾殺夫、奴僕殺主及强盜、僞造寶鈔、官吏侵盜錢糧，不在原宥外，其餘一切罪犯，並行釋放；一，湖廣、雲南叛蠻如能悔過，即與免罪。於戲！以實應天，爰聿新於庶政，用孚有衆，同保合於太和。咨爾多方，體予至意。

庚戌，右丞相秃忽魯等以災變乞罷黜，不允。

二月甲戌，侍御史趙世延爲中書參知政事。壬午，右丞相秃忽魯罷，阿散爲中書右丞相、監修國史。癸未，中書參知政事高昉罷爲集賢大學士。

三月癸卯，暹國來貢方物。丙午，封駙馬阿魯秃爲趙王。戊申，車駕幸上都。癸丑，中書參知政事察罕致仕。是月，沅州猺賊蒲狗、向金朝等來降。

閏三月丁丑，馬八兒國來貢方物。

夏四月己酉，敕郡縣官勤職者，賜幣帛。以鐵木迭兒録軍國重事、監修國史。立回回國子監。是月，皇后弘吉剌氏崩。五月戊寅，京兆府爲許衡建魯齋書院，降璽書旌之。

六月戊子，召河南行省左丞相卜憐吉歹至京師，封爲河南王。

秋七月庚午，開下番市舶禁。是月，遣使賜高麗國宋秘閣書籍一萬七千卷。

八月戊子，車駕至自上都。

九月己巳，復以鐵木迭兒爲中書右丞相，阿散爲左丞相。罷陝西行御史臺。

冬十月戊申，復甘肅屯田，立沙、爪等處屯儲總管萬户府。庚戌，遣張驢經理江南田賦。

十一月戊辰，通政使蕭拜住爲中書右丞。辛未，翰林學士承旨答失蠻知樞密院事。癸酉，前中書右丞相秃忽魯知樞密院事。

十二月己亥，敕中書省，孔子五十三代孫當襲衍聖公者，以名聞。庚子，復以翰林學士承旨李孟爲中書平章政事。

二年正月乙亥，遣宣撫使分十二道問民疾苦，黜陟官吏。命中書省臣分領庶務。禁南人販買妻子爲驅。是月，黄聖許復叛，陷忠州。

二月己卯朔，會試進士於禮部。壬寅，雲南王老的來朝。

三月己卯，廷試進士，賜忽都答兒、張起巖等五十六人及第，出身有差。庚午，上皇太后尊號曰儀天興聖慈仁明懿壽元合德泰寧福慶皇太后。免延祐二年四月初一日以前百姓拖欠課税，官吏失陷短少錢糧，亦與免徵。丁丑。中書平章政事張驢出爲江浙行省平章政事。

夏四月戊寅朔，日有食之。辛巳，賜進士恩榮，宴於翰林院。辛丑，賜會試下第舉人從七品官致仕，及教授、學正、山長等有差，後不爲例。乙巳，車駕幸上都。丙午，封諸王察八兒爲汝寧王。五月戊申朔，復立陝西行御史臺。乙丑，秦州成紀縣山移，陷没民居。甲戌，授宦者續元暉昭文館大學士。

六月戊戌，河決鄭州。丙午，緬國王遣其子脱剌合來貢方物。

秋七月乙卯，贛州賊蔡五九等作亂，自稱洞王。己丑，命鐵木迭兒總宣政院事，詔諭中外。

八月丙戌，蔡五九陷汀州寧化縣，僭號蔡王，遣江浙行省平章政事張驢等討之。己丑，車駕至自上都。乙未，以蔡五九之亂，罷江浙經理田賦及冒括田租。壬寅，詔江浙行省印《農桑輯要》萬部，頒行各路。旌表貴州達魯花赤相兀孫妻脱脱真死節。

九月丁未，敕吏部尚書王居仁鞫張驢括江浙田租，逼死九人之罪。壬戌，蔡五九伏誅。

冬十月丁丑，封托忽赤爲威寧郡王，忽兒赤帖木兒不花爲趙國公。庚辰，淮西廉訪使郭貫爲中書參知政事。壬午，有事於太廟。乙未，以同知樞密院事帖木兒脱知樞密院事。授白雲宗道人沈明仁榮禄大夫、司空。丁酉，加鐵木迭兒太師。癸卯，八百媳婦蠻來貢馴象。

十一月丙午，彗星見。辛未，以星變，赦天下，免民間拖欠差税，大都、上都、興和三路免差税三年，其餘路分輕重減免有差。甲戌，封武宗長子和世㻋爲周王。左丞相阿散等以星變，乞罷黜。帝曰：「此朕之過，豈卿等所致？其復乃職。苟政有差謬，勿憚更改，以安百姓。」

十二月庚寅，旌表汀州寧化縣民賴禄孫孝行。是月，廣東黎賊陷横州永淳縣，殺達魯花赤。

三年春正月乙巳，特授昔寶赤合剌合孫、達魯花赤脱歡金紫光禄大夫、太尉。丙午，封前左丞相忽魯答兒壽國公。辛酉，以同知樞密院事買閭知樞密院事。是月，高麗國王王燾來朝。

二月戊寅，命湖廣行省諭安南，歸占城國王。

三月辛亥，授高麗世子王暠開府儀同三司，封瀋王。加將作院使吕天麟大司徒。甲寅，命中書右丞蕭拜住等護送周王和世㻋之雲南。癸亥，車駕幸上都。是月，德慶路猺叛。

夏四月壬午，敕衛輝、昌平官吏修殷比干、唐狄仁傑祠。庚子，上都留守憨剌合兒知樞密院事。

五月辛亥，江西行省右丞斡赤爲典瑞院使、大司徒。庚申，大都留守伯鐵木兒、中書右丞蕭拜住並爲中書平章政事，左丞阿里海牙爲右丞，參知政事郭貫爲左丞，參議不花爲參知政事。

六月乙亥，封孟子父爲邾國公，母爲邾國宣獻夫人。丙子，横、融、賓、柳等州猺叛。己卯，詔諭百官各勤其職，毋隳廢庶政。

秋七月壬子，命御史大夫伯忽、脱歡答剌罕整治臺綱，仍詔諭中外。乙卯，封月魯帖木兒爲保恩王。丙寅，燕帖木兒知樞密院事。

八月癸酉，兵部尚書乞塔爲中書參知政事。己卯，車駕至自上都。

九月辛丑，中書左丞郭貫罷爲集賢大學士，集賢大學士王毅爲中書左丞。

冬十月辛未，江南行台侍御史高昉爲中書參知政事。壬申，有事於太廟。是月，周王和世琜至延安，陝西行省左丞相阿思罕、平章政事塔察兒、行臺御史大夫秃魯卜、御史中丞脱歡與周王常侍教化等奉和世琜舉兵反。

十一月壬寅，命監察御史監治嶺北行省。乙巳，改澧州路安撫司爲安定軍民府。

十二月庚午，知樞密院事秃忽魯爲陝西行省左丞相。丁亥，立皇子碩德八剌爲皇太子，兼中書令、樞密使。以同知樞密院事床兀兒知樞密院事。

四年春正月戊申，詔曰：

朕仰惟太祖皇帝聖訓，若曰應天順人，惟以至誠，保安天下，宜遵正道。重念列聖繼承丕祚，我世祖皇帝混一之初，顧予菲德，懼勿克荷，不遑寧處。比者和世琜年幼，聽信憸人阿思罕等，謀爲不軌，搆亂我家，已爲陝西行省行臺管軍官等將叛賊阿思罕、教化、徹里哥思等斬首以徇。其同謀及協從者，欲一概加誅，有所不忍。宜推曠蕩之恩，開以自新之路，可大赦天下。凡常赦所不原者，罪無輕重，咸赦除之。若有避罪逃從逆黨竄匿者，赦書到日，限百日内出首，與免本罪。限外不首，復罪如舊。敢以赦前事告訐者，以其罪罪之。

乙卯，以襄寧王按灰代遼王脱鋭鎮雲南。丙辰，知樞密院事完者爲雲南行省平章政事。

閏月壬申，流魏王阿木哥於耽羅，尋移大青島。庚辰，晉封鎮遠王孛羅爲冀王。丙戌，詔曰：

朕荷上天之鴻禧，纂列聖之丕緒。比承皇太后慈訓，若稽世祖皇帝成憲，深惟國本，宜建儲嗣。親王、大臣詢謀僉同，皇子碩德八剌地居嫡長，天錫仁孝，可以主重器，奉宗祧。已於延祐三年十二月十九日，授以金寶，立爲皇太子，中書令、樞密使一如舊制。

因前盛典，庸布新條：一，勉勵學校，以作人才。一，勸課農桑，耕作以時。一，免探馬赤軍人合納糧稅。一，經行屯戍軍馬，勿騷擾百姓。一，免各路差稅有差。一，停罷内外不急之役。一，免徵應合追賠係官錢糧。一，存恤鰥寡孤獨。一，岳瀆、帝王、忠臣、烈士，除常祀外，長吏擇日致祭。

於戲！萬國以貞，允屬元良之重；四方其訓，永建太平之基。咨爾臣民，體予至意。

辛卯，封别帖木兒爲汾陽王。

二月甲辰，敕州縣復置社倉。

三月辛卯，車駕幸上都。甲午，高麗國遣使來獻方物。

夏四月壬寅，加太常禮儀院使拜住大司徒。戊申，答合孫寇邊，吴王秃烈納等敗其衆於和懷。己未，翰林學士承旨忽都魯兒迷失、劉賡等譯《大學衍義》以進，敕翰林學士阿憐帖木兒，以國語譯之。

五月辛未，授上都留守闊闊出開府儀同三司、大司徒。乙亥，封鄆國大長公主忙哥台爲皇姑大長公主。壬午，翰林學士承旨赤因帖木兒爲中書平章政事，平章政事兀伯都剌罷爲集賢大學士。己丑，中書左丞阿里海涯爲中書平章政事，參知政事乞塔爲中書右丞，高昉爲中書左丞，參議換住、張思明並爲參知政事。

六月戊申，鐵木迭兒罷，左丞相阿散爲中書右丞相。己酉，兀伯都剌復爲中書平章政事。壬子，中書參知政事張思明罷爲工部尚書，工部尚書王桂爲中書參知政事。丁巳，安南國來貢方物。

秋七月乙亥，中書平章政事李孟罷爲翰林學士承旨，江浙行省左丞王毅爲中書平章政事。壬午，特授中衛親軍都指揮使孛蘭奚爲太尉。己丑，成紀山崩，壓死居民。

八月丙申，車駕至自上都。

九月丙寅，宣徽使伯答沙爲中書右丞相，阿散改左丞相。故事，右丞相必用蒙古勛臣，阿散回回人，遂固辭，帝允之。

冬十月甲午朔，有事於太廟。壬寅，遣御史大夫伯忽、參知政事王桂祭陝西嶽鎮，並賑成紀縣災民。

十一月己卯，浚揚州運河。辛卯，以高麗國王王燾爲開府儀同三司、駙馬、高麗國王。

十二月乙巳，置詹事院，以郭貫爲太子詹事。丁巳，禿滿迭兒知樞密院事。特授晉王府長吏按攤出金紫光禄大夫，封魯國公。

五年春正月丙子，安南國來貢方物。丁亥，會試進士於禮部。加湖廣行省平章政事買住大司農、魯國公。

二月癸巳朔，日有食之。丁酉，封諸王晃火帖木兒爲嘉王，禿滿帖木兒爲武平王。

三月戊辰，廷試進士，賜忽都達兒、霍希賢等五十人及第，出身有差。乙亥，特授安遠王、駙馬醜漢開府儀同三司、録軍國重事、知樞密院事。加晉王府内史拾得閭榮禄大夫，封桓國公。

夏四月壬辰，安吉王乞台普濟卒。己亥，耽羅獵户成金等作亂，敕高麗國王討之。庚戌，侍御史敬儼爲中書參知政事。戊午，車駕幸上都。

五月辛酉朔，八番順元蠻酋來獻方物。丁卯，御史中丞亦列赤爲中書右丞。己卯，隴西縣山崩，壓死居民。

六月乙巳，妖人趙子玉等謀往高麗迎魏王阿木哥爲亂，事覺伏誅。

秋七月己未朔，加宦者李邦寧開府儀同三司。辛酉，遣吏部尚書卜顔、必闍赤買閭使高麗，責問魏王阿木哥及耽羅叛狀。壬申，諸王也舍、失剌吉等，坐附叛王不里牙敦，持兩端，流也舍於江西，失剌吉於湖廣。壬午，罷河南行省左丞陳英等所括民田。

八月庚子，車駕至自上都。

九月癸亥，大司農買住進司農丞苗好謙所撰《栽桑圖説》，命印千本散之民間。丙寅，廣西蠻酋黄法扶、何凱等來獻方物。丁卯，中書右丞亦列赤爲平章政事，左丞高昉爲右丞，參知政事换住爲左丞，吏部尚書燕只干爲參知政事。丙戌，僉太常禮儀院事狗兒爲中書參知政事。丁亥，立行宣政院於杭州。

冬十月己丑，播州南寧蠻酋洛麼叛，敕恩州守臣换住哥招諭之，洛麼來獻方物。甲午，有事於太廟。

十一月己巳，以同知樞密院事忠嘉知樞密院事。

十二月壬辰，特授集賢大學士脱列大司徒。

六年春正月丁巳朔，暹國來貢方物。癸酉，特授同知徽政院事醜驢答剌罕金紫光大夫、太尉。己卯，廣東猺賊趙郎庚等作亂，敕江西行省討之。是月，前中書右丞尚文爲太子詹事。

二月丁亥朔，日有食之。丁酉，雲南闍里愛俄、永昌蒲蠻阿八剌等並叛，敕雲南行省討之。

三月丁巳，以天壽節釋重囚一人。辛酉，召見太子詹事尚文於嘉禧殿之後閣。帝謂太保曲出曰：「是世祖皇帝效力人也。」又詔文曰：「託汝善輔太子，有言勿吝，此朕意也。」丙寅，特授翰林學士承旨八兒思不花開府儀同三司、大司徒。己巳，晉封保恩王月魯帖木兒爲恩王。

夏四月庚子，車駕幸上都。鐵木迭兒爲太子太師。

五月丙子，加安南國王陳益稷開府儀同三司。是月，雲南行省左丞朵兒只討永昌南竊蒲蠻，大敗之，其酋阿良等降。

六月癸丑，以羽林軍萬人隸東宮。

秋七月丙辰，緬國來貢方物。來安路總管岑世興叛，賜璽書招諭之。壬戌，以者連怯耶兒萬户府隸東宮，置右率衛府。甲戌，皇姊魯國大長公主作佛事，擅釋全寧路重囚二十七人。敕按問全寧官吏阿縱不法，仍追囚還獄。

八月甲申，河東山西道宣慰使張思明爲中書參知政事。庚子，車駕至自上都。

閏八月壬申，太傅、御史大夫伯忽爲太師。

九月甲申，徽政使朵帶爲太傅，中書參議欽察爲中書參知政事。癸卯，詔四宿衛以貪污受刑奪職不叙者，勿令入禁庭。

冬十月乙卯，詔嚴鞫白雲宗道士沈明仁姦惡。戊午，遣中書右丞相伯答沙授皇太子玉册。辛酉，札魯忽赤鐵木兒不花爲御史大夫。

十一月丙子，詔曰：

朕惟世祖皇帝憲章，隆古垂裕，萬世灼然。垂訓豫建嫡嗣，是以協謀僉同，立皇子碩德八剌爲皇太子。若稽册命，屬當舉行，於今十月七日授以玉册，大慶禮成。於戲！天地之德，宗社之靈，國本既崇，人心攸繫。咨爾有衆，體予至懷。

十一月辛卯，木邦路蠻酋帶邦作亂，敕雲南行省招撫之。乙巳，秘書卿苫思丁爲大司徒。

十二月壬戌，命皇太子參決國事。封宋儒周敦頤爲道國公。壬申，中書平章政事王毅以親老致仕，許之，仍賜其父幣帛。

七年春正月辛巳朔，司天監奏，是日日食。帝齋居損膳，輟朝賀。既而不食。癸未，帝御大明殿，受諸王百官賀。丁亥，帝不豫。辛丑，崩於光天宫，年三十有五，在位九年。癸卯，葬起輦谷。

三月乙未，上尊謚曰聖文欽孝皇帝，廟號仁宗，國語曰普顔篤皇帝。

史臣曰：仁宗孝慈恭儉，不邇聲色，不殖貨利。待宗戚勛舊，始終以禮，大臣親老，時加恩賚。有司奏大辟，輒惻怛移時。晉寧侯甲兄弟五人俱坐法死，帝憫之，宥一人以養其父母。崇尚儒學，興科舉之法，得士爲多，可謂元之令主矣。然受制母后，嬖倖之臣顓權用事，雖稔知其惡，猶曲貸之。常問右丞相阿散曰：「卿日行何事？」對曰：「臣等奉行詔旨而已。」帝曰：「祖宗遺訓，朝廷大法，卿輩猶不遵守，况朕之詔旨乎？」其切責宰相如此。有君而無臣，惜哉！

新元史卷之十八　本紀第十八

英宗

英宗睿聖文孝皇帝，諱碩德八剌，仁宗長子也。母曰莊懿慈聖皇后弘吉剌氏。以大德七年二月甲子生。

仁宗延祐三年，議立皇太子，興聖太后屬意於帝。帝入見太后，固辭曰：「臣幼，宜立臣兄和世球。」太后不從。冬十二月丁亥，立爲皇太子，授金寶。六年冬十月戊午，受玉册。詔百司庶務，先啟皇太子，然後奏聞。

七年春正月，仁宗不豫，帝憂形於色，焚香告天，乞以身代。辛丑，仁宗崩。哀毁逾禮，日歠一粥。甲辰，皇太后復以鐵木迭兒爲中書右丞相。丙午，遣使讞內外訟獄。

二月壬子，浙江行省左丞相黑驢爲中書平章政事。戊午，祭社稷。辛酉，中書平章政事赤斤帖木兒、御史大夫脱歡並罷爲集賢大學士。甲子，逮四川行省平章政事趙世延至京師。丙寅，陝西行省平章政事趙世榮爲中書平章政事，江西行省右丞木八剌爲中書右丞，參知政事張思明爲左丞，中書左丞換住出爲嶺北行省右丞。己巳，罷上都乾元寺規運總管府。辛未，括諸路係官山場、河泊、窑冶、廬舍。壬申，召陝西行臺御史大夫答失鐵木兒至京師。丁丑，奪翰林學士承旨李孟韓國公敕命。戊寅，中書平章政事兀伯都剌出爲甘肅行省平章政事，阿禮海涯出爲湖廣行省平章政事。鐵木迭兒以皇太后命，殺集賢大學士楊朵兒只、崇禮院使蕭拜住，並籍其家。

三月壬午，爪哇國來貢方物。戊子，詔諸王、駙馬流竄者，還就分邑。庚寅，帝即位於大明殿，詔曰：

洪惟太祖應期撫運，肇開帝業。世祖皇帝神機睿略，統一海内，以聖繼聖。迨我先皇帝，至仁厚德，涵濡羣生，君臨萬國，十年於兹。以社稷之遠圖，定天下之大本。協謀宗親，授予册寶。方春宫之與政，遽昭考之賓天。諸王近戚，元勛碩輔，咸謂朕宜體先皇帝付託之重，既深系乎人心，詎可虚於神器？合辭勸進，誠意交孚。乃於三月十一日即皇帝位於大明殿。可大赦天下。腹裏被災路分，據延祐七年合該絲綫，十分爲率，擬免五分，其餘諸路絲綫並江淮夏税均免三分之一。延祐七年以前逋欠差徭税銀，並行蠲免。已徵入主典之手，不在蠲免之限。各處站赤消乏，毋泛濫給驛。差役不均，監察御史、廉訪司嚴行糾治。遠近諸軍，其陣亡者，常例存恤外，更展限一年。本管官及奧魯官毋非理科徵。兩廣、福建等處嘯聚賊徒，詔書到日，限六日內出官自首，許免本罪，限外不悛，依常收捕。務農所以厚民，勸學所以興化，各處提調官加意勉求實效。岳瀆、帝王，諸在祀典者，長吏擇日致祭。

是日，尊皇太后爲太皇太后。詔曰：

朕惟爲治之端，無加於立孝；根本之內，莫大於尊親。朕肇纘丕圖，恪遵彝典。欽惟儀天興聖慈仁昭懿壽元全德泰寧福慶皇太后，仁明淵静，淑睿懿恭。定大策於兩朝，功施社稷；著徽音於四海，慶衍本支。夙荷恩慈，撫予眇質，思仰酬於厚德，宜首進於隆名。謹上尊稱曰太皇太后，其應行典禮，令有司討論以聞。

壬辰，太皇太后受百官朝賀於興聖宫。鐵木迭兒進開府儀同三司、上柱國、太師。丙申，斡羅思等來降，賜鈔萬四千貫，還其部。戊戌，敕陰陽、醫官、匠人勿承蔭。辛丑，禁擅奏璽書。以樞密院兼領左右衛率府。壬寅，翰林學士承旨李孟降爲集賢侍講學士。御史臺請詔諭百司，以肅臺綱，帝曰：「卿等但守職盡言，善則朕從之，否亦不汝罪也。」甲辰，詔中外毋沮議鐵木迭兒。丙午，有事於南郊，告即位。

夏四月庚戌，有事於太廟，告即位。詔羣臣曰：「一歲惟四祀，使人代之，不能致如在之誠。朕必終身親涖祀事，諭卿等知之。」廷臣言：「祀事畢，宜赦天下。」帝曰：「赦不可屢下，使殺人者獲免，則死者何辜？」命中書省陳便宜事行之。河南、湖廣、遼陽三行省丞相並降爲平章政事，惟征東行省以高麗王不降。乙卯，封諸王徹徹秃爲寧遠王。戊午，祀社稷，告即位。己未，紹慶路洞蠻叛。平章政事王毅、中書右丞高昉徵理京師諸倉庫糧帛虧額。庚申，太常禮儀院使拜住爲中書平章政事。戊辰，車駕幸上都。封高麗王從子王煦爲雞林郡公。有因近侍獻七寶帶者，帝曰：「朕即位，不聞卿等薦賢，而爲人進寶，是以利誘朕也，其還之。」照刷宣徽院文卷。

五月庚辰，殺上都留守賀伯顏，籍其家。己丑，中書左丞相阿散出爲嶺北行省平章政事。中書平章政事拜住爲中書左丞相。乃剌忽、塔失海牙並爲中書平章政事，只兒哈郎爲中書參知政事。辛卯，中書參知政事欽察罷爲集賢大學士。乙未，請大行皇帝謚於南郊。戊戌，嶺北行省平章政事阿散、中書平章政事黑驢、御史大夫脱忒哈、徽政院使失列門等與黑驢母亦列失八謀廢立，事覺，俱伏誅。辛丑，知樞密院事鐵木兒脱爲中書平章政事。甲辰，詔曰：

朕肇登大寶，祗適先猷，仍圖任於舊人，庶共新於治效。豈期邪黨輒蕴私心，邇者阿散、黑驢、脱忒哈、失列門、亦列失八等潛結詭謀，撓亂國政。既自作於不靖，固難宜於嚴誅。賀伯顏輕侮詔書，殊乖臣禮，不加懲創，曷示等威？今已各正典刑，籍没其家。於戲！惟邦國之用刑，以靖羣慝；俾人臣之知戒，勿蹈非彝。咨爾有衆，體予至懷。

丁未，封諸王王禪爲雲南王。

六月己酉，流徽政院使米薛迷干於金剛山。甲寅，前太子詹事床兀兒坐黨附阿散等，伏誅。丙辰，召河南行省平章政事埜仙帖木兒至京師。收脱忒哈廣平王印。丁巳，江西行省左丞相脱脱爲御史大夫，宗正札魯火赤鐵木兒不花爲知樞密院事。戊午，罷詹事院。封知樞密院事塔失帖木兒爲薊國公。乙丑，西番酋盜洛各目降。己巳，高麗國遣使賀即位。是月，奉元盩厔縣妖僧圓明作亂，僞稱皇帝。

秋七月甲申，知樞密院事買驢、哈丹並出爲遼陽行省平章政事。乙未，甘肅行省平章政事欽察知樞密院事。丙申，中書平章政事乃剌忽罷。安王兀都思不花降封順陽王，尋賜死。始製衮冕。庚子，江南行臺御史中丞廉恂爲中書平章政事。乙巳，知樞密院事也先吉尼出爲江西行省平章政事。是月，雲南花角蠻酋韋郎達叛。

八月戊申，祭社稷。丙辰，祔仁宗聖文欽孝皇帝、莊懿慈聖皇后於太廟。

九月壬辰，土番酋利族、阿俄等寇成谷。循州蠻酋泰元吉叛。庚子，慈利州山民貞公糾合諸洞蠻酋並叛，遣湖廣行省討之。甲辰，雲南木邦路蠻酋紿邦遣其子來獻方物，賜幣有差。馬札蠻等使占城、占臘、龍牙門諸國，索馴象。是月，奉元路達魯花赤伯顏獲僧圓明，誅之。永寧路蠻酋和俄等叛，渠州吏目李榮貴死之。

冬十月丁未，有事於太廟。丁巳，酉陽州聳儂洞蠻叛，遣四川行省討之。戊午，車駕至自上都。詔太常院曰：「朕將以四時躬禮太室，宜與羣臣集議其禮。此追遠報本之道，毋以朕勞於對越而有所損。」安南國遣使貢方物。酉陽州蠻酋冉世昌遣其子率大、小石隄洞蠻入貢。癸酉，流諸王阿剌鐵木兒於雲南。

十一月丙子朔，帝御齋宫。丁丑，有事於太廟，至仁宗皇帝室，嗚咽流涕，左右感動。辛巳，以享太廟禮成，御大明殿受賀。甲申，修《仁宗實録》。戊戌，交趾蠻儂志德掠脱零、那乞等六洞。

十二月乙巳朔，詔曰：「朕祗遹詒謀，獲承丕緒，念付託之惟重，顧繼述之敢忘。爰以延祐七年十一月丙子，被服衮冕，恭謝太廟。既大禮之告成，宜普天之均慶。屬兹踰歲，用易紀元，於以導天地之至和，法《春秋》之謹始。可以明年爲至治元年。普免天下至治元年地丁糧十分之二。合該包銀，除兩廣、海北、海南權且停擱，其餘減免三分之一。大都、上都、興和三路免差稅三年。腹裏被災人民，與免絲料三分。燕南、山東、汴梁、歸德、汝寧災傷地面，應有山場、河泊，並聽民開采。諸人侵盗、失限、短少、減駁，合追係官錢糧，如在詔書以前，已有追理文案者，先將奴婢財産准折入官，不敷之數，並行釋免。已徵入主典之手，不在此例。回回人等典賣蒙古子女爲驅者，分付所在官司應付口糧收養，聽候中書省定奪。流移户口如欲復業者，官司給付行糧，拖欠差徭課程，並行倚閣，原抛田産，全行給付，仍免差税三年。諸翼軍人消乏，衆樞密院分揀合併存恤。管軍官放錢利息及翻倒文契者，詔書到日，盡行停擱。和林、甘肅、雲南、四川、福建、廣海新附漢軍，除常例外，每名給布一疋，死者給燒埋銀。站赤消乏，諸衙門及諸王、公主、駙馬差使，常加撙節，一切關防約束事理，悉從舊制。若有不應差人及多餘鋪馬者，嚴行斷罪。煎鹽、冶鐵、運糧船户，合該雜泛差役，優免三年。腹裏權住煽辦，以紓民力。經過軍馬、昔寶赤、八兒赤等，不得需索百姓，縱駝馬損壞田禾樹木。雲南、四川、福建、廣海之任官員，不幸病故，所在官司取勘應付車船鋪馬，仍給行糧，如有典賣人口，並聽完聚，價不追還。商税三十分取一，已有定制，今正額之外，又索羨餘，非多取於民，彼將焉出？仰將延祐七年實辦到官數目爲定額，已後永不多取。和雇和買，一切雜税差役，除邊遠軍人及自備首思站赤外，不論何户，與民一體均當，諸内外七品官以上，有偉畫長策、可以濟世安民者，實封呈覽。監察御史、布政廉訪司，歲舉可任守令者二人。隱居行義、不求聞達者，有司具狀以聞。復封贈之制，中書省集議舉行。」

戊申，流前高麗王源於吐番撒思結之地。丁未，播州蛋蠻的羊龍等來降。乙卯，上太皇太后徽號曰儀天興聖慈仁昭懿壽元全德泰寧福慶徽文崇裕太皇太后。翰林學士忽都魯都兒譯進宋儒真德秀《大學衍義》，帝曰：「修身治國，無踰此書。」賜鈔五十萬貫。丙辰，以太皇太后加號，御大明殿受賀。丙寅，典瑞院使闊徹伯知樞密院事。戊辰，告祀太廟。己巳，中書右丞木八剌出爲江西行省右丞，中書參知政事只兒哈郎爲中書右丞，江南浙西道廉訪使薛處敬爲中書參知政事。上思州猺寇忠州。江浙行省平章政事伯顏索兒、江西行省平章政事白撒都並坐貪墨免官。

至治元年春正月乙酉，高麗國遣使獻童女。丙戌，有事於太廟，左丞相拜住爲亞獻，知樞密院事闊列伯爲終獻。是月，詔高麗王燾入朝。

二月戊申，祭社稷。改中都武衛爲忠翊衛親軍都指揮使司。己酉，建仁宗神御殿於普慶寺。丁巳，畋於柳林。殺監察御史觀音保、鎖咬兒哈的迷失，杖流監察御史成珪、李謙亨於奴兒干。

三月丁丑，緬國遣使貢方物。庚辰，廷試進士泰普化、宋本等六十四人，賜及第、出身有差。辛巳，車駕幸上都。辛丑，鐵失爲御史大夫。

夏四月庚戌，有事於太廟。己未，吉陽黎寇寧遠縣。戊辰，宦者孛羅合爲太常署令。

太常卿言，刑人不應與祭，罷之。

五月壬午，遷武宗皇子圖帖木兒於瓊州。辛丑，太常禮儀院進太廟制圖。

六月癸卯朔，日有食之。丁巳，前中書參知政事敬儼爲陝西行台御史中丞。辛酉，趙宏祚等言事，敕勒歸田里，仍禁妄言時政。乙丑，遣使銓江浙、江西、湖廣、四川、雲南五省官選。己巳，上都留守只兒哈郎爲中書平章政事。

秋七月丁丑，有事於太廟。癸未，封太尉孛蘭奚爲和國公。乙酉，渾河決，被災者二萬三千三百户。吏部尚書教化、禮部郎中文矩頒即位詔於安南國。

八月戊申，祭社稷。庚戌，知樞密院事鐵木兒不花整治軍人貧乏，敕有敢擾害者罪之。乙卯，中書平章政事鐵木兒脱罷爲上都留守。壬戌，帝駐蹕興和，左右以寒甚，請還大都。帝曰：「兵以牛馬爲重，民以稼穡爲本。朕遲留，蓋欲馬得芻秣，民得刈穫耳〔一〕，豈畏寒乎？」雷州路海康、遂溪二縣海溢。秦州成紀山崩。

九月丙子，車駕駐昂兀嶺。壬辰，中書平章政事塔失海牙坐受賕杖免。丁酉，帝至自上都。

冬十月庚戌，有事於太廟，左丞相拜住爲亞獻，御史大夫鐵失爲終獻。癸丑，敕翰林集賢官年七十毋致仕。丙寅，河南行省參知政事你咱馬丁坐殘贓免官。

十一月戊寅，羣臣上尊號曰繼天體道敬文仁武大昭孝皇帝。己卯，以受尊號詔天下。己酉，左丞相拜住請釋罪囚，不允。辛巳，鐵失領左右阿速衛。

十二月辛巳，立亦啓烈氏爲皇后。癸卯，以立皇后詔天下。戊申，告謝太廟。己酉，封唆南臧卜爲白蘭王。庚戌，建太廟正殿。

二年春正月辛亥朔，安南國、占城國各遣使來貢方物。丁巳，有事於太廟，賜導駕耆老幣帛。戊寅，敕有司存恤孔氏子孫貧乏者。癸未，流徽政使羅源於耽羅。封塔齊兒爲蘭國公。

二月庚子，立左右欽察衛親軍都指揮司，拜住兼都指揮使。癸卯，江南行臺御史大夫欽察爲中書平章政事，江浙行省參知政事王居仁爲中書參知政事，薛處敬出爲河南行省左丞。戊申，祭社稷。丁卯，遼陽行省平章政事買驢爲中書平章政事。

三月己巳朔，御史臺、翰林院、國子監同議興舉學校。壬申，張珪復大司徒。癸酉，罷京師營役卒四萬餘人。辛巳，翰林待制沙的使高麗訊高麗王燾不奉敕書事。丙戌，以享太廟禮成，普減內外官一資。丁亥，鳳翔道士王道明坐妖言伏誅。丁酉，車駕幸柳林。駙馬許訥子速怯坐許其父母伏誅。

夏四月戊戌朔，車駕幸上都。

五月己巳，封公主速克八拉爲趙國大長公主。庚午，奉符縣民王驢兒等謀反，伏誅。癸未，御史大夫脱脱爲江南行臺御史大夫。立宗仁蒙古侍衛親軍都指揮使司。車駕幸五臺山。甲申，只兒哈朗爲御史大夫。雲南行省平章政事答失鐵木兒、朶兒只等坐受賕杖免。

閏月癸卯，諸王阿馬、承童擅役諸王脱列捏衛士，並杖流海南。戊申，鐵木迭兒子班丹爲知樞密院事。丙寅，沅州洞蠻叛。禁諸司隔越中書省奏事。

六月丁卯，車駕幸五臺山，禁扈從者毋踐民禾。壬午，辰州江水溢。

秋七月壬子，諸王闊闊禿總兵北邊。戊午，車駕次應州，曲赦金城縣囚。辛酉，車駕次渾源州。中書右丞張思明有罪，杖免，籍其家。

八月戊辰，祭社稷。己巳，道州寧遠縣民符翼軫謀反，伏誅。甲戌，車駕次奉聖州。庚寅，鐵木迭兒卒。

九月辛亥，車駕幸壽安山寺。丙辰，太皇太后崩。庚申，停今年冬祀南郊。

冬十月戊辰，有事於太廟，以國哀迎香去樂。丙子，押濟思國來貢方物。杖謫江南行臺御史大夫脱脱於雲南。甲申，建太祖神御殿於興教寺。己丑，拜住爲中書右丞相。

十一月甲午朔，日有食之。己亥，以授右丞相，詔天下流民復業者，免差稅三年。站户鬻妻子者，官贖還之。凡差役，先科商賈及富實之家，以優農力。差免陝西税十之三，各路官田租十之二，江淮創科包銀全免之。安南國來貢方物。癸卯，京師地震。

十二月甲子朔，建昌州山崩。丁卯，中書平章政事買驢罷爲大司農，廉恂罷爲集賢大學士，集賢大學士張珪爲中書平章政事。甲戌，來安路總官廣西猺岑世興叛。宣政院使八思吉思坐受劉夔冒獻田地下獄。帝謂左右曰：「祖宗制法非朕所得私，八思吉思雖事朕日久，今有罪，朕不敢枉縱也。」論如律。庚辰，葛蠻安撫司副使龍仁貴叛。知樞密院事欽察台罷爲宣政院使。中書參知政事速速爲中書左丞，宗仁衛親軍都指揮使馬剌爲中書參知政事。癸未，紹興路洞蠻把者叛。御史大夫只兒哈郎爲知樞密院事。封諸王徹徹秃爲武寧王。以地震、日食，命中書省、樞密院、御史臺、翰林、集賢院會議國家利害之事以聞。

三年春正月癸巳，暹國遣使來貢方物。八番蠻酋韋思正等降，請納歲租。乙未，有事於太廟。己亥，思明州盜起。壬寅，行中書省復兼總軍政，前樞密院使吴元珪、王約爲集賢大學士，翰林侍講學士韓從益爲昭文館大學士，並商議中書省事。辛亥，命鐵失振舉臺綱。静江路邕、柳諸州獠叛。丙辰，泉州民留應總作亂。

二月丙寅，翰林國史館進《仁宗實録》。遣教化撫西番降族。戊辰，祭社稷。賓丹、爪哇等國來貢方物。癸酉，畋於柳林。辛巳，司徒劉夔、同僉樞密院事囊家歹有罪伏誅。頒行《大元通制》。戊子，封鷹師不花爲趙國公。辛卯，諸王月思別遣使來朝。

三月壬辰朔，車駕幸上都。丁未，西番參卜郎叛，鎮西武靖王搠思班以兵討之。戊申，祔太皇太后於順宗廟室，右丞相拜住攝太尉，奉册寶，上尊謚曰昭獻元聖皇后。

夏四月己巳，釋大辟囚三十一人、杖五十七以上六十九人。己卯，行助役法。丁亥，前羅羅斯宣慰使述古妻漂末遣其子來獻方物。

五月庚子，大風雨雹。鐵失獨署御史大夫事。壬寅，雲南行省平章政事忽辛坐受賕，杖免。戊申，追奪鐵木迭兒官爵。帝御大安閣，見太祖、世祖遺衣，皆以縑素木棉爲之，重加補綴，嗟歎良久，謂左右曰：「祖宗創業艱難，服用節儉如此，朕安敢頃刻忘之？」戊午，奉天行宮正殿災。

六月丁卯，徽政使醜驢討參卜郎。癸未，贈乳母禿忽台定襄郡夫人，其夫阿來追封定襄王。癸酉，增太廟夾室。乙酉，叛王怯伯來降。

秋七月壬辰，占城國王遣其弟保佑八剌遮來貢方物。癸卯，太廟成。乙巳，招諭左右兩江叛酋黄聖許、岑世興。己酉，封諸王拔都帖木兒爲威遠王。丙辰，籍鐵木迭兒家。御史臺請下詔開言路，帝曰：「言路何嘗不開，卿等選人未當爾。」

八月癸亥，車駕南還。是夕，駐蹕南坡。御史大夫鐵失、知樞密院事也先帖木兒、大司農失禿兒、前平章政事赤斤帖木兒、前雲南行省平章政事完者、鐵木迭兒子前治書侍御史鎖南、鐵失弟宣徽使鎖南、典瑞院使脱火赤、樞密院副使阿散、僉書樞密院事章台、衛士秃滿，及諸王按梯不花、孛羅、月魯鐵木兒、曲律不花、兀魯思不花等同謀弑逆，以鐵失所領阿速衛兵爲外應，鐵失、赤斤帖木兒先殺中書右丞相拜住，遂弑帝於行殿。在位三年，年二十有一。

泰定元年二月上尊謚曰睿聖文孝皇帝，廟號英宗。四月，上國語廟號曰格堅皇帝。

史臣曰：英宗誅興聖太后倖臣失列門等，太后坐視而不能救，其嚴明過仁宗遠甚。然蔽於鐵木迭兒，既死始悟其奸。又置其逆黨於肘腋之地，故南坡之禍由於帝之失刑，非由於殺戮也。舊史所譏，殆不然矣。

【校勘記】

〔一〕「得」，原作「獲」，據《元史》卷二七本紀第二十七《英宗一》至治元年八月條改。

新元史卷之十九　本紀第十九

泰定帝

泰定皇帝諱也孫鐵木兒，裕宗之孫，顯宗甘麻剌長子也。母曰宣懿淑聖皇后弘吉剌氏。世祖封顯宗爲晉王，出鎮北邊，統領太祖四大斡耳朵，至元十三年十月二十九日，生帝於北邊。

成宗大德六年，顯宗卒，帝襲封晉王，仍鎮北邊。武宗至大三年九月，奏：「世祖以張鐵木兒所獻惠州金銀銅冶賜臣，後輸於有司，乞回賜。」武宗許之。仁宗皇慶元年二月，賜南康路六萬五千户爲食邑。延祐元年四月，復諭帝以惠州金銀銅冶歸有司，七月，仍回賜於帝。壬午，命帝賑遼東饑民。英宗即位，部衆饑，賜鈔五千萬。帝以田七千頃入官，請徵其年租以償賜鈔。其謹事朝廷如此。

至治三年八月辛酉，獵於禿剌河。御史大夫鐵失遣其黨斡羅思以逆謀來告曰：「我與哈散、也先鐵木兒、失禿兒謀已定，事成立王爲皇帝。」又命斡羅思以其事告内史倒剌沙，且言勿令旭邁傑知之。於是帝命囚斡羅思，遣别列迷失等赴上都告變。未至，英宗駐蹕南坡，鐵失等弑英宗於行殿。諸王按梯不花及也先鐵木兒等奉璽綬來迎。時中書平章政事張珪在京師聞變，告留守魏王徹徹禿，大統宜在晋王，徹徹禿遣使至行在勸進。

九月癸巳，帝即位於龍居河，大赦天下。知樞密院事淇陽王也先鐵木兒爲中書右丞相，諸王月魯鐵木兒襲封安西王。召前高麗王璋還京師。甲午，倒剌沙爲中書平章政事，乃馬台爲中書右丞，鐵失、馬思忽門並知樞密院事，孛羅爲宣徽院使，旭邁傑爲宣政院使。乙未，樞密院使哈散爲御史大夫，内史善僧爲中書左丞。丁酉，完澤知樞密院事，秃滿同僉樞密院事。戊戌，撒的迷失知樞密院事，章台同知樞密院事。辛丑，馬謀沙知樞密院事，失秃兒爲大司農。

冬十月甲子，遣使至大都，以即位告天地、宗廟、社稷。諸王買奴進曰：「不討逆賊，則陛下善名不著，天下後世何從而知非與聞其故乎？」帝然之。也先鐵木兒、完澤、鎖南、秃滿等並伏誅於行在。旭邁傑爲中書右丞相，陝西行省左丞相秃忽魯、通政院使紐澤並爲御史大夫，中書左承速速爲御史中丞。旭邁傑、紐澤至上都，鐵失、失秃兒、赤斤鐵木兒、脱火赤、章台等並伏誅。戊辰，召高昌王鐵木兒補花至行在。移魏王阿木哥於大同。壬申，内史按答出爲太師、知樞密院事。癸未，江浙行省平章政事兀伯都剌爲中書平章政事。八番順元洞蠻及静江、大理諸路猺並叛。甲戌，直省舍人阿魯沙等頒即位詔於高麗。

十一月己丑朔，車駕次於中都。辛丑，車駕至京師。丁未，御大明殿，受諸王百官朝賀。辛亥，御史中丞董守庸有罪，免官。癸丑，遣使至曲阜，以太牢祀孔子。丙辰，御史中丞速速有罪，免官。丁巳，廣東新會縣民氾長弟作亂，副元帥烏馬兒討平之。

十二月己未，雪楊朵兒只、蕭拜住、賀伯顔、觀音保、鎖咬兒哈的迷失及李謙亨、成珪、王毅、高昉、張志弼、普顔篤、卜顔忽里等冤，存者召用，死者贈卹有差。戊辰，請皇考妣尊謚於南郊。上皇考晉王尊謚曰光聖仁孝皇帝，廟號顯宗，皇妣弘吉剌氏尊謚曰宣懿淑聖皇后。己巳，盜竊太廟仁宗金主、莊懿慈聖皇后金主。甲戌，鐵木迭兒子鎖南及其黨月魯、禿禿哈、速敦並伏誅。癸未，廣西來安路總管岑世興來獻方物。流月魯帖木兒於雲南，按梯不花於海南，曲吕不花於奴兒干，孛羅及兀魯思不花於高麗大青島。乙酉，雲南車里蠻入寇。丙戌，封諸王買奴爲泰寧王。知樞密院事闊徹伯授開府儀同三司，前太師拜忽商議軍國重事。丁亥，改元泰定，詔曰：

朕荷天鴻禧，嗣大曆服，側躬圖治，夙夜祗畏，惟祖訓是遵。乃明歲甲子，景運伊始，思與天下更始。稽諸典禮，踰年改元，可改明年爲泰定元年。免大都、興和差税三年，八番、思、播、兩廣洞寨差税一年，江淮創科包銀三年，四川、雲南、甘肅秋糧三分，河南、陝西、遼陽絲鈔三分。除虛增田税，免斡脱逋錢。賑恤雲南、廣海、八番等處戍軍。求直言。賜高年帛。禁獻山場湖泊之利。定吏員出身者許至四品。

是月，雲南花角蠻入寇，平章政事倒剌沙爲中書左丞相。知樞密院事馬謀沙、御史大夫紐澤、宣政院使欽禿並加光禄大夫。

泰定元年春正月，中書右丞乃馬台爲平章政事，中書左丞善僧爲右丞。召江西行省平章政事也兒吉的至京師。己亥，以誅逆賊也先鐵木兒等詔天下。壬寅，拜住子答兒麻失里爲宗仁衛親軍都指揮使。撒里哈爲左古衛阿速親軍都指揮使。丁未，嶺北行省參知政事帖陳、禮部尚書忽都帖木兒使於諸王不賽因。戊申，八番生蠻韋光正等來降，歲輸布二千五百匹。己酉，召懷寧王圖帖木兒於瓊州，魏王阿木哥於大同。甲寅，敕高麗王燾歸國，還其王印。

二月壬申，請大行皇帝尊謚於南郊，上尊謚曰睿聖文孝皇帝，廟號英宗。甲戌，中書平章政事張珪、翰林學士承旨忽都魯都兒迷失、翰林侍講學士吴澄、集賢直學士鄧文原進講《帝範》、《資治通鑑》、《大學衍義》、《貞觀政要》，以右丞相旭邁傑領之。諸王怯别、孛羅各遣使貢方物。高昌王帖木兒補化遣使獻蒲陶酒。

三月丁亥，立詹事院，太傅朵䚟、宣徽使禿滿迭兒、桓國公拾得閭、太尉丑閭答剌罕並爲太子詹事。中書參知政事王居仁罷爲副詹事，同知宣政院事楊廷玉爲中書參知政事。乙未，江西行省平章政事也兒吉的知樞密院事。戊戌，廷試進士，賜八剌、張益等八十四人及第、出身有差。會試下第者，亦賜教官有差。庚子，中書平章政事欽察出爲陝西御史大夫。四川行省平章政事囊家台兼宣政院使，討西番參卜郎。癸卯，中書平章政事乃馬台攝祭南郊，知樞密院事闊列伯攝祭太廟，告册立皇后及皇太子。丙午，立弘吉剌氏爲皇后，皇子阿速吉八爲皇太子。己酉，皇子八的麻亦兒間卜嗣封晉王。湘寧王八剌失里出鎮察罕腦兒。知樞密院事也兒吉的出爲雲南行省右丞相。癸丑，廣西横州猺寇永淳縣。諸王不賽因遣使貢方物。

夏四月癸亥，上國語英宗廟號曰格堅皇帝。甲子，車駕幸上都，諸王寬徹不花、失剌、平章政事兀伯都剌，右丞善僧等居守。嶺北行省左丞潑皮爲中書左丞，江南行台中丞朵朵爲中書參知政事。參知政事馬剌罷爲太史院使。諸王不賽因遣使貢方物。丁卯，封憲宗女孫買的爲昌國大長公主。癸酉，太子詹事禿滿迭兒爲中書平章政事。庚辰，以災異，戒飭百官。辛巳，太廟新殿成。

五月壬辰，御史大夫禿忽魯、紐澤以災異屢見，不能劾宰相徇私違法，自請罷黜。於是中書平章政事兀伯都剌、張珪，參知政事楊廷玉，中書右丞相旭邁傑，左丞相倒剌沙先後皆引罪自劾，帝慰留之。戊戌，奉移列聖神主於太廟新殿。辛丑，循州猺寇長樂縣。

六月乙卯朔，諸王闊闊木出鎮畏兀兒部。戊午，雲南蠻酋高蘭等寇威楚州。丙寅，招諭西番參卜郎。廣西叛蠻黄勝許、岑世興乞遣其弟子朝貢，許之。己卯，諸王怯别等遣使貢馴豹、西馬。詔：「疏決繫囚，存恤軍士。免天下和買雜役三年，蛋户差税一年。内外官四品以下率散官一等，三品遞進一階。仕瘴地身死者，有司資給歸葬，仍著爲令。」

秋七月丙戌，思州蠻酋楊大車、酉陽州蠻酋冉世昌並叛。庚子，諸王伯顔帖木兒出鎮闊連東部，阿剌忒納失里出鎮沙州。癸卯，罷閩、廣等處采珠蛋户爲民，仍免差税一年。吏部尚書馬合謀等頒即位詔於安南。定州屯河溢、山崩，廣西慶遠猺酋潘文絹等來降。

八月丙辰，有事於太廟。丁丑，車駕至自上都。癸酉，招諭雲南大、小車里蠻酋。泰州成紀山崩、水溢。

九月乙酉，封也速不堅爲荆王。癸丑，岑世興來獻方物。

冬十月戊午，有事於太廟。庚申，高麗國遣使賀聖誕。己巳，雲南車里蠻酋寒賽子尼而雁、搆木子刁零降。壬申，安南世子陳日爌遣使貢方物。丁丑，雲南王王禪改封梁王，其子帖木兒封雲南王。封武宗皇子圖帖木兒爲懷王。

十一月癸巳，諸王不賽因藩臣出班授開府儀同三司，封翌國公。己亥，朮温台知樞密院事。己酉，免也里可温、答失蠻差役。

十二月癸丑朔，岑世興遥授沿邊溪洞軍民安撫使致仕，其子志熟爲上思州知州，仍各賜幣帛。乙卯，雲南猺阿吾等叛。庚申，同州地震。癸亥，鹽官州海溢。丙寅，修《顯宗》、《英宗實録》。乙亥，曲赦重囚三十八人。容米洞蠻田先什用等率九洞俱叛。

二年春正月乙未，敕后妃、諸王、駙馬毋接星術之士，非天文官不得妄言禍福。戊戌，參卜郎降。辛丑，懷王圖帖木兒出鎮建康。甲辰，江浙行省平章政事脱歡答剌罕爲行省右丞相。諸王怯别遣使貢方物。庚戌，詔羣臣曰：「向者卓兒罕察苦魯及山後皆地震，内郡大小民饑。朕自即位以來，惟太祖開創之艱，世祖混一之盛，期與民人共享安樂，災沴之至，莫測其由。豈朕思慮有所不及而事或僭差，天故以此示警與？卿等其與諸司集議便民之事，自死罪始議定以聞。」

閏月壬子朔，大赦天下。除江淮創科包銀免被災地差税一年。戊辰，諸王忽塔梯迷失等來朝。己卯，階州土番入寇。站八兒監藏叛於兀敦。頒族葬制，禁陰陽相地邪説。

二月甲申，祭先農。丁亥，平伐苗酋的娘來降。辛卯，爪哇國遣使貢方物。廣西猺酋潘寶陷柳城縣。己亥，封阿里迷失爲和國公，張珪爲蔡國公。中書右丞善僧爲平章政事，中書左丞潑皮爲右丞，御史大夫秃忽魯加太保。是月，中書平章政事張珪致仕。

三月甲寅，禁捕天鵝。乙丑，車駕幸上都。乙亥，安南世子陳日爌遣使貢方物。

夏四月辛丑，壽寧公主加封皇姊大長公主。丁未，封后父火里兀察兒爲威靖王。戊申，山東廉訪使許師敬爲中書左丞，中政使馮享爲中書參知政事，仍兼中政使。

五月壬子，開南州阿都剌蠻酋引車里酋陶剌孟等寇陷朵剌等十四寨。木邦路蠻酋八廟等寇陷倒八漢寨。癸丑，龍牙門國來貢方物。辛未，通政院使察乃使於周王和世㻋。癸酉，融州洞猺叛。丙子，檀州大水，平地深丈有五尺。

六月己卯朔，皇子小薛生。静江猺叛，廣西宣慰司討之。癸未，潯州平南縣猺叛，達魯花赤都堅、縣尹姚泰亨死之。甲申，嘉王晃火帖木兒改封并王。丙申，敕御史臺、樞密院大臣匆領軍衛。丁酉，静江猺及慶遠猺並叛。息州民趙丑廝、郭普薩坐妖言彌勒佛當有天下，伏誅。辛丑柳州猺叛。秦州山移。

秋七月戊申朔，大、小車里蠻來獻馴象。甲寅，遣使賫璽書分諭猺蠻。鎮康路蠻酋你囊、謀粘路蠻酋賽邱羅來降。木邦路蠻酋八廟既降復叛。丙辰，有事於太廟。播州蠻酋黎平愛等叛。癸亥，廣西諸猺盡叛，左丞乞住、兵部尚書李大成等討之，以諸王斡耳朵罕監其軍。海北猺盤吉祥寇陽春縣。庚午，亦剌馬丹等至大理，普顏實立等至威楚，招諭叛蠻。思州洞蠻楊銀千等來獻方物。封駙馬孛羅帖木兒、知樞密院事火沙並爲郡王。辛未，置河南行都水監，瀕河州、縣並兼知河防事。壬申，敕太傅朵䚟、太保禿忽魯日至禁中集議國事。廣西猺潘賓寇義寧、來賓諸縣。

八月辛卯，雲南白夷寇雲龍州。

九月戊申朔，分天下爲十八道，遣使分道宣撫。詔曰：

朕祇承洪業，夙夜維寅，凡所以圖治者，悉遵祖宗成憲。曩屢詔中外百司，宣布德澤，蠲賦詳刑，賑恤貧民，思與黎元共享有生之樂。尚慮有司未體朕意，庶政或闕，惠澤未洽，承宣者失於撫綏，司憲者怠於糾參，俾吾民重困，朕甚憫焉。今遣使宣撫，分行諸道，按問官吏不法，詢民疾苦，審理冤滯。凡可以興利除害，從宜舉行。有罪者，四品以上，停職申請，五品以下，就便處決。其有政績尤異，暨晦迹邱園、才堪輔治者，具以名聞。湖廣行省參知政事馬合謀、河東宣慰使李處恭之兩浙江東道，鷹坊使朵列禿、太史院使齊履謙之江西福建道，都功德使舉林伯、荆湖宣慰使蒙弼之江南湖廣道，禮部尚書李家奴、工部尚書朱蕡之河南河北，同知樞密院事阿吉剌、御史中丞曹立之燕南山東道，太子詹事別帖木兒、宣徽院判韓讓之河東陝西道，吏部尚書納哈出、董訥之山北遼東道，陝西鹽運使衆家奴、中書斷事官韓庭茂之雲南，湖南宣慰使寒食、冀寧總管劉文之甘肅，山東宣慰使禿思帖木兒、陝西行省左丞廉惇之四川，翰林侍講學士帖木兒不花、秘書郎吴秉道之京畿道。

癸丑，車駕至自上都。乙卯，有事於太廟。丁丑〔一〕，廣西猺寇賓州。

冬十月戊寅朔，岑世興寇上林州。癸未，中書左丞相倒刺沙罷爲御史大夫。丁亥，有事於太廟。癸巳，播州凱黎苗叛。丁酉，廣西猺酋何童降。

十一月戊申，周王和世㻋〔二〕遣使獻文豹〔三〕。庚戌，以歲饑，罷上都皇后營繕。己未，整飭臺綱。庚申，日本船來互市。廣西宣慰使獲猺酋潘賓，其弟潘兒寇柳州，行省左丞乞住討之。丙寅，倒剌沙復爲中書左丞相，加開府儀同三司、録軍國重事。是月，中書右丞相旭邁傑卒。

十二月戊寅，塔失帖木兒爲中書右丞相。癸未，塔失帖木兒加開府儀同三司、上柱國、録軍國重事，封薊國公。甲午，召張珪於保定。丁酉，加紐澤知樞密院事，與馬謀沙並開府儀同三司〔四〕。乞住等敗猺賊於廣西。元山路蠻酋普山叛。

三年春正月丙午，高麗國遣使貢方物，並賀正旦。播州蠻酋黎平愛等來降。戊申，元江路蠻酋普奴叛。諸王薛徹秃、晃火帖木兒來朝。壬子，封寬徹不花爲威順王，鎮湖廣。泰寧王買奴，改封宣靖王，鎮益都。諸王不賽因遣使來獻馬。翰林學士吴澄謝病歸。癸亥，知樞密院事撒忒迷失出爲嶺北行省平章政事。戊辰，緬王答里也伯以國亂來乞師，並獻方物。安南國入寇，陷思明州。

二月壬午，廣西全茗州猺酋許文傑叛，茗盈州知州李德卿等死之。中書平章政事乃馬台知樞密院事。甲戌，爪哇國來貢方物。庚子，通政院使察乃爲中書平章政事。甲辰，車駕幸上都，諸王也忒古不花，平章政事兀伯都剌、察乃、善僧，左丞許師敬，參知政事朵朵居守。

三月乙巳朔，帝以不雨自責，命審録重囚，分禱岳瀆、名山大川及京師寺觀。癸丑，八番岩霞洞蠻來降。丁巳，諸王失剌出鎮北邊。戊午，詔安撫緬國，賜其王金幣。丙寅，翰林學士承旨阿憐帖木兒、許思敬等譯《帝訓》成，賜名《皇圖大訓》，授皇太子讀之。辛未，泉州民阮鳳子作亂，軍民官坐失討，降黜有差。

夏四月戊戌，容米洞蠻寇長陽縣。

五月甲戌朔，諸王怯別遣使獻文豹。乙巳，罷福建歲貢蔗餳。禁西僧馳驛擾民。甲寅，八百媳婦酋招南通遣其子來獻方物〔五〕。丁卯，招諭岑世興。庚午，永明縣五洞猺，河西加木籠四部番夷俱來降。

六月癸酉朔，四川行省平章政事禿哈帖木兒請終母喪，許之。癸酉，播州蠻酋黎平愛復叛，合蠻酋謝烏窮入寇。招撫使楊燕里不花諭平愛出降，烏窮不從。己亥，納皇姊壽寧公主女撒答大剌爲皇后。道州猺叛。

秋七月甲辰，車駕發上都，禁車駝踐民田禾。丙午，有事於太廟。丁未，紹慶蠻酋冉世昌叛。辛亥，封阿都赤爲綏寧王。乙卯，翰林侍講學士阿魯威、直學士斡赤譯《世祖聖訓》，以備經筵進講。戊午，諸王不賽因遣使獻駝馬。八百媳婦蠻來獻方物。己巳，鄭州、陽武縣河決。

八月甲戌，平章政事兀伯都剌、右丞許師敬以災異饑饉，乞罷黜，不允。乙亥，知樞密院事乃馬台簡閱邊兵。甲申，有事於太廟。寧遠州洞蠻叛。丁亥，梁王王禪整飭斡耳朵思邊事。丁酉，諸王不賽因遣使獻玉及獨峰駝。辛丑，車駕次中都，畋於汪兀察都之地。鹽官州、揚州、崇明州同時海溢。

九月庚申，車駕至自上都。癸亥，賜大車里新附蠻酋七十五人裘帽、鞾韈。戊辰，斡赤等使於諸王怯別、月思別、不賽因。威楚路蠻酋哀培等來獻方物。

冬十月甲戌，紐澤爲右御史大夫。庚辰，有事於太廟。癸未，汴梁路河決。

十一月庚子朔，諸王不賽因來獻虎。癸卯，敕西僧以元日疏釋重囚，當釋者命宗正府審覆。辛亥，追復前中書平章政事李孟官。戊午，帖木兒不花襲封鎮南王，鎮揚州。辛酉，播州蠻宋王保來降。丁丑，諸王月思別遣使獻文豹。是月，崇明州海溢。

十二月壬午，御史賈垕請祔武宗皇后於太廟，不報。庚寅，大赦天下。亳州河決。

四年春正月壬子，靖安王闊不花出鎮陝西。戊午，鹽官州海溢。甲子，武龍洞蠻寇武緣縣。

二月辛未，祭先農。乙亥，營王也先帖木兒出鎮北邊。壬午，畋於漷州。諸王火沙、阿榮、達里俱出鎮北邊。戊子，衍聖公孔思晦進階嘉議大夫。馬忽思爲雲南行省平章政事，提調烏蒙屯田。庚寅，八百媳婦蠻來獻方物。

三月辛丑，皇子允丹藏卜出鎮北邊。封那海赤爲惠國公，商議內史府事。丙午，廷試進士阿察赤、李黼等八十五人，賜及第、出身有差。辛亥，諸王捌思班、不賽因等遣使獻文豹及佩刀、珠寶。辛酉，太傅朵觪爲太師，太保禿魯忽爲太傅，也可札魯忽赤伯答沙爲太保。召翰林學士承旨張珪、集賢大學士廉恂、太子賓客王毅至都，悉復舊職。陝西行臺中丞敬儼爲集賢大學士，並商議中書省事。壬戌，車駕幸上都。阿散火者知樞密院事。諸王不賽因遣使獻文豹、獅子。

夏四月辛丑，盜竊太廟武宗金主及祭器。大理慶甸蠻酋阿的叛。己卯，道州猺叛。癸巳，高州猺寇電白縣，千户張恒死之。己未，武備寺卿阿昔兒答剌罕爲御史大夫。

五月辛丑，太尉丑驢卒。己未，占城國來貢方物。丁卯，元江路蠻酋普奴叛。德慶路猺降。

六月辛未，翰林侍講學士阿魯威、直學士燕赤進講，命譯《資治通鑑》以進。丁丑，左丞相倒剌沙等以災異乞罷黜，不允。罷兩都營繕工役。録各路繫囚。甲申，廣西花角蠻叛。乙未，紹慶路四洞蠻酋阿者等降。

秋七月己亥，八兒忽部酋晃忽來獻方物。占城國來獻馴象。甲辰，播州蠻酋謝烏窮來獻方物。丙午，有事於太廟。戊午，八百媳婦酋招三斤降。乙丑，周王和世㻋及諸王燕只哥等來貢方物。丙寅，籍僧道有妻者爲民。

八月庚辰，田州洞猺叛。癸巳，加謚武宗皇后弘吉剌氏曰宣慈懿聖皇后，英宗皇后亦乞烈氏曰莊静懿聖皇后，並升祔太廟。是月，崇明州海溢。汴梁路扶溝、蘭陽二縣河決。鞏昌府山崩。

九月丙申朔，日有食之。甲寅，播州蠻酋宋王保來獻方物。壬戌，脱歡赤等使於諸王怯别。閏月己巳，車駕至自上都。壬申，大赦天下。廣西兩江猺叛。甲戌，有事於南郊。甲午，置蒙慶路宣慰司都元帥府。

冬十月丙申，有事於太廟。戊戌，諸王脱列帖木兒、哈兒蠻來獻玉及蒲桃酒。己酉，治書侍御史王士熙爲中書參知政事。癸丑，雲南沙木寨蠻酋馬愚等來朝。丁巳，御史中丞趙世延爲中書右丞。安南國遣使貢方物。壬戌，開南州蠻酋阿只弄叛。

十一月庚午，召鎮南王帖木兒不花赴上都。丙子，平樂府猺叛。

十二月甲辰，梧州猺叛。乙卯，爪哇國來獻金文豹、白猴、白鸚鵡各一。己未，静江猺叛。右江蠻酋岑世忠來獻方物。

致和元年春正月乙丑朔，高麗國遣使賀正旦並貢方物。甲戌，有事於太廟。丁丑，頒農桑舊制十四條於天下，仍詔有司察其勤惰。占城國來貢方物，且言爲安南所侵，詔和解之。辛丑，静江猺寇靈川、臨桂二縣。戊子，詔護送爪哇國王札牙納可還其國。

二月乙卯，牙即國來獻方物。庚申，改元致和。免河南自實田糧稅一年，被災州郡糧稅一年，流民復業者差稅三年，疑獄繫三歲不決者咸釋之。

三月甲戌，雅沛國來獻方物。甲申，户部尚書李家奴祀海神於鹽官州，造浮屠二百一十六以厭海溢。戊子，車駕幸上都。己丑，雲南蠻酋撒加布來獻方物。

夏四月丙申，欽州猺黄焱等叛。己亥，塔失帖木兒、倒剌沙請蒙古、色目人效漢人丁憂者除名，從之。是月，崇明州大風海溢。

五月，廣西普寧路妖僧陳慶安作亂，僭號改元。己巳，八百媳婦蠻來獻馴象。大理怒江甸蠻酋阿哀欽叛。甲申，安南國遣使來貢方物。戊子，嶺北行省平章政事塔失帖木兒爲中書平章政事。

六月丙午，祀世祖神御殿。

秋七月己巳，遣中書平章政事買閭等，至高麗質問高麗王王燾奪瀋王暠世子印事。

庚午，帝崩於上都，年三十有六。葬起輦谷。

八月甲午，僉樞密院事燕帖木兒等反於大都，迎懷王圖帖木兒於江陵。

九月，皇太子即皇帝位於上都，改元天順。

冬十月辛丑，齊王月魯帖木兒等以兵犯上都，左丞相倒剌沙奉皇帝寶出降，少帝不知所終。

史臣曰：孔子稱「叔孫昭子之不勞」，泰定帝討鐵失等弑君之罪，雖叔孫昭子，何以尚之？文宗篡立，欲厭天下之人心，誣衊之辭無所不至。惜乎後世之君子，不引孔子之言以論定其事也！

【校勘記】

〔一〕「丁丑」，原作「壬戌」，據《元史》卷二九本紀第二十九《泰定帝一》泰定二年九月條改。

〔二〕「周王和世㻋」，「㻋」原作「剌」，據《元史》卷二九本紀第二十九《泰定帝一》泰定二年九月條改。

〔三〕自「戊申」至「獻文豹」原在冬十月條末，參中華書局點校本《元史》卷二九本紀第二十九《泰定帝一》校勘記二九乙正。

〔四〕「馬謀沙」，原作「馬誅沙」，據本卷至治三年九月癸巳條改。《元史》卷二九本紀第二十九《泰定帝一》作「馬某沙」，亦可證「誅」字誤。

〔五〕「招南通」，原作「招南道」，據《元史》卷三〇本紀第三十《泰定帝二》泰定三年七月己未及四年二月庚寅、閏九月甲午條改。

新元史卷之二十　本紀第二十

明宗

明宗翼獻景孝皇帝，諱和世㻋，武宗長子也。母曰仁獻章聖皇后亦乞烈氏。帝生於大德四年十一月壬子。武宗入繼大統，立仁宗爲皇太子，命以次傳位於帝。武宗崩，仁宗即位。延祐二年冬十一月，封帝爲周王。三年春，議建東宫，右丞相鐵木迭兒欲固寵，建議立英宗爲皇太子。帝少有英氣，興聖皇太后憚之，其幸臣失烈門等亦恐帝立將不利於己，遂附和鐵木迭兒，譖帝於仁宗及皇太后。三月，命帝出鎮雲南，置常侍府，遥授中書左丞相秃忽魯、大司徒斡兒朵、中政使尚家奴、山北遼陽等路蒙古軍萬户孛羅、翰林侍讀學士教化等並爲常侍，中衛親軍都指揮使唐兀、兵部尚書賽罕八都魯爲中尉。敕陝西、四川省臣各一員護送帝至雲南。

冬十一月，帝次延安，秃忽魯、尚家奴、孛羅及武宗舊臣釐日、沙不丁、哈八兒秃等皆來會。教化與秃忽魯等謀曰：「天下者，武宗之天下也。太子出鎮雲南，本非上意，由左右之離間。請白其事於行省諸臣，使聞之朝廷，庶可杜讒人之口。不然，事且不測。」遂與數騎馳至陝西行省。初，阿思罕爲太師，鐵木迭兒奪其位，出爲陝西行省左丞相。至是，教化至，即與平章政事塔察兒、行臺御史大夫脱思伯、中丞脱歡，悉發關中兵，分道自潼關、河中府趨京師。已而塔察兒、脱歡中悔，襲殺阿思罕、教化於河中。諸臣率數百騎擁帝西行，至和林，踰金山而北。諸王察阿台等聞帝至，咸率衆歸附。帝與定約束，每歲冬居札顔，夏居斡羅察山，春則命從者耕於野泥之地。

延祐七年夏四月丙寅，皇子妥懽帖木兒生，其母爲阿兒厮蘭郡王裔孫罕禄魯氏。泰定帝元年夏五月，皇后八不沙至自京師。二年，帝遣使貢文豹。五月，泰定帝遣察乃來。

致和元年秋七月，泰定帝崩於上都。八月甲午，僉知樞密院事燕鐵木兒起兵於大都，以帝遠在沙漠，乃迎皇弟懷王圖帖木兒於江陵，且宣言已遣使迎帝，以安衆心。復詐稱使者自北方來，云周王率諸王兵旦夕至。丁巳，懷王入京師，羣臣請即大位，懷王固讓於帝，曰：「吾兄在北，以長以賢，當有天下。必不得已，宜明以予志播告中外。」九月壬申，懷王即皇帝位，改元天曆，頒詔於天下曰：「謹俟大兄之至，以遂固讓之心。」

冬十月，齊王月魯帖木兒等克上都，兩京道路始通。於是懷王遣哈歡及撒迪等相繼來迎。西北諸王皆同時勸進，帝遂發北庭舊臣孛羅、尚家奴、哈八兒秃從行，諸王察阿台、元帥朵烈捏、萬户買驢等皆隨扈。逾金山，嶺北行省平章政事潑皮、武寧王徹徹秃、僉樞密院事帖木兒不花相繼至。帝命孛羅如京師，百姓聞使者至，驩呼曰：「吾天子實自北來矣！」

天曆二年春正月乙丑，懷王復遣中書左丞躍里帖木兒來迎。乙酉，撒迪等覲帝於行在，奉懷王命勸進。丙戌，帝即位於和林之北。是月，前翰林學士承旨不答失里以太府太監沙剌班輦金銀幣帛至。帝遣撒迪等還京師，命之曰：「曩朕弟喜覽經史，邇者得勿廢乎？聽政之暇，宜親賢士大夫，講論古今，以知治亂得失。卿等至京師，當以朕意諭之。」

二月壬辰，宣靖王買奴自京師來覲。是月，懷王遣使以除目奏帝，並從之。

三月戊午朔，車駕次潔堅察罕。辛酉，中書右丞相燕鐵木兒奉皇帝寶來上，御史中丞八即剌、知樞密院事秃兒哈帖木兒等各率其屬以從。壬戌，造乘輿服御。丙寅，帝謂中書左丞躍里帖木兒曰：「朕至上都，宗室諸王必皆入覲，非尋常朝會比也，諸王察阿台亦從朕遠來，有司供帳皆宜豫備。卿其與中書省議之。」

夏四月癸巳，燕鐵木兒入覲於行在，率百官奉上皇帝寶。以燕鐵木兒爲太師，仍兼中書右丞相，開府儀同三司、上柱國、録軍國重事、荅剌罕如故。復諭燕鐵木兒等曰：「凡京師百官，朕弟所用者，並仍其舊。卿等其以朕意諭之。」是日，哈八兒秃爲中書平章政事，前中書平章政事伯鐵木兒知樞密院事，常侍孛羅爲御史大夫。甲午，立行樞密院，昭武王、知樞密院事火沙領行樞密院事，賽帖木兒、買奴並同知行樞密院事。帝燕諸王大臣於行殿，燕鐵木兒、哈八兒禿、伯鐵木兒、孛羅等侍。帝諭臺臣曰：「太祖皇帝嘗訓敕臣下云，美色、名馬，人皆悦之，然方寸一有繫累，即能壞名敗德。卿等居風紀之司，亦嘗念及此乎？天下國家，譬猶一人，中書則右手也，樞密則左手也。左右手有病，治之以良醫，省、院闕失，不以御史臺糾之，可乎？凡諸王、百官，違法越禮，一聽舉劾。風紀重則貪墨懼，猶斧斤重則入木深，其勢然也。朕有闕失，卿亦奏聞，朕不汝責也。」乙未，命孛羅等傳諭燕鐵木兒、伯答沙、火沙、哈八兒禿、八即剌等曰：「世祖皇帝立中書省、樞密院、御史臺及百司，共治天下，大小職掌已有定制。世祖命廷臣撰律令章程，以爲萬世法。列聖相承，罔不恪遵。朕今居世祖所居之位，凡百司庶政，詢謀僉同，標譯所奏，以告於朕。軍務機要，樞密院即奏聞，毋以夙夜爲間而稽留之。其他必先白中書省、樞密院、御史臺，毋得隔越陳請。儻違朕命，必罰無赦。」丁酉，陝西行臺御史大夫鐵木兒脱爲上都留守。辛丑，懷王遣使以御史臺除目上。癸卯，遣使如京師，卜日，中書左丞相鐵木兒補化攝告即位於郊廟、社稷。立皇弟圖帖木兒爲皇太子，乃置詹事院，罷儲慶司。徹里帖木兒爲中書平章政事，闊兒吉思爲中書右丞，怯來、只兒哈郎並爲甘肅行省平章政事，忽剌台爲江浙行省平章政事，那海爲嶺北行省平章政事。甲辰，敕中書省官吏送寶者，晉秩一等，從者賚以幣帛。乙巳，嶺北行省平章政事塔即吉、左丞馬謀並坐黨附倒剌沙免官。

五月丁巳朔，車駕次朵里伯真。戊午，遣西安王阿剌忒納失里還京師。封帖木兒爲保德郡王。己未，皇太子遣翰林學士承旨阿鄰帖木兒來覲。庚申，車駕次斡耳罕水東。辛酉，御史大夫孛羅、中政使尚家奴並加開府儀同三司，典四番宿衛。癸亥，車駕次必忒怯禿，翰林學士承旨斡兒朵自京師來覲。庚午，命燕鐵木兒擢用嶺北行省官吏，凡潛邸舊臣及扈從之士受制命者八十有五人，六品以下二十有六人。壬申，車駕次探禿兒海。封亦憐真八爲柳城王，八即剌爲陝西行臺御史大夫，衆家奴爲御史中丞。乙亥，車駕次禿忽剌。敕中書省臣鑄皇太子寶。己卯，翰林學士承旨唐兀加太尉。辛巳，車駕次斡羅斡禿。壬午，次不魯通。是日，左丞相鐵木兒補化等以帝即位，攝告南郊。甲午，車駕次忽剌火失温。

六月丁亥朔，車駕次坤都也不剌。是日，鐵木兒補化等攝告宗廟、社稷。庚寅，車駕次撒里。丁酉，次兀納八。改都督府爲大都督府。己亥，次闊朵。辛丑，次撒里怯兒。壬寅，戒近侍毋輒有奏請。丁未，車駕次哈兒温。戊申，次闊朵傑阿剌倫。辛亥，次哈兒哈納土。諭中書省：「凡國家錢穀、銓選諸政，先啓皇太子，然後奏聞。」癸丑，車駕次忽禿。

七月丙辰朔，日有食之。甲子，車駕次孛羅火你。乙亥，次不羅察罕。戊寅，次小只。壬午，中書平章政事哈兒八禿同翰林官祭太祖、太宗、睿宗御容。

八月乙酉朔，車駕次王忽察都。丙戌，皇太子入覲。是日，燕皇太子及羣臣於行殿。庚寅，帝暴崩，年三十。葬起輦谷。

冬十月丙申，上尊謚曰翼獻景孝皇帝，廟號明宗，國語曰護都篤皇帝。至元六年冬十月己巳，上尊號曰順天立道睿文智武大聖孝皇帝。

史臣曰：燕鐵木兒立文宗，文宗固讓於兄，猶仁宗之奉武宗也。明宗之弑，蓋出於燕鐵木兒，非文宗之本意。然與聞乎弑，是亦文宗弑之而已。

新元史卷之二十一　本紀第二十一

文宗上

文宗聖明元孝皇帝，諱圖帖睦爾，武宗次子也。母曰文獻昭聖皇后唐兀氏。帝以大德八年正月癸亥生。

英宗至治元年五月，欽察台、咬住告脱歡察兒等交結親藩，有異志，詞連於帝，乃出帝居瓊州。泰定元年正月，召還，至潭州，復命止之。四月，自潭州至京師。八月，賜鈔三千錠。十月，封懷王食邑端州六萬五千户，賜金印，並增歲幣千匹。二年正月，又出帝居建康，以殊祥院使也先捏領宿衛。

致和元年三月，遣宗正札魯忽赤雍古台遷帝於江陵。七月庚午，泰定帝崩於上都。先是，泰定帝將幸上都，命西安王阿剌忒納失里留守，同僉樞密院事燕鐵木兒留掌樞密符印。至是，燕鐵木兒聞泰定帝崩，密與阿剌忒納失里謀，奉帝入承大統。

八月甲午黎明，百官集興聖宫，燕鐵木兒率阿剌鐵木兒、孛倫赤等十七人，露刃宣言於衆曰：「武宗皇帝有聖子二人，天下歸心，宜踐大位，有不奉命者斬之。」乃縛平章政事兀伯都刺、伯顏察兒，分命執中書左丞朵朵，參知政事王士熙，參議中書省事脱脱、吴秉道，侍御史鐵木哥、邱世傑，治書侍御史脱歡，詹事丞王桓等下獄。與阿刺忒納失里籍府庫、拘符印，召百官入内廷聽命。遣大司農卿明里董阿、前宣政使答里麻失里馳馹迎帝於江陵。密諭河南行省平章政事伯顏，簡士馬以備扈從。是日，推前湖廣行省左丞相别不花爲中書左丞相，太子詹事塔失海牙爲中書平章政事，前湖廣行省右丞速速爲中書左丞，前陝西行省參知政事王不憐吉歹爲樞密副使，蕭蒙古歹仍爲通政院使。同僉樞密院事燕鐵木兒、翰林學士承旨亦列赤、通政院使寒食分典庶務。諸人既受命，未知所謝，注目而立。燕鐵木兒麾衆使南向拜，以帝在江陵也，衆始喻旨。丁酉，燕鐵木兒復遣撒里不花等來迎，且使塔失鐵木兒矯爲帝使者自南來，言車駕已次近郊。癸卯，明里董阿等至江陵。甲辰，帝發江陵，召鎮南王鐵木兒不花、威順王寬徹不花、湖廣行省平章政事高昌王鐵木兒補化來會。執湖廣行省左丞馬合某送京師，以别薛代之。乙巳，召陝西行臺侍御史馬札兒台、行省平章政事探馬赤，不至。丁未，河南行省平章政事伯顏爲行省左丞相。庚戌，車駕至汴梁，伯顏等扈從北行。鐵木兒補化爲湖廣行省左丞相，前翰林學士承旨阿里海涯爲河南行省平章政事。辛亥，燕鐵木兒知樞密院事，亦列赤爲御史中丞。壬子，阿速衛指揮使脱脱木兒率所部自上都來降，命守古北口。乙卯，脱脱木兒與上都諸王失剌、平章政事乃馬台、詹事欽察等戰於宜興，敗之，獲乃馬台、欽察。丙辰，燕鐵木兒奉法駕郊迎。丁巳，帝至京師。貴赤衛指揮使脱迭出帥所部自上都來降，命與脱脱木兒同守古北口。戊午，速速爲中書平章政事，前御史中丞曹立爲中書右丞，江浙行省參知政事張友諒爲中書參知政事，河南行省左丞相伯顔爲御史大夫，中書右丞趙世延罷爲御史中丞。己未，萬户也速台兒同知樞密院事。殺隆鎮衛指揮使黑漢，籍其家。梁王王禪、右丞相塔失帖木兒、太尉不花、平章政事買驢、御史大夫紐澤等，將上都兵次於榆林。

九月庚申朔，燕鐵木兒督師至居庸關，撒敦敗上都兵於榆林。壬戌，詔曰：「昔在世祖以及列聖臨御，咸令中書省綱維百司，總裁庶政，凡錢穀、銓選、刑罰、興造，罔不司之。自今除樞密院、御史臺，其餘諸司及左右近侍，敢有隔越中書奏請政務者，以違制論，監察御史其糾之。」

鐵木兒補化録軍國重事，徵五衛屯田兵赴京師。安南國來貢方物。召燕鐵木兒還京師。丁卯，燕鐵木兒率諸王大臣伏闕，請早正大位，以安天下。帝固辭曰：「大兄在朔方，朕安敢紊天序？」燕帖木兒進曰：「人心向背之機，間不容髮，一或失之，噬臍無及。」帝曰：「必不得已，宜宣明朕意，以示天下。」戊辰，大司農明里董阿、大都留守闊闊台並爲中書平章政事。己巳，鑄御寶成。立行樞密院於汴梁，同知樞密院事比速台兒知行樞密院事，巡視太行諸隘。辛未，帝常服謁太廟。雲南孟定路蠻酋來獻方物。殺兀伯都剌、鐵木哥，流朵朵、王士熙、伯顏察兒、脱歡等於遠州，並籍其家。壬申，帝即位於大明殿，受諸王百官朝賀。詔曰：

洪維我太祖皇帝混一海宇，爰立定制，以一統緒，宗親各受分地，勿敢妄生覬覦，此不易之成規，萬世所守者也。世祖之後，成宗、武宗、仁宗、英宗以公天下之心，次第相傳，宗王、貴戚咸遵祖訓。至於晉王，具有盟書，願守藩服，而與賊臣鐵失、也先帖木兒等潛通陰謀，冒干天位，使英宗不幸罹於大故。朕兄弟播遷南北，備歷艱難。朕以叔父之故，順承惟謹，於今六年，災異迭見。權臣倒剌沙、兀伯都剌等專權自用，疏遠勛舊，廢棄忠良，變亂祖宗法制，空府庫以私其黨與。大行上賓，利於立幼，顯握國柄，用濟其奸。宗王、大臣以宗社之重，統緒之正，協誠推戴，屬於眇躬。朕以菲德，宜俟大兄，固讓再三。咸以神器不可久虛，天下不可無主，民庶遑遑，已及三月，誠懇迫切。朕始曲從其請，仍俟大兄之至，以遂朕固讓之心。已於致和元年九月十三日即皇帝位於大明殿。其以致和元年爲天曆元年。可大赦天下。自九月十三日昧爽以前，除謀殺祖父母父母、妻妾殺夫、奴婢殺主、謀殺故殺及强盜、印造僞鈔不赦外，其餘罪無輕重，咸赦除之。於戲！朕豈有意於天下哉？重念祖宗開創之艱，恐墮大業，是以勉徇輿情。尚賴爾中外文武臣僚，協心相予，輯寧億兆，以成治功。咨爾多方，體予至意。

遣使頒即位詔於高麗。甲戌，燕鐵木兒加開府儀同三司、上柱國、同録軍國重事，中書右丞相、知樞密院事如故。癸酉，中書右丞曹立罷爲江浙行省平章政事，福建廉訪使易釋董阿爲中書右丞，前中書左丞張思明爲左丞。諸王塔术、只兒哈郎、佛寶等自恩州入朝。燕鐵木兒督師於薊州。伯顔加太尉。江南行臺御史大夫朵兒只爲江浙行省左丞相，淮西道廉訪使阿兒思蘭海牙爲江南行省御史大夫。諸王孛羅、忽都火者入朝。乙亥，立太禧院。梁王王禪陷居庸關。丙子，燕鐵木兒還次榆河。車駕出齊化門視師。丁丑，車駕還宫。殺指揮使忽都不花、塔失帖木兒、同知指揮使太不花。戊寅，詔曰：「近以奸臣倒刺沙、兀伯都刺潛通陰謀，變易祖宗成法，既已明正其罪。凡回回種人不預其事者，各安業勿懼，因而煽惑其人者罪之。」

諸王阿兒八忽、按灰、脱脱入朝。己卯，燕鐵木兒敗王禪於榆河，又敗王禪及阿刺帖木兒等於紅橋。庚辰，遣使賜燕鐵木兒御衣一襲。辛巳，别不花知樞密院事，依前中書左丞相。燕鐵木兒敗王禪於白浮，又敗亞失帖木兒於石槽，脱帖木兒敗遼東兵於檀州。癸未，秃兒哈帖木兒知樞密院事。中書平章政事明里董阿出爲江浙行省平章政事。甲申，撒敦、脱脱木兒敗王禪於昌平北。賜燕鐵木兒上樽。是日，竹温台、闊闊出等陷古北口。明里董阿復爲中書平章政事。嶺北行省左丞燕不鄰知樞密院事。丙戌，燕鐵木兒敗竹温台等於牛頭山，獲駙馬孛羅帖木兒，平章政事蒙古塔失、牙失帖木兒。丁亥，秃滿迭兒及諸王也先帖木兒等陷通州。戊子，諸王忽剌台陷紫荆關。陜西行臺御史大夫也先帖木兒陷河中府。召雲南左丞相也兒吉尼，不至。

冬十月己丑朔，燕鐵木兒敗諸王也先帖木兒於通州。壬辰，宣徽使也先捏殺保定路同知阿里沙及萬户張景武兄弟五人。癸巳，燕鐵木兒敗陽翟王太平、國王朵羅台等於檀子山之棗林，獲太平。乙未，諸王忽剌台等寇良鄉。丙申，燕鐵木兒至蘆溝橋，忽剌台遁走。是日，燕鐵木兒入朝，賜宴興聖殿。戊戌，獲忽剌台、阿剌帖木兒、朵羅台、安童、塔海等於紫荆關。己亥，封燕鐵木兒太平王，加號答剌罕。燕鐵木兒敗秃滿迭兒等於檀州南之桑口。辛丑，同知樞密院事脱脱木兒、通政使也不倫並知樞密院事，御史中丞亦列赤爲御史大夫。齊王月魯帖木兒、東路蒙古元帥不花帖木兒圍上都，倒剌沙奉皇帝寶出降。月魯帖木兒殺遼王脱脱。壬寅，宣徽使也先捏知行樞密院事，宣徽副使章吉爲行樞密院副使，與知樞密院事也速台兒等禦潼關兵。甲辰，詔晉王、遼王管内路府州縣達魯火赤並免官禁錮，選流官代之。丙午，敕有罪者祇籍其家，勿没妻子。丁未，告祭南郊。中書平章政事塔失海牙罷爲大司農，欽察台復爲中書平章政事。雲南銀沙羅甸蠻酋來獻方物。己酉，中書左丞相別不花加太保，落知樞密院事。庚戌，帝御興聖殿，齊王月魯帖木兒、諸王別思帖木兒、阿兒哈失里、那海罕及元帥不花帖木兒奉上皇帝寶。下倒剌沙等於獄。辛亥，雲南徹里路蠻酋來獻方物。癸丑，不花帖木兒知樞密院事。甲寅，罷徽政院，改立儲慶使司。也速答兒執湘寧王八剌失里送京師。丁巳，毁顯宗廟室。戊午，盜殺太尉不花。

十一月己未，詔曰：「諸王王禪及秃滿迭兒、阿剌不花、秃堅等兵敗而逃，有能禽獲者，授五品官。同黨之人，能去逆效順，擒王禪等，免本罪，依上授官。敢有隱匿者，事覺，與犯人同罪。」

太保伯答沙爲太傅兼宗正札魯忽赤，總兵北邊。辛酉，諸王也先帖木兒來降。甲子，有事於太廟。辛未，鐵木哥陷襄陽，縣尹谷庭珪、主簿張德死之。壬申，祭告社稷。癸酉，八百媳婦蠻酋及雲南威楚路九十九寨蠻，各以方物來獻。杖流諸王失剌等於遠州，并籍其家。甲戌，遷泰定帝皇后弘吉剌氏於東安州。丙子，中書平章政事速速坐受賕，杖徙襄陽，以母老留之京師。丁丑，以祀太廟禮成，受諸王百官朝賀。庚辰，遣使迎皇兄周王於漠北。中政院使敬儼爲中書平章政事，同知樞密院事徹里帖木兒爲中書左丞。辛巳，御史中丞玥璐不花爲中書右丞。癸未，殺倒刺沙、馬某沙、紐澤、撒的迷失、也先帖木兒，磔倒刺沙之尸於市。梁王王禪賜死。御史中丞趙世延加平章政事。罷行宣政院、行都水監。四川行省平章政事囊家歹自稱鎮西王，殺行省平章政事寬徹。中書左丞相别不花罷。

十二月丙午，幸大崇恩福元寺，謁武宗神御殿。雲南蠻酋普雙等來獻方物。同知樞密院事也先捏坐擅殺官吏，杖竄南寧，並籍其家。庚子，大赦天下。追封諸王滿禿爲果王，阿馬刺台爲毅王。宗正札魯忽赤闊闊出等十七人，並追賜功臣號及官階爵謚。辛丑，立龍翊侍衛親軍都指揮使司。乙巳，伯顔加開府儀同三司，與亦列赤並爲御史大夫。雲南姚州蠻酋來獻方物。戊申，加伯顔太保，不花帖木兒太尉，香山司徒。甲寅，復遣治書侍御史撒迪、内侍不顔禿古思迎皇兄於漠北。丙辰，中書左丞玥璐不花罷爲太禧院使。丁丑，封西安王阿刺忒納失里爲豫王，徹里帖木兒爲中書右丞，躍里帖木兒爲中書左丞，趙世安爲中書參知政事。是月，召雲南行省左丞相也兒吉尼，復不至。高麗國王遣使賀即位及正旦，又遣使賀聖誕節。

天曆二年春正月己未朔，立都督府，領左右欽察及龍翊衛。庚申，封知樞密院事火沙爲昭武郡王。辛酉，封朵列帖木兒爲楚王。高昌王鐵木兒補化爲中書左丞相，大司農王毅爲中書平章政事，欽察知樞密院事。癸亥，燕鐵木兒爲御史大夫。甲子，有事於太廟。齊王月魯帖木兒卒。乙丑，遣中書左丞躍里帖木兒迎皇兄於北邊。丙寅，幸大崇恩福元寺。戊辰，遣使獻海青鶻於皇兄。辛未，以册立皇后告於南郊。甲戌，復命太僕卿教化獻海青鶻於皇兄。己卯，以册立皇后告於太廟。壬午，陝西行臺御史大夫阿里海牙爲中書平章政事。遣内侍秃教化覲皇兄於行在。癸未，遣宣靖王買奴覲皇兄於行在。丙戌，皇兄周王即皇帝位於和林北，是爲明宗。

二月己丑，曲赦四川囊家台。庚寅，燕帖木兒復爲中書右丞相。辛卯，帝御大明殿，册立皇后弘吉剌氏。廣西思寧路蠻酋黄克順來獻方物。癸巳，翰林侍讀學士曹元用祀孔子於闕里。戊戌，察罕腦兒宣慰使撒忒迷失會鎮西武靖王搠思班討囊家台。頒行《農桑輯要》及《栽桑圖》。辛丑，追尊皇妣亦乞烈氏爲仁獻章聖皇后，唐兀氏爲文獻昭聖皇后。八百媳婦及金齒、九十九洞、蒙通、蒙莱、銀沙羅甸諸蠻並來獻方物。丙午，囊家台分兵寇襄陽。辛亥，帝諭羣臣曰：「撒迪還，言大兄已即皇帝位。凡二月二十一日以前除官者，速與制敕，以後銓選，其聞於行在。」癸丑，諸王月魯帖木兒至播州，詔諭楊延里不花等，皆降。甲寅，立奎章閣學士院，翰林學士承旨忽都魯迷失、集賢大學士趙世延並爲奎章閣大學士。乙卯，置銀沙羅甸等處宣慰使都元帥府。

三月辛酉，遣燕鐵木兒奉皇帝寶，覲明宗於行在，知樞密院事秃兒哈帖木兒、御史中丞八即剌、翰林直學士馬哈謀、典瑞使教化的、宣徽副使章吉、僉中政院事脱因、通政使那海、太醫使吕廷玉、給事中咬驢、中書斷事官忽兒忽答、右司郎中孛别出、左司員外郎王德明、禮部尚書八剌哈赤等從行。帝諭羣臣曰：「寶璽既北上，自今國家政事其聞於行在。」乙亥，立行樞密院，山東都萬户也速台兒知行樞密院事，與湖廣、河南兩行省官會討四川。庚辰，召諸王秃剌於高麗。

夏四月乙丑，有事於太廟。辛卯，也速台兒以病卒，命躍里帖木兒、王不憐吉台代之。王不憐吉台又以母老辭，改命同僉樞密院事傅巖起代之。己亥，囊家台降。癸卯，明宗遣武寧王徹徹秃、中書平章政事哈八兒秃來錫命，立帝爲皇太子。

五月己未，遣翰林學士承旨阿憐帖木兒奉迎大駕。癸亥，復遣翰林學士承旨斡兒朵奉迎。甲戌，命中書省擬注中書六部官，奏於行在所。丙子，改儲政院爲詹事府，伯顔、鐵木兒補化，江南行台御史大夫阿兒思蘭海牙、江浙行省平章政事曹立，並爲太子詹事，中書參知政事趙世安爲詹事丞。丁丑，皇太子發京師，北迎大駕。鎮南王帖木兒不花，諸王也速、斡即、答來不花、朵來只班，伯顔、也不干，駙馬别闍及扈衛百官悉從行。

六月丁酉，鐵木兒補化以天旱乞避相位，皇太子諭之曰：「皇帝遠在沙漠，未能早至京師，故勉攝大位。今亢旱，皆予闕失所致。汝其祇修實政，庶幾上答天變。」仍命鐵木兒不花奏於行在。

秋七月丙辰朔，日有食之。丙子，受皇太子寶。

八月丙戌，皇太子覲明宗於旺忽察都。庚寅，明宗崩。燕鐵木兒以皇后之命奉皇帝寶授於皇太子，皇太子北還。壬辰，皇太子次孛羅察罕。伯顏復爲中書左丞相，依前太保。欽察台、阿兒思蘭海牙、趙世延並中書平章政事，甘肅行省平章政事朵兒只爲中書右丞，參議中書省事阿榮、詹事丞趙世安並中書參知政事。前右丞相塔失鐵木兒，知樞密院事、太子詹事鐵木兒補化，上都留守鐵木兒脱並爲御史大夫。癸巳，皇太子至上都。丙申，流諸王忽剌出於海南。丁酉，命阿榮、趙世安提調通政院事。戊戌，殺囊家台。己亥，皇太子復即位於上都大安閣，大赦天下，詔曰：

朕惟昔上天啟我太祖皇帝，肇造帝業，列聖相承。世祖皇帝既大一統，即建儲貳，而裕皇天不假年，成宗入繼，纔十餘載。我皇考武宗歸膺大寶，克孝天心，志存無私，以仁宗居東宫，遂嗣宸極。甫及英宗，降割我家。晉王違盟搆逆，據有神器，天示譴告，竟隕厥身。於是宗戚舊臣協謀以舉義，正名以討罪，揆諸統緒，屬在眇躬。朕念大兄播遷朔漠，以賢以長，曆數宜歸，力拒羣言，至於再三。乃曰艱難之際，天位久虛，則民心不固，恐墮大業。朕雖徇衆請以臨御，秉初志而不移，是以固讓之詔始頒，奉迎之使已遣。命阿剌忒納失里、燕鐵木兒奉皇帝寶璽，遠迓於途。而先皇帝跋涉山川，蒙犯霜露，道里遼遠，自春徂秋，懷艱阻於歷年，望都邑而滋慨。徒御弗慎，節宣失宜，信使往來，相望於道，彼此思見，交切於懷。八月一日，大駕次旺忽察都，朕方欣瞻對之有期，獨兼程而先進，相見之頃，悲喜交集。何期數日之間，宮車弗駕，國家多難，遽至於斯。念之痛心，以夜繼旦。諸王、大臣以爲祖宗基業之隆，先帝付託之重，天命所在，誠不可違，請即正位，以安九有。朕以先皇帝奄棄天下，摧怛方新，何忍銜哀以踐大寶？乃羣臣固請伏闕，至三日之久。朕維宗社大計，乃於八月十五日即皇帝位於上都。可大赦天下，自天曆二年八月十五日昧爽以前，罪無輕重，同赦除之。於戲！戡定之餘，莫急於與民休息；丕變之道，莫大乎使民知義。亦惟爾中外大小之臣，各究乃心，以稱朕意。

甲辰，欽察台還京師，經理庶政。燕鐵木兒、阿榮留上都，監給恩賚金幣。庚子，封牙納失里爲遼王。戊申，封諸王寬徹爲安肅王。乙酉，車駕發上都。庚戌，改詹事院爲儲政院。癸丑，召吴王潑皮及其諸父木楠子至京師。前左丞相别不花坐與平章政事速速召日者推測帝算，安置别不花於集慶路。

九月辛酉，敕往大行皇帝行在送寶官吏越次超擢者，皆從降黜。丁卯，車駕至自上都。戊辰，召威順王寬徹不花至京師。辛未，知樞密院事塔失帖木兒坐附倒剌沙免官。壬申，特授怯薛官定住開府儀同三司。癸酉，御大明殿，受諸王、百官朝賀。甲戌，廣西思明州蠻酋來獻方物。丙子，鐵木兒補化録軍國重事。翰林學士承旨也兒吉尼、元帥梁國公都列揑並知行樞密院事。也先揑伏誅。壬午，封知樞密院事燕不鄰爲興國公，大司農卿燕赤爲司徒。是月，直省舍人完者等頒即位詔於高麗。

冬十月甲申，有事於太廟。詔鎮南王孛羅不花鎮揚州。戊子，知樞密院事火沙兼知行樞密院事。辛卯，燕鐵木兒率羣臣請上尊號，不許。封太禧宗禋使堅帖木兒爲梁國公。甲午，以即位告祀南郊、社稷。丙申，上大行皇帝尊謚曰翼獻景孝皇帝，廟號明宗，國語曰護都篤皇帝。癸卯，中書左丞張思明罷。庚戌，以親祀太廟禮成，詔天下。雲南威楚路蠻酋昵放遣其子來獻方物。是月，中書參知政事趙世安爲中書左丞。

十一月乙卯，以立皇后弘吉剌氏詔天下。丙辰，答鄰答里知樞密院事，朵兒只亦都護爲河南行省左丞相。中書省奏："「近制，行省不設丞相。」帝曰："「朵兒只先朝舊臣，不當以例拘之。」癸亥，翰林學士承旨闊徹伯知樞密院事。丙寅，雲南威楚路蠻酋昵放來朝。己已，撤迪爲中書右丞。壬申，毁木剌忽廣平王印，命哈班襲廣平王，更鑄印賜之。丁丑，復立孟定路軍民總管府。湖廣猺賊作亂。乙卯，高麗王王燾遣使賀即位，並請傳位於世子楨。壬午，詔豫王阿剌忒納失里鎮雲南。

十二月庚寅，末吉爲大司徒。乙未，改封前鎮南王鐵木兒不花爲宣讓王，詔曰：「皇姑大長公主，蚤寡守節，不從諸叔繼尚，鞠育遺孤，其子襲王爵，女配予一人。朕思庶民若是者猶當旌表，況在懿親乎？其令趙世延、虞集等議封號以聞。」戊申，玥璐不花爲御史大夫。辛亥，趣内外已授官者速赴任。

是年，安南國王陳益稷卒。

新元史卷之二十二　本紀第二十二

文宗下　寧宗

至順元年春正月丁巳，知樞密院事伯帖木兒出爲遼陽行省左丞相。辛酉，有事於太廟。甲午，燕鐵木兒、伯顏並乞罷退，不允，仍命阿榮、趙世安慰諭之。丁卯，諸王禿堅及萬户伯忽、阿木、怯朝等起兵於雲南，陷中慶路。壬申，衡陽猺寇湘鄉州。癸酉，宣徽使撒敦知樞密院事。丁丑，召荆王也速也不干子脱脱木兒至京師。趙世延乞致仕，不允。衡陽猺寇石康縣。己卯，封太醫院使野里牙爲秦國公。

二月壬午朔，趙世安爲御史中丞，史惟良爲中書左丞。癸未，知樞密院事燕不憐加開府儀同三司。籍故中書平章政事張珪五子資産。己丑，禿堅等陷仁德府。是月，典瑞院使阿魯等使高麗。甲午，禿堅自立爲雲南王。丙申，雲南蒲蠻酋入覲。己亥，中書平章政事朵兒失有罪免。猺賊陷灌陽縣。壬寅，御史大夫玥璐不花乞致仕，不允。甲辰，流王禪子帖木兒不花於吉陽軍。乙巳，封明宗皇子亦璘真班爲鄜王。丙午，中尚卿小云失海涯以兵討雲南。丁未，伯顔知樞密院事，依前太保、録軍國重事。詔曰：「昔在世祖，嘗以宰相一人總領庶務，故治出於一，政有所統。今燕鐵木兒爲右丞相，伯顔既知樞密院事，左丞相其勿復置。」

戊申，太禧宗禋使阿里海牙爲中書平章政事。命中書左丞史惟良、參知政事和尚總督建言之事。是月，典瑞院使阿魯等使高麗，册高麗世子楨爲開府儀同三司、征東行省左丞相、高麗國王。

三月甲寅，乖西蠻入寇。丁巳，徙封濟陽王木楠子爲燕王，吴王潑皮爲濟陽王。戊午，封皇子阿剌忒納答剌爲燕王。廷試進士，賜篤列圖、王文燁等九十七人及第、出身有差。河南行省平章政事乞住爲雲南行省平章政事，八番順元宣慰使帖木兒不花爲雲南行省左丞，從豫王討雲南。癸亥，諸王桑哥班、撒忒迷失、買哥分使燕只吉台、不賽因、月即别三藩。丁卯，命御史大夫鐵木兒補化等振舉臺綱。辛未，封知樞密院事不花帖木兒爲武平郡王。録討秃堅功，雲南宣慰使舉宗、禄余並遥授雲南行省參知政事。壬申，祔明宗皇帝於太廟。甲戌，封諸王速來蠻爲西寧王。乙亥，西番哈剌火州來獻蒲桃酒。丙子，改山東都萬户府爲都督府。雲南木邦酋渾都來獻方物。賜燕鐵木兒定策元勛碑。辛巳，諸王哈兒蠻遣使貢蒲萄酒。

夏四月甲申，有事於太廟。丙戌，封也真也不干爲桓國公。丁酉，遣諸王桑兀孫還雲南。明宗皇后八不沙崩。雲南宣慰使禄余殺烏撒宣慰司官吏，叛附伯忽，羅羅諸蠻俱叛，平章政事帖木兒不花死之。戊申，諸王云都帖木兒將江浙、江西、河南三行省兵，與湖廣行省平章政事脱歡討雲南。

五月乙卯，以受尊號，告祭南郊。戊午，御大明殿，燕鐵木兒率百官及僧道耆民，上尊號曰欽天統聖至德誠功大文孝皇帝。是日，改元至順。詔河南、懷慶、衛輝、晉寧四路曾經賑濟人户〔一〕，今歲差發全行蠲免。其餘被災路分已經賑濟者，腹裏差發、江淮夏税，俱免三分。庚申，以受尊號，謝太廟。甲子，申命燕鐵木兒爲中書右丞相，詔天下。丁卯，翰林國史院進《英宗實録》。戊辰，車駕幸上都，次大口。阿憐帖木兒爲大司徒。遣豫王阿剌忒納失里鎮西番。趙世延加翰林學士承旨，封魯國公。己巳，車駕次龍虎臺。辛未，置宣忠扈衛親軍都萬户府。太禧宗禋使亦列赤爲中書平章政事。癸酉，遣使勞雲南軍。甲戌，八番乖西蠻作亂。乙亥，置順元宣撫使司，統答剌罕軍討雲南。是月，以浙東宣慰使陳天祐、湖廣行省參知政事樊楫死事，贈天祐推忠秉義全節功臣，江浙行省左丞，追封河南郡公，楫推忠宣力效節功臣、江浙行省右丞、上黨郡公。

六月丙戌，車駕至上都。丙申，立行樞密院，徹里鐵木兒知行樞密院事，探馬赤同知樞密院事，教化爲樞密副使，率朵甘思、朵思麻及鞏昌兵萬三千人，從鎮西武靖王搠思班、豫王阿剌忒納失里分道討雲南。庚子，内侍撒里爲大司徒。殺知樞密院事闊徹伯、脱脱木兒，通政使只兒哈郎，翰林學士承旨教化的、伯顔也不干，燕王宫相教化的、斡羅思，中政使尚家奴、秃烏台，阿速衛指揮使那海察、拜住，並籍其家。乙巳，羅羅斯蠻酋撒加伯合烏蒙蠻寇建昌縣，雲南行省右丞躍里帖木兒敗之，四川兵又敗撒加伯於蘆古驛。丁未，改東路蒙古軍元帥府爲東路欽察軍萬户府。

秋七月辛亥，封諸王按渾察爲廣寧王。丁巳，諸王不賽因遣使來朝。乙丑，翰林學士承旨也兒吉尼知樞密院事。丁丑，故丞相鐵木迭兒子匠作使鎖住與其弟觀音奴及太醫院使野里牙等，祭北斗咀咒，事覺，俱伏誅，並殺前刑部尚書烏馬兒、前御史大夫孛羅、上都留守馬兒。

閏月庚辰朔，封諸王卯澤爲永寧王。辛卯，陝西行臺御史中丞脱亦納爲中書參知政事，中書平章政事趙世延罷爲翰林學士承旨。癸巳，月魯帖木兒爲大司徒。丁酉，車駕發上都。戊戌，封甘肅行省平章政事乃馬台爲宣寧郡王，駙馬謹只兒爲鄆國公，並知行樞密院事。戊申，加封宣聖父叔梁紇爲啟聖王，母顔氏爲啟聖王夫人，顔子爲兖國復聖公，曾子郕國宗聖公，子思沂國述聖公，孟子鄒國亞聖公，程顥爲豫國公，程頤爲洛國公。羅羅斯酋撒加伯等寇建昌，四川行省以兵討之。廣西猺賊寇修仁、荔浦諸縣，廣西元帥府以兵討之，獲其酋于國安。

八月丁巳，諸王月即别遣使來朝。己未，車駕至自上都。甲子，忠州蠻酋黄祖顯遣其子來獻方物。乙丑，遣使至真定玉華宫，祀睿宗及莊聖皇后。壬申，興舉蒙古字學。

九月庚辰，大寧路地震。罷入粟補官例。甲申，不蘭奚、月魯帖木兒並授大司徒印。遼陽行省平章政事哈剌鐵兒爲御史葛明誠所劾，免官。己丑，嶺北行省平章政事哈八兒秃爲御史朵羅台、王文若所劾，免官。癸巳，封魏王阿木哥子阿魯爲西靖王。甲午，竄湖南行省平章政事速速於雷州。丙子，中書左丞史惟良致仕。丁未，中書參知政事張友諒爲中書左丞。知樞密院事脱别台出爲陝西行臺御史大夫。

冬十月己未，中書右丞相燕鐵木兒等告於太廟，請以太祖皇帝配享南郊。辛酉，帝服大裘衮冕，祀昊天上帝於南郊，以太祖皇帝配享。中書右丞相燕鐵木兒爲亞獻，御史大夫帖木兒補化爲終獻。乙丑，廣西猺賊寇横州及永淳縣。辛未，烏蒙路蠻酋阿朝降。乙亥，撒敦、唐其勢並賜號答剌罕。

十一月戊寅，伯忽及其弟伯察兒等俱伏誅。丙戌，躍里帖木兒敗羅羅斯諸蠻於建昌木托山。辛卯，闊闊台知樞密院事。癸巳，阿秃伏誅。甲午，諸王按灰坐毆傷巡檢，杖謫廣寧。乙未，躍里帖木兒等平雲南。

十二月戊申，以立皇太子，遣知樞密院事伯顏告於郊廟。己酉，以漢儒董仲舒從祀孔子廟。辛亥，立皇子燕王阿剌忒納答刺爲皇太子。戊午，以郊祀禮成，帝御大明殿受百官賀，大赦天下。甲戌，御史中丞和尚坐貪縱，免官禁錮。

二年春正月戊寅，烏撒、烏蒙諸蠻及東川夷獠俱來降。癸未，立侍正府，伯顏、月魯帖木兒等十四人並以本官兼侍正。乙酉，有事於太廟。庚寅，改東路蒙古軍萬户府爲東路蒙古親軍都指揮使司。諸王哈兒蠻遣使貢葡萄酒。辛卯，皇太子阿剌忒納答剌卒。己亥，吏部尚書撒里瓦、禮部郎中趙期頤頒即位詔於安南並賜以新曆。甲辰，建孔子廟於後衛。

二月丙戌〔二〕，上都留守乃馬台知嶺北行樞密院事，太禧宗禋使謹只兒、答鄰答里、馬列捏並知樞密院事，遥授平章政事。四川懷德府驢谷什用等四洞及生蠻十二洞，俱來降，改懷德府爲宣撫司。湖廣行省參知政事徹里帖木兒及速速、班丹俱坐出言怨望，流徹里帖木兒於廣東，班丹於廣西，速速於海南，並籍其家。壬子，中書平章政事亦列赤兼瀋陽等路安撫使，伯撒里爲中書平章政事，朵兒只班爲中書參知政事。乙卯，雲南叛蠻悉降。壬戌，改封寧王徹徹秃爲郯王。庚午，占城國遣使來貢方物。郯王徹徹秃及諸王沙哥坐妄言不道，安置徹徹禿於廣州，沙哥於雷州。甲戌，荆王也不干遣使貢犁牛。雲南景東蠻酋阿只弄遣其子來獻馴象。

三月戊子，諸王阿魯出鎮陝西。己丑，江浙行省平章政事童童爲御史所劾，免官。庚寅，命威順王寬徹不花仍鎮湖廣。癸巳，雲南賊也不干、羅羅、脱脱木兒等俱伏誅。庚子，立宫相都總管府。

夏四月戊申，以宫中高麗女子不顔帖你賜燕鐵木兒。高麗國王請獻國中田爲資送，遣使往受之。庚戌，建燕鐵木兒生祠於紅橋，並賜功德碑。壬子，燕鐵木兒總制宫相府事，也不倫、伯撒里並以本官兼都達魯花赤。甲寅，改宣忠扈衛親軍都萬户府爲宣忠斡羅斯扈衛親軍都指揮使司。乙卯，有事於太廟。鎮西武靖王搠思班等以雲南平，各遣使來獻捷。庚申，徵河南儒士吴炳爲藝文監典簿，炳不至。壬戌，探馬赤爲雲南行省平章政事，總制境内軍事。

五月己卯，安南世子陳日焯遣使來貢方物。己丑，置八百等處宣慰司都元帥府，臨安元江等處宣慰司〔三〕。癸巳，雲南威楚路蒲蠻猛吾來獻方物，願入銀爲歲賦，詔置散府一、土官三十三，皆賜金銀符。甲午，封宣政使脱力爲薊國公。乙未，陝西行臺御史大夫脱别台知樞密院事。御史大夫玥璐不花罷。奎章閣大學士趙世延等進《皇朝經世大典》。丙申，車駕幸上都。戊戌，次紅橋，祀燕鐵木兒生祠。己亥，也兒吉尼知行樞密院事。八百等處蠻酋來獻方物。癸卯，也兒吉尼加太尉。

六月丙寅，雲南烏撒、羅羅斯諸蠻復叛。是月，加封鄆國夫人并官氏爲大成至聖文宣王夫人。

秋七月己卯，曲赦雲南叛蠻禄余等。壬午，監察御史張益等劾四川行省平章政事欽察台反覆不可信任，流欽察台於廣東，同妻孥禁錮，仍詔御史臺凡憸人如欽察台者，其極言之。丁亥，瓊州黎賊作亂。壬辰，知樞密院事脱别台爲御史大夫。戊戌，封伯顔爲浚寧王。庚子，廣西猺賊平。辛丑，懷德府二十一洞蠻來獻方物。

八月甲辰朔，日有食之。封脱憐忽秃魯爲靖恭王，阿藍朵兒只爲懿德王。諸王不賽因遣使來朝。辛亥，車駕至自上都。壬子，諸王答兒麻失理遣孛兒只吉歹等來貢方物。丙辰，封怯列該爲豐國公。己未，諸王不賽因遣使來言其臣怯列木丁矯王命入朝，請執以歸。敕怯列木丁乘馹還。

九月丙子，雲南東川路總管普沂先那具殺宣慰使月魯以叛，西域指揮使鎖住以兵討之。海南賊王周率十九洞黎蠻作亂，湖廣行省左丞移剌四奴以兵討之。庚寅，幸大承天護聖寺。禄余寇順元路。

冬十月己酉，有事於太廟。辛亥，召江南行臺御史大夫阿兒思蘭海涯至京師。癸丑，幸大承天護聖寺。蒙古都元帥怯烈敗阿禾黨於靖江路。乙丑，立昭功萬户都總使府。

十一月壬申朔，日有食之。乙亥，李彦通、蕭不蘭奚等謀反，伏誅。丙子，封諸王斡即爲保寧王。己卯，封蘸班爲豳國公。辛巳，户部尚書耿焕爲中書參知政事。癸未，養燕鐵木兒之子塔剌海爲皇子。荆王也速也不干貢犂牛四百。

十二月壬子，命諸王忽剌出復鎮雲南。戊午，諸王秃列帖木兒來獻馬及蒲萄酒。庚申，遣集賢直學士答失蠻至真定玉華宫祀睿宗及莊聖皇后。

三年春正月辛未朔，高麗國遣使賀正旦兼貢方物。癸酉，前高麗王燾仍爲高麗國王。己卯，有事於太廟。廣西羅偉里蠻合龍州落羽蠻作亂。丁亥，幸大承天護聖寺。戊子，萬安軍黎賊寇陵水縣。庚子，封公主桑哥不剌爲鄆國大長公主。夔州路洞蠻寇施州。

二月辛丑朔，八番蠻酋駱度來獻方物。甲辰，諸王答兒蠻失里、哈兒蠻各遣使貢馬及金鵶鶻、蒲萄酒。乙巳，湖廣行省平章政事玥璐不花爲陝西行臺御史大夫。戊申，禄余合芒部蠻寇羅羅斯及東川、會通等州，己酉，禄余乞降。己巳，詔修曲阜宣聖廟。

三月庚午朔，遣使賜諸王不賽因繡彩幣帛。爪哇國遣使奉表貢方物。丁亥，諸王伯岳兀、完者帖木兒來朝。戊子，占城國遣使奉金字表，貢方物。癸巳，皇子古剌答納更名燕帖古思。丁酉，緬國遣使貢方物。

夏四月壬寅，四川師壁、散毛、盤速出三洞蠻酋來獻方物。戊申，大寧路地震。四川大盤洞蠻來獻方物。丙辰，諸王不別居法郎及不賽因各遣使貢方物。乙丑，安南世子陳日焯遣使貢方物。安西王月魯帖木兒與國師必剌忒納失里沙津、畏兀僧玉你達八的剌板的謀爲不軌，事覺皆伏誅。

五月戊寅，幸大承天護聖寺。京師地震，有聲。庚寅，車駕幸上都。

六月己亥朔，赦天下。以月魯帖木兒等罪狀詔諭中外。己酉，御史中丞趙世安爲中書左丞。癸亥，知樞密院事也卜倫加開府儀同三司。

秋七月戊辰朔，諸王答里麻失里等遣使獻虎豹。丁丑，移剌四奴以兵討廣東黎賊。壬辰，不賽因遣使貢七寶水晶。甲午，諸王月即別遣使貢方物。宥諸王徹徹禿、沙哥還本部。

八月癸卯，吴王木楠子及諸王答都阿海、鎖南管卜、帖木兒赤、帖木迭兒等來朝。乙巳，天鼓鳴於西北。丙午，祭社稷。丁未，有事於太廟。己酉，帝崩於上都，在位五年，年二十有九。癸丑，葬起輦谷。

元統元年十一月辛亥，上尊謚曰聖明元孝皇帝，廟號文宗，國語曰札牙篤皇帝。

寧宗沖聖嗣孝皇帝，諱懿璘質班，明宗第二子也。母曰皇后乃蠻真氏。天曆二年二月，封鄜王。

至順三年八月，文宗駐蹕上都，疾大漸，召皇后及丞相燕鐵木兒至榻前曰：「旺忽察都之事，爲朕平生大錯，悔之無及。燕帖古思雖朕子，然天下乃明宗之天下也。汝等如愛朕，其召妥懽帖木兒立之。朕見明宗於地下，亦可以自解矣。」言訖而崩。燕鐵木兒不欲立妥懽帖木兒，秘遺詔不發，揚言大行皇帝申固讓夙志，傳位於明宗之子，請以帝入承大統，遣使徵諸王會京師，中書庶務啟皇后取進止。

九月辛巳，京師地震。

冬十月庚子，帝即位於大明殿。詔曰：

洪惟太祖皇帝啟闢疆宇，世祖皇帝統一萬方，列聖相承，法度明著。我曲律皇帝入纂大統，修舉庶政，動合成法，授大寶位於普顏篤皇帝以及格堅皇帝。曆數之歸，實當在我忽都篤皇帝、扎牙篤皇帝，而各播越遼遠。時則有若燕鐵木兒，建義效忠，戡平內難，以定邦國，協恭推戴扎牙篤皇帝。登極之始，即以讓兄之詔明告天下，奉璽紱遠迓忽都篤皇帝。及忽都篤皇帝奄棄臣庶，扎牙篤皇帝復正宸極，仁義之至，視民如傷，恩澤旁被，無間遠邇。顧育眇躬，尤篤慈愛。賓天之日，皇后傳顧命於太師太平王右丞相答剌罕燕鐵木兒、太保浚寧王知樞密院事伯顏等，謂聖體彌留，益推固讓之初志，以宗社之重，屬諸忽都篤皇帝之世嫡。乃遣使召諸正宗親，以十月一日來會於大都，與宗王、大臣同奉遺詔勸進。朕以至順三年十月初四日即皇帝位於大明殿。可大赦天下。大都、上都、興和三路差稅免三年。腹裏差發並諸郡不納差發去處稅糧，十分爲率，免二分。江淮以南，夏稅亦免二分。土木工役，除倉庫必合修理外，毋創造以紓民力。民間應有逋欠差稅課程，盡行蠲免。監察御史、肅政廉訪司官並內外三品以上正官，歲舉才堪守令者一人，申省部先行録用，如稱職，舉官優加旌擢。重囚淹禁三年以上，疑不能決者，申省部詳讞釋放。學校農桑、孝義貞節、科舉取士、國學貢試，並依舊制。廣海、雲南梗化之民，詔書到日，限六十日內出官，與免本罪。

辛丑，知樞密院事撒敦爲御史大夫〔四〕，中書右丞撒迪爲平章政事，宣政使闊里吉思爲中書右丞，中書平章政事禿兒哈鐵木兒知樞密院事。甲寅，不賽因遣使貢塔里牙、佩刀。乙卯，以即位告祀南郊。己未，告祀太廟。庚申，告祀社稷。是月，立皇后弘吉剌氏。

十一月壬申，命郯王徹徹禿鎮遼陽。甲戌，以上皇太后玉册，告祭南郊及太廟。戊寅，尊皇后曰皇太后。己卯，御大明殿受朝賀。壬辰，帝崩，年七歲。甲午，葬起輦谷。

至元三年正月辛亥，上尊謚曰冲聖嗣孝皇帝，廟號寧宗。

史臣曰：燕鐵木兒挾震主之威，顓權用事。文宗垂拱於上，無所可否，日與文學之士從容翰墨而已。昔漢靈帝好詞賦，召樂松等待詔鴻都門，蔡邕露章極諫，斥爲俳優。况區區書畫之玩乎？君子以是知元祚之衰也。《春秋》之義，未踰年之君稱子。寧宗即位匝月而殤，乃入廟稱宗，其廷臣不學如此，豈非失禮之大者哉！

【校勘記】

〔一〕「晉寧」，原作「普寧」，據中華書局點校本《元史》卷三四本紀第三十四《文宗三》校勘記一〇改。

〔二〕「二月丙戌」疑誤，中華書局點校本《元史》卷三五本紀第三十五《文宗四》至順二年同條改作「二月丙午朔」。

〔三〕「臨安」，原作「臨江」，據本書卷四九《地理志四》改。

〔四〕「撒敦」，原作「撤敦」，據上文及《元史》卷三七本紀第三十七《寧宗》至順三年十月辛丑條改。

新元史卷之二十三　本紀第二十三

惠宗一

惠宗皇帝諱妥懽帖木耳，明宗長子也。母曰貞裕徽聖皇后罕禄魯氏，延祐七年夏四月丙寅生帝於北邊。

至順元年夏四月，文宗將立其子阿剌忒納答剌爲皇太子，乃以八不沙皇后言明宗平日謂太子非其子，使翰林學士阿憐帖木耳等書其事於《脱卜赤顔》，遂徙帝於高麗之大青島。未幾，有飛語謂高麗與遼陽行省將奉帝起事。

二年十二月，文宗復召帝還，使學士虞集草詔布告天下，謂帝非文宗之子，徙帝於廣西之静江。

文宗崩，遺命傳位於帝。燕鐵木兒矯詔立寧宗。寧宗崩，復言於皇太后，請立文宗子燕鐵古思。皇太后曰：「吾兒尚幼，妥懽帖木兒在廣西，今年十三矣，且明宗長子，宜立之。」乃命中書右丞闊里吉思迎帝於静江。

元統元年春二月，帝至良鄉，具鹵簿導入。燕鐵木兒與帝並馬徐行，陳迎立之意。帝畏之，不能答。燕鐵木兒疑帝意不可測，故帝至，久不得立。國事皆決於燕鐵木兒，奏皇太后行之。

五月，燕鐵木兒卒，皇太后始與羣臣定議以帝承大統，且曰：「萬歲之後，其傳位於燕帖古思，若武宗、仁宗故事。」

夏六月己巳，帝即位於大都，大赦天下。詔曰：

洪惟我太祖皇帝受命於天，肇造區夏。世祖皇帝奄有四海，治功大備。列聖相傳，丕承前烈。我皇祖武宗皇帝入纂大統。及致和之季，皇考明宗皇帝遠居沙漠，札牙篤皇帝戡定内難，以天下讓。我皇考賓天，札牙篤皇帝復正宸極。治化方隆，奄棄臣庶。今皇太后召大臣燕鐵木兒、伯顔等曰：「昔者闊徹、脱脱木兒、只兒哈郎等謀逆，以明宗太子爲名，又先爲八不沙皇后妄搆誣言，疏離骨肉。」逆臣等既正其罪，朕遂遷於外。札牙篤皇帝後知其妄，尋至大漸，顧命有曰：「朕之大位，其以兄子繼之。」時朕遠在南服，遂以朕弟懿璘質班登大位，以安百姓，乃又遽至大故。皇太后體札牙篤皇帝遺意，以武宗皇帝之元孫，明宗皇帝之世嫡，以賢以長，在予一人，遣使迎還，徵宗室諸王來會。今奉皇太后勉進之篤，宗室諸王懇請之至，以至順四年六月初八日即皇帝位於大都。於戲！惟天惟祖宗全付予有家，慄慄危懼，若涉淵冰，罔知攸濟。尚賴宗親臣鄰，交修不逮，以底隆平。咨爾多方，體予至意。

辛未，伯顏爲太師，中書右丞相，撒敦爲太傅、左丞相。是月，京師大水。

秋八月壬申，鞏昌徽州山崩。是月，立燕鐵木兒女伯牙吾氏爲皇后。

九月庚申，詔太師伯顏、太傅撒敦外，餘官不得兼領三職。

冬十月丙寅，鳳州山崩。戊辰，改元元統，詔曰：「在昔世祖皇帝紹開丕圖，稽古建元，立經陳紀，列聖相承，恪遵成憲。肆予冲人，嗣大曆服，兹圖治之云初，嘉與民而更始。乃新紀號，誕告多方，其以至順四年爲元統元年。」

癸酉，傀羅鑾酋渾鄧馬弄來貢方物。丁丑，依皇太后行年，釋重囚二十七人。戊子，封撒敦爲榮王，唐其勢襲太平王。

十一月丙申，成紀縣山崩地裂。丁酉，有事於太廟。辛亥，上札牙篤皇帝尊謚爲聖明元孝皇帝，廟號文宗。封伯顏爲秦王。是日，秦州山崩地裂。乙卯，詔伯顏、撒敦統百官，總庶政。

十二月乙丑，廣西猺陷道州，千户郭震死之。甲戌，秃堅帖木兒加太尉致仕。乙亥，立徽政院。是年，廷試進士百人，左右榜各三人，同同、李齊等賜及第、出身有差。

元統二年春正月庚寅朔，汴梁路雨血。辛卯，御史大夫脱列台爲中書平章政事，阿里海涯出爲河南行省左丞相。丁酉，有事於太廟。戊戌，四川大盤洞蠻酋謀谷什用來獻方物。吏部尚書帖住等使安南。己酉，以上文宗尊謚，告祀南郊。甲寅，立行宣政院於杭州。乙卯，雲南姚安路總管高明來獻方物。

二月己未朔，詔内外興學校。乙丑，燕不鄰爲太保。戊辰，封也真也不干爲昌寧王。丁丑，封皇姑妥妥輝爲英壽大長公主。三月癸巳，廣西猺賊復叛，同知元帥吉列思死之。復立西番巡捕都元帥府。丁未，河南行省左丞相阿里海涯爲江浙行省左丞相。壬子，廣西猺賊寇全州。

夏四月戊午朔，日有食之。庚申，封諸王巒子爲文濟王。壬申，唐其勢、馬札兒合並爲御史大夫。己卯，祔文宗皇帝於太廟，帝親行告祭禮。左丞相撒敦加開府儀同三司、上柱國、録軍國重事。壬午，特録許衡孫從宗爲章佩監提點。是月，車駕幸上都。

五月辛卯，唐其勢爲中書左丞相，撒敦仍商量中書省事。戊申，詔文濟王巒子鎮大名，西靖王阿魯鎮雲南。是月，賜涪州萬户府知事闞文興謚英毅侯，妻王氏貞烈夫人，廟號雙節。

六月乙亥，唐其勢辭左丞相不拜，撒敦復爲左丞相。乙酉，追封燕鐵木兒爲德王，謚忠武。是月，彰德路雨白毛。

秋七月辛卯，祭太祖、太宗、睿宗御容。

八月辛未，赦天下。京師地震。雞鳴山崩陷爲池。

九月辛卯，車駕至自上都。甲午，廣西猺賊陷賀州，都元帥章伯顔以兵討之。

冬十月戊午，有事於太廟。辛酉，侍御史許有壬爲中書參知政事。丁卯，立湖廣黎兵屯田萬户府。

十一月己卯，上皇太后尊號曰贊天開聖仁壽徽懿昭宣皇太后。赦天下，免今年民租之半，内外官四品以下減一資。是月，鎮南王孛羅不花來朝。始以宣慈惠聖皇后配享武宗。

十二月甲戌，詔整治學校。

至元元年春正月癸巳，命廉訪司察勸農官勤惰，上於大司農司，以憑黜陟。

二月戊午，祭社稷。己卯，以上皇太后尊號，告祀南郊。

三月癸未朔，遣五府官決天下囚。平伐、都雲、定雲等蠻來降。辛卯，以上皇太后尊號，告祀太廟。庚子，禁選高麗女子。議罕禄魯太后祔廟禮。乙巳，封安南世子陳端午爲安南王。

都。夏四月辛酉，有事於太廟。江南行臺中丞不花爲中書參知政事。五月丙戌，占城國遣使貢方物，且言安南阻其貢道，遣使諭安南國。戊子，車駕幸上都。遣使祭曲阜孔子廟。甲辰，伯顏請以右丞相讓唐其勢，不允，命唐其勢爲左丞相。

六月庚辰，唐其勢及其弟塔剌海作亂，伏誅。廢皇后伯牙吾氏。

秋七月辛巳朔，馬札兒台、阿察赤並爲御史大夫，御史中丞撒迪爲中書平章政事。壬午，伯顏弑廢后伯牙吾氏。甲申，孛羅爲中書平章政事。丁亥，有事於太廟。壬寅，伯顏爲中書右丞相，罷左丞相不置。癸卯，知樞密院事阿吉剌爲中書平章政事。戊申，燕鐵木兒弟答里等伏誅。伯顏賜號答剌罕，赦天下。是月，江南行臺中丞納麟爲中書參知政事。

八月戊午，祭社稷。癸亥，淇陽王完者帖木兒、知樞密院事帖木兒不花並爲御史大夫。甲子，完者帖木兒加太傅。己卯，尊皇太后爲太皇太后。

九月丙戌，赦天下。知樞密院事定住爲中書平章政事。丁亥，封定住爲宣德王，知樞密院事闊里吉思爲宣國公。丙午，車駕至自上都。

冬十月丙辰，大司農塔失海牙爲太尉、商議中書省事。丁巳，塔失帖木兒爲太禧院使、議軍國重事。流諸王晃火帖木兒及答里、唐其勢子孫於北邊。癸亥，流御史大夫完者帖木兒於嶺南。平章政事撒迪爲御史大夫。辛未，太皇太后册寶成，告祀太廟。

十一月庚辰，罷科舉。丁酉，户部尚書徐奭、吏部尚書定住參議中書省事。戊戌，詔前知樞密院事福丁、失剌不花、撒兒的哥還京師。辛丑，改元至元，詔曰：

朕祇紹天明，入纂丕緒，於今三年，夙夜寅畏，罔敢怠荒。兹者年穀順成，海宇清謐，朕方增修厥德，日以敬天恤民爲事，屬太史上言，星文示儆。將朕薄德，有所未逮歟？抑天心仁愛，俾予以治，有所告戒歟？弭災有道，善政爲先，更號紀年，實惟舊典。惟世祖皇帝在位長久，天人協和，諸福咸至，祖述之志，良切朕懷。今特改元統三年仍爲至元元年。遹遵成憲，誕布寬條，庶格禎祥，永綏景祚。

是日，赦天下。

十二月丙辰，徵高麗前王阿剌忒納失里入朝。乙丑，上太皇太后尊號曰贊天開聖徽懿宣昭貞文慈佑儲善衍慶福元太皇太后。

閏月戊子，宗正府復爲大宗正府。戊戌，中書平章政事徹里帖木兒有罪免。壬寅，流徹里帖木兒於安南。

是年，太廟惟舉冬、夏二享。

二年春正月，置都水庸田使司於平江。

二月戊寅朔，祭社稷。丁酉，追尊帝生母罕禄魯氏爲貞裕徽聖皇后。庚子，宣靖王買奴進封益王。

夏四月戊寅，封駙馬孛羅帖木兒爲毓德王。庚寅，知樞密院事帖木兒不花爲中書平章政事。壬寅，車駕幸上都。中書右丞耿焕罷爲侍御史，王懋德爲中書右丞。

五月丙午朔，河復故道。壬申，秦州山崩。

六月丁丑，贈諸王忽部答兒爲雲安王，追謚忠武。羅羅歹爲保寧王，追謚昭勇。戊子，帖木兒補化出爲江浙行省左丞相。

秋七月庚戌，定住、鎖南參議中書省事。

八月甲戌朔，日有食之。戊寅，祭社稷。壬辰，立屯衛於馬札罕之地。

九月戊辰，車駕至自上都。

冬十月己卯，有事於太廟。己亥，詔每日丞相伯顏、太保定住、平章政事孛羅、阿吉剌議事於内廷，平章政事塔失海牙，右丞鞏卜班，參知政事納麟、許有壬議事於中書省。是月，高麗王普塔失里來朝。

十一月壬子，那海爲湖廣行省平章政事，討廣西叛猺。祔武宗宣慈惠聖皇后、英宗莊静懿聖皇后、明宗貞裕徽聖皇后於太廟。癸亥，安置諸王不蘭奚於梧州。

十二月丙子，詔羣臣議懿璘質班皇帝廟謚。諸王也孫帖木兒來獻馬。

是年，太廟惟舉冬享。江浙大旱，自春至於八月不雨。

三年春正月癸卯，廣州增城縣賊朱光卿僞稱大金國，改元赤符，指揮使狗札里、江西行省左丞沙的以兵討之。辛亥，上懿璘質班皇帝尊謚冲聖嗣孝皇帝，廟號寧宗。癸丑，立寧夏屯田萬户府。戊午，畋於柳林，凡三十五日。監察御史丑的、宋紹明進諫，帝賜以金幣。丑的等固辭，帝曰：「昔魏徵進諫，唐太宗賞之，未嘗不受。汝其受之。」

二月壬申朔，日有食之。陳州賊胡閏兒作亂，河南行省左丞慶童以兵討之。壬午，以上太皇太后册寶，恭謝太廟。甲申，定服色、器皿、輿馬之制。辛卯，廣西猺賊復叛，湖廣行省平章政事那海、江西行省平章政事禿兒迷失海牙以兵討之。丙申，太保定住卒。

三月戊午，立弘吉剌氏爲皇后。是月，天雨綫。

夏四月甲戌，有星孛於王良，至七月壬寅没於貫索。以立皇后，告謝太廟。己卯，車駕幸上都。辛卯，合州大足縣賊韓法師僞稱趙王，行省參知政事舉里等以兵討之。己亥，惠州歸善縣賊聶秀卿、覃景山等作亂，江西行省左丞沙的以兵討之。是月，禁漢人、南人習蒙古、色目文字。

五月辛丑，民間譌言拘刷童男、童女，一時嫁娶殆盡。甲寅，哈八兒禿、禿堅帖木兒並爲太尉。西番叛，鎮西王世子黨兀班死之。宣政院使也先帖木兒以兵討西番。

六月戊寅，追贈丞相安童推忠佐運開國元勳、東平忠憲王。是月，大霖雨京師，河南北俱大水。

秋七月己亥，封平章政事鞏卜班爲西平王。庚子，彗星見天市垣。丙午，車駕幸失剌斡耳朵。丁未，車駕幸上都之龍岡，灑馬湩祭天。壬子，車駕幸乾元寺。是月，狗札里、沙的獲朱光卿，廣州平。

八月戊辰，祭社稷。壬午，京師地震，太廟梁柱裂，文宗神主及御床皆碎。是月，車駕至自上都。

九月己酉，立四川、湖廣、江西、江浙行樞密院。

冬十月乙亥，江浙行省參知政事搠思監提調海運。

十一月丁巳，詔脱脱木兒襲脱火赤荆王封，仍命其妃忽剌灰同治兀魯特事。

十二月己巳，有事於太廟。是月，馬札兒台爲太保。

四年，春正月丙申，以地震大赦天下。辛酉，壽王乃馬歹知行樞密院事。是月，修曲阜孔子廟。

二月丁卯，罷河南、江西、江浙、湖廣、四川等處行樞密院。戊辰，祭社稷。庚午，畋於柳林。

三月辛酉，中書平章政事阿吉剌監修《至元條格》。告祭南郊。諸王玉里不花爲知樞密院事。國王朵兒只爲遼陽行省左丞相，以乃蠻台襲國王。

夏四月，京師雨紅沙，晝晦。辛未，探馬赤、只兒瓦歹爲中書平章政事。癸酉，脱脱爲御史大夫。乙亥，阿吉剌罷爲奎章閣大學士。己卯，車駕幸上都。胡閏兒伏誅。

五月，阿吉剌復爲中書平章政事。

六月辛巳，袁州賊周子旺僭稱周王，尋伏誅。南勝縣賊李志甫圍漳州，浙江行省平章政事别不花以兵討之。

秋七月丙辰，鞏昌山崩。

八月癸亥朔，日有食之。戊辰，祭社稷。丙子，京師地震。甲申，雲南老告蠻酋八那來獻象馬，立老告軍民總管府。是月，車駕至自上都。

冬十月辛卯，有事於太廟。

十一月丁卯，立紹熙府軍民宣撫都總使司。壬午，四川散毛洞蠻叛。

十二月戊戌，立邦牙等處宣慰司都元帥府。壬寅，汪家奴知樞密事，宣徽使别兒怯不花爲御史大夫。庚戌，加荆王脱脱木兒元德上輔廣中宣義正節振武佐運功臣。

五年春正月癸亥，禁濫予僧人名爵。

二月戊戌，祭社稷。

三月，中書平章政事阿吉剌出爲遼陽行省平章政事。

夏四月，車駕幸上都。

秋七月丁丑，封皇姊月魯公主爲昌國大長公主。戊寅，詔諸王位下官毋入常選。

八月丁亥，車駕至自上都。戊子，祭社稷。

冬十月辛卯，有事於太廟。甲午，伯顏爲大丞相，加元德上輔功臣，賜七寶玉書、龍鳳金符。

十一月戊辰，河南行省掾范孟端詐爲詔書，殺行省平章政事月魯帖木兒、右丞劫烈、廉訪使完者不花等，執大都路儒學提舉歸暘，暘不屈。未幾，孟端伏誅，擢暘爲監察御史。十一月，中書省斷事官頭麟等使高麗，執高麗王普塔失里以歸。

十二月辛卯，復立都水庸田使司於平江。是月，伯顏殺郯王徹徹禿，貶宣讓王帖木兒補化，奪其印。

六年春正月甲戌，立司禋監，奉太祖、太宗、睿宗御容。

二月甲申朔，權止今年印鈔。戊子，祭社稷。己亥，中書大丞相伯顏罷爲河南行省左丞相，詔曰：「朕踐位以來，命伯顏爲太師、秦王、中書大丞相，而伯顏不能安分，專權自恣，欺朕年幼，輕視太皇太后及朕弟燕帖古思，變亂祖宗成憲，虐害天下。加以極刑，允合輿論。朕念先朝之故，尚存憫恤。今命伯顏出爲河南行省左丞相。所有元領諸衛新軍並怯薛丹人等〔一〕，詔書到時，即許散還。」

是日，太保馬札兒台爲太師、中書右丞相，太尉塔失海牙爲太傅，知樞密院事塔馬赤爲太保，御史大夫脱脱爲知樞密院事，汪家奴爲中書平章政事，嶺北行省平章政事也先帖木兒爲御史大夫。壬寅，詔除知樞密院事脱脱外，諸王、大臣不得帶弓刀輒入宮禁。己酉，彗星見，狀如紛絮。

三月甲寅，漳州人陳君用殺李志甫，以君用同知漳州路總管府事。辛未，遷伯顏於南恩州陽春縣。丁丑，治書侍御史達識帖睦邇爲奎章閣大學士。辛巳，彗星見。是月，釋高麗王普塔失里，復其位。

夏四月己丑，有事於太廟。庚寅，同知樞密院事鐵木兒達識爲中書右丞。丙午，封馬札兒台爲忠王，賜號答剌罕，馬札兒台固辭。是月，立高麗女奇氏爲第二皇后。

五月己未，追封鎮西王世子黨兀班爲涼王，謚忠烈。丙子，車駕幸上都。

六月丙申，撤文宗廟主，徙太皇太后於東安州安置，放燕帖古思於高麗。詔曰：

昔我皇祖武宗皇帝升遐之後，祖母太皇太后惑於憸慝，俾皇考明宗皇帝出封雲南。英宗遇害，我皇考以武宗之嫡，逃居朔漠，宗王大臣同心翊戴，肇啟大事，於時以地近，先迎文宗暫總機務。繼知天理人倫之攸當，假讓位之名，以寶璽來上，皇考推誠不疑，即授以皇太子寶。文宗稔惡不悛，當躬迎之際，與其臣月魯不花、也里牙、明里董阿等謀爲不軌，使我皇考飲恨上賓。歸而再御宸極，海内聞之，靡不切齒。又私圖傳子，乃構邪言，嫁禍於八不沙皇后，謂朕非明宗之子，俾朕出居高麗。祖宗大業，幾於不繼。上天不祐，隨降隕罰。叔嬸不答失里怙其勢焰，不立朕，而立朕之幼弟懿璘質班，奄復不年。諸王、大臣以賢以長，扶朕踐阼。每念治必本於盡孝，事莫先於正名。賴天之靈，權奸屏黜，永惟鞠育罔極之恩，忍忘不共戴天之義。既往之罪，不可勝誅，其命太常撤去圖帖木兒廟主。不答失里本朕嬸母，僭膺太皇太后之號，迹其閨門之禍，離間骨肉，罪惡尤重，揆之大義，宜削鴻名，徙東安州安置。燕帖古思昔雖幼冲，理難同處，朕終不陷於覆轍，專行殘酷，其放諸高麗。當時賊臣月魯不花、也里牙已死，其以明里董阿等明正典刑。監察御史崔敬言燕帖古思不宜放逐，不報。己亥，成紀縣山崩地坼。庚戌，桃源縣山崩。

秋七月戊午，有事於太廟。以蝗旱相仍，頒罪己詔於天下。己未，亦璘真班爲御史大夫。丁卯，殺燕帖古思，不答失里皇后尋亦賜死。戊寅，翰林學士承旨腆哈等删修《大元通制》。是月，禁色目人妻叔母。

八月壬午，也先帖木兒爲御史大夫。戊子，祭社稷。帝至自上都。

九月辛亥，明里董阿伏誅。丙寅，詔今後勿籍罪人妻女。

冬十月甲申，尊皇考明宗爲順天立道睿文智武大聖孝皇帝。帝親祼太室，右丞相馬札兒台爲亞獻，知樞密院事阿魯圖爲終獻。壬寅，右丞相馬札兒台爲太師，脱脱爲中書右丞相，宗正札魯忽赤鐵木兒不花爲中書左丞相。是月，中書平章政事汪家奴知樞密院事。

十一月乙卯，以親祼禮成，御大明殿受羣臣朝。

十二月，復科舉取士法。戊子，罷太禧宗禋等院，改奎章閣爲宣文閣。

【校勘記】

〔一〕「怯薛丹」，原脱「薛」字，據《元史》卷四〇本紀第四十《順帝三》至元六年二月己亥條補。

新元史卷之二十四　本紀第二十四

惠宗二

至正元年春正月己酉朔，改元，詔曰：

朕惟帝王之道，德莫大於克孝，治莫大於得賢〔一〕。朕早歷多艱，入承大統，仰思祖宗付託之重，戰兢惕厲，於兹八年。概念皇考久勞於外，甫即大位，四海觖望，夙夜追慕，不忘於懷。乃以至元六年十月初四日奉册寶，追上皇考曰順天立道睿文智武大聖孝皇帝，被服衮冕，裸於太室，式展孝誠。十有一月六日，勉徇大禮慶成之請，御大明殿受羣臣朝。自去春疇咨於衆，以知樞密院事馬札兒台爲太師、右丞相，尋即控辭，養痾私第。朕憫其勞日久，不忍煩之以政，俾解機務，仍爲太師。知樞密院事脱脱，早歲輔朕，克著忠貞，乃命爲中書右丞相。宗正札魯忽赤帖木兒不花嘗歷政府，嘉績著聞，命爲中書左丞相，並録軍國重事。夫三公論道，以輔予德，二相秉政，以弼予治。其以至元七年爲至正元年，與天下更始焉。

丁巳，有事於太廟。免天下稅糧五分。

二月戊寅，祭社稷。乙未，加封皇姊不答昔你爲明慧貞懿大長公主。

三月甲寅，復給帖木兒補化宣讓王印，鎮淮西。召威順王寬徹不花還。

夏四月丁丑，道州賊唐大二、蔣仁五等作亂，陷江華縣。甲申，有事於太廟。庚寅，車駕幸護聖寺。中書右丞鐵木兒達識爲中書平章政事，中書左丞阿魯灰爲右丞，參知政事許有壬爲左丞。庚子，杭州大火。復封馬札兒台爲忠王。是月，車駕幸上都。

六月，崇明、通、泰等州海溢。

秋七月己卯，有事於太廟。

八月戊申，祀社稷。車駕至自上都。

九月壬寅，許有壬進講仁明殿，帝悦，賜宴宣文閣，仍賜貂裘文幣。

冬十月丁未，有事於太廟。

十一月丙子，道州賊何仁甫等作亂。

十二月乙卯，詔年八十以上蒙古人賜繒帛二端，其餘以高年耆德旌之，免其雜役。壬戌，雲南車里蠻叛，平章政事脱脱木兒以兵討之。

二年春正月丙戌，開京師金口河，役夫十萬，功卒不就。

二月壬寅，頒《農桑輯要》。戊申，祭社稷。

三月戊寅，廷試進士七十八人，賜拜住、陳友仁等及第、出身有差。

夏四月辛丑，冀寧路平晉縣地震，聲如雷鳴，裂地尺餘。乙巳，有事於太廟。是月，車駕幸上都。

五月丁亥，江浙行省平章政事只而瓦台爲河南行省平章政事。

六月壬子，濟南山崩水湧。

秋七月庚午朔，惠州羅浮山崩。辛未，有事於太廟。己亥，慶遠路猺賊莫八作亂，陷南丹、左右兩江等路，脱脱赤顏以兵討之。是月，佛郎國來獻異馬。

八月庚子朔，日有食之。戊申，祭社稷。

九月己巳，湖廣行省平章政事鞏卜班討道州賊，平之。辛未，車駕至自上都。

冬十月己亥朔，日有食之。丁未，有事於太廟。壬戌，遣使祭曲阜孔子廟。

十一月甲申，免雲南明年差税。

十二月壬寅，申服色之禁。丙辰，雲南蠻酋死可伐叛。癸亥，阿魯、禿滿答兒等，坐謀殺右丞相脱脱，伏誅。

三年春正月丙子，中書左丞許有壬乞病歸。丁丑，有事於太廟。乙酉，中書平章政事納麟罷。庚寅，汰怯薛丹。

二月戊戌，祭社稷。丁未，遼陽吾者野人叛。是月，鞏昌府寧遠、伏羌二縣山崩、水溢。

三月戊寅，詔作新風憲。内官不法者，監察御史劾之；外官不法者，行臺監察御史劾之。是月，詔修遼、金、宋三史。

夏四月丙申朔，日有食之。乙巳，有事於太廟。是月，車駕幸上都。五月，河決白茅堤。

六月壬子，命經筵官一月三進講。帝優禮講官，賜酒饌，又以高年疲於奔走，命乘舟太液池。

秋七月丁卯，有事於太廟。戊寅，立永昌等處宣慰司。河南自四月至七月，霖雨不止。

八月甲午朔，朵思麻宣慰司同知鎖兒哈等，以兵討四川上蓬鎖吃賊。戊戌，祭社稷。是月，車駕至自上都。

九月甲子，道州賊唐大二、蔣仁五伏誅，其黨蔣丙僞號順天王，陷連、桂二州。

冬十月戊戌，以親祀南郊，告祭於太廟。至寧宗室，帝問曰：「朕寧宗兄也，當拜否？」

太常博士劉聞對曰：「寧宗雖弟，其爲帝時陛下臣之。春秋時魯閔公弟，僖公兄，宗廟之祭，未聞僖公不拜。」帝乃下拜。己酉，有事於南郊。癸丑，簽樞密院事韓元善爲中書參知政事。己未，以郊祀禮成，大赦天下，文官普減一資，武官升散官一等，蠲民間田租五分，賜高年帛。

十一月辛未，有事於太廟。

十二月丁未，江浙行省左丞相別兒怯不花爲中書左丞相。

四年春正月辛未，有事於太廟。辛巳，定守令黜陟法：六事備者，升一等；四事備，減一資；三事備，遷；六事俱不備，降一等。六事者，農桑、學校、詞訟、盜賊、賦役及常平法也〔二〕。庚寅，河決曹州，未幾，又決於汴梁。

二月戊戌，祭社稷。是月，賀惟一爲中書平章政事。

三月壬寅，特授八禿麻朵兒只爲征東行省左丞相，嗣高麗國王。癸丑，河南行省平章政事納麟爲中書平章政事，集賢大學士姚庸爲中書左丞。是月，中書右丞相脱脱等表進《遼史》一百一十六卷。

夏四月，車駕幸上都。

五月甲辰，右丞相脱脱罷，阿魯圖爲中書右丞相。乙巳，封脱脱爲鄭王。是月，河決白茅堤、金堤，平地水深二丈，北入會通河，曹、濮、濟、兗皆罹水患。秋七月戊子朔，温州颶風，海溢，地震。己丑，有事於太廟。八月戊午，祭社稷。益都路鹽徒郭你赤作亂。九月丁亥朔，日有食之。辛亥，秦從德爲江浙行省參知政事，提調海運。冬十一月丁亥朔，以民饑，禁抑配食鹽，復令民入粟補官。是月，中書右丞相阿魯圖表進《金史》一百三十七卷。

十二月戊寅，猺賊寇靖州。

五年春正月辛卯，有事於太廟。

二月戊午，祭社稷。

三月辛卯，廷試進士七十有八人，賜普顏不花、張士堅等及第，出身有差。是月，以天災、河患，下詔罪己。諸路盜賊，去限二十日者，赦之。前所免租外，被災者全免之，已納者準明年補免。

夏四月，車駕幸上都。

五月己丑，敕雲南驅口給行糧放還，其不願還者聽。辛卯，翰林學士承旨巙巙卒〔三〕。

六月，廬州人張順出米賑饑〔四〕，旌其門。

秋七月丁亥，河決濟陰。己丑，有事於太廟。丙午，中書平章政事鐵木兒達識爲御史大夫，鞏卜班爲中書平章政事。

八月戊午，祭社稷。是月，車駕至自上都。

九月壬午朔，日有食之。辛丑，中書右丞達識帖睦邇罷爲翰林學士承旨，參知政事搠思監爲右丞，資政院使朵兒只班爲中書參知政事。

冬十月壬子，中書平章政事賀惟一爲御史大夫，賜姓蒙古氏，名太平。乙卯，有事於太廟。辛酉，遣使巡行天下，詔曰：「朕自踐阼以來，至今十有餘年，託身億兆之上，耳目所及，豈能周知？雖夙夜憂勤，覬安黎庶，而和氣未臻，災眚時作，豈承宣之寄，糾劾之司奉行有未至歟？若稽先朝成憲，遣官分道奉使，宣布朕意，詢民疾苦，疏滌冤滯，蠲除煩苛。體察官吏賢否，明加黜陟，四品以上停職申請，五品以下就便處決。一切興利除弊之事，悉聽舉行。」

江西行省左丞忽都不丁、吏部尚書何執禮巡兩浙江東道，前雲南行省右丞散散、將作院使王士弘巡江西福建道，大都路達魯花赤拔實、江浙行省參知政事秦從德巡江南湖廣道，吏部尚書定僧、宣政院簽事魏景道巡河南江北道，資政院使蠻子、兵部尚書李憲巡燕南山東道，兵部尚書不花、樞密院判官靳義巡河東山西道，宣政院同知伯家奴、宣徽院僉事王也速迭兒巡山北遼東道，判湖北道宣慰使阿乞剌、兩淮運使杜德遠巡雲南行省，上都留守阿牙赤、陝西行省左丞王冲巡甘肅永昌道，大都留守答兒麻失理、河南行省參知政事王守誠巡四川行省，前西臺御史中丞定定、集賢侍講學士蘇天爵巡京畿道，平江路達魯花赤左答納失里、都水監賈惟貞巡海北海南廣東道。

辛未，阿魯圖等表進《宋史》四百九十六卷。至是，三史告成。帝諭阿魯圖等曰：「史既成書，前人善者，朕當取以爲法，惡者取以爲戒。然爲臣者亦當知之，卿等其以前代善惡之事自勉。」是月，呂思誠爲中書參知政事。

十一月甲午，《至正條格》成。奉元人陳望林僞稱燕古思太子，伏誅。

十二月丁巳，定薦舉守令法。

六年春二月庚戌朔，日有食之。是月，山東地震七日。

三月，山東盜起。戊申，遣中書參知政事鎖南班防盜於東平。

夏四月壬子，遼陽路吾者野人及水達達並叛。癸丑，頒行《至正條格》。甲寅，中書參知政事呂思誠爲中書左丞。乙卯，有事於太廟。丁卯，車駕幸上都。萬户買住等討吾者叛賊，死之，詔恤其家。

五月壬午，廣西象州盜起。丁亥，盜竊太廟神主。火兒忽答以兵討吾者叛賊。丁酉，立河南山東行都水監。

六月己酉，汀州賊羅天麟等陷長汀縣，元帥府經歷真保、萬户廉和尚等以兵討之。丁巳，亦秃渾爲雲南行省平章政事，以兵討死可伐。

秋七月己卯，有事於太廟。丙戌，太保伯撒里爲遼陽行省左丞相。丁亥，散毛洞蛮酋覃全在降，授散毛誓厓等處軍民安撫使。丙申，朶兒只班爲中書右丞，答兒麻爲中書參知政事。

八月丙午，江浙行省左丞忽都不花、江西行省右丞秃魯討汀州賊，平之。戊申，祭社稷。是月，車駕至自上都。

九月戊子，邵武府地震。

冬十月，靖州猺賊寇武岡，湖南宣慰元帥完者帖木兒等以兵討之。

閏月癸酉，羅天麟伏誅。乙亥，赦天下，免差稅有差。靖州猺賊陷黔陽縣。

十二月丁丑，改謚明宗生母仁獻章聖皇后曰莊獻嗣聖皇后。己卯，立山東東西道宣慰司都元帥府。甲午，置海剌秃屯田。復立八百等處宣慰司。辛丑，吉剌班爲太尉。壬寅，山東、河南盜起，左右阿速衛指揮使不兒圖等以兵討之。是月，右丞相阿魯圖罷。

七年春正月甲辰朔，日有食之。己酉，有事於太廟。壬子，中書左丞相别兒怯不花爲右丞相，尋罷。丁巳，復立東路都蒙古軍元帥府。庚申，雲南老丫蠻降〔五〕，立老丫耿凍路軍民總管府。

二月己卯，山東地震。庚辰，中書參知政事鎖南班爲中書右丞，道童爲中書參知政事。丙戌，宦者伯顏帖木兒爲大司徒。是月，阿吉剌知樞密院事，整治軍務。

三月戊午，敕中書省編《六條政類》。乙丑，雲南王孛羅來獻死可伐之捷。

夏四月己卯，有事於太廟。辛巳，達木、賀方使占城國。通政院使朵郎吉兒爲遼陽行省參知政事。己丑，翰林學士承旨定住爲中書右丞。庚寅，別兒怯不花復爲中書右丞相，中書平章政事鐵木兒塔識爲左丞相。是月，車駕幸上都。河東大旱，民多餓死。

五月乙丑，右丞相別兒怯不花罷。

六月，太師馬札兒台免官，安置西寧州。御史大夫太平復爲中書平章政事，福壽爲中書參知政事。彰德路大饑，民相食。

秋七月丁巳，江南行臺御史大夫納麟爲御史大夫。是月，吴天保陷漵浦、辰溪等縣。徙馬札兒台於甘肅。脱歡爲中書右丞，孔思立爲中書參知政事。

九月戊申，車駕至自上都。甲寅，詔舉才學之士以備侍從。丁巳，中書左丞相鐵木兒塔識卒。辛酉，御史大夫朵兒只爲中書左丞相。甲子，集慶路盜起，鎮南王孛羅不花以兵討之。丁卯，吴天保寇寶慶，湖廣行省右丞相沙班軍敗，死之。

冬十月辛未，有事於太廟。丙戌，亦憐只答兒叛。戊戌，西番叛，陷哈剌火州。忽都不花爲中書平章政事。

十一月庚戌，湖廣行省平章政事苟爾，以兵討猺賊吴天保。以河決，遣工部尚書迷兒馬哈謨行視金堤。甲寅，吴天保陷靖州。丁巳，中書平章政事太平爲中書左丞相。己未，中書參知政事韓嘉訥爲中書平章政事。

十二月丙子，以連年水旱，選臺閣名臣二十六人爲知州縣令，仍許民間利害實封上聞。中書平章政事韓嘉訥爲御史大夫。

是年，置中書議事平章四人。晉衍聖公秩三品。

八年春正月戊戌，也先帖木兒知樞密院事。丁未，有事於太廟。己未，河決。是月，湖廣行省右丞秃赤等討平莫磐洞諸蠻，獲其酋楊鹿五。

二月癸酉，御史大夫納麟加太尉，致仕。乙亥，罷海剌秃屯田。是月，立行都水監於鄆城。

三月丁酉，遼東賊鎖火奴作亂，妄稱金後，水達達路脱脱禾孫火魯火赤討斬之。壬寅，以福建盜起，立分元帥府於汀、漳二州。癸卯，廷試進士七十有八人，賜阿魯輝帖木兒、王宗哲等及第、出身有差。壬戌，徽州路達魯花赤哈剌不花有政績，賜金帛旌之。

夏四月乙亥，帝幸國子學。晉衍聖公秩二品。丁丑，有事於太廟。遼陽賊董哈剌作亂，鎮撫使欽察討斬之。己卯，海寧州盜起，翰林學士秃堅不花以兵討之。是月，車駕幸上都。脱脱爲太傅。

五月庚子，廣西山崩、水湧。

六月丙戌，立司天臺於上都。

秋七月丙申朔，日有食之。乙巳，有事於太廟。旌大都節婦鞏氏門。乙卯，遣使祭曲阜孔子廟。丙辰，阿剌不花爲大司徒。

八月，車駕至自上都。

冬十月丁亥，廣西叛蠻寇道州。

十一月，台州人方國珍作亂，江浙行省參知政事朶兒只班以兵討之。太不花爲中書平章政事，忽都不花爲中書右丞。

九年春正月丁酉，有事於太廟。

二月戊寅，祭社稷。

三月己巳，大司農達識帖睦邇爲湖廣行省平章政事。吴天保復陷沅州。

夏四月丁丑，有事於太廟。知樞密院事欽察台爲中書平章政事。己卯，燕南道廉訪使韓元善爲中書左丞。是月，車駕幸上都。

五月戊戌，命太傅脱脱提調大斡耳朵。庚子，築黄河金堤。是月，河東注沛縣，遂成巨浸。

秋七月庚寅，監察御史斡勒海壽劾侍御史哈麻及其弟雪雪交結脱忽思皇后近侍，御史大夫韓嘉訥以聞，章三上，免哈麻、雪雪官，出海壽爲陝西廉訪副使，韓喜訥罷爲宣政院使。甲午，也先帖木兒爲御史大夫。乙未，湖廣行省左丞相亦憐真班知樞密院事。中書右丞相朵兒只罷，依前爲國王。左丞相太平罷爲翰林學士承旨。

閏月辛酉，太傅脱脱復爲中書右丞相。庚午，也可札魯忽赤搠思監爲中書右丞，同知樞密院事玉樞虎兒吐華爲中書參知政事。戊子，命岐王阿剌乞鎮西番。

八月甲辰，集賢大學士伯顔爲中書平章政事。是月，車駕至自上都。

九月甲子，詔中外建言者，委官選其可行之事以聞。

冬十月辛卯，有事於太廟。丁酉，改宣文閣爲端本堂，命皇子入端本堂讀書。

十一月戊午朔，日有食之。

十二月丁未，吴天保陷辰州。脱忽思皇后訴斡勒海壽於帝，免海壽官，並杖流韓嘉訥於奴兒干。

十年春正月丙辰朔，中書右丞搠思監爲平章政事，玉樞虎兒吐華爲中書右丞。壬戌，立四川容美洞總管府。

夏四月丁酉，大赦天下。是月〔六〕，車駕幸上都。

秋八月壬寅，車駕至自上都。

九月辛酉，祭三皇廟，如祭孔子廟禮。

冬十月乙未，敕中書省，御史臺，集賢、翰林兩院，集議鈔法。

十一月壬子朔，日有食之。己巳，詔天下以中統鈔一貫權銅錢一千文，準至元寶鈔二貫，仍鑄至元通寶錢並用。

十二月辛卯，大司農禿魯等兼領都水監，集河防官議治河。己酉，方國珍寇温州，江浙左丞孛羅帖木兒以兵討之。

是歲，京師麗正門樓有人言禍福，鞫之，自稱冀州人，俄不知所往。

【校勘記】

〔一〕「治莫大於得賢」，「得」原作「克」，據《元史》卷四〇本紀第四十《順帝三》至正元年正月己酉條改。

〔二〕「常平法」，原作「平常法」，據文意乙正。

〔三〕「巎巎」，原作「巙巙」，據中華書局點校本《元史》卷一四三列傳第三十《巎巎傳》及該卷校勘記二改。

〔四〕「廬州」，原作「盧州」，據《元史》卷四一本紀第四十一《順帝四》至正五年六月條改。

〔五〕「老丫鑾」，「丫」原作「了」，據《元史》卷四一本紀第四十一《順帝四》至正七年正月庚申條改。下同。

〔六〕「是月」，「是」字原重，今删重。

新元史卷之二十五　本紀第二十五

惠宗三

十一年春正月乙卯，有事於太廟。庚申，江浙行省左丞孛羅帖木兒以兵討方國珍。是月，清寧殿災。

二月，立湖南分元帥府於寶慶路。

三月庚戌，立山東分元帥府於登州。丙辰，廷試進士八十三人，賜朵列圖、文允中等及第、出身有差。壬戌，徵建寧處士彭斌爲端本堂説書，不至。

夏四月壬午，賈魯爲工部尚書、總治河防使，發民夫十五萬、兵二萬，開河合於故道，凡二百八十餘里。乙酉，有事於太廟。封河瀆神爲靈源神祐弘濟王。改永順安撫司爲宣撫司。丁酉，孟州地震。辛丑，師壁安撫司蠻酋田驢什用、盤順府蠻酋墨奴什用降。是月，罷沂州分元帥府。車駕幸上都。

五月己酉朔，日有食之。辛亥，潁州妖賊劉福通作亂，陷潁州。壬申，同知樞密院事秃赤以兵討劉福通。

六月，劉福通陷朱皐及羅山、上蔡等縣。孛羅帖木兒討方國珍，兵敗，爲國珍所執。

秋七月丙辰，廣西大水。命大司農卿達識帖睦邇、江浙行省參知政事樊執敬招諭方國珍。

八月丁丑朔，中興地震。戊寅，祭社稷。丙戌，蕭縣妖賊芝蔴李等作亂，陷徐州。是月，車駕至自上都。羅田妖賊徐壽輝等作亂。

九月壬子，御史大夫也先帖木兒知樞密院事，與衛王寬徹合兵討河南妖賊。壬戌，廢高麗王迷思監朵兒只，以前王弟伯顔帖木兒襲高麗國王。是月，劉福通陷汝寧府及光、息二州。徐壽輝陷黃州路。

冬十月己卯，有事於太廟。癸未，知樞密院事老章以兵討河南妖賊〔一〕。辛卯，中書參知政事松壽分省濟寧。

十一月丁巳，河功告成，召賈魯入朝，授集賢大學士，脱脱世襲答剌罕。是月，徐壽輝僭號天完國皇帝，建元治平。

十二月丙戌，治書侍御史烏古孫良楨爲中書參知政事。辛丑，也先帖木兒復上蔡縣，獲賊將韓咬兒，誅之。

十二年春正月戊申，竹山賊孟海馬陷襄陽路，總管柴肅死之。己酉，有事於太廟。庚戌，宣政院使月魯不花爲中書平章政事。丙辰，徐壽輝遣其將丁普郎等陷漢陽。丁巳，陷興國府。己未，徐壽輝將鄒普勝陷武昌，威順王寬徹不花、湖廣行省平章政事和尚棄城走。刑部尚書阿魯以兵討山東妖賊。乙丑，徐壽輝將魯法興陷安陸府，知府丑驢及其妻侯氏死之。丙寅，以河平，大赦天下。辛未，徐壽輝陷沔陽府，推官俞述祖死之。壬申，陷中興路，山南道廉訪使卜禮牙敦敗績，死之。是月，逯魯曾爲淮東添設元帥，討徐州賊。四川行省平章政事月魯帖木兒爲總兵官，與右丞長吉討興元、金州賊。知樞密院事月赤察兒率兵馬指揮使寶童討徐州賊。

二月己亥朔，定遠人郭子興作亂，陷濠州。丁丑，集賢大學士賈魯爲中書添設左丞。江北河南道廉訪使哈藍朵兒只爲荆湖北道宣慰使都元帥，守襄陽。癸未，命諸王秃堅鎮揚州，寧王牙安沙鎮四川。乙酉，徐壽輝陷江州，總管李黼死之，遂陷南康路。丙戌，徐壽輝陷岳州，遂分兵陷歸州。戊子，赦徐州賊。立安東、安豐分元帥府。辛丑，鄧州賊王權陷澧州，指揮使俺都剌哈蠻等復之。褒贈死事者宣徽使帖木兒等二十七人。壬寅，御史大夫納麟爲江南行臺御史大夫，仍兼太尉。命諸王孛蘭奚與翰林學士承旨八剌守大名。是月，徐壽輝將歐普祥陷袁州。中書參知政事帖里帖木兒分省濟寧。

三月丁未，徐壽輝將陶九陷瑞州。壬子，河南行省平章政事太不花復南陽府。癸丑，行納粟補官法。辛酉，諸王阿兒麻以兵討商州等處賊。鞏卜班知行樞密院事。甲子，徐壽輝將項普略陷饒州，遂陷徽州、信州，饒州知州魏中立、信州總管于大本俱死之。丁卯，江南行臺御史大夫帖木哥爲甘肅行省平章政事。戊辰，詔依世祖舊制，用南人爲中書省、樞密院、御史臺官。江浙行省左丞相亦憐真班爲江西行省左丞相，以兵討饒、信諸州賊。庚午，台州路達魯花赤泰不花與方國珍戰於黄巖之州港，死之。隴西地震百餘日，改定西爲安定州，會州爲會寧州。是月，徐壽輝寇南昌，平章政事道童等敗之。

閏三月甲戌朔，鍾離人朱元璋從郭子興於濠州。壬午，大理宣慰使答失八都魯爲四川行省添設參知政事，與平章政事咬住討山南湖廣賊。乙酉，徐壽輝將陳普文陷吉安路，吉安人羅明遠起兵復之。立淮南江北行中書省，治揚州。壬辰，大都留守兀忽失爲江浙行省添設右丞，以兵討饒、信賊。丁酉，湘廣行省參知政事鐵傑復岳州。戊戌，翰林學士承旨晃火兒不花、湖廣行省平章政事失列門並爲淮南江北行省平章政事，淮東元帥蠻子爲右丞，燕南道廉訪使秦從德爲左丞，陝西行臺侍御史答失禿、山北道廉訪使趙璉爲參知政事。庚子，樞密副使悟良哈台爲中書添設參知政事。是月，四川行省平章政事咬住復忠、萬、夔、雲陽等州。方國珍不肯降，江浙行省左丞左答納失里以兵討之。也先帖木兒軍潰於沙河，以中書平章政事蠻子代之。召也先帖木兒還，仍爲御史大夫。陝西行臺御史大夫朵爾直班、監察御史蒙古魯海牙、范文等劾其喪師辱國，不報。左遷朵爾直班爲湖廣行省平章政事，蒙古魯海牙等爲各路添設佐貳官。

夏四月癸卯朔，日有食之。臨川賊鄧忠陷建昌路。己酉，有事於太廟。甲寅，御史大夫搠思監爲中書平章政事。丙辰，宜黃賊塗佑、建寧賊應必達陷邵武路，總管吴按攤不花討斬之。建寧賊復陷福寧州，知州王伯顏死之。辛酉翰林學士承旨渾都海牙爲中書平章政事，四川行省參知政事桑哥失理復渠州。辛未，荆門州知州聶炳復荆門州。是月，車駕幸上都。四川行省平章政事咬住復歸州，與峽州總管趙余褫敗賊將李大業等，遂復峽州。畏兀兒亦都護月魯帖木兒、豫王阿剌忒納失里等以兵討襄、鄧、南陽賊。

五月壬申朔，答失八都魯復襄陽。戊寅，台州人陳子由等率民兵夾攻方國珍，命行臺御史大夫納麟給以宣敕。己卯，咬住復中興路。安置瀛國公子和尚趙完普於沙州，禁與人交通。癸未，建昌人戴良以民兵復建昌路。是月，答失八都魯敗賊於襄陽。

六月己丑，遥授紹慶路宣慰使楊延禮不花湖廣行省左丞。丙申，周伯顏陷道州。

秋七月丁丑，有事於太廟。庚辰，項普略陷杭州路，參知政事樊執敬死之。濟寧路總管董摶霄復杭州，遂復徽州。辛巳，通政院使答兒麻失理、樞密副使禿堅不花以兵討徐州賊。己丑，周伯顔陷寶慶路。庚寅，右丞相脱脱請親討徐州賊，許之。辛卯，脱脱爲行樞密院使。丁酉，杜秉彝爲中書添設參知政事。湖南副元帥小云失海牙、總管兀顔思忠以兵復寶慶路。是月，徐壽輝將王善陷福安、福寧等縣。

八月癸卯，方國珍寇台州，浙東元帥也忒迷失、福建元帥黑的兒敗之。甲辰，同知樞密院事哈麻爲中書添設右丞。己酉，知樞密院事咬咬、中書平章政事搠思監、也可札魯忽赤福壽並從脱脱討賊。壬子，札撒温孫爲河南行省右丞，偰哲篤爲淮南行省左丞。丙辰，禿思迷失爲淮南行省平章政事。丁卯，詔脱脱以答剌罕、中書右丞相分省於外，節制各處軍馬，聽便宜從事。是月，車駕至自上都。徐壽輝將俞君正復陷荆門州，知州聶炳死之。其别將党仲達復陷岳州。

九月乙亥，俞君正復陷中興路，判官上都死之。咬住與俞君正戰於樓臺，敗績。丁丑，中興人范中率民兵復中興路。乙酉，脱脱至徐州。丁亥，命知行樞密院事阿剌吉從脱脱討賊。辛卯，脱脱復徐州，李二伏誅，其黨彭大、趙君用奔濠州。庚子，脱脱加太師，振旅還京師。

冬十月丁未，有事於太廟。甲寅，知樞密院事阿乞剌爲太尉、淮南行省平章政事。乙丑，霍山崩。

十一月辛未，江浙行省平章政事慶童以兵討常州賊。癸未，江浙行省右丞帖里帖木兒以兵討方國珍。

十二月辛亥，詔以杭、湖、常、信、廣德諸路皆克復，赦詿誤者，蠲其夏税、秋糧，命有司撫恤之。辛酉，卜顔不花、阿兒灰復潭、岳等州。

是年，海運不通。立都水庸田司於汴梁路。

十三年春正月庚午朔，中書添設左丞哈麻爲中書右丞，中書添設參知政事悟良哈台爲添設右丞，烏古孫良楨爲中書左丞。壬申，陝西行省平章政事卜答失里爲總兵官。癸酉，有事於太廟。乙亥，中書右丞秃秃以兵討商州賊。丙子，方國珍降。庚辰，杜秉彝爲中書參知政事。庚寅，知樞密院事老章復襄陽及唐州。

二月丁未，祭先農。

三月己卯，命脱脱以太師開府。是月，命帖里木兒、左答納失里同招諭方國珍。

夏四月庚子，甘肅行省平章政事鎖南班爲永昌路宣慰使，以兵討叛蠻愚魯罷等，仍給平章政事俸。乙巳，有事於太廟。是月，車駕幸上都。

五月辛未，江西行省左丞相亦憐真班、江浙行省右丞老老，元帥韓邦彦、哈迷同復饒州，蘄黄賊皆奔潰。癸酉，太尉阿剌吉爲嶺北行省左丞相。封知行樞密院事伯家奴爲武國公〔二〕，同諸王孛羅帖木兒討賊。壬午，中書右丞賈魯卒於軍中。乙未，泰州人張士誠作亂，陷泰州興化縣，遂陷高郵，知府李齊死之。士誠僭號大周國誠王，建元天祐。

六月丙申朔，置詹事院。丁酉，立皇子愛猷識理達臘爲皇太子，告祀天地、宗廟。右丞相脱脱兼太子詹事。庚子，知樞密院事失剌拔都、平章政事答失八都魯同復安陸府。甲辰，以立皇太子，大赦。己酉，高昌王月魯帖木兒卒於軍中。辛亥，諸王完者都及張士誠戰於泰州，死之。諸王八禿及劉福通戰於亳州，死之。

秋七月丁卯，有事於太廟。壬申，湖廣行省參知政事阿魯輝復武昌及漢陽府。壬辰，諸王只兒哈忽卒於軍中。

八月癸卯，諸王闊兒吉思帖木兒來獻馬。諸王只兒哈郎討金山賊，卒於軍中。是月，車駕至自上都。資政院使脱火赤復江州路。中書平章政事咬住左遷爲淮西元帥。郭子興將朱元璋陷滁州。

九月乙丑朔，日有食之。乙亥，廣平王咬咬坐討賊無功，削其王爵，降爲河南行省平章政事。壬辰，南臺御史大夫納麟致仕，仍爲太尉。丁酉，有事於太廟。

冬十月丁未，廣西元帥甄崇福復道州，周伯顔伏誅。庚戌，授方國珍徽州路治中，國珍不受命。立水軍都萬户府於崑山州。是月，江浙行省平章政事卜顔帖木兒等討徐壽輝於蘄水，大敗之，壽輝遁，獲其僞官四百餘人。

十一月丁亥，江西行省右丞火你赤復富州、臨江府，遂復瑞州。

十二月癸丑，西安王阿剌忒納失進封豫王，封其弟答兒麻爲西安王，鎮崇吉兒之地。陝西行省平章政事孛羅等復均、房諸州。彭大子早住僭稱魯淮王，趙君用僭稱永義王。

是歲，自六月不雨至於八月。

十四年春正月辛未，有事於太廟。丙戌，宣政院使答兒麻監藏遥授陝西行省平章政事，整治西番。是月，答失八都魯復峽州。

二月戊戌，祭社稷。己未，湖廣行省平章政事苟兒爲淮南行省平章政事，以兵討張士誠。是月，吕思誠爲湖廣行省左丞。湖廣行省右丞伯顔普化、江南行臺御史中丞蠻子海牙等，會湖廣行省平章政事也先帖木兒討沿江賊。立鎮江水軍萬户府，江浙行省右丞佛家閭領之。

三月癸亥朔，日有食之。己巳，廷試進士六十二人，賜薛朝晤、牛繼志等及第、出身有差。甲戌，諸王速哥帖木兒以兵討宿州賊。丙子，劉福通陷潁州。是月，答失八都魯爲四川行省平章政事，兼知行樞密院事，總荆襄各路軍馬從宜調遣。

夏四月癸巳朔，介休縣地震、水湧。是月，車駕幸上都。江西、湖廣大饑。江浙行省參知政事阿兒温沙爲行省右丞，浙東宣慰使恩寧普爲行省參知政事，以兵討方國珍。

五月，安豐賊圍廬州，湖廣行省參知政事阿兒灰爲行省右丞，以兵援廬州。命荆王答兒麻失理鎮河西，討西番賊。郭子興將朱元璋陷全椒縣。

六月辛卯朔，張士誠寇揚州。丙申，達識帖睦邇敗績於揚州，諸軍皆潰。詔佛家閭會達識帖睦邇復進兵。己酉，趙君用、彭早住陷盱眙縣。庚戌，陷泗州。

秋七月壬申，刑部尚書阿魯募兵於汝寧州，討泗州賊。

八月，車駕至自上都。江西行省左丞相亦憐真班卒。

九月庚申，湖廣行省左丞吕思誠爲中書右丞。辛酉，知樞密院事月赤察兒爲平章政事。詔脱脱以太師、中書右丞相，總制諸王、諸行省、各翼軍，討張士誠。甲子，封高麗國王脱脱不花爲瀋王。將作院使臧卜爲中書參知政事。

冬十月甲午，有事於太廟。戊戌，答失八都魯、太不花等會討安豐賊。

十一月丙寅，敕中書省、樞密院、御史臺，凡奏事先啟皇太子。辛未，脱脱大敗張士誠於高郵。乙酉，脱脱分兵復六合縣。是月，答失八都魯復鄭、均、許三州。

十二月丙申，中書平章政事定住爲左丞相，宣政院使哈麻、永昌宣慰使鎖南班爲中書平章政事。御史大夫也先帖木兒罷，宣徽使汪家奴爲御史大夫。丁酉，削太師、右丞相脱脱官爵，安置淮安路，其弟也先帖木兒安置寧夏路。河南行省平章政事太不花爲行省左丞相，中書平章政事月闊察兒加太尉，集賢大學士雪雪知樞密院事，同領諸路征進軍馬。戊戌，中政院使桑哥失里爲中書添設右丞。庚子，冀國公禿魯加太尉。己酉，紹興路地震。是月，命威順王寬徹不花仍鎮湖廣。甘肅行省右丞嵬的以兵討西番賊。猺賊寇衡州，萬户許脱因死之。京師大饑，有父子相食者。

十五年春正月戊午，宣徽使黑厮爲中書平章政事，河南行省左丞許有壬爲集賢大學士，遼陽行省左丞奇伯顔不花爲行省平章政事。癸亥，有事於太廟。甲子，諸王禿堅帖木兒卒於軍中。丁丑，徐壽輝將倪文俊復陷沔陽府。威順王寬徹不花子報恩奴及倪文俊戰於漢川，死之，寬徹不花奔陝西。是月，安置脱脱於亦集乃路。郭子興陷和州。

閏月壬寅，調右衛軍人屯田京畿，以本管萬户督其勤惰。

二月己未，劉福通立韓林兒爲皇帝，僭號宋，又稱小明王，建元龍鳳。戊辰，太傅、御史大夫汪家奴爲中書右丞相，平章政事定住爲左丞相。庚午，河南行省平章政事咬咬爲遼陽行省左丞相。壬申，立淮東等處宣慰使司都元帥府。丙子，達識帖睦邇爲中書平章政事。是月，以刑部尚書董銓等與江西行省平章政事火你赤專任征討，先降曲赦，諭以禍福，如執迷不悛，尅日進兵。

三月癸巳，徐壽輝陷襄陽路。甲午，汪家奴攝太尉，持節授皇太子玉册，錫冕服九旒，謁太廟。辛丑，改竄脱脱於雲南鎮西路，籍其家。是月，中書右丞相汪家奴罷。

夏四月乙丑，中書右丞臧卜、左丞烏古孫良楨分省彰德路。癸酉，中書左丞相定住爲右丞相，平章政事哈麻爲左丞相，太子詹事桑哥失里爲中書平章政事，雪雪爲御史大夫。丁丑，知樞密院事衆家奴加太傅。是月，車駕幸上都。遣翰林待制烏馬兒、集賢待制孫撝招諭張士誠，爲士誠所殺。寧國路山崩。

五月壬辰，答失八都魯復襄陽路。削河南行省左丞相太不花官爵，仍命從答失八都魯征進。壬寅，蠻子海牙與朱元璋戰於峪溪口，敗績。庚戌，倪文俊陷中興路。都元帥朵兒只班死之。是月，命淮南行省平章政事咬住、淮東道廉訪使王也先迭兒招諭張士誠。

六月癸酉，四川行省平章政事答失八都魯爲河南行省平章政事。乙亥，諸王倒吾卒於軍中。己卯，陝西行省平章政事禿禿加號答剌罕。丁亥，遣將作院判官烏馬兒等招諭朱元璋，章佩監丞普顔帖木兒等招諭倪文俊。是月，朱元璋陷太平路，總管靳義死之，其别將徐達陷溧水州。國王朵兒只卒於軍中。

秋七月辛卯，有事於太廟。壬辰，朱元璋攻集慶路。壬寅，倪文俊復陷武昌、漢陽等路。

八月戊辰，中書平章政事達識帖睦邇爲江浙行省左丞相，便宜行事。甲戌，大宗正府札魯忽赤迭里迷失爲甘肅行省平章政事。雲南蠻死可伐降，置平緬軍民宣撫司。四川蠻酋向思勝降，改安定州爲軍民安撫司。是月，車駕至自上都。淮南行省左丞相太平統諸軍討淮南賊。蘄黄賊陷宣州，致仕禮部尚書汪澤民死之。

九月癸未，知嶺北行樞密院事紐的該爲中書平章政事。戊戌，朱元璋將郭天叙等攻集慶路，敗死。己亥，倪文俊圍岳州。是月，移脱脱於阿輕乞之地。

冬十月丁巳，立淮南行樞密院於揚州。甲子，命中書右丞斡欒、前中書左丞吕思誠議親祀郊廟典禮。中書右丞拜住爲平章政事。丙子，以郊祀，命皇太子告祀太廟。己卯，翰林學士承旨慶童爲淮南行省平章政事。

十一月壬辰，有事於南郊，皇太子爲亞獻，攝太尉右丞相定住爲終獻。甲午，太不花爲湖廣行省左丞相，討湖廣賊，還所奪河南行省左丞相宣命。戊申，右丞相定住以太保致仕。庚戌，徐壽輝陷饒州路。辛亥，高麗王伯顔帖木兒賜號親仁輔義宣忠奉國彰惠靖遠功臣。河南賊陷懷慶路。是月，答失八都魯敗劉福通於夾河。

十二月丁巳，中書參知政事月倫失不花、陳敬伯分省彰德。己未，哈麻矯詔殺脱脱於阿輕乞之地。乙亥，下罪己詔，大赦。是月，答失八都魯敗劉福通於太康，遂圍亳州。韓林兒奔安豐。立興元路宣慰使司都元帥府於興元路。中書平章政事拜住分省濟寧。

十六年春正月壬午，改福建宣慰使司都元帥府爲福建行中書省。戊子，有事於太廟。乙巳，遼陽行省左丞相咬咬爲太子詹事，翰林學士承旨朵列帖木兒同知詹事院事。戊申，雲南蠻酋阿蘆來獻方物。庚戌，左丞相哈麻有罪免。辛亥，御史大夫雪雪有罪免。復以定住爲右丞相，搠思監爲御史大夫。是月，倪文俊迎徐壽輝，建僞都於漢陽。

二月壬子朔，張士誠陷平江路。甲寅，右丞相定住仍兼太保，總裁中書一切機務。丙辰，安置哈麻於惠州，雪雪於肇州，尋皆杖殺之。甲戌，封蠻蠻爲靖安王。丙子，蠻子海牙及朱元璋戰於采石，敗績。己卯，遣集賢直學士楊俊民致祭曲阜孔廟。是月，張士誠據平江，遂陷松江、常州諸路。

三月壬午，徐壽輝寇襄陽。庚寅，朱元璋陷集慶路。行臺御史大夫福壽、行省平章政事阿魯灰、參知政事百家奴、治書侍御史賀方、達魯花赤達尼達思俱死之。丙申，倪文俊陷常德路。丁酉，朱元璋將徐達等陷鎮江路，平章政事定定、守將段武俱死之。立行樞密院於杭州，行省左丞相達識帖睦邇兼知行樞密院事，節制諸軍，許以便宜從事。戊申，方國珍復降，授海道運糧萬户。

夏四月辛亥，搠思監爲中書左丞相。壬子，張士誠陷湖州。癸丑，朱元璋陷金壇縣。

丙辰，資政院使普化爲御史大夫。庚申，河南行省左丞卜蘭奚爲湖廣行省平章政事。丁卯，陝西行臺御史大夫朵朵爲陝西行省左丞相。大司農咬咬爲遼陽行省左丞相。知樞密院事實理門分院濟寧。是月，車駕幸上都。

五月丙申，倪文俊陷澧州路。

六月乙卯，朱元璋將鄧愈等陷廣德路。

秋七月己卯朔，朱元璋稱吴國公，總江南行中書省事。遣中書省斷事官撒迪罕諭高麗國王發兵討賊。是月，張士誠遣其弟士德陷杭州，行省平章政事左答納失里死之。未幾，苗軍元帥楊完者、萬户普賢奴與士德戰，大敗之，遂復杭州。

八月丙辰，奉元路判官王淵以義兵復商州。庚午，倪文俊陷衡州路，都元帥甄崇福死之。甲戌，彗星見於張。是月，車駕至自上都。河決山東，大水。

九月庚戌，汝潁賊李武等陷潼關，參知政事述律杰死之。壬午，豫王阿剌忒納失里、同知樞密院事定住以兵復潼關。丙申，潼關再陷，阿剌忒納失里又克之。戊戌，賊陷陝州及虢州。太尉納麟復爲江南行臺御史大夫，遷行臺於紹興路。是月，兵部尚書察罕帖木兒復陝、虢二州。

冬十月丁未朔，有星墮於大名路，化爲石如狗頭。是月，中書右丞吕思誠罷爲大司農卿。乙丑，趙君用陷淮安路，廉訪使褚不花死之。鎮南王孛羅不花被執，不屈，與其妻俱赴水死。是月，太尉也先帖木兒罷。

十一月，置分樞密院於沂州。劉福通略山東、河北，京師大震。

十二月庚申，達識帖睦邇大破劉福通於太康。倪文俊陷岳州路，威順王子歹帖木兒死之。湖廣行省參知政事也先帖木兒、左江義兵萬户王祖勝，合兵復衡州。

十七年春正月丙子朔，日有食之。伯顔禿古思爲大司徒。

二月癸丑，以河南諸軍屢捷，赦天下。戊辰，知樞密院事脱歡復邳州。壬申，亳州賊毛貴陷膠州，知樞密院事脱歡死之。甲戌，倪文俊陷陝州。是月，李武、崔德陷商州。察罕帖木兒與李思齊援陝西，以察罕帖木兒爲陝西行省左丞，李思齊爲四川行省左丞。

三月乙亥，義兵萬户賽甫丁、阿迷里丁據泉州叛。庚辰，毛貴陷萊州，山東宣慰副使釋加納死之。甲午，毛貴陷益都路，前海南海北道宣慰使王英死之。丁酉，毛貴陷濱州。戊戌，中書平章政事帖里帖木兒爲御史大夫，悟良哈台、斡欒並爲中書平章政事。是月，詔河南行省左丞相答失八都魯至京師，加開府儀同三司、太尉，改四川行省右丞相。

夏四月乙卯，毛貴陷莒州。辛酉，咬咬爲甘肅行省左丞相。丁卯，朱元璋將徐達陷寧國路，百户張文貴死之。是月，車駕幸上都。封江西行省平章政事火你赤爲營國公。

五月戊寅，平章政事赤老温帖木兒復武安州等三十餘城。壬午，池州路總管陶起祖叛降於朱元璋。丙申，搠思監爲右丞相，太平爲左丞相，詔天下，免今歲糧稅之半。

六月甲辰朔，實理門爲中書右丞，分省濟寧。己未，帖里帖木兒、老的沙並爲御史大夫。庚申，朱元璋將趙繼祖陷江陰州。是月，劉福通分其兵爲三道：關先生、破頭潘、馮長舅、沙劉二、王士誠寇山西，白不信、大刀敖、李喜喜寇陝西，毛貴寇山東，聲勢大振。

秋七月庚辰，朱元璋將胡大海陷徽州路，建德路萬户吴訥死之。戊子，李稷爲御史中丞。丙申，胡大海陷休寧縣，行省參知政事楊完者敗績。己丑，黄河義兵萬户田豐叛，陷濟寧路，義兵萬户孟本周敗之，遂復濟寧。甲午，御史中丞完者帖木兒爲中書右丞，河南道廉訪使俺普爲中書參知政事。是月，立四方獻言詳定使司。歸德府知府林茂、萬户時公權叛，降於劉福通。

八月癸丑，劉福通陷大名路，遂陷衛輝路。乙丑，陝西行臺御史中丞伯嘉訥爲陝西行省平章政事；淮南行省參知政事余闕爲淮南行省左丞，參知政事楊完者爲右丞，方國珍爲江浙行省參知政事。是月，車駕至自上都。知樞密院事紐的該以兵討山東賊。朱元璋將繆大亨陷揚州路。張士誠降，以士誠爲太尉，其弟士德爲淮南行省平章政事。

九月癸酉，婺源州元帥汪同、祁門元帥馬國奕，俱叛降於胡大海。甲戌，江浙行省平章政事夏章亦叛降。丙子，老的沙爲中書平章政事。戊戌，太不花復大名路。辛丑，詔中書右丞也先不花、御史中丞成遵宣撫彰德、大名等路。是月，紐的該加太尉，統諸軍守東昌。徐壽輝將陳友諒殺倪文俊。

閏月丙午，右丞相搠思監、左丞相太平，並加開府儀同三司。乙丑，關先生、破頭潘等陷潞州。丙寅，進寇冀寧，察罕帖木兒敗之。

冬十月辛未朔，朱元璋將常遇春陷池州。戊寅，設分詹事院。是月，白不信、李喜喜等陷興元，遂寇鳳翔，察罕帖木兒、李思齊屢敗之，賊入四川。知樞密院事答里麻失里與賊戰於曹州，敗績，答里麻失里死之。静江路山崩、地陷。

十一月壬寅，察罕帖木兒敗賊於壺關。戊午，河南行省平章政事答蘭爲中書平章政事，御史中丞李獻爲中書左丞，陝西行臺中丞卜顔帖木兒、樞密副使哈剌那海、司農少卿崔敬、侍御史陳敬伯皆爲參知政事。己巳，參知政事八都麻失里爲中書右丞。

十二月丁酉，象山縣山崩。庚子，四川行省右丞相答失八都魯卒於軍中。

是歲，倪文俊將明玉珍入四川。義兵萬户余寶殺知樞密院事寶童，叛降於毛貴。河南大饑。

十八年春正月丙午，陳友諒陷安慶，淮南行省右丞余闕及萬户李宗可死之。乙卯，朱元璋將鄧愈陷婺源州。甲子，不蘭奚知樞密院事。丙寅，田豐陷東平路。丁卯，不蘭奚及毛貴戰於好石橋，敗績。是月，孛羅帖木兒爲河南行省平章政事，統其父答失八都魯原管軍馬。

二月己巳朔，中書右丞塔失帖木兒、左丞烏古孫良楨提調西山民寨，分守要害。毛貴陷滄州。癸酉，毛貴陷濟南路，達魯花赤愛的死之。河南行省右丞董摶霄與毛貴兵戰於南皮之魏家莊，死之。辛巳，太不花爲中書右丞相，討山東賊。壬午，田豐復陷濟寧路。甲申，陷輝州。丙戌，紐的該棄東昌走，復拜中書添設左丞相。丁亥，察罕帖木兒復涇州、平涼。戊子，田豐陷東昌路。辛卯，安童爲中書參知政事。

三月己亥朔，右丞相搠思監加太保。庚子，毛貴陷般陽路。癸卯，王士誠陷晉寧路，總管杜賽因不花死之。甲辰，察罕帖木兒復晉寧路。己酉，孛羅帖木兒復濮州。庚戌，毛貴陷薊州。徵四方兵入衛京師。乙卯，毛貴寇漷州，樞密副使達國珍敗績於棗林，死之。同知樞密院事劉哈剌不花敗毛貴於柳林，貴走濟南。丙辰，朱元璋將鄧愈陷建德路，參知政事不花等棄城走。丁巳，田豐陷益都路。

夏四月庚午，淮南行省右丞楊完者敗績於徽州。辛巳，楊完者攻建德路，復敗。壬午，田豐陷廣平路，詔元帥方脱脱復廣平。癸未，頒軍民事宜十一條。甲申，陳友諒陷龍興路，遣其將康泰寇邵武路。庚寅，翰林學士承旨蠻子爲嶺北行省平章政事。甲午，陳友諒將王奉國陷瑞州路。是月，車駕幸上都。李思齊、張良弼殺同知宣慰司事拜帖木兒。

五月戊戌朔，察罕帖木兒復冀寧路。方國珍爲江浙行省左丞，兼海道運糧萬户。李思齊殺同僉樞密院事郭擇善。庚子，察罕帖木兒爲山西行省右丞，兼行臺侍御史、同知河南行樞密院事。壬寅，劉福通陷汴梁，迎僞主韓林兒都之。甲辰，太尉阿吉剌爲甘肅行省左丞相。乙巳，察罕帖木兒部將關保敗賊於高平。庚戌，陳友諒陷吉安路。乙卯，削太不花官爵，安置益州。知行樞密院事悟良哈台節制河北諸軍，河南行省平章政事周全節制河南諸軍。辛酉，陳友諒陷撫州路。

六月戊辰朔，日有食之。劉哈剌不花執太不花送京師，中道殺之。察罕帖木兒爲陝西行省平章政事。庚辰，關先生、破頭潘陷遼州，遂陷晉寧路及汾州，晉寧人喬彝、王佐，汾州人國子助教張岩起，俱不屈死。是月，江南行臺御史大夫拜住哥殺紹興路達魯花赤邁里古思。

秋七月丁酉朔，周全以懷慶路叛降於劉福通。丁未，不蘭奚復般陽路，未幾復陷。丙寅，完不花、脱脱木兒爲中書平章政事。是月，京師大水。

八月乙丑，江浙同簽樞密院事員成叛降於朱元璋。庚辰，陳友諒陷建昌路。辛巳，王士信以勝州叛降於毛貴。庚寅，老的沙爲御史大夫。

九月丁酉朔，關先生等陷完州。壬寅，命中書參知政事普顏不花、治書侍御史李國鳳經略江南福建行省，平章政事慶童爲江南行臺御史大夫。丙午，關先生等陷平定州。乙丑，陳友諒陷贛州，江南行省參知政事全普庵撒里及總管哈海赤死之。

冬十月辛未，胡大海陷蘭溪州，執廉訪使趙秉中。壬午，右丞相搠思監爲御史燕赤不花所劾，詔收其印綬。乙酉，御史答里麻失里等復劾之，不報。壬辰，關先生等陷大同路。

十一月乙未，普化帖木兒爲福建行省平章政事。癸卯，陳友諒陷汀州路。丁未，田豐陷順德路。

十二月乙丑朔，日有食之。癸酉，關先生等陷上都，焚宮闕。壬午，朱元璋攻婺州，行省參知政事石抹宜孫以兵來援，敗績。甲申，同僉樞密院事寧安、安慶都事李相以婺州叛降於朱元璋，浙東廉訪使楊惠、達魯花赤僧住死之。

【校勘記】

〔一〕「知樞密院事」，原重「院」字，據《元史》卷四二本紀第四十二《順帝五》至正十一年十月癸未條删重。

〔一一〕「知行樞密院事」，「事」原作「使」，據《元史》卷四三本紀第四十三《順帝六》至正十三年五月癸酉條改。

新元史卷之二十六　本紀第二十六

惠宗四　昭宗

十九年春正月甲午朔，陳友諒遣其將王奉國寇信州路，江東廉訪副使伯顏不花的斤敗之。乙巳，朵兒只班爲中書平章政事。丙午，關先生、破頭潘等陷遼陽，懿州路總管呂震、廣寧路總管郭嘉死之。

二月甲申，叛將梁炳寇辰州，達魯花赤和尚敗之，以和尚爲湖廣行省參知政事。是月，詔孛羅帖木兒移兵鎮大同。詳定使王時爲中書參知政事。明玉珍分兵陷嘉定，行省左丞相完者都、平章政事朗革歹、參知政事趙資死之。

三月癸巳朔，陳友諒陷襄陽。辛丑，兵馬司指揮周哈剌歹等謀反，事覺伏誅。

夏四月癸亥朔，知樞密院事佛家奴復金、復諸州。甲子，天壽節，詔曰：「方今宜敬天地，法祖宗，以自修省。朕初度之日，羣臣勿賀。」皇太子及左丞相太平等固請，不聽。

五月壬辰朔，日有食之。陝西行臺御史大夫完者帖木兒爲陝西行省左丞相，便宜行事。是月，山東、河南、河東、陝西等路飛蝗蔽天，民大饑。

六月辛巳，宣徽使燕古思爲御史大夫。是月，陳友諒陷信州，伯顏不花的斤死之。

秋七月壬辰朔，右丞相搠思監出爲遼陽行省左丞相。乙巳，朱元璋將常遇春寇衢州，廉訪使宋伯顏不花固守拒之。戊申，國王囊家歹、中書平章政事也先不花，知樞密院事佛家奴、黑驢等，會討遼陽賊。

八月辛酉朔，倪文俊餘黨陷歸州。戊寅，察罕帖木兒復汴梁路，劉福通挾其僞主韓林兒奔安豐。己卯，察罕帖木兒爲河南行省平章政事，兼同知河南行樞密院事、陝西行臺御史中丞，依前便宜行事。

九月癸巳，中書平章政事帖里帖木兒出爲陝西行省左丞相。丁未，常遇春陷衢州，總管湯浩死之，執廉訪使宋伯顏不花。

冬十月庚申，方國珍爲江浙行省平章政事，時國珍已降於朱元璋，遂拒命。是月，兵部尚書伯顏帖木兒等徵海運於張士誠。

十一月壬寅，朱元璋將胡大海陷處州。

十二月丁卯，關先生等入高麗，陷義州。戊辰，朱元璋將常遇春攻杭州。

是月，殺中書左丞成遵、參知政事趙中、參議蕭庸。

二十年春正月癸卯，關先生等陷大寧路。壬子，危素爲中書參知政事。

二月戊午朔，左丞相太平罷爲太保，留守上都。庚申，福建行省參知政事袁天禄以福寧州叛，降於朱元璋。是月，御史大夫老的沙爲中書平章政事。陽翟王阿魯輝反，屯於木兒古徹兀之地。

三月戊子朔，彗星見。田豐陷保定路。甲午，廷試進士三十五人，賜買住、魏元禮等及第、出身有差。己巳，賊陷冀寧路。壬子，遼陽行省左丞相搠思監爲中書右丞相。

夏四月庚申，遣大司農都事樂元臣招諭田豐，豐殺之。辛未，僉行樞密院事張居敬復興中州。

五月丁亥朔，日有食之。乙未，陳友諒分兵陷辰州。己亥，絆住馬爲中書平章政事。

閏月庚午，陳友諒弑徐壽輝於采石，僭稱皇帝，國號漢，改元大義。己未，甘肅行省左丞相阿吉剌爲太尉。戊寅，胡大海陷信州。

六月壬子，石抹宜孫敗績於慶元縣，死之。

秋七月辛酉，孛羅帖木兒敗賊於台州。乙亥，孛羅帖木兒爲總兵官，總領諸軍，仍便宜行事。

八月乙未，賊陷永平路。庚戌，江浙行省左丞相達識帖睦邇加太尉，兼知江浙行樞密院事，便宜行事。

九月乙卯朔，遣參知政事也先不花諭孛羅帖木兒、察罕帖木兒毋越境相攻。壬戌，賊陷孟州及趙州。癸未，賊犯上都，右丞忙哥帖木兒敗績。
十月甲辰朔，張良弼爲湖廣行省參知政事。丙戌，迭兒必失爲太尉，守大斡兒朵。
十一月甲寅朔，河清三日。
十二月辛卯，賊陷廣平路。
二十一年春正月癸丑朔，大赦天下。遣中書平章政事達識帖木兒、參知政事七十諭孛羅帖木兒、察罕帖木兒各罷兵還鎮。乙丑，察罕帖木兒敗賊於杞縣。
二月甲申，同僉樞密院事迭里帖木兒復永平府及灤州。是月，江南行臺御史八撒剌不花殺廣東道廉訪使完者都等，據廣州以叛。
三月丁酉，泗州守將薛顯叛降於朱元璋。
夏四月辛巳朔，日有食之。湖廣行省參知政事張良弼爲陝西行省參知政事。
五月癸丑，明玉珍陷嘉定路。是月，陝西賊李武、崔德等降於李思齊。
六月丙申，察罕帖木兒率所部討山東賊。
秋七月辛酉朔，日有食之。辛亥，察罕帖木兒復東昌，遂復冠州。
八月庚子，福建行省平章政事普化帖木兒爲江南行臺御史大夫。是月，察罕帖木兒敗田豐於東平州，豐降。棣州賊俞寶、東平賊王士誠、東昌賊楊誠、濟南賊劉珪等皆降。

九月戊午，知樞密院事老章獲阿魯輝，送於京都，伏誅。封老章爲和寧王，加太傅。是月，遣兵部尚書徹徹不花等徵海運於張士誠。中書平章政事定住出爲陝西行省平章政事。

冬十月癸巳，察罕帖木兒爲中書平章政事，兼知河南、山東等處行樞密院事。是月，關先生、破頭潘、沙劉等入高麗。

十一月戊辰，河自三門磧至孟津五百餘里皆清，凡七日。是月，關先生等陷高麗東都，高麗王伯顏帖木兒奔福州。

是歲，京師大饑。

二十二年春正月甲寅，詔李思齊討四川張良弼，平襄漢。乙丑，高麗將鄭世雲等復東京，沙劉、關先生等俱伏誅。丁卯，太尉完者帖木兒爲陝西行省左丞相。也先不花爲中書右丞。

二月丁丑朔，盜殺陝西行省右丞塔不歹。乙酉，彗星見於危。

三月戊申，白氣起虛危，其長竟天。戊辰，明玉珍僭稱皇帝，國號大夏，改元大統。是月，孛羅帖木兒爲中書平章政事，位第一，加太尉。

夏四月丙子朔，彗星見於虛危。乙未，賊陷安州。是月，遼陽行省同知高家奴獲破頭潘，誅之。

五月乙巳朔，賽甫丁、阿里迷丁寇福州路，行省平章政事燕只不花敗之。行省參知政事陳友定復汀州路。辛未，明玉珍分兵寇興元、鞏昌等路。是月，高麗王伯顏帖木耳遣使來告捷。

六月辛巳，彗星見紫微垣。戊子，田豐、王士誠殺察罕帖木兒以叛。以察罕帖木兒養子擴廓帖木兒爲中書平章政事，兼知河南、山東等處行樞密院事，一應軍馬並聽節制。

秋七月，河決范陽縣，漂没民居。

八月，張士誠殺淮南行省左丞汪同。集賢院侍講學士忻都使高麗，賜高麗王伯顏帖木兒龍衣、御酒。

九月癸卯朔，劉福通以兵援田豐，擴廓帖木兒大敗之。甲辰，權置山北道廉訪司於惠州。戊辰，也速爲遼陽行省左丞相、知行樞密院事。

冬十月壬申朔，邵宗愚殺八撒剌不花。

十一月乙巳，擴廓帖木兒復益都，田豐、王士誠伏誅。庚戌，擴廓帖木兒復莒州，山東悉平。庚申，擴廓帖木兒加太尉。癸亥，明玉珍陷清州。

十二月庚子，中書平章政事佛家奴爲御史大夫。是月，廢高麗國王伯顏帖木兒，立塔思帖木兒爲國王。遣崔帖木兒以兵送塔思帖木兒至高麗，爲高麗人所敗。遣尚書張昶授朱元璋江西行省平章政事，元璋不受。

二十三年春正月乙巳，賊陷大寧路。

三月辛丑，彗星見東方。中書平章政事愛不花分省冀寧，擴廓帖木兒拒之。丙午，大赦天下。丁未，廷試進士六十二人，賜寶寶、楊輗等及第、出身有差。是月，立廣西行中書省，廉訪使也兒吉尼爲平章政事。立膠東行中書省及行樞密院，袁宏爲行省參知政事。

夏五月，爪哇國遣使貢方物。

六月壬寅，授江南下第舉人爲府、州儒學提舉。是月，李家奴使高麗，收高麗國王印。

秋七月壬戌，朱元璋與陳友諒戰於鄱陽湖，友諒敗死。其子理奔武昌，僭稱皇帝，改元德壽。丁丑，馬良爲中書參知政事。

八月丁酉朔，日本人寇高麗，蓬州守將劉暹敗之。

九月丁卯朔，遣爪哇使者還，賜爪哇國王三珠虎符及文幣。是月，張士誠自稱吳王。遣户部侍郎孛羅帖木兒徵海運，士誠拒命。

冬十月己酉，削太傅太平官爵，安置吐蕃，右丞相搠思監矯詔殺之。擴廓帖木兒遣僉樞密院事任亮復安陸府。

是歲，御史大夫老的沙、知樞密院事禿堅帖木兒奔於孛羅帖木兒。

二十四年春正月丙寅朔，朱元璋自稱吳王。是月，崔帖木兒與高麗人戰於定州，敗績。

二月癸丑，僞漢主陳理降於朱元璋。

三月辛卯，削孛羅帖木兒官爵。

夏四月甲午朔，命擴廓帖木兒討孛羅帖木兒。乙未，孛羅帖木兒舉兵反。壬寅，孛羅帖木兒遣其將與禿堅帖木兒陷居庸。癸卯，知樞密院事也速、太子詹事不蘭奚與禿堅帖木兒戰於皇后店，敗績。甲辰，皇太子奔古北口。乙巳，禿堅帖木兒至清河，京師大震。丁未，詔曰：「自至正十一年妖賊竊發，選命將相分任乃職，視同心膂。豈期搠思監、朴不花貪緣爲奸，互相蒙蔽，以致在外宣力之臣因而解體，在内忠良之士悉陷非辜，又奮其私仇，誣搆孛羅帖木兒、老的沙等同謀不軌。朕以信任之專，失於究察。今宗王伯顔帖木兒等遠來控訴，朕爲惻然興念。而搠思監、朴不花猶飾虚詞，簧惑朕聽。其屏搠思監於嶺北，竄朴不花於甘肅，以快衆憤。」也速爲中書左丞相。庚戌，禿堅帖木兒入京師。孛羅帖木兒加太保，禿堅帖木兒爲中書平章政事。辛亥，禿堅帖木兒軍還。是月，孛羅帖木兒殺捌思監、朴不花。

五月甲子，河清。戊辰，孛羅帖木兒引兵犯京師。中書參知政事危素罷爲翰林學士承旨。

六月甲寅，擴廓帖木兒遣其將白鎖住入衛。

秋七月丙戌，孛羅帖木兒入居庸。皇太子軍於清河，也速軍於昌平，皆不戰而潰。丁亥，皇太子奔冀寧。戊子，孛羅帖木兒營於健德門外，與禿堅帖木兒、老的沙入覲於宣文閣。丁丑，朱元璋將徐達陷廬州。戊寅，遣别將常遇春徇江西。庚寅，孛羅帖木兒爲中書左丞相，老的沙爲中書平章政事，禿堅帖木兒爲御史大夫，也速知樞密院事。

八月壬辰朔，日有食之。壬寅，孛羅帖木兒爲中書右丞相，節制天下兵馬。是月，張士誠殺江南行臺御史大夫普化帖木兒，江浙行省左丞相達識帖木兒自殺。

九月甲申，徐達陷中興路。

冬十月己未，召皇太子還京師。復高麗國王伯顔帖木兒官爵，檻送崔帖木兒於高麗。

十一月，高麗人殺崔帖木兒。

十二月庚寅，徐達陷辰州，遣别將陷衡州。

二十五年春正月癸亥，封李思齊爲許國公。己巳，常遇春陷寶慶路。

二月己丑朔，福建行省平章政事陳友定攻處州，不克。

三月丙寅，孛羅帖木兒幽皇后奇氏於諸色總管府。丁卯，中書平章政事老的沙爲右御史大夫，別帖木兒爲左御史大夫。吏部侍郎王朵列禿使高麗，册高麗國王伯顔帖木耳爲太尉，賜龍衣、御酒。

夏四月己丑朔，朱元璋將胡深陷建寧松溪縣。乙卯，擴廓帖木兒將關保克大同。

五月，京師天雨氂。乙亥，常遇春陷安陸府。己卯，陷襄陽。

六月戊子，黎安道爲中書參知政事。辛丑，湖廣行省左丞周文貴復襄陽路。乙巳，皇后奇氏還宫。乙卯，太尉火你赤爲御史大夫。是月，陳友定敗胡深於建寧，獲之。

秋七月乙酉，孛羅帖木兒伏誅。丙戌，函孛羅帖木兒首至冀寧，召皇太子還，大赦天下。黎安道、方脱脱等伏誅。

八月癸卯，詔皇太子承制用人，並準正授。丁未，皇后弘吉剌氏崩。壬子，洪寶寶、帖古思不花、揑烈秃並爲中書平章政事。是月，中書右丞袁涣出爲河南行省右丞。

九月，擴廓帖木兒扈從皇太子至京師。壬午，伯撒里爲太師、中書右丞相，擴廓帖木兒爲太尉、中書左丞相、録軍國重事、知樞密院事、兼太子詹事。是月，方國珍爲淮南行省左丞相，分省慶元。

冬十月壬寅，哈剌章知樞密院事。丁未，老的沙伏誅。禿堅帖木兒遁於八兒思之地，嶺北行省左丞相山僧等以兵討之。戊申，資政院使禿魯爲御史大夫。升中書平章政事沙藍答兒爲頭平章。

閏月庚申，五十八知樞密院事。辛未，封擴廓帖木兒爲河南王，代皇太子親征，總制關陝、晉、冀、山東等處並迤南一帶軍馬，聽便宜行事。辛巳，脱脱木兒爲中書右丞，達識帖睦邇爲中書參知政事。

十二月乙卯，立第二皇后奇氏爲皇后，改爲肅良合氏。癸亥，帖林沙爲中書參知政事。是月，禿堅帖木兒伏誅。

二十六年春正月己酉，崇政院使孛羅沙爲御史大夫。壬子，完者知樞密院事。是月，沙藍答兒爲中書左丞相。

二月癸丑朔，立河淮水軍元帥府於孟津。甲戌，免天下一切泛雜差徭。是月，明玉珍死，其子昇僭立，改元開熙。

三月癸未朔，罷洛陽、嵩縣等處宣慰司。甲午，蠻子、脱脱知樞密院事。擴廓帖木兒遣其將關保等攻張良弼於鹿臺。乙未，廷試進士七十二人，賜赫德普化、張棟等及第、出身有差。

夏四月辛未，徐達陷安豐，平章政事竹貞來援，敗績。

五月甲辰，脱脱不花爲御史大夫。

六月壬子朔，汾州介休縣地震。紹興路山陰縣山裂。己未，遣知樞密院事買驢守直沽。

秋七月辛巳朔，日有食之。徐溝縣地震。甲申，李思齊爲太尉。

八月戊寅，李國鳳爲中書左丞。

九月丙戌，方國珍爲江浙行省左丞相，其弟國瑛等並爲行省平章政事。己亥，中書平章政事失列門爲御史大夫。

冬十月甲子，擴廓帖木兒遣其弟脱因帖木兒等屯濟寧。

十二月，朱元璋迎韓林兒至建康，中道殺之。

二十七年春正月癸巳朔，朱元璋始稱吴元年。庚子，松江府守將王立忠叛，降於吴將徐達。

二月庚申，七十爲中書平章政事，月魯不花爲御史大夫。乙丑，詹事月魯帖木兒爲御史大夫。

夏四月丙午，上海縣民錢鶴皋起兵復松江府，兵敗，死之。

五月乙酉，完者帖木兒爲中書右丞相。辛卯，知樞密院事，失列門爲嶺北行省左丞相。己亥，俺普爲中書平章政事。

六月丙午朔，日有食之，晝晦。丁未，有龍出皇太子寢殿井中。丁卯，沂州山崩。

秋八月丙午，命皇太子總天下兵馬，擴廓帖木兒與李思齊、禿魯、張良弼等東西並進。庚戌，擴廓帖木兒部將貊高襲陷彰德路。詔削擴廓帖木兒兵權，命貊高討之。辛亥，封帖木兒不花爲淮王。壬子，立大撫軍院，以皇太子領之。癸丑，封伯撒里爲永平王。甲寅，右丞相完者帖木兒、翰林學士承旨答爾麻、平章政事完者帖木兒並知大撫軍院事。丙辰，同知詹事院事李國鳳爲同知大撫軍院事，參知政事完者帖木兒爲副使。辛酉，中書右丞帖里帖木兒爲太尉、添設中書左丞相。丙寅，立行樞密院於察罕腦兒，陜西行省左丞相禿魯兼知行樞密院事。壬辰，帖里帖木兒兼知大撫軍院事。中書右丞陳敬伯爲中書平章政事。

九月辛巳，吴將徐達克平江路，執張士誠以歸，殺之。己丑，也速以右丞相分省山東，阿藍答里以左丞相分省大同。乙巳，立中書分省於真定路。丁未，有事於太廟。

冬十月壬子，落擴廓帖木兒太傅、中書左丞相並兼領諸職，大赦天下。甲寅，火你赤爲中書平章政事。乙丑，丁好禮爲中書添設平章政事。

十一月壬午，徐達陷沂州，王宣叛降。丙戌，平章政事月魯帖木兒，知樞密院事完者帖木兒，平章政事伯顔帖木兒、帖林沙，並知大撫軍院事。戊子，徐達陷嶧州。壬辰，方國珍叛，降於吴。乙未，貊高爲中書平章政事，中書左丞相帖里帖木兒爲大撫軍院使。庚子，徐達陷滕州。辛丑，徐達陷益都路，行省平章政事保保叛降，宣慰使普顔不花、總管胡濬、知院張縉皆死之。

十二月癸卯朔，日有食之。丁未，徐達陷般陽路。戊申，陷濟寧路。己酉，分兵陷萊州，遂陷濟南及東平路。庚申，楊誠、陳秉直爲中書平章政事。丙寅，莊家爲中書參知政事。庚午，吴將湯和陷福州，行宣政院使朵朵死之。

二十八年春正月壬申朔，中書平章政事伯顔帖木兒爲御史大夫。乙亥，吴王朱元璋稱皇帝，定有天下之號曰大明，建元洪武。壬辰，明將湯和陷建寧府。庚子，湯和陷延平府，參知政事文殊海牙等叛降，平章政事陳友定死之。

二月壬寅朔，削擴廓帖木兒爵邑，命禿魯、李思齊等討之。癸卯，武庫災。癸丑，明將常遇春陷東昌，平章政事申榮、王炳元死之。甲寅，明將楊璟陷寶慶府。甲子，汀州路總管陳谷珍叛降於明。丙寅，常遇春陷棣州。

三月甲戌，江西分省右丞何真籍廣東户口，叛降於明。癸未，楊璟陷常寧州。丙戌，陷武岡州。庚寅，彗星見於西北。壬辰，明將廖永忠陷潮州。丙申，明將鄧愈陷南陽路。己亥，徐達陷汴梁路。

夏四月辛丑朔，明兵陷英德州及連州、肇慶等路。戊申，脱因帖木兒等與徐達戰於河南塔兒灣，敗績。河南行省平章政事梁王阿魯温叛降於明。壬子，常遇春陷嵩州。丁巳，明兵陷永州，行省右丞鄧祖勝死之。庚申，福昌元帥張興鈞、許州守將謝乎、陳州守將楊崇俱叛降於明。壬戌，明兵陷陜州。癸亥，明將馮宗異入潼關，李思齊、張思道等俱敗遁。

五月庚午朔，明兵陷道州。是月，廖永忠陷梧州、潯州、柳州等路。

六月壬戌，楊璟陷靖江，平章政事也兒自尼死之。

秋七月戊子，象州守將阿思蘭叛降於明。丁酉，郴州守將左手楊叛降於明〔一〕。

閏月己亥朔，擴廓帖木兒殺貊高、關保。庚子，徐達陷衛輝路，壬寅，陷彰德路，丁未，陷廣平路。壬子，明將常遇春陷德州。丁巳，罷大撫軍院，殺知大撫軍院事伯顏帖木兒，復擴廓帖木兒官爵。皇太子總天下兵馬，裁决庶務如前詔。戊午，明兵陷清州。辛酉，進至直沽，右丞相也速等潰走。癸亥，平章政事俺普等與明兵戰於河西務，敗績。甲子，常遇春陷通州，知樞密院事卜顔帖木兒敗績，死之。詔太常禮儀院使阿魯渾等奉太廟列室神主，同皇太子北行。乙丑，詔淮王帖木兒不花監國，慶童爲中書左丞相，同守京師。丙寅，帝御清寧殿，召見羣臣，議幸上都。左丞相失列門、知樞密院事黑厮、參知政事郭庸及宦者趙伯顔不花固諫，不從。是夜，出建德門〔二〕，率三宫后妃、皇太子幸上都，羣臣扈從者左丞相失列門、平章政事兼知樞密院事哈剌章、平章政事臧家奴、右丞定住、參知政事哈海、翰林學士承旨李百家奴、觀音奴等百餘人。丁卯，車駕次居庸關，詔右丞相也速入援。

八月庚午，翰林學士承旨李百家奴兼知樞密院事。是日，徐達陷京師，淮王帖木兒不花、中書左丞相慶童、前中書平章政事丁好禮、參知政事郭庸、集賢學士閔本、翰林待制黄哻、太子司經郎拜住、大樂署令趙弘毅等俱死之。乙亥，中書左丞相失列門卒。遼陽行省丞相也速不花爲中書左丞相，納哈出爲遼陽行省丞相。壬申，車駕至上都。乙酉，納哈出加太尉。壬寅，行樞密院副使乃蠻台自軍中入覲。甲辰，明將薛顯出古北口，守將樞密院僉事張益奔行在。

九月乙丑，明兵陷保定路，遂陷真定路。戊午，鼎住爲中書平章政事。丁卯，詔高麗王將兵入援。

冬十月辛丑，封擴廓帖木兒爲齊王。

十一月丙午，封也速爲梁王，加太保。萬户韓札兒敗明兵於韓店。是月，詔皇太子出屯於紅羅山。

十二月丁卯，擴廓帖木兒與明將徐達戰於保安州，敗績。也速攻古北口，不克。

二十九年春正月丙申朔，頒新曆於高麗。庚子，諸王晃火帖木兒將兵入衛，封晃火帖木兒爲威定王。甲辰，命也速率所部屯全寧州，爲上都屏蔽。擴廓帖木兒爲中書右丞相。高麗國遣使貢方物。

二月庚辰，也速圍通州，不克。

三月庚子，明兵陷奉元路，御史桑哥失里、三原縣尹朱春俱死之。丙子，明兵陷鳳翔府，李思齊奔臨洮。

夏四月乙丑朔，詔晃火帖木兒、也速分道趨京師。辛未，也速攻永平路，不克。乙亥，明兵陷鞏昌，總帥汪靈、真保等俱叛降。忽都帖木兒爲上都留守。丁丑，李思齊以臨洮叛降於明。己卯，明主遣使齎手書來。

五月甲午朔，日有食之。辛丑，張良臣以慶陽叛降於明。

六月丁卯，也速與明將常遇春戰於全寧州，敗績。甲戌，明兵陷大興州，執中書右丞脱火赤。乙亥，車駕幸應昌府。河南王普化、中書平章政事鼎住等留守上都。丁丑，晃火帖木兒與明兵戰於新開嶺，敗績，晃火帖木兒死之。己卯，常遇春陷上都，河南王普化、中書平章政事鼎住俱死之。辛亥，擴廓帖木兒部將韓札兒復原州，遂復涇州。

八月癸亥朔，詔脱列伯、孔興攻大同以圖恢復。丙寅，脱列伯、孔興敗績於大同，脱列伯被執，孔興爲部將所殺。

九月癸巳，詔擴廓帖木兒入衛。丁酉，哈剌章加太保。戊戌，郡王阿憐吉歹統五投下部衆屯會州。

冬十月丁未，明主復遣使齎手書來。

十一月庚寅，擴廓帖木兒攻蘭州，不克。

十二月丁酉，帝不豫。

三十年春正月壬辰，帝疾瘳。癸巳，明將徐達、李文忠、湯和分三道來伐。三寶奴齎手詔徵擴廓帖木兒入衛。

二月，李文忠陷興和，進至察罕腦兒，平章政事竹貞敗績。

夏四月乙丑，擴廓帖木兒與徐達戰於沈兒峪，敗績。丙戌，帝崩於應昌，在位三十七年，年五十有一。太尉完者、知樞密院事觀音奴奉梓宫葬於起輦谷。羣臣上廟號曰惠宗皇帝，國語曰烏哈圖汗。明祖以帝能順天命，退避而去，上尊謚曰順帝。

昭宗皇帝諱愛猷識理達臘，惠宗長子也。母曰完者都皇后。至正十三年，册立爲皇太子。二十八年，從惠宗奔上都。

三十年夏四月，惠宗崩於應昌，皇太子即皇帝位。五月丁酉，李文忠敗太尉蠻子、平章政事沙不丁、朵兒只、八剌等於白海子之駱駝山，進次開平，平章政事上都馬等叛降於文忠。太尉買驢與明將孫興祖戰於落馬河，兵敗，死之。辛丑，李文忠趨應昌，未至百餘里，獲使者，始知惠宗已崩。甲辰，應昌陷，帝以數十騎奔和林。文忠窮追至北慶州，不及而還。既而擴廓帖木兒至和林，帝以國事任之，改元宣光。

宣光元年，明太祖洪武四年也。遼陽行省平章劉益及王右丞以金、復、海、蓋等州降於高麗。十月，高麗兵陷五老山寨，樞密副使哈剌不花爲所獲。

二年春正月，明大將徐達來伐，由雁門趨和林。三月，明將藍玉敗擴廓帖木兒於土拉河。夏五月，擴廓帖木兒大破明徐達兵於嶺北。自是明兵不復渡漠。

三年二月，遣伯都帖木兒、玉山不花使於高麗，以璽書賜高麗王曰：「頃因兵亂遷於北，今以擴廓帖木兒爲相，幾於中興。王亦世祖之孫也，宜助朕復正天下。」是時高麗稱和林爲北元。伯都帖木兒等入境，王欲殺之，羣臣以爲不可。於是王夜見伯都帖木兒，託言目疾，恐明人知之也。使還，附苧布以獻。

四年夏四月，擴廓帖木兒遣兵攻雁門，不克。十一月，擴廓帖木兒自將攻大同，亦不克。

五年夏四月，明將藍玉陷興和，敗國兵於白酒泉。五月，帝徙帳於金山，丞相擴廓帖木兒卒。七月，明將李文忠敗國兵於大寧高州。初，明人陷應昌，獲皇子買的里八剌，明太祖封爲崇禮侯，至是遣歸，並以手書通好。

六年春，伯顔帖木兒攻延安，爲明將傅友德所敗，降於明。

七年秋八月，有番僧自和林至高麗，謂高麗人曰：「帝將以瀋王孫爲高麗國王。」高麗人執之，後知其妄，釋不問。

八年夏四月，帝崩於金山，羣臣上廟號曰昭宗皇帝，國語曰必里克圖汗。自脱古思帖木兒以後世次，詳《宗室世表》。弟脱古思帖木兒嗣，惠宗第二子也，改元天元。在位十年，國語曰烏薩哈爾汗。

史臣曰：惠宗自以新意製宮漏，奇妙爲前所未有。又曉天文災異。至元二十二年，白氣起虚危，掃太微垣，臺官奏山東應大水。帝曰：「不然，山東必隕一良將。」未幾，察罕帖木兒果爲田豐所殺，其精於推驗如此。迺享國三十餘年，帝淫湎於上，姦人植黨於下，戕害忠良，隳其成功。迨盜賊四起，又專務姑息之政，縻以官爵，豢以土地，猶爲虎傅翼，恣其搏噬。孟子有言：「安其危而利其災，樂其所以亡者。」嗚呼！其帝之謂歟！然北走應昌，獲保餘年。視宋之徽、欽，遼之天祚，猶爲厚幸焉。昭宗以下，文獻無徵。惟宣光八年之事間存一二，故附載於本紀云。

【校勘記】

〔一〕「郴州」，原作「彬州」，據《明太祖實録》卷三二改。

〔二〕「建德門」，上文及《元史》卷四六本紀第四十六《順帝九》作「健德門」。

新元史

第二册

表

柯劭忞 撰

張京華 黃曙輝 總校

上海古籍出版社

新元史卷之二十七　表第一

宗室世表

元至順中，修《經世大典》，奎章閣學士虞集請賜《脱卜赤顔》。翰林學士承旨塔失海牙曰：「《脱卜赤顔》不可以傳外人。」事格不行。故其《帝繫篇叙録》曰：「國家宗係，外廷不得而知。就簡牘之可見者，謹著之。」《舊史·世系表》實本於《經世大典》，宜其疏舛也。《脱卜赤顔》，今之《秘史》。與《秘史》相出入者，又有拉施特之書。拉施特，見《蒙古金字族譜》者也。蓋《脱卜赤顔》與拉施特所見者，皆當時所禁秘，今得據之以討論得失，亦庶幾信史矣。若昭宗以下之世次，則泰西人所著《蒙古錢譜》具載之，證以《蒙古源流》，不合者蓋尠，故備著於篇，以資考訂焉。太祖分封子弟，填服荒遠，其後乃顔海都雖有鬩墻之釁，然昭宗北走和林，不失舊物，歷二三百年。成吉思汗之族雄長北邊，至今日猶爲中國之藩服，然後知先王封建之制爲不可易也。作《宗室世表》。

烈祖以前世表

世	名
一世	孛而帖赤那
二世	巴塔赤罕
三世	塔馬察
四世	豁里察兒蔑兒台
五世	阿兀站孛羅溫
六世	撒里合察兀
七世	也客彌敦
八世	撏鎖赤
九世	合兒出
十世	孛兒只吉歹蔑兒干
十一世	脫羅豁勒真伯顏
十二世	都蛙鎖豁兒 朵奔蔑而干 生二子，別勒古納台、不古納台(一)，爲塔立斤派。其妻阿蘭豁阿夢與神遇，又生三子，不忽合塔吉、不合禿撒勒只、孛端察兒，爲尼而倫派。

十三世	別勒古訥台 後爲別勒古訥特氏。	不古訥台 後爲不古訥特氏。	不忽合塔吉 後爲合塔斤氏。	不合禿撒勒只 後爲撒勒只兀特氏。	孛端察兒 孛兒只斤氏，生三子。
十四世					巴阿里歹 後爲巴阿鄰氏。
十五世					
十六世					
十七世					
十八世					
十九世					
二十世					
二十一世					
二十二世					
二十三世					
二十四世					

沼兀列歹 後爲沼兀列氏。	把林失亦剌禿合必失			
	蔑年土敦 生七子，二子知名。			
	合赤曲魯克			
	海都 生三子。			
	伯升豁兒多黑申			
	敦必乃薛禪 生九子，知名者八。			
	葛朮虎	葛忽剌急里怛	合產	
	那吉牙歹 後爲那牙勤氏。	巴魯剌台 後爲巴魯剌思氏。	額兒點圖巴魯剌 後爲也客巴都剌思氏。	脫朵延巴魯剌 後爲兀

	哈剌喇歹	葛赤渾	合不勒可汗 生七子。	
出巴魯剌思氏。	不答安惕 後爲不答安惕氏。	阿答兒歹 後爲阿答兒斤氏。	斡勤巴兒合黑 後爲主兒乞氏。	把兒壇把阿禿兒 生四子，爲乞牙特氏。
			莎兒合禿主兒	蒙哥禿乞顏 捏坤太石 也速該把阿禿兒 追謚烈
			薛扯別乞 台出	翁古兒 忽察兒
				不古札八

布等哲兒勤達貝							
	脫朵延斡惕赤斤	忽蘭巴阿禿兒		忽圖剌可汗生三子。	忽禿黑禿蒙列兒 合答安把阿禿兒		
		也客扯連	阿勒壇斡惕赤斤	拙赤可汗吉兒馬兀	不里孛可	答阿里台斡惕赤斤	祖神元皇帝。
		納鄰客延					

察剌孩領忽 生四子。			抄真斡兒帖該	
想昆必勒格 後爲泰亦赤兀氏。	別速台 後爲別速特氏。	堅都赤那 後爲赤那思氏。 玉烈克勤赤那	斡羅訥兒 後爲斡羅訥兒台氏。	都兒魯亦圖 後爲晃火壇氏。
俺巴孩可汗 生十子，知名者一。				
合答安太石				
塔兒忽台乞部勒禿黑 忽鄰兒	阿兀出			

				納臣把阿秃兒四子。
				兀魯兀歹後爲兀魯兀惕氏。
阿魯剌後爲阿魯剌惕氏。	雪你惕後爲雪你惕氏。	合卜禿兒合忽後爲合卜禿兒合忽氏。	格尼格思後爲格尼格思氏。	

	札只剌歹 孛端察兒虜札兒赤兀惕阿當罕兀良合真氏，前夫遺腹子。
	土古兀歹
	不里不勒 赤魯
忙忽歹 後爲忙忽台氏。 失主兀歹 後爲失主兀惕氏。 朵豁剌歹 後爲朵豁剌歹氏。	合剌合答 安
	札木合

烈祖弟答阿里台官人世表

世		
一世	答阿里台 斡惕赤斤〔一〕	
二世	大納耶耶	
三世	小哥	甯海王闊闊出 至元九年五月，給諸王闊闊出青海銀符二。
四世		也里干
五世		哈魯罕 甯海王亦思蠻 甯海王拔都兒 延祐五年敕賜，金印螭紐。 甯海王阿海
六世		益王買奴 泰定三年正月壬子封宣靖王。至順二年給印，金鍍銀印龜紐。後至元二年二月，進封益王。 阿魯。
七世		益王渾都帖木兒
八世		
九世		
十世		
十一世		
十二世		

一世	拙赤合撒兒 相傳有四十子，惟五子知名。			
二世	也古 《舊表》淄川王也苦，無封王賜印年分。	也生哥		
三世	火魯火孫 貝達克	愛每根		
四世		勢都兒		
五世		齊王八不沙 大德十一年封。	必烈虎	黃兀兒
六世				齊王月魯帖木兒 延祐三年七月，封爲保恩王，賜金印螭紐。六年
七世				齊王失烈門
八世				
九世				
十世				
十一世				
十二世				

				秃忽	巴忽克塔兒				
		伯木兒	野仙帖木兒	阿不干	徹兒吉歹				
					乞卜察克		蘇圖	庫克	圖丹土喝塔
					台出	霍剌台			
三月，進封恩王，賜金印獸紐。泰定三年，嗣其父齊王位。	別兒帖木兒								

				哈剌兒珠七子。						
				帖木兒　沙里	木哥都		忽圖哥	沙兒速克塔		孟岱兒　忽兒達哈
台兒吉兒					布克兒台	庫倫沙喝	阿兒思蘭	忽占	札馬赤	烏而傑時木拉
巴魄	布剌兒吉	孛兒台								
			吐哥帖木兒爲義蘭克汗。							

哈準		
按只吉歹		
察忽喇		
忽剌忽兒	濟南王也只里 至元二十四年封。大德十一年，武宗即位，以罪誅。	吳王朵列納 大德十一年七月丁丑封濟王，至大五年賜印，皇慶元年改封吳王。
勝哈納兒		吳王潑皮

			帖木哥斡赤斤	
			只不干	
	忽剌出	哈丹	塔察兒國王	
吳王木楠子 至順元年進封濟陽王。木楠子爲吳王。其濟陽王封年闕〔三〕。		老的	阿朮魯〔四〕	遼王脫脫 延祐三年封。天曆元年上都陷，死之。
吳王搠思監			乃顏 以叛誅〔五〕。	八都 天曆元年以聚衆剽掠，詔捕之。
吳王朵兒赤				

	壽王乃蠻台 至大元年封。		也不干 兀剌兒吉歹	奧速海 察剌海	孛羅歹 從諸王
遼王牙納失里 天曆二年八月封，世系闕〔六〕。	壽王脫里出 封年闕。	孛羅			捌魯蠻
					卯罕

			撒答吉 哈失歹	察只剌	斡端
	帖木迭兒				愛牙哈赤至元二十八年正月給印。
阿禿作亂。	八乞出	襄剌謀亦作昔剌木。從海都叛。	八里牙亦作不里牙屯，以叛誅。		別里帖帖木兒
			三寶		囊家至正二十一年以平阿魯輝帖木兒加封。
本伯 也只 不只兒					

				斡羅思罕						
	斡魯台	哈八兒都		思剌歹						
		帖實	脫帖							
		氣都哥	脫帖木兒	燕錫						
				也堅黃兀兒	忻都					
	白虎 中統元年，奪白虎及襲剌謀歲賜及所屬民户人，並賜塔察兒。									
別勒古台	罕都虎	霍歷極	塔出	只兒哈郎						
			按灰	佛寶						
	也速不花	廣甯王爪都 中統三年封爪都	帖木兒							

		口温不花		
都爲廣甯王，賜駝紐金鍍銀印。至元十三年三月，賜螭紐金印。		滅里吉歹		瓮吉剌歹
	納牙 亦作乃顔，與叛王乃顔同名。	潢察	抹札兒撒里鑾闊闊出	廣甯王徹里帖木兒
	脱鐵木兒		薛徹干	廣甯王速渾察 至順元年七月封，賜螭紐金印。
				廣甯王渾都帖木兒 至正十三年九月卒。

廣甯王帖木兒不花 至正十四年正月襲封，爲渾都帖木兒子，或爲弟，史無明文。

太祖諸子世表

一世	朮赤		
二世	鄂爾達 白爾斡朵第一汗，稱東奇卜察克。		
三世	科齊 第二汗，至元十七年嗣。		
四世	伯顏 第三汗，大德五年嗣。		
五世	薩西卜克 第四汗，至大二年嗣。		
六世	愛必散 第五汗，延祐二年嗣。		
七世	漆穆泰 第七汗，至正四年嗣。		
八世			
九世	烏魯斯 第八汗，至正二十一年嗣。		
十世	托克脫起 第九汗，明洪武八年嗣。	貴力察克 第十二汗，明洪武二十四年嗣。	
十一世		博拉克 第十三汗，明永樂十八年嗣。	
十二世		哈薩克	

	穆爾克合札　愛必散弟，第六汗，延祐七年嗣。	
		秃里合勤札
帖木兒沒里克　第十汗，明洪武八年嗣。		托克塔迷斯
科得魯克帖木兒　東乞卜察克〔七〕第二十七汗〔八〕。	沙的伯丁克　東乞卜察克第二十八汗。 孛羅台　東奇卜察克第二十九汗。	札剌勤王西乞卜
帖木兒　東奇卜察克第三十三汗〔九〕。	乞阿台　東奇卜察克第三十八汗。	

			第十一汗，明洪武九年嗣。
札八兒白爾的東奇卜察克第三十四汗。	起巴兒東奇卜察克第三十三汗。	客裏木白爾的東奇卜察克第三十二汗。	察克第三十一汗。

十三世	科魯克穆罕默德帖木兒子，東奇卜察克第三十九汗。				
十四世	馬哈馬特東奇卜察克第四十汗。		阿哈馬特東奇卜察克第四十三汗。		
十五世	喀西木占尼伯克	阿卜特爾克里木	薩伊特阿哈馬特東奇卜察克第四十四汗。	穆爾塔札東奇卜察克汗。	
十六世	合辛	阿卜特爾阿曼	喀西木	阿克古伯克	白爾的伯克
十七世			亞的喀耳		亞古穆齊

世		
一世		
二世		
三世		
四世		
五世		
六世		
七世		
八世		
九世		巴克的雅兒
十世	賽耶克阿哈馬特 東奇卜察克汗。	賽克阿佛利雅爾
十一世	賽克海特爾	沙哈阿里 占阿里
十二世	特爾維爾	

世		
一世		
二世	拔都 憲宗六年卒。	金斡爾朵 第一汗，稱西奇卜察克。
三世	撒里答 第二汗。	托托罕
四世	烏拉赤	巴爾圖
五世		禿拉不花 昆逐克（又作寬徹） 天曆二年八月，封肅王。
六世		
七世		
八世		
九世		
十世		
十一世		
十二世		

忙哥帖木兒　至元元年嗣位，十八年卒。第四汗。	
阿力貴赤 脱古列兒	甯肅王脱脱　至元二十七年嗣位，至大元年封，二年賜金印，駝紐，皇慶元年卒。第六汗。
月思別　皇慶元年嗣位，後至元六年卒。第七汗。	
帖尼伯克　第八汗。	
札尼別　後至元六年嗣，十六年卒。第九汗。	
畢而諦伯克　第十汗。 科爾納　第十一汗。	努魯斯　第十二汗。自此國内亂，諸王起兵相争，皆非拔都冑裔。

			脱哈帖木兒		
	晏狄萬	烏拉奇	烏龍帖木兒		
脱脱蒙哥 至元十八年嗣位，二十三年廢。第五汗。			薩里察		
			圖而齊帖木兒		
			阿里伯克		
			哈散 西奇卜察克第二十一汗。		
			烏魯克謨罕默德		塔失帖木兒 其後人爲客里木濟農，譯言郡王也。傳
			馬哈木特克	客失迷	客赤
			客列兒 伊伯剌罕	達尼雅爾	納鄰帖弗剌台 門格里第一

	伯勒克至元元年卒。第三汗。	昔班藍斡爾朵汗。		
		勒哈都兒		
		哲齊卜兒		
		巴達庫兒		
		孟古帖木兒		
		孛羅台合勒札西奇卜察克第十八汗。		額爾班西奇卜察克第
		伊伯剌罕倭古倫	阿剌白沙哈	噶罕西奇卜察克第
		帖布剌台賽克	合占拖	
至大清乾隆間，始爲俄羅斯所併。		阿巴兒該耳其後人爲不合克浩罕國。	帖木兒賽克	
			亞地喀耳	
			博勒克其後人爲機窪汗。	阿卜剌克

					土斡耳
					塔塔兒
					諾垓 其後人稱失出兒禿魯干。
二十三汗。	托克卜克坤的 西奇卜察克第二十二汗。			起西耳 西奇卜察克第十三汗。	
二十四汗。	阿里倭古倫			起西耳都特 西奇卜察克第十四汗。	
	哈赤謨罕默德				
	忒耳威思	賽因特阿合馬	伊巳克		
			可楚穆		
			伊西木		

察合台				
莫圖根				
不里				
阿畢世喀	合薩兒	帖木兒不花　至元二十八年封肅遠王，賜印。	阿只吉	
口口大王		南答失里	越王秃剌　大德十一年七月封。　威遠王忽都帖木兒　至治三年七月封，賜駝紐金印。	赤因鐵木兒
南忽里大王			越王阿剌忒納失里　天曆初以推戴功賜還其父越王印。	
南失里太子				

	合剌旭烈兀 第二汗。憲宗元年襲汗位，未至國而卒。	帖散篤哇	
	謨八里克沙 第五汗。至元三年嗣。是年爲博拉克所弑。	博拉克 第六汗。至至元三年立，七年卒。	
與鐵失弑英宗，伏誅。		不合帖木兒	篤哇 第九汗。至元十一年立，大德十年卒。
			也先不花 第十三汗。至大二年嗣，延祐五年卒。

寬闍某花　第十一汗。大德十二年嗣，至大元年卒。 古特魯克火者　分封阿母河南，印度河東。	怯伯　第十二汗。延祐弑達里忽，自爲監國，後立也先不花，卒。五年復立，至治元年秋
烏特火者	燕只吉台　第十四汗。至治元年嗣，是年卒。
敷來德	突而厥
穆罕默德　第二十一汗。至正二年嗣，是年卒。二十汗阿里莎兒塔，爲太宗後人。	愷必失哇

七月乙酉卒。	篤來帖木兒 第十五汗。至治元年嗣，二年卒。	忒爾馬塞楞 第十六汗。至治二年嗣，至順元年卒。	宰幹默
		森札兒	真吉賽 第十七汗。元統二年嗣，後至元元年卒。

	額不干	塞而解媮	阿密而
尊布　第十八汗。後至元元年嗣，四年卒。	也速帖木兒　第十九汗。後至元四年嗣，六年卒。	巴顏庫里　第二十四汗。至正八年嗣，十八年卒。二十三汗達尼斯乃赤太宗後人。	特庫魯克
	帖木兒失哇		愛里阿思

				不戴
		亦速兒		揩打密
布里亞	忽拉哇夷			托喀帖木兒 第八汗，至元九年立，十一年卒。 達里忽 第十三汗，至大元年立，二年怯伯刺殺之。
				恩勒可帖木兒
			月思伯克帖木兒 察合台五世孫，不詳世系。	也先木兒
				合占 第二十二汗，至正三年嗣，六年卒。嗣汗位者爲太宗後人。此後攘奪紛起，至明洪武二年爲帖木兒所滅。

也速蒙哥 第三汗，定宗命也速蒙哥嗣汗位。憲宗時合剌旭烈兀妃殺之。	貝達兒	撒巴
	阿魯忽 第四汗，中統二年嗣，至元三年卒。	聶古伯 第七汗，至元七年嗣，九年攻海都，戰殞。
	楚班 基顏 阿兒岱 合贊	

	拖雷	
	忽都秃旭烈兀	
尼古塔兒 察合台孫，未詳其父。	阿八哈 第二汗，至元二年嗣，十九年卒。	
	阿魯渾 第四汗，至元二十一年嗣，二十八年卒。	
	合贊 第六汗，元貞元年討貝杜，誅之，嗣汗位，大德八年卒。	哈兒班答 第七汗，大德八年嗣，延祐三年卒。
	阿兒朮	不賽因 第八汗，延祐三年嗣，後至元二年卒。諸將立阿里不哥後阿爾帕爲嗣，爲拔都孫穆薩所廢。
		摩罕默德沙哈音失 立國於發爾斯地。延祐六年立，至正二年卒。
		阿博益克沙 至正二年嗣，十三年爲木札爾非所併。

	喀兒來哥	尼古塔兒牙世摩特第三汗，至元十九年嗣，二十一年被弑。
蓋哈圖第五汗，至元二十八年嗣，元貞元年爲貝杜所弑。	貝杜 蘇凱	哈喇不花
阿剌佛郎 脱脱木兒	阿里	
察罕帖木兒第十三汗，後至元五年嗣，七年卒。	穆薩第十汗，後至元二年嗣，因亂分黨爭立。	

蒙哥帖木兒		
哈山 台朮	阿思別兒吉	
	寬徹	特須默德
	帖兒克特蒙格	撒哥
	謨罕默特 第十一汗，後至元二年嗣，四年卒。朮赤孫禿格帖木兒立。	特色天須哈
		西甯王速來蠻 第十五汗，後至元六年嗣，天曆二年封西甯王，至順三年給印。
		太子養吉沙 據莫高窟至正二年造像碑補。速來蠻四子，《舊紀》至正十二年有

				豳王出伯　大德八年封威武西甯王，賜金印。大德十一年進封豳王。未詳世次，當是旭烈兀諸孫。
				豳王喃忽里　延祐七年嗣。舊史《諸王表》西甯王忽塔的迷失，金印螭紐。天曆二年封。《舊紀》
甯王牙安沙，十三年又作牙罕沙，疑即養吉沙。	速哥沙	阿速歹	脫火赤	

布勤亦作畢景，又作白克實。		
	威武西甯王阿哈伯未詳世次。	至順三年命甘肅行省爲豳王卜顏帖木兒建第，至正十二年賜豳王惠鏊金繫腰一。此三王均未詳世次。
	威武西甯王亦里黑赤元統元年五月嗣。	

				阿里不哥	
空庫斡台〔一〇〕	出木哈兒 俱阿八哈弟。			明理帖木兒	定王藥木忽兒 大德三年正月，封定遠王，賜金塗銀印龜紐。九
	族式喀潑	欽助	庫爾迷失 旭烈兀第九子，未詳其父名。	申汗	定王薛徹干 至治三年九月，泰定帝即位，授以其父金印。
				素喜	定王察里台 泰定四年封。
				阿兒帕 嗣旭烈兀後汗位。	

年，改封威定王，換賜金印駝紐。至大元年，進封定王，換賜金印獸紐。	乃刺忽不花		
	孛顏帖木兒	完者帖木兒	冀王孛羅大德十年，封鎮甯王，賜金印駝紐。延祐
	燕大王據《舊表》，「燕」上有奪字。		鐵木兒脱

		撥綽	
	剌甘失甘	薛必烈傑兒	
四年，進封冀王，金印獸紐。	鎮甯王那海 至治三年封。	楚王柔忍都 至元二十七年封鎮遠王，賜鎏金龜紐銀印。大德十一年進封楚王，賜金印。	
		楚王脫烈帖木兒 至大四年嗣。延祐二年坐累徙西蕃〔二〕。天曆二年正月復封楚王。	鎮遠王也不干
		楚王八都兒 嗣位年闕。	
		楚王燕帖木兒 嗣位年闕。 速哥帖木兒 朵羅不花	

	末哥	
	永甯王昌童 中統二年封，改其父未哥皇弟玉寶，賜金印駝紐。	
	永甯王伯帖木兒	塔失帖木兒 大德二年封，無國邑名，賜金銀印駝紐。
至治三年二月，置鎮遠王也不干王傅官屬。	永甯王伯顏帖木兒	

			闊列堅	
歲哥都		雪別台	河間王忽察 封年闕。	
速不歹			河間王忽魯歹 至元二年二月封。	
脱脱木兒	哈魯孫	月魯帖木兒 延祐四年封，無國邑名。 買驢也先	河間王也不干 從乃顏叛，奪封。	八八 世祖賜銀印龜紐。至元二十年叛，奪印。
也速不堅				兀禿思帖木兒 合賓帖木兒 延祐四年，詔以

拜答寒至元七年封，賜金鍍銀印駝紐。	也滅干大德四年封，賜鎏金印，五年七月卒。
世祖所賜八八印賜合賓帖木兒〔一二〕。	八八剌大德五年嗣，賜金印駝紐。
	安定王脫歡皇慶三年九月封。
	安定王朵兒只班

太宗諸子世表

一世	合失		
二世	海都		
三世	汝甯王察八兒	斡魯溫孫延祐二年三月，	
四世	汝甯王完者帖木兒		
五世	汝甯王忽剌台		
六世			
七世			
八世			
九世			
十世			
十一世			
十二世			

					闊端				
					滅里吉歹	蒙哥都	只必帖木兒	帖必烈	曲烈魯
賜金銀駝紐，無國邑名。	塔合察兒	禿曲滅	薩兒班	阿巴干	也速不花 至元元年七月，賜金印駝紐。	亦憐真			汾陽王別帖木兒 延祐四年閏四月封。
									荆王也速也不干 泰定元年九月乙酉封，
									荆王脫火赤

	闊出		哈剌察兒	合丹
	失列門		脱脱	覩爾赤
	孛羅赤		月別吉 沙藍朵兒只	小薛
賜金印。	靖遼王合歹 至元二十六年正月封，賜金鍍銀印龜紐〔一三〕。	襄甯王阿魯灰		星吉班
荊王脱脱木兒	襄甯王也速不干 至大二年三月封，賜金印駝紐。			

					滅里
也不干	也迭兒	也孫脱	火你	乞卜察兀	脱忽
隴王火郎撒 至大元年十二月，封，賜金印。舊史《諸王表》有隴王忽魯歹、隴王忻都察，未詳世次。			咬住		俺都剌
					愛牙赤
					陽翟王太平 泰定元年正月，賜金印。

世	
一世	
二世	
三世	
四世	陽翟王禿滿 至大元年八月封，賜金印。
五世	陽翟王曲春
六世	陽翟王帖木耳赤
七世	陽翟王阿魯煇帖木兒 至正二十年以叛誅。 陽翟王忽都帖木兒
八世	
九世	
十世	
十一世	
十二世	

定宗諸子世表

世				
一世	忽察		腦忽	禾忽
二世	亦兒監藏	完者也不干		南平王禿魯 至元九年封，賜印龜紐。
三世				
四世				
五世				
六世				
七世				
八世				
九世				
十世				
十一世				
十二世				

一世		
二世	十三年改賜塗金銀印駝紐。	察拔特
三世		
四世		
五世		
六世		
七世		
八世		
九世		
十世		
十一世		
十二世		

憲宗諸子世表

世		
一世	班禿阿速台	玉龍答失至元元年封,賜金印駝紐。無國邑名。
二世		撒里蠻衛王完澤元貞二年賜印。大德六年二月封衛安王,賜金印。至大三年五月進封衛王。
三世		郯王徹徹禿至治二年十二月封武甯王,賜金印。至順二年二月,晉封郯王。
四世		
五世		
六世		
七世		
八世		
九世		
十世		
十一世		
十二世		

	河平王昔里吉		
	兀魯思不花	并王晃火帖木兒延祐五年二月封嘉王，賜印。泰定二年六月改封并王。	嘉王火兒忽封年闕。
衛王寬徹哥未詳世次，疑亦完澤子。		答沙亦思的 完者帖木兒 撫甯王徹里帖木兒至正二年十二月辛亥封。	

世			
一世	朵兒只	皇太子真金 追謚文惠明孝皇帝，廟號裕宗，三子。	
二世		晉王甘剌麻 至元二十七年十月壬申封梁王，賜獸紐金印。大德六年卒。泰定帝入繼大位，追謚光聖仁孝皇帝，廟號顯宗。	
三世		梁王松山 至元三十年，賜梁王印。	湘甯王迭里哥兒不花 大德十
四世		梁王王禪 延祐七年五月丁未，封雲南王。泰定元年進封梁王。致和元年奉命討大都，兵敗死。	湘甯王八剌失里 泰定帝即位，封
五世		雲南王帖木兒不花 泰定元年十月封。至順元年奪爵，流吉陽軍。	
六世			
七世			
八世			
九世			
十世			
十一世			
十二世			

	答剌麻八剌 至元二十九年卒。武宗入繼大位,追謚昭聖衍孝皇帝,廟號順宗。
一年七月丁巳,封北甯王,賜螭紐金印。至大四年四月,改封湘甯王,換金印。至治末卒。	魏王阿木哥 答剌麻八剌庶子,武宗封,賜獸紐金印。泰定元年六月卒。
湘甯王,金印螭紐。致和元年奉命勤王,敗死。	脫不花 蠻子 西靖王阿魯 至順元年九月甲午封。

			安西王忙哥剌　至元九年十月，封，賜螭紐金印。十年進封秦王，別賜獸紐金印。十五年冬十月卒。
			安西王阿難答　大德十一年二月，有罪賜死。按檀不花初佩秦王印。至元二十四年詔納其印。
			安西王月魯帖木兒　至治三年，泰定帝即位，令嗣安西王。後奪爵，流雲南。至順三年坐謀反，誅。
魏王孛羅帖木兒　嗣位年闕。至正十三年五月討賊，被害。	唐兀台	答兒蠻失里孛羅	

北安王那木罕 至元三年封北平王，賜螭紐金印。十九年進封北安王。二十二年賜螭紐金印。二十九年卒。無子。	雲南王忽哥赤 至元四年八月封，賜駝紐鍍金銀印。八年二月己巳中毒卒。
	營王也先帖木兒 至元十七年賜雲南王印。二十五年換駝金印。武宗即位，進封
	脱歡不花 脱魯 雲南王阿魯 元統二年五月，詔雲南王阿魯鎮雲南，給銀字
	雲南王孛羅 未詳世次。
	梁王把帀瓦兒蜜 未詳世次。

	愛牙赤 至元二十二年賜銀印。		西平王奧魯赤 至元六年十月封，賜駝紐鍍金銀印。	
營王，換獸紐金印。至順五年卒。	阿木干	孛顏帖木兒	鎮西武靖王鐵木兒不花 大德三年封，賜駝紐鍍金銀印。	
圓符。	也的古不花		雲南王老的 至大二年賜以雲南王駝紐鍍金銀印。	
			豫王阿忒思納失里 天曆二年封，賜金印。	安西王答兒麻 至正十三年十二月，以西安王

				西平王八的麻的加封年闕。賜金鍍銀印駝紐〔一四〕。
			鎮西武靖王搠思班封年闕。賜金鍍銀印駝紐。	西平王貢哥班後至元三年七月賜西平王印。
印賜之。	乙八	亦只班	涼王黨兀班後至元六年，以黨兀班太子殁於王事，追封涼王。	

甯王闊闊出 至元二十六年，封甯遠王，賜龜紐鋈金銀印。大德十一年，進封甯王，換獸紐金印。皇慶二年二月卒。	鎮南王脫歡 至元二十一年六月封，賜螭紐金印。大德五年卒。
甯王薛徹禿 延祐七年四月，封甯遠王。至治二年，進封甯王。	鎮南王老章 大德五年嗣。 鎮南王脫不花 老章卒，脫不花嗣。泰定二年卒。
甯王旭滅該	鎮南王孛羅不花
	大聖奴 至正十九年守信州，城陷，死之。

威順王寬徹不花泰定三年封，賜駝紐銀金鎏印。				淮南帖木兒不花泰定三年嗣鎮南王。天曆二年，讓王位於孛歡不花，特封宣讓王，賜螭紐金印。
別帖木兒 答帖木兒 報恩奴	接待奴	佛家奴	義王和尚至正二十四年封。	

至正二十七年，進封淮王，賜金印。明年，大都陷，死之。	文濟王蠻子 元統二年四月封。至正十三年卒。	宣德王不答失理 皇慶二年十月封安德王，賜駝紐鋈金銀印。後進封宣
	文濟王不花帖木兒 至正十三年七月嗣。	

	德王，换螭紐金印。			
	忽都魯帖木兒	阿八也不干	八魯朵而只	

仁宗皇子

順陽王兀都思不花，延祐二年封安王，賜獸紐金印。英宗即位，降封順陽王，尋賜死。	

泰定帝諸子

晉王八的麻亦兒間卜	

泰定元年三月封。	小薛	允丹藏卜

文宗諸子

皇太子阿剌忒納剌　至順元年三月，封燕王。十二月辛亥，立爲皇太子。二年二月卒。	燕鐵古思　至元六年七月丁卯賜死。	太平訥

惠宗以後世表

世		
一世	愛猷達理達臘 廟號昭宗。國語必里克圖汗，改元宣光，在位八年。明洪武十年卒。	脱古思帖木兒 國語烏薩哈爾汗，在位十年。洪武二十年卒。生三子。
二世	買的思八的	恩克卓里克圖 在位四年。洪武二十四年卒。
三世		
四世		
五世		
六世		
七世		
八世		
九世		
十世		
十一世		
十二世		

額勒伯克 國語尼古埒蘇克齊汗，在位八年。建文二年卒。	
坤帖木兒 在位三年。永樂元年卒。明人謂脱古思以下篡弑相仍〔一五〕，乃傳聞之説。	鬼力赤帖木兒 在位八年。永樂九年爲阿魯台所弑。
	德勒伯克 在位五年卒。斡亦剌特、額色庫、也先先後篡立。

哈爾古楚克都古楞帖木兒鴻台吉	
阿寨 阿魯台立爲汗，在位五年。正統三年卒。	
岱總 在位十四年。景泰三年爲郭爾羅斯酋徹卜登所弑。	
摩倫 明人稱爲孛來，在位二年。景泰五年爲摩里海所弑。明人稱爲毛里孩。	蒙古勒克埒成吉思 景泰四年爲多郭朗台吉所弑。明人稱爲馬古可兒吉思。

阿噶巴爾濟　岱總弟。景泰四年立，在位一年。	滿都古勒　在位八年。成化五年卒。無子。
哈爾固楚克	
巴延蒙克　號博勒呼弟一吉囊。成化六年爲永謝布之克里葉察罕等所害。	
巴圖蒙克　稱爲達延汗。「達延」即「大元」之異譯。明正統以後所謂小王子也。嘉靖二十二年卒。	
圖魯博羅特　先達延汗卒。	
博迪　在位四年。嘉靖二十六年卒。	
達賚遜　號庫登汗。在位九年。嘉靖三十五年卒。明人謂之打來孫。	
圖門　在位三十六年。萬曆二十年卒。明人謂之土蠻。	
布延　在位二年。萬曆二十二年卒。	

十三世	莽和克
十四世	陵丹 《明史》作林丹。在位三十八年。崇禎七年卒。
十五世	額兒克晃兀兒額哲 明崇禎八年附大清。

【校勘記】

〔一〕「別勒古納台」、「不古納台」，下文作「別勒古訥台」、「不古訥台」。

〔二〕「答阿里台斡惕赤斤」，「赤」原作「亦」，據本表上文改。

〔三〕「其濟陽王封年闕」，「封年」原作「年封」，據上下文例乙正。

〔四〕「阿朮魯」，原作「阿木魯」，據本書卷一〇五《烈祖諸子傳》改。

〔五〕「以叛誅」，「誅」字原誤在下欄「八」字下，今移正。

〔六〕「闕」，原作「闢」，據文意改。

〔七〕「東乞卜察克」，「東」原作「西」，下各欄及下二「東奇卜察克」同。按此表係鄂爾達世系，鄂爾達既稱東奇卜察克，其子孫亦當同稱「東」，不應稱「西」。「西奇卜察克」指拔都一系，此顯係誤置，因改。下同改。

〔八〕「第二十七汗」，原作「第二十七年」，據文意改。

〔九〕「東奇卜察克」，「卜」字原誤在「察」字下，據上下文乙正。

〔一〇〕「空庫斡台」，原作「空庫幹台」，據本書卷一〇八《旭烈兀傳》改。

〔一一〕「徙」，原作「從」，據本書卷一一〇《撥綽傳》改。

〔一二〕「詔」，原作「紹」，據《元史》卷一〇八表第三《諸王表》改。

〔一三〕「賜金鍍銀印龜紐」，「賜」字原闕，據上下文例補。

〔一四〕「賜金鍍銀印駝紐」，「賜」字原闕，據上下文例補；「紐」原作「紀」，據文意改。

〔一五〕「篡弑相仍」，「篡」原作「纂」，據文意改。下「先後篡立」同。

新元史卷之二十八　表第二

氏族表上

蒙古氏族，凡阿蘭豁阿夢與神遇生三子之後，爲尼而倫派，曰哈特斤氏、薩而助特氏、泰亦兀赤氏、哀而狄干氏、西族特氏、起訥氏、奴牙特氏、兀魯特氏、忙兀特氏、巴鄰氏、蘇哈奴特氏、貝魯剌思氏、黑特而斤氏、札只剌忒氏、布達特氏、都黑拉特氏、貝亦速特氏、蘇嘎特氏、烏而訥兀特氏、亨力希牙特氏。其餘爲都而魯斤派，亦稱塔立斤派〔一〕，曰都而斤氏、烏梁黑特氏、鴻火拉特氏、亦乞列思氏、呼中氏、速而徒思氏、伊而都而斤氏、巴牙烏特氏、斤特吉氏，皆爲黑塔塔兒。非蒙古人而歸於蒙古者，曰札剌兒氏、蘇畏亦忒氏、塔塔兒氏、蔑兒乞氏、郭而路烏忒氏、衛拉特氏、貝格林氏、布而古忒氏、忽里氏、土斡剌斯氏、禿馬特氏、布而嘎勤氏、格而謨勤氏、忽而罕氏、賽哈亦忒氏，皆爲白塔塔兒。曰烏拉速特氏、帖楞格特氏、客斯的迷氏、林木中烏梁黑氏，皆爲野塔塔兒。蓋拉施特所述蒙古支派如此。今列而序之，參以《秘史》，證其差別，爲《蒙古氏族表》。至色目氏族則以見於史傳者爲據。陶宗儀所稱蒙古七十二種，色目三十一種，舛訛重複，不爲典要，故弗取焉。

哈特斤氏，亦作合塔斤氏，阿蘭豁阿子布哈哈時斤之後，亦作不忽合答吉。以名爲氏。

阿忽出拔都兒 太祖時與乃蠻有盟約。							

薩而助特氏，阿蘭豁阿子布撒布勒而赤之後，亦作不合禿撒勒吉[二]。亦稱珊竹氏，亦稱散朮台氏，又作散竹台氏。此族與太祖不睦，多被殺。

撒木合 太祖功臣，後人在西域。							

吾也而，亦珊竹氏。

圖魯華察 賜號拔都。	吾也而 都元帥，進封營國公，謚中勇。	雪禮 亦作撒里，河間路總管。	拔不忽 一名介，江東宣慰使。	珊竹歹 屯田打捕司達魯花赤。	嘉興 牛兒 三寶		

阿臘帖木兒 宜興州同知。 拔辰 淮西江北道廉訪僉事。		
《秘書志》御史中丞拔辰之子。泰定四年任著作郎。 卜鄰吉帶	鐵木兒 卜顏 吉祥奴	也速答兒 右八人皆拔不忽孫。

紐璘，亦珊竹氏。

孛羅帶 太祖宿衛。	
太答兒 都元帥。	
宿敦	紐璘 都元帥，追封蜀國公，謚忠武。
	也速答兒 雲南行省左丞相。
	囊家台 四川行省平章政事。
	答失八都魯 四川行省左丞相。
	孛羅帖木兒 中書右丞相。
	天寶奴

				八剌 蒙古萬户。
		拜延 四川行省左丞。	不花台 陝西都元帥。	
識理木 雲南行省左丞。	亦只兒不花 右丞。			

純只海，亦珊竹氏。

純只海 京兆行省都達魯火赤，追封定西王，謚武穆。
昂禿兒
奚加觧 泰州達魯花赤。
脱烈 襲父職。
帖古迭兒 襲父職。

泰亦兀赤氏，海都次子剌剌孩領忽之後。亦作扯而黑林昆。蒙古人相傳布等折兒之孫塔勤

爲泰亦兀赤祖〔三〕，拉施特謂《蒙古金字族譜》泰亦兀赤乃扯而黑林昆之後，譜内有塔勤保護海都免於札剌兒之難，故譌爲塔勤之後云。扯而黑林昆長子獲里哈而圖古起乃、次子合必海汗之後，俱爲泰亦兀赤氏。

合丹大石 合必海汗之子。		
土塔		
朮赤 與太祖交好。	阿達兒	
速敦	塔而忽台	希立而秃思
		忽里兒拔都兒 塔而忽台之姪。　盎忽呼忽助 塔而忽台之姪。

哀而狄干氏，海都幼子昭春之後。

西族忒氏，亦昭春之後。

扯力克 拔都部將。							

只訥斯氏，亦作起訥氏。扯而黑林昆娶其兄拜星忽兒之妻，生二子，長根都起乃，次烏勒克斤起乃，其後爲只訥斯氏。只訥譯言狼也。亦稱乃古兹氏。

兀魯特氏，亦作兀魯兀台氏。納臣拔都兒生二子，長兀魯兀台，次忙兀台，各以其名爲氏。兀魯兀台之孫曰朮赤台。

朮赤台	怯台 德清郡王。	端真拔都兒 襄郡王。					
		哈答 襄郡王。	脱歡	塔失帖木兒	匣剌不花		
				朵來			
			赤憐真班				
			慶童 襄郡王。	也里不花 襄郡王。			

者歹，亦兀魯兀台氏。

者歹　拖雷位下千户。拉施特書作「者弟諾延」。		忙忽台　者歹孫。世祖時千户，其子仕於合贊。	

孛罕兀羅帶氏，即兀魯特之異譯。

孛罕　左手萬户。	忽都　蒙古漢軍總管。	札忽帶　千户。	阿都赤　千户。
		忽都答立　襲父職。	

忙兀台氏，忙兀台之後。

畏翼			
畏答兒	忙哥　封郡王。亦作木哥寒札。拉施特書作「謨特嘎忽而札」。		只里兀斛乞
			答斛魯　襲郡王。

蘸木曷 追封泰安王，謚武毅。				
瑣魯火都 追封泰安王，謚忠定。				
博羅歡 江浙行省平章政事，追封泰安王，謚武穆。				
渾都 山東宣慰使。	伯都 江南行臺御史大夫，追封魯國公，謚元獻。	埜先帖木兒 知樞密院事。		博羅 陝西行省平章政事。
	篤爾只 將作院判官。	尼摩星吉 襲郡王。	亦思剌瓦星吉 中政院使。	

巴鄰氏，亦曰八阿鄰氏，又曰八鄰氏。孛端察兒少子，曰巴阿里歹，其子曰赤都忽勒孛闊，娶婦多生子，亦多後，爲蔑年八鄰氏。蒙古謂多爲「蔑捏」，急讀爲「蔑年」。

失兒古額兒 左千户，追封淮安王，謚武定。亦作述律哥圖。	阿剌里 襲父職，兼斷事官，追封武安王，謚武康。	曉古台 追封淮安王，謚武靖。	伯顏 太傅，追封淮安王，謚忠武。	買的 僉樞密院事。			
				囊家台 樞密副使。	相加碩利 江南行臺御史大夫。		
				朵真普			
	納牙阿 中軍萬户。	阿里黑巴罷	庫庫楚 從旭烈兀在西域。				

蒙黑兒土而干，亦巴鄰氏。

蒙黑兒土而干 太祖千户。	火赤諾延 千户。						

蘇哈奴特氏，與巴鄰氏同祖。兄弟三人，幼者奸一婢而生子，婢畏其妻知，裹以貂裘，藏馬糞中。其父過而見之，知爲己子，與其妻育之，故此子雖爲巴鄰部人，而别稱之曰蘇哈奴特。蒙古擊馬糞之棒曰蘇哈，因以爲名，後以名爲氏。

烏格兒喝而拉	
忽敦喝而扯 兄弟二人俱爲千户。	塔木哈諾顔 哈剌諾顔

那牙勒氏，亦作奴牙特氏。土默乃汗長子察合蘇之後〔四〕。亦作葛朮虎。以性情好學官人，名那牙吉歹，其後爲那牙勒氏。察合蘇長子布侖，布侖長子朮赤治，拉施特因此氏誤爲兀魯特。朮赤治長子麥兒吉歹，麥兒吉歹長子烏喀必姬，與成吉思汗之子同遊。

種索 太祖功臣，封千户。

貝魯拉思氏。亦曰八魯剌觧氏，又曰巴魯剌思氏。土默乃汗第二子哈出里，亦作合赤兀，又作合產。生子軀幹壯偉，飲啖過人，名曰愛兒敦笠巴魯剌。其後以名爲氏。愛兒敦笠巴魯剌長子曰脱丹，脱丹長子曰朮徹野，朮徹野長子曰攸洛堪哈力赤，與太祖諸子同游。按：舊史《世系表》有大、小八魯剌思。愛兒敦笠巴魯剌，《秘史》作「額兒點圖巴魯剌」。脱丹，《秘史》作「脱朵延巴魯剌」。然則大、小巴魯剌謂愛兒敦笠父子，非兩氏也。

不魯罕罕札	許兒台千户。	瓮吉剌帶軍器監官。	忽林失萬户，加司徒。	燕不倫	
八魯剌思千户，遷萬户。					

合剌察兒，亦巴魯剌思氏。

速忽薛禪	合剌察兒太祖功臣，爲駙馬帖木兒五世祖。				

忽必來，亦貝魯剌思氏。

忽必來與弟忽都思俱太祖功臣。					
忽都思					

唵木海八剌忽觧氏。疑即八魯剌解。

孛合出	唵木海都元帥。	忒木台兒行省斷事官。	忽都答兒達魯花赤。		

札只剌忒氏，别作朱里牙忒氏，又作札答蘭氏。孛端察兒虜懷孕婦人阿當罕，生子曰札只剌歹，其後以名爲氏。札木合，其部長也。

忽少兀兒 太祖命以千人鎮契丹曲而只之地。哈柳答兒 太祖遣使王汗。

黑得而斤氏。又作阿答兒斤氏。土默乃汗第四子合赤温，又作葛赤渾，生子曰阿答兒蔑兒蔑兒干。其人好爲間諜，故名爲阿答兒斤，遂以爲氏。阿答兒長子那伏衮，那伏衮長子呼古，呼古長子布拉柱，與太祖諸子同游。

木忽兒忽蘭 太祖時爲千户，其後人在西域。

布達特氏。亦作不答阿惕氏。土默乃汗第五子博歹阿庫而根，以争飲啖無禮，故以博歹阿名

之，亦作不答阿。遂爲氏。其長子塔力古台，塔力古台長子火力台，火力台長子乞兒吉歹，與太祖諸子同游。

都黑拉特氏。亦作朵豁剌歹氏。納臣拔都兒娶一妻，生子曰失主兀歹，曰朵豁剌歹，因以名爲氏。或曰土默乃汗八子布等哲兒之後。

貝速特氏。亦作別速特氏。孛端察兒五世孫察剌孩領忽有子曰別速台，因以名爲氏。或曰土默乃汗九子勤達貝又作乞牙台。之後，爲別速氏。

哲別 太祖功臣。	生忽孫 千户。	海特亦特				
蒙都薩費兒 者別弟。	烏勒斯					
合丹 哲別族人。						

貝住，亦貝速特氏。

貝住						

戴喀，亦貝速特氏。

戴喀 其父爲泰亦兀赤所殺，其母拜特兒以二子歸於太祖。	都里 萬户。						
古兒速兒 千户，戴喀弟。	布里察 蘇干						

抄兒亦別速台氏，徙汴梁路陽武縣。

抄兒〔五〕	抄海	別帖	阿必察 蒙古軍總管，領右手萬户。				

蘇嘎特氏。亦作禿別歹氏，又作禿別亦氏。

土薛	線真 中書右丞相，追封秦國公，謚忠獻。	完澤 中書右丞相，追封興元王，謚忠憲。	長壽 中書右丞。	買苟 中政使。			

拓拔氏，疑即禿別之轉，借古名譯之。

按札兒	忙漢 千户。	乃蠻 千户。				
	拙赤哥	忽倫				
		撅只海 統軍千户。				
		闊闊朮 禮部尚書。	燕帖木兒 江南行臺監察御史。	觀音奴		
					也先帖木兒	道道
						萬家驢
			脫脫			

烏而訥兀特氏，亦作烏而惱烏特氏。分三派，一昏乃克喝壇氏，一阿而拉而特氏，一烏而惱烏格楞郭特氏。

昏乃克喝壇氏。亦作晃合丹氏，又作晃豁歹氏，又作晃火壇氏，又作蘇堪斤醋灘氏。抄真斡兒帖該之子都兒魯亦圖行道甚速，鼻孔出聲，因稱晃火壇，後以爲氏。

察剌合			
明里也赤哥 亦作蒙力克額赤干。			
脫倫闍里必 千户。			蘇圖 千户。 闊闊出 又名帖卜騰格里。
伯八 萬户，屯守欠欠州。			
八剌	不蘭奚	阿都兀赤 河北河南道廉訪使。	

阿而拉特氏，亦曰阿魯剌氏，又作阿兒剌氏，又作阿剌納氏。抄真斡兒帖該之子，以名爲氏。

納忽伯顏 亦作納忽阿爾蘭。
博爾朮 亦作孛斡兒出，又作布而古勤，右手萬户，功臣第一，追封廣平王，謚忠武。
孛欒台 萬户，追封廣平王，謚忠定。
玉昔帖木兒 太傅，追封廣平王。
木剌忽 知樞密院事，襲廣平王。 脫憐 秃土哈
阿魯圖 右丞相，襲廣平王。
哈剌章 怯薛官。

				亦作脫脫哈。御史大夫，襲廣平王。			
			禿赤 御史大夫。				
			巴而赤古兒 萬户。			紐的該 中書添設左丞相。	
				哈班 代木剌忽爲廣平王。	咬咬 以征討無功削王爵。		
	布拉忽兒 博爾朮弟。						

烏而惱烏格楞郭特氏，亦作斡失納兒氏，又曰斡剌納兒氏，又曰斡羅納氏。亦抄真斡兒帖該之子〔六〕，以名爲氏。

巴歹							
啓昔禮 亦作哈失力	博理察 追封順德王，	囊家台 追封順德王，	哈剌哈孫 中書右丞相，	脫歡 江浙行省左	蠻蠻		

克，又作乞失，千户，追封順德王，謚忠武。	謚忠毅。	謚忠愍。	追封順德王，謚忠惠。	丞相。	燮理溥化		

阿朮魯，亦斡剌納氏。

阿朮魯	不花	忽都答兒 邳州萬户。					
		懷都 江浙行省參知政事，不花兄子。	八忽答兒 淮東道宣慰使。				

怯怯里斡耳那氏，亦斡羅納之異譯。

怯怯里	相兀速 衛都指揮使。	捏古觧 衛都指揮使。					

雪你台氏，亦作薛亦氏。抄真斡兒帖該之子，以名爲氏。

哈八兒禿 千户都鎮撫。	察罕 屯田萬户府副萬户。	太納 襲父職。					

格泥格思氏，亦抄真斡兒帖該之子，以名爲氏。按：雪你台、格泥格思二氏，俱尼而倫派，拉施特書遺之，今補。

忽難 千户。							

召烈台氏，亦稱沼兀烈亦惕氏，又曰朱牙特氏，又曰竹温台氏。孛端察兒又娶一妻，生子曰合必赤納，其從嫁之婢生子曰沼兀列歹，子孫因以爲氏。按：朱牙特氏，疑即希牙特氏，亦尼而倫派。

抄兀兒那真 也可札魯花赤。	伴散	火魯剌台					

萬家驢竹温台氏。

忽珊 追封范陽郡公。	闊闊朮	閶馬					

驀克篤　新軍千户達魯花赤，追封范陽郡侯。黑山。
萬家驢　江西榷茶都轉運使。
壽安　永安　定安　甯安

都而班氏，亦曰都而斤氏，又作朵爾邊氏。都蛙鎖豁兒之後，爲塔立斤派。阿蘭豁阿與朵奔蔑兒干所生之二子，長別勒古納台〔七〕，次不古訥台，亦塔立斤派，其後人無考。

卜兒吉　領太祖親軍。
布拉特阿哈　世祖時奉使西域。

脱脱出度禮班氏，乃都而班之異譯。亦稱朵里別歹氏。

脱脱出　上都留守。

錫禮門 濮州達魯花赤。 哈斛 濮州達魯花赤。	

禿里不帶氏，又朵里列歹之異譯。

探馬赤 蒙古漢軍萬户。	拜延 襲父職。

卜領勒多禮伯台氏，多禮伯即朵爾邊之異譯。卜領譯言城，謂有城之地多禮伯氏也。其先脱羅合別吉爲部落盟長，其弟火你赤事太祖，爲副統軍，貴裕其後也。

貴裕 怯薛官，追封咸陽郡公。	合剌 襲父職，追封咸陽郡公。	普蘭奚 山北道廉訪使，追封韓國公。	月魯帖木兒 江浙行省平章政事。	和尚

烏梁黑特氏，亦作烏梁海氏，又作兀良合氏，又作兀里養哈兀禮氏。塔立斤派。蒙古俗聞雷聲，則匿於户内不敢出，獨烏梁黑特人聞雷則大呼，欲與雷聲相敵。太祖時有名將者勒蔑速不台。

者勒蔑 右翼千户，先太祖卒。		
愛速不花　太石 即也孫帖額，襲千户。	愛速不花	塔而布

速不台兀良合氏，其先捏里弼與敦必乃汗有舊，生子曰孛忽都。孛忽都之孫曰哲里麻，生子曰合赤温，速不台之祖也。

合赤温
哈班
忽魯渾　哈必赤
合丹 大宗正府也可札忽魯赤。
也速解兒 本名帖木兒，避成宗諱改。尚書平章政事，追封安慶王，謚武襄。
忽刺解 江浙行省平章政事。
脱因納 陝西行臺御史。

速不台 追封河南王，謚忠定。							
兀良合台 大元帥，追封河南王，謚武毅。							
阿朮 中書右丞相，追封河南王，謚武定。							
不憐吉歹 河南行省左丞相，封河南王。						木八剌沙 南陽府達魯花赤。	探的 御史中丞。
童童 江浙行省平章政事。	篤古八剌 右五人皆也速解兒之孫。	金保化	完者不花	古剌納 上都留守。	紐的該 同知都護院事。		

			闊闊帶 都元帥。				
	哈不里						

古嘎伊而喀，亦兀良合氏。

古嘎伊而喀 速不台族人。	哈而哈孫						

鴻火拉特氏，一作空剌哈特氏，又作瓮吉剌氏，又作宏吉剌氏，又作雍吉列氏。塔立斤派。其嫡祖曰楚而魯忽蔑兒干弟哈拜失米，生二子，長爲盎乞列斯及兀而忽奴特之祖，次楚斯布陶，爲阿拉奴特及鴻格里思約特之祖。長兄與弟不和，欲射之，哈拜失米畏而伏馬腹下，兄憐之，射其耳環，故有蔑兒干之稱。其部居長城之北，近哈剌溫山。舊史《特薛禪傳》稱孛思忽兒瓮吉剌氏，孛思即板升之異譯，忽兒即庫倫之異譯，板升譯言屋，庫倫譯言圈子，特因之族，築室以居，稍異游牧之俗，故冠以孛思孛兒，非氏族之名。

特薛禪 亦曰特因諾延。	赤古 追封甯濮郡王。		懷都 愛不哥				

		按陳 亦作阿而赤諾延，封河西王，兼領萬户，追封甯濟王，謚忠武。亦稱塔立該而干。		
		斡陳 嗣萬户，亦稱慎古而干。 納陳 嗣萬户。		
昌吉 甯濮郡王。	脱脱木兒	哈海 脱歡 斡羅陳 嗣萬户。	帖木耳 嗣萬户，賜名按察兒秃那延，封濟甯郡王。	蠻子台 嗣萬户，封濟甯王。
			琱阿不刺 嗣萬户，封魯王。	桑哥不刺 封鄆安王，追封魯王。
			阿里嘉室利 嗣萬户，封魯王。	

	必哥	唆兒火都千户。						
		阿哈千户。						納合 渾都帖木兒
仙童納陳孫。		孛羅沙	伯顏	鑾子	添壽	不花	火都不花 掌吉 右七人，皆唆兒火都孫。	
	丑漢封安遼王。	也速答兒軍站千户。						

		火忽	册諾延 軍站千户。			
			哈兒哈孫 賜號拔都。	脱羅木	忙哥陳 舊傳以忙哥陳爲按陳從孫，今從《后妃傳》。	
斡留察兒 右三人皆按陳孫。		不只兒			哈兒只	答兒罕 舊史稱特薛禪裔孫，不知其世。
	脱憐 千户，賜號拔都。		都羅兒 懿國公。			不只兒 與大忽孫同名。
	进不剌 千户。					伯耆
	賈住罕 千户，封兖王。 孛羅帶木兒 千户，封毓德王。					

				帖而該阿蔑兒與太祖有舊，以女布賽兒克妻之。帖而該不欲娶，爲太祖所殺。	圖忽兒察其子在西域爲將。	窩忽台諸延其子在西域〔八〕，皆特因之族。
哈達	布奔	乃古塔爾	崔和爾自哈達以下四人，亦答兒罕子，爲裨將。			

孛蘭奚，亦瓮吉剌氏，居應昌，以后族備太祖宿衛。

忙哥	律實 千户。	孛蘭奚 信州路達魯花赤，追封范陽郡公。	脱穎溥化 河南廉訪副使。				

太不花，亦瓮吉剌氏。

太不花 中書右丞相。	壽童 同知樞密院事。						

鴻火特拉氏又分五派：一盎姬拉司氏，即盎乞列斯氏。一兀而忽奴特氏，一哈拉諾特氏，即阿拉奴特氏。一呼魯拉斯氏，即鴻格里思氏。一伊而只斤氏。又作伊而都而斤氏。土斯布陶長子爲哈拉諾特氏，呼魯拉斯、亦作火魯剌斯氏。伊而只斤二氏亦土斯布陶之後。伊而只斤爲驢名，其始祖倒海巴婆塔黑娶契丹女騎驢而至，生子以此爲名，其後人在西域多顯者。兀而忽奴特氏，亦作斡勒忽訥氏。太祖母宣懿太后之族。

烏倫							

泰亦古而干	札洼兒薛禪 娶太祖幼女阿而塔楞。						

朮臣貝，亦兀而忽奴特氏。

朮臣貝 娶憲宗女失林公主，卒，又娶其姊哀而海公主。							

火魯拉斯氏，土斯布陶之後。有豁里剌兒蔑兒干，以捕貂爲業，生女阿蘭豁阿，朵奔蔑兒干娶之。豁里剌兒台蔑兒干居於豁里禿馬敦之阿里黑兀孫，以部内禁捕貂，乃移家於不兒罕山。其子以豁里剌兒爲氏，亦譯作火魯拉斯。

蔑里吉台 遣答力台告變者。							

又有竹温台者，以國族爲公主媵臣，冒姓瓮吉剌氏，居全甯路。

野旃	竹温台 錢糧都總管府達魯花赤。	撒而吉思鏗 宮相總管府副總管。					

亦乞拉思氏，亦曰亦乞列思氏，又曰亦乞列氏。爲鴻吉剌氏之分派，本隸泰亦兀赤部下，後歸附太祖，世爲婚姻。

孛禿 追封昌王，諡忠武。	鎖兒哈 追封昌王，諡武定。	札忽兒臣 追封昌王，諡忠靖。					
			忽憐 追封昌王，諡忠宣。	阿失 封昌王。	八剌失里 襲昌王。	沙藍朵兒 襲昌王。	
					失剌渾台		
					蓋藏八剌		
					阿剌納失里		
					塔海		
					汝叔桑兒只		

	帖列干	帖木干			
			不花 忽憐從弟。	鎖郎哈	唆都哥 封甯昌郡王。
					不憐吉歹 封甯昌郡王。
監藏朵兒只					

呼申氏，亦作許兀慎氏，又作旭申氏。塔立斤派。

博而忽 又作孛羅渾。太祖時第一千户，追封淇陽王。	
脱歡 襲千户，追封淇陽王。	
失列門 追封淇陽王。	
木土各兒	月赤察兒 和林行省右丞相，封淇陽王，謚忠武。
	塔剌海 中書右丞相，追封淇陽王，謚惠穆，一作輝武。
	哈八沙
	朵列不花

				馬剌 大宗正府也可札魯忽赤。	鐵木兒也不干 左都衛通政使。		
					完者帖木兒		
				⿰亻瓜頭 亦名脱兒赤顏，太師録軍國重事，嗣淇陽王。	按馬思不花		
					阿塔火者		
				迭秃兒也不干 內供奉。			
				也先鐵木兒 中書右丞相，嗣淇陽王。			
				奴剌丁 內供奉。			
				伯都			
		怯烈出					

塔察兒一名倴盞，行省兵馬監元帥。			
別里虎台都元帥。			
	密察兒橫州達魯花赤，追封平陽郡公。	伯里閣不花都元帥，追封平陽郡公，謚襄懋。	宋都䚟都元帥。
	阿魯灰	昔里伯吉	昔里吉嵩壽
	亦乞里歹		
	八撒兒		

呼世戴伯忽，亦呼申氏。

呼世戴伯忽太祖命將萬人從朮赤。

速而徒思氏。亦作遜都思氏，又作速勒都孫氏，又作遜都台氏。塔立斤派。

鎖而罕失剌					
赤老温 太祖佐命功臣。					
納圖兒 必闍赤。					
察剌 隨州達魯花赤。					
忽納 江東廉訪使，追封陳留郡侯，謚景桓。					
式列烏臺	脱帖穆耳 東平上千户所達魯花赤。				
		月魯不花 浙西廉訪使，贈遼陽行省平章政事，謚忠肅。	篤列圖 衡陽縣丞。	完澤不完	
		老安 樞密院判官。			百家奴 完澤之姪，佚其父名。

阿剌罕	
兀都鎖 從闊端太子鎮河西。	實理 同知徽政院事，亦赤老温之後。
唐台觧 王府怯薛官。	
健都班 侍御史。	

塔海拔都兒，亦遜都思氏。

塔海拔都兒 太祖千户。
卜花 襲千户。
阿塔海 江西行省左丞相，追封順陽郡王，謚武敏。

遜都思氏，見於石刻者有拜住，至正二年進士第一，山東廉訪僉事；見於《秘書志》者有那木罕，泰定元年官秘書郎。

伊而都而斤氏，爲速而徒思之分族。

阿而克合薩兒（太祖遣使王汗。拉施特書作「阿克禮吉育」，下三字疑有誤。）

巴牙烏特氏，塔立斤派，分二族，一札狄（亦作者第因。）巴牙烏特，住札狄河邊；一格倫（亦作計格楞。）巴牙烏特，住於沙漠。太祖與泰亦兀赤戰，巴牙烏人助之，稱曰貝古。

布哈古而干（千户，娶太祖女。）

宏罕古而干

格倫巴牙烏氏。

翁吉兒諾延（太祖千户。）

斤吉特氏，塔立斤派。族人無著名者，太祖分其部衆四千人與朮赤，内有忽班諾延。

忽班諾延

札剌兒氏，亦作哲來耳氏，又作札剌亦兒。白塔塔兒部族也。太祖第七世祖都答昆與札剌兒人戰，大敗，部衆盡死，惟幼子海都獲免。其後海都滅札剌兒，俘其人爲奴，故孛而只斤氏不與札剌兒通婚姻。札剌兒分十族，一察特，又作札益忒；一塔克拉烏温；一空喀掃温；一枯姆薩烏忒；一烏壓忒；一必而喀敦；一苦培兒；一土朗起忒；一布里；一申苦忒。太祖佐命功臣木華黎爲札益忒札剌兒氏。

帖列格禿伯顏		
孔温窟洼 亦作古温兀阿，又作孔温兀答，追封魯國王，謚忠宣。		
木華黎 左手萬户，封國王，追封魯國王，謚忠武。		
孛魯 嗣國王，追封魯國王，謚忠定。亦作孛忽兒拉施特云名烏木呼。		
塔思 一名查剌温，嗣國王。		
碩篤兒 食邑三千户，建國王旂鼓。		霸都魯 追封東平王，謚武靖。舊史以霸都魯爲塔思弟，今據
忽都華 襲父爵。	寶哥 忽都帖木兒子，襲父爵。	安童 中書右丞相，追封東平王，謚忠憲，追封魯王。
忽都帖木兒 襲父爵。	道童 襲父爵。	兀都帶 大司徒，追封東平王，謚忠簡，進封兖王。

元明善撰《安童碑》定爲塔思之第二子。				
	拜住 兀都帶子，中書右丞相，追封東平王，謚忠獻，進封鄆王，謚文忠。		定童 霸都魯第二子。	霸都虎台 第三子。
	答剌麻碩理 宗仁衛都指揮使。	因納牙失理 一名篤麟鐵穆兒，知樞密院事〔九〕。		

	速渾察 追封魯國王，謚忠烈。孛魯第二子〔一〇〕。				
	忽林池 嗣國王。 乃燕 世祖賜號薛禪，追封魯郡王。				
和童 第四子，襲國王。	碩德 同知通政院事，追封魯郡公，封忠敏。	朵爾直班 別理哥帖木兒子，中書平章政事。			伯顏察兒
	別理哥帖木兒 僉通政院事，追封魯國公。	鐵固思帖木兒	篤堅帖木而	渾都不花	

				伯亦難 孛魯第三子。 野蔑干 第四子。 野不干 第五子。 阿里乞失 追封莒王，謚忠惠。
相威 江淮行省左丞相。	撒蠻			忽速忽兒 嗣國王，追封冀王。
阿老瓦丁 江南行臺御史大夫。	脫脫 江浙行省平章政事。	朵蠻帖木兒 朵兒只長子，翰林學士。	俺木哥失里 嗣國王。	朵羅台 嗣國王。 乃蠻台 遼陽行省左
脫歡 集賢大學士。	朵兒只 中書右丞相，嗣國王。			野仙不花 中書右丞。

						丞，封宣甯郡王，進封魯王，謚忠穆。	晃忽兒不花
		者卜客 又作不合千户。					
		帶孫 東阿郡王。	禿馬台 嗣郡王。	札爾忽 征南萬户。	舒温直 襄萬户。		
				忽圖魯 浙江道宣慰使，都元帥。	佛寶甯 甯國路總管。		
					按壇不花		
					安僧 淮東宣慰使〔二〕。		
					博羅 兵部尚書。		
			察阿台				
			忙哥 帶孫之後，佚其世次。	塔塔兒台 東平達魯火赤。	只必 浙西提刑按察使。		

					禿不申 東平達魯火赤。	不老赤	
						塔寶脱因	
						阿魯灰	
						完者不花	
						留住馬 五子皆襲達魯火赤。	
	赤老温愷赤	掤阿	那海	忙哥撒兒 斷事官，追封兗國公。	脱歡 萬户。		
					脱兒赤	明理帖木兒 翰林學士承旨。	
					也先帖木兒	哈剌哈孫	
					帖木兒不花	塔木兒	
						哈里哈孫	
						伯答沙 中書右丞相，追封威平王。	馬馬的斤

潑皮	八郎

撥徹，亦札剌兒氏。

撥徹 太祖火兒赤，追封曹南王。		
也柳干 都元帥，追封曹南王。		
阿剌罕 中書左丞相，追封曹南王，謚忠宣。		
拜降 河南行省平章政事。	也速迭兒 集賢大學士。	脫歡 江南行臺御史大夫。

朮赤台兒蔑朱，亦哲來耳氏。合丹，亦哲來耳氏〔一二〕。

朮赤台兒蔑朱 太祖時爲將，有五子，後人多在西域。
呼圖克忽兒 哈圖兒 合特兀兒

渾得海

伊而嘎蔑而干

朮赤昭兒開 蔑朱之弟。

合丹，亦哲來耳氏。

合丹 太祖時爲將。

伊魯該 以其父死，太祖保護之。

丹尼世們 從海都。

伊而奇歹

把拉，亦哲來耳氏。

巴拉 亦作貝拉千户。

別速兒，亦哲來耳氏。

別速兒 太祖千户。							

賽拔，亦哲來耳氏。

賽拔 從王汗處請孛爾台皇后者。		賽而塔克 賽拔之孫。	阿札兒				

唆都，亦札剌兒氏。

唆都 占城行省右丞，謚襄愍。	百家奴 鎮江路總管。						

塔出，亦札剌兒氏。

札剌台 征高麗元帥。	塔出 遼陽行省平章政事。	答蘭帖木兒 遼陽行省參知政事。					

奥魯赤，亦札剌兒氏。或云木華黎之近屬。

豁火察			
朔魯罕			
忒本台 行省事，駐兵太原平陽河南。			
奥魯赤 江西行省平章政事，追封鄭國公，謚忠宣。			
拜住 蒙古侍衛親軍副都指揮使。	脱桓不花 蒙古軍都萬户。	普答剌吉 同知樞密院事。	特穆實 南甯軍達魯花赤。
	察罕帖木兒 蒙古軍都萬户。		

拜延八都魯，亦札剌兒氏。

拜延八都魯 蒙古奥魯官。
外貌台
兀渾察 萬户。
失名 曲先路左副都元帥。

塔海忽都　四川副都元帥。

孛羅帖木兒　襲父職。

脱端，亦札剌兒氏。

菊者

脱端　萬户。

不花　千户。

阿藍答兒　千户。

長壽　千户。

脱歡　千户，武昌路達魯花赤〔一三〕。

潮海，亦札剌兒氏。

潮海　靖海縣達魯花赤〔一四〕。

民安圖　襲父職。

蘇畏亦忒氏，白塔塔兒部族也。亦曰蘇尼特氏。分二派，一曰喀伊倫。亦曰喀潑得倫。

亨杜綽克 萬户，以擅殺官吏，憲宗命阿兒渾戮之。						
薩拉貝克 亨杜綽克弟，接統其衆，與怯的不花征埃及，兵敗而逃，旭烈兀戮之。						
察兒馬根						
蘇得而殺力基						
明以格						
特達兒 三人皆蘇尼特氏。						

塔塔兒氏，亦作答答帶，又作脱脱里台，又作答答里帶。白塔塔兒部族也。分六族，一土黑里均忒，

一阿兒哥，一察斤，一古亦辛，一訥札特，一也兒忽依。答答兒六族亦作察合安、阿勒赤、都答兒惕、阿魯孩、阿亦里兀惕、備魯兀惕，譯音不能强合。忽都虎察斤塔塔兒氏。亦作失吉忽都虎。失吉，即察斤之異譯。

忽都虎 宣懿皇后養子，拉施特以爲光獻皇后養子，誤。							

忽理、土黑理，均忒塔塔兒氏。

忽理 太祖欲盡殺塔塔兒人，見二小兒，憐之，命別速皇后收養，即忽理兄弟也，後爲拖雷將。							
哈剌蒙都 忽理弟。	撒里 憲宗命守巴達克山等處。	鄂而多 襲父位，有二子，皆爲西域將。					

胡土虎特，塔塔兒氏，也速皇后之弟。

胡土虎特 左翼千户。						

賽馬兒古亦辛，塔塔兒氏。

賽馬兒諾延 旭烈兀部將。						

比孫吐哇〔一五〕，塔塔兒氏。

比孫比哇 太祖管馬人。	聶古塔石 世祖命使於旭烈兀。					

塔思，答答里氏。

塔思 東平路達魯火赤。	鐵里哥 行軍萬户。	札剌兒台 福建市舶都轉運使。				
		雍乞剌台				

				也速歹兒怯薛都。	也鮮不花監戰萬户。
乞里台浙西道宣慰使。	忙兀台江西行省丞相。				
	帖木兒不花	孛蘭奚萬户。	亦剌出中書參知政事。		

旦只兒，亦答答帶氏。

旦只兒平陽等路達魯火赤。
建都不花襲父職。

帖赤，亦答答帶氏。

帖赤 四川都元帥行樞密院。	
帖木兒脱 征緬都元帥。	帖木兒不花 四川行省平章政事。
忽都答兒 蒙古軍萬户。	

忒木勒哥，亦答答里帶氏，其先從木華黎將蒙古軍鎮太原以西八州。

忒木勒哥		
札剌帶	札里	答木
拜答兒		
塔海帖木兒		

脱因納，舊史稱答答乂氏，「乂」疑「歹」字之誤。

脱脱里台氏。亦作脱脱忒氏。

紐兒傑
布智兒 也可札魯忽赤。
好禮 水軍萬户府達魯花赤〔一六〕。

		別帖木兒 吏部尚書。					
		補兒答思 雲南宣慰使。					
		不蘭奚 水軍萬户招討使。	完著不花				

孛兒速，亦脱脱里氏。

孛兒速 宿衛官。	答答阿兒 揭只烈温千户。						

按攤脱脱里氏。「按攤」，譯言「金」也，當是塔塔兒降於金者。

闊闊不花 都元帥。	黄頭 探馬赤元帥。	東哥馬 千户。					

蔑兒乞特氏，亦稱蔑兒乞氏，亦曰麥里吉台氏，又曰滅兒吉觧氏，別名兀都特氏。白塔塔兒部族也。分四族，一畏忽兒，一謨丹，一土塔黑麻，一起庸。按《秘史》蔑兒乞分三種，一兀都亦，一兀洼思，一合阿台，與拉

施特書不合。其族人太祖殺之殆盡，惟嬰兒獲免。

只馬兒哈札黑 忽蘭皇后之弟，太祖時爲千户。								

伯顏蔑兒乞氏。

按馬哈兒 追封淮陽王，謚忠靖。	稱海 領海百户，追封淮陽王，謚忠襄。	謹只兒 追封鄭王，謚忠懿。	也速迭兒 平章政事。					
			雪你台					
			燕帖木兒 中政使。					
			教化的 尚服使。					
			伯顏 中書大丞相，封秦王。					

伯要台	馬札兒台 中書右丞相，封德王。		
	脱脱 中書右丞相，封鄭王。		也先帖木兒 御史大夫。
	哈剌章 中書右丞相，封申國公。	三寶奴 知樞密院事。	

闊闊亦蔑里吉氏，世居不里罕哈里敦地，國初舉族内附。

闊闊 中書左丞。
堅童 河南行省平章政事。

紹古兒，亦蔑里吉氏。

紹古兒 名磁路等都達魯花赤。
拜都 襲父職。
忽都虎 邳州萬户。

曲列爾，亦蔑里吉氏。一作邁禮吉真氏。

曲列爾 濟南路達魯花赤。	闊闊台 監十路總管。					

脫脫亦默而吉台氏。

默而吉台 追封范陽郡公。	吾都兒 追封范陽郡公。	帖古迭兒 吳縣達魯花赤，追封冀國公。	脫脫 翰林學士承旨平章政事。	安僧	張保	

郭而路烏特氏，亦曰朵魯伯解氏。白塔塔部族也。其牧地與鴻火剌特伊而只斤貝而忽特相近，不與太祖爲敵，太祖亦善待之。

阿不干諾延	布擒台 爲大將，有名。					
	土塔哈諾延 助阿里不哥以叛，世祖宥而用之，使征	布月忽兒				

	哈剌欲兒 赤阿不干族人，爲旭烈兀部下大將。
海都。有間之者，奔於阿里不哥。子布月忽兒後歸於成宗。	

朵魯伯䚟氏。

葉諦彌實 江西道宣慰使。				
伯帖穆而 千户。	怯里乞忽帖穆而	紐鄰 萬户，達魯花赤。	囊加䚟	野先帖木兒 同知咸平府。

保保同知江陰州。	

衛拉特氏，亦作外剌氏，又曰斡赤剌氏。白塔塔兒部族也。其牧地在郭克苦蘭河，分五族，一哈剌烏孫，一西亦吞，一阿富，一烏角而只，一察干。

忽都哈別乞		闊闊干
哈答一作土納勒赤，又作脫列勒赤，尚太祖孫女火雷公主。	脫亦列赤亦作也納勒赤，又作亦納，尚太祖女闊闊干公主。	
	不哈帖木兒	博兒得洼娶世祖女，不知名，稱爲也不干。按此即舊史《公主
	烏楚屯娶阿里不哥女奴木罕。	
		烏魯黑

			表》之延安公主，封延安王。			只英	
			巴而實不哈		西剌潑		
				比格勒迷失			

貝格林氏〔一七〕，亦曰梅林氏。其人非蒙古，又非畏兀兒，以語言同，居賽喝次山，亦白塔塔兒十五種之一。

貝而忽忒氏，亦曰布而古忒。與禿馬特同族，白塔塔部族也。分三族，一貝而忽忒氏，一呼里氏，一土斡剌斯氏，其後三族合一。

朮赤罕 阿魯渾大王處爲大將。	薩塔立迷失 有賢名。						

禿馬特氏，亦作禿別亦氏。白塔塔兒部族也。

布而嘎勤氏、格而謨勤氏，同爲白塔塔兒部族，居巴而忽真土格羅姆之地，族人無著名者。

忽而罕氏、賽哈夷氏，同爲白塔塔部族，助太祖攻泰亦兀赤。

捏古台氏。相傳太祖少時嘗遇侵暴，夜與從者七人至於大石之厓，解帶加領上以爲禮而禱曰：「若有天命，必有來助者。」俄有十九人前來，請自效，是爲揑古台氏。其族有四，一播而祝吾，一厄知吾，一脱和剌吾，一撒哈兒禿。按撒哈兒即賽哈夷之異譯，脱和剌即土斡剌之異譯，播而祝即布而嘎之異譯，然則揑古台氏乃土斡剌、布而嘎、賽哈夷諸族之總名，其後分析，各爲一種耳。

乞奴，播而祝吾揑古台氏。

乞奴	火失答兒 永豐縣達魯花赤，贈漁陽縣郡伯〔一八〕。	卜里牙禿思 靖州路總管。	篤列圖 天曆庚午進士右榜第一人，江南行臺監察御史。			
			觀音奴			
			孛羅			

忽都達兒，亦揑古觧氏，居雲中。

伯帖木兒	阿屯赤諾延	火者 泰興縣達魯花赤。	阿散 贈禮部尚書，追封雲中郡侯。	忽都達兒 婺州路總管。	揑古思 吴江州同知。		
					揑古烈		

烏拉速特氏、帖楞郭特氏、客思的迷氏，俱野塔塔兒部族也。知藥性，能治疾病。乞兒吉思叛，三族從之，太祖平乞兒吉思，仍歸附。

烏梁海氏，稱爲林木中烏梁海，以别於塔立斤派。不事游牧，生女，詈之則云嫁與牧羊人，以爲大辱。野塔塔兒部族也。

烏達奇 左右翼千户，領千人，守太祖陵寢，在不兒罕山哈兒敦之地。	哀乃克 憲宗時爲大將。						

烏梁海有一族曰虎思斡羅斯，後入於蒙古。

怯烈氏。亦曰克巧亦氏。言語風俗大率類於蒙古，只兒起特、董鄂亦特、土馬烏特、薩起牙、哀里牙特，皆其支派。拉施特書以昔起約特、即薩起牙。哀里堪，即哀里牙。與兀魯特、八鄰等部並舉，亦非蒙古人而入於蒙古者。

脱不花							
怯烈哥							

昔剌斡忽勒						
孛魯歡 中書右丞相，追封雲王。						
也先不花 湖廣行省右丞相，追封瀛王，謚文貞。						木八剌 御史中丞。
亦憐真 湖廣行省左丞相，追封冀王，謚忠定。		禿魯 一作禿忽魯，中書右丞相，追封廣陽王，謚清獻。	答思 湖南宣慰使。	怯烈 中政使。	按攤 中書右丞相，追封趙國公，謚貞孝。	
拜住哥 江南行臺御史大夫。	搠思監 中書右丞相。				阿榮 奎章閣大學士。	
	觀音奴 宣徽使。					

不花帖木兒 四川行省平章政事。

鎮海亦怯烈氏，事太宗，爲十七投下之一。

鎮海 亦作稱海，中書右丞相。				
要束木 札魯花赤。	勃古思 保定路達魯花赤。	闊里吉思		
			八十八 河東道廉訪僉事。	按攤不花 淮東廉訪副使。
		脫烈 靖州路達魯花赤。	也里不花 百户。	
脫火赤 襲千户。				
保保 千户。		赫思 河南河北道廉訪僉事。		

莊家 千户。	塔哈赤 宏州達魯花赤。

槊只腯魯華，亦怯烈氏。

槊只腯魯華 太祖將，追封衛國公，謚武敏〔一九〕。		
撒吉思卜華 真定等路萬户監軍，追封衛國公，謚忠武。	明安答兒 萬户，追封衛國公，謚武毅。	
	腯虎 世祖賜號拔都。	普蘭奚 徽政使〔二〇〕。

懷都，亦怯烈氏。

懷都					
速哥 山西大達魯花赤，追封宣甯王，諡忠襄。					
長罕	玉呂忽都撒	哈里都	忽蘭 襲父職，追封雲國公，諡康忠。	忽都兒不花	不花
			天德于思 襲父職，追封雲國公，諡顯毅。		

哈散納，亦怯烈氏。

哈散納 平陽、太原兩路達魯花赤。	
捏古伯	
撒的迷失	
木八剌 西域親軍都指揮使。	禿滿答
	哈剌章

阿剌不花，亦怯烈氏，徙開平。

阿剌不花 江西行省參知政事，追封趙國公，謚忠襄。	達理麻識理 知大撫軍院事。						

勗實帶，亦克烈氏。

昔里吉思 砲手軍千户。	元帥 襲父職。	勗實帶 一名土希，河南砲手軍千户。	慕顏帖木兒 砲手軍千户。				

奇爾氏。伊埒庫們事王汗，爲千户，爲奇爾氏。奇爾亦怯烈之異譯。

伊埒庫們	圖卜巴哈	約速射爾					
	齊里克						
	薩里斡罕	布爾哈 千户，追封昌國公，謚莊愍。	達實密 泉府大卿，追封高昌王，謚忠惠。	阿拉直巴 宣政使。			

		蘇布特達巴		布拉尼敦 翰林學士承旨。			
	合拉翰罕						

拔實凱烈氏，即怯烈之異譯。

拔實 集賢學士，河西廉訪使。	博羅貼睦爾						

凱烈氏，阿思蘭之子孫，別爲蘭氏。

阿思蘭 冀甯路達魯花赤。		諳都剌 益都路總管。	燮里堅 新喻州同知。				

燕只吉台氏。亦作衍只吉氏，又作晏只吉觮氏。自燕只吉台氏以下均不詳其氏族所出。

赤太 馬步軍都元帥。	納忽 從憲宗伐宋有功。	掬旅局	徹里				

阿忽台，亦燕只吉歹氏。

忙怯秃 千户。		阿忽台 中書左丞相，追封和甯王，謚忠獻。	自當 侍御史。				
			别兒怯不花 中書右丞相，封冀王，謚忠宣。	達世帖木而 中書平章政事。			

按赤歹氏，亦燕只吉歹之異譯。

八思不花 宣撫使。	忽押忽 河中府達魯花赤。	藥里吉思 雲南行省左丞相。	完澤 湖廣行省右丞相。				

徹兀台氏。

雪里堅諸延 千户。	麥吉 千户。	麥里 賜號答剌罕。	秃忽魯				
		桑忽答兒					

伲瀞沃鱗氏。

傑烈 鎮太原，謚襄毅。	博秩	益道理世 冀甯路達魯花赤。	僧家訥 一名鈞，廣東道宣慰使。				

哈兒柳温台氏，世家朔漠，徙許州長葛縣。

哈八秃	馬馬 中千户。	彦智傑 中千户。					
		海廬 同知許州事。 伯顔 萬奴					

兀速兒吉氏。

曷剌 遼陽行省左丞。	不花 中書參知政事。						

察台氏。

乞台千户。	哈贊赤千户，同知大都督府事。						

束吕紇氏。

答不已兒征行萬户。	脱察剌襲父職。	重喜婺州路達路花赤。	慶孫征行上萬户。	孛蘭英襲職。			

直脱兒，蒙古氏。

阿察兒太祖博兒赤。	直脱兒涿州達魯花赤。	哈蘭木益都萬户。					
			忽剌出江浙行省平章政事。				

速哥，蒙古氏。

忽都忽兒	速哥 僉四川行樞密院事。	壽不赤 河東萬户府達魯花赤。					

失里伯，蒙古氏。

怯古兒禿	莫剌合	失里伯 淮西道宣慰使。	哈剌赤 曲靖等處宣慰使。				

也速，蒙古氏。

月闊察兒 太尉。	也速 中書右丞相。						

朵兒不花，蒙古氏。

朵兒不花 江西行省平章政事。	達蘭不花						

哈答孫，蒙古氏。

散海禿 追封隴西郡公。	剌真 追封秦國公，謚安禧。	哈答孫 浙東道宣慰使，追封秦國公，謚昭宣。	塔海 翰林學士承旨。	脫脫木兒 秘書少監。			
				塔海忽都			
				伯顏不花			
			朱苟	斗奴			
			拜住	八匝八尼			
			闊闊	六十二			
			定住	道興			

【校勘記】

〔一〕「塔立斤派」，原作「塔亦斤派」。本書本紀、列傳及本表皆作「立」，不作「亦」，因改。

〔二〕「不合禿撒勒吉」，「撒」原作「撤」，據清魏源《元史新編》卷六一《表五上》改。

〔三〕「泰亦兀赤」，原作「泰亦赤兀」，據上文乙正。

〔四〕「土默乃汗」，原作「上默乃汗」，據上下文改。

〔五〕「抄兒」，原作「抄海」，據本書卷三九《抄兒傳》改。

〔六〕「抄真斡兒帖該」，「斡」原作「幹」，據上下文改。

〔七〕「別勒古納台」，「別」原作「劉」，據本書卷一《序紀》改。

〔八〕「其子在西域」，「在」字原重，今删重。

〔九〕「知樞密院事」，「院」原作「兒」，據文意改。

〔一〇〕「第二子」，原作「第二字」，據文意改。

〔一一〕「淮東宣慰使」，「使」原作「史」，據文意改。

〔一二〕「合丹亦哲來耳氏」，疑爲衍文。

〔一三〕「達魯花赤」，「魯」字原脱，據元代職官名補。

〔一四〕「達魯花赤」，原作「達魯火花」，據《元史》卷一九五列傳第八十二《忠義三》改。

〔一五〕「比孫吐哇」，表作「比孫比哇」，「吐」字疑誤。

〔一六〕「達魯花赤」，「魯」字原脱，據元代職官名補。

〔一七〕「貝格林氏」，「貝」原作「具」，據本表序改。

〔一八〕「漁陽縣郡伯」，「縣」字疑衍。

〔一九〕「謚武敏」，「謚」字原重，今删重。

〔二〇〕「徽政使」，原作「徽政使」，據本書卷一五一本傳改。

新元史卷之二十九　表第三

氏族表下

色目人。曰畏吾氏、唐兀氏、康里氏、乃蠻氏、雍古氏、欽察氏，又爲伯牙吾氏、阿速氏、迦葉彌兒氏、賽夷氏、烏思藏掇族氏、族頮氏、突甘斯氏、感木魯氏。回回氏，其別曰答失蠻、迭里威、失木速、蠻木忽四氏。于闐氏、阿里馬里氏、昔里馬氏、八瓦耳氏、古速魯氏、也里可温氏，亦回回别族。哈剌魯氏、阿魯渾氏、尼波羅氏、忽魯木石氏。

畏吾氏，本回鶻之裔，音轉爲畏吾。或云畏兀，又作偉兀，又作衞兀。本在和林之地，唐末衰亂，徙居火州，古高昌國也。太祖初興，其王巴而朮阿而忒的斤舉國入覲，太祖以公主妻之，自是世爲婚姻。凡世言高昌北庭者，皆畏吾部族。

月仙帖木兒 亦都護。			
巴而朮阿而忒的斤[一] 亦都護。			
玉古倫赤的斤[二] 嗣亦都護。			
馬木剌的斤 嗣亦都護。			
火赤哈兒的斤 至元三年嗣亦都護。			
紐林的斤[三] 《諸王表》作「都花的斤」。至大初嗣亦都護。			欽察台
帖木兒補化 嗣亦都護，高昌王，中書左丞相，御史大夫。	籛吉[四] 一作藏吉，嗣亦都護，高昌王。	太平奴 亦都護，高昌王。按《舊史》以爲籛吉弟。虞集《高昌王世勳碑》紐林的斤止有二子。則太平奴疑非紐林的斤之子。	月魯帖木兒 嗣亦都護，高昌王，未詳何人之子。
不答失里 中書平章政事，嗣亦都護，高昌王。	和賞 嗣亦都護。元亡，降於明，授高昌衛同知指揮使司事。		桑哥 嗣亦都護。

雪雪的斤 駙馬都尉，中書丞相，高昌王。
朵兒的斤 駙馬都尉，江浙行省丞相，荆南王。
伯顏不花的斤 江東廉訪使，謚桓敏。 也先不花

孟速思，畏吾貴族也，世居別失八里。

八里朮				
阿里息思 「里」一作「的」，本部都統。				
孟速思 斷事官，謚敏惠，追封武都王，改謚智敏。				
脫因 宣政院使、太府卿。				
察牙孫 四川行省左丞。	僧家奴 行大司農少卿。	本牙失里 同知灃州路事。	五十 唐州達魯花赤。	答納失里

			帖兒不花 翰林學士承旨。	黑哥			
				德福			
				脫烈不花			
				長壽			
			小雲者 安西路同知總管府事。				
			也迭列 平涼府達魯花赤。	阿思蘭 開成路達魯花赤。			
			買奴 翰林學士承旨，章佩卿。	阿兒灘	亦憐真八 買奴之孫。		
				朵兒只班 翰林侍讀學士。			

			阿失帖木兒 翰林學士承旨，追封武都王，謚忠簡。	別帖木兒 廬州路達魯花赤。 忽禿 真州達魯花赤。			
				寬者 太常少卿。			
				火你			
			乞帶不花				
			叔丹 吉州路達魯花赤。				
			月古不花 中書左丞。	狗兒 檀州達魯花赤。			
				長安			
			火你赤 雲南都元帥。	善善			
				不花			
			唐兀帶 四川宣慰使、都元帥。	朵兒只 教化			

牙八古	長安	伯顏察兒 右五人皆唐兀帶之子。

潔實彌爾，亦畏吾氏。

八察脫忽鄰 追封齊國公，謚莊靖。		
野薛涅 追封齊國公，謚恭惠。		
玉篤實 同知宣政院事，追封齊國公，謚忠穆。	潔實彌爾 宣政使，追封齊國公，謚文忠。	
	答兒迷失里 宣政院使。 散散 雲南行省右丞。	速速 湖廣行省右丞。 阿育八剌
	阿難答失里	

				阿麻剌失里				
				亦麻剌失里				
				阿育失里 右五人皆潔實彌之孫。				

小雲石脫忽憐，亦畏吾世族。

小雲石脫忽憐 真定路斷事官。	八丹 隆興府達魯花赤，遙授中書右丞。	阿里 鷹房千户。						
		石得 安西王相府官。						
		德眼 汝甯府達魯花赤。						
	速渾察 從旭烈兀至西域。							

哈剌哈孫 中書右丞，行中書省事。				
阿散 甘肅行省平章政事。	剌真 一作「臘真」。中書平章政事，兼翰林學士承旨。			
班祝 河南山西僉肅政廉訪使。	察乃 中書平章政事。			
	孛孛實 河東道宣慰使。 老漢 亦輦真 遼陽行省左丞。 老章 知樞密院事，和甯王。	草地里 真定路達魯花赤。	捏列禿 宫傅。	答剌海

羅羅 江東道廉訪使。	撒馬篤 中書參知政事。	伯顏帖木兒 光祿少卿。

玉龍阿思蘭都大，亦畏吾世族。都大者，華言「巨室」也。

玉龍阿思蘭都大 追封范陽郡公。		
哈剌阿思蘭都大 太祖時爲宿衛，追封范陽郡公。		
阿塔海牙 追封趙國公。		
阿思蘭海牙 中書平章政事。		賽因海牙 同僉宣徽院事。
忙歡 都水少監。	月祿海牙	
寶哥 宿衛。 寶山 宿衛。		

哈剌亦哈赤北魯，亦畏吾氏。

哈剌亦哈赤北魯				
月朵失野訥 都督，兼獨山城達魯花赤。				
乞赤宋忽兒 襲父職，賜號答剌罕。				
塔塔兒 忽棧 火兒思蠻	月兒思蠻 襲父職。			
	阿的迷失帖木兒 秘書太監。			
	阿鄰帖木兒 翰林學士承旨。			
	沙剌班 中書平章政事，宣政院使。	禿忽魯	六十	咱納祿

偰氏，其先世曰暾欲谷，本突厥部。突厥亡，遂臣回紇，世爲國相，居偰輦河，因以偰爲氏。數世至克直普爾，襲本國相，答剌罕賜號阿大都督，遼主授以太師、大丞相，總管内外藏事，國人稱之曰藏赤立。其子曰岳弼，岳弼七子，曰達林、曰亞思弼、曰衢仙、曰博哥、曰博禮、曰合剌脱因、曰多和思。

亞思弼								
伀理伽帖穆爾《黃溍集》作「普華」，襲國相答刺罕。	岳璘帖穆爾太宗時充斷事官。							
	益彌勢普華 都督彌勢普華	懷來普華	都爾彌勢廣西廉訪使。	八撒普華	旭烈普華	和尚	合剌普華廣東都轉運鹽使，追封高昌郡公，謚忠愍。	
							偰文質吉安路達魯花赤，追封雲中郡侯，謚忠襄。	
							偰玉列延祐五年進士，翰林待制兼國史院編修官。	偰直堅泰定元年進士，宿松縣達魯花赤。
							偰列圖上虞縣達魯花赤。	

偰哲篤 延祐二年進士，江浙行省參知政事。							偰朝吾 至治元年進士，同知濟州事。	偰列篪 至順元年進士，河南路經歷。
偰百僚遜 至正五年進士，應奉翰林文字。	偰理台	偰帖該	偰德其	偰吉思	偰賫	偰弼 以上皆偰哲篤子。		

				多和思
				撒吉思 山東行省大都督，遷經略統軍二使，兼益都達魯花赤，追封雲中郡公。
		獨可理普華	脫烈普華	
越倫質				答里麻 陝西行臺中丞。 約著 隆禧院使，以伯父及父名皆有「里」字，因以里爲氏。
善著 泰定四年進士，同知湘潭州事。				
正宗 至正五年進士。	阿兒思蘭 至正八年進士。			

廉氏布魯海牙，官廉訪使，子孫以廉爲氏。

牙兒八海牙					
吉臺海牙					
布魯海牙 真定、順德諸路宣慰使，追封魏國公，謚孝懿。					
廉希閔 蘄黃等路宣慰使。 廉希憲 一名忻都，中書平章政事，謚文正，進封恒陽王。					
廉孚 僉遼陽行省事。	廉恪 台州路總管。	廉恂 一名迷只兒海牙，中書平章政事。	廉忱 邵武路總管。	廉恒 御史中丞。	廉惇 陝西行省左丞。
廉阿年八哈 浦江縣達魯花赤。希憲諸孫。					

			廉希恕 湖廣行省右丞，行海北道宣慰使。				
			廉希尹				
			廉希顏				
			廉希愿				
			廉希魯				
			廉希貢 昭文館大學士，薊國公。				
			廉希中				
			廉希括				
			阿魯渾海牙 廣德路達魯花赤。	廉惠山海牙 翰林學士承旨。			
			廉希賢 一名中都海牙，禮部尚書，國信使。				

	阿里普海牙
益特思海牙	

貫氏。阿里海牙平江南有功，其子曰貫只哥，子孫因以貫氏。

阿散合徹					
阿里海牙 湖南行省左丞相，謚武定，進封江陵王。					
忽失海牙 湖廣行省左丞。	貫只哥 江西行省平章政事，封楚國公，謚忠惠。			和尚 湖南道宣慰使。	拔突魯海涯
	小雲石海涯 翰林侍讀學士，追封京兆郡公，謚文靖。		忽都海涯 兩淮萬户府達魯花赤。		
	阿思蘭海牙 慈利州達魯花赤。	八三海涯			

		阿昔思海涯					
		突里彌實海涯					
			合滴力海涯 阿里海牙孫。				

唐古直，亦畏兀人，子孫以唐爲氏。

唐古直 達魯花赤。		唐仁祖 翰林學士承旨，追封洹國公。	唐恕 翰林待制。				

全氏，亦畏吾人，乞台薩理一名萬全，其後因稱全氏。

乞赤也奴亦納里	阿台薩理 追封趙國公，諡端愿。	乞台薩理 釋教都總統，同知總制院事，追封趙國公，諡通敏。	畏兀兒薩理 中書右丞，行泉府太卿。				
			阿魯渾薩理 中書平章政事，追封趙國公，諡文定。	岳住 一作「爻著」，江西河南行省平章政事。	普達 同僉行宣政院事。		

					答里麻		
					安僧 章佩監。		
					仁壽 長秋寺卿。		
				久住 翰林侍讀學士，以兄子安僧爲後。	久住 翰林。		
				買住			
			島瓦赤薩理				
			全普奄撒里 江西參知政事，死謚敬哀。				

魯氏，亦畏吾人，迦魯納答思之子，以父名爲氏。

迦魯納答思 翰林學士承旨，大司徒。	鐵柱 靖州路達魯花赤。	重喜 崇仁縣達魯花赤。					
		曼陀羅釋理					

大乘都，亦畏吾世族。

伯益赫 追封泰國公，謚康懿。				
月朵識脱忽鄰 國封秦公，追謚安惠。				
大乘都 翰林學士，追封秦國公，謚文敏。				大悲都 宣政院提點所達魯花赤。
大理都 樞密院參議官。 大慈都 翰林學士承旨，崇福院使。	別帖木兒 陝西怯連都總管。	本牙失里	僧奴 烏程縣達魯花赤。	

小乘都，亦畏吾世族。

小乘都 追封秦國公。	腆藏帖林護迪 追封秦國公。	安藏 翰林學士，追封秦國公，謚文靖。	斡兒妥迪欽 徽州路同知。	闕閭 德安知府。			
				九九			

葉仙鼐，亦畏吾氏。

土堅海牙	葉仙鼐 陝西行省平章政事，追封鞏國公，謚忠敏。	完澤 中書平章政事。					

昔班，亦畏吾氏。

闊里別斡赤 本國坤閭城達魯花赤。	昔班 中書右丞，翰林學士承旨。	斡羅思密 浙東宣慰使。	咬住 宗正府札魯花赤。				

阿禮海牙，亦畏吾氏。

脫列 集賢大學士。	
野訥 同知樞密院事，追封趙國公，謚忠靖。	阿禮海牙 陝西行臺御史大夫，中書平章政事。

脫力世官，亦畏吾氏。

八思忽都
帖哥朮 羅羅斯副都元帥，同知宣慰司事。
脫力世官 羅羅斯宣慰使，兼管軍萬户。
唆南班 羅羅斯副都元帥，同知宣慰司事。

脫烈海牙，亦畏吾氏。

闊華八撒朮	
八剌朮	
闍里赤	
脫烈海牙 淮東宣慰使，追封恒山郡公。	觀音奴

塔塔統阿，亦畏吾氏。

塔塔統阿 追封雁門郡公。			
玉笏迷失	力渾迷失	速羅海	篤綿 封雁門郡公。
			阿必實哈 陝西行省平章事。

鐵哥朮，亦畏吾氏。

達釋		
野里朮		
鐵哥朮 婺州路達魯花赤，追封雲國公，謚簡肅。		
義堅亞禮 湖州路達魯花赤。	月連朮 安陸府同知。	八札 同知宣政院事。
海壽 杭州路達魯花赤，追封范陽郡侯，謚惠敏。		

月魯哥，亦畏吾氏。

達即拿 追封涼國公，諡康武。			
脱因 追封涼國公，諡安僖。			
月魯哥 大宗正府也可札魯花赤，追封高昌王，諡莊肅。			
買閭 治書侍御史，大承華普慶寺都總管。			
定住 達里麻 吃剌失思	朶兒只	忽都帖木兒	也先帖木兒

阿台脱因，亦畏吾氏。

和禮納 贈中書平章政事，追封昌國公。	
阿台脱因 河南行省平章政事，秦國公。	
買住 江西行省平章政事。	
稟雅實立 吴江州達魯花赤。	相哥實立 廣東廉訪僉事。

			普達實立 江西行省左右司郎中。	五十四	觀音奴		
			阿蘭納實立 岳州路平江州達魯花赤。				

孛羅帖木兒，高昌人。

孛羅帖木兒 襄陽路達魯花赤。	馬哈失力 孛羅帖木兒從子。						

昔里哈剌，亦畏吾氏。

昔里哈剌 湖廣行省平章政事，追封秦國公，謚襄靖。	和尚 鐵冶都提舉。 咬住	久住 臨江贛州兩路治中。 法華奴	五十四				

寶月	寶晉 右四人皆昔里哈剌孫。	
		寶賢 右二人皆昔里哈剌曾孫。

文書奴，亦畏吾氏。

文書奴 翰林直學士，提舉湖廣學校官。	
護林 漢陽府達魯花赤。	野先 國子司業范陽郡侯。
	赫赫 湖廣行省郎中。
	保堅

忙兀的斤，亦畏吾氏。

朵羅朮								
忙兀的斤 中尚院使，追封薊國公，謚忠簡。								
明里 瀘州達魯花赤。 八札不花 安豐路達魯花赤。	禿忽赤 裕州達魯花赤。	德奴 光州達魯花赤。	塔納 監察御史。	脫烈不花	太平	曲林不花	脫不花	亦迪不花
脫禾 湖南道宣慰使。								
班迪 昭孝營繕司大使。								

		七山					
			脱脱 宿州同知。				
			忽脱				
			忽都不花				
			朵里不花				
			不兒罕忽里				
			萬僧奴				
			和尚				
			給只哥				
			燕帖木兒				
			德僧				
			縛住馬				
			伴伴				
			忙哥帖木兒 右十四人皆忙兀的斤孫。				

				禾上			
				興哥			
				山僧			
				海僧			
				觀音奴			
				福僧 右七人皆忙兀的斤曾孫。			

普顏，亦畏兀氏。

撒里阿塔 贈恒山郡公，謚孝懿。	普顏脫忽憐 謚靜忠。	愛全 追封趙國公，謚文靜。	宗統怯得 都魯迷失。				
			小雲石 昌國州達魯花赤。				
			普顏 淮西江北道肅政廉訪使。	黃頭 同知諸暨州事。			

	忽都魯篤爾彌失 奎章閣大學士，趙國公，謚文穆。
神保 僉浙東海右道肅政廉訪使事。	

拜降，亦畏吾氏。

忽都 追封漁陽郡侯。
拜降 工部尚書，資國院使，謚貞惠。

唐兀氏，故西夏國，太祖平其地，稱其部衆曰唐兀氏，仕宦次蒙古一等。其俗以舊羌爲蕃，河西陷没，入爲漢河西。然仕宦者皆舍舊氏而稱唐兀云。元昊出拓跋部落，唐末始賜姓李，宋初又賜姓趙。國亡，仍稱李，居賀蘭於彌部，又號於彌氏，或稱烏密氏，亦稱吾密氏。太祖經略河西，有守兀納剌城者，夏宗室之子也，城陷，不屈死，子惟忠。

李惟忠 益都淄萊軍民都達魯花赤，追封滕國公，謚忠襄。					
李恒 中書左丞。行省荆南，追封滕國公，謚武愍。					
散木觧 一名世安。江西行省平章政事。				囊家真 一名世雄。益都淄萊萬户。	逊都台 一名世顯。同知湖南宣慰司事。
屺 一名薛徹。翰林直學士。 嶼 一名薛徹禿。懷遠大將軍襲萬户。	巖 棲霞縣達魯花赤。	峙	嶸 江西行省理問。	繁	
保 順					

又有李楨者，亦西夏國族。

烏密之族，又有察罕。

曲也怯律		
曲也怯祖：太祖時爲皇子察合台札魯忽赤。		察罕：馬步軍都元帥，領尚書省事，追封河南王，謚武宣，賜姓蒙古氏。
阿波古		木花里：蒙古軍萬户，追封梁國公〔五〕，謚武毅。
亦立撒合：陝西行省平章政事。 立智理威：湖廣行省左丞，追封秦國公，謚忠惠。	答哈兀：陝西行臺監察御史。	
買訥：翰林學士承旨。 韓嘉訥：御史大夫。		
答里麻：内府宰相，立智理威孫。		

卜顏帖木兒，亦烏密氏。

阿木

卜顏帖木兒　江浙行省平章政事阿朮兄子。

暗伯，唐兀世族。

僧吉陀　太祖時禿魯哈必闍赤。

禿兒赤　文州禮店元帥府達魯花赤。

暗伯　知樞密院事，追封甯夏郡公，謚忠遂。

阿乞剌　知樞密院事。

亦憐真班　湖廣行省左丞。

答里麻

普達失里　翰林學士承旨。

桑哥八剌　同知稱海宣慰司事。

哈藍朶兒只 宣政院使。	桑哥答思 嶺北行省平章政事。	沙嘉室理 嶺北行省參知政事。	易納室理 大宗正府也可札魯忽赤。	馬的室里 僉書樞密院事。	馬剌失里 内八府宰相。

昔里氏，唐兀世族，以別於國姓，稱小李〔六〕，訛爲「昔李」。本沙陀族，徙居酒泉郡之沙州答加沙，仕其國爲必吉，華言宰相也。

答加沙 贈太傅，追封魏國公，謚康懿。			
昔里鈐部 一名益立山。也可札魯火赤，大名路達魯花赤，追封魏國公，謚貞獻。			
愛魯 襲大名達魯花赤，雲南行省右丞，追封魏國公，謚忠節。	羅合 大名路行軍千户。	小鈐部 大名路達魯花赤。	
教化 中書平章政事，太尉，魏國公。 也先帖木兒 骨都歹			萬奴 侍從官昔里鈐部孫。

野蒲氏，亦作也蒲氏，世爲西夏將。

也蒲甘卜
昂吉兒 江浙行省平章。
昂阿禿 廬州蒙古漢軍萬户府達魯花赤。

		暗普 唐兀禿魯花千户，海南海北道廉訪使。	教化的 世襲千户，昂吉兒孫。				

朵羅台，亦唐兀氏。

小丑 太祖賜名怯延亢蘭，爲怯憐口行營弓匠百户。	塔兒忽台 襲父職。	朵羅台 芍陂屯田千户所達魯花赤。 闊闊出 監察御史，大甯路總管。	脫歡 四川廉訪僉事，樞密院斷事官。				

星吉，亦唐兀氏。

朵吉 怯烈馬赤，追封秦國公，改封雍王。	搠思吉朵兒只 怯烈馬赤，追封代國公，改封涼王。	搠思吉 怯烈馬赤，追封趙國公，改封邠甯王。	星吉 江西行省平章政事，贈江西行省丞相，追封威甯王，謚忠肅。	剌哈咱識理 利用監太卿。 答兒麻八拉 僉遼陽行樞密院事。			

				達爾麻識理　改名吉昌仕明。			
				寶山			
				寶座			

拜延，亦河西人。

火奪都	拜延　蒙古漢軍管軍萬户。	答察兒　興化金州萬户府達路花赤。					

來氏，亦河西之族，居寧夏。

朮速忽里	來阿八赤　湖廣行省右丞。	寄僧　雷州路總管。	完者不花　潮州路同知。				
			禿滿不花				
			也先不花				
			太不花				

高氏，河西世族。

高逸 仕夏爲大都督府尹。	
良惠 仕夏爲右丞相，追封甯國公，謚康靖。	
智耀 翰林學士，中興等路提刑按察使，追封甯國公，謚文忠。	
長壽 僉行樞密院事。 睿 江南行臺御史中丞，追封甯國公，謚貞簡。	
納麟 太尉，江南行臺御史大夫。	
安安 行樞密院判。	瑱 樞密院經歷。
	玉林 行臺御史，廣東廉訪僉事。

楊氏，世居甯夏，亦唐兀世族。

失剌 追封夏國公，謚忠定。
失剌唐吾台 給事裕宗潛邸，追封夏國公，謚忠定。
教化 江西湖北道廉訪使，追封夏國公，謚襄敏。
行飭 江南行臺監察御史。

		朵兒只 御史中丞，集賢大學士，贈司徒，追封夏國公，謚襄愍。	不花 河東山西道廉訪僉事。 文殊奴 監察御史。				

斡氏。唐兀貴族有斡道沖者，爲夏宰相。朵兒赤，其曾孫也。

斡札簣 中興路副管民官。	朵兒赤 雲南廉訪使。	仁通 雲南行省理問。	斡玉倫徒 工部侍郎。				

劉氏，世居張掖。

完澤 監察御史，陝西道廉訪副使，追封彭城郡侯。	沙剌班 江西道廉訪使。 觀音奴 刑部郎。						
	鎖住						

	忙哥帖木兒 蒙古翰林院應奉。						

余闕，唐兀氏，本武威人，居廬州路録事司。

銑節	銑節 按此兩世同名，據《進士録》。	沙剌藏卜 録作「眉耳爲」。	余闌				
			沙剌八				
			洪保				
			余闕 元統元年右榜進士第二人，淮南行省右丞，追封豳國公，謚忠宣。	德生			
			福壽				

丑閭，亦唐兀氏。

伯顏察兒
丑閭　元統元年進士，授崇福司管勾，歷知安陸府，贈河南行省參知政事。

璉赤，亦唐兀氏，後居濮州鄄城縣。

璉赤　山東宣慰司副都元帥。		
阿榮　汴州總管〔七〕，同知邵武路事，德慶府總管。		
黃頭　一名世雄，平江路達魯花赤。		
哈剌　兖州路同知。 脫脫木兒　東平等處民户總管。	元童　長州縣達魯花赤。	別帖木兒

			保童 崇仁縣達魯花赤。				
			乃蠻歹				
			和尚				
			安童				
			趙安				
		山住					
		朵羅歹 京畿廣衛倉使黃頭從弟。					

重福，亦唐兀氏。

重福 廣西廉訪使。	溥華 江西鄉貢進士。						

哈石霸都兒，亦唐兀著族。

哈石 太祖賜名霸都。	述哥察兒 濬州達魯花赤。	哈剌哈孫 同知江州路事，漢陽府知府。	脱因洈 江西行省宣使。 納嘉德 安化縣達魯花赤。				
			教化 鄉貢進士。				

王氏，亦稱唐兀氏。元初有從右丞昂吉下江淮者，以功授領兵千户，鎮廬州，子孫因家焉。其孫曰也先不華。

也先不華 襲千户。	那木罕 一名斡，襲千户，改廬州路治中，終潮州路總管。						

也兒吉尼，唐兀氏。

也兒吉尼 廣西行省平章政事。	不花帖木兒						

福壽，唐兀氏。

福壽 江南行臺御史大夫，追封衛國公，謚忠肅。

康里氏，亦曰康鄰。古高車之後，赤狄種也，以部落爲氏。

虎里思			
怯失里			
曲律	牙牙 封康國王，進封雲中王。		
	孛別舍兒	和者吉 追封榮王，謚忠武。	
		燕不憐 遼陽行省平章政事，太保，興國公，追封興甯王，謚忠襄。	燕八思提 大司農。

		不別 遙授甘肅行省右丞。	斡禿蠻	阿沙不花 中書平章政事，太尉，右丞相，追封順甯王，謚忠烈。	脫脫 中書左丞相，追封和甯王，謚忠獻。
別不花 嶺北行省平章政事。	伯撒里 中書右丞相，永平王。			海亦兒 順甯府達魯花赤。 伯嘉訥 翰林侍讀學士，中政院使。	霸都 仁虞都總管府達魯花赤。
				託和直 阿沙不花孫。	

				鐵木兒達識 中書平章政事，進左丞相，追封冀甯王，謚文忠。	拔都兒 襲領昔寶赤。	秃魯 仁虞都總管府達魯花赤。 完者帖木兒 海口屯儲侍衛親軍都指揮使。	
					天保奴		
				玉樞虎兒吐華 四川行省平章政事。			
				達識帖睦邇 江浙行省左丞相。	瓦咱剌失里		
				哈答不花			
				阿魯輝帖木兒			
				脫烈 太府太監。	長壽安		

哈達帖木兒 大都副留守。	汪家閭 同僉資政院事。
萬奴	博羅帖木兒

海藍伯，世爲康里部大人。

海藍伯 追封河東郡公。				
燕真 追封晉國公，謚忠獻。				
不忽木 昭文館大學士，平章軍國事，進封東平王。				
回回 陝西行省平章政事。				
祐童 濟甯路總管。	孛欒台	帖木列思 江南行臺治書侍御史。	孛羅 河間路獻州達魯花赤。	脫脫木兒
完者不花				
也先帖木兒 回回曾孫。				

			野里審班
		巎巎 翰林學士承旨，謚文忠。	拜住 太子司經海藍伯之裔。
		維山 崇文太監。	
太禧奴 至正甲午進士，太常禮儀院太祝。	福壽 右三人皆回回孫。		

禿忽魯，亦康里氏。

亦納
亞禮達石
禿忽魯 江浙行省右丞，樞密副使，追封趙國公，謚文肅。
山僧 晉甯路總管。

斡羅思，亦康里氏

哈失伯要 莊聖太后牧官。	海都	明里帖木兒 太府少卿，封益國公。	斡羅思 四川行省平章政事，封益國公。	慶童 中書左丞相。 博羅普化 隆禧總管府副達魯花赤。				

艾兒拔都，亦康里氏。

艾兒拔都 怯憐口阿答赤孛可孫。	也速答兒 欽察親軍都指揮使，追封威武郡公，謚顯敏。							

也速解兒，亦康里氏。

愛伯伯牙兀	也速解兒 管軍萬户欽察親軍指揮使。	教化的						

		黑厮 襲父職。					
		黑的 牧馬同。					
		延壽 襲兄職。					
		拜顏 領哈剌赤。 完澤帖木兒 廣德路萬户府達魯花赤。 哈剌章					

塔里赤，亦康里氏。

也里里白 帳前總校。	塔里赤 福建浙東道宣慰使，追封臨安郡公。	脱脱木兒 邵武汀州新軍萬户府達魯花赤。					
		萬奴 廣西宣慰使，都元帥。					

明安，亦康里氏。

明安　貴赤親軍都指揮使司達魯花赤。			脱迭出　貴赤親軍都指揮使司達魯花赤。
帖哥台　中衛親軍都指揮使，進平章政事。		孛蘭奚　中衛親軍都指揮使，進太尉。	
普顏忽里　貴赤親軍都指揮使司達魯花赤。	善住　僉中衛親軍都指揮使司事。	桑兀孫　中衛親軍都指揮使。	乞答海　中衛親軍都指揮使。

哈麻，亦康里氏。

禿魯　太尉，封冀國公。
哈麻　中書左丞相。

	雪雪 御史大夫。						

定住，亦康里氏。

定住 中書右丞相。							

乃蠻氏，亦稱乃馬氏，亦稱耐滿氏。其先太陽罕爲乃蠻部主，太祖滅之。其國族稱答祿氏，亦稱達魯，又稱答魯。又稱朵魯伯䚟氏。

曲書律	敞温	抄思 太宗時授萬户，鎮隨州，移潁州。	教化的	拜的迷失			
			別的因 池州路台州路達魯花赤〔八〕。	不花 僉嶺南廣西道廉訪司事〔九〕。			
				囊加䚟 一名文主，贈秘書監。			

				燕真不花			
				延壽 湯陰縣達魯花赤。			
				掇落解			
					阿馬禿 彰德等路長官司達魯花赤〔一〇〕。		
					脱脱 興涪縣達魯花赤。		
					豬狗	脱因 襄陽縣主簿。	
						火你赤	
					孛蘭奚 宣城縣達魯花赤。		
					守恭 天曆三年進士，曹州判官。		

					守禮　泰定四年進士，武州達魯花赤。	與權　至正二年進士，別的因曾孫。	
					完哲　淮東宣慰司奏差，皆別的因孫。		

答祿之族有帖木哥。

帖木哥　行臺御史大夫。	普化帖木兒　行臺御史大夫。						

囊加歹，乃蠻世族。

不蘭伯	合折兒　一作「哈直兒」，追封梁國公，謚莊襄。	麻察　總管蒙古漢軍，追封梁國公，謚桓武。	囊加歹　同知樞密院事，河南行省平章政事，追封浚都王，謚忠武。	教化　山東河北蒙古軍副都萬户。			

				執禮和台 河南行省平章政事。			
				脱孫堅 山東河北軍大都督。			

鐵連，亦乃蠻氏。

伯不花 宗王拔都王傅。		鐵連 絳州達魯花赤。	答剌帶 同知大同路總管府事。				

和尚，亦乃蠻氏。

海速 昔列木千户所蒙古軍百户。	兀魯不花 後衛親軍百户。 怯烈吉 襲百户。	和尚 後衛親軍副千户。					

月里麻思，亦乃蠻氏。

月里麻思	忽都哈思 答剌罕，上均州監戰萬户。					

也先不花，亦乃蠻氏。

也先不花 臨江萬户府上千户所達魯花赤。	買奴 江西湖東道廉訪僉事。	伯顏 襲祖職。				

末赤，亦乃蠻氏。

昔不察	末赤 濟南冠州新軍萬户府千户達魯花赤。	寨臘	耐滿特			
		馬僧	明安達 襲祖職。			
		和尚 襲父職。				
		蒙斡特				

		丑驢					
			拓因				
			掇烈孛特				
			闊奴				
			完摭都				
			孛羅				
			藹葉尺				
			寶童				
			壽童 右八人皆末赤孫。				

察罕帖木兒，亦乃蠻氏，家於汝甯，改李氏。舊史《察罕帖木兒傳》云「系出北庭」，誤也，《歸暘乃蠻公功德碑》可證。

闊闊台	乃蠻台	阿魯温 封汝陽王，進封梁王。	察罕帖木兒 中書平章政事，知河南山東行樞密院	擴廓帖木兒 太傅，中書左丞相，河南王。本姓王，養以			

事，追封潁川王，謚忠襄。

爲子。

脱因帖木兒 陝西平章政事。

雍古氏本回鶻之別部，歸於太祖。部人有䵣公者，仕金爲羣牧使〔二〕，子按竺邇幼鞠於外大父术要甲家，聲譌爲趙家，子孫因以趙爲氏。

䵣公 金羣牧使，追封雲中郡公，謚貞毅。

按竺邇 蒙古漢軍征行元帥，追封秦國公，謚武宣，一作忠宣。

徹里 襲父職爲元帥。

國寶 一名黑子，蒙古漢軍元帥，兼文州吐蕃萬户府達魯花赤，追封梁國公，謚忠定，一作忠憲。

步魯合答 管軍千户，雲南萬户府達魯花赤。

趙世榮 一名那懷，襲蒙古漢軍元帥，進吐蕃宣慰使，議事都元帥。

忙古不花 襲管軍千户。

			國安 一名帖木兒，襲蒙古漢軍元帥，改隨州拔都萬户。
趙世延 中書平章政事，魯國公，謚文忠。			
野峻台 四川行省參知政事，追封涼國公，謚忠壯。	月魯 江浙行省理問官。	伯忽 夔州路總管，追封蜀國公，謚忠愍。	

雍古有馬氏，先世居浄州之天山，錫禮吉思仕金爲鳳翔兵馬判官，死節。官名有馬，因以立氏。

帖穆爾越哥						
把造馬野禮屬						
錫禮吉思 一名慶祥，金鳳翔兵馬判官。						
月乃合 一作月忽乃，封梁郡侯，謚忠懿。						
	世昌 行尚書省左右司郎中，追封梁郡侯。					
	潤 彰州路同知，追封梁郡公。					
	祖常 御史中丞，追封魏郡公，謚文貞。		祖義 郊祀法物庫使。	祖烈 江浙行省宣使。	祖孝 陳州判官。	祖信 保德州同知。
	武子 湖廣行省檢校官。	文子 秘書監著作郎。		惠子 濠州鐘離尉。		

		世顯 通州知事。	世榮	世靖	世禄 中山府織染提舉。	世吉 絳州判官。	審温 台州、淮安、瑞州三路總管。	
								節 入王屋山爲道士。
祖謙 昭功萬户都總使府知事。								天合 監杭州鹽倉。
	獻子	懿子 右二人皆潤孫。						

禮 下砂鹽司丞。	淵	開 監在京倉。	遺	道	遵	通	迪	保六賜 提舉都城所。	岳難 蘭州路達魯花赤。	雅古 必吉男 興國路同知。

祝饒 監富池茶場。右十三人皆月乃合孫。〔一二〕			
	易朔 南臺察院書吏。	祖元 信州路教授。	鹵合 知行唐縣。右四人皆月乃合曾孫〔一三〕。

欽察氏，亦作奇卜察兒。其先曲出，自武平折連川徙居西北玉里伯里山，一作「玉耳别里」。因所居伯牙吾山一作「白野」。爲氏，號其國曰欽察。曲出生唆末納，唆末納生亦納思，世爲欽察部主。太祖討欽察，亦納思之子忽魯速蠻遣使來歸。

忽魯速蠻 追封句容郡
班都察 追封句容郡
土土哈 同知樞密院
塔察兒 北庭元帥。

王，謚剛毅。			
王，謚忠定，進封溧陽王。			
事，欽察親軍都指揮使，進封昇王，謚武毅。			
	太不花 御位下博兒赤。	牀兀兒 知樞密院事，欽察親軍都指揮，追封句容國公〔一四〕，進封揚王〔一五〕。	
		小雲失不花 欽察親軍千户。 燕赤不花 太司農卿。 燕帖木兒 中書右丞相，答剌罕，封太平王，追封德王，謚忠武。	
		唐其勢 中書左丞相。 塔剌海	
			馬馬沙 欽察親軍指揮使，唐其勢從子。

				撒敦 中書左丞相，封榮王。			
				燕秃哈兒 闌遺少監。			
				答里 一作「答隣答里」，太禧宗禋院使，襲句容郡王。			
				潑皮罕			
			别里不花 欽察親軍千户。				
			帖木兒不花 建康盧饒東路蒙古元帥，封武平郡王。	秃魯 和上			
				亦憐真			

歡差 欽察親軍千户。	岳里帖木兒 僉武衛親軍都指揮使司事。	斷古魯班 欽察親軍都指揮使。
阿魯忽禿 治書侍御史。		

忽都思，伯牙吾氏。

哈剌察兒
忽都思 賜號拔都魯，管軍千户，追封沇國公，謚武愍。
和尚 江南浙西道提刑按察使，追封沇國公，謚莊肅。
千奴 平章政事，商議樞密院事，追封衛國公，謚景憲。
龍寶 監察御史。

壽童 洪澤屯萬户。	不蘭奚 江南行臺御史。	觀音保 襲洪澤屯萬户。	孛顔忽都 進士，翰林國史院經歷。

伯牙吾氏又有泰不花。一作「達普化」。

塔不台 台州録事判官。
泰不花 江浙行省參知政事，追封魏國公，謚忠介。

完者都，欽察氏，内徙居彰德。

哈剌火者						
完者都 江浙行省平章政事，追封林國公，謚武宣。						
帖木禿古思 高郵上萬户府達魯花赤。	別里怯都 江浙行省右丞。	插都 無錫州達魯花赤。	不花	別里 長興州達魯花赤。	徹里帖木兒 高郵打捕屯田提舉司達魯花赤。	伯不花
喜僧 襲高郵上萬户府達魯花赤。						

		幢合兒					
		出不昆					
		八剌					
		黑黑					
		潮潮					
		佛保					
		和尚					

昔都兒，亦欽察氏。

秃孫 百户。	昔都兒 砲手軍匠萬户府達魯花赤。	也先帖木兒 襲父職。					

苦徹拔都兒，亦欽察氏。

苦徹拔都兒 滁州路達魯花赤。	脱歡 鎮守無爲，滁州萬户府達魯花赤。	麻兀 滁州路達魯花赤。					

		鎖住 滁州萬户府達魯花赤。					

欽察人見於史傳者，有伯帖木兒。東路蒙古軍上萬户府上萬户。又《秘書志》有買買，字子昭，至正十七年由中政院同知遷秘書卿。稱伯要氏，當即伯牙吾氏也。伯牙吾，亦作「伯岳吾」。成宗后，伯岳吾氏駙馬脱里思之女。

阿速氏，本西北部落，太祖時其國王杭忽思一作「昂和思」。來歸，賜金符，爲其部萬户。

杭忽思 阿速部萬户。	阿答赤 千户。	伯答兒 襲千户，授後衛親軍都指揮使。	斡羅思 隆鎮衛都指揮使。	都丹 右阿速衛都指揮使。			
	按法普			福定 知樞密院事。			

阿兒思蘭，亦阿速氏。

阿兒思蘭	阿散真						

玉哇失，亦阿速氏。

捏古來
忽兒都答 管軍百户。
忽都帖木兒 左衛阿速親軍副都指揮使。

口兒吉，亦阿速氏。

也烈拔都兒 阿速軍千户。	
也速歹兒	玉哇失 阿速軍千户，前衛親軍都指揮使。
	亦乞里歹 襲千户。
	拜住 襲千户。

拔都兒，亦阿速氏。

福得
口兒吉 左衛阿速親軍都指揮使。
的迷的兒 阿速親軍都指揮使。
香山

兀作兒不罕						
馬塔兒沙						
拔都兒 後衛親軍副都指揮使。	別吉連	也連的				

失剌拔都兒，亦阿速氏。

月魯達某 充阿塔赤。	失剌拔都兒 尚乘寺少卿兼阿速千户。	那海産 右衛阿速親軍都指揮使。				

徹里，亦阿速氏。

別吉八	徹里 左阿速衛僉事。	失列門 左衛阿速親軍都指揮使司僉事。				

又捏捏古剌者，亦阿速氏。

捏古剌 憲宗朝，與也里牙阿速三十人來歸。	阿答赤 左阿速衛千户。	教化 章佩卿。	者燕不花 兵部尚書，大司農丞。				

迦葉彌兒氏，本西域築乾國，或作「乞失迷兒」，又作「乞石彌」，皆聲之轉。其族有伽乃氏，鐵哥最知名。

斡脱赤 領迦葉彌兒萬户，追封代國公，謚忠遂。	鐵哥 中書平章政事，追封延安王，謚忠獻。	忽察 淮東宣慰使。	伯顏 中書平章政事，鐵哥孫。				
		平安奴 太平路達魯花赤。					
		也識哥 同知山東宣慰使事。					
		虎里台 同知真定路總管府事。					

			那摩 習浮屠法，授國師，統天下釋教。
亦可麻 一作「益馬」，同知都護府事。	重喜 隆禧院副使。		
		伯顏察兒 字文卿，秘書省著作郎，亦鐵哥孫，見《秘書志》。	

賽夷氏，即賽易氏。賽夷，西域部之族長也，因以爲氏。

札八兒火者 都達魯花赤，追封涼國公，謚武定。
阿里罕 天下質子兵馬都元帥。
哈只 湖南宣慰使，追封涼國公，謚安惠。
養安 陝西行省平章政事。
阿葩實 太僕寺卿。 阿思蘭 太府監丞。

	明里察 追封涼國公，謚康懿。	亦不剌金 户部尚書。		補孛 太僕寺丞。			
		哈剌 陝西行省參知政事。					

土波思，烏思臧掇族氏，其先世臣附於宋，賜姓趙氏，世居臨洮。

巴命	阿哥潘 金熙河節度使，元疊州安撫使。	阿哥潘 臨洮府元帥，謚桓勇。	重喜 臨洮府達魯花赤，鞏昌二十四處宣慰使，謚桓襄。	官桌斯結 襲臨洮府達魯花赤。	德壽 雲南行省左丞。		

土蕃薩斯迦，有帝師八思巴，爲族穎氏。

朵栗赤		八思巴 國師。					
		亦憐真 襲國師。					

土蕃突甘斯旦麻人，有膽巴國師。突甘斯，即朵甘思。

西域感木魯人，有必蘭納識里國師。感木魯，即甘木魯。陶宗儀所稱色目三十一種之一。

回回者，本宗教之名，其徒因以爲氏。其別曰答失蠻、曰迭里威失、曰木速魯蠻、曰木忽。回回貴族曰賽典赤，其先別庵伯爾行教國中，稱爲聖人。子孫仕宦顯者，或稱賽典赤而不名。

苦魯馬丁 號賽典赤。	贍思丁 號賽典赤，雲南行省平章政事，追封咸陽王，謚忠惠。	納速剌丁 號賽典赤，雲南陝西行省平章政事，追封延安王，謚宣靖。	伯顏 號賽典赤，中書平章政事。				
			烏馬兒 江浙行省平章政事。	也列失 孟州達魯花赤。			
			剳法兒 荆湖宣慰使。				

				哈散 廣東道宣慰使，都元帥〔一六〕。
忽先 雲南行省平章政事。	沙的 雲南行省左丞。	阿容 太常禮儀院使。	伯顏察兒 中書平章政事，贈太師、中書左丞相，追封奉元王，謚忠憲，一作忠宣。	

忽辛 江西行省平章政事，追封雍國公，謚忠簡。	苫速丁 元默里建昌路總管。	馬速忽 雲南行省平章政事。
伯杭 中慶路達魯花赤〔一七〕。 曲列 湖南道宣慰使。		

烏巴都剌，亦回回人。

木沙剌福丁
札剌魯丁 北京路木忽里兀察必，追封吉國公，謚明襄。
亦福的哈魯丁 翰林學士承旨，追封吉國公，謚忠簡。
烏巴都剌 中書參知政事。

倒剌沙，亦回回人。

馬某沙 湖南行省左丞。							
倒剌沙 中書左丞相。	潑皮						
	木八剌沙						

阿合馬，亦回回人。

阿合馬 中書平章政事。	忽辛 大都路總管，行中書省左丞。						
	抹速忽 杭州路達魯花赤。						
	阿散						
	忻都						

	別都魯丁 河南宣慰使，行省參知政事。						
	苫思丁						
	宰奴丁 右三人皆阿合馬之姪，不詳其父名。						

奕赫抵雅爾丁，亦回回氏。

亦速馬因 大都南北兩城兵馬都指揮使。	奕赫抵雅爾丁 參議中書省事。						

愛薛，亦回回人。

不阿里	不魯麻失	愛薛 翰林學士承旨，平章政事，	也里牙 崇福使，秦國公。	寶哥			

封秦國公，追封拂林王，謚忠獻。							
	腆合 一作「典合」，翰林學士承旨。	黑廝 光禄卿。	闊里吉思 同知泉府院事。	魯合 廣惠司提舉。	咬難		
						宣哥	安童 右三人皆愛薛孫。

贍思丁，一作「苫思丁」。亦回回人。

贍思丁 集賢大學士，大司徒，提調回回司天臺事。	布八 元統二年代父爲秘書。						

阿老瓦丁，亦回回氏，西域木發里人。

阿老瓦丁 回回砲手軍匠上萬户府副萬户。	富謀只 襲副萬户。	馬哈沙 襲副萬户。					

亦思馬因，亦回回氏，西域旭烈人。

亦思馬因 回回砲手總管。	布伯 回回砲手元帥，軍匠萬户府萬户，刑部尚書，淮東宣慰使。	哈散 高郵府同知。					

	亦不剌金 軍匠萬户。	亞古 襲父職。					

剌馬丹，于闐氏，亦回回人。

斡兒別亦	迷兒阿里 大名宣課提領。	剌馬丹 字勘馬剌丁，以字行，始以于闐爲氏。廣海鹽課司提舉。	沙不剌丁				
思八撒剌			哈八赤 僉浙西道察司事。				

雅老瓦實，于闐人。于闐，一名斡端。

雅老瓦實 燕京大斷事官。	阿里伯 一作「阿里別」，江淮行省平章政事，謚忠節。						

馬合麻，亦于闐人，姓不花剌氏。

馬合麻 洪城屯衛百户。	撒的迷失 贈咸陽郡公(一八)。	阿合麻 贈咸陽郡公。	買述丁 中政院使海道萬户府達魯花赤。				
			閭閭 集賢院經歷。				
	哈散 襲百户。						
	烏馬兒						

哈八石，回回于闐人，世居大都宛平縣，以丁爲氏，子孫或居杭州路。

迷兒阿里 宣課提領。	勘馬剌丁 封奉訓大夫、漁陽縣男。	哈八石 延祐二年進士，廉訪僉事。	慕咼 元統元年進士，授天臨路同知湘陰州事。				

烏馬兒，回回阿里馬里人，居大名路。

阿散 達魯花赤。	木八兒沙 忠翊校尉。	阿思蘭沙	烏馬兒 元統元年進				

			士，授國史院編修官。				

阿都剌，回回昔馬里人，居中興路録事司。

答木丁 嘉議大夫。	阿里 奉訓大夫。	洒不丁 務大使。	阿都剌 元統元年進士，授湖廣省照磨。				

穆古必立，回回氏。

沙的	忻都 奉議大夫。	捏古伯 登仕郎。	穆古必立 字永叔，一作永初。元統元年進士，授秘書郎。				

剌馬丹，回回氏。初居冀甯路，後居紹興路新昌縣。

伯八剌黑	馬合謀 亦思八撒剌兒監榷官。	哈黑丁 新昌主簿。	剌馬丹 元統元年進士，授温州路				

				録事司達魯花赤。			

獲獨步丁，回回氏。兄弟三人皆死節。

穆魯丁 官建康。							
海魯丁 官信州。							
獲獨步丁 進士，廣東廉訪僉事。							

也黑迭兒，大食國人。

也黑迭兒 茶迭兒局諸色人匠總管府達魯花赤，追封趙國公，謚忠敏。	馬合馬沙 遥授工部尚書，領茶迭兒局諸色人匠總管府達魯花赤，追封趙國公，謚忠靖。	烏馬兒 揚州織染局提舉。 木八剌沙 工部尚書。					

忽都魯沙 户部尚書。	阿魯渾沙
	蔑里沙 荼迭兒總管府達魯花赤。

贍思，亦大食國人，内附後居豐州，又徙真定。

魯坤 真定、濟南等路監榷課税使。
斡直
贍思 江東廉訪副使，追封恒山郡侯，謚文孝。

阿剌瓦而思者，回回八瓦耳氏。

阿剌瓦而思	
阿剌瓦丁	
贍思丁	
烏馬兒 陳州達魯花赤。	不別 隆鎮衛都指揮使。
	斡都蠻 襲隆鎮衛都指揮使，僉樞密院事。

			忻都 監察御史。				
			阿合馬 拱衛直司都指揮使。				
			阿散				

耶爾脫忽璘者，回回古速魯氏。

耶爾脫忽璘 太祖時雅剌瓦赤。	雍吉脫忽璘	脫烈 御位下怯里馬赤功德使。	達里麻吉而的 福建宣慰使，都元帥。	丑閭 泗州達魯花赤。	介壽		
				觀驢 杭州路達魯花赤。			
				普壽 盱眙縣丞。	景初		
					善惠		
					六十八		

六合	斗奴　右六人皆達里麻吉而的孫。

曲樞，一作「曲出」。史稱西土人，不言其國族。

達不台	
阿達台　追封祈連王。	
質理花台　追封祈連王。	
曲樞　太保，録軍國重事，集賢大學士，封應國公，追封廣陽王，謚忠惠。	
伯都　中書參知政事，進右丞。	伯帖木兒　翰林學士承旨，追封文安王，謚忠憲。
	桓澤都　又作「完者都」，祕書卿。 巙子

别羅沙，西域别失八里人，居龍興路録事司，其母回回氏，妻答失蠻氏，亦回回也。

木八剌 管領納失失户計。	
別魯沙 管領織匠户計。	
苦思丁 兵部尚書。	
默理契沙 泰定元年進士。	別羅沙 字彦誠，元統元年進士，授吉安路同知□州事。

也里可温氏，亦回回人。

失列門 祕書監。	馬世德 淮南廉訪僉事。

木速蠻氏，回回之一種也。

節歇兒的 祕書少監。

木八剌吉，亦木速蠻氏。

木八剌吉 秘書卿。							

木速魯蠻氏，即木速蠻氏，有脱穎者，居南康路。

速哥〔一九〕 路達魯花赤。	囊家台 治中。	教化的	脱穎 元統元年進士，授撫州路臨川縣丞。				

伯德那，居板紇城，亦回回族也。其子察罕，仁宗賜姓白氏。

伯德那 河東民賦副總管，贈宣慰使，追封芮國公。	察罕 中書平章政事。	外家奴 武岡路總管。	闊闊不花				
		李家奴					
		忽都篤 高郵府判官。					

		哈散 皆察罕孫。					
	博羅						
	博羅察兒 百户。						
	博蘭台 湖廣行省宣使。						
	博除 太倉令。						
	只兒瓦台 寶慶路達魯花赤。						
	朵羅台 以孝行旌門。						
	乃蠻台 邵陽縣達魯花赤。						

曷思麥里，居谷則斡兒朵，回回族也。

曷思麥里 懷孟河南二十八處都達魯花赤〔二〇〕。	
捏只必 襲懷孟達魯花赤。	
	密里吉 襲必闍赤懷孟達魯花赤。

塔本，居伊吾廬，回回族也。

宋五設託陀 託陀者，其國王賜號，漢言國老也。
塔本 興平行省都元帥，追封營國公，謚忠武。
阿里乞失帖木兒 興平行省都元帥，追封營國公，謚武襄。
阿台 平灤路達魯花赤，追封永平郡公，謚忠亮。
迭里威失 遼陽行省參知政事。
鎖咬兒哈的迷失 監察御史，追封永平郡公，謚貞愍。

哈剌魯氏，亦稱罕禄魯氏。本西域部落。太祖西征，其國主阿兒厮蘭來降，封爲郡王，統其部衆。其裔孫帖木迭兒，惠宗之外王父也。

也列里朮兀	
帖木迭兒 追封威甯王。	
怯烈該 集賢大學士，兼內史，封豐國公。	老的沙 平章政事，封雍王。

答失蠻，亦哈剌魯氏。

馬馬 追封中山郡公。	
阿里 追封中山郡公。	
哈只 寶兒赤，追封定國公。	
答失蠻 中書參知政事，宣徽使，追封定國公，謚忠亮。	
買奴 翰林學士承旨。 忻都 上都留守。	怯來 同知宣徽院事。
亦老答而 闌遺少監。 不蘭奚 哈八失 同知河東都轉運鹽使司事。	黑驢

					王家驢		
					木八剌		

匣剌魯氏，即哈剌魯氏。匣答兒密立以斡思堅部哈剌魯三千人降於太祖。

匣答兒密立 千户。	密立火者 萬户府達魯花赤。	也罕的斤 四川行院副使。	火你赤的斤 雲南都元帥。				
			也連阿 萬户。				

哈兒魯氏，即哈剌魯氏，有大吉慈者，以真定路籍登進士。

阿□□ 郡公。	□□[二] 中奉大夫，郡公。		大吉慈 元統元年進士。				

丑閭，哈剌魯氏，河南淮北蒙古軍户。

霍哲 南陽郡伯。	阿□義[三]	喜生	丑閭 元統元年進士，授保定路遂州判官。				

託本[三]，哈剌魯氏，居大名路濮陽縣。

忽都魯 管軍百户。	唆郎呵歹 百户。	那海 忠顯校尉。	託本 元統元年進士，授將作院照磨。

沙全，亦哈剌魯氏。

沙的	沙全 一名抄兒赤，隆興萬户府達魯花赤。

馬氏，亦哈剌魯氏，居金山之西，後散内地。

塔海
仲良
迺賢

伯顔，亦哈剌魯氏，世居開州濮陽縣。

曲出	伯顏 翰林待制，江西僉事，謚文節。

合魯氏，亦稱葛邏禄氏。葛邏禄，譯言馬也。亦哈剌魯之異譯。其族散處内地，哈剌解其一也。

八合 賜名奥樂拔都，賜沿海翼管軍萬户。					
哈剌解 雲南行省右丞，追封鞏國公，謚武惠。					
不禄	忽口不花 沿海上萬户府達魯花赤。	哈剌不花 沿海萬户府達魯花赤。	脱脱	孛蘭奚	丑丑
安坦 沿海萬户哈剌解孫。					

迺賢，亦合魯氏，自南陽徙居浙東。

塔海 字仲良，官宣慰使。							
迺賢 字易之。							

鐵邁赤，亦合魯氏。

鐵邁赤 蒙古諸萬户府奥魯總管。	阿里 虎都鐵木禄，一名漢卿，從母姓劉，荆湖北路宣慰使。 塔海 僉書樞密院事，大都督，漢卿兄子。						

迭里彌實，亦合魯温氏。

滿速兒　大都路中。	
默里馬合麻　安慶路治中。	
迭里彌實　漳州路達魯花赤。	
六十　速古兒赤。	普顏帖木兒　江西行省通事。

阿魯渾氏，亦稱阿兒渾氏，亦稱阿剌温氏。本西域部族。

也速兀闌　領天下諸匠弓夫砲手。
忽答夫兀闌　東平都達魯花赤。
補伯　婺州宣課司達魯花赤。
馬合謀　福州路同知。
捏古歹　莆田達魯花赤。
阿里沙　江西憲史。

哈只哈心，阿魯渾氏，後改荀氏。

哈只哈心　領怯憐口。	
阿合馬 阿散	
	荀暗都剌　改姓荀氏。大都路警巡院達魯花赤。
	安童

		苟凱霖 臨潼路達魯花赤。	頑童				
		揑伯古 內黃稅使。					

阿魯温氏，即阿魯渾氏。

徹里帖木兒 中書平章政事。							

哈散，亦阿魯温氏。

哈散 禮部尚書。	掌機沙						

尼波羅氏，本西域國名，阿尼哥，其國人也。

密迺邇 追封漢中郡公。	臘可納 追封漢中郡公。	阿尼哥 大司徒[二四]，領將作院事，追封涼國公。	阿僧哥 大司徒。 阿述臘 諸色人匠總管府達魯花赤。	阿咱臘			
			阿出哥				
			阿珀哥				
			阿凱哥				
			起阿臘				
				永安 右二人皆阿尼哥孫。			

忽魯木石氏，又作「忽里謨思」。本西域地名，以地爲氏。

牙剌洼赤 燕京行省札魯忽赤。	馬思忽惕 別失八里行尚書省事。						

【校勘記】

〔一〕「巴而朮阿而忒的斤」，「斤」原作「片」，據本表序改。

〔二〕「玉古倫赤的斤」，「斤」原作「片」，據《元史》卷一二二列傳第九《巴而朮阿而忒的斤傳》改。

〔三〕「紐林的斤」，「斤」原作「片」，據《元史》卷一二二列傳第九《巴而朮阿而忒的斤傳》改。注文「都花的斤」同。

〔四〕「鑊吉」下，原衍「護」字，據《元史》卷一二二列傳第九《巴而朮阿而忒的斤傳》删。

〔五〕「梁國公」，原作「梁國國」，據《元史》卷一二〇列傳第七《木花里傳》改。

〔六〕「小李」，原作「小季」，據本書卷一二四《昔里鈐部傳》改。

〔七〕「汀州」，原作「汀洲」，據本書卷一七五《黄頭傳》改。

〔八〕「達魯花赤」，「赤」字原脱，據本書卷一一一《別的因傳》補。

〔九〕「僉嶺南廣西道廉訪司事」，「僉」字原脱，「司」作「使」，據本書卷一一一《別的因傳》補改。

〔一〇〕「彰德等路長宣官司達魯花赤」，「宣」字疑衍。

〔一一〕「仕金爲羣牧使」，「仕」原作「任」，據文意改。

〔一二〕此言「右十三人」，表中實列十四人。

〔一三〕以上三人，原誤在月乃合孫輩欄，今移正。又此言「四人」，表中實列十人。按馬祖常《石田集》卷一三《馬月忽乃神道碑》（馬月忽乃即月乃合），謂月乃合有曾孫三十一人，仕者九人：祖常、祖義、祖烈、天合、祖孝、易朔、祖謙、祖元、鹵合，無表中祖信。

〔一四〕「追封句容國公」疑誤，按據《元史》卷一二八列傳第十五《牀兀兒傳》及卷二二本紀第二十二《武宗一》，大德十一年十月封牀兀兒爲容國公，至大二年進封句容郡王。

〔一五〕「揚王」，原作「陽王」，據《元史》卷一二八列傳第十五《牀兀兒傳》改。

〔一六〕「帥」，原作「師」，據《元史》卷一二五列傳第十二《賽典赤贍思丁傳》改。

〔一七〕「達魯花赤」，「赤」字原脱，據《元史》卷一二五列傳第十二《忽辛傳》補。

〔一八〕「贈咸陽郡公」，「公」原作「人」，據《資善大夫中政院使買公世德之碑銘》改。買公即買述丁，撒的迷失之孫，阿合麻之子。下欄「咸陽郡公」，「公」亦訛作「人」，同據改。

〔一九〕「速哥」，原作「剌歌」，據《元統元年進士録》脱穎條改。速哥，《元史》卷一三一列傳第十八有傳。

〔二〇〕「懷孟河南二十八處都達魯花赤」，「懷」原作「襲」，據《元史》卷一二〇列傳第七《曷思麥里傳》改。

〔二一〕「□□」，此上原有「阿」字，據《元統元年進士録》大吉心（即大吉慈）條删。

〔二二〕「阿□義」，「義」字原脱，據《元統元年進士録》丑閭條補。

〔二三〕「託本」，原作「託木」，據《元統元年進士録》及下表改。

〔二四〕「大司徒」，原作「大司徙」，據《元史》卷一〇本紀第十《世祖七》至元十五年正月條改。

新元史卷之三十　表第四

三公表

元之制，太師、太傅、太保爲三師，太尉、司徒、司空爲三公。然大司徒、司徒不常置，終元之世，授太尉者一二人而已，非釋老無授大司空、司空者。至太師、太傅、太保，太祖之時已備其官，成宗以後遂爲論道經邦之職，故天順中修《經世大典》以太師、太傅、太保爲三公，不復稽祖制云。作《三公表》。

太祖皇帝	太師	太傅	太保
丙寅元年			
丁卯一年			
戊辰二年			

己巳三年			
庚午四年		訛答	
辛未六年			
壬申七年			
癸酉八年			
甲戌九年			
乙亥十年	耶律阿海	石抹明安	
丙子十一年			
丁丑十二年	木華黎		
戊寅十三年	木華黎		
己卯十四年	木華黎		
庚辰十五年	木華黎		
辛巳十六年	木華黎		
壬午十七年	木華黎		
癸未十八年	木華黎		
甲申十九年			

乙酉二十年			
丙戌二十一年			
丁亥二十二年			
戊子二十三年			
太宗皇帝			
己丑元年		耶律秃花	
庚寅一年			
辛卯三年			
壬辰四年			
癸巳五年			
甲午六年			
乙未七年			
丙申八年			
丁酉九年			
戊戌十年			
己亥十一年			

庚子十二年			
辛丑十三年			
壬寅			
癸卯			
甲辰			
乙巳			
定宗皇帝			
丙午元年			
丁未二年			
戊申三年			
己酉			
庚戌			
憲宗皇帝			
辛亥元年			
壬子二年			
癸丑三年			

甲寅四年			
乙卯五年			
丙辰六年			
丁巳七年			
戊午八年		明安答兒	
己未九年			
世祖皇帝			
庚申中統元年			
辛酉二年			
壬戌三年			
癸亥四年			
甲子至元元年			劉秉忠
乙丑二年			劉秉忠
丙寅三年			劉秉忠
丁卯四年			劉秉忠
戊辰五年			劉秉忠

己巳六年			劉秉忠
庚午七年			劉秉忠
辛未八年			劉秉忠
壬申九年			劉秉忠
癸酉十年			劉秉忠
甲戌十一年			劉秉忠
乙亥十二年			
丙子十三年			
丁丑十四年			
戊寅十五年			
己卯十六年			
庚辰十七年			
辛巳十八年			
壬午十九年			
癸未二十年			
甲申二十一年			

乙酉二十二年			
丙戌二十三年			
丁亥二十四年			
戊子二十五年			
己丑二十六年		月兒魯	
庚寅二十七年		月兒魯	
辛卯二十八年		月兒魯	
壬辰二十九年		月兒魯	
癸巳三十年		月兒魯	
甲午三十一年	月兒魯	伯顏	月赤察兒
成宗皇帝			
乙未元貞元年		伯顏	月赤察兒
丙申二年		伯顏	月赤察兒
丁酉大德元年			月赤察兒
戊戌二年			月赤察兒
己亥三年			月赤察兒

庚子四年	月赤察兒	完澤	
辛丑五年	月赤察兒		
壬寅六年	月赤察兒		
癸卯七年	月赤察兒		
甲辰八年	月赤察兒		
乙巳九年	月赤察兒		
丙午十年	月赤察兒		
丁未十一年	月赤察兒	哈剌哈孫	塔剌海
武宗皇帝			
戊申至大元年	月赤察兒 脱兒赤顔		
己酉二年	月赤察兒 脱兒赤顔		
庚戌三年	阿剌不花 脱虎脱	乞台普濟	三寶奴
辛亥四年	脱兒赤顔 月赤察兒	忽魯忽答 乞台普濟	曲出

仁宗皇帝			
壬子皇慶元年	阿撒罕	帖可	曲出
癸丑二年	阿撒罕	伯忽	曲出
甲寅延祐元年	阿撒罕	伯忽	曲出
乙卯二年	阿撒罕	伯忽	曲出
丙辰三年	鐵木迭兒	伯忽	曲出
丁巳四年	鐵木迭兒	伯忽	曲出
戊午五年		伯忽	曲出
己未六年	伯忽	朵觧	曲出
庚申七年	鐵木迭兒	朵觧	曲出
英宗皇帝			
辛酉至治元年	鐵木迭兒	朵觧	曲出
壬戌二年	鐵木迭兒	朵觧	曲出
癸亥三年	按塔出	朵觧	曲出
泰定元年			
甲子泰定元年	按塔出	朵觧	伯顏察兒

乙丑二年	按塔出	朵觧	禿忽魯
丙寅三年		朵觧	禿忽魯
丁卯四年	朵觧	禿忽魯	伯答沙
文宗皇帝			
戊辰天曆元年	燕鐵木兒 別不花	伯答沙	
己巳二年	燕鐵木兒	伯答沙	伯顏
庚午至順元年	燕鐵木兒	伯答沙	伯顏
辛未二年	燕鐵木兒	伯答沙	伯顏
壬申三年	燕鐵木兒	伯答沙	伯顏
惠宗皇帝			
癸酉元統元年	燕鐵木兒 伯忽	撒敦	
甲戌二年	伯忽	撒敦	燕不憐
乙亥至元元年	伯忽	撒敦 完者帖木兒	定住
丙子二年	伯顏		定住

丁丑三年	伯顏		馬札台兒
戊寅四年	伯顏		馬札台兒
己卯五年	伯顏		馬札台兒
庚辰六年	伯顏 馬札兒台	塔失海牙	探馬赤
辛巳至正元年	馬札兒台		
壬午二年	馬札兒台		
癸未三年	馬札兒台		
甲申四年	馬札兒台		
乙酉五年	馬札兒台		伯撒里
丙戌六年	馬札兒台		伯撒里
丁亥七年	馬札兒台		別兒怯不花
戊子八年		脱脱	
己丑九年		脱脱	
庚寅十年		脱脱	
辛卯十一年		脱脱	阿魯圖

壬辰十二年	脱脱		
癸巳十三年	脱脱		
甲午十四年	脱脱	汪家奴	伯撒里
乙未十五年	汪家奴	衆家奴	定住 伯撒里
丙申十六年	汪家奴	衆家奴	定住
丁酉十七年	汪家奴	衆家奴	定住
戊戌十八年	汪家奴	衆家奴	搠思監 定住
己亥十九年			搠思監
庚子二十年		太平	搠思監 太平
辛丑二十一年	汪家奴	老章	搠思監
壬寅二十二年	汪家奴	老章	搠思監
癸卯二十三年	汪家奴	老章	
甲辰二十四年			孛羅帖木兒
乙巳二十五年	伯撒里	擴廓帖木兒	禿堅帖木兒

丙午二十六年	伯撒里	擴廓帖木兒	
丁未二十七年			也速
戊申二十八年		擴廓帖木兒	也速
己酉二十九年		擴廓帖木兒	也速

新元史卷之三十一　表第五

宰相年表

太宗立中書省，以耶律楚材爲令，粘合重山、鎮海爲左右丞相。楚材卒，楊惟中代之。惟中卒，不復置令。憲宗又罷左右丞相不置。至世祖始立行中書省於燕京，旋改中書省，置左右丞相、平章政事、左右丞、參知政事，凡四等。成宗定左右丞相以下平章政事二員、左右丞各一員、參知政事二員，爲八府。自後雖有增益，然祖宗之制不敢踰也。至正以來，武夫悍卒躐登宰執多至三四十人，省臣之選始濫矣。夫中書，政本也，就其人之賢不肖以考其政之治亂得失，猶立表測景，未有不相應者也。作《宰相年表》。

		右丞相	左丞相	平章政事	右丞	左丞	參知政事
庚申	中統元年 七月癸酉，立行中書省於燕京。	禡禡 七月癸酉，以行六部除，西域人，性嚴重。		王文統 七月癸酉除。趙璧 七月癸酉除。			張易 忻州人，與劉秉忠同學，七月癸酉除。
辛酉	二年 二月丁酉，詔行中書省丞相禡禡及平章政事王文統等赴闕。	禡禡 三月，罷爲燕京路宣慰使。不花 憲宗時怯薛長，領斷事官，父也孫秃花。五月庚辰除。史天澤 五月庚辰除。	忽魯不花 父不憐吉歹官人，從阿里海涯習畏兀文。五月庚辰除。耶律鑄 五庚月辰除。賽典赤 以大司農、左三部尚書除。	王文統 趙璧 塔察兒 五月庚辰除。廉希憲 五月庚辰除。	張文謙 五月庚辰除。張啓元 十月庚子除，行省平陽、太原等路。粘合南合 八月除，中興等路行中書省事。	闊闊 其父爲潛邸舊臣。七月壬午以翰林學士除。	商挺 楊果
壬戌	三年 九月庚申，詔以忽都虎定爲中書省署。	不花 史天澤	忽魯不花 耶律鑄	塔察兒 王文統 二月，謀反伏誅。賽典赤	粘合南合 張啓元	闊闊 張文謙	商挺 行省陝西。楊果

				廉希憲 三月己未，與禡禡、商挺、麥肖行省事於陝西〔二〕。 趙璧 二月丙午，行中書省事於山東。			
癸亥	四年	不花 六月罷。 線真代 史天澤	忽魯不花 六月罷。 塔察兒代 耶律鑄	塔察兒 六月升左丞相。 趙璧 賽典赤 廉希憲	粘合南合 張啓元	禡禡 張文謙 姚樞	商挺 楊果
甲子	至元元年	線真 罷爲宣徽使。 史天澤	塔察兒 耶律鑄 八月行省。	賽典赤 廉希憲 粘合南合 阿合馬 八月除。	張啓元 阿里別 粘合南合 四月己亥升平章。	張文謙	商挺 楊果 張惠
乙丑	二年 是年置丞相五員。	安童 八月除。 耶律鑄	伯顏 八月除。 耶律鑄	趙璧 閏五月，行省南京。	張啓元 啓元爲平章政事，薦馬紹	姚樞 行省事於西京等路。	王晉 二月，由山東廉訪使除。

	丙寅	丁卯	戊辰
	三年 是年，置丞相五員。	四年	五年
	安童 史天澤 二月，改樞密副使。	安童	安童
	忽都察兒 十一月除。 伯顏 耶律鑄	史天澤 六月復入。 耶律鑄	史天澤 九月復爲樞密副使。 耶律鑄
廉希憲 行省東平。 賽合丁 二月，由宣慰使除。 阿合馬	廉希憲 二月除。 宋子貞 二月除，十一月致仕。 阿合馬	忽都察兒 六月由左丞相降〔二〕。 粘合南合 三月庚申復平章政事。	忽都察兒 阿合馬 粘合南合 卒。
其升平章，年月軼。	阿里別 八月罷。 張易	伯顏 由左丞相降。	伯顏 張文謙
	張文謙 八月罷。	廉希憲 由平章降。	廉希憲 阿里別 二月除，六月降。
	王晉 商挺 八月皆罷。 張惠	阿里別 二月復入，六月降。 張文謙 由左丞降。	阿里別 十月，出行河南省事。

							阿里 十月，以御史中丞除。
己巳	六年	安童	耶律鑄	忽都察兒 史天澤 阿合馬	伯顏	廉希憲	阿里 張文謙
庚午	七年 是年，置尚書省，惟置平章政事以下員。	安童 中書省。	忽都察兒 耶律鑄 正月罷。	阿合馬 正月除。 張易 正月，除尚書省。	伯顏 遷同知樞密院事。	廉希憲 正月罷。 許衡 正月，由祭酒除。 趙璧 東京等路行尚書省事。	阿里 張文謙 張惠 六月，除司農卿。 李堯咨 正月除。憲宗舊臣。 麥朮督丁 正月除。
辛未	八年 是年置尚書省，十二月罷。	安童 中書省。	忽都察兒	阿合馬 張易 尚書省。	趙璧	許衡 三月，以老疾辭。	阿里 張惠 李堯咨 麥朮督丁 阿里海涯 以同僉行中書事除。

壬申	九年	安童	忽都察兒	阿合馬 正月，由尚書省改中書。 張易	趙璧	張惠 正月除。	李堯咨 由尚書省改。 麥朮督丁 由尚書省改。
癸酉	十年	安童	忽都察兒	哈伯 九月除。 阿合馬 張易 趙璧	趙璧 張惠 三月，由左丞除。	張惠 自正月至三月。	李堯咨 麥朮督丁
甲戌	十一年	安童	忽都察兒	哈伯 阿合馬 趙璧 張易	張惠		李堯咨 麥朮督丁
乙亥	十二年	安童	忽都察兒	哈伯 阿合馬 張易 改樞密副使。 趙璧	張惠		李堯咨 麥朮督丁
丙子	十三年		忽都察兒	哈伯 阿合馬 趙璧	張惠 昔班 正月，由真定總管除。		郝禎

丁丑	十四年		忽都察兒	哈伯 阿合馬	張惠	吕文焕 七月丁巳除。	郝禎 別都魯丁 十一月，由吏部尚書除。
戊寅	十五年		忽都察兒	哈伯 阿里 阿合馬	張惠	吕文焕	耿仁 以參議除。
己卯	十六年			阿合馬 哈伯	張惠		郝禎 耿仁
庚辰	十七年			阿合馬 哈伯	張惠		郝禎 耿仁
辛巳	十八年			阿合馬	張惠	耿仁 郝禎	阿里
壬午	十九年	甕吉剌觧 正月至三月，降爲大都留守，同僉樞密院事。 和禮霍孫 四月至十二月。	耶律鑄	阿合馬 三月，爲王著所殺。	扎珊 張惠 四月壬申罷。 麥朮督丁 五月除。	耿仁 九月辛酉伏誅。 郝禎 三月，爲王著所殺。	阿里 五月罷。 張雄飛 五月，由行台中丞除〔三〕。

癸未	二十年	和禮霍孫	耶律鑄 十月罷。	扎珊 十一月爲樞密副使。	麥朮督丁		張雄飛 溫迪罕 耶律老哥 太師耶律阿海子。五月除。 王椅 六月除。
甲申	二十一年	和禮霍孫 十一月罷，卒。 安童 十一月除。			麥朮督丁 十一月罷。		張雄飛 十一月罷。 溫迪罕 十一月罷。
乙酉	二十二年	安童 三月，敕與麥朮丁治中書省事。	甕吉剌帶 二月戊辰除。	阿必失哈 正月除。 忽都魯 三月除。	盧世榮 四月以罪誅。	史樞 十一月除。	撒的迷失 廉不魯迷失海牙 郭佑 帖木耳 十月，由參議除，位郭佑上。 禿魯歡 十一月乙未除。

丙戌	二十三年	安童	甕吉剌帶 七月罷。	薛闍干 六月除。	麥朮督丁	也速解兒 本名帖木兒，避成宗御名改。七月，由參政升。	楊居寬 郭佑 由中丞除。 廉不魯迷失海牙〔四〕。
丁亥	二十四年，是年，置尚書省，設官如七年置。	安童 中書省。 桑哥 十一月，由平章升。	也速解兒 十一月升。	薛闍干 十月行省遼陽。 麥朮督丁 二月，由右丞升。 桑哥 也速解兒 阿魯渾薩理 由右丞升。	范文虎 阿魯渾薩理〔五〕由左丞升。	馬紹 由參知政事升。 葉李 閏二月除。	楊居寬 爲桑哥所陷，下獄死。 不顏里海牙 正月丁亥除。 馬紹 閏二月除。 忻都 閏二月除。
戊子	二十五年，是年，置尚書省，始增丞相一員。	安童 中書省。 桑哥 尚書省。	也速解兒	麥朮督丁 阿魯渾薩理	崔彧 葉李	馬紹	何榮祖 張住哥 又名守智。 忻都 夾谷〔六〕

己丑	庚寅
二十六年 是年，置尚書省。	二十七年 是年，置尚書省。
安童 中書省。 桑哥 尚書省。	安童 中書省。 桑哥 尚書省。
麥朮督丁 帖木兒 阿魯渾薩理	
伯答兒 二月除。	伯答兒 麥朮督丁 帖木兒 阿魯渾薩理
崔彧 葉李	崔彧 葉李 忻都
忻都 四月，由參政升。	馬紹
張天佑 四月，以參議除。 張住哥 忻都 何榮祖 四月，以中書參政改。 夾谷	張天佑 張住哥 何榮祖 以病告，特授集賢大學士。 夾谷 十一月。 燕真忽都魯代

辛卯	壬辰
二十八年是年，置尚書省。正月至五月置。	二十九年
完澤中書省二月，以詹事爲中書省右丞相。五月，改中書。桑哥尚書省正月罷，後伏誅。	完澤
咱喜魯丁九月除。也速䚟兒阿魯渾薩理雪雪的斤十月除。別都魯丁十二月除。	
不忽木二月，以翰林承旨爲尚書平章。五月，改中書〔七〕。葉李忻都	帖可三月，以大司農除。剌真三月，以翰林承旨除。麥朮督丁三月免署，商議省事〔一〇〕。
何榮祖二月，以集賢大學士爲尚書省右丞〔八〕。	何榮祖商議省事。不忽木咱喜魯丁〔一一〕
別都魯丁以桑哥專恣，不肯仕，命仍爲左丞。馬紹〔九〕五月，由尚書省改。	馬紹
賀勝二月，以集賢學士爲尚書省參政，五月改。杜思敬高翥五月，由尚書省改。燕真忽都魯	杜思敬梁暗都剌三月除。

癸巳	三十年	完澤		賽典赤伯顏 十一月，由河南行省平章入。 帖可 麥朮督丁 商議省事。 剌真 不忽木 咱喜魯丁	何榮祖 商議省事。 阿里 忽魯火孫 以右丞署太常事，俄出爲陝西右丞。	張九思 十一月除。 馬紹 正月至十一月。	杜思敬 梁暗都剌
甲午	三十一年	完澤		賽典赤 帖可 剌真 麥朮督丁 五月辛巳，加平章軍國重事。 不忽木	何榮祖 五月罷爲昭文館大學士，商議省事。 阿里 張九思 十一月創增，由陝西行省平章遷。	梁暗都剌 帖木兒 六月復除。 杜思敬 致仕。	杜思敬 右丞。 何瑋 九月以湖南宣慰使除。
乙未	元貞元年	完澤		賽典赤 帖可 麥朮督丁 五月，平章軍國重事。 不忽木	何榮祖 阿里 張九思	梁暗都剌 楊炎龍 由雲南左丞除。	阿老瓦丁 正月，以江浙行省平章除。 何瑋

丙申	丁酉
二年	大德元年
完澤	完澤
賽典赤伯顏 帖可 剌真 不忽木 段那海 三月至十二月。本名貞，字正卿，澤州人。由大都留守司達魯花赤遷。	賽典赤伯顏 段那海 帖可 剌真 也先帖木兒 四月至十月〔一三〕。由陝西行省平章遷。
張九思 阿里 三月至十二月。三月壬申，罷爲昭文館大學士，平章軍國事。	阿里 正月至三月。三月，遣以鈔八萬定糴糧於和林。 張九思 梁暗都剌 四月至十二月。 王慶端 二月除。
梁暗都剌 楊炎龍〔一二〕	梁暗都剌 正月至三月。 八都馬辛 四月至閏十二月。 楊炎龍〔一四〕
呂天麟 由工部尚書除。 何瑋	呂天麟 張斯立 正月至十二月。章邱人。官江浙行臺郎中時，與帖可台搆殺劉宣，時論少之。 何瑋 正月至五月。

戊戌	二年	完澤		賽典赤伯顏 段那海 帖可 剌真 也先帖木兒 正月。 張九思 二月除。 梁暗都剌 四月至十二月。 王慶端 十一月除。	梁暗都剌 正月至二月。 張九思 正月至二月。 楊炎龍 由左丞升。	楊炎龍 七月，與洪君祥使高麗。 八都馬辛 五月除。	呂天麟 張斯立
己亥	三年	完澤	哈剌哈孫 正月除。	賽典赤伯顏 帖可 剌真 正月至七月。 段那海 梁暗都剌	楊炎龍 八都馬辛 由左丞升。	月古不花 五月至十二月。	迷兒火者 三月至十二月。 呂天麟 正月一月。 張斯立
庚子	四年	完澤	哈剌哈孫	賽典赤伯顏 段那海 梁俺都剌 阿魯渾薩理 八月至十二月。	八都馬辛 楊炎龍 賀仁傑 閏八月，升平章政事。	月古不花 呂天麟	迷兒火者 張斯立 哈剌蠻子

	辛丑	壬寅	癸卯
	五年	六年	七年
	完澤	完澤	完澤 正月至四月。 哈剌哈孫（一五） 七月至十二月
	哈剌哈孫	哈剌哈孫	阿忽台 八月至十二月。 哈剌哈孫 七月升。
不蘭奚 由四月斷事官除。 賀仁傑	賽典赤伯顏 段那海 梁俺都剌 阿魯渾薩理	賽典赤伯顏 阿魯渾薩理 正月至七月。 段那海 梁暗都剌	賽典赤伯顏 正月至二月。 阿老瓦丁 三月至十二月。 段那海 正月一月。
	八都馬辛 楊炎龍	八都馬辛 楊炎龍 正月至八月。	八都馬辛 正月一月。 洪雙叔 四月至十二月。
	吕天麟 月古不花	月古不花 吕天麟 正月至八月。	月古不花 正月一月。 尚文 三月至十二月。
	迷兒火者 張斯立 哈剌蠻子	迷兒火者 正月至七月。 哈剌蠻子 正月至七月。 張斯立	哈剌蠻子 正月一月。 朵解 三月至七月。 迷兒火者 正月一月。

	甲辰
	八年
	哈剌哈孫
	阿忽台
阿魯渾薩理 三月罷。 梁暗都剌 正月一月。 木八剌沙 三月至十二月。	阿老瓦丁 正月至九月。 賽典赤伯顏 十月至十二月。 帖可 阿里 十月至十二月。
	洪雙叔 正月一月。 塔思不花 二月至十二月。 八都馬辛 十一月至十二月。
	尚文 火失海牙 十一月一月。
張斯立 正月一月。 董士珍 二月，以江浙參政除。	朵解 迷兒火者 十月至十二月。 董士珍 正月一月。 趙仁榮 正月，以江南行臺除。 張祐〔一六〕 懷州人，贈上護軍，追封清河郡公。九月，以户部尚書除。

乙巳	九年	哈剌哈孫	阿忽台	賽典赤伯顏 阿里 正月至七月。 八都馬辛 八月至十二月。 段那海 九月至十二月。	長壽 正月至八月。 八都馬辛 正月至七月。 哈剌蠻子 七月升。	尚文 正月至七月。 迷兒火者 八月升。	脫歡 正月至六月。 迷兒火者 正月至八月。 張祐 正月至十月。 哈剌蠻子
丙午	十年	哈剌哈孫	阿忽台	帖可 三月至十二月。 阿散 三月至十二月。 賽典赤伯顏 正月至閏正月。 段那海 正月至閏正月。 八都馬辛徹里 二月至十月。	哈剌蠻子	章閭 四月至十二月。 迷兒火者 正月至十二月。 迷兒火者 正月至閏正月。 杜思敬 三月至十二月〔一七〕。 月古不花 三月除。	也先伯 三月至十二月。

丁未

十一年

哈剌哈孫 正月至八月。
塔剌海 七月升。

阿忽台 二月伏誅。
塔剌海 五月至七月。
塔思不花 七月除。

帖可 正月至二月。
阿散 正月至八月。
教化 八月至十二月。
八都馬辛 正月至二月。
床兀兒 五月至十二月。
塔失海牙 九月至十二月〔一八〕。
脫脫 八月至九月。
法忽魯丁 八月至九月。

哈剌蠻子 正月至二月。
孛羅帖木兒 九月至十二月。
孛羅答失 七月，由同知宣徽院事爲左丞，九月升右丞。
王壽 八月一月。
劉正 九月至十二月。
抄兒赤 六月至十二月。
塔海 六月至十二月。

杜思敬 正月至三月。
章閭 正月至三月。延祐元年，以妻病謁告歸。奪民地，劾罷。
阿都赤 正月至七月。
阿里伯 五月至十二月。
斡羅思 七月至十二月。
劉正 五月至九月。
孛羅答失 七月至九月。

也先伯 正月至八月。
劉源 正月至三月。
撒剌兒 六月至九月。
于璋 十一月至十二月。
欽察 五月，以遙授中書左丞除。七月，爲四川左丞。

戊申	
至大元年	
答剌海 正月至三月。 塔思不花 十一月至十二月。	
脫脫 閏十一月至十二月。 乞台普濟 二月至十一月。	
塔失海牙 床兀兒 正月至三月。	別不花 八月至九月。出爲江浙行省左丞相。 阿沙不花 五月至十二月。 乞台普濟 六月至十二月。 明里不花 六月至十二月。
孛羅帖木兒 劉正 十二月一月〔二九〕。	
尚文 八月至十二月。 忽都不丁	郝天挺 七月，以江浙左丞爲右丞。
烏伯都剌 正月至十一月。 郝彬 十月至十一月。	

乞台普濟 閏十一月至十二月。
塔思不花 七月，由御史大夫爲左相。十一月，升右丞相。
乞台普濟 正月至二月。 教化 正月至一月。 阿沙不花 右丞相行平章政事。七月至十一月。 阿散 四月至六月。 脱脱木兒 四月至十二月。 赤因帖木兒 閏十一月至十二月。 察乃 閏十一月至十二月。 也罕的斤
孛羅答失 正月至十一月。 扎忽兒解 閏十一月至十二月。明年，出爲四川行省平章，卒，謚忠肅。
尚文 八月至十二月。 忽都不丁 八月至十一月。 郝天挺 劉楫 正月至十二月。 何瑋 十月至十二月。 烏伯都剌 閏十一月至十二月。 也罕的斤 正月，升平章政事。
于璋 正月至九月。 伯都 閏十一月至十二月。 許昉 閏十一月至十二月。

己酉
二年 是年，置尚書省。
塔思不花 乞台普濟　中書省。正月至七月。 乞台普濟　八月至十二月。尚書省。
脫脫 脫虎脫
哈失海牙　三月至十月。 阿散　十月，以遼陽行省平章除。亦作「合散」。 赤因帖木兒　九月至十二月。 察乃　八月至十二月。 三寶奴　八月至九月。 伯顏　伽乃氏帖哥孫。十一月至十二月。 樂實　高麗人。惠宗時追謚武敏。八月至十二月。
札忽兒解　出爲四川平章政事。 劉正 伯都　由參政升。 保八　八月至十二月。
郝天挺　正月至十一月。 烏伯都剌　正月至十二月。 脫虎脫　九月至十二月。 劉楫　八月，由中書改尚書。 忙哥帖木兒　八月至十二月。 劉楫
伯都　正月至十月。 高昉 帖里脫歡　六月，以參議中書省事除。 伯都　太保曲出子。遷右丞。 王羆　八月至十二月。 郝彬　八月至十二月。

四年	三年
辛亥	庚戌
四年	三年
帖木迭兒 正月，以雲南行省左丞相除。	塔思不花 中書省。 脱虎脱 尚書省。正月罷，坐變更舊章，伏誅。
	脱脱 三寶奴 正月伏誅。
察乃 赤因帖木兒 李孟 二月至十二月。 完澤 二月至八月。陝西行省平章葉散肅子。	赤因帖木兒 察乃 樂實 伏誅。 伯顏
忽都不丁 正月至三月。 烏伯都剌 四月至八月。	伯都 正月一月。 忽都不丁 七月至十一月。 保八 伏誅。
斡只 正月一月。 李士英 以御史中丞除。三月至十二月。	忽不都丁 正月至六月。 斡只 八月至十一月。 忙哥帖木兒 杖流海外。
帖里脱歡 正月至八月。 賈鈞 正月至八月。 察罕 三月，以昭文館大學士除。	帖里脱歡 賈鈞 正月至十二月。 回回 八月至十二月。 王羆 伏誅。 郝彬 八月，以江西參知入。

	壬子	癸丑
	皇慶元年	二年
	帖木迭兒	帖木迭兒 正月一月。 禿忽魯 正月至十二月。
	阿散 五月至十二月。	阿散
阿僊 十二月一月。	阿散 五月，升左丞相。 章閭 五月，由江浙平章除。 李孟 十二月致仕。	章閭 張珪 正月至五月。 烏伯都剌 六月至十二月。
	烏伯都剌	烏伯都剌 正月至五月。 八剌脫因 六月至十二月。
	李士英 正月至二月。 八剌脫因 三月至十二月。	八剌脫因 正月至五月。 阿上海牙 正月至十二月。
	察罕 正月至九月。 阿海牙 十月至十二月。 賈鈞 七月以病請告。 許師敬 九月至十二月。右丞許衡子。	許師敬 卜阿海牙 正月至五月。 禿魯花帖木兒 六月至七月。 薛居敬 由御史除。九月至十二月。

甲寅	延祐元年	帖木迭兒 四月，録軍國事。九月，又爲右相。 禿忽魯 正月至二月。 阿散 二月升，九月改左。	阿散	章閭 正月至十二月。 馬伯都剌 正月至八月。	八剌脱因 正月至十一月。 蕭拜住 十二月一月。 劉正	阿卜海牙	趙世延 二月，以侍御史除。 高昉 正月，由江浙左丞除。二月，罷爲集賢學士。
乙卯	二年	帖木迭兒	阿散	烏伯都剌 李孟 劉正 正月，由右丞除。 章閭 三月，出爲江浙平章。	拜住	阿里海牙	曹鼎 趙世延 正月至九月。 郭貫 以淮西廉訪除。十一月一月。
丙辰	三年	帖木迭兒	阿散	烏伯都剌 李孟	拜住 正月至五月。	阿里海牙 正月至五月。	郭貫 正月至五月。

	丁巳
	四年
	帖木迭兒 正月至六月。 伯答沙 九月至十二月。 阿散 六月升，九月改左。
	阿散
伯帖木兒 六月至十二月。 拜住 六月至十二月。	伯帖木兒 正月至七月。 赤因帖木兒 六月至十二月。 拜住 正月至五月。 阿里海牙 六月至十二月。
阿卜海牙 六月至八月。	阿里海牙 正月至五月。 乞塔 六月至十二月。
郭貫 六月至八月。 王毅 十月至十二月。	王毅 正月至五月。 高昉 六月至十二月。
不花 兀速兒吉氏 六月至十二月。 曹鼎 正月至七月。 乞塔 九月至十二月。	乞塔 正月至五月。 焕住 六月至十二月。 高昉 正月至五月。 張思明 六月，以中書參議除。

	戊午
	五年
	伯答沙
	阿散
李孟 正月至六月。 王毅 八月至十二月。 烏伯都剌	赤因帖木兒 正月至九月。 阿里海牙 亦列赤 十月至十二月。 烏伯都剌 王毅
	乞塔 正月至四月。 亦列赤 六月至九月。 高昉 十月至十二月。
	高昉 正月至九月。 焕住 十月至十二月。
王桂 六月，以工部尚書除。	焕住 正月至九月。 王毅 七月，以江浙左丞除。 敬儼 五月至十二月。 燕只哥 十月至十二月。 狗兒 九月，由僉太常禮儀院事除。

己未	庚申
六年	七年
伯荅沙	伯荅沙 正月一月。 帖木迭兒 二月至十二月。
阿散	阿散 正月至四月。罷爲嶺北平章。
烏伯都剌 阿里海牙 王毅 十二月辭。 亦列赤 正月至十一月。	烏伯都剌 正月一月。 亦列赤 正月一月。 阿里海牙 正月至二月。 禿滿迭兒 正月至二月。
高昉	高昉 正月至二月。 木八剌 三月至十二月。
焕住	焕住 正月一月。 張思明 三月至十二月。
敬儼 正月至八月。 燕只哥 正月至九月。 張思明 閏八月至十二月。 欽察 十月至十二月。	欽察 正月至五月。 張思明 只兒哈郎 六月至十二月。 速速 六月至十二月。

辛酉	
至治元年	
帖木迭兒	
拜住	
廉米只兒 海牙 帖木兒脫 正月至八月。罷爲上都留守。	赫驢 三月至四月。 趙世榮 以陝西平章除。正月至七月。 拜住 正月一月。 答失海牙 六月至十二月。 乃剌忽 六月至七月。 帖木兒脫 六月至十二月。
只兒哈郎	
張思明	
速速 薛處敬 正月至十二月。罷爲江南行省左丞。	

	壬戌
	二年
	帖木迭兒 正月至八月。拜住 十一月至十二月。
	拜住 正月至十月。
塔失海牙 正月至八月。只兒哈郎 七月至十二月。	廉米只兒 海牙 正月至十二月。罷爲集賢大學士。欽察 五月至十二月。只兒哈郎 正月至五月。遷御史大夫。買驢 四月至十二月。罷爲大司農。
	只兒哈郎
	張思明 七月免。
	速速 薛處敬 正月至二月。出爲河南左丞。王居仁 閏五月至十二月。

癸亥	甲子
三年	泰定元年
拜住 正月至八月。英宗遇弒，死之。 也先鐵木兒 九月，由知樞密院事除。十月伏誅。 旭邁傑 十月除。	旭邁傑 正月至十二月。
倒剌沙 九月，以內史除。	倒剌沙 二月至十二月。
欽察 赤因帖木兒 十月一月。 張珪 以集賢大學士除。	倒剌沙 正月至十二月。 烏伯都剌 回回人。十月，以江浙平章除。 欽察 正月至二月。 張珪
只兒哈郎 正月至十月。 乃馬觧 十月至十二月。	乃蠻觧 正月一月。 善僧 二月至十二月。
速速 正月至八月。 善僧 九月至十二月。	善僧 正月一月。 潑皮 六月至十二月。
馬剌 以宗仁衛指揮除。 王居仁	馬剌 正月至四月。 王居仁 陽穀人。贈中書平章政事，封薊國公。 楊庭玉 三月至十二月。

	乙丑	丙寅
	二年	三年
	旭邁傑 八月卒。 塔失帖木兒 十二月一月。	塔失帖木兒
	倒剌沙 十月癸未，爲御史大夫。丙寅復入。	倒剌沙
乃蠻解 二月至十二月。 禿滿迭兒 五月至十二月。	禿滿迭兒 烏伯都剌 乃蠻解 張珪 正月至二月。 善僧	禿滿迭兒 乃蠻解 正月至二月。 烏伯都剌
	善僧 正月至二月。 潑皮 三月至十二月。	潑皮 正月至五月。 許師敬 十月至十二月。
	潑皮 正月至二月。 許師敬 四月至十二月。	許師敬 正月至十月。 朵朵 十一月至十二月。
朵朵 五月至十二月。	朵朵 楊庭玉 正月至四月。坐市官錦受賕抵罪。 馮不花 五月至十一月。名亨。以中政使除。	朵朵 正月至十月。 史惟良 十一月至十二月。

	丁卯	
	四年	致和元年
	塔失帖木兒	塔失帖木兒 正月至八月。
	倒剌沙	倒剌沙
察乃 三月至十二月。 善僧 正月至十月。 伯顏察兒 雲南行省平章賽典赤子。十二月一月。	禿滿迭兒 察乃 烏伯都剌 伯顏察兒	烏伯都剌 八月下獄，棄市。 伯顏察兒 八月下獄。後至元四年，追封奉元王，謚忠宣。
	許師敬 正月至十月。 趙世延 十月至十二月。	曹立 八月至九月。至順二年，御史言曹立今雖閑廢，猶與富民交納，宜遣還大同本籍，從之。
	朵朵	朵朵 八月下獄。
馮不花 左塔不台 六月除。	馮不花 史惟良 正月至九月。 王士熙 十月至十二月。	王士熙 八月下獄。

	戊辰
	天曆元年
	燕鐵木兒 九月除。
	別不花 八月以湖廣左丞相除。
塔失帖木兒 五月，由嶺北平章除。	塔失海牙 九月至十月。 速速 九月至十月。坐受賕杖徙襄陽，以母老留京師。 闊闊台 九月至十二月。 明里董阿 九月至十二月。 欽察台 十月至十二月。 敬儼 十月至十二月。
	趙世延 八月，遷御史大夫。 回回 九月至十一月。 月魯不花 十一月至十二月。由御史中丞除監察御史。撒里不花等稱其素稟直氣，操履端正，以中丞兼太禧院使。 撒迪 十一月除。
	史惟良 二月除，九月辭。
	張友諒 十月至十二月。章邱人，斯立兄子，官至翰林學士承旨。 月魯帖木兒 十月至十一月。

己巳
二年
燕鐵木兒 正月，爲御史大夫。二月復入。
別不花 八月，御史劾與速速等潛呼日者推測聖算，詔與妻子安置集慶。 帖木兒不花 正月至八月。加録軍國重事。
闊闊台 正月至五月。 阿里董阿 阿里海牙 正月，由陝西行台御史大夫除。正月至四月。 敬儼 正月。 王毅 正月至八月。 哈八兒禿 五月至八月。 徹里帖木兒 五月至八月。 阿兒思蘭 海牙 九月至十二月。
徹里帖木兒 正月至八月。 闊兒吉思 四月至八月。 朵兒只 八月至十一月。
月魯帖木兒 正月至八月。 趙世安 十月至十二月。
趙世安 八月，以太子詹事除。 左吉 正月至五月。 王結 正月至八月。 阿榮 八月至十二月。

	庚午
	至順元年
	燕鐵木兒
	伯顏 二月丁未，改知樞密院事，省左丞相不置。
朵兒只 十二月。 趙世延 十一月。 欽察台	欽察台 阿兒思蘭 海牙 二月，出爲南台御史大夫。 趙世延 正月至閏七月。 阿里海牙 二月，以宗禋院使除。
	撒迪
	趙世安 二月，遷御史中丞。 張友諒 以參政升。 史惟良 二月遷，九月辭職歸養。
	和尚 正月至閏七月。 張友諒 五月至九月。 脫亦納 姚庸

	辛未
	二年
	燕鐵木兒
朵兒只 正月至二月。御史言朵兒只銓選之際紊亂紀綱，貪污著聞，恬不知恥，罷之。 亦列赤思 五月，以宗禋院使除。	欽察台 阿里海牙 亦列赤思 九月乙未，賜金虎符。 伯撒里 二月，以燕王宮相除。
	撒迪
	張友諒
	脫亦納 正月。 姚庸 燕帖木兒 耿煥 十一月，以户部尚書除。

	壬申	癸酉
	三年	元統元年
	燕鐵木兒	燕鐵木兒 五月卒。 伯顏 六月除。
		撒敦 六月除。
禿兒哈帖木兒	欽察台 伯撒里 禿兒哈帖木兒 十月，除知樞密院事。 撒迪 十月，由右丞升。 阿里海牙 亦列赤	欽察歹 阿里海牙 撒迪
	撒迪 闊里吉思 十月，以宣政院除。	闊兒吉思 孛羅
	趙世安 六月，由中丞除。	史惟良 鄆城人，官至集賢大學士。
朶兒只班 二月，由陝西行台中丞除。		忽都海牙 高履亨

	甲戌	乙亥
	二年	至元元年
	伯顏	伯顏 七月壬寅命獨相。
	撒敦 五月罷，仍商量中書事。 唐其勢 五月辛卯，代撒敦。 撒敦 六月乙亥，唐其勢辭，復拜。	撒敦 卒。 唐其勢 五月除，六月伏誅。
阿昔兒 闊兒吉思	脫別歹 正月，以御史大夫除。 阿里海牙 正月，除河南丞相。 撒迪 阿息兒 闊兒吉思	脫別歹 定住 九月初七日，由樞密知院除爲頭平章。
	孛羅	孛羅 七月升平章。 罕卜班 十月。
王結	王結	王結 耿煥 官江浙、江西行省參知政事，遷左丞。十一月。
	忽都海牙 許有壬 十月，由侍御史除。	普化 四月，由南台中丞除。 納麟 七月，由南台中丞除。

阿昔兒 闊兒吉思　七月遷知院。 撒迪　七月初一日，由中丞除第二平章。十月，爲御史大夫。 徹里帖木兒　十二月罷。 孛羅　七月，代闊里吉思。 阿吉剌　十一月，由知院除。 塔失海牙
許有壬

丙子	二年	伯顏		定住 塔失海牙 帖木兒不花 四月，以知樞密院除。 孛羅 阿吉剌	鞏卜班	王懋德 四月除。《舊紀》作「德懋」，誤。高唐人，累遷燕南廉訪使。大名饑，奏賑，全活三十餘萬。	納麟 許有壬
丁丑	三年	伯顏		定住 二月丙申卒。 塔失海牙 孛羅 阿吉剌	鞏卜班	王懋德	納麟 許有壬
戊寅	四年	伯顏		探馬赤 四月除。	鞏卜班	王懋德	納麟

	己卯
	五年
	伯顏
哈八兒禿 孛羅　冬十月，命領太常禮儀院使。 阿吉剌　四月，爲奎章閣大學士。五月復入。 只兒瓦歹　四月除。	哈八兒禿 孛羅 阿吉剌　三月，出爲遼陽平章。 只兒瓦歹　後罷爲丞旨。
	鞏卜班　三月，出爲甘肅平章。
傅巖起	納麟 傅巖起

庚辰	辛巳
六年	至正元年
伯顏 二月己亥，黜爲河南右丞相。 馬札兒台 三月至十月。 脱脱 十月。	脱脱
鐵木兒不花 十月。	鐵木兒不花
孛羅 沙剌班 汪家奴 晋甯王闊里吉思子。四月，由樞密同知爲平章。十月除知樞密院。 只兒瓦歹 後罷爲丞旨。	別兒怯不花 由御史大夫遷。十二月，出爲江浙行省左丞相。
鐵木兒塔識 四月除。	鐵木兒塔識 四月，升平章。 阿魯
傅巖起	許有壬
納麟 四月除樞密同知。 阿魯 傅巖起 二月升左丞。 許有壬 賜上尊束帛。	阿魯 四月，升右丞。 定住 許有壬 四月，升左丞。

	壬午	癸未
	二年	三年
	脫脫	脫脫
		別兒怯不花 十二月。
脫歡 札只拉氏。由河南行省平章遷，罷爲江南行臺御史大夫。 也先帖木兒 鐵木兒塔識	也先帖木兒 鐵木兒塔識 也滅怯歹 三月，由知院除第四平章。	也先帖木兒 鐵木兒塔識 也滅怯歹
	太平 六月。	太平
	許有壬	許有壬 正月辭。
吳忽都不花	定住 吳忽都不花	定住 吳忽都不花 伯顏 韓元善 十月，由樞密僉院除。

甲申	乙酉
四年	五年
脱脱 五月，辭位。 阿魯圖 五月。	阿魯圖
別兒怯不花	別兒怯不花
鐵木兒塔識 三月。 太平 納麟 三月，由河南平章除。 伯顏 納哈赤	鐵木兒塔識 七月，爲御史大夫。 納哈赤 後罷爲承旨。 太平 十月，爲御史大夫。
太平 二月，升平章。 伯顏 二月至八月。升平章。 達識帖睦邇 九月。	達識帖睦邇 九月，罷爲承旨。 搠思監
吴忽都不花 姚庸 三月，由集賢大學士除。九月，爲承旨。 董守簡 九月，由中丞除。	董守簡 後遷中丞。
伯顏 二月，升右丞。 搠思監 二月。 韓元善 趙德壽 正月，由兵部尚書除。	搠思監 九月升右丞。 朶兒只班 前資政院使。 韓元善 十月，除司農太卿。 呂思誠 十月。

				鞏卜班 七月。 納麟 伯顏			
丙戌	六年	阿魯圖	別兒怯不花	鐵木兒塔識 位次右丞相。 鞏卜班 納麟 明年，出爲江南行臺御史大夫。 教化 帖木哥	朵兒只班 七月，由參知政事升，後除遼陽平章。	呂思誠	朵兒只班 答兒麻 七月。 瑣南班 呂思誠 四月，升左丞。 魏中立 蓋苗 尋出爲甘肅行省右丞。
丁亥	七年	別兒怯不花 正月壬子、四月庚寅再命。五月罷。 朵兒只 十二月。	鐵木兒塔識 録軍國重事。九月卒。 朵兒只 九月，由大夫拜。	鐵木兒塔識 四月，升左丞相。 太平 六月至十二月。升左丞相。	瑣南班 後遷中丞。 定住 四月，由承旨除。 脱歡 七月。	呂思誠	瑣南班 二月，升右丞。 道童 三月。 福壽 六月。

	戊子
	八年
	朵兒只
太平 十二月。	太平
教化 定住 帖木哥 朵朵 後拜陝西左丞相。 韓加訥 十一月，除大夫。	教化 定住 後以疾辭。 太不花 忽都不花
忽都不花 十月。	忽都不花
	呂思誠
魏中立 孔思立 七月。	福壽 孔思立

己丑	九年	朵兒只 七月，罷爲國王。 脱脱 閏七月，復相。	太平 七月，罷爲承旨。	柏顏 八月，以集賢大學士除。 太不花 欽察台 四月，以知樞密院事除。 忽都不花 定住	禿滿迭兒 閏七月，除四川右丞。 搠思監 閏七月，以也可札魯忽赤除。	呂思誠 後遷中丞。 韓元善 四月。	撒馬篤 玉樞虎兒吐華 閏七月。 秦從德 洛陽人，秦長卿從孫。出爲江浙行省參知政事。
庚寅	十年	脱脱		柏顏 太不花 定住 搠思監 正月。 普化	玉樞虎兒吐華 正月。	韓元善	脱列 韓鏞
辛卯	十一年	脱脱		太不花	玉樞虎兒吐華	韓元善	脱列

	壬辰
	十二年
	脫脫 二月，總兵，八月出師，十一月還朝。
定住 搠思監 十一月，拜御史大夫。 普化 朵兒只班	定住 搠思監 四月，以御史大夫除。 普化 忽都海牙 四月，以翰林學士除。 月魯不花 正月，由宣政院使除。
	玉樞虎兒吐華 二月，分省彰德，後還四川行省平章。 哈麻 八月添設。
	韓元善 二月，分省彰德。八月卒。 賈魯 二月添設。
韓鏞 出爲甘肅參知政事。 松壽 分省濟甯。 烏古孫良楨 十二月。	帖里帖穆爾 二月，分省濟甯。十一月，出爲江浙添設右丞。 烏古孫良楨 悟良哈台 三月添設。 杜秉彝 十月添設。

癸巳	甲午
十三年	十四年
脱脱	脱脱 九月，總兵出征。十二月，詔削官爵，淮南王置。
	定住
定住 搠思監 後拜御史大夫，尋又爲平章。 普化 忽都海牙 哈麻 正月，由添設除。 答失八都魯	定住 十二月，升左丞相。 搠思監 普化 月赤察兒 九月辛酉，由知院除。
哈麻 正月，代玉樞虎兒吐華爲正。 禿禿 悟良哈台 正月，代哈麻，四月爲正。	悟良哈台 桑哥失理 十二月，由中政院使除添設。
烏古孫良楨 正月。	烏古孫良楨 呂思誠 十二月，由湖廣左丞召爲添設。
蠻子 正月，由侍御除。 杜秉彝 正月，代烏古孫良楨。	蠻子 臧卜 八月甲子，由將作中政院使遷參知政事。 杜秉彝

乙未	
十五年	
汪家奴 二月。 定住 十一月辭，以太保就第治病。	
定住 四月，拜右丞相。 哈麻 四月癸酉拜。	
搠思監 正月，出爲陝西平章。九月，復入，進爲首平章。 哈麻 四月升左丞相。 達識帖睦兒 二月除。八月除江浙左丞相。 紐的該 九月癸未，由知嶺北行樞密院事除。	哈麻 瑣南班 十二月，由永昌宣慰使除。
悟良哈台 正月，除河南平章。 蠻子 九月，除中政院使。 拜住 九月，代蠻子。十二月，分省濟南。 斡欒[二〇] 由樞密同知代拜住。 臧卜 四月，分省彰德。	
許有壬 中順大夫。九月，爲集賢大學士。 呂思誠 四月罷。 烏古孫良楨 四月，分省彰德。 杜秉彝	
臧卜 實理門[二一] 李稷 滕縣人，登泰定丁卯進士第。 成遵 月倫失不花 十二月，分省彰德。 陳敬伯 十二月，分省彰德。	

	丙申
	十六年
	哈麻 二月，黜罷尋杖殺。 搠思監 四月。
桑哥失里 四月，由太子詹事除。 黑厮 正月，由宣徽使除。 拜住 十月，由右丞升。十二月，分省濟南。	搠思監 二月除大夫。 帖里帖木爾 桑里失里 悟良哈台
	斡欒
	吕思誠 十月，除大司農卿。 烏古良孫楨
	別怯木兒 完者不花 答蘭 李稷 成遵 實理門 普顏不花

丁酉
十七年
搠思監 五月。
太平 五月。
帖里帖木兒 三月，除大夫。 悟良哈台 三月除。 斡欒 三月除。 臧卜 十一月，分省太原，後除陝西平章守甯夏。 老的沙 九月除。 完不花 答蘭 與參政俺普省敬分省陵州，十一月罷。
別怯木兒 完者帖木兒 七月，由中丞除。 埜仙普化 九月。 失列門 即實理門，分省濟甯。 八都麻失里 十一月，以參知政事升。 烏古孫良楨
烏古孫良楨 成遵 九月，除中丞。 李獻 十一月，由中丞除。 張沖 九月除。
完者帖木兒 十一月，除宣政同知。 俺普 七月，由河南廉訪除。 卜顏帖木兒 十一月。 哈剌那海 十一月。 崔敬 十一月。 陳敬伯 十一月。 李稷 七月戊子，除中丞。 張晉 分省濟甯。

戊戌
十八年
搠思監　十月，收印綬。 定住 太不花　二月，除總兵山東。五月罷。
太平 紐的該
斡欒 完不花　七月除。 老的沙　八月，爲御史大夫。 完不花 脱脱帖木兒　七月，與完不花同除。 燕古思 也先不花 莊嘉 八都麻失里
八都麻失里　六月，升平章。 完者帖木兒 塔失帖木兒
李獻　正月，除翰林學士。 成遵　生你不花。
燕只不花　五月，劾罷。 秃魯　三月，由治書除。 忙哥帖木兒 孛羅帖木兒 安童　二月除。 普顏不花　九月，以參政經略江南。 馬某火者　十一月，除崇福司使。 瑣住 崔敬

己亥	十九年		太平	斡欒 完不花 帖里帖木兒 九月癸巳，除陝西左丞相。 朵兒只班 正月除。 莊嘉 也先不花 八都麻失里 佛家奴 九月，出征遼陽。	塔失帖木兒 不花	成遵 十二月，誣以受贓杖死。	孛羅帖木兒 伯顏 忙哥帖木兒 脫火赤 分省太原。 王時 江浙行省參政王克敬子。二月，由詳定使除。 趙中 十二月，杖殺。
庚子	二十年	搠思監 三月，由遼陽行省左丞相拜。	太平 二月罷。 太保	老的沙 二月，由大夫入中書。後復爲大夫。	不花 分省太原。	陳敬伯 由參政升。	也先不花 七十 王時 分省太原。

	辛丑
	二十一年
斡欒 完不花 完者帖木兒 達識帖木兒 絆住馬 五月除。 失列門	斡欒 失列門 佛家奴 達識帖木 定住 出爲陝西平章。 答蘭 分省太原〔一三〕。
	也先不花 陳敬伯 由左丞升。
	也先不花 陳敬伯
危素 丁好禮	哈剌章 七十 達禮麻失里 不顔 危素

	壬寅
	二十二年
	搠思監 三月。
忙哥帖木兒 九月除。 察罕帖木兒 十月除。	斡欒 擴廓帖木兒 失列門 愛不花 佛家奴 十二月爲大夫。 塔失帖木兒 絆住馬 孛羅帖木兒 三月除。
	也先不花 正月除。 陳敬伯
	玉也速迭兒 七十 剌馬乞剌 分省太原。
	達禮麻失里 伯顏帖木兒 哈剌那海 脱脱木兒 分省太原。 危素

癸卯	甲辰
二十三年	二十四年
捌思監	捌思監 四月，貶嶺北。 孛羅帖木兒 八月。
	也速 四月除。 孛羅帖木兒 七月。
愛不花 分省太原。 完不花 普化 絆住馬 咬住 鄂摩氏，字正德，至順中由河南行省參知政事改西臺侍御史。 完不花 孛羅帖木兒	瑣住 秃堅帖木兒 五月除。七月除大夫。
也先不花 除遼陽左丞相。 陳敬伯	不花帖木兒 脱脱木兒 陳敬伯
七十 袁渙	帖木兒
伯顏帖木兒 札剌兒台 危素 馬良 七月。	八都哥 危素 五月除承旨。 王時

	乙巳
	二十五年
	孛羅帖木兒 七月伏誅。 伯撒里 九月二十七日除。康里氏。封永平王。
	擴廓帖木兒 九月除。
山僧 佛家奴 老的沙 七月除。	山僧 老的沙 三月，除右大夫。 擴廓帖木兒 禿堅帖木兒 三月除。 失列門 沙藍答里 十月，升爲頭平章。
	不花帖木兒 十月，升平章。 孛羅 曲朮 答兒麻失里 脱脱木兒 十一月除。 陳敬伯
	帖木兒 袁渙 八月，除河南右丞。 王時 哈剌章 張晉
李士瞻 李國鳳 濟南人。	明安帖木兒 定住 八都兒 達識帖木兒 十二月除。 黎安道 六月除。 帖林沙 十二月除。

上都馬　八月，以誅孛羅功除。後叛降於明。

帖古思不花　八月，以誅孛羅功除。

別帖木兒　三月，除左大夫。

禿魯　除陝西行省左丞相。

脫脫

匡福

慶童

塔失帖木兒　分省上都。

洪寶寶　八月，以誅孛羅功除。

	丙午
	二十六年
	伯撒里
	擴廓帖木兒 總兵河南。 沙藍答里 正月。
捏烈秃 八月，以誅孛羅功除。 不花帖木兒 十月，以右丞升。 忽憐台 以遼行省右丞升。 金那海 八月，以誅孛羅功除。	失列門 九月除大夫。己亥遷御史大夫。 不花帖木兒 月魯帖木兒
	月魯帖木兒 帖林沙 七十 札剌爾台 陳敬伯
	袁渙 李國鳳 八月升。
	帖林沙 亦老温 陳祖仁 以翰林學士除。 董幼安 李國鳳

	丁未
	二十七年
	完者帖木兒 五月至八月。除知院,以老病辭,不許。 也速 八月,拜右相,總兵,分省山東。
	帖里帖木兒 八月,以太尉除爲添設。九月,提調端本堂及領經筵事。 擴廓帖木兒 總兵。十月,罷爲河南王。 阿藍答里 九月,分省大同,加少保,統山西諸軍。十一月卒。
鑾子 三月,除知樞密院事。 札剌爾台	札剌兒 七十 二月除。 俺普 五月由大宗正札魯火赤除。 臧家奴 月魯帖木兒 十一月,除知大撫軍院事。 伯顏帖木兒 十一月,除知大撫軍院事。
	林帖沙 陳敬伯 八月,升平章。 定住
	定住 八月,升右丞。 董幼安 張守禮 劉益 孫景益 分省河東。
王朵羅歹	哈海 完者帖木兒 八月,爲大撫軍院使。 朵兒只 孫景益 阿剌不花 九月分省。 尹炳文 蓋元魯

哈剌章 十一月，爲頭平章，分省大同。 巒子 八月，添設分省保定。 完者帖木兒 八月，除知大撫軍事。 不顏帖木兒 哈剌那海 分省河東。
董守訓 十月，由嶺北參議升。 胡濬 普顏不花 防禦河北，兵敗，死之。 陝思丁 鐵古思帖木兒 分省保定。 莊家 十二月除。 怯都忽剌 九月除，供給山東。

陳敬伯
八月除。
李克彝
李思齊部將。是年降於明。
火里赤
十月除。
板築兒
丁好禮
十月添設。
帖林沙
十一月，除知撫軍院事。
忽林台
與陳秉直等守禦山東。
陳秉直
十二月除。守禦山東，明兵取濟甯，秉直遁。與楊誠並封國公。

	戊申
	二十八年
	也速
	失列門 五月辛卯，除嶺北左丞相。扈從北行，卒。 慶童 七月，自陝西左丞相召還。京師陷，死之。
楊誠 十二月除。守禦山東。 貊高 十一月除。明年二月，爲擴廓所殺。 關保 河南人。十一月，分省濟甯。明年二月，爲擴廓所殺。	哈剌章 臧家奴 月魯帖木兒 伯顏帖木兒 正月，拜御史大夫。
	定住 火里忽答 張康伯 京師陷，死之。 也速不花
	董幼安 張景益 分省太原。
	張守禮 哈海 張裕 郭庸 京師陷，死之。

擴廓帖木兒 七月除。

也速不花

完者帖木兒

燕赤不花

魏賽因不花 以知樞密院事除。未幾，卒。

李思齊

俺普 兼知樞密院，封秦國公。

瑣住 擴廓帖木兒部將，留守益都。

樸賽因不花 以宣政院使除。京師陷，死之。

迭兒必失 京師陷，死之。

				鼎住			
己酉	二十九年	也速 擴廓帖木兒 正月除。		李百家奴 正月除，六月卒。 撒里蠻 鼎住 留守上都。	脫火赤 爲明兵所獲。		魏伯顏 正月除。 兀魯不花 三月除。

【校勘記】

〔一〕「麥肖」，原作「麥省」，據《元史》卷五本紀第五《世祖三》改。

〔二〕「左丞相」，原作「山丞相」。按據上文忽都察兒上年十一月除左丞相，至此降爲平章政事。「山」顯係「左」之訛，因改。

〔三〕「行台中丞」，原作「行台中子」，據本書卷一二《世祖本紀六》改。

〔四〕「廉不魯迷失海牙」，「迷」字原脱，「失海牙」三字誤作注文，據上文改。

〔五〕「阿魯渾薩理」，原下衍「葉李」二字，蓋涉下文誤，今删。

〔六〕「夾谷」，原作「麥谷」，據《元史》卷一一二表第六上《宰相年表》及本表下文改。

〔七〕「改中書」，原作「改月改」。按《元史》卷一六本紀第十六《世祖十三》載，至元二十八年二月，不忽木以翰林學士承旨爲尚書省平章政事，五月罷尚書省，改不忽木爲中書省平章政事。據例，此當作「改中書」，因改。

〔八〕「尚書省右丞」，原下衍「五」字，據《元史》卷一六本紀第十六《世祖十三》删。

〔九〕「馬紹」，「别都魯丁」上原重「馬紹」二字，今删。

〔一〇〕「三月免署商議省事」，「署商議省事」五字原誤在下欄「咱喜魯丁」下。按《元史》卷一七本紀第十七《世祖十四》載「平章政事麥朮丁以久居其任，乞令免署，惟食其禄，與商議中書省事」，今據以移正。

〔一一〕以上兩人原重，今删重。

〔一二〕以上兩人原重，今删重。

〔一三〕「四月至十月」，「四月」下原衍「十」字，據上下文例删。

〔一四〕「楊炎龍」，原重，今删重。

〔一五〕「哈剌哈孫」，原作「哈哈哈孫」，據《元史》卷一一二表第六上《宰相年表》改。

〔一六〕「張祐」，原作「張佑」，據《元史》卷二一本紀第二十一《成宗四》大德八年九月條改。

〔一七〕「三月至十二月」，「至」字原誤在「三」字上，據文意乙正。

〔一八〕「十二月」，原作「月二月」，據《元史》卷一一二表第六上《宰相年表》改。「九月」，《元史》表作「八月」。

〔一九〕「十二月一月」，「一」字原脱，據《元史》卷一一二表第六上《宰相年表》補。

〔二〇〕「斡欒」，原作「幹欒」，據《元史》卷一一三表第六下《宰相年表二》改。下同。

〔二一〕「實理門」，原作「實理問」，據《元史》卷一一三表第六下《宰相年表二》及本表下文改。

〔二二〕「分省太原」，原作「八省太原」，據《元史》卷一一三表第六下《宰相年表二》改。

新元史卷之三十二　表第六

行省宰相年表上

蒙古初入中原，任軍民之事者，或稱行省。世祖立中書省，車駕巡幸，省臣留守者亦謂之行省。有兵事，則行省與行樞密院迭爲廢置，無定制也。至元十二年，始分立行中書省。有尚書省，又爲行尚書省。尚書省廢，仍爲中書。凡行省十。至正以後，增淮南、福建、山東爲十三行省。至正二十四年立膠東行省，僅置參知政事，與山東分省同。《舊史》又云立廣西行省，而省臣也兒吉尼、郭雲等仍稱湖廣行省平章政事。殆朝命不通，故省臣未之知歟？今附膠東於山東，附廣西於湖廣。爲《行省宰相年表》。

至元十二年	丞相	平章政事	左右丞	參知政事	十三年丞相
嶺北					
河南江北					
江浙初爲江淮	合答		劉整 阿塔海右丞。	塔出 董文炳 阿刺罕鎮江甯。	
江西					
湖廣初爲荆湖	伯顔 史天澤	阿朮二月辛卯除。 廉希憲	阿里海牙右丞。	呂文煥 崔斌 高達十二月，諭參政高達保守新附城邑。	伯顔右丞相，入爲知樞院事。
陝西					
甘肅					
雲南		賽典赤贍思丁			
四川					
遼陽初爲北京		廉希憲召還，改行省荆湖。			

平章政事	左右丞	參知政事	丞相　十四年
阿里伯 十月戊子，以平章政事行省事於淮東。	劉整 是年卒。	夏貴 董文炳 留守臨安。 阿剌罕 授江東宣慰使，後拜左丞。	
阿朮 入覲。 阿里海牙 七月甲寅授。 廉希憲	別乞里迷失 右丞。 董文炳 賈居貞 行省移潭州，改宣慰使。 忽都帖木兒 並左丞。	塔出 范文虎 呂師夔 陳巖 並參知政事。	
賽典赤贍思丁			
	禿滿台 左丞。		
		張澍 六月壬辰，行中書省事於北京。	

平章政事	左右丞	參知政事
阿里伯 阿塔海 三月癸丑，行中書省事於江淮。	阿剌罕 左丞，行江東道宣慰使。 忽剌出 福建行省左丞，遷江淮行省右丞。	夏貴 范文虎 陳巖
	塔出 右丞，行中書省事。 麥朮丁 左丞。	徹里木兒 張榮實 也的迷失 昔里門 程鵬飛 蒲壽庚 並參知政事，行江西省事。
阿里海牙 廉希憲	呂文煥 忽都帖木兒 脫博忽魯禿花 崔斌 十月壬午，以參政升左丞。	奧魯赤 以參政行湖北道宣慰使，進平章。 張鼎
賽典赤贍思丁		
合答 三月癸丑，爲平章政事，行中書省於北京。		

	十五年 丞相	平章政事	左右丞
		阿塔海 阿里伯	夏貴 范文虎 陳巖 二月壬午，並爲左丞。 崔斌 忽剌出
焦德裕 福建參知政事。 李恒 葉諦彌實			忙古帶 左丞。 唆都 右丞。 蒲壽庚 左丞。正月乙酉，並行省事於福州。 塔出 呂師夔 以右丞行省事於贛州。
		阿里海涯 廉希憲 召還。	崔斌 左丞。七月丙戌，改江淮行省。 張守智
		賽典赤贍思丁	
			汪良臣 左丞，行四川中書省事。

	參知政事	十六年 丞相	平章政事	左右丞
	昂吉兒		忽辛由湖廣行省遷。	忽辛左丞。
	唐兀帶 史弼二月壬午，並爲參知政事。六月甲戌罷。		阿塔海 阿里伯	崔斌 忽剌出 夏貴十月卒。 范文虎
董文炳左丞。	賈居貞七月丙申，行省事於贛州。 李恒遷都元帥。 唆都行省福州。 焦德裕			塔出 呂師夔 帖木兒左丞。 唆都右丞，行省泉州。
	張鼎六月甲戌罷。 張守智七月丙戌，升左丞。 密立忽辛		阿里海牙	忽辛由河南行省遷。
			賽典赤贍思丁是年卒。	
				汪良臣七月乙卯，罷四川行省。
	張澍			

參知政事	十七年 丞相	平章政事	左右丞
忽辛 五月壬辰，升左丞。別都魯丁 六月甲辰，爲河南宣慰使。			昂吉兒 右丞。
焦德裕 懷都 行省福建，至處州卒。		阿塔海 阿里伯 十二月庚午，坐法死。忽辛	燕帖木兒 右丞。范文虎 五日召入。與右丞相阿剌罕征日本。
			帖木兒不花 塔出 右丞。是年五月卒。呂師夔 左丞。唆都
	阿里海涯	不花	李恒 右丞。
			不花 右丞。李德輝 汪惟正 左丞。
		脱脱木兒	
			納速剌丁 左丞，尋升右丞。
			不花 右丞。汪惟正 李德輝 左丞。
劉思敬 由同簽行院升。			

	參知政事	十八年 丞相	平章政事
崔斌 右丞。十二月庚午，坐法死。 忽刺出		阿塔海 四月庚辰，征日本。以中書左丞相行省事。	忽辛
	劉思敬 焦德裕	阿剌罕 左丞相，行省事。 阿塔海[一] 六月庚寅，代阿剌罕。	
		阿里海牙 二月乙亥移治鄂州。	
	李德輝 七月己酉，以安西王相除。		
			麥朮丁 五月癸未，入爲中書右丞。
	囊加歹 也罕的斤 征斡端叛王[二]。 愛魯 由宣慰使遷左丞。		
	楊文安		

左右丞	參知政事	十九年 丞相	平章政事
昂吉兒 升平章。			
忽剌出	鄭温	阿塔海	忽辛 十月乙卯，伏誅。 游顯 九月戊申，行省揚州。
帖木兒不花 忽都帖木兒 右丞，行中書省事。 唆都 右丞。 吕師夔 左丞。	也的迷失 行省事。 劉思敬 帖木不花 焦德裕		
李恒	亦黑迷失	阿里海牙	
汪惟正			不花
博羅歡 以中書右丞行省甘肅。			脱脱木兒
納速剌丁	也罕的斤 信苴日 愛魯		
汪惟正	楊文安		

左右丞	參知政事	二十年 丞相
忽剌出	鄭溫 伯顏	阿塔海 二月辛酉，依舊爲征東行省丞相。 相威
帖木兒不花 唆都 忽都 帖木兒 楊文安 左丞。 呂師夔 左丞。	劉思敬 焦德裕	
李恒 來阿八赤 征占城，右丞。	赤里迷失	阿里海涯
汪惟正		
博羅歡 麥朮丁 五月壬申，入爲中書右丞。		
愛魯 左丞。 納速剌丁 拜答兒 右丞。 太卜 右丞。	也罕的斤 信苴日 卒於軍。 愛魯 召詣闕，進左丞。	
汪惟正	楊文安 入覲，遷江西左丞。	

平章政事	左右丞	參知政事
闊闊你敦 三月丁巳，治江淮行省。 張惠 行省揚州。 忽辛	忽剌出 左丞。	鄭温
	忽都帖木兒 右丞。 也先帖木兒 以御史中丞除左丞，行省漳州。 帖木兒不花 唆都 楊文安 遷荆湖宣慰使。 吕師夔	劉思敬 卒。 焦德裕
	李恒 來阿八赤	亦黑迷失 樊楫 三月乙丑罷。
	汪惟正	
	博羅歡 入爲御史大夫。	王椅 六月丙戌，入爲參政。 阿合八失
脱脱不花	愛魯 納速剌丁 太卜	也罕的斤
	汪惟正 也速答兒 右丞。	曲立吉思 完顏石柱 是年卒。 月連舉赤海牙

二十一年	丞相	平章政事	左右丞	參知政事
	相威 四月，卒於蠡州。	忙兀帶 九月甲申，由中書右丞行省事除。 張惠	忽拉出 左丞，分省泉州。 蒲壽庚 左丞。是年并江淮、福建行省爲一。	管如德 泉州行省。 鄭温
			帖木兒不花 唆都 戰死。 呂師夔	焦德裕
	阿里海涯		李恒 來阿八赤	也的迷失 亦黑迷失 召還復命，使海外。
			汪惟正	
	脱脱木兒	納速剌丁 由右丞升。	愛魯 太卜	也罕的斤
尋以疾卒。			汪惟正	

二十二年 丞相	平章政事	左右丞	參知政事
忙兀帶 十月戊午，由平章政事拜左丞相。	忙兀帶 張惠 復以平章行省杭州，卒。	忽剌出 嚴忠濟 左丞。	鄭温 召還。 馮珪 董文用
		伯顏 左丞。 帖木兒不花 呂師夔 以乞假還江州卒。	楊居寬 焦德裕
阿里海牙	要束木	要束木 右丞。 李恒 是年卒。 唆都 右丞。 來阿八赤 右丞。 唐兀帶 左丞。	亦黑迷失 賈文備 潘傑
		汪惟正 秋七月壬午入覲，還，卒。	
脫脫木兒	納速剌丁	拜荅兒 右丞。 愛魯 左丞。	也罕的斤
			曲立吉思

二十三年 丞相	平章政事	左右丞
	忽剌出 六月卒。	吕文焕 右丞。請老，許之。 完者 左丞，遷右丞。 忽剌出 右丞，三月升平章。 鄭温 左丞。
忙兀帶	奥魯赤	帖木兒不花 右丞。 管如德 左丞。
阿里海牙 五月，自殺於上都。	奥魯赤 二月辛丑除，改江西。丁巳入覲，詔乘傳赴闕。 要束木	劉國傑 由江淮僉書行院遷左丞。 來阿八赤 改交趾行省。
		崔彧 由同簽院事出爲右丞。
	納速剌丁 四月庚子，上便宜事。 也先不花。	愛魯 左丞。
		禿滿答兒 左丞。 昝萬壽 右丞。
闊闊你敦 二月乙巳，罷遼東宣慰司爲東京行省。		塔出 右丞。

	參知政事	二十四年 丞相	平章政事	左右丞	參知政事
教化 右丞。	董文用 高興		沙不丁	完者都 左丞。 鄭温 左丞。 亦黑迷失 左丞。	董文用 高興
	焦德裕		奧魯赤 忽都帖木兒 葉仙鼐	帖木兒不花 管如德	焦德裕
	亦黑迷失 賈文備		要束木	劉國傑 進資德大夫。 來阿八赤 唐兀帶	亦黑迷失 改授江淮行省右丞。 賈文備 是年致仕。 樊楫 烏馬兒
	劉垓 改行省僉事。				
				崔彧	
	也罕的斤		納速剌丁 也先不花 葉仙鼐 改江西。	愛魯 由左丞升右丞，又改尚書右丞。 阿八 左丞。	也罕的斤
	土魯華 劉垓			禿滿答兒 行尚書省左丞，進右丞，卒。	
	楊仁風 亦而撒合		薛闍干 闍里帖木兒 並平章政事。	洪茶邱 右丞。 亦而撒合 左丞。	楊仁風 阿老瓦丁

二十五年			
丞相	平章政事	左右丞	參知政事
	昂吉兒		
忙兀帶 自平章復爲左丞相。	沙不丁	完者都 右丞。 鄭溫 亦黑迷失	董文用 入爲御史中丞。
	忽都帖木兒 葉仙鼐	帖木兒不花 拜四川平章。	管如德 徐琰 李世安 焦德裕 是年卒。 高興
	要束木 禿滿 五月癸丑，詔湖廣管內並聽禿滿、要束木節制。	劉國傑 唐兀帶 左丞。	朱國寶 參知政事，行尚書省事。
	特穆格 雅岱	崔彧 左丞。	禿烈羊呵 九月戊子，爲宣徽使。 鐵木哥 乞牙帶
	納速剌丁 也先不花	愛魯 征交阯卒。	也罕的斤
	帖木兒不花 兼總軍務。		
	薛闍干		

二十六年　丞相	平章政事	左右丞	參知政事
	昂吉兒　坐庇海盜免官。		
忙兀帶　是年卒。召還。	不魯迷失海牙 沙不丁 卜鄰吉歹 烏馬兒 蔑列	完者都　右丞。 鄭溫 亦黑迷失　左丞。	忻都　四月甲戌，詔赴闕。 高興
王呂魯　四月甲戌，以御史大夫爲太傅，僉江西行尚書省事。	奧都赤 葉仙鼐	管如德　左丞。	管如德　正月癸卯，升左丞。 李世安 魏天佑　福建行省。
	要束木	劉國傑 唐兀帶	張守智
		崔彧	
	納速剌丁 也先不花		也罕的斤
	帖木兒不花		
	薛闍干		

二十七年 丞相	平章政事	左右丞	參知政事	二十八年 丞相
	沙不丁 卜鄰吉歹 烏馬兒	完者都 轉江西樞密副使。 鄭溫 亦里迷失	王巨濟 高興	
忙兀帶 是年卒。	奧魯赤 葉仙鼐	楊文璨 右丞。 桑哥 奏升管如德。	李世安 楊文璨 五月乙丑，升左丞。踰歲不至官，以外剌帶代之。 外剌帶 燕公楠	
	要束木 史格	劉國傑 遷右丞。		
		李忽蘭吉 右丞。		
	納速剌丁 也先不花	崔彧	也罕的斤 明年，改四川行樞密院副使〔三〕。	
	帖木兒不花			
	薛闍干 闍里帖木兒	洪茶邱 左丞。		

平章政事	左右丞	參知政事	二十九年 丞相
伯顏 博羅歡 堅童 驛召赴闕，以疾卒。			
沙不丁 烏馬兒 以罪誅。 卜鄰吉帶 鐵木兒	鄭温 亦黑迷失	燕公楠 高興	
葉仙鼐			
要束木 五月甲辰，以罪誅。 史格 七月卒。 合剌合孫 九月入朝。	廉希恕 右丞。五月戊戌，由參知政事除。 劉國傑 遷行院副使。 禿忽魯 右丞。	鄭制宜	合剌合孫
納速剌丁	李忽蘭吉		
	崔彧 右丞。三月壬戌入爲中書右丞。		
納速剌丁 遷陝西省。 也先不花 賽陽 遷晉王内史。		兀難 六月乙酉，遷梁王傅。 怯剌	
帖木兒不花			
薛闍干 塔出 闊里帶 十二月卒。	洪重喜 右丞。改軍民總管。		

平章政事	左右丞	參知政事	三十年㈣ **丞相**
伯顏 博羅歡		張宏略	
卜鄰吉歹	高興 升福建行省平章。 鄭温 右丞。	燕公楠 張瑄 高興 遷福建平章。	
史弼 高興 亦黑迷失 行省福建。 伯顏 葉仙鼐 史耀			
闊里吉思	禿忽魯	張文虎	合剌合孫
納剌速丁 是年卒。	李忽蘭吉		
阿散			
也先不花 賽陽			
帖木兒不花		劉垓 未幾，謝病歸。	
薛闍干 阿散 五月丙子，大甯路惠州民飢死者五百人，詔責省臣阿散。	洪重喜 右丞。六月遷。		

平章政事	左右丞	參知政事	三十一年 丞相
伯顏 十二月己卯，入爲中書平章。 博羅歡		張宏略	
	暗普 二月己丑，由宣政使遷左丞。 楊璉真加 子，五月丙寅罷。 鄭温 是年卒。	燕公楠 入爲大司農。 張瑄	
葉仙鼐 伯顏 史耀 高興			
闊里吉思 劉國傑 湖廣安南行平章事。	禿忽魯	張文虎	合剌合孫
	李忽蘭吉		
阿散			
也先不花			
帖木兒不花			
薛闍干	洪重喜		

平章政事	左右丞	參知政事	元貞元年 丞相	平章政事
拜降 博羅歡	燕公楠 右丞。	張宏略		拜降 是年卒。 博羅歡
也速解兒 卜鄰吉歹 阿老瓦丁 完者都	燕公楠 改拜江浙行省右丞。	張瑄		也速解兒 阿老瓦丁 正月庚午，入爲參知政事。 完者都 明里不花 鐵木耳
葉仙鼐 伯顏 奧魯赤 高興				奧魯赤 高興 福建行省。
闊里吉思 劉國傑 除仁虞院副使。	禿忽魯	張文虎 徵還。	合剌合孫	闊里吉思 劉國傑 加榮祿大夫。
葉仙鼐 改陝西平章，謝病歸。 不忽木 七月癸酉，入中書。	忽魯火孫 右丞。由中書右丞改。 李忽蘭吉			
				阿散 又作「哈珊」。
也先不花				也先不花
也速解兒				也速解兒
薛闍干	洪重喜			薛闍干

左右丞	參知政事	元貞二年 丞相	平章政事	左右丞
	張宏略		博羅歡	夾谷堅實 右丞。
撒里蠻 正月壬申，爲副都元帥。史耀 右丞。馬紹 右丞。禿忽魯	張瑄 李世安		也速觶兒 完者都 鐵木耳	馬紹 左丞。
史耀 左丞，遷湖廣。史弼 右丞。董士選 右丞。			奧者赤 高興	史弼 史耀 右丞。董士選 左丞。
燕公楠 右丞，由江浙改。禿忽魯 改江浙右丞。史耀		合剌合孫	闊里吉思 劉國傑 程鵬飛	燕公楠
李忽蘭吉 忽魯火孫			也先鐵木兒 脱列伯	忽魯火孫 李忽蘭吉 改右丞，卒。
			阿散	
楊炎龍 正月癸亥，入爲中書左丞。			也先不花	
			也剌觶兒	
洪重喜 阿撒 左丞。			薛闍干	洪重喜

參知政事	大德元年 丞相	平章政事	左右丞
朱清 張宏略 二月卒。 李世安 由江浙改。		博羅歡 移江西行省。	
李世安		也速觧兒 八月卒。	禿忽魯 右丞，召爲樞密副使。 馬紹
張瑄 七月壬午，增江西、河南參政一員，以清、瑄爲之。		奧魯赤 史弼 由右丞升。 高興 從興言徙治泉州，爲福建平海行省。	史弼 由同知樞密院事除右丞。 燕公楠 右丞。 八都馬辛 爲中書左丞。
	合剌合孫	闊里吉思 劉國傑 程鵬飛	燕公楠 右丞。
		也先鐵木兒 三月庚午，入爲中書平章。 脱列伯 也速帶	
		阿散	
怯烈		也先不花	忽辛 右丞。 劉正 右丞。 劉深 右丞。寶坻人。
立智理威		也速觧兒	
		薛闍干	洪重喜

參知政事		朱清 李世安		張瑄				怯烈	立智理威	
大德二年 丞相			合剌合孫 十二月辛未，升丞相。							
平章政事			合剌合孫 也速䚟兒 是年卒。 完者都 是年卒。 脫脫 高興	伯顏 奧魯赤 是年卒。 高興 博羅歡	合剌合孫 闊里吉思 改福建平章。 劉國傑 也先不花 程鵬飛	脫列伯	阿散	也先不花 遷湖廣平章。	也速䚟兒	薛闍干
左右丞			馬紹	史弼	燕公楠 八都馬辛 左丞，入爲中書右丞。			忽辛 右丞。 劉正 左丞。 劉深		洪重喜
參知政事		朱清 李世安		張瑄				張立道 是年卒。 怯烈	立智理威	
大德三年 丞相			合剌合孫 正月癸巳，入爲中書右丞相。							

平章政事	**左右丞**	**參知政事**	大德四年 **丞相**
博羅歡 改江浙行省。	馬紹 右丞，由江浙改。	朱清 是年擢大司農。 李世安	
博羅歡 脱脱 高興	馬紹	張文虎 由漕運使遷。	
伯顏 二月丁巳，罷福建平海。 闊里吉思 遷征東行省。	高興 遷江西。 史弼	張瑄	
也先不花 劉國傑	燕公楠		
趙弼 字元輔，慶陽人，以平章議陝西行省事。			
阿散			
薛超兀兒〔五〕	怯烈 左丞，由參政升。 忽辛 右丞。 劉正 劉深 劉得禄 左丞。	高阿康 以雲南土官除。 怯烈	
也速䚟兒 二月丁巳，罷四川行省。		立智理威 改湖南宣慰。	
薛闍干	洪重喜		

平章政事	左右丞	參知政事	大德五年 丞相	平章政事
	馬紹 是年卒。 朱清	朱清		二哥 八月遣赴雲南，雜問薛超兀兒等軍事。
博羅歡 是年卒。 脱脱 高興		張文虎 張瑄 後遷左丞。		脱脱 高興 阿里
史弼	史弼			史弼
也先不花 劉國傑 程鵬飛	燕公楠 右丞。 李世安 左丞。			也先不花 劉國傑 闊里吉思 程鵬飛
				也速答兒 三月，奉旨治軍。
阿散				
薛超兀兒 忙兀都 魯迷失	怯烈 是年卒。右丞。 劉正 劉深 孛蘭奚班 左丞。 劉得禄	高阿康		牀兀兒 薛超兀兒 忙兀都 魯迷失 是年卒。
也速䚟兒				阿散 也速䚟兒 病免。
	洪重喜			沙蘭 三月乙巳，將萬人駐夏山。

左右丞	參知政事	大德六年 丞相	平章政事	左右丞
朱清				朱清
	董士珍 張文虎 領財賦都總管。		脫脫 高興 阿里 正月丁未，命專領其省財賦。	
			史弼	
燕公楠 右丞。召還。 劉深 合剌帶 右丞。 散竹䚟 左丞。	也速忽 都魯 鄭祐		也先不花 劉國傑 程鵬飛	李世安 劉深 免官。明年伏誅。
脫歡 右丞。	汪阿塔赤 楊 以參政給軍需。		也速䚟兒 阿老瓦丁 闊里吉思 以目疾召還。	脫歡
			合散	
忽辛 劉正 哈剌䚟 劉得祿 坐贓免。	高阿康 坐贓誅。		牀兀兒	忽辛 劉正 哈剌䚟 以罪免。
			也速䚟兒	
洪重喜				洪重喜

參知政事	大德七年 丞相	平章政事	左右丞
			乃蠻台右丞。
吳元珪 董士珍 張文虎 忽都不丁七月，入爲中書右丞。		脫脫 阿里 高興 徹里	高翥安祐與阿里及僉省張祐等詭名買鹽轉賣，遣臺省按問。 董士選左丞。
		史弼召還。	
		也先不花 劉國傑二月乙未卒。 卜鄰吉歹	李世安
汪維勤		也速解兒 阿老瓦丁二月辛未，入爲中書平章。	脫歡
		合散閏五月辛巳，坐侵盜官錢命按之。	
		牀兀兒 脫脫 也速解兒閏五月來朝。	忽辛右丞。 劉正 月忽乃左丞。
		脫脫 程鵬飛六月己丑，立四川行中書省。	
			洪重喜

大德八年

參知政事	丞相	平章政事	左右丞
			乃蠻台
		也先不花	
董士珍 入爲中書參政。 吳元珪 張文虎 坐法死。		脫脫 阿里 九月癸丑，入爲中書平章。 高興 入爲樞密副使。 徹里	劉正 右丞。 董士選 後遷河南。
			劉正 右丞，十月改江浙。
		也先不花 遷河南行省。	李世安
			脫歡 十月辛卯，入爲中書參政。
		哈散 二月卒，在職九年。	
		牀兀兒 五月己巳，以平宋隆濟賜銀鈔金幣。 也速觧兒	忽辛 改四川左丞。
立智理威 在任。		脫脫 程鵬飛	忽辛 左丞，又改江西。 立智理威 左丞。
		薛闍干 別速合 徹里帖木兒	洪重喜

參知政事	大德九年 丞相	平章政事	左右丞	參知政事	大德十年 丞相
			乃蠻台		
		也先不花 阿散 五月癸亥，領芍陂屯田事。			
吳元珪		脱脱 高興 徹里	劉正	吳元珪	
				姚燧	
	也先不花 由河南平章拜右丞相。		李世安		也先不花
		賀仁傑 平章政事，商議陝西行省事。			
梁曾 賜三珠虎符，尋召還。		也速䚟兒	忽辛 右丞。 劉正 左丞。 耶律忙古帶 左丞。	梁曾	
劉垓		脱脱 程鵬飛	立智理威	劉垓	
		薛闍干	洪重喜		

平章政事	左右丞	參知政事	大德十一年 丞相
	乃蠻台		月赤察兒 七月癸酉，以太師爲右丞相。 合剌合孫 由中書右丞相拜左丞相。
阿散 三月甲午，入爲中書平章。 高興 卜鄰吉歹			
脱脱 闊里 三月甲午，入爲中書平章。 阿老瓦丁 教化	劉正 右丞。 洪君祥 右丞，改遼陽。	吳元珪	
	忽辛 左丞。		
忽剌朮 貫只哥	立智理威 左丞。 李世安		
賀仁傑		田滋	
哈珊		陳英 由浙西道廉訪使陳除〔六〕。	
也速解兒 與汪惟能討蠻賊。	汪惟能 右丞。		
程鵬飛	杜思敬 左丞。入爲中書左丞。 立智理威 改湖廣。	劉垓	
薛闍干	洪重喜 罷。 洪君祥 右丞。		

平章政事	左右丞
	乃蠻台
高興 卜鄰吉歹 董士選	
脱脱　是年卒。 明里不花　五月壬辰，入爲中書平章。 塔失海牙　七月丙子，入爲知樞密院。 教化　六月丁丑，入爲中書平章。 別不花　九月己丑，由中書平章除。	劉正　召入中書。 郝天挺　左丞。七月入爲中書左丞。 立智理威
脱脱　六月辛亥，遷江浙。 鐵木迭兒　六月丁丑，由中書平章除。 脱虎脱	忽辛　左丞。
忽剌出 貫只哥	李世安　左丞。
賀仁傑	
哈珊	
也速解兒	
程鵬飛	欽察　左丞。五月除。
薛闍干 合散　五月，由中書平章遷。	洪君祥　入爲同知院。 洪重喜　右丞。七月拜。

參知政事	至大元年 丞相	平章政事	左右丞	參知政事
	月赤察兒 右丞相。合剌合孫 左丞相。是年卒。		乃蠻台	
梁曾 尋遷湖廣。	卜鄰吉歹 高興 以左丞相商議行省事。	何瑋 由中書左丞升。囊家台	也速 右丞。十月入爲知樞密院事。	劉敏中
吳元珪 入爲僉院。	忽剌出	別不花 九月丁丑，由中書平章除。		
梁曾	鐵木迭兒 四月戊戌，加右丞相。斡赤	忽辛 由江浙左丞遷。鐵木迭兒 升左丞相。		梁曾
	也先不花	貫只哥 禿顏不花 以擁護仁宗功除，後拜左丞相，年月闕。	立智理威 李世安 左丞。召入商議樞密院事。	
		賀仁傑 也罕的斤 正月丁卯，以平章政事議陝西省事。		
陳英		哈珊	脫脫木兒 右丞。三月戊寅入爲中書平章。	陳英
	也速解兒			王忱
劉垓		程鵬飛	欽察	劉垓
		合散	洪重喜	

至大二年　丞相	平章政事	左右丞	參知政事
月赤察兒		乃蠻台 囊家歹　十二月己卯，月赤察兒言左丞囊家歹淩侮，詔鎖赴和林。	
卜鄰吉歹 高興	塔失海涯 何瑋 董士選		
忽剌出	孛蘭奚	高昉　由參政升左丞。	高昉　由中書參政除。
別不花 斡赤	烏伯都剌 張驢		郝彬　以行中書省參政改尚書省。 梁曾
也先不花　是年卒。		散朮帶　左丞。十一月丁亥，入爲中書平章。 立智理威	
沙的　八月，由行臺御史大夫拜左丞相。	賀仁傑		伯帖木兒 謝讓　由刑部尚書遷。
	哈珊		脫因納
鐵木迭兒	汪惟勤	算只兒威　右丞。	王忱
	程鵬飛 斡羅思　召還。 札忽兒觧	欽察	劉垓
合散　十月丁丑，由行省平章拜左丞相。	合散　十月丁丑遷。	洪重喜　以罪謫漳州。	

至大三年 丞相	平章政事	左右丞	參知政事
月赤察兒		乃蠻台	
卜鄰吉歹 高興	塔失海涯 何瑋 十一月戊申卒。		
答失蠻 忽剌出 八月丁未，入爲御史大夫。	孛蘭奚 烏馬兒 遣人從使臣昵匣馬丁取贓吏紹興獄中釋之，詔台臣往鞫。	沙不丁 左丞。 高昉	
別不花 左丞相。十一月戊子來朝。 斡赤		史弼 右丞。	敬儼 以疾告。 梁曾
		立智理威 右丞。卒於官。	
	賀仁傑 只兒合郎 三月乙酉，由知樞密院事除。		謝讓 拜西臺侍御史。 伯帖木兒 入爲太子家令。
	哈珊		脫因納
鐵木迭兒	汪惟勤	算只兒威	王忱
也速觶兒	程鵬飛	欽察	劉垓 移鎮廣東。
合散 以左丞相行中書省平章政事，商議遼陽行省事。			

至大四年 丞相	平章政事	左右丞
月赤察兒		乃蠻台 孛里馬速 以右丞經理屯田稱海。
卜鄰吉歹 高興	塔失海涯	王約 右丞。
康里脱脱 二月拜。	孛蘭奚 烏馬兒 中書奏用。二月丙寅，以御史言黜免。 張驢 四月丁未，以太子少保除。	高昉 哈答孫 以中書右丞兼浙東道宣慰使，征四明賊。
別不花 斡赤	別不花 斡赤 是年，命和林、江浙外各省惟置平章二員。	史弼
	賀仁傑 是年卒。 只兒哈郎 孛羅帖木兒 中書奏用。二月丙寅，以御史言黜免。	兀伯都剌 以左丞入爲中書右丞。
	哈珊	
鐵木迭兒 正月丁酉，入爲右丞相。	闊里吉思 中書奏用。二月丙寅，以御史言黜免。	阿忽台 右丞。 算只兒威
	程鵬飛 正月壬子，召入。	
	合散 十一月己未，入爲中書平章。	

參知政事	皇慶元年 丞相	平章政事	左右丞	參知政事
	二月甲戌，改嶺北行省。		乃蠻台	
塔失迭木兒 中書奏用。二月丙寅，以御史言黜免。	高興 卜鄰吉歹	塔失海牙 三月戊申，入爲御史大夫。 囊家歹	王約 右丞。召爲集賢大學士。 郝天挺 左丞。入爲御史中丞。	
萬僧 中書奏用。二月丙寅，以御史言黜免。	康里脫脫	孛蘭奚 張驢 五月丙申，入爲中書平章。	吳元珪 左丞。以疾罷。 高昉 曹立 右丞。	
梁曾 以疾告。	斡赤		郝天挺 右丞。尋遷河南右丞。 史弼	
	亦憐真			
		董士選	蕭拜住 右丞。	
脫因納 入爲太僕卿。		哈珊		
王忱			阿忽台 右丞。 算只兒威 十月甲子，有罪，國師請釋之，帝曰：「官事，僧不當與。」	王忱
			欽察	
		王伯勝 買驢		

皇慶二年 丞相		止鄰吉歹 高興 是年卒。	康里脱脱 別不花	斡赤	亦憐真					
平章政事		郝天挺 由御史中丞遷。		李世安		董士選				王伯勝 買驢 二月乙卯，入爲中書平章。〔七〕
左右丞	乃蠻台	董士珍 左丞。召爲御史中丞。	吴元珪 右丞。 高昉 左丞。	史弼		蕭拜住			欽察	
參知政事			敬儼 由浙東廉訪使除。 趙世延 召拜侍御史。			謝讓 尋拜西臺侍御史。		王忱		
延祐元年 丞相		卜鄰吉帶 六月戊子，封河南王。	康里脱脱 別不花	斡赤	亦憐真					

平章知事	左右丞	參知政事	延祐二年 丞相	平章政事
	乃蠻台			
	高昉 正月庚子，入爲中書參政。 吳元珪	敬儼 冬，移疾歸。	康里脫脫	張驢 三月丁丑，由中書平章除。
李世安	史弼		斡赤	李世安
董士選	蕭拜住		阿思罕 左丞相。十一月，奉周王入河中，爲塔察兒所殺。	塔察兒
拜都 由行臺御史大夫遷。	吳元珪 右丞。由浙江行省遷。			拜都
		王忱 召拜昭文館大學士。		
	欽察			
王伯勝	曷剌 左丞。			王伯勝 改大都留守。

	左右丞	參知政事	延祐三年 丞相	平章政事	左右丞	參知政事
	乃蠻台				乃蠻台	
童童 九月，坐荒汰免官。			康里脱脱 黑驢 左丞相。	張驢		
	史弼		斡赤 五月癸亥，授大司徒。	李世安 以母老乞養歸。	史弼	
		元明喜				
	蕭拜住		阿思罕 禿忽魯 十二月庚午，以知樞密院事遷。	塔察兒	蕭拜住 入爲中書平章政事。	
	吳元珪			拜都	脱因納 右丞。	
	趙世延 右丞。陛辭，復留於京師。					
	欽察				欽察	
	曷剌 左丞。				曷剌 左丞。入爲大司農。	

延祐四年 丞相	平章政事	左右丞	參知政事	延祐五年 丞相	平章政事
		乃蠻台			
也先鐵木兒				也先鐵木兒	
黑驢 二月壬午，入爲中書平章。 康里脱脱	拜都 入爲太子賓客。	王毅 右丞。入爲中書平章。		康里脱脱	
		木八剌 右丞。二月丙寅，入爲中書右丞。 史弼		康里脱脱 自江浙改江西。	
	買住			朵兒只的斤	買住 正月丁亥，加魯國公。
秃忽魯	趙世榮			秃忽魯	
	拜都 移江浙。	脱因納 右丞。			完者
	完者 正月丙辰，以知樞密院事遷。				
	趙世延	欽察			趙世延 由昭文館學士、大都留守除。

左右丞	參知政事	延祐六年 丞相	平章政事	左右丞	參知政事	延祐七年 丞相
乃蠻台				乃蠻台		忻都 以官錢犒軍免，詔復其職。
陳英 左丞。是年罷英所括民田。		也先鐵木兒				也先鐵木兒
		黑驢	伯顏			黑驢 二月壬午，入爲中書平章。
史弼 入爲中書平章政事。		康里脱脱				康里脱脱 六月丁巳，入爲御史大夫。
		朵兒只的斤				朵兒只的斤
		秃忽魯	趙世榮			秃忽魯
脱因納 右丞。			欽察	脱因納		
朵兒只 右丞。	汪惟正 十二月戊寅，賜虎符。		完者	朵兒只	汪惟正	
欽察			趙世延	欽察		
						是年，遼陽行省丞相降本省平章，史失其名。

平章政事	左右丞	參知政事	至治元年	丞相
阿散 五月己丑，由左丞相除。戊戌伏誅。	乃蠻台 換住 二月丙寅，由中書左丞出爲右丞。 朵羅台 右丞。			
也先鐵木兒 四月丙辰，由行省丞相降。六月丙辰，召至京師。				
伯顏 遷陝西行臺御史大夫。 伯顏察兒 十二月癸酉免。 買驢 五月丙午免。 脫歡		回回		
撒伯都 十二月癸酉免。 也兒吉尼 七月己巳，由知樞密院事除。	木八剌 二月丙寅，以右丞入爲中書右丞。十二月己巳，復出爲右丞。			
朵兒只的斤 四月丙辰，由行省丞相降。 阿禮海涯 二月戊寅，由中書平章除。		陳端		
趙世榮 二月丙寅，入爲中書平章。 董士選			禿忽魯	
欽察 七月乙未，入爲知樞院事。 兀伯都剌 二月戊寅，由中書平章除。	脫因納 右丞。			
趙世延 二月丙子，逮赴都。	欽察 正月，召爲中書參政。		完者	
買驢 七月甲申，由知樞密院事除。 哈丹 七月甲申，由知樞密院事除。				

平章政事	左右丞	參知政事	至治二年 丞相	平章政事	左右丞
	乃蠻台				乃蠻台 改甘肅平章政事。
站馬赤		你咱馬丁 十月丙寅免。			薛處敬 二月癸卯，由中書參政出爲左丞。
		回回 考績爲各省最，丁父憂去官。		阿里海牙	
貫只哥 也兒吉尼				貫只哥 也兒吉尼	
		陳端 由中書參政還。		忽剌歹	
董士選 是年卒。			禿忽魯		
兀伯都剌	脱因納 右丞。			乃蠻台	脱因納 入爲通政使。
忽辛 答失鐵木兒 朵兒只				忽辛 答失鐵木兒 朵兒只 五月己酉，坐贓免。	
買驢				買閭 二月乙卯，入爲中書平章。	

參知政事			王君仁 二月癸卯，入爲中書參政。		陳端 入爲集賢學士。					
至治三年 丞相					忽剌歹	禿忽魯 十月甲子，入爲御史大夫。				
平章政事		相嘉失禮	兀伯都剌 十月丙戌，入爲中書平章。 脫歡	也兒吉尼 貫只哥	阿里海涯 高昉		乃蠻台	忽辛 四月壬寅，坐贓免。		
左右丞						廉惇 左丞。				
參知政事										
泰定元年 丞相					忽剌歹					
平章政事		相嘉失禮〔八〕	脫歡	也兒吉尼 正月乙未，召赴闕。 貫只哥	高昉 佩金虎符，節制諸軍。		乃蠻台	也兒吉尼 九月己酉，以知樞密院事除。	囊家歹 三月庚子，兼宣政院使。	

左右丞	參知政事	泰定二年 丞相	平章政事	左右丞	參知政事
潑皮 四月甲子，由左丞入爲中書左丞。	帖失 假嶺北參知政事使西域。				
			阿里海牙 相嘉失禮	姚煒 左丞。	
		脱歡 正月甲辰，升左丞相。	高昉		
朵班 左丞。			貫只哥 伯顏		
		忽剌歹		乞住 左丞。	馬合謀 九月戊申，遣使宣撫兩浙。
廉惇				廉惇 九月戊申，以左丞宣撫四川。	張昇 遷遼東廉訪使。
			乃蠻台		
		也兒吉尼	囊家歹		
				陳端 左丞。	

泰定三年 丞相			脫歡		忽剌歹			也兒吉尼		
平章政事	撒特迷失 正月癸亥，由知院除。	阿里海牙 伯顏	貫只哥 高昉		帖木兒補化	阿里海牙 由河南行省遷。	乃蠻台		囊家歹 禿哈帖木兒 六月癸酉，丁憂除，請終喪，許之。	
左右丞		韓若愚 左丞。	趙簡 四月庚寅，以右丞入爲集賢大學士。	史壎 左丞。						
參知政事						劉事義 由陝西行臺侍御史除。八月卒。				王結 召拜刑部尚書。
泰定四年 丞相			脫歡		忽剌歹			也兒吉尼		
平章政事		伯顏 童童 世官河南，大爲奸利。 曲烈	高昉	把失忽都 帖木兒補化		阿里海牙 探馬赤	乃蠻台	馬忽思 三月戊子除。	囊家歹 寬徹	

左右丞	參知政事	致和元年八月壬申改元天曆　丞相	平章政事	左右丞
			塔失帖木兒 五月戊子，入爲平章。 潑皮	燕不憐 六月乙酉，入爲知樞密院事。
韓若愚		伯顏 八月丁未，升左丞相。戊子，入爲御史大夫。	伯顏 曲烈 八月癸卯被殺。 阿禮海涯 八月庚戌除。十一月，遷西臺大夫。	別帖木兒 八月癸卯被殺。
史壎 六月，以母卒去官。	張毅 張友諒	脫歡 是年卒。 朵兒只 九月甲戌，以南臺大夫遷。	曹立 八月壬申，以中書右丞除。 明理董阿 九月癸未，以中書平章除。	易釋董阿 九月乙丑，入爲太禧院使。
			八失忽都 秃堅帖木兒 九月乙亥，入爲太禧院使。	
			乞住 鐵木兒補化 八月壬辰，入爲知院。	馬合謀 左丞。八月甲辰，執送京師。
			探馬赤	
			乃蠻台 朵兒只	
		也兒吉尼 九月戊子，召不至。	馬忽思	
			囊家歹 十一月丙子，自稱鎮西王。 寬徹 十一月丙戌，囊家台殺之。	脫脫 左丞。 忻都 右丞。
			秃滿迭兒	

	參知政事	天曆二年 丞相	平章政事
		潑皮	塔即吉 四月甲辰，爲御史劾罷。 那海 四月癸卯除。
姚煒 十月己酉，以左丞入爲儲慶使。 韓若愚 脱帖木兒 右丞。	脱孛台 八月乙巳被殺。	朵兒只 亦都護	乞住 也速迭兒 徹里迭木兒 由中書右丞除。
張思明 左丞。	張友諒 九月戊午，入爲中書參政。		朵兒只 忽剌台 四月癸卯除。 曹立 五月甲戌，入爲詹事。
			貫只哥 是年卒。 八失忽都 以貪婪劾罷。
別薛 左丞。 速速 右丞。八月，入爲中書右丞。	鄭昂霄		高昉 劉脱歡
	王結 改同知儲慶司事。		探馬赤 乃蠻台 呂天祺
			怯來 只兒哈郎 四月癸卯，並除平章。 朵兒只 八月壬辰，入爲中書右丞。 乃蠻台
		也兒吉尼 三月戊辰，棄官遁。	馬忽思
			囊家台 四月己亥降，九月戊戌誅。 塔出 汪壽昌
	王克敬		

左右丞	參知政事	至順元年 丞相	平章政事
馬謀 四月甲辰，爲御史劾罷。左丞。			哈八兒禿 八月己丑，爲御史劾罷。
韓若愚 右丞。遷江淮廉訪使。 張昇 左丞。			徹里帖木兒 六月丙申，兼知行樞密院事。 乞住 三月，遷雲南行省。 也速迭兒
張思明 左丞。召入中書。			童童 朵兒只
			岳柱
	鄭昂霄 孛羅		脫歡
			探馬赤 六月丙申，兼行樞密同知。 呂天祺 教化
			乃蠻台 七月戊戌，封宣甯王。
躍里帖木兒 左丞。			帖木兒不花 四月壬寅，諸蠻叛，爲所害。 乞住
			搭出 汪壽昌
		伯帖木兒 左丞相。正月丁巳，由知樞密院事除。	哈剌帖木兒 八月罷。

左右丞	參知政事	至順二年 丞相	平章政事	左右丞
			也速迭兒	那海 右丞。
	別兒怯不花		朵兒只 四月乙未，改江西，以疾辭。 童童 易釋董阿	
			岳柱	
	納麟 入爲户部尚書。		玥璐不花	移剌四奴 左丞。
怯烈 左丞。			呂天祺 姚煒	
			月魯帖木兒 十二月丁卯，御史言非蒙古族姓，且闇於事機，勿合總兵，從之。	
躍里帖木兒 右丞。 帖木兒不花 左丞。	忽都沙		探馬赤 總制境内軍事。 乞住	帖木兒不花 左丞。 躍里帖木兒
孛羅 六月庚子，賜金虎符。			塔出 汪壽昌 欽察台 七月壬午，以御史言，禁錮廣東。	
		伯帖木兒 左丞相。是年卒。		

參知政事	至順三年 丞相	平章政事	左右丞	參知政事
		岳柱		咬住 改西臺侍御史。
杜貞	朵兒只	易釋董阿 徹里帖木兒		杜貞 出涖漕事。
李允中 九月丁亥，坐李邦寧姪罷。		岳柱 脫歡		
		玥璐不花 三月乙巳，遷西臺御史大夫。 脫亦納 五月甲戌，賜虎符。		
汪長安		探馬赤	帖木兒不花 左丞。行省言，去年九月，與祿余戰敗，乞援之。	
馬鎔 九月乙亥，御史劾罷。		汪壽昌 四月戊午，辭職，不允。		

元統元年 丞相	平章政事	左右丞	參知政事	元統二年 丞相
	岳柱 是年卒。		王都中 中道以疾辭，詔即家拜江浙參政。	阿里海涯 正月庚寅，拜左丞相。
	徹里帖木兒		孛朮魯翀 王克敬 王都中	阿里海牙 三月丁未，由河南行省遷。是年八月，中書平章阿里海涯罷，由江浙入爲平章，失其日月。
	脫歡			塔失帖木兒
	脫亦納			
	探馬赤			
	劉脫歡			
	燕不憐			

平章政事	左右丞	參知政事	至元元年 丞相	平章政事	左右丞	參知政事
						張宏 謝病去。
				玥璐不花		
徹里帖木兒 召拜中丞。 牙不花		孛朮魯翀 以遷葬歸。 王克敬 五月致仕。 王都中	塔失帖木兒 由江西行省遷。		納麟 右丞。	耿煥 入爲中書右丞。 王都中
馬合睦			塔失迭木兒	馬合睦		
探馬赤 脫歡	完澤 右丞。			探馬赤		朵兒赤顏
				趙訓		
劉脫歡				劉脫歡		
燕不憐						

至元二年 丞相	平章政事	左右丞	參知政事	至元三年 丞相
	玥璐不花 十一月丁巳，奉命爲僧於西番。 脫歡			
塔失帖木兒 遷南臺御史大夫。 鐵木兒補化 六月戊子拜。		納麟	王都中	鐵木兒補化 捌思監 十月乙亥，命提調海運。
	馬合謀 伯撒里			
	那海 十一月壬子除。 脫歡 改江浙。			
	劉脫歡			

平章政事	左右丞	參知政事	至元四年 丞相	平章政事
月魯帖木兒	慶童 左丞。			月魯帖木兒
右吉 坐貪墨流海南。馬合謀	納麟	王都中 捌思監 十月乙亥，提調海運。	塔失帖木兒	脫歡 別不花 六月，招討南勝縣反賊。
伯撒里 秃兒迭失海牙	燕帖木兒沙的 左丞。			伯撒里
那海				燕赤
劉脫歡		舉理 四月壬戌，命捕反賊韓法師。		
			朵兒只 三月辛酉，拜左丞相。	

左右丞	參知政事	至元五年 丞相	平章政事	左右丞	參知政事
			也先帖木兒		
			月祿帖木兒 十一月戊辰，爲盜范孟端所殺。	刼烈 左丞。與月魯帖木兒同被殺。	
納麟	王都中 撒思監	塔失帖木兒	別不花	納麟	王都中 撒思監
		伯撒里			
			鞏卜班 三月，由中書右丞除。		
		朵兒只	阿吉剌 三月，由中書平章除。		

至元六年 丞相	平章政事	左右丞	參知政事	至正元年 丞相
乃蠻台 左丞相。	也先帖木兒 二月己亥，入爲御史大夫。			乃蠻台
朵兒只 伯顏 二月己丑，由中書丞相貶。辛未，詔徙於南恩州。				朵兒只
	納麟 別不花	撒思監 右丞。	王都中 撒思監 擢湖北道肅政使，改江浙行省右丞。	塔失帖木兒 別兒怯不花
伯撒里				伯撒里
	鞏卜班			
	脫脫木兒			

平章政事	左右丞	參知政事	至正二年 丞相	平章政事	左右丞
			乃蠻台 本年辭職。		
			朵兒只	只兒瓦台 五月丁亥，由江浙行省遷。	
別不花 只兒瓦台 納麟	佛住 左丞。 搠思監 改山東肅政廉訪使。	道童 王都中 是年卒。	別兒怯不花 十二月，拜左丞相。	只兒瓦台 納麟	
			伯撒里	慶童	
鞏卜班 十一月，傜寇邊，詔討之。		董守廉		鞏卜班 九月己亥，詔領江浙、河南諸軍，討道州賊。	
				朵朵 十月己亥，辭職，不允。	
脱脱木兒 十二月壬戌，車里反，討平之。				卜顏	
塔失帖木兒 爲烏古孫良楨劾罷。					

參知政事	至正三年 丞相	平章政事	左右丞	參知政事	至正四年 丞相
	朶兒只	納麟 由江浙行省遷。			朶兒只
道童	別兒怯不花	納麟		道童	朶兒只 由河南行省遷。 別兒怯不花
	伯撒里	慶童	燕帖木兒 右丞。		伯撒里
蘇天爵 遷陝西行臺侍御史。		鞏卜班 十月乙未，入爲宣徽使。			
		朶朶			
不老 十二月丙辰，賜三珠虎符，討死可伐。		卜顏			

平章政事	左右丞	參知政事	至正五年 丞相	平章政事
納麟 三月癸丑，入爲中書平章。 慶童	廉惠山海牙 右丞。			慶童
朵兒只 巙巙〔九〕		道童 秦從德 九月辛亥，由治書侍御史除，提調海運。	伯撒里 朵只	巙巙 召還爲翰林承旨〔一〇〕。
蠻子海牙 道童			蠻子海牙	完者不花
星吉 十二月召還。	廉惠山海牙 右丞。以武昌失守，免。			
朵朵				朵朵

左右丞	參知政事	至正六年 丞相	平章政事	左右丞
王守誠 左丞。	王守誠 巡四川，進左丞。	朵兒只	買奴 以翰林學士承旨致仕。	答里麻 右丞。
	道童 秦從德 巡江南、湖廣。	朵兒只	古納剌 改南臺御史中丞。	忽都不花 左丞。
忽都不花 左丞。巡兩浙、江東。		伯撒里	慶童 完者不花	禿魯 右丞。命與忽都不花討羅天麟。
			狗兒	
王紳 左丞。巡甘肅永昌。	蓋苗		朵朵	
			亦憐真班 由除政使。除未幾，召還。	蓋苗 左丞。
			亦禿渾 六月丁巳除。	
		伯撒里 七月丙戌，以右丞相拜左丞相。	朵兒只班	

參知政事	至正七年 丞相	平章政事	左右丞	參知政事
		買奴	答里麻 遷陝西行臺中丞。	
道童 秦從德	朵兒只 召爲御史大夫。	達識帖睦邇 由大司農升。 亦憐真班		道童 三月，入爲中書參政。 秦從德 蘇天爵
	伯撒里	慶童		
李好文		狗兒	沙班 右丞。九月丁卯，討賊，戰歿。 章伯顏 左丞。	李好文
蓋苗 入爲治書侍御史。		朵朵 入爲中書平章，後出爲左丞相。		
			蓋苗 是年卒。	
		亦都渾		
		太不花		朵郎吉兒

至正八年 **丞相**	**平章政事**	**左右丞**	**參知政事**	至正九年 **丞相**	**平章政事**
					月魯不花八月甲辰，入爲宣政使。
	亦憐真班 達識帖睦邇入爲大司農。	道童右丞。後升本省平章。	秦從德 朵兒真班爲方國珍所執。 蘇天爵		韓家納閏月辛酉除。 道童
伯撒里	慶童			伯撒里	
	狗兒 亦憐真班由浙江行省遷。	章伯顏引兵捕土寇莫萬五等。	李好文	亦憐真班七月乙未，入爲知院。	達識帖睦邇三月己巳，由大司農除。
	朵兒只班 太不花召爲中書平章政事。				別不花 朵爾直班入爲中政使。

年	官	一	二	三	四	五	六	七	八	九	十
	左右丞									禿滿迭兒 右丞。閏七月除，中塗爲哈麻所殺。	
	參知政事			秦從德 入爲中書參政。 蘇天爵 以疾歸。		李好文 改廉訪使。 呂思誠					
至正十年	丞相				伯撒里	達識帖睦邇					
	平章政事			道童	禿堅不花	星吉 和尚 代星吉。					
	左右丞			孛羅帖木兒 左丞。							
	參知政事			樊執敬		呂思誠				歸暘 正月遷。	
至正十一年	丞相	阿魯圖 爲太傅，守和林。		亦憐真班	伯撒里						

平章政事	左右丞	參知政事	至正十二年 丞相	平章政事
賈魯				禿魯 六月辛亥，命給江甯軍需。 達識帖睦邇 太不花 加太尉。
卜顏帖木兒 定定 教化	孛羅帖木兒 左丞。爲方國珍所執。	樊執敬	亦憐真班	慶童 卜顏帖木兒 定定 三旦八 教化 月魯帖木兒 是年卒。
禿堅魯不花 十一月除。 道童	太不花 右丞。 亦憐真班[一] 左丞[二]。		伯撒里 亦憐真班 三月戊戌，由江浙行省遷。	星吉 十一月乙亥除。 道童
星吉 失列門		鐵傑 呂思誠		星吉 和尚 正月己未，賊陷武昌，棄城走。 失列門
				月魯帖木兒
		韓鏞		帖木哥 三月丁卯，由南臺御史大夫遷。 鎖南班 七月庚寅，賜金帶一。
月魯帖木兒 咬住		答失八都魯 歸暘		月魯帖木兒 咬住 八失忽都 三月，詔便宜行事。
慶童				慶童

	左右丞
	德住 右丞。二月，命守東明。 匝納祿〔一三〕 左丞。以失悞軍需左遷〔一四〕。 扎撒温孫 右丞。
	左納失里 右丞。守燕湖。 佛家閭 左丞。 徐 左丞。 老老 左丞。 帖理帖木兒 右丞。
	太不花 右丞。 火你赤 右丞。 兀忽失 右丞。 亦憐真 右丞。 章伯顏 左丞。
也先帖木兒 閏三月，詔便宜行事。俄命還京師。 朵爾直班 由西臺御史大夫四月左遷。	阿兒灰 左丞。升散階正二品。
	長吉 右丞。

參知政事	至正十三年 丞相	平章政事	左右丞
	阿剌吉 五月癸酉除。		
王也速迭兒 以失悮軍需左遷。 李獻 命供給軍需。		太不花	許有壬 左丞。
泰不花 三月辛巳除。命下已殉難。 章嘉 樊執敬 爲賊殺。 惟賢		慶童 卜顏帖木兒 三旦八 咬咬 九月乙亥，削王爵。	買住丁 十月癸酉，由參政升。 帖里帖木兒 左丞。
朵觧	伯撒里 亦憐真班	道童	火你赤 亦憐真班〔一五〕
楊延禮不花 六月乙丑，遥授左丞。 卜顏不花 升散階正一品。 鐵傑 呂思誠		朵兒只班 也先帖木兒	伯顏不花 左丞。
		卜答失里 正月壬申，命爲總兵官。 孛羅	
韓鏞		鎖南班 四月庚子，除永昌宣慰使，仍給平章俸。	
		咬住 八月癸卯，左遷淮西元帥。	
野峻台 答失八都魯 桑哥失里 歸暘 除刑部尚書。		玉樞虎兒吐華 六月丙申，命便宜行事。	答失八都魯 右丞。正月乙酉遷。

	參知政事	至正十四年 丞相	平章政事
		太不花 由平章政事拜左丞相。	太不花
	國寶 鎮徽州。 買住丁 提調海運。		卜顏帖木兒 慶童 三旦八 定定 咬咬
	阿魯灰	伯撒里 亦憐真班 八月卒。	道童 正月癸亥，加大司徒。 也先帖木兒
	鐵傑 呂思誠		狗兒 二月己未，改淮南行省。
			禿禿 搠思監 答兒麻監藏 正月丙戌遙授，實授宣政使。
	韓鏞		
完者不花 右丞。八月癸卯，與玉樞虎兒吐華同守中興路。 桑禿失里 左丞。	野峻台 哈臨禿		答失八都魯 三月，由右丞升。
			朵里不花 由右丞升。

左右丞	參知政事	至正十五年 丞相
許有壬左丞。		太不花五月壬辰，削官爵。
佛家閭右丞。領鎮江水軍萬户府。帖里帖木兒以罪免。阿里温沙三月，由參政升右丞。	阿里温沙 恩甯三月，由浙東宣慰使除。	達識帖木邇七月，走蕭山。太平未行，改淮南。
阿兒灰五月，由參政升。	阿兒灰	伯撒里
伯顏不花右丞。呂思誠二月，除左丞。七月庚申，入爲中書左丞。	呂思誠召爲中書添設左丞。	太不花十一月甲午，拜左丞相。
嵬的右丞。	韓鏞	
答失八都魯右丞。		
朵里不花		咬咬二月，由河南行省平章拜左丞相。

平章政事	左右丞	參知政事
咬咬 答失八都魯 五月癸酉，由四川行省改。 悟良合台 正月，由中書右丞除。	許有壬 正月戊午，由左丞入爲大學士。 不花 右丞。	洪丑驢 塔失帖木兒 崔敬
慶童 卜顏帖木兒 三旦八 定定		納麟哈剌 脱因 戰歿。 吉尼哥兒
道童 加大司徒。 火你赤		
阿魯灰 咬住 六月，以總兵官領水軍。 乞剌班 正月，以慢功削官爵。 桑哥亦 禿渾 禿禿	卜蘭奚 右丞。	哈林禿
禿禿 六月己卯，加號達剌罕。 搠思監		述律朶兒只 阿魯温沙
迭里迷失 八月甲戌除。		
玉樞虎兒吐華	完者都 右丞。 沙剌班 左丞。 哈林禿 右丞。	
朶里不花 奇伯顏不花 正月丙子，由左丞升。 咬咬	奇伯顏不花 左丞。	

至正十六年 丞相	平章政事	左右丞
答失八都魯 十二月，拜左丞相。	伯家奴 答蘭 李好文 以光祿大夫終身。	卜蘭奚
達識帖木邇	慶童 卜顏帖木兒 十一月卒。 左答納失里 七月，張士誠陷杭州，戰歿。 定定 三月丙申，明兵陣鎮江，戰歿。 三旦八	答納失里 左丞。戰死。
伯撒里	火你赤	
太不花	卜蘭奚 四月庚申，由河南左丞升。 阿魯灰 正月，爲苗軍所殺。	
朵朵 左丞相。四月丁卯，由西臺御史大夫拜。		
		識里木 左丞。
	囊革歹 哈林禿	完者都 右丞。 孛羅帖木兒 左丞。
咬咬 正月乙巳，入爲太子詹事。四月丁卯，復出爲左丞相。 太平 左丞相。	奇伯顏不花 四月丙寅，加大司徒。 朵里不花	

參知政事	至正十七年 丞相	平章政事	左右丞
洪丑驢 述律杰 九月，賊陷潼關，戰歿。		答蘭 十一月戊午，入爲中書平章。	
楊完者 貢師泰 吉尼哥兒	達識帖睦邇	夏章 九月叛。 慶童 召拜翰林承旨，改淮南，未行，仍任江浙。 普化帖木兒 丑的 由右丞升。	楊完者 左丞。由參政升。
全普庵 撒里 朵歹	伯撒里	道童 四月，爲賊所害。 火你赤 三月，封營國公。	
也先帖木兒	太不花	卜蘭奚	榮禄 右丞。
	朵朵	伯嘉訥 由行臺中丞除。	察罕帖木兒 二月除左丞。
	咬咬 四月辛酉拜。		
趙資	答失八都魯 三月加太尉。十二月卒。	囊革歹	李思齊 二月除左丞。
	太平 五月，入中書爲左丞相。	朵里不花	

	參知政事	至正十八年 丞相	平章政事
			鑾子 四月庚寅，由翰林承旨除。
			孛羅帖木兒 正月拜。 周全 七月丁酉叛，後爲賊所殺。 劉哈喇
丑的 右丞。	方國珍 八月乙丑除。 周伯奇 貢師泰	達識帖睦邇	慶童 三旦八 八月丁卯，遁走福建。 丑的 爲台臣劾罷，安置陝西。
	全普庵撒里	伯撒里	火你赤 朵里不花 阿魯温沙
		太不花 入爲中書右丞相。	
蕭家奴 以遇賊逃竄，詔正其罪。			察罕帖木兒 六月戊辰，由右丞除，便宜行事。
		阿吉剌 五月甲辰拜。	
完者都 哈林秃 明玉珍 入蜀，完者都遁，哈林秃被獲。 孛羅帖木兒	趙資 高寶 二月甲戌除。		囊果歹
			朵里不花

左右丞	參知政事	至正十九年 丞相
不花 董摶霄〔一六〕右丞。死之。 察罕帖木兒右丞。	闊闊 匡福	
方國珍五月，除左丞，加太尉。 崔敬左丞。 楊完者爲張士誠所殺。	貢師泰入爲户部尚書。 石抹宜孫 不花逃走。	達識帖睦邇
	全普庵撒里十二月乙丑，陳友諒陷贛州，死之。 楊泰元 吴當	伯撒里
	周全二月丙辰除。 黄昭	
察罕帖木兒五月除右丞。		完者帖木兒五月壬申，拜，便宜行事。
		阿吉剌
買奴二月，爲青巾賊所執。 完者都	韓叔亨爲青巾賊所執。 趙資	
		搠思監七月壬辰，拜，便宜行事。

	平章政事	左右丞	參知政事	至正二十年 丞相
	察罕帖木兒 八月戊寅遷。	察罕帖木兒	闊闊	
	方國珍 十月壬申遷。 慶童 張士信	方國珍 遷平章政事。	石抹宜孫	達識帖睦邇 八月，加太尉。
	朵里不花			伯撒里
			和尚 三月辛巳除。	
帖里帖木兒 九月癸巳，由中書拜平章。	察罕帖木兒			帖里帖木兒
				阿吉剌 閏月己未，加太尉。
	囊果歹 二月，明玉珍寇嘉定，與右丞完者都、參政趙資同死之。	完者都	趙資	
				搠思監 三月壬子，入爲中書右丞相。

平章政事	左右丞	參知政事	至正二十一年 丞相	平章政事	左右丞
			老章 九月戊午，加太傅，封和甯王。		
察罕帖木兒		闊闊		察罕帖木兒 十月癸酉，入爲平章。	闊闊 左丞。
方國珍 張士信 丑的	汪同 右丞。張士誠殺之。	石抹宜孫 六月，死之。	達識帖睦邇	丑的 方國珍 張士信	
朵里不花 沙剌班	忽都不花 右丞。十月除。		伯撒里	朵里不花	
		張良弼 十月甲辰除。	帖里帖木兒	定住 九月，由中書平章除。	
		張居敬 秋七月辛酉，命討義州賊。	也先不花		

參知政事	至正二十二年 丞相	平章政事	左右丞	參知政事
	老章			
闕闕 升左丞。				
	達識帖睦邇	丑的[一七] 方國珍 張士信		
何真 江西、福建參政，治廣州。	伯撒里	朶列不花 分省廣東。	何真 左丞。由行省參政升。	韓準 由本道廉訪使拜。 邵宗愚 江西、福建參政。
張良弼				劉鶚
張良弼 四月除。	完者帖木兒 正月丁卯，由太尉拜左丞相。		汪惟正 左丞。 塔不歹 右丞。二月，爲盜所殺。	車力帖木兒 朱希哲
	也速 八月戊辰，拜左丞相。			徹力帖木兒

至正二十三年 **丞相**			達識帖睦邇	伯撒里						也速 也先不花
平章政事	朴賽因不花 也速答兒		丑的 張士信	朵里不花	也兒吉尼 廣西行省平章政事。			段功	普顏迭達失	高家奴
左右丞			答蘭帖木兒 右丞。	何真		答失帖木兒 右丞。				
參知政事				韓準 改侍御史。 邵宗愚	劉鶚		陳祖仁			
至正二十四年 **丞相**			達識帖睦邇 仰藥自殺。	伯撒里					察罕布哈	也速 四月甲申，入爲左丞相。
平章政事	朴賽因不花 也速答兒		張士信 八月乙卯，張士誠自以士信代達識帖睦邇爲左丞相。 丑的		也兒吉尼	李思齊	朵兒只班	段功		高家奴

左右丞	參知政事	至正二十五年 丞相	平章政事	左右丞	參知政事	至正二十六年 丞相
		山僧 左丞相。	朴賽因不花			
			張翥	袁渙 右丞。八月除。		
答蘭帖木兒			方國珍			方國珍 十月丙戌，由平章拜左相。
何真	劉鶚 死於賊。 邵宗愚	伯撒里 召拜中書右丞相。		何真	邵宗愚	
			也兒吉尼	周文貴 右丞。		
	陳祖仁 八月，除山北道肅政廉訪使。	慶童 左丞相。 禿魯 左丞相。	李思齊 臧卜			
			朵兒只班			
			高家奴	忽憐台		也先不花

平章政事	左右丞	參知政事	至正二十七年 **丞相**
朴賽因不花			失列門 五月辛卯，由知樞密院事拜左丞相。
張翥	袁渙 入爲中書左丞。		
長壽 十一月辛卯，爲明兵所殺。 方國瑛 方國珉 方明善 十月丙戌，均除平章政事。			方國珍
	何真	邵宗愚	
也兒吉尼 郭雲 廣西行省。			
李思齊 孔興			慶童 禿魯 七月，拜左丞相、少保，兼知行樞密院。
高家奴			也先不花 納哈出

平章政事	左右丞	參知政事	至正二十八年 丞相	平章政事
李克彝 阿魯温				李克彝 二月，明兵入汴梁，克彝遁。 阿魯温 叛降於明。
	何真 鐵里迷失 右丞。爲邵宗愚所害。	邵宗愚 四月，爲明兵所殺。		
也兒吉尼 阿思蘭 郭雲				阿思蘭 七月戊子，降於明。 也兒吉尼 死之。
李思齊			秃魯	李思齊 二月，降於明。 哈麻圖 歪頭 明兵至，俱遁。
失剌				脱歡不花
高家奴			也先不花 入爲中書左丞相。 納哈出 降於明。	高家奴 劉益 降於明。

						張思道 孔興				
左右丞				何真 叛降於明。	盧 左丞。分省廣東，後降明。			驢兒達德 右丞。後從梁王自殺。		
參知政事		蔡子英 爲明人獲。				王克彝 明年入覲應昌。				賽因不花

【校勘記】

〔一〕「斡端」，原作「幹端」，據《元史》卷一一本紀第十一《世祖八》至元十七年九月壬子條改。

〔二〕「阿塔海」，原作「塔海阿」，據《元史》卷一一本紀第十一《世祖八》至元十八年六月丙寅條改。

〔三〕「四川」，原作「四用」，據《元史》卷一三三列傳第二十《也罕的斤傳》改。

〔四〕「三十年」，原作「二十年」，據本表上下文改。

〔五〕「薛超兀兒」，原作「薛兀超兒」，據本書卷一四《成宗本紀》改。下表間亦訛作「薛兀超兒」，同改。
〔六〕「由浙西道廉訪使陳除」，「陳」字疑衍。
〔七〕「入爲」，原作「爲入」，據文意乙正。
〔八〕「相嘉失禮」，「禮」字原脱，據本表上下文補。
〔九〕「嶾嶾」，原作「夔夔」，據中華書局點校本《元史》卷一四三列傳第三十《嶾嶾傳》及校勘記改。下表同。
〔一〇〕「翰林承旨」，原作「翰林丞旨」，據本書卷二四《惠宗本紀二》至正五年五月己丑條。
〔一一〕「亦憐真班」，「班」字原脱，據《元史》卷一四五列傳第三十二《亦憐真班傳》補。
〔一二〕「左丞」，原作「右丞」，據《元史》卷一四五列傳第三十二《亦憐真班傳》改。
〔一三〕「匝納禄」，「匝」字原脱，據《元史》卷四二本紀第四十二《順帝五》補。
〔一四〕「軍需」，原作「事需」，據《元史》卷四二本紀第四十二《順帝五》改。
〔一五〕「亦憐真班」，「班」字原脱，據本表上文補。
〔一六〕「董摶霄」，原作「董摶霄」，據《元史》卷一八八列傳第七十五《董摶霄傳》改。
〔一七〕「丑的」，原作「的丑」，據本表上下文乙正。

新元史卷之三十三　表第七

行省宰相年表下[一]

至正十二年	淮南行省	福建行省	山東行省
丞相			
平章政事	晃火兒不花 失列門 閏三月戊戌，以翰林學士承旨晃火兒不花、湖廣行省平章失列門並爲淮南行省平章政事。 秃思迷失 十月甲寅，由知樞密院使除。 達識帖木兒 六月，命便宜行事。 福壽 六月，詔駐興化。		
左右丞	蠻子 右丞。由淮東元帥除。		

	偰哲馬 左丞。 秦從德 左丞。		
參知政事	趙璉 移鎮泰州。三月，爲張士誠所殺。		
至正十三年 丞相			
平章政事	失列門 達識帖木兒		
左右丞			
參知政事			
至正十四年 丞相	達識帖木兒 六月，督諸軍討士誠，失利。		
平章政事	苟兒 二月己未，由湖廣行省還。 咬住 失列門		
左右丞	阿魯恢 右丞。 烏古孫良楨 由中書左丞出爲右丞。		

參知政事			
至正十五年 丞相	太平 達識帖木兒		
平章政事	失列門 福壽 咬住 五月，命撫諭高郵。 蠻子海牙 六月，命攻和州等處。 慶童 十月乙卯，由翰林學士承旨遷。		保保 一名老保。 普顏不花
左右丞	烏古孫良楨 除中書左丞，分省彰德。		
參知政事	余闕 拜江淮行省參知政事。		
至正十六年 丞相	達識帖木兒	正月壬午，改福建宣慰使司都元帥府爲福建行省。	
平章政事	失列門 福壽 二月，與達魯花赤達尼達思、參政百家奴死之。	左答納里失 阿魯溫沙 五月，以江浙行省平章左答納里失、南台中丞阿魯溫沙並爲行省平章政事。	

左右丞			
參知政事	余闕 百家奴 二月死之。		
至正十七年 丞相	太平 五月，入爲中書左丞相。		
平章政事	張士德 八月除。 失列門 七月，入爲中書平章。	阿魯溫沙	哈剌章 九月，由大司農遷。
左右丞	余闕 右丞。八月乙丑，由參政升。 楊完者 右丞。		
參知政事	余闕 楊完者 遷右丞。		
至正十八年 丞相			
平章政事	張士德 開府平章，加太尉。	阿魯溫沙 普化帖木兒 十一月乙未遷。	卜顏帖木兒 張普

		慶童 遷江南行臺大夫。	
左右丞	余闕 五月丙午，陳友諒陷安慶，死之。		
參知政事			
至正十九年 丞相			
平章政事	張士誠	阿魯溫沙 普化帖木兒 秋賜御衣、上尊，加銀青光祿大夫，位第一，便宜從事。	
左右丞			
參知政事			
至正二十年 丞相			
平章政事	張士誠 也速 由中書平章遷。	阿魯溫沙 普化帖木兒 改江南行臺御史大夫。 完者帖木兒 由同知淮南行院除。	
左右丞			

參知政事		袁天禄 二月，以福甯州叛，降於朱元璋。	
至正二十一年 丞相		是年，江西、福建合爲一省。按：是時江西諸路皆爲陳友諒所據。二十一年以後，惟據廣東之何真、邵宗愚稱江西福建行省。若陳有定、燕只不花等仍稱福建行省。有定至二十六年始改江西福建行省。	
平章政事	張士誠	完者帖木兒 普化帖木兒	
左右丞			
參知政事			
至正二十二年 丞相			
平章政事	張士誠	燕只不花 九月，敗賽補丁。 普化帖木兒	保保
左右丞		孫觀 左丞。分省泉州。 羅良 左丞。守漳州，爲陳友定所敗，戰死。	

參知政事		陳友定 由延平總管升。五月，復汀州路。	
至正二十三年 **丞相**			
平章政事	張士誠	燕只不花 陳友定 由參政升。	保保 普顏不花
左右丞		章完者 右丞。	
參知政事			袁宏 三月，立膠東行中書省，總制東方。袁宏爲參知政事。
至正二十四年 **丞相**			
平章政事		燕只不花 陳友定 分省延平。	保保 普顏不花
左右丞			
參知政事			
至正二十五年 **丞相**	方國珍 八月，拜右丞相，分省慶元。		

平章政事		燕只不花 陳友定	保保 普顏不花
左右丞			
參知政事		范昌大	
至正二十六年			
丞相	方國珍 八月丙戌，遷江浙行省。		
平章政事		陳友定 八月戊寅，改福建江西行省平章政事。	保保 普顏不花
左右丞			
參知政事			
至正二十七年			
丞相			也速 以右丞相分省山東。
平章政事	王信 遷山東平章政事。 王宣 十月乙巳除，封沂國公。二十九年，降明。	陳友定 曲出 五月丙子，以空名宣勑付二人，驗有功者給之。	普顏不花 明兵陷益都，死之。 王信 保保 十一月辛丑，明兵陷益都，降。
左右丞			
參知政事		文殊海牙	

至正二十八年 丞相			
平章政事		陳友定 二月，明兵陷延平，死之。 曲出 守福州，明兵至，遁。	普顏不花 申榮 二月癸丑，明兵克東昌，自經死。 馮德 十二月，明兵至東平，棄城遁。
			王炳元 死之。 王信 二十九年，奔於山西。
左右丞			
參知政事		陳子琦 二月，爲明人所執。 文殊海牙 降於湯和。 尹克仁 赴水死。	
丞相			
平章政事			
左右丞			
參知政事			

【校勘記】

〔一〕「行省宰相年表」，「年」字原脱，據文意補。

新元史

第四册

志（二）

柯劭忞 撰
張京華 黄曙輝 總校

上海古籍出版社

新元史卷之五十二　志第十九

河渠志一

至元十七年，世祖以學士都實爲招討使，佩虎符，尋河源於萬里之外。都實既受命，道河州，至州東六十里之寧河驛。驛西南有山，曰殺馬關，行一日至巔。西上愈高，四閱月始抵河源。是冬，還報，並圖其城傳位置以聞。其後，翰林學士潘昂霄從都實之弟曰闊闊出者，得其説，撰爲《河源志》。臨川朱思本又從八里吉思家，得帝師所藏梵字書，而以華文譯之，與昂霄所志，互有詳略。舊史採《河源志》，而以思本之説注其下，參差不一。

按河源在吐蕃朵甘思西鄙，有泉百餘泓，沮洳散涣，弗可逼視，方可七八十里，履高山下瞰，燦若列星，故名火敦淖爾。「火敦」，譯言星宿；「淖爾」，譯言海子也。思本曰：「河源在中州西南，直四川馬湖蠻部之正西三千餘里，雲南麗江宣撫司之西北千五百餘里，帝師撒思如地之西南二千餘里。水從地湧出如井。其井百餘，東北流百餘里，匯爲大澤，曰火敦淖爾。」羣流奔輳，近五七里，匯二巨澤，名阿剌淖爾。自西而東，連屬吞噬。行一日，迤邐東匯成川，號赤賓河。又二三日，有水西南來，名亦里出水，與赤賓河合。又三四日，有水南來，名忽闌水。又有水東南來，名耶里朮水。合流入赤賓河，其流寖大，始名黃河，然水猶清。思本曰：「忽闌河源，出自南山，其地大山峻嶺，綿亘千里，水流五百餘里，注耶里出河。耶里出河源，亦出自南山，西北流五百餘里，始與黃河合。」又一二日，岐爲八九股，名耶孫斡倫，譯言九渡。通廣五七里，可度馬。又四五日，水渾濁，土人抱革囊，騎過之。自是兩山夾束，廣可一里、二里或半里，其深叵測。朵甘思東北有大雪山，最高，番語騰乞里塔，即崑崙，山腹至頂皆雪，冬夏不消。自九渡水至崑崙，行二十日。思本曰：「自渾水東北流二百餘里，與懷里火圖河合。懷里火圖河源自南山，水正北偏西流八百餘里，與黃河合。又東北流百餘里，過郎麻哈地。又正北流百餘里，乃折而西北流二百餘里，又折而正北流百餘里，又折而東流，過崑崙山下。番名亦耳麻不剌山。其山高峻非常，山麓綿亘五百餘里，河隨山足東流，過撒思加、闊即、闊提地。」

河行雪山南半日，又四五日，至地名闊即及闊提，二地相屬。又三日，地名哈剌別里赤爾，四達之衝也，多寇盜，有官兵鎮之。近北二日，河水過之。思本曰：「河過闊提，與亦西八思今河合。亦西八思今河源自鐵豹嶺之北，正北流凡五百餘里，與黃河合。」雪山以西，人鮮少，吐番部落多處山南。山不穹峻，水亦散漫，獸有髦牛，野馬、狼、狍、羱羊之類。其東，山益高，地益漸下，岸狹處，狐可越而過之。行五六日，有水西南來，名納鄰哈剌河，譯言細黃河也。思本曰：「哈剌河自白狗嶺之北，水西北流五百餘里，與黃河合。」又兩日，有水南來，名乞里馬出河。二水合流入河。思本曰：「自哈剌河與黃河合，正北流二百餘里，過阿以伯站，折而西北流，經崑崙之北二百餘里，與乞里馬出河合。乞里馬出河源自威、茂州之西北，岷山之北，水北流，即古當州境，正北流四百餘里，折而西北流，又五百餘里，與黃河合。」

河水北行，轉西流，過雪山北，一向東北流，約行半月，至貴德州，地名必赤里，始有州治官府。州隸吐蕃等處宣慰司，司治河州。又四五日，至積石州，即後世所誤認之小積石山，非《禹貢》導河之積石。五日，至河州安鄉關。一日，至打羅坑。東北行一日，洮河水南來入河。思本曰：「自乞里馬出河與黃河合，又西北流，與鵬贇河合。折而西北流三百餘里，又折而東北流，過西寧州、貴德州、馬嶺，凡八百餘里，與邈水合。又東北流，過土橋站古積石州來羌城、廓州構米站界都城，凡五百餘里，過河州與野龐河合。又東北流百餘里，過踏白城銀川站，與湟水、浩亹河合。又東北流百餘里，與洮河合。以上皆番地。」

又一日，至蘭州，過北卜渡，至鳴沙河，過應吉里州。正東行，至寧夏府南。東行，即東勝州，隸大同路。自發源至漢地，南北澗溪，細流旁貫，莫知紀極。山皆石，至小積石方林木暢茂。世言河九折，彼地有二折，乞里馬出河一折也，貴德州二折也，過此始入小積石。思本曰：「自是逕蘭州，又東北流，至寧夏府。出塞過游牧地，凡八百餘里。過豐州西受降城，折而正東流，過游牧地古天德軍中受降城、東受降城，凡七百餘里。折而正南流，過大同路雲內州、東勝州，與黑河合。又正南流，過保德州、葭州及興州境，又過臨州，凡千餘里，與保德州乞那河合。又南流三百里，與延安河合。又南流三百里，與汾河合。又南流二百里，過河中府，遇潼關與太華大山綿亘，水勢不可復南，乃折而東流。大概河源東北流，所歷皆西番地，至蘭州凡四千五百餘里，始入中國。又東北流過沙漠地，凡二千五百餘里，始入河東境內。又南流至河中，凡千八百餘里。

通計九千餘里。」蓋舊史所述如此。

至我大清乾隆間平西域，始知葱嶺爲河之初源，都實所訪星宿海乃重出之源耳。然河爲中國患千有餘年，世祖欲窮其源委，以施疏導之方，勤民之至意也。今撮其大要，載於篇首，以備一代之掌故云。

河防

自河徙而南，衝決之患，至元而日甚。其治河之法，凡物料工程輪運，以至疊埽修堤之事，皆沿襲宋、金舊法，承用百年，著爲條格者也。

河防之令九：

一，每歲選舊部官一員，沿河上下，兼行户、工部事，督令分治都水監及京府州縣守漲，從實規措，修固堤岸。如所行事務，有可久爲例者，即關移本部，仍候安流，就便檢覆。次年春，工物料訖，即行還職。

一，分治都水監及勾當河防事務，並馳驛。

一，州縣提舉管勾河防官，每六月一日至八月終，各輪一員守漲，九月一日還職。

一，沿河兼帶河防知縣官，雖非漲月，亦輪上提控。一應沿河州縣，若規措有方，能禦大患，及守護不謹，以致堤岸疏虞者，具以奏聞。

一，河橋埽兵，遇天壽聖節及元日、清明、冬至、立春俱給假一日；祖父母、父母吉凶二事，並自身婚娶，俱給假三日；妻子吉凶二事，給假二日；其河水平安月分，每月朔給假一日。若水勢危險，不用此令。

一，沿河州府遇河防危險之際，若兵力不足，勸率水手人户協濟救護，至有幹濟，或難迭辦，須當時暫差夫役者，州府提控官與都水監及巡河官同爲計度，移下司縣，以遠近量數差遣。

一，河防軍疾疫須醫治者，都水監移文近京州縣，約取所須藥物，並從官給。

一，河埽堤岸遇霖雨水漲暴變時，分都水司與都巡河官往來提控，官兵多方用心固護，無致爲害，仍每月具河埽平安申覆尚書省工部呈閱。

一，除滹沱、漳、沁等河有埽兵守護外，其餘大川巨浸如有卧著衝刷危險等事，並仰所管官事約量差夫作急救護。其蘆溝河行流去處，每遇汎漲，當該縣官與崇福埽官司一同協濟防護，差官一員係監勾之職或提控巡檢。

每歲守漲河防之制六：

一，開河。宜於上流相視地形，審度水性，測望斜高，於冬月記料，至次年春興役開挑，須漲月前終畢。待漲水發，隨勢去隔，堰水入新河，又須審勢疏導。假如河勢丁字正撞堤岸，剪灘截觜，撩淺開挑，費功不便，但可解目前之急，亦有久而成河者。如相地形，取直開挑，先須鈐㔁謂上下平岸口也。分水勢，以解堤岸之危。若欲全奪大勢，更於對岸抛下木石修刺，於刺影水勢漸以木石鈐固河口，因復填實，損而復修，至堅固不摧塌，則新河迤邐暢流，舊河自然淤實。

一，閉河。先行檢視舊河岸口，兩岸植立表杆，次繫影水浮橋，使役夫得於兩岸通過。於上口下撒星樁，抛下木石鎮壓狂瀾，然後兩岸各進草紝三道、土紝兩道，又於中心拖下席袋土包。若兩岸進紝，至近合龍門時，得用手持土袋土包抛下，兼鳴鑼鼓以敵河勢。既閉後，於紝前捲攔頭壓埽於紝上，修壓口堤。若紝眼水出，再以膠土填塞牢固，仍設邊檢以防滲漏。

一，定平。先正四方位置，於四角各立一表，當心安置水平。其制長二尺四寸，廣二寸五分，高二寸。先立樁於下，高四尺，纂在內，樁上横坐水平，兩頭各開小池，方一寸七分，深一寸三分，注水於中以取平。或中心又開池者，方深同，身内開槽子，廣深各五分，令水通過兩頭池子内，各用水浮子一枚，方一寸五分，高一寸二分，刻上頭，側薄袛厚一分，浮於池内，望兩頭水浮之首，參直遥對立表處，於表身畫記，即知地形高下。

一，修砌石岸。先開掘檻子嵌坑，若用闊二尺，深二丈，開與地平。順河先鋪綫道板一，次立簽樁八，各長二丈，内打釘五尺入地，外有一丈五尺。於簽樁上，安跨塌木板六，每留三板，每板鑿二孔中間。撒子木六，於撒子木上匀鋪稈草束。先用整石修砌，修及一丈，後用荒石再砌一丈，一例高五尺。第二層，除就簽樁外，依前鋪塌木板、撒子木、稈草，再用石段修砌，高五尺。第三層，亦如之，高一丈。功就，通高二丈。

一，捲埽。其制亦昉於竹楗石菑，今則布薪芻以捲之，環竹絙以固之，絆木以係之，掛石以墜之，舉其一二以稱之，則曰棄音混。棄既下，又填以薪芻，謂之盤簟。兩棄之交，或不相接，則包以網子索，塞以稈草，謂之孔塞盤簟。孔塞之費，有過於埽棄者，蓋隨水去者太半故也。其棄最下者，謂之撲厓草，又謂之入水埽。棄之最上者，謂之争高埽。河勢向著，恐難固護，先於堤下掘坑捲埽以備之，謂之捲埽。疊二三四五而捲者，以沙壤疏惡，近水即潰，必借埽力以捍之也。下棄既朽，則水刷而去，上棄壓之，謂之實墊。又捲新埽以壓於上，俟定而後止。凡埽去水近者，謂之向著；去水遠者，謂之退背。水入埽下者，謂之緊刷。若暴水漲溢，下埽既去，上埽動搖，謂之埽喘。

一，築城。此非河事，以水圮近河，州縣亦或用之。城高四十尺，則加厚二十尺。其上斜收，減高之半。若高增一尺，則其下亦加厚一尺，上收亦減其半。若高減，則亦減之。開地深五尺，其廣視城之厚。每身一十五步，栽永定柱一，長視城之高，徑一尺至一尺二寸。夜叉柱各二。每築高二尺，横用經木一。甕城至馬面之類，准此。他如工程之限，輸運之直，與夫合用物料之多寡，皆綜覈詳密，品式粲然，爲都水司奉行之條例云。

世祖中統以前，河患無可考。至元九年七月，衛輝路新鄉縣河決北岸五十餘步。八月，北岸又決八十二步，去廣盈倉僅三十步。遣都水監丞馬良弼偕本路官相視，僉丁夫修築之。二十三年十月，河決開封、祥符、陳留、杞、太原、通許、鄢陵、扶溝、洧川、尉氏、陽武、延津、中牟、原武、睢州十五處，僉南京民夫二十萬四千三百二十三人分築堤防。二十五年正月，河決襄邑，又決太康、通許、杞三縣，陳、潁二州皆水，命本道宣慰司督修堤之役。二十九年三月，敕都水監，二十八年，丞相完澤奏置都水監於京師，歲以官一、令史二、奏差二、壕寨官二，分監於汴治決河。分視黄河河堤堰。

元貞二年九月，河決杞、封邱、祥符、寧陵、襄邑五縣。大德元年七月，河決杞縣蒲口，遣尚書耶懷、御史劉賡與廉訪使尚文相視，籌長久之計。文上言：「長河萬里，湍猛東注，盟津以下，地平土疏，蕩徙不常，失禹故道，流患中土。治得其當，則力省而患遲，失之則功費而患速。今陳留抵東西百有餘里，南岸故河口十一，已塞者二，自涸者六，通水者三，岸高於水六七尺或四五尺。北岸高於水，僅三四尺，或高下與水等。大較南高於北，約八九尺，堤安得不決，水安得不北也。蒲口今決千有餘步，迅快東行，得河舊瀆，行二百里，至歸德，復會正流。若强加湮遏，上決下潰，終究無成。揆之今日河北郡縣順水之性，遠築長堤以禦汎濫。歸德、徐、邳聽民避衝決，圖所安，量給淤田，俾爲永業。他決視此，即救患之良策也。蒲口不塞便。」議上，山東長吏争言，若不塞蒲口，河北良田必盡化魚鱉之區。廷議從之，命河南行省官董其役，凡修七隄二十有五處，總三萬九千九十二步，用葦東四十萬四千，徑尺樁二萬四千七百二十，役民夫七千九百餘人。明年，蒲口復決。自是，修築之役無歲無之。

至大二年七月，河決封邱縣。三年十一月，河北河南道廉訪司言：

黄河決溢，千里蒙害。浸城郭，漂室廬，壞禾稼，百姓已罹其毒，然後訪求修治之法。而且衆議紛紜，互陳利害，當事者疑惑不決，必須上請。比至議定，其害滋大，所謂不預已然之弊。大抵黄河伏槽之時，水勢似緩，觀之不足爲害。一遇霖潦，湍浪迅猛，自孟津以東，土性疏薄，崩潰決溢，可翹足而待。近歲潁、亳之民，幸河北徙，有司不能遠慮，失於規畫，使陂濼盡爲陸地，東至杞縣三汊口，播河爲三。官吏建言，相次湮塞南北二汊，使三河之水合而爲一。下流既不通暢，自然上溢。由是觀之，是自奪分泄之利也。故上下潰決，爲害日甚。今水勢趨下，有復入鉅野、梁山之意。苟不爲遠計，不出數年，曹、濮、濟、鄆，蒙害必矣。今之所謂治水者，議論雖多，並無良策。

水監之官，既非精選，知河之利害者，百無一二。雖每年累驛而至，名爲巡河，徒應故事。問地形之高下，則懵不知；訪水勢之利病，則非所習。乃或妄興事端，勞民動衆，阻違水性，翻爲後患。爲今之計，莫若於汴梁置都水分監，妙選廉幹、深知水患之人，專任其事。可疏者疏之，可增者增之，可防者防之。職掌既專，則事功可立。較之河已決溢，民已被害，然後鹵莽從事以勞民者，不可同日而語矣。

中書省下其議於都水監。先是，省臣奏升都水監爲正三品，添設二員，鑄分監印，巡視御河，就令提點黄河之事。至是，本監議：「爲御河添官鑄印，兼提點黄河，若分監在彼，則有妨御河公事。况黄河已有拘該官司正官提調，莫若使分監者以十月往，與各處官司巡視缺壞，會計工程，俟年終分監新官至，則交割代還，庶不相誤。」

工部言：「大德九年，黄河決徙，逼近汴梁，幾至浸没。本處官吏權宜開蕉盆口，分入巴河，以殺其勢，遂使正河水緩，併趨支流。緣巴河舊隘，不足呑伏，明年急遣蕭都水等閉塞，而其勢愈大，卒無成功。致連年爲害，南至歸德，北至濟寧，盡患淪胥。欲爲經久之計，非用通知古今水利之人專任其事，終無補益。河南憲司所言詳悉，都水監止援舊例議擬未合。如量設專官，精選廉幹、深知地形水勢者，任以河防之職，往來巡視，以時疏塞，庶可除異日之患。」省議乃令都水分監專治河防，任滿交代云。

延祐元年八月，河南行省言：「黄河涸出之地，水泊汙地，多爲勢家所據，忽遇泛溢，水無所歸。由此觀之，非河侵人，人自侵水。擬差知水利都水監官偕行廉訪司相視，可以疏闢堤障，未至泛溢，先加修治，用力少而成功多。又汴梁路睢州諸處，決口數十，内開封縣小黄村計會月堤一道，所擬不一。宜委行省官與本道憲司、都水分監官及州縣正官，親歷按驗，從長講議。」

由是遣太常丞郭奉政、前都水監丞邊丞務、都水監卿朵兒只、河南行省石右丞、本道廉訪副使站木赤、汴梁路判官張承恩，上至河陰，下至陳州，與拘該州縣官沿河相視。開封縣小黄河口，測量比舊減六尺，陳留，通許、太康舊有蒲葦之地，後以塞西河、塔河諸口，以便種植，故他處連年潰決。

公議：「治水之道，惟當順其性之自然。黄河遷徙不常，每歲泛溢，兩岸時有衝決。强爲閉塞，已及農時。科樁僉，發丁夫，動至數萬，所費不可勝紀，民不堪命。蓋自治之法，惟宜順水疏泄。今相視上抵河陰，下抵歸德，夏水盛漲，甚於常年，以小黄河口分泄之故，並無衝決，此其明驗也。若將小黄村河口堵閉，必移患於鄰封。決上流南岸，則汴梁被害。決下流北岸，則山東可憂。事難兩全，當遺小就大。詳視陳州，最爲低窪被水之地。今歲麥禾不收，民饑特甚，請免陳州差税，賑其饑民。陳留、通許、太康縣被災之家，依例取勘賑恤。其小黄村河口仍舊通流，築月堤及障水堤以資抵扞。别難擬議。」中書省韙之，依議施行。

至五年正月，河北河南道廉訪副使奥屯言：「近年河決杞縣小黄村口，滔滔南流，莫能禦遏，陳、潁瀕河膏腴之地浸没大半，百姓流亡。今水迫汴城，遠無數里，倘值霖雨水溢，倉卒何以爲計？方今農隙，宜爲講究，使水歸故道，達於江、淮，不惟陳、潁之民得遂其生，亦可除汴梁異日之患。」

於是大司農下都水監移文分監修治，自六年十一月十一日興工，至七年三月九日工畢，北至槐疙疸兩舊堤，南至窑務汴堤，通長二十里二百四十三步。創修護城堤一道，長七千四百四十三步。堤下廣十六步，上廣四步，高一丈，六尺爲一工。計工二十五萬三千六百八十，用夫八千四百五十三。除風雨妨工，三十日畢。内流水河溝，南北闊二十步，水深五尺。修堤闊二十四步，上廣八步，高一丈五尺，積十二萬尺，取土稍遠，四十尺爲一工，計三萬工，用夫萬人。每步用大樁二，計四十，各長一丈三尺，徑四寸。每步草束千，計二萬束，簽樁四，計八十樁，各長八尺，徑三寸。大船二，梯钁繩索備焉。

是年七月，滎澤縣塔海莊河決，未幾，開封縣蘇村及七里寺復決二口。本省平章政事站馬赤親率本路官及都水分監併工修築。至治元年正月興工，條堤岸四十六處，計工一百二十五萬六千四百九十四，用夫三萬一千四百一十三。八年，河決原武縣，浸灌數屬，其工役案牘無徵，莫得而詳焉。

泰定二年，御史姚煒以河屢決，請立行都水監於汴梁，仍令沿河州縣知河防事。從之。是年，睢州河決。三年，鄭州陽武縣又決，漂民房一萬六千餘家。五年，蘭陽縣河又決。

至順元年六月，曹州濟陰縣魏家道口河決。先是，堤將潰，濟陰縣防河官與縣尹郝承務差募民夫創修護水月堤，又以水勢大，復築月堤於北。功未竟，水忽泛溢，新舊三堤俱決。明日，外堤復壞，湍流迅猛，有蛇出没於中，所上樁工，一埽無遺。缺口東西五百餘步，深二丈餘。外堤缺口，東西四百餘步，又磨子口護水堤，低薄不足禦水，東西長一千五百步。乃先築磨子口，七月十六日興工，二十八日工畢。郝承務言：「魏家道口塼堌等村缺口，累下樁土，衝決不存，堤周回皆泥淖，人不可居，又無取土之處。且沛郡安樂等堡，去歲旱災，今復水澇，民皆缺食，難於差僉。其不經水村堡，先已徧差補築黄家橋、磨子口諸處堤堰，似難重役。請俟秋涼水退，僉夫修理，庶蘇民力。計衝壞新舊堤七處，共一萬二千二百十六步，下廣十二步，上廣十四步，高一丈二尺。計用夫六千三百人，樁九百九十，葦箔一千三百二十，草束一萬六千五。六十尺爲一工，無風雨妨工，度五十日可畢。」

郝承務又言：「九月三日興工，連日風雨，辛馬頭、孫家道口堤又壞，計工役倍於元數，添差二千人同築。二十六日，元與武成、定陶二縣分築魏家道口八百二十步工竣。其辛馬頭、孫家道口之缺口，南北闊一百四十步，内水地五十步，深者二丈，淺者亦不下八九尺，補築七日工竣。又創築月堤一道，斜長一千六百二十七步，内武城、定陶分築一百五十步，實築一千四百七十七步。惟堌頭、魏家道口外堤未築，以冬寒土凍，俟來春補築焉。」

是年，遣太禧宗禋院都事蓋苗行視河道。苗還言：「河口淤塞，今不治，異日必爲中原大患。」都水監難之，事遂寢。不及十五年，而白茅堤之口決。

至正四年正月，河決曹州，雇民夫一萬五千八百人築之。五月，大霖雨，平地水深二丈，河暴溢，決白茅堤，曹、濮、濟、兖皆水。十月，議築黃河堤堰。六年，以河決，立河南、山東等處行都水監，專治河防。九年三月，河北決。五月，白茅河東注沛縣，遂成巨浸。是年冬，帝命集羣臣廷議，言人人殊。惟監察御史余闕言：「禹河自大伾而下，釃爲二渠，皆東北流。自周定王時，河始南徙。訖於漢，而禹之故道始失。自瓠子再決，而其流爲屯氏諸河。其後河入千乘，偶合於禹所治河，由是而訖東都，至唐，河不爲患者千數百年。趙宋時，河又南決。至於南渡，乃由彭城合汴、泗東南以入淮，而漢之故道又失。嘗考中國之地，西南高而東北下，故水至中國而入海者，一皆趨於東北。古河自龍門即穿西山，踵趾而入大陸，地之最下者也。河之行於冀州，北方也，數千年而徙千乘。自漢而後，千數百年而徙彭城。然南方之地，本高於北，故河之南徙也難，而其北徙也易。自宋南渡至今，殆二百年，而河旋北，乃地勢使然，非關人力也。比者河北破金堤，逾豐沛，曹、鄆諸郡大受其害，天子哀民之墊溺，乃疏柳河，欲引之南，工不就。今諸臣集議，多主濬河故道，復引河以南入彭城，築堤起曹南訖嘉祥，東西三百里，以障河之北流，則漸可以導之使南。嗟乎！諺有之曰：『不習爲吏，眡已成事。』今所謂南流故道者，非河之故道也。使反於大禹北流之故道，由漢之千乘以入海，則國家將無水患千餘年，如東漢與唐之時，而又何必障而排之使南乎？今廟堂之議，非以南爲壑也，其慮以爲河之北，則會通之漕廢。不知河即北，而會通之漕不廢。何也？漕以汶，而不以河也。河北流，則汶自彭城以下必微，微則吾有制而治之，亦可以行舟以漕粟，所謂『浮於汶，達於河』者是也。闞特欲防鉅野，而使河不妄行，俟河復千乘故道，然後復相水之宜而修治之。此千古之明鑒，非一人之私言也。」

十年四月，以軍士五百人修白茅河堤。十二月，命大司農秃魯、工部尚書成遵行視決河，議其疏塞之法以聞。十一年春，遵等自濟寧、曹、濮、大名行數千里，掘井以量地形之高下，測岸以究水勢之深淺，以爲河之故道不可復，其議有八。時右丞相脱脱復相，鋭於任事。都漕運使賈魯以治河二策進：其一，修築北堤，以制横潰，則用工省；其一，疏塞並舉，挽河復故道，其功數倍。脱脱韙魯後策。及遵與秃魯至，力陳不可。脱脱不聽，以其事屬魯。遷魯爲工部尚書，總治河防使。發汴梁、大名十三路民夫十五萬，廬州等處十八翼軍二萬，自黄陵岡南達白茅，放於黄堌、哈只等口，又自黄陵西至楊青村合於故道，凡二百八十里百五十四步有奇。命中書右丞玉樞虎兒哈等率衛軍以鎮之。自四月興工，至十一月，水土工畢，諸埽諸堤成，河復故道，南匯於淮，又東入於海。帝遣使者報祭河伯，召魯還京師，論功超拜榮禄大夫、集賢大學士，賜脱脱世襲達剌罕，命翰林學士承旨歐陽元撰《河平碑》，以旌勞績。元治河三大役：曰蒲口，曰小黄村，曰白茅堤。當時名臣多謂宜順水勢，勿堙塞，其言率迂不可用。脱脱黜成遵，從賈魯，挽河復故道，尤爲不世之功。歐陽元作《至正河防記》，載其施功次第詳矣。用附著左方，俾治河者有考焉。

至正河防記

治河一也，有疏，有濬，有塞，三者異焉。釃河之流，因而導之，謂之疏。去河之淤，因而深之，謂之濬。抑河之暴〔一〕，因而扼之，謂之塞。疏濬之别，有四：曰生地，曰故道，曰河身，曰減水。河身地有直有紆，因直而鑿之，可就故道。故道有高有卑，高者平之以趨，卑高相就，則高不壅，卑不瀦，慮夫壅生潰，瀦生堙也。河身者，水雖通行，身有廣狹。狹難受水，水溢悍，故狹者，以計闢之。廣難爲岸，岸善崩，故廣者以計禦之。減水河者，水放曠，則以制其狂；水隳突，則以殺其怒。

治堤一也，有創築、修築、補築之名，有刺水堤，有截河堤，有護岸堤，有縷水堤，有石船堤。

治埽一也，有岸埽、水埽，有龍尾、欄頭、馬頭等埽。其爲埽臺及推卷、牽制、薶掛之法，有用土、用石、用鐵、用草、用木、用杙、用絚之方。

塞河一也，有缺口，有豁口，有龍口。缺口者，已成川。豁口者，舊常爲水所豁，水退則口下於堤，水漲則溢出於口。龍口者，水之所會，自新河入故道之漈也。

此外不能悉書，因其用功之次第而就述於其下焉。

其濬故道，深廣不等，通長二百八十里百五十四步而强。功始自白茅，長百八十二里。繼自黃陵岡至南白茅，生地十里。口初受，廣百八十步，深二丈有二尺，已下停廣百步，高下不等，相折深二丈及泉。曰停、曰折者，用古算法，因此推彼，知其勢之低昂，相準折而取匀停也。南白茅至劉莊村接入故道十里，通折墾廣八十步，深九尺。劉莊至專固百有二里二百八十步，通折廣六十步，深五尺。專固至黃固，墾生地八里，面廣百步，底廣九十步，高下相折，深丈有五尺。黄固至哈只口，長五十一里八十步，相折停廣墾六十步。深五尺。乃濬凹里減水河，通長九十八里百五十四步。凹里村缺河口生地，長三里四十步，面廣六十步，底廣四十步，深一丈四尺。自凹里生地以下舊河身至張贊店，長八十二里五十四步。上三十六里，墾廣二十步，深五尺。中三十五里，墾廣二十八步，深五尺。下十里二百四十步，墾廣二十六步，深五尺。張贊店至楊青村，接入故道，墾生地十有三里六十步，面廣六十步，底廣四十步，深一丈四尺。

其塞專固缺口，修堤三重，並補築凹里減水河南岸豁口，通長二十里三百十有七步。其創築河口前第一重西堤，南北長三百三十步，面廣二十五步，底廣三十三步，樹植樁橛，實以土牛、草葦、雜梢相兼，高丈有三尺。堤前置龍尾大埽。言龍尾者，伐大樹連梢繫之堤旁，隨水上下，以破囓岸浪者也。築第二重正堤，並補兩端舊堤，通長十有一里三百步。缺口正堤長四里。兩堤相接舊堤，置樁堵閉河身，長百四十五步，用土牛、稍土、草葦相兼修築。底廣三十步，修高二丈。其岸上土工修築者，長三里二百十有五步有奇，高廣不等，通高一丈五尺。補築舊堤者，長七里三百步，表裏倍薄七步，增卑六尺，計高一丈。築第三重東後堤，並接修舊堤，高廣不等，通長八里。補築凹里減水河南岸豁口四處，置樁木、草土相兼，長四十七步。

於是塞黄陵全河，水中及岸上修堤，長三十六里百三十六步。其修大堤刺水者二，長十有四里七十步。其西復作大堤刺水者一，長十有六里百三十步。内創築岸上土堤，西北起李八宅西堤，東南至舊河岸，長十里百五十步，顛廣四步，趾廣三之，高丈有五尺。仍築舊河岸至入水堤，長四百三十步，趾廣三十步，顛殺其六之一，接修入水。

兩岸埽堤並行。作西埽者，夏人水工，徵自靈武。作東埽者，漢人水工，徵自近畿。其法以竹絡實以小石，每埽不等，以蒲葦綿腰索徑寸許者從鋪，廣可一二十步，長可二三十步。又以曳埽索綯徑三寸或四寸，長二百餘尺者衡鋪之相間。復以竹葦麻檾大繂，長三百尺者爲管心索，就繫綿腰索之端於其上，以草數千束，多至萬餘，匀布厚鋪於綿腰索之上，橐而納之。丁夫數千，以足踏實。推卷稍高，即以水工二人立其上，而號於衆，衆聲力舉，用小大推梯，推卷成埽，高下長短不等。大者高二丈，小者不下丈餘。又用大索，或互爲腰索，轉致河濱。選健丁操管心索，順埽臺立踏，或掛之臺中鐵貓大橛之上，以漸縋之下水。埽後掘地爲渠，陷管心索渠中，以散草厚覆，築之以土，其上覆以土牛、雜草、小埽梢土，多寡厚薄，先後隨宜。修疊爲埽臺，務使牽制土下，縝密堅壯，互爲犄角，埽不動搖。日力不足，火以繼之。積累既畢，復施前法，卷埽以厭先下之埽，量淺深，制埽厚薄，疊之多至四埽而止。兩埽之間，置竹絡，高二丈或三丈，圍四丈五尺，實以小石、土牛。既滿，繫以竹纜。其兩旁並埽，密下大樁，就以竹絡大竹腰索繫於樁上。東西兩埽及其中竹絡之上，以草土等築爲埽臺，約長五十步或百步。再下埽，即以竹索或麻索長八百尺或五百尺者一二，雜廁其餘管心索之間。俟埽入水之後，其餘管心索如前薶掛，隨以管心長索遠置五七十步之外，或鐵猫，或大樁，曳而繫之，通管束累日所下之埽，再以草土等物通修成堤。又以龍尾大埽，密掛於護堤大樁，分析水勢。其堤長二百七十步，北廣四十二步，中廣五十五步，南廣四十二步。自顛至趾，通高三丈八尺。

其截河大堤，高廣不等，長十有九里百七十七步。其在黄陵北岸者，長十里四十一步。築岸上土堤，西北起東西故堤，東南至河口，長七里九十七步，顛廣六步，趾倍之二强二步，高丈有五尺。接修入水，施土牛，小埽梢草雜土，多少厚薄，隨宜修疊。及下竹絡，安大樁，繫龍尾埽，如前兩堤法。唯修疊埽臺，增用白闌小石，並埽上及前洊修埽堤一，長百餘步，直抵龍口。稍北，欄頭三埽並行，大堤廣與刺水二堤不同。通前列四埽，間以竹絡，成一大堤，長二百八十步，北廣百一十步，其顛至水面高丈有五尺，水面至澤腹高二丈五尺，通高三丈五尺。中流廣八十步，其顛至水面高丈有五尺，水面至澤腹高五丈五尺，通高七丈。並創築縷水横堤一，東起北截河大堤，西抵西刺水大堤，又一堤，東起中刺水大堤，西抵西刺水大堤，又一堤，東起中刺水大堤，西抵西刺水大堤。通長二里四十二步，亦顛廣四步，趾三之，高丈有二尺。修黄陵南岸，長九里六十步。内創岸土堤，東北起新補白茅故堤，西南至舊河口，高廣不等，長八里二百五十步。

乃入水作石船大堤。蓋由是秋八月二十九日乙巳，道故河流，先所修北岸西中刺水及截河三堤猶短，約水尚少，力未足恃。決河勢大，南北廣四百餘步，中流深三丈餘，益以秋漲，水多故河十之八，兩河争流，近故河口，水刷岸北行，洄漩湍急，難以下埽。且埽行或遲。恐水盡湧入決河，因淤故河，前功隳。魯乃精思入故河之方，以九月七日癸丑，逆流排大船二十七艘，前後連以大桅或長樁，用大麻索、竹絙絞縛，綴爲方舟。又用大麻索、竹絙，用船身繳繞上下，令牢不可破，乃以鐵猫於上流硾之水中。又以竹絙絶長七八百尺者，繫兩岸大橛上，每絙或硾二舟或三舟，使不得下，船腹略鋪散草，滿貯小石，以合子板釘合之。復以埽密布合子板上，或二重或三重，以大麻索縛之急。復縛横木三道於頭桅，皆以索維之，用竹編笆，夾以草石，立之桅前，約長丈餘，名曰水簾桅。復以木檣拄，使簾不偃仆。然後選水工便捷者，每船各二人，執斧鑿，立船首尾，岸上搥鼓爲號，鼓鳴，一時齊鑿，須臾舟穴，水入，舟沉，遏決河。水怒溢，故河水暴增。即重樹水簾，令後復布小埽、土牛、白闌、長稍，雜以土草等物，隨以填垛。繼之以石船下詣實地，出水基趾漸高，復卷大埽以壓之。前船勢略定，尋用前法，沈餘船，以竟後功。昏曉百刻，役夫分番甚勞，無少間斷。船堤之後，草埽三道並舉，中置竹絡盛石，並埽置樁，繫纜四埽及絡，一如修北截水堤之法。第以中流水深數丈，用物之多，施工之大，倍他堤。距北岸纔四五十步，勢迫東河，流峻若自天降，深淺叵測。於是先卷下大埽約高二丈者，或四或五，始出水面。修至河口一二十步，用工尤艱。薄龍口，喧豗猛疾，勢撼埽基，陷裂欹傾，俄遠故所。衆議沸騰，以爲難合，然勢不容已。魯神色不動，機解捷出，進官吏工徒十餘萬人，日加獎諭，辭旨懇至，衆皆感激赴功。十一月十一日丁巳，龍口遂合，決河絶流，故道復通。

又於堤前通卷欄頭埽各一道，多者或三或四。前埽出水，管心大索繫前埽，硾後闌頭埽之後，後埽管心大索亦繫小埽，硾前欄頭埽之前，後先羈縻，以錮其勢。又於所交索上，及兩埽之間，壓以小石白闌土牛，草土相半，厚薄多寡，相勢措置。

埽堤之後，自南岸復修一堤，抵已閉之龍口，長二百七十步。船堤四道成堤，用農家場圃之具曰轆軸者，穴石立木如比櫛，薶前埽之旁。每步置一轆軸，以橫木貫其後，又穴石，以徑二寸餘麻索貫之，繫橫木上，密掛龍尾大埽，使夏秋潦水、冬春凌簰，不得肆力於岸。此堤接北岸截河大堤，長二百七十步，南廣百二十步，顛至水面高丈有七尺，水面至澤腹高四丈二尺。中流廣八十步，顛至水面高丈有五尺，水面至澤腹高五丈五尺，通高七丈。仍治南岸護堤埽一，通長一百三十步，南岸護岸馬頭埽三道，通長九十五步，修築北岸隄防，高廣不等，通長二百五十四里七十一步。

白茅河口至板城，補築舊堤，長二十五里二百八十五步。曹州板城至英賢村等處，高廣不等，長一百三十三里二百步。稍岡至碭山縣，增培舊堤，長八十五里二十步。歸德府哈只口至徐州路三百餘里，修完缺口一百七十處，高廣不等，積修計三里二百五十六步。亦思剌店縷水月堤高廣不等，長六里三十步。

其用物之凡，椿木大者二萬七千，榆柳雜稍六十六萬六千，帶稍連根株者三千六百，藁楷蒲葦雜草以束計者七百三十三萬五千有奇，竹竿六十二萬五千，葦蓆十有七萬二千，小石二千艘，繩索小大不等五萬七千，所沈大船百有二十，鐵纜三十有二，鐵猫三百三十有四，竹篾以斤計者十有五萬，硾石三千塊，鐵鑽萬四千二百有奇，大釘三萬三千二百三十有二。其餘若木龍、蠶椽木、麥稭、扶椿、鐵叉、鐵吊、枝麻、搭火鉤、汲水、貯水等具，皆有成數。

官吏俸給，軍民衣糧、工錢，醫藥、祭祀、賑恤、驛置馬乘及運竹木、沈船、渡船、下椿等工，鐵、石、竹、木、繩索等匠傭貲，兼以和買民地爲河，併應用雜物等價，通計中統鈔百八十四萬五千六百三十六錠有奇。

魯嘗有言：「水工之功，視土工之功爲難；中流之功，視河濱之功爲難；決河口，視中流又難；北岸之功，視南岸爲難。用物之性，草雖至柔，柔能狎水，水漬之生泥，泥與草並，力重如碇。然維持夾輔，纜索之功實多。」蓋由魯習知河事，故其功之所就如此。

是役也，朝廷不惜重費，不吝高爵，爲民辟害。脱脱能體上意，不憚焦勞，不恤浮議，爲國拯民。魯能竭其心思智計之巧，乘其精神膽氣之壯，不惜劬瘁，不畏譏評，以報君相知人之明。宜悉書之，使職史氏者有所考證也。

【校勘記】

〔一〕「抑河之暴」，「河」原作「何」，據《元史》卷六六志第十七下《河渠三》改。

新元史卷之五十三　志第二十

河渠志二

通惠河 阜通七壩 金水河 雙塔河 積水潭　白河　御河　會通河 兗州牐　揚州運河　鎮江運河 練湖

濟州河 膠萊河

元之運河，自通州至京師爲通惠河，自通州至直沽爲白河，自臨清至直沽爲御河，自東昌須城縣至臨清爲會通河，自三汊口達會通河爲揚州運河，自鎮江至常州吕城堰爲鎮江運河。南逾江淮，北至京師，爲振古所無云。

通惠河。一名阜通河，又名壩河，上源出於白浮、甕山諸泉。先是，中統三年，郭守敬面奏：「中都舊漕河，東至通州，引玉泉水以通舟，歲可省僱車錢六萬緡。」從之。迨至元二十八年，守敬復建言：「疏鑿通州至都漕河，改引渾水溉田，於舊牐河蹤跡導清水，上自昌平縣白浮村引神山泉，西折而南，合雙塔、榆河、一畝、馬眼、玉泉諸水，繞出瓮山後，匯爲七里濼，東入西水門，貫積水潭，東南出文明門，東至通州高麗莊入白河，總長一百六十里一百四步。塞清水口二十處，牐壩十處，共二十座，節水以通漕運，誠爲便益。」帝覽奏，喜曰：「當速行之。」於是復置都水監，以守敬領之。首事於至元二十九年春，告成於三十年秋，賜名通惠河。凡役軍一萬九千二百二十八，工匠五百四十二，水手三百一十九，没官囚奴一百七十二，計二百八十五萬，用鈔一百五十二萬錠。工興之日，命丞相以下皆親操畚牐爲之倡。置牐之處，往往於地中得舊時磚石，人皆嘆服。船既通行，公私便之。

其壩牐之名曰廣源牐；西城牐二，上牐在和義門外西北一里〔一〕，下牐在水門西三步；海子牐，在都城内；文明牐二，上牐在麗正門外水門東南，下牐在文明門西南一里；魏村牐二，上牐在文明門東南一里，下牐西去上牐一里；籍東牐二，在都城東南王家莊；郊亭牐二，在都城東南二十五里銀王莊；通州牐二，上牐在通州西門外，下牐在通州南門外；楊尹牐二，在都城東南三十里；朝宗牐二，上牐在萬億庫南百步，下牐去上牐百步。又築阜通七壩，潭溝壩九，王村壩二，鄭村壩一，西陽壩三，郭村壩二，千斯壩一，通州石壩一。宋本《都水監廳事記》：通州新壩作常盧壩。以大都至通州地勢相懸高下四丈，故多爲牐壩，以資蓄泄焉。

元貞元年，工部言：「通惠河創造牐壩，所費不貲，全在守者上下照看修治。今擬設提領三員，管領人員專巡護之事，其西城牐改名會川，海子牐改名澄清。魏村牐改名惠和，籍東牐改名慶豐，郊亭牐改名平津，通州牐改名通流，河門牐改名廣利，楊尹牐改名溥濟。」

大德六年，漕司言：「歲漕百萬，全藉船壩夫力。自冰開發運，至河凍時止，計二百四十日，日運糧四千六百餘石。所轄船夫一千三百餘人，壩夫七百二十人，占役晝夜不息。今年水漲決壩堤六十餘處，雖經修畢，恐霖雨衝圮，走泄運水。點視河堤，量加修築，計深溝壩一萬五千一百五十二工，王村壩七百十三工，鄭村壩一千一百二十五工，西陽壩一千二百六十二工，郭村壩一千九百八十七工，千斯壩下一處一萬工，總用工三萬二百四十。」議上，中書省如所請。

至大四年，中書省臣言：「通州至大都運糧河牐，始務速成，故皆用木，歲久木朽，一旦俱敗，然後致力，將恐不勝其勞。今爲永固計，宜用磚石，以次修治。」從之。至泰定四年，工始竣。

天曆三年，中書省臣言：「世祖時開挑通惠河，全籍上源白浮、一畝等泉之水以通漕運。今諸寺觀及權勢之家，私決堤堰，灌田安磑，致河淤淺，妨漕事，乞禁之。」詔：「白浮、甕山直抵大都運糧河堤堰，諸人毋挾勢偷決。大司農、都水監嚴禁之。」

凡通惠河之上源，曰金水河，出於宛平玉泉山，流至義陽門南水門入京城。至元二十九年，中書右丞馬忽速言：「金水河所經運石大河及高良河西河，俱有跨河跳槽，今已損壞，請新之。」從之。至大四年，敕引金水河注於光天殿西花園石山前舊池，置牐四，以節水勢工成，役夫匠二十九，工二千七百二十三。

曰雙塔河。出昌平縣孟村一畝泉，經雙塔店而東，至豐善村，合榆河，入通惠河。至元三年，巡河官言：「雙塔河時將泛溢，不早爲備，恐至潰決。」都水監乃差夫修治，凡合閉水口五處，用工二千一百五十五。

曰白浮、甕山。白浮泉水，在昌平縣界，西折而東，經甕山湖，自西水門入都城。大德七年，甕山等處看牐提領言：「自閏五月，晝夜雨不止。六月九日，山水暴發，漫流堤，衝上決水口。」都水監自九月二十一日興工，至十月工竣，實役軍夫九百九十三人。十一年三月，白浮、甕山河堤崩三十餘里，編荊笆爲水口，以泄水勢。計笆口十一處。四月興工，十月工竣。皇慶元年，都水監言：「白浮、甕山隄，多低薄崩陷處，宜修築。」來春二月入役，八月工竣，總修長三十七里二百十五步，計工七萬三千七百七十。延祐元年，都水監言：「自白浮、甕山下至廣源牐，堤堰多淤，源泉不能通流。」會計工程，差軍夫千人疏瀹之。泰定四年八月，山水泛溢，衝決甕山諸處笆口。自八月二十六日興工修築，九月十二日工竣。役軍夫二千人，實役九萬工，四十五日。

其西北諸泉之水匯於都城内者，爲積水潭，一名海子，以石甃其四圍。延祐六年，都水監計會，前後與舊石岸相接。用石三百五，各長四尺，寬二尺六寸，厚一尺，用工三百五，役丁夫五十，石工十九。至治三年，大都河道提舉司言：「海子南岸東西道路，當兩城要衝，金水河浸潤於上，海子衝嚙於下，且道狹，多泥淖，車馬難行。如以石砌之，實長久之計。」從之。

金水河。又謂之隆福宫前河。至治二年，敕：「金水河在世祖時濯手有禁，今則洗馬者有之。比至秋疏滌，禁諸人毋得污穢。」

白河。源出塞外，經潮州爲潮河川，南流至通州潞縣，合榆、渾諸水，亦名潞河，又東南至香河縣，又過武清縣，達於静海縣，至直沽入海。

至元三十年九月，漕司言：「通州運糧河，全仰白、榆、渾三河之水合流，舟楫之行有年矣。今歲新開牐河，分引渾、榆二河上源之水。故自李二寺至通州三十餘里，河道淺澀。今春夏天旱，有水深二尺處，糧船不通，改用小料船搬載，淹延歲月，致虧糧數。先是，都水監相視白河，自東岸吴家莊前，就大河西南，斜開小河二里許，引榆河合流至深溝壩下，以通漕舟。今丈量，自深溝、榆河上灣，至吴家莊龍王廟前白河，西南至壩河八百餘步。及巡視，知榆河上源築閉，其水盡趨通惠河，止有白佛、靈溝子母二小河水入榆河，水淺不能勝舟。擬自吳家莊就龍王廟前閉白河，於西南開小渠，引水自壩河上灣入榆河，庶可漕運。又深溝、樂歲五倉，積貯新舊糧七十餘萬石，站車輓運艱緩。訪視通州城北通惠河積水，至深溝村西水渠，去樂歲、廣儲等倉甚近。擬自積水處由舊渠北開四百步，至樂歲倉西北，以小料船運載甚便。」中書省議，從之。

大德五年五月，中書省言：「自楊村至河西務河堤三十五處，用葦一萬九千一百四十束，軍夫二千六百四十人，度三十日工畢。」都水監言：「分官自濠寨至楊村歷視壞堤，督軍夫修築，以霖雨水溢，故工役倍元料，自寺洵口北至蔡村、清口、孫家務、辛莊、河西務堤，就用元料葦草，修補卑薄，創築月堤。其楊村兩岸相對出水河口四處，葦草不敷，令軍夫採刈，至九月工竣。惟楊村堤岸隨修隨圮，蓋爲用力不固，徒煩工役。其未修者，俟來春水涸興工。」

延祐六年十月，中書省言：「漕運糧儲及南來商賈舟楫，皆由直沽達通惠河。今岸崩泥淺，不早疏濬，有礙舟行，必致物價騰貴。都水監職專水利，宜分官一員以時巡視，遇有頹圮淺澀，隨宜修築。如功力不敷，有司差夫助役，怠事者究治。」敕下都水監施行。

至治元年正月，漕司言：「夏運海糧一百八十九萬餘石，轉漕往返，全藉河道通便。今小直沽汊河口潮汐往來，淤泥壅積七十餘處，漕運不能通行。宜移文都水監疏濬。」工部議：「農作方興，兼民多艱食，若不差軍助役，民力有所不逮。」樞密院言：「軍人不敷。」省議：「方東作之時，若差民丁，恐妨歲事。其令大都募民夫三千人，日給傭鈔一兩、糙粳米一升，委正官驗日支給，令都水監及漕司督其役。」從之。

泰定三年三月，都水監言：「河西務菜市灣水勢衝嚙，與倉相近，將來爲患。宜於劉二總管營相對河東岸，截河築堤，改水道與舊河合，可杜水患。」四年正月，省臣奏准，樞府差軍五千，大都路募夫五千人，日支糙粳米五升、中統鈔一兩，都水監工部委官與前衛董指揮同監役。三月十八日興工，六月十一日工竣。

天曆二年三月，漕司言：「元開劉二總管營相對河北舊河，運糧過遠，乞復浚舊河便。」四月，遣兵部員外郎鄧衡、都水監丞阿里、漕使太不花等督軍七千浚治。三年，又募民夫三千人助役，兵部改委辛侍郎監之。是年，濬滑州運河，至入通惠河。

衛河，出輝州蘇門山，經新鄉汲縣而東，至大名路濬州淇水入之，名爲御河。經凡城縣東北，流入濟寧路館陶縣西，與漳水合，又東北至臨清縣，與會通河合。從河間路交河縣北入清池縣界永濟河入之。又北至清州静海縣，會白河入於海。

至元三年七月，都水監言：「運河二千餘里，漕公私物貨，爲利甚大。自兵興以來，失於修治。清州之南、景州之北，頹缺岸口三十餘處，河流淤塞。至癸巳年，朝廷役夫四千修築，乃復行舟。今又三十餘年，無官主領。滄州地分，水面高於平地，全藉堤防。其園圃之家掘堤作井，深至丈餘或二丈，引水灌園。復有瀕河居民，就堤取土，漸至缺壞，走泄水勢，不惟有妨糧運，或致漂没田廬。其長蘆以北、索家馬頭以南，水内暗藏樁橛，尤爲行舟之患。」工部議以濱河州縣佐貳之官兼河防事，沿河巡視，修補堤堰，拔去樁橛，仍禁居民毋穿堤作井七年，武清縣河溢，僉民夫濬之，歷八十日工竣。

至大元年六月，左翼屯田萬户府言：「五月十八日，水決會川縣孫家口岸約二十餘步，南流灌本管屯田。已移河間路、武清縣、清州有司，發丁夫修築。」於是樞密院亦檄河間路左翊屯田萬户府，差軍並工築塞。十月，大名路濬州言：「七月十一日連雨至十七日，清、石二水溢李家道口。詢之社長，稱水源自衛輝路汲縣東北，連本州淇門西舊黑蕩泊，溢流出岸，漫黄河古堤，東北流入本州齊賈泊，復入御河。竊計今歲水施逆行，乃下流漳水漲溢遏絶，以致如此，實非人力可勝。又七月十二日，御河水驟漲三尺，十八日復添四尺，其水逆流，明是下流壅遏，乞差官巡治。」

延祐二年七月，滄州言：「往年景州吴橋縣御河水溢，衝決堤岸。萬户千奴恐傷淇河屯田，差軍築塞舊洩水郎兒口，故水無所洩，浸民廬及已熟田數萬頃。及七月四口，河決吴橋縣柳斜口東岸三十餘步，千户移僧又遣軍堵塞郎兒口，水壅不洩，必致漂蕩張管、許河、孟村三十餘村。本州摘官相視，移文約會開放。」不從。四年五月，都水監始遣官與河間路官相視郎兒口下流故河，至滄州約三十餘里，乃減水故道名曰盤河。應增濬故河，決積水，由滄州城北達滹沱河以入於海。泰定元年九月，都水遣官督丁夫五千八百九十一人，是月興工，至十月工竣。

會通河。起東昌路須城縣安民山之西南，由壽張西北至東昌，又西北至臨清，達於御河。

至元十七年，江南平，置汶泗都漕運司，控引江、淮，以供億京師。自東阿至臨清二百里，舍舟而陸，車運至御河，役民一萬三千二百七十六户。經茌平縣，地勢卑，夏秋霖潦，道路不通，公私病之。於是壽張縣尹韓仲暉、太史院令史邊源相繼言開河置牐，引汶水達於御河，較陸運利相什佰。詔廷臣議之。二十五年，遣都漕運副使馬之貞偕源按視地勢，之貞等圖上可開之狀。丞相桑哥奏言：「安民山至臨清，爲渠二百六十五里。若開濬之，爲工三百萬，當用鈔三萬錠，米四萬石，鹽五萬斤。其陸運夫一萬三千户復罷爲民，其賦入及芻粟之估，爲鈔六萬八千錠，費略相當。然渠成，亦萬世之利，請來春濬之。」從之。二十六年春正月，詔出楮幣一百五十萬緡，米四百石，鹽五萬斤，以爲傭直，徵旁縣丁夫三萬，以斷事官忙哥速兒、禮部尚書張孔孫、兵部郎中李處選等董其役。建牐三十有一，度高低，分遠邇，以節蓄泄，以六月辛亥工竣，凡用工二百五十一萬七百四十有八，賜名會通河，置提舉司職河渠事。元初，遏汶入洸，以益漕，汶始與洸、泗、沂合，猶未分於北。至元二十年，自濟寧新開河，分汶、泗諸水西北流至須城之安民山，入濟水故瀆以達於海，而猶未通於御河。至是，又自安民山西南開河直達臨清，而泗、汶諸水始通於御河焉。

二十七年，以霖雨岸崩，河淤淺，中書省臣奏，撥放罷輸運站户三千，專供挑濬之役。是後，歲委都水監官一人，佩分監印，率令史、奏差、濠寨官巡視，且督工。易石牐，以工之緩急爲先後。至泰定二年，始克畢事云。

會通鎮牐三、土壩二，在臨清北。頭牐，至元三十年建。中牐，南至隘船牐三里，元貞二年至大德二年建。隘船，南至李海務牐一百五十二里，延祐元年建。李海務，南至周家店牐十二里，元貞二年建。周家店，南至七級牐十二里，大德四年建。

七級牐二：北牐，至南牐三里，大德元年建；南牐，至阿城牐十二里，元貞二年建。

阿城牐二：北牐，至南牐三里，大德三年建；南牐，至荆門北牐十里，大德二年建。

荆門牐二：北牐，至荆門南牐二里半，大德二年建；南牐，至壽張牐六十三里，大德六年建。

壽張牐，南至安山牐八里，至元三十一年建。安山牐，南至開河牐八十五里，至元二十六年建。開河牐，南至濟州牐一百二十四里。

濟州牐三：上牐，南至中牐三里，大德元年建；中牐，南至下牐二里，至治元年建；下牐，南至趙村鋪六里，大德七年建。

趙村牐，南至石佛牐七里，泰定四年建。石佛牐，南至辛店十三里，延祐六年建。辛店牐，南至師家店牐二十四里，大德元年建。師家店牐，南至棗林牐十五里，大德二年建。棗林牐，南至孟陽泊牐九十五里，延祐五年建。孟陽泊牐，南至金溝牐九十里，大德八年建。金溝牐，南至隘船牐十二里，大德十年建。

沽頭牐二：北隘船牐，南至大牐二里，延祐二年建。南牐至徐州一百二十里，大德十一年建。徐州三汊口牐入鹽河，南至土山牐十八里，泰定三年建。

然惠通河以汶、泗二水爲上源，故又於兖州立牐堰約泗水西流，堽城立牐堰，分汶水入河南，會於濟州，以六牐撙節水勢。

至元二十七年，運副馬之貞言：「至元十二年，丞相伯顏訪問自江淮達於大都河道，之貞乃言宋、金以來汶、泗相通河道。郭都水按視，可以通漕。二十年，中書省奉委兵部李尚書等開鑿擬修石牐十四。二十一年，省委之貞與尚監察等同相視，擬修石牐八、石堰二。除已修畢外，有石牐一、石堰一、堽城石堰一，至今未修。」之貞又言：「據汶河堽城二牐、一堰，泗河兗州牐堰，濟州城南牐，乃會通河上源之喉襟。去歲堽城汶河土堰、袞州泗河土堰衝決，宜移文袞州、泰安州僉夫修築。又被水衝壞梁山一帶堤堰，走洩水勢，通入舊河，致新河水小，糧船滯澀，乞移文斷事等官轉下東平路修築，上流撥屬江淮漕司，下流屬之貞管領。若已後新河水小，直下濟州監牐官並泰安、袞州、東平修理。據袞州石牐一、石堰一、堽城石牐一，合用材物已行措置完備，乞移文江淮漕司修築。其泰安州、梁山一帶堤岸，濟州牐等處，雖撥屬江淮漕司，今後如水漲衝決堤堰，仍乞照會東平、濟寧、泰安，如承文字，亦仰奉行。」中書省依所議行之。

延祐元年二月，中書省言：「江南行省起運諸物，皆由會通河以達於都，爲其河淺澀，大船充塞於中，阻礙餘船不得往來。每歲臺、省差人巡視。據差官言，始開河時，止許行百五十料船，近年權勢之人並富商大賈貪嗜貨利，造三四五料或五百料船，以致阻滯官民舟楫。如於沽頭置小石牐一，止許行百五十料船便。臣等議：宜依所言，中書及都水監差官於沽頭置小牐一，又於臨清相視宜置牐處，亦置小牐一，禁約二百料之上船，不許入河行運。」從之。

至治三年四月，都水分監言：「會通河沛縣東金溝、沽頭諸處，地形高峻，旱則水淺舟澀。省部已准置二滾水壩。近延祐二年，沽頭牐上增置隘牐一，以限巨舟，每經霖雨，則三牐月河、截河土堰，盡爲衝決。自秋摘夫刈薪，至冬水落，或來歲春初修治，工夫浩大，動用丁夫千百，束薪十萬有餘，數月方完，勞費萬倍。又況延祐六年雨多水溢，月河、土堰及石牐雁翅日被衝嚙，土石相離，深及數丈，其工倍多，至今未完。若運金溝、沽頭並隘牐三處現有之石，於沽頭月河内修一所堰牐，更將隘牐移置金溝牐月河或沽頭牐月河内，水大則大牐俱開，使水道動流，小則閉金溝大牐，上開隘牐，沽頭則閉隘牐，而啟正牐行舟。如此歲省修治之費，又可免丁夫冬寒入水之苦，誠爲一勞永逸。」會驗，監察御史亦言：「延祐初，元省臣嘗請置隘牐以限巨舟，臣等議從之。至梭板等船，乃御河、江、淮行駛之物，宜遣出任其所之，於金溝、沽頭兩牐中置隘牐二，各闊一丈，以限大船。若欲於通惠、會通河行運者，止許一百五十料，違者罪之，仍没其船。其大都、江南紅頭花船，一體不許來往。」部議從之。

泰定四年，御史臺臣言：「巡視河道，自通州至真、揚，會集都水分監及沿河州縣官民，詢考利弊，不出兩端：一曰壅決，一曰經行。自世祖屈羣策，濟萬民，疏河渠，引清、濟、汶、泗，立牐節水，以通江、淮、燕薊，實萬古無窮之利也。惟水性流變不常，久廢不修，舊規漸壞，雖有智者，不能善後。輒有管見，倘蒙採録，責任都水監謹守勿失，能事畢矣。不窮利病之源，頻歲差人巡視，徒爲煩擾，無益。於是都水監元立南北隘牐，各闊九尺，二百料下船梁頭八尺五寸，可以入牐。愚民嗜利無厭，爲隘牐所限，改造減舷添倉長船至八九十尺，甚至百尺，皆五六百料，入至牐内，不能回轉，動輒淺閣，蓋緣隘牐之法，不能限其長短。宜於隘牐下岸立石則，遇船入牐，必須驗量，長不過則，然後放入，違者罪之。」中書省下都水監，委濠寨官與濟寧路、東昌路委官相視，如所議行之。

揚州運河。亦名鹽河，北至三汊口，達於會通河。至元二十七年，江淮行省奏加疏濬。

延祐四年，兩淮運司言：「鹽課甚重，運河淺澀無源，請濬之。」明年，中書省移河南行省，委都事張奉政及宣慰司、運司、州縣倉場官集議：「河長二千三百五十里，有司差瀕河有田户傭夫修一千八百六十九里，倉場鹽司協濟有司修四百八十一里。」運司言：「近歲課額增多，船竈户日貧，宜令有司通行修治，省減官錢。」中書省議准：「諸色户内顧覓丁夫萬人，日支鹽糧錢二兩，計用鈔二萬錠，以鹽司鹽課及減駁船款下協濟。」

練湖。在鎮江，爲運河之上源。運河自鎮江南至常州吕城壩。

至治三年，中書省臣言：「鎮江運河全藉練湖之水，官司漕運供億京師，及商賈販載、農民往來，其舟楫莫不由此。宋時專設人員，以時修濬。若運河淺阻，開放湖水一寸，則可添河水一尺。近年淤淺，舟楫不通，凡有官物，差民運遞，甚爲不便。鎮江至吕城壩，長百三十里，計役民萬五百十三人，六十日可畢。又用三千人濬練湖，九十日可畢。一夫日支糧三升、中統鈔一兩。行省、行臺分官監督。合行事宜，依江浙行省所擬。」敕從之。於是江浙行省委參政董中奉董其役。

董中奉言：「練湖、運河非一事也。宜仿假山諸湖農民取泥之法，用船千艘，船三人，以竹箕撈泥，日可三載，月計九萬載，三月計通取二十七萬載。就用其泥增築湖堤。自鎮江城外程公壩至常州武進縣呂城壩，河長一百三十一里一百四十六步，河面闊五丈，底闊三丈，深四尺，與見有水二尺，共積深六尺。於鎮江、常州、江陰州、溧陽州田多上户内均差夫役。若濬湖與開河二役並興，卒難辦集。宜先開運河，工畢就濬練湖。」中書省議從之。泰定元年正月，各監工官沿湖相視，上湖沙岡黄土，下湖茭根叢雜，泥堅硬不可箕取，又兩役並興，相去三百餘里，往來監督勞費，甚願先開運河，期四十七日工畢，次濬練湖，期二十日工畢。

是年二月，省臣奏：「開濬運河、練湖，重役也，應依行省議，仍許便宜從事。」其後各監工官言：「分運河作三壩，依元料深闊丈尺開濬，已於三月七日積水行舟。」又任奉議指劃元料，增築湖壩，共增闊一丈二尺，平面至高底灘脚，共量斜高二丈五尺。依中堰西石礎東舊堤卧羊灘修築，如舊堤已及所料之上。中堰西石礎至五百婆堤西上增高土一尺，有缺補之。五百婆堤至馬林橋堤水勢稍緩，不須修治。歸勘任水監元料，開運河夫萬五百十三人，六十日畢，濬練湖夫三千人，九十日畢，人日支鈔一兩、米三升，共該鈔萬八千十四定二十兩，米二萬七千二十一石六斗，實徵夫萬三千五百十二人，共役三十二日，支鈔八千六百七十九定三十六兩，米萬三千十九石五斗八升，視原料省半焉。

運河開未久，旋廢不用者，曰濟州河，曰膠萊河。

濟州河。至元十七年，姚演建議開濟州泗河入大清河，至利津入海。阿合馬等議從之，命阿八赤董其役。十八年十二月，遣奧魯赤、劉都水及通算學者一人，給宣差印，往濟州，定開河夫役。令大名、衛州新軍助其工。然海口沙淤，船出入不便。既而右丞麥朮丁奏：「阿八赤所開河，益少損多，敕候漕司忙古䚟至議之。海道便，則阿八赤河可廢。」未幾，忙古䚟自海道運糧至，濟州河遂廢。

膠萊河。亦名膠東河，在膠州東北，分南北流，南流自膠州麻灣口入海，北流至掖縣海倉口入海。至元十七年，姚演建議開新河，鑿地三百餘里，起膠西縣陳村海口西北，至掖縣海倉口，以達直沽。然海沙易壅，又水潦積淤，功訖不就。二十二年，以勞費不貲，罷之。

【校勘記】

〔一〕「上牐」，原作「上閘」，據上下文及《元史》卷六四志第十六《河渠一》改。

新元史卷之五十四　志第二十一

河渠志三

渾河　滹沱河冶河　灤河　吴松江澱山湖　四川江堰　鹽官州海塘　諸路水利

渾河。又名盧溝河，其上流爲桑乾河。發源於太原之天池，伏流至朔州馬邑縣，渾泉湧出，曰桑乾泉。東流自奉聖州入宛平界，至都城四十里東麻峪，分爲二派：一自通州高麗莊入白河，一南流至武清縣合御河入於海。

太宗七年八月，河決牙梳口，劉冲禄言：「率水夫二百餘人已依期修築，恐水漲不時衝決，或貪利之人盜決溉灌，請禁之。」廷議命冲禄提領其事，盜決者以違制論，如遇修築之役，其丁夫物料於應差處調發。

至大二年十月，河決左都威衛營西大堤，没左右二衛及後衛屯田麥。三年二月，中書省下左右衛後衛及大都路督修，至五月工畢。

皇慶元年二月，東安州言：「河決黄堝堤十七所。」同知樞密院塔失帖木兒奏：「渾河決壞屯田，已發軍士五百人築決口。臣等議：治水，有司事也，宜命中書省檄所屬董其事。」從之。是年六月，霖雨，渾河堤決二百餘步，發民丁刈雜草築之。

延祐元年六月，河決武清縣劉家莊左衛，差軍士七百人與東安州民夫同修決口。二年正月，大雨，河決。三年，中書省議：「渾河決堤堰，没田禾，軍民蒙害。既已奏聞，差官相視，上自石徑山金口，下至武清縣界舊堤，長三百四十八里，中間因舊堤修築者四十九處，應修補者十九處，創修者八處，宜疏通者二處。計工三十八萬一百，役夫三萬五千，九十六日可畢。如通築則勞費太甚，宜分三年築之。」從之。七年四月，營田提舉司言：「去歲十二月，屯户巡視廣賦屯北河堤二百餘步將崩，恐來春水漲，浸漫爲患。」都水監委濠寨官，會營田提舉司、武清縣，督民夫築之，凡用工五百萬三千七百二十二。

至治元年五月，運河再決。泰定元年七月，河又決。

金口河者，金時自大都之西麻峪村，分引渾河，穿南山而出，謂之金口河。

至元二年，都水少監郭守敬言：「其水可以溉田。兵興，典守者懼有所失，因以大石塞之。若按視故道，使水得通流，上可以致西山之利，下可以廣京畿之漕。」又言：「當於金口西，預開減水口，西南還大河，令其深廣，以防漲水突入之患。」朝廷韙其議而未行。二十八年，有言渾河自麻峪口行舟可至尋麻林，遣守敬相視，回奏不能通舟楫。

大德二年，渾河水發，都水監閉金口牐板以防之。五年，河溢，水勢洶湧，守敬恐衝没南北二城，又將金口以上河身，用土石盡塞之。蓋守敬已知前議之不可用矣。至正二年正月，中書參議孛羅帖木兒、都水監傅佐建言：「起自通州南高麗莊，直至西山石峽鐵板，開古金水口一百二十里，鑿新河一道，深五丈，廣二十丈，放西山金口東流，合御河，接引海運至大都城内輸納。」是時，脱脱爲右丞相，奏而行之。廷臣多言其不可，右丞許有壬言尤力。脱脱排羣議不納，遂以正月興工，至四月工畢，起牐放金口水，流湍迅急，須臾衝決二十餘里，都人大駭。脱脱急令塞之。是役也，毁民廬舍墳墓無算，又勞費不貲，卒以無功。御史糾孛羅帖木兒、傅佐之罪，俱論死。

滹沱河。出山西繁畤縣泰戲山，東流經真定路真定、藁城，平山諸縣，又東北抵寧晉縣境，入衞河。

延祐七年十一月，真定路言：「真定縣城南滹沱河，北決，寖近城。聞其源本微，與冶河不相通，後二水合，勢遂迅猛，屢壞大金堤爲患。本路達魯花赤哈散於至元三十年奏准，引冶河自爲一流〔一〕，滹沱水勢十減三四。至大元年七月，水溢，漂南關百餘家，冶河口淤塞，復入滹沱。自後，歲有衝決之患。略舉大德十年至皇慶元年，節次修堤，用卷埽葦草二百餘萬，官備傭直百餘萬錠。及延祐元年三月至五月，修堤二百七十餘步。近年米價翔貴，民匱於食，有丁夫正身應役，單丁須募人代替，傭直日不下三五貫，前工未畢，後役迭至。延祐二年，本路總管馬思忽嘗開冶河，已復湮塞。今歲霖雨，水溢北岸數處，浸没田廬。其河元經康家村南流，後徙於村北。數年修築，皆於堤北取土，故南高北低，水愈趨下侵齧。西至木方村，東至護城堤，約二千餘步，比來春修治，田樁梢築土堤，亦非經久之計。若濬木方村南枯河引水南流，牐閉北岸河口，下至合頭村北與本河合，如此去城稍遠，庶無水患。都水監議截河築堤，闊千餘步，新開之岸，止闊六十步，恐不能禦千步之勢。莫若於北岸闕壞低薄處，比元料增夫力，葦草卷埽補築，便擬均料各州縣上中户，價鈔及倉米於官錢内支給。」中書省依所議行之。

至治元年三月，本路又申前議，濬木方村南舊瀆，導水東南流，至合頭村入本河。都水監言：「治水者，行其無事也。截河築堤一千餘步，開掘老岸，闊六十步，長三十里，霖雨之時，水拍兩岸，所開河止闊六十步，焉能容納？上嘯下滯，必致潰決，徒糜官錢，勞民力，非善策也。若順其自然，增添物料，如法卷埽，修築堅固，誠爲官民便宜。」省議從之。泰定四年八月，中書省奏：「本路言滹沱源自五台諸山，至平山縣王母村山口下，與平定州娘子廟石泉冶河合，夏秋霖雨水漲，彌漫城郭。宜自王子村、平安村開河，長四里餘，接魯家灣舊澗，復開二百餘步，合入冶河，以分其勢。又木方村南岸故道，疏濬三十里，北岸下樁卷埽，築堤捍水東流。今歲儲材，九月興工，十一月工竣。物料傭值，官爲供給，庶幾力省工多，永免異日之患。」工部議：「二河並治，役重民勞，應先開冶河。如本路民夫不敷，可於順德路差募。如侵礙民田，官酬其直。」後真定路又言：「閏九月以後，天寒地凍，難於興工，宜俟來春開濬。」奏上，詔如所請。

冶河。出井陘縣山中，經平山縣西門外，又東北流十里入滹沱河。

元貞元年正月，丞相完澤等言：「往年先帝嘗命開真定冶河，已發丁夫。適先帝升遐，以聚衆罷之。今宜遵舊制，卒其事。」從之。

皇慶元年七月，冶河龍花、判官莊諸處堤壞，都水監與本路官議：「自平山縣西北，改修滾水石堤，下修龍塘堤，東南至水碾村，開河道一里，又至蒲吾橋西，開河道一里，疏其淤澱，築堤分上流入舊河，以殺水勢。」又議：「於欒城縣北聖母堂冶河東岸，開減水河，以去真定水患。」省議俱從之。

灤河。源出金蓮川，由松亭北，經遷安東、平州西，至灤州入海。

至元二十八年，敕姚演濬灤河，挽舟而上，漕運上都。尋遣郭守敬相視，以難於施工而罷。大德五年六月，大霖雨，灤河與肥、洳二水並溢，水入城，官民廬舍漂蕩殆盡。中書省委吏部員外郎馬之貞與都水監官修之。東西二堤，計用工三十一萬一千五百，鈔八千八十七錠十五兩，椿木等價鈔二百十四錠二十六兩。

延祐四年六月，上都留守司言：「城南御河西北岸爲河水衝囓，漸至頹壞，恐水漲漂没民居。請調軍供役，庶可速成。」敕曰：「今維其時，宜發軍速爲之。」於是虎賁司發三百人供其役。

泰定三年七月，右丞相塔失帖木兒等奏：「斡耳朵思住人營盤，爲灤河走凌衝壞，應築護水堤，請敕樞密院發軍一千二百人修之。」從之。

吴松江。受太湖諸水，東匯澱山湖以入海，潮汐淤沙，湮塞河口。宋人置撩洗軍以疏導之。世祖取江南，罷散軍人，又任勢豪租占田蕩，淤塾益甚。

至治三年，江浙行省言：「嘉興路高治中、湖州路丁知事同本管正官體究舊濬通海故道，及新生沙漲應開河道五十處，内常熟州九處，崑山州十處，嘉定州三十五處。其松江府各屬應濬河渠，華亭縣九處，上海縣十四處。上海、嘉定連年旱澇，皆緣河口淤塞，旱則無以灌溉，澇則不能流洩，累致凶歉，官民俱困。至元三十年以後，兩經疏濬，稍獲豐稔。比年又復壅塞，勢家租占愈多。上海縣歲收官糧十七萬石，民糧三萬餘石，延祐七年災傷五萬八千七百餘石，至治元年災傷四萬九千餘石，二年十萬七千餘石，水旱連年，殆無虚歲。近委人相視，講求疏濬之法，其通海大江，未易遽治，舊有河港聯絡官民田土之間藉以灌溉者，今皆填塞，必須疏通，以利耕稼。欲令有田民户自爲整治，而工役浩大，民力不能獨舉。由是議：上海、嘉定河港，宜令本處管軍、民、官、站、竈、僧、道諸色有田者，以多寡出人，備糧修治，州縣正官督役。其豪勢租占田蕩者，並當除闢。民間糧税權免一年，官租減半。華亭、崑山、常熟州河港，比上海、嘉定緩急不同，從各處正官督有田之家，備糧併工修治。既陰陽家言：癸亥年通土有忌。預爲咨呈可否。」

至泰定元年十月興工，旭邁傑等奏請依所議行之，命脱顔答剌罕諸臣同提調，監察左丞朵兒只班及前都水少監董其役。

澱山湖。與太湖相通，東流入海。

至元末，參知政事梁德珪言：「忙古觧請疏治澱山湖，因受曹總管金而止。張參議等相隨言之，識者咸以爲便。臣等議：此事可行無疑。請選委巡行官相視，會計合同軍夫。」帝從之。既而平章政事帖哥言：「民夫足用，不須調軍。」帝曰：「有損有益，其均齊並科之。」

未幾，世祖崩，成宗即位。帖哥又言其事，且建議用湖田糧三萬石，以募民夫四千、軍四千隸於都水防田使司，職掌收捕海賊，修治河渠等事。帝命伯顔察兒與樞密院同議，並召宋降臣范文虎及朱清、張瑄詢之。瑄等言：「亡宋屯守河道，用手號軍，大處千人，小處不下三四百人，隸巡檢司管領。」文虎言：「差夫四千，非動揺四十萬户不可。若令五千軍屯守，就委萬户一員，事或可行。」樞府韙文虎言，奏行之。

四川江堰。凡一百三十有二處，歲治堤防役民兵多者萬餘人，少者猶千人，或數百人。役例七十日，不及七十日，雖竣不得休息。不役者，日出鈔三貫爲傭直。歲費不下七萬貫，官民俱困。

元統二年，四川肅政廉訪司僉事吉當普巡視，得要害之處三十有二，餘悉罷之。與灌州州判張弘議，甃以石。弘出私錢，試爲小堰。堰成，水暴漲而堰不動，遂決計行之。

至元元年七月興工，先從事於都江堰。少東爲大小釣魚，又東跨二江爲石門，以節北江之水，又東爲利民臺，又東南爲侍郎、楊柳二堰，其水自離堆分流入於南江。

南江東至廟角，又東至金馬口，又東過大安橋，入於成都，俗名大皂江，江之正源也。又東爲虎頭山、鬬雞臺。臺有水則，以尺畫之，凡十有一。水及其九，其民喜，過則憂，没則困。又書「深淘灘，高作堰」，相傳爲秦守李冰所教云。又東爲離堆，又東至三石洞，釃爲二渠。其一自上馬騎東流入成都，古之外江也。

南江自利民臺有支流，東南出萬工堰，又東爲駱駝堰，又東爲碓口堰，鹿角之北涯有渠曰馬壩，東流至成都，入於南江。渠東行二十餘里，水決其南涯四十有九處。乃自其北涯鑿二渠，與楊柳渠合，又東與馬灞渠合，自金馬口之西鑿二渠，合金馬渠，東南入於新津江，罷藍淀、黄水、千金、白水、新興至三利十二堰。

北江三石洞之東爲外應、顔上、五斗諸堰，其水皆東北流於外江。外江東至崇寧，亦爲萬工堰。堰之支流，自北而東，爲三十六洞，過清白堰，東入彭、漢之間。而清白堰水潰其南涯，乃疏其北涯舊渠，直流而東，罷南涯之堰及三十六洞之役。

他如嘉定之青神，有堰曰鴻化，則授成於長吏，應期功畢。成都之九里堤，崇寧之萬工堰，彰之堋口、豐洞諸堰，未及施功，則使長吏於農隙爲之。諸堰，都江及利民臺之役最大，侍郎、楊柳、外應、顔上、五斗次之，鹿角、萬工、駱駝、碓口、三利又次之。都江居大江中流，故以鐵萬六千斤鑄大龜，貫以鐵柱，置堰下以鎮之。諸堰皆甃以石，範鐵以關其中，取桐油，和石灰，雜麻枲，而擣之使熟，以苴罅漏。岸善崩者，密築碎石以護之。所至或疏舊渠以導其流，或鑿新渠以分其勢。遇水之會，則爲石門，以時啟閉。五越月，工竣。吉當普以監察御史召，省臺上其功，詔學士揭奚斯撰碑文以旌之。

鹽官州海塘。去海岸三十里，舊有捍海塘二，後又添築鹹塘。大德三年，塘岸崩，中書省遣禮部郎中游中順，與本省官相視，以虚沙難於施力，議築石塘。又以勞費甚，不果。延祐中，鹽官州海溢，累壞民居，陷地三十餘里，行臺、行省官共議於州城北門外添築土塘，再築石塘，東西長四十三里，又以潮汐河漲而止。

泰定四年六月，海溢，鹽官州告災，乃遣使祀海神，與有司視形勢所便，復議築石塘捍海。詔曰：「築塘是重勞吾民也，其增石囤捍禦，庶天其相之。」

先是，致和元年，江浙行省建議作籧篨，實以石，鱗次疊之，以禦海潮。已而皆淪於海。乃改造石囤，以救一時之急焉。未幾，杭州路又言：「八月以來，秋潮洶湧，水勢愈大，見築沙地塘岸，東西八十餘步，造木櫃石囤以塞其要處。本省左丞相脫歡等議，安置石囤四千九百六十，以資抵禦。計工、物用鈔七十九萬四千餘錠，糧四千餘石，接續興修。」中書省議遣户部尚書李家奴、工部尚書李嘉賓、樞密院屬衛指揮青山、副使洪灝、宣政院僉事南哥班與行省左丞相脫歡及行臺、行宣政院、庸田使司，會議修治之策。合用軍夫，除戍守州縣關津外，酌量差撥，從便支給口糧。合役丁力，附近有田之民及僧、道、也里可溫、答迭兒等户内點僉。凡工役之時，諸人毋或沮壞，違者罪之。既而李家奴等以已置石囤，不曾崩陷，是已略見成效，乃東西接壘十里，其六十里塘下舊河，就取土築塘，以備崩壞焉。

天曆元年，都水庸田司言：「八月十四日，祈請天妃入廟。十五日至十九日，海岸浮沙東西長七里餘，南北廣或三十步，或數十百步，漸見南北相接。西至石囤，已及五都，修築捍海塘與鹽塘相接。石囤東至十一都六十里塘，東至大尖山嘉興、平湖三路所修海口。自八月一日，探海二丈五尺。至十九日探之，先二丈者今一丈五尺，先一丈五尺者今一丈。西自六都仁和縣界赭山、雷山爲首，添漲沙塗，已過五都四都，鹽官州廊東西二都，沙土流行，水勢俱淺。二十七日至九月四日大汎，本州嶽廟東西，水勢俱淺，漲沙東過錢家橋海岸，元下石囤木植，並無頹圮，水息民安。」詔改鹽官州曰海寧州。

諸路水利之可考者：

中統三年，中書左丞張文謙薦邢臺郭守敬習水利，徵詣行在。守敬面陳六事：其一，引玉泉水及開藺榆河，已見前。其二，順德達活泉引爲三渠，灌城東之地。其三，順德澧河東至古任城，失其故道，没民田一千三百餘頃。若開河，自小王村合滹沱入御河，可通舟楫，其田亦可耕種。其四，磁州東北漳、滏二水合流處，開引河，由滏陽、邯鄲、洺州、永年，下經雞澤，入澧河，可溉田三千餘頃。其五，懷孟沁河雖已通渠灌溉，尚有漏堰餘水，與舟河相合，開引東流，至武陟縣，北合御河，可溉田千餘頃。其六，黄河自孟州西，開引河，經新舊孟州中間，順河古岸下至温縣，南入大河，其間亦可溉田二千餘頃。帝喜曰：「成吾國家之務者，其斯人乎！」並依所奏行之。

至元元年，守敬從文謙行省西夏。其瀕河五州，皆有古渠。在中興州者，一名唐東渠，長袤四百里，一名漫延渠，長袤二百五十里。他州渠十，長袤各二百里，支渠大小六十有八。計溉田可九萬餘頃。兵亂後，皆淤廢。守敬因古道疏濬之，更立閘堰，役不逾時，諸渠皆通利。

二年，守敬入爲都水少監，奏言：「臣向自中興還，順河而下，四晝夜至東勝，可通漕運。又查泊兀郎海，古渠甚多，皆應修理。」帝並韙之。元一代治水利者，咸推服守敬，以爲不可及云。

其後，學士虞集建畿輔水利議，謂：「京師之東，瀕海數千里，北極遼海，南濱青徐，萑葦之場也，海潮日至，淤爲沃壤。用浙人之法，築堤扞水爲田，聽富民願得官者，合其衆分授以地。官定其畔以爲限制。能以萬夫耕者，授以萬夫之田，爲萬夫之長，千夫、百夫亦如之，察其惰者而易之。一年勿征也，三年視其成，以地之高下定額於朝廷，以次漸征之。五年有積蓄，命以官，就所儲給以祿。十年佩之符印，以傳子孫，如軍管之法，則東西民兵數萬，可以近衛京師，外禦島夷；寬東邊之運，以行疲民；遂富民得官之志，而獲其用；江海游食盜賊之類，亦有所歸。」

至正十二年，丞相脱脱當國，遂仿集之議，奏：「京圻近水地，召募江南人耕種，歲可收粟麥百餘萬石。不煩海運，京師足。」上從之。於是西自西山，南自保定、河間，北抵檀、順，東至遷民鎮，凡係官地及原管各處屯田，悉從分司農司立法佃種。合用工價、牛具、農器、穀種，給鈔五百萬錠。命悟良合台、烏古孫良楨並爲大司農卿。又於江南召募能種水田及修築圍堰之人各一千，爲農卿降空名，添設職事敕牒十二道，募農夫一百名者，授正九品；二百名，正八品；三百名，正七品；就令管領所募之人。所募農夫，每名給鈔十錠。未幾，中原盜起，脱脱亦罷斥，其建置卒無成效。

後至元五年，洺磁路言：「洺州城内井泉鹹苦，居民飲之多疾，有死者。請疏濬舊渠，置牐壩，引滏水。分灌洺州城濠，以濟民用。計會渠東西長九百步，闊六尺，深三尺，役四百七十五工，民自備器用。歲二次放牐，不妨漕事。」中書省議，從之。

廣濟渠者，在懷孟路，引沁水以達於河。先是，中統二年，提舉王允中、大使楊端仁奉詔開渠。修石堰長一百餘步，高一丈三尺。石斗門橋，高二丈，長十四步，闊六步。渠四道，計六百七十里，經濟源、河内、河陽、温、武陟五縣。渠成，民甚利之，賜名廣濟渠。三年八月，中書省臣忽魯不花等奏：「廣濟渠司言：沁水渠成，今已驗工分水，恐久遠權豪侵奪。」乃下詔依本司所定水分，已後毋許侵奪。

至大三年，懷慶路同知阿合馬言：「天久旱，秋穀種不入土。近訪問耆老，咸稱：丹水澆灌山田，居民深得其利。有沁水亦可溉田，中統間王學士亦爲天旱，奉詔開此渠，募自願人户於沁口古蹟，置分水渠口，開渠四道，歷温、陟入河，約五百餘里，渠成，名曰廣濟渠。設官提調，遇旱則官爲斟酌，驗工多寡，分水澆灌，濟源等處五縣民田三千餘頃咸受其賜。二十餘年後，因豪家截河起堰，立碾磨，壅水勢。又經霖雨，渠口淤塞。河渠司旋亦革罷，有司不爲整頓，因致廢壞。今五十餘年，分水渠口及舊渠蹟，均尚可考。若蒙依前浚治，引水溉田，於民大便。」尋據孟州等處申言：「舊日沁水築土堰，遮水入廣濟渠，岸北雖有減水河道，不能吞伏，後值霖雨，蕩没田禾，以此堵閉。今若枋口上連土岸，置立石堰，復還本河，又從減水河分殺其勢，如此庶不爲害。」工部牒都水監相視施行。

三白渠，在京兆路。太宗十一年，梁泰奏請修三白渠堰，比之旱地，其收數倍。帝從之，仍敕泰佩元降金符，充宣差，規措三白渠，以郭時中副之，置司於雲陽縣。所用田户及牛畜，敕塔海紺不於軍前應副。

洪口，在奉元路。至治元年十月，陝西屯田府言：「年例八月差水户，自涇陽縣西仲山下截河築堰，改涇水入白渠，下至涇陽縣北白公斗，分爲三限，並平石限，蓋五縣分水之要所。北限入三原、櫟陽、雲陽，中限入高陵，南限入涇陽，澆官民田七萬餘畝。近至大三年，陝西行臺御史王琚言：涇陽洪口展修石渠，爲萬世之利。計展修八十五步，用石十二萬七千五百尺，石工二百人，丁夫三百人，金火匠二人，火焚水淬，日鑿石五百尺，二百五十日工畢。延祐元年二月興工，石性堅厚，鑿至一丈，水泉湧出。乃續展十七步，石積二萬五千五百尺，增夫匠百人，日鑿六百尺，一百四十二日工畢。」天曆元年六月，涇水溢，洪口堰及小龍堆盡圮。水入涇，白渠内水淺。屯田府以爲言。陝西行省議：「洪口自秦漢至宋，一百二十激，經由三限，分澆五縣民田七萬餘頃。驗田出夫千六百人，自八月一日修堰，至十月放水溉田，以爲年例。近奉元亢旱，人相食，流亡疫死者十七八，差役不能辦集。今修堰，除見在户依例差役，其逃亡之家合出夫數，宜令涇陽縣近限水利户添差一人，官日給米一升，併工修築。」中書省依所議行之。

涇渠，宋名豐利渠，移古白渠口上五十餘步。元至元中，立屯田府。大德八年，涇水暴漲，渠堰壞，屯田總管府夾谷伯顔帖木兒與涇源尹王琚疏導之。編荆作囤，貯之以石，復填以草，疊爲堰，歲時修築，未嘗廢圮。至大元年，王琚爲西臺御史，建言於豐利渠上移北二百餘步，更開石渠五十一丈，闊一丈，深五尺，方一尺爲一工，用十五萬三千工。自延祐元年興工，五年渠成，名爲御史渠。至正三年，御史宋秉元言：「渠積年坎取淤土，疊於岸，岸益高，送土不易，請開鹿巷以便夫役。」廷議從之。三十年，行省左丞相帖里帖木兒遣都事楊欽修治，凡溉田四萬五千餘頃。

古鄭渠，東北行，合治谷、清谷、濁谷諸水，逕富平、蒲城以注於洛白渠；東南行，循涇水，逕高陵、臨潼以注於渭。鄭渠湮已久，後世所謂白渠者，引水出中山口，亦非漢白渠之舊。元渠本宋之豐利渠，更移北二百餘步，愈非舊白渠矣。

【校勘記】

〔一〕「治河」，原作「治河」，據下文及《元史》卷六四志第十六《河渠一》改。

新元史卷之五十五　志第二十二

百官志一

世祖命劉秉忠、許衡定官制，以中書省管政事，樞密院管兵，御史臺司糾劾，又設行省、行臺，使内外均其輕重，以相維繫，立法之善，殆爲唐宋所不及。然上自中書省，下逮郡縣親民之吏，必以蒙古人爲之長，漢人、南人貳之。終元之世，奸臣恣睢於上，貪吏掊克於下，痛民蠹國，卒爲召亂之階。甚矣！王天下者，不可以有所私也。至一事而分數官，一官而置數員，秩位濫於遥授，事權隳於添設，率大德以後之所增益，不盡爲世祖舊制也。《元典章》之内外文武職品，與舊史互有異同，今亦附著下方，備參考云。

太師、太傅、太保爲三公。正一品。太祖十二年，以木華黎爲太師，後又以耶律秃花爲太傅。太宗時，耶律阿海爲太師，耶律秃花爲太傅，石抹明安爲太保，皆崇以位號，無專職。世祖至元元年，以劉秉忠爲太保。至成宗以後，始三公並建。《元典章》：太師府、太傅府、太保府參軍，俱正五品。又有太尉、大司徒、司徒，大司徒，秩從一品。餘品秩無考。至元十九年，罷司徒府。或置或不置；其置者，或開府或不開府。大德十一年，又置太子太師、少師、太傅、少傅、太保、少保，尋並罷。

中書省：中書令一員。太宗二年，立中書省，以耶律楚材爲中書令。自世祖以後，爲皇太子兼官。中統三年，以皇子燕王守中書令。至元十年，立燕王爲皇太子，仍兼中書令。大德十一年，以皇太子領中書令。延祐三年，以皇太子行中書令。至正十三年，命皇太子領中書令。

右丞相、左丞相各一員。正一品。《元典章》：中書左、右丞相均從一品，未詳何時改正一品。元初官制，中書令正一品，左、右丞相從一品。居令之次，令缺則總省事，佐天子理萬機。

平章政事四員。從一品。貳丞相，凡軍國重事，無不由之。

右丞、左丞各一員。正二品。副丞相裁成庶務，號左右轄。

參知政事二員。從二品。參決大政，其職亞於丞。

參議中書省事。正四品。典左右司文牘，爲六曹之管轄。

左司：郎中二員。正五品。員外郎二員。正六品。都事二員。正七品。掌吏、禮房之科有九，一曰南吏，二曰北吏，三曰帖黄，四曰保舉，五曰禮，六曰時政記，七曰封贈，八曰牌印，九曰好事。知除房之科有五，一曰次品，二曰常選，三曰臺院選，四曰見缺選，五曰別里哥選。户雜房之科有七，一曰定俸，二曰衣裝，三曰羊馬，四曰置計，五曰田土，六曰太府監，七曰會總科。糧房之科有六，一曰海運，二曰攢運，三曰邊遠，四曰賑濟，五曰事故，六曰軍匠。銀鈔房之科有二，一曰鈔法，二曰課程。應辦房之科有二。一曰飲膳，二曰草料。

右司：郎中二員，員外郎二員。都事二員。品秩同前。掌兵房之科有五，一曰邊關，二曰站赤，三曰鋪馬，四曰屯田，五曰牧地。刑房之科有六。一曰法令，二曰弭盜，三曰功賞，四曰禁治，五曰枉勘，六曰鬬訟。工房之科有六。一曰攢造軍器，二曰常課段匹，三曰歲賜，四曰營造，五曰應辦，六曰河道。

照磨一員，正八品。掌磨勘左右司錢穀出納、營繕料例，凡數計、簿籍之事，皆領之。

管勾一員，正八品。掌納四方文移，郵遞之程期，曹司之承受。

架閣庫管勾二員，正八品。掌皮藏省府帳籍案牘。

至正元年，吏、兵、刑分爲二庫，户、工分爲二庫，各設管勾一員。

又蒙古架閣庫管勾一員，回回架閣庫管勾一員。品秩同前。

太宗二年始置左、右丞相，以粘合重山、鎮海爲之。

世祖中統元年，立行中書省於燕京、置中書丞相一員，平章政事二員，參知政事一員。

二年，增置右丞相二員，左丞相二員，平章政事四員，右丞一員，左丞二員，參知政事二員。

三年，增左右丞爲四員。

至元二年，增置丞相五員，不分左右。四年，復省爲右丞相一員，左丞相一員。七年，立尚書省，中書省增置左丞相一員，平章政事以下如故；尚書省置平章政事一員，同平章事一員，參知政事三員。九年，罷尚書省，左丞相仍省爲一員，平章政事三員，左、右丞各一員，參知政事二員。二十三年，定省臺院部官，中書省除令外，左、右丞相各一員，平章政事二員，左右丞各一員，參知政事二員。二十四年，復立尚書省，置尚書平章政事二員，尚書右丞、左丞各一員，參知政事二員；中書省左、右丞缺不置。二十五年，尚書省置右丞相一員，中書省罷左丞相不置。二十八年，罷尚書省，專任一相，增中書平章政事爲五員，一員爲商議省事。三十年，又增平章政事一員，置右丞二員，一員爲商議省事。

元貞元年，改商議省事爲平章軍國重事。從一品。

大德三年，復置左丞相。七年，詔中書省設官，自左右丞相以下，平章二員，左右丞各一員，參知政事二員，定爲八府。

至大二年，再立尚書省，置尚書省左、右丞相各一員，平章政事三員，左、右丞各一員，參知政事二員。中書省增平章政事爲五員，右丞二員，左丞三員。四年，尚書省併入中書省，尚書省丞相以下諸官並罷。中書省左、右丞相爲四員，參知政事三員。

至順元年，定平章政事爲四員，右丞一員，左丞一員，參知政事二員。三年，以燕鐵木兒顓權，專任一相，不設左丞相。自後，左丞相或置或不置。

元統三年，命右丞相伯顔獨長臺司。

後至元五年，加右丞相伯顔爲大丞相。八年，命脱脱爲右丞相，復置左丞相。

至正七年，置議事平章四員。十二年，以賈魯爲添設左丞，悟良合台爲添設參知政事，又以杜秉彝爲添設參政，哈麻爲添設右丞。十四年，以吕思誠爲添設左丞。二十七年，以鑾子爲添設第三平章，帖里帖木兒爲添設左丞相。

參議中書省事，中統元年始置一員，至元二十二年累增至六員，大德元年省爲四員。其治曰參議府。左右司，中統元年置，後改給事中、中書舍人，校正等官。至元九年，仍設左右司，併爲一司。十五年，分置兩司。至大二年，併左右司爲一。四年，仍分置如舊制。

照磨，中統元年置二員，至元八年省爲一員。

管勾，中統元年置二員，至元三年省爲一員。

架閣庫管勾，至元三年始置二員，其後增置員數不一，至順初定爲二員。

斷事官。正三品。元初職任最重，以御位下及中宫、東宫諸王各投下怯薛丹等人爲之。中統元年，十六位下置三十一員。至元六年，十七位下置三十四員。七年，十八位下置三十五員。二十八年，分立兩省斷事官，隨省並置。二十九年，十八位下置三十六員，併入中書省。三十一年，復增二員。後定置，自御位下及諸王位下共四十一員。

經歷一員。從七品。

知事一員。從八品。

客省使。正五品。使四員，正五品。副使二員，正六品。掌直省舍人、宣使等選舉差遣之事。

檢校官四員，正七品。掌檢校左右司、六部公事程期、文牘稽失之事。至元九年，置客省使二員，一員兼通使，一員不兼。二十八年，置中書省檢校官二員，考覈户工部文案疏緩者。大德元年，增置使四員，副使二員，檢校官四員。至元七年，置直省舍人二員，後增置三十三員，掌給使差遣之役，無品級，與宣使等。至大二年，置尚書客省使、副各一員，尚書省罷，應與同罷。

詳定使司。正三品。使二員，正三品。副使二員，正四品。掌書記二員。正七品。掌詳定四方獻言，擇其善者以聞於上。至正十七年置，以中書官提調之。

吏部：尚書三員，正三品。侍郎二員，正四品。郎中二員，從五品。員外郎二員。從六品。掌官吏選授調補之政令，及勳封爵邑之制，考課殿最之法。中統三年，以吏、户、禮爲左三部，尚書二員，侍郎二員，郎中四員，員外郎六員。至元二年，吏禮自爲一部，尚書三員，侍郎仍二員，郎中仍四員，員外郎三員。三年，復爲左三部，吏部仍設考功郎中、員外郎〔一〕、主事，正七品。各一員。五年，又合爲吏禮部，尚書仍二員，侍郎、郎中、員外郎各一員。七年，始分六部，吏部尚書一員，侍郎一員，郎中二員，員外郎二員。八年，復爲吏禮部，尚書、侍郎、郎中各一員，員外郎二員。十三年，分置吏部，尚書增置七員，侍郎三員，郎中二員，員外郎四員。十九年，尚書減爲二員，侍郎一員，郎中一員，員外郎二員。二十一年，增尚書一員。案舊史本紀：二十一年，升六部尚書爲二品，未知何時復降三品。二十三年，定六部尚書、侍郎、郎中、員外郎各二員。二十八年，增尚書爲三員，主事三員。大德元年，增吏部尚書一員。至大二年，增郎中、員外郎、主事各一員。四年，罷增置之員，如舊制。後至元三年，考功郎中、員外郎、主事各設一員。至正元年，置司績一員。正七品。掌考察百官行止，以憑叙用。

户部：尚書三員，侍郎二員，郎中二員，員外郎三員。品秩同前。掌天下户口、錢糧、田土之政令，及貢賦之出納，金幣之轉通，府藏之委積。中統元年，以吏、户、禮爲左三部尚書。至元二年，分立户部，尚書三員，侍郎、郎中四員，員外郎三員。三年，復爲左三部。五年又分爲户部，尚書一員，侍郎、郎中各一員，員外郎二員。七年，增尚書一員，侍郎、郎中一員。十三年，又增尚書一員。十九年，郎中、員外郎俱增至四員。二十一年，省泉府司入户部。至元十六年，置泉府司。《元典章》：泉府大卿，從二品；泉府司富藏庫使，從七品。二十三年，六部尚書、侍郎、郎中、員外郎定以二員爲額。明年，以户部所掌繁劇，增尚書二員。大德五年，省尚書一員、員外郎一員，置主事八員，至大二年。增侍郎、員外郎各一員。四年，罷增置之員，如舊制。至正元年，設司計官四員，依至元二十八年例添設二員。正七品。其屬附見於後。《元典章》：户部尚書規措應昌運糧事，正三品。

都提舉萬億寶源庫，掌寶鈔、玉器。都提舉一員，正四品。提舉一員，正五品。同提舉一員，從五品。副提舉一員，從六品。知事一員，從八品。提控案牘一員。《元典章》寶源總庫有達魯花赤一員，從五品。至元二十五年，置分萬億庫爲四庫，曰寶源、廣源、綺源、賦源。

都提舉萬億廣源庫，掌香藥、紙劄等物。置官同上。提控案牘二員。

都提舉萬億綺源庫，掌諸色段匹。置官品秩同前，惟提舉增一員。提控案牘三員，後省二員。《元典章》：萬億儲支納一員，從七品。

都提舉萬億賦源庫，掌絲線、布帛等物。置官品秩同前。提控案牘二員，後省一員。

四庫照磨兼架閣庫。管勾一員，從九品。至元二十八年置。

提舉富寧庫，掌萬億寶源庫出納金銀之事。提舉一員，從五品。同提舉一員，從六品。副提舉一員，從七品。至元二十七年置。

諸路寶鈔都提舉司，掌交鈔公事。達魯花赤一員，正四品。都提舉一員，正四品。副達魯花赤一員，正五品。提舉一員，正五品。同提舉一員，從五品。副提舉二員，從六品。知事一員，從八品。照磨一員。從九品。至元七年，案舊紀：憲宗癸丑，立交鈔提舉司，與志不合。立交鈔提舉司，正五品。至元八年罷。十三年，又置行户部於大名，掌印造交鈔。二十四年，改諸路寶鈔都提舉司，升正四品，增副達魯花赤、提控案牘各一員。後定置各員，又增提控案牘一員。

寶鈔總庫，達魯花赤一員，從五品。大使一員，從五品。副使三員。正七品。至元二十五年，改元寶庫爲寶鈔庫。正六品。二十六年，升從五品。本紀：二十五年，升寶鈔總庫永盈庫爲從五品。未詳孰誤。永盈庫，二十六年罷，以所領幣帛入太府監及萬億庫。增大使、副使諸員。

印造寶鈔庫，達魯花赤一員，正七品。大使一員，從七品。副使二員。正八品。中統四年，始置大使。從八品。至元二十四年，升從七品，增達魯花赤一員。後定置諸員。

燒鈔東、西二庫，達魯花赤各一員，正八品。大使各一員，從八品。《元典章》作正八品。副使各一員。從九品。至元元年，昏鈔庫始置監鈔昏鈔官，用正九品印。二十四年，分立燒鈔東、西二庫，置達魯花赤等員。二十八年，罷大都燒鈔庫，各路昏鈔令行省官監燒。《元典章》：行省燒鈔庫大使，正九品。

諸路寶泉都提舉司，至正十年置，其屬曰鼓鑄局，秩正七品。曰永利庫，秩從七品。掌鼓鑄銅錢、印造寶鈔。

行用六庫。中統元年，立中都行用庫，提領一員，從七品。大使一員，從八品。副使一員，從九品。《元典章》：大都平準十行用庫大使，從九品。至元二十四年，大都改置庫者三：曰光熙，曰文明，曰順承。二十六年，又置三庫：曰健德，曰和義，曰崇仁。皆因城門之名爲名。

大都宣課提舉司，掌諸色課程，並領京城各市，提舉二員，從五品。同提舉一員，從六品。副提舉一員，從七品。提控案牘一員。至元十九年，併大都舊城兩税務爲大都税課提舉。《元典章》：大都税課提舉，從五品，乃至大以前官制。至大元年，改宣課提舉司。其屬曰：

馬市豬羊市，提領一員，從七品。大使一員，從八品。副使一員，從九品。至元三十年置。

牛驢市、果木市。設官同前。

魚蟹市。大使一員，副使二員。至大元年置。

煤炭所。提領一員，從八品。大使一員，從九品。副使一員，至元二十二年置。

大都酒課提舉司，掌酒醋榷酤之事。提舉一員，從五品。同提舉二員，從六品。副提舉一員，從七品。提控案牘二員，至元八年置。廿八年，省同提舉一員、副提舉一員。《元典章》：鴛鴦泊倉糧酒務，從五品；泥河倉糧酒務大使，龍興酒務大使，俱從九品。

鈔紙坊。提領一員，正八品。大使一員，從八品。副使二員。從九品。中統四年置，用九品印，止設大使、副使各一員。至元二十七年，升正八品，增提領、副使各員。

印造鹽茶等引局。掌印造腹裏行省鹽、茶、礬、鐵等引，大使一員，從八品。副使一員，從九品。至元二十四年置。

京畿都漕運使司。秩正三品。運使二員，正三品。《元典章》：京畿都漕運使司達魯花赤，正三品。同知二員，正四品。副使二員，正五品。判官二員，正六品。經歷一員，正七品。知事一員，從八品。提控案牘兼照磨一員。正九品。掌凡漕運之事。中統元年，立軍儲所。至元二十七年，改儲峙提舉司爲軍儲所，乃別立一官，非中統元年所置者。四年，改漕運河渠司。舊紀：至元元年立漕運司，十五年罷，以其事隸行中書省。與志彼此互異，未詳孰誤。至元二年，改漕運司。十二年，改都漕運司。秩正五品。十九年，改京畿都漕運使司。秩正三品。二十四年，内外分立兩運司。京畿都漕運司之額如舊，止領京倉出納糧斛及新運糧提舉司攢運公事，省同知、判官、知事各一員。延祐六年，增同知、副使、判官各一員。後定置正官各二員，首領官四員。後至元二年，增提調官、運副、運判各一員。九年，增海道巡防官二員，經正七品印，相副官二員。

新運糧提舉司。秩正五品。達魯花赤一員，正五品。都提舉一員，正五品。同提舉二員，從六品。副提舉一員，從七品。吏目一員，管站車二百五十一輛。至元十六年置。延祐三年，改爲京畿運糧提舉司。

京師二十二倉：秩正七品。萬斯北倉，中統二年置。萬斯南倉，至元二十四年置。千斯倉，中統二年置。永平倉，至元十六年置。永濟倉，至元四年置。惟億倉，既盈倉，大有倉，並皇慶元年置。屢豐倉，積貯倉。並皇慶元年增置。以上十倉，各倉置監支納一員，正七品。大使二員，從七品。副使二員。正八品。豐穰倉，廣濟倉，並皇慶元年置。廣衍倉，至元二十九年置。大積倉，至元二十八年置。既積倉，盈衍倉，並至元二十六年置。相因倉，中統二年置。順濟倉。至元二十九年置。以上八倉，各置監支納一員，大使二員，副使二員。通濟倉，中統二年置。慶貯倉，至元四年置。豐實倉。置年缺。以上三倉，各置監支納一員，大使一員，副使一員。

通惠河運糧千户所。秩正五品。中千户一員，正五品。中副千户二員。正六品。至元三十一年置。

都漕運使司。秩正三品。運使二員，正三品。同知二員，正四品。副使二員，正五品。運判三員，正六品。經歷一員，從七品。知事一員，從八品。提控案牘二員，内一員兼照磨。正九品。掌御河上下至直沽、河西務、李二寺、通州等處漕運。至元二十四年，立置總司於河西務，置分司於臨清。其屬倉七十有五。

河西務十四倉：秩正七品。永備南倉，永備北倉，廣盈南倉，廣盈北倉，充溢倉。以上五倉，各置監支納一員，正六品。《元典章》：永備倉提點，從五品。大使二員，從六品。副使二員。正七品。崇墉倉，大盈倉，大京倉，大稔倉，足用倉，豐儲倉，豐積倉，恒足倉，既備倉。以上九倉，各置監支納一員，大使一員，副使一員。《元典章》：萬盈、廣積、永備、景運、平盈五倉，副使俱正七品。永盈倉副使，從七品。大有、忙安、廣盈、和糴、新城、豐州、廣盈，平地縣平濟，雲内州廣貯八倉，監支納俱正八品。大有，和糴，忙安、豐州、廣盈，雲内州廣貯，静州廣貯，新州廣盈，東勝州大盈，平地縣平濟十倉，大使俱正九品。豐儲倉大使，從九品。

通州十三倉：秩正七品。有年倉，富有倉，廣儲倉，盈止倉，及秭倉，迺積倉，樂歲倉，慶豐倉，延豐倉。以上九倉，各置監支納一員，大使二員，副使二員。足食倉，富儲倉，富衍倉，及衍倉。以上四倉，各置監支納一員。大使二員。副使一員。

河倉十七，用從七品印。館陶倉，舊縣倉，陵州倉，傅家池倉。以上四倉，各置監支納一員，從七品。大使一員，從八品。副使一員。秦家渡倉，尖塚西倉，尖塚東倉，長蘆倉，武强倉，夾馬營倉，上口倉，唐宋倉，唐村倉，安陵倉，四柳樹倉，淇門倉，伏恩倉。以上十三倉，各置監支納一員，從八品。大使一員，從九品。副使一員。

直沽廣通倉，秩正七品。大使一員。從七品。滎陽等綱凡三十，曰濟源、陵州、獻州，白馬、滏陽、完州、河内、南宫、沂莒，霸州、東明、獲嘉、鹽山、武强、膠水、東昌、武安、汝寧、修武、安陽、開封、儀封、蒲臺、鄒平、中牟、膠西、衛輝、浚州、曹濮州。每綱皆設押綱官二員，計六十員，秩正八品。每編船三十隻爲一綱。船九百餘隻，運糧三百餘萬石。

綱官以常選正八品爲之〔二〕。

檀景等處採金鐵冶都提舉司。秩正四品。提舉一員，正四品。同提舉一員，正五品。副提舉一員，從六品。《元典章》作從七品。掌各冶採金煉鐵之榷稅。中統初，置景州提舉司，管景州、灤陽、新匠三冶。至元十四年，又置檀州提舉司，《元典章》：檀州採金都提舉司達魯花赤，正五品。管雙峰、暗峪、大峪、五峰等冶。大德五年，併爲檀景等處都提舉司。大德元年，罷順德、彰德、廣平等路五提舉司，立都提舉司二，升正四品，設官四員，直隸中書户部。衛輝路提舉司隸於廣平彰德都提舉司，真定鐵冶隸於順德都提舉司。事見本紀，舊志遺之。河東、山西、濟南、萊蕪等處鐵冶提舉司及益都淘金總管府，其設置省併均不可考。又至元十九年立鐵冶總管府，罷提舉司，是否由總管府改都提舉司，簡册無徵，不能臆斷矣。《元典章》宣德雲州等處、銀冶等場都提舉正四品，檀州採金都提舉司達魯花赤正五品，棊陽、彰德、濟南、高山、汴梁等處，太原、大同、徐邳州、景州、溧陽等處、順德等處、檀州等處、泰安州萊蕪等處、廣平等處、衛輝倉谷遼陽路安平山等處、易州紫荆關十七鐵冶提舉司提舉，俱從五品；以上同提舉，俱從六品。宣德雲州等處銀冶提舉司，提舉從六品。

大都河間等路都轉運鹽使司。秩正三品。使二員，正三品。同知一員，正四品。副使一員，正五品。運判二員，正六品。經歷一員，從七品。知事一員，從八品。照磨一員。從九品。掌榷辦場竈鹽貨。太宗二年，始立河間稅課所。六年，改鹽運司。十二年，改提舉鹽榷所。六皇后稱制二年，又改提舉滄清鹽課使所。定宗四年。又改提舉鹽榷滄清鹽使所。憲宗二年，改河間課程所爲提舉滄清深鹽使所。中統元年，改立宣撫司，提領滄清深鹽使所。四年，改爲轉運司。至元二年，以刑部侍郎右三部郎中兼滄清深鹽使司。尋改立河間都轉運鹽使司，又立滄清深三鹽司。十二年，改爲都轉運使司。十九年，以户部尚書行河間等路都轉運使司事。尋罷，立大都蘆臺、越支、三叉沽鹽使司。二十三年，改爲河間等路都轉運使司。二十五年，復立蘆臺、越支、三叉三鹽使司。二十七年。改令户部尚書行河間等路都轉運使司事。二十八年，改河間等路都轉運司。大德五年，併大都三鹽運司入河間。延祐六年，頒分司印。

鹽場二十二所，曰利國場、利民場、海豐場、阜民場、阜財場、益民場、潤國場、海阜場、海盈場、海潤場、嚴鎮場、富國場、興國場、厚財場、豐財場、三叉沽場、蘆臺場、越支場、石碑場、濟民場、惠民場。每場置司令一員，從七品。司丞一員。從八品。

山東東路都轉運鹽使司。使二員，同知一員，副使一員，運判一員，經歷一員，知事一員，照磨一員。太宗二年，立益都課税所。六年，改山東鹽運司。中統三年，命課税隸山東都轉運司。四年，詔以中書左右部兼諸路都轉運司。至元二年，改立山東轉運司。十二年，改山東都轉運使司。按舊紀：山東鹽課都轉運爲都轉運鹽使司在八年，改山東轉運使司爲都轉運使司兼濟南酒税醋課在二十五年，與志互異。《元典章》各處轉運鹽使司正四品，乃大德以前之官制。延祐五年，頒分司印，罷膠萊鹽司所屬各場。至元十九年，立山東濱樂安及膠萊莒密鹽使司。

鹽場十九所：永利場、寧海場、官臺場、豐國場、新鎮場、豐民場、富國場、高家港場、永阜場、利國場、固堤場、王家岡場、信陽場、濤洛場、石河場、海滄場、行村場、登寧場、西由場。各場設司令一員，司丞一員，管勾一員。

河東陝西等處都轉運鹽使司。使二員，同知一員，副使一員，運判二員，經歷一員，知事一員，照磨一員。太宗二年，立平陽府徵收税課所。中統二年，改置轉運司及提舉解鹽司。至元二年，罷運司、命赴制國用使司輸課，尋復置轉運司。二十二年，改立陝西都轉運司，兼辦諸色税課。二十九年，置鹽運司，專掌鹽課，解鹽司亦罷。延祐六年，更爲河東陝西等處都轉鹽運使司，案舊紀，改陝西鹽課都轉運司爲都轉鹽使司在至元八年，與志互異。直隸省部，頒分司印二。其屬：

解鹽場。管勾一員，正九品。同管勾一員。從九品。

河東等處解鹽管民提領所。正提領一員，從八品。副提領一員。從九品。

安邑等處解鹽管民提領所。正提領一員，副提領一員。二提領所，均延祐六年置。至元四年，立開元等路轉運司，其省罷年分未詳。《元典章》：廣東鹽課都提舉，正五品。

禮部：尚書三員，侍郎二員，郎中二員，員外郎二員。品秩同前。掌禮樂、祭祀、朝會、燕享、貢舉之政，及符印、簡册之制。中統元年，以吏、户、禮爲左三部尚書。至元二年，分立吏禮部，尚書三員，侍郎二員，郎中四員，員外郎四員。七年，别立禮部，尚書三員，侍郎一員，郎中二員，員外郎四員。明年，又合爲吏禮部。十三年，又别爲禮部。二十三年，定尚書、侍郎、郎中、員外郎各二員。元貞元年，復增尚書一員，會同館主事二員。至大二年，增侍郎、郎中各一員。其屬附見於後。

左三部照磨所。秩正八品。照磨一員，正八品。掌左三部錢穀計帳之事。

侍儀司。秩正三品。使四員，正三品。引進使知侍儀事二員，正四品。典簿一員。從七品。掌朝會、即位、册后、建儲、上尊號及外國朝覲之禮。至元八年，置左右侍儀奉御二員，禮部侍郎知侍儀事一員。引進使知侍儀事一員，左右侍儀使二員，左右直侍儀使二員。副使二員，僉事二員，引進副使，侍儀令、丞，奉班都知，《元典章》：侍儀司丞、奉班都知，俱正七品。尚衣局大使各一員。十二年，省左侍儀奉御，通曰左右侍儀，省引進副使及侍儀令、尚衣局等。十三年，併侍儀司入太常寺。二十年，復置。大德十一年，升秩正三品。至大二年，增典簿一員。延祐七年，定置侍儀使四員。《元典章》：左右侍儀副使，正六品。後又定置引進使、知侍儀事二員。屬官：承奉班都知一員，正七品。通事舍人十六員，從七品。侍儀舍人十四員。從七品。

法物庫。秩從五品。掌大禮法物。提點一員，從五品。大使一員，從六品。副使一員，從七品。直長二員。正八品。

拱衛直都指揮使司。正三品。達魯花赤一員，正三品。都指揮使四員，正三品。副指揮使二員，從三品。僉事二員，正四品。經歷一員，從七品。知事一員。從八品。掌控鶴六百餘户及儀衛之事。至元三年，立拱衛司，置都指揮使一員，副使一員，鈐轄一員，正六品。提控案牘一員。九年，升拱衛司爲拱衛直都指揮使司。舊紀：至元十七年，改拱衛司爲都指揮使，疑誤。十六年，升正三品，降虎符，增置達魯花赤，隸宣徽院。十九年，降正四品。仍收其虎符。二十五年，改隸禮部。元貞元年，復升正三品。案舊紀：至元五年，隸宣徽院。九年，升拱衛司爲拱衛直都指揮使司。大德九年，升正三品。俱與志互異。皇慶元年，置經歷一員。二年，改鈐轄爲僉事。至順元年，撥隸侍正府，定置諸員。其屬：

控鶴百户所。秩正七品。色目百户十三員，漢百户十三員，總十三所。

儀從庫。秩從七品。掌收儀仗。大使一員，從七品。副使一員。從八品。

儀鳳司。秩從三品。大使五員，從三品。副使四員，從四品。《元典章》作正五品。經歷一員，從七品。知事一員。從八品。掌供奉祭饗之樂工。中統元年，立仙音院，復改爲玉宸院。置樂長，正四品。樂副，正五品。樂判，正六品。各一員。八年，改隸宣徽院。二十年，改儀鳳司，仍隸宣徽院。置大使、副使各一員，判官三員。按舊紀：二十一年，以儀鳳司隸衛尉院，志不載。二十五年，改隸禮部，省判官。三十一年，置達魯花赤一員，副使一員。大德十一年，升玉宸樂院。秩從三品。置院使、副使、僉事、同僉、院判。至大四年，復爲儀鳳司。秩正三品。延祐七年，降從三品，改儀鳳卿爲儀鳳大使，定置諸員。其屬：

雲和署。秩從五品。署令二員，署丞二員，管勾二員，協音一員，協律一員。掌樂工調音律及部籍更番之事。至元十二年置。秩正七品。按舊紀：二十三年，省入教坊司，不知何時復置。至大二年，撥隸玉宸樂院。皇慶元年，升從六品。二年，升從五品。署令以下品秩，舊志缺。置令當爲從五品，丞從七品。管勾從八品。《元典章》僅載安和署令從七品，丞從八品，當是皇慶以前之官制。皇慶二年，令、丞皆升秩矣。

安和署。秩從七品。署令二員，從七品。署丞二員，從八品。管勾二員，協音一員，協律一員。至元十三年置。秩正七品。二十五年罷。二十七年，復置。皇慶二年，升從五品。

常和署。秩正六品。管回回樂工。皇慶元年，置管勾司。秩正七品。延祐三年，改常和署。

天樂署。秩從五品。管河西樂工。至元十七年，置昭和署。從六品。大德十一年，升正六品。至大四年。改天樂署。皇慶元年，升從五品。署令二員，署丞二員，管勾二員，協音一員，協律一員。

署令一員，署丞二員，管勾二員。

廣樂庫。秩從九品。掌樂器。皇慶元年，置大使一員，副使一員。

教坊司。秩正四品。達魯花赤一員，正四品。大使三員，正四品。副使四員，正五品。知事一員，從八品。《元典章》：教坊司判，從八品；管勾，從九品。掌承應樂人及管領興和等署五百户，中統二年置。秩從五品。五年，隸宣徽院。至元十二年，升正五品。十六年，併入拱衛司，後復置。十七年，改提點教坊司。秩正四品。二十五年，改隸禮部。大德八年，升正三品。延祐元年，改提點教坊司事爲大使。七年，復降正四品。其屬：

興和署。秩從六品。署令二員，署丞二員，管勾二員。

祥和署。至大四年，增置官屬。同。

廣樂庫。秩從九品。大使一員，副使一員。

會同館。秩從四品。禮部尚書領會同館事一員，正三品。大使二員，從四品。副使二員，從六品。提控案牘一員。掌引見諸番蠻夷峒官之來朝者，至元九年置。二十五年，罷爲四賓庫。二十九年，改四賓庫復爲會同館。元貞元年，以禮部尚書領館事，遂爲定制。其屬：

收支諸物庫。從九品。大使一員，副使一員。至元二十九年，以四賓庫改置。

鑄印局。秩正八品。掌凡刻印、銷印之事。大使一員，副使一員，直長一員。至元五年置白紙坊，秩從八品。掌造詔旨、宣敕紙劄。大使一員，從八品；副使一員。至元九年，置掌薪司。秩正七品。司令一員，正七品；司丞二員，正八品。大德八年置。

兵部：尚書三員，侍郎二員，郎中二員，員外郎二員。品秩同前。掌郡邑、郵傳、屯牧之政，凡兵站、屯田之籍，官私芻牧之場，及遠人之歸化者，悉以任之。中統元年，以兵、刑、工爲右三部，置尚書二員，侍郎二員，郎中五員，員外郎五員。至元元年，兵刑自爲一部，尚書四員，侍郎三員，郎中五員，員外郎五員。三年，併爲右三部。五年，復析爲兵刑部，尚書二員，省侍郎二員，郎中如故，員外郎一員。七年，分六部，刑部尚書一員，侍郎一員，郎中、員外郎各一員。明年，又合爲兵刑部。十三年，復析爲兵部。二十三年，定尚書、侍郎、郎中、員外郎以二員爲額。至大四年，罷通政院，以其事歸兵部，增尚書一員、員外郎一員。十一月，又增置侍郎、郎中各一員。其屬附見於後。

陸運提舉司。秩從五品。提舉二員，從五品。副提舉一員，從七品。吏目一員。掌兩都陸運糧斛之事。至元十六年，置運糧提舉司。《元典章》：新舊運糧提舉司，俱從五品。延祐四年，改今名。海王莊、魏家莊、七里莊、臈八莊四所，各設提領一員，用從九品印。

管領隨路打捕鷹房民匠總管府。秩從三品。達魯花赤一員，從三品。總管一員，從三品。副總管二員，正四品。經歷、從七品。知事從八品。各一員，提控案牘一員。初，太祖以隨路打捕鷹房民户七千餘户撥隸旭烈兀大王位下，中統二年置總管府，至元十二年阿八合大王奏歸朝廷，隸兵部。

管領本投下大都等路打捕鷹房諸色人匠都總管府。秩正三品。達魯花赤一員，正三品。總管一員，正三品。同知一員，正五品。副總管一員，從五品。知事一員，從八品。提控案牘一員。掌哈贊大王位下事。大德八年，置官吏皆王選用。至大四年，省併衙門，以哈兒班答大王別無官屬，存總管府不廢。其屬：

東局織染提舉司。秩從五品。達魯花赤一員，從五品。提舉一員，從五品。副達魯花赤一員，從七品。副提舉一員，從七品。提控案牘一員。

隨路諸色民匠打捕鷹房等户都總管府。秩正三品。達魯花赤一員，正三品。總管一員，正三品。同知一員，正五品。經歷一員，知事一員，提控案牘兼照磨一員，掌別吉大營盤事及管領大都路打捕鷹房等户，至元三十年置。秩從三品。延祐四年，升正三品。

管領本位下打捕鷹房民匠等户都總管府。秩正三品。達魯花赤一員，總管一員，副達魯花赤一員，同知一員，副總管一員，判官一員，從六品。經歷一員，知事一員，提控案牘兼照磨一員，掌別吉大營盤城池阿哈探馬兒一應差發、薛徹干定王位下事。泰定元年置。

刑部：尚書三員，侍郎二員，郎中二員，員外郎二員。品秩同前。掌刑名法律，凡大辟之按覆，繫囚之詳讞，孥收產没之籍，捕獲功賞之格，悉以任之。中統元年，以兵、刑、工爲右三部，別置郎中、員外郎各一員，專署刑部。至元二年，析置兵刑部，尚書四員，侍郎二員，郎中四員，員外郎五員。三年，復爲右三部。七年，始置刑部，尚書一員，侍郎一員，郎中一員，員外郎二員。八年，改爲兵刑部。十三年，又爲刑部。二十三年，定六部尚書、侍郎、郎中、員外郎各二員。大德四年〔三〕，增尚書一員。主事三員。至正十二年，增尚書侍郎、郎中、員外郎各一員。其屬：

司獄司。司獄一員，正八品。獄丞二員。正九品。初，以右三部照磨兼管刑部獄。大德七年，始置專官。

司籍所。提領一員，同提領一員。至元二十年，改大都等路斷沒提領所爲司籍所，隸刑部。

工部：尚書三員，侍郎二員，郎中二員，員外郎二員。品秩同前。掌百工之政，凡營造之程式，材物之給受，銓注局院司匠之官，悉以任之。中統元年，置右三部，尚書、郎中五員，員外郎五員，內二員專置工部事。至元二年，分立工部，尚書四員，侍郎三員，郎中四員，員外郎五員。三年，復爲右三部。七年，始置工部，尚書二員，侍郎二員，郎中三員，員外郎五員。二十三年，定工部尚書、侍郎、郎中、員外郎各二員。明年，又增尚書二員。二十八年，省尚書一員，增主事五員，置司程官四員。正七品。其屬附見於後。

右三部照磨一員。從七品。

左右部架閣庫。秩正八品。管勾二員，正八品。掌六部文卷簿籍架閣之事。中統元年，左右部各置。二十三年，併爲左右部架閣庫。

諸色人匠總管府。秩正三品。達魯花赤一員，正三品。總管一員，正三品。同知二員，正五品。副總管二員，從五品。經歷一員，從七品。知事一員，從八品。《元典章》：諸色人匠總管府，照磨兼管勾承發架閣，正九品。提控案牘一員。掌百工之技藝。至元十二年，置總管、同知、副總管各一員。十六年，置達魯花赤一員，增同知、副總管各一員。二十八年，省同知。三十年，省副總管。後定置諸員，其屬：

梵像提舉司。秩從五品。提舉一員，從五品。《元典章》：工部大倉提舉，從五品。同提舉一員，從六品。吏目一員。掌繪佛像及土木刻削之工。至元十二年，置梵像局。從七品。延祐三年，升提舉司。

出蠟局提舉司。秩從五品。提舉一員，同提舉一員，副提舉一員，從七品。吏目一員。掌出蠟鑄造之工。至元十二年，置局。從七品。延祐三年，升提舉司。

鑄瀉等銅局。秩從七品。大使一員，從七品。副使一員。從八品。掌鑄瀉之工。至元十年，置官三員。二十八年，省管勾一員。

銀局。秩從七品。大使一員，從七品。直長一員。正八品。掌金銀之工。至元十二年置。

鑌鐵局。秩從七品。大使一員。掌鏤鐵之工。至元十二年置。

瑪瑙玉局。秩從八品。直長一員。從八品。掌琢磨之工。至元十二年置。

石局。秩從七品。大使一員，管勾一員。掌攻石之工。至元十二年置。

木局。秩從七品。大使一員，直長一員。掌攻木之工。至元十二年置。

油漆局。副使一員，用從七品印。掌髹漆之工。至元十二年置。《元典章》：怯憐口皮局、貂鼠局、羊山碼磁局提舉，俱從五品。

諸物庫。提領一員，從七品。副使一員。從八品。掌諸物之出納。至元十二年置。

管領隨路人匠都提領所。提領一員，從七品。大使一員，從七品。俱受省檄掌工匠之詞訟。至元十二年置。

諸司局人匠總管府。秩正三品。達魯花赤一員，總管一員，副達魯花赤一員，同知一員，副總管一員，經歷一員，知事一員，提控案牘一員。掌兩都金銀器皿及符牌等十四局事。至元十四年置。二十四年，以八局隸工部及金玉府，止領五局、一庫，掌氈毯等事。《元典章》：儀鸞器物、金絲子、犀象牙、木，大都金銀器皿局大使，俱從五品。上都諸色人匠金銀器皿，宣德等處打碼磁，保定、雲南、南宮三織染局提舉，俱正六品。其屬：

收支庫。秩正九品。大使一員。掌出納之事。

大都氈局。秩正七品。大使、正七品。副使正九品。各一員。管人匠一百二十五户。

大都染局。秩正九品。大使一員。管人匠六十三户。

上都氈局。秩正七品。大使、副使各一員，管人匠九十七户。

隆興氈局。大使、副使各一員。管人匠一百户。

剪毛花毯臘布局。大使、副使各一員。管人匠一百十八户。

提舉右八作司。秩正六品。提舉一員，同提舉一員，副提舉一員，吏目一員。掌出納内府漆器、紅瓮、捎隻等，並都城局院造作鑌鐵、銅、鋼、鍮石，東南簡鐵，兩都支持皮毛、雜色羊毛、生熟斜皮，馬牛等皮，騌尾、雜行沙里陀等物。中統元年，置提領八作司。秩正九品。至元二十五年，改提舉八作司，升正六品。二十九年，分左右兩司。大德二年，以八作司舊制八員，令分左右二司，減去二員。上都八作提舉司注品秩與大都八作司同。據此知左右八作司直隸大都留守司，不應隸上都也。

提舉左八作司。秩正六品。置官同上。掌出納内府氈貨、柳器等物。《元典章》：諸路金玉人匠總管府達魯花赤、總管，俱正三品；副達魯花赤、副總管，俱正四品；同知，正五品。

諸路雜造總管府。秩正三品。達魯花赤一員，總管一員。同知一員，副總管一員，知事一員，提控案牘一員。至元元年，改提領所爲提舉司。十四年，又改工部尚書行諸路雜造局總管府。其屬：

簾綱局。大使、副使各一員。受省劄。至元元年置。

收支庫。大使、副使各一員。至元三十年置。

茶迭兒局總管府。秩正三品。達魯花赤一員，總管一員，同知一員，知事一員，提控案牘一員。掌諸色人匠造作等事。憲宗置。至元十六年，設總管一員。二十七年，設同知一員後定置諸員，其屬諸司局。用從七品印。提領一員，相副官二員。中統三年置。

收支庫。提領一員，大使、副使各一員。掌造作出納之物。

大都人匠總管府。秩從三品。達魯花赤一員，總管一員，同知一員，經歷一員，提控案牘一員。至元六年置。其屬：

繡局。用從七品印，大使、副使各一員。掌繡造段匹。

紋錦總院。提領一員，大使、副使各一員。掌織造段匹。

涿州羅局。提領一員，大使一員。掌織造紗羅段匹。

尚方庫。提領一員，大使、副使各一員。掌出納絲金顏料等物。《元典章》：異樣、文錦兩局，鈔局，羅綾錦織染兩局，提舉俱從五品。

隨路諸色民匠都總管府。秩正三品。達魯花赤一員，總管一員，同知一員，副總管一員，經歷一員，知事一員，提控案牘一員，照磨一員。掌仁宗潛邸諸色人匠。延祐六年，撥隸崇祥院，後又屬將作院。至順三年，改隸工部。其屬：

織染人匠提舉司。秩從七品。達魯花赤一員，從五品。提舉一員，從五品。同提舉、從六品。副提舉從六品。各一員，吏目一員。至大二年置。

雜造人匠提舉司。秩從七品。置官同上。

大都諸色人匠提舉司。秩從五品。達魯花赤一員，提舉一員，同提舉、副提舉各一員，吏目一員。

大都等處織染提舉司。秩從五品。達魯花赤一員，提舉一員，副提舉一員，吏目一員。

管阿難答王位下人匠一千三百九十八户。

收支諸物庫。秩從七品。提領一員。大使、副使各一員。

提舉都城所。秩從五品。《元典章》：都城所有達魯花赤一員，從五品。提舉二員，從五品。同提舉、從六品。副提舉從七品。各二員，照磨一員，吏目一員。掌修繕都城内外倉庫等事。至元三年置。其屬：

左右廂。官四員，用從九品印。至元十三年置。

受給庫。秩正八品。提領一員，大使、副使各一員。掌京城内外營造木石等事。至元十三年置。

符牌局。秩正八品。大使一員，正七品。副使一員，正八品。直長一員。掌造虎符等。至元十七年置。

旋匠提舉司。秩從五品。提舉一員，從五品。副提舉一員。從七品。至元九年置。

撒答剌欺提舉司。秩正七品。提舉一員，從七品。副提舉一員，正八品。提控案牘一員。初爲組練人匠提舉司。至元二十四年，以札馬剌丁率匠人成造撒答剌欺與絲紬，同局造作，改爲撒答剌欺提舉司。

別失八里局。秩從七品。大使一員，秩從七品。副使一員。從八品。掌織造御用領袖納失失等段。至元十三年置。

忽丹八里局。大使一員。給從七品印。至元三年置。

平則門窰場。提領一員，大使、副使各一員。給從六品印。至元十三年置。

光熙門窰場。提領一員，大使、副使各一員。給從八品印。至元二十五年置。

大都皮貨所。提領一員，大使、副使各一員。用從九品印。至元二十九年置。

通州皮貨所。提領一員，大使、副使各一員。用從九品印。延祐六年置。

晉寧路織染提舉司。秩正六品。提舉一員，正六品。照略案牘一員。其屬：

提領所一，係官織染人匠局一，雲内人匠東西局二，本路人匠局一。河中府、襄陵、翼城、潞州、隰州、澤州、雲州等局七。每局設提領、從七品。副提領從八品。各一員，雲州、澤州止設提領一員。

冀寧路織染提舉司。秩正六品。提舉一員，正六品。同提舉、正七品。副提舉各一員，照略案牘一員。

真定路織染提舉司。品秩置官同上。其屬：

開除局。大使、副使各一員，照略案牘一員。

真定路紗羅兼雜造局。大使一員，從七品。副使一員。從八品。

南宫、中山織染提舉司。各設提舉、同提舉、副提舉一員，照略案牘一員。

中山劉元帥局。大使一員，從七品。副使一員。從八品。

中山察魯局，大使一員，副使一員。

深州織染局。大使一員，副使一員，照略案牘一員。

深州趙良局。大使一員，副使一員。

弘州人匠提舉司。提舉一員，同提舉，副提舉各一員，照略案牘一員。《元典章》：弘州尋麻林人匠提舉司，同提舉正七品。

納失失〔四〕、毛段二局。院長一員。按：納失失、毛子旋二局，《元典章》均有大使、副使，與舊志不同。

雲内州織染局。大使一員，副使一員，照略案牘一員。

大同織染局。大使一員，副使一員，照略案牘一員。

朔州毛子局。大使一員。

恩州織染局。大使、副使各一員，照略案牘一員。

恩州東昌局。提領一員。

保定織染提舉司。提舉一員，同提舉、副提舉各一員，照略案牘一員。

大名人匠提舉司。提舉一員，同提舉、副提舉各一員，照略案牘一員。《元典章》：大名織染局提舉司達魯花赤，正六品。

永平路紋綿等局提舉司。提舉一員，同提舉、副提舉各一員，照略案牘一員。

大寧路織染局。大使一員，副使一員，照略案牘一員。

雲州織染提舉司。提舉一員，同提舉、副提舉各一員，照略案牘一員。

順德路織染局。大使、副使各一員，照略案牘一員。

彰德路織染人匠局。大使一員，副使一員，照略案牘一員。

懷慶路織染局。大使、副使各一員，照略案牘一員。

宣德府織染提舉司。提舉一員，同提舉、副提舉各一員，照略案牘一員。

東聖州織染局。院長一員，局副一員。

宣德八魯局。提領一員，副使一員。

東平路疃局。直長一員。

興和路尋麻林人匠提舉司。提舉一員，同提舉、副提舉各一員，照略案牘一員。

陽城天城織染局。提領一員，副使一員，照略案牘一員。

巡河提領所。提領二員，副提領一員。《元典章》：綾錦紋繡、大同織染、弘州錦院、瑪瑙、朔州毛子鑌鐵、雲内州織染、唐像、出臘、石局、銅局、大都氈局，別失八里人匠、彰德熟皮甸皮人匠、銀局、塑局、大都染局，中山真定雜造等，麻納失失、縉山毛子旋正局，各局大使三百户下，一百户上，俱從七品。織染局、紋繡局，將作院、簾綾錦雜造別失八里人匠、平陽係官雜造、尋麻林納失失、弘州錦院、上和大都中山真定鐵局、懷孟深州大名路恩州織染局，各局副使俱從八品。上都氈、出臘、彰德人匠、大同織染、順德織染、浮梁磁、唐像各局，副使俱正九品。

中書分省。至正十一年，置中書分省於濟寧，以松壽爲參知政事。十二年，中書右丞玉樞虎兒吐華等開分省於彰德。十四年，升濟寧分省參政爲平章政事。是後，嘗置右丞。十五年，彰德分省增左右丞二員。十七年，以平章答蘭等分省陵州，平章臧卜分省冀寧。二十三年，罷冀寧分省。二十七年，以添設平章蠻子分省保定，左丞相也速分省山東，沙藍答里仍中書左丞相分省大同。又置分省於冀寧、真定二處。

行中書省。秩從一品。國初，有征伐之事，皆稱行省，未有定制。至元元年，始分立行中書省，皆以省官出領其事。其後嫌於外重，改爲行中書省。凡軍國重事，無不領之，與都省相爲表裏。至元二十四年，改行尚書省，尋如舊。至大二年，又改行尚書省。二年，復如舊。凡十省，每省丞相一員，從一品。平章二員。從一品。右丞一員，左丞一員。俱正二品。參知政事二員，從二品。甘肅、嶺北二省各減一員。郎中二員，從五品。員外郎二員，從六品。都事二員。從七品。舊制：參知政事之下，有僉省、同僉。大德九年，罷，不置。丞相或置或不置。以慎於擇人，故往往缺焉。其屬：

檢校所。檢校一員。正七品。

照磨所。照磨一員。從八品。

架閣庫。管勾一員。正八品。

理問所。理問二員。正四品。副理問二員，從五品。知事一員，提控案牘一員。

都鎮撫司。都鎮撫一員，副都鎮撫一員。

河南江北等處行中書省。至元五年，詔參政阿里僉行省事於河南等路，立省。二十八年，以河南江北係要衝之地，宜於汴梁立省，以控治之，遂移行省於汴梁路。

江浙等處行中書省。至元十三年，置江淮行省，治揚州。二十一年，遷於杭州。二十二年，割江北諸路隸河南，改江浙行省。

江西等處行中書省。至元十四年置。十五年，併入福建行省。十七年，仍置省於龍興府，福建自爲行省。二十年，併泉州行省入福建，治泉州。二十二年，併福建於江西。二十三年，又以福建併入江浙。

湖廣等處行中書省。至元十一年，伯顔伐宋，行中書省事於襄陽。尋以别將分省鄂州。爲荆湖等路行中書省。十三年，徙治潭州。十八年，復徙鄂州。

陝西等處行中書省。中統元年，以商挺領秦蜀五路四川行省事。三年。改立陝西四川行中書省，治京兆。至元三年，移利州。十七年。復還京兆。十八年，分省四川。二十一年，仍合爲陝西四川行省。二十三年，四川置行省，本省所轄惟陝西諸路。

四川等處行中書省。至元三年置，治成都。十年罷，二十三年復置。

遼陽等處行中書省。至元二十四年置，治遼陽路。

甘肅等處行中書省。中統二年，立行省於中興。十年罷，十八年復立，二十二年復罷。二十三年，置甘肅行省於甘州。三十一年，分省按治寧夏，尋併之。

嶺北等處行中書省〔五〕。大德十一年，置和林等處行中書省。皇慶元年，改嶺北行省，治和寧路。

雲南等處行中書省。至元十一年置，治中慶路。

征東等處行中書省。至元二十年，命高麗王置省，典征日本軍事，師還而罷。大德三年，復置。既而王言其不便，罷之。至治元年，復置。以高麗王領行省丞相，得奏選屬官，治瀋陽府。

淮南江北等處行中書省。至正十二年置，治揚州，設平章二員，右丞、左丞各一員，參知政事二員，及首領屬官共二十五員。平章一員兼提調淮南王府事。至正中置行省凡六，其設置惟淮南江北一省可考，餘並無徵。

福建等處行中書省。至正十六年置，治福州。十八年，右丞朵歹分省建寧，參政訥都赤分省泉州。二十八年，又置福建江西等處行中書省，山東行中書省。至正十七年，置廣西行中書省。至正二十三年，置膠東行省。二十三年置，治萊陽。

【校勘記】

〔一〕「員外郎」，「郎」字原脱，據《元史》卷三九本紀第三十九《順帝二》補。

〔二〕「常」，原作「掌」，據《元史》卷八五志第三十五《百官一》改。

〔三〕「大德四年」，「年」原作「員」，據上下文意改。
〔四〕「納失失」，原作「納納失」，據下注文改。
〔五〕「行中書省」，「行」原作「置」，據《元史》卷九一志第四十一《百官七》改。

新元史卷之五十六　志第二十三

百官志二

樞密院。秩從一品。掌兵事之機密及宮禁宿衛、軍官選授簡閱之政令。知院六員，從一品。同知四員，正二品。副使二員，從二品。僉院二員，正三品。同僉二員，正四品。院判二員，正五品。參議二員，正五品。經歷二員，從五品。都事四員，正七品。承發兼照磨二員，正八品。架閣庫管勾一員，正九品。同管勾一員。從九品。中統四年，置樞密副使二員，僉書院事一員。至元七年，置同知院事一員，院判一員。二十三年，定臺、省、部、院官，樞密院除樞密院使外，同知樞密院事一員，副使、僉樞密院事各一員，院判一員。二十八年，置知院一員，增院判一員，又以中書平章商量院事。大德十年，增知院二員，同知五員，副使五員，僉院五員，同僉三員，院判二員。至大三年，增知院至七員，同知二員，副使二員，僉院二員，同僉一員，院判二員，罷議事平章。延祐四年，以分鎮北邊，增知院一員。五年，增同知一員。後定置諸員如上。至正七年，置議事平章二員。十五年，添置僉院一員、院判一員。

客省使。秩從五品。大使二員，從五品。副使二員。從六品。掌選舉差遣之事。至元十四年，置大使一員。十六年，增一員。二十一年，置副使一員。延祐五年，增一員。天曆元年，又增一員。尋定置大使、副使各二員。

斷事官。秩正三品。掌決軍府之獄訟。至元元年，置斷事官二員，尋省。八年，復置，增二員。十九年，又增一員。二十年，又增二員。大德十一年，又增四員。後定置斷事官八員、經歷一員。從七品。《元典章》：樞密院斷事官知事，從八品。

右衛。秩正三品。掌宿衛扈從兼屯田。都指揮使三員，正三品。副使二員，從三品。僉事二員，正四品。經歷二員，從七品。知事二員，照磨一員。俱從八品。中統三年，置武衛。至元元年，改爲侍衛親軍，分左右翼，置都指揮使。八年，改爲左、右、中三衛。二十年，增都指揮使一員，副使一員。二十一年，置僉事二員。大德十一年，增都指揮使二員，副使一員。至大元年，增都指揮使三員，副使一員。四年，省都指揮使五員，副使二員。後定置諸員如上。《元典章》：各衛奥魯官從五品，副官正六品。其屬：

鎮撫所。鎮撫二員。正五品。

行軍千户所十。秩正五品。達魯花赤十員，正五品。副達魯花赤十員，從五品。千户十員，正五品。副千户十員，從五品。彈壓二十員，正八品。百户二百員，正七品。知事一員。從八品。

弩軍千户所一。達魯花赤一員，千户一員，彈壓二員，百户十員。

屯田左右千户所二。達魯花赤二員，千户二員，彈壓二員，百户四十員，教官二，無品級。蒙古字教授一員，儒學教授一員。掌屯衛行伍。耕戰之暇，使學習國文，通曉書記。初由樞府選舉，後歸吏部。

左衛。品秩同前。都指揮使二員，副使二員，僉事二員，經歷二員，知事二員，照磨一員。至元八年，置副指揮使一員。十六年，增副都指揮使一員。二十年，置僉事一員。二十二年，增僉事一員。二十四年，增都指揮使、副都指揮使一員。大德十一年，增都指揮使五員，副使二員，僉事二員。至大四年，省都指揮使六員，副都指揮使二員。後定置諸員。其屬：

鎮撫所。鎮撫二員。

行軍千户所十。達魯花赤十員，千户十員，副千户十員，彈壓二十員，百户二百員，知事十員。

弩軍千户所一。達魯花赤一員，千户一員，彈壓二員，百户十員。

屯田左右千户所二。達魯花赤一員，千户二員，彈壓二員，百户四十員，教官二，蒙古字教授一員，儒學教授一員。

中衛。品秩同前。都指揮使三員，副都指揮使二員，僉事二員，經歷二員，知事二員，承發架閣照磨一員。至元八年，置都指揮使一員，副都指揮使一員。二十年，增副使一員。二十一年，置僉事二員。二十三年，增都指揮使一員。大德十一年，增都指揮使二員，副使三員。至大元年，增都指揮使三員。後定置諸員如上。其屬：

鎮撫所。鎮撫二員。

行軍千户所十。達魯花赤十員，副達魯花赤十員，千户十員，彈壓二員，百户二百員，知事十員。

弩軍千户一。達魯花赤一員，千户一員，彈壓二員，百户十員。

屯田左右千户所二。達魯花赤二員，千户二員，彈壓二員，百户四十員，教官二，蒙古字教授一員，儒學教授一員。

前衛。品秩同前。都指揮使三員，副使二員。僉事二員，經歷一員，知事二員，承發架閣照磨一員。至元十六年，以侍衛親軍置前、後二衛。是年，置都指揮使一員，副都指揮使二員。十八年，增都指揮使二員。二十年，置僉事一員。大德十一年，增都指揮使五員，副使一員，僉事三員。至大四年，省都指揮使五員，副使一員，僉事三員。後定置諸員如上。其屬：

鎮撫所。鎮撫二員。

行軍千户所十。達魯花赤十員，副達魯花赤十員，千户十員，副千户十員，彈壓二十員，百户二百員。

弩軍千户一。達魯花赤一員，千户一員，彈壓二員，百户十員。

屯田千户所二。達魯花赤二員，千户二員，彈壓二員，百户四十員。

門尉二。正六品。平則門尉一員，順承門尉一員。教官二，蒙古字教授一員，儒學教授一員。

後衛。品秩同前。都指揮使三員，副都指揮使二員，僉事二員，經歷二員，知事一員，照磨一員。至元十六年，置都指揮使二員，副使二員。後又增副使一員。十八年，增都指揮使二員。二十年，置僉事二員。大德十一年，增都指揮使五員，副使一員，僉事二員。至大四年，省都指揮使五員，副使二員，僉事二員。後定置諸員如上。其屬：

鎮撫所。鎮撫二員。

行軍千户所十。達魯花赤十員，副達魯花赤十員，千户十員，副千户十員。彈壓二十員，百户百二員。

弩軍千户所一。達魯花赤一員，千户一員，彈壓二員，百户十員。

屯田千户所一。達魯花赤一員，千户一員，彈壓二員，百户四十員，教官二，蒙古字教授一員，儒學教授一員。

武衛親軍都指揮使司。秩正三品。掌修治城隍及京師内外工役，兼大都屯田。達魯花赤一員，正三品。都指揮使三員〔一〕，副使二員，僉事二員，經歷二員，知事二員，照磨一員。至元二十六年，樞密院官暗伯奏：以六衛六千人，塔剌海、孛可所鎮大都屯田三千人，近路迤南萬户府一千人，總一萬人，立武衛，設官五員。按：中統二年有武衛親軍都指揮使，似非至元時始置此官。二十五年，改虎賁司爲武衛司，又似别爲一官。均無從考訂。元貞、大德間，累增都指揮使四員。至大三年，省都指揮使四員，副都指揮使一員。後定置諸員如上。其屬：

鎮撫所。鎮撫二員。

行軍千户所七。達魯花赤七員，副達魯花赤七員，千户七員，副千户七員，百户一百四十員，彈壓一十四員。

屯田千户所六。達魯花赤六員，千户六員，百户六十員，彈壓六員。教官二，蒙古字教授一員，儒學教授一員。

隆鎮衛親軍都指揮司。品秩同前。掌屯軍徼巡盜賊於居庸關南、北口。都指揮使三員，副使二員，僉事二員，經歷二員，知事二員，承發兼照磨一員。睿宗在潛邸，立南、北口屯軍徼巡盜賊，各設千户所。至元二十五年，以南、北口上千户領之。至大四年，升萬户府，分欽察、唐兀、貴赤、西域、左右阿速諸衛軍三千人并南北口、太和嶺舊隘漢軍六百九十三人屯駐東西四十三處，置隆鎮上萬户府以領之。皇慶元年，升萬户府爲隆鎮衛。置都指揮使三員，副使二員，僉事二員。延祐二年，又以哈兒魯軍千户所併隷之。四年，置色目經歷一員。至治二年，置愛馬知事一員。後定置諸員如上。其屬：

鎮撫所。鎮撫二員。

北口千户所。秩正五品。達魯花赤一員，正五品。千户一員，正五品。百户七員。從六品。

南口千户所。達魯花赤一員，千户一員，百户一員，彈壓一員。

白羊口千户所。達魯花赤一員，千户一員，百户二員，彈壓一員。

碑樓口千户所。達魯花赤一員，千户一員，百户一員，彈壓一員。

古北口千户所。達魯花赤一員，千户一員，百户六員，彈壓一員。

遷民鎮千户所。達魯花赤一員，千户一員，百户六員，彈壓一員。

黄花鎮千户所。達魯花赤一員，千户一員，百户六員，彈壓一員。

蘆兒嶺千户所。達魯花赤一員，千户一員，百户六員，彈壓一員。

太和嶺千户所。達魯花赤一員，千户一員，百户六員，彈壓一員。

紫荆關千户所。達魯花赤一員，千户一員，百户六員，彈壓一員。

隆鎮千户所。達魯花赤一員，千户一員，百户六員，彈壓一員。

左、右翼屯田萬户府二。秩從三品。分掌斡端、别十八里遣歸漢軍及大名、衛輝之新附軍并迤東回軍，合爲屯田萬户府。達魯花赤各一員，從三品。萬户各一員，從三品。副萬户各一員，正四品。經歷各一員，知事各一員，提控案牘各一員。至元二十六年置。延祐五年，隸詹事院，并入衛率府。後改隸樞密院。其屬：

鎮撫所。鎮撫各二員。從五品。

千户所八。達魯花赤八員，千户八員，副千户八員，百户五十九員，彈壓十六員。

千户所四。達魯花赤四員，千户四員，副千户四員，百户五十二員，彈壓八員。

左衛率府。秩正三品。率使三員，正三品。副使二員，從三品。僉事二員，正四品。經歷一員，從七品。知事一員，從八品。照磨一員。從八品。至大元年，撥河南行省萬户府精鋭漢軍爲東宫衛軍，立衛率府，設官十一員。延祐五年，改爲中翊府。又改爲御臨親軍指揮司。又以御臨，古無此官，改爲羽林。六年，復隸東宫，仍爲左衛率府。其屬：

鎮撫所。鎮撫二員。

行軍千户所十。達魯花赤一員，千户十員，副千户十員，百户二百員，彈壓二十員。

弩軍千户所一。達魯花赤一員，千户一員，百户十員，彈壓一員。

屯田千户所三。達魯花赤三員，千户三員，百户六十員，彈壓三員，教官三員，蒙古文教授一員，儒學教授一員，陰陽教授一員。

右衛率府。品秩同前。率使二員，副使二員，僉事二員，經歷二員，知事二員，照磨一員。延祐六年，以詹事秃滿迭兒所管速怯那兒萬户府，及迤東女真兩萬户府、右翼屯田萬户府兵，合爲右衛率府。其屬：

鎮撫所。鎮撫二員。

千户所五。千户五員，百户四十五員，彈壓二員，教官一，儒學教授一員。

河南淮北蒙古軍都萬户府。秩正三品。都萬户一員，正三品。副都萬户一員，從三品。經歷一員，知事一員，提控案牘一員。至元二十四年，以四萬户奥魯赤改爲蒙古軍都萬户府，設府官四員，奥魯官四員。大德七年，改爲河南淮北蒙古軍都萬户府。延祐四年，罷奥魯官，副鎮撫等員，定置諸員如上。其屬：

鎮撫二員。從五品。

元貞元年，立西川蒙古軍都元帥府，隸樞密院，未知何時裁併。

八撒兒萬户府。秩從三品。萬户一員，從三品。副萬户一員，正四品。經歷、知事、提控案牘各一員。其屬：

鎮撫一員。

千户所十翼。達魯花赤十員，千户十員，副千户十員，百户七十二員，彈壓十員。

札忽兒台萬户府。萬户一員，副萬户一員，經歷、知事、提控案牘各一員。其屬：

鎮撫一員。

千户所七翼。千户七員，百户三十八員，彈壓七員。

脱烈都萬户府。萬户一員，副萬户一員，經歷、知事、提控案牘各一員。其屬：

鎮撫一員。

千户所九翼。千户九員，百户六十二員，彈壓九員。

和尚萬户府。萬户一員，副萬户一員，經歷、知事、提控案牘各一員。其屬：

鎮撫一員。

千户所六翼。達魯花赤四員，千户六員，副千户四員，百户四十七員，彈壓六員。

磤手千户所一翼。千户一員，百户六員，彈壓一員。

哨馬千户所一翼。達魯花赤一員，千户一員，副千户一員，彈壓二員，百户九員，奥魯官二員。從五品。

右阿速衛親軍都指揮使司。掌宿衛城禁，兼管潮河、蘇沽兩川屯田，供給軍儲。達魯花赤一員，都指揮使三員，副使二員，僉事二員，經歷二員，知事二員，承發架閣照磨一員。至元九年，初立阿速拔都達魯花赤。二十三年，遂名爲阿速軍。至大三年，改立右阿速衛親軍都指揮司，置達魯花赤三員，都指揮使三員，副使二員，僉事二員。四年，省達魯花赤三員。後定置諸員如上。其屬：

行軍千户所。千户七員，百户九員。

把門千户一員，門尉一員。從六品。

本投下達魯花赤二員，長官一員，副長官一員。

廬江縣達魯花赤一員，從六品。主簿一員。正九品。

教官：儒學教授一員。

左阿速衛親軍都指揮使司。達魯花赤一員，都指揮使三員，副使二員，僉事一員，經歷二員，知事二員，照磨一員。其屬：

鎮撫二員。

本投下達魯花赤二員，長官二員。

鎮巢縣達魯花赤二員，主簿一員。

圍宿把門千户所十三翼。千户二十六員，百户一百三十員，彈壓十三員。教官：儒學教授一員。

回回礮手軍匠上萬户府。秩正三品。達魯花赤一員，正三品。萬户一員，正三品。副萬户一員，從三品。經歷、知事、提控案牘各一員。至元十一年，置礮手總管府。十八年，立爲都元帥府。二十一年，改爲萬户府。後定置諸員如上。其屬：

鎮撫二員。

千户三翼。達魯花赤三員，千户三員，副千户三員，百户三十二員，彈壓三員。

唐兀衛親軍都指揮使司。總領河西軍二千人，以備征討。都指揮使三員，副使二員，僉事二員，經歷、知事、照磨各一員。至元十八年，置都指揮使二員。副使二員。二十二年，增都指揮使一員，僉事一員。大德五年，增都指揮使二員。至大元年，增都指揮使一員。四年，省都指揮使三員，副使一員。後定置諸員如上。共屬：

鎮撫二員，奥魯官一員，正五品。副奥魯官一員。正六品。

二千户所九翼。千户九員，副千户九員，百户七十五員，彈壓九員，奥魯官正、副各九員。門尉三：建德門一，和義門一，肅清門一。教官二：蒙古文教授一員，儒學教授一員。

貴赤衛親軍都指揮使司。達魯花赤一員，都指揮使二員，副使二員，僉事二員，經歷、知事各二員，照磨一員。至元二十四年，置都指揮使二員，副使二員，僉事二員。二十九年，置達魯花赤一員，都指揮使四員，副使三員。至元三十一年，罷貴赤衛屯田總管府，當是改都指揮司爲總管府，後又改爲都指揮司，其年分不可知矣。後定置諸員如上。其屬：

鎮撫所。鎮撫二員。

千户所八翼。達魯花赤八員，千户十六員，百户八十員。彈壓八員，門尉二員。

延安屯田打捕總管府。秩從三品。管析居、放良人户，并兀里吉思田地蒙古人户。達魯花赤一員，從三品。總管一員，從三品。同知一員，從四品。經歷、知事各一員。至元十八年置。二十五年，改隸安西省。後復隸樞密院。其屬：

打捕屯田官十二員。正九品。

大寧、海陽等處屯田打捕所。秩從七品。掌北京、平灤等路析居、放良、不蘭奚等户。達魯花赤一員，從七品。長官一員。至元二十二年，置總管府。元貞元年，罷爲屯田打捕所。教官：蒙古文教授一員，儒學教授一員。

忠翊侍衛親軍都指揮使司。都指揮使三員，副使三員，僉事二員，經歷、知事各二員，照磨一員。至元二十九年，始立屯田府。大德十一年，立爲大同等處指揮使司。至大四年，皇太后修五臺寺，改隸徽政院。延祐元年，改中都威衛使司。至治元年，改爲忠翊侍衛親軍都指揮使司，改隸樞密院。後定置諸員如上。其屬：

鎮撫二員。

行軍千户所十翼，達魯花赤十員，副達魯花赤十員，千户十員，副千户十員，百户二百六員，彈壓二十員。

弩軍千户所一翼。達魯花赤一員，千户一員，百户十員，彈壓十員。

屯田左右手千户所二翼。達魯花赤二員，千户二員，百户四十員，彈壓四員。

西城親軍都指揮使司。達魯花赤一員，都指揮使二員，副使二員，僉事二員，經歷、知事各二員，承發架閣兼照磨一員。元貞元年立，設官十一員。大德十一年，增都指揮使二員，又增指揮使三員，副都指揮使二員，僉事二員。至大四年，省都指揮使五員、副使二員、僉事二員。後定置諸員如上。其屬：

鎮撫二員。

行軍千户所。千户十三員，百户二十九員。

把門千户二員，百户八員，門尉一員。教官：儒學教授一員。

宗仁蒙古侍衛親軍都指揮使司。都指揮使三員，副使二員，僉事二員，經歷、知事各二員，照磨一員。至治二年，右丞相拜住奏：先脱别鐵木叛時，没入亦乞列思人一百户，與今所收蒙古子女三千户、清州徹匠二千户，合爲行軍五千，請立宗仁衛以統之。其屬：

鎮撫二員。

蒙古軍千户所十翼。千户二十員，百户一百員，彈壓十員。

屯田千户所。千户四員，百户四十員，彈壓四員。教官二：儒學教授一員，蒙古教授一員。

山東河北蒙古軍大都督府。秩從二品。掌各路軍民科差征進及調遣總攝軍馬公事。大都督三員，從二品。同知一員，從三品。副都督一員，從四品。經歷一員，從六品。都事二員，從七品。承發兼照磨一員。正八品。至元二十一年，罷統軍司，立蒙古軍都萬户府。大德七年，改山東河北蒙古軍都萬户府。延祐五年罷。天曆二年，改立爲大都督府。定置諸員如上。其屬：

鎮撫二員。元貞元年，立蒙古軍都元帥府於西川，徑隸樞密院。當是因兵事暫置。

左手萬户府。萬户一員，從三品。副萬户一員，正四品。經歷一員，從七品。知事一員，從八品。提控案牘一員。從八品。其屬：

鎮撫一員。從五品。

千户九翼。千户十一員，百户七十四員，彈壓十一員。

右手萬户府。萬户一員，副萬户一員，經歷一員，知事一員，提控案牘一員。其屬：

鎮撫一員。

千户九翼。千户九員，百户六十三員，彈壓九員。

拔都萬户府。達魯花赤一員，萬户一員，副萬户一員，經歷一員，知事一員，提控案牘一員。其屬：

鎮撫一員。

千户六翼。千户七，百户四十一員，彈壓五員。

哈達萬户府。達魯花赤一員，萬户一員，經歷一員，知事一員，提控案牘一員。其屬：

鎮撫一員。

千户八翼。千户八員，百户二十四員，彈壓八員。

蒙古回回水軍萬户府。達魯花赤一員，萬户一員，副萬户一員，經歷、知事、提控案牘各一員。其屬：

鎮撫二員。

千户八翼。達魯花赤二員，千户六員，百户四十六員，彈壓九員。

玘都哥萬户府。達魯花赤一員，萬户一員，副萬户一員，經歷、知事、提控案牘各一員。初隸都府七千户翼，延祐三年，樞密院奏改立萬户府。屬官：

鎮撫二員。

千户七翼。千户九員，百户三十五員，彈壓八員。哈必赤千户翼。千户一員，百户四員，彈壓一員，直隸大都督府。

洪澤屯田千户趙國宏翼。達魯花赤一員，千户一員，副千户一員，百户十四員，彈壓二員。直隸大都督府。

左翊蒙古侍衛親軍都指揮使司。都指揮使三員，副使二員，僉事二員，經歷、知事各二員，承發架閣兼照磨一員。至元十八年，以蒙古侍衛總管府依五衛之例爲指揮使司。設官十二員，奥魯官二員。大德七年，奏改爲左翼蒙古侍衛親軍都指揮使司。至大四年，增置指揮使一員。延祐五年，罷奥魯官。其屬：

鎮撫二員。

千户所七翼。千户七員，副千户七員，知事七員，彈壓七員，百户六十二員。教官二：蒙古文教授一員，儒學教授一員。

右翊蒙古侍衛親軍都指揮使司。都指揮使三員，副使二員，僉事二員，經歷、知事各二員。承發架閣兼照磨一員。至元十七年，以蒙古侍衛總管府依五衛例爲指揮使司，設官十二員，奥魯官二員。大德七年，奏改爲右翊蒙古侍衛親軍都指揮使司。至大四年，增置指揮使一員。延祐五年，罷奥魯官。後定置諸員如上。屬官：

鎮撫二員。

千户所十二翼。千户十二員，副千户十二員，知事十二員，彈壓十二員，百户一百九員。教官二：蒙古文教授一員，儒學教授一員。

虎賁親軍都指揮使司。管上都路元籍軍人兼奥魯事。都指揮使三員，副使二員，僉事二員，經歷、知事、照磨兼承發各一員。至元十六年，立虎賁軍，設官二員。舊紀：至元二十五年立，又改爲武衛司。與志不合。十七年，置都指揮使二員〔二〕，副使一員。又增置副使一員。元貞元年，改爲虎賁親軍都指揮使司。十一年，增都指揮使六員。至大四年，省都指揮使九員。後定置諸員如上。屬官：

鎮撫二員。

撒的赤千户翼。正達魯花赤一員，副達魯花赤一員，正千户一員，副千户一員，百户二十員，彈壓二員。

不花千户翼。正達魯花赤一員，副達魯花赤一員，正千户一員，副千户一員，百户二十二員，彈壓二員。

脱脱不千户翼。正達魯花赤一員，副達魯花赤一員，正千户一員，副千户一員，知事一員，百户二十八員，彈壓二員。

大忽都魯千户翼。正達魯花赤一員，副達魯花赤一員，正千户一員，副千户一員，知事一員，百户二十四員，彈壓二員。

楊千户翼。正達魯花赤一員，副達魯花赤一員，正千户一員，副千户一員，知事一員，百户二十二員，彈壓二員。

迷里火者千户翼。正達魯花赤一員，副達魯花赤一員，正千户一員，副千户一員，知事一員，百户二十員，彈壓二員。

宣忠斡羅思扈衛親軍都指揮使司。秩正三品。至順元年置宣忠扈衛親軍都萬户府，總斡羅思軍士，隸樞密院。二年，改今名。

大都督府。秩正二品。管領左右欽察兩衛、龍翊侍御東路軍元帥府、東路軍蒙古萬户府。舊紀：至順元年，改東路蒙古軍元帥府爲東路欽察軍萬户府。二年，改東路蒙古軍萬户府爲東路蒙古侍衛親軍指揮使司。

哈剌魯萬户府。大都督三員，正二品。同知三員，正三品。副都督三員，從三品。僉都都事二員，正四品。經歷二員，從六品。都事二員，從七品。管勾一員、照磨一員。俱正八品。天曆二年，始立欽察親軍都督府。秩從二品，後改大都督府。

右欽察衛親軍都指揮使司。秩正三品。達魯花赤一員，正三品。都指揮使二員，正三品。副使二員，從三品。僉事二員，正四品。經歷二員，從七品。知事二員，照磨二員。俱從八品。至元二十三年，依河西衛等例立欽察衛，設官十員。二十八年，增欽察衛經歷一員。至治二年，分爲左、右衛。天曆二年，撥隸大都督府。屬官：

鎮撫二員。

行軍千户所十八所。達魯花赤各一員，千户三十六員，百户一百八十員，彈壓十八員。

屯田千户所。達魯花赤二員，千户二員，百户二十員，彈壓二員。

左欽察衛親軍都指揮使司。都指揮使三員。副使二員，僉事二員，經歷二員，知事二員，照磨一員。屬官：

鎮撫二員。

行軍千户所十翼。千户十員，百户八十二員，彈壓二員，奥魯官四員。

守城千户所一翼。達魯花赤一員，千户一員，百户九員。

屯田千户所一翼。達魯花赤一員，千户一員，百户十員，彈壓一員。教官：儒學教授一員。

龍翊侍衛親軍都指揮使司。都指揮使三員，副使二員，僉事二員，經歷一員，知事二員，照磨一員。天曆元年始立，設官十四員。二年，又置愛馬知事一員。屬官：

鎮撫二員。

行軍千户所六翼。達魯花赤一員，千户六員，副千户一員，百户四十五員，彈壓五員。

屯田一翼欽察千户所。達魯花赤一員，千户一員，百户二十二員，彈壓二員。教官二：

蒙古文教授一員，儒學教授一員。

哈剌魯萬户府。掌守禁門等處，應直宿衛。達魯花赤一員，萬户一員，經歷、知事各一員，提控案牘一員。至元二十四年，招集哈剌魯軍人，立萬户府。尋移屯襄陽，後征交趾。大德二年，置司南陽。天曆二年，奏隸大都督府。屬官：

鎮撫一員，吏目一員。

千户所三翼。千户三員，百户九員，彈壓三員。

樞密分院。至正十五年，置分院於衛輝，又添設彰德分院同知、副樞各一員，直沽分院副樞一員，都事一員。十六年，又置分院於沂州，以指揮使司隸之。十八年，以參知政事崔敬爲山東等處行樞密副使，分院於滕州，兼屯田事。

行樞密院。有大征伐之事則置之，止曰行院。爲一方之事而設，則稱某處行樞密院事，已則罷。

西川行樞密院。中統四年置，設官二員，管四川軍民課税、交鈔、打捕鷹房人匠及各投下應管公事，節制官吏諸色人等并軍官遷授、征進等事。至元十年，又别置東川行樞密院，增同僉樞密院事一員。十三年，省東川行樞密院入西院。十五年，西川行院亦罷。二十一年，復立四川行院於成都。二十八年，徙於嘉定。八月，復徙成都。

荆湖等路行院。至元八年，改山東東路都元帥府爲山東行樞密院。十一年罷山東行院及河南行中書省，置荆湖等路行院，設官三員，又置淮西等路行院，設官四員。十一年俱罷。二十一年，復立江淮、荆湖、江西、四川行院，各設官五員。二十八年，徙岳州行院於鄂州，江淮行院於建康。其後，行院俱併歸行省。

甘肅行樞密院。至大四年，置於甘州，設官四員，提調西路軍馬。後罷。

河南行樞密院。致和元年分置。天曆元年罷。至正十九年，以河南行省平章察罕帖木兒爲河南山東行樞密院知院。

嶺北行樞密院。天曆二年置，知院一員，同知二員，副使一員，僉院二員，同僉一員，院判二員，經歷一員，都事二員，品秩同樞密院。掌北邊軍務，凡大小事宜，悉從裁決。至正十三年，添設斷事官二員。又立鎮撫司，鎮撫二員。管勾所，管勾一員，兼照磨。又添設僉院二員，都事一員。

四川、湖廣、江西三處行樞密院，均後至元三年置。每處知院一員，同知、僉院、院判各一員。湖廣、江西二省，添同僉一員。各院經歷一員，都事二員，照磨一員，客省副使一員，斷事官一員。至元四年俱罷。

淮南江北等處行樞密院。至正十五年，置於揚州。

江浙等處行樞密院。至正十六年，置於杭州。知院二員，同知二員，副樞二員，僉院二員，同僉二員，院判二員，經歷、知事各一員，斷事官二員。

福建、江西等處行樞密院。至正二十六年置。

【校勘記】

〔一〕「都指揮使」，「使」原作「吏」，據上下文改。

〔二〕「都指揮使」，「揮」原作「軍」，據《元史》卷八六志第三十六《百官二》改。

新元史卷之五十七　志第二十四

百官志三

御史臺。從一品。掌糾察百官善惡、政治得失。至元五年，定御史臺合行條畫：一，彈劾中書省、樞密院、制國用使司等内外百官奸非，刷磨諸司案牘，並監察祭祀及出使之事。一，中書省、樞密院、制國用使司，凡有奏稟公事，與臺官同奏。一，訴訟冤抑人等，民户經左右部，軍户經樞密院，錢穀經制國用使司，如理斷不當，赴中書省陳告。若省官看徇或理斷不當，許臺官糾彈。一，諸官司刑名違錯，賦役不均及造作不如法者，委監察糾察。一，諸官員如任滿不行遷轉，或遷轉不依格者，委監察糾察。一，不奉朝命擅補注官品者，委監察糾察。一，隨路總管府諸官及大府監應管財物文帳，委監察，每季照刷。一，和買如不依時價，冒支官錢或剋減給散不實者，委監察糾察。一，諸官侵使官物或移易借貸者，委監察糾察。一，辦課程官除正額外，若有增羡不盡實到官者，委監察糾察。一，營造役工匠之處，委監察隨事彈糾。一，諸衙門繫囚及不合考訊之人，如實係冤枉，即行移元問官歸結改正。若元問官違錯，許糾察。一，諸囚禁非理死損者，委監察隨事推糾。一，諸承追取合審重刑及應照刷文案，若有透漏者，委監察糾察。一，諸鞫勘罪囚皆連職官同問，不得專委本廳及典史推問。如違，仰監察糾察。一，職官有老病不勝任者，委監察體察。一，諸官吏有廉能公正者，具姓名聞奏，污濫者亦行糾察。一，諸公事行下有枉錯者，承受官司即須執申，若再申不從不報者，委監察糾察。一，應禁貨物及盜賊藏匿處所，若官吏禁斷不嚴、緝捕怠慢者，委監察隨事糾察。一，阻壞鈔法者，委監察糾察。一，諸貧窮孤老幼疾應養濟，而官不收養，或不如法者，委監察糾察。一，户口流散、藉帳隱没、農桑不勤、倉廩減耗、豔吏豪家兼併縱暴，及貧苦不能自申者，委監察糾察。一，諸求仕及訴訟人，於官員私第謁托者，委監察糾察。一，在都司獄司直隸本臺。一，私放軍人還籍及冒名相替，委監察糾察。一，諸官吏入茶坊酒肆者，委監察糾察。一諸官府如書呈來往者，委監察糾察。一，軍官申報俘馘不實，或將功賞增減隱漏者，委監察糾劾。一，邊境但有聲息，不即申報者，委監察糾劾。一，邊城不完，衣甲器仗不整，委監察糾劾。一，監臨官如不舉劾犯法者，減罪人罪五等，臺官知而不舉劾，亦減罪人罪五等。一，諸違御史臺指揮及訴不以實，或咆哮陵忽者，並行斷罪。一，應有合奏稟事理，仰本臺就便聞奏。一，該載不盡、應合糾察事，理委監察並行糾察。

大夫二員，從一品。中丞二員，正二品。侍御史二員，從二品。治書侍御史二員，從二品。經歷一員，從五品。都事二員，正七品。照磨一員，正八品。承發管勾兼獄丞，正八品。架閣庫管勾兼承發一員。正九品。

至元五年，始立御史臺，設官七員：大夫，從二品。中丞，從三品。侍御史，從五品。治書侍御史，從六品。典事，從七品。檢法二員，從八品。獄丞一員。從九品。七年，大夫升，正二品，改典事爲都事。十九年，裁檢法、獄丞。二十一年，中丞，從三品。侍御史，正五品。治書。正六品。二十七年，侍御史升，正四品。治書，正五品。增蒙古經歷一員。從五品。大德十一年，大夫升，從一品。中丞升，正二品。侍御史，從二品。治書侍御史。正三品。皇慶元年，增中丞爲三員。二年，又減一員。至治二年，增大夫一員。後定置諸員如上。統山東東西、河東山西、燕南河北、江北河南、山南江北、淮西江北、江北淮東、山北遼東十道肅政廉訪司。

殿中司，殿中侍御史二員。正四品。凡大朝會，百官班序，其失儀失列，則糾罰之。在京百官到任假告事故，出三日不報者，則糾舉之。大臣入内奏事，則隨以入，凡不可與聞之人，則糾避之。至元五年置。正七品。大德三年升，正五品，後升。正四品。

察院。秩正七品。監察御史三十二員，正七品。任刺舉之事。至元五年，置御史十一員，以漢人爲之。八年，增六員。十九年，增十六員，始參用蒙古人。至元二十二年，參用南人二員。元貞二年，增置御史二員。

山東東西道肅政廉訪司。秩正三品。廉訪使二員，正三品。副使二員，正四品。僉事四員，正五品。經歷一員，從七品。知事一員，正八品。照磨兼管勾一員。正九品。置司濟南路。至元六年置，初爲提刑按察司。十三年，以省併衙門，罷按察司。十四年復置。山北東西道、河東山西道、陝西四川道、燕南河北道並同。十六年，各道按察司增副使、僉事各一員。二十七年，增僉事二員。二十八年，改肅政廉訪司。諸道並同。

河東山西道肅政廉訪司。廉訪使三員，副使二員，僉事四員，經歷一員，知事一員，照磨兼管勾一員。置司冀寧路。至元六年，置河東陝西道。八年，分爲河東山西道、陝西四川道。

燕南河北道肅政廉訪司。廉訪使二員，副使二員，僉事四員，經歷、知事、照磨兼管勾各一員。置司真定路。至元十二年置。

江北河南道肅政廉訪司，廉訪使二員，副使二員，僉事四員，經歷、知事、照磨兼管勾各一員。置司汴梁路。至元七年置。

山南江北道肅政廉訪司。廉訪使二員，副使二員，僉事四員，經歷、知事、照磨兼管勾各一員。置司中興路。至元十四年置，初隸江南行御史臺。二十三年，撥隸内臺。

淮西江北道肅政廉訪司。廉訪使二員，副使二員，僉事四員，經歷、知事、照磨兼管勾各一員。置司廬州路。十四年置，初隸江南行御史臺。二十三年，撥隸内臺。

江北淮東道肅政廉訪司。廉訪使二員，副使二員，僉事四員，經歷、知事、照磨兼管勾各一員。置司揚州路。至元十四年置，初隸江南行臺。二十三年，撥隸内臺。

山北遼東道肅政廉訪司。廉訪使二員，副使二員，僉事四員，經歷、知事、照磨兼管勾各一員。置司大寧路。至元六年置，初爲山北東西道。八年，改山北遼東道。二十年，以女真之地置海西遼東道，二十五年罷。

江南諸道行御史臺。至元十四年，定行御史臺合行條畫：一，彈劾行中書省、宣慰司及以諸官奸非，磨刷案牘，行省、宣慰司委行臺監察，其餘官府委提刑按察司。一，察到諸職官贓罪追問是實，若罪至停罷，咨臺聞奏。一，諸官司刑名違錯、賦役不均、户口流亡、擅科差發及侵欺盜用、移易借貸官錢，一切不公等事，並仰糾察。一，大兵渡江以來，不無搔動，今已撫定，宜安本業，仰各處正官每歲勸課，如無成效者糾察。一，邊境有聲息，不即申報者，糾察。一，隨處鎮戍若約束不嚴，甲仗不整，或管軍官受賄放軍離役，並虛申逃亡、冒私代替及私使販運或作佃户，一切不公，並仰糾察。一，管軍官不約束軍人，致令掠賣歸附人口，或誘良爲驅，一切搔擾百姓者糾察。一，諸色官吏，私使係官船隻諸物者糾察。一，管軍官申報軍功不實者糾察。一，官吏權豪佔據山林川澤之利，及恐喝小民、侵奪田宅諸物者糾察。一，諸官員占使軍民者糾察。一，守土田火禁不嚴者糾察。一，管屯營田官不爲用心措置者糾察。一，把軍官起補逃亡軍人，搔擾軍户，致軍前不得實用者，糾察。一，枉被囚禁及不合拷訊之人，並從初不應受理之事糾察。一，罪囚稱冤，按驗得實，開坐事因，行移元問官，即行改正。一，朝廷政令，承受官司稽緩不行，或已行而不復檢舉，致有弛廢者糾察。一，蝗蝻生發，不即打捕申報，及報災不實者，糾察。一，監臨官知所部有犯法，不舉劾者，減罪人罪五等，糾彈之。官知而不舉劾者，亦減罪人罪五等。一，鞫罪囚連職官同問，不得專委本廳人等推問，違者糾察。一，諸罪囚干連人不關利害，及雖正犯而罪輕者，召保聽候，毋致非理死損，違者糾察。一，刑名詞訟，若審聽不明，及擬斷不當或受財故，有出入者，糾察。一，司獄司直隸本臺，非官府不得私置牢獄。一，諸承追取令審重囚及應照刷文卷漏報者，糾察。一，諸訴訟人如有冤抑，經行中書省理斷不當者，仰糾察。一，各處官員爲治有方，即聽保舉，其有貪暴蠹政害民，及老病不稱職者，並行糾察。一，諸公事行下所屬，而有枉錯，若承受官司再申，不從不報者，糾察。一，提刑按察司任滿，行臺考按，以官政肅清、民無冤滯爲稱職，以苛細生事、闇於大體、所按不實爲不稱職，皆咨臺呈省。一，上訴不實或訴訟咆哮陵忽者，並行斷罪。一，凡可興利除害及一切不便於民，必當更張者，咨臺呈省聞奏。其餘該載不盡、應合糾彈事理，比附已降條畫斟酌，就便施行。大夫一員，中丞二員，侍御史二員，治書侍御史二員，經歷一員，都事二員，照磨一員，架閣庫管勾一員，承發管勾兼獄丞一員，品秩同内臺。

至元十四年，置江南行御史臺於揚州。二十一年，徙杭州。二十二年二月，徙江州。五月，復徙杭州，罷，以其所屬隸御史臺。未幾，復置於杭州。二十三年，又徙於建康。初置大夫、中丞、侍御史、治書侍御史各一員，統淮東、淮西、湖北、浙東、浙西、江東、江西、湖南八道。十五年，增江南湖北、嶺南廣西、福建廣東三道。二十二年，以淮東、淮西、山南三道撥隸内臺。二十四年，復隸行臺。三十年，增海北海南一道。大德元年，定爲江南諸道行御史臺，監江浙、江西、湖廣三省，統江東、江西、浙東、浙西、湖南、湖北、廣東、廣西、福建、海南十道。至正十六年，移行臺於紹興，增河南道廉訪司。二十二年〔一〕，權置山北道廉訪司於惠州。二十三年，復置濟南道廉訪司。二十五年，置河東道廉訪司於冀寧。

察院。至元十四年，置監察御史十員。二十三年，增蒙古御史十四員。按本紀：十五年，增設御史四員。廿年，增蒙古御史六員。二十三年，增色目御史，員數與志不合，未詳孰是。又增漢人御史四員。定置御史二十八員。

江東建康道肅政廉訪司。廉訪使二員，副使二員，僉事四員，經歷、知事、照磨兼管勾各一員。置司寧國路。至元十四年置。

江西湖東道肅政廉訪司。廉訪使二員，副使二員，僉事四員，經歷、知事、照磨兼管勾各一員。置司龍興路。至元十四年置。至正二十五年，置分臺於福建。

江南浙西道肅政廉訪司。廉訪使二員，副使二員，僉事四員，經歷、知事、照磨兼管勾各一員。置司杭州路。至元十四年置。

浙東海右道肅政廉訪司。廉訪使二員，副使二員，僉事四員，經歷、知事、照磨兼管勾各一員。置司婺州路。至元十四年置。

江南湖北道肅政廉訪司。廉訪使二員，副使二員，僉事四員，經歷、知事、照磨兼管勾各一員。置司武昌路。至元十五年置。

嶺北湖南道肅政廉訪司。廉訪使二員，副使二員，僉事四員，經歷、知事、照磨兼管勾各一員。置司天臨路。至元十四年置。

嶺南廣西道肅政廉訪司。廉訪使一員，副使二員，僉事二員，經歷、知事、照磨兼管勾各一員。置司静江路。至元十五年置。

海北廣東道肅政廉訪司。廉訪使二員，副使二員，僉事二員，經歷、知事、照磨各一員。置司廣州路，初爲廣東道。至元二十年，改海北廣東道。

海北海南道肅政廉訪司。廉訪使二員，副使二員，僉事二員，經歷、知事各一員。置司雷州路。至元三十年置。

福建閩海道肅政廉訪司。廉訪使二員，副使二員，僉事四員，經歷、知事、照磨兼管勾各一員。置司福州路。至元十五年，置福建廣東道。二十年，改福建閩海道。

陝西諸道行御史臺。大夫一員，御史中丞二員，侍御史二員，治書侍御史二員，經歷一員，都事二員，照磨一員，架閣庫管勾一員，承發司管勾兼獄丞一員。至元初，置河西諸道行御史臺。二十年罷。二十七年，置雲南諸路行御史臺，設臺官四員。二十九年，罷雲南行臺，徙於四川。三十年，復立雲南行臺。大德元年，移雲南行臺於京兆，爲陝西諸道行臺。延祐元年罷。二年復置，統漢中、隴北、四川、雲南四道。至元十五年，復立提刑按察司於畏兀兒，其初置及省罷年分均不可考。

察院。監察御史二十員。

陝西漢中道肅政廉訪司。廉訪使二員，副使二員，僉事四員，經歷、知事、照磨兼管勾各一員，置司鳳翔府。至元八年，置陝西四川道。後改陝西漢中道。

河西隴北肅政廉訪司。廉訪使二員，副使二員，僉事四員，經歷、知事、照磨兼管勾各一員。置司甘州路。初爲鞏昌道，後改中興道。至元二十年，改河西隴北道。至元十一年，改西夏中興道爲隴右河西道。二十四年省。

西蜀四川道肅政廉訪司。廉訪使二員，副使二員，僉事四員，經歷、知事、照磨兼管勾各一員。置司成都路。至元十九年置。本紀作十六年。

雲南諸路道肅政廉訪司。廉訪使二員，副使二員，僉事四員，經歷、知事、照磨各一員。置司中慶路。至元二十年置。二十四年罷。二十七年，立雲南行御史臺。大德元年，從雲南行臺於陝西，復立雲南道。至元二十年，各道按察司增判官二員。其裁罷年分未詳。

大宗正府。秩從一品。札魯忽赤四十二員，從一品。郎中二員，從五品。員外郎二員，從六品。都事二員，從七品。承發架閣庫管勾一員，從八品。司獄二員。從八品。

太祖稱尊號，首置斷事官曰札魯忽赤，會決庶務。凡諸王、駙馬投下蒙古、色目人等應犯一切公事，及漢人輕重罪囚，每歲從駕分司上都存留住冬諸事，悉掌之。

至元二年，置十員。三年，省爲八員。九年，定爲從一品，銀印。詔：札魯忽赤乃太祖所置，宜居百僚之右。止理蒙古公事，以諸王爲府長，餘悉御位不及諸王之有國封者，又有怯薛人員奉旨署事，别無頒受宣命。是年，置左右司。十四年，置十四員。十五年，置十三員。十七年，從阿合馬請，立大宗正府，以前止札魯忽赤署事，至是始定官名。二十一年，增至二十一員。二十二年，又增至三十四員。二十八年，增至四十六員。大德四年，省五員。至大四年，裁爲二十八員。皇慶元年，省二員，以漢人刑名歸刑部。泰定元年，復命兼理，定置四十二員，令史改爲掾史。致和元年，以上都、大都所屬蒙古人并怯薛、軍站、色目與漢人相犯者，歸宗正府處斷，其餘路府州縣漢人、蒙古、色目人詞訟悉歸有司及刑部管理。後至元元年，中書省奏：「大宗正府，仁宗時減去『大』字。今宜遵世祖舊制，仍爲大宗正府。」至正十年，增掌判二員。

大司農司。秩從一品。掌農桑、水利、學校之事。大司農四員，從一品。大司農卿二員，正二品。少卿二員，從二品。丞二員，從三品。經歷一員，從五品。都事二員，從七品。架閣庫管勾一員，正八品。照磨一員。正八品。至元七年，立司農司。是年，又改司農司爲大司農司，添設巡行勸農使、副使各四員。按：中統二年，姚樞爲大司農，不始於至元七年，或舊紀誤也。十二年罷，以按察司兼領勸農事。十八年，改立農政院。十九年，復罷。二十年，又改立務農司。秩從三品。掌官田邸舍人民，置達魯花赤一員，務農使一員，同知二員。是年，又改司農寺。達魯花赤一員，司農卿二員，司丞一員。二十三年，仍爲大司農司。秩正二品。大德元年增領大司農事一員。皇慶元年，升從一品，定置諸員如上。

籍田署。秩從六品。掌耕籍田以奉宗廟祭祀。署令一員，從六品。丞一員。從七品。至元七年立，隸大司農司。十四年，改隸太常寺。二十三年，復隸大司農司。

供膳司。秩從五品。掌供給應需貨買百色生料，并桑哥籍入貲產。達魯花赤一員，從五品。《元典章》：供膳庫達魯花赤，從五品。提點一員，從五品。司令一員，正六品。丞一員。正七品。至元二十二年置，隸大司農司。其屬輔用庫，秩正九品。掌規運息錢以給供需。大使一員，正九品。副使一員。

興中州等處油户提領所。秩從九品。歲辦油十萬斤以供内庖。提領一員，從九品。大使一員，副使一員。至元二十九年置。蔚州麵户提領所。掌辦白麵、葱、菜以給應辦，歲計十餘萬斤。提領一員，副使一員。《元典章》：弘州種田納麪提舉，正六品。

永平屯田總管府。秩從三品。達魯花赤一員，從三品。總管一員，從三品。同知一員，從五品。知事一員。正八品。至元二十四年，立於永平路南舊馬城縣，以北京採木三千人隸之。所轄昌國、濟民、豐贍三署，各置署令一員，從五品。署丞一員。從七品。

分司農司。至正十三年，命中書右丞悟良合台、左丞烏古孫良楨兼大司農卿，給分司農司印。西自西山，南至保定、河間，北至檀、順等州，東至遷民鎮，凡係官地及各處屯田，悉歸分司募民佃種。

行大司農司。至元二十九年，升江淮行大司農司，秩正一品。設營田司六員。秩正四品。其建置省罷年分均不可考。

大兵農司。至正十五年，置大兵農司四，曰保定等處、河間等處、武清等處、景薊等處。其屬有兵農千户所二十四處，百户所四十八處，鎮撫司各一。

大都督兵農司。至正十九年。置於西京，仍置分司十道，掌屯種之事。

翰林兼國史院。秩從一品。承旨六員，從一品。學士六員，正二品。侍讀學士二員，從二品。侍講學士二員，從二品。直學士二員，從三品。待制二員，正五品。修撰三員，從六品。應奉翰林文字五員，從七品。編修官十員，正八品。檢閲四員，正八品。典籍二員，從八品。經歷一員，從五品。都事一員。從七品。《元典章》：翰林院典簿、翰林國史院典簿，均從七品。

中統二年，立翰林國史院，秩正三品。以王鶚爲翰林學士。《元典章》：翰林學士、知制誥、監修國史，正三品。監修國史參軍，正五品。監修國史長史，正六品。皆中統初立國史院之官制。至元六年，置承旨三員，學士二員，侍讀學士二員，侍講學士二員，直學士二員。八年，升從二品。十四年，增承旨一員。十六年，增侍讀學士一員。十七年，增承旨二員。二十年，併集賢院爲翰林國史集賢院。二十一年，增學士二員。二十二年，復分立集賢院。二十三年，增侍講學士一員。二十六年，置官吏五員，掌教習亦思替非文字。《元典章》：教習亦思替非博士，正七品。二十七年，又增承旨一員。大德九年，升正二品。改典簿爲司直，置都事一員。按舊紀：置都事在皇慶元年，未詳孰誤。至大元年，置承旨九員。四年，制定承旨五員，學士、侍讀、侍講、直學士各二員。皇慶元年，升從一品，改司直爲經歷，置經歷、都事各一員。延祐五年，置承旨八員。後定置諸員如上。

蒙古翰林院。秩從一品。掌譯寫一切文字及頒降璽書，並用蒙古字，仍各以其國字副之。承旨七員，學士二員，侍讀學士二員，侍講學士二員，直學士二員，待制四員，修撰二員，應奉文字五員，經歷一員，都事一員，品秩並同翰林國史院。承發架閣庫管勾一員。正九品。

至元八年，始置新字學士於國史院。十二年，別立蒙古翰林院，置承旨一員，直學士一員，待制二員，修撰一員，應奉四員。十八年，增承旨一員，學士三員。二十九年，增承旨一員，侍講學士一員。三十年，增管勾一員。大德五年，升正二品。九年，置司直一員，都事一員。皇慶元年，升從一品，設官二十有八。延祐二年，改司直爲經歷。後定置諸員如上。

内八府宰相。掌諸王朝覲儐價之事，遇有詔令則與蒙古翰林院官同譯寫而潤色之。以其職貴近，似古之侍中，故寵以宰相之名。然無授受宣命，品秩則視二品云。天曆元年，改爲内八府宰。

集賢院。秩從一品。掌提調學校、徵召賢良，凡國子監、玄門道教、陰陽祭祀、占卜之事，悉隸焉。大學士五員，從一品。學士二員，正二品。侍讀學士二員，從二品。侍講學士二員，從二品。直學士二員，從三品。經歷一員，從五品。都事二員，從七品。待制一員，正五品。修撰一員，從六品。兼管勾承發架閣庫一員。正八品。

元初，集賢與翰林國史院同署。至元二十二年，始分兩院。置大學士三員，《元典章》：昭文館大學士，從二品，亦至元時所置，其何時裁省無考。學士一員，直學士二員，典簿一員。二十四年，增置學士一員，侍讀學士一員，待制一員，尋升正二品，置院使一員，正二品。大學士二員，從二品。學士三員，從二品。侍讀學士一員，從三品。侍講學士二員，從三品。直學士一員，從四品。司直一員，從五品。待制一員。正五品。二十五年，增都事一員，從七品。修撰一員。從六品。元貞元年，增院使一員。大德十一年，升從一品，置院使六員，經歷二員。至大四年，省院使六員。皇慶二年，省漢經歷一員。後定置諸員如上。

國子監。秩從三品。掌國之教令，以德尊望重者爲之。祭酒一員，從三品。司業二員，正五品。監丞一員，正六品。專領監務典簿一員。從七品。至元二年，以許衡爲集賢館大學士、國子祭酒，教國子與蒙古四怯薛人員，選七品以上朝官子弟爲國子生，隨朝三品以上官得舉凡民之俊秀者，入學爲陪堂生伴讀。至元二十四年，定置諸員如上。至大元年，升正三品。延祐七年，降從三品。是年，復升爲正三品。後復降從三品。

國子學。秩正七品。博士二員。正七品。掌教授生徒、考較儒人著述、教官所業文字。助教四員，正八品。分教各齋生員。至元六年置。大德八年，爲分職上都，增助教二員，學正二員，學録二員，督習課業。典給一員，掌生員飲膳。至元二十四年，定置生員額二百人，先設一百二十人，蒙古五十人，諸色目、漢人五十人，伴讀二十人。大德四年，增生員額三百人。延祐二年，又增置一百人，伴讀二十人。

蒙古國子監。秩從三品。祭酒一員，從三品。司業二員，正五品。監丞一員。正六品。至元十四年，始置司業一員。二十九年，准漢人國學例，置祭酒、司業、監丞。延祐四年，升正三品。七年，復降爲從三品。是年四月，又復正三品。皇慶二年，立回回國子監。延祐七年罷。

蒙古國子學。秩正七品。掌教習諸生，於隨朝百官、怯薛歹、蒙古漢人官員子弟選俊秀者入學。博士二員，正七品。助教二員，正八品。教授二員，正八品。學正、學録各二員。至元八年，置官五員。後以每歲從駕上都，教習事繁，增學正、學録各二員。三十一年，增助教一員。後定置諸員如上。

興文署。秩從六品。署令一員。從六品。以翰林修撰兼之。署丞一員，從七品。以翰林應奉兼之。至元四年，改經籍署爲弘文院。院罷，立興文署。復罷。二十七年，復置。掌經籍板及江南學田錢穀。至治二年罷，置典簿一員，從七品。掌提調諸生飲膳。

【校勘記】

〔一〕「二十二年」，開明書店鑄版誤作「三十二年」。按下文有「二十三年」、「二十五年」，又同書《本紀·惠宗四》：二十二年，九月，「甲辰，權置山北道廉訪司於惠州」。《元史》卷九二志第四十二《百官八》：「二十二年九月，權置山北廉訪司於惠州。二十三年六月，濟南路復置肅政廉訪司。」二十五年，「十一月，仍置河東廉訪司於冀寧」，均可證應作「二十二年」。

新元史卷之五十八　志第二十五

百官志四

宣政院。秩從一品。掌釋教僧徒及吐蕃諸族之事，遇吐蕃有事，則設分院往涖之，有大征伐，則會樞密院議之。院使十員，從一品。同知二員，正二品。副使二員，從二品。僉院二員，正三品。同僉三員，正四品。院判三員，正五品。參議二員，正五品。經歷二員，從五品。都事三員，從七品。照磨一員，正八品。管勾一員。正八品。至元初，立總制院，以國師領之。《元典章》：總制院使正二品，同知總制院事正三品。二十五年，因唐制吐蕃來朝見於宣政殿故事，更名宣政院。置院使二員，同知二員，副使二員，參議二員，經歷二員，都事四員，管勾一員，照磨一員。二十六年，置斷事官四員。二十八年，增僉院、同僉各一員。元貞元年，增院判一員。大德四年，罷斷事官。至大初，省院使一員。至治三年，置院使六員。天曆二年，定置諸員如上。其屬八：斷事官四員，從三品。經歷一員，從五品。知事一員，從八品。至元二十五年置。

客省使。秩從五品。大使二員，從五品。副使一員。從六品。至元二十五年置。

大都規運提點所。秩正四品。達魯花赤一員，正四品。提點一員，正四品。大使一員，副使一員，知事一員。至元二十八年置。

上都規運提點所。達魯花赤一員，提點一員，大使一員，副使一員，知事一員。至元二十八年置。

大都提點資善庫。秩從五品。掌錢帛之事。達魯花赤一員，從五品。提舉一員，從五品。同提舉一員，從六品。副提舉一員。從七品。至元二十六年置。

上都利貞庫。秩從七品。掌飲膳及金銀諸物。提領一員，從七品。副使一員。從八品。元貞元年置。

大濟倉。監支納一員，從七品。大使一員。從七品。

興教寺。管房提領一員。

行宣政院。元統二年，罷廣教總管府十六處，置行宣政院於杭州。院使二員，同知二員，副使二員，同僉、院判各一員，經歷二員，都事、知事、照磨各一員。至正二年，增設崇教所，秩正四品。以理僧俗之事。至元二年，西番寇起，置行宣政院，以也先帖木兒爲院使討之，事平即罷。

宣徽院。秩從一品。掌供玉食及燕享宗戚賓客，及諸王宿衛怯憐口糧食，蒙古萬户千户合納差發，係官抽分，羊馬價值芻粟，收受闌遺等事。院事六員，從一品。同知二員，正二品。副使二員，從二品。僉院二員，正三品。同僉二員，正四品。院判五員，正五品。經歷二員，從五品。都事三員，從七品。照磨一員，正八品。承發架閣庫一員。正八品。

至元四年，置宣徽院，以線真爲使。七年，改宣徽院爲光禄司。秩正三品。後仍爲宣徽院。十五年，置院使一員，同知、同僉各二員，主事二員，照磨一員。二十年，升從二品，增院使一員，置經歷二員，典簿三員。二十三年，升正二品。置院判二員，省典簿，置都事三員。三十一年，增院使四員。大德二年，增同知二員。三年，升從一品。四年，置副使二員。至大四年，省本院參議、斷事官。皇慶元年，增院使三員。始定怯薛歹萬人，本院掌其給授。後定置諸員如上。其屬十二。

光禄寺。秩正三品。掌起運米麴諸事。領尚飲、尚醖局沿路酒坊，各路布種事。卿四員，正三品。少卿二員，從四品。丞二員，從五品。主事二員。從七品。至元十五年，改都提點爲光禄寺，置卿一員，少卿三員，主事一員，照磨一員，管勾一員。二十年，改尚醖監。正四品。《元典章》：監令正五品，提點從五品，丞正六品，知事正八品。二十三年，復爲光禄寺，置卿二員，少卿、丞各一員。二十四年，增少卿一員。二十五年，改隸省部。三十一年，復隸宣徽院。延祐三年，降從三品。泰定二年，復升正三品。定置諸員如上。

大都尚飲局。秩從五品。掌造上用細酒。提點一員，從五品。大使一員，正六品。副使一員。正七品。中統四年，置大使、副使各一員，俱帶金符。至元十二年，增副使一員。十五年，由從六品升從五品，置提點一員。後定置諸員如上。

上都尚飲局。皇慶中始置。提點一員，大使、副使各一員。

大都尚醞局。秩從五品。掌造諸王、百官酒醴。提點一員，從五品。大使一員，正六品。副使二員，正七品。直長一員。正八品。中統四年，立御酒庫，設金符宣差。至元十一年，置提點。十六年，改尚醞局，定置諸員如上。

上都尚醞局。提點一員，大使一員，副使一員，直長一員。至元二十九年置。

大都醴源倉。秩從六品。掌受香莎蘇門等酒材糯米，鄉貢麯藥，以供上醞。提舉一員，從六品。大使一員，從七品。副使一員。正八品。至元二十五年置。

上都醴源倉。秩從九品。掌受大都轉輸米麯，並造車駕臨幸供給之酒。大使一員，從九品。副使一員。至元二十五年置。

尚珍署。秩正五品。置於濟寧路，掌收濟寧等處子粒以供酒材。達魯花赤一員。從五品。令一員，從五品。丞二員，從七品。吏目二員。至元十三年置，十五年罷入有司，二十三年復置。

安豐懷遠等處稻田提領所。秩從九品。提領二員。從九品。掌收稻田子粒，轉輸醴源倉。

尚舍寺。秩正四品。掌行在帷帳之陳設，及牧養駱駝供愛蘭乳酪。太監二員，正四品。少監二員，正五品。監丞二員，從六品。知事二員。從八品。至元三十一年置。初爲尚舍署，至元十七年升。秩正三品。三十一年，改爲寺。大德十一年，改爲監。秩正三品。至大元年，改爲寺。四年，仍爲監。尋復爲寺。延祐三年，復降，正四品。按舊紀：至元十七年升尚舍監，延祐七年降正四品，與志不合，未詳孰誤。定置諸員如上。

諸物庫。秩從七品。掌出納。提領一員，從七品。大使一員，從八品。副使一員。正九品。

大德四年置。

闌遺監。秩正四品。掌不闌奚人口、頭疋諸物。太監一員，正四品。少監二員，正五品。監丞二員，正六品。知事一員，從八品。提控案牘一員。從九品。至元二十年，初立闌遺所。秩正五品。二十五年，改爲監，升正四品。大德十一年，升正三品。至大四年，復正四品。尋又升正三品。延祐七年，復爲正四品。定置諸員如上。

尚食局。掌御膳及出納油麪酥蜜諸物。秩從五品。提點一員，從五品。大使一員，正六品。副使二員，正七品。直長一員。正八品。中統二年，立尚食監。秩正四品。至元二年，改爲局，置提點一員。《元典章》：尚食太監正四品，少監正五品，丞從六品，提舉正七品。當是中統二年所置，舊志誤監爲局，至元二年始改爲局也。大德八年，置掌薪司，以供尚食，命宣徽院掌其事。二十年，省併尚藥局，尚藥局亦置於中統二年。別置生料庫。本局定置諸員如上。

大都生料庫。秩從五品。提點二員，從五品。大使二員，正六品。副使三員。正七品。至元十一年，置生料野物庫。二十年，別置庫，擬內藏庫例，置諸員如上。

上都生料庫。掌受宏州、大同虎賁、司農等歲辦油麪，大都起運諸物，供奉內府，放支宮人宦者飲膳。提點一員，大使一員，副使二員，直長一員。

大都大倉、上都大倉。秩正六品。掌內府支持米豆及酒材米麴藥物。二倉各設提舉一員，正六品。大使各一員，從六品。副使各一員。從七品。至元五年立，設官三員，俱受制國用使司劄札。十二年，改提舉大倉，按舊紀：至元十七年立太倉提舉司，與志不合。設官三員，隸宣徽院。二十五年，升正六品。

大都、上都柴炭局。秩正七品。達魯花赤各一員，正七品。大都大使一員，上都大使三員，從七品。副使各二員。正八品。至元十二年置。秩從六品。十六年，改提舉司，升從五品。大德八年，仍爲局，降正七品。

尚牧所。秩從五品。掌大官羊。提舉二員，從五品。同提舉一員，從六品。副提舉一員，從七品。吏目一員。至元十二年，立尚牧監，後省。至大四年，復立尚牧所，定置諸員如上。

沙糖局。秩從五品。掌沙糖蜂蜜煎造及方貢果木。提點一員，從五品。大使一員，正六品。副使一員。正七品。至元十三年置。秩從六品。《元典章》：沙糖局達魯花赤從五品。十七年，置提點一員。十九年，升從五品。

永備倉。秩從五品。掌受兩部倉庫，起運省部，計置油麵諸物及雲需府所辦羊，以備臨幸膳羞。提點一員，從五品。大使一員，正六品。副使一員。正七品。至元十四年置，給從九品印。二十四年，升從五品。

豐儲倉。秩從九品。掌出納車駕行幸膳羞。大使一員。從九品。

淮東淮西屯田打捕總管府。秩正三品。掌獻歲入以供内府，及湖泊山場漁獵以供内膳。達魯花赤一員，正三品。總管一員，正三品。同知一員，正五品。府判一員，正六品。經歷一員，從七品。知事一員，從八品。提控案牘一員。從九品。至元十四年，立總管府，並管漣海高郵河泊提舉司、沂州等處提舉司事。十六年，置揚州鷹房打捕達魯花赤總管府。二十二年，併爲淮東淮西屯田打捕總管府。後至元四年，升兩淮屯田打捕總管府爲正三品。疑本爲從三品，至惠宗時始升秩正。二十五年，以兩淮新附手號軍千户所隸本府。

又置屯田打捕提舉司九處：曰淮安州，曰高郵，曰招泗，曰安東海州，曰揚州通泰，曰安豐廬州，曰蘄黄，曰鎮巢，凡八處。舊志脱蘄黄一處，據《元典章》補。屯田打捕提舉司，曰塔山徐邳沂州等處山場屯田提舉司。俱秩從五品。每司達魯花赤一員，提舉一員，從五品。同提舉一員，從六品。副提舉一員。從七品。

又抽分場提領所凡十處：曰柴墟東西口，曰海州新壩，曰北砂太倉，曰安河桃源，曰大湖東西口，曰時堡興化，曰高郵寶應，曰汶湖等處，曰雲山白水，曰安東州。每所各設提領一員，同提領一員，副提領一員，俱受宣徽院劄付。

滿浦倉，秩正八品。掌收受子粒米麪等物，以待轉輸京師。大使一員，正八品。副使一員。正九品。至元二十五年置。《元典章》：滿浦倉監支納從七品。

圓米棋子局、軟皮局，各置提領一員，副提領一員，俱受宣徽院劄付。

手號軍人打捕千户所。秩從四品。管軍人打捕野物皮貨。達魯花赤一員，從四品。上千户一員，從四品。上副千户一員，正五品。彈壓一員。從八品。至元二十五年置。

龍慶栽種提舉司。秩從五品。管縉山歲輸粱米〔一〕，及易州、龍門、浄邊官園瓜果等物，以奉上供。達魯花赤一員，從五品。提舉一員，從五品。同提舉一員，從六品。副提舉一員。從七品。至元十七年，置提舉司。《元典章》：縉山栽種副提舉從七品。延祐七年，改縉山爲龍慶州，因以名之。

弘州種田提舉司。秩正六品。掌輸納麥麪，以供內府。達魯花赤一員，正六品。提舉一員，正六品。同提舉一員，正七品。副提舉一員，正八品。直長一員。

豐潤署。秩從五品。掌歲入芻粟，以飼駞馬。達魯花赤一員，從五品。令一員，從五品。丞一員，從六品。直長一員。正八品。

常、湖等處茶園都提舉司。秩正四品。掌常、湖二路茶園户二萬三千有奇，採摘茶芽以貢內府。達魯花赤一員，從五品。按：都提舉司正四品，達魯花赤亦當爲正四品。志作從五品，恐是併平江提舉司時降都提舉司爲提舉司也。舊志簡略，無從補訂，姑仍之。提舉一員，從五品。同提舉一員，從六品。副提舉一員，從七品。提控案牘一員，從八品。都目一員。至元十三年，置統提領所十三處。十六年，升都提舉司。又別置平江等處榷茶提舉司，掌歲貢御茶。二十四年，罷平江提舉司，併掌之。統提領所七處，曰烏程，曰武康德清，曰長興，曰安吉，曰歸安，曰湖汶，曰宜興。《元典章》：榷茶提舉有杭州、寧國、龍興、建寧、廬州、岳州、鄂州、常州、湖州、潭州、静江、臨江、興國、常德府、古田、建安十六處。各設正、同、副提領一員，受宣徽院劄付，掌九品印。

建寧北苑武夷茶場提領所。提領一員，受宣徽院劄，直隸宣徽。

太禧宗禋院。秩從一品。掌神御殿朔望歲時諱忌日辰禋祀典禮。院使都典制神御殿事六員，秩從一品。同知兼佐儀神御殿事二員，正二品。副使兼奉贊神御殿事二員，從二品。僉院兼祇承神御殿事二員，正三品。同僉兼肅治神御殿事二員，正四品。院判供應神御殿事二員，正五品。參議二員，正五品。經歷二員，從七品。都事二員，從七品。管勾一員，從八品。照磨一員，從八品。斷事官四員，從三品。客省使大使四員，從五品。副使二員。從六品。天曆元年，罷會福、殊祥二院，改置太禧院以總制之。秩正二品。是年，升從一品，置參議二員。二年，改太禧宗禋院，立四總管府、一司爲之屬。定置諸員如上。至順元年，命所隸總管府，各置副達魯花赤一員。後至元六年罷。

隆禧總管府。秩正三品。達魯花赤一員，正三品。總管一員，正三品。副達魯花赤一員，正四品。同知一員，從四品。治中一員，從五品。判官一員，正六品。經歷一員，從七品。知事一員，正八品。照磨一員。從八品。至大元年，建南鎮國寺，初立規運提點所。三年，改規運都總管府，領大崇恩福元寺錢糧。十一月，改大崇恩福元寺規運總管府爲隆禧院。秩從二品。天曆元年，罷殊祥院，以隆禧、殊祥併立殊祥總管府。尋又改隆禧總管府。後至元六年，罷太禧宗禋院，隆禧總管府改爲規運提點所，秩正五品。隸宣政院。其屬七：

曰福元營繕司。秩正五品。達魯花赤一員，正五品。司令一員，正五品。大使一員，正六品。副使一員。正七品。天曆元年，以南鎮國寺所立怯憐口事産提舉司改爲崇恩福元提點所。三年，又改爲福元營繕司。

曰普安智全營繕司。達魯花赤一員，司令一員，大使、副使各一員。天曆元年，以太玉山普安寺、大智全寺兩規運提點所併爲一，置提點二員。三年，又改爲營繕司。

曰祐國營繕都司。達魯花赤一員，司令一員，大使、副使各一員，知事一員，提控案牘一員。天曆元年，置萬聖祐國營繕提點所。三年，改營繕都司。

曰平松等處福元田賦提舉司。秩從五品。達魯花赤一員，從五品。提舉一員，從五品。同提舉一員，從六品。副提舉一員。從七品。

曰田賦提舉司。提舉一員，同、副提舉各一員。

曰資用庫。至大三年，立規運都總管府，以資用庫、大益倉隸之。大益倉，志無名。提領一員，從五品。大使一員，正六品。副使一員。正七品。

曰萬神庫。提領一員，大使一員，副使一員。

會福總管府。達魯花赤一員，總管一員，同知一員，治中一員，府判一員，經歷，知事、提控案牘各一員。至元十一年，建大護國仁王寺及昭應宮，置財用規運所。秩正四品。十六年，改規運所爲總管府。《元典章》：大護國仁王寺、昭應宮規運財賦都總管府，達魯花赤、總管，俱正三品。至大元年，改都總管府。秩從二品。尋升會福院，置院使五員。延祐三年，升正二品。天曆元年，改會福總管府，降正三品，定置諸員如上。後至元六年，改規運提點所。其屬五：

曰仁王營繕司。達魯花赤一員，司令一員，大使一員，副使一員。至元八年，立仁王寺鎮遏提舉司。十九年，改鎮遏所。二十八年，併三提領所爲諸色人匠提領所。天曆元年，改鎮遏民匠提領所。三年，改爲仁王營繕司。

曰襄陽營田提舉司。達魯花赤一員，提舉一員，同提舉一員，副提舉一員。初爲襄陽等處水陸地土人户提領所。設官四員。大德元年，改提舉司。天曆二年，仍爲襄陽營田提舉司。

曰江淮等處營田提舉司。達魯花赤一員，提舉一員，同提舉一員，副提舉各一員。至元二十七年置。

曰大都等路民佃提領所。秩從七品。提領一員，從七品。大使一員，從八品。副使一員。正九品。至元二十九年，以武清等十處，併立大都水陸地土種田人民提領所。十五年，又設隨路管民都提領所。天曆元年，併爲大都等路民佃提領所。

曰會福財用所。秩從七品。提領一員，從七品。大使一員，從八品。副使二員。正九品。至元十七年，立財用庫。二十六年，立盈益倉。天曆元年，併爲會福財用所。

崇祥總管府。達魯花赤一員，總管一員，副達魯花赤一員，同知、治中、府判各一員，經歷、知事、提控案牘兼照磨各一員。至大元年，立大承華普慶寺都總管府。二年，改延禧監。尋改崇祥監。皇慶元年，升崇祥院。秩正二品。延祐七年罷，後復置。泰定四年，改爲大承華普慶寺總管府。天曆元年，改崇祥總管府。後至元六年，改規運提點所。其屬九：

曰永福營繕司。達魯花赤一員，司令一員，大使、副使各一員，都目一員。延祐五年，置大永福寺都總管府。秩正三品。後降爲營繕提點所。天曆三年，改永福營繕司。

曰昭孝營繕司。達魯花赤一員，司令一員，大使、副使各一員。壽安山規運提點所，三年改昭孝營繕司，天曆元年立，舊隸大禧總管府。至順二年，改隸崇祥總管府。

曰普慶營繕司。達魯花赤一員，司令一員，大使、副使各一員。天曆二年，改普慶修寺人匠提舉司爲普慶營繕提點所。三年，改營繕司。

曰崇祥財用所。提領一員，大使、副使各一員。至大二年，置諸物庫。四年，置普贍倉。天曆二年，併爲崇祥財用所。曰：永福財用所。掌出納顏料諸物。提領一員，大使、副使各一員。延祐三年，置諸物庫，又置永積倉。天曆二年，併爲永福財用所。

曰鎮江稻田提舉司。達魯花赤一員，提舉、同提舉、副提舉各一員。

曰汴梁稻田提舉司。達魯花赤一員，提舉、同提舉、副提舉各一員。

曰平江等處田賦提舉司。達魯花赤一員，提舉、同提舉、副提舉各一員。

曰冀寧提領所。提領一員。

隆祥使司。從二品。司使四員，從二品。同知二員，正三品。副使二員，從三品。司丞二員，正五品。經歷一員，從五品。都事二員，正七品。照磨兼架閣一員。正八品。天曆二年，中宮建大承天護聖寺，立隆祥總管府，秩正三品。八員。至順二年，升隆祥使司，升從二品。定置各員如上。後至元六年，改爲規運提點所。其屬十一：

曰普明營繕都司。秩正四品。掌營造出納錢糧之事。達魯花赤一員，司令、大使、副使各一員，知事一員，提控案牘一員。天曆元年，創大龍興普明寺於海南，置規運提點所。二年，撥隸龍祥府。三年，改爲都司。

曰集慶萬壽營繕都司。達魯花赤一員，司令、大使、副使各一員，知事一員，提控案牘一員。天曆二年，建龍翔、萬壽兩寺於建康，立龍翔萬壽營繕提點所，屬隆祥總管府。三年，改爲營繕都司。

曰元興營繕都司。達魯花赤一員，司令、大使、副使各一員，知事一員，提控案牘一員。天曆元年，置大元興規運提點所。三年，改爲營繕都司。

曰宣農提舉司。秩從五品。達魯花赤一員，提舉、同提舉、副提舉各一員。天曆二年，以大都等處田賦提舉司隸隆祥總管府。三年，改提舉司。

曰護聖營繕司。秩正五品。掌營造工匠、僧衆衣糧、收徵房課諸事。達魯花赤一員，司令、大使、副使各一員。天曆二年，立大承天護聖營繕所。三年，改營繕司。

曰平江善農提舉司。秩從五品。達魯花赤一員，提舉、同提舉、副提舉各一員。天曆二年，立田賦提舉司。三年，改提舉司。

曰善盈庫。提領一員，大使、副使各一員。天曆二年置，隸隆祥總管府。

曰荆襄等處濟農香户提舉司。秩正五品。達魯花赤一員，司令一員，提舉、同提舉、副提舉各一員。天曆二年，以荆襄提舉司所領河南、湖廣田土爲大承天護聖寺常住，改爲荆襄濟農香户提舉司。

曰龍慶州田賦提領所。秩正九品。提領、同提領、副提領各一員。掌龍慶州所有田土歲賦。天曆二年置。

曰平江集慶崇禧田賦提領所。提領、同提領、副提領各一員。天曆三年置。

曰集慶崇禧財用所。大使、副使各一員。天曆三年置。至順元年，立益都廣農提舉司及益都般陽、寧海諸提領所，並隸隆祥總管府。二年，罷益都等處廣農提舉司，改立總管府，秩從三品，仍令隆祥總管府統之。

壽福總管府。掌祭供錢糧之事。達魯花赤一員，總管一員，副達魯花赤一員，同知一員，治中一員，府判一員，經歷、知事、案牘照磨各一員。至大四年，建大聖壽萬安寺，置萬安規運提點所。秩正五品。延祐二年，升都總管府。秩正三品。尋升壽福院。秩正二品。泰定元年，改立總管府。後至元六年，改規運提點所。其屬五：

曰萬安營繕司。達魯花赤一員，司令、大使、副使各一員。延祐三年，以萬安規運提點所既罷，復立萬安營繕司。

曰萬寧營繕司。達魯花赤一員，司令、大使、副使各一員。大德十年，置萬寧規運提點所。天曆元年，改營繕司。後至元六年，四總管府及隆祥使司俱改規運提點所，仍立萬寧提點所，直隸宣政院。

曰收支庫。提領一員，大使一員。

曰延聖營繕司。達魯花赤一員，司令、大使、副使各一員。初爲天源營繕提點所。天曆二年，改營繕司。

曰諸物庫。提領一員，大使一員。延祐三年，立廣貯庫，秩正七品，置官三員，隸壽福院。

【校勘記】

〔一〕「粱米」，原作「粱米」，據《元史》卷八七志第三十七《百官三》改。

新元史卷之五十九　志第二十六

百官志五

太常禮儀院　典瑞院　太史院
太醫院　奎章閣學士院　藝文監
侍正府　給事中　將作院
通政院　中政院　資政院

太常禮儀院，秩正二品。掌祭享宗廟社稷、封贈謚法等事。院使二員，正二品。同知二員，正三品。僉院二員，從三品。同僉二員，正四品。院判二員，正五品。經歷一員，從五品。都事一員，從七品。照磨兼管勾承發架閣一員。正八品。中統元年，中都立太常寺，設寺丞一員。《元典章》：太常寺卿，正三品。少卿，正四品。丞，正六品。至元八年，併太常寺入翰林院。十八年，復立太常寺，設卿一員，從三品。少卿以下五員。十四年，增博士一員。二十年，升。正三品。大德九年，設奉禮郎二員，協律郎一員，法物庫官二員。《元典章》：法物庫副使正七品。十一年，升太常禮儀院。秩正二品。設官十二員。至大四年，復爲寺，降。正三品。延祐元年，復改升院，以大司徒領之。七年，降。從二品。天曆元年，復升。正二品。定置諸院員如上。其屬：博士二員，正七品。奉禮郎二員，從八品。奉禮兼檢討一員，從八品。協律郎二員，從八品。太祝十員，從八品。禮直管勾一員。從九品。《元典章》：太常奉祀郎，從八品。

太廟署。秩從六品。掌宗廟行禮。令一員，從六品。丞一員，從七品。至元三年置。

郊祀署。秩從六品。掌郊祀行禮。令一員。從六品。丞一員，從七品。大德九年置。

廩犧署。秩從六品。掌太廟郊祀廩犧。令一員，從六品。丞一員，從七品。初，太廟、郊祀二署令兼廩犧署事，至大二年始置。

社稷署。令二員，丞一員，品秩同上。大德元年置。

大樂署。掌禮生、樂工四百七十九户。令二員，丞一員。品秩同上。中統五年置。

典瑞院。秩正二品。掌寶璽、金銀符牌。院使四員，正二品。同知二員，正三品。僉院二員，從三品。同僉二員，正四品。院判二員，正五品。經歷二員，從五品。都事二員，從七品。照磨兼管勾承發架閣庫一員。正八品。《元典章》：符牌局大使，正八品。當亦爲典瑞院屬官。中統元年，置符璽郎二員。至元十六年，立符寶局，給六品印。《元典章》：符寶郎，從五品。十七年，升正五品。

十八年，改典瑞監。秩正三品。《元典章》：太監，從三品；少監，從四品；丞，從五品。又，典瑞監卿，正三品。二十年，降，正四品。省卿二員。二十九年，復，正三品。仍置監卿二員。大德十一年，升典瑞院，正二品。定置諸員如上。至大四年，復典瑞院爲監。

太史院。秩正二品。掌天文、曆數。院使五員，正二品。同知一員，正三品。僉院二員，從三品。同僉二員，正四品。院判二員，正五品。經歷一員，從五品。都事一員，從七品。《元典章》：太史院照磨，從八品。管勾一員。從九品。《元典章》作從八品。至元十五年置院，設太史令等官。至大元年升，從二品。設官十員，延祐三年升，正二品。後定置諸員如上。其屬：

春官正兼夏官正一員，正五品。秋官正兼冬官正、中官正一員，正五品。保章正五員，正七品。保章副五員，正八品。《元典章》作從七品。掌曆二員，正八品。腹裏印曆管勾一員，從九品。各省司曆十二員。正九品。印曆管勾二員，從九品。《元典章》有江浙印曆局管勾、江西印曆局管勾，俱從九品。靈臺郎一員，正七品。監候六員，從八品。副監候六員，正九品。星曆生四十四員，無品秩。挈壺正一員，從八品。司辰郎二員，正九品。燈漏直長一員，無品秩。教授一員，從八品。學正一員。從九品。《元典章》：星曆教授、學正，均從八品。校書郎二員。正八品。

太醫院。秩正二品。掌製造奉御藥物，領各屬醫職。院使十二員，正二品。同知二員，正三品。僉院二員，從三品。同僉二員，正四品。院判二員，正五品。經歷二員，從七品。都事二員，從七品。照磨兼承發架閣庫一員。正八品。《元典章》：太醫院知事從八品，管勾正九品。中統元年，置宣差提點太醫院事，給銀印。至元五年，以太醫院隸宣徽院。二十二年，改爲尚醫監。秩正四品。《元典章》：尚醫監正四品，少監從五品，監丞正六品。二十二年，復爲太醫院，給銀印，置提點四員，《元典章》：尚藥提點正五品。院使，《元典章》：院使正四品。副使、判官各二員。大德五年，升正二品。設官十六員。十一年。增院使二員。皇慶元年，又增院使二員。二年，增院使一員。至治二年，定置諸員如上。其屬附見：

廣惠司。秩正三品。掌修製御用回回藥物及和劑，以療諸宿衛士及在京孤寒者。司卿四員，少卿二員。《元典章》：廣惠司令，從六品。按本司有丞必有令，舊志漏之。司丞二員，經歷、知事、照磨各一員。延祐六年升。正三品。其屬：

大都、上都回回藥物院二。秩從五品。掌回回藥事。達魯花赤一員，從五品。大使二員，從五品。副使一員，正七品。至元二十九年置。至治二年，撥隸廣惠司。

御藥院。秩從五品。掌受各路諸番進貢藥品。達魯花赤一員，從五品。大使二員，從五品。副使二員，正七品。直長一員，正八品。都監二員。正九品。至元六年置。

御藥局。秩從五品。達魯花赤一員，從五品。局使二員，從五品。副使二員。正七品。《元典章》：御藥局副提舉、同提舉，均從六品。行御藥局。掌兩都行篋藥品。達魯花赤一員，大使三員。品秩同上。大德九年置。

御香局。秩從五品。掌修合御用諸香。提點一員，從五品。司令一員。至大元年置。

大都惠民局。秩從五品。掌收官錢，出息修藥劑，以惠貧民。提點一員，從五品。司令一員。正七品。中統二年置，受太醫院劄。至元十四年定。秩從六品。二十一年升〔一〕。從五品。

上都惠民局。提點一員，司令一員。中統四年置。《元典章》：安西路惠民局提點，從五品。同知四川藥材醫局、惠民局，正五品。

醫學提舉司。掌考校諸路醫生課藝。試驗太醫教官，校勘名醫撰述文字，辨驗藥材。秩從五品。醫學提舉一員，從五品。副提舉一員。從七品。至元九年置，十三年罷，十四年復置。

官醫提舉司。秩從五品。掌醫户差役詞訟。至元二十五年置。大都、保定、彰德、東平四路，設提舉、同提舉、副提舉各一員。河間、大名、晉寧、大同、冀寧、廣平、濟寧、濟南、遼陽、興和十路，設提舉、副提舉各一員。衛輝、懷孟、大寧三路，設提舉一員。此腹裏路分官醫提舉司，改隸於太醫院。其河南等五省各立一司，隸於本省。

奎章閣學士院。秩正二品。大學士四員，正二品。侍書學士二員，從二品。承制學士二員，正三品。供奉學士二員，正四品。參書二員，從五品。典籤二員，正七品。照磨一員，正八品。天曆二年，立於興聖殿西，命儒臣進經史之書，考帝王之治。置大學士二員，正三品。尋升爲學士院。至順二年，定置諸員如上。屬官：

授經郎二員，正七品。天曆二年置。後至元六年罷奎章閣。至正元年立宣文閣，不置學士，惟授經郎及鑒書博士以宣文閣繫銜。

羣玉内司。秩正三品。掌奎章閣圖書及常御之物。司監一員，正三品。司尉一員，從三品。亞尉一員，正四品。僉司一員，從四品。司丞一員。正五品。典簿一員，正七品。天曆二年，更司籍郎，爲秩正六品。羣玉署，至順元年升羣玉内司，後至元元年罷。

藝文監。秩從三品。掌以國語譯儒書及儒書之合校讎者。太監檢校書籍事二員，從三品。少監同檢校書籍二員，從四品。監丞參校書籍事二員，從五品。典簿一員，正七品。照磨一員。正八品。天曆二年置，至元六年改崇文監，至正元年改隸翰林國史院。

監書博士。秩正五品。掌品定書畫。博士二員。正五品。天曆二年置。

藝林庫。秩正六品。掌藏貯書籍。提點一員，正六品。大使一員，從六品。副使一員。正七品。天曆二年置。

廣成局。秩正七品。大使一員，從七品。副使二員，正八品。直長二員。正九品。掌傳刻經籍。天曆二年置。

侍正府。秩正二品。掌内廷近侍之事。侍正十四員，正二品。同知二員，正三品。參府二員，從三品。侍判二員，正四品。經歷一員，從六品。都事一員，從七品。照磨一員。從八品。至大元年，立尚服院。秩從二品。三年升，正二品。後省。至順二年，置侍正府，領速古兒赤四百人、奉御二十四員。後至元元年，以侍正府屬徽政院〔二〕。

奉御二十四員，秩從五品。尚冠二員，從五品。副奉御二員，從六品。尚衣奉御二員，副奉御二員，尚盥奉御二員，副奉御二員，尚沐奉御二員，副奉御二員，尚飾兼尚韡奉御二員，正六品。副奉御二員，正七品。掌簿四員。從七品。以四怯薛之速古兒赤爲之。至大元年，設尚冠、尚衣、尚盥、尚沐、尚韡、尚飾六奉御，秩從五品。凡四十八員，隸尚服院。天曆初，省爲二十四員，改隸侍正府。

給事中。秩正四品。掌隨朝省、臺、院諸司，凡奏聞之事，悉紀録之，如古左右史。給事中兼修起居注二員，正四品。右侍儀奉御同修起居注一員，左侍儀奉御同修起居注一員。從五品。《元典章》：左、右侍儀奉御，正四品。至元六年，置起居注、左右補闕。十五年，改給事中兼修起居注，左右補闕改爲左右侍儀奉御兼修起居注。皇慶元年，升。正三品。延祐七年，仍詳定。正四品。後定置諸員如上。

將作院。秩從二品。掌造金玉珠翠、犀象、寶貝、冠佩、器皿，刺繡緞匹紗羅，異樣百色造作。院使七員，正二品。同知二員，正三品。同僉二員，正四品。院判五員，正五品。經歷一員，從五品。都事一員，從七品。照磨管勾一員，正八品。《元典章》：將作院收支庫大使，從九品。至元三十年，置院使一員，經歷、都事各一員。三十一年，增院使二員。元貞元年，又增二員。大德十一年，升將作院，秩從二品。延祐七年，省院使二員。後升。正二品。定置諸員如上。

諸路金玉人匠總管府。秩正三品。掌造金玉冠飾繫腰束帶、金銀器皿，并總諸司局事。達魯花赤二員，正三品。總管二員，正三品。副達魯花赤二員，正四品。同知二員，從四品。副總管二員，正五品。經歷一員，從七品。知事一員，從八品。照磨一員，正九品。管勾一員。正九品。中統二年，立金玉府。秩正五品。至元三年，改總管府，置總管一員，經歷、提控案牘各一員。十二年，又置同知、副總管各一員。二十五年，置達魯花赤一員。大德四年，又置副達魯花赤、副總管各一員。後定置諸員如上。其屬曰：

玉局提舉司。秩從五品。提舉一員，正七品。同提舉一員，從七品。副提舉一員。正八品。中統二年，以和林人匠置局，始設直長。至元三年，立玉匠局，用正七品印。十五年，改提舉司。

曰金銀器盒提舉司。提舉一員，同提舉一員，副提舉一員，品秩同上。吏目一員。至元十五年，置金銀局。秩從七品。二十四年，改提舉司。秩正六品。大德間升。從五品。按：玉局、金、銀、瑪瑙四提舉司，俱秩從五品，提舉亦當爲從五品，舊志作正七品。《元典章》：金銀器盒提舉正六品，陽山瑪瑙局提舉從五品，均參差不合。

曰瑪瑙提舉司。提舉一員，同提舉一員，品秩同上。吏目一員。至元九年，置大都等處瑪瑙局。秩從七品。管瑪瑙匠户五百有奇，置提舉三員，受金玉府劄。十五年，改立提舉司，領大都、宏州兩處造作，升。從五品。三十年，省副提舉一員。

曰陽山瑪瑙提舉司。提舉一員，同提舉一員，副提舉一員，品秩同上。至元十五年置。

曰金絲子局。秩從五品。大使一員，從五品。副使一員，正七品。直長一員。中統二年設二局，二十四年併爲一。

曰鞋帶斜皮局。秩從八品。大使一員，從八品。副使一員。至元十五年置。

曰瓘玉局。秩從八品。大使一員。從八品。至元十五年置。

曰浮梁磁局。秩正八品。掌燒造磁器并漆造馬尾椶藤笠帽等。大使一員，從八品。副使一員。正九品。至元十五年置。《元典章》：浮梁磁局副使正九品，則大使應爲從八品，磁局秩從八品，舊志作從九品，誤。

曰畫局。秩從八品。掌描畫諸色樣製。大使一員。從八品。至元十五年置。

曰管領珠子民匠官。正七品。掌採蛤珠於楊村、直沽等處。中統二年置。子孫世襲。

曰裝釘局。秩從八品。大使一員。從八品。《元典章》：裝釘局大使，從九品。至元十五年置。

曰大小雕木局。秩從八品。大使一員。從八品。至元十五年置。

曰宣德隆興等處瑪瑙人匠提舉司。秩正六品。至元十五年，提舉一員。從七品。副提舉一員。從八品。至元十五年置。

曰温犀玳瑁局。秩從八品。大使一員。至元十五年置。

曰上都金銀器盒局。秩從六品。大使一員，從六品。副使一員，正七品。直長一員。至元十六年置。

曰漆紗冠冕局。大使、副使各一員。至元十五年置。

曰大同路採砂所。管領大同路撥到民一百六户，歲採磨玉夏水砂二百石，起運大都以給玉工。大使一員。至元十六年置。

曰管匠都提領所。秩從七品。掌金石府人匠詞訟。都提領一員。從七品。至元十三年置。

曰監造諸般寶貝官。秩正五品。達魯花赤二員。正五品。至元二十一年置。

曰收支諸物庫。秩從八品。大使一員，從八品。副使一員。正九品。至元十五年置。

行諸路金玉人匠總管府。秩從三品。達魯花赤一員。從三品。總管一員，從三品。同知一員，正五品。副總管一員，從五品。經歷一員，從七品。知事一員，從八品。提控案牘一員。從九品。世祖定江南，置浙西金玉人匠提舉司。至元十七年，又置浙西道金玉人匠總管府。至元二十七年，併提舉司入總管府，後罷之。至大間，復置總管府於杭州路。

異樣局總管府。秩正三品。達魯花赤一員，正三品。總管一員，正三品。同知一員。從四品。《元典章》作正五品。副總管一員，正五品。經歷一員，從七品。知事一員。正八品。中統二年，立異樣局提點所，掌御用織造。至元六年，改總管府，置總管一員。十四年，置同知、副總管各一員。二十一年，增總管一員。二十九年，置達魯花赤一員。三十年，省同知、副總管各一員。後定置諸員如上。其屬：

曰異樣文繡提舉司。秩從五品。提舉一員，從五品。同提舉一員，正七品。副提舉一員。正八品。中統二年立局，至元十四年改提舉司。

曰綾綿織染提舉司。提舉一員，同提舉一員，副提舉一員。品秩同上。至元二十四年，改局置提舉司。

曰紗羅提舉司。提舉一員，同提舉一員，副提舉一員。品秩同上。至元十二年改局置提舉司。

曰紗金顏料總庫。秩從九品。大使、副使各一員。從九品。中統二年置。至元二十九年，置織造段匹提舉司，其裁併年分不可考。《元典章》：犀象牙木局使，從五品。

大都等路民匠總管府。秩正三品。總管一員，從三品。同知一員，正五品。副總管一員，從五品。《元典章》作正五品。經歷一員，從七品。知事一員，從八品。《元典章》：大都等路人匠提舉，從五品。提控案牘一員。至元七年置。秩從三品。十四年升正三品。其屬：

曰備章總局。秩正六品。大使一員，正六品。副使一員。至元十三年省併楊蘭等八局爲總局。

曰尚衣局。秩從五品。達魯花赤一員，從五品。提舉一員，從五品。同提舉一員，正七品。副提舉一員。正八品。至元二年置。

曰御衣局。達魯花赤一員，提舉、同提舉、副提舉各一員。品秩同上。中統四年置。

曰御衣史道安局。秩從五品。大使一員，從五品。副使一員。從六品。至元二年置，以史道安掌其職，因以名之。

曰高麗提舉司。秩從五品。提舉一員。至元二十二年置。按舊紀：二十一年，以高麗提舉司隸工部，未詳孰誤。

曰織佛像提舉司。秩從五品。提舉一員，從五品。副提舉二員。正八品。延祐三年，置織佛像工匠提領所。秩正七品。四年，改提領所爲提舉司。

通政院。秩從二品。大都院使四員，從二品。同知二員，正三品。副使二員，從三品。僉院一員，正四品。同僉一員，從四品。院判一員，正五品。經歷一員，從五品。都事一員，從七品。照磨兼管勾承發架閣一員。正八品。上都院使、同知、副使、僉院、判官各一員，經歷、知事各一員。品秩同上。元初，置驛以給使傳，設脱脱禾孫以辨奸僞。至元七年，初立諸站都統領司以總之。十三年，改通政院。十四年，分置大都、上都兩院。二十七年，置大都東西二驛，脱脱禾孫以通政院領之。二十九年，又置江南分院。大德七年罷。至大元年，復置，升正二品。三年，省通政院六員，存十二員。四年罷，以其事歸兵部。是年，復置上都通政院，止管達達站赤。延祐七年，復。從二品。仍兼領漢人站赤，定置諸員如上。其屬：

廩給司。秩從七品。掌邊遠使客飲食供張。提領一員，從七品。司令一員，正八品。司丞一員。正九品。至元十九年置。

中政院。秩正二品。掌中宮財賦并番衛之士湯沐之邑。院使七員，正二品。同知二員，正三品。僉院二員，從三品。同僉二員，正四品。院判二員，正五品。幕職司議二員，從五品。長使二員，正六品。照磨兼管勾承發架閣一員。正八品。元貞二年，置中御府，秩正三品。卿二員。大德元年，增中御府官一員。四年，升中政院。秩正二品。至大元年，升。從一品。定置諸員如上。三年，改皇太子妃怯憐口都總管府爲典內司。四年，升爲院，併中政院入之。皇慶元年，升。正二品。二年，復爲中政院。其屬：

中瑞司。秩正三品。掌皇后寶册。卿五員，正三品。丞二員，正四品。典簿二員。從七品。至大三年置。

內正司。秩正三品。掌營繕之役，地產之儲，以供膳服，備賜予。卿四員，正三品。少卿二員，正四品。丞二員，從五品。典簿二員，從七品。照磨兼管勾一員。正九品。其屬：

曰尚工署。秩從五品。掌百工營繕之役。令一員。從五品。丞二員。從六品。皇慶元年置。領於尚工署者爲玉列赤局。秩從七品。掌裁縫之事，提領一員，大使、副使各一員，直長二員，延祐六年置。

曰贊儀署。秩正五品。掌乘輿之器備。提領一員，大使一員，副使一員，直長二員。皇慶二年置。

典飲局。秩正七品。大使二員，副使二員，典史一員。掌造酒醴以供内府。初置嘉醞局，秩從六品。隸家令。至大二年，改典飲局，兩都分置。皇慶元年，撥隸中宮。舊紀：至順二年，置典瑞司。秩正三品，掌中宮佛事。

管領六盤山等處怯憐口民匠都提舉司。秩正四品。達魯花赤一員，正四品。都提舉一員，正四品。同提舉二員。正六品。副提舉二員，從七品。知事一員，提控案牘一員。至大四年置。元初未有官署，賦無所稽，後遣使覈實著籍，設司領之。其屬：

曰奉元等路、平涼等處、開城等處、甘肅寧夏等路、察罕腦兒等處長官司。秩正五品。各設達魯花赤一員，長官一員，副長官一員，提控案牘一員，都目二員。延祐二年，以民匠提舉司所領地里闊遠，乃酌遠近衆寡，立長官司、提領所以分理之。提領所凡十：秩正七品。奉元等路、鳳翔等處、平涼寧環等處、開城等處、察罕腦兒等處、甘州等處、肅沙等路、永昌寧夏等路、長城等路，各設提領一員，同提領一員，副提領一員，隸於各長官司。

翊正司。秩正三品。掌怯憐口民匠五千餘户。歲辦錢糧造作。令五員，正三品。丞四員，正四品。典簿二員。從七品。至元三十一年，置御位下管領隨路民匠打捕鷹房納棉等户總管府，秩正三品。後隸正宫位下。至大元年省，四年復置。秩正三品。延祐六年，改翊正司，歲終會其出納以達於中政院。後至元元年罷。其屬：

曰管領上都等處諸色人匠提舉司。秩從五品。達魯花赤一員，從五品。提舉一員，從五品。同提舉一員，從六品。副提舉一員，從七品。直長一員，都目一員，吏目一員。元貞元年置，管户二千五百有奇。

曰管領隨路打捕鷹房納棉等户提舉司。達魯花赤一員，提舉一員，同提舉一員，副提舉一員。品秩同上。直長一員。都目一員，吏目一員。元貞元年置。

曰管領歸德、亳州等處管民提領所。秩從七品。提領一員，同提領一員，副提領一員，典史一員。元初收附歸德、楚州、通州等三百五十六户，令脱忽伯管領。大德二年置提領所。

管領大都等路打捕民匠等户總管府。秩正三品。達魯花赤一員，正三品。總管一員，正三品。同知一員，正四品。副總管一員，正五品。經歷一員，從七品。知事一員，從八品。提控案牘照磨一員。從九品。元初，收河南諸路民户一萬五千有奇，置官管領。至元八年，屬有司。

二十年，改隸中尚監。二十六年，置總管府。其屬：

在京提舉司二，秩從五品。達魯花赤一員。從五品。提舉一員，從五品。同提舉一員，從六品。副提舉一員，從七品。都目一員。至元十六年，給從七品印。大德四年，省併京外爲十一處，改提舉司，升。從五品。

涿州、保定、真定、冀寧、河南、大名、東平、東昌、濟南等路提舉司，凡九處。設官品秩同上。

提領所凡二十五處：大都等路，東安州、濟寧州、曹州、祁州、完州、河間、濟南、濟陽、大同、元氏、冀寧、晉寧、歸德、南陽、懷孟、汝寧、衛輝、濬州、涿州、真定、中山、平山、大名、高唐等處。各設提領一員，同提領一員，副提領一員，典史一員。

江浙等處財賦都總管府。掌江南没入貲産。達魯花赤一員，都總管一員，同知一員，副總管一員，經歷一員，知事一員，照磨一員，提控案牘一員。品秩同上。至大元年置。舊紀：至大三年，立江浙等處財賦提舉司，隸章慶院，與志不合。其屬：

曰平江、松江、建康等處提舉司，凡三處，並秩正五品。每司各設達魯花赤一員，提舉、同提舉、副提舉各一員，都目一員。

曰豐盈庫。掌本府錢帛。提領一員，大使一員，副使一員。

曰織染局。掌織染歲造段匹。局使一員。

管領種田打捕鷹房民匠等處萬户府。秩正三品。掌歸德、亳州等處蒙古漢軍種田户差稅。萬户一員，正三品。經歷一員，從七品。知事一員，從八品。提控案牘一員。從九品。中統二年置，初隸塔察兒王位下。後改屬中宫，領司屬十處。舊志未載。

管領大名等處種田諸色户總管府。秩正五品。總管一員，副總管一員，都目一員。中統二年置。至元二十三年，置府大名。

管領本投下大都等處諸色户計都達魯花赤。秩正五品。達魯花赤一員，正五品。提控案牘一員，從九品。都目一員。中統三年置。至元十五年，置司大都。

管領大都、河間等路打捕鷹房總管府。秩正五品。總管一員，副總管一員，都目一員。中統二年置，三年給印。

管領東平等路管民官。秩正五品。總管一員，正五品。相副官一員，都目一員。中統二年置，至元二十二年給印。

管領大名等路宣撫司燕京路管民千户所。秩正七品。提領一員，副提領一員。中統二年置。

管領曹州等處本投下民户、管領東明等處本投下民户、管領蒲城等處本投下諸色户計、管領汴梁等路本投下種田打捕驅户四提領。秩正七品。提領各二員，同提領、副提領各一員，典史各一員。中統二年置，至元十四年頒印。

海西遼東哈思罕等處鷹房諸色人匠怯憐口萬户府。秩正三品。管領哈思罕等處、肇州、朵因温都兒諸色人匠四十户。達魯花赤一員，正三品。萬户一員，正三品。副萬户一員，正五品。經歷一員，從七品。知事一員，從八品。提控案牘兼照磨一員。從九品。延祐二年置。其屬：

曰鎮撫司。鎮撫一員。延祐四年置。

曰哈思罕等處打捕鷹房怯憐口千户所。秩從五品。達魯花赤一員，千户一員，副千户一員，吏目一員。至大二年置提舉司，延祐六年改千户所。

曰諸色人匠怯憐口千户所。秩從五品。達魯花赤一員，千户一員，副千户一員，都目一員。初爲提舉司，後爲千户所。

曰肇州等處女直千户所。達魯花赤一員，千户一員，副千户一員，吏目一員，延祐三年置。

曰朵因温都兒乃良哈千户所。延祐三年置。

曰灰亦兒等處怯憐口千户所。至治元年置。

曰開元等處怯憐口千户所。至治元年置。

曰石州等處怯憐口千户所。延祐七年置。

曰瀋陽等處怯憐口千户所。至治元年置。

曰遼陽等處怯憐口千户所。至治二年置。

曰蓋州等處怯憐口千户所。延祐五年置。

曰幹盤等處怯憐口千户所。至治元年置。

遼陽等處金銀鐵冶都提舉司。秩正四品。都提舉一員，正四品。同提舉一員，從五品，副提舉一員，提控案牘一員。延祐三年，立提舉司。秩從五品。後升都提舉司。初辦金銀甜鐵等課，分納中書省及中政院。七年，以其賦盡歸中宮。

管領本位下怯憐口隨路諸色民匠打捕鷹房都總管府。秩正三品。達魯花赤一員，正三品。都總管一員，正三品。同知一員，正五品。副總管一員，從五品。經歷一員，從七品。知事一員，從八品。照磨一員。從九品。掌怯憐口二萬九千户，田萬五千餘頃。中統二年置，大德十年隸詹事院，至大三年隸徽政院。延祐三年改善政司。七年復善政司爲都總管府。至治二年，徽政院及其屬盡罷，天曆二年復立府。

管領諸路打捕鷹房民匠等户總管府。達魯花赤一員，總管一員。同知一員，副總管一員，品秩同上。經歷一員，知事一員，提控案牘一員，照磨一員，大德三年置。其屬：
曰大都等路管民提舉司。達魯花赤一員，同提舉一員，副提舉一員，都目一員。
曰大都保定提領所。提領二員，同提領一員，副提領一員，典史一員。
曰河間真定提領所。提領二員，同提領一員，副提領一員，典史一員。
曰唐州提舉司。達魯花赤一員同，提舉一員，提舉一員副提舉一員，都目一員。
曰南陽鄧州提領所。提領二員，同提領一員，副提領一員，典史一員。
曰唐州泌陽提領所。提領二員，同提領一員，副提領一員，典史一員。
曰襄陽湖陽提領所。提領二員，同提領一員，副提領一員，典史一員。
曰汝寧陳州提領所。提領二員，同提領一員，副提領一員，典史一員。
曰河南提舉司。達魯花赤一員，提舉一員，同提舉一員，都目一員。
曰汴梁裕州提領所。提領二員，同提領一員，副提領一員，典史一員。
曰河南嵩汝提領所。提領二員，同提領一員，副提領一員，典史一員。
曰南陽唐州提領所。提領二員，同提領一員，副提領一員，典史一員。
曰濟寧提舉司。達魯花赤一員，提舉一員，都目一員。
曰冀寧提領所。提領二員，同提領一員，副提領一員，典史一員。

曰晉寧提領所。提領二員，同提領一員，副提領一員，典史一員。

寶昌庫。掌受金銀砌鐵之課，以待儲運。提領一員，大使一員。

金銀場提領所凡七。梁家寨銀場、明世銀場、寧務銀場、寶山銀場、燒炭峪銀場、胡寶峪銀場、七寶山砌灰場。俱從七品。每所設提領一員，從七品。同提領一員，副提領一員。

鐵冶管勾處二所。各設管勾一員，同管勾一員，副管勾一員。

奉宸庫。秩從五品。掌中藏寶貨錢帛給納之事。提點四員，從五品。副使二員，正七品。提控案牘一員。至元二十七年罷，大德二年復置。

廣禧庫。掌收支御膳野物，職視生料物。達魯花赤一員，提舉一員，從五品。大使一員，正六品。副使二員。正七品。大德八年置。

資政院。秩正二品。院使六員，同知、僉院、同僉、院判各二員，經歷、都事各一員，管勾、照磨各一員。至元六年，爲完者忽都皇后置。將昭功萬户府司屬，除已罷繕工司外，集慶路錢糧併入有司，撥付資政院。既而正宮皇后崩，册立完者忽都爲皇后，改爲崇政院。

【校勘記】

〔一〕「二十一年升」，「升」字原脱，據《元史》卷八八志第三十八《百官四》補。

〔二〕「侍正府」，「正」原作「政」，據上文改。

新元史卷之六十　志第二十七

百官志六

詹事院。秩從一品。詹事三員，從一品。同知二員，正二品。副詹事二員，從二品。丞二員，正三品。中議二員，從五品。長史二員，正六品。照磨二員，正八品。管勾二員。正八品。至元十年立東宮宫師府，十九年改立詹事院。《元典章》：詹事院二品，副詹事正三品，丞正四品，又有左右詹事，正二品。備輔翼皇太子之任。置左右詹事各一員，副詹事、詹事丞、院判各二員。别置宫臣賓客二員，左右諭德、左右詹善各一員，校書郎二員，中庶子、中允各一員。三十一年皇太子卒，改詹事院爲徽政院，凡錢糧選法工役悉歸太后位下。大德九年，復立詹事院。尋罷。十一年，武宗即位，立仁宗爲皇太子，更置詹事院。秩從一品。置參議、斷事官。至大元年，改詹事院使爲詹事，副詹事爲少詹事，院判爲丞，置司議郎。正五品。三年，改少詹事爲副詹事，四年罷。延祐四年，立英宗爲皇太子，復置詹事院。秩從一品。詹事四員，副詹事、丞並二員。七年罷，仍爲徽政院。泰定元年，罷徽院，改立詹事如前。天曆元年，改爲儲慶使司。二年罷，復立詹事院，置斷事官。未幾，改儲政院。秩正二品。院使六員，正二品。同知二員，正三品。僉院二員，從三品。同僉二員，正四品。院判二員，正五品。司議二員，從五品。長史二員。正六品。後罷。至順三年，立徽政院。元統元年，置徽政院官屬。至正六年，置皇太子宫傅府，時皇太子猶未受册寶。九年，立端本堂，置諭德一員，正二品。贊善二員，正三品。文學二員，正五品。正字二員，正七品。司經二員。正七品。十三年，立皇太子，又置賓客二員，正二品，《元典章》作正三品。左右諭德各一員，從二品。左右贊善各一員，從二品。文學二員，從五品。中庶子、中允各一員。從六品。《元典章》：中庶子、左右諭德均正四品。未幾，罷宫傅府，復立詹事院。秩從一品。定置諸員如上。《元典章》詹事府司獄，從五品。其屬附見：

家令司。秩正三品。掌太子飲膳、供張、倉庫。家令二員，正三品。二員，正四品。家丞二員。正五品。《元典章》作從四品。典簿二員，正七品。照磨二員。正九品。至元二十年置。三十一年，改内宰司，《元典章》：内宰正三品，丞從四品。隸徽政院。大德十一年，復立。秩從二品。至大四年罷。延祐四年，復立。秩從三品。七年罷。泰定元年，復以内宰司爲家令司。天曆元年罷，未幾復立。舊紀：延祐七年，内宰司復爲正三品。天曆二年，復置家令司。與此俱不合。二年，又改内宰司，後罷。至正十三年，復立家令司，定置諸員如上。其屬：《元典章》僉事：署典寶、典乘、典藏、典器四令，俱正五品。

曰典幄署。秩正五品。掌太子供張。令一員，丞一員。至大元年置。是年，置承和署，秩正五品。又改爲典染司。秩正三品。二年，改典樂司提典、大使等官爲卿、少卿、丞。

曰典膳署。秩正五品。掌東宫飲膳。令二員，丞二員。至元十九年立，三十一年改掌膳司，泰定元年復爲典膳。

曰柴炭局。秩從七品。掌薪炭之出納。提領一員，大使一員，副使一員。至元二十年立。

曰藏珍、文成、供須三庫。秩從五品。各設提點二員，大使二員，副使二員，分掌金銀、珠玉、寶貨、段匹、絲棉等物。至元二十七年置。

曰提舉備用庫。秩從五品。達魯花赤一員，從五品。提舉一員，從五品。大使一員。《元典章》：徽政院備用庫副使，從七品。提控案牘一員。掌一切錢糧規運等事。至元二十年置。二十二年設達魯花赤。

曰嘉醖局。秩從五品。提點二員，大使一員，副使二員。至元十七年，立掌醖局。大德十一年，改司，升正四品。延祐六年，仍爲局。至治三年罷。泰定四年，復立。天曆二年，改嘉醖局。

曰西山煤窰廠。領馬鞍山、大峪寺石灰煤窰辦課。提領一員，大使一員，副使二員。至元二十四年置。

曰保定等路打捕提領所。秩從七品。提領四員，典史一員。至元十一年，收集人户爲打捕户計，及招到管絲銀差發税糧等户，立提領所。

曰廣平、彰德課麥提領所。秩從七品。至元三十年，以二路渡江時駐蹕之地，召民種佃，置所官統之。

曰廣惠庫。大使一員，副使一員。至元三十年，以鈔本五千定立庫，放典收息，納於備用庫。

曰豐裕倉。秩從七品。監支納一員。倉使一員。至治二年，設提領等官。三年罷。天曆二年立儲政院，復給印。

曰備用庫。秩從七品。掌造作顔料及雜器物。大使二員，副使二員。至元二十五年置，大德元年給印，至治三年罷，泰定三年復立。

府正司。秩正二品。掌太子鞍轡弓矢等物。府正二員，正二品。府丞二員，正五品。《元典章》作從四品。典簿二員，正七品。照磨二員。正九品。至元二十年置，三十一年改宮正司，《元典章》：宮正正三品，丞從四品，照磨從八品。大德十一年，復爲府正司。至大二年，升，正二品。四年罷。延祐四年復立，七年罷。泰定元年，復立。天曆二年，增府正、府丞各二員，尋罷。至大十三年，復立。其屬：

曰資武庫。秩正五品。掌軍器。提點一員，正五品。大使一員。正五品。至大元年置。

曰驥用庫。品秩同上。掌鞍轡。提點一員，大使一員。至大元年置。

延慶司。秩正三品。掌修佛事。使二員，正三品。同知一員，正四品。副使二員，正五品。典簿二員，照磨一員。至元二十一年置，隸詹事院。三十一年，隸徽政院。大德十一年，别立延慶司，不屬於詹事院。品秩同上。至大四年。改延慶司爲都功德使。延祐四年，復置延慶司，設官四員，升正二品。七年，復爲正三品。泰定元年，仍隸詹事院。天曆元年罷。二年，復立，增丞二員。

典寶監。秩正三品。掌太子册寶。卿二員，正三品。太監二員，從三品。少監二員，從四品。監丞一員，正五品。經歷一員。從七品。知事一員，從八品。照磨一員。正九品。至元十九年，立典寶署。秩正五品。《元典章》：典寶令，正五品。二十年，升正五品。三十一年罷。大德十一年，復立監，升秩正三品。至大元年罷。延祐四年，復立。七年罷。泰定元年復立。天曆元年罷。至正十三年復置。

典用監。秩正三品。掌供須、文成、藏珍三庫，《元典章》：供須、文成、藏珍三庫大使，俱正六品。內府供給段匹寶貨。卿四員，正三品。太監二員，從三品。少監二員，從四品。監丞一員，從五品。經歷一員，從七品。知事一員，從八品。照磨一員。正九品。至大元年置。天曆二年，以三庫改隸內宰司。

典醫監。秩正三品。掌領東宮太醫修合藥餌。達魯花赤二員，正三品。卿三員，太監二員，少監二員，丞二員，經歷、知事各一員。品秩俱同上。至元十九年，置典醫署。秩正五品。三十一年，改掌醫署，尋罷。大德十一年，復立典醫監。秩正三品。至大四年罷。泰定三年，復立署。秩正五品。天曆二年，改監，定置諸員如上。其屬：

曰廣濟提舉司。達魯花赤一員。提舉、同提舉、副提舉各一員。掌製藥以施貧民。

曰行典藥局。達魯花赤一員，大使、副使各一員。

曰典藥局。達魯花赤一員，大使、副使各一員，並掌東宮藥劑。

典牧監。秩正三品。掌孶畜之事。卿二員，太監二員，少監二員，丞二員，經歷、知事各一員。品秩俱同上。大德十一年置，後省。天曆二年復置。

儲膳司。秩正三品。掌東宮飲膳。卿四員，少卿二員，丞二員，主事二員，照磨一員。

天曆二年置。《元典章》：掌謁、掌醫、掌膳、掌儀四署令，俱正五品。掌寶、掌膳、掌飯、掌醫、掌設、掌乘、掌藏、掌器八署丞，俱從六品。皆徽政院屬官。詹事院改徽政院，其屬官，曰掌謁司：至元三十一年，改典寶署爲掌謁司。大德十一年，定品秩如典寶監，設卿四員，丞二員，典簿二員。至治三年罷。曰甄用監：掌供須、文成、藏珍三庫，卿三員，太監、少監、丞各一員，經歷、知事、照磨各一員，品秩同典用監。至大元年立，至治三年罷。曰延福司：秩正三品，令、丞各四員。大德十一年置。後併入羣牧監。曰章慶使司：秩正三品，司使四員，同知、副使、司丞各二員。至大三年置，至治三年罷。曰奉徽庫：秩從五品，提點大使各二員，副使四員。至治三年罷。曰壽和四署：秩正五品，署令四員，丞六員。至治三年罷。曰上都掌設署：秩正五品，令五員，丞二員。至大四年置，至治三年罷。曰掌醫監：至元三十一年改典醫監爲署，至大元年升監，秩正三品，領監官一員、達魯花赤一員、卿四員、太卿五員、太監五員、少監六員、丞二員。至治三年罷。曰修合司、藥正司，曰行篋司、藥局：俱秩從五品，至治三年罷。曰羣牧監：秩正二品，卿三員，太卿、少卿、監丞各二員。至大四年置，至治三年罷。曰掌儀署，曰上都掌儀署：俱秩正五品，令、丞各二員。至治三年罷。曰江西財賦提舉司：秩從五品，達魯花赤一員，提舉、同提舉、副提舉各一員。至元二十七年置，至治三年罷。曰織染局：局使、副使、局副、同副官各一員。曰桑落娥眉洲管民提領所、封州等州管民提領所、龍興打捕提領所：提領、副提領各一員，均至治三年罷。曰鄂州等處民户水陸事産提舉司：達魯花赤一員，提舉、同提舉、副提舉各一員。至元二十一年置，至治三年罷。瑞州户計長官司：秩從五品，達魯花赤一員，長官、副長官各一員。至治三年罷。

左都威衛使司。秩正三品。使三員，正三品。副使二員，從三品。僉事二員。正四品。經歷、知事、照磨各一員。至元十六年，以侍衛親軍一萬户撥屬東宮，立侍衛都指揮使司。三十一年，改隆福宮左都威衛使司，隸中宮。至大三年，選造作軍士八百人，立千户所一、百户翼八，以領之，分局造作。至治三年，罷軍匠千户所。

鎮撫所。鎮撫二員，正五品。都目一員。

行軍千户所。千户二員，副千户二員，知事、彈壓各一員，百户二十員。

屯田左右千户二所。千户二員，都目一員，彈壓一員，百户每所二十員。

弩軍千户所。千户二員，都目一員，彈壓一員。

資食倉。大使一員，副使一員。

右都威衛使司。衛使三員，副使二員，僉事二員，經歷、知事、照磨各一員。品秩同上。中統三年，以世祖五投下探馬赤立總管府。秩正四品。設總管一員。二十一年，撥屬東宫。二十二年，改蒙古侍衛親軍都指揮使司。秩正三品。三十一年，改隆福宫右都威衛使司。

延祐二年，置儒學教授一員。四年，增蒙古字教授一員。

鎮撫司。鎮撫二員，都目一員。

行軍千户所。秩正四品。千户五員，副千户五員，知事五員，百户五十員，彈壓五員。

屯田千户所。秩從五品。千户二員，彈壓一員，百户七員，都目一員。

廣貯倉。秩正九品。大使一員，副使一員。

衛候直都指揮使司。秩正四品。達魯花赤二員，佩三珠虎符；都指揮使二員，佩三珠虎符；副指揮使二員，佩雙珠虎符。知事一員，提控案牘一員。至元二十年，以控鶴一百三十五人隸府正司。三十一年，增控鶴六十五人，立衛候司領之。大德十一年，復增懷孟從行控鶴二百人，升都指揮使司。秩正四品。延祐元年，升，正三品。七年，降。正四品。至治三年罷，泰定四年復立，後又罷，至正三年復立。

百户所六。秩從七品。每所百户二員。

儀從庫。秩從七品。大使二員，副使一員。

管領怯憐口諸色民匠都總管府。秩正三品。領怯憐口人匠造作等事。至大三年，改皇太子妃怯憐口總管府爲興內司，是此府屬皇太子妃位下。達魯花赤一員，正三品。總管一員。正三品。同知一員，正四品。副總管二員，正五品。經歷一員，從七品。知事一員，從八品。提控案牘、照磨、管勾各一員。至大三年立府，至治三年罷爲興內司。天曆元年復立。隸儲政院。其屬附見：

管領大都怯憐口諸色人匠提舉司。秩正五品。達魯花赤一員，提舉一員，同提舉、副提舉各一員，首領官一員。

管領上都怯憐口諸色人匠提舉司。秩正五品。達魯花赤一員，提舉一員，同提舉、副提舉各一員，首領官一員。

典製局。秩從七品。大使、副使各一員，直長二員。典設置。秩從五品。令、丞各四員。掌内府朮刺赤二百二十户。至元二十年置。三十一年，改掌儀署，隸内宰司。泰定元年，復爲典設。天曆二年，隸本府。

雜造人匠提舉司。秩從四品。達魯花赤一員，提舉一員，同提舉、副提舉各一員，都目一員。至元八年置，初隸繕珍司。至大三年，改隸章慶司。章慶罷，凡造作之事悉歸之。天曆二年，隸本府。

雜造局。秩正九品。院長一員，直長一員，管勾一員。

隨路諸色人匠都總管府。秩正三品。達魯花赤一員，正三品。總管二員，正三品。同知一員，正五品。副總管二員，從五品。經歷、知事、照磨、提控案牘各一員。中統五年，命招集析居放良、還俗僧道等户習諸色匠藝，立管領怯憐口總管府以司造作。秩正四品。至元九年，升。正三品。大德十一年，改繕珍司。延祐六年，升徽儀使司。秩正二品。至大元年，仍爲繕珍司。秩正三品。舊紀：至大元年，改繕珍司，升正三品，作徽政院人匠總管府。至治三年，復改都總管府。

其屬附見：

上都諸色民匠提舉司。秩從五品。提舉一員，從五品。同提舉一員，從六品。副提舉一員，從七品。吏目一員。至元十九年置。

金銀器盒局。秩從六品。大使一員，副使一員。正七品。至元七年置。

染局。秩正八品。大使一員，副使一員。至元七年置。

雜造局。秩正八品。大使、副使各一員。至元七年置。

泥瓦局。大使、副使各一員。至元七年置。

鐵局。大使一員，副使一員，至元七年置。

上都葫蘆局。大使一員，副使一員。至元七年置。

器物局。副使一員。中統五年置。

研金局。大使一員。至元二十年置。

鞍子局。大使一員。至元七年置。

雲州管納色提領所。提領一員。掌納色人户。至元七年置。

大都等路諸色人匠提舉司。秩從五品。提舉一員，同提舉一員，副提舉一員。至元十六年置。其屬：

曰雙線局。提領一員，副使一員。至元十八年置，受詹事府劄。

曰大小木局。大使一員，副使一員，直長一員。至元十八年置。受詹事院劄。元貞元年，併領皇后位下木局。

曰盒鉢局。大使一員，副使一員，直長一員。至元七年置。受府劄。

曰管納色。提領一員，管銅局、筯司、鎖兒局、裝釘局、雕木局。至元三十年置。

成製提舉司。秩從五品。掌縫紉之事。達魯花赤一員，提舉一員，同提舉一員，副提舉一員。吏目一員。至元二十九年置，受院劄。大德二年，升提舉司。至治三年罷。泰定四年，復置。

上都大都貂鼠軟皮等局提領所。提領二員。至元九年置，受府劄。二十七年，給從七品印，改受省劄。大德十一年，給從六品印，改受敕牒。至治三年，仍受省劄。其屬：

曰大都軟皮局。使一員，副使一員。至元十三年置。

曰斜皮局。局使一員，副使一員。至元十三年置。

曰上都軟皮局。局使一員，副使一員。至元十三年置。

曰牛皮局。大使一員。至元十三年置。

曰金絲子局。大使一員，副使一員，直長一員。至元十二年置。

曰畫油局。大使一員，副使一員，直長一員。至元二十年置。受詹事院劄。

曰氈局。提領一員。大使一員，副使一員，直長一員。至元十三年，受集人户爲氈匠。二十六年，置局。

曰材木庫。大使、副使各二員。至元十六年置。

曰瑪瑙玉局。大使、副使各一員。至元十四年置。

大都奧魯提領所。掌匠人詞訟。提領一員。至元十八年置，受詹事院劄。

上都奧魯提領所。提領一員，同提領一員。至元十八年，受詹事院劄。至元十七年，罷上都奧魯官，當是罷而復置。

上都異樣毛子局。大使一員，副使一員。至元二十年置，受詹事院劄。

上都氈局。大使一員，副使一員，直長一員。至元二十年置，受詹事院劄。

上都斜皮等局。大使一員，副使一員。至元二十年置，受詹事院劄。

蔚州定安等處山場採木提領所。秩正八品。提領一員，大使一員，副使二員。至元十二年置。

上都隆興等路雜造鞍子局。提領一員，大使一員，直長二員，至元二十二年置，受詹事院劄。

真定路冀州雜造局。大使一員，副使一員。至元十九年置。

珠翠局。大使、副使各一員，直長一員。至元三十年置。

管領大都等路打捕鷹房朧粉人户總管府。秩正四品。達魯花赤一員，正四品。總管一員，正四品。首領官一員。至元十四年，打捕鷹房達魯花赤招集平灤散户。二十九年，立總管府。大德十一年，撥隸皇太后位下。延祐六年，升。正四品。

管領本投下大都等路怯憐口民匠總管府。達魯花赤一員，總管一員，俱受御寶敕旨。同知一員，副總管一員〔一〕，俱受安西王令旨。國初，招集怯憐口哈赤民匠一千一百餘户。中統元年，立總管府。二年，給六品印。至元九年，撥隸安西王位下。皇慶元年，又屬公主皇后位下。延祐元年，改隸章慶司。天曆二年，又改隸儲政院。其屬附見：

織染提舉司。秩正七品。掌織染段匹。提舉一員，受安西王令旨。同提舉一員，本府擬人。副提舉一員，都目一員，俱受安西五傅劄。

管民提領所三。大都路兼奉聖州提領六員，曹州提領二員，河間路提領三員，受本府劄。

管地提領所二。奉聖州提領三員，東安州提領三員，受本府劄。

管領諸路怯憐口民匠都總管府。秩正三品。達魯花赤一員，正三品。總管一員，正三品。同知二員，正五品。副總管二員，從五品。經歷、知事、提控案牘兼照磨各一員。至元七年，招集析居從良、還俗僧道編籍人户爲怯憐口，立總管府以領之。十四年，改隸中宮。十六年，立織染、雜造二局，以司造作，立提領所以司徭役。二十五年，改升。正三品。延祐四年，改繕用司。七年，復改都總管府。其屬附見：

各處管民提領所。秩正七品。河間、益都、保定、冀寧、晉寧、大名、濟寧、衛輝、宣德九所，提領、副提領各一員，相副官二員。汴梁、曹州、大同、開元、大寧、上都、濟南、真定八所，提領、副提領、相副官各一員。大都、歸德、鄂漢三所，提領、同提領、副提領各一員，相副官一員，大都增一員。

織染局。秩正七品。大使、副使、相副官各一員。

雜造局。秩正七品。大使、副使、相副官各一員。

宏州衣錦院。秩正七品。大使、副使、直長各一員。

豐州毛子局。秩正七品。大使、副使各一員。

縉山毛子旋匠局。秩正七品。大使一員。

徐邳提舉司。秩正五品。提舉、同提舉、副提舉、各一員。

廣備庫。大使、副使各一員，俱受院劄。

汴梁等路管民總管府。秩正三品。達魯花赤一員，正三品。總管一員，正三品。同知一員，正五品。府判一員，正六品。經歷、知事、提控案牘各一員。國初，立息州總管府，從三品。領歸附六千三百餘户。元貞元年，又併壽潁歸附民户二千四百户，改汴梁等路管民總管府，掌各屯佃户差發子粒隸徽政院。泰定元年，改隸詹事府。其屬：庫一，提領所八，管佃提領十二。

常盈庫。大使、副使各一員。

提領所：曰新降户，曰真陽新蔡。曰息州，曰汝寧，曰陳州，曰汴梁，曰鄭州，曰真定。每所提領各一員，副提領、相副官各一員。

管佃提領：曰汝陽五里岡，曰許州堰城縣，曰青龍宋岡，曰陳州須城商水等屯，曰分山曲堰，曰許州臨穎屯，曰許州襄城屯，曰汝陽金鄉屯，曰穎豐屯，曰遂平横山屯，曰上蔡浮召屯，曰汝陽縣煙亭屯。各設提領二員。

江淮等處財賦都總管府。秩正三品。達魯花赤一員，正三品。總管一員，正三品。同知一員，正五品，副總管二員，從五品。經歷、知事、照磨兼提控案牘各一員。至元二十六年，以宋謝太后福王所獻事産及賈似道、劉堅等田立總管府以治之。大德八年罷。天曆二年復立，隸詹事院。至大二年，立興聖宫江淮財賦總管府。其屬附見〔二〕：

儲用庫。提領、大使、副使各一員。

杭州織染局。大使、副使、相副官各一員。

揚州等處財賦提舉司。達魯花赤一員，提舉、同提舉、副提舉各一員，提控案牘都目各一員。其屬曰安慶等處河泊所，提領、大使、副使各一員。

建康等處財賦提舉司。達魯花赤、提舉、同提舉、副提舉各一員，提控案牘、都目各一員。後至元元年罷。

建康織染局。大使、副使、相副官各一員。

貴池織染局。大使、副使、相副官各一員。

建康等處三湖河泊所。提領、大使、副使、相副官各一員。後至元元年罷。

池州等處河泊所。提領、大使、副使各一員。

平江等處財賦提舉司。達魯花赤、提舉、同提舉、副提舉各一員，提控案牘、都目各一員，後至元元年罷。

杭州等處財賦提舉司。設官同上。後至元元年罷。

陝西等處管領毛子匠提舉司。達魯花赤、提舉各一員。國初，收集織造毛子人匠。至元三年，置官二員，皆世襲。

大撫軍院。秩從一品。後至元二十七年，命皇太子總天下兵馬，置大撫軍院。知院四員，同知二員，副使七員，同僉一員，經歷、都事各二員，照磨兼管勾一員，二十八年罷。

昭功萬户都總使司。秩正三品。都總使二員。正三品。同知二員，從三品。副使二員，正四品。經歷、知事、照磨各一員。至順二年置。凡文宗潛邸扈從之臣，皆領於是府。後至元六年罷。

怯憐口錢糧總管府。秩正三品。達魯花赤二員，正三品。都總管一員，正三品。副達魯花赤一員，從三品。同知二員，正五品。副總管。從五品。經歷、知事、提控案牘、承發架閣各一員。初爲宫相都總管府。至順二年罷宫相府，並鶴馭司改爲怯憐口錢糧總管府。

織染雜造人匠都總管府。秩正三品。達魯花赤一員，總管一員，同知一員，副總管二員，經歷、知事、提控案牘、照磨各一員。至元二十年，爲管領織染段匹人匠設總管府。元貞二年，升都總管府，隸徽政院。天曆元年，改隸儲慶司。三年，又改隸宫相府罷，屬都總使司。屬於織染都總管府者：

織染局。秩從七品。大使一員，副使一員。至元二十三年，提舉司爲綾錦局。秩從七品。大使一員，副使一員。至元八年置。九年，以招收析居放良、還俗僧道爲工匠二百八十有二户，教習織造之事。紋錦局。秩從七品。大使一員，副使一員。至元八年，設長官。十二年，以諸人匠賜東宫。十三年罷長官，改設大使、副使。

中山局，秩從七品。大使一員，副使一員。至元十二年罷真定局。從七品。大使一員。中統元年置。至元十六年，以賜東宮。

弘州蕁麻林局、納失二局。秩從七品。各設大使一員，副使一員。至元十五年置。十六年，併爲一局。三十一年，徽政院以兩局相去一百餘里，復分二局。

大名織染雜造兩提舉司。秩正六品。至元二十一年置，各置提舉、同提舉、副提舉一員。三十年，增置雜造達魯花赤一員。

供用庫。秩從九品。大使、副使各一員，受徽政院劄。元初爲綾錦總庫，至元二十一年改供用庫。

管領諸路打捕鷹房納綿等户都總管府。秩正三品。達魯花赤一員，正三品。都總管一員，正三品。同知一員，正五品。治中一員，從五品。府判一員，從六品。經歷、知事、提控案牘各一員。掌人匠一萬三千有奇，歲辦税糧皮貨採捕野物，以供内府。至元十二年，賜東宮位下。十六年，立都總管府以治之。三十一年，隸徽政院。至大四年，隸崇祥院。延祐六年，又隸詹事院。天曆元年，隸儲慶司。至順元年，改隸宫相府。宫相府罷，屬都總使司。凡屬於本總管府者，管領上都等處打捕鷹房納綿等户，大使、司大使、副使各一員。管領順德等處打捕鷹房納棉等户提領所，達魯花赤一員，提領、副提領各一員。管領冀寧等處，大都左右巡院等處，固安等處，中山等處，濟南等處，順德等處，益都等處，大同等處，濟寧等處，興和等處，晉寧等處，檀州等處，大寧等處，薊州等處，真定等處，趙州等處，保定等處，冀州等處，汴梁等處打捕鷹房納棉等户提領所，凡十九處。提領、副提領各一員。管領順州稻田提領所，提領、副提領各一員。管領懷慶稻田提領所，提領一員。廣衍庫，大使管領。滑山炭場所，大使一員。

繕工司。秩正三品。卿二員，少卿二員，丞二員，經歷、知事、照磨兼提控案牘、管勾承發架閣各一員，掌人匠營造之事。天曆二年置。其屬：

曰金玉珠翠提舉司。達魯花赤、提舉、同提舉、副提舉各一員，吏目一員。後至元元年罷。

曰大都織染提舉司。提舉二員，同提舉、副提舉各一員，吏目一員。

曰大都雜造提舉司。達魯花赤、提舉、同提舉、副提舉各一員，吏目一員。

曰富昌庫。大使一員，副使一員。

内史府。秩正二品。内史九員，正二品。《元典章》作從二品。中尉六員，正三品。《元典章》作從三品。司馬四員，正四品。《元典章》作從四品。咨議二員，從五品。記室二員，從六品。照磨兼管勾承發架閣庫一員。從八品。至元三十年，封晉王於太祖四斡耳朵之地，改王傅爲内史，秩從二品。置官十四員。大德元年，增内史一員。至大元年，升正二品。給印分司京師，並分置官屬。延祐三年，置晉王部斷事官四員，都水太監四員，省卿一員。

延慶司，秩正三品。掌王府祈禱之事。使三員，正三品。同知二員，正四品。典簿一員。從七品。至元二十九年置，未幾罷。大德三年，復置。十一年，升正二品。至大四年，改都功德使司。延祐三年，復爲延慶司。《元典章》：延慶司使，正三品。舊紀：至大三年，升秩正二品。

斷事官。秩正二品。理王府之詞訟。斷事官十六員，正三品。經歷一員，知事一員。

典軍司。秩從七品。掌控鶴百二十六人，典軍一員，副使二員。大德四年置。

隨路諸色民匠打捕鷹房都總管府。秩正三品。總四斡耳朵位下户計民匠造作之事。達魯花赤二員，正三品。都總管一員，正三品。同知一員，正五品。副總管二員，從五品。經歷、知事、提控案牘各一員。至元二十四年置，官吏不入常調。凡斡耳朵之事，復置四總管分掌之。至順元年，立諸色民匠打捕鷹房都總管府，秩正二品。疑罷而復置。

管領保定等路阿哈探馬赤諸色人匠總管府。秩從三品。掌太祖大斡朵一切事務。達魯花赤、總管、同知、副總管各一員，知事一員。至元十七年置。

管領曹州東平等路民匠提舉司。秩從五品。達魯花赤、提舉、同提舉、副提舉各一員。

至元十七年置。

管領大都納棉提舉司。秩從六品。達魯花赤、提舉、副提舉各一員。至元十七年置。

管領上都奉聖州長官司。秩從六品。管出征軍五十一户。達魯花赤、長官各一員。至元十七年置。

管領保定織染局。秩從六品。管匠人一百一户。達魯花赤、提舉、同提舉、副提舉各一員。至元十七年置。

管領豐州捏只局。頭目一員。掌織造花毯。至元十七年置。

管領打捕鷹房民匠達魯花赤總管府。秩正四品。掌二皇后斡耳朵位下歲賜財物造作等事。達魯花赤、總管、同知、副總管、知事各一員。至元二十一年置。

管領口子迤北長官司。秩從五品。達魯花赤、長官、副長官各一員。至元二十一年置。

管領隨路諸色民匠達魯花赤等官。秩正五品。達魯花赤、總管、同知、副總管各一員。至元二十一年置。

管領隨路打捕納棉民匠長官司。秩從五品。達魯花赤、長官各一員。至元二十一年置。

管領涿州成錦局人匠提舉司。秩從五品。達魯花赤、提舉、同提舉、副提舉各一員。至元二十一年置。

管領河間民匠提舉司。秩從四品。達魯花赤、提舉、同提舉、副提舉各一員。至元二十一年置。

管領河間、滄州等處長官司。秩正五品。達魯花赤、長官、副長官各一員。至元二十一年置。

管領河間、臨邑等處軍民長官司。秩正七品。達魯花赤、長官、副長官各一員。至元二十一年置。

管領隨路諸色民匠打捕鷹房等户總管府。秩從四品。掌太祖斡耳朵四季行營事務。達魯花赤、總管、同知、副總管、知事各一員。大德二年置。

管領涿州等處民匠異錦局。秩正五品。達魯花赤、提舉、同提舉、副提舉各一員。大德二年置。

管領上用織染局。秩從七品。提舉、同提舉、副提舉各一員。大德二年置。

管領上都大都麴米等長官司。秩從七品。達魯花赤、長官、副長官各一員。大德二年置。

管領彰德等處長官司。秩從七品。達魯花赤、長官、副長官各一員。大德二年置。

管領上都大都等處長官司。秩從五品。達魯花赤、長官、副長官各一員。大德二年置。

管領泰安等處長官司。秩正七品。達魯花赤、長官、副長官各一員。大德二年置。

管領曹州等處長官司。秩從五品。達魯花赤、長官、副長官各一員。大德二年置。延祐六年，置河南田賦總管府，秩從三品。隸內史府。達魯花赤、總管、同知各一員，副總管二員。

管領隨路打捕鷹房諸色民匠怯憐口總管府。秩從三品。掌太祖四皇后位下四季行營并歲賜造作之事。達魯花赤一員，從三品。總管一員，從三品。同知，正五品。副總管從五品。各一員。經歷、知事、提控案牘兼照磨各一員。延祐五年置。

管領大都上都打捕鷹房納米麵提舉司。秩從五品。統領一百九十五户。達魯花赤、提舉各一員。延祐五年置。

管領大都涿州織染提舉司。秩正七品。達魯花赤、提舉各一員。延祐五年置。

管領河間路清州人匠提舉司。秩從五品。達魯花赤、提舉各一員。延祐五年置。

隨路打捕鷹房諸色民匠總管府。秩正四品。掌北安王位下歲賜錢糧之事。達魯花赤、總管、同知、副總管、知事各一員。至元二十四年置。

管領大都等處納棉提舉司。秩正七品。達魯花赤、提舉、副提舉各一員。至元二十二年置。

管領大都等處金玉民匠稻田提舉司。秩從五品。達魯花赤、提舉、副提舉各一員。至元二十二年置。

管領大都薊州打捕提舉司，秩從五品。達魯花赤、提舉、副提舉各一員。至元二十二年置。《元典章》：管領懷孟等處人匠打捕達魯花赤，從七品。

雜造局。秩正六品。達魯花赤一員，提舉、同提舉、副提舉各一員。至元十六年置。

怯憐口諸色人匠達魯花赤並管領上都納棉提舉司。秩正五品。掌迭只斡耳朵位下怯憐口諸色民匠及歲賜等事。達魯花赤、長官、同知、副長官各一員，提控案牘一員。

上都人匠提領所。秩從七品。達魯花赤、提領、同提領副提領各一員。至元二十四年置。

上都、大都提領所。秩從七品。掌本位下怯憐口等事。達魯花赤、大使、副使各一員。至元二十七年置。

歸德長官司。秩正六品。達魯花赤、長官、副長官各一員。至治三年置。

管領上都大都諸色人匠納棉户提舉司。秩從五品。掌斡耳朵位下歲賜等事。達魯花赤、提舉、同提舉各一員。至元二十七年置。

致用庫。秩從七品。提領、大使各一員，副使二員。至元二十七年置。

提領司。秩從八品。提領三員，副提領一員。至元十一年置。

上都人匠局。秩從七品。達魯花赤二員，副使二員。至元二十七年置。

周王常侍府。秩正三品。常侍七員，中尉四員，咨議、記室各二員。打捕鷹房總管府設官六員，斷事官八員，延福寺、飲膳署各二員。延祐三年置。是年，復置斷事官二員。後罷。

諸王傅。秩正三品。寬徹不花太子至齊王位下凡四十五王，各設王傅、傅尉、秩正三品。司馬秩正五品。三員。傅尉，惟寬徹不花、也不干、斡羅温三王有之。自此以下，皆稱府尉。秩正四品。别於王傅之下，司馬之上。三員並設。又多寡不同，或少至一員，多至三員者。齊王又獨設王傅一員。

都護府。秩從二品。掌領舊州城及畏吾兒之居漢地者。大都護四員，從二品。同知二員，從三品。副都護二員，從四品。經歷一員，從六品。都事一員，從七品。照磨兼承發管勾一員。正八品。至元十一年，初置斷事官。秩正三品。十八年，改領北庭都護府。秩從二品。二十年。改大理寺。秩正三品。二十二年，復爲都護府。延祐二年，升。正二品。七年，復爲。從二品。定置諸員如上。至元十一年，立建都寧遠都護府，兼領互市監。其省罷年分未詳。

崇福司。秩從二品。掌領馬兒哈昔列班也里可温十字寺祭享等事。使四員，從二品。同知二員，從三品。副使二員，從四品。司丞二員，從五品。經歷一員，從六品。都事一員，從七品。照磨一員。正八品。至元二十六年置。延祐二年改爲院，置領院事一員，省併天下也里可温掌教七十二所，悉以其事歸之，升正二品。七年。復爲司，降從二品。定置諸員如上。

【校勘記】

〔一〕「副總管」，原倒作「總副管」，據《元史》卷八九志第三十九《百官五》乙正。

〔二〕「其屬附見」，原倒在「至大二年」之上，據《元史》卷八九志第三十九《百官五》乙正。

新元史卷之六十一　志第二十八

百官志七

大都留守司　武備寺　太僕寺　尚乘寺　長信寺　長秋寺　承徽寺　長寧寺　長慶寺　寧徽寺　延徽寺　太府監　度支監　利用監　中尚監　章佩監　經正監　都水監　行都水監　都水庸田使司　都總制庸田使司　秘書監　司天監　回回司天監　司禋監　上都留守司　尚供總管府　雲需總管府　大都路總管府

大都留守司。秩正二品。掌守衛都城宮禁，調度本路供億，兼理營繕内府諸邸、尚方供張及門鑰啟閉之事。留守五員，正二品。同知二員，正三品。副留守二員，正四品。判官二員，正五品。經歷一員，從六品。都事二員，從七品。管勾承發架閣庫一員，正八品。照磨兼覆料官一員，正八品。部役兼壕寨一員。至元八年，至元二年置宮殿府，秩正四品。罷宮殿府行工部入少府監。二十一年，置大都留守司，兼本路都總管，知少府監事。《元典章》：大都留守司達魯花赤兼少府監事正二品，大都留守正二品。知當時有達魯花赤，其何時裁省則不可考。是年，又別置大都路都總管府，併少府監入留守司。皇慶元年，復立少府監，隸留守司。延祐七年，罷少府監，以本司兼監事。至正十八年，置大都分府四。其屬附見：

修内司。秩從五品。領十四局工匠。提點一員，從五品。大使一員，從五品。副使一員，正七品。直長五員，正八品。吏目一員，照磨一員，部役七員。中統二年置。其屬：

曰大木局。提領七員，管勾三員。中統二年置。

曰小木局。提領二員。同提領一員，副提領三員，管勾二員，提控四員。中統四年置。

曰泥厦局。提領八員，管勾二員。中統四年置。

曰車局。提領二員，管勾一員。中統五年置。

曰裝釘局。提領二員，同提領二員。中統四年置。

曰銅局。提領一員，同提領一員，管勾一員。中統四年置。以上六局，俱秩從八品。

曰竹作局。提領二員。提控一員。中統四年置。

曰繩局。提領二員。中統五年置。

祗應司。秩從五品。掌内府及諸正邸異巧工作，修禳寺觀營繕。大使一員，從五品。副使一員，正七品。直長三員，正八品。吏目一員。《元典章》：祗應司都監，正九品。世祖建大都、上都宮殿，始置司。其屬：

曰油漆局。提領五員，同提領、副提領各一員。掌髹漆。中統元年置。

曰畫局。提領五員，管勾一員。掌藻繪之工。中統元年置。

曰銷金局。提領一員，管勾一員。掌裝鋈之工。中統四年置。

曰裱褙局。提領一員。掌裝裱之工。中統二年置。

曰燒紅局。提領二員。掌心紅顏料。至元元年置。

器物局。秩從五品。掌内府宫殿及一切寺觀公廨之營繕，凡御用各位下鞍轡、忽哥轎子、帳房車輛、金寶器物皆掌之。大使一員，從五品。副使一員，正七品。直長二員，正八品。吏目一員。中統四年，置御用器物局，受省劄。至元七年，改器物局，其屬：

曰鐵局。提領三員，管勾三員。掌輕細鐵工。中統四年置。

曰減鐵局。管勾一員。掌造御用及諸宫邸繫腰。中統四年置。

曰盒鉢局。提領二員。掌製御用繫腰。中統四年置。

曰成鞍局。提領三員。掌造御用鞍轡、象轎。中統四年置。

曰羊山鞍局。提領一員。掌造常課鞍轡。至元十八年置。

曰綱局。提領二員，管句一員。掌綱扇之工。中統四年置。

曰刀子局。提控二員。掌造御用及諸宮邸寶貝佩刀。中統四年置。

曰旋局。提領二員。掌造御用木器。中統四年置。

曰銀局。提領一員。掌造御用金銀器盒。中統四年置。

曰輴子局。提領一員。掌造御用木植鞍子諸物。中統四年置。

曰採石局。秩從七品。大使、副使各一員。掌營造石材。至元四年置，曰石局總管。至元十一年，撥採石夫二千餘户，常任工役，置大都等處採石提舉司。二十六年罷，立採石局。

山場。提領一員。管勾五員。後改爲總管。

大都城門尉。秩正六品。尉二員。正六品。副尉一員。從六品。掌門禁啟閉管鑰之事。至元二十年置，以四怯薛八剌哈赤爲之。二十二年，增諸門尉、副各一人。二十四年，復以六衛親軍參掌。凡十有一門，曰麗正、文明、順承、平則、和義、肅清、晏貞、健德、光熙、崇仁、齊化，每門設尉二員，副尉一員。

犀象牙局。秩從六品。大使、副使、《元典章》：象犀牙局副使，正七品。直長《元典章》：正八品。各一員。掌營繕犀象龍床卓器繫腰等事。中統四年置。至元五年，增副使一員。其屬：

曰雕木局。提領一員。掌宮殿香閣營繕之事。至元十一年置。

曰牙局。提領一員，管勾一員。掌象牙龍床之工。至元十一年置。

大都四窰場。秩從六品。提領、大使、副使各一員。《元典章》：大都窰場大使從八品。舊志從六品，當是譌字。掌營造白琉璃磚瓦。至元十三年置。其屬：

曰南窰場。大使、副使各一員。中統四年置。

曰西窰場，大使、副使各一員。至元四年置。

曰琉璃局。大使、副使各一員。中統四年置。《元典章》：大都鐵局大使、石局大使均正八品。舊志無此二官。

凡山採木提舉司。秩從五品。掌採伐雜作木植，及造只孫繫腰刀把諸物。達魯花赤、提舉各一員，並從五品。同提舉一員，正七品。副提舉一員，正八品。吏目一員。至元十四年置。

上都採山提領所。秩從八品。提領、副提領、提控各一員。至元九年置。

凡山宛平等處管夫匠所。提領二員，同提領二員，管領催車材户提領一員。至元十五年置。

器備庫。秩從五品。提點一員，從五品。大使一員，從六品。副使二員，正七品。直長四員。

正八品。掌金銀寶器二千餘事。至元二十七年置。

甸皮局。秩正七品。大使一員。至元七年置。十四年始定品秩。二十一年，改隸留守司，歲辦熱造紅甸羊皮二千有奇。

上林署。秩從七品。署令、署丞各一員，《元典章》：上林署，令正八品，直長從八品。直長一員。掌栽花卉〔一〕，供蔬果，種苜蓿以飼駝馬，備碟炭以給營繕。至元二十四年置。

養種園。提領二員。掌西山淘煤，羊山燒造黑白木炭，以供上用。中統三年置。

花園。管勾二員。掌花果。至元二十四年置。

苜蓿園。提領三員。掌種苜蓿。

儀鸞局。秩正五品。掌燈燭張設之事，及門户鎖鑰，内府諸宮太廟等處祭祀庭燎，縫製簾帷，灑掃掖庭，領燭刺赤、水手、樂人、禁蛇人等。輪直怯薛大使四員，正五品。副使二員，從六品。直長三員，正八品。都目一員。至元十一年置。秩正七品。二十三年，升。正五品。至大四年，仁宗御西宮，又別立儀鸞局，設官同。延祐七年，增大使二員，以宦者爲之。其屬曰：

燭刺赤提領八員、提控四員，水手提領二員，針工提領一員，蠟燭局提領一員。

木場。提領一員，大使一員，副使一員。掌受給營造宮殿材木。至元四年置。

大都路管領諸色人匠提舉司。秩從五品。掌理斷婚田詞訟等事。提舉一員，從五品。同提舉一員，正七品。副提舉一員，正八品。吏目一員。中統四年置人匠奧魯總管府。秩從四品。《元典章》：大都人匠副總管，正五品。至元十二年，改提舉司。十五年，兼管採石人户。

真定路、東平路管匠官。秩從七品。每路大使一員，副使一員。中統四年置。

保定路、宣德府管匠官。秩從七品。保定大使一員，副使一員，管匠官一員。宣德管匠官二員。中統四年置。

大名路管匠官。秩從七品。大使一員，管匠官三員。中統四年置。

晋寧、冀寧、大同、河間四路管匠官。每路大使、副使各一員。中統四年置。

收支庫。秩正九品。掌受給營。提點一員，大使一員，副使二員，直長二員。至元四年置。

諸色庫。秩正八品。掌修内材木及江南異樣木植，并應辦官寺齋事。大使一員，副使一員。至大四年置。

太廟收支諸物庫。秩正八品。大使、副使各一員。至治二年，以應治太廟始置。

南寺、北寺收支諸物二庫。秩正七品。提領、大使各一員，副使二員。至治元年，以建壽安山寺始置。

廣誼司。秩正三品。司令二員，正三品。同知二員，正四品。副使二員，正五品。判官二員，正六品。經歷、知事各二員，照磨一員。總和顧和買、營繕織造工役。至元十四年，改覆實司辨驗官，兼提舉市令司。《元典章》：覆實司達魯花赤，從五品；同提舉，正六品。大德五年，又分大都路總管府官屬，置供需府。至順二年罷之，立廣誼司。元統二年罷，復立覆實司。《元典章》：都成所提舉司達魯花赤，從五品。上都同。

武備寺。秩正三品。掌繕戎器，兼司受給。卿四員，正三品。同判六員，從三品。少卿四員，從四品。丞四員，從五品。經歷、知事各一員，從八品。照磨兼提控案牘一員，從八品。承發架閣庫管勾，辨驗弓官二員，辨驗筋角翎毛等官。至元五年，改軍器局爲軍器監，秩正四品。《元典章》：監知事正八品。照磨從八品，經歷從七品。十年，以各路弓矢甲匠並隸軍器監。十九年升。正三品。二十年，立衛尉院，改軍監爲武備監，秩正四品。隸衛尉院。二十一年，改監爲司，與衛尉並立。大德十一年，升爲院。秩正二品。至大四年，復爲寺。其所轄屬官，則自爲選擇匠户之能者任之。泰定四年，復設武備寺，同判六員。

壽武庫。秩從五品。提點二員，從五品。大使二員，正六品。副使四員。正七品。至元十年，以衣甲庫改之。

利器庫。秩從五品。提點三員，大使二員，副使二員。品秩同前。至元五年，立軍器庫。十年，改利器庫。

廣勝庫。秩從五品。掌平陽、太原等處歲造兵器。達魯花赤一員，從五品。大使一員，正六品。副使一員。正七品。

大同路軍器人匠提舉司。秩從五品。達魯花赤一員，從五品。提舉一員，從五品。同提舉一員，正七品。副提舉一員。正八品。其屬：豐州甲局，院長一員。應州甲局，院長一員。平地縣甲局，院長一員。山陰縣甲局，院長一員。白登縣甲局，頭目一員。豐州工局，使一員。賽甫丁弓局，頭目一員。

平陽路軍器人匠提舉司。秩正六品。達魯花赤一員，提舉、同提舉、副提舉各一員。其屬：本路投下雜造局，大使一員，副使一員；絳州甲局，大使一員。

太原路軍器人匠局。秩正七品。達魯花赤一員，局使一員，副使一員，吏目一員。

保定軍器人匠提舉司。秩正六品。達魯花赤一員，提舉、同提舉、副提舉各一員。其屬：河間甲局，院長一員。沂州安平縣甲局，院長一員。陵州箭局，頭目一員。《元典章》有蓋州等處箭局大使，正七品。

真定路軍器人匠提舉司。秩從六品。達魯花赤一員，提舉、同提舉、副提舉各一員。《元典章》：真定工匠提舉司提舉，從五品。其屬：冀州甲局，院長一員。

懷孟河南等路軍器人匠局。秩正七品。局使、局副各一員。其屬：懷孟路弓匠院長一員。《元典章》：恩州、涼州二軍器局大使，正七品。志不載。

汴梁路軍器局。秩正七品。局使、局副各一員。其屬：常課弓局，院長一員。常課甲局，院長一員。

益都濟南箭局。秩正七品。局使一員。

彰德路軍器人匠局。秩正七品。大使、副使各一員。

大名軍器局。秩正七品。大使、副使各一員。

上都甲匠提舉司。秩從五品。提舉、同提舉、副提舉各一員。其屬：興州白局子甲局，院長一員。興州千户寨甲局，院長一員。松州局五指崖甲局，院長一員。松州勝安甲局，院長一員。

遼河等處諸色人匠提舉司。秩從五品。達魯花赤一員，提舉、同提舉、副提舉各一員。其屬：遼蓋弓局，大使、副使各一員；蓋州甲局，局使一員。

上都雜造局。秩正七品。大使、副使各一員。

奉聖州軍器局。秩從七品。大使、副使各一員。

蔚州軍器人匠提舉司。秩正六品。達魯花赤一員，提舉、同提舉、副提舉各一員。

宣德府軍器人匠提舉司。秩正六品。達魯花赤一員，提舉、同提舉、副提舉各一員。

廣平路甲局，院長一員。

東平等路軍器人匠提舉司。秩從五品。達魯花赤一員，提舉、同提舉、副提舉各一員。

通州甲局提舉司。秩正六品。達魯花赤一員，提舉、同提舉、副提舉各一員。

薊州甲匠提舉司。秩正五品。達魯花赤一員，提舉、同提舉、副提舉各一員。

欠州武器局。秩從五品。大使、副使各一員。

大都甲局提舉司。秩正六品。達魯花赤一員，提舉、同提舉、副提舉各一員。至元二十六年，改總管府。二十八年，罷大都甲匠總管府。《元典章》：大都甲匠同知總管府事，正五品。

大都箭局。秩從七品。大使、副使各一員。

大寧軍器人匠提舉司。秩從六品。達魯花赤一員，提舉、同提舉、副提舉各一員。《元典章》：軍器人匠大同路、東平等路、大寧路、宣德等路提舉司達魯花赤，均從五品。志或作從六品，或作正六品，當屬字誤。

豐州雜造局。秩正六品。達魯花赤一員，大使、副使各一員。

歸德府軍器局。院長一員。

汝寧府軍器局。院長一員。

陳州軍器局。院長一員。

許州軍器局。秩正七品。大使、副使各一員。

咸平府軍器人匠局。秩正七品。達魯花赤一員，大使、副使各一員。《元典章》作咸平府甲局，大使、達魯花赤俱正七品。

大都弓匠提舉司。秩正五品。達魯花赤一員，提舉、同提舉、副提舉各一員。其屬：雙搭弓局，大使、副使各一員。成吉里弓局，大使、副使各一員。通州工局，院長一員。

大都絃局。大使、副使各一員。至元三十年，改提舉司置司。

隆興路軍器人匠局。達魯花赤一員，大使、副使各一員。至元三十年置。《元典章》：諸路箭匠、弓匠絃局，提舉司提舉，均正五品。同提舉，從六品。

平灤路軍器人匠局。大使、副使各一員。至元三十年置。

大都雜造局。提領二員。元貞二年置。

太僕寺。秩從二品。掌阿塔思馬匹，受給造作鞍轡之事。卿二員，從二品。少卿二員，秩從四品。丞二員，從五品。經歷、知事、照磨、管勾各一員。中統四年，設羣牧所。至元二十一年罷羣牧所，見本紀。疑置監後羣牧所爲本監屬官，至二十一年始省。至元十二年，改尚牧監。《元典章》：尚牧監，正四品。十九年，又改太僕院。二十年，改衛尉院。二十四年，罷院立太僕寺，正三品。隸宣徽院。又別置尚乘寺，本寺止管阿塔思馬匹。二十七年，隸中書省，置提調官二員。大德十一年，復改太僕院，升從二品。至大四年，仍爲寺。

尚乘寺。秩從三品。掌上御鞍轡輿輦，阿塔思羣牧騸馬驢騾，理四怯薛阿塔赤詞訟。卿四員，從三品。少卿二員，從四品。丞二員，從五品。《元典章》作從六品。經歷，從七品。知事、照磨，正八品。管勾，從八品。各一員。至元二十四年罷衛尉院，始設尚乘寺，《元典章》：尚乘寺卿正三品，同判尚乘寺事從三品至從五品。領資乘庫。大德元年，增寺卿一員。十一年，仍改衛尉院。秩從二品。至大四年，復爲寺。延祐七年，降。從三品。泰定二年，復。正三品。

資乘庫。秩從五品。掌收支鞍轡等物。提點四員，從五品。大使三員，正六品。副使四員。正七品。至元十三年置。二十年，隸衛尉。二十四年，隸尚乘寺。

長信寺。秩正三品。領斡耳朵怯憐口諸事。卿四員，正三品。少卿二員，從四品。丞二員，從五品。經歷、知事各一員。大德五年置。至大元年，改爲院。四年，仍爲寺，卿五員，增少卿一員，以宦者爲之。延祐七年，省卿、少卿各一員。定置諸員如上。

怯憐口諸色人匠提舉司。秩從五品。領大都、上都二鐵局，並怯憐人匠。達魯花赤一員，提舉、同提舉、副提舉各一員，吏目一員。至元二十五年置。

大都鐵局。秩從五品。掌斡耳朵往來造作裝釘房車〔二〕。大使、副使各一員，直長一員。至元十二年置。《元典章》：大都鐵局，大使正八品，副使正九品。志秩從五品，疑有誤。

上都鐵局，大使、副使各一員。至元十六年置。品秩同前。

長秋寺。秩正三品。掌武宗五斡耳朵户口、錢糧、營繕等事。卿五員，正三品。少卿二員，從四品。丞二員，從五品。經歷、知事各一員。皇慶二年置。

怯憐口諸色人匠提舉司。掌正宮作造之役。達魯花赤一員，同提舉、副提舉各一員，吏目一員。至大元年，斡耳朵三位下撥到銀匠五百餘户，置提舉司，隸中政院。後屬長秋寺。

怯憐口諸色人匠提舉司。秩從五品。掌武宗軍中北來人匠。達魯花赤一員，提舉、同提舉、副提舉各一員，吏目一員。至大元年置。

承徽寺。秩正三品。掌答兒麻失里皇后位下錢糧、營繕等事。卿五員，正三品。少卿二員，正四品。丞二員，從五品。經歷、知事各一員。至治元年置。

怯憐口諸色人匠提舉司二。秩正五品。各設達魯花赤一員，提舉、同提舉、副提舉各一員，吏目一員。至治三年置。

長寧寺。秩正三品。掌英宗速哥八剌皇后位下户口、錢糧、營繕等事。卿六員，正三品。少卿二員，從四品。丞二員，從五品。經歷、知事各一員。至治三年置。

長慶寺。秩正三品。掌成宗斡耳朵及常歲管辦禾失房子、行幸怯薛台人等衣糧之事。卿六員，少卿二員，丞一員。品秩同前。經歷、知事各一員，泰定元年，罷中瑞司，置寺。

寧徽寺。秩正三品。隸八不沙皇后位下。卿六員，少卿四員，丞二員。品秩同前。經歷、知事各一員。天曆二年置。

延徽寺。秩正三品。掌懿憐質班皇帝斡耳朵。卿、少卿、丞。品秩同前。至元六年，依累朝故事置。

太府監。秩正三品。領左右藏等庫。太卿六員，正三品。太監六員，從三品。少監五員，從四品。丞五員，正五品。經歷、從七品。知事、從八品。照磨各一員，中統四年置。至元四年，爲宣徽太府監。八年，升。正三品。大德九年，改爲院。秩從二品。院判參用宦者。至大四年，復爲監，定置諸員如上。

内藏庫。秩從五品。掌出納御用諸王緞匹等物。提點四員，從五品。大使二員，正六品。副使二員，正七品。至元二年，置署上都。十九年，置署大都，以宦者領之。復有行内藏，二十八年省之，止存内藏及左右二庫。

右藏。提點四員，大使二員，副使二員。品秩同前。掌收支金錢寶鈔、只孫緞匹、水晶瑪瑙玉諸物。至元十九年置。

左藏。提點四員，大使二員，副使二員。品秩同前。掌收支常課和買紗羅帛絹諸物。至元十九年置。至元二十九年，立司籍庫，隸太府監，儲物之籍入者。元貞元年罷。

度支監。秩正三品。掌給馬駝芻粟。卿三員，正三品。太監二員，從三品。少監三員，從四品。丞二員，從五品。經歷二員，知事一員，提控案牘一員，照磨兼管勾一員。元初，置孛可孫。至元八年，以重臣領之。《元典章》：孛可孫主事從七品，照磨兼承發架閣庫從八品。十三年，省孛可孫以宣徽兼其任。大德九年，省孛可孫，存十二員。至大二年，從尚書省請，廢孛可孫，改立度支院。秩正二品。設同知、僉院、院判等官。四年，改爲監。

利用監。秩正三品。掌出納皮貨衣物。卿八員，正三品。太監五員，從三品。少監五員，從四品。丞四員，正五品。經歷、知事、照磨、管勾各一員。至元十年，改資用庫爲利用監。二十年罷。二十六年，復置。秩從三品。二十九年升。正三品。大德十一年，改爲院，升。秩正二品。至大四年，復爲監。

資用庫。秩從五品。提點二員，從五品。大使三員，正六品。副使五員。正七品。至元二年置，隸太府。十年，改隸利用監。

怯憐口皮局人匠提舉司。秩正五品。《元典章》作從五品。提舉二員，同提舉一員。正七品。《元典章》：怯憐口皮局副提舉，正八品。提控案牘一員。中統元年置局，至元六年改提舉司。

雜造雙線局。秩從八品。《元典章》作正八品。造皮貨鷹帽等物。大使、副使、直長、典史各一員。

熟皮局。掌熟野獸皮貨等物，大使、副使、直長各一員。至元十年置。

軟皮局。掌細毛銀鼠諸色皮貨，大使、副使、直長各一員。至元二十五年置。

斜皮局。掌熟造各色野馬皮胯，副使一員。至元二十年置。

貂鼠局提舉司。秩正五品。提舉、同提舉、正六品。副提舉正八品。各一員。至元二十年置。

貂鼠局。副使二員，直長一員。至元十九年置。

染局。副使一員，直長、管勾各一員。至元二十年置。

熟皮局。秩從七品。大使、副使各一員。至元六年置。

中尚監。秩正三品。掌大斡耳朵位下怯憐口及領資成庫氈作，供內府陳設帳房車輿雨衣之用。卿八員，正三品。太監二員，從三品。少監二員，正四品。丞二員，正五品。經歷、知事、照磨各一員。至元十五年，改資成庫爲尚用監。《元典章》：尚用監太監正四品，丞正六品。二十年罷。二十三年改置中尚監。三十年分置兩都、灤河三庫。怯憐口等九司局，而總領之。至大元年，升爲院。秩正二品。四年復爲監，參用宦者三人。

資成庫。秩從五品。掌造氈貨。提點三員，從五品。大使三員，正六品。副使三員。正七品。至元二年置，隸太府，十五年罷，後復立。三年，改隸本監。

章佩監。秩正三品。掌速古兒赤所收御服寶帶。卿五員，正三品。少監二員，從四品。丞二員，正五品。經歷、知事、照磨各一員，至元二十二年，升御帶庫爲章佩監。大德十一年，升爲院。秩從二品。至大四年，復爲監，仍。從三品。至正十二年，添置少監。

御帶庫。秩從五品。掌繫腰偏束等帶并絛環諸物。提點三員，大使三員，副使二員。品秩同前。至元二十八年置，俱以中官爲之。元貞二年，增二員，兼署上都之事。

異珍庫。秩從五品。掌御用珍寶、后妃公主首飾。提點三員，大使三員，副使二員。品秩同前。至元二十八年置。

經正監。秩正三品。掌營盤納鉢及檀撥投下草地，有詞訟則治之。太卿一員，正三品。太監二員，從三品。少監二員，從四品。丞二員，正五品。經歷、知事各一員。至大四年置，少監以上並奴都赤爲之，監丞流官爲之。

都水監。秩從三品。掌治河渠水利之事。都水監二員，從三品。少監一員，正五品。丞二員，正六品。經歷、從七品。知事各一員。至元二十八年置。二十九年，領河道提舉司。大德九年，升。正三品。延祐七年，仍。從三品。

大都河道提舉司。秩從五品。提舉一員，從五品。同提舉一員，從六品。副提舉一員。從七品。

河南山東提水監。至正六年置。品秩同前。《元典章》：成都路、沙州路、興元路、永昌西涼府河渠司達魯花赤、大使，俱從五品。無爲州河渠司、安西路河渠營田司副使，俱正七品。

行都水監。至元十四年置行都水監〔三〕，兼行漕運司。至大元年罷。至正八年，復置於濟寧鄆城。十一年，立河防提舉司。隸行都水監。秩從四品。十二年，添設判官二員。十六年，添設少監、監丞、知事各一員。品秩同都水監。

大都河道提舉司。秩從五品。提舉一員，從五品。同提舉一員，從六品。副提舉一員。從七品。

都水庸田使司。秩正三品。掌種稻田之事。庸田使二員，副使二員，僉事二員，經歷、知事、照磨各一員。泰定二年，置都水庸田使司於松江，掌江南水利。後罷。後至元二年，復置司於平江。未幾，又罷。五年復置。至正十二年，又置都水庸田使司於汴梁，定置諸員如上。

都總制庸田使司。秩從二品。使二員，從二品。副使二員，從三品。僉司六員，從四品。經歷二員，從六品。都事二員，從七品。照磨兼管勾承發架閣一員。從八品。至正十年，置河南江北等處都總制庸田使司。其屬：

軍民總管府。秩從三品。凡五處，各置達魯花赤一員，從三品。總管一員，正五品。同知一員，正六品。府判一員，從七品。經歷一員，從八品。知事一員，從九品。提控案牘兼管勾承發架閣一員。

農政司。秩正五品。農政一員，正五品。農丞一員，正六品。提控一員。

豐盈庫。秩正八品。提領一員，正八品。大使、副使各一員。正九品。

秘書監。秩正三品。掌歷代圖籍並陰陽禁書。卿四員，正三品。太監二員，從三品。少監二員，從四品。丞二員，從五品。典簿一員。從七品。屬官：著作郎二員，從六品。著作佐郎二員，正七品。秘書郎二員，正七品。校書郎二員，正八品。辨驗書畫直長一員。正八品。至元九年置。《元典章》：秘書都從三品，少監正五品，丞正六品。大德九年，升正三品，給銀印。延祐元年，置卿四員，參用宦者二人。

司天監。秩正四品。掌曆象之事。提點一員，正四品。司天監三員，正四品。少監五員，正五品。丞四員。正六品。《元典章》：司天臺判官，從八品。知事。屬官：提舉二員，教授二員，並從九品。《元典章》作從八品，學正同。學正二員，天文科管勾二員，算曆科管勾二員。三式科管勾二員，測驗科管勾二員，漏刻科管勾二員。並從九品。陰陽管勾一員，押宿官二員，司晨官八員。《元典章》：司晨郎副監候正九品，司晨郎正八品。中統元年，置司天臺。至元八年，以上都承應闕官，增置行司天臺。十五年，別置太史院與臺並立，頒曆之政歸院，學校之設隸臺。至大元年，升。正四品。延祐元年，改司天臺爲司天監。升。正三品。七年，仍。正四品。至正八年。置上都司天臺。

回回司天監。秩正四品。掌觀象曆。提點一員，司天監三員，少監二員，丞二員。品秩同前。知事一員，令史二員。屬官：教授一員，天文科管勾一員，算曆科管勾一員，測驗科管勾一員，漏刻科管勾一員。至元八年，置回回司天臺。秩從五品。以札馬丁爲提點。十七年，置行監。皇慶元年，改爲監。秩正四品。延祐元年，升。正三品。二年，命秘書卿提調監事。四年，復爲正四品。

司禋監。秩正三品。內監、少監、監丞各二員，知事一員。至元六年，置司禋監。至大元年罷。四年，復置。後又罷。至正元年，復置，給四品印。未幾，升。正三品。掌祭祀祈禳之事。

上都留守司。品秩同大都留守司。監本路都總管府，兼治民事。並領諸倉庫之事。留守六員，同知二員，副留守二員，判官二員，經歷二員，都事四員，照磨兼管勾一員。元初，置開府。中統四年，改上都路總管府。至元三年，又給留守司印。十八年，併爲上都留守司，兼本路都總管府。二十七年，增副留守、判官各一員。至大三年，省司官七員。延祐七年，汰留守五員，留一員。至治三年，增判官二員。泰定四年，增判官一員。其屬附見：

修內司。秩從五品。掌營繕內府之事。大使一員，從五品。副使三員，正七品。直長三員。正八品。至元八年置。

祗應司。掌粧鑾油染表褙之事。大使一員，副使二員，直長三員。品秩同前。

器物局。秩從五品。掌造鐵器内府釘線之事。大使一員，副使一員，直長二員。

儀鸞局。秩正五品。大使二員，《元典章》：儀鸞局大使，從六品。副使三員，直長二員。至大四年，罷典設署，置局。

兵馬司局。秩正四品。指揮使三員，正四品。副指揮使二員，正五品。知事一員，提控案牘一員。二十九年置。至大四年，省上都兵馬指揮爲五員。

警巡院。秩正六品。達魯花赤一員，正六品。使一員，正六品。副使二員，從七品。判官二員。從八品。至正三年，立上都司獄司。

開平縣。秩正六品。達魯花赤一員，正六品。尹一員，正六品。丞一員。正八品。主簿一員，正九品。尉一員，從九品。典史一員。

平盈庫。大使、副使各一員。至元三十年置。

萬盈庫。達魯花赤、監支納、大使、副使各一員。《元典章》：平盈、萬盈二倉大使，俱從六品。平盈、萬盈、廣積三倉副使，俱正七品。中統初置。

廣積倉。達魯花赤、監支納、大使、正六品。副使各一員。正七品。中統初置永盈倉，《元典章》：永盈倉副使，正七品。大德間改廣積倉。

萬億庫。秩正五品。達魯花赤一員，提舉、正五品。同提舉、正六品。副提舉從七品。各一員。《元典章》：萬億倉監支納從七品，又上都永豐倉副使正八品。提控案牘一員。至元二十三年置。

行用庫。提點一員，大使、副使各一員。

税課提舉司。秩正五品。提舉二員，同提舉、副提舉各一員。元貞元年置。本紀：至元十九年，改上都宣課提領爲提舉司。未詳孰誤。

八作司。品秩與大都八作司同。達魯花赤一員，提領、大使、副使各一員。至元十七年置。

饌廩司。秩正八品。大使、副使各一員。至元二年，置上都應辦所。延祐五年，改饌廩司。

司獄司，至正二年置，比大都兵馬司。

尚供總管府。秩正三品。掌守護東涼亭行宮。達魯花赤一員，正三品。總管一員，正三品。同知一員，從四品。副總管一員，從五品。判官一員，正六品。經歷、知事、提控案牘各一員。至元十三年，置只哈赤八剌哈孫總管府。《元典章》：只哈赤八喇哈孫達魯花赤正三品，副達魯花赤從三品。延祐二年，改尚供府。其屬附見：

香河等處巡檢司。巡檢一員。

景運倉。秩從五品。提點一員，從五品。大使一員，正六品。副使一員。正七品。至元二十年置。

法物庫。秩從九品。大使、副使《元典章》：法物庫副使，正七品。各一員。至元二十九年置。泰定四年，與雲需總管府俱撥隸上都留守。

雲需總管府。秩正三品。掌守護察罕腦兒行宮。達魯花赤一員。正三品。《元典章》：昔保赤八喇哈孫達魯花赤，當亦爲至元十三年所置，後改雲需總管府。總管一員，正三品。同知一員，從四品。副總管一員，從五品。判官一員，正六品。經歷、知事、提控案牘各一員。延祐二年置。是年，增司知二員，後與尚供府俱罷。至正十五年，復設。

大都路總管府。秩正三品。達魯花赤二員，正三品。都總管一員，正三品。副達魯花赤二員，從三品。同知二員，從四品。治中二員，正五品。判官、推官二員，經歷二員，知事二員。提控案牘四員，照磨兼管勾一員。元初爲燕京路，總管大興府。中統五年，稱中都路。至元二十一年，始置大都總管府。秩從三品。二十七年，升都總管府。秩正三品。凡本府官吏，唯達魯花赤、總管、推官等治路政，其餘皆分任供需之事，故又曰供需府。

大都路管領諸路打捕鷹房府。秩正三品。達魯花赤一員，正三品。總管一員，正三品。副達魯花赤一員，從三品。副總管一員，正四品。經歷、知事各一員。至元十七年置。

兵馬都指揮使司二。秩正四品。掌鞫捕盜賊。都指揮使二員，正四品。副指揮使五員，正五品。知事一員，提控案牘一員。至元九年，立兵馬司，隸大都路，以刑部尚書一員提調其事，凡刑名則隸宗正，又爲宗正之屬。十六年，置都指揮使。秩正四品，一置司於北城，一置司於南城。

司獄司二。秩正八品。司獄一員，獄丞一員。一置於北城，兼領南城獄事。皇慶元年，分置一司於南城。

左右警巡院二。秩正六品。達魯花赤一員，正六品。使各一員，正六品。副使一員，從七品。判官各一員，從八品。典史各一員。至元六年置，領民事及供需府。大德五年，分置供需院，以副使、判官各一員主之。至正十一年，升兩巡院爲正五品。十八年，在城四隅各立警巡分院，官吏視分院減半。

大都警巡院。品秩如左右院。達魯花赤一員，使一員，副使二員。判官二員，典史二員。大德九年置，以治都城之南。

大都路提舉學校所。秩正六品。提舉一員，正六品。教授二員，學正二員，學録一員。至元二十四年，院立國學，以故孔子廟爲京學，仍以國子祭酒繫銜。

宛平縣。秩正六品。達魯花赤一員，正六品。尹一員，正六品。丞三員，正八品。主簿三員，正九品。尉一員，從九品。典史三員。至元十一年置。治麗正門以西。

大興縣。秩品同前。達魯花赤一員，尹一員，丞一員，主簿二員，尉一員，典史二員。至元十一年置。治麗正門以東。秩正九品。東關廂巡檢司。

巡檢三員。至元二十一年，置西北南關廂巡檢司二。建置同前。延祐四年，蘆溝橋、琉璃河、澤畔店並置巡檢司。元統二年，置南北城鹽局。

【校勘記】

〔一〕「栽花卉」，「栽」原作「裁」，據《元史》卷九〇志第四十《百官六》改。

〔二〕「往來」，原作「住來」，據《元史》卷九〇志第四十《百官六》改。

〔三〕「行都水監」，原倒作「行水都監」。按《元史》卷九本紀第九《世祖六》載，至元十四年，三月「癸巳，以行都水監兼行漕運司事」，據改。

新元史卷之六十二　志第二十九

百官志八

宣尉司。掌軍民之務，分道以總郡縣，布行省之政令。邊陲有軍旅之事，則兼都元帥府。其次爲元帥府。其在遠服，又有安撫、宣撫、招討等使。

宣慰使司。秩從二品。宣慰使三員，從二品。同知一員，從三品副使一員，正四品經歷一員，從六品。都事一員，從七品。照磨兼架閣管勾一員。正九品。凡六道：曰山東東西道，益都路置。曰河東山西道，大同路置。曰淮東道，揚州路置。曰浙東道，慶元路置。曰荆湖北道，中興路置。曰湖南道。天臨路置。俱至元十三年置，惟淮東道置於十五年。至正十九年，增河南道宣慰司，置於洛陽。十五年，改北京行省爲宣慰司。

宣慰使司都元帥府。秩從二品。使三員，同知二員，副使二員，經歷二員，都事二員，照磨兼架閣管勾一員。凡八道：曰廣東道，廣州路置。曰大理金齒等處，曰蒙慶等處，蒙慶一府，使二員，同知、副使各一員，經歷、都事亦減一員。曰廣西兩江道，静江路置。曰海北海南道，曰福建道，曰八番順元等處，曰察罕腦兒等處。以上五府，使三員，副都元帥、僉都元帥事二員，餘同前。曰吐番等處，使五員。曰吐番等路，使四員，二道均有捕盜官三員。曰烏斯藏納里速古魯孫等三路。使五員，捕盜官一員。

宣慰使兼管軍萬户府。宣慰使三員，同知、副使各一員，經歷一員，都事二員，照磨兼署管勾一員。凡三府：曰曲靖等路，曰羅羅斯，《元典章》：羅羅斯宣慰司都元帥府斷事官，正五品。曰臨安廣西道元江等處。舊紀：至元二十五年，改雲南烏撒宣撫司爲宣慰司，兼管軍萬安府。

都元帥府。都元帥二員，副元帥二員，經歷、都事《元典章》：都元帥府都事，正七品。原作「知事」，乃字誤。各一員。凡四府：曰北庭，曰曲先塔林，都元帥三員。曰蒙古軍，曰征東。二府都元帥各一員，副一員。後至元以來，所增置者八道：曰湖南道宣慰使司都元帥府，後至元元年置。曰邦牙等處宣慰使司都元帥府，後至元四年置，至正二年罷。曰永昌等處宣慰使司都元帥府，至正三年置，宣慰使三員，同知二員，副使二員，經歷、知事、照磨各一員。中書省奏：闊端阿哈所分地，自脱脱木兒没後，達達人口頭疋時被西番劫掠，深爲未便。遂置府以治之。曰山東東西道宣慰使司都元帥府，至正六年置。曰荆湖北道宣慰使司都元帥府，至正十一年置。曰淮東等處宣慰使司都元帥府，至正十五年置於泗州天長縣。曰興元等處宣慰使司都元帥府，至正十五年置。曰江州等處宣慰使司都元帥府，至正十六年置，東路都蒙古軍。舊紀：

大德二年，徙重慶府宣慰司都元帥府於成都。至順二年，置雲南等處宣慰司都元帥府。後俱裁省。

元帥府。秩正三品。達魯花赤一員，正三品。元帥一員，正三品。經歷、知事各一員。《元典章》：元帥府計議官，正七品。凡九府：曰洮州，元帥二員。曰十八族，增同知一員。曰積石州，增同知一員，脱脱和孫一員。曰禮店文州，增同知一員，蒙古奥魯、相副官一員。曰帖城何里洋脱，曰朵甘思，曰當陽，曰岷州，曰脱思麻路。按：脱思麻路稱軍民萬户府，當陽、帖城、阿不籠等處分爲三萬户府，岷州但有捕盜官，俱無元帥府名。疑此有誤。

分元帥府。凡七府，至正八年，置分元帥府於汀、漳二州，又置分府於沂州。十一年，置分府於寶慶路，又置寶武分元帥府，又置山東分元帥府於登州。十二年，置安東、安豐二處分元帥府。

宣撫司。秩正三品。達魯花赤一員，正三品。宣撫使一員，正三品。同知二員，正五品。副使二員，正五品。僉事一員，從五品。計議一員，正七品。經歷、知事、提控案牘架閣各一員。凡六府：曰廣南西道，不置副使、僉事。至元十四年，改廣南西道宣撫司爲宣慰司。曰麗江路，曰順元等處。曰播州。曰思州，至元十八年，改思州宣撫司爲宣慰司。曰叙南等處。不置僉事、計議。後至元以來所增者：曰紹熙軍民宣撫司。《元典章》：同知宣撫司僉事正三品，乃至元官制。至元時改宣撫使爲宣慰使，凡二處。宣慰使從二品，則由宣撫改宣慰，宣撫亦必從二品也。其降正三品，未詳何時。後至元四年，置宣撫使六員，同知、副使各二員，經歷、知事、提控案牘各一員，司獄一員，蒙古、儒學教授各一員，巡檢司十處。資、普、昌、隆下州四處。磐石、內江、安岳、昌元、貴平下縣六處。六年罷。曰永順宣撫司，至正十一年改永順安撫司爲宣撫司。曰平緬宣撫司，至正十五年置。舊紀：大德二年，併土番碉門安撫司改爲碉門魚通黎雅長河西寧遠軍民宣撫司。至大二年改松潘疊威茂州安撫司爲宣撫司。

安撫司。秩正三品。達魯花赤一員，安撫使一員，正三品。同知、正五品。副使、正五品。僉事各一員，從五品。經歷、從七品。知事從八品。各一員。凡十五府：曰松潘客疊威茂等處，增照磨一員。曰碉門魚通黎雅長河西寧遠等處，增照磨一員，以上隸宣政院。曰師壁洞，不置達魯花赤。曰永順等處，曰散毛洞，以上隸四川省。曰羅番遏蠻軍，不置達魯花赤。曰程番武盛軍，曰金石番太平軍，曰卧龍番南寧州，曰小龍番靜蠻軍，不置同知、副使。曰大龍番應天府，曰洪番永盛軍，曰方番河中府，曰盧番靜海軍，不置知事。曰新添葛蠻。以上隸湖廣省。《元典章》：西夏新民安撫副使正五品，同知耽羅國軍民安撫司事正五品。後至元以來所增者，曰中正軍民安撫司，至正十一年罷四川大奴管勾等洞長官司，立軍民府。十五年，改爲安撫司。曰忠義軍民安撫司，至正十五年罷四川羊母甲洞臭南王洞長官司，置盤順軍民安撫司。至正十五年罷，置盤順府。

招討司。秩正五品。達魯花赤一員，招討使一員，經歷一員。凡十二府：曰吐番等處，招討使二員。曰刺馬兒岡等處，曰奔不思地裏，曰天全，招討使二員。曰長河西裏管軍，招討使二員。曰朵甘思，不設達魯花赤。曰擔裏管軍，不設達魯花赤。曰征沔，以下各屬，副使一員，無達魯花赤。曰唆尼，曰沿邊溪洞，曰六番，曰脱思馬田地。

宣化鎮南五路軍民府。至正十五年，置於四川。

團練宣撫勸農使司。至正十八年，一置於耀州，曰奉元延安等處團練安撫勸農使司；一置於邠州，曰鞏昌等處團練安撫勸農使司。每道使二員。同知、副使各二員，檢督六員，經歷、知事、照磨各一員。

屯田使司。秩正三品。至正十五年，置軍民屯田使司於沛縣。《元典章》：寧夏府路營田使司達魯花赤、營田使，俱正五品。

諸路萬户府。上萬户府，管軍七千之上，達魯花赤一員，正三品。萬户一員，正三品。虎符，副萬户一員，從三品。虎符。中萬户府，管軍五千之上，達魯花赤一員，從三品。萬户一員，從三品。虎符，副萬户一員，正四品。金牌。下萬户府，管軍三千之上，達魯花赤一員，從三品。萬户一員，從三品。虎符。副萬户一員，從四品。金牌。皆世襲，有功則升秩。每府設經歷一員，從七品。知事一員，從八品。提控案牘一員。

鎮撫司。鎮撫二員，蒙古、漢人參用。上萬户府，正五品。中府，從五品。下府，從六品。

銀牌。

上千户所，管軍七百之上。達魯花赤一員，從四品。千户一員，從四品。金牌，副千户一員，正五品。金牌。

中千户所，管軍五百之上。達魯花赤一員，正五品。千户一員，正五品。金牌，副千户一員，從五品。金牌。

下千户所，管軍三百之上。達魯花赤一員，從五品。千户一員，從五品。金牌，副千户一員，正六品。銀牌。彈壓二員，蒙古、漢人參用，上千户所從八品，中、下二所正九品、從九品内銓注。

上百户所。百户二員，漢人一員，從六品。銀牌。

下百户所。百户一員，從七品。銀牌。《元典章》：蒙古千户副奥魯官，正八品。

黎兵萬户府。萬户三員，正三品。千户所十三處，正五品。每所領百户所八處。正七品。元統二年置。湖廣行省咨：海南南接占城，西鄰交趾，環海四千餘里，中盤百洞，黎僚雜房，宜立萬户府以鎮之。

水軍萬户府。品秩同前。至正十三年，置水軍都萬户府於崑山州。十四年，置水軍萬户府於鎮江。十五年，置水軍萬户府於黄河小清河口。

義兵萬户府。至正十四年，置義兵萬户府於河南、淮南兩省。又置毛胡蘆義兵萬户府於南陽、鄧州等處。鄉人自相團結，號「毛胡盧」，因以名之。十五年，置義兵萬户府於汴梁等處，又置忠義、忠勤萬户府於宿州及武安州。

招討軍民萬户府。至正二十年，置招討軍民萬户府於鞏縣。二十六年，又置於嵩州。

義兵千户所。至正十年，置義兵千户所於廣西平樂等處：古城竹山院、桑江隘、尊化鄉、利場嶺、湖南道州路、武岡路、湖北靖州路等處。每所置千户一員，彈壓一員，百户十員，都目各一員。湖南道州二處千户所，於帥府分司處設立，本司調遣。湖北靖州一處，從本省標撥鎮守調遣。總定九十六員。十三年，置義兵千户水軍千户於江西。

儒學提舉司。秩從五品。各行省皆置，統諸路、府、州、縣學校祭祀教養之事，及考校呈進著述文字。提舉一員，從五品。副提舉一員，從七品。吏目一員。元貞元年，詔各省止存儒學提舉司一，餘悉罷之。

蒙古提舉學校官，秩從五品。提舉一員，從五品。同提舉一員。從七品。至元十八年置。惟江浙、湖廣、江西三行省有之。

官醫提舉司。秩從六品。提舉一員，同提舉一員，副提舉一員。掌醫户差役詞訟。至元二十五年置。惟河南、江南、江浙、江西、湖廣五行省有之。

都轉運鹽使司。秩正三品。使二員，正三品。同知一員，正四品。副使一員，正五品。運判二員，正六品。經歷一員，從七品。知事一員，從八品。照磨一員。從九品。凡三處。

曰兩淮都轉運鹽使司。至元十四年置，三十年罷，以其屬置場官。大德四年。復置批驗所於真州、採石等處。鹽場二十九所。每場司令一員，從七品。司丞一員，從八品。管勾一員。從九品。曰：吕四場、餘東場、餘中場、餘西場、西亭場、金沙場、石港場、掘港場、豐利場、馬塘場、拼茶場、角斜場、富安場、安豐場、梁垛場、東臺場、河垛場、丁溪場、小海場、草灣場、白駒場、劉莊場、五祐場、新興場、廟灣場、莞瀆場、扳浦場、臨洪場、徐瀆浦場。試驗所。每所提領一員，正七品。大使一員，正八品。副使一員。正九品。掌批驗鹽司。

曰兩浙都轉運鹽使司。同知二員，無副。至元十四年置。鹽場三十二所。曰：仁和場、許村場、西路場、下沙場、青村場、表部場、浦東場、橫浦場、蘆瀝場、海沙場、鮑郎場、西興場、錢清場、三江場、曹娥場、石堰場、鳴鶴場、清泉場、長山場、穿山場、袋山場、玉泉場、蘆花場、大嵩場、昌國場、永嘉場、雙穗場、天富南監、長亭場、黃巖場、牡瀆場、天富北監、長亭場、龍頭場。

曰福建等處都轉運鹽使司。同知二員，無副使。鹽場七所。曰：海口場、牛田場、上里場、惠安場、潯美場、浯州場、洒州場。延祐六年置兩浙鹽倉六所，秩八品，官二員。惟杭州、嘉興二倉，設官三員，秩從七品。鹽場三十四所，場設鹽運一員，秩正八品，罷檢校所。至正二年，杭州、嘉興、紹興、温州、台州等路各立檢校批驗鹽司所。

廣東鹽課提舉司。秩從五品。提舉一員，從五品。同提舉一員，從六品。副提舉一員。從七品。鹽場十三所。曰：靖康場、歸德場、東莞場、黃田場、香山場、姓峒場、雙恩場、咸水場、漆水場、石橋場、隉井場、招收場、小江場。

四川茶鹽轉運司。秩從三品。使一員，從三品。同知、副使、運判各一員，經歷、知事、照磨各一員。鹽場十二所。曰簡鹽場，曰隆鹽場，曰綿鹽場。曰潼川場、遂實場、順慶場、保寧場、嘉定場、長寧場、紹慶場、雲安場、大寧場。至元六年，立四川監榷茶場使司。後改爲茶鹽轉運司、榷茶都轉運司。設官並秩未詳。

廣海鹽課提舉司。秩從四品。都提舉二員，從四品。同提舉一員，從五品。副提舉一員，從六品。知事一員，提控案牘二員。

江西榷茶運使司。至元十六年置，後省。元統元年，復置。

湖廣江西市舶提舉司。秩從五品。提舉二員，從五品。同提舉二員，從六品。副提舉二員，從七品。知事一員。至元二十二年，立市舶都轉運司。二十五年，改海南博易市舶提舉司。三十一年罷。後復置。至大四年。又罷。延祐三年，改立泉州、廣東、慶元三所市舶提舉司。至元二十年，罷福建市舶總管府。建置年分未詳。《元典章》：市舶提舉司七處，曰杭州、慶元、泉州、廣州、上海、温州、澉浦，提舉俱從五品。

江浙金銀洞冶都轉運使司。元貞元年立。官制無考。《元典章》：湖南湖北金場都轉運使，正三品。

海道運糧萬户府。秩正三品。達魯花赤一員，正三品。萬户一員，正三品。副萬户四員，從三品。

三品。經歷一員，正七品。知事一員，從八品。照磨一員。從九品。鎮撫司鎮撫二員。正五品。至元二十年置。二十七年罷鎮撫司。其屬：

海運千户所。秩正五品。達魯花赤一員，千户二員，並正五品。副千户三員。從五品。凡六處。曰温台，曰慶元紹興，曰杭州嘉興，曰崑山崇明，曰常熟江陰，曰平江海運香莎糯米千户所。至元二十七年，罷海道糧運萬户。二十八年，罷海道運糧鎮撫司。大德七年，併海道運糧萬户府爲海道都漕運萬户府。至大四年，省海道運糧萬户爲六員，千户爲七所。皇慶元年，省萬户一員，增副萬户一員，防禦海道運糧萬户府。至正十五年，升台州海道州防千户所爲萬户府，又置分府於平江，添設兵馬司都指揮二員，指揮二員，副指揮四員，經歷、知事、提控案牘各一員，司獄、獄丞各一員。至正十年，立兵馬司四處，曰大名，曰東平，曰濟寧，曰徐州。十五年，罷沂州分元帥府，改立兵馬指揮使司，濟寧兵馬司添置副指揮一員。

屯田使司。秩正三品。至正十五年，置於沛縣。

諸路總管府。至元二十年，定十萬户之上者爲上路，十萬户之下者爲下路。當衝要者，雖不及十萬户亦爲上路。上路，秩正三品。達魯花赤一員，總管一員，並正三品。兼管勸農事，江北則兼諸軍奥魯。同知、從四品。治中、正五品。判官正六品。各一員。下路，秩從三品。不置治中，同知如治中之秩。至元二十三年，置推官，上路二員，從六品。專治刑獄，中路一員。大德二年。增上路三員，下路一員。經歷一員，知事一員或二員，照磨兼承發架閣一員。其屬：

曰儒學教授，一員。秩正九品。學正一員，學録一員。諸路同。其散府、上中州亦設教授，一員，下州設學正一員。

曰蒙古教授，一員。秩正九品。

曰醫學教授一員。陰陽學教授一員。俱從九品。

曰司獄司。司獄一員，從八品。丞一員。正九品。

曰平準行用庫。提領、從七品。大使、從八品。副使各一員。從九品。

曰織染局。局使、正七品。副使正八品。各一員。

曰雜造局。大使、正七品。副使正八品。各一員。

曰惠民藥局。提領一員。

曰税務局。提領一員，從七品。大使、正八品。副使正九品。各一員。

曰録事司。秩正八品。凡路府所治置司，以掌城中民户之事。中統二年，驗民户多寡，定員數二千户以上設録事、司候、判官各一員。二千户以下，省判官。至元十六年，各路設提舉、同提舉、副提舉各一員，專領課程。二十年，置達魯花赤一員。省司候，以判官兼攝捕盜之事。典史一員。若城市民少則不置司，歸之倚郭縣。在兩京，則爲警巡院。獨杭州置四司，後省爲左右兩司。

諸散府。秩正四品。達魯花赤一員，正四品。知府或府尹一員，俱正四品。領勸農、奥魯與路同。同知一員，從五品。判官一員。從六品。推官一員，知事一員，提控案牘一員。有隸諸路及宣慰司、行省者，有直隸省部者，有統州縣者，有不統縣者，其制各有差等。

諸州。中統五年，併立州縣，未有差等。至元三年，定一萬五千户之上者爲上州，六千户之上者爲中州，六千户之下者爲下州。江南平，二十年，又定其地五萬户之上者爲上州，三萬户之上者爲中州，不及三萬户者爲下州。升縣爲州者四十有四。縣户雖多，附路、府者不改。上州，達魯花赤、州尹，俱秩從四品。同知，秩正六品。判官。秩正七品。中州，達魯花赤、知州，並從五品。同知，從六品。判官。從七品。下州，達魯花赤、知州，並從五品。同知，正七品。判官，正八品。兼捕盜之事。上州知事、提控案牘各一員，中州吏目、提控案牘各一員，下州吏目一員或二員。

諸縣。至元三年。合併江北州縣六千户之上者爲上縣，二千户之上者爲中縣，不及二千户者爲下縣。二十年，又定江淮以南三萬户之上者爲上縣，一萬户之上者爲中縣，一萬户之下者爲下縣。上縣，秩從六品。達魯花赤一員，正六品。尹一員，正六品。丞一員，正八品。簿一員，正九品。尉一員，從九品。典史一員。中縣，秩正七品。不置丞。下縣，秩從七品。置官如中縣，民少事簡之地則以簿兼尉。後又別置尉，主捕盜之事，别有印。典史一員。巡檢司，秩正九品。巡檢一員。

諸軍。唯邊遠之地有之，其秩如下州，其設官、置吏亦如之。

諸蠻夷長官司。西南夷諸溪洞各置長官司，秩如下州。達魯花赤、長官、副長官，參用其土人爲之。

各處脱脱禾孫，掌辨使臣奸僞。正一員，秩從五品。副一員。正七品。

新元史卷之六十三　志第三十

百官志九

勳爵　散官階　覃官　封贈　廕官　注官守闕〔一〕
赴任程限　給假　丁憂　官員任養

勳。上階：上柱國，正一品。柱國，從一品。上護軍，正二品。護軍，從二品。上輕車都尉，正三品。輕車都尉，從三品。上騎都尉，正四品。騎都尉，從四品。驍都尉，正五品。飛騎尉。從五品。

爵。八等：王，正一品。郡王，從一品。國公，正二品。郡公，從二品。郡侯，正三品。郡侯，從三品。郡伯，正四品。郡伯，從四品。縣子，正五品。縣男。從五品。

文散官。四十二階：開府儀同三司，儀同三司，特進，崇進，金紫光禄大夫，銀青榮禄大夫，以上俱正一品。光禄大夫，榮禄大夫，以上俱從一品。資德大夫，資政大夫，資善大夫，以上俱正二品。正奉大夫，通奉大夫，中奉大夫，以上俱從二品。正議大夫，通議大夫，嘉議大夫，以上俱正三品。太中大夫，中大夫，亞中大夫，以上俱從三品。舊爲少中，延祐初改亞中。中議大夫，中憲大夫，中順大夫，以上正四品。朝請大夫，朝散大夫，朝列大夫，以上俱從四品。奉政大夫，奉議大夫，以上俱正五品。奉直大夫，奉順大夫，以上俱從五品。承德郎，承直郎，以上俱正六品。儒林郎，承務郎，以上俱從六品。文林郎，承事郎，以上俱正七品。徵事郎，從事郎，以上俱從七品。登仕郎，將仕郎，以上俱正八品。登仕佐郎，將仕佐郎。以上俱從八品。右文散官，由一品至五品爲宣授，六品至九品爲敕授。敕授中書署牒，宣授以制命之。武官以下皆仿此。其職與散官常對品，九品無散官，但舉其職而已。

武散官。三十四階：龍虎衛上將軍，金吾衛上將軍，驃騎尉上將軍，以上俱正二品。奉國上將軍，輔國上將軍，鎮國上將軍，以上俱從二品。昭武大將軍，昭勇大將軍，昭毅大將軍，以上俱正三品。安遠大將軍，定遠大將軍，懷遠大將軍，以上俱從三品。廣威將軍，宣威將軍，明威將軍。以上俱正四品。信武將軍，顯武將軍，宣武將軍，以上俱從四品。武節將軍，武德將軍，以上俱正五品。武義將軍，武略將軍，以上俱從五品。承信校尉，昭信校尉，以上俱正六品。忠武校尉，忠顯校尉，以上俱從六品。忠勇校尉，忠翊校尉，以上俱正七品。修武校尉，敦武校尉，以上俱從七品。保義校尉，進義校尉。以上俱正八品。

内侍散官。十四階：中散大夫，正二品。中引大夫，從二品。中御大夫，正三品。侍中大夫，從三品。中衛大夫，正四品。中涓大夫，從四品。通侍郎，正五品。通御郎，從五品。侍直郎，正六品。内直郎，從六品。司謁郎，正七品。司閽郎，從七品。司奉郎，正八品。司引郎。從八品。

司天散官。十四階：欽象大夫，從三品。明時大夫，頒朔大夫，以上俱正四品。保章大夫，從四品。司元大夫，正五品。授時郎，從五品。靈臺郎，正六品。候儀郎，從六品。司正郎，正七品。平秩郎，從七品。正紀郎，挈壺郎，以上俱正八品。司曆郎，司辰郎。以上俱從八品。

太醫散官。十五階：保宜大夫，保康大夫，以上俱從三品。保安大夫，保利大夫，以上俱正四品。保順大夫，從四品。保冲大夫，正五品。保令郎，從五品。成安郎，正六品。保和郎，從六品。成全郎，正七品。醫正郎，從七品。醫效郎，醫候郎，以上俱正八品。醫痊郎，醫愈郎。以上俱從八品。

教坊司散官。十五階：雲韶大夫，僊韶大夫，以上俱從三品。長寧大夫，德和大夫，以上俱正四品。協律大夫，從四品。嘉成大夫，正五品。純和郎，從五品。調音郎，正六品。司樂郎，從六品。協樂郎，正七品。和樂郎，正七品。司音郎，司律郎，以上俱正八品。和聲郎，和節郎。以上俱從八品。

覃官。

至大二年，詔：「内官四品以下，普覃散官一等，服色、班次、封廕皆憑散官。三品者遞進一階，至正三品上階而止。其應入流品者，有出身吏員譯史等，考滿加散官一等。」三年，蒙古儒學教授，一體普覃。四年，詔在任官員，普覃散官一等。

泰定元年，詔：「內外流官已帶覃官，准理實授。所有軍官及其餘未覃人員，四品以下並覃散官一等，三品遞進一階，至三品上階止。服色、班次、封蔭。悉從一高。其有出身應入流品人等，如在恩例前入役支俸者，考滿亦依上例覃授。」二年，省議：「應覃人員，依例先理日月，後准實授，其正五品任回已歷一百三十五月者，九十月該升從四品，餘有四十五月，既循行舊例，覃官三品，擬令准理實授，月日未及者，依驗散官，止於四品內遷用，所有月日，任回，四品內通行理算。」

封贈之制。

至元初，惟一二勳舊之家以特恩見褒，未悉行之。至元二十年，詔：「考課雖以五事責辦管民官，爲無激勸之方，竟鮮實效。自今每歲終考課，管民官五事具備，內外諸司官職任內各有成效者，爲中考。第一考，對官品加妻封之。第二考，令子弟承廕叙任。第三考，封贈父母、祖父母。品格不及封贈者，量遷官品，其有政績殊異者，不須升擢，中書參酌舊制，出給誥命。」

至大二年，詔：「流官五品以上，父母、正妻，七品以上正妻，令尚書省議行封贈之制。」禮部集吏部、翰林國史院、集賢院、太常等官，議封贈謚號等第。詔以封贈非世祖所行，其令罷之。

至治三年，省臣言：「封贈之制，本以激勸將來，比因泛請者衆，遂致中輟。」詔從新設法議擬與行，毋致冗濫。

禮部從新分等第：正、從一品封贈三代，爵國公，勳正上柱國，從柱國，母、妻並國夫人。正從二品封贈二代，爵郡公，勳正上護軍，從護軍，母、妻並郡夫人。正從三品封贈二代，爵郡侯，勳正上輕車都尉，從輕車都尉，母、妻並郡夫人。正、從四品封贈父母，爵郡伯，正上騎都尉，從騎都尉，母、妻並郡君。正五品封贈父母，爵縣子、勳驍騎尉，母、妻並縣君。從五品封贈父母，爵縣男、勳飛騎尉，母、妻並縣君。正、從六品封贈父母〔二〕，父止用散官，母、妻並宜人。

正從一品至五品宣授，六品至七品敕牒。

如應封贈三代者，曾祖父母一道，祖父母一道。父母一道，生者各號給降。封贈者，一品至五品並用散官勳爵，六品、七品只用散官職事，從一高。

封贈曾祖，降祖一等，祖降父一等，父母、妻並與夫、子同。

父母在仕者不封，已致仕並不在仕者封之，雖在仕棄職就封者聽。父母應封，而讓曾祖父母、祖父母聽。諸子應封父母，嫡母在，所生之母不得封。嫡母亡，並得封。若所生母未封贈者，不得先封其妻。諸職官曾受贓，不許申請。封贈之後，但犯取受之贓，並行追奪。其父祖元有官進一階，不在追奪之例。父祖原有官者，隨其所帶文武官上封贈，若已是封贈之官〔三〕，止於本等官上許進一階〔四〕，階滿者更不在封贈之限。如子官正四品，其父祖已帶四品上階之類。或兩子當封者，從一高。封贈文武不同者，從所請。

婦人因其子封贈，而夫、子兩有官者，從一高。封贈曾祖母、祖母並母，生封並加太字。若已歿或曾祖、祖父、父在者，不加太字。

職官居喪，應封贈曾祖父母、祖父母者聽。其應受封之人，居曾祖父母、祖父母、父母、舅姑、夫喪者，服闋申請。

應封贈者，有使遠死節，有臨陣死事者，驗事特議加封。

應封妻者，止封正妻一人。如正妻歿，繼室亦止封一人，餘不在封贈之例。婦人受封者，不許再嫁，如不遵守，追奪宣敕，斷罪離異。

父母曾任三品以上官，生前有勳勞，爲上知遇者，子孫雖不仕，許申請量擬封贈。無後者，許有司申請。

曾祖父母、祖父母、父母犯十惡奸盜除名等罪，及例所封妻不是以禮娶到正室，或係再醮倡優婢妾，並不許申請。

正從七品至正從六品，止封一次。升至正從五品，封贈一次。以上均視此。

凡封贈流官父祖曾任三品以上者，許請謚。如立朝有大節，功在王室者，許加功臣之號。

至治三年，詔：「封贈之典，本以激勸忠孝，今後散官職事勳爵，依例加授，外任官員並許在任申請。」

泰定元年，詔：「犯贓官不得封贈，沈鬱既久，宜許自新，有再歷兩任無過者，許依例陳請。」

廕官。

至元四年，詔：「諸官品正從分等，職官用廕，各止一名。諸廕官不以居官、去任、致仕、身故，其承廕之人，年及二十五以上者聽。諸用廕者，以嫡長子。若有廢疾，立嫡長子之子孫，曾元同。如無，立其同母弟。如無，立繼室所生或次室。如無，立婢子。無子，旁廕親兄弟，各及子弟。如無，旁廕伯叔及其子孫。諸用廕，生孫降子一等，曾孫降孫，婢生子及旁廕皆降合敘品一等。」

五年，詔：「諸廕官各具父祖歷仕緣由、去任身故歲月並所受宣敕劄札、彩畫。指實該承廕人姓名年甲，本處官司體勘房親，揭照籍册，别無詐冒，及無廢疾通犯等事，上司審驗相同，保結申覆，令親齎文解赴部。諸廕敘人員，除蒙古及已當禿魯花人數别行定奪外，三品以下、二品已上年及二十五之上者，當傔使一年，並不支俸。滿日，三品至五品子孫量材敘用外，六品七品以上銓注監當差使，已後通驗各界增虧定奪。」

十六年，量擬管匠官，正從五品子於九品匠官内敘，六品、七品子於院長内敘。大德四年，省議：「正一品子，廕敘正五品。從一品子，廕從五品。正二品子，正六品。從二品子，從六品。正三品子，正七品。從三品子，從七品。正四品子，正八品。從四品子，從八品。正五品子，正九品。從五品子，從九品。正六品子，流官於巡撫内用，雜職於省札錢穀官用内。從六品子，近上錢穀官。正七品子，酌中錢穀官。從七品子，近下錢穀官。至元四年，定正、從分爲十八等，用廕各止一名。正、從一品、二品子，正七品敘。正三品子，從七品敘。從三品子，正八品敘。正四品子，從八品敘。從四品子，正九品敘。正、從五品子，從九品敘。外據六品、七品子已後，定奪注疏外職官。至大德四年，始改。諸色目人比漢人優等一廕敘，達魯花赤子孫與民官子孫一體廕敘，旁廕照例降敘。」至大四年，詔：「諸職官子孫承廕，須試一經一史，能通大義者免儤使，不通者發還習學，蒙古、色目願試者聽，仍量進一階。」

延祐六年，部議：「福建、兩廣、海北、海南、左右兩江、雲南、四川、甘肅等處廕叙之人，如父祖始仕本處，止以本地官叙用。據腹裏、江南歷仕升等遷往者，其子孫弟始承廕，又注遠方，誠可憐憫。今將承廕人等量擬叙用，福建、兩廣、八番官員擬江南廕叙，海北、海南、左右兩江官員擬接連廕叙，雲南官員擬四川廕叙，四川、甘肅官員擬陜西廕叙。」

減資升等：

大德九年，詔：「外任流官，升轉甚遲，但歷在外兩任，五品以下並減一資。」部議：「外任五品以下職官，若歷過隨朝及在京倉庫官鹽鐵等職，曾經升等減資外，以後至大德九年格前，歷及在外兩任或六十月之上者，並與優減。」

至治二年，太常禮儀院臣奏：「皇帝親祭太廟，恩澤未加。」詔：「四品以下諸職官，不分內外，普減一資。」

天曆元年，詔：「以兵興，內外官吏供給繁勞，在京者升一等，至三品止，在外者減一資。」

注官守闕。

至元八年議：「已除官員，無問月日遠近，許准守闕外，未奏未注者，六月滿闕，六月以上不得預注。」二十二年，詔：「員多闕少，守闕一年，年月滿者照闕注授，無闕者令候一年。」大德三年，以員多闕少，宜注二年。

注官避籍。至元五年，議：「各路地理闊遠，如員避路，恐員闕有所礙。止宜斟酌避籍銓選。」

除官照會。至元十年，議：「受除民官，若有守闕人員等，前官任滿，預期一月檢舉照會。」

赴任程限。

大德八年，定赴任官假限，二千里内三十日，三千里内四十日，遠不過五千里。馬日行七十里，車日行四十里。乘驛者日兩驛，百里以上止一驛。舟行上水日八十里，下水百二十里。遠限百外，依例作闕。

官員給假。

中統三年，省議：「闕官在任病假及緣親病假滿百日，所在官司勘當申部作闕，任就任所給據，期年後給由求叙，自願休闕者聽。」

官例丁憂之制。

至元二十七年，議：「祖父母、父母喪並遷葬者，許給假限。其限内俸鈔，聽合支給。違例不至，停俸定罪。」

大德元年，定雲南官如遇祖父母、父母喪葬，其家在中原者，並聽解任奔赴。

二年，議：「凡值喪，除蒙古、色目人各從本俗外，管軍官並朝廷職不可曠者，不拘此例。」

五年，定軍官限内六月，越限以他人代之，期年後，授以他職。

天曆元年，詔：「官吏丁憂，各依本俗，蒙古、色目仿效漢人者，不用。」部議：「蒙古、色目人願丁父母憂者聽。」

官員任養。

至大三年，詔：「父母年老者，得就近遷除尤爲便益。果有親年七十以上者，別無次丁，合從元籍官司保勘明白，斟酌定奪。」

【校勘記】

〔一〕「注官守闕」，原作「守官注闕」，據正文改。

〔二〕「封」，原作「對」，據《元史》卷八四志第三十四《選舉四》改。

〔三〕「是」，原作「竟」，據《元史》卷八四志第三十四《選舉四》改。

〔四〕「止」，原作「上」，《元史》卷八四志第三十四《選舉四》亦誤，據魏源《元史新編·選舉志》改。

新元史卷之六十四　志第三十一

選舉志一

自世祖以來，科舉議而未行，士之進身，皆由椽吏。其歲貢之法，曰吏習儒書，儒通吏事。奉行既久，考選多不如法。仁宗即位，設科取士，論才首德行，衡文先經術，立法之善，易世不能廢也。惟以稔知吏弊，凡由吏出身者，限以一切之法。其後御史許有壬極論之，以爲通事、知印、宣使之屬尚獲優升，獨於椽吏待之過嚴，繩之過刻。然吾觀元之選格，煩瑣淩雜，務在迂其仕進之途而已，匪獨仁宗之限吏爲弊法也。今爲《選舉志》，區爲四事，曰學校、科舉、銓法、考課。讀史者可以甄其得失焉。

學校　科舉

太宗六年，以馮光宇爲國子總教，命侍臣子弟十八人入學，是爲建置學校之始。

中統二年八月，詔曰：「諸路學校久廢，無以作成人才。今擬選博學洽聞之士以教之。凡諸生進修者，仍選高業儒生教授，嚴加訓誨，務使成才，以備他日選擢之用。仍仰各路官司常切主領教勸。」

至元六年四月，復詔曰：「事有似緩而實急者，學校是也。蓋學校者，風化之本，出治之原也。諸路雖設有學官，所在官司例皆視同泛常，不肯用心勉勵，以致學校之事有名無實。由是吏民往往不循理法，輕犯憲章，深不副朝廷宣明教化之意。今徧行各路，如遇朔望，自長次以下，各率僚屬俱詣文廟。焚香禮畢，從學官詣講堂，同諸生及願從學者講論經史，更相授受。日就月將，教化可明，人材可出。所在鄉村鎮店，選有德望學問可爲師表者，於農隙之時，依法訓導，使長幼皆聞孝弟忠信之言，則禮讓既行，風化自厚矣。」是年十一月，設提舉學校及教授官。

七年，命侍臣子弟十一人入學，以長者四人從許衡，七人從王恂。

二十三年，集賢直學士程文海言：「臣聞國與天地必需才爲用，而人才之盛非自盛也，全在國家教育之勤。其衰也反是，參之歷代可考也。國家自中統建元以來，中外臣僚亦時聞表表偉傑者，皆自往時故老宿儒薰陶浸灌而然。歷時既久，以次淪謝。臣不知更十餘年後，人物當如何瑣瑣也。而主論者恬不知怪，視學校爲不急，謂《詩》、《書》爲無用，不知人材盛衰，張本於此。蓋有旨行貢舉法，求好秀才，上意匪不敦切，而僉人輒陰沮之，應故事而集議，凡幾作輟矣。無怪乎選任之非才，政治之不理也。今已至此，後當若何？臣愚，欲陛下明詔。有司重學校之事，慎師儒之選。京師首善之地，尤當興建國學，選一時名流爲國人矜式，優以餼廩，隆以禮貌，庶四方觀感有所興起。而名都大邑，教官有闕，不但循常例收庸人而已，必使廷臣推擇可以爲人表儀者，條具聞奏，令有禄可養，而不匱職，比親民而加優視。教化之廢興，爲考第之殿最。其諸生有經明行修者，特與蠲免賦役，依正降詔書施行。臣望國家教育有方，多士鼓舞不倦，他日隨取隨足，無臨事乏才之歎，天下幸甚。」奏上，帝韙之。

二十四年，立國子學於大都，設博士通掌學事，分教三齋生員，講授經旨，是正音訓。復設助教同掌學事，而專守一齋。正、録申明規矩，督習課業。凡讀書，必先《孝經》、《小學》、《論語》、《孟子》、《大學》、《中庸》，次及《詩》、《書》、《禮記》、《周禮》、《春秋》、《易》。博士、助教親授句讀、音訓，正、録、伴讀以次傳習之。講説則依所讀之序，正、録、伴讀亦以次傳習之。次日抽籤，令諸生復説其功課。對屬、詩章、經解、史評，則博士出題，生員具藳，先呈助教，俟博士既定，始録附課簿，以憑考校。其生員之數，定二百人，先令一百人及伴讀二十人入學。其百人之内，蒙古半之，色目、漢人半之。是時集賢院并衆官會議學校事宜，定監官四員：祭酒一員周正平，司業二員耶律伯强、硯伯固，監丞一員王嗣能。學官六員：博士二員張仲安、滕仲理，助教四員謝弈、周鼎、靳泰亨、王載。伴讀二十人，公選通文學者充之。學生先設一百二十人，蒙古五十人，諸色目、漢人五十人，年十一歲以上；伴讀十人，年十五歲以上。各用經史子集諸書於官書內，關學生飲食並一切所需，官爲應付，俟置學田訖，然後開支。一，國子監隸集賢院。一，文廟前件議得，合行創建。一，所先立學校，大都撥地與國學。一，同興築。一，外道學校生員成才者，申太學，茂異者，申集賢院，面奏區用。一，儒户免差徭。迤北路分，除至元十三年選試外，據迤南新附去處在籍儒户。若有別項各色別無定奪，其餘籍内儒户，照納地税商税外，一切雜泛差徭，並行蠲免。詔從之。

二十八年三月，命各路各縣學内設立小學，選請老成之士教之。或自願招師，或自從其父兄者，聽便。其他先儒講學之地，與好事之家出私錢贍學者，並立爲書院。書院設山長一員。凡師儒之命於朝廷者曰教授，路、府、上中州置之。命於禮部及行省及宣慰司者曰學正、山長、學録、教諭，路、州、縣及書院置之。凡路、府、州書院設直學以掌錢穀，從郡守及憲府官試補，直學考滿，又試所業十篇，升爲學録〔一〕、教諭。凡學正、山長、學録、教諭或由集賢院及臺憲等官舉充之。教諭、學録歷兩考升學正、山長，又歷一考升散府、上中州教授，又歷一考升路教授。後又改直學考滿爲州教授。自京學及州縣學以及書院，凡生徒之肄業於是者，守令薦舉之，或用爲教官，或取爲吏屬云。

至歲貢之法，大德八年，始定國子生蒙古、色目、漢人三歲各貢一人。十年，國子學定蒙古、色目、漢人生員二百人，三年各貢二人。

至大四年，定生員額二百人。是年，復立國子學試貢法，蒙古授官六品，色目正七品，漢人從七品。試蒙古之法宜從寬，色目生宜稍加密，漢人生則全科場之制。

延祐二年，增生員百人，陪堂生二十人，用集賢學士趙孟頫、禮部尚書元明善等所書國子學貢試之法更定之。一曰升齋等第。六齋東西相向，下兩齋左曰游藝，右曰依仁，凡誦書講説、小學屬對者隸焉。中兩齋左曰據德，右曰志道，講説《四書》、課肄詩律者隸焉。上兩齋左曰時習〔二〕，右曰日新，講説《易》、《書》、《詩》、《春秋》科，習明經義等程文者隸焉。每齋員數不等，每季考其所習經書課業，及不違規矩者，以次遞升。

二曰私試規矩。漢人驗日新、時習兩齋，蒙古、色目取志道、據德兩齋，本學舉實歷坐齋二周歲以上，充貢舉。漢人私試，孟月試經疑一道，仲月試經義一道，季月試策問、表章、詔誥科一道。蒙古、色目人，孟月、仲月各試明經一經，季月試策問一道。辭理俱優者爲上等，準一分；理優辭平者爲中等，準半分。每歲終，通計其年積分，至八分以上者升充高等生員，以四十名爲額，内蒙古、色目各十名，漢人二十名。歲終試貢，員不必備，惟取實才。有分同闕少者，以坐齋月日先後多少爲定。其未及等，并雖及等無闕未補者，其年積分，並不爲用，下年再行積算。

三曰黜罰科條。應私試積分生員，其有不事課業及一切違戾規矩者，初犯罰一分，再犯罰二分，三犯除名，從學正、録糾舉，其知而不糾舉者，從本監議罰。應已補高等生員、初級殿試一年，再犯除名，從學正〔三〕、録糾舉，其知而不糾舉者，亦從本監議罰。應在學生員，歲終實歷坐齋不滿年歲者，並行除名。除月假外，其餘各假，並不準。學正、録歲終通行考校應在學生員，除蒙古、色目外，其餘漢人生員三年不能通一經者及不肯勤學者，勒令出學。其餘責罰，並依舊規。

泰定三年，更積分而爲貢舉，並依世祖舊制。其貢試之法，從監學所擬，大概與前法略同，而防閑較密云。其學正、録及司樂、典籍、管勾等員，舊例舉積分生員充之，後以積分既革，於上齋舉年三十以上、學行堪範後學者爲正、録，通曉音律、學業優贍者爲司樂，幹局通敏者爲典籍、管勾。其侍儀舍人，於上、中齋舉禮儀習熟、音吐洪暢、曾掌春秋釋奠、每月告朔明贊、衆見其能者充之。至伴讀員數，大德七年定四十人，歲貢八人。至大四年，定四十人，歲貢四人。延祐四年，定歲貢八人。是後又命所貢生員與舉人同試於禮部，策於殿廷，又置備榜而力選擇焉。

童子舉。

唐宋始著於科，然亦無常員。

成宗大德三年，舉童子楊山童、海童。五年，大都提舉學校所舉安西路張泰山，江浙行省舉張昇甫。

武宗至大元年，舉武福安。

仁宗延祐三年，江浙行省舉前傅孫馮帖哥。六年，河南路舉張答罕，學士完者不花舉丁頑頑。七年，河間縣舉杜山童，大興縣舉陳聃。

英宗至治元年，福州路連江縣舉陳元麟。至治三年，河南行省舉張英。

泰定四年，福州舉葉留畊。文宗天曆二年，舉杜夙靈。

至順二年，制舉答不歹子買來的。

皆以其天資穎悟，超出兒輩，或能默誦經文，書寫大字，或能綴緝辭章，講説經史，並令入國子學教育之。

惟張泰山尤精篆籀，陳元麟能通性理。葉留畊問以四書大義，則對曰：「無過。事父母能竭其力，事君能致其身。」時人以遠大期之。

蒙古字學。

至元六年秋七月，置諸路蒙古字學。十二月，中書省定頒行條件。諸路、府、州官子弟入學，上路二人，下路二人，府一人，州一人。餘民間子弟，上路三十人，下路二十五人。願充生徒者，與免本身雜役。

八年春正月，詔曰：「間者采近代之制，創爲國學，已嘗頒告天下，然學者尚少，今復立條畫，其令有司明諭四方，庶幾多所興起，以傳永久。一，京師設國子學，教授諸生，於隨朝百官、怯薛歹選擇子弟俊秀者入學。一，諸王位下及蒙古千户所，依在前設畏吾兒八合赤例，設立學校。一，隨路所設學校，有願充生徒者，與免本身差役。回回、畏吾、河西人等，願學者聽，不在額設之數。一，翰林院見設諸官，譯寫《通鑑節要》，頒與國子學諸路教授。一，符寶郎設蒙古學闘者赤一員，驗人口實，一，省、部、臺、院諸印信及所發鋪馬劄子，並用蒙古字。一，凡有行程文字，並用蒙古字標寫本宗事目。内外諸衙門，亦用蒙古字人員充闘者赤。一，省、部、臺、院凡有卷目，用蒙古字。一，二、三年後選擇習學生員，出策題試問，中選者約量授以官職。一，不得稱蒙古字爲新字。」

十九年，定路、府、州設教授，以國字在諸字之右。

二十年五月，龍興路提學校官言：「大元一統，蒙古學雖興，而南北之民寡於攻習，蓋因施不廣、用不切之故。」於是中書省議，令諸衙門依例表章，並用蒙古字書寫。

元貞元年，命廉訪司提調諸路蒙古學校。二年，命有司給諸路蒙古學生員餼廩。

大德六年，定散府蒙古學生員二十人，上、中州十五人，下州十人。八年，定各路教官巡保生徒，不得巡申國子監，須經本處提調，總管府轉申翰林院，試驗考奪，無令似前濫保。十年春二月，增生員廩膳。通前三十員爲六十員。

至大二年，定伴讀員四十人，以在籍生員學問優長者補之。

延祐二年冬十月，以所設生員百人，蒙古五十人、色目二十人，漢人三十人，而百官子弟之就學者常不下二三百人，宜增其廩餼。乃減去庶民子弟一百十四員，聽陪堂學業，於見有生員一百名外，量借五十人，置蒙古二十人、漢人三十人，其生員筆札止給三十人，凡二次給之。

至回回國子學，至元二十六年始置。是年五月，尚書省臣言：「亦思替非文字，宜施於用。今翰林院益福的哈魯丁能通其字學，乞授以學士之職。凡公卿大夫與富民之弟子，皆依漢人入學之制，日肄習之。」從之。八月，遂置國子學。

至延祐元年，復立回回國子監。以其文字便於國防取會數目，令依舊制加意教授。

泰定二年，以入學者衆，其學官及生員五十餘人已給領膳者二十七人外，助教一人、生員二十四人廩膳，並令給之。

醫學。

中統三年，太醫院使王猷、副使王安仁言：「醫學久廢，後進無所師友。竊恐朝廷取人，學非其傳，爲害甚大。」乃授安仁金牌，俾往各處設立醫學。教授人員依例除免差發，醫學生員亦免本身檢醫差占等雜役，俟學有所成，每月試以疑難，以所對優劣，量加懲勸。

至元二十三年，命各道按察司檢察醫學，依每年降下十三科題目，令醫生每月習課醫義一道，年終本院考較優劣。

大德九年，平陽路澤州知州王稱言：「竊聞爲世切務惟醫與刑，醫者司命於人，刑者弼教於世。人以風寒暑溼遘其疾，以放僻邪侈陷其心，須用醫以治，施刑以斷。醫欲明，須玩前賢之經訓，刑不濫，在究本朝之典章。今各路雖有醫師，學亦係有名無實，宜督責各處有司，廣設學校，爲醫師者令一通曉經書，良醫主之，集後進醫生，講習《素問》、《難經》、仲景、叔和脈訣之類。然亦須通《四書》，不習《四書》者禁治不得行醫。務要成材，以備試驗擢用，實爲官民便益。」於是太醫院定考試之法：一，合設科目。一，各科合試經書。中書省依所議行之。

是年，又定醫學官罰俸例，各處學校應設大小學。今後有不令坐齋肄業，有名無實者，初次，教授罰俸一月，正、録罰中統鈔七兩；再次，教授罰俸兩月，正、録倍罰；三次，教授、正、録取招別議。其提調官視學官例減等，初次罰俸半月，再次一月，三次兩月。若大小生員在學，而訓誨無法，苟應故事者，初次，教授罰俸半月，正、録各罰中統鈔五兩；再次，教授罰俸一月，正、録罰中統鈔七兩；三次，教授、正、録取招別議。提調官，初次罰俸十月，再次三月，三次一月。

延祐三年，定試驗醫人條件，依舊例，三年一徧，設立科舉試太醫，選舉三十以上、醫明行修、孝友忠信、爲衆所稱者，保結貢試。鄉試不限員數，各科目通取一百人，會試取中三十人。所課醫義，量減二道。第一場，本經義一道，治法一道。第二場，本經義一道，藥性一道。不限字數。試中三十人内，一甲充太醫，二甲副於舉，三甲教授。

陰陽學。

至元二十八年，始置諸路陰陽學。依儒學、醫學之例，每路設教授以訓誨之。其有術數精通者，每歲録呈省府，赴都試驗，果有藝能，於司天監内許令近侍。

延祐二年，令陰陽人授差依儒、醫例考試。其科目，曰占算，曰三命，曰五星，曰《周易》，曰六壬，曰教學，曰《婚元占才大義書》，曰《宅元周易秘奥》，曰《八宅通真論》，曰《塋元地理新書》，曰《塋元總論》，曰《地理明真論》。

太宗九年八月，詔胡都虎、塔魯忽觧、譌魯不朶札魯火赤等：「自來精儒業者，二十年間學問方成。古昔張置學校，官爲廪給，養育人材。今名儒凋喪，文風不振，所據民間應有儒士，若高等學業轉相教授，庶幾人材日出。其中選者，並行蠲免差發。委斷事官朮忽斛與山西東路徵收課税所長官劉中，徧行諸路，一同監試，仍將論及經賦、詞義分爲三科，作三日程試，專治一經爲一科，能兼者聽。但不失文義爲中選。其中選儒人與各處達魯花赤、管民官一同商量公事。以後照依先降條例，開闢舉場，考選人仕，續聽朝命。」於是得東平楊奂等四千三十人，多一時名士。初，耶律楚材請復科舉之制，郭德海亦言之，然爲用事者所尼，故詔書雖云續聽朝命，事復中止。

至元初，詔丞相史天澤條具當行之事，天澤首及科舉，亦不果行。四年九月，翰林學士王磐等言：「科舉取士，最爲切務，矧先朝舊典，尤宜追述。」帝曰：「此良法也。」命左三部尚書與翰林學士議定程式，又議依前代立國學，選蒙古官子弟百人，專命師儒教習經書，藝成然後試而用之。十一年十一月，省臣復啟皇太子，以所議科舉程式上。奉令旨，准蒙古進士科及漢人進士科，參酌時宜，以定法制。然其事迄未施行。二十一年九月，丞相哈剌合孫等言：「十一月中書省臣言，皆以謂天下習儒者少，而由刀筆吏得官者多。」帝曰：「將若之何？」對曰：「宜舉行貢舉法。凡蒙古人及儒吏、陰陽、醫術，皆令以考試進，則用心爲學矣。」帝然之。已而許衡亦議學校科學之法，罷詩賦，重經學，定爲新制。雖事未及行，而選舉之法已立焉。

皇慶二年十月，中書省臣言：「科舉一事，世祖、裕宗累命舉行，成宗、武宗尋亦有旨，今不以聞，恐或有沮其事者。夫取士之法，經學實修己治人之道，詞賦乃摛章繪句之學，自隋、唐以來，取人專尚詞賦，故士習浮華。今臣等所擬將律賦省題詩小議皆不用，專立德行明經科，以此取士，庶可得人。」帝從之。十一月，詔曰：「我祖宗以神武定天下，世祖皇帝設官分職，徵用儒雅，崇學校爲育才之地，議科舉爲取士之方，規模宏遠矣。朕以眇躬，獲承丕祚，繼志述事，祖訓是式。若稽三代以來，取士各有科目，要其本來，舉人宜以德行爲首，試藝則以經術爲先，詞章次之。浮華過實，朕所不取。爰命中書省參酌古今，定其條例。其以皇慶三年八月，天下郡縣，興其賢者能者，賦於有司，次年二月會試京師，中選者朕將親策焉。」其行事宜：

一，科場，每三歲一次開試。舉人從本貫官司於路、府、州、縣及諸色户内推選，年二十五以上鄉黨稱其孝弟，朋友服其信義，經明行修之士，結狀舉保，以禮敦遣，貢諸路府。其或徇私濫舉，並應舉而不舉者，監察御史、肅政廉訪司體察究治。

一，考試程式：蒙古、色目人，第一場經問五條，《大學》、《論語》、《孟子》、《中庸》内設問，義理精明，文辭典雅爲中選，用朱氏章句集注。第二場策一道，以時務出題，限五百字以上。漢人、南人，第一場明經、經疑二問，《大學》、《論語》、《孟子》、《中庸》内出題，並用朱氏章句集注，復以己意結之，限三百字以上。經義一道，各治一經，《詩》以朱氏爲主，《尚書》以蔡氏爲主，《周易》以程氏、朱氏爲主。已上之經兼用古注疏。《春秋》許用《三傳》及胡氏《傳》，《禮記》古注疏。限五百字以上，不拘格律。第二場古賦，詔誥用古體，章奏參古體、四六。第三場策一道，經史時務内出題，時務不矜浮藻，惟務直述。限一千字以上。

一，蒙古、色目人，願試漢人、南人科目，中選者加一等注授。

一，蒙古、色目人作一榜，漢人、南人作一榜。第一名賜進士及第，從六品，第二名以下及第二甲，皆正七品，第三甲以下，皆正八品，兩榜並同。

一，所在官司遲誤開試日期，監察御史、肅政廉訪司糾彈治罪。

一，流官子孫蔭叙，並依舊例，願試中選者，優升一等。

一，在官未入流品，願試者聽。若中選，已有九品以上資級，比附加十等注授。若無品級，止依試例從優銓注。

一，鄉試處所，並其餘條目，命中書省議行。

延祐元年二月〔四〕，中書省奏定科舉程式目：

一，鄉試。中選者，各給解據、録連取中科文，行省處移咨都省，送禮部，腹裏宣慰司及各路關申禮部，監察御史、廉訪司依上録連科文申臺，轉呈都省，照勘會試。八月二十日，蒙古、色目人，試經問五條；漢人、南人，明經經疑一問，經義一道。二十三日，蒙古、色目試策一道；漢人、南人古賦詔誥章表内科一道。二十六日，漢人、南人試策一道。

一，會試。次年省部。依鄉試例，於二月初一日試第一場，初三日試第二場，初五日第三場。

一，御試〔五〕。三月初七日，前期奏委考試官二員、監察御史三員、讀卷官二員於殿廷考試。每舉子一名，委怯薛歹一人看守。漢人、南人，試策一道，限千字以上。蒙古、色目人，時務策一道，限五百字以上。

一，選考試官，行省與宣慰司鄉試。有行臺去處，行省官、行臺官一同商議選差。如不拘廉訪司去處，行省官與監察御史選差。山東、河東宣慰司，真定、東平路，同本道廉訪司選差。上都、大都省部選差在内監察御史〔六〕、在外廉訪司官一員監試。每處差考試官、同考試官一員，並於見任及在闈有德望文學常選官内選差；彌封官一員，謄録官一員。選廉幹文資正官充。謄録試卷並移行文字，皆用朱筆書寫，仍須設法關防，毋致容私作弊。省部會試，都省選委知貢舉、同知貢舉官各一員，考試官四員。監察御史二員，彌封、謄録、對讀官、監試等官各一員。

一，鄉試。行省十一：河南、陝西、遼陽、四川、甘肅、雲南、嶺北、征東、江浙、江西、湖廣。宣慰司二：河東冀寧路、山東濟南路。直隸省部路分四：真定路、東平路、大都路、上都路。

一，天下選合格者三百人赴會試，於内取中選者一百人，内蒙古、色目、漢人、南人分卷考試，各二十五人。蒙古取合格者七十五人：大都十五人，上都六人，河東五人，真定等路五人，東平等路五人，山東四人，遼陽五人，河南五人，陝西五人，甘肅三人，嶺北三人，江浙五人，江西三人，湖廣三人，四川一人，雲南一人，征東一人。色目人取合格者七十五人：大都十人，上都四人，河東四人，東平等路四人，山東五人。真定等路五人，河南五人，四川三人，甘肅一人，陝西三人，遼陽二人。雲南三人，江浙十人，湖廣七人。漢人取合格者七十五人，大都十人，上都四人，真定等路十一人，東平等路九人，山東七人，河東七人，河南九人，四川五人，雲南二人，甘肅二人，嶺北一人，陝西五人，遼陽二人，征東一人。南人取合格者七十五人：湖廣十八人，江浙二十四人，江西二十二人，河南七人。

一，鄉會等試，許將《禮部韻略》外，餘並不許懷挾文字。差搜檢懷挾官一員，每舉人一名差軍一名看守，無軍人處差巡軍。

一，提點試院廉幹官一員，度地安置蓆舍，務令隔遠，仍自試官入院後，常川供職，監把外門。

一，鄉、會試，彌封、謄録、對讀下吏人，於各衙門從便差遣。

一，試卷不合格，犯御名廟諱偏犯者及文理紕繆、塗注五十字以上。

一，謄録所承受試卷，並用硃書謄録正文，實計塗注各字數，標寫對讀無差，將硃卷送考試所。如硃卷有塗注字，亦皆標寫字數。謄録官書押。俟考校合格，中選人數已定，鈔録字號，寫上元卷，請監試官、知貢舉官、同試官，對號開拆〔七〕。

一，舉人試卷，各人自備三場文卷並草卷，各十二幅，於卷首書三代、籍貫、年甲，前期半月於印卷所投納。用印鈐縫訖，各還舉人。

一，就試之日，日未出入場，黄昏納。受卷官送彌縫官，將字號彌縫訖。送謄録所。

一，若有各路歲貢及保舉儒人等文字到部，並令還付本鄉應試。

一，娼優及患廢疾、若犯十惡爲盜之人，不許應試。

一，舉人於試場内，毋得喧嘩，違者治罪，仍殿二舉。

一，舉人與考試官有五服内親者，自須迴避，仍令同試官考試。若應避而不自陳者，殿一舉。

一，鄉、會試，若有懷挾及令人代作及代之者，漢人、南人居父母喪應舉者，並殿二舉。

一，國子監學歲貢生員及伴讀出身，並依舊制，願試者聽。中選者於監學合得資而上從優選授。

一，別路附籍蒙古、色目、漢人，大都、上都有恒產、住經年深者，從兩都官司，依上例推舉就試。其餘去處冒貫者治罪。

其中選學人，三月初四日中書省臣奏准，以初七日御試於翰林國史院，定委監試官及諸執事。初五日，入院。初六日，撰策問進呈。初七日，執事者望闕設案於堂前，置策題於上。舉人入院，搜檢訖，蒙古人作一甲，序立，禮生導引，望闕兩拜，賜策題，又兩拜，各就次。色目人、漢人亦如之。日午，賜膳。進士納卷畢，出院。監試官同讀卷官，以所對策第其高下，分爲三甲進奏。賜進士及第，出身各有差。

有元科目取士之制，大略如此。蓋創於太宗，定於至元，議於大德，而後成於延祐。是時平章政事李孟雅爲仁宗所委任，力言非科目不足以得士，故朝廷決意舉行焉。

是年，丞相帖木迭兒等奏：「下第舉人年七十以上者，與從七品流官致仕；六十以上者，與教授；元有出身者於應得資品上優加之；無出身者，與山長、學正。嗣後概不爲例。有來遲不及應試者，未曾區用。取旨。」帝曰：「依下第例恩之，勿著爲格。」

泰定元年三月，中書省臣奏：「下第舉人，延祐中命中書省各授教官之職，以慰其歸。今改元之初，澤恩宜溥。蒙古、色目人年三十以上並兩舉不第者，與教授；以下與學正、山長。漢人、南人，年五十以上並兩舉不第者，與教授；以下與學正、山長。不願仕者，令備國子員。後不爲例。」從之。

元統二年三月，詔科舉取士，國子監積分。儒人免役，悉依累朝舊制。是年，增進士名額至百人，左右榜各三人，皆賜進士及第。元之取士，莫盛於此。

迨至元元年，徹里帖木兒爲中書平章政事，首議停科舉。參知政事許有壬争之，不從。初，徹里帖木兒爲河南行省平章政事，會驛請考官，供張甚盛，心滋不悦。故入中書省，以罷科舉爲第一要政云。二年，禮部侍郎忽里台請復科舉取士之法，不聽。

六年，脱脱爲右丞相當國。十二月，詔復行科舉及國子監積分法。生員三年一次，依科舉例會試，中者取十八名。至正三年，監察御史成遵言〔八〕：請以終場下第舉人充學正、山長，國學生會試黜罷者與終場舉人同。從之。是年，又增鄉試備榜，授以學録、教諭等官。十九年，詔定科舉流寓人名額，蒙古、色目、南人各十五名，漢人二十名。五月，察罕帖木兒言：「今歲八月鄉試，河南舉人及各路進兵者，請不拘籍貫，依河南省元定額數，就陝西置貢院考試。」從之。

二十年，會試舉人。知貢舉平章政事八都麻失里，同知貢舉翰林學士承旨李好文、禮部尚書許從宗，考試官國子祭酒張翥、同考官太常博士傅亨等言：「舊例各處舉人三年一次，取三百人，會試取一百人。今歲鄉試所取比前數少，止有八十名，會試三分内取一分，合取三十名。如於三十名外，添取五名爲宜。」從之。

二十六年，命燕南、河南、山東、陝西、河東等處舉人會試者，增其額數，進士及第以下遞升一官。

【校勘記】

〔一〕「學録」，原作「學禄」，據《元史》卷八一志第三十一《選舉一》改。

〔二〕「上兩齋左」，原作「上兩左者」，據《元史》卷八一志第三十一《選舉一》改。

〔三〕「學正」，原作「學政」，據《元史》卷八一志第三十一《選舉一》改。

〔四〕「延祐」，原倒作「祐延」，今乙正。

〔五〕「御試」，原作「鄉試」，據《元史》卷八一志第三十一《選舉一》改。

〔六〕「御史」，原倒作「史御」，據《元史》卷八一志第三十一《選舉一》改。

〔七〕「對號開拆」，原作「對讀開折」，據《元史》卷八一志第三十一《選舉一》及王圻《續文獻通考》卷四四《選舉考》改。

〔八〕「御史」，原作「御事」，據《元史》卷四一本紀第四十一《順宗四》改。

新元史卷之六十五　志第三十二

選舉志二

銓法上

凡怯薛之長，得自舉其屬。諸怯薛歲久被遇，常加顯擢，惟長官薦用，則有定制。至元二十年議：「久侍禁闥、門地崇高者，初受朝命散官，減職事一等，否則量減二等。」至大四年，詔蒙古人降一等，色目人降二等，漢人降三等。

凡臺憲選用：大德元年，省議：「臺官舊無選法，俱於民職選取。後互相保選，省、臺各爲一選。宜令臺官，幕官聽自選擇，惟廉訪司官，則省、臺共選。若臺官於省部選人，則與省官共議之。省官於臺憲選人，亦與臺官共議之。」至元八年，定監察御史任滿，在職無異政，元係七品以下者例加一等，六品以上者升擢。泰定初，侍御史許有壬言：「監察御史前代八品之職，國朝官制爲正七品，選格内任一考與升正六品，外任兩考，方進一等。今歷史即除各道僉事正五品級，内臺都事必授副使正四品級。誠以御史非有職事之可比，使之位卑言高，蓋御之有道也。近四品、五品率皆除監察御史，甚有歷階已及三品而浮沈其内，彼果何望而奮於立事耶？今後莫若先儘縣達魯花赤縣令有治迹者，次及内外六品、七品才德堪充之人，其資品高者不必銓用，庶無患失之心。」

凡選舉守令：至元八年，詔以户口增、田野闢、詞訟簡、盜賊息、賦役均五事備者，爲上選。九年，以五事備者爲上選，升一等。四事備者，減一資。三事有成者，爲中選，依常例遷轉。四事不備者，添一資。五事俱不舉者，黜降一等。二十三年，又益以勸課農桑克勤奉職者以次升獎，其怠於事者笞罷之。二十八年，詔：「路、府、州、縣，除達魯花赤外，長官並宜選用漢人素有聲望，及勳臣故家，並儒吏出身，資品相應者，佐貳官遴選色目、漢人參用。」至正四年，申令黜降之事。六事備者升一等，四事備者減一資，三事備者平選，六事俱不備者降一等。

至元十五年，罷軍官遷職子弟仍襲原官之制。又軍官陣亡，子弟承襲。原官病死者，降一等承襲。總把、百户病死及年老者，不許子弟承襲。著爲令。

十七年，詔：「渡江總把、百户有功升遷者，總把依千户降等承襲，百户無遞降職名，則從其本等。」

十九年，奏擬：「萬户、千户、百户物故，視其子孫堪承襲者，依例承襲外，都元帥、招討使〔一〕、總管、總把，視其子孫堪承襲者，止令管其元軍。元帥、招討子孫爲萬户，總管子孫爲千户，總把子孫爲百户，給元佩金銀符。病故者降等，惟陣亡者本等承襲。」

二十一年，舊志作二十年，誤。據《元典章》改正。詔：「萬户、千户、百户分上中下三等，定立條格，通行遷轉。以三年爲滿，理算資考，陞加品級。若年老病故者，令其子弟依例廕叙。」是年，以舊制父子相繼，管領元軍，不設蒙古軍官，故定立資考，三年爲滿，通行遷轉。後各翼大小軍官俱設蒙古軍官，又兼調遣征進，俱已離翼，難與民官一體遷轉廕叙。合將萬户、千户、鎮撫自奏准日爲始，以三年爲滿，通行遷轉。百户以下，不拘此例。凡軍官征戰有功過者，驗實跡升降。又定蒙古奥魯官，大翼萬户下設奥魯總管府，從四品。小翼萬户下設奥魯官，從五品。各千户奥魯，亦設奥魯官，受院劄。各千户奥魯，不及一千户者，或二百户、三百户以遠就近，以小就大，合併爲千户翼奥魯官，受院劄。若干礙投下，難以合併，宜再議之。又定首領官受敕牒，元帥、招討司經歷、知事，就充萬户府經歷、知事，换降敕牒，如元翼該革，别與遷除。若王令旨，並行省劄付、樞密院劄付經歷。充中下萬户府知事。行省諸司劄付充提領案牘，並各翼萬户自設經歷、知事，一例俱作提控案牘，受院劄。又議隨朝各衛千户鎮撫所提控案牘，已擬受院劄，外任千户鎮撫所提控案牘，合從行省許進，受萬户府付身。

二十四年，詔：「諸求襲其父兄之職者，宜察其人而用之。凡舊臣勳閥及有戰功者，其子弟當先任以小職，若果有能，則大用之。」

二十五年，軍官陣亡者，本等承襲。病故者，降二等。雖陣亡，其子弟無能，勿用。雖病故，其子弟果能，不必降等，於本等用之。若有身死老病人員子弟承襲承替，須嫻習弓馬，諳曉事務，開寫本人年甲，是否嫡庶長次，有無排下軍馬，保勘一切完備，申樞密院定奪施行。

大德四年，以上都虎賁司並武衛内萬户、千户、百户達魯花赤亡歿，而無奏准承襲定例，似爲偏負。今後各翼達魯花赤亡歿，宜察其子弟有能者用之，無能則止。

十一年，詔：「色目鎮撫已歿，其子有能，依例用之。子幼，則取其兄弟之子有能者用之，俟其子長，即以其職還之。」

至大二年，議：「各衛翼首領官至經歷以上〔二〕，不得升除，似與官軍一體，其子孫乃不得承襲。今後年逾七十，而散官至正、從四品者，宜正、從五品軍官内任用。」

四年，詔：「軍官有故，令其嫡長子爲之。嫡長子亡歿，令嫡長孫爲之。嫡長孫亡歿，則令嫡長孫之嫡長子爲之。若嫡長俱無，則以其兄弟之子相應者爲之。」

皇慶元年，詔：「軍官不依例保舉者，有長子、長孫，反將庶子保舉者，罪之。」

太禧院。天曆元年，罷會福、殊二院而立之。其所轄諸司，則從其擢用。

宣徽院。皇慶二年，省臣奏：「其所轄倉庫、屯田官員，半由都省，半由本院用之。」奉旨：「宜俱從省臣用之。」

中政院。延祐七年，院臣啟：「皇后位下中政院用人，奉懿旨，依樞密院、御史臺等例行之。」

直省舍人。選宿衛及勳臣子弟爲之。又擇其高等二人，專掌奏事。大德八年，擬歷六十月者，始令從政。

凡禮儀諸職：

太常寺檢討。至元十三年，擬歷一百月，除從八品。御史臺殿中司知班。十五年，擬歷九十月，除正八品。

通事舍人。二十年，議：「從本司選已入流品職官爲之，考滿驗應得資品，升一等遷用。未入流官人員，擬充侍儀舍人，受中書省劄，一考除從九品。」三十年，議：「於二品、三品官子內選用，不限廕叙，兩考從七品遷叙。」

侍儀舍人。三十年議：「於四品、五品官子內選用，不限廕叙，一考從九品。」大德三年議：「有闕，宜令侍儀司於到部正、從九品流官内選用，仍受省劄，三十月爲滿，依朝官内升轉，如不敷，於應得府州儒學教授内選用，歷一考，正九品叙。」

禮直管勾。大德三年，省選合用到部人員，俱從太常寺舉保，非常選除充者〔三〕，任迴止於本衙門叙用。

郊壇庫藏都監二人。至大三年，議：「受省劄者曆一考之上，受部劄者歷兩考之上，再歷本院屬官一任，擬於從九品内叙。」

天曆二年，擬在朝文翰衙門，於國子生員内舉充。

至元九年，部議：「巡檢流外職任，擬三十月爲一考，任迴於從九品遷叙。」二十年，議：「巡檢六十月，升從九品」。大德七年。議：「各處所委巡檢，自立格月日爲始，已歷兩考之上者，循舊例九十月出職，不及兩考者，須歷一百二十月，方許出職遷轉。」十年，省奏：「奉旨腹裏巡檢，任迴及考者，止於巡檢内注授。所歷未及者，於錢穀官内定奪，通理巡檢月日。各處行省所設巡檢，考滿者，咨省定奪。未及考滿者，行省於錢穀官等職内委用，通理月日，依舊升轉。不及一考，如係告廕並提控案牘例應轉充者，於雜職内委用，考滿各理本等月日，依例升轉。」

腹裏諸路行用鈔庫。至元十九年，部擬：「州縣民官内選充，係八品、九品人員，三十月爲滿，任回驗元資品，減一資歷，通理遷叙。庫使，受都省劄付，任滿從優遷叙。庫副，受本路劄付，二十月爲滿，於本處上户内公選交替。陝西、四川、西夏中興等路提舉司鈔庫，俱係行省管領，合就令依上選擬庫官，移文都省給降敕牒劄付。」省議：「除鈔庫使、副咨各省選擬外，提領省部選注。」

腹裏官員。二十六年，定選充倉庫等官，擬於應得資品上升一等，通理月日升轉。江南官員。若曾腹裏歷仕〔四〕，前資相應依例升轉。遷去江淮歷仕人員，所歷月日一考之上者，除一考准爲根脚，餘有月日，後任通理，不及考者，添一資。若選充倉庫等官，擬於應得資品上，例升一等，任迴依上於腹裏升轉。

接連官員選充倉庫等官，應本地面從七品者，准算腹裏從七資品。歷過一考者，爲始理算月日，後任通理，一考之上，餘有日月，後任通理，不及考者，添一資升轉。

福建、兩廣官員選充倉庫等官，應得本地面從七品者，准算江南從七資品。歷過一考者，爲始理算月日，一考之上。餘有月日，後任通理，不及考者，添一資升轉。

元係流官，仕回，止於流官内任用。雜職者，雜職内遷叙。

萬億庫、寶鈔總庫、八作司，以一年滿代，錢物甚多，未易交割。宜以二年爲滿，少者以一年爲滿。

上都稅務官，止依上例遷轉。

都省所轄去處，二周歲爲滿者，各處都轉運使司官、司屬官、首領官，各處都漕運使司官、首領官，諸路寶鈔都提舉司官，腹裏、江南隨路平準行用庫官，印造寶鈔庫官，鐵冶提舉司官、首領官，採金提舉司官、首領官，銀場提舉司官、首領官，新舊運糧提舉司官、首領官，都提舉萬億庫、八作司、寶鈔總庫首領官。

一周歲爲滿者：泉府司所轄富藏庫官，廩給司、四賓庫、薄斂庫官，大都稅課提舉司官、首領官，酒課提舉司官、首領官，提舉太倉官、首領官，提舉醴源倉官、首領官，大都省倉官，河倉官，通州等處倉庫、應受省部劄付管錢穀院務雜職等官，大都平準行用庫官，燒鈔四庫官，鈔紙坊官，幣源庫官。

行省所轄去處，二周歲爲滿者：各處都轉運使司官、司屬官、首領官，各處都漕運使司官、首領官，行諸路寶鈔都提舉司官，腹裏、江南隨路平準行用庫官，甘州、寧夏府等處都轉運使司官，市船提舉司官、首領官，榷茶提舉司官、首領官。一周歲爲滿者：行泉府司官所轄阜通庫官，各處行省收支錢帛諸物庫官。

三十年，部議：「凡內外平準行用庫官，提領從七品，大使從八品，副使從九品。若流官內選充者，任回減一資升轉。雜職人員，止理本等月日。」

元貞二年，部議：「凡倉官有闕，於到選相應職官，并諸衙門有出身令譯史、通事、知印、宣使、奏差兩考之上人内選用，依驗難易收糧多寡升等，任回於應去地方遷叙。通州、河西務、李二寺等倉官，於應得資品上升一等，任滿，交割別無短少，減一資通理。在都并城外倉分，收糧五萬石之上倉官，於應得資品上升一等，任滿，交割別無短少，依例遷叙。收糧一萬石之上倉官，止依應得品級除授，任滿，交割別無短少，減一資通理。」

大德元年，省擬：「大都萬億四庫〔五〕、富寧庫〔六〕、寶鈔總庫、上都萬億庫官，止依合德資品選注，須二周歲滿日，別無短少，擬同隨朝例升一等。」

二年。省議：「上都、應昌倉官，比同萬億庫官例，二周歲爲滿，於應得資品上擬升一等。」

六年，部議：「在都平準行用庫官，擬合於外路一體，二周歲爲滿，元係流官内選充者，任回減一資升轉。萬億四庫知事例升一等，提控案牘減資遷轉。和林、昔寶赤八剌哈孫、孔古烈倉，改立從五品提舉司。提舉一員，從五品；同提舉一員，從六品；副提舉一員，從七品。周歲爲滿，於到選人内選充，應得資品上擬升二等，任回遷用，所歷月日通理。甘、肅二路，每處設監支納一員，正六品；倉使一員，從六品；倉副一員，正七品。二周歲爲滿，於到選人内銓注，入倉先升一等，任滿，交割別無短少，又升一等。受給庫提領，從九品，使、副受省劄，攢典、合干人各設二名。」

七年，部擬：「大都路永豐庫提領從七，大使從八，副使從九，於到選相應人内銓注。江西省英德路、河西務兩處，設立平準行用庫，擬合設官員，係從七以下人員，依例銓注。英德路平準行用庫，提領一員，從七，大使一員，從八，副使一員，從九品。河西務行用庫，大使一員，從八品，副使一員，吏部劄。甘肅行省豐備庫，提領一員，從七品，大使一員，正八品，於到選迤西資品人内升等銓注。大同倉官，擬二周歲交代，永盈倉例升一等，其餘六倉，任回擬減一資升轉。」

八年，部議：「湖廣行省所轄散府司吏充倉官，依河南行省散府司吏充倉官，比總管府司吏取充者，降等定奪。」

至大二年，部呈：「凡平準行用庫設官二員，常平倉設官三員，流官内銓注，以二年爲滿，依例減資。」

四年，部議：「上都兩倉，二周歲爲滿，於應得資品上升一等，歷過月日，今後比例通理。」

皇慶元年，部議：「上都平盈庫，二周歲爲滿，減一資升轉。」

延祐四年，部議：「江浙行省各路見役司吏，已及兩考，選充倉官，五萬石之上，比同考滿出身充典史，一考升吏目。五萬石之下者，於典史添一考，依例遷敘。湖廣行省倉官，如係路吏及兩考，選充倉官一界，同考滿出身充典史，一考升吏目。遷敘庫官，周歲准理本等月日，考滿依例升轉。」

凡税務官升轉。至元二十一年，省議：「應敘辦課官分三等。一百錠之上，設提領一員、使一員。五十錠之上，設務使一員。五十錠之下，設都監一員。十錠以下，從各路差人管辦。都監歷三界，升務使，一周歲爲滿，月日不及者通理。務使歷三界，升提領。提領歷三界，受省劄錢穀官，再歷三界，始於資品錢穀官並雜職任用。各處就差相副官，增及兩酬者，聽各處官司再差。增及三酬以上及後界又增者。申部定奪。」

二十九年，省判所辦諸課增虧分數，升降人員。增六分升二等，增三分升一等。其增不及分數，比全無增者，到選量與從優。虧兑一分，降一等。

三十年，省擬：「提領二年爲滿，省部於流官内銓注，一萬錠之上擬從六品，五千錠之上擬正七品，二千錠之上擬從七品，一千錠之上正八品，五百錠之上從八品。大使、副使俱周歲交代，大使從行省吏部於解由合叙相應人内遷調，副使從各路於本處係籍近上户内公選。」

至大三年，詔定立辦課例。一百錠之下院務官分爲三等：五十錠之上爲上等，設提領一員，受省劄，大使一員，受部劄；二十錠之上爲中等，設大使、副使各一員；二十錠之下爲下等。設都監、同監各一員，俱受部劄。並以一年爲滿，齊界交代。都監、同監四界升副使，又四界升大使。又三界升提領，又三界入資品錢穀官並雜職内遷用。行省差設人員，各添兩界升轉，仍自立界以後爲始，理算月日，並於有升轉出身人員内定奪，不許濫用白身。議得例前部劄，提領於大使内銓注，都監、同監本等擬注，止依歷一十二界。至大三年例後，創入錢穀人員，及正、從六品、七品取廕子孫，亦依先例升轉，不須添界外，其餘雜進之人，依今次定例遷用，通歷一十四界，依上例升轉。

至元九年，部議：「凡總府續置提控案牘，多係入仕年深，似比巡檢例同考滿轉入從九。緣從九係銓注巡檢闕，提領案牘吏員文資出職，難應捕捉，兼從九員多闕少，本等人員不敷銓注。凡升轉資考，從九三任升從八，正九兩任升從八，巡檢提領案牘等考滿轉入從九，從九再歷三考升從八，通理一百二十月升。巡檢依已擬，提領案牘權擬六十月，正九再歷兩任通理一百二十月升從九，較之升轉資考即比巡檢庶員闕易就。都、吏目，擬吏目一考，轉充都目，一考轉充提領案牘，考滿依上轉入流品。都、吏目應升無闕，止注本等職名，驗理升轉。」

二十年，部擬：「提控案牘九十月升九品。」

二十五年，部擬：「各路司吏實歷六十月，吏目兩考升都目，歷一考升提控案牘，兩考升正九。若依路司吏九十月，吏目歷一考與都目，餘皆依上升轉。」省議：「江南提控案牘，除各路司吏比附腹裏路司吏。至元二十五年呈准定例遷除，其餘已行直補，并自行踏逐歷案牘兩考者，再添資遷除。」

三十年，省准：「提控案牘補注巡檢，升轉資品，不相爭懸，如已歷提控案牘月日者，任回止於提控案牘内遷叙。」

三十一年，省議：「都目、巡檢員闕，雖不相就，若不從宜調用，似涉壅滯，下部先儘到選巡檢，餘闕准告銓注，任回各理本等月日。」

大德二年，省准：「京城内外省倉典吏，例於大都路州司、縣典史内勾補，二周歲轉升吏目。除行省所轄外，腹裏下州并雜職等衙門，計設吏目一百餘處，其籍記未注者，以次銓注，俱擬三十月爲滿，任回本等内不次銓注。」

三年，部擬：「提控案牘、都、吏目有三周歲、二周歲、一周歲爲滿者，俱以三十月爲滿。」

八年，省准：「和林兵馬司掌管案牘人等，比依下州，合設吏目一員，於籍記吏目外發補，任回從九品遷用，添一資升轉。司吏量擬四名，從本司選補通吏業者，六十月，提控案牘内任用。」

九年，部呈：「都、吏自己於典史内銓注，宜將籍記案牘驗歷仕，以遠就近，於吏目闕内參注，各理本等月日。」

十一年，江浙省臣言：「各路提控案牘改受敕牒，不見通例。」部照：「江北提控案牘，皆自府州司縣轉充路吏，請俸九十月方得吏目，一考升都目，都目一考，升提控案牘，兩考正九品，通理二百一十月入流，其行省所委者，九十月與九品。今議行省委用例革提控案牘，合於散府諸州案牘、都、吏目並雜職錢穀官内，行省依例銓注，通理月日升轉，之後行省所設提控案牘、都、吏目，合依江北由司縣府州轉充路吏，通理月日，考滿方許入流。」

凡選取宣使奏差：至元十九年，部擬：「六部奏差額設數目，每一十名内，令各部選取四名，九十月與從九品，餘外合設數目，俱於到部巡檢、提領案牘、都、吏目内進取，俟考滿日，驗下項資品銓注。」省准：「解由到部，關會完備人員内選取。應入吏目，選充奏差，三考與從九品。吏目一考，應入都目人員，選充奏差，兩考與從九品。都目一考，應入提領案牘人員，選充奏差，一考與從九品。巡檢、提領案牘一考，選充奏差，一考與正九品。」

二十六年，省准：「上都留守司兼本路都總管府典吏出身，歷九十月，比通政院例，合轉補本司宣使，考滿依例定奪。」

二十九年，省議：「行省、行院宣使於正、從九品有解由職官内選取，如是不敷，於各道宣慰司一考之上奏差、本衙門三考典吏目選取。不敷，於各道廉訪司三考奏差内并本衙門三考典史内選取，仍須色目、漢人相參選取。自行踏逐者，亦須相應人員，考滿例降一等，須歷九十月，方許出職。内外諸衙門宣使，以色目、漢人相參，九十月爲滿。自行踏逐者，降一等。凡内外諸衙門宣使、通事、知印、奏差、都省宣使有闕，於臺院等衙門一考之上宣使，并有解由正、從八品職官内選補，如係都省直選人員，不拘此例，仍須色目、漢人相參選取。自行踏逐者，考滿例降一等，須歷九十月，方許出職。樞密院宣使，正從九品職官内選取。仍須色目、漢人相參選用。自行踏逐者，亦須相應人員，考滿例降一等，須歷九十月，方許出職。御史臺宣使，正、從九品職官内選取。自行踏逐者，考滿例降一等，須歷九十月，方許出職。宣政院宣使，選補同。宣慰司奏差，於本衙門三考典吏内選取。自行踏逐者，考滿降等叙，須色目、漢人參用，歷九十月，方許出職。山東運司奏差，九十月，於近下錢穀官内任用。大都運司，一體定奪。」

七年，省准：「鞏昌等處便宜都總帥府令史人等，已擬依各道宣慰司令史人等一體出身。自行踏逐者降等叙，有闕於本司三考典吏内選取。」

八年，部呈：「各寺監保本處典吏補奏差，若元係請俸典吏、本把人等補充者，考滿同自行踏逐者，降等叙。」

九年，擬宣徽院典吏九十月補宣使。並所轄寺監令史。

十年，省擬：「中政院宣使於本衙門三考之上典吏及正、從九品職官内選用，以色目、漢人相參，自行踏逐者降等。」

十一年，省擬，「燕南廉訪司奏差，州吏内選補，考滿於都目内遷用。」

延祐三年，省議：「各衙門典吏，須歷九十月，方許轉補奏差。」

至治元年，部議：「縣尉、巡檢，近年以漢人不習弓馬，腹裏添設色目縣尉、巡檢。若以廕授人員，不充其選，止於各衙門通譯史、奏差人内委用，其考滿應注者，百無一二，員闕不能相就，有礙銓選。擬於到選正、從八品内，驗其歷仕根脚，年三十以上，六十以下，不限地方遴選注投。若境内盜息民安，特加升擢，其巡捕不嚴者，依例黜降。」

凡匠官：至元九年，工部驗各管户數，二千户之上至一百户之上，隨路管匠官品級。省議：「除在都總提舉司去處，依准所擬。東平雜造提舉司並隨路織染提舉司，二千户之上，提舉正五品。同提舉從六品，副提舉從七品。一千户之上，提舉從五品，同提舉正七品，副提舉正八品。五百户之上至一千户之下，提舉正六品。同提舉從七品，副提舉從八品。三百户之上，大使正七品，副使正八品。一百户之上，大使從七品，副使從八品。一百户之下，院長一員，同院務，例不入流品，量給食錢。凡一百户之下管匠官資品，受上司劄付者，依已擬充院長。已受宣牌充局使者，比附一百户之上局使資品遞降，量作正九資品。」

二十二年，凡選取升轉匠官資格，元定品給員數，提舉司二千户之上者，無之。一千户之上，提舉從五品，同提舉正七品，副提舉正八品。五百户之上、一千户之下，提舉正六品，同提舉從七品，副提舉從八品。使副〔七〕，三百户之上，局使正七品，副使正八品。一百户之上，局使從七品，副使從八品。一百户之下，院長一員，比同務院，例不入流品。工部議：「三百户之上局副從八，一百户之上局副正九，遇有闕，於一百户之下院長内選充。院長一百二十月升正九，正九兩考升從八，從八三考、正八兩考，俱升從七。如正八有闕，别無資品相應人員，於已授從八匠官内選注，通歷九十月，升從七。從七三考升正七，正七兩考升從六。從六三考、正六兩考，俱升從五。爲所轄司屬無從六，名闕，如已歷正七兩考，擬升加從六散官，止於正七匠官内遷轉，九十月升從五。如正六匠官有闕，於已授從六散官人員内選注，通歷九十月升從五。從五三考擬升正五，别無正五匠官，名闕，陞加正五散官，止於從五匠官内遷轉。如歷仕年深，至日斟酌定奪。至元十二年以前受宣敕省劄人員，依管民官例，擬准已受資品。十三年以後受宣敕省劄人員，若有超陞越等者，驗實歷俸月定擬，合得資品上例存一等遷用。管匠官遇有闕員去處，如無資品相應之人，擬於雜職資品相應到選人内銓用。凡中原、江淮匠官，正、從五品子從九品匠官内廕敘，六品、七品子於院長内敘用。以匠官無從九品，闕，擬正、從五品子應廕者，於正九匠官内銓注，任回，理等從九月日。

二十三年，詔：「管匠官，其造作有好務虧少，勿令遷轉。」

二十四年，部言：「管匠衙門首領官，宜於本衙門内選委知會造作相應人員區用，勿令遷轉，合依舊例，從本部於常選内選差相應人員掌管案牘，任滿交代遷敘。」

凡諸王分地與所受湯沐邑，得自舉其人，以名聞朝廷，而後授其職。至元二年，詔以各投下總管府長官不遷外，其所屬州縣長官，於本投下分到城邑内遷轉。

四年，省準：「應給印官員，若受宣命及諸王令旨，或投下官員批劄、省府樞密院制府左右部劄付者，驗户給印。」

五年，詔：「凡投下官，必須用蒙古人員。」

六年，以隨路見任並各投下創差達魯花赤内，多女真、契丹、漢人，除回回、畏吾兒、乃蠻、唐兀同蒙古例許敘用〔八〕，其餘擬合革罷，曾歷仕者，於管民官内敘用。

省臣奏：「江南諸王分地長官，已令如例遷轉，其間若有兼管軍鎮守爲達魯花赤者，一體代之，似爲不宜。合令於投下長官之上署字，一同涖事。」

二十年，各投下州縣長官，三年一次給由互相遷轉，如無可遷轉，依例給由申呈省部，仍牒廉訪司體訪。

大德元年，諸投下達魯花赤從七以下者，依例類選。

皇慶二年，詔：「各投下分地城邑長官，其常選所用者，居衆人之上，投下所委者爲添設，其常選內，路府州及各縣內減一員。」

延祐三年，詔：「有姓漢人達魯花赤，追奪宣敕。」各投下有闕，用人自於其投下內選用，不許冒用常選內人。」

凡壕寨官：至元十九年，省部擬：「都水監併入本部，其壕寨官比依各部奏差出身。」大德二年。擬考滿除從九品。」

凡獲盜賞官：大德五年，詔：「獲强盜五人，與一官。捕盜官及應捕人，本境失盜而獲他境盜者，聽功過相補。獲强盜過五人，捕盜官減一資，至十五人升一等，應捕人與一官，不在論賞之列。」

凡控鶴傘子：至元二十二年，擬：「控鶴受省劄，保充御前傘子者，除充拱衛都直指揮使司鈐轄，官進義副尉。」

二十八年，控鶴提控受敕進義副尉、管控鶴百户，及一考，擬元除散官從八職事，正九於從八内遷注。

元貞元年，控鶴提控奉旨充速古兒赤一年，受省劄充御前傘子，歷三百三十二月，詔於從六品内遷用。大德六年〔九〕，控鶴百户。部議於巡檢内任用。其離役百户人等擬從八品，傘子從七品。延祐三年，控鶴百户歷兩考之上，擬於正九品遷用。

凡玉典赤：至元二十七年，定擬歷三十月至九十月者，並與縣達魯花赤、進義副尉。一百月以上者，官敦武校尉。至大二年，令玉典赤權於州判、縣丞内銓注。三年，令依舊例，九十月除從七下縣達魯花赤，任回添一資。

凡蠻夷官：議：「播州宣撫司保蠻夷地分副長官，係遠方蠻夷，不拘常調之職，合准所保。其蠻夷地方。雖不拘常調之處，而所保之人，多有泛濫。今後除襲替土官外，急闕久任者，依例以相應人舉用，不許預報，違者罪及所由官司。」

【校勘記】

〔一〕「招討使」，「招」原作「詔」，《元史》卷八二志第三十二《選舉二》同，下二「招討」同，據文意改。

〔二〕「官至」，原倒作「至官」，據《元史》卷八二志第三十二《選舉二》改。
〔三〕「非常」，「常」字原重，據《元史》卷八二志第三十二《選舉二》删。
〔四〕「腹裹」二字間，原衍「前」字，據《元史》卷八二志第三十二《選舉二》删。
〔五〕「萬億四庫」，「庫」原作「年」，據《元史》卷八二志第三十二《選舉二》改。
〔六〕「富寧庫」，「寧」原作「億」，據《元史》卷八二志第三十二《選舉二》改。
〔七〕「使副」，原倒作「副使」，據《元史》卷八二志第三十二《選舉二》改。
〔八〕「蒙古」，原倒作「古蒙」，據《元史》卷八二志第三十二《選舉二》改。
〔九〕「大德六年」，「年」字原脱，據《元史》卷八二志第三十二《選舉二》補。

新元史卷之六十六　志第三十三

選舉志三

銓法下

凡文武散官，多採用金制，建官之初，散官例降職事二等。至元二十年，始升官職對品，九品無散官，謂之平頭敕。蒙古、色目，初授散官或降職事，再授職，雖不降，必俟官資合轉，然後升職。漢人初授官，不及職，再授則降職授官。必歷官至二品，則官必從職，不復用理算法矣。至治初，稍改之，尋復其舊。此外月日不及者，惟歷繁劇得優，獲功賞則優，由內地入邊遠則優，憲臺舉廉能政跡則優，以選出使絕域則優，然亦各有其格也。

凡保舉職官：大德二年制：「各廉訪司所按治城邑內，有廉慎幹濟者，歲舉二人。」九年，詔：「臺、院、部五品以上官，各舉廉能識治體者三人，行省臺、宣慰司〔一〕、廉訪司各舉五人。」

凡翰林院、國子學官：大德七年，議：「文翰師儒難同常調，翰林院宜選通經史、能文辭者，國子學宜選年高德卲、能文辭者，須求資格相應之人，不得預保布衣之士。若果才德素著，必合不次超擢者，別行具聞。」

凡遷官之法：從七以下屬吏部，正七以上屬中書，三品以上非有司所與奪，由中書取進止。自六品至九品爲敕授，則中書牒署之。自一品至五品爲宣授，則以制命之。三品以下用金寶，二品以上用玉寶，有特旨者則有告詞。其理算論月日，遷轉憑散官，內任以三十月爲滿，外任以三歲爲滿，錢穀典守以二歲爲滿。而理考通以三十月爲則。內任官率一考升一等，十五月進一階。京官率一考，視外任減一資。外任官或一考進一階，或兩考升一等，或三考升二等。四品則內外考通理。然前任少，則後任足之，或前任多，則後任累之。一考者及二十七月，兩考者及五十七月，三考者及八十一月。

凡選用不拘常格：省參議、都司郎中、員外高第者，拜參預政事、六曹尚書、侍郎，及臺幕官、監察御史出爲憲司官。外補官已制授，入朝或用敕除，朝蹟秩視六品，外任或爲長伯。在朝諸院由判官至使。寺監由丞至卿，館閣由屬官至學士，有遞升之法，用人重於用法如此。又覃官，或准實授，或普減資升等，或內升等，或外減資，或外減內不減，斯則恩數之不常有者，惟四品以下者有之。三品則遞進一階，至正議大夫而止。若夫勳臣世胄、侍中貴人，上命超遷，則不可以選格論。亦有傳敕中書，送部覆奏，或致繳奏者。

凡吏部月選：至元十九年議：「到部解由即行照勘，合得七品者呈省。從七以下本部注擬，其餘流外人員，不拘多寡，並以一月一次銓注。」

凡官吏遷敍：至元十年議：「舊以三十月遷轉太速，以六十月遷轉太遲。」十七年，立遷轉官員。凡無過授見闕滿代者，令還家以俟。十九年，定內外官以三年爲考，滿任者遷敍，未滿者不許超遷。二十八年，定隨朝以三十月爲滿，在外以三周歲爲滿，錢穀官以得代爲滿，吏員以九十月日出職。

皇慶元年，御史中丞郝玉挺言：「國初設官，在內須三十月，在外須三周歲，考其殿最，以爲黜陟。比者省院臺部之臣久者一二歲，少者三五月，甚者旬日之間而屢遷數易者，奔走往來之不暇，豈暇治官事哉？乞自今惟內外大臣可急闕選授，其餘內外大小官屬，必俟任滿考績，方許選調，庶免朝除夕改，啟倖長奸之弊。」從之。

天曆二年，中書省臣又言：「比年朝官多不久於其職，或數月即改遷，於典制不類，且治績無從考驗，請如舊制爲宜。敕除風憲官外，其餘朝官不許二十月內遷調。」

凡遷調閩、廣、川蜀、雲南官員：每三歲，遣使與行省銓注，而以監察御史往涖之。至元十九年，省議：「江淮州郡遠近險易不同，似難一體，今量分爲三等：若腹裏常調官員遷入兩廣、福建溪洞州郡者，於本等資歷上，例升二等；其餘州郡例升一等；福建、兩廣官員五品以上，照勘員闕，移咨都省銓注，六品以下，就便委用，開具咨省。」

二十年，部議：「遷叙江淮官員，擬定應得資品，若於接連福建、兩廣溪洞州郡任用，升一等。」「甘肅、中興行省所轄，係西夏邊地，除本處籍貫見任官外，腹裏遷去甘肅者，擬升二等，中興府擬升一等。」

二十二年，詔：「管民官，腹裏遷去四川，升一等，接連溪洞升二等。四川見任官，遷往接連溪洞，升一等，若遷去溪洞諸蠻夷，別議定奪。達魯花赤，就彼處無軍蒙古軍官内選擬，不爲常例。」

二十二年，江淮官員遷於龍南、安遠縣地分者，擬升三等，仍以三十月爲滿升轉。

二十八年，詔：「腹裏官員遷去雲南近裏城邑，擬升二等，若極邊重地，更升一等。行省咨保人員，比依定奪。其蒙古、土人及招附百姓有功之人，不拘此例。」

省臣奏准：「福建、兩廣官員多闕，都省差人與彼處行省、行臺官，一同以本土周迴相應人員委用。」

部議：「雲南六品以下任滿官，依御史臺所擬，選資品相應人，擬定名闕，具歷仕脚，咨省奏准。敕牒到日，許令之任。若有急闕，依上選，權令之任，歷過月日，依上准理。」

二十九年，詔：「福建、兩廣官員歷兩任滿者，還於接連去處，一任滿日，歷江南一任，許入腹裏通行遷轉，願於兩廣、福建者聽，依例升等。」

至治元年，省臣奏：「江浙、江西、湖廣、四川、雲南五處行省，所轄邊遠地分官員，三年一次差人與行臺、行臺官一同遷調。」

廣海闕官於任滿得代，有由應得路府州縣儒學教授、學正、山長内願充者，借注正九品以下名闕。任迴，止理本等月日。

廣海應設巡檢，於本省應得常選上等錢穀官選擬，權設，理本等月日。行省自用並不應之人，不許委用，如受敕巡檢到彼，即聽交代。

凡遷調循行：各省所轄路府州縣諸司，應合遷調官員，先儘急闕，次及滿任。急闕須憑各官在任解由、依驗月日、應得資品、及解由到行省月日，依次就便遷調。若有急闕，委無相應之人，或員闕不能相就者，於應叙職官内選用，驗各得資品上，雖有超越，不過一等。

本管地面，若有遐荒煙瘴險惡重地，除土官外，依例公選銓注，其有超用人員，多者不過二等。軍官、匠官、醫官、站官、各投下人等，例不轉入流品者，雖資品相應，不許銓注。都省已除人員，例應到任，若有違限一年者，聽別行補注。應有合就彼遷叙人員，如在前給由已咨都省聽除，未經遷注照會，不曾咨到本省者，即聽就便開咨。無解由人員，不許銓注。諸犯贓經斷應叙人員，照例銓注。令譯史、奏差人等，須驗實歷月日已滿，方許銓注。邊遠重難去處，如委不可闕官，從差去官與本省官公同選注能幹人員，開具歷仕元由，並所注職名，擬咨都省，候回准明文，方許之任。應遷調官員，三品、四品擬定資呈，五品以下先行照會之任。

凡省部令史、譯史、通事等：至元六年，省議：「舊例一百二十月出職，今案牘繁冗，難同舊日，會量作九十月爲滿。其通事、譯史繁劇，合與令史一體。近都省未及兩考省令史譯史授宣，注六品職事，部令史已授省劄，注從七品職事。今擬省令譯史、通事，由六部轉充者，中統四年正月已前，合與直補人員一體，擬九十月考滿，注六品職事，回降正七一任，還入六品。中統四年正月已後，將本司過歷月日，三折二，驗省府月日考滿通理，九十月出職，與正七職事，並免回降。

職官充省令譯史，舊例文資右職參注，一考滿，合得從七品，注從六品，未合得從七品，注正七品，如更勒留一考。合同隨朝升一等。一考滿，未得從七注正七品者，回降從七，還入正七。一考滿，合得從七注從六品，合得正七注正六品者，免回降。正、從六品人員不合收補省令史、譯史，如有已補人員，合同隨朝一考升一等注授。

中統四年正月已前，收補部令史、譯史、通事。擬九十月爲考滿，照依已除部令史例，注從七品，回降正八一任，還入從七。

中統四年正月已後，充部令譯史、通事人員，亦擬九十月爲考滿，依舊例正八品職事，仍免回降。省宣使，舊例無此職名，中統以來，初立中書省，曾受宣命充宣使者，擬出職正七品職。外有非宣授人員，擬九十月爲考滿，與正八品。」

至元二十年，吏部言：「准內外諸衙外令譯史、通事、知印、宣使、奏差等，病故作闕，未及九十月，並令貼補，值例革者，比至元九年例定奪。」省准：「宣使、各部令史出職同，三考從七。一考之上，驗月日定奪。一考之下，二十月以上者正九，十五月以上者從九。十五月以下擬充巡檢。

凡臺院、大司農司譯史、令史出身同，三考正七。一考之上。驗月日定奪。一考之下，二十月以上從八。十五月以上正九，十五月以下、十月之上從九，添資，十月以下巡檢。宣使三考正八品。一考之上，驗月日定奪。一考之下，二十月以上從九，十五月以上巡檢，十五月以下酒稅醋使。

凡部令史、譯史、通事三考從七。一考之上，驗月日定奪。一考之下，二十月以上者正九，十五月以上從九，十五月以下令史、提控案牘、通事、譯史、巡檢。

凡奏差三考從八品。一考之上，驗月日定奪。一考之下，二十月以上巡檢，十五月之上酒税醋使，十五月之下酒税醋都監。」

大德四年，中書省准：「吏部擬腹裏、江南都吏目、提控案牘升轉通例，凡腹裏提控案牘、都吏目：京畿漕運司令史，元擬六十月考滿，今准九十月考滿，都漕運司令史九十月。諸路寶鈔提舉司司吏，元擬六十月考滿，今准九十月考滿。萬億四庫司吏，元擬六十月考滿，今准九十月考滿。大都路令史，元擬六十月考滿，任回減資升轉，今准六十月考滿，不須減資。大都運司令史，九十月考滿都目。寶鈔總庫司吏，元擬六十月都目，九十月提控案牘，今准九十月都目。富寧庫司吏，元擬六十月提控案牘，今准九十月都目。左右八作司司吏，元擬六十月，今准九十月都目。」

又議：「已經改擬出職人員，各路司吏轉充提控案牘、都目，比同升用，其餘直補人數，並循至元二十一年之例遷用。江南提控案牘、都目：至元二十五年呈准，各路司吏六十月吏目，兩考升都目，一考升提控案牘，兩考正九。路司吏九十月吏目，一考轉都目；餘皆依上升轉。江南提控案牘除各路司吏，比腹裏路司吏至元二十五年呈准例遷除，其餘已行直補，並自行保舉，自呈准月日立格，實歷案牘兩考者，止依至元二十一年定例，九十月入流。未及兩考者，再添一資遷除。例後違越創補者，雖歷月日不准。」

大德十一年，省臣奏：「凡内外諸司令史、譯史、通事、知印、宣使有出身者，一半於職官内選用，依舊一百二十月爲滿，外任減一資。」

又議：「選補吏員，除都省自行選用外，各部依元設額數，遇闕職官，與籍記内相參發補，合用一半職官，從各部自行選用。通事、知印從長官選用。譯史則從翰林院試發都省書寫典吏考滿人内，挨次上名補用，其有不敷，從翰林發補。奏差亦於職官内選一半，餘於籍記應例人内發補。歲貢人吏，依已擬在役聽候。」

省議：「六部令史如正、從九品不敷。從八品内亦聽選取。省掾，正、從七品得代，有解由并見任未滿、已除未任文資流官内選取，考滿於應得資品上升一等，除元任地方，雜職不用。院臺令史如元係七品之人，亦在選補之例。

譯史、通事選識蒙古、回回文字，通譯語正、從七品流官，考滿驗元資升一等，注元任地方，雜職不預。

知印於正、從七品流官内選取，考滿並依上例注授，雜職不預。

宣使於正、從八品流官内選取，仍取色目、漢人相參，歷一考，於應得資品上升一等，除元内地方，雜職不預。」

凡歲貢吏員：至元十九年，省議：「中書省掾於樞密院、御史臺令史内取，臺、院令史於六部令史内取，六部令史以諸路歲貢人吏補充，内外職官材堪省掾及院、臺、部令史者，亦許擢用。省掾考滿，資品既高，責任亦重，出而臨民，入而涖事，皆自歲貢中出，若不教養銓試，必致人材失眞，今擬定例於後：

諸州府隸省部者，儒學教授選本管不免差儒户子弟入學讀書習業，非儒户而願學者聽。遇按察司、本路總管府歲貢之時，於學生内選行義修明、文學優贍、通經史達時務者，保甲解貢。

各路司吏有闕，於所屬衙門人吏内選取。委本路長官參佐，同儒學教授考試，習行移算術，字畫謹嚴，語言辯利，《詩》、《書》、《論》、《孟》内通一經者爲中式，然後補充。按察司書吏有闕，府州司吏内勾補，至歲貢時，再行試驗貢解。

凡試驗，首論行止，次取吏能，次計日月。行止曰事父母孝，曰友於兄弟，曰勤謹廉潔，曰謙讓，曰循良，曰篤實，曰慎默，曰自來不曾犯贓私罪過。吏能曰行道熟嫻，曰語言便利，曰通習條法，曰曉解儒書，曰算術精明，曰字畫端正。

歲貢人額，按察司上路總管府三年一次貢二名；儒一名，吏一名；下路總管府三年一次貢一名，儒、吏遞進。六部令史除補臺院令史外。諸道行省據亦可差補。

諸歲貢吏，當該官司於見役人内公選，以性行純謹、儒吏兼通者爲上，才識明敏、吏事熟閑者次之，月日雖多，才能無取者不許呈貢。」

元貞元年，詔：「諸路有儒通吏事、吏通經術、性行脩謹者，各路薦舉，廉訪司試選。每道歲貢二人，省、臺委官立法考試。必中程式，方許録用。」

大德二年，貢部人吏，擬宣慰司、廉訪司每道歲貢二人儒吏兼通者，自大德三年爲始，依例歲貢，應合轉補各部寺監令史，依《至元新格》發遣，到部之日，公座試驗收補。

九年，省判：「凡選府州教授，年四十已下，願試吏員程式，許補各部令史。除南人已試者，别無定奪到部。未試之人，依例考試。」

至治二年，省准：「各道廉訪司書吏，先儘儒人，不敷者吏員内充貢，各歷一考，依例試貢。」

至治元年，監察御史言：「各部令史，原擬腹裏各道廉訪司並行臺察院每歲貢舉書吏二員。近年以選法不能遷調，住罷各道廉訪司書吏歲貢，止以察院書吏及都省典史轉部，又許儒人職官秀才内選用，因此大啟倖門，以致躭誤公事。今各道廉訪司既依例開貢，請將各衙門令史截日取勘，將不應之人盡行沙汰，依舊例貢舉，籍記姓名，挨次試補。」

部議：「各衙門補用已久，又係已准人數，難於取勘。擬今後立於六部各衙門，令史有闕，須依例於相應之人内試補，若舉不應之人，罪及當該官吏。」

凡補用吏員：至元十一年，省議：「有出身人員，遇省掾有闕，擬合於正、從七品文資職官並臺、院、六部令史內，從上名轉補。翰林兩院擬同六部令史，有闕於隨路儒學教授通吏事人內選補。樞密院、御史臺令史、省掾有闕，從上轉補，考滿依例除授，又於正、從八品文資官及六部令史內轉補。省斷事官令史與六部令史一體三考出身，於部令史內發補。少府監令史，擬於六部并諸衙門考滿典吏內補用。」

十三年，省議：「行工部令史與六部令史一體，於應補人內挨次填補。」

十四年，詔：「諸站都統領使司令史，擬同各部令史，今既改通政院，與臺院令史一體出身，於各部令史內選補。」

十五年，部擬：「翰林兼國史院令史同臺院令史一體出身，於各部令史內選取。」二十一年，省議：「江淮、江西、荊湖等處行省令史，擬將至元十九年咨發各省貼補人員先行收補，不許自行踏逐，移咨都省，於六部見役令史內補充。或參用職官，則從行省新除正、從八品職官內選取，雜職官不預。」

二十二年，宣徽院令史，考滿正七品遷敘，於六部請俸令史內選取。總制院與御史臺同品。令譯史、通事一體如之。

二十四年，省准：「大都留守司兼少府監令史，依宣徽院、大司農司例遷。」

二十八年，省議：「陝西行省令史，於各部及考令史並正、從八品流官内選補。」

二十九年，大司農司令史，于各部一考之上令史及正、從八品職官内選取。省掾有闕，於正七品文資出身人員内選，吏員於樞密院、御史臺令史元係六部令史内發充，歷二十月以上者選，如無，於上名内選。

三十一年，省准：「内史府令史，於各部下名令史内選。」

大德三年，省准：「遼陽省令史宜從本省選正、從八品文資職官補用。復令各部見役令史内，不限歲月，或願充，或籍貫附近，或選到職官，逐旋選解。國子監令譯史，於籍記寺監令史内發補。上都留守司令史，於籍記各部令史内，或於正八品職官内選用，考滿從七品遷用。宣徽院闌遺監令史，准本院依驗元准月日挨補，考滿同，自行踏逐者降等。遇闕如係籍記令史并常調提控案牘内及本院兩考之上典吏内補充者，考滿依例遷叙，自行選用者，止於本衙門就給付身，不入常調。」

四年，部擬：「上都留守司令史，仍聽本司於正、從八品流官内，或於上都見役寺監令史，河東、山北二道廉訪司上名書吏内，就便遷用。上都兵馬司司吏，發補附近隆興、大同、大寧路司吏相應。」

部擬：「各處行省令史，除雲南、甘肅、征東外，其餘合依至元二十一年定例，於六部見役上名令史、或正、從八品流官參補。不敷，聽於各道宣慰司元係廉訪按察司轉補見役兩考之上令史内選充，以宣慰司役過月日，折半准算，通理一百二十月，方許出職。」

大德五年，擬：「檀景等處採金鐵冶都提舉司人吏，於附近州縣令史内遴選。」

六年，省擬：「太醫院令史。於各部令史并相應職官内選取。長信寺令史，於元保内選補，考滿降等叙用，有闕於籍記令史内發補。」

七年，擬：「刑部人吏，於籍記令史内公選，不許别行差補，考滿離役，依例選取，餘者依次發補。禮部省判，許於籍記部令史内選取儒吏一名。續准一名，於籍記部令史内從上選補。户部令史，於籍記部令史内從上以通曉書算、練達錢穀者發遣，從本部試驗收補。」

八年，省准：「隨路補用吏員，令各路先以州吏入役月日籍爲一簿。府吏有闕，從上勾補，州吏有闕，則於本州籍記司縣人吏内從上勾補。各道宣慰司令史，遇闕以籍記部令史下名發補，新除正、從九品流官内選取。」

九年，省准：「都城所係在京五品衙門司吏，歷兩考轉補京畿都漕運兩司令史。遇闕以倉庫攢典歷一考者選充。及兩考則京畿都漕運兩司籍名，遇闕依次收補。上都寺監令史有闕，先儘省部籍記常調人員發補，仍於正、從九品流官内、并應得提控案牘内選取。

不敷，就取元由路吏考滿陞充都吏目典史准吏目月日及大同、大寧、隆興三路司吏歷兩考之上者參用。」

十年，省准：「司縣司吏有闕，於巡尉司吏内依次勾補。巡尉司吏有闕，從本處耆老上户循衆推舉，仍將祗應月日均以歲爲滿。州吏有闕，縣吏内勾補。路吏有闕，州吏内勾補。若無所轄府州，於附近府州吏内勾補，縣吏發補附近府州司吏。户、刑、禮部合選令史有闕，於籍記令史上十名内、並職官到選正、從九品文資流官内試選。」

十一年，省准：「縣吏如歷一考，取充庫子一界，再發縣吏，准理州吏月日，路吏有闕，依次勾補。」

至大元年，省准：「典寶監令史〔二〕，就用前典寶署典書蒙古必闍赤一名，例從翰林院試補，知印、通事各一名，從長官選保。」

二年，立資國院二品，及司屬衙門令史一十名，半用職官，從本院選，半於上名部令史内發補。譯史二名，内職官一名，從本院選，外一名翰林院發。通事、知印各一名，從本院長官選。宣使八名，半參用職官，餘許本院自用一名，外三名常選相應人内發。典吏六名，從本院選。所轄庫二處，每處司庫六名，本把四名。於常選人内發。泉貨監六處，各設令使八名，於各路上名司吏内選；譯史二名，從翰林院發；通事二名，從本監長官選；

奏差六名，各州司吏内選；典吏一名，本監選。以上考滿，同都漕運司吏出身，所轄一十九處，兩提舉司設吏目一人，常選内選，司吏五名，縣司吏内選。

三年省准：「泉貨監令史，於各處行省應得提控案牘人内選，參用正、從九品流官。山東、河東二監，從本部於相應人内發補，考滿依例遷用，見役自用之人，考滿降等敍，有闕以相應人補。」

四年，省准：「江西等處儒學提舉司司吏，舊從本司公選，後從國子監發補，宜從本司選補。典瑞監首領官、令譯史等，依典寶監例選用，考滿遷敍。」

部議：「長信寺通事一名，例從所保。譯史、知印、令史、奏差，從本衙門選一半職官，餘相應人内選，考滿同自用遷敍。典吏二名，就便定奪，其自用者降等敍。」

皇慶元年，省准：「羣牧監令譯史、知印、怯里馬赤、奏差人等，據諸色譯史例，從翰林院發補。知印、通事，長官選。令史、奏差、典吏俱有發補定例。其已選人，考滿降等敍，有闕於相應人内選發。

大都路令史，歷六十月，依至元二十九年例陞提控案牘，減一資升轉。有過者。雖貼滿月日，不減資。遇闕於所轄南北兩兵馬司并各州見役上名司吏内勾補，有闕從本路於左右巡院、大興、宛平與其餘縣吏通籍從上挨補，月日雖多，不得無故替罷，違例補用者不准，除已籍記外，有闕依上勾補。

覆實司司吏，於諸州見役司吏内選，不敷則以在都倉庫見役上名攢典發充，歷九十月除都目，年四十五之下歷一考之上，亦許轉補京畿都漕運司令史，違例收補，別無定奪。」二年，省准：「中瑞司譯史，從翰林院發，知印，長官選保，令史、奏差參取職官一半所選相應，考滿依例遷叙，奉懿旨委用者，考滿本司區用，有闕以相應人補。征東行省令譯史、宣使人等，舊考滿從本省區用，若經省部擬發，相應之人依例遷用，如不應者，雖省發亦從本省區用。」

延祐二年，省准：「河間等路都轉鹽運使司所轄場，分二十九處。二處改升從七品，司吏有闕，依各縣人吏，一體於附近各處巡尉捕盜司吏依次以上名勾補，再歷一考，與各場鄰縣吏互相遷調。和林路總管府司吏，以本處兵馬司吏歷一考者轉補，再歷一考，轉稱海宣慰令史，考滿除正八品。補不盡者，六十月受部劄充提控案牘。沙、瓜二州屯儲總管萬户府邊遠比例，一體出身相應。會福院令譯史、通事、宣使人等，若省部發去者依例遷叙，自用者考滿同二品衙門出身例，降一等添一資升轉。於常選教授儒人職官并見役各部令史内取補，宣使於常職官内參補，通事、知印從長官選用，仍須參用職官，典吏從本衙門補用。」

五年，省准：「詹事院立家令司、府正司，知印、怯里馬赤俱令長官選用。令史六名，内取教授二名，職官二名，廉訪司書史二名。譯史一名，於蒙古字教授及鄰省見役蒙古書寫内選補。奏差二名，以相應人補。」

凡宣使、奏差、委差、巡鹽官出身：中書省宣使，至元九年，曾受宣命補充者，九十月考滿正七品。省劄宣使，九十月考滿比依部令史例從七品。其臺院宣使、各部奏差，比例定擬。

二十三年，省准：「省部臺院令譯史、通事、宣使、奏差人等，未滿九十月，不許預告遷轉。都省元定六部奏差遷轉格例，應入吏目選充者，三考從八品。應入提控案牘人員選充者，三考從八品，任回減一資升轉。巡檢、提控案牘選充者，一考正九品。」

二十四年，省准：「大都留守司兼少府監奏差改充宣使，合於各都奏差内選取，改升宣使月日爲始。考滿比依宣徽院、大司農司一體出身，自行踏逐者降等遷敘。大司農司所轄各道勸農營田内書吏，於各路司吏内選取，考滿提控案牘内任用。奏差就令本司選委。」

二十九年，省准：「各道廉訪司通事、譯史出身，比依書體一體，考滿正九。奏差考滿，依通事、譯史降二等量擬，於錢穀官并巡檢内任用。」

三十年，省准：「延慶司奏差，比依家令司奏差一體，考滿正九品，自行踏逐者降一等。」

大德四年，省准：「諸路寶鈔提舉司奏差，改稱委差，九十月爲滿，於酌中錢穀官內任用。」

五年，部議：「山東運司奏差，九十月近下錢穀官內任用。大都運司，一體定奪。」

六年，部擬：「河間運司巡鹽官，依奏差出身，九十月近下錢穀官內任用。」

七年，部擬：「凡奏差自改立廉訪司爲始，九十月歷巡檢三考，轉從九。」

皇慶元年，各道廉訪司奏差出身，於本道所轄上名州司吏內選取，九十月都目內任用。若有路吏並典吏內取充者，歷兩考，比依上例，都目內升轉。

凡庫藏司吏庫子等出身：至元二十六年，省准：「上都資乘庫庫子、本把，九十月近上錢穀官內任用。衛尉院、利器庫、壽武庫庫子。踏逐者九十月近上錢穀官內任用。」

二十八年，省擬：「泉府司、富藏庫本把、庫子，六十月近下錢穀官內遷敘。太府監行由藏庫子，三周年爲滿，省劄錢穀官內遷敘。備用庫提控三十月，庫子、本把三周歲，近上錢穀官內任用。」

三十年，省准：「大都留守司兼少府監器備庫庫子、本把，六十月近下錢穀官內任用。」

三十年，省准：「宣徽院生料庫庫子、本把并太醫院所轄御藥局院本把出身，例六十月，近上錢穀官一體遷叙。」

大德元年，部擬：「中御府奉宸庫庫子，以三周歲爲滿，擬受省劄錢穀官。本把六十月，近上錢穀官内任用。」

三年，省擬：「萬億四庫、左右八作司、富寧、寶源等庫，各設色目司庫二名，俱於樞密院各衛色目軍内選差，考滿巡檢内任用，自行踏逐者一考並同，循行如此。又漢人司庫，於院務提領、大使、都監内發補，二周歲滿日，減一界陞轉，其色目司庫於到選錢穀官内選發，考滿優減兩界。都提舉萬億庫提控案牘，比常選人員，任迴減一資陞用。司吏三十五人，除色目四人外，漢人有闕，於大都總管府、轉運司、漕運司下名司吏内選取，三十月擬充吏目，四十五月之上、六十月之下都目，六十月以上轉提控案牘。省擬六十月以上、四十五月以下，願充寺監令史者聽。司庫五十人，除色目一十四人另行定奪外，漢人於大都路人户内選用，二周歲爲滿，院務提領内任用；都監内充司庫，二年爲滿，於受省制錢穀官内任用；務使充司庫，二年爲滿，於從九品雜職内任用。秤子五人，於大都人户内選充，一年爲滿，於近下錢穀官内任用。太醫院御藥局本把，六十月近上錢穀官内任用。」

四年，受給庫依油磨坊設攢典、庫子，從工部選。上都廣積、萬盈二倉係正六品，永豐係正七品，比之大都平準庫品級尤高，擬各倉攢典轉寺監本把，并萬億庫司吏相應。

提舉廣會司庫子，考滿近下錢穀官内任用。

侍儀司法物庫所設攢典、庫子，依平準行用庫例補用。

五年，大都尚食局本把，擬於錢穀官内遷叙，本院自行踏逐，就給付出身，考滿不入常調。

都提舉萬億寶源庫色目司庫，擬於巡檢内任用，添一資升轉。

京畿都漕運司司倉，於到選錢穀官内選發。

六年，部呈：「凡路府諸州提控案牘、都吏目等，諸衙門吏員出身，應得案牘、都吏目，如係路府司吏轉充之人，依舊遷除。其由倉庫攢典雜進者，得提控案牘改省劄錢穀官，都目近上錢穀官，吏目改酌中錢穀官。提控案牘，都吏目月日考滿，於流官内遷用。

廣勝庫子，合從武備寺給付身，考滿本衙門定奪。大積等倉典吏，與四庫案牘所掌事同，任回減一資陞用。

七年，各路攢典、庫子。部議：「江北及行省所轄路分庫子，依已擬於司縣司吏内差補，周歲發充縣司吏，遇州司吏有闕，挨次勾補。諸倉庫攢典有闕，於各部籍記典吏内發補。左右八作司等五品衙門内司吏有闕，却於各倉庫上名攢典内發補。若萬億庫四品衙門司吏有闕，亦於上項司吏内從上轉補，將役過五品衙門月日，五折四准算，通理九十月考滿，提控案牘内遷用。如轉補不盡，五品衙門司吏考滿，止於都吏内任用。油磨坊、抄紙坊攢典有闕，並依上例。回回藥物院本把，六十月酌中錢穀内定奪。」

九年，省准：「提舉利林倉、昔寶赤八剌哈孫倉、孔古列倉司吏，六十月酌中錢穀官内委用。資成庫庫子出身，部議比依太府、利用、章佩、中尚等監。武備寺庫有闕，如係本衙門典吏請俸一考轉補者，六十月爲近上錢穀官，其餘補充之人，九十月依上遷用。和林等處宣慰司都元帥府所轄廣濟庫庫子、攢典，自行踏逐者比依三倉列，六十月於近下錢穀官内定奪。」

至大二年，省准：「廣禧庫庫子，依奉宸庫例出身，如係本把一考之上轉充者，四十五月受省劄錢穀官，其餘補充之人，六十月依上例遷用。本把元係本衙門請俸一考典吏轉補者，六十月近上錢穀官，其餘補充者，九十月亦依上例遷用。」

至大二年，省准：「各處庫子、攢典，與州縣司吏一體輪差，明立案驗，先後挨排。如遇庫子滿日，行下州縣，將挨定上名司吏承充，卻將底闕令庫子交换填補相輪轉，周而復始，考滿依例升轉。」

三年，省准：「各路庫子，止依舊例。和林設立平準行用庫庫子，宜從本省相應人内量選二名，二周歲爲滿，近下錢穀官内定奪。」

皇慶元年，部議：「文成、供須、藏珍三庫本庫庫子，依太府監庫子例，常選内委用，考滿比例遷除，有闕於常調人内發補，自行選用者，考滿從本院定奪，若係常選任用者，考滿依例遷叙。」

二年，殊祥院所轄萬聖庫庫子、攢典，依崇祥院諸物庫例出身。部議：「如比上例，三十月轉補五品衙門司吏，再歷三十月，於四品衙門司吏内補用，其庫子合於常調籍記倉庫攢典人内發補，六十月爲滿，於務都監内任用，自行委用者，考滿本衙門定奪。」

延祐元年，省議：「腹裏路分司倉庫子，於州縣司吏内勾補，滿日同舊例升轉。」

凡書寫、銓寫、書吏、典吏轉補：至元二十二年，部議：「按察司體例，各道選廉能無過書吏每歲貢舉一名，轉補吏，或能南方各道宣慰司令史内收補外，用盡書吏，實歷九十箇月，於各路總管府提控案牘内任用。其書吏有缺，即於各路府州司吏内選用。」

二十五年，省准：「通政等二品衙門典吏，九十月補本院宣使。各寺監典吏，比依上例，考滿轉補本衙門奏差。户部填寫勘合典吏，與管勘合令史一體，考滿從優定奪。參議府、左右司、客省使令史、書寫，四十五月轉補，如補不盡，於提控案牘内任用，於各部銓寫及典吏内收補。會總房、承發司、照磨所、架閣庫典吏，各部銓寫，六十月轉補，已上，都目内任用。各部典吏並左右部照磨所、架閣庫典吏，於都省參議府、左右司、客省使令史、書寫内以次轉補，如補不盡，六十月轉補各監令史，已上，吏目内任用。樞密院典吏、銓寫，依御史臺典吏一體，六十月轉部，轉補不盡，六十月已上，於都目内任用。御史臺典吏，遇察院書吏有闕，從上挨次轉補，通理六十月，補各道按察司書吏，部令史有闕，亦行收補。」

二十六年，省准：「上都留守司兼本路都總管府典吏，九十月補本司宣使，考滿依例定奪。」

二十七年，省准：「漕運使司令史，九十月提控案牘内任用，如年四十五以下，願充寺監令史者聽。省院臺部書寫、銓寫、典吏人等出身，與各道宣慰司、按察司、隨路總管府歲貢吏員一體轉部，書寫人等止令轉寺監等衙門令史。」

二十八年，省准：「參議府、左右司、客省使令史，各房書寫有闕，擬於都省典吏内選補，五折四令史〔三〕、書寫月日，通折四十月轉部。及六部銓寫、典吏一考之上選充，三折二令史、書寫月日，通折四十五月，轉補各部令史。如已行選用者，四十五月補寺監令史。參議府、左右司、客省使令史，各房書寫有闕，擬於都省典吏内選補，五折四令史、書寫月日，通折四十五月轉部。及六部銓寫、典吏一考之上選充，三折二令史、書寫月日，通折四十五月轉補各部令史。如自行選用者，四十五月補寺監令史。」

部議：「執總會總房、照磨、承發司、架閣庫典吏，一考之上轉補參議府、左右司、客省使令史，補不盡者，四十五月補寺監令史。有闕，於六部銓寫、典吏一考之上選充，三折二省典吏月日，通折六十月轉補各部令史。若轉充參議府、左右司、客省使令史、都省書寫，五折四令史、書寫月日，通折四十五月轉部。如自行選用者，六十月補寺監令史。六部銓寫、典吏并左右部照磨所、架閣庫典吏，一考之上，遇省書寫、典吏月日補不盡者，六十月轉補寺監令史。」

省議：「除見役外，後有闕，擬於部省各房寫發人内公舉發補，除轉充參議府、左右司、客省使令史、都省書寫、典吏者，依前例轉補，不盡者六十月充都目。」

二十九年，部擬：「御史臺典吏三十月，依廉訪司書吏轉補察院，三十月轉部，補不盡者，考滿從八品遷用外，行臺典吏三十月轉補行臺察院書吏，再歷三十月發補各道宣慰司令史〔四〕。參議府令史，四十五月轉部令史。光禄寺典吏，考滿轉補本衙門奏差。」

元貞元年，省准：「部見役典吏實歷俸月，名排籍記，遇都省書寫、典吏有闕，從上挨次發補。」

大德八年，省議：「行省典吏，於各路兩考之上散府考滿，有解由司。樞密院銓寫，一考之上，補都省書寫，通折月日升轉外，本院銓寫有闕，補請俸上名典吏。」

大德元年，省准：「兩淮本道書吏，轉補行臺察院書吏、江南宣慰司令史〔五〕。雲南、河西、四川三道書吏，在邊遠者三十月爲格，依上遷補。江浙行省檢校書吏，於行省請俸典吏内選補，以典吏月日五折四，通折書吏六十月轉各道宣慰司。」

四年，省准：「徽政院掌儀、掌膳、掌醫署書吏宜從本院通定名排，若本院典吏有闕，以次轉補。」

八年，省議：「院臺以下諸司吏員，俱從吏部發補，據曾經省發并省判籍定典吏、令史，從吏部依次試補，元籍記典吏，見在寫發者，遇各庫攢典試補。省掾每名，設貼書二名，就用已籍記者，呈左右司闕吏部籍定，遇部典吏闕收補，歷兩考從上名轉省典吏，除一考外，餘者折省典吏月日，兩考升補參議府、左右司、客省使令史、書寫，檢校、書吏，通折四十五月。補不盡省典吏，六十月，遇寺監令史、宣慰司令史有闕，依次發補。除宣慰司令史，已有貢部定例，寺監令史歷一考，與籍記部令史通籍發補各部令史。寺監見役人等，雖經准設，未曾補闕，不許轉部，考滿依舊例遷叙，其省部典吏、書寫人等轉入寺監、宣慰司，願守考滿者聽。御史臺令史一名，選貼書二名。依次選試相應充架閣庫子，轉補典吏，三十月發充各道廉訪司書吏。再歷一考依例歲貢。三品衙門典吏，歷三考升宣使，補不盡，本衙門於相應闕内委用。部典吏一考之上，轉省典吏，補不盡者，三考補本衙門奏差，兩考之上發寺監宣慰司奏差外，據六部係名貼書合與都省寫發人相參轉補各部典吏，補不盡者，發各庫攢典。都省寫發人有闕，於六部係名貼書内參選，不盡者依舊發各庫攢典。」

九年。省准：「獄典歷一考之上，轉各部典吏。翰林國史院書寫考滿，除從七品，有闕從本院於籍記教授試准應補部令史内指名選用。太常寺典吏，歷九十月注吏目。工部符牌局典吏，三十月轉各部典吏。翰林國史院蒙古書寫，四十五月轉補寺監蒙古必闍赤。宣徽院所轄寺監令史有闕，於到部籍記寺監令史與本院考滿典吏挨次發補。」

十年，省准：「陝西諸道行御史臺察院書吏，若係腹裏歲貢廉訪司見役書吏選取人數，須歷一考，以上名貢部，下名轉補察院。總管府獄典轉州司吏，府州者補縣吏，須歷一考，方許轉補。江浙行省運司書吏，九十月升都目，添一資升轉，如非各路散府上州司吏補充，役過月日，别無定奪。」

十一年，省准：「左司言照磨所典吏遇闕，宜於左右部照磨所典吏内從上發補。各路府州獄典遇闕，於廉訪司寫發人及各路通曉刑名貼書内參補。」

至大元年，省准：「各部蒙古必闍赤，如係翰林院選發之人，四十五月遇各衙門譯史有闕，依次與職官相參補用，不敷從翰林院發補。」

三年，省准：「詹事院蒙古書寫，如係翰林院選發之人，四十五月遇典用等監衙門譯史有闕，依次與職官相參補用，不敷從翰林院選發。

和林行省典吏，轉理問所令史，四十五月發補稱海宣慰司令史，轉補不盡典吏。須歷六十月依上發補。

中瑞司、掌謁司典書，九十月與寺監令史一資升轉八品。

行臺察院書吏，俱歷九十月依舊出身叙，任回添一資升轉。

內臺察院轉部、行臺察院轉江南宣慰司令史，北人貢內臺察院各道廉訪司書吏，先役書吏歷九十月，擬正九品，任回添一資升轉。」

省議：「廉訪司書吏。上名貢部，下名轉察院，不盡者通九十月，除正九品。察院書吏三十月轉部，不盡者九十月除從八品，非廉訪司取充則四十五月轉部，不盡者考滿除正九品。」

省議：「廉訪司書吏、貢察院書吏，不盡者九十月除正九品，行臺察院書吏轉補不盡者如之。內臺察院書吏轉部，年高不願轉部者，九十月除從八品。」

皇慶元年，部議：「廉訪司職官書吏，合依通例選取，不許遷叙，候書吏考滿，通理叙用。

職官先嘗爲廉訪司書吏者，避元役道分，并其餘相應職官，歷三十月，減一資。又教授、學正、學録并府州提控案牘、都目内委充職官，各理本等月日，其餘歲貢儒吏，依例選用。又廉訪司奏差、内臺行臺典吏有能者，歷一考之上選充書吏，通儒書者充儒人數，通吏業者充吏員數。

參議府、左右司、客省使令史、書寫、檢校書吏，依至元二十八年例，以省典吏選充，五折四令史、書寫、書吏月日，通折五十五月轉部。省典吏係六部銓寫、典吏轉充，三折二省典吏月日，通折六十月轉各部令史。自用之人并轉補不盡省典吏，考滿發補寺監、各道宣慰司令史。」

二年，省准：「河東宣慰司選河東山西道廉訪司書吏充令史，合回避按治道分選取，其餘亦合一體。」

延祐三年，部擬：「行臺察院書吏、各道廉訪司掌書，元係吏員出身者，並依舊例，以九十月爲滿。依漢人吏員降等於散府諸州案牘内選用，任迴依例升轉。

太宗正府蒙古書寫，四十五月依樞密院轉各衛譯史除正八品例，籍定發補諸寺監譯史。

察院書吏與宣慰司令史，皆係八品出身轉部者，宜以五折四理算。宣慰司令史出身正八品，察院從八品，其轉補到部者以五折四准算太優，今三折二。其廉訪司徑發貢部及已除者，難議理算。」

天曆元年，臺議：「各道書吏，額設一十六人，有闕宜用終場下第舉子四人，教授四人。各路司吏四人，通吏職官四人，委文資正官試驗相應，方許入部。」

凡衛翼吏員升轉：皇慶元年，樞密院議：「各處都府并總管高麗、女真、漢軍萬户府及臨清萬户府秩三品，本府令史有闕，於一考都目、兩考吏目並各衛三考典吏内，呈院發補，九十月歷提控案牘一任，於各萬户府知事内選用。」

延祐六年，樞密院議：「各衛翼都目得代兩考者，擬受院劄提控案牘内銓注，三考升千户所知事，月日不及者，各衛翼挨次前後得代日期，於都目内貼補。各衛提控案牘，年過五旬已歷四考者，升千户所知事。及兩考年四十五以下，發補各衛令史。不及兩考者，止於案牘内銓注，受院劄，通理一百二十月。於千户所知事内選用。各處蒙古都元帥府額設令史有闕，於本府所轄萬户府并奥魯府上名司吏年四十以下者選取，呈院准設，歷一百二十月，再歷提控案牘一任，於萬户府知事内選用。」

泰定三年，樞密院議：「行省所轄萬户府司吏有闕，於本翼上千户所上名司吏内取補，須行省准設，九十月充吏目，一考轉都目，一考除千户所提控案牘，一考升萬户所提控案牘，歷兩考，通歷省除一百五十月，行省照勘相同，咨院於萬户府知事内區用。」

凡各萬户府司吏：蒙古都萬户府司吏有闕，於千户所司吏内選補，歷一百二十月，升千户所提領案牘，一考萬户府案牘，通理九十月，轉萬户府知事。

漢軍萬户府并所轄萬户府及奥魯府司吏，於千户所司吏内補用，呈院准設，九十月充吏目，一考部目，一考升千户所或都千户所、奥魯府提控案牘，再歷萬户府或都府、奥魯府提控案牘兩任，於萬户府知事内用。

各處都府令史，於一考都目、兩考吏目并各衛請俸三考典吏内，呈院發補，九十月爲滿，再歷提控案牘一任，於各萬户府知事内選用。

各處蒙古軍元帥府令史，大德十年擬於本府所轄萬户府并奥魯府上名司吏内，年四十以下者選補，呈院准設，歷一百二十月，再歷提控案牘一任，於萬户府知事内遷用。

各省鎮撫司令史，於各萬户府上名六十月司吏内選取，受行省劄，三十月爲滿，再於各萬户府提控案牘内，歷一百二十月知事内定奪。

各衛翼令史，有出身轉補者，九十月正八。無出身者，從八内定奪。

凡提控案牘都目：至元二十一年三月已後受院劄，九十月爲滿，行省、行院劄一百二十月爲滿，於萬户府知事内用。

至元二十四年，尚書省准：「提控案牘、都吏目，於各部奏差内收補，並於宣慰司及考廉訪司、按察司兩考奏差内選取，仍須色目、漢人相參。」

大德四年，案牘年過五旬，已歷四考者，於千户所知事内定奪外，及兩考四十五以下發補各衛令史，若不及考者，止於案牘内銓注，受院劄，通理一百二十月，於千户所知事内用。

各衛翼都目。延祐六年，請俸兩考者，院劄提控案牘内銓注，歷三考，升千户所知事，月日不及者，各衛翼都目内貼補。如各衛典吏轉充者，六十月直隸本院萬户府提控案牘、弩軍屯田千户所、鎮撫司提控案牘内銓注。無俸人轉充者，二十月依上升轉。

鎮撫司，屯田弩軍千户所都目，依中州例，改設案牘，止請都目俸，三十月爲滿，依例注代。

【校勘記】

〔一〕「宣慰司」，「慰」原作「尉」，據《元史》卷八三志第三十三《選舉三》改。

〔二〕「典寶監令史」，「史」原作「吏」，據《元史》卷八三志第三十三《選舉三》改。

〔三〕「五折四令史」，「折」字原重，據《元史》卷八三志第三十三《選舉三》删重。下文「五折四令史」不誤。

〔四〕「宣慰司令史」，「慰」原作「尉」，據《元史》卷八三志第三十三《選舉三》文淵閣《四庫全書》本改。

〔五〕「江南宣慰司令史」，「慰」原作「尉」，據《元史》卷八三志第三十三《選舉三》文淵閣《四庫全書》本改。

新元史卷之六十七　志第三十四

選舉志四

考　課

凡隨朝職官：至元六年格，一考升一等，兩考通升二等止。六部侍郎係正四品，依舊例通理八十月，與正品。左右司郎中、員外郎、都事，係奏事之官，考滿升二等。六部郎中、員外郎、主事，三十月考滿升一等，兩考通升二等。蒙古必闍赤、省椽、通事、知印，三考從六，若正、從七品職官，升二等。蒙古必闍赤考滿，省椽高一等，宣使從七。令史、通事、譯史、知印三考正七品，宣使正八。同臺院者，宣徽院、泉府司、大司農司、詹事院、翰林院、札魯花赤、總制司院、各行省、集賢院、通政院、留守司、六部令史、通事、譯史、知印，三考從六，奏差從八。同六部者，徽理司、大府監、省斷事官、太史院、翰林院書寫，考滿令史正八，奏差正九者。少府監、秘書監、各衛、武備寺、家令司、府正司、太常寺、太僕司、尚則升一等。隨朝衛官，行省宣慰官，一考例升一等。外路官升轉達魯花赤，回回官員，別行定奪。

凡官員考數：省部定擬：從九品擬歷三任，升從八。正九品歷兩任，升從八品。正八品歷三任，升從七。從七歷三任，呈省。正七歷兩任，升從六。從六品通歷三任，升從五。正六歷兩任，升從五。從五轉至正五，緣四品闕少，通歷兩任，須歷上州尹一任，方入四品。內外正、從四品，通理八十月，升三品。

凡取會行止：中統三年，詔置簿立式，取會各官姓名、籍貫、年甲、入仕次第。至元十九年，諸職官解由到省部，考其功過，以憑黜陟。大德元年，外任官解由到吏部，止於刑部照過，將各人所歷，立行止簿，就檢定擬。

凡職官迴降：至元十九年，定江淮官已受宣敕，資品相應。例升二等遷去。江淮官員依舊於江淮任用。其已考滿者，並免降回。不及考者，例存一等。有出身未合入流品受宣者，任迴，三品擬同六品，四品擬同七品，正、從五品同正八品。受敕者，正、從六品同從八品，七品、八品同正、從九品。正、從九品同提領案牘、巡檢。無出身及白身人受宣者，三品同七品，四品同八品，正、從五品同正九品。受敕者，正、從六品同從九品，七品、八品同提領案牘、巡檢，正、從九品擬院務監當官。其上項有資品人員，再於接連福建、兩廣溪洞州郡任用，擬升一等，兩廣、福建，别議升轉。

至元十四年，都省未注江淮官已前，創立官府，招撫百姓，實有勞績者，其見受職名，若應受宣者，三品同七品，四品、五品擬同八品；若應受敕者。正、從六品同正、從九品，其七品、八品擬同提控案牘、巡檢。正、從九品擬同院務監當官。無出身不應叙白身人，其見受職名，應受宣者，三品同八品，四品、五品同九品；應受敕者，正、從六品同提控案牘、巡檢，七品以下擬院務監當官。其上項人員，若再於接連福建、兩廣溪洞州郡任用，擬升一等，兩廣、福建，别議升轉。至元十四年已後，新收撫州郡，准上例定奪。

前資不應又升二等遷去江淮官員，任迴，擬定前資合得品級，於上例升二等，止於江淮遷轉，若於腹裏任用，並依上例。七品以下，已歷三品、四品者，比附上項有出身未入流品人員例，從一高。前三件於見擬資品上增一等銓注。

二十一年，詔：「軍官轉入民職，已受宣敕不曾之任者，擬自准定資品换授，從禮任月日爲始，理算資考升轉。若先受宣敕已經禮任，資品相應者，通理月日陞轉外，據驟升人員前任所歷月日除一考外，餘月日與後任月日依准定資品通理升轉，不及考者，擬自准定資品换授。從禮任月日爲始，理算資考升轉。

腹裏常調官，除資品相應者依例升轉外，有前資未應入流品受宣敕者。六品以下人員，照勘有無出身，依驗職事品秩，自受敕以後歷一考者，同江淮例定擬，不及考者，更升一等。五品以上人員，斟酌比附議擬。呈省據在前已經除授者，任迴通理定奪。」

凡吏屬年勞差等：至元六年，吏部呈：「省部譯史、通事，舊以一百二十月出職，今案牘繁冗，合以九十月爲滿。」

十九年，部擬：「行省通事、譯史、令史、宣使或經例革替罷，所歷月日不等，如元經省掾發去，不及一考者，擬令貼補；及一考之上者，比臺院令史出身例定奪。自行踏逐者，降一等敘，不及一考者，發還本省區用。宣慰司人吏，經省院發，不及一考者，擬貼補；及一考之上者，比部令史出身降一等定奪。自行踏逐者，又降一等；不及一考者，別無定奪。」

二十年，省擬：「雲南行省極邊重地令、譯史人等，六十月考滿。甘肅行省令譯史人等，六十五月考滿，本土人員，依舊例用。」

二十五年，省准：「緬中行省令史，依雲南行省一體出身。」

大德元年，省臣奏：「以省、臺、院諸衙門令譯史、通事、知印、宣使等，舊以九十月爲滿，升遷太驟，今以一百二十月爲滿，於應得職事内升用。又寫聖旨、掌奏事選法、應辦刑名文字必闍赤等，以八月折十月，今後毋令折算。」

四年，制以諸衙門令譯史、宣使人等一百二十月爲滿。部議：「遠方令譯史人等，甘肅、福建、四川於此發去，九十月爲滿。兩廣、海北灣南道於此發去，八十月滿。雲南省八十月滿。土人一百二十月滿。」都省議：「俱以九十月爲考滿，土人依例一百二十月爲滿。」

至大元年，部議：「和林行省即係遠方，其人吏比四川、甘肅行省九十月出職。」

二年，詔：「中外吏員人等，依世祖定制，以九十月滿，參詳，歷一百二十月已受除者，依大德十一年内制，外任減一資。所有詔書已後在選未曾除受，并見告滿之人，歷一百二十月者，合同四考理算，外任一資，不須再減。」省擬：「以九十月爲滿，餘有月日，後任理算。應滿而不役離者，雖有役過月日，不准。」

三年，省准：「河西廉訪司書吏人等月日。」部議：「合准舊例，雲南六十月。河西、四川六十五月，土人九十月爲滿。」

至治元年，監察御史言：「吏員人等出身，世祖皇帝定制以九十月爲滿，方許出職。近年省部不能恪謹奉行，諸衙門通、譯史、令史、宣使、奏差人等，中間因值例革者，不及考滿，輒令實歷月日除授，紊亂舊規，有礙選法。今後應依舊例，吏員以九十月爲滿，方許出職，違者監察廉訪司追改。」部議：「如有例革，或因事離職者，並令貼補考滿，依例遷叙。

果有才幹出衆，事跡可考者，臨時定奪。」

皇慶二年，部議：「凡内外諸司吏員，舊以九十月爲滿，大德元年改一百二十月爲滿，至大二年復舊制。一紀之間，受除者衆。其元除有以三十月爲一考者，亦有四十月爲一考者，以所除不等，往往援例陳訴，有礙選法。擬合依已降詔條爲格，係大德元年三月七日以後入役，至未復舊制之前，已除未除俱以四十月爲一體，通理一百二十月爲滿，減資升轉。其未滿受除者，一體理考定擬，餘二十六月已上，准升一等，十五月之上，減外任一資，十五月之下。後任理算。改格之後應滿而不離役者，役過月日，别無定奪。」

凡吏員考滿授從六品：至元九年，省准：「省令史出身，中統四年已前，六品升遷，已後七品除授，至元之後，事繁責重，宜依准中統四年已前考滿一體注授。」

三十一年，省議：「三師僚屬，蒙古必闍赤，掾史、宣使等，依都省設置，若不由臺院轉補者降等。」

元貞元年，省議：「監修國史僚屬，依三師所設，非臺院轉補者，降等敘。」

大德五年，部呈：「考滿省掾各各資品。省、院令後院、臺并行省令史選充省掾者，雖理考滿，須歷三十月方許出職，仍分省發、自行踏逐者，各部令史毋得直理省掾月日。」

凡吏員考滿授正七品：至元九年，部擬：「院、臺、大司農司令史出身，三考正七品。

一考之上，驗月日定奪。一考之下，二十月以上爲從八品，十五月以上正九品，十五月以下、十月之上爲從九品，添一資，十月以下爲巡檢。」

十一年，部議：「札魯大赤令史、譯史考滿，合依樞密院、御史臺令史、譯史出身，三考出爲正七品，自用者降一等，有闕於部令史内選取。」

十四年，部擬：「前諸站統領使司令史，同部令史出身，今既改通政院從二品。通事、譯史、令史人等，宜同臺、院人吏一體出身。」

十五年，翰林國史院言：「本院令史係省准人員，其出身與御史臺一體，遇闕省掾時，亦合勾補。准吏部牒，本院令史以九十月考滿，同部令史出身，本院與御史臺皆隨朝二品，令史亦合與臺令史一體出身，有闕於部令史内選用。」

十九年，部擬：「泉府司隨朝從二品，令史、譯史人等，由省部發者，考滿依通政院例定奪，自行用者降一等。」

二十年，定擬：「安西王王相府首領官令史，與臺、院吏屬一體遷轉。」

二十二年，部擬：「宣徽院升爲二品，與臺、院品秩相同，令史出身合依正七品遷除貢補，省、院有闕，於部令史内選取。」

總制院與御史臺俱爲正二品，部擬：「令、譯史考滿，亦合一體出身。」

二十三年，省准：「詹事院掾史，若六部選充者，考滿出爲正七品，自用者降等。」

二十四年，集賢院言：「本院與翰林國史院品秩相同。」省議：「令史考滿，一體定奪。」

二十五年省議：「上都留守司兼本路總管府令史出身，三考正八品，其自部令史内選取者，同宣徽院、太醫院令史一體出身。上都留守同升爲正二品，見設令史，自行踏逐者，考滿不爲例，從七品内選用；部令史内選取，考滿宣徽院、大司農司令史一體出身。」

部議：「都護府人吏依通政院令譯史人等出身，由省部發者，考滿出爲正七品，自用者降一等。」

二十六年，省准：「都功德使司隨朝二品，令、譯史人等，比臺、院人吏一體升轉。」

二十九年，部呈：「大司徒令史，若各部選發者，三考出爲正九，自用者降等。崇福司與都護府、泉府司品秩相同，所設人吏，由省部發者，考滿出爲正七品，自用者降一等。福建省征爪哇所設人吏出征迴還，俱同考滿。」

三十年，省准：「將作院令史，依通政院等衙門令史，考滿除正七品。」

部議：「如係六部選發，考滿除正七品，自用者本衙門叙。」

元貞元年，内史府秩正二品，令史亦於部令史内收補，考滿除正七品，自用者降等。

大德九年，部擬：「闊闊出大司徒令史，若各部選發，考滿正七品，自用者降等。」

大德四年，省准：「會福院令史、知印、通事、譯史、宣使、典史，俱自用，前擬不拘常調，考滿本衙門區用。隆禧院令史人等如常選者，考滿依例遷叙，自用者不入常調，於本衙門區用。」

皇慶二年，部議：「崇祥院人吏，係部令史發補者，依例遷用，不應者降等叙。」延祐四年，部議：「隆禧院令史、譯史、通事、知印、典吏同五臺殊祥院人吏一體，常選內委付。其出身若有曾歷寺監並籍記各都令史人等，考滿同內品衙門出身，降等叙，白身者降等，添一資升轉。省部發去者，依例遷叙。後有闕，令史須於常選教授儒人職官并部令史見役上名內取補。宣使於職官並相應內參補。通事、知印從長官保選，仍參用職官，違例補充，別無定奪。殊祥院人吏，先未定擬，亦合一體。」

凡吏員考滿，授從七品：至元六年，省擬：「部令史、譯史、通事人等，中統四年正月以前收補者，擬九十月爲滿，注從七品，回降正八一任，還入從七。以後充者，亦擬九十月爲滿，正八品，仍免回降。」

九年，吏、禮部擬：「凡部令史二考，注從七品。一考之上，驗月日定奪。一考之下，二十月以上者正九品。十五月以上從九品，十五月以下，令史提控案牘，通事、譯史、巡檢。太府監改擬正三品。與六部同，人吏自行踏逐，將已歷月日准爲資考，似爲不倫，擬自改升月日爲始，九十月爲滿，同部令史出職，有闕於籍記部令史内挨次收補。」

十一年，省議：「省斷事官令史，與六部令史一體出身，若是實歷俸月九十月，考滿遷除，有闕於應補部令史人内挨次補用。」

省議：「中御府正三品，擬同太府監令史出身，九十月於從七品内除授，自行踏逐者降一等，歇下名闕，於應補部令史人内補填。」

十三年，省議：「行工部令史，與六部令史一體出身。四怯薛令史，九十月同部令史出身，有闕以籍記部令史内補填。」

三十年，部呈：「行省令、譯史人等，比臺、院一體出身。行臺、行院令譯史、通事人等，九十月考滿，元係都省、臺、院發去及應補之人，合降臺、院一等。」

二十三年，省判：「大都留守司兼少府監令史，如係省部發去相應人員。同部令史出身，九十月考滿，從七品，自行踏逐者降等。」

二十四年，省判：「中尚監令史人等，若係省部發去人員，同太府監令、譯史等出身，自行踏逐者降等。」

太史院令史：部議：「如省部發去人員，從七品内遷除，自行踏逐者，降等敘用。」

部擬：「行省臺院令史，九十月考滿，若係都省臺院發去腹裏請俸人員，行省令史同臺院令史出身，行臺、行院降一等，俱於腹裏遷用，自行踏逐遞降一等，於江南任用。」

二十九年，省判：「鞏昌等處便宜都總帥府令史人等出身，擬與各道宣慰司一體，自行踏逐者降等敘用。」

大德三年，省准：「上都留守司令史，舊以見役部令史發補，以籍居懸遠，擬於籍記部令史内選發，與六部見役令史一體轉升二品衙門令史，轉補不盡者。考滿從七品敘用。」

八年，部擬：「利用監自大德三年八月已前入役者，若充各衙門有俸令史，及本監奏差、典吏轉補，則於應得資品内選用。由庫子、本把就升，并白身人，於雜職内通理定奪。自用之人，本監委用。」

皇慶元年，制：「典瑞監人吏俱與七品出身。」部議：「太府、利用等四監同。省發者考滿與六部一體叙，其餘寺監令譯史正八品，奏差正九品。令典瑞監、前典寶監人吏出身同太府等監，係奉旨事理。」省議：「已除者，依舊例定奪。」三年，省准：「章慶使司秩正二品，見役人吏，若同隨朝二品衙門，考滿除正七品，緣係徽政院所轄司屬，量擬考滿除從七品。自用者降等，如係及考部令史轉充，考滿正七品，未及考者止除從七品。有闕須依例補，不許自用。」

凡吏員考滿，授正八品：至元十一年，省議：「秘書監從三品，令史擬九十月出爲正八品，自用者降一等，有闕諸衙門考滿典吏内補填。」

省議：「太常寺正三品，令史以九十月出爲從八品，有闕於應補監令史内取用。」

省議：「少府監正四品，准軍器監令史出身，是省部發去者，三考於正八品任用，自行踏逐人員，考滿降一等。」

省議：「尚牧監正四品，省部發去令史，擬九十月出爲正八品，自用者降一等，有闕於諸衙門典史内選補。」

部擬：「河南等路宣慰司係外任從二品，與隨朝各部正三品衙門相同，准令史以九十月同部令史遷轉。開元等路宣撫司外任正三品，令譯史比前例降一等，九十月於正八品内遷轉。」

十四年，部擬：「樞密院斷事官令史，擬以九十月出爲從八品，有闕於諸衙門考滿典史内補用。」

十六年，部擬：「樞密院斷事官今改從三品，所設人吏，若係上司發去人員，歷九十月，比省斷事官令史降等於正八品内選除，自用者降一等，遇闕於相應人内發遣。」

二十一年，部擬：「廣西、海北海南道宣慰司令史、譯史、奏差人等，與嶺南廣西道等處按察司書吏人等一體，二十月理算一考，擬六十月同考滿。」

省准：「廣東宣慰司其地倚山瀕海，極邊煙瘴，令史議合優升，依泉州行省令、譯史等，以二十月理算一考。」

二十二年，省准：「詹事院府正、家令二司，給侍宮闈，正班三品，令史即非各司自用人員，俸秩與六部同，若遇院椽史有闕，於兩司令史内遷補，擬定資品出身，依樞密院所轄各衛令史出身，考滿出爲正八品。

尚醖監令史，與六部令史同議，諸監令史考滿，正八品内遷用，及非省部發去者例降一等，尚醖監令史亦合一體。」

二十三年，省准：「太常寺令史，歷九十月，正八品内任用，有闕於呈准籍記人内選取。

雲南省羅羅斯宣慰司兼管軍萬户府首領官、令史人等，依雲南行省令史例，六十月考滿，首領官受敕，例以三十月爲一考。

武備寺正三品，令、譯史等出身，擬先司農寺令譯史人等，依各監例，考滿出爲正八品，武備寺令史亦合依例遷叙。

尚舍監令史，擬同諸寺監令史，考滿授正八品，自行用者降一等，尚舍監亦如之。

陝西四川行省順元等路軍民宣慰司，依雲南令、譯史人等，六十月爲滿遷轉。」

二十四年，部擬：「太史院、武備寺、光禄寺等令史，九十月正八品内遷用，自用者降一等。太醫院係宣徽院所轄，令史人等，若係省部發去，考滿同諸監令史。擬正八品，自用者降等任用。」

二十六年，省准：「給事中兼修起居注人吏，依諸寺監令史出身例，考滿一體定奪。侍儀司令史，依給事中兼起居注人吏遷轉。」

二十七年，省准：「延慶司令史，九十月，依已准家令、府正兩司例，由省部發者出爲正八品，自用者降等叙。」

二十八年，省准：「太僕寺擬比尚乘等寺令史，以九十月出爲正八品，自用者降一等。拱衛直都指揮使司與武備寺同品，令史考滿，出爲從八品，自用者降一等遷用。蒙古等衛令史，即係在先考滿令史，合於正八品内遷叙，各衛令史有闕，由省部籍記選發者，考滿出爲正八品。樞密院所轄都元帥府、萬户府各衛并屯田等司官吏，俱從本院定奪、遷調，見役令史，自用者考滿，合從本院定奪。宣政院斷事官令史，與樞密院及蒙古必闍赤，由翰林院發者，以九十月爲從七品，通事、令史以九十月爲正八品，奏差以九十月爲正九品，典吏九十月轉本府奏差，自用者降等。」

二十九年，部擬：「左右兩江宣慰司都元帥府令、譯史人等，依雲南、兩廣、福建人吏，六十月爲滿。兩廣敘用譯史，除從七品，非翰林院選發，別無定奪。令史省發，考滿正八品。奏差省發，考滿正九品，自用者降等敘。

儀鳳司令史，比同侍儀司令史，考滿爲正八品，自用者降一等。

哈迷爲頭只哈赤八剌哈孫達魯花赤令史，吏部議，與阿速拔都兒達魯花赤必闍赤考滿正八品任用，雖必闍赤、令史月俸不同，各官隨朝近侍一體，比依例出身相應。」

三十年，省准：「孛可孫係正三品，令譯史人等，比依各寺監令、譯史出身相應。

都水監從三品，令、譯史等，依寺監令史一體出身，考滿正八品敘，自用者降等。

只兒哈忽昔寶赤八剌哈孫達魯花赤本處隨朝正三品，與只哈赤八剌哈孫達魯花赤令史等即係一體，擬合依例，考滿出爲正八品。」

元貞元年，省准：「闌遺監令譯史人等，省部發去者，考滿正八品内任用，自行踏逐者降等。」

家令司、府正司改内宰、宮正，其人吏依元定爲當。

拱衛直都指揮使司升爲正三品，其令譯史等俸，俱與光禄寺相同，擬係相應人内發補者考滿與正八品，奏差正九，自用者降等敘。」

大德三年，部擬：「鷹坊總管府人吏。依隨朝三品，考滿正八品内遷用。」

五年，部擬：「和林宣慰司都元帥府人吏，合與隨朝二品衙門一體，及量減月日。」部議：「各道宣慰司令史，一百二十月正八品敘，自用者降等遷用。其和林宣慰司無應取司屬，又係酷寒之地，人吏已蒙都省從優以九十月爲滿，今擬考滿，不分自用，俱於正八品内遷用。」

八年，部言：「行都水監准設人吏，令史八人。奏差六人。壕寨一十人，通事、知印各一人，譯史一人，公使人二十人。都水監令、譯史、通事、知印考滿，俱於正八品遷用，奏差考滿，正九品，自用者降等，壕寨出身并俸給同奏差。行都水監係江南創立衙門，令史比例，合於行省所轄常調提控案牘内選取，奏差、壕寨人等，亦須選相應人，考滿比都水監人吏降等江南遷用，典吏公使人，從本監自用。」

九年，部言：「尚乘寺援武備寺、太府、章佩等監例，求陞加其人吏出身俸給。議得，各監人吏皆係奉旨升加，尚乘寺人吏合依已擬。」

至大三年，部言：「和林係邊遠酷寒之地，兵馬司司吏歷一考餘，轉本路總管府司吏。補不盡者，六十月升都目。總管府吏，再歷一考，轉稱海宣慰司令史，考滿除正八品，不係本路司吏轉補者，降等叙，補不盡者，六十月，部劄提控案牘内任用，蒙古必闍赤比上例定奪。」

部議：「晉王位下斷事官正三品，除怯里馬赤、知印例從長官所保，蒙古必闍赤翰林院發，令史以内史府考滿典吏并籍記寺監令史發補，九十月除正八品，與職官相參用。奏差亦須選相應人，九十月依例遷用，自用者，考滿本衙門定奪。」

至治元年，部議：「樞密院蒙古書寫，歷俸三十月，轉補殿中司、各道廉訪司蒙古必闍赤。」

皇慶元年，部言：「衛率府勾當人員，令都省與常選出身。議得，令史係軍司勾當之人，未有轉受民職定奪，合自奏准日爲格，係皇慶元年二月九日以前者，同典牧監一體遷叙，以後者若係籍記寺監令史。常選提控案牘補充，依上銓除，自用者不入常調。」

部議：「徽政院繕珍司見役令史，若係籍記寺監令史、常調提控案牘、院兩考之上典史補充，内宰司令史例，考滿除正八品，通事、譯史、知印亦依上遷叙。自用者降等。後有闕，須依例發補，違例補充，別無定奪。」

二年，部議：「徽政院延福司見役令史，若係籍記寺監令史、常調提控案牘、本院兩考之上典史補充者，依内宰司令史例，考滿除正八品，通事、譯史、知印依上遷叙，自用者降等。後有闕，須依例發補，不許自用。」

延祐三年，省准：「徽政院所轄衛候司，奉旨升正三品，與拱衛直都指揮使司同品，合設令譯史，考滿除正八，自用者降等。衛候司就用前衛侯司人吏，擬自呈准月日理算，考滿同自用遷叙，後有闕，以相應人補，考滿依例叙。

徽政院掌飲司人吏，部議常選發補令譯史，考滿從八，奏差從九，自用者降等，後有闕須以相應人補，違例補充，考滿本衛門用。」

四年。省准：「屯儲總管萬户府司吏譯史出身，至大二年尚書省劄，和林路司吏未定出身，和林係邊遠酷寒去處，兵馬司司吏如歷一考之上，轉補本路司吏并總管府司吏，再歷一考之上，轉補稱海宣慰司令史，考滿正八品遷除，補不盡人數，從優，擬六十月於部劄提控案牘内任用。蒙古必闍赤比依上例定奪。其沙州、瓜州立屯儲總管萬户府衙門，即係邊遠酷寒地面，依和林路總管府司吏人員一體出身。」

凡吏員考滿，授正九品：至元二十年，省准：「宫籍監係隨朝從五品，令史擬九十月正九品，例革人員，驗月日定奪，自行踏逐，降一等。」

二十八年，省擬：「廉訪司所設人吏，擬選取書吏，止依按察司舊例，上名者依例貢部，下名轉補察院，貢補不盡人數，廉訪司月日爲始理算，考滿者正九品叙，須令迴避本司分治及元籍路分。」

部議：「察院書吏出身，除見役人三十月，轉補不盡者，九十月出爲從八品。察院書吏有闕，止於各道廉訪司書吏内選取，依上三十月轉部，九十月從八品。如非廉訪司書吏取充者，四十五月轉部，補不盡者，九十月考滿，降一等，出爲正九品。」

三十年，省准：「行臺察院書吏歷一考之上者，轉江南宣慰司令史、并内臺察院書吏，於見役人内用之。若有用不盡人數，以九十月出爲正九品。江南有闕，依内臺察院書吏，於各道廉訪司書吏内選取，依例轉補。」

大德四年，省擬：「各道廉訪司書吏，至元二十八年七月元定出身，上名貢部，下名轉補察院書吏。貢補不盡者，廉訪司爲始理算月日，考滿正九品用。今議廉訪司先役書吏，歷九十月依已定出身，正九品注，任回，添一資升轉。大德元年三月七日已後充廉訪司人吏，九十月考滿，須歷提控案牘一任，於從九品内用。通事、譯史比依上例。

察院書吏，至元二十八年十一月元定出身，於各道廉訪司書吏内選取，三十月轉部，九十月從八品内用。如非廉訪司書吏取充者，四十五月轉部。補用不盡者，九十月考滿，降一等，正九品用。今議先役書吏，九十月依已定出身遷用，任回，添一資升轉。大德元年三月七日爲始創入役者，止依舊例轉部。

行臺察院書吏，至元三十年正月元定出身，於廉訪司書吏内選取，歷一考之上，轉補江南宣慰司令史，并内臺察院書吏，用不盡者，九十月正九品，江南用。省議先役書吏，歷俸九十月，依已定出身，任回，添一資升轉。大德元年三月七日始創入者，止依舊例，轉補江南宣慰司令史，北人貢內臺察院。」

凡吏員考滿，除錢穀官、案牘、都吏目：至元十三年，吏禮部言：「各路司吏四十五以下，以次轉補按察司書吏。補不盡者，歷九十月，於都目內任用；六十月以上，於吏目內任用。」

省議：「上都、大都路司吏，難同其餘路分出身，依按察司書吏遷用。」

十四年，省准：「覆實司司吏，俱授吏部劄付，如歷九十月，擬於中州都目內遷，若不滿考及六十月，於下州吏目內任用，有闕以相應人發充。」

二十一年，省准：「諸色人匠總管府與少府監不同，又其餘相體管匠衙門人吏，俱未定擬出身，量擬比外路總管府司吏，考滿於都目內任用。」

二十二年，省准：「大都等路都轉運使司令史。與河間等路都轉運鹽使司書吏出身同。外路總管府司吏三名，貢舉儒吏二名，貢不盡，年四十五之上，考滿都目內任用。」

二十三年，省准：「各路司吏、轉運司書吏，年四十五以上，歷俸六十月充吏目，九十月充都目，餘有役過月日不用。奏差宜從行省斟酌月日，量於錢穀官內就便銓用。」

省准：「覆實司係正五品，令史出身比交鈔提舉司司吏出身，九十月務使，六十月都監，六十月之下、四十五月之上都監添一界遷用，四十五月之下轉補運司令史。」部擬：「京畿漕運司司吏，轉補察院書吏，不盡，四十五以上，九十月依例於都目內任用。」

二十四年，部議：「各道巡行勸農官書吏，於各路總管府上名司吏內選取，考滿於提控案牘內任用，奏差從大司農司選委。」省准：「諸司局人匠總管府令史，於都目內任用。」

二十五年，省准：「大護國仁王寺、昭應宮財用規運總管府令譯史人等，比大都路總管府正三品司吏，九十月提控案牘內任用。」部議：「甘肅、寧夏等處巡行勸農司係邊陲遠地，人吏依甘肅行省并河西隴北道提刑按察司，以二十二月准一考，六十五月爲滿。」省准：「供膳司司吏，比覆實司司吏，九十月出身，於務使內任用。」

二十六年，省准：「巡行勸農司書史，役過路司吏月日，三折二准算，通理九十月，於提控案牘內遷敘。尚書省右司郎中、管領大都等路打捕民匠等户總管令史，比依諸司局人匠總管府令史例，九十月，於都目內任用。」省准：「諸路寶鈔都提舉司司吏，有闕於諸路轉運司、漕運司上名司吏內選取，三十月充吏目，四十五月之上、六十月之下都目，六十月已上轉提控案牘，充寺監令史者聽。諸路寶鈔提舉司同。」

奏准：「大都路都總管府添設司吏一十名。委差五名。司吏六十月，於提控案牘內任用，委差於近上錢穀官內委用，有闕以有根脚請俸人補充，不及考滿，不許無故替換。」

二十七年，省准：「京畿都漕運司令史，九十月充提控案牘，年四十五之上，比依都提舉萬億庫司吏，願充寺監令者聽。」

二十九年，部擬：「大都路令史四十五以上，六十月提控案牘內任用，任回，減一資升轉，四十五以下、六十月之上選舉貢部，每歲二名。奏差六十月，酌中錢穀官內任用。」

省准：「京畿都漕運司令吏。依比諸路寶鈔提舉司司吏出身例。三十月吏目，四十五月之上、六十月之下都目，六十月之上提控案牘。」

三十年，省准：「提舉八作司係正六品，司吏四十五月之上吏目，六十月之上都目。」

元貞元年，省准：「大都等路都轉運司令史，九十月提控案牘。」

大德三年，省准：「諸路寶鈔提舉司、都提舉萬億四庫司吏，九十月提控案牘內任用，如六十月之上，自願告敘者，於都目內遷除，有闕於平準行用庫攢典內挨次轉補。」

省准：「寶鈔總庫司、提舉富寧庫司俱係從五品，其司吏九十月，都目內任用。如六十月之上，自願告叙，於吏目内遷除。有闕須於在京五品衙門及左右巡院、大興、宛平二縣，及諸州司吏并籍記各部典吏内選。」省准：「提舉左右八作司吏，九十月都目内任用，六十月之上，自願告叙，於吏目内遷除。有闕，於在都諸倉攢典内選補。

京畿都漕運使司令史，六十月之上，於提控案牘内用，遇闕於路府諸州并在京五品等衙門上名司吏内選。

大都路司吏改爲令史，六十月之上，年及四十五以下，部貢不過二名，四十五以上〔一〕，六十月提控案牘内遷用，任回減資升轉。大都路都總管府令史，依舊六十月，於提控案牘内遷叙，不須減資，有闕於府州兵馬司、左右巡院、大興、宛平二縣上名司吏内選補。」

大德五年，省准：「河東宣慰使司軍儲所司吏、譯史，九十月爲滿，譯史由翰林院發補，司吏由州縣司吏取充，與各路總管府譯史、司史一體升轉，自用譯史，別無定奪，司吏除酌中錢穀官，委差近下錢穀官。」

七年，部擬：「濟南、萊蕪等處鐵冶都提舉司及廣平、彰德等處鐵冶都提舉司秩四品，司吏九十月比散府上州例。升吏目。蒙古必闍赤擬酌中錢穀官，奏差近下錢穀官〔二〕，典吏三考，轉本司奏差。」

省准：「陝西省叙川等處諸部蠻夷宣撫司正三品，其令、譯史考滿，比各路司吏人等一體遷用奏差，行省定奪。」

九年，宣慰司大同等處屯儲軍民總管萬户府從三品。司吏、譯史、委差人等，九十月爲滿，司吏除酉中錢穀官，委差近下錢穀官。

大德十年，省准：「諸路吏六十月，須歷五萬石之上倉官一界，升吏目，一考升都目，一考升中州案牘或錢穀官，通理九十月入流。五萬石之下倉官一界，升吏目，兩考都目，一考依上升轉。補不盡路吏，九十月升吏目，兩考升都目，依上流轉，如非州縣司吏轉補者，役過月日，别無定奪。」

凡通事、譯史考滿遷叙：至元二年，部擬：「雲南行省極邊重地，令、譯史等人員，擬二十月爲一考，歷六十月。准考滿叙用。」

九年，省准：「省部臺院所設知印人等。所請俸給，元擬出身，俱在勾當官之上，既將勾當官升作從八品，其各部知印考滿，亦合升正八品，據例減知印除有前資人員，驗前資定奪，無前資者，各驗實歷月日，定擬遷叙。」

二十年，各道按察司奏差、通事、譯史，奏差已有定例，通事九十月考滿，擬同譯史一體遷叙。

部議：「行省、行臺、行院五品以下官員并首領官，亦合比依臺院例，一考升一等任用。

據行省人吏比同臺院人吏出身，已有定例，行院、行臺令史、譯史、通事、宣使人等，九十月滿考，元係都省臺院發及應補者，擬降臺院一等定奪。」部擬：「甘肅行省令、譯史、通事、宣使人等，量擬以六十五月遷叙，若係都省發去人員，如部議，自用者仍舊例。」

二十一年，部議：「四川行省人吏，比甘肅行省所歷月日，一體遷除。」

二十三年，部擬：「福建、兩廣行省令譯史、通事、宣使人等，擬歷六十月同考滿，止於江南遷用，若行省咨保福建、兩廣必用人員，於資品上升一等。」

二十四年，部議：「行省、行臺、行院令史，九十月考滿，若係都省臺院發去腹裏相應人員，行省令史同臺院令史出身，行臺、行省降臺院一等，俱於腹裏遷用，自用者遞降一等，止於江南任用。」

二十七年，省議：「中書省蒙古必闍赤俱係正、從五品遷除，今蒙古字教授擬比儒學教授例高一等，其必闍赤擬高省掾一等，内外諸衙門蒙古譯史，一體升等遷叙。」

二十八年，部擬：「諸路寶鈔都提舉司蒙古必闍赤，三十月吏目，四十五月都目，六十月提控案牘，役過月日，擬於巡檢内叙用。奏差九十月，近上錢穀官〔三〕，六十月，酌中錢穀官内任用。翰林院寫聖旨必闍赤，比依都省蒙古必闍赤内管宣敕者，八月算十月遷轉正六品。」

部議：「寫聖旨必闍赤比依管宣敕蒙古必闍赤一體，亦合八折十准算月日外據出身已有定例。崇禮司令譯史、知印，省部發補者，考滿出爲正七品。自用者降一等。宣使省部發去者，考滿出爲正八品，自用者降一等。各道廉訪司通事、譯史出身，比依書吏擬合一體考滿正九。奏差考滿，依通事、譯史降二等量擬，於省劄錢穀官并巡檢内任用。」

三十年，省准：「將作院令譯史人等，由省部選發者，考滿正七品遷叙，自用者止從本衙門定奪。大都路蒙古必闍赤若係例後入役人員，擬六十月於巡檢内選用，回任減一資升轉。」

大德三年，省議：「各路譯史如係翰林院選發人員，九十月考滿。除蒙古人依准所擬外。其餘色目、漢人先歷務使一界，升提控一界，於巡檢内遷用。」

省議：「大都運司通事比依本司令史，滿考者於巡檢内任用。」

四年，省准：「雲南諸路廉訪司寸白通事、譯史出身，比依書吏出身，九十月爲滿，歷巡檢一任，轉升從九品，雲南地面遷用。」

七年，宣慰司奏：「差除應例補者，一百二十月考滿，依例自行保舉者降等，任回，添資定奪任用。廉訪司通事、譯史，大德元年三月七日已後創入補者，九十月歷巡檢一任，轉從九，如書吏役九十月，充巡檢者聽。如違不准。各路譯史，如係各道提舉學校官選發腹裹各路譯史，九十月考滿，先歷務使一界升提領，再歷一界充巡檢，三考從九，違者雖歷月日，不准。會同館蒙古必闍赤，九十月務提領内遷用。」

十年，省准：「中政院寫懿旨必闍赤，依寫聖旨必闍赤一體出身。八番順元、海北海南宣慰司都元帥府極邊重地令譯史人等，考滿依兩廣、福建例，於江南遷用。」

延祐六年，省准：「各路通事、譯史出身定例：一，各路通事考滿除充錢穀官，三界比同路譯史，考滿一體升轉。一，運司蒙古譯史，如係翰林院發補，九十月爲滿，比各路譯史減一界升轉。回回書吏，依漢人書吏舊例出身，一體定奪。一，各路財賦總管府譯史，如係翰林院所發，考滿與運司譯史一體出身。」

【校勘記】

〔一〕「四十五」，原倒作「十四五」，據《元史》卷八四志第三十四《選舉四》乙正。

〔二〕「下錢穀官」，「錢穀」原倒作「穀錢」，據《元史》卷八四志第三十四《選舉四》乙正。

〔三〕「近上」，原作「近土」，《元史》卷八四志第三十四《選舉四》同，據《元史》卷八三志第三十三《選舉三》改。

新元史卷之六十八　志第三十五

食貨志一

户口　科差　税法

元中葉以後，課税所入，視世祖時增二十餘倍，即包銀之賦亦增至十餘倍，其取於民者可謂悉矣。而國用日患其不足，蓋縻於佛事與諸王貴戚之賜賚，無歲無之，而濫恩倖賞，溢出於歲例之外者爲尤甚。至大二年，中書省臣言：「常賦歲鈔四百萬錠，入京師者二百八十萬錠，常年所支止二百七十萬錠。今已支四百二十萬錠，又應支而未給者尚百餘萬錠。臣等慮財用不繼，敢以上聞。」

及仁宗即位，中書平章政事李孟言：「每歲應支六百萬餘錠，又土木營繕之費數百萬錠，内降旨賞賜復用三百萬餘錠，北邊軍餉又六七百萬錠。今帑藏裁餘十一萬錠，安能周給不急之費？亟應停罷。」

夫承平無事之日，而出入之縣絶如此。若饑饉荐臻，盗賊猝發，何以應之？是故元之亡，亡於饑饉盗賊，蓋民窮財盡，公私困竭，未有不危且亂者也。今爲《食貨志》，其目二十有二：曰户口，曰科差，曰税法，曰田制，曰農政，曰洞冶課，曰鹽課，曰茶課，曰酒醋課，曰市舶課，曰常課，曰額外課，曰斡脱官錢，曰和糴和買，曰鈔法，曰海運，曰歲賜，曰禄秩，曰入粟補官，曰賑貸，曰内外諸倉，曰惠民葯局。凡措辦之得失，出入之嬴絀，略具於此矣。後世制國用者，尚其鑒之哉！

元之取民，計户、計丁、計畝。丁税、畝税者，歷代之所同也。至民户之充差發，則開除於分撥，收係於添額協濟者，其事尤膠轕煩碎，爲歷代所未有焉。今摭其大概，著於篇。

世祖至元八年，命尚書省閲實天下户口，以條畫諭天下。初，太宗四年，括中州户得七十三萬有餘。八年，復括中州户，續得一百一十萬有餘。憲宗二年，再籍漢地户口。至是，因争理户計者，往復取勘，不能裁决，乃諭尚書省依累降聖旨，分别定奪。凡合當差發户數，再行添額，並令協濟額内當差之户。其條畫所列，收係充當差發者，曰諸王、公主、駙馬並諸官員户計：凡隨營諸色人等，於壬子年籍後投來或各處容留人等，不曾附籍，並諸投下人員招收附籍、漏籍、放良、還俗等户。曰五投下：凡係好投拜人户，及在後投屬，或本投下招收，别無身役者。曰各投下軍站户：凡壬子年籍後投來，别無身役者，又諸色人等有田宅妻子者。曰軍户：查照軍籍内無姓名者，又原籍貼户不曾應當差役者。曰站赤户：查照原籍貼户，及附籍内不見户數者。曰諸色人匠：諸投下壬子年原籍不當差役人户，附籍軍人諸色人等無改撥充匠明文者，諸漏籍户改正爲民者。曰驅口〔一〕：依甲午年合罕皇帝聖旨，軍前虜到驅口隨處附籍者。本使附籍户下漏抄驅口，及不當本使差役者。附籍户口在外另籍者，或本使於軍籍内作驅攢報者。曰驅良：乙未年附籍民户，壬子年他人户下抄上作驅或漏籍已改正爲民者。本抄過者，本使户下附籍驅口在外另作驅口或容留附籍者。本使户下不曾附籍，驅口在外，壬子年不曾抄上者。主奴俱漏籍另居，今次取勘，不見本使下落者。曰放良：民户良書寫任便住坐，或爲良者。諸驅口壬子年以前得良書，卻於他人户下爲驅附籍者。諸投下放良户，良書寫不得投屬别管，官司者抄過爲良，依良書另立户名者。已放爲良，本使再立津貼錢物或分當差役文字仍依良書爲民者。壬子年附籍漏籍户已經分撥與各投下，並諸官員户計本主放良者。曰新案主户：犯刑官吏已經斷没家屬，及户下驅奴並依已斷發付者。斷事官及各屬達魯花赤官擅自斷訖之雜犯人等改正爲民者。曰輸脱户。曰回回畏兀兒户：現住民户城裏者。曰答失蠻迷里威失户：有營運産業者。曰打捕户：壬子年附籍打捕户，因争差户計經官陳告者，附籍打捕户揭照壬子年原籍不係打捕户計者，手狀稱打捕户不納皮貨亦不當差者。曰儒人户：中統四年附籍漏籍儒人，或壬子年别作名色附籍，並户頭身没子弟讀書，又高智耀收到驅儒從實分揀不通文學者。此外諸色人户下子弟深通文義者，止免本身雜役。曰析居户：軍站急遞鋪駕船漏籍鐵冶户下人口析居，揭照各籍所無者。民匠打捕鷹房諸色附籍漏籍人等户下析居者，竈户下人口析居者，但充當絲料。曰招女婿養老：女婿妻亡另居者，或已將原妻休棄者，良人作驅户女婿者，年限女婿，年限滿而不歸宗者。曰奴婢招嫁良人，驅死，良人所生男女另立户名者。曰諸人户下漏抄驅口今已成丁者。曰隨朝並各位下諸色承應人見不應承者。曰涿州、合蘭水、西京忽蘭、南京張子良各管户計革罷，原委頭目者，皆籍爲當差户數之添額也。

至元二十七年，准尚書省議，籍定儒、醫户計，擬令除免雜泛差役外，續收儒户、醫户，别無定奪。

至大四年，詔諸色人等各有定籍，今後各投下諸色，並遵世祖皇帝以來累朝定制，不得擅招户計，誘占驅奴，違者罪之。

其户口總數：中統元年，天下户一百四十一萬八千四百九十有九，迨至元二十八年〔一〕，户部上天下户口，内地一百九十九萬九千四百四十四，江淮、四川一千一百四十三萬八百七十八。口五千九百八十四萬八千九百六十四。

科差之名二：曰絲料，曰包銀。

絲料之法，太宗八年始行之。每二户出絲一斤，並隨路絲綿顔色輸於官，五户出絲一斤，並隨路絲綿顔色輸於本位。

包銀之法，憲宗五年始定之。初，漢民科納包銀六兩，至是止徵四兩，二兩輸銀，二兩折收絲絹顔色等物。

及世祖而其制益詳。中統元年，立十路宣撫司，定户籍科差條格：「各路年例應納官存留包銀並絲料糧稅等差發，依原籍民户數目從實科放，勿循近年虛例勘定，合科差發總額，府科與州驗民户多寡，土産難易，以十分爲率，作大門攤。」

其户大抵不一，有元管户、交參户、漏籍户、協濟户。於諸户之中，又有絲銀全科户、減半科户、止納絲户、止納鈔户，外又有攤絲户、儲也速觧兒所管納絲户、復業户并漸成丁户。户既不等，數亦不同。

元管户内絲銀全科係官户，每户輸係官絲一斤六兩四錢，包銀四兩。

全科係官五户絲户，每户輸係官絲一斤，五户絲六兩四錢，包銀之數與係官户同。

減半科户，每户輸係官絲八兩，五户絲三兩二錢，包銀二兩。

止納係官絲户，若上都、隆興、西京等十路，十户十斤者，每户輸一斤，大都以南等路十户十四斤者。每户輸一斤六兩四錢。

止納係官五户絲户，每户輸係官絲一斤，五户絲六兩四錢〔三〕。

交參户内絲銀户，每户輸係官絲一斤六兩四錢，包銀四兩。

漏籍户内止納絲户，每户輸絲之數與交參絲户同。止納鈔户，初年科包銀一兩五錢，次年遞增五錢，增至四兩，并科絲料。

協濟户内絲銀户，每户輸係官絲十兩二錢，包銀四兩。止納絲户，每户輸係官絲之數與絲銀户同。攤絲户，每户科攤絲四斤。

儲也速䚟兒所管户，每户科細絲，其數與攤絲同。

復業户並漸成丁户，初年免科，第二年減半，第三年全科，與舊户等。

絲料、包銀之外，又有俸鈔之科，其法亦以户之高下爲等。全科户，輸一兩。減半户，輸五錢。

於是以合科之數分爲三限輸納，被災之地聽輸他物折焉。其物各以時估爲則。

二年，復定科差之期。絲科限八月，包銀初限八月，中限十月，末限十二月。

三年，又命絲料無過七月，包銀無過九月。

至元二年，敕所有諸王並諸投下人户，除匠人、打捕户、鷹房子、金銀鐵冶户外，有分撥民户五户絲投下交參户，每年合納絲綿、包銀並五户絲，與本路民户一體驗貧富科徵。

十八年，以應當差發者，多係貧民，其豪强往往僥倖苟避，飭依驗人户事業多寡，品第高下，攢造鼠尾文簿科斂。

二十八年，以《至元新格》定科差法，諸差税皆司縣正官監視，諸夫役皆先富强、後貧弱，貧富等者，皆先多丁、後少丁。

成宗大德六年，又令已輸絲户，每户科俸鈔中統鈔一兩，包銀户每户科二錢五分，攤絲户每户科攤絲五斤八兩。絲料限八月，包銀俸鈔限九月，布限十月。大率因世祖之舊而損益之云。

科差總數：中統四年，絲七十一萬二千一百七十一斤，鈔五萬六千一百五十八錠。舊紀作絲七十萬六千四百一斤，鈔四萬九千四百八十七錠。

至元二年，絲九十八萬六千九百一十二斤，包銀等鈔五萬六千八百七十四錠，布八萬五千四百一十二匹。舊紀作絲九十八萬八千二百八十斤，鈔五萬七千六百八十二錠。

三年，絲一百五萬三千二百二十六斤，包銀等鈔五萬九千八十五錠。

四年，絲一百九萬六千四百八十九斤，鈔七萬八千一百二十六錠。

天曆元年，包銀差發鈔九百八十九錠，𢁊一百一十三萬三千一百一十九索，絲一百九萬八千八百四十二斤，絹三十五萬五百三十匹，棉七萬二千一十五斤，布二十一萬一千二百二十三匹。舊紀，天曆二年賦入之數：金三萬二十七錠，銀一千一百六十九錠，鈔九百二十九萬七千八百錠，帛四十萬七千五百匹，絲八十八萬四千四百五斤，棉七萬六百四十五斤。

稅法：行於内地者曰丁稅、地稅。

太祖時，命諸色人等，凡種田者，依例出納地稅。

太宗元年，命漢人以户計出賦，西域人以丁計出賦。每户科粟二石，復以兵食不足，增爲四石。

九年，乃定科徵之法，命諸路驗民户成丁之數，每丁歲科粟一石，驅丁五斗，新户丁、驅各半之，老幼不與。其耕種者，或驗其牛具之數，或驗其土地之等，以徵之。丁稅少而地稅多者，納地稅；地稅少而丁稅多者，納丁稅。工匠、僧、道驗地，商賈驗丁。虚配不實者杖七十，徒二年。仍命歲書其數於册，由課稅所申省以聞，違者杖一百。

至世祖申明舊制，於是輸納之期，收受之式，關防之禁，會計之法始備焉。

中統五年，詔僧、道、也里可温、答失蠻、儒人，凡種田者，白地每畝輸稅三升，水地每畝五升。凡該納丁税，蒙古、回回、河西漢人並人匠及諸投下各色人等，依例徵納地税外，蒙古、漢人軍站户減半輸納。其後漢軍又額定贍軍地四頃免税，餘悉徵之〔四〕。

至元三年，詔寫户種田他所者，其丁税於附籍之郡驗丁科之。地税於種田之所驗地科之，漫散之户逃於河南等路者，依見居民户納税。

八年，又令西夏中興路、西寧州、兀剌海之處，地税與前僧道同。

十七年，定諸路差税課程，增益者即上報，隱匿者罪之，不須履畝增税，以摇百姓。

全科户：丁税每丁粟三石，驅丁粟一石；地税每畝粟三斗。

減半科户：丁税每丁粟一石。

新收交參户：第一年五斗，第三年一石二斗五升，第四年一石五斗，第五年，一石七斗五升，第六年入丁税。

協濟户：丁税每丁粟一石，地税每畝粟五斗。

隨路近倉輸粟：遠倉每粟一石折納輕賫鈔二兩，富户輸遠倉，下户輸近倉。郡縣各差正官一員部之，每石帶納鼠耗三升，分例四升。凡糧到倉之時，收受出給朱鈔，權豪結攬者罪之。倉官、攢典、斗脚人等飛鈔作弊者，並置諸法。若近下户計去倉遠，願出脚錢，就令附近民户帶納者聽。凡納糧，用官降斛斗收受，一色乾圓潔浄之新米，但有糠秕，責倉官人等賠償。

輸納之期，分爲三限：初限十月，中限十一月，末限十二月。違限者，初犯笞四十〔五〕，再犯杖八十。其失限或税石不足，各處之達魯火赤，管民官、部民官、部糧官，不分首從，一同科罪。其任滿官，有拖欠税石，勿給由。

大德六年，申明税糧條例，復定上都、河間輸納之期。上都初限次年五月，中限六月，末限七月，河間初限九月，中限十月，末限十一月。

七年，江南行御史臺言：「法有萬世不改者，亦有隨時應改者，不可一概論也。切謂漢軍舊例每户額定贍軍地四頃，其餘畝數皆令納糧，雖曾累行文字，然實難通行。今軍户口累漸多，所當軍役屯守去處，南至南海，北至和林，别有征行，則南者益南，北者益北，動又至於數千里外，去家萬里，家中又與民户同當一切雜泛差役，侍衛差役尤爲浩大。其餘科差且置勿論，只計其起發所需，每户該鈔至有八十定者。農家别無生計，若不典賣田土，何處出辦？往日軍户，地有至三二十頃，今皆消乏破壞，不可勝計，中等人家莊田盡廢。現今乞匄爲生者處處有之。若更拘勘未曾消乏，現勘當役軍户地畝存四頃之外者，必要盡數納糧，此事果行，不過數年，軍户必盡破散，人無雇籍，不可復用。近日民間多有告訐軍户隱藏地畝者，地主惟隨其所欲承奉買主。又所在官吏不時下鄉，言要打量軍户地畝，以此爲名協斂錢物，饜足方能釋免。但凡地過四頃之家，長懷憂懼。今於緊急用兵之時，有此事端，深爲可慮。去年樞密院奉旨，約各處管民官司不得打量軍户地畝，文字在官，百姓不知，狡猾之徒，恐脅軍户與舊無異。若令每社置一粉壁，其上但寫不得訐告軍户地畝數字，如此則軍户皆得免其逼脅侵擾之患。四頃之外納税一節，待邊境事寧，用兵稍緩，然後别議似爲長便。」從之。

至秋税、夏税之法，但徵田税，無丁税，行於江南。本沿宋之舊制。世祖平江南，除江東、浙東二路，其餘但徵秋税而已。

至元十九年，用柳州總管姚文龍言，命江南税糧依宋舊制折輸綿絹雜物。是年二月，又用中書右丞耿仁言，令輸米三分之一，餘並入鈔，以七萬錠爲率，歲得羨鈔十四萬錠。其輸米者，止用宋斗斛。

元貞二年，始定徵江南夏税之制。於是秋税止令輸租，夏税則輸木棉、布絹、絲棉等物。其所輸之物，視糧以爲差。糧一石，或輸鈔三貫、二貫、一貫或一貫五百文、一貫七百文，輸三貫者，江浙省婺州等路、江西省龍興等路也。輸一貫者，福建省泉州路也。輸一貫五百文者，江浙省紹興路、福建省漳州等五處也。江西各路秋税納糧，有用現行斛斗，比宋文思院斛抵一斛半者，故免其夏税。兩廣以盜賊多，民失業，亦免之。獨湖廣省以阿里海涯罷宋夏税，依中原例改爲門攤，每户一貫二錢，增課錢至五萬錠，至是宣慰使張國紀復科夏税，民病甚。大德二年，御史臺臣言其弊，成宗命中書省趣罷之。三年，又改門攤爲夏税而併征之，每石計三貫以上，視江浙、江西爲差重云。

至大三年，中書省臣言：「腹裏百姓當一切雜泛差役，更納包銀、絲綿、税糧，差役甚重。江南收附四十餘年，百姓納田税外，别無差發，請除兩廣、福建，其餘兩浙、江東、江西、湖南、湖北、兩淮、荆湘等路，驗納糧民户見科糧數，一斗添荅二升〔六〕。」從之。

泰定初，又有所謂助役糧者。其法，命江南民户有田一頃之上者，每頃量出助役田，具書於册甲乙以次彙之，歲收其入，以助差役之費。凡寺觀田，除宋舊額外，其餘亦驗其多寡，令出田助役焉。

凡歲入糧數，總計一千二百一萬四千七百八石。腹裏，二百二十七萬一千四百四十九石。行省，九百八十四萬三千二百五十八石。

遼陽省，七萬二千六十六石。

河南省，二百五十九萬一千二百六十九石。

陜西省，二十二萬九千二十三石。

四川省，十一萬六千五百七十四石。

甘肅省，六萬五百八十六石。
雲南省，二十七萬七千七百一十九石。
江浙省，四百四十九萬四千七百八十三石。
江西省，一百十五萬七千四百四十八石。
湖廣省，八十四萬三千七百八十七石。
江南三省天曆元年夏税鈔數，總計中統鈔十四萬九千二百七十三錠三十三貫。
江浙省，五萬七千八百三十錠四十貫。
江西省，五萬二千八百九十五錠十一貫。
湖廣省，一萬九千三百七十八錠二貫。

【校勘記】

〔一〕「驅口」，原作「驅良」，據下文及陶宗儀《南村輟耕録》卷一七改。
〔二〕「二十八」，原作「三十八」，據魏源《元史新編》卷六本紀四下、邵遠平《元史類編》卷三改。
〔三〕「五户」，「户」字原脱，據《元史》卷九三志第四十二《食貨一》補。

〔四〕「餘」，原作「除」，據《元史》卷九三志第四十二《食貨一》改。

〔五〕「犯」，原作「限」，據《元史》卷九三志第四十二《食貨一》改。

〔六〕「添荅」，畢自嚴《度支奏議》等多作「添搭」。

新元史卷之六十九　志第三十六

食貨志二

田制　農政

元之田制：曰官田，曰民田，曰兵民屯田。

官田皆仍南宋之舊，第覈其影射而已。至元二十三年，以江南隸官之田多爲豪强所據，立營田總管府履畝計之。至元二十六年，詔：「亡宋各項係官田土，每歲有額定田租，折收物色，歸附以後，多爲權豪勢要之家影占佃種，或賣於他人。立限一百日，若限內自赴行大司農並勸農營田司出首，與免本罪，其地還官，仍令出首人佃種，依例納租。若限內不首，有人告發到官，自影占年分至今，應納之租盡數追徵，職官解現任，軍民人等驗影占地畝多寡，酌量斷罪。仍以田租一半付告人充賞。」大德五年，中書省議准：「江南現任官吏於任所佃種官田，不納官租及占奪百姓佃種田土，許諸人赴本管官陳告，驗實追斷降黜，其田付告人及原佃人佃種。」

至江南各路贍學田，亦官田之屬也。初，南人石國秀、尹應元陳獻江南學田，認辦課程三千錠，官爲收係。至元二十年，御史中丞崔彧極論之，始命籍於學官，官司不爲理問。二十四年，立尚書省，遣詹玉、楊最等十一人分往江淮、荆湘、閩廣、兩浙等處理算各路贍學田租，專以刻覈聚斂迎合桑哥之意，逼吉州路學教授劉夢荐自刎，淮海書院鄭山長、杭州路王學録自縊。至二十九年，桑哥伏誅。御史臺臣言其擾害，請學校官管理贍學田租如故事。從之。惟各路之貢士莊田，命官司取勘焉。

民田，則經理之法最爲元之稗政，所謂自實田也。延祐元年，平章政事張驢言：「經理大事，世祖已嘗行之。但其間欺隱尚多，未能盡實。以熟田爲荒地者有之，因科差而析户者有之，富民買田而仍以舊名輸税者亦有之，由是歲入不增，小民告病。若行經理之法。使有田之家及各投下、寺觀、學校、財賦等田一切從實自首，庶幾税入無隱，差徭亦均。」於是遣官經理，以張驢等往江浙，尚書你咱馬丁等往江西，左丞陳士英等往河南，仍命行御史臺遣臺官鎮遏，樞密院以兵防護焉。其法：先期揭榜示民，限四十日。以其家所有田，自實於官。或以熟爲荒，以田爲蕩，或隱占逃亡之産，或分官田爲民田，指民田爲官田，及僧道以田作弊者，並許諸人首告。十畝以下，田主佃户皆杖七十七。二十畝以下，加一等。一百畝以下，杖一百七，流北邊，所隱田没官。州縣不爲查勘，致有脱漏者，量事輕重論罰。然期限迫猝，貪酷用事，黠吏豪民並緣爲奸。以無爲有，虚登於籍者，往往有之。於是人不聊生，盜賊竊發。二年，御史臺臣言：「蔡九五之變，皆由你咱馬丁經理田糧，與郡縣横加酷暴，逼抑至此。新豐一縣，撤民廬一千九百區，夷墓揚骨，虚增頃畝，流毒居民。乞罷經理及自實田租。」仁宗乃下詔免三省自實田租。是年，又命河南自實田，自延祐五年爲始。每畝止科半租。至泰定、天曆間，始盡革虚增之數云。

屯田有兵屯，有民屯。諸衛之屯田，兵屯也。永平屯田總管府、淮東淮西屯田總管府，民屯也。諸行省之屯田，兼有兵屯、民屯者也。大抵皆世祖所立。自成宗以後，間有損益改并焉。武宗至大元年，中書省臣言：「天下屯田一百二十餘所，由所用者多非其人，以致廢弛。除四川、甘州、應昌、雲南爲地絶遠，餘當選通曉農事者，與行省宣慰司親歷其地。可興者興，可廢者廢，各具籍以聞。」從之。泰定三年，命整理屯田，河南行省左丞姚煒請禁屯田吏蠶食屯户，及勿取羨增。不報。屯田之法，儲軍實、興農業，可謂良法矣。然其後弊壞如此，故利爲弊之藪也。今考其建置之地，著於篇。

凡樞密院所轄者：曰左衛屯田，在東安州南、永清縣東。曰右衛屯田，在永清、益津等處。曰中衛屯田，在武清、香河等處，後遷於河西務、楊家口、青臺等處。曰前衛屯田，在霸、涿、保定等處。曰後衛屯田，在永清縣，後遷於昌平縣太平莊，泰定三年，以太平莊乃世祖經行之地，不宜立屯，罷之，仍於永清舊屯耕種。曰武衛屯田，在涿州、霸州、保定、定興等處，至治元年與左衛率府忙古歹屯田千户所互易。曰左翼屯田萬户府，在霸州及河間等處。曰右翼屯田萬户府。在武清縣崔家口；曰中翊侍衛屯田，在燕只哥赤斤地及紅城，延祐二年遷於昌平縣太平莊，七年罷太平莊屯田，復立於紅城。延祐五年，給中翊府闊臺順德屯田鈔，未詳其地。曰左右欽察衛屯田，在清州等處。曰左右衛率府屯田，在漷州武清縣及新城縣，至治元年與武衛屯田互易。曰宗仁衛屯田，在大寧等處。曰宣忠扈衛親軍屯田，在大都北。至順元年詔：「宣忠扈衛親軍都萬户府，凡境内所有山林川澤，其魚鱉鳥獸等供内膳，私行獵捕者罪之。

大司農所轄：曰永平屯田總管府，在灤州。曰營田提舉司，在武清縣。曰廣濟屯田，在清、滄等州，至元二十二年，自崔黄口空城遷立。

宣徽院所轄：曰淮東淮西屯田打捕總管府，在漣海州，至元十九年遊顯乞罷漣海州屯田，以其事隸管民官，從之。其何時復立，不可考。曰豐潤署屯田，在豐潤縣。曰寶坻屯田，在寶坻縣。曰尚珍署屯田，在兗州。

至腹裏所轄軍民屯田：曰大同等處屯儲總管府，在西京黄華嶺。泰定元年，罷黄花嶺屯田。

曰虎賁親軍都指揮司屯田，在滅捏怯土、赤納赤、高州、忽蘭若班等處。延祐二年，敕阿速衛貧乏者屯田於滅捏怯地。曰嶺北行省屯田，自和林移屯五條河。至元二十三年，移五條河屯軍五百人於兀失蠻，復以五條河並稱海，又罷稱海立五條河。延祐七年，稱海、五條河俱設屯田。

遼陽行省所轄屯田：曰大寧路海陽等處打捕屯田所，在瑞州。曰浦峪路屯田萬户府，在咸平府。又於笞剌罕剌憐等處立屯田，肇州蒙古萬户府，在肇州附近地。曰金復州萬户府，在忻都察兒哈思罕。

河南行省所轄軍民屯田：曰南陽府民屯。至元二年，詔「孟州之東，黄河之北，南至八柳樹、枯河、徐州等處，令軍人立屯耕種。」中統三年，詔：「河南屯田户一百四十，賦税輸之州縣。」是至元以前，河南已有屯田，其立屯之地不可考矣。復又於唐、鄧、申、裕等州立屯。至元八年，中書省臣言：「河南行省阿里伯等所置南陽等處屯田，臣等以爲，凡屯田人户皆内地中産之户，遠徙失業，宜還之本籍。其南京、南陽、歸德等民賦，自今悉折輸米糧貯於近便地，以給襄陽軍食。前所屯，阿里伯自以無效引伏，宜令州郡募民耕佃。」從之。曰洪澤屯田萬户府，在淮安路黄家疃等處。曰芍陂屯田萬户府，在安豐縣芍陂。至元二十二年，闊闊你敦言：「先有旨，遣軍二千屯田芍破，試土之肥磽。去秋已收米二萬餘石，請增屯丁二千人。」從之。曰德安等處軍民屯田總管府，在德安路，分置十屯。

陝西行省所轄軍民屯田：曰陝西屯田總管府，在櫟陽、涇陽、平涼、終南、渭南及鳳翔、鎮原、彭原等處。曰陝西等處萬户府屯田，在盩厔縣之孝子村、張有村、杏園莊，寧州之大昌原，文州之亞柏鎮，德順州之威戎。曰貴赤延安總管府屯田，在延安路探馬赤草地。

甘肅行省所轄軍民屯田：曰寧夏等處新附軍萬户府，在寧夏等處。曰管軍萬户府屯田，在甘州黑山子、滿峪、泉水渠、鴨子翅等處。曰寧夏營田司屯田，在中興。曰寧夏路放良官屯田，在本路。曰亦集乃路屯田，在本路。

江西行省所轄屯田：曰贛州路南安寨兵萬户府屯田，在信豐、會昌、龍南、文遠等處。

江浙行省所轄屯田：曰汀漳屯田，在汀、漳兩州。

高麗國立屯：曰高麗屯田，在王京、東寧州、鳳州等十處。

四川行省所轄軍民屯田二十九處：曰廣元路民屯，曰叙州宣撫司民屯，曰紹慶路民屯，曰嘉定路民屯，曰順慶路民屯，曰潼川府民屯，曰夔路總管府民屯，曰重慶路民屯，曰成都路民屯，曰保寧萬户府軍屯。曰叙州等處萬户府軍屯，元貞二年改叙州軍屯，在叙州宣化縣㗵口上下。曰重慶五路守鎮萬户府軍屯，在成都諸處；曰成都等處萬户府軍屯，在崇慶州義興鄉楠木園。泰定元年，罷重慶州屯田。曰河東陝西等路萬户府軍屯，在灌州之青城、陶壩及崇慶州之大栅頭等處。曰廣安等處萬户府軍屯，在崇慶州之七寶壩。曰保寧萬户府軍屯，在晉源縣之金馬。曰叙州萬户府軍屯，在灌州之青城縣。曰五路萬户府軍屯，在崇慶州之大栅鎮孝感鄉及青城縣之懷仁鄉。曰興元、金州等處萬户府軍屯，在灌州之青城、温江縣。曰舊附等軍萬户府軍屯，在青城縣及安慶州。曰礮手萬户府軍屯，在青城縣龍池鄉。曰順慶軍屯，在晉源縣義興鄉、江源縣將軍橋。曰平陽軍屯，在灌州青城、崇慶州大栅頭。曰遂寧州軍屯。曰嘉定萬户府軍屯，在崇慶州青城等處。曰順慶等處萬户府軍屯，在沿江下流漢初等處。曰廣安等處萬户府軍屯，在新州等處。

雲南行省所轄軍民屯田十二處：曰威處提舉司屯田，曰大理金齒等處宣慰司都元帥府軍民屯，曰鶴慶路軍民屯，曰武定路總管軍屯，曰威楚路軍民屯，曰中度路軍民屯，曰曲靖等處宣慰司兼管軍萬户府軍民屯，曰烏撒宣慰司軍民屯，曰臨安宣慰司兼管軍萬户府軍民屯。曰梁千户翼屯田，在烏蒙，後遷於新興州。曰羅羅斯宣慰司兼管軍萬户府軍民屯，曰烏蒙等處屯田總管府軍屯。仁宗時，雲南行省言：「烏蒙乃咽喉之地，别無屯戍，其地廣闊，土脈膏腴，有古昔屯田之跡，乞發畏兀兒及新附漢軍屯田。」從之。

湖廣行省所轄屯田：曰海北海南道宣慰司都元帥府民屯。大德三年罷，止於瓊州、雷州、高州、化州、廣州等路立屯。曰廣西兩江道宣慰司都元帥府糧兵屯田，在上浪忠州那扶需留水口、藤州等處。曰湖南道宣慰司衡州等處屯田，在衡州靖化、永州烏符、武岡白倉等處。

元之重農政，自世祖始。世祖以御史中丞孛羅爲大司農卿，安童奏：「臺臣兼任，前無此例。」帝曰：「司農非細事，朕深喻此，其令孛羅知之。」世祖之言，可謂知本矣。其勸課農桑之法，度越唐宋，豈不宜哉！

中統元年，帝命十路宣撫司擇通曉農事者，充隨處勸農官。

二年，命宣慰司官勸農桑、懲遊惰。是年，立勸農司，以陳邃、崔斌、成仲寬、夾谷從中爲灤棣、平陽、濟南、河間勸農使，李士勉、陳天錫、陳歷武、忙古歹爲邢洺、河南、東平、涿州勸農使。

至元七年，始立司農司，以中書左丞張文謙爲司農卿，專掌農桑水利，凡滋養、栽種之事皆附而行焉。仍分遣勸農官及知水利者巡行勸課，舉察勤惰，委所在親民長官爲提點，年終第農事成否，轉申司農司及户部，秩滿之日，注於解由，赴部照勘，以爲殿最。又命提刑按察司時加體察。是年，又改司農司爲大司農司，設巡行勸農使、副使各四員。

八年，命勸農官舉察勤惰。高唐州達魯花赤忽都、州尹張廷瑞、同知陳思濟以勸擢任，河南陝縣尹王仔以惰降職。

十年，以立大司農司已三年，再降明諭，委大司農司依舊分佈勸農官巡行勸課，務期敦本抑末，功效有成。是年，中書省以畿内秋耕妨芻牧，請禁之。帝以農事重，詔勿禁。

十二年，罷隨路巡行官，以事歸提刑按察司。

十六年，併勸農官入按察司，增副使、僉事各四員。

二十三年，詔以大司農司所定《農桑輯要》書頒諸路。立行大司農司及營田司於江南。

二十五年，詔：「行大司農司歲具府州縣勸農官勤惰實跡，以爲殿最。有侵官害農者，從按察司究治。」

二十八年，又以江南長吏勸課擾民，罷親行之制，移文諭之。

二十九年，詔提調農桑官帳册，有差者驗數罰降。是年，大司農上諸路墾地一千九百八十三頃有奇，植桑棗諸樹二千二百五十二萬七千七百餘株，義糧九萬九千九百六十石。此有司勸課之成效也。

三十一年，成宗即位，頒行詔書，内一款：「罷妨農之役，公吏人等勿輒令下鄉，縱畜牧損田禾桑棗者，倍其償，而後罪之。」終元之世，凡即位、改元、建儲之德音，咸遵而效之，以爲故事焉。

大德三年，詔廉訪司及府州縣官提調點視農桑。

武宗至大三年，詔大司農司總挈天下農政，年終考管民官之殿最，定奪黜陟。

仁宗延祐二年，詔江浙行省印《農桑輯要》一萬部，頒降有司遵守勸課。

三年，以浙東廉訪司僉事苗好謙課農桑有效，賜衣一襲。

文宗天曆二年，各道廉訪司所察勸官内邱何主簿等凡六人，惰官濮陽縣尹等凡四人。

至於勸農立社，尤一代農政之善者。先是，大司農卿張文謙奏上立社規條十五款。至元二十三年，命頒於各路，依例施行。今撮其大概載之：

一，諸縣所屬村疃，五十家爲一社，擇高年曉農事者立爲社長。增至百家，别設社長一員。不及五十家者，與近村合爲一社。社遠人稀，不能相合，各自爲社者聽。社長專以教勸農桑爲務，本處官司不得將社長差占，别管餘事。

一，社長宜獎勤罰惰，催其趁時耕作。仍於田塍樹牌橛書某社某人地段，社長以時點視。

一，每丁歲植桑棗二十株，或附宅地植桑二十株。其地不宜桑棗者，聽植榆柳等，其數亦如之。種雜果者，每丁限十株，仍多種苜蓿備凶年。

一，河渠之利委本處正官一員，偕知水利人員，以時濬治。如别無違礙，許民量力自行開引，地高水不能上者，命造水車。貧不能造者，官給車材。

一，近水村疃應鑿池養魚，並鵝鴨之數，及種蒔蓮藕、芡菱、蒲葦等，以助衣食。

一，社内有疾病凶喪之家，不能耕種者，衆爲合力助之。

一，社内災病多者，兩社助之。其養蠶者亦如之。耕牛死，令均錢補買，或兩和租賃。

一，荒田，除軍營報定及公田外，其餘投下、探馬赤官之自行占冒，從官司勘當，得實先給貧民耕種，次及餘户。

一，每社立義倉，社長主之。豐年驗各家口數，每口留粟一斗，無粟者抵斗存留雜色物料，以備凶荒。

一，本社有孝弟力田者，從社長、保甲、本處官司量加優恤。若所保不實，亦行責罰。

一，有遊手好閑及不遵父兄教令者，社長籍記姓名。俟提點官到日，實問情實，書其罪於粉壁。猶不改，罰充本社夫役。

一，每社立學校一，擇通曉經書者爲學師，農隙使子弟入學。如學文有成者，申覆官司照驗。

一，每年十月，委州、縣正官一員，巡視本管境内有蝗蟲遺子之處，設法除之，務期盡絶。

其規畫詳密如此，近古所未有也。

二十九年，命蒙古探馬赤軍人一體入社，依例勸課。

大德三年，申明社長不得差占之制，仍免其本身雜役。六年，翰林院侍講學士王中順呈稱：「前賑濟通州一州，靖海、海門兩縣次序支請。盡係社長居前，里正不預。多有少年愚騃之子，草履赤脛，語言嘲哳。怪而問之，州縣同詞而對，通例如此。切詳按察司、達魯花赤、管民官下，便列社長，責任非輕。當時又立社師，教誨子弟遷善改過。二事外似迂緩，中實要切。况《至元新格》内一款，社長有少年德薄，不爲村疃信服，即聽舉換易。伏思自中統建元迄於今日，良法美意，莫不備舉。但有司奉行不至，事久弊生。愚意以爲，宜申明舊例，社長依前勸課農桑，誡飭子弟，社師依前農隙授學，教以人倫，斯爲治之本也。」中書省韙其言，下諸道行之。

延祐元年，命廉訪司每歲攢造農桑文册，赴大司農司考較。監察御史許有壬言：「農桑之政，責之廉司者，蓋欲勸課官知所警畏。初不係文册之有無。文册之設，本欲歲見種植墾闢、義糧、學校之數，考較增損勤惰，所以見廉訪司親爲之。然養民以不擾爲先，害政以虛文爲甚。農桑所以養民，今反擾之，文册所以核實，今實廢之。各道比及年終，令按治地面，依式攢造。路府行之州縣，州縣行之社長、鄉胥。社長、鄉胥則家至户到，取勘數目。幸而及額，則責報答之需，一或不完，則持其有罪者恣其所求。雞豚盡於供給，生計廢於奔走，一切費用首會箕斂，率以爲常。以一縣觀之，自造册以來，地凡若干，連年栽植有增無減，較其成數，雖屋垣池井盡爲其地，猶不能容，故世有『紙上栽桑』之語。大司農歲總虚文，照磨一畢入架而已。於農事果何益哉？乞命廉訪司，依舊巡行勸課，舉察勤惰。籍册虚文，不必攢造。民既無擾，事亦兩成。」其後大司農司亦言廉訪司所具栽植之數，書於册者類多不實云。

其種植之法，頒於諸道者：至大二年，淮西道廉訪司僉事苗好謙，獻蒔桑法。分農民爲三等，上户地十畝，中户地五畝，下户地三畝或一畝，以時收採桑椹，依法種之。其法出《齊民要術》諸書。至元十六年，江南行御史臺嘗採其法，通行所屬。延祐三年，以好謙所至植桑有成效，命諸道仿行焉。是年，又命各社出地共蒔桑苗，以社長領之，分給諸村，四年，以社桑分給不便，令民各蒔桑苗。

新元史卷之七十　志第三十七

食貨志三

洞冶課 附珠、玉、硝、礬、竹、木課

凡洞冶、鹽、茶、酒及一切雜税，俱謂之「課程」。至元二十年，以中興州及真定、太原等路課程，較之前年，正額增餘外，有多至數倍者，顯見諸路並有增羡。詔中書省定辦課程條畫，頒於諸路。

一，定至元十二年合辦税額。

一，本路公選廉幹官一員爲提點官。

一，榷出增餘，與衆特異者，量加升擢。

一，依舊例，三十分取一分，不得高物價以增税額，亦不得妄榷無税之物。

一，若有門攤課程，依至元十九年例徵收，不得分毫添荅。

一，增餘須盡實到官。

一，路、府、州、司、縣、鄉村、鎮、店，見界院務官有不稱其職者，隨時替罷。

一，管課官有侵欺瞞落官課者，追贓，依條畫科罪。

一，體察追問從前管課官。

一，諸路現辦課程，每月申報細目，季小考，年終大比，視其增虧以爲黜陟。

一，定升降賞罰格例。

其立法之意，嚴於馭吏，寬於取民，亦可謂得理財之要矣。

洞冶之課：至元四年，制國用使司奏：「各處洞冶出產，別無親臨拘榷官司，以致課程不得盡實到官。又各處爐冶耗垛，官銕不曾變易，宜設諸路洞冶總管府，專掌金、銀、銅、鐵、丹粉、錫碌，從長規畫，恢辦課程。」從之。時阿合馬爲制國用司使，聚斂嚴急。尋以百姓包納金課，擾累甚，乃罷各路洞冶總管府，歸其事於有司。其後產金、銀、銅、鐵之處，復立提舉司以領之。

凡產金之所：

在腹裏曰益都、淄萊。至元五年，命益都漏籍户四千淘金於登州栖霞縣，每户輸金四錢。十五年，又以淘金户二千僉軍者，付益都、淄萊等路依舊淘金。納其課於太府監。二十年，遣官檢覈益都淘金欺弊。

遼陽曰大寧、開元。至元十年，聽李德仁於龍山縣胡碧峪淘採，每歲納課金三兩。十三年，又於遼東雙城及和州等處開採。

江浙曰饒、徽、池、信。至元二十四年，立提舉司，以建康等處淘金户七千三百六十五隸之，所轄金場七十餘所。未幾，以建康無金，罷提舉司。其饒、徽、池、信之課，皆歸之有司。

江西曰龍興、撫州。至元二十三年，撫州樂安縣小曹，周歲辦金一百兩。

湖廣曰岳、澧、沅、靖、辰、潭、武岡、寶慶。至元十九年，以蒙古人孛羅領辰、沅等州淘金事。二十年，撥常德、辰、沅、澧、靖民萬户付金場轉運司淘採。

河南曰江陵、襄陽。四川曰成都、嘉定。元貞元年，以病民罷之。

雲南曰威楚、麗江、大理、金齒、臨安、曲靖、元江、羅羅、會川、建昌、德昌、柏興、烏撒、東川、烏蒙。至元十四年，諸路總納金課一百五錠。

凡産銀之所：

在腹裏曰大都、真定、保定、雲州、般陽、晉寧、懷孟。至元十一年，聽王庭璧於檀州奉天等洞採之。十五年，令關世顯等於薊州豐山採之。二十七年，撥民户於望雲煽冶，設從七品官掌之。二十八年，又開聚陽山銀場。二十九年，立雲州等處銀場提舉司。

遼陽曰大寧。延祐四年，惠州銀洞三十六眼，立提舉司辦課。

江浙曰處州、建寧、延平。至元二十一年，建寧南劍等處立銀場提舉司煽冶。

江西曰撫、瑞、韶。元貞元年，江南行省臣言：「銀場歲辦萬一千兩，未嘗及額，民不堪命。請自今從實收納。」從之。瑞州蒙山場，至元二十一年撥糧一萬二千五石，辦銀五百錠。後撥至四萬石。至大元年，撥徽政院，連年虧額。延祐七年，依原定糧價折收原銀七百錠，解提舉司收納。至元二十三年，韶州曲江縣銀場聽民煽冶，歲輸銀三千兩。

湖廣曰興國、郴州。

河南曰汴梁、安豐、汝寧。延祐三年，李允直包羅山縣銀場課銀三錠。四年，李珪等包霍丘縣豹子涯洞課銀三十錠。

陝西曰商州。

雲南曰威楚、大理、金齒、臨安、元江。

凡産銅之所：

在腹裏曰益都。至元十年撥户一千於臨朐縣七寶山等處採之。

遼陽曰大寧。至元十五年，撥採木夫一千户於錦、瑞州雞山、巴山等處採之。

雲南曰大理、澂江。至元二十二年，撥漏籍户於薩矣山煽冶，凡十有一所。至元二十年，中書省臣復奏：「根訪産銅出處，召人興冶，禁約諸人毋得沮壞。」從之。

凡産鐵之所：

在腹裏曰河東、順德、檀、景、濟南。

太宗八年，立爐於交城縣，撥冶户一千煽冶。至元五年，始立河東洞冶總管府。七年，罷之。十三年，立平陽等路提舉司，明年又罷之。大德十一年，聽民煽冶，官爲抽分。至大元年，復立河東都提舉司，所隸之冶八：曰大通、興國、惠民、利國、益國、閏富、豐寧、豐寧之冶有二。

在順德者：至元三十一年，撥冶户六千煽冶。大德元年，立都提舉司。延祐六年，罷順德都提舉司，併爲順德、廣平、彰德等處提舉司，所隸之冶六：曰神德、左村、豐陽、臨水、沙窩、固鎮。

在檀、景等處者：太宗八年始撥北京户煽冶。中統二年，立提舉司。大德五年，併檀、景三提舉司爲都提舉司，所隸之冶七：曰雙峰、暗峪、銀匡、大峪、五峪、利貞、錐山。

在濟南等處者：中統四年，拘漏籍户三千煽冶。至元五年，立洞冶總管府，七年罷。至大元年，復立濟南提舉司。所隸之監五：曰寶成、通和、昆吾、元國、富國。

河南曰潁州光化。至元四年，興河南等處鐵冶，令禮部尚書木和納兼領已括户三千興煽潁州光化鐵冶，歲輸鐵一百萬七千斤，就鑄農事二十萬事市之。

江浙曰饒、徽、寧國、信、慶元、台、衢、處、建寧、興化、邵武、漳、福、泉。

江西曰龍興、吉安、撫、袁、瑞、贛、臨江、桂陽。

湖廣曰沅、潭、衡、武岡、寶慶、永、全、常寧、道州。

陝西曰興元。

雲南曰中慶、大理、金齒、臨安、曲靖、澂江、羅羅、建昌。

獨江浙、江西、湖廣之課爲最多。元貞二年，中書省奏罷百姓自備工本爐冶，官爲興煽發賣。大德七年，定各處鐵冶課，依鹽法一體禁治。

凡産鉛錫之所：

在江浙曰鉛山、台、處、建寧、延年、邵武。江西曰韶州、桂陽。湖廣曰潭州。至元八年，沅、辰、靖等處轉運司印造錫引，每引計錫一百斤，收鈔三百文。商賈引赴各冶支錫販賣，無引者比私鹽減等杖六十，其錫没官。

凡産硃砂、水銀之所：

在遼陽曰北京。湖廣曰潭、沅。四川曰思州。

產碧甸子之所在：曰和林，曰會川。在北京者，至元十一年，命蒙古都喜以恤品人户於吉私迷之地採鍊。在湖廣者，沅州五寨蕭雷發等每年包納朱砂一千五百兩，羅管寨包納水銀二千二百四十兩，潭州安化縣每年辦朱砂八十兩、水銀五十兩。碧甸子在和林者，至元十年命烏馬兒採之。在會川者，二十一年輸一千餘塊。

洞冶之外，產珠之所在：曰大都，元貞元年，聽民於楊村直沽口撈採，命官買之。曰東京，至元十一年，令滅怯、安山等採於宋阿江、阿爺苦江、忽呂古江。曰廣州，採於大步海。他如兀難、曲朵剌、渾都忽三河之珠，至元五年徙鳳哥等户採之。勝州、延州、乃延等地之珠，十三年令朵魯不歹採之。

產玉之所在：曰匪力河。至元十一年，迷兒、麻合馬、阿里三人言：「淘玉户舊有三百，今存者止七十户，其力不充，匪力河旁近有民户六十習淘玉，請免其差役，與淘户等，所淘之玉自水站送於京師。」從之。曰河西。至大元年，中書省臣言：「阿失帖木兒請遣教化的詣河西采玉，駄攻玉沙之馬四十餘匹，玉工至千餘人。臣等以爲不急之務，請罷之。」從之。

產礬之所在：

曰廣平。至元二十八年，路鵬舉獻磁州武安縣礬窰十處，歲辦白礬三千斤。曰潭州。至元十八年，李日新自具工本於瀏陽永興礬場煎礬，每十斤官抽其二。曰河南。至元二十四年，立礬課所於無爲路，每礬一引重三十斤，直鈔五兩。元貞元年，中書省臣同河南行省平章政事孛羅歡等言：「無爲礬課，初歲入爲鈔止一百六十錠，後增至二千四百錠。大率斂富民、刻吏俸、停竈户工本以足之。宜減其數。」詔遣人覈實汰之。

產硝、鹻之所在：

曰晉寧。

竹則所在產之。

元初，惟河南之懷孟，陝西之京兆、鳳翔有官竹園，立司竹監掌之。每歲令稅課所官以時採伐，定其價爲三等。至元二年，減輝州竹課。先是，官取十之六，至是減其二。四年，命制國用使司印造懷孟等路司竹監竹引一萬道，每道取工墨一錢，凡竹商皆給引。二十一年，以懷孟等路竹貨，係百姓栽植恒產，有司拘收發賣，妨奪生理，乃罷司竹監，聽民自買輸稅。初，懷、衛居民犯一筍、一竹，率以私論，民苦之。輝州知州尚文入爲户部司金郎中，言其事，帝始罷之。二十三年，又用前抄紙坊大使郭畯言，立竹課提舉司於衛州，管輝、懷、嵩、洛、京襄及益都、宿遷等四處。在官者給引，在民者包認課程。江南竹貨，許腹裏通行，止於賣處納稅。二十九年，用丞相完澤言，罷懷孟等路竹課。

天曆元年歲課數目：

金課：

腹裏：四十錠四十七兩三錢。

江浙：一百八十錠一十五兩一錢。

江西：二錠四十五兩五錢。

湖廣：八十錠二十兩一錢。

河南：三十八兩六錢。

四川：麩金七兩二錢。

雲南：一百八十四錠一兩九錢。

銀課：

腹裏：一錠二十五兩。

江浙：一百二十五錠三十九兩二錢。

江西：四百六十二錠三兩五錢。

湖廣：二百三十六錠九兩

雲南：七百三十五錠四兩三錢。

銅課：

雲南：二千三百八十斤。

鐵課：

江浙：額外鐵二十四萬五千八百六十七斤，課鈔一千七百三錠一十四兩。

江西：二十一萬七千四百五十斤，課鈔一百七十六錠二十四兩。

湖廣省：二十八萬二千五百九十五斤。

河南：三千九百三十斤。

陝西：一萬斤。

雲南：一十二萬一千七百一斤。

鉛錫課：

江浙：額外鉛粉八百八十七錠九兩五錢，鉛丹九錠四十二兩二錢，黑錫二十四錠一十兩二錢。

江西：錫一十七錠七兩。
湖廣：鉛一千七百九十八斤。
礬課：
腹裏：三十三錠二十五兩八錢。
江浙：額外四十二兩五錢。
河南省：額外二千四百一十四錠二十三兩一錢。
硝鹻課：
晉寧路：二十六錠七兩四錢。
竹木課：
腹裏：木六百七十六錠一十五兩四錢，額外木七十三錠二十五兩三錢，竹一千一百三錠二兩二錢。
江浙：額外竹木九千三百五十五錠二十四兩。
江西：額外竹木五百九十錠二十三兩三錢。
河南：竹二十六萬九千九百九十五竿，板木五萬八千六百條，額外竹木一千七百四十八錠三十兩一錢。木課無可考，額數僅見於此。

新元史卷之七十一　志第三十八

食貨志四

鹽課

元初，以酒醋、鹽、河泊、金、銀、鐵冶六色課於民，歲額銀萬錠。太宗二年，始定鹽法：一引重四百斤，價銀十兩。中統二年，減爲七兩。至元十三年，每引改爲中統鈔九貫。二十六年，增爲五十貫。元貞二年，又增爲六十五貫。至大二年至延祐三年，累增爲一百五十貫。至大四年，户部言鹽課價錢，中統至元年間，每引一十四兩，至元二十二年每引二十兩，已後遞添至元貞二年，一引作中統鈔六十五兩。此時中統一兩可買鹽四斤上下。至大二年，尚書省奏准：每鹽一引改作至大銀鈔四兩。該至元二十兩折中統鈔一百兩，較原價斗添三分之一。按中統兩貫同白銀一兩，一貫同交鈔一兩，中統二年減爲七兩，白銀七兩也。户部所云每引十四兩，交鈔十四兩也。大德四年，定每一引正課六十六兩，帶取鈔二兩五錢，綱船水脚一兩一錢，裝鹽席索錢七錢，倉場脚錢六錢，共納官中鈔六十七兩五錢。

凡諸色課程，以鹽課所入爲最鉅，其條畫亦最爲繁重。《至元新格》爲鹽課設立者凡九事，今撮其大概言之：諸官吏違法營私，逐一出榜，嚴行禁治，仍差廉幹人員體察，務使公私便利。諸場鹽袋皆判官監裝，須斤重平均無餘欠。諸竈户中鹽到場，須隨時兩平收納，不得留難。合給工本，運官臨時給付。諸場積垛未樁鹽數，須使水潦不能侵犯。若防備不如法以致損敗者，並賠償。諸院務官大者不過三員，其攢攔人等斟酌存設，無使冗濫。諸轉運司並提點官吏，凡於管下取借財物者，以盜論。諸監司凡報告私鹽，須指定煎藏處所，不得妄入人家搜捉。諸捉獲私鹽，取問是實，依條追没，立案中合屬上司。諸鹽法須見錢賣引，必價鈔入庫，鹽袋出場，方始結課。其運司官能使課程增羨者，奏聞升擢。

至元二十二年。中書省奏：「一引鹽根，官司售十五兩，而富豪有氣力者詭名買引，勒掯漁利。十八年，潭州一引鹽賣一百八十兩，江西賣一百七十兩，上都、大都一引鹽亦賣一百二十兩，聖恩不能下逮，窮民淡食，請設立常平鹽局。如鹽商掯重價，則官司賤賣以便窮民。」從之。

其頒行之條畫：

一，鹽局設大使、副使各一員，選信實有抵業者充之。

一，年銷鹽數，驗户口多寡斟酌。

一，鹽袋不問，價例平和，聽從民便發賣。如鹽價增添無販者，官爲發賣。

一，本處正官提點發賣毋致闕誤，亦不得尅減斤兩虧損窮民。

一，合設鹽局，本路就便斟酌設立。

一，合用攢典、秤子人等，於酌中户内差撥，勿多餘濫設。

一，各處運司至元二十二年額定鹽數，先儘常平鹽袋。

一，各處運司額辦鹽數，督催各場趁時並造，毋致闕設支發。

二十九年，中書省頒恢辦課程條畫：

一，隨路應管公事官吏並軍民人等，毋得虛棒扇惑，攪擾沮壞見辦課程。

一，蒙古、漢軍、探馬赤、打捕鷹房、站赤諸色人等，一體買食官鹽，不得私煎販賣。

一，見錢賣引，依次支發鹽袋，監臨主守人等不得賒買。違者，其價與鹽俱没官。詭名盜買者，仍徵倍贓。

一，納課買引赴場，查鹽不得攙資越次，恃賴氣力，勒索斤重。

一，煎鹽地面，如係官山場、草蕩，煎鹽草地，諸人不得侵佔。

一，官定袋法，每引四百斤之外，夾帶多餘斤重者，同私鹽法科斷。

一，巡禁鹽者，附場百里之外，從運司委人巡捉。其餘行鹽之處，委鹽官與管民正官巡捉。

一，行鹽地面，有私立牙行，大稱破壞鹽法者，所在官司截日罷去，違者捉拿治罪。

一，當該官吏有尅減工本，或以他物准折，虧損竈户者，嚴行斷罪，仍勒賠償。

一，販鹽者不得插和灰土，違者嚴行斷罪。

一，販私鹽者科徒二年、決杖七十，財產一半没官。決訖，帶鐐居役，日滿釋放。有人告捕得者，於没官物内一半充賞。販鹽犯界者，減私鹽一等。

一，隨路官司有虧損公課者，問實，截日罷去本官，拖欠課程依數追徵。

一，附場百里之内，民户食鹽，官爲置局發賣，從運司憑驗關防，勿致私鹽生發。

一，賣過鹽引，限五日内赴所在官司繳，内一兩淮兩浙運鹽綱船車馬，諸人不得拘奪，違者從行省斷罪。

延祐五年，申明鹽課條畫。六年，又頒鹽法通例。大抵皆本至元條畫而損益之。惟私鹽犯界鹽走透，管民、提點官及巡尉、弓兵人等，初犯笞四十，再犯杖八十，三犯杖百，仍除名。通用縱放者，與犯人同罪。立法太嚴，官吏獲罪日多，非經久之制云。至禁鹽司人買引，大德七年，始著爲令。

大都鹽場：太宗八年，置於白陵港、三叉、大沽等處，每引給工本錢。至元二年，增實坻二鹽場；竈户工本，每引中統鈔三兩。八年，以民户多食私鹽。虧國課，驗口給鹽。十九年，於大都置局賣引，鹽商買引關鹽。二十八年，增竈户工本。每引中統鈔八兩。

元統二年，監察御史言：「竊睹京畿居民繁盛，日用之中鹽不可闕。大德中，因商販把握行市，民食貴鹽，乃置局設官賣之，中統一貫買鹽四斤八兩。後雖倍價，猶敷民用。及泰定間，因所任局官不得其人，致有短少之弊。於是巨商趨利者營求。當道以局官侵盜爲由，輒奏罷之，復從民販賣，自是鈔一貫僅買鹽一斤。無籍之徒私相犯界煎賣，官課爲所侵礙，而民食貴鹽益甚，實不副朝廷恤民之意。宜仍舊設局，官爲發賣，庶課不虧，而民受賜。」既而大都路與大興、宛平縣所申，又户部尚書條奏，皆如御史之言。户部議：「仍依舊制，於南北二城置局十有五處。每局日賣十引，設賣鹽官二員，每中統鈔一貫買鹽二斤四兩。凡買鹽過十貫者，禁之。不及貫者，從所買與之。如滿歲無短少失陷，及元定分數者，減一界升用。若有侵盜者，依例追斷。其合賣鹽數，令河間運司分爲四季，起赴京廒，用官定法物兩平稱收，分給各局。」中書省如所擬行之。

至正三年，監察御史王思誠、侯思禮等言：「京師自大德七年罷大都鹽運司，設官賣鹽置局十有五處，泰定二年以其不便罷之。元統二年又復之，迨今十年，法久弊生，在船則有侵盜滲溺之患，入局則有和雜灰土之奸。名曰一貫二斤四兩，實不得一斤之上。其潔净不雜而斤兩足者，唯上司提調數處耳。又常白鹽一千五百引，用船五十艘。每歲以四月起運官鹽二萬引，用船五十艘。每歲以七月起運，而運司所遣之人擅作威福，南抵臨清，北自通州，所至以索截河道，舟楫往來無不被擾，名爲和顧。實乃强奪。一歲之中，千里之内，凡富商巨賈、達官貴人之船一概遮截，得賄放行。所拘留者，皆貧弱無力之人，其船小而不固，滲溺侵盜，弊病多端。既達京廒，又不依時交收，淹延歲月，困守無聊，鬻妻子、質舟楫者，往往有之。客船既狼顧不前，京師百物爲之湧貴。竊計官鹽二萬引，每引脚價中統鈔七貫，總爲鈔三千錠。而十五局官典俸給以一歲計之，又五百七十六錠。其就支賃房之資，短脚之價，蓆草諸物，又在外焉。當時置局設官，但爲民食貴鹽，殊不料官賣之弊，反不如商販之賤。豈忽徒耗國帑，而使商民受害？宜罷其鹽局，及來歲起運之時，揭榜播告鹽商，從便入京興販。若常白鹽所用船五十艘，亦宜於江南造小料船處，如數造之。既成之後，付運司顧人運載。庶舟楫通，商賈集，則京師百物賤，而鹽亦不貴矣。」户部議：「元設鹽局合准革罷，聽從客旅興販。其常白鹽，係内府必用之物，起運如故。」中書省如部擬行之。

河間鹽場：太宗二年置，撥户二千三百七十六，鹽一袋重四百斤。至元七年，定例歲煎鹽十萬引，辦課一萬錠。十二年，增竈户九百餘，增鹽課二十萬引。十八年，增工本爲中統鈔三貫。十八年，江南、江北、陝西、河間、山東請鹽場增竈户。又增竈户七百八十六。二十三年，增鹽課爲二十九萬六百引。二十五年，增工本爲中統鈔五貫。二十七年，增竈户四百七十，辦鹽三十五萬引。至大元年，增至四十五萬引。延祐元年，以虧課，停五萬引。

至正二年，河間運司申：「本司歲辦額餘鹽共三十八萬引，計課鈔一百一十四萬錠，以供國用，不爲不重。近年以來，各處私鹽及犯界鹽販賣者衆，蓋因軍民官失於禁治，以致侵礙官課，鹽法澀滯，實由於此。乞降旨宣諭所司，欽依規辦。」中書省奏聞，勑戒飭之。

三年，河間運司申：「生財節用，固治國之常經；薄賦輕徭，實理民之大本。本司歲額鹽三十五萬引，近年又添餘鹽三萬引。元簽竈户五千七百七十四户，除逃亡外，止存四千三百有一户。每年額鹽，勒令現在疲乏之户勉强包煎。今歲若依舊煎辦，人力不足。又兼行鹽地方旱蝗相仍，百姓無買鹽之資。如蒙矜憫，自至正二年爲始，權免餘鹽三萬引，俟豐稔之歲，煎辦如舊。」户部以錢糧支用不敷，權擬住煎一萬引，中書省如部擬行之。

既而運司又言：「至元三十一年，本司辦鹽額二十五萬引，自後累增至三十有五萬。元統元年，又增餘鹽三萬引。已經奏准住煎一萬引，外有二萬引，若依前勒令見户包煎，實爲難堪。如並將餘鹽二萬引住煎，誠爲便益。」中書省議：權擬餘鹽二萬引住煎一年，至正四年煎辦如故。

山東鹽場：太宗二年置，竈户二千一百七十，銀一兩得鹽四十斤。中統元年，歲辦銀二千五百錠。四年，令民户月買鹽三斤。竈户逃者，以民户補之。是歲，辦銀三千三百錠。至元二年。辦課銀四千六百錠一十九兩。是年，户部造山東鹽引。六年，增引爲七萬一千九百九十八。自是，每歲增之。至十二年，爲引十四萬七千四百八十七。十八年增竈户七百，增引爲十六萬五千四百八十七，工本增爲中統鈔三貫。二十三年，增引二十七萬一千七百四十二。二十六年，減爲二十二萬。大德十年，又增至二十五萬。至大元年以後，歲辦正餘鹽爲三十一萬引。

元統二年，户部呈：「據濟南路副達魯花赤完者、同知闍里帖木兒言：『比大都、河間運司，改設巡鹽官一十二員，專一巡禁本部。詳山東運司，歲辦鈔七十五萬餘錠，行鹽之地，周圍三萬餘里，止是運判一員，豈能偏歷？恐私鹽來往，侵礙國課。』本部議：河間運司定設奏差十二名，巡鹽官十六名，山東運司設奏差二十四名，今比例添設巡鹽官外，據元設奏差内減去十二名。」中書省如所擬行之。

三年，山東運司據臨朐、沂水等縣申：「本縣十山九水，居民稀少，元係食鹽地方，後因改爲行鹽，民間遂食貴鹽，公私不便。如蒙仍改食鹽，令居民驗户口多寡，以輸課税，則官民俱便，抑且可革私鹽之弊。本司移分司，及益都路並下滕、嶧等州，皆以食鹽爲便。」户部議：「山東運司所言，於滕、嶧等處增置十有一局，如登、萊三十五局之例，於錢穀官内通行銓注局官，散賣食鹽，官民俱便。既經有司講究，宜從所議。」中書省如所擬行之。

河東鹽場：太宗二年置，銀一兩得鹽四十斤。五年，撥新降户一千爲鹽户，命鹽使姚行簡等修鹽池損壞處。憲宗七年，增撥一千八十五户，歲撈鹽一萬五千引，辦課銀三千錠。中統三年，以民户煎小鹽，歲辦課銀二百五十錠。五年，又辦小鹽課銀爲二百五十錠。至元三年，諭陝西四川以所辦鹽課輸納於行制國用使司。十年，命撈鹽户九百八十餘，丁撈鹽一石，給工價鈔五錢。歲辦鹽六萬四千引，計中統鈔一萬一千五百二十錠。二十九年，減大都鹽一萬引，入京兆鹽司。大德十一年，增爲八萬二千引。至大元年，又增煎餘鹽爲二萬引，通爲十萬二千引。延祐三年，以池爲雨壞，減課鈔爲八萬二千餘錠。於是晉寧、陝西改食常仁紅鹽，懷孟、河南改食滄鹽，仍輸課於陝西。旋以民不堪命，免其課。六年，增餘鹽五百引。是年，實撈鹽十八萬四千五百引。天曆二年，辦課鈔三十九萬五千三百九十五錠。

四川鹽場：初撥竈户五千九百餘。至元二年，命修理鹽井，禁解鹽不許過界，以鹽井壞廢，川民多食解鹽故也。二十二年，歲煎鹽一萬四百五十一引。二十六年，增至一萬七千一百五十二引。皇慶元年，減煎餘鹽五千引。天曆二年，增引爲二萬八千九百一十，鈔八萬六千七百三十錠。

元統三年，四川鹽茶轉運使司請於所辦餘鹽一萬引内，量減帶辦兩淛五千引之數。又分司運官亦言：「四川鹽井，俱在萬山之間，比之腹裏、兩淮，優苦不同，又行帶辦餘鹽，民不堪命。」中書省奏聞。敕帶辦餘鹽五千引，權行倚閣。

遼陽鹽場：太宗九年，立隨車隨引載鹽之法。每鹽一石價錢七錢半，帶納匠人米五升。乃馬真皇后稱制四年，合懶路歲辦課白布二千匹，恤品路布一千匹。至元四年，禁東京懿州乞石兒硬鹽，不許過塗河界。是年，命各位下鹽課如例輸納。二十四年，灤州四處鹽課舊納羊一千頭者，令依例納鈔。延祐二年，命食鹽民户課鈔，每兩率加五錢。

兩淮鹽場：至元十三年，命提舉馬里范張依宋舊例辦課，每引重三百斤，其價爲中統鈔八兩。十四年，改每引四百斤。十六年，歲辦五十八萬七千六百二十三引。十八年，增爲八十萬引。二十六年，減十五萬引。三十年，以襄陽民改食淮鹽，增八千二百引。大德四年，元貞二年，以河南虧兩淮鹽十萬引，鈔五千錠，遣札剌亦台鞫問，罪之。諭鹽運司設關防之法，凡鹽商經批驗所發賣者，所官收批引牙錢，不經批驗所者，本倉就收之。八年，停煎五萬餘引。天曆二年，額辦正餘鹽九十五萬七千五十五引，中統鈔二百八十五萬二百二十五錠，工本自四兩遞增至十兩。

至元六年，兩淮運司准行户部尚書運使王正奉牒：「本司自至元十四年創立，當時鹽課未有定額，但從實恢辦，自後累增至六十五萬七十五引。客人買引，自行赴場支鹽，場官逼勒竈户，加其斛面，以通鹽商，壞亂鹽法。大德四年，中書省奏准，改法立倉，設綱儹運，撥袋支發，以革前弊。至大間，煎添正額餘鹽三十萬引，通九十五萬七十五引，客商運至揚州東關，俱於城河内停泊，聽候通放，不下四十萬餘引，積疊數多，不能以時發放。」至順四年，前運使韓大中等又言：「歲賣額鹽九十五萬七十五引。客商買引，關給勘合，赴倉支鹽，顧船脚力，每引遠倉該鈔十二三貫，近倉不下七八貫，運至揚州東關，俟以次通放。其船梢人等，恃鹽主不能照管，視同己物，恣爲侵盗。及事敗到官，非不嚴加懲治，莫能禁止。其所盗之鹽，以鈔計之，不過折其舊船以償，安能如數徵之。是以裏河客商，虧陷資本，外江興販，多被欺侮，而百姓高價以買不潔之鹽，公私俱困。竊照揚州城外，沿河兩岸多有官民空閒之地，如聽鹽商自行買地。起造倉房，支運鹽袋，臨期用船，載往真州發賣，既防侵盗之患，尤爲悠久之利，其於鹽法非小補也。」既申，中書、户部及河南行省照勘。文移往復，紛紜不決。久之，户部乃定議，令於客商帶納挑河錢内，撥鈔一萬錠，起造倉房，仍咨河南行省，委官偕運司相視，果無違礙，而後行之。

兩浙鹽場：至元十四年置，歲辦九萬二千一百四十八引。每引分二袋，每袋依宋十八界會子，折中統鈔九兩。十八年，增引爲二十一萬八千五百六十二。十九年，每引增鈔四貫。二十一年，置常局以平鹽價。二十三年，增引爲四十五萬。二十六年，減十萬引。三十年，置局賣鹽魚於濱海漁所。三十一年，併四十所爲三十四場。大德五年，增引爲四十五萬。至大元年，又增餘鹽五萬引。延祐六年，歲辦五十萬引。七年，定鹽課十分爲率，收白銀一分，每銀一錠，准鹽課四十錠。其工本鈔，浙西正鹽每引增至二十兩，餘鹽至二十五兩；浙東正鹽增至二十五兩，餘鹽三十兩。

至元五年，兩浙運司申：

本司自至元十三年創立，當時未有定額，至十五年始立額，辦鹽十五萬九千引。自後累增至四十五萬引，元統元年又增餘鹽三萬引，每歲總計四十有八萬。每引初定官價中統鈔五貫，自後增爲九貫、十貫，以至六十貫、一百貫，今則爲三錠矣。每年辦正課中統鈔一百四十四萬錠，較之初年，引增十倍，價增三十倍。課額愈重，煎辦愈難，兼以行鹽地界所拘户口有限。前時聽客商就場支給，設立檢校所，稱檢出場鹽袋。又因支查停積，延祐七年，比兩淮之例，改法立倉，綱官押船到場，運鹽赴倉收貯，客旅就倉支鹽。始則爲便，經今二十餘年，綱場倉官任非其人，惟務掊克。況本司地界居江枕海，煎鹽停竈，散漫海隅。行鹽之地，裏河則與兩淮鄰接，海洋則與遼東相通。番舶往來，私鹽出没，雖有刑禁，難盡防禦。鹽法墮壞，亭民消廢，其弊有五：

本司所轄場司三十四處，各場元簽竈户一萬七千有餘，後因水旱疫癘，流移死亡，止存七千有餘。即今未蒙簽補，所據拋下額鹽，唯勒見户包煎而已。若不早爲簽補，優加存恤，將來必致損見户而虧大課。此弊之一也。

各綱運鹽船户，經行歲久，奸弊日滋。凡遇到場裝鹽之時，私屬鹽場官吏司秤人等，重其斤兩，裝爲硬袋。出場之後，沿塗盜賣，以灰土補其所虧。及到所赴之倉，而倉官司秤人又各受賄，既不加辨，秤盤又不如法。在倉日久，又復消折。袋法不均，誠非細故。不若仍舊令客商就場支給，既免綱運倖給水脚之費，又鹽法一新。此弊之二也。

本司歲辨額鹽四十八萬引，行鹽之地，兩浙、江東凡一千九百六十萬餘口，每日食鹽四錢一分八釐，總計爲四十四萬九千餘引。雖賣盡其數，猶剩鹽三萬一千餘引。每年督勒有司，驗户口請買。又值荒歉連年，流亡者衆，兼以瀕江並海，私鹽公行，軍民官失於防禦，各倉停積累歲未賣之鹽，凡九十餘萬引，無從支散。此弊之三也。

又每季拘收退引，凡遇客人運鹽到所賣之地，先須住報水程及所止店肆，繳納退引。豈期各處提調之官，不能用心檢舉，縱令吏胥坊里正等，需求分例錢，不滿所欲，則多端留難。客人或因發賣遲滯，轉往他所，引不拘納，致令奸民藏匿在家，影射私鹽。且賣過官鹽之後，即將引目投之鄉胥。又有狡猾之徒，不行納官，執以興販私鹽。此弊之四也。

比年以來，各倉官攢，肆其貪欲，出納之間，兩收其利。凡遇綱船到倉，必受船户之賄，縱其雜和灰土，收納入倉。或船户運至好鹽，無錢致賄，則故生事留難，以致停泊河岸，侵欺盜賣。其倉官與監運人等爲弊多端，是以各倉積鹽九十餘萬引，新舊相並，充溢廊屋，不能支發，走鹵消折，利害非輕。雖繫客人買過之物，課鈔入官，實恐年復一年，爲患益甚。此弊之五也。

五者之中，各倉停積爲急務。驗一歲合賣之數，止該四十四萬餘引，儘賣二年，尚不能盡，又復煎運到倉，積累轉多。如蒙特賜奏聞，選委德望重臣，與拘該官府，從長講究，定爲良規，庶幾課不虧而民受賜。

六年，中書省奏選官整治江浙鹽法，命江浙行省右丞納麟及首領官趙郎中等提調，既而納麟又以他故辭。

至正二年，中書右丞相脱脱、平章鐵木兒塔識等奏：「兩浙食鹽，害民爲甚，江浙行省官、運司官屢以爲言。擬合欽依世祖皇帝舊制，除近鹽地十里之内，令民認買，革罷見設鹽倉綱運，聽從客商赴運司買引，就場支鹽，許於行鹽地方發賣，革去派散之弊。及設檢校批驗所四處，選任幹廉之人，直隸運司，如遇客商載鹽經過，依例秤盤，均平袋法，批驗引目，運司官常行體究。又自至元十三年歲辦鹽課，額少價輕，今增至四十五萬，額多價重，轉運不行。今户部定擬，自至正二年爲始，將兩浙額鹽量減一十萬引，俟鹽法流通，復還元額，散派食鹽，擬合住罷。」敕從之。

福建鹽場：至元十三年，始收課爲引六千五十五。二十年，增引爲五萬四千二百。二十四年。歲辦鹽六萬引。二十九年，增引爲七萬，大德十年，增至十萬。至大元年，又增至十三萬。至順元年，實辦課三十八萬七千七百八十三錠。其工本，煎鹽每引遞增至二十貫，曬鹽每引至十七貫四錢。福建鹽司轄十場，煎鹽六，曬鹽四。鹽之色與净砂無異，名曰砂鹽。販徒插和砂土，不能辨别。大德五年，鹽司出榜禁之。

至元六年，福建運司申：「本司歲辦課鹽十有三萬九引一百八十餘斤，今查勘得海口等七場，至元四年閏八月終，積下附餘增辦等鹽十萬一千九百六十二引二百六十二斤。看詳既有積儹附餘鹽數，據至元五年額鹽，擬合照依天曆元年住煎正額五萬引，不給工本，將上項餘鹽五萬，准作正額，省官本鈔二萬錠，免致亭民重困。本年止辦額鹽八萬九引一百八十餘斤，計鹽十有三萬九引有奇，通行發賣，辦納正課。除留餘鹽五萬餘引，預支下年軍民食鹽，實爲官民便益。」中書省從所擬行之。

至正元年，詔：「福建、山東俵賣食鹽，病民爲甚。行省、監察御史、廉訪司，拘該有司官，宜公同講究。」二年，江浙行省左丞與行臺監察御史、福建廉訪司及運使常山李鵬舉、漳州等八路正官議得食鹽不便，其目有三：一曰餘鹽三萬引，難同正額，擬合除免。二曰鹽額太重，比依廣海例，止收價二錠。三曰住罷食鹽，並令客商通行。中書省送户部定擬，自至正三年爲始，將餘鹽三萬引權令減免，散派食鹽擬合住罷。其減正額鹽價，與廣海提舉司事例不同，別難更議。右丞相脱脱、平章帖木兒達失等，以所擬奏行之。

廣東鹽場：至元十三年，依宋舊例辦課。十六年，辦鹽六百二十一引。二十二年，歲辦引一萬八百二十五。二十三年，增引爲一萬一千七百二十五。大德四年，增正餘鹽引至二萬一千九百八十二。十年，又增至三萬。十一年，增至三萬五千五百。至大元年，又增餘鹽一萬五千引。延祐五年，定歲煎五萬五百引。五年，增爲五萬五百五十二。

至元二年，監察御史韓承務言：「廣東道所管鹽課提舉司，自至元十六年爲始，止辦鹽額六百二十一引，自後累增至三萬五千五百引，延祐間又增餘鹽，通正額計五萬五百五十二引。竈户窘於工程，官民迫於催督，呻吟愁苦，已逾十年。泰定間蒙減免餘鹽一萬五千引。元統元年，都省以支持不敷，權將已減餘鹽，依舊煎辦，今已二載，未蒙住罷。竊意議者，必謂廣東控制海道，連接諸番，船商輳集，民物富庶，易以辦納，是蓋未能深知彼中事宜。本道所轄七路八州，平土絕少，其民力耕火種，巢顛穴岸，崎嶇辛苦，貧窮之家，經歲淡食，額外辦鹽。賣將誰售？所謂富庶者，不過城郭商賈與舶船交易者數家而已。竈户鹽丁，十逃三四，官吏畏罪，止將見存人户勒令帶煎。又有大可慮者，本道密邇蠻獠。民俗頑惡，誠恐有司責辦太嚴，斂怨生事。如蒙捐此微利，以示大信，疲民幸甚。」中書省送户部定擬，自元統三年爲始，廣東提舉司所辦餘鹽，量減五千引，中書省以所擬奏行之。

廣海鹽場：至元十三年置，辦鹽二萬四千引。大德十年，大德二年，增鹽價一引爲六十貫，工本十貫。獨廣西如故。增引爲三萬一千。至大元年，又增餘鹽一萬五千引。延祐二年，正餘鹽通爲五萬一百六十五引。

至元五年，湖廣行省言：「廣海鹽課提舉司額鹽三萬五千一百六十五引，餘鹽一萬五千引。近因黎賊爲害，民不聊生，正額積虧四萬餘引，卧收在庫。若復添辦餘鹽，困苦未甦，恐致不安。事關利害，如蒙除免，庶期元額可辦，不致遺患邊民。」户部議：「上項餘鹽，若全恢辦，緣非元額，兼以本司僻在海隅，所轄竈民，累經掠劫，死亡逃竄，民物凋敝，擬於一萬五千引内，量減五千引，以紓民力。」中書省以所擬奏行之〔一〕。

【校勘記】

〔一〕「中書省」，「省」字原脱，據上文廣東條及王圻《續文獻通考》卷二三《征榷考》補。《元史》卷九七志第四十五下《食貨五》廣海條「中書」下脱「省」字，廣東條作「中書省」不誤，與本書同。王圻《續文獻通考》廣東條「中書」下脱「省」字，廣海條作「中書省」不誤。

新元史卷之七十二　志第三十九

食貨志五[一]

酒醋課　茶課　市舶課

酒醋課。太宗三年，立酒醋局坊場官，榷酤辦課，仍以州府縣司長吏充提點官，隸徵收課税所，其課税驗户口多寡定之。六年，頒酒麴醋貨條禁，私造者依條治罪。

至元十年，御史臺言：「酒户見納課程，每石賣鈔四兩，内納官課鈔一兩。葡萄酒每一千斤賣鈔一百兩，内納官課鈔六兩。此係榷貨，難同商税。葡萄酒合依酒户一體納課。」户部議：「葡萄酒不用米麴，與釀造不同，仍依舊例，三十分取一。」

至元十五年，禁私酒，造酒者笞七十七，財産斷没，飲者笞一十七。

二十年，申嚴酒禁，有私造者財産、女子没官，犯人配役。二十二年，聽農民造醋自用，免其課税。酒課，除大都、河西務、楊村所管州城，依例官司榷酤外，腹裏、大都、上都、江南、福建、兩廣鄉村地面交百姓自行造酒辦酒，每石輸鈔五兩。先是，盧世榮奏：「大都酒課，日用米千石。以天下之衆，比京師當居三分之二，酒課當日用米二千石。今各路總計日用米三百六十石而已，其奸欺隱盗如此，安可不禁？臣等已責各官增舊課二十倍，有不如數者重治其罪。」世祖方委任世榮，不以爲苛急也。至是，罷榷酤法，聽民自造，增課鈔一貫爲五貫云。

二十九年，阿老瓦丁言：「杭州歲辦二十七萬餘錠，湖廣、龍興歲辦止九萬錠。請減杭州歲課十分之二，交湖廣、龍興、南京三行省分辦。」從之。

大德五年，定犯界賣酒，仍依斷決追罰舊例，十瓶以下罰鈔一十兩，決二十七。十瓶以上，罰鈔四十兩，決四十七。酒雖多，止杖六十，罰鈔五十兩。其酒給還原主，仍勒令出境。八年，大都酒課提舉司設糟房一百所。九年，併爲三十所，每所一日所醞，不得過二十五石。十年，增三所。至大三年，又增爲五十四所。

延祐六年，常德路副達魯花赤哈琳言：「竊維聖朝推好生之仁，廣恤刑之意，法貴得中，刑宜從薄。始立榷酤之時，官設酒庫，出備米麴工本，造酒發賣。百姓不得私自醞造，亦猶鹽場支用官本，竈户煎鹽發賣辦課，故犯酒禁者與犯鹽之法同。已後廢榷酤之法，酒醋課程散入民間恢辦，諸人皆得造酒。有地之家，納門攤酒課者，許造酒食用。造酒發賣者，止驗米數赴務投税。其造賣而不税者，是與匿税無異。今官司往往將犯人依例決杖七十，籍没一半財産。若富有之家，安肯吝惜税錢，當此重罪？皆因比年水旱相仍，貧民生計艱難，造酒私賣，以資過活。愚而無知，妄思漏税，事發到官，無論升斗之末，一體科斷。雖有籍没之名，其實貧家小户並無財産。況犯私茶者，止斷没所犯貨物，以此較之，輕重似覺不倫。今後有匿酒税者，如蒙減輕，依匿税例科斷，似用法得中，不失恤刑之美意矣。」部議從之。其歲課之數，惟天曆三年有籍可徵：

酒課：

腹裏：五萬六千二百四十三錠六十七兩。

遼陽：二千二百五十錠十一兩。

河南：七萬五千七十七錠十一兩。

陝西：一萬一千七百七十四錠三十四兩。

四川：七千五百九十錠二十兩。

甘肅：二千七十八錠三十五兩。

雲南：𧴩二十萬一千一百十七錠。

江浙：十九萬六千六百五十四錠二十一兩。

江西：五萬八千六百四十錠十六兩。
湖廣：五萬八百四十八錠四十九兩。
醋課：
腹裏：三千五百七十六錠四十八兩。
遼陽：三十四錠二十六兩。
河南：二千七百四十錠三十六兩。
陝西：一千五百七十三錠三十九兩。
四川：六百十六錠十二兩。
江浙：一萬一千八百七十錠十九兩。
江西：九百五十一錠二十四兩。
湖廣：一千二百三十一錠二十七兩。

榷茶：
始於世祖至元五年，用運使白賡言，榷成都茶，於京兆、鞏昌置局發賣。私賣者，其罪與私鹽同。六年，始立西蜀四川監榷茶場使司掌之。

十二年，既平宋，復用左丞吕文焕言，榷江西茶。以宋會子五十貫準中統鈔一貫。十三年，定長引短引之法，以三分取一。長引，每引計茶一百二十斤，收鈔五錢四分二釐八毫。短引，計茶九十斤，收鈔四錢二分八毫。是歲，徵一千二百餘錠。十四年，取三分之半，增至二千三百餘錠。十五年，運使木八剌管辦，長引增收鈔一兩八分五釐六毫，短引增收鈔八錢四分五釐六毫，辦鈔六千六百餘錠。

十七年，用運使盧世榮言，革去長引，止用短引，末茶每引收鈔二兩四錢九分，草茶收鈔二兩二錢四分。又創立門攤食茶課程一千三百六十餘錠，每歲添荅入額。是年，增至一萬九千八百餘錠。十八年，定販茶者賫公據赴茶司繳納，倒給茶引，賫引賣茶。賣畢，限三日内繳引，即時批抹。逾限匿而不繳，杖六十。因而冒用或改抹增添及引不隨茶者，亦同私茶斷。是年，增額至二萬四千錠。十九年，置官局於江南，令販客賣引，通行貨賣。

二十一年，江州榷茶都轉運使廉恂言：「本司至二十年，茶課年終辦到二萬八千錠。若於本司每年納賣三十五萬引上，每草茶一引，元價二兩二錢四分，添鈔一兩九分，每引作三兩三分，末茶二兩四錢九分，添鈔一兩一分，每引作三兩五錢，周歲約辦鈔二萬四千錠。加販茶客四千錠，計二萬八千錠，已過盧運使數目，卻將食茶課程革去，如此恢辦，庶免百姓食茶攪擾之害，課亦不虧。」中書省議從之。二十二年，令襄陽、真州、廬州、淮安州、陽邏渡等處關防，勿令江南茶貨渡江，候腹裏路分將無引茶貨賣絶，再放行。二十三年，又以李起南言，每引增至鈔五貫。是年，徵至四萬餘錠。二十四年，申嚴私茶之禁。

二十五年，尚書省奏頒榷茶條畫：

一，茶課：依茶引内條畫施行。

一，綱船：官司不得拘撮。

一，舊引依限赴官司繳納，每季申報尚書省照勘。

一，官吏軍民諸色頭目人等，無得虛樁煽惑，沮壞見辦課程。

一，茶園不得縱頭匹損壞。

一，除職官外，其餘運司合差人員，選有行止、有家業者充之。

一，差官巡綽，出給差劄者，不得夾帶私茶。

一，依舊例，管民正官充提點官。

一，元認課額及額外增羨，須盡實到官，如有虧負，勒令賠償，更行治罪。

一，蒙古萬户、千户頭目人等，無得非理婪索榷茶司酒食撒花等物。

是年，改立江西都督轉運司。二十六年，阿里渾薩里、葉李等增引税爲十貫。三十年，又改江南茶法，凡管茶提舉司十六所，罷其課少者五。先是，茶引之外，又有茶由，以給零賣者，每由茶九斤，收鈔一兩。至是，自二斤至三十斤，分爲十等焉。

元貞元年，有獻利者言：「舊法，江南茶商至江北者，又税之。其在江南賣者，亦宜更税如江北之例。」中書户部議增江南課三千錠，不更税。是年，額至八萬三百錠。至大四年，增額至十七萬一千一百三十一錠。皇慶二年，更定江南茶法，又增至十九萬二千八百六十餘錠。

延祐五年，前江南茶運副法忽魯丁言：「所辦茶課，以二十萬錠爲額。每引一道，舊例官錢十兩，今通作中統鈔十五兩。批驗每引，舊例官錢一錢，今通增作中統錢一錢五分。茶由每引，舊例官錢一錢一分一釐一毫二絲，今通增作中統鈔一錢六分六釐六毫八絲。如此減引添錢，必可增至三十萬錠。」中書户部議：「每歲量發引目一百萬道，每引添中統鈔二兩五錢，通作十二兩五錢，作額恢辦。」敕從之。法忽魯丁又言：「運司止是親榷江、興二路，其餘課鈔，係各處提舉司，並有帶辦，徑赴各行省繳納，宜將運裁罷。」部議恐虧兑課額，不允。七年，又增至二十八萬九千二百十一錠。較至元十三年課額，增二十餘倍焉。天曆二年歲額與延祐同。

後至元二年，江西茶運司同知萬家驢言：「本司歲辦課額二十八萬九千三百餘錠。除門攤批驗鈔外，茶引一百萬張，爲鈔二十五萬錠。木茶自有官卸筒袋閣坊，其零斤草茶由帖，每年印造一千三百八萬五千二百八十九斤。茶引一張，照茶九十斤，客商興販。其小民買食及江南産茶去處零斤採賣，皆須有帖券賣茶由。至於夏秋，茶由已絶，民間闕用。以此考之，茶由數少課輕，便於民用而不敷。每歲合印茶由，以十分爲率，量增二分，計二百六十一萬七千五十八斤。依引目内官茶，每斤收鈔一錢三分八釐八毫八絲，計增七千二百六十九錠七兩，比較減去引目二萬九千七十六張，庶幾引不停閑，茶無私積。」中書省如所議行之。

至正二年，監察御史李宏言：「榷茶之制，古所未有。自唐以來，其法始備。國朝既於江州設立榷茶都轉運司，仍於各路出茶之地設立提舉司七處，專任散據賣引，規辦國課，莫敢誰何。每至十二月初，差人勾集各處提舉司官吏，關領次年據引。及其到司，旬月之間，司官不能偕至，吏貼需求，各滿所欲，方能給付據引。此時春月已過，及還本司，方欲點對給散，又有分司官吏，到各處驗户散據賣引。每引十張，除正納官課一百二十五兩外，又取要中統鈔二十五兩，名爲搭頭事例錢，以爲分司官吏饋鱸之資。提舉司雖以榷茶爲名，其實不能專散據賣引之任，不過爲運司官吏營辦資財而已。既見分司官吏所爲若是，亦復仿效遷延。及茶户得據還家，已及五六月矣。中間又存留茶引二三千本，以茶户消乏爲名，轉賣與新興之户，每據又多取中統鈔二十五兩，上下分派，各爲己私。不知此等之錢，自何而出？其爲茶户之苦，有不可言。至如得據在手，碾磨方興，吏卒踵門催并初限。不知茶未發賣，何從得錢？間有充裕之家，必須別行措辦。其力薄者，例被拘監，無非典鬻家私，以應官限。及終限，不足備上司緊迸重複勾追，非法苦楚。此皆由運司給引之遲，分司苛取之過，茶户本圖求利，反受其害，日見消乏逃亡，情實堪憫。今若申明舊制，每歲正月須要運司盡將據引給付提舉司，隨時派散，無得停留在庫，多收分例，妨誤造茶時月，如有過期，別行定罪，違者從肅政廉訪司依例糾治，如此庶茶司少革貪黷之風，茶户免損乏之害。」中書省以其言切直，移咨江西行省，委官與茶運司講究，如果便益，依所言行之。

世祖定江南，凡江浙、閩、粤濱海之地，與外番互市，以市舶官主之，大抵因宋之舊法。其貨以十分取一，麤者十五分取一。至元十四年，立市舶司於泉州，以福州行省忙古觪領之。立市舶司於慶元、上海、澉浦，以安撫使楊發領之。每歲招集舶商貿易，次年回帆，依例抽解，然後聽其貨賣。

十七年，上海市舶司招船提控王楠上言：「泉、福等路商船，販吉布條鐵等物，其稅額不宜與番貨等。」乃定雙抽、單抽之法，番貨雙抽，土貨單抽。十九年，又用中書左丞耿仁言，以鈔易銅錢，令市舶可以錢易海外金珠貨物，仍聽舶户通販抽分。二十年，復定抽分之法。是年，忙古觮言，舶商皆以金銀易香木。乃下令禁之，惟鐵不禁。

二十三年，市舶司盧世榮請出係官錢萬錠，自具船給本，選賈人至海外貿易諸貨。其所獲之息，以十分爲率，官取其七，賈人得其三。凡權勢之家，不得用己錢爲番賈，犯者罪之，仍籍其家産之半。禁海外貿易者，毋用銅錢。是年，以市舶司隸泉府監，改廣東轉運市舶提舉司爲鹽課市舶司。未幾，復置焉。二十五年，又禁廣州官民，毋得運米至占城諸番。二十六年，沙不丁上市舶司歲獻珠四百斤、金三千四百兩，命貯之以待貧乏者。

二十八年，令市舶驗貨抽分。是年，中書省定抽分之數及漏税法，凡商賈販泉、福等路已抽之物，於本省有市舶司之地賣者，細色於二十五分之中取一，麤色於三十分之中取一，免其納税。其就市舶司買者，止於賣處收税，而不再抽。漏舶貨物，依例斷没。

三十年，中書省臣奏：舊紀：三十年，行大司農司燕公楠、翰林學士承旨留夢炎言：「杭州、上海、澉浦、温州、慶元、廣東、泉州置市舶司，惟泉州物貨三十分抽一，餘皆十五抽一。乞以泉州爲例。」從之。錯誤殊甚，今不取。訪聞有留狀元稱知市舶事例，又前行大司農司丞李晞顔報到亡宋抽分市舶則例，今會集各處行省官、行泉府司官並留狀元及李晞顔同議，擬整治市舶司條律，奏請施行。

一，定例抽分，麤貨十五分取一分，細貨十分取一分，並依泉州現行體例，從市舶司更於抽訖貨物内，以三十分爲率，抽舶税一分，聽舶商住便貿易。

一，權豪富户入番貿易者，與商賈一例抽分，匿者罪之，錢物斷没，以三分之一與首告人充賞。

一，行省、行泉府司、市舶司諸官吏，交舶商捎帶私錢貿易〔二〕，匿不抽分者，與上同。

一，市舶内如有進呈貴細貨物，應由行省移咨中書省奏聞，不得影射隱瞞，違者罪之。

一，僧、道、也里可温、荅失蠻人夾帶商賈過番販賣，如無許免抽分明諭，仍依例抽分，違者罪之。

一，舶商所領公憑，明填所往何國，不許越投他處。如因風浪打往他國，就販賣貨物者，至回帆時，取問别無虚誑，依例抽分。

一，每船許帶小船一隻，名曰柴子船。

一，商船遭風，準與消落憑驗，若誑言遭風等事，究問斷没施行。

一，商人不請憑驗者，船物没官，犯人杖一百七十。

一，舶商所攜兵器，依例隨住船處申明寄庫，起舶日給還。

一，舶商所募人等，市舶司申給文憑〔三〕，五人爲保。

一，商舶回帆，以物籍公驗納市舶司。

一，商舶雖赴市舶司抽分，而貨物有巧爲藏匿者，即係漏籍，没官斷罪。

一，金銀銅鐵及男女口，並不許下海私販。

一，行下衙門不得將商船差占，有妨興販。

一，官吏知情受賂，船客隱税者，依條斷罪。

一，舶商及梢工人等，合行優恤，並與除免雜役。

一，番人將帶舶貨，從本國於公驗空紙内填寫姓名、物件、斤重，至市舶司依例抽分，仍差廉幹正官發賣。將民間必用及不係急用物色，驗分數互相搭配，須通行發賣，限四月事畢。

一，行省、行泉府司、市舶司官須預期至抽解處，以待舶船到岸，依例抽收。

一，市舶司輪派正官於舶船開岸之日，親行檢視，仍取檢視官結罪文狀施行。

三十一年，詔有司勿拘海舶，聽其自便。

元貞元年，以舶商隱漏物貨者多，命就海中逆而閱之。二年，禁海商以細貨於馬八兒、唄喃、梵答剌亦納三番國交易。別出鈔五萬錠，令沙不丁等議規運之法。

大德二年，併澉浦、上海入慶元市舶司。是年，置制用院。七年，以禁商下海，罷之。

延祐元年，禁人下番，官自發船貿易，回帆之日，細物十分抽二，麤物十五分抽二。七年，禁入番將絲銀細物易於外國。至治二年，復立泉州、慶元、廣東提舉司，申明市舶之禁。三年，聽海商貿易，歸徵其稅。泰定元年，諸海舶至者，止令行省抽分。三年，命有司依累朝呈獻例，給買寶貨者之直，天曆元年，以其耗蠹國用，禁之。

【校勘記】

〔一〕「食貨」，原作「食貸」，據上下卷目改。

〔二〕「捎帶」，原作「梢帶」，據文意改。

〔三〕「市舶司」，「舶」原作「船」，按拜柱《通制條格》云「海商每船募綱首、直庫、雜事、部領、梢工、碇手，各從便，其名呈市舶司，申給文憑，船請火印爲記，人結伍名爲保」，據改。

新元史卷之七十三　志第四十

食貨志六

常課　額外課　和糴和買　斡脱官錢

凡商賈之税，歲有定額，謂之「常課」；無定額者，謂之「額外課」。

太宗二年，立徵收課税所，凡倉庫院務官，選有貲産及謹飭者充之。所辦課程，每月赴課税所輸納。有貿易借貸者，徒二年，杖七十。所官擾民貪婪者，罪亦如之。定諸路課税雜税，三十分取一。

中統四年。用阿合馬等言，凡京師權勢之家爲商賈，及以官銀賣買者，並赴務納税，入城不吊引者同匿税論。

至元七年，申明三十分取一之制，以銀四萬五千錠爲額，有溢額者別作增餘。凡典賣田宅不納税者，禁之。二十年，頒季報課程比附增虧事例。是年，定上都税課六十分取一，由舊城市肆院務遷入都城者四十分取一。二十二年，減上都課稅，一百兩之内取七錢半。二十六年，從桑哥言，增天下商稅，腹裏爲二十萬錠，江南爲二十五萬錠。二十九年，定輸納之限，不許過四孟月十五日。三十一年，詔商稅有增餘者，毋作額。

元貞元年，復增上都稅課。

天曆二年商稅總入之數：

大都宣課提舉司：十萬三千六錠十一兩。

大都路：八千二百四十二錠九兩。

上都留守司：一千九百三十四錠五兩。

興和路：七百七十錠十七兩。

永平路：二千二百七十錠四兩，

保定路：六千五百七錠二十三兩。

順德路：二千五百七錠九兩。

廣平路：五千三百七錠二十兩。

彰德路：四千八百五錠四十三兩。

大名路：一萬七百九十五錠八兩。

懷慶路：四千九百四十九錠二兩。
衛輝路：三千六百六十三錠七兩。
河間路：一萬四百六十六錠四十七兩。
東平路：七千一百四十一錠四十八兩。
東昌路：四千八百七十九錠三十二兩。
濟寧路：一萬二千四百三錠四兩。
曹州：六千七十錠四十六兩。
濮州：二千六百七十一錠。
高唐州：四千二百五十九錠六錢。
泰安州：二千十三錠二十五兩。
冠州：七百三十八錠十九兩。
寧海州：九百四十四錠。
德州：二千九百十九錠四十二兩。
益都路：九千四百七十七錠十五兩。
濟南路：一萬二千七百五十二錠三十六兩。

般陽路：三千四百八十六錠九兩。
大同路：八千四百三十八錠十九兩。
冀寧路：一萬七百十四錠三十四兩。
晉寧路：二萬一千三百五十九錠四十兩。
嶺北行省：四百四十八錠四十兩。
遼陽行省：八千三百七十三錠四十一兩。
河東行省：四萬五千五百七十九錠三十九兩。
四川行省：一萬六千六百七十六錠四兩。
甘肅行省：一萬七千三百六十一錠三十六兩。
江浙行省：二十六萬九千二十七錠三十兩。
江西行省：六萬二千五百十二錠七兩。
湖廣行省：六萬八千八百四十四錠九兩。

額外課，凡三十有二。其歲入之數，惟天曆二年可考。

一曰曆日，總三百十二萬三千一百八十五本，計中統鈔四萬五千九百八十錠三十二兩五錢。大曆二百二十萬二千二百三本，每本鈔一兩。小曆九十一萬五千七百三十五本，每本鈔一錢。回回曆五千二百五十七本，每本鈔一兩。

二曰契本，總三十萬三千八百道，每道鈔一兩五錢，計中統鈔九千一百十四錠。至元二十二年，中書省議：「諸人典賣田宅、人口、頭匹所立文契，赴務投稅，隨即粘連契本給付買主，每本收寶鈔三錢。」皇慶元年，契本舊制收中統鈔三錢，改收至元鈔三錢。至天曆二年，收一兩五錢。

三曰河泊，總計鈔五萬七千六百四十三錠二十三兩四錢。

四曰山場，總計鈔七百十九錠四十九兩一錢。至大元年，罷山場、河泊課程，聽民採取。

五曰窰冶，總計鈔九百五十六錠四十五兩九錢。磁窰二八抽分。至元五年，均州軍户韓玉芳乞三十分抽一，制國用使司不允。

六曰房地租，總計鈔一萬二千五十三錠四十八兩四錢。延祐二年，户部議：「軍户諸色人等凡典賣田宅，皆從尊長畫字取問，有服房親次及鄰人典主不願者，限十日批退，違限決十七。願者限十五日批價，依例立契成交，違限決二十七。其親鄰典主取索畫字財物，決二十七，業主虛抬高價，不成交易者，決二十七。聽親鄰典之百日收贖，業主不交業者，決四十七。至元七年，令質押田宅者依例立契。」元貞元年，中書省議：「典賣田宅不赴官告給公據，私行交易者，痛行斷罪，田糧一半没官，一半付告人充賞。」

七曰門攤，總計鈔二萬六千八百九十九錠十九兩一錢。至元二十九年，湖南道縣尹李琮等上言：「民户除納商税、酒醋課程外，每户一年滚納門攤地畝一兩二錢，驗地畝多寡科徵，亦有應納二十餘定之家，周歲計鈔二萬餘錠，比之腹裏包銀，增加數倍。民户貧窮無可送納，以致逃亡，嘯聚爲寇。所欠課程勒令官司揭借，或令見存民户分納。乞概行除免，以拯官民之困。」比較錢糧官、户部張侍郎議：「門攤課程仍通行依額認辦，除離城十里之内依舊例税米外，十里之外驗有地畝均科，各家佃户再不重複納税，其無地下户並行除免。」

八曰池塘，總計鈔一千九錠二十六兩。

九曰蒲葦，總計鈔六百八十六錠三十三兩四錢。

十曰食羊等課，總計鈔一千七百六十錠二十九兩七錢。

十一曰荻葦，總計鈔七百二十四錠六兩九錢。

十二曰煤炭，總計鈔二千六百十五錠二十六兩四錢。

十三曰撞岸，又名岸例，總計鈔百八十六錠三十七兩五錢。

十四曰山查，總計鈔七十五錠二十六兩四錢。
十五曰麯，江浙省鈔五十五錠三十七兩四錢。
十六曰魚課，江浙省鈔一百四十三錠四十兩四錢。江南魚户自備工本辦課，認一百錠課程。至元二十二年，改爲打算魚數，十分爲率，魚户收三分，官收七分。
十七曰漆課，總計一百十二錠二十六兩。
十八曰酵課，總計鈔二十九錠三十七兩八錢。
十九曰山澤，總計鈔二十四錠二十一兩一錢。
二十曰蕩課，平江路八百八十六錠七錢。
二十一曰柳課，河間路四百二錠四兩八錢。
二十二曰牙例，河間路二百八錠三十三兩八錢。
二十三曰乳牛，真錠路二百八錠三十兩。
二十四曰抽分，黄州路一百四十四錠四十四兩五錢。
二十五曰蒲課，晉寧路七十二錠。
二十六曰魚苗，龍興路六十五錠八兩五錢。
二十七曰柴課，安豐路三十五錠十一兩七錢。至元二十四年，罷江南柴薪、竹木、岸例、魚、牙諸課。

二十八曰羊皮，襄陽路十四錠四十八兩八錢。

二十九曰磁課，冀寧路五十八錠三兩六錢。

三十一曰薑課，興元路一百六十二錠二十七兩九錢。

三十二曰白藥，彰德路十四錠二十五兩。

和糴之名有二：曰市糴糧，曰鹽折草。

市糴糧，始於中統二年，以鈔一千二百錠於上都、北京、西京等處糴三萬石。四年，以解鹽引一萬五千道和市陝西軍儲，又命札馬剌丁糴糧，仍敕軍民官勿阻。五年，諭北京、西京等路市糴軍糧。至元三年，以南京等處和糴四十萬石。四年，命沔陽州等中納官糧，續還其直。八年，驗各路糧價，增十分之一和糴三十九萬四千六百六十石。六年，以兩淮鹽五道引，募客旅中糧。十九年，以鈔三萬錠，市糴於隆興、德興府、宣德州。二十年，以鈔五千錠市糴於北京，六萬錠市糴於上都，二千錠市糴於應昌。二十一年，以河間、山東、兩浙、兩淮鹽引，募諸人中糧。又以鈔四千錠，於應昌市糴。又發鹽引七萬道，鈔三萬錠。於上都和糴。二十二年，以鈔五萬錠，令木八剌沙和糴於上都。詔江南秋收，官爲錠例收糴。次年，減價出糴。二十三年，發鈔五千錠市糴沙、静、隆興軍糧。二十四年，官發鹽引。聽民中糧，又以揚州、杭州鹽引五十萬道换民糧。二十七年，和糴京糧，其價每十兩之上，增一兩。延祐三年，中糴和林糧二十三萬石。五年、六年，又各和中二十萬石。

鹽折草，始於大德八年。每年以河間鹽令有司於五月預給京畿郡縣之民，至秋成，各驗鹽數輸草，以給京師秣馬之用。每鹽二斤，折草一束，重十斤。歲用草八百萬束，折鹽四萬斤。

和買之法，其載於《至元新格》者，諸和買物須驗出產停頓去處，分俵均買，其官吏不得先以賤拘收，揹勒人户。違者痛行斷罪，計其餘價，依數追還。諸和買須於收物處榜示見買物色及價鈔。物既到，官鈔即給示。仍須正官監之，置簿以備檢勘。至元十三年，敕上都總管府和顧和買，權豪與平民均輸。十八年，敕安西等處軍站，凡和顧和買，與民均役。十九年，合剌奴、脱脱等言：「古人任土作貢，必因其土地所生，風氣所宜，以爲之制。今日和買，不隨其所有，而强取其所無。和買諸物，分文價鈔並不支給，百姓典家賣産、鬻子僱妻，多方尋買以供官司。而出産之處，知其物他處所無，此處所有，於是高抬價鈔。民户應當官司，不能與較，惟命是聽。如此受苦，不可勝言。乞明降指揮，今後應有和買，止於出産去處隨時收取，庶免生事害人，天下幸甚。」户部依所議行之。

二十九年，定和買折收物色，本路官司估直，從宣慰司差官檢覆，如有不實，廉訪司官依例體察糾治。

至大三年，户部議準：「州縣官司風聞和買諸物，暗令所占佃户，或緞匹，或絹布，督逼各户織造。將百姓所納之物，百般疏駁，以己物添價送納，並其餘和買諸物，亦皆倚賴官勢，賤買貴賣，損民取利，或尅除價直，或移换昏鈔，不得實價到民。所有今歲和買計置物色，擬令路府州縣長官色目、漢人各一員，與物主交易兩平收買，隨即交直。所用價鈔，於本處係官錢内放支。」

至攢運官物，又有和顧之法。《至元新格》：「諸和顧脚力皆儘行車之户，少則於近上有車户内和顧。仍籍其輸轉，勿使官吏挪攢作弊。」

大德五年，兵部議：「遞運脚力兩平和顧，除大都至上都並五臺脚價外，其餘路分比附各處所擬千斤百里以中統鈔爲則。旱脚山路十五兩，平川十二兩。江南、腹裏河道水脚。上水八錢，下水七錢。江淮黄河，上水一兩，下水七錢。驗實有斤重，於係官錢内放支。」中書省如所擬行之。

斡脱官錢者，諸王妃主以錢借人，如期並其子母徵之。元初，謂之羊羔兒息。時官吏多借西域賈人銀，以償所負，息累數倍，至没其妻子猶不足償。耶律楚材奏令本利相侔，永爲定例。

中統三年，定諸王投下取索債負人員，須至宣撫司，彼此對證，委無異詞，依一本一利還之。毋得將欠債官民人等强行拖拽，人口、頭匹准折財産，攪擾不安。違者罪之。

至元八年，立斡脱所，以掌其追徵之事。二十年，罷昔刺斡脱所負官錢。是年，詔：「未收之斡脱錢，悉免之。」二十九年，復詔：「窮民無力者，本利免其追徵，中户則徵其本而免其利。」元貞元年，詔：「貸斡脱錢而逃匿者罪之，仍以其錢賞首告者。」

大德元年，禁權豪斡脱。大德二年，諸王阿只吉索斡脱錢，命江西行省籍負債者之子婦。省臣以江南平定之後，以人爲貨，久行禁止。移中書省，罷其事。五年，禁斡脱錢夾帶他人營運，違者罪之。六年，札忽真妃子、念木烈大王位下遣使人燕只哥歹等追徵斡脱錢物，不由中書省，亦無元借斡脱錢數目，止云借斡脱錢人不魯罕丁等三人，展轉相攀，牽累一百四十餘户。中書省議準：「凡徵斡脱官錢者，開坐債負户計人名、數目，呈中書省，轉咨行省官同爲徵理。照驗元坐取斡脱錢人姓名，依理追徵，毋致勾擾違錯，著爲令。」

新元史卷之七十四　志第四十一

食貨志七

鈔法

元初仿金人交鈔之法，有行用鈔，其制不可考。太宗八年，于元奏行交鈔，耶律楚材曰：「金章宗時初行交鈔，與錢通用。有司以出鈔爲利，收鈔爲諱，謂之老鈔，至以萬貫易一餅，國用日匱，當爲殷鑒。今印造交鈔，宜不過萬錠。」從之。先是，太祖晚年，博州行元帥府事何實因兵燹後百貨不通，以絲數印置會子，一方便之。是爲用交鈔之始。

故中統元年，始造交鈔，以絲爲本。以銀五十兩易絲鈔一千兩，諸物之直並從絲例。蓋猶沿實之舊法。是年七月，又造中統元寶鈔。其文以十計者，曰：一十文、二十文、五十文；以百計者，曰：一百文、二百文、五百文；以貫計者，曰：一貫文、二貫文。每一貫同交鈔一兩，二貫同白銀一兩。是又仿金人之大鈔、小鈔，而增爲三等云。又以文綾織爲中統銀貨，其等有五，曰：一兩、二兩、三兩、五兩、十兩。每一兩同白銀一兩，然銀貨終未施行。三年，敕私市金銀應支錢物，止以交鈔爲準。四年，諸路包銀以鈔輸納，其絲料入本色，非產絲之地亦聽以交鈔輸納。是年五月，立燕京平準庫，以平物價而利鈔法。尋命各路立平準行用庫，選富民爲庫副使。後有賈胡交通阿合馬，欲貿交鈔本，私平準之利，以增歲課爲詞。世祖問户部尚書馬亨，對曰：「交鈔可權萬貨者，法使然也。法者，主上之柄。使一賈胡擅之，何以令天下！」事始寢。

至元三年，諸路交鈔都提舉楊楫上鈔法便宜事，請以五十兩鑄爲錠，文以元寶。從之。自後十三年，伯顔平宋，鑄揚州元寶，納於朝廷。十四年，大都所鑄者重四十九兩。十五年，所鑄者重四十八兩。至遼陽元寶，乃二十四年征乃顔後所鑄云。至元十二年，添造釐鈔，其等有三，曰：二文、三文、五文。初，鈔印用木板，十三年始以銅。十五年，以釐鈔不便於民，復罷之。十七年，中書省議：「流通鈔法，凡賞賜宜多給幣帛，歲課宜多收鈔。」從之。立畏兀兒交鈔提舉司。先是，至元九年，立和林轉運使兼提舉交鈔。至是，畏兀兒亦置提舉司。二十年，又立畏兀兒交鈔庫，蓋鈔法通行西北邊矣。

十九年，中書省奏準治鈔法，其通行條畫凡九事：

一，鈔庫倒昏鈔，每一兩加工墨三分。如官吏人等暗遞添答工錢，自倒換十兩以下決杖有差。

一，買賣金銀，付官庫依價倒换。私自買賣者，金銀斷没，一半給告捉人充償。十兩以下決杖有差。

一，賣金銀者自首，免本罪，官收給價。買主自首者，依上施行。

一，金銀匠開張打造之家，憑諸人將金銀打造，鑿記匠人名姓於上。不許自用金銀造賣，違者依私倒金銀例斷罪。

一，拏獲買賣金銀人等，私行買放者，依例追没斷罪。放者罪與同科。

一，收倒鈔，當面於昏鈔上就印毁訖，封記，將昏鈔按季解納。違者決杖五十七，罷職。

一，鈔庫官吏侵盜金銀寶鈔，借貸移易使用者，依條畫斷罪，委管民長官按月計點。

一，鈔庫官吏將倒下金銀添價倒出，更將本庫金銀捏合買者姓名，用鈔换出，暗地轉賣與人者，無論多寡，處死。

一，諸人將金銀到庫，不得添減殊色，非理刁蹬，違者杖五十七，罷職。

然法雖嚴密，行之既久，物重鈔輕，不勝其弊也。

二十三年，中書省傳旨，議更鈔用錢。吏部尚書劉宣獻議曰：「原交鈔所起，漢、唐以來皆未嘗有。宋紹興初，軍餉不繼，造此以誘商旅，爲沿邊糴買之計，比銅錢易於賫擎，民甚便之。稍有滯礙，即用現錢，尚存古人子母相權之意。日增月益，其法浸弊。欲求目前速效，未見良策。必欲創造新鈔，與舊鈔相權，只是改换名目，無金銀作本稱提，軍國支用不復抑損，三數年後仍與元寶、交鈔無異。鑄造銅錢，又當詳究秦、漢、隋、唐、金、宋利病，著在史策，不待縷陳。國朝廢錢已久，一旦行之，功費不貲，非爲遠計。大抵利民權物，其要自不妄用始。若欲濟邱壑之用，非惟鑄造不敷，抑亦不久自弊矣。」時桑哥用事，紬宣議不聽。是年，以張瑄、朱清並爲海道運糧萬户，賜鈔印，聽其自印交鈔，其鈔色比官造加黑印，朱加紅。自是，瑄、清富埒朝廷，卒以汰侈伏誅。

二十四年，改造至元寶鈔，其鈔樣爲葉李所獻。李嘗獻於宋，請以鈔代關子，宋人不能用。至是，世祖嘉納之，使鑄板。其通行條畫，凡十四事：

一，至元寶鈔一貫當中統寶鈔五貫。

一，依中統之初，隨路設官庫買賣金銀，平準鈔法。每花銀一兩入庫官價至元寶鈔二貫，出庫二貫五分。白銀各依上買賣。課銀一錠，官價寶鈔二定，發賣寶鈔一百二貫五百文，赤金每兩價鈔二十貫，出庫二十貫五百文。

一，民間將昏鈔赴平準庫倒换至元寶鈔，以一折五，其工墨依舊例，每貫三分。

一，民户包銀願納中統寶鈔者，依舊聽四貫，願納至元寶鈔，折收八百文。

一，隨處鹽課每引賣官價鈔三十貫，今後賣引，許用至元寶鈔二貫，中統寶鈔十貫，願納至元寶鈔四貫者聽。

一，茶、酒、醋税，竹貨，丹粉、錫碌諸色課程，收至元寶鈔，以一當五，願納中統寶鈔者聽。

一，係官並諸投下營運斡脱，公私錢債，關借中統寶鈔，還至元寶鈔者，以一折五出放，斡脱人員毋得阻滯。

一，平準庫官、收差辦課人等，如遇收支交易，務要聽從民便。若不依條畫，故行阻抑鈔法者，斷罪除名。

一，如用中統寶鈔貿易，止依舊價，無得疑惑，斗漲價直。有高抬物價者，罪之。

一，訪聞民間缺少零鈔，難爲貼兑。今頒行至元寶鈔，自二貫至五文，凡十一等，便民行用。

一，僞造通行寶鈔者，處死。首告者賞銀五定仍給犯人家産。

一，委各路總長及各處管民官上下半月計點，平準鈔庫長官、公出次官，承行各道宣慰司、提刑按察司常切體察，如有看徇，通同作弊者，一體治罪，亦不得因而搔擾沮壞鈔法。

一，應質典田宅，並以寶鈔爲則。無得該寫絲棉等物，低昂鈔法，違者罪之。

一，提調官吏不得赴平準庫收買金銀，及多將昏鈔倒换，違者罪之。

一，條畫頒行之後，若禁治不嚴，流行澁滯，虧損公私，其親管司縣府官斷罪，解任路府判官亦行究治。

終元之世，中統、至元寶鈔兼用，其條畫迄不能廢云。

二十九年，令隨路平準庫存留鈔本。三十一年八月，詔諸路交鈔庫所貯銀九十三萬六千九百五十兩，除存留十九萬二千四百五十兩爲鈔母，餘悉運於京師。

元貞元年，加重挑補鈔罪，仍優告捕者之賞。七年，又定改補鈔罪例，爲首者杖一百有七，從者減二等，再犯從者杖與首同，爲首者流。

至大二年，武宗以物重鈔輕，改造至大銀鈔，自二兩至二釐定爲十三等，每一兩準至元鈔五貫、白銀一兩、赤金一錢。尚書省臣又請罷中統鈔，以至大鈔爲母，至元鈔爲子，仍撥至元鈔本百萬錠以給國用。三年，尚書省臣言：「昔至元鈔初行，即以中統鈔本供億，仍銷其板。今既行至大鈔，乞以至元鈔輸萬億庫，銷毁其板，止以至大鈔與銅錢相權通行爲便。」又言：「今年印至大鈔本一百萬錠，乞增二十萬錠，與銅錢並用，分備侍衛及鷹房之費。」並從之。

四年，仁宗即位，尚書省臣以變亂祖宗舊法，俱伏誅。詔曰：「我世祖皇帝參酌古今，立中統、至元鈔法，天下流行，公私蒙利，五十年於兹矣。比者尚書省不究利病，輒意變更，既創至大銀鈔，又鑄大元至大銅錢，倍數太多，輕重失宜。錢以鼓鑄弗給，新舊恣用，曾未再期，其弊滋甚。爰咨廷議，允協輿情，皆願變通以復舊制。其罷資國用院及各處泉貨監、提舉司，買賣銅器，聽民自便。已發各處至大鈔本及至大銅錢，截日封貯。民間行使者，赴行用庫倒换。」

未幾，復詔收至大銀鈔。是時，河南行省右丞王約度河南歲用鈔七萬錠，必至上供不給，乃下諸州收至大、至元鈔相半。衆慮方詔命，約曰：「歲終諸事不集，亦有司之責。」遣使白於中書省，遂許徧行天下。

至順二年十月，燒積年還倒昏鈔二百七十萬錠。時監燒昏鈔者，欲取能名，概以燒鈔爲僞鈔，使管庫者誣服。獄既具，中書左司都事韓元善知其冤，覆之，得免死者十餘人。又江南行臺御史許有壬行部至江西，會廉訪使苗好謙監燒昏鈔，檢視鈔者日百餘人，好謙恐其有弊，痛笞之。人畏罪，率剔真爲僞，以迎其意，筦庫使榜掠無完膚。有壬覆視，皆真鈔也，遂釋之。蓋燒昏鈔本以除弊，而奉行不善，事枉人冤，則刻覈者爲之也。

至正十年，詔天下以中統交鈔一貫文權銅錢一千文，準至元寶鈔二貫，仍鑄至正通寶錢，以實鈔法。時右丞相脱脱再入中書，鋭意更張鈔法。會中書省、樞密院、御史臺及集賢、翰林兩院官共議之。先是，左司都事武祺嘗建言云：「鈔法自世祖時已行之後，除撥支料本倒易昏鈔，以布天下外，有合支名目，於寶鈔總庫料鈔轉撥，所以鈔法疏通，民受其利。比年以來，失祖宗元行鈔法本意，不與轉撥，故民間流轉者少，僞鈔滋多。」户部韙其言，凡合支名目令總庫轉支。至是，祺與吏部尚書偰哲篤俱迎合脱脱之意，獨集賢大學士吕思誠力言不可，語詳思誠傳。脱脱不聽，行之未久，物價騰貴。又值軍興，糧儲賞犒，每日印造不計其數。京師鈔十錠易斗粟不可得。所在郡縣，皆以物貨相易。公私之鈔，積壓不行，人視之如廢楮焉。

元之鈔法，一變於至大，再變於至正，皆欲錢鈔兼行，以實濟虚，其言似近理，而卒以致亂，劉宣之議，可謂知本矣。

凡昏鈔貫伯分明，微有破損者，並合使用，不用者罪之。大德二年，定昏鈔倒换體例二十五樣：

一，上截「貫伯行使」四字，並貫伯俱全無下截者。

一，「二貫文省」四字，并貫伯俱全，下半貫百并鈔張下截損去者。

一，止存「二貫文省」，其貫伯并鈔張上截俱損去者。

一，止存「二貫文」三字，其省字并鈔張俱損去者。

一，止存「二文」二字，其貫省二字並貫伯下截俱損去者。

一，「二貫文省」四字俱全，省去貫伯左邊一半並左邊上一角鈔紙不存者。

一，「文省」二字並貫伯左邊一半俱各損去者。

一，止損「省」字並一角鈔紙者。

一，損去「貫」字并貫伯右邊一半，并右邊鈔紙不存者。

一，字貫伯各昏爛不堪辨認，邊欄花樣可以辨認者。

一，碎爛補作一處，用另紙襯貼，字貫可以辨認者。

一，邊角有火燒煙薰痕跡，而字貫可辨者。

一，油污鈔，字貫可認者。

一，鼠咬鈔，字貫可認者，俱合倒换〔一〕。

一，損去二字近上一半，并近上鈔紙不存者。

一，損去「二文省」三字已上鈔紙，止存「貫」字，并貫伯邊欄可以辨認者。

一，「二貫文省」俱無，止有貫伯並下截鈔張者。

一，厚硬鈔紙無二字並一角，其「貫文省」三字並貫伯完全者。若二字微能辨認，尚可倒換。

一，損去「二貫」二字，并右邊紙不存者。

一，中心損去「二貫文省」科一字者。

一，中心損去「二貫文省」四字。

一，雨水渰陋損爛不可辨認者。

一，損去「二文」二字并已上鈔紙者。

一，鈔料火酒損邊，或下截並燒去二字者。若不干礙字貫及無行用庫退印，尚可倒換。俱不合倒換。

僞鈔：至元五年，詔：「同造僞鈔人有悔過自首者，與免本罪。」十五年，定造僞鈔者，不分首從，俱處死。知情分使人等，杖一百七。著爲令。二十五年，又定社長鄰右知而不首者，比附買、使犯人減一等科罪。元貞元年。詔：「挑補鈔者，杖七十七，從杖五十七。」大德十年，定挑鈔人再犯杖一百七、徒役一年，從杖一百七。皇慶元年，又定：「買使挑鈔者，比買、使僞鈔例，杖九十七。」其立法尤爲嚴急焉。

凡歲印鈔數：

中統元年，中統鈔七萬三千三百五十二錠。二年，中統鈔三萬九千一百三十九錠。

三年，中統鈔八萬錠。四年，中統鈔七萬四千錠。

至元元年，中統鈔八萬九千二百八錠。二年，中統鈔一十一萬六千二百八錠。三年，中統鈔七萬七千二百五十二錠。四年，中統鈔一十萬九千四百八十八錠。五年，中統鈔二萬九千八百八十錠。六年，中統鈔二萬二千八百九十六錠。七年，中統鈔九萬六千七百六十八錠。八年，中統鈔四萬七千錠。九年，中統鈔八萬六千二百五十六錠。十年，中統鈔一十一萬一百九十二錠。十一年，中統鈔二十四萬七千四百四十錠。十二年，中統鈔三十九萬八千一百九十四錠。十三年，中統鈔一百四十一萬九千六百六十五錠。十四年，中統鈔一百二萬三千四百錠。十六年，中統鈔七十八萬八千三百二十錠。十八年，中統鈔一百九萬四千八百錠。十九年，中統鈔九十六萬九千四百四十四錠。二十年，中統鈔六十一萬六百二十錠。二十一年，中統鈔六十二萬九千九百四錠。二十二年，中統鈔二百四萬三千八十錠。二十三年，中統鈔二百一十八萬一千六百錠。二十四年，中統鈔八萬三千二百錠，至元鈔一百萬一千一十七錠。二十五年，至元鈔九十二萬一千六百一十二錠。二十六年，至元鈔一百七十八萬九十三錠。二十七年，至元鈔五千萬二百五十錠。二十八年，至元鈔五十萬錠。二十九年，至元鈔五十萬錠。三十年，至元鈔二十六萬錠。三十一年，至元鈔一十九萬三千七百六錠。

元貞元年，至元鈔三十一萬錠。二年，至元鈔四十萬錠。大德元年，至元鈔四十萬錠。二年，至元鈔二十九萬九千九百一十錠。三年，至元鈔九十萬七十五錠。四年，至元鈔六十萬錠。五年，至元鈔五十萬錠。六年，至元鈔二百萬錠。七年，至元鈔一百五十萬錠。八年，至元鈔五十萬錠。九年，至元鈔五十萬錠。十年，至元鈔一百萬錠。十一年，至元鈔一百萬錠。

至大元年，至元鈔一百萬錠。二年，至元鈔一百萬錠。三年，至大銀鈔一百四十五萬三百六十八錠。四年，至元鈔二百一十五萬錠，中統鈔一十五萬錠。

皇慶元年，至元鈔二百二十二萬二千三百三十六錠，中統鈔一十萬錠。二年，至元鈔二百萬錠，中統鈔一十萬錠。三年，至元鈔二百萬錠，中統鈔二十萬錠。

延祐元年，至元鈔二百萬錠，中統鈔一十萬錠。二年，至元鈔一百萬錠，中統鈔一十萬錠。三年，至元鈔四十萬錠，中統鈔一十萬錠。四年，至元鈔四十八萬錠，中統鈔一十萬錠。五年，至元鈔四十萬錠，中統鈔一十萬錠。六年，至元鈔一百四十八萬錠，中統鈔一十萬錠。七年，至元鈔一百四十八萬錠，中統鈔一十萬錠。

至治元年，至元鈔一百萬錠，中統鈔五萬錠。二年，至元鈔八十萬錠，中統鈔五萬錠。三年，至元鈔七十萬錠，中統鈔五萬錠。

泰定元年，至元鈔六十萬錠，中統鈔一十五萬錠。二年，至元鈔四十萬錠，中統鈔一十萬錠。三年，至元鈔四十萬錠，中統鈔一十萬錠。四年，至元鈔四十萬錠，中統鈔一十萬錠。

天曆元年，至元鈔三十一萬九百二十錠，中統鈔三萬五百錠。二年，至元鈔一百一十九萬二千錠，中統鈔四萬錠。

元之錢法：至元十四年，禁江南用銅錢。是年，日本遣商人持金來易銅錢，許之。十九年，又用左丞耿仁言，以鈔易銅錢，令市舶司以錢易海外貨，仍聽船户通販抽分。至二十三年，乃禁海外貿易者毋用銅錢。至大二年，詔：舶商販銅錢下海者禁之。二十二年，中書右丞盧世榮請鑄銅錢，言鈔爲虛幣，宜括銅，鑄至元錢與鈔參行。帝然之，已而不果。大德十一年，武宗即位，闊爾伯牙里請更用銀鈔、銅錢，集議不行。及尚書省改鈔法，并議鑄錢。至大二年，大都立資國院，山東、河東、遼陽、江淮、湖廣、川漢立泉貨監六，産銅之地立提舉司十九。是年十月，以行銅錢詔天下。御史言：「至大銀鈔始行，品目繁碎，民猶未悟，而又兼行銅錢，慮有妨礙。又民間拘銅器甚急，弗便。」詔與省臣議之。三年，遂鑄錢二等：曰至大通寶者，一文準至大銀鈔一釐，其錢文爲楷書；曰大元通寶者，一文準至大通寶錢一十文，其錢文爲西番篆書。歷代銅錢，悉依舊例與至大錢通用。其當五、當

三、折二，並依舊數用之。至八月，又以行用銅錢詔天下。

四年，仁宗即位，罷至大錢，詔以鼓鑄弗給，新舊恣用，其幣日甚，與銀鈔皆廢不用。禮部尚書楊朵爾只曰：「法有便否，不當視立法之人爲廢。置銀鈔固當廢，銅錢與楮幣相權而行，古之道也，何可遽廢乎？」言雖不用，時論韙之。

至正十年，置諸路寶泉提舉司於京城。明年，又立寶泉提舉司於河南行省及濟南、冀寧等路。未幾，江浙、江西、湖廣三行省亦立提舉司等處。是年十一月，鑄至正通寶銅錢，千文準中統交鈔一貫。先是，翰林學士揭傒斯請兼行新舊銅錢，以救鈔法之弊，不報。至是更定鈔法，並令鑄錢。詔曰：「我世祖頒行中統鈔，以錢爲文，雖鼓鑄未遑，而錢、幣兼行之意已具。後造至元寶鈔，以一當五，名曰子母相權，而錢實未用。今鈔法偏虛，民用匱乏，爰謀拯弊，必合更張。鑄至正通寶與歷代銅錢並用，以實鈔法。子母相權，新舊相濟，以上副世祖立法之本意。」

十六年，禁銷毀販賣銅錢。初，世祖以錢幣問太保劉秉忠，對曰：「錢用於陽，楮用於陰。今陛下龍興沙漠，君臨中夏，宜用楮幣，俾子孫世守之。若用錢，四海且不靖。」遂屏銅錢不用。迨武宗用之，不久輒罷。至正錢、幣兼行，以實鈔法。未幾，盜賊蠭起。天下大亂，秉忠之言若合符節焉。然歷朝並鑄銅錢，蓋以備佈施佛寺之用，非民間通用也。

自世祖以後，中國用楮幣，西北諸藩仍行錢幣。其制有銀幣、銅幣。幣品，文爲汗名，羃爲人面或爲騎馬，詳泰西人所著《蒙古西域諸國錢譜》，不具論。

【校勘記】

〔一〕「倒」，原作「到」，據文意改。

新元史卷之七十五　志第四十二

食貨志八

海運

伯顔建海運之議，事便而費省，然卒有不虞，則舉千百人之命投於不測之淵，非若近世舟航之利，可以保萬全而無覆溺之患也。今考其事故，糧則一歲所損壞者多至十餘萬石，少亦四五千石，其軍人、水手之漂溺者可知矣。重利而輕民命，豈仁人之政哉！

至元十九年，初命上海總管羅壁、張瑄、朱清造海船六十艘，募水手，同官軍自海道漕運江南糧四萬六千餘石。明年三月，至直沽，從丞相伯顔之議也。先是，伯顔入臨安，而淮東之地猶爲宋守，乃命張瑄等自崇明州募船，載亡宋庫藏圖籍，由海道運至直沽。又命造鼓兒船，運浙西糧涉江入淮，達於黄河，逆水至中灤旱站，運至淇門，入御河，接運以達京師。後用總管姚煥議，開濟州泗河，自淮入泗，自泗入大清河，由利津河口入海。因海口壅沙，又從東阿旱站運至臨清，入御河，並開膠萊河道，通直沽之海運。至十九年，伯顏見河運勞費不資而無成效，追思般運亡宋庫藏圖籍之事，以爲海運可行，奏命江淮行省限六十日，造平底海船六十艘，委上海總管羅壁、張瑄、朱清等，載官糧四萬六千餘石，創行海運，沿山求嶼以抵直沽。然風泛失時，本年不能抵岸，在山東劉家島壓冬。至二十年三月，放萊州洋，始達直沽。因内河淺澀，就於直沽交卸。

是年，置京畿、江淮都漕運司，漕江南糧。仍各置分司，催督綱運，以運糧多寡爲運官殿最。中書省奏：「南北糧餉，國之大計。前雖儹運，虛費財力，終無成功。蓋措置乖方，用人不當，以致如是。今大都漕運司止管淇門運至通州河西務，其中灤至淇門，通州河西務至大都陸運車站，別設提舉司，不隸漕運司管領，揚州漕運司止管江南運至瓜州，至中灤水路，運副之押運人員不隸漕運司管領。南北相去數千里，中間氣力斷絕，不相接濟，所以糧道遲滯，官物虧陷，失誤支持，所關甚大。比以省臣奏準，京畿、江淮設都漕運使二，舊官盡行革去，其江淮漕運司，除江南運至瓜州依舊管領外，將漕司官一半置於瓜州，一半於中灤、荆山上下行司，專以催督綱運。每歲須運糧二百萬石到於中灤，取京畿漕運司通關收附，申呈揚州行省爲照。京畿漕運司自中灤運至大都，仍將中灤至淇門，河西務至大都車站，撥隸本司管領，其漕運司官一半於大都置司，一半於中灤、淇門上下行司，專以催督綱運。每歲須運糧二百萬石至都，取省倉足數抄憑，申呈户部爲照。歲終考校，運及額數者爲最，不及者爲殿。當該運司一最升一等，任滿别行遷轉。一殿降一等，次年又殿，則黜之。」從之。

二十年，右丞麥朮丁等奏王積翁言：「亡宋都汴時，每年運糧六百萬石。如今江南糧多，若運至京師，米價自賤。詔使臣等議之。竊維運糧之事爲廣輸運之途，今止中灤一處漕運，僅運三十萬石。近者阿八赤新開一河，又奥魯赤經由濟州開挑一河，又黄河迤上有沁河可以開挑一河，遣人相視，令脱忽思賫繪圖呈奏。如此等河道一一成就，則運糧數目自多。」上曰：「朕覽圖，宜如卿所奏。」是年八月，總計一歲海運、河運所至者糧二十八萬石。丞相和魯火孫、參議禿魯花等奏言：「揚州以船一百四十六運糧五萬石，四萬六千石已到。其餘六船未到，必遭風覆没。聞海中有徑直之道，乞遣人試驗。」又奏：「阿八赤新河運糧二萬餘石，又東平府南奥魯赤新開河運糧三萬二千石，暨御河常年儹運河道糧，總二十八萬石，俱已至都。」上稱善。

是年十一月，丞相和魯火孫等奏：「阿八赤新挑河道迤南，用船一百九十四艘，運糧四萬八千九百六十一石。其船一百四艘内損壞訖糧五千五十一石外，船九十艘，該糧二萬三千九百九石。凡糧之至者，與已損壞者，具數以聞。」詔以問阿八赤，阿八赤言：「揚州運船不堅，又沿海岸行，故多損壞，非預臣事。臣所將五十艘，纔失其四，其餘當以風汎未至。」省臣言：「阿八赤新河口候潮以入，所損甚多，民亦苦之。今欲造小船五百艘，建倉三處。」上曰：「伯顏運糧之道，與阿八赤所開河相通否？」對曰：「不通也。阿八赤之言非實，今春海運，其船一百四十八艘皆已至，其不至者七艘而已。前命以其事屬忙兀䚟，今忙兀䚟來言：『用此道運糧，爲船二百七十，所失者十有九，今皆得之矣。』」上曰：「果如是，阿八赤不必用。忙兀䚟好人也。俟其來使，由海道儧運。阿八赤新挑河可廢。」

已而伯顏與平章政事札散、右丞麥朮丁等奏：「海運之事，兩南人言，朝廷若付脚錢，願以私力，歲各運十萬石至京師，乞與職名。臣等議：朱清原有金牌，今授中萬户。換虎符，張招討之子，現帶銀牌，換金牌爲千户。忙兀䚟現帶金虎符爲一府達魯花赤，餘一府以萬户之無軍而帶虎符者爲達魯花赤。」從之。

二十一年，右丞麥朮丁等奏〔一〕：「斡奴魯、忙兀䚟三次文書言：『阿八赤新開河，損多益少，無濟漕運，其水手軍人等二萬、船千艘俱閑不用，乞付臣等歲運糧一百萬石。』臣等前奉敕與忙兀䚟議行海運，今已送糧回訖。又朱清等各願糧運十萬石。又囊家歹孫萬户請得此船，與軍人、水手以充海運。臣與伯顏等議：以阿八赤河道所用水手五千、兵五千、船一千艘付揚州行省，教習海運。其餘水手五千、兵五千就駕平灤船，從利津海道運糧。」

從之。遂罷阿八赤所開河。

二十二年二月，參政不魯迷失海牙等奏：「自江南每歲運糧一百萬石，從海道運者十萬石，從阿八赤、樂實二人新挑河道運者六十萬石，從奥魯赤所挑濟州河道運者三十萬石。今闊闊你敦等言濟州河道船缺。臣等議，令三省造船三千艘以濟運。」從之。

二十三年，又以征日本所造船給沿海居民運糧，用平章阿必失哈、參政秃魯花之議也。是年，平章薛徹干等奏：「海道運糧四年，凡一百萬石，至京師者八十四萬石，不至者一十七萬石。運者言：『江南斗小，至此斗大，以此折耗者有之。又因船壞棄米有之。』已責令賠償矣。若人船俱没，不知應賠否？」上曰：「没於水！安能使賠。其免之。」

二十四年，立行泉府司，專領海運，增置萬户府二，總爲四萬户府。都漕運海船上萬户府，亦速爲首，與張文龍等勾當。平江等處運糧萬户府，忙兀觶爲首，與費拱辰、張文彪等勾當。孛蘭奚等海道運糧萬户府，與朱虎等勾當。是年，始罷東平河運，專用海運矣。

二十五年，丞相桑哥，平章鐵木兒、阿魯渾徹里等奏：「往者歲運江南糧一百萬石，在後止運七十萬石。今養濟百姓用糧多，宜增運一百萬石。」從之。是年二月，分置漕司二。《百官志》作二十四年。都漕運使司於河西務置司，自濟州東阿起，並御河上下，至直沽、河西務、李二寺、通州、壩河等處，水陸攢運，接運海道糧及各倉一切公事，並隸本司管領。京畿都漕運使司站車赴各倉運糧，本司先將半印勘合，支簿開發，都漕運使司收管，然後押印勘合關文，開坐所運糧數交押運官賫往都漕運使司投下，比對元發半印號簿相同，都漕運使司亦同勘合下倉支撥交裝，毋致刁蹬停滯。就取押運官明白收管，隨即具交裝訖糧數，行移京畿都漕運司使照會，行下省倉，依數受管。仍勒押運官須用心關防車户般運交納，如有短少，即追賠數足，及取押運官招伏治罪。都漕運使司凡支糧並船人糧馬料，須依例置立勘合號簿，明白書填押印勘合文貼，下倉放支。非奉省部明文，勿得擅支。京畿漕運使司應管各倉分收支見在，並攢運糧旬申月數目，及應覷各倉關防事理，仰户部照例行下本司，須依例申部呈省。

二十七年，丞相桑哥等奏：「自江南每運來者，薛徹禿、孛蘭奚、朱、張等萬户及千户、百户今歲勤勞尤甚，乞每人賜衣一襲。」上曰：「南人愛毳段，其各賜毳段一端。」二十八年八月，平章不忽木等奏：「海道運糧，朱清、張瑄萬户言：『往歲運糧，止以臣等二萬户府，自去年隸泉府司，沙不丁再添二萬户運糧，百姓艱難，所有折耗，俱責臣等。乞朝廷憐憫，罷二府，或委他人。』」上曰：「彼所言是也。止令二府運之。」又奏：「朱、張二萬户或有疑臣等者，乞留臣等在此，令臣之子代運。」上曰：「安用如此？止以朱張二萬户運之。」是月，並海道都漕運爲二萬户府，張瑄以驃騎衛上將軍、淮東道宣慰使兼領海道都漕運萬户府事，朱清以驃騎衛上將軍、江東道宣慰使兼領海道都漕運萬户府事。張瑄管領，每年以十分爲率，該運六分。朱清每年以十分爲率，該運四分。

二十九年，平章政事不忽木、闍里等奏：「淮海稍工〔二〕、水手人等，選擇可用者，僱直如例給之，每户妻子以五口爲率，給以糧，免其雜泛差役。」從之。三十年，以朱文龍爲海道都漕萬户，賜虎符，提調香糯事，設千户一，百户三。

元貞元年，丞相完澤、平章賽典赤等奏：「朱、張海運，往歲一百萬石，或增其數。如歲不登，百姓艱食，實賴海運濟之。豪、懿等州並高麗境，連年饑饉，亦仰運糧賑濟。今歲豐米賤，若仍前海運，切恐未宜。去歲會計，只運三十萬石。今應如上年例，亦運三十萬石。」又奏：「每年海運，以十分爲率，張萬户運六分，朱萬户運四分。今朱萬户言，乞均分停運。」並從之。二年，諭行省、行臺諸司，毋沮壞海道運糧都漕運萬户事，違者罪之。

大德六年，從參知政事張文彪言：「海道運糧萬户府官屬，聽本府自行舉保。」文彪，瑄之子也。是年，户部言：「船户節次逃亡，究其源由，蓋因漕司失於拘鈐。縱綱官人等恣意侵漁，或將有力之家影占，不令上船當役，或將招伏逃户不申官起遣，以致靠損在船人户。合令漕司取勘實在船户，委官點勘，有缺役者先行著落。綱官雇人代替，須拘本户到官斷罪，受贓者驗贓追斷，仍除名。」中書省議從之。七年，張瑄、朱清坐飛語論死，並籍其家，事詳瑄等傳。中書省奏：「前者海道運糧，立萬户府四，復並爲二，置委付萬户六員，前孛可孫札刺兒斛沙的爲之長，建康路達魯花赤阿里之子曰忽都魯撤刺兒次之。餘萬户四員以先所委色目、漢人、南人内謹慎有才者如舊。仍帶虎符。」又奏：「萬户下，合委千户，鎮撫、首領七十員内，受宣命金牌六十有七員，就帶者三十有九，創降金牌者二十有八，受敕者三員。」並從之。

至大二年，江浙行省言：「曩者朱清、張瑄歲漕四五十萬石至百餘萬石，時船多糧少，僱直均平。比歲賦斂横出，漕户困乏，逃亡者有之。今歲運糧三百萬石，漕船不足，遣人於浙江、福建等處和僱民船，百姓騷動。本省左丞沙不丁言其弟合八失及馬合謀但的、澉浦楊家等皆有船，且深知漕事，宜以爲海道運糧都漕萬户府，以私力輸運官糧。萬户、千户並如軍官例承襲，寬恤漕户，增給僱直，庶有成功。」詔以馬合謀但的爲遥授右丞、海外諸番宣慰使都元帥，領海道運糧萬户府事。設千户、百户所十，每所設達魯花赤一，千户三，副千户二，百户四。

三年，以朱清子虎，張瑄子文龍往治海漕，以所籍定一區田百頃給之。

四年，中書省奏皇太子旨，遣刑部田侍郎、萬户王仲温至江浙行省議海運事。時江東寧國、池、饒、太平等處及湖廣、江西等處運糧至真州泊水灣〔三〕，勒令海船從揚子江逆流而上，至泊水灣裝發。海船重大底小，江流湍急，又多石磯，走沙漲淺，糧船損壞歲歲有之。於是以嘉興、松江二屬秋糧並江淮、江浙二總管府歲辦糧充運，而免寧國、池、饒及湖廣、江西等糧運，惟辦運香糯米。舊例在直沽交卸後，萬户朱虞龍將香糯米船直赴大都醴源倉送納轉交。河船般剥、偷竊、攙雜，交割短少，船户困於賠累，請仍在直沽交卸。部議以醴源倉收納行之已久，難於更易，沮其事不行。

至正八年，漕運使賈魯陳便宜二十餘事，從其八事：一曰京畿和糴，二曰優恤漕司，三曰接運委官，四曰通州總治預定委員，五曰船户困於壩夫，漕糧壞於壩户，六曰疏浚運河，七曰臨清運糧萬户府當隸漕司，八曰宜以宣忠船户付本司節制。蓋歷歲久，積弊深，公私困憊，魯之所言區區補綴而已，無當於運漕之本計也。

凡歲運之數：

至元二十年，運糧四萬六千五十石，運到四萬二千一百七十二石，事故糧八百七十七石。

二十一年，運糧一十萬石，運到九萬七百七十一石，事故糧九千二百二十八石。

二十三年，運糧五十七萬八千五百二十石，運到四十三萬三千九百五石，事故糧一十四萬四千六百一十四石。

二十四年，運糧三十萬石，運到二十九萬七千五百四十六石，事故糧二千四百五十三石。

二十五年，運糧四十萬石，運到三十九萬七千六百五十五石，事故糧二千三百四十四石。

二十六年，運糧九十三萬五十石，運到九十一萬九千九百四十三石，事故糧一萬五千五十七石。

二十七年，運糧一百五十九萬五千石，運到一百五十一萬三千八百五十六石，事故糧八萬一千一百四十三石。

二十八年，運糧一百五十二萬七千二百五十石，運到一百二十八萬一千六百一十五石，事故糧二十四萬五千六百三十五石。

二十九年，運糧一百四十萬七千四百石，運到一百三十六萬一千五百一十三石，事故糧四萬五千八百八十六石。

三十年，運糧九十萬八千石，運到五十萬三千五百三十四石，事故糧一萬九百九十九石。

元貞元年，運糧三十四萬五百石俱到。

二年，運糧三十四萬五百石，運到三十三萬七千二十六石，事故糧三千四百七十三石。

大德元年，運糧六十五萬八千三百石，運到六十四萬八千一百三十六石，事故糧一萬一百六十三石。

二年，運糧七十四萬二千五百一十石，運到七十萬五千九百五十四石，事故糧三萬六千七百九十六石。

三年，運糧七十九萬四千五百石俱到。

四年，運糧七十九萬五千五百石，運到七十八萬八千九百十八石，事故糧六千五百八十一石。

五年，運糧七十九萬六千五百二十八石，運到七十六萬九千六百五十石，事故糧二萬六千八百七十八石。

六年，運糧一百三十八萬三千八百八十三石，運到一百三十二萬九千一百四十八石，事故糧五萬四千七百三十五石。

七年，運糧一百六十五萬九千四百九十一石，運到一百六十二萬八千五百八石，事故糧三萬九百八十二石。

八年，運糧一百六十七萬二千九百九石，運到一百六十六萬三千三百一十三石，事故糧九千五百九十六石。

九年，運糧一百八十四萬三千三石，運到一百七十九萬五千三百四十七石，事故糧四萬七千六百五十六石。

十年，運糧一百八十萬八千一百九十九石，運到一百七十九萬七千七十八石，事故糧一萬一千一百二十一石。

十一年，運糧一百六十六萬五千四百二十二石，運到一百六十四萬四千六百七十九石，事故糧二萬七百四十三石。

至大元年，運糧一百二十四萬一百四十八石，運到一百二十萬二千五百三石，事故糧三萬七千六百四十五石。

二年，運糧二百四十六萬四千二百四石，運到二百三十八萬六千三百石，事故糧七萬七千九百四石。

三年，運糧二百九十二萬六千五百三十三石，運到二百七十一萬六千九百一十三石，事故糧二十萬九千六百一十九石。

四年，運糧二百八十七萬三千二百十二石，運到二百七十七萬三千一百六十六石，事故糧九萬九千九百四十五石。

皇慶元年，運糧二百八萬三千五百五石，運到二百六萬七千六百七十二石，事故糧一萬五千八百三十二石。

二年，運糧一百三十一萬七千二百二十八石，運到六十五萬四千三十六石，事故糧一十五萬八千五百四十三石。舊志，至者二百一十五萬八千六百八十五石。

延祐元年，運糧二百四十萬三千二百六十四石，運到二百三十五萬六千六百六石，事故糧四萬六千六百五十八石。

三年，運糧二百四十五萬八千五百十四石，運到二百五十三萬七千七百四十四石。

四年，運糧三十七萬五千三百四十五石，運到二百三十六萬八千一百一十九石，事故糧七千二百二十五石。

五年，運糧二百五十五萬三千七百一十四石，運到二百五十四萬三千六百一十一石，事故糧一萬一百二石。

六年，運糧三百二萬一千五百八十五石，運到二百九十八萬六千七百一十七石，事故糧三萬四千八百九十一石。

七年，運糧三百二十六萬四千六石，運到三百二十四萬七千九百二十八石，事故糧一萬六千七十八石。

至治元年，運糧三百二十六萬九千四百五十一石，運到三百二十三萬八千七百六十五石，事故糧三萬六百八十五石。

二年，運糧三百二十五萬一千一百四十石，及帶起附餘香白糯米一萬八千九百四十三石，運到三百二十四萬六千四百八十三石，事故糧二萬三千五百九十九石。

三年，運糧二百八十一萬一千七百八十六石，運到二百七十九萬八千六百一十三石，事故糧一萬三千一百七十二石。

泰定元年，運糧二百八萬七千二百三十一石〔四〕，運到二百七萬七千二百七十八石，事故糧九千九百五十三石。

二年，運糧二百六十七萬一千一百八十四石，運到二百六十三萬七千七百五十一石，事故糧三萬三千四百三十二石。

三年，運糧三百三十七萬五千七百八十四石，運到三百三十五萬一千三百六十二石，事故糧二萬四千四百二十一石。

四年，運糧三百一十五萬二千八百二十石，運到三百一十三萬七千五百三十二石，事故糧一萬五千二百八十七石。

天曆元年，運糧三百二十五萬五千二百二十石，運到三百二十一萬五千四百二十四石，事故糧三萬九千七百九十六石。

二年，運糧三百五十二萬二千一百六十三石，運到三百三十四萬三百六石，事故糧一十八萬一千八百五十六石。舊紀：是年運至京師者一百四十萬九千一百二十石。虞集《學古録》亦云，是年不至者七十萬石，均與此不合。

元統以後，歲運之可考者：至正元年，益以江南之米，通計所運得三百八十萬石。

二年，又令江浙行省及中正院財賦總管府撥賜諸人寺觀之糧，盡數起運，得二百六十萬石。

十五年，江浙行省臣乞減海運，以甦民力。户部定議，本年税糧除免之外，其寺觀并撥賜田糧，十月開倉盡行拘收，其不敷糧，撥至元折中統鈔一百五十萬錠，於産米處糴一百五十萬石以補之。

十九年，遣兵部尚書伯顔帖木兒、户部尚書齊履亨徵海運於江浙行省，命張士誠輸米，方國珍具舟運米十有一萬石至京師。

二十年，又遣户部尚書王宗禮等至江浙，二十一年運米如十九年之數，九月又遣兵部尚書徹徹不花、侍郎韓祺往徵海運。

二十二年，運米十三萬石，是年遣户部尚書脱脱察兒〔五〕、兵部尚書帖木兒至江浙。二十三年，又運米十三萬石，九月又遣户部侍郎博羅帖木兒〔六〕、監丞賽因不花徵海運於張士誠，士誠託辭拒之，海運遂止於是歲云。

至元二十二年，定江南民田税石，每石帶鼠耗分例五升，官田減半。二十五年，定省倉、馬頭、倉站車、壩河船運合添耗糧例。南糧元破每石帶耗一斗四升，海運至直沽每石四斗，直沽每石一升三合，船運至河西務每石七合，河西務每石一升三合，船運至通州每石七合，通州每石一升三合，壩河運至大都每石一升，站車運至大都每石七合，省倉每石三升。今議每石帶耗一斗七升五合，除元破外添三升五合。依舊破耗海運至直沽每石破四升，直沽一升三合。添破耗糧搬運至直沽，至河西務每石一升二合，元破七合，添破五合。河西務破耗二升，元破一升三合，添破七合。船運河西務至通州每石破耗一升五合，元破七合，添破八合。通州倉二升，元破一升二合，添破七合。壩河、站車運至大都，每石破耗一升五合，元破一升，添破五合。省倉每石四升，元破三升，添破一升。北糧元破每石運至大都，通破耗米七升，河船運至河西務，每石破五合，河西務每石破一升二合，盤船河西務運至通州，每石破耗三合，通州倉每石破一升三合，站車運至大都每石五合，壩河運至大都每石七合，省倉每石二升五合。合議每石帶耗八升二合，内除元破外，添一升二合。船運自唐村等處運至河西務，每石破七合，元破五合，添破二合。河西務倉每石一升五合，元破一升二合，添破三合。船運河西務至通州，每石破五合，元破三合，添破二合。通州倉每石破一升五合。壩河、站車運至大都，每石破耗一升，元破七合，添破三合。省倉每石破三升，元破二升五合，添破五合。

至元二十六年閏十月，省臣奏：「各倉官員言，往歲定鼠耗分例數少，倉官賠償，破其家産，鬻其妻小者有之，因此多欠糧數。臣等圖議，去年奏添南糧，自直沽裏運至河西務，每石元破七合，今添五合；河西務運至通州，每石元破七合，今添八合；河西務倉内，每石元破一升三合，今添七合；通州倉内，每石元破一升三合，今添七合；壩河、站車運至大都，每石元破一升，今添五合；省倉内每石元破三升，今添一升。北糧内，自唐村等處運至河西務，每石元破五合，今添二合；河西務倉每石元破一升三合，今添三合；河西務船運至通州，每石元破二合，今添二合；通州倉每石元破一升三合，今添二合；壩河、站車運至大都，每石元被七合，今添三合；省倉每石元破二升五合，今添五合。」奏可。

至元二十九年八月，完澤丞相等奏：「通州河西務倉官告説各倉收糧，前省官定擬鼠耗分例數少，至有鬻其妻子家産，尚賠納不完，至今辛苦。臣等議得，前省官所定鼠耗分例不匀，如今南北耗各年分例，比在先斟酌再定之。」上曰：「如卿所奏，雖然，亦合用心，雀鼠能食多少，休因此教觧人作弊爲盜欺詐，依舊聽耗。」唐村等處船運至河西務北糧，每石破七合。直沽船運至河西務，每石破一升二合。河西務船運至通州李二寺，南糧每石一升五合，北糧每石五合。壩河、站車運至大都省倉，南糧每石一升五合，北糧每石一升。今議擬聽耗例，大都省倉元定破南糧每石四升，北糧每石三升，今議擬限年聽耗，初年聽耗南糧每石二升，北糧每石一升五合；次年聽耗南糧每石三升，北糧每石二升三合。貯經三年以上，依元定聽耗南糧每石四升，北糧每石三升。河西務、通州李二寺元定破耗南糧每石二升，北糧每石一升五合，今擬限年聽耗，初年依元定破耗南糧每石二升，北糧一升五合，次年聽耗南糧每石二升，北糧一升五合；次年聽耗南糧每石三升，北糧每石二升三合；貯經三年以上，聽耗南糧每石四升，北糧每石三升。直沽倉除對船交裝不須破耗外，今擬一年須要支運盡絶，南糧每石聽耗二升，元定破耗一石三合，今擬添七合香糯、白粳破耗。大德三年，中書省准户部呈，依糙米例，定奪緑糙、粳米俱各散裝，白粳、香莎糯米終用來布袋盛，以此參詳，擬比附散裝糙米破耗定例，三分中量減一分。海運至直沽，每石破耗八合，河西務至通州李二寺，每石破耗一升。如直沽裝船經由通惠河徑赴大都交卸，止依至通州李二寺，每石破耗一升八合。

海運不給脚鈔，就用係官海船，官司召顧水手起運至楊村馬頭交卸。自開洋上海等處至楊村馬頭，計一萬三千三百五十里。

至元二十一年，始依千斤百里脚價，每石支脚錢中統鈔八兩五錢九分。近海有力人户自行造船顧募梢水，定每石支鈔八兩五錢。至元二十九年，減作每石七兩五錢。元貞元年十二月二十八日，奏：「朱、張海運糧，在先每石脚錢八兩五錢，減爲七兩五錢。如今糧食諸物比在先甚賤，脚價亦合減少。臣等議每石宜減去一兩，爲六兩五錢。」從之。糙白粳米就直沽交卸，每石支中統鈔六兩五錢，香糯直赴大都醴源倉交納，每石增鈔五錢，計七兩。

大德七年，起運稻穀二十萬石，每石脚錢中統鈔五兩。

至大元年四月初十日，奏過海運糧脚價，每石六兩五錢，如今糧食諸物湧貴，量添五錢爲七兩，已後不與照依先體例與六兩五錢。

至大三年，准尚書省咨，本省至大三年海運脚價每石添作至元鈔一兩六錢。春運每石量添至元鈔三錢，通該至元鈔一兩六錢，夏運止依舊例不須添支，糙白粳每石至元鈔一兩六錢，香糯每石至元鈔一兩七錢。至大四年准中書省咨，該尚書省准本省咨，至大三年十月二十九日奏准運糧脚價每一石支至元鈔一兩六錢，如今添爲二兩，稻穀一石元支至元鈔一兩，如今添爲一兩四錢至元鈔，本年爲頭脚價糙白糧每石至元鈔二兩，香糯每石至元鈔二兩八錢，稻穀每石一兩四錢。

皇慶二年十月二十五日，奏准斟酌地理遠近，比元價之上添與脚錢，福建遠船運糙粳每石一十三兩，温、台、慶元船運糙粳每石一十一兩五錢，香糯每石一十一兩五錢，紹興、浙西船運石一十一兩，白糧價同，稻穀每石八兩，黑豆每石依糙白糧例支鈔一十一兩，已後年分至今起運糙白粳香糯稻穀，依前支價年例預支，每歲八九月間。海道府權依上年運糧額數爲則，扣算先支六分脚價，差官起省平江、慶元、温、台官庫寄收，候都省坐到糧數，委定提調省官職名，或十月、十一月内海道府差官稟請省官，親臨平江路提調給散。除慶、紹、温、台、兩浙合該脚價，海道府差官前去與各路所委官一同給散外，本省提調官或有事故，改委左右司官前去海道府分派定春夏二運糧數，差官赴省貼支四分脚價，次年正月間咨請提調官親詣海道府裝發糧斛，給散貼支脚價，直至五六月間夏運開洋了畢還省。

據天曆二年海運正糧三百萬石，脚價不等，散過中統鈔六十四萬九千七百二十八定二十八兩五錢，並增運附餘香白糯正糧三千四百七石三斗六升九合，鈔七百三十八定三十四兩七錢四分三釐，通計支散脚價鈔六十五萬五百一十二定一十三兩二錢四分三釐。

海運，每歲糧船於平江路劉家港等處聚䑸，由揚州路通州海門縣黄連沙頭萬里長灘開洋，沿山捉嶼至淮安路鹽城縣，歷西海州、海寧府、東海縣、密州、膠州界，放靈山洋投東北，取成山路，多有淺沙，行月餘才抵成山。羅璧、朱清、張瑄講究水程，自上海等處開洋，至揚州村馬頭下卸處，徑過地名山川，經直多少迂回，計一萬三千三百五十里。

至元二十九年，朱清等建言：「此路險惡，踏開生路，自劉家港開洋，遇東南風疾，一日可至撑脚沙。彼有淺沙，日行夜泊，守伺西南便風，轉過沙嘴，一日到於三沙洋子江。再遇西南風，一日至匾擔沙大洪抛泊。來朝探洪行駕，一日可過萬里長灘，透深才方開放大洋。先得西南順風，一晝夜約行一千餘里，到青水洋。得值東南風，三晝夜過黑水洋，望見沿津島大山。再得東南風，一日夜可至成山，一日夜至劉家島，又一日夜至芝罘島，再一日夜至沙門島。守得東南便風，可放萊州大洋，三日三夜方到界河口。前後俱係便風，經直水程約半月可達。如風水不便，迂回盤折，或至一月四十日之上方能到彼。倘值非常風阻，難度程限。明年又以糧船自劉家港開洋，過黃連沙，轉西行駛至膠西，投東北取成山，亦爲不便。繼委千户殷明略，踏開生路，自劉家港開洋，至崇明州三沙放洋，望東行駛入黑水大洋，取成山轉西，至劉家島，取䑸取薪水畢，到登州沙門島，於萊州大洋入界河，至今爲便。皆行北道，風水險惡。至元十九年爲始，年例糧船聚於劉家港入海，由黄河、大郎觜、白茆撑脚、唐浦等處一帶，率皆沙淺，其洪道闊卸，無千丈長之潮，兩向俱有白水潮，退皆露沙地。候得西南風順，過匾擔沙東南大洪，過萬里長灘，透深開放大洋，至青水内，經陸家等沙，下接長山並西南鹽城一帶趙鐵沙觜，及半洋沙、嚮沙、匾擔等沙淺。及至蘇州洋，又有三沽洋山下八山補陀山，到於黑水大洋，過成山北面一帶並芝罘島登州一路木極島等處，近沙門島山或鐵山嘴開放萊州大洋，又有三山茅頭觜、大姑河、小姑河，兩頭河等灘，及北有曹婆沙、梁河沙。南有劉姑蒲灘。至界河海口，復有灘淺狹洪沙硬，潮汎長落不常。但遇東南風，本處船聚稠密，則有妨礙之虞。」

延祐三年正月，海道萬户府據慶元紹興所申：「紹興路三江陡門至下蓋山一帶〔七〕，沙淺一百餘里名鐵板沙，潮汎猛惡，温、台船隻尖底食水深淺，船户梢水不識三江水脈〔八〕，避怕險惡，直至四月中旬，尚於烈港等處停泊，不敢前來。差人搜究斷罪，催趕顧覓剥船般剥，緣剥船數少，急不能尋顧，尚於海岸屯貯，委實靠損船户不便。據紹興六路下年海運糧斛，如照依皇慶二年例，就用本路船料裝發，若有不敷，於慶元路標撥小料，海運貼裝。其温、台、福建船隻起發劉家港交割，依舊於平江路倉裝糧，官民兩便。又準本府副萬户抄兒赤目擊艱難，必須改擬，若台州有裝官糧，先儘本路船隻，不敷於温州船内貼撥，紹興路糧亦用本路船隻裝發，不敷用慶元路小料海船貼裝。其慶元府港深闊，臨近路倉，脚夫徑直擔米上船，就將船舶並温、台所用不盡船料支裝，倘有剩下船料及慶元路船隻，差官押發劉家港交割。」省議從之。

【校勘記】

〔一〕「麥朮丁」，原作「麥兀丁」，據上文及《元史》卷六五志第十七上《河渠二》改。

〔二〕「稍工」，趙世延《大元海運記》卷上作「運梢工」。

〔三〕「等處」，原倒作「處等」，據文意及趙世延《大元海運記》卷上改。

〔四〕「二百八萬」，「二」原作「三」，據《元史》卷九三志第四十二《食貨一》改。

〔五〕「户部尚書」，「户」字原脱，據《元史》卷九七志第四十六《食貨五》補。又「脱脱察兒」，《元史》作「脱脱歡察爾」。

〔六〕「遣」，原作「遺」，據《元史》卷九七志第四十六《食貨五》改。

〔七〕「陡門」，原作「徙門」，據文意改。《永樂大典》卷一五九〇〇五十《運・元漕運二》二處亦誤，《大元海運記》卷下四有誤有不誤。

〔八〕「船」，原作「般」，據《大元海運記》卷下改。

新元史卷之七十六　志第四十三

食貨志九

官俸

世祖中統元年，始給内外官吏俸鈔。二年，定六部官吏俸。是年十月，定諸路州縣官吏俸。

至元二年，定官俸當月支付例。三年，定上任過二日、罷任過五日並給當月俸鈔例。六年，定提刑按察司官吏俸。是年，又分上中下縣爲三等。七年，增按察司經歷以下俸，定轉運司官吏及諸匠官俸。八年，以阿合馬言，減百官俸。九年，定告假停俸期限例。十七年，定奪俸禄，凡内外官吏皆住支。十八年，更命公事畢而無罪者給之，公事未畢而有罪者奪之。二十二年，重定百官俸，始於各品分上中下三例，視職事爲差，事大者依上例，事小者依中例。二十三年，詔：「近年諸物增價，俸禄不能養廉，以致侵漁百姓，公私俱困。

自今内外官吏俸給，以十分爲率，添支五分。」二十九年，定諸路儒學教授俸，視蒙古、醫學。

大德三年，增小吏俸米。六年，又定行省、宣慰司、致用院、宣撫司、茶鹽運司、鐵冶都提舉司、淘金總管府、銀場提舉司等官俸例。七年，加給内外官吏俸米，俸十兩以下人員依小吏例每十兩給米一斗，十兩以上至二十五兩每員給米一石，餘上之數每俸一兩給米一升，無米則驗其時值給價，俸三定以上者不給。内外官吏，一年約支二十八萬餘石米。十一年，定官吏病百日作闕，所支俸米除全月回納還官外，支過破月俸鈔如已過初五日者，免其回納。

至大二年，詔隨朝衙門官吏及軍官等俸鈔改給至元鈔，往支俸米，外任宣慰司軍官雜職等官，俸鈔十分中減三分，餘七分改支至元鈔，隨朝衙門、行省、宣慰司吏員俸鈔減，加二餘鈔與，至元鈔十兩以下，每月與俸米五斗。

延祐七年，定隨朝官吏俸，以十分爲率，給米三分。軍官差出者，許借俸，歿者借俸免徵，各投下達魯花赤其俸與王官等。

至治二年，定職官罰俸者以中統鈔爲則。

凡百官俸例，各品分上中下三等：

從一品：上六錠，下五錠。
正二品：上四錠二十五兩，下四錠十五兩。
從二品：上四錠，中三錠三十五兩，下三錠二十五兩。
正三品：上三錠二十五兩，中三錠十五兩，下三錠。
從三品：上三錠，中二錠三十五兩，下二錠二十五兩。
正四品：上二錠二十五兩，中二錠十五兩，下二錠。
從四品：上二錠，中一錠四十五兩，下一錠四十兩。
正五品：上一錠四十兩，下一錠三十兩。
從五品：上一錠三十兩，下一錠二十兩。
正六品：上一錠二十兩，下一錠十五兩。
從六品：上一錠十五兩，下一錠十兩。
正七品：上一錠十兩，下一錠五兩。
從七品：上一錠五兩，下一錠。
正八品：上一錠，下四十五兩。
從八品：上四十五兩，下四十兩。

正九品：上四十兩，下三十五兩。
從九品：三十五兩。
內外官俸數：
太師府：
太師，俸一百四十貫，米十五石。
咨議、參軍，俸四十五貫，米四石五斗。長史，俸三十四貫六錢六分，米三石。
太傅、太保府同。監修國史、長史同。
中書省：
右丞相，俸一百四十貫，米十五石。左丞相同。
平章政事，俸一百二十八貫六錢六分六釐，米十二石。
右丞，俸一百十八貫六錢六分六釐〔一〕，米十二石。左丞同〔二〕。
參知政事，俸九十五貫三錢三分三釐，米九石五斗。
參議，俸五十九貫，米六石。
郎中，俸四十二貫，米四石五斗。
員外郎，俸三十四貫六錢六分六釐，米三石。

都事，俸二十八貫，米三石。

承發管勾，俸二十五貫三錢三分三釐，米二石。照磨、省架閣庫管勾、回回架閣庫管勾並同。

檢校官，俸二十八貫，米三石五斗。

斷事官，内十八員。俸各八十二貫六錢六分六釐，米八石五斗；十四員，俸各五十九貫三錢三分三釐，米六石，一員，俸四十貫六錢六分六釐，米四石。

經歷，俸二十三貫六錢六分六釐，米二石五斗。

知事，俸二十二貫，米二石。

客省使，俸三十九貫三錢三分三釐，米三石五斗。

副使，俸二十八貫，米三石。

直省舍人，俸三十四貫六錢六分六釐，米三石。

六部尚書，俸七十八貫，米八石。

侍郎，俸五十三貫三錢三分三釐，米五石。

郎中，俸三十四貫六錢六分六釐，米三石。

員外郎，俸二十八貫，米三石。

主事，俸二十六貫六錢六分六釐，米二石五斗。
户部司計，俸二十八貫，米三石。
工部司程，俸十八貫，米二石五斗。
刑部獄丞，俸十一貫，米一石。
司籍提領，俸十一貫二錢二釐，米五斗。
樞密院：
知院，俸一百二十九貫三錢三分三釐，米一十三石五斗。
同知，俸一百六貫，米一十一石。
副樞，俸九十五貫三錢三分三釐，米九石五斗。
僉院，俸九十貫一錢八分六釐，米九石五斗。
同僉，俸五十九貫三錢三分三釐，米六石。
院判，俸四十二貫。米四石五斗。
參議，俸三十九貫三錢三分三釐，米三石五斗。
經歷，俸三十四貫六錢六分六釐，米三石。
都事，俸二十八貫，米二石。

照磨，俸二十二貫，米二石。管勾同。
斷事官，俸五十九貫三錢三分三釐，米六石。
經歷，俸二十五貫三錢三分三釐，米二石。
知事，俸二十貫六錢六分六釐。米一石五斗。
客省使，俸三十一貫三錢三分三釐，米三石。
副使，俸二十二貫，米二石。
右衛都指揮使，俸七十貫，米七石五斗。
副都指揮使，俸五十九貫三錢三分三釐，米六石。
僉事，俸四十八貫六錢六分六釐，米四石五斗。
經歷，俸二十五貫三錢三分三釐，米二石。
知事，俸二十貫六錢六分六釐，米一石五斗。
照磨，俸十八貫六錢六分六釐，米一石五斗。
鎮撫，俸二十貫六錢六分六釐，米一石五斗。
行軍官千户，俸二十五貫三錢三分三釐，米二石。
副千户，俸二十貫六錢六分六釐，米一石五斗。

百户，俸一十七貫三錢三分三釐，米一石五斗。
彈壓，俸一十二貫六錢六分六釐，米一石。
知事，俸一十一貫三錢三分三釐，米一石。
弩軍官千户，俸二十貫六錢六分六釐，米一石五斗。
百户，俸一十二貫六錢六分六釐，米一石。
彈壓，俸一十一貫三錢三分三釐，米五斗。
都目，俸一十貫，米五斗。
屯田千户所同弩軍官例。左衛、前衛、後衛、中衛、武衛、左阿速衛、右阿速衛、左都威衛、右都威衛〔三〕、左欽察衛、右欽察衛、左衛率府、宗仁衛、西域司、唐兀司、貴赤司，並同右衛例。
忠翊侍衛都指揮使，俸一百貫〔四〕。
副使，俸八十三貫三錢三分三釐。
僉事，俸六十六貫六錢六分六釐。
經歷，俸三十三貫三錢三分三釐。
知事，俸二十六貫六錢六分六釐。

照磨，俸二十四貫六錢六分六釐。
行軍官千户，俸三十三貫三錢三分三釐。
副千户，俸二十六貫六錢六分六釐。
百户，俸二十三貫三錢三分三釐。
彈壓，俸一十六貫六錢六分六釐。
知事，俸一十五貫三錢三分三釐。
弩軍官千户，俸二十六貫六錢六分六釐。
百户，俸一十六貫六錢六分六釐。
彈壓，俸一十三貫三錢三分三釐。
右手屯田千户所千户，俸二十六貫六錢六分六釐。
百户，俸一十六貫六錢六分六釐。
左手屯田千户所同。
隆鎮衛、右翊蒙古侍衛，並同忠翊侍衛例。
御史臺：
御史大夫，俸一百一十八貫六錢六分，米一十二石。

中丞，俸一百六貫，米一十一石。
侍御史，俸九十六貫三錢五分，米九石五斗。
治書侍御史，俸九十貫一錢八分，米九石五斗。
經歷，俸三十四貫六錢六分，米三石。
都事，俸二十八貫，米三石。
殿中，俸四十八貫六錢六分，米四石五斗。
知班，俸一十四貫，米一石五斗。
監察御史，俸二十八貫，米三石。
奎章閣學士院：
大學士，俸一百一貫三錢三分三釐，米一十石五斗。
侍書學士，俸九十五貫三錢三分三釐，米九石五斗。
承制學士，俸七十八貫，米八石。
供奉學士，俸五十九貫三錢三分三釐，米六石。
參書，俸三十四貫三錢三分三釐，米三石。
典籤，俸二十八貫，米三石。

鑑書博士，俸四十一貫，米四石五斗。
授經郎，二十八貫，米三石。
太禧宗禋院：
院使，俸一百一十八貫六錢六分六釐，米一十二石。
同知，俸一百貫，米一十石。
副使，俸九十五貫三錢三分三釐，米九石五斗。
僉院，俸九十貫一錢八分，米九石。
同僉，俸五十九貫三錢三分三釐，米六石。
院判，四十二貫，米四石五斗。
參議，俸三十九貫三錢三分三釐，米三石五斗。
經歷，俸三十四貫六錢六分六釐，米三石。
都事，俸二十八貫，米三石。
照磨，俸二十二貫，米二石。管勾同。
斷事官，俸五十九貫三錢三分，米六石。
經歷，俸二十五貫三錢三分，米二石。

知事，俸二十貫六錢六分，米一石五斗。
客省使，俸三十一貫三錢三分，米三石。
副使，俸二十二貫，米二石。
宣政院：
院使，俸一百一十八貫六錢六分，米一十二石。
同知，俸一百六貫，米一十一石。
副使，俸九十五貫三錢三分，米九石五斗。
僉院，俸九十貫一錢八分，米九石五斗。
同僉，俸五十九貫三錢三分，米六石。
院判，俸四十二貫，米四石五斗。
參議，俸三十九貫三錢三分，米三石五斗。
經歷，俸三十四貫六錢六分，米三石五斗。
都事，俸二十八貫，米三石。
照磨，俸二十二貫，米二石。管勾同。
斷事官、客省使，並同太禧宗禋院。宣徽院同。

翰林國史院：

承旨，俸一百一十八貫六錢六分，米一十二石。

學士，俸一百六貫，米一十一石。

侍讀學士，俸九十五貫三錢三分，米九石五斗。侍講學士同。

直學士，俸五十九貫三錢三分三釐，米六石。

經歷，俸三十四貫六錢六分六釐，米三石。

都事，俸二十八貫，米三石。

待制，俸三十九貫三錢三分三釐，米三石五斗。

修撰，俸二十八貫，米三石。

應奉，俸二十五貫三錢三分三釐，米二石。

編修，俸二十二貫，米二石。檢閱同。

典籍，俸二十貫六錢六分六釐，米一石五斗。

翰林院、集賢院，大學士同承旨。餘並同上例。

中政院：

院使，俸一百一貫三錢三分三釐，米一十石五斗。

同知,俸八十二貫六錢六分六釐,米八石五斗。
僉院,俸十七貫,米七石五斗。
同僉,俸五十九貫三錢三分三釐,米六石。
院判,俸四十三貫,米四石五斗。
司議,俸三十四貫六錢六分六釐,米三石。
長史,俸二十八貫,米三石。
照磨,俸二十二貫,米二石。管勾同。
太醫院、典瑞院、將作院、太史院、儲政院並同。
太常禮儀院:
院使,俸八十二貫六錢六分,米八石五斗。
同知,俸七十二貫,米七石五斗。
僉院,俸四十八貫六錢六分六釐,米四石五斗。
同僉,俸四十二貫,米四石五斗。
院判,俸三十七貫三錢三分三釐,米四石。
經歷,俸二十八貫,米三石。

都事，俸二十五貫三錢三分，米二石。

照磨，俸二十二貫，米二石。

太祝，俸二十貫六錢六分，米一石五斗。奉禮、協律同。

通政院：

院使，俸八十二貫六錢六分六釐，米八石五斗。

同知，俸七十貫，米七石五斗。

副使，俸五十九貫三錢三分三釐，米六石。

僉院，俸四十八貫，米四石五斗。

院判，俸三十九貫三錢三分三釐，米三石五斗。

經歷，俸三十四貫六錢六分六釐，米三石。

都事，俸二十六貫六錢六分六釐，米二石五斗。

照磨，俸二十二貫，米二石。

大宗正府：

也可扎魯忽赤，內一員，俸一百一十八貫六錢六分六釐，米一十二石；二十七員，俸八十二貫六錢六分六釐，米八石；五員，俸六十七貫三錢三分三釐，米六石五斗。

郎中，俸三十六貫，米三石五斗。

都事，俸二十六貫六錢六分六釐，米二石五斗。

照磨，俸二十二貫，米二石。管勾同。

大司農司：

大司農，俸一百一十八貫六錢六分，米一十二石。

大司農卿，俸一百三貫，米一十一石。

大司農少卿，俸九十五貫三錢三分，米九石五斗。

大司農丞，俸九十貫一錢八分，米九石五斗。

經歷，俸三十四貫六錢六分，米三石。

都事，俸二十八貫，米三石。

照磨，俸二十二貫，米二石。管勾同。

内史府：

内史，俸一百四十三貫三錢三分。

中尉，俸一百一十六貫六錢六分六釐。

司馬，俸八十三貫三錢三分三釐。

咨議，俸四十六貫六錢六分六釐。
記室，俸四十貫。
照磨，俸三十貫。
大都留守司：
留守，俸一百一貫三錢三分，米一十石五斗。
同知，俸八十二貫六錢六分，米八石五斗。
副留守，俸五十九貫三錢三分三釐，米六石。
留判，俸四十二貫，米四石五斗。
經歷，俸三十四貫六錢六分六釐，米三石。
都事，俸二十八貫，米三石。
照磨，俸二十二貫，米二石。
都護府：
大都護，俸八十二貫六錢六分六釐，米八石五斗。
同知，俸七十二貫，米七石五斗。
副都護，俸五十九貫三錢三分三釐，米六石。

經歷，俸二十八貫，米三石。
都事，俸二十六貫六錢六分六釐，米二石五斗。
照磨，俸二十二貫，米二石。
崇福司：
司使，俸八十二貫六錢六分六釐，米八石。
同知，俸七十貫，米七石五斗。
副使，俸五十九貫三錢三分，米六石。
司丞，俸三十九貫三錢三分，米三石五斗。
經歷，俸二十八貫，米三石。
都事，俸二十六貫六分六釐，米二石五斗。
照磨，俸二十二貫，米二石。
給事中，俸五十三貫三錢三分三釐，米五石。
左右侍儀、侍御，俸四十八貫六錢六分六釐，米四石五斗。
武備寺：
卿，俸七十貫，米七石五斗。

同判，俸五十九貫三錢三分三釐，米六石。
少卿，俸四十二貫，米四石五斗。
寺丞，俸三十九貫三錢三分三釐，米三石五斗。
經歷，俸二十五貫三錢三分三釐，米二石。
知事，俸二十四貫，米二石。
照磨，俸二十二貫，米二石。
太僕寺：
卿，俸七十貫，米七石五斗。
少卿，俸四十二貫，米四石五斗。
寺丞，俸三十九貫三錢三分三釐，米二石。
知事，俸二十二貫，米二石。
照磨，俸二十貫六錢六分，米一石五斗。
光禄、長慶、長新、長秋、承徽、長寧、尚乘、長信等寺並同。
尚舍寺：
太監，俸四十八貫六錢六分，米四石。

少監，俸三十九貫三錢三分，米三石五斗。
監丞，俸三十一貫三錢三分，米二石。
知事，俸二十二貫，米二石。
侍儀司：
侍儀使，俸七十貫，米七石五斗。
引進使，俸四十八貫六錢六分，米四石五斗。
典簿，俸二十五貫三錢三分，米二石。
承奉班都知，俸二十六貫六錢六分，米二石五斗。
通事舍人，俸二十五貫三錢三分，米二石。
侍儀舍人，俸一十七貫三錢三分，米一石五斗。
拱衛司：
都指揮使，俸七十貫，米七石五斗。
副都指揮使，俸五十九貫三錢三分三釐，米六石。
僉事，俸四十八貫六錢六分六釐，米四石五斗。
經歷，俸二十五貫三錢三分三釐，米二石。

知事，俸二十貫六錢六分六釐。米一石五斗。
內宰司：
內宰，俸七十貫，米七石五斗。
司丞，俸四十五貫，米四石五斗。
典簿，俸二十五貫三錢三分，米二石。
照磨，俸二十貫六錢六分，米一石五斗。翊正司同。
延慶司：
延慶使，俸一百貫。
同知，俸六十三貫三錢三分三釐。
副使，俸四十六貫六錢六分六釐。
司丞，俸三十四貫六錢六分六釐，米三石。
典簿，俸二十五貫三錢三分三釐，米二石。
照磨，俸二十貫六錢六分六釐，米一石五斗。
內正司：
司卿，俸七十貫，米七石五斗。

少卿，俸四十七貫，米四石五斗。
司丞，俸三十九貫三錢三分三釐，米三石五斗。
典簿，俸二十五貫三錢三分三釐，米二石。
照磨，俸二貫六錢六分，米一石五斗。中瑞司同。
京畿運司：
運使，俸五十六貫，米六石。
同知，俸三十九貫三錢三分，米三石五斗。
運副，俸三十四貫六錢六分，米三石。
運判，俸二十六貫六錢六分，米二石五斗。
經歷，俸二十貫六錢六分，米一石五斗。
知事，俸一十四貫，米一石五斗。
提控案牘，俸一十四貫六錢六分，米一石。
太府監：
卿，俸七十貫，米七石五斗。
太監，俸五十九貫三錢三分，米六石。

少監，俸四十二貫，米四石五斗。
監丞，俸三十九貫三錢三分，米三石五斗。
經歷，俸二十五貫三錢三分，米二石。
知事，俸二十四貫，米二石。
照磨，俸二十二貫，米二石。
秘書、章佩、利用、中尚、度支等監並同。
國子監：
祭酒，俸五十九貫三錢三分，米六石。
司業，俸三十九貫三錢三分，米三石五斗。
監丞，俸三十貫三錢三分，米三石。
典簿，俸一十五貫三錢三分，米二石。
博士，俸二十六貫六錢六分，米二石五斗。太常博士、回回國子博士同。
助教，俸二十二貫，米二石。教授同。
學録，俸一十一貫三錢三分，米五斗。蒙古國子監同。
經正監：

卿，俸七十貫，米七石五斗。
太監，俸五十貫，米五石。
少監，俸四十二貫，米四石五斗。
監丞，俸三十四貫六錢六分六釐，米三石。
經歷，俸二十五貫三錢三分三釐，米二石。
知事，俸二十二貫，米二石。
闌遺監：
太監，俸四十八貫六錢六分，米四石。
少監，俸三十九貫三錢三分三釐，米三石。
監丞，俸三十一貫三錢三分，米三石。
知事，俸二十二貫，米二石。
提控案牘，俸二十貫六錢六分，米一石五斗。
司天監：
提點，俸五十九貫三錢三分，米六石。
司天監，俸五十三貫三錢三分，米五石。

監丞，俸三十一貫三錢三分，米三石。
知事，俸二十貫六錢六分六釐，米一石五斗。
教授，俸一十貫六錢六分，米一石。管勾同。
司辰，俸八貫六錢六分，米五斗。學正、押宿並同。
回回司天監：
少監，俸四十二貫，米四石五斗。餘同上。
都水監：
都水卿，俸五十三貫，米六石。
少監，俸三十九貫三錢三分，米三石五斗。
監丞，俸三十貫，米三石。
經歷，俸二十五貫三錢三分，米二石。
知事，俸二十二貫，米二石。
大都路：
達魯花赤，俸一百三十貫。總管同。
副達魯花赤，一百二十貫。

同知，八十貫。治中同。
判官，五十五貫。
推官，五十貫。
經歷，四十貫。
知事，三十貫。
提控案牘，二十五貫。照磨同。並中統鈔。
行省：
左丞相，俸二百貫。
平章政事，一百六十六貫六錢六分六釐。右丞、左丞同。
參知政事，一百三十三貫三錢三分三釐。
郎中，四十六貫六錢六分六釐。
員外郎，三十貫。
都事，二十六貫六錢六分六釐。檢校同。
管勾，二十三貫三錢三分三釐。
理問所理問，俸四十六貫六錢六分六釐。

副理問，俸三十貫。

知事，俸一十六貫六分六釐。提控案牘同。

宣慰司：

腹裏宣慰使，俸中統鈔五百八十貫三錢三分。

同知，五百貫。

副使，四百一十六貫六錢六分。

經歷，四百貫。

都事，一百八十三貫三錢三分。

照磨，一百五十貫。

行省宣慰使，俸至元鈔八十七貫五錢。

同知，四十九貫。

副使，四十二貫。

經歷，二十八貫。

都事，二十四貫。

照磨，一十七貫五錢。

廉訪司：
廉訪使，俸中統鈔八十貫。
副使，四十五貫。
僉事，三十貫。
經歷，二十貫。
知事，一十五貫。
照磨，一十二貫。
鹽運司：
腹裏運使，俸一百二十貫。
同知，五十貫。
副使，三十五貫。
判官，三十貫。
經歷，二十貫。
知事，一十五貫。
照磨，一十三貫。

行省運使，八十貫。
同知，五十貫。
運副，四十貫。
判官，三十貫。
經歷，二十五貫。
知事，一十七貫。
提控案牘，一十五貫。
上路：
達魯花赤，俸八十貫。總管同。
同知，四十貫。
治中，三十貫。
判官，二十貫。
推官，十九貫。
經歷，一十七貫。
知事，一十二貫。

提控案牘，一十貫。
下路：
達魯花赤，俸七十貫。總管同。
同知，三十五貫。
判官，二十貫。
推官，一十九貫。
經歷，一十七貫。
知事，一十二貫。
提控案牘，一十貫。
散府：
達魯花赤，俸六十貫。知府同。
同知，三十貫。
判官，一十八貫。推官同。
知事，一十二貫。
提控案牘，一十貫。

上州：
達魯花赤，俸五十貫。州尹同。
同知，二十五貫。
判官，一十八貫。
知事，一十二貫。
提控案牘，一十貫。
中州：
達魯花赤，俸四十貫。知州同。
同知，二十貫。
判官，一十五貫。
提控案牘，一十貫。
都目，八貫。
下州：
達魯花赤，俸三十貫。知州同。
同知，一十八貫。

判官，一十三貫。
吏目，四十貫。
上縣：
達魯花赤，俸二十貫。縣尹同。
縣丞，一十五貫。
主簿，一十三貫。
縣尉，一十二貫。
典史，三十五貫。
巡檢，一十貫。
中縣：
達魯花赤，俸一十八貫。縣尹同。
主簿，一十三貫。
縣尉，一十二貫。
典史，三十五貫。
下縣：

達魯花赤，俸一十七貫。縣尹同。

主簿，一十二貫。

典史，三十五貫。

舊志所遺者補於左方：

管軍府所：

上萬户府：

達魯花赤，鈔八十兩。中統鈔一兩與一貫同。萬户同。

副萬户，七十兩。

鎮撫，四十兩。

經歷，十七兩。

知事，十二兩。

中萬户府：

達魯花赤，鈔七十兩。萬户同。

副萬户，六十兩。

鎮撫，三十兩。

經歷，十七兩。
知事，十二兩。
下萬户府：
達魯花赤，鈔六十兩。萬户同。
副萬户，五十兩。
鎮撫，二十兩。
經歷，十七兩。
知事，十二兩。
上千户所：
達魯花赤，鈔五十兩。千户同。
副千户，四十兩。
彈壓，十三兩。
中千户所：
達魯花赤，鈔四十兩。千户同。
副千户，三十兩。

彈壓，十二兩。

下千户所：同中千户。

百户所：

百户，鈔十七兩。

彈壓，十二兩。

諸色衙門：

鹽課提舉司：正提舉，鈔六十兩。同提舉，三十兩。副提舉，十八兩。知事，二十兩。

宣撫司：達魯花赤，鈔二錠。宣撫使司同。同知，六十兩。經歷，二十兩。

安撫司：達魯花赤，鈔二錠。安撫使同。僉事，一錠。經歷，二十兩。

各場管勾：正管勾，鈔十二兩。同，十兩。副，八兩。

蒙古提舉司：提舉，鈔一錠。同提舉，三十五兩。

人匠提舉司：提舉，十八兩。副同。都目，八兩。

警巡院：達魯花赤，二十兩。大使同。院副，十七兩。警判，十三兩。

蒙古教授：路，十二兩。府，十一兩。州，十兩。

儒學教授：路，十二兩。府，十一兩，上州同。中州，十兩。

醫學教授：路，十二兩。江南路分，十一兩。府，十一兩。州，十兩。

脫脫禾孫：正，五十兩。副，四十兩。

各路院務司：提領，十八兩。都監，十兩。大使，上路十五兩，下路十三兩。副使，上路十二兩，下路十兩。

平準行用庫：提領三十五兩，大使二十五兩，副使十五兩。

大軍庫：提領二十兩，大使十二兩，副使十兩。

軍器庫：提領二十兩，大使十二兩，副使十兩。

司獄：路十二兩，散府十兩。巡檢司官，鈔十兩。

凡諸署、諸局、諸庫等官，俸數多寡，皆依品級爲則，志所不載者可以類推。

至元三年定隨路府州縣官員職田：

上路，達魯花赤，一十六頃。總管同。同知，八頃。治中，六頃。府判，五頃。

下路，達魯花赤，一十四頃。總管同。同知，七頃。府判，五頃。

散府，達魯花赤，一十頃。知府同。同知，六頃。府判，四頃。

上州：達魯花赤，一十頃。州尹同。同知，五頃。州判，四頃。

中州：達魯花赤，八頃。知州同。同知，四頃。州判，三頃。

下州：達魯花赤，六頃。知州同。州判，三頃。

警巡院：達魯花赤，五頃。

警使司：警副，四頃。警判，三頃。

録事司：達魯花赤，三頃。録事同。録判，二頃。

縣達魯花赤，四頃。縣尹同。縣丞，三頃。主簿，二頃。縣尉、主簿兼尉並同。經歷，四頃。

十四年，定按察司職田：

各道按察使，一十六頃。副使，八頃。僉事，六頃。

二十一年，定江南行省及諸司職田，比腹裏減半。

上路：達魯花赤，八頃。總管同。同知，四頃。治中，三頃。府判，二頃五十畝。

下路：達魯花赤，七頃。總管同。同知，三頃五十畝。府判，二頃五十畝。經歷，二頃。知事，一頃。提控案牘同。

散府：達魯花赤，六頃。知府同。同知，三頃。府判，二頃。提控案牘，一頃。

上州：達魯花赤，五頃。知州同。同知，二頃。州判同。提控案牘，一頃。

中州：達魯花赤，四頃。知州同。同知，二頃。州判，一頃五十畝。都目，五十畝。

下州：達魯花赤，三頃。知州同。同知，二頃。州判，一頃五十畝。

上縣：達魯花赤，二頃。縣尹同。縣丞，一頃五十畝。主簿，一頃。縣尉同。

中縣：同上。無縣丞。

下縣：達魯花赤，一頃五十畝。縣尹同。主簿兼尉，一頃。

録事司：達魯花赤，一頃五十畝。録事同。録判，一頃。司獄，一頃。巡檢同。

按察使，八頃。副使，四頃。僉事，三頃。經歷，二頃。知事，一頃。

運司官：運使，八頃。同知，四頃。運副，三頃。運判同。經歷，二頃。知事，二頃。提控案牘同。

鹽司官：鹽使，二頃。鹽副，二頃。鹽判，一頃。各場正同。管勾，各一頃。

至大二年，中書省臣奏：「外任有職田官員，三品請給禄米一百石，四品六十石，五品五十石，六品四十五石，七品四十石。將職田改收入官。」從之。皇慶二年，詔外任職官公田俸鈔，並依舊制。延祐三年，外官無職田者，量給粟米。

【校勘記】

〔一〕「俸」，原作「相」，據《元史》卷九六志第四十五上《食貨四》改。

乙正。

〔二〕「左丞同」，原作「左丞相」，據《元史》卷九六志第四十五上《食貨四》改。

〔三〕「右都威衛」，「威衛」原倒作「衛威」，據《元史》卷九六志第四十五上《食貨四》乙正。

〔四〕「俸一百貫」，「俸」字原脱，據《元史》卷九六志第四十五上《食貨四》補。

新元史卷之七十七　志第四十四

食貨志十

賜賚上

賜賚之類有三：

一曰五户絲。太宗八年，以真定路民户奉太后湯沐，中原諸路民户分賜諸王、外戚、功臣。耶律楚材言其非便，乃命本位止設達魯花赤，其賦則五户出絲一斤，並隨路絲綫顔色皆輸於有司，如其額以畀之。《太宗本紀》載諸王貴戚分地：斡魯朵、拔都平陽府，即志之太祖長子朮赤位。斡魯朵，朮赤長子也。茶合帶太原府，即志之茶合解，皆察合台之異譯。皇子古余克大名府，即志之定宗。孛魯台邢州，即志之右手萬户三投下孛羅台。邢州，太宗改邢洺路，至元中改廣平路，故志云分撥廣平邢水縣也。果魯干，河間府，即志之闊列堅。孛魯古帶廣寧府，即志之孛羅古解。也苦益都、濟南二府内撥賜，即志之搠只哈撒兒大王淄川王位，也苦封淄川王也。按赤帶濱、棣二州，即志之哈赤温大王子濟南王位，按赤帶封濟南王也。斡陳平涼州，即志之魯國公主位，魯國大長公主也速不花尚斡陳駙馬也。皇子闊端，即志之闊端太子。駙馬赤古，即志之鄆國公主位，禿滿倫公主適赤古駙馬也。公主阿剌海，即志之趙國公主位，阿剌海封趙國大長公主。公主果真，即志之昌國公主位，太祖女火臣封昌國大長公主，火臣、果真，譯音之異也。國王查剌即木華黎國王，木華黎孫塔思一名查剌。茶合帶，即志之帶孫郡王，茶合帶，帶孫子也。鍛真即志之朮志台郡王；鍛真，朮赤台孫也。蒙古寒札即志之愠裏答兒位，愠裏答兒即畏答兒，蒙古寒札即畏答孫忙哥，《親征録》作木哥漢札也。按只那顔即按陳那顔，又作阿勒赤那顔，即志之按察兒官人，按察兒，按陳之孫也。折那顔即册那顔，阿勒赤之弟也。火斜木思即志之和斜温。憲宗二年至五、六年，均續有分撥。

一曰江南户鈔。世祖平江南，分民户以賜諸王、后妃，每户折支中統鈔五錢。至成宗，復益以官帑爲中統鈔二貫。

一曰歲賜。諸王、后妃金銀鈔幣始於世祖中統元年，自是歲以爲常，所謂歲例也。而歲例之外，諸王后妃又時有賜與，縻款鉅萬，廷臣屢言之，雖曰篤親親之義，然亦濫矣。今並考其數之多寡，著於篇。

五户絲、江南户鈔之數：

太祖叔答里真官人位：

五户絲：丙申年，分撥寧海州一萬户。延祐六年，實有四千五百三十一户，計絲一千八百十二斤。

江南户鈔：至元十八年，撥南豐州一萬一千户，計鈔四百四十錠。

太祖弟搠只哈撒兒大王子淄川王位：

五户絲：丙申年，分撥般陽路二萬四千四百九十三户。延祐六年，實有七千九百五十四户，計絲三千六百五十六斤。

江南户鈔：至元十三年，分撥信州路三萬户，計鈔一千二百錠。

太祖弟哈赤溫大王子濟南王位：

五户絲：丙申年，分撥濟南路五萬五千二百户。延祐六年，實有二萬一千七百八十五户，計絲九千六百四十八斤〔一〕。

太祖弟斡真那顏位：

五户絲：丙申年，分撥益都路等處六萬二千一百五十六户。延祐六年，實有二萬八千三百一户，計絲一萬一千四百二十五斤。

江南户鈔：至元十八年，分撥建寧路七萬一千三百七十七户，計鈔二千八百五十五錠。

太祖弟孛羅古觶大王子廣寧王位：

五户絲：丙申年，分撥恩州一萬一千六百三户。延祐六年，實有二千四百二十户，計絲一千三百五十九斤。

江南户鈔：至元十八年，分撥鉛山州一萬八千户，計鈔七百二十錠。

太祖長子朮赤大王位：

五户絲：丙申年，分撥平陽四萬一千三百二户。戊戌年，真定普州一萬户。

江南户鈔：至元十八年，分撥永州六萬户，計鈔三千四百錠。

太祖次子茶合解大王位：

五户絲：丙申年，分撥太原四萬七千三百三十户。戊戌年，真定深州一萬户。延祐六年，實有一萬七千二百十二户，計絲六千八百三十八斤。

江南户鈔：至元十八年，分撥澧州路六萬七千三百三十户，計鈔二千六百九十三錠。

太祖第三子太宗子定宗位：

五户絲：丙申年，分撥大名六萬八千五百九十三户。延祐六年，實有一萬二千八百三十五户，計絲五千一百九十三斤。

太祖第四子睿宗子阿里不哥大王位：

五户絲：丙申年，分撥真定路八萬户。延祐六年，實有一萬五千二十八户，計絲五千十三斤。

江南户鈔：至元十八年，分撥撫州路十萬四千户，計鈔四千一百六十錠。

太祖第五子兀魯赤太子。無嗣。

太祖第六子闊列堅太子子河間王位：

五户絲：丙申年，分撥河間路四萬五千九百三十户。延祐六年，實有一萬一百四十户，計絲四千四百七十九斤。

江南户鈔：至元十六年〔二〕，分撥衡州路五萬三千九百三十二户〔三〕，鈔二千一百五十七錠。

太宗子合丹大王位：

五户絲：丁巳年，分撥汴梁在城户。至元三年，改撥鄭州。延祐六年，實有二千三百五十六户，計絲九百三十六斤。

江南户鈔：至元十八年，分撥常寧州二千五百户，計鈔一百錠。

太宗子滅里火王位：

五户絲：丁巳年，分撥汴梁在城户。至元三年，改撥鈞州一千五百八十四户。延祐六年，實有二千四百九十六户，計絲九百九十七斤。

太宗子合失大王位：

五户絲：丁巳年，分撥汴梁路在城户。至元三年，改撥蔡州三千八百十六户。延祐六年，實有三百八十八户，計絲一百五十四斤。

太宗子闊出太子位：

五户絲：丁巳年，分撥汴梁路在城户。至元三年，改撥睢州五千二百十四户。延祐六年，實有一千九百三十七户，計絲七百六十四斤。

太宗子闊端太子位：

五户絲：丙申年，分撥東京路四萬七千八百二十五户，計絲三千五百二十四斤。

江南户鈔：至元十八年，分撥常德路二千五百二十〔四〕。

睿宗長子憲宗子阿速台大王位：

五户絲：癸丑年，查過衛輝路三千三百四十二户。延祐六年，實有二千三百八十户，計絲九百十六斤。

睿宗子世祖次子裕宗位：

裕宗妃伯藍也怯赤：

江南户鈔：延祐六年分撥江州路德化縣二萬九千七百五十户，計鈔一千一百九十錠。

裕宗子順宗子武宗：

五户絲：丁巳年，分撥懷孟一萬一千二百七十二户。

江南户鈔：大德八年，分撥瑞州路六萬五千户，計鈔二千六百錠。

睿宗子旭烈大王位：

五户絲：丁巳年，分撥彰德路二萬五千五十六户。延祐六年，實有二千九百二十九户，計絲一千二百一斤。

睿宗子末哥大王位：

五户絲：丁巳年，分撥河南府五千五百五十二户。延祐六年，實有八百六户，計絲三百三十三斤。

江南户鈔：至元十八年，分撥茶陵州八千五十二户，計鈔三百二十四錠。

睿宗子撥綽大王位：

五户絲：丁巳年，分撥真定蠡州三千三百四十七户。延祐六年，實有一千四百七十二户，計絲六百十二斤。

江南户鈔：至元十八年，分撥耒陽州五千三百四十七户，計鈔二百十三錠。

睿宗子歲都哥大王位：

五户絲：壬子年，元查認濟南等處五千户。延祐六年，實有五十户，計絲二十斤。

世祖長子朵兒只太子位：腹裏、江南無分撥户。

世祖次子裕宗后位：
江南户鈔：至元十八年，分撥龍興路十萬五千户。計鈔四千二百錠。
又，四怯薛班當江南户鈔：至元十八年，撥瑞州上高縣八千户，計鈔三百二十錠。
世祖次子安西王忙哥剌位：
江南户鈔：至元十八年，分撥吉州路六萬五千户，計鈔二千六百錠。
世祖次子北安王那木罕位：
江南户鈔：至元二十二年，分撥臨江路六萬五千户，計鈔二千六百錠。
世祖次子平遠王闊闊出位：
江南户鈔：太定元年，分撥永福縣一萬三千六百四户，計鈔五百四十四錠。
世祖次子西平王奥魯赤位：
江南户鈔：大德七年，分撥南恩州一萬三千六百四户，計鈔五百四十四錠。
世祖次子愛牙赤大王位：
江南户鈔：皇慶元年，分撥邵武路光澤縣一萬三千六百四户，計鈔五百四十四錠。
世祖次子雲南王忽哥赤位：
江南户鈔：皇慶元年，分撥福州路福安縣一萬三千六百四户，計鈔五百四十四錠。

世祖次子忽都帖木兒太子位：
江南户鈔：皇慶元年，分撥泉州路南安縣一萬三千六百四户，計鈔五百四十四錠。
裕宗長子晉王甘麻剌位：
五户絲：闊闊不花所管益都二十九户。
江南户鈔：皇慶元年，分撥南康路六萬五千户。
又，迭里哥兒湘寧王，分撥湘鄉縣六萬五千户，計鈔二千六百錠。
順宗子阿木哥魏王位：
江南户鈔：皇慶元年，分撥慶元路六萬五千户，計鈔二千六百錠。
順宗子武宗子明宗位：
江南户鈔：延祐二年，分撥湘潭州六萬五千户，計鈔二千六百錠。
合丹大王：
五户絲：戊午年，分撥濟南漏籍二百户。延祐三年，實有五户，計絲二斤。
霍歷極大王：
五户絲：丁巳年，分撥廣平等處一百五十户。延祐三年，實有八十七户，計絲三十四斤。

阿剌忒納失里豫王：天曆元年，分撥江西行省南康路。

太祖四大斡耳朵：

大斡耳朵：

五户絲：乙卯年，分撥保定路六萬户。延祐六年，實有一萬二千六百九十二户，計絲五千二百七斤。

江南户鈔：至元十八年，分撥贛州路二萬户，計鈔八百錠。

第二斡耳朵：

五户絲：丁巳年，分撥河間青城縣二千九百户。延祐六年，實有一千五百五十六户，計絲六百五十七斤。

江南户鈔：至元十八年，分撥贛州路一萬五千户，計鈔六百錠。

第三斡耳朵：

五户絲：壬子年，察認過真定等處畸零三百十八户。延祐六年，實有一百二十一户，計絲四十八斤。

江南户鈔：至元十八年，分撥贛州路二萬一千户，計鈔八百四十錠。

第四斡耳朵：

五户絲：壬子年，分撥真定等處二百八十三户。延祐六年，實有一百六户，計絲四十六斤。

又，不别及妃子位，至元二十五年，分撥河間清州五百十户，計絲二百四斤。

世祖四斡耳朵：

大斡耳朵：

江南户鈔：大德三年，分撥袁州路宜春縣一萬户，計鈔一千六百錠。

第二斡耳朵：

江南户鈔：至元二十一年，分撥袁州路分宜縣四千户，計鈔一百六十錠。大德四年，分撥袁州路萍鄉州四萬二千户，計鈔一千六百八十五錠。

第三斡耳朵：

江南户鈔：大德十年，分撥袁州路宜春縣二萬九千七百五十户，計鈔一千一百九十錠。

第四斡耳朵：

江南户鈔：大德十年，分撥袁州萬載縣二萬九千七百五十户，計鈔一千一百九十錠。

順宗后位：

江南户鈔：大德二年，分撥三萬五千五百户。

武宗斡耳朵：

江南户鈔：延祐二年，分撥湘陰州四萬二千户，計鈔一千六百八十錠。

完者台皇后位：

江南户鈔：延祐二年，分撥潭州路衡山縣二萬九千七百五十户。

阿魯倫公主位：

至元六年，分撥葮州等處種田三百户。

趙國公主位：

五户絲：丙申年，分撥高唐州二萬户。延祐六年，實有六千七百二十九户，計絲二千三百九十九斤。

江南户鈔：至元十八年，分撥柳州路二萬七千户，計鈔一千八十錠。

魯國公主位：

五户絲：丙申年，分撥濟寧路三萬户。延祐六年，實有六千五百三十户，計絲二千二百九斤。

江南户鈔：至元十八年，分撥汀州四萬户，計鈔一千六百錠。

昌國公主位：

五戶絲：丙申年，分撥一萬二千六百五十二戶。延祐六年，實有三千五百三十二戶，計絲二千七百六十六斤。

江南戶鈔：至元十八年，分撥廣州路三萬七十戶，計鈔一千八十錠。

鄆國公主位：

五戶絲：分撥濮州三萬戶。延祐六年，實有五千九百六十八戶，計絲一千八百三十六斤。

江南戶鈔：至元十八年，分撥橫州等處四萬戶，計鈔一千六百錠。

塔出駙馬：

五戶絲：壬子年，元查真定等處畸零二百七十戶。延祐六年，實有二百三十二戶，計絲九十五斤。

帶魯罕公主：

五戶絲：延祐六年，實有代支戶六百二十戶，計絲二百五十四斤。

大雷公主位：

五戶絲：丙申年，分撥延安府九千七百九十六戶。延祐六年，實有代支戶一千八百九户，計絲七百二十二斤。

齊忒古兒駙馬：

五户絲：庚辰年，分撥眼户五百七十三户。延祐六年，實有五十六户，計絲二十二斤。

獨木干公主位：

五户絲：十二年，分撥平陽一千一百户〔五〕。延祐六年，實有五百六十户，計絲二百二十四斤。

江南户鈔，至元十八年，分撥梅州程鄉縣一千四百户，計鈔五十六錠。

木華黎國王：

五户絲：丙申年，分撥東平三萬九千十九户。延祐六年，實有八千三百五十四户，計絲三千三百四十三斤。

江南户鈔：至元十八年，分撥韶州等路四萬一千十九户，計絲一千六百四十斤。

孛羅先鋒：

五户絲：丙申年，分撥廣平等處種田一百户。延祐六年，實有七十二户，計絲二十八斤。

行丑兒：

五户絲：丙申年，分撥大名種田一百户。延祐六年，實有三十八户，計絲十五斤。

闊闊不花先鋒：

五户絲：壬子年，元查益都等處畸零二百七十五户。延祐六年，實有一百二十七户，計絲十五斤。

撒吉思不花先鋒：

五户絲：壬子年，元查汴梁等處二百九十一户。延祐六年，實有一百二十七户，計絲十五斤。

阿里侃斷事官：

五户絲：元查濟寧等處三十五户，計絲十四斤。

乞里歹拔都：

五户絲：丙申年，分撥東平一百户，計絲四十斤。

孛羅海拔都：

五户絲：壬子年，元查德州等處一百五十三户，計絲六十一斤。

拾得官人：

五户絲：壬子年，元查東平等處畸零一百十二户，計絲八十四斤。

伯納官人：

五户絲：壬子年，元查東平三十二户。延祐六年，實有四十户，計絲十八斤。

笑乃帶先鋒：

五户絲：丙申年，分撥東平一百户。延祐六年，實有七十八户，計絲三十一斤。

帶孫郡王：

五户絲：分撥東平東阿縣一萬户。延祐六年，實有一千六百七十五户，計絲七百二十斤。

江南户鈔：至元十八年，分撥韶州樂昌縣一萬七千，計鈔四百二十八錠。

愠里答兒薛禪：

五户絲：丙申年，分撥泰安州二萬户。延祐六年，實有五千九百七十一户，計絲二千四百二十五斤。

江南户鈔：至元十八年，分撥桂陽州二萬一千户，計鈔八百四十錠。

朮赤台郡王：

五户絲：丙申年，分撥德州二萬户。延祐六年，實有七千一百四十六户，計絲二千九百四十八斤。

江南户鈔：至元十八年，分撥連州路二萬一千户，計鈔八百四十錠。

阿爾思蘭官人：

江南户鈔：至元十八年，分撥潯州路三千户，計鈔一百二十錠。

孛魯台妻佟氏：

五户絲：丙申年，分撥真定一百户。延祐六年，實有三十九户，計絲十五斤。

八答子：

丙申年，分撥順德路一萬四千八十七户。延祐六年，實有四千四百四十六户，計絲二千四百斤。

江南户鈔：至元十八年，分撥欽州路一萬五千八十七户，計鈔六百二錠。

右手萬户三投下孛羅台萬户：

五户絲：丙申年，分撥廣平路洺水州一萬七千三百三十三户。延祐六年，實有四千七百三十三户，計絲一千七百三十八斤。

江南户鈔：至元十八年，分撥全州路清湘縣一萬七千九百十九户，計鈔七百一十六錠。

忒木台駙馬：

五户絲：丙申年，分撥廣平路磁州九千四百五十七户。延祐六年，實有一千四百七户，計絲九百八十九斤。

江南户鈔：至元二十二年，分撥全州路録事司九千八百七十六户〔六〕，計鈔三百九十五錠〔七〕。

斡闊烈闍里必：

五户絲：丙申年。分撥廣平路一萬五千八百七户。延祐六年，實有一千七百三户，計絲八十斤。

江南户鈔：至元二十年，分撥全州路灌陽縣一萬六千一百五十七户，計鈔六百四十六錠。

左手九千户合丹大息千户：

五户絲：丙申年，分撥河間路齊東縣一千二十三户。延祐六年，實有三百六十六户，計絲一百六十斤。

江南户鈔，至元十八年，分撥藤州蒼梧縣一千二百四十四户，計鈔九錠。

也速不花等四千户：

五户絲：丙申年，分撥河間路陵州一千三百一十七户。延祐六年，實有五百五十九户，計絲二百三十三斤。

也速兀兒等三千户：

五户絲：丙申年，分撥河間路寧津縣一千七百七十五户。延祐六年，實有七百二十二户，計絲二百八十八斤。

江南户鈔：至元十八年，分撥藤州等處三千七百三十二户，計絲二百八十八斤。

帖柳兀秃千户：

五户絲：丙申年，分撥河間路臨邑縣一千四百五十户。延祐六年，實有三百五十四户，計絲二百六十斤。

江南户鈔：至元十八年，分撥藤州一千二百四十四户，計鈔四十九錠。

和斜温兩投下一千二百户：

五户絲：丙申年，分撥曹州一萬户。延祐六年，實有一千九百二十八户，計絲七百四十八斤。

江南户鈔：至元十八年，分撥貴州一萬五千户，計鈔四百二十錠。

忽都虎官人：

五户絲：壬子年，查認過廣平等處四千户。

江南户鈔：至元十八年，分撥韶州曲江縣五千三百九户，計鈔二百十三錠。

滅古赤：

五户絲：丙申年，分撥鳳翔府。實有二百三十户。

江南户鈔：至元二十二年，分撥永州路祁陽縣五千户，計鈔二百錠。

塔思火兒赤：

五户絲：丙申年，分撥東平種田户，并壬子年續查户，共六百八十户。延祐六年，實有三百八十九户，計絲一百五十五斤。

塔丑萬户：

五户絲：壬子年，元查平陽等處一百八十六户。延祐六年，實有八十一户，計絲三十七斤。

察罕官人：

五户絲：壬子年，元查懷孟等處三千六百六户。延祐六年，實有五百六十户，計絲三百二十四斤。

孛羅渾官人：

五户絲，壬子年，元查保定等處四百一十五户。丁巳年，分撥衛輝路淇州一千一百户。延祐六年，實有一千九十九户，計絲四百四十九斤。

江南户鈔：至元二十七年、大德六年分撥四千户，計鈔一百六十錠。

速不台官人：

五户絲：丁巳年，分撥汴梁等處一千一百户。延祐六年，實有五百七十七户，計絲二百三十斤。

江南户鈔：至元二十年，分撥欽州靈山縣一千六百户，計鈔六十四錠。

宿敦官人：

五户絲：丁巳年，分撥真定一千一百户。延祐六年，實有六十四户，計絲二十八斤。

也苦千户：

五户絲：丁巳年，分撥東平等處一千一百户。延祐六年，實有二百九十五户，計絲一百一十八斤。

江南户鈔：至元十八年，分撥梅州一千四百户，計鈔五十六錠。

阿可兒：

五户絲：癸丑年，分撥益都路高苑縣一千户。延祐六年，實有一百九十六户，計絲七十八斤。

伯八千户：

五户絲：癸丑年，分撥太原一千一百户。延祐六年，實有三百五十一户，計絲一百四十斤。

兀里羊哈歹千户：

五户絲：戊午年，分撥東平等處一千户。延祐六年，實有四百七十九户，計絲一百九十斤。

秃薛官人：

五户絲：丁巳年，分撥興元等處種田六百户。延祐六年，實有二百户，計絲八十斤。

塔察兒官人：

五户絲：壬子年，元查平陽二百户。延祐六年，實有二百户，計絲八十斤。

忻米思拔都兒：

五户絲：丙申年，分撥懷孟等處一百户。延祐六年，實有五十户，計絲二十斤。

猱虎官人：

五户絲：丁巳年，分撥平陽一千户。延祐六年，實有六百户，計絲二百四十斤。

孛哥帖木兒：

五户絲：丁巳年，分撥真定等處五十八户，計絲二十三斤。

也速魯千户：

五户絲：壬子年，分撥真定路一百六十九户。延祐六年，實有四十户，計絲一十六斤。

鎮海相公：

五户絲：壬子年，元查保定九十五户。延祐六年，實有五十三户，計絲二十一斤。

按察兒官人：

五户絲：壬子年，分撥太原等處五百五十户。延祐六年，實有九十八户，計絲二十九斤。

按攤官人：

五户絲：中統元年，查平陽路種田户六十户。延祐六年，實有四十户，計絲一十六斤。

阿朮魯拔都：

五户絲：壬子年，查大名等處三百一十户。延祐六年，實有三百一户，計絲一百二十斤。

孛羅口下裴大納：

五户絲：壬子年，元查廣平等處八十二户。延祐六年，實有三十户，計絲一十二斤。

忒木台行省：

五户絲：壬子年，元查大同等處七百五十一户。延祐六年，實有二百五十五户，計絲一百一十斤。

撒秃千户：

江南户鈔：至元二十年，分撥潯州三千户，計鈔一百二十錠。

也可太傅：

五户絲：壬子年，元查上都五百四十户。延祐六年，實有三百户，計絲一百二十斤。

迭哥官人：

五户絲：丙申年，分撥大名清豐縣一千七百十三户。延祐六年，實有一千三百七户，計絲五百七斤。

卜迭捏拔都兒：

五户絲：壬子年，元查懷孟八十八户。延祐六年，實有四十户，計絲一十六斤。

黄兀兒塔海：

五户絲：丙申年，分撥平陽一百四十四户。延祐六年，實有一百户，計絲四十斤。

怯來千户：

江南户鈔：至元二十年，分撥潯州路三千户，計鈔一百二十錠。

哈剌口温：

五户絲：壬子年，元查真定三十二户。

曳剌中書兀圖撒罕里：

五户絲：壬子年，元查大都等處八百七十户。延祐六年，實有四百九十九户，計絲一百一十七斤。

欠帖木：

五户絲：壬子年，元查曹州三十四户。延祐六年，實有三十四户。

欠帖温：

江南户鈔：至元十九年，分撥梅州安仁縣四千户，計鈔一百六十錠。

魚兒泊八剌千户：

五户絲：大德元年，分撥真定等處一千户。延祐三年，實有六百户，計絲二百四十斤。

昔寶赤：

江南户鈔：至元二十一年，分撥衡州路安仁縣四千户，計鈔一百六十錠。

八剌哈赤：

江南户鈔：至元二十一年，分撥台州路天台縣四千户，計鈔一百六十錠。

阿塔赤：

江南户鈔：至元二十一年，分撥常德路、沅江路四千户，計鈔一百六十錠。

必闍赤：

江南户鈔：至元二十一年，分撥袁州路萬載縣三千户，計鈔一百二十錠。

貴赤：

江南户鈔：至元二十一年，分撥和州歷陽縣四千户，計鈔一百六十錠。

厥列赤：

江南户鈔：至元二十一年，分撥婺州永康縣五十户，計鈔二十七錠。

八兒赤、不魯古赤：

江南户鈔：至元二十一年，分撥衡州路酃縣六百户，計鈔二十四錠。

阿速拔都：
江南户鈔：至元二十一年，分撥廬州等處三千四百九户，計鈔一百三十六錠。
也可怯薛：
江南户鈔：至元二十一年，分撥武岡路臨武縣五千户，計鈔二百錠。
忽都答兒怯薛：
江南户鈔：至元二十一年，分撥武岡路新寧縣五千户，計鈔二百錠。
怯克迭兒怯薛：
江南户鈔：至元二十一年，分撥常德路龍陽縣五千户，計鈔二百錠。
月赤察兒怯薛：
江南户鈔：至元二十一年，分撥武岡路綏寧縣五千户，計鈔二百錠。
玉龍帖木兒千户：
江南户鈔：至元二十年，分撥潯州三千户，計鈔一百二十錠。
別苦千户：
江南户鈔：至元二十年，分撥潯州三千户，計鈔一百二十錠。
幢兀兒王：

江南户鈔：延祐二年爲始，支中統鈔二百錠，無城池。
霍穆梅：
五户絲：壬子年，元查大名等處三十三户。
哈剌赤秃秃哈：
江南户鈔：至元二十一年，分撥饒州路四千户，計鈔一百六十錠。
添都虎兒：
五户絲：丙申年，分撥一百户。
賈答剌罕：
五户絲：壬子年，元查大都一十四户。
阿剌博爾赤：
五户絲：壬子年，元查真定五十五户。
忽都那顔：
五户絲：壬子年，大名二十户。
忽辛火者：
五户絲：壬子年，元查真定二十七户。

大忒木兒：

五户絲：壬子年，元查真定二十二户。

布八火兒赤：

五户絲：壬子年，元查大都八十四户。

塔蘭官人：

五户絲：壬子年，元查大寧三户。

憨剌哈兒：

五户絲：壬子年，元查保定二十一户。

昔里吉萬户：

五户絲：壬子年，元查大都七十九户。

清河縣達魯花赤也速：

五户絲：元查大名二十户。

塔剌罕劉元帥：

五户絲：壬子年，元查順德一十九户。

怯薛台蠻子：

五户絲：壬子年，元查泰安州七户。

必闍赤汪古台：

五户絲：壬子年，元查汴梁等處四十六户。

阿剌罕萬户：

五户絲：壬子年，元查保定一户。

徐都官人：

五户絲：壬子年，元查大都十一户。

【校勘記】

〔一〕「絲」，原作「鈔」，據《元史》卷九五志第四十四《食貨三》及《續文獻通考》卷二〇七《封建考》改。「九千六百四十八斤」，「斤」字原脱，據同上補。句下，《元史》又有「江南户鈔：至元十八年，分撥建昌路六萬五千户，計鈔二千六百錠」，當補。

〔二〕「十六年」，《元史》卷九五志第四十四《食貨三》作「十八年」。

〔三〕「户」，原作「斤」，據《元史》卷九五志第四十四《食貨三》改。

〔四〕「二千五百二十」，疑涉上文「計絲三千五百二十四斤」而訛。《元史》卷九五志第四十四《食貨三》云：「分撥常德路四萬七千七百四十户，計鈔一千九百九錠。」《續文獻通考》卷二〇七《封建考》云：「江南户鈔：一千九百九錠。」

〔五〕「分撥」，原作「分投」，據《元史》卷九五志第四十四《食貨三》改。

〔六〕「録事司」，「事」原作「市」，據《元史》卷九五志第四十四《食貨三》改。

〔七〕「鈔」，原作「絲」，據《元史》卷九五志第四十四《食貨三》改。

新元史卷之七十八　志第四十五

食貨志十一

賜賚下

歲賜之數：

答里真官人位：

歲賜銀三十錠，緞一百匹。

淄川王位：

歲賜銀一百錠，緞三百匹。

濟南王位：

歲賜銀一百錠，綿六百二十五斤，小銀色絲五十斤，緞三百匹，羊皮一千張。

斡真那顔位：

歲賜銀一百錠，絹五千九十八匹，綿五千九十八斤，緞三百匹，諸物折中統鈔一百二十錠，羊皮五百張，金一十六錠四十五兩。

廣寧王位：

歲賜銀一百錠，緞三百匹。

朮赤大王位：

歲賜緞三百匹，常課緞一千匹。

茶合䚟大王位：

歲賜銀一百錠，緞三百匹，綿六百二十五斤，常課金六錠六兩。

定宗位：

歲賜銀一十六錠三十三兩，緞五十匹。

阿里不哥大王位、河間王位：

俱歲賜銀一百錠，緞三百匹。

合丹大王位、滅里大王位：

俱歲賜銀一十六錠三十三兩，緞五十匹。

闊出太子位：

歲賜銀六十六錠三十三兩，緞一百五十匹。

闊端太子位：

歲賜銀一十六錠三十三兩，緞五十匹。

阿速台大王位：

歲賜銀八十二錠，緞三百匹。泰定二年，晃兀帖木兒大王改封并王。增歲賜銀一十六錠。

班禿大王：

銀八錠。

泰定三年明里忽都魯皇后位下：

添歲賜中統鈔一千錠，緞五十匹，絹八十匹。

裕宗妃伯監也怯赤：

歲賜銀五十錠。

旭烈大王位：

歲賜銀一百錠，緞三百匹。

末哥大王位、撥綽大王位：

俱歲賜銀五十錠，緞三百匹。
裕宗后位、安西王位、北安王位：
俱歲賜緞一千匹，絹二千匹。
平遠王位、西平王位：
俱歲賜緞匹物料，折鈔一千六百五十六錠；銀五十錠，折鈔一千錠。
雲南王位、忽都帖木兒太子位：
俱歲賜銀五十錠，緞匹物料折鈔一千六百五十錠。
晉王甘剌麻位：
歲賜緞一千匹，絹一千匹。
又朵兒只：
延祐元年爲始，年例支中統鈔一千錠。
太祖大斡耳朵：
歲賜銀四十三錠，紅紫羅二十匹，染絹一百匹，雜色綫五千斤，針三千個，緞七十五匹，常課緞八百匹。
第二斡耳朵：

歲賜銀五十錠，緞七十五匹，常課緞一千四百九十匹。

第三斡耳朵：

歲賜銀五十錠，緞七十五匹，常課緞六百八十二匹。

第四斡耳朵：

歲賜銀五十錠，緞七十五匹。

世祖大斡耳朵：

歲賜銀五十錠。

第二斡耳朵：

歲賜銀五十七錠，緞一百五十匹。

第三、第四斡耳朵：

俱歲賜銀五十錠。

順宗后位：

歲賜緞五百匹。

武宗真哥皇后位：

歲賜銀五十錠，鈔五百錠。

完者台皇后位：

歲賜銀五十錠。

帶魯罕公主位：

歲賜銀四錠八兩，緞一十二匹。

欠帖温：

歲賜絹一百匹，絃一千條。

札八忽娘子：

歲賜常課緞四百七十匹。

西川城左翼蒙古漢軍萬户脱力赤：

歲賜常課緞三十二匹。

伯要歹千户：

歲賜緞二十四匹。

典迭兒：

歲賜常課緞六十四匹。

太平王：

歲賜，天曆元年定金十錠，銀五十錠，鈔一萬錠，分撥汝東道太平路地五百頃。

歲例外之賜與：

中統二年，賜諸王塔齊爾金千兩、銀五千兩、幣三百匹。

四年，賜公主巴古銀五萬兩、哈剌哈納銀千兩。

至元二年，賜諸王合必赤、亦怯烈，金素幣各四；拜行，金幣一；賜諸王只必帖木兒銀二萬五千兩、鈔千錠。

四年，賜諸王玉龍答失銀五千兩、幣三百匹，歲以爲常。

五年，賜諸王木忽及八剌合幣帛六萬匹。

七年，賜皇子南朮合馬六千、牛三千、羊一萬。

十二年，賜皇子安西王幣帛八千匹，絲萬斤。

十九年，賜諸王塔海帖木兒、忽都帖木兒等金銀、幣帛有差。

二十五年，賜諸王火你赤銀五百兩、珠一索、錦衣一襲；玉都，銀千兩、珠一索、錦衣一襲。賜諸王阿赤吉金二百兩、銀二萬二千五百兩、鈔四千錠及紗羅絹布有差。賜拔都不倫金百五十兩、銀五千兩及幣帛紗羅等萬匹。賜諸王朮伯金銀皆二百五十兩，幣帛紗羅萬匹，又賜朮伯銀二萬五千兩、幣帛紗羅萬匹。賜諸王也里千金五十兩、銀五千兩、鈔千錠、幣帛紗羅等二千匹。賜按搭兒秃等金二百五十兩、銀十二萬五千兩、鈔二萬五千錠、幣帛布氈布二萬三千六百六十六匹。賜諸王愛牙合赤等金千兩、銀一萬八千三百六十兩、絲萬兩、綿八萬三千二百兩、幣一千二百匹〔一〕、絹五千九十八匹。

三十一年，成宗即位，中書省臣言：「陛下新即大位，諸王、駙馬賜與宜依往年大會之舊例，賜金一者加四爲五，銀一者加二爲三。又江南分土之賦，初止按其版籍令户出鈔五百文，今亦當有加。然不宜增賦於民，請因五百文加二貫，從今歲官給之。」從之。是年，賜駙馬蠻子帶銀七萬六千五百兩，闊里吉思一萬五千四百五十兩，高麗王昛三萬兩〔二〕。賜國王和童金二百五十兩，月兒魯百五十兩，伯顏、月赤察兒各五十兩，鈔錦各有差。賜亦都護金五百五十兩、銀七千四百兩，合迷里的斤帖林金五十兩、銀四百五十兩。西平王奥魯赤、寧遠王闊闊出、鎮南王脱顔及也先帖木兒大會賜例，金各五百兩、銀五千兩、鈔二千錠，幣帛各二百匹。諸王帖木兒不花、也只里不花等，金各四百兩、銀四千兩、鈔二千六百錠，幣帛各一百六十匹。賜雪雪的斤公主鈔千錠，諸王伯答罕、察合兒三千錠，伯牙兀真、赤里、由柔伯牙伯剌麻、闊怯倫、忙哥真各金五十兩，銀鈔幣有差。賜不魯花真公主及諸王阿只吉女弟伯秃銀鈔有差，賜諸王亦思麻殷金五十兩。

元貞元年，賜諸王忽剌出金五十兩、珠一串。諸王阿失罕來朝，賜金五十兩、銀四百五十兩。賜諸王木顏帖木兒、阿八也不干金各五百兩，銀五千兩，鈔二千錠，幣帛各二百匹。其幼者減五分之一。

二年，賜諸王合班妃鈔千二百錠，雜幣帛千匹，駙馬塔海鐵木兒鈔三千錠。賜八撒、火而忽答孫、禿剌三人鈔五千錠。賜諸王鐵木兒金二百五十兩、銀二千五百兩、鈔五千錠，以旌其戰功。定諸王朝會賜與：太祖位，金千兩、銀七萬五千兩；世祖位，金各五百兩，銀二萬五千兩；餘各有差。

大德元年，增諸王要木忽而〔三〕、兀魯忽不花歲賜各鈔千錠。賜晉王甘剌麻鈔七萬錠，孛阿班答三萬錠，賜葯木忽兒金一千二百五十兩、銀一萬五千兩，鈔一萬二千錠。賜諸王葯木忽兒金一千二百五十兩，兀魯忽不花賜併其母一千兩，銀鈔各有差。賜諸王亦憐真等金銀鈔有差。

大德三年，賜諸王六十、脱脱等鈔一萬三千餘錠。

四年，賜諸王也孫等鈔一萬八千五百錠。合丹之孫脱歡自北境來歸，賜鈔一千四百錠。

六年，賜諸王八撒兒等鈔八萬六千三百餘錠，賜諸王揑苦迭兒等鈔五千八百四十錠。

七年，賜皇姪海山及安西王阿難答，諸王脱脱、八不沙，駙馬蠻子台等，各金五兩，銀珠飾幣等物有差。賜諸王納忽里鈔千錠、幣二千匹。

八年，賜安西王阿難答，諸王阿只吉、也速不干等鈔一萬四千錠。

九年，給還安西王積年所減歲賜金五百兩、絲一萬五千九百斤。賜諸王脱脱鈔二千錠，奴兀倫、索羅等金五百兩、銀千兩、鈔二萬錠。賜察八而、朵瓦所遣使者銀千四百兩、鈔七千八百餘錠。賜安西王阿難答、月魯鐵木兒鈔五千錠，以金千兩、鉛七萬五千兩、鈔十三萬錠，賜興聖太后出居懷州。駙馬按替不花來自朵瓦，賜銀五十兩、鈔二百錠。諸王忽剌出及昔兒吉思來賀立皇太子，賜鈔及衣服、弓矢等有差。賜安西王阿難答，西平王奥魯赤、不里亦鈔三萬錠，南哥班萬錠，從者三萬三千錠。賜梁王松山鈔千錠。賜西寧王出伯鈔三萬錠，賜皇姪阿木哥鈔三萬錠。

武宗即位，命中書省臣議諸王朝會賜與，依成宗例，比世祖所賜金五十者增至二百五十兩，銀五十兩者增至百五十兩，以金二千七百五十兩、銀十二萬九千二百兩、鈔萬錠，幣帛二萬二千二百八十匹奉興聖宫，賜皇太子亦如之。賜越王秃剌鈔萬錠。

至大元年，中書省臣言：「朝會應賜者爲錠，總三百五十萬錠，已給者百七十萬，未給者猶百八十餘萬，兩都所儲已罄。自今特奏乞賞者宜暫停。」從之。晉王也孫鐵木兒以詔賜萬錠，止給八千錠爲言，敕給晉王鈔千錠，餘移陝西省給之。賜國王和童金二百五十兩、銀七百五十兩，賜鎮南王老章金五百兩、銀五千兩、鈔二千錠、幣帛八百匹，也先不花、牙兒赤金各二百五十兩，銀七百五十兩，鈔二千錠。賜諸王八亦忽，金百五十兩，銀七百五十兩。復賜八不沙，金五百兩。賜晉王所部五百四十七人，鈔五萬二千九百五十錠，定王葯木忽兒金千五百兩、銀三萬兩、鈔萬錠。賜諸王木南子金五十兩、銀千兩、鈔千錠。賜皇太子鷹坊鈔二十萬錠。賜諸王脱歡金三百兩、銀二千五百兩、鈔二千錠，阿思不花金百兩、銀千兩、鈔千錠。賜皇太子金千兩。

二年，以諸王老的代梁王鎮雲南，賜金二百五十兩、銀七百五十兩，從者幣帛有差。

三年，賜諸王那木忽里等鈔萬二千錠。

仁宗即位，以諸王朝會，普賜金三萬九千六百五十兩、銀百八十四萬九千五十兩、鈔二十二萬三千二百七十九錠、幣帛四十七萬二千四百八十八匹。己巳，衛王阿木哥入朝，賜鈔二萬錠。以朝會恩賜諸王秃滿金百五十兩、銀五千三百兩、幣帛三千匹。以朝會恩賜，月赤察兒、床兀兒金二百兩、銀二千八百兩；賜諸王阿不花等金二百兩、銀七百五十兩、鈔一萬三千六百三十錠，幣帛各有差；賜皇姊大長公主鈔萬錠。

皇慶元年，賜安王完澤及其子金三百兩、銀一千三百五十兩、鈔三千五百錠。賜安遠王醜漢金百兩、銀五百兩、鈔千錠。賜諸王闊闊出金束帶一、銀百五十兩、鈔二百錠。賜諸王寬徹、忽都迷失金百五十兩、銀一千五百兩、鈔三千錠，幣帛有差。

二年，賜諸王按灰金五十兩、銀七百五十兩、金束帶一，幣帛各四十匹。賜宣寧王鐵木兒不花幣帛百二十匹，安遠王亦思丹等各百匹。敕衛王阿木哥歲賜外，給鈔萬錠。賜駙馬脱鐵木兒金百五十兩、銀七百五十兩、幣帛五十匹。賜諸王火羅思迷、脱歡、南忽里，駙馬忙兀帶，金二百兩、銀一千二百兩、鈔一千六百錠，幣帛各有差。

延祐元年，賜衛王阿木哥等鈔七千錠。

二年，賜諸王納忽答兒金五十兩、銀二百五十兩、鈔五百錠。賜宣寧王鐵木兒不花及其弟鈔萬錠。

三年，賜諸王迭里哥兒不花等金三百五十兩、銀一千二百兩、鈔三千二百錠。幣帛有差。賜周王從衛鈔四十萬錠。

四年，賜諸王宗戚朝會者金三百兩、銀二千五百兩、鈔四萬三千九百錠。賜趙王阿魯禿金五十兩、銀五百兩、鈔千錠。安遠王醜漢、趙王阿魯禿，爲叛王脱火赤所掠，各賜金銀幣帛。賜皇姑大長公主忙哥台金百兩、銀千兩、鈔二千錠，幣帛各百匹。

五年，賜諸王桑哥班金束帶一、銀百兩、鈔五百錠。賜安王兀都思不花等金束帶及金二百兩、銀一千五十兩、鈔二千二百錠、幣帛二百八十匹。賜諸王八里帶等金二百兩、銀八百五十兩、鈔二千錠、幣帛二百匹。諸王雍吉剌帶、曲春鐵木兒來朝，賜金二百兩，銀一千兩，鈔五千錠、幣帛一百匹。

六年，英宗即位，賜諸王也孫鐵木兒、脱脱那顏等金銀幣帛有差。賜諸王鐵木兒不花鈔萬五千貫。賜諸王阿朮里台宴服珠帽。賜諸王曲魯不花鈔萬五千貫。賜諸王買奴等鈔二十五萬貫。賜公主札牙八剌等鈔七萬五千貫。以登極大賚諸王、百官，計金五千兩、銀七十八萬兩、鈔一百二十一萬一千貫、幣五萬七千三百六十四匹。帛四萬九千三百二十二匹、木棉九萬二千六百七十二斤、布二萬三千三百九十匹、衣八百五十九襲、鞍勒弓矢有差。賜壽寧公主鈔七萬五千貫，給武宗皇后鈔七十五萬貫，賜公主札牙八剌從者鈔七十五萬貫，賜公主買的鈔五萬貫，駙馬滅憐鈔二萬五千貫，賜晉王也孫鐵木兒鈔百萬貫，賜公主速哥八剌鈔五十貫。

二年，賜諸王案忒不花鈔七萬五千貫。駙馬脱脱卒，賜鈔五萬貫。遣親王闊闊秃總兵北邊，賜金二百五十兩、銀二千五百兩、鈔五十萬貫。

三年，遣諸王忽剌出往雲南，賜鈔萬五千貫。賜諸王喃荅失言鈔二百五十萬貫。

泰定帝即位，大賚后妃、諸王、百官金七百餘錠、銀三萬三千錠，錢及幣帛稱是。

泰定元年，賜諸王徹徹秃金一錠、銀六十錠、幣帛各百匹。塔思不花金一錠、銀四十錠、幣帛二百匹，阿忽鐵木兒等金銀各有差。賜壽齊公主金十錠、銀五十錠、鈔一萬錠。遣諸王闊闊出鎮畏兀，賜金銀鈔千計。諸王阿木哥卒，賜鈔千錠。諸王阿馬卒，賜鈔五千錠。賜雲南王王禪鈔二千錠，諸王阿都赤鈔三千錠，諸王伯顏帖木兒二千錠。

三年，諸王薛徹秃、晃火帖木兒來朝，賜金銀鈔幣有差。賜諸王寬徹不花、買奴各三千錠，賜諸王孛羅鐵木兒、阿剌忒納失里各鈔二千錠。賜壽寧公主田百頃、鈔三萬錠。賜梁王王禪鈔五千錠，賜王禪及諸王徹徹秃幣帛各二百匹。賜綏寧王阿都赤鈔四千錠，賜湘寧王八剌失里鈔三千錠。

四年，諸王買奴來朝，賜金一錠、銀十錠、鈔二千錠，幣帛各四十匹。賜諸王阿剌忒納失里等鈔六千錠〔四〕。親王也先鐵木兒鎮北邊，賜金一錠、銀五錠、鈔五百錠，幣帛各千匹。諸王火沙、阿榮、答里鎮北邊，賜金銀幣鈔各有差。諸王搠思班、不賽因等以文豹、名馬等物來獻，賜金銀鈔萬計。賜諸王火兒灰、月魯帖木兒、八剌失里及駙馬買住罕鈔一萬五千錠，金銀幣帛有差。賜壽寧公主鈔五千錠。賜營王也先帖木兒鈔三千錠。賜公主不答吉你鈔千錠。諸王孛羅遣使貢硇砂，賜鈔二千錠。

致和元年，賜遼王脱脱鈔五千錠，梁王王禪鈔二千錠。

天曆元年，賜諸王阿剌忒納失里、帖木兒不花、寬徹不花、買奴等金各五十兩、銀各五百兩，幣各三千匹。賜阿剌忒納失里及齊王月魯帖木兒等金各五百兩，銀各一千五百兩，鈔各萬錠，諸王朵列帖木兒金五十兩、銀五百兩、鈔千錠。二年，中書省臣言：「恩賚諸王、百官，請如武宗之制，凡金銀五錠以上，減三之一，五錠以下全畀之。又以七分爲率，其二分準時值給鈔。」制可。賜武寧王徹徹禿金百兩、銀五百兩，西域諸王燕只吉台金一千五百兩、銀萬五千兩，鈔幣有差。

至順元年，敕有司供明宗后八不沙、宮人幣帛二百匹，及阿梯里，脱忽思幣帛有差。賜魯國大長公主鈔萬錠，賜諸王養怯帖木兒、孛欒台、徹棘斯、察阿兀罕等金鈔幣有差。賜諸王朵列鐵木兒銀千兩、幣二百匹。

二年，賜燕帖木兒及公主察吉兒各金百兩、銀五百兩、鈔二千錠。定功賞。諸王各金百兩，銀五百兩，金膝帶一，織金等幣各十八匹。三年，賜公主月魯金五百兩、銀五千兩。遣使往西域，賜諸王不賽因繡綵幣帛二百四十匹。

三年，寧宗即位，賞賚諸王金幣如文宗即位之制。以諸王忽剌台貧乏，賜鈔五百錠。賜諸王寬徹幣帛各二千匹。

至元二年，賜宗王火兒灰母答里鈔一千錠。賜吴王搠失江鈔五千錠。命宗王不蘭奚、駙馬月魯不花等鎮薛連可、怯魯、速速地，各賜鈔六百錠及銀牌。

四年，賜宗王王里不花鈔千錠、金一錠、銀十錠。

【校勘記】

〔一〕「幣」字上，《元史》卷一五本紀第十五《世祖十二》有「金素」二字。

〔二〕「高麗王昛」，「昛」原作「睚」，據《元史》卷一八本紀第十八《成宗一》改。

〔三〕「增」，原作「贈」，據《元史》卷一九本紀第十九《成宗二》改。

〔四〕「阿剌忒納失里」，原倒作「阿忒剌納失里」，據上文及《元史》卷三〇本紀第三十《泰定帝二》改。

新元史

第五册

志（三）

柯劭忞 撰
張京華 黄曙輝 總校

上海古籍出版社

新元史卷之七十九　志第四十六

食貨志十二

賑恤上

賑恤之法有二：曰蠲免，曰賑貸。以恩免者：朝廷有大慶，則免之；有盜賊之亂、軍旅供給之費，則免之；逃亡復業者，則免之；軍民站户困弊，則免之。以恩賑者：曰鰥寡孤獨，曰諸王部衆之貧乏。其餘則恩免所及者，賑亦及之。至於災免、災賑，則以水旱疫癘，救生恤死，尤荒政之最亟者。今類其事，分著於後。

恩免：

世祖中統元年，量減絲料、包銀分數。

二年，詔：「減免民間差發，免平陽、太原軍站户重租稅科。」詔：「十路宣撫使，量免民間課程，弛諸路山澤之禁。」

三年，以軍興，人民勞苦，敕停公私逋負毋徵，以米千石、牛三百給西京蒙古户。北京等路以兵興供給繁重，免本歲絲料、包銀。蠲濱、棣今歲田租之半，東平蠲十之二。復蒙古軍站户。差户、農民包銀，徵其半。俘户止令輸絲。民户輸賦之月，毋徵私債。敕濟南官吏，凡軍民公私逋負，權住毋徵。三叉沽竈户，經宋兵焚掠，免今年租賦。以濟南路遭李璮之亂，軍民皆饑，盡免差發。

四年，以西涼民户值渾都海之亂，人民流散，免差税三年。

至元元年，詔：「減明年包銀十分之三，無業者減十之七，逃户復業者免差税三年。」

三年，減中都包銀四分之一。

七年，諸路課程，減十分之一，以紓民力。

八年，詔：「四川民力困弊，免茶鹽等課税。」

十二年，蠲免包銀絲綿鈔，免河南路包銀三分之二，其餘路分亦免十之五。

十三年，敕減今歲絲賦之半，免大都醫户十二年絲銀。

十七年，敕和州等處爲叛兵所掠者，賜鈔給之。仍免民差役三年。

十八年，免福州路今年税二分。十八年以前租税並免徵。

十九年，免諸路民户明年包銀、俸鈔及逃移户差稅。

二十年，免大都、平灤民户絲綿俸鈔。二十年，免福建歸附後未徵苗稅，免京畿所括田舊稅三分之二，新稅三之一。

二十一年，蠲江南今年田租十分之二，其十八年以前逋欠悉免之。

二十二年，除民間包銀，三年不使帶納俸鈔，盡免大都地稅。

二十四年，免唐兀衛河西地元籍徭役，免東京等處軍民徭賦。

二十五年，免遼陽、武平等處差發，以武岡、寶慶二路荐經寇亂，免今年酒稅課及前歲逋租。以南安、瑞、贛三路，連歲盜起，民多失業，免逋歲萬二千六百石。湖頭賊張治國掠泉州，免泉州今歲田租。

二十六年，蠲汀、漳二州田租。宜章縣爲廣東寇所掠，免今歲田租。

二十七年，常寧州遭寇亂，免其田租。廣州、韶州以遭寇亂，並免其田租。減河間、保定、平灤三路絲綿銀。

二十八年，免江淮貧民至元十二年至二十五年所逋田租二百九十七萬六千餘石，及二十六年未輸田租十三萬石、鈔一千一百五十錠、絲五千四百斤、綿千四百三十餘斤。二十八年，免腹裏諸路包銀俸鈔，其大都、上都、隆興、平灤、大同、太原、河間、保定、武平、遼陽十路鈔銀並除之。

二十九年，以上都、隆興、平灤、河間、保定五路供給視他路爲甚，宜免今歲公賦。免寶慶路田租萬三千九百七十三石。置會同、安定二縣隸瓊州，免其田租。

至元三十一年，成宗即位，除大都、上都兩路差税一年，其餘減丁、地税十分之三，係官逋欠一切蠲免，民户逃亡者差税皆除之。以上世祖皇后裕宗尊號，免所在本年包銀俸鈔，及内郡地税、江淮以南商税。

元貞元年，除大都民户絲料、包銀、税糧。

大德元年，免上都、大都、隆興差税三年。

大德二年，免今年上都、隆興絲銀，大都差税、地租。

四年，詔頒寬令，免上都、大都、隆興大德五年絲銀税糧，附近秣養馬駝之郡免税糧十分之三，其餘免十分之一，江北荒田許人耕種者並展税限一年。著爲令。

七年，以轉輸軍餉勞，免思、播二州及潭、衡、辰、沅等路税糧一年，常、澧三分之一，淘金站户無種佃者免雜役。

九年，又下寬免之令，以恤大都、上都、隆興、腹裏、江淮之民。

十年，免大都今年租，逃移復業者免差税三年。

十一年，免上都、大都、隆興差税三年，其餘路分量輕重優免。免雲南八番等地面差發一年，其積年逋欠者蠲之，逃移復業者免三年。

至大二年，上尊號，詔：「毋令見户包納差税，被災百姓内郡免差税一年，江淮免夏税三年，免大都、上都、中都秋税，其餘今歲被災人户，依上蠲免，至大二年以前民間欠差税課程並行豁免。」

四年，免腹裹包銀及江南夏税十分之二。又免大都、上都、中都差税三年。

延祐元年，以改元，免上都、大都差税二年，其餘經賑者免一年，流民復業者免差税三年。

二年，免各路差税、絲料，延祐元年瀘陽、麻陽二縣以土賊作亂，蠲其田租。

七年，減天下租賦二分，包銀二分。免上都、大都、興和三路差税三年，又免税糧、包銀、絲料、合有差發。

至治二年，免大都、興和差税三年，八番、思、播、兩廣洞寨差税二年，江淮創科包銀三年，四川、雲南、甘肅秋糧三分，河南、陝西、遼陽絲銀三分，賑恤雲南、廣海等處。

泰定元年，免天下和買雜役三年，蛋户差税一年。

二年，除江淮創科包銀，流民復業者免差役三年。

二年，免各路差絲料。

天曆元年，免諸路差稅、絲料有差及海北鹽課二年，免民間逋賦無可追徵者，免奉元路商稅一年，免永平總管府田租二年，免達達軍站之貧乏者及各路差租有差，免人民逋欠官錢。

至順元年，以改元，免諸路稅差有差，詔：「河南、懷慶、衛輝、普寧四路今歲差發全行蠲免；其餘路分，腹裏差發、江淮夏稅，亦免三分，免海北鹽課三年，免雲南行省田租。」三年，免大都、上都、興和三路夏稅三年，腹裏差發免，其餘諸郡不納差去處免稅糧十分之二，江淮以南夏稅亦免二分。

至正元年，免天下稅糧五分。六年，免天下差稅三分，水旱之地全免。

災免：

中統元年，以各處被災。驗實免科差。四年，以秋旱霜災，減大名等路稅糧。三年，開元等路饑，減户賦布二匹，秋稅減其半，水達達户，減青鼠二，其租稅，被災者免徵。真定等路旱蝗，其代輸築城役人户，悉免之。

五年，東勝旱，免其租賦。

八年，以去歲東平及西京旱蝗水潦，免其租賦。

七年〔一〕，益都、登、萊旱蝗，詔減其今年包銀之半。東京路饑兼造船勞役，免今年絲銀十之三。南京、河南等路蝗，減今年絲銀十之三。以南京、河南旱蝗，減今年差賦十之三〔二〕。

十八年，保定路清苑縣旱，高唐、夏津、武城等縣蟊害稼，免今年租，計六千四百四十八石。

十九年，免鞏昌等處積年所欠田租課。

二十四年，大都饑，免今歲俸鈔，諸路半徵之。濬州饑，又經乃顏兵蹂躪，免其今年絲銀、租賦。浙西諸路水，免今年田租十之二。

二十五年，益州旱，蠲其租四千七百石。平江水，免所負酒課。睢陽霖雨害稼，免其租千六百石有奇。以考城、陳留、通許、杞、太康五縣大水，及河溢沒民田，免其租萬五千二百石。保定霖雨害稼，免今歲田租。灤州等處霖雨害稼，免今年田租。安西省大饑，免田租二萬一千五百石有奇，仍貸粟賑之；嘉祥、魚台、金鄉三縣霖雨害稼，免其租五千石。鞏昌路荐饑，免田租之半，仍以鈔三千錠賑其貧者。

二十六年，紹興大水，免未輸田租。泰安寺屯田大水，免今歲租。濟寧、東平、汴梁、濟南、棣州、順德、平灤、真定霖雨害稼，免田租十萬五千七百四十九石。兩淮屯田雨雹害稼，免今歲田租。大都路霖雨害稼，免今歲田租，仍減價糶諸路倉糧。台、婺二州饑，免今年田租。武平路饑，免今年田租。無爲州大水，免今年田租。

二十七年，晉陵、無錫二縣霖雨害稼，並免其田租。芍陂霖雨害稼，免其租。以荐饑，免今歲銀、俸鈔，其在上都、大都、保定、河間、平灤者萬一百八十錠，在遼陽省者千三百四十八錠有奇。平山、真定、棗强三縣旱，靈壽、元氏二縣大雨雹，並免其租。江陰大水，免田租萬七百九十石。河溢太康，没民田三十一萬九千八百餘畝，免其租八千九百二十八石。棣州厭次、河陽大風雹害稼，免其租。免河間、保定、平灤歲賦絲之半。懷孟路武陟縣、汴梁路祥符縣皆大水，免田租八千八百二十八石。終南等屯霖雨害稼萬九千六百餘畝，免其租。廣濟署洪濟屯大水，免其租萬三千二百四十一石。興、松二州隕霜殺禾，免其租。隆興路隕霜殺稼，免其田租五千七百二十三石。免大都、平灤、保定、河間自至元二十四年至二十六年逋租十三萬五百六十二石。大同路民多流移，免其田租二萬一千五百四石。

二十八年，上都、太原饑，免至元十二年至二十六年所逋田租三萬八千五百餘石。武平路饑，免其去年租田。凡州郡田嘗被災者，悉免其租，不被災者免十之五。太原、杭州饑，免今歲田租。撫州路饑，免去歲田租四千五百石，大名之清河、南樂諸縣霖雨害稼，免田租萬六千六百六十九石，婺州水，免田租四萬一千六百五十石。景州、河間等州霖雨害稼，免田租五萬六千五百九十五石。以歲荒，免平灤屯田，免大都今年田租。保定、河間、平灤三路大水，被災者全免，收成者半之。武平饑，免今年田租。廣濟署大昌等屯水，免田租萬九千五百石。以武平地震，全免去年稅四千五百三十六錠，今年量輸之，止徵二千五百六十九錠。

二十九年，京畿荐饑，免今歲田租。龍興路南昌、新建、進賢三縣水，免田租四千四百六十八石。平江、湖州、常州、鎮江、嘉興、松江、紹興等路水，免至元二十八年田租十八萬四千九百二十八石。大寧路惠州連年水旱，詔給鈔二千錠及糧一月賑之。太平、寧國等六路饑，發粟賑之。高麗饑，賜米十萬石。廣濟署屯田既蝗復水，免今年田租九千三百十八石。平灤路大水且霜，免田租二萬四千四十一石。

三十年，營田提舉司屯田爲水所没，免其租四千七百七十二石。湖州、平江、嘉興、鎮江、揚州、寧國、太平等路大水，免田租百二十五萬七千八百八十三石。岳州華容縣水，免田租四萬九百六十二石。遼陽、瀋州、廣寧、開元等路雹害稼，免田租七萬七千九百八十八石。岳州華容縣水，免田租四萬九百六十二石。

三十一年，常德、岳、鄂、漢陽四州水，免其田租。

元貞二年，象食屯水，免其田租。

大德元年，歸德、徐、邳、汴梁諸縣水，免其田租二年。以水旱，減州郡田租十分之三，甚者盡免之，老病單弱者差稅並免三年。順德旱，大風損麥，免田租一年。

三年，揚州、淮安，免其田租。以江陵、沔陽、廬、隨、黄等州旱，汴梁、歸德、永、隴、陜蝗，並免其田租。

五年，平灤路水，免今年田租，仍賑粟三萬石。遣官分道賑恤各路，被災重者，免其差一年，貧乏之家計口賑之。順德路水，免其田租。江陵、常德、澧州皆旱，並免其門攤、酒課。

七年，盡除内郡饑荒所在差稅，仍令河南省賑恤流民。各道宣撫使言：「去歲被災人户未經賑濟者，宜免其差役。」從之。浙西淫雨，民饑者十四萬，賑糧一月，仍免今年夏稅，並各户酒醋課。免大德七年民間逋稅。

八年，免平陽、太原差，其差稅三年，及隆興、上都、大同等路被災人户二年。大都、保定、河間路免一年。江南佃户私租太重，以十分爲率，減二分，永爲定例。柳林屯田被水，其逋租及民貸食者皆勿徵。陳州霖雨，免其田租。以順德、恩州去歲霖雨，免其民租四千餘石。大名、高唐去歲霖雨，免其田租二萬四千餘石。冀、孟、輝、雲内諸州，去歲霖雨，免其田租二萬二千一百石。

九年，以陝西渭南、櫟陽諸縣旱，免其田租。免晉寧、冀寧三年商税之半。揚州之泰興、江都，淮安之山陽水，免其田租九千餘石。

十一年，陝西行省言：「開成路前者地震，民力重困，已免賦二年，請再免今年。」從之。

至大元年，江淮大饑。免今年常賦及夏税。益都饑，免今年差徭，仍以本路課税及發朱汪〔三〕、利津兩倉粟賑之。江南北水旱饑荒，免至大元年差發、官税。免紹興、廣元、台州、建康、廣德諸路田租，又免酒課十分之三。紹興災甚，凡田户止輸田租十分之四。

至大二年，以徐、邳連年大水，百姓流離，悉免今年差税。東平、濟寧荐饑，免其民差税之半，下户悉免之。

三年，濟南、東平等處饑，免曾經賑恤諸户今歲差税，其未經賑恤者量減其半。

四年，浙西水災，免漕江浙糧四分之一。

皇慶元年，益都饑，免所貸官糧二十萬石。

皇慶二年，免大寧路金税、鹽課。

延祐元年，免上都、大都差税二年，其餘被災曾經賑濟人户免其税一年。免蒙古地差税二年。

三年，甘肅等州饑，免田租。

至治元年，滁州霖雨傷稼，免其田租。臨江路旱，免其田租。高郵興化縣水，免其田租。雷州路海康、遂溪二縣海溢，壞民田，免其税二年。河間、陝西十二縣民饑，免其租之半。涇州雨雹，免被災者租。南陽西穰等屯風雹，洪澤芍陂屯田去年旱蝗，並免其租。免德安府被災民租。睢、許二州，去年水旱，免其租。淮安路去歲大水，遼陽路隕霜殺禾，南康路旱，並免其租。安豐縣霖雨害稼，免其租。揚州旱，免其租。新安、上蔡二縣水，免其租。淮安路水，免其租。

泰定三年，大都、河間、保定、永平、濟南、常德諸路饑，免其田租之半，廬州、鬱林州及洪澤旱，免其租。光州水，中山安喜縣雨雹傷稼，大昌屯河決，大寧、廬州、德安、梧州、中慶諸路屬縣水旱，並免其租。沔陽府旱，免其租。永平路大水，免其租，仍賑糧一月。亳州河溢，免其田租。

四年，永平路饑，免其租，仍賑糧兩月。汴梁屬縣饑，免其租。延安府縣旱，免其租。龍興屬縣旱，免其租。大都、保定、真定、東平、濟南、懷慶諸路旱，免其田租之半。

致和元年，免河南自實田租一年，被災州郡税糧一年，流民復業者差税三年。

天曆二年，免陝西延安諸屯逋糧千九百七十石。永平屯田昌同、濟民、豐贍諸署以蝗及水災，免今年租。以淮安海寧州、鹽城、山陽諸處去年水，免今年租。黄州及恩州旱，免其田租。

至順元年，以河南、懷慶旱，其門攤課程及逋欠差税皆免徵。

至順二年，安慶之望江，淮安之山陽縣皆水，免其田租。常德府桃源州水，免其田租。以揚州泰興、江都二縣雨害稼，免其田租。德安府水，免其田租。辰州、興國二路蟲，歸德府雨傷稼，並免其田租。高郵府水，免今年租。

元統二年，免天下民租之半。

恩賑：

中統元年，詔天下鰥寡孤獨，廢疾不能自存之人，命所在官司以糧贍之。

至元元年，詔病者給藥，貧者給糧。

八年，令各路設濟衆院以居貧民。敕諸路鰥寡孤獨疾病不能自存者，官給廬舍薪米。

十年，以官吏破除入己，凡糧薪並敕於公廳給散。

十七年，賜四川貧民及兀剌帶等牛馬羊價鈔。賜秃渾下貧民糧及八剌合赤等羊馬鈔。

十八年，上都南四站人畜困乏，賜鈔給之。

十九年，各路立養濟院一所，仍委憲司點治。

二十年，給京師南城孤老衣糧房食。給水達達鰥寡孤獨者絹千匹、鈔三百錠。

二十一年，賜貧乏者阿魯渾、玉龍帖木兒等部衆，共鈔七千四百八十錠。賜貧乏者押失、忻都察等鈔一萬四千三錠。賜蒙古貧乏者也里古、怯列海、察兒等鈔十二萬四千七百二十三錠，又賜蒙古貧乏者兀馬兒等鈔二千八百八十五錠。

二十二年，以伯剌八等貧乏，給鈔七萬六千五百二錠。賜合達里貧民及合剌和合丹民牛種，給鈔萬六千三百錠。

二十四年，給諸王巴八所部貧乏者鈔萬一千錠。

二十五年，濟寧投下蒙古軍乏食，詔遼陽省給米萬石賑之。以咸平荐經兵亂，發瀋州倉賑之。兀良合饑民多殍，給三月糧。西安王阿難答來告饑，詔給米六千石及槖駝百。

二十六年，拔都不倫部民千一百四十八户貧乏，賜銀十萬五千一百五十兩。檢視諸王按灰部貧民，給以糧。乞兒乞思户，驗其貧者賑之。遼陽自乃顔叛，民疲敝，發鈔五千八百錠賜之，賜也速帶兒所部萬人鈔萬錠。

二十七年，命驗大都路貧病之民在籍者二千八百三十七人，發粟三百石賑之。

二十八年，給寡婦冬夏衣，賜薛徹温都兒等九驛貧民三月糧。

二十九年，給貧民柴薪，日五斤。

三十年，周貧乏，鈔三萬七千五百二十錠。

三十一年，賜京師貧民米絹。以東勝等處牛遞户貧乏，賜鈔三千餘錠。卜阿思民爲海都所掠，賜鈔三萬九千九百餘錠。

元貞元年，以蠻子台所部貧乏，賜鈔十八萬錠。以諸王亦憐真部驛人貧乏，賜鈔千錠。賜章河至苦鹽驛貧乏户鈔一萬二千九百餘錠。給塞下貧民鈔二萬四千錠。以博爾赤、答剌赤貧乏，賜鈔二萬九千餘錠。賜諸王巴撒爾等三部鈔四萬八千五百餘錠。

二年，詔各處孤老人布帛各一匹賑之。賜遼陽行省糧三萬石。安西王部貧乏，給糧萬石賑之。

大德元年，給也只所部六千户糧。

二年，以糧十萬石賑北邊内附貧民，給西平王奥魯赤所部民糧。

三年，詔：「遇天壽節，人給中統鈔一貫。」著爲令。駙馬蠻子台所部匱乏，以糧十三萬石賑之。遼東開元、咸平蒙古、女真等人乏食，以糧二萬五千石賑之。

四年，賜諸王也只里部鈔二萬錠，八憐脱思所隷户六萬五千餘錠。賜出伯所部鈔萬五千四百餘錠，賑之。

五年，給和林貧軍鈔二十萬錠，諸王藥忽木所部鈔萬五千九百餘錠。給札忽而真妃子所部鈔二萬錠，又給札忽而真及諸王出伯軍鈔四十萬錠。賜定遠王所部鈔十四萬三千錠。減直糶米賑京師貧民，其老幼廩給之。

五年，始行紅貼糧法於大都、上都，令有司籍貧户，置半印號簿文貼，各書姓名口數，逐月對貼，以給大口三斗，小口半之，視賑糶之直三分減一，每年撥米二十萬四千九百餘石。

六年，以雲南站户貧乏，以銀鈔優恤之。京師民乏食，計口賑之。發通州倉米賑貧民，給死者棺木錢。

七年，賑那海貧乏户米八千石。賜諸王合答孫等部鈔四萬五千八百餘錠。七年，賑鳳翔、秦、鞏、甘州、合迷里貧乏户。七年〔四〕，賜諸王脱鐵木兒之子也先博怯所部等鈔六千九百餘錠。賜諸王阿只吉所部鈔二萬餘錠、糧萬石。

八年，賜西平王奧魯赤、合帶等部民鈔萬錠，朵耳思等站户鈔二千二百錠、銀三百九十兩有奇。

九年，賜諸王完渾、撒都失里、别不花等所部鈔五萬六千九百錠，幣帛有差。免大都、上都、隆興差税，内郡包銀、俸鈔一年。江淮以南租税及佃種官田者，均免十分之二。九年，給脱脱所部乞而吉思民糧五月。九年，賜西寧王出伯所部鈔三萬錠。十年，以沙都而所部貧乏，給糧兩月。以京畿雷家站户貧乏，賜鈔五百錠。十一年，賜晉王部貧民鈔五萬錠。

至大元年，以大都難食，糶米十萬石減其價以賑之。詔開寧路及宣德、雲州工役浩繁，除賦税已免二年外，更免一年。

三年，楚王牙忽都所隸户貧乏，以米萬石、鈔六千錠賑之。賜晉王也孫鐵木兒所部貧民鈔三千錠。

四年，賜大都路民九十者二千三百三十一人，帛二匹；八十者八千三百三十一人，帛一匹。賜湘寧王所部鈔三萬二千錠。

皇慶二年，以米五千石賑阿只吉部之貧乏者。

延祐元年，西番諸王貧乏。給鈔萬錠。曲魯部畜牧耗，賜鈔八百七十三錠。營王也先鐵木兒支屬貧乏，賑糧兩月。答即乃所部匱乏，給糧二萬石。

二年，諸王脱列鐵木兒所部闕食。以鈔七千五百錠賑之。發粟三百石，賑諸王按鐵木兒等部貧民。奉元、龍興、吉安、察罕腦兒諸驛乏食，給糧賑之。

三年，諸王按灰部乏食，給米三千二百八十六石賑之。

四年，給天下鰥寡孤獨鈔，減免各處田租有差。以諸王部經脱火赤之亂，百姓貧乏，給鈔十六萬六千錠、米萬石賑之。賜諸王秃滿鐵木兒等部金一千三百兩、銀七千七百兩、鈔一萬七千七百、幣帛二千匹。

五年，賜晉王等部貧乏者二月糧。五年，賑遼東貧民。諸王雍吉部衆乏食。賑米三千石。諸王按塔木兒等部衆乏食，賑糧兩月。敕樞密院覈實蒙古貧乏者，存恤之。

六年，賑晉王部貧民，給鈔四十萬錠。賑合剌赤部貧民三十萬錠。賑諸位怯憐口。賜左右鷹房及合剌赤等貧乏鈔十四萬錠。東平、濟寧水陸驛乏食，户給麥千石。敕上都、大都冬夏設食於路，以食饑者。

七年，市羊五十萬、馬十萬，賑北方貧乏者。市馬三萬、羊四萬給邊軍貧乏者。以昌平、灤陽十三驛供億繁重，給鈔三十萬貫賑之。

至治二年，嶺北戍卒貧乏，賜鈔三千二百五十萬貫、帛五十萬匹。給蒙古子女貧乏者鈔七百五十貫，又賜百五十貫。

三年，賑北邊軍鈔二十五萬錠、糧二萬石。

泰定元年，徹徹火兒火思之地五千户貧乏，賑之，給鈔三千錠散與貧者。

三年，賑昌王八剌失所部鈔四萬錠。賑潛邸貧民鈔二十萬錠。

天曆二年，賑保定路被兵之民百四十五户糧一月。真定民三千七百四十八户及開平縣民被兵者，並賑之。以米五萬石賑糶京師貧民。

至順元年，發米十萬石賑糶京師貧民。命以賑糶十萬石濟京師貧民。賑上都怯憐口萬五千七百户，糧二萬石。賑襄鄧畏兀民被兵者六十三户，户給鈔十五錠、米二石。被兵掠者五百七十七户，户給鈔五錠、米二石。

三年，賑糶米五萬石濟京師貧民。給諸王也先鐵木兒所部二千石。賑暗伯拔都軍屯東邊者糧兩月。賑金蘭站户不能自存者糧兩月。賑遼陽千户小薛干所部貧乏者糧。安西王阿難答、西平王奥魯赤所部皆乏食，給米有差。速哥察兒等十三站乏食，給糧。

至正元年，臨賀縣被猺寇掠，發義倉賑之。

至正六年，發米二十萬石賑糶上都貧民。

八年，遣使賑湖南北被寇人民，死者鈔五錠，傷者三錠，燬所居屋者一錠。

十六年，詔沿海州縣爲賊所掠者，免田租三年。

【校勘記】

〔一〕以上四年、三年、五年、八年、七年，編年有誤，當逐年爲序。「三年」上當補年號「至元」。按《元史》卷九六志第四十五上《食貨四》，「以秋旱霜災，減大名等路税糧」在正統四年，「以東平等處蠶災，減其絲料」在至元三年，「以益都等路禾損，蠲其差税」在至元五年，「以濟南、益都、懷孟、德州、淄萊、博州、曹州、真定、順德、河間、濟州、東平、恩州、南京等處桑蠶災傷，量免絲料」在至元六年，「南京、河南蝗旱，減差徭十分之六」在至元七年。《元史》卷六本紀第六《世祖三》「開元等路饑，減户賦布二匹，秋税減其半，水達達户減青鼠二，其租税被災者免征」及「豐州、雲内、東勝旱，免其租賦」均在至元六年。《世祖四》「益都、登萊蝗旱，詔減其今年包銀之半」在至元七年，「以去歲東平及西京等州縣旱蝗水潦，免其租賦」在至元九年。

〔二〕「十之三」，疑涉上文而誤。按《元史》卷九六志第四十五上《食貨四》云：「南京、河南蝗旱，減差徭十分之六。」

〔三〕「朱汪」，原作「米汪」，據《元史》卷二二本紀第二十二《武宗一》及王圻《續文獻通考》卷四二《國用考》改。下卷《食貨志十三》載「朱汪、利津二倉」不誤。

〔四〕以上三言「七年」，當省。又《元史》卷二〇本紀第二十《成宗三》「賜諸王合答孫」在大德六年。

新元史卷之八十　志第四十七

食貨志十三

賑恤下　入粟補官　内外諸倉　惠民藥局

災賑：

中統元年，平陽旱，賑之。

二年，轉懿州米萬石，賑親王塔齊爾部饑民，賑桓州饑民。

三年，甘州饑，給銀賑之。發粟三十萬石，賑濟南饑民。

四年，賑河西饑民銀三千七百兩。彰德路及洺、磁二州旱，賑之。賑東平等處貧民鈔四千錠。賑諸王只必帖木兒部貧民。

五年，益都民饑，賑之。

至元元年，諸王算濟所部營帳火，發粟賑之。

二年，遼東饑，發粟萬石、鈔百錠賑之。

五年，益都民饑，賑之。

六年，東平、河間十五屬饑，賑之。東昌路饑，賑米二萬七千五百九十石。濟南路饑，賑米十二萬八千九百石。高唐、固安二州饑，以米二萬六百石賑之。

八年，賑北京、益都饑，賑濟南路饑，賑大都路饑。

九年，以籍田所儲糧賑民不足，又發近地官倉濟之，賑水達達部饑。賑遼東等路饑。

十年，賑諸王塔察兒部民饑。賑甘州等處諸驛饑民。賑諸王塔察兒部布萬疋。是歲，諸路蟲蝻災五分，霖雨害稼九分，賑米凡五十四萬五千五百九十石。

十一年，諸路吁蝗等蟲災凡九所，民饑，發米七萬五千四百十五石、粟四萬五百九十九石以賑之。

十二年，衛輝、太原等路旱，河間霖雨傷稼，凡賑米三千七百四十八石、粟二萬四千二百六石。濮州等處，命貸糧五千石。

十三年，東平、濟南、泰安、德州、漣海、清河、平灤，西京西三州，以水旱，賑軍民站户米二十二萬五千五百六十石、粟四萬七千七百十二石，鈔四千三百八十二錠有奇。

十四年，賑東平、濟南等郡饑民米二萬一千六百十七石、粟二萬八千六百十三石、鈔一百三十錠。

十五年，咸淳府及良平民户饑，以鈔千錠賑之。賑别失八里日忽思等饑民鈔二千五百錠。是歲，西京、奉聖州及彰德等處水旱民饑，賑米八萬八百九十石、粟三萬六千四十石、鈔二萬四千八百八十錠有奇。

十六年，以江南所運糯米不堪用者賑貧民。

十七年，高郵等處饑，賑粟九千四百石。

十八年，揚州火，發米七百八十三石賑被災之家。通、泰二州饑，發粟二萬一千六百石賑之。遣使賑瓜、沙州饑民。開原等路六驛饑，命給帛萬二千疋，鬻妻子者，官爲贖之。

十九年，真定饑，賑糧兩月。

二十年，以帛千匹、鈔三百錠賑水達達四十九站。

二十一年，合剌禾州民饑，户給牛兩頭、種二石，更給鈔十一萬六千四百錠，糴糧六萬四百石賑之〔一〕。

二十二年，於京城南城設賑糶鋪三所，發海運糧減直糶之，白米減鈔五兩，南粳米減三兩。自是歲以爲常。發鈔二萬九千錠、鹽五萬引、市米賑阿只吉所部饑。

二十三年，大都六屬郡饑，賑糧兩月。

二十四年，咸平等處霜雹爲災，詔以海運糧五萬石賑之。以陳米貸貧民。諸王薛徹都等所部雨土七晝夜，牛羊死者不可勝計，市棉布給之，計直鈔萬四千六十七錠。以糧給諸王阿只吉部貧民，大口二斗，小口一斗。

二十五年，杭州、平江連歲大水，賑其尤貧者，發海運米十萬石，賑遼陽省軍民饑者。懿州饑，以米十五萬石賑之。萊陽、蒲台二縣饑，出米下其直賑之。尚書省臣言：「杭、蘇、湖、秀四州大水，請輟上供米二十萬石，賑之。」從之，減米價，賑京師。發大同路粟，賑流民。膠州連歲大水，令減價糶米以賑之。發米三千石，賑滅吉兒帶所部饑民。

二十六年，發和林糧千石，賑諸王火你赤部曲。西安饑，減價糶米二萬石。甘州饑，發鈔萬錠賑之。遼陽饑，貨高麗米六萬石賑之。寧夏路饑，下其價糶米萬一千石賑之。命甘肅行省給合的所部饑者粟。安西饑，減價糶米二萬石。甘州饑，發鈔萬錠賑之。桂陽路饑，下其價糶米八千七百二十石以賑之。合剌部饑，出粟四千三百二十八石有奇以賑之。駙馬爪忽兒部曲饑，賑之。漷州饑，發河西務米二千石，減價糶以賑之。諸王鋏失、孛羅帶部衆饑，敕上都、遼陽發粟賑之。河西務饑，發米賑之。左右衛屯田大水傷稼，發米四百萬石賑之。武平路饑，發常平倉米萬五千石賑之。賑保定等路屯田户饑。平灤昌國屯田饑，賑米一千六百五十六石。輸米千石賑平灤饑。賑文安縣饑民。桓州等驛饑，以鈔給之。蠡州饑，發義倉賑之。伯顔所部阿剌户饑，以粟七千四百七十石賑之。賑馬站户饑。

二十七年，大都饑，減價糶糧五萬石賑之。豐潤署田户饑，給六十日糧。開元路寧遠縣饑，發鈔二千錠賑之。興州興安饑，給九十日糧。伯答罕民户饑，給六十日糧。浙東諸路饑，給九十日糧。任邱縣饑，給九十日糧。闍兀所部闌遺饑，給六十日糧。保定路定興饑，發粟五千二百六十四石賑之。中山畋户饑，給六十日糧。廣濟署饑，給粟二千二百五十石。漁陽等處稻户饑，給三十日糧。永昌站户饑，給米賑之。令大都路以粟六萬二千五百六十石賑通州流民。諸王小薛部饑，給六十日糧。定興站户饑，給三十日糧。出魯等千一百十五户饑，給六十日糧。平灤民萬五千四百六十五户饑，賑粟五千石。納都等站户饑，給九十日糧。以米千二百石賑諸王赤只里部衆。河東山西道饑，敕宣慰使阿里火者購米賑之，又命阿里火者發大同鈔本二十萬錠賑饑民。二十四年，賑桓州饑千五百石。武平地震，發鈔八百四十錠，轉海運米萬石賑之。尚書省臣言：「江陰、寧國等路大水，民流移者四十五萬八千四百七十八户。」帝曰：「此亦何待上聞，當速賑之！」凡出粟五十八萬二千八百八十九石。八魯剌思部饑，命寧夏路給米三千石賑之。隆興苦鹽濼等驛饑，發鈔七千錠賑之，灤陽縣饑，給六十日糧。不耳答失所部饑，給九十日糧。

二十八年，以去歲隕霜害稼，賑宿衛怯憐口糧二月，發米賑瓮古饑民。太原饑民，口給糧兩月或三月，遣官覆驗。水達達、咸平路饑，發粟賑之。杭州、平江等五路饑，發粟賑之。溧陽、太平、徽州、廣德、鎮江五路亦饑，賑之如杭州。賑遼陽、武平饑民。以沙不丁等米賑江南饑民。以米三千石，賑闊里吉思饑民。賑桓州等西站、女真等站饑。大都饑，出米二十五萬四千八百石賑之。諸王出伯部曲饑，給米賑之。塔叉兒、塔帶民饑，發米賑之。給按答兒民户四月糧。女真部饑，借高麗粟賑給之。平灤路及豐贍、饑民二署饑，出米萬五千石賑之。

二十九年，清州饑，就陵州發粟四萬七千八百石賑之。給輝州龍山、和平等縣饑民糧。賑德州齊河、清平、泰安州饑民。山東廉訪司言：「棣州春旱且霜，夏霖潦，乞賑恤。」敕依東平州，發附近官廪計口給之。隆興路饑，給鈔二千錠，復發粟以賑之。遼陽水達達、女真饑，詔忽都不花趣海運給之。河西務水，給米賑之。帖木塔兒等所部民饑，詔給米五千石以賑之。華容縣水，發米二千一百二十五石賑之。

至元三十一年，賑宿衛士怯憐口糧三月。遼陽所屬九處大水，命賑恤之。以伯要歹忽刺出所隸一千户饑，賜鈔萬錠。

元貞元年，以京師米貴，設肆三十所，發糧七萬石糶之，白粳米每石中統鈔十五兩，白米十二兩，糙米六兩五錢。以隕霜殺禾，賑安西王山後民米一萬石。賑遼陽民被水者糧兩月。宣德府大水，給糧兩月。以糧一千三百石賑隆興路饑。以二千石賑滅禿等軍饑。

二年，平陽路之絳州、台州路之黄巖州饑，杭州火，並賑之。濟南民饑，發粟賑之。福建、廣西兩江道饑，發粟賑之。大都、保定、汴梁、江陵、沔陽、淮安水，金、復州風拔禾，太原聞喜、河南芍陂旱，免其田租。

大德元年，汴梁、歸德水，木鄰等九站饑，以米六百四十石賑之。以饑，賑水達達糧五千石，公主囊家真位二千石。衛輝路旱疫，澧州、常德、饒州、臨江等處，温之平陽、瑞安二州大水，鎮江之丹陽、金壇旱，並以糧給之。廬州無爲州江潮泛，溢歷陽，合肥、梁縣及安豐之蒙城、霍邱旱，揚州、淮安路饑，韶州，南雄州、處州、温州皆大水，並賑之。常德路大水，常州路及宜興州旱，並賑之。般陽路饑疫，給糧兩月。

二年，建康等路水，發臨江路糧二萬石賑之。發慶元糧五萬石，減其直以賑饑民。江西、江浙水，賑饑民二萬四千九百有奇。賑隆興、臨江兩路饑民。又賑金、復州屯田軍糧二月。

三年，鄂、岳、漢陽等路旱，免其酒課、夏税。江陵路旱蝗，弛湖泊之禁，仍以糧賑之。

四年，發粟十萬石，賑湖北饑。寧國、太平路旱，以糧二十萬石賑之。建康、常州、江陵饑民八十四萬八千六十餘人，給糧二十二萬九千三百九十餘石。建康、平江、浙東等處饑民，糧二十二萬九千三百餘石。

五年，平江等十四路大水，以糧萬石隨各處時直賑糶。江湖泛溢，東起通、泰、常州，西盡真州，以糧八萬七千餘石賑之。稱海北十三站大雪，牛馬多死，賜鈔一萬一千餘錠。五年，上都大水，減價糶糧萬石賑之。

六年，湖州等路饑，賑糧二十五萬一千餘石。大同等路亦饑，賑糧一萬六千石。濟南霖雨，民多流離，發粟賑之，並賜鈔三萬錠。保定等路饑，以鈔萬錠賑之。道州旱，遼陽饑，發粟賑之。岳木忽而等部民饑，以乳牛、牡馬濟之。以米二千石賑應昌府。亦乞烈等二站饑，賑米一百五十石。以糧四千餘石，賑廣平路饑民，萬五千石，賑江西被水之家，二百九十餘石，賑鐵里平等四站饑户。寧海州饑，以米九千四百石賑之。

七年，平江等十五路民饑，減直糶糧三十五萬四千石。武岡饑，減價糶糧萬石以賑之。常德路饑，減直糶糧萬石以賑之。平陽、太原地震，遣使分道賑濟，爲鈔九萬六千五百餘錠，仍免太原、平陽今年差税。詔内郡比歲不登，其民已免差者，並蠲免其舊租。以鈔萬錠，賑歸德饑民。

八年，平陽、太原地震，命賑恤之。扶風、岐山、寶雞諸縣旱，烏撒〔二〕、烏蒙、益州、忙部、東川等路饑疫，並賑恤之。太原之交城、陽曲、管州、嵐州，大同之懷仁雨雹隕霜殺禾，杭州火，發粟賑之。潮州颶風海溢，民溺死者衆，給其被災户糧兩月。以平陽、太原去歲地大震，免其稅課一年。

九年，歸德瀕歲被水，民饑，給糧兩月。大同路地震，懷仁縣地裂二所，以鈔四千錠、米二萬五千餘石賑之。是年，租賦、稅課、徭役一切除免，以汴梁、歸德、安豐去歲被災，潭州、郴州、桂陽、東平等路饑，並賑恤之。以晉寧累歲被災給鈔三萬五千錠。寶慶路饑，發粟五千石賑之。潼川霖雨江溢，溺死者衆，飭有司給糧一月，免其田租。瓊州屢經寇叛，隆興、撫州等路水，汴梁霖雨爲災，並給糧一月。澧陽縣火，賑糧二月。沔陽之玉沙江溢，陳州之西華河溢，嶧州水，賑米四千石。揚、潭、郴及藤、沂等郡饑，減直糶糧五萬一千六百石，賑之。

十年，奉聖州懷來縣民饑，給鈔九百錠。鎮西武靖王所部民饑，發甘肅糧賑之。道州〔三〕、營道等處江溢山裂，溺死者衆，復其田租。遼陽饑，賑貸有差。宣德等處雨雹害稼，大同之渾源隕霜殺禾，平江大風海溢，道州、武昌、永州、興國、黄州、沅州饑，減直賑糶七萬七千八百石。開成路地震，壓死故秦王妃也里完等五千餘人，以鈔萬三千六百餘錠、糧四萬五千一百餘石賑之。成都等縣饑，減直賑糶米七千餘石，吴江大水，發米萬石賑之。

武昌路火，給被災者糧。益都、揚州、辰州饑，減直糶米二萬一千餘石。

十一年，以饑，賑安州高陽等縣五千石，潮州穀一萬石，奉符等處鈔二千錠，兩浙、江東等處鈔三萬餘錠、糧二十萬石。又勸富民賑糶糧一百四十餘萬石。凡施米者，驗其數之多少授以院務等官。又以鈔十萬七千餘錠、鹽引五千道、糧三十萬石，賑紹興、慶元、台州三路饑民。

至大元年，淮安等處饑，從河南行省言，以兩浙鹽引十萬買粟賑之。以北來貧民八十六萬八千户仰食於官，非久計，給鈔百五十萬錠，幣帛準鈔五十萬錠，命太師月赤察兒、太傅哈剌哈孫分給之。江浙行省饑，賑米五十二萬五千石、鈔十五萬四千錠、麵四萬斤。又流民户百三十三萬九百五十有奇，賑米五十三萬六千石，鈔十八萬七千錠，鹽折直爲引五千。河南、山東大饑，有父食其子者，以兩道没入贓鈔賑之。濟寧大水入城，詔遣官以鈔五千錠賑之。真定水，溺死百七十餘人，發米萬七百石賑之。以湖廣米十萬石貯於揚州，江西、江浙海漕三十萬石内分五萬石貯朱汪、利津二倉，以濟山東饑民。是年，增京城米肆爲十五所，每肆日糶米一百石。

三年，東平人饑，賑米五千石。循州大水，發米賑之。汜水、長林、當陽、夷陵、宜城、遠安諸縣水，令尚書省賑之。上都饑，遣刑部尚書撒都丁發粟萬石，下其直賑糶之。山東、徐、邳等處水、旱，以御史臺沒入贓鈔四千餘錠賑之。河南水，死者給棺，漂廬舍者給鈔，驗口賑糧兩月，免今年租賦。

四年，濟寧、東平、歸德、高唐、徐、邳諸州水，給鈔賑之。河間、陝西諸縣水、旱傷稼，令有司賑之。江陵屬縣水，民死者衆，大寧等路隕霜，令有司賑恤。太原、河間、真定、順德、彰德、大名、廣平等路，濮、恩等州霖雨傷稼，賑欽察衛糧五千七百五十三石。

皇慶元年。漷州饑，賑糧兩月。賑山東流民。濱州饑，出倉米二萬石，減價賑之。趙王汝安郡饑，賑糧八百石。寧國路涇縣水，賑糧二月。晉王郡告饑，賑鈔一萬五千鈔。

皇慶二年，順德、冀寧路饑，辰州水，賑以米鈔。上都民饑，出米五千石，減價賑糶。保定、真定、河間民流不止，命有司給糧兩月，仍免今年差稅，雲州蒙古軍饑，户給米一石。興國屬縣蝗，發米賑之。

延祐元年，以鈔六千三百錠賑良鄉諸驛。真定、保定、河間饑，給糧兩月，畿內及諸衛屯田饑，賑鈔七千五百錠。歸州告饑，出糧減價賑糶。漢陽、潭州、思州民饑，武陵縣水溢，並發廩減價糶之。衡州、郴州、興國、永州、耒陽州饑，發廩減價賑糶。沅陵、盧溪二縣水，武清縣渾河堤決淹民田，發廩賑之。冀寧、汴梁及武安、涉縣地震，台州、岳州、武岡、常德、道州等路水，發廩減價賑糶。肇慶、武昌等路水，發廩減價賑糶。賑諸王鐵木兒不花部米千石，秃滿部二千石。沔陽、歸德、汝寧、安豐等處饑，發米賑之。

二年，懷孟、衛輝等處饑，發粟賑之。益都、般陽、晉寧民饑，給鈔米賑之。晉寧、宣德等處饑，給米、鈔賑之。真州揚子縣火，發米減價賑糶。秦州成紀縣山移，陷没民居，遣官賑恤。泰元、隆興、吉安、南康、臨江、袁州、撫州、江州、建昌、贛州、南安、梅州、辰州、興國、潭州、岳州、常德、武昌等路，南豐州、澧州等處饑，並發廩賑糶。滹州，昌平、香河、寶坻等縣水，没民田廬，潭州、全州、永州路，茶陵州河溢，没民田，出米減價賑糶。

三年，漢陽路饑，出米賑之。河間、濟南、濱、棣等處饑，給糧兩月，遼陽蓋州及南豐州饑，發倉賑之。潭水、寶慶、桂陽、澧、道、袁州等路饑，發粟賑糶。

四年，汴梁、揚州、河南、淮安、重慶、順慶、襄陽民皆饑，發廩賑之。

五年，以紅城米賑净州、平池等處流民。遼陽饑，漕糧十萬石於義、錦州，以賑貧民。

六年，命輸粟上都、興和，賑蒙古饑民，濟寧等路大水，視其民乏食者賑之。發粟賑東平、東昌、高唐、德州、般陽、揚州等路饑。上都民饑，發官粟萬石，減價賑糶。

七年，賑寧夏路軍民饑，賑木憐、渾都兒等十一驛饑。那懷、渾都兒驛户饑，賑之。括馬三萬匹，給蒙古流民。河間、真定、濟南等處蒙古軍饑，賑之。賑大都、净州等處流民。

德慶路地震，鞏昌、隴西大雨山崩，給糧賑之。

汝寧府雨傷稼，發粟五千石賑糶。邊民賑米三月。諸王告住等部火，賑糧三月、鈔萬五千貫。晉王部饑，賑鈔五千貫。諸王木南郎部饑，興聖宫牧駝部饑，並賑之。瀋陽民饑，給鈔萬二千五百貫賑之。昌王阿失部饑，賜鈔千萬貫賑之。廣東新州饑，賑之。

至治元年，諸王斡羅思部饑，發浄州倉賑之。蘄州饑，賑糧三月。歸德饑，發粟十萬石賑糶。河南安豐饑，以鈔二萬五千貫、米五萬石賑之。營王也先帖木兒部畜牧多死，賑鈔五千貫。賑寧國路饑，益都、般陽路饑，以粟賑之。江州、贛州、臨江、南安、袁州、建昌旱，民饑，發粟四萬八千石賑之。廣德路旱，發米九千石減直賑糶。濮州大饑，命有司賑之。賑益都、膠州饑。女真蠻赤興等十九驛賑之。賑南恩新州饑。京師饑，發粟十萬石減價糶之。安陸府漢水溢，壞民田，賑之。慶遠路饑，真定路疫，並賑之。河間路饑，賑之。

二年，山東、保定、河南、汴梁、歸德、襄陽、汝寧等處饑，發米三十九萬五千石賑之。儀封縣河溢傷稼，發粟賑之。臨安路、河西諸縣饑，賑之。延安路饑，賑糧一月。賑遼陽女真、漢軍等户饑。賑濮州水災。遼陽哈里濱民饑，賑之。賑真定、彰德路饑。恩州水，民饑疫，賑之。真州火，徽州饑，並賑之。賑東昌、霸州饑。賑固安州饑。賑夏津、永清二縣饑。京師饑，發米二十萬石賑糶。河南、陝西、河間、保定、彰德等路饑，發粟賑之，仍免常賦之半。興元褒城縣饑，賑之。廣元路綿谷、昭化饑，官市米賑之。恩州風雹〔四〕，建德路水〔五〕，皆賑之。南康路大水，廬州六安、舒城水，並賑之。瑞州高安縣饑，賑之。大寧路水達達等驛水，賑之。臨安路、河西諸縣旱，命有司賑之。岷州旱疫，賑之。宣德府宣德縣地震，賑被災者糧鈔。南唐建昌州大水山崩，死者四十七人，命賑之。

三年，鎮西武寧王部饑，賑之。京師饑，發粟賑糶。平江路嘉定州饑，發粟賑之。芍陂屯田女真户饑，賑糧一月，崇明諸州饑，發米萬八千三百二十石賑之。台州路黄巖州饑，賑糧兩月。察罕腦兒驛户饑，賑之。南豐州民及鞏昌蒙古軍饑，賑之。蒙古萬户府饑，賑糧兩月，真定路驛户饑，賑糧二千四百石。揚州江都火，雲南西平王衛士饑，皆賑之。袁州路宜春縣、鎮江路丹徒縣饑，賑米四萬九千石。沅州黔陽縣饑，芍陂屯田旱，並賑之。平江嘉定州饑，遼陽答失蠻、闊闊部雹，並賑之。澧州、歸州饑，賑糶米二萬石。

泰定元年，糶米二十萬石，賑京師。廣德、信州、岳州、惠州、南恩州民饑，發粟賑之。紹興、慶元、延安、岳州、潮州五路及鎮遠府、河州、集州饑，賑之。臨洮狄道縣，冀寧石州、離石、寧鄉旱，賑米兩月。撒兒蠻部及北邊饑，賑糧鈔有差。袁州火，龍慶、延安、吉安、杭州、大都諸路屬縣水，饑，賑糧有差。大都，真定晉州、深州，奉元諸路及甘肅河渠營田等處雨傷稼，賑糧二月。大司農田、諸衛屯田，彰德、汴梁等路雨傷稼，順德、大名、河間、東平等二十一郡蝗，晉寧、鞏昌、常德、龍興等處饑，皆賑之。秦州成紀縣大雨山崩，水溢，汴梁、濟南屬縣雨水傷稼，賑之。延安、冀寧等十二屬，諸王哈伯等部饑，賑糧有差。奉元路長安縣大雨，澧水溢，延安路洛水溢，濮州館陶縣及諸衛屯田，建昌、紹興二路，賑糧有差。廣東道及武昌路江夏縣饑，賑糧有差。河間路饑，賑糧二月。汴梁、信州、泉州、南安、贛州等路賑糶有差。嘉定、龍興縣賑糧一月。大都、上都、興和等路十三路，賑鈔八千五百錠。延安路雹災，賑糧一月。

二年，減京城賑糶米價爲二十貫，後又減爲十五貫。肇慶、鞏昌、延安、贛州、南安、英德、新州、梅州等處饑，賑糶有差。保定路饑，賑鈔四萬錠、糧萬五千石。雄州歸信諸縣大雨，河溢，被災者萬一千六百五十户，賑鈔三萬錠。濟南濱州、棣州等處水，民饑，賑糧二萬石。五花城宿滅秃、拙只干、麻兀三驛饑，賑糧二千石。衡州衡陽縣民饑，瑞州蒙山銀場丁饑，賑粟有差。通、漷二州饑，發粟賑糶。薊州寶坻縣、慶元路象山諸縣饑，賑糧二月。大都、鳳翔、寶慶、衡州、譚州、全州諸路饑，賑糶有差。荆門州旱，漷州、薊州、鳳州、延安、歸德等處民及山東蒙古軍饑，賑糧鈔有差。肇慶、富州、惠州、袁州、江州諸路及南恩州、梅州饑，賑糶有差。鎮江、寧國、瑞州、桂州、南安、寧海、南豐、潭州、涿州等處賑糧五萬石。隴西、漢中、秦州饑，賑鈔三萬錠。大都路檀州大水，汴梁路十五縣河溢，江陵路江溢，洮州、臨洮府雨雹，潭州興國屬縣旱，彰德路蝗，龍興、平江等十二路饑，賑糶米三十二萬五千餘石。鞏昌路、臨洮府饑，賑鈔五萬五千錠。濟寧、興元、寧夏、南涼、歸德等十二路饑，賑糶米七萬石。鎮西武靖王部及遼陽水達達路饑，賑糧一月。慶遠溪洞民饑，發米二萬五百石，平價糶之。敕山東州縣收養流民所棄子女。延安、鄜州、綏德、鞏昌等處雨雹，般陽新城縣蝗，宗仁衛隕霜殺禾，睢州河決，大都路檀州、鞏昌府靜寧縣、延安路安塞縣雨雹，衛輝路汲縣河溢，並賑之。南恩州、瓊州饑，賑糧一月。臨江路、歸德府饑，賑糧二月。衡州、岳州饑，賑糶米一萬三千石。以郡縣饑，詔運米十五萬石貯瀕河諸倉，以備賑救。開元路三河溢，復州、南安、德慶諸路饑，賑糧鈔有差。

三年，大都路屬縣饑，賑糧六萬石。恩州水，以糧賑之。歸德府屬縣河決，民饑，賑糧五萬六千石。河間、保定、真定三路饑，賑糧四月。建昌路饑，糶米三萬石。永平、衛輝、中山、順德諸路饑，賑鈔六萬六千餘錠。寧夏、奉元、建昌諸路饑，賑糧二月。雄州饑，太平興化屬縣水，並賑之。奉元屬縣大雨雹，峽州旱，東平屬縣蝗，大同屬縣水，萊蕪等處饑，賑鈔三萬錠。河決鄭州陽武縣，漂民萬六千五百家，賑之。賑永平、奉元鈔七萬錠。賑糶濠州饑民麥三萬八千餘石。大都昌平大風，壞民舍九百家。龍慶路雨雹一尺，真定蠡州、奉元蒲城等縣及無爲州大水，河中府、永平、建昌、邛都、中慶、太平諸路及廣西兩江饑，並發粟賑之。揚州崇明州大風雨，海水溢，溺死者給棺斂之。杭州火，賑糧一月。揚州、寧國、建德、南恩州旱，賑之。京師饑，發粟八十萬石，減價糶之。瀋陽、遼陽、大寧等路及金、復水、民饑，賑鈔五萬錠。寧夏路萬户府、慶遠安撫司饑，並賑之，廣寧路霖雨傷稼，賑鈔三萬錠。汴梁、建康、太平、池州諸路及甘肅亦集乃路饑，並賑之。錦州水溢，壞田千頃，漂死者萬人，人給鈔一錠。崇明州海溢，漂民舍五百家，賑糧一月，給死者鈔二十錠。保定饑，賑糧八萬一千五百石。懷慶路饑，賑鈔四萬貫。廣西静江、象州諸路及遼陽路饑，並賑之。大寧路大水，溺死者人給鈔一錠。

四年，遼陽行省諸州縣饑，賑鈔十八萬錠。彰德、淮安、揚州諸路饑，並賑之。永平路饑，賑鈔三萬錠。諸王朵來、兀魯兀等部畜牧災，賑鈔三萬五千錠。大寧、廣平二路屬縣饑，賑鈔二萬八千錠。河南行省諸郡及建康屬縣饑，賑糧有差。奉元路及通、順、檀、薊等州，漁陽、寶坻、香河等縣饑，賑糧兩月。江南江陵屬縣饑，賑糧有差。發義倉賑鹽官州民。廬州路饑，賑糧七萬九千石。鎮江、興國二路饑，賑糶有差。籍田蝗，聖州黑河水溢，衢州大雨，發廩賑饑者，給溺死者棺。遼陽河溢，右衛率部饑，並賑之。揚州路崇明州海門縣海溢，汴梁路扶溝、蘭陽縣河溢，並賑之。保定、真定二路饑，賑糧三萬石，鈔五千錠。大都路諸州霖雨水溢，賑糧二十四萬九千石。衛輝獲嘉等縣饑，賑鈔六千錠，仍蠲丁地税。大名、河間二路屬縣饑，並賑之。諸王塔思不花所部饑，賑糧千石。發米三十萬石，賑京師饑。

致和元年，陝西諸路饑，賑鈔五萬錠。河間、汴梁二路屬縣及開城、乾州蒙古軍饑，並賑之。晉寧、衛輝二路，泰安州饑，賑鈔四萬八千三百錠。冀寧路平定州饑，賑糶米三萬石。陝西、四川及河南府等處饑，並賑之。大都、東昌、大寧、汴梁、懷慶等路饑，賑之。保定、冠州、德州、般陽、彰德、濟南屬州縣饑，發鈔賑之。諸王喃答失等部風雪，斃死畜牧，賑糧五萬石、鈔四十萬錠。奉元、延安二路饑，賑鈔四千四百九十錠。

天曆元年，賑陝西臨潼、華陽二十三驛鈔二千八百錠，晉寧路十五驛八百錠。賑糶京城米十萬石，石爲鈔十五貫。杭州火，命浙江行省賑被災之家。

二年，陝西饑，賑以鈔五萬錠。賑大都路涿州、房山、范陽等縣饑民糧兩月。陝西大饑，賜鈔十四萬錠賑之。大同路旱，民多流殍，以本路及東勝州糧萬三千石，減時直十之二賑糶之。奉元臨潼、咸陽二縣及畏兀兒八百餘户告饑，以鈔萬三千錠賑咸陽，麥五千四百石賑臨潼，麥百餘石賑畏兀兒。永平、大同二路，上都、雲需兩府、安赤衛皆告饑，永平賑糧五萬石，大同賑糶糧萬三千石，雲需府賑糧一月，貴赤衛賑糧二月。陝西諸路饑民百二十三萬四千餘口，諸縣流民又數十萬，發孟津合糧八萬石及河南、漢中所貯官租賑之。

德安府屯田饑，賑糧千石。常德、澧州、慈利州饑，賑糶糧萬石，賑衛輝路饑民萬七千五百餘户。括江淮僧道餘糧，賑河南府饑民。池州、廣德、寧國、太平、建康、鎮江、常州、湖州、慶元諸路及江陰州饑民六十萬户，賑糧十四萬三千餘石。諸王忽剌答兒所部旱蝗，賑糧二月。大都、興和、順德、大名、彰德、懷慶、衛輝、汴梁、中興諸路，泰安、高唐、曹、冠、徐、邳諸州饑民六十七萬六千餘户，賑以鈔九萬錠，糧萬五千石。大都宛平縣，保定遂州、易州，賑糧一月。靖州賑糶糧九千八百石。鳳翔府饑民十九萬七千八百人，以官鈔萬五千錠賑之。豐樂八屯及萬户府軍士饑，以官鈔百三十錠賑之。益都莒、密二州春水、夏旱蝗，饑民三萬一千四百户，賑糧一月。集慶、河南路旱疫，賑以本府屯田租及安豐務遞運糧三月。莒、密、沂諸州饑，賑以米二萬一千石。賑晉寧路饑民。湖廣常德、武昌、澧州諸州旱饑，出官粟賑糶之。廬州旱饑，以糧五千石賑之。冀寧路旱饑，賑糧二千九百石。蘄州路夏秋旱饑，賑米五千石。武昌江夏火，賑糧一月。

至順元年，揚州、安豐、廬州等路，以兩淮鹽課鈔五萬錠、糧五萬石賑之。真州、蘄、黄等路，汝寧府、鄭州饑，各賑糧一月。開元路胡里改萬户府饑，給糧賑之。帖麥赤驛户及建康、廣德、鎮江諸路饑，賑糧一月。衛輝、江州二路饑，賑鈔二萬錠。寧國路嘗賑糧二萬石，不足，復賑萬五千石。賑常德、澧州饑。吐蕃等處民饑，命有司以糧賑之。豫王阿剌忒納失里所部饑，賑糧二月。淮安饑，以兩淮鹽課鈔五萬錠賑之。賑河南流民復歸者鈔五千錠。泰安州饑民三千户，真定南樂縣饑民七千七百户，松江府饑民萬八千三百户，土蕃朵里只失監萬户部内饑，命有司賑之。濟寧路饑，賑以鹽鈔萬錠。杭州火，賑糧一月。察罕腦兒宣慰司所部饑民萬四千四百五十六人，人給鈔一錠。東平路須城饑，賑以山東鹽課。安慶、安豐、蘄、黄、廬五路饑，以淮南贓罰庫鈔賑之。賑東昌饑民三萬三千六百户。濮州臨清、館陶二縣饑，賑鈔七千錠。光州光山縣饑，出粟萬石，下其直賑糶。信陽、息州及光州固始縣饑民，以附近倉糧賑之。河南登封、偃師、孟津諸縣饑，賑以兩淮鹽課鈔三萬錠。鞏昌、臨洮、蘭州、定西州饑，賑鈔三千五百錠。沂、莒、膠、密、寧、海五州饑，賑糧五千石。中興、陝州、歸州、安陸、沔陽饑户三十萬有奇，賑糧四月。廣平路饑，以河間鹽課鈔萬三千錠賑之。沿邊部落饑民八千二百人，人給鈔三錠、布二匹、糧二月。天臨之醴陵、湘陰等州，台州之臨海等縣饑，各糶賑五千石。芍陂屯田饑，賑糧二月。吐蕃等處民饑，命有司賑之。賑懷慶、孟州等驛鈔千錠。德州饑，賑以鹽課鈔三千錠。武昌路饑，賑以糧五萬石、鈔二千錠。賑衛輝、大名、廬州饑民鈔六千錠，糧五千石。開元路胡里改萬户府、寧夏路哈赤千户所饑，各賑糧二月。鎮江饑，賑糧四萬石，饒州饑，命有司賑之。增大都賑糶米五萬石。銕里干、木鄰等三十二驛大饑，人賑糧二石，命中書賑糧十萬石。

二年，以鈔萬錠賑膠州饑，鈔萬錠賑察罕腦兒蒙古民饑，趙王不魯納部民饑，發近倉糧萬石賑之。又發山東鹽課鈔、朱汪倉粟賑登、萊饑民，興和粟倉賑保昌饑民。浙西諸路水、旱，饑民八十五萬餘户，勸富家入粟補官，仍益以本省鈔十萬錠並俗僧道度牒一萬道。賑雲内州饑民及察忽涼樓戍兵共七千户。發通州官糧，賑檀、順、昌平等處饑民九萬餘户。以山東鹽課鈔三千五百錠賑益都三萬餘户。賑諸王伯顔也不干部内饑民。以山東鹽課鈔五千錠賑博興饑民，一千錠賑信陽等場。賑鎮寧王那海部饑民兩月糧。賑遼陽東路萬户府饑民三千五百户糧兩月。以河間鹽課鈔四千錠，賑河間饑民四千一百户。

三年，賑永昌路流民。慶遠、南丹等處安撫司之宜山縣饑，以軍積穀二百八十石賑糶。梅州水旱，民大饑，發粟七百石賑糶。賑肇慶路高要縣饑民九千五百四十石。安州饑，給河間鹽課鈔賑之。賑木憐、七里等二十三驛，人米二石杭州、池州俱火，賑之。崇寧州饑，賑糶米二千四百石。賑宗仁衛九百户，各鈔一錠。以京畿運司糧萬石，賑大都寶坻縣饑民。左欽察衛士饑，賑糧二月。

元統元年，京畿大水，饑民四十餘萬，以鈔四萬錠賑之。賑恤寧夏饑民五萬三千人一月糧。

二年，東平須城縣、濟寧濟州、曹州濟陰縣水災民饑，詔以鈔六萬錠賑之。塞北東涼亭雹，民饑，發倉廩賑之。安豐路旱饑，賑糶麥六千七百石。永平諸縣水，賑鈔五千錠。瑞州路水，賑米一萬石。杭州、鎮江、嘉興、常州、松江、江陰水、旱，發義倉，賑饑民五十二萬二千石。山東饑，賑糶米二萬二千石。淮西饑，賑糶米二萬石。成州旱，饑，出庫鈔及常平倉米賑之。江浙大饑，計户五十九萬五百六十四，發米六萬七千石、鈔二千八百錠。雲南大理諸路，發鈔十萬錠賑之。宣德府火。出鈔二千錠賑之。大寧、廣寧、遼陽、開元、瀋陽懿州水、旱，以鈔二萬錠遣官賑之。池州青陽、銅陵饑，發米一千石賑之。南康路旱蝗，以米十二萬三千石賑糶之。吉安路水，民饑，發糧二萬石賑糶。

至元元年，道州、永興水，發米五千石及義倉糧賑之。沅州民饑，賑米二萬七千七百石。寶慶路饑，糶米三千石。

二年，沅州路瀘陽縣饑，賑糶六千石。撫州、袁州、瑞州諸路饑，發米六萬石賑糶。松江府上海饑，發義倉糧賑之。安豐路饑，賑糶麥四萬二千四百石。慶元慈谿饑，遣官賑之。

三年，臨江路新淦州、新喻州，瑞州民饑，賑糶米二萬石。發鈔四十萬，賑江浙饑民。發義倉米，賑蘄州及紹興饑民兩月。發鈔一萬錠，賑寶坻縣饑民，發義倉，賑溧陽州饑民。

以米八千石、鈔二千八百錠，賑哈剌奴兒饑民。龍興路南昌新建縣饑，太皇太后發徽政院糧三萬六千七百七十石賑糶。

四年，賑京師、河南北被水災者。龍興路南昌州饑，以江西運糧賑糶。

五年，濮州鄄城、范縣饑，賑鈔二千一百八十錠。冀寧路交城等縣饑，賑米七千石。桓州饑，賑鈔一千錠。雲需府饑，賑鈔五千錠。開平縣饑，賑米兩月。興和、定昌等路饑，賑鈔萬五千錠。三不剌等處民饑，發米賑之。汀州路長汀縣大水，户賑鈔半錠，死者一錠。水達達民饑，賑糧三月。沂、莒二州饑，發糧賑糶。諸王脱歡脱木兒所部饑，以鈔三萬四千九百錠賑之。脱憐渾秃所部饑，以鈔萬一千三百五十七錠賑之。瀋陽民饑，賑糶米一千石。八番順元等處饑賑鈔二萬二千錠。袁州饑，賑糶米五千石。膠、莒、密、濰等州饑，賑鈔二萬錠。

六年，邳州饑，賑米兩月。福寧州大水，每户賑米兩月。益都、般陽等路饑，發粟賑之。淮安路山陽縣饑，賑鈔二千五百錠。給糧兩月。邢台縣饑，賑鈔三千錠。濟南路歷城饑，賑鈔二千五百錠。賑怯里等十三站，每站一千錠。河南宜陽縣大水，溺死者多，人給殯殮鈔一錠，仍賑義倉兩月。處州、廬州饑，以常平倉糶賑之。東平路民饑，賑之。

至正元年，湖南諸路饑，賑糶米十八萬九千七十六石。濟南、濱、沾化等縣饑，以鈔五萬三千錠賑之。大都寶坻縣饑，賑米兩月。河間莫州、滄州等處饑，賑鈔三萬五千錠。晉州饒陽、阜平、安喜、靈壽四縣饑，賑鈔一萬錠。般陽路長山等縣饑，賑鈔萬錠。彰德路安陽等縣饑，賑鈔萬五千錠。滹州、河西務、彰德饑，賑鈔萬五千錠。賑阿剌忽等處被災民三千九百二十户。揚州路崇明、通、泰等州海溢，溺死一千六百餘人，賑鈔萬一千八百二十錠。

二年，大同饑，運京師糧賑之。順寧保安縣饑，賑鈔一萬錠。廣平磁州饑，賑鈔五萬錠。彰德路安陽、臨漳等縣饑，賑鈔二萬錠。大同路渾源州饑，以鈔六萬二千錠、糧二萬石賑之。大名路饑，以鈔萬二千錠賑之。河南路饑，以鈔五萬錠賑之。冀寧路饑，賑糶米二萬石。順德路平鄉縣饑，賑鈔萬五千錠。衛輝路饑，賑鈔萬五千錠。歸德府睢陽縣水，民饑，賑糶米萬三千五百石。

三年，膠州及屬邑高密地震，河南等處民饑，賑糶麥十萬石。

四年，永平、灃州等路饑，賑之。鞏昌隴西民饑，每户貸常平粟三斗。賑東昌、濟南、般陽、慶元、撫州民饑。

五年，大都、永平、鞏昌、興國、安陸等處並桃源萬户府民饑，賑之。汴梁、濟南、邠州、瑞州等處民饑，賑之。

七年，河東大旱，民多饑死，遣使賑之。

八年，西北邊軍民饑，遣使賑之。

十二年，大名路開、滑、濬三州，元城十一縣，水、旱、蟲蝗，饑民七十一萬六千九百八十口，給鈔十萬錠賑之。

十五年，上都饑，賑糶米二萬石。

入粟補官，始於天曆三年，時各路亢旱，用太師答剌罕等言舉而行之。江南、陝西、河南等處定爲三等，令富民依例出米，無米者折鈔，陝西每石八十兩，河南並腹裏每石六十兩，江南三省每石四十兩，實授茶鹽流官，讓封父母者聽。

陝西省：一千五百石之上，從七品。千石之上，正八品。五百石之上，從八品。三百石之上，正九品。二百石之上，從九品。一百石之上，上等錢穀官。八十石，中等。五十石，下等。三十石之上，旌門。

河南並腹裏：二千石之上，從七品。一千五百石之上，正八品。一千石之上，從八品。五百石之上，正九品。三百石之上，從九品。二百石之上，上等錢穀官。一百五十石之上，中等。一百石之上，下等。

江南三省：一萬石之上，正七品。五千石之上，從七品。三千石之上，正八品。二千石之上，從八品。一千石之上，正九品。五百石之上，從九品。三百石之上，上等錢穀官。二百五十石之上，中等。二百石之上，下等。

先已入粟遥授虚名，今再入粟者，驗其糧數，照依資品實授茶鹽流官。

陜西：一千石之上，從七品。六百六十石之上，正八品。三百三十石之上，從八品。二百石之上，正九品。一百三十石之上，從九品。

河南並腹裏：一千三百三十石之上，從七品。一千石之上，正八品。六百六十石之上，從八品。三百三十石之上，正九品。二百石之上，從九品。

江南三省：六千六百六十石之上，正七品。三千三百三十石之上，從七品。二千石之上，正八品。一千三百三十石之上，從九品。

先已入粟實授茶鹽等官，今再入粟者，驗其糧數加等升除。

陜西：七百五十石之上、五百石之上、二百五十石之上、一百五十石之上、一百石之上。

河南並腹裏：一千石之上、七百五十石之上、五百石之上、二百五十石之上。

僧道入粟：三百石之上，賜六字師號，敕省給之。二百石之上，四字師號，一百石之上，二字師號，禮部給之。

四川省富民入粟赴江陵者，依河南補官例。

至順元年罷之，至正五年復入粟補官之令，以備賑濟。後盜起，國用不足，十五年，榜行各路，命有司招徠，並遣兵部員外郎劉謙賫空名告身，至江南募民補官即任，以州縣自五品至七品入粟有差。然百姓無一應者。松江知府崔思誠集屬縣豪右大姓列庭下，不問有粟與否，輒施考掠，逼使就官。惟平江達魯花赤六十不爲使者威力所怵，極争其不可云。

元之京倉，屬京畿漕運司者：曰相應倉，中統二年建；曰千斯倉，曰通濟倉，曰萬斯北倉，並中統二年建；曰永濟倉，曰豐實倉，曰廣貯倉，並至元四年建；曰永年倉，曰豐閏倉，並至元十六年建；曰萬斯南倉，曰既盈倉，曰既積倉，曰盈衍倉，並至元二十六年建；曰大積倉，至元二十八年建；曰廣衍倉，至元二十九年建；曰屢豐倉，皇慶二年建；曰大有倉，曰廣貯倉，曰廣濟倉，曰豐穰倉，並皇慶二年建。

通州諸倉：曰迺積倉，曰及秭倉，曰富衍倉，曰慶豐倉，曰延望倉，曰足食倉，曰廣儲倉，曰樂歲倉，曰盈止倉，曰富有倉，曰南狄倉，曰德仁倉，曰林舍倉。太宗五年，詔：沿河以南州府達魯花赤等官，各於瀕岸置立河倉，差官收納每歲税石，依限次運赴通州限立倉處，其差人取。辛卯、壬辰二年，原科每歲一石，添帶一石，並附餘者，撥燕京。命陳家奴田芝等用意催督。其通州北起倉，仰達魯花赤、管民官速修及撥守倉夫役。至元九年，中書工部奉省札：「通倉〔六〕、廣盈兩倉損壞，照常平倉省議隨路倉廒二年之内損壞者，勒監造官以己貲修補，若二年之外損壞者，官爲修理。」

河西務諸倉，屬都漕運使者：曰大盈倉，曰充溢倉，曰崇墉倉，曰廣盈北倉，曰廣盈南倉，曰永備北倉，曰永備南倉，曰豐備倉，曰恒足倉，曰既備倉，曰足用倉，曰大京倉，曰豐積倉，曰大稔倉。至元二十四年，修河西務倉。三十年，平章政事不忽木奏：「河西務、通州倉儲糧最多，俱在曠野東城紅門内，近新河有隙地，復遷紅門稍入五十餘步，廣其基址，數年間盡建倉屋，移貯河西務、通州糧甚便。」帝韙之，敕曰：「不必再慮，盡力爲之可也。」

上都諸倉：曰體源倉，曰廣濟倉，曰雲州倉。

宣德府倉：曰如京倉，曰御河倉。至元三年，省臣奏：「御河旁近，每歲露積糧多損。臣等議：今歲於沿倉築倉貯米。」從之。

納蘭不剌倉：至元二十六年，丞相桑哥、平章阿魯渾撒里等奏：「納蘭不剌建倉，寧夏府糧船順流而下，易於交卸。忙安倉糧雖是溯流，亦得其便。迤北孔居烈裏、火阿塞塔兒海裏、鎮海等處各軍屯及和林運糧俱近。」進呈倉圖，從之。

塔塔裏倉：至治元年，河東宣慰司委官朔州知州荅里牙赤言：「塔塔裏諸屯田相視擬議各項事理，計禀中書省，移樞密院，逐開於後：一，納憐平遠倉距黄河口十里，上年屯軍所收子粒，見貯本倉。如蒙大同路委官，與東勝、雲内二州正官，於年消錢僱夫買物修之，撥付萬户府貯糧，較之移坼忙安倉所費，省十之九，公私俱便。一，忙安倉去黄河頗遠，運糧不便，已别建新倉，移拆舊倉，並建新安州故城内屯田萬户府公廨。」

甘州倉：元貞二年建，延祐三年展修。

常平倉：始於至元六年。其法：豐年米賤，官增價糴之，至米貴之時，官減價糶之。八年，以和糴糧及諸路倉所撥糧貯常平倉。是年，户部奏定常平收糴糧斛，驗各月時估之十分爲率，添答二分，委各處正官提點，不得樁配百姓。十九年，復以官降斗斛，依添答之值，收糴，貧家缺食者即依例出糶焉。二十三年，定鐵法，又以鐵課糴充之。

凡真定路常平倉五：曰真定府倉，曰冀州倉，曰中山府倉，曰趙州倉，曰蠡州倉。洺磁路倉二：曰洺州倉，曰磁州倉。彰德路倉一，東平府倉一，博州路倉一，濟寧路倉三：曰在城倉，曰兖州倉。曰單州倉。曹州倉一，德州倉一，濮州倉一，順德路倉一。大名路倉五：曰大名路倉，曰開州倉，曰魏縣倉，曰滑州倉，曰濬州倉。河間路倉三：曰在城倉，曰長蘆倉，曰安陸倉。順天路倉七：曰在城倉，曰祁州倉，曰易州倉，曰雄州倉，曰安州高陽倉。濟南路倉二：曰在城倉，曰清縣倉。南陽府等處三倉。南陽府倉五：曰在城倉，曰汝州倉，曰裕州倉，曰鄧州倉，曰唐州倉。歸德府倉四：曰在城倉，曰徐州倉，曰亳州倉，曰邳州倉，曰宿州倉。南京路倉六：曰南京倉，曰鄭州倉，曰鈞州倉，曰許州倉，曰陳州倉，曰蔡州倉，曰睢州倉。太原路倉七：曰在城倉，曰崞州倉，曰汾州倉，曰嵐州倉，曰平定州倉，曰石州倉，曰堅州倉。平陽路倉五：曰在城倉，曰絳州倉，曰河中府倉，曰澤州倉，曰潞州倉，曰沁州倉，曰隰州倉，曰霍州倉。中都路倉五：曰中都倉，曰檀州倉，曰涿州倉，曰霸州倉，曰冠州倉在城倉。至元九年，敕添蓋常平倉，命各路總管府摘差正官及坐去造作人員催督。每間約儲糧千石。計料估值，於各路官錢下支買會計鐵數，就於附近爐冶鬬造，其夫役，令各路於本管旁近丁多之户借用，官爲日支鹽米。所蓋倉廒，須管完固，若近年損壞，罪及監造官，責令出資修葺。

義倉：始於至元七年，每社立一倉，社長主之。豐年驗各家口數，每口留粟一斗，小口半之。無粟者，存留雜色糧，官吏不得拘檢借貸。歉歲就給社户食之。皇慶二年，大司農司復請申明舊制，詔從之。

太宗九年，立燕京等十路惠民藥局，以奉御田闊闊、太醫齊楫等爲局官，給鈔五百兩爲規運之本。中統二年，詔成都路置惠民藥局。三年，敕太醫大使王猷、副使王爲仁管領諸路醫人惠民藥局，四年，復置局於上都，每中統鈔一百兩收息錢一兩五錢。二十五年，以失陷官本，悉罷之。大德三年，又准舊例於各路分置焉。凡局皆以各路正官提調，上路總醫二名，下路、府、州各一名，其所給鈔，亦驗民户多寡以爲等差。

各路鈔本之數：

腹裏，三千七百八十錠。

河南行省，二百七十錠。

湖廣行省，一千一百五十錠。

遼陽行省，二百四十錠。

四川行省，二百四十錠。

陝西行省，二百四十錠。

江西行省，三百錠。

江浙行省，二千六百一十五錠。

雲南，真肌一萬一千五百索。

甘肅行省，一百錠。

【校勘記】

〔一〕「六萬四百」，「六萬」下原衍「石」字，據《元史》卷一三本紀第十三《世祖十》删。

〔二〕「烏撒」，原作「烏撤」，據《元史》卷二一本紀第二十一《成宗四》改。《元史》卷五〇志第三上《五行一》亦誤作「烏撤」。

〔三〕「道州」，原作「道川」，據《元史》卷二一本紀第二十一《成宗四》改。

〔四〕「恩州」，《元史》卷二八本紀第二十八《英宗二》做「思州」。

〔五〕「水」，原作「冰」，據《元史》卷二八本紀第二十八《英宗二》改。

〔六〕「通倉」，《永樂大典》卷七五一一《倉》作「通州」。

新元史卷之八十一　志第四十八

禮志一

禮之别有五，雖三代以後，因時損益，然其綱要，莫之能易焉。蒙古之禮，多從國之舊俗，《春秋》所謂「狄道」者也。世祖中統四年，始建太廟。至元元年，有事於太廟。八年，命劉秉忠、許衡定元正，受朝儀。自是册立皇后、皇太子，羣臣上尊號，進皇太后册寶，皆如元正儀。蓋吉禮、賓禮、嘉禮，秩秩可觀矣。蒙古不行三年之喪，無所謂凶禮也。其人以田獵爲俗，無所謂蒐苗獮狩也。其戰勝攻取，無所謂治兵、振旅、獻俘、告廟也，故軍禮亦闕而不備焉。至於宗廟之祭享，世祖嘗命趙璧等集議矣。然始以家人禮祔皇伯朮赤、察合台，既而擯太宗、定宗、憲宗不預廟享之列，當時議禮諸臣未有言其失者。其諸所謂「離乎夷狄，未能合乎中國」者歟？今爲《禮志》，博考遺文與其國俗，後有君子以備參考云。

郊祀上

蒙古拜天之禮最重，國有大事則免冠解帶，跪禱於天。憲宗二年秋八月八日，始以冕服拜天於日月山。是年十二月，又用孔元措言，合祭昊天后土，始作神位，以太祖、睿宗配享。四年秋七月，祭天於日月山。七年秋，駐蹕於軍腦兒，灑馬乳祭天。

世祖中統二年夏四月乙亥，躬祀天於舊桓州之西北，灑馬湩以爲禮，皇族之外無得而與焉。自是，每歲幸上都，以八月二十五日祭祀，謂之灑馬嬭子。用馬一、羯羊八。綵段、練絹各九匹，纏白羊毛穗者九，貂鼠皮三，命蒙古覡及蒙古、漢人秀才達官四員領其事。再拜告天，又呼「成吉思汗」御名而祝之曰：「托天皇帝福蔭，年年祭賽者。」禮畢，掌祭官四員各以祭幣表裏一賜之，餘幣及祭物則凡與祭者共分之。

十二年十二月，以受尊號，遣使豫告天地〔一〕，下太常檢討唐、宋、金舊儀。於國陽麗正門東南七里建祭臺〔二〕，設昊天上帝、皇地祇位二，行一獻禮。其後國有大典禮，皆即南郊告謝焉。十三年五月，以平宋，遣使告天地，中書下太常議定儀物以聞，詔以國禮行事。

三十一年，成宗即位。夏四月壬寅，始爲壇於都城南七里。翰林國史院檢閱官袁桷進十議，禮官推其博，多采用之。語詳桷傳，不具録。

大德六年春三月庚戌，合祭昊天上帝、皇地祇、五方帝於南郊。遣左丞相哈剌哈孫攝事，爲攝祀天地之始。

大德九年二月二十四日，右丞相哈剌哈孫等言：「去年地震星變，雨澤愆期，歲比不登。祈天保民之事，有天子親祀者三：曰天，曰祖宗，曰社稷。今宗廟、社稷，歲時攝官行事。祭天，國之大事也，陛下雖未及親祀，宜如宗廟、社稷，遣官攝祭。歲用冬至，儀物有司豫備，日期至則以聞。」詔曰：「卿言是也，其豫備儀物以待事。」

於是翰林、集賢、太常禮官皆會中書集議。博士疏曰：「冬至圜丘，惟祀昊天上帝，至西漢元始間，始合祭天地。歷東漢至宋，千有餘年，分祭、合祭，迄無定論。」集議曰：「《周禮》：冬至圜丘禮天，夏至方丘禮地。時既不同，禮樂亦異。王莽之制，何可法也？今當循唐、虞、三代之典，惟祀昊天上帝。其方丘祭地之禮，續議以聞。」

按《周禮》，壇壝三成，近代增外四成，以廣天文從祀之位。集議曰：「依《周禮》三成之制，然《周禮疏》云每成一尺，不見縱廣之度，恐壇上陿隘，器物難容。擬四成制內減去一成，以合陽奇之數。每成高八尺一寸，以合乾之九九。上成縱廣五丈，中成十丈，下成十五丈。四陛，陛十有二級。外設二壝，內壝去壇二十五步，外壝去內壝五十四步，壝各四門。壇設於丙巳之地，以就陽位。」

按古者親祀，冕無旒，服大裘而加衮。臣下從祀，冠服歷代所尚，其制不同。集議曰：「依宗廟見用冠服制度。」

按《周禮·大司樂》云：「凡樂，圜鐘爲宮，黄鐘爲角，太簇爲徵，姑洗爲羽，雷鼓雷鼗，孤竹之管，雲和之琴瑟，雲門之舞，冬至日於地上之圜丘奏之。若樂六變，則天神皆降，可得而禮矣。」集議曰：「樂者，所以動天地，感鬼神。必訪求深知音律之人，審五聲八音，以司肄樂。」

夏四月壬辰，中書復集議。博士言：「舊制：神位版用木。」中書議改用蒼玉金字，白玉爲座。博士曰：「郊祀尚質，合依舊制。」遂用木主。長二尺五寸，闊一尺二寸，上圓下方，丹漆金字，木用松柏，貯以紅漆匣，黄羅帕覆之。造畢，有司議所以藏。議者復謂：「神主廟則有之，今祀於壇，對越在上，非若他神無所見也。」所製神主遂不用。

七月九日，博士又言：「古者祀天，器用陶匏，席用藁秸。自漢甘泉、雍畤之祀，以迄後漢、晉、魏、南北二朝、隋、唐，其壇壝、玉帛、禮器、儀仗，日益繁縟，浸失古者尚質之意。宋、金多循唐制，其壇壝禮器，考之於經，固未能全合。其儀法具在，當時名儒輩出，亦未嘗不援經而定也，酌古今以行禮，亦宜焉。今檢討唐、宋、金親祀、攝行儀注，并雅樂節次，合從集議。」太常議曰：「郊祀之事，聖朝自平定金、宋以來，未暇舉行。今欲修嚴，不能一舉而大備。然始議之際，亦須酌古今之儀，垂則後來。請從中書會翰林、集賢、禮官及明禮之士，講明去取以聞。」中書集議曰：「合行禮儀，非草創所能備。唐、宋皆有攝行之禮，除從祀受胙外，一切儀注悉依唐制修之。」

八月十二日，太常寺言：「尊祖備天，其禮儀樂章別有常典。若俟至日議之，恐匆遽有誤。」於是中書省臣奏曰：「自古漢人有天下，其祖宗皆配天享祭。臣等與平章何榮祖議，宗廟已依時祭享，今郊祀專祀昊天爲宜。」詔依所議行之。是歲南郊，配位遂省。

十一年，武宗即位。秋七月甲子，命御史大夫鐵古迭兒即南郊告謝天地，主用柏，素質元書，爲即位告謝之始。

至大二年冬十一月乙酉，尚書省臣及太常禮官言：「郊祀者，國之大禮。今南郊之禮已行而未備，北郊之禮尚未舉行。今年冬至南郊，請以太祖聖武皇帝配享。明年夏至北郊，以世祖皇帝配。」帝皆是之。十二月甲辰朔，丞相三寶奴、司徒田忠良、參政郝彬等奏曰：「南郊祭天於圜丘，大禮已舉。其北郊祭皇地祇於方澤，并神州地祇、五嶽四瀆、山林川澤及朝日夕月，此有國家所當崇禮者也。當聖明御極而弗舉行，恐遂廢弛。」詔曰：「卿議甚是，其即行焉。」

至大三年春正月，中書禮部移太常禮儀院，下博士擬定北郊從祀、朝日夕月禮儀。博士李之紹、蔣汝礪疏曰：「按方丘之禮，夏以五月，商以六月，周以夏至，其丘在國之北。禮神之玉以黄琮，牲用黄犢，幣用黄繒，配以后稷。其方壇之制，漢去都城四里，爲壇四陛。唐去宫城北十四里，爲方壇八角三，或每成高四尺，上闊十六步，設陛。上等陛廣八尺，中等陛一丈，下等陛廣一丈二尺。宋至徽宗始定爲再成。歷代制雖不同，然無出於三成之式。今擬取坤數用六之義，去都城北六里，於壬地選擇善地，於中爲方壇，三成四陛，外爲三壝。仍依古制，自外壝之外，治四面稍令低下，以應澤中之制。宫室、牆圍、器皿色，並用黄。其再成八角八陛，非古制，難用。其神州地祇以下從祀，自漢以來，歷代制度不一，至唐始因隋制，以嶽鎮海瀆、山林川澤、丘陵墳衍原隰，各從其方從祀。今盍參酌舉行？」

秋九月，太常禮儀院復下博士，檢討合用器物。冬十月丙午，三寶奴、田忠良等復言：「曩奉旨舉行南郊配位從祀，北郊方丘朝日夕月典禮。臣等議：欲祀北郊，必先南郊。今歲冬至禮圜丘，尊太祖皇帝配享；來歲夏至祀方丘，尊世祖皇帝配享。春秋朝日夕月，實合祀典。」詔曰：「所用儀物，其令有司速備之。」又言：「太廟故用瓦尊，乞代以銀。」從之。十一月丙申，有事於南郊，以太祖配，五方帝日月星辰從祀。時帝將親祀南郊，不豫，仍遣大臣代祀。

仁宗延祐元年夏四月丁亥，太常寺臣請立北郊。帝謙遜未遑，北郊之議遂輟。

英宗至治二年九月，詔議南郊祀事。中書平章買閭、御史中丞曹立、禮部尚書張埜，學士蔡文淵、袁桷、鄧文原，太常禮儀院使王緯、田天澤，博士劉致等會都堂議：

一曰年分。按前代多三年一祀，天子即位已及三年。當有旨。「欽依。」

二曰神位。《周禮·大宗伯》：「以禋祀祀昊天上帝。」註謂：「昊天上帝，冬至圜丘所祀天皇大帝也。」又曰：「蒼璧禮天。」注云：「此禮天以冬至，謂天皇大帝也。在北極，謂之北辰。」又云：「北辰，天皇耀魄寶也，又名昊天上帝，又名太一帝君，以其尊大，故有數名。」今按《晉書·天文志》：「中宮鉤陳口中一星曰天皇大帝，其神耀魄寶。」《周禮》所祀天神，正言昊天上帝。鄭氏以星經推之，乃謂即天皇大帝。然漢、魏以來，名號亦復不一。漢初曰上帝、曰太乙、曰皇天上帝，魏曰皇皇帝天，梁曰天皇大帝。惟西晉曰昊天上帝，與《周禮》合。唐、宋以來，壇上既設昊天上帝，第一等復有天皇大帝，其五天帝與太一、天一等，皆不經見。本朝大德九年，中書圓議：止依《周禮》祀昊天上帝。至大三年圓議：五帝從享，依前代通祭。

三曰配位。《孝經》曰：「孝莫大於嚴父，嚴父莫大於配天。」又曰：「郊祀后稷以配天。」此郊之所以有配也。漢、唐以下，莫不皆然。至大三年冬十月三日，奉旨十一月冬至合祭南郊，太祖皇帝配，圓議：取旨。

四曰告配。《禮器》曰：「魯人將有事於上帝，必先有事於頖宫。」註：「告后稷也。告之者，將以配天也。」告用牛一。《宋會要》於致齋二日，宿廟告配，凡遣官犧尊籩豆，行一獻禮。至大三年十一月二十一日質明行事，初獻，攝太尉同太常禮儀院官赴太廟奏告。圜議：取旨。

五曰大裘冕。《周禮》：司裘「掌爲大裘，以共王祀天之服」，鄭司農云：「黑羊裘，服以祀天，示質也」。弁師「掌王之五冕」注：「冕服有六，而言五者，大裘之冕蓋無旒，不聯數也」。《禮記·郊特牲》曰：「郊之祭也，迎長日之至也。祭之日，王被衮以象天，戴冕十有二旒，則天數也。」陸佃曰：「禮，不盛服不充，蓋服大裘以衮襲之也。謂冬祀服大裘，被之以衮。」開元及開寶《通禮》，鑾駕出宫，服衮冕至大次，質明改服大裘冕而出次。《宋會要》：「紹興十三年，車駕自廟赴青城，服通天冠、絳紗袍，祀日服大裘衮冕。」圜議：用衮冕，取旨。

六曰匏爵。《郊特牲》曰：「郊之祭也，器用陶匏，以象天地之性也。」注謂：「陶，瓦器。匏，用酌獻酒。」《開元禮》、《開寶禮》皆有匏爵。大德九年，正配位用匏爵，有坫。圜議：正位用匏，配位飲福用玉爵，取旨。

七曰戒誓。唐《通典》引《禮經》，祭前期十日，親戒百官及族人，太宰總戒羣官。

唐前祀七日，《宋會要》十日。《纂要》〔三〕：太尉南向，司徒、亞終獻、一品、二品從祀北向，行事官以次北向，禮直官以誓文授之太尉讀。今天子親行大禮，止令禮直局管勾讀誓文。圓議：令管勾代太尉讀誓，刑部尚書涖之。

八曰散齋、致齋。《禮經》前期十日，唐、宋、金皆七日，散齋四日，致齋三日。國朝親祀太廟七日，散齋四日於別殿，致齋三日於大明殿。圓議依前七日。

九曰藉神席。《郊特牲》曰：「莞簟之安，而蒲越藁鞂之尚。」注：「蒲越藁鞂，藉神席也。」《漢舊儀》高帝配天紺席，祭天用六綵綺席六重。成帝即位，丞相衡、御史大夫譚以爲天地尚質，宜皆勿修，詔從焉。唐麟德二年，詔曰：「自處以厚，奉天以薄，改用裀褥。上帝以蒼，其餘各視其方色。」宋以褥加席上，禮官以爲非禮。元豐元年，奉旨不設。國朝大德九年，正位藁鞂，配位蒲越，冒以青繒。至大三年，加青綾褥，青錦方座。圓議：合依至大三年於席上設褥，各依方位。

十曰犧牲。《郊特牲》曰：「郊特牲而社稷太牢。」又曰：「天地之牛角，繭栗。」秦用騮駒。漢文帝五帝共一牲。武帝三年一祀，用太牢。光武采元始故事，天地共犢。隋上帝、配帝，蒼犢二。唐開元用牛。宋正位用蒼犢一，配位太牢一。國朝大德九年，蒼犢二，羊、豕各九。至大三年，馬純色肥腯一，牲正副一，鹿一十八，野豬一十八，羊一十八。圓議：依舊儀。神位配位用犢外，仍用馬，其餘並依舊日已行典禮。

十一曰香鼎。大祭有三，始煙爲歆神，始宗廟則焫蕭祼鬯〔四〕，所謂「臭陽達於牆屋」者也。後世焚香，蓋本乎此，非《禮經》之正。至大三年，用陶瓦香鼎五十，神座香鼎、香盒案各一。圓議：依舊儀。

十二曰割牲。《周禮·司士》：「凡祭祀，帥其屬而割牲，羞俎豆。」又《諸子》：「大祭祀正六牲之體。」《禮運》云：「腥其俎，熟其殽」，「體其犬豕牛羊」。注云：「腥其俎，謂豚解而腥之，爲七體也。熟其殽，謂體解而爓之，爲二十一體也。體其犬豕牛羊，謂分別骨肉之貴賤，以爲衆俎也。」七體，謂脊、兩肩、兩拍、兩髀。二十一體，謂肩、臂、臑、膊、胳、正脊、脡脊、横脊、正脅、短脅、代脅並腸三、胃三、拒肺一、祭肺三也。宋元豐三年，詳定禮文所言，古者祭祀用牲，有豚解，有體解。豚解則爲七，以薦腥；體解則爲二十一，以薦熟。蓋犬豕牛羊，分別骨肉貴賤，其解之爲體，則均也。皇朝馬牛羊豕鹿，並依至大三年割牲用國禮。圓議：依舊儀。

十三曰大次、小次。《周禮·掌次》：「王旅上帝，張氈按皇邸。」唐《通典》：「前祀三日，尚舍直長施大次於外壝東門之内道北，南向。」《宋會要》：「前祀三日，儀鸞司帥其屬，設大次於外壝東門之内道北，南向；小次於午階之東，西向。」《曲禮》曰：「踐阼，臨祭祀。」正義曰：「阼，主階也。天子祭祀履主階行事，故云踐阼。」宋元豐詳定禮文所言，《周禮》宗廟無設小次之文。古者人君臨位於阼階。蓋阼階者，東階也，惟人主得位主階行事。今國朝太廟儀注，大次、小次皆在西，蓋國家尚右，以西爲尊也。圓議：依祀廟儀注。

續具末議：

一曰禮神玉。《周禮·大宗伯》：「以禋祀祀昊天上帝。」注：「禋之言煙也。周人尚臭，煙氣之臭聞者，積柴實牲體焉，或有玉帛。」正義曰：「或有玉帛，或不用玉帛，皆不定之辭也。」崔氏云：「天子自奉玉帛牲體於柴上。」引《詩》「圭璧既卒」，是燔牲玉也。蓋卒者，終也，謂禮神既終，當藏之也。正經即無燔玉明證。漢武帝祠太乙，胙餘皆燔之，無玉。晉燔牲幣，無玉。唐、宋乃有之。顯慶中，許敬宗等修舊禮，乃云郊天之有四圭，猶宗廟之有圭瓚也，並事畢收藏，不在燔列。宋政和禮制局言〔五〕：古祭祀無不用玉。《周官》：「典瑞掌玉器之藏。」蓋事已則藏焉，有事則出而復用，未嘗有燔瘞之文。今後大祀，禮神之玉時出而用，無得燔瘞。從之。蓋燔者取其煙氣之臭聞，玉既無煙，又且無氣，祭之日但當奠於神座，既卒事則收藏之。

二曰飲福。《特牲饋食禮》曰：尸九飯，「親嘏主人」。《少牢饋食禮》：尸十一飯，「尸嘏主人」。嘏，長也，大也。行禮至此，神明已饗，盛禮俱成，故膺受長大之福於祭之末也。自漢以來，人君一獻纔畢而受嘏。唐《開元禮》，太尉未升堂，而皇帝飲福。宋元豐三年，改從亞終獻，既行禮，皇帝飲福受胙。國朝至治元年，親祀廟儀注亦用一獻畢飲福。

三曰升煙。禋之言煙也，升煙所以報陽也。祀天之有禋柴，猶祭地之瘞血，宗廟之祼鬯〔六〕。歷代以來，或先燔而後祭，或先祭而後燔，皆爲未允。祭之日，樂六變而燔牲首，牲首亦陽也。祭終，以爵酒饌物及牲體，燎於壇。天子望燎，柴用柏。

四曰儀注〔七〕。《禮經》出於秦火之後，殘闕脱漏，所存無幾。至漢，諸儒各執所見。後人所宗，惟鄭康成、王子雝，而二家自相矛盾。唐《開元禮》、杜佑《通典》，五禮略完。至宋《開寶禮》並《會要》，與郊廟奉祠禮文，中間講明始備。金國大率依唐、宋制度。聖朝四海一家，禮樂之興，政在今日。况天子親行大禮，所用儀注，必合講求。大德九年，中書集議，合行禮儀依唐制。至治元年已有祀廟儀注，宜收大德九年、至大三年并今次新儀，與唐制參酌增損修之。侍儀司編排鹵簿，太史院具報星位。分獻官員數及行禮并諸執事官，合依至大三年儀制亞終獻官。取旨。

是歲，太皇太后崩，權止冬至南郊祀事。

泰定四年春正月，御史臺臣言：「自世祖迄英宗，咸未親郊，惟武宗、英宗親享太廟。陛下宜躬祀郊廟。」詔曰：「朕當遵世祖舊典，其命大臣攝行祀事。」閏九月甲戌，郊祀天地，致祭五嶽四瀆、名山大川。

至順元年，文宗將親郊。十月辛亥，太常博士言：「親祀儀注已具，事有未盡者，按前代典禮。親郊七日，百官習儀於郊壇。今既與受戒誓相妨，合於致齋前一日，告示與祭執事者，各具公服赴南郊習儀。親祀太廟雖有妨禁，然郊外尤宜嚴戒，往來貴乎清肅。凡與祭執事齋郎樂工，舊不設盥洗之位，殊非涓潔之道。今合於饌殿齊班廳前及齋宿之所，隨宜設置盥洗數處，俱用鍋釜溫水，置盆杓巾帨，令人掌管。省諭必盥洗然後行事，違者治之。祭日，太常院分官提調神厨，監視割烹。上下鐙燭炽燎，已前雖有剪燭提調炽盆等官，率皆虛應故事，或減刻物料，燭燎不明。又嘗見奉禮贊賜胙之後，獻官方退，所司便服徹俎，壇上鐙燭一時俱滅，因而雜人登壇攘奪不能禁，甚爲褻慢。今宜禁約，省牲之前，凡入壝門之人，皆服窄紫，有官者公服。禁治四壝紅門，宜令所司添造關木鎖鑰，祭畢即令關閉，毋使雜人得入。其藁秸爵，事畢合依大德九年例焚之。」詔曰：「卿言甚善，其移文中書禁之。」壬子，御史臺臣言：「祭日宜勑股肱近臣及諸執事人毋飲酒。」詔曰：「卿言甚善，其移文中書禁之。」丙辰，監察御史楊彬等言：「禮，享帝必以始祖爲配。今未聞設配位，竊恐禮文有闕。又，先祀一日，皇帝必備法駕出宿郊次。其扈從近侍之臣未嘗經歷，宜申加戒敕，以達乎誠。」命與中書議行。十月辛酉，始服大裘衮冕，親祀昊天上帝於南郊，以太祖配。自世祖混一六合，至文宗凡七世，而南郊親祀之禮始克舉焉。

至正三年十月十七日，親祀昊天上帝於圜丘，以太祖皇帝配享，如舊禮。右丞相脱脱爲亞獻官，太尉、樞密知院阿魯秃爲終獻官，御史大夫伯撒里爲攝司徒，樞密知院汪家奴爲大禮使，中書平章也先帖木兒、鐵木兒達識二人爲侍中，御史大夫也先帖木兒、中書右丞太平二人爲門下侍郎，宣徽使達世帖睦爾、太常同治李好文二人爲禮儀使，宣徽院使也先帖木兒執劈正斧。其餘侍祀官依等第定擬。

前期八月初七日，太常禮儀院移關禮部，具呈都省，會集翰林、集賢、禮部等官，講究典禮。九月，内承奉部班都知孫玉鉉，具録親祀南郊儀注云：致齋日，停奏刑殺文字，應侍享執事官員涖誓於中書省。享前一日，質明，備法駕儀仗暨侍享官，分左右叙立於崇天門外，太僕卿控御馬立於大明門外，侍儀官、導駕官各具公服，備擎執，立於致齋殿前。通事舍人二員引門下侍郎、侍中入殿相向立。侍中跪奏請皇帝中嚴，就拜，興，退出。少頃，引侍中跪奏外辦，就拜，興，皇帝出致齋殿。侍中跪奏請皇帝升輿，侍儀官、導駕官引擎執前導，巡輦路至大明殿西陛下。侍中跪奏請皇帝降輿，升殿，就拜，興，皇帝入殿，即御座。

舍人引執事等官，叙於殿前陛下，相向立。通班舍人贊起居，引贊鞠躬平身。舍人引門下侍郎、侍中入殿至御座前，門下侍郎、侍中相向立。侍中跪奏請皇帝降殿升輿，就拜，興。侍儀官前導，至大明殿門外，侍中跪奏請皇帝升輿，就拜，興。至大明門外，侍中跪奏請皇帝降輿乘馬，門下侍郎跪奏請車駕進發，就拜，興，動稱警蹕。至崇天門外，門下侍郎跪奏請車駕少駐，勑衆官上馬，就拜，興。侍中承旨退，稱曰：「制可。」門下侍郎退，傳制，勑衆官上馬。贊者承傳，勑衆官於欞星門外上馬。少頃，門下侍郎跪奏請車駕進發，就拜，興，動稱警蹕。華蓋繖扇儀仗百官左右前導，教坊樂鼓吹不作。至郊壇南欞星門外，門下侍郎跪奏請皇帝權停，勑衆官下馬。侍中傳制，敕衆官下馬，自卑而尊與儀仗倒捲而左右駐立。駕至内欞星門，侍中跪奏請皇帝降馬，步入欞星門，由右偏門入。稍西，侍中跪奏請皇帝升輿，就拜，興。侍儀官曁導駕官引擎執前導，至大次殿門前，侍中跪奏請皇帝降輿，入就大次殿，就拜，興。皇帝入就大次，簾降，宿衛如式。侍中入，跪奏。勑衆官各退齋次，就拜，興。通事舍人承旨，勑衆官各還齋次。尚食進膳訖，禮儀使以祝册奏御署訖，奉出，郊祀令受而奠於坫。

其享日丑時二刻，侍儀官備擎執，同導駕官列於大次殿前。通事舍人引侍中、門下侍郎入大次殿。侍中跪奏請皇帝中嚴，服衮冕，就拜，興，退。少頃，舍人再拜，引侍中跪版奏外辦，就拜，興，退出。禮儀使入，跪奏請皇帝行禮，就拜，興。簾捲出大次，侍儀官備擎執，導駕官前導，皇帝至西壝門，侍儀官、導駕官擎執止於壝門外，近侍官、代禮官皆後從入。殿中監跪進大圭，禮儀使跪請皇帝執大圭，皇帝入行禮，禮節一如舊制。行禮畢，侍儀官備擎執，同導駕官前導，皇帝還至大次。通事舍人引侍中入，跪奏請皇帝解嚴，釋衮冕。停五刻頃，尚食進膳如儀。所司備法駕儀仗，同侍享等官分左右，叙立於郊南欞星門外，以北爲上。舍人引侍中入，跪奏請皇帝中嚴，就拜，興，退。少頃，再引侍中跪版奏外辦，就拜，興。皇帝出大次，侍中跪奏請皇帝升輿。侍儀官備擎執，同導駕官前導，至欞星門外，太僕卿進御馬。侍中跪奏請皇帝降輿乘馬，就拜，興。門下侍郎跪奏請車駕進發，就拜，興，動稱警蹕。至欞星門外，門下侍郎跪請皇帝少駐，勑衆官上馬，就拜，興，侍中承旨退，稱曰：「制可。」門下侍郎傳制，勑衆官上馬，贊者承傳〔八〕，勑衆官上馬。少頃，門下侍郎跪奏請車駕進發，就拜，興。侍儀官備擎執，同導駕官前導，動稱警蹕。華蓋儀仗繖扇衆官左右前導，教坊樂鼓吹皆作。至麗正門裏石橋北，舍人引門下侍郎下馬，跪奏請皇帝權停，勑衆官下馬，贊者承傳。勑衆官下馬，舍人引衆官分左右，先入紅門内，倒捲而北駐立，引甲馬軍士於麗正門内石橋大北駐立，依次倒捲至欞星門外，左右相向立。仗立於欞星門内，倒捲亦如之。門下侍郎跪奏請車駕進發。侍儀官備擎執，導駕官導由崇天門入，至大明門外，引侍中跪奏請皇帝降馬升輿，就拜，興。至大明殿，引衆官相向立於殿陛下。俟皇帝入殿升座，侍中跪奏請皇帝解嚴，勑衆官皆退，通事舍人承旨勑衆官皆退，郊祀禮成。

十五年冬十月甲子，帝謂右丞相定住等曰：「敬天地，尊祖宗，重事也。近年以來，闕於舉行。當選吉日，朕將親祀郊廟。務盡誠敬，不必繁文。卿等其議典禮，從其簡者行之。」遂命右丞斡欒、左丞呂思誠領其事。癸酉，哈麻奏言：「郊祀之禮，以太祖配。皇帝出宮，至郊祀所，便服乘馬，不設內外儀仗、教坊隊子。齋戒七日，內散齋四日于別殿，致齋三日，二日於大明殿西幄殿，一日在南郊所。」丙子，以郊禮，命皇太子愛猷識理達臘祭告太廟。十一月壬辰，親祀上帝於南郊，以皇太子爲亞獻，攝太尉、右丞相定住爲終獻。帝怠於政事，郊祀之禮亦從簡殺，至以便服出宮，失禮甚矣。自至元十二年冬十二月，用香酒脯臡行一獻禮。而至治元年冬之祭告，泰定元年之正月，咸用之。自大德九年冬至，用純色馬一、蒼犢一、羊鹿野豕各九。十一年秋七月，用馬一、蒼犢正副各一、羊鹿野豕各九。而至大中告謝五，皇慶至延祐告謝七，與至治三年各告謝二，泰定元年之二月，咸如大德十一年之數。泰定四年閏九月，特加皇地祇黃犢一，將祀之夕勑送新獵鹿二。惟至大三年冬至，正配位蒼犢皆一，五方帝犢各一，皆如其方之色，大明青犢、夜明白犢皆一，馬一，羊鹿野豕各十有八，兔十有二，而四年四月如之。其犧牲品物香酒，皆參用國禮，而豐約不同。

南郊之禮，其始爲告祭，繼而爲大祀，皆攝事也，故攝祀之儀特詳。

【校勘記】

〔一〕「遣使」，原作「遣使」，據《元史》卷七二志第二十三《祭祀一》改。

〔二〕「麗正門」，「麗」原作「歷」，據《元史》卷七二志第二十三《祭祀一》改。

〔三〕「纂要」，原作「篡要」，據《元史》卷七二志第二十三《祭祀一》改。

〔四〕「祼鬯」，原作「祼鬯」，據《元史》卷七二志第二十三《祭祀一》改。

〔五〕「禮制局」，原作「祠制局」，按《元史》卷七二志第二十三《祭祀一》作「禮制局」，《宋史》均作「禮制局」，今據改。

〔六〕「祼鬯」，原作「祼鬯」，據《元史》卷七二志第二十三《祭祀一》改。

〔七〕「曰」，原作「目」，據《元史》卷七二志第二十三《祭祀一》改。

〔八〕「承傳」，原作「承傳」，據《元史》卷七二志第二十三《祭祀一》改。

新元史卷之八十二　志第四十九

禮志二

郊祀中

壇壝：地在麗正門外丙位，凡三百八畝有奇。壇三成，每成高八尺一寸，上成縱横五丈，中成十丈，下成十五丈。四陛，午貫地，子午卯酉四位，陛十有二級。外設二壝，内壝去壇二十五步，外壝去内壝五十四步。壝各四門，外垣南欞星門三，東西欞星門各一。圜壇周圍上下俱護以甓，内外壝各高五尺。壝四面各有門三，俱塗以赤。至大三年冬至，以三成不足以容從祀版位，以青繩代一成。繩二百，各長二十五尺，以足四成之制。

燎壇在外壝内丙巳之位，高一丈二尺，四方各一丈，周圜亦護以甓，東西南三出陛，開上南出户，上方六尺，深可容柴。香殿三間，在外壝南門之外，少西，南向。饌幕殿五間，在外壝南門之外，少東，南向。省饌殿一間，在外壝東門之外，少北，南向。

外壝之東南爲別院。內神廚五間，南向。祠祭局三間，北向。酒庫三間，西向。獻官齋房二十間，在神廚南垣之外，西向。外壝南門之外，爲中神門五間，諸執事齋房六十間以翼之，皆北向。兩翼端皆有垣，以抵東西周垣，各爲門，以便出入。齊班廳五間，在獻官齋房之前，西向。儀鸞局三間，法物庫三間，都監庫五間，在外垣內之西北隅，皆西向。雅樂庫十間，在外垣西門之內，少南，東向。演樂堂七間，在外垣內之西南隅，東向。獻官廚三間，在外垣內之東南隅，西向。滌養犧牲所，在外垣南門之外，少東，西向。內犧牲房三間，南向。

神位：昊天上帝位天壇之中，少北；皇帝祇位次東，少却，皆南向。神席皆緣以繒，綾褥，素座。昊天上帝色皆用青，皇地祇色皆用黃，藉皆以藁秸。配位居東，西向。神席、綾褥、錦方座，色皆用青，藉以蒲越。

其從祀圜壇，第一等九位。青帝位寅，赤帝位巳，黃帝位未，白帝位申，黑帝位亥。主用柏，素質元書。大明位卯，夜明位西，北極位丑，天皇大帝位戌，用神位版，丹質黃書。神席、綾褥、座各隨其方色，籍皆以藁秸。

第二等內官位五十有四。鈎星、天柱、元枵、天廚、柱史位于子，其數五。女史、星紀、御女位于丑，其數三。自子至丑，神位皆西上。帝座、歲星、大理、河漢、析木、尚書位于寅，帝座居前行，其數六，南上。陰德、大火、天槍、元戈、天床位于卯，其數五，北上。太陽守、相星、壽星、輔星、三師位於辰，其數五，南上。天一、太一、内廚、熒惑、鶉尾、勢星，天理位于巳，天一、太一居前行，其數七，西上。北斗、天牢、三公、鶉火、文昌、内階位于午，北斗居前行，其數六。填星、鶉首、四輔位于未，其數三。自午至未，皆東上。太白、實沈位于申，其數二，北上。八穀、大梁、杠星、華蓋位於酉，其數四。五帝内座、降婁、六甲、傳舍位于戌，五帝内座居前行，其數四。自西至戌，皆南上。紫微垣、辰星、陬訾、鉤陳位於亥，其數四，東上。神席皆藉以莞席，内壝外諸神位皆同。

第三等中官百五十八位。虚宿、牛宿、織女、人星、司命、司非、司危、司禄、天津、離珠、羅堰、天桴、奚仲、左旗、河鼓、右旗位于子，虚宿、女宿、牛宿、織女居前行，其數十有七。月星、建星、斗宿、箕宿、天雞、輦道、漸臺、敗瓜、扶筐、匏瓜、天弁、天棓、帛度、屠肆、宗心、宗人、宗正位于丑，月星、建星、斗宿、箕宿居前行，其數十有七。自子至丑，皆西上。日星、心宿、天紀、尾宿罰星、東咸、列肆、天市垣、斛星、斗星、車肆、天江、宦星、市樓、候星、女床、天籥位于寅，日星、心宿、天紀、尾宿、居前行，其數十有七，南上。房宿、七公、氐宿、帝席、大角、亢宿、貫索、鍵閉、鉤鈐、西咸、天乳、招摇、梗河、亢池、周鼎位于卯，房宿、七公、氐宿、帝席、大角、亢宿居前行，其數十有五，北上。太子星、太微垣、軫宿、角宿、攝提、常陳、幸臣、謁者、三公、九卿、五内諸侯、郎位、郎將、進賢、平道、天田位于辰，太子星、太微垣、軫宿、角宿、攝提居前行，其數十有六，南上。張宿、翼宿、明堂、四帝座、黄帝座、長垣、少微、靈臺、虎賁、從官、内屏位于巳，張宿、翼宿、明堂居前行，其數十有一，西上。軒轅、七星、三台、柳宿、内平、太尊、積薪、積水、北河位于午，軒轅、七星、三台、柳宿居前行，其數九。鬼宿、井宿、參宿、天尊、五諸侯、鉞星、座旗、司怪、天關位于未，鬼宿、井宿、參宿居前行，其數九。自午至未，皆東上。畢宿、五車、諸王、觜宿、天船、天街、礪石、天高、三柱、天潢、咸池位于申，畢宿、五車、諸王、觜宿居前行，其數十有一，北上。月宿、昴宿、胃宿、積水、天讒、卷舌、天河、積尸、太陵、左更、天大將軍、軍南門位于酉，月宿、昴宿、胃宿居前行，其數十有二。婁宿、奎宿〔一〕、壁宿、右更、附路、閣道、王良、策星、天厩、土公、雲雨、霹靂位于戌，婁宿、壁宿居前行，其數十有二。自酉至戌，皆南上。危宿、室宿、車府、墳墓、虚梁、蓋屋、臼星、杵星、土公吏、造父、離宫、雷電、騰蛇位于亥，危宿、室宿居前行，其數十有三，東上。

内壝内外官一百六位。天壘城、離瑜、代星、齊星、周星、晉星、韓星、秦星、魏星、燕星、楚星、鄭星位于子，其數十有二。越星、趙星、九坎、天田、狗國、天淵、狗星、鼈星、農丈人、杵星、糠星位于丑，其數十有一。自子至丑，皆西上。車騎將軍、天輻、從官、積卒、神宮、傅說、龜星、魚星位于寅，其數八，南上。陣車、車騎、騎官、頡頏、折威、陽門、五柱、天門、衡星、庫樓位于卯，其數十，北上。土司空、長沙、青丘、南門、平星位于辰，其數五，南上。酒旗、天廟、東甌、器府、軍門、左右轄位于巳，其數六，西上。天相、天稷、爟星、天記、外廚、天狗、南河位于午，其數七。天社、矢星、水位、闕丘、狼星、弧星、老人星、四瀆、野雞、軍市、水府、孫星、子星位于未，其數十有三。自午至未，皆東上。天節、九州殊口、附耳、參旗、九斿、玉井、軍井、屏星、伐星、天廁、天矢、丈人位于申，其數十有二，北上。天園、天陰、天廩、天苑、天囷、芻藁、天庾、天倉、鐵鑕、天溷位于酉，其數十。外屏、大司空、八魁、羽林位于戌，其數四。自西至戌，皆南上。哭星、泣星、天錢、天綱、北落師門、敗臼、斧鉞、壘壁陣位于亥，其數八，東上。

內壝外衆星三百六十位，每辰神位三十自第一等以下，神位版皆丹質黃書。內官、中官、外官則各題其星名。內壝外三百六十位，惟題曰衆星位。凡從祀位皆內向，十二次微左旋，子居子陛東，午居午陛西，卯居卯陛南，酉居酉陛北。

器物之等，其目有八：

一曰圭幣。昊天上帝：蒼璧一，有繅藉，青幣一，燎玉[二]一。皇地祇：黃琮一，有繅藉，黃幣一。配帝青幣一，黃帝黃琮一，青帝青圭一，赤帝赤璋一，白帝白琥一，黑帝元璜一，幣皆如其方色。大明青圭有邸，夜明白圭有邸，天皇大帝青圭有邸，北極元圭有邸，幣皆如其玉色。內官以下皆青幣。

二曰尊罍。上帝：太尊、著尊、犧尊、山罍各一，在壇東南隅，皆北向，西上。設而不酌者，象尊、壺尊各二，山罍四，在壇下午陛之東，皆北向，西上。皇地祇亦如之，在上帝酒尊之東，皆北向，西上。配帝著尊、犧尊、象尊各二，在地祇酒尊之東，皆北向，西上。設而不酌者，犧尊、壺尊各二，山罍四，在壇下酉陛之北，東向，北上。五帝、日月、北極、天昊，皆太尊一、著尊二。內官十二次，各象尊二。中官十二次，各壺尊二。外官十二次，各槩尊二。衆星十二次，各散尊二。凡尊各設於神座之左而右向，皆有坫，有勺，加冪，冪之繪以雲，惟設而不酌者無勺。

三曰籩豆登俎。昊天上帝、皇地祇及配帝，籩豆皆十二，登三，簠二、簋二，俎八，皆有七筯，玉幣篚二，匏爵一，有坫，沙池一，青甆牲盤一。從祀九位，籩豆皆八，簋一，簠一，登一，俎一，匏爵一，有坫，沙池一，玉幣篚一。內官位五十四，籩豆皆二，簠一，簋一，登一，俎一，匏爵有坫，有沙池、幣篚，十二次各一。中官百五十八，皆籩一，豆一，簠一，簋一，俎一，匏爵，有坫、沙池、幣篚，十二次各一。外官位一百六，皆籩一，豆一，簠一，簋一，俎一，匏爵、坫、沙池、幣篚，十二次各一。衆星位三百六十，皆籩一，豆一，簠一，簋一，俎一，匏爵、坫、沙池、幣篚，十二次各一。此籩、豆、簠、簋、登、爵、篚之數也。凡籩之設，居神位左，豆居右，登、簠、簋居中，俎居後，籩皆有巾，巾之繪以斧。

四曰酒齊。以太尊實泛齊，著尊實醴齊，犧尊實盎齊，山罍實三酒，皆有上尊。馬湩設於尊罍之前，注于器而冪之。設而不酌者，以象尊實醴齊，壺尊實沈齊，山罍二實三酒，皆有上尊，以祀昊天上帝。皇地祇亦如之。以著尊實泛齊，犧尊實醴齊，象尊實盎齊，山罍實清酒，皆有上尊。馬湩如前設之。設而不酌者，以犧尊實醍齊，壺尊實沈齊，山罍三實清酒，皆有上尊，以祀配帝。以太尊實泛齊，以著尊實醍齊，皆有上尊，九位同，以祀五帝、日月〔三〕、北極、天皇大帝。以象尊實醴齊，有上尊，十二次同，以祀內官。以壺尊實沈齊，有上尊，十二次同，以祀中官，以概尊實清酒，有上尊，十二次同，以祀外官。以散尊實昔酒，有上尊，十二次同，以祀衆星。凡五齊之上尊，必皆實明水。山罍之上尊，必皆實玄酒。散尊之上尊，亦實明水。

五曰牲齊庶器。昊天上帝蒼犢，皇地祇黃犢，配位蒼犢，大明青犢，夜明白犢，天皇大帝蒼犢，北極玄犢，皆一。馬純色一，鹿十有八，羊十有八，野豕十有八，兔十有二，蓋參以國禮。割牲爲七體。左肩臂臑兼代脇、長脇爲一體，右肩臂臑、代脇、長脇爲一體，右髀肫胳爲一體，脊連背膚短脇爲一體，膺骨臍腹爲一體，項脊爲一體，馬首報陽升烟則用之。毛血盛以豆，或青甆盤。饌未入置俎上，饌入徹去之。籩之實，魚鱐、糗餌、粉餈、棗、乾橑、形鹽、鹿脯、榛、桃、菱、芡、栗。豆之實，芹菹、韮菹、菁菹、筍菹、脾折菹、酏、食、魚醢、豚拍、鹿臡、醓醢、糝食。凡籩之用八者，無糗餌、粉餈、菱、栗。豆之用八者，無脾折菹、酏食、兔醢、糝食。用皆二者，籩以鹿脯、乾棗，豆以鹿臡、菁菹。用皆一者，籩以鹿脯，豆以鹿臡。凡簠、簋用皆二者，簋以黍、稷，簠以稻、粱〔四〕。用皆一者，簋以稷，簠以黍。實登以太羹。

六曰香祝。洗位正位香鼎一，香合一，香案一，祝案一，皆有衣。拜褥一，盥爵洗位一，罍一，洗一，白羅巾一，親祀匜二，盤二。地祇配位咸如之。香用龍腦沈香，祝版長各二尺四寸，闊一尺二寸，厚三分，木用楸柏。從祀九位，香鼎、香合、香案、綾拜褥皆九，褥各隨其方之色。盥爵洗位二，罍二，洗二，巾二。第二等，盥爵洗位二，罍二，洗二，巾二。第三等亦如之。内壝内，盥爵洗位一，罍一，洗一，巾一。内壝外亦如之。凡巾，皆有篚。從祀而下，香用沈檀降真，鼎用陶瓦。第一等十二次而下，皆紫綾拜褥十有二。親祀御版位一，飲福位及大小次盥洗爵洗版位各一，皆青質金書。亞獻、終獻飲福版位一，黑質黄書。御拜褥八，亞終獻飲福位拜褥一，黄道裀褥寶案二，黄羅銷金案衣，水火鑑。

七曰燭燎。天壇椽燭四，皆銷金絳紗籠。自天壇至内壝外及樂縣南通北道，絳燭三百五十，素燭四百四十，皆絳紗籠。御位椽，燭六，銷金絳紗籠。獻官椽燭四，雜用燭八百，粈盆二百二十，有架。黄桑條去膚一車，束之置燎壇，以焚牲首。

八曰獻攝執事。亞獻官一，終獻官一，攝司徒一，助奠官一，大禮使一，侍中二，門下侍郎二，禮儀使二，殿中監二，尚輦官二，太僕卿二，控馬官六，近侍官八，導駕官二十有四，典寶官四，侍儀官五，太常卿丞八，光禄卿丞二，刑部尚書二，禮部尚書二，奉玉幣官一，定撰祝文官一，書讀祝册官二，舉祝册官二，太史令一，御奉爵官一，奉匜盤官二，御爵洗官二，執巾官二，割牲官二，温酒官一，太官令一，太官丞一，良醖令丞二，廩犧令丞二，糾儀御史四，太常博士二，郊祀令丞二，太樂令一，大樂丞一，司尊罍二，亞終獻盥洗官二，爵洗官二，巾篚官二，奉爵官二，祝史四，太祝十有五，奉禮郎四，協律郎二，翦燭官四，禮直官管勾一，禮部點視儀衛官二，兵部清道官二，拱衛使二，大都兵馬使二，齋郎百，司天生二，看守粈盆軍官一百二十。

儀注之節，其目有十：

一曰齋戒。祀前七日，皇帝散齋四日於别殿，致齋三日，其二日於大明殿，一日於大次，有司停奏刑罰文字。致齋前一日，尚舍監設御幄於大明殿西序，東向。致齋之日，質明，諸衛勒所部屯門列仗。晝漏上水一刻，通事舍人引侍享執事文武四品以上官，俱公服，詣列殿奉迎。晝漏上水二刻，侍中版奏請中嚴，皇帝服通天冠、絳紗袍。晝漏上水三刻，侍中版奏外辦，皇帝結佩出別殿，乘輿華蓋繖扇侍衛如常儀，奏引至大明殿御幄，東向坐，侍臣夾侍如常。一刻頃，侍中前跪奏「臣某言，請降就齋」，俛伏，興。皇帝降座入室，解嚴，侍享執事官各還本司，宿衛者如常。凡侍祠官受誓戒于中書省，散齋四日，致齋三日。守壝門兵衛與大樂工人，具清齋一宿。光禄卿以陽燧取明火供爨，以方諸取明水實尊。

二曰告配。祀前二日，攝太尉與太常禮儀院官恭詣太廟，以一獻禮奏告太祖法天啟運聖武皇帝之室。寅刻，太尉以下公服自南神門東偏門入，至横街南，北向立定。奉禮郎贊曰「拜」，禮直官承傳曰「鞠躬」，曰「拜」，曰「興」，曰「拜」，曰「興」，曰「平立」。又贊曰「各就位」。禮直官詣太尉前曰「請詣盥洗位」。引太尉至盥洗位，曰「盥手」，曰「帨手」，曰「詣爵洗位」，曰「滌爵」，曰「拭爵」，曰「請詣酒尊所」，曰「酌酒」，曰「請詣神座前」，曰「北向立」，曰「稍前」，曰「搢笏」，曰「跪」，曰「上香」，曰「再上香」，曰「三上香」，曰「授幣」，曰「奠幣」，曰「執爵」，曰「祭酒」，曰「祭酒」，曰「三祭酒」。祭酒於沙池訖，曰「讀祝」。舉祝官搢笏，跪對舉祝版。讀祝官跪讀祝文畢，舉祝官奠祝版於案，執笏興，讀祝官俛伏，興。禮直官贊曰「出笏」，曰「俛伏，興」，曰「拜」，曰「興」，曰「拜」，曰「興」，曰「平立」，曰「復位」。司尊彝、良醖令從降復位，北向立。奉禮郎贊曰「拜」，禮直官承傳「再拜」畢，太祝捧祝幣降自太階，詣望瘞位。太尉以下俱詣坎位焚瘞訖，自南神門東偏門以次出。

三曰車駕出宫。祀前一日，所司備儀從内外仗，侍祠官兩行序立於崇天門外，太僕卿控御馬立於大明門外，諸侍臣及導駕官二十有四人，俱於齋殿前左右分班立俟。通事舍人引侍中，奏請中嚴，俛伏，興。皇帝服通天冠、絳紗袍。少頃，侍中版奏外辦，皇帝出齋室，即御座。羣臣起居訖，尚輦進輿，侍中奏請皇帝升輿，華蓋繖扇侍衛如常儀。導駕官導至大明門外，侍中進當輿前，跪奏請降輿乘馬，導駕官分左右步導。門下侍郎跪奏請進發，俛伏，興，前稱警蹕。至崇天門外，門下侍郎奏請權停。勑衆官上馬，侍中承旨稱「制可」，門下侍郎傳制稱「衆官上馬」，贊者承傳「衆官出櫺星門外上馬」。門下侍郎奏請進發，前稱進蹕。華蓋繖扇儀仗與衆官分左右前引，教坊樂鼓吹不作。至郊壇南櫺星門外，侍中傳制「衆官下馬」，贊者承傳「衆官下馬」。下馬訖，自卑而尊，與儀仗倒卷而北，兩行駐立。駕至櫺星門，侍中奏請皇帝降馬，步入櫺星門，由西偏門稍西。侍中奏請升輿。尚輦奉輿，華蓋繖扇如常儀。導駕官前導皇帝乘輿至大次前，侍中奏請降輿。皇帝降輿入就次，簾降，侍衛如式。通事舍人承旨，勑衆官各還齋次。尚食進饍訖，禮儀使以祝册奏請御署訖，奉出，郊祀令受之，各奠於坫。

四曰陳設。祀前三日，尚舍監陳大次於外壝西門之道北，南向。設小次於内壝西門之外道南，東同。設黄道裀褥，自大次至於小次，版位及壇上皆設之。所司設兵衛，各具器服，守衛壝門，每門兵官二員。外垣東西南櫺星門外，設蹕街清路諸軍，諸軍旗服各隨其方之色。去壇二百步，禁止行人。祀前一日，郊祀令率其屬掃除壇之上下。太樂令率其屬設登歌樂於壇上，稍南，北向。設宫縣二舞，位於壇南内壝南門之外，如式。奉禮郎設御版位於小次之前，東向。設御飲福位於壇上，午陛之西，亞終獻飲福位於午陛之東，皆北向。又設亞終獻、助奠門下侍郎以下版位壇下御版位之後，稍南東向，異位重行，以北爲上。又設司徒太常卿以下位於其東，相對北上，皆如常儀。又分設糾儀御史位於其東西二壝門之外，相向而立。又設御盥洗、爵洗位於内壝南門之内道西，北向。又設亞終獻、盥洗、爵洗位於内壝南門之外道西，北向。又設省牲饌等位，如常儀。未後二刻，郊祀令同太史令俱公服，升設昊天上帝位於壇上北方，南向，席以藁秸，加神席褥座。又設配位於壇上西方，東向，席以蒲越，加神席褥座。禮神蒼璧置於繅藉，青幣設于篚，正位之幣加燎玉，置尊所。俟告潔畢，權徹畢。祀日丑前重設。執事者實柴于燎壇，及設籩豆、簠簋、尊罍、匏爵、俎坫等事，如常儀。

五曰省牲器。祀前一日未後二刻，郊祀令率其屬掃除壇之上下，司尊罍、奉禮郎率祠祭局以祭器入設于位。郊祀令率執事者以禮神之玉，置於神位前。未後三刻，廪犧令與諸太祝、祝史以牲就位，禮直官分引太常卿、光祿卿丞、監祭、監禮官、太官令丞等詣省牲位，立定。禮直官引太常卿、監祭、監禮由東壝北偏門入，自卯陛升壇，視滌濯。司尊罍跪舉冪曰「潔」。告潔畢，俱復位。禮直官稍前曰「請省牲」。太常卿稍前，省牲畢，復位。次引廩犧令巡牲一匝，西向折身曰「充」。告充畢，復位。諸太祝俱巡牲一匝，復位。上一員出班，西向折身曰「腯」。告腯畢，復位。禮直官引太常卿、光祿卿丞、太官令丞、監祭、監禮詣省饌位，東西相向立。禮直官請太常卿省饌畢，退還齋所。廩犧令與諸太祝、祝史以次牽牲詣廚，授太官令。次引光祿卿、監祭、監禮等詣廚，省鼎鑊，視滌溉畢，還齋所。晡後一刻，太官令率宰人以鸞刀割牲，祝史各取血及左耳毛實於豆，仍取牲首貯於盤，用馬首。俱置於饌殿，遂烹牲。刑部尚書涖之，監實水納烹之事。

六曰習儀。祀前一日未後三刻，獻官諸執事各服其服，習儀于外壝西南隙地。其陳設、樂架、禮器等物，並如行事之儀。

七曰奠玉幣。祀日丑前五刻，太常卿設燭於神座，太史令、郊祀令各服其服，升設昊天上帝及配位神座，執事者陳玉幣於篚，置尊所。禮部尚書設祝册于案。光祿卿率其屬，入實籩豆、簠簋、尊罍如式。祝史以牲首盤設于壇，大樂令率工人二舞入就位。禮直官分引監祭禮、郊祀令及諸執事官、齋郎入就位。禮直官引監祭禮按視壇之上下，退復位。奉禮贊再拜，禮直官承傳，監祭禮以下皆再拜訖，又贊各就位。太官令率齋郎出詣饌殿，俟于門外，禮直官分引攝太尉及司徒等官入就位。符寶郎奉寶陳於宮縣之側，隨地之宜。太尉之將入也，禮直官引博士，博士引禮儀使，對立於大次前。侍中版奏請中嚴，皇帝服大裘衮冕。侍中奏外辦，禮儀使跪奏禮儀使臣某請皇帝行禮，俛伏，興。凡奏，二人皆跪，一人贊之。簾捲出次，禮儀使前道，華蓋繖扇如常儀。至西壝門外，殿中監進大圭，禮儀使奏請執大圭，皇帝執圭。華蓋繖扇停於門外。近侍官與大禮使皆後從皇帝入門，宮縣樂作。請就小次，釋圭，樂止。禮儀使以下分立左右。少頃，禮儀使奏有司謹具，請行事。降神樂作，《天成》之曲六成。太常卿率祝史捧馬首，詣燎壇升烟訖，復位。禮儀使跪奏請就版位，俛伏，興。皇帝出次，請執大圭，至位東向立，再拜。皇帝再拜，奉禮贊衆官皆再拜訖，奉玉幣官跪取玉幣於篚，立於尊所。禮儀使奏請行事，遂前導，宮縣樂作，由南壝西偏門入，詣盥洗位，北向立，樂止。搢大圭，盥手。奉匜官奉匜沃水，奉盤官奉盤承水，執巾官奉巾以進。盥帨手訖，執大圭，樂作，至午陛，樂止。升階，登歌樂作，至壇上，樂止。宮縣《欽成》之樂作，殿中監進鎮圭。殿中監二員，一員執大圭，一員執鎮圭。禮儀使奏請搢大圭，執鎮圭，請詣昊天上帝神位前，北向立。內侍先設繅席於地，禮儀使奏請跪奠鎮圭於繅席。奉玉幣官加玉於幣以授侍中，侍中西向跪進，禮儀使奏請奠玉幣。皇帝受奠訖，禮儀使奏請執大圭，俛伏，興，少退，再拜。皇帝再拜，興，平立。内侍取鎮圭授殿中監，又取繅藉置配位前。禮儀使前導，請詣太祖皇帝神位前，西向立，奠鎮圭及幣並如上儀。樂止。禮儀使前導，請還版位。登歌樂作，降階，樂止。宫縣樂作，殿中監取鎮圭、繅藉以授有司。皇帝至版位，東向立，樂止。請還小次，釋大圭。祝史奉毛血豆，升自午陛，以進正位，升自卯陛，以進配位。太祝各迎奠于神座前，俱退立尊所。

八曰進饌。皇帝奠玉幣還位，祝史取毛血豆以降，禮直官引司徒、太官令率齋郎奉饌入自正門，升殿如常儀。禮儀使跪奏請行禮，俛伏，興。皇帝出次。宫縣樂作。請執大圭，前導由正門西偏門入，詣盥洗位，北向立，樂止。搢圭盥手如前儀。執圭，詣爵洗位，北向立，搢圭。奉爵官跪取匏爵於篚，以授侍中，侍中以進皇帝，受爵。執罍官酌水洗爵，執巾官授巾拭爵訖，侍中受之，以授捧爵官。執圭，樂作，至午陛，樂止。升階，登歌樂作，至壇上，樂止。詣正位酒尊所，東向立，搢圭。捧爵官進爵，皇帝受爵。司尊者舉冪，侍中贊酌太尊之泛齊。以爵授捧爵官，執圭。宫縣樂作，奏《明成》之曲。請詣昊天上帝神座前北向立，搢圭跪，三上香，侍中以爵跪進皇帝。執爵，三祭酒，以爵授侍中。太官丞注馬湩於爵，以授侍中，侍中跪進皇帝。執爵，亦三祭之。今有蒲萄酒與尚醖馬湩，各祭一爵，爲三爵。以爵授侍中，執圭，俛伏，興，少退立。讀祝，舉祝官搢笏跪舉祝册，讀祝官西向跪讀祝文，讀訖，俛伏，興。舉祝官奠祝於案，奏請再拜。皇帝再拜，興，平立。請詣配位酒尊所，西向立。司尊者舉羃，侍中贊酌著尊之泛齊。以爵授捧爵官，執圭。請詣太祖皇帝神位前西向立，宫縣樂作。侍中贊搢圭跪，三上香，三祭酒及馬湩訖，贊執圭，俛伏興，少退立。舉祝官舉祝，讀祝官北向跪讀祝文，讀訖，俛伏，興。奠祝版訖，奏請再拜。皇帝再拜，興，平立。樂止。請詣飲福位北向立。登歌樂作。太祝各以爵酌上尊福酒，合置一爵以授侍中，侍中西向以進。禮儀使奏請再拜，皇帝再拜，興。奏請搢圭，跪受爵。祭酒啐酒以爵授侍中，侍中再以温酒跪進。禮儀使奏請受爵，皇帝飲福酒訖，侍中受虚爵，興，以授太祝。太祝又減神前胙肉加於俎，以授司徒。司徒以俎西向跪進皇帝，受以授左右。奏請執圭，俛伏，興，平立，少退。奏請再拜，皇帝再拜訖，樂止。禮儀使前導，還版位。登歌樂作，降自午陛，樂止。宫縣樂作，至位，東向立，樂止。請還小次，至次釋圭。文舞退，武舞進，宫縣樂作，奏《和成》之曲，樂止。禮直官引亞終獻官陞自卯陛，行禮如常儀，惟不讀祝，皆飲福而無胙俎。降自卯陛，復位。禮直官贊太祝徹籩豆。登歌樂作，奏《寧成》之曲，卒徹，樂止。奉禮贊賜胙，衆官再拜，在位者皆再拜。禮儀使奏請詣版位，出次執圭，至位東向，再拜。皇帝再拜。奉禮贊曰「再拜」，贊者承傳，在位者皆再拜。送神樂作，《天成》之曲一成，止。禮儀使奏禮畢，遂前導皇帝還大次。宫縣樂作，出門樂止，至大次釋圭。

九曰望燎。皇帝既還大次，禮直官引攝太尉以下監祭禮詣望燎位，太祝各捧篚詣神位前，進取燔玉、祝幣、牲俎並黍稷、飯籩、爵酒，各由其陛降詣燎壇，以祝幣、饌物置柴上，禮直官贊「可燎半柴」，又贊「禮畢」，攝太尉以下皆出。禮直官引監祭禮、祝史、太祝以下從壇南，北向立定，奉禮贊曰「再拜」，監祭禮以下皆再拜訖，遂出。

十曰車駕還宫。皇帝既還大次，侍中奏請解嚴。皇帝釋衮冕，停大次。五刻頃，所司備法駕，序立於櫺星門外，以北爲上。侍中版奏請中嚴，皇帝改服通天冠、絳紗袍。少頃，侍中版奏外辦，皇帝出次升輿，導駕官前導，華蓋繖扇如常儀。至櫺星門外，太僕卿進御馬如式。侍中前奏請皇帝降輿乘馬訖，太僕卿執御，門下侍郎奏請車駕進發，俛伏，興，退。車駕動，稱警蹕。至櫺星門外，門下侍郎跪奏曰「請權停，勑衆官上馬」，侍中承旨曰「制可」，門下侍郎傳制，贊者承傳。衆官上馬畢，導駕官及華蓋繖扇分左右前導。門下侍郎跪請車駕進發，俛伏，興。車駕動，稱警蹕。教坊樂鼓吹振作。駕至崇天門櫺星門外，門下侍郎跪奏曰「請權停，勑衆官下馬」，侍中承旨曰「制可」，門下侍郎俛伏，興，退傳制，贊者承傳。衆官下馬畢，左右前引入内，與儀仗倒卷而北駐立。駕入崇天門，至大明門外，降馬升輿以入。駕既入，通事舍人承旨勑，衆官皆退，宿衛官率衛士宿衛如式。

【校勘記】

〔一〕「奎宿」，「宿」字原重，據《元史》卷七二志第二十三《祭祀一》删。

〔二〕「燎玉」，原作「橑王」，據《元史》卷七二志第二十三《祭祀一》改。

〔三〕「日月」，原作「月月」，據《元史》卷七二志第二十三《祭祀一》改。

〔四〕「粱」，原作「梁」，據《元史》卷七二志第二十三《祭祀一》改。

新元史卷之八十三　志第五十

禮志三

郊祀下

攝祀之儀，其目有九：

一曰齋戒。祀前五日質明，奉禮郎率儀鸞局，設獻官諸執事版位於中書省。獻官諸執事位俱藉以席，仍加紫綾褥。初獻攝太尉設位於前堂階上，稍西，東南向。監察御史二位，一位在甬道上，西稍北，東向；一位在甬道上，東稍北，西向。監禮博士二位，各次御史，以北爲上。次亞獻官、終獻官、攝司徒位于其南。次助奠官，次太常太卿、太常卿、光禄卿，次太史令、禮部尚書、刑部尚書，次奉璧官、奉幣官、讀祝官、太常少卿、拱衛直都指揮使，次太常丞、光禄丞、太官令、良醞令、司尊罍，次廩犧令、舉祝官、奉爵官，次太官丞、盥洗官、爵洗官、巾篚官，次翦燭官，次與祭官。其禮直官分直于左右，東西相向。西設版位四列，皆北向，以東爲上：郊祀令、太樂令、太祝、祝史，次齋郎。東設版位四列，皆北向，以西爲上：郊祀、太樂丞、協律郎、奉禮郎、次齋郎、司天生。禮直官引獻官諸執事各就位。獻官諸執事俱公服，五品以上就服其服，六品以下皆借紫服。禮直局管勾進立於太尉之右，宣讀誓文曰：「某年某月某日，祀昊天上帝於圜丘，各揚其職。其或不敬，國有常刑。」散齋三日宿於正寢，致齋二日於祀所。散齋日，治事如故，不弔喪問疾，不作樂，不判署刑殺文字，不決罰罪人，不與穢惡事。致齋日，惟祀事得行，其餘悉禁。凡與祀之官已齋而闕者，通攝行事。讀畢，稍前，唱曰「七品以下官先退」，復贊曰「對拜」，太尉與餘官皆再拜，乃退。凡與祭者，致齋之宿，官給酒饌。守壝門兵衛及大樂工人，皆清齋一宿。

二曰告配。祀前二日，初獻官與太常禮儀院官恭詣太廟，奏告太祖皇帝本室，即還齋次。

三曰迎香。祝祀前二日，翰林學士赴禮部書寫祝文，太常禮儀院官亦會焉。書畢，於公廨嚴潔安置。祀前一日，質明，獻官以下諸執事皆公服，禮部尚書率其屬捧祝版，同太常禮儀院官俱詣闕廷，以祝版授太尉，進請御署訖，同香酒迎出崇天門外。香置于輿，祝置香案，御酒置輂樓，俱用金複覆之。太尉以下官比上馬，清道官率京官行於儀衛之先，兵馬司巡兵執矛幟夾道次之，金鼓又次之。京尹儀從左右成列前導，諸執事官東西二班行于儀仗之外，次儀鳳司奏樂，禮部官點視成列，太常儀院官導于香輿之前，然後控鶴舁輿案行，太尉等官從行至祀所。輿案由南欞星門入，諸執事官由左右偏門入，奉安御香、祝版于香殿。

四曰陳設。祀前三日，樞密院設兵衛各具器服守衛壝門，每門兵官二員，及外垣東西南欞星門外，設蹕街清路諸軍，諸軍旗服，各隨其方色。去壇二百步，禁止行人。祀前一日，郊祀令率其屬掃除壇上下。大樂令率其屬設登歌樂于壇上，稍南，北向。編磬一簴在西，編鐘一簴在東。擊鐘磬者，皆有坐杌。大樂令位在鐘簴東，西向。協律郎位在磬簴西，東向。執麾者立於後。柷一，在鐘簴北，稍東。敔一，在磬簴北，稍西。搏拊二，一在柷北，一在敔北。歌工八人，分列于午陛左右，東西相向坐，以北爲上，凡坐者皆藉以席加氈。琴一絃、三絃、五絃、七絃、九絃者，各二。瑟四，籥二，篪二，笛二，簫二，巢笙四，和笙四，閏餘匏一，九曜匏一，七星匏一，壎二，各分立于午陛東西樂榻上。琴瑟者分列于北，皆北向坐。匏竹者分立于琴瑟之後，爲二列重行，皆北向相對爲首。又設圜宮懸樂於壇南，内壝南門之外。東方、西方，編磬起北，編鐘次之。南方、北方，編磬起西，編鐘次之。又設十二鎛鐘於編懸之間，各依辰位，每辰編磬在左，編鐘在右，謂之一肆。每面三辰，共九架，四面三十六架。設晉鼓於懸内通街之東，稍南，北向。置雷鼓、單鼗、雙鼗各二柄於北懸之内，通街之左右，植四楹雷鼓於四隅，皆左鼙右應。北懸之内，歌工四列。内二列在通街之東，二列於通街之西。每列八人，共三十二人，東西相向立，以北爲上。柷一在東，敔一在西，皆在歌工之南。大樂丞位在北懸之外，通街之東，西向。協律郎位於通街之西，東向。執麾者立于後，舉節樂正立于東，副正立于西，並在歌工之北。樂師二員，對立于歌工之南。運譜二人，對立于樂師之南。照燭二人，對立于運譜之南，祀日分立於壇之上下，掌樂作、樂止之標準。琴二十七，設于東西懸内：一絃者三，東一，西二，俱爲第一列；三絃、五絃、七絃、九絃者各六，東西各四列；每列三人，皆北向坐。瑟十二，東西各六，共爲列，在琴之後坐。巢笙十、簫十、閏餘匏一在東，七星匏一、九曜匏一，皆在竽笙之側。竽笙十、籥十、篪十、塤八、笛十，每色爲一列，各分立于通街之東西，皆北向。又設文舞位于北懸之前，植四表于通街之東，舞位行綴之間。導文舞執衙仗舞師二員，執旌二人，分立于舞者行綴之外。舞者八佾，每佾八人，共六十四人，左手執籥，右手秉翟，各分四佾，立于通街之東西，皆北向。又設武舞，俟立位于東西縣外。導武舞執衙仗舞師二員，執纛二人，執器二十人，内單鼗二、單鐸二、雙鐸二、金鐃二、鉦二、金錞二，執扃者四人，扶錞二、相鼓二、雅鼓二，分立于東西縣外。舞者如文舞之數，左手執干，右手執戚，各分四佾，立于執器之外。俟文舞自外逸，則武舞自内進，就立文舞之位，惟執器者分立于舞人之外。文舞亦退於武舞俟立之位。太史令、郊祀令各公服，率其屬升設昊天上帝神座於壇上，北方，南向；席以藁秸，加褥座，置璧於繅藉，設幣於篚，置酌尊所。皇地祇神座，壇上稍東，北方，南向；席以藁秸，加褥座，置玉於繅藉，設幣於篚，置酌尊所。配位神座，壇上東方，西向；席以蒲越，加褥座，置璧於繅藉，設幣於篚，置酌尊所。設五方五帝、日、月、天皇大帝、北極等九位，在壇之第一等；席以莞，各設玉幣於神座前。設内官五十四位於圜壇第二等，設中官一百五十九位於圜壇第三等，設外官一百六位於内壝内，設衆星三百六十位於内壝外；席皆以莞，各設青幣於神座之首，皆内向。候告潔畢，權徹第一等玉幣，至祀日丑前重設。執事者實柴于燎壇，仍設葦炬于東西。執炬者東西各二人，皆紫服。奉禮郎率儀鸞局，設獻官以下及諸執事官版位，設三獻官版位於内壝西門之外道南，東向，以北爲上。次助奠位稍卻，次第一等至第三等分獻官，第四等、第五等分奠官，次郊祀令、太官令、良醖令、廩犧令、司尊罍，次郊祀丞、讀祝官、舉祝官、奉璧官、奉幣官、奉爵官、太祝、盥洗官、爵洗官巾、篚官、祝史，次齋郎，位于其後。每等異位重行，俱東向，北上。攝司徒位于内壝東門之外道南，與亞獻相對。次太常禮儀使、光禄卿、同知太常禮儀院事、太史令、分獻分奠官、僉太常禮儀院事、供衛直都指揮使、太常禮儀院同僉院判、光禄丞，位於其南，皆西向，北上。監察御史二位，一位在内壝西門之外道北，東向；一位在內壝東門之外道北，西向。博士二位，各次御史，以北爲上。設奉禮郎位于壇上稍南，午陛之東，西向；司尊罍位于尊所，北向。又設望燎位于燎壇之北，南向。設牲榜于外壝東門之外，稍南，西向；太祝、祝史位于牲後，俱西向。設省牲位于牲北；太常禮儀使、光禄卿、太官令、光禄丞、太官丞位于其北，太官令以下位皆少卻。監祭、監禮位在太常禮儀使之西，稍卻，南向。廩犧令位於牲西南，北向。又設省饌位于牲位之北，饌殿之南。太常禮儀使、光禄卿丞、太官令丞位在東，西向；監祭、監禮位在西，東向；俱北上。祠祭局設正配三位，各左十有二籩，右十有二豆，俱爲四行。登三，鉶三，簠簋各二，在籩豆間。登居神前，鉶又居前，簠左、簋右，居鉶前，皆藉以席。設牲首俎一，居中；牛羊豕俎七，次之。香案一，沙池、爵坫各一，居俎前。祝案一，設於神座之右。又設天地二位各太尊二、著尊二、犧尊二、山罍二於壇上東南，俱北向，西上。又設配位著尊一、犧尊二、象尊二、山罍二在二尊所之東，皆有坫，加勺冪，惟玄酒有冪無勺，以北爲上。馬湩三器，各設於尊所之首，加冪勺。又設玉幣篚二於尊所西，以北爲上。又設正位象尊二、壺尊二、山罍四于壇下午陛之西。又設地祇尊罍，與王位同，於午陛之東，皆北向，西上。又設配位犧尊二、壺尊二、山罍四在酉陛之北，東向，北上，皆有坫、冪，不加勺，設而不酌。又設第一等九位各左八籩，右八豆，登一，在籩豆間，簠、簋、各一，在登前，俎一，爵、坫各一在簠、簋前。每位太尊二、著尊二，於神之左，皆有坫，加勺、冪，沙池、玉幣篚各一。又設第二等諸神每位籩二，豆二，簠、簋各一，登一，俎一，於神座前。每陛間象尊二，爵、坫、沙池、幣篚各一，於神中央之座首。又設第三等諸神，每位籩、豆、簠、簋各一，俎一，於神座前。每陛間設壺尊一，爵尊二，爵、坫、沙池、幣篚各一，於神中央之座首。又設內壝內諸神，每位籩、豆各一，簠、簋各一，於神座前。每道間槩尊二，爵、坫、沙池、幣篚各一，於神中央之座首。又設內壝外衆星三百六十位，每位籩、豆、簠、簋、俎各一，於神座前。每道間散尊二，爵、坫、沙池、幣篚各一，於神中央之座前。自第一等以下，皆用匏爵洗滌訖，置於坫上。又設正配位各籩一，豆一，簠一，簋一，俎四，及毛血豆各一，牲首盤一。并第一等神位，每位俎二，於饌殿內。又設盥洗、爵洗於壇下，卯陛之東，北向，罍在洗東加勺，篚在洗西南肆，實以巾，爵洗之篚實以匏，爵加坫。又設第一等分獻官盥洗、爵洗位，第二等以下分獻官盥洗位，各於陛道之左，罍在洗左，篚在洗右，俱內向。凡司尊罍篚位，各于其後。

五曰省牲器，見親祀儀。

六曰習儀，見親祀儀。

七曰奠玉幣。祀日丑前五刻，太常卿率其屬，設椽燭於神座四隅，仍明壇上下燭、內外粎燎。太史令、郊祀令各服其服，陞，設昊天上帝神座，藁秸、席褥如前。執事者陳玉幣於篚，置於尊所。禮部尚書設祝版於案。光禄卿率其屬入實籩、豆、簠、簋。籩四行，以右爲上。第一行魚鱐在前，糗餌、粉餈次之。第二行乾棗在前，乾橑、形鹽次之。第三行鹿脯在前，榛實、乾桃次之。第四行菱在前，芡、栗次之。豆四行，以左爲上。第一行芹菹在前，筍菹、葵菹次之。第二行菁菹在前，韭菹、飽食次之。第三行魚醢在前，兔醢、豚拍次之。第四行鹿臡在前，醓醢、糝食次之。簠實以稻、粱，簋實以黍、稷，登實以大羹。良醞令率其屬入實尊、罍。太尊實以泛齊，著尊醴齊，犧尊盎齊，象尊醍齊，壺尊沈齊，山罍爲下尊，實以玄酒；其酒、齊皆以尚醖酒代之。太官丞設革囊馬湩于尊所。祠祭局以銀盒貯香，同瓦鼎設於案。司香官一員立於壇上。祝史以牲首盤，設於壇上。獻官以下執事官，各服其服，就次所，會于齊班幕。拱衛直都指揮使率控鶴，各服其服，擎執儀仗，分立于外壝内東西，諸執事位之後，拱衛使亦就位。大樂令率工人二舞，自南壝東偏門以次入，就壇上下位。奉禮郎先入就位。禮直官分引監察御史、監禮博士、郊祀令、太官令、良醖令、廩犧令、司尊罍、太官丞、讀祝官、舉祝官、奉玉幣官、太祝、祝史、奉爵官、盥爵洗官、巾篚官、齋郎，自南壝東偏門入，就位。禮直官引監祭、監禮，按視壇之上下祭器，糾察不如儀者。及其按視也，太祝先徹去蓋羃，按視訖，禮直官引監祭、監禮退復位。奉禮郎贊

「再拜」，禮直官承傳曰「拜」，監祭禮以下皆再拜。奉禮郎贊曰「各就位」，太官令率齋郎以次出詣饌殿，俟立於南壝門外。禮直官分引三獻官、司徒、助奠官、太常禮儀院使、光禄卿、太史令、太常禮儀院同知僉院、同僉、院判、光禄丞，自南壝東偏門，經樂縣内入就位。禮直官進太尉之左，贊曰「有司謹具，請行事」，退復位。宫縣樂作降神《天成》之曲六成，内圜鐘宫三成，黄鐘角、大簇徵、姑洗羽各一成。文舞《崇德》之舞。初樂作，協律郎跪，俛伏舉麾，興，工鼓柷，偃麾，戛敔而樂止。凡樂作、樂止，皆倣此。禮直官引太常禮儀院使率祝史，自卯陛陞壇，奉牲首降自午陛，由南壝正門經宫縣内，詣燎壇北，南向立。祝史奉牲首陞自南陛，置於户内柴上。東西執炬者以火燎柴，升烟燔牲首訖，禮直官引太常禮儀院使、祝史捧盤血，詣坎位瘞之。禮直官引太常禮儀院使、祝史各復位。奉禮郎贊「再拜」，禮直官承傳曰「拜」，太尉以下皆再拜訖，其先拜者不拜。執事者取玉幣於篚，立於尊所。禮直官引太尉詣盥洗位，宫縣樂奏黄鐘宫《隆成》之曲，至位北向立，樂止。搢笏、盥手、帨手訖，執笏詣壇，陞自午陛。登歌樂作大吕宫《隆成》之曲，至壇上，樂止。詣正位神座前，北向立，宫縣樂奏黄鐘宫《欽成》之曲，搢笏跪搢，三上香。執事者加璧於幣，西向跪，以授太尉，太尉受玉幣奠於正位神座前，執笏，俛伏，興，少退立，再拜訖，樂止。次詣皇地祇位，奠獻如上儀。次詣配位神主前，奠幣如上儀。降自午陛，登歌樂作，如升壇之曲，至位樂止。祝史奉毛血豆，入自南壝門詣壇，陞自午陛。諸太祝迎取於壇上，俱跪奠於神座前，執笏，俛伏，興，退立於尊所。

至大三年大祀，奠玉幣儀與前少異，今存之以備互考。祀日丑前五刻，設壇上及第一等神位，陳其玉幣及明燭，實籩、豆、尊、罍。樂工各入就位畢。奏禮郎先入就位。禮直官分引分獻官、監祭御史、監禮博士、諸執事、太祝、祝史、齋郎，入自中壝東偏門，當壇南重行西上，北向立定。奉禮郎贊曰「再拜」，分獻官以下皆再拜訖，奉禮贊曰「各就位」。禮直官引子丑寅卯辰巳陛道分獻官，詣版位，西向立，北上；午未申酉戌亥陛道分獻官，詣版位，東向立，北上。禮直官分引監祭禮點視陳設，按視壇之上下，糾察不如儀者，退復位。太史令率齋郎出俟。禮直官引三獻官并助奠等官入就位，東向立，司徒西向立。禮直官贊曰「有司謹具，請行事」，降神六成樂止。太常禮儀使率祝、史二員，捧馬首詣燎壇，升烟訖，復位。奉禮郎贊曰「再拜」，「三獻」，司徒等皆再拜訖，奉禮郎贊曰「諸執事者各就位」，立定。禮直官請初獻官詣盥洗位，樂作，至位，樂止。盥畢詣壇，樂作，陞自卯陛，至壇，樂止。詣正位神座前，北向立，樂作，搢笏跪，太祝加玉於幣，西向跪以授初獻，初獻受玉幣奠訖，執笏俛伏，興，再拜訖，樂止。次詣配位神座前立，樂作，奠玉幣如上儀，樂止。降自卯陛，樂作，復位，樂止。初獻將奠正位之幣，禮直官分引第一等分獻官詣盥洗位，盥畢，執笏各由其陛陞，詣各神位前，搢笏跪，太祝以玉幣授分獻官，奠訖，俛伏，興，再拜訖，還位。初，第一等分獻官將陞，禮直官分引第二等内壝内、内壝外分獻官盥畢，盥洗官俱從至酌尊所立定，各由其陛道詣各神首位前奠，並如上儀。退立酌尊所，伺候終獻酌奠，詣各神首位前酌奠。祝史奉正位毛血豆由午陛陞，配位毛血豆由卯陛陞，太祝迎於壇上，進奠於正配位神座前，太祝與祝史俱退於尊所。

八曰進熟。太尉既陞奠玉幣，太官令丞率進饌齋郎詣廚，以牲體設於盤，馬牛羊豕鹿各五盤，宰割體段，並用國禮。各對舉以行至饌殿，俟光禄卿出實籩、豆、簠、簋。籩以粉餈，豆以糁食，簠以粱，簋以稷。齋郎上四員，奉籩、豆、簠、簋者前行，舉盤者次之。各奉正配位之饌，以序立於南壝門之外，俟禮直官引司徒出詣饌殿，齋郎各奉以序從司徒入自南壝正門。配位之饌，入自偏門。宫縣樂奏黄鐘宫《寧成》之曲，至壇下，俟祝史進徹毛血豆訖，降自卯陛以出。司徒引齋郎奉正位饌詣壇，陞自午陛。太史令丞率齋郎奉配位及第一等之饌，陞自卯陛，立定。奉禮贊諸太祝迎饌，諸太祝迎于壇陛之間，齋郎各跪奠于神座前。設籩于糗餌之前，豆於醯醢之前，簠於稻前，簋於黍前。又奠牲體盤于俎上，齋郎出笏，俛伏，興。退立定，樂止。禮直官引司徒降自卯陛。太官令率齋郎從司徒亦降自卯陛，各復位。其第二等至内壝外之饌，有司陳設。禮直官贊，太祝搢笏，立茅苴於沙池，出笏，俛伏，興，退立于本位。禮直官引太尉詣盥洗位，宮縣樂作，奏黃鍾宮《隆成》之曲，至位北向立，樂止。搢笏、盥手、帨手訖，出笏詣爵洗位，北向立。搢笏，執事者奉匏爵以授太尉，太尉洗爵、拭爵訖，以爵授執事者。太尉出笏，詣壇，陞自午陛，一作卯陛。登歌樂作，奏黃鍾宮《明成》之曲，至壇上，樂止。詣酌尊所，西向立，搢笏，執事者以爵授太尉，太尉執爵，司尊罍舉冪，良醞令酌太尊之泛齊。凡舉冪、酌酒皆跪，以爵授執事者。太尉出笏，詣正位神座前，北向立，宮縣樂作，奏黃鍾宮《明成》之曲，文舞《崇德》之舞。太尉搢笏跪，三上香。執事者以爵授太尉，太尉執爵三祭酒於茅苴，以爵授執事者，執事者奉爵退，詣尊所。太官丞傾馬湩于爵，跪授太尉，亦三祭於茅苴，復以爵授執事者，執事者受虛爵以興。太尉出笏，俛伏，興，少退，北向立，樂止。舉祝官搢笏跪，對舉祝版，讀祝官搢笏跪，讀祝文。讀訖，舉祝官奠版于案，出笏興，讀祝官出笏，俛伏，興，宮縣樂奏如前曲。舉祝、讀祝官俱先詣皇地祇位前，北向立。太尉再拜訖，樂止。次詣皇地祇位，並如上儀，惟樂奏大呂宮。次詣配位，並如上儀，惟樂奏黃鍾宮，降自午陛，一作卯陛。登歌樂作如前降神之曲，至位，樂止。讀祝、舉祝官降自卯陛，復位。文舞退，武舞進，宮縣樂作，奏黃鍾宮《和成》之曲，立定，樂止。禮直官引亞獻官詣盥洗位，北向立。搢笏、盥手、帨手訖，出笏詣爵洗位，北向立。搢笏、執爵、洗爵、拭爵，以爵授執事者。出笏詣壇，陞自卯陛，至壇上酌尊所，東向一作西向。立。搢笏授爵執爵，司尊罍舉冪，良醞令酌著尊之醴齊，以爵授執事者。出笏，詣正位神座前，北向立。宮縣樂奏黄鐘宫《熙成》之曲，武舞《定功》之舞。搢笏跪，三上香，授爵執爵，三祭酒於茅苴，復祭馬湩如前儀，以爵授執事者。出笏，俛伏，興，少退立，再拜訖，次詣皇地祇位、配位，並如上儀訖，樂止，降自卯陛，復位。禮直官引終獻官詣盥洗位。盥手、帨手訖，詣爵洗位，授爵執爵，洗爵拭爵，以爵授執事者。出笏，陞自卯陛，至酌尊所，搢笏授爵執爵，良醞令酌犧尊之盎齊，以爵授執事者。出笏，詣正位神座前，北向立。宮縣樂作，奏黄鐘宫《熙成》之曲，武舞《定功》之舞。上香、祭酒、馬湩，並如亞獻之儀，降自卯陛。初終獻將陞壇時，禮直官分引第一等分獻官詣盥洗位，搢笏、盥手、帨手、滌爵、拭爵訖，以爵授執事者。出笏，各由其陛詣酌尊所，搢笏，執事者以爵授分獻官，執爵，酌太尊之泛齊，以爵授執事者。各詣諸神位前搢笏跪，三上香、三祭酒訖，出笏，俛伏，興，少退，再拜興，降復位。第一等分獻官將陞壇時，禮直官引第二等、第三等、内壝内、内壝外衆星位分獻官，各詣盥洗位，搢笏、盥手、帨手，酌奠如上儀訖，禮直官各引獻官復位，諸執事者皆退復位。禮直官贊太祝徹籩豆。登歌樂作大吕宫《寧成》之曲，太祝跪以籩豆各一，少移故處，卒徹，出笏，俛伏，興，樂止。奉禮郎贊曰「賜胙」，衆官再拜，禮直官承傳曰「拜」，在位者皆再拜，平，立定。送神宮縣樂作，奏圜鐘宫《天成》之曲一成止。

九曰望燎。禮直官引太尉，亞獻助奠一員，太常禮儀院使，監祭、監禮各一員等，詣望燎位。又引司徒，終獻助奠、監祭、監禮各一員，及太常禮儀院使等官，詣望瘞位。樂作，奏黃鐘宮《隆成》之曲，至位，南向立，樂止。上下諸執事各執篚進神座前，取燔玉及幣祝版。日月已上，齋郎以俎載牲體黍稷，各由其陛降，南行，經宮縣樂，出東，詣燎壇。陞自南陛，以玉幣、祝版，饌食致於柴上户内。諸執事又以内官以下之禮幣，皆從燎。禮直官贊曰「可燎」，東西執炬者以炬燎火半柴。執事者亦以地祇之玉幣、祝版、牲體、黍稷詣瘞坎。焚瘞畢，禮直官引太尉以下官以次由南壝東偏門出，禮直官引監祭、監禮、奉玉幣官、太祝、祝史、齋郎俱復壇南，北向立。奉禮郎贊曰「再拜」，禮直官承傳曰「拜」，監祭、監禮以下皆再拜訖，各退出。太樂令率工人二舞以次出。禮直官引太尉以下諸執事官至齊班幕前立，禮直官贊曰「禮畢」，衆官員揖畢，各退于次。太尉等官、太常禮儀院使、監禮展視胙肉酒醴，奉進闕庭，餘官各退。

祭告三獻儀，大德十一年所定。告前三日，三獻官、諸執事官，具公服赴中書省受誓戒。前一日未正二刻，省牲器。告日質明，三獻官以下諸執事官，各具法服。禮直官引監祭禮以下諸執事官，先入就位，立定。監祭禮點視陳設畢，復位，立定。太官令率齋郎出，禮直官引三獻司徒、太常禮儀院使、光禄卿入就位，立定。禮直官贊曰「有司謹具，請行事」，降神樂作，六成止。太常禮儀院使燔牲首，復位，立定。奉禮贊三獻以下皆再拜，就位。禮直官引初獻詣盥洗位，盥手訖，陞壇詣昊天上帝位前，北向立。搢笏跪，三上香，奠玉幣，出笏，俛伏，興，再拜訖，降復位。禮直官引初獻詣盥洗位，盥手訖，詣爵洗位，洗拭爵訖，詣酒尊所，酌酒訖，請詣昊天上帝神位前，北向，搢笏跪，三上香，執爵三祭酒於茅苴，出笏，俛伏，興，俟讀祝訖，再拜，平立。請詣皇地祇酒尊所。酌獻並如上儀，俱畢，復位。禮直官引亞獻，並如初獻之儀，惟不讀祝，降復位。禮直官引終獻，並如亞獻之儀，降復位。奉禮贊「賜胙」，衆官再拜，在位者皆再拜。禮直官引三獻司徒、太常卿、光禄卿、監祭禮等官，請詣望燎位，南向立定，俟燎玉幣祝版。禮直官贊「可燎」，禮畢。

祭告一獻儀，至元十二年所定。告前二日，郊祀令掃除壇壝内外，翰林國史院學士撰寫祝文。前一日，告官等各公服捧祝版，進請御署訖，同御香上尊酒如常儀，迎至祠所齋宿。告日質明前三刻，禮直官引郊祀令率其屬詣壇，鋪筵陳設如儀。禮直官二員引告官等各具紫服，以次就位，東向立定。禮直官稍前曰「有司謹具，請行事」，贊者曰「鞠躬」，曰「拜」，曰「興」，曰「拜」，曰「興」，曰「平身」。禮直官先引執事官各就位，次詣告官前曰「請詣盥爵洗位」。至位，北向立，曰「搢笏」，曰「盥手」，曰「帨手」，曰「洗爵」，曰「拭爵」，曰「出笏」，曰「詣酒尊所」，曰「搢笏」，曰「執爵」，曰「司尊者舉冪」，曰「酌酒」。良醞令酌酒，曰「以爵授執事者」，告官以爵授執事者。曰「出笏」，曰「詣昊天上帝、皇地祇神位前」。北向立，曰「稍前」，曰「搢笏」，曰「跪」，曰「上香」，曰「上香」，曰「三上香」，曰「祭酒」，曰「祭酒」，曰「三祭酒」，曰「以爵授捧爵官」，曰「出笏」，曰「俛伏，興」，曰「舉祝官跪」，曰「舉祝」，曰「讀祝官跪」，曰「讀祝」。讀訖，曰「舉祝官奠祝版於案」，曰「俛伏，興」。告官再拜，曰「鞠躬」，曰「拜」，曰「興」，曰「拜」，曰「興」，曰「平身」，引告官以下降復位。禮直官贊曰「再拜」，曰「鞠躬」，曰「拜」，曰「興」，曰「拜」，曰「興」，曰「平身」，曰「詣望燎位」，燔祝版半燎，告官以下皆退。瘞之其坎於祭所壬地，方深足以容物。

新元史卷之八十四　志第五十一

禮志四

宗廟上

宗廟祭享之禮，割牲、奠馬湩，以巫祝致辭，蓋蒙古舊俗也。世祖中統元年秋七月丁丑，設神位于中書省，用登歌樂，遣必闍赤致祭焉。必闍赤，譯言典書記者。十二月，初命製太廟祭器，法服。二年九月庚申朔，徙中書省，奉遷神主於聖安寺。辛巳，藏于瑞像殿。三年十二月癸亥，即中書省備三獻官，大禮使司徒攝祀事。禮畢，神主復藏瑞像殿。四年三月癸卯，詔建太廟于燕京。十一月丙戌，仍寓祀事於中書省，以親王合丹、塔察兒、王磐、張文謙攝事。

至元元年冬十月，奉安神主於太廟，初定太廟七室之制。皇祖、皇祖妣第一室，皇伯考、伯妣第二室，皇考、皇妣第三室，皇伯考、伯妣第四室，皇伯考、伯妣第五室，皇兄、皇后第六室，皇兄、皇后第七室。凡室以西爲上，以次而東。二年九月，初命滁養犧牲，取大樂工於東平，習禮儀。冬十月己卯，享于太廟，尊皇祖爲太祖。三年秋九月，始作八室神主，設祏室。冬十月，太廟成。丞相安童、伯顏言：「祖宗世數、尊謚廟號、配享功臣、增祀四世、各廟神主、七祀神位、法服祭器等事，皆宜以時定。」乃命平章政事趙璧等集議，上尊謚廟號，定爲八室。烈祖神元皇帝、皇曾祖妣宣懿皇后第一室，太祖聖武皇帝、皇祖妣光獻皇后第二室，太宗英文皇帝、皇伯妣昭慈皇后第三室，皇伯朮赤、皇伯妣別土出迷失第四室，皇伯考察合台、皇伯妣也速倫第三室、第四室皇伯考、妣，舊列皇考、妣之後，今更易。第五室，皇考睿宗景襄皇帝、皇妣莊聖皇后第六室，定宗簡平皇帝、欽淑皇后第七室，憲宗桓肅皇帝、貞節皇后第八室。十一月戊申，奉安神主于祏室，歲用冬，祀如初禮。

四年二月，初定一歲十二月薦新時物。六年冬，時享畢，十二月，命國師僧薦佛事于太廟七晝夜，始造木質金表牌位十有六，設大榻金椅奉安祏室前，爲太廟薦佛事之始。七年十月癸酉，勅宗廟祝文書以國字。來年，太廟牲牢勿用豢豕，以野豬代之，果品勿市，取之內園。八年八月，太廟殿柱朽。從張易言，告于列室而後修，奉遷栗主金牌位與舊神主于饌幕殿，工畢奉安。自是修廟皆如之。丙子，勅冬享勿用犧牛。

十二年五月，檢討張謙言：「昔者因修太廟，奉遷金牌位於饌幕殿，設金椅，其栗主與舊主牌位各存箱内，安置金椅下，禮有非宜。今擬金牌位遷于八室，其祏室栗主與舊主牌位，宜用綵輿遷納，置箱内爲宜。」七月，修太廟，將遷神主别殿，遣官告祭。九月丁丑，勑太廟牲復用牛。十月己未，遷金牌位于八室。太祝兼奉禮郎申屠致遠言：「竊見木主既成，又有金牌位，其日月山神主及中統初中書設祭神主，奉安無所。」博士議曰：「合存祏室栗主，舊置神主牌位，俱可隨時埋瘞。」太常少卿以聞，詔曰：「其與張仲謙諸老臣議行之。」十三年正月，以平宋，遣官告祭祖宗於上都之近郊。八月，以銅爵一、豆一獻於太廟。九月丙申，薦佛事于太廟，命即佛事處大祭。己亥，享于太廟，加薦羊、鹿、野豕。是歲，改作金主，太祖主曰「成吉思皇帝」，睿宗題曰「太上皇也可那顏」，皇后皆題名諱。

十四年正月，以白玉、碧玉、水晶爵六獻於太廟。八月乙丑，詔建太廟于大都。十五年五月，太常卿還自上都，議廟制，據博士言同堂異室非禮，以古今廟制畫圖貼説，令博士李天麟齎往上都，分議可否以聞：

一曰都宫别殿，七廟、九廟之制。《祭法》曰：「天子立七廟，三昭三穆，與太祖之廟而七。」諸侯、大夫、士降殺以兩。晉博士孫毓以謂：「外爲都宫，内各有寢廟，别有門垣。太祖在北，左昭右穆，以次而南。」是也。前廟後寢者，以象人君之居，前有廟而後有寢也。廟以藏主，以四時祭；寢有衣冠几杖象生之具，以薦新物。天子太祖百世不遷，宗亦百世不遷；高祖以上，親盡則遞遷。昭常爲昭，穆常爲穆，同爲都宮，則昭常在左，穆常在右，而外有以不失其序。一世自爲一廟，則昭不見穆，穆不見昭，而内有以各全其尊。必祫享而會於太祖之廟，然後序其尊卑之次。蓋父子異宮，祖禰異廟，所以成「事亡如事存」之義。然漢儒論七廟、九廟之數，其説有二。韋玄成等以謂周之所以七廟者，以后稷始封，文王、武王受命而王，是以三廟不毀，與親廟四而七也。如劉歆之説，則周自武王克商，以后稷爲太祖，即增立高圉、亞圉二廟於公叔、太王、王季、文王二昭二穆之上，已爲七廟矣。至懿王時，始立文世室於三穆之上，至孝王時，始立武世室於三昭之上，是爲九廟矣。然先儒多是劉歆之説。

二曰同堂異室之制。後漢明帝遵儉自抑，遺詔無起寢廟，但藏其主於光武廟中更衣別室。其後章帝又復如之，後世遂不敢加。而公私之廟，皆用同堂異室之制。先儒朱熹以謂至使太祖之位，下同孫子，而更僻處於一隅，無以見爲七廟之尊；羣廟之神，則又上厭祖考，不得自爲一廟之主。以人情論之，生居九重，窮極壯麗，而設祭一室，不過尋丈，甚或無地以容鼎俎，而陰損其數，子孫之心，於此宜亦有所不安矣。且命士以上，其父子婦姑，猶且異處，謹尊卑之序，不相褻瀆。況天子貴爲一人，富有四海，而祖宗神位數世同處一堂，有失人子「事亡如事存」之意矣。

是年，太廟常設牢醴外，益以羊、鹿、豕、蒲萄酒。勅常德府歲貢苞茅。

十六年八月丁酉，以江南所獲玉爵及坫四十九事，納于太廟。十七年十二月甲申，告遷于太廟。癸巳，承旨和禮霍孫，太常卿太出、禿忽思等，以祏室內栗主八位併日月山牌位、聖安寺木主俱遷。甲午，和禮霍孫、太常卿撒里蠻率百官奉安太祖、睿宗二室金主於新廟，遂大享焉。乙未，毁舊廟。

十八年二月，博士李時衍等議：「歷代廟制，俱各不同。欲尊祖宗，當從都宮別殿之制；欲崇儉約，當從同堂異室之制。」三月十一日，尚書段那海及太常禮官奏曰：「始議七廟，除正殿、寢殿、正門、東西門已建外，東西六廟不須更造，餘依太常寺新圖建之。」遂爲前廟、後寢，廟分七室。

是時，東平人趙天麟獻《太平金鏡策》，其議宗廟之制曰：「天子立七廟，在都城內之東南。太祖中位乎北，三昭在東，三穆在西。廟皆南向，主皆東向。都宮周於外，以合之牆宇建於內，以別之門。堂、室、寢一一分方庭砌堂，除區區異地。山節藻棁，以示崇高；重簷列楹，以示嚴肅；斲礱其桷，以示麗而不奢；覆之用茅，以示儉而有節。此廟之制度也。祖功宗德，百世不易。親盡之廟，因親而祧。祧舊主於太祖之夾室，祔新主於南廟之室中。昭以取其向明，而自班乎昭〔一〕；穆以取其深遠，而常從其穆。穆祔而昭不動，昭祔而穆不遷。二世祧，則四世遷於二室，六世遷於四世，以八世祔昭之南廟。三世祧，則五世遷於三世，七世遷於五世，以九世祔穆之南廟。孫以子祔於祖，父孫可以爲王，父尸由其昭穆之同，非有尊卑之辨。故祧主既藏，祫則出，餘則否，祔廟貴新。易其簷，改其塗，此廟之祧祔也。散齋七日，致齋三日，牲牷肥腯，旨酒嘉栗，粢盛豐潔，器皿具備，祠宜羔豚膳膏，薌禴宜腒鱐膳膏，臊嘗宜犢麛膳膏，腥烝宜鱻羽膳膏。羶設守祧所掌之遺衣，陳奕世遞傳之宗器。王后及賓，禮成九獻，辟公卿士，奔執豆籩，此廟之時祭也。太祖廟主尋常東面，移昭南穆北而合食，就已毀未毀而制禮。四時皆陳，未毀而祭之，五年兼已毀而祭之，此廟之祫祭也。三年大祭，祭祖之所自出，以始祖配之，此廟之禘祭也。」其言皆援據古禮。世祖雖善其言，而不能盡用云。

二十一年三月丁卯，太廟正殿成，奉安神主。二十二年十二月丁未，皇太子薨。太常博士與中書翰林諸老臣議，宜加謚，立別廟奉祀。遂謚曰明孝太子，作金主。是月，丹太廟楹。二十三年九月，以太廟雨壞，遣官致告，奉安神主於別殿。二十五年五月，奉安神主於太廟。是年冬享，制用白馬一。三十年十月朔，皇太子祔于太廟。

三十一年，成宗即位，追尊皇考明孝太子爲皇帝，廟號裕宗。元貞元年冬十月癸卯，有事于太廟。中書省臣言：「去歲世祖、皇后、裕宗祔廟，以綾代玉册。今玉册、玉寶成，請納諸各室。」帝曰：「親饗之禮，祖宗未嘗行之。其奉册以來，朕躬祝之。」命獻官迎導入廟。大德元年十一月，太保月赤察兒等奏請廟享增用馬，制可。二年正月，特祭太廟，用馬一、牛一。羊、鹿、野豕、天鵝各七，餘品如舊，是爲特祭之始。四年八月，以皇妣、皇后祔。六年五月戊申，太廟寢殿災。

十一年，武宗即位，追尊皇考爲皇帝，廟號順宗。太祖室居中，睿宗西第一室，世祖西第二室，裕宗西第三室，順宗東第一室，成宗東第二室。追尊先元妃爲皇后，祔成宗室。睿宗、裕宗、順宗並未踐大位，入廟稱宗，而黜太宗、定宗、憲宗不在六室之列，又躋順宗於成宗之上，皆失禮之甚者也。

至大二年春正月乙未，以受尊號，恭謝太廟，是爲親祀之始。十月，以將加謚太祖、睿宗，擇日請太祖、睿宗尊謚于天，擇日請光獻皇后、莊聖皇后尊謚於廟，改金主，題寫尊謚廟號。十二月乙卯，親享太廟。奉玉册、玉寶。加上太祖聖武皇帝尊謚曰法天啟運，廟號太祖，光獻皇后曰翼聖。加上睿宗景襄皇帝曰仁聖，廟號睿宗，莊聖皇后曰顯懿。其舊主以櫝貯兩旁，自是主皆範金作之。先是，太廟皆遣官行事，帝復欲如之。大司徒李邦寧諫曰：「先朝非不欲親致享祀，誠以疾廢禮耳。今逢繼成之初，正宜開彰孝道，以率天下，躬祀太室，以成一代之典。循習故事，非臣所知也。」帝曰：「善。」即日備法駕宿齋宮，且命邦寧爲大司徒。三年，丞相三寶奴等言：「太祖祠祭用瓦尊，乞代以銀。」從之。四年閏七月，奉武宗神主，祔於太廟。

延祐七年六月，新作太祖幄殿。八月，祔仁宗及莊懿慈聖皇后於太廟。時議仁宗升祔，增置廟室。太常禮儀院下博士檢討歷代典故，移書禮部、中書集議曰：「古者天子祭七代，兄弟同爲一代，廟室皆有神主，增置廟室。」又議：「大行皇帝升祔太廟，七室皆有神主，增室不及。依前代典故，權於廟內止設幄座，面南奉安。今相視得第七室近南對室地位，東西一丈五尺，除設幄座外，餘五尺，不妨行禮。」乃結綵爲殿，置武宗室南，權奉神主焉。十月戊子，英宗將以四時躬祀太廟，命太常禮官與中書、翰林、集賢等官集議，帝覽其禮制曰：「此追遠報本之道也，毋以朕勞而有所損，其一遵典禮。」丙寅，中書以躬謝太廟儀注進。十一月丙子朔，帝御齋宮。丁丑，備法駕儀衛，躬謝太廟，至櫺星門駕止，有司進輦不御，步至大次，服衮冕端拱以竢。禮儀使請署祝，帝降御座正立書名。及讀祝，勑高贊御名。至仁宗室，輒歔欷流涕，左右莫不感動。退至西神門，殿中監受圭，出降沒階乃授圭。甲辰，太常進時享太廟儀式。

至治元年正月乙酉，始命於太廟垣西北建大次殿。丙戌，始以四孟月時享，親祀太室。禮成，坐北建大次殿。丙戌，始以四孟月時享，親祀太室。帝服衮冕，以左丞相拜住亞獻，知樞密院事曲紐終獻。禮成，坐大次，謂羣臣曰：「朕纘承祖宗丕緒，夙夜祗慄，無以報稱，歲惟四祀，使人代之，不能致如在之誠，實所未安。自今以始，歲必親祀，以終朕身。」五月，中書省臣言：「以廟制事，集御史臺、翰林院、太常院臣議。謹按前代廟室，多寡不同。晉則兄弟同爲一室，正室增爲十四間。東西各一間。唐九廟，後增爲十一室。宋增室至十八，東西夾室各一間，以藏祧主。今太廟雖分八室，然兄弟爲世，止六世而已。世祖所建前廟後寢，往歲寢殿災。請以今殿爲寢，別作前廟十五間，中三間通爲一室，以奉太祖神主，餘以次爲室，庶幾情文得宜。謹上太常廟制。」帝曰：「善，期以來歲營之。」十二月，以受尊號，宜謝太廟。拜住言：「世祖議行一獻禮，武宗則躬行謝禮。」詔依武宗故事。

二年春正月丁丑，始陳鹵簿，親享太廟。丞相拜住奏建太廟前殿，議行祫禘配享之禮。三月二十三日，以新作太廟正殿，權止夏秋二祭。秋八月丙辰，太皇太后崩，太常院官奏：「國哀以日易月，旬有二日外，乃舉祀事。有司以十月戊辰，有事于太廟，取聖裁。」帝曰：「太廟禮不可廢，迎香去樂可也。」又言：「太廟興工未畢〔二〕，有妨陳宮縣樂，請止用登歌。」從之。

三年春三月戊申，祔昭獻元聖皇后於順宗室。夏四月六日，上都分省參議速速，以都堂旨，太廟夾室未有制度，再約臺院等官議定。博士議曰：「按《爾雅》曰『室有東西廂曰廟』，注：『夾室前堂。』同禮曰『西夾南向』〔三〕，注曰：『西廂夾室。』此東西夾室之正文也。賈公彦曰：『「室有東西廂曰廟」，其夾皆在序。』是則夾者，猶今耳房之類也。然其制度則未之聞。東晉太廟正室一十六間，東西儲各一間，共十有八。所謂儲者，非夾室與？唐貞觀故事，遷廟之主，藏於夾室西壁，南北三間。又宋哲宗亦嘗於東夾室奉安，後雖增建一室，其夾室仍舊。是唐、宋夾室，與諸室制度無大異也。五帝不相沿樂，三王不相襲禮。今廟制皆不合古，權宜一時。宜取今廟一十五間，南北六間，東西兩頭二間，準唐南北三間之制，壘至棟爲三間，壁以紅泥，以準東西序，南向爲門，如今室户之制，虚前以準廂，所謂夾室前堂也。雖未盡合於古，於今事爲宜。」六月，上都中書省以聞，帝從之。壬申，勑以太廟前殿十有五間，東西二間爲夾室，南向。秋七月辛卯，太廟落成。

已而國有大故，晉王即皇帝位。有司疑於昭穆之次，集羣臣議之。翰林學士吴澄議曰：「世祖混一天下，悉考古制，遵而用之。古者天子七廟，廟各有宫。太祖居中，左三廟爲昭，右三廟爲穆。神主各以次遞遷。其廟之宫，如今之中書六部。夫省部之設，仿於金、宋，豈宗廟次序，而不考古乎？」然有司急於行事，竟如舊次云。十二月戊辰，追尊皇考晉王爲皇帝，廟號顯宗，皇妣晉王妃爲皇后。庚午，盜入太廟，失仁宗及慈聖皇后神主。

壬申，重作仁廟二金主。丙午，御史趙成慶言：「太廟失神主，乃古今莫大之變。由太常禮官不恭厥職，宜正其罪，以謝宗廟，以安神靈。」制命中書定罪。泰定元年春正月甲午，奉安仁宗及慈聖皇后二神主。丁丑，御史宋本、趙成慶、李嘉賓言：「太廟失神主，已得旨，命中書定太常失守之罪。中書以爲事在太廟署令，而太常官屬居位如故。昔唐陵廟皆隸宗正，盜斫景陵門戟架，既貶陵令丞，而宗正卿亦皆貶黜。且神門戟架比之太廟神主，孰爲輕重？宜定其罪名，顯示黜罰，以懲不恪。」不報。

先是，博士劉致建議曰：

竊以禮莫大於宗廟。宗廟者天下國家之本，禮樂刑政之所自出也。唐、虞、三代而下，靡不由之。聖元龍興朔陲，積德累功，百有餘年，而宗廟未有一定之制。方聖天子繼統之初，定一代不刊之典，爲萬世法程，正在今日。周制：天子七廟，三昭、三穆，昭處於東，穆處於西，所以別父子親疎之序，而使不亂也。聖朝取唐、宋之制，定爲九世，遂以舊廟八室而爲六世，昭穆不分，父子並坐，不合《禮經》。新廟之制，一十五間，東西二間爲夾室，太祖室既居中，則唐、宋之制不可依，惟當以昭穆列之。父爲昭，子爲穆，則睿宗當居太祖之東，爲昭之第一世，世祖居西，爲穆之第一世。裕宗居東，爲昭之第二世，兄弟共爲一世，則成宗、順宗、顯宗三室皆當居西，爲穆之第二世。

武宗、仁宗二室皆當居東，爲昭之第三世。昭之后居左，穆之后居右，西以左爲上，東以右爲上也。苟或如此，則昭穆分明，秩然有序，不違《禮經》，可爲萬世法。若以累朝定制，依室次於新廟遷安，則顯宗躋順宗之上，順宗躋成宗之上。以禮言之，春秋閔公無子，庶兄僖公代立，其子文公遂躋僖公於閔公之上，史稱「逆祀」。及定公正其序，《書》曰「從祀先公」〔四〕。然僖公猶是有位之君，尚不可居故君之上，況未嘗正位者乎？國家雖曰以右爲尊，然古人所尚，或左或右，初無定制。古人右社稷而左宗廟，國家宗廟亦居東方。豈有建宗廟之方位既依《禮經》，而宗廟之昭穆反不應《禮經》乎？且如今朝賀或祭祀，宰相獻官分班而立，居西則尚左，居東則尚右。及行禮就位，則西者復尚右，東者復尚左矣。致職居博士，宗廟之事，所宜建明。然事大體重，宜從使院移書集議取旨。

四月辛巳，中書省臣言：「世祖皇帝始建太廟，太祖皇帝居中南向，睿宗、世祖、裕宗神主以次祔西室，順宗、成宗、武宗、仁宗以次祔東室。邇者集賢、翰林、太常諸臣言：『國朝建太廟遵古制。古尚左，今尊者居右爲少屈，非所以示後世。太祖皇帝居中南向，宜奉睿宗皇帝神主祔左一室，世祖祔右一室，裕宗祔睿宗室之左。顯宗、順宗、成宗兄弟也，以次祔世祖室之右。武宗、仁宗亦兄弟也，以祔裕宗室之左，英宗祔成宗室之右。』臣等以其議近是，謹繪室次爲圖以獻，惟陛下裁擇。」從之。五月戊戌，祔顯宗、英宗凡十室。

三年十二月，御史趙師魯以大禮未舉，言：「天子親祀郊廟，所以通精誠，迓福釐，生烝民，阜萬物，百王不易之禮也。宜講求故事，對越以格純嘏。」不報。四年，臺臣復以爲言，帝曰：「朕遵世祖舊制，其命大臣攝之。」

是年夏四月辛未，盜入太廟，失武宗神位及祭器，太常禮儀院官皆斥罷。壬申，重作武宗金主及祭器。甲午，奉安武宗神主。

致和元年正月，享太廟。御史鄒惟亨言：「時享太廟，三獻官舊皆勛戚大臣。而近以户部尚書爲亞獻，人既疏遠，禮難嚴肅。請仍舊制，以臺省院重臣爲亞獻。」從之。

天曆元年冬十月丁亥，毁顯宗室。詔時享改用仲月。十一月，帝宿齋服衮冕，享於太廟。

元統二年四月，親奉文宗神主祔於太廟，時寢廟未建，權於英宗室次結綵殿以奉安神主。御史臺言：「宜因升祔有事於太廟。」從之。是年，罷夏季時享。

後至元三年正月，祔寧宗神主於太廟。八月，京師地大震，太廟梁柱裂，各室牆壁盡壞，文宗神主及御牀皆碎。勑作文宗新主、玉册，依典禮祭告焉。十月，平章徹里帖木兒以星變，議減太廟四祭爲一，御史吕思誠等十九人劾之，不聽，竟罷冬享。自後二年、三年、四年一祭，以星變而減宗廟之祭享，其去恐懼修省之意遠矣。如徹里帖木兒者，宜科以擅議宗廟之罪，帝迺信用其言，何也？

至正三年，帝有事於南郊，告祭太廟。至寧宗室，問曰：「朕，寧宗兄也，當拜否？」太常博士劉聞對曰：「寧宗雖弟，其在位時，陛下爲之臣。春秋時，魯閔公，弟也，僖公，兄也。閔公先爲君，宗廟之祭，未聞僖公不拜。禮當拜。」從之。

十五年十月，以郊祀，命皇太子祭告太廟。二十年十二月詔：「太廟影堂祭祀，乃子孫報本之事。近以兵興歲歉，累朝四祭減爲春秋二祭，今宜復之。」然國事日棘，竟不能舉行舊典云。

六年六月，詔毁文宗室。是月，監察御史言：「嘗聞《五行傳》曰：『簡宗廟，廢祭祀，則水不潤下。』近年雨澤愆期，四方多旱，而歲減祀事，變更成憲，原其所致，恐有感召。欽惟國家四海乂安，百有餘年，列聖相承，典禮具備，莫不以孝治天下。古者宗廟四時之祭，皆天子親享，莫敢使有司攝也。蓋天子之職，莫大於禮，禮莫大於孝，孝莫大於祭。世祖皇帝自新都城，首建太廟，可謂知所本矣。《春秋》之法，國君即位，逾年改元，必行告廟之禮。伏自陛下即位以來，于今七年，未嘗躬詣太廟，似爲闕典。方今政化更新，並遵舊制，告廟之典，理宜親享。」時帝在上都，臺臣以聞，詔曰：「俟朕到大都行之。」

九月二十七日，中書省奏以十月初四日皇帝親祀太廟，制曰：「可。」前期，告示以太師、右丞相馬札兒台爲亞獻官，樞密知院阿魯禿爲終獻官，知院潑皮、翰林承旨老章爲助奠官，大司農愛牙赤爲七祀獻官，侍中二人，門下侍郎一人，大禮使一人，執劈正斧一人，禮儀使四人，餘各如故事。

凡大祭祀，尤貴馬湩。將有事，勑太僕寺挏馬官，奉尚飲者革囊盛送焉。其馬牲既與三牲同登于俎，而割奠之饌，復與籩豆俱設。將奠牲盤酹馬湩，則蒙古太祝升詣第一座，呼帝后神諱，以致祭年月日數、牲齋品物〔五〕，致其祝語。以次詣列室，皆如之。禮畢，則以割奠之餘，撒於南欞星門外，名曰抛撒茶飯。蓋以國禮行事，尤其所重也。

割奠之禮，初惟太常卿設之。桑哥爲初獻，乃有三獻等官同設之儀。博士議曰：「凡陳設祭品、實鐏罍等事，獻官皆不與也。獨此親設之，然後再升殿，恐非誠慤專一之道。且大禮使等官，尤非其職。」大樂署長言〔六〕：「割奠之禮，宜別撰樂章。」博士議曰：「三獻之禮，實依古制。若割肉，奠葡萄酒、馬湩，別撰樂章，是又成一獻也。」又議：「燔膋膟與今燒飯禮合，不可廢。形鹽、糗餌、粉餈、酏食、糝食，非古。雷鼓、路鼓、與播鼗之制不同。攝祀大禮使終夕豎立，無其義。」知禮者皆有取於其言。英宗初，博士又言：「今冬祭，即烝也，天子親祼太室〔七〕，功臣宜配享。」事亦弗果行。

廟制：至元十七年，新作于大都。前廟，後寢。正殿東西七間，南北五間，内分七室。殿陛二成三階。中曰泰階，西曰西階，東曰阼階。寢殿東西五間，南北三間，環以宫城，四隅重屋，號角樓。正南、正東、正西宫門三，門各五門，皆號神門，殿下道直東西神門曰横街，直南門曰通街，甓之。通街兩旁井二，皆覆以亭。宫城外，繚以崇垣。饌幕殿七間，在宫城南門之東，南向。齊班廳五間，在宫城之東南，西向。省饌殿一間，在東城東門少北，南向。初獻齋室，在宫城之東，東垣門内少北，西向。其南爲亞終獻、司徒、大禮使、助奠、七祀獻官等齋室，皆西向。雅樂庫在宫城西南，東向。法物庫、儀鸞庫在宫城之東北，皆南向。都監局在其東少南，西向。東垣之内，環築牆垣爲别院。内神廚局五間，在北，南向。井在神廚之東北，有亭。酒庫三間，在井亭南。西向。祠祭局三間，對神廚局，北向。院門西向。百官廚五間，在神廚院南，西向。宫城之南，復爲門，與中神門相值，左右連屋六十餘間，東掩齊班廚，西值雅樂庫，爲諸執事齋房。築崇墉以環其後，東西南開櫺星門三，門外馳道，抵齊化門之通衢。

至治元年，詔議增廣廟制。三年，别建大殿一十五間於今廟前，用今廟爲寢殿，中三間通爲一室，餘十間各爲一室，東西兩旁際牆各留一間，以爲夾室。室皆東西横闊二丈，南北入深六間，每間二丈。宫城南展後，鑿新井二於殿南，作亭。東南隅、西南隅角樓，南神門、東西神門，饌幕殿、省饌殿、獻官百執事齋室，中南門，齊班廳、雅樂庫、神廚、祠祭等局，皆南徙。建大次殿三間於宮城之西北，東西欞星門亦南徙。東西欞星門之內，鹵簿房四所，通五十間。

神主：至元三年，始命太保劉秉忠考古制爲之。高一尺二寸，上頂圜徑二寸八分，四廂合剡一寸一分。上下四方穿，中央通孔，徑九分，以光漆題尊謚於背上。匱趺底蓋俱方。底自下而上，蓋從上而下。底齊趺。方一尺，厚三寸。皆準元祐古尺圖。主及匱趺皆用栗木。匱趺並用元漆，設祏室以安奉。帝主用曲几，黃羅帕覆之。后主用直几，紅羅帕覆之。祏室，每室紅錦厚褥一，紫錦薄褥一，黃羅複帳一，龜背紅簾一，緣以黃羅帶飾。六年十二月十八日，國師奉旨造木質金表牌位十有六，亦號神主。設大榻金椅位，置祏室前。帝位於右，后位於左，題號其面，籠以銷金絳紗，其制如櫝。

祝有二：祝册：親祀用之。製以竹，每副二十有四簡，貫以紅絨條。而用膠粉塗飾，背飾以絳金綺。藏以楠木縷金雲龍匣，塗金鎖鑰。韜以紅錦囊，蒙以銷金雲龍絳羅複。擬撰讀文、書祝、讀祝，皆翰林詞臣掌之。至大二年親祀，竹册長一尺二寸，廣一寸二分，厚三分。至治二年正月親祀，竹册八副，每册二十有四簡，長一尺一寸，廣一寸，厚一分二釐。

祝板：攝祀用之。製以楸木〔八〕，長二尺四寸，廣一尺二寸，厚一分。其面背飾以精潔楮紙。

祝文：至元時，享於太祖室，稱孝孫嗣皇帝臣某；睿宗室，稱孝子嗣皇帝臣某。天曆時，享自太祖至裕宗四室，皆稱孝曾孫嗣皇帝臣某；順宗室，稱孝孫嗣皇帝臣某；成宗至英宗三室，皆稱嗣皇帝臣某；武宗室，稱孝子嗣皇帝臣某。

幣：以白繒爲之，每段長一丈八尺。

牲齊庶品：大祀，馬一，用色純者，有副；牛一，其角握，其色赤，有副；羊，其色白；豕，其色黑；鹿。凡馬、牛、羊、豕、鹿牲體。每室七盤，單室五盤。太羹，每室三登，和羹，每室三鉶，籩之實，每室十有二品。豆之實。每室十有二品。凡祀，先期命貴臣率獵師取鮮獐鹿兔，以供脯臡醓醢。稻粱爲飯，每室二簠；黍稷爲飯，每室二簋。彝尊之實，每室十有一。明水玄酒，用陰鑑取水于月，與井水同，鬯用鬱金爲之。五齊三酒，醞於光禄寺。膟膋蕭蒿，至元十八年五月弗用，後遂廢。茅香以縮酒，至元十七年，始用沅州麻陽縣包茅。天鵝、野馬、塔剌不花、其狀如貛。野雞、鶬、黄羊、胡寨兒、其狀如鳩。湩乳、葡萄酒，以國禮割奠，皆列室用之。羊一，豕一，籩之實二栗、鹿脯，豆之實二菁菹、鹿臡。簠之實黍，簋之實稷，爵尊之實酒，皆七祀位各用之。薦新鮪、野彘，孟春用之。雁、天鵝，仲春用之。

蒔韭、鴨雞卵，季春用之。冰、羔羊，孟夏用之。櫻桃，竹筍、蒲荀、羊，仲夏用之。瓜、豚、大麥飯、小麥麵，季夏用之。雛雞，孟秋用之。菱芡、栗、黃鼠，仲秋用之。梨、棗、黍、粱、鶩老，季秋用之。芝麻、兔、鹿、稻米飯，孟冬用之。麕、野馬，仲冬用之。鯉、黃羊、塔剌不花，季冬用之。至大元年春正月，皇太子言薦新增用影堂品物，羊羔、炙魚、饅頭、饌子、西域湯餅、圜米粥、砂糖飯羹，每月用以配薦。

祭器：籩十有二，冪以青巾，巾繪綵雲。豆十有四，一實毛血，一實膟膋。登三，鉶三，有柶。簠二，簋二，有匕箸。俎七，以載牲體，皆有鼎。後以盤貯牲體，盤置俎上，鼎不用。香案一，銷金絳羅衣。銀香鼎一，銀香奩一，茅苴盤一，實以沙。已上並陳室內。燎爐一，實以炭。篚一，實以蕭蒿黍稷。祝案一，紫羅衣。置祝文于上，銷金絳羅覆之。雞彝一，有舟；鳥彝一，有舟，加勺；春夏用之。斝彝一，有舟；黃彝一，有舟，加勺；秋冬用之。虎彝一，有舟；蜼彝一，有舟，加勺；特祭用之。凡雞彝、斝彝、虎彝以實明水，鳥彝，黃彝、蜼彝以實鬯。犧尊二，象尊二，春夏用之。著尊二，壺尊二，秋冬用之。太尊二，山尊二，特祭用之。尊皆有坫勺，冪以白布巾，巾繪黼文。著尊二，山罍二，皆有坫加冪。已上並陳室外。壺尊二。太尊二，山罍四，皆有坫加冪，藉以莞席，並陳殿下，北向西上，設而不酌，每室皆同。通廊御香案一，銷金黃羅衣，銀香奩一，貯御祝香，銷金帕覆之，並陳殿中央。罍洗所罍二，洗二，一以供爵滌，一以供盥潔。篚二，實以璋瓚巾，塗金銀爵。七祀神位，籩二，豆二，簠一，簋一，俎一，爵一有坫，香案一，沙池一，壺尊二有坫加冪，七祀皆同。罍一、洗一、篚一，中統以來，雜金、宋祭器而用之。至治初，始造新器於江浙行省，其舊器悉置几閣。

【校勘記】

〔一〕「自班乎昭」，「自」字原脱，據本書卷一九三列傳第九十《趙天麟傳》補。

〔二〕「未畢」，原作「未必」，據《元史》卷七四志第二十五《祭祀三》改。

〔三〕「同禮」，《元史》卷七四志第二十五《祭祀三》同。按，所引文出《尚書·顧命》，疑當作「《周書》」，然《周禮注》中亦有引用，博士議所引或原作「《周禮》」。

〔四〕「從祀」，原作「從事」，《元史》卷七四志第二十五《祭祀三》同。據王圻《續文獻通考》卷一一一《宗廟考》及蘇天爵《國朝文類》卷一五引劉致《太廟室次議》改。

〔五〕「牲齋」，原作「牲齊」，《元史》卷七四志第二十五《祭祀三》、《續文獻通考》卷八二《宗廟考》同。王宗沐《宋元資治通鑑》卷五六《元紀四》作「齋」，據改。

〔六〕「大樂署長言」，「言」字原脱，據《元史》卷七四志第二十五《祭祀三》補。

〔七〕「祼」，原作「裸」，據《元史》卷七四志第二十五《祭祀三》改。

〔八〕「製」，原作「制」，《元史》卷七四志第二十五《祭祀三》同，《續文獻通考》卷八二《宗廟考》作「製」，據改。

新元史卷之八十五　志第五十二

禮志五

宗廟下

親祀時享儀，其目有八：

一曰齋戒。前祀七日，皇帝散齋四日於別殿，治事如故，不作樂，停奏刑名事，不行刑罰。致齋三日，惟專心祀事，其二日於大明殿，一日於大次。致齋前一日，尚舍監設御幄於大明殿西序[一]，東向。致齋之日，質明，諸衛勒所部屯列。晝漏下一刻，通事舍人引侍享執事文武四品以上官，俱公服詣別殿奉迎。二刻，侍中版奏請中嚴，皇帝服通天冠、絳紗袍。三刻，侍中版奏外辦，皇帝結佩出別殿，乘輿，華蓋繖扇侍衛如常儀，奉引至大明殿御幄，東向坐，侍臣夾侍如常。一刻頃，侍中前跪奏言請降就齋，俛伏，興。皇帝降座入室，侍享執事官各還所司，宿衛者如常。凡應祀官受誓戒於中書省。散齋四日，致齋三日。光禄卿鑑取明水、火。火以供爨，水以實尊。

二曰陳設。祀前三日，尚舍監陳大次於西神門外道北，南向。設小次於西階西，東向。設版位於西神門内，横街南，東向。設飲福位於太室尊彝所，稍東，西向。設黄道裀褥於大次前，至西神門，至小次版位西階及殿門之外。設御洗位於御版位東，稍北，北向。設亞終獻位於西神門内御版位稍南，東向，以北爲上，罍洗在其東北。設亞終獻飲福位於御飲福位後稍南，西向。陳設八寶黄羅案於西階西，隨地之宜。設享官宮縣樂、省牲位，諸執事公卿御史位，並如常儀。殿上下及各室，設簠、簋、籩、豆、尊、罍、彝、斝等器，並如常儀。

三曰車駕出宮。祀前一日，所司備法駕鹵簿於崇天門外。太僕卿率其屬備玉輅於大明門外。千牛將軍執刀於輅前，北向。其日質明，諸侍享執事官，先詣太廟祀所。諸侍臣直衛及導駕官於致齋殿前，左右分班立。通事舍人引侍中跪奏請中嚴，俛伏，興。皇帝服通天冠、絳紗袍。少頃，侍中版奏外辦，皇帝出齋室，即御座。羣臣起居訖，尚輦進輿，侍中奏請皇帝升輿。皇帝升輿，華蓋繖扇侍衛如常儀。導駕官前導至大明門外，侍中進當輿前，跪奏請皇帝降輿升輅。皇帝升輅，太僕執御，導駕官分左右步導。門下侍郎進當輅前，跪奏請車駕進發。車駕動，稱警蹕，千牛將軍夾而趨至崇天門外，門下侍郎跪奏請車駕少駐，勑衆官上馬。侍中承旨退，稱曰「制可」。門下侍郎退，傳制稱衆官上馬。贊者承傳勑衆官上馬。上馬訖，門下侍郎奏請勑車右升，侍中前承制，退稱曰「制可」。千牛將軍升訖，門下侍郎奏請車駕進發。車駕動，稱警蹕。符寶郎奉八寶與殿中監部從在黄鉞内，教坊樂前引，鼓吹不振作。將至太廟，禮直官引諸侍享執事官於廟門外，左右立班，奉迎駕至廟門，回輅南向。將軍降立於輅左，侍中於輅前奉稱侍中臣某請皇帝降輅，步入廟門。皇帝降輅導駕官前導，皇帝步入廟門稍西。侍中奏請皇帝升輿，尚輦奉輿，華蓋繖扇如常儀。皇帝乘輿至大次，侍中奏請皇帝降輿入就大次。皇帝入就次，簾降，宿衛如式。尚食進饍如儀。禮儀使以祝版奏御署訖，奉出，太廟令受之，各奠於坫，置各室祝案上。通事舍人承旨，勑衆官各還齋次。

四曰省牲器。祀前一日，未後三刻，廩犧令丞、太官令丞、太祝以牲就位。禮直官引太常卿、光禄卿丞、監祭禮等官就位。禮直官請太常、監祭、監禮由東神門北偏門入，升自東階。每位視滌祭器，司尊彝舉冪曰「潔」。俱畢，降自東階。由東神門北偏門出，復位，立定。禮直官稍前曰「請省牲」，引太常卿視牲，退復位。次引廩犧令出班，巡牲一匝，西向折身曰「充」。諸太祝巡牲一匝，上一員出班西向折身曰「腯」，畢，俱復位。蒙古巫祝致詞訖，禮直官稍前曰「請詣省饌位」，引太常卿、光禄卿，監祭、監禮、光禄丞、大官令丞詣省饌位，東西相向立定，以北爲上。禮直官引太常卿詣饌殿内省饌，視饌訖，禮直官引太常卿置齋所。次引廩犧令、丞諸太祝以次牽牲詣廚，授太官令。次引光禄卿丞、監祭、監禮詣廚省鼎鑊，視滌溉訖，各還齋所。太官令帥宰人以鸞刀割牲，祝史各取毛血，每位共實一豆，以肝洗於鬱鬯及取膟膋，每位共實一豆，置於各位。饌室内，庖人烹牲。

五曰晨祼〔二〕。祀日丑前五刻，諸享陪位官各服其服。光禄卿、良醖令、太官令入，實籩、豆，簠、簋、尊、罍，各如常儀。太樂令率工人二舞，以次入。奉禮郎贊者先入就位。禮直官引御史，博士及執事者以次各入就位，並如常儀。禮直官引司徒以下官升殿，分香設酒，如常儀。禮直官引太常官、御史、博士升殿，視陳設，就位。復與太廟令、太祝、宫闈令升殿。太祝出帝主，宫闈令出后主訖，御史及以上升殿官於當陛近西，北向立。奉禮於殿上贊奉神主訖，奉禮曰「再拜」，贊者承傳，諸官及執事者皆再拜，各就位。禮直官引亞終獻等官，由南神門東偏門入，就位，立定。禮直官贊「有司謹具，請行事」。協律郎俛伏，興，舉麾，興，工鼓柷，宫縣樂作《思成》之曲，以黄鐘爲宫，大吕爲角，太簇爲徵，應鐘爲羽，作文武九成止。樂奏將終，通事舍人引侍中版奏，請中嚴。皇帝服衮冕，坐少頃，禮直官引博士，博士引禮儀使，對立於大次門外，當門北向。侍中奏外辦，禮儀使跪奏請皇帝行禮，俛伏，興，簾捲。符寶郎奉寶陳於西陛之西黄羅案上。皇帝出大次，博士、禮儀使前導，華蓋繖扇如儀，大禮使後從。至西神門外，殿中監跪進鎮圭，皇帝執圭，華蓋繖扇停於門外，近侍從入門。協律郎跪俛伏，興，舉麾，工鼓柷，宮縣《順成》之樂作。至版位東向，協律郎偃麾，工戞敔，樂止。引禮官分左右侍立，禮儀使前奏請再拜，皇帝再拜。奉禮曰「衆官再拜」，贊者承傳，凡在位者皆再拜。禮儀使奏請皇帝詣盥洗位，宮縣作樂，至洗位，樂止。內侍跪取匜，興，沃水。又內侍跪取盤，興，承水。禮儀使奏請搢鎮圭，皇帝搢圭。盥手訖，內侍跪取巾於篚，興，以進。帨手訖，皇帝詣爵洗位，奉瓚官以瓚跪進。皇帝受瓚，內侍奉匜沃水。又內侍跪，奉盤承水，洗瓚訖，內侍奉巾以進。皇帝拭瓚訖，內侍奠盤匜，又奠巾於篚，奉瓚官跪受瓚。禮儀使奏請執鎮圭，前導皇帝升殿，宮縣樂作，至西階下，樂止。皇帝升自西階，登歌樂作，禮儀使前導皇帝詣太祖室尊彝所，東向立，樂止。奉瓚官以瓚涖鬯，司尊者舉冪，侍中跪酌鬱鬯訖，禮儀使前導。入詣太祖神座前，北向立。禮儀使奏請搢鎮圭跪，奉瓚官西向立，以瓚跪進。禮儀使奏請執瓚、以鬯祼地。皇帝執瓚，以鬯祼地，以瓚授奉瓚官。禮儀使奏請執鎮圭，俛伏，興。皇帝俛伏，興，禮儀使前導出户外褥位。禮儀使奏請再拜。皇帝再拜訖，禮儀使前導詣每二室以下，祼鬯並如上儀。祼訖，禮儀使奏請還版位。登歌作樂，皇帝降自西階，樂止。宮縣樂作，至版位東向立，樂止。禮儀使奏請還小次，前導皇帝行，宮縣樂作。將至小次，禮儀使奏請釋鎮圭，殿中監跪受。皇帝入小次，簾降，樂止。

六曰進饌。皇帝祼將畢，光禄卿詣饌殿視饌，復位。太官令率齋郎詣饌幕，以牲體設於盤，各對舉以行，自南神門入。司徒出迎饌，宫縣樂作，奏無射宫《嘉成》之曲。禮直官引司徒、齋郎奉饌升自太階，由正門入。諸太祝迎於階上，各跪奠於神座前。齋郎執笏，俛伏，興，遍奠訖，樂止。禮直官引司徒、太官令率齋郎降自東階，各復位。饌之升殿也，太官丞率七祀齋郎奉饌，以序跪奠於七祀神座前，退從殿上齋郎以次復位。諸太官令率割牲官詣各室，進割牲體置俎上，皆退。

七曰酌獻。禮直官於殿上贊太祝立茅苴，禮儀使奏請詣盥洗位。簾捲，出次，宫縣樂作，殿中監跪進鎮圭，皇帝執鎮圭至盥洗位，樂止，北向立。禮儀使奏請搢鎮圭，執事者跪取匜，興，沃水。又跪取盤，承水。禮儀使奏請皇帝盥手，執事者跪取巾於篚，興，進。帨手訖，禮儀使奏請執鎮圭，請詣爵洗位，北向立。禮儀使奏請搢鎮圭，奉爵官以爵跪進。皇帝受爵，執事者奉匜沃水，奉盤承水。皇帝洗爵訖，執事者奉巾跪進。皇帝拭爵，執事者奠盤匜，又奠巾於篚，奉爵官受爵。禮儀使奏請執鎮圭，升殿。宫縣樂作，至西階下，樂止。升自西階。登歌樂作，禮儀使前導詣太祖室尊彝所，東向立，樂止。禮儀使奏請搢鎮圭，執爵，奉爵官以爵跪進。皇帝受爵，司尊者舉冪，良醖令跪酌犧尊之泛齊，以爵授執事者。禮儀使奏請執鎮圭，皇帝執圭，入詣太祖神位前，北向立。宮縣樂作，奏《開成》之曲。禮儀使跪奏請搢鎮圭跪，又奏請三上香。三上香訖，奉爵官以爵授進酒官，進酒官東向以爵跪進。禮儀使奏請執爵，三祭酒於茅苴，以虛爵授進酒官，進酒官以授奉爵官，奉爵官退立尊彝所。進酒官進取酒案上所奠玉爵馬湩，東向跪進，禮儀使奏請執爵祭馬湩。祭訖，以虛爵授進酒官，進酒官進奠神案上，退。禮儀使奏請執圭，俛伏，興，司徒搢笏跪於俎前，奉牲西向以進。禮儀使奏請搢鎮圭，皇帝搢圭，俯受牲盤，北向跪奠神案上。蒙古祝史致辭訖，禮儀使奏請執鎮圭興，前導出户外褥位，北向立，樂止。舉祝官搢笏跪，對舉祝版，讀祝官北向跪，讀祝文訖，俛伏，興，舉祝官奠祝版訖，先詣次室。禮儀使奏請再拜，拜訖，禮儀使前導詣各室，各奏本室之樂。其酌獻、進牲、祭馬湩，並如第一室之儀。既畢，禮儀使奏請詣飲福位。登歌樂作，至位，西向立，樂止。登歌《釐成》之樂作，禮直官引司徒立於飲福位側。太祝以爵酌上尊飲福酒，合置一爵，以奉侍中。侍中受爵，奉以立。禮儀使奏請皇帝再拜。拜訖，奏請搢鎮圭跪。侍中東向以爵跪進，禮儀使奏請執爵，三祭酒，又奏請啐酒。啐酒訖，以爵授侍中。禮儀使奏請受胙，太祝以黍稷飯籩授司徒，司徒東向跪進。皇帝受，以授左右。太祝又以胙肉俎跪授司徒，司徒跪進。皇帝受，以授左右。禮直官引司徒退立。侍中再以爵酒跪進，禮儀使奏請皇帝受爵飲福。飲福訖，侍中受虛爵，興，以授太祝。禮儀使奏請執鎮圭，俛伏，興，又奏請再拜。拜訖，樂止。禮儀使前導還版位，登歌樂作，降自西階，樂止。宮縣樂作，至位樂止。禮儀使奏請還小次，宮縣樂作。將至小次，禮儀使奏請釋鎮圭，殿中監跪受。入小次，簾降，樂止。文舞退，武舞進。先是，皇帝酌獻訖，將至小次，禮直官引亞獻官詣盥洗位。盥洗訖，升自阼階，酌獻並如常儀。酌獻訖，禮直官引亞獻官詣東序，西向立。諸太祝各以酌罍福酒，合置一爵，一太祝捧爵進亞獻之左，北向立。亞獻再拜受爵，跪祭酒，遂啐飲。太祝進受爵，退，復於坫上。亞獻興，再拜，禮直官引亞獻官降復位。終獻如亞獻之儀。初終獻既升，禮直官引七祀獻官各詣盥洗位。搢笏盥帨訖，執笏詣神位，搢笏跪執爵，三祭酒，奠爵執笏，俛伏，興，再拜訖，詣次位，如上儀。終獻畢，贊者唱「太祝徹籩豆」。諸太祝進徹籩豆，登歌《豐成》之樂作，卒徹樂止。奉禮曰「賜胙」，贊者唱「衆官再拜」，在位者皆再拜。禮儀使奏請詣版位。簾捲，出次，殿中監跪進鎮圭。皇帝執圭行，宮縣樂作，至位樂止。送神《保成》之樂作，一成止。禮儀使奏請皇帝再拜，贊者承傳，凡在位者皆再拜。禮儀使前奏禮畢，前導皇帝還大次。宮縣《昌寧》之樂作，出門，樂止。禮儀使奏請釋鎮圭，殿中監跪受，華蓋繖扇引導如常儀。入大次，簾降。禮直官引太常卿、御史、太廟令、太祝、宮闈令升殿納神主，降就拜位。奉禮贊升納神主訖，再拜，御史以下諸執事者皆再拜，以次出。禮直官各引享官以次出，太樂令率工人二舞以次出，太廟令闔户以降，乃退。祝册藏於匱。

八曰車駕還宫。皇帝既還大次，侍中奏請解嚴。皇帝釋衮冕，停大次。五刻頃，尚食進膳。所司備法駕鹵簿，與侍祀官序立於太廟欞星門外，以北爲上。侍中版奏請中嚴，皇帝改服通天冠、絳紗袍。少頃，侍中版奏皇帝出次升輿，導駕官前導，華蓋繖扇如儀。至廟門外，太僕卿率其屬進金輅如式。侍中前奏請皇帝降輿升輅。升輅訖，太僕卿、門下侍郎奏請車駕進發，俛伏，興，退。車駕動，稱警蹕。至欞星門外，門下侍郎奏請車駕權停，勑衆官上馬。侍中承旨退稱曰「制可」，門下侍郎退傳制，贊者承傳。衆官上馬畢，門下侍郎奏請勑車右升。侍中承旨退稱「制可」，千牛將軍升訖，導駕官分左右前導，門下侍郎奏請車駕進發。車駕動，稱警蹕。符寶郎奉八寶與殿中監從，教坊樂鼓吹振作。駕至崇天門外坦欞星門外，門下侍郎奏請車駕權停，勑衆官下馬。贊者承傳，衆官下馬。車駕動，衆官前引入内石橋，與儀仗倒捲而北，駐立。駕入崇天門，至大明門外降駕，升輿以入。駕既入，通事舍人承旨勑衆官皆退，宿衛官率衛士宿衛如式。

親謝儀，其目有八：

一曰齋戒。前享三日，皇帝散齋二日於别殿，致齋一日於大次。應享官員受誓戒於中書省，如常儀。

二曰陳設，如前親祀儀。

三曰車駕出宮。前享一日，所司備儀從、内外仗，與應享之官兩行序立於崇天門外，太僕卿控御馬立於大明門外，諸侍臣及導駕官二十四人，俱於齋殿前左右分班立候。通事舍人引侍中跪奏請中嚴，俛伏，興。少頃，侍中版奏外辦，皇帝即御座。四品以上應享執事官起居訖，侍中奏請升輿。皇帝出齋殿，降自正階，乘輿，華蓋繖扇如常儀。導駕官前導至大明門外，侍中進當輿前，奏請降輿，乘馬訖，導駕官分左右步導。門下侍郎跪奏請進發，俛伏，興，前稱警蹕。至崇天門，門下侍郎奏請權停，勅衆官上馬。侍中承旨退，稱「制可」，門下侍郎退傳制，稱衆官上馬，贊者承傳。衆官出欞星門外，上馬訖，門下侍郎奏請進發，前稱警蹕，華蓋繖扇儀仗與衆官左右前引，教坊樂鼓吹不振作。至太廟欞星門外，紅橋南，贊者承傳衆官下馬。下馬訖，自卑而尊與儀仗倒卷而北，兩行駐立。駕至廟門，侍中奏請皇帝下馬，步入廟門。入廟門訖，侍中奏請升輿，尚輦奉輿，華蓋繖扇如常儀。導駕官前導，皇帝乘輿至大次前，侍中奏請降輿，皇帝降輿入就位，簾降，侍衛如式。尚食進膳，如常儀。禮儀使以祝册奏御署訖，奉出，太廟令受之，各奠於坫，置各室祝案上。通事舍人承旨，勅衆官各還齋次。

四曰省牲器，見前親祀儀。

五曰晨祼。享日丑前五刻，光禄卿、良醖令、太官令入實籩、豆、簠、簋、尊、罍，各如常儀。太樂令率工人二舞，以次入就位。禮直官引御史及執事者以次入就位。禮直官引太常卿、御史升殿點視陳設，退復位。禮直官引司徒等官詣各室，分香設酒如常儀。禮直官復引太常卿及御史、太廟令、太祝、宫闈令升殿，奉出帝后神主訖，各退降就拜位，立定。奉禮於殿上贊奉神主訖，奉禮贊曰「再拜」，贊者承傳，御史以下皆再拜訖，各就位。禮直官引攝太尉由南神門東偏門入就位，立定。協律郎跪，俛伏，舉麾，興，工鼓柷，宫縣樂作《思成》之曲以黄鐘爲宫，大吕爲角，太簇爲徵，應鐘爲羽，作文舞九成止。太尉以下皆再拜訖，禮直官引太尉詣盥洗位，宫縣樂作《肅寧》之曲，至位，樂止，北向立，搢笏、盥手、帨手，執笏詣爵洗位，北向立，搢笏、洗瓚、拭瓚，以瓚授執事者。執笏升殿，宫縣樂作，至阼階下，樂止。陞自阼階，登歌樂作，詣太祖尊彝所，西向立，樂止。執事者以瓚奉太尉，太尉搢笏執瓚。司尊者舉冪酌鬱鬯訖，太尉以瓚授執事者，執笏詣太祖神位，搢笏跪，三上香。執事者以瓚奉太尉，太尉執瓚以鬯祼地訖，以虚瓚授執事者，執笏俛伏，興，退出户外，北向再拜訖，次詣各室，並如上儀。禮畢，降自阼階，復位。

六曰進饌。太尉祼將畢，進饌如前儀。

七曰酌獻。太尉既升祼，禮直官引博士，博士引禮儀使至大次前，北向立。通事舍人引侍中詣大次前，版奏請中嚴，皇帝服衮冕。坐少頃，侍中奏外辦，禮儀使跪奏請皇帝行禮，俛伏，興。簾捲出次，禮儀使前導至西神門，華蓋繖扇停於門外，近侍從入，大禮使後從。殿中監跪進鎮圭，皇帝執圭入門，協律郎跪，俛伏，興，舉麾，宮縣《順成》之樂作，至版位東向立，樂止。引禮官分左右侍立，禮儀使奏請皇帝再拜。奉禮曰「衆官再拜」，贊者承傳，凡在位皆再拜。禮儀使奏請皇帝詣盥洗位，宮縣樂作，至位樂止。内侍跪取匜，興，沃水，又内侍跪取盤，承水。禮儀使奏請搢鎮圭，皇帝搢圭盥手。内侍跪取巾於篚，興，進。帨手訖，奉爵官以爵跪進。皇帝受爵，内侍奉匜沃水，又内侍奉盤承水。皇帝洗爵訖，内侍奉巾跪進。皇帝拭爵訖，内侍奠盤匜，又奠巾於篚，奉爵官受爵。禮儀使奏請執鎮圭，導升殿，宮縣樂作，至西階下樂止。升自西階，登歌樂作。禮儀使前導詣太祖室尊彝所，東向立，樂止。宮縣樂作，奏《開成》之曲，奉爵官以爵涖尊，執事者舉冪，侍中跪酌犧尊之泛齊，以爵授執事者。禮儀使前導，入詣太祖神位前，北向立。禮儀使奏請搢鎮圭，跪，又奏請三上香。上香訖，奉爵官以爵授進酒官，進酒官東向以爵跪進，禮儀使奏請執爵祭酒。執爵三祭酒於茅苴訖，以虚爵授進酒官，進酒官受爵以授奉爵官，退立尊彝所。進酒官進徹神案上所奠玉爵馬湩，東向跪進，禮儀使奏請執爵祭馬湩。祭訖，以虚爵授進酒官，進酒官進奠神案上訖，退。禮儀使奏請執圭，俛伏，興，司徒搢笏跪俎前，舉牲盤西向以進。禮儀使奏請執圭興，前導出戶外褥位，北向立，樂止。舉祝官搢笏跪，對舉祝版。讀祝官北向跪，讀祝文訖，俛伏，興。舉祝官奠祝版訖，先詣次室。次蒙古祝史詣室前致辭訖，禮儀使奏請再拜。拜訖，禮儀使前導詣各室，奏各室之樂。其酌獻、進牲體、祭馬湩，並如第一室之儀。既畢，禮儀使奏請詣飲福位。登歌樂作，至位，西向立，樂止。宮縣《釐成》之樂作，禮直官引司徒立於飲福位側。太祝以爵酌上尊福酒，合置一爵，以奉侍中，侍中受爵奉以立。禮儀使奏請皇帝再拜。拜訖，奏搢鎮圭跪，侍中東向以爵跪進。禮儀使奏請執爵三祭酒，又奏請啐酒。啐訖，以爵授侍中。禮儀使奏請受胙，太祝以黍稷飯籩授司徒，司徒東向跪進。皇帝受，以授左右。太祝又以胙肉俎跪授司徒，司徒跪進。皇帝受，以授左右，禮直官引司徒退立。侍中再以爵酒跪進，禮儀使奏請皇帝受爵，飲福酒訖，侍中受虛爵，興，以授太祝。禮儀使奏請執鎮圭，俛伏，興，又奏請再拜。拜訖，樂止。禮儀使前導還版位。登歌樂作，降自西階，樂止。宮縣樂作，至位樂止。奉禮於殿上唱太祝徹籩豆。宮縣《豐寧》之樂作，卒徹，樂止。奉禮曰「賜胙」，贊者唱「衆官再拜」，在位者皆再拜，送神樂作《保成》之曲作一成，止。禮儀使奏請皇帝再拜，贊者承傳，在位者皆再拜。拜訖，禮儀使前奏禮畢，皇帝還大次。宮縣《昌寧》之樂作，出門，樂止。禮儀使奏請釋鎮圭，殿中監跪受，華蓋繖扇如常儀。入次，簾降。禮直官引太常卿、御史、太廟令、太祝、宫闈令升殿納神主訖，各降就位。贊者於殿上唱升納神主訖，奉禮曰「再拜」，御史以下諸執事者皆再拜訖，以次出。通事舍人禮直官各引享官以次出，太樂令率工人二舞以次出，太廟令闔户訖降乃退。祝版藏於匱。

八曰車駕還宫。皇帝既還大次，侍中奏請解嚴。皇帝釋衮冕，停大次。五刻頃，尚食進膳，如常儀。所司備儀從、内外仗，與從祀諸執事官兩行，序立於太廟欞星門外。侍中版奏外辦，皇帝出次升輿，導駕官前導，華蓋繖扇如常儀。至廟門，太僕卿進御馬，侍中奉請皇帝降輿乘馬。乘馬訖，門下侍郎奏請進發，俛伏，興，退，前稱警蹕。至欞星門外，門下侍郎奏請權停，勅衆官上馬。侍中承旨退稱曰「制可」，門下侍郎退傳制，贊者承傳，衆官上馬畢，導駕官及華蓋繖扇分左右前導，稱警蹕，教坊樂鼓吹振作。至崇天門欞星門外，門下侍郎奏請權停，勅衆官下馬。贊者承傳，衆官下馬訖，左右前引入内石橋北，與儀仗倒捲而北，駐立。駕入崇天門，至大明門外降馬，升輿以入。駕既入，通事舍人承旨勅衆官皆退，宿衛官率衛士宿衛如式。

攝祀儀，其目有九：

一曰齋戒。享前三日，三獻官以下凡與祭員，皆公服受誓戒於中書省。是日質明，有司設金椅於省庭，一人執紅羅繖立於其左。奉禮郎率儀鸞局陳設版位，獻官諸執事位，俱藉以席，乃加紫綾褥。設初獻太尉位於省階少西，南向；大禮使位於其東，少南，西向；監祭御史位二，於通道之西，東向；監禮博士位二，於通道之東，西向；俱北上。設司徒亞終獻位於其南，北向，西上。次助奠七祀獻官，次太常卿、光禄卿、光禄丞、書祝官、讀祝官、太官令、良醞令、廩犧令、司尊彝、舉祝官、太官丞、廩犧丞、奉爵官、奉瓚官、盥爵官二、巾篚官、蒙古太祝、巫祝、點視儀衛、清道官及與祭官，依品級陳設，皆異位重行。太廟令、太樂令、郊社令、太祝位於通道之西，北向，東上。太廟丞、太樂丞、郊社丞、奉禮郎、協律郎、司天生位於通道之東，北向，西上。齋郎位於其後。贊者引行事等官，各就位，立定。次引初獻官立定。禮直官搢笏，讀誓文曰：「某年某月某日，享於太廟，各揚其職，其或不敬，國有常刑。」散齋二日，宿於正寢，致齋一日，宿於祠所。散齋日治事如故，不弔喪問病，不作樂，不判署刑殺文字，不決罰罪人，不與穢惡事。致齋日，惟享事得行，餘悉禁。凡與享之官，已齋而闕者，通攝行事。七品以下官先退，餘官再拜。禮直官贊「鞠躬」、「拜」、「興」、「拜」、「興」、「平身」、「禮畢」。守廟兵衛與太樂工人，俱清齋一宿。赴祝所之日，官給酒饌。

二曰陳設。享前二日，所司設兵衛於廟門，禁斷行人。儀鸞局設幄幔於饌殿，所司設三獻官以下行事執事官次於齋房之所。前一日，太樂令率其屬設宫縣之樂於庭中。東方、西方磬簴起北，鐘簴次之。南方、北方磬簴起西，鐘簴次之。設十二鎛鐘於編縣之間。各依辰位，樹建鼓於四隅。置柷敔於北縣之内，柷一在道東，敔一在道西。路鼓一在柷之東南，晉鼓一在其後，又路鼓一在柷之西南。諸工人各於其後。東方、西方，以北爲上。南方、北方，以西爲上。文舞在北，武舞在南，立舞表於酇綴之間。又設登歌之樂於殿上前楹間。玉磬一簴在西，金鐘一簴在東，柷一在金鐘北稍西，敔一在玉磬北稍東。搏拊二，一在敔北，一在柷北，東西相向。歌工次之，餘工各位於縣後。其匏竹者立於階間，重行北向，相對爲首。

享前一日，太廟令率其屬掃除廟庭之内外。樞密院軍官一員，率軍人剗除草穢，平治道路。又設七祀燎柴於廟門之外。又於室内鋪設神位於北牖下，當户南向。每位設黼扆一，紫綾厚褥一，薄褥一，莞席一，繅席二，虎皮次席二。時暄則用桃枝竹席，几在筵上。又設三獻官拜跪褥位二，一在室内，一在室外。學士院定撰祝册訖，書祝官於饌幕具公服書祝訖，請初獻官署御名訖，以授太廟令。又設祝案於室户外之右。又設三獻官位於殿下横街之南，稍西，東向。亞獻、終獻位稍卻，助奠七祀獻官又於其南。書祝官、讀祝官、舉祝官、太廟令、太官令、良醞令、廩犧令、太廟丞、太官丞位，又於其南。司尊彝、奉瓚官、奉爵官、盥洗巾篚、爵洗巾篚、蒙古太祝、蒙古巫祝、太祝、宫闈令及七祀司尊彝、盥洗巾篚，以次而南。又設齋郎位於其後，每等異位，重行，東向，北上。又設大禮使位於南神門東偏門稍北，北向。又設司徒、太常卿等位於横街之南，稍東，西向，與亞終獻相對。司徒位在北，太常卿稍卻。太常同知、光禄卿、僉院、同僉、院判、光禄丞、拱衛使，以次而南。又設監祭御史位二、監禮博士位二於横街之北，西向，以北爲上。又設協律郎位在宫縣樂簴西北，東向，大樂丞在樂簴之間。又設大樂令、協律郎位於登歌樂簴之間。又設牲榜于東神門外，南向。設太常卿位於牲位南向。監祭御史位在太常卿之左，太官令次之，光禄丞、太官丞又次之。廪犧令位在牲西南，廪犧丞稍却，俱北向，以右爲上。又設諸太祝位於牲東，西向，以北爲上。又設蒙古巫祝位於牲東南，北向。又設省饌位於省饌殿前，太常卿、光禄卿、光禄丞、太官令位於東，西向；監祭、監禮位於西，東向，皆北上。太廟令陳祝版於室右之祝案，又率祠祭局設籩、豆、簠、簋。每室左十又二籩，右十又二豆，俱爲四行。登三在籩豆之間，鉶三次之，簠二、簋二又次之。簠左簋右，俎七在簠簋之南，香案一次之，沙池又次之。又設每室尊罍于通廊，斝彝、黄彝各一。春夏用雞彝、鳥彝，犧尊二、象尊二。秋冬用著尊、壺尊、著尊二、山罍二，以次在本室南之左，皆加勺冪。爲酌尊所，北向，西上。彝有舟坫冪。又設壺尊二、太尊二、山罍四，在殿下階間，俱北向。望室户之左，皆有坫加冪，設而不酌。凡祭器，皆藉以席。又設七祀位於横街之南道東，西向，以北爲上。席皆以莞。設神版位，各於座首。又設祭器，每位左二籩，右二豆，簠一、簋一在籩豆間，俎一在籩前，爵坫一次之，壺尊二在神位之西，東向，以北爲上，皆有坫勺冪。又設三獻盥洗、爵洗在通街之西，横街之南，北向。罍在洗西加勺，篚在洗東，皆實以巾。爵洗仍實以瓚，爵加盤坫，執罍篚者各位于後。又設七祀獻官盥洗位於七祀神位前，稍北。罍在洗西，篚在洗東，實以巾。又實爵於坫。執罍篚者各位於後。

三曰習儀。享前二日，三獻以下諸執事官員赴太廟習儀。次日早，各具公服乘馬赴東華門，迎接御香至廟省牲。

四曰迎香。享前一日，有司告諭坊市，灑掃經行衢路，祗備香案。享前一日質明，三獻官以下及諸執事官，各具公服，六品以下官皆借紫服，詣崇天門下。太常禮儀院官一員奉御香。一員奉酒，二員奉馬湩，自内出。監祭、監禮、奉禮郎、太祝分兩班前導。控鶴五人，一人執繖，從者四人，執儀仗在前行。至大明門，由正門出，教坊大樂作。至崇天門外，奉香、酒、馬湩者安置於輿，導引如前。行至外垣櫺星門外，百官上馬，分兩班行於儀仗之外，清道官行於儀衛之先，兵馬司之兵夾道次之，金鼓又次之，京尹儀從又次之，教坊大樂爲一隊次之。控鶴拏手各服其服，執儀仗左右成列次之，拱衛使居其中。儀鳳司細樂又次之。太常卿與博士、御史導於輿前，獻官、司徒、大禮使、助奠官從入至殿下，獻官奉香、酒、馬湩升自東階，入殿内通廊正位安置。禮直官引獻官降自東階，由東神門北偏門出，釋服。

五曰省牲器，見親祀儀。

六曰晨祼。祀日丑前五刻，太常卿、光禄卿、太廟令率其屬設燭於神位，遂同三獻官、司徒、大禮使等每室一人，分設御香酒醴，以金玉爵斝，酌馬湩、蒲萄尚醖酒奠於神案。又陳籩豆之實，籩四行，以右爲上。第一行魚鱐在前，糗餌、粉餈次之。第二行，乾橑在前，乾棗、形鹽次之。第三行。鹿脯在前，榛實、乾桃次之。第四行，菱在前，芡、栗次之。豆四行，以左爲上。第一行，芹菹在前，筍菹、葵菹次之。第二行，菁菹在前，韭菹、䭓食次之。第三行，魚醢在前，兔醢、豚拍次之。第四行，鹿臡在前，醓醢、糝食次之。簠實以稻粱，簋實以黍稷，登實以太羹，鉶實以和羹，尊彝、斝彝實以明水。黄彝實以鬱鬯，犧尊實以泛齊。象尊實以醴齊，著尊實以盎齊，山罍實以三酒，壺尊實以醍齊，太尊實以沈齊。凡齊之上尊實以明水，酒之上尊實以元酒，其酒齊皆以上醖代之。又實七祀之祭器，每位左二籩。栗在前，鹿脯次之。右二豆，菁菹在前，鹿臡次之。簠實以黍，簋實以稷，壺尊實以醍齊，其酒齊亦以上醖代之。陳設訖，獻官以下行事執事官，各服其服，會於齊班廳。

禮直官引太常卿、監祭、監禮、太廟令、太祝、宮闈令、諸執事官、齋郎，自南神門東偏門入就位，東西相向立定。候監祭、監禮按視殿之上下，徹去蓋冪，糾察不如儀者，退復位。禮直官引太常卿、監祭、監禮、太廟令、太祝、宮闈令陞自東階，詣太祖室。蒙古太祝起帝主神冪，宮闈令起后主神冪。次詣每室，並如常儀。畢，禮直官引太常卿以下諸執事官，當横街間，重行，以西爲上，北向立定。奉禮郎贊曰「奉神主訖，再拜」，禮直承傳，太常卿以下皆再拜訖。奉禮郎又贊曰「各就位」，禮直官引諸執事官各就位，次引太官令率齋郎由南神門東偏門以次出。贊者引三獻官、司徒大禮使、七祀獻官、諸行事官，由南神門東偏門入，各就位，立定。禮直官進於初獻官之左，贊曰「有司謹具，請行事」，退復位。協律郎跪，俛伏，興，舉麾，興，工鼓柷，宮縣樂奏《思成》之曲九成，文舞九變。奉禮郎贊再拜，在位者皆再拜。奉禮又贊諸執事者各就位，禮直官引奉瓚、奉爵、盥爵、洗巾篚執事官各就位，立定。禮直官引初獻官詣盥洗位，宮縣樂作無射宮《肅寧》之曲，至位北向立定。搢笏、盥手、帨手，執笏詣爵洗位，至位北向立定。搢笏、執瓚、洗瓚、拭瓚，以瓚授執事者，執笏，樂止。登歌樂作，奏夾鐘宮《肅寧》之曲，陞自東階，樂止。詣太祖酌尊所，西向立，搢笏，執事者以瓚授初獻官，執瓚。司尊彝跪舉冪，良醖令跪酌黄彝鬱鬯，初獻以瓚授執事者。執笏詣太祖神位前，北向立，搢笏跪，三上香。執事者以瓚授初獻，初獻執瓚以鬯灌於沙池，以瓚授執事者，執笏，俛伏，興，出室户外，北向立。再拜訖，詣每室祼鬯如上儀。俱畢，禮直官引初獻降自東階，登歌樂作，奏夾鐘宫《肅寧》之曲。復位，樂止。

七曰饋食。初獻既祼，如前進饌儀。

八曰酌獻。太祝立茅苴于盤。禮直官引初獻詣盥洗位，宫縣樂作，奏無射宫《肅寧》之曲，至位北向立，搢笏、盥手、帨手，執笏詣爵洗位。至位，搢笏、執爵、洗爵、拭爵。以爵授執事者，執笏，樂止。登歌樂作，奏夾鐘宫《肅寧》之曲，陞自東階，樂止。詣太祖酒尊所，西向立，搢笏執爵。司尊彝搢笏跪舉冪，良醖令搢笏跪酌犧尊之泛齊，以爵授執事者，執笏。宫縣樂作，奏無射宫《開成》之曲，詣太祖神座前，北向立，稍前，搢笏跪，三上香。執爵，三祭酒於茅苴，以爵授執事者，執笏，俛伏，興，平立。請出室户外，北向立，樂止，俟讀祝。舉祝官搢笏跪，對舉祝版，讀祝官跪讀祝文。讀訖，舉祝官奠祝版于案，執笏，興，讀祝官俛伏，興。禮直官贊再拜訖，次詣每室，酌獻如上儀，各奏本室之樂。獻畢，宫縣樂止。降自東階，登歌樂作，奏夾鐘宫《肅寧》之曲。初獻復位，立定。文舞退，武舞進，宫縣樂作，奏無射宫《肅寧》之曲。舞者立定，樂止。禮直官引亞獻詣盥洗位，至位北向立，搢笏、執爵、洗爵、拭爵，以爵授執事者。陞自東階，詣太祖酌尊所，西向立，搢笏，執爵。司尊彝搢笏跪舉冪，良醖令搢笏跪酌象尊之醴齊，以爵授執事者，執笏。宫縣樂作，奏無射宫《肅寧》之曲。詣太祖神座前，北向立，稍前，搢笏跪，三上香，執爵，三祭酒於茅苴，以爵授執事者，執笏俛伏，興，平立，請出室户外，北向立。再拜訖，次詣每室，酌獻並如上儀。獻畢，樂止，降自東階，復位立定。禮直官引終獻，如亞獻之儀，唯酌著尊之盎齊。禮畢，降復位。初終獻將行，贊者引七祀獻官詣盥洗位，搢笏、盥手、帨手訖，執笏詣酒尊所，搢笏、執爵、酌酒，以爵授執事者，執笏詣首位神座前，東向立，稍前，搢笏跪執爵，三祭酒于沙池，奠爵于案，執笏，俛伏，興。少退立，再拜訖，每位並如上儀。俱畢，七祀獻官俟終獻官降復位，立定。

九曰祭馬湩。終獻酌獻將畢，禮直官分引初獻亞獻官、司徒、大禮使、助奠官、七祀獻官、太常卿、監祭、監禮、太廟令丞、蒙古庖人、巫祝等陞殿。每室獻官一員，各立於户外，太常卿、監祭、監禮以下立於其後。禮直官引獻官詣神座前，蒙古庖人割牲體以授獻官。獻官搢笏跪奠于帝主神位前，次奠于后主神位前訖，出笏退就拜位，搢笏跪。太廟令取案上先設金玉爵斝馬湩、蒲萄尚醞酒，以次授獻官，獻官皆祭於沙池。蒙古巫祝致辭訖，宫縣樂作同進饌之曲。初獻出笏就拜興，請出室户外，北向立。俟衆獻官畢立，禮直官通贊曰「拜」，「興」，凡四拜。監祭、監禮以下從拜，皆作本朝跪禮。拜訖，退，登歌樂作，降階，樂止。太祝徹籩、豆，登歌樂作，奏夾鐘宫《豐寧》之曲。奉禮贊「賜胙」，贊者承傳，衆官再拜興。送神樂作，奏黄鐘宫《保成》之曲，一成而止。太祝各奉每室祝版，降自太階望瘞位。禮直官引三獻、司徒、大禮使、助奠、七祀獻官、太常卿、光禄卿、監祭、監禮視燔祝版，至位坎北南向跪，以祝版奠於柴，就拜，興。俟半燎，禮宜官贊「可瘞」，禮直官引三獻以下及諸執事者、齋郎等，由南神門東偏門出至揖位，圓揖。樂工二舞以次從出。三獻之出也，禮直官分引太常卿、太廟令、監祭、監禮，蒙古太祝、宫闈令及各室太祝，陞自東階，詣太祖神座前，陞納神主，每室如儀。俱畢，降自東階，至横街南，北向西上立定。奉禮贊曰「陞納神主訖，再拜」，贊者承傳，再拜訖，以次出。禮畢，三獻官、司徒、大禮使、太常禮儀院使、光禄卿等官，奉胙進於闕庭。駕幸上都，則以驛赴奉進。

攝行告謝儀：告前三日，三獻官以下諸執事官，各具公服赴中書省受誓戒。告前一日，未正一刻，省牲器。至期，質明，三獻官以下諸執事者各服法服，禮直官引太常卿、監祭御史、監禮博士、五令諸執事官先入就位。禮直官引監祭、監禮點視陳設畢，復位。禮直官引太常卿、監祭、監禮、太廟令、太祝、宫闈令奉遷各室神主訖，降自横街，北向立定。奉禮郎贊「再拜」，在位官皆再拜訖，奉禮郎贊「各就位」，訖，太官令、齋郎出。禮直官引三獻、司徒、光禄卿、捧瓚、爵盥、爵洗官入就位，立定。禮直官贊「有司謹具，請行事」，降神樂作，九成止。奉禮郎贊「再拜」，三獻以下再拜訖，奉禮郎贊「諸執事者，各就位」，立定。

禮直官引初獻詣盥洗位，盥手，詣爵洗位，洗瓚。詣第一室酒尊所，酌鬱鬯。詣神座前，北向跪，搢笏三上香，奠幣執瓚。以鬯灌於沙池，執笏，俛伏，興。出室户外，再拜訖，次詣各室，並如上儀。俱畢，降復位。司徒率齋郎進饌，如常儀。奠畢，降復位。禮直官引初獻詣盥洗位，盥手，詣爵洗位，洗爵。詣第一室酒尊所，酌酒。詣神座前，北向搢笏跪，三上香，執爵三祭酒於茅苴，以爵授執事者，執笏，俛伏，興，出室户外，北向立。俟讀祝官讀祝文訖，再拜。詣每室，並如上儀。俱畢，降復位。禮直官引亞獻官盥手，洗爵，酌獻，並如初獻儀，惟不讀祝。俱畢，降復位。禮直官引終獻，並如亞獻儀。俱畢，復位。太祝徹籩、豆，奉禮郎贊賜胙，衆官再拜。在位官皆再拜訖，禮直官引三獻官、司徒、太常卿、監祭、監禮視焚祝版幣帛，禮直官贊「可瘞」。禮畢，太常卿、監祭、監禮升納神主訖，降自横階。奉禮郎贊「再拜」，在位官皆再拜訖，退。

薦新儀：至日質明，太常禮儀院官屬赴廟所，皆公服俟于次。太廟令率其屬升殿，開室户，不出神主，設籩豆俎、酒醴、馬湩及室户内外褥位。又設盥洗位于階下，少東，西向。奉禮郎率儀鸞局設席褥版位于横街南，又設盥盆巾帨二所於齊班幕前。凡與祭執事官皆盥手訖，太常官詣神廚點視神饌。執事者奉所薦饌物，各陳饌幕内。太常官以下入就位，東西重行，北向立定。禮直官贊「皆再拜」，「鞠躬」，「拜」，「興」，「拜」，「興」，「平立」，「各就位」。禮直官引太常次官一員，率執事者出詣饌所，奉饌入自正門，升自太階，奠各室神位前。執事者進時食，院官搢笏受而奠之。禮直官引太常禮儀使詣盥洗位，盥手，帨手。升殿詣第一室神位前，搢笏，執事者注酒于杯，三祭酒，又注馬湩于杯，亦三祭之。奠杯于案。出笏，就拜興，出室户外，北向立，再拜。每室俱畢，降復位，執事者皆降。禮直官贊「再拜」，「鞠躬」，「拜」，「興」，「拜」，「興」，「平立」。餘官率執事者升徹饌，出殿闔户。禮直官引太常官以下俱出東神門外，圓揖。

國俗，每歲太廟四祭，用司禋監官一員，名蒙古巫祝。當省牲時，法服，同三獻官升殿，詣室户告腯，還至牲所，以國語呼累朝帝后名諱而告之。明旦，三獻禮畢，獻官、御史、太常卿、博士復升殿，分詣各室。蒙古博兒赤跪割牲，太僕卿以朱漆盂奉馬乳酌奠。巫祝以國語告神訖，太祝奉祝幣詣燎位，獻官以下復版位載拜，禮畢。

每歲，九月内及十二月十六日以後〔三〕，於燒飯院中，用馬一、羊三、馬湩、酒醴、紅織金幣及裹絹各三匹。命蒙古達官一員，偕蒙古巫覡，掘地爲坎以燎肉，仍以酒醴、馬湩雜燒之。巫覡以國語呼累朝御名而祭焉。

神御殿，舊稱影堂。所奉祖宗御容，皆紋綺局織錦爲之。大德十一年，敕丞相脱脱、平章秃堅帖木兒：「成宗及貞慈静懿皇后御影，依大天壽萬寧寺内御容織之。南木罕太子及妃，晉王及妃，依帳殿内小影織之。」

延祐七年，敕平章伯帖木兒，選巧工及傳神李肖巖。依世祖御容之制，畫仁宗及莊懿慈聖皇后，高九尺五寸，闊八尺。至治三年太傅朵歹、左丞善生、院使明理董阿進呈太皇太后、英宗御容，令畫畢，復織之。天曆二年，敕平章董阿、同知儲政院阿木腹：「朕令畫皇妣、皇后御容，可令諸色府達魯花赤阿咱、杜總管、蔡總管、李肖巖提調速畫之。」其繪畫用物：土粉五斤，明膠五斤，回回青八兩，回回胭脂八兩，回回胡麻一斤，心紅三斤，泥金一兩二錢，黃子紅一斤，官粉三斤，紫八兩，雞子五十枚，生石青十一斤，鴉青暗花紵絲八十尺，五色絨八兩，大紅銷紅杇花羅四十尺，紅絹四十尺，紫梅花羅七尺，紫檀軸一，椵木額條一，白銀六兩。

影堂所在：世祖帝后，大聖壽萬安寺，裕宗帝后亦在焉。順宗帝后，大普慶寺，仁宗帝后亦在焉。成宗帝后，大天壽萬寧寺。武宗及二后，大崇恩福元寺，爲東西二殿。明宗帝后，大天源延聖寺。英宗帝后，大永福寺。也可皇后，大護國仁王寺。泰定帝敕奉北安王塑像於高梁寺，即護國仁王寺也。至元七年建，大德五年奉安昭睿順聖皇后御容，故以北安王祔祀焉。世祖、武宗影堂，皆藏玉冊十有二牒，玉寶一鈕。仁宗影堂，藏皇太子玉冊十有二牒，皇后玉冊十有二牒，玉寶一鈕。英宗影堂，藏皇帝玉冊十有二牒，玉寶一鈕，皇太子玉冊十有二牒。凡帝后冊、寶，以匣匱金鎖鑰藏於太廟，此其分置者。

其祭器，則黃金鉼斝盤盂之屬以十數，黃金塗銀香合椀楪之屬以百數，銀壺釜盃匜之屬稱是。玉器、水晶、瑪瑙之器爲數不同，有玻璃瓶、琥珀勺。世祖影堂有真珠簾，又皆有珊瑚樹、碧甸子山之屬。

其祭之日：常祭每月初一日、初八日、十五日、二十三日，節祭元日、清明、蕤賓、重陽、冬至、忌辰。

其祭物，常祭以蔬果，節祭忌辰用牲。祭官便服，行三獻禮。加薦用羊羔、炙魚、饅頭、䭔子、西域湯餅、圜米粥、沙糖飯羹。

泰定二年，亦作顯宗影堂于大天源延聖寺，天曆元年廢。舊有崇福、殊祥二院，奉影堂祀事，乃改爲泰禧院。二年，又改爲太禧宗禋院，秩二品。既而復以祖宗所御殿尚稱影堂，更號神御殿。殿皆製名以冠之：世祖曰元壽，昭睿順聖皇后曰睿壽，南必皇后曰懿壽，裕宗曰明壽，成宗曰廣壽，順宗曰衍壽，武宗曰仁壽，文獻昭聖皇后曰昭壽，仁宗曰文壽，英宗曰宣壽，明宗曰景壽。且命學士擬其祭祀儀注，今闕。

又有玉華宫孝思殿，在真定。世祖中統二年七月，命道士王道歸於真定，建道觀，賜名玉華宫，以忌日享祀太上皇、皇太后御容。本路官吏祭奠，太常博士按《宋會要》定其儀。所司前期置辦茶飯、香果。質明，禮直官、引獻官與陪位官以下，並公服入廟庭，西向立。俱再拜訖，引獻官詣殿正階下再拜，升階至案前褥位，三上香，三奠酒訖，就拜，興。又再拜訖，引獻官復位，與陪位官以下俱再拜，退。仁宗皇慶二年秋八月庚辰，命大司徒田忠良詣真定致祭，依歲例給御香酒並犧牲物錢中統鈔一百錠。延祐四年，始用登歌樂，行三獻禮。舊志云皇慶二年。彼此牴牾，未詳孰是。

七年，太常博士言：「原廟之制，隆古未聞。謹案《尚書》『黷於祭祀，時謂弗欽』，《春秋》之義：父不祭於支庶之宅〔四〕，君不祭於臣僕之家。聖朝建立七廟，崇奉孝享，可謂至矣。而睿宗皇帝神御別在真定路玉華宮，竊維有功德於天下者，莫如太祖、世祖。太祖不聞有原廟。世祖神御奉安大聖壽萬安寺，歲時差官，以家人禮祭供，不用太常禮樂。今玉華宮原廟列在郡國，又非隆興降誕之地，主者以臣僕之賤，供奉御容，非禮之甚。伏望稽前漢故事，致隆太廟。玉華宮照京師諸寺影堂例，止命有司以時祭供。罷遣太常禮樂，非獨聖朝得典禮之正，抑且有司無褻瀆之煩，禮官免失禮之責矣。」議上，帝從之，勑歲時本處依舊禮致祭。

其太祖、太宗、睿宗御容在翰林者，至元十五年十一月，命承旨和禮霍孫寫太祖御容。十六年二月，復命寫太上皇御容，與太宗舊御容，俱置翰林院，院官春秋致祭，二十四年二月，翰林院言舊院屋敝，新院屋纔六間，三朝御容宜於太常寺安奉，後仍遷新院。至大四年，翰林院移署舊尚書省，有旨月祭。中書平章完澤等言：「祭祀非小事，太廟歲一祭，執事諸臣受戒誓三日乃行事，今此輕易非宜。舊置翰林院御容，春秋二祭，不必增益。」從之。至治三年，遷置普慶寺，祀禮廢。泰定二年八月，中書省臣言當祭如故，乃命承旨斡赤齋香酒至大都，同省臣祭于寺。四年，造影堂於石佛寺，未及遷。至順元年七月，即普慶寺祭如故事。二年，復祀於翰林國史院。後至元六年，翰林院言：「三朝御容祭所甚隘，兼歲久屋漏，於石佛寺新影堂奉安爲宜。」中書省臣奏：「此世祖定制，當仍其舊。」從之。

【校勘記】

〔一〕「西序」，原作「西序」，據《元史》卷七四志第二十五《祭祀三》改。

〔二〕「晨祼」，原作「晨裸」，下文「五曰晨祼」之「祼」同誤，據《元史》卷七四志第二十五《祭祀三》及《續文獻通考》卷八二《宗廟考》改。

〔三〕「九月」，原作「九九」，據《元史》卷七七志第二十八《祭祀六》改。

〔四〕「支庶之宅」，「之宅」二字原脱，蘇天爵《國朝文類》卷一五引元永貞《真定玉華宮罷遣太常禮樂議》、王圻《續文獻通考》卷一一一引亦脱。按《漢書》卷七三《韋賢傳》及《通典》卷四七、《通志》卷一〇一所引有「之宅」二字，據補。

新元史卷之八十六　志第五十三

禮志六

社稷　先農

元之秩祀，天子親遣使致祭者三：曰社稷，曰先農，曰宣聖。有司常祀者五：曰社稷，曰宣聖，曰岳瀆，曰風師雨師，曰三皇。皆以社稷爲首。至元七年十二月，有詔歲祀太社太稷。二十年，詔以春秋仲月上戊祭社稷。至延祐六年，始改用中戊。二十九年，建社稷壇。三十年七月，始用御史中丞崔彧言，於和義門少南，得地四十畝，爲壝垣，近南爲二壇，壇高五尺，方廣五丈。社東稷西，相去約五丈。社壇土用青、赤、白、黑四色，依方位築之，中間實以常土，上以黄土覆之。築必堅實，依方面以五色泥飾之。四面當中，各設一陛道。其廣一丈，亦各依方色。稷壇一如社壇之制，壇南植松一株，惟土不用五色，其上四周純用一色黄土。壇皆北向，立北墉於社壇之北，以塼爲之，飾以黄泥。瘞坎二於稷壇之北，少西，深足容物。

二壇周圍壝垣，以塼爲之，高五丈，廣三十丈，四隅連飾。内壝垣欞星門四所。外垣欞星門二所，每所門三，列戟二十有四。外壝内北垣下屋七間，南望二壇，以備風雨，曰望祀堂。堂東屋五間，連廈三間，曰齊班廳。廳之南，西向屋八間，曰獻官幕。又南，西向屋三間，曰院官齋所。又其南屋十間，自北而南，曰祠祭局，曰儀鸞庫，曰法物庫，曰都監庫，曰雅樂庫。又其南，北向屋三間，曰百官廚。外垣南門西壝垣西南，北向屋三間，曰大樂署。其西，東向屋三間，曰樂工房。又其北，北向屋一間，曰饌幕殿。又北，南向屋三間，曰饌幕。又北稍東，南向門一間。院内南，南向屋三間，曰神廚。東向屋三間，曰酒庫。近北少卻，東向屋三間，曰犧牲房。井有亭。望祀堂後自西而東，南向屋九間，曰執事齋郎房。自北折而南，西向屋九間，曰監察執事房。此壇壝次舍之所也。

社主用白石，長五尺，廣二尺，剡其上如鐘。於社壇近南，北向，埋其半於土中。稷不用主。后土氏配社，后稷氏配稷。神位版二，用栗，素質黑書。社樹以松，於社稷二壇之南各一株。此作主樹木之法也。

祝版四，以楸木爲之。各長二尺四寸，闊一尺二寸，厚一分。文曰：「維年月日，嗣天子敬遣某官某，敢昭告于太社之神。」配位曰「后土之神」。稷曰「太稷之神」，配位曰「后稷之神」。玉幣：社、稷皆黝圭一，繅藉，瘞玉一，以黝石代之，玄幣一。配位皆玄幣一，各長一丈八尺。此祝文玉幣之式也。

牛一，其色黝，其角握，有副，羊四，野豕四。籩之實皆十，無糗餌、粉餈。豆之實亦十，無飽食、糝食。簠簋之實皆四，鉶之實和羹五，齊皆以尚醞代之。香用沈龍涎。神席一，緣以黑綾，褥方七尺四寸。太尊、著尊、犧尊、山罍各二，有坫加勺羃。象尊，壺尊、山罍各二，有坫羃，設而不酌。籩、豆各十有一，其一設於饌幕。鉶三，簠三，簋三，其一設於饌幕。俎八，其二設於饌幕。盤一，毛血豆一，爵一，有坫，沙池一，玉幣篚一，木柶一，勺一，香鼎一，香盒一，香案一，祝案一，皆有衣。紅髹器一，以盛馬湩。盥洗位二，罍二，洗二。白羅巾四，實以篚。朱漆盤五。已上社、稷皆同。配位有象尊，無太尊。設而不酌者，無象尊，餘皆與正位同。此牲齊祭器之等也。

饌幕、省饌殿、香殿，黃羅幕三，黃羅額四，黃絹帷一百九十五幅，獻攝版位三十有五，紫綾拜褥百，蒲、葦席各二百，木鐙籠四十，絳羅鐙衣百一十，紅挑鐙十，剪燭刀二。鐵粎盆三十有架，黃燭二百，雜用燭二百，麻粎三百，松明、清油各百斤。此饌幕板位燭燎之用也。

初獻官一，亞獻官一，終獻官一，攝司徒一，助奠官二，太常卿一。光禄卿一，廩犧令一，太官令一，巾篚官四。祝史四，監祭御史二，監禮博士二，司天監二，良醖令一，奉爵官一，司尊罍二，盥洗官二，爵洗官二，太社令一，太社丞一，太樂令一，太樂丞一，協律郎二，奉禮郎二，讀祝官一，舉祝官二。奉幣官四，剪燭官二，太祝七，齋郎四十有八，贊者一，禮直官三。與祭官無定員。此獻攝執事之人也。

三十一年八月，初祀社稷，用堂上樂，歲以爲常。凡祭之日，以春秋二仲月上戊。延祐六年，用中戊。

其儀注之節有六：

一曰迎香。前一日，有司告諭坊市，灑掃經行衢路，設香案。至日質明，有司具香酒樓轝，三獻官以下及諸執事官各具公服，五品以下官、齋郎等皆借紫，詣崇天門。三獻官及太常禮儀院官入，奏祝及御香、尚尊酒，馬湩自内出。監祭御史、監禮博士、奉禮郎、太祝分左右兩班前導。控鶴五人，一人執繖，四人執儀仗，由大明門正門出。教坊大樂作。至崇天門外，奉香酒、馬湩者各安置於輿，導引如儀。至紅門外，百官乘馬分班行於儀仗之外。清道官行於儀衛之先，兵馬司巡兵夾道次之，金鼓又次之，京尹儀從左右成列又次之，教坊太樂一隊次之。控鶴、弩手各服其服，執儀仗左右成列次之。拱衛使行其中，儀鳳司細樂又次之。太常卿與博士御史導於輿前，獻官、司徒、助奠官從於輿後。若駕幸上都，三獻官以下及諸執事官則詣健德門外，皆具公服於香輿前北向立，異位重行。俟奉香酒官驛至，太常官受而奉之，各置於輿。禮直官贊「班齊」，「鞠躬」，「再拜，興」，「平立」。班首稍前搢笏跪，衆官皆跪。三上香，出笏就拜，興，平立，退，復位，北向立，鞠躬，再拜，興，平立。衆官上馬，分班前導如儀。至社稷壇北神門外，皆下馬，分左右入自北門，序立如儀。太常卿、博士、御史前導，獻官、司徒、助奠等官後從。至望祀堂下，三獻奉香、酒、馬湩陞階，置於堂中黄羅幕下。禮直官引三獻官以次而出，各詣齋次，釋服。

二曰齋戒。前期三日，質明，有司設三獻官以下行事執事官位於中書省。大尉南向，監祭御史位二於其西，東向，監禮博士位二於其東，西向，俱北上。司徒、亞獻、終獻位於其南，北向。次助奠，稍卻。次太常卿、光禄卿、太官令、司尊彝、良醖令、太社令、廩犧令、光禄丞、太樂令、太社丞。次讀祝官、奉爵官、太祝、祝史、奉禮郎、協律郎、司天生、諸執事齋郎。每等異位重行，俱北向，西上。贊者引行事執事官各就位，立定。禮直官引太尉、初獻就位，讀誓曰：「某年某月某日上戊日，祭於太社太稷，各揚其職。其或不敬，國有常刑。」散齋二日，宿於正寢，致齋一日於祠所。散齋日治事如故，不弔喪問疾，不作樂，不判署刑殺文字，不決罰罪人，不與穢惡事。致齋日，惟祭事得行，其餘悉禁。凡與祭之官已齋而闕者，通攝行事。七品以下官先退，餘官對拜。守壝門兵衛與大樂工人，俱清齋一日。行禮官前期習儀於祠所。

三曰陳設。前期三日，所司設三獻以下行事執事官次於齋房之内，及設饌幕四於西神門之外，稍南，西向，北上。今有饌幕殿在西壝門外，近北，南向，陳設如儀。前祭二日，所司設兵衛，各以其方色器服守衛壝門，每門二人，每隅一人。大樂令帥其屬設登歌之樂於兩壇上，稍北，南向。磬簴在東，鐘簴在西，柷一在鐘簴南稍東，敔一在磬簴南稍西。搏拊二，一在柷南，一在敔南，東西相向。歌工次之，餘工位在縣後。其匏竹者位於壇下，重行南向，相對爲首。太社令帥其屬掃除壇之上下，爲瘞坎二於壬地，方深足以容物，南出陛。前祭一日，司天監、太社令帥其屬升，設太社、太稷神座各於壇上，近南，北向。設后土神座於大社神座之左，后稷神座於太稷神座之左，俱東向。席皆以莞，裀褥如幣之色，設神位板各於座首。奉禮郎設三獻官位於四神門之内道南，亞獻、終獻位稍却。司徒位道北，太常卿、光禄卿之位稍却。司天監、光禄丞又次之。太社令、太官令、良醖令、廩犧令、太社丞、讀祝官、奉爵官、太祝以次位於其北，諸執事者及祝事、齋郎位於其後。每等異位重行，俱東向，南上。又設監祭御史位二，監禮博士位二，於太社壇子陛之東北，俱東向，南上。設奉禮郎位於稷壇之西北隅，贊者位於東北隅，俱東向。協律郎位二，於各壇上樂簴東北，俱南向。太樂令位於兩壇樂簴之間，南向，司尊彝位於酌尊所，俱南向。設望瘞位於坎之南，北向。又設牲榜於西神門外，東向。諸太祝位於牲西，祝史次之，東向。太常卿、光禄卿、太官令位在南，北向，東上。監祭、監禮位於太常卿之東稍却，俱北向，東上。廩犧令位於牲東北，南向。又設禮饌於牲東，設省饌於禮饌之北，今有省饌殿設位於其北，東西相向，南上。太常卿、光禄卿、太官令位於西，東向，監祭、監禮位於東，西向，俱南上。禮部設板案各於神位之側，司尊彝、奉禮郎帥執事者設玉幣篚於酌尊所。次設籩豆之位，每位各籩十、豆十、簠二、簋二、鉶三、俎五、盤一。又各設籩一、豆一、簠一、簋一、俎三於饌幕内。毛血别置一豆。設尊罍之位，社稷正位各太尊二、著尊二、犧尊二、山罍二，於壇上西陛之西北隅，南向，東上。設配位各著尊二、犧尊二、象尊二、山罍二，在正位酒尊之西，俱南向，東上。又設正位各象尊二、壺尊二、山罍二，于壇下子陛之東，南向，東上。配位各壺尊二、山罍二，在西陛之南，西向，南上。又設洗位二，于各壇子陛之西北，南向。篚在洗東北肆，執罍篚者各位於其後。

祭日丑前五刻，司天監、太社令各服其服，帥其屬升。設正配位神位版於壇上。又陳玉幣，正位禮神之玉一，兩圭有邸，置於匣。正配位幣皆以玄，各長一丈八尺，陳於篚。太祝取瘞玉加於幣，實於篚，瘞玉以玉石爲之，及禮神之玉各置於神座前。光禄卿帥其屬，入實籩豆簠簋。每位籩三行，以右爲上。第一行，乾橑在前，乾棗、形鹽、魚鱐次之。第二行，鹿脯在前，榛實、乾桃次之。第三行，菱在前，芡、栗次之。豆三行，以左爲上。第一行，芹菹在前，筍菹、葵菹、菁菹次之。第二行，韭菹在前，魚醢、兔醢次之。第三行，豚拍在前，鹿臡、醓醢次之。簠實以稻粱。簋實以黍稷，鉶實以羹。良醞令帥其屬，入實尊罍。正位太尊爲上，實以泛齊，著尊實以醴齊，犧尊實以盎齊，象尊實以醍齊，壺尊實以沈齊，山罍實以三酒。配位著尊爲上，實以泛齊，犧尊實以醴齊，象尊實以盎齊，壺尊實以醍齊，山罍實以三酒。凡齊之上尊實以明水，酒之上尊實以玄酒，酒齊皆以尚醞代之。太常卿設燭於神座前。

四曰省牲器。前期一日午後八刻，諸衛之屬禁止行人。未後二刻，太社令帥其屬掃除壇之上下。司尊彝、奉禮郎帥執事者，以祭器入設於位。司天監、太社令升，設神位版及禮神之玉幣如儀。俟告潔畢，權徹，祭日重設。未後二刻，廩犧令與諸太祝，祝史以牲就位，禮直官、贊者分引太常卿、監祭、監禮、太官令於西神門外省牲位，立定。禮直官引太常卿，贊者引監祭、監禮，入自西神門，詣太社壇，自西陛升，視滌濯於上，執事者皆舉冪曰「潔」。次詣太稷壇，如太社之儀訖，降復位。禮直官稍前曰「告潔畢，請省牲」，引太常卿稍前省牲訖，退復位。次引廩犧令出班巡牲一匝，東向折身曰「充」，復位。諸太祝俱巡牲一匝。上一員出班東向折身曰「腯」，復位。禮直官稍前曰「省牲畢，請就省饌位」，引太常卿以下各就位，立定。省饌畢，還齋所。廩犧令與太祝、祝史以次牽牲詣廚，授太官令。次引光禄卿以下詣廚省鼎鑊，視滌溉畢，乃還齋所。晡後一刻，太官令帥宰人以鸞刀割牲，祝史以豆取血，各置於饌幕。祝史又取瘞血貯於盤，遂烹牲。

五曰奠玉幣。祭日丑前五刻，三獻官以下行事執事官，各服其服。有司設神位版，陳玉幣，實籩豆簠簋尊罍。俟監祭、監禮按視壇之上下，及徹去蓋羃。未時二刻，太樂令帥工人入，奉禮郎、贊者入就位，禮直官、贊者入就位。禮直官贊者分引監祭、監禮，諸太祝、祝史、齋郎及諸執事官，自西神門南偏門入，當太社壇北墉下，重行南向立，以東爲上。奉禮曰「再拜」，贊者承傳，監祭、監禮以下皆再拜。次贊者分引各就壇上下位，祝史奉盤血，太祝奉玉幣，由西階升壇，各於尊所立。次引監祭、監禮按視壇之上下，糾察不如儀者，退復位。質明，禮直官、贊者各引三獻以下行禮執事官入就位，皆由西神門南偏門以入。禮直官進初獻之左，曰「有司謹具，請行事」，退復位。協律郎跪，俛伏，舉麾，興，工鼓柷，樂作八成，偃麾，戞敔樂止。禮直官引太常卿瘞血于坎訖，復位，祝史以盤還饌幕，以俟奉毛血豆。奉禮曰「衆官再拜」，在位者皆再拜。又贊諸執事者各就位，禮直官、贊者分引執事官各就壇上下位。諸太祝各取玉幣於篚，立於尊所。禮直官引初獻詣太社壇盥洗位，樂作，至位南向立，樂止。搢笏，盥手，帨手，執笏詣壇，樂作。升自北陛，至壇上，樂止。詣太社神座前，南向立，樂作，搢笏，跪。太祝加玉於幣，東向跪，以授初獻。初獻受玉幣奠訖，執笏，俛伏，興。少退，再拜訖，樂止。禮直官引初獻降自北陛，詣太稷壇盥洗位，樂作，至位樂止。盥洗訖，升壇奠玉幣，並如太社后土之儀。奠畢，降自北陛，樂作，復位樂止。初獻奠玉幣將畢，祝史各奉毛血豆立於西神門外，俟奠玉幣畢，樂止。祝史奉正位毛血入自中門，配位毛血入自偏門。至壇下，正位者升自北陛〔一〕，配位者升自西陛，諸太祝迎取於壇上，各進奠於神位前，太祝、祝史俱退立於尊所。

六曰進熟。初獻既奠玉幣，有司先陳鼎入於神廚。各在於鑊右。太官令出，帥進饌者詣廚。以匕升羊豕於鑊，各實於一鼎，冪之。祝史以扃對舉鼎，有司執匕以從，各陳於饌幕內。俟光祿卿出，帥其屬實籩豆簠簋訖，乃去鼎之扃冪，匕加於鼎。太官令以匕升羊豕，各載於俎，俟初獻還位，樂止。禮直官引司徒出詣饌所，帥進饌者各奉正配位之饌，太官令引以次自西神門入。正位之饌入自中門，配位之饌入自偏門。饌初入門，樂作，饌至陛，樂止。祝史俱進，徹毛血豆，降自西陛以出。正位之饌升自北陛，配位之饌升自西陛，諸太祝迎取於壇上，各跪奠於神座前訖，俛伏，興。禮直官引司徒、太官令及進饌者，自西陛各復位。諸太祝還尊所，贊者曰「太祝立茅苴於沙池。」禮直官引初獻官詣太社壇盥洗位，樂作，至位南向立，樂止。搢笏，盥手，帨手，執笏詣爵洗位，至位南向立，搢笏，洗爵，拭爵，以爵授執事者，執笏詣壇，樂作，升自北陛，至壇上，樂止。詣太社酌尊所，東向立，執事者以爵授初獻，初獻搢笏執爵，司尊者舉冪，良醞令跪酌太尊之泛齊，樂作。初獻以爵授執事者，執笏詣太社神座前，南向立，搢笏跪。執事者以爵授初獻，初獻執爵三祭酒，奠爵，執笏，俛伏，興，少退立，樂止。舉祝官跪，對舉祝版。讀祝官西向跪，讀祝文。讀訖，俛伏，興，舉祝官奠祝版於案，興。初獻再拜訖，樂止。次詣后土氏酌尊所，東向立。執事者以爵授初獻，初獻搢笏執爵，司尊彝舉冪，良醞令跪酌著尊之泛齊，樂止。初獻以爵授執事者，執笏詣后土神座前，西向立，搢笏跪。執事者以爵授初獻，初獻執爵三祭酒，奠爵訖，執笏俛伏興，少退立，樂止。舉祝官跪，對舉祝版。讀祝官南向跪，讀祝文。讀訖，俛伏，興，舉祝官奠祝版於案，興。初獻再拜訖，樂止。降自北陛，詣太稷壇盥洗位，樂作，至位樂止。盥洗升獻，並如太社后土之儀。降自北陛，樂作，復位，樂止。讀祝、舉祝官亦降復位。亞獻詣兩壇盥洗升獻，並如初獻之儀。終獻盥洗升獻，並如亞獻之儀。終獻奠獻畢，降復位，樂止，執事者亦復位。太祝各進徹籩豆，樂作，卒徹，樂止。奉禮曰「賜胙，衆官再拜」。贊者承傳，在位者皆再拜訖，送神樂作，一成止。禮直官進初獻之左，曰「請詣望瘞位」，御史、博士從，樂作，至位北向立，樂止。初在位官將拜，諸太祝各執篚進於神座前，取瘞玉及幣，齋郎以俎載牲體并黍稷爵酒，各由其陛降，置於坎訖，贊者曰「可瘞」，東西各二人置土半坎。禮直官進初獻之左，曰「禮畢」，禮直官各引獻官以次出。禮直官引監祭、太祝以下執事官，俱復於壇北墉下，南向立定。奉禮曰「再拜」，監祭以下皆再拜訖，出，祝史、齋郎及工人以次出。祝版燔於齋所。光禄卿、監祭、監禮展視酒胙訖，乃退。

其告祭儀：告前三日，三獻官以下諸執事官各具公服赴中書省受誓戒。告前一日，省牲器，告日質明，三獻官以下諸執事各服其服，禮直官引監祭、監禮以下諸執事官入自北墉下，南向立定。奉禮郎贊曰「再拜」。在位官皆再拜訖，奉禮郎贊曰「各就位」，「立定」。監祭、監禮視陳設畢，復位立定。禮直官引三獻、司徒、太常卿、光禄卿入就位，立定。禮直官贊「有司謹具，請行事」。降神樂作，八成止。太常卿瘞血，復位立定。奉禮郎贊「再拜」。皆再拜訖，禮直官引初獻官詣盥洗位，盥手訖，詣社壇正位神座前南向，搢笏跪，三上香，奠玉幣，執笏，俛伏，興。再拜訖，詣配位神座前西向，搢笏跪，三上香，奠幣，執笏，俛伏，興。再拜訖，詣稷壇盥洗位，盥手訖，升壇，並如上儀。俱畢，降復位。司徒率齋郎進饌，奠訖，降復位。禮直官引初獻官詣盥洗位，盥手訖，詣爵洗位，洗爵訖，詣酒尊所酌酒訖，詣社壇神位座前，南向立，搢笏跪，三上香，執爵，三祭酒於茅苴，爵授執事者，執笏，俛伏，興。俟讀祝官讀祝文訖，再拜興，詣酒尊所酌酒訖，詣配位神座前，西向，搢笏跪，三上香，執爵。三祭酒於茅苴，爵授執事者，執笏，俛伏，興。俟讀祝文訖，再拜，興，詣稷壇盥洗位，盥手，洗爵，酌獻，並如上儀。俱畢，降復位。禮直官引亞獻，並如初獻之儀，惟不讀祝。俱畢，降復位。禮直官引終獻，並如亞獻之儀。俱畢，降復位。太祝徹籩豆訖，奉禮郎贊「賜胙」。衆官再拜訖，禮直官引三獻、司徒、太常卿詣瘞坎位，南向立定。禮直官贊「可瘞」，禮畢出。禮直官引監祭、監禮、太祝、齋郎至北墉下，南向立定。奉禮贊「再拜」，皆再拜訖，出。

至郡縣之社稷：至元十年八月甲辰朔，頒諸路立社稷壇壝儀式。十六年春三月，中書省下太常禮官，定郡縣社稷壇壝祭器制度、祀祭儀式，圖寫成書，名《至元州郡通禮》。

二十五年八月，浙東海右道廉訪司監治官王博文獻議曰：「社稷起於上古，祀共工氏之子勾龍爲社，厲山氏之子柱爲稷。至商湯，因旱遷社，以周棄代之。成周之制，天子立五社，諸侯三社，皆以勾龍配社，周棄配稷。社壇在東，稷壇在西。天子用太牢，諸侯用少牢，皆黝色。幣用黑，日用甲。王服絺冕，樂用太簇歌應鐘舞咸池，用三獻。後漢建武中，立大社稷。二月八日及臘日一歲三祠，皆用太牢。郡縣置社稷，太守令長侍祠。魏立二社、一稷。梁以二十五家爲社，春秋祠，水旱禱祈祠。隋開皇初，用戊日。至唐，社以勾龍配，稷以后土配。亡宋因唐舊制，社壇廣五尺，高四尺，以五色土爲之。稷壇在西，如社之制。社以石爲主，形如鐘，長五尺，方二尺，剡其上象天方，其下象地，埋其半於地。其垣飾以方色，屋用三門四十戟，其中植槐。元符二年，郡縣壇社方二丈五尺，高三尺四，出陛主高二尺五寸，方一尺餘，如舊制，一壝二十五步。紹興式，社以后土勾龍氏配，稷以后稷氏配。先儒之説，謂社稷皆土祇，有生育之功，勾龍、周棄能平水土，故用爲后土及田正之神。又曰社爲土地之神，稷爲五穀之神，故報而祭之。祭法當依漢、唐制，郡縣各用羊一、豕一，先瘞血首，餘以骨體薦。黑幣二、樽二，籩、豆各八，簠、簋各一，俎八。每歲仲春、仲秋戊日黎明，郡縣官各三獻，以公服從事。」

至元貞二年冬，太常寺始議准，置壇於城西南，二壇方廣視太社、太稷殺其半。壺尊二，籩豆皆八，而無樂。牲用羊豕，餘皆與太社、太稷同。三獻官以州長貳爲之。

先農之祀，始自至元九年二月，命祭先農如祭社之儀。七年六月，立籍田大都東南郊，至是，始祭先農。十四年二月戊辰，祀先農東郊。十五年二月戊午，祀先農，以蒙古胄子代耕籍田。二十一年二月丁亥，又命翰林學士承旨撒里蠻祀先農於籍田。

武宗至大三年夏四月，從大司農請，建農、蠶二壇。博士議：「二壇之式與社稷同，縱廣一十步，高五尺，四出陛，外壝相去二十五步，每方有欞星門。今先農、先蠶壇位在籍田内，若内外壝，恐妨千畝，其外壝勿築。」是歲，命祀先農如社稷，禮樂用登歌，日用仲春上丁。後或用上辛，或甲日。祝文曰：「維某年月日，皇帝敬遣某官，昭告于帝神農氏。」配神曰「于后稷氏」。祀前一日未後，禮直官引三獻、監祭、監禮以下省牲饌如常儀。祀日丑前五刻，有司陳鐙燭，設祝幣，太官令帥其屬入實籩豆尊罍。丑正，禮直官引先班入就位，立定，次引監祭、監禮按視壇之上下，糾察不如儀者。畢，退復位，東向立。奉禮曰「再拜」，贊者承傳，再拜訖。奉禮又贊「諸執事者各就位」，禮直官各引執事官各就位，立定。次引三獻官并與祭等官以次入就位，西向立。禮直官於獻官之右，贊「請行事」，樂作三成止。奉禮贊「再拜」，在位者皆再拜。太祝跪取幣於篚，立於尊所。禮直官引初獻官詣盥洗位，北向立，盥手，帨手畢，升自東階，詣神位前北向立，搢笏跪。三上香，受幣奠幣，執笏，俛伏，興，少退。再拜訖，降復位，立定。太官令率齋郎設饌於神位前畢，俛伏，興，退，復位。禮直官引初獻再詣盥洗位，北向立，盥手，帨手，詣爵洗位，洗爵，拭爵，詣酒尊所酌酒畢，詣正位神位前北向立。搢笏跪，三上香，三祭酒於沙池，爵授執事者，執笏，俛伏，興，北向立。俟讀祝畢，再拜，興。次詣配位酒尊所，酌酒訖，詣神位前東向立。搢笏跪，三上香，三祭酒於沙池，爵授執事者，執笏，俛伏，興，東向立。俟讀祝畢，再拜，退復位。次引亞終獻行禮，並如初獻之儀，惟不讀祝，退復位，立定。禮直官贊徹籩豆，樂作，卒徹，樂止。禮贊「賜胙」，衆官再拜贊者承傳，在位者皆再拜訖，樂作送神之曲，一成止。禮直官引齋郎升自東階，太祝跪取幣祝，齋郎捧俎載牲體及籩豆簠簋，各由其階至坎位，北向立。俟三獻畢，至立定。各跪奠訖，執笏，俛伏，興。禮直官贊「可瘞」，乃瘞。焚瘞畢，三獻以次詣耕地所，耕訖而退。此其儀也。

先蠶之祀未聞。

【校勘記】

〔一〕「北陛」，原作「北陞」，據《元史》卷七六志第二十七《祭祀五》改。

新元史卷之八十七　志第五十四

禮志七

宣聖廟　闕里廟　郡縣宣聖廟　嶽鎮海瀆　嶽鎮海瀆常祀　風師雨師　七祀　三皇廟　武成王廟　前代帝王廟　周公廟　名山大川忠臣義士祠　泉州神女　功臣祠　城隍　國俗祭祀

宣聖廟：太祖始置於燕京。

中統二年，詔：「先聖廟，國家歲時致祭，諸儒月朔釋奠，宜洒掃清潔。今後禁約諸官員使臣及管工匠官，毋得於廟内褻瀆，違者罪之。」三年，重修宣聖廟成。

至元十年二月，中書省議准：「衣冠所以彰貴賤，表誠敬，况國家大禮，先聖先師，不必援釋老二家之例。凡預執事官員及陪位諸儒，自當謹嚴儀禮以行。其事除執事官已各依品級製造公服外，陪位諸儒自備襴帶唐巾，以行釋奠之禮。」

大德十年，建文宣王廟於京師，行釋奠禮，牲用太牢。

至大元年秋七月，加號先聖曰「大成至聖文宣王」。

延祐三年秋七月，詔釋奠於先聖。以顔子、曾子、子思、孟子配享。封孟子父爲邾國公，母爲邾國宣獻夫人。皇慶二年六月，以許衡從祀，又以先儒周惇頤、程顥、程頤、張載、邵雍、司馬光、朱熹、張栻、吕祖謙從祀。

至順元年，以漢儒董仲舒從祀。齊國公叔梁紇加封啟聖王；魯國太夫人顔氏，啟聖王夫人；顔子，兖國復聖公；曾子，郕國宗聖公；子思，沂國述聖公；孟子，鄒國亞聖公；河南伯程顥，豫國公；伊陽伯程頤，洛國公。是年十一月，兖國復聖公新廟落成。元統二年，改封顔子考曲阜伯爲杞國公，謚文裕；妣齊姜氏爲杞國夫人，謚端獻夫人；戴氏兖國夫人，謚貞素。又以益都鄒縣牧地三十頃給常祀。

至正十九年，以先儒楊時、李侗、胡安國、蔡沈、真德秀從祀，俱贈太師。追封時，吴國公，侗，越國公；安國，楚國公；沈，建國公；德秀，福國公。二十二年，追謚朱熹父爲獻靖，改封熹齊國公。

其祝幣之式：祝版三，各一尺二寸，廣八寸，木用楸梓柏，文曰：「維年月日，皇帝敬遣某官等，致祭於大成至聖文宣王。」於先師曰：「維年月日，某官等致祭於某國公。」幣三，用絹，各長一丈八尺。

其牲齊器皿之數：牲用牛一、羊五、豕五。以犧尊實泛齊，象尊實醴齊，皆三，有上尊；加羃，有勺，設堂上。太尊實泛齊，山罍實醴齊，有上尊。著尊實盎齊，犧尊實醴齊，象尊實沈齊，壺尊實三酒，皆有上尊，設堂下。盥洗位，在阼階之東。以象尊實醴齊，有上尊，加羃有勺，設於兩廡近北。盥洗位在階下近南。籩十，豆十，簠二，簋二，登三，鉶三，俎三，有毛血豆，正配位同。籩、豆皆二，簋一，簠一，俎一，從祀皆同。凡銅之器六百八十有一：宣和爵坫一，豆二百四十有八，簠、簋各一百一十有五，登六，犧尊、象尊各六，山尊二，壺尊六，著尊、太尊各二，罍二，洗二，龍杓二十有七，坫二十有八，爵一百一十有八。竹木之器三百八十有四：籩二百四十有八，篚三，俎百三十有三。陶器三，瓶二，香爐一。籩巾二百四十有一，簠簋巾二百四十有八，俎巾百三十有三，黄巾蒙單十。

其樂登歌。

其日用春秋二仲月上丁，有故改用中丁。

其釋奠之儀：

省牲：前期一日晡時，三獻官，監祭官各具公服，詣省牲所阼階，東西向立，以北爲上。少頃，引贊者，引三獻官，監祭官巡牲一匝，北向立，以西爲上。侍禮牲者折身曰「充」，贊者曰「告充」，畢，禮牲者又折身曰「腯」，贊曰「告腯」，畢，贊者復引三獻官、監祭官詣神廚，視滌溉畢，還齋所，釋服。

釋奠：是日丑前五刻，初獻官及兩廡分奠官二員，各具公服於幕次，諸執事者具儒服，先於神門外西序東向立，以北爲上。明贊、承傳贊先詣殿庭前再拜畢，明贊升露階東南隅西向立，承傳贊立於神門階東南隅西向立。掌儀先引諸執事者各司其事，引贊者引初獻官、兩廡分奠官點視陳設。引贊者進前曰「請點視陳設」。至階，曰「升階」。至殿簷下，曰「詣大成至聖文宣王神位前」。至位，曰「北向立」。點視畢，曰「詣兗國公神位前」。至位，曰「東向立」。點視畢，曰「詣鄒國公神位前」。至位，曰「西向立」。點視畢，曰詣「東從祀神位前」。至位，曰「東向立」。點視畢，曰「詣西從祀，神位前」。至位，曰「西向立」。點視畢，曰「詣酒尊所」。曰「西向立」。點視畢，曰「詣三獻爵洗位」。至階，曰「降階」。至位，曰「北向立」。點視畢，曰「詣三獻官盥洗位」。至位，曰「北向立」。點視畢，曰「請就次」。

方初獻，點視時，引贊二人各引東西廡分奠官曰「請詣東西廡神位前」。至位東曰東，西曰西。向立。點視畢，曰「詣先儒神位前」。至位，曰「南向立」。點視畢，曰「退詣酒尊所」。至酒尊所，東西向立。點視畢，曰「退詣分奠官爵洗位。」至位，曰「南向立」。點視畢，曰「請就次」。西廡分奠官點視畢，引贊曰「請詣望瘞位」。至位，曰「北向立」。點視畢，曰「請就次」。初獻官釋公服，司鐘者擊鐘，初獻以下各服其服，齊班於幕次。

掌儀點視班齊，詣明贊報知，引禮者引監祭官、監禮官就位。進前曰「請就位」。至位，曰「就位，西向立」。明贊唱曰「典樂官以樂工進，就位」，承傳贊曰「典樂官以樂工進，就位」。明贊唱曰「諸執事者就位」，承傳贊曰「諸執事者就位」。明贊唱曰「諸生就位」，承傳贊曰「諸生就位」，引班者引諸生就位。明贊唱曰「陪位官就位」，承傳贊曰「陪位官就位」，引班者引陪位官就位。明贊唱曰「獻官就位」，承傳贊曰「獻官就位」，引贊者進前曰「請就位」。至位，曰「西向立」。明贊唱曰「闢户」，俟户闢，迎神之曲九奏。

樂止，明贊唱曰「初獻官以下皆再拜」，承傳贊曰「鞠躬」，「拜」，「興」，「拜」，「興」，「平身」。明贊唱曰「諸執事者各司其事」。俟執事者立定，明贊唱曰「初獻官奠幣」。引贊者進前曰「請詣盥洗位」。盥洗之樂作，至位，曰「北向立」。搢笏，盥手，帨手，出笏，樂止。及階，曰「升階」。升殿之樂作。樂止，入門，曰「詣大成至聖文宣王神位前」。至位，曰「就位，北向立，稍前」。奠幣之樂作。搢笏跪，三上香，奉幣者以幣授初獻。初獻受幣奠訖，出笏就拜，興，平身，少退，再拜，鞠躬，拜，興，拜，興，平身。曰「詣兖國公神位前」。至位，曰「就位，東向立」。奠幣如上儀。曰「詣鄒國公神位前」。至位，曰「就位，西向立」。奠幣如上儀。樂止，曰「退復位」。及階，降殿之樂作。樂止，至位，曰「就位，西向立」。

俟立定，明贊唱曰「禮饌官進俎」。奉俎之樂作，乃進俎。樂止，進俎畢。明贊唱曰

「初獻官行禮」，引贊者進前曰「請詣盥洗位」。盥洗之樂作，至位，曰「北向立」。搢笏，盥手，帨手，出笏。請詣爵洗位，至位，曰「北向立」。搢笏，執爵，滌爵，拭爵，以爵授執事者，如是者三，出笏。樂止，曰「請詣酒尊所」。及階，升殿之樂作，曰「升階」。樂止，至酒尊所，曰「西向立」。搢笏，執爵，舉羃，司尊者酌犧尊之泛齊，以爵授執事者，如是者三，出笏。曰「詣大成至聖文宣王神位前」。至位，曰「就位，北向立」。酌獻之樂作，稍前，搢笏跪，三上香，執爵三祭酒，奠爵，出笏，樂止。祝人東向跪讀祝，祝在獻官之左。讀畢，興，先詣左配位，南向立。引贊曰「就拜」，「興」，「平身」，「少退」，「再拜」，「鞠躬」，「拜」，「興」，「拜」，「興」，「平身」。曰「詣兖國公神位前」。至位，曰「就位，東向立」。酌獻之樂作。樂止，讀祝如上儀。曰「詣鄒國公神位前」。至位，曰「就位，西向立」。酌獻之樂作。樂止，讀祝如上儀。曰「退復位」。至階，降殿之樂作。樂止，至位，曰「就位，西向立」。

俟立定，明贊唱曰「亞獻官行禮」。引贊者進前曰「請詣盥洗位」。至位，曰「北向立」。搢笏，盥手，出笏。請詣爵洗位，至位，曰「北向立」。搢笏，執爵，滌爵，拭爵，以爵授執事者，如是者三，出笏。請詣酒尊所，曰「西向立」。搢笏，執爵，舉羃，司尊者酌象尊之醴齊。以爵授執事者，如是者三，出笏。曰「詣大成至聖文宣王神位前」。至位，曰「就拜，北向立」。酌獻之樂作。稍前，搢笏跪，三上香，執爵三祭酒，奠爵出笏，就拜，興，平身，少退，鞠躬，拜，興，拜，興，平身。曰「詣兗國公神位前」。至位，曰「東向立」。酌獻如上儀。曰「詣鄒國公神位前」。至位，曰「西向立」。酌獻如上儀。樂止，曰「退復位」。及階，曰「降階」。至位，曰「就位，西向立。」

明贊唱曰「終獻官行禮」，引贊者進前曰「請詣盥洗位」，至位，曰「北向立」。搢笏，盥手，帨手，出笏。請詣爵洗位，至位，曰「北向立。」搢笏，執爵，滌爵，拭爵，以爵授執事者，如是者三，出笏。請詣酒尊所。至階，曰「升階」。至酒尊所，曰「西向立」。搢笏，執爵舉冪，司尊者酌象尊之醴齊，以爵授執事者，如是者三，出笏。酌獻之樂作。搢笏跪，三上香，執爵三祭酒，奠爵，出笏，就拜，興，平身，少退，鞠躬，拜，興，拜，興，平身。曰「詣大成至聖文宣王神位前」。至位，曰「就位，北向立，稍前」。酌獻如上儀。曰「詣兗國公神位前」。至位，曰「東向立」。酌獻如上儀。曰「詣鄒國公神位前」。至位，曰「西向立」。酌獻如上儀。樂止，曰「退復位」。及階，曰「降階」。至位，曰「就位，西向立」。

俟終獻，將升階，明贊唱曰「分獻官行禮」。引贊者分引東西從祀分獻官進前曰「詣盥洗位」。至位，曰「北向立」。搢笏，盥手、帨手，出笏。詣爵洗位，至位，曰「北向立」。搢笏執爵滌爵，拭爵，以爵授執事者，出笏。詣酒尊所。至階，曰「升階」。至酒尊所，曰「西向立」。搢笏，執爵舉冪，司尊者酌象尊之醴齊，以爵授執事者，出笏。詣東從祀神位前。至位，曰「就位，東向立，稍前」。搢笏跪，三上香，執爵三祭酒，奠爵，出笏，就拜，興，平身，少退，鞠躬，拜，興，拜，興，平身，退，復位。及階，曰「降階」。至位，曰「就位，西向立」。

引西從祀分獻官同上儀，唯至神位前東向立。俟十哲分獻官離位，明贊唱曰「兩廡分奠官行禮」。引贊者進前曰「詣盥洗位」。至位曰「南向立」。搢笏，盥手、帨手，出笏，詣爵洗位。至位，曰「南向立」。搢笏，執爵，滌爵，拭爵，以爵授執事者，出笏，曰「詣東廡酒尊所」。及階，曰「升階」。至酒尊所，曰「北向立」。搢笏，執爵，舉冪，酌象尊之醴齊，以爵授執事者，出笏，詣東廡神位前。至位，曰「東向立，稍前」。搢笏跪，三上香，執爵三祭酒，奠爵，出笏，就拜，興，平身，稍退，鞠躬，拜，興，拜，興，平身，退，復位。至階，曰「降階」。至位，曰：「就位，西向立」。

引西廡分奠官同上儀，唯至神位前，東向立作西向立。俟終獻十哲，兩廡分奠官同時復位。明贊唱曰「禮饌者徹籩豆」。徹豆之樂作，禮饌者跪，移先聖前籩豆，略離席，樂止。明贊唱曰「諸執事者退復位」。俟諸執事者至版位立定，送神之樂作。明贊唱曰「初獻官以下皆再拜」，承傳贊曰「鞠躬」，「拜」，「興」，「拜」，「興」，「平身」。樂止，明贊唱曰：「祝人取祝，幣人取幣，詣瘞坎」。俟徹祝幣者出殿門，北向立。望瘞之樂作，明贊唱曰「三獻官詣望瘞位」，引贊者進前曰「請詣望瘞位」。至位，曰「就位，北向立」。曰「可瘞」。埋畢，曰

「退，復位」。至殿庭前，候樂止，明贊唱曰「典樂官以樂工出就位」。明贊唱曰：「闔户」。又唱曰「初獻官以下退詣圓揖位」，引贊者引獻官退詣圓揖位。至位，初獻在西，亞終獻及分獻以下在東，陪位官東班在東，西班在西。

俟立定，明贊唱曰「圓揖」。禮畢，退復位，引贊者各引獻官詣幕次更衣。

其飲福受胙，除國學外，諸處仍依常制。

闕里之廟：始自太宗九年，令先聖五十一代孫襲爵衍聖公元措修之，官給其費。而代祠之禮，則始於武宗。牲用太牢，禮物別給白金一百五十兩，綵幣表裏各十有三疋。四年冬，復遣祭酒劉賡往祀，牲禮如舊。延祐之末，泰定、天曆初載，皆循是典，錦幣雜彩有加焉。

郡縣宣聖廟：中統二年夏六月，詔：「宣聖廟及所在書院，有司歲時致祭，月朔釋奠。」八月丁酉，命開平守臣釋奠於宣聖廟。成宗即位，詔：「曲阜林廟，上都、大都、諸路府州縣邑廟學、書院，贍學土地及貢士莊，以供春秋二丁、朔望祭祀，修完廟宇。」自是天下郡邑廟學，無不完葺，釋奠悉如舊儀。

嶽、鎮、海瀆代祀。自中統二年始。凡十有九處，分五道。後乃以東嶽、東海、東鎮、北鎮爲東道，中嶽、淮瀆、濟瀆、北海、南嶽、南海、南鎮爲南道，北嶽、西嶽、后土、河瀆、中鎮、西海、西鎮、江瀆爲西道。既而又以驛騎迂遠，復爲五道，道遣使二人，集賢院奏遣漢官，翰林院奏遣蒙古官，出璽書給驛以行。中統初，遣道士，或副以漢官。至元十七年，立河瀆廟於河中。又敕建西海神廟於河中，春秋致祭，一視河瀆禮。二十一年，黄河清，遣官致祭。二十八年正月，帝謂中書省臣曰：「五嶽四瀆祠事，朕宜親往，道遠不可。大臣如卿等又有國務。宜遣重臣代朕祠之，漢人選名儒及道士習祀事者。」

其禮物，則每處歲祀銀香合一，重二十五兩，五嶽組金幡二、鈔五百貫，四瀆織金幡二、鈔二百五十貫，四海、五鎮銷金幡二、鈔二百五十貫，至則守臣奉詔使行禮。皇帝登寶位，遣官致祭，降香幡合如前禮，惟各加銀五十兩，五嶽各中統鈔五百貫，四瀆、四海、五鎮各中統鈔二百五十貫。或他有禱，禮亦如之。

其封號，至元二十八年春二月，如上東嶽爲天齊大生仁聖帝，南嶽司天大化昭聖帝，西嶽金天大利順聖帝，北嶽安天大貞玄聖帝，中嶽中天大寧崇聖帝。加封江瀆爲廣元順濟王，河瀆靈源弘濟王，淮瀆長源溥濟王，濟瀆清源善濟王，東海廣德靈會王，南海廣利靈孚王，西海廣潤靈通王，北海廣澤靈祐王。成宗大德二年二月，加封東鎮沂山爲元德東安王，南鎮會稽山爲昭德順應王，西鎮吴山爲成德永靖王，北鎮醫巫閭山爲貞德廣寧王，中鎮霍山爲崇德應靈王，敕有司歲時與嶽瀆同祀。是年，詔諸王駙馬毋擅祀嶽瀆。先是，元年六月，諸王也兒干遣使乘驛祀嶽瀆，命追其驛券，仍切責之，因有是命。至正十一年四月，加封河瀆神爲靈源神祐弘濟王，仍重建河瀆廟。

嶽、鎮、海、瀆常祀：至元三年夏四月，定歲祀嶽、鎮、海、瀆之制。正月，東嶽、鎮、海、瀆，土王日，祀泰山於泰安州，沂山於益都府界。立春日，祀東海於萊州界，大淮於唐州界。三月，南嶽鎮、海、瀆。立夏日，遥祭衡山。土王日，遥祭會稽山，皆於河南府界。立夏日，遥祭南海、大江於萊州界。六月，中嶽、鎮，土王日，祀嵩山於河南府界，霍山於平陽府界。七月，西嶽、鎮、海、瀆，土王日，祀華山於華州界，吴山於隴縣界。立秋日，遥祭西海、大河於河中府界。十月，北嶽、鎮、海、瀆，土王日祀恒山於曲陽縣界，醫巫閭於遼陽廣寧路界。立冬日，遥祭北海於登州界，濟瀆於濟源縣。祀官以所在守土官爲之。既有江南，乃罷遥祭。

時東平人趙天麟獻《太平金鏡策》，其論山川祭祀曰：「臣聞天子祭天地及天下之名山大川，諸侯祭社稷及名山大川之在其地者，大夫祭五祀，士祀宗廟，庶人祭祖考於寢。上得兼下，下不得僭上，皆有制以節之。今國家秩祀，既有禮部、太常寺、侍儀司以備其節文，又詔所在官司歲時致祭五嶽四瀆名山大川，歷代聖帝明王忠臣節士之載於祀典者，皆其宜也。竊見小民不安常典，妄祀明神，其類甚多，不可枚舉。夫東嶽者，天子告成之地，東方藩牧當祀之山。今乃有倡優之輩、貨殖之徒，每年春季，四方雲聚，有不遠千里而來者，干越禮典。褻瀆神明，亦已甚矣。伏望陛下申明前詔，使天下郡縣官各祭名山大川，聖帝明王忠臣節士之在其地者。凡下民當祭之神，則聽之。如非祀典所當祀而祀者，禁之，無令妄瀆。如是則巫風寢息，且亦富民之一助也。」

風、雨、雷師之祀：自至元七年十二月，大司農請於立春後丑日，祭風師於東北郊；立夏後申日，祭雷、雨師於西南郊。仁宗延祐五年，乃即二郊定立壇壝之制，其儀注闕。

七祀：曰户、司命、竈、中霤、門、厲、行。附祀神位於廟庭中街之東西向，其分爲四時之祭，並與宋同。宋制，立春祭户、祭司命，立夏祭竈，季夏土王日祭中霤，立秋祭門、祭厲，立冬祭行。惟中霤特祭則徧設之。各位籩、豆各二，簠、簋各一，尊二，俎二。

三皇廟：至元十二年，立伏羲、女媧、舜、湯等廟於河中、絳州、洪洞、趙城。元貞元年，初命郡縣通祀三皇，如宣聖釋奠禮。太皡伏羲氏以勾芒氏之神配，炎帝神農氏以祝融氏之神配，軒轅黃帝氏以風后氏、力牧氏之神配。黃帝臣俞跗以下十人，姓名載于醫書者，從祀兩廡。有司歲春秋二季行事，而以醫師主之。至正九年，江西湖東道廉訪使文殊奴言：「三皇廟每歲春秋祀事，命太醫官主祭，典禮未稱。請如國子學春秋釋奠，遣中書省臣代祀，一切禮儀仿其制。」中書付禮部集禮官定議以聞，制可，命太常司定三皇祭禮，工部範祭器，江淮行省製雅樂器。十年九月，致祭。宣徽院供禮饌，光祿勳供內醞，太府供金帛，廣源庫供香炬，大興府尹供犧牲，中書省奏擬三獻官以次定諸執事。前一日，內降御香，三獻官以下公服，備大樂儀仗，迎香至開天殿習祭儀。翰林院官具祝文曰：「皇帝敬遣某官某致祭。」

武成王：立廟於樞密院公堂之西，以孫武子、張良、管仲、樂毅、諸葛亮以下十人從祀。每歲春秋仲月上戊，以羊一、豕一、犧尊、象尊、籩、豆、俎、爵，樞密院遣官，行三獻禮。

前代帝王廟：堯帝廟在平陽。中統五年建。至元二十四年勑春秋二仲上丙日祀帝堯廟。舜帝廟，河東、山東濟南歷山、濮州、湖南道州皆有之。禹廟在河中龍門。中統三年賜名建極宮。至元元年七月，龍門禹廟成，命侍臣持香致敬，有祝文。十二年二月，立伏羲、女媧、舜、湯等廟於河中解州、洪洞、趙城。十五年四月，修會川縣盤古祠，祀之。二十四年閏二月，勅春秋二仲丙日，祀帝堯廟。致和元年，禮部移太常送博士議，舜、禹之廟合依堯祠故事，每歲春秋仲月上旬卜日，有司蠲潔致祭，官給祭物。至順元年三月，從太常奉禮郎薛元德言，彰德路湯陰縣北故羑里城周文王祠，命有司奉祀如故事。

周公廟：在鳳翔府岐山之陽。天曆二年六月，以岐陽廟爲岐陽書院，設學官，春秋釋奠周文憲王如孔子廟儀。凡有司致祭先代聖君名臣，皆有牲無樂，其祭器不用籩、簠、簋，儀非酌獻者，有司便服行禮，三上香，奠酒。

凡名山大川、忠臣義士之祠：所在有司祭之。其祀典之可考者：太祖十七年三月，封崑崙山爲玄極王，大鹽池爲惠濟王。至元四年，封昔木土山爲武定山〔一〕，其神曰武定公，泉爲靈淵，其神曰靈淵侯。泰定四年十月，改封建德路烏龍神爲忠顯靈澤普休孚惠王。致和元年四月，改封蒙山神爲嘉惠昭應王，洞庭神爲忠惠順利靈濟昭佑王。至元十四年，回水窩淵聖廣源王加封善佑崇山靈濟照應王；加封廣惠安邱雹泉靈霈侯〔二〕，追封靈霈公〔三〕。十六年，進封桑乾河洪濟公爲顯應洪濟公。十五年，封伯夷爲昭義清惠公，叔齊爲崇讓仁惠公。二十一年，加封衞輝路永清河神爲洪濟威惠王。大德三年，加解州鹽池神惠康王曰廣濟，資寶王曰永澤；浙西鹽官州海神曰靈威弘祐公；吳大夫伍員曰忠孝威惠顯聖王。延祐三年，敕衞輝、昌平修殷比干、唐狄仁傑祠。五年，加封楚大夫屈原爲忠節清烈公。泰定元年，加封廣德路山神張真人曰普濟寧國路山神，廣惠王曰福祐。二年，遣使祀武當、龍虎二山。置諫議書院於昌平，祀唐劉蕡。至正十八年，加封蕡文節昌平王。天曆元年，加封漢關羽爲顯靈義勇武安英濟王。至治二年，封蜀漢諸葛亮爲威烈神顯仁濟王，封唐柳州刺史柳宗元爲文惠昭靈公，加封唐司徒顏真卿爲貞烈文忠公。令有司歲時致祭。二年，命加謚漢長沙王芮爲長沙文惠王。至順元年，加封秦蜀郡太守李冰爲聖德廣裕英惠王，其子二郎神爲英烈昭惠靈顯仁裕王，賜伯夷叔齊廟額曰「聖清」。後至元元年，封微子爲仁靖公，箕子爲仁獻公，比干爲仁顯忠烈公；加封漢張飛爲武義忠顯英烈靈惠助順王。又封徽州土神汪華爲照忠廣仁武烈靈顯王，封真定滹沱河神爲昭佑靈源侯。三年，封晉郭璞爲靈應侯，封晉周處爲英義武惠正應王。五年，加封孝女曹娥爲慧感靈孝昭順純懿夫人。

泉州神女靈惠夫人：至元十五年，加號護國明著靈惠協己善虔顯濟天妃。天曆元年，加號護國庇民廣濟福惠明著天妃，賜廟號曰靈慈，直沽、平江、周涇、泉、福、興化等處皆有廟。皇慶以來，歲遣使齎香遍祭，金幡一，合銀一錠，付平江官漕司及本府官，用柔毛酒醴便服行事。祝文云：「維年月日，皇帝特遣某官等致祭於護國庇民廣濟福惠明著天妃。」

功臣祠：至大四年，立淮安忠武王伯顔廟於杭州，春秋二仲月次戊致祭，祀以少牢，用籩、豆、簠、簋，行酌獻禮，若魏國文正公許衡廟在大名，河南王阿朮廟在揚州。皇慶元年，又命河南行省建丞相阿朮祠堂。延祐五年，敕杭州守臣歲時致祭。至治二年，賜祭田二十頃。東平忠憲王安童廟在東平，順德忠獻王哈剌哈孫廟在順德、武昌者，皆歲時致祭。後至元六年，建太師木華黎祠堂。是年，又立阿嘍罕、伯顔祠堂，皆家廟，官爲建之者。

城隍廟：至元五年建於上都。七年，大都路建廟，封神曰祐聖王。天曆二年八月，加王及夫人號曰護國保寧。

國俗祭祀：每歲十二月下旬擇日於西鎮國寺内牆下，灑掃平地，太府監供綵幣，中尚監供細氈鍼線，武備寺供弓箭、環刀，束稈草爲人形一，爲狗一，剪雜色綵段爲之腸胃，選達官世家之貴重者交射之。非别速、札剌爾、乃蠻、忙古、台列班、塔達、珊竹、雪泥等氏族，不得與列。射至糜爛，以羊酒祭之。祭畢，帝后及太子嬪妃併射者，各解所服衣，俾蒙古巫覡祝讚之。祝讚畢，遂以與之，名曰脱災。國俗謂之射草狗。

每歲十二月十六日以後，選日，用白黑羊毛爲線，帝后及太子，自頂至手足，皆用羊毛線纏繫之，坐于寢殿。蒙古巫覡念咒語，奉銀槽貯火，置米糠于其中，沃以酥油，以其煙薰帝之身，斷所繫毛線，納諸槽内。又以紅帛長數寸，帝手裂碎之，唾之者三，併投火中。即解所服衣帽付巫覡，謂之脱舊災、迎新福云。

世祖至元七年，以帝師八思巴之言，於大明殿御座上置白傘蓋一，頂用素段，泥金書梵字於其上，謂鎮伏邪魔護安國刹。自後每歲二月十五日，於大殿啟建白傘蓋佛事，用諸色儀仗社直，迎引傘蓋，周遊皇城内外，云與衆生袚除不祥，導迎福祉。歲正月十五日，宣政院同中書省奏，請先期中書奉旨移文樞密院，八衛撥傘鼓手一百二十人，殿後軍甲馬五百人，擡舁監壇漢關羽神轎軍及雜用五百人。宣政院所轄宮寺三百六十所，掌供應佛像、壇面、幢幡、寶蓋、車鼓、頭旗三百六十壇，每壇擎執擡舁二十六人，鈸鼓僧一十二人。大都路掌供各色金門大社一百二十隊，教坊司雲和署掌大樂鼓、板杖鼓、篳篥、龍笛、琵琶、筝、纂七色，凡四百人。興和署掌妓女雜扮隊戲一百五十人，祥和署掌雜把戲男女一百五十人，儀鳳司掌漢人、回回、河西三色細樂，每色各三隊，凡三百二十四人。凡執役者，皆官給鎧甲袍服器仗，俱以鮮麗整齊爲尚，珠玉金繡，裝束奇巧，首尾排列三十餘里，都城士女聚觀。禮部官點視諸色隊仗，刑部官巡綽喧鬧，樞密院官分守城門，而中書省官一員總督視之。先二日，於西鎮國寺迎太子遊四門，舁座塑像，具儀仗入城。十四日，帝師率梵僧五百人，於大明殿内建佛事。至十五日，恭請傘蓋於御座，奉置寶輿，諸儀衛隊仗列於殿前，諸色社直暨諸壇面列於崇天門外，迎引出宫。至慶壽寺，具素食，食罷起行，從西宫門外垣海子南岸，入厚載紅門，由東華門過延春門而西。帝及后妃、公主於五德殿門外，搭金脊五殿綵樓而觀覽焉。及諸隊仗社直送金傘還宫，復恭置御榻上。帝師僧衆作佛事，至十六日罷散。歲以爲常，謂之游皇城。或有因事而輟，尋復舉行。夏六月中，上都亦如之。

【校勘記】

〔一〕「武定山」，原作「武成山」，據《元史》卷六本紀第六《世祖三》改。本書《世祖本紀二》作「武定山」不誤。

〔二〕「雹泉靈霈侯」，「泉」原作「衆」，「霈」原作「沛」，據《元史》卷九本紀第九《世祖六》改。

〔三〕「追封」，原作「加封」，據《元史》卷九本紀第九《世祖六》改。

新元史卷之八十八　志第五十五

禮志八

朝儀始末　元正受朝　皇帝即位受朝　皇帝上尊號受朝　太皇太后上尊號受朝　皇太后上尊號受朝　太皇太后加上尊號受朝同前儀　攝行告廟　國史院進先朝《實録》　表章定制　外路迎拜詔赦及送宣授宣命官

元初，凡遇稱賀，則羣臣皆集帳殿前，無尊卑之班。執法官厭其喧雜，揮杖逐之，去而復集。世祖即位，翰林學士承旨王磐兼太常卿，恐貽笑外國，請立朝儀。至元六年春正月甲寅，太保劉秉忠、大司農孛羅奉詔，使趙秉温、史杠訪前代知禮儀者，肄習朝儀。既而秉忠奏曰：「一人習之，雖知之莫能行也。」詔許用十人。遂徵儒生周鐸、劉允中、尚文、岳忱、關思義、侯祐賢、蕭琬、徐汝嘉，從亡金故老烏古倫居貞、完顔復昭、完顔從愈、葛從亮、于伯儀，及國子祭酒許衡、太常卿徐世隆，稽諸古典，參以時宜，沿情定制而肄習之，百日而畢。

秉忠復奏曰：「無樂以相須，則禮不備。」詔搜訪舊教坊樂工，得杖鼓色楊皓、笛色曹楫，前行色劉進、教師鄭忠，依律運譜，被諸樂歌。六月而成，陳于萬壽山便殿，帝聽而善之。

秉忠及翰林、太常奏曰：「今朝儀既定，請備執禮員。」詔丞相安童、大司農孛羅擇蒙古宿衛士可習容止者二百餘人，肄之期月。七年春二月，奏以丙子觀禮。前期一日，布綿蕝金帳殿前，帝及皇后臨觀于露階，禮文樂節，悉無遺失。冬十有一月戊寅，秉忠等奏請建官典朝儀，帝命與尚書省論定以聞。

八年春二月，立侍儀司，以忽都于思、也先乃爲左右侍儀，奉御趙秉温爲禮部侍郎兼侍儀司事，周鐸、劉允中爲左右侍儀使，尚文、岳忱爲左右直侍儀事，闕思義、侯佑賢爲左右侍儀副使，蕭琬、徐汝嘉爲僉左右侍儀事，烏古倫居貞爲承奉班都知，完顏復昭爲引進副使，葛從亮爲侍儀署令，于伯儀爲尚衣局大使。夏四月，侍儀司奏請製内外仗，如歷代故事，從之。秋七月，内外仗成。遇八月帝生日，號曰天壽聖節，用朝儀自此始。

泰定元年十二月，敕内外百官：「凡行朝賀等禮，雨雪，免朝服。」至順四年，中書省言：「凡朝賀，遇雨，請便服行禮。」從之。元統二年十月朔，正内外官朝會儀班次，一依品位。時監察御史蘇天爵言：「邇年以來，朝儀雖設班位品秩，率越班行。均爲衣紫，從五與正五雜居；共曰服緋，七品與六品齊列。下至八品、九品，莫不皆然。夫既踰越班次，遂致行列不端，因忘肅敬之心，殊失朝儀之禮。今後朝賀行禮，聽讀詔赦，先儘省部院臺正從二品衙門，次諸司局院，各驗執事，辨官序，列正從班次。如有踰越品秩，差亂位序者，同失儀論，以懲不恪。」從之。自至元以後，至是復正朝會班次焉。

元正受朝。前期三日，習儀于聖壽萬安寺。或大興教寺。前二日，陳設于殿庭。至期大昕，侍儀使引導從護尉，各服其服，入至寢殿前，捧牙牌跪報外辦，內侍入奏，出傳制曰「可」。侍儀俛伏，興。皇帝出閤陞輦，鳴鞭三。侍儀使拜通事舍人，分左右，引擎執護尉、劈正斧中行，導至大明殿外。劈正斧直正門北向立，導從倒卷序立，惟扇置于錡。侍儀使導駕時，引進使同內侍官，引宮人擎執導從，入至皇后宮庭，捧牙牌跪報外辦。內侍入啓，出傳旨曰「可」，引進使俛伏，興。皇后出閤陞輦，引進使引導從導至殿東門外，引進使分退立於至堊塗之次，引導從倒卷出。俟兩宮升御榻，鳴鞭三，劈正斧退立於露階東。司晨報時雞唱畢，尚引引殿前班，皆公服，分左右入日精、月華門。就起居位，相向立。通班舍人唱曰「左右衛上將軍兼殿前都點檢臣某以下起居」，尚引唱曰「鞠躬」，曰「平身」，引至丹墀拜位，知班報班齊。宣贊唱曰「拜」，通贊贊曰「鞠躬」，曰「拜」，曰「興」，曰「拜」，曰「興」，曰「都點檢稍前」。宣贊報曰「聖躬萬福」，通贊贊曰「復位」，曰「拜」，曰「興」，曰「拜」，曰「興」，曰「平身」，曰「搢笏」，曰「鞠躬」，曰「三舞蹈」，曰「跪左膝，三叩頭」，曰「山呼」，曰「山呼」，曰「再山呼」，凡傳「山呼」，控鶴呼譟應和曰「萬歲」，傳「再山呼」，應曰「萬萬歲」。後仿此。曰「出笏」，曰「就拜」，曰「興」，曰「拜」，曰「興」，曰「拜」，曰「興」，曰「平立」，宣贊唱曰「各恭事」。兩班點檢、宣徽將軍分左右陛殿，宿直以下分立殿前，尚廐分立仗南，管旗分立大明門南楹。

俟后妃、諸王、駙馬以次賀獻禮畢，典引引丞相以下，皆公服，入日精、月華門，就起居位。通班唱曰「文武百僚、開府儀同三司、録軍國重事、監修國史、右丞相具官無常。臣某以下起居」，典引贊曰「鞠躬」，曰「平身」，引至丹墀拜位。知班報班齊，宣贊唱曰「拜。」通贊贊曰「鞠躬」，曰「拜」，曰「興」，曰「拜」，曰「興」，曰「平身」，曰「搢笏」，曰「鞠躬」，曰「三舞蹈」，曰「跪左膝，三叩頭」，曰「山呼」，曰「山呼」，曰「再山呼」，曰「出笏」，曰「就拜」，曰「興」，曰「拜」，曰「興」，曰「拜」，曰「興」，曰「平身」。侍儀使詣丞相前請進酒，雙引升殿。前行樂工分左右，引登歌者及舞童、舞女，以次升殿門外露階上。登歌之曲各有各，音中本月之律。先期，儀鳳司運諸翰林院撰辭肄之。丞相至宇下褥位立，侍儀使分左右北向立。俟前行色曲將半，舞旋列定，通贊唱曰「分班」，樂作。侍儀使引丞相由南東門入，宣徽使奉隨至御榻前。丞相跪，宣徽使立於東南，曲終。丞相祝贊曰：「溥天率土，祈天地之洪福，同上皇帝、皇后億萬歲壽。」宣徽使答曰：「如所祝。」丞相俛伏，興，退詣進酒位。尚醞官以觴授丞相，丞相搢笏捧觴，北向立，宣徽使復位。前行色降，舞旋至露階上。教坊奏樂，樂舞至第四拍，丞相進酒，皇帝舉觴。宣贊唱曰「殿上下侍立臣僚皆再拜」，通贊贊曰「鞠躬」，曰「拜」，曰「興」，曰「拜」，曰「興」，曰「平身」。丞相三通酒畢，以觴授尚醞官，出笏，侍儀使雙引自南東門出，復位，樂止。至元七年進酒儀：班首至殿前褥位立，前行進曲，尚醞官執空盃，自正門出，授班首。班首搢笏執空盃，由正門入，至御榻前跪。俟曲終，以盃授尚醞官，出笏祝贊。宣徽使曰「諾」，班首俛伏，興。班首、宣徽使由南東門出，各復位。班首以下舞蹈山呼五拜，百官分班，教坊奏樂。尚醞官進酒，殿上下侍立臣僚皆再拜。三進酒畢，班首降至丹墀。至元十八年十二月二十八日，改今儀。

通贊贊曰「合班」。禮部官押進奏表章，禮物二案至橫階下，宣禮物舍人進讀禮物目，至第二重階。進俟讀表章官等，翰林國史院屬官一人。至宇下齊跪。宣表目舍人先讀中外百司表目，翰林院官讀中書省表畢，皆俛伏，興，退，降第一重階下立。俟進讀禮物舍人陞階，至宇下，跪讀禮物目畢，俛伏，興，退。同降至橫階，隨表章西行，至右樓下，侍儀仍領之，禮物東行至左樓下，太府受之。宣贊唱曰「拜」，通贊贊曰「鞠躬」，曰「拜」，曰「興」，曰「平身」，曰「搢笏」，曰「鞠躬」，曰「三舞蹈」，曰「跪左膝，三叩頭」，曰「山呼」，曰「山呼」，曰「再山呼」，曰「出笏」，曰「就拜」，曰「興」，曰「拜」，曰「興」，曰「拜」，曰「興」，曰「平立」。僧、道，耆老、外國藩客，以次而賀。

禮畢，大會諸王宗親、駙馬、大臣，宴饗殿上，侍儀使引丞相等陞殿侍宴。凡大宴，馬不過一，羊雖多，必以獸人所獻之鮮及脯鱐，折其數之半。預宴之服，衣服同制，謂之質孫。宴饗樂節，見宴樂篇。四品以上，賜酒殿上。典引引五品以下，賜酒于日精、月華二門之下。宴畢，鳴鞭三。侍儀使導駕，引進使導后，還寢殿，如來儀。

天壽聖節受朝，如元正儀。前期一日，内外文武百官躬詣寺觀，啟建祝延聖壽萬安道場，至期滿散。其日質明，朝臣詣闕稱賀，外路官員率同僚、儒生、鄉老、僧、道、軍人結彩香案，呈舞百戲，夾道祇迎，就寺觀望闕至香案下，設官屬褥位。班立，先再拜。班首前跪，上香，舞蹈，叩頭，三呼萬歲，就拜，興，再拜。禮畢，捲班就公所設宴而退。大德七年，中書省議，遇聖節元日，臣子之禮但當以敬爲主，依照至元八年奉准儀式行禮。合用樂人，止就本處。在城者，無得於他處勾集及椿配諸行户百姓人等粧扮。社直所據筵會，一切所需之物，官吏自備，並不得取斂於民。元貞二年，定軍官准與民官一體行禮。

郊廟禮成受賀，如元正儀。

皇帝即位受朝。前期三日，習儀于萬安寺。前二日，陳設于殿庭。前一日，設宣詔位于闕前。至期大昕，侍儀使引導從護尉，各服其服。至皇太子寢閤前，捧牙牌跪報外辦。

內侍傳旨曰「可」，侍儀使俛伏，興。皇太子出閤，侍儀使前導。由崇天門入，陞大明殿。引進使引導從至皇太子妃閤前，跪報外辦。內侍出傳旨曰「可」，引進俛伏，興，前導由鳳儀門入。俟諸王以國禮扶皇帝登寶位畢，鳴鞭三。尚引引點檢以下，皆公服，入就起居位。起居贊拜，如元正朝儀。兩班點檢、宣徽將軍、宿直、尚廐、管旗，各恭事。侍后妃、諸王、駙馬以次賀獻禮畢，參議中書省事四人，以篚奉詔書，由殿左門入，至御榻前。參議中書省事跪奏詔文，俛伏，興，以詔受典瑞使押寶畢，置于篚，對舉由正門出，樂作，至闕前，以詔置于案。文武百僚各公服就位北向立。侍儀使稱有制，宣贊唱曰「拜」，通贊贊曰「鞠躬」，曰「拜」，曰「興」，曰「拜」，曰「興」，曰「平身」，曰「班首稍前」。典引引班首至香案前。通贊贊曰「跪」，曰「在位官皆跪」，司香贊曰「搢笏」，通贊贊曰「上香」，曰「上香」，曰「三上香」，曰「出笏」，曰「就拜」，曰「興」，曰「復位」，宣贊唱曰「拜」，通贊贊曰「鞠躬」，曰「拜」，曰「興」，曰「拜」，曰「興」，曰「平身」。侍儀使以詔授左司郎中，郎中跪受，同譯史稍西，陞木榻，東向宣讀。通贊贊曰「在位官皆跪」，讀詔，先以國語宣讀，隨以漢語譯之。讀畢，降榻，以詔授侍儀使，侍儀使置于案。通贊贊曰「就拜」，曰「興」，曰「拜」，曰「興」，曰「拜」，曰「興」，曰「搢笏」，曰「鞠躬」，曰「三舞蹈」，曰「跪左膝，三叩頭」，曰「山呼」，曰「山呼」，曰「再山呼」，曰「出笏」，曰「就拜」，曰「興」，曰「拜」，曰「興」，曰「拜」，曰「興」，曰「平立」。典引引丞相以下皆公服入起居位。起居拜舞。祝頌進酒，獻表，賜宴，並同元正受朝儀。宴畢，鳴鞭三，侍儀使導駕，引進使導后，入寢殿，如來儀。次日，以詔頒行。

皇帝上尊號受朝。前期二日，儀鸞司設大次于大明門外，又設進册案于殿内御座前之西，受寶案于其東，設受册案于御座上之西，受寶案于其東。侍儀司設册案于香案南，寶案又于其南。禮儀使位于前，册使、册副位于廷中，北面，引册、奉册、舉册、讀册、捧册官位于右，引寶、奉寶、舉寶、讀寶、捧寶官位于左，以北爲上。百官自金玉府迎册、寶，奉安中書省，如常儀。

前期一日，右丞相率公卿朝服，儀衛音樂，導册寶二案出自中書，至闕前，控鶴奠案，方輿中道。册使等奉隨入大次内，方輿奠案。侍儀使引册使以下，由左門以出，百官趨退。

至期大昕，右丞相以下百官，各公服集闕廷，儀仗護尉就位。侍儀使、禮儀使引導從導皇帝陞大明殿，引進使引導從導皇后陞殿。尚引引殿前班入起居位，起居山呼拜舞畢，宣贊唱曰「各恭事」。皇太子、諸王、后妃、公主、以次陞殿，鳴鞭三。侍儀使、引册、引寶導册寶由正門入，樂作。奉册使、右丞相率册官由右門入，奉寶使、御史大夫率寶官由左門入，至殿下。置册案于香案南，寶案又奠于其南，樂止。侍儀使、引册使以下就起居位，典引引羣臣入就位。通班舍人唱曰「文武百僚具官臣某以下起居」，典引贊曰「鞠躬」，曰「平身」。引至丹墀拜位，宣贊唱曰「拜」，通贊贊拜，舞蹈，山呼，如常儀。畢，承奉班都知唱曰「奉册使以下進上册寶」。侍儀司引册使以下進就位，樂作。掌儀贊曰「奉册寶官稍前，搢笏，捧册寶。」侍儀使前導，由中道升正階，立于下。俟奉册使諸册官由右階隮，奉寶使諸寶官由左階隮畢俱由左門入，奉册、寶至御榻褥位前，册西、寶東。樂止，掌儀贊曰「奉册寶官稍前，以册寶跪置于案」，曰「出笏」，曰「就拜」，曰「興」，曰「平身」，曰「復位」，曰「奉册使以下皆跪」，曰「舉册官興，俱至案前跪」，曰「搢笏，取册于匣，置于盤，對舉」，曰「讀册官興，俱至案前跪」，曰「讀册」。讀册官稱「臣某謹讀册」。讀畢，舉册官納册于匣，興，以授典瑞使，出笏，立于册案西南，典瑞使置于受册案。掌儀贊曰「舉寶官興，俱至案前跪」，曰「搢笏，取寶于盝，對舉」，曰「讀寶官興，俱至案前跪」，曰「讀寶」。讀寶官稱臣某謹讀寶。讀畢，舉寶官納寶于盝，興，以授典瑞使，出笏，立于寶案東南，典瑞使置于受寶案。掌儀贊曰「奉册使以下皆就拜」，曰「興」，曰「平身」。參議中書省事四人，以篚奉詔書，由殿左門入，至御榻前跪讀詔文，如常儀。授典瑞使押寶畢，置于篚，對舉，由正門出，至丹墀北，置于詔案，册使以下由南東門出，就位聽詔，如儀。儀鸞使四人，舁進册寶案，由左門出。

侍儀使引班首由左階隮，前行色樂作，至宇下，樂止，舞旋至露階立。班首入殿，宣徽使奉隨，班首跪，宣徽使西北向立。班首致詞曰：「册寶禮畢，願上皇帝、皇后萬萬歲壽。」宣徽使應曰：「如所祝。」樂作。通贊唱曰：「分班。」進酒畢，班首由南東門出，降階，復位，樂止。通贊唱曰「合班」，奏進表章禮物，贊拜，舞蹈，山呼，錫宴，並如元正之儀。

至常朝朝參儀，元一代無之。至元中，監察御史馬祖常言：「百官朝見奏事，古有常儀。今國家有天下百年，典章文物屢復古制，惟朝儀之典不講，實爲闕漏。且夫羣臣奏對之時，御史執簡，史官執筆，縉紳佩玉，儼然左右。則雖有懷奸利、乞官爵者，亦不敢公出諸口。如蒙聞奏，命中書省會集文翰衙門官員講究，參酌古今之宜，或三日、二日一常朝，則治道昭明，生民之福也。」祖常雖有此議，未見施行。

太皇太后上尊號受朝。前期二日，儀鸞司設進發册寶案于大明殿御座之前。掌謁設進册寶案于太皇太后殿座榻前，設受册寶案于座榻上，並册西、寶東。侍儀司設册使副位于廷中，北面，册官位右。寶官位左，禮儀使位于前，以北爲上。太皇太后殿廷亦如之。

至期大昕，羣臣皆公服，叙位闕前。侍儀使、禮儀使、引册使，引册，奉册、舉册、讀册、捧册官，由月華門入。侍儀使、禮儀使，引册副，引寶、奉寶、舉寶、讀寶、捧寶官，由日精門入。至露階下，依板位立。侍儀使捧牙牌入至寢殿前，跪報外辦，内侍入奏，出傳制曰「可」，侍儀使俛伏，興。皇帝出閤升輦，鳴鞭三。入大明殿，陞御座，鳴鞭三。司晨報時雞鳴畢，侍儀使、禮儀使、引册使以下陞自東階，由左門入，至御榻前，相向立。掌儀贊曰「奏中嚴」，侍儀使捧牙牌跪奏曰「中嚴」，又贊曰「就拜」，曰「興」，「平身」，曰「復位」，曰「禮儀使稍前跪」，曰「册使以下皆跪」。禮儀使奏請進發太皇太后册寶，掌儀贊曰「就拜」，曰「興」，曰「平身」，曰「復位」，曰「内謁者稍前」，曰「搢笏，奉册寶上進」，曰「册使副、捧册寶官稍前」，曰「搢笏」，曰「内謁者詭進册寶」。皇帝興，以册授册使。册使跪受，興，以授捧册官，出笏。以寶授册副，册副跪受，興，以授捧寶官，出笏。侍儀使、禮儀使、引册、引寶官，導册寶由正門出，册使以下奉隨至階下。掌儀贊曰「以册寶置于案」，曰「出笏，復位」。方輿舁行，樂作。侍儀使、禮儀使、引册、引寶前導，册使以下奉隨，至興聖宮前，奠案，樂止。侍儀使以導從入至太皇太后寢殿前，跪報外辦。掌謁入啓，出傳旨曰「可」，侍儀使俛伏，興。侍儀使、掌謁前導太皇太后陞殿。導太皇太后時，侍儀使入至大明殿，跪奏册寶至興聖宮，請行禮。駕興，鳴鞭三，侍儀使前引導從至興聖宮，陞御座。侍儀使出，至案所，樂作。方輿入，至露階下奠案。册使副立于案前，册官東向，寶官西向。方輿分退，立于兩廡，樂止。尚引引殿前班入起居位，相向立，起居拜舞，如元正儀。禮畢，宣贊唱曰

「各恭事」，贊引册使以下退至起居位。通班舍人唱曰「攝某官具官或太尉，具官無常。臣某以下起居」，引贊贊曰「鞠躬」，曰「平身」，進入丹墀，知班唱曰「班齊」，宣贊唱曰「拜」，通贊贊曰「鞠躬」，曰「拜」，曰「興」，曰「拜」，曰「興」，曰「平身」，宣贊唱曰「各恭事」，進至案前，依位立。宣贊唱曰「太尉以下進上册寶」，掌儀贊曰「捧册前官稍前，搢笏，捧册寶」。侍儀使引册寶官前導，册使奉隨，至御榻，進册寶案前，掌儀唱曰「跪」，捧册寶官不跪，曰「以册寶置于案」，曰「捧册寶官出笏復位」，曰「太尉以下皆跪」，曰「讀、舉册寶官興，俱至案前跪」。讀掌儀贊曰「舉册官搢笏，取册于匣，置于盤，對舉」。曰「讀册」，讀册官稱臣某謹讀册。讀畢，舉册官納册于匣。掌儀贊曰「出笏」，曰「舉寶官搢笏，取寶于盝，對舉」，曰「讀寶」。讀寶官稱臣某謹讀寶。讀畢，舉讀官納寶于盝。掌儀贊曰「出笏」，曰「就拜」，曰「興」，曰「平身」，曰「衆官皆興」，曰「復位」，曰「太尉、司徒、奉册寶官稍前」，曰「捧册寶官稍前」，曰「搢笏」，曰「捧册寶上進」，曰「皇帝躬授太皇太后册寶」。太皇太后以寶册授内掌謁，内掌謁置于案。皇帝興，進酒。太皇太后舉觴飲畢，皇帝復御座畢。掌儀贊曰「衆官皆復位」，侍儀使、引册使以下，分左右，出就位。皇帝率皇后及后妃、公主降丹墀，北面拜賀，陞殿。皇太子及諸王拜賀，陞殿。典引引百官入就起居位，通班舍人唱曰「文武百僚具官臣某以下起居」，曰「鞠躬」，曰「平身」，引至丹墀拜位，知班報班齊，宣贊唱曰「拜」，通贊贊曰「鞠躬」，曰「拜」，曰「興」，曰「拜」，曰「興」，曰「平身」。侍儀使詣班首前請進酒，雙引至殿宇下褥位立，俟舞旋列定，通贊唱曰「分班樂作」。侍儀使引班首由南東門入，宣徽使奉隨，至御榻前，班首跪，曲終。班首祝贊曰「冊寶禮畢，臣等不勝欣抃，願上太皇太后、皇帝億萬歲壽」。宣徽使應曰「如所祝」。班首俛伏，興，退詣退酒位。以下並同元正儀。

皇太后上尊號受朝，同前儀。

太皇太后加上尊號受朝，同前儀。

攝行告廟。如受尊號，上太皇太后、皇太后冊寶，冊立皇后、皇太子，凡國家大典禮，皆告宗廟。前期二日，太廟令掃除内外，翰林國史院學士譔寫祝文。前一日，告官等致齋一日。其日，告官等各服紫服，奉祝版，進請御署訖，差控鶴用紅羅銷金案擡舁，覆以黄羅帕，並奉御香、御酒，如常儀，迎至祝所齋宿。告日質明前三刻，禮直官引太廟令率其屬入廟殿，開室，陳設如儀，禮直官引告官等，各服紫服以次入就位，東向立定。禮直官稍前贊曰「有司謹具，請行事」。贊者曰「再拜」，在位者皆再拜。禮直官先引執事者各就位，次引告官詣盥洗、爵洗位，北向立。搢笏，盥手，帨手，洗爵，拭爵訖，執笏，請詣酒尊所，搢笏，執爵。司尊者舉冪，良醞令酌酒，以爵授奉爵官，執笏。詣太祖室，再拜，執事者奉香，告官搢笏跪。三上香，執爵三祭酒，以虚爵授奉爵官，執笏，俛伏，興。舉祝官搢笏跪，對舉祝版，讀祝官跪讀祝文訖，奠祝於案。執笏俛伏，興。禮直官、贊告官再拜畢，每室並如上儀。告畢，引告官以下降，復位。再拜訖，詣望瘗燔祝，再拜，半燎，告官以下皆退。

國史院進先朝《實録》。是日大昕，諸司官具公服，立于光天門外。侍儀使引《實録》案以入，監修國史以下奉隨，至光天殿前，分班立。皇帝陞御座，宣贊唱曰「拜」。通贊贊曰「鞠躬」，曰「拜」，曰「興」，曰「拜」，曰「興」，曰「平身」。待制四人奉《實録》，陞自午階，監修國史以下奉隨，至御前香案南立，衆官降，復位。應奉翰林文字陞，至《實録》前，跪讀表，讀畢，俛伏，興，復位。翰林學士承旨陞，至御前，分班立，俟御覽畢，降復位。宣贊唱曰「監修國史以下皆再拜」。通贊贊曰「鞠躬」，曰「拜」，曰「興」，曰「拜」，曰「興」，曰「平身」。待制陞，取《實録》，降自午階，置于案，由光天門以出，音樂儀從前導，還國史院，置于堂上。通贊贊曰「鞠躬」，曰「拜」，曰「興」，曰「拜」，曰「興」，曰「平身」，曰「搢笏」，曰「上香」，曰「上香」，曰「三上香」，曰「出笏」，曰「就拜」，曰「興」，曰「拜」，曰「興」，曰「拜」，曰「興」，曰「平立」。百僚趨退。

表章定制。諸上表並爲楷書，每幅六行或七行，後一幅或三行或五行，每行不限字數。第一幅前，用帖黃。押下邊用信。其在下上進，謹封，字上用印。上表者，表以紅羅夾複箋，以梅紅羅單複封裹，外路仍盛以鎖鑰全表匣〔一〕，飾以螭。

表章迴避字様：極、盡、歸、化、忘、亡、忘、望同。播、晏、征、祚同。靄、哀、愛同。奄、昧、駕、遐、仙、斯、司、四、死同。病、苦、没、泯、滅、凶、禍、傾、頹、毀、偃、僕同。壞、破、晦、刑、傷、孤、墜、墮、服、布、孝、短、夭、折、災、要同。困、危、亂、暴、虐、昏、迷、遇、耋、過、改、替、敗、廢、寢、殺、絶、忌、憂、切、激、切、辱、讐，係舊式。患、衰、囚、往、棄、喪、戾、空、陷、厄、艱、忽、除、掃、擯、奸同。缺、落、典、憲、法、典字近用不駁。奔、崩、推、殄、隕、慕、稿、出、祭、奠、饗、享同。鬼、狂、藏、怪、漸、愁、夢、幻、弊、疾、遷、塵、亢、蒙、隔、離、去、辭、追、考，板、蕩、荒，右、逆、師、剥、革、睽、違、尸同。挽、升、退、换、移、非字近用不駁。暗、了、休、罷、覆、弟、斷、收、誅、厭、諱、恤、罪、辜、愆、土、别、逝、誓同。衆、陵。土字近用不駁。右一百六十餘字，其餘可以類推。

外路迎拜詔赦及送宣授宣命官〔二〕。凡元日外路拜表，拜表日質明，望闕置香案，並設官屬褥位。敘班立定，禮生贊拜，在位官皆再拜，司吏捧表跪授班首，班首跪受，以授所差人。所差人跪受訖，班首起立，禮生贊拜，在位官皆再拜訖，退。

凡外路迎拜詔赦，送詔赦官到，先遣人報班首，即率僚屬吏從人等，備儀從、音樂、香輿詣郭外迎接。見送詔赦官，即於道側下馬，所差官亦下馬，取詔赦置於輿中。班首詣香輿前上香訖。所差官上馬，在輿後。班首以下皆上馬後從，鳴鉦鼓作樂前導。至公所，從正門入，所差官下馬，執事者先於庭中望闕設詔赦案及香案並褥位，又設所差官褥位在案之西，又設床於案之西南。所差官取詔赦置於案，綵輿、香輿皆退。所差官稱「有制」，贊「班首以下皆再拜」，班首稍前跪，上香訖，復位所，再拜。所差官取詔赦授知事，知事跪受，上名，司吏二員齊捧詔赦，同陞宣讀，在位皆跪。所讀訖，詔赦置於案，知事等復位，班首以下皆再拜，舞蹈，叩頭，三稱萬歲。官吏叩頭中間，公吏等相應高聲三呼萬歲。就拜，興，又拜。拜訖，班首以下與所差官相見於行前，禮畢，所差官行，班首率僚屬公吏，皆樂送至城門外而退。

凡送宣授宣命官，使者先遣人報知。受宣官率僚屬吏從等，備儀從、音樂、綵輿。二官并別司長官二員，所在府州取索排辦音樂并綵輿、香輿。詣郭外迎接。望見使者，即于道側下馬，使者亦下馬，取宣置綵輿中，受宣官詣香輿前，上香訖，退，遣人覆知使者，爲未受宣命，未敢參見。使者在輿後，受宣官次行，皆上馬從後，鳴鉦鼓，作樂前導，至所居。如閑居官，即使者入館遣往報，受宣官令人傳語取覆。給宣之日，先於本宅隨即排辦，仍報所在京府州郡，差知禮數人，并合用案褥等物。其京府州郡須合應付隨本官往處館，導引所居處，如本家無音樂、儀從者，更不排辦。皆從正門入，使者下馬，報事者先於庭中望闕設宣命案、極香案并褥位。使者取宣於綵輿，捧置案上。案上仍設衣褥。綵輿及香輿皆退。使者就褥位立，受宣官就望闕位立定。禮生贊「再拜，稍前跪，上香，又再拜」，使者稱「有制賜卿宣命」，受宣命官又再拜跪，使者取宣於案，以授受宣官。受訖置於懷，就一拜，興，稍退，恭閱宣命訖，復置於懷。就褥位再拜，舞蹈，叩頭，就拜，興，又再拜。受宣官近使者前，跪問「聖躬萬福」，使者躬答曰「聖躬萬福」，受宣官起，使者與受宣官及諸僚屬相見於所前，禮畢。

凡受勅，其日受勅官具公服，就公所望闕設香案，褥位。如閑居官，就本宅正所。送勅官立於香案之西，受勅官詣褥位立定。禮生贊「再拜」訖，搢笏，跪上香。送勅官奉勅以授受勅官。受勅官受勅置於懷，出笏，就拜，興，復再拜，禮畢，與所差官相見。

【校勘記】

〔一〕「鎖鑰全表匣」，疑當作「金鎖鑰表匣」。本書《禮志四》祝册「藏以楠木縷金雲龍匣，涂金鎖鑰」，《禮志五》「凡帝后册寶，以匣匵金鎖鑰藏於太廟」，《元史》卷七四志第二十五《祭祀三》及卷七五志第二十六《祭祀四》同。

〔二〕「詔赦」，原作「詔獻」，據本卷目録及拜柱《通制條格》卷八改。

新元史卷之八十九　志第五十六

禮志九

謚法

至元三年，追謚成吉思以下諸汗，是爲上尊謚之始。三十一年，世祖崩。夏四月甲午，成宗即位，丙午，右丞相完澤及文武百官議上大行皇帝尊謚。壬寅，爲壇於都城南七里。甲辰，遣司徒兀都帶、平章政事不忽木、左丞張九思率百官請謚於南郊。五月戊午，遣攝太尉兀都帶奉册上尊謚、廟號及國語尊稱。是日，完澤等議同上先皇后弘吉剌氏尊謚。凡歷代上先帝、先后尊謚者，皆如之。

至羣臣賜謚，則始於中統二年賜金翰林修撰魏璠謚靖肅，補闕李大節謚貞肅。至大二年，定内外官三品以上者許請謚，若勛戚大臣賜謚不在此例。《太常因革禮》次謚法於諸神祀之下，今仍之。

君諡

神：一民無爲曰神，應變無方曰神，能妙萬物曰神，聖不可知曰神，道化宣民曰神，顯仁藏用曰神。

聖：極深研幾曰聖，窮理盡性曰聖，窮神知化曰聖，能享上帝曰聖，兼采衆謀曰聖，裁成天地曰聖，百姓與能曰聖，備物成器曰聖，備道全美曰聖。

文：經緯天地曰文，齒德博聞曰文，修德來遠曰文，德洽四國曰文，徽柔懿恭曰文，聖諡丕顯曰文，化成天下曰文，純穆不已曰文。

武：克定禍亂曰武，禁暴戢兵曰武，克有天下曰武，睿智不殺曰武，恤民除害曰武。

成：經德秉哲曰成，民和神福曰成，政立民安曰成，持盈守成曰成，道兼聖智曰成。

康：安樂撫民曰康，能安兆民曰康，俊民用章曰康，久膺多福曰康。

獻：聰明睿智曰獻，嚮惠德元曰獻，智質有聖曰獻。

懿：愛民質淵曰懿，體元居中曰懿，德浸光大曰懿。

章：法度大明曰章。

穆：布德執義曰穆，尊賢敬德曰穆，德政應和曰穆。

敬：威儀悉備曰敬，齊莊中正曰敬，全善典法曰敬，畏天愛民曰敬。

元：主善行德曰元，行義悦民曰元，體仁長人曰元。

昭：聖德嗣服曰昭，德業升聞曰昭，智能察微曰昭。

景：耆意大圖曰景，布義行剛曰景，繇義而成曰景，德行可仰曰景。

孝：協時肇享曰孝，博施被物曰孝，繼志述事曰孝，教刑四海曰孝，德通神明曰孝。

宣：施而無私曰宣，重光奠麗曰宣，義問周達曰宣。

平：布綱治紀曰平，治而無倦曰平，布德均政曰平，無黨無偏曰平，治過如砥曰平。

桓：闢土服遠曰桓。

莊：威而不猛曰莊，端恪臨民曰莊。

僖：質淵學諫曰僖。

肅：剛德克就曰肅。

惠：慈仁好與曰惠，能安四方曰惠，子愛困窮曰惠，儉以厚下曰惠。

安：寬裕和平曰安，所寶惟賢曰安，兆民賴廣曰安，中心宅仁曰安，修己寧民曰安。

明：照臨四方曰明，譖愬不行曰明，聖能作則曰明，無幽不察曰明，任賢使能曰明，令聞不已曰明，奉若天道曰明，孝法天下曰明，奉養有節曰明，遏惡揚善曰明，視能致遠曰明。

定：安民法故曰定，安民大慮曰定，仁能一衆曰定，嗣成武功曰定。
簡：易從有功曰簡，平易無疵曰簡，至德臨下曰簡。
隱：不顯尸國曰隱。
翼：思慮深遠曰翼，小心事天曰翼。
襄：闢土有德曰襄。
哀：德之不建曰哀。
烈：秉德事業曰烈，海外有截曰烈，業成無兢曰烈，丕承聖謨曰烈。
威：蠻夷率服曰威，信賞必罰曰威，德威可畏曰威。
愍：禍亂力作曰愍，使民悲傷曰愍，在國罹憂曰愍。
靈：亂而不損曰靈，好事鬼神曰靈，極知神事曰靈。
幽：壅遏不達曰幽，違禮亂常曰幽，暴民殘義曰幽。
厲：殺戮不辜曰厲。
德：修文來遠曰德，睿智日新曰德，尊賢親親曰德，忠和純淑曰德。
質：中正無邪曰質，恬淡無爲曰質。
靖：虛己鮮言曰靖，緝熙宥密曰靖，式典安民曰靖。

順：慈和徧服曰順，德合帝則曰順，受天百禄曰順。
思：追悔前過曰思。
憲：賞善罰姦曰憲，刑政四方曰憲，聖能法天曰憲。
仁：利澤萬世曰仁，大德好生曰仁，率性安行曰仁。
義：除去天地之害曰義，理財正辭曰義，仁能制命曰義，能成其志曰義。
禮：奉義順則曰禮。
智：察言知人曰智。
欽：克慎成憲曰欽。
戴：典禮不愆曰戴，愛民好治曰戴。
懷：慈仁短折曰懷，民思其惠曰懷。
荒：好内怠政曰荒，内外淫亂曰荒，昏亂紀度曰荒，狎侮五常曰荒。
惑：以欲忘道曰惑，淫溺喪志曰惑，婦言是用曰惑。
夷：失禮基亂曰夷。
后妃謚
文：克嗣徽音曰文，慈惠愛民曰文，德美才秀曰文。

成：夙夜警戒曰成，曲直赴禮曰成，仁化純禮曰成。

康：温良好學曰康，壽考且寧曰康，保民迪吉曰康，務德不争曰康。

獻：賢德有成曰獻。

懿：温柔聖善曰懿，柔克有光曰懿。

章：其言有文曰章，上下無私曰章。

穆：德化肅和曰穆。

敬：夙夜警戒曰敬，戒懼無違曰敬，戒尊師傅曰敬。

元：體仁内恕曰元，仁明道合曰元。

昭：容儀翼美曰昭，德禮不愆曰昭，高朗令終曰昭。

孝：慈惠愛親曰孝，尊仁安義曰孝，先意承志曰孝，能奉祭祀曰孝，敬慎所安曰孝。

宣：聖善周聞曰宣，能布全德曰宣。

平：執事有制曰平，分不求多曰平。

莊：履正志和曰莊，端一克成曰莊，齊戒中禮曰莊。

僖：小心畏忌曰僖，見善用長曰僖。

恭：執心決斷曰恭，能執婦道曰恭。

惠：淑質受諫曰惠，恩能及下曰惠。

安：務德不爭曰安，莊敬盡禮曰安，敬而有禮曰安。

明：獨見先知曰明，內治和禮曰明。

定：踐行不爽曰定，審於事情曰定，德操純固曰定。

簡：一德不懈曰簡。

正：其儀不忒曰正，精爽齋肅曰正，內外賓服曰正，誠心格非曰正，莊以率下曰正，息邪距詖曰正。

隱：遠拂不成曰隱。

哀：遭難已甚曰哀。

烈：光有大功曰烈，安民有功曰烈。

勤：服勞無怨曰勤，能修其官曰勤。

貞：履正中饋曰貞，守數難犯曰貞，幽閒專一曰貞，恒德從一曰貞。

靈：死見鬼能曰靈，不勤成名曰靈。

幽：淫德滅國曰幽。

厲：挾邪違正曰厲，長舌階禍曰厲。

節：巧而好度曰節，能固所守曰節，恭儉中禮曰節，好廉自克曰節，直道不撓曰節，臨義不奪曰節。

德：富貴好禮曰德，仁而有化曰德，憂國進賢曰德。

質：直心靡他曰質。

靖：柔德教衆曰靖，寬樂全終曰靖。

順：和比於禮曰順，柔德承天曰順，德性寬柔曰順，淑慎其身曰順，德容如玉曰順。

憲：行善可記曰憲。

忠：讓賢盡誠曰忠，危身奉上曰忠，中能應外曰忠。

仁：功施於民曰仁，屈己逮下曰仁。

禮：奉義順則曰禮，善自防閑曰禮。

欽：威儀悉備曰欽。

良：順理習善曰良，温敬寡言曰良，孝悌成性曰良，小心敬畏曰良。

微：元德充美曰微。

柔：順德麗貞曰柔，至順法坤曰柔。

荒：縱樂無度曰荒。

惑：心志多窮曰惑。

戾：不悔前過曰戾，不思順受曰戾。

臣謚

文：博聞多見曰文，敬直慈惠曰文，勤學好問曰文，修治班制曰文，與賢同升曰文。

武：除亂靖難曰武，帥衆以順曰武，折衝禦侮曰武，赴敵無避曰武，闢土斥境曰武。

成：通達强立曰成，不忘久要曰成，佐相克忠曰成，德備禮樂曰成，德見於行曰成。

康：寬裕和平曰康，敬而有禮曰康，保衛社稷曰康，造道自行曰康，動而無妄曰康。

獻：博聞多能曰獻，智能翼君曰獻，學于古訓曰獻。

懿：文德充實曰懿，秉彝好德曰懿，尚能不争曰懿。

章：温克令儀曰章，敬慎高明曰章。

穆：申情見貌曰穆，敬和在位曰穆。

敬：夙夜將事曰敬，陳善閉邪曰敬，死不忘君曰敬，難而不避曰敬，受命不遷曰敬，衆方克就曰敬。

元：宣慈惠和曰元。

昭：明德有功曰昭，德音孔宣曰昭。

孝：秉德不回曰孝，思愛忘勞曰孝，從命不忿曰孝，富貴不驕曰孝，能守祭祀曰孝。

宣：俊達有德曰宣，力施四方曰宣。

平：政以行辟曰平，執事有制曰平，分不求多曰平。

桓：克敵服遠曰桓，壯以有力曰桓。

莊：執德不矜曰莊。

僖：小心敬慎曰僖。

恭：好德不怠曰恭，貌敬行祗曰恭。

惠：寬裕不苛曰惠，柔質慈民曰惠，遺愛在民曰惠，分人以財曰惠，利而不費曰惠。

安：好和不争曰安。

明：總集殊異曰明，能視致遠曰明，誠身自知曰明，守静知常曰明。

定：以勞定國曰定，克綏邦家曰定。

簡：仕不躁進曰簡，能行直道曰簡。

隱：懷情不盡曰隱。

襄：執心克剛曰襄，協贊有成曰襄。

哀：處死非義曰哀。

毅：致果殺敵曰毅，勇而近仁曰毅。

勇：持義不撓曰勇，以義死事曰勇，臨事屢斷曰勇，勝敵壯志曰勇，臨難不懼曰勇。

壯：勝敵克亂曰壯，死於原野曰壯，好力致勇曰壯，屢行征伐曰壯，武而不遂曰壯，武德剛毅曰壯，非禮弗履曰壯。

克：愛民作刑曰克，勝敵得俊曰克，勝己自私曰克。

勤：能修其官曰勤，廣業不怠曰勤，勤行世業曰勤，好學力行曰勤。

貞：大慮克就曰貞，直追不撓曰貞，清白守節曰貞，内外用情曰貞，不隱幽屏曰貞，圖國荒死曰貞，名實不爽曰貞，事君無猜曰貞，固節幹事曰貞。

愍：佐國逢難曰愍，危身奉上曰愍。

幽：暴民殘義曰幽。

白：涅而不淄曰白，致慮忘機曰白。

德：剛塞簡廉曰德，寬栗擾義曰德，直温强義曰德，輔世長民曰德，富貴好禮曰德。

匡：輔弼王室曰匡，以法正國曰匡，彌縫災害曰匡，正君之過曰匡。

質：名實不爽曰質，言行相應曰質。

靖：仁敬鮮言曰靖。

順：慈仁和民曰順，克將君美曰順。

憲：文武可法曰憲。

堅：磨而不磷曰堅。

忠：臨患不忘國曰忠，慮國忘家曰忠，殺身報國曰忠，廉方公正曰忠，世篤勤勞曰忠，善則推君曰忠，死衞社稷曰忠，以德匡君曰忠，以孝事君曰忠，安不擇事曰忠，中能應外曰忠。

仁：畜義豐功曰仁，殺身成志曰仁，克己復禮曰仁，寬信敏惠曰仁，功施於民曰仁，愛仁利物曰仁。

義：推功尚善曰義，以禮節行曰義，取而不貪曰義，行禮不疚曰義，見利能讓曰義，以公滅私曰義，制事得宜曰義。

禮：躬儉中節曰禮，審節而和曰禮，著誠去僞曰禮。

智：敬而不忘曰智，尊明勝患曰智，摧芒折廉曰智，擇任而往曰智，能治大官曰智，臨事不惑曰智，知言知默曰智。

直：守道如矢曰直，言行不邪曰直，質而中正曰直，正人之曲曰直，折獄在中曰直，孝弟成性曰直，小心敬事曰直。

信：思難不越官曰信，周仁承命曰信，立言可復曰信，守禮不違曰信。
欽：肅敬而承上曰欽。
良：謀猷歸美曰良。
類：勤施無私曰類，不忝前哲曰類。
度：心能制義曰度，進退可軌曰度，守法緯民曰度，從容有常曰度，禮儀次善曰度。
戴：典禮不衍曰戴，愛人好禮曰戴。
懷：仁敬短折曰懷，執義去位曰懷。
荒：内外淫亂曰荒。
愨：誠以致志曰愨。

新元史卷之九十　志第五十七

禮志十

冊立皇后　冊立皇太子　品官以下婚禮　禡牙祭旗鼓　大喪　品官丁憂　品官以下喪禮　品官以下墓田之制

冊立皇后之禮。前期二日，儀鸞司設發冊寶案于大明殿御座前稍西，設發寶案稍東，掌謁設香案于皇后殿前。設冊案于殿内座榻前稍西，寶案稍東，設受冊案于座榻上稍西，設受寶案于稍東。侍儀司設板位，冊使副位于廷中，北面，冊官位于右，寶官位于左，禮儀使位于冊案前，主節位于太尉左。皇后殿廷亦如之。

至期大昕，引贊叙太尉以下于闕廷，各公服。侍儀使、禮儀使、引冊使、引冊、奉冊、舉冊、讀冊、捧冊官，由月華門入。侍儀使、禮儀使、引冊副，引寶、奉寶、舉寶、讀寶、捧寶官，由日精門入。至露階下，依板位立。侍儀使捧牙牌入至寢殿前，跪報外辦。内侍入奏，出傳制曰「可」，侍儀使俛伏，興。皇帝出閤升輦，鳴鞭三。侍儀使引導從導皇帝入大明殿、陞御座，鳴鞭三。司晨報時雞唱畢，尚引引殿前班入起居位，起居、贊拜、舞蹈、山呼，如儀。宣贊唱曰「各恭事」。引贊引册使以下入就位，掌儀舍人引承奉班都知、侍儀使、禮儀使、主節、捧册、捧寶官，升自左階，由南東門入，至御座前，分左右相向立。掌儀贊曰「禮儀使稍前跪」，曰「太尉以下皆跪」。禮儀使跪奏請進發皇后册寶。掌儀贊曰「就拜」，曰「興」，曰「平身」，曰「太尉以下皆興」，曰「復位」。掌儀贊曰「内謁者稍前」，曰「搢笏」，曰「捧册寶跪進皇帝」，曰「以册寶授捧册寶官」，捧册寶官跪受，興。掌儀贊曰「主節官搢笏持節」，禮儀使引節導册寶由正門出，至露階，南向立。禮儀使稱有制，承奉班都知唱曰「太尉以下皆再拜」，通贊曰「鞠躬」，曰「拜」，曰「興」，曰「拜」，曰「興」，曰「平身」。禮儀使宣制曰「命太尉某等持節授皇后册寶」，通贊贊曰「鞠躬」，曰「拜」，曰「興」，曰「拜」，曰「興」，曰「平身」。降至露階下，依次就位。掌儀唱曰「以册寶置于案」，曰「出笏」，曰「復位」。方輿舁以行，樂作。侍儀使、禮儀使引太尉及册寶官。奉隨至皇后宫庭奠案，樂止。掌儀唱曰「捧册寶官稍前，搢笏」。捧册寶使、太尉以下奉隨由正階隮，至案前。掌儀贊曰「以册寶置于案」，曰「出笏」，曰「復位」。侍儀使稍前跪報外辦，内侍入啟，出傳旨曰「可」，侍儀使俛伏，興。

皇后出閤，詣褥位，太尉稱制遣臣某等恭授皇后册寶。内侍贊禮曰「跪」，掌儀贊曰「太尉以下皆跪」。内侍贊皇后曰「上香」，曰「上香」，曰「三上香」，曰「拜」，曰「興」，曰

「太尉以下皆興」。皇后陞殿，立于座榻前。承奉班都知唱曰「拜」，曰「興」。掌儀贊曰「以册寶跪至于案」，掌儀唱曰「捧册寶官稍前，搢笏」。捧册寶由正門至殿內，掌儀贊曰「舉册官興，至案前跪」，曰「捧册寶官出笏」，「興」，「復位」，曰「太尉以下皆跪」，曰「讀册官興，至案前跪」，曰「搢笏，取册于匣，置于盤，對舉」，曰「讀册官興，至案前跪」，曰「讀册」。讀册官稱臣某謹讀册，讀畢，納册于匣。掌儀贊曰「出笏，舉寶官興，至案前跪，搢笏，取寶于盝，對舉」，曰「讀寶官興，至案前跪」，曰「讀寶」。讀寶官稱臣某謹讀寶。讀畢，納寶于盝。掌儀贊曰「出笏」，曰「太尉以下皆就拜」，曰「興」，曰「平身」。捧册寶官以册寶授太尉，太尉以授掌謁，掌謁以册寶置于受册寶案。掌儀唱曰「太尉以下跪」，曰「衆官皆跪」。太尉致祝辭曰：「册寶禮畢，伏願皇后與天同算」。司徒應曰：「如所祝」。就拜，興，平身。太尉進酒，樂作。皇后飲畢，樂止。禮儀使引節引主節由正門以出。侍儀使引太尉以下，由左門至階下，北面立。承奉班都知唱曰「太尉以下皆再拜」，通贊曰「鞠躬」，曰「拜」，曰「興」，曰「拜」，曰「興」，曰「平立」。侍儀使引太尉以下還詣皇帝御座前，跪奏曰「奉制授皇后册寶，謹以禮畢」。就拜，興，由左門出，降詣旁折位。

侍儀使引導從導皇后詣大明殿前謝恩，掌謁贊曰「拜」，曰「興」，曰「拜」，曰「興」。侍儀使分退，掌謁導皇后升御座。典引引丞相以下入起居位，起居贊拜如儀。侍儀使詣右丞相前請雙酒，雙引陛殿，至宇下褥位立。侍儀使分左右北向立，俟前行色曲將半，舞旋列定，通贊唱曰「分班」，樂作。侍儀使引右丞相由南東門入，宣徽使奉隨至御榻前，右丞相跪，宣徽使立于東南。曲終，右丞相祝贊曰：「冊寶禮畢，臣等不勝慶抃，同上皇帝、皇后萬萬歲壽」。宣徽使應曰「如所祝」。右丞相俛伏，興，退詣進酒位。進酒、進表章禮物、贊拜、僧道賀獻、大宴殿上，並如元正儀。宴畢，鳴鞭三。侍儀使導駕，引進使導后。還寢殿，如來儀。凡后妃妊身將及月辰，則移居於外氈帳。若誕皇子，則賜百官以金銀采段，謂之撒荅海。

冊立皇太子之禮。前期三日，右丞相率百僚至金玉局冊寶案前，舍人贊曰「鞠躬」，曰「拜」，曰「興」，曰「拜」，曰「興」，曰「平身」，曰「班首稍前」，曰「跪」，曰「在位官皆跪」，曰「搢笏」，曰「上香」，曰「上香」，曰「三上香」，曰「出笏」，曰「就拜」，曰「興」，曰「拜」曰「興」，曰「拜」，曰「興」，曰「平身」。侍儀使、舍人分引羣臣。儀衛音樂導至中書省，正位安置。

前期二日，儀鸞司設發冊案于大明殿御座西，發寶案于東。典寶官設香案于太子殿前階上，設冊案于西，寶案于東；又設受冊案于殿內座榻之西，受寶案于東。侍儀司設板位，太尉、冊使副位于大明殿廷，太尉位居中，冊官位于右，寶官位于左，禮儀使位于前。主節官位于太尉之左。太子殿廷亦如之，樂位布置亦如之。右丞相率百僚朝服，至中書省册寶案前，叙立定。舍人贊曰「鞠躬」，曰「拜」，曰「興」，曰「拜」，曰「興」，曰「平身」，曰「班首稍前」，曰「跪」，曰「搢笏」，曰「在位官皆跪」，曰「上香」，曰「上香」，曰「三上香」，曰「出笏」，曰「就拜」，曰「興」，曰「拜」，曰「興」，曰「拜」，曰「興」，曰「平身」。舍人分引羣臣，儀衛導從，音樂傘扇，導至闕前。控鶴奠案，方輿官舁之，由中道入崇天門，册使以下奉隨至露階下。方輿官置册案于西，寶案于東，分退立于兩廡。册使副北面，引册官、舉册官、讀册官、捧册官位于册案西，東向。引寶官、舉寶官、讀寶官、捧寶官位于寶案東，西向。掌儀舍人贊曰「捧册官稍前」，曰「搢笏」，曰「捧册」。又贊曰「捧寶官稍前」，曰「搢笏」，曰「捧寶」。侍儀使、引進使、引册官、引寶官前導。捧册寶官次之，册使副以下奉隨陞大明殿午階，由正門入，至進發册寶案前，册使副北面立。引册寶、引寶官、舉册官、舉寶官以下，分左右夾册寶案立。掌儀贊曰「以册寶置于案」，曰「出笏」，曰「復位」，侍儀使引奉册使以下由左門出，百辟趨退。

至期大昕，引贊引册使以下，皆公服，叙位于闕廷。侍儀使導從皇帝出閤，鳴鞭三，陞大明殿，登御座。尚引引殿前班入起居位，起居贊拜如儀，宣贊唱曰「各恭事」。引贊引册使以下入就位，掌儀舍人引承奉班都知，侍儀使，禮儀使〔一〕，主節郎、捧册捧寶官，升自左階，由左門入，至御座前，分左右立，掌儀贊曰「禮儀使稍前」，曰「跪」，曰「衆官皆跪」。禮儀使奉請發皇太子册寶，掌儀唱曰「就拜」，曰「興」，曰「平身」，曰「衆官皆興」，曰「復位」，曰「内謁者稍前」，曰「搢笏」，曰「捧册寶跪進皇帝」，曰「以册寶授捧册寶官」，捧册寶官跪受，興。掌儀贊曰「主節郎搢笏持節」，禮儀使引節導册寶由正門以出，至露階南向立。禮儀使稱「有制」，承奉班都知唱曰「太尉以下皆再拜」，掌儀贊曰「鞠躬」，曰「拜」，曰「興」，曰「拜」，曰「興」，曰「平身」。禮儀使宣制曰「上命太尉等持節授皇太子册寶」，掌儀贊曰「鞠躬」，曰「拜」，曰「興」，曰「拜」，曰「興」，曰「平身」。禮儀使引節導册寶，降至露階下，依次就位。掌儀贊曰「以册寶置于案」，曰「出笏」，曰「復位」。方輿舁以行，樂作。侍儀使、禮儀使、主節前導，册使以下奉隨由正門出。至闕前，方輿奠案，控鶴舁以行。至皇太子殿廷，控鶴奠案，方輿舁以行。入至露階下奠案，方輿退，樂止。册使以下以次立，掌儀贊曰「捧册寶官稍前，搢笏，捧册寶」。侍儀使引節，主節導册寶以行，册使以下由正階隮，節立于香案之西。掌儀贊曰「捧册寶官跪，以册寶置于案」，曰「出笏」，曰「興」，曰「就位」。右庶子跪報外備，内侍入啟，出傳旨曰「可」，右庶子俛伏，興。

皇太子出閤，立于香案前，掌儀贊曰「皇太子跪」，曰「上香」，曰「上香」，曰「三上香」，曰「拜」，曰「興」，曰「拜」，曰「興」。太尉前稱「制遣臣某等恭授皇太子册寶」，復位。掌儀贊曰「皇太子拜」，曰「興」，曰「拜」，曰「興」。請皇太子詣褥位，南向立。曰「皇太子跪」，曰

「諸執事官皆跪」，曰「舉册官興，至案前」，曰「跪」，曰「讀册」。讀畢，曰「納册于匣」，曰「出笏」。掌儀唱曰「舉寶官興，至案前」，曰「跪」，曰「讀寶」。讀畢，曰「納寶于盝」，曰「出笏」，曰「舉册寶官、讀册寶官皆興」，復位。掌儀贊曰「太尉進授册寶」，侍儀使引太尉、司徒至册寶案前，搢笏，以册寶跪進。皇太子恭受，以授左右庶子，左右庶子搢笏跪受。掌儀贊曰「皇太子興，册使以下皆興」，右庶子捧册，左庶子捧寶，導皇太子入殿。右庶子奠册于授册案，左庶子奠寶于受寶案。引節引主節立于殿西北，引贊引太尉以下降階復位，北向立。承奉班都知唱曰「太尉以下皆再拜」，掌儀贊曰「鞠躬」，曰「拜」，曰「興」，曰「拜」，曰「興」，曰「平身」。樂作，侍儀使詣太尉前請進酒，太尉入至殿内，進酒畢，降復位，樂止。

侍儀使、禮儀使、主節導太尉以下還詣大明殿御座前，跪奏曰：「奉制授皇太子册寶，謹以禮畢」。俛伏，興，降詣位。侍儀使、左右庶子導皇太子詣大明殿御座前謝恩，右庶子贊曰「拜」，曰「興」，曰「拜」，曰「興」。進酒。又贊曰「拜」，曰「興」，曰「拜」，曰「興」。降殿，還府。侍儀使詣右丞相前請進酒，雙引陞殿，至宇下褥位立，侍儀使分左右，北向立。俟前行色曲將半，舞旋列定。通贊唱曰「分班」，樂作。侍儀使、右丞相由南東門入，宣徽使奉隨至御榻前。右丞相跪，宣徽使立于東南。曲終，右丞相祝贊曰：「皇太子册寶禮畢，臣等不勝慶忭，同上皇帝、皇后萬萬歲壽。」宣徽使應曰：「如所祝。」右丞相俛伏，興，退詣進酒位。進酒、進表章禮物、贊拜〔二〕，如元正儀。駕興，鳴鞭三。侍儀使導駕還寢殿，如來儀。

皇太子還府，陞殿。典引引羣臣入就起居位，通班自班西行至中道，唱曰「具官某以下起居」，典引贊曰「鞠躬」，曰「平身」。進就拜位，宣贊唱曰「拜」，通贊贊曰「鞠躬」，曰「拜」，曰「興」，曰「拜」，曰「興」，曰「平身」。侍儀使詣班首前請進酒，雙引由左階至殿宇下褥位立，侍儀分左右，北向立。俟前行色曲將半，舞旋列定，通贊唱曰「分班」。班首入自左門，右庶子隨至座前。班首跪，右庶子立于東南。俟曲終，班首致祝詞曰〔三〕：「册寶禮畢，願上殿下千秋之壽。」右庶子應曰「如所祝」，班首俛伏，興，退至進酒位，搢笏，捧觴，北向立，右庶子退復位。俟舞旋至露階，樂舞至第四拍，班首進酒。宣贊唱曰「文武百僚皆再拜」，通贊贊曰「鞠躬」，曰「拜」，曰「興」，曰「拜」，曰「興」，曰「平身」。班首自東門出，復位，樂止。通贊唱曰「合班」。中書押進箋及禮物案至横階下，進讀箋官由左階隮，進讀禮物官至階下。俟進讀箋官至宇下，先讀箋目，次讀箋。讀畢，俛伏，興，降至階下。進讀禮物官升階，至宇下，跪讀禮物狀畢，俛伏，興，退，同讀箋官至横階，隨箋案西行，至右廡下，禮物案東行，至左廡下，各付所司。宣贊唱曰「拜」，通贊贊曰「鞠躬」，曰「拜」，曰「興」，曰「拜」，曰「興」，曰「平立」。右庶子導皇太子還閤。

品官以下婚姻之禮。至元八年，禮部議准，條件凡七：

一曰議婚。身及主婚者無期以上喪服，及可成婚。先使媒氏通言，女氏許之，然後納采。

二曰納采。係今之下定也。主人具書，夙興，奉以告祠堂。人之大倫，於禮爲重，宜告廟而後行，示不忘祖也。使子弟爲使者，如女氏，主人出見，使者奉書以告於祠堂，出以復書授使者，遂禮之。使者復命，婚主告於祠堂，或婚主親往納采者聽。

三曰納幣。係今之下財也。具書遣使如女氏，授書，女氏復書，禮賓使者覆命，如納采儀。已定筵會，以男家爲主會，請女氏諸親爲客。先入坐，男家至門外陳列幣物，令媒氏通報女氏主人，出門迎接，相揖。俟女氏先入，男家以次隨幣而入，舉酒請納幣。飲酒受幣訖，女氏主人回禮。婚家飲酒畢，主人待客如常禮，許婚氏女子出見。

四曰親迎。前期一日，女氏使人張陳婚室。質明，壻家設位於室中，女家設次於外，主人告於祠堂，遂醮其子，而命之親迎。壻出乘馬至女家，俟於次。女家主人告於祠堂，遂醮其女而命之。主人出迎，壻入，納鴈。姻家奉女登車，壻乘馬先行歸。車至，導婦以入。壻、婦交拜，就飲食畢，壻出復入，脱服獨出，主人禮贊。

五曰婦見舅姑。明日夙興，婦見舅姑，次見諸尊長者。若婦家，則饋於舅姑，舅姑享之。

六曰廟見。三日，主人以婦見於祠堂。

七曰壻見婦之父母。受壻拜禮。次見婦黨，諸婦親家禮壻如常儀。若召贅之家，仍依時俗現行之禮。

蒙古軍禮之僅見者。憲宗二年七月，命皇弟忽必烈征大理，諸王禡牙西行。七年六月，謁太祖行宮，祭旗鼓。八年十一月，令皇弟忽必烈禡牙於開平西北。其禡牙之禮與祭旗鼓之禮均未聞。遼景宗將伐宋，命巫者祠兵神及祭旗鼓。蓋遼、金舊制，蒙古襲而用之。

凡帝后有疾度危殆，不可愈，則移居於外氈帳房。有不諱，則就殯殮其中。葬後，每日用羊二次，燒飯以爲祭，至四十九日而後已。其帳房則以頒賜近臣云。

宮車晏駕。棺用香楠木，中分爲二，刳肖人形，其廣狹長短，僅至容身而已。殮用貂皮襖、皮帽，其靴韈、繫腰、盒鉢，俱用白粉皮爲之。殉以金壺瓶二，盞一，椀碟匙筯各一。

殮訖，用黃金爲箍四條以束之。乘輿用白氈青緣納失失爲簾，覆棺亦以納失失爲之。前行，用蒙古巫媪一人，衣新衣，騎馬，牽馬一匹，以黃金飾鞍轡，籠以納失失，謂之金靈馬。日三次，用羊奠祭。至所葬陵寢，取開穴時所起之土成塊，依次排列之。棺既下，復依次掩覆之。有餘土，則遠置他所。送葬官三員，居五里外，日一次，燒飯祭之〔四〕，三年然後返。

品官丁憂。蒙古及色目人不行三年之喪，漢人、南人則行之。大德八年，詔：「三年之喪，古今通制。除應當怯薛人員、征戍軍官外，其餘官吏，父母喪亡，丁憂終制，方許叙仕。奪情起復者不拘此例。」九年，中書省奏：「聽從官吏丁憂。」至大四年，詔：「官吏並許終制，以厚風俗。朝廷奪情起復，蒙古、色目人、管軍官，不拘此例。」延祐五年，監察御史許有壬言：「聖朝以孝治天下，考稽典禮，除蒙古、色目各從本俗，其餘居官著爲丁憂之制，將以美教化、厚人倫，爲治之要道也。所謂奪情起復者，蓋有道德可以範世，謀猷可以經國，天心簡畀，人望素服；又邊臣、宿將，可任重寄。似此必用之人，謂之起復，誰曰不然？其或碌碌凡庸，如馮翼霄，才無過於常人，行每乖於清議，徒以諛佞憸邪，亦復冒膺起復，實玷風教，宜明白奏聞。除上所知識必用之人，取自聖裁，其餘人員，並遵舊制。」時不肖者多假借起復，以圖榮進，故有壬言之。寧國萬户府言：「本府知事孫顯，父母俱没，係遷轉之員，與軍官不同，理合丁憂。」監察御史言：「切恐其餘管軍衙門首領官，亦有似此托爲軍職，不得丁憂者，傷風敗俗，深爲不便。宜徧行照會，如有違犯，斷罪降叙。」刑部議從之。至正初，監察御史烏古孫良楨，以國俗父母死無憂制，又父死則妻從母，兄弟死則收其妻，上言：「綱常皆出於天而不可變。議法之吏乃言國人不拘此例，諸國人各從本俗。是漢人、南人當守綱常，國人、諸國人不必守綱常也。名曰優之，實則陷之；外若尊之，内寔侮之。推其本心，所以待國人者，不若漢人、南人之厚也。請下禮官、有司，及右科進士在朝者會議。自天子至於庶人，皆從禮制，以成列聖未遑之典，明萬世不易之道。」奏上，不報。

品官以下喪禮。至元七年，中書省議：「民間殯葬，除紙錢外，紙糊房子、金錢、人馬，并綵帛、衣服、帳幕等物，應截日盡行禁斷。」從之。二十一年，定品官遇有婚喪，止依品秩，合得儀從送迎外，禁斷。無官百姓人等，不得僭越。至大三年，皇太子令旨，禁教坊司樂人送殯。延祐元年，江南行台御史王奉訓言：「伏以父母之喪三年，天下之通喪也。死斂葬祭，莫不有禮。《禮》曰：披髪『徒跣』，『居於倚廬』，『寢苫枕塊』，『哭泣無時〔五〕』。『歠粥，朝一溢米，夕一溢米。』又曰：『始死，充充如有窮〔六〕；既殯，瞿瞿如有求而弗得；既葬，時。期而小祥，又期大祥，三年禫祭。『霜露既降』，『春雨既濡』，『悽愴』『怵惕』，『如將見之』。此孝子終身所不忘，豈拘於三年哉？去古日遠，風俗日薄。近年以來，江南尤甚。父母之喪，小斂未畢，茹葷飲酒，略無顧忌。至於送殯，管絃歌舞，導引靈柩，焚葬之際，張筵排晏，不醉不已。泣血未乾，享樂如此。昊天之報，其安在哉！興言及此。誠可哀憫。請今後除蒙古、色目合從本俗，其餘人等居喪送殯，不得飲食動樂。違者諸人首告得實，示衆斷罪。所在官司申禁不禁者，罪亦如之。不惟人子有所懲勸，抑亦風俗少復淳古。」中書省議從之。

延祐二年，定喪服各從本俗。禮部議：「方今喪服未有定制，除蒙古、色目人各從本俗，其餘依鄉俗，以麻布爲之。江淮習俗，有戴布幞頭、布袍爲禮者，禁之。」

喪禮圖

五服之圖

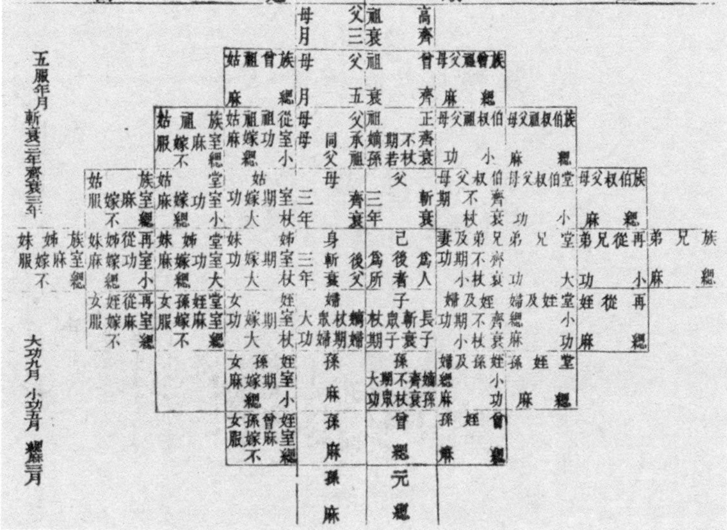

外族服

姑舅兄弟　姑之子爲外兄弟舅之子爲內兄弟

	外祖父母 小功	
母兄弟妻 小功	妻父母 緦麻	母姊妹 小功
姑舅兄弟 緦麻	妻 周年	兩姨兄弟 緦麻
甥 緦麻	壻 緦麻	甥婦 緦麻
	外孫 緦麻　外孫婦 緦麻	

兩姨兄弟　謂從母之親兄弟姊妹

三殤服

殤者男女未成人而死可哀傷男女已娶嫁許者皆不爲殤也

十九至十六爲長殤　十五至十二爲中殤　十三至八歲爲下殤

堂叔 長三月	叔 長九月 中七月 下五月	父	姑 長九月 中七月 下五月	堂姑 長三月
堂兄弟 長五月	兄弟 長九月 中七月 下五月	己身	姊妹 長九月 中七月 下五月	堂姊妹 長五月
母兄弟 長三月	姪 長九月 中七月 下五月	子女 長九月 中七月 下五月	姪女 長九月 中七月 下五月	母姊妹 長三月
	姪孫 長五月	嫡孫 曾同 長九月 中七月 下五月	姪孫女 長三月	
		衆孫 男女同 長九月 中下三月		

殤哭之以日易月

小功哭之五日

期哭之十三日

緦麻哭之三日

大功哭之九日

未生三月者不哭

女嫁爲本族服

婦人出嫁各降本服一等

		高祖父母 緦麻		
		曾祖父母 小功		
	祖姊妹 適人無服	祖父母 期年	祖父兄 緦麻	
堂父姊妹 適人無服	父姊妹 在室大功	父母	伯叔父母 大功	父堂兄弟 緦麻
堂姊妹 適人無服	姊妹 在室大功	己身	兄弟 大功	堂兄弟 小功
堂姪女 緦麻	姪女 在室大功	外祖父母 緦麻	姪 大功	堂姪 緦麻

三父八母服

同居繼父　謂之無大功之親，從母適，齊衰不杖期。人所適者亦無大功之親	
不同居繼父　謂先同今異居者，齊衰三月。元不同居則無服	**從繼母嫁**　繼母嫁而子從之育者，齊衰杖期；若不從，或人繼母出，無父服
養母　養同宗及遺棄子，齊衰三年，同親母	**嫡母**　妾生子喚父正室曰嫡母，齊衰三年
繼母　父再娶母，齊衰三年，同親母	**慈母**　妾無子，妾子無母，而父命之為子，齊衰三年
嫁母　父亡母改嫁適人者，齊衰杖期；母為子乃齊衰不杖期	**出母**　父在而離棄被出之者，齊衰杖期；母為子乃齊衰不杖期
乳母　小年乳哺己者，緦麻三月	**庶母**　妾所生子喚曰庶母，緦麻三月

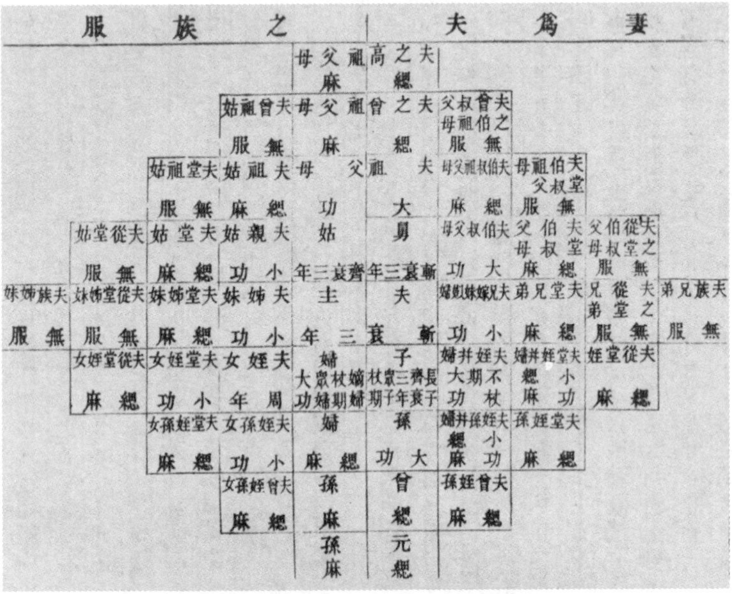
妻為夫之族服
夫之高祖父母 緦麻
夫之曾祖父母 緦麻
夫曾祖姑 無服
夫之曾伯叔祖父母 無服
夫祖父母 大功
夫祖姑 緦麻
夫堂祖姑 無服
夫伯叔祖父母 緦麻
夫堂伯叔祖父母 無服
舅 斬衰三年
姑 齊衰三年
夫親姑 小功
夫堂姑 緦麻
夫從堂姑 無服
夫伯叔父母 大功
夫堂伯叔父母 緦麻
夫之從堂伯叔父母 無服
夫 斬衰
主 三年
夫姊妹 小功
夫堂姊妹 緦麻
夫從堂姊妹 無服
夫族姊妹 無服
夫兄弟妻 小功
夫堂兄弟 緦麻
夫之從堂兄弟 無服
夫族兄弟 無服
子 長子齊衰三年 衆子杖期
婦 嫡婦杖期 衆婦大功
夫姪女 周年
夫堂姪女 小功
夫從堂姪女 緦麻
夫姪并婦 不杖期 大功
夫堂姪并婦 小功 緦麻
夫從堂姪 緦麻
孫 大功
婦 緦麻
夫姪孫女 小功
夫堂姪孫女 緦麻
夫姪孫并婦 小功 緦麻
夫堂姪孫 緦麻
曾 緦
孫 麻
夫曾姪孫女 緦麻
夫曾姪孫 緦麻
元 緦
孫 麻

品官以下墓田之制。一品，地九十步。二品，八十步。三品，七十步。四品，六十步。五品，五十步。六品，四十步。七品以下，二十步。庶人，九步。庶人墓田，四面距心各九步，四圍相距共十八步。至元八年，禁墓上不得造房舍。

至大元年，袁州路録事司照略案牘涂全周呈：「江南流俗以侈靡爲孝。凡有喪葬，大其棺槨，厚其衣衾，廣其宅兆，備存珍寶之器物。亦有將寶鈔藉尸斂利，習以成風。非惟顯失古制，於法似亦未合。每見厚葬之家，不發掘於不肖子孫，則開鑿於强竊盜賊，令死者暴露骸骨，良可痛憫。擬請嚴爲禁治，今後喪家，除衣衾棺槨依禮舉葬外，不許輒用金銀、寶玉、器玩裝殮。違者以不孝論。」中書省議從之。泰定二年，山東道廉訪使許師敬請頒族葬制，禁用陰陽相地邪説。時同知密州事楊仲益撰《周制國民族葬昭穆圖》，師敬韙其言，奏請頒行天下焉。

【校勘記】

〔一〕「禮儀使」，原作「侍儀使」，據《元史》卷六七志第十八《禮樂一》改。

〔二〕「贊拜」，原作「贊曰」，據《元史》卷六七志第十八《禮樂一》改。

〔三〕「祝詞」，原作「祝祠」，據《元史》卷六七志第十八《禮樂一》改。

〔四〕「燒飯」，原作「澆飯」，據《元史》卷七七志第二十七《祭祀六》改。

〔五〕「無時」，原作「於時」，據《禮記·問喪》改。

〔六〕「充充如有窮」，「充充」二字原脱，據《禮記·檀弓上》補。

新元史卷之九十一　志第五十八

樂志一

元之樂制，雅樂施於郊廟，宴樂施於朝廷之燕享。雅樂之制有三：曰樂器，曰樂章，曰樂舞。宴樂之制有二：曰樂器，曰樂儀。然所謂雅樂，本宋之《大晟樂》，乃方士魏漢津所造者。善乎！吴淵潁之言也：

「太常所用樂，本《大晟》之遺法也。自東都不守，大樂氏奉其樂器北入燕都。燕都喪亂，又徙汴、蔡。汴、蔡陷没，而東平嚴侯獨得其故樂部人。國初，徵樂於東平，太常徐公典樂，奏於日月山，乞增宫縣、登歌、文武二舞，令舊工教習，以備大禮。故樂户子孫猶世籍河南，僅能肄其鐘鼓鏗鏘，不復究其義矣。吾因考求前代之樂，自和峴以下更六七人，而議論莫之有定。前日之宿縣者，未幾則倏已改鑄，或云樂失之清，或云樂過於濁，工冶卒且深厭其爐鞴鼓鑄之勞，則或和銅齊以濟之。當軒臨視，雖以老師宿儒，終不能必悟其銅齊之輕重，而徒論其銅律之清濁也。迨夫崇寧之世，魏漢津乃以蜀一黥卒，造《大晟樂府》，遂頒行於天下。蓋謂古之制樂者，惟黄帝、禹得樂之正，何則？聖人之禀賦，上與天地陰陽爲一體，聲爲律，身爲度。故黄帝、禹之製樂，實自其身得之。臣請以聖主中指三節三寸定黄鐘之律，中指之徑圍又據而定爲度量權衡。樂以是制，則臣將見其合天地之正，備陰陽之和，而得夫金石清濁之宜矣。當是時，惟丞相蔡京神其説，先鑄帝鼐成，復造金石鐘虡，雕鏤刻畫，蓋極後世之選已。然以帝之指尺長，而樂律遂高，雖漢津亦自知之。嘗私謂其弟子任宗堯曰：『律高則聲過哀，而國亂是不久矣。』嗚呼！漢津所製，豈復有加於和峴諸人所論之樂哉？然且至今沿襲相承，未聞有所改作。樂固不可以草創苟且而遽定也，雖然，崇寧之樂亦可變矣。蓋古之論樂者，一曰古雅樂，二曰俗部樂，三曰胡部樂。古雅樂更秦亂而廢，漢世惟采荆楚燕代之謳，稍協律吕以合八音之調，不復古矣。晉、宋、六朝以降，南朝之樂多用吴音，北國之樂僅襲北俗。及隋平江左，魏三祖清商等樂存者什四，世謂爲華夏正聲，蓋俗樂也。至是，沛國公鄭譯復因龜兹人白蘇祇婆善胡琵琶，而翻七調，遂以制樂。故今樂家猶有大石、小石、大食、般涉等調。大食等國本在西域，而般涉即是般瞻，華言羽聲，隋人且以是爲太羽矣。由是觀之，漢世徒以俗樂定雅樂，隋氏以來則以胡樂定雅樂。唐至玄宗，胡部坐俗部立。樂工肄樂，坐技不通，然後爲立技；立技不精，然後使教雅樂。天下後世不復知古雅樂之正聲矣。自唐歷宋，大抵皆然。當《大晟樂》書之行教坊，色長張俣曾制《大樂玄機賦》，論七音，六十律、八十四調，本不脱乎龜兹，白蘇祇婆之舊。正行四十大曲，常行小令四部絃管，此非胡與俗之雜行者乎？宜雅樂之未易遽復也。古來律曆二事，更相爲用，太史郭公一嘗定曆，誠曠世所未有。予謂宜依古法，緹室葭灰，隨月候氣。天地之中氣既應，則鐘律之中聲當無有不應者。要在久而後驗，樂固不可以草創苟且而遽定也。嗚呼！崇寧之樂亦可變矣，吾又安得夫伶倫榮猨之徒而與之論樂哉！」

制樂始末

太祖入河西，徵西夏舊樂用之，其制未詳。太宗十年十一月，孔子五十一代孫衍聖公元措來朝，金之太常卿也。奏言：「今禮樂散失，金太常舊臣及禮册、樂器尚有存者，乞收録。」於是詔各處管民官，如有亡金知禮樂舊人，可并其家屬徙赴東平，令元措領之。十一年，元措奉命至燕京，得金掌樂許政、掌禮王節及樂工翟剛等九十二人。十二年夏四月，始命製登歌樂，肄習于曲阜宣聖廟。六皇后稱制三年，太常用許政所舉大樂令苗蘭詣東平，指授工人，造琴十張，一絃、三絃、五絃、七絃、九絃者各二。憲宗二年三月五日，命東平萬户嚴忠濟立局，製冠冕、法服、鐘磬、筍簴、儀物肄習。五月十三日，召太常禮樂人赴日月山。八月七日，郎中姚樞及魏祥卿、徐世隆等，以樂工李明昌、許政、吴德、段楫、寇忠、杜延年、趙德等五十餘人，見于行宫。帝問制作禮樂之始，世隆對曰：「堯、舜之世，禮樂興焉。」時明昌等各執鐘、磬、笛、簫、篪、塤、巢笙，於帝前奏之。曲終，復合奏之，凡三終。十一日，始用登歌樂祀昊天上帝于日月山。祭畢，命驛送樂工還東平。按《舊史·徐世隆傳》，世祖遣使至東平取登歌樂，世隆典領以行。未詳孰是。

三年，世祖居潛邸，命勾當東平府公事宋周臣兼領大樂禮官、樂工等人，常令肄習，仍令萬户嚴忠濟依已降旨存恤。六年夏五月，世祖次灤州，下教命嚴忠濟督宋周臣以所得禮樂舊人肄習，宜如故事勉行之，毋忽。冬十有一月，命樂工老不堪任事者，以子孫代之，不足者以他户補之。

中統元年春正月，命宣撫廉希憲等，召太常禮樂人至燕京。夏六月，命許唐臣等制樂器、公服、法服。秋七月十一日，用新製雅樂，享祖宗于中書省。禮畢，賜預祭官及禮樂人百四十九人鈔有差。八月，命太常禮樂人復還東平。二年秋九月，敕太常少卿王鏞領東平樂工，常加督視肄習，以備朝廷之用。初，大司農姚樞奏：「曲阜有太常雅樂，憲宗嘗命東平守臣輩其工人樂器，至日月山上，親臨觀之，飭東平守臣員缺充補，無輟講習。今請以東平府詳議官王鏞兼充禮樂提舉。」詔以鏞特兼太常少卿。三年，復命鏞教習大樂。

至元元年冬十有一月，括金樂器散在寺觀民家者。先是，括到燕京鐘、磬等器，凡三百九十有九事，下翟剛辨驗給價。至是，大興府又以所括鐘、磬樂器十事來進。太常因言：「亡金散失樂器，若止於燕京拘括，似爲未盡。合於各路各觀民家括之，庶省鑄造。」于是奏檄各道宣慰司，括到鐘三百六十有七，磬十有七，錞一，送于太常。又中都、宣德、平灤、順天、河東、真定、西京、大名、濟南、北京、東平等處，括到大小鐘、磬五百六十有九。其完者，景鐘二，鎛鐘十六，大聲鐘十，中聲鐘一，小聲鐘二十有七，編鐘百五十有五，編磬七。其不完者，景鐘四，鎛鐘二十有三，大聲鐘十有三，中聲鐘一，小聲鐘四十五，編鐘二百五十有一，編磬十有四。

三年，初用宮縣、登歌樂、文武二舞于太廟。先是，東平萬户嚴光範奏：「太常登歌樂器樂工已完，宮縣樂、文武二舞未備，凡用人四百一十二。請以東平漏籍户充之，合用樂器，官爲置備。」制可，命中書省臣議行。於是中書命左三部、太常寺、少府監，於興禪寺置局，委官楊天祐，太祝郭敏董其事，大樂正翟剛辨驗音律，充收受樂器官。丞相耶律鑄又言：「今製宮縣大樂，内編磬十有二簴，宜於諸處選石材爲之。」太常寺以新撥宮縣樂工、文武二舞四百一十二人，未習其藝，遣大樂署命許政往東平教之。大樂署言：「堂上下樂舞官員及樂工，合用衣服、冠冕、靴履等物，乞行製造。」中書禮部移準太常博士，議定制度，下所屬製造。

宮縣樂器既成〔一〕，大樂署郭敏開坐名數以上：編鐘、磬三十有六簴，樹鼓四，建鞞、應同一座。晉鼓一，路鼓二，鼗鼓二，相鼓二，雅鼓二，柷一，敔一，笙二十有七，巢和竽。塤八，篪、簫、籥、笛各十，琴二十有七，瑟十有四，單鐸、雙鐸、鐃、錞、鉦、麾、旌、纛各二。補鑄編鐘百九十有二，靈壁石磬如其數。省臣言：「太廟殿室向成，宮縣樂器咸備，請徵東平樂工赴京師肄習，以俟享廟。」從之。秋七月，新樂服成，樂工至自東平，敕翰林院定撰八室樂章。按中統四年至至元三年，皆以太祖爲第一室，故僅有七室樂章。是年始追尊烈祖爲第一室，故有八室也。大樂署編運舞節，俾肄習之。

冬十有一月，有事于太廟，宮縣、登歌樂，文武二舞咸備。其迎送神曲曰《來成》之曲，送神或作《保成》。烈祖曰《開成》之曲，太祖曰《武成》之曲，太宗曰《文成》之曲，皇伯考赤朮曰《弼成》之曲，皇伯考察合帶曰《協成》之曲，睿宗曰《明成》之曲，定宗曰《熙成》之曲，憲宗曰《威成》之曲。初獻、升降曰《肅成》之曲，司徒奉俎曰《嘉成》之曲，文舞退，武舞進曰《和成》之曲，亞終獻、酌獻曰《順成》之曲，徹豆曰《豐成》之曲。文舞曰《武定文綏之舞》，武舞曰《內平外成之舞》。第一成象滅王罕，二成破西夏，三成克金，四成收西域、定河南，五成取西蜀、平南詔，六成臣高麗、交趾。詳見樂舞篇。

十有二月，籍近畿儒户三百八十四人爲樂工。先是，召用東平樂工凡四百一十二人，中書以東平地遠，惟留其户九十有二，餘盡遣還，復入民籍。

六年，詔太保劉秉忠與許衡、徐世隆等起朝儀。秉忠奏曰：「無樂以相須，則禮不備。」詔搜訪舊教坊樂工，得杖鼓色楊皓，笛色曹植，前行色劉進，教師鄭忠。依律運譜，被諸樂歌，六月而成。陳於萬壽山便殿，帝聽而善之。明年二月，秉忠奏以丙子觀禮。前期一日，布綿蕝金帳殿前，帝與皇后臨觀，禮文樂節悉無遺失。

十一年秋八月，製内庭曲舞。中書以上皇帝册寶，下太常大樂署編運無射宫《大寧》等曲，及上壽曲譜。當時議殿庭用雅樂，後不果用。十一月，增樂工八百人隸教坊司，是年，敕中都路建習樂堂，使樂工肄業其中。

四年，太常寺言：「自古帝王功成作樂，各有名，盛德形容，於是乎在。伏覩皇上踐阼以來，留心至治，聲名文物，思復承平之舊。首敕有司，脩完登歌、宫縣、八佾樂舞，以備郊廟之用。若稽古典，宜有徽稱。謹案歷代樂名。黄帝曰《咸池》、《龍門》、《大卷》，少昊《大淵》，顓頊《六莖》，高辛《五英》，唐堯《大咸》、《大章》，虞舜《大韶》，夏禹《大夏》，商湯《大濩》，周武《大武》。降及近代，咸有厥名。宋總名曰《大晟》，金總名曰《大和》。今採輿議，權以數名，伏乞詳定。曰《大成》：按《尚書》『簫韶九成，鳳凰來儀』，《樂記》曰『王者功成作樂』，《詩》云『展也大成』；曰《大明》：按《白虎通》言『如唐堯之德，能大明天人之道』；

曰《大順》：《易》曰『天之所助者順』，又曰：『順乎天而應乎人』；曰《大同》：《樂記》曰『樂者爲同，禮者爲異』，《禮運》曰『大道之行也，故人不獨親其親，不獨子其子，是之謂大同』；曰《大豫》：《易》曰『豫順以動，故天地如之』，《象》曰『雷出地奮，豫。先王以作樂崇德，殷薦之上帝，以配祖考』。」中書省遂定名曰《大成之樂》。

乃上表稱賀，表曰：「離日中天，已覩文明之化；豫雷出地，又聞正大之音。神人以和，祖考來格。欽惟皇帝陛下，潤色洪業，游意太平，爰從龍邸之潛，久敬鳳儀之奏。及登寶位，申命鼎司，謂雖陳堂上之登歌，而尚闕庭前之佾舞。方嚴禋祀，當備聲容，屬天語之一宣，迺春官之畢會。臣等素無學術，徒有汗顏，聿求舊署之師工，仍討累朝之典故。按圖索器，永言和聲，較鐘律於積黍之中，續琴調於絶絃之後。金而模，石而琢，簴斯竪，筍斯横。合八音而克諧，閱三歲而始就。列文武兩階之干羽，象帝王四面之宫庭。一洗哇淫之聲，可謂盛大之舉。既完雅器，未錫嘉名。蓋聞軒、昊以來，俱有《咸》、《雲》之號。《莖》、《英》、《章》、《韶》以象德，《夏》、《濩》、《武》、《勺》以表功。洪惟國朝，誕受天命，地大物鉅，人和歲豐。宜符古記之文，稱曰《大成之樂》。漢庭聚議，作章敢望於一夔；舜殿鳴絃，率舞願觀於百獸。」

十三年，以近畿樂户多逃亡，僅得四十有二，復徵用東平樂工。十六年冬十月，命太常卿忽都于思召太常樂工。是月十一日，大樂令完顏椿等以樂工見于香閣，文郎魏英舞迎神黄鐘宫曲，武郎安仁舞亞獻無射宫曲。十八年冬十月，昭睿順聖皇后將祔廟，製昭睿順聖皇后室曲舞。

十九年，王積翁奏請徵亡宋雅樂器至京師，置於八作司。

二十年冬閏十有一月，太常卿忽都于思奏：「大樂見用石磬，聲律不協。稽諸古典，磬石莫善於泗濱，女真未嘗得此。今泗在封疆之内，宜取其石以製磬。」從之。選審聽音律大樂正趙榮祖及識辨磬材石工牛全，詣泗州採之。得磬璞九十，製編磬二百三十，命大樂令陳革等料簡，應律者百有五。二十一年，大樂署言：「宜付本署收掌。」中書命八作司與之，鑄鐘二十有七，編鐘七百二十有三，特磬二十有二，編磬二十有八，鐃六，單鐸、雙鐸各五，鉦、錞各八。

是年，復括江南樂工。明年正月，徙江南樂工八百家於京師。

二十三年，忽都于思又奏：「太廟樂器，編鐘、笙、匏，歲久就壞，音律不協。」遂補編鐘八十有一，合律者五十，造笙匏三十有四。舊紀作二十六年事，誤也。二十九年四月，太常太卿香山請采石增製編磬，遣孔鑄馳驛往泗州，得磬璞五十八，製磬九十。大樂令毛莊等審聽之，得應律磬五十有八，於是編磬始備。

三十年夏六月，初立社稷，命大樂許德良運製曲譜，翰林國史院譔樂章。其降送神曰《鎮寧》之曲，初獻、盥洗、升壇、降壇、望瘞位皆《肅寧》之曲，正配位奠玉幣曰《億寧》之曲，司徒奉俎徹豆曰《豐寧》之曲，正配位酌獻曰《保寧》之曲，亞終獻曰《咸寧》之曲。按祭社稷、先農及大德六年祀天地五方帝，樂章皆用金舊名。釋奠宣聖，亦因宋不改。詳樂章篇。三十一年，世祖、裕宗祔廟，命大樂署編運曲譜舞節，翰林定譔樂章，世祖室曰《混成》之曲，裕宗室曰《昭成》之曲。是年，初祀社稷，用堂上樂，歲以爲常。

大德六年三月，合祀昊天上帝、皇地祇、五方帝於南郊，撰定樂章。降神奏《乾寧》之曲，初獻、盥洗奏《肅寧》之曲，初獻，升降奏《肅寧》之曲，奠玉幣奏《億寧》之曲，迎俎奏《豐寧》之曲，酌獻奏《嘉寧》之曲，亞終獻奏《咸寧》之曲，徹俎奏《豐寧》之曲，送神奏《鎮寧》之曲，望燎奏《肅寧》之曲。

大德九年，新建郊壇既成，命大樂署編運曲譜舞節，翰林譔樂章。十一月二十八日，祀圜丘用之。其迎送神曰《天成》之曲，初獻奠玉幣曰《欽成》之曲，酌獻曰《明成》之曲，登降曰《隆成》之曲，亞終酌獻曰《和成》之曲，奉饌徹豆曰《寧成》之曲，望燎如登降。惟用黄鐘宫。文舞曰《崇德之舞》，武舞曰《定功之舞》。

十年，命江浙行省製造宣聖廟樂器，以宋舊樂工施德仲審較應律，運至京師。秋八月，用于廟祀宣聖。先令翰林新譔樂章，命樂工習之。降送神曰《凝安》之曲，初獻、盥洗、陞殿、降殿、望瘞皆《同安》之曲，奠幣曰《明安》之曲，奉俎曰《豐安》之曲，酌獻曰《成安》之曲，亞終獻曰《文安》之曲，徹豆曰《娛安》之曲。蓋舊曲也，新樂章不果用。時樂師皆江南人，肄業生徒則河北人，情性不相能。國子博士虞集親教之，然後成曲焉。

十一年，武宗即位，祭告天地，命大樂署編運皇地祇酌獻大呂宫一曲及舞節，翰林譔樂章。無名曲。九月，順宗、成宗二室祔廟，下大樂署編運曲譜舞節，翰林譔樂章。順宗室曰《慶成》之曲，成宗室曰《守成》之曲。

至大二年，親享太廟。皇帝入門奏《順成》之曲，盥洗、升殿用至元中初獻升降《肅成》之曲，亦曰《順成》之曲，出入小次奏《昌寧》之曲，迎神用至元中《來成》之曲，改曰《思成》，初獻、攝太尉盥洗、升殿奏《肅寧》之曲，酌獻太祖室仍用舊曲，名《開成》，《開成》本至元中烈祖曲名，其詞則太祖舊曲也。睿宗室仍用舊曲，改名《武成》，此亦至元中太祖曲名，其詞則「神祖創業」以下仍舊。皇帝飲福、登歌奏《釐成》之曲，新製曲。文舞退、武舞進，仍用舊曲，改名《肅寧》，舊名《和成》，其詞「天生五材，孰能去兵」以下是也。亞終獻、酌獻仍用舊曲，改名《肅寧》，舊名《順成》，其詞「幽明精禋」以下是也。徹豆曰《豐寧》之曲，舊名《豐成》，詞語亦異。送神曰《保成》之曲，皇帝出廟庭亦曰《昌寧》之曲。《太常集禮》曰：「樂章據孔思逮本録之。國朝樂皆用『成』字，凡有『寧』字者，金曲也。國初，禮樂章之事，悉用前代舊工，循習故常，遂有用其舊者。亦有不用其詞，而冒以舊號者，如郊祀先農等樂是也。」按至元四年，已改《和成》、《順成》、《豐成》之名，而至大中反改從金舊，必無此理。此承孔思逮之誤也。舊志第三卷至大樂章，「文舞退、武舞進，奏《肅成》之曲，亞終酌，奏《肅成》之曲」，注：「孔本作《肅寧》。可證。」思逮誤以「肅成」爲「肅寧」也。

冬十有二月，始製先農樂章，以太常登歌樂祀之。先是，有命祀先農以登歌樂，如祭社稷之制。大樂署言「禮祀先農如社」，遂録祭社林鐘宮《鎮寧》等曲以上，蓋金曲也。三年冬十月，置曲阜宣聖廟登歌樂。初，宣聖五十四代孫左三部照磨思逮言：「闕里宣聖祖廟，釋奠行禮久闕，祭服登歌之樂，未蒙寵賜。如蒙移咨江浙行省，於各處贍學祭餘子粒内，製造登歌樂器及祭服，以備祭祀，庶盡事神之禮。」中書允其請，移文江浙製造。至是，樂器成，運赴闕里用之。十有一月，敕以二十三日冬至，祀昊天上帝于南郊，配以太祖，令大樂署運製配位及親祀曲譜舞節，翰林譔樂章。皇帝出入中壝黃鐘宮曲二，盥洗黃鐘宮曲一，陞殿登歌大吕宮曲一，酌獻黃鐘宮曲一，飲福登歌大吕宮曲一，出入小次黃鐘宮曲一。皆無曲名。四年夏六月，武宗廟祔，命樂正謝世寧等編曲譜舞節，翰林侍講學士張士觀譔樂章，曲名《威成》之曲。

皇慶二年秋九月，用登歌樂祀太上皇睿宗。于真定玉華宮。自是，歲用之。至延祐七年九月，敕議玉華宮歲享睿宗登歌大樂，太常博士言：「影堂用太常禮樂，非是。」十月，罷之。舊志作三月，今從本紀。延祐五年，命各路府宣聖廟置雅樂，選擇習古樂師教肄生徒，以供春秋祭祀。六年秋八月，議置三皇廟樂，不果行。七年，仁宗祔廟，命樂正劉瓊等編運酌獻樂譜舞節，翰林譔樂章，曲名曰《歆成》之曲。

至治元年正月，始以四孟月時饗親祀，太室備宮縣、登歌二舞。二年冬十月，用登歌樂于太廟。以修廟工役未畢，妨陳宮縣，止用登歌。泰定元年，英宗祔廟，下大樂署編運樂譜舞節，翰林譔樂章，曲曰《獻成》之曲。文宗天曆二年，明宗祔廟，下大樂署編運樂譜舞節，翰林定譔樂章，曲曰《永成》之曲。至順元年十月，始祀昊天上帝於南郊，以太祖皇帝配，備宮縣、登歌二舞。元統二年，文宗祔廟，行三獻禮，樂用宮縣。至正十年九月，始祭三皇廟，命翰林譔樂章。

登歌樂器

金部：編鐘一簴，鐘十有六，範金爲之，筍簴橫曰筍，植曰簴。皆雕繪樹羽，塗金雙鳳五，中列博山，崇牙十有六，縣以紅絨組。簴趺青龍籍地，以緑油卧梯二，加兩跗焉。筍兩端金螭首，銜鍮石璧翣，五色銷金流蘇，絛以紅絨維之。鐵杙者四，所以備敧側。在太室以礙地甓，因易以石麟。簴額識以金飾篆字。擊鐘者以茱萸木爲之，合竹爲柄。凡鐘未奏，覆以黄羅；雨，覆以油絹。磬亦然。元初，鐘用宋、金舊器，其識曰「大晟」、「大和」、「景定」者是也。後增製，兼用之。

石部：編磬一簴，磬十有六，石爲之。縣以紅絨紃，簴跗狻猊。拊磬者，以牛角爲之。餘笱簴、崇牙、樹羽、壁翣、流蘇之制，並與鐘同。元初，磬亦用宋、金舊器。至元中，始采泗濱靈壁石爲之。

絲部：琴十，一絃、三絃、正絃、七絃、九絃者各二。六皇后監國三年，始造。斲桐爲面，梓爲底，冰絃，木軫，漆質，金徽。長三尺九寸。首闊五寸二分，通足中高二寸七分，旁各高二寸。尾闊四寸一分，通足中高二寸，旁各高一寸五分。俱以黄綺夾囊貯之。琴卓髹以緑。瑟四。其制，底面皆用梓木，面施采色，兩端繪錦。長七尺。首闊尺有一寸九分，通足中高四寸，旁各高三寸。尾闊尺有一寸七分，通足中高五寸，旁各高三寸五分。朱絲爲絃，凡二十有五，各設柱，兩頭有孔，疏通相連，以黄綺夾囊貯之。架四，髹以緑，金飾鳳首八。

竹部：簫二，編竹爲之。每架十有六管，闊尺有六分。黑槍金鸞鳳爲飾，鍮石釘鉸，以黄紃絨維於人項，左右復垂紅絨條結。架以木爲之，高尺有二寸，亦號排簫，韜以黄囊。籥笛一，斷竹爲之。長尺有四寸，七孔，亦號長笛。纏以朱絲，垂以紅絨條結，韜以黄囊。篪二，制如笛，三孔。纏以朱絲，垂以紅絨條，韜以黄囊。篪二，髹色如桐葉，七孔。纏以朱絲，垂以紅絨條結，韜以黄囊。

匏部：巢笙四，和笙四，七星匏一，九曜匏一，閏餘匏一，皆以斑竹爲之。玄髹底，置管匏中，施簧管端，參差如鳥翼。大者曰巢笙，次曰和笙，管皆十九，簧如之。十三簧者曰閏餘匏。九簧者曰九曜匏，七簧者曰七星匏。皆韜黄囊。

土部：塤二，陶土爲之。圍五寸半，長三寸四分，形如稱錘。六孔，上一，前二，後三。韜以黄囊。

革部：搏拊二，制如鼓而小，中實以糠，外髹以朱，繪以緑雲，繫以青絨條。兩手用之，或搏或拊，以節登歌之樂。

木部：柷一，以桐木爲之，狀如方桶，繪山於上，髹以粉，旁爲圓孔，納椎於中，椎以杞木爲之。撞之以作樂。敔一，製以桐木，狀如伏虎，彩繪爲飾，背有二十七鉏鋙刻，下承以槃。用竹長二尺四寸，破爲十莖，其名曰籈，櫟其背以止樂。

宫縣樂器

金部：鎛鐘十有二簴，簴一鐘，制視編鐘而大，依十二辰位特縣之，亦號辰鐘。筍簴朱髹，塗金，彩繪飛龍，趺東青龍，西白虎，南赤豸，北玄麟。素羅五色流蘇。餘制並與編鐘同。編鐘十有二簴，簴十有六鐘，制見《登歌》。此下樂器制與《登歌》同者，皆不重載。按至元元年，中都等處括到亡金樂器，其完者景鐘二，此北宋崇寧中所鑄者〔二〕，惟不知何以有二也。

石部：編磬十有六簴，簴十有二磬，制見《登歌》。筍簴與鎛鐘同。

絲部：琴二十有七，至元三年造。二絃者三，三絃、五絃、七絃、九絃者各六。瑟十有二。按古制，琴惟五絃、七絃。宋太宗加爲九絃，又作兩儀琴二絃，更有一絃、三絃，皆非古。《大晟樂》罷一、三、九弦不用，又並七弦罷之。後俱復用。元沿襲宋制，不改。

竹部：簫十，籥十，篪十，笛十。

匏部：巢笙十。竽十，竹爲之。與巢笙皆十九簧，惟指法各異。七星匏一，九曜匏一，閏餘匏一。土部：塤八。

革部：晉鼓一，長六尺六寸，面徑四尺，圍丈有二尺，穹隆者居鼓面三之一。穹徑六尺六寸三分寸之一，面繪雲龍爲飾，其皋陶以朱髹之。下承以彩繪趺座，並鼓高丈餘，在郊祀者，鞔以馬革。按晉鼓，古所以鼓金奏，建於軍。宋制晉鼓爲樂節，乃李照之失，元誤沿其制也。樹鼓四，每樹三鼓，其制高六尺六寸，中植以柱，曰建鼓。柱末爲翔鷺，下施小圓輪。又爲重斗，方蓋，並繚以彩繪。四角有竿，各垂璧翣流蘇。下以青狻猊四爲趺。建旁挾二小鼓，曰鞞，曰應，樹樂縣之四隅。踏床、鼓桴，並髹以朱。按建、鞞、應三鼓同一座，亦沿宋制之誤。雷鼓二，制如鼓而小，鞔以馬革，特其柄播之，旁耳自擊。郊祀用之。雷鼗二，亦以馬革鞔之，爲大小鼓三，交午貫之以柄。郊祀用之。路鼓二，制如雷鼓，惟非馬革，祀宗廟用之。路鼗二，其制爲大小二鼓，午貫之，旁各有耳，以柄搖之，耳往還自擊，不以馬革。祀宗廟用之。

木部：柷一，敔一。

節樂之器

麾一：製以絳繒，長七尺，畫升龍於上，以金塗龍首朱杠縣之，樂長執之，舉以作樂，偃以止樂。

照燭二：以長竿置絳羅籠於其末，然燭於中，夜暗，麾遠難辨，樂正執之，舉以作樂，偃以止樂。

文舞器

纛二：制若旌幢，高七尺，杠首刻象牛首，下施朱繪蓋爲三重，以導文舞。

籥六十有四：木爲之，象龠之制，舞人所執。

翟六十有四：木柄，端刻龍首，飾以雉羽，綴以流蘇，舞人所執。

武舞器

旌二：制如纛，杠首栖以鳳，以導武舞。

干六十有四：木爲之，加以彩繪，舞人所執。

戚六十有四：制若劍然，舞人所執。《禮記》注。「戚，斧也。」今制與古異。

金錞二：範銅爲之，中虚，鼻象狻猊，木方趺。二人舉錞，築於趺上。

金鉦二：制如銅槃，縣而擊之，以節樂。

金鐃二：制如火斗，有柄，以桐爲匡，疏其上如鈴，中有丸。執其柄而摇之，其聲鐃鐃然，用以止鼓。

單鐸、雙鐸各二：制如小鐘，上有柄，以金爲舌，用以振武舞。兩鐸通一柄者，號曰雙鐸。

雅鼓二：制如漆筩，鞔以羊革，旁有兩紐，工人持之，築地以節舞。

相鼓二：制如搏拊，以韋爲表，實之以糠，拊其兩端，以相樂舞節。

鼗鼓二。

舞表

表四：木杆，鑿方石樹之，用以識舞人之兆綴。

樂縣

凡郊祀、宗廟，用宫縣三十六簴，登歌二簴。祀前一日，宿懸於庭中，東方、西方設十二鎛鐘，各依辰位。編鐘處其左，編磬處其右。黄鐘之鐘起子位，在通街之西。蕤賓之鐘起午位，在通街之東。每辰三簴，謂之一肆。十有二辰，凡三十六簴。樹建鞞應於四隅，左柷右敔，設縣中之北。歌工次之，三十二人，重行相向而坐。凡工坐者，高以杌，地以氈。巢笙次之，簫次之，竽次之，籥次之，篪次之，塤次之，長笛又次之。夾街之左右，瑟翼柷敔之東西，在前行，路鼓、路鼗次之。郊祀則雷鼓、雷鼗。閏餘匏在簫之東，七星匏在西，九曜匏次之。一絃琴三，列路鼓之東西，東一，西二。三絃、五絃、七絃、九絃皆六，次之。晉鼓一，處縣中之東南，以節樂。又設登歌樂於殿之前楹。殿陛之旁，設樂牀，二樂工列於上。搏拊二，歌工六，柷一，敔一，在門內，相向而坐。鐘一虡，在前楹之東，一絃、三絃、五絃、七絃、九絃琴五，次之，瑟二，在其東。笛一、籥一、篪一，在琴之南。巢笙、和笙各二，次之。塤一，在笛之南。閏餘匏、排簫各一，次之，皆西上。磬一虡，在前楹之西。一絃、三絃、五絃、七絃、九絃琴五，次之。瑟二，在其西。一笛、一籥、一篪，在一瑟之南。巢笙、和笙各二，次之，塤一，在笛之南。七星匏、九曜匏、排簫各一，次之，皆東上。舊志「前楹西五琴」之下，奪二十三字，據王圻《續文獻通考》補。攝祀設宮縣之樂於庭中，東方、西方，磬虡起北，鐘虡次之。南方、北方磬虡起西，鐘虡次之。設十二鎛鐘於編縣之間，各依辰位。樹建鼓於四隅。置柷敔於北縣之內。柷一在道東，敔一在道西。路鼓一，在柷之東南。晉鼓一，在敔後。又路鼓一，在柷之西南。諸工人各於其後。東方、西方，以北爲上，南方、北方，以西爲上。文舞在北，武舞在南，立舞表於兆綴之間。又設登歌之樂於殿上前楹間。玉磬一虡，在西，金鐘一虡，在東。柷一，在玉磬北，稍東。搏拊二，一在敔北，一在柷北，東西相向。歌工次之，餘工各位於縣後，其匏竹者，立於階間，重行北向，相對爲首。

【校勘記】

〔一〕「宫縣」，原作「官縣」，據《元史》卷六八志第十九《禮樂二》改。

〔二〕「北宋」，原作「北京」，據《續文獻通考》卷一〇九《樂考》改。

克誠。

酌獻，奏《嘉寧》之曲：

大吕宫

崇崇泰畤，穆穆昊穹。神之格思，肹蠁斯通。儀尊載列，黄流在中。酒既和止，萬福攸同。

亞獻，奏《咸寧》之曲：

黄鐘宫

六成既闋，三獻云終。神具醉止，穆穆雍雍。和風慶雲，賁我郊宫。受兹祉福，億載無窮。

獻終詞同前。

徹籩豆，奏《豐寧》之曲：

大吕宫

禋祀既備，神具宴娭。籩豆有楚，廢徹不遲。多士駿奔，樂且有儀。乃錫純嘏，永佐丕基。

送神，奏《億寧》之曲：

圜鐘宫

殷祀既畢，靈馭載旋。禮洽和應，降福自天。動植咸若，陰陽不愆。明明天子，億萬斯年。

望燎，奏《豐寧》之曲：

黄鐘宫

享用百禮，《舊志》作「享申」，乃字誤。慶洽百靈。奠玉高壇，燔柴廣庭。祥光達曙，燦若景星。神之降福，萬國咸寧。

大德九年以後，定擬親祀樂章：

皇帝入中壝：出入小次。

黄鐘宫

赫赫有臨，洋洋在上。克配皇祖，於穆來饗。肇此大禋，乾文弘朗。被衮圓丘，巍巍元象。

皇帝盥洗：

黄鐘宫

翼翼孝思，明德洽禮。功格元穹，有光帝始。著我精誠，潔兹薦洗。幣玉攸奠，永集嘉祉。

皇帝升壇：降同。

大吕宫

天行惟健，盛德御天。日月龍章，筍簴宫縣。藁鞂尚明，禮璧蒼圜。神之格思，香升燔煙。

降神，奏《天成》之曲：

圜鐘宫三成

烝哉皇元，丕承帝眷。報本貴誠，于郊殷薦。藁鞂載陳，雲門六變。神之格思，來處來燕。

黄鐘角一成

太簇徵一成

姑洗羽一成詞並同前。

初獻盥洗，奏《隆成》之曲：

黄鐘宫

肇禋南郊，百神受職。齊潔惟先，匪馨于稷。廼沃廼盥，祠壇是陟。上帝監觀，其儀不忒。

初獻升壇，降同。奏《隆成》之曲：

大吕宫

於穆圜壇，陽郊奠位。孔惠孔時，吉蠲爲饎。降登祇若，百禮既至。顧言居歆，允集熙事。

奠玉幣，正配位同。奏《欽成》之曲：

黄鐘宫

謂天蓋高，至誠則格。克祀克禋，駿奔百辟。制幣斯陳，植以蒼璧。神其降康，俾我來益。

司徒捧俎，奏《寧成》之曲：

黄鐘宫

我牲既潔，我俎斯實。笙鏞克諧，籩豆有飶。神來宴娭，歆兹明德。永賜繁禧，如幾如式。

昊天上帝位酌獻，奏《明成》之曲：

黄鐘宫

於昭昊天，臨下有赫。陶匏薦誠，聲聞在德。酌言獻之，上靈是格。降福孔偕，時萬時億。

皇地祇位酌獻：

大呂宮

至哉坤元，與天同德。函育羣生，玄功莫測。合饗圜壇，舊典時式。申錫無疆，聿寧皇國。

大祖位酌獻：

黄鐘宮

禮大報本，郊定天位。皇皇神祖，反始克配。至德難名，玄功宏濟。帝典式敷，率育攸暨。

皇帝飲福：

大呂宮

特牲享誠，備物循質。上帝居歆，百神受職。皇武昭宣，孝祀芬苾。萬福攸同，下民陰騭。

皇帝出入小次：

黄鐘宫

惟天惟大，惟仁饗帝。舊志作「惟帝」，乃字誤，據《續通考》改。以配祖考，肅貸靈祉。定極崇功，永我昭事。升中于天，象物畢至。

文舞崇德之舞。退，武舞定功之舞。進，奏《和成》之曲：

黄鐘宫

羽籥既竣，載揚玉戚。一弛一張，匪舒匪棘。八音克諧，萬舞有奕。永觀厥成，純嘏是錫。

亞終，奏《和成》之曲：

黄鐘宫

有嚴郊禋，恭陳幣玉。大糦是承，載祇載肅。上帝居歆，馨香既飫。惠我無疆，介以景福。

徹籩豆，奏《寧成》之曲：

大吕宫

三獻攸終，六樂斯徧。既右饗之，徹其有踐。洋洋在上，默默靈眷。明禋告成，於皇錫羨。

送神，奏《天成》之曲：

圜鐘宫

神之來歆，如在左右。神保聿歸，靈斿先後。恢恢上圜，無聲無臭。日監孔昭，思皇多祐。

望燎，奏《隆成》之曲：

黄鐘宫

熙事備成，禮文郁郁，柴煙聿升舊志誤「柴」爲「紫」。靈光下燭。神人樂康，永膺戩穀。祚我丕年，景命有僕。

皇帝出中壝：

黄鐘宫

泰壇承光，寥廓玄暧。暢我揚明，饗儀惟大。九服敬宣，望教無外。皇拜天祐，照臨斯届。

宗廟樂章

中統四年至至元三年，七室樂章。《太常集禮藁》云：「此係卷牘所載。」

太祖第一室：

天垂靈顧，地獻中方。帝力所拓，神武莫當。陽谿昧谷，咸服要荒。昭孝明禋，神祖皇皇。

太宗第二室：

和林勝域，天邑地宮。四方賓貢〔一〕，南北來同。百司分置，胄教肇崇。潤色祖業，德仰神宗。

睿宗第三室：

珍符默授，疇昔自天。爰生聖武，寶祚開先。霓旌迴狩，龍駕遊仙。追遠如生，皇慕顯然。

皇伯考朮赤第四室：

威武鷹揚，家位克當。從龍遠拓，千萬里疆。誕總虎旅，駐壓西方。航海梯山，東西來王。

皇伯考察合帶第五室：

雄武軍威，滋多歷年。深謀遠略，協贊惟專。流沙西域，餞日東邊。百國畏服，英聲赫然。

定宗第六室：

三朝承休，恭己優游。欽繩祖武，其德聿脩。帝懋錫壽，德澤期周。蠲饎惟薌，祈饗于幽。

憲宗第七室：

龍躍潛居，風雲會通。知民病苦，軫念宸衷。夔門之旅，繼志圖功。俎豆敬祭，華儀孔隆。

至元三年至十七年，八室樂章。《太常集禮》云：「周馭所藏《儀注》所録舞節同。」

迎神，奏《來成之曲》，九成：至大迎神曲詞同，但改《來成》爲《思成》。

黄鐘宫三成

齊明盛服，翼翼靈眷，禮備多儀，樂成九變。烝烝孝心，若聞且見。肸蠁端臨，來寧來燕。

大吕角二成詞同黄鐘。

太簇徵二成詞同黄鐘。

應鐘羽二成詞同黄鐘。

初獻盥洗，奏《肅成》之曲：再詣盥洗同。至大以後，名《順成》之曲，詞律同。

無射宫

天德維何，如水之清。維水内耀，配彼天明。以滌以濯，犧象光晶。孝思維則，式薦忱誠。

初獻升殿，登歌樂奏《肅成》之曲：降同。

夾鐘宫

祀事有嚴，太官有恤。陟降靡違，禮容翼翼。籩豆旅陳，鐘磬翕繹。於昭吉蠲，神保是格。

司徒捧俎，奏《嘉成》之曲：別本所録親祀樂章詞同。

無射宫

色純體全，三犧五牲。鸞刀屢奏，毛炰胾羹。神具厭飫，聽我磬聲。居歆有永，胡考之寧。

烈祖第一室，奏《開成》之曲：按前此以太祖爲第一室，故僅有七室樂章。是年，始追尊烈祖爲第一室，故定撰八室樂章。

無射宫

於皇烈祖，積厚流長。大勳未集，燮伐用張。篤生聖嗣，奄有多方。錫我景福，萬世無疆。

太祖第二室，奏《武成》之曲：

無射宫

天扶昌運，混一中華。爰有真人，奮起龍沙。際天開宇，亘海爲家。肇脩禋祀，萬世無涯。

太宗第三室，奏《文成》之曲：

無射宫

纂成前烈，底定丕圖。禮文簡省，禁網寬疎。還風太古，躋世華胥。三靈順協，四海無虞。

皇伯考朮赤第四室，奏《弼成》之曲：

無射宫

神支挺秀，右壤疏封。創業艱難，相我祖宗。叙親伊邇，論功亦崇。春秋祭祀，萬世攸同。

皇伯考察合帶第五室，奏《協成》之曲：

無射宫

玉牒朞親，神支懿屬。論德疏封，展親分玉。相我祖宗，風櫛雨沐。昔同其勞，今共茲福。

睿宗第六室，奏《明成》之曲：

無射宫

神祖創業，爰著戎衣。聖考撫軍，代行天威。河南底定，江北來歸。貽謀翼子，奕葉重輝。

定宗第七室，奏《熙成》之曲：

無射宫

嗣承丕祚，略洽重熙。堂構既定，垂拱無爲。邊庭閑暇，田里安綏。歆兹禋祀，萬世攸宜。

憲宗第八室，奏《威成》之曲：

無射宫

羲馭未出，螢爝騰光。大明麗天，羣陰披攘。百神受職，四海寧康。愔愔靈韶，德音不忘。

文舞武定文綏之舞。退，武舞内平外成之舞。進，奏《和成》之曲：別本所録親祀樂章詞同。

無射宫

天生五材，孰能去兵？恢張弘業〔一〕，我祖天聲。干戈曲盤，濯濯厥靈。於赫七德，展也大成。

亞獻行禮，奏《順成》之曲：終獻詞律同。

無射宮

幽通神明，所重精禋。清宮肅肅，百禮具陳。九韶克諧，八佾兟兟。靈光昭答，天休日申。

徹籩豆，登歌樂奏《豐成》之曲：

夾鐘宮

豆籩苾芬，金石鏘鏗。禮終三獻，樂奏九成。有嚴執事，進徹無聲。神保聿歸，萬福來寧。

送神，奏《來成》之曲：或作《保成》。

黄鐘宮

神主在室，神靈在天。禮成樂闋，舊志作「闕」，字誤。神返幽元。降福冥冥，百順無愆。於皇孝思，于萬斯年。

至元十八年冬十月，世祖皇后祔廟，酌獻樂章。《太常集禮》云：「卷牘所載。」

黄鐘宮舊志奪去，據《續通考》補。

徽柔懿哲，温默靖恭。範儀宮闈，任姒同風。敷天寧謐，内助多功。淑德祔廟，萬世昌隆。

親祀禘祫樂章。未詳年月。《太常集禮》云：「别本所録。」以時考之，疑至元三年以前擬用，詳見《制樂始末》。

皇帝入門，宫縣奏《順成》之曲：

無射宫

熙熙雍雍，六合大同。維皇有造，典禮會通。金奏王夏，祇款神宫。感格如響，嘉氣來叢。

皇帝陞殿，奏《順成》之曲：

夾鐘宮按：至大升殿詞律同。

皇明燭幽，沿時制作。宗廟之威，降登時若。趨以采茨，聲容有恪。曰藝曰文，監兹衎樂。

皇帝詣罍洗，宫縣奏《順成》之曲：《太常集禮》云：「至元四年用此曲，名曰《肅成》。」至大以後用此詞律同。

無射宫

酌彼行潦，維挹其清。潔齊以祀，祀事昭明。肅肅辟公，沃盥乃升。神之至止，歆于克誠。

皇帝詣酌尊所，宮縣奏《順成》之曲：

無射宮

靈庭愔愔，乃神攸依。文爲在禮，載斟匪祈。皇皇穆穆，玉佩聲希。列侯百辟，濟濟威儀。

迎神，宮縣奏《思成》之曲。至元四年，名《來成》之曲，詞律同。

司徒捧俎，宮縣奏《嘉成》之曲。至元四年，詞律同。

酌獻始祖，宮縣奏《慶成》之曲：

無射宮

啟運流光，幅員既長。敬恭祀事，鬱鬯芬薌。德以舞象，功以歌揚。式歌且舞，神享是皇。

諸廟奏《熙成》、《昌成》、《鴻成》、《樂成》、《康成》、《明成》等曲。詞闕。

文舞退，武舞進，宮縣奏《肅成》之曲。至元四年，名《和成》之曲，詞律同。

亞終獻，宮縣奏《肅成》之曲。至元四年，名《順成》之曲，詞律同。

皇帝飲福，登歌奏《釐成》之曲：

夾鐘宫

誠通恩降，靈慈昭宣。左右明命，六合大全。晬飲椒馨，純嘏如川。皇人壽穀，億萬斯年。

徹豆，登歌奏《豐成》之曲：

夾鐘宫

三獻九成，禮畢樂闋。于豆于登，于焉靖徹。多士密勿，樂且有儀。能事脱穎，孔惠孔時。

送神，奏《保成》之曲：

黄鐘宫

雲車之來，不疾而速。風馭言還，閴其怳惚。神心之欣，孝孫之禄。燕翼無疆，景命有僕。

武宗至大以後，親祀樂章。《太常集禮》云：「孔思逮本所録。」

皇帝入門，奏《順成》之曲。別本，親祀禘祫樂章，詞律同。

皇帝盥洗，奏《順成》之曲。至元四年，名《肅寧》之曲，詞律同。

皇帝升殿，登歌樂奏《順成》之曲。別本，親祀樂章，詞律同。

皇帝出入小次，奏《昌寧》之曲：《太常集禮》云：「此金曲，思逮取之。」詳見《制樂始末》。案《金史·禮志》載此曲：「肅肅來止」作「有來肅肅」，「成儀孔彰」作「禮儀卒度」，「神之休之」作「孔時孔惠」。

無射宮

於皇神宮，象天清明。肅肅來止，相維公卿。威儀孔彰，君子攸寧。神之休之，綏我思成。

迎神，奏《思成》之曲：至元四年，名《來成》之曲，詞律同。

黃鐘宮三成

齊明盛服，翼翼靈眷。禮備多儀，樂成九變。烝烝孝心，若聞且見。肸蠁端臨，來寧來燕。

大呂角二成

太簇徵二成

應鐘羽二成詞並同上。

初獻盥洗，奏《肅成》之曲。別本，親祀樂章，名《順成》之曲，詞律同。

初獻升殿，降同。登歌樂奏《肅寧》之曲。至元四年，名《肅成》之曲，詞律同。按凡用「寧」字者，皆沿金曲之名，未改正也。此曲在至元時已名《清成》，至此反稱《肅寧》。後徹豆一曲，在至元亦稱《豐成》，至此復稱《豐寧》，皆孔本之誤。

太祖第一室，奏《開成》之曲。至元四年，名《武成》之曲，詞同。

睿宗第二室，奏《武成》之曲。至元四年，名《明成》之曲，詞同。

世祖第三室，奏《混成》之曲：

無射宮

於昭皇祖，體健乘乾。龍飛應運，盛德光前。神功耆定，澤被垓埏。詒厥孫謀，億千萬年。

裕宗第四室，奏《昭成》之曲：

無射宮

天啟深仁，須世而昌。追惟顯考，敢後光揚。徽儀肇舉，禮備音鏘。皇靈監止，降釐無疆。

顯宗第五室，奏《德成》之曲。按文宗毀顯宗廟室，故舊志闕第五室，今據下文泰定十室樂舞補。

無射宮

樂章闕。

順宗第六室，奏《慶成》之曲：

無射宮

龍潛于淵，德昭于天。承休基命，光被紘埏。洋洋如臨，籩豆牲牷。惟明惟馨，皇祚綿延。

成宗第七室，奏《守成》之曲：

無射宮

天開神聖，繼世清寧。澤深仁溥，樂協韶英。宗枝嘉會，氣和惟馨。繁禧來格，永被皇靈。

武宗第八室，奏《威成》之曲：

無射宮

紹天鴻業，繼世隆平。惠孚中國，威靖邊庭。厥功惟茂，清廟妥靈。歆茲明祀，福禄來成。

仁宗第九室，奏《歆成》之曲：

無射宮

紹隆前緒，運啟文明。深仁及物，至孝躬行。惟皇建極，盛德難名。居歆萬祖，福禄崇成。

英宗第十室，奏《獻成》之曲：

無射宮

神聖繼作，式是憲章。誕興禮樂，躬事烝嘗。翼翼清廟，燁有耿光。于千萬年，世仰明良。

皇帝飲福，登歌樂奏《釐成》之曲：

夾鐘宮

穆穆天子，禋祀太宮。禮成樂備，敬徹誠通。神胥樂止，錫之醇醲。天子萬世，福禄無窮。

文舞退，武舞進。奏《肅成》孔本作《肅寧》。之曲。至元四年，名《和成》之曲，詞律同。

亞終獻行禮，宮縣奏《肅成》之曲。至元四年，名《順成之曲》，詞律同。

撤籩豆，登歌樂奏《豐寧之曲》。至元四年，名《豐成》之曲，詞律同。

送神，奏《保成》之曲。至元四年，名《來成》之曲，詞律同。

皇帝出廟廷，奏《昌寧》之曲。按此亦沿孔本之誤。

無射宮

緝熙維清，吉蠲至誠。上儀具舉，明德薦馨。已事而竣，歡通三靈。先祖是皇，來燕來寧。

文宗天曆三年，明宗祔廟，酌獻，奏《永成》之曲：

無射宮

猗那皇明，世贊神武。敬天弗違，時潛時旅。龍旂在塗，言受率土。不遐有臨，永錫多嘏。

社稷樂章

降神，奏《鎮寧》之曲：

林鐘宮二成

以社以方，國有彝典。大哉元德，基祚綿遠。農功萬世，於焉報本。顯相默佑，降監壇壝。

太簇角二成

錫民地利，厥功甚溥。昭代典禮，清聲律呂。穀旦于差，洋洋來下。相此有年，根本日固。

姑洗徵二成

平厥水土，百穀用成。長扶景運，宜歆德馨。五祀爲大，千古舉行。感通肸蠁，登歌鎮寧。

南宮羽二成

幣齊虔脩，粢盛告備。倉庾坻京，緊維之賜。按：「緊維」疑當作「緊誰」。崇壇致恭，幽光孔邇。享于精誠，休祥畢至。

初獻盥洗，奏《肅寧》之曲。當作《肅成》之曲，此沿孔思逮本之誤。

太簇宮

禮備樂陳，辰良日吉。挹彼樽罍，馨哉黍稷。濯溉揭虔，維巾及幕。萬年嚴祀，蹌蹌受職。

初獻升壇，奏《肅寧》之曲：

應鐘宮

春祈秋報，古今彝章。民天是資，神靈用彰。功崇禮嚴，人阜時康。雍雍爲儀，燔芬苾香。

正酌位奠玉幣，奏《億寧》之曲：

太簇宮

地祇嚮德，稽古美報。幣帛斯陳，圭璋式繅。載烈載燔，肴羞致告。雨暘時若，丕圖永保。

司徒捧俎，奏《豐寧》之曲：

太簇宫

我稼既同，羣黎徧德。我祀如何，牲牷孔碩。有翼有嚴，隨方布色。報功求福，其儀不忒。

正位酌獻，奏《保寧》之曲：

太簇宫

異世同德，於皇聖昭。降兹嘉祥，衛我大寶。生乃蒸民，侔德覆幬。厥作課將，有相之道。

配位酌獻，奏《保寧》之曲：

太簇宫

以御田祖，皇家秩祀。有民人焉，盍究本始？惟叙惟脩，誰實介止？酒旨且多，盛德宜配。

亞終獻，奏《咸寧》之曲：

太簇宮

以引以翼，來處來燕。豆籩牲牢，有楚有踐。庸答神休，神亦錫羡。土穀是依，成此疇獻。

徹豆，奏《豐寧》之曲：

應鐘宮

文治脩明，相成田功。功爲特殊，儀爲特隆。終如其初，誠則能通。明神毋忘，時和歲豐。

送神，奏《鎮寧》之曲：

林鐘宮

不屋受陽，國所崇敬。以興來歲，苞秀堅穎。雲輧莫駐，神其諦聽。景命有僕，與國同永。

望瘞位，奏《肅寧》之曲：

太簇宮

雅奏肅寧，繁釐降格。篚厥玄黄，丹誠烜赫。肇祀以歸，瞻言咫尺。萬年攸介，丕承帝德。

先農樂章

降神，奏《鎮寧》之曲：

林鐘宫二成

民生斯世，食爲之天。恭惟大聖，盡心於田。仲春劭農，明祀吉蠲。馨香感神，用祈豐年。

太簇角二成

耕種務農，振古如兹。爰粒烝庶，功德茂垂。降嘉奏艱，國家攸宜。所依惟神，庯潔明粢。

姑洗徵二成

俶載平疇，農功肇敏。千耦耕耘，同徂隰畛。田祖丕靈，爲仁至盡。豐歲穰穰，延洪有引。

南宫羽二成

羣黎力耕，及兹方春。維時東作，篤我農人。我黍既華，我稷宜新。由天降康，永賴明神。

初獻盥洗，奏《肅寧》之曲：

太簇宮

洞酌行潦，真足爲薦。奉兹潔清，神在乎前。分作甘霖，沾溉芳甸。慎于其初，誠意攸見。

初獻升壇，奏《肅寧》之曲：

應鐘宮

有椒其馨，維多且旨。式慎爾儀，降登庭止。黍稷稻粱〔三〕，民無渴饑。神嗜飲食，永綏嘉祉。

正配位奠玉幣，奏《億寧》之曲：

太簇宮

奉幣維恭，前陳嘉玉。聿昭盛儀，肅雝純穆。南畝深耕，麻麥禾菽。用祈三登，膺受多福。

司徒捧俎，奏《豐寧》之曲：

太簇宮

奉牲孔嘉，登俎豐備。地官駿奔，趨進光輝。肥碩蕃孳，歆此誠意。有年斯今，均被神賜。

正位酌獻，奏《保寧》之曲：

太簇宫

寶壇巍煌，神應如響。備腯咸有，牲體苾芳。洋洋如在，降格來亨。秉誠罔怠，羣生瞻仰。

配位酌獻，奏《保寧》之曲：

太簇宫

酒清斯香，牲碩斯大。且列觴俎，精意先會。民命維食，稗莠毋害。我倉萬億，神明攸介。

亞終獻，奏《咸寧》之曲：

太簇宫舊志闕，據《續通考》補。

至誠攸感，肸蠁潛通〔四〕。百穀嘉種，爰降時豐。祈年孔夙，稼穡爲重。俯歆醴齊，載揚歌頌。

徹豆，奏《豐寧》之曲：

應鐘宫

有來雍雍，存誠敢匱？廢徹不遲，靈神攸嗜。孔惠孔時，三農是宜。眉壽萬歲，穀成丕乂。

送神，奏《鎮寧》之曲：

林鍾宮

焄蒿悽愴，萬靈來唉。靈神具醉，聿吉旋歸。歲豐時和，風雨應期。皇圖萬年，永膺洪禧。

望瘞位，奏《肅寧》之曲：

無射宮舊志闕，據《續通考》補。

禮成文備，歆受清祀。加牲兼幣，陳玉如儀。靈馭言旋，面陰昭瘞。集茲嘉祥，常致豐歲。

宣聖樂章因宋舊曲不改。

迎神，奏《凝安》之曲：

黄鍾宮三成

大哉宣聖，道尊德崇。《宋志》作「德尊」。維持王化，斯文是宗。典祀有常，精純並隆。神其來格，於昭盛容。

大吕角二成

生而知之，有教無私。成均之祀，威儀孔時。惟兹初丁，潔我盛粢。永言其道，萬世之師。

大簇徵二成

巍巍堂堂，其道如天。清明之象，應物而然。時維上丁，備物薦誠。維新禮典，樂諧中聲。

應鐘羽二成

聖王生知，闡乃儒規。詩書文教，萬世昭垂。良日惟丁，靈承丕爽。《宋志》作「不爽」，是也。此疑字誤。揭此精虔，神其來享。

初獻盥洗，奏《同安》之曲：

姑洗宮

右文興化，憲古師經。明祀有典，吉日惟丁。豐犧在俎，雅奏在庭。周迴陟降，福祉是膺。

初獻陞殿，奏《同安》之曲。降同。

南吕宮

誕興斯文，經天緯地。功加于民，實千萬世。笙鏞和鳴，粢盛豐備。肅肅降登，歆兹秩祀。

奠幣，奏《明安》之曲：

南吕宫

自生民來，誰底其盛？惟王神明，度越前聖。粢幣具成，禮容斯稱。黍稷惟馨，《宋志》作「非馨」。惟神之聽。

捧俎，奏《豐安》之曲：

姑洗宫

道同乎天，人倫之至。有享無窮，其興萬世。既潔斯牲，粢明醑旨。不懈以忱，神之來塈。

大至成聖文宣王位酌獻，奏《成安》之曲：

南吕宫

大哉聖王，實天生德。作樂以崇，時祀無斁。清酤惟馨，嘉牲孔碩。薦羞神明，庶幾昭格。

兖國復聖公位酌獻，奏《成安》之曲：

南吕宫

庶幾屢空，淵源深矣。亞聖宣猷，百世宜祀。吉蠲斯辰，昭陳尊簋。旨酒欣欣，神其來止。

郕國宗聖公酌獻，奏《成安》之曲：

南吕宫

心傳宗恕，一以貫之。爰述大學，萬世訓彝。惠我光明，尊聞行知。繼聖迪後，是享是宜。

沂國述聖公酌獻，奏《成安》之曲。按宗聖、述聖二曲，宋樂章無，皆新增。

南吕宫

公傳自曾，孟傳自公。有嫡緒承，允得其宗。提綱開藴，乃作《中庸》。侑于元聖，億載是崇。

鄒國亞聖公酌獻，奏《成安》之曲：

南吕宫

道之由興，於皇宣聖。維公之傳，人知趨正。與饗在堂，情文斯稱。萬年承休，假哉天命。

亞獻，奏《文安》之曲。終獻同。

姑洗宮

百王宗師，生民物軌。瞻之洋洋，神其寧止。酌彼金罍，惟清且旨。登獻惟三，於嘻成禮。

飲福受胙。與盥洗同，惟國學釋奠親祀用之，攝事則不用，外路州縣並皆用之。

徹豆，奏《娛安》之曲：

南呂宮

犧象在前，豆籩在列。以享以薦，既芬既潔。禮成樂備，人和神悦。祭則受福，率尊無越。

送神，奏《凝安》之曲：

黃鐘宮

有嚴學宮，四方來崇。恪恭祀事，威儀雍雍。歆兹惟馨，飆馭回復。明禋斯畢，咸膺百福。

望瘞。與盥洗同。

右釋奠樂章，皆宋人舊曲，惟增郕國、沂國酌獻之曲。按延祐三年，始增子思、孟子配享，今樂章有郕、沂二公酌獻之詞，則此十六樂章乃延祐三年所定。又元朝有撰易樂曲而未及用者，今并附于後。

迎神，奏《文明》之曲：

天縱之聖，集厥大成。立言垂教，萬世準程。廟庭孔碩，尊俎既盈。神之格思，景福來併。

盥洗，奏《昭明》之曲：

神既寧止，有孚顒若。盥洗在庭，載盥載濯。匪惟潔修，亦新厥德。對越在兹，敬恭惟則。

陞殿，奏《景明》之曲：降同。

大哉聖功，薄海内外。禮隆秩宗，光垂昭代。陟降在庭，攝齊委佩。莫不肅雝，洋洋如在。

奠幣，奏《德明》之曲：

圭衮尊崇，佩紳列侑。籩豆有楚，樂具和奏。式陳量幣，駿奔左右。天睠斯文，緊神之佑。

文宣王酌獻，奏《誠明》之曲：

惟聖監格，享于克誠。有樂在縣，有碩斯牲。奉醴以告，嘉薦惟馨。綏以多福，永底隆平。

兗國公酌獻，奏《誠明》之曲：

潛心好學，不違如愚。用舍行藏，乃與聖俱。千載景行，企厥步趨。廟食作配，祀典弗渝。

郕國公酌獻。闕

沂國公酌獻。闕

鄒國公酌獻，奏《誠明》之曲：

洙泗之傳，學窮性命。力距楊墨，以承三聖。遭時之季，孰識其正。高風仰止，莫不肅敬。

亞獻，奏《靈明》之曲。終獻同。

廟成奕奕，祭祀孔時。三爵具舉，是饗是宜。於昭聖訓，示我民彝。紀德報功，配于兩儀。

送神，奏《慶明》之曲：

禮成樂備，靈馭其旋。濟濟多士，不懈益虔。文教茲首，儒風是宣。佑我闕

三皇廟樂章

降神，奏《咸成》之曲：

黃鐘宮三成

於皇三聖，神化無方。繼天立極，垂憲百王。聿崇明祀，率由舊章。靈兮來下，休有烈光。

降神，奏《賓成》之曲：

大呂宮二成

帝德在人，日用不知。神之在天，矧可度思。辰良日吉，蕆事有儀。感以至誠，尚右享之。

降神，奏《顧成》之曲：

太簇徵二成

大道之行，肇自古先。功烈所加，何千萬年。是尊是奉，執事孔虔。神哉沛兮，泠風颯然。

降神，奏《臨成》之曲：

應鐘羽二成

雅奏告成，神斯降格。妥安有位，清廟奕奕。肸蠁潛通，豐融烜赫。我其承之，百世無斁。

初獻盥洗，奏《蠲成》之曲：

姑洗宮

靈斿戾止，式燕以寧。吉蠲致享，惟寅惟清。挹彼注兹，沃盥而升。有孚顒若，交于神明。

初獻升殿，奏《恭成》之曲：

南吕宫

齋明盛服，恪恭命祀。洋洋在上，匪遠具邇。左右周旋，陟降庭止。式禮莫愆，用介多祉。

奠幣，奏《祗成》之曲：

南吕宫

駿奔在列，品物咸備。禮嚴載見，式陳量幣。惟兹篚實，肅特忱意。靈兮安留，成我熙事。

初獻降殿。與升殿同。

捧俎，奏《闕成》之曲：

姑洗宮

我祀如何，有牲在滌。既全且潔，爲俎孔碩。以將以享，其儀不忒。神其迪嘗，純嘏是錫。

初獻盥洗。與前同。

初獻升殿。與前同。

大皞伏羲氏位酌獻，奏《闕成》之曲；

南吕宮

五德之首，巍巍聖神。八卦有作，誕開我人。物無能稱，玄酒在尊。歆監在兹，惟德是親。

炎帝神農氏位酌獻，奏《闕成》之曲：

南吕宮

耒耜之利，人賴以生。鼓腹含哺，帝力難名。欲報之德，黍稷匪馨。眷言顧之，享于克誠。

黄帝有熊氏位酌獻，奏《闕成》之曲：

南吕宮

爲衣爲裳，法乾效坤。三辰順序，萬國來賓。典祀有常，多儀具陳。純精罔達，匪藉彌文。

配位酌獻，奏《闕成》之曲：

南吕宫

三聖儼臨，孰侑其食。惟爾有神，同功合德。丕擁靈休，留娛嘉席。歷世昭配，永永無極。

初獻降殿。與前同。

亞獻，奏《闕成》之曲。終獻同。

姑洗宫

綏節安歌，載升貳觴。禮成三終，申薦令芳。凡百有職，罔敢怠遑。神具醉止，欣欣樂康。

徹豆，奏《闕成》之曲：

南吕宫

籩豆有踐，殷薦亶時。禮文疏洽，廢徹不遲。慎終如始，進退無違。神其祚我，綏以繁釐。

送神，奏《闕成》之曲：

黄鐘宮

夜如何其，明星煌煌。靈逝弗留，飈舉雲翔。瞻望靡及，德音不忘。庶回景貺，發爲禎祥。

望瘞，奏《闕成》之曲：

姑洗宮

工貺致告，禮備樂終。加牲兼幣，訖薶愈恭。精神斯罄，惠澤無窮。儲休錫美，萬福來崇。

【校勘記】

〔一〕「四方賓貢」一句，原注曰「闕」，按武英殿本《元史》卷六九志第二十《禮樂三》、萬曆刻本王圻《續文獻通考》卷一五六《樂考》原缺，道光本《元史》據《經世大典》補入，從補。

〔二〕「弘」，原作「宏」，避諱字。《元史》卷六九志第二十《禮樂三》、王圻《續文獻通考》卷一五六《樂考》做「弘」，《續文獻通考》作「洪」，蘇天爵《國朝文類》作「鴻」。今從《元史》。

〔三〕「稻粱」，原作「稻梁」，據《元史》卷六九志第二十《禮樂三》及蘇天爵《國朝文類》卷二一改。

〔四〕「肸」，原作「盻」，據《元史》卷六九志第二十《禮樂三》改。

新元史卷之九十三　志第六十

樂志三

郊祀樂舞　宗廟樂舞　泰定十室樂舞〔一〕

郊祀樂舞

郊祀降神文舞，崇德之舞。《乾寧之曲》六成。

圜鐘宫三成。始聽三鼓。一聲鐘，一聲鼓，凡三作。後倣此。一鼓，稍前，開手立；二鼓合手，退後；三鼓，相顧蹲。三鼓畢，間聲作。二聲鐘，一聲鼓。一鼓，稍前，舞蹈，二鼓，舉左手，收，左揖；三鼓，舉右手，收，右揖；四鼓，高呈手；五鼓，兩兩相向蹲；六鼓，稍前，開手立；七鼓，退後，俛伏，八鼓，舉左手，收，左揖；九鼓，舉右手，收，右揖；十鼓，稍前，開手立；十一鼓，合手，退後，躬身；十二鼓，伏，興，仰視；十三鼓，舞蹈，相向立；十四鼓，復立，交籥，正蹲；十五鼓，躬身，受。終聽三鼓。止。

黃鐘角一成。始聽三鼓。一鼓，稍前，舞蹈。二鼓，合手，退後。三鼓，相顧蹲。三鼓畢，間聲作。一鼓，稍前，舞蹈。二鼓，高呈手。三鼓，兩兩相向蹲。四鼓，舉左手，收，左揖。五鼓，舉右手，收，右揖。六鼓，稍前，開手。七鼓，復立，正揖。八鼓，兩兩相向，交籥，正蹲。九鼓，復位立。十鼓，稍前，開手立。十一鼓，合手，退後，躬身。十二鼓，伏，興，仰視。十三鼓，舉左手，收，開手，正蹲。十四鼓，舉右手，收，開手，正蹲。十五鼓，躬身，受。終聽三鼓。止。

太簇徵一成。始聽三鼓。一鼓，稍前，開手立。二鼓，合手，退後。三鼓，相顧蹲。三鼓畢，間聲作。一鼓，稍前，舞蹈。二鼓，復位，躬身。三鼓，高呈手。四鼓，舉左手，收，左揖。五鼓，舉右手，收，右揖。六鼓，兩兩相向，交籥，正蹲。七鼓，復位，躬身。八鼓，舞蹈，相向立。九鼓，復位，俛伏。十鼓，舉左手，收，左揖。十一鼓，舉右手，收，右揖。十二鼓，伏，興，仰視。十三鼓，舞蹈，相向立。十四鼓，復位，交籥，正蹲。十五鼓，躬身，受。終聽三鼓。止。

姑洗羽一成。始聽三鼓。一鼓，稍前，開手立。二鼓，合手，退後。三鼓，相顧蹲。三鼓畢，間聲作。一鼓，稍前，舞蹈。二鼓，復位，正揖。三鼓，高呈手。四鼓，推左手，收，左揖。五鼓，推右手，收，右揖。六鼓，兩兩相向，交籥，正蹲。七鼓，復位，俛伏。八鼓，舞蹈，相向立。九皷，復位，躬身。十皷，伏，興，仰視。十一皷，舉左手，收，左揖。十二皷，舉右手，收，右揖。十三皷，舞蹈，相向立。十四皷，復位，交籥，正蹲。十五皷，躬身，受。終聽三皷。止。

昊天上帝位酌獻文舞。崇德之舞。《明成之曲》，黄鐘宫一成。始聽三皷。一皷稍前，開手立。二皷，合手，退後。三皷，相顧蹲。三皷畢，間聲作。一皷，稍前，舞蹈，相向立。二皷，復位，相顧蹲。三皷，復位，開手立。四皷，合手，正揖。五皷，舉左手，收，左揖。六皷，舉右手，收，右揖。七皷，兩兩相向，交籥，正蹲。八皷，復位，正揖。九皷，稍前，開手立。十皷，退後，俛伏。十一皷，稍前，開手立。十二皷，推左手，收。十三皷，推右手，收。十四皷，三叩頭，拜舞。十五皷，躬身，受。終聽三皷。止。

皇地祇酌獻，大吕宫一成。始聽三皷。一皷，稍前，開手立。二皷，合手，退後。三皷，相顧蹲。三皷畢，間聲作。一皷，稍前，舞蹈，相向立。二皷，復位，正揖。三皷，舉左手，收，左揖。四皷，舉右手，收，右揖。五皷，高呈手。六皷，兩兩相向，交籥，正蹲。七皷，復位，俛伏。八皷，舞蹲，相向立。九皷，復位，躬身。十皷，交籥，正蹲。十一皷，兩兩相向，開手，正蹲。十二皷，伏，興，仰視。十三皷，舞蹈，相向立。十四皷，三叩頭，拜舞。十五皷，躬身，受。終聽三皷。止。

太祖位酌獻，黄鐘宫一成。始聽三鼓。一鼓，稍前，開手立。二鼓，合手，退後。三鼓，相顧蹲。三鼓畢，間聲作。一鼓，稍前，舞蹈。二鼓，復位，正揖。三鼓，舉左手，收，左揖。四鼓，舉右手，收，右揖。五鼓，高呈手。六鼓，兩兩相向，交籥，正蹲。七鼓，復位，俛伏。八鼓，舞蹈，相向立。九鼓，復位，躬身。十鼓，交籥，正蹲。十一鼓，兩兩相向，開手，正蹲。十二鼓，伏，興，仰視。十三鼓，合手，正揖。十四鼓，叩頭，拜舞。十五鼓，躬身，受。終聽三鼓。止。

亞獻、酌鐘武舞，定功之舞。黄鐘宫一成。始聽三鼓。一鼓，稍前，開手立。二鼓，合手，退後，按腰立。三鼓，相顧蹲。三鼓畢，間聲作。一鼓，稍前，左右揚干戚。二鼓，退後，相顧蹲。三鼓，舉左手，收。四鼓，舉右手，收。五鼓，左右揚干戚，相向立。六鼓，復位，相顧蹲。七鼓，呈干戚。八鼓，復位，按腰立。九鼓，刺干戚。十鼓，復位，推左手，收。十一鼓，推右手，收。十二鼓，稍前，開手立。十三鼓，左右揚干戚。十四鼓，復位，按腰，相顧蹲。十五鼓，躬身，受。終聽三鼓。止。

終獻武舞，黄鐘宫一成。始聽三鼓。一鼓，稍前，開手立。二鼓，合手，退後，按腰立。三鼓，相顧蹲。三鼓畢，間聲作。一鼓，稍前，左右揚干戚。二鼓，退後，高呈手。三鼓，復位，相顧蹲。四鼓，左右揚干戚，相向立。五鼓，復位，舉左手，收。六鼓，舉右手，收。七鼓，面向西，開手，正蹲。八鼓，呈干戚。九鼓，復位，按腰立。十鼓，刺干戚。十一鼓，兩兩相向立。十二鼓，復位，左右揚干戚。十三鼓，退後，相顧蹲。十四鼓，三叩頭，拜舞。十五鼓，躬身，受。終聽三鼓。止。

宗廟樂舞

宗廟，世祖至元三年八室時享文舞。武定文綏之舞。降神，《來成》之曲九成。

黄鐘宫三成，始聽三鼓。一鼓，稍前，開手立。二鼓，退後，合手。三鼓，相顧蹲。三鼓畢，間聲作。一鼓，稍前，舞蹈，次合手而立。二鼓，正面高呈手，住。三鼓，退後，收手蹲。四鼓，正面躬身，興身立。五鼓，推左手，右相顧，左揖。六鼓，皆推右手，左相顧，右揖。七鼓，稍前，正面開手立。八鼓，舉左手，右相顧，左揖。九鼓，舉右手，左相顧，右揖。十鼓，稍退後，俛身而立。十一鼓，稍前，開手立。十二鼓，合手，退後，相顧蹲。十三鼓，稍進前，舞蹈。十四鼓，退後，合手，相顧蹲。十五鼓，正面躬身〔二〕，受。終聽三鼓。止。

大吕角二成，始聽三鼓。一鼓，稍前，開手立。二鼓，退後，合手。三鼓，相顧蹲。三鼓畢，間聲作。一鼓，稍進前，舞蹈，合手立。二鼓，舉左手，住，收右足。三鼓，舉右手，住，收左足。四鼓，兩兩相向而立。五鼓，稍前，高呈手，住。六鼓，舞蹈，退後立。七鼓，稍前，開手立。八鼓，合手，退後蹲。九鼓，面歸佾立。十鼓，推左手，收右足，推右手，收左足。十一皷，舉左手，收右足，舉右手，收左足。十二皷，稍進前，正面仰視。十三皷，稍退後，相顧蹲。十四皷，合手，俛身立。十五皷，正面躬身，受。終聽三皷。止。

太簇徵二成，始聽三皷。一皷，稍前，開手立。二皷，退後，合手。三皷，相顧蹲。三皷畢，間聲作。一皷，稍進前，舞蹈，次合手立。二皷，俛身而正面揖。三皷，稍進前，高呈手立。四皷，收手，正面蹲。五皷，舉左手，住，收右足。六皷，舉右手，收左足，收手〔三〕。七皷，兩兩相向而立。八皷，稍前，高仰視。九皷，稍退，收手蹲。十皷，舉左手，住而蹲。十一皷，舉右手，收手而蹲。十二皷，正面歸佾，舞蹈。十三皷，俛身，正揖。十四皷，交籥翟，相顧蹲。十五皷，正面躬身，受。終聽三皷。止。

應鐘羽二成。始聽三皷。一皷，稍前，開手立。二皷，退後，合手。三皷，相顧蹲。三皷畢，間聲作。一皷，稍進前，舞蹈，次合手立。二皷，兩兩相向立。三皷，舉左手，收右足，左揖。四皷，舉右手，收左足，右揖。五皷，歸佾，正面立。六皷，稍進前，高呈手，住。七皷，收手，稍退，相顧蹲。八皷，兩兩相向立。九皷，稍前，開手蹲。十皷，退後，合手對揖〔四〕。十一皷，正面歸佾立。十二皷，稍進前，舞蹈，次合手立。十三皷，垂左手而右足應。十四皷，垂右手，而左足應。十五皷，正面躬身，受。終聽三皷。止。

烈祖第一室文舞，《開成》之曲，無射宫一成。始聽三皷。一皷，稍前，開手立。二皷，稍退，合手。三皷，相顧蹲。三皷畢，間聲作。一皷，稍進前，舞蹈，合手立。二皷，稍退，俛身，開手立。三皷，垂左手，住，收右足。四皷，垂右手，收左足。五皷，左側身相顧，左揖。六皷，右側身相顧，右揖。七皷，正面躬身，興身立。八皷，兩兩相向，合手立。九皷，相顧，高呈手，住。十皷，收手，舞蹈。十一皷，舞左而收手立。十二皷，舞右而收手立。十三皷，揚左手，相顧蹲。十四皷，揚右手，相顧蹲。十五皷，稍前，正面躬身，受。終聽三皷。止。

太祖第二室文舞，《武成》之曲，無射宮一成。始聽三皷。一皷，稍前，開手立。二皷，退後，合手。三皷，相顧蹲。三皷畢，間聲作。一皷，稍前，舞蹈，次合手立。二皷，正面高呈手，住。三皷，兩兩相向而對揖。四皷，正面歸佾，舞蹈，次合手立。五皷，稍前，開手蹲，收手立。六皷，稍退，合手蹲，收手立。七皷，舉左手而左揖。八皷，舉右手而右揖。九皷，推左手，住而正蹲。十皷，推右手正蹲。十一皷，開手執籥翟，正面俯視。十二皷，垂左手，收右足。十三皷，垂右手，收左足。十四皷，稍前，正面仰視而立。十五皷，稍前，正面躬身，受。終聽三皷。止。

太宗第三室文舞，《文成》之曲，無射宮一成。始聽三皷。一皷，稍前，開手立。二皷，退後，合手。三皷，相顧蹲。三皷畢，間聲作。一皷，稍進前，舞蹈。二皷，兩相向而高呈手立。三皷，稍前，開手立，相顧蹲。四皷，退後，合手立，相顧蹲。五皷，垂左手而右足應。六皷，垂右手而左足應。七皷，推左手〔五〕，住，左揖。八皷，推右手，住，右揖。九皷，稍前，仰視，正揖。十皷，舉左手，住，收右足。十一皷，舉右手，住，收左足。十二皷，稍前，舞蹈。十三皷，稍前，開手而相顧立。十四皷，退後，合手立。十五皷，稍前，正面躬身，受。終聽三皷。止。

皇伯考朮赤第四室文舞，《弼成》之曲，無射宮一成。始聽三皷。一皷，稍前，開手立。二皷，退後，合手。三皷，相顧蹲。三皷畢，間聲作。一皷，稍進前，舞蹈。二皷，合手，俛身，相顧蹲。三皷，正面高呈手，住。四皷，稍前，舞蹈，次合手立。五皷，垂左手，右相顧，收手立。六皷，垂右手；左相顧，收手立。七皷，稍前，高仰視，收手正面立。八皷，再退，高執籥翟，相顧蹲。九皷，舞蹈，次合手而立。十皷，舉左手，住，收右足。十一皷，舉右手，住，收左足。十二皷，稍前，開手立，收手蹲。十三皷，稍前，退後，合手立。十四皷，俛身，合手而立。十五皷，稍前，正面躬身，受。終聽三皷。止。

皇伯考察合台第五室文舞，《協成》之曲，無射宮一成。始聽三皷。一皷，稍前，開手立。二皷，退後，合手。三皷，相顧蹲。三皷畢，間聲作。一皷，稍進前，舞蹈。次合手立。二皷，開手，相顧蹲。三皷，合手，相顧蹲。四皷，稍前，高呈手，住。五皷，舉左手，右相顧，左揖。六皷，舉右手，左相顧，右揖。七皷，推左手，住，收右足。八皷，推右手，收左足。九皷，稍前，舞蹈，次合手立。十皷，開手正蹲，收，合手立。十一皷，稍前，正面仰視立。十二皷，交籥翟，相顧蹲。十三皷，各盡舉左手而住。十四皷，各盡舉右手，收手立。十五皷，稍前，正面躬身，受。終聽三皷。止。

睿宗第六室文舞，《明成》之曲，無射宮一成，始聽三皷。一皷，稍前，開手立。二皷，退後，合手。三皷，相顧蹲。三皷畢，間聲作。一皷，稍前，舞蹈。二皷，稍前，開手立。三皷〔六〕，退後，合手立。四皷，垂左手，相顧蹲。五皷，垂右手，相顧蹲。六皷，稍前，正面仰視立。七皷，舞左手，住，收右足，收手。八皷，舞右手，住，收左足，收手。九皷，兩相向，合手而立。十皷，推左手，推右手。十一皷，皆舉左右手。十二皷，正面高呈手立。十三皷，退後，合手，俛身。十四皷，開手，高呈籥翟，相顧蹲。十五皷，正面稍前，躬身，受。終聽三皷。止。

定宗第七室文舞《熙成》之曲，無射宮一成。始聽三皷。一皷，稍前，開手立。二皷，退後，合手。三皷，相顧蹲。三皷畢，間聲作。一皷稍前，舞蹈。二皷，兩相向，高呈手立。三皷，垂左手，而右足應。四皷，垂右手，而左足應。五皷，稍前，開手立，相顧蹲。六皷，退後，合手立，相顧蹲。七皷，舉左手，住，收右足。八皷，舉右手，住，收左足。九皷，推左手，左揖。十皷，推右手，右揖。十一皷，稍前，舞蹈。十二皷，退後，正揖。十三皷，稍前，開手，相顧立。十四皷，退後，合手立。十五皷，稍前，正面躬身，受。終聽三皷。止。

憲宗第八室文舞《威成》之曲，無射宫一成。始聽三皷。一皷，稍前，開手。二皷，退後，合手。三皷，相顧蹲。三皷畢，間聲作。一皷，進前，舞蹈，次合手立。二皷，高呈手，住。三皷，舉左手，右顧。四皷，舉右手，左顧。五皷，推左手，右揖。六皷，推右手，左揖。七皷，兩相向，交籥翟，立。八皷，正面歸佾，合手立。九皷，稍前，舞蹈，收手立。十皷，退後，正揖。十一皷，俛身，正面揖。十二皷，高仰視。十三皷，垂左手。十四皷，垂右手。十五皷，正面躬身，受。終聽三皷。止。

亞獻武舞內平外成之曲。《順成》之曲，無射宫一成，始聽三皷。一皷，側身，開手。二皷，合手。三皷，相顧蹲。三皷畢，間聲作。一皷，皆稍進前，舞蹈，次按腰立。二皷，按腰相顧蹲。三皷，左右揚干戚，收手按腰。右以象滅王罕。四皷，稍退，舞蹈，按腰立。五皷，兩兩相向，按腰立。六皷，歸佾，開手，蹲。七皷，面西，收手按腰立。八皷，側身擊干戚，收手立。右以象破西夏。九皷，正面歸佾，躬身，次興身立。十皷，稍進前，舞蹈，次按腰立。十一皷，左右推手，次按腰立。十二皷，跪左膝，疊手，呈干戚，住。右以象克金國。十三皷，收手按腰，興身立。十四皷，兩相向而相顧蹲。十五皷，正面躬身，受。終聽三皷。止。

終獻武舞《順成》之曲，無射宫一成。始聽三皷。一皷，側身，開手立。二皷，合手，按腰。三皷，相顧蹲。三皷畢，間聲作。一皷稍進前，舞蹈，次按腰立。二皷，開手，正面蹲，收手按腰。三皷，面西，舞蹈，次按腰立。四皷，面南，左手揚干戚，收手按腰。五皷，側身擊干戚，收手按腰立。右以象收西域、定河南。六皷，兩兩相向立。七皷，歸佾，正面開手蹲，收手按腰。八皷，東西相向，躬身，受。右以象收西蜀、平南詔。九皷，歸佾，舞蹈，退後，次按腰立。十皷，推左右手，躬身，次興身立。十一皷，進前舞蹈，次按腰立。右以象臣高麗、服交趾。十二皷，兩兩相向，按腰蹲。十三皷，歸佾，左右揚手，按腰立。十四皷，正面開手，俯視。十五皷，收手，按腰躬身，受。終聽三皷。止。

泰定十室樂舞

泰定十室迎神文舞《思成》之曲。

黄鐘宫三成。始聽三皷。一皷，稍前，開手立。二皷，合手，退後。三皷，相顧蹲。三皷畢，間聲作。一皷，稍前，舞蹈。二皷，高呈手。三皷，舉左手，收，左揖。四皷，舉右手，收，右揖。五皷，退後，相顧蹲。六皷，兩兩相向立。七皷，復位，俛伏。八皷，舉左手，開手，正蹲。九皷，舉右手，開手，正蹲。十皷，稍前，開手立。十一皷，合手，退後，躬身。十二皷，伏，興，仰視。十三皷，舞蹈，相向立。十四皷，復位，交籥，正蹲。十五皷，躬身，受。終聽三皷。止。

大吕角二成。始聽三皷。一皷，稍前，舞蹈。二皷，合手，退後。三皷，相顧蹲。三皷畢，間聲作。一皷，稍前，舞蹈。二皷，舉左手，收，左揖。三皷，舉右手。收，右揖。四皷，高呈手。五皷，兩兩相顧蹲。六皷，稍前，開手立。七皷，復位，正揖。八皷，兩兩相向，交籥，正蹲。九皷，復位，正揖。十皷，舉左手，收，左揖。十一皷，舉右手，收，右揖。十二皷，伏，興，仰視。十三皷，舞蹈，相向立。十四皷，復位，立。十五皷，躬身，受。終聽三皷。止。

太簇徵二成。始聽三皷。一皷，稍前，開手立。二皷，合手，退後。三皷，相顧蹲。三皷畢，間聲作。一皷，稍前，舞蹈。二皷，復位，躬身。三皷，高呈手。四皷，兩兩相向，交籥，正蹲。五皷，復位，立。六皷，舞蹈，相向立。七皷，舉左手，收，左揖。八皷，舉右手。收，右揖。九皷，稍前，舞蹈。十皷，退後，俛伏。十一皷，稍前，開手立。十二皷，推左手，收。十三皷，推右手，收。十四皷，三叩頭，拜舞。十五皷，躬身，受。終聽三皷。止。

應鐘羽二成。始聽三皷。一皷，稍前，開手立。二皷，合手，退後。三皷，相顧蹲。三皷畢，間聲作。一皷，稍前，舞蹈。二皷，復位，正揖。三皷，高呈手。四皷，稍前，開手立。

五鼓，退後，躬身。六鼓，推左手，收。七鼓，推右手，收。八鼓，舞蹈，相向立。九鼓，復位，躬身。十鼓，交籥，正蹲。十一鼓，兩兩相向，開手，正蹲。十二鼓，舉左手，收，左揖。十三鼓，舉右手，收，右揖。十四鼓，三叩頭，拜舞。十五鼓，躬身，受。終聽三鼓。止。

初獻酌獻太祖第一室文舞《開成》之曲。無射宮一成。始聽三鼓。一鼓，稍前，開手立。二鼓，合手，退。三鼓，相顧蹲。三鼓畢，間聲作。一鼓，稍前，舞蹈，相向立。二鼓，復位，正揖。三鼓，推左手，收。四鼓，推右手，收。五鼓，三叩頭，拜舞。六鼓，兩兩相向，交籥，正蹲。七鼓，復位立。八鼓，稍前，舞蹈。九鼓，復位，俛伏。十鼓，高呈手，正揖。十一鼓，兩兩相向蹲。十二鼓，復位，開手立。十三鼓，合手，正揖。十四鼓，伏，興，仰視。十五鼓，躬身，受。終聽三鼓。止。

睿宗第二室文舞《武成》之曲。無射宮一成。始聽三鼓。一鼓，稍前，開手立。二鼓，合手，退後。三鼓，相顧蹲。三鼓畢，間聲作。一鼓，稍前，舞蹈。二鼓，復位，正揖。三鼓，高呈手。四鼓，稍前，開手立。五鼓，退後，躬身。六鼓，舉左手，收，左揖。七鼓，舉右手，收右揖。八鼓，舞蹈，相向立。九鼓，復位立。十鼓，推左手，收。十一鼓，推右手，收。十二鼓，伏，興，仰視。十三鼓，兩兩相向蹲。十四鼓，復位，交籥，正蹲。十五鼓，躬身，受。終聽三鼓。止。

世祖第三室文舞《混成》之曲。無射宫一成。始聽三皷。一皷，稍前，開手立。二皷，合手，退後。三皷，相顧蹲。三皷畢，間聲作。一皷，稍前，舞蹈。二皷，高呈手。三皷，交籥，正蹲。四皷，兩兩相向，開手，正蹲。五皷，伏，興，仰視。六皷，舉左手，收，左揖。七皷，舉右手，收，右輯。八皷，退後，躬身。九皷，稍前，開手立。十皷，舉左手，收，左揖。十一皷，舉右手，收，右揖。十二皷，高呈手，正揖。十三皷，舞蹈，相顧蹲。十四皷，三叩頭，拜舞。十五皷，躬身，受。終聽三皷。止。

裕宗第四室文舞《昭成》之曲。無射宫一成。始聽三皷。一皷，稍前，開手立。二皷，合手，退後。三皷，相顧蹲。三皷畢，間聲作。一皷，稍前，舞蹈。二皷，退後，高呈手。三皷，舉左手，收，左揖。四皷，舉右手，收，右揖。五皷，稍前，開手立。六皷，退後，躬身。七皷，兩兩相向，交籥，正蹲。八皷，伏，興，仰視。九皷，推左手，收，左揖。十皷，推右手，收，右揖。十一皷，稍前，舞蹈。十二皷，退後，相顧蹲。十三皷，高呈手。十四皷，三叩頭，拜舞。十五皷，躬身，受。終聽三皷。止。

顯宗第五室文舞《德成》之曲。無射宫一成。始聽三皷。一皷，稍前，開手立。二皷，合手，退後。三皷，相顧蹲。三皷畢，間聲作。一皷，稍前，舞蹈。相向立。二皷，復位，正揖。三皷，舉左手，收。四皷，舉右手，收。五皷，伏，興，仰視。六皷，兩兩相向立。七皷，復位，交籥，正蹲。八皷，退後，躬身。九皷，稍前，開手立。十皷，舉左手，收，左揖。十一皷，舉右手，收，右揖。十二皷，高呈手。十三皷，復位，正蹲。十四皷，三叩頭，拜舞。十五皷，躬身，受。終聽三皷。止。

順宗第六室文舞《慶成》之曲。無射宫一成。始聽三皷。一皷，稍前，開手立。二皷，合手，退後。三皷，相顧蹲。三皷畢，間聲作。一皷，稍前，舞蹈。二皷，復位，相顧蹲。三皷，稍前，開手立。四皷，合手，正揖。五皷，舉左手，收，左揖。六皷，舉右手，收，右揖。七皷，兩兩相向，交籥，正蹲。八皷，復位立。九皷，稍前，開手立。十皷，伏，興，仰視。十一皷，舉左手，收，相顧蹲。十二皷，舉右手，收，相顧蹲。十三皷，高呈手，正揖。十四皷，三叩頭，拜舞。十五皷，躬身，受。終聽三皷。止。

成宗第七室文舞《守成》之曲。無射宫一成。始聽三皷。一皷，稍前，開手立。二皷，合手，退後。三皷，相顧蹲。三皷畢，間聲作。一皷，稍前，舞蹈。二皷，退後，躬身。三皷，舉左手，收，左揖。四皷，舉右手，收，右揖。五皷，伏，興，仰視。六皷，兩兩相向，交籥，正蹲。七皷，復位，正揖。八皷，高呈手。九皷，舉左手，收，左揖。十皷，舉右手，收，右揖。十一皷，開手立。十二皷，合手，正揖。十三皷，稍前，舞蹈。十四皷，三叩頭，拜舞。十五皷躬身，受。終聽三皷。止。

武宗第八室文舞《威成》之曲。無射宫一成。始聽三鼓。一鼓，稍前，開手立。二鼓，合手，退後。三鼓，相顧蹲。三鼓畢，間聲作。一鼓，稍前，舞蹈。二鼓，復位，正揖。三鼓，高呈手。四鼓，稍前，開手立。五鼓，退後，躬身。六鼓，舉左手，收，左揖。七鼓，舉右手，收，右揖。八鼓，舞蹈，相向立。九鼓，復位立。十鼓，舉左手，收，左揖。十一鼓，舉右手，收，右揖。十二鼓，伏，興，仰視。十三鼓，兩兩相向立。十四鼓，復位，交籥，正蹲。十五鼓，躬身，受。終聽三鼓。止。

仁宗第九室文舞《歆成》之曲。無射宫一成。始聽三鼓。一鼓，稍前，開手立。二鼓，合手，退後。三鼓，相顧蹲。三鼓畢，間聲作。一鼓，稍前，舞蹈，相向立。二鼓，復位，正揖。三鼓，高呈手。四鼓，推左手，收。五鼓，推右手，收。六鼓，稍前，開手立。七鼓，退後，躬身。八鼓，兩兩相向立。九鼓，復位，交籥，正蹲。十鼓，舉左手，收，左揖。十一鼓，舉右手，收，右揖。十二鼓，稍前，舞蹈。十三鼓，復位，正揖。十四鼓，伏，興，仰視。十五鼓，躬身，受。終聽三鼓。止。

英宗第十室文舞《獻成》之曲。無射宫一成，始聽三鼓。一鼓，稍前，開手立。二鼓，合手，退後。三鼓，相顧蹲。三鼓畢，間聲作。一鼓，稍前，舞蹈，相向立。二鼓，舉左手，收，左揖。三鼓，舉右手，收，右揖。四鼓，高呈手。五鼓，伏，興，仰視。六鼓，兩兩相向蹲。七皷，退後，俛伏。八皷，復位，交籥，正蹲。九皷，稍前，開手立。十皷，復位，躬身。十一皷，稍前，舞蹈。十二皷，復位，正揖。十三皷，舞蹈，兩兩相向立。十四皷，三叩頭，拜舞。十五皷，躬身，受。終聽三皷。止。

亞獻武舞《肅寧》之曲。無射宫一成。始聽三皷。一皷，稍前，開手立。二皷，合手，退後，按腰立。三皷，相顧蹲。三皷畢，間聲作。一皷，稍前，左右揚干戚。二皷，退後，相顧蹲。三皷，高呈手。四皷，左右揚干戚。五皷，呈干戚。六皷，復位，按腰立。七皷，刺干戚。八皷，兩兩相向，開手，正蹲。九皷，復位，舉左手，收。十皷，舉右手，收。十一皷，稍前，開手立。十二皷，退後，按腰立。十三皷，左右揚干戚，相向立。十四皷，復位，按腰相顧蹲。十五皷，躬身，受。終聽三皷。止。

終獻武舞《肅寧》之曲。無射宫一成。始聽三皷。一皷，稍前，開手立。二皷，合手，退後，按腰立。三皷，相顧蹲。三皷畢，間聲作。一皷，稍前，左右揚干戚。二皷，退後，高呈手。三皷，舉左手，收。四皷，舉右手，收。五皷，面向西，開手，正蹲。六皷，復位，左右揚干戚。七皷，躬身，受。八皷，呈干戚。九皷，復位，按腰立。十皷，刺干戚。十一皷，兩兩相向立。十二皷，復位，按腰立。十三皷，退後，相顧蹲。十四皷，三叩頭，拜舞。十五皷，躬身，受。終聽三皷。止。

天曆三年新製樂舞。

明宗酌獻武舞《永成》之曲。無射宮一成，始聽三皷。一皷，合手，稍前，開手立。二皷，退後立。三皷，相顧蹲。三皷畢，間聲作。一皷，向前，舞蹈，相向立。二皷，復位。三叩頭，拜舞。三皷，兩兩開手，正蹲。四皷，復位，俛伏。五皷，交籥，正蹲。六皷，伏，興，仰視。七皷，躬身。八皷，稍前，開手立。九皷，復位，正揖，高呈手。十皷，舉左手，收，左揖。十一皷，舉右手，收，右揖。十二皷，正揖。十三皷，兩兩交籥，相揖。十四皷，復位。十五皷，躬身，受。終聽三皷。止。

禮前一日，宿縣於庭中，立四表於橫街之南，稍東，設舞位於縣北。文郎左執籥，右秉翟。武郎左執干，右執戚。皆六十四人。享日，與工人先入就位。舞師二人，執纛二人，引文舞分立於表南舞，及執籥者俟立於宮縣之左右。器：鼗二，雙鐸一，單鐸二，鐃二，鐘二，二器用六人。鉦二，相皷二，凡二十人。文舞進，舞師二人，執旌二人，引武舞進，立其處。文舞還立於縣間。

凡宗廟之樂，九成，舞九變。黃鐘之宮三成，三變。大呂之角二成，二變。太簇之徵二成，二變。應鐘之羽二成，二變。圜丘之樂六成，舞六變。夾鐘之宮三成，三變。黃鐘之角一成，一變。太簇之徵一成，一變。姑洗之羽一成，一變。

舞師四人皆執梃，執纛二人，執旌二人，祭則前舞，以爲舞容。舞人從南表向第一，爲一成，則一變。從第二至第三，爲二成。從第三至北第四表，爲三成。舞人各轉身南向於北表之北，還從第一至第二，爲四成。從第二至第三，爲五成。從第三至南第一表，爲六成。若八變者，更從南北向第二，爲第七成。又從第二至第三，爲八成。若九變者，又從第三至北第一，爲九成。

【校勘記】

〔一〕「定」，原作「宗」，據正文改及《元史》卷七〇志第二十一《禮樂四》改。

〔二〕「正面」，原作「稍面」，據《元史》卷七〇志第二十一《禮樂四》改。

〔三〕「收左足收手」，原倒作「收收左足手」，據《元史》卷七〇志第二十一《禮樂四》乙正。

〔四〕「合手對揖」，原倒作「合對手揖」，據《元史》卷七〇志第二十一《禮樂四》乙正。

〔五〕「推」，原作「揖」，《元史》卷七〇志第二十一《禮樂四》同，據王圻《續文獻通考》卷一五九《樂考》改。

〔六〕「三皷」，原倒作「皷三」，據《元史》卷七〇志第二十一《禮樂四》乙正。

新元史卷之九十四　志第六十一

樂志四

大樂職掌　宴樂之器　樂隊

大樂職掌〔一〕

大樂署，令一人，丞一人，掌郊社、宗廟之樂。凡樂，郊社、宗廟，則用宮縣，工二百六十有一人；社稷，則用登歌，工五十有一人。二樂用工三百一十有二人，代事故者五十人。前祭之月，召工習樂及舞。祀前一日，宿縣於庭中。東方、西方，設十二鎛鐘，各依辰位。編鐘處其左，編磬處其右。黃鐘之鐘起子位，在通街之西。蕤賓之鐘居午位，在通街之東。每辰三簴，謂之一肆，十有二辰，凡三十六簴。樹建鞞，應於四隅，左柷右敔，設縣中之北。歌工次之，三十二人，重行相向而坐。巢笙次之，簫次之，竽次之，籥次之，篪次之，塤次之，長笛又次之。夾街之左右，瑟翼柷敔之東西，在前行。路鼓、路鼗次之。郊祀則雷鼓、雷鼗。閏餘匏在簫之東，七星匏在西，九曜匏次之。一絃琴，列路鼓之東西，東一，西二。三絃、五絃、七絃、九絃次之。晉鼓一，處縣中之東南，以節樂。一絃琴三，五絃以下皆六。凡坐者，高以杌，地以氈。立四表於橫街之南，少東。設舞位於縣北。文郎左執籥，右秉翟；武郎左執干，右執戚；皆六十有四人。享日，與工人先入就位。舞師二人，執纛二人，引文舞分立於表南。武舞及執器者，俟立於宮縣之左右。器：鼗二，雙鐸二，單鐸二，鐃二，錞二，二錞，六人。鉦二，相鼓二，雅鼓二，凡二十人。文舞退，舞師二人、執旌二人，引武舞進，立其處。文舞還立於縣側。又設登歌樂於殿之前楹，殿陛之旁，設樂床一，樂工列於上。搏拊二，歌工六，柷一，敔一，在門内，相向而坐。鐘一簴，在前楹之東。一絃、三絃、五絃、七絃、九絃琴五，次之。瑟二，在其東。笛一，籥一，篪一在琴之南，巢笙、和笙各二，次之。塤一，在笛之南。閏餘匏、排簫各一，次之，皆西上。磬一簴，在前楹之西。一絃、三絃、五絃、七絃、九絃琴五，次之。塤一，在笛之南。七星匏、九曜匏、排簫各一，次之，皆東上。凡宗廟之樂九成，舞九變。黃鐘之宮，三成，三變。大呂之角，二成，二變。太簇之徵，二成，二變。應鐘之羽，二成二變。圜丘之樂六成，舞六變。夾鐘之宮，三成，三變。黃鐘之角，一成，一變。太簇之徵，一成，一變。姑洗之羽，一成，一變。社稷之樂八成：林鐘之宮二成，太簇之角二成，姑洗之徵二成，南呂之羽二成。

凡有事於宗廟，大樂令位于殿楹之東，西向；丞位於縣北，通街之東，西向。以肅樂舞。

協律郎二人，掌和律吕，以合陰陽之聲。陽律六：黄鐘子，太簇寅〔二〕，姑洗辰，蕤賓午，夷則申，無射戌。陰吕六：大吕丑，夾鐘卯，仲吕巳，林鐘未，南吕酉，應鐘亥。文之以宫、商、角、徵、羽、變宫、變徵，播之以金、石、絲、竹、匏、土、革、木。凡律管之數，九九相乘，八十一以爲吕；三分去一，五十四以爲徵；三分益一，七十二以爲商；三分去一，四十八以爲羽；三分益一，六十四以爲角。如黄鐘爲宫，則林鐘爲徵，太簇爲商，南吕爲羽，姑洗爲角，應鐘爲變宫，蕤賓爲變徵，是爲七聲十二律，還相爲宫，爲八十四調。凡大祭祀，皆法服。一人立於殿楹之西，東向；一人立於縣北通街之西，東向；以節樂。堂上者主登歌，堂下者主宫縣。凡樂作，則跪，俛伏，舉麾以興，工鼓柷以奏；樂止則偃麾，工戛敔而樂止。今執麾者代執之，協律郎特拜而已。

樂正二人，副二人，掌肆樂舞、展樂器、正樂位。凡祭，二人立於殿内，二人立於縣間，以節樂。殿内者視獻者奠獻用樂作止之節，以笏示照燭，照燭舉偃以示堂下。若作登歌，則以笏示柷敔而已。縣間者示堂上照燭。及引初獻，照燭動，亦以笏示柷敔。

樂師一人，運譜一人，掌以樂教工人。凡祭，立於縣間，皆北上，相向而立。

舞師四人，皆執挺，挺，牙杖也。執纛二人，執旌二人，祭則前舞以爲舞容。舞人從南表向第一表，爲一成，則一變。從第二至第三，爲二成。從第三至北第四表，爲三成。舞人各轉身南向於北表之北，還從第一至第二，爲四成。從第二至第三，爲五成。從第三至南第一表，爲六成。若八變者，更從南北向第二，爲七成。又從第二至第三，爲八成。若九變者，又從第三至北第一，爲九變。

執麾一人，從協律郎以麾舉偃而節樂。

照燭二人，掌執籠燭而節樂。凡樂作止，皆舉偃其籠燭。一人立於堂上門東，視殿内獻官禮節，麾燭以示縣間。一人立於堂下縣間，俟三獻入導初獻至位，立於左。初獻行，皆前導，亞終則否。凡殿下禮節，則麾其燭以示上下。初獻詣盥洗位，乃偃其燭，止亦如之。俟初獻動爲節，宫縣樂作，詣盥洗位，洗拭瓚訖。樂止，詣階，登歌樂作，升自東階，至殿門，樂止，乃立於陛側以俟。晨祼訖，初獻出殿，登歌樂作，至版位，樂止，司徒迎饌至横街，轉身北向，宫縣樂作，司徒奉俎至各室徧奠訖，樂止。酌獻，初獻詣盥洗位，宫縣樂作，詣爵洗位，洗拭爵訖，樂止，出笏，登歌樂作，升自東階，至殿門，樂止，初獻至酒尊所，酌訖，宫縣樂作，詣神位前，祭酒訖，拜、興、讀祝，樂止。讀訖，樂作，再拜訖，樂止，次詣每室，作止如初。每室各奏本室樂曲，俱獻畢，還至殿門，登歌樂作，降自東階，至版位，樂止。文舞退，武舞進，宮縣樂作，舞者立定，樂止。亞獻行禮，無節步之樂，至酒尊所，酌酒訖，出笏，宮縣樂作，詣神位前，奠獻畢，樂止。次詣每室，作止如初。俱畢，還至版位，皆無樂。終獻樂作同亞獻，助奠以下升殿，奠馬湩，至神位，蒙古巫祝致詞訖，宮縣樂作，同司徒進饌之曲，禮畢，樂止，出殿，登歌樂作，各復位，樂止。太祝徹籩豆，登歌樂作，卒徹，樂止，奉禮贊拜，衆官皆再拜訖，送神，宮縣樂作，一成而止。

宴樂之器

興隆笙，制以楠木，形如夾屏，上鋭而面平，縷金雕鏤枇杷、寶相、孔雀、竹木、雲氣，兩旁側立花板，居背三之一。中爲虛櫃，如笙之匏。上豎紫竹管九十，管端實以木蓮苞。櫃外出小橛十五，上豎小管，管端實以銅杏葉。下有座，獅象遶之，座上櫃前立花板一，雕鏤如背，板間出二皮風口，用則設朱漆小架于座前，繫風囊於風口，囊面如琵琶，朱漆雜花，有柄，一人挼小管，一人鼓風囊，則簧自隨調而鳴。中統間，回回國所進，以竹爲簧，有聲而無律。玉宸樂院判官鄭秀乃考音律，分定清濁，增改如今制。其在殿上者，盾頭兩旁立刻木孔雀二，飾以真孔雀羽，中設機。每奏，工三人，一人鼓風囊，一人按律，一人運動其機，則孔雀飛舞應節。

殿庭笙十，延祐間增製，不用孔雀。興隆笙，世祖所作。或曰西域所獻，而世祖損益之。凡宴會之日，此笙一鳴，衆樂皆作，笙止，衆樂亦止。

琵琶，制以木，曲首，長頸，四軫。頸有品，闊面，四弦，面飾雜花。

箏，如瑟，兩頭微垂，有柱十三弦。

火不思，制如琵琶，直頸，無品，有小槽，圓腹如半瓶榼，以皮爲面，四弦，皮絣同一孤柱。

胡琴，制如火不思，卷頸，龍首，二弦，用弓捩之，弓之弦以馬尾。

方響，制以鐵，十六枚，懸于磬簴，小角槌二。廷中設，下施小交足几，黄羅銷金衣。

龍笛，制如笛，七孔，横吹之，管首制龍頭，銜同心結帶。

頭管，制以竹爲管，卷蘆葉爲首，竅七。

笙，制以匏爲底，列管於上，管十三，簧。

箜篌，制以木，闊腹，腹下施横木，而加軫二十四，柱頭及首，並如鳳喙。

雲璈，制以銅，爲小鑼十三，同一木架，下有長柄，左手持，而右手以小槌擊之。

簫，制如笛，五孔。

戲竹，制如籈，長二尺餘，上繫流蘇香囊執而偃之，以止樂。

鼓，制以木爲匡，冒以革，朱漆雜花，面繪復身龍，長竿一。廷中設，則有大木架，又有擊撾高座。

杖鼓，制以木爲匡，細腰，以皮冒之，上施五綵繡帶，右擊以杖，左拍以手。

札鼓，制如杖鼓而小，左持而右擊之。

和鼓，制如大鼓而小，左持而右擊之。

纂，制如箏而七弦，有柱，用竹軋之。

羌笛，制如笛而長，三孔。

拍板，制以木爲板，以繩聯之。

水盞，制以銅，凡十有二，擊以鐵箸。

樂隊〔三〕

樂音王隊：元旦用之。引隊大樂禮官二員，冠展角幞頭，紫袍塗金帶，執笏。次執戲竹二人，同前服。次樂工八人，冠花幞頭，紫窄衫，銅束帶。龍笛三，杖鼓三，金鞚小鼓一，板一，奏《萬年歡》之曲。從東階升，至御前，以次而西，折繞而南；北向立。後隊進，皆倣此。次二隊，婦女十人，冠展角幞頭，紫袍，隨樂聲進至御前，分左右相向立。次婦女一人，冠唐帽，黃袍，進北向立定，樂止，念致語畢，樂作，奏《長春柳》之曲。次三隊，男子三人，戴紅髮青面具，雜綵衣，次一人，冠唐帽，綠襴袍角帶，舞蹈而進，立於前隊之右。次四隊，男子一人，戴孔雀明王像面具，披金甲，執叉，從者二人，戴毗沙神像面具，紅袍，執斧。次五隊，男子五人，冠五梁冠，戴龍王面具，繡氅，執圭，與前隊同進，北向立。次六隊，男子五人，爲飛天夜叉之像，舞蹈以進。次七隊，樂工八人，冠霸王冠，青面具，錦繡衣，龍笛三，觱栗三，杖鼓二，與前大樂合奏《吉利牙》之曲。次八隊，婦女二十人，冠廣翠冠，銷金緑衣，執牡丹花，舞唱前曲，與樂聲相和，進至御前，北向，列爲九重，重四人，曲終，再起，與後隊相和。次九隊，婦女二十人，冠金梳翠花鈿，繡衣，執花鞚稍子鼓，舞唱前曲，與前隊相和。次十隊，婦女八人，花髻，服銷金桃紅衣，摇日月金鞚稍子鼓，舞唱同前。次男子五人，作五方菩薩梵像，摇日月鼓，次一人，作樂音王菩薩梵像，執花鞚稍子鼓，齊聲舞前曲一闋，樂止。次婦女三人，歌《新水令》、《沽美酒》、《太平令》之曲終，念口號畢，舞唱相和，以次而出。

壽星隊：天壽節用之。引隊禮官樂工大樂冠服，並同樂音王隊。次二隊，婦女十人，冠唐巾，服銷金紫衣，銅束帶。次婦女一人，冠平天冠，服繡鶴氅，方心曲領，執圭，以次進至御前，立定，樂止。念致語畢，樂作，奏《長春柳》之曲。次三隊，男子三人，冠服舞蹈，並同樂音王隊。次四隊，男子一人，冠金漆弁冠，服緋袍，塗金帶，執笏。從者二人，錦帽，繡衣，執金字福禄牌。次五隊，男子一人，冠捲雲冠，青面具，緑袍，塗金帶，分執梅、竹、松、椶、石同前隊而進，北向立。次六隊，男子五人，爲烏鴉之像，作飛舞之態。進立於前隊之左，樂止。次七隊，樂工十有二人，冠雲頭冠，銷金緋袍，白裙，龍笛三，觱栗三，札鼓三，和鼓一，板一，與前大樂合奏《山荆子》帶《袄神急》之曲。次八隊，婦女二十人，冠鳳翹冠，翠花鈿，服寬袖衣，加雲肩，霞綬，玉佩，各執寶蓋，舞唱前曲。次九隊，婦女三十人，冠玉女冠，翠花鈿，服黄銷金寬袖衣，加雲肩、霞綬、玉佩，各執椶毛日月扇，舞唱前曲，與前隊相和。次十隊，婦女八人，服雜綵衣，被槲葉、魚鼓、簡子。次男子八人，冠束髮冠，金掩心甲，銷金緋袍，執戟。次爲龜鶴之像各一。次男子五人，冠黑紗帽，服繡鶴氅，朱履，策龍頭藜杖，齊舞唱前曲一闋，樂止。次婦女三人，歌《新水令》、《沽美酒》、《太平令》之曲終，念口號畢，舞唱相和，以次而出。

禮樂隊：朝會用之。引隊禮官樂工大樂冠服，並同樂音王隊。次二隊，婦女十人，冠黑漆弁冠，服青素袍，方心曲領，白裙，束帶，執圭；次婦女一人，冠九龍冠，服繡紅袍，玉束帶，進至御前，立定，樂止，念致語畢，樂作，奏《長春柳》之曲。次三隊，男子三人，冠服舞蹈同樂音王隊。次四隊，男子三人，皆冠捲雲冠，服黄袍，塗金帶，執圭。次五隊，男子五人，皆冠三龍冠，服紅袍，各執劈正金斧，同前隊而進，北向立。次六隊，童子五人，三髻，素衣，各執香花，舞蹈而進，樂止。次七隊，樂工八人，皆冠束髮冠，服錦衣白袍，龍笛三，觱栗三，杖鼓二，與前大樂各奏《新水令》、《水仙子》之曲。次八隊，婦女二十人，冠籠巾，服紫袍，金帶，執笏，歌《新水令》之曲，與樂聲相和，進至御前，分爲四行，北向立，鞠躬拜，興，舞蹈，叩頭，山呼，就拜，再拜畢，復趁聲歌《水仙子》之曲一闋，再歌《青山口》之曲，與後隊相和。次九隊，婦女二十人，冠車髻冠，服銷金藍衣，雲肩，佩綬，執孔雀幢，舞唱與前隊相和。次十隊，婦女八人，冠翠花唐巾，服錦繡衣，執寶蓋，舞唱前曲。次男子八人，冠鳳翅兜牟，披金甲，執金戟。次男子一人，冠平天冠，服繡鶴氅，執圭，齊舞唱前曲一闋，樂止。次婦女三人，歌《新水令》、《沽美酒》、《太平令》之曲終，念口號畢，舞唱相和，以次而出。

説法隊：引隊禮官樂工大樂冠服，並同樂音王隊。次二隊，婦女十人，冠僧伽帽，服紫禪衣，皂絛。次婦女一人，服錦袈裟，餘如前，持數珠，進至御前，北向立定，樂止，念致語畢，樂作，奏《長春柳》之曲。次三隊，男子三人，冠、服、舞蹈，並同樂音王隊。次四隊，男子一人，冠隱士冠，服白紗道袍，皂絛，執麈拂。從者二人，冠黄包巾，服錦繡衣，執令字旗。次五隊，男子五人，冠金冠，披金甲，錦袍，執戟，同前隊而進，北向立。次六隊，男子五人，爲金翅雕之像，舞蹈而進，樂止。次七隊，樂工十有六人，冠五福冠，服錦繡衣，龍笛六，觱栗六，杖鼓四，與前大樂合奏《金字西番經》之曲。次八隊，婦女二十人，冠珠子菩薩冠，服銷金黄衣，纓絡，佩綬，執金浮屠白繖蓋，舞唱前曲，與樂聲相和，進至御前，分爲五重，重四人，曲終，再起，與後隊相和。次九隊，婦女二十人，冠金翠菩薩冠，服銷金紅衣，執寶蓋，舞唱與前隊相和。次十隊，婦女八人，冠青螺髻冠，服白銷金衣，執金蓮花。次男子八人，披金甲，爲八金剛像。次一人，爲文殊像，執如意；一人爲普賢像，執西番蓮花；一人爲如來像。齊舞唱前曲一闋，樂止。次婦女三人，歌《新水令》、《沽美酒》、《太平令》之曲終，念口號畢，舞唱相和，以次而出。

至正十四年，製天魔舞，亦宴樂之樂隊也。以宫女三聖奴、妙樂奴、文殊奴等十六人，按舞名爲十六天魔。首垂髮數辮，戴象牙佛冠，身被瓔珞，大紅銷金長短裙，金雜襖，雲肩，合袖天衣，綬帶，鞋襪，各執噶布喇完之器。内一人，執鈴、杵奏樂。又宫女十一人，練槌髻，勒帕常服，或用唐帽、窄衫，所奏樂用龍笛、頭管、小鼓、箏、箏、琵琶、笙、胡琴、響板、拍板，以宦者長壽、拜布哈管領。遇宫中讚佛，則按舞奏樂。宦官受秘密戒者得入，餘不得預。

達達樂曲。大曲曰哈八兒圖，曰口温，曰也葛儻兀，曰畏兀兒，曰閔古里，曰起土苦里，曰跋四土魯海，曰舍舍彈，曰摇落四，曰蒙古摇落四，曰閃彈摇落四，曰阿耶兒虎，曰桑歌兒苦不干，江南謂之孔雀，雙手彈。曰答罕，江南謂之白翎雀，雙手彈。曰苦只把失。品弦小曲：

曰阿思蘭扯弼，同盞曲，雙手彈。曰阿林捺花紅，曰哈兒火赤哈赤，黑雀兒叫。曰洞洞伯，曰曲買，曰者歸，曰牝疇兀兒，曰把擔葛失，曰削浪沙，曰馬哈，曰相公，曰仙鶴，曰河下水花。回回曲：曰伉里，曰馬黑某當當，曰清泉當當。

【校勘記】

〔一〕「大樂職掌」，原脱，據本卷目録補。

〔二〕「寅」，原作「黄」，據《元史》卷七一志第二十二《禮樂五》改。

〔三〕「樂隊」，原脱，據本卷目録補。

新元史卷之九十五　志第六十二

輿服志一

孔子有言："大矣哉吴王！未能言冠而欲冠也。"憲宗二年，用冕服祭天於日月山。是時，氈裘毳幕，百度草創，獨汲汲然效先王之法服，與大差之冠何以異？是故用夏變夷，必自衣冠始焉。自憲宗以下，至世祖始製祭服。至成宗，祭服始有法服、公服之别。至武宗，始議親祀，冕無旒，服大裘而加衮冕。至英宗，始服衮冕享於太廟，備鹵簿，造五輅。至文宗，始服大裘、衮冕，親祀昊天上帝於南郊。《春秋》之義，予夷狄者不一而足也，豈不信歟？今爲《輿服志》，其類有四：曰冕服，曰璽寶，曰輿輅，曰儀衛隊仗。觀其因時損益，彬彬然以爲一代之法，雖唐、宋亦何以尚之哉！

皇帝冕服　皇太子冠服　三獻官以下祭服　都監庫　社稷祭服　宣聖廟祭服　百官冠服　儀衛服色〔一〕　樂服　質孫　服色等第

皇帝冕服〔一〕

至元六年七月，製太常祭服。大德六年三月，祭天於麗正門外，分獻官以下諸執事各具公服行禮。大禮用公服自此始。

九年十一月，冬至祭享，用冠服，依宗廟見用者制，其後祭祀或合祀天地，獻攝執事，續置冠服，於法服庫收掌法服二百九十有九，公服二百八十，窄紫二百九十有五。武宗即位，博士李之紹、王天祐疏陳：「親祀冕無旒，服大裘以黑羔皮爲之而加衮冕。」不果用。延祐元年十二月，定百官士庶服色等第。至治元年，帝親享太室，服衮冕。二年，始陳鹵簿，親享太廟。至順元年，帝服大裘、衮冕，親祀南郊。冕服之制，至是始定云。

皇帝衮冕：制以漆紗，上覆曰綖，青表朱裏。綖之四周，匝以雲龍。冠之口圍，縈以珍珠。綖之前後，旒各十二，以珍珠爲之。綖之左右，繫黈纊二，繫以玄紞，承以玉瑱，纊色黃，絡以珠。冠之周圍，珠雲龍網結，通翠柳調珠。綖上横天河帶一，左右至地。珠鈿窠網結，翠柳朱絲組二，屬諸笄，爲纓絡，以翠柳調珠。簪以玉爲之，横貫於冠。

衮龍服，制以青羅，飾以生色銷金帝星一、日一、月一、升龍四、複身龍四、山三十八、火四十八、華蟲四十八、虎蜼四十八。

裳，制以緋羅，飾以文繡，凡一十六行。每行藻二、粉米一、黻二、黼二。

中單，制以白紗，絳緣，黃勒帛副之。

蔽膝，制以緋羅，有褾。緋絹爲裏，袍上著之，繡複身龍。

玉佩，珩一、琚一、瑀一、衝牙一、璜二。衝牙以繫璜，珩下有銀獸面，塗以黃金，雙璜夾之。次又有衡，下有衝牙。傍别施雙的以鳴，用玉。

大帶，制以緋白二色羅，合縫爲之。

玉環綬，制以納失失，上有三小玉環，下有青絲織網。

紅羅韠，制以紅羅爲之，高靿。

履，制以納失失，有雙耳，帶鈎，飾以珠。

襪，制以紅綾。

至元十二年十一月，博士議擬：「冕天版長一尺六寸，廣八寸，前高八寸五分，後高九寸五分，身圍一尺八寸三分，用青羅爲表，紅羅爲裏，周迴緣以黃金。天板下四面。珠網結子，花素墜子，前後共二十有四旒，以珍珠爲之。青碧線織天河帶，兩頭各有珍珠金翠旒三節，玉滴子節花全。紅線組帶二，上有珍珠金翠旒，玉滴子，下有金鐸二。梅紅繡款幔帶一，黈纊二，珍珠垂繫，上用金萼子二。簪窠款幔組帶鈿窠各二，內組帶窠四，並鏤玉爲之。玉簪一，頂面鏤雲龍。衮衣，用青羅夾製，五采間金，繪日、月、星辰、山、龍、華蟲、宗彝。正面日一，月一，升龍四，山十二，上下襟華蟲、火各十二對，虎蜼各六對。背星一，升龍四，山十二，華蟲，火各十二對，虎蜼各六對。中單，用白羅單製，羅領褾襈。裳一，帶褾襈全，紅羅八幅夾造。上繡藻、粉米、黼、黻藻三十三，粉米十六，黼三十二，黻三十二。蔽膝一，帶褾襈，紅羅夾造八幅，上繡升龍二。綬一幅，六采織造，紅羅托裏。小綬三色，同大綬，銷金黄羅綬頭全，上間施二玉環，並碾雲龍。緋白大帶一，銷金黄帶頭，鈿窠二十有四。紅羅勒帛一，青羅抹帶一。佩二，玉上、中、下璜各一。半月各二，並碾玉爲雲龍文。玉滴子各二，並珍珠穿造。金篦鉤，獸面，水葉環釘全。涼帶一，紅羅裏，鏤金爲之；上爲玉鵝七，撻尾束各一，金攀龍口，玳瑁襯釘。舄一，重底，紅羅面，白綾托裏，如意頭，銷金黄羅緣口，玉鼻，飾以珍珠。金緋羅錦襪一緉。」

大德十一年九月，博士議：「唐制，天子衮冕，垂白珠十有二旒，以組爲纓，色如其綬，黈纊充耳，玉簪導。玄衣纁裳，凡十二章。八章在衣，日、月、星辰、山、龍、華蟲、火、宗彝；四章在裳，藻、粉米、黼、黻，褾領爲升龍，皆織成之。龍章以下，每章一行，每行十二。白紗中單，黼領，青褾襈裾〔三〕，黻加龍、山、火三章。舄加金飾。享廟、謁廟及朝遣上將、征還飲至，踐祚加元服、納后、元日受朝及臨軒册拜王公，則服之。又宋制，天子服有衮冕，廣尺玄冕無章。革帶、大帶、玉佩、綬、韈，與上同。毳冕以上，火、山二章。繡冕，山一章。

二寸，長四寸，前後十有二旒，二纊，並貫珍珠。又有珠旒十二，碧鳳銜之，在珠旒外。冕板，以龍鱗錦表。上綴玉爲七星，傍施琥珀餅、犀各二十四，周綴金絲網鈿，以珍珠雜寶玉，加紫雲白鶴錦裏。四柱飾以七寶，紅綾裏。金飾玉簪導，紅絲絛組帶。亦謂之平天冠。衮服青色，日、月、星、山、龍、雉、虎、蜼七章，紅裙，藻、火、粉米、黼、黻五章。紅蔽膝，升龍二，並織成，間以雲彩，飾以金鈒花鈿窠，裝以珍珠、琥珀、雜寶玉，紅羅襦裙，繡五章，青縹襈裙。六采綬一，小綬三，結三，玉環三。素大帶，朱裏，青羅四紳帶二，繡四紳盤結。綬帶飾並同衮服。白帶中單，甘羅裓帶，紅羅勒帛，鹿盧玉具劍，玉縹首鏤白玉雙佩，金飾，貫珍珠。金龍鳳革帶，紅韈赤舄，金鈒花，四神玉鼻。祭天地宗廟、受册尊號、元日受朝、册皇太子，則服之。」事未果行。

至延祐七年七月，英宗命禮儀院使八思吉斯傳旨，令省臣與太常禮儀院速製法服。八月，中書省會集翰林、集賢、太常禮儀院官講議，依秘書監所藏前代帝王衮冕法服圖本，命有司製如其式。

皇太子冠服：衮冕，玄衣，纁裳，中單，蔽膝，玉佩，大綬，朱襪，赤舄。

至元十二年，博士擬衮冕制，用白珠九旒，紅絲組爲纓，青纊充耳，犀簪導。青衣、朱裳，九章。五章在衣，山、龍、華蟲、火、宗彝；四章在裳，藻、粉米、黼、黻。白紗中單，青褾襈裾〔四〕。革帶，塗金銀鉤。韘蔽膝，隨裳色，爲火、山二章。瑜玉雙佩，四采織成大綬，間施玉環三。白襪朱舃，舃加金塗銀釦。

大德十一年九月，照擬前代制度。唐制，皇太子衮冕，垂白珠九旒，紅絲組爲纓，青纊充耳，犀簪導。玄衣、纁裳，九章，五章在衣、龍、山、華蟲、火、宗彝，四章在裳，藻、粉米、黼、黻，織成之，每行一章，黼、黻重以爲等，每行九。白紗中單，黼領，青褾襈裾。革帶，金鉤韘，大帶。蔽膝，隨裳色，火、山二章，玉具劍，金寶飾玉鏢首，瑜玉雙佩。朱組帶大綬，四采赤白縹紺，純朱質，長丈八尺，首廣九寸。小雙綬，長二尺六寸，色同大綬，而首半之，間施玉環三。珠襪赤舃，加金飾。侍從祭祀及謁廟、加元服、納妃，服之。宋制，皇太子，衮冕，垂白珠九旒，紅絲組爲纓，青纊充耳，犀簪導。青衣、朱裳，九章。五章在衣，山、龍、華蟲、火，宗彝；四章在裳，藻、粉米、黼、黻。白紗中單，甘褾襈裾，革帶，塗金銀鉤韘。蔽膝，隨裳衣，火、山二章。瑜玉雙佩，四采織成大綬，間施玉環三。白韈、朱舃，舃加塗金銀飾。加元服、從祀、受册、謁廟，朝會，服之。已擬其制，未果造。

三獻官及司徒、大禮使祭服：籠巾貂蟬冠五，青羅服五，領、袖、襴、俱用皂綾。紅羅裙五，皂綾爲襴。紅羅蔽膝五，其羅花樣俱係牡丹。白紗中單五，黃綾帶。紅組金綬紳五，紅組，金譯語納失失，各佩玉環。象笏五，銀束帶五，玉佩五，白羅方心曲領五，赤革履五對，白綾襪五對。

助奠以下諸執事官冠服：貂蟬冠、獬豸冠、七梁冠、六梁冠、五梁冠、四梁冠、三梁冠、二梁冠二百，青羅服二百，領、袖、襴俱用皂綾。紅綾裾二百，皂綾爲襴。紅羅蔽膝二百，紫羅公服二百，用梅花羅。白紗中單二百，黃綾帶。織金綬紳二百，紅一百九十八，青二，各佩銅環二。銅束帶二百，白羅方心曲領二百，銅佩二百，展角幞頭二百，塗金荔枝帶三十，烏角帶一百七十，皂靴二百對，赤革履二百對，白綾襪二百對，象笏三十，銀杏木笏一百七十。

凡獻官諸執事行禮，俱衣法服。惟監察御史二，冠獬豸，服青綬。凡迎香、讀祝及祀日遇陰雨，俱衣紫羅公服。六品以下，皆得借紫。

都監庫、祠祭局、儀鸞局、神廚局頭目長行人等：交角幞頭五十，窄袖紫羅服五十，塗金束帶五十，皂靴五十對。

大德六年春三月，祭天於麗正門外丙地，命獻官以下諸執事各具公服行禮。是時大都未有郊壇，大禮用公服，自此始。九年冬至祭享，用冠服，依宗廟見用者制。其後節次祭祀，或合祀天地，增祀位從配，獻攝職事，續置冠服，於法服庫收掌。法服二百九十有九，公服二百八十，窄紫二百九十有五。至大間，太常博士李之紹、王天祐疏陳：「親祀冕無旒，服大裘而加衮，裘以黑羔皮爲之。臣下從祀冠服，歷代所尚，其制不同。」集議：得依宗廟見用冠服制度。

社稷祭服：青羅袍一百二十三，白紗中單一百三十三，紅梅花羅裙一百二十三，藍織錦銅環綬紳二，紅織錦銅環綬紳一百一十七，紅織錦玉環綬紳四，紅梅花羅蔽膝一百二十三。革履一百二十三，白綾襪一百二十三，白羅方心曲領一百二十三，黄綾帶一百二十三，佩一百二十三，銅珩璜者一百一十九，玉珩璜者四，藍素紵絲帶一百二十三，銀帶四，銅帶一百一十九，冠一百二十三，水角簪金梁冠一百七，紗冠一十，獬豸冠二，籠巾紗冠四，木笏一百二十三，紫羅公服一百二十三，黑漆幞頭一百二十三，展角全二色羅插領一百二十三。鍍金銅荔枝帶一十，角帶一百一十三，象笏一十三枝，木笏一百一十枝，黄絹單包複一百二十三，紫紵絲抹口青氊襪一百一十三，皂韡一百二十三，窄紫羅衫三十，黑漆幞頭三十，銅束帶三十，黄絹單包複三十，皂韡三十，紫紵絲抹口青氊襪三十。

宣聖廟祭服：獻官法服七梁冠三，簪全。鴉青袍三，絨錦綬紳三，各帶青絨網并銅環二。方心曲領三，藍結帶三，銅佩三，紅羅裙三，白絹中單三，紅羅蔽膝三，革履三，白絹韈全。執事儒服：軟角唐巾，白襴插領，黄鞓角帶，皂韡各九十有八。

大德十年六月，全州儒學學正塗慶安呈：「春秋釋奠，天壽聖節行禮，諸儒各服唐巾、襴帶。學正師儒之官卻以常服到班陪祀，似無旌別。路府州學正，合無與巡檢案牘吏目典史，一體製造服色。」禮部議從之。

曲阜祭服，連蟬冠四十有三，七梁冠三，五梁冠三十有六，三梁冠四，皂紵絲鞋三十有六緉，舒角幞頭二，輭角唐巾四十，角簪四十有三，冠纓四十有三副，凡八十有六條。象牙笏七，木笏三十有八，玉佩七，凡十有四繫。銅佩三十有六，凡七十有二繫。帶八十有五，藍鞓帶七，紅鞓帶三十有六，烏角帶二，黄鞓帶、烏角偏帶四十，大紅金綬結帶七，上用玉環十有四。青羅大袖夾衣七，紫羅公服二，褐羅大袖衣三十有六，白羅衫四十，白絹中單三十有六，白紗中單七，大紅羅夾蔽膝七，大紅夾裳、緋紅羅夾蔽膝三十有六，緋紅夾裳四，黄羅夾裳三十有六，黄羅大帶七，白羅方心曲領七，紅羅綬帶七，黄絹大帶三十有六，皂韡、白羊毳襪各四十有二對，大紅羅鞋七緉，白絹夾襪四十有三緉。

百官公服、文武品從公服：至元二十四年閏二月，中書省奏準，文資官定例三等服色，軍官擬依隨依官員一體製造。

一品紫羅服，大獨科花，直徑五寸。二品紫羅服，小獨科花，直徑三寸。三品紫羅服，散荅花，直徑二寸，無枝葉。四、五品紫羅服，小雜花，直徑一寸五分。六、七品緋羅服，小雜花，直徑一寸。八、九品緑羅服，無紋。俱大袖、盤領、右衽。

幞頭之制，漆紗爲之，展其角。

笏，制以牙，上圓下方，或以銀杏木爲之。

偏帶，正從一品以玉，或花，或素，二品以花犀，三品、四品以黄金爲荔枝，五品以下以烏犀。並八胯，鞓用朱革。

鞾，以皂皮爲之。

典史、巡檢、提控、都吏目、站官俱係未入流，茶合羅窄衫，舒脚幞頭。黑角束帶。

儀衛服色：交角幞頭，其制，巾後交折角。

鳳翅幞頭，制如唐巾，兩角上曲，而作雲頭，兩旁覆以兩金鳳翅。

學士帽，制如唐巾，兩角如匙頭下垂。

唐巾，制如幞頭，而撱其角，兩角上曲作雲頭。

控鶴幞頭，制如交角，金縷其額。

花角幞頭，制如控鶴幞頭，兩角及額上，簇象生雜花。

錦帽，制以漆紗，後幅兩旁，前拱而高，中下，後畫連錢錦，前額作聚文。

平巾幘，黑漆革爲之，形如進賢冠之籠巾。或以青，或以白。

武弁，制以皮，加漆。

甲騎冠，制以皮，加黑漆，雌黄爲緣。

抹額，制以緋羅，繡寶花。

巾，制以絁，五色，畫寶相花。

兜鍪，制以皮，金塗五色，各隨其甲。

襯甲，制如雲肩，青錦質，緣以白錦，衷以氈，裏以白絹。

雲肩，制如四垂雲，青緣，黄羅五色，嵌金爲之。

裲襠，制如衫。

襯袍，制用緋錦，裼裲襠。

士卒袍，制以絹絁，繪寶相花。

窄袖袍，制以羅或絁。

辮線襖，制如窄袖衫，腰作辮線細摺。

控鶴襖，制以青緋二色錦，圓荅寶相花。

窄袖襖，長行輿士所服〔五〕，紺緅色。

樂工襖，制以緋錦，明珠琵琶窄袖，辮線細摺。

甲，覆膊、掩心、扞背、扞股，制以皮，或爲虎文，獅子文，或施金鎧鎖子文。

臂鞲，制以錦，緑絹爲裏，有雙帶。

錦螣蛇，束麻長一丈一尺，裏以紅錦〔六〕。

束帶，紅鞓雙獺尾，黄金塗銅胯，餘同腰帶而狹小。

條環，制以銅，黄金塗之。

汗胯，制以青錦，緣以銀褐錦，或繡撲獸，間以雲氣。

行縢，以絹爲之。

鞋，制以麻。

鞓鞋，制以皮爲履而長其靿，縛於行縢之内。

雲頭鞾，制以皮，幫嵌雲朶，頭作雲象，鞓束於脛。

樂服：樂正副，舒脚幞頭，紫羅公服，烏角帶，木笏，皂鞾。

照燭，服同前，無笏。

樂師，服緋，冠、笏同前。

運譜，服緑，冠、笏同前。

舞師，舒脚幞頭〔七〕，黄羅繡抹額，紫服，金銅荔枝帶，皂鞾。

執旌，平冕，前後各九旒五就，青生色鸞袍，黄綾帶，黄絹袴，白絹韈，赤革履。

執纛，青羅巾，餘同執旌。

樂工，介幘冠，緋羅生色鸞袍，黄綾帶，皂鞾。

歌工，服同樂工。

執麾，服同上，惟加平巾幘。

舞人，青羅生色義花鸞袍，緣以皂綾，平冕冠。

執器，服同樂工，母追冠，一名武弁。加以抹。

至元二年閏五月，大樂署言：「堂上下樂舞官員及樂工，合用衣冠冠冕韡履等物，乞行製造。」太常寺下博士議，定樂工副四人，樂師二人，照燭二人，運譜二人，皆服紫羅公服，皂紗幞頭，舒脚，紅鞓角帶，木笏，皂韡。引舞色長四人，紫羅公服，皂紗幞頭展角，黃羅繡南花抹額。

質孫：漢言一色服也，內庭大宴則服之。冬夏之服不同，然無定制。凡勳戚大臣近侍，賜則服之。下至於樂工、衛士，皆有其服。精粗之制、上下之別雖不同，總謂之質孫云。

天子質孫，冬之服凡十有一等。服納失失、金錦也。怯綿里，翦茸也。則冠金錦暖帽；服大紅、桃紅、紫藍、緑寶里，寶里，服之有襴者也。則冠七寶重頂冠；服紅黃粉皮，則冠紅金荅子暖帽；服白粉皮，則冠白金荅子暖帽；服銀鼠，則冠銀鼠暖帽。其上並加銀鼠比肩。俗稱曰襻子荅忽。夏之服凡十有五等。服荅納都納失失，綴大珠於金錦。則冠寶頂金鳳鈸笠；

服速不都納失失，綴小珠於金錦。則冠珠子捲雲冠。服納失失，則帽亦如之。服大紅珠寶里紅毛子荅納，則冠珠緣邊鈸笠；服白毛子金絲寶里，則冠白藤寶貝帽；服駝褐毛子，則帽亦如之；服大紅、綠、藍、銀褐、棗褐、金繡龍五色羅，則冠金鳳頂笠。各隨其服之色；服金龍青羅，則冠金鳳頂漆紗冠；服珠子褐七寶珠龍荅子，則冠黃牙忽寶貝珠子帶後簷帽；服青速夫金絲闌子，速夫，回回毛布之精者也。則冠七寶漆紗帶後簷帽。

百官質孫，冬之服凡九等。大紅納失失一，大紅怯綿里一，大紅冠素一，桃紅、藍、綠官素各一，紫，黃、鴉青各一。夏之服凡十有四等。素納失失一，聚線寶里納失失一。大紅明珠荅子一，桃紅、藍、綠、銀、褐各一，高麗鴉青雲袖羅一，駝褐、茜紅、白毛子各一，鴉青官素帶寶里一。

服色等第：仁宗延祐元年冬十有二月，定服色等第。詔曰：「比年以來，所在士民，靡麗相尚，尊卑混淆，僭禮費財，朕所不取。貴賤有章，益明國制；儉奢中節，可阜民財。」命中書省定立服色等第于後〔八〕：

一，蒙古人不在禁限，及見當怯薛諸色人等亦不在禁限，惟不許服龍鳳文。龍謂五爪二角者。

一，職官除龍鳳文外，一品、二品服渾金花，三品服金荅子，四品、五品服雲袖帶襴，六品、七品服六花，八品、九品服四花。職事散官從一高。繫腰，五品以下許用銀，並減鐵。

一，命婦衣服，一品至三品服渾金，四品、五品服金荅子，六品以下惟服銷金，并金紗荅子。首飾，一品至三品許用金珠寶玉，四品、五品用金玉珍珠，六品以下用金，惟耳環用珠玉。同籍不限親疏，期親雖別籍，并出嫁同。凡后妃及大臣之妻，皆戴姑姑。高圍二尺許，用紅色羅，唐步摇之遺制也。

一器皿。謂茶酒器。除鈒造龍鳳文不得使用外，一品至三品許用金玉，四品、五品惟臺盞用金，六品以下臺盞用鍍金，餘並用銀。

一，帳幕，除不得用赭黄龍鳳文外，一品至三品許用金花刺繡紗羅，四品、五品用刺繡紗羅，六品以下用素紗羅。

一，車輿，除不得用龍鳳文外，一品至三品許用間金粧飾銀螭頭，繡帶，青幔，四品、五品用素獅頭、繡帶、青幔，六品至九品用素雲頭，素帶、青幔。

一，鞍轡，一品許飾以金玉，二品、三品飾以金，四品、五品飾以銀，六品以下並飾以鍮石銅鐵。

一，内外有出身，考滿應入流，見役人員服用，與九品同。

一，授各投下令旨、鈞旨，有印信，見任句當人員亦與九品同。

一，庶人除不得服赭黄，惟許服暗花紵絲紬綾羅毛毳，帽笠不許飾用金玉。鞾不得裁製花樣。首飾許用翠花，并金釵鎞各一事，惟耳環用金珠碧甸，餘並用銀。酒器許用銀壺瓶臺盞盂鏇，餘並禁止。帳幕用紗絹，不得赭黄，車輿黑油，齊頭平頂皂幔。

一，諸色目人，除行營帳外，其餘並與庶人同。

一，諸職官致仕，與見任同。解降者，依應得品級。不叙者，與庶人同。

一，父祖有官，既没年深，非犯除名不叙之限，其命婦及子孫與見任同。

一，諸樂藝人等服用，與庶人同。凡承應粧扮之物，不拘上例。

一，皂隸公使人，惟許服紬絹。

一，娼家出入，止服皂褙子，不得乘坐車馬，餘依舊例。

一，今後漢人、高麗、南人等投充怯薛者，並在禁限。

一，服色等第，上得兼下，下不得僭上。違者，職官解見任，期年後降一等叙，餘人決五十七下。違禁之物，付告捉人充賞。有司禁治不嚴，從監察御史、廉訪司究治。御賜之物，不在禁限。

【校勘記】

〔一〕「儀衛」，原作「儀術」，據本書正文及王圻《續文獻通考》卷一二六《王禮考》改。

〔二〕「皇帝冕服」，原脱，據本卷目録補。

〔三〕「青褾」，原作「青縹」，據《元史》卷七八志第二十三《輿服一》及《通典》卷一〇八改。

〔四〕「青褾」，原作「青縹」，據《元史》卷七八志第二十三《輿服一》及《通典》卷一〇八改。

〔五〕「長行輿士所服」，「輿」原作「與」，據《元史》卷七八志第二十三《輿服一》改。

〔六〕「裹以紅錦」，「裹」原作「裏」，據《元史》卷七八志第二十三《輿服一》改。

〔七〕「幞頭」，原作「樸頭」，據《元史》卷七一志第二十二《禮樂五》改。

〔八〕「後」，原作「后」，《元史》卷七八志第二十三《輿服一》、拜柱《通制條格》卷八同。按當作「後」，據文意改。

新元史卷之九十六　志第六十三

輿服志二

皇帝璽寶　諸王以下印章　牌面　輿輅　儀仗

璽寶。中統二年，定用御寶制，宣命：一品、二品用玉，三品至五品用金。其文曰「皇帝行寶」者，即位時所製，惟用之誥敕。別鑄「宣命金寶」行之。至元六年，作玉璽大小十鈕，其制未聞。天曆二年，作玉璽二：一曰「天曆之寶」，一曰「金章國寶」，命虞集篆文。至正元年，詔刻「宣文」、「至正」二寶。九年，作「至正珍秘」小玉印，又作小玉璽二：一曰「明政殿寶」，一曰「洪禧」，命楊瑀篆文。「洪禧」璽純白，龜鈕黑色。

皇太后、皇后皆玉寶，皇太子金寶。至大元年，仁宗爲皇太子受金寶，遣使求四方經籍，以玉刻印章，近侍掌之。

諸王印，三寸二分，赤金二百十三兩九錢。金印三寸一分五釐，赤金二錠六兩。金鍍銀印准上，白銀八十三兩，鍍金赤金八錢。

駙馬印，正二三台，銀五十六兩四錢。金印三等：獸紐、螭紐、驢紐。金鍍銀印二等：駞紐、龜紐。銀印：龜紐。

正一品印，三寸三台，銀八十兩五錢。從一品，二寸八分三台，銀八十兩。正二品，二寸六分兩台，銀六十五兩。從二品，二寸五分兩台，銀六十五兩。正三品，二寸四分，銀五十五兩。從三品，二寸三分，銅三斤十二兩。正四品，二寸二分，銅三斤八兩。從四品，二寸一分，銅三斤四兩。正五品，二寸五釐，銅三斤。從五品，二寸，銅二斤十四兩。正六品，一寸九分五釐，銅二斤十一兩。從六品，一寸九分，銅二斤十兩。正七品，一寸八分五釐，銅二斤八兩。從七品，一寸八分五釐，銅二斤四兩。正八品，一寸七分五釐，銅二斤四兩。從八品，一寸七分，銅二斤二兩。正九品，一寸六分五釐，銅二斤。從九品，一寸六分，銅一斤十四兩。

凡印文，皆用蒙古字。蒙古、色目人或不能執筆花押，例以象牙或木刻印之。宰輔及近侍官至一品者，奉命則用玉圖書押字，非特賜不敢用。

軍官牌面。正一品，三珠虎符。從一品，二珠虎符。正、從二品，一珠虎符。正、從三品，虎符。正、從四品，正、從五品，俱金牌。正、從六品，正、從七品，俱銀牌。

至元十四年，命中外軍官所佩金銀符，以絲色繫於肩掖，庶無褻瀆。著爲令。十五年，詔：「虎符舊用畏兀兒字，今易以國字。」二十一年，更定虎符。

大德十一年，命給金虎符等，必由中書省。時省臣言：「舊制：金虎符及金銀符，典瑞院掌之，給則由中書省，事已則復歸典瑞院。今出入多不由中書，下至商人，結納近侍奏請，以致泛濫，出而無歸。臣等請覈之。自後除官及奉使應給者，非由中書省勿給。」從之。

又有海青金銀符，有奏則馳馹以聞。中統二年，以海青銀符二、海青金符十，給中書省，量軍國事情緩急，付馳馹者佩之。

至天曆元年，以黃金符鐫文曰「翊忠徇義廸節同勳」，賜西域親軍副都指揮使欽察。後至元五年，以七寶玉書龍虎金符，賜丞相伯顏。則一時特典，非常制。

至治元年，詔中書及太常禮儀院禮部定制鹵簿玉輅，以平章政事張珪、留守王伯勝、將作院使明里董阿、侍儀使移剌徒滿，董其事。是年，玉輅成。明年，親祀太廟，御之。復命造四輅，工未成而罷。

玉輅：青質，金裝，青緑藻井，栲栳輪蓋。外施金裝雕木雲龍，内盤碾玉福海圓龍一，頂上匝以金塗鍮石耀葉八十一。上圍九者二，中圍九者三，下圍九者四。頂輪衣三重，上二重青繡雲龍瑞草，下一重無文。輪衣内黄屋一，黄素紵絲瀝水，下周垂朱絲結網，青紵絲繡小帶四十八，帶頭綴金塗小銅鈴，青紵絲繡絡帶二。頂輪平素面夾用青紵絲。蓋四周垂流蘇八，飾以五色茸線結網五重，金塗銅鈸五，金塗木珠二十有五。又繫玉雜佩八，珩璜衝瑀全，金塗鍮石鉤掛十六，黄茸貫頂天心直下十字繩二，各長三丈。蓋下立朱漆柱四。柱下直平盤，虚櫃，中檽三十，下外梡二。漆繪犀、象、鸜鵒、錦雉、孔雀，隔窠嵌裝花板。櫃周朱漆句闌，雲拱地霞葉百七十有九，下垂牙護泥虚板，並朱漆畫瑞草。句闌上碾玉行龍十，碾玉蹲龍十，孔雀羽臺九，水精面火珠七，金圈焰銅照八。輿下周垂朱絲結網，飾以金塗鍮石鐸三百，綵畫鍮石梅萼嵌網眼中。輿之長轅三，界轅句心各三，上下龍頭六。前轅引手玉螭頭三，並繫以蹲龍。後轅方罨頭三，梡頭十六，絟以蹲龍三。轅頭衡一，兩端玉龍頭二，上列金塗銅鳳十二，含以金塗銅鈴。輿之軸一，輪二。軸之𢪍羅二，明轄蹲龍絟，並青漆。輪之輻各二十四〔一〕，轂首壓貼金塗銅轂葉八十一，金塗鍮石擊耳戀攀四。櫃之前，朱漆金裝雲龍輅牌一，牌字以玉裝綴。輅之箱，四壁雕鏤漆畫填心隔窠龜文華板。上層左畫青龍，右畫白虎，前畫朱雀，後畫玄武。輅之前額，玉行龍二，奉一水精珠，後額如之。前兩柱青茸鈴索五。貼金鸞和大響銅鈴十，金塗鍮石雙魚五。下朱漆軾櫃一，櫃上金香毬、金香寶、金香合，銀灰盤各一，並黄絲綬帶。輅之後，朱漆後轛一，金塗曲戌，黄紵絲銷金雲龍門簾一，緋紵絲繡雲龍帶二。輅之中，金塗鍮石較展玉龍椅一，靠背上金塗圈焰玉明珠一。左建太常旂，十有二斿，甘羅繡日、月、五星、升龍。右建闟戟一，九斿，青羅繡雲龍。中央黄羅綫青黑黼文兩旗，綢杠，並青羅，旗首金塗鍮石龍頭二，金塗銅鈴二，金塗鍮石鈸青纓綏十二重，金塗木珠流蘇十二重。龍椅上，方座一，緑褥一，皆錦。銷金黄羅夾帕一，方輿地褥二，句闌内褥八，皆用雜錦綺。青漆金塗鍮石鉸葉踏道一，小褥五重。青漆雕木塗金龍頭行馬一，小青漆梯一，青漆柄金塗長托叉二，短托叉二，金塗首青漆推竿一，青茸引輅索二，各長六丈餘，金塗銅環二，黄茸綏一。輅馬、誕馬，並青色。鞍轡鞦勒纓拂靷，並青韋，金飾。誕馬青織金紵絲屜四。青羅銷金絹裏籠鞍六。蓋輅黄絹大蒙帕一，黄油絹帕一。駕士平巾大袖，並青繪紵絲爲之。

至治元年，英宗親祀太廟，詔中書及太常禮儀院、禮部定擬制鹵簿五輅。以平章政事張珪、留守王伯勝、將作院使明里董阿、侍儀使乙剌徒滿董其事。是年輅成，明年，親祀御之。後復命造四輅，工未成而罷。

金輅：赤質，金裝，青緑藻井〔二〕，栲栳輪蓋。外施金裝雕木雲龍，内盤真金福海圓龍一，頂上匝以金塗鍮石耀葉八十一。上圍九者二，中圍九者三，下圍九者四。頂輪衣三重，上二重大紅繡雲龍瑞草，下一重無文。輪衣内黄屋一，黄素紵絲瀝水，下垂朱絲結網一周，大紅紵絲繡小帶四十八，帶頭綴金塗小銅鈴三百，大紅紵絲繡絡帶二。頂輪平素面夾用緋紵絲。蓋之四周垂流蘇八，飾以五色茸線結網五重，金塗鍮石雜佩八，珩璜衝瑀全，金塗鍮石鉤掛十有六，黄絨貫頂天心直下十字繩二。蓋下立朱漆柱四，柱下直平盤，虚櫃，中櫺三十。其下外梡二，漆繪犀、象、鸜鵒、錦雉、孔雀，隔窠嵌裝花板。櫃上周遭朱漆句闌，雲拱地霞葉一百七十有九，下垂牙護泥虚板，並朱漆畫瑞草。句闌上金塗鍮石行龍十二，金塗鍮石蹲龍十，孔雀羽臺九，水精面火珠七，金圈焰銅照八。輿下垂朱絲結網一遭，飾以金塗鍮石鐸子三百，綵畫鍮石梅萼嵌網眼中。輿之長轅三，界轅句心各三，上下龍頭六。前轅引手金塗鍮石螭頭三，並繫以蹲龍。後轅方罨頭三，梡頭十六，繫以蹲龍三。轅頭衡一，兩端金塗鍮石龍頭二，上列金塗銅鳳十二，含以金塗銅鈴。輿之軸一，輪二。軸之挲羅二，明轄蹲龍綎。並漆以赤。輪之輻各二十有四，轂首壓貼金塗銅轂葉八十有一，金塗鍮石擎耳戀攀四。櫃之前，朱漆金裝雲龍輅牌一，金塗鐵曲戌。輅之箱，四壁雕鏤漆畫填心隔窠龜文花板，上層左畫青龍，右畫白虎，前畫朱雀，後畫玄武。輅之前額，金行龍二，奉一水精珠，後額亦如之。前兩柱緋絨鈴索五，貼金鸞和大饗銅鈴十，金塗鍮石雙魚五。下朱漆軾櫃一，櫃上金香毬一，金香寶一，金香合，銀灰盤一，並黃紵絲綬帶。輅之後，朱漆後轛一，金塗曲戌，黃紵絲銷金雲龍門簾一，緋紵絲繡雲龍帶二。輅之中，黃金裝鉸龍椅一，靠背上金塗圈焰玉明珠一。左建太常旂，十有二斿，緋羅繡日、月、五星、升龍。右建闟戟一，九斿，緋羅繡雲龍。中央黃羅繡青黑黼文兩旗，綢杠，並大紅羅。旗首金塗鍮石龍頭二，金塗銅鈴二，金塗鍮石鈸朱纓綏十二重，金塗木珠流蘇十二重。龍椅上，金錦方座子一，綠可貼金錦也。褥一，銷金黃羅夾帕一，方輿地錦褥一，綠可貼褥一。句闌內，可貼條褥四，藍紵絲條褥四，朱漆金塗鍮石鉸葉踏道一，小可貼條褥五重。朱漆雕木塗金龍頭行馬一，小朱漆梯一。朱漆柄金塗長托叉二，短托叉二，金塗首朱漆推竿一，紅絨引輅索二，金塗銅環二，黃絨執綏一。輅馬、誕馬，並赤色。鞍轡鞦勒纓拂套項，並赤韋，金裝。誕馬紅織金紵絲屜四副，紅羅銷金紅絹裏籠鞍六。蓋輅黃絹大蒙帕一，黃油絹帕一。駕士平巾大袖，並緋繡紵絲爲之。

象輅：黃質，金裝，青綠藻井，栲栳輪蓋。外施金裝雕木雲龍，内盤抽金象牙雕福海圓龍一，頂上匝以金塗鍮石耀葉八十有一。上圍九者二，中圍九者二，下圍九者四。頂輪衣三重，上二重黃繡雲龍瑞草，下一重無文。輪衣内黃屋一，黃素紵絲瀝水，下垂朱絲結網一遭，黄紵絲繡小帶四十有八。帶頭綴金塗小銅鈴三百，黄紵絲繡絡帶二。頂輪平素面夾用黄紵絲。蓋之四周垂流蘇八，飾以五色茸線結網五重，金塗銅鈸五，金塗木珠二十有五。又繫金塗鍮石雜佩八，珩璜衡瑀全，金塗鍮石鉤掛十有六，黄絨貫頂天心直下十字繩二。蓋下立朱漆柱四，柱下直平盤，虛櫃。中櫺三十，下外桄二，漆繪犀、象、鸂鶒、錦雉、孔雀，隔窠嵌裝花板。櫃上周遭朱漆句闌，雲拱地霞葉百七十有九，下垂牙護泥虛板，並朱漆畫瑞草。句闌上描金象牙雕行龍十，蹲龍十，孔雀羽臺九，水精面火珠七，金圈焰銅照八。輿下垂朱絲結網一遭，飾以金塗鍮石鐸子三百，采畫鍮石梅萼嵌網眼中。輿之長轅三。界轅句心各三，上下龍頭六。前轅引手描金象牙雕螭頭三，並繫以蹲龍。後轅方罨頭三，光頭十有六，繫以蹲龍三。轅頭衡一，兩端描金象牙雕龍頭二，上列金塗銅鳳十二，含以金塗銅鈴。輿之軸一，輪二。輪之𨋮羅二，明轄蹲龍絓，並漆以黄。輪之輻各二十有四，轂首壓貼金塗銅轂葉八十有一，金塗鍮石擎耳戀攀四。櫃之前，朱漆金粧雲龍輅牌一，金塗鐵曲戌。輅之箱，四傍雕鏤漆畫填心隔窠龜文花板，上層左畫青龍，右畫白虎，前畫朱雀，後畫玄武。輅之前額，描金象牙雕行龍二，奉一水精珠，後額如之。前兩柱黄絨鈴索五，貼金鸞和大響銅鈴十，金塗鍮石雙魚五。下朱漆軾櫃一，櫃上金香毬一，金香寶一，金香合一，銀灰盤一，並黄紵絲綬帶。輅之後，朱漆後𨊻一，金塗曲戌，黄紵絲銷金雲龍門簾一，緋紵絲繡雲龍帶二。輅之中，黄金裝鉸描金象牙雕龍椅一，靠背上金塗圈焰玉明珠一。左建太常旂一，十有二斿，黄羅繡日、月、五星、升龍。右建闟戟一，九斿，黄羅繡雲龍。中央黄羅繡青黑黼文兩旗，綢杠，並黄羅。旗首金塗鍮石龍頭二，金塗銅鈴二，金塗鍮石鈸黄纓緌十二重，金塗木珠流蘇十二重。龍椅上，金錦方座一，緑可貼褥一。句闌内，可貼條褥四，藍紵絲條褥四，黄漆金塗鍮石鉸葉踏道一。小可貼條褥五重。黄漆木塗金龍頭行馬一，小黄漆梯一，黄漆柄金塗長托叉二，短托叉二，金塗首黄漆推竿一，黄絨引輅索二，金塗銅環二，黄絨執綏一。輅馬、誕馬，皆黄色。鞍轡鞦勒纓拂套項，並金粧，黄韋。誕馬銀褐織金紵絲屜四副。黄羅銷金黄絹裹籠鞍六。蓋輅黄絹大蒙帕一，黄油絹帕一。駕士平巾大袖，並黄繡紵絲爲之。

革輅：白質，金裝，青緑藻井，栲栳輪蓋。外施金裝雕木雲龍，内盤描金白檀雕福海圓龍一，頂下匝以金塗鍮石耀葉八十有一。上圍九者二，中圍九者三，下圍九者四。頂輪衣三重，上二重素白繡雲龍瑞草，下一重無文。輪衣内黄屋一，黄素地紵絲瀝水，下垂朱絲結網一遭，素白紵絲繡小帶四十有八，帶頭綴金塗小銅鈴三百，素白紵絲繡絡帶二。頂輪平素面夾用白素紵絲。蓋之四周垂流蘇八，飾以五色絨線結網五重，金塗銅鈸五，金塗木珠二十有五。又繫金塗鍮石雜佩八，珩璜衝瑀全，金塗鍮石鉤掛十有六，黄絨貫頂天心直下十字繩二。蓋下立朱漆柱四，柱下直平盤，虛櫃，中槫三十，下外枕二，漆繪革鞔犀、象、鸚鵡、錦雉、孔雀，隔窠嵌裝花板。櫃上周遭朱漆句闌，雲拱地霞葉百七十有九，下垂牙護泥虛板，並朱漆畫瑞草。句闌上描金白檀行龍十，擺白蹲龍十，孔雀羽臺九，水精面火珠七，金圈焰銅照八。輿下垂朱絲結網一遭，飾以金塗鍮石鐸子三百，綵畫鍮石梅萼嵌網眼中。輿之長轅三，界轅句心各三，上下龍頭六。前轅引手擺白螭頭三，並繫以蹲龍。後轅方罨頭三，桄頭十有六，繫以蹲龍三。轅頭衡一，兩端擺白龍頭二，上列金塗銅鳳十二，含以金塗銅鈴。輿之軸一，輪二。軸之𤕤羅二，明轄蹲龍絟，皆漆以白。其輪之輻各二十有四，轂首壓貼金塗銅轂葉八十有一，金塗鍮石擎耳戀攀四。櫃之前，朱漆金裝雲龍輅牌一，金塗鐵曲戍。輅箱之四傍，雕鏤革鞔漆畫填心〔三〕，隔窠龜文花板，上層左畫青龍，右畫白虎，前畫朱雀，後畫玄武。輅之前額，白檀行龍二，奉一水精珠，後額如之。前兩柱素白絨鈴索五，貼金鸞和大響銅鈴十，金塗鍮石雙魚五。下朱漆革鞔軾櫃一，櫃上金香毬一，金香寶一，金香合一，銀灰盤一，皆黃紵絲綬帶。輅之後，朱漆革鞔後轚一，金塗曲戍，黃紵絲銷金雲龍門簾一，緋紵絲繡雲龍帶二。輅之中，金裝鉸白檀雕龍椅一，靠背上金塗圈焰玉明珠一。左建太常旂一，十有二斿，白羅繡日、月、五星、升龍。右建闟戟一，九斿，素白羅繡雲龍。中央黃羅繡青黑黼文兩旗，綢杠，並素白羅，旗首金塗鍮石龍頭二，金塗銅鈴二，金塗鍮石鈸素白纓綏十有二重〔四〕。金塗木珠流蘇十有二重。龍椅上，金錦方座一，緑可貼褥一，銷金黄羅夾帕一，方輿地金錦褥一，緑可貼褥一。句闌内，可貼條褥五重。素白漆雕木塗金龍頭行馬一，小白漆梯一，白漆柄金塗長托叉二，短托叉二，金塗首白漆推竿一，白絨引輅索二，金塗銅環二，黄絨執綏一。輅馬、誕馬，皆白色。鞍轡鞦勒纓拂套項，皆白韋，金裝。誕馬白織金紵絲屜四副，白羅銷金白絹裹籠鞍六。蓋輅黄絹大蒙帕一，黄油絹帕一。駕士平巾大袖，皆白繡紵絲爲之。

木輅：黑質，金裝，青緑藻井，栲栳輪蓋。外施金裝雕木雲龍，内盤描金紫檀雕福海圓龍一，頂上匝以金塗鍮石耀葉八十有一。上圍九者二，中圍九者三，下圍九者四。頂輪衣三重，上二重皂繡雲龍瑞草，下一重無文。輪衣内黄屋一，黄素紵絲瀝水，下垂朱絲結網一遭，皂紵絲繡水帶四十有八，帶頭綴金塗小銅鈴三百，皂紵絲繡絡帶二。頂輪平素面夾用檀褐紵絲。蓋之四周，垂流蘇八，飾以五色絨線結網五重，金塗銅鈸五，金塗木珠二十五。又繫金塗鍮石雜佩八，珩璜衝瑀全，金塗鍮石掛鉤十有六，黄絨貫頂天心直下十字繩二。蓋下立朱漆柱四，柱下直平盤，虚櫃，中櫺三十。下外梡二，漆繪犀、象、鸚鵡、錦雉、孔雀，隔窠嵌裝花板，櫃上周遭朱漆句闌，雲拱地霞葉百七十有九，下垂牙護泥虚板，皆朱漆畫瑞草。句闌上金嵌鑌鐵行龍十，蹲龍十，孔雀羽臺九，水精面火珠七，金圈焰銅照八。輿下垂朱絲結網一遭，飾以金塗鍮石鐸子三百，綵畫鍮石梅萼嵌網眼中。輿之長轅三，界轅句心各三，上下龍頭六。前轅引手金嵌鑌鐵螭頭三，皆紲以蹲龍。後轅方罨頭三，桄頭十有六，繫以蹲龍三。轅頭衡一，兩端金嵌鑌鐵龍頭二，上列金塗銅鳳十二，含以金塗銅鈴。輿之軸一，輪二。軸之𤩽羅二，明轄蹲龍紲，並漆以黑。輪之輻各二十有四，轂首壓貼金塗銅轂葉八十有一，金塗鍮石擎耳戀攀四。櫃之前，朱漆金裝雲龍輅牌一，金塗鐵曲戌。輅之箱，四傍雕鎪漆畫填心，隔窠龜文花板，上層左畫青龍，右畫白虎，前畫朱雀，後畫玄武。輅之前額，金嵌鑌鐵行龍二，奉一水精珠，後額如之。前兩柱皂絨鈴索五，貼金鸞和大饗銅鈴十，金塗鍮石雙魚五。下朱漆軾櫃一，櫃上金香毬一，金香寶一，金香合一，銀灰盤一，皆黃紘絲綬帶。輅之後，朱漆後轛一，金塗曲戌，黃紘絲銷金雲龍門簾一，緋紘絲繡雲龍帶二。輅之中，金裝烏木雕龍椅一，靠背上金塗圈焰玉明珠一。左建太常旂一，十有二斿，皂羅繡日、月、五星、升龍。右建闟戟一，九斿，皂羅繡雲龍。中央黃羅繡青黑黼文兩旗，綢杠，並皂羅，旗首金塗鍮石鈸紫纓綏十有二重，金塗流蘇十有二重。龍椅上，金錦方座一，綠可貼褥，一銷金黃羅夾帕一，方輿地金錦褥一，綠可貼褥一，句闌內，可貼條褥四，藍紵絲條褥四，黑漆金塗鍮石鉸葉踏道一，小可貼條褥五重。黑漆雕木塗金龍頭行馬一，小黑漆梯一，黑漆柄金塗長托叉二，短托叉二，金塗首黑漆推竿一，皂絨引輅索二，金塗銅環二，黄絨執綏一。絡馬、誕馬，並黑色。鞍轡鞦勒纓拂套項，皆以淺黑韋，金粧。誕馬紫織金紵絲屜四副，紫羅銷金紫絹裏籠鞍六。蓋輅黄絹大蒙帕一，黄油絹帕一。駕士平巾大袖，紫繡紵絲爲之。

腰輿：制以香木，後背作山字牙，嵌七寶裝雲龍屏風，上施金圈焰明珠，兩傍引手。屏風下施雕鏤雲龍床。坐前有踏床，可貼錦褥一。坐上貂鼠緣金錦條褥，緑可貼方坐。

象轎：駕以象，凡巡幸則御之。

職官以下車輿：除不得用龍鳳外，一品至三品許用金裝飾銀螭頭繡帶青幔，四品五品用素獅頭繡帶青幔，六品至七品用素雲頭素帶青幔，庶人黑油齊頭平頂皂幔。

鞍轡：一品許飾以金玉，二品、三品飾以金，四品、五品飾以銀，六品以下飾以鍮石銅鐵。

中統元年九月，初置拱衛儀仗。至元八年，造内外儀仗。延祐七年十二月〔五〕，英宗即位，始造鹵簿。平章政事拜住進鹵簿圖，帝以唐制用萬二千三百人爲耗財，定大駕爲三千二百人，法駕二千五百人。至治元年，鹵簿成。其目：曰儀仗，曰崇天鹵簿，曰外仗，曰儀衛。

儀仗皂纛，國語讀如禿。建纓于素漆竿，凡行幸，則先驅建纛，夾以馬鼓。居則置纛於月華門西之隅室。

絳麾，金塗竿，上施圓盤朱絲拂，三層，紫羅袋韜之。

金節，制如麾，八層，韜以黃羅雲龍袋。

引導節，金塗龍頭朱漆竿，懸五色拂，上施銅鈸。

朱雀幢，制如節而五層，韜以紅繡朱雀袋。

青龍幢，制如前，韜以碧繡青龍袋。

白虎幢，制如前，韜以素繡白虎袋。

玄武幢，制如前，韜以皂繡玄武袋。

㸌矟，制如節。頂刻㸌牛首，有袋，上加碧油。

絳引旛，四角，朱緑蓋，每角垂羅文雜佩，繫於金銅鉤竿，竿以朱飾，懸五色間暈羅，下有横木板，作碾玉文。

告止旛，緋帛錯綵爲「告止」字，承以雙鳳，立仗者紅羅銷金升龍，餘如絳引。

傳教旛，制如告止旛，錯緑爲「傳教」字，承以雙白虎，立仗者白羅絳雲龍。

信旛，制如傳教旛，錯綵爲「信」字，承以雙龍，立仗者繪飛鳳。

黄麾旛，制如信旛，錯綵爲黄麾篆。

龍頭竿繡氅，竿如戟，無鉤，下有小横木，刻龍頭，垂朱緑蓋，每角綴珠佩一帶，帶末有金銅鈴。

圍子，制以金塗攢竹杖，首貫銅錢，而以紫絹冒之。

副竿，制以木，朱漆之。

火輪竿，制以白鐵，爲小車輪，建於白鐵竿首。輪及竿皆金塗之，上書西天呪語，帝師所制。常行爲親衛中道，正行在劈正斧之前，以法佛衛，以袪邪僻，以鎮轟雷焉。蓋辟惡車之意也。

豹尾竿，制如戟，繫豹尾，朱漆竿。

寶輿方案，緋羅銷金雲龍案衣，緋羅銷金蒙襯複，案傍有金塗鐵鞠四，龍頭竿結綬二副之。

香蹬，朱漆案，黄羅銷金雲龍案衣，上設金塗香爐一、燭臺二，案旁金塗鐵鞠四，龍頭竿結綬二副之。

香案，朱漆案，緋羅銷金雲龍案衣，上設金香爐、合一，餘同香蹬，殿庭陳設。則除龍頭竿結綬。

詔案，制如香案。

册案，制如前。

寶案，制如前。

表案，制如香案，上加矮闌，金塗鐵鞠四，竿二副之，緋羅銷金蒙複。

禮物案，制如表案。

交椅，銀飾之，塗以黄金。

杌子，四脚小床，銀飾之，塗以黄金。

鳴鞭，緑柄，鞭以梅紅絲爲之，梢用黄茸而漬以蠟。

鞭桶，制以紫絁表，白絹裏，皮緣兩末。

蒙鞍，青錦緑，緋錦複。

水瓶，制如湯瓶，有蓋，有提，有觜，銀爲之，塗以黄金。

鹿盧，制如「叉」字，兩頭卷，塗金粧鈒，朱絲繩副之。

水盆，黄金塗銀妝鈒爲之。

净巾，緋羅銷金雲龍，有裏。

香毬，制以銀，爲座上插蓮花爐，爐上罩以圓毬，鏤細縕旋轉文於上，黄金塗之。

香合，制以銀，徑七寸，塗黄金鈒雲龍於上。
金拂，紅犛牛尾爲之，黄金塗龍頭柄。
唾壺，制以銀，寬緣，虚腹，有蓋，黄金塗之。
唾盂，制以銀，形圓如缶，有蓋，黄金塗之。
外辦牌，制以象牙，書國字，背書漢字，填以金。
外備牌，制如前。
中嚴牌，制如前。
時牌，制同外備而小。
板位，制以木，長一尺二寸，闊一尺，厚六分，白髹黑字。
大繖，赤質，正方，四角銅螭首，塗以黄金，紫羅表，緋絹裏。諸繖蓋，宋以前皆平頂，今加金浮屠。
紫方繖，制如大繖而表以紫羅。
紅方繖，制如大繖而表以緋羅。
華蓋，制如繖而圓頂隆起，赤質，繡雜花雲龍，上施金浮屠。
曲蓋，制如華蓋，緋瀝水，繡瑞草，曲柄，上施金浮屠〔六〕。

導蓋，制如曲蓋，緋羅瀝水，繡龍，朱漆直柄。

朱繖，制如導蓋而無文。

黃繖，制如朱繖而色黃。

葆蓋，金塗龍頭竿，懸以纓絡，銷金圓裙，六角葆蓋。

孔雀蓋，朱漆，竿首建小蓋。蓋頂以孔雀毛，徑尺許，下垂孔省尾，簷下以青黃紅瀝水圍之，上施金浮屠。蓋居竿三之一，竿塗以黃金，書西天呪語，與火輪竿義同。

朱團扇，緋羅繡盤龍，朱漆柄，金銅飾，導駕團扇，蹙金線。

大雉扇，制稍長，下方而上擶，緋羅繡象雉尾，中有雙孔雀，間以雜花，下施朱漆橫木連柄，金銅裝。

中雉扇，制如大雉扇而減小。

小雉扇，制如中雉扇而減小。

青瀝水扇，制圓而青色，四周瀝水以青絹。

罼，朱縢結綱，二螭首，銜紅絲拂。中有獸面，朱漆柄，金銅裝。

罕，制形如扇，朱縢綱，中有獸面，朱漆柄，金銅裝。

旗、扇錡，即坐也。旗錡，制十字木于下，上四枝交拱，置竅于其上以樹旗。扇錡〔七〕，制如梔，形小，六木拱于上，而制作精於旗錡。並漆以朱。

風伯旗，青質，赤火焰脚。

雨師旗，青質，赤火焰脚。

雷公旗，青質，赤火焰脚。

電母旗，青質，赤火焰脚。

金星旗，素質，赤火焰脚。

水星旗，黑質，赤火焰脚。

木星旗，青質，赤火焰脚。

火星旗，赤質，青火焰脚。

土星旗，黄質，赤火焰脚。

攝提旗，赤質，赤火焰脚。

北斗旗，黑質，赤火焰脚，畫七星。

角宿旗，青質，赤火焰脚。

亢宿旗，青質，赤火焰脚。

氐宿旗，青質，赤火焰脚。

房宿旗，青質，赤火焰脚。
心宿旗，青質，赤火焰脚。
尾宿旗，青質，赤火焰脚。
箕宿旗，青質，赤火焰脚。
斗宿旗，青質，赤火焰脚。
牛宿旗，青質，赤火焰脚。
女宿旗，青質，赤火焰脚。
虚宿旗，青質，赤火焰脚。
危宿旗，青質，赤火焰脚。
室宿旗，青質，赤火焰脚。
壁宿旗，青質，赤火焰脚。
奎宿旗，青質，赤火焰脚。
婁宿旗，青質，赤火焰脚。
胃宿旗，青質，赤火焰脚。
昴宿旗，青質，赤火焰脚。

畢宿旗，青質，赤火焰脚。
觜宿旗，青質，赤火焰脚。
參宿旗，青質，赤火焰脚。
井宿旗，青質，赤火焰脚。
鬼宿旗，青質，赤火焰脚。
柳宿旗，青質，赤火焰脚。
星宿旗，青質，赤火焰脚。
張宿旗，青質，赤火焰脚。
翼宿旗，青質，赤火焰脚。
軫宿旗，青質，赤火焰脚。
日旗，青質，赤火焰脚，繪日于上，奉以雲氣。
月旗，青質，赤火焰脚，繪月于上，奉以雲氣。
祥雲旗，青質，赤火焰脚，繪五色雲氣。
合璧旗，青質，赤火焰脚，繪雲氣日月。
連珠旗，青質，赤火焰脚，繪五星。

東嶽旗，青質，赤火焰脚，繪神人，冠七梁冠，黄襴，青袍，緑裳，白中單，素蔽膝，執圭。
南嶽旗，赤質，青火焰脚，繪神人，冠七梁冠，黑襴，緋袍，緑裳，黄中單，朱蔽膝，執圭。
中嶽旗，黄質，赤火焰脚，繪神人，冠七梁冠，皂襴，黄袍，緑裳，白中單，珠蔽膝，執圭。
西嶽旗，白質，赤火焰脚，繪神人，冠七梁冠，青襴，白袍，緋裳，白中單，素蔽膝，執圭。
北嶽旗，黑質，赤火焰脚，繪神人，冠七梁冠，紅襴，皂袍，緑裳，白中單，素蔽膝，執圭。
江瀆旗，赤質，青火焰脚，繪神人，冠七梁冠，青襴，朱袍〔八〕，跨赤龍。
河瀆旗，黑質，赤火焰脚，繪神人，冠七梁冠，皂襴，黄袍，跨青龍。
淮瀆旗，素質，赤火焰脚。繪神人，冠七梁冠，皂襴，素袍，乘青鯉。
濟瀆旗，青質，赤火焰脚，繪神人，冠七梁冠，皂襴，青袍，乘一鱉。
天下太平旗，赤質，青火焰脚，錯采爲字。
皇帝萬歲旗，赤質，青火焰脚，錯采爲字。
吏兵旗，黑質，赤火焰脚，繪神人，具甲兜鍪，緑臂鞲，杖劍。
力士旗，白質，赤火焰脚，繪神人，武士冠。緋袍，金甲，汗胯，皂履，執戈盾。
東天王旗，青質，赤火焰脚，繪神人，武士冠，衣金甲，緋裲襠，右手執戟，左手奉塔，履石。

南天王旗，赤質，青火焰脚，繪神人，冠服同前。

西天王旗，白質，赤火焰脚，繪神人，冠服同前。

北天王旗，黑質，赤火焰脚，繪神人，冠服同前。

大神旗，黄質，黄火焰脚，詳見牙門旗下。

牙門旗，赤質，赤火焰脚，繪神人，冠武士冠，鎧甲，裲襠，襯肩，包脚，汗胯，束帶，長帶，大口袴，執戈戟。

金鼓旗，黄質，黄火焰脚，書「金鼓」字。

朱雀旗，赤質，赤火焰脚，繪朱雀，其形如鸞。

玄武旗，黑質，黑火焰脚，繪龜蛇。

青龍旗，青質，赤火焰脚，繪蹲龍。

白虎旗，白質，赤火焰脚，繪蹲虎。

龍君旗，青質，赤火焰脚，繪神人，冠通真冠，服青繡衣，白裙，朱履，執戟，引青龍。

虎君旗，白質，赤火焰脚，繪神人，冠流精冠，服素羅繡衣，朱裙，朱履，執斬蛇劍，引白虎。

大黄龍負圖旗，青質，青火焰脚，繡複身黄龍，背八卦。

小黄龍負圖旗，赤質，青火焰脚，繪複身黄龍，背八卦。
五色龍旗，五色質，五色直脚，無火焰。
大四色龍旗，青赤黄白四色質，具火焰脚。
小四色龍旗，制同大四色，直脚，無火焰脚。
應龍旗，赤質，赤火焰脚，繪飛龍。
金鸞旗，赤質，火焰脚，繪鸞而金色。
鸞旗，制同前，而繪以五采。
金鳳旗，赤質，青火焰脚，繪鳳而金色。
鳳旗，制同前，而繪以五采。
五色鳳旗，五色質，五色直脚，無火焰。
大四色鳳旗，青赤黄白四色質，火焰脚，色隨其質，繪鳳。
小四色鳳旗，制同前，直脚，無火焰。
玉馬旗，赤質，青火焰脚，繪白馬，兩膊有火焰。
駃騠旗，赤質，青火焰脚，繪白馬。
飛黄旗，赤質，赤火焰脚，形如馬，色黄，有兩翼。

驄騶旗，青質，青火焰脚，繪獸形如馬，白首，虎文，赤尾。
龍馬旗，赤質，青火焰脚，繪龍馬。
麟旗，赤質，青火焰脚，繪麒麟。
飛麟旗，赤質，青火焰脚，繪飛麟。其形五色身，朱翼，兩角，長爪。
黄鹿旗，赤質，青火焰脚，繪獸如鹿，而色深黄。
兕旗，赤質，青火焰脚，繪獸似牛，一角，青色。
犀牛旗，赤質，青火焰脚，繪犀牛。
金牛旗，赤質，青火焰脚，繪獸形如牛，金色。
白狼旗，赤質，青火焰脚，繪白狼。
辟邪旗，赤質，赤火焰脚，繪獸形似鹿，長尾，二角。
赤熊旗，赤質，赤火焰脚，繪獸如熊，色黄。
三角獸旗，赤質，赤火焰脚，繪獸。其首類白澤，緑髮，三角，青質，白腹、跋尾緑色。
角端旗，赤質，赤火焰脚，繪獸如羊而小尾，頂有獨角。
騶牙旗，赤質，青火焰脚，繪獸形似麋，齒前後一齊。
太平旗，赤質，青火焰脚，金描蓮花四，上金書「天下太平」字。

鵕鸃旗，赤質，青火焰脚，繪鳥似山雞而小，冠背黄，服赤，項緑，尾紅。

蒼烏旗，赤質，青火焰脚，繪烏如烏而色蒼。

白澤旗，赤質，赤火焰脚，繪獸，虎首、朱髮而有角，龍身。

東方神旗，緑質，赤火焰脚，繪神人，金兜牟，金鎧甲，杖劍。已下四旗，所繪神同。

西方神旗，白質，赤火焰脚。

中央神旗，黄質，赤火焰脚。

南方神旗，赤質，青火焰脚。

北方神旗，黑質，赤火焰脚。

凡立仗諸旗，各火焰脚三條，色與質同。長一丈五尺，杠長二丈一尺。牙門、太平、萬歲，質長一丈，横闊五尺。日、月、龍君、虎君，横竪並八尺。餘旗並竪長八尺，闊六尺。

車輻，朱漆，八稜，施以銅釘，形如柯舒。

吾杖，朱漆，金飾兩末。

鐙杖，朱漆棒首，標以金塗馬鐙。

殳，制如稍而短，黑飾兩末，中畫雲氣，上綴朱絲拂。

骨朵，朱漆棒首，貫以金塗銅鎚。

列絲骨朶，制如骨朶，加紐絲丈。

卧瓜，制形如瓜〔九〕，塗以黄金。卧置，朱漆棒首。

立瓜，制形如瓜，塗以黄金，立置，朱漆棒首。

長刀，長丈有奇，闊上窄下，單刀。

儀刀，制以銀，飾紫絲紛錔。

横刀，制如儀刀而曲，鞘以沙魚皮，飾𩎟革紛錔。

千牛刀，制如長刀。

劍，班鞘，飾以沙魚皮，劍口兩刃。

班劍，制劍，鞘黄質，紫班，又金銅裝，紫絲紛錔。

刀盾之刀，制如長刀而柄短，木爲之，青質有環，紫絲紛錔。

刀盾之盾，制以木，赤質，畫異獸，執人右刀左盾。

朱縢絡盾，制同而朱其質。

緑縢絡盾，制同而緑其質。

戟，制以木，有枝，塗以黄金，竿以朱漆。

小戟飛龍掌，制如戟，畫雲氣，上綴飛掌，垂五色帶，末有銅鈴，掌下方而上兩角微撱，繪龍於其上。

鈒戟，制如戟，無飛掌而有横木。

矟，制以木，黑質，畫雲氣，上刻刃，塗以青。五色矟並同而質異。

𥎊，制如戟，鋒兩旁微起，下有鐏鋭。

叉，制如戟而短，青飾兩末，中白，畫雲氣，上綴紅絲拂。

斧，雙刃，斧貫於朱漆竿首。

鉞，金塗鐵鉞，單刃，腦後繫朱拂，朱漆竿。

劈正斧，制以玉，單刃，金塗柄，銀鐏。

儀鍠斧，制如斧，刻木爲之，柄以朱，上綴小錦旛，五色帶。

弓矢。

弩，制如弓而有臂。

服，制以虎豹皮，或暴緑文，金銅裝。

鞬，制以黑革。

蘭，弩矢室。

象韉鞍，五采裝明金木蓮花座，緋繡攀鞍絛，紫繡襜襦紅錦屜，鍮石蓮花跋塵，錦緣氈盤，紅犛牛尾纓拂，並胸攀鞦。攀上各帶紅犛牛尾纓拂，鍮石胡桃鈸子，杏葉鉸具，緋皮轡頭鉸具。蓮花座上，金塗銀香爐一。

元初，既定占城、交趾、真臘，歲貢象，育于析津坊海子之陽。行幸則蕃官騎引，以導大駕，以駕巨輦。

駝鼓，設金裝鉸具〔一〇〕，花罽鞍褥橐箧。前峰樹皂纛，或施采旗。後峰樹小旗，絡腦、當胸、後鞦，並以毛組爲轡勒，五色瓘玉，毛結纓絡，周綴銅鐸小鏡，上施一面有底銅捆小鼓，一人乘之，擊以毛繩。凡行幸，先鳴鼓于駝，以威振遠邇，亦以試橋梁伏水而次象焉。

騾鼓，制似駝而小。

馬鼓，轡勒、後勒、當胸，皆綴紅纓拂銅鈴，杏葉鉸具，金塗鈀，上插雉尾，上負四足小架，上施以華鼓一面，一人前引。凡行幸，負鼓於馬以先馳，與纛並行。

誕馬，纓轡緋涼鐵。

御馬，鞍轡纓複全。

珂馬，銅面，雉尾鼻拂，胸上綴銅杏葉、紅絲拂，又胸前腹下，皆有攀，綴銅鈴，後有跋塵，錦包尾。

【校勘記】

〔一〕「輻」，原作「幅」，據《元史》卷七八志第二十八《輿服一》改。

〔二〕「金裝青緑」，原倒作「金緑青裝」，據《元史》卷七八志第二十八《輿服一》乙正。

〔三〕「革輓」，原作「革輓」，據《元史》卷七八志第二十八《輿服一》改。

〔四〕「石」，原作「右」，據《元史》卷七八志第二十八《輿服一》改。

〔五〕「延祐」，原作「建祐」，按《元史》卷二七本紀第二十七《英宗一》，拜柱進鹵薄圖在延祐七年十二月，據改。

〔六〕以上「華蓋」、「曲蓋」二條，原作雙行小字，據《元史》卷七九志第二十五《輿服二》改同正文。

〔七〕「扇錡」二字間，原衍「質制如」三字，據《元史》卷七八志第二十八《輿服二》及王圻《續文獻通考》卷一二九《王禮考》删。

〔八〕「朱袍」，原作「珠袍」，據《元史》卷七八志第二十八《輿服二》改。

〔九〕「制形」，原作「制刑」，據《元史》卷七八志第二十八《輿服二》改。

〔一〇〕「鉸具」，原作「校具」，據《元史》卷七八志第二十八《輿服二》及王圻《續文獻通考》卷一二九《王禮考》改。下文「杏葉鉸具」，「鉸」字同誤，亦改。

新元史卷之九十七　志第六十四

輿服志三

崇天鹵簿　外仗　儀衛

崇天鹵簿〔一〕

中道頓遞隊：象六，飾以金裝蓮座，香寶鞍韂鞦轡罽勒，犛牛尾拂，跋塵，鉸具。導者六人，馭者南越軍六人，皆弓花角唐帽，緋絁銷金褋衫，鍍金束帶，烏鞾，横列而前行。次駝鼓九，飾以鍍金鉸具，轡飾罽籠旗鼓纓槍。馭者九人，服同馭象者，中道相次而行。次舍人二人，四品服，騎分左右，夾駝而行。次青衣一人，武弁，青絁衫青勒帛，青鞾，執青杖。次清道官四人，本品服，騎。次信旛二人，執者二人，引護者四人，武弁，黄絁生色寶相花袍，黄勒帛，黄鞾。次騾鼓六，飾騾以鍍金鉸具，轡罽籠旗鼓纓槍。馭者六人，服同馭駝者。次告止旛二，執者二人，引護者四人，武弁，緋絁生色寶相花袍，紅勒帛，紅鞾。次傳教旛二，執者二人，引護者四人，武弁，黄絁生色寶相花袍，黄勒帛，黄韡，並分左右。次橋道頓遞使一人，本品服，騎。中道，舍人、清道官、橋道頓遞使從者凡七人，錦帽，紫䙝衫，小銀束帶，行縢鞋襪。後凡從者之服，皆同此。

纛矟隊：金吾將軍二人，交角幞頭，緋羅繡抹額，紫羅繡辟邪裲襠，紅錦襯袍，錦螣蛇，金帶，烏韡，横刀，佩符，騎，皆分左右。次弩而騎者五人，錦帽，青絁生色寶相花袍，銅帶，緑雲韡。次矟而騎者五人，錦帽，緋絁生色寶相花袍，銅帶，朱雲韡。次纛一，執者一人，夾者四人，護者二人，皆錦帽，紫生色寶相花袍，鍍金帶，紫雲韡。押纛官二人，皆騎，本品服。次馬鼓四，飾如騾鼓，馭者四人，服同御騾。次佩弓矢而騎者五人，服同執弩者。押衙四人，騎而佩劍，錦帽，紫絁生色寶相花袍，鍍金帶，雲頭韡。猼矟者四人，騎，錦帽，緋絁生色寶相花袍，銅帶，朱韡。控馬八人，錦帽，紫衫，銀帶，烏韡。次矟而騎者五人，服佩同執弩者。金吾將軍、押纛官從者四人，服同前隊。

朱雀隊：舍人一人，四品服，騎而前。次朱雀旗一，執者一人，引護者四人，錦帽，緋絁生色鳳花袍，銅帶，朱雲韡皆佩劍而騎，護者加弓矢。次金吾折衝一人，交角幞頭，緋絁繡抹額，紫羅繡辟邪裲襠，紅錦襯袍，金帶，錦螣蛇，烏韡，横刀，佩弓矢而騎，帥甲騎凡二十有五，弩五人，次弓五人，次矟五人，次弓五人，次矟五人，皆冠甲騎冠，朱畫甲，青勒甲絛，鍍金環，白繡汗胯，束帶，紅韡，帶弓箭器仗。馬皆朱甲、具裝珂飾全。舍人、金吾折衝從者凡二人，服同前隊。

十二旗隊：舍人一人，四品服，騎而前。金吾果毅二人交角幞頭，緋羅繡抹額，紫羅繡辟邪裲襠，紅錦襯袍，金帶，錦縢蛇，烏韡，横刀，佩弓矢，騎分左右。帥引旗騎士五，皆錦帽，黄生色寶相花袍，銀帶，烏韡。次風伯旗左，雨師旗右，雷公旗左，電母旗右，執者四人，騎。青甲旗冠，緑甲，青勒甲絛，鍍金環，白繡汗胯，束帶，青雲韡，馬皆青甲珂飾。次五星旗五，執者五人，甲騎冠，五色畫甲，青勒甲絛，鍍金環，白繡汗胯，束帶，五色韡，馬甲如其甲之色，珂飾。次北斗旗一，執者一人，甲騎冠，紫畫甲，青勒甲絛，鍍金環，白繡汗胯，束帶，紫雲韡，馬甲隨其甲之色，珂飾。左右攝提旗二，執者二人，甲騎冠，朱畫甲，青勒甲絛，鍍金環，白繡汗胯，束帶，紅雲韡，馬朱甲，珂飾。執副竿者二人，騎，錦帽，黄生色寶相花袍，銀帶，烏韡。執矟而護者五人，騎，服同執副竿者。舍人、金吾果毅從者凡三人，服同前隊。

門旗隊：舍人二人，四品服。監門將軍二人，皆交角幞頭，緋絁繡抹額，紫羅繡獅子裲襠，紅錦襯袍，金帶，烏韡，横刀，佩弓矢，騎，馬甲、珂飾全。次門旗二，執者二人，錦帽，緋絁生色獅子文袍，銅革帶，紅雲韡，劍而騎。引護者四人，服佩同執人，而加弓矢，騎。

次監門校尉二人，騎，服佩同監門將軍，分左右行。次鸞旗一，執者一人，引護者四人，錦帽，五色絁生色瑞鸞花袍，束帶，五色雲鞾，佩劍，護人加弓矢，皆騎。舍人、監門將軍、監門校尉從者凡六人，服同前隊。

雲和樂：雲和署令二人，朝服，騎，分左右。引前行，凡十有六人，戲竹二，排簫四，簫管二，龍笛二，板二，歌工四，皆展角花幞頭，紫絁生色雲花袍，鍍金帶，紫鞾。次琵琶二十。笙十有六，箜篌十有六，纂十有六，方響八，頭管二十有八，龍笛二十有八，已上工百三十有二人，皆花幞頭，緋絁生色雲花袍，鍍金帶，朱鞾。次杖鼓三十，工人花幞頭，黃生色花襖，紅生色花袍，錦臂韝，鍍金帶，烏鞾。次板八，工人服色同琵琶工人。次大鼓二，工十人，服色同杖鼓工人。雲和署令從者二人，服同前隊。

殿中黃麾隊：舍人二人，四品服。殿中侍御史二人，本品服，皆騎。次黃麾一，執者一人，夾者二人，騎，武弁，緋絁生色寶相花袍，紅勒帛，紅雲鞾。舍人、殿中侍御史從者凡四人，服同前隊。

太史鉦鼓隊：太史一人，本品服，騎。引交龍搁鼓左，金鉦右，舁四人，工二人，皆武弁，緋絁生色寶相花袍，紅勒帛，紅鞾。次司辰郎一人，左，典事一人，右，並四品服，騎。太史、司辰郎、典事從者三人，服同前隊。

武衛鈒戟隊：武衛將軍一人，交角幞頭，緋羅繡抹額，紫羅繡瑞鷹裲襠，紅錦襯袍，錦螣蛇，金帶，横刀，騎。領五色繡旛一，金節八，罕右，罼左，朱雀、青龍、白虎幢三，横布導蓋一，中道又四。武衛果毅二人，服佩同武衛將軍。鈒二十，戟二十，徒五十有九人，武弁，緋絁生色寶相花袍，紅勒帛，紅鞾。武衛將軍、武衛果毅從者凡三人，服同前隊。

龍墀旗隊：舍人二人，四品服。中郎將二人，服佩同鈒戟隊武衛將軍，騎，分左右。帥騎士凡二十有四人，執旗者八人。天下太平旗，中道，中嶽帝旗左，中央神旗右。次日旗左，月旗右。次祥雲旗二，分左右。次皇帝萬歲旗，中道。執人皆黄絁巾，黄絁生色寶相花袍，黄勒帛，黄雲鞾，横刀。引者八人，青絁巾，青絁生色寶相花袍，青勒帛，青雲鞾，横刀，執弓矢。護者八人，緋絁巾，緋絁生色寶相花袍，紅勒帛，紅雲鞾，横刀，執弓矢。舍人、中郎將從者凡四人，服同前隊。

御馬隊：舍人二人，四品服。引左右衛將軍二人。緋羅繡抹額，紫羅繡瑞馬裲襠，紅錦襯袍，錦螣蛇，金帶，烏鞾，横刀，皆騎，分左右行。御馬十有二疋，分左右，飾以纓轡鞍複。馭士控鶴二十有四人，交角金花幞頭，紅錦控鶴襖，金束帶，鞓鞋。次尚乘奉御二人，四品服，騎，分左右行。舍人、左右衛將軍從者四人，服同前隊。

拱衛控鶴第一隊：拱衛指揮使二人，本品服，騎，分左右。帥步士凡二百五十有二人，負劍者三十人，次執金吾杖者五十人，次執斧者五十人，次執鐙杖者六十人，次執列絲骨朵者三十人，皆分右右。次攜金水瓶者一人，左，金盆者一人，右。次執列絲骨朵者三十人，皆分左右，皆金鏤額交角幞頭。青質孫控鶴襖，塗金荔枝束帶，鞾鞋。拱衛指揮使從者二人，服同前隊。

安和樂：安和署令二人，本品服，騎，分左右行。領押職二人，弓角鳳翅金花幞頭，紅質孫加襴袍。金束帶，花鞾。次扎鼓八，爲二重，次和鼓一，中道，次板二，次龍笛四，次頭管二，次羌笛二，次笙二，次纂二，左右行，次雲璈一，中道，工二十有四人，皆弓角鳳翅金花幞頭，紅錦質孫襖，金荔枝束帶，花鞾。從者二人，服同前隊。

金吾援寶隊：舍人二人，四品服。引金吾將軍二人，交角幞頭，緋羅繡抹額，紫羅繡辟邪裲襠，紅錦襯袍，錦䯐蛇，橫刀，佩弓矢，皆騎，分左右。前引駕十二重，甲士一十二騎，弩四，次弓四，次矟四，爲三重。次香案二，金爐、合各二，分左右，舁士十有六人，侍香二人，騎而從。次典瑞使二人，本品服，騎而左右引八寶。受命寶左，傳國寶右，次天子之寶左，皇帝之寶右，次天子行寶左，皇帝行寶右，次天子信寶左，皇帝信寶右。每輿寶盝，銷金蒙複，襯複，案輿紅銷金衣，龍頭竿，結綬，舁士八人，朱團扇四人，凡九十有六人，皆交角金花幞頭，青紅錦質孫襖，每輿前青後紅，金束帶，鞾鞋。援寶三十人，交角金花幞頭，窄紫衫，銷金紅汗胯，金束帶，烏鞋，執金縷黑杖。次符寶郎二人，四品服，騎，分左右。次金吾果毅二人，服佩同金吾將軍，騎，分左右。次稍四人，次弓四人，次弩四人，爲三重。舍人、金吾將軍、侍香、典瑞使、符寶郎、金吾果毅從者凡十有二人，服同前隊。

殿中繖扇隊：舍人二人，四品服，騎，分左右。領騎而執旗者四人，日月合璧旗左，五星連珠旗右，次金龍旗左。金鳳旗右，黄絁巾，黄絁生色寶相花袍，黄勒帛，黄鞾，佩劍。騎而引旗者四人，青絁巾，青絁生色寶相花袍，青勒帛，青鞾，佩劍，執弓矢。騎而護旗者四人，紅絁巾，紅絁生色寶相花袍，紅勒帛，紅鞾，佩劍，執弓矢。次朱團扇十有六，次小雉扇八，次中雉扇八，次大雉扇八，爲十重，重四人。次曲蓋二，紅方繖二，次紫方繖二，次華蓋二，次大繖二，執者五十人，武弁，紅絁生色寶相花袍。紅勒帛，紅鞾。舍人從者二人，服同前隊。

控鶴圍子隊：圍子頭一人，執骨朵，由中道，交角幞頭，緋錦質孫襖，鍍金荔枝帶，鞝鞋。領執圍子十有六人，分左右，交角金花幞頭，白襯肩，青錦質孫襖，鍍金荔枝帶，鞝鞋。次朱繖，中道，次金脚踏左，金椅右。服如圍子頭。拱衛指揮使一人，本品服，騎，中道。控鶴二十人，服同上。拱衛指揮使從者二人，服同前隊。

天樂一部：天樂署令二人，本品服，騎，分左右。領押職二人，弓角鳳翅金花幞頭，紅錦質孫襖，加襴，金束帶，花鞾，次琵琶二，箜篌二，火不思二，板二，箏二，胡琴二，笙二，頭管二，龍笛一，響鐵一，工十有八人，徒二人，皆弓角鳳翅金花幞頭，紅錦質孫襖，鍍金束帶，花鞾。

控鶴第二隊：僉拱衛司事二人，本品服，騎，分左右。帥步士凡七十有四人，執立瓜者三十有六人，分左右，次捧金杌一人左，鞭桶一人右，次蒙鞍一人左，繖手一人右。次執立瓜者三十有四人，分左右，皆交角金花幞頭，緋錦質孫襖，鍍金荔枝帶，鞓鞋。僉拱衛司事從者二人，服同前隊。

殿中導從隊：舍人二人，四品服，騎，左右。引香鐙案一，黃銷金盤龍衣，金爐合，結綬，龍頭竿，舁者十有二人，交角金花幞頭，紅錦質孫控鶴襖，鍍金束帶，鞓鞋。侍香二人，騎，分左右。次警蹕三人，交角幞頭，紫窄袖衫，鍍金束帶，烏鞾。次舍人二人，四品服，騎。引天武官二人，執金鉞，金鳳翅兜弁，金鎖甲，青勒甲絛，金環繡汗胯，金束帶，馬珂飾。次金骨朵二，次幢二，次節二，分左右。次金水盆左，金椅右，次蒙複左，副執椅右，次金水瓶、鹿盧左，銷金浄巾右。次金香毬二，金香合二，分左右。次金唾壺左，金唾盂右。次金拂四，扇十，分左右。次黃繖，中道，繖衣從。凡騎士三十人，服如警胯，加白繡汗胯。步卒四人，執椅二人，蒙複一人，繖衣一人。服如舁香鐙徒。舍人、天武官從者六人，服同前隊。

控鶴第三隊：拱衛直鈐轄二人，本品服，騎。引執卧瓜八十人，服如第二隊。

導駕官：引進使二人，分左右前行。次給事中一人左，起居注一人右，侍御史一人左，殿中侍御史一人右，次翰林學士二人左，集賢學士一人右，次御史中丞一人左，同知樞密院事一人右，次御史大夫一人左，知樞密院事一人右。次侍儀使四人，中書侍郎二人，黄門侍郎二人，侍中二人，皆分左右。次儀仗使一人左，鹵簿使一人右。次禮儀使二人，分左右。持劈正斧一人，中道。次大禮使一人左，太尉一人右。皆本品服，騎。從者三十人，惟執劈正斧官從者二人，服同前隊。

羽林宿衛：舍人二人，四品服，前行。次羽林將軍二人，交角幞頭，緋羅繡抹額，紫羅繡瑞鷹裲襠，紅錦襯袍，錦螣蛇，金帶，烏鞾，横刀，佩弓矢，皆騎，分左右。領宿衛騎士二十人，執骨朵六人，次執短戟六人，次執斧八人，皆弓角金鳳翅幞頭，紫袖細褶辮線襖，束帶，烏鞾，横刀。舍人、羽林將軍從者凡四人，服同前隊。

檢校官：分布中道之外，外仗之内。頓遞隊，監察御史二人，本品服。次纛矟隊，循仗檢校官二人。次朱雀隊，金吾中郎將二人，皆交角幞頭，緋羅繡抹額，紫羅繡辟邪裲襠，紅錦襯袍，錦螣蛇，金帶，烏鞾，佩儀刀，加弓矢。次十二旗隊，兵部侍郎二人，本品服。次門旗隊，糾察儀仗官二人，本品服。次雲和樂部，金吾將軍二人，服佩如金吾中郎將。知隊仗官二人，本品服。次武衛鈒戟隊，監察御史二人，本品服。次外道左右牙門巡仗，監門中郎將二人，交角幞頭，緋羅繡抹額，紫羅繡獅子裲襠，紅錦襯袍，錦縢蛇，金帶，烏鞾，佩儀刀，弓矢。次金吾援寶隊，兵部尚書二人，次循仗檢校官二人。次殿中繖扇隊，監察御史二人，次禮部尚書二人，皆本品服。次圍子隊，知隊仗官二人。次金吾大將軍二人，服同金吾將軍，各䙓稍從。次殿中導從，糾察隊儀仗官二人。次循仗檢校官二人。次羽林宿衛隊，左點檢一人左，右點檢一人右，紫羅繡瑞麟裲襠，餘同金吾大將軍。領大黃龍負圖旗二，執者二人，夾者八人。騎，錦帽，五色絁巾，五色絁生色雲龍袍，塗金束帶，五色雲鞾，佩劍，夾者加弓矢，並行中道。控鶴外，外仗內。前後檢校，仗內知班六人，展角幞頭，紫窄衫，塗金束帶，烏鞾。丞奉班都知一人，太常博士一人，皆朝服，騎，門檢校官。前後巡察宿直將軍八人，服佩同左右點檢，夾輅檢校三衛。

陪輅隊：誕馬二疋，珂飾，纓轡，青屜。乘黃令二人，本品服，分左右。次殿前將軍二人，交角幞頭，緋羅繡抹額，紫羅繡辟邪裲襠，紅錦襯袍，錦縢蛇，金帶，烏鞾，橫刀，騎。玉輅，太僕卿馭，本品服。千牛大將軍驂乘，交角幞頭，紅抹額，繡瑞牛裲襠，紅錦襯袍，錦縢蛇，金帶，烏鞾，橫刀。左右衛將軍，服如千牛大將軍，惟裲襠繡瑞虎文。陪輅輅馬六匹，珂飾，纓轡，青屜，牽套鞶帶。步卒凡八十有二人，馭士四人，駕士六十有四人，行馬二人，踏道八人，推竿二人，托叉一人，梯一人，皆平巾，青幘，青繡雲龍花袍，塗金束帶，青鞾。教馬官二人，進輅職長二人，皆本品服。夾輅將軍二人，金鳳翅兜牟，金鎖甲，絛環，繡汗胯，金束帶，綠雲花鞾。青瀝水扇二。次千牛備身二人，皆分左右，交角幞頭，緋羅繡抹額，紫羅繡瑞牛裲襠，紅錦襯袍，金帶，烏鞾，横刀，佩弓矢。獻官二人，殿中監六人，内侍十人，皆本品朝服，騎，分左右。千牛備身後，騎而執弓矢者十人，尚衣奉御四人，尚食奉御二人，尚藥奉御二人，皆騎，本品服。次腰輿，黄紵絲銷金雲龍蒙複，步卒凡十有二人，舁八人，道扇四人，黄繖一人，皆交角金花幞頭，紅質孫控鶴襖，金束帶，鞓鞋。尚舍奉御二人，騎左，尚輦奉御二人，騎右，皆朝服。從者三十有四人，服同前隊。

大神牙門旗隊：都點檢一人，騎，交角幞頭，緋羅繡抹額，紫羅繡瑞麟裲襠，紅錦襯袍。次監門大將軍二人，分左右，騎，服如都點檢，惟裲襠紫繡獅文。門凡三重。親衛郎將帥甲士，分左右，夾輅而陣，繞出輅後，合執氅者二，爲第一門。翊衛郎將帥護尉，夾親衛而陣，繞出輅後，合爲第二門。監門校尉二人，騎。左右衛大將軍帥甲士，執五色龍鳳旗，夾護尉而陣，繞出輅後，合牙門旗二，爲第三門，監門校尉二人主之。服色詳見外仗。

雲和樂後部：雲和署丞二人，本品服，騎，分左右。領前行，戲竹二，排簫二，簫管二，歌工二，凡十人，皆騎，花幞頭，紫絁生色花袍，塗金帶，烏鞾。次琵琶四，箏四，箜篌四，纂四，頭管六，方響二，龍笛六，杖鼓十，工四十人，皆騎，服同上，惟絁色紅。從者二人，服同前隊。

後黄麾隊：玄武幢一，絳麾二，徒三人，皆武弁，紫絁生色䆗雲花袍，紫羅勒帛，紫鞾。次黄麾，執者一人，夾者二人，皆騎。豹尾一，執者一人，夾者二人，皆騎，武弁，紫生色寶相花袍，紫勒帛，紫鞾。

玄武黑甲掩後隊：金吾將軍一人，騎，中道，交角幞頭，緋羅繡抹額，紫羅繡辟邪裲襠，紅錦襯袍，金帶，錦螣蛇，烏鞾，佩刀。後衛指揮使二人，騎，分左右，服同各衛指揮使，帥甲騎五十有七人。玄武旗一，執者一人，夾者二人。小金龍鳳黑旗二，執者二人，皆黑兜牟〔二〕，金飾，黑甲絛環，汗胯，束帶，鞾。帶弓矢器仗，馬黑金色獅子甲，珂飾。稍四十人，弩十人，黑兜牟，黑甲絛環，汗胯，束帶，鞾，帶弓矢器仗。馬黑甲，珂飾。執衛司穲稍二人，錦帽，紫生色辟邪文袍，鍍金帶，烏鞾。從者三人，服同前隊。

外仗

金鼓隊：金鼓旗二，執者二人，引護者八人，皆五色絁巾，生色寶相花五色袍，五色勒帛，鞾，佩劍，引護者加弓矢，分左右。次折衝都尉二人，交角幞頭，緋羅繡抹額，紫羅繡辟邪裲襠，紅錦襯袍，金帶，錦螣蛇，騎。帥步士凡百二十人，鼓二十四人，鉦二十四人，並黄絁巾，黄絁生色寶相花袍，黄勒帛，黄韡。角二十四人，紅絁巾，紅絁生色寶相花袍，紅勒帛，紅韡。車輻棒二十四人，長刀二十四人，並金飾青兜牟，青甲條環，白繡汗胯，束帶，青雲韡。

清游隊：舍人二人，四品服，騎導。金吾折衝二人，交角幞頭，緋羅繡抹額，紫羅繡辟邪裲襠，紅錦襯袍，金帶，錦螣蛇，横刀。佩弓矢，騎，分左右，帥步士百有十人。白澤旗二，執者二人，引護者八人。次執弩二十人，次執矟二十人，次執弓二十人，次執矟二十人，次弩執弓二十人，皆甲騎冠，金飾，緑畫甲條環，白繡汗胯，束帶，緑雲韡，佩弓矢器仗，馬金飾朱畫甲，珂飾，分左右。

佽飛隊：鐵甲佽飛，執矟者十有二人，甲騎冠，鐵甲，佩弓矢，器仗，馬鐵甲。珂飾。次金吾果毅二人，交角幞頭，緋絁繡抹額，紫羅繡辟邪裲襠，紅錦襯袍，金帶，錦螣蛇，横刀，弓矢，騎。次虞候佽飛，執弩二十人，錦帽，紅生色寶相花袍，塗金帶，烏韡。

殳仗隊：領軍將軍二人，交角幞頭，緋絁繡抹額，紫羅繡白澤裲襠，紅錦襯袍，金帶，錦螣蛇，烏韡，横刀，騎。帥步士十五人，執殳二十五人，執叉二十五人，錯分左右，皆五色絁生色巾，寶相花五色袍，五色勒帛，五色雲頭韡。領軍將軍從者二人，錦帽，紫裌衫，小銀束帶，行縢，鞋韈。

諸衛馬前隊：舍人二人，四品服，騎導。左右衛郎將二人，交角幞頭，緋絁繡抹額，紫羅繡瑞馬裲襠，紅錦襯袍，金帶，錦䤼蛇，烏鞾，横刀，佩弓矢，騎，分左右，帥騎士百五十有六人。前辟邪旗左，應龍旗右，次玉馬旗左，三角旗右，次黄龍負圖旗左，黄鹿旗右，次飛麟旗左，駃騠旗右，次鸞旗左，鳳旗右，次飛黄旗左，麒麟旗右。執旗十有二人，生色黄袍，巾，勒帛，鞾。引旗十有二人，服同執人，惟袍色青。護旗十有二人，生色紅袍，巾，勒帛，鞾。執弓六十人，錦帽，青生色寶相花袍，塗金帶，烏鞾。執矟六十人，服如執弓者，惟袍色紅。每旗，弓五，矟五。從者四人，服同前隊。

二十八宿前隊：舍人二人，四品服，騎導。領軍將軍二人，紫羅繡白澤裲襠，餘如前隊。左右衛郎將皆騎，帥步士百十有二人。前井宿旗左，參宿旗右，各五盾從。次鬼宿旗左，觜宿旗右，各五弓從。次柳宿旗左，畢宿旗右，各五盾從。次星宿旗左，昴宿旗右，各五盾從。次張宿旗左，胃宿旗右，各五弓從。次翼宿旗左，婁宿旗右，各五矟從。次軫宿旗左，奎宿旗右，各五盾從。執旗十有四人，生色黄袍，巾，勒帛，鞾。引旗十有四人，服如執人，惟袍巾色青。護旗十有四人，服如執人，惟袍巾色紅。執刀盾者三十人，弓矢者二十人，矟者二十人，皆五色兜牟，甲，絛環，白繡汗胯，束帶，五色雲鞾。舍人、領軍將軍從者四人，服同前隊。

領軍黄麾仗前隊：舍人二人，四品服，騎導。領軍將軍二人，服佩如二十八宿旗隊領軍將軍，騎，分左右，帥步士凡一百五十人，絳引旛十，次龍頭竿繡氅十，皆分左右。次江瀆旗左，濟瀆旗右。次小戟十，次弓十，皆分左右。次南方神旗左，西方神旗右。次鍠十，次緑縢絡盾加刀十，皆分左右。次南岳帝旗左，西岳帝旗右。次龍頭竿氅十，次朱縢絡盾刀十，皆分左右。次南天王旗左，西天王旗右。次小戟十，次弓十，皆分左右。次龍君旗左，虎君旗右。次鍠十，次緑縢絡盾刀十，皆分左右。凡執人一百三十人，武弁，五色生色寶相花袍，勒帛，鞾。引旗十人，青生色寶相花袍巾，勒帛，鞾。護旗十人，服同，惟袍巾色紅。

殳仗後隊：領軍將軍二人〔三〕，騎，帥步士凡五十人。殳二十有五，叉二十有五，錯分左右。服佩同前隊。

左右牙門旗隊：監門將軍二人，騎，紫繡獅子裲襠，餘如殳仗隊領軍將軍之服佩。次牙門旗四，每旗執者一人，引夾者二人，並黄絁巾，黄絁生色寶相花袍，黄勒帛，黄雲鞾，皆騎。次監門校尉二人，騎，服佩同監門將軍。從者四人，服同前隊。

左右青龍白虎隊：舍人二人，四品服，騎導。領軍將軍二人〔四〕，服佩同殳仗隊之領軍將軍，騎，分左右，帥甲士凡五十有六人，騎。青龍旗左，執者一人，夾者二人，從以執弩五人，弓十人，矟十人，皆冠青甲騎冠，青鐵甲，青條金環，束帶，白繡汗胯，青雲鞾。白虎旗右，執者一人。夾者二人，從以執弩五人，弓十人，矟十人，皆冠白甲騎冠，白鉄甲，青條金環，束帶，白繡汗胯，白雲鞾。舍人、領軍將軍從者四人，服同前隊。

二十八宿後隊：舍人二人，四品服，騎導。領軍將軍二人，騎，分左右，帥步士百十有二人。角宿旗左，壁宿旗右〔五〕，從以執弓者五人。次亢宿旗左，室宿旗右，各從以執䂎者五人。次氐宿旗左，危宿旗右，各從以執盾者五人。次房宿旗左，虛宿旗右，各從以執弓者五人。次心宿旗左，女宿旗右，各從以執䂎者五人。次尾宿旗左，牛宿旗右，各從以執盾者五人。次旗宿旗左，斗宿旗右，各從以執弓者五人。舍人、領軍將軍從者四人，執夾、引從服佩，皆同前隊。

諸衛馬後隊：舍人二人，四品服，騎導。左右衛果毅都尉二人，騎，分左右。帥衛士百五十有六人。角端旗左，赤熊旗右，次兕旗左，太平旗右，次驪騆旗左，騶牙旗右，次犀牛旗左，鵕鸃旗右，次蒼烏旗左，白狼旗右，次龍馬旗左，金牛旗右。舍人、左右衛果毅都尉從者四人，執夾、引從服佩，同前隊。

左右領軍黄麾後隊：舍人二人，四品服，騎導。領軍將軍二人，騎，皆分左右，帥步士百六十人。龍頭髦十，次朱縢絡盾加刀十，皆分左右。次吏兵旗左，力士旗右。次小戟十，次弓十，皆分左右。次東天王旗左，北天王旗右。次鍠十，次緑縢絡盾加刀十，皆分左右。次東岳帝旗左，北岳帝旗右。次龍頭竿氅十，次朱縢絡盾加刀十，皆分左右。次東方神旗左，北方神旗右。次小戟十，次弓十，皆分左右。淮瀆旗左，河瀆旗右，次鍠十，次緑縢絡盾加刀十，皆分左右。次絳引旛十，分左右，掩後。舍人、領軍將軍從者四人，執夾服佩，並同前隊。

左右衛儀刀班劍隊：舍人二人，四品服，騎導。左右衛中郎將二人，交角幞頭，緋羅繡抹額，紫羅繡瑞馬裲襠，紅錦襯袍，錦臘蛇，金帶，烏鞾，騎，分左右，帥步士凡四十八。班劍二十人，儀刀二十人，並錦帽，紅生色寶相花袍，塗金束帶，烏鞾。舍人、左右衛中郎將從者四人，服同前隊。

供奉宿衛步士隊：供奉中郎將二，交角幞頭，緋絁繡抹額，紫羅繡瑞馬裲襠，紅錦襯袍，錦臘蛇，金帶，烏鞾，横刀，佩弓矢，騎，分左右，帥步士凡五十有二人。執短戟十有二人，次執列絲十有二人，次叉戟十有二人，次斧十有六人，分左右，夾玉輅行。皆弓角金鳳翅幞頭，紫細摺辮綫襖，塗金束帶，烏鞾。

親衛步士隊：親衛郎將二人，服同供奉中郎將。騎，皆分左右，帥步士凡百四十有八人。執龍頭竿氅四人，次小戟十人，次氅二人，次儀鍠十人，次氅二人，次小戟十人，次氅

二人，次儀鍠十人，次氅二人，次小戟十人，次氅二人，次儀鍠十人，次氅二人，次小戟十人，次氅二人，次儀鍠十人，次氅二人，次小戟十人，皆分左右。夾供奉宿衛隊。次氅二人，次儀鍠十人，次氅二人，次小戟十人，次氅二人，次儀鍠十人，次氅二人，折繞宿衛隊後，而合其端爲第一門。士皆金兜牟，甲，青勒甲條，金環，緑雲鞾。

翊衛護尉隊：翊衛郎將二人，服同親衛郎將，騎。帥護尉騎士百有二人，皆交角金花幞頭，窄袖紫衫，紅銷金汗胯，塗金束帶，烏鞾。執金裝骨朶，分左右，夾親衛隊行，折繞隊後，而合其端爲第二門。

左右衛甲騎隊：左右衛大將軍二人，服如翊衛郎將，帥騎士百人。執青龍旗五人左，青鳳旂五人右。次青龍旗五人左，赤鳳旗五人右。次黄龍旗五人左，黄鳳旂五人右。次白龍旗五人左，白鳳旗五人右。次黑龍旗五人左，黑鳳旗五人右。次五色鳳旗二十五居左，五色龍旗二十五居右，曲繞輅後，合牙門旗爲第三門，士皆冠甲，騎，冠金飾，朱畫甲，青勒甲條，鍍金環，白繡汗胯，紅鞾，佩弓矢器仗，馬青金毛獅子甲，珂飾。

左衛青甲隊：左衛指揮使二人，騎，服紫羅繡雕虎裲襠，餘同左右衛大將軍，帥騎士三十有八人。執大青龍旗一人左，大青鳳旗一人右，次小青龍旗一人左，小青鳳旗一人右，次大青鳳旗一人左，大青龍旗一人右，每旗從以持青稍者四人。次小青鳳旗一人左，小青龍旗一人右，皆從以持青矟者三人。皆青兜牟，金飾青畫甲，青絛，塗金環，汗胯，束帶，鞾，佩弓矢器仗，馬青金毛獅子甲，珂飾。折繞陪門。

前衛赤甲隊：前衛指揮使二人，騎，服佩同前衛指揮使，帥騎士凡四十有八人。執大赤鳳旗一人左，大赤龍旗一人右，次小赤鳳旗一人左，小赤龍旗一人右，次大赤龍旗一人左，大赤鳳旗一人右，次小赤龍旗一人左，小赤鳳旗一人右，每旗從以持朱矟者四人。次執大赤鳳旗一人左，大赤龍旗一人右，皆從以持朱矟者三人。皆朱兜牟，金飾朱畫甲，絛環，汗胯，束帶，鞾，佩弓矢器仗，馬朱甲，珂飾。從者二人，服同前隊。折繞陪門。

中衛黃甲隊：中衛指揮使二人，騎，服同前衛指揮使，帥騎士凡五十有八人。執大黃龍旗一人左，大黃鳳旗一人右，次小黃龍旗一人左，小黃鳳旗一人右，次大黃鳳旗一人左，大黃龍旗一人右，次小黃鳳旗一人左，小黃龍旗一人右，次大黃龍旗一人左，大黃鳳旗一人右，每旗從以持黃矟者四人。次小黃龍旗一人左，小黃鳳旗一人右，皆從以持黃矟者三人。皆黃兜牟，金飾黃甲，絛環，汗胯，束帶，靴，佩弓矢器仗，馬黃甲，珂飾。從者二人，服同前隊。折繞陪門。

右衛白甲隊：右衛指揮使二人，騎，服同中衛指揮使，帥騎士凡七十有四人。執大白鳳旗一人左，大白龍旗一人右，次小白鳳旗一人左，小白龍旗一人右，次大白龍旗一人左，大白鳳旗一人右，次小白龍旗一人左，小白鳳旗一人右，次大白鳳旗一人左，大白龍旗一人右，每旗從以持白矟者四人。次小白鳳旗一人左，小白龍旗一人右，次大白龍旗一人左，大白鳳旗一人右，皆從以持白矟者五人。皆白兜牟，金飾白甲，絛環，汗胯，束帶，韡，佩弓矢器仗，馬白甲，珂飾。從者二人，服同前隊。折繞陪門。

牙門四：監門中郎將二人，服佩同各衛指揮使，騎，分左右。次左衛，次前衛。次中衛，次右衛。牙門旂各二，色並赤。監門校尉各二人，騎，服佩同各衛之執旗者。從者十人，服同隊。

儀衛

殿上執事

挈壺郎二人，常直漏刻。冠學士帽，服紫羅窄袖衫，塗金束帶，烏韡。漏刻直御榻南。

司香二人，掌侍香，以主服御者國語曰速古兒赤。攝之。冠服同挈壺。香案二，在漏刻東西稍南。司香侍案側，東西相向立。

酒人，凡六十人：主酒國語曰答剌赤。二十人，主湩國語曰哈剌赤。二十人，主膳國語曰博兒赤。二十人。冠唐帽，服同司香。酒海直漏南，酒人北面立酒海南。

護尉四十人，以質子在宿衛者攝之。質子，國語曰覩魯花。冠交角幞頭，紫梅花羅窄袖衫，塗金束帶，白錦汗胯，帶弓矢，佩刀，執骨朵，分立東西宇下。

警蹕三人，以控鶴衛士爲之。冠交角幞頭，服紫羅窄袖衫，塗金束帶，烏靴，捧立于露階。每乘出入，則鳴其鞭以警衆。

殿下執事

司香二人，亦以主服御者攝之，冠服同殿上司香。香案直露階南，司香東西相向立。

護尉，凡四十人，以户郎國語曰玉典赤。二十人、質子二十人攝之。服同宇下護尉，夾立階戺。

右階之下，伍長凡六人，都點檢一人，右點檢一人，左點檢一人。凡宿衛之人及諸門者、户者皆屬焉。如怯薛歹、八剌哈赤、玉典赤之類是也。殿内將軍一人，凡殿内佩弓矢者、佩刀者、諸司禦者皆屬焉。如火兒赤、温都赤之類是也。殿外將軍一人，宇下護尉屬焉。宿直將軍一人，黄麾立仗及殿下護尉屬焉。右無常官，凡朝會，則以近侍重臣攝之。服白帽，白衲襖，行縢，履襪，或服其品之公服，恭事則侍立。舍人授以骨朵而易笏，都點檢以玉，右點檢以瑪瑙，左點檢以水精，殿内將軍以瑪瑙，殿外將軍以水精，宿直將軍以金。

左階之下，伍長凡三人，殿内將軍一人，殿外將軍一人，宿直將軍一人，冠服同右，恭事則侍立。舍人授以骨朵而易笏，殿内將軍以瑪瑙，殿外將軍以水精，宿直將軍以金。

司辰郎二人，一人立左樓上，服視六品，候時，北面而雞唱；一人立樓下，服視八品，候時，捧牙牌趨丹墀跪報。露階之下，左黄麾仗内，設表案一，禮物案一，輿士凡八人，每案四人。前二人冠縷金額交角幞頭，緋錦寶相花窄袖襖，塗金束帶，行縢，鞋襪。後二人冠服同前，惟襖色青。

圉人十人，國語曰阿塔赤。冠唐巾，紫羅窄袖衫，青錦緣白錦汗胯，銅束帶，烏鞾，馭立仗馬十，覆以青錦緣緋錦鞍復，分左右，立黄麾仗南。

侍儀使二人，引進使一人，通班舍人一人，尚引舍人一人，閲仗舍人一人，奉引舍人一人，先輿舍人一人。糾儀官凡四人，尚書一人，侍郎一人，監察御史二人。知班三人，視班内失儀者，白糾儀官而行罰焉。皆東向，立右仗之東，以北爲上。

侍儀使二人，引進使一人，承奉班都知一人，宣表目舍人一人，宣表修撰一人，宣禮物舍人一人，奉表舍人一人，奉幣舍人一人，尚引舍人一人，閲仗舍人一人，奉引舍人一人，先輿舍人一人。押禮物官凡二人：工部侍郎一人，禮部侍郎一人。糾儀官凡四人：尚書一人，侍郎一人，監察御史二人。知班三人，視班内如左右輦路。宣輦舍人一人，通贊舍人一人，户郎二人，承傳贊席前，皆西向，立左仗之西，以北爲上。凡侍儀使、引進使、尚書、侍郎、御史，各服其本品之服。承奉班都知、舍人，借四品服。知班，冠展角幞頭，服紫羅窄袖衫，塗金束帶，烏鞾。

護尉三十人，以質子在宿衛者攝之，立大明門闑外，冠服同宇下護尉。

承傳二人，控鶴衛士爲之，立大明門楹間，以承傳于外仗。冠服同警蹕，執金柄小骨朵。

殿下黄麾仗黄麾仗凡四百四十有八人，分布於丹墀左右，各五行。

右前列，執大蓋二人，執華蓋二人，執紫方蓋二人，執紅方蓋二人，執曲蓋二人，冠展角幞頭，服緋絁生色寶相花袍，勒帛，烏鞾。

次二列，執朱團扇八人，執大雉扇八人，執中雉扇八人。執小雉扇八人，執朱團扇八人，冠武弁，服同前執蓋者。

次三列，執黄麾幡十人，武弁，青絁生色寶相花袍，青勒帛，烏鞾。執絳引旛十人，武弁，緋絁生色寶相花袍，緋勒帛，烏鞾。執信旛十人，冠服同上，其色黄。執傳教旛十人，冠服同上，其色白。執告止旛十人，冠服同上，其色紫。

次四列以下，執葆蓋四十人，武弁，服緋絁生色寶相花袍，青勒帛，烏鞾。執鍠斧四十人，冠服同上，其色黄。執小戟蛟龍掌四十人，冠服同上，其色青。左列亦如之。皆以北爲上。押仗四人，行視仗内而檢校之。冠服同警蹕者。

殿下旗仗旗仗執護引屏，凡五百二十有八人，分左右以列。

左前列，建天下太平旗第一，牙門旗第二，每旗執者一人，護者四人，皆五色緋巾，五色絁生色寶相花袍，勒帛，雲頭鞾，執人佩劒，護人加弓矢。後屏五人，執矟，朱兜鍪，朱甲，雲頭鞾。

左二列，日旗第三，龍君旗第四，每旗執者一人，護者四人，後屏五人，巾服執佩同前列。

右前列，建皇帝萬歲旗第一，牙門旗第二，每旗執者一人，護者四人，後屏五人，巾服執佩同前列。

右二列，月旗第三，虎君旗第四，每旗執者一人，護者四人，後屏五人，巾服執佩同前列。

左次三列，青龍旗第五，執者一人，黃絁巾，黃絁生色寶相花袍，勒帛，花鞾，佩劒；護者二人，朱白二色絁巾，二色絁生色寶相花袍，勒帛，花鞾，佩劒，加弓矢。天王旗第六，執者一人，巾服同上；護者二人，青白二色絁巾，二色生色寶相花袍，勒帛，花鞾，佩劒，加弓矢；後屏五人，執矟，朱兜鍪，朱甲，雲頭鞾。風伯旗第七，執者一人，護者二人，後屏五人，巾服佩執同天王旗。雨師旗第八，執者一人，護者二人，後屏五人，巾服佩執同青龍旗。雷公旗第九，執者一人，巾服佩同上；護者二人，青紫二色絁巾，二色絁生色寶相花袍，勒帛，花鞾，佩劍，加弓矢；後屏五人，執矟〔六〕，白兜鍪，白甲，雲頭鞾。電母旗第十，執者一人，護者二人，後屏五人，巾服執佩同風伯旗。吏兵旗第十一，執者一人，護者二人，巾服佩同雷公旗；後屏五人，執矟，黄兜鍪，黄甲，雲頭鞾。

右次三列，白虎旗第五，執者一人，黄絁巾，黄絁生色寶相花袍，勒帛，花鞾，佩劍；護者二人，青朱二色絁巾。二色絁生色寶相花袍，勒帛，花鞾，佩劍，加弓矢；後屏五人，執矟，朱兜鍪，朱甲，雲頭靴。江瀆旗第七，執者一人，護者一人，後屏五人，巾服執佩同天王旗。河瀆旗第八，執者一人，巾服佩同上；護者二人，青紫二色絁巾，二色絁生色寶相花袍，勒帛，花鞾，佩劍，加弓矢；後屏五人，執矟，黄兜鍪，黄甲，雲頭鞾。淮瀆旗第九，執者一人，巾服佩同上；護者二人，青朱二色絁巾，二色絁生色寶相花袍，勒帛，花鞾，佩劍，加弓矢；後屏五人，巾服執佩同白虎旗。濟瀆旗第十，執者一人，巾服佩同上；護者二人，朱白二色絁巾，二色絁生色寶相花袍，勒帛，花鞾，佩劍，加弓矢；後屏五人，執矟，青兜鍪，青甲，雲頭鞾。力士旗第十一，執者一人，護者二人，後屏五人，巾服佩執同河瀆旗。二十二旗内，拱衛直指揮使二人，分左右立，服本品朝服，執玉斧。次卧瓜一列，次立瓜一列，次列絲一列，冠縷金額交角幞頭，緋錦寶相花窄袖襖，塗金荔枝束帶，行縢，履韈。次鐙仗一列，次吾仗一列，次班劍一列，並分左右立，冠縷金額交角幞頭，青錦寶相花窄袖襖，塗金荔枝束帶，行縢，履韈。

左次四列，朱雀旗第十二，執者一人，黃絁巾，黃絁生色寶相花袍，勒帛，花鞾，佩劍，護者二人，青白二色絁巾，二色絁生色寶相花袍，勒帛，花鞾，佩劍，加弓矢；後屏五人，執矟，朱兜鍪，朱甲，雲頭鞾。木星旗第十三，執者一人，巾服佩同上；護者二人，青朱二色絁巾，二色絁生色寶相花袍，勒帛，花鞾，佩劍，加弓矢；後屏五人，執矟，青兜鍪，青甲，雲頭靴。熒惑旗第十四，執者一人。巾服佩同上；護者二人，青紫二色絁巾，二色絁生色寶相花袍，勒帛，花鞾，佩劍，加弓矢；後屏五人，巾服執同。土星旗第十五，執者一人，護者二人，巾服佩同熒惑旗；後屏五人，執矟，黃兜鍪，黃甲，雲頭鞾。太白旗第十六，執者一人，護者二人，巾服佩同木星旗；後屏五人，執矟，白兜鍪，白甲，雲頭鞾。水星旗第十七，執者一人，護者二人，巾服佩同太白旗；後屏五人，執矟，紫兜鍪，紫甲，雲頭鞾。鸞旗第十八，執者一人，巾服佩同上；護者二人，朱白二色絁巾〔七〕，二色絁生色寶相花袍，勒帛，花鞾，佩劍，加弓矢；後屏五人，巾服執同木星旗。

右次四列，玄武旗第十二，執者一人，黃絁巾，黃絁生色寶相花袍，勒帛，花鞾，佩劍；護者二人，朱白二色絁巾，二色絁生色寶相花袍，勒帛，花鞾，佩劍，加弓矢；後屏五人，紫兜鍪，紫甲，雲頭鞾，執矟。東嶽旗第十三，執者一人，護者二人，巾服佩同玄武旗；後屏五人，執矟，青兜鍪，青甲，雲頭鞾。

南嶽旗第十四，執者一人，巾服佩同上，護者二人，青甲二色絁巾，二色絁生色寶相花袍，勒帛，花鞾，佩劍，加弓矢；後屏五人，執矟，朱兜鍪，朱甲。中嶽旗第十五，執者一人，巾服佩同上；護者二人，紫青二色絁巾，二色絁生色寶相花袍，勒帛，花鞾，佩劍，加弓矢；後屏五人，執矟，黄兜鍪，黄甲，雲頭鞾。西嶽旗第十六，執者一人，巾服佩同上，護者二人，朱青二色絁巾，二色絁生色寶相花袍，勒帛，花鞾，佩劍，加弓矢；後屏五人，執矟。白兜鍪，白甲。北嶽旗第十七，執者一人，護者二人，巾服佩同南嶽旗；後屏五人，巾服執同玄武旗。麟旗第十八，執者一人，護者二人，後屏五人，巾服執佩同西嶽旗。

左次五列，角宿旗第十九，亢宿旗第二十，氐宿旗第二十一，房宿旗第二十二，心宿旗第二十三，尾宿旗第二十四，箕宿旗第二十五。每旗，執者一人，黄絁巾，黄絁生色寶相花袍，勒帛，花鞾，佩劍；護者二人，青朱二色絁巾，二色絁生色寶相花袍，勒帛，花鞾，佩劍，加弓矢；後屏五人，青兜鍪，青甲，執矟。

右次五列，奎宿旗第十九，婁宿旗第二十，胃宿旗第二十一，昴宿旗第二十二，畢宿旗第二十三，觜宿旗第二十四，參宿旗第二十五。每旗，執者一人，黄絁巾，黄絁生色寶相花袍，勒帛，花鞾，佩劍；護者一人，青朱二色絁巾，二色絁生色寶相花袍，勒帛，花鞾，佩劍，加弓矢；後屏五人，執矟，白兜鍪，白甲。

左次六列，斗宿旗第二十六，牛宿旗第二十七，女宿旗第二十八，虚宿旗第二十九，危宿旗第三十，室宿旗第三十一，壁宿旗第三十二。每旗，執者一人，黄絁巾，黄絁生色寶相花袍，勒帛，花鞾，佩劍；護者二人，朱白二色絁巾，二色絁生色寶相花袍，勒帛，花鞾，佩劍，加弓矢；後屏五人，執矟，紫兜鍪，紫甲。

右次六列，井宿旗第二十六，鬼宿旗第二十七，柳宿旗第二十八，星宿旗第二十九，張宿旗第三十，翼宿旗第三十一，軫宿旗第三十二。每旗，執者一人，黄絁巾，黄絁生色寶相花袍，勒帛，花鞾，佩劍；護者二人，朱白二色絁巾，二色絁生色寶相花袍，勒帛，花鞾，佩劍，加弓矢；後屏五人，執矟，朱兜鍪，朱甲。

宫内導從

警蹕三人，以控鶴衛士爲之，並列而前行，掌鳴其鞭以警衆。服見前。

天武二人，執金鉞，分左右行，金兜鍪，金甲，蹙金素汗胯，金束帶，緑雲鞾。

舍人二人，服視四品。主服御者凡三十人，速古兒赤也。執骨朵二人，執幢二人，執節二人，皆分左右行。擄金盆一人，由左；負金椅一人，由右。擄金水瓶、鹿盧一人，由左；執巾一人，由右。捧金香毬二人，捧金香合二人，皆分左右行。捧金唾壺一人，由左；捧金唾盂一人，由右。執金拂四人，執升龍扇十人，皆分左右行。冠交角幞頭，服紫羅窄袖衫，塗金束帶，烏鞾。

劈正斧官一人，由中道，近侍重臣攝之。侍儀使四人，分左右行。

佩弓矢十人，國語曰火兒赤。分左右，由外道行，服如主服御者。

佩寶刀十人，國語曰温都赤。分左右行，冠鳳翅唐巾，服紫羅辮線襖，金束帶，烏鞾。

中宫導從

舍人二人，引進使二人，中政院判二人，同僉中政院事二人，僉中政院事二人，中政院副使二人，同知中政院事二人，中政院使二人，皆分左右行，各服其本品公服。內侍二人，分左右行，服視四品。

押直二人，冠交角幞頭，紫羅窄袖衫，塗金束帶，烏鞾。小內侍凡九人，執骨朵二人，執葆蓋四人，皆分左右行；執繖一人，由中道行；攜金盆一人由左，負金椅一人由右。服紫羅團花窄袖衫，冠、帶、鞾如押直。

中政使一人，由中道，捧外辦象牌，服本品朝服。

宫人，凡二十人，攜水瓶、金鹿盧一人，由右；執銷金浄巾一人，由左。捧金香毬二人，捧金香合二人，分左右。捧金唾壺一人，由左；捧金唾盂一人，由右。執金拂四人，執雉扇十人，各分左右行。冠鳳翅縷金帽，銷金緋羅襖，銷金緋羅結子，銷金緋羅繫腰，紫羅衫，五色嵌金黄雲扇，瓘玉束帶。

進發册寶五星旗，攝提旗，北斗旗，二十八宿旗，日月旗，祥雲旗，合璧旗，連珠旗，五嶽旗，四瀆旗。

清道官二人，警蹕二人，並分左右，皆攝官，服本品朝服。

雲和樂一部，署令二人，分左右。次前行戲竹二，次排簫四，次簫管四，次板二，次歌四，並分左右。前行内琵琶二十，次箏十六，次箜篌十六，次纂十六，次方響八，次頭管二十八，次龍笛二十八，爲三十三重。重四人。次杖鼓三十，爲八重。次板八，爲四重。板内大鼓二，工二人，舁八人。本工服並與鹵簿同。法物庫使二人，服本品服。次朱團扇八，爲二重，次小雉扇八，次中雉扇八，次大雉扇八，分左右，爲十二重。次朱團扇八，爲二重。次大繖二，次華蓋二，次紫方繖二，次紅方繖二，次曲蓋二，並分左右，執繖扇所服，並同立仗。

圍子頭一人，中道。次圍子八人，分左右。服與鹵簿内同。

安和樂一部，署令二人，服本品服。札鼓六，爲二重，前四，後二。次和鼓一，中道。次板二，分左右。次龍笛四，次頭管四，並爲二重。次羌管二，次笙二，並分左右。次雲璈一，中道。次纛二，分左右，樂工服與鹵簿內同。

繖一，中道，椅左，踏右，執人皂巾，大團花緋錦襖，金塗銅束帶，行縢，鞋韈。

拱衛使一人，服本品服。

舍人二人，次引寶官二人，並分左右，服四品服。

香案，中道。輿士控鶴八人，服同立仗內表案輿士。侍香二人，分左右，服四品服。

寶案，中道，輿士控鶴十有六人，服同香案輿士。方輿官三十人，夾香案寶案，分左右而趨，至殿門，則控鶴退，方輿官舁案以陞。唐巾，紫羅窄袖衫，金塗銅束帶，烏鞾。

引册二人，四品服。

香案，中道，輿士控鶴八人，服同寶案輿士。侍香二人，分左右，服四品服。册案，中道，輿士控鶴十有六人，服同寶案輿士。方輿官三十人，夾香案册案，分左右而趨，至殿門，則控鶴退，方輿官舁案以陞〔八〕。巾服與寶案方輿官同。

葆蓋四十人，次閱仗舍人二人，服四品服。次小戟四十人，次儀鍠四十人，夾雲和樂繖扇，分左右行，服同立仗。

拱衛使二人，服本品朝服。次班劍十，次吾仗十二，次斧十二，次鐙仗二十，次列絲十，皆分左右。次水瓶左，金盆右。次列絲十，次立瓜十。次金杌左，鞭桶右；蒙鞍左，繖手右。次立瓜十，次卧瓜三十。並夾葆蓋、小戟、儀鍠，分左右行。服並同鹵簿内。

拱衛外舍人二人，服四品服，引導册諸官。次從九品以上，次從七品以上，次從五品以上，並本品朝服。

金吾折衝二人，牙門旗二，每旗引執五人。次青稍四十人，赤稍四十人，黄稍四十人，白稍四十人，紫稍四十人，並兜鍪甲靴，各隨稍之色，行道册官外。

册案後，舍人二人，服四品服。次太尉右，司徒左。次禮儀使二人，分左右。次舉册官四人右，舉寶官四人左；次讀册官二人右，讀寶官二人左。次閤門使四人，分左右。並本品服。

知班六人，分左右，服同立仗，往來視諸官之失儀者而行罰焉。

册寶攝官

上尊號册寶，凡攝官二百十有六人：奉册官四人，奉寶官四人，捧册官二人，捧寶官二人，讀册官二人，讀寶官三人，引册官五人，引寶官五人，典瑞官三人，糾儀官四人，殿中侍御史二人，監察御史四人，閤門使三人，清道官四人，點試儀衛五人，司香四人，備顧問七人，代禮三十人，拱衛使二人，押仗二人，方輿一百六十人。

上皇太后册寶，凡攝官百五十人：攝太尉一人，攝司徒一人，禮儀使四人，奉册官二人，奉寶官二人，引册官二人，引寶官二人，舉册官二人，舉寶官二人，讀册官二人，讀寶官二人，捧册官二人，捧寶官二人，奏中嚴一人，主當内侍十人，閤門使六人，充内臣十三人，糾儀官四人，代禮官四十二人，掌謁四人，司香十二人，折衝都尉二人，拱衛使二人，清道官四人，警蹕官四人，方輿官百二十人。

太皇太后册寶，攝官同前。

授皇后册寶，凡攝官百八十人：攝太尉一人，攝司徒一人，主節官二人，禮儀使四人，奉册官一人，奉寶官二人，引册官二人，引寶官二人，舉册官二人，舉寶官二人，讀册官二人，讀寶官二人，内臣職掌十人，宣徽使二人，閤門使二人，代禮官三十七人，侍香二人，清道官四人，折衝都尉二人，警蹕官四人，中宫内官九人，糾儀官四人，接册内臣二人，接寶内臣二人，方輿官七十四人。

授皇太子册，凡攝官四十有九人：攝太尉一人，奉册官二人，持節官一人，捧册官二人，讀册官二人，引册官二人，攝禮儀使二人，主當内侍六人，副持節官五人，侍從官十一人，代禮官十六人。

【校勘記】

〔一〕「崇天鹵簿」，原脫，據本卷目録補。

〔二〕「兜牟」，原作「兜弁」，下文「槊四十人，弩使人，黑兜牟」、「並金飾青兜牟」，二「兜牟」同誤，據《元史》卷七八志第二十八《輿服二》改。本書他處作「兜牟」或「兜鍪」不誤。

〔三〕「將軍」，「將」字原重，據《元史》卷七八志第二十八《輿服二》刪重。

〔四〕「領軍」，原作「領將」，據《元史》卷七八志第二十八《輿服二》改。

〔五〕「壁宿」，原作「璧宿」，《元史》《輿服志二》同，王圻《續文獻通考》卷一二九《王禮考》誤作「壁弓」，據文意改。下「壁宿」同。

〔六〕「執稍」，原作「執者」，據《元史》卷七八志第二十八《輿服二》改。

〔七〕「絁巾」，原作「絁金」，據《元史》卷七八志第二十八《輿服二》改。

〔八〕「方輿」，原作「方與」，據《元史》卷六七志第十八《禮樂一》改。其餘「方輿」不誤。

新元史卷之九十八　志第六十五

兵志一

蒙古起朔方，兵制簡易。部衆自十五歲以上，七十歲以下，盡僉爲兵。非其部族者，謂之探馬赤軍。及取中原，僉民兵，謂之漢軍。得宋降兵，謂之新附軍。

世祖至元七年，始定軍籍及補替交换之法。南北混一之後，以蒙古、探馬赤軍屯於中原之地。江淮以南，則以漢軍、新附軍戍焉。又命親王將重兵鎮撫西北邊及和林，内建五衛，以象五方，置都指揮使領之。凡諸衛、諸萬户，皆興屯墾以贍軍食，大抵仿唐人府衛之制而變通之。其規畫可謂宏遠者矣。然不及百年，兵力衰耗，而天下亡於盜賊，何也？其失在軍官世襲，使紈絝之童騃，握兵符，任折衝，故將驕卒惰，不可復用也。今彙其兵制之可考者，著於篇。而站赤、弓手、鷹房、舖遞之類，前志所有者，亦附而存之。夫因武備之墮弛，以召夷狄、盜賊之禍，自唐、宋以來往往如此。若元人之事，尤爲後世之殷鑒者哉！

宿衛 僉軍 軍户

宿衛之制

太祖始選千百户及白身之子弟八十人爲宿衛，七十人爲護衛散班。及即位，增爲一萬人，宿衛一千，帶弓箭人一千，護衛散班八千。以功臣也孫帖額等領之，分番入直，每三日而一更易，謂之怯薛歹，譯言番直衛宿之衆。

其後以博爾忽、博爾朮〔一〕、木華黎、赤老温爲佐命元功，俾世爲怯薛之長。凡申、酉、戌日，博爾忽領之。博爾忽早卒，代以別速部，太祖自領之，爲也可怯薛。也可者，譯言第一也。亥、子、丑日，博爾朮領之，爲第二怯薛。寅、卯、辰日，木華黎領之，爲第三怯薛。巳、午、未日，赤老温領之，爲第四怯薛。赤老温卒，常以右丞相領之。

凡怯薛長之子孫，或爲帝所親信，或以宰相薦，或以次即襲職，雖官卑勿論。而四怯薛之長，或又命大臣總之，然不常設。

其執事之名，侍左右帶刀及弓箭者，曰云都赤、闊端赤。管鷹者，曰火兒赤、昔寶赤、怯憐赤。書寫聖旨者，曰札里赤。主文史者，曰必闍赤。主飲食者，曰博爾赤。司閽者，曰八剌赤。掌酒者，曰答剌赤。管車馬者，曰兀剌赤、莫倫赤。尚衣服者，曰速兒赤。牧駝者，曰帖麥赤。牧羊者，曰火你赤。捕盜者，曰忽剌罕赤。奏樂者，曰虎兒赤。分番入直，皆統於四怯薛之長。而云都赤尤爲侍御之親近者，或二人、四人，多則八人，雖宰相奏事，無云都赤侍側，則不敢進。故中書省移咨諸行省，必曰某日云都赤某值日焉。

太宗即位，申明宿衛之制，自後皆遵爲故事。凡太祖以下所御斡耳朵，皆設宿衛，給事左右，如平時。天曆二年，汰其冗濫，武宗、仁宗位下，各定爲八百人；英宗位下，衛增七百人〔二〕。中書省臣言：「舊給事人有失職者，詔復其百人〔三〕。」舊史《本紀》：「是年，樞密院奏：『奉旨裁省衛士，今定大内四宿衛之士，每宿衛不過四百人，累朝宿衛之士不過二百人，四怯薛當留者各百人。』」彼此抵牾，未知誰是。至正七年，中書省臣言：「兵費不給，各位怯薛冗食甚，乞加簡汰。」帝牽於衆請，詔三年後減之。

至侍衛親軍之屬，中統二年，諭武衛親軍都指揮使李伯祐，汰本軍老弱，以精鋭代之。以宋降將王青爲總管，教武衛軍習射。三年，以侍衛親軍都指指使董文炳兼山東東路經略使，共領武衛軍事。又命山東行省撒吉思，每千户内選二人充侍衛軍。至元二年，增侍衛親軍一萬人，内女真人三千，高麗人三千，阿海三千，益都路一千，每千人置千户以領之。三年，改武衛爲侍衛親軍，分左右翼。是年五月，帝謂樞臣曰：「侍衛親軍，非朕命不得充他役。其修瓊華島士卒，即日放還。」四年，諭東京等路宣撫使，命於所管户内，以十等爲率，從上第三等選侍衛親軍千八百人。若第三等不敷，於二等户内僉補，並其家屬赴中都應役。八年，改立左、右、中三衛，掌宿衛扈從，兼屯田。十六年，又置前、後二衛，始備五衛，以象五方。是年，選揚州新附軍二萬人，充侍衛親軍。十八年，阿沙阿剌言：「今春，奉命總領河西軍三千人，帶虎符金牌者甚衆。征伐之重，無官置何以馭之？」樞密院以聞，乃立唐兀衛親軍都指揮使司。二十三年，依唐兀衛例，立欽察衛。後至治二年，分爲左、右兩衛。二十四年，立貴赤衛。二十六年，樞密院官暗伯奏：「以六衛六千人，塔剌海孛可所掌大都屯田三千人，江南鎮守軍一千人，總一萬人，立武衛親軍都指揮使司，掌修治城隍及中都工役之事。」二十九年，樞密院臣言：「六衛内領漢軍萬户，見存者六千户，擬分爲三等。力足以備車馬者二千五百户，每甲令備馬十五匹、牛車二輛。力足以備車者五百户，每甲令備牛車三輛。其三等户，惟習戰鬬，不任他役。庶各勤其事，兵亦精鋭。」從之。

元貞元年，立西域親軍都指揮使司，又改立虎賁親軍都指揮使司。先是，至元十六年立虎賁軍，十七年置都指揮使，至是始立都指揮，置司。二年，詔蒙古侍衛所管探馬赤軍人子弟，投諸王位下者，悉遵世祖成憲，發還原役充軍。二年，禁軍將擅易侍衛軍；蒙古軍以家奴代役者罪之，令其奴別入軍籍，以其主資産之半畀之；軍將故縱者，罷其職。

大德九年，改蒙古侍衛指揮使司爲左右翊蒙古侍衛親軍都指揮使司。至大二年，立左、右阿速衛親軍都指揮使司。初，至元九年立阿速拔都達魯花赤，二十三年爲阿速軍攻鎮巢，殘傷者衆，詔以鎮巢七百户屬之，總爲一萬户，隸前後二衛，至是始改立焉。又有威武阿速軍親軍都指揮使司，建置年分闕。三年，定康禮軍籍，立康禮衛親軍都指揮使司。諸王阿只吉火郎撒所部探馬赤軍屬康禮氏者，亦遣使乘傳置籍云。

皇慶元年，改隆鎮上萬户府爲隆鎮衛親軍都指揮使司。初，睿宗嘗於居庸關立南北口屯軍，至元二十五年，以南北口上千户所領之，至大四年，始改隆鎮上萬户府。至是，又改隆鎮衛，後又以哈兒魯千户所隸之。

延祐元年，隆禧院奏：「世祖影殿有衛士守之，今武宗御容安在大崇恩寺，請依例調軍守衛。」從之。

至治元年，增太廟衛士八百人，命僉院哈散等領之。十二年，右丞相拜住言：「先脱別帖木兒叛時，没入亦乞列思人一百户，與今所收蒙古子女三千户，清州匠二千户，合爲行軍五千，請立宗仁衛以統之。」於是命拜住總衛事，給虎符牌面如右率衛府。

天曆元年，立龍翊衛親軍都指揮使司，以左欽察衛唐吉失等九千户隸之。

至順二年，改宣忠扈衛扈軍都萬户府爲宣忠斡羅思扈衛親軍都指揮使司。未幾，散遣扈衛親軍六百人歸原籍。是年，改東路蒙古軍萬户府爲東路蒙古侍衛親軍都指揮使司。

至正二年，立宣鎮侍衛府，命伯顔領宣鎮侍衛軍。

至皇太后之宿衛：

曰左、右都威衛。至元十六年，世祖以新收侍衛親軍一萬户屬東宮，立侍衛親軍都指揮使司。三十一年，復屬皇太后，改隆福宫左都威衛使司。皇慶元年，以王平章所領一千人立屯田。至元二十一年，樞密院奏以五投下探馬赤軍屬之東宫。二十二年，改蒙古侍衛親軍指揮使司。三十一年，改隆福宫右都威衛使司。所謂五投下者，木華黎部將按察兒、孛羅、笑乃觧、不里海拔都兒所領之探馬赤也〔四〕。

曰中都威衛。大德十一年，立大同等處侍衛親軍都指揮使司。至大四年，皇太后修五臺寺，遂移屬徽政院，增以京兆兵三千人。延祐元年，改爲中都威衛使司。七年，以屬徽政院不便，命樞密院總之，改爲忠翊侍衛親軍都指揮使司。

曰衛候直都指揮使司。至元元年，裕宗招集控鶴一百三十五人。三十一年，徽政院增爲六十五人，立衛候司領之。元貞元年，皇太后復以晉王校尉一百人隸焉。大德十年，增以懷孟從行控鶴二百人，改衛候直都指揮使司。至大元年，復增至六百人。至治二年，罷。四年，隸於皇后位下，後復置焉。

皇太子之宿衛，曰左右衛率府。至大元年，詔以中衛兵萬人，立衛率府。時仁宗爲皇太子，曰：「世祖立五衛，象五方也。其制猶中書之六部，不可易。」遂令江南行省、萬户府選鋭卒一萬人，爲東宫衛士，立衛率府以統之。延祐元年，改忠翊府，復改爲御臨親軍都指揮使司，又改爲羽林親軍。英宗爲皇太子，改爲左衛率府。延祐五年，以詹事秃滿迭兒所管速怯那兒萬户府及迤東〔五〕、女真兩萬户府、舊志有女真侍衛親軍萬户府、高麗女真漢軍萬户府，即迤東女真兩萬户府。右翼屯田萬户府兵，合爲右翼率府。

凡大朝會，則列宿衛之兵爲圍宿軍。至元二十六年，命大都侍衛軍内起一萬人赴上都，以備衛宿。至大四年，皇太子令，以大朝會，調蒙古、漢軍三萬人備衛宿，仍遣使發山東、河北、河南、江北諸路軍至京師，復命都府左右翼、右都威衛整器仗車騎。皇慶元年六月，命衛率府軍士備圍宿，守隆福宫内外禁門。復增置百户一員，調欽察、貴赤、西域、唐兀、阿速等衛軍九十人，守諸掖門。又命千户一員、百户一員，備巡邏。延祐三年，以諸侯王來朝，命衛宿軍六千人增至一萬人。未幾，又增色目軍一萬人。樞密院臣言：「圍宿軍不及數，其已發各衛地遠不能如期至，可選刈草葦及青塔寺工役軍，先備守衛。其各衛還家者，亦發二萬五千人，令備車馬器械，俱會京師。」從之。六年，知樞密院事塔失帖木兒言：「諸漢人不得點圍宿軍，圖籍係軍數者，雖御史亦不得預知，此國制也。比者領圍宿官言：『中書命司計李處恭巡視守倉庫軍，有曠役者則罪之。而李司計擅取軍數，箠士卒，在法爲過。』臣等議，宜令中書與樞密遣人案之，驗實以聞。」從之。是年，命知樞密院事衆嘉領圍宿，發五衛軍代羽林衛軍。至治元年。帝幸石佛寺，以垣牆疏壞，命樞密副使朮温台等領衛宿軍，以備巡邏。天曆二年，樞密院臣言：「去歲奉旨調軍把守圍宿，時各翼軍人皆隨處出征，亦有潰散者，故不及依次調遣，止於右翼侍衛及右都威衛內，發一千一百二十六名以備圍宿。今歲車馬行幸，臣議於河南、山東兩都督府內選兵一千人，以備扈從。」從之。蓋調鎮戍之兵充圍宿，非舊法也。

大祭祀，則爲儀仗軍。至元十二年，上尊號，告祭天地、宗廟，調左右中三衛五千人爲蹕街清路軍。至大二年，上尊號，樞密院調衛軍一千備儀仗。三年，上皇太后尊號，行册寶禮，用內外儀仗軍及五色甲馬軍二百人。四年，合祭天地、太廟、社稷，蹕街清道及守內外壇壝門，用衛軍一百八十人。是年，奉迎武宗玉册祔廟及祭享太廟，俱用蹕街清路軍一百五十人。皇慶元年，天壽節行禮，用內外儀仗軍一千人。至治元年，命有司選控鶴衛士及色目、漢軍以備儀仗。是年，定鹵簿隊仗，用三千二百三十人。仍用儀仗軍一千九百五十人以備儀仗。天曆元年，親祭太廟內外，用儀仗軍並五色甲馬軍一千六百五十名。二年，正旦行禮，用儀仗軍一千人享太廟，用蹕路清街軍一百人，看守粈盆軍一百人。天壽節行禮，用儀仗軍一千人。皇后册寶，用儀仗軍一千二百人。

車駕巡幸，則爲扈從軍。至元十七年，發忙古䚟、抄兒赤所領河西軍及阿魯黑麾下二百人，入備扈從。至大二年，皇太后將幸五台山，中書省臣議：「昔大太后嘗幸五台，於住夏探馬赤及漢軍内各起扈從軍三百人，今請如故事。」從之。是年，樞密院臣言：「來歲車駕巡幸，請調六衛軍騎卒六千人備車馬器仗，與步卒二千人扈從。」允之。

車駕巡幸，警夜以備非常，則爲巡邏軍。皇慶元年，丞相鐵木迭兒奏：「每歲幸上京，於各宿衛中留衛兵三百七十人，以備巡邏。今歲多盜賊，宜增留一百人。」從之，仍令樞密院中書省分領焉。延祐七年，詔留守司及虎賁司官，每夜率衆巡邏。

守護倉庫，則爲看守軍。鎮守海口侍衛親軍屯儲都指揮使司，建置年分闕。至元二十五年，以衛軍二十人，分守大都城外豐潤、豐實、廣貯、通濟四倉，又調衛軍五人看守樞密院糧倉。大德四年，調軍五百人，看守新開河閘。延祐三年，嶺北行省乞軍守衛倉庫，命於丑漢所屬萬户摘探馬赤軍三百人與之。

歲漕，以衛軍彈壓，則爲鎮遏軍。延祐元年，樞密院臣奏：「江浙運糧八十三萬餘石，前來直沽，請差軍人鎮遏。」詔依年例，調軍一千人，命右衛副都指揮使伯顔領之。三年，海運至直沽，樞密院臣奏：「今歲軍數不敷，乞調衛軍五百人巡邏。」從之。七年，調海運鎮遏軍一千人，如舊例。

僉軍之制

太宗元年，詔諸王並衆官人投下僉軍事理，有妄分彼此者，罪之。每一牌子僉軍一名，限年二十以上、三十以下者充之，仍立千户、百户、牌子頭。其隱匿不實及知情不首，并隱藏逃役軍人，皆處死。

七年，僉宣德、西京、平陽、太原、陝西五路人匠充軍，命各處管匠頭目，除織匠及和林建宫殿人匠外，應有回回、河西、漢兒匠人并札魯花赤及札也種田人等，通驗丁數，每二十名僉軍一名。

八年，詔燕京路保州等處，每二十名僉軍一名，命答不葉兒領之。真定、河間、邢州、大名、太原等路，除先僉軍人外，於斷事官忽都虎新籍民户三十七萬二千九百七十二名數内，每二十丁僉軍一名，亦命答不葉兒領之。蒙古舊制：家有男子十五以上、七十以下〔六〕，無衆寡皆爲兵。至是始有僉軍之制焉。

十三年，諭總管萬户劉黑馬：「據斜烈奏，忽都虎等元籍諸路民户一百萬四千六百五十六户，除逃亡外，有七十二萬三千九百一十户，總僉軍一十萬五千四百七十一名，點數過九萬七千五百十五人餘。今年蝗旱，民力艱難，往往在逃。今後止驗見在民户僉軍，仍命逃户復業者免三年軍役。」

定宗二年，詔：「蒙古户，每百户以一名充拔都兒。」

憲宗六年，皇弟忽必烈奏請續僉内地漢軍，從之。

世祖中統元年，罷解州鹽司一百人。初，鹽司原籍一千户，一十户僉軍一名。阿藍答兒倍其役，帝以重困民，立罷之。

三年，詔：「真定、彰德、邢州、洺磁、東平、大名、平陽、太原、衛輝、懷孟等路，有舊屬按札兒、孛羅、笑乃䚟、闊闊不花、不里海拔都兒所管探馬赤軍，乙卯歲爲民户，亦有僉充軍者。若壬寅、甲寅兩次僉定，已入籍册者，令從各萬户出征；其漏者及入蒙古、漢人民户内者，悉僉爲軍。」三年，諭山東東路經略司：「益都路匠人已前曾經僉把者，宜遵别路之例從軍。鳳翔府屯田軍准充平陽軍數，仍於鳳翔屯田。刁國器所管重僉軍九百一十五人，即日放遣爲民。」陝西行省言：「士卒戍金州者，諸奥魯已服役，今重勞苦。」詔罷之。併罷山東、大名、河南諸路新僉防城兵。

四年，詔：「統軍司及管軍萬户、千户等，遵太祖之制，令各官以子弟入朝充秃魯花。譯言質子也。」其制：萬户，秃魯花一名，馬一十匹，牛二具，種田人四名。千户見管軍五百或五百以上者，禿魯花一名，馬六匹，牛一具，種田人二名。所管軍不及五百，其家富實、子弟健壯者，亦出禿魯花一名，馬、牛、種田人同。凡萬户、千户子弟充禿魯花者，挈其妻子同行。若貧乏者，於本萬户内不應出禿魯花之人，通行經濟。或無親子，或幼弱未及成丁者，以弟侄代充，俟其子年及十五歲替换。凡隱匿代替，及妄稱貧乏者，罪之。是年，諭成都路行樞密院：「近年軍人多逃亡事故者，可於各奥魯内盡實僉補，自乙卯年定入軍籍之數，悉僉起之。」是年，水達達及乞烈賓地合僉鎮守軍，命亦里不花僉三千人，付塔匣來領之。並達魯花赤之子及其餘近上户内，亦令僉軍，聽亦里不花節制。

至元二年，陝西四川行省言：「新僉軍七千人，若發民户，恐致擾亂。今鞏昌已有舊軍三千，諸路軍二千，餘二千人不必發民户，當以便宜起補。」從之。

四年，僉蒙古軍，每户二丁、三丁者一人，四丁、五丁者二人，六丁、七丁者三人。詔：「僉平陽、太原民户爲軍，除軍、站、僧、道、也里可温、塔失蠻、儒人等户外，於係官、投下民户、運司户、人匠、打捕鷹房、金銀鐵冶、丹粉錫碌等，不論是何户計，驗酉中户内丁多堪當人户，僉軍三千人，立之百户、牌頭子，赴東川出征。」復於京兆、延安兩路僉軍一千人〔七〕，如平陽、太原例。二月，詔：「河南路驗酉中户内丁多堪當人户，僉軍四百二十人，歸之樞密院，俾從軍，復其徭役。南京路，除邳州、南宿州外，依中書省議定應僉軍户，驗丁數，僉軍二千人。」五年，詔益都李璮僉軍，仍依舊數充役。是年，中書省臣言：「僉起禿魯花官員，皆已遷轉，或物故黜退者，於内復有貧難蒙古人氏，除隨路總管府達魯花赤、總管及掌兵萬户，合令應當，其次官員禿魯花宜放罷，其自願留質聽之。」

六年，僉懷孟衛輝路丁多人户充軍。二月，僉民兵二萬赴襄陽。三月，詔益都路起僉一萬人，人給鈔二十五貫。其淄萊路各處非李璮舊管者，僉五百二十六人，其餘諸人户亦令酌驗丁數，僉事起遣。

九年，河南行省請益兵，勅諸路僉軍三萬。

十年，合剌請於渠江之北雲門山及虎頭山立二戍，請益兵二萬。勅撥京兆新僉軍五千與之。四川行省言：「宋昝萬壽攻成都，擬於京兆等路僉新軍六千爲援。」從之。五月，罷僉回回軍，僉陝西探馬赤軍。

十一年，詔延安府、沙井、静州等處種田白達達户，僉軍出征。敕隨路所僉新軍，其户絲銀均配於民户者，并除之。是年，潁州屯田總管李珣言：「近爲僉軍事，乞依徐、邳州屯田例，每三丁，一丁防城，二丁納糧。可僉丁壯七百餘人，并保甲丁壯，令珣統領，守潁州，代見屯納合監戰軍馬別用。」從之。

十二年，僉遼東蒙古及平陽、西京、延安等路達魯花赤千户、百户等官子弟出征。敕再僉登、萊州丁壯八百人，付五州經略司。五月，正陽萬户劉復亨乞僉河西等户爲軍，討鎮巢軍及滁州。勅遣使與蕭州達魯花赤，同驗各色户計物力富强者，僉起之。

十四年，詔上都、隆興、西京、北京四路捕獵户，僉選丁壯軍二千人防守上都。中書省議：從各路搭配二十五户内，取軍一名，選善騎射者充之。敕河南已僉軍萬人後免爲民者，復籍爲兵，付行中書省。樞密院言：「兩都、平灤獵户新僉軍二千，皆貧無力者，宜存恤其家。」從之。

十三年，免沂、莒、膠、密、寧海五州所括民爲防城軍者，復其租稅二年。

十五年，僉軍萬人征雲南。

十六年，罷太原、平陽、西京、延安路新僉軍還籍。自是，終世祖之世，不復僉發云。是年，詔河西未僉軍及富强有力者，僉六百人爲軍。二十年，又僉河西禿魯華年及十五者充軍，則補軍籍之漏，與僉於民户者不同。

軍户〔八〕

元之軍户，定於至元十九年。三月，樞密院取會到諸色軍數，呈准尚書省勾集諸路管軍民首領官，赴都從新攢籍，分揀軍户，呈中書省議准施行。其條件凡十有二事：

一，至元七年終以前歷年軍籍内。

一，正軍並貼户，若本路收差當役者，憑籍依舊當軍。

一，軍籍攢定以後補替交换並貼户，除至元六年終以前有省斷文憑者，依已斷爲定外，其餘户計止從見役當軍。

一，七十二萬正軍並貼户，歷年不曾攢報，亦不曾僉補，見在軍前應役，及津貼軍錢，若各處收差科役者，除差當軍。

一，正軍放罷爲民或爲人匠，其元撥貼户在各處收差科役者，改正除差，從樞密定奪。

一，各處攢報軍籍，有作無籍户收差者，除至元六年終以前經官改斷者，依已斷爲定外，其餘户計依舊津貼當軍。

一，軍驅就招爲壻，無論出舍不出舍，與婦家同户當軍。

一，歷年僉軍之後，爲有事故令别户補替者，擬兩户内留一户，丁力多者充軍，丁力少者當差。

一，軍内偪覓良民，照依原約，限滿日出離，無原約者買便。

一，私走小路軍户，謂逃軍。憑准至元四年軍官報院家口花名册，省部斷爲民者，依已斷爲定。

一，益都等路元僉舊軍内同貼户，計二百餘户，依例壬子年同户者，分付軍户一同當軍，不同户者除籍爲民。

一，河南保甲丁壯軍户，合憑至元七年河南行省軍民官，一同查定家口花名册。

一，諸軍奥魯，仰軍民官司常加優恤，軍前合用軍需物料，由所管官司移文取發，依例應付，勿得横泛科差。

四月，樞密院奏與中書省尚書商定分揀軍户法，請降旨依例定奪。其條畫凡五事：

一，軍籍内壬子年同籍親屬，除至元六年終以前有省斷文憑者，依已斷爲定；不經省斷，及至元七年以後收當差役者，除差同户當軍。

一，至元七年以前軍籍内裹攢合併户計，依舊當軍；今次手狀内不在合併户計，除爲民。

一，正軍有傭覓慣熟人出軍者聽，軍官不得代替本役軍人。

一，女壻出舍者，如至元七年以前軍籍有名，同裹攢户例當軍；如定籍以後出舍，有同户主昏者，歸本户，無者止津貼軍户，從樞密院定奪。

一，乙未、壬子年本主户下漏籍驅口，或另籍，或不曾附籍在後，本主於軍籍内攢報者，爲良作貼户；若附籍驅口軍籍内漏報者，除至元六年終以前有省斷文書，依已斷爲定；不經省斷，及至元六年以後收差者，爲良作貼户。

九月，詔諸軍貼户及同籍親戚驅奴投諸王貴官以避役者，悉還之本軍。惟匠藝精巧者，以名聞。自是天下之兵，户籍伍符，永爲定制，不能更易焉。

若各路砲手軍，則分揀於至元七年。初，太祖、太宗招各路人匠充砲手。壬子年，附籍。中統四年，揀定，除正軍外，餘同民户當差。至元四年，以正軍困難，取元充砲手民户津貼，以其間有能與不能者影占，故命各路分揀之。

十年五月，禁乾討虜人。其願充軍者，立牌甲，隸於萬户、千户。八月，禁軍官舉債，不得重息，違者罪之。襄陽生券軍至都，釋其械繫，聽自立部伍，俾征日本。

十一年，便宜總帥府言：「本路軍經今已四十年，或死或逃，無丁不能起補。乞選擇堪與不堪丁力，放罷貧乏及無丁者。」從之。

十二年，萊州酒税官王貞等言：「國家討平殘宋，弔伐爲事，何嘗有圖利之心？彼無籍小人，假乾討虜名目，俘掠人口，悉皆貨賣，以充酒食之費，辱國實甚。其招討司所收乾討虜軍人，可悉罷之，第其高下，籍爲正軍，命各萬户管領。一則得其實用，二則正王師弔伐之名，實爲便益。」從之。

十四年，長清縣尹趙文昌言：「切見軍人冒矢石，犯霜露，傾家以給軍需，捐軀以衛社稷，觀其勞苦，實可哀憫。乃管軍人等，不知存恤，縱令父兄子弟將軍人家屬非理占使。

又以放債爲名，勒軍人使用，不及數月，本利相停，設有愆遲，輒加罪責。軍人含冤抱屈，不敢詣官陳訴，致使久而靠損，深未爲便。」樞密院韙其議，命諸路禁治施行。十二月，樞密院臣言：「收附亡宋新軍附官并通事、馬軍人等，軍官不肯存恤，逃亡者衆，乞招誘之。」於是遣行省左丞陳巖等分揀堪當軍役者，收係充軍，其生券軍，官給牛種屯田。

十五年，樞密院臣言：「至元八年，於軍籍中之爲富商大賈者一百四十三户，各增一名，號餘丁軍。今東平等路諸奥魯總管府言：往往人亡産乏，不能兼充。乞免其餘丁。」從之。十二月，定諸軍官在籍者，除百户、總把外，其元帥、招討、萬户、總管府户，或首領官，俱合再當正軍一名。

十六年五月，淮西道宣慰司昂吉兒，請招諭亡宋通事軍。初，宋之邊將招納北人及蒙古人爲通事，遇之甚厚，每戰皆列於前，願效死力〔九〕。及宋亡，無所歸，廷議欲編之軍籍，未暇也。至是，昂吉兒請撫而用之，以備異日征戍。從之。

十七年，詔江淮諸路招集答剌罕軍。初，用兵江南，募死士從軍者，號答剌罕，屬之劉萬奴部下。及宋平，其人皆無所歸，羣聚剽掠。至是，命諸路招之，仍使萬奴部領，聽范文虎、李庭節度。

十八年二月，併貧乏軍人三萬户爲一萬五千户，取貼户津貼正軍充役。六月，樞密院議：「正軍貧乏無丁者，令富强丁多貼户，權充正軍應役。驗正軍物力，卻令津濟貼户。其正軍仍爲軍頭如故。」

二十年二月，命各處行樞密院造新附軍籍册。六月，從丞相伯顔議，括宋手號軍八萬三千六百人，立牌甲，設萬户、千户統之。

二十一年，江東道僉事馬奉訓言：「劉萬奴乾討虜軍，私相糾合，結爲徒黨。莫若散之各翼萬户、千户、百户、牌甲内，管領爲便。」詔問：「乾討虜人，欲從脱歡出征虜掠耶？抑欲散放還家耶？」回奏：「衆言：自圍襄樊渡江以後，與國家效力，願還家休息。」遂從之。籍亡宋手記軍。宋之兵制，手記軍死，以兄弟若子承代。詔依漢軍例籍之，毋涅手。

二十二年十一月，御史臺言：「宋之鹽軍内附，初有五千人。除征占城運糧死亡者，今存一千一百人，皆性凶暴，民患苦之。宜使屯田自贍，庶絶其擾。」從之。十二月，從樞密院請，定軍籍條例。舊例丁力强者充軍，弱者出錢，故有正軍、貼户之籍。行之久，而强者弱，弱者强，與舊籍不符。其同户異籍者，又私訂年月以相更代。至是革之。

二十四年，樞密院臣言：「居軍貼户，有正軍已死者，有充工匠者。其放爲民者，有元係各投下户回付者。似此歇少一千三百四十户，乞差人分揀貧富，定貼户〔十〕、正軍。」從之。

二十九年，江西行省言：「亡宋之末，本爲募軍數少，於民間選擇壯丁、義士等名目。歸附後，依舊爲民。豈期軍民長官不肯奉公，遞互計較，展轉刁蹬販賣，至於貧愚不能申訴，終身充役者有之。在後因攢册已定，官府無由改正。既定之後，管軍官教使軍人妄指百姓，或以爲軍人户下人口，或稱與軍官親戚，或稱歸附時隨某官扞禦某處，擅行越躐管民官司，稱直勾追監收擾害，勒使承當軍役。自軍民各另之後，其弊愈甚。本省雖嚴行禁約，緣爲軍民不相統攝，事有未孚。參詳各翼新附軍人，俱有定籍，民户已有抄數。户册宜各依原籍，不許軍官徑直差人勾擾百姓充軍，似爲便當。」中書省韙其議，從之。大抵分揀軍户之後，以用兵江南，或籍軍官子弟，或籍餘丁，又或籍未成丁者爲漸丁。洎宋平，則籍新附軍，又從丞相伯顔請，括宋手號軍而籍之。凡至元九年所揀定者，爲七十二萬正軍，其餘皆無可考。以元之兵籍，漢人不聞其數，惟樞密長官一二人知之。故有國百年而内外兵數之多寡，人莫得而詳焉。

三十三年，樞密院議：「本路官吏不肯用心體覆，將貧難無力軍人不行申報，卻將有力軍人徇情捏合虚報貧難者，依刷軍例斷没罷職施行。」

大德三年，樞密院奏：「江南平定之後，軍馬别無調度，所司不知撫養，以致軍前歇役者日多。起補之間，官吏又夤緣作弊。乞戒中外軍官奥魯官，各修乃職，嚴行禁治。違者輕罪從樞密院點降，重者聞奏。」其頒降之條畫：

一，貧難逃户，限一百日出首復業者，免本罪，給付舊産，並免役三年。復業後再逃者，杖六十七。鄰右知而不首及藏匿者，並減二等科斷。

一，軍户和僱和買雜泛差役，除出征邊遠者全行蠲免，其餘有物之家，奥魯官憑給有司印文，官給價鈔，和僱和買依例應付，無物之家不得配撞科派。

一，軍户限地四頃之外，其餘地畝税銀依前體例送納。

一，奥魯官不得搔擾軍户，擅科軍差。

一，一切軍需，管軍官常切用心提調，無致損失。

一，諸翼軍人，並須選慣習壯丁，常加教練，管軍官不得徇私受賄，令親丁、驅口買名代替。

一，軍前私放錢債，虚錢實契，至歸還時多餘取利者，追徵没官，酌量治罪。

一，軍官不得多餘占使私役軍人，尤不得擅科錢物。

一，衣裝糧料，並仰本翼正官公同給散，不得中間尅扣，違者罪之。

一，奥魯官不得重役貧難軍户，有徇私隱蔽者罪之。

一，軍人訴訟，須經所屬官司，自下而上陳告，如理斷不公者，許訴於肅政廉訪司。若有凶徒惡黨，閃避軍役，風聞公事，恐嚇官吏錢物者，嚴行治罪。

大德元年，御史臺議：「軍官萬户、千户、百户，各有被使札也定數。近年各處軍官，除合得札也外，又行多餘差占正軍，作祇侯、曳剌、知印等名色。既無定例，合行禁治。」從之。

至大四年，頒存恤軍人條畫：

一，探馬赤軍累次僉起漸丁，以致氣力消乏，除至元九年籍定軍人外，已後續僉漸丁，權宜在家存恤津助舊軍，其漸丁軍千户、百户、奥魯官並行革罷。

一，因軍人氣力消乏，侍衛漢軍每牌子内各一名一年，迤南漢軍每牌子内各二名二年。自下輪流，以恤兵力。

一，各路存恤六年貧難軍人，今已限滿，依已降詔書内直姑屯田軍户，一體在家存恤。

一，州縣奥魯官撫養軍人，能使逃亡復業者，優加升擢。

一，行省、宣慰司、都元帥府提調官員及漢人、蒙古軍官，非奉樞密院明文，毋得以點視爲名，非理騷擾。其内外管軍官，若有便利於軍者，申呈樞密院次第施行。

皇慶元年，中書省臣奏：放軍户李田哥等四百户爲民。初，李馬哥等屬諸王脱脱，乙未年入民籍，高麗林衍及乃顔叛，僉爲軍户。至元九年定籍，以在七十二萬户之外，改爲民。至大四年，樞密院又奏爲軍户。至是，省臣言之，令遵乙未年之籍。後樞密院復改爲軍户焉。

至軍人所掠買者，謂之驅口，又名撒花人口，亦曰投祥户。至元六年，定蒙古軍驅條畫：凡探馬赤告爭驅口，令主奴對證，屬實者，分付本主。驅死，其妻子承伏，委是本户擄買者，亦付之本主。若主奴並無顯證，又當軍站民匠等差役者，依舊應差。

大德六年，定逃驅杖七十七，誘引窩藏者六十七，隣人並社長里正知而不首捕者三十七。仍於逃驅名下追鈔一錠，給捉獲人充賞。

【校勘記】

〔一〕「博爾朮」，「博」字原脱，據《元史》卷九九志第四十七《兵二》及王圻《續文獻通考》卷九二《職官考》補。

〔二〕「衛增」二字疑衍。按《元史》卷三五本紀第三十五《文宗四》云：「近嘗汰其冗濫，武宗、仁宗兩朝，各定爲八百人，英宗七百人。」

〔三〕「詔復其」，「復其」二字原脱，據《元史》卷三三本紀第三十三《文宗二》補。

〔四〕以上「五投下」，當補闊廓不花之名。按本卷下文世祖中統三年詔云：「舊屬按札兒、勃羅、笑乃觪、闊闊不花、不里海拔都兒所管探馬赤軍。」又《元史》卷九九志第四十七《兵二》云：「國初，木華黎奉太祖命，收扎剌兒、兀魯、忙兀、納海四投下，以按察兒、孛羅、笑乃觪、不里海拔都兒、闊闊不花五人領探馬赤軍。」

〔五〕「迤東」，原作「遼東」，下注文同誤，據《元史》卷九九志第四十七《兵二》及王圻《續文獻通考》卷九五《職官考》改。本書《兵志二》作「迤東」不誤。

〔六〕「七十」，原倒作「十七」，據《元史》卷九八志第四十六《兵一》乙正。

〔七〕「延安」，原作「迫安」，據《元史》卷九八志第四十六《兵一》改。

〔八〕「軍户」，原脱，據本卷目録補。

〔九〕「願效死力」，「願」原作「顧」，據《元史》卷九八志第四十六《兵一》改。

〔十〕「貼户」，原倒作「户貼」，據《元史》卷九八志第四十六《兵一》乙正。

新元史卷之九十九　志第六十六

兵志二

鎮戍

元初用兵四方，凡險要之地，則留兵戍之。然因時建置，旋即裁罷，故其事無可考。

中統元年五月，詔漢軍萬户各於本管新舊軍内摘發軍人，備衣甲器仗，差官領赴燕京近地屯駐。萬户史天澤，一萬四百三十五人；張馬哥，二百四十人；解成，一千七百六十人，紥叱剌，四百六十六人；斜良拔都，八百九十六人；扶溝馬軍奴，一百二十九人；内黄帖木兒，一百四十四人；趙奴懷，四十一人；鄢陵勝都古，六十五人。十一月，命右三部尚書怯列門、平章政事趙壁，領蒙古、漢軍於燕京近地屯駐，平章塔察兒領武衛軍一萬人屯駐北山，漢軍、質子軍及僉到民間諸投下軍於西京、宣德屯駐。復命怯列門爲大督，管領諸軍勾當，分達達軍爲兩路，一赴宣德、德興，一赴興州。其諸萬户漢軍，則令赴潮河屯守。後復以興州達達軍合入德興、宣德，命漢軍各萬户悉赴懷來、縉山川中屯駐。是爲分兵鎮戍之始。

三年十月，詔田德實所管固安質子軍九百十六户，及平灤州劉不里剌所管質子軍四百户，還元管地面屯駐。

至元七年，以金州軍八百隸東川統軍司。還成都，忽郎吉軍戍東川。

十一年正月，以忙古帶等新舊軍一萬一千五百人戍建都。調襄陽府生券軍六百人、熟券軍四百人，由京兆府鎮戍鴨池，命金州招討使欽察部領之。十二月，調西川王安撫、楊總帥軍與火尼赤相合，與丑漢、黄兀剌同鎮守合答城。

十二年二月，詔以東川新得城寨，逼近夔府，恐南兵來侵，發鞏昌路補僉軍三千人戍之。三月，選五州丁壯四千人，戍海州、東海。

十三年十月，命别速解、忽别列八都兒二人爲都元帥，領蒙古軍二千人、河西軍一千，戍斡端城。

十五年三月，分揚州行省兵於隆興府。初，置行省，分兵諸路調遣，江西省軍爲最少，至是以江西地闊，阻山谿之險，命帖木兒不花領兵一萬人赴之，合元帥塔出軍，以備戰守。四月，詔以伯顔、阿朮所調河南新僉軍三千人，還守廬州。六月，命荆湖北道宣慰使塔海調遣夔府諸軍。七月，詔以塔海征夔軍之還戍者，及揚州、江西舟師，悉付水軍萬户張榮實將之，守禦江中。八月，命江南諸路戍卒，散歸各所屬萬户屯戍。初，渡江所得城池，發各萬户部曲士卒以戍之，久而亡命死傷者衆，續至者多不著行伍，至是縱還各營，以備屯戍。安西王相府言：「川蜀既平，城邑山砦洞穴凡八十三所，其渠州禮義城等處凡三十三所，宜以兵鎮守，餘悉撤去。」從之。九月，詔發東京、北京軍四百人，往戍應昌府。其應昌舊戍士卒，悉令散歸。

十一月，定軍、民異屬之制，及蒙古軍屯戍之地。先是，以李璮叛，分軍、民爲二，而異其屬。後因平江南，軍官始兼民職，遂因之。凡以千户守一郡，則率其麾下從之，百户亦然，不便。至是，令軍民各異屬，如初制。士卒以萬户爲率，擇可屯之地屯之，諸蒙古軍士，散處南北及還各奥魯者，亦皆收聚。令四萬户所領之衆屯河北，阿朮二萬户屯河南，以備調遣，餘丁定其版籍，編入行伍，俾各有所屬，遇征伐則遣之。

十六年二月，命萬户孛朮魯敬，領其麾下舊有士卒守湖州。先是，以唐、鄧、均三州士卒二百八十八人屬敬麾下，後遷戍江陵府。至是，還之。四月，定上都戍卒用本路元籍軍士。國制，郡邑鎮戍士卒，皆更相易置，故每歲以他郡兵戍上都，軍士罷於轉輸。至是，以上都民充軍者四千人，每歲令備鎮戍，罷他郡戍兵。

六月，硐門、魚通及黎、雅諸處民户，不奉國法，議以兵戍其地。發新附軍五百人、蒙古軍一百人、漢軍四百人，往鎮戍之。七月，以西川蒙古軍七千人、新附軍三千人，付皇子安西王〔一〕。命闍里帖木兒以戍杭州軍六百九十人赴京師，調兩淮招討小厮蒙古軍，及自北方迴探馬赤軍代之。八月，調江南新附軍五千駐太原，五千駐大名，五千駐衛州。又發探馬赤軍一萬人，及夔府招討張萬之新附軍，俾四川西道宣慰使也罕的斤將之，戍斡端。

十七年正月，詔以他不罕守建都，布吉觪守長河西之地，無令遷易。三月。同知浙東道宣慰司事張鐸言：「江南鎮戍軍官不便，請以時更易之。」國制，既平江南，以兵戍列城，其軍官皆世守不易，故多與富民樹黨，因奪民田宅居室，蠹有司政事，爲害滋甚。鐸上言，以爲皆不遷易之敝，請更其制，限以歲月遷調，庶使初附之民，得以安業云。

五月，命樞密院調兵六百人，守居庸關南、北口。七月，廣州鎮戍軍，初以丞相伯顔等麾下二千五百人從元帥張弘範征廣王，因留戍焉。歲久皆貧困，多死亡者。至是，命更代之。復以揚州行省四萬户蒙古軍，更戍潭州。十月，發礮卒千人入甘州，備戰守。十二月，八番羅甸宣慰司塔海請增戍卒。先是，以三千人戍八番，後征亦奚不薛，分摘其半。至是師還，宣慰司復請益兵，以備戰守，從之。

十八年正月，命萬户張珪率麾下往就潭州，還其祖父所領亳州軍並統之。二月，以合必赤軍三千戍揚州。十月，高麗王並行省皆言：「金州、合浦、固城、全羅州等處，沿海上下，與日本正當衝要，宜設立鎮邊萬户府屯鎮。」從之。十一月，詔以征東留後軍，分鎮慶元、上海、澉浦三處上船海口。

十九年二月，命唐兀䚟於沿江州郡，視便宜置軍鎮戍，及諭鄂州、揚州、隆興、泉州等四省，議用兵戍列城。徙浙東宣慰司於温州、分軍戍守江南，自歸州以及江陰至三海口，凡二十八所。四月，調揚州合必赤軍三千人鎮泉州。又潭州行省以臨川鎮地接古城及未附黎洞，請立總管府，一同鎮戍，從之。七月，以隆興、西京軍士代上都戍卒，還西川。先是，上都屯戍士卒，其奥魯皆在西川，而戍西川者，多隆興、西京軍士，每歲轉餉，不勝勞費，至是更之。

二十年八月，留蒙古軍千人戍揚州，餘悉縱還。揚州所有蒙古士卒九千人，行省請以三分爲率，留一分鎮戍。史塔剌渾曰：「蒙古士卒悍勇，孰敢當？留一千人足矣。」從之。十月，發乾討虜軍千人，增戍福建行省。先是，福建行省以其地險，常有盜負固爲亂，兵少不足以備戰守，請增蒙古、漢軍千人。樞密院議以劉萬奴所領乾討虜軍益之。

二十一年四月，詔潭州蒙古軍依揚州例，留一千人，餘悉放還諸奥魯。十月，增兵鎮守金齒國，以其地民户剛狠，舊嘗以漢軍、新附軍三千人戍守，令再調探馬赤、蒙古軍二千人，令藥刺海率赴之。

二十二年二月，詔改江淮、江西元帥招討司爲上、中、下三萬户府，蒙古、漢人、新附諸軍，相參作三十七翼。上萬户：宿州、蘄縣，真定、沂郯，益都、高郵、沿海，七翼。中萬户：棗陽、十字路、邳州、鄧州、杭州、懷州、孟州、真州，八翼。下萬户：常州、鎮江、潁州、廬州〔二〕、亳州、安慶、江陰水軍、益都新軍、湖州、淮安、壽春、揚州、泰州、弩手、保甲、處州、上都新軍、黄州、安豐、松江、鎮江水軍、建康，二十二翼。每翼設達魯花赤、萬户、副萬户各一人，以隸所在行院。

二十四年五月，調各衛諸色軍士五百人於平灤，以備鎮戍。十月，詔以廣東係邊徼之地，山險人稀，兼江西、福建賊徒聚集，不時越境作亂，發江西行省忽都帖木兒麾下軍五千人往鎮守之。

二十五年二月，調揚州省軍赴鄂州，代鎮守士卒。三月，詔黄州、蘄州、壽昌諸軍還隸江淮省。始，三處舊置鎮守軍，以近鄂州省，嘗分隸領之，至是，軍官以爲言，遂仍其舊。遼陽行省言，懿州地接賊境，請益兵鎮戍。從之。四月，調江淮行省全翼一下萬户軍，移鎮江西省。從皇子脱歡士卒及劉二拔都麾下一萬人，皆散歸各營。十一月，增軍戍咸平府，以察忽、亦兒思合言其地實邊徼，請益兵鎮守，以備不虞。

二十六年二月，命萬户劉得禄以軍五千人，鎮守八番。

二十七年六月，調各行省軍於江西以備鎮戍，俟盜戚平息，而後縱還。九月，以元帥那懷麾下軍四百人守文州。調江淮省下萬户府軍於福建鎮戍。十一月，江淮行省平章不憐吉歹言：「先是，丞相伯顔及元帥阿朮、阿塔海等守行省時，各路置軍鎮戍，視地之輕重而爲之多寡。厥後忙古䚟代之，悉更其法，易置將吏士卒，殊失其宜。今福建盜賊已平，惟浙東一道地極邊惡，賊所巢穴，請復還三萬户以戍守之。合剌帶一軍戍沿海明、台，亦怯烈一軍戍温、處，札忽帶一軍戍紹興、婺州，其寧國、徽州初用士兵，後皆與賊通。今盡還之江北，更調高郵、泰州兩萬户漢軍戍之。揚州，建康、鎮江三城，跨據大江，人民繁會，置七萬户府。杭州行省諸司府庫所在，置四萬户府。水戰之法，舊止十所，今擇瀕海沿江要害二十二所，分兵閲習，伺察諸盜。錢塘控扼海口，舊置戰艦二十艘，今增置戰艦百艘，海船二十艘。」樞密院以聞，悉從之。

二十八年二月，調江淮省探馬赤軍及漢軍二千人，從脱歡太子揚州屯駐。二十九年，以咸平府、東京所屯新附軍五百人，增戍女真地。

三十年正月，詔西征探馬赤軍八千，分留一千或二千，餘令放還。皇子奥魯赤、大王朮伯言：「切恐軍散釁生，宜留四千，還四千。」從之。五月，命思播黄平、鎮遠拘刷亡宋避役手號軍人，以增鎮守。七月，調四川行院新附軍一千人戍松山。

元貞元年七月，樞密院官奏：「劉二拔都兒言：『初，鄂州省安置軍馬之時，南面止是潭州等處。後得廣西海外四州、八番洞蠻等地，疆界闊遠，闕少戍軍，復增四萬人。今將元屬本省四翼萬户軍分出，軍力減少。』臣等謂劉二拔都兒之言有理。雖然，江南平定之時，沿江安置軍馬，伯顏、阿朮、阿塔海、阿里海牙、阿剌罕等，俱係元經攻取之人，又與近臣月兒魯、孛羅等樞密院官同議安置者。乞命通軍事、知地理之人，議增減安置，庶後無弊。」從之〔三〕。

二年五月，江浙行省言：「近以鎮守建康、太平保定萬户府全翼軍馬七千二百一十二名，調屬湖廣省，乞分兩淮戍兵於本省沿海鎮遏。」樞密院官議：「沿江軍馬，係伯顏、阿朮安置，勿令改動。止於本省元管千户、百户軍内，發兵鎮守之。」制可。九月，詔以兩廣海外四州城池戍兵，歲一更代，往來勞苦。給俸錢，選良醫，往治其疾病者。命三、二年一更代之。

三年二月，調揚州翼鄧新萬户府全翼軍馬，分屯蘄、黄。

大德元年三月，陝西平章政事脱烈伯領總帥府軍三千人，收捕西番回。詔留總帥軍百人及階州舊軍、禿思馬軍各二百人守階州，餘軍還元翼。湖廣省請以保定翼萬人，移鎮郴州，樞密院官議：「此翼乃張柔所領征伐舊軍，宜遷入鄂州省屯駐，别調兵守之。」七月，招收亡宋左右兩江土軍千人，從思明上思等處都元帥昔剌不花言也。十一月，河南行省平章政事孛羅歡言：「前揚州立江淮行省，江陵立荆湖行省，各統軍馬，上下鎮遏。後江淮省移於杭州，荆湖省遷於鄂州，黄河之南，大江迤北，汴梁古郡設立河南江北行省，通管江淮、荆湖兩省元有地面。近年併入軍馬，通行管領。所屬之地，大江最爲緊要。兩淮地險人頑，宋亡之後，始來歸順。當時沿江一帶，斟酌緩急，安置定三十一翼軍馬鎮遏。後遷調十二翼前去江南，餘有一十九翼，於内調發，止存元額十分中一二。况兩淮、荆襄自古要隘之地，歸附至今，雖即寧静，宜慮未然。乞照沿江元置軍馬，遷調江南翼分，并各省所占本省軍人，發還元翼，仍前鎮遏。」省院官議以爲：「沿江安置三十一翼軍馬之説，本院無此簿書，問之河南省官孛魯歡，其省亦無樞密院文卷，内但稱至元十九年伯顏、王速帖木兒等共擬其地，安置三萬二千軍，後增二千，總三萬四千。今悉令各省差占及逃亡事故者還，充役足矣。又孛魯歡言，去年伯顏點視河南省見有軍五萬二百之上，又若還其占役事故軍人，則共有七、八萬人。此數之外，脱歡太子位下有一千探馬赤、一千漢軍，阿剌八赤等哈剌魯亦在其地〔四〕，設有非常，皆可調用。據各省占役，總計軍官、軍人一萬三千八百八十一名，軍官二百九名，軍人一萬三千六百七十二名。内漢軍五千五百八十名，新附軍八千二十八名，蒙古軍六十四名。江浙省占役軍官、軍人四千九百五十七名，湖廣省占役軍官、軍人七千六百三名，福建省占役軍官、軍人一千二百七十二名。江西省出征收捕未回新附軍四十九名，悉令還役。江西省出征河南行省見占本省軍人八千八百三十三名，亦宜遣還鎮遏。」有旨，兩省各差官赴闕辨議。

二年正月，樞密院臣言：「阿剌䚟、脱忽思所領漢人、女真、高麗等軍二千一百三十六名內，有稱海對陣者，有久戍四、五年者，物力消乏。乞於六衛軍內分一千二百人，大同屯田軍八百人，徹里台軍二百人，總二千二百人往代之。」制可。三月，調各省合併鎮守軍，福建所置者合爲五十三所，江浙所置者合爲二百二十七所，江西元立屯軍鎮守二百二十六所，減去一百六十二所，存六十四所。

三年三月，沅州賊人嘯聚〔五〕。命以陽萬户府鎮守辰州，鎮巢萬户府鎮守沅州、靖州，上均萬户府鎮守常州、澧州。

五年三月，詔河南省占役江浙省軍一萬一千四百七十二名，除洪澤、芍陂屯田外，餘令發還元翼。

七年四月，調碉門四川軍一千人，鎮守羅羅斯。

八年二月，以江南海口軍少，調蘄縣王萬户翼漢軍一百人、寧萬户翼漢軍一百人、新附軍二百人守慶元，自乃顏來者蒙古軍三百人守定海。

至大二年七月，樞密院臣言：「去年，日本商船焚掠慶元，官軍不能敵。江浙省言：『請以慶元、台州沿海萬户府新附軍往陸路鎮守，以蘄縣、宿州兩萬户府陸路漢軍移就沿海屯鎮。』臣等議：自世祖時，伯顏、阿朮等相地之勢，制事之宜，然後安置軍馬，豈可輕動！前行省忙古觪等亦言以水陸軍互换遷調，世祖有訓曰：『忙古觪得非狂醉，而發此言！以水路之兵習陸路之技，驅步騎之士而從風水之役，難成易敗，於事何補？』今欲禦備姦宄，莫若從宜。於水路沿海萬户府新附軍三分取一，與陸路蘄縣萬户府漢軍相參鎮守。」從之。

四年十月，以江浙省嘗言：「兩浙沿海瀕江隘口，地接諸番，海寇出没，兼收附江南之後三十餘年，承平日久，將驕卒惰，帥領不得其人，軍馬安置不當。乞斟酌衝要去處，遷調鎮遏。」樞密院官議：「慶元與日本相接，且爲倭商焚毁，宜如所請。其餘遷調軍馬，事關機務，别議行之。」十二月，雲南八百媳婦、大小徹里等作耗，調四川省蒙古、漢軍四千人，命萬户囊家觪部領，赴雲南鎮守。其四川省言：「本省地方，東南控接荆湖，西北襟連秦隴，阻山帶江，密邇番蠻，素號天險，古稱極邊重地。乞於存恤歇役六年軍内，調一千人往。」從之。

皇慶元年十一月，詔江西省瘴地内諸路鎮守軍，各移近地屯駐。

延祐四年四月，河南行省言：「本省地方寬廣，關係非輕，所屬萬户府俱於臨江沿淮上下鎮守方面，相離省府，近者千里之上，遠者二千餘里，不測調度，猝難相應。況汴梁國家腹心之地，設立行省，別無親臨軍馬，較之江浙、江西、湖廣、陝西、四川等處，俱有隨省軍馬，惟本省未蒙撥付。」樞密院以聞，命於山東河北蒙古軍、河南淮北蒙古兩軍都萬户府，調軍一千人與之。十一月，陝西都萬户府言：「碉門探馬赤軍一百五十名，鎮守多年，乞放還元翼。」樞密院臣議：「彼中亦係要地，不宜放還。止令於元翼起遣一百五十名，三年一更鎮守。元調四川各翼漢軍一千名，鎮守碉門、黎、雅，亦令一體更代。」

泰定四年三月，陝西行省嘗言：「奉元建立行省、行臺，別無軍府，唯有蒙古軍都萬户府，遠在鳳翔置司，相離三百五十餘里，緩急難用。乞移都萬户府於奉元置司，軍民兩便。」及後陝西都萬户府言：「自大德三年，命移司酌中安置，經今三十餘年。鳳翔離成都、土番、甘肅俱各三千里，地面酌中，不移爲便。」樞密議：「陝西舊例，未嘗提調軍馬，況鳳翔置司三十餘年，不宜移動。」制可。十二月，河南行省言：「所轄之地，東連淮海，南限大江，北抵黄河，西接關陝，洞蠻草賊出没，與民爲害。本省軍馬俱在瀕海沿江安置，遠者二千，近者一千餘里。乞以礮手、弩軍兩翼，移於汴梁，并各萬户府摘軍五千名，設萬户府隨省鎮遏。」樞密院議：「自至元十九年〔六〕，世祖命知地理省院官共議，於瀕海沿江六十三處安置軍馬。時汴梁未嘗置軍，揚州衝要重地，置五翼軍馬并礮手、弩軍。今親王脱歡太子鎮遏揚州，提調四省軍馬，此軍不宜更動。設若河南省果用軍，則不塔剌吉所管四萬户蒙古軍内，三萬户在黄河之南、河南省之西，一萬户在河南省之南，脱别台所管五萬户蒙古軍俱在黄河之北、河南省東北，阿剌帖木兒、安童等兩侍衛蒙古軍在河南省之北，共十一衛翼蒙古軍馬，俱在河南省周圍屯駐，又本省所轄一十九翼軍馬，俱在河南省之南，沿江置列。果用兵，即馳奏於諸軍馬内調發。」從之。

天曆元年八月，調諸衛兵守居庸關及盧兒嶺，又遣左衛率使禿魯將兵屯白馬甸，隆鎮衛指揮使斡都蠻將兵屯太和嶺，又發中衛兵守遷民鎮。是時，泰定帝崩，燕帖木兒遣使迎文宗於江陵，故分兵拒守，以禦上都。遣隆鎮衛指揮使也速台兒將兵守碑樓口，撒敦守居庸關，唐其勢屯古北口，河南行省遣前萬户孛羅等將兵守潼關。九月，樞密院臣言：「河南行省軍列戍淮西，距潼關、河中不遠。湖廣行省軍唯平陽、保定兩萬户號稱精鋭，請發蘄宿戍軍一萬人及兩萬户軍爲三萬，命湖廣參政鄭昂霄、萬户脱脱木兒將之，並黄河爲營，以便徵調。」從之。命襄陽萬户楊克忠、鄧州萬户孫節以兵守武關，以知行樞密院事也速台兒將兵行視太行諸關，發摺疊弩分給守關軍士，遣民軍守歸州峽諸隘。分山東丁壯萬人守禦益都、般陽諸處海港。命冀寧、晉寧兩路所轄代州之雁門關，崞州之陽武關，嵐州之大澗口、皮庫口，保德州之寨底、天橋、白羊三關，石州之塢堡口〔七〕，汾州之向陽關，隰州之烏門關，吉州之馬頭、秦王嶺二關，靈石縣之陰地關，皆穿斬疊石，調丁壯戍之。

二年二月，湖廣行省調兵鎮播州及歸州。

至順元年，令鞏昌都總帥府調兵千人，戍四川開元。敕上都兵馬司二員，率兵由偏嶺至明安巡邏，以防盜賊。

二年，鎮西武靖王搠思班言：「蒙古軍及哈剌章、羅羅斯諸種人叛者，或誅或降，其餘黨不能保其不反側。請留荆王也速哥等各領所部屯戍三歲，以示威重。」從之。仍命豫王阿剌忒納失里分兵給探馬赤三百、乞赤伯三百，共守一年，以鎮攝之。樞密院臣言：「天曆兵興，以揚州重鎮嘗假淮東宣慰司以兵權，今事已平，宜以所部復戍河南。又征西元帥府自泰定初調兵四千一百人戍龍剌、亦集乃，期以五年爲代。今已十年，逃亡者衆，宜加優恤，使來歲五月代還。」從之。

至正六年，山東盜起，詔中書參知政事鎖南班至東平鎮遏。

七年，兩淮運使宋文瓚上言：「江陰、通、泰，江海之門户，而鎮江、真州次之，國初設萬户以鎮其地。今戍將非人，致使盜賊來往無常。集慶花山劫賊纔五十六人，官軍萬數，不能進討，反爲所敗。宜急選智勇，任以兵柄，以圖後功。不然，東南五省之地，恐非國家所有。」不報。中書省臣言：「請撥達達軍與揚州舊軍於河南水陸關隘戍守，東塹徐、邳，北至夾馬營，遇賊掩捕。」從之。

十五年，又命河南行省參知政事洪丑驢守禦河南，陝西行省參知政事述律朵兒守禦潼關〔八〕，宗王札牙失里守禦興元，陝西行省參知政事阿魯温沙守禦商州，通政院使朵來守禦山東。又令河南行省參知政事塔失帖木兒領元管陝西軍馬，守禦河南。七月，令親王失列門以兵守曹州，山東宣慰使馬某火者以兵分守沂州、莒州等處。命知樞密院事塔兒麻監藏及四川行省左丞沙剌班等以兵屯中興〔九〕，湖廣行省參知政事桑哥、亦秃渾及秃秃守禦襄陽，參知政事哈林秃等守禦沔陽。又命淮南行省平章政事蠻子海牙守禦鎮江南岸，湖廣行省左丞卜蘭奚等守禦蘄、黄。

十六年，命宣讓王帖木兒不花、威順王寬徹不花以兵鎮遏懷慶路。

十七年，以賊犯七盤，令察罕帖木兒以軍守陝州、潼關。監察御史脱木兒言：「爲今之計，當遴選名將以守河北，進可以制河南之侵，退可以攻山東之寇。」從之。九月，以紐的該總諸軍守禦東昌。

十八年，詔察罕帖木兒還兵鎮冀寧。

二十年，命孛羅帖木兒部將方脱脱守禦嵐、興、保德等州，又命孛羅帖木兒守石嶺關以北，察罕帖木兒守石嶺關以南，俱不從。自是，朝廷之命始不行於閫外焉。

【校勘記】

〔一〕「安西」，原倒作「西安」，據《元史》卷九九志第四十七《兵二》乙正。

〔二〕「廬州」，原作「盧州」，據《元史》卷九九志第四十七《兵二》改。

〔三〕「從之」，原作「後之」，據《元史》卷九九志第四十七《兵二》改。

〔四〕「亦」，原作「一」，據《元史》卷九九志第四十七《兵二》改。

〔五〕「沅州」，原作「沅洲」，據《元史》卷九九志第四十七《兵二》改。下文「沅州」不誤。

〔六〕「設萬户府隨省鎮遏」。樞密院議：自至元十九年」三句，原脱，《元史》卷九九志第四十七《兵二》同。《續文獻通考》卷一二八《兵考》：「按：既於各萬户摘軍，何得有五千之多？疑『千』字乃『十』字之訛頁。又『摘軍五千名』句，文氣未完，而下文即云世祖云云，此當是樞密院臣議覆之語，與上文句意不想連貫，其中有脱文明矣。」應撝謙《教養全書》卷三八「並各萬户府摘軍五千名」下，「世祖命知地理省院官共議」上，又有「設萬户府隨省鎮遏。樞密院議：自至元十九年」三句。魏源《元史新編》卷九〇略同。據補。

〔七〕「塢堡口」，「塢」原作「塢」，據《元史》卷三二本紀第三十二《文宗一》改。
〔八〕「陝西行省」，「行」字原脱，據《元史》卷四四本紀第四十四《順宗七》補。
〔九〕「四川行省」，「川」原作「州」，據《元史》卷四四本紀第四十四《順宗七》改。

新元史卷之一百　志第六十七

兵志三

馬政

蒙古，游牧之國。札木合稱太祖之强，曰「有騸馬七十二匹」；王罕飲青馬乳，太祖尤慕羨之。蓋國俗如此。

世祖混一之後，牧馬之地，東越躭羅，北踰火里禿麻，西踰甘肅，南暨雲南。又大都、上都及玉你伯牙、折連怯呆兒，周回萬里，皆監牧之野。在朝置太僕寺典御馬，及供宗廟影堂山陵祭祀，與玉食之挏乳。取之百姓者曰抽分，有兵事則和買民馬，和買不及則用拘刷之法，亦軍政之大者也。

太祖定制：千、百户之子選爲護衛，傔從十人或五人，所乘馬於千、百户内取之。牌頭之子，則取於十户之内。牧馬者曰哈赤，曰哈剌赤，有千户、百户世其官。

至元六年，勅科取乳牝馬，除蒙古千户、百户、牌甲外，其只魯瓦觧處業經尋常科取，勿再索之。若已拘刷者，還之。七年，始立羣牧所，掌阿塔思馬匹。二十二年，立大都等路羣牧都轉運司，以掌芻秣之事，未幾罷。二十四年，改羣牧所爲太僕寺。

皇慶元年，立經正監，掌蒙古之牧地。又立羣牧監，掌興聖宫御位下之馬。

延祐七年，太僕寺官忠嘉、阿剌帖木兒奏："所管各項官孳畜，去歲風雪倒死。差人計點，每三十匹爲一羣，六馬補一，牝馬兩補一，用官印烙訖，取勘實有數目。"從之。

至治三年，敕每三年於各愛麻選騋馬之良者以千數，給尚乘寺備駕仗及宫人出入之用。

泰定元年，太僕卿渾丹等奏："自躭羅選牛八十三頭至此，不習水土，乞付哈赤，換作三歲乳牛，印烙入官。"是年，渾丹等又奏："各愛麻馬多耗損，請市馬一萬匹以實之。"俱從之。二年，太僕寺卿燕帖木兒奏："各處官馬短少，太僕寺官及怯薛人赴各處點數明白，以册上。"三年，太僕寺卿闊怯、燕帖木兒等又奏："係官馬疋已備有細數，再遣太僕寺官至各處覆點。"

天曆二年，立典牧監，掌皇太子御位下之馬。是年，勅各屬内哈赤，黑面玉馬、五明馬、桃花馬，於三等毛色内選擇進呈。又馬主隱匿有毛色牝牡馬亦里玉烈者，或首告發露，以馬與首人，杖一百七下。又勑異様馬，命都兒阿魯赤專掌之，經正監別賜草地，自爲一羣。太僕寺卿撒敦等奏：「舊制：皇帝登寶位，太僕官親至各處點視官馬。請依例差官點數。」勑如所請。

至順元年，雲南行省言：「亦乞不薛之地所牧國馬，歲給鹽，以每月上寅日飼之，則馬健無病。比因伯忽之亂，雲南鹽不到，馬多死。」詔令四川行省以鹽給之。

凡車駕巡幸，太僕卿以下皆從。先驅馬出建德門外，取其有乳者以行。自天子以及諸王、百官，各以脱羅氈置撒帳，爲取乳室。車駕還，太僕卿先期徵馬五十醖都來京師。醖都，承乳車之名也。既至，使哈赤、哈喇赤之爲大官者親秣之黑馬乳，以奉玉食，謂之細乳。諸王以下亦供馬乳，謂之粗乳。自世祖以下，諸陵寢各有醖都，取馬乳以供祭祀，號金陵擠馬。逾五年，盡以畀守陵者。

官馬以印烙馬之左股，號大印子馬。其印有兵古、貶古、閣卜川、月思古、斡欒等名。自夏至冬，逐水草以居。十月，各歸本地，朝廷遣太僕寺官馳驛閲視，較其多寡，産駒即烙印取勘，收除現在數目，造蒙古、回回、漢字册籍以上。凡病死者三，則令牧馬償大牝馬二；病死者二，則償以一；病死者一，則償以一牝羊；無馬，則以羊駝折納。

其籍於太僕寺者，總數不可考。惟至大元年，中書省言：「去歲諸衛飼馬九萬四千四外，則飼馬十一萬九千餘匹。」可以略見其大概云。

其御位下、正宫位下、隨朝諸色目人員，甘肅、土番、耽羅、雲南、占城、蘆州、河西、亦乞不薛、和林、斡難、怯魯連、阿忽馬乞、哈喇木連、亦乞里思、亦思渾察、稱海、阿察脱不罕、連折怯呆兒等處草地，内及江南、腹裏諸處，應有係官孳生馬、牛、羊、駝、驢點數之處，一十四道牧地，各千户、百户等名目如左：

一，東路折連怯呆兒等處，玉你伯牙、上都周圍，哈喇木連等處，阿刺忽馬乞等處，斡金川等處，阿察脱不罕，甘州等處，左手永平等處，右手固安等處，雲南亦乞不薛，蘆州，益都，火里秃麻，高麗耽羅國。

一，折連怯呆兒等處御位下：折連怯呆兒地哈喇赤千户買買的、撒台、怯兒八思、闊闊來、塔失帖木兒、哈喇那海、伯要䚟、也的思、撒的迷失、教化、太教木兒、塔都、也先、木薛肥、不思塔八、不兒都麻失，不顔台、撒敦。按赤、忽里哈赤千户下百户脱脱木兒。兀魯兀内王阿八刺哈赤闊闊出。徹徹地撒刺八。薛裏温你里温斡脱忽赤哈刺帖木兒。哈思罕地僧家奴。玉你伯牙斷頭山百户哈只。

一，甘州等處御位下：口千子哈剌不花一所。奥魯赤一所。阿刺沙阿蘭山兀都蠻。亦不剌金一所。寬徹干。塔塔安地普安。勝回地劉子總管。闊闊思地。太帖木兒等。

甘州等處楊住普。撥可連地撒兒吉思。只哈秃屯田地安童一所。哈剌班忽都拙思牙赤耳眉。

一，左手永平等處御位下：永平地哈剌赤千户六十。欒亭地拙里牙赤、阿都赤、答剌赤迷里迷失、亦兒哥赤馬某撒兒答。香河按赤定住、亦馬赤速哥帖木兒。河西務愛牙赤孛羅觧。灤州哈剌赤脱忽察。桃花島青昔寶赤班等。大斡耳朵位下：河西務玉提赤百户馬札兒。

一，右手固安州四怯薛八剌哈赤平章那懷爲長：固安州哈剌赤脱忽察，哈赤忽里哈赤、按赤不都兒。真定昔寶赤脱脱。左衛哈剌赤塔不觧。青州哈剌赤阿不花。涿州哈剌赤不魯哈思。

一，雲南亦奚卜薛帖木兒不花爲長。

一，蘆州。

一，益都哈剌赤忽都帖木兒。

一，火里禿麻太勝忽兒爲長。

一，高麗耽羅。

和買馬

太宗十年，勅札魯花赤胡都虎、塔魯虎觧、諤魯不等：自今諸路係官諸物，並由燕京、宣德、西京經過，其三路鋪馬，難以迭辦。今驗緊慢，定鋪口數目，通由天下户數科定協濟。三路舊户二百一十七户，四分著馬一匹，新户四百三十四户，八分著馬一匹。舊户一百六十九户，二分著牛一頭，新户三百三十八户，四分著牛一頭。現以南路分，牛馬難得，約量定價，馬一匹銀三十兩，牛一頭銀二十兩，若自願置頭匹分付者聽。合得協濟路分。東平府路驗户二十三萬四千五百八十五户内，有復數民户時重數，訖五千八百五十户爲不見新舊，權作舊户免徵外，實徵二十二萬八千七百三十五户。内有本路課税所勘當新舊户，照鋪頭口分例，另行科徵送納。總合著馬七百八十五匹五分五釐，牛一千一十七頭二分四釐。舊户十一萬五千二百四十七户，合著馬五百二十九匹一分五釐，牛六百八十一頭八分。新户十一萬三千四百八十八户，合著馬三百五十九匹四分，牛三百三十五頭四分四釐。民户二十三萬二千六百二十九户，重數户、課税所户在内，標撥與宗王口温不花、中書吾圖撒合里並探馬赤查剌温火兒赤，一千七百五十八户。中吾圖撒合里，撥訖新户三百四十五户。秃赤怯里探百户内，舊户三户，新户九十七户。宗王口温不花，撥訖一馬赤，撥訖新户六户。查剌温火兒赤伴等回回大師，撥訖新户三十户。曹王謌可，撥訖新户十户。羅伯成，撥訖新户三户。奪沽兒兀蘭撥訖新户七户。查剌温火兒赤等以下出氣力人，撥訖一百八十三户。乞里觧并以下出氣力人，撥訖户三百三十六户。笑乃觧并以下出氣力人，撥訖户四百六十七户。孛里海拔都，撥訖一百户。課課不花，撥訖五十五户。合丹，撥訖一百十六户。是時無和買之例，惟科定各路民户合著馬若干匹，以協濟燕京、宣德、西京三路鋪馬。

中統元年，始敕宣撫司於本路和買騍馬一萬匹，依市價課銀一錠買馬五匹，臨時斟酌高低定價。凡有騍馬之家，五匹存留一匹。有職事官吏，亦許存留一匹。和買見數印烙訖，達魯花赤管民官管押至開平府交割。計燕京路二千四百疋，真定路八百疋，北京路二千匹，平陽路八百匹，東平路八百匹，濟南、濱州兩路四百匹，大名路四百匹，西京等路二千四百匹。

二年，帝諭中書省曰：「前阿里不哥敗於昔木土腦兒，今北方雪大，又將復至。據隨路無論何人等，馬匹盡數和買，每五匹價銀一錠。」又諭陜西、四川等路和買馬匹，其數目先差使臣奏聞。

四年，諭中書省：據阿朮差來使臣抹喜奏，馬匹闕少。可於東平、大名、河南路宣慰司今年差發内，不論回回、通事、斡脱并僧、道、答失蠻、也里可温、畏兀兒、諸色人馬匹，每鈔一百兩，通滚和買肥壯馬七匹，付阿朮等給與軍人。總計和買一千五百五十匹：都元帥阿朮一千六十四匹，長壽十九匹，懷都六十九匹，也先不花三百九十八匹。

十四年，敕中書省：收到和買馬匹內，盲者、瘤者、嗓者、懷駒者印烙畢，俱分付本主。又漕運司牽船馬匹，別委本司印烙，沿途官給芻秣應付人夫槽蔚。

二十年，丞相火魯火孫等奏：「忙古觪拔都軍二千人，每人給馬三匹。今見有一千匹，乞降價再買五千匹。每三匹內，兩牝馬，一騸馬。於大王只必鉄木兒、駙馬昌吉兩位下民户內，并甘、肅州、察罕八哈剌孫數處，差人和買。」從之。

二十六年，尚書省奏和買馬并支放鈔數：

一，至元鈔一萬錠，差官管押前去各處：燕南河北道至元鈔二千四百錠，山東東西道鈔二千錠，河南等路一千八百錠，太原路、平陽路各一千錠，保定路、河間路各三百錠，平灤路二百錠，本部開支發付都城諸衙門馬匹鈔四百錠，大都路鈔六百錠。陝西等處行省就用保官錢支放。

一，委本道宣慰司、各路總管府官一同和買。

一，站赤：每正馬一匹，許留貼馬二匹，餘倣上和買。

一，差官押運鈔數至彼，依數收管呈省，其和買事止責本路官吏。

一，馬四歲以上，堪中和買；至年老之馬，若肥壯亦行和買。

一，權豪勢要之家，隱占馬匹，決杖一百七下，其馬没官。

一，各路官員若同心辦集，馬匹肥壯，别議奏聞；其怠慢及馬劣者治罪。

一，除陝西行省、平陽、太原徑赴河東山西道宣慰司交納外，其餘各路每三百匹作一運，如沿途比原納膘分，但有瘦弱、倒死，勒令押馬官陪償治罪。

一，和買，開馬具原主名姓、毛齒，膘分、價直呈省。

一，探馬赤、唐兀、禿魯花軍人，除原有馬數不在收買之限，不得轉買他人馬匹；犯者，買主、賣主各決一百七下，馬與價俱没官。

一，馬價以中統鈔爲則：騸馬，每匹上等五錠，中四錠，下三錠；曳剌馬，每匹上等四錠，中等三錠，下等二錠；小馬，每匹上等三錠，中等二錠二十五兩，下等一錠。

是年，丞相桑哥奏：「與月兒魯等共議，京兆等二十四處郡縣免和買。彼處所有之馬，若也速解兒、並忽蘭、帖哥烈所領軍内有上馬者，與之。其餘腹裏郡縣所有之馬，若盡買之，竊恐絶。種户、軍站户馬，免買。各處科一萬匹，但買騸馬、牡馬，不買牝馬。」從之。

三十年，中書平章帖哥、剌真等奏：「前者爲收馬事，令臣等議奏。今與樞密院、御史臺阿老瓦丁、伯顔、賽因囊加解等共議：凡請俸人員，令出俸錢買馬一萬匹。今用馬之時，有司無錢更買一萬匹。若再拘刷，恐損民力。乞減價與五錠買之。」帝曰：「朕不知，卿等裁之。前者，昔寶赤輩言：真定種田人，或一百，或二百人，騎馬獵兔。似此等馬，皆當拘之。」剌真又奏：「衆議斟酌一馬價五錠。臣等恐太多，作三錠若何？」又奉詔：「朕不知，卿等裁之。前者刷馬事，蓋暗伯以李拔都兒之言上請，卿等與暗伯共議以聞。」於是月兒魯、帖哥、暗伯、剌真、李拔都等共奏：各省科買馬一萬匹。詔如所請。

大德五年，中書省議擬，於上都、大同、隆興三路和買馬匹，隆興路委本路總管也里忽里，河東宣慰司委本道宣慰使法忽魯丁，上都留守司委本司副達魯花赤撒哈禿，不妨本職提調。依和買十歲以下、四歲以上堪中肥牡騸馬、曳利馬小匹，每匹通滚價直，不過中統鈔五錠。又變通至元舊制，稍增其價焉。

括馬

又名刷馬。至元十一年，括諸路馬五萬匹。二十三年，丞相安童奏：「定議中原括馬斡兒脱、達魯花赤官，回回、畏兀兒并閑居富户，有馬者，三分取二，漢人盡所有拘取。又軍、站、僧、道、也里可温、答失蠻，欲馬何用？乞亦拘之。」又奏：「馬價續當給降，隱藏及買賣之人，乞斟酌輕重杖之。」帝曰：「此卿等事，卿自裁之。」

總計刷到馬十萬二千匹：

一，赴上都交納八萬匹：大都路一萬匹，保定、太原等路各六千匹，真定、安西等路各七千匹，延安、平灤等路各二千匹，河間、大名等路各六千匹，東平、濟南等路各四千匹，北京路八千匹，廣平路三千匹，順德路二千匹，益都路五千匹。

一，赴大都交收，省部差官擇好水草牧放聽候起遣，馬二萬二千匹：彰德路三千匹，衛輝路一千匹，懷孟路一千匹，東昌路二千匹，淄萊路一千匹，濟寧路二千匹，恩州路五百匹，德州五百匹，高唐州五百匹，冠州三百匹，曹州七百匹，濮州五百匹，泰安州五百匹，寧海州五百匹，南京路三千匹，歸德府路一千匹，河南府路一千匹，南陽府一千匹，平陽路二千匹。爲災傷賑濟，量擬馬數。

二十四年，帝自將討乃顔，括河南僧、道馬匹，總計一千五百三匹。百官以職守不扈從，獻馬以給衛士。又括平灤路馬匹。二十五年，括隆興府一百四十三匹，交付北征軍人。又勑太原路應付阿只吉大王位下七百步行人，每名騸馬二匹及兩月糧。

二十六年，荅思、秃剌、帖木兒等奏：所領漸丁無馬。勑隆興府拘刷給之。又丞相桑哥等奏：「臣等議，行省官騎馬五匹，宣慰司官、三品官各騎馬三匹，四、五品官各騎馬二匹。五品以下各騎一匹。軍官、軍站馬免刷。」從之。

二十七年，中書省奉勑移咨各省：除軍官、站户、品官合留馬外，不論是何人户，應有馬匹盡數拘刷到官。

總計九千一百三十七匹：

江淮省六千二百五十四匹，福建省二百三十疋，湖廣省一千八百二十匹，江南省六百九十六匹，四川一百三十六匹。支撥六千八百十三匹：哈剌赤收三千二百九十六匹，貴赤衛收一千五十七匹，四怯薛阿塔赤等收一千三百九十九匹起赴上都。阿速衛等收二千一百八十八匹。見在馬一百十五匹，札付太僕寺收管訖。

三十年，詔叛王仍不悔過，用軍之際，隨處行省括馬十萬匹，後償其直。其合行事理：

一，諸人應有馬匹，除病嗓不堪者及帶駒牝馬打訖退印，分付原主，其餘盡數收括；若將堪中馬匹隱弊，及不行印烙者，當該官吏斷罪罷職。

一，養馬之家，應盡數赴官；如有隱藏影占抵換馬匹者，決杖一百七下，馬没官，其價錢付告人充賞。

一，站户正馬一馬，許留貼馬三匹，其餘馬匹盡數赴官印烙。

一，探馬赤、阿速、貴赤、唐剌赤、唐玉、禿魯花、大都六衛軍馬免刷，餘正軍貼户應有馬匹盡數別用印記印烙訖，分付各主知，在聽候。

一，押馬官從各處官司與差去官一同揀選，知會牧養頭匹達魯花赤、色目上官管押前來，每運不過一百匹。

一，官員存留馬，一品五匹，二品四匹，三品三匹，四、五品二匹，六品以下一匹。聽除官員，色目人二品以上留二匹，三品至九品留一匹。漢人一品至五品受宣官留一匹，受敕官不須存留。

一，外路在閑官員，除受宣色目官留一匹，其餘受敕以下並漢官馬匹，無論受宣、受敕，盡行赴官印烙解納。

一，隨朝衙門並六部斷事官、通事、譯史、令史、宣使、奏差、知印人等，舊有馬匹者止留一匹，無者毋得劫行置買，違者杖五十七下，其馬没官。

一，差去官並各處刷馬官、押馬官等，不得抵換馬匹，及取受錢物，看循面情，違者治罪。

又中書平章政事帖哥、剌真等奏：「在前刷馬，皆由一道赴都，聚爲一處，搔擾百姓，踐踏田禾，馬亦倒斃。今各處刷馬，宜分數道赴都。」敕從之。

計刷馬十一萬八千五百匹：

江南行省馬二萬四千匹：

江浙省一萬匹，福建省馬二千匹，兩省馬到宿遷縣，計會都省所委官指撥，由泰安州、東平路分三道至大都。湖廣馬八千匹，江西省馬四千匹，由汴梁、懷孟兩路至太原、大同迤北交納。

腹裏行省、宣慰司，並直隸省部路分，馬九萬四千五百匹：

河南省馬二萬匹，汴梁等五路並荆湖等處馬，由懷孟路至太原、大同迤北交納。淮東道馬至宿遷縣，由泰安州、東平路、益都路分三道至大都。淮西道馬，由大名路至大都。陝西、遼陽兩行省收拾馬匹現數，就本省地面牧放。陝西省八千匹，付阿難答大王收管。遼陽省五千匹、四川省一千匹，押赴陝西省，交割牧放。山東宣慰司一萬五千匹，從便赴大都。河東道宣慰司一萬匹，大同迤北交納。直隸省部路分十二處：直赴上都交納者，平灤路二千匹；由太原路至大同迤北交納者，衛輝路一千匹、彰德路二千匹、懷孟路一千匹；從便赴大都交納者，大都路八千匹、保定路四千匹、恩州三百匹、冠州二百匹、大名路四千匹、河間路四千匹；由飛狐口，大同迤北交納者，真定路五千匹、廣平路二千匹、順德路一千五百匹。

大德二年，丞相完澤、平章賽典赤等奏：「臣等觀世祖皇帝時刷馬五次，後一次括十萬匹，雖行訖文書，止得七萬餘匹。爲刷馬之故，百姓養馬者少。今乞不定數目，除懷駒、帶馬駒外，三歲以上者皆刷之。」帝從之。又詔：「刷馬之故，爲迤北軍人久在軍前，欲再添赴敵軍數，以此拘刷耳。」

總計馬十一萬一千七百五十五匹：

行省三萬七千二百十二匹：河南省一萬六千八百七十二匹，陝西省一萬八千四百十九匹，四川省一千八百七十二匹，遼陽省一萬六十二匹。

腹裏七萬四千五百四十二匹：大都路八千二百二十三匹，保定路二千九百六十七匹，河間路三千二百十九匹，濟南路六千二百二十三匹，般陽路二千七十七匹，益都路五千二百四十四匹，高唐州二百三十六匹，恩州二百四十四匹，冠州二百十八匹，德州一千二百八十五匹，曹州一千六百五十六匹，東昌路一千三百二匹，濟寧路二千六百五匹，廣平路二千二百三十三匹，真定路八百六十七匹，濮州一千九十八匹，彰德路二千八百四十一匹，大名路三千三百八十二匹，順德路一千十一匹，東平路一千六百三十二匹，泰安州一千一百三十四匹，平灤路三百五十四匹，衞輝路二百九十六匹，寧海州二百三匹，懷孟路一千六百六十七匹，平陽路九千八百六十八匹，大同路二千八百四十四匹，太原路九千五百十六匹。

未幾，平章政事賽典赤、暗都赤等奏：「民間聞刷馬，私下其直賣之。臣等今罷馬市，察私賣者罪之。世祖皇帝時，拘刷都城合騎、合納官者，皆令印烙訖，無印字者刷之，以此不亂。今難於在先怯薛歹、諸王、公主、駙馬等皆在都城中，依例合刷、合回主者不可印烙。蒙古怯薛歹等乞依漢人例，有隱藏者罪之。」詔如所請。

三年，樞密院奏：「前者奉勑振給紅胖襖軍物力，今省臣議，每人支馬價五錠。臣等謂雖有給鈔之名，虛費不得用，因與省臣議〔一〕：察忽真、念不烈百姓，又忙哥歹百姓及河西不曾刷馬之地，和尚、先生、也里可温、答失蠻馬匹，盡行拘刷，依例與直。如更短少，然後再支馬價。」帝曰：「卿等議是也，不敷則以錢給之。」

四年，遣劉深等征八百媳婦，勑雲南行省：每軍士給馬五匹，不足則補以牛。

至大三年，丞相别不花奏：「西面察八兒諸王，久不奉朝命，今始來降，振起其軍站物力，應刷馬給之。」勑准腹裏、行省刷馬四萬一百三十匹。

腹裏路分三萬四千三百二十四匹：晉寧路二千七百七十五匹，冀寧路二千三百匹，真定路九百四十六匹，懷孟路六百八十二匹，廣平路一千二百四十三匹，順德路六百七十三匹，彰德路四百五十四匹，衛輝路六千二匹，中都留守司五百九十九匹，大都路四千八百八十八匹，保定路四百三十六匹，河間路九百四十五匹，德州路一百九十匹，曹州路三百四十一匹，大名路一千二百十五匹，濟南路七百二十三匹，高唐州一百六匹，恩州一百五匹，永平路五百二十六匹，冠州一百三十三匹。東昌路二百十四匹，濮州四百二十六匹，益都路一千六百二十四匹，濟寧路四百四十八匹，般陽路一千十三匹，東平路二百十九匹，廣平路四十七匹，泰安州一百九十六匹，寧海州六百三十五匹，塔思哈剌牧馬官、衛尉、太僕院使、床兀兒平章等收之。

行省刷馬一萬五千八百九匹：河南江北行省七千七百九匹，中都刷馬、大宗正府札魯花赤、別帖木兒平章等收之；湖廣行省二千六百四十二匹，中都刷馬官、別帖木兒平章等官收之；江浙行省三千四百五十八匹，大都刷馬官、刑部尚書王伯勝收之；江西行省二千匹，中都刷馬官、別帖木兒平章等收之。

除事故寄留、倒死走失及給散站馬外，收馬三萬一千四百四十六匹。

凡刷馬，以軍事急，和買不及，故科民馬以應之。今諸王入朝，以和買賜之可矣，亦刷行省之馬，使百姓受累，非制也。

延祐三年，右丞相帖木迭兒等奏：「起遣河南行省所管探馬赤軍，各給馬二匹。千户、百户、牌頭内有騸馬、牧馬、牝馬皆行，不足於附近州縣拘刷四馬以上之馬，各貼爲二匹。」四年，帖木迭兒等又奏：「前者軍人上馬之時，大都、上都西路拘刷馬匹。今濟南、益都、般陽等路，又北京一帶，遼陽省所轄各路，並未拘刷，乞依例刷之。」俱從之。

總計二十五萬五千二百九十一匹：

腹裏十六萬四千五百二十三匹：上都留守司二千六百二十匹，冀寧路二萬八千二百八十匹，晉寧路一萬六千二百九十匹，益都路一萬八千七百三十八匹，大同路二千二百四十匹，濟寧路五千九百三十六匹，般陽路六千四百三十四匹，河間路一萬七百五十二匹，永平路三千二百六十六匹，恩州二百七十六匹，德州三千一百十九匹，懷孟路一千七百三十三匹，寧海州二千六百二十五匹，興和路七百五匹，保定路三千八百八十九匹，大都路一萬六千九百六十一匹，濮州六千六百二十匹，順德路一千五百二十匹，衛輝路一千六百七十六匹，彰德路二千六百六十五匹，高唐州六百五匹，廣平路二千一百六十一匹，大名路二千二百六十二匹，泰安州一千一百八十七匹，濟寧路八千六十七匹，真定路九千八百七十二匹，東昌路三千三百三十六匹，冠州七百三十二匹，曹州二千四百四匹，東平路八百九十二匹。

遼陽省所轄七千九百六十八匹：廣寧路九百匹，遼陽路四百五十九匹，瀋陽路三百八十三匹，開元路六百五十二匹，金、復州萬户府二千一百四十二匹〔二〕，大寧路三千一百五匹，懿州四百二十六匹。

河南省八萬二千八百匹，各交付四萬户蒙古軍人：淮東道九千七十二匹，荆湖北道五千九百二十三匹，南陽府五千三百二十一匹，安慶路三千七百七十五匹，歸德府五千三百十二匹，汝寧府七千六百四匹，汴梁路二萬二千二十七匹，襄陽府三千七十二匹，安豐路七千七百二十二匹，揚州路一千一百五十五匹，德安府三千五百六十四匹，河南府二千六百三十九匹，廬州路五千四百十一匹，黄州路二千一百三匹。

五年，中書省奏〔三〕：「阿撒罕等叛亂之時，陝西省不分軍民站赤，一概拘刷馬匹，後各回復原主。前年各路刷馬之時，不及陝西。今軍站辛苦，乞刷陝西省馬匹以贍之。皇太后懿旨亦欲差人拘刷。」勅：「依延祐四年定例，差官與各路正官同刷堪中馬匹，印烙明白交割。」其章程，視至元三十年稍有損益〔四〕，不具録。

六年，參議中書省欽察等奏：「去歲奉命拘刷陝西省馬匹，今行省官及臺官上言：『阿撒罕等叛亂，搔擾百姓，拘收馬匹；又兼年穀不登，百姓闕食。乞罷刷馬之事。』臣等謂其言有理。萬户齊都軍五千人，請止給兩匹騸馬、一匹牝馬之價。」從之。

七年，右丞相帖木迭兒等奏：「起遣押當吉譯言貧民。回籍，奏准於漢地和買馬三萬匹給散。今年爲整治軍力，錢幣空虛，權於附近州縣刷馬三萬匹給之，俟秋成撥還其值。」總計刷到馬一萬三千三百十三匹：河間路三千八百六十一匹，大都路五千二百七十七匹，保定路二千一百五十六匹，永平路二千十九匹。

是年七月，帖木迭兒等又奏〔五〕：「怯薛歹用馬，乞於大同、興和、冀寧三路依前例差人拘刷。」

總計馬一萬三千四百五十二匹：興和路四百六匹，大同路三千八百八十八匹，冀寧路八千一百六十匹。

延祐五年，以恤軍站刷馬。六年，以起遣押當吉刷馬，又以怯薛歹用馬刷之。皆非軍事，蓋拘刷益濫矣。

致和元年九月，文宗自江陵入大都，平章速速等啟：「戰士即日用馬，乞令大都南北二城，除見任官外，回回及答失蠻等騾、馬，限二日内赴總管府交納。違限不納者重罪。」又丞相燕帖木兒、别不花，平章速速，郎中自當，員外郎舉里，都事朵來等啟：「遣斷事官捏古、兵部侍郎罕赤赴真定路刷馬，除見在官員、軍站户、兵户，計三歲以下及懷駒、引駒馬匹外，其餘不論是何人等，盡行拘刷。隱匿及換易者，依條斷罪。」别不花等又啟：「前河間、保定、真定等路降鈔，以四錠、五錠爲率，和買馬匹。軍事急，比及和買，誠恐遲誤。乞拘刷三路馬匹。」俱奉令：「旨准，敬此〔六〕。」

天曆元年，平章政事速速等奉准拘刷晉寧、冀寧二路馬匹。勅遣吏部員外郎辛鈞赴冀寧路，同知保禄赴晉寧路。速速等又請拘刷山東各路，從之。

總計腹裏刷到馬匹一萬七千六百九十五匹：真定路二千四百匹，河間路八百二十匹，保定路八百二十六匹，益都路三千六百十一匹，濟南路一千五百二十八匹，東平府八百二十匹，東昌路二百三十六匹，濮州路三百五十一匹，濟寧路一千三匹，泰安州二百四十四匹〔七〕，曹州四百二十六匹，高唐州二百十二匹，德州四百八十六匹，般陽路三百三十二匹，大都路四千二百六十八匹。

河南省刷到三萬九千八百二十八匹：淮東道六千七百九十匹，荆湖北道九千一百七十九匹，汴梁路九千三百二匹，黄州路一千五十一匹，廬州路五千二百十一匹，安豐路三千一百七匹。

後至元二年，勑漢人、南人、高麗人，凡有馬者，悉拘之。時盜賊竊發，以拘刷爲防亂之計，尤非政體云。

抽分羊馬

太宗五年，勑田鎮海、猪哥、咸得卜、劉黑馬、胡土花，小通事合住，綿厠哥、木速、孛伯，百户阿散納、麻合馬、忽賽因、賈熊、郭運成並各官員等，據斡魯朵商販回回人等，其家有馬、牛、羊及一百者，取牝牛、牝羊一頭入官。牝馬、牝牛、牝羊及十頭，亦取牝馬、牝牛、牝羊一頭入官。有隱漏者盡没之。

定宗五年，敕諸色人等馬牛羊羣，十取其一，隱匿者罪之。

憲宗二年，敕諸色人孳畜〔八〕，百取其一。隱匿者及官吏受財故縱者，不得財而搔擾者，皆有罪。

大德七年，兵部議：「抽分羊馬人員，每歲擾累州縣，苦虐人民。擬令宣徽院立法，嚴切拘鈐。至抽分時，各給印押差劄，開寫所委官吏姓名，不得多帶人員及長行頭匹。經由通政院倒給鋪馬分例，前去各該路府州縣，同本處管民正官，依例抽分羊馬牛隻，隨即用印烙訖，趁好水草牧放。如抽分了畢，各取管民官印署保結公文，申覆本院，委官押領，依限赴都交納。其餘一切搭蓋棚圈並常川馬匹草料飲食等物，不須應付。庶革擾民欺誆之弊。」從之。

八年，中書省奏：「舊例：一百口羊内，抽分一口；不及一百者，見羣抽分一口；探馬赤羊馬牛不及一百者，免抽分。今御史臺及行省官皆言見：羣抽分一口損民，擬後三十口者抽分一口，不及者免，實於官民便益。臣等謂：應依先例一百口内抽分一口，見羣三十口内抽分一口，不及三十口者免。宣徽院差選見役廉慎人，與各處管民官一員，公同抽分。將在先濫委之人罷斥。」從之。

皇慶元年，樞密院奏：「世祖皇帝定例，探馬赤軍馬牛羊等一百口抽分一口，與下户貧乏軍人接濟物力。去年中書省奏遣愛牙赤於軍中，再加抽分一半馬牛羊，一半鈔錠、氈子等物。如此重疊，軍力必至消乏。乞止依薛禪皇帝定例施行爲便。」敕：「軍人與百姓不同，其依舊例行之。」

延祐元年，中書省奏：「前哈赤節次閲訖官牝羊三十餘萬口，本欲孳生以備支持。因年遠，哈赤等將孳生羯羊不肯盡實到官，宣徽院失於整治，致爲哈赤等所私用。每歲支持羊口，皆用官錢收買。又每遇抽分時，將百姓羊指作官羊夾帶映庇，不令抽分。擬依照原定則例，從實抽分。若有看循作弊，從嚴究治。哈赤牧放官羊，亦仰從實分揀，除牝羊並帶羔羊存留孳生外，應有堪中羯羊印烙，見數拘收。如有隱匿者，從嚴追斷施行。」

總計抽分之地凡十有五，曰：虎北口，南口，駱駝嶺，白馬甸，遷民鎮，紫荆關，丁寧口，鐵門關，渾源口，沙凈州，忙兀倉，車坊，興和等處，遼陽等處，察罕腦兒。

【校勘記】

〔一〕「省臣」，原倒作「臣省」，據上文改。

〔二〕「萬户府」，原倒作「萬府户」，據文意乙正。

〔三〕「奏」，原作「奉」，據文意改。

〔四〕「三十年」，「三」字原重，今删重。

〔五〕「帖木迭兒」，原倒作「帖木兒迭」，據上文「延祐三年右丞相帖木迭兒等奏」、「四年帖木迭兒等又奏」改。
〔六〕「敬此」，疑當作「欽此」。
〔七〕「泰安州」，原倒作「安泰州」，據《元史》卷五八志第十《地理一》改。
〔八〕「諸色人」，「色」字原脱，據上文「定宗五年敕諸色人等」補。

新元史卷之一百一　志第六十八

兵志四

軍糧　站赤　急遞舖　弓手　打捕鷹房

元初用兵四方，士卒以私財自贍，貧者助以貼户，故上無養兵之費而兵易足。至世祖定軍户之籍，凡蒙古、探馬赤、漢軍，皆月給米五斗、鹽一斤，别以米四斗贍其家。及收宋降兵，籍爲新附軍，以無貼户，月給米六斗、鹽一斤，所謂軍人鹽糧例也。

至元二十二年，中書省議：「除漸長成丁軍人收係充軍依例外，據各軍陣户病没者之妻子照勘明白，每月支糧四斗施行。」

二十四年，湖廣行省言：「蒙古、漢軍及新附軍人，摘撥占城、雲南、沿海、兩廣、福建等處，近者不下三五千里，遠者至萬餘里，俱係煙瘴極邊重地。凡去軍人，易染疾病。况兼久戍，貲財罄盡；得替還家，新附地方不肯應附飲食，必因饑困騷擾居民，深爲未便。」中書省議：「兩廣、福建、鎮守軍人得替還家，自起程日每日支行糧一升，至過江停罷。其餘鎮守軍人不在此例。」是年，詔新附軍人並諸色人匠停支齏菜錢。

元貞元年，湖廣砲手軍匠萬户府言：「新附軍人請以正軍米六斗養贍家人，將養家米四斗、鹽一斤支付本軍。」中書省奏准，從便施行。

延祐七年，詔管軍官吏人等尅減軍人衣糧者，雖經赦免，仍追贓給主。

至病軍各翼，又置安樂堂以養之。至元二十一年，詔軍前患病者，令高手醫工用藥看治，仍仰首領官專一隨時考較，驗病死軍人多寡，以施賞罰。

至大元年，江陵路録事李貞言：「各處安樂堂，蓋爲過往病軍所置。後遇病軍死者，請比照養濟院事例，官爲斂瘞，定立名碑，俾其家人識驗。實爲養生葬死無憾之一〔一〕。」户部議從之。

站赤，譯言驛傳也。立於太宗元年。敕：諸馬站、牛鋪，每一百户置車十。各站有米倉，站户十，歲納米一石。使百户一人掌之。

四年，詔諸路官并站赤人等：「使臣無牌面文字，始給馬之驛官及元差官皆罪之。有牌面文字而不給驛馬者，亦罪之。若係軍情急速，及送納御用諸物，雖無牌面文字，亦驗數應付車牛。」

中統元年，雲州置站户，取迤南諸州站户籍内選中、上户應當。馬站户，馬一匹；牛站户，牛二隻。不論親、驅，每户取二丁，及家屬安置於立站處。

五年，詔：「站户貧富不等，每户限田四頃，免歲賦，以供鋪馬祇應。」

至元元年，中書省奏：「六部併爲四部，據别路站赤鋪站數目，宜令本部檢校，其區處條畫：

一，委本户管民正官督勒管站，照覷鋪馬。

一，四户養馬一匹，有倒死者，驗數補買。若管站者妄行科斂錢物，依條重斷。

一，依驗使臣分例，應付當日首思，令本站官暗償。

一，站户買馬，仰本管官先行看視，須擇買肥壯者，無得聽從站户止圖省價濫收。

一，管站官不得私騎站馬，違者罪之。

一，遇使臣經過，宜辨驗劄子，毋得止驗來貼闗子倒换。

一，諸站牧地，管民官與本站官打量畝數，明示界限，勿得互相侵亂，亦不得挾勢冒占民田。

一，使臣經過起數，仰總府取會，每月不過次月初十日以内申部。

一，使臣不得違例多騎鋪馬，及婪索站赤錢物。

一，各路站赤，委府州縣達魯花赤長官提調。」

是時，良鄉縣馬站，四月之内起至一萬三千三百餘匹，故省臣嚴爲限制，頒於各路焉。

七年，省部官議定：「各路總府在城驛，設官二員，於見役人員内選用。州縣驛設頭目二名，如見役人就令依上任事，不係站户，則就本站馬户内别行選用。除脱脱禾孫依舊外，其餘見設總站官，悉罷之。」十一月，立諸站都統領使司。往來使臣，令脱脱禾孫詰問。

八年，中書省議：「鋪子馬劄，初用蒙古字，各處站赤未能盡識。宜繪馬匹數目，復以省印覆之，庶無疑惑。」因命各處取給鋪馬標附文籍，其馬匹數付驛吏房書寫畢，就左右司用墨，印給馬數，自省印印訖，别行附籍發行墨印，左右司封掌。

九年，諸站都統領司言：「朝省諸司局院，及外路諸官府應差馳驛使臣所賫劄子，從脱脱禾孫辨詰。無脱脱禾孫處，令總管府驗之。」

十一年，令各路站赤直隸總管府；其站户家屬，令元籍州縣管領。

十七年，詔江淮諸路增置水站。除海青使臣，及事干軍務者方許馳驛，餘者自濟州水站爲始，兼令乘船。

十八年，詔除上都、榆林迤北站赤外，不須支給官錢。驗其閑劇，量增站户，協力自備首思當站。

二十五年，腹裏路分三十八處，年銷祇應錢不敷，增給鈔三千九百八十一錠，併元額七千一百六十九錠，總中統鈔一萬一千五十錠，分上下半年給。

是年，命南方站户以糧七十石出馬一匹爲則，或十石之下八九户共之，或二三十石之上兩三户共之，免一切雜泛差役。若有納糧百石之下、七十石之上，自請獨當站馬一匹者，聽之。

二十九年，命通政院分官四員，整治江南四省站赤，給印與之。

三十年，江浙行省言：「各路遞運站船，若止以六户供給一艘，除苗不過十四五石，力寡不能當役。請令各路除苗不過元額二十四石，自六户以上，或至十户，通融僉發。」從之。

大德八年，御史臺言：「各處站赤合用祇應官錢，多不依時撥降，又或數少不給，令站户輸當庫子〔二〕，陪備應辦。莫若驗使臣起數，實支官錢，所在官司依時撥降，令各站提領收掌祇待，毋得科配小民，以爲便益。」從之。

至大三年，中書省臣言：「江浙杭州驛，半年之内使人過者千二百餘。有桑兀寶丁等進鴉、鶻、獅、豹，留二十七人，食肉四千二百餘斤。請自今遠方以奇珍百寶來者，依例進。

其商人自有所獻者，令自備資力。」從之。

皇慶元年，監察御史言：「燕南河北軍站人户，遠年逃竄，有司不肯詣實申報，止是椿配見户包當。其各站提領百户與州縣通同作弊結攬，詭名添價，販買驢畜，營私益己。又提點官等總領親戚退閒官吏，假借威勢，俵散香茶等物，致站户逃移消乏。令於部分擬定約束，官民便益。」兵部議從之。又劄御史臺，令廉訪司嚴加糾治焉。

延祐五年，中書省臣言：「昨奉兵部言：各站設置提領，止受部劄，行九品印，職專車馬之役。所領站赤多者二三千，少者六七百户，比之軍民，體非輕細。今擬各處館驛，除令、丞外，見役提領不許交换。」從之。

七年，詔蒙古、漢人站赤，依世祖舊制，歸之通政院。是年，詔腹裏、江南漢地站赤，令達魯花赤提調，州縣官勿與。

至順元年，火魯孫一十五狗驛，狗多死，賑糧兩月，狗死者給鈔補之。

凡給驛傳璽書，謂之鋪馬聖旨。頒於中書省者，謂之鋪馬劄子。遇軍務之急者，又以金字圓符爲信，銀字者次之。

至元十九年，詔給各行省鋪馬聖旨，揚州、鄂州、泉州、隆興、占城、安西、四川、西夏、甘州每行省五道。十月，增給各省鋪馬聖旨，西川、京兆、泉州十道〔三〕，甘州、中興各五道。

二十年，和林宣慰司給鋪馬聖旨二道，江淮行省增給十道，都省遣使繁多，亦增二十道給之。十一月，增給甘州行省鋪馬聖旨十道，總之爲二十道。十二月，增各省及轉運司鋪馬聖旨三十五道：江淮行省十道，四川行省十道，安西轉運司分司二道，荆湖行省所轄湖南宣慰司三道，福建行省十道。

二十一年，增給各處鋪馬劄子：荆湖、占城等處本省二十道；荆湖北道宣慰司二道；所轄路分一十六處，每處二道；山東運司二道；河南運司七道；宣德府三道；江西行省五道；福建行省所轄路分七處，每處二道；司農司五道；四川行省所轄順元路宣慰司三道；思州、播州兩處宣慰司各三道；都省二十九道；阿里海涯所治之省，鋪馬聖旨十道，所轄宣慰司二處，各三道。

二十二年，給陝西行省并各處宣慰司行工部等處鋪馬劄子一百二十六道。

二十三年，福建、東京兩省，各給圓牌二面。奥魯赤出使交阯，先給圓牌二面。創立三處宣慰司，給劄子起馬三十四。

二十四年，增給尚書省鋪馬聖旨一百五十道，并先給降一百五十道，共三百道。七月，給中興路、陝西行省、廣東宣慰司沙不丁等官鋪馬聖旨一十三道。二十五年，增給遼陽行省鋪馬劄子五道。十一月，福建行省元給鋪馬聖旨二十四道，增給劄子六道。二十六年，給光禄寺鋪馬劄子四道。三月，給海道運糧萬户府鋪馬聖旨五道。四月，四川紹慶府給鋪馬劄子二道，成都府六道，龍興行省增給五道，太原府宣慰司及儲峙提舉司給降二道。八月，給遼東宣慰司鋪馬劄子五道，江淮行省所轄浙東道宣慰司三道，紹興路總管府給降二道，甘肅行省所轄亦集乃總管府、河州、肅州三路給六道。十一月，增給甘肅行省鋪馬聖旨七道。

二十七年，增給陝西行省鋪馬聖旨五道。二月，都省增給鋪馬聖旨一百五十道，江淮行省一十五道。六月，給營田提舉司鋪馬聖旨二道。九月，江淮行省所轄徽州路水道不通〔四〕，給鋪馬聖旨二道。

二十八年，增給省除之任官鋪馬聖旨三百五十道。

三十年，立南丹州安撫司，給鋪馬聖旨二道。三月，兩淮都轉鹽使司增給鋪馬聖旨，起馬五匹。五月，給淘金運司鋪馬聖旨，起馬五匹，大司農司，起馬二十匹。八月，給劉二拔都圓牌三面，鋪馬聖旨一十五道。十月，增給濟南鹽運司鋪馬聖旨一道。

三十一年，給福建運司鋪馬聖旨起馬五匹。

至大三年，給嘉興、松江、瑞州路及汴梁等處總管府鋪馬聖旨各三道。

四年，詔拘收各衙門鋪馬聖旨，命中書省定議以聞。省臣言：「始者站赤隷兵部，後屬通政院。今通政院怠於整治，站赤消乏。合依舊命兵部領之。」從之。省臣又奏，「昨奉旨以站赤屬兵部，今丞相帖木迭兒等議：漢地之驛，令兵部領之；其鐵烈干、納鄰、末鄰等處蒙古站赤，仍付通政司院。」帝曰：「何必如此？但令罷通政院，悉隸兵部可也。」七月，復立通政院，領蒙古站赤〔五〕。十一月，給中政院鋪馬聖旨二十道。

皇慶元年，增給陝西行台鋪馬聖旨八道。六月，中書省臣言：「典瑞監掌金字圓牌及鋪馬聖旨三百餘道，至大四年凡聖旨皆納之於翰林，而以金字圓牌不收，增置五十面。蓋圓牌遣使，初爲軍情大事而設，不宜濫設。自今不納牌面，不經中書省、樞密院者，宜勿與。」從之。

延祐六年，沙、瓜州立屯儲總管府，給鋪馬聖旨六道。

泰定元年三月，遣官賑給帖里干、木憐、納憐等一百一十九站，鈔二十一萬三千三百錠、糧七萬六千二百四十四石八斗。北方站赤每加津濟，至此爲最盛云。

中書省所轄腹裏各路站赤，總計一百九十八處：

陸站一百七十五處，馬一萬二千二百九十八匹，車一千六十九輛，牛一千九百八十二隻，驢四千九百八頭。

水站二十一處，船九百五十隻，馬二百六十六匹，牛二百隻，驢三百九十四頭，羊百口。

牛站二處，牛三百六隻，車六十輛。

河南江北等處行中書省所轄，總計一百七十九處，該一百九十六站：

陸站一百六處，馬三千九百二十八匹，車二百一十七輛，牛一百九十二隻，驢五百三十四頭。

水站九十處，船一千五百一十二隻。

遼陽等處行中書省所轄，總計一百二十處：

馬六千五百一十五匹，車二千六百二十一輛〔六〕，牛五千二百五十九隻〔七〕。

狗站一十五處，元設站户三百，狗三千隻，後除絶亡倒死外，實在站户二百八十九，狗二百一十八隻。

江浙等處行中書省所轄，總計二百六十二處：

馬站一百三十四處，馬五千一百二十三匹。

轎站三十五處，轎一百四十八乘。

步站一十一處，遞運夫三千三十二户。

水站八十二處，船一千六百二十七隻。

江西等處行中書省所轄，總計一百五十四處：

馬站八十五處，馬二千一百六十五匹，轎二十五乘。

水站六十九處，船五百六十八隻。

湖廣等處行中書省所轄，總計一百七十三處：

陸站一百處，馬二千五百五十五匹，車七十輛，牛五百四十五隻，坐轎一百七十五乘，臥轎三十乘。

水站七十三處，船五百八十隻。

陝西行中書省所轄八十一處：

陸站八十處，馬七千六百二十九匹。

水站一處，船六隻。

四川行中書省所轄：

陸站四十八處，馬九千八十六匹，牛一百五十頭。

水站八十四處，船六百五十四隻，牛七十六頭。

雲南諸路行中書省所轄站赤七十八處：

馬站七十四處，馬二千三百四十五匹，牛三十隻。

水站四處，船二十四隻。

甘肅行中書省所轄三路：

脱脱禾孫馬站六處，馬四百九十一匹，牛一百四十九頭，驢一百七十一頭，羊六百五十口。

世祖受京兆分地，自燕京至開平府，復自開平府至京兆。始驗地理遠近，人數多寡，立急遞站鋪。每十里，或十五里、二十里，則設一鋪，於各州縣所管民户及漏籍户内僉起鋪兵。

中統元年，詔：「隨處官司，設傳遞鋪驛，每鋪置鋪兵五人，各處縣官，置文簿一道付鋪，遇有轉遞文字，當傳鋪即注名件到鋪時刻，及轉遞人姓名於籍上，令轉送人取下鋪押字交收時刻還鋪。稽滯者罪之。」鋪兵一晝夜行四百里。各路總管府委有俸正官一員，每季親行提點。州縣亦委有俸末職，上下半月照例。有稽遲及磨擦損壞文字，即將鋪司鋪兵科罪。

三年，定中書省文字轉遞外，其餘官府文字不得由急遞鋪轉送。各路總管府並總管軍官文字直申省者轉遞，不係申省者勿入遞。

至元八年，令各處成造軍器由急遞鋪轉送。又尚書省定例，隨路帳册重十斤以下可以擔負者，許入遞。

九年，左補闕祖立福合言：「諸路急遞鋪名，不合人情。急者，急速也。國家設官署名字，必須吉祥者爲美，宜更定之。」遂更爲「通遠鋪」。

二十年，留守司言：「初立急遞鋪時，取不能當差貧民，除其差發充鋪兵，又不敷者，於漏籍户内貼補。今富人欲避差發，求充鋪兵〔八〕。宜擇其富者令充站户〔九〕，站户之貧者充鋪兵。」從之。

二十八年，中書省以近年衙門衆多，文書繁冗，整治急遞鋪事例。凡入遞文字，其常事皆付承發司，隨所投去處，類爲一緘，排日發遣。其省部急速之事，方置匣子發遣。其匣子入遞，隨名造册呈省，或合添設户數亦仰明白議擬呈省。仍令各鋪照原行體例，并節續禁治條陳事理施行。又省部議：「亡宋收附以來，諸國悉平，比中統、至元之初，入遞文字，何啻百倍！若必以晝夜四百里責之，切恐往返頻數，疲勞不能解送。擬照原奉聖旨事意，除邊遠軍情緊急、差委使臣勾當外，應人入遞文字，責令總鋪依例類緘發遣。限一晝夜行三百里，江河風浪險阻不拘此限。並不得將文册十斤以上及一切諸物入遞，違者送所在官司究問。」

至治三年，命各處急遞鋪，每十鋪設一郵長，於州縣籍記司吏内差充。一歲之内能盡職者，從優補用；不能，提調官量輕重罪之。鋪兵每名，十二時辰輪子一個，鋪曆一本，二司行下一本，行省咨諸路申上一本，夾板一副，鈴攀一副，袖絹三尺，蓑衣一領，紅綽屏一座，并牌旗軟絹袱包一條，回曆一本。

弓手，主捕盜賊。京師南北城兵馬司外，則各州縣皆置之。

中統五年，頒建都詔書，内一款：「隨處府州驛路，應置巡馬及馬步弓手。於本路不論是何投下當差户計，及軍、站、人匠、打捕鷹房、斡脱、窰冶、諸色户計内，每一百户取中户一名充役。與免本户差發，在九十九户内均攤。若有失盜，勒令弓手立限盤捉。凡州縣相距五、七十里所有村店，及二十户以上者，設立巡防弓手，令本縣長官提調。若無村店處，或五、七十里創立聚落店舍，亦須及二十户。其巡軍設别，不在户數之内。關津渡口，必當置弓手處，不在此限。」

其夜禁之法：一更三點〔一〇〕，鐘聲絶，禁人行；五更三點，鐘聲動，聽人行。有急速公事及喪病、産子者，不在此限。

至元三年，省部議：「隨路户數不同，兼軍站不在差發之内，似難均攤。擬斟酌京府司縣合用人數，止於本處包銀絲線並止納包銀户計，每一百户選差中户一名當役，其差發令九十九户包納。」從之。

八年，御史臺言：「諸路宜選年壯熟嫻弓馬之人，以備巡捕之職。弓手數少者，亦宜增之。除捕盜外，不得別行差占。」

十六年，分大都南北兩城兵馬司，各主捕盜之任。南城三十二處，弓手一千四百名。北城十七處，弓手七百九十五名。

大德七年，以弓手糧稅應民户包納，其中奸弊甚多，定合計徵糧驗實均包之法。

延祐二年，從江南行臺請，以各處弓手，往往致害人命，役三年者罷之，别於相應户内補換。

打捕鷹房户，多取移居、放良及漏籍孛蘭奚、還俗僧道，及招收亡宋舊役等户充之。其差發，除納地税、商税，依例出軍等六色宣課外，並免其雜泛差役。自太宗八年，抄籍分屬御位下及諸王、公主、駙馬各投下。世祖時，行尚書省重定其籍，永爲定制焉。

凡捕獵，自正月初一日始，至七月二十八日，除毒禽、猛獸外，禽獸孕卵者不得捕打，禁捕野猪、鹿、兔，違者罪之。詐稱打捕户捕獵者，罪之。

至元八年，禁捕天鵝、雌老仙鶴、鶻，違者没其妻子，與拿獲人。

十六年，詔：應管打捕鷹房人匠官，多將富民濫收，影射差徭。已收户内有不係此色人，不習此等業者，俱還民籍，違者罪之。

大德三年，禁捕禿鷲。打捕户折納貂皮舊例〔一一〕：虎皮一折貂皮五十張〔一二〕，熊皮一折十五張，鹿皮一折七張，豺狼〔一三〕、青狼皮一折十張〔一四〕，粉獐皮一折三張，金錢豹皮一折四十張〔一五〕，土豹皮一折十張〔一六〕，葫葉豹金絲織皮一折六張〔一七〕，山羊皮一折五張〔一八〕，狐皮一折二張。利用監新定折納貂皮：羊、麈〔一九〕、鹿皮及麞鹿一折七張，貂皮〔二〇〕、花熊皮一折十五張，山鼠皮一折一張〔二一〕，雞翎鼠皮十折一張，飛生鼠皮一折六張〔二二〕，分鼠皮四折一〔二三〕，掃鼠皮五折一張〔二四〕。

御位下打捕鷹房官：

一所，權官張元，大都路寶坻縣置司，元額七十七户。

一所，王阿都赤，世襲祖父職，掌十投下、中都、順天、真定、宣德等路諸色人匠打捕等户，元額一百四十七户。

一所，管領大都等處打捕鷹房民户達魯花赤石抹也先，世襲祖父職，元額一百一十七户。

一所，管領大都路打捕鷹房等官李脱歡帖木兒，世襲祖父職，元額一百二十八户。

一所，宣授管領大都等處打捕鷹房人匠等户達魯花赤黄也速觪兒，世襲祖父職，元額五十户。

一所，管領鷹房打捕人匠等户達魯花赤移刺帖木兒，世襲祖父職，元額一百五十七户。

一所，宣授管領打捕鷹房等户達魯花赤阿八赤，世襲祖父職，元額三百五十五户。

一所，宣授管領大都等路打捕鷹房人户達魯花赤寒食，世襲祖父職，元額二百四十三户。

諸王位下：

汝寧王位下，管領民匠打捕鷹房等户官，元額二百一户。

不賽因大王位下，管領本投下大都等路打捕鷹房諸色人匠達魯花赤都總管府，元額七百八十户。

天下州縣所設獵户：

腹裏打捕户，總計四千四百二十三户：河東宣慰司打捕户，五百九十八户。晉寧路打捕户，三百三十二户。大同路打捕户，百一十五户。冀寧路打捕户，二百五十一户。上都留守司打捕户，三百九十七户。宣德提領所打捕户，一百八十二户。山東宣慰司打捕户，三百九十七户〔二五〕。益都路打捕户，四十三户。濟南路打捕户，三十六户。般陽路，二十一户。東平路，三十四户。曹州，八十四户。德州，一十户。濮州，三十户。泰安州，五户。東昌路，一户。真定路，九十一户。順德路，一十九户。廣平路，一十九户。冠州，五户。恩州，二户。彰德，三十七户。衛輝路，一十六户。大名路，二百八十六户。保安路，三十一户。河間路，二百五十二户。隨路提舉司，一千一百九十一户。河間鷹房府，二百七十六名。都總管府，七百五十六。

遼陽大寧等處打鷹捕房官捕户，七百五十九户：東平等路打捕鷹房捕户，三百九户。隨州、德安、河南，襄陽、懷孟等處打捕鷹房官捕户，一百七十二户。扠捕提領所捕户，四十户。高麗鷹房總管捕户，二百五十户。

河南等路打捕鷹房官捕户，一千一百四十二户：益都等處打捕鷹房官捕户，五百二十一户。河北、河南、東平等處打捕鷹房官捕户，三百户。隨路打捕鷹房總管捕户，一百五十九户。真定、保定等處打捕鷹房官捕户，五十户。淮安路鷹房官捕户，四十七户。揚州等處打捕鷹房官捕户，七十二户。

宣徽院管轄淮東、淮西屯田打捕總管府司屬打捕衙門，提舉司十處，千户所一處，總一萬四千三百二户：淮安提舉司，八百五十八户。安東提舉司，九百一十二户。招泗提舉司，四百六十五户。鎮巢提舉司，二千五百四十户。蘄黄提舉司，一千一百一十二户。通泰提舉司，七百四十九户。塔山提舉司，六百四十四户。魚網提舉司，二千五百一十九户。打捕手號軍上千户所打捕軍，六百四户。

【校勘記】

〔一〕「一」，疑當作「義」。

〔二〕「輸」，原作「輪」，《元史》卷一〇一志第四十九《兵四》同，據文意改。

〔三〕「十道」，《元史》卷一〇一志第四十九《兵四》同。按「十道」上當補「各」字。

〔四〕「道」，原作「通」，據《元史》卷一〇一志第四十九《兵四》改。

〔五〕「七月」，《元史》卷一〇一志第四十九《兵四》作「閏七月」。「蒙古」，「古」字原脱，據《元史》卷一〇一志第四十九《兵四》補。

〔六〕「輛」，原作「兩」，據《元史》卷一〇一志第四十九《兵四》改。

〔七〕「百」，原作「兩」，據《元史》卷一〇一志第四十九《兵四》改。

〔八〕「求」，原作「永」，據《元史》卷一〇一志第四十九《兵四》改。

〔九〕「站户」，原作「貼户」，據《元史》卷一〇一志第四十九《兵四》改。

〔一〇〕「一更三點」，原作「三更之點」，據《元史》卷一〇一志第四十九《兵四》及元蘇天爵《國朝文類》卷四一改。

〔一一〕「貂皮」，「皮」字原脱，據《大元聖政國朝典章》三十八《兵部》卷之五補。以下「打補户折納皮舊例」及「利用監新定折納貂皮」，原錯行誤植甚多，均據《大元聖政國朝典章》乙正。

〔一二〕「虎皮一」，原作「虎皮貂」，據《大元聖政國朝典章》三十八《兵部》卷之五改。

〔一三〕「豺狼」，原作「豺一」，據《大元聖政國朝典章》三十八《兵部》卷之五改。

〔一四〕「十張」，原作「五張」，據《大元聖政國朝典章》三十八《兵部》卷之五改。

〔一五〕「四十張」，原作「狼十張」，據《大元聖政國朝典章》三十八《兵部》卷之五改。

〔一六〕「土豹皮」，「皮」字原脱，據《大元聖政國朝典章》三十八《兵部》卷之五補。

〔一七〕「織」，原作「絨」，據《大元聖政國朝典章》三十八《兵部》卷之五改。

〔一八〕「山羊」，原作「山四」，據《大元聖政國朝典章》三十八《兵部》卷之五改。

〔一九〕「塵」，原作「麈」，《大元聖政國朝典章》三十八《兵部》卷之五亦誤，據文意改。

〔二〇〕「貊」，原作「豹」，據《大元聖政國朝典章》三十八《兵部》卷之五改。

〔二一〕「山鼠」，原作「例鼠」，據《大元聖政國朝典章》三十八《兵部》卷之五改。

〔二二〕「飛生鼠皮一折六張」，原作「飛生鼠十折一」，據《大元聖政國朝典章》三十八《兵部》卷之五作「飛生皮一張折六張」，脱「鼠」字。

〔二三〕「分鼠皮」，原作「山分鼠」，據《大元聖政國朝典章》三十八《兵部》卷之五改。

〔二四〕「掃鼠皮」，原作「鼠掃張鼠皮」，據《大元聖政國朝典章》三十八《兵部》卷之五删。

〔二五〕「宣德提領所打補户一百八十二户」、「山東宣慰司打補户三百九十七户」二句原重，《元史》卷一〇一志第四十九《兵四》同，據文意删。

新元史卷之一百二　志第六十九

刑法志上

元之刑法，論者謂得之仁厚，失之縱弛，是不然。蒙古初入中原，百司裁決率依金律。至世祖，始取見行格例，頒之有司，爲《至元新格》。然帝臨時裁決，往往以意出入增減，不盡用格例也。其後挾私用譎之吏，夤緣放效，骩法自顓，是謂任意而不任法，非縱弛之過也。嗚乎！以世祖之仁明，成宗之寬恕，不能損益古今，權衡中外，以制一代之刑典。乃謂古今不必相沿，中外不必强同。其去整齊畫一之規，遠矣！今博采舊聞，爲《刑法志》，俾後之人有以推究其得失焉。

刑律上

太祖六年，敗金人於烏沙堡，得金降將郭寶玉。寶玉上言：「建國之初，宜頒新令。」帝從之。於是頒條畫五章，如「出軍不得妄殺，刑獄惟重罪處死，其餘雜犯量情笞決」是也。是爲一代制法之始。

及中原略定，州縣長吏生殺任情，甚至没人妻女。耶律楚材奏請：「因當大辟，必待報。違者論死。」從之。

太宗即位，楚材又條便宜十八事，如：州縣非奉上令，敢擅行科差者，罪之。蒙古、回鶻、河西人，種地不納税者，死；監主自盜官物者，死；應犯死罪者，具由申奏待報，然後行刑，皆著爲令。

六年，帝在達蘭達巴之地，大會諸王、百官，頒條令曰：

凡當會不赴而私宴者，斬。

諸入宫禁，從者男女，以十人爲限。

軍中十人，置一甲長，聽其指揮，專擅者罪之。

其甲長以事來宫中，即置權攝一人、甲外一人，二人不得擅自往來，違者罪之。

諸公事非當言而言者，拳其耳；再犯，笞；三犯，杖；四犯，論死。

諸千户越萬户前行者，以木鏃射之；百户、甲長、諸軍有犯者，其罪同；不遵此法者，斥罷之。

諸人或居室，或在軍中，毋敢喧呼。

盜馬一、二匹者，即論死。

諸人馬不應絆於克哷蘇嚕克内者，輒没與畜虎豹人。

諸婦人製濟遜燕服不如法者，及妒者，乘以騾牛徇部中，論罪，即聚財爲更娶。

憲宗時，世祖在潛邸，駐蹕桓、撫二州，燕京斷事官伊囉斡齊與布智兒等，一日殺二十八人。其一人盜馬者，已杖而釋之，有獻環刀者，乃追還杖者，手試刃斬之。帝聞而責之曰：「凡死罪，當詳讞而後行刑。今一日殺二十八人，冤濫多矣！况已杖而復斬之，此何刑也？」布智兒慚懼不能對。

及即位，頒建元詔書，内一款：「凡犯罪至死者，如府州審問獄成，便行處斷，則死者不可復生，斷者不可復續。案牘繁冗，須臾斷决，萬一差誤，人命至重，悔將何及，朕實哀之。今後凡有死刑，仰所在有司推問得實，具情事始末及斷定招款，申宣撫司再行審復無疑，呈中書省奏聞，待報處决。」

中統四年，中書省奏准條畫：鞫、勘罪囚，仰達魯花赤、管民官一同研問，不得轉委通事、必闍赤人等推勘。婦人犯罪，有孕，應拷及决杖笞者，須候産後百日决遣；臨産者，召保聽候出産，二十日復追入獄，無保及犯死罪者，令婦人入禁省視。

五年，頒立中書省詔書，内一款：「諸州司縣，但有疑惑，不能决斷者，與隨即申解本路上司。若仍有疑惑不能决者，申部。犯死罪，枷、杻收禁，婦人去杻。杖罪以下鎖收。」又頒建都詔書，内一款：「失盜，勒令當該弓手立三限收捕。如限内不獲，其捕盜官，强盜停俸兩月，竊盜一月。外弓手如一月不獲强盜，的決一十七下，竊盜七下；兩月，强盜再決二十七下，竊盜一十七下；三月，强盜再決三十七下，竊盜二十七下。如限内獲賊及半者，全免本罪。」

至元八年，始禁用金《泰和律》。

十一年，禁用宋鞭背、黥面及諸濫刑。

十六年，御史中丞崔彧言：「憲曹無法可守，是以奸人無所顧忌。宜定律令，以爲一代之法。」命與御史大夫月呂魯那演議之。

二十三年，中書省臣言：「比奉旨：爲盜者毋釋。今竊盜數貫及佩刀微物，與童幼竊物者，悉令配役。臣等議：一犯者杖釋，再犯依法配役爲是。」帝曰：「朕以漢人徇私，用《泰和律》處斷，致盜賊滋衆，故有是言。人命至重，今後非詳讞者，勿輒殺人。」

二十七年，江淮行省平章政事沙不丁以倉庫官盜竊官糧，請依宋法黥面、斷其腕。帝曰：「此回回法也。」不聽。

是年，命中書參知政事何榮祖以公規、治民、禦盜、理財等十事，輯爲一書，名曰《至元新格》。二十八年，書成，勅刻板頒行，俾百司遵守。其刑律條件之可考者：

諸杖罪五十七以下，司縣斷決；八十七以下，散府、州、軍斷決；一百七以下，宣慰司、總管府斷決。配流、死罪，依例勘審完備，申刑部待報，申札魯忽赤者亦同。

諸季報罪囚，當該上司，皆須詳視，但有淹滯，隨即舉行。其各路推官，既使專理刑名，察獄有不平者，即聽推問明白，咨申本路改正。若推問已成，他司審理或有不實不盡，聽招狀問實待報。若犯人翻案，家屬稱冤，聽牒本路移推。其證驗已明者，不在移推之例。

諸見禁罪囚，各處正官每月分輪檢視。凡禁繫不究，淹滯不決，患病不治，並囚糧依時不給者，須隨時訊問，肅政廉訪司依上審察。其京師獄囚，中書省、刑部、御史臺、札魯忽赤各須委問官一員審理。冤者辨明，遲者督催，釋者斷遣。

諸鞫問罪囚，必先參照元發事件，詳審研窮，並用證佐追究。若事情疑似，贓伏已明，而隱匿不招者，與連職官員同署依法拷問。其指告不明，無證佐可據者，須以理推尋，不得輒加拷掠。

諸行省、行院，凡於所屬，若管民官撫治不到，以致百姓逃亡，管軍官鎮守不嚴，以致盜賊滋興，須審其所由，依理究治。

諸行院到任，取會所管地方，見有草賊起數，嚴諭各處軍民官，各使鎮守有法，招捕得宜。仍將見有起數，先行報院。每季具已未招捕起數，咨院呈省施行。

諸草賊招捕，既平之後，仍須區處得宜，嚴責各管官司，毋令疏失。

諸捕盜官，如能巡警盡心，使境内盜息者爲上；雖有過失起數，而限内全獲者爲次。其因失盜，累經責罰，未獲數多者爲下。到選之日，考其實際，以定升降。

其江南現有草賊去處，若平治有法，另議聞奏升擢。

諸獄訟原告明白，易爲窮治。官司凡受詞狀，即須子細詳審。若指陳不明，及無證驗者，省會别具的實文狀，以憑勾問。其所告情事重大，應掩捕者不拘此例。

諸獄訟之繁，婚、田爲甚。其各處官司，宜使媒人通曉不應成婚之例，使牙人知買賣田宅違法之例，寫狀詞人知應告不應告之例，仍取管不違，甘給文狀，以塞起訟之源。

諸訴婚姻、家財、田宅、債負，若不係違法重事，並聽社長以理諭解，免使妨廢農務，煩擾官司。

諸詞訟，若證驗無疑，斷例明白，而官吏看詳，故有枉錯者，雖事已改正，其原斷情由，仍須究治。

諸官司聽訟事理，自始初究問，及中間施行，至末後歸結，另置簿朱銷。其肅政廉訪司專行照刷，無致淹滯。大致取一時所行事例，編爲條格而已，不比附舊律也。

三十一年，刑部尚書尚文以遠近禀決獄制不一，請依古律令以定憲章。不報。

元貞元年，御史臺臣言：「先朝決獄，隨罪輕重，笞杖異施，今止用杖，乞如舊制。」帝不允。

二年，命中書參知政事何榮祖等更定律令。帝諭榮祖曰：「律令，良法也。宜早定之。」對曰：「臣所擇者三百八十條，一條有該三四事者。」帝曰：「古今異宜，不必相沿，但取宜於今者。」

大德五年，詔：「凡獄囚禁，係累年疑不能決者，令廉訪司申省臺詳讞。」仍爲定例。

是年，定强竊盜條格：凡盜人孳畜者，取一償九。

七年，定諸改補鈔罪例：爲首者杖二百有七，從者減二等；再犯，從者杖與首同。

詔：凡爲匿名書，辭語重者誅之，輕者配流，皆没其妻子。

定大都南北兵馬司姦盜等罪，六十七以下付本路，七十七以上付也可札魯忽赤。

是年，諭中書省、樞密院、御史臺，内外大小衙門官吏軍民人等曰：「慶賞刑罰，國之大柄，二者不可偏廢。朕自即位以來，恪遵世祖成憲，優禮臣下，期於履正奉公，以稱朕懷，不務出此。若平章政事伯顔，暗都剌、右丞八都馬辛等，營私納賄，蒙蔽上下，以致政失其平，民受其弊。今已籍没家資，役戍邊遠，明正其罪。是用更張，以清庶務。以近年所定贓罪條例，互有重輕，特敕中書省集議，酌古準今，爲十二章。自今伊始，凡内外有官守者，其洗心滌慮，奉職忠勤，無俾吾民重困，式符委任責成之意。」

所謂十二章者，枉法五章，曰：一貫至十貫，四十七下；不滿貫者，量情決斷，依例除名。曰：十貫以上至二十貫，五十七下。曰：二十貫以上至三十七貫，七十七下。曰：三十貫以上至一百貫，八十七下。曰：一百貫以上，一百七下。不枉法七章：一貫至二十貫，笞四十七〔一〕，本等叙；不滿貫者，量情斷罪，解見任别行求仕。二十貫以上至五十貫，五十七下，注邊遠一任。五十貫以上至一百貫，六十七下，降一等。一百貫以上至一百五十貫，七十七下，降二等。一百五十貫以上至二百貫，八十七下，降三等。二百貫以上至三百貫，九十七下，降四等。三百貫以上，一百七下，除名不叙。

所謂枉法者，斷令有理：

一，受訖無理人錢物。

一，受訖有罪人錢物脱放。

一，受訖有罪人錢物，刑及無辜。

一，教令有罪人妄指平民，取受錢物。

一，違例賣官，及横差民户充倉庫官、祗待、頭目、鄉里正等，詐取錢物。

不枉法者：

一，饋獻率斂津助人情推收過割，因事索要勾事紙筆等錢，及倉庫院務搭帶分例關津批驗等錢。其事多端，不能盡舉。

一，與錢人本宗事無理或有罪，買囑官吏求勝脱免，雖已受贓，其事未曾枉法結絶，合從不枉法論，其贓物結没。

一，與錢人本宗事無理，或買囑官吏求勝脱免者，不論其事已未結絶及自首，俱合没官。

一，與錢人本宗事雖有理，用錢買囑官吏，要將對訟人凌虐重斷，不遂其意，告發到官，即係行賕，亦合没官。

一，營求勾當贓錢，及求仕人雖依理合用，當該官吏不曾刁蹬乞取行賕，疾早定奪，或不遂其意告發到官者。

一，騙脅科斂等錢，畸零不能給散，或不能盡見出錢，入花名隨事議設。

一，與錢人本宗事有理，官吏刁蹬取受，告發到官，合給主。

終元之世，科贓罪皆依十二章決罰，屢申明其制，以儆官吏焉。

八年，詔：「內郡、江南人，凡爲盜黥，三次者，謫戍遼陽；諸色人及高麗，三次，免黥，謫戍湖廣。」未幾，仍禁黥面法不用。

至大二年，皇太子言：「宣政院先奉旨：毆西僧者，截其手；詈者，斷其舌。此法昔所未聞，有乖國典，乞更其令。」從之。

是年，中書省臣言：「律令者，治國之急務，當以時損益。世祖有旨：金《泰和律》勿用，令老臣通法律者參酌古今，從新定制，至今尚未行。臣等謂：律令重布，未可輕議。請自世祖即位以來所行條格，校讎歸一，遵而行之。」未幾，尚書省臣又言：「國家地廣人衆，古所未有，累朝格例前後不一，執法之吏輕重任意。請自太祖以來所行政令九千餘條，删除繁冗，使歸於一。」並從之。於是刑律之出入牴牾者，始稍稍改正云。

仁宗即位，又命右丞相阿散，平章政事、商議中書省事劉正等，擇開國以來法制事例，彙集折衷，以示所司。其大綱有三：一曰詔制，二曰條格，三曰斷例。經緯於格例之間，非內外職守所急者，亦附載之，名曰別敕。延祐三年，書成，勅樞密院、御史臺、翰林國史、集賢院諸臣相與是正之。至治三年，又命樞密副使完顔納丹、侍御史曹伯啟、也可札魯忽赤普顔、集賢學士欽察、翰林直學士曹元用等，就前書而損益之，名曰《大元通制》。仍取延祐二年以後所未類者附著焉。

凡詔制爲條九十四，條格爲條一千一百五十有一，斷例爲條七百一十有七，令類五百七十有七，共二千五百三十九條。其類二十有一：曰名例，曰衞禁，曰職制，曰祭令，曰學規，曰軍律，曰户婚，曰食貨，曰十惡，曰姦非，曰盜賊，曰詐端，曰訴訟，曰鬭毆，曰殺傷，曰禁令，曰雜犯，曰捕亡，曰恤刑，曰平反，曰贖刑。

名例爲法之本。

一曰五刑：笞刑六，自七下至五十七，每十爲一等加減。杖刑五，自六十七至一百七，每十爲一等加減。徒刑五，徒一年，杖六十七；年半，杖七十七；二年，杖八十七；二年半，杖九十七；三年，杖一百七；每杖十及徒半年爲一等加減。流刑三，二千里比徒四年，二千五百里比徒四年半，三千里比徒五年。死刑二，斬、凌遲處死。

一曰五服：斬衰，三年，子爲父、婦爲夫之父之類。齊衰，有三年、杖期、不杖期、五月、三月之别，爲母、爲夫之父母之類。大功，有九月、殤七月之别，爲同堂兄弟、爲姑姊妹適人者之類。小功，五月，爲伯叔祖父母，爲再從兄弟之類。緦麻，三月，爲族兄弟、爲族曾父母之類。

一曰十惡：謀反，謂謀危社稷。謀大逆，謂毁宗廟山陵及宫闕。謀叛，謂背國從僞。

惡逆，謂毆及謀殺祖父母、父母，殺伯叔父母、姑、兄、姊、外祖父母、夫〔二〕、夫之祖父母、父母者。不道，謂殺一家非死罪三人，及支解人、造畜蠱毒、魘魅者。大不敬，謂盜大祀神御之物、乘輿服物，盜及僞造御寶，合和御藥誤不如本方，及封題誤，若造御膳誤犯食忌，御幸舟船誤不牢固，指斥乘輿，及對捍制使而無人臣之禮者。不孝，謂告言詛詈祖父母、父母；及祖父母、父母在，別籍異財，若供養有闕；居父母喪，身自嫁娶，若作樂釋服從吉；聞祖父母、父母喪，匿不舉哀；詐稱祖父母、父母死者。不睦，謂謀殺及賣緦麻以上親，毆、告夫及大功以上親、小功尊屬。不義，謂殺本屬府主、刺史、縣令、見受業師，吏卒殺本部五品以上官長，及聞夫喪匿不舉哀，若作樂釋服從吉及改嫁者。内亂，謂姦小功以上親、父祖妾，及與和者。

一曰八議：議親，謂皇帝袒免以上親及太皇太后、皇太后緦麻以上親，皇后小功以上親。議故，謂故舊。議賢，謂有大德行。議能，謂有大才業。議功，謂有大功勳。議貴，謂職事官三品以上、散官二品以上及爵一品者。議勤，謂有大勤勞。議賓，謂承先代之後爲國賓者。

至獄具，則有枷、杻、鎖、鐐、杖五者之制。枷長五尺以上、六尺以下，闊一尺四寸以上、一尺六寸以下。杻長一尺六寸以上、二尺以下，闊三寸，厚一寸。鎖長八尺以上、一丈二尺以下。鐐連環重三斤。杖長三尺二寸，毋以筋膠裝釘。凡三等：笞杖，大頭徑二分七釐，小頭徑一分七釐；杖徒，大頭徑三分二釐，小頭徑二分二釐；訊杖，大頭徑五分五釐，小頭徑三分二釐。決訊者，並用小頭。

笞杖以七起數者：世祖建元以前，斷獄皆用成數，如匿稅者笞五十，犯私盜者杖七十，私宰馬牛者杖一百，舊法猶有存者。大德中，刑部尚書王約言：「國朝用刑寬恕，笞杖十減其三，故笞一十減七。今之杖一百者，宜止九十七，不當又加十也。」議者憚於改正，其事遂寢。

至於死刑，有斬無絞，以絞、斬相去不至縣絶，且從降一等言之，斬之降即爲杖一百七籍流，猶有幸不至死之理焉。

延祐六年，更定諸盜例：

一，强盜持杖傷人，雖不得財，皆死。不傷人、不得財，斷一百七，徒三年。但得財，斷一百七，交出軍。二十貫，爲首者敲，爲從者一百七，出軍。不持杖傷人，造意、爲首、下手者敲。不曾傷人、不得財，斷八十七，徒二年。十貫以下，斷九十七，徒二年半。至二十貫，斷一百七，徒三年。至四十貫，爲首者敲，餘人斷一百七，出軍。

一，因盜而姦，同强盜傷人論，餘人依例斷罪。

一，兩次作賊者，敲。

一，初犯，偷盜駝、馬、牛，爲首者斷一百七，出軍；爲從斷九十七，徒三年。

一，盜驢騾，爲首者斷八十七，徒二年；爲從斷七十七，徒一年半。

一，盜羊豬，爲首者斷七十七，徒一年半；爲從斷七十七，徒一年。

一，盜財物，三百貫以上者，斷一百七，出軍。一百貫以上者，斷一百七，徒三年。自一百貫至四十貫，凡四等，其杖以十爲差，徒以半年爲差。十貫以上者，斷六十七，徒一年；以下者，六十七，斷放；爲從者，減一等斷配，以至元鈔爲則。已行不得財者，五十七；謀而未行者，四十七，斷放。

一，曾經出軍徒配再犯者，敲。

一，經斷放，十貫以下者，再犯，爲首者出軍，爲從徒三年。

一，籍記拘檢者，經五年不犯，聽保甲除籍。如能告及捕獲强盜者，一名減二年，二名除籍；竊盜，一名減一等，五名除籍。除籍後再犯，終身拘籍。

天曆二年，更定遷徙例。凡應徙者，驗所居遠近，移之千里；在途遇赦，皆得放還。如不悛再犯，徙於本省不毛之地；十年無過，則量移之。其人死，妻子聽歸原籍。著爲令。

元統元年，定婦人犯私鹽罪，著爲令。

後至元元年，中書員外郎陳思謙言：「强盜但傷事主者，皆得死罪。而故殺從而加功之人，與鬭而殺人者，例杖一百七下，得不死，與私宰牛馬之罪無異。是視人與牛馬等也，法應加重。因姦殺者，所姦妻妾同罪。律有明文。今止科姦罪，似失推明。」勅刑部改定，著爲令。

二年，詔：「强盜皆死；盜牛馬者劓；盜騾驢者鯨額，再犯劓；盜羊豕者墨項，再犯鯨，三犯劓，劓後再犯者死；盜諸物者，倍價償之。」著爲令。自大德以來，竊盜依例刺斷，祇鯨面而已，無劓法。元之末造，欲重懲盜竊，以遏亂源，至用古肉刑之法，然無救於亡也。

贖刑之例四：諸牧民官，公罪之輕者；諸職官，犯夜者；諸年老七十以上、年幼十五以下〔三〕，不任杖責者；諸罪人癃篤殘疾，不任杖責者。元貞元年，刑都議准，每杖笞一下，擬罰贖中統鈔一貫。

【校勘記】

〔一〕「笞四十七」，原作「四十貫」，據《元史》一〇二志第五十《刑法》改。

〔二〕「夫」，原脱，據《元史》卷一〇二志第五十《刑法》及《唐律疏議》卷三〇、《通典》卷一六五改。

〔三〕「年」，原作「者」，屬上讀，據《元史》卷一〇二志第五十《刑法》及王圻《續文獻通考》卷一七一《刑考》改。

新元史卷之一百三　志第七十

刑法志下

刑律下　蒙古人及僧道訊斷法　赦令

刑律之條格，畫一之法也。斷例，則因事立法，斷一事而爲一例者也。詔制，則不依格例而裁之，自上者也。

中統二年，陝西四川行省乞就決邊方重刑，帝不許。

三年，江漢大都督史權以趙百户挈衆逃歸，斬之。詔：「自今部曲犯重罪，鞫問得實，必先奏聞，然後置於法。」

至元二年，詔：「隨路私商，曾入南界者，首實充軍。」

五年，田禹坐妖言，敕減死，流之遠方。濟南王保和坐妖言惑衆，敕誅首惡五人，餘勿論。

是年，詔遣官審理諸路冤滯。正犯死罪明白，各正典刑；其雜犯，死罪以下，量斷遣之。

七年，尚書省契勘舊例，居父母喪及夫喪而嫁娶者，徒三年，各離之；知而爲婚者，各減三等。今議得定立格限，自至元八年正月一日爲始已前，有居父母喪、夫喪内婚娶者，准以婚書爲定，後犯者依法斷罪聽離。

八年，四川行省也速帶兒言：「比因饑饉，盜賊滋多，宜加顯戮。」詔羣臣議之。安童以爲：「强盜偷竊，一皆處死，恐非所宜；罪至死者，仍依舊待命。」從之。尚書省臣言：「在先重囚待報，直至秋分已後施行，每半年内多瓚下淹住。議得以後重囚，經省部推問，再交監察御史覆審無冤，不待秋分，逐旋施行。」從之。

是年，敕有司毋留獄訟，以致越訟，違者官民皆罪之。

十一年，有司斷死罪十五人，詔加審覆。其十三人因鬪毆殺人，免死充軍，餘令再三審覆以聞。

十四年，敕犯盜者皆處死。符寶郎董文忠言：「盜有强、竊，贓有多少，似難悉寘重典。」帝韙其言，遽命止之。

十五年，順德路總管張文煥、太原府達魯花赤太不花，以按察使發其奸贓，遣人詣省自首，反以罪誣按察使。御史臺臣奏：「按察使即有罪，亦不應因事反告。宜待文煥等事決，方聽其訟。」其後同知揚州總管府事董仲威坐贓罪，行省方按其事，仲威反誣行省官以他事。詔免仲威官，没其産十之三。二事同，而科斷之不一如此。

收括闌遺官也先闊闊帶等，坐易官馬、闌遺人畜，勑免其罪，以諸路官兼管收括闌遺，如官吏隱匿及擅易馬匹、私配婦人者，没其家。

十六年，詔有官守不勤於職者，勿論漢人、回回，皆論死，且没其妻子。是時，阿合馬用事，奸贓狼籍，故勸帝嚴刑竣法，以鉗士大夫之口焉。敕諸路所捕盜，初犯贓多者死，再犯贓少者從輕罪論。阿合馬言：「有盜以舊鈔易官庫新鈔百四十錠者，議者謂罪不應死。盜者之父執役臣家，臣如徇議者之言，寧不自畏！」詔論死。

十九年，和禮和孫言：「去年中山府奸民薛寶住爲匿名書來上，妄效東方朔事，欺妄朝廷，希覬官爵。」敕誅之。又言：「自今應訴事者，必須實書其事，赴省、臺陳告。敢以匿名書告事，重者處死，輕者流遠方。能發其事者，給犯人妻子，仍以鈔賞之。」從之。

耶律鑄言：「前奉詔，殺人者死，仍徵燒埋銀二十兩。後止徵二錠，其事太輕。臣等議：依蒙古人例，犯者没一女入仇家，無女者徵銀四錠。」從之。

是年，王著、高和尚殺阿合馬，帝震怒，戮著等，並殺樞密副使張易，皆醢之。其後，帝悟阿合馬之姦，追論其罪，剖棺戮尸，醢其二子，又戮其第三子，剥皮以徇。帝欲重懲奸吏，故用法特嚴。然剥皮及菹醢之法，唐、宋以來所未有也。

二十年，禁雲南没人口爲奴及黥其面者。舊制：雲南重囚，便宜處決。帝恐濫及無辜，勅今後凡大辟罪，仍須待報。

刑部尚書呈：「鞫問罪囚，笞、杖、枷、鎖，凡諸獄具，已有聖旨定制。自阿合馬擅權以來，專用酷吏爲刑部官，謂如刑部侍郎王儀，獨號慘刻，自創用繩索法，能以一索縛囚，令其徧身痛苦，若復稍重，四肢斷裂。至今刑部稱爲『王侍郎繩索』，非理酷虐，莫此爲甚！今參詳内外官司，推勘罪囚獄具，合依定制，不得用王侍郎繩索。各處推官司獄以至押獄禁卒人等，皆當擇用循良，庶得政平訟理。」又御史臺准中丞崔少中牒：「鞫獄之制，自有定制。比年以來，外路官府酷法虐人，有不招承者，跪於磁芒碎瓦之上，不勝痛楚。人不能堪，罪之有無，何求不得？其餘法外慘刻，又不止此。今後似此鞫問之慘，自内而外，通行禁斷。如有違犯官吏，重行治罪，似合體國家恤刑之至意，去酷吏婪虐之餘風，天下幸甚！」中書省並照驗施行。

二十二年，西川趙和尚自稱宋福王後，真定劉驢兒有三乳，自以爲異，謀不軌，皆磔之。至元四年，刑部議：謀反者處死，家人斷鷹房子種田，無磔裂之刑也。至是，則奉詔勅所降云。

二十八年，敕江南重囚，依舊制聞奏處決。監察御史言：「沙不丁、納速剌丁滅里克、王巨濟、璉真珈、沙的、教化，皆桑哥黨羽，受贓肆虐，使江南之民愁怨載路。今或繫獄，或釋之，此臣所未喻者。」帝曰：「桑哥已誅，滅里納速剌丁下獄，惟沙不丁朕姑釋之耳。」其後，納速剌丁滅里以盜取官民鈔十三萬錠，忻都以徵理逋負迫殺五百二十人，皆伏誅。王巨濟無贓，帝以與忻都同惡，並誅之。中書省臣言：「妄人馮子振嘗爲詩諛桑哥，及桑哥敗，即告撰桑哥德政碑者，引喻失當，乞治罪。」帝曰：「諸臣何罪？使以諛桑哥爲罪，則在廷諸臣誰不譽之者？朕亦嘗譽之矣！」釋不問。

二十九年，懷孟路河内縣民劉蹺、搭蓋，小薛大王掃里，本路笑薛同知笞劉蹺背一十七下，身死。分司僉事趙朝列牒肅政廉訪司，稱：「嘗讀唐《貞觀政要》所載，太宗閲銅人，見人之五臟皆係於背，詔天下勿鞭背。可謂人君知愛民之本，爲萬世之龜鑑也。今朝廷用刑，自有定制。有司不據科條，輒因暴怒，濫用刑辟，將有罪之人，褫去衣服，笞背考訊，往往致傷人命，深負朝廷好生之德。若不禁治，事關至重。」中書省議准，禁治施行。

元貞元年，湖州司獄郭玘訴浙西廉訪司僉事張孝思多取廩餼，孝思下玘於獄。行臺令御史楊仁往鞫，而江浙行省平章政事鐵木而速孝思至省訊問，又令其屬官與仁同鞫玘事。仁不從，行臺以聞。詔省、臺遣官鞫問，既引服，皆杖之。二年，御史臺臣言：「官吏受賍，初訊辭服，繼以審覆，而有司徇情，致令異詞者，乞加等論罪。」從之。

詔諸人告捕盜者，强盜一名賞鈔五十貫，竊盜半之，應捕者又半之，皆徵諸犯人；無可徵者，官給之。

大德元年，大都路總管沙的坐贓當罷，帝以故臣子，特減其罪，俾還舊職。崔彧言不可，帝曰：「卿與中書省臣戒之，若復然，則置之死罪矣。」

是年，温州路平陽州民陳空崖坐禪說法，旗號僞寫「羅平國正治元年」。敕陳空崖及爲首諸人並處斬，没其妻子財産。

四年，前行省參知政事張頤孫及其弟珪伏誅於隆興市。初，頤孫爲新淦富人胡制機養子，後制機生子而卒，頤孫利其貲，與弟珪謀殺制機子，賂縣吏獲免。其僕胡宗訴主之寃於官。敕誅頤孫兄弟，還其貲於胡氏。

晉州達魯花赤捏克伯詐稱母死奔喪，給假，到解州迎其妻子。敕將捏克伯罷職斷罪，仍追離職月日俸還官。

五年，敕軍士殺人奸盜者，令軍、民官同鞫。中書省臣言：「舊制：京師州縣捕盜止從兵馬司，有司不與，遂致淹滯。自今輕罪乞令有司決遣，重者從宗正府聽斷，庶不留獄，且民不寃。」從之。御史臺臣言：「軍官元帥、百户、千户等子弟，承襲承替，就帶原降虎符，比之民官優寵甚重。請今後軍官但犯一切不公不法罪名者，無分輕重，依十三等例，與民官一體科斷。」從之。

五年，河南民殷丑廝等詐稱神靈，扇感人衆。殷丑廝及信從知情不舉者，皆處斬，没其妻子。

六年，詔千户、百户等自軍中逃歸，先事而逃者罪死，敗而後逃者杖之，没其妻、女。又軍官除邊遠出征外，其餘遇祖父母、父母喪，依民官例立限奔赴。

七年，南劍路達魯花赤忻都因事受贓，又挾仇故殺原告人徐仲言。忻都，阿合馬之從子也。以遇赦，勅除名，永不叙用，倍徵燒埋銀。

九年，河間民王天下奴弑父，磁州民田聖童弑母，並磔於市。吏部主事賈廷瑞言：「近年以來，府州司縣官失其人，奉法不虔，受成文吏，舞弄出入，以資漁獵。愚民冒法，小有詞訴，根連株累，動至千百，罪無輕重，即入監禁。百端擾害，不可勝言。若不申明制令，嚴加戒飭，則吏弊不除。今後除姦盜詐僞杖罪以上罪狀明白，依例監禁，其餘自笞罪以下雜犯罪名及根連證干之人，不許似前監收，止令隨衙待對。若果有逃避，根捉到官，比本犯斷決。」刑部議：「賈奉訓所言事理蓋爲路府州縣官吏不能奉職，至有差池。若選材得人，自然不至冤濫。以此參詳小民犯法情罪，輕重不一，擬合臨事詳情區處。如有違枉等事，廉訪司照例糾之。」中書省從刑部議。

至大二年，福建廉訪司言：「古制：『一罪先發，已經論決；餘罪後發，其輕若等，則勿論；重者，通計前罪，以充後數。』矧今所犯贓罪分爲十二章，各有差等。設若一罪先發，已經斷罷；餘罪後發，係在被斷日月之前，合無酌古准今？其輕若等，則與擬免；比前罪重者，驗贓計其所剩杖數決斷，准復追贓免斷，依例黜降。似爲情法相應。」中書省依刑部議，從之。

是年，武昌婦人劉氏詣御史臺訴三寶奴奪其所進亡宋玉璽一、金椅子一、夜明珠二。敕中書省臣及御史中丞冀德方、也可札魯忽赤别鐵木兒、中政使搠只等雜問。劉氏稱故翟萬户妻，三寶奴謫武昌時，與劉氏往來。及三寶奴貴，劉氏以追逃婢至京，謁三寶奴於其家，不答。入其西廊，見榻上有逃婢所竊寶鞍及其手縫錦帕，以問三寶奴，又不答。忿恨而出，即求書狀人喬瑜爲狀，因尹榮往見察院吏李節，入訴於臺。獄具，以劉氏爲妄。有旨，斬喬瑜，笞李節，杖劉氏及尹榮，歸之原籍。

三年，寧王闊闊出謀爲不軌，越王秃剌子阿剌納失里許助之。事覺，闊闊出下獄，賜其妻完者死，竄阿剌納失里及其祖母母妻於伯鐵木兒所。以畏兀兒僧鐵里等二十四人同謀，或知謀不首，並磔於市。

延祐元年，晉寧民侯喜兒兄弟五人並坐法當死。帝惻然曰：「彼一家不幸而有此事，其擇情輕者一人，杖之，俾養父母，毋絶其祀。」

三年，敕：「大辟罪臨刑，敢有刲割者，以重罪論。凡鞫囚，非强盜，毋加酷刑。」五年，御史臺臣言：「諸司近侍隔越中書省聞奏者，請如舊制治罪。」從之。六年，帝御嘉禧殿，謂札魯忽赤買閭曰：「札魯忽赤人命所繫，其詳閲獄辭，事無大小，必謀於同僚。疑不能決者，與省臺臣集議以聞。」

七年，中書省臣奏：「各處合流遼陽獄囚，無分輕重，一概發奴兒干地。而彼中別無種養生業，歲用衣糧，重加勞費。今肇州路有屯田，擬流囚照依所犯重者，發奴兒干地，輕者於肇州從宜安置，屯種自贍，似爲便益。」從之。刑部言：「方今庶務，惟刑爲重，平反冤獄，乃居官者職所當爲。比因升等減資之路，於是僥倖之徒不計事理虚實，欲圖升進，往往鍛鍊成獄，反害無辜。所在官司，亦不詳讞，取具體察公文，咨申省部定擬，平反明白，固亦有之，然冒濫者十常八九。若不定擬平反通例，深爲未便。今後内外官員，如能平反重刑三名以上，量升一等；犯流配五名者，擬減一資；名數不及者，從優定奪。其吏員事不干己，而能平反者，量進一等遷調。其或冒濫不實，罪及保勘體察官司。庶革僥倖之弊。」中書省議，從之。

至治元年，上都留守賀伯顏坐便服迎詔，棄市，籍其家。是時，鐵木迭兒復相，修舊怨。既杖殺楊朶兒只、蕭拜住，又陷賀伯顏於死。終元之世，奸臣舞文法以害正人，鐵木迭兒一人而已。

英宗執法嚴，參議中書省事乞列監坐鬻官，刑部以法當杖，皇太后命笞之，帝曰：「不可。法者，天下之公。徇私而輕重之，何以示天下！」卒正其罪。斡魯思訐其父母，又駙馬許納子速怯訐其父謀叛、其母私從人。帝曰：「人子事親，有隱無犯。今有過不諫，復訐於官，豈人子所忍爲？」命斬之。真人蔡遁泰殺人論死，刑部尚書不答失里坐受其金，范德郁坐詭隨，俱杖免。

三年，禁故殺子女、誣平民者。

四川行省平章政事趙世延，坐其弟不法事繫獄待對，其弟逃匿，詔出之。仍著爲令：逃者百日不出，則釋待對者。

八思吉思下獄，帝謂左右曰：「法者，祖宗所制，非朕所得私也。八思吉思雖事朕久，今有罪，其論如法。」

八月，帝遇弑於南坡。泰定帝即位，討賊也先鐵木兒、完者、鎖南、禿滿等，皆伏誅。又遣旭邁傑等誅鐵失、失禿兒、赤斤鐵木兒於大都，並戮其子孫。監察御史脫脫等言：「鐵木迭兒包藏禍心，離間親藩，使先帝孤立，卒罹大禍。其子鎖南親與逆謀，乞正其父子之罪，以快元元之心。又月魯、禿禿哈、速敦，皆鐵失之黨，不宜寬宥。」於是鎖南、月魯、禿禿哈、速敦皆伏誅。監察御史許有壬又言：「蕭拜住、楊朵兒只、賀伯顏，天下皆知其無罪。鐵木迭兒盜弄威權，致之必死。御史觀音保、鎖咬兒哈的迷失、李謙亨、成珪，雖以言事忤旨，實爲鐵木迭兒父子所媒孽也。近奉旨，免其抄籍。竊謂刑賞大節，尤當得宜，擬合依舊斷没其諸子家産。又復陰庇逆賊鐵失，使先帝暴崩，皆鐵木迭兒爲之張本。先因事發，獲免之後，分張別居，足見預爲三窟之計。合一併籍没，仍將家屬遷徙遠方，以謝天下。」從之。

泰定元年，太尉不花、平章政事即烈，坐矯制以寡婦古哈强配撒梯，被鞫。詔以世祖舊臣，原其罪。

二年，息州民趙丑厮、郭菩薩妖言彌勒佛當有天下。有司以聞，命宗正府、刑部、樞密院、御史臺及河南行省官雜鞫之。郭菩薩伏誅，杖流其黨。

三年，潮州判官錢珍挑推官梁楫妻劉氏，不從，誣楫下獄，殺之。事覺，珍飲藥死，詔戮其尸。

天曆元年，中書省臣言：「凡有罪者，既籍其家資，又没其妻子，非古者罪人不孥之意。

從其議。

太尉不花率所部剽掠居庸以北，盜入其家，殺之。興和路當盜死罪，刑部議：「不花不道，衆所聞知。幸爲盜殺，而本路隱其殘剽之罪，獨以盜聞，於法不當。」中書省臣以聞，帝從其議。

御史臺臣言：「也先捏將兵擅殺官吏，俘掠子女貨財。」詔刑部鞫之，籍其家，杖一百七，流南寧府。後復爲御史所劾，以不忠不敬伏誅。

二年，中書省臣言：「近籍没欽察家，其子年十六，請令與母同居。仍請自今以後有罪籍官犯子，他人不得陳乞，亦不得没爲官奴。」從之。

陜西行臺御史孔思迪言：「人倫之中，夫婦爲重。比見内外大臣得罪就刑者，其妻子即斷付他人，似與國朝旌表之意不符，夫亡終制之令相反。况以失節之婦，配有功之人，又與前賢所謂『娶失節者以配，是己失節』之意不同。今後負國之臣，籍没奴婢財産，不必罪其妻子；當典刑者則孥戮之，不必斷付他人。請著爲令。」從之。

至順元年，樞密使言：「征戍雲南軍士逃歸，法當死。」詔曰：「如臨陣而逃，死宜也。非臨陣逃者，輒論死，何視人命之易耶？其杖而流之。」

御史臺臣言：「内外官吏令家人受財，以其干名犯義，罪止杖四十七，解任，貪污者緣此犯法愈多。請依十二章，計贓多少論罪。」從之。

御史中丞和尚坐受婦人爲賂，遇赦原罪。監察御史言：「和尚所爲貪縱，有污臺綱，罪雖見原，理宜追奪所受制命，禁錮終身。」從之。

二年，湖廣參知政事徹里帖木兒與速速、班丹俱出怨言，鞫問得實，刑部議徹里帖木兒、班丹杖一百七，速速處死。會赦，徹里帖木兒流廣東，班丹流廣西，速速徙海南。詔籍其家，速速禁錮終身。

燕鐵木兒言：「安慶萬户鎖住坐家人事繫獄，久未款伏，宜若無罪，乞釋之。」制可。寧國路涇縣民張道殺人爲盜，弟吉從而不加功，繫獄七年不決，吉母老，無他子。中書省以聞，敕免死，杖而釋之。

御史臺臣言：「儲政使撒兒不花侍潛邸時，受馬七十九匹，盜用官庫物；天曆初遇賊即逃，擅開城門。度支卿納哈出矯增制令，又受諸王斡即七寶帶一、鈔一百六十錠。臣等議其罪，均宜杖一百七，除名。」從之。

只里哈答兒坐贓罪當流，以唐其勢舅，釋之。

安西王阿難答之子月魯帖木兒，與畏兀僧玉你達八的剌板的、國師必剌忒納失里沙津愛護持，謀不軌。事覺，三人皆處死，仍籍其家，以必剌忒納失里妻丑丑賜通政副使伯藍。天曆初，御史臺臣屢請勿籍罪人妻子，著爲令矣，然未幾，仍不依條格。大抵文宗之世，刑法畸輕畸重，皆出燕鐵木兒之意，帝亦不專決也。

後至元三年，詔除人命重事之外，凡盜賊等獄，不須俟五府官審，有司依例決之。六年，詔今後有罪者，勿籍其妻、女以配人。

凡蒙古人居官犯法，擇蒙古官斷之，行杖亦如之。四怯薛及諸王、駙馬投下蒙古、色目人等，犯奸盜詐僞者，從太宗正府讞之。其蒙古人相犯者，婚姻、債負、鬬毆、私奸、雜犯，不係官軍捕捉者，從本奧魯歸斷。其餘干礙人命，强竊盜賊，印造僞鈔之類，即係管民官應捕事理，令有司約會奧魯官一同問之。軍民相干之詞訟，管民官約會管軍官問之。僧俗相干之詞訟，管民官約會行宣政院問之。

至元十二年，刑部議准：「蒙古軍人自行相犯，若有蒙古奧魯員，合與京兆、南京一體施行。如無管領奧魯頭目，止從官司訊斷。」九年，中書省議准：「蒙古人除犯死罪，監房收禁，不得一面拷掠外，據真奸、真盜之犯，達魯火赤與衆官人一同訊問得實，去犯人繫腰合鉢散收。其餘雜犯輕罪，依理對證，不得一面捉拿監收。」

三十年，敕：「管民官、奧魯官、運司，並投下相關公事，管民官與各管官司約會，一同鞫問。如行移三次不到，止從管民官依理歸結。情重者，申刑部斷之。」

大德五年，敕軍士殺人奸盜者，令軍民官同鞫。

中統二年，鳳翔府龍華寺僧超道謀作亂，遇赦，没其財羈管，京兆僧司同謀蘇德全從軍自效。

大德六年，詔自今僧官、僧人犯罪，御史臺與内外宣政院同鞫。宣政院徇情不公者，聽御史臺治之。

七年，奉使宣撫耶律希尚、劉賡言：「平陽僧察力微犯法非一，有司憚其豪强，不敢詰問。聞臣等至，潛逃京師。」中書省臣言：「宜捕送其所，令省、臺、宣政院遣官雜治。」從之。

八年，詔：「凡僧姦盜殺人者，聽有司耑決。」

延祐六年，敕：「畏兀兒哈迷里人自行相犯，委付頭目訊斷。若與百姓相争，委頭目與有司官同鞫。」

七年，敕：「回回諸色人等，結絶不得者，歸有司官訊斷。」

赦令，歷代所同。獨以修佛事而釋重囚，則惟蒙古有之。

元貞元年，用帝師奏，釋大辟三人，杖以下四十七人。

二年〔一〕，釋罪囚二十人。

六年四月己丑朔〔二〕，釋重囚三十八，人給鈔一錠。庚辰，釋重囚疑重者。

七年，中書右丞答剌罕言：「僧人修佛事畢，必釋重囚。有殺人及妻妾殺夫者，皆指名釋之。生者苟免，死者含冤，於福何有？」帝嘉納之。然九年仍釋上都囚三人，不能盡用其言。

十一年〔三〕，武宗即位，帝師奏釋大辟囚三十人，杖以下百人。

至大二年，以皇太后有疾，釋大辟囚百人。

皇慶三年，以作佛事，釋囚徒二十九人。

延祐元年，釋流以下罪囚。三月，以僧人作佛事，擇釋獄囚，命中書省審察。

六年，以天慶節，釋重囚一人。七月，皇姊大長公主祥哥剌吉作佛事，釋全寧府重囚二十七人。敕按問全寧有司官，阿從不法，仍追囚還獄，命分簡奴兒干及流囚罪稍輕者屯田肇州。是年，以作佛事，釋大辟囚七人，流以下六人。

英宗即位，拜住以受尊號，請釋獄囚，不允。

至治二年，西僧灌頂，疾請釋罪囚，帝曰：「釋囚祈福，豈爲師惜。朕思惡人屢赦，反害善人，何福之有？」不允。西僧爲奸利，假祈福之説以釋重囚，元之秕政也。獨英宗能斥之，然亦遵爲故事。

三年，敕都功德使闊兒魯至京師，釋大辟囚三十一人，杖五十七以上六十九人。

泰定元年，釋笞罪，以爲兩宮祈福。

三年，以帝師修佛事，釋重囚三人。

至順二年，作佛事，釋在京囚死罪者十人，杖罪四十七人。

三年，以作佛事，釋御史臺所囚定興劉縣尹及刑部囚二十六人。

【校勘記】

〔一〕「二年」，疑誤。按本書《成宗本紀下》「釋罪囚二十人」在元貞三年十一月戊子。

〔二〕「六年」上，當補「大德」二字。

〔三〕「十一年」，原作「十年」，按本紀，武宗即位在大德十一年，據改。

新元史

第九册

列傳（四）

柯劭忞 撰
張京華 黄曙輝 總校

上海古籍出版社

新元史卷之二百　列傳第九十七

阿沙不花　亦納脱脱鐵木兒塔識〔一〕　達識帖睦邇　伯撒里

阿沙不花，康里氏。初，太祖親征康里而有其地。阿沙不花祖母苦滅古麻里氏，有孤子二：曰曲律，曰牙牙，皆幼，寘褚中，負以槖駝來朝。時太祖已崩，乃以二子覲於太宗曰：「此康里之遺胤，不可爲人所得，辱於奴隸。幸陛下矜恤之。」遂留居和林。憲宗即位，召二子入直宿衛，領昔寶赤，遣古麻里氏歸康里。九年，古麻里氏再至和林，世祖賜以田宅，使居興和天城之大羅鎮。牙牙生六子：曰孛別舍兒；曰和者吉，追封榮王，謚忠武；曰不別，遥授甘肅行省右丞；曰斡禿蠻；曰阿沙不花；曰亦納脱脱。

阿沙不花年十四，入侍世祖，占對詳明，特被親幸。西番遣使者奏事，已行一日，帝問大臣：「前使者何所請？」皆不能對。阿沙不花從旁代奏，帝怒曰：「卿等任天下之重，反不及一童子耶！」後故令門者勿納以試之，阿沙不花自水竇入。帝嘉之，諭門衛聽其出入勿禁。

乃顔叛，諸王納牙等皆應之。帝問計於阿沙不花，對曰：「宜先撫定諸王，使叛者勢孤。」帝曰：「善。」遣阿沙不花使於納牙，納牙請降，諸王亦次第反正。乃顔平，以阿沙不花爲西手千户，領昔寶赤。帝欲徙興和桃山之民，空其地爲昔寶赤牧廠。阿沙不花固請留三千户以給鷹食，民德之。

至元三十年，從成宗討海都，有功，入爲大宗正府也可札魯忽赤。前札魯忽赤脱兒速以贓聞，帝命阿沙不花鞫之，論如律，就命阿沙不花代其位。帝目之曰「阿即速」，譯言閻羅王也。朱清、張瑄有罪抵死，命阿沙不花籍其家，具以實奏。賜宅一區、鈔一萬五千緡，兼兩城兵馬指揮司達魯花赤。

成宗崩，皇后及丞相阿忽台等謀立安西王阿難答。是時武宗遣脱脱至京師，丞相哈剌哈孫使亟歸報命。皇后已密諭通政使不給脱脱驛馬，阿沙不花知事急，與同知樞密院事察乃先一日署文書，脱脱始乘驛而返。仁宗至京師，有飛語安西王將因賀仁宗生日謀爲變。阿沙不花與哈剌哈孫前期白仁宗，詐稱受成宗遺命，召阿難答計事，至即執送上都，盡誅阿忽台等，内難始平。仁宗以皇弟監國，遣使迎武宗，不至，告太后，非阿沙不花往不可。乃使奉衣服、尚醖見武宗於野馬川，具奏：「監國所以防他變，臣萬死保其無他。」帝悦，解御衣賜之，拜中書平章政事，軍國大事並聽裁決。

帝至上都，加特進、太尉，依前平章政事，命與塔思不花治阿難答黨與，奏釋囊加真等三十餘人。一日，帝出内府鈔十五錠，賜近臣蹴鞠者。阿沙不花力諫，竟阻之。有盜内府金者，阿沙不花退朝遇之，見其惶遽，詰之，得黄金五十兩、白金百兩。帝命賜阿沙不花，辭曰：「此非臣所應得者。請入金贖盜死罪。」帝允之。

入侍於五花殿，見帝容色日悴，乃進曰：「『八珍之味不知御，萬金之軀不知愛』，此古人所戒也。陛下麯糵是耽，嬪嬙是好，猶兩斧伐孤樹，未有不顛仆者。陛下縱不自愛，如宗廟社稷何？」帝大悦曰：「非卿不聞此言。」命進酒。阿沙不花頓首謝曰：「臣欲陛下節飲而反勸之，是臣言不足信也。」帝爲罷飲。進右丞相，行御史大夫、平章政事，加録軍國重事，兼廣武康里衛親軍都指揮使，封康國公，累遷知樞密院事。至大二年十月卒，年四十七。至正元年，贈純誠一德正憲保大功臣、太師、開府儀同三司、中書右丞相、上柱國，追封順寧王，謚忠烈。

其繼室别哥倫氏亦有至行，嫠居三十餘年，未嘗妄言笑，詔旌其門。

子海亦兒，順寧府達魯花赤；伯嘉訥，大都尹，民梅涷兒誣海商一百十六人爲盜，掠其貲，伯嘉訥讞之，平反其獄，累遷翰林侍讀學士、中政院使，卒。

亦納脱脱，少從其兄斡秃蠻獵近畿，斡秃蠻使獻所獲於世祖。帝偉其儀狀，留直宿衛。成宗即位，奉詔賜太傅伯顔名鷹，伯顔深重之，謂脱脱曰：「吾老矣，他日可大用者，未見汝比也。」

大德三年，武宗出鎮北庭，脱脱從行。五年，從武宗敗海都於杭海。將戰，帝欲策馬先登，脱脱執轡力諫，帝怒，揮鞭抶其手，不退。帝不得已而止。後與大將朵兒答哈語及之，對曰：「太子在軍中，如身有首，衣有領，設或不虞，衆安所附？脱脱之諫可謂忠臣。」帝悦。

成宗大漸，脱脱適以事入都，丞相哈剌哈孫使馳報武宗，且勸進。事具《哈剌哈孫傳》。仁宗既定内難，太后以兩皇子星命付術士推算，問所宜立，曰：「重光大荒落有災，旃蒙作噩長久。」「旃蒙作噩」者仁宗年幹也。太后頗惑其言，遣近侍朵耳告於武宗曰：「汝兄弟二人皆我所出，豈有親疏？術士所言運祚修短，不可不思。」帝默然，屏人謂脱脱曰：「我扞禦邊陲，勤勞十年，又次序居長，宜登大位。今太后以星命休咎爲辭，天道茫昧，誰能豫知？設我即位之後，上合天心，下副民望，雖祚短亦足以垂名萬世。術士之言，殆恐奸人教之。汝爲我往察其事，疾歸報我。」脱脱既行，帝親率大軍由西道，命大將按灰由中道，床兀兒由東道並進。

脱脱至大都，以帝語奏聞。太后愕然曰：「修短之説，乃我爲太子遠慮。今議已定，太子不速來何爲？」既而太后與仁宗密諭脱脱，令解釋帝之嫌疑。帝至旺古察都，遇脱脱，使驂乘。脱脱具奏太后、仁宗之語，帝感悟。及即位，立仁宗爲皇太子，三宮卒無間言。

先是，帝命脱脱同知樞密院事，及還，問：「已視事否？」對曰：「今德音未下，而扈從之臣攙取爵位，誠恐有累聖德，故不敢受。」帝嘉歎之。帝素銜知樞密院只兒哈忽，欲誅之，脱脱諫曰：「陛下新即位，遽殺大臣，知者以爲彼有罪，不知者以爲報怨，恐人人自危。況只兒哈忽習先朝掌故，今固不可少也。」乃宥之。進中書平章政事，拜御史大夫。六月，遥授左丞相。八月，封秦國公，又改江南行臺。至大元年，復入爲御史大夫。二月，改仁虞院使。六月，加上柱國、太尉。十一月，拜中書左丞相。二年，改知樞密院事。

三年，海都子察八兒來朝，宴於内廷。故事，大宴必命近臣敷宣訓辭，脱脱薦只兒哈忽具訓辭以進，甚稱帝意。歎曰：「博爾朮、博爾忽，先朝人傑；脱脱，今之人傑也。」即以其詞授脱脱。及就席，脱脱陳西北諸王始終離合之由，去逆效順之節，聽者傾服。是年，遷尚書省右丞相，脱脱固辭，乃奏曰：「爵及比德，賞及罔功，緩急之時，何所倚賴？又中書掌錢糧、工役、選法、刑律十二事，若從臣言，恪遵舊制，則臣可黽勉從事。不然，用臣何補？」帝乃令濫受宣敕者赴所司繳納，僥倖之路爲之一塞。宗王南忽里爲部人所訐，脱脱辨其誣，抵言者罪。宗王牙忽秃索逃民於齊王八不沙部内，鄰藩欲奉齊王攻牙忽秃，齊王懼，奔於牙忽秃以避之，牙忽秃遂告齊王謀反。脱脱按驗得實，釋齊王，而徙牙忽秃於嶺南。邊將脱火赤請以新軍萬人益宗王丑漢，廷議使脱脱給其貲裝。脱脱言，時方寧謐，不宜挑釁生事，辭不行。乃使左丞相秃忽魯、平章政事也先帖木兒往給之，幾至激變，人皆服其有識。是時左丞相三寶奴等勸武宗立周王爲皇太子，脱脱謂三寶奴曰：「國家大計，不可不慎。皇太子親平内難，功在社稷，且儲位已定，兄弟叔侄世世相承，孰敢紊其序者？」三寶奴曰：「今日兄授弟，異日叔當授姪，能保之乎？」脱脱曰：「在我不可食言，彼如失信，天實鑒之。」事遂寢。四年，復拜中書左丞相。

仁宗即位，出爲江浙行省左丞相。鐵木迭兒既議立英宗爲皇太子，乃譖脱脱武宗舊臣有貳心。詔逮至京師，既至，帝察其無他，復遣歸。未幾，遷江西行省左丞相。

英宗即位，召拜御史大夫，鐵失陰忌之，奏改江南行臺。復嗾言者劾其擅離官守，杖一百七，徙雲南，會鐵失伏誅，事乃解。泰定四年卒，五十六。脱脱階至開府儀同三司、上柱國，封馮國公。至正初，加贈推誠全德守義佐運功臣、太師，開府儀同三司、上柱國如故，追封和寧王，謚忠獻。

九子：曰霸都，仁虞都總管府達魯花赤；曰鐵木兒達識〔二〕；曰玉樞虎兒吐華，由中書右丞拜中書平章政事，分省彰德，出爲四川平章政事；曰達世貼睦邇；曰哈答不花；曰阿魯輝帖木兒；曰脱烈，太府太監；曰哈達帖木兒，大都留守；曰汪家閭，僉資正院事。

脱脱兒和者吉四子：曰燕不憐，遼陽行省平章政事、太保、興國公，贈推誠效節佐運翊亮功臣、太師，追封興寧王，謚忠襄；曰燕八思，提調大司農；曰別不花，嶺北行省平章政事；曰伯撒里。

鐵木兒塔識，字九齡，資禀宏偉，讀書穎悟絶人，事明宗於潛邸。文宗即位，由同知都護府事累遷禮部尚書、參議中書省事，擢陝西行臺侍御史，留爲奎章閣侍書學士，再遷同知樞密院事。後至元六年，拜中書右丞。初，伯顏議廢科舉，鐵木兒達識力争，訖不署其奏牘，至是復奏行之。金山大雪，遣鐵木兒塔識與知樞密院衆家奴賫銀鈔及衣表裏賑之。鐵木兒達識聞命即行，不憚皸瘃，民德之。

至正元年，進平章政事。每入直，帝爲御宣文閣，詢以治道，至夜分乃罷。二年，帝有事於南郊，鐵木兒塔識奏：「熙事慶成，宜均惠於下。」詔賜民明年田租之半。嶺北不産五穀，歲募商民和糴爲兵餉，費官鹽多，鐵木兒塔識請輸京倉米百萬石於和林，由是兵食足而官鹽不耗。閩浙鹽額日增，課日絀，鐵木兒達識請歲減十萬引，以紓亭户之力，從之。日本商百餘人，遇風漂入高麗，高麗人掠其資，表請没入爲奴。鐵木兒達識持不可，資遣之，日本上表稱謝。俄日本僧告其王使人刺探國事，鐵木兒達識曰：「刺探在敵國則可，今四海一家，何用刺探？果有之，使睹中國之盛，亦可令遠人懾服。」僧歎息曰：「真宰相之言也。」

五年，拜御史大夫，奏言：「近歲大臣獲罪，重者夷族，輕者籍其妻孥。皇祖聖訓：『父子罪不相及。』請除之。」著爲令。未幾，復爲平章政事，位次右丞相。舊法：細民糴於官倉，月出印券給之，其直斗三百文，謂之「紅帖米」，頒籌給之，盡三月止；其直斗五百文，謂之「散籌米」。豪民買籌帖以爲利。鐵木兒塔識請別出米二十萬石爲官市，以鈔五十易米一升，奸弊遂絶。

七年，拜中書左丞相，録軍國重事，兼領經筵。鐵木兒塔識固辭，不允，乃拜命。鐵木兒塔識修飭綱紀，立内外通調之法，朝臣外補者許陛辭，責以成效，外吏有名績者，亦次第甄拔，登之臺、省。先是，僧與齊民均受役於官，其法中變，鐵木兒塔識奏復其舊。衍聖公階四品，奏升二品。中書故事，用老臣參議大政，事久不行，奏薦腆合、張元樸等四人用之，皆當時夙望也。帝嘗問：「爲治何先？」對曰：「莫先於法祖宗。」帝曰：「王文統奇才也，朕恨不見其人。」對曰：「世祖行仁義，而文統言利，此乃世祖之罪人。文統復生，猶當遠之，何足廑聖念乎？」帝爲改容。是年九月，從幸上都，卒，年四十六。贈開誠濟美同德翊運功臣、太師、中書右丞相、開府儀同三司、上柱國，追封冀寧王，謚文忠。

鐵木兒塔識既卒，執政奏：「相位不可久虛。」帝曰：「鐵木兒塔識有兼人之才智，後難爲繼，朕當徐思之。」諸王月尼別使者入見，帝顧謂知樞密院阿直剌曰：「鐵木兒塔識籌邊事皆與朕意合，斯人豈可復得？」因俛首歎息久之，其爲帝所眷如此。子拔都兒，襲領昔寶赤。

達識帖睦邇，字九成。與其兄鐵木兒塔識俱肄業太學，通經史文義，尤善書。由太府監提點，擢治書侍御史，以言事罷。除同知樞密院事，擢中書右丞、翰林學士承旨，遷大司農卿。至正七年，出爲江浙行省平章政事。初，達識帖睦邇父脱脱，浚杭州運河以通舟楫，大爲民利。至是，達識帖睦邇復浚之，父老思脱脱遺愛，爲之感泣。明年，又入爲大司農。九年，除湖廣行省平章政事。沅、靖、柳、桂等路猺賊就撫，達識帖睦邇以賊反覆不可料，奏請置三分省：一治静江，一治沅、靖，一治柳、桂，以左右丞、參政分駐其地，罷靖州路總管府，改立靖州軍民安撫司，設萬户府，益以戍兵。從之。俄召還，復爲大司農。

十一年，命與浙東宣慰使泰不華招諭方國珍。十二年，拜河南行省平章政事，旋改淮南行省。達識帖睦邇在淮南數年，帝遣使慰勞，加開府儀同三司。十五年，入爲中書平章政事，又出爲江浙行省左丞相，加金紫光禄大夫。尋兼知樞密院事，許以便宜從事。時江淮盜起，南北阻絶。達識帖睦邇任用非人，賣官鬻爵，視賄之輕重以爲高下，所部郡縣淪陷，亦不以爲意。

十六年，張士誠逼杭州，達識帖睦邇遁走富陽，獨萬户普賢奴嬰城固守。時楊完者屯嘉興，引兵擊敗士誠，達識帖睦邇乃還。完者軍無紀律，所至鈔掠，民怨之。然士誠畏其强，乃遣鑾子海牙以書詐降，達識帖睦邇持不可，完者固勸，乃許之。士誠要王爵，不許，又請授爲三公，達識帖睦邇曰：「三公非有司所得請，我不敢專。」達識帖睦邇言雖持正，然實幸其降，乃授士誠太尉。帝以士誠降，爲達識帖睦邇功，亦加達識帖睦邇太尉。

士誠欲圖完者，達識帖睦邇以完者强娶平章慶童女，亦厭之，乃密與士誠定計，襲殺完者。事具《楊完者傳》。未幾，士誠遂據杭州，自立爲吴王。

其弟士信勒達識帖睦邇移咨省院，自陳老病乞退，又言丞相之任非士信不可。士信乃自爲左丞相，徙達識帖睦邇至嘉興，峻其垣牆錮之。

士誠諷行臺請於朝，實封己爲吴王。御史大夫普化帖木兒不從，索印，又不與，遂仰藥死。後數日，達識帖睦邇聞之，歎曰：「大夫且死，吾不死何爲？」亦飲藥酒死。

伯撒里，至順二年由燕王宫相拜中書平章政事。後至元二年，出爲江西平章政事。盜起海南，遣諸將平之。五年，城西大火，伯撒里登城望拜，反風火息。明日，出私財以振災民，江西爲立惠政碑，進左丞相。至正二十五年，召拜中書右丞相。九月，封永平王。未幾卒。

史臣曰：阿沙不花諫武宗，脱脱責三寶奴，咸不愧大臣之言。然仁宗廢先君之舉，脱脱不諫，亦不免於困辱，蓋前直而後詘者歟？鐵木兒塔識敦崇儒術，爲時名相。達識帖睦邇用張士誠，卒爲士誠所賣，自經溝瀆，何足算哉！

【校勘記】

〔一〕「鐵木兒塔識」，原作「帖木兒塔識」，據正文改。

〔二〕「鐵木兒達識」，下文作「鐵木兒塔識」。《元史》作「鐵木兒塔識」。

新元史卷之二百一〔一〕 列傳第九十八

李孟 敬儼 鉉 郭貫 劉正 王毅 高昉

李孟，字道復，潞州上黨人。曾祖執，金末舉進士不第，以行義稱於時。祖昌祚，授金符，潞州宣撫使。父唐，夔州經歷，以歷官秦蜀，徙家漢中。

孟生而敏悟，十歲能文，倜儻有大志。博通經史，善論古今治亂，一時名儒商挺、王博文、魏初等，皆折行輩與交。唐友郭彥，通名知人，語唐曰：「此兒骨相異常，宰輔器也。」至元十九年，四川行省辟爲掾，不赴，調晉原縣主簿，又辭。行臺交薦，亦不就。後以事至京師。中書參知政事楊吉丁一見奇之，薦於裕宗，得召見東宮。未幾，裕宗卒，不及擢用。選授梓潼縣主簿。

成宗即位，命採訪先朝聖政，以備史官紀述。陝西省臣使孟討論編次，奏進之。時武宗、仁宗皆未出閣，徽仁裕聖皇后求名儒輔導，有薦孟宜爲太子師傅，乃召孟侍左右。大德元年，武宗撫軍北方，仁宗留宮中，孟日進格言，多所裨益。詔授太常少卿，執政以孟未嘗一造其門，沮之。改禮部侍郎，命亦中寢。

仁宗侍昭獻元聖皇后居懷州，又如官山，孟常單騎以從，每奏曰：「堯舜之道，孝弟而已。今大兄在朔方，大母居外，殿下當先意承志，以慰親心，則孝弟之道得矣。」仁宗深納其言，有暇輒就孟講論前朝得失成敗及君臣父子之義。後仁宗即位，嘗與羣臣語，握拳示之曰：「所重乎儒者，爲其維持綱常，如此其固也。」帝崇儒重道，實孟啟之。

成宗崩，安西王阿難答與左丞相阿忽台密謀搆亂，右丞相哈剌哈孫、哈剌罕遣使來告，仁宗疑而未行，孟曰：「支子不嗣，世祖之訓也。今宮車晏駕，大太子居萬里之外，宗廟社稷危在旦夕，殿下當奉大母急還京師，以折奸謀，固人心。不然，國事未可知也。」仁宗猶豫未決，孟復進曰：「邪謀既成，以一紙書召還，則殿下母子且不自保，豈暇論宗社乎？」仁宗曰：「先生言乃宗廟社稷之福。」遂奉太后還京師。

時哈剌哈孫稱病堅卧，仁宗遣孟往候之，適皇后使人問疾，絡繹不絕，孟入，長揖而坐，引手診其脈，衆以爲醫者，不之疑。既知皇后臨朝有日，還告曰：「事急矣，先發者制人，後發者制於人，不可不早圖之。」

左右皆不能決，惟曲出、伯鐵木兒與孟同。或曰：「皇后八璽在手，四衛之士一呼而應者累萬，安西王府中從者如林。殿下侍衛寡弱，不過數十人，兵仗不備，赤手而往，事未必濟。不如静守以俟阿合之至，然後圖之未晚也。」阿合，譯言兄，謂武宗也。孟曰：「羣邪背棄祖訓，黨附中宫，欲立庶子。天命人心，必皆不與。殿下入内庭，以大義責之，則凡知君臣之義者，無不爲殿下用，何求而弗獲？清宫禁，以迎大兄之至，不亦可乎？且安西王既正位號，縱大兄至，彼安肯退就藩服？京師必有喋血之禍，宗社危矣。危身以及其親，非孝也；遺禍難於兄，非弟也；得時弗爲，非智也；臨機不斷，非勇也。仗義而動，事必萬全。」

仁宗曰：「當以卜决之。」命召卜人，既至，孟出語之曰：「大事待汝而決，但言吉可也。」入筮，皆九。孟曰：「筮不違人，是謂大同，時不可以失。」仁宗喜，乃上馬。孟及諸臣皆步從，入自延春門，哈剌哈孫自東掖門來就之。至殿廊，收首謀及同惡者悉下於獄，奉御璽北迎武宗，中外翕然。

仁宗監國，授孟參知政事。孟久在民間，知閭閻疾苦，損益庶務，悉中利病，遠近無不悦服。然特抑絶僥倖，羣小多怨之，孟不爲動。事定，乃言於仁宗曰：「執政大臣，當自天子親用。今鑾輿在道，孟未見顔色，不敢冒當重任。」固辭，弗許，遂遁去，隱於許州陘山。

夏五月，武宗即位，有言於帝曰：「内難之初定也，李孟嘗勸皇弟自取，如彼言，豈有今日？」武宗察其誣，弗聽。仁宗亦不敢復言孟。

至大二年，仁宗爲皇太子，嘗侍帝同太后内宴。飲半，仁宗戚然改容，帝顧語曰：「吾弟今日不樂，何所思耶？」仁宗從容起謝曰：「賴天地祖宗神靈，神器有歸。然成今日母子兄弟之歡者，李道復之功爲多，適有所思，不自知其變於色也。」帝友愛，感其言，即命搜訪之。

三年春正月，入見武宗於玉德殿。帝指孟，謂宰執大臣曰：「此皇祖妣命爲朕師者，宜速任之。」三月，特授榮禄大夫、中書平章政事、集賢大學士、同知徽政院事。

仁宗嗣位，真拜中書平章政事，進階光禄大夫，諭之曰：「卿，朕之舊學，其盡心，以輔朕不及。」孟以國事爲己任，節賜與，重名爵。貴戚近臣惡其不便於己，而心服其公，無間言。孟言：「人君之柄，在賞與罰。賞一善而天下勸，罰一惡而天下懲，乃不失所施。若賞罰不足勸懲，何以爲治？」遂奏雪冤死者，復其官蔭；濫冒名爵者，悉奪之；罷僧、道官，使釋、老之徒不敢與有司抗。天下翕然頌之。

仁宗夙知吏弊，欲痛爲剗除。孟進言曰：「吏亦有賢者，在乎變化激厲之而已。」帝曰：「卿儒者，宜與吏氣類不合，而曲相庇護如此，真長者之言也。」時承平日久，風俗奢靡，車服僭擬，上下無章，近臣恃恩，求請無厭。宰相不爲裁制，更相汲引，耗竭公儲，以爲私惠。孟言：「貴賤有章，所以定民志；賜與有節，所以勸臣工。請各爲之限制。」又請停罷土木營繕，帝皆從之。

孟在政府，自視常若不及。每因間請曰：「臣學聖人之道，遭遇陛下，陛下，堯、舜之主也。臣不能使天下爲堯、舜之民，上負陛下，下負所學。乞罷政權，避賢路。」帝曰：「朕在位，必使卿在中書，朕與卿相與終始，自今其勿復言。」賜孟爵秦國公，帝親授印章，命學士院降制。又圖其像，敕詞臣爲之贊，及御書「秋谷」二字賜之。入見，必賜坐，語移時，稱其字而不名。帝常語近臣曰：「道復以道德相朕，致天下太平。」賜鈔十萬貫，令將作爲治第，孟辭不受。皇慶元年正月，授翰林學士承旨、知制誥兼修國史，仍平章政事，賜潞川田二十頃。未幾，請告歸葬其父母，帝餞之曰：「事已速還，毋久留，孤朕所望。」十二月，入朝，帝大悦，慰勞甚至。因請謝事，優詔不允。請益堅，乃命以平章政事議中書省事，依前翰林學士承旨。

二年夏，乞還秦國公印，奏三上，始如所請。帝與孟論用人之方，孟曰：「人材所出，固非一途，然唐、宋、金科舉得人爲盛。今欲興天下之賢能，莫如科舉。又必先德行經術，乃可得真材也。」帝深然其言，決意行之。延祐元年十二月，復拜平章政事。二年春，命知貢舉，及廷策進士，爲監試官。七月，進金紫光禄大夫、上柱國，改封韓國公。四年七月，以衰病不任事，乞解政權，帝不得已從所請，復拜翰林學士承旨、知制誥兼修國史。

延祐七年，仁宗崩，英宗初立，鐵木迭兒復相，以孟不附己，構於太皇太后，盡收前後封拜制命，仍仆其祖父墓碑。降授集賢侍講學士、嘉議大夫，度孟必辭，因中傷之，孟拜命欣然，適翰林學士劉賡來慰問，即與同入院。宣徽使以聞曰：「李孟今日供職，舊例當賜酒。」帝愕然曰：「李道復乃肯俯就集賢耶？」時鐵木迭兒子八爾吉思侍帝側，帝顧謂曰：「爾父謂彼不肯爲是官，今定何如？」由是讒不得行。嘗語人曰：「老臣待罪中書，無補於國，聖恩寬宥，不奪其禄，今老矣，何以報稱！」帝聞而善之。至治元年卒，年六十七。御史累章辯其誣，詔復元官。後贈舊學同德翊戴輔治功臣、太保、儀同三司、上柱國，追封魏國公，謚文忠。

孟宇量閎廓，材略過人。三入中書，中外利弊，知無不言。皇慶、延祐之世，每一政之秕，皆以爲鐵木迭兒所爲，一事之善，必歸之於孟焉。

子獻，字伯徵，由參議中書省事，拜治書侍御史，累遷御史中丞、同知經筵事。

史臣曰：張珪、李孟，俱稱賢相。珪忤鐵木迭兒，至於困辱，孟鑒珪之受禍，逡巡引避，不敢復論其奸。然鐵木迭兒再相，孟亦不免於降黜，是以守道之君子，寧爲珪之直，不爲孟之詘也。

敬儼，字威卿，其先河東人，後徙易州。五世祖嗣徽，金參知政事。父元長，有學行，官至太常博士。

儼，其仲子也。幼嗜學，善屬文。御史中丞郭良弼薦爲殿中知班，受知於月呂魯那演，累辟太傅、太師兩府掾，調高郵縣尹，未赴，選充中書省掾。朱清、張瑄爲海運萬户，以儼典文牘，致厚賂，儼怒拒之。二人後坐事誅，臺省官多以賄連坐，獨儼不與。大德二年，授吏部主事，改集賢司直。會湖南盗起，丞相哈剌孫遣儼奉詔撫循諸路，宣布恩澤，甚稱帝意。六年，擢禮部員外郎。有以父廕補官者，繼母訴非嫡子，儼察其誣，斥之。

七年，拜監察御史。時中書平章政事伯顔、梁德珪等，並受朱清、張瑄賄，儼劾其贓貨，俱罷去。江浙省臣與憲司相訐事聞，命儼與阿思蘭海牙按其事，議不合，兩上之，朝廷卒韙儼議。七月，遷中書左司都事，扈從上京。有賈人以運餉得官，盗糓數十萬石，主者匿不發，儼徵償其糓，輸於邊。

九年，授吏部郎中，以父病辭。父卒，終喪，復入御史臺爲都事。中丞何瑋與執政有隙，省議欲覈臺選當否。儼曰：「邇者省除吏千餘人，臺臣亦當分别之邪？」語聞，議遂寢。建康路總管侯珪貪縱虐民，儼亟遣官決其事。珪夤緣近倖，奏請原之，命下，已無及矣。除山北道廉訪副使，入爲右司郎中。

武宗即位，湖廣省臣有僞爲警報，馳驛入奏，以圖柄用者，儼面詰之曰：「汝守方面，既有警，豈得離職守？是必虚誕耳！」其人竟以誣奏被斥。民因饑爲盗，有司捕治，皆論死。獄既上，廷議互有從違，儼曰：「民饑而盗，迫於不得已，宜矜貸。」用是減死者甚衆。

至大元年，授左司郎中，擢江南諸道行御史臺治書侍御史。先是，儼以議立尚書省，忤宰相意，適兩淮鹽法久滯，乃左遷儼爲轉運使，欲陷之。比至，首劾場官貪污者，增羨至二十五萬引。河南行省參政來會鹽筴，將以羨數爲歲入常額。儼謂：「鹽户凋弊，以羨爲額，民力將殫；病人以爲己，非大臣事。」事遂止。

仁宗踐阼，召爲户部尚書。廷議欲革尚書省弊政，儼言：「遽罷錢不用，恐細民失利。」不從，以疾辭。皇慶元年，除浙東道廉訪使。錢塘退卒詐服僧衣，稱太后旨，建婺州雙谿石橋。儼命有司發其奸贓，杖遣之，仍奏罷其役。郡大火，焚數千家，儼發廩賑之。取憲司所儲材木及諸路學廩之羨者，建孔子廟。

二年，拜江西等處行中書省參知政事。舊俗：民有争往往越訴於省，吏得緣爲奸利。

儼下令省府，非有司不得侵民，訟事遂簡。延祐元年，詔設科舉，儼薦崇仁吴澂，金陵楊剛中爲考試官。其年冬，移疾退居真州，除江南諸道行御史臺侍御史，不赴。

四年春，詔促就前職，以疾辭。七月，召爲侍御史。十月，遷太子副詹事，御史大夫脱歡答刺罕奏留之。湖廣省臣以贓敗，儼一日五奏，卒正其罪。臺臣有劾罷復職者，御史再劾之，命中書、樞密共議其事。儼曰：「如是則臺綱墮矣。」即帝前奏黜之，因伏殿上，叩頭請代。帝諭之曰：「事非由汝，其復位。」

五年夏四月，拜中書參知政事，臺臣復奏留之，儼亦辭，不允。賜《大學衍義》及所服犀帶。每入見，帝以字呼之曰「威卿」而不名。舊制：諸院及寺監得奏除僚屬。歲久多冒濫，富民或以賂進，有至大官者。儼以名爵當慎，奏請追奪。著爲令。六年，乞病歸，賜衣一襲，遣醫視療。

至治元年，起爲陝西諸道行御史臺中丞，泰定元年，改江南諸道行御史臺，皆不赴。儼年六十五，即告老。四年春，遣使賜上尊，徵爲集賢大學士、榮禄大夫、商議中書省事，儼令使者先返，而挈家歸易州。九月，帝特署爲中政院使，復賜上尊，召之，乃輿疾入見，賜食慰勞，親爲差吉日視事，命朝會日無下拜。

天曆元年，拜中書平章政事，復以老病辭，不從。廷議欲盡戮朝臣之在上京者，儼抗言：「是皆循例從行，無死罪。」衆賴以免。居月餘，傷足，告歸。家居十餘年，痺不能行，猶讀書不輟。臨卒，戒子弟清白自守，無急仕進，衣冠端坐而逝。贈翰林學士承旨、光禄大夫、柱國，追封魯國公，謚文忠。

子自强，禮部員外郎。

儼叔祖鉉與太原元好問同登金進士第，元初爲中都提學，著《春秋備忘》四十卷，仁宗朝命刻其書，行於世。

郭貫，字安道，保定清苑人。父希泰，以孝友知名，嘗營樓居。或謂：「君有弟，可爲二楹，易析居。」希泰謝曰：「兄有即弟有也，奚分爲？」言者嘆服。

貫幼從郝經學，以才行推擇爲樞密中書掾，調南康路經歷，擢廣西道提刑按察司判官。會例格，授濟南路經歷。

至元二十七年，拜監察御史。奉詔分江北沿淮草地，劾淮西宣慰使昂吉兒父子專權，久不遷調，蠹政害民，不報。又言：「江淮之俗，多發掘祖墓，改售於人。合同惡逆定罪，買地人知情者減二等科罪。」刑曹韙其言，著爲令。三十年，僉湖南肅政廉訪司事。

大德初，遷湖北道，言：「四省軍馬以數萬計，征八百媳婦，深入炎瘴萬里不毛之地，無益於國。」不聽。五年，遷江西道，賑恤饑民，有惠政。入爲御史臺都事。八年，遷集賢待制，進翰林直學士。奉詔與遼陽行省平章政事別速合徹里帖木兒鎮撫高麗。十一年，召爲河東廉訪副使。

至大二年，仁宗至五臺山，貫進見，仁宗因問：「廉訪使滅里吉歹何以有善政？」左右對曰：「皆副使郭貫教之。」乃賜貫瑪瑙數珠、金織文幣。入爲吏部考功郎中，遂拜治書侍御史。四年，除禮部尚書。帝親書其階曰嘉議大夫，以授有司。

皇慶元年，擢淮西廉訪使，尋留不遣，改侍御史。俄遷翰林侍講學士。明年，出爲淮西廉訪使。延祐二年，召拜中書參知政事。明年，遷左丞，加集賢大學士。五年，除太子詹事。貫言：「皇太子受金寶已三年，宜行册禮。又輔導之官，早宜選置。」從之。六年，加太子賓客，謁告還家。

至治元年，復起爲集賢大學士，尋致仕。泰定元年，遷翰林學士承旨，不起。至順二年，以疾卒，年八十有二。贈光禄大夫、河南行省平章政事、柱國，追封蔡國公，謚文憲。貫博學，精於篆籀，當世册寶碑額多出其手云。

劉正，字清卿，清州人。初辟制國用使司令史，遷尚書户部令史。至元八年。罷諸路轉運司，立局考核逋欠，正掌其事。大都運司負課銀五百四十七錠，逮繫倪運使等四人，徵之，視本路歲入簿籍，實無所負，辭久不決。正察其冤，檢吏牘，得至元五年李介甫關領課銀文契七紙，適合其數，驗其字畫皆司庫辛德柔所書也。德柔交結權貴，莫敢詰問。正廉得其實，始白尚書省鞫之，於是四人皆得釋。正由是知名。轉樞密院令史，辟中書掾。十四年，分省上都，會諸王昔里吉叛，至居庸關，守者告前有警急，正曰：「吾不往，後至者益怯矣。」馳出關，至上都。邊將請金銀符充戰賞，中書檄工部造給，事後奏聞，帝以爲欺罔，欲詰治。正曰：「軍賞貴速，先造符印而後禀命，非罪也。」帝韙之。

十五年，擢左司都事。時阿合馬當國，與江淮行省阿里伯、崔斌有隙，誣以盜官糧四十萬，命刑部尚書李子忠與正馳驛按其事，獄弗具。阿合馬復遣北京行省參知政事張澍等四人雜治之，竟置二人於死。正乃移疾去官。十八年，徵爲左司員外郎。十九年春，阿合馬併中書左右司爲一，改左右司員外郎。三月，阿合馬敗，和禮霍孫爲右丞相，復爲左司員外郎，謁告歸。九月，中書捕正與參政亟喜魯丁等，偕至帝前，問曰：「汝等皆黨於阿合馬，能無罪乎？」正曰：「臣未嘗阿附，惟法是從耳。」會日暮，車駕還内，俱械繫於闕前。逾數日，姦黨伏誅，復械繫正於拱衛司，和禮霍孫曰：「上嘗謂劉正『衣白衣，行炭穴』十年，可謂廉潔者。」乃免歸。二十年春，樞密院奏爲經歷，擢參議樞密院事。二十五年，桑哥立尚書省，擢爲户部侍郎，遷户部尚書，復移疾歸。

二十八年，桑哥敗，完澤爲丞相，召爲户部尚書，遷參議尚書省事。省罷，仍參議中書省事。湖南馬宣慰庶子因争廕，誣告其兄匿亡宋官銀，正察其誣，罪之，仍廕其兄。濟南張同知子求爲兩淮運使，正弗與，張作飛語構其事。帝召正詰之曰：「匿銀事在右司，争廕事在左司，參議乃幕長，寢右而舉左，寧無私乎？」正辨析分明，事遂釋。三十年，御史臺奏爲侍御史，中書省奏爲吏部尚書，已而復留爲侍御史，遷江南行御史臺中丞。

大德元年，改同僉樞密院事，尋出爲雲南行中書省左丞。右丞忙兀突魯迷失請征緬，正以爲不可。俄俱被徵，又極言其不可。不從，師果無功。雲南民歲輸金銀，甸寨遠者，則遣官往徵，人馬芻糧往返之費，歲以萬計。徵收金銀之數，必十加二，而折閲之數如之，其送迎饋贐之數又如之。正首疏其弊，給官秤，俾土司詣官輸納，其弊始革。始至，官儲貝八二百七十萬索、白銀百錠。比四年，得貝八一千七十萬索、金百錠、銀三千錠。七年秋，謝病歸。八年六月，起爲江西行省左丞。冬十月，改江浙。

武宗即位，召爲中書左丞，遷右丞。二年，立尚書省，復謝病歸。

仁宗即位，召諸老臣入議國事。正詣闕言八事：一曰守成憲，二曰重省臺，三曰辨邪正，四曰貴名爵，五曰正官符，六曰開言路，七曰慎賞罰，八曰節財用。仁宗初政，風動天下，正與諸老臣襄贊之力居多。累乞致仕，不許。拜榮禄大夫、平章政事、議中書省事。

時議經理河南、淮、浙、江西民田，增茶鹽課額，正極言不可，弗從。歲大旱，野無麥穀，種不入土，臺臣言：「燮理非人，姦邪蒙蔽，民多冤滯，感傷和氣所致。」詔會議。平章李孟曰：「燮理之責，儒臣獨孟一人，請避賢路。」平章忽都不丁曰：「臺臣不能明察奸邪，以裨時政，可還詰之。」正言：「臺、省一家，當同心獻替，擇善而行，豈容分異耶？」孟不從，竟如忽都不丁言。右丞相帖木迭兒傳旨：「廉訪司權太重，故按事失實，自今不許專決六品以下官。」忽都不丁、李孟議行之，正言：「但當擇人，法不可易也。」事始寢。延祐六年卒。後贈宣力贊治功臣光禄大夫、司徒、柱國，追封趙國公，謚忠宣。

子秉德，官秘書監丞，歷兵、工二部侍郎，出爲安慶路總管；秉仁，以廕爲中書架閣管勾，累官工部尚書，致仕。

王毅，字栗夫，東平汶上人。以大臣薦，累官翰林學士承旨、太子詹事。武宗欲幸壽安山佛寺，毅疏諫止之。仁宗即位，劾鐵木迭兒營私蠹政，伏闕極論之，不報。以親老告歸，用御史臺薦，召還。延祐三年，拜中書右丞。四年，出爲江浙行省右丞，遷中書平章政事。六年，復以親老致仕。仁宗崩，鐵木迭兒復相，誣以徵理錢穀不實，欲奏殺之，英宗不從，始獲免。後卒於家。

初，毅召用時，父玉附詔使奏曰：「臣玉雖老尚健，謹遣毅一心事陛下。」仁宗大喜，特授玉集賢學士，階資德大夫，士論榮之。

高昉，字顯卿，其先遼東人，後徙大名。父昂，朝城尉。

昉美風儀，神觀高朗，涉獵文史，爲經世之學。辟集賢院掾，擢都省掾。平章何榮祖器之，調吏部主事。建言：「仕者歷履歲月，治行無由核實，吏得並緣爲奸。宜書於册，置局司之，每遇遷轉，以爲黜陟。」執政韙其言，著爲令。再遷左司員外郎、郎中。慮囚燕南道，平反冤獄，時論稱之。改吏部郎中，時選授無法，昉請除儒人爲長吏，雜進者貳之，由是選法一清。擢禮部侍郎，奉命按治浙江白雲宗僧尼，凡奪民田廬悉返之，又得賄賂没官者若干萬，浙民大快。遷左司郎中，出爲潭州路總管。奸民有詐稱敕制者，逮繫數百人，昉詳讞之，止坐二人，餘皆釋不問。

武宗即位，召爲同知中政院事，旋拜中書參知政事。至大二年，尚書省立，議更鈔法。昉言：「紙幣已虚數倍，若再抑之，則鈔愈輕，而物愈貴，非法之善也。」時不能用其言，出昉爲江浙行省參知政事。敕範供佛銅器，行省官欲銷庫錢以充其用，昉曰：「歷代錢貨，孰敢擅廢？」未幾，錢、鈔兼行，衆乃服昉有先識。進行省左丞。會平章張驢請括江南民田，昉言：「承平日久，賦税皆有常經，民心一摇，恐生他變。」已而果如昉言，贛州蔡五九等亂作。是延祐元年，召爲中書參知政事，昉以母老乞歸養，帝不允，改集賢學士、商議中書省事。是年，丁母憂。明年，起爲江南行臺侍御史，又拜樞密副使，皆不就。又明年，帝遣使召之曰：「卿以大祥日至，則能爲朕來矣。」昉不敢固辭，既至，入見便殿，即日拜中書參知政事。五年，進右丞。

七年春，帝不豫。鐵木迭而譖於皇太子，言倉庫空虚，命具錢穀大數以聞。昉曰：「某等備位執政，進賢黜不肖，乃其職也。至於錢穀，自有主者。」鐵木迭而益怒。仁宗崩，鐵木迭而遂爲右丞相，以昉及前平章政事王毅、參議韓若愚徵理錢穀不實，請於英宗，欲仿桑哥奏誅執政，殺昉等。賴帝知其無罪，得放還。

泰定初，昉等始獲昭雪，超拜榮禄大夫、湖廣行省平章政事，佩金虎符，節制諸軍。時兩江岑毅、黄聖許等數叛，昉請於朝，以前廣西僉提刑按察司事奥屯忽都魯有威惠，命爲本道安撫使，岑、黄等果相帥歸附。歲餘，改江浙行省平章政事。天曆元年，偕行省臣五人入覲，至陵州，以疾卒，年六十有五。至正中，贈推誠效節秉義佐理功臣、光禄大夫、河南行省平章政事〔二〕、柱國，追封魏國公，謚文貞。

子履，江浙行左右司郎中；恒，河間路總管府治中。

【校勘記】

〔一〕「卷之二百一」，原作「卷之二百零一」。自「卷之二百一」至「卷之二百一十」，原皆有「零」字。本書「卷之一百一」至「卷之一百一十」皆無「零」字，據以統一體例。

〔二〕「河南」，原作「河兩」，據蘇天爵《滋溪文稿》卷一一《元故贈推誠效節秉義佐理功臣先禄大夫河南行省平章政事追封魏國公謚文貞高公神道碑銘有序》改。

新元史卷之二百二　列傳第九十九

張孔孫　張養浩　曹伯啟　王壽　謝讓　吴元珪　暢師文　曹元用

張孔孫，字夢符，其先出遼之烏若部，爲金人所并，遷隆安。父之純，爲東平萬户府參議，夜夢謁孔子廟，賜以嘉果，已而孔孫生，丐名於衍聖公，遂以「孔孫」名之。既長，以文學名，辟萬户府議事官。時太常樂師流寓東平，樂章缺落，止存登歌一章。世祖居潛邸，嘗召樂師至日月山觀之。至是，徐世隆奏請宜增設宫縣及文武二舞，以備大典。因詔世隆爲太常卿，而孔孫以奉禮郎爲之副，肄樂獻於京師。廉希憲居政府，辟爲掾。及安童爲相，尤禮重之，授户部員外郎。出爲南京總管府判官。

時襄樊未下，朝廷急於用兵，孔孫謂越境私販坐罪者動以千數，宜開其自新之路，使效力贖死。朝論采之。遷孔孫僉四川道提刑按察司事，尋擢湖北道提刑按察副使。行部巴陵，縣民龔乙建言興銀冶，衆怒，發其祖墳，燒乙家，死者三人。有司以圖財害命坐之，逮繫三百人，孔孫原情减罪，多所全活。遷浙西道提刑按察副使，改同知保定路總管府事。俄拜侍御史，行御史臺事。

至元二十二年，安童復入相，言於帝曰：「阿合馬顓政十年，迎合者往往驟登顯位，獨劉宣、張孔孫二人恬守故常，終始如一。」乃除宣吏部尚書，孔孫禮部侍郎。尋擢孔孫禮部尚書，改燕南道提刑按察使。二十八年，提刑按察司改肅政廉訪司，仍爲使，拜僉河南江北行中書省事。未幾，除大名路總管，兼府尹。有獻故河堤三百餘里於太后者，孔孫請悉還於民，從之。擢淮東道肅政廉訪司使。泰州民尹執中兄弟誣爲强盜，平反之。召還，拜集賢大學士、中奉大夫，商議中書省事。丞相完澤卒，孔孫與陳天祥同上封事，薦哈剌合孫可爲相。會地震，詔問弭災之道，孔孫條上八事，曰：「蠻夷諸國，不可窮兵遠討；濫官放譴，不可復加任用；賞善罰惡，不可數賜赦宥；獻鬻寶貨，不可不爲禁絶；供佛無益，不可虛費財用；上下豪侈，不可不從儉約；官冗吏繁，不可不爲裁減；太廟神主，不可不備祭享。」帝悉嘉納之，賜鈔五千貫。又累疏言：「凡七十致仕者，宜加一官；丁憂服闋者，宜待起復；宿衛冒濫者，當革之；州郡之職，當遴選久任；達魯花赤，宜量加遷轉。又宜增給官吏俸禄、修建京師廟學，設國子生徒，給賜曲阜孔廟洒掃户。宰相宜參用儒臣，不可專任文吏，故相安童、伯顔、和禮霍孫、廉希憲等各宜贈謚。」

久之，請老，拜翰林學士承旨、資善大夫致仕，集賢大學士如故。大德十一年卒，年七十有五。孔孫善琴，工畫山水、竹石，尤精於騎射云。

張養浩，字希孟，濟南章邱人。幼遇人遺鈔於路，追而還之。十歲自力於學，父母恐其過勤，止之。養浩晝則默誦，夜則張燈竊讀。及弱冠，遂博通經史。按察使焦遂聞之，薦爲東平學正。游京師，上書於平章不忽木，大奇之，辟爲禮部令史，仍薦入御史臺。一日，病，不忽木親至其家問之，四顧壁立，歎曰：「此真臺掾也。」遷中書省掾。選授堂邑縣尹，到官，首毀淫祠三十餘。罷舊盜之參朔望者，曰：「彼皆良民，饑寒所迫，不得已而爲盜耳。既罹於刑，猶以盜目之，是絕其自新之路也。」衆皆感泣。有李虎者，常殺人，聚黨橫行爲民害，舊尹莫敢詰問。養浩至，盡寘諸法。去官十年，民猶爲立碑頌德。

仁宗在東宮，召爲司經，未至，改文學，拜監察御史。初議立尚書省，養浩言其不便，既立，又言變法亂政，將禍天下，臺臣抑而不聞。時武宗將親祀南郊，不豫，遣大臣代祀，忽大風，人多凍死。養浩揚言曰：「代祀非人，故天示之變。」大忤宰相意。時省臣奏用御史大夫、中丞，養浩歎曰：「尉專捕盜，縱不稱職，使盜自選〔一〕，可乎？」遂疏時政萬餘言：「一曰賞賜太侈，二曰刑禁太疏，三曰名爵太輕，四曰臺綱太弱，五曰土木太盛，六曰號令太浮，七曰幸門太多，八曰風俗太靡，九曰異端太横，十曰取相之術太寬。」言皆切直，當國者不能容，遂除翰林待制，復構以罪罷之，戒省、臺勿復用。養誥恐及禍，乃變姓名遁去。尚書省罷，始召爲右司都事。遷翰林直學士，改秘書少監。

延祐初，設進士科，以禮部侍郎知貢舉進士。謁見，皆謝之，使閽人告之曰：「但思報國，無以私謁爲也。」擢陝西行臺治書侍御史，改右司郎中，拜禮部尚書。

英宗即位，命參議中書省事。會元夕，帝欲於内庭張燈爲鰲山。即上疏，托左丞相拜住代奏曰：「世祖臨御三十餘年，每值元夕，閭閻之間燈火亦禁，况闕庭之嚴，宫掖之邃，尤當戒慎。今燈山之構，臣以爲所翫者小，所繫者大，所樂者淺，所患者深。伏願以崇儉慮遠爲法，以喜奢樂近爲戒。」拜住袖其疏入，帝大怒，既覽而喜曰：「非張希孟不敢言。」即罷之，仍賜尚服金織幣一、帛一，以旌其直。先一日，御史觀音保等以諫五臺山建佛寺獲罪，翼日養浩疏入，人皆危之，已而竟荷嘉獎，當時以爲殊眷云。後以父老，棄官歸養。召爲吏部尚書，不拜。丁父憂，未終喪，復以吏部尚書召，力辭不起。

泰定元年，以太子詹事丞兼經筵説書召，又辭。改淮東道廉訪使，進翰林學士，皆不赴。

天曆二年，關中大旱，饑民相食，特拜陝西行臺中丞。既聞命，即散家財，與鄉里貧乏者。登車就道，經華山，禱雨於嶽祠。及到官，復禱於社壇，大雨水深三尺，秦人大喜。時斗米直十三緡，民持鈔出糴，稍昏即不用，詣庫換，則易十與五，且累日不可得。養浩檢庫中未毀鈔，文可驗者，得一千八百萬五千餘緡，悉以印記其背，又刻十貫、伍貫爲券，給散貧乏，命米商視印記出糶，詣庫驗數以易之，於是吏弊不行。又率富民出粟，因上章請行納粟補官之令。聞民有殺子以奉母者，養浩聞之大慟，出私錢濟之。到官四月，未嘗家居，夜則禱於天，晝則出賑饑民。以勞遘疾卒，年六十。秦人哀痛如失父母。至順二年，贈攄誠宣惠功臣、榮禄大夫、陝西等處行中書省平章政事、柱國，追封濱國公，謚文忠。著有《三事忠告》三卷，《歸田類稿》十四卷。二子：彊、引。

史臣曰：張希孟以道事君，自度不能行其志，屢徵不起。及聞陝西災，投袂赴之，甘以身殉。孟子有言：「禹思天下有溺者，猶己溺之；稷思天下有饑者，猶己饑之。」推希孟之用心，其庶幾禹、稷乎！

曹伯啟，字士開，濟寧碭山人。弱冠從東平李謙游，篤於問學。

至元中，歷仕爲蘭溪主簿。尉獲盜三十，伯啟以無左驗，未之信。俄得真盜，尉以是黜。累遷常州路推官。豪民黄甲殺人，賂佃客誣伏，伯啟讞得其情，卒論甲死罪。遷河南行省都事、台州路治中。御史潘昂霄、廉訪使王俣交薦，擢拜西臺御史。改都事，請建許衡祠，以表其教士之功。四川廉訪僉事闊闊木以苛刻聞，伯啟劾罷之。

延祐元年，擢内臺都事。遷刑部侍郎。丞相鐵木迭兒專政，一日，召刑曹官問曰：「西僧訟某之罪，何爲久弗治？」衆莫敢對，伯啟徐進曰：「犯在赦前，故不治。」鐵木迭兒怒甚，左丞阿禮海牙曰：「曹侍郎素廉直，某罪誠如所言。」鐵木迭兒怒始解。宛平縣尹盜官錢，鐵木迭兒欲併誅守者，伯啟執不可，杖遣之。八番帥擅殺起邊釁，朝廷已選用代者，命伯啟往詰其事。次沅州，道梗，伯啟恐新帥以兵往，乃遣令史楊鵬與新帥言之，止奏前帥擅殺罪，邊民以安。大同宣慰使法忽魯丁撲運嶺北糧歲數萬石，肆爲欺罔，累贓鉅萬。朝廷遣使督徵，前後受賂，皆庇之。最後伯啟往，其人已死，謂其子弟曰：「負官錢，雖死必徵。與其納賂於人，曷若償之於官？第條汝父所賂之數，官爲徵之。」諸受賂者皆懼，潛歸賂於其子，得鈔五百餘萬緡，以償民之逋負。出爲真定路總管。

延祐五年，遷司農丞。奉詔至江浙議鹽法，罷檢校官，置六倉於浙東、西，設運鹽官，輸運有期，出納有次，船户、倉吏盜賣漏失者有罰。歸報，著爲令。尋拜南臺治書侍御史。

伯啟言：「訟冤一切不問，非風憲定制。」忤御史大夫意，乃自免歸。召爲福建道廉訪使，旋改右司郎中。

英宗即位，遷遼東道廉訪使。時敕建西山佛寺，御史觀音保等以歲饑請緩之，近臣激上怒，遂誅觀音保等。伯啟曰：「主上聰明睿斷，是不可以不諍。」乃劾臺臣緘默，使朝廷有殺諫臣名，帝爲之悚聽。俄拜集賢學士，遷侍御史。有詔同刊定《大元通制》，伯啟言：「五刑者，異五等。今黥杖徒役於千里之外，百無一還者，是一人身備五刑，法當改易。」丞相拜住曰：「御史言是也。」會伯啓除浙西道廉訪使，不果行。

泰定初，告老，碭山人表所居爲曹公里。伯啟爲侍讀學士，考試國子生，首取呂思誠、姚紱〔二〕，後皆爲名臣。雲南僉事范震言：「宰相欺上罔下。」不報，震飲恨死。伯啟具其事，書於國史。真州知州呂世英以剛直獲罪，伯啟白其枉，擢居風憲，士論稱之。其好彰人之善率類此。

天曆中，起伯啟爲淮東道廉訪使，陝西行臺中丞使驛敦遣，伯啟喟然曰：「吾年且八十，尚忘知止之戒乎？」終不起。至順三年卒，年七十九。贈體忠守憲功臣、河南行省左丞、魯郡公，謚文貞。有詩文集十三卷行世。五子：震亨，晉寧縣尹；賁亨，臨江儒學教授；泰亨，福建鹽司經歷；復亨，江南行臺御史；履亨，陝西行臺掾。

王壽，字仁卿，涿州新城人。幼穎敏，嗜學，長以通國文爲中書掾。既而用朝臣薦，入侍裕宗，眷遇特異。

至元十九年，授兵部員外郎。二十二年，擢吏部郎中。以分置尚書省去官。二十八年，罷尚書省。歸中書，復任吏部郎中，以壻康里不忽木柄用，又自免去。明年，授大司農丞，不赴。元貞二年，出爲燕南河北道廉訪副使。大德二年，不忽木爲御史中丞，復棄官歸。三年，授集賢直學士，遷侍讀學士。俄擢御史臺侍御史，論事剴切。

六年二月，召壽代祀江南嶽瀆，密旨：「去歲風水爲災，百姓艱食，凡所經過，採聽入對。」使還，具奏：「民之利病，繫於官吏善惡。今宜選公廉材幹、存心愛物者專撫字，剛方正大、深識治體者居風憲。天災代有，賑濟以時，無勞聖慮。」又奏：「豪右之家仍據權要，宜處於京師，以爲保全之地。」奏入，成宗嘉納之。九年，參議中書省事。十年，改吏部尚書。

十一年，武宗即位，首拜御史中丞。壽與臺臣奏：「宰相位尊任重，不可輕假非人。三代以降，國之興衰，民之休戚，未有不由相臣賢否者。世祖初置中書省，以忽魯不花、塔察兒、綫真、安童、伯顔等爲丞相，史天澤、劉秉忠、廉希憲、許衡、姚樞等實左右之，當時稱治，比唐貞觀之盛。迨至阿合馬、郝禎、耿仁、盧世榮、桑哥、忻都等壞法黷貨，流毒億兆。近者阿忽台、伯顔、八都馬辛、阿里等煽惑中宫，幾摇神器。君子、小人已試之驗，較然如此。臣願懲其既往，知所進退，則天下之事可從而理也。」未幾，拜中書右丞，俄復拜御史中丞。至大三年，遷太子賓客、集賢大學士。秋九月卒，年六十。明年，贈銀青榮禄大夫、平章政事、上柱國，追封薊國公，謚文正。

謝讓，字仲和，潁昌人。幼穎悟好學，及壯，推擇爲吏，補宣慰司令史。大兵伐宋，立行中書省於江西，讓以選爲令史，調河間等路都轉運鹽司經歷。先是，竈户在軍籍者，悉除其名，以丁多寡爲輸鹽額，其後多傭舊户代煮鹽，而傭錢甚薄。讓言：「軍户既落籍爲民，當與舊竈户均役。既令代役，豈宜重困？自今傭人，必厚與傭直。」又逃亡户率令見户包納其鹽，由是豪强者以計免，貧弱愈困。讓令驗物力多寡，比次甲乙以均之，民大悦。擢南臺御史。舉湖廣行省平章政事哈剌哈孫可爲御史大夫，山東廉訪使陳天祥可爲中丞，右司員外郎高昉可爲監察御史。劾江浙省臣受詔不敬及不法事，帝遣使雜問，既款服。詔令讓與俱來，人皆危之，讓恬然若無事者。由是臺綱始振。

大德間，立陝西行御史臺，以讓爲都事。凡御史封章及文移，其可否一決於讓。入爲中書省右司都事，遷户部員外郎。時東勝、雲豐等州民饑，乞糴鄰郡。憲司懼販鬻爲利，遏其糴。事聞於朝，讓請罪遏糴者，三州之民賴以全活。四年，授宗正府郎中。擢監察御史，遷中書省右司員外郎，爲湖廣行省左右司郎中。湖廣宣慰使張國紀建言科江南夏税，讓極論其病民事，遂已。遷河南行省左右郎中。是時，江淮戍軍二十餘萬，親王分鎮揚州，皆以兩淮民税給之，不足則漕於湖廣、江西。是歲會計軍餉，缺三十萬石，讓請以淮鹽三十萬引鬻之，收其價鈔贍軍，不勞遠運，公私便之。

至大元年，轉户部侍郎。時京倉主計吏以久雨米壞，請覆糠粃其上，因雜於米中以給内外工人及宿衛者，讓以藁秸易之，奸弊遂除。二年，拜西臺治書侍御史。三年，入爲治書侍御史，未上，改同僉樞密院事，尋拜户部尚書。仁宗在東宫，以讓先朝舊臣，召見，賜卮酒。四年，改刑部尚書。

仁宗即位，加正議大夫，入謝，又賜卮酒，讓痛飲之。帝曰：「人言老尚書不飲，何飲耶？」讓曰：「君賜不敢違。」少頃醉不能起，命扶出之。翼日，讓入謝，帝曰：「老尚書誠不飲也。」初，尚書省臣搆殺鄭阿爾思蘭，籍其家，中外冤之。仁宗即位，省臣皆以罪誅，阿爾思蘭家奴趙一德訟主冤事。下刑部，讓明其無罪，以所籍貲産給還之。詔六部事疑不決者，須讓共議而後上聞。於是户部更定鈔法，禮部議正典禮，讓皆與焉。刑部有文書，讓未署字而誤用印，吏懼，遂私效讓署，事覺，度無損於事，且憐吏以罪廢，視之曰：「吾署也。」其寬厚多類此。

讓上言：「古今有天下者，皆有律以輔治。堂堂聖朝，豈可無法以準之，使吏任其情，民罹其毒？」帝嘉納之。乃命中書省纂集典章，以讓精律學，使爲校正官，賜青鼠裘一襲、侍宴服六襲。皇慶二年，朝廷以吏事多滯，責曹司按不如程者。令下，讓曰：「刑獄非錢穀、銓選之比，寬以歲月，尚慮失實，豈可律以常法？」乃入白宰相，由是刑曹獨不責稽遲。拜陝西行省參知政事，未幾，拜西臺侍御史。命甫下，詔罷西臺，就拜侍御史。

延祐元年十月，卒於官，六十有六。贈正奉大夫、河南行省參知政事，追封陳留郡公，謚憲穆。子好古，奉政大夫、覆實司提舉。

吴元珪，字君璋，廣平永年人。父鼎，世祖求通書算學者，郡以鼎應命，參議漢地公事，多所全宥。著《農桑輯要》，行於世。官至河北道按察副使，追封壽國公，謚恭惠。

元珪少簡重。至元十四年，世祖召見，命侍左右，授衛經歷，佩金符。十七年，從幸上都，受命取御藥於大都萬歲山。元珪乘傳，未盡一晝夜而至。帝嘉其速，擢樞密都事，遷經歷。嘗從同知樞密院事俺伯進西蕃鎧甲，帝問其制度，元珪應對詳明，帝益奇之。樞密院奏京師五衛、行省萬户府設官有差，均俸禄，給醫藥，設學校，置屯田；多元珪所論建。二十六年，參議樞密院事。時繕修宮城，尚書省奏役軍萬人，留守司主之。元珪亟陳其不便，請立武衛，以留守段禎兼都指揮使，凡有興作，必聞於樞密，從之。尋擢樞密院判官，奏定萬户用軍士八人，千户四人，百户二人，多役者有罰。二十八年，除禮部侍郎，遷左司郎中。三十一年，參議中書省事。時中書徵逋賦不能如額，丞相完澤患之。元珪進曰：「此前政之失，今當明言其故，蠲之。」乃依元珪議入奏。

大德元年，拜吏部尚書。選曹銓注，多私其鄉里，元珪力矯之，時論推其公允。累遷工部尚書。河朔連年水旱，五穀不登，元珪言：「《春秋》之義，以養民爲本，凡用民力者必書。蓋民力息則生養遂，生養遂則教化行而風俗美。」宰相韙其言，土木之工稍爲休息。六年，僉河南行中書省事，將行，拜江浙行省參知政事。初，朱清、張瑄徧以金幣賂當道，及敗，具籍受賂者姓名，惟元珪一無所染。

武宗即位，由僉樞密院事拜樞密副使。詔議政中書，若惜人力、嚴選舉、節財用、定律令、謹賞罰、建科舉、課農桑、汰冗員、易封贈，皆切於世務者。初，詔發軍萬人屯田稱海，海都之亂，被俘者衆。至是，來歸者饑寒不能存，至鬻妻子以活。元珪奏其事，詔賜錢贖之。帝在軍中，聞元珪名，至是特加平章政事，賜白金二百五十兩、只孫衣四襲。

仁宗即位，詔元珪與十六人議時政。皇慶元年，出拜江浙行省左丞。江淮漕臣言：「江南殷富，蓋由多匿腴田，若再行檢覆之法，當益田畝累萬計。」元珪曰：「江南之平幾四十年，户有定籍，田有定畝，一有動揺，其害不細。」固争月餘，不能止，移疾去。召拜樞密副使。延祐元年，出爲甘肅行省左丞。歲餘，召還，使宣撫遼陽諸路。復爲樞密副使，召見嘉禧殿。帝曰：「卿先朝舊臣，宜在朕左右。」特加榮禄大夫，賜鈔五千緡，貂裘二襲。元珪奏曰：「昔世祖限田四百畝以給軍需，餘田悉供賦税。今經理江淮田畝，第以增多爲能，有司頭會箕斂，俾元元之民困苦日甚，臣恐變生不測，非國之福也。」由是軍田始遵舊制。

英宗即位，元珪與知樞密院事帖木兒不花上言：「諸王、貴近不可干軍政，將校不可侵漁軍户，軍官之材者當遷用之，有司賦軍民役宜均一，軍官襲職宜傳適嗣。」帝並嘉納之。元珪以年老致仕。至治二年，起商議中書省事。三年，卒。泰定元年，贈光禄大夫、河南等處行省平章政事、上柱國，追封趙國公，謚忠簡。三年，復加推誠佐理功臣，光禄大夫、大司徒。

元珪從弟元瑜，集賢直學士，亦有時名。子復，太廟署令。

暢師文，字純甫，其先開封人，後徙河南洛陽。父訥，有時名，著《地理指掌圖》，仕於金爲省掾。

師文幼警悟，家貧，借書手録，過目不忘。弱冠謁許衡，與衡門人姚燧、高凝友善。至元五年，陳時政十六策，丞相安童奇其才，辟爲右三部令史。從丞相伯顔伐宋，編《平宋事蹟》，上於朝。十四年，除東川行樞密院都事。

十六年，安西王承制改四川北道宣慰司經歷。尋除承直郎、潼川路治中。辟王朝綱、韓伯昌等爲掾吏，後皆至達官。修府舍，發地得銀五十錠，同僚分師文十錠，不受，以修廟學，餘爲酒器給公用。十九年，承制改同知保寧路事。二十二年，僉西蜀四川道提刑按察司事。

二十三年，拜監察御史。詔曰：「暢純甫不貪，佳士也。其令與玉昔帖木兒爲友。」師文糾劾不避權貴，臺綱肅然。二十四年，遷陝西漢中道巡行勸農副使，置義倉，教民種藝法。二十八年，改僉陝西漢中道提刑按察司事。時更提刑按察司爲肅政廉訪司，就僉本道肅政廉訪司事。興元軍監貪婪，師文得其贓證，奏決之。

三十一年，徙山南道。時副使爲高克恭，移文言不可居師文上者有三：「一，師文官五品，先克恭十餘年；二，從伯顔平宋者皆取富貴，獨師文貧苦，無異寒士；三，克恭兄事師文，今官居其上，實不自安。」即日辭職去，時人兩賢之。松滋、枝江有水患，歲發民防隄，往返數百里，苦於供給，師文悉罷其役。駙馬亦都護家人怙勢不法，師文杖而流之。

大德二年，改山東道。入爲國子司業。七年，出爲陝西行中書省理問官。始至，決滯獄三百餘事，凡强悍恃勢，官不能制者，皆置於法。頃之，以病歸家居。九年，擢陝西漢中道肅政廉訪副使，又以病不赴。十年，改太常少卿，轉翰林侍讀學士、朝請大夫，知制誥同修國史。

至大元年，修《成宗實録》，賜鈔一百錠，不受。二年，加少中大夫。三年，請補外任，除太平路總管。時大旱，師文捐俸禱雨，不數日，澍雨降，遂爲豐年。當塗人坐殺牛祈雨，逮繫六十餘人，師文憫而出之。

皇慶二年，復召爲翰林侍讀學士、中奉大夫，知制誥同修國史。除燕南河北道肅政廉訪使，以病去官。延祐元年，徵拜翰林學士、資德大夫，行至河南，復以病歸襄陽。四年秋八月，聘校河南鄉試。歸，卒於襄縣傳舍，年七十一。泰定二年，贈資政大夫、河南江北等處行中書省左丞、上護軍，追封魏郡公，謚文肅。後至元八年，加贈推忠守正亮節功臣。子篤，江南道廉訪副使。

曹元用，字子貞，世居東阿縣，後徙東平汶上。元用資禀俊爽，幼嗜書，每夜讀書，常達曙不寢。父憂其致疾，乃以衣蔽窗，默觀之。

始以鎮江路儒學正考滿，游京師。翰林承旨閻復於四方士少所許可，及見元用，出所爲文示之，元用輒指其疵，復大奇之，因薦爲翰林國史院編修官。即論史官多不稱職，請較試，取其優者用之。御史臺辟爲掾史。元用初不習吏事，而論事明決，吏反師之。轉中書省右司掾，與清河元明善、濟南張養浩同時號爲「三俊」。除應奉翰林文字，遷禮部主事。時累朝皇后無謚，元用言：「后爲天下母，豈可直稱其名？宜加徽號，以彰懿德。」改尚書省右司都事，轉員外郎。

延祐六年，授太常禮儀院經歷。英宗躬修祀事，其親祀、儀注、鹵簿、輿服之制，皆元用所裁定。初，太廟九室合饗於一殿，仁宗崩，無室可祔，乃於武宗室前結彩爲帖殿。英宗召禮官集議，元用言：「古者宗廟有寢有室，宜以今室爲寢，更營大殿爲十五室。」帝韙之。授翰林待制，遷直學士。

至治三年八月，鐵失弑英宗，賊黨赤斤鐵木兒至京師收百司印，趣召兩院學士北上。元用獨不行，曰：「此非常之變，吾寧死不可曲從。」未幾，賊果敗，人皆稱其有識。

泰定二年，授太子贊善。轉禮部尚書兼經筵官。及大朝會，爲糾儀官，申卷班之令，俾以序退。又謂太醫、儀鳳、教坊等官，不當序正班，宜自爲一列，後皆行之。夏，帝以日食、地震、星變，詔議所以弭災者。元用謂：「應天以實不以文，修德明政，應天之實也。宜撙浮費，節財用，選守令，恤貧民，嚴禋祀，汰佛事，止造作，以紓民力，慎賞罰以示勸懲。」皆切中時弊。又論科舉取士之法，當革冒濫，嚴考覈，俾得真才之用。議上，時論稱之。拜中奉大夫、翰林侍講學士，兼經筵官，預修仁宗、英宗兩朝《實録》，又奉旨纂集甲令爲《通制》，譯唐《貞觀政要》爲國語。凡大制誥，率元用之筆。

文宗時，草寬恤之詔，帝覽而善之，賜金織文錦。天曆二年二月，遣祀曲阜孔子廟，還，以孔子爲司寇像及《代祀記》獻，帝甚說。是年八月，太禧宗禋院副使缺，中書奏以元用爲之，帝不允，曰：「此人翰林中所不可無者，將大用之。」會卒，帝嗟悼良久，謂侍臣曰：「曹子貞盡忠宣力，今亡矣，可賜賻鈔五千緡。」贈正奉大夫、江浙等處行中書省參知政事、護軍，追封東平郡公，謚文獻。有詩文四十卷，號《超然集》。二子：偉、儀。偉，官大興縣尹。

【校勘記】

〔一〕「自選」，原作「目選」，據《元史》卷一七五列傳第六十二《張養浩傳》改。

〔二〕「姚紱」，原作「姚綏」，據《元史》卷一七六列傳第六十三《曹伯啟傳》改。

新元史卷之二百三　列傳第一百

王利用　劉事義　郭明德　馬煦　韓若愚　尉遲德誠　劉德温　吴鼎　劉潤　陳端　卜天璋　王艮　吴恭祖　宋崇禄

王利用，字國賓，通州潞縣人。遼贈中書令籍之七世孫，高祖以下皆仕金。利用幼穎悟，弱冠與魏初同學，遂齊名。初事世祖於潛邸，中書省辟爲掾，辭不就。中統初，命監鑄百司印。歷太府内藏官，出爲山東經略司詳議官。遷北京奥魯同知，歷安肅、汝、蠡、趙四州知州，入拜監察御史。薊州有禁地，民不得射獵其中，邏者誣州民冒禁，籍其家。利用糾之，邏者訴於上，利用辯愈力，卒以所没入悉歸之民。擢翰林待制，兼興文署。奉命程試上都、隆興等路儒士。遷直學士，與耶律鑄同修《實録》。出爲河東、陝西、燕南三道提刑按察副使，四川提刑按察使。都元帥塔海抑巫山縣民數百口爲奴，民屢訴不決，利用承檄覆問，盡出爲民。

大德二年，改安西、興元兩路總管。在興元，減職田租額，站户之役於他郡者悉除之。

有婦毒殺其夫，問藥所從來，吏教婦指爲富商所貨。獄上，利用曰：「家富而貨毒藥，豈人情乎？」卒雪其冤。未幾，致仕，居漢中。武宗即位，起爲太子賓客，首以切於時政者疏上十七事，曰：「謹畏天戒，取法祖宗，孝事母后，敬奉至尊，撫愛百姓，敦本抑末，清心聽政，寡欲養身，酒宜節飲，財宜節用，有功必賞，有罪必罰，杜絶讒言，求納直諫，官職量材而授，工役相時而動，近侍時赴經筵講讀經史。」帝及皇太子皆嘉納之。皇后聞之，命録別本以進。利用以老病不能朝，帝遣醫診視之。利用謂弟利貞、利亨曰：「吾受國厚恩，愧不能報，死生有命，藥不能爲也。」遂卒，年七十七。

利用每自言平生讀書，深得力於「恕」字。廉希憲，當時名相，簡重，慎許可，嘗語人曰：「方今文章、政事兼備者，王國賓其人也。」仁宗即位，以宮僚舊臣，贈榮禄大夫、柱國、中書平章政事，追封潞國公，謚文貞。

劉事義，字伯宣，濟南鄒平人。曾祖信，其母失明，信日汲井水浸舌舐之，月餘遂愈，人謂孝思所感。祖震，有學行，爲嚴實行臺令，實雅重之。後擢鄒平縣詳議官，又改監本府税。父壁，京畿都漕運司知事，遷經歷。時漕司贓私狼籍，至以空鑰相授受，壁盡革其弊，冒濫無所施，時論稱其廉敏。累擢建德路推官，卒。

事義少好學，鯁亮有風概。由禮部掾，辟中書省掾。時當國者遇下嚴，掾吏多罹刑辱，事義以勤慎，獨無所及。出爲大都酒課副提舉，遷禹城縣尹。有訟，庭決之，蠹吏斂手，不得爲奸利。産嘉禾，一莖九穗，民勒德政碑紀之。遷遼陽行省左右司都事。累擢監察御史。先是，山東宣慰使樂實暴横，事義尹禹城時，知其惡。及爲御史，發其奸狀以聞，卒按誅之。未幾，轉中書省右司都事，改秘書少監。執政以秘書散局，非事義所宜，復奏授兵部郎中，陞中順大夫。又以大都宣課提舉司所入多不實，命事義監之，税課果增倍蓰，賚銀幣有差。遷太中大夫、浙西廉訪副使，改兩浙鹽運使，以病去官。起爲陝西行臺治書侍御史，改嘉議大夫，湖南廉訪使。

至治三年，拜江南行臺治書侍御史。晉中奉大夫，改陝西行臺侍御史，又拜陝西行省參知政事。卒，年六十七。

郭明德，字德新，中山無極人。至元初，大兵圍襄陽，募民兵。明德應募中選，縣尹馮岵試以策論，署爲總管府掾。從討乃顔，擢斷事官知事。

大德初，累遷工部員外郎。五年，京師大水，蘆溝河決牙梳堰，中書省檄明德塞之，伐荊爲巨圍，實石於中，以殺水勢，堤遂固。六年，叛王海都入寇，拜宣慰副使，上疏陳邊備曰：

安邊之策，務在屯田積穀，且耕且戰。今兵屯北邊，運米一石，值中統鈔百餘貫，使山後每歲有秋輸米者，僅可供一歲之用。苟或不然，利害非細。今和林之北，地宜麥禾，農器所在有之，京師六衛，每年抽步兵二人屯田，可供八人之食。和林寒苦，非漢軍所能堪，若於蒙古諸軍揀其富强者戍邊，貧弱者教之稼穡，俟其有成，如漢軍法以相資養。和林之錢或不足償，以江浙鹽引償之，則數萬之粟可坐而致矣。此外別立轉運，買牛萬頭、車一萬兩，用兵四千人，月給米三斗。自大同至和林，止四千里。百里置一驛，用兵百人、車五百兩，配牛五百頭，可運米二千五百石。三日一返，一月運米二萬五千石，何患軍需之不足也？

又曰：

海都之衆，不及國家百分之一，反能爲患，何哉？號令不專，人心不一，機會失宜故也。中統初，令宗王征李璮，出金銀符數十，賞有功者，矧今日邊防，非璮可比。若仍前制授之將帥，使賞罰明信，則士卒可倍其勇，何有於克敵乎？

又曰：

守邊之道，必當高城深塹。今沿邊無城堡，欲屯田積粟以備敵，是委肉於虎也。近年兵少失利，以應固守之地，逡巡引退千有餘里，致令敵人深入。今當規度敵所必由之路，或五十里，或百里，各築一城，俟秋熟則貯芻粟於中，分兵屯守。如敵來攻，各城抽兵救之，則我有守備之資矣。

廷議韙之。

未幾，謝病歸。復起爲左司都事，進拜同僉樞密院事。至大元年卒。年六十一。

馬煦，字得昌，磁州滏陽人。父和，磁州提領勸農官。煦幼從鄉人楊震亨學，與兄曙、弟昕並有時名。

至元初，辟御史掾。十五年，拜行臺監察御史。時行省官私籍良民爲奴至萬餘家，莫敢詰問，煦按籍還之。軍興，運餉者匿粟五萬石，以覆溺爲辭，煦劾其侵冒，時論稱之。秩滿，僉江西提刑按察司事。

二十二年，除荊湖行省員外郎。改瀘州同知。宋亡，正江南户口版籍，期限嚴急，民多驚擾。煦令州民以紙疏丁口、産業之實，揭門外，遣吏取之，即日事竣。

二十六年，遷江淮行省理問官。擢江西行省郎中。值行省復爲中書，盡去尚書舊吏，獨留煦一人。先是，尚書省以聚斂病民，擇甲户主倉庫，歲滿，往往償累負至破産。煦曰：「富民狃於安逸，不敗何待？宜以精强吏代之。」著爲令，由是倉庫官無累負，吏更以年勞進用。

元貞元年，改山南道廉訪副使。三遷爲中書左司郎中。大德六年，出爲濟寧路總管。至大元年，移湖州路，富商僱舟師至他郡，溺死。其妻訟商殺其夫，吏索商賄，不與，誣商抵罪。又豪客毆人至死，納井中，賄吏以溺聞。煦皆平反其獄。胡安定墓奪於浮屠，煦遷葬高原，爲立祠，置守塚三家。哈剌哈孫爲行省丞相，雅敬煦，使其子師事之。三年，召拜刑部尚書。

延祐三年，以户部尚書致仕。是年卒，年七十三。

兄曙，河南儒學提舉。弟昕，國子助教。

韓若愚，字希賢，保定滿城人。由武衛府史授通惠河道所都事，開河有功，賜錦衣一襲。遷留守司都事，尋升經歷，出知薊州，改中書左司都事。時監燒昏鈔者，欲取能名，概以新燒鈔爲僞鈔，使管庫者誣服。獄既具，若愚知其冤，覆之，得免死者十餘人。遷刑部郎中、提舉諸路寶鈔庫，擢吏部郎中。

仁宗即位。故事：凡潛邸官不次遷轉。若愚以歲月定其資品，遂著爲令。皇慶元年，遷内臺都事。改刑部侍郎，尋擢中書左司郎中。時議禁民田獵，犯者抵死。若愚曰：「昔齊宣王之囿，方四十里，殺其麋鹿者如殺人之罪，孟子非之。」衆以爲然，遂改從輕律。參政曹鼎新辭職，帝曰：「若效韓若愚廉勤足矣，何辭爲？」繼命若愚參議中書省事。

鐵木迭兒爲右丞相，以憎愛進退百官，恨若愚不附己，羅織以事。帝知其枉，不聽，拜户部尚書。延祐六年，命理河間等路囚，輕重各得其情。復拜參議中書省事。鐵木迭兒再入相，以舊憾誣若愚罪，欲殺之，帝不從。復奏奪其官，除名歸鄉里。至治三年，詔雪其冤。

泰定元年，命復官，尋拜刑部尚書，遷湖廣行省參知政事。未行，改詹事丞。八月，命宣撫江浙，留爲侍御史。時左丞相倒剌沙擅威福，以事誣侍御史亦憐真等下獄，無敢言其冤者。故事：朝廷重臣必爲御史大夫。若愚乃奏請以左丞相倒剌沙爲御史大夫，事遂解。三年，擢浙西廉訪使，未行，拜河南行省左丞。

從文宗平內難，進資政大夫。天曆三年，遷淮西江北道廉訪使。九月卒，年六十八。贈資德大夫、江浙等處行中書省左丞、上護軍，追封南陽郡公，謚貞肅。

尉遲德誠，字信甫，絳州人。祖天澤，仕金爲庫官。郡王帶孫拔絳州，天澤降，道見兵死者，輒收瘞之。帶孫令佩金符，授霍州御衣局人匠總管。父鼐，潞州知州。

德誠歷官太子率更丞，至大元年，改詹事院都事。二年，遷家令司丞。仁宗以爲謹恪，常賜酒帛。數薦士，出則未嘗語人。擢家令。四年，選爲河東山西道宣慰司同知，上計京師，入見，帝方食，賜以餕餘。擢工部尚書，未拜，改陝西行臺治書侍御史。

延祐元年，遷京畿都漕運使。二年，拜遼東道肅政廉訪使，上疏條時政，曰：「勞諸王以篤宗親，防出入以嚴宮禁，立諫官以遠讒佞，崇科舉以求人材，立常平以備荒年，汰僧道以寬民力，舉賢良以勵忠孝，抑奢侈以厚風俗。」及拯鈔法、裁冗官等事。未報而卒，年五十三。

劉德温，字純甫，大都大興人。初爲中書省宣使。大德十一年，以年勞，授内宰司照磨，監建興聖宫，調掌儀署令。未幾，擢内宰司丞，奉中旨，徵河南逋糧，德温平其價，使民輸鈔以償，民便之。轉延福寺丞，代祀岳瀆。

遷同知大都路總管府事。輦轂之下，供億浩繁，德温措置有方，民以不擾。累擢同知上都留守司事。省檄和糴，民恐不償其值，彼此觀望，德温下令曰：「糧入價出，吏敢爲弊，罪不赦。」於是不逾期而糧集。

轉大司農丞，德温以耕藉之儀未備，欲考據典禮，集爲一書，未畢，出爲永平路總管。灤、漆二水爲患，有司歲發民築堤，德温曰：「流亡始集而又役之，是重困吾民。」遂罷其役，然水亦不復至。

永平，古孤竹國。元初，郡守楊阿台請於朝，謚伯夷曰清惠，叔齊曰仁惠，爲廟祀之。至是，德温復奏請春秋具牢禮致祭。著爲令，賜廟額曰「聖清」。至順四年卒，年六十九。贈正議大夫、禮部尚書、上輕車都尉，朝城郡侯，謚清惠。

吴鼎，字鼎臣，大都大興人。至元十七年，見裕宗於東宫，命入宿衛。二十五年，授織染雜造局總管府副總管。後積官至禮部尚書、宣徽副使。大德十一年，山東諸郡饑，詔鼎往賑之。朝廷議發米四萬石，鈔千錠折米一萬石，鼎謂同使者曰：「民得鈔，將何從易米？」曰：「朝議已定，恐不可復得。」鼎曰：「人命豈不重於米耶？」言於朝，卒從所請。

至大元年，改正奉大夫、保定路總管。時皇太后欲幸五臺，言者請開保定西五迴嶺以取捷徑，遣鼎相視地形、計工費，鼎言：「荒山斗入，人跡久絕，非乘輿所宜往。」還報，太后喜，爲寢其役。

三年，召授資善大夫、同知中政院事。兩浙財賦隸中政者鉅萬計，前往者率多取其贏，鼎治之，一無私焉。朱清、張瑄多貸與民錢，其後清、瑄誅沒，而券之已償者亦入於官。官惟驗券徵理，民不堪命。鼎力爲辯白，始獲免。四年，改京畿漕運使。皇慶二年，復命僉宣徽院事。四月，進資政大夫、崇祥院使。延祐三年，卒，年五十三。贈榮祿大夫、平章政事、柱國，追封薊國公，謚孝敏。

劉潤，字澍甫，河間鹽山人。辟吏部掾，累遷工部主事。武宗城中都，事訖，賜銀勞之，辭不受。擢奉訓大夫、工部員外郎。至大三年，改奉議大夫、同提舉萬億廣源庫。潤曰：「世謂管庫之任易致汙累，苟無所私，適足以昭吾潔耳。」任事數年，無毫髮之涴。時吏部銓選，訟不平者衆，吏至不敢夜行。執政奏潤爲吏部主事，人咸服其公允。

延祐二年，遷朝列大夫、遼陽行省左右司郎中。先是，惠州民孫讓殺人，賂長吏爲誤殺，由赦得出。潤廉知其事，移官覆訊，論如律。方旱而雨，人謂決獄所感。五年，晉中順大夫、大都路同知，俄拜監察御史，改工部侍郎。明年，又拜左司郎中，出爲山東都運鹽使。至治二年，卒，年五十八。

子榮祖，保定路總管府判官；光祖，樞密院掾。

陳端，字正卿，汴梁原武人。由掾吏累遷工部員外郎，擢左司都事，占對詳敏，成宗大器之，敕中書省凡奏事必與陳都事俱。端姿容白皙，帝稱爲察罕細立篤必闍赤，譯言白皙掾也。俄遷户部郎中，出爲大名路治中，有能名。仁宗爲皇太子，雅知端，擢湖廣行省郎中，階奉政大夫。延祐二年，以朝散大夫，同僉徽政院事。三年，拜吏部尚書。四年，擢中書參知政事。

英宗即位，出爲湖廣行省參知政事，進中奉大夫。至治元年，奉旨理算鹽政於海南、北兩道。二年，又理算市舶於泉州。入爲集賢侍讀學士。泰定元年，拜同知宣政院事。二年，引疾歸。起爲四川行省左丞，固辭，士論賢之。卒於家。子士杞，唐州知州。

卜天璋，字君璋，河南洛陽人。

父世昌，仕金爲河南孔目官，憲宗南征，率衆款附，授鎮撫，統民兵二千户，擢真定路管民萬户。憲宗六年，籍河北民徙河南者三千餘人，俾專領之，遂家於汴。

天璋幼穎悟，長負直氣。至元中，爲南京府史。時河北饑民數萬人集河上，欲南徙，詔令民復業勿渡，衆洶洶不肯還。天璋慮其生變，勸總管張國寶聽其渡，國寶從之。河南按察副使程思廉察其賢，辟爲憲史，後爲中臺掾。有御史發侍御史奸贓，天璋主文牘，未及奏，反爲所譖，俱拘内廷。御史對食悲哽，天璋問故，御史曰：「吾老，唯一女，心憐之，聞吾繫，不食數日矣，是以悲耳。」天璋曰：「死職，義也，奈何爲兒女子泣！」御史慚謝。俄見原免。

大德四年，爲工部主事。蔚州有劉帥，豪奪民産，吏不敢決。省檄天璋往詢之，田竟歸民。五年，以樞密副使闊伯薦，授都事，引見，賜錦衣、鞍轡、弓刀。後以扈從勞，加奉訓大夫，賜侍燕服二襲。秩滿，當代，樞密院奏留之，特以其代者爲增員。

累遷刑部郎中。時盜賊充斥，吏議犯者并家屬咸服青衣巾，以别民伍。天璋曰：「赭衣塞路，秦弊也，尚足法耶！」有告諸王謀不軌者，敕天璋訊正之，賞賚優渥〔一〕。尚書省臣得罪，仁宗召天璋入見。時興聖太后在座，帝指曰：「此不貪賄卜天璋也。」因問：「今何官？」天璋對曰：「臣待罪刑部郎中。」復問：「誰所薦者？」對曰：「臣不才，誤蒙擢用。」帝曰：「先朝以謝仲和爲尚書，卿爲郎中，皆朕親薦也。卿宜奉職勿怠。」即以中書刑部印章付之。既視事，入覲，賜酒隆福宮，及錦衣三襲。後被命治謀反獄，帝顧左右曰：「君璋廉慎人也，必得其情。」已而天璋察其冤誣，果爲平反。

皇慶初，出爲歸德知府，時羣盜據河津渡，商旅不通，天璋擒百數人，悉磔以狥，盜爲止息。擢浙西道廉訪副使，到任閲月，以更田制，改授饒州路總管。天璋既至，聽民自實，事無苛擾，民大悦，版籍爲清。省臣妄作威福，郡縣争賂之，覬免譴，獨饒州賂不至，省臣銜之，將中以危法，求其罪無所得。縣以饑告，天璋命發廩，僚佐持不可，天璋曰：「民饑如是，必俟得請而後賑，民且死矣。」竟發廩賑之。以治行第一，遷廣東廉訪使。先是，豪民瀕海築堰，停商舶以射利，官得賂，置不問，天璋至，發卒決去之。嶺南地素無冰，天璋至，始有冰，人謂政化所致云。尋乞致事。

天曆二年，拜山南廉訪使。是時穀價翔湧，乃下命勿損穀價，聽民自便。於是舟車爭集，米價頓減。復止憲司贓罰庫緡錢，留賑饑。御史至，民遮道稱頌。會詔三品官言時政得失，因列上二十事，凡萬餘言，目之曰《中興濟治策》，因自引去。既歸，以餘禄施其族黨，家無甔石。至順二年，卒。贈通議大夫、禮部尚書、上輕車都尉，河南郡侯，謚正獻。

王艮，字止善，紹興諸暨人。由廉訪司書吏調盧州録事司判官，淮東宣慰使司辟爲令史。詔遣都水監浚運河，艮從宣慰副使之鹽城。有司部夫役三千人，束手以俟都水之來，艮言，不宜坐糜廩食，促令興工。立法：每十夫，一治爨，九操畚锸。比都水至，河可行舟者已四十五里，自新興、五祐兩場屬於高郵，次第訖功。他州役尚未定，乃準艮法行之。

累遷江浙行省掾史。會復立市舶司，艮建言：「買舊船以付船商，則費省而工易集。」從之，省官錢五十餘萬緡。再遷兩浙都轉運鹽使經歷。紹興路總管王克敬以民苦計口食鹽，言於行省，未報，克敬遷轉運使，議減額以紓民力。沮之者皆謂：「有成籍，不可改。」艮毅然曰：「民實寡，而多賦之，今逃亡已衆，猶據成籍而輕棄民命乎？且均其賦於商旅，何不可之有？」於是歲減鹽額五千六百餘引。丁憂歸，服闋，擢海道漕運都萬户府經歷。

累遷江浙行省檢校官。有訟松江瞿氏包隱田土爲糧一百七十餘萬石，沙蕩爲鈔五百餘萬緡，請立行大司農司營田水利總管府以收之。中書移行省，議遣使者覈其地。松江地占十九，艮至松江，七日而歸，具言：「奸人之意，不過欲多樁田蕩鈔，以竦朝廷之聽，而報宿怨耳。萬一民心搖動，變生不測。願國家培養根本，爲長治久安之計。」行省以艮言上中書，事遂寢。

遷廣州市船司提舉，擢江西行省左右司員外郎。安福州奸吏誣州民詭寄田租九十餘石，官按驗，知其虛誑，猶勒民具報合徵糧六百餘石。艮言於行省，悉蠲之，州民感頌，相率立生祠祀之。未幾，以中奉大夫、淮東宣慰副使致仕。至正八年卒，年七十一。子仲揚，如皋縣主簿；仲至，福建宣慰司令史；仲淮，大寧路儒學正。

吴恭祖，字景莊，孟州河陽人。祖益，以醫術侍世祖左右。恭祖年十八，近臣也里失班、賀伯顔引見，帝一見奇之，曰：「是兒不類漢人。」賜名忙古鮮，命直宿衛。至元二十九年，徹里出爲福建行省平章政事，奏請以恭祖爲理問官，大德二年，遷台州路治中，换衢州。至大二年，擢中順大夫、福寧州尹，以廉平聞。累遷興化路總管，丁憂。泰定二年，起爲汀州路總管。初至，吏以空牘請署，恭祖署訖，覺之，取而納於佩囊。吏愕然，謂必不免笞，已而恭祖竟不問，由是吏悅服，不忍爲欺。地瘠，官仰廩爲往返之資，率不問豐歉，責成數於民，民苦之。恭祖下令，田租視歲事登耗，無額，民皆感頌。

至順初，改福州路總管。富民鄭氏素恣睢，恭祖逮置於法。有行省掾，素嗛鄭，數風示恭祖論鄭死，恭祖執法不從。掾讒於行省，責恭祖縱弛，恭祖太息曰：「總管司一路之平，刑罰宜當其罪。彼雖惡人，其罪止於是而已，何可加耶？」命吏抱案牘詣行省，具白其事，省臣悅服，稱恭祖平允焉。未幾，謝病歸。後至元五年卒，年七十。至正四年，特贈兵部尚書、上輕車都尉，追封渤海郡侯，謚正肅。

宋崇祿，字壽卿，滑州白馬人。幼爲左丞何瑋所知，由中書掾除同知樂平州事，以決斷稱，凡他縣難決之獄，皆屬之。出松江民匿田租四萬五千餘石，以活常州饑民。正饒州貧民代大姓輸田租，民尤頌之。調處州路推官，擢浙江行省都事。入爲户部主事，升員外郎，節省金穀以百萬計，御史臺奏爲都事。因檢察省部事，爲省臣所怒，以文法中傷之。

既而事白，擢燕南道廉訪副使，賜文綺。黜郡縣吏之不法者，甚有能名。遷潭州路總管，三月決九百餘事。改都漕運使，潭民詣闕留之。拜江南行臺治書侍御史，改山南道廉訪使。入爲户部尚書，丁母憂。服除，授四川、江西廉訪使，皆以疾辭。起爲陝西行臺治書侍御史，進侍御史。延祐初，行限吏之法，崇禄請展至三品，以疏滯才。未幾，致仕。至正八年，卒，年八十五。崇禄屢陳時政得失及救荒之法，爲時名臣。

子訥，至正中進士，鹽山縣尹，入明爲文淵閣大學士。

【校勘記】

〔一〕「賞賚」，原作「賞賫」，據《元史》卷一九一列傳第七十八《良吏一·卜天璋傳》改。

新元史卷之二百四　列傳第一百一

旭邁傑　倒剌沙

旭邁傑，宗室諸王也，事泰定帝於潛邸。至治三年八月，泰定帝獵於土剌河，鐵失等謀弑英宗，密遣斡羅思以其事告於倒剌沙，且言：「汝與馬速忽知之，勿令旭邁傑得聞。」旭邁傑不與倒剌沙等黨附，故鐵失之言如此。泰定帝執斡羅思，遣使赴上都告變。未至，英宗已爲鐵失等所弑。

泰定帝即位於龍居河，以旭邁傑爲宣政院使，及還上都，拜中書右丞相，遣至大都，執鐵失、失都兒、赤斤鐵木兒、脱火赤、章台等誅之，并戮其子孫，籍入家資。未幾，命旭邁傑兼阿速衛達魯花赤。是年十二月，旭邁傑言：「近也先鐵木兒之變，諸王買奴奔赴潛邸，願效死力，且言不除元凶，則陛下討賊之名不著天下，後世何從聞知？上契聖衷，嘗蒙獎諭，今臣等議：宗戚之中能自拔逆黨、盡忠朝廷者，惟有買奴。請加封賞，以示激勵。」詔以泰寧縣五千户封買奴爲泰寧王。未幾，賞討逆功，賜旭邁傑金十錠、銀三十錠，鈔七十錠。

時倒剌沙已拜左丞相，位次於旭邁傑，帝常責之曰：「朕即位以來，無一人能執成法爲朕言者。知而不言則不忠，且陷人於罪。自今凡有所知，宜爲朕言之。」又曰：「凡事防之於小則易，救之於大則難。爾其以朕言告於衆，俾知所慎。」倒剌沙雖爲帝所親愛，然敬禮則不及旭邁傑云。

泰定元年春，以風災、地震，中書省臣兀伯都剌、張珪、楊廷玉皆抗疏乞罷。旭邁傑言：「比者災異，陛下以憂天下爲心，遵祖宗聖訓，修德慎行，敕各勤乃職。手詔至大都，居守省臣引罪自劾。臣等才識愚黯，當國大任，無所贊襄，以致天災，咎在臣等，所當罷黜。諸臣無罪。」帝曰：「卿等皆引避而去，國家大事朕孰與圖之？宜各相諭，以勉乃職。」秋，奏言：「東宮衛士，先朝止三千人，今增至萬七千人。請命詹事院汰去，仍依舊制。」從之。

二年，又言：「江南民貧僧富。諸寺觀之田，非宋舊制并累朝所賜者，請與民均役。」又言：「國用不足，宜罷不急之費。」冬，以歲祲，旭邁傑又請罷皇后營繕。皆從之。是年十二月卒。

泰定帝誅逆臣鐵失等，旭邁傑實佐之，既秉政，謹守先朝法度，節用愛民，爲一時賢相焉。

倒剌沙，西域人。事泰定帝於潛邸，爲王府内史，深見親信。仁宗時，以其子合散事丞相拜住，得入宿衛，常以朝廷機事報王。

至治三年三月，鐵失遣宣徽使探忒來爲倒剌沙言：「主上將不容於晉王，汝盍思之？」八月二日，晉王獵於土剌河，鐵失復遣斡羅思告倒剌沙曰：「我與阿散、也先鐵木兒、失都兒等謀已定，事成推王爲帝。」王聞之，囚斡羅思，遣别烈彌失赴上都，以逆謀告，未至，英宗已遇弑。諸王按梯不花、淇陽王也先鐵木兒奉皇帝璽綬來迎。九月癸巳，帝即位，以倒剌沙爲平章政事。是年冬，車駕至大都，拜中書左丞相，旋改御史大夫。

時倒剌沙擅威福，其黨與受賕，御史臺都事李思明奏其事，倒剌沙怒，欲沮之。會參知政事楊庭玉亦以官市錦受賕，事覺，詞連倒剌沙壻。倒剌沙奏請御史臺與中書省、宗正合鞫之。臺臣言：「世祖之制，官吏貪墨者，惟令御史臺劾治。今與中書省、宗正共之，是違祖宗舊制。」章屢上，帝始從之。庭玉等伏辜，倒剌沙益怒。

已而御史奏天下水旱，貧民流徙，乃執政大臣不能調燮之咎。倒剌沙袖其封事，入見曰：「曩者丞相拜住與御史大夫鐵失議論異同，構成大禍。今御史誣詆大臣，紊亂朝綱，宜鞫問。」乃矯制下御史中丞及侍御史亦憐真等於獄，無敢白其冤者。侍御史韓若愚以國制宰相必歷御史大夫，乃奏丞相倒剌沙未入臺，請遷爲御史大夫。倒剌沙悦，獄始解。十一月，復由御史大夫拜左丞相，加開府儀同三司、平章軍國重事。

二年，旭邁傑卒，倒剌沙以左丞相當國，帝寵任之。倒剌沙與平章兀伯都剌皆西域人，黨於賈胡。有胡人售寶石求增其值，同知大禧宗禋院事傅巖起力争之，倒剌沙不聽。

三年，倒剌沙言：「比郡縣旱蝗，臣等不能調燮，故天災屢降。今當恐懼修省，力行善政，亦冀陛下祗敬厥德，閔恤生民。」帝嘉納焉。四年，復以天災乞罷黜，不允。以倒剌沙兼内史府、四斡耳朵事。

致和元年，倒剌沙請蒙古、色目人效法漢人丁憂者除名，從之。

秋七月庚午，帝崩於上都。倒剌沙受顧命立皇太子阿速吉八，年甫九歲，時諸王大臣未會集，故未頒即位詔。僉知樞密院事燕帖木耳留守大都，謀立武宗之子，遂於八月甲午脅諸王大臣，遣使分道迎懷王於江陵，迎周王於漠北，嚴兵守居庸關、古北口、大和嶺、潼關，河南行省平章政事伯顔舉兵應之。倒剌沙奉皇后命，發兵討燕帖木兒，遣梁王王禪、右丞相塔失帖木兒、御史大夫紐澤、太尉不花等以兵次榆林，戰屢不利。燕帖木兒陰使人約上都諸王滿禿、阿馬剌台，大臣闊闊出、買驢等爲内應。事覺，倒剌沙悉誅之。

九月，頒即位詔於四方，改元天順。陝西行省殺燕帖木兒所遣使者，以應上都，分兵入河中府。諸王失剌、平章政事乃馬台、詹事欽察等與大都兵戰，失利。復遣諸王也先帖木兒、平章禿滿迭兒以遼東兵攻入遷民鎮，又遣諸王忽剌台攻崞州。梁王王禪襲破居庸關，游兵至大口，燕帖木兒與戰於紅橋之北，又大戰於白浮之野，梁王敗走昌平，倒剌沙復遣知樞密院事竹溫台以兵入古北口。又遣靖安王闊不花等將陝西兵襲潼關南水門，入之，分據陝州，進攻洛陽。遼東兵復敗脱脱木兒兵於薊州，遂抵大都，燕帖木兒分兵守禦。陝西行臺御史大夫也先帖木兒引兵從大慶關渡河，河東官吏皆棄城走。是月，懷王已至大都，稱尊號，改元天曆。四方多拒不受命。

冬十月，湘寧王八剌失里聞難，與趙王馬札罕、諸王忽剌台各率兵勤王。湘寧王入冀寧。陝西行省官再焚大都詔書，下其使於獄，遼東兵復入古北口。燕帖木兒以上都兵南下，守備空虚，覆其根本，則四方瓦解，乃遣齊王月魯帖木兒徑襲上都，梁王王禪遁，遼王脱脱戰死。倒剌沙肉袒奉玉璽出降，至京師，下之獄。籍没倒剌沙及其兄馬某沙、子潑皮、木八剌沙家資。十二月，倒剌沙及馬某沙等皆棄市，磔其尸。

史臣曰：旭邁傑、倒剌沙俱爲泰定潛藩之舊，而賢否不同。帝執斡羅思告變於上都，固免於亂賊之誅。然倒剌沙則與聞乎故者也，不然鐵失之謀何獨告於倒剌沙，而不使旭邁傑知之乎？旭邁傑卒，倒剌沙當國，無勘亂之才，而任托孤寄命之重，卒爲奸雄所篡，肉袒乞降，身嬰大戮，悲夫！小人乘時徼利，未有善其始終者矣！

新元史卷之二百五　列傳第一百二

阿禮海涯　脱因納　和尚剌剌拔都兒　教化者燕不花　萬家驢　闍里帖木兒　兀魯思

阿禮海涯，回鶻氏。父脱烈，集賢大學士。脱烈生二子：長野納，次阿禮海涯。

阿禮海涯早事武宗爲宿衛，以清慎受知。皇慶元年九月，參議中書省事，擢參知政事。二年，晉左丞。延祐三年，遷右丞。四年，拜平章政事。七月，罷爲湖廣行省平章政事。至治初，歷河南、陝西行省，入爲翰林學士承旨。丁父憂去官。

天曆元年秋，文宗入承大統，阿禮海涯至汴上謁，即拜河南行省平章政事。是時，靖安王闊不花與陝西行省平章政事探馬赤起兵應上都，東攻潼關。阿禮海涯使參知政事秃列秃、廉訪副使萬家閭犒軍洛陽禦之，又使都鎮撫卜伯巡行高門、武關、荆子口諸隘，萬户孛羅守潼關。闊不花等潛由水門入，孛羅走，分軍據閿鄉、靈寶諸城，河南大震。

阿禮海涯曰：「汴在南北之交，使西人至此，則江南之道不通，必爲天下大患。」乃徵湖廣之平陽、保定兩翼軍，與河南之鄧州新翼，廬州、沂、郯之砲弩手諸軍，以備虎牢，裕州哈喇婁、鄧州孫萬户兩軍以備武關、荆子口，以芍陂等處屯兵自襄、鄧諸州來田者，還之，益以民丁，使守襄陽、白土、峽州諸隘。府庫不足，命郡縣貸於富室。安豐等郡之粟溯黄河運於陝州，糴於汴、汝，近者則運於滎陽，以達虎牢。使廉訪使董守中、僉事沙沙屯南陽，右丞圖卜帖木兒、廉訪使伯顔屯虎牢，以聽調用。

是月，西軍逼河南，戰於鞏縣之石渡，兩軍殺傷相等，西軍遂入虎牢。阿禮海涯聲色不動，揚揚如平時，衆賴以安。

會使者自京師還，言齊王已克上都，奉天子寶璽來歸。阿禮海涯大喜，遣人賫書入西軍諭之，西人猶榜掠使者，訊其虚實，而朝廷亦遣月魯帖木兒奉詔放散西軍〔一〕，西人殺其從者之半，械月魯帖木兒送於荆王。朝廷又使參政馮不花親諭之。闊不花兵始退，河南解嚴。阿禮海涯斂餘財以還民，從西軍贖民之被俘者歸其家，凡數千人。陝西將吏之被獲者，亦還之。以功遷陝西行臺御史大夫。

二年正月，入爲中書平章政事，改太禧宗禋院使。至順元年，復拜中書平章政事。二年正月，以本官兼侍正。是年，敕河南行省爲立政績碑。元統二年，出爲河南行省丞相。三月，改江浙行省左丞相，卒。

脱因納，答答拉氏。從世祖征乃顔有功，大德七年，授欽察衛親軍千户所達魯花赤，賜金符。八年，改太僕少卿，兼前職。至大二年，拜甘肅行省參知政事，階通奉大夫。四年，入爲太僕卿。皇慶元年，授阿魯兒萬户府、襄陽漢軍達魯花赤，仍領太僕卿。延祐三年，拜甘肅行省右丞。至治二年，改通政使。轉會福院使。尋復爲通政使。

致和元年，扈從上都。秋七月，泰定帝崩。文宗自立於大都，諸王滿禿等謀應文宗。脱因納預其謀，事覺，爲倒剌沙所殺。天曆元年，特贈宣力守義功臣、榮禄大夫、上柱國、中書平章政事，追封冀國公，謚忠景。子定童、只沈哈朗。

定童，襲父職阿兒魯萬户府，兼襄陽萬户府達魯花赤，佩金虎符。

只沈哈朗，初授欽察親軍千户所達魯花赤，佩金符，改朝列大夫、通政院副使，歷同知，擢院使，累官中奉大夫，卒。

和尚，乃蠻台氏。伯父兀魯不花，至元七年從大軍伐宋，以功擢百户，從阿里海涯攻樊城。十一年，從攻新城，又從攻鄂州東門，屢立戰功。二十五年，賜銀符，授後衛軍百户。卒，弟怯烈吉襲。

怯烈吉卒，子和尚襲。至大三年，進後衛親軍副千户，賜金符。延祐三年，江西寧都賊起，從元帥乞住等討之，生擒賊酋蔡五九。

致和元年八月，從丞相燕帖木兒擒平章烏伯都剌等。九月，戰於通州，以功賞名馬。又從燕帖木兒與上都樞密副使阿剌帖木兒、指揮忽都帖木兒戰於紅橋。阿剌帖木兒槊剌燕帖木兒，燕帖木兒以刀格其槊，就斫之，中左臂。和尚擊忽都帖木兒，亦中左臂。二人皆上都驍將也，敵爲奪氣。又與紐鄰等戰於白浮，和尚言於燕帖木兒曰：「兩軍相對，宜有辨。今號纓俱黑，我軍宜易白。」從之。戰於昌平栗園，又與亞失帖木兒戰於石橋，又從擊禿滿迭兒於檀州南桑口，俱有功，擢萬户。

十月，湘寧王八剌失里引兵入冀寧，敕和尚將兵由故關援之。冀寧守將募民兵迎敵，和尚殿之，殺獲甚衆。會上都援兵至，和尚退至故關，冀寧遂陷。十一月，命領八衛把總金鼓，都領祭祠事。

後至元元年，伯顏殺唐其勢，和尚從答里舉兵反，兵敗伏誅。

又燕帖木兒部將剌剌拔都兒，素驍悍，率所部屯上都。伯顔率三百騎自往襲之，短兵接，剌剌拔都兒拔刀於鞘，刀已折，遂爲伯顔所殺。

教化，阿速氏。祖揑古剌，憲宗朝與也里牙、阿速三十人來歸。後從征釣魚山、討李璮，皆有功。父阿塔赤，世祖時圍襄陽、下江南及征乃顔，皆以功受賞。仁宗時歷官至左阿速衛千户，卒。

教化初爲速古兒赤。繼襲父職，從討必里阿禿，平之，凱還，賜衣一襲。天曆元年八月，從丞相燕帖木兒戰居庸北，有功。九月，進拱衛直都指揮使。尋遷章佩卿，卒。

子者燕不花，初事仁宗爲速古兒赤。英宗時，爲進酒寶兒赤。天曆元年，迎文宗於河南，賜白金、綵段，命爲温都赤。九月，往居庸關偵敵，道逢二人，謂探馬赤諸軍曰：「今北兵且至，其避之。」者燕不花恐摇衆心，即拔所佩刀斬之。授兵部郎中，招集阿速軍四百餘人。十月，進兵部尚書，賜雙珠虎符，領軍六百人，從丞相燕帖木兒於檀子山擊敗禿滿迭兒。遷大司農丞，卒。

萬家驢，準台氏。父撒喀都，福州新軍千户。萬家驢當襲父職，讓於弟納罕。由宿衛累遷陝西行臺監察御史，轉僉雲南肅政廉訪司事。麗江路達魯花赤燕只不花横甚，激叛洞蠻，懼而亡匿。萬家驢奏罷之，叛者皆聽命。建廟學二十有四，以興文教。丁母憂，改江西道，又改燕南道，皆以母喪辭。

天曆初，河南行省授爲行省郎中，俾守潼關。未幾，除河南道廉訪副使。潼關陷，萬家驢夜馳還行省，發蒙古軍四千人，又僉民丁，假貸富室，以濟軍興。賜上尊、幣帛。也先捏將兵禦上都，屯於彰德，士卒以芻粟不給，將大掠。萬家驢開諭之，也先捏率所部移駐衛輝，民始安堵。

擢同僉中政院事，仍賜銀幣。改儲政院判官，拜監察御史。遷户部郎中，剔除積弊，甚有能名。累遷同知江西榷茶都轉運司事。入爲户部侍郎，復通州倉米三十萬石。改河間路總管，卒。

萬家驢疾惡嚴，因是忤權貴，不至大用，然篤於行義。有顯官逐其子，其孫已十歲。

一日，萬家驢遇之，與言父子天倫，其人蹙然問曰：「君之子幾歲？」萬家驢曰：「尚少，當令出拜。」明日，挈其孫往，顯官撫愛不置。萬家驢曰：「此君之孫也。」遂大慟，召其子還，卒爲父子如初。

闍里帖木兒，札剌兒氏。其先世別出古，蒙古軍千户，從滅金、伐宋，有功。卒，子札剌兒台留北邊，弟孛羅台襲職。孛羅台卒〔二〕，仍命札剌兒台襲，賜金符，爲相副萬户，兼本所千户，從圍襄陽，卒於軍。子帖木兒及哈八兒俱幼，妻孛魯罕以所受虎符納之官。及帖木兒長，仍賜虎符，襲父職，從伯顏平宋有功。至元十四年，進明威將軍，征廣東，以疾卒，無子。哈八兒嗣，移戍廣州。皇慶元年卒。

子那海嗣，無子，以弟闍里帖木兒嗣。授武德將軍、河南淮北蒙古軍都萬户。尋加萬户，階宣武將軍。致和元年秋八月，奉西安王命守河中，九月，敗陜西軍，生擒九十八人。天曆元年十一月，又敗陜西軍於南陽，以功賜三珠虎符。卒。

兀魯思，欽察氏。伯父别魯古，至元二十三年，立欽察衛，充本衛僉事，佩金符。武宗鎮北庭，從征杭愛，命總扈駕軍爲萬户，力戰有功。尋復爲欽察衛僉事，卒。子脱歡不花襲，卒，無子，以兀魯思襲伯父職。天曆元年秋九月，從討倒剌沙有功，賜名拔都兒。二年，從燕帖木兒護送國璽，迎明宗於漠北，賜虎符。擢明威將軍大都督府副使。卒。

【校勘記】

〔一〕「月魯帖木兒」，「魯」字原重，據《元史》卷一三七列傳第二十四《阿禮海涯傳》删重。

〔二〕「孛羅台」，原作「孛羅兒台」，據上文及《永樂大典》卷一〇八八九改。

新元史卷之二百六　列傳第一百三

元明善　鄧文原　虞集槃　揭傒斯汯　黄溍　歐陽玄

元明善，字復初，大名清河人。父貢，有學行，累官樞密院照磨，贈吏部尚書，追封清河郡公，謚孝靖。

明善少穎悟，讀書過目成誦。及冠，游學江南，受業於吴澄，僉行樞密院事。董士選聞其名，辟爲掾，待以賓禮。士選遷江西行省左丞，又辟爲行省掾。從士選討平贛州賊劉貴，士選俘賊黨三百人，明善議貸其詿誤，得全活者百三十人。賊籍贛、吉二州民丁十萬，有司獲其籍，欲株連爲利，明善請火之以滅跡，二郡遂安。遷江南行臺掾，擢樞密院照磨，又轉中書省左曹掾。先是，明善在江西，張瑄爲行省參政，借明善馬留之，致米三十斛償其直。後瑄敗，籍其家，簿載「送元復初米三十斛」，不言償馬直，明善坐免官。久之，事得白，復爲省曹掾。

仁宗在東宫，擢爲太子文學。及即位，授翰林待制，兼國史院編修官。時姚燧以翰林學士承旨修成宗、順宗《實録》，使明善總之。明善所述者，燧略爲竄易而已。燧嘗謂「有題文，吾能爲之，無題者惟元復初能爲之。」其推重如此。擢翰林直學士、知制誥同修國史。詔節《尚書》經文譯以進，明善與直學士文陞同譯。陞，宋丞相天祥子也。每奏讀一篇，帝輒稱善曰：「二帝三王之道，非卿莫聞。」皇太后既受尊號，廷臣議肆赦，明善曰：「數赦非善人之福，宥過可也。」

奉命賑山東、河南饑，餘錢四萬緡。明善見彭城、下邳諸驛保馬民饑，欲賑之，或曰：「此爲流民，非爲驛也。」明善曰：「民與驛有分乎？《春秋》之義，大夫出疆，可以專命。」卒賑之。及復命，執政多其明決。

皇慶二年，修《武宗實録》。明年，遷翰林侍講學士，階中奉大夫。延祐二年，會試天下進士，明善充考試官。殿試，又充讀卷官。改禮部尚書，正孔氏宗法，以五十四世思晦襲衍聖公事，上如所議。擢參議中書省事，爲御史孛朮魯翀所劾，復入翰林爲侍讀學士。拜湖廣行省參知政事。

英宗即位，召爲集賢侍讀學士，晉翰林學士，晉階資善大夫，修《仁宗實録》。百官迎仁宗御容，有卿雲見，詔明善爲文紀之。帝親享太室，禮官進祝册，請署御名，帝命代署者三。眷遇優渥，當世莫並焉。至治二年卒，年五十四。泰定初，贈資善大夫、河南行省左丞，追封清河郡公，謚文敏。

明善早以文章自豪，出入秦、漢之間，晚所造益邃，與姚燧並爲一代文宗。著有《清河集》三十九卷。

二子：晦、鬲。晦由典瑞院判出爲峽州路同知，早卒。

鄧文原，字善之，杭州錢唐人，其先本綿州人。文原早慧，年十五，試浙西轉運司，冠其曹。至元二十七年，行省辟署杭州路儒學正。秩滿，調崇德州儒學正。

大德五年，擢應奉翰林文字〔一〕、同知制誥，兼國史院編修官。翰林學士承旨閻復於後進少所假借，獨推重文原，凡大撰著皆屬之。遷修撰。成宗崩，預修《實録》，姚燧、王構等閱文原稿，互有指擿，後數日，復取視之，不能易一字，始嘆服。出爲江浙儒學提舉。

皇慶元年，召除國子司業。建議更學校法，與執政意不合，移病去。延祐四年，擢翰林待制，兼國史院編修官。

出僉江南浙西道肅政廉訪司事。平江僧憾其府判官理熙，告熙贓，已誣服，文原廉問得實，杖僧而釋熙。湖州民犯夜禁，被執而逃，追者剚其右脅仆地，其兄問：「殺汝者誰？」

曰：「白衣冠、長身者。」語畢死，其兄訴於有司。問直初更者，曰：「張福兒。」遂坐福兒殺人罪，械繫三年，文原閱其牘，曰：「福兒不滿六尺，非長身；且素用左手，何以傷右脅？」鞫之，真殺人者張甲也，福兒之冤始白。建德民戴汝惟獲盜，夜有火其居者，失汝惟所在，文原曰：「此有故。」責有司推驗，得其妻弟葉甲謀殺汝惟狀，人以爲神。

六年，移僉江東建康道肅政廉訪使。寧國諸路茶課鈔三千錠，後增至十八萬錠，皆鑿空取之民。閭民逋欠，則轉運使以失察罪有司，凡五品以下官皆杖決。文原建言：「宜罷茶司，使州縣領之。」不報。饒州有告欺隱官糧者，事連數百人，數年不決，文原曰：「是不難知，以官租爲民田交易，抄户時因之定差徭，經理時因之定租税耳。」命據籍爲證，訟始息。徽州民造楮幣於僧寺，有避雨者見之，其人啗以利，使佐烘焙，事覺當死。文原曰：「僞造當死者有七等，烘焙應比行使加等杖罪而已。」事聞，卒從文原所擬。州民謝蘭家僮死，蘭姪回賂其族人，誣蘭殺之，獄已具。文原覆案後，即釋蘭而坐回。其他所平反多類此。

至治二年，召拜集賢直學士。地震，詔議弭災之道。文原奏言：「今治獄之官，惟受成於吏，死囚歲上刑曹，類延緩不報，瘐死者多。宜慎選刑官，死囚應決即決，寬則釋之。河北流民復業，朝廷雖計口給錢，而有司奉行不實，宜算計海運支發之羨餘，隨處置倉以備凶年。」又言：「茶法病民，乞併罷轉運司，以弭人怨，召天和。」時論韙之。晉奉政大夫，兼祭酒，依前直學士。

泰定元年，知貢舉，並充讀卷官。特命與平章政事張珪、翰林學士吴澄同爲經筵官。俄乞病歸。二年，召拜翰林侍講學士、中奉大夫、知制誥同修國史。旋擢嶺北湖南道肅政廉訪使，以病不赴。天曆元年卒，年七十一。

至正九年，文原門人、集賢大學士馮思温奏：「文原經筵舊臣，宜加恩禮。」贈中奉大夫、江浙行省參知政事、護軍，追封南陽郡公，謚文肅。初，太常議謚莊康，因思温之請，改謚文肅焉。

文原家貧而行廉。安南入貢，以黄金、丹砂、象齒爲私覿之禮，文原卻之。其人曰：「清白物也。」文原曰：「爾物清白，自我受之則汙矣。」爲文精深典雅，施於誥命者，尤温潤有體。有《巴西集》十卷。工書，與趙孟頫齊名。子衎，江浙儒學副提舉。

虞集，字伯生，其先成都人，宋丞相允文五世孫也。父汲，宋黄岡縣尉，宋亡，僑居臨川崇仁，遂爲崇仁人。集三歲即知讀書，母楊氏口授《論語》、《孟子》、《左氏傳》，聞輒成誦。及長，從吴澄受學。董士選除南臺中丞，延集家塾。

大德初，始至京師，以大臣薦，授大都路儒學教授。除國子助教，即以師道自任，諸生時其退，每挾策趨門下卒業，他館生多相率詣集聽講。丁内艱，服除，再爲助教，除博士。監祭殿上，諸生有醉而失禮者，集請削其籍，大臣爲乞免，集持不可，曰：「國學，禮義之所出也。此而不治，何以爲教？」仁宗在東宫，諭集勿竟其事，集以狀移詹事院，竟黜其人，仁宗更以集爲賢。

仁宗擢吴澄爲司業，又命參知政事許師敬綱領國子監事，皆欲有所更張，以副帝意，集力贊之。後爲異論所撓，澄投檄去，集亦以病免。未幾，除太常博士。丞相拜住方爲院使，問從集問禮，集爲言先王製作，以及古今因革治亂之由，拜住歎息，益信儒者有用。

遷集賢修撰，因會議學校，集上議：「宜使守令求經明行修者，身師之，庶有所觀感。其次則求操履近正，而不爲詭異駭俗者；確守先儒經説，而不敢妄爲奇論者；衆所敬服，而非鄉願之徒者。延之以教學者，則他日亦當有所成就。其次則取鄉貢至京師罷歸者，其議論文藝猶足以聳動後學。」時論韙之。六年，除翰林待制，兼國史院編修官。仁宗嘗對左右歎曰：「儒者皆用矣，惟虞伯生未顯擢爾。」

英宗即位，拜住爲相，集以憂還江南，拜住不知也。乃言於上，遣使求之於蜀，又求之於江西。集聞命趨朝，英宗已崩。泰定初，除國子司業，遷秘書少監。天子幸上都，以講臣多高年，命集與集賢侍讀學士王結執經以從。自是常年扈從。拜翰林直學士，俄兼國子祭酒。嘗因講罷，論：「京師恃東南運糧，竭民力以航不測，非所以寬遠人而因地利。京東瀕海數千里，萑葦之場也，海潮日至，淤爲沃壤，若築堤捍水爲田，聽富民欲得官者合其衆分授以地，能以萬夫耕者，授以萬夫之田，爲萬夫長，千夫、百夫亦如之。一年、二年勿徵，三年視其成，以地之高下定額徵之，五年命以官，十年佩之符印，得以傳子孫，如軍官之法。可以寬東南海運，紓疲民。」帝韙其言，下省部議，爲廷臣所尼。

文宗在潛邸，已知集名。既即位，命集仍兼經筵。以先世邱隴在江南，乞一郡自便。帝曰：「汝材何所不堪？顧今未可去爾。」除奎章閣侍書學士。時關中大饑，帝問集何以捄民，對曰：「承平日久，人情宴安，有志之士，急於近效，則怨讟興焉。不幸大菑之後，正君子爲治作新之機也。若遣一二知民事者，稍寬其禁令，使得有所爲，隨郡縣擇可用之人，因舊民所在，定城郭，修閭里，治溝洫，限畎畝，薄徵斂，則流亡漸至，春耕秋斂皆有所助。一二歲間，勿徵勿徭，封域既正，友望相濟，四面而至者，均齊方一，截然有法，則三代之民將見出於空虛之野矣。」帝稱善。因進曰：「幸假臣一郡，試以此法行之，三五年間，必有以報朝廷。」左右或間於帝曰：「虞伯生欲以此去爾。」議遂寢。有敕諸兼職不過三，免國子祭酒。

集以入侍燕閒，無益時政，且娼嫉者多，乃與大學士忽都魯都兒迭失等進曰：「陛下出獨見，建奎章閣，覽書籍，置學士員，以備顧問。臣等備員，殊無補報，竊恐有累聖德，乞容臣等辭職。」帝曰：「朕無生知之明，於國家治體，豈能周知？故立奎章閣，置學士員，以祖宗明訓、古昔治亂得失，日陳於前。卿等其悉所學，以輔朕。若軍國機務，自有省、院、臺任之，非卿等責也。其勿復辭。」

敕采輯本朝典故，倣唐、宋《會要》，修《經世大典》，以集與中書平章政事趙世延同爲總裁官。集薦禮部尚書馬祖常諳習舊章，國子司業楊宗瑞素治曆象、地理之學，皆可任總裁；翰林修撰謝端、應奉蘇天爵、太常博士李好文、國子助教陳旅、前詹事院照磨宋褧、通事舍人王士點，俱有見聞，可裨撰録，庶幾是書早成。帝以嘗修遼、金、宋三史無成績，今修《大典》，令學士專率其屬爲之。集請以翰林國史院修祖宗實録時百司所具事蹟參訂。國史院臣言於帝曰：「《實録》，法不得傳於外，事蹟不當示人。」又請以國書《脱卜赤顔》增修太祖以來事蹟，承旨塔失海牙曰：「《脱卜赤顔》不可傳於外人。」二事皆格不行。俄世延歸，集專領其事，再閲歲，書成，凡八百帙。既奏進，以目疾丐解識，不允，乃舉治書侍御史馬祖常自代，不報。

御史中丞趙世安乘間爲集請曰：「虞伯生居京師久，甚貧，又病目，幸假一外任，便醫。」帝怒曰：「一虞伯生，汝輩不容耶？」帝方嚮用文學，以集弘才博識，故重聽其去。集每承詔有所述作，必以帝王之道從容諷切，問及古今政治得失，尤委曲盡言，隨事規諫。一日，命集草制封乳母夫爲營都王，使阿榮、巙巙傳旨。二人素忌集，繆言制封營國公，集具稿，俄丞相索制詞甚急，集以稿進，丞相愕然問故，集知爲所紿，即請易稿以進，終不自言。

龔伯璲以才俊爲馬祖常所喜，欲集爲薦引，集曰：「是子雖小有才，然非遠大器，亦恐不得令終。」祖常不以爲然。一日，邀集過其門，設宴，酒半，出薦牘求署，集固拒之，祖常不樂而罷。文宗崩，集在告，欲南還，弗果。大臣將立妥歡帖穆爾太子，用至大故事，召諸老臣赴上都議政，集在召列。祖常使人告之曰：「御史有言矣。」乃謝病歸臨川。初，文宗在上都，將立其子阿剌忒納答剌爲皇太子，乃以妥歡帖穆爾乳母夫言，明宗在日，素謂太子非其子，黜之江南，驛召翰林學士承旨阿鄰帖木兒、奎章閣大學士忽都魯兒迷失書其事於《脱卜赤顔》，又命集草詔，布告中外。至是，省、臺官皆文宗素所信用者，御史亦不敢斥言其事，祖常意在諷集速去而已。伯璲後以用事敗，殺其身，世乃服集知人。

元統元年，遣使賜上尊酒、金織文錦二，召集還，疾作不能行。左右有以舊詔爲言者，帝不懌曰：「此我家事，豈由彼書生耶？」至正八年五月卒，年七十有七。贈江西行中書省參知政事、護軍，追封仁壽郡公，謚文靖。

集家素貧，歸老後，登門之士相望於道，好事者起邸舍以待之。然碑誌之文，未嘗苟作。南昌富民伍氏娶諸王女爲妻，充本位下總管。既卒，其子屬豐城甘慤求集銘父墓，奉中統鈔五百錠，集不許，慤愧歎而去。早歲，與弟槃闢書舍爲二室，左室書陶淵明詩，題曰「陶庵」，右室書邵堯夫詩，題曰「邵庵」，故世稱邵庵先生。集文章爲一代之冠，論者以唐之韓愈、宋之歐陽修比之。有《道園學古録》五十卷。子安民，官吉州路安福州知州。

槃，字仲常。延祐五年進士，授吉安永豐縣丞。丁父憂，服除，授湘鄉州判官。有富民殺人，賂他人坐之，已定讞，槃獨不署，殺人者卒論抵。有巫至其州，稱神降，曰：「某方火。」即火。長吏以下皆迎巫至家，禮敬之。槃得放火者一人，訊之，知爲巫所使。召巫至，無敢施鞭箠者。槃謂左右曰：「此將爲大亂，宜急治之。」一訊而服，乃論巫并其黨如法。秩滿，除嘉魚縣尹，槃已卒。

揭傒斯，字曼碩，龍興富州人。父來成，宋鄉貢進士，爲世名儒。至元初，賜謚貞文先以從妹。

生。傒斯幼貧，讀書晝夜不懈，父子自爲師友，早有文名。大德間，客湖南，都元帥趙淇號知人，見之曰：「君他日翰苑名流也。」程鉅夫、盧摯先後爲湖南廉訪使，咸重之，鉅夫因妻以從妹。

延祐元年，摯表薦於朝，特授翰林國史院編修官。時平章李孟監修國史，見其所撰功臣列傳，歎曰：「是方可謂之史筆，若他人，直謄吏牘爾。」擢應奉翰林文字，仍兼編修。遷國子助教，復留爲應奉。五年，請假歸。泰定元年，召還，又以丁母憂歸。

天曆二年，開奎章閣，擢爲授經郎，以教勳戚子弟。傒斯每徒行入直，受學者欲爲買馬，傒斯聞之，乃自置一馬，尋復屏去，以示不苟取於人。文宗幸閣中，有所咨訪，恒以字呼之。中書奏用儒臣，必問曰：「其材何如揭曼碩？」間出所上《奎章政要》，以示臺臣曰：「此朕授經郎揭曼碩所進也。」傒斯以翰墨受知於帝，其寵待亞於虞集、柯九思。

富州地不産金，官府惑姦民言，募淘金户三百。其人采他縣金以獻，歲課增至四十九兩。歷年既久，三百户所存無什一，又貧不聊生，有司責受役於官者代輸之，多以是破産。傒斯言於省臣，蠲其賦，州人德之。

與修《經世大典》，文宗取所撰《憲典》讀之，顧謂近臣曰：「此豈非《唐律》乎？」擢藝文監丞，參檢校書籍事，屢稱其純實，欲大用之，會帝崩而止。

惠宗即位，召對便殿，慰諭良久，賜以諸王所服表裏各一，遷翰林待制，擢集賢學士，階中順大夫。先是，儒學官赴吏部選，必移集賢院考較。院下其事於國子監，監又下於博士，文移往復，動輒累月。傒斯奏改其法，以事付本院，人皆便之。

至元元年，奉詔祀北嶽、濟瀆、南鎮，便道歸龍興，伯顔當國，屢招之，傒斯引疾固辭。未幾，帝擢爲奎章閣供奉學士。乃即日就道，未至，改翰林直學士。及開經筵，再爲侍講學士、同知經筵事，以對品進階中奉大夫。時新格超升不越二等，獨傒斯進四等，轉九階，異數也。

至正三年，以年七十致仕去，詔遣使追及於瀕州，又賜上尊，乃還。奉敕撰《明宗神御殿碑》，賜楮幣萬緡、白金五十兩，中宫賜白金亦如之。復求去，不許，命丞相脱脱及執政大臣面諭之。傒斯曰：「使揭傒斯有一得之獻，諸公用其言，而天下蒙其利，雖死於此，不恨。不然，何益之有？」脱脱因問致治所先，傒斯曰：「儲材爲先。養之於位望未隆之時，而用之於周密庶務之後，則無失材廢事之患矣。」一日集議朝堂，傒斯抗言：「當兼行新舊銅錢，以救鈔法之弊。」執政持不可，傒斯辨論愈力，脱脱雖不用其言，亦不以爲忤也。

詔修遼、金、宋三史，傒斯與爲總裁官。四年，《遼史》成，奉敕獎諭，仍命早成金、宋二史。傒斯留宿史館，因得寒疾，七日卒，年七十一。時方有使者至自上京，賜宴史局，以傒斯卒，改日。使者以聞，帝爲嗟悼，賜楮幣萬緡，仍給驛護其喪歸。六年，贈護軍，追封豫章郡公，謚文安。

傒斯爲文章，叙事嚴整，語簡而當。詩尤清婉麗密。善楷書、行草。朝廷大典册及元勳舊德應得碑銘者，必以命傒斯。殊方絶域，咸慕其名，得其文莫不以爲榮云。有文集五十卷。子汯。

汯，字伯防。少從父至京師，補太學生，六館士咸敬憚之，或譁笑，聞汯履聲輒止。以蔭授秘書郎，遷翰林國史院編修，轉博士，再入翰林爲修撰，仍兼國史院編修。代祀北嶽、北鎮，還，拜江南行臺監察御史，未行，字爲禮部員外郎。

至元十八年，奉詔諭江西。會陳友諒已陷江西，不得往，改僉江西湖東道肅政廉訪司事，治建寧。已而友諒兵入杉關，進圍建寧，大軍退守福州，官吏相繼出奔，惟經略使普顏不花尚在。汯謁之，普顏不花曰：「僉事猶未行也？」汯憤曰：「此吾與經略致死時，去將何之！」乃共議城守事。命建寧總管阮德柔將千人出戰，以民兵助之，戰屢捷。城外有黄華山，汯恐賊登山窺城中虚實，起層樓蔽之。命守者鍛鐵爲長鉤，又儲水樓下以俟。及賊據山顛，爇火燒樓，守者以長鉤曳之，隨濡以水，火尋熄。賊穿地道攻城，汯命燎煙於隧熏之，隧中賊盡死。相持數月，泫曰：「賊氣已餒，可擊也。」乃槌牛勞將士，衆皆踴躍請戰。泫戎服督戰陣後，士卒殊死鬭，焚賊三栅。明日，福州援兵繼至，賊宵遁。事平，經略上諸將功，不及泫，泫亦不以爲意。

改江西行省郎中，未行，召爲工部郎中，浮海趨遼東，轉之山東。制下，擢秘書少監。時察罕帖木兒在洛陽，遣使招之，承制授刑部侍郎，泫不就。二十八年，至京師，未幾，明兵入城，凡仕者例徙南京，泫稱疾不往。洪武六年卒，年七十三。

黄溍，字晉卿，婺州義烏人。母童氏，有娠，夢大星墜於懷，歷二十四月乃生溍。溍幼而穎異，迨學爲文，下筆數千言如宿稿。弱冠後，從隱士方鳳游，絶意仕進，凡辟舉皆不就。

延祐二年，中進士第，廷對，以「用真儒、行仁義」爲言。授台州寧海縣丞。縣地瀕鹽場，亭户不隸於有司，與民户隸漕司、財賦府者，皆暴横自恣，溍一繩以法。吏以利害白，弗顧也。有後母告前妻子弒父，獄將具，溍變衣冠訪察之，知與姦僧殺其夫，而誣告其子，遂平反其獄。有名在盜籍，而實未行劫者，邑大姓執之，圖中賞格。考治無證佐，溍論如本律，免死者三十餘人。部使者董士恒廉知溍治狀，凡獄訟咸委溍聽決，兩造畏服，雖老吏自以爲不及也。遷石堰西場鹽運。石堰視諸場尤難治，居官者率以稱盤折閱及疏縱私販被譴，溍涖任四年，無一事干吏議。

擢紹興路諸暨州判官。巡海官船率三年一修，官費絀，責足於民，贏則總事者私取之。溍撙節浮蠹，以餘錢還民，皆懽呼而去。奸民以僞鈔結黨，詐取人財，官吏聽其謀。事覺，株連數百家，府檄溍鞫治，官吏除名，同謀者各予杖，其餘盡釋之。捕卒陰寘僞鈔於民家，白縣往索之，從者百餘人。溍遇諸野，叱曰：「卒額僅三十，安得此曹！可縛送於州。」皆相率遁去。有賊繫錢塘獄，奸民賂獄吏私縱之，假署文書，自詭爲官緝賊，逮捕二十餘家。溍疑而訊之，具得其實，遠近以爲神明。

至順二年，御史中丞馬祖常薦之，召爲應奉翰林文字、同知制誥兼國史院編修官，轉國子博士。出爲江浙等處儒學提舉。年六十有七，亟請致仕。俄召修遼、金、宋三史，丁母憂不赴。溍性至孝，營塚墓，有馴虎之祥。服除，以秘書少監致仕。未幾，中書右丞相朵爾直班、左丞相太平力薦之，復拜翰林直學士、知制誥同修國史，尋兼經筵講官。召見慈仁殿，帝語朵爾直班曰：「文臣年老，正宜在朕左右。」八年，擢侍講學士，上疏求歸田里，不俟報而行。帝遣使者追之，及於武林驛，敦迫還職。九年夏，始得請南還，江浙行省丞相達識帖睦爾承制起溍商議中書省事，以疾固辭。卒，年八十有一。贈江西行省參知政事、護軍，追封江夏郡公，謚文獻。

溍天姿介特，在州縣以清白自持，月俸不給，至鬻產佐之。及爲侍從，挺立無所附，不登權要之門，世稱溍「清節如冰壺玉尺，纖塵弗汙」。其學博極羣書，剖析疑難，多先儒所未發。文章布置謹嚴，援據精切。凡典册誥命，鋪述功德之辭，多出溍手。海内求文者，日踵於門，雖殊方絶域，亦知寶重焉。有《日損齋稿》三十三卷，《義烏志》七卷，筆記一卷。子梓，杭州路同知海鹽州事。

歐陽玄，字原功，其先本廬陵人，後徙瀏陽。父龍生，刲股以療母疾。左丞崔斌聞其名，招之，以母老辭。官道州路教授，卒。玄幼岐嶷，八歲，母李氏授以《孝經》、《論語》、小學諸書，俱成誦。部使者行縣，玄以童子見，命賦梅花詩，立成十首，晚歸，增至百首，見者歎異之。稍長，從宋故老習爲詞章，經史百家靡不研究。

延祐二年，登進士第，授岳州路平江州同知，調太平路蕪湖縣尹。縣多疑獄，久不決。玄察其情，皆爲平反，民翕然頌之。改武岡縣尹。涖任甫逾月，赤水、太清兩洞蠻聚衆相攻。玄單騎，從二人，徑抵其地諭之，獠人棄兵伏，羅拜馬首曰：「我曹非不畏法，緣訴事於縣，縣官不爲直，反以差繇賦斂困我，乃發憤就死耳。不意煩我清廉官自來。」玄喻以禍福，兩洞蠻皆聽命。

召爲國子博士，遷國子監丞。致和元年，遷翰林待制，兼國史院編修官。時文宗自立於大都，玄掌印，攝院事，日直内廷，典發詔令書檄。既而改元天曆，郊廟、建后、立儲、肆赦之文，皆玄所撰擬。復條時政數十事以聞，多爲帝所採納。明年，置藝文監，以清望官居之，文宗親署玄爲藝文少監。奉詔篡修《經世大典》，遷太監，檢校書籍。

元統元年，改僉太常禮儀院事，拜翰林直學士，編修四朝《實録》，俄兼國子祭酒。召赴中都議事，擢侍講學士，復兼國子祭酒。後至元五年，以病乞歸。帝不允，拜翰林學士，復求去。帝仍不允，免其朝賀禮。至正改元，更張庶政事，有不便者集議廷中，玄極言無隱。科目之復，沮者甚衆，玄争之尤力。未幾，謝病歸，復起爲翰林學士。

詔修遼、金、宋三史，命爲總裁官。凡史之論、贊及進呈表、奏，皆玄自爲之，他人莫能屬筆。五年，帝以玄歷仕累朝，且有修史功，諭丞相超授爵秩，擬拜翰林學士承旨。及入奏，上稱快再三。已而乞致仕，帝復不允。御史臺奏除福建廉訪使，行次淛西，疾作，乃請假歸。復拜翰林學士承旨，奉敕定刑律，尋乞致仕，陳情懇切，特授湖廣行中書省右丞致仕，賜白玉束帶，給俸賜以終其身。將行，帝復降旨留之，仍前翰林學士承旨，進階光禄大夫。

十四年，汝、潁盜起，蔓延南北，玄上招捕之策千餘言，當時不能用。十七年春，再乞致仕。時將大赦天下，宣赴内府，玄久病不能步履，丞相傳旨肩輿至延春閣下，異數也。是年十二月，卒，年八十五。贈崇仁昭德推忠守正功臣、大司徒、柱國，追封楚國公，謚曰文。

玄歷官四十餘年，兩爲祭酒，六入翰林，三拜承旨，兩知貢舉及讀卷官。朝廷高文典册，多出玄手。文宗時詔爲許衡神道碑，當世知名之士，皆斂手推玄，以爲文章道德非玄不稱也。及請假南歸，起爲翰林學士承旨，玄固辭。時册立皇太子，惠宗手詔諭玄曰：「朕有一要事，待卿至贊成之。」玄始力疾入都，其爲帝所寵眷如此。玄無子，以從子達老爲後，先玄卒。玄文集百餘卷，毁於兵，僅存《圭齋集》十五卷，出於後人之掇拾云。

史臣曰：元明善諸人，行義之方雅，議論之侃直，政事之明通，可謂臺閣名臣，不獨以文學擅名當世也。其後危素由書生致位宰相，尤負文學重名，晚節不終，并其文爲後世所菲薄，惜哉！

【校勘記】

〔一〕「擢應奉翰林文字」，「奉」字原倒在下文「兼國史」下，據《元史》卷一七二列傳第五十九《鄧文原傳》乙正。

新元史卷之二百七 列傳第一百四

梁德珪 張思明 陳顥 傅巖起 王士弘

梁德珪，字伯温，一名暗都剌，大都良鄉人。祖守信，隆興都轉運鹽使。父國禎，内藏庫提點。

德珪初事昭睿順聖皇后，令習國語，通奏對。至元十六年，爲中書左司員外郎，擢郎中，六遷至參議尚書省事。大都地震，帝怪州縣報囚數太多，德珪曰：「當國者急於徵索，蔓延收繫，以致如此。」帝悟，爲免中外逋賦。二十九年，執政入奏事，帝詢其本末，不能對，德珪從旁代之，辨析明暢。帝大悦，拜參知政事。

三十一年，遷左丞。德珪在省日久，凡錢穀出納、銓選進退、諸藩賜予，或上命驟至，不暇閲簡牘，同列莫知所對，德珪從容數語即定。大德元年，轉右丞。二年，遷平章政事。

七年，以受張瑄、朱清賄賂，與平章政事伯顔、段真、阿里渾薩里、右丞八都馬辛、左丞月古不花、參政迷而火者、張斯立等俱罷，德珪安置湖廣。八年九月，與伯顔並復爲平章政事，八都馬辛復爲右丞。御史杜肯構言：「伯顏等樹黨受賂，謫戍遠方，道路相慶。方今數月，遽聞召復相位，又與原鞫者同列。天下之人目伯顏、梁德珪、八都馬辛爲三凶。三凶不除，無以謝天下，乞明正其罪。」中丞何遹亦以爲言，前後章數上，皆不報。

德珪既至，帝問：「卿安在？」德珪涕泣不能語，賜酒饌，使往拜其母，因以氣疾乞骸骨歸。是年卒，年四十六。至元元年，贈推誠保德功臣、開府儀同三司、太傅、上柱國，追封薊國公，謚忠哲。弟德璋，益都路總管。

張思明，字士瞻，其先獲嘉人，後徙居輝州。思明穎悟過人，讀書日記千言。至元十九年，由侍儀司舍人辟御史臺掾，又辟尚書省掾。丞相阿合馬死，世祖命尚書省簿問黨與。一日，召右丞何榮祖、左丞馬紹輸其賦以入，思明抱牘從。日已昏，命讀之，自昏達曙，帝聽之忘疲，曰：「讀者聲大，似侍儀舍人。」榮祖對曰：「正由舍人選爲掾者。」帝曰：「斯人可用。」明日，擢大都路治中。思明以超遷逾等，固辭，乃改湖廣行省都事。

元貞元年，召爲中書省檢校，遷户部主事。大德初，擢左司都事。有獻西域秤法，思明以惑衆，不用。初立海道運糧萬户府於江浙，受除者憚涉險不行，思明請升等以優之。

著爲令。五年，轉吏部郎中。九年，改集賢司直。十年，除江浙行中書省左右司郎中。至大三年，遷兩浙鹽運使。未上，入爲參議樞密院事，改中書省左司郎中。

皇慶元年，再授兩浙鹽運使。歲課羸羡，僚屬請上增數，思明不許，曰：「羸縮不常，萬一以增爲額，是我希一身之榮，遺百世之害也。」二年，召爲户部尚書。

延祐元年，進參議中書省事。三年，拜中書參知政事。浮屠妙總統有寵，敕中書官其弟五品，思明執不可。帝大怒，召見，切責之。對曰：「選法，天下公器，徑路一開，來者雜遝。寧違旨獲戾，不敢隳祖宗成憲，使四方得窺陛下淺深。」帝心然其言，然業許之，乃曰：「卿姑與之，後勿爲例。」遂授萬億庫提舉，不與散官。久之，出爲工部尚書。帝問左右曰：「張士瞻居工部，得無怏怏乎？」對曰：「勤職如初。」帝嘉歎之，命授宣政院副使。

五年，除西京宣慰使，條和林運糧不便十一事上之，帝勞以端硯、御酒。會左丞相哈散辭職。思明詣事哈散，哈散乃白於帝曰：「臣自揆才薄，恐誤陛下國事。若必欲任臣，願薦一人爲助。」帝問：「爲誰？朕能從汝。」哈散再拜謝曰：「臣願得張思明。」即日拜思明中書參知政事。未幾，遷左丞。

英宗即位，思明又黨附鐵木迭兒。帝造壽安山寺，監察御史觀音保、瑣咬兒哈的迷失、成珪、李謙亨强諫，帝震怒，殺觀音保、瑣咬兒哈的迷失。成珪、李謙亨屬吏，思明謂鐵木迭兒曰：「言事，御史職也，祖宗以來未嘗殺諫臣。成、李既屬吏，當論法。」二人得從輕典。及拜住爲左丞相，惡思明以不支蒙古子女口糧，餓死四百人，罪之，杖免，籍其家。

天曆元年，起爲江浙行省左丞。會陝西大饑，執政撥江浙鹽運司歲課十萬錠賑之。吏白：「周歲所入已輸京師，當回咨中書省。」思明曰：「陝西饑民，猶鮒魚在涸轍，往復逾月，是索之枯魚之肆也。其以下年未輸者如數與之，有罪吾當坐。」事聞，朝廷韙之。

二年，復召爲中書左丞。監察御史言：「思明在仁宗時，阿附鐵木迭兒，離間兩宫，仁宗灼見其奸，既行黜罷。及英宗即位，鐵木迭兒再相，援爲左丞，稔惡不悛，竟以罪廢。今又冒居是官，宜從黜罷。」從之。

後至元三年，卒，年七十八。思明熟於律，與謝讓、曹鼎新齊名。贈推忠翊治守義功臣，依前中書左丞，上護軍、清河郡公，謚貞敏。

陳顥，字仲明，其先信安人。五世祖山，仕金爲謀克監軍。大安初，守居庸關，降於太祖，授平陽、太原等路軍民都元帥，以年老致仕。金宣宗南渡，河北盜賊蠭起，有號「兩淮張」者，據信安，山單騎謁之，諭以禍福，張不聽。金亡，山復勸之曰：「今天下已定，君守一城欲何爲？民且屠矣！」張感動，遂降。山卒，子孫徙清州，又爲清州人。

顥幼穎悟，日誦千餘言。稍長，游京師，受學於翰林學士承旨安藏，從安藏事徽仁裕聖皇后，安藏深於釋教，后乃命顥祝髮受戒。及仁宗奉后出居懷慶，顥從行，益見親信。成宗崩，仁宗入定内難，迎立武宗，顥皆預密謀。

武宗即位，命以資德大夫爲釋教都總統。仁宗即位，顥始易冠服，拜集賢大學士，仍宿衛禁中。顥伺帝閒暇，輒取經書所載切於政治者奏之，每見嘉納。帝嘗坐便殿，羣臣奏事，望見顥，喜曰：「陳仲明在列，所奏必善事。」帝欲用顥爲中書平章政事，顥固辭。仁宗崩，顥謝病歸。

文宗即位，復起爲集賢大學士。奏請增國學弟子員，蠲其徭役，皆從之。元統初，扈從上都，至龍虎台，惠宗召見，握顥手言曰：「卿累世老臣，更事多，凡議政事宜，極言無隱。」顥頓首謝。顥素無學術，太常博士逯魯曾議以貞哥皇后配享武宗。明宗、文宗生母不應配享，顥妄引唐太宗册曹王明之母爲皇后以駁之，爲當時所鄙笑。事具《逯魯曾傳》。

至元四年致仕，命食全俸於家。明年卒，年七十六。至正中，贈攄誠秉義佐理功臣、光禄大夫、河南行省平章政事，追封薊國公，謚文忠。子孝伯。清州判官；敬伯，中書平章政事。

傅巖起，晉寧汾西人。父傑，以縣吏除河中府、絳州兩提控案牘，有能名。故巖起亦長於吏事，辟中書省掾，歷陝西行省都事，入爲吏部主事。

太子太師鐵木迭兒引用官僚非人，巖起繳駁之，鐵木迭兒深以爲憾。仁宗崩，英宗居諒闇，鐵木迭兒復相，召巖起入，將坐以沮格之罪。道遇吏部尚書，告之曰：「汝以微官忤重臣，事恐叵測。若問前事，宜推於我，庶幾可以分罪。」巖起謝之曰：「事出於某，豈敢嫁禍？」及至，鐵木迭兒詰責甚厲，即日免官。

至治二年，鐵木迭兒卒，拜住爲右丞相，以巖起爲户部主事，改刑部。泰定元年，拜監察御史，疏劾遼王脱脱，請廢之。又論太尉、司徒、司空之職，不宜濫假僧人，遷左右司郎中，參議中書省事。四年，擢吏部尚書，御史韓鏞言：「吏部天下銓衡，巖起從小吏入官，不知天下賢才。又尚書三品。巖起官四品，於法亦不得遷。」由是改同知大禧宗禋院事。左丞相倒剌沙，西域人，黨賈胡，售奇寶求增其價，巖起争之甚力，倒剌沙雖愠，然亦服其公直。丁父憂歸。

文宗即位，起爲同僉樞密院事。時囊加台阻兵四川，勢張甚，命同知樞密院事不憐吉歹討之，以母老辭，巖起請代其行。帝義而許之，賜金虎符。既而囊加台降，巖起遂便道歸。終制，服闋，授兩淮都轉運鹽使，以淮漕稱職，賜御酒、金幣。遷湖北、燕南、山東三道廉訪使，陝西行臺治書侍御史，入爲中臺治書侍御史。以言事忤旨，謝病歸。至元五年，召拜中書參知政事。六年，進左丞，階資政大夫。累封河東郡公，卒，謚正獻。

王士弘，字可毅，平陽晉陵人。祖父泰亨，字子通，從許衡學。至元中，以平章政事商議中書省事。使高麗，不受餽遺。安南國請佛書，泰亨乞以《九經》賜之，爲時論所稱。元統二年，追謚清憲。士弘幼事文宗於潛邸，文宗方四歲，士弘侍奉十餘年，多所啟沃。仁宗聞而善之，授管領諸路納綿總管經歷，翊正司丞，稍遷中政院司議。文宗遷南海，召還，復出居建康，士弘皆從之。道有餓莩，命士弘出私錢賑之。文宗在建康，日飲酒爲韜晦之計，士弘諫曰：「內文明而外柔順，以蒙大難，文王以之。酒能敗德，不節恐致疾。」文宗嘉納焉。士弘進水飯鹽虀，文宗食之美，乃曰：「以此上供。」及移江陵，士弘宿衛益謹，或通夕侍立不寐。泰定帝崩，燕鐵木兒起兵大都，遣使迎文宗於江陵。文宗即位，改元，百僚朝賀，敕士弘糾儀，殿陛肅然。授工部尚書，士弘進言：「刑不可黷，賞不可濫。」每承飲賜，皆固辭。文宗問曰：「聞爾兄宗敬有廉名，今何事？」對曰：「臣兄宗敬，除桂陽知州，貧不能往。」即日授監察御史，又以其次兄宗讓爲大司農經歷，旋改南臺御史。士弘本名宗訓，文宗爲易今名，以可毅字之。天曆二年，改建康潛邸爲佛寺，以士弘董其工役。

至正中，與散散奉使宣撫江西、福建諸道，廣招賄賂。江西儒人黃如徵伏闕上書，言其罪狀，惠宗爲之感動，授如徵江西儒學提舉。士弘與散散雖釋不問，然終身不加遷擢。未幾，士弘以疾卒。

史臣曰：梁德珪、張思明之黨奸，王士弘之黷貨，陳顥奉母后之命祝髮受戒甘爲浮屠，其人皆不足道。傅巖起從吏入官，素無學術，然鯁直敢言，較脂韋者終有取焉。

新元史卷之二百八　列傳第一百五

張起巖　許有壬　宋本褧　王結　仇濬　王思誠

張起巖，字夢臣，其先章邱人，徙家濟南。高祖迪，迪子福，附見《張榮傳》。起巖，福曾孫也。祖鐸，東昌領事推官。父範，四川行省儒學提舉。

起巖弱冠，以按察司舉爲福山縣學教諭。值縣官捕蝗，攝縣事，聽斷明允，民頌之。登延祐二年進士第一，除同知登州事，特旨改集賢修撰。轉國子博士，累遷翰林待制，兼國史院編修官。丁内艱。服除，選爲監察御史。中書參政楊廷玉以墨敗，臺臣奉敕就省中逮之下吏，丞相倒剌沙疾其摧辱同列，誣臺臣罔上，欲寘之重辟。起巖抗章論曰：「臺臣按劾百官，論列朝政，職使然也。今以奉職獲戾，風紀解體，忠良寒心，非盛世之事。且世皇建臺閣，廣言路，維持治體。陛下即位詔旨，動法祖宗。今臺臣坐譴，何論法祖耶？」章三上，不報。起巖廷争愈急，帝感悟，事始得釋，猶皆坐免官。

遷中書右司員外郎，進右司郎中，兼經筵官，拜太子左贊善。丁外艱，服除，改燕王府省事。寧宗崩，有妄男子上變，言部使者謀不軌。按問皆虚，法司謂《唐律》告叛者不坐。起巖謂同列曰：「今嗣君未立，人情危疑，不亟誅此人以杜奸謀，恐妨大計。」趣有司具獄。省臣列坐銓選，起巖薦一士可用，丞相燕帖木兒不悦，起巖即攝衣而起。燕帖木兒以爲忤己，左遷翰林侍講學士、知制誥兼修國史。預纂三朝《實録》，加同知經筵事。

御史臺奏除浙西廉訪使，不允。已而擢陜西行臺侍御史，將行，留爲侍講學士。拜江南行臺侍御史，召入中臺爲侍御史。轉燕南道廉訪使，搏擊豪强，不少容貸。升江南行臺御史中丞，拜翰林學士承旨，知制誥兼修國史、知經筵事。右丞相别怯兒不花爲臺臣所糾去位，未幾，再入相，諷翰林官言臺劾之非，起巖執不可，聞者壯之。俄拜御史中丞，論事剴直，無所顧忌，與同僚多不合。

詔修遼、金、宋三史，復命入翰林爲承旨，充總裁官。積階至榮禄大夫，年始六十有五，上疏乞骸骨以歸。後四年卒，謚文穆。

起巖面如紫玉，美髯方頤，眉目清揚，望而知爲雅量君子。及臨政决議，意所背向，屹然不可回奪，廷臣憚之，名聞四裔。安南使者致其世子之辭，必候起巖起居。起巖博學能文，善篆隸。有《華峰漫稿》、《華峰類稿》、《金陵集》行於世。

許有壬，字可用。其先世居潁州，後徙湯陰。父熙載，會福院照磨。

有壬幼穎悟，讀書一目五行，嘗閱衡州净居院碑，一覽輒能背誦。年二十，暢師文薦入翰林，不報，授開寧路學正。遷教授，未上，辟山北道廉訪司書吏。擢延祐二年進士第，授同知遼州事。會周王舉兵，關中大亂，鄰州聽民出避。有壬獨閉城門，率民兵固守，一州晏然。有追逮，不用胥隸，惟令執里役者呼之，民安而事集，州大治。六年，除山北道廉訪司經歷。

至治元年，遷吏部主事。二年，轉江南行臺監察御史。行部廣東，以貪墨劾罷廉訪副使哈只、蔡衍。至江西，會廉訪使苗好謙監焚昏鈔，人畏其嚴，率剔真爲僞。有壬覆視之，真物也，遂留其大半。召拜監察御史。

八月，英宗遇弑，賊臣鐵失遣使者自上都至，封府庫，收百官印。有壬知事急，速往告御史中丞董守庸。守庸謂宮禁事非外廷所當問，有壬即疏守庸及經歷朵爾只班、監察御史郭也先忽都阿附鐵失之罪以俟。十月，鐵失伏誅，泰定帝發上都，御史大夫紐澤先還京師，有壬袖疏上之。及帝至，復上章言：「鐵木迭兒之子瑣南與聞大逆，乞正典刑，其兄弟勿令出入宫禁。中書平章政事王毅、右丞高昉横罹貶黜，四川行省平章政事趙世延受禍尤慘，皆請雪冤復職。」繼上《正始十事》：「一曰輔翼太子，宜先訓導；二曰遴選長官，宜先培養；三曰通籍宫禁，宜别貴賤；四曰欲謹兵權，宜罷兼領；五曰武備廢弛，宜加修飭；六曰賊臣妻妾，宜禁勢官徵索；七曰前赦權以止變，宜再詔以正名；八曰鐵木迭兒諸子，宜籍没以懲惡；九曰考驗經費，以減民賦；十曰撙節浮蠹，以舒國用。」帝多從之。

泰定元年，初立詹事院，選爲中議，改中書左司員外郎。京畿饑，有壬請賑之，同列讓曰：「子言固善，其如虧國帑何？」有壬不聽，卒白於丞相，發糧四十萬斛以賑饑民。國學舊法：積分次第，貢以出官。執政用監丞張起巖議，欲廢之，以推擇德行爲務，有壬折之曰：「積分雖未盡善，然可得博學能文之士。若曰惟德行之擇，其名固佳，恐皆厚貌深情、專意外飾，則人才益竄不可用。」議久不決。三年六月，遷右司郎中，起巖議遂行，已而復寢。獲盜例有賞，論者多疑其僞，有淹四十餘年者，羣訴於馬首。有壬曰：「盜賊方熾，緩急何以使人？但經部覆覈者，皆予官。」俄移左司郎中，每遇公議，有壬屢争得失。都事宋本退語人曰：「此貞觀、開元間議事也。」明年，丁父憂。

天曆三年，擢兩淮都轉運鹽司使。先是，鹽法壞，廷議非有壬不能稱職，故有是命。有壬詢究弊端，立法維持，國課遂登。至順二年二月，召參議中書省事。未幾，以丁母憂去。

元統元年，復以參議召。明年，拜治書侍御史，轉奎章閣學士院侍書學士，仍治臺事。會御史劾福建達魯花赤完卜，完卜藏御史大夫家，有壬捕而讞之。九月，拜中書參知政事、知經筵事。帝詔羣臣議上皇太后尊號爲太皇太后，有壬曰：「皇上於皇太后，母子也；若加太皇太后，則爲孫矣，非禮也。」衆弗從，有壬曰：「今制，封贈祖父母，降於父母一等，蓋推恩之法，近重而遠輕。今尊皇太后爲太皇太后，是推而遠之，豈所謂尊之邪？」又弗聽。

中書平章政事徹里帖木兒奏罷進士科，有壬廷爭甚苦，不能奪，遂稱疾在告。帝强起之，拜侍御史。廷議欲行古劓法，立行樞密院，禁漢人、南人勿學蒙古畏吾兒字書，有壬皆爭止之。

後至元初，長蘆韓公溥因家藏兵器，興大獄，株連臺省，多以贓敗，獨無有壬名。由是忌者益甚，有壬遂謝病歸。至元六年，召入中書，仍爲參知政事。

明年改元至正，有壬極論：帝當親祀太廟；母后虚位，徽政院當罷；改元、命相當合爲一詔；冗職當沙汰；錢糧當裁節。人皆韙之。轉中書左丞。二年，囊加慶善八及孛羅帖木兒獻議，開金口導渾河，逾京城，達通州以通漕運。丞相脱脱主之，有壬曰：「渾河之水，湍悍易決，足以爲害，又淤淺不能行舟，況地勢高下不同，徒勞民費財耳。」不聽，後卒如有壬言。

先是，有壬父熙載官長沙，設義學，課諸生。有壬母卒於長沙，旅殯城外，有壬廬墓三年。後諸生即有壬廬墓之地，立東岡書院，旌其孝，且以廣熙載教士之澤。南臺監察御史木八剌沙，緣睚眥之怨，言書院不當立，並劾有壬及其二弟有儀、有孚。有壬復稱病歸。四年，改江浙行省左丞，辭。六年，召爲翰林學士，既上，又辭。監察御史累章辯其誣。俄拜浙西道廉訪使，未上，復以翰林學士承旨召，仍知經筵事。明年夏，授御史中丞，賜白玉束帶及御衣一襲。未幾，又以病歸。

十三年，起爲河南行省左丞。十五年，遷集賢大學士。尋改樞密副使，復拜中書左丞。有僧自高郵來，言張士誠乞降，衆幸事且成，皆大喜，有壬獨疑其妄，呼僧詰之，果語塞不能對。轉集賢大學士，兼太子左諭德，階至光祿大夫。有壬前朝舊德，太子頗敬禮之。一日入見，方臂鷹爲樂，遽呼左右屏去。

十七年，以老病乞致任。久之，始得請，給俸賜以終其身。二十四年卒，年七十八。贈推誠守正昭德佐理功臣，銀青光禄大夫、中書平章政事、上柱國，追封魯郡公，謚文忠，著有《至正集》八十一卷。

有壬歷事七朝，垂五十年，遇國家大事，無不盡言。當權臣恣睢時，稍忤意，輒誅竄隨之，有壬不爲巧避，事有不便，明辯力諍，不知有死生利害，君子多之。

初，有壬舉進士，知貢舉、平章政事李孟，讀卷官參知政事趙世延，集賢學士趙孟頫，第有壬高下未定。世延曰：「觀此策，異日必爲名臣，請置第二甲。」孟不許，世延辯論不已。孟頫立請曰：「宋東南一隅，一科取數百人。以國家疆域之廣，正七品多取一人，不爲濫也。」孟乃從之。後有壬卒爲名臣，世以趙世延爲知人云。

宋本，字誠夫，大興人。自幼警拔，異羣兒。至治元年，廷策天下士，本爲第一，賜進士及第，授翰林修撰。

泰定元年春，除監察御史，首言：「逆賊鐵失等雖伏誅，其黨樞密副使阿散躬爲弒逆，以告變得不死，乞早正天罰。」盜竊仁宗廟主，本言：「民間失盜，捕違期不獲猶治罪，太常及應捕官皆當罷斥。」又言：「中書宰執日趨禁中，兼旬不至中書，機務壅滯，乞戒飭臣僚，非入宿衛日，必詣本署治事。」又言：「司空、太尉之職濫假僧徒，及會禮、殊祥二院，並辱名爵，請罷之。」皆不報。

調國子監丞。夏，風烈地震，詔集百僚議弭災之法。時宿衞士自北來者，在桓州剽劫殺人，既逮捕，丞相旭邁傑奏釋之。蒙古千户奪民朱甲妻女，甲訴於中書，旭邁傑庇不問。本抗言：「鐵失餘黨未誅，仁宗廟主盜未得，桓州盜未治，朱甲冤未申，刑政失度，民憤天怨，災異之見，職此之由。」詞氣激奮，衆皆聳聽焉。冬，遷兵部員外郎。二年，轉中書左司都事。故將李庭之子，嘗假兵部尚書從諸王征鬱林州猺，中道納妾，逗留不進，兵敗歸。樞密副使卜鄰吉台言：「李平猺有功，當遷官。」本曰：「李納妾逗留，宜置諸法，況遷官耶？」卜鄰吉台色沮，不敢復言。

旭邁傑卒，左丞相倒剌沙當國，與平章烏伯都剌，皆西域人。西域賈人以其地寶石名瓓者來獻，估鉅萬，未酬其直；又官吏爲御史劾罷者，多出其門下，求復官。三年冬，烏伯都剌自禁中至政事堂，以星孛地震赦天下，命中書酬累朝獻物之直，擢用爲御史所劾罷者，使左司員外郎以詔稿示本，本曰：「獻物直未酬，有司細故，載於王言，貽笑天下。司憲褫有罪者官，世祖法令，上即位，累詔法世祖，若擢用之，是反汗前言，後再有奸贓，將治之耶？抑置不問耶？」宰執聞本言，相視歎息罷去。明日，宣詔，本稱疾不出。

四年春，遷禮部郎中。天曆元年冬，擢吏部侍郎。二年，改禮部。是年，文宗開奎章閣，置藝文監檢校書籍，本遷大監。至順元年，進奎章閣學士院供奉學士。二年冬，出爲河西道廉訪副使，未行，擢禮部尚書。三年冬，寧宗崩，惠宗未至，皇太后在興聖宮，正旦，議循故事行朝賀禮。本言：「宜上表興聖宮，罷朝賀。」衆韙而從之。元統元年，兼經筵官。二年夏，轉集賢直學士，兼國子祭酒，兼經筵如故。是年冬十月，卒，年五十四。贈翰林直學士、范陽郡侯，謚正獻。

本性高抗不屈，持論堅正，不可干以私，尤以扶植文學自任。知貢舉，取進士滿百人額。爲讀卷官，增第一甲爲三人。及卒，執紼者至三千人，皆門生、故吏及國子諸生，時論榮之。著有《至治集》四十卷。弟褧。

褧，字顯夫，文學與本齊名，人稱之曰「二宋」。延祐中，從本至京師，清河元明善、濟南張養浩、東平蔡文淵、王士熙争薦之。登泰定元年進士第，授秘書監校書郎。安南遣使入貢，選充館伴使。使者以金爲驢，褧卻之。改翰林國史院編修、詹事府照磨。尋辟御史臺掾，辭。轉大禧宗正院照磨，遷翰林修撰。

至元三年，擢監察御史。時災異洊至，褧上言：「一歲之内日月薄蝕、星文垂象，正月元日千步廊火，六月河朔大水，八月京師地震，毀宗廟，震驚神靈。皆朝政未修，民瘼未愈所致。宜集廷臣，講求弭災之法。」從之。

出僉山南道廉訪使事。宜城民爭刈麥，共毆田主死，賂縣尹，使一人承之。敱廉知其事，坐尹及共毆者。安陸寡婦有罪自刎，誣其夫兄殺之，已誣服。敱發墓驗之，寡婦尚以繩繫其頸，夫兄之冤始雪。制：獲盜五人得官，應山民被劫，巡徼執五人坐之。敱疑而訊之，皆良民，乃釋之，坐巡徼者罪，衆服其明允。改陝西行臺都事，旋召爲翰林待制，遷國子監司業，與修遼、金、宋三史。拜翰林直學士，尋兼經筵講官。卒，年五十三，贈國子祭酒、范陽郡侯，謚文靖。著有《燕石集》十五卷。

王結，字儀伯，易州定興人。祖逖勤，以質子從太祖西征，娶阿魯渾氏，自西域徙家中山。父德信，陝西行臺監察御史，與臺臣議不合，即棄官歸，不復出。

結生而聰穎，讀書數行俱下，從名儒董朴受經。廉訪使王仁見之，曰：「公輔器也。」年二十餘，游京師，上執政書，陳時政八事，曰：「立經筵以養君德，行仁政以結民心，育英材以備貢舉，擇守令以正銓衡，敬賢士以厲名節，革冗官以正職制，辨章程以定民志，務農桑以厚民生。」宰相不能盡用。

時仁宗在潛邸，或薦結充宿衛，乃集歷代君臣行事善惡可爲鑒戒者，日陳於前。武宗即位，仁宗爲皇太子，置東宮官屬，以結爲典牧太監，階太中大夫。近侍以俳優進，結言：「昔唐莊宗好此，卒致禍敗。殿下方育德春宫，視聽宜謹。」仁宗嘉納之。

仁宗即位，遷集賢直學士，出爲順德路總管。屬邑鉅鹿、沙河有唐魏徵、宋璟墓，乃祠二人於學，以風勵學者。遷揚州路，又遷寧國路，以從弟紳僉江東廉訪司事，辭不赴。改東昌路。會通河堤遏舊黄河下流，夏月潦水，壞民田，結疏爲斗門以泄之，民獲耕作之利。

至治二年，參議中書省事。時拜住爲丞相，結言：「爲相之道，當正己以正君，正君以正天下。除惡不可猶豫，猶豫恐生它變；服用不可奢僭，奢僭則害及身家。」拜住是其言。未幾，除吏部尚書，薦名士宋本、韓鏞等十餘人。

泰定元年春，廷試進士，以結充讀卷官。遷集賢侍讀學士、中奉大夫。會有日食、地震、烈風之異，結昌言於朝曰：「今朝廷君子、小人混淆，刑政不明，官賞太濫，故陰陽錯謬，咎徵薦臻，宜修政事以弭天變。」是歲，詔結知經筵，扈從上都，結援引古訓證時政之失，冀帝有所感悟。中宫聞之，亦召結等進講，結以故事辭。明年，除浙西道廉訪使，中途以疾還。歲餘，拜遼陽行省參知政事。遼東大水，結請於朝，發粟數萬石以賑饑民，召拜刑部尚書。

文宗即位，拜陝西行省參知政事，改同知儲慶司事。二年，拜中書參知政事，入謝光天殿，以親老辭。帝曰：「忠孝能兩全乎？」是時明宗未至，文宗以皇太子奉迎，近侍有求除拜賞賚者，結曰：「俟天子至議之。」四川行省平章囊家歹拒命，廷議發兵討之，結曰：「蜀遠，恐不知朝廷近事，可遣使諭之，如不從，討之未晚。」後囊家歹果來朝。近侍争求籍没妻孥貲産，結復論之。近侍怒，譖詆日甚。遂罷政，改集賢侍讀學士。丁内艱，不起。

元統元年，復除浙西道廉訪使，未行，召拜翰林學士、資善大夫、知制誥同修國史，與張起巖、歐陽玄修泰定、天曆兩朝《實録》。拜中書左丞，中宫命僧尼於慈福殿作佛事，已而殿災，結言：「僧尼褻瀆，當罪之。」左丞相撒敦疾革，家人請釋重囚禳之，結極陳其不可。先時有罪者，北人則徙廣海，南人則徙遼東，去家萬里，往往道死。結請更其法，移鄉者止千里外，改過聽還其鄉，著爲令。職官坐罪者，多從重科，結曰：「古者刑不上大夫，今貪墨雖多，然士之廉恥不可以不養也。」時論稱其得體。後至元元年，以疾罷爲翰林學士。二年正月卒，年六十有二。

結立言制行，皆法古人。張珪曰：「王結非聖賢之書不讀，非仁義之言不談。」識者以爲名言，晚邃於《易》，著《易説》一卷，臨川吴澄讀而善之。四年五月，詔贈資政大夫、河南江北等處行中書省右丞、護軍，追封太原郡公，謚文忠。有詩文集十五卷，行於世。子敏修，社稷署丞。

仇濬，字公哲，大都大興人。

父諤，字彦中，以布衣謁安西王，王善其占對，命給事左右，授武備院庫使。至元十五年，擢知威州。民張氏兄弟争財，吏受賕，事久不決，諤召諭之曰：「兄弟與吏，孰親？」曰：「兄弟親。」諤曰：「竭兄弟之財以賂吏，可謂智乎？」張氏兄弟感悟，俱叩頭謝罪。累遷福建閩海道副使，行省議采銀徵賦，閩無銀，礦民買銀納之。諤劾行省欺罔，罷其役，民大悦。後卒於官，年五十一。

濬早孤，從舅氏户部尚書郝彬還京師。武宗即位，太保曲樞引見便殿，命侍仁宗説書。至大二年，授資國院照磨，轉集賢院掾。延祐中，累遷中書左司掾。至治元年，擢太廟署丞。英宗新享太室，濬進退甚稱上意，改禮部主事。

泰定元年，拜監察御史。先是，他御史劾參知政事楊廷玉贓罪，宰相倒剌沙庇之，奏命臺、省、宗正府雜治。濬曰：「御史臺職糾劾，今宰相欲變亂祖宗成法，不可。」誓以死請。」竟從臺鞫，廷玉杖免。二年，河決，百姓流殍，又地震、蝗旱，濬與同列上封事，謂：「地宜静今動，由宰相失於調燮。又兵亦陰象，或軍政不修所致。」章三上，不報。又劾御史大夫禿忽魯奸邪不忠，曲庇楊廷玉，自隳紀綱，不勝重任。移文上都及行臺御史，事聞，詔罷禿忽魯，執政滋不說，激帝怒，逮捕治書侍御史二人，繫詔獄置對。衆懼禍不測，濬泰然自若。久之，事得釋，置濬等不問。濬又劾也先帖木兒在樞院受賕，不當知經筵事；太子詹事輔導元良，不當以宦者爲之；奸臣帖木迭兒罪應籍没，不當給回貲産；廉訪使王結素廉直，爲御史挾私妄論，當申雪；處士吴炳、史約當召赴館閣；内外官有文行者，參政張昇、八辰等當任以風憲。言皆切直，爲時論所稱。四年，遷户部員外郎。明年，進郎中。

天曆元年，除僉燕南河北道肅政廉訪司事。未幾，改禮部郎中。明年，遷右司員外郎，改刑部侍郎，階亞中大夫。俄又改中政院判官，内批進階中大夫以獎之。至順元年，復除江北淮東道廉訪司副使。再遷吏部侍郎，命參議樞密院事。二年，拜陝西行臺治書侍御史。未幾，引疾歸，卒於家，年五十二。

王思誠，字致道，兖州嵫陽人。天資過人，七歲從師授《孝經》、《論語》，即能成誦。後從汶陽曹元用遊，學大進。登至治元年進士第，授管州判官。召爲國子助教，改翰林國史院編修官。尋遷應奉翰林文字，再轉爲待制。

至正元年，遷奉義大夫、國子司業。二年，拜監察御史。上疏言：「京畿去年秋不雨，冬無雪，方春首月，蝗生，黄河水溢。蓋不雨者陽之亢，水湧者陰之盛也。嘗聞一婦銜冤，三年大旱。往歲伯顔專擅威福，仇殺不辜。郯王之獄、燕鐵木兒之宗黨，死者不可勝數。非直一婦之冤而已。宜昭雪其罪，敕有司禱於百神，陳牲幣，祭河伯，發卒塞之，被災之家死者給葬，庶幾可以召陰陽之和，消水旱之變。」

又言：「採金鐵冶提舉司設司獄，掌囚之應徒配者，鈦趾以春金礦，舊嘗給衣與食。天曆以來，因水壞金冶，罷之。巀草飲水死者三十餘人，瀕死者又數人。夫罪不至死，乃拘囚至於饑死，不若加杖而使速死之愈也。况州縣俱無囚糧，輕重囚不決者多死獄中，吏妄報治病日月，用藥次第。請定瘐死多寡罪，著爲令。又至元十六年開壩河，設壩夫户八千三百七十有七，車户五千七十，出車三百九十兩，船户九百五十，出船一百九十艘。壩夫累歲逃亡，十損四五，而運糧之數，十增八九。船止六十八艘，户止七百六十有一，車之存者二百六十七兩，户之存者二千七百五十有五，晝夜奔馳，猶不能給。壩夫户之存者一千八百三十有二，一夫日運四百餘石，肩背成瘡，顛頷如鬼，甚可哀也。河南、湖廣等處打捕鷹房府打捕户尚玉等一萬三千二百二十五户，阿難答百姓劉德元等二千三百户，可以僉補，使勞佚相資。」

又言：「燕南、山東密邇京師，比歲饑饉，羣盜縱橫，巡尉、弓兵與提調捕盜官會鄰境以討之，賊南則會於北，賊西則會於東，及與賊遇，望風先遁。請立法嚴禁之。」又言：「初開海道，置海仙鶴哨船四十餘艘往來警邏。今敝船十數，止於劉家港口，以捕盜爲名，實不出海，以致寇賊猖獗。宜即萊州洋等處分兵守之，不令泊船島嶼，禁鎮民與梢水爲婚，有能捕賊以船畀之，獲賊首者賞以官。仍移江浙、河南行省列戍江海諸口，以詰海商還者，審非寇賊，始令泊船。下年糧船開洋之前，遣將士乘海仙鶴於二月終旬入海，庶幾海道寧息。」朝廷多韙其議。

松州官吏誣搆良民，以取賂，愬於臺者四十人，選思誠鞫問。思誠密以他事入松州境，執監州以下二十三人，皆罪之。還至三河縣，一囚愬不已。俾其黨異處，使之言，囚曰：「賊向盜某芝麻，某追及刺之，幾死，賊以是圖復讐。今弓手欲滿捕獲之數，適中賊計。其贓實某妻裙也。」思誠以裙示失主，主曰：「非吾物。」其黨詞屈，遂釋之。豐潤縣一囚年最少，械繫瀕死，疑而問之，曰：「昏暮，三人投宿，約同行，未夜半，趣行至一塚間，見數人如有宿約者，疑之。衆以爲盜，告不從，脅以白刃，驅之前至一民家，衆皆入。獨留户外，遂潛奔赴縣，未及報而被收。」思誠正有司罪，少年獲免。

出僉河南山西道肅政廉訪司事，行部武鄉縣，監縣來迓。思誠私語吏屬曰：「此必贓吏。」未幾，果有愬於道側者，問曰：「得無訴監縣斂汝馬乎？」其人曰然，監縣抵罪。吏屬問思誠先知之故，曰：「衣敝衣，乘駿馬，非詐而何？」陝西行臺言，欲鑿黄河三閘，立水陸站以達於關陝，使思誠會陝西、河南省臺官及郡縣長吏視之，皆畏險阻欲以虚辭復命，思誠怒曰：「吾屬自欺，何以責人？諸君少留，吾當身歷其地。」衆惶恐從之，沿河灘磧百有餘里，礁石錯出，路窮，舍騎徒行，攀藤葛以進，凡三十里，度不可行，乃止。作詩上之執政，議遂寢。

召修遼、金、宋三史，調秘書監丞。會國子監諸生因事鬨於學，復命思誠爲司業。思誠黜爲首者五人，罰而降齋者七十人，勤者升，惰者黜，士習爲之一變。超拜兵部侍郎，丁内憂。甫禫，朝廷行内外通調法，起思誠太中大夫、河間路總管。磁河決鐵燈干，真定境也。召其長吏責之，晝夜督工，期月而塞。復外築夾堤，使瀕河民及弓手廬於上，以防盜決。南皮民瀕御河種柳，輸課於官，曰柳課。河決，柳盡没，官猶徵課，子孫貧不能償。思誠白其事於朝，罷之。景州廣川鎮，漢董仲舒故里也，河間尊福鄉，毛萇故里也，皆請建書院，設山長。召拜禮部尚書。

十二年，帝以民多失業，選名臣巡行勸課，以思誠巡河間及山東諸路。奏進二麥豌豆，帝嘉之，賜上尊二。召還，遷國子祭酒。俄復爲禮部尚書，知貢舉。遷集賢侍講學士，兼國子祭酒。應詔言事：「一曰置行省丞相，以專方面；二曰寬内郡徵輸，以固根本；三曰汰冗兵，以省糧運；四曰改禄秩，以養官廉；五曰罷行兵馬司，以便詰捕；六曰復倚郭縣，以正紀綱；七曰設常選，以起淹滯。」其言多見施行。尋出爲陝西行臺治書侍御史。辭以老病，不允。

十七年春，紅巾陷商州，奪七盤，進據藍田縣。思誠移書於察罕帖木兒曰：「河南爲京師之庭户，陝西實内郡之藩籬，兩省相望，互爲唇齒，陝西危則及於河南矣。」察罕帖木兒新復陝州，得書大喜，以輕騎五千倍道來援，賊敗遁。已而河南總兵官詰思誠亟請於朝。命察罕帖木兒專防關陝，仍便宜行事，詔從之。行樞密院掾史田甲受賂事覺，匿豫王邸，監察御史捕之急，並繫其母。思誠曰：「古者罪人不孥，况母乎？吾不忍以子而累其母。」令釋之，不從，思誠因自劾不出，諸御史謁而謝之。初，監察御史有封事，自中丞以下惟署紙尾，莫敢問其由。思誠曰：「若是，則上下之分安在？」乃與御史約，凡上奏，必拆視其不可行者，以臺印封置架閣庫，後遂爲例。

十七年，召拜國子祭酒。時卧疾，聞命即行，至朝邑，疾復作。十月卒，年六十七。思誠當官涖事，力矯詭隨，故所至有名蹟，時論以不爲宰相惜之。

史臣曰：張起巖諸人之奏議，事覈而詞直，切於當時之務，嘉謨嘉猷，庶幾無愧。王結謂：「除惡不可猶豫，恐生他變。」使拜住用其言，豈有南坡之禍？嗚呼！可謂知幾君子矣！

新元史卷之二百九　列傳第一百六

脱脱合剌章

脱脱，字大用，蔑兒吉台氏。

曾祖稱海，從憲宗征蜀，歿於軍中，贈太師，追封淮王，謚忠襄。

祖謹只兒，總宿衛隆福太后宮，贈太師，追封鄭王，謚忠懿。

父馬札爾台，扈從武宗，後侍仁宗於潛邸，以恭謹爲仁宗所親信，及即位，授虎賁親軍都指揮使。泰定四年，拜陝西行臺侍御史。文宗自立於大都，陝西行臺附上都起兵，焚詔書，殺使者，及事定議罪，以其兄伯顔有功，特免之，命爲上都留守，遷知樞密院事。伯顔罷黜，代爲右丞相。未幾，以疾辭，拜太師就第，封忠王，改封德王。至正七年，卒。長子脱脱，次也先帖木兒。

脱脱生而岐嶷。及就學，請於其師吴直方曰：「與其終日危坐讀書，孰若記古人之嘉言懿行而服習之。」乃扁其燕居之室曰「道濟書院」，延納學者，討論義理。稍長，膂力過人，能挽弓一石。充東宫怯薛□怯薛歹。至順二年，授忠翊侍衛親軍都指揮使。元統二年，遷同知樞密院事。至元初，唐其勢伏誅，其叔父答里擁兵以叛，脱脱討擒之。歷太禧宗禋院使，拜御史中丞，提調左阿速衛。

四年，遷御史大夫。扈從上都，還至雞鳴山之渾河，帝將畋於保安州，馬蹶，脱脱諫曰：「古者帝王端居九重，日與宿儒大臣講求治道，飛鷹走狗，非其事也。」帝嘉納之。

是時，伯顔爲中書右丞相，既誅唐其勢，益貪横，帝積不能平。脱脱幼育於伯顔，數諫不聽，常憂之，私請於父曰：「伯父驕縱已甚，一旦天子震怒，吾族赤矣。曷若於未敗圖之，以報國家？」馬札兒台以爲然。又決於其師吴直方，直方告以《春秋》之法，「大義滅親」。脱脱意始決。乘間言於帝，自陳忘身殉國之意，帝猶未之信。時左右皆伯顔黨與，獨世傑班、阿魯、楊瑀爲帝心腹，因遣三人日與往復論難，知其忠義，始不疑之。

五年秋，車駕留上都，伯顔出赴應昌，脱脱與世傑班、阿魯謀拒之，懼弗勝而止。會河南范孟端矯殺省臣，事連前廉訪使段輔，伯顔風臺臣奏漢人不可爲廉訪使。時别怯兒不花爲御史大夫，畏人議己，辭疾不出，故其奏未上。伯顔促之，脱脱度不能止，乃先入告於帝，言漢人爲廉訪使，祖制不可廢。及奏上，帝如脱脱言。伯顔聞之大怒，言於帝曰：「脱脱雖臣子，其心專右漢人，宜罪之。」帝曰：「此朕意也。」及伯顔殺郯王，擅貶宣讓、威順二王，帝益忿。一日，與脱脱語，相對泣下。歸，復謀於吳直方，直方曰：「此社稷安危所繫，不得不密，議論之時，左右爲誰？」曰：「阿魯及脱脱木耳。」直方曰：「子伯父挾震主之威，若輩苟利富貴，語泄，則主危身戮矣！」脱脱乃延二人於家，晝夜置酒張樂，不令出，欲俟伯顏入朝執之。戒衛士嚴宫門出入，殿陛間悉置兵仗。伯顏見之，驚問故。對曰：「天子所居，防禦不得不爾。」伯顏退，亦增兵自衛。

六年二月，伯顏請帝出獵，脱脱勸帝以疾不往，伯顏乃挾太子燕帖古思畋於柳林。脱脱等謀，以所領忠翊軍及衛士拒之，拘諸門鍵鑰，分遣親信布列城門下，奉帝御玉德殿，召近臣及省院大臣入見，集午門聽命。又召楊瑀入草詔，數伯顏罪狀。詔成，夜已四鼓，命翰林學士承旨只瓦兒台齎詔赴柳林，黜伯顏爲河南行省左丞相。伯顏使騎士至城下問故，脱脱坐城上應之曰：「有旨，逐丞相一人，餘無所問。諸從官可各還本衛。」伯顏養子知樞密院事詹因不花、尚書洛失蠻，謂伯顏曰：「擁兵入宫，問奸臣爲誰，尚未晚也。」伯顏曰：「爲爾輩與脱脱不睦，致有今日，汝輩尚欲誤我邪？帝豈有殺我之意，皆脱脱賊子所爲耳。」遂請入辭，使者曰：「皇帝命丞相即行，勿入辭。」於是伯顏遂至河南。詔馬札兒台入爲右丞相，脱脱知樞密院事。馬札兒台素貪鄙，於通州置糟房、酒館，日售萬餘石，又廣販長蘆、淮南鹽以牟利。脱脱病之，謂參知政事佛家閭曰：「吾父與君善，曷諫吾父，使辭丞相，不然，人將議吾父簒兄之位。」佛家閭乘間言之，馬札兒台果辭職。詔馬札兒台拜太師，封忠王。

至正元年，以脱脱爲右丞相。脱脱悉更伯顔舊政，復科舉取士及太廟四時祭，雪郯王之冤，召還宣讓、威順二王使居舊藩位，弛馬禁，減鹽額，蠲負逋，開經筵，遴選儒臣勸講，中外翕然，稱賢相焉。

三年，詔修遼、金、宋三史，命脱脱爲都總裁官。又請修《至正條格》頒天下。脱脱欲帝親儒臣，講學問，左右多沮撓者。一日，帝御宣文閣，脱脱取裕宗當日所授書以進曰：「設使經史不足觀，世祖豈以是教裕皇乎？」帝嘉納之。皇太子愛猷識理達臘嘗育於脱脱家，每有疾飲藥，必嘗之而後進。帝駐蹕雲州，遇暴風雨，山水猝至，車馬皆漂没。脱脱抱皇太子單騎登山，乃免。皇太子至六歲始還宫，脱脱復以私錢造大壽元忠國寺，爲皇太子祈福。

四年，領宣政院事。時諸山主僧請復僧司，且曰：「州縣所苦，如坐地獄。」脱脱不許，曰：「若復僧司，何異地獄中復置地獄耶？」是年，《遼史》成，脱脱奏上之，且請曰：「給事中所記陛下即位以來之聖政，亦宜漸加編葺，藏於石室金匱。」帝曰：「此事俟吾兒爲之可也。」故元統以後之事，國史咸闕而不書。脱脱寢疾，體漸羸，以術者言行年不利，遂抗表辭職，帝不允，表凡十七上，始從之。詔封爲鄭王，食邑安豐，賞賚巨萬，俱辭不受，乃賜興江田，爲立稻田提領所領之。

七年，别怯兒不花爲右丞相，以宿憾譖馬札兒台。詔徙馬札兒台於甘肅，脱脱請從。又移其父子於西域撒思嘉之地，至河，召還，使就養於甘州。馬札兒台尋卒。帝念脱脱勳勞，復拜太傅，總理東宫事。

先是，脱脱在甘州，皇太子與脱脱子合剌章同歲，相親愛，故合剌章留京師侍皇太子。一日，與皇太子嬉殿外，皇太子欲負合剌章，辭曰：「合剌章，奴也；皇太子，使長也。奴不敢令使長負。」皇太子怒，撻之，合剌章啼。聲聞於帝，問之左右，具以事對，帝太息曰：「賢哉！此子也。」奇皇后因奏曰：「脱脱忠臣，不宜久在外。」帝頷之，會佛郎國貢天馬，置馬羣中，高大如駱駝。帝曰：「人中有脱脱，馬中有天馬，皆一時傑出者也。」時哈麻在側，聞之，以爲脱脱旦夕復相，因乘間薦脱脱之賢。帝曰：「彼嘗罪汝，杖汝一百七，奈何薦之？」對曰：「彼杖臣，臣之罪也。何怨之有？」奇皇后於殿屏後聞之，陰使人至甘州召脱脱。脱脱至京師，未見帝，皇后伺帝有喜色，因謂合剌章曰：「汝亦思汝父脱脱否？」合剌章跪曰：「思之。」帝謂皇后曰：「脱脱今何在？而汝使思之邪？」皇后起謝曰：「脱脱去國日久，思見至尊，今聞其至都矣。」帝遂使人召之入，正色問曰：「我使汝侍汝父於甘州，誰召汝來耶？」皇后爲之失色，脱脱徐對曰：「陛下使臣侍父，今臣父已卒，葬事畢，故來爾。」帝遽起抱之，相與泣下，翌日，遂有太傅之命。

九年，丞相朵爾只、太平皆罷，復命脱脱爲右丞相，兼領端本堂事，於是脱脱引用烏古孫良楨、龔伯璲、汝中柏、伯帖木兒等爲官屬，委以腹心，無鉅細悉與之謀，省臣奉行文牘而已。帝以吴直方有協贊功，由長史超授集賢大學士，御史王士點劾其躐進，直方亦力辭，乃止。

脱脱用吏部尚書偰哲篤言，更至正交鈔，詔廷臣集議。祭酒吕思誠亟言不可，脱脱不從，事具《思誠傳》。參議孛羅帖木兒、都水監傅佐，建議於都城外開河置閘，放渾河水引船至麗正門外，可運西山煤，省薪芻負擔之費。脱脱從之，役丁夫數萬，迄無成功，孛羅帖木兒、傅佐俱論死。然脱脱勇於任事，終不以此自悔。

時黄河決白茅堤，又決金堤，五年不能塞。脱脱用賈魯計塞之，請身任其責，奏以賈魯爲工部尚書，總治河防，使役河南北民十七萬，築決堤成，使復故道。凡八月功竣，事見《河渠志》。帝嘉其功，賜世襲答剌罕號，又敕儒臣歐陽玄製《河平碑》以紀之。仍賜淮安路爲食邑，郡邑長吏聽其自用。

是時，汝、潁盜起，以紅巾爲號，蔓延襄、樊、唐、鄧間。十一年，脱脱奏以弟御史大夫也先帖木兒爲知樞密院事，將禁衛兵討之。駐沙河，也先帖木兒素庸懦，軍中夜驚，左右鞚馬請留，也先帖木兒拔刀斫之曰：「我非性命耶！」乃先遁，大軍遂一時奔潰。也先帖木兒棄輜重，收散卒萬餘人，抵開封城外，文濟王蠻子在城上，遥謂之曰：「汝爲大將，未見敵而奔，吾將劾汝，不能令汝入城。」乃屯於朱仙鎮。朝廷以脱脱故，不之罪，詔他將代之。也先帖木兒徑歸，仍爲御史大夫。陝西行臺監察御史十二人，劾其喪師辱國。脱脱聽弟言，遷西臺御史大夫朵兒只班爲湖廣平章政事，除十二人，各府添設判官，以杜言者之口。監察御史及河南分御史臺、行院、廉訪司，鞏昌總帥府、陝西都府義兵萬户府，復承旨交章言也先帖木兒有功，詔賞金帶、金挺各一，銀挺千、鈔五千貫、布帛百匹。脱脱又用龔伯璲等興大獄，以謀害大臣殺高昌王亦都護及御史大夫韓嘉納，由是爲時論所不與。

十二年，紅巾賊芝麻李據徐州，衆數萬，僭號稱王。脱脱請自將討之。師次徐州，攻其西門。賊出戰，以鐵翎箭射中脱脱馬首。脱脱不爲動，麾軍擊敗之，入其郛。翌日，賊棄城遁，遂復徐州。民大悦，請於朝，願爲建生祠，從之。帝又爲脱脱立勳德碑，遣使加脱脱太師，趣回朝，凱旋，賜上尊、珠衣、白金、寶鞍，皇太子賜燕私第。

十三年二月，脱脱用右丞烏古孫良楨、右丞悟良哈台議，屯田京畿，以良楨等兼大司農卿，而自領大司農事。西至山，東至遷民鎮，南至保定、河間，北至檀、順等州，凡官地屯田，皆募江南農夫佃種之，歲大稔。故海運不通，而京師之食自足。

時張士誠據高郵，號召江淮，梗南北運道，連年用兵弗克。十四年，詔脱脱總制諸軍討之，一切聽便宜行事，臺、省、院諸司聽選官屬從行，西域、土番皆發兵來會，旌旗千里，出師之盛，前所未有。次濟寧，遣官詣闕里祀孔子，過鄒縣，祀孟子。十一月，至高郵，連戰皆捷。又用董摶霄計，分兵克天長、六合，賊勢大蹙。進破高郵外城，士誠震懼，自分亡在旦夕。俄有詔，罪其勞師費財，以河南行省左丞相太不花、中書平章政事月闊察兒、知樞密院事雪雪代將其兵，削脱脱官爵，安置淮安路。

先是，脱脱深德哈麻，引爲中書右丞。是時，汝中柏由左司郎中參議中書省事，平章以下曲意事之，議事莫敢異同。唯哈麻不爲之下，中柏因譖哈麻於脱脱，改爲宣政院使，故哈麻銜之。及脱脱將出師，以中柏爲治書侍御史，使輔也先帖木兒。中柏恐哈麻爲後患，請去之。脱脱猶豫不決，令與也先帖木兒謀之，也先帖木兒不從。哈麻知之，乃譖脱脱於皇太子及奇皇后，謂脱脱不欲授皇太子册寶，俟正宫皇后生子立之，皇后及皇太子皆大怒。會也先帖木兒移疾家居，監察御史袁賽因不花等承哈麻風旨，劾脱脱出師三月，無尺寸功，傾國家之財爲己用，並劾也先帖木兒。章三上，乃允之。奪也先帖木兒印，命出都門外待罪，以汪家奴爲御史大夫，脱脱亦有安置淮安之命。

詔至軍中，參議龔伯璲曰：「《春秋》之義，大夫出疆，有可以安國家、利社稷者，專之可也。『將在外，君命有所不受。』今江淮之盜，關社稷安危。丞相出師，嘗受密詔，便宜行事。今一意進討，賊破則讒言自息。詔書且勿開，開則大事去矣。」脱脱曰：「君命豈可抗也！」遂頓首受詔，曰：「臣至愚，荷天子恩寵，委以軍國重事，蚤夜戰競，懼弗克勝，一旦許釋重負，主恩所全多矣。」即出兵甲及名馬三千，分賜諸將，俾各帥所部聽新帥節制，軍中大哭。客省副使哈剌答曰：「丞相既去，我輩必死於他人之手，今寧死丞相前。」遂拔刀自刎死。先是，諸大臣弟子率所部從軍，哈麻陰遣使告之：「詔書且至，不即散，罪至夷族。」故一時迸潰，其無所歸者皆從賊。官軍精鋭者爲鐵甲軍，亦降於徐壽輝，賊將號「鐵甲吴」者，即脱脱之舊部也。未幾，詔移置脱脱於亦集乃路。

十五年三月，哈麻恐朝廷復用脱脱，風臺臣疏其兄弟罪狀，謂罰不蔽辜。於是詔流脱脱於雲南鎮西路，流也先帖木兒於四川碉門，脱脱長子合剌章肅州安置，次子三寶奴蘭州安置，家産簿録入官。脱脱行至大理，騰衝府知府高惠欲以女事之，又欲爲築室一程外，謂儻有加害者，臨時可以計自免。脱脱曰：「吾罪臣也，安敢念及此？」巽辭謝之。九月，再移置脱脱於阿輕乞之地。高惠以不受其女，慚怒，發兵圍之。十二月己未，合麻矯詔遣使鴆之，死年四十有二。訃聞，中書遣尚舍卿七十六至其地，易棺衾以斂。

脱脱儀度雄偉，器宇闳深，不矜不伐，輕財好士，功在社稷，而始終不失臣節，有古大臣之風。惟信用汝中柏等，爲僉人口實，君子惜之。

二十三年，監察御史張冲等上章，雪其冤。詔復脱脱官爵，並給還家資。召哈剌章、三寶奴還朝，授哈剌章中書平章政事，封申國公，分省大同，三寶奴知樞密院事。時也先帖木兒已卒。是年，臺臣復言：「脱脱向在中書，政務修舉，深懼滿盈。自求引退，加封鄭王，固辭不受。再秉鈞軸，克濟艱難，統軍討賊，平除州，收六合，大功垂成，浮言誣構，奉詔謝兵就貶以没。已蒙録用其子，還所藉田宅，乞憫其勳舊，還其所授宣命。」從之。二十六年，監察御史聖魯、也先、撒都失里等復言：「前者奸邪構害大臣，臨敵易將，致我國家將士由此沮挫，盜賊由此猖獗，生民由此塗炭。設使脱脱不黜，軍令不變，羣賊早已蕩平，何至有今日之亂？乞封一字王爵，予謚，加功臣號。」朝廷然之，未及報而國亡。

合剌章，以中書平章政事分省大同，未行，而明兵已逼。至正二十八年，帝御清寧殿，召見羣臣，諭以巡幸上都。合剌章力言不可，謂車駕出城，則京師不可保。金宣宗南奔之事，可爲殷鑒，請固守以待援兵。帝不聽，從帝北巡，拜知樞密院事，請速召擴廓帖木兒入援，從之。嘗太息曰：「亡國之臣，不可與言恢復，吾當與西北諸藩共圖此事耳。」明年，封徐國公。未幾，加太保。後不知所終。

史臣曰：元季盜賊縱横，將相大臣出總師干，輒望風奔潰。其忠於許國而有戡亂之才者，脱脱一人而已，乃爲奸人構陷，無辜而死，國亦熸焉。豈元之亡於盜賊，天實爲之，非人力所能匡救者歟？然元統以後，宰相互相傾軋，成爲風氣，雖以脱脱之賢，亦不免於任愛憎、售恩怨，此其所以敗也。

新元史卷之二百一十　列傳第一百七

徹里帖木兒　别兒怯不花　定住　太不花劉哈剌不花　老的沙

徹里帖木兒，字通理，阿魯温氏。由宿衛擢中書直省舍人，拜監察御史。時右丞相鐵木迭兒用事，徹里帖木兒抗言歷詆其奸。鐵木迭兒欲中傷之，未得間。會山東水，鹽課大損，遂出爲山東轉運司副使。徹里帖木兒補其虧數皆足，鐵木迭兒無以爲罪。轉刑部尚書。

天曆元年，由同知樞密院事轉中書左丞。二年，除右丞。尋拜中書平章政事，出爲河南行省平章政事。黄河清，有司以爲瑞，請聞於朝。徹里帖木兒不可，曰：「吾知爲臣忠、爲子孝、天下治、百姓安爲瑞，餘非所知也。」歲大饑，徹里帖木兒議賑之，其屬謂必自縣上之府，府上之省，然後以聞。徹里帖木兒慨然曰：「民饑，死者已衆，乃欲拘常格耶？往復累月，民存無幾矣。」竟發倉廩賑之。文宗聞而嘉之，賜龍衣、上尊。

至順元年，雲南伯忽叛，以知行樞密院事總兵討之，賊平，賞賚甚厚，悉分賜將士。師帖木兒爲之請，出鈔四百萬貫償之。遷浙江行省平章政事，尋拜御史中丞。

至元元年，復拜中書平章政事，首議罷科舉，又欲減太廟四祭爲一，監察御史呂思誠等劾之，不報，詔徹里帖木兒仍至省署事。時罷科舉詔已書而未用寶，參政許有壬入爭之，太師伯顏怒曰：「汝風臺臣言徹里帖木兒邪？」有壬曰：「太師以徹里帖木兒宣力之故，擢置中書。御史三十人不畏太師，而聽有壬，豈有壬權重於太師邪？」伯顏意解。有壬乃曰：「科舉若罷，天下人才觖望。」伯顏曰：「舉子多以贓敗，又有假蒙古、色目名者。」有壬曰：「科舉未行之先，臺中贓罰無算，豈盡出於舉子？舉子不可謂無過，較之於彼則少矣。」伯顏因曰：「舉子中可用者，惟參政耳。」有壬曰：「若張夢臣、馬伯庸、丁文苑等，皆可任大事。又如歐陽原功之文章，豈易及邪？」伯顏曰：「科舉雖罷，士欲求美衣美食者，皆自能向學，豈有不至大官者邪？」有壬曰：「所謂士者，初不以衣食爲事，其事在治國平天下耳。」伯顏又曰：「今科舉取人，實妨選法。」有壬曰：「古人有言，立賢無方。科舉取士，豈不愈於通事等出身者？今通事等凡三千三百二十五名，歲餘四百五十六人，玉典赤、太醫、控鶴皆入流品，又路吏及任子，其途非一。今歲自四月至九月，白身補官受宣者七十二人，而科舉一歲僅三十餘人。太師試思之，科舉於選法果相妨邪？」伯顏心然其言，然議已定，不可中輟，乃爲温言慰解之，且謂有壬爲能言。有壬聞之曰：「能言何益於事！」徹里帖木兒時在座，曰：「參政坐，毋多言也。」有壬曰：「太師謂我風人劾平章，可共坐耶？」徹里帖木兒笑曰：「吾固未嘗信此語也。」有壬曰：「宜平章之不信也。設有壬果風人劾平章，則言之必中矣，豈止如此？」衆皆笑而罷。翌日，崇天門宣詔，特令有壬爲班首，以折辱之。有壬懼及禍，勉從之。治書侍御史普化誚有壬曰：「參政可謂過河拆橋者矣。」有壬以爲大恥，遂移疾不出。

初，徹里帖木兒在江浙，見請考官供張甚盛，意不能平，故入中書以罷科舉爲第一事。先論貢士莊田租可給怯薛衣糧，動當國者以發其機，至是遂論罷之。徹里帖木兒常指斥武宗爲「那壁」，「那壁」者猶「彼」之謂也。又以妻弟阿魯渾沙女爲己女，冒請珠袍等物。於是臺臣復劾其罪，伯顏亦惡其忤己，欲斥之。詔貶徹里帖木兒於南安。久之，卒。徹里帖木兒以罷科舉爲士大夫所不滿，然彊直日遂，始忤鐵木迭兒，後忤燕鐵木兒，卒至於貶竄云。至正二十三年，監察御史野仙帖木兒等辯其無罪，請依寒食國公追封王爵定謚加功臣之號，事不行。

別兒怯不花，字大用，燕只吉觮氏。曾祖忙怯禿，以千户從憲宗南征，有功。父阿忽台，事成宗爲左丞相。成宗崩，與皇后謀立安西王阿難答，爲仁宗所殺。後贈和寧王，謚忠獻。

別兒怯不花蚤孤，八歲以興聖太后及武宗命，侍明宗於藩邸，尋入國子學爲生。會明宗鎮雲南，別兒怯不花從行，至大同而還。仁宗召入宿衛，偉其儀榘，召對，慰諭之。八番宣撫司長，其世職也。至治初，授懷遠大將軍、八番宣撫司達魯花赤。既至，宣布國家恩信，峒民感悦，皆喜曰：「吾賢帥子孫，其敢違命？」率其十四部來受約束。

泰定三年，入爲同知太常禮儀院事，尋拜監察御史。明年，遷中書右司郎中。又明年，拜參議中書省事。久之，除吏部尚書。至順元年，其兄自當劾明里董阿子閭閭不當爲監察御史，執政不悦，並出別兒怯不花爲廣西兩江道宣慰使司都元帥。未幾，丁内艱，還京。起復爲浙江行省參知政事，尋除禮部尚書，遷徽政院副使，擢侍御史，特命領宿衛，晉榮禄大夫、宣徽使，加開府儀同三司。凡宿衛士有從掌領官薦用者，所舉多其親暱。別兒怯不花獨推擢歲久者，衆論翕服。至元四年，拜御史大夫。六年，以御史大夫知經筵事，尋遷中書平章政事。

至正二年〔一〕，拜江浙行省左丞相。行至淮東，聞杭州大火燒官廨民廬幾盡，疾馳赴杭，録被災者二萬三千餘户，户給鈔一錠，焚死者亦如之；人給月米二斗，幼稚給其半。又請日減酒課爲千二百五十緡，織坊減元額之半，軍器、漆器權停一年，泛税皆停。事聞，朝廷從之。又大營省治，民居附其旁者，增直售之。民就役，則厚其傭直。又請歲減江浙、福建鹽課十三萬引。民賴以濟。在鎮二年，召還，除翰林學士承旨，仍掌宿衛。

三年，拜中書左丞相。朝廷議選宣撫使問民疾苦，察吏貪廉，以别兒怯不花習北藩風土，乃遣周行沙漠，慰諭諸王，賜以錦衣、重寶，命各撫其民，毋逾法制。使還，值歲大饑，流民載道，别兒怯不花命有司賑之，欲還鄉者給道糧，又録在京貧民，日糴以賑之。帝至自上都，遣中使數輩趣使迎謁，比見，帝親酌酒勞之。

七年，拜右丞相。别兒怯不花與脱脱有夙嫌，譖其父馬札兒台徙於甘肅，脱脱請侍父行，復移其父子於西域，人始惡其媢嫉。是年，御史劾别兒怯不花調燮失宜，災異屢見，請罷斥之。徽政院使高龍卜在帝側，爲解釋，乃出御史大夫亦憐真班爲江浙行省左丞相，中丞以下皆辭職，復加别兒怯不花太保。於是兩臺御史交章論之，别兒怯不花益不自安，詔以太保就第。御史復劾其爲逆臣之子，不可爲師保，不從。八年，御史張楨又劾别兒怯不花黨附權奸，宜遠竄，乃謫别兒怯不花於渤海。十年正月卒，後贈弘仁輔治秉文守正寅亮同德功臣、開府儀同三司、上柱國、太師，追封冀王，謚忠宣。

子達世帖木而，字原理，仕至中書平章政事，有學識，能世其家。

定住，康里氏，由宿衛累官中書參知政事。至正三年罷，尋除翰林學士承旨。七年，遷中書右丞。擢平章政事，兼治都水監事。時有司擅以通惠河閘户配各驛，閘工日壞，金口河水勢氾濫，將冲決。定住以聞，詔復還閘户千餘，州縣之擅役者悉禁絶之，河防始固。十四年，拜左丞相。十五年，晉右丞相。帝謂定住曰：「敬天地，尊祖宗，重事也。近年以來，缺於舉行，朕將親祀郊廟，務盡誠敬。卿等其議典禮以聞。」乃奏以右丞斡欒、左丞吕思誠領其事。是年，親祀上帝於南郊，以皇太子爲亞獻，定住攝太尉爲終獻。未幾，以病辭，拜太保就第治疾。

十六年正月，復以疾辭太保，不允。是月，起爲右丞相。二月，命定住依前太保，中書一切機務悉聽總裁。初，哈麻兄弟擅作威福，臺臣劾之，帝念其宿衛舊臣，命討賊自贖。至是，定住與平章桑哥失里等劾其罪惡，帝命杖殺之，賜定住篤憐赤薛丹三十名。十七年，罷右丞相。十八年，復代搠思監爲右丞相。卒。

定住歷臺閣三十餘年，清慎如一，熟知國家典章，世以雅量推之。

太不花，弘吉剌氏，以世胄入官，累遷雲南行省右丞。歷通政使、上都留守、遼陽行省平章政事。至正八年，太平爲丞相，薦太不花可大用，召入爲中書平章政事。明年，太平罷，脱脱復相，太不花因黨於脱脱，背太平。

十二年，盜起河南，知樞密院事老章出師，久無功。拜太不花河南行省平章政事，加太尉，將兵往代之。未期月，平南陽、汝寧及唐、隨等州，又下安陸、德安等路，軍聲頗振。十四年，脱脱以太師、右丞相總大兵征高郵，尋詔奪其兵柄，擢太不花本省左丞相，與太尉月闊察兒、知樞密院事雪雪，代總其兵，山東、河北諸軍悉令太不花節制。太不花以糧運不繼，驕蹇不遵朝命，軍士又常剽掠爲民患。十五年，監察御史也里忽都等劾之，詔盡奪其職。俾率領火赤温，從平章政事答失八都魯征討。

頃之，拜湖廣行省左丞相，節制湖廣、荆襄諸軍，招捕湖廣沔陽等處。會朝廷復相太平，太不花聞之，意不平，歎曰：「我不負朝廷，朝廷負我矣！太平漢人，今居中書用事，受逸樂，乃使我在外勤苦耶？」賊且退，諸將皆欲乘勝渡江，太不花反逗撓，以養鋭爲名。其後賊犯汴梁，守臣請援兵，至十往反，太不花猶按兵不進，駐於彰德、衛輝。未幾賊竄晉、冀，大同亦相繼陷没，朝廷以爲憂，兩遣重臣促之進兵，太不花不從。是時其子壽童以同知樞密院事將兵分討山東，久無功，嘗以事入奏，語不遜，帝惡之。

十八年，山東賊愈充斥，且逼近京畿，詔拜太不花右丞相，總兵討山東。既渡河，即上疏謂：「賊勢張甚，軍行宜以糧餉爲先。昔漢韓信行軍，蕭何饋餉。方今措畫無如丞相太平者，令太平至軍中供給，事乃可濟。」其意實銜太平，欲其至軍中害之。時參知政事卜顏帖木兒、張晉分省山東，二人嘗劾壽童不進兵，太不花至，誣以罪黜之，又誣奏知樞密院事完者帖木兒，加以失誤之罪，擅改其官。事聞，廷議喧然。太平遂風監察御史迷只兒海、七十等劾其緩師拒命，於帝前力言之。乃下詔削太不花官爵，安置蓋州，以知樞密院事悟良哈台總其兵。

太不花聞有詔，夜馳詣劉哈剌不花求援。劉哈剌不花者，太不花舊部將也，以破賊有功，拜河南行省平章政事，駐兵保定。見太不花來，因張樂大宴，舉酒慷慨言曰：「丞相國家柱石，有大勳勞，天子終不害丞相，是必讒言間之，我當見上言之，丞相勿憂。」哈剌不花即至京師，首見太平。問其來意，哈剌不花具告之，太平曰：「太不花大逆不道，今詔已下，爾敢妄言耶？」哈剌不花聞言，噤不能發。太平度太不花必在哈剌不花所，語之曰：「爾能致太不花來，吾以爾見上，爾功不細矣。」哈剌不花許之。太平乃引入見帝，賜賚良渥。

初，哈剌不花與倪晦同在太不花幕府，太不花偏信晦，哈剌不花言多不聽，哈剌不花銜之。及是，知事已不可解，還縛太不花父子送京師，未至，皆殺之於保定。

劉哈剌不花，本江西人，爲探馬赤軍户。至正十二年，太不花以河南行省平章政事討賊，哈剌不花上書於太不花，言攻守略。太不花大悦，辟爲掾，旋奏除左右司都事，使統八翼軍爲先鋒將，所向有功。

是時答失八都魯軍潰於長葛，哈剌不花援之，中途知賊已渡河，哈剌不花曰：「我行已緩，不及事。不如斷賊歸路以覆之。」賊果掠答失八都魯輜重而歸，哈剌不花伏兵四起，賊大敗〔二〕，盡奪其所獲而返。

十八年，毛貴由河間趨直沽，遂犯漷州。已而游騎至柳林，樞密副使達國珍敗死，京師大震。哈剌不花時爲同知樞密院事，率所部拒之，大敗賊於柳林，貴走濟南。論功，哈剌不花爲最。未幾，遷河南行省平章，卒。

老的沙，罕禄魯氏，明宗徽裕皇后之弟也。至正十三年，以哈麻薦，入侍左右。時哈麻與脱脱有隙〔三〕，老的沙黨附哈麻，乃密譖脱脱於帝，又風太史院奏有星變，咎在宰相，後遂罷脱脱兵柄，安置淮南。

十五年，哈麻爲中書平章政事，老的沙等進秩有差。十七年六月，擢御史大夫。九月，拜中書平章政事。十八年，又改御史大夫，奉詔作新風紀。

二十年正月，老的沙與御史中丞咬住奏便宜行事，官員毋得陰挾私讎，明爲舉索，輒將風憲官擅自遷除，沮壞臺綱。從之。三月，搠思監爲右丞相，老的沙復拜平章政事。初，帝謀相於老的沙，老的沙欲自爲之，而難於言，遂薦搠思監。帝從之。老的沙恃推薦之恩，數有請於搠思監，搠思監不答，二人遂不相能。俄改御史大夫。二十二年，老的沙辭職，帝不允。

二十三年，監察御史也先帖木兒、傅公讓等劾宦者朴不花蠹國，老的沙奏其事。皇太子以奇后袒朴不花，貶也先帖木兒等。陳祖仁、李國鳳又上書劾之，帝大怒，左遷二人官。老的沙力争其事，言不已，太子惡之。奇后譖於帝，帝以老的沙母舅，故封爲雍王，遣就國。老的沙遂奔於孛羅帖木兒。太子深銜之，索於孛羅帖木兒，不與。朴不花見臺臣無力，又與其黨謀曰：「十八家功臣子孫，朝夕在帝側，恐不利於我等。」搠思監曰：「彼皆老的沙黨也。」並執之，皆誣服。後以太子患喉痛，左右言：「諸人無罪，釋之則病或愈。」始緩其獄，謫諸人於外。朴不花怨孛羅帖木兒匿老的沙，又誣孛羅帖木兒與老的沙謀不軌。

二十四年，詔以孛羅帖木兒謀爲悖逆，解其兵權。孛羅帖木兒手裂詔書，囚使者，使知樞密院事禿堅帖木兒舉兵犯闕，帝不得已，以搠思監、朴不花與之，禿堅帖木兒執二人送於孛羅帖木兒。頃之，孛羅帖木兒擁兵屯都門外，入見帝，請以己爲中書左丞相，禿堅帖木兒爲知樞密院事，老的沙爲中書平章政事，帝唯唯而已。帝召見禿堅帖木兒、老的沙於宣文閣，二人訴非其罪，皆泣。帝亦泣，詔授老的沙等官。初，孛羅帖木兒犯闕，太子避之古北口，孛羅帖木兒欲追襲之，老的沙勸止，以故得免焉。

二十五年，平章失烈門等誅孛羅帖木兒於延春閣下，老的沙傷額趨出，擁孛羅帖木兒母妻出都，將其軍合於禿堅帖木兒。帝命益王渾都帖木兒、樞密副使觀音奴，擒老的沙，誅之。禿堅帖木兒走嶺北八兒思之地，尋亦伏誅。

【校勘記】

〔一〕「至正二年」，原作「至元元年」，據《元史》卷一四〇列傳第二十七《别兒怯不花傳》改。

〔二〕「敗」，原作「販」，據《元史》卷一八八列傳第七十五《劉哈剌不花傳》改。

〔三〕「時」，原作「與」，據退耕堂本改。

新元史卷之二百十一　列傳第一百八

貢奎師泰　王守誠　李好文　孛朮魯翀遠　蘇天爵　吴直方萊　楊瑀　逯魯曾曾福仲　劉聞　張翥　周伯琦　孔克堅

貢奎，字仲章，其先大名滿城人，後徙寧國宣城。奎十歲能屬文，及長，博通經史，浙江行省檄爲池州齊山書院山長。

大德六年，授太常奉禮郎，兼檢討，上疏言：「先王制禮，雖節文有經，而本誠貴質，惟不蔽於禮之文，而得其意，則可以對越而無歉，不然，繁爲之節，無當也。」朝廷多采其議。九年，遷翰林國史院編修。

至大元年，轉應奉翰林文學，預修《成宗實録》。丁父憂，服闋，除江西等處儒學提舉。吏逮數人至，持公牘請奎署日，是學校報事遲誤者。奎曰：「吾以天子命，提舉儒學，職在教，何以刑爲？」立命釋之。乃書其坐屏曰：「讀書之中，日有其益；飲水之外，他無所求。」與諸生揖讓周旋，如師弟子禮，士論翕服。五年，遷翰林院待制，預修《仁宗實録》。

書成，賜幣有差。

至治元年，以母老乞養歸。泰定三年，復起爲翰林待制，拜集賢直學士，階奉訓大夫。天曆元年，奉命祀北岳南鎮及淮濟瀆。二年，至會稽，以疾卒，年六十一。著有詩文集百二十卷。元統元年，贈翰林直學士、太中大夫、輕車都尉，追封廣陵郡侯，謚文靖。子師泰。

師泰，字泰甫，肄業國學爲諸生。天曆元年，選授太和州判官，累遷江浙行省掾。以中書檄，不得用部下士爲掾，自劾去。尋以大臣薦，擢應奉翰林文字、同知制誥兼國史院編修官。丁内艱。服闋，除紹興路總管府推官。山陰白洋港有無主船漂抵岸，史甲等取其篙櫓，船有死人二，徐乙見之，疑爲史甲所殺，告於官，史傭富民家，並逮繫富民。師泰密訪之，則沈丁船，以盜魚，爲漁人所殺者，其冤遂白。巡鹽徐裕奪諸暨商所賫錢，殺之，走白縣：「我獲販私者，其人畏罪投水死。」師泰覆案之，具得裕殺人狀。餘姚孫國賓，以捕盜獲姚甲造僞鈔，受其賕縱之，誣執良民。師泰訊得實，姚處死，孫亦就法。其審斷之明多類此，治行爲諸郡第一。

至正六年，復入爲翰林應奉文字。預修遼、金、宋史。八年，遷授經郎，兼經筵譯文官。九年，擢翰林待制，進講經筵，明君子、小人之辨。帝悦，錫賚甚厚。十年，改國子司業。擢禮部郎中，遷吏部，拜監察御史。自世祖以後，省、臺不用南人，及是始復舊制，南人復爲省、臺官，自師泰始。

至正十二年，除吏部侍郎，旋調兵部，巡視口北十三站驛户，均其徭役，豪强慴服。十四年，除都水庸田使，和糴浙西以供軍儲。庸田司罷，擢江西廉訪副使，未行，再擢福建廉訪使。又改兵部尚書，旋授平江路總管。

十六年，張士誠陷平江，師泰懷印綬遁去。士誠降，浙西行省丞相達識帖木兒承制授師泰兩浙都運鹽使，再除江浙行省參知政事。十八年，改户部尚書。詔以閩鹽與糧由海道運至京師，皇太子書「務本」二字賜之。二十年，召爲秘書卿。

二十二年，行至杭之海寧，以道阻，遂寓於海寧，自名其里爲「小桃源」。元亡，宋濂邀之出，師泰爲置酒，飲罷，仰藥而卒，年六十五。師泰工詩文，尤長於吏治，所至有名績，著《玩齋集》十卷。

王守誠，字君實，冀寧陽曲人。少好學，從鄧文原、虞集游。泰定元年，進士第一，授秘書郎。遷太常博士，續纂《太常集禮》。轉藝林庫使，與修《經世大典》。拜陝西行臺監察御史，改奎章閣鑒書博士，遷監察御史。出爲山東廉訪司僉事，累遷禮部尚書。與修遼、金、宋三史。擢中書省參議，出爲燕南北道廉訪使。

至正五年，拜河南行省參知政事。偕大都留守答而麻識里宣撫四川。銅梁尹張文德捕斬盜魁，得懷中旗，書曰：「南朝趙王，其黨聚衆，焚掠雙山。」文德又捕百餘人。重慶知府以私憾誣之，議文德罪，比不即捕强盜例加四等，會遇赦，尚欲杖一百七。守誠至，爲直其事。疏言：「四川官吏禄薄，請以户絶田及屯田之荒者，召人耕闢，收其租以贍之。」宜賓尹楊濟亨請建憲宗神御殿於蟠龍山，儒學教授謝進賢請復文翁石室爲書院，守誠據以入奏，皆從之。進資政大夫、河南行省左丞，未抵任，卒，年五十四。賜鈔萬錠，謚文昭。

李好文，字惟中，大名東明人。父永貞，國子伴讀。好文少貧力學，夜就鄰家磨房燈讀書。一日，貸村媪米，媪詘其弗耕。好文曰：「我目耕耳。」時人爲語曰：「目耕夜分李好文。」

登至治二年進士第，授濬州判官。入爲翰林國史院編修、國子助教。泰定四年，除太常博士。會盜竊太廟神主，好文言：「在禮，神主當木爲之，金玉祭器宜貯之别室。」又言：「祖宗建國以來七八十年，每遇大禮，皆臨時取辦，博士徒循故事相應答耳。往年詔爲《集禮》，乃令各省及各郡縣置局纂修，宜其久不成。禮樂由朝廷出，郡縣何有焉？請長院者選僚屬數人，仍請出架閣文牘，以資擇録。」從之。三年，書成，凡五十一卷，名曰《太常集禮》。遷國子博士，丁内憂。

服闋，起爲國子監丞，拜監察御史。時復以至元紀元，好文言：「年號襲舊，古所未聞，襲名袪實，未見有益。」因言時弊逐於至元者十餘事。朝廷雖是之，終弗能用。好文録囚河東，有李拜拜殺人，而凶器不獲，懸十四年。好文曰：「不決之獄，有如是久者！」立出之。王傅撒都剌以足蹋死人，衆謂殺人不用刃，當杖。好文曰：「怙勢殺人甚於刃，况因有求而不遂乎？」卒論死，一道震懾。出僉河南、浙東兩道廉訪司事。六年，帝親享太室，召僉太常禮儀院事。

至正元年，除國子祭酒。好文言宜親祀孔子，帝納之。會丁夜有御史中丞入禮殿，國子生阻之。明日，中丞使刑曹訊其事，好文曰：「中丞不察其由，何施鞭朴耶？」卻之。丞相以聞，中丞謝罪乃已。改陝西行臺治書侍御史，遷河東道廉訪使。三年，郊祀，召爲同知太常禮儀院事。帝親祀太廟，乘馬至裏橋弗下，衆不敢言，好文前跪白：「皇帝宜下馬。」

帝乃下馬，至寧宗室，遣阿魯問曰：「兄拜弟可乎？」好文與博士劉聞對曰：「爲人後者，爲之子也。」帝遂拜。由是每親祀，必命好文攝禮儀使。四年，除江南行臺治書侍御史，未行，改禮部尚書，與修遼、宋、金史，除治書侍御史。俄除參議中書省事，視事十日，仍爲治書，與修史。

又遷陝西行臺治書侍御史，獨署臺事。時王守誠奉使四川，以私仇誣廉訪使曾文博，僉事烏馬兒、王武。文博免官卒，烏馬兒誣服，武不屈，以輕侮抵罪。好文曰：「奉使代天子行事，當問民疾苦，黜邪陟正。今行省以下未聞舉劾一人，獨風憲之司無一免者，豈正大之體？」率御史力辯武等之枉，並劾守誠不法十餘事，時論直之。

六年，除翰林侍講學士，兼國子祭酒。遷集賢侍講學士，仍兼祭酒。九年，出爲湖廣行省參知政事、湖北道廉訪使。尋召爲太常禮儀院使。

帝以皇太子年漸長，開端本堂，命入學，以右丞相脱脱、大司徒雅不花知端本堂事，命好文以翰林學士兼諭德。好文力辭，上書於脱脱曰：「三代聖王，莫不以教世子爲先務，蓋傳經期以明道，出治在於爲學，宜求道德之鴻儒，拂成國家之盛事。好文天資本下，人望素輕，驟膺重托，負荷誠難。」脱脱以其書聞，不許。好文言：「欲求二帝三王之道，必由於孔氏。其書則《孝經》、《四書》。」乃節其要略，釋以經文，又取史傳及先儒論説有關治體者，加以所見，效真德秀《大學衍義》例，成《端本堂經訓要義》十一卷。詔付端本堂，令皇太子習焉。好文又集歷代帝王故事，總一百六篇：一曰聖慧，二曰孝友，三曰恭儉，四曰聖學。又采歷代興亡治亂之迹，名《大寶龜鑑》，皆進呈於皇太子。久之，遷翰林學士承旨，階榮禄大夫。

十六年，復上書皇太子曰：「臣之所言，即前日所進經典大意也。殿下宜以所進諸書，參以《貞觀政要》、《大學衍義》等書。果能推而行之，何憂乎天下不治！」皇太子嘉納之。然皇太子性好佛，常謂左右曰：「李先生教我讀儒家書，每不了了。西僧教我佛經，則一夕便曉也。」後屢引年乞致仕，辭至再三，拜光禄大夫、河南行省平章政事，仍以翰林學士、一品禄終其身。卒，年七十。

孛朮魯翀，字子翬，鄧州順陽人，其先隆安人。金泰和中，定女真姓氏，屬望廣平。祖德，從憲宗南征，因家於順陽，以功封南陽郡侯。父居謙，辟江西行省掾，生翀贛江舟中，釜鳴者三，人以爲異。稍長，即勤學。居謙卒，家漸落，翀學益力。自順陽徙居鄧州，從州人李貞隱受學。復往江西，從新喻蕭克翁受學。克翁有學行，爲州里所敬，嘗夢大鳥止其居，翼覆於軒，明日翀至。翀始名思温，字伯和，克翁爲易今名，以符夢兆。後復從京兆蕭𣂏及翰林學士虞集游，學益進。姚燧以書致貞隱曰：「燧見人多矣，學問、文章無與子輩比者。」於是貞隱以其女妻之。

大德十一年，用薦者授襄陽儒學教諭，遷汴梁路儒學正。會修《世祖實録》，燧首以翀薦。至大四年，授翰林國史院編修官。延祐二年，擢河東道廉訪司經歷。遷陝西行臺監察御史，賑吐蕃饑，多所建白。

五年，拜監察御史。時英宗未出閣，翀言：「宜擇正人，以爲輔導。」帝納之。尋劾奏中書參議元明善，帝初怒不納，明日乃命改明善他官，而慰翀。俄以御史巡撫遼陽，敕給弓矢、環刀，後著爲令。又往淮東，察憲司官聲跡，淮東憲司尚嚴刑，翀取獄具焚之。凡以吏進者，例降二等，從七品以上不得用。翀言：「科舉未立，人才多以吏進，若一概屈抑，恐未足盡持平之議。請吏進者，止於五品。」從之。

除右司都事。時宰相鐵木迭兒專事刑戮，以復私憾，翀因謝病去。頃之，擢翰林院修撰，又改左司都事。拜住爲左丞相，使人勞翀曰：「今規模已定，不同往日，宜早至也。」翀爲强起。會國子監隸中書，俾翀兼領之。先是，周王舉兵，陝西府縣官多詈吏議，翀白丞相曰：「此輩皆脅從，宜宥之。」乃悉加銓叙。帝方獵柳林，駐故東平王安童碑下，因獻《駐蹕頌》，甚稱旨，命坐，賜飲上尊。從幸上都，次龍虎臺，拜住命翀宣旨中書，翀領之，行數步，還曰：「果命翀否？」拜住歎曰：「真謹密人也。」間謂翀曰：「卿可作宰相否？」翀曰：「宰相固不敢當，然所學宰相事也。夫爲宰相者，必福、德、才、量備，始可當之。」拜住大悦，觴翀曰：「非卿不聞此言。」迎駕至行在所，翀入見，帝賜坐，擢右司員外郎，預修《大元通制》，書成，翀爲序焉。

泰定元年，遷國子司業。明年，出爲河南左右司郎中。行省丞相曰：「吾得賢佐矣。」翀言：「世祖立國，成憲具在，慎守足矣。譬如乘舟，非一人之力能運也。」遂開除壅弊，省務一新。三年，擢燕南河北道廉訪副使。晉州達魯花赤有罪就逮，而奉使宣撫以印帖徵之，欲緩其事。翀發其姦，奉使因遁去。入僉太常禮儀院事，盜竊太廟神主，翀言：「各室宜增設都監員，内外嚴置扃鎖，晝巡夜警，永爲定制。」從之。又纂修《太常集禮》，書成，未上，命翀兼經筵官。

文宗入京師，大臣問以故事，翀建議從漢文帝從代邸踐阼之事，衆韙之。文宗嘗字呼翬而不名。命翀與平章政事温迪罕等十人商論大事，日夕備顧問，宿值東廡下。文宗虚大位以俟明宗，翀極言：「神器不可久虚，宜攝位以俟其至。」帝納之。及親祀天地、社稷、宗廟，翀爲禮儀使，詳記行禮節文於笏，遇至尊，不敢直書，必識以兩圈。帝偶取笏視曰：

「此爲皇帝字乎？」因大笑還之。竣事，上《天曆慶詩》三章，帝命藏之奎章閣。擢陝西漢中道廉訪使。

會立太禧院，除僉太禧宗禋，兼祇承神御殿事，詔遣使趣之還。迎駕至龍虎臺，帝曰：「子翬何緩來？」太禧院使阿榮對曰：「翀體豐肥，不任乘馬，從水道來，是以緩。」帝又問阿榮曰：「魯子翬飲食何如？」對曰：「與衆人同。」又問：「談論如何？」曰：「翀所談義理之言也。」從幸上都，嘗奉敕撰碑文，稱旨。帝曰：「候朕還上都，當酬汝潤筆資也。」

遷集賢學士，兼國子祭酒。諸生素望翀，至是相賀。翀以古者教育有業，退必有居。舊制：弟子員初入學，以羊贄，所貳之品，與羊等。翀曰：「與其饜口腹，孰若爲吾黨燥濕寒暑之虞乎？」命撙集之，得錢二萬緡有奇，作屋四區，以居學者。諸生積分有六年未及釋褐者，翀至，皆使就試而官之。

帝師至京師，敕朝臣一品以下皆乘白馬郊迎，大臣俯伏進觴，帝師不爲動，惟翀舉觴立進曰：「帝師，釋迦之徒，天下僧人師也。余，孔子之徒，天下儒人師也。請各不爲禮。」帝師笑而起，舉觴卒飲，衆爲悚然。帝問翀：「三教何者爲貴？」對曰：「釋如黄金，道如白璧，儒如五穀。」帝曰：「然則儒賤耶？」對曰：「黄金、白璧，無亦何妨？五穀可一日闕哉！」帝曰：「善。」

文宗崩，皇太后聽政，命別不花、塔失海牙、阿兒思蘭、馬祖常、史惟良及翀六人商論國政。惠宗即位，大臣以爲不可頻赦。翀曰：「今上入繼大統，當新天下耳目，豈可令新天子收怨議？」乃定。遷禮部尚書，階中憲大夫。有大官，妻無子，而妾有子者，其妻以田盡入僧寺，子訟之。翀召其妻詰之曰：「汝爲人妻，不以資産遺其子，他日何面目見汝夫於地下？」卒反其田。

元統二年，除江浙行省參知政事。逾年，以遷葬歸鄉里。明年，召爲翰林侍講學士，以疾辭不至。至元四年卒，年六十。贈通奉大夫、陝西行省參知政事、護軍，追封南陽郡公，謚文靖。

翀狀貌魁梧，不妄言笑。其爲學，一本於性命道德。文章簡奥，深合古法。居國學久，論者謂自許衡之後，能以師道自任者，惟耶律有尚及翀而已。有文集六十卷。

子遠，字明道，以翀蔭調秘書郎，轉襄陽縣尹。南陽賊起，遠以忠義自奮，傾財募丁壯，得千餘人。與賊拒戰，俄而賊大至，遠被害，妻雷氏亦不屈死。

蘇天爵，字伯修，真定人。父志道，有吏能，爲姚天福所知，累遷中書省掾、刑部主事。延祐三年，擢嶺北行省左右司郎中。時周王出鎮雲南，次延安，其從官與行省丞相阿思罕擁之，舉兵反，兵敗，周王遂出北邊。和林大震，官吏俱奔散，又大雪，人畜多壓没。志道受命即行，開倉振恤，募商賈運粟實邊，民遂安堵。及代還，以積勞卒於京師。

天爵少從安熙學，爲國子學生。又從吳澄、虞集受業。延祐四年，馬祖常以御史監試國子生，試《碣石賦》，天爵文詳實典雅，拔爲第一，釋褐授從仕郎、大都路薊州判官。丁内外艱，服除，調功德使司照磨。泰定元年，改翰林國史院典籍官。擢應奉翰林文字。至順元年，預修《武宗實録》。二年，遷修撰。擢江南行臺監察御史。

明年，慮囚湖北。湖北地僻遠，民獠雜居。天爵冒瘴毒，徧歷其地。因有言冤狀者，天爵曰：「憲司歲兩至，不言何也？」皆曰：「前此慮囚者應故事，今聞御史至，當受刑，故不得不言。」天爵爲之太息。雖盛暑，猶夜篝燈，治文書無倦。江陵民文甲無子，育其甥雷乙，後乃生兩子，而出乙。乙俟兩子賣茶，即舟中取斧，並斮殺之，沈斧水中，而血漬其衣，跡故在。事覺，乙具服，部使者乃以三年之疑獄釋之。天爵曰：「此事二年半耳，且不殺人何以衣汙血？又何以知斧在水中？又其居去殺人處甚近，何謂疑獄？」仍置於法。常德民盧甲、莫乙、汪丙，同出傭，而甲誤墮水死。甲弟之爲僧者，欲私甲妻不得，訴甲妻與乙同殺其夫。乙不能明，誣服，擊之死，斷其首棄草間，尸與仗棄譚氏家溝中。吏往索，果得髑髏，然無屍與仗，而譚誣證曾見一屍水漂去。天爵曰：「屍與仗縱存，今已八年，未有不腐者。」召譚詰之，則甲未死時，目已瞽，其言見一屍漂去妄也。天爵語吏曰：「此乃疑獄，況不止三年。」俱釋之。其讞獄詳允率類此。

入爲監察御史，道改奎章閣授經郎。元統元年，復拜監察御史。在官四月，章疏凡四十五上，所劾者五人，所薦舉者百有九人。明年，預修《文宗實録》，遷翰林待制，尋除中書右司都事，兼經筵參贊官。後至元二年，由刑部郎中改御史臺都事。三年，遷禮部侍郎。五年，出爲淮東道肅政廉訪使，一道肅然。入爲樞密院判官。明年，改吏部尚書，參議中書省事。是時，朝廷更立宰相，天爵知無不言，夙夜謀畫，鬚髮盡白。

至正二年，拜湖廣行省參知政事，遷陝西行臺侍御史。四年，召爲集賢侍講學士，兼國子祭酒。明年，出爲山東道肅政廉訪使。尋召還集賢，充京畿宣撫使，凡興除者七百八十有三事，糾劾者九百四十有九人，都人有包、韓之譽。然以忤時相意，竟坐不稱職罷歸。

七年，起爲湖北道宣慰使、浙西道廉訪使，俱未行。拜江浙行省參知政事。九年，召爲大都路都總管，以疾歸。俄復起爲兩浙都轉運使。時鹽法弊甚，天爵所辦課爲鈔八十萬錠，及期而足。十二年，妖賊蔓延江浙，仍拜行省參知政事，總兵饒、信，克復一路六縣。

未幾，卒於軍中，年五十九。

天爵爲學，博而知要，長於紀載。有《國朝名臣事略》十五卷，《國朝文類》七十卷，奏議五卷，文集三十七卷。

吳直方，字行可，婺州浦江人。家貧，游學京師，歷三十六年，雖困厄，志氣愈壯。後用薦者以説書事明宗於潛邸。明宗出鎮雲南，復罷去。尋授上都路學正，欲涖任，又爲代者所先。留守馬札爾台留教其子脱脱及也先帖木兒。

元統二年，脱脱爲御史大夫，以直方嘗事先朝，奏爲江浙等處儒學提舉。中書改副提舉，御史臺又改授廣東廉訪司永發架閣兼照磨，轉中政院架閣管勾，俄遷長史。

是時伯顏專權驕恣，人情震慴，脱脱雖養於伯顏，常憂其敗，私請於馬札兒台，及其未敗圖之，馬札兒台以爲然。脱脱復質於直方，直方曰：「《傳》有之：『大義滅親。』大夫但知忠於國家，餘何顧焉！」脱脱計遂決。會河南矯殺省臣，事連廉訪使段輔，伯顏嗾臺臣言漢人不可爲廉訪使，脱脱度不能争，與直方謀之。直方曰：「此祖宗法度，決不可廢。盍先爲上言之？」脱脱入白於帝，奏上，帝如脱脱言。伯顏知出於脱脱，大怒，謂帝曰：「脱脱雖臣之子，然其心專護漢人，宜罪之。」帝曰：「此朕意，非脱脱所言。」及伯顔擅貶宣讓、威順二王，帝不勝其憤，泣語脱脱，脱脱亦泣下。歸與直方謀之，事具《脱脱傳》。後伯顔請太子獵於柳林，脱脱佐帝逐伯顔出爲河南行省左丞相。

事平，賜直方黄金帶，擢集賢直學士，轉侍講學士，尋又擢集賢大學士。脱脱拜右丞相，有大政，咨於直方然後行，直方必引古義告之。未幾，引疾歸，以榮禄大夫、大學士致仕。至正中，御史劾直方躐進，奪誥命，除名。他御史復辨其誣，詔復之。卒於家。

直方深沈有謀，人莫測其涯際。性謙慎，待人如布衣時，有一飯之恩必思報之，人以是稱焉。子萊。

萊，字立夫。年四歲，其母盛氏口授《孝經》、《論語》、《春秋》、《穀梁傳》，即能成誦。七歲能賦詩。同縣方鳳，有文學重名，見而歎曰：「明敏如吴萊，雖汝南應世叔不是過也。」悉以所學授之。萊本名來鳳，取《毛詩》「北山有萊」之義，爲易今名。

延祐七年，舉進士不第，退隱松山，益窮諸經之義，所造愈邃。至正三年，監察御史以茂才薦，署饒州路長薌書院山長，未行，卒，年四十四。門人私謚淵穎先生。

萊文章雄宕有奇氣，尤工古今體詩。著有《尚書標説》六卷，《春秋世變圖》二卷，《春秋傳授譜》一卷，《古職官録》八卷，《孟子弟子列傳》二卷，《楚漢正聲》二卷，詩文集六十卷。

史臣曰：吴直方説脱脱「大義滅親」，卒屏權奸臣，安社稷。洎脱脱秉政，可以行其志矣，迺見機而作，逡巡引避。知進退存亡而不失其正者，直方有焉。

楊瑀，字元誠，杭州錢塘人。父昌，宋邳州萬户。瑀少警敏。天曆間，以大臣薦，召見於奎章閣，論治道及藝文事，命瑀篆「洪禧明仁」璽文，稱旨，留備宿衛。署廣成局副使，擢中瑞司典簿，特賜牙符出入禁中。改廣州清源縣尹，帝愛其廉慎，留之。

時伯顔柄政，一日挾太子出獵，帝欲逐之，瑀與密謀，夜以牙牌宣入。瑀首以增糶官米爲請，左右皆迂之，瑀曰：「城門上鎖，明日不開，則米價湧貴，城中必先鬨噪。且使知聖王恤民之德，有何不可？」帝允之，命世傑班傳旨於省臣，增米鋪二十，鈔到即糶，都人咸額手以頌焉。

以功授奉議大夫、太史院判官，旋擢同僉院事，賜金帶、貂裘。同官有以景星見，欲奏之，瑀不可，曰：「使人共見，始爲不欺。」後數日，太白經天，衆乃服瑀之有識。未幾，請告歸。

復起爲宣政院判官，改建德路總管。屬賊由歙縣窺建德，有司疑淳安長樂鄉民通賊，捕下獄，株連數百家，民益洶洶。主帥將以兵往，瑀不可，曰：「儻以疑枉鼓衆，亂賊乘釁而至，則事去矣。我請撫之，果不測，我當任其咎。」遂肩輿直抵淳安，又載米二百石以賑饑民，使縣令諭之。明日，帥以兵至，瑀曰：「敢擅動者，軍法從事。」鄉民歡呼，持牛酒拜瑀，事遂定。

二十年，遷中奉大夫、浙東道宣慰使都元帥，瑀以年七十，累請老。丞相達識帖木兒遣使留之，瑀謝事去，卒於家。著有《山居新話》行世。

逯魯曾，字善止，懷慶修武人，性剛介。天曆三年進士，授翰林國史院編修官，辟御史臺掾。監察御史劾中丞史惟良簡傲，魯曾開實封於大夫前曰：「中丞素持重，不能與人周旋，御史劾之非公論。」由是衆稱其直。

除太常博士。武宗皇后真哥無子，故武宗廟未立皇后主配享，至元初，集廷臣議之。伯右丞相伯顏請以明宗之母亦乞列氏配享，徽政院傳太后旨，以文宗之母唐兀氏配享。伯顔問於魯曾，魯曾不能對，歸問其館客曾福仲。福仲曰：「公何疑？」曰：「『母以子貴』，是以疑之。」福仲曰：「何拘拘於《公羊》之義也？真哥皇后在武宗時已膺寶册，文、明二后何與焉？今爲臣而廢帝后，爲子而尊父妾，有是理乎？」魯曾悦，乃告於伯顔曰：「真哥皇后以無子之故，不爲立主，而追崇妃妾，非禮也。且慕容垂即位追廢母后，而立所生母爲后，爲萬世笑，豈可復蹈其失？」集賢大學士陳顥曰：「唐太宗册曹王明之母爲皇后，是亦二后也，曷爲不可？」魯曾曰：「堯母爲帝嚳庶妃，堯即位，不聞册封其母。皇上不法堯、舜，而法太宗邪？」伯顔韙其言，遂以真哥皇后配享。

遷監察御史。劾太尉答失海牙、阿吉剌，右丞鞏卜班，刑部尚書兀突蠻，監察御史吉當普，院使哈喇完者、月魯不花，郎中吕思誠等，皆黜之，朝廷肅然。

除樞密院都事，疏言：「前丞相伯顔專殺大臣，其黨利人妻女，巧誣以罪。今大小官及諸人有罪，請止坐本身，不得籍妻女。郯王爲伯顔構陷，宜雪其無辜，給復子孫。」從之。除刑部員外郎，遷宗正府郎中，出爲遼陽左右司郎中，遷僉山北道肅政廉訪司事，入爲禮部郎中。

至元十二年，丞相脱脱討徐州賊，以官兵不習水土，募瀕海鹽丁五千人，使魯曾將之。超遷資善大夫、淮南添設元帥，領征討事。徐州平，又從討淮東，卒於軍。

曾福仲者，其先泰和人，後徙於邵陽。福仲通《春秋》、《三禮》。元統二年，以經明行修徵入京師，久不報，館魯曾家。魯曾從福仲言，請以真哥皇后配享，且告伯顏曰：「此館客曾福仲之議也。」伯顏召福仲問之，對如初，乃以福仲爲太常博士。福仲與劉聞同爲博士，相友善，議寧宗祭拜禮，福仲助聞争之。性剛，忤丞相朵兒只歹，左遷天臨路録事，棄官歸，卒。

聞字久廷〔一〕，安福人。父蒙正，淹貫六籍，讀書過目成誦。聞亦有學行。

張翥，字仲舉，晉寧襄陵人。少受業於李存。存字安仁，江左宿儒也，其學傳於陸九淵。翥從之游，學日進。未幾，又從仇遠學。遠於詩最高，翥盡得其聲律之奥。至元末，同郡傅巖起在中書，薦翥隱逸，召爲國子助教。會朝廷修遼、金、宋三史，召擢翰林國史院編修官。歷應奉、修撰，遷太常博士、禮儀院判官，又遷翰林直學士，侍講學士，以侍讀兼祭酒。翥勤於誘掖後進，不以師道自尊，用是學者親之。有以經義問者，必歷舉衆説爲之折衷，無不厭其所得。

嘗奉敕詣中書議時政，衆論蜂起，翥獨默然。丞相搠思監曰：「張先生平日好論事，今日語不出，何耶？」翥對曰：「諸人之議皆是也，但事勢有緩急，施行有先後，在丞相所決耳。」搠思監善之。明日，除集賢學士。俄以翰林學士承旨致仕。

搠思監削孛羅帖木兒兵權，使翥草詔。翥曰：「此大事，非親見主上不能筆。」左右或勸之，翥曰：「吾臂可斷，筆不能操也。」乃命危素就相府草之。及孛羅帖木兒至京師，召素責之曰：「詔從天子出，相府豈草詔地乎？」素不能答，孛羅帖木兒欲斬之，左右營救始免焉。

及孛羅帖木兒伏誅，詔以翥爲河南行省平章政事，仍翰林學士承旨致仕，給全俸終其身。二十八年三月卒，年八十二。

翥嘗集兵興以來死事者爲書，曰《忠義録》，識者韙之。

周伯琦，字伯温，饒州鄱陽人。

祖垕，字良載，宋咸淳進士，署江東路提刑幹辦。大兵圍饒州〔一〕，諭能以城降者除郡守，衆推扆署降表，扆夜遁。宋平，以程鉅夫薦，授同知廣州路總管，辭不拜，隱居而卒，世以魯仲連擬之。

父應極，至大間仁宗爲皇太子，召見，獻《皇元頌》，授翰林待制，後爲皇太子説書。仁宗即位，遷集賢待制，出爲池州路同知總管府事，卒。

伯琦以父蔭授南海縣主簿，爲翰林修撰。至正元年，改奎章閣爲宣文閣，藝文監爲崇文監，以伯琦爲宣文閣鑒書博士，兼經筵官。進講輒稱旨，日被顧問，帝常呼其字而不名。擢崇文監丞。會御史奏風憲宜用近臣，特命僉廣東道廉訪司使。未幾，改福建道。八年，召爲翰林待制，兼崇文少監。累擢翰林直學士，轉兵部侍郎。

十二年，與貢師泰同除監察御史。時御史大夫也先帖木兒喪師失律，陝西行臺御史劉希曾等十人共劾之。伯琦劾希曾等越分言事，希曾等皆左遷，由是不爲公論所與。

十三年，遷崇文太監，兼經筵官，代祀天妃廟。丁内艱。十四年，起復爲江東道廉訪司使。長槍軍瑣南班等陷寧國，伯琦率僚佐迎之，尋奔杭州。除兵部尚書，未行，改浙西道廉訪使。

十七年，浙江行省丞相達識帖木兒，承制假伯琦參知政事，招諭張士誠，士誠稱臣入貢。先是，江南行臺御史金觀劾伯琦棄寧國之罪，及士誠降，行臺御史又爲伯琦辯釋，遂除同知太常禮儀院事，士誠留不遣，改江浙行省左丞。又改江南行臺侍御史，擢御史中丞。後以榮禄大夫、集賢院大學士致仕。

伯琦留平江十餘年，士誠敗，明太祖聞伯琦名，召見之。後返饒州卒，或云明祖殺之。伯琦儀觀温雅，博學，工文章，尤善書。帝命篆「宣文閣寶」，並題「宣文閣」，偏摹王羲之《蘭亭序》，智永《千文》，刻石閣中。著有《六書正譌》五卷，《説文字原》一卷，詩文集四卷。

孔克堅，字景夫，孔子五十世孫也。父思晦，延祐中爲寧陽儒學教諭。仁宗崇尚儒術，一日問孔子裔襲爵爲誰？廷臣以未定對，帝親取孔氏譜牒，按之曰：「以嫡應襲封者，思晦也。」特授中議大夫，襲封衍聖公。思晦性至孝，居母喪，勺水不入口者五日，受業於導江張𩓚，不爲詞章之學。

思晦卒，克堅襲封衍聖公。十五年，平章達識帖卜兒薦克堅明習禮教，徵爲同知太常禮儀院事，以子希學襲衍聖公爵。是年冬，郊祀，克堅攝太常使，登降有容，觀者稱其知禮。拜治書侍御史，克堅謝病歸。

十六年，起爲山東道肅政廉訪使，丞相太平奏克堅爲集賢直學士。毛貴逼京師，廷議遷都陝西。克堅曰：「天子當與社稷宗廟爲存亡，惡可棄而之他？且勤王兵日集，賊必敗走。」後果如克堅言。

十九年，遷禮部尚書，知貢舉。時四方避亂者多集京師，克堅請設流寓科以收之。俄遷陝西行臺侍御史。李思齊與察罕帖木兒相攻，行省丞相帖里木兒納思齊降，命張良弼禦察罕帖木兒。克堅及中丞袁焕言其不可，帖里木兒不聽，涣亦被劾去。克堅曰：「謀之不臧，亂且至矣。」遂自免歸。月餘，良弼敗於鹿臺，奉元遂陷。

二十二年，除國子祭酒，太子書大成殿額以賜之。克堅以世亂，不樂仕進，復謝病歸。明洪武三十年卒，年五十有五。子希學，襲封衍聖公。

【校勘記】

〔一〕「聞字久廷」，「聞」指劉聞，上文有「福仲與劉聞同爲博士」云云，卷首目録「逯魯曾」下附「劉聞」，則「聞字久廷」前依例當加「劉」字。

〔二〕「大兵圍饒州」，原倒作「大兵饒圍州」，據文意乙正。同治《饒州府志》卷二四作「兵圍饒」。

新元史卷之二百十二 列傳第一百九

王克敬 崔敬 韓鏞 蓋苗 歸暘 徐奭

王克敬，字叔能，大寧人。幼穎悟，常嬉道傍。丞相完澤見之，謂左右曰：「是兒貌秀偉，異日必令器也。」大寧尚樸陋，克敬獨孜孜爲經史之學。辟江浙行省照磨，擢檢校。徽州民汪俊上變誣富人反，省臣遣克敬往驗之。克敬察其言不實，中道爲開陳禍福，俊悔，將對簿，竟仰藥以死。調知順州，以内外艱不赴。服除，授江浙行省左右司都事。

延祐四年，監四明倭人互市。先是，監者懼夷情叵測，必嚴兵自衛，克敬悉去之，撫以恩意，皆帖然受約束。有軍士陷於倭者，至是從至中國，訴於克敬，願還本鄉。或恐爲他變，克敬曰：「豈有軍士還鄉而不納邪？脱有釁，吾當坐。」事聞朝廷，嘉之。

鄱陽大饑，總管王都中以官倉米減價糶之，行省欲罪其擅發。克敬曰：「鄱陽距省千里，比待命，民且死。彼爲仁而吾罪之，顧不自愧耶？」都中因得免。

拜監察御史，用故事監吏部。選有履歷當升者，吏故抑之，問故，吏曰：「有過。」克敬曰：「法笞四十七以上不升轉，今不至是。」吏曰：「責輕，罪重。」曰：「失出在刑部，銓曹安知其罪重！」卒升之。治書侍御史張昇曰：「往者監選，以減駁爲能，今王御史乃論增品級，可爲世道賀矣。」

尋遷左司都事。時英宗厲精圖治，丞相拜住請更前政不便者，會議中書堂。克敬首言：「江南包銀，民貧有不能輸者，有司責之役户，當罷之。兩浙煎鹽户，當免其它役。」議定以聞，悉從之。

泰定初，出爲紹興路總管。郡中計口受鹽，民困於誅求。乃上言，乞減鹽五千引，運司弗從，因歎曰：「使我爲運使，當令越民少蘇。」行省檄克敬抽分舶貨，拗蕃者例籍之，商人以風水爲解，有司不聽，克敬曰：「某貨出某國，地有遠近，貨有輕重。冒重險，出萬死，舍近而趨遠，棄重而取輕，豈人情邪？」具以上聞，衆不能奪，商人德之。擢江西道廉訪司副使，轉兩浙鹽運司使。首減紹興民食鹽五千引。温州逮犯私鹽者，以一婦人至，怒曰：「豈有逮婦人千百里外，與吏卒雜處者？汙名教甚矣！自今毋得逮婦人。」建議著爲令。

明年，擢湖南道廉訪使，調海道都漕運萬户。是歲，泰定帝崩，燕帖木兒起兵於大都，立文宗，海漕舟後至直沽者，不果輸，復漕而南還，行省欲罪督運者，勒其還直沽。克敬謂：「督運者蹈萬死，完所漕而還，出於不得已。請令其計石數，附次年漕舟達京師。」省臣從之。

召爲參議中書省事，有以飛語中大臣者，下其事。克敬持古八議之法，謂：「勳貴可以不議，且罪狀不明而輕罪大臣，何以白天下？」宰相傳命大長公主爲皇外姑，賜錢若干，平雲南軍還賜錢若干，英宗皇后入覲賜錢若干，克敬乞覆奏。宰相怒曰：「參議乃敢格詔邪？」克敬曰：「用財宜有道。大長公主供給素優，今再賜錢出於無名，是不當也。自諸軍征討以來，賞格未下，平雲南省獨先受賞，是不均也。皇后遠來，徒御衆多，非大賜賚，恩意不能洽，今賜物少，是不周也。」宰相以聞，帝從其議。拜中奉大夫、參知政事，行省遼陽。俄除江南行臺治書侍御史，又遷淮東道廉訪使。入爲吏部尚書，乘傳至淮安，墜馬，居吳中養疾。

元統元年，起爲江浙行省參知政事，請罷富民承佃江淮田，從之。松江大姓，有歲漕米萬石獻京師者，其人死，子孫貧且行乞，有司仍歲徵弗足，則雜置松江田賦中，令民包納。克敬曰：「匹夫妄獻米，徼名爵以榮一身。今身死家破，又已奪其爵，不可使一郡之人均受其害。」奏免之。江浙大旱，諸民田減租，惟長寧寺田不減，克敬移牘中書，謂不可忽天變而毒疲民。嶺海猺賊竊發，朝廷調戍兵往討之，會提調軍馬官缺，故事，漢人不得與軍政，衆莫知所爲。克敬抗言：「行省任方面之寄，假令萬一有重於此者，亦將拘法坐視耶？」乃調兵往捕之，軍行，給糧有差。事聞於朝，即令江西、湖廣二省給糧亦如之。

視事五月，請老，年甫五十九。謂人曰：「穴趾而峻墉，必危無功。德而忝富貴，何以異此。」又曰：「世俗喜言勿認真，此非名言。臨事不認真〔一〕，豈盡忠之道乎？」故克敬曆官所至，俱有聲績，時稱名卿。著詩文、奏議，傳於世。三年卒，年六十一。贈中奉大夫、陝西等處行省參知政事，追封梁郡公，謚文肅。

子時，以文學顯，歷仕中書參知政事至左丞，以翰林學士承旨致仕。

崔敬，字伯恭，大寧惠州人。由掾史累遷至樞密院都事，拜監察御史。

至元六年，既毁文宗廟主，削文宗后皇太后之號，徙東安州，又放文宗子燕帖古思於高麗。敬上疏曰：「文皇獲不軌之愆，已徹廟祀；叔母有階禍之罪，亦削洪名。盡孝正名，斯亦足矣。惟念皇弟燕帖古思太子年方在幼，罹此播遷，天理人情，有所不忍。明皇當上賓之日，太子在襁褓之間，尚未有知，義當矜憫。蓋武宗視明、文二帝皆親子也，陛下與太子皆嫡孫也。以武宗之心爲心，則子孫固無親疏；以陛下之心爲心，未免有彼此之論。

臣請以世俗喻之：常人有百金之產，尚置義田，宗族困厄者爲之教養，不使失所。况皇上貴爲天子，富有四海，子育黎元，當使一夫一婦皆得其所，今乃以同氣之人，置之度外，適足貽笑夷狄，爲中國之辱。臣願殺身以贖太子之罪，望陛下遣近臣迎歸太后太子，全母子之情，盡骨肉之義。天意回，人心悦，則宗社幸甚。」不報。

又上疏諫巡幸上都曰：「世祖以上都爲清暑之地，車駕行幸，歲以爲常，閣有大安，殿有鴻禧、睿思，所以保養聖躬，適起居之宜，存畏敬之心也。今失剌斡耳朵乃先皇所以備宴游非常時臨御之所，陛下方以孝治天下，屢降德音，祇行宗廟親祀之禮，雖動植無知，罔不歡悦。而國家多故，天道變更，臣備員風紀，以言爲職，願大駕還大內，居深宮，嚴宿衞，與宰臣謀治道，萬機之暇，則命經筵進講，究古今盛衰之由，緝熙聖學，乃宗社之福也。」

時帝數以歷代珍寶分賜近侍，敬又上疏曰：「臣聞世皇時，大臣有功，所賜不過槊革，重惜天物，爲後世法，慮至遠也。今山東大饑，燕南亢旱，海潮爲災，天文示儆，地道失寧，京畿南北蝗飛蔽天，正當聖主恤民之日。近侍之臣不知慮此，奏稟承請，殆無虚日，甚至以府庫百年所積之寶物，偏賜僕御閹寺之流、乳稚童孩之子，帑藏或空。萬一國有大事，人有大功，又將何以爲賜乎？乞追奪所賜，以示恩不可濫，庶允公論。」

是年，出僉山北廉訪司事。按部全寧，有李秀以坐造僞鈔，連數十人，皆與秀不相識。

敬疑而讞之，秀曰：「吾以訓童子爲業，有司謂秀爲造僞鈔者，捶楚之下，不敢不誣服。」敬詢知始謀者，乃大同王濁，有司誤以李秀爲王濁也。移文至大同，果得王濁爲真造僞鈔者。

至正初，遷河南，又遷江東，除江西行省左右司郎中。入爲諸路寶鈔提舉，改工部侍郎。十一年，遷同知大都路總管府事。直沽河淤數年，中書省委敬浚治之，募工萬人，不三月告成。除刑部侍郎，遷中書左司郎中。十二年，歷兵部尚書，爲樞密院判官。

十四年，遷刑部尚書。廣東憲府相讎殺，科以大逆，當連坐家人。敬謂：「殺人者止一人論抵，不得連坐一家。」廷議韙之。十五年，復爲樞密院判官，尋拜河南行省參知政事。復爲兵部尚書，兼濟寧軍民屯田使，給鈔十萬錠，興立營屯，歲收百萬斛，以給邊防。

十七年，召爲大司農少卿。拜中書參知政事，與平章政事答蘭、參知政事俺普分省陵州，敬兼領兵、刑、户、工四部事，供給諸軍，賜上尊，仍命便宜行事。敬以民力日疲，乃請行納粟補官之令，詔從之。積粟百萬石、綺段萬疋，民獲少蘇。

十八年，除山東行樞密院副使，俄遷江浙行省左丞。卒，年六十七，贈資善大夫，江浙行省左丞如故，謚曰忠敏。

史臣曰：惠宗援不共戴天之義，追討文宗之罪，宜也；並殺文宗皇后及其弟燕帖古思，則過矣。崔敬之疏，直而不許，即惠宗亦無以罪之。嗚呼！安得此愷弟之言乎！

韓鏞，字伯高，濟南人。延祐五年進士，授將仕郎、翰林國史院編修官，尋遷集賢都事。泰定四年，轉國子博士，俄拜監察御史。當時由進士入官者，僅百之一；由吏致位顯要者，常十之九。帝欲以中書參議傅巖起爲吏部尚書，巖起從吏入官，鏞極言不可，事遂已。

天曆元年，除僉浙西廉訪司事，擊姦暴、黜貪墨，特舉烏程縣尹干文傳治行爲諸縣最，所至郡縣爲之肅然。二年，轉江浙財賦副總管。至順元年，除國子司業，尋遷南行臺治書侍御史，歷僉宣徽及樞密院事。

至正二年，除翰林侍講學士。既而拜侍御史，以剛介爲時所忌，言事者誣以贓私，乃罷去。五年，起參議中書省事。

七年，朝廷慎選守令，參知政事魏中立言於帝：「當今必欲得賢守令，無如鏞者。」帝乃特署鏞姓名，授饒州路總管。饒俗尚鬼，有覺山廟者，以禍福惑人，爲盜賊者事之尤謹。將爲盜，必卜之。鏞至，即毀其廟，沈土偶於江，人初大駭，已而皆嘆服。鏞居官廨，自奉澹泊，僚屬亦化之。先是，朝使至外郡者，供張甚侈。一不厭其欲，即銜之，騰謗於朝。其出使饒州者，鏞延見郡舍中，供以糲飯，退皆無後言。有詔以織幣脆薄，遣使笞行省臣及諸郡長吏，獨鏞獲免。

十年，拜中書參知政事。十一年，丞相脱脱當國，更張庶務，鏞言不見聽。人或以鏞優於治郡，而執政非其所長，遂出爲甘肅行省參知政事。及脱脱罷，鏞遷陝西行臺中丞，卒。

蓋苗，字耘夫，大名元城人。幼聰敏好學。延祐五年進士，授濟寧路單州判官。州多繫囚，苗請決之，知州以爲囚數已上部使者，未報，不可決。苗曰：「使者問，請身任其責。」知州勉從之，使者果不以先決爲罪。歲饑，總管遣苗至户部請賑，户部難之，苗伏中書堂下，出糠餅以示曰：「濟寧民率食此，況有不得此食者，坐視不救，可乎？」因泣下，宰相乃從其請。有陳官粟五百石，借於民，期秋熟還官。及期，郡責償甚急，苗曰：「官粟實苗所貰，今民饑不能償，苗請代還。」使者乃已。其責單州税糧，歲輸館陶倉，距單五百餘里，民甚苦之。是秋，館陶大熟，苗先期令民糴粟倉下。十年初，倉券已至，省民力什之五。

辟御史臺掾，累擢江南行臺監察御史。建言：「嚴武備以備不虞，簡兵卒以壯國勢，全功臣以隆大體，惜官爵以清銓選，考實行以抑奔競，明賞罰以杜姦欺，計利害以孚民情，去民賊以崇禮節。」皆切於時務，公論韙之。

天曆初，文宗詔以建康潛邸爲佛寺，毀民居七十餘家，仍以御史大夫督其役。苗上封事曰：「臣聞使民以時，使臣以禮，自古未有不由斯道而致隆平者。陛下龍潛建業之時，居民困於供給，幸而獲睹今日之運，百姓跂足舉首以望非常之恩。今奪農時，以創佛寺，又廢民居，使之家破産蕩，豈聖人御天下之道乎？昔漢高帝興於豐沛，爲復兩縣；光武中興，南陽免稅三年。既不務此，而隆重佛氏，何以滿斯民之望？臺臣職專糾察，表正百司，今乃委以修繕之役，豈其禮哉？」書奏，御史大夫遂免督役。

入爲監察御史。文宗幸護國仁王寺，泛舟玉泉，苗進曰：「今頻年不登，邊隅不靖，當恐懼修省，何暇逸遊以臨不測之淵？」帝嘉納之，賜以對衣、上尊，即日還宮。臺臣擬苗僉淮東廉訪司事，帝曰：「仍留蓋御史，朕欲聞其讜言也。」以丁外艱去。免喪，除太禧宗禋院都事。

用薦者出知亳州。修學，完州廨。有豪强占民田爲己業，民五十餘人訴於苗，苗訊治之，豪民咸自引服。苗曰：「爾等罪甚重，然吾觀，皆有改過意。」遂從輕議。

至元四年，入爲左司都事。任左司僅十八日，已決數百事。丁内憂，宰相惜其去，重賻之。

至正二年，起爲户部郎中。俄擢御史臺都事。御史大夫欲以故人居言路，苗曰：「非其才也。」大夫不説，是晚，邀至私第以謝，人兩賢之。

出爲山東廉訪副使。益都、淄萊二路，舊産金礦已竭，民歲買金輸官，至是六十年矣。民有忤其官長者，輒謂所居地有金礦，掘地及泉而後止，猾吏爲姦利，莫敢誰何。苗建言罷之。

三年，遷户部侍郎。四年，由都水監遷刑部尚書。初，盜殺河南省憲官，延坐五百餘家，已有詔：「除首罪外，餘從原宥。」至是，宰相欲追加誅戮，苗堅持不可，事獲已。出爲山東廉訪使，歲饑，上救荒弭盜十二事，劾宣慰使骫骳不法者。有司援例，欲徵苗所得職田，苗曰：「年荒民困，吾無以救之，尚忍徵斂以肥己耶！」命勿徵。

六年，復入爲治書侍御史。遷侍御史，尋拜中書參知政事，同知經筵事。大臣以兩京馳道狹隘，奏毁民田廬廣之，苗執曰：「馳道創自至元初，何今日獨爲隘乎？」又欲出宿衛士爲郡吏，以養其貧，苗議曰：「郡吏所以牧民，豈養貧之地？果不能自存，賜之錢可也。」廷議俱從之。

僉四川廉訪司事家人違例收職田，奉使宣撫坐其主人，宰相以爲然，苗請付法司詳議，勿使憲司以爲口實。於是宰相顧謂僚佐曰：「所以引薦君至此者，欲其相助也，乃每事相抗，何耶？今後有公務，毋白參政。」苗歎曰：「吾以非才，待罪執政，中書之事，皆當與聞。今宰相言若此，不退何俟？」將引去，適拜江南行臺御史中丞，然宰相怒苗終不解，比至，即改甘肅行省左丞。時苗已致仕歸，宰相復趣其赴任。苗昇疾就道，抵任，即上言：「西土諸王，爲國藩屏，賜賚雖有常制，而有司牽於文法，使恩澤不以時及，有匱乏之憂，非隆親厚本之意。」又言：「甘肅每歲中糧，姦弊百端，請以糧鈔兼給，則軍民咸利。」朝廷從之。

遷陝西行御史臺中丞，到官數日，即上疏乞骸骨還鄉里。明年卒，年五十八。贈攄誠贊治功臣、中書左丞、上護軍，追封魏國公，謚文獻。

歸暘，字彥温，汴梁開封人。將生，其母楊氏夢日出東山，上有輕雲掩之，故名暘。登至順元年進士第，授同知潁州事，有能名。山東鹽司遣奏差至潁，恃勢爲不法，暘執以下獄。時州縣事鹽司甚謹，暘獨不爲屈。轉大都路儒學提舉，未上。至元五年十一月，河南行省掾范孟端，詐爲詔使至省中，殺平章政事月魯帖木兒等，以段輔爲左丞，使暘北守河口。暘力拒不從。賊怒，繫於獄，暘無懼色。已而賊敗，暘獲免。

孟端，杞縣人，與其黨霍八失等，僞稱聖旨，乘昏夜入行省中堂，召平章政事月魯不花、左丞怯烈、理問金剛奴、郎中完者禿、黑的兒、都事拜住、廉訪使禿滿、萬户完者不花、總管撒思等至，皆殺之，矯稱除孟端爲河南都元帥。有馮甲者，孟端用爲宣撫使，給事於外，馮叩孟端曰：「幸引我見朝廷官。」孟端醉，大言曰：「何者爲朝廷官？我是也。」馮覺其僞，因隨孟端出，告都鎮撫閉城門勿納，遂殺孟端於城外，霍八失等俱伏誅。當孟端反時，衆官俯首聽命，獨暘不爲賊汙。同里有吴炳者，嘗以翰林待制徵不起，賊以炳司卯酉曆，炳不敢辭。時人爲之語曰：「歸暘出角，吴炳無光。」暘自此知名。

明年，轉國子博士，拜監察御史。及入謝，臺臣奏曰：「此即河南抗賊者也。」帝曰：「好事卿宜數爲之。」賜以上尊。

已而辭官歸養。至正五年，起爲僉河南廉訪司事，以法繩趙王府官屬之貪暴者，王三遣使請之，不爲動。宣寧縣有殺人者，蔓引數十人，一讞得其情，盡釋之。沁州民郭仲玉爲人所殺，有司以蒲察山兒當之，暘察其誣，踪跡得殺人者，山兒遂免死。六年，轉僉淮東廉訪司事，改宣文閣監書博士，兼經筵譯文官。

七年，遷右司都事。順江酋長樂孫求内附，請立宣撫司及置郡縣二十三處。暘曰：「古人有言：『鞭雖長不及馬腹。』使郡縣果設有事，不救則孤來附之意，救之則罷中國而事外夷，所謂『獲虚名而受實禍』也。」與左丞呂思誠抗辨甚力，丞相太平笑曰：「歸都事善戇，何相抗乃爾邪！然策將焉出？」暘曰：「其酋長可授宣撫，勿責其貢賦；使者賜以金帛，遣歸足矣。」卒從暘言。

有訴太平馬前，太平索皮服予之，仍覈在官所藏皮服之數，悉給貧民。暘曰：「宰相當以廣濟天下爲心，皮服有幾何，而欲悉給之邪？莫若録寒饑者賑之。」太平愧謝。

湖廣行省左丞沙班卒，其子沙的方爲中書掾，請奔喪。執政以沙的有兄弟，不許。暘曰：「孝者，人子之同情。以有兄弟而沮其請，非所以孝治天下也。」遂許之。

廣海猺賊入寇，詔朵兒只丹將思、播楊元帥軍以討之。暘曰：「易軍而將，不諳教令，恐不能決勝。若命楊就統其衆，彼悦於恩命，必能自效。所謂以夷狄攻夷狄，中國之利也。」帝不從，後竟無功。

八年，遷左司員外郎。六月，遷參議樞密院事。時方國珍未附，詔江浙行省參知政事朵兒只丹討之，一軍皆没，朵兒只丹被執，將罪之。暘曰：「將失利，罪固當誅。然所部皆北方步騎，不習水戰，是驅之死地也。宜募海濱之民習水者討之。」既而國珍遣人從朵兒只丹走京師，請降。暘曰：「國珍已敗我王師，又拘我王臣，力屈而來，非真降也。必討之以令四方。」時朝廷方事姑息，卒從其請。後果屢叛，如暘言。遷御史臺都事，俄復參議樞密院事。十二月，擢樞密院判官。

九年，轉河西道廉訪使，未上，改禮部尚書。會開端本堂，皇太子就學，召暘爲贊善。未幾，遷翰林直學士、同修國史，仍兼前職。暘言：「師傅當與皇太子東西相向授書，其屬亦以次列坐，虛其中座以待至尊臨幸。不然，則師道不立。」從之。俄以疾辭。帝遣左司郎中趙璉賜白金、文綺，不受。

初，暘在上都時，脱脱自甘州還，且入相，中書參議趙期頤、員外郎李稷謁暘私第，致脱脱之命，屬草詔。暘辭曰：「丞相將爲伊周事業，入相之詔當命詞臣視草，今屬筆於暘，恐累丞相之賢。」期頤曰：「若帝命爲之，奈何？」暘曰：「事理不順，亦當固辭。」期頤知不可屈，乃已。

十年正月，遷四川行省參知政事。十二年，除刑部尚書。十五年，再除刑部尚書。凡三遷，皆以疾辭。

十七年，授集賢學士，兼國子祭酒。使者迫之，暘輿疾至京師，卧於南城，不起。時海内多故，暘上三策：一曰振紀綱，二曰選將材，三曰審形勢。亹亹數千言，朝廷不能用。

十一月，以集賢學士、資德大夫致仕，給半俸終身，辭不受。明年，乞骸骨，僑居弘州。徙蔚州，後移居解州之夏縣。皇太子至冀寧，强起之，居數月，復還夏縣。二十七年卒，年六十三。

徐奭，字周臣，彰德安陽人。由國子生爲學録，累遷户部主事，擢員外。拜監察御史，劾臺臣不稱職者。出僉浙西道肅政廉訪司事，入爲中臺都事。再遷爲浙東道肅政廉訪使，以静治聞。入爲户部尚書，參議中書省事。拜治書侍御史，與言事者不合，謝病歸。後除禮部尚書，擢河東山西道宣慰使，拜河南江北等處行省參知政事，改集賢侍講學士。至正四年卒，年六十五。

奭爲人恂恂，至當官涖事，意有不可，即言之，故屢爲姦人所中云。

史臣曰：王克敬之練達，崔敬、蓋苗之侃直，韓鏞、歸暘、徐奭之剛介，皆惠宗時名臣也。當時權在丞相，左右丞、參政一忤丞相意，即斥去。鏞與苗並以忤丞相，不能久於其位，惜哉！

【校勘記】

〔一〕「臨事不認真」，「真」字原脱，據《元史》卷一八四列傳第七十一《王克敏傳》補。

新元史卷之二百十三　列傳第一百十

呂思誠武祺　成遵　賈魯

呂思誠，字仲實，平定人。父允，僉漢中道廉訪司事。母馮氏，夢見神人，及寤，思誠生，有光照室，人異之。

長從蕭𣂏學，擢泰定元年進士第，授同知遼州事，未赴，丁内艱。改景州蓨縣尹，差民户爲三等，均其徭役，刻孔子象，令社學徧祀之。春行田，樹畜勤敏者，賞以農器。印文簿畀社長，季月報縣，不孝弟、不事生業者，悉書之，罰輸作。胥吏豪猾者，竄名職田户，思誠悉革之。

天曆初，軍興，豫貸鈔於富民造兵器，事先集，而民不擾。天旱，道士持青蛇曰：「盧師谷小青龍也，禱之雨。」思誠殺蛇，笞道士，即日雨。

擢翰林國史院檢閲官，俄遷編修。文宗在奎章閣，敕取國史閲之，院長不敢言，思誠獨跪閣下，争曰：「國史紀當代人君善惡，天子無閲之者。」事遂寢。

累擢國子監丞、司業。拜監察御史，與斡玉倫徒等劾中書平章政事徹里帖木兒變亂朝政，疏留中不下。思誠納印綬殿前，遂出僉廣西廉訪司事。巡行郡縣，土官於元帥恃勢陵人，恐事覺，遣其子迓思誠於道。思誠縛至縣，痛懲之，一道震肅。移浙西道，達識帖睦邇爲南臺御史大夫，與江浙省臣有隙，嗾思誠劾之。思誠曰：「吾爲天子耳目，非臺臣鷹犬。」不聽。已而聞平章左吉貪墨，思誠劾其罪，流之海南。

復召爲國子司業，遷中書左司員外郎。盜殺河南省臣，詿誤者三十餘人，思誠言於朝，皆釋之。遷左司郎中，俄以事罷，起爲右司郎中，拜刑部尚書。

科舉復行，與僉書樞密院事韓鏞爲御試讀卷官，改禮部尚書。御史臺奏爲治書侍御史。總裁遼、金、宋三史，擢侍御史。樞密院奏爲副使，御史臺又留爲侍御史。會平章政事鞏卜班不法，監察御史劾之，御史大夫也先帖木兒曰：「姑徐之。」思誠趣入，奏罷鞏卜班。也先帖木兒銜思誠甚，思誠即謁告，朝廷知其事，出爲河東道廉訪使。未幾，召爲集賢侍講學士，兼國子祭酒。拜湖廣行省參知政事，中道授湖北道廉訪使。

五年，入拜中書參知政事。六年，遷左丞。九年，轉御史中丞。再任左丞、知經筵事，提調國子監，兼翰林學士承旨、知制誥兼修國史，加榮禄大夫，總裁后妃、功臣傳。會萃《六條政類》，賜玉帶。又爲樞密副使，仍知經筵事。復爲中書左丞。御史大夫納麟誣參政孔思立受賕，或欲連中思誠，納麟曰：「吕左丞有廉名，勿及之。」遂止，拜集賢學士，仍兼國子祭酒。

吏部尚書偰哲篤、右司都事武祺等建言更鈔法，以楮幣一貫文省權錢一千文爲母，銅錢爲子。詔命廷臣集議，思誠曰：「中統、至元，自有母子。上料爲母，下料爲子。譬之蒙古人以漢人子爲後，皆人類也，尚終爲漢人之子。豈有紙幣爲父，而以銅錢爲子者？」一座咸笑。思誠又曰：「錢鈔用法，以虛換實也。今歷代錢、至正錢、中統鈔，至元鈔、交鈔，分爲五項。若商賈藏其實而棄其虛，恐不利於國家。」偰哲篤曰：「至元鈔多僞，故更之。」思誠曰：「至元鈔不僞，人爲僞爾。交鈔若出，亦有爲僞者。且至元鈔猶故戚也，家之童奴識之；交鈔猶新戚，人未識也，其僞滋多。况祖宗之成憲，豈可輕改？」偰哲篤曰：「祖宗法弊，亦可改。」思誠曰：「汝輩更法，又欲上誣世祖，是汝與世祖爭高下也。且自世祖以來，諸帝皆謚曰『孝』，改成憲可謂孝乎？」偰哲篤曰：「錢、鈔兼行何如？」思誠曰：「錢、鈔兼行，輕重不倫，何者爲母？何者爲子？汝不通古今，徒道聽塗説耳。」偰哲篤忿曰：「我等策不可行，公有何策？」思誠曰：「我有三字策，曰：行不得。」丞相脱脱見思誠言直，狐疑未决。御史大夫也先帖木兒獨曰：「吕祭酒之言亦是，但不當在廟堂上大聲厲色爾。」監察御史承望風旨，劾思誠狂妄，奪其誥命並所賜玉帶。

十四年，出爲湖廣行省左丞，遣太醫院宣使秦初即其家迫遣之，初窘辱不遺餘力，思誠不爲動，貽書參議龔伯遂曰：「去年許可用爲河南左丞，今年呂思誠爲湖廣左丞，世事至此，足下得無動心乎？」未幾，召還爲中書添設左丞，進光禄大夫，兼司農卿。思誠去二日，武昌陷，爲御史所劾，遂罷職。十五年六月，御史桑哥等復辦思誠無罪，詔給還宣命、玉帶。十七年三月卒，年六十五。追封齊國公，謚忠肅。有文集、《漢通紀》行於世。

與思誠爭鈔法者，爲偰哲篤、武祺。偰哲篤，附見《仳理迦帖木兒傳》。祺，字子春，太谷人。由掾吏遷知桐城縣，果斷有能名。入爲户部左司都事，建言議鈔法，曰：「鈔法自世祖時已行之，後除撥支料本，倒易昏鈔，以布天下外，有合支名目於寶鈔總庫料鈔轉撥，所以鈔法疏通，民受其利。比年以來，失祖宗原行鈔法本意，不與轉撥，故民間流轉者少，致僞鈔滋多。」廷議韙之，凡合支名目准於總庫轉支。至正十年，丞相脱脱鋭意變法，祺與吏部尚書偰哲篤請更鈔法，以楮幣一貫文省權銅錢一千文爲母，銅錢爲子。脱脱從祺等議，立寶泉提舉司，鑄至正通寶銅錢，印造交鈔，通行天下。未幾，以軍興賞犒，印鈔日不暇給，物價騰湧逾十倍，度支益絀。祺尋授參議中書省事，轉户部尚書，拜甘肅參知政事，以疾卒。

成遵，字宜叔，南陽穰縣人。年十五喪父，貧不廢學。至順元年，至京師，受《春秋》於夏鎮，遂入國子監爲諸生。助教陳旅數以語學士虞集，集方有目疾，見遵來，迫而視之，曰：「公輔器也，君當自愛重。」

元統改元，登進士第，授翰林國史院編修官。明年，預修泰定帝、明宗、文宗三朝《實録》。後至元四年，擢應奉翰林文字。

至正初，擢太常博士，轉中書檢校，尋拜監察御史。扈從至上京，上封事言：「天子宜慎起居，節嗜慾，以保養聖躬。聖躬安，則宗社安。」言甚迫切，帝改容稱善。又言臺察四事：一曰差遣臺臣，越職問事；二曰左遷御史，杜塞言路；三曰御史不思盡言，循叙求進；四曰體覆廉訪，聲跡不實，賢否混淆。帝皆嘉納之，諭臺臣曰：「遵所言甚善，皆世祖風紀舊規也。」特賜上尊旌之。遵又言江浙火災，宜賑恤；劾平章火魯忽赤不法十事，宜罷斥。皆從之。復上封事言時務四事：一曰法祖宗，二曰節財用，三曰抑奔競，四曰明激勸。奏入，命中書議行。

三年，自刑部員外郎出爲陜西行省員外郎，以母病辭歸。五年，丁母憂。八年，擢僉淮東肅政廉訪司事、禮部郎中，奉使山東、淮北，察守令賢否，薦循良九人，劾罷貪懦者二十一人。九年，改刑部郎中，尋遷御史臺都事。臺臣嫉贓吏以父母之憂獲免，建議：「官吏凡被劾贓私，雖父母死，不許歸葬。」遵曰：「貪吏固可惡，然與人倫孰重？國家以孝治天下，寧失罪人，勿使爲吏者不葬父母。」御史大夫是其言，擢户部侍郎。十年，遷中書右司郎中。刑部獄久不決者積數百，遵與同僚分閱之，共議輕重，各當其罪。時輸粟補官者匿罪得七品雜流，爲怨家所告，有司議不問。遵曰：「賣官鬻爵，已非盛典，况賣與有罪之人乎？必奪其敕，著爲令。」省臣從之。

除工部尚書。先是，河決白茅，鄆城、濟寧皆爲巨浸，漕運使賈魯言：「必疏南河，塞北河，使復故道，役不大興，害無已時。」廷議莫能決，乃命遵偕大司農秃魯行視河，議其疏塞之方以聞。十一年春，自濟寧、曹、濮、汴梁行數千里，掘井以量地之高下，測岸以究水之深淺，謂故道不可復，其議有八。而丞相脱脱先入賈魯之言，及遵與秃魯至，力陳不可，且曰：「濟寧、曹、鄆連歲饑饉，民不聊生，若聚二十萬人於此地，恐後日之憂，有重於河患者。」脱脱怒曰：「汝謂民將反耶？」自辰至酉，辨論終不能入。明日，執政謂遵曰：「丞相意已定，且有人任其責矣，公幸毋多言。」遵曰：「腕可斷，議不可易也。」由是出爲大都、河間等處都轉運鹽使。

十四年，調武昌路總管。時大江上下皆劇盜，米直翔湧，遵言於省臣，假軍儲鈔萬錠，募勇敢之士且戰且行，糴粟於太平、中興，民賴以濟。會省臣出師，遵攝省事，乃遠斥候，塞城門，籍民爲兵〔一〕，得五千餘人，設萬夫長四，配守四門，號令嚴肅。賊船往來江中，終不敢近岸。

十五年，擢江南行臺治書侍御史，召拜參議中書省事。時河南賊數渡河焚掠，郡縣上下視若無事。遵率左右司，詣丞相言曰：「天下州縣喪亂過半，河北之民稍安者，以黃河爲之障，賊不能飛渡，視河南之民，猶得保其家室故也。今賊北渡河，而官軍不禦，是大河之險已不能守，河北之民復何所恃？河北民心一摇，國勢將如之何？」語未畢，哽咽不能出聲，丞相已下皆爲揮涕。乃入奏，詔遣使責防河將帥，自是守禦始固。

湖廣賊倪文俊質威順王之子，遣人請降，求爲湖廣行省平章。廷議欲許之，遵曰：「平章職亞宰相，承平時，雖德望漢人，抑而不與。今逆賊挾勢要求，輕以與之，如綱紀何？」或曰：「王子，世皇嫡孫也，不許，是棄之與賊，非親親之道。」遵曰：「項羽執太公，欲烹之以挾高祖，高祖尚以分羹答之。奈何以王子故，廢天下大計？」廷議不能奪。除治書侍御史，俄復入爲參知政事。

十七年，擢中書左丞，階資善大夫。是年九月，改除御史中丞，與中書右丞也花不先奉使宣撫彰德、大名、廣平、東昌、東平、曹、濮等處。

十八年，復拜中書右丞。時太平爲右相，以事忤皇太子，皇太子深銜之。以遵及參知政事趙中皆黨於太平，遵與中去，則太平勢孤。十九年，用事者承望風旨，嗾寶坻縣尹鄧守禮弟鄧子初等，誣遵與參政趙中、參議蕭庸等六人受贓。皇太子命御史臺、大宗正府等官雜問之，鍛練成獄，遵等俱坐杖死，中外冤之。

二十四年，御史臺臣辯明遵等誣枉，詔給還所授宣敕。

賈魯，字友恒，澤州高平人。幼負志節。即長，才氣過人。泰定初，以鄉貢授東平路儒學教授。歷行省掾，除潞城縣尹，選丞相東曹掾。擢户部主事，未上，一日覺心悸，尋得父書，即辭歸。及至家，父已得疾，未幾卒。魯服闋，起爲太醫院都事。

會詔修遼、金、宋三史，召魯爲《宋史》局官。書成，選授奉使宣撫幕官，考最，遷中書省檢校官。上言：「十八河倉，近歲没官糧百三十萬斛，其弊由富民兼并、貧户流亡，非先正經界不可。然事體重大，宜處置盡善，勿輕發。」書累數萬言，切中其弊。俄拜監察御史，奏：「御史言事，應專達聖聰，不宜臺臣先爲可否。」擢都事，遷山北道廉訪副使，復召爲工部郎中。

至正四年，河決白茅堤，又決金堤，立行都水監專治河防，數年不就。九年，白茅河東注沛縣成巨浸，帝患之，遣使體驗，乃督大臣訪求治河方略。特命魯行都水監，魯循行河道，往復數千里，備得要領，爲圖以進，且獻二策：其一，築北堤，以制橫潰，功省；其一，疏塞並舉，挽河復故道，功數倍。會遷右司郎中，議未及上，又疏言時政二十一事。調都漕運使，復修上漕運二十事，朝廷取其八：一曰京畿和糴；二曰優恤漕司舊領漕户；三曰接連委官；四曰通州總治，豫定委官；五曰船户困於壩夫，海運壞於壩户；六曰疏濬運河；七曰臨清運糧萬户府當隸漕司；八曰宣忠船户付本司節制。既而河水北侵安山湖，入運河，延袤濟南、河間，將隳漕司鹽場。

太傅、右丞相脱脱復相，乃集廷臣議之，言人人殊。魯復以前二策進，脱脱韙其後策，與魯定議，以河事屬魯，固辭。脱脱曰：「此事非子不可。」乃入奏，大稱帝旨。十一年四月，命魯以工部尚書、總治河防使，進秩二品，領河南北諸路軍民，發汴梁、大名十三路民夫一十五萬，廬州等戍十八翼軍二萬供役，一切從事大小軍民官，咸受節度。十一月，諸埽、諸堤成，水土工畢，河復故道。事見《河渠志》。帝遣使報祭河伯，召魯還京師。魯以《河平圖》獻，超拜榮禄大夫、集賢大學士，賞賚金帛。敕翰林學士承旨歐陽玄製《河平碑》，具載魯之方略，且宣付史館。

十二年，拜中書左丞，從脱脱平徐州。明年，脱脱旋師，命魯剿餘賊，攻濠州，同總兵官、平章月可察兒督戰。魯誓師曰：「吾奉旨統八衛漢軍，已頓兵七日，爾諸將同心協力，必以今日巳午時克其城，然後食。」魯上馬指麾，抵城下，忽頭眩下馬，戒兵弗退，病亟，却藥不肯汗，未幾卒，年五十七。賜鈔五百錠以給葬事。

初，潁川妖賊劉福通埋石人於黄陵岡，且爲童謡曰：「石人一隻眼，挑動黄河天下反。」及魯治河，掘得石人，役夫轉相告語，民心震駭，福通等遂煽惑其衆以叛。議者謂元之亡由治河，然是時羣盜蠭起，即無治河之役，天下亦大亂，魯固不任咎云。

史臣曰：脱脱爲宰相，慨然以天下爲己任，其變鈔法、復黄河故道，皆是也。吕思誠、成遵迂儒，固不足言。然變法，鈔之弊愈甚；河平，盜賊之亂日起。何則？不治其本而治其標，欲以療膏肓之疾，吾知爲扁、倉所竊笑也。

【校勘記】

〔一〕「兵」，原作「共」，據《元史》卷一八六列傳第七十三《成遵傳》改。

新元史卷之二百十四 列傳第一百十一

奕赫抵雅爾丁 野訥 回回 瞻思 自當篤列圖 完者都 達里麻識理 丑的

奕赫抵雅爾丁，字太初，回回氏。父伊速馬音，大都南北兩城兵馬都指揮使。奕赫抵雅爾丁幼穎悟嗜學，初爲中書掾，以年勞授江西行省員外郎。入爲吏部主事，固辭，擢刑部員外郎。四方所上獄牘，反復披閱，多所平反。遷陝西漢中道肅政廉訪司僉事，不赴，改中書右司員外郎，尋擢郎中。

一日，與同列議獄事，有持異同者，奕赫抵雅爾丁曰：「公等讀律，苟不能變通以適事，宜譬之醫者雖熟於方書，而不能切脈用藥，則於病者奚益焉？」識者歎爲名言。

大德八年，肆赦議，惟官吏受賕者不預，奕赫抵雅爾丁曰：「不可。贓吏固可嫉，比之盜賊，則有間矣。宥盜而不宥吏，何邪？」刑部有獄事上讞，既論決，已而丞相知其失，以譴右司主者。奕赫抵雅爾丁未嘗署其案，因取成案閱之，竊署名於其下。或訶之曰：「公實不與，丞相今方譴怒，而公反追署其案，何也？」奕赫抵雅爾丁曰：「吾雖不署此案，豈有與諸君同事而獨求倖免者？」丞相聞而賢之，同列因以獲免。

遷左司郎中。時左司闕一都事，平章梁德珪謂奕赫抵雅爾丁曰：「幹材易得，惟篤實不欺爲難得，公當舉其所知。」奕赫抵雅爾丁薦王毅、李迪，時論稱之。又嘗論朝士，如高克恭、敬儼等可大用，後皆如其言。

遷翰林侍講學士，兼修國史，轉中奉大夫、集賢大學士。未幾，除江東建康道肅政廉訪使。始視事，見以獄具陳列庭下，問之，乃前官創製以待有罪者。奕赫抵雅爾丁蹙然曰：「凡逮至臬司，皆命官及有出身之吏，廉得其情，彼自服罪，毋庸獄具也。」即屏去之。

至大初，立尚書省，拜參議尚書省事，召至京師，懇辭不就，復拜參議中書省事，亦以疾辭。延祐元年卒，年四十七。

野訥，回鶻爾氏。父脫烈，集賢大學士，野訥事仁宗於潛邸，成宗崩，仁宗將自懷州入都，左右或持不可，野訥屏人啟曰：「大行晏駕，社稷無主，邪謀方興。懷寧王及殿下人心所屬，宜急奉太后入都，迎立懷寧王以正神器。」仁宗即白太后，以二月至京師，遣使迎武宗於北邊。武宗即位，授嘉議大夫、秘書監，賜玉帶。仁宗爲皇太子，以野訥兼太子右庶子。遷侍御史、崇禋院使，兼將作院使。福建文繡局工匠男女無别，吏夤緣爲姦，野訥奏罷之，閩人感悦。尋兼太醫院使。

仁宗即位，請召先朝舊臣，咨以時政，又請以中都苑囿還諸民。拜樞密院副使，進同知樞密院事。遷中書平章政事，辭不拜。

野訥侍禁中，條時政得失，言無不納，然韜晦慎密，不泄其事於外。延祐四年卒，年四十。贈推誠保節翊運功臣、金紫光禄大夫、行中書省左丞相、上柱國，趙國公，謚忠靖。弟阿禮海涯，自有傳。

回回，哈剌乞台氏。祖脱密剌温，從世祖伐宋，討阿里不哥，俱有功。又從討李璮。師還至信都，遂家焉。父那海，從定浙東、西，以功授千户，超授潭州萬户府達魯花赤，遷宿州蒙古、漢軍上萬户達魯花赤，卒。

回回通儒書。成宗即位，召見上都慈德殿，命宿衛皇太后，累遷左司郎中。至大二年擢中奉大夫、參議中書省事。仁宗在東宫，嘗稱回回爲皇太后舊臣，宜供奉内廷，又嘉其在中書省能斷大事，賜東宫經史。及即位，轉大中大夫，仍參議中書省事。五月，驛奏使宜事於宣德行宮，仁宗獎納之，賜御衣一，質孫三十。遷兵部尚書，尋改禮部。九月，命工部尚書鄭允中錫金帶一。遷正議大夫、同僉樞密院事。

皇慶二年，擢中奉大夫、昭文館大學士，仍同僉樞密院事。尋命代僉院劉方統兵江南，回回奏曰：「人臣宣力戎行，陛下不宜遽奪其官，臣亦不宜奪同僚官，請追還成命。」帝曰：「朕不食言也。」比劉歸，授爲禮部尚書。九月，出爲淮東道宣慰使，賜鈔二萬錠，固辭，又賜海東白鶻，且命曰：「遇天壽節、元正節，可馳驛見朕。」回回奏：「國法：無故不得馳驛。」帝解御衣授之，以爲信。回回至官，訪問民所疾苦，悉革之，江淮民大悦。

延祐元年，還朝。二年，授河東陝西道宣慰使，平反冤獄百餘，治行爲諸道最。擢宣徽副使，進通奉大夫。復命覈兩淮屯田，得田千七百餘頃，糧千四百餘石，鈔二萬四千餘錠。召還，拜行省參知政事。入爲福壽院使。晉資善大夫。

英宗即位，拜浙江行省參知政事。至治元年，考績，復爲各行省最，賜織金段表裏。丁父憂。丞相拜住奏起爲大都路總管，兼大興府尹，乞終喪，不允。

泰定帝即位，内府供億、邊臣賞賚，視常例十倍，回回倉卒立辦，民不知擾。泰定二年卒，年五十九。子奴奴、童童。

回回歷事五朝，尤見知於仁宗。嘗朝仁宗别殿，見近臣疾趨出，回回徐入，仁宗默然，以手命回回啟户，復命闔之，又命取物以獻。明日，仁宗語平章蕭拜住曰：「朕端居深念，憂形於色，左右皆望而卻走，獨回回顏色如平時，彼走者皆内愧於心者也。回回自信無他，朕亦信之。」遂命工畫像賜之。回回家素貧，及卒，竟無以爲葬焉。

瞻思，字得之，其先大食人，後徙豐州。祖魯坤，太宗時以材授真定、濟南等路監榷課税使，又家於真定。

瞻思幼警敏，弱冠以所業就正於翰林學士承旨王思廉，思廉甚譽之。泰定三年，詔以遺逸徵至上都，見帝於龍虎臺。時倒剌沙柄國，西域人多附焉。瞻思獨不往，倒剌沙屢使人招之，以養親辭歸。天曆三年，召爲應奉翰林文字，賜對奎章閣，文宗問：「卿有著述否？」明日，進所著《帝王心法》，文宗稱善。詔預修《經世大典》，以議論不合求去，命奎章閣侍書學士虞集留之，瞻思堅以母老辭，乃賜幣遣之。後命集傳旨曰：「卿且暫還，行召卿矣。」至順四年，除國子博士，丁内艱，不赴。

後至元二年，拜陝西行臺監察御史，論奏十事，曰：「法祖宗，攬權綱，敦宗室，禮勳舊，惜名器，開言路，復科舉，罷衛軍，一刑章，寬禁綱。」侍御史趙承慶見之，歎曰：「御史言及此，天下之福也。」襄、漢流民聚居宋紹熙府故地，至數千户，私開鹽井，自相部署。瞻思上言：「紹熙土饒利厚，流户日增，若以其人散還本籍，恐爲邊患，宜設官府以撫定之。」詔即其地置紹熙宣撫司。三年，除僉浙西肅政廉訪司事，按問都轉運鹽使、海道都萬户、行宣政院等官贓罪，浙西郡縣無敢爲貪墨者。復以猾民自稱「道人」、「道民」、「行童」者，皆託名以避徭役，使民力日耗，契勘嘉興一路，爲數已二千七百，請勒歸本籍，俾供王賦，庶以少寬民力。朝廷韙之，著爲令。四年，改僉浙東肅政廉訪司事，以病免歸。

嘗與五府官决獄。咸寧民婦宋娥與鄰人通，鄰人謂娥曰：「我將殺而夫。」娥曰：「張子文行且殺之。」明日，夫果死，跡盜數日，娥始以張子文告其姑。五府官以爲非共殺，且既經赦宥，宜釋之。瞻思曰：「張子文以爲娥固許之矣，且娥夫死終旬始言之，是娥與張同謀，度不能終隱，故發之也，不可釋。」樞密判官曰：「平反活人，陰德也，御史勿執常法。」瞻思曰：「是謂故出人罪，非平反也。且公欲種陰德於生者，奈死者何？」乃獨上議，刑部卒正娥罪。

至正四年，除江東肅政廉訪副使。十年，召爲秘書少監議治河事。皆辭疾不赴。十一年卒，年七十四。二十五年，贈嘉議大夫、禮部尚書、上輕車都尉，追封恒山郡侯，謚文孝。著有《四書闕疑》、《五經思問》、《奇偶陰陽消息圖》、《老莊精詣》、《鎮陽風土記》、《讀

《東陽志》、《重訂河防通議》、《西國圖經》、《西域異人傳》、《金哀宗記》、《正大諸臣列傳》、《審聽要訣》，及文集三十卷。

自當，燕只吉觮氏。英宗時，以速吉兒赤擢監察御史。録囚大興縣，有人見槖駝死道傍，舁至其家，醢之，置甕中。會官槖駝被盜，捕索甚亟，乃執而勘之，其人誣服。自當審其獄辭，疑爲冤，即以上御史臺。臺臣以爲贓已具，不聽，改委他御史讞之，竟處死。後數日，遼陽行省以獲盜聞，冤始白。人皆服其有識。

泰定二年，扈從至上都，劾參知政事楊庭玉贓罪，不報，即納印還京師。帝遣使追之，俾復任，即再上章劾庭玉，竟罷之。又劾奏：「平章政事禿滿迭兒入怯薛之日，英宗被弒，必預逆謀。」不報，並賜禿滿迭兒黄金繫腰，自當遂移疾去。改工部員外郎。中書省委開渾河，自當往視之，以爲水性不常，民力亦瘁，難以成功，言於朝，河役始罷。

會三皇后卒，命工部撤行殿車帳，皆新作之。自當未即興工，尚書曰：「此奉特旨，員外有誤，則罪歸於衆矣。」自當曰：「即有罪，我獨任之。」未幾，帝果問成否，省臣乃召自當責問之。自當請入對，奏曰：「皇后行殿車帳尚新，若改作，恐勞民費財。且先皇后無惡疾，居之何嫌？必欲捨舊更新，則大明殿乃自世祖所御，列聖嗣位，豈皆改作乎？」帝大悅，語省臣曰：「國家用人，當如自當者，庶不誤大事。」特賜上尊、金幣。遷中書客省使，又改同僉宣政院事。

文宗即位，除中書左司郎中。有使者自江浙還，言：「行省臣意若不服。」帝怒，將誅之。自當言於丞相燕帖木兒曰：「皇帝新即位，雲南、四川猶未定，乃以使者一言，殺行省大臣，恐非盛德事。」燕帖木兒言於帝，事乃止。既而遷參議中書省事。燕帖木兒議封太保伯顏王爵，衆論附之，自當獨不言。燕帖木兒問故，自當曰：「太保位列三公，復加王爵，後再有大功，何以處之？且丞相封王，出上意，今欲加太保王封，丞相宜請於上，王爵非中書選法也。」議遂寢。拜治書侍御史。

初，文宗在集慶潛邸，欲創天寧寺，令有司起民夫，江南行臺監察御史亦乞剌台言曰：「太子爲好事，宜出錢募夫；若欲役民，則朝廷聞之，非便也。」至是，文宗悉召江南行臺監察御史，皆入爲監察御史，而欲黜亦乞剌台。自當諫曰：「陛下在潛邸時，御史能爲陛下諍臣，今無罪而黜之，非所以示天下也。」乃除亦乞剌台僉湖南廉訪司事。

帝欲游西湖，自當諫不聽，遂稱疾不從行。帝在舟中，顧謂臺臣曰：「自當終不滿朕此游耶？」

臺臣嘗奏除目，帝以筆塗一人姓名，而綴將作院官閭閭之名。自當言：「閭閭詼諧無行檢，惟可任教坊司，若居風紀，則臺綱掃地矣。」命遂不下。俄出爲陝西行臺侍御史。

惠宗初，改福建都轉鹽使。先是，自當爲左司郎中時，泰定帝欲以河間、江浙、福建鹽引賜中書參議撒迪，自當執不可，僅以福建鹽引二萬賜之。至是，自當復建言：「鹽引宜盡資國用，以紓民力。」時撒迪方爲御史大夫，不以爲怨，數遣人省自當母於京師，時人兩賢之。

丁母憂，久之，起爲浙西肅政廉訪使。時駙馬高昌王帖木兒補化爲江浙行省丞相，其左右恃公主勢，强有司以賤直買民物，不從即毆之。有司來白自當，自當命械以示衆，自是豪奴爲之斂戢。

尋召爲同僉樞密院事，復爲治書侍御史、同知經筵事。惠宗欲加太后爲太皇太后，下廷臣議之，自當以爲不可。衆曰：「英宗何以加太后爲太皇太后？」自當曰：「英宗，孫也。今上，子也，安得同？」帝不從。

寧夏人誣告買買等謀害太師伯顏，伯顏委自當與中書、樞密等官往鞫問，事不實，以誣妄坐告者罪。伯顏怒，自當曰：「太師令吾三人勘之，以國法所在也。必欲罪吾三人，則自當實主其事，宜獨受之。」乃左遷自當同知徽政院事。

自當歷事四朝，始終一節，有古遺直之風。然卒以是忤權貴，不復柄用。未幾，以病卒。

弟別兒怯不花，中書右丞相，自有傳。同時以鯁直聞者，又有篤列圖。

篤列圖，字敬夫，捏古氏，後徙永豐。父卜里也禿思，從文宗於潛邸，官靖江路總管。篤列圖，天曆三年，舉進士第一，文宗覽其對策曰：「是必世家子弟，何以知吾家事若是之詳？」授集賢修撰。御史中丞馬祖常以其妹妻之。累遷江南行臺監察御史，按治湖廣、江浙諸路，咸有名蹟。威順王寬徹不花素不法，奪山澤之利，民尤苦之，告於官，篤列圖一無所貸，劾王罪宜削爵土，會赦免。故事，御史按部至，官吏供張甚盛，篤列圖命撤去，及視事，莫不震懾，曰：「慎勿犯捏古狀元。」召爲內臺御史，以病卒，年三十七。

完者都，朵魯伯觧氏，乃蠻太陽罕之族也。父札忽台，蘄縣翼上萬户府達魯花赤。延祐初，完者都襲父職，以防海功，賜金織紋對衣二襲，陞定遠大將軍。徽泰翼萬户田特哥子安童與其兄珙爭襲爵，安童匿其符命，有司不能直者十有五年。行省檄完者都覈其事，一訊而服，人以爲神明。

日本人四十餘乘夜入内港，完者都訊得其情，徵所賂上官金還之。及出港，復掠商船十有四，刼民財百三十家，完者都乘巨艦追之，奪其所獲而返。

歲旱，官吏有買饑民子女者，完者都要於路讓之曰：「爾等政令不修，民罹菑害，尚忍奴人子女耶？」盡召其父母至，俾攜去。

至元初，以親老辭。已而海寇竊發，詔完者都回任。完者都分兵水陸並進，賊大敗，漳州李志甫叛，完者都一戰擒之。賊聞小萬户來，皆相顧失色。常追賊周麻千等，直抵琉球國界，舟幾覆，賊皆乞降。下令曰：「凡脅從者，皆釋罪。財貨悉沉於海。」賜上尊、金龍紫緞，以旌其功。拜浙東道宣慰使都元帥，加中奉大夫。至正四年卒，年四十六。

達里麻識理，字遵道，怯烈台氏，居開平。父阿剌不花，江西行省參知政事，追封趙國公，謚襄惠。

達里麻識理，幼穎敏。至正五年，經筵選充譯史。轉補御史臺譯史，除照磨。十五年，拜監察御史。出僉山北道肅政廉訪司事，未行，留爲詹事院都事。十七年，爲太子家令。又四遷爲中書左司郎中。十九年，除刑部尚書，提調兵馬南北司巡綽事。二十二年，拜中書參知政事、同知經筵事。二十三年冬，遷上都留守，兼開平尹。

二十四年，塔失帖木兒以前平章來爲留守。時孛羅帖木兒擁兵京師，達里麻識理與塔失帖木兒皆以忠義許國，不附孛羅帖木兒。未幾，塔失帖木兒入爲大司農，謂達里麻識理曰：「我至京師，則制於强臣，未易圖也。」因留不行。既而孛羅帖木兒以善安爲上都留守，使徵兵於瓦吉剌部落。達里麻識理以禮待之，善安辭去。孛羅帖木兒復調帖木兒、托忽速哥至上都，以守禦爲名，實爲牽制達里麻識理之計。達里麻識理密遣前宗正札魯忽赤月魯帖木兒潛通音問於行樞密院事益老答兒，又遣留守司照磨陳恭發興州兵，約東西手八剌哈赤、虎賁司，糾集丁壯苗軍，什伍相聯，布列鐵旛竿山下，揚言四方勤王之師畢至，帖木兒等大驚，所將兵盡潰走，由是上都城守益嚴。

二十五年，皇太子在冀寧，命立上都分省，以達里麻識理爲右丞，便宜行事。七月，禿堅帖木兒以兵犯上都，先遣利用少監帖理哥赤來征餉，達里麻識理戮之於市。已而禿堅帖木兒兵至，旌旗蔽野，達里麻識理嬰城固守，夜遣死士縋城下，焚其攻具。又調副留守禿魯迷失海牙引兵出小東門，敗禿堅帖木兒軍於卧龍岡。未幾，孛羅帖木兒伏誅，禿堅帖木兒亦遁。拜中書右丞，兼上都留守，提調虎賁司，加光禄大夫，賜黃金繫腰，仍命提調東西手八剌哈赤。分省罷，遥授平章政事、上都留守，位第一，力辭，不允。明年，召爲大宗正也可札魯忽赤。又明年，拜太子詹事，遷翰林學士承旨，又遷知樞密院事，兼知大撫軍院事。未幾，卒。

丑的，字子元，蒙古氏。祖德里山，河南行省右丞。父萬僧，江浙行省平章政事。丑的寬仁有雅量，由宿衛拜江南行臺監察御史，累遷翰林侍講學士。

至正十六年，除江南浙西道肅政廉訪使，爲政務持大體，慨然曰：「天下太平，則糾劾官邪，職也。今日之事，宜安靖以綏輯之。」會行臺移杭州，吏白檄有司供給，丑的曰：「如此則擾民矣。」乃出公帑市於民，悉予其值。杭州三關曰昱嶺、獨松、千秋，控扼宣、歙諸郡，丑的議增築堡壘，嚴兵爲守禦計。後賊由宣、歙來犯，輒敗去。時苗軍暴横，白晝殺市人，攫其金，聞丑的來，皆斂戢，且相戒曰：「監司大人不可犯也。」丑的語其帥，徙營於北關外，築五壘以居之，苗軍始戢。

杭州司税者多市井無賴，布於遠近，以漁獵商賈，丑的悉禁之，物價頓平，倉吏歲當更，有司輒視貧富爲去取，丑的廉知其弊，革之，民大悦。張士誠乞降，行省議未決，丑的力贊其事。擢江浙行省右丞，賜上尊、金幣，慰勞甚厚。尋拜榮禄大夫、江浙行省平章政事。十八年，率師援安慶，臺臣劾其逗撓，褫職安置陝西，道梗，爲張士誠所留。明太祖滅士誠，丑的後卒於明。

新元史卷之二百十五　列傳第一百十二

月魯帖木兒　卜顏帖木兒　道童　達里麻識理〔一〕　也速

月魯帖木兒，卜領勒多禮伯臺氏。曾祖貴裕，事太祖爲管領怯憐口怯薛官。祖合剌，襲父職，事世祖。父普蘭奚，由宿衛爲中書右司員外郎，從丞相哈剌哈孫迎立武宗，累遷至山北遼東道肅政廉訪使。

月魯帖木兒幼警敏，年十二，成宗命與哈剌哈孫子脱歡同入國學。仁宗時入直宿衛。一日，帝問左右曰：「斯人容貌不凡，誰之子耶？」左右忘其父名，月魯帖木兒即對曰：「臣父普蘭奚也。」帝曰：「汝父協謀以定國難，朕未嘗忘。」因命脱忽台諭四怯薛，令常侍禁廷，毋止其入。哈剌哈孫欲用爲中書，月魯帖木兒辭。哈剌哈孫曰：「汝年幼，欲何爲？」對曰：「欲爲御史爾。」久之，遂拜監察御史，巡按上都，劾奏太師右丞相帖木迭兒受張弼賕六萬貫貸死。帝怒，碎其太師印，賜月魯帖木兒鈔萬貫。除兵部郎中，拜殿中侍御史，遷給事中、左侍儀、同修起居注。

尋爲右司郎中，賜坐便殿，帝顧左右，謂曰：「月魯帖木兒識量明遠，可大用。」他日，帝語近臣曰：「朕聞前代皆有太上皇之號，今皇太子且長，可居大位，朕欲爲太上皇，與若等游西山以終天年。」御史中丞蠻子、翰林學士明里董阿皆稱善，月魯帖木兒獨起拜曰：「臣聞昔之所謂太上皇，若唐玄宗、宋徽宗，皆當禍亂，不得已而爲之者。願陛下正大位，以保萬世無疆之業，不宜慕前代虛名。」帝稱善。

仁宗崩，帖木迭兒復入中書。參議乞失監以受人金帶繫獄，帖木迭兒使乞失監愬月魯帖木兒爲御史時誣丞相受賕。皇太后命丞相哈散等即徽政院推問，不實，事始釋。帖木迭兒乃奏以月魯帖木兒爲山東鹽運司副使，降亞中大夫爲承事郎。期月間，鹽課增以萬計。丁外艱。復擢山南江北道肅政廉訪副使。

泰定初，遷汴梁路總管。再調武昌，以養親不赴。致和元年，河南行省平章伯顏矯制起月魯帖木兒爲本省參知政事，共議起兵，月魯帖木兒固辭曰：「皇子北還，若問參政受命何人，則何辭以對？」伯顏怒，會明里董阿迎文宗過河南，月魯帖木兒爲御史時嘗劾其娶娼女，冒受封爵。明里董阿因説伯顏收之，丞相別不花亦與之有隙，乃謫月魯帖木兒乾寧安撫司安置。至順四年，移置雷州。

至元六年，召還。至正二年，入覲，帝欲留之，以母喪未葬辭。四年，起同知將作院事。尋除大宗正府也可扎魯花赤。九年，由太醫院使拜翰林學士承旨，知經筵事。

十二年，江南諸郡盜賊充斥，詔拜月魯帖木兒平章政事，行省江浙，因言於丞相脱脱曰：「守禦江南，爲計已緩。若得權宜行事，猶有可爲。」不從。陛辭，賜尚醞、御衣、弓矢、甲冑，衛卒十人，鈔萬五千貫。至鎮，招募民兵數千人，次建德，獲首賊何福，斬於市，遂復淳安等縣。是年七月，次徽州，以疾卒於軍中。

卜顏帖木兒，字珍卿，唐兀吾密氏。性明鋭，早備宿衛。天曆初，由太常署丞拜監察御史，殿中侍御史，累除大都路達魯花赤、都轉運鹽使、肅政廉訪使，由行中書省參知政事擢左、右丞，行御史臺中丞，遂拜江浙行省平章政事。

至正十二年春，蘄、黄賊徐壽輝遣兵陷湖廣，侵江東、西，詔卜顏帖木兒討之。卜顏帖木兒募壯健爲兵，得士三千人、戰艦三百艘。時湖廣平章政事也先帖木兒、江西平章政事星吉、江南行臺御史中丞蠻子海牙，皆以兵駐太平，宿留不進。卜顏帖木兒至，乃與俱前。賊方聚丁家洲，官軍奮擊，敗之，遂復銅陵縣，擒其賊帥。又復池州，分遣萬户普賢奴屯陽陵，王建中屯白面渡，閭兒攻無爲州，自率鎮撫不花、萬户明安駐池口，爲之節度。已而江州再陷，星吉死之，蠻子海牙及威順王寬徹普化兵俱潰而東，安慶圍益急，遣使求援。諸將皆欲自守信地，卜顏帖木兒曰：「何言之不忠耶！安慶與池州止隔一江，救患之義，我其可緩？且上流官軍雖潰，然皆百戰之餘，所乏者錢穀耳。吾受命總兵，坐視其饑困，可乎？」即大發帑藏以周之，潰軍大集，兩軍之勢復振，安慶圍遂解。

十三年三月，賊再攻池州，衆十萬，諸縣皆叛應之。卜顏帖木兒會諸將謀曰：「賊表裏連結，若俟其築壘成，而坐食諸縣之粟，破之實難。今新至疲弊，如乘其驕惰，盡鋭攻之，則頃刻之間大功可就。」遂分番與戰，果大敗之，擒其僞帥，俘斬無算。乘勝率舟師以進，五月，戰於望江，又戰於小孤山及彭澤，又戰於龍開河，賊皆破走，復江州。七月，克蘄州，擒僞帥鄒普泰。進兵道士洑，焚賊柵，抵蘭溪口。賊之巢曰黄連砦，又克而殲其衆，分兵平兩巴河，於是江路始通。十一月，與蠻子海牙、四川行省參知政事哈臨禿、左丞桑禿失里、西寧王牙罕沙軍合湖廣左丞伯顏不花等軍亦來會，十二月，分道進拔蘄水縣，徐壽輝之僞都也，獲其僞將相而下四百餘人，壽輝僅以身免。以功，詔賜上尊、黄金帶。

時丞相脱脱方總大兵南征，聞賊已破，乃檄伯顏不花討淮東，蠻子海牙守裕溪口，威順王還武昌，卜顏帖木兒控制長江上下。十六年六月，復還兵守池州。十一月卒。

卜顏帖木兒持身廉介，人不敢干以私，所過不受禮遺宴犒，民不知有兵。性至孝，幼養於叔父阿朮，事之如父。常乘花馬，時稱爲花馬兒平章云。

道童，字石巖，高昌人。以世胄入官，授直省舍人。遷監察御史，出爲廣東、山南等路廉訪司僉事。調信州路總管，移平江。

平江徵夏絲二萬二千餘斤，歲立三限收之，吏貪緣爲姦。道童改定舊法，甫六月，而夏税已竣，吏弊遂除。郡以七倉儲米，歲設杴斗三百人，累年爲倉蠹，道童盡逐之。民輸米石加五六斗，豪右則僅輸二三，以多輸者補之。道童令大户輸齊，然後徵細户，豪右皆依數完納。和顧和買，官給其直，每經歲不發，道童令物至官所，即以鈔償之，民尤稱便。歲旱，道童遣屬吏勘災，戒之曰："吾輩爲民父母，聽其啼饑，可乎？既履畝，必以實閲。"廉訪使朵歹聞而賢之。有與道童不合者，告其以妄言凶歲誣朝廷，於是遣御史乘傳至，鞫其虚實。時道童已擢江淮等處財賦都總管府達魯花赤，逮至平江，御史按其事，則告者皆妄語，乃讁告者，復還道童官。

至正元年，遷大都路達魯花赤。出爲江浙行省參知政事。尋召入中書，頃之，又出爲江浙行省右丞，拜平章政事。

十一年，詔仍以平章政事行省江西。是年，江州土賊蠭起，道童倉皇無措。左右司郎中伯顔不花曰：「今賊勢衝突，城中無備，萬一失守，奈何？有章伯顔左丞者，致仕居撫州，其人知軍務，宜禮請之，使署本省左丞事，專任調遣軍旅，庶幾事可濟。」道童從其言，伯顔亦欣然爲起曰：「此正我報國時也。」至則設守禦計甚悉。

明年正月，湖廣陷。二月，伯顔不花將兵援江州，至石頭渡遇賊，戰敗。道童聞之恐，即懷省印遁走。伯顔不花還，與章伯顔嬰城固守。後數日，道童始自南昌民家歸。三月，賊圍城，道童素恤民，故多爲之用。又用章伯顔計，密召死士，面塗青，額抹黄，布衣，黄衣爲前鋒。别選精鋭數千爲中軍，命萬户卜魯哈歹章妥因領之。夜半，開門擊賊，賊驚以爲神，遂敗走。章伯顔尋以疾卒。

十五年，以守城功，加大司徒、開府，仍錫龍衣、御酒。歲大旱，公私匱乏，道童移咨江浙行省借米數十萬石、鹽數十萬引，凡軍民約三日人糴官米一斗，入昏鈔二貫，又三日買官鹽十斤，入昏鈔二貫，民皆便之。

十八年夏四月，陳友諒復攻江西，時平章政事火爾赤與道童不相能，又貪忍，不得將士心，見城且陷，遂夜遁。道童亦棄城退保撫州，賊追至，遂爲所害。事聞，賜謚忠烈。

達理麻識理，字正道，高昌人。祖玉赤不花，奉詔修金水河，獲龜蛇之瑞。父長喜，官浙西江東道廉訪使，遂家於常州之宜興。

達理麻識理性廉介，有操行，博通經史，尤工小篆，以蔭授寧國路判官。至元元年，改泰和州達魯花赤，書十字於楹間，曰：「奉薄儉常足，官卑清自尊。」其厲志如此。十一年，江淮盜起，省檄巡防江上。未幾，還泰和。

十二年，陳友諒破吉安，行省官皆委印綬宵遁，達理麻識理集民兵爲城守，計料兵之日，戮賊諜二人，尸城上。分勸富室出粟數千石、錢數萬緡爲兵餉，聲勢大振。以民兵五百人送達魯花赤納速兒丁、總管梁克申返吉安，遂復其城。又遣趙州判禦賊於石門，趙戰死，麾下猶不退，賊讙曰：「此達相公兵，不可拒也。」明日遂相率來降。或請繕城堡爲拒守計，曰：「堅固不如民心，民心壞，雖有堅城能獨守乎？」不聽。撫循丁壯如家人子弟，按行營伍，不以寒暑風雨而輟。

江淮道阻，惟參政全普庵撒里與尚書哈海赤守贛州。中丞沙嘉班以重臣宣慰廣東，慷慨有大節。達理麻識理乃近連贛州，復爲書上宣慰司，其詞憤切，沙嘉班大喜，勉以固守，爲進取計。已而嶺海隔絶，達理麻識理歎曰：「天乎！吾今殆絶望矣！」

十四年，賊奄至城西門外，達理麻識理不爲動。夜五鼓，先遣鎮撫趙家奴率援兵出戰，自辰至午，力盡幾挫，乃簡精卒五百人援之。賊望見，大驚曰：「黄衫軍來矣。」皆奔潰，城圍立解。

十五年，代者來，達理麻識理指庭下列瓮數十，謂人曰：「此吾所儲俸米也。」比去，惟家僮負挈俸米及書帙而已。俄以疾卒，民繪其像祀之。

達理麻識理嘗語人曰：「吾涖官有三字：曰勤，曰法，曰畏。勤以治事，法以守身，畏以奉行。」世以爲名言。

也速，蒙古人。父月闊察兒，爲惠宗宿衛。惠宗討伯顔，使月闊察兒夜至柳林，負燕帖古思太子歸，遂見親任。及帝安置燕帖古思於遼東，命月闊察兒護送。月闊察兒希旨，中道拉殺之。至正十四年，由知樞密院事拜中書平章政事。十五年，帝罷丞相脱脱兵權，加月闊察兒太尉，與太不花、雪雪同代脱脱將兵。後罷爲大宗正札魯忽赤，仍太尉。十六年，月闊察兒以軍中受傷，請罷職，帝不允，未幾卒。

也速倜儻知名，由宿衛歷尚乘寺提點，遷宣政院參議。至正十四年，河南賊芝麻李據徐州，也速從脱脱南征。脱脱用其計，以巨石爲礮晝夜攻之。賊不能支，也速又先登，破其外城，賊遂遁，以功除同知中政院事。會賊圍安豐，從月闊察往援之，策馬探淮水深淺而過，賊大駭，撤圍去。也速進攻濠州，有詔班師，乃還，遷將作院使。復從大軍征淮東，取盱眙，累遷淮南行樞密院副使、同知樞密院事。

賊航海襲山東，也速計賊必乘勝北侵，引兵北還，表裏擊之，復滕、兖二州及費、鄒、曲阜、寧陽、泗水五縣，賊勢遂衄。未幾，復泰安州及平陰、肥城、萊蕪、新泰四縣，又平安水等五十三寨。進知樞密院事。討蒲臺賊杜黑兒，擒送京師磔之。東昌賊北犯陵州，也速邀擊於景州，斬獲殆盡，進復阜城縣。命也速屯單家橋，斷賊北路。賊轉攻長蘆，也速往援，流矢貫左手，不顧，轉鬭無前，殺賊五百餘人，奪馬三千匹。

拜中書平章政事，改行省淮南。雄州、蔚州賊繼起，也速悉平之。知樞密院事劉哈剌不花所部卒掠懷來、雲州，欲爲亂，也速以輕騎撫之，降其衆，隸麾下。

賊陷大寧，詔也速往討。兵次侯家店，遇賊，即搏戰，散而復合，遣別將繞出賊後，賊腹背受敵，大敗，遂拔大寧，擒賊首湯通、周成等三十五人，磔於都市。召入覲，賞賚優渥，進階金紫光禄大夫、知樞密院事。既而賊首雷帖木兒不花、程思忠等陷永平，詔也速出師，遂復灤州及遷安縣。時遼東郡縣，惟永平不被兵，儲粟十萬，芻藁山積，賊乘間竊入，木兒不花，送京師。賊急，乃乞降於參政徹里帖木兒，請命於朝，詔許之，命也速退師。也速度賊必以計怠我，乃嚴備以偵之。程思忠果棄城遁去，追至瑞州，殺獲萬計，賊遂東走金、復州。

拜遼陽行省左丞相，知行樞密院事，建行省於永平，總兵如故。金、復、海、蓋等州賊並起，西侵興中州，復由海道趨大都。聞也速在永平，乃止，轉攻大寧，爲守將王聚所敗，衆潰，皆西走。也速慮賊窺上都，以右丞忽林台守之，簡精鋭，自躡賊後。賊果逼上都，忽林台擊敗之，永平、大寧俱無賊，乃分命官屬安輯遺民，使什伍相保，以事耕種，民爲立石頌功德。

二十四年，孛羅帖木兒犯闕，拜也速中書左丞相。七月，孛羅帖木兒留兵守大同，自率兵至京師。命也速軍於昌平禦之。孛羅帖木兒前鋒已度居庸關，也速軍無鬬志，不戰而潰，皇太子尋出奔於太原。

二十五年，皇太子與擴廓帖木兒謀清内難，入討孛羅帖木兒。孛羅帖木兒乃遣御史大夫秃堅帖木兒率兵攻上都，又調也速禦擴廓帖木兒部將竹真、貊高等。也速軍次良鄉，不進，謀之於衆，皆謂孛羅帖木兒狂悖，圖危宗社，中外同憤，遂勒兵歸永平，西連太原擴廓帖木兒，東連遼陽也先不花國王，軍聲大振。孛羅帖木兒患之，遣其將姚伯顔不花攻也速。姚伯顔不花素輕也速，不設備，也速覘知之，襲破其軍，擒姚伯顔不花。七月，孛羅帖木兒伏誅。

二十七年，命也速以中書右丞相分省山東。二十八年，明兵取山東，也速與部將哈剌章、田勝、周達等禦於莫州，衆敗潰，乃北遁。惠宗至上都，復以也速爲中書左丞相，獻帛萬匹、糧五千石。十一月，封也速梁王，加太保。

二十九年三月，也速率精騎四萬襲通州，不克。詔也速勿深入，賜龍衣、御酒，將士賞賚有差。六月，與明將常遇春戰於全寧，失利，明兵遂入上都。惠宗奔應昌，命也速屯於紅羅山後，又爲明兵所破。惠宗崩，皇太子奔和林，也速卒於漠北。

【校勘記】

〔一〕「達里麻識理」，正文作「達理麻識理」。

新元史卷之二百十六　列傳第一百十三

李士贍　張楨　陳祖仁

李士贍，字彦聞，南陽新野人，後徙漢陽。幼英敏好學。至正初，以布衣游京師，平章政事悟良合台、右丞烏古孫良楨皆以王佐許之。尋用度支監卿柳嘉薦，爲知印，復以大都籍登至正十一年進士第。知印歷十九月考滿，遷庫知事，中書辟充右司掾。時賊陷濟寧，中書省奏分省、分院官處死，帝以知院哈剌八都兒勛戚，赦其罪，以右丞阿塔赤、參知政事賈惟貞坐之。士贍上書於執政曰：

賞罰者，國家之大柄；是非者，人心之至公。賞罰無章，雖堯舜不能以爲治，況後世乎？是非混殽，雖智者不能以有爲，況庸人乎？國家自太祖皇帝肇基朔方，世祖皇帝奄有區夏，一舉而蹙殘金，再舉而混南北，使海内之人争效臣妾，豪傑之士奔走慕義，翕然如雲龍風虎之相從者，此無他，賞罰明而是非公故也。承平以來，百年於兹，紀綱法度，日益廢弛，上下之間，玩歲愒日，率以爲常。一旦盜賊猝起，茫然無措。

總兵者惟事虛聲，秉鈞者務存姑息。其失律喪師者，未聞顯戮一人。是以不數年間，海内鼎沸，山東、河北莽爲丘墟。此無他，賞罰不明而是非不公故也。

近者天子以兩丞相爲元老舊臣，命總萬機。今日之事，正宜開誠布公，振作綱紀，明示賞罰，號令天下，一新中外之耳目，庶幾盜賊可平，四海可定，中興之事業可計日而待也。今巨寇在邇，敗軍滿前，姑息之風愈勝前日。但聞今日取一招，明日送刑部。切爲閣下惑焉。姑以一節言之，如哈剌八都兒等所犯，最爲容易處置者，乃至遷延到今，未有定論。中外之人謂聖君賢相作事，猶且若此，安得不觖望乎？《傳》曰：「賞不逾時，罰必當罪。」斯言是矣。何則？哈剌八都兒官雖知院，其職則總兵也。右丞阿塔赤、參政賈惟貞名雖分省官，其職則供給也。在律，主將所犯，宜處重刑，供給所招，應得杖流。今哈剌八都兒雖有特赦免死之文，不過聖上寬仁，少延其死耳。然法者，祖宗之所授，天下之名器也，雖天子不能以自私。是故舜爲天子，皋陶爲士，瞽瞍殺人，彼爲舜者祇能竊負而逃耳。漢薄昭，太后之母弟也，昭有罪，文帝終不貸其死命。夫虞舜，大聖人也；漢文，賢主也。而其所爲若是。誠以恩不足以掩義，私不可以廢公。

古者制敕一下，事有弗順於人而礙理者，在百官有司，猶且封還，不即奉詔，未聞宰相秉國之鈞，職當繩愆糾繆，而徒以承顏順旨爲事者也。必不得已，其總兵官既已特敕免死，則分省官正應坐以本罪。如此則輕重適均，後世猶懼爲公道之玷，安可使輕重失倫，以啟將來紛然之議乎？

僕一介草茅，濫叨掾屬，顧惟職在簿書，忝司法守，固不敢偷容取合，以賣法誤國；亦不敢畏避詭隨，以陷閣下於不義。伏惟閣下亮之。

執政韙其言，阿塔赤等遂得減死。

累遷刑部主事員外郎、樞密院經歷、僉山南江北道事，改吏部侍郎，又改户部侍郎，行永平路總管，擢户部尚書，出督福建海漕。時海賊賽甫丁降，仍據福州，詔以燕赤不花爲行省平章政事，賽甫丁拒不納。燕赤不花攻之三月，城垂克，民恐爲兵所掠，乞士贍言於燕赤不花，與賽甫丁和解，燕赤不花從之。士贍欲復入城，衆危之，士贍曰：「民候我去留爲存亡。不入，且有變。」士贍入城，賽甫丁聽命，一城獲免。拜資善大夫、福建行省左丞。尋入爲中書參議。是時察罕帖木兒與孛羅帖木兒争冀寧，士贍與察罕帖木兒書曰：

士贍奉使無效，本無置喙之地。然初意不過欲暫那三晉之地，少安彼軍之心。彼軍既離，則雲中一帶自可輸粟京都，以實國本。而山西之糧，既路遠難運，其勢亦當少緩。根本稍定，然後合兩軍之衆，並力東南，則門庭之寇，庶可指日而靖。何意使轍未還，遽致自相魚肉，暴横如此，良可慨也。

愚者誠不足論，公爲當今賢者，天下之寶，安得不爲天下惜之！大抵臣子之於君父，惟求其所當盡，不責於人。然後天下之爲君臣父子者，由是而定。彼其怨恨日深，則是非日起，是使瞽瞍終無底豫之期，申生終無待烹之理。此非見道分明，所養素定，何以臻此？

三代而上，孝莫如舜，忠莫如周公，古今此兩人外，固不多見。自是而下，其能處富貴而不移，當危疑而不惑，卓然無所繫累，一出乎千萬人志慮之表者，近代惟郭汾陽爲然耳。汾陽用舍進退，皆庶幾中庸之道。僕謂後之殷監，無過於是，當時閣下亦嘗笑而許之。今背馳若秦人與越人然，夫以閣下之忠義，乃至使人不相信遽如此，然則將何時何人而可信乎？謂閣下之志在公耶？則閣下之疆土乃國家之疆土也，於閣下何與焉？謂閣下之志在私耶？彼以桓文之義舉，猶不足以服當時，信後世，況欲如曹丞相、桓大司馬之爲哉？僕知閣下之志，固不在是矣。

閣下處衆人之中，獲天下之盛名，四方諸侯一視公爲輕重。自冬徂春，兩軍交惡，謗書迭積，至煩天子遣宰周公之使。至今兵不解，而使不返，其跡則類乎拒命，其心則近乎要君。自是以來，閣下之盛名，遂不能不損於前日，吾恐《春秋》之責，不在彼而在公矣。

今山東之寇未平，公不以此時提兵東向，克終前業，乃效兩虎交鬭，此所謂謹其小而遺其大，快私憾而棄公義，安得不見笑於藺相如乎？天下之人，其以公爲何如人耶？且易失者機會，難得者事功，時不再來，僕爲閣下惑焉。彼黄口之子，久當自斃，烏足以爲公敵？某平昔辱公知待之厚，故不避言深之忌，而妄意陳之，雖獲罪左右，無憾也。

察罕帖木兒雅敬士瞻，雖不盡用其言，亦不以爲忤也。

十二年，拜樞密副使，條上二十事，曰：「悔己過以詔天下，罷造作以慰人心，御經筵以講聖學，延老成以詢治道，去姑息以振紀綱，開言路以求得失，明賞罰以厲百司，公選舉以息奔競，察近倖以杜姦弊，嚴宿衛以備非常，省佛事以節浮費，絶濫賞以足國用，罷各宫屯種歸有司經理，減歲賞計置爲諸宫用度，招集散亡以實八衛之兵，廣給牛具以備屯田之用，獎勵守令以勸農務本，開誠佈公以禮待藩鎮，分遣大將急保山東，依唐廣寧王故事分道進取。」疏上，惠宗嘉納焉。先是，薊國公脱火赤上言，乞罷三宫造作，帝爲減軍匠之半還隸宿衛，而造作如舊，故士瞻首及之。

未幾，搠思監議解孛羅帖木兒兵柄，士瞻曰：「兹事重大，宜先調兵以固京師。」搠思監不從。及孛羅帖木兒犯闕，也速代擴思監爲丞相，士贍爲參知政事，士贍謂也速曰：「前政首禍天子，以丞相代之。如其復蹈前轍，難未已也。請亟下明詔，以彰天討。」又不聽。遷翰林學士、知制誥同修國史。

孛羅帖木兒入朝，出爲遼陽行省左丞。至則傳檄遠近，起兵討孛羅帖木兒。會孛羅帖木兒伏誅，復徵爲中書參知政事。

擴廓帖木兒奉命南征，諸王、駙馬悉聽節制，士贍以爲兵權太重，固爭之。又與宰相言：「朝廷爲政，宜先正倫常。」宰相謂：「國俗叔嫂相妻，蓋欲守其家產。」士贍曰：「今議論政體，乃以家產爲言乎？」其人慚而止。擴廓帖木兒上疏，請討張思道等，執政莫敢言。士贍曰：「棄南征之命而逞私憾，咎孰與歸？若許之，則責在朝廷矣。」事遂寢。拜翰林學士承旨，進封楚國公。二十七年，以疾卒，年五十五。

子守成，進士；守恒，遼陽行樞密院斷事官經歷；守峴，太尉掾史。

張楨，字約中，汴梁開封人。元統元年進士，授彰德路録事，辟河南行省掾。楨初娶祁氏，生貴家，見楨貧，不爲禮。合巹逾月，楨即出之。祁氏之兄訟於官，左右司官聽之，楨因移疾不出，案牘留滯。平章政事月魯帖木兒怒曰：「張楨剛介士，豈汝曹所當議耶！」郎中虎者禿謁而謝之，乃起。

范孟端爲亂，矯殺月魯帖木兒等，城中大擾。楨暮夜縋城出，得免。逾年，除高郵縣尹，門無私謁。縣民張提領武斷鄉曲，一日至縣，有所干請，楨執之，盡得其罪狀，杖而徒之，人以爲快。千户狗兒妻崔氏爲妾所譖虐死，其鬼憑七歲女詣縣訴，備言死狀，屍見瘞舍後，楨率吏卒發土，得屍，拘狗兒及妾鞫之，皆伏辜，縣人頌爲神明。累除中政院判官。

至正八年，拜監察御史，劾太尉阿乞剌欺罔之罪，并言：「明里董阿、也里牙、月魯不花皆陛下不共戴天之讐。伯顏賊殺宗室嘉王、郯王十二口，稽之古法，當伏門誅，而其子弟尚仕於朝，宜誅竄。別兒怯不花阿附權姦，亦宜遠貶。今災異迭見，盜賊蜂起，海寇敢於要君，閫帥敢於玩寇，恐有唐末藩鎮之禍。」不聽。

及毛貴陷山東，上疏言根本之禍有六，征討之禍有四。

根本之禍：一曰輕大臣，二曰解權綱，三曰事安逸，四曰杜言路，五曰離人心，六曰濫刑獄。其言「事安逸」之禍曰：

臣伏見陛下以盛年入纂大統，履艱難而登大寶，因循治安，漸不如初。今天下可謂多事矣，天道可謂變常矣，民情可謂難保矣。是陛下警省之時，戰兢惕厲之日也。

陛下宜卧薪嘗膽，奮發悔過，思祖宗創業之難，今日覆亡之易。於是而修實德，則可以答天意，推至誠，則可以回人心。凡土木之勞，聲色之玩，皆宜痛自改悔。有不盡者，亦宜防微杜漸，禁於未然。而陛下乃安焉處之，如天下太平無事之時，此所謂根本之禍也。

征討之禍：一曰不慎調度，二曰不資羣策，三曰不明賞罰，四曰不擇將帥。其言「不明賞罰」之禍曰：

臣伏見調兵六年，既無紀律之法，又無激勸之宜，將帥掩敗爲功，指虛爲實，大小相謾，上下相依，其性情不一，而邀功求賞則同。是以有覆軍之將，殘民之將，怯懦之將，貪婪之將。所經之處，雞犬一空，貨財俱盡。及其面諛游說，反以冒功受賞。今克復之地悉爲荒墟，河南提封三千餘里，郡縣星羅棊布，歲輸錢穀數百萬，計今所存者封丘、延津、登封、偃師三四縣而已。兩淮之北，大河之南，所在蕭條。夫有土、有人、有財，然後可望軍旅不乏，饋餉不竭。今寇敵已至之境，固不忍言，未至之處，尤可寒心。如此而望軍旅不乏，饋餉不竭，使天雨粟、地湧金，朝夕存亡且不能保，況以地方有限之費，而供將帥無窮之欲哉！陛下事佛求福，以天壽節而禁屠宰，皆虛名也。今天下殺人矣，陛下泰然不理，而曰：「吾將以是求福。」福何自而至哉！潁上之寇，始結白蓮教，以佛法誘衆，終挾威權，以兵抗拒。視其所向，駸駸可畏，其勢不至於亡吾社稷、燼吾國家不已也。朝廷不思靖亂，而反爲階亂，其禍至慘，其毒至深，其關係至大，有識者爲之痛心。此征討之禍也。

疏奏，不省。

權臣惡其訐直，二十年，除僉山南道肅政廉訪司事。至則劾中書右丞也先不花、參知政事脱脱木兒、治書侍御史奴奴弄權誤國之罪，又不報。

是時，孛羅帖木兒駐兵大同，察罕帖木兒駐兵洛陽，二將方以争晉、冀爲事，搆兵相攻。朝廷遣也先不花、脱脱木兒、奴奴往解之。既受命，不前進。楨又言其庸懦無憂國之心，枉道延安以西，繞數千里遲遲而行，使兩軍日夜仇殺，黎庶肝腦塗地，宜急殛之，以救時危。亦不報。楨乃慨然歎曰：「天下事不可爲矣！」即辭官，歸居河中安邑。有訪之者，不復言時事，但對之流涕而已。

二十四年，孛羅帖木兒犯闕，皇太子出居冀寧，奏除贊善，又除翰林學士，皆不起。擴廓帖木兒將輔皇太子入討孛羅帖木兒，遣使傳皇太子令旨，賜以上尊，且訪時事。楨復書曰：

今燕趙齊魯之境，大河内外，長淮南北，悉爲丘墟，關陝之區所存無幾，江左日思薦食上國，湘漢、荆楚、川蜀淫名僭號，幸我有變，利我多虞。閣下國之右族，三世二王，得不思廉、藺之於趙，寇、賈之於漢乎？京師一殘，假有不逞之徒，崛起草澤，借名義尊君父，倡其説於天下，閣下將何以處之？守京師者能聚不能散，禦外侮者能進不能退，紛紛藉藉，神分志奪，國家之事能不爲閣下憂乎？《志》曰：「不備不虞，不可以師。」僕之惓惓爲言者，獻忠之道也。然爲言大要有三：保君父一也，扶社稷二也，衛生靈三也。請以近似者陳其一二：衛出公據國，至於不父其父；趙有沙丘之變，其臣成兑平之，不可謂無功，而後至於不君其君；唐肅宗流播之中，怵於邪謀，遂成靈武之篡。千載之下，雖有智辯百出，不能爲雪。嗚呼！是豈可以不鑒之乎？然吾聞之，天之所廢，不驟也。肆其寵樂，使忘其覺悟之心，非安之也，厚其毒而降之罰也；天遂其欲，民厭其汰，而鬼神弗福也。閣下覽觀焉。謀出於萬全則善矣，急則其變不測，徐則其釁可乘。通其往來之使，達其上下之情，得其情斯得其策矣。擴廓帖木兒深然之。後三年卒。

陳祖仁，字子山，汴梁開封人。父安國，常州晉陵尹。

祖仁貌寢，眇一目，然議論偉然，剛正負氣節，博學能文。至正二年，舉進士第一，授翰林修撰，同知制誥兼國史院編修官。歷太廟署令、太常博士，遷翰林待制。出僉山東肅政廉訪司事，擢監察御史。復出爲山北肅政廉訪司副使。召拜翰林直學士，擢侍講學士，除參議中書省事。

二十二年五月，帝欲修上都宮闕，工役大興。祖仁上疏曰：

自昔人君不幸，遇多難之時，孰不欲奮發有爲，成不世之功，以光復祖宗之業？苟或上不奉於天道，下不順於民心，緩急失宜，舉措未當，雖無事之時，猶或致亂，而況欲撥亂世反之正乎？上都宮闕，創自先帝，修於累朝，自經兵火，焚燬殆盡。此固陛下日夜痛心，所宜亟圖興復者也。然今四海未靖，瘡痍未瘳，倉庫告虛，財用將竭，乃欲驅疲民以供大役，廢其耕耨，而荒其田畝，何異扼其吭而奪之食，以速其斃乎？陛下追惟祖宗宮闕，念茲在茲，然不思今日所當興復，乃有大於此者。假令上都宮闕未復，固無妨於陛下之寢處，使因是而違天道失人心，則夫天下者亦祖宗之天下，生民者亦祖宗之生民，陛下亦安忍而輕棄之乎？願陛下以愛惜民力爲本，以恢復天下爲務，信賞必罰，以驅策英雄，親正人，遠邪佞，以圖謀治道。夫如是，則承平之觀不日咸復，詎止上都宮闕而已乎！

疏奏，其事遂寢。

二十三年十二月，拜治書侍御史。時宦者資正使朴不花與宣政使槖驩，內恃皇太子，外結丞相搠思監，驕恣不法。監察御史傅公讓上章暴其過，忤皇太子意，左遷吐蕃宣慰司經歷，它御史累疏諫争，皆外除。祖仁上書皇太子曰：

御史糾劾槖驩、不花姦邪等事，非御史之私言，乃天下之公論。今殿下未賜詳察，輒加沮抑，擯斥御史，詰責臺臣，使姦臣蠹政之情不得達於君父，則亦過矣。夫天下者，祖宗之天下；臺諫者，祖宗之所建立。以二豎之微，而於天下之重、臺諫之言一切不恤，獨不念祖宗乎？且殿下之職，止於監國撫軍，問安視膳而已，此外予奪賞罰之權，自在君父。今方毓德春宮，而使諫臣結舌，凶人肆志，豈惟君父徒擁虛名，即天下蒼生亦將奚望焉？

疏上，皇太子怒，令御史大夫老的沙諭祖仁，謂：「臺臣所言雖是，但槖驩等俱無是事，御史糾劾不實，已與美除。昔裕宗爲皇太子，兼中書令、樞密使，凡軍國重事合奏聞者，乃許上聞，非獨我今日如是也。」祖仁復上疏曰：

御史所劾，得於田野之間；殿下所詢，不出宮牆之內。所以全此二人者，止緣不見其姦。昔唐德宗云：「人言盧杞姦邪，朕殊不覺。」使德宗早覺，杞安得相？是杞之姦邪，當時知之，獨德宗不知；今二人之姦，天下知之，獨殿下不知也。且裕宗雖領軍國重事，至於臺諫封章，自是御前開拆。假使東宮先閱，君父或有差失。諫臣有言，太子將使之聞奏乎？不使之聞奏乎？使之聞奏，則傷其父心，不使聞奏，則陷父於惡。殿下將安所處？如知此説，則今日糾劾之章不宜阻矣，御史不宜斥矣。

祖仁疏再上，即辭職。皇太子以其事聞，朴不花、槖驩皆自免，令老的沙諭祖仁等。祖仁復上疏曰：

祖宗以天下傳之陛下，今乃壞亂不可救藥。雖曰天運使然，亦陛下刑賞不明之所致也。且區區二豎，猶不能除，况於大者？願陛下俯從臺諫之言，擯斥二人，不令其以辭職爲名，成其姦計，使海内皆知陛下信賞必罰，自二人始，則將士孰不效力，天下可全而有，以還祖宗。若猶優柔不斷，則臣寧餓死田野，誓不與之同列也。

書奏，帝大怒。是時侍御史李國鳳亦上疏，言此二人必當斥逐。於是臺臣自老的沙以下皆左遷，出祖仁爲甘肅行省參知政事。時天寒，祖仁單衣就道，以弱女托於其友朱毅。

明年七月，孛羅帖木兒入中書爲丞相，除祖仁山北道肅政廉訪使，召拜國子祭酒，遷樞密副使，累疏言軍事利害，不報，辭職。除翰林學士，復拜中書參知政事。是時天下大亂，祖仁性剛直，與時宰議論數不合，乃超授其階榮禄大夫，而仍還翰林爲學士。尋遷太常禮儀院使。

二十七年，明兵已取山東，朝廷方疑擴廓帖木兒有不臣之心，置撫軍院總兵馬以備之。祖仁與翰林學士承旨王時、待制黄哻、編修黄肅上書曰〔一〕：

近者南軍不逾月而逼畿甸，朝廷雖命也速出師，然勢力孤危，不足爲京師屏蔽，宗社安危，正在今日。臣愚以爲，馭天下之勢，當論其輕重、强弱，遠近，先後，不宜膠於一偏，狃於故轍。前日南軍尚遠，擴廓帖木兒近在肘腋，意將覬覦非分，不得不亟於致討。今擴廓帖木兒勢已窮蹙，而南軍長驅北犯，山東瓦解。是擴廓帖木兒弱而輕，南軍强而重也。陛下與皇太子宜審其輕重、强弱，改弦更張。撫軍院諸臣亦宜以公天下爲心，審時制宜。擴廓帖木兒既不能復振，分撥一軍足以擒獲。其餘見調一應軍馬，宜令其倍道東行，勤王赴難，與也速等聲勢聯絡，仍遣重臣分道宣諭督催，庶幾有濟。如復膠於成見，動以言者爲擴廓帖木兒游説，而鉗天下之口，不幸猝有意外之變，則天下之事去矣。

書上，不報。

十二月，祖仁又上書皇太子言：

近降詔削河南兵馬之權，雖所當然，然此項軍馬終爲南軍所畏。即使有悖逆之心，朝廷以忠臣待之，其心愧沮，亦何所施？今未有所見，遽以此名加之，彼若甘心以就此名，其害有不可言者。朝廷苟善用之，豈無所助？然人皆知之而不敢言者，誠恐誣以受賄，謂爲之游説也。况聞擴廓帖木兒屢上書，疏明其心跡，是其心未絶於朝廷，以待朝廷之昭洒。今爲朝廷計者，不過戰、守、遷三事。以言乎戰，則資其觭角之勢；以言乎守，則待其勤王之師；以言乎遷，則假其藩衛之力。勉强策勵，猶恐遲晚，豈可使數萬之師，棄置於無用之地？今宗社存亡，祇在旦夕，不幸有唐玄宗倉卒之事，是以祖宗之社稷人民委而棄之。臣雖碎首粉身，亦無濟於事矣。

疏上，亦不報。

二十八年秋，明兵至近郊，詔祖仁及同僉太常禮儀事王遜志等，奉太廟神主，從皇太子北行。祖仁等奏曰：「天子有大事，出則載主以行。從皇太子，非禮也。」帝然之，命祖仁守太廟以俟。未幾，帝北奔，祖仁不果從。京城陷，將出健德門，爲亂軍所殺，時年五十五。

史臣曰：元季國勢阽危，所恃以禦賊者，惟擴廓帖木兒一人，而李士贍猶嫌其兵權太重。擴廓帖木兒劾張思道等不聽節制，士贍又持其事不下。當時執政大臣，士贍號爲通達時務者，乃闇於機權如此，其亡國不亦宜乎？張楨、陳祖仁屢進讜言，終無尺寸之效。祖仁請昭洗擴廓帖木兒，其言尤激切，惠宗父子屏而不用，惜哉！

【校勘記】

〔一〕「黄哻」，疑當作「黄尋」。《元史》卷一八六列傳第七十三《陳祖仁傳》亦作「黄哻」。

新元史卷之二百十七　列傳第一百十四

李黼韓準　泰不華　樊執敬　汪澤民　福壽賀方　褚不華　普化帖木兒　劉鶚

李黼，字子威，潁州人。父守中，工部尚書。守中遇諸子嚴，每飲酒，輒半月醉不解。黼百計承順，跪而自訟，常達旦不寐。

泰定四年，進士及第，授翰林修撰。明年，代祠西嶽，公燕，黼坐省臣上，省臣曰：「敕使每後我，今可易邪？」黼曰：「王人雖微，序於諸侯之上，《春秋》之義也。」省臣不能對。改河南行省檢校官，遷禮部主事。拜監察御史，首言：「禴祠烝嘗，古今大祭，今太廟惟一祭，而日享佛祠神御，非禮也。宜據經典行之。成均教化之基，不當隸集賢，宜中書省領之。諸侯王歲賜，宜有定額。分封易代之際，陳請恩例，世系親疏無成書可考，宜仿先代修正玉牒。」皆不報。轉江西行省郎中。入爲國子監丞，遷宣文閣鑒書博士，兼經筵官。

尋中書省命黼巡視河渠，黼上言曰：「蔡河源出京西，宋以轉輸之故，平地作堤。今河底填淤，高出地面，秋霖一至，横潰爲災，宜按故跡修浚。他日東河或有不測之阻，江淮運物可分道達於京師，此萬世之利也。」亦不報。遷秘書太監，拜禮部侍郎。敕詳定中外所上封事，已而廷議内外官通調，授黼江州路總管。

至正十一年夏五月，盜起，陷蘄、黄，焚掠數千里，造船江北岸，鋭意南攻。江州爲大江咽喉之地，黼治城濠，募丁壯，分守要害，且上攻守策。於江西行省請屯兵江北，以扼賊衝，不報。黼歎曰：「吾不知死所矣！」

十二年正月，賊將趙普勝渡江，陷武昌，威順王及省臣相繼遁去。賊船蔽江而下，遂陷瑞昌。右丞孛羅帖木兒亦遁。黼雖孤立，然志氣愈壯。黄梅縣主簿也先帖木兒願出擊賊，黼大喜，向天灑酒與之誓。時賊已至，黼軍倉卒無號，墨士卒面以統之，出戰，黼身先士卒，也先帖木兒繼之，賊大敗，逐北六十里，鄉丁依險阻遏賊歸路，殺獲二萬餘人。黼計賊不利於陸，必由水道來薄，乃冒鐵椎於木杪，植沿岸水中，逆刺賊舟，謂之七星樁。會西南風急，賊舟揚帆至，遇樁莫能動，倉惶失措。官軍發火箭射之，焚溺無算。行省上黼功，拜江西行省參知政事，江州、南康等處軍民都總管，便宜行事。普勝屢敗，憤甚，乃益兵環攻之。黼守孤城，提孱兵，無日不與賊戰，中外援絶。

二月，賊薄城下，平章政事秃堅不花啟北門遁。黼引兵登陴，賊已至甘棠湖，焚西門，乃張弩射之。賊轉攻東門，遂入城。黼引兵巷戰，揮劍叱賊曰：「殺我，無殺百姓。」賊刺黼墜馬，黼與從子秉昭、萬户黄德隆俱罵賊死，年五十五。

百姓聞黼死，哭聲震天，相率具棺槨葬於東門外。事聞，贈攄忠秉義效節功臣、資德大夫、淮南江北等行中書省左丞、上護軍，追封隴西郡公，謚忠文。詔立廟江州，賜額曰崇烈。官其子秉方集賢待制。黼兄冕居潁州，亦死於賊。秉昭，冕季子也。

與黼同時在江西者，有韓準，亦知名。準，字公衡，濟州沛縣人，登進士第，授同知孟州事。三遷至太常博士。拜監察御史，出爲南康路總管，擢本路廉訪使。

至正十二年，蘄、黄賊入江西，平章以下皆遁，獨準與右丞章伯顔固守，相持五十四日，賊卒敗退。十八年，陳友諒陷龍興，來見準，準面壁卧。友諒曰：「向爲縣吏，已知公名。」準不答。展轉遁至福建，拜江西行省參知政事。準志在收復，輿疾以往，寓於順昌。旋改行臺治書侍御史，遂上章告老，以行省左丞致仕。既而順昌亦陷，準籍藁堂下，以喪禮自處，有疾，不服藥而卒，年七十三。

泰不華，字兼善，伯牙吾台氏。初名達普化，文宗賜以今名。世居白里山。父塔不台，入直宿衛，歷台州録事判官，遂家台州。

家貧，好讀書，集賢待制周仁榮養而教之。登進士第，授集賢修撰，轉秘書監著作郎。拜江南行臺監察御史。時御史大夫脱歡貪暴，泰不華劾罷之。文宗建奎章閣學士院，擢爲典籤。改中臺監察御史。

惠宗即位，加文宗皇后太皇太后之號，泰不華率同列上疏争之。太后怒，欲殺言者，泰不華語衆曰：「此事我自發之，不敢累諸公。」已而太后怒解，賜金幣以旌其直。出僉河南廉訪司事，俄移淮西，又遷江南行御史臺經歷，辭不赴。轉江浙行省左右司郎中。浙西大水，言於中書省，免其租。擢秘書監，改禮部侍郎。

至正元年，授紹興路總管。除没官牛租，令民自實田，以均賦役。行鄉飲酒禮，教民興讓，民德之。召入史館，與修遼、金、宋三史，書成，授秘書卿，改禮部尚書，兼會同館事。

八年，台州黄巖民方國珍作亂，劫掠漕運，詔江浙參政朵兒只班總舟師捕之。官軍自相驚潰，朵兒只班被執，爲所逼，奏國珍乞降。朝廷從之，國珍兄弟皆授官，國珍仍不肯赴，勢益横。九年，詔泰不華察其事。泰不華上招捕之策，不聽。尋除江東道廉訪使，改侍講學士，知制誥，同修國史，出爲都水庸田使。

十年十二月，國珍寇沿海諸路。十一年二月，詔孛羅帖木兒爲江浙行省左丞，總兵至慶元。遷泰不華浙東道宣慰使都元帥，分兵温州，夾攻賊師。未發，賊寇温州，泰不華縱火筏焚之，遁去。孛羅帖木兒與泰不華約，以六月乙未合兵進討。壬辰，孛羅帖木兒先期至大閭洋，兵敗被執，國珍飾詞上聞，泰不華聞之痛憤，數日不食。帝復遣大司農達識帖木兒等至黄巖招之，國珍兄弟皆登岸羅拜。是夕，泰不華欲命壯士襲殺之，密白於達識帖木兒，達識帖木兒曰：「我奉詔招降國珍，君欲擅殺乎？」乃檄泰不華至海濱，散其部衆，授國珍兄弟官。尋遷台州路達魯花赤。

十二年，國珍兄弟復入海叛，泰不華發兵扼澄江，遣義士王大用至賊所示約信，使其來歸。國珍留大用，以小舸二百突入舟港，泰不華語衆曰：「吾以書生致位顯貴，誠恐負所學。汝輩助我討賊，克則汝功，不克則我死以報國。」衆皆踴躍請行。時賊將陳仲達往來計議，僞言賊可降。泰不華率衆，張受降旗，乘潮而至，與賊船遇，呼仲達申前議，仲達色變。泰不華知有異，即手斬之，直前攻賊船，射死五人，殺登船賊二人。賊欲擁泰不華過船，泰不華瞋目叱之，奪其刀，復殺二人。賊攢槊刺之，中頸死，猶植立不仆。賊投其屍於海。年四十九，時十二年三月庚子也。

其家僮抱琴及臨海尉李輔德、千户赤盞、義士張君璧皆死之。泰不華死後，除江浙行省參知政事，行台州路達魯花赤事，不及聞命。後三年，追贈榮禄大夫、江浙行省平章政事、柱國，封魏國公，謚忠介。立廟台州，賜額崇烈。

泰不華爲人尚氣節。初，太平爲臺臣劾貶，泰不華獨餞送都門外。太平曰：「公且止，無以我故累公。」泰不華毅然不從。後雖爲時相所擯斥，人皆義之。篆書温潤遒勁，師徐鉉、張有，稍變其法，自成一家。著《重訂復古編》十卷，行於世。

樊執敬，字時中，濟寧鄆城人。少穎敏好學，由國子生擢授經郎。見帝師不拜，或問之曰：「帝師，天下所崇重，王公大臣見，必俯首爲禮。君獨不拜，何也？」執敬曰：「吾孔氏之徒，豈拜異教者？」歷官至侍御史。至正七年，擢山南道廉訪使，移湖北道。十年，拜江浙行省參知政事。

十二年二月，督海運於平江，將發，官宴犒，有客船自外至，驗其券信，不虞乃海寇也，入港即縱火燔民居。時變起倉卒，軍民擾亂，賊劫糧以去。執敬走崑山。

及還省，而江西之賊已至昱嶺關，平章政事月魯帖木兒引軍拒之，賊不得進。會月魯帖木兒以疾卒，賊遂破昱嶺關，犯餘杭。

執敬與平章政事定定治事，省中掾吏蘇友龍素伉直，進言於執敬曰：「賊且至，城内空虛無備，奈何？」執敬曰：「吾當殺賊報國，倘不克，有死而已，何畏哉！」

俄賊入，執敬上馬率衆出，中途遇賊，射死二人。賊逐之，又射死三人。已而賊來愈衆，呼執敬降，執敬怒叱曰：「逆賊！守關吏不謹，汝得至此。恨不碎汝萬段，何降也！」中槍墜馬，僕田也先馳救之，亦中槍，與執敬俱死。

事聞，贈翰林學士承旨、榮禄大夫、柱國，追封魯國公，謚忠烈。

汪澤民，字叔志，寧國宣城人。少警悟，家貧力學。登延祐五年進士第，授同知岳州路平江州事。州民李甲死，其妻誓不改適，兄利其財，使人誣以姦私。婦不勝榜掠，自誣服。澤民至，廉知其枉而直之。朝廷徵江南包銀，府檄澤民分辦，民不擾而事集。秩滿，題春帖云：「及瓜當此日，行李似來時。」人以爲信然。

尋遷南安路總管府推官。萬户朵兒赤跋扈自用，其府吏擅笞大庾令，令訴於府，同官不敢發一辭。澤民獨捕府吏下獄，朵兒赤賂行臺御史，召澤民詰之。澤民曰：「姦吏路人皆知，公欲骫法耶？」卒治其罪。

潮州府判官錢珍挑推官梁楫妻，不從，誣楫冒糴官米，殺之。事連廉訪副使劉安仁，逮繫二百餘人，中書檄澤民訊之。獄具，珍自殺，詔戮其屍，安仁坐受賕除名。江西湖東道廉訪使聞其名，命巡南安、贛州二路，事得專決，旋擢信州路總管府推官，丁内艱。服除，授平江路總管府推官。僧浄廣與他僧有隙。一日，邀廣飲，其弟子夜殺廣，而誣他僧殺之，他僧誣服。獄上，澤民閱其刀，有鐵工名，召工問之，乃其弟子佩刀，遂釋他僧，而置弟子於法。嘉定土豪朱、管二姓爲姦利，澤民與總管道童籍其家，及徵帳簿，備列官吏受賕數，惟澤民與道童名下疏曰：「不受。」丁母憂，去官。服闋，起濟寧路兖州知州。衍聖公階三品，澤民奏請增其品級，以示褒崇先聖之意，廷議韙之。

至正三年，入爲翰林待制，與修遼、宋、金三史。書成，遷國子司業、集賢學士，階大中大夫。未二月，即移書告老。大學士和尚曰：「集賢、翰林，養老尊賢之地，先生遽去何也？」澤民曰：「吾以布衣，榮叨三品，志願已足，尚何求邪？」遂以禮部尚書致仕歸。

十三年，蘄、黄盜起，廉訪使道童問計於澤民，告以收人心、振士氣、築城、濬濠、儲糧、簡卒，凡數十事。寇再至，皆卻之。

十六年夏六月，長鎗叛帥瑣南班、程述等渡江，欲襲宣城。城中兵不滿數百，或勸澤民避去，廉訪使木八沙、周伯琦亦以爲言，澤民曰：「昔江萬里寓鄱陽，大兵來，猶坐守不去，況父母之邦乎？」軍費不給，澤民從容一言，獲鈔萬錠，米三千斛。八月，江浙行省參政吉尼哥兒遣兵來援，城中恃援至，守懈，賊乘夜攀堞以上。城陷，執澤民，逼之降，罵賊不屈，遂遇害，年八十三。瑣南班等敬其節，具衣冠葬之。事聞，贈資善大夫、江浙行省左丞、上護軍，追封譙郡公，謚文節。

子用敬、用和，皆痛父，不食卒。

福壽，唐兀特氏。幼俊邁，讀書知大義。以宿衛年勞授長寧寺少卿，累遷引進使、同知侍儀使、正使。出爲饒州路達魯花赤，擢淮西廉訪副使。入爲工部侍郎、僉太常禮儀院事，拜監察御史，遷户部侍郎、尚書。出爲燕南道廉訪使，又五遷爲同知樞密院事。

至正十一年，潁州盜發，事聞，時車駕在上都，執政欲驛奏其事。福壽曰：「比得請，則已不及事。」乃遣衛官哈剌章等討之，奏上，惠宗嘉之，以爲知緩急。

明年，改也可札魯忽赤，出爲淮南行省平章政事。是時，賊陷濠、泗，勢張甚，福壽築集慶城，劃江自守。

十五年，遷江南行臺御史大夫。初，湖廣平章阿魯灰率苗軍援集慶有功，駐揚州。至是，爲下所殺。苗軍日事劫掠，不來援。及高郵、滁、和等州俱陷，人情益震恐，福壽乃練民兵爲城守計，令有資者助餉。朝廷知其勞，數加賞賜。是年九月，賊將郭天叙、張天祐來攻，其黨陳埜仙殺二人以降，埜仙尋爲民兵所殺。從子兆先收其衆屯方山，與中丞蠻子海牙相犄角。

十六年二月，朱元璋敗蠻子海牙於采石。三月，進圍集慶，擒兆先，降其衆。福壽督兵出戰，敗於蔣山，城遂陷。福壽獨據胡床，坐鳳皇臺下，或勸之去，叱曰：「吾與城爲存亡，去將何之？」時百司奔潰，惟達魯花赤達尼達思就福壽問事，留弗去。俄而亂兵至，福壽與達尼達思、參政百家奴皆死之。事聞，贈福壽金紫光禄大夫、浙江行省左丞相、上柱國，追封衛國公，謚忠肅。

時殉難者，又有侍御史賀方。

賀方，字伯京，晉寧人。幼聰慧，日誦千餘言，人呼爲小學士。由國學生累官翰林直學士，出爲江南行臺治書侍御史。城陷，死之。

褚不華，字君實，隰州石樓人。沈默有器局。泰定初，補中瑞司譯史。授海道副千户，轉嘉興路治中，累遷西臺、南臺監察御史，僉河西道廉訪司事，移淮東，未幾擢副使。

汝、潁盜起，不華行郡至淮安，先事爲守禦計，且請知樞密院老章、判官劉甲守韓信城，相犄角爲聲援。復上章劾總兵及諸將逗撓之罪，以功遷廉訪使，階中奉大夫。甲有智勇，攻賊輒勝，賊憚之，號曰劉鐵頭，不華恃爲援。總兵者銜不華劾己，乃調甲使别擊賊，以困不華。甲去，韓信城陷，賊築長圍以困淮安。

俄而天長青軍普顔帖木兒所部黄軍皆叛從賊，賊率以來攻，不華退入哈剌章營。賊稍引去，乃出抵楊村橋。賊奄至，殺廉訪副使不答失里，啖其尸，不華以餘兵入淮安。

時城東、西、南三面皆賊，惟北門通沭陽，阻赤鯉湖，指揮使魏岳、楊暹駐兵沭陽，淮安倚其芻餉，未幾，赤鯉湖復爲賊所據，沭陽路絶。賊遂進柵南鎖橋，不華與元帥張存義、僉事忽都不花突賊柵，殊死戰。賊敗走，追北二十里。

城中食且盡，元帥吴德琇運糧萬斛至，爲賊所掠，德琇僅以身免。賊攻城日急，總兵者按兵不救。城中餓莩仆道上，即取啖之，一切草木、魚蟲、鳥獸及韡皮、鞍韂、敗弓之筋皆食盡，後老稺更相食。撤屋爲薪，人多露宿，坊陌生荆棘。力盡城陷，不華中傷，見執，賊臠之。次子伴哥冒刃護之，亦見殺。時至正十六年十月乙丑。不華守淮安五年，人比之張巡。明年，御史哈剌章言不華徇忠盡節，宜加褒贈。詔贈翰林學士承旨、榮禄大夫、柱國，追封衛國公，謚忠肅。賻鈔二百錠，以恤其家。

普化帖木兒，字兼善，答魯乃蠻氏。父帖木哥，江南行臺御史大夫。普化帖木兒，累官江浙行省平章政事。至元十八年，改福建行省。十九年，陳友諒遣其將鄧克明由建昌分三道寇閩。二十年，延平陷，進圍建寧。時經略使伯顔不花守建寧，普化帖木兒合諸縣兵援之。秋七月，克延平，建寧圍始解。二十一年，鄧克明復導渠帥胡廷瑞等大舉入寇。三月，邵武陷，復圍建寧。普化帖木兒與平章完者帖木兒、參知政事帖木烈思議，檄汀州總管陳有定援建寧。有定部將帖木烈思率數十騎突入城中，人心始固。已而有定復邵武，克明敗遁，建寧前後被圍一百七十餘日，城卒完。詔賜普化帖木兒御衣、上尊，加銀青榮禄大夫，用便宜如故事。是年八月，遷江南行臺御史大夫。時行臺移紹興，張士誠弟士信據杭州，普化帖木兒不能有所設施。

二十二年，士誠諷行臺請於朝封己吴王，弗從，即遣人索行臺印。普化帖木兒置其印於庫曰：「我頭可斷，印不可得。」又逼之登舟，曰：「我可死，弗可辱也。」從容沐浴更衣，與妻子訣，乃飲藥死，擲杯地上曰：「我死，逆賊當踵我而死。」時士誠幽丞相達識帖木兒於紹興，達識帖木兒聞普化帖木兒自殺，歎曰：「大夫死矣，吾不死何爲？」亦飲酖死。

劉鶚，字楚奇，吉安永豐人。少力學，吴澄愛重之。皇慶初，爲揚州學録。至正元年，擢湖廣儒學提舉。學田爲有力者所據垂三十年，鶚至，白於臺省而復之。未幾，入爲秘書郎，擢翰林修撰，丁憂歸。

十二年，除江州路總管。紅巾賊起，江西瓦解，鶚練兵爲恢復計，威聲甚著。十七年，遷廣東廉訪副使。上書論江西、廣東事宜曰：

伏以比歲逆賊嘯聚，併合醜類，多方告警，焚我蘄、黄，陷我江州，諸路守臣皆棄城逃遁。總管李黼，以無援而戰死。臣履任之日，濬治城池，繕修器械，召募丁壯，分守要害，偕諸將士百計捍禦。數年之内，强寇稍卻，民得安居。十七年，荷蒙聖恩，授臣廣東廉訪副使。聞命之日，星夜奔馳，度嶺而南，修城濠，繕甲兵，仰仗天威，軍士初集，民志用寧。十九年，遷臣守韶州，整飭軍旅，撫綏地方，城郭完固，猺獠遁避。

謹將江西、廣東兩省事宜爲陛下直陳之。江西以鄱陽爲襟喉，以江州爲輔臂，袁、臨、吉、贛，當楚、越之要衝；撫、建、廣、饒，控閩、越之關隘。至於龍興，名爲省會，居中應外，宜慎簡良帥，增設重兵。諸郡有警，則分兵援之。其在各府，則修築城池，固守要隘，團練堵截，餉糧既裕，兵氣自奮。又於九江、湖口各增設一營，備兵捍禦，兼置戰船百艘，相爲應援，則荆、揚諸盜不敢窺竊矣。若乃廣東，五嶺之外，號爲四塞，由南雄可向荆、吴，由惠、潮可制閩、越，由高、廉可控安南。總廣東一省，列郡爲十，今分爲三路：東惠、潮，中嶺南，西高、廉，三者皆要衝也。爲今之計，東路官軍必屯柘林，以固要津，中路之虎頭門等澳，宜嚴防也，而南頭更爲尤甚，重兵鎮衛不可以已西路等對。暹羅諸番變生肘腋，是更當急爲經畫者也。

臣所言悉地方之要害。臣竊慮今日大勢，亦岌岌矣。自紅巾賊起汝、潁，大爲心腹之患，是不獨江西一省也。方國珍焚掠沿海諸郡，是又不獨廣東一省也。天下之敝，大抵起於因循，而成於蒙蔽。臣願陛下嚴簡擢之法，省參督之制，覈功賞之實，奮刑威之斷。舉一將則衆論必孚，任一人則羣疑莫奪，賞一功則疏遠不棄，罰一罪則貴近不貸。如是則盜賊可平，區區江、廣又何足慮哉！

疏入，不報。

二十年，擢廣東道宣慰使，秩中奉大夫。二十二年，拜嘉議大夫、江西行省參知政事。寇至，屢擊卻之。二十四年，韶州洞獠爲亂，鶚分兵討之。疏請益師，不報。而江西贛州賊數萬猝至，鶚守禦數月，城陷，被執。幽於贛州慈雲寺，罵賊不屈而死，年七十五。著《惟實集》四卷。

史臣曰：劉向有言：「士有殺身以成仁，觸害以立義，非勇斷孰能行之？」李黼、褚不華等，城孤援絶，甘以身殉。汪澤民無守土之責，效死而弗去。泰不華討方國珍，普化帖木兒抗張士誠，義烈言言，皆以勇斷行之者也。嗚呼！向可謂知言之君子矣！

新元史卷之二百十八　列傳第一百十五

董摶霄　余闕

董摶霄，字孟起，磁州人。由國學生辟陝西行臺掾。時天大旱，從侍御史郭貞讞獄華陰縣。劫賊李謀兒獄已具，賄有司，以未獲黨徒，五年不決，人咸憤之。摶霄言於貞，論殺謀兒，天乃雨。授四川道肅政廉訪司知事，除涇陽縣尹。入爲户部主事，遷員外郎，拜監察御史。又出僉遼東肅政廉訪司事，累遷浙東宣慰副使。所至有稱。

至正十一年，除濟寧路總管。從江浙平章教化討安豐賊，敗賊於合肥定林站。時朱皋、固始賊復起，官軍不能分討，摶霄獎勞民砦及芍陂屯田兵，用之，三縣悉平。官軍屯安豐朱家寺，遣進士程明仲諭城賊，招徠千餘家，知賊虛實。夜縛浮橋於淝水，既渡，賊始覺，衆數萬據磵自守。摶霄麾騎兵，别渡淺灘，襲賊後。賊分兵拒之，摶霄躍馬渡磵，揚言賊已潰，諸軍皆渡，一鼓敗之，遂復安豐。

十二年，命摶霄攻濠州，又命移軍援江南。渡江，至湖州，而賊已陷杭州。教化問計摶霄，請急攻之。教化猶豫未決，諸將亦難之，摶霄正色曰：「江浙相公轄地，已陷賊，今可取而不取，誰任其咎？」復拔劍謂諸將曰：「諸君荷國厚恩，而臨難苟免。今相公在此，慢令者斬之！」計乃決。賊陣於鹽橋，摶霄麾壯士突其陣，諸軍夾擊之。凡七戰，追至清河坊，賊奔接待寺，塞其門焚之，賊盡殪，遂復杭州，餘杭、武康、德清亦次第平。

未幾，摶霄受代去，徽、饒賊復自昱嶺關寇於潛。行省乃假摶霄爲參知政事，使討之，摶霄曰：「討賊不敢辭，若假以重爵則不敢受。」即日引兵至臨安、新溪，分兵守之。進至叫口及虎檻，遇賊，皆敗之，遂復於潛，又克昌化及昱嶺關，降賊將潘大爺二千人。賊又犯千秋關，摶霄還守於潛。賊大至，焚倚郭廬舍。摶霄按軍不動，左右請出兵，摶霄曰：「未也。」遣人執白旗登山，約曰：「賊以我爲怯，必少懈，伺其有間，則麾所執旗。」又伏兵城外，授以火礮，復約曰：「見旗動，然之。」已而礮發，兵盡出，斬首數千級，遂復千秋關。

賊復攻獨松、百丈、幽嶺三關。摶霄先以兵守多溪，三關要路也。既又爲三軍分出三關，會兵擣賊巢穴，乘勝復安吉縣。數日，賊再至，摶霄以兵守苦嶺及黃沙嶺，賊將梅元來降，且言欲降者有十一人。摶霄遣偏將余思忠至賊砦，諭之，賊皆入暗室潛議。思忠持火投室內，拔劍語衆曰：「元帥命我來活汝等，復何議？」已而火起，焚其砦，賊驚潰來降。明日，進兵廣德，克之。蘄州賊與饒、池諸賊復犯徽州，有道士能作十二里霧。摶霄伏兵要之，伏發，襲賊後，賊大潰，斬首數萬，獲道士，焚其妖書斬之，徽州平。

十四年，除水軍都萬户。俄擢樞密院判官，從丞相脱脱圍高郵，分戍鹽城。興化賊砦在大縱、德勝兩湖間，凡十有二，悉破之，即其地築芙蓉砦。賊入，輒迷故道，爲官軍所殺，自是，不復敢至。賊恃習水，渡淮，據安東州。搏霄招善泅者五百人，與賊戰於大湖，敗之，進復安東。

十六年，剿平北沙、廟灣、沙浦等砦。已而戰不利，賊乘勝東略，斷我軍糧道。乃回屯北沙，糧且絶，與賊死戰七晝夜，賊卒敗走。奪賊船七十餘，乃渡淮，保泗州。時暑潦，湖水溢，搏霄獨守孤城。賊環攻之，搏霄坐城上，遣偏將率騎士突出賊後，約曰：「旗一麾，即還。」既而旗動，騎士還，步卒自城中出，夾擊之，賊大敗。乃結陣而行，以奇兵轉戰，日數十合，始得至海寧。論功，擢同僉淮南行樞密院事。

搏霄建議曰：

淮安爲南北襟喉，江淮要衝之地。其地一失，兩淮皆未易復也。爲今日計，莫若於黄河上下，並瀕淮，瀕海之地，南自沭陽，北抵沂、莒、贛、榆諸州縣，布連珠營，每三十里設一總砦，就三十里中又設一小砦，使斥堠烽燧相望，巡邏往來，遇賊則並力野戰，無事則屯種而食，然後進有援，退有守。此善戰者所以常爲不可勝，以待敵之可勝也。又海寧一境，不通舟楫，軍糧惟恃陸運。其陸運之方，每人行十步，三十六人可行一里，三百六十人可行十里，三千六百人可行百里。每人負米四斗，以夾布囊盛之，用印封識。人不息肩，米不著地，排列成行，日行五百回，計路二十八里，輕行一十四里，重行一十四里，日可運米二百石。每運給米一升，可供二萬人。此百里運糧之術也。又江淮流民及安東、海寧、沭陽、贛、榆等州縣，宜設軍民防禦司，擇軍官材堪牧守者，使居其職，籍其民以屯故地。練兵積穀，且耕且戰，内全山東完固之邦，外禦淮海出没之寇，而後恢復可圖也。

議上，朝廷不能用。

十七年，毛貴陷益都、般陽等路，命摶霄從知樞密院事卜蘭奚討之。已而濟南路又告急，摶霄率所部援之。賊衆自南山下攻濟南，望之兩山皆赤。摶霄按兵不動，先以數十騎挑之，賊悉衆來攻，騎兵少卻，伏兵起，合戰，城中兵又大出，賊敗走。泰安賊復逾山來襲濟南，摶霄擊敗之，於是城守始固。擢淮南行樞密院副使，兼山東宣慰使都元帥，仍賜上尊、金帶、楮幣、名馬以勞之。有疾其功者，譖於總兵太尉紐的該，令摶霄依前詔，從卜蘭奚征益都。摶霄以老病，請使弟昂霄領其衆，朝廷從之。授昂霄淮南行樞密院判官。未幾，命摶霄守河間長蘆。

十八年，搏霄以兵北行，且曰：「我去，濟南必不守。」既而濟南果陷。搏霄屯於南皮縣之魏家莊，詔拜搏霄河南行省右丞。甫拜命，毛貴兵已至，營壘未完。諸將問計，搏霄曰：「我受命至此，當以死報國耳。」賊衆突至搏霄前，捽而問曰：「爾爲誰？」搏霄曰：「我董老爺也。」衆刺殺之，無血，惟見有白氣衝天。是日，昂霄亦戰歿。事聞，贈宣忠守正保節功臣、榮禄大夫、河南行省平章政事、柱國，追封魏國公，謚忠定。昂霄贈推誠效節功臣，嘉議大夫、禮部尚書、上輕車都尉，追封隴西郡侯，謚忠毅。

搏霄號令嚴肅，御將吏凜然不可犯，而四方之士歸之者，禮遇勤至，各取其長任之，故能得人死力。元末名將，搏霄一人而已。

余闕，字廷心，一字正心，唐兀氏，世居河西。父沙剌藏卜，官廬州，遂爲廬州合肥人。母尹氏，夢異人至而生闕。少孤，授徒養母。與吴澄弟子張恒游，學日進。

元統元年進士及第，授同知泗州事。爲政嚴明，豪猾懾服。州無麥，民不敢上聞，闕請於中書，著爲令，凡無麥者得減賦代還。民大悦，醵金爲謝，闕不受。俄召爲應奉翰林文字。轉刑部主事，與上官議事不合，闕上書宰相言狀，又不報，乃棄官歸。

未幾，召修遼、金、宋三史，復入翰林爲修撰。拜監察御史，疏言：「守令爲親民之吏，欲天下治，責守令宜用殿最法。」時論韙之。廷議遣使者巡察諸路，闕言：「使者無狀，所至供帳飲食，如奉至尊，不能宣上憫恤元元之意，宜亟罷之。」不聽。改禮部員外郎，闕議復古禮樂，援據精覈，朝廷不能用。安西郭氏女受聘，夫卒，郭爲行服不嫁，有司請旌其門。闕以過於中庸，非制禮所尚，不予旌。

出爲湖廣行省左右司郎中。廣西山路峻險，民輸官粟費恒倍，闕命輸布帛代粟，民便之。猺蠻叛，右丞沙班討之，逗撓無行意。闕面責之，沙班辭以糧芻不給，闕下令趣三日具辦，沙班遂行。湖南章宣慰以婆律香饋闕，闕疑其重，不受，篋内果實黄金。章歎曰：「余饋達官，無辭者。潔如冰壺，獨余公一人耳。」

復召入爲集賢經歷，遷翰林待制。出僉浙東廉訪司事，貪吏聞闕至，多解印綬自免。衢州長官燕只吉臺賊殺無辜，闕鞫治之，獄上，行臺御史與有連，反摭事劾闕。闕復棄官歸，旋丁母憂。

十二年，江淮盜起，行省平章政事脱忽兒不花承制起闕，權淮西宣慰副使、僉都元帥府事，分兵守安慶。闕對使者曰：「爲臣死忠，正在今日，闕曷敢辭！」時城外皆賊柵，闕從間道入，與將吏議屯田戰守事。闕自將攻雙港柵，賊殊死鬬，兵稍卻，闕召敗兵誓之曰：

「死則俱死爾，何生爲？」乃一鼓而進，拔之，諸柵皆次第降。闞以鄉兵扞外，護民耕作，屬縣潛山八社土沃，墾爲兵屯。賊至，輒與戰，戰必勝，所用者鄉兵數千而已。

十四年，大饑，闞捐俸二百石，爲粥以食餓者，又請於中書，得鈔三萬錠賑之，全活甚衆。

十五年夏，霖雨，城下水湧，有物聲吼如雷，闞祀以少牢，水頓平。秋，大獲，得糧三萬斛。闞度兵食足，乃浚隍、增陴，陴外築大防塹三重，引江水注之，環城植木柵，城上起望樓，表裏完固。是時，淮東、西皆陷，闞獨守安慶，左提右挈，屹爲江淮保障。賊僞作尺牘，與城中諸大姓約爲内應。闞曰：「吾民安有是？」悉焚之。賊復令闞故人甘言説降，闞牽出，以鐵錐擊其齒頰，斬於東門外。論功，累擢同知副元帥、都元帥，賜上尊及黄金束帶。

江西官軍掠州縣，殺嬰兒貫稍上爲戲，獨不敢入安慶界。廣西苗軍元帥阿思蘭抵廬州，遣使者至，腰刀直入，脇闞供億。闞叱左右縛付獄，抗疏言：「苗蠻素不被王化，其人與禽獸等，不宜使入中國。」詔阿思蘭還軍。轉淮南行省參知政事，尋改左丞，賜二品服。闞益自奮，誓以死報國。立旌忠祠，集將士祠下，謂之曰：「男子生爲韋孝寬，死爲張巡，不可爲不義屈。」聞者壯之。

十六年，池州賊趙普勝來攻，連戰卻之。未幾又至，淮寧縣達魯花赤百家奴戰死。

十七年，普勝挾青軍兩道來攻，相拒月餘，圍始解。安慶倚小孤山爲屏蔽，闕使義軍元帥胡伯顔守之。十月，陳友諒自上游直抵小孤山，伯顔力戰四晝夜，敗還安慶。友諒追至山口鎮，遂薄城下，闕遣兵扼於觀音橋。已而饒州賊攻西門，友諒兵攻東門，已登闉，闕簡死士擊之，賊復敗走。友諒恚甚，乃並軍攻東、西門，闕部分諸將，晝夜扞之。十一月，普勝攻南門，友諒自攻西門，戰不利。闕駐於城東練樹灣，據濠爲陣，賊渡濠，闕手刃數人，一賊登岸，闕復刺殺之。友諒望見，歎曰：「儒者之勇如此，使天下皆余公，何患城守之不固哉！」遂退。十二月，普勝復攻東門，闕矢貫左目，昏瞀不知人事，將士衛闕還。闕蘇而驌愕，謂左右曰：「吾死得其地，瞑目無憾，汝奚以吾歸？」於是復衛闕出。

十八年春正月，普勝軍東門，友諒軍西門，饒州賊軍南門，羣賊蟻附，戰艦蔽江而下。友諒攻西門急，闕自當之，分遣部將督三門之兵。闕身先士卒，斬馘無算，而闕亦身被十餘創。俄城中火起，闕知城已陷，乃引刀自刎，墜濠西清水塘而死，年五十六。妻蔣氏、妾耶律氏、女安安，皆赴井死。子德臣，年十八，通經史大義，亦溺水死。甥福童戰死。姪壻李宗可，蘄州人，爲義兵元帥，手刃妻子，自刎死。吏民登城樓，自去其梯曰：「寧俱死此，誓不從賊。」乃縱火自焚。其知名者，萬户紀守仁、陳彬、金承宗，都事帖木兒不花，萬户府經歷段桂芳，千户火失不花、新李、盧廷玉、葛延齡、邱晉、許元琰，奏差兀都蠻，百户黄寅孫，推官黃禿倫歹，經歷楊恒〔一〕，知事余中，懷寧尹陳巨濟，凡十八人。

闕號令嚴明，與下同甘苦。嘗病不視事，將士皆籲天乞以身代，闕聞之，强衣冠而出。臨敵，矢石雨下，左右以楯蔽，闕卻之曰：「汝輩亦有命，何蔽我？」故人人爲之效死。稍暇即注《周易》，率諸生會講郡學，立將士門外聽之，俾知尊君親上之義，有古儒將風。贈攄誠守正清忠諒節功臣、榮祿大夫、淮南江北等處行中書省平章政事、上柱國，追封豳國公，謚忠宣。

闕留意經學，《五經》皆有撰述。尤工詩文，門人輯爲《青陽山房集》五卷。初，金谿危素以文學徵，或問於虞集，集曰：「素事業匪所敢知，必求其人，其余闕乎？」或問：「何以知闕？」集曰：「吾於闕文字見之。」後竟如其言。闕既死，陳友諒義之，以金櫝其尸，具棺斂葬於安慶西門外。明太祖復爲闕立廟於忠節坊，命有司至祭焉。

史臣曰：以董摶霄之智勇，而使受節制於紐的該、卜蘭奚等，往來奔命，死於盜賊，悲夫！余闕兼資文武，守孤城以抗方張之寇。闕嘗曰：「男子當生爲韋孝寬，死爲張巡。」嗚乎！闕固巡之亞匹也，豈孝寬所敢望哉？

【校勘記】

〔一〕「經」字原脱，據退耕堂本及《元史》卷一四三列傳第三十《余闕傳》補。

新元史卷之二百十九　列傳第一百十六

星吉　石抹宜孫邁里古思　蘇友龍　也兒吉尼　陳有定

星吉，字吉甫，河西人，曾祖朵吉、祖搠思吉朵兒只、父思吉，世爲怯里馬赤。星吉襲怯里馬赤，給事仁宗潛邸。至治初，授中尚監丞，謹於出納，英宗獎其稱職。改右侍儀、同修起居注。泰定元年，拜監察御史。疏劾御史大夫倒剌沙，直聲震中外。三年，擢引進使、知侍儀事。四年，進侍儀使。

文宗即位，拜江南行臺治書侍御史，賜上尊二、衣一襲、鈔五十貫。至順元年，遷河東山西道廉訪使。復拜陝西行臺治書侍御史，召還，除同知中政院事，改同知功德使司事。元統二年，出爲淮西江北道廉訪使。明年，拜大都路總管府達魯花赤，擢太府卿。將作院乾没錦綺一萬五千匹，星吉悉責償之，吏畏如神。崑山知州誣告總管道童，詭報歲災，帝命星吉按之。道童廉直，屬吏不能堪，故誣之，且倚前翰林學士阿魯灰爲援。星吉廉知其狀，並治阿魯灰罪。於是三臺交章薦之，特授資善大夫、大都留守，仍兼太府卿，旋加榮禄大夫。帝幸太府，見其簿籍精密，善之。時星吉侍階下，遇雨，帝命取御服油衫衣之，並賜金帶。旋擢宣徽院使。四年，改湖廣行省平章政事，召還爲中政院使。

六年，賜金虎符，轉海西遼東合思罕等處打捕鷹房怯憐口萬户府達魯花赤，累遷宣政院使。出爲江南行臺御史大夫，選剛明御史行十道，糾擿貪邪不少貸。秦檜裔孫奪民田，訟久不決，星吉曰：「秦檜何人也？」屬吏曰：「宋姦臣也。」星吉閲檜傳，乃署其狀曰：「檜之罪，百世有餘戮，其遺允敢爲民害？」盡返其田。浙東僉事三寶住，廉吏也，御史誣劾之，星吉怒杖御史，而白其誣。丞相脱脱與御史有連，惡之，移湖廣行省平章政事。威順王寬徹不花好田獵，民病之，又起廣樂園，聚娼婦、賈人以網利〔一〕，有司莫敢問。星吉至，謁王，王闔中門，啟左扉召之入。星吉引繩床，坐而言曰：「我受天子命爲行省大臣，惡得從小門入？」閽者懼，告王，乃啟中門。星吉入，責王曰：「王，帝室之冑，不聞德音，而淫獵以爲民病，竊爲王危之。」王投几，握星吉手謝之。

十一年，汝、潁妖賊起，星吉召老將鄭萬户，任以戰守。賊遣其黨二千人詣軍門降，鄭誘而殲之，械其酋數十人於獄。會星吉召爲大司農，平章和尚受賊賂，乃誣鄭罪而釋其所械者。明年，賊大至，内外響應，城遂陷。城人泣曰：「大夫不去，吾豈爲賊俘？」星吉入見，具言賊本末，帝喜，賜食及鈔三萬貫。

脱脱以宿嫌，奏爲江西行省平章政事，員外置。與浙西平章政事不顏帖木兒、御史中丞蠻子海牙守江州。時江州已陷，星吉建閫太平，賊漸逼，衆號百萬，官吏恟懼。星吉貸富室粟募兵，一日得三千人，與賊戰於池州，敗之，復其城。至魯港，威順王之兵亦至。賊夜遁，遣裨將敗賊於白馬灣，賊走淮西。星吉部分諸將，躡其後，及於白湄，又敗之，擒其僞丞相周驢，奪戰船六百艘。

已而賊復竄池州，星吉率所部援之，聞賊攻陷石棣，夜趣之。賊陣於縣西岳溪橋，有賊將乘驢挑戰，驍悍爲官軍所畏，星吉引弓射之，應弦而殪，賊敗走。又以舟師二百艘來攻，使萬户王惟恭敗之，乘勝進至望江清水灣。偵者告賊船四百順風而至，諸將失色，星吉曰：「吾有以勝之。」乃伏兵横港中，風利，賊船奄過，官軍鼓噪出其後，復破之。賊方圍安慶，捷聞，遽燒營走。星吉自駐鄱陽，命王惟恭守小孤山，扼江湖衝要以圖恢復。

是時湖廣已陷，江浙兵屢敗，江西孤立無援。或曰：「東南完實，盍因糧以圖再舉？」星吉曰：「吾受命守江西，必死於此。」衆不敢復言。

十二年九月，賊以大船四面來攻，星吉麾衆殊死戰，從子伯不花死之。星吉猶堅坐不動，賊射之中目，乃昏仆。賊素聞其名，欲降之。明日少蘇，賊饋以食，星吉罵曰：「狂賊，我國家大臣，恨不能殺汝，何謂降也！」不食而卒，年五十七。贈開府儀同三司、上柱國、録軍國重事、江西行省丞相，追封威寧王，謚忠肅。

星吉公廉明决，在軍中與將士同甘苦，以忠義激發人心，故能以少擊衆，得人死力。

子剌咱識理，利用監太卿；荅里麻，僉遼東行樞密院事。

石抹宜孫，字申之，契丹人。祖良輔、父繼祖，俱爲沿海上副萬户。宜孫性警敏，嗜學，襲世職，及嫡母弟厚孫長，即讓之。至正十一年，方國珍起海上，浙江行省檄宜孫守温州。是年，蘄、黄賊自閩犯龍泉，復檄宜孫禦之。賊退，處州判官欲盡誅平民詿誤者，龍泉人章溢説宜孫曰：「貧民迫於凍餒，故從賊，誠得一循吏撫之，皆良民。今不出此，而肆行殺戮，是揚湯以止沸也。」宜孫曰：「善！」即檄判官勿擅殺。以功擢浙東道宣慰使，守台州。海賊起黄巖，寧海亂民應之，圍台州。宜孫檄章溢以民兵赴援，溢得檄即起曰：「吾鄉非石抹公，人當盡死。此報德之時也。」率精鋭數百人抵城下，内外夾擊，賊潰走。頃之，處州屬縣賊並起，宜孫復率所部討之。

十七年，行省左丞相達識帖木兒承制授宜孫行樞密院判官，分省治處州。以儒學副提舉劉基爲經歷，蕭山縣尹蘇友龍爲照磨。又辟章溢、胡深、葉琛參謀軍事。遣千户曹勝安攻松陽賊，降之。又遣溢等討平麗水、青田、金華、東陽諸縣賊。尋擢同僉行樞密院事。

十八年，二月，明兵逼婺州，宜孫母及弟厚孫俱在城中。宜孫泣曰：「食禄而不事其事，謂之無君；母在難而不赴，謂之無親。可立於天地間乎？」遣深等率民兵數萬援婺州，自以鋭卒殿之，失利而還。其母與弟俱爲明兵所獲，令爲書招宜孫降，宜孫不應。時經略使李國鳳至浙東，承制拜宜孫行省參知政事，階中奉大夫。

十九年，明將胡大海、耿再成間道攻處州。再成駐兵縉雲之黄龍山，四面斗絶。宜孫遣元帥葉琛屯桃花嶺，參謀林彬祖屯葛渡，鎮撫陳仲亨屯樊嶺，元帥胡深守龍泉以拒之，士卒皆無鬬志。深棄軍降於大海，且言處州兵弱易攻。大海出兵樊嶺，與再成合攻之。桃花嶺最險，再成繞出其後，連拔桃花、葛渡二砦，遂薄城下。宜孫戰敗，走建寧，收集散卒，攻慶元，復爲再成所敗。還建寧，半道遇亂兵，爲所害。部將李彦文葬宜孫於龍泉。事聞，贈推誠宣力效節功臣，集賢大學士、榮禄大夫、上柱國，追封越國公，謚忠愍。

宜孫幕府士劉基、章溢等皆爲明用，獨蘇友龍始終不出。

與宜孫同時守紹興者，有邁里古思。

邁里古思，字善卿，寧夏人。至正十四年進士，授紹興路録事司達魯花赤。撫字凋瘵，民愛之如父母。楊完者部將持露布至紹興，無故劫照磨陳修家。邁里古思怒，率吏捕之，民歡呼從事，擒斬數人，苗軍懼，不敢復至。

江南行臺移治紹興，檄邁里古思爲行臺鎮撫，募民二千餘人，號曰果毅軍。處州山賊陷永康，掠東陽，邁里古思率所部討之，命部將黄中等以奇計紿賊，擒賊首六人，斬六百餘級。賊復空砦出戰，邁里古思簡精兵，截其衝，賊大潰，遂復永康。以功除江南浙西道廉訪司知事，又遷江東建康道經歷。行省丞相達識帖木兒承制授行樞密院判官，分院治紹興。

時御史大夫拜住哥統軍三千，號臺軍，紀律不嚴，民受其擾害者，訴於邁里古思，輒以法繩之，臺軍怨怒。拜住哥黷貨，不爲邁里古思所禮。或諫，邁里古思曰：「吾知上有君，下有民，遑問其他？」拜住哥銜之。會方國珍遣兵侵紹興屬縣，據上虞，邁里古思曰：「國珍本海賊，今即降，又爲大官而害吾民，可乎？」乃先遣黄中取上虞，自率親軍與國珍將馮萬户戰，不利。是時朝廷方倚重國珍，資其糧運，拜住哥素與國珍通賄賂，情好甚篤，遂決意殺邁里古思。使人召至私第，與計事，既至，左右以鐵鎚撾殺之。民聞其死，皆痛哭，持服設位祭之，私謚曰越民考。

黄中率衆復仇，盡殺拜住哥家人及行臺官吏，獨留拜住哥不殺。拜住哥自劾，納印綬去，尋遷宣政院使。御史真童劾其陰害帥臣，幾激大變，不法不忠，莫斯爲甚，宜寘之嚴刑。詔削拜住哥官職，安置湖州，邁里古思之冤始白。追封西夏郡侯，贈中奉大夫、江浙樞密院僉事，謚忠勇。

邁里古思友董旭，錢塘人，字太初。方國珍欲用之，不肯屈，爲國珍所殺。

蘇友龍，字伯夔，金華人。江浙行省參政蘇天爵聞其名，辟爲掾，遇事力争，天爵敬憚之。

賊犯杭州，省臣皆遁，參政樊執敬獨以死自誓。友龍説執敬曰：「明公以身殉國，義則得矣，如一城百姓何？今城中健兒不下數十萬，府庫銀絹以萬計，募兵戰而不勝，死未晚也。」執敬不能用，策馬赴賊而死。友龍與掾李樞募民殺賊，一賊首償錢二百五十緡，數日内殺賊萬計。未幾，平章教化復杭州，友龍口不言功。

考滿，謁選中書參議，汝中柏欲引爲右曹掾，友龍辭不就。擢蕭山縣尹。縣民詭名匿其田，賦日不均。友龍令民自實，輯爲册，凡徵發皆據册輕重之。縣糧輸衢、處二州，民憚其遠，屬吏代輸，吏遂緣爲姦利。友龍爲立法，每鄉置督運一人，趣民運於江濱，驗糧多寡僦舟以載，民便之。

累遷行樞密院照磨，張士誠降，友龍持詔書往湖州，責其戍將潘允明行郊迎禮。允明欲西向坐，友龍正色曰：「君敢與詔書抗禮耶？」允明讋服，臨行贈米百斛、錦二十端，友龍辭不受。時士誠新授淮南平章政事，請於行省丞相曰：「詔使四出，惟蘇照磨廉介士，願得爲幕僚。」友龍謝不往。

擢江浙行省左右司都事。石抹宜孫分省處州，請友龍與青田劉基從。後幕下士多散去，部將胡深、章溢亦擁兵觀望。友龍獨左右之，復移書深等，惓惓以共濟國事爲言。既而明兵下處州，怨家告友龍長子仕於陳有定，徙滁陽。明丞相李善長欲奏官之，友龍以年耄辭，卒年八十二。

也兒吉尼，字尚文，唐兀氏。

至正五年，由陝西行臺監察御史入爲内臺御史。劾丞相別兒怯不花不可爲相者五事，章再上，出爲僉浙西道廉訪司事，既拜命，復劾之。帝感悟，罷別兒怯不花爲太保，也兒吉尼曰：「是不可以爲相，而可以爲師乎？吾爲諫官，言不用則當去。」固辭前命，由是謫別兒怯不花居渤海。也兒吉尼丁父憂，奪情起判中政院。十一年，遷廣西道肅政廉訪副使。

十二年，紅巾賊陷潭州，鼓行而西。也兒吉尼乃議繕城郭，扼險要。捐俸貿易海鹽，數歲息至鉅萬，經費以充。又集諸將謂之曰：「使賊長驅深入，則廣西危矣，宜出軍衡、湘以扼之。」乃使萬户黄祖顯率三千人爲先鋒，都元帥甄崇福統五萬户繼之。祖顯敗賊於樟木鎮，賊走衡山，追之，連戰皆捷，斬首數萬級，潭、衡二州平。既而道州賊周伯顏陷全州，也兒吉尼使萬户孫思敬赴援，賊敗走，復進克道州，獲伯顏誅之。又使同知普顏帖木兒等平臨桂、賀州亂民，廣西始定。擢湖廣行省平章政事，兼廣西道肅政廉訪使。

二十三年，立廣西行省，以也兒吉尼爲平章政事。是時江南諸行省多陷没，惟也兒吉尼守廣西十有五年。

二十八年，明將楊璟等克永州，進攻靖江，别將朱亮祖亦自平樂率師來會。也兒吉尼屢敗，使副使王暹乘驛至梧州募兵，無應者。復遣其子不花帖木兒至肇慶，告急於普顏帖木兒。餽以銀五千兩，使先歸。不花帖木兒中道爲明兵所獲，縛至城下，招其父降。也兒吉尼登陴，下令曰：「有能射殺吾子者，賞五十金。」射之，無中者。六月，璟使降將皮彦高陰購把水元帥張榮爲内應，榮麾下裴觀縋城出，見璟約降。璟給白皮帽百餘，使爲識，乘夜自寶賢門入，城遂陷。也兒吉尼出走，追執之，送於金陵，不屈死。部將陳瑜、劉永錫、曾尚賓，皆全家自殺。

陳有定，字安國，汀州清流人。初病疕，及壯，儀表魁梧。家貧，傭於同里羅氏。翁奇其貌，欲妻之，媼不可，乃分資助之。有定不能居積，益困，投身明溪寨爲兵，人多服其勇略。

至正中，天下兵起，遠近騷動。妖賊柳順據寧化之曹坊寨，擁衆萬餘。一日，索馬於明溪寨。有定設策，陽以牛酒犒之，潛收其兵械，悉戮之。賊怒，自將數千人來攻，寨中恟懼。有定擇壯士數百人，伏於山麓。迨順至，伏兵猝起，盜驚擾，有定馳出擊之，俘斬大半。乘勝攻拔曹坊，擒順歸，衆皆拜有定曰：「非公莫可以主吾寨者。」因推爲長。

至正十七年，授明溪巡檢。時鄰縣寇壘數十，有定悉平之。因險立寨三：曰南北，曰石龍，曰平安。練兵積粟，爲一方障蔽。賊曹福山、馬文甫等以兵應紅軍，直犯汀州，勢甚鋭，有定使巫揚言曰：「神當遣兵助我。」賊信之。有定乃引兵直薄其壘，馘二賊以還。福建行省表有定爲清流尉，聲威漸著。是年春，義兵萬户賽補丁、阿達黑丁據泉州叛。明年，遣禮部員外郎姜碩自海道宣慰有定，遇寇而没。未幾，他使至，拜有定延平總管。

二十一年，陳友諒既得江右之地，使其將鄧克明帥衆數萬破汀州、延平，遂圍建寧。時有定屯平安寨，濳師救建寧，與福州守將阮德柔合兵擊克明，破走之，追殲其衆，悉復所失地。友諒由此不敢窺閩。

二十二年，安撫使李國鳳表有定功，授福建行省參知政事，有定辭。尚書李士贍以使事在閩，勸之，乃受命。福清路宣慰使陳端孫不附有定，臨以兵，端孫拒戰被執。有定脅之附己，端孫不從，殺之。

未幾，平章普化帖木兒與泉州萬户賽補丁搆兵。普化帖木兒起前平章三旦八、前總管安童，分省於興化，以爲己援，復賂泉州。亦思八奚酋阿迷里丁襲陷興化，執三旦八，安童遁去，阿迷里丁遂大掠而還。初，浦田林德隆與惠安陳從仁並禦寇有功，朝廷以德隆爲興化總管，從仁爲興化同知。二人素有隙，從仁乃計殺德隆，德隆黨復殺從仁。從仁之弟同及其戚柳伯順，與德隆子珙、部將許瑛治兵相攻，同乞援於漳州羅良珙，又乞援於阿迷里丁、賽補丁，兵迭至，興化遂大亂。五月朔，賽補丁入福州，平章燕只不花敗之。賽補丁率餘衆航海返泉州。而阿巫那復殺阿迷里丁，敗同等，殺戮尤甚。皇太子聞亂，使孫觀爲左丞，分省於泉州，阿巫那將聽令。觀處分乖剌，阿巫那益桀驁不可制。頃之，柳伯順與珙合，以兵拒阿巫那。阿巫那遣其將白牌馬合謀金阿里擊殺許瑛，且暴兵海濱。伯順乘虛入興化。白牌諸酋聞之，即還師攻城。圍既合，獨不嚮寧真門。

時兵亂既久，朝廷檄有定討之。有定使其子宗海將兵，夜從寧真門入，外寇不知也。詰朝，宗海令開西南二城門。寇驟見門開，已懼，須臾城中整師而出，愈惶惑。宗海乃直前薄之，夷兵大敗，死以千計，追擒白牌諸酋，斬之。有定尋至，收撫殘兵，勢益振，伯順、珙同受約束，各率所部聽命。遂進討泉州，州人執阿巫那、賽補丁迎降，有定斬之。興、泉罹寇禍殆十餘年，至是乃平，故二路之民皆深德有定。

漳州羅良，先以左丞據漳，自以亦思八夷不敢犯其境，素不下有定。有定憤良不附己，攻之，良戰敗入城，城陷，良巷戰死，其妻陳氏亦赴水死。於是九路之地悉歸有定矣。

朝廷聞興、泉平，進有定爲福建行省平章政事，其將佐皆拜官有差。有定以延平城險固，自居之，而以宗海鎮將樂，又使其族弟子琦守建寧，盡以部將控制諸路，吏事則聽朝廷所命官治之。

有定不修威儀，常如爲布衣時。爲政有威惠，歲修貢賦，括閩中廢寺田租由海道輸於京師。惠宗嘉其忠，賜賚稠疊。時朝命獨通於閩，故臣舊帥及江右之士思勤國事者多入閩，有定皆禮而用之。初，宗海至泉，訪士人趙應嘉，應嘉說之曰：「夷狄爲中國患，宜共驅之，柰何更爲之用？」宗海然之，以告有定。有定乃聘至延平，咨以時務，應嘉多迂論，且勸有定立宗廟。有定笑其迂而罷之。

二十三年，陳友諒敗死，餘賊熊天瑞據贛。有定遣江伯昂往説之，欲與之合從以抗金陵，天瑞不決。伯昂還吉水，蕭寅遇之，嘉其義，乃從伯昂入閩，復渡兩浙，歷金陵、楚、蜀，就故封州守解若鳳謀曰：「吾視羣雄，獨有定忠義可依也。」復之閩。有定以寅同知邵武，令參其軍謀。有定用法嚴，誅戮亦濫，寅從容營解，多所全活。

二十五年正月，有定兵至浙東。或言於明太祖曰：「閩兵脆弱，易攻也。」乃遣胡深率兵伐之。深攻下浦城、建陽，有定與阮德柔以兵四萬營於錦江，出深後。深還兵擊破之，因追奔逐利，閩人乘而薄之，深衆潰，被執。時明將朱亮祖攻崇安，聞深敗，引兵退保紫溪。有定初得深，敬禮之，無加害意。深勸有定降明，依竇融故事，有定不答。頃之，大都使者至，趣有定殺深以明無貳，有定乃設銅驢，置深其上，熾爇之，且曰：「後有犯我者，當視此。」有定既統全閩，參政阮德柔自以元舊臣，不盡受節度，有定不能容。德柔懼不自安，密通款於金陵，且請兵自救。使未報，有定掩之，德柔戰死。柳伯順以破胡深功，驕蹇，有定亦忌而殺之。時陳同將兵守潮州，有定慮同以伯順故，必怨望，乃徵同還，處之福州。

二十七年，朝廷以海道遼遠，出空名宣敕數十道付之，使承制封拜，勉以忠義，欲令牽制明師。有定雖受命，亦不敢輕動。是時福州鼓樓鴟吻吐氣若煙霧，見者以爲不祥。冬十月，明祖使湯和等伐有定，分兵三路：一出衢州，一出建昌，一出台、温自海道進。有定但防陸路，嚴兵守邵武、浦城，自提兵往來，爲東、西應援。十二月，胡廷瑞、何文輝破杉關，略光澤，守將李宗茂以邵武降。尋破崇安，守將曹復疇以建陽降。

正月，明軍次建寧，守將同僉達里麻與參政陳子琦議曰：「金陵兵自破杉關，轉鬬，鋒不可當。計吾兵不下萬人，以戰不足，以守有餘，且儲粟甚富，宜固守以老其師。彼攻城不克，必退，吾因而乘之，可以得志。」衆善之。廷瑞等圍城，數挑戰，不應，遂四面急攻之。達里麻自度不支，開門降。二將整兵入城，執陳子琦送京師。有定雖失建、邵，猶恃延平之固，方與明軍相持，而湯和海道之師奄至南台，陳同以伯顺宿憤，首出降。福州守將平章曲出遁，左司郎中柏帖木兒死之，和遂克福州。

於是延平孤立，首尾皆明軍。和等督大軍趨延平，屢遣使以詔旨招有定。有定殺使者，取血和酒中與諸將飲之，堅守如故。和乃分兵攻其西門。有定見外兵甚鋭，不敢出戰，和又堰劍水之下流，水漸及城，有定猶嚴備以伺間，晝夜巡邏不少息。其麾下皆請決戰，有定不許。數請不已，有定疑其有異志，殺數人。由是人心解體，多縋城遁去。和等悉兵攻之，有定益危蹙。城且陷，召其將鄧益、謝英輔等與訣曰：「公等善爲計，吾自死元爾。」乃服朱雀血而死，未絶。英輔與達魯花赤亦具朝服，北面自經。其將賴正孫啟門納外兵，輿有定至神武門，雷震之而蘇，械至金陵。

是月，湯和遣使諭興化將王恩義等，恩義殺使者，走泉州。興化民李子誠送款於和，殺恩義等，漳州達魯花赤合魯温自殺。初，延平被圍，有定日望將樂之救，而宗海力不能援。延平破，單騎來歸，並縶送京師。明祖問有定曰：「元亡，汝爲誰守？能降仍官汝，否則伏銅馬。」有定曰：「不降，願伏銅馬。」遂與宗海並遇害。

宗海有膂力，善騎射，有定平諸賊，宗海之力居多。將樂既下，有定舊部曲據明溪、白頭、虎頭、黄龍、青龍諸寨，皆委兵降。

六月，有定故將金子隆起兵攻延平，明將沐英破斬之。蕭寅從有定至京師，有定死，明祖欲官之，寅以親老辭，家居三十年而卒。陳同歸，吏侵之急，同不能容，遂假行省檄，集民兵得二千餘人，擁之以叛。泉州發兵討之，爲同所敗，人多應之。明駙馬王克恭以大兵至，同敗走光澤，明兵擒斬之。

史臣曰：星吉、石抹宜孫皆欲延攬英豪，以紓國難，迨勢窮援絶，人情乖阻，舍命不渝，無慙義烈。然宜孫幕府士異日爲明之佐命，擬跡良、平，非智於明而不智於宜孫，憑藉之勢異也。元末雲南有梁王，福建有陳有定，廣西有也兒吉尼，可謂三忠，國亡而不改節，視何真、陳均義等，何如哉！

【校勘記】

〔一〕「網利」，原作「罔利」，據《元史》卷一四四列傳第三十一《星吉傳》改。

新元史卷之二百二十　列傳第一百十七

察罕帖木兒擴廓帖木兒　李思齊　老保　魏賽因不花　關關　關保　劉則禮

察罕帖木兒，字廷瑞，本乃蠻氏。曾祖闊闊台，元初從大軍定河南。祖乃蠻台，父阿魯温，遂家河南，爲潁州沈丘人，改姓李氏。察罕帖木兒幼篤學，應進士舉，有時名。身長七尺，修眉覆目，左頰有三毫，怒則豎立，慨然有當世之志。

至正十一年，盜發汝、潁。不數月，江淮各路皆陷。朝廷徵兵討賊，無功。十二年，察罕帖木兒乃起義兵，從者數百人。與信陽羅山人李思齊合兵，復羅山。事聞，朝廷授察罕帖木兒汝寧府達魯花赤，自爲一軍，屯沈丘，與賊戰輒克捷。

十五年，賊陷鄧、許諸州。察罕帖木兒轉戰而北，屯於虎牢，以遏賊鋒。賊北渡盟津，掠懷州，河北震動。察罕帖木兒進討，大敗之，殲賊黨栅河洲者。除中書刑部侍郎。苗軍以滎陽叛，察罕帖木兒夜襲之，虜其衆幾盡，乃東屯中牟。已而淮西賊號三十萬，掠汴梁以西，直擣中牟。察罕帖木兒嚴陣待之，以死生利害諭士卒，皆賈勇決死戰。會大風起，察罕帖木兒乘風勢，率鋭卒衝賊中堅，賊遂披靡不能支，夜遁，軍聲益振。

十六年，擢兵部尚書。賊入潼關，陷陝、虢二州。知樞密院事答失八都魯節制河南諸軍，調察罕帖木兒與李思齊赴援。察罕帖木兒西拔殽陵，立栅於交口。陝州阻山帶河，賊轉南山粟給食以堅守，攻之猝不可拔。察罕帖木兒乃焚馬矢營中，如爨烟以疑賊，夜率兵拔靈寶。城守既備，賊始覺，不敢動，乃渡河陷平陸，掠安邑，察罕帖木兒追襲之，蹴以鐵騎。賊回扼下陽津，溺死者衆。相持數月，賊敗遁，遂復陝州及虢州。以功加中奉大夫、僉河北行樞密院事。

十七年，賊出襄、樊，陷商州，攻武關，官軍失利。直趨西安，至灞上，分道掠同、華諸州，陝西省臺來告急。察罕帖木兒與李思齊自陝、虢援西安，與賊遇，殺獲萬計，賊餘黨入興元。朝廷嘉其功，進陝西行省左丞。未幾，賊陷興元，據鞏昌，遂入鳳翔。察罕帖木兒先分兵入守鳳翔，而遣諜者誘賊。賊果悉衆來攻，察罕帖木兒自將鐵騎，晝夜馳二百里赴之。去城里許，分軍張左右翼掩擊之，城兵亦開門鼓噪而出，内外合擊，呼聲動天地。賊大潰，自相踐蹂，伏屍百餘里，餘黨皆奔潰，關中悉定。

十八年正月，詔察罕帖木兒屯陝西，李思齊屯鳳翔。二月，復涇州、平涼，進保鞏昌。三月，賊陷晉寧路，察罕帖木兒遣賽因赤等擊敗之，復其城。已而大同諸縣相繼陷，復遣關保擊敗之。四月，與李思齊會張良弼、郭擇善、拜帖木兒、定住、汪長生奴等，共討賊李喜喜於鞏昌。李喜喜奔四川。五月，又遣董克昌復冀寧。拜陝西行省右丞，兼行臺侍御史、同知河南樞密院事。詔察罕帖木兒守禦關陝、晉、冀，便宜行閫外事。察罕帖木兒益練兵訓農，以平定四方爲己任。

是年，安豐賊劉福通等陷汴梁，號召羣賊。川、楚、江淮、齊魯、遼東所在兵起，勢相聯絡。察罕帖木兒乃北塞太行，南守鞏、洛，而自將中軍軍沔池。會叛將周全與福通合兵攻洛陽，察罕帖木兒以奇兵出宜陽，自率大軍發新安來援。賊至城下，見堅不可攻，即引去。察罕帖木兒追至虎牢，塞成皋諸險而還。拜陝西行省平章政事，仍兼同知行樞密院事。

十九年正月，察罕帖木兒遣樞密院判官陳秉直、八不沙將兵二萬守冀寧。秉直分兵駐榆次，招撫太不花潰兵，遣部將屯田於河南。五月，察罕帖木兒率大軍次虎牢，遊騎出汴梁，南略歸、亳、陳、蔡，戰艦浮於河，水陸並下。又大發秦兵出潼關，過虎牢，晉兵出太行，踰黃河，俱會汴梁城下。自將鐵騎屯杏花營。諸將環城而壘，賊出戰輒敗，遂嬰城固守。乃夜伏兵城南，旦日，遣苗軍略城而過。賊易之，傾城以出，伏兵鼓噪起，大敗之。又令弱卒立栅城外，以餌賊。賊攻之，弱卒佯走，薄城西，因縱鐵騎擊之，悉擒其衆。賊自是益不敢出。八月，諜知城中食且盡，乃與諸將閆思孝、李克彝、虎林赤、賽因赤、答忽、脱因不花、吕文、完哲、賀宗哲、安童、張守禮、伯顔、孫翥、姚守德、魏賽因不花、楊履信、闞闞等議，分門攻之。至夜，將士鼓勇登城，斬關而入。劉福通挾其僞主從數百騎出東門遁走，獲僞皇后及賊妻子數萬、僞官五千，符璽、印章、寶貨無算。不旬日，河南悉定。獻捷京師，歡聲動中外。以功拜河南行省平章政事，兼知河南行樞密院事、陝西行臺御史中丞，仍便宜行事，賜御衣、七寶腰帶。

先是，中原亂，江南海漕不通，京師苦饑。至是，河南既定，檄文達江浙，海漕復至。又請今年八月鄉試河南舉人，及他路儒士避亂者，不拘籍貫，依河南定額，就陝西置貢院考試，從之。

二十年正月，河南賊犯杞州，察罕帖木兒討平之，遣兵復永城縣，又復宿州，擒賊將梁綿住。察罕帖木兒既定河南，乃分兵守關陝、荆襄、河洛、江淮，而以重兵屯澤、潞，營壘旌旗千里相望。日修車船，繕兵甲，務農積穀，訓練士卒，謀大舉以復山東。

先是，山西晉、冀諸州皆察罕帖木兒所定，而答失八都魯之子孛羅帖木兒以兵駐大同，欲并據晉、冀，遂與察罕帖木兒相爭。詔以冀寧畀孛羅帖木兒。察罕帖木兒以用兵數年，惟恃晉、冀兩路供軍餉，乃屯兵澤、潞以拒之，與孛羅帖木兒戰於東勝州，又戰於汾州。朝廷使中書平章政事達實帖木兒、參知政事七十，諭二人罷兵。時搠思監當國，與宦者朴不花黷貨無厭，視二人賂遺厚薄而左右之。由是搆怨日深，兵連不解。八月，詔孛羅帖木兒守石嶺關以北，察罕帖木兒守石嶺關以南，二人始奉詔罷兵。二十一年，察罕帖木兒諜知山東羣賊相攻，六月，乃輿疾自陝西抵洛，大會諸將，議師期。發晉寧軍出井陘，遼、沁軍出邯鄲，澤、潞軍出磁州，懷、衛軍出白馬，及汴、洛軍，分道並進。察罕帖木兒建大將旗鼓，渡孟津，鼓行而東。七月，復冠州、東昌。八月，師至鹽河，遣其子擴廓帖木兒、閆思孝等，會關保、虎林赤，造浮橋以濟。拔長清，進擣東平。田豐遣崔世英等拒戰，大敗之，斬首萬餘級，直抵城下。察罕帖木兒以田豐據山東久，軍民服之，乃遺書諭以逆順之理，豐及王士誠，俞寶、楊誠等皆降，遂復東平、濟寧。時羣賊聚於濟南，其賊首劉珪屯齊河、禹城以拒官軍。察罕帖木兒分遣奇兵間道出賊後，南略泰安，逼益都，北徇濟陽、章丘，中循瀕海郡縣，自將大軍渡河，與賊將戰於分齊鎮，大敗之。進逼濟南，齊河、禹城俱送款，南道諸將亦報捷。再敗益都兵於好石橋，圍濟南。三月，劉珪出降。詔拜中書平章政事、知河南山東行樞密院事、陝西行臺中丞如故。察罕帖木兒遂移兵圍益都，大治攻具，百道並進，復掘重塹，築長圍，遏南洋河以灌城中。

二十二年，山東俱定，獨益都猶未下。六月，田豐、王士誠陰結城中賊，圖作亂。初，豐等降，察罕帖木兒推誠待之，數獨入其營中。豐乃請察罕帖木兒巡營壘，衆以爲不可往。察罕帖木兒曰：「吾推赤心待人，安得人人防之？」左右請以力士自衛，又不許。以十一騎從行，至王信營，又至豐營，遂爲士誠所刺殺。事聞，帝震悼，京師及四方之士無不慟哭。

先是，有白氣如索，長五百餘丈，起危宿，掃太微垣。太史奏山東當大水，帝曰：「不然，山東必失一良將。」即遣勅使戒察罕帖木兒勿輕舉，使未至而及於難。詔贈推誠定遠宣忠亮節功臣、開府儀同三司、上柱國、河南行省左丞相，謚獻武。及葬，賜賻有加，改贈宣忠興運弘仁效節功臣，追封潁川王，改謚忠襄，食邑沈丘縣，所在立祠，歲時致祭。封其父阿魯温汝陽王，後又進封梁王。

明太祖聞察罕帖木兒定山東，謂左右曰：「田豐爲人反覆，察罕帖木兒待如腹心，是其闇也。古之名將智謀弘遠，使人不可測，察罕帖木兒豈足以知之？」後竟如明祖所料云。

察罕帖木兒無子，以甥擴廓帖木兒爲嗣。

擴廓帖木兒，本王氏，小字保保，惠宗賜名擴廓帖木兒。察罕帖木兒既被刺，詔以擴廓帖木兒爲銀青光禄大夫、太尉、中書平章政事、知樞密院事、太子詹事，仍便宜行事，總其父兵。擴廓帖木兒受命，即急攻益都，穴地以入，克之，戮田豐、王士誠，剖其心祭察罕帖木兒，而執送益都賊帥陳猱頭等二百餘人於京師。乘勝使關保東取莒州，山東復定。是時，東自淄、沂、西踰關陝，無一賊。擴廓帖木兒乃駐兵河南，朝廷倚以爲重。孛羅帖木兒復以兵爭晉、冀，擴廓帖木兒至太原與孛羅帖木兒搆兵，相持不解。

二十三年，御史大夫老的沙與知樞密院事禿堅帖木兒得罪於皇太子，奔大同，爲孛羅帖木兒所匿。

二十四年，搠思監、朴不花誣孛羅帖木兒、老的沙謀爲不軌，下詔罪狀，孛羅帖木兒遂與老的沙合禿堅帖木兒兵同犯闕。擴廓帖木兒遣部將白鎖住，以萬騎衛京師，駐於龍虎臺，拒戰不利，奉皇太子奔太原，白鎖住仍屯保定，爲朝廷聲援。

二十五年，擴廓帖木兒先以兵搗大同，取之。皇太子乃大舉討孛羅帖木兒，自與擴廓帖木兒率兵抵京師。會孛羅帖木兒伏誅，詔皇太子還京師，擴廓帖木兒亦扈從入朝。九月，拜伯撒里右丞相，擴廓帖木兒左丞相。伯撒里累朝舊臣，而擴廓帖木兒以新進晚出，乃與並相。居兩月，不自安，即請南還視師。

是時，中原雖定，而江以南皆非朝廷所有。皇太子累請出督師，帝難之，乃封擴廓帖木兒河南王，總天下兵馬，代之行，官屬之盛，幾與朝廷等。

二十六年二月，擴廓帖木兒自京師還河南，欲廬墓終喪。左右咸謂：「受命出師，不可中止。」乃北渡居懷慶，又移居彰德。時明太祖已滅陳友諒，盡有楚地，張士誠據淮東、浙西。擴廓帖木兒知南軍强，未可輕進，乃駐軍河南，檄關中李思齊、張良弼、脱列伯、孔興四將會師大舉。思齊故與察罕帖木兒齒位相埒，及是擴廓帖木兒爲元帥，思齊心不平，而張良弼等亦各懷異見，得檄皆不聽命。擴廓帖木兒使部將討思齊等，思齊等亦會兵長安以拒之。擴廓帖木兒受命南征，而先攻思齊等，朝廷已疑之。皇太子之奔太原，欲用唐肅宗靈武故事自立，擴廓帖木兒不可。及還京師，皇后奇氏令擴廓帖木兒以重兵擁太子入城，意欲脅帝禪位。擴廓帖木兒知其意，比至京城三十里，即留軍城外，自將數騎入朝。皇太子益銜之，至是屢促其南征。擴廓帖木兒乃遣弟脱因帖木兒及部將完哲等率兵東出，而陝西諸將終不用命。帝又下詔爲之和解，擴廓帖木兒憤極，殺詔使天下奴等，於是廷臣譁然，言其跋扈。

二十七年八月，帝下詔以皇太子親總天下兵馬，命擴廓帖木兒及思齊、良弼等分道出兵，收江淮、四川，以戢其爭。擴廓帖木兒不受分兵之命，皇太子亦止不行。而部將貊高叛，據彰德、衛輝，罪狀擴廓帖木兒於朝。先是，關保、貊高爲察罕帖木兒軍中驍將，擴廓帖木兒之討李思齊，使貊高從河中渡河，欲出不意覆思齊巢窟。貊高所將多孛羅帖木兒舊部，至衛輝而軍變，脅貊高叛擴廓帖木兒。貊高奏至，皇太子乃立撫軍院，總制天下兵馬，以貊高知樞密院事，兼平章政事，領河北軍事，賜號忠義功臣。十月，乃削擴廓帖木兒兵柄，落其太傅、左丞相，以河南王就食邑於汝州，以河南府爲梁王食邑，使其弟脱因帖木兒自隨，其從行官屬悉令還朝。所總諸軍在帳前者，隸白鎖住與虎林赤；在河南者，隸李克彝；在山東者，隸也速；在山西者，隸沙藍答兒。擴廓帖木兒受詔，至澤州，其將李景昌、關保亦自歸於朝廷，皆封爲國公。朝廷知擴廓帖木兒勢孤，始詔禿魯與關中四將東出關，合貊高之軍，聲罪討擴廓帖木兒。

二十八年，詔左丞孫景益分省太原，關保以兵戍之。擴廓帖木兒遂遣兵據太原，盡殺朝廷所置官吏。帝下詔盡削擴廓帖木兒爵邑，將吏效順者免罪。皇太子乃命魏賽因不花及關保，會李思齊等兵，夾攻澤州。二月，擴廓帖木兒退守平陽，關保進據澤、潞二州，與貊高軍合。擴廓帖木兒勢稍沮，而關中四將以明兵已盡取山東、河南地，察罕帖木兒父梁王阿魯温又以汴梁降明兵，將入潼關，皆遣使詣擴廓帖木兒謝出師非本意，大掠而歸。獨關保、貊高進攻平陽，擴廓帖木兒堅壁不戰。諜知貊高分軍掠祁縣，乃夜出師，薄其營，擒關保、貊高，皆殺之。朝廷大震，罷撫軍院，盡黜太子所用帖林沙、伯顔帖木兒、李國鳳等，以謝擴廓帖木兒。擴廓帖木兒亦上疏自陳，詔復其官爵，令以兵會也速、思齊等南討。甫一月，明兵陷大都，帝北奔。擴廓帖木兒自太原入援，不及。

十月，進封擴廓帖木兒爲齊王。時明兵已定大都，使湯和徇山西，擴廓帖木兒拒之，敗明兵於韓店。會帝命擴廓帖木兒收復大都，擴廓帖木兒奉詔北出雁門，將逕居庸以窺大都。明徐達、常遇春乘虛襲太原，擴廓帖木兒還師救之。部將豁鼻馬潛約降於明，明兵夜劫其營，衆潰，擴廓帖木兒倉卒將十八騎北走。明兵遂乘勝西入陜西，降李思齊等故臣，遺士皆入於明矣。惟擴廓帖木兒擁兵塞上，時時侵略西北邊，明人患之。

二十九年正月，帝復拜擴廓帖木兒右丞相，欲以政事委之。十一月，擴廓帖木兒因陜西行省左丞王克勤赴行在，附奏請車駕速幸和林，勿以應昌爲可恃之地。弗從。明年，擴廓帖木兒圍蘭州，斬其援將于光。明將徐達出西安，以擣定西，擴廓帖木兒趨赴之，大敗於沈兒峪，全軍覆没。擴廓帖木兒獨與妻子數人逃，乘斷木濟河，遂奔和林。

時惠宗已崩，昭宗復以擴廓帖木兒柄國事。明太祖使徐達將十五萬兵，分道出塞，擊擴廓帖木兒至嶺北。擴廓帖木兒逆戰，大敗之，明師死者數萬人，達等皆奔還。自是明人有戒心，不敢輕出。是年，擴廓帖木兒攻雁門，明人嚴爲之備。

宣光五年，擴廓帖木兒從昭宗徙金山。五月，卒於哈剌那。妻毛氏，自經以殉。

初，明太祖憚察罕帖木兒威名，遣使通好，以介於朝。會其被刺，事遂已。及擴廓帖木兒視師河南，明人復遣使修好，凡七致書，擴廓帖木兒輒留使者不遣。既出塞，又以書招之，亦不應。明祖由是敬其爲人。劉基嘗言於明祖曰：「擴廓未可輕也。」及嶺北之敗，明祖思其言，恒舉以爲戒。一日大會諸將，問曰：「方今天下，孰爲奇男子？」皆對曰：「常遇春。將不過萬人，横行天下，可謂奇男子矣！」明祖笑曰：「此固吾得而臣之。若王保保者，吾所不能臣，真天下奇男子也！」後册其妹爲皇子妃。

擴廓帖木兒弟脱因帖木兒，亦屢立戰功，官至陝西平章政事。帝之北巡，脱因帖木兒從赴行在，後終於漠北。

史臣曰：察罕帖木兒，明太祖之所畏也。天不祚元，隕身降賊。擴廓帖木兒才不及其父，然崎嶇塞上，卒全忠孝，明太祖謂之奇男子，諒矣哉！

李思齊，羅山人。與察罕帖木兒同舉義兵，克復羅山。有司奏其功，授思齊縣尹。惠宗曰：「人言國家輕漢人，果然。」乃授知汝寧府。從察罕帖木兒平河南、陝西。至正十七年，拜四川行省左丞。十八年，詔思齊屯鳳翔。察罕帖木兒與思齊會宣慰使張良弼、郎中郭擇善、宣慰同知拜帖木兒、平章政事定住、總帥汪長生奴，敗李喜喜於鞏昌。思齊駐斜坡，張良弼駐秦州，郭擇善駐崇信，拜帖木兒駐通渭，定住駐臨洮，各自除府州縣官，徵其賦爲軍需。未幾，思齊、良弼同謀襲殺定住及郭擇善，分總其兵，朝廷不能問。

二十一年，進克伏羌等縣，受韓林兒黨李武、崔德降。四川賊陷川東郡縣，詔思齊討之，遣知樞密院事禿堅帖木兒賫璽書獎諭，思齊乃進兵益門鎮。已而復歸鳳翔，與張良弼相攻，爲良弼所敗。二十三年，又與孛羅帖木兒相攻。二十五年正月，封思齊許國公。是年二月，皇太子復加思齊銀青光禄大夫、邠國公、陝西等處行中書省平章政事、太子詹事兼知四川等處行樞密院事、招討使。

二十六年，擴廓帖木兒遣關保攻張良弼，良弼遣子弟質於思齊，合兵拒關保。思齊請朝廷和解之。是年，禮部侍郎滿尚賓、吏部侍郎掩篤剌哈自鳳翔還京師。先是，尚賓等奉詔諭思齊開通蜀道，思齊不奉詔，尚賓等留鳳翔且一年，至是始歸。

二十七年，張良弼、脱列伯、孔興與思齊會於含元殿基，推思齊爲盟主，同拒擴廓帖木兒。先是，擴廓帖木兒檄思齊等出兵，思齊得檄，大怒曰：「我與汝父同鄉里，汝父進酒，猶三拜然後飲。汝於我前無立地，今敢公然調我耶！」因與良弼等聯合，不聽擴廓帖木兒節制。朝廷以禿魯爲陝西行省左丞相，思齊不説，遣其將鄭應祥守陝西，自還鳳翔。皇太子總天下兵馬，命思齊自鳳翔與侯伯顔、達世進規四川。未幾，復命思齊副禿魯安撫關中，又中分關以西屬思齊，以東屬擴廓帖木兒，思齊皆不奉詔。

二十八年，詔思齊討擴廓帖木兒。已而明兵至河南，思齊遁還關中，與張良弼會兵守潼關。會火焚良弼營，思齊移屯葫蘆灘。明兵入潼關，思齊棄輜重，奔鳳翔。是時，思齊部將虎林赤等據盩厔，商暠據武功，李克彝據岐山，任從政據隴州，思齊自據臨洮。未幾，皆降於明。明人授思齊江西平章政事。張良弼走寧夏，爲擴廓帖木兒所執。其弟良臣以慶陽降於明，已而復叛。明將徐達攻克慶陽，良臣投於井，引出斬之。其後，明祖遣思齊通好於擴廓帖木兒。始至，待以賓禮，尋使騎士送歸至塞下，辭曰：「主帥有命，請公留一物爲別。」思齊曰：「吾遠來無所齎。」騎士言：「願得公一臂。」思齊知不免，斷臂與之，還，未幾卒。

老保，姓李氏，一名保保，陽武人。察罕帖木兒起義兵，老保從之，以復羅山縣，授澤州路治中。從平方脫脫之亂，改授樞密院知院，守石州。又從察罕帖木兒攻取山東郡縣。察罕帖木兒爲田豐所害，老保與擴廓帖木兒共破田豐，擢平章政事，留守益都。明遣大將軍徐達攻益都，諭老保降，不從。達謂諸將曰：「老保所恃者河上援兵，吾已分兵拒黃河南岸，斷其臂矣。」即督兵填壕而進，拔其城，執老保與白鎖住送建康。平章普顔不花死之，老保降於明。後明太祖遣老保招諭擴廓帖木兒，擴廓帖木兒鴆殺之。

魏賽因不花，息州人。幼卓犖不羣，善騎射。至正間，紅巾賊起，募義勇禦之，以衆屬察罕帖木兒。嘗單騎殺賊百餘人，又從擴廓帖木兒討孛羅帖木兒於大同，破之。累官河南江北知樞密院事。又討禿堅帖木兒於嶺北，獲之，進拜中書平章政事，卒。

關關，字文祖，温縣人。少沈鷙，有材勇。察罕帖木兒舉兵，關關募義勇萬餘人附之，授招討上百户，佩銀符。從破賊韓龡兒，攻拔汝寧、鈞、許等州，關關皆先登。深州賊犯河南，察罕帖木兒遣關關救之，賊遁走，擢上千户。及賊據滎陽，關關大破之。賊復屯八角。時韓林兒據汴梁，分兵四掠，察罕帖木兒使關關定陝、虢等州，以功進潁、息招討五萬户。賊敗走，入陝西，關關追至鳳翔，復移軍守高平。轉河東宣慰司副使，進河南行樞密院判，又進本院同僉。率所部守懷慶，綏輯流亡，遠近歸附。遷定遠大將軍。尋改河南行省參知政事，從察罕帖木兒討山東賊，連拔高唐、虞城，擒賊驍將王達兒等。次濼陂，奪賊船二百餘艘，斷其糧道。進行省左丞。攻濟南，賊將劉平章等以三萬人來拒，關關率羸卒誘之，賊争進，伏兵前後夾擊，斬獲無算。進右丞，賜金帶一。移守懷慶，進同知河南行樞密院事。卒，年五十三，追贈推忠協義宣力功臣，謚康定。

闞保，河南人。至正間爲總兵野庵裨將。時山西盜起，調守澤、潞，與百户虎林赤破賊於澤州。及高平，又擒賊首劉子才。擢兵部侍郎，賜龍衣、金帛有差。從察罕帖木兒攻汴梁，以功加同僉樞密院事。二十七年，拜中書平章政事，分省濟寧。二十八年，朝廷以擴廓帖木兒抗命，封闞保國公，命與貊高同攻擴廓帖木兒。師次太原，擴廓帖木兒自平陽來，襲禽貊高、闞保，皆殺之。

劉則禮，臨江人。從答失八都魯平河南，擢安陸府同知，累遷河南行樞密院副使，鎮白羊口。擴廓帖木兒總兵南伐，授湖廣行省左丞。明兵入京師，則禮兵潰，率麾下百餘人壁易州龍居山，間道謁擴廓帖木兒於大同。時將作院使田邁魯團結沿山民砦，留則禮共守。未幾，擴廓帖木兒敗於太原，則禮知事不可爲，欲擁衆赴行在，邁魯無去意。明兵至，邁魯迎降，欲授則禮以官，辭不受，寓薊州而卒。

新元史卷之二百二十一 列傳第一百十八

信苴日 楊漢英宋阿重 楊完者曾華

信苴日，姓段氏，其先世爲大理酋。權臣高氏當國，世祖奉命南征，誅其臣高祥，以段興智主國事。興智與季父信苴福入覲，詔賜金符，使歸大理。憲宗五年，獻地圖，請悉平諸部，并條奏治民立賦之法。憲宗大喜，賜興智名摩訶羅嵯，命悉主諸蠻白爨等部，以信苴福領其軍，興智遂以國事任之。其弟信苴日與信苴福率僰爨軍二萬爲前鋒，導大將兀良合台討平諸部之未附者。

中統二年，信苴日入覲，世祖復賜虎符，詔領大理、善闡、威楚、統失、會川、建昌、騰越等城，自各萬户以下皆受其節制。至元元年，舍利畏結威楚、統失、善闡及三十七部諸爨，各殺守將以叛，信苴日率衆進討，大敗之，復遣孛羅敗賊於統失城，遂定統失。其秋，舍利畏又以衆十萬謀攻大理，詔都元帥也先不花與信苴日討之。師至安寧，遇舍利畏，擊走之，遂復善闡，降威楚，定新興。進攻石城、肥膩，皆下之，爨部平。三年，信苴日入覲，録功賜金銀、衣服、鞍勒、兵器。

十一年，賽典赤爲雲南行省平章政事，更定諸路名號，以信苴日爲大理總管。未幾，舍利畏復叛。信苴日遣石買等詭爲商，執贄見舍利畏，挺矛鏦殺之，梟首於市。行省以聞，復賜金一錠及金織紋衣。

十三年，緬國以象騎數萬掠金齒南甸，欲襲大理。行省遣信苴日與萬户忽都，率騎兵千人禦之。信苴日以功授大理、蒙化等處宣撫使。

十八年，信苴日與其子阿慶復入覲，帝嘉其忠勤，進大理、威楚、金齒等處宣慰使、都元帥，留阿慶宿衛東宫。及陛辭，復拜爲雲南諸路行中書省參知政事。十九年，詔同右丞拜答兒迎雲南征緬軍，行至金齒，以疾卒。信苴日治大理凡二十三年。

子阿慶襲爵，累授鎮國上將軍，大理、金齒等處宣慰使、都元帥，佩金虎符。

楊漢英，字熙載，其先太原人。唐季，南詔陷播州，有楊端者，以應募起，竟復播州，遂使領之。五傳至昭，無子，族子貴遷嗣。又十一傳，至邦憲，世襲播州安撫使。宋授邦憲左金吾衛上將軍、安遠軍承宣使、牙牌、節度使。宋亡，世祖遣使者諭邦憲内附，邦憲捧詔三日哭，以播州、珍州、南平軍之地降。十五年，入朝，拜龍虎衛上將軍、侍衛親軍都指揮使，紹慶、珍州、南平等處沿邊宣撫使，播州安撫使。十八年，遷宣慰使，卒。贈推忠効順功臣、銀青光禄大夫、平章政事、柱國，追封播國公，謚惠敏。

漢英五歲而孤，二十二年，從其母田氏入朝，世祖摩其頂，諭執政曰：「是兒真國器，宜以父爵授之。」賜名賽因不花，授金虎符，拜龍虎衛上將軍，紹慶、珍州、南平等處沿邊宣慰使，播州安撫使，賜金繒、弓矢、鞍勒，封田氏爲貞順夫人。二十四年，漢英族衆搆亂，殺貞順夫人。漢英衰絰入奏，詔捕賊縛至成都，斬之。二十七年，詔郡縣上計，漢英即括户口租税籍以進，世祖大悦，加管軍萬户。二十八年，入朝奏罷順元宣慰司。是年，升播州安撫司爲宣撫司，授漢英宣撫使。會羅甸宣慰使斡羅思誘播州黄平諸寨酋，詐爲新闢屬地以獻，漢英奏復之。斡羅思恚不勝，誣言舊有雄威、忠勝二軍，播州匿弗奏，漢英抗言納土。時二軍已隸别籍，御史臺審覆上之，世祖令寢其事。俄拜侍衛親軍都指揮使。

成宗即位，漢英三入朝。大德三年，奏改南詔驛道，分定雲以東地隸播州，西隸新部，減郡縣冗員，去屯丁糧三之一，民大便之。四年，部蠻桑柘叛，湖廣行省議用兵，漢英言賊勢盛，宜招諭之，不聽。兵出無功，卒從漢英議，始相繼出降。五年，宋隆濟及蛇節等叛，漢英率民兵從行省平章劉二拔都等討之。六年秋九月，連與賊戰，敗之。進壁蹉泥，賊騎卒至，漢英先登陷陣，大軍乘之，賊遂潰，斬獲不可勝計，降宋阿宜，拔笮籠，望風送款者相繼。七年正月，大軍屯暮窩，賊衆復合，漢英又敗賊於墨特川。蛇節懼，乞降，斬之。又擒斬隆濟等，西南夷悉平。以功進資德大夫，賜玉帶、金鞍、弓矢。

仁宗即位，加上護軍，詔許世襲。延祐四年，黄平蠻劉奔及新部黎魯等相繼叛，詔漢英撫定之，置戍而還。五年，盧崩蠻内侵，漢英與恩州宣慰使田茂忠討之，以疾卒於軍，年四十。贈推誠秉義功臣、銀青光禄大夫、平章政事、柱國，追封播國公，謚忠宣。漢英究心濂洛之學，爲詩文典雅有則。著《明哲要覽》九十卷，《桃溪内外集》六十卷。

子嘉貞嗣，至治二年來朝，賜名延禮不花。

宋隆濟之叛，與漢英同時立功者，有曾竹長官宋阿重。棄家走京師，陳滅賊計。成宗賜衣一襲，授爲順元路宣撫同知。阿重深入烏撒烏蒙，至藺州之水東，招諭木樓獠，生獲隆濟以獻。擢靖江路總管，佩三珠虎符。旋進榮禄大夫、雲南平章政事，卒。贈貴國公，謚忠宣。阿重孫蒙古歹，亦以平賊功爲八番順元等路宣慰使。

楊完者，原名通賈，城步人。世爲土官，性勇敢，多權略，所統獠猺號爲答剌罕，能以兵法部勒其衆。其實完者爲宋十峒首領之裔，非苗族也。

至正中，達識帖睦邇爲湖南行省左丞相，使萬户陶夢禎招完者，合兵復武昌，以功授管軍千户，累遷都元帥，擁衆不受行省節制。

十五年，平章政事阿思蘭與完者順流而下，所至劫掠，甚於盜賊。將至廬州，淮東都元帥余闕奏止之，完者聽命，衆稍戢。已而張士誠陷揚州，右丞阿魯灰引完者來援，士誠還高郵。時完者渡江屯廣德，士誠又自福山港陷平江，東南大震。達識帖睦邇以江浙行省守杭州，不能禦士誠，奔富陽。完者趨救，擊敗士誠，達識帖睦邇乃還。初，達識帖睦邇以完者爲海北道宣慰使都元帥，尋擢江浙行省參知政事。至是，遂遷左丞。然土兵無紀律，浙人怨之。

明年，士誠寇嘉興，屢爲完者所敗，遣蠻子海牙以書乞降。完者欲納之，達識帖睦邇不聽，固勸，乃許之，承制拜士誠太尉。達識帖睦邇倚完者制士誠，久乃厭其專恣。完者亦思挾士誠自重，然士誠實欲圖完者而未發也。是時，徽州、建德已爲明太祖所取，完者出兵屢敗，勢益衰。又强取平章慶童女，事具《達識帖睦邇傳》。達識帖睦邇遂陰與士誠定計除完者，揚言使士誠復建德。完者營杭州城外，不爲備，士誠圍之，衆潰，完者與其弟伯顏皆自殺。事聞，贈完者潭國公，謚忠愍；伯顏衛國公，謚忠烈。

完者部將曾華，武岡人，累功至廣東道宣慰使、僉都元帥府事，守浦陽，嚴戢部衆，四門置守卒，非軍令不得出。已而完者檄華還杭州，一夕去，不聞人馬聲，其馭下過完者遠甚。浦陽人思之，爲立碑於縣庭。

史臣曰：信苴日、楊漢英，咸以蠻夷酋長立功名於當世。楊完者雖暴恣，然死非其罪，君子憫焉。故類次其事，著於篇。

新元史卷之二百二十二　列傳第一百十九

李璮　王文統

李璮，小字松壽，益都濰州人，李全子也。或曰璮本衢州徐氏子，其父嘗爲揚州司理參軍，全蓋養之爲子。太祖二十一年，全叛宋，舉山東州郡歸附國王孛羅，承制拜全山東淮南楚州行省，而以其兄福爲副元帥。太宗三年，全攻宋揚州，敗死。其妻楊妙真率餘衆北歸，仍授益都行省，開府辟官屬，文士多爲所用。妙真死，璮襲爲益都行省，專制山東，朝廷數徵兵，輒詭辭不至。憲宗七年，又調其兵赴行在，璮詣行在言曰：「益都乃宋航海要津，分軍不便。」帝然之，命璮歸取漣、海數州。璮遂發兵攻拔漣水四城，大張剋捷之功。

中統元年，世祖即位，加璮江淮大都督。璮言：「近獲生口，知宋調兵將攻漣水。且諜見許浦、射陽湖舟艦相望，勢欲出膠州，向益都。請繕城塹以備。」詔出金符二十、銀符五授璮，以賞將士有功者；賜銀三百錠，降詔獎諭；蒙古、漢軍，咸聽節制。璮復揚言：「宋呂文德合淮南兵七萬五千，來攻漣水，且規築城堡以臨我。及得賈似道、呂文德書，辭甚悖傲，知朝廷近有内顧之憂，必將肆志於我。乞選將益兵，臣當帥以渡淮，雪慢書之辱。」執政得奏，諭以「朝廷方通好於宋，邊將惟當固封圉。且南人用間，其詐非一，彼既不至，毋妄動」。璮乃上言：「臣所領益都，土曠人稀，自立海州，今八載，將士未嘗釋甲，轉輓未嘗息肩，民力凋耗，莫甚斯時。以一路之兵，抗一敵國，衆寡不侔，人所共患。賴陛下神武，既克漣、海二州，復破夏貴、孫虎臣十餘萬之師。然臣豈敢恃此，必敵人之不再至？且宋人今日西無掣肘，得并力而東。若以陸師綴漣，而遣舟師遵海以北，擣膠、萊之虛，然後帥步騎直指沂、莒、滕、嶧，則山東非我有矣。豈可易視而不爲備？臣昨追敵至淮安，非不能乘勝取揚、楚，徒以執政止臣，故臣不敢深入。若以棗陽、唐、鄧、陳、蔡諸軍攻荆山，取壽、泗，以亳、宿、徐、邳諸軍，合臣所統兵，攻揚、楚，則兩淮可定。兩淮既定，則選兵以取江南，自守以寬民力，將無施不可，此上策也。」因上將校馮泰等功第狀，詔以益都官銀分賞之。

二年正月，璮言於行中書省：「宋人聚兵糧數十萬，列艦萬三千艘於許浦，以侵内郡，而宣撫司轉輸不繼，恐一日水陸道絶，緩急莫報。請選精騎，倍道來援，表裏協攻，乘機深入，江淮可圖也。」既而來獻漣水捷，詔復奬諭之，仍給金符十七、銀符二十九，增賜將士。璮輒發兵修益都城塹，且報宋人來攻漣水，詔阿朮、哈喇拔都、阿實克不花等悉兵赴之。

璮遂請節制諸道所集兵馬，且請給兵仗，中書議與矢三萬，詔給矢十萬。

三年二月，又以宋賈似道誘總管張元、張進等書來上。璮父子專制山東三十餘年，其前後所奏凡數十事，皆恫疑虚喝，挾敵國以要朝廷，而自爲完繕益兵計。聞帝自將討阿里不哥，料内難非旦夕可平，反意遂決。璮子彦簡質於朝，僭爲私驛，自益都至京師質子營。至是，彦簡逃歸。璮乃以漣、海三城獻於宋，殲蒙古戍兵，引麾下還攻益都，陷之，發府庫以犒其死黨。遂寇蒲臺，陷淄州。民聞璮反，皆入保城郭，或奔竄山谷，自益都至臨淄數百里，道路不通。

帝下詔暴璮罪，發蒙古、漢軍討之。命水軍萬户解成、張榮實，大名萬户王文幹及嚴忠範會東平；知濟南府事、都元帥張宏，歸德萬户邸浹，礮手元帥薛勝會濱棣；又命濟南軍民萬户張邦彦、濱棣路安撫使韓世安修城塹，盡發管内民爲兵，以備之。以諸王合必赤總督諸軍。已而真定、順天、河間、平灤、大名、邢州、河南諸路兵皆至。時前宣撫副使王磐挺身走濟南，驛召磐，令姚樞問計。磐對：「豎子狂騃，即成禽耳。」帝然之。是月，誅中書平章政事王文統，以與璮通也。

璮盜據濟南，命史樞、阿朮各帥所部進討。璮出掠輜重，官軍邀擊，大敗之，斬首四千級。璮退保濟南。帝又命右丞相史天澤督師，諸將皆受節度。五月，大軍築長圍困之，璮自是不能復出，猶日夜拒守，取城中子女賞將士，以悦其心。且分軍就食民家，發其蓋藏以贍軍食。然人情潰散，璮不能制，相率縋城以出。七月，璮知城且破，乃手刃愛妾，乘舟入大明湖，自投水中，水淺不得死，爲官軍所獲，縛至合必赤帳前。史天澤言：「宜即戮之，以安人心。」遂與蒙古軍官囊加台并伏誅。

王文統，字以道，益都人。多機智，遍謁東諸侯，無所遇，乃往見李璮。璮與語，大喜，留置幕府，命其子彦簡師事之，文統亦以女妻璮。由是軍旅之事，咸與咨決，歲上邊功，虚張敵勢，以固其位，用官物樹私恩，取宋漣、海二州，皆文統謀也。

世祖伐宋，圍鄂州，聞宋宰相賈似道之才，歎曰：「吾安得如賈似道者而用之？」劉秉忠以文統對。帝問廉希憲，希憲亦譽之。及帝即位，厲精求治，亟召用文統，立中書省以總内外百官之政，擢文統爲平章政事，委以更張庶務。建元爲中統，詔諭天下立十路宣撫司。尋詔行中書省造中統元寶交鈔，立互市於潁州、漣水、光化軍。是年冬，初行中統交鈔，自十文至二貫，凡十等，不限年月，諸路通行，税賦並聽收受。

明年二月，世祖在開平，召行中書省事禡禡與文統，率各路宣撫使俱赴闕。帝自去秋親征阿里不哥，凡民間差發、宣課鹽鐵等事，一委文統等裁處，故召文統等至，詢以成效。詔量免民間課程，復以所議條格頒各路行之。如勸農桑，抑游惰，禮高年，問民疾苦，舉文學才識及茂才異等列名上聞，其職官汙濫、不孝弟者，量輕重議罰，皆當時善政焉。未幾，又詔宣撫司，并達魯花赤、管民官、課税所官，申嚴私鹽、酒醋、麴貨等禁。帝命舉讀史者一人，文統以中書詳定官周止應其選。

文統爲人忌刻。初立中書省，張文謙爲左丞。文謙素以經濟自負，凡討論之時，輒相可否，文統積不能平，思有以排之，文謙竟以本職行大名等路宣撫司事而去。時姚樞、竇默、許衡，皆世祖所敬信者，文統言於世祖，授樞爲太子太師，默爲太子太傅，衡爲太子太保，外佯尊之，實不欲使朝夕侍側。默嘗與王鶚及樞、衡俱侍世祖，面詆文統曰：「此人學術不正，必禍天下，不可處以相位。」世祖曰：「若是，則誰可爲相者？」默以許衡對，世祖不懌而罷。鶚嘗請以右丞相史天澤監修國史，左丞相耶律鑄監修《遼史》，文統監修《金史》。世祖曰：「監修階銜，俟修史時定之。」

又明年二月，李璮反，以漣、海三城獻於宋。先是，其子彦簡由京師逃歸，璮遣人白之中書。及反書聞，人多言文統嘗遣子蕘與璮通書問。世祖召文統，問之曰：「汝教璮爲逆，舉世皆知。朕今問汝所策云何，其悉以對。」文統對曰：「臣亦忘之，容臣悉書以上。」書畢，世祖命讀之，其間有曰：「螻蟻之命，苟能獲全保，爲陛下取江南。」世祖曰：「汝今日猶欲緩頰於朕耶？」會壇遣人持文統三書自洛水至，爲邏者所獲，以書示之，文統始錯愕駭汗。書中有「期甲子」語，世祖曰：「甲子之期云何？」文統對曰：「李壇久蓄反心，以臣居中，不敢即發。臣欲告陛下縛壇久矣，第緣陛下用兵北方，不能兼顧。比至甲子，猶可數年，臣爲是言，姑遲其反期耳。」世祖曰：「無多言！朕拔汝布衣，授之政柄，遇汝不薄，何負而爲此？」文統猶枝辭傍說，終不自言「臣罪當死」。乃命左右斥去，始出就縛。猶召竇默、姚樞、王鶚、劉秉忠及張柔等至，示以前書，曰：「汝等謂文統當得何罪？」文臣皆言：「『人臣無將，將則必誅。』」柔獨疾聲大言曰：「宜剮！」世祖又曰：「汝等同辭言之。」諸臣皆曰：「當死。」世祖曰：「渠亦自服矣。」乃誅文統，并戮其子蕘。

文統雖以反誅，而元之立國，其規模法度出於文統者居多。

初，廉希憲、商挺並爲世祖所信任，希憲譽文統，挺亦薦其有宰相才。及文統伏誅，世祖逮挺下獄，又因事免希憲官，始疑書生不可用，阿合馬、桑哥等遂以言利進焉。

史臣曰：明張溥史論，亟稱李壇能蓋前愆，躋之忠臣孝子之列。壇世受蒙古豢養，辜恩反噬，欲乘時徼利，自爲帝王，非忠於趙氏者也。君子「一言以爲不知」，其溥之謂歟？

新元史卷之二百二十三　列傳第一百二十

阿合馬　盧世榮　桑哥要束木

阿合馬，回鶻人。幼爲阿勒赤那顔家奴，阿勒赤女察必皇后以爲媵臣，執宫庭灑掃之役。世祖愛其幹敏，中統三年，始命領中書左右部，兼諸路都轉運使，委以財賦之任。四年，以河南鈞、徐等州俱有鐵冶，請給授宣牌，以興鼓鑄之利。帝升開平爲上都，又以阿合馬同知開平府事，領左右部如故。阿合馬奏以禮部尚書馬月乃合兼領已括户三千，興煽鐵冶，歲輸鐵一百三萬七十斤，就鑄農器二十萬事，易粟輸官者凡四萬石。

至元元年正月，阿合馬奏言：「太原民煮小鹽，越境賣，民貪其價廉，競買食之，解鹽以故不售，歲入課銀止七千五百兩。請自今歲增五千兩，無問僧道軍匠等户，均賦之，其民間通用小鹽從便。」是年十一月，罷領中書左右部，併入中書，超拜阿合馬中書平章政事，階榮禄大夫。

三年正月，立制國用使司，阿合馬又以平章政事領之。奏：「以東京歲課布疏惡不堪用者，就市羊於彼。真定、順天金銀不中程者，宜改鑄。别怯赤山出石絨，織爲布，火不能然，請遣官採取。」又言：「國家費用浩繁，今歲自車駕至都，已支鈔四千錠，恐來歲度支不足，宜量節經用。」十一月，又奏：「桓州峪所採銀鑛，已十六萬斤，百斤可得銀三兩、錫二十五斤。採鑛之費，鬻錫足以給之。」帝悉從其請。

七年正月，立尚書省，罷制國用使司，改阿合馬平章尚書省事。阿合馬以功利成效自負，衆咸稱其能。世祖急於富國，試以事，頗有成績。又見其與丞相線真、史天澤争論，屢爲所詘，由是奇其才，授以政柄，言無不從，阿合馬遂專愎益甚。丞相安童言於帝曰：「臣近言尚書省、樞密院、御史臺，宜各循常制奏事，其大者從臣等議定奏聞，已奉命俞允。今尚書省一切以聞，似違前奏。」帝曰：「汝所言是。豈阿合馬以朕信用，敢如是耶？不與卿等議非是，宜如卿言。」安童又言：「阿合馬所用者，左丞許衡以爲多非其人，然已奉命咨請宣付，如不與，恐異日有辭。宜試其能否，久當自見。」帝然之。五月，尚書奏括天下户口，既而御史臺言：「所在捕蝗，百姓勞擾，括户事宜少緩。」遂止。

初立尚書省，時凡銓選各官，吏部擬定資品，呈尚書省，由尚書咨中書聞奏。至是，阿合馬用私人，不由部擬，亦不咨中書。丞相安童以爲言，帝問阿合馬，對以：「事無大小，皆委之臣，所用之人，臣宜自擇。」安童因請：「自今惟重刑及遷上路總管，屬中書，餘並付尚書省，庶事體明白。」帝從之。

八年三月，尚書省再以閲實户口事，奏條畫詔諭天下。是歲，增太原鹽課，以千錠爲常額，仍令本路兼領。九年，併尚書入中書省，又以阿合馬爲中書平章政事。明年，以其子忽辛爲大都路總管，兼大興府尹。安童見阿合馬擅權日甚，乃奏都總管以下多不稱職，乞選人代之。又奏：「阿合馬挾宰相權爲商賈，以網天下大利〔一〕，民困無所訴。」阿合馬曰：「誰爲此言？臣等與廷辯。」安童進曰：「左司都事周祥，中木取利，罪狀明白。」帝曰：「若此者，征畢當顯黜之。」既而樞密院奏以忽辛同簽樞密院事，帝不允，曰：「彼賈胡，不可以機務責之。」

十二年，伯顔伐宋，既渡江，捷報日至。帝命阿合馬、姚樞、徒單公履、張文謙、陳漢歸、楊誠等議行鹽、鈔法於江南，及鬻藥材事。阿合馬奏：「樞云『江南交會不行，必致小民失所。』公履云：『伯顔嘗榜諭交會不换，今亟行之，失信於民。』文謙謂：『可行與否，當詢伯顔。』漢歸及誠皆言：『以中統鈔易交會，事便可行。』」帝曰：「樞與公履，不識時機。朕嘗以此問陳巖，巖亦以交會速宜更换。今議已定，當依汝言行之。」阿合馬又奏：「北鹽、藥材，樞與公履皆言可使百姓從便販鬻。臣等謂此事若小民爲之，恐紊亂不一。擬於南京、衛輝等路括藥材，蔡州發鹽十二萬斤，禁諸人私相貿易。」帝從之。

十三年，阿合馬奏：「軍興之後，減免征稅，又罷轉運司官，令各路總管府兼領課程，以致國用不足。臣以爲莫若驗户口之多寡，遠以就近，立都轉運司，量增舊額，選廉幹官分理其事。廣行鼓鑄，官爲局賣，仍禁諸人毋私造銅器。如此則民力不屈，而國用充矣。」乃奏立諸路轉運司，盡以其私人爲使。

十五年正月，帝以西京饑，發粟萬石賑之。又諭阿合馬宜廣貯積，備闕乏。阿合馬奏：「自今御史臺非白省，毋擅召倉庫吏，毋究錢穀數。及集議中書，不至者罪之。」俱報可。四月，江淮行省中書左丞崔斌入覲，奏曰：「先以江南官冗，委任非人，命阿里等前往察汰。今蔽不以聞，是爲罔上。杭州地大，委寄非輕，阿合馬溺於私愛，以不肖子抹剌虎充達魯花赤，佩虎符，此豈量才授任之道？」又言：「阿合馬先自陳乞免其子弟之任，今身爲平章，而子若姪或爲行省參政，或爲禮部尚書、將作院達魯花赤、領會同館，一門悉處津要，自背前言，無以示天下。」詔並罷之，然終不以是爲阿合馬罪。帝嘗謂淮西宣慰使昂吉爾曰：「宰相者，明天道，察地理，盡人事，兼此三者，乃爲稱職。阿里海牙、麥朮丁等，亦未可爲相。回人中，阿合馬才任宰相。」其爲帝倚重如此。

十六年四月，中書奏立江西榷茶運司，以盧世榮爲使，又以諸路轉運鹽使司秩尊禄重，改宣課提舉司。未幾，以忽辛爲潭州行省中書右丞。明年，中書省奏：「阿塔海、阿里言：今立宣課提舉司，官吏至五百餘員。左丞陳巖、范文虎等言其擾民，且侵盜官錢，乞罷之。」阿合馬奏言：「立提舉司未三月而請罷，必行省有姦弊，故先發制人。」乃詔御史臺遣能臣往案其事，具以實聞。未幾，崔斌遷江淮行省右丞，阿合馬修舊怨，乃奏理算江淮錢穀，遣孛羅罕、劉思愈等往檢覆之，誣搆斌與平章阿里伯盜官糧四十萬，擅易命官八百餘員，及鑄銅印等事，二人竟坐誅。

阿合馬在位日久，援引姦黨郝禎、耿仁，驟升同列，罔上剥下，以濟其私。庶民有美田宅，輒攘爲己有。內通貨賂，外以威劫，羣臣人人切齒恨之。皇太子尤惡阿合馬，嘗以弓擊其頰。阿合馬創甚，口張不能闔，奏於帝：「爲馬蹴傷。」皇太子適至，面詰其欺。又嘗於帝前毆之，帝不問。

十九年三月，帝在上都，皇太子從。有益都千户王著者，素任俠，因人心憤怨，密鑄大銅鎚，誓碎阿合馬首。與妖僧高和尚合謀，以戊寅日，詐稱皇太子還都作佛事，結八十餘人，夜入京城。旦遣二僧詣中書省，令市齋物，省中疑而訊之，不伏。及午，著又遣崔總理矯傳令旨，使樞密副使張易發兵，夜會東宫前。易不察，即命指揮使顔義以兵往。著自馳見阿合馬，詭言太子將至，令省官候於宫前。阿合馬遣右司郎中脱歡徹里等數騎出關北十餘里，遇其衆，僞太子責以無禮，盡殺之，奪其馬，南入健德門。夜二鼓，至東宫前，其徒皆下馬，獨僞太子立馬指揮，呼省官至前，責阿合馬數語，即牽去，以所袖銅鎚碎其腦，立斃。繼呼左丞郝禎至，又殺之。因右丞張惠。時變起倉卒，樞密院、御史臺、留守司皆莫知所爲。尚書張九思覺其詐，大呼曰：「此賊也！」留守司達魯花赤博敦，持梃前〔二〕，擊立馬者墜地，弓弩亂發，衆奔潰。高和尚等逃去，著挺身請囚。

中丞也先帖木兒馳奏，世祖時方駐蹕察罕淖爾，聞之震怒，即日至上都。命樞密副使孛羅、司徒和禮霍孫、參政阿里等馳驛至大都，討爲亂者。庚辰，獲高和尚於高梁河。壬午，誅王著、高和尚於市，皆醢之，并殺張易。著臨刑大呼：「王著爲天下除害，今死矣，異日必有爲我書其事者！」

阿合馬死，世祖猶不知其惡，令中書省毋問其妻、子。及詢孛羅，始盡得其罪狀，大怒曰：「王著殺之，誠是。」命發墓剖棺，戮尸於通玄門外，縱犬啗其肉。子姪皆伏誅，没入家屬財産。其妾名引住者，籍其藏，得二熟人皮於櫃中，兩耳俱存。一閹監掌其扃鐍，訊之，云：「詛咒時置神座於上，應驗甚速。」又有絹二幅，畫甲騎數重，圍一幄殿，兵皆張弦挺刃内向。畫者爲陳甲。又有曹震圭，嘗算阿合馬所生年月。王臺判，妄引圖讖。皆言涉不軌，事聞，勑剥四人皮以徇。

盧世榮，字世榮，以字行，大名人。阿合馬專政，世榮以賄進爲江西榷茶運使，後以罪免。桑哥薦世榮能救鈔法、增課額，世祖召見，奏對稱旨。至元二十一年十一月辛丑，召中書省臣與世榮議所當行，右丞相和禮霍孫、右丞麥朮丁，參政張雄飛、溫迪罕皆罷，起安童爲右丞相，以世榮爲右丞。時左丞史樞，參政不魯迷失海牙、撒的迷失，參議拜降，皆世榮所薦也。

世榮既擢用，即日至中書理鈔法，遍行中外，官吏奉法不虔者加以罪。翌日，同右丞相安童奏：「竊見老幼疾病之民，衣食不給，行乞於市，宜官給衣糧，委各路正官提舉其事。」又奏懷孟竹園、江湖魚課及襄淮屯田事。越三日，安童奏：「世榮所陳數事，乞詔示天下。」帝曰：「除給丐者衣食外，並依所陳。」既而奏：「鹽每引十五兩，國家未嘗多取，欲便民食。今權豪詭名罔利，停貨待價，至一引賣八十貫，京師一百二十貫，貧民多淡食。宜以二百萬引給商，一百萬引散諸路，立常平鹽局，或販者增價，官平其直以售，庶民用給，而國計亦裕。又京師富民釀酒價高而味薄，且課不時輸，宜一切禁之，官自酤賣。」並從之。

世榮居中書未十日，御史中丞崔彧言其不可爲相，忤旨，下彧吏按問，免官。明年正月壬午，帝御香殿，世榮奏：「臣言天下歲課鈔九十三萬二千六百錠之外，臣更經畫，不取於民，裁抑權勢所侵，可增三百萬錠。初未行下，而中外已非議，臣請與臺省官面議上前。」帝曰：「卿但言之。」世榮奏：「古有榷酤之法，今宜立四品提舉司，以領天下之課，歲可得鈔千四百四十錠。自王文統誅後，鈔法虛弊。爲今之計，莫若依漢、唐故事，括銅鑄至元錢，及製綾券，與鈔參行。」因以所織綾券上之。帝曰：「便益之事，當速行之。」

又奏：「於泉、杭二州立市舶都轉運司，造船給本，令人商販，官有其利七，商有其三。禁私泛海者，拘其先所蓄寶貨，官賣之；匿者許告，沒其財半給告者。今國家雖有常平倉，實無所蓄。臣將不費一錢，但盡禁權勢所擅產鐵之所，官立鑪鼓采爲器鬻之，以所得利合常平鹽課，糴粟積於倉，待時糶之，必能均物價，而獲厚利。國家雖立平準，然無曉規運者，以致鈔法虛弊，諸物踴貴。宜令各路立平準周急庫，輕其月息，以貸貧民，如此則貸者衆，而本且不失。又，隨朝官吏增俸，州郡未及，可於各都立市易司，領諸牙儈計物貨，四十分取一，以十爲率，四給牙儈，六爲官吏俸。國家以兵得天下，不藉糧餽，惟資羊、馬，宜於上都、隆興等路，以官錢買幣帛易羊、馬於北方，選蒙古人牧之，收其皮毛、筋角、酥酪等物，十分爲率，官取其八，二與牧者。馬以備軍興，羊以充賜予。」帝曰：「汝先言數事皆善，宜速行。此事亦善，祖宗時亦欲行之而不果，朕當思之。」世榮因奏曰：「臣之行事，多爲人所怨，後必有譖臣者，臣實懼焉，請先言之。」帝曰：「汝言皆是，惟欲人無言，安有是理！疾足之犬，狐不愛焉，主人豈不愛之？朕自愛汝，彼姦僞者則不愛汝耳。汝之職分既定，其毋以一二人從行。」遂諭丞相安童增其導從，以爲護衛。

又十餘日，中書省請罷行御史臺，其所隸按察司隸内臺，又請隨行省所在立行樞密院。明日，奏升六部爲二品。又奏令按察司總各路錢穀，擇幹濟者用之，其刑名事上御史臺，錢穀由部申省。帝曰：「汝與老臣共議，然後行之可也。」

二月辛酉，御史臺奏：「中書省請罷行臺，改按察爲提刑轉運司，俾兼錢穀。臣等竊惟：初置行臺時，朝廷老臣集議以爲有益，今無所損，不可輒罷。且按察司兼轉運，則糾彈之職廢。請右丞相復與朝廷老臣集議。」詔如所請。御史臺又奏：「前奉旨，令臣等議罷行臺及兼轉運事。世榮言按察司所任，皆長才舉職之人，可兼錢穀，而廷臣皆以爲不可。彼所取之人，臣不敢言，惟言行臺不可罷者，衆議皆然。」帝曰：「世榮以爲何如？」奏曰：「欲罷之。」帝曰：「其依世榮言。」

中書省奏立規措所，秩五品，所司官吏以善賈者爲之。帝曰：「此何職？」世榮對曰：「規畫錢穀者。」帝從之。又奏：「凡能規畫錢穀者，向日在阿合馬之門，今籍録以爲汙濫。臣欲擇其通才可用者，然懼有言臣用罪人。」帝曰：「何必言此？可用者用之。」遂以前河間轉運使張弘綱、撒都丁、不魯合散、孫桓，並爲河間、山東等路都轉運鹽使，餘擢用者甚衆。

世榮既以利自任，懼怒之者衆，乃以九事說帝詔天下：其一，免民間包銀三年；其二，官吏俸免民間帶納；其三，免大都地稅；其四，江淮民失業貧困、鬻妻子以自給者，所在官爲收贖，使爲良民；其五，逃移復業者，免其差稅；其六，鄉民造醋者，免收課；其七，江南田主收佃客租課，減免一分；其八，添支内外官吏俸五分；其九，定百官考課升擢之法。大抵欲釋憾要譽而已。

既而又奏：「立真定、濟南、江淮等處宣慰司，兼都轉運使，以治課程，仍禁諸司不得追攝管課官吏，及遣人輒至辦課處沮擾，按察司不得檢察文卷。」又奏：「大都酒課，日用米千石。以天下之衆比京師，當居三分之一，酒課亦當日用米二千石。今各路但總計日用米三百六十石而已，其姦欺盜隱如此，安可不禁？臣等已責各官增舊課二十倍，後有不如數者，重其罪。」帝悉從之。三月，世榮奏以宣德、王好禮並爲浙西道宣慰使。帝曰：「宣德，人多言其惡。」世榮奏：「彼入狀中書，能歲辦鈔七十五萬錠，是以令往。」四月，世榮又奏曰：「臣伏蒙聖眷，事皆委臣。臣愚以爲今日之事，如數萬頃田，昔無田之者，草生其間，臣今創田之，已耕者有焉，未耕者有焉，或纔播種，或既生苗，然不令人守之，爲物蹂踐，則可惜也。方今丞相安童，督臣所行，是守田者也。然不假之以力，則田者亦徒勞耳。守田者假之力矣，而天不雨，亦不能生稼穡。所謂天雨者，陛下與臣添力是也，惟陛下憐臣。」帝曰：「朕知之矣。」令奏行事之目，皆從之。

世榮居中書纔數月，恃委任之專，肆無忌憚，視丞相猶虛位。左司郎中周戭與世榮不合，坐以廢格詔旨，奏杖一百，復斬之，百官凜凜。監察御史陳天祥獨上章，劾其「苛刻誅求，爲國斂怨，將見民間凋耗，天下空虛。考其所行與所言者，已不相副。始言能令鈔法如舊，今弊愈甚；始言能令百物自賤，今百物愈貴；始言課程增至二百萬錠，不取於民，今迫脅諸路，勒令如數虛認而已；始言令民快樂，今所爲無非擾民之事。若不早更張，待其自敗，正猶蠹雖除而木已病矣。」帝時在上都，御史大夫玉昔帖木兒以狀聞，帝大悟，即日遣唆都等還大都，命安童集諸司官吏，同世榮聽天祥彈文，仍令世榮、天祥赴上都。

壬戌，御史中丞阿拉帖木兒、郭佑，侍御史白禿剌帖木兒，參政撒的迷失等，以世榮所伏罪狀奏曰：「不白丞相安童，支鈔二十萬錠；擅升六部爲二品；效李壇令急遞鋪用紅青白三色囊轉行文字；不與樞密院議，調三行省萬二千人置濟州，委漕運使陳柔爲萬户管領。以沙全代萬户寧玉戍浙西吴江；用阿合馬黨潘傑、馮珪爲杭、鄂二行省參政，宣德爲杭州宣慰，餘分布中外者衆；以鈔虛，閉回易庫，民間昏鈔不可行；罷白酵課；立野麪、木植、磁器、桑棗、煤炭、匹段、青果、油坊諸牙行；調出縣官鈔八十六萬餘錠。」丞相安童言：「世榮昔奏：『能不取於民，歲辦鈔三百萬錠，令鈔復貴，諸物悉賤，民得休息，數月即有成效。』今已四閲月，所行不符所言，錢穀出者多於所入，引用憸人，紊亂選法。」阿拉帖木兒、天祥等質世榮於帝前，世榮悉款伏。遣忽都答兒傳旨中書省：「丞相安童與諸老臣議，世榮所行，當罷者罷之，更者更之，所用人實無罪者，朕自裁處。」下世榮於獄。十一月乙未，帝問忽剌出曰：「汝於盧世榮有何言？」對曰：「近漢人新居中書者，言：『世榮款伏，獄已竟矣，猶日豢之，徒費廩食。』」詔誅世榮，刲其肉以食禽、獺。

桑哥，畏兀兒人，膽巴國師弟子也。能通諸國語，嘗爲西番譯史。性狡黠，好言財利事。至元中，擢爲總制院使。中書省嘗令李留判市油，桑哥請以官鐵往市，司徒和禮霍孫謂：「非汝所宜爲。」桑哥不服，至相毆，且曰：「與其使它人侵盜，曷若與公家營利乎？」乃以油萬斤與之。桑哥後以所營息錢進，和禮霍孫曰：「我初計不及此。」一日，桑哥在帝前論和雇和買事，因語及之，帝大悦，始有大任之意。嘗令桑哥具省臣姓名以進，省中建置及人才進退，桑哥咸得與聞。時桑哥與江南釋教總統楊璉真伽相表裏，請發宋諸陵，桑哥矯詔可其奏。

二十四年閏二月，復置尚書省，遂以桑哥與帖木兒爲平章政事。詔天下，改行中書省爲行尚書省，六部爲尚書六部。三月，更定鈔法，頒行至元寶鈔於天下，中統鈔通行如故。桑哥嘗奉命檢覆中書省事，凡校出虧欠鈔四千七百七十錠、昏鈔一千三百四十五錠，平章麥朮丁即自伏，參政楊居寬謂實掌銓選，錢穀非所專任。桑哥令左右擊其面，因問曰：「既典銓事，果無黜陟失當者乎？」尋亦引服。帝令丞相安童與桑哥共訊，且諭：「毋令麥朮丁等後得以脅問誣伏爲辭，此輩固狡獪人也。」

數日，桑哥又奏：「鞫中書參政郭佑，多所逋負，尸位不言。臣謂：『中書之務，隳惰如此，汝力不能及，何不告之蒙古大臣？』故毆辱之，今已款服。」帝益怒，命窮詰之，佑與居寬皆坐棄市。刑部尚書不忽木爭之，不得。臺吏王良弼與江寧縣尹吴德議尚書省政事，又言：「尚書鉤校中書，不遺餘力，他日我曹得發尚書姦利，其誅籍無難。」桑哥聞之，曰：「若輩誹謗政事，不誅無以懲後。」遂並捕殺之。又有斡羅思者，以忤桑哥，被讒籍其家，惟金、玉帶各一，黄金五十兩，皆上所賜，乃以公用孳畜加之罪。帝曰：「此口腹之事也。」釋不問。

桑哥嘗奏以沙不丁遥授江淮行省左丞，烏馬兒爲參政，領泉府、市舶事，發鈔千錠給行泉府司，歲輸珍異物爲息。又以拜降爲福建行省平章，既得旨，乃言於帝曰：「臣前言，凡任省臣與行省官，並與丞相安童議。今奏用沙不丁、烏馬兒等，適丞相還大都，未與議，臣恐有以前奏爲言者。」帝曰：「安童不在，朕若主也。朕已允行，何言之有！」

時江南行臺與行省並無文移，事無巨細，必咨内臺呈省聞奏。桑哥以其往復稽留誤事，宜如内臺例，分呈行省。又言：「按察司文案，宜從各路民官檢覆，遞相糾舉。自太祖時有旨，凡臨官事者互相覺察，此故事也。」從之。

十月乙酉，詔問翰林諸臣：「以丞相領尚書省，漢、唐有此制否？」咸對曰：「有之。」翊日，左丞葉李以翰林諸臣言：「桑哥秉政久，宜進位丞相，以協人望。」帝大悅，遂以爲尚書右丞相，兼總制院使司事，進階金紫光禄大夫。於是桑哥奏以平章帖木兒代其位，右丞阿爾渾撒里遷平章政事，葉李遷右丞，參政馬紹遷左丞。

十一月，桑哥言：「臣前以諸道宣慰司及路府州縣官吏，稽緩誤事，奉旨遣人笞責之。今真定宣慰使速哥、南京宣慰使答失蠻，皆勳舊之子，宜取聖裁。」敕罷其任。明年正月，以甘肅行尚書省參政鐵木哥不任事，奏乞牙帶代之。未幾，又以江西行尚書省平章政事呼忽都鐵木兒不職，奏罷之。兵部尚書忽都答兒不勤於政，桑哥毆罷之而後奏，帝曰：「若輩不罷，汝事何由得行？」

自立尚書省，倉庫諸司，無不鉤考。先摘委六部官，復以爲不專，乃置徵理司，以治財穀之當追者。時桑哥以理算爲事，毫分縷析，入倉庫者，無不破産。及當更代，人皆棄家避之。十月，桑哥奏：「湖廣行省錢穀，已責平章要束木。外省欺盜必多，乞以參政忻都、户部尚書王巨濟等十二人，理算江西、福建、四川、甘肅、安西五省，每省各二人，特給印章與之。省部官既去，事不可廢，擬選人爲代，聽食原俸。理算之間，宜給兵以衛之。」帝皆從之。

是時天下騷然，江淮尤甚，諛佞之徒諷大興民史吉等爲桑哥立石頌德，帝聞之曰：「民欲立則立之，仍以告桑哥，使其喜也。」於是翰林官製文，題曰《王公輔政之碑》。時桑哥婦弟八吉爲燕南道宣慰使，聞其事，亦諷屬縣爲己立石頌德，使儒學教授張延撰文。延正色卻之，即日謝病歸，士論稱之。桑哥又以總制院所統西番諸宣慰司，軍民財穀，事體甚重，宜有以崇異之，奏改爲宣政院，秩從一品，用三臺印。帝問所用何人，對曰：「臣與脱因。」於是命桑哥以開府儀同三司、尚書右丞相，兼宣政使，領功德使司事，脱因同爲使。帝嘗召桑哥，謂曰：「朕以葉李言，更至元鈔，所用者法，所貴者信，汝無以楮視之，其本不可失，汝宜識之。」

二十六年，桑哥請鉤考甘肅行尚書省及益都、淄、萊淘金總管府，僉省趙仁榮、總管明里等，皆以罪罷。帝幸上都，桑哥言：「去歲陛下幸上都，臣日視内帑諸庫，今歲欲乘小輿以行，人必竊議。」帝曰：「聽人議之，汝乘之可也。」桑哥又奏：「近委省臣檢責左右司文簿，凡經監察御史稽照者，遺逸尚多。自今當令監察御史即省部稽照，書姓名於卷末，苟有遺逸，易於歸罪。仍命侍御史檢視之，失則連坐。」帝從之，乃笞監察御史四人。是後，監察御史赴省部，掾令史與之抗禮，但遣小吏持文簿置案而去，監察御史遍閲之，而臺綱廢矣。

桑哥又言：「國家經費既廣，歲入恒不償所出，往歲計之，不足者餘百萬錠。自尚書省鉤考天下財穀，賴陛下福，以所徵補之，未嘗斂及百姓。臣恐自今難用此法矣。何則？倉庫可徵者少，而盜者亦鮮，臣憂之。臣愚以爲鹽課每引今直中統鈔三十貫，宜增爲一錠；茶每引今直五貫，宜增爲十貫；酒醋税課，江南宜增額十萬錠，内地五萬錠。協濟户十八萬，自入籍至今十三年，止輸半賦，聞其力已完，增爲全賦。如此，則國用可支，臣等免於罪矣。」帝曰：「如所議行之。」

桑哥既專政，凡銓調内外官，皆由於己，而宣勑尚由中書。桑哥以爲言，帝乃命宣勑並付尚書省。由是以刑賞爲市，奸諛之徒奔走其門。入貴價以買所欲，當刑者脱，求官者得，綱紀大壞，人心駭愕。

二十八年春，帝畋於柳林，利用監徹里、浙西按察使千盧等劾奏桑哥專權黷貨。時不忽木出使，帝遣人趣召之至，覲於行殿。帝以問，不忽木對曰：「桑哥壅蔽聰明，紊亂政事，有言者即誣以他罪而殺之。今百姓失業，盜賊蠭起，召亂在旦夕，非亟誅之，恐爲陛下憂。」留守賀伯顔亦爲帝陳其姦惡，久之言者益衆，帝始決意誅之。

三月，帝諭大夫月兒魯曰：「屢聞桑哥沮抑臺綱，杜言者之口；又嘗捶撻御史，其所罪者何事，當與辨之。」桑哥等持御史李渠等已刷文卷至，令侍御史杜思敬等勘驗辯論，往復數四，桑哥等辭屈。明日，帝駐蹕土口，復召御史臺暨中書、尚書兩省官辯論。尚書省執卷奏曰：「前浙西按察使只必，因監閱燒鈔受贓至千錠，嘗檄臺徵之，三年不報。」思敬曰：「文之次第，盡在卷中，尚書省拆卷持對，其弊可見。」徹里抱卷至前奏曰：「用朱印以封紙縫者，防欺弊也。若輩爲宰相，乃拆卷破印與人辨，是教吏爲姦。」帝是之。責御史臺曰：「桑哥爲惡，始終四年，其姦贓暴著非一，汝臺臣，安得不知？」中丞趙國輔對曰：「知之。」帝曰：「知而不劾，何罪？」思敬等對曰：「奪官、追俸，惟上所裁。」數日不決。大夫月兒魯奏：「臺臣久任者當斥罷，新者存之。」乃下桑哥於獄，仆其《輔政碑》。七月，伏誅。

監察御史言：「沙不丁、納速剌丁滅里、烏馬兒、王巨濟、楊璉真伽、沙的、教化的，皆桑哥黨，今或繫獄，或釋之，臣所未諭。」帝曰：「納速剌丁滅里在獄，沙不丁朕姑釋之耳。」

明年二月，玉昔帖木兒等言：「納速剌丁滅里、忻都、王巨濟黨比桑哥，恣爲不法，楮幣、銓選、鹽課、酒税，無不更張變亂之。銜命江南理算者，皆嚴急輸期，民至嫁妻賣女，禍及親鄰。維揚、錢塘受害最慘，無故而殞其生者五百餘人。其始士民猶疑事出朝廷，近者徹里按問，悉皆首實請死。乃知天子仁愛元元，而使之至此者，實桑哥及其凶黨之爲也，莫不願食其肉。臣等議，此三人者既伏其辜，宜令省臺從公論罪，以謝天下。」三人遂棄市。貸楊璉真伽死，其妻與沙不丁、烏馬兒之妻，並没入官，送詣京師。烏馬兒尋亦論死，唯沙不丁獲免。

平章政事要束木者，桑哥之妻黨，鉤考荆湖錢穀，省臣擬授湖廣平章政事。帝曰：「要束木，小人，事朕方五年，授一理算官，足矣。覽中書所奏，令人恥之。」及至湖廣，即籍阿里海涯家貲以獻。正月朔，百官會，行省朝服以俟，要束木召至其家受賀畢，方詣省望闕賀如常儀。又陰召卜者，有不軌之言。中書省列其罪以聞，帝命械至湖廣行省，戮之，籍其家，得黄金四千兩。

史臣曰：司馬遷以利爲害之源，然懋遷有無，肇於有虞，管仲、范蠡用貨殖伯齊、越二國，無他，利天下則爲利，反是則爲害也。世祖才阿合馬，擢爲宰相。阿合馬死，盧世榮繼之。世榮死，桑哥繼之。三凶嫥兯，病國厲民，廁酷吏以重位，陷正人以刑網，視漢、唐聚斂之臣，其毒尤甚焉。嗚乎！蒙古有中原五六十年，政無紀綱，遺黎殆盡。世祖踐阼，思大有爲於天下，黔首喁喁，正延頸歸命之時，乃用貪狠匹夫，鑽膏剔髓，以剿民命，迨窮姦稔惡，始嬰顯戮，而蒼生之禍已烈矣。司馬遷之言，豈不信歟！

【校勘記】

〔一〕「網」，原作「罔」，據《元史》卷二〇五列傳第九十二《姦臣傳》改。

〔二〕「梃」，原作「挺」，據《元史》卷二〇五列傳第九十二《姦臣傳》改。

新元史卷之二百二十四　列傳第一百二十一

鐵木迭兒　鐵失　伯顏　哈麻雪雪

鐵木迭兒，蒙古人。曾祖唆海，贈太尉，謚武烈。祖不憐吉歹，憲宗時爲大將，七年伐宋，自鄧州略地至江漢，贈太尉，謚忠武。不憐吉歹二子：忽魯不花，中統初爲中書左丞相，兼中書省都斷事官，贈太師，謚忠獻；木兒火赤，贈太師，謚忠貞。三世並追封歸德王。

鐵木迭兒，木兒火赤之子也。大德間，爲同知宣徽院事，兼通政院使。武宗即位，遷宣徽使，有寵於皇太后。至大元年，出爲江西行省平章政事，拜雲南行省左丞相，以擅赴闕爲尚書省所劾，詔詰問，尋以皇太后旨貸之。

武宗崩，仁宗在東宮，誅丞相脱虎脱等，用完澤及李孟爲中書平章政事，更張庶務。而皇太后已有旨，召鐵木迭兒爲中書右丞相，帝不得已，相之。及幸上都，命鐵木迭兒留守大都。完澤等奏：「故事，丞相留京師者，出入得張蓋。今右丞相鐵木迭兒，請得張蓋如故事。」許之。

皇慶元年三月，鐵木迭兒奏：「臣誤蒙聖恩，擢任中書，年衰且病，雖未能深達政體，事有創行，敢不自勉！繼今朝夕視事，左右司六部官有不盡心者，當論決；再不悛者，黜勿叙；其有託故僥倖他職者，亦不叙。」帝韙其言。二年，以病罷。延祐改元，丞相合散奏：「臣非世勳之胄，不可居右相。」舉鐵木迭兒自代。帝令白皇太后，授以中書省印，拜開府儀同三司、監修國史、録軍國重事。居數月，復拜中書右丞相，合散爲左丞相。鐵木迭兒奏請：「内侍毋隔越妄奏。中書政務，諸司毋輒干預。富民往諸番商販，率獲厚利，商者益衆，中國物輕，番貨反重。請以江浙右丞曹立領其事，發舟十綱，給牒以往，歸則征税如制，私往者没其貨。又以經用不給，請預買山東、河間運使來歲鹽引及各冶鐵貨，以足今歲之用。并覈江南田，令田主自實頃畝狀入官，諸王、駙馬、學校、寺觀亦如之。仍禁私匿民田，貴戚勢家毋得沮撓。」仁宗皆從之。尋遣使者分行各省，括田增税，苛急煩擾，江西蔡五九作亂，始罷其事。

二年七月，詔諭中外，命右丞相鐵木迭兒總宣政院事。十月，進太師。十一月，大宗正府奏：「累朝舊制，凡議重刑，必决於蒙古大臣。今宜聽於太師右丞相。」從之。

鐵木迭兒既再爲首相，怙勢貪虐。平章政事蕭拜住稍牽制之，而楊朵兒只自侍御使拜中丞，慨然以糾正其罪爲己任。上都富人張弼殺人繫獄，鐵木迭兒使家奴脅留守賀伯顏出之，伯顏不從。朵兒只廉得鐵木迭兒所受張弼賂，有顯徵，乃與拜住及伯顏奏之：「內外監察御史凡四十餘人，共劾鐵木迭兒桀黠姦貪，陰賊險狠，蒙上罔下，蠹政害民，布置爪牙，威讋朝野，凡可以誣陷善人、要功利己者，靡所不至。取晉王田千餘畝，興教寺後壖園地三千畝，衞兵牧地二千餘畝。竊食郊廟供祀馬。受諸王哈剌班第使人鈔十四萬貫，寶珠、玉帶、氍毹、幣帛又計鈔十餘萬貫。受杭州永興寺僧章自福賂金一百五十兩。取殺人囚張弼鈔五萬貫。既已位極人臣，又領宣政院事。諸子無功於國，盡居貴顯。縱家奴凌虐官府，爲害百端。以致陰陽不和，山移地震，災異數見，百姓流亡，己乃恬然略無省悔。私家之富，在阿合馬、桑哥之上。四海疾怨，咸願車裂斬首，以快其心，如蒙早加顯戮，庶使後之爲臣者知所警戒。」奏既上，仁宗震怒，詔逮問。鐵木迭兒匿皇太后近侍家，有司不敢捕。仁宗不樂者數月，又恐出皇太后意，不忍重咈之，乃罷其相位，餘悉不問。鐵木迭兒家居未逾年，又起爲太子太保，中外聞之驚駭。御史中丞趙世延率諸御史論其不法數十事，內外御史論其不可輔道東宮者又四十餘人。然以皇太后故，終不能治其罪。

七年正月，仁宗崩。越四日，鐵木迭兒以皇太后旨，復拜右丞相。又逾月，鐵木迭兒宣皇太后旨，召蕭拜住與楊朵兒只至徽政院，與徽政院使失列門等雜問之，責以前違皇太后旨，令伏罪。即入奏，執二人棄市。是日，白晝晦冥，都人恟懼。三月，英宗即位，中書省啟：「祖宗以來，皇帝登極，中書率百官稱賀，班首惟上所命。」英宗曰：「其以鐵木迭兒爲之。」是月，加鐵木迭兒開府儀同三司、上柱國、太師，詔中外毋沮議鐵木迭兒。五月，英宗在上都，鐵木迭兒嫉留守賀伯顏不附己，誣其以便服迎詔爲不敬，下五府雜治，竟殺之。都民爲之流涕。

趙世延時爲四川行省平章政事，鐵木迭兒啟英宗，遣使逮捕之。世延未至，鐵木迭兒使諷世延，啗以美官，令告引同時異己者，世延不肯從。至是，坐以違詔不敬，令法司窮治，請寘極刑。英宗曰：「彼罪在赦前，宜釋免。」鐵木迭兒對曰：「昔世延與省臺諸人謀害老臣，請究其姓名。」英宗曰：「事皆在赦前矣，又焉用問？」數日，復奏世延當處死罪，又不允。

久之，帝覺其所譖毁者，皆先朝舊人，滋不悅。乃任拜住爲左丞相，委以腹心。鐵木迭兒漸見疏外，因稱疾不出。至治二年，拜住奉命至范陽立《安童碑》，鐵木迭兒將涖省事，入朝，至宮門，帝遣内侍賜之酒曰：「卿年老，宜自愛，待新年入朝未晚。」遂快快而返。是年八月卒，命給鈔市葬地。

十二月，其子宣政院使八里吉思坐受劉夔冒獻田畝，伏誅，仍籍其家。三年五月，監察御史蓋繼元、宋翼言：「鐵木迭兒姦險貪汙，請毀所立碑。」從之。仍追奪官爵及封爵制書。六月，毀鐵木迭兒祖父碑，追收元降勑書，告論中外。七月，籍鐵木迭兒家貲。

泰定帝即位，御史言：「鐵木迭兒專政，誣殺楊朵兒只等，罷免王毅、高昉、張志弼，請加昭雪。」詔存者召還録用，死者贈官有差。監察御史脱脱、趙成慶復言：「鐵木迭兒在先朝，包藏禍心，離間親藩，誅戮大臣，使先帝孤立，卒罹大禍。其子鎖南〔一〕，親與逆謀，久逭天憲，乞正其罪，以快元元之心。」詔誅之。監察御史許有壬又言：「鐵木迭兒死有餘辜，請剖棺戮尸，以謝天下。」帝不允。三年，禮部員外郎元永貞言：「鐵失弑逆，皆由鐵木迭兒始禍。宜明正其罪，宣付史館，以爲人臣之戒。」從之。

鐵木迭兒五子：班丹，知樞密院事，坐贓杖免；鎖南，治書侍御史，坐逆黨誅；八里吉思，坐劉夔事誅；鎖住，將作院使，明宗敕流於南荒。天曆二年，丞相燕帖木兒言：「鎖住有勞於國，請召還。」從之。至順元年，鎖住與弟觀音奴、姊壻太醫使野里牙怨望，祭北斗咀咒，事覺，俱坐誅。

鐵失，鐵木迭兒義子也。其妹爲英宗第二皇后。初以翰林學士承旨、宣徽院使爲太醫院使。未逾月，特命領中都威衛指揮使。至治元年，賜珍珠燕服。三月，特授光祿大夫、御史大夫，仍金虎符、忠翊侍衛親軍都指揮使，依前太醫院使。帝嘗御盝頂殿，謂鐵失曰：「宣徽雖隸太皇太后，朕視之與諸司同。凡簿書，宜悉令御史檢覈。」既而又命領左右阿速衛。冬十月，帝親祀太廟，以中書左丞相拜住爲亞獻官，鐵失爲終獻官。

明年冬十月，江南行臺御史大夫脫脫以疾上請，未得旨輒去，鐵失劾之，杖六十七，謫雲南。治書侍御史鎖南，鐵木迭兒之子也，改翰林侍講學士，鐵失奏復其職，帝不允。十二月，以鐵失兼領廣惠司事。英宗嘗謂臺臣曰：「朕深居九重，臣下姦貪，民生疾苦，豈能周知？故用卿等爲耳目。曩者鐵木迭兒貪蠹無厭，汝等拱默不言。其人雖死，宜籍其家，以懲後也。」

又明年三月，申命鐵失振舉臺綱，詔諭中外。既而御史臺請開言路，帝曰：「言路何嘗不開，但卿等選人未當爾！監察御史嘗舉八里吉思可大受，未幾以貪墨敗；若此者，言路選人當乎？否乎？」時鐵木迭兒既死，罪惡日彰，帝委任拜住爲右丞相，以進賢退不肖爲急務，鐵失不自安，遂潛蓄異圖。

秋八月癸亥，帝自上都還，駐驆南坡。是夕，鐵失與知樞密院事也先帖木兒、大司農失禿兒、前中書平章政事赤斤帖木兒、前雲南行省平章政事完澤、前治書侍御史鎖南、鐵失之弟宣徽使鎖南、典瑞院使脱火赤、樞密院副使阿散、僉書樞密院事章台、衛士秃滿，及諸王按梯不花、孛羅、月魯帖木兒、曲律不花、兀魯思不花等，以鐵失所領阿速衛兵爲外應，殺右丞相拜住。鐵失直犯禁幄，弑英宗於卧内，使赤斤帖木兒、帖木兒不花馳赴大都，召集百官，收其符印。時樞密院掾史王貞言於副使完顔迺丹曰：「大行晏駕，丞相、中書、樞密無至者，赤斤帖木兒累朝退黜之人，帖木兒不花亦爲散官，誰使之來？兵權所在，豈可以印授之！」迺丹歎息曰：「此御史大夫鐵失所爲也。」貞徧告樞府大臣，請急執赤斤帖木兒等，與中書省同訊之，聞者皆不敢發。

九月，泰定帝即位，鐵失及其黨始伏誅。監察御史許有壬上言：「鐵失身領臺端，妹爲君配，先帝待之情逾骨肉，縱不思報效，忍爲寇仇？自古宫闈之變，未有若是之慘者。宜戮其全家，瀦其居室。鐵失之妹，係是禍根，勿令汙染宫闈，即時逐出，從朝廷議擬區處。」奏上，事寢不報。

史臣曰：南坡之禍，鐵木迭兒爲之也。英宗知鐵木迭兒之姦，而寘其義子於左右，其反噬宜矣。自古母后淫恣，昵於權臣，未有不釀弑君之禍者。魏馮太后、元興聖太后是已。仁宗考終，幸不爲魏之獻文。然鐵木迭兒之逆黨卒弑英宗。嗚呼，何其酷也！

伯顔，蔑兒吉氏。年十五，奉成宗命，侍武宗於潛邸。大德三年，從武宗北征海都。五年，從拒海都於迭怯里古之地，又戰於哈剌答之地，皆有功。十一年，武宗入繼大統，伯顔扈從至上都，賜號拔都兒。帝即位，授吏部尚書，改尚服院使，又拜御史中丞。至大二年，拜尚書平章政事，賜交龍虎符，領右衛阿速親軍都指揮使司達魯花赤。三年，加特進。延祐三年，改周王常侍。四年，拜江南行臺御史中丞。五年，遷御史大夫。六年，拜江浙行省平章政事。七年，又拜陝西行臺御史大夫。至治二年，復遷南臺。泰定二年，遷江西行省平章政事。三年，改河南行省。

致和元年，泰定帝崩。八月，燕鐵木兒起兵於大都，遣明里董阿至江陵，迎文宗，道過河南，密告伯顔。伯顔歎曰：「此吾君之子，吾夙荷武宗厚恩，曷敢觀望？」即集省官明告以故。於是會計乘輿供御及賞犒之用，靡不備至。即遣蒙哥不花馳告文宗，又使羅里報燕鐵木兒曰：「公爲其内，河南事我當自效。」伯顔别募兵五千人，迎車駕於江陵，自勒所部兵以俟。參知政事脱别台曰：「今蒙古兵與宿衛之士，皆在上都，而令探馬赤軍守諸隘，吾恐此事不易成也。」伯顔不聽。是夜，脱别台欲殺伯顔，伯顔覺，拔劍殺之，奪其軍，收馬一千二百匹。文宗拜伯顏河南行省左丞相。車駕至，伯顏擐甲胄，與百官導入，即俯伏稱萬歲勸進。帝脱御鎧、寶刀及海青白鶻、文豹以賜之。明日，扈駕北行。

九月，文宗即位，加銀青光禄大夫，仍領宿衛。尋加太尉，賜黄金二百五十兩、白金一千兩，楮幣二十五萬緡，進開府儀同三司、録軍國重事、御史大夫、中政院使。天曆二年，拜太保，加儲慶使，賜虎符，特授忠翊侍衛親軍都指揮使。

明宗即位，文宗爲皇太子，拜太子詹事。八月，拜中書左丞相。

明宗崩，文宗嗣立，加儲政院使。至順元年，拜知樞密院事。帝以伯顏功大，尚世祖女孫卜顔的斤公主，又賜黄金雙龍符，文曰：「廣忠宣義正節振武佐運功臣。」又命宴飲視宗王禮。二年八月，進封浚儀王，加侍正府侍正，又加昭功宣毅萬户、忠翊侍衛都指揮使。三年，拜太傅，加徽政院使。

八月，文宗崩。伯顏與燕鐵木兒，奉皇太后之命，立寧宗。十一月，寧宗又崩。

四年六月，惠宗即位，拜中書右丞相。元統二年，進太師、奎章閣大學士。十二月，進封秦王。至元元年六月，燕帖木兒子唐其勢忿伯顏位己上，與其弟塔海謀殺伯顏，爲伯顏所殺，遂執皇后，廢之。七月，鴆弑皇后於開平民舍。帝爲詔諭天下，賜伯顏答剌罕之號，太皇太后賜第時雍坊。三年，奏殺張、王、劉、李、趙五姓漢人，帝不從。四年，奏請解政務，三宮交勉慰留。詔立伯顏生祠於涿州。五年，詔爲大丞相，加號元德上輔，賜七寶龍虎金符。

伯顏自殺唐其勢之後，專權自恣，漸有姦謀，密與太皇太后議，廢帝立燕帖古思，帝知之。初，伯顏養兄子脱脱爲子，宿衛内廷，伺帝起居。脱脱見伯顏凶暴日甚，私憂之，乘間自陳忘家徇國之意，帝猶不之信。遣阿魯、世傑班，日以忠義之言與之往復，知脱脱意無他，帝始與脱脱密謀討之。是年，車駕至自上都，伯顏搆殺郯王徹徹篤，奏賜死，帝未允，輒傳旨行刑，又殺其近屬百餘人。復奏貶宣讓王帖木兒不花、威順王寬徹不花，帝益忿。

六年二月，伯顏自率衛兵，請帝畋獵。脱脱告帝託疾不往。伯顏挾太子燕帖古思出次柳林。脱脱與世傑班等合謀，白於帝，請罷其政事。戊戌，脱脱悉收門鑰，領衛兵，阿魯、世傑班侍帝側。是夜，帝御文德殿，遣太子怯薛丹月可察兒率三十騎抵太子營，與太子入城。夜半，命只兒瓦台奉詔往柳林，出伯顏爲河南行省左丞相。詔曰：「朕踐位以來，命伯顏爲太師、秦王、中書大丞相。而伯顏不能安分，專權自恣，欺朕年幼，輕視太皇太后及朕弟燕帖古思，變亂祖宗成憲，賊害天下，加以極刑，允合輿論。朕念先朝之故，尚存憫恤。今出爲河南行省左丞相，所有元領諸衛親軍并怯薛丹人等，詔到時，即許散還。」

明日，伯顏遣人來城下問故。脱脱倨城門上宣言：「有旨：黜丞相一人，諸從官無罪，可各還本衛。」伯顏奏乞陛辭，不許，遂行。過真定，父老奉觴酒以進，伯顏曰：「爾曹見子殺父事耶？」父老曰：「不曾見子殺父，惟見臣弑君耳。」伯顏俛首有慚色。三月辛未，詔徙南恩州陽春縣安置，至龍興路馹舍，飲藥死。

哈麻，字士廉，康里人。母爲寧宗乳母。哈麻與其弟雪雪，早備宿衛，惠宗深寵之。哈麻有口辯，尤爲帝所親幸，累遷殿中侍御史。雪雪官集賢學士。帝與哈麻以雙陸爲戲，一日，哈麻服新衣侍側，帝方啜茶，即噀茶於其衣上。哈麻曰：「天子固當如是耶？」帝一笑而已。

哈麻聲勢日盛，自藩王戚里，皆賂遺之。尋以罪貶南安，復召爲禮部尚書，俄遷同知樞密院事。初，脱脱爲丞相，弟也先帖木兒爲御史大夫，哈麻日趨其門。會脱脱罷相，而别怯兒不花爲丞相，與脱脱有舊怨，欲中傷之，哈麻每於帝前力加營護。

未幾，别怯兒不花罷，太平爲左丞相，韓嘉納爲御史大夫，謀黜哈麻，諷監察御史斡勒海壽劾其受宣讓王等駝馬諸物，又設帳房於御幄後，無君臣之分，恃提調寧徽寺，出入脱忽思皇后宫闈，犯分之罪尤大。脱忽思皇后，帝之庶母也。海壽，字允常，澠池人，拜監察御史，慨然曰：「張綱埋輪，先問豺狼之當道者，知所重也。臺諫許風聞言事，况目擊乎？」

遂疏哈麻罪，對仗彈之。哈麻知其事，先於帝前辯析，謂皆爲太平、韓嘉納所摭拾。及奏入，帝大怒，斥弗納。明日章再上，帝不得已，僅奪哈麻、雪雪官，謫居草地，而斡勒海壽出爲陝西廉訪副使，太平罷爲翰林學士承旨，韓嘉納罷爲宣政使，尋出爲江浙行省平章政事。頃之，脱忽思皇后泣訴於帝，謂御史所劾哈麻事爲侵己，帝益怒，乃詔奪海壽官，禁錮終身。」已而脱脱復爲丞相，也先帖木兒復爲御史大夫，謫太平居陝西，加韓嘉納以贓罪，杖流尼嚕罕以死。

召哈麻爲中書添設右丞。明年正月，除右丞。時脱脱方信任汝中柏，由郎中爲中書參議，自平章政事以下，見其議事，皆讓之。獨哈麻與之爭辯，中柏因譖哈麻於脱脱。八月，罷哈麻爲宣政院使，位居第三。哈麻由是深銜脱脱。初，哈麻嘗進西天僧運氣術媚帝，帝習之，號「演揲兒法」。「演揲兒」，譯言「大喜樂」也。哈麻之妹婿集賢學士秃魯帖木兒，有寵於帝，與老的沙等十人俱號倚納。秃魯帖木兒性姦狡，帝尤愛之，薦西番僧伽憐真於帝。僧善「秘密法」，謂帝曰：「陛下雖尊居萬乘，富有四海，不過保有見世而已。人生幾何？當受此秘密大喜樂禪定。」其法亦名「雙修法」。曰「演揲兒」，曰「秘密」，皆房中術也。帝日從事其法，廣選采女爲十六天魔舞，甚至男女裸居，醜聲流播，雖市井之人亦惡聞之。皇太子年日長，尤深疾秃魯帖木兒等所爲，欲去之未能也。

十四年秋，脱脱出師討高郵，哈麻乘間復入中書爲平章政事。汝中柏累言哈麻必爲後患，宜黜之，也先帖木兒不從。哈麻恐終不自保，訴於皇后奇氏曰：「皇太子既立，而册寶及郊廟之禮不行者，脱脱兄弟之意，留以待中宫生子也。」皇后頗信之。會也先帖木兒移疾家居，監察御史袁賽因不花等即承望哈麻風指，劾也先帖木兒罪惡，章三上，帝始允之。詔收御史臺印，令也先帖木兒出都門待罪，以知樞密院事汪家奴爲御史大夫。尋詔數脱脱老師費財之罪，即軍中奪其兵柄，安置淮安。即以雪雪知樞密院事，代領其軍。

至正十五年四月，雪雪由知樞密院事拜御史大夫。五月，哈麻遂拜中書左丞相，國家大柄，盡歸其兄弟二人。是年十二月，哈麻矯詔鴆殺脱脱於阿輕乞之地。

十六年，哈麻兄弟密謀奉皇太子踐位，廢帝爲太上皇。私語其父秃魯曰：「我兄弟位居宰輔，宜自惜聲名。今秃魯帖木兒專媚上以淫褻，爲天下士大夫譏笑，我將除之。且上久不親機務，四方盜日起。皇太子年長，聰明過人，不若立以爲帝，而奉上爲太上皇。」其妹素詭譎，聞之，歸告其夫。秃魯帖木兒恐皇太子爲帝，則己必誅死，即奏其事於帝，然不敢斥言淫褻事，第曰：「哈麻謂陛下年老。」帝大驚曰：「朕頭未白，齒未落，遽謂我老耶？」遂與秃魯帖木兒謀去哈麻、雪雪。計已定，秃魯帖木兒走匿尼庵中。明日，遣使諭哈麻、雪雪毋入朝。御史大夫搠思監因劾奏哈麻兄弟罪惡，帝曰：「彼兄弟雖有罪，然待朕日久，且與朕弟同乳，可姑緩其罰，令出征自效。」已而中書右丞相定住、平章政事桑哥失里，復執奏不已，乃詔哈麻於惠州安置，雪雪於肇州安置。比行，俱杖死。

【校勘記】

〔一〕「鎖南」，原作「瑣南」，據本書卷一〇三《刑法志下》及下文改。《元史》卷二九本紀第二十九《泰定帝一》、卷一七五列傳第六十二《張珪傳》亦作「鎖南」。

新元史卷之二百二十五　列傳第一百二十二

韓林兒　張士誠

韓林兒，永年人。其先本欒城人，世以白蓮社燒香惑衆。父山童，嘗爲童子師，人稱爲「韓學究」。至正初，山童倡言天下將大亂，彌勒佛出世，愚民私相附從。潁州人劉福通與其黨杜遵道、羅文素、盛文郁、王顯忠、韓咬住等，謂山童爲宋徽宗八世孫，當爲中國主。時河決而南，丞相脱脱從賈魯議挽之北流，興大役。福通乃預埋一石人，鐫其背曰：「休道石人一隻眼，此物一出天下反。」開河者掘得之，轉相告語，人心益搖。

至正十一年，福通等殺黑牛白馬，誓衆謀作亂。事覺，縣吏捕之急，山童就獲伏誅。其妻楊氏攜林兒遁至武安，福通遂部署其衆以反。杜遵道者，本書生也，嘗上書請開武舉，以收智通之士，丞相馬札兒台覽而奇之，補爲掾史，遵道不就。至是，爲福通謀主。

五月，福通襲據朱皋，分兵陷羅山、真陽、確山，掠舞陽、葉縣。其衆裹紅巾於首，故號紅軍，又號香軍。樞密同知赫厮虎赤，率阿速兵六千，並諸路漢軍討之，不能克。

時歲大祲，蕭縣人李二家儲芝麻一倉，發以賑饑，人呼爲「芝麻李」，與鄰人趙君用謀入福通黨。君用曰：「城南彭二郎有膽勇，當先致之。」君用至其家，彭方礪斧，問之，曰：「將刈薪易粟，療饑耳。」君用曰：「汝健兒，何患不飽？從我謀，富貴可圖也。」彭喻其意，曰：「中有芝麻李乎？」曰：「有。」於是與其黨八人同盟爲亂，襲徐州，陷之。募兵至數萬人，攻陷宿、虹、豐、沛等州縣，以應福通。

九月，福通擊敗官軍，殺萬户朵兒、千户高安童。進攻汝寧府，陷之，知府完哲等赴水死。又攻陷光、息二州。及官軍戰於亳州，殺指揮禿魯，所過焚城邑，殺長吏，衆至十餘萬。十二月，布王三起兵陷鄧州、南陽，以應福通，號北鎖紅軍。

十二年，朝廷遣逯魯曾募兩淮鹽丁五千人，以攻徐州。又遣知樞密院事月闊察兒將兵會之。二月，與赫斯虎赤等進討。赫斯虎赤見紅軍陣大，揚鞭麾其衆曰：「阿卜。」「阿卜」者，華言「走」也。於是所部皆潰，賊勢益熾。朝廷又遣平章鞏卜班，將侍衛漢軍及蒙古軍數萬討之。鞏卜班亦日夜縱酒，不以兵事爲意，爲福通所襲，大敗。軍中失大將所在，數日，閱死者屍，始知鞏卜班已死。官軍引卻三百餘里，屯項城。

是月，定遠郭子興等起兵破濠州，以應福通。御史大夫也先帖木兒與衛王寬徹哥，將精兵三十萬討福通，攻上蔡，拔之，擒韓咬住。諸王神保復取虹、睢陽兩縣，福通懼，嚴兵拒守。

五月，也先帖木兒屯沙河，數旬不敢進。軍中夜驚，也先帖木兒先遁，左右控其馬留之，也先帖木兒引佩刀斫之曰：「我非性命耶？」遂逸去。諸軍皆潰散，軍資山積，悉爲福通所有。也先帖木兒收散卒抵汴，汴守將謂之曰：「汝爲大將，見敵奔潰，吾將劾汝，此城不能入也。」乃屯於朱仙鎮。頃之，朝廷以平章蠻子代將，召也先帖木兒還，弗罪也。衛王寬徹哥軍於亳州，亦以酣醉爲紅軍所虜。

八月，丞相脱脱自請將諸軍攻徐州，入其外城。賊以鐵翎箭射中脱脱馬首，脱脱不爲動，麾軍力戰。城破，芝麻李死，趙君用、彭二郎遁入濠州，與郭子興、孫德崖等拒守。

十月，平章教化、元帥董博霄攻安豐，敗賊衆於合肥。太尉阿吉剌、左丞太不花攻汝寧，福通退保亳州。

是歲，沈邱探馬赤察罕帖木兒起兵，攻羅山，克之。

十三年，知樞密院事老張攻克南陽、唐州。六月，諸王八禿與福通戰於亳州，敗歿。福通復陷安豐。十四年，福通又陷潁州。是月，朝廷置毛胡盧義兵萬户府於南陽、鄧州，以禦賊。十月，平章答失八都魯及太不花會兵攻安豐，不克。

十五年二月，福通等自碭山夾河迎林兒至，僭號稱皇帝，又號爲小明王，都亳州，國號宋，以林兒自謂趙氏裔也。建元龍鳳。尊山童爲太上皇，母楊氏爲皇太后。撤鹿邑縣太清宫材，以造宫室。以杜遵道，盛文郁爲丞相，福通、羅文素爲平章，劉六爲知樞密院事。劉六者，福通弟也。遵道粗有文武，既爲丞相，林兒每事咨之，頗專恣自用，福通使勇士撾殺之，自爲丞相，林兒不能問。

七月，答失八都魯與福通戰於長葛，失利。答失八都魯退駐中牟，又爲福通所襲，獲其輜重。劉哈剌不花伏兵要之，奪所獲而歸。八月，苗軍元帥吴天保死，其部衆據滎陽以叛，降於福通。冬，福通以三十萬衆直搗中牟，察罕帖木兒大敗之。事具《察罕帖木兒傳》。

十六年三月，明太祖取集慶路，林兒授爲江南行省平章。九月，賊將李武、崔德等陷潼關及陝、虢二州，豫王阿忒納失里敗之。察罕帖木兒轉戰而北，取虎牢戍之，賊不敢過，乃焚掠河北諸州。察罕帖木兒又敗之，餘衆柵河中洲，悉爲察罕帖木兒所殲。十二月，答失八都魯次高柴店，福通屢戰皆敗，官軍遂進圍亳州。福通出精騎五百，夜襲官軍，答失八都魯設備甚嚴，賊奔潰。答失八都魯遂克亳州，擒僞丞相王顯忠、羅文素及僞元帥張敏等，福通挾林兒走安豐。

十七年，李武、崔德據殽函以窺關陝，察罕帖木兒引兵赴之。李武等乃渡河，陷平陸，掠安邑。察罕帖木兒率鐵騎追之，賊回扼下陽津，爲察罕帖木兒所逼，溺死無算。是時，察罕帖木兒駐陜西，河南北則答失八都魯、太不花、阿魯三人，共爲犄角，以禦福通。太不花軍於嵩、汝間，賊望風敗走。太不花按兵不進，賊勢復熾。

三月，福通將毛貴陷膠州，又陷萊州。四月，遂陷般陽、益都及濱、莒二州。六月，福通知官軍在河南，河北空虛，乃分兵三道：關先生、破頭潘、沙劉二、馮長舅、王士誠出晉冀，白不信、大刀敖、李喜喜趨關陝，毛貴略山東。福通自以重兵徇潁、許諸州。關先生者，名鐸，崇仁人，以策干福通，福通用爲軍鋒。七月，義兵萬户田豐叛降毛貴，攻陷濟寧，萬户孟本周敗之，復其城。盛文郁陷歸德，知府林茂、萬户時公權皆迎降，文郁遂陷曹州。九月，陷大名及衛輝路。未幾，太不花復取大名。是月，關先生陷澤州、陵州，又陷潞州。察罕帖木兒敗之。十月，白不信陷商州，直趨長安，分兵掠同、華諸州，亦爲察罕帖木兒所敗，前後死者數萬人。白不信等以餘兵入南山，察罕帖木兒使李思齊守鳳翔以備之。十二月，趙君用稱永義王，彭二郎之子早住稱魯淮王，同據淮安。

十八年正月，田豐陷東平路。二月，毛貴陷濟南，田豐復攻濟寧，陷之，遂據東昌。是時，白不信等復自興元陷秦隴，李喜喜陷鞏昌。白不信進圍鳳翔，察罕帖木兒來援，城兵亦開門接戰，大敗之，白不信遁。獨李喜喜據鞏昌不下，李思齊合兵圍之，喜喜突圍出，與白不信皆入蜀，號爲青軍，後降於明玉珍。

毛貴既據濟南，立賓興院，選用山東舊吏，以姬宗周等分守各路。又於萊州立三百六十屯田，造大車百輛以運糧。公私田賦，十取其二，民頗歸之。是月，貴陷清州。三月，貴由河間取直沽，陷薊州、漷州，至棗林。京師震恐，帝議北巡以避之，又有勸帝遷都陝西者，丞相太平以爲不可，徵兵入援。知樞密院事劉哈喇不花大敗貴於柳林，貴退走濟南。

關先生等既入晉、冀，察罕帖木兒遣裨將關保追之。關先生趨潞州，太原大震。已而關保敗賊於黎城，關先生由吾兒峪遁去，遂入壺關，分兵爲二：一出沁州，一出絳州。察罕帖木兒使虎林赤助關保禦賊。

五月，福通陷汴梁，築宮於舊皇城之内，迎林兒居之。以福通爲太保，毛貴、田豐爲丞相，王士誠、楊誠、陳猱頭、續繼祖爲平章，劉珪爲知院，又進關先生、破頭潘等官爵。

是月，關先生攻連州，虎林赤、關保敗之。七月，關先生陷上黨，虎林赤、關保夜以死士劫其營，又敗之。

八月，義興萬户王信以滕州降於毛貴，於是全齊之地盡陷。

九月，馮長舅等據松子嶺及杏城東山，虎林赤、關保破走之。關先生轉掠保定而西，陷大同路。十二月，進陷上都，焚宮闕。留七月，北攻遼陽，陷之。太平策賊據遼陽必不能久，乃用其子也先忽都爲詹事，總大兵復遼陽，冀以爲功，既而關先生、破頭潘無退志，也先忽都畏之，逗遛不前，師遂潰。

四月，趙君用與毛貴同在濟南，置酒伏壯士殺貴。君用走益都，續繼祖自遼陽入益都，執君用，殺之。

五月，察罕帖木兒大舉攻汴梁。自李喜喜、白不信等入蜀，關先生、破頭潘入遼東，福通獨抗官軍，勢日弱。六月，察罕以大軍次虎牢，先遣游騎東略歸、亳、陳、蔡，戰船浮於河，水陸並進，首奪汴之外城。察罕帖木兒自將鐵騎屯杏花營，諸將環城而壘，福通嬰城固守。察罕帖木兒先遣苗軍過城下，賊傾城追之，遇伏，敗還。又令老弱立栅於外城，以爲餌，賊出争之，老弱棄栅走，賊逐於城西，察罕帖木兒縱鐵騎蹂之，悉爲所俘，福通乃不敢復出。八月，察罕帖木兒克汴梁，福通挾林兒出東門遁去，復入安豐。

十九年，田豐陷保定路，朝廷遣使諭之，爲所殺。豐又陷孟州、趙州。

是年，關先生、沙劉二等爲高麗人所襲殺，惟破頭潘率輕騎萬餘，從間道奔宣德，降於孛羅帖木兒。先是，關先生等由遼陽入高麗，高麗王奔耽羅，其臣納女請降，將校以下皆配以女子。關先生等狎之，不以爲意。高麗人悉縶其馬林中，一夕傳王命，惟高麗語者不殺，餘悉坑之，賊黨獲免者十無一二焉。

二十年，明太祖議迎韓林兒至金陵，不果。時田豐號花馬王，王士誠號掃地王，共據山東，朝廷命察罕帖木兒討之。五月，李武、崔德降於李思齊。八月，察罕帖木兒造浮橋於鹽河以濟師，田豐降。察罕帖木兒取東平，以豐爲前鋒，陳猱頭戰敗，走益都。是月，林兒封明太祖爲吴國公。

二十一年，察罕帖木兒進圍益都。初，田豐之降也，遣使告察罕帖木兒曰：「總兵未必信我，我不敢上謁，俟我平沿海諸州，然後來見耳。」豐定登、萊、沂、密諸州，方至，察罕帖木兒厚接之，後竟爲豐所刺殺。未幾，擴廓帖木兒克益都，豐、士誠、猱頭皆伏誅。事具《察罕帖木兒傳》。

二十二年，張士誠遣其將吕珍攻安豐，林兒與福通乘風雨潰圍而出。明太祖自將救之，大敗珍兵，遷林兒於滁州之宗陽宫，柵而守之，日給廩餼數斗。二十三年，林兒册明太祖爲吴王。二十五年，吴左丞廖永忠及朱鎮撫具舟楫迎林兒及福通，歸金陵，次瓜步，永忠沈之於水，以覆舟聞。林兒僭號十三年而亡。

張士誠，泰州白駒場人。以行稱，曰張九四。少有膂力，厚重寡言。與弟士義、士德，士信，並駕鹽綱船，業私販。

至正七年，集慶花山賊作亂，官軍不能制，募鹽徒捕滅之。御史宋文瓚上言：「江陰、通、泰，爲江海門户，鎮江、真州次之。花山盜起，官軍斂手。宜亟選智勇，以防後亂，不然東南財賦之地，恐非國家所有。」不報。

泰州人王克柔，家富，喜游俠犯法，高郵知州李齊收之，其黨李華甫、蔛張四謀劫克柔，齊乃移置克柔於揚州獄，招華甫爲泰州判，張四爲千户，於是亂民益無所憚。

泰州富人多侮士誠，或負其鹽直，弓兵邱義尤窘辱之。士誠怒，與諸弟及壯士李伯昇等十八人殺義，縱火焚富人室，因與華甫謀起事。尋殺華甫，驅鹽徒爲兵，旗幟皆赤。至丁溪，土豪劉子仁拒之。士義中流矢死，子仁亦敗潰，遁入海。士誠兵勢始振，衆至萬餘人。

十三年，士誠攻泰州，李齊招諭之。士誠請降，且乞自效。行省參知政事趙璉命士誠治划船，趨淮泗。士誠疑懼不發，夜縱火登城，執璉，擁至舟中，殺之，遂陷興化，立柵於德盛湖。時左丞偰哲篤鎮高郵，士誠率衆數千譟而入，哲篤等皆遁去，士誠遂據高郵。朝廷復赦其罪，使至，不得入而還，紿言士誠已降，但求名爵。行省遣照磨盛昭以萬户告身授士誠，士誠閉置舟中，昭謂左右曰：「此吾死所也。」官軍逼高郵，士誠使昭出戰，不從，士誠磔之。士誠誑言：「李知府來，乃降。」行省强齊往，至則下諸獄，齊不屈，士誠亦磔之。樞密院都事石普詣行省，陳破敵之策，且曰：「高郵負重湖地，沮洳不可用騎，願得步兵三萬取之。」行省與兵一萬，夜銜枚趨寶應，賊驚潰，連拔十餘寨。將至高郵，分兵三隊，普自將攻北門，士誠援軍望之不敢進。蒙古兵千餘騎突至，争先入，遇賊而逃。普兵遂爲所乘，墮水中，普力戰而歿。是年，朝廷仍遣平章咬住、廉訪使王也先帖木兒撫諭高郵。

十四年，行省以士誠始終旅拒，始議攻討。士誠遂自稱誠王，國號大周，建元天祐，改《授時曆》爲《明時》。六月，士誠攻揚州，行省丞相達識帖木兒敗績，士誠陷天長諸縣。右丞阿魯恢以苗軍來援，士誠還高郵。九月，丞相脱脱總大軍南征，衆號百萬，旌旗亘千里，大敗士誠於高郵城下。又用董摶霄計，分兵破天長、六合，未幾，拔高郵外城。士誠大懼，自分亡在旦夕。會朝廷罷脱脱兵權，諸軍盡散，士誠勢復振。

時江陰賊江宗三、朱英自相吞噬，宗三降，行省遣元帥孫觀討英，英求援於士誠，以妻、子爲質。士誠初疑，未許。英盛言江東富庶，以歆動之。乃遣士德率高郵之衆，擊横柵，渡福山港。

十五年正月，攻常熟，陷之。達識帖木兒使參政脱因禦士德，爲亂兵所殺。平江路總管貢師泰城守，士德衆裁三四千人，直抵齊、婁二門，緣城而上，遂陷其城，據之。師泰縋城遁。崑山、嘉定、崇明、吴江相繼降。時吴中錢穀、甲仗山積，皆爲所有。毁承天寺，碎佛像，以爲宫，號萬歲閣，射三矢於梁上。易平江路爲隆平郡，立省院百司，凡甲第盡爲其將士所奪。

三月，士誠自高郵至，服御皆擬乘輿。開弘文館，設學士員。郡稱太守，州稱通守，同知稱府丞，知事稱從事，縣仍曰尹。以術士李行素爲丞相，士德爲平章，蔣輝爲右丞，徐義、徐志堅典親軍，李伯昇總軍事，王敬夫、蔡彦文、葉德新爲參軍，三人尤貴幸用事。

常州黄氏爲士誠内應，不戰而下，改爲毘陵郡。分兵陷湖州，改爲吴郡。王與敬亦以松江降之，改爲隆平郡，以鍛工周仁爲隆平太守。仁習吏事，姿性深刻，士誠深倚之。又以潘元明爲左丞，守吴興；史文炳爲同知樞密，守松江。置鎮海萬户府於太倉。

士誠頗好士，郭良弼、董綬等皆爲之用。濱州楊乘以行省郎中免官，寓松江，良弼等言於士誠，招之，乘曰：「汝等既失其身，又欲浼我耶！」遂自殺，孫撝與士誠將張茂先謀反正，事泄，皆見殺。

七月，士德與王與敬攻杭州，陷之，左丞答納失里戰死，達識帖木兒走蕭山。士德恣意搜括，杭人苦之。萬户普賢奴與苗軍元帥楊完者來攻，杭人應之，皆挺身巷戰，士德衆大潰，十喪七八。收殘兵掠海鹽，又爲乍浦鍾民所敗，乃引還。

八月，史文炳攻嘉興，苗軍大敗之，文炳僅以身免。士德以苗軍獷悍，乃募驍騎千餘擊之，斬馘無算，完者憚之。

是歲，明太祖取集慶路，又取鎮江，與湖、常接壤，始開兵釁。

十六年，明太祖使徐達攻常州，士德來援，達設伏邀之，獲士德。士誠請歲輸糧二十萬石、金五百兩、銀三百斤以犒軍，且歸楊憲，以求士德。太祖數其開釁召兵之罪，索糧五十萬石。士誠不與，密使呂珍入常州，以助守禦。三月，外圍益急，珍拔城中之衆宵遁，達遂入常州。

士德潛爲書告士誠，使歸命朝廷以求助，士誠然之。初，中丞蠻子海牙以采石之敗，爲士誠所獲。至是，士誠使與周仁持書，降於達識帖木兒。楊完者請受其降，達識帖木兒謂士誠反覆難信，完者固勸之，乃遣參議周伯琦受其降。士誠始要王爵，又請爲三公，達識帖木兒皆不許。完者又以爲言，達識帖木兒乃以便宜拜士誠太尉，士信樞密同知，然士誠自擅土地如故。

十七年，士誠舟師出海上，將襲鎮江，敗於鮎魚口。自是，數與徐達、耿炳文交兵。士誠獲廖永安，請以易士德，明太祖不許，其後士德不食而死。

十八年八月，朝廷使尚書伯顏帖木兒以龍衣、御酒賜士誠，且徵漕。士誠與方國珍互相猜忌，莫肯先發。伯顏帖木兒往來開諭，士誠乃運十萬石糧於京師，歲以爲常。

二十年，士誠與明太祖兵戰於太湖，敗績，又遣李伯昇攻長興，不克。初，行省左丞汪同自集慶至平江，見士誠反覆狙詐，潛與淮安守將史椿通於察罕帖木兒，以圖士誠。會察罕帖木兒被刺，復乞師於集慶，請爲内應。事覺，士誠殺之。

二十三年二月，士誠遣吕珍攻韓林兒於安豐，明太祖自將救之，珍大敗而還。士誠忌楊完者，達識帖木兒亦惡之，佯使士誠出攻建德，完者營於杭州城外，不爲備，猝攻之，完者與其弟伯歆皆自殺。事具《楊完者傳》。士誠遂據杭州。朝廷拜士信爲江浙行省平章政事。自是，方面大權盡歸於張氏矣。

九月，士誠自稱吴王，使達識帖木兒請命朝廷，不許。户部侍郎博羅帖木兒來徵糧，士誠不應。參軍俞思齊諫曰："昔爲賊，不貢獻於朝廷猶可；今爲人臣而不貢獻，可乎？"士誠大怒，思齊乃謝病歸。右丞答蘭帖木兒、郎中真保諂事士誠，數媒孽達識帖木兒之短。至是，使士信面數之，勒令以老病自免，士信自爲丞相。御史大夫普化帖木兒及達識帖木兒皆自殺。

二十四年，士誠使李伯昇攻建德，又使謝再興圍新城。明太祖將李文忠敗之。文忠進圍杭州，不克。二十五年，明太祖略定兩淮，命徐達、常遇春督諸軍二十萬伐士誠，數其八罪，敗士誠兵於湖州潰口，士信奔還。達進至三里橋，士誠遣黄寶當南路，陶子實當中路，張天騏當北路，唐傑爲後援，皆爲達、遇春所敗，擒黄寶，天騏、子實遁去。士誠遣李伯昇入湖州，與天騏等固守，又遣朱暹等與其五太子率兵六萬援之，築五栅於舊館。達、遇春營於姑嫂橋，以絶舊館之援。士誠甥潘元紹屯於舊館東，達襲敗之，元紹遁。士誠親率兵來援，與達戰於皂林，又大敗。十月，李文忠取餘杭，遂圍杭州。五太子及朱暹等，以舊館六萬之衆降於徐達。五太子，士誠養子也，本姓梁，短小精悍，能平地躍起丈餘，又能泅水。暹亦善戰。至是皆降，士誠爲之奪氣。已而李伯昇、張天騏以湖州降於徐達，潘原明以杭州降於李文忠。達等乃進圍平江。時嘉興宋興、紹興李思忠，皆降於達。士誠外援盡絶，惟無錫莫天祐使其將入城，與士誠相聞。

二十六年，明太祖以書諭士誠，不答。士誠突圍決戰，復敗，人馬溺死沙盆潭甚衆。其勇勝軍號「十條龍」者，皆被銀鎧、錦衣出入陣中，人莫能測，至是皆溺死。士誠馬踣，墮水幾死，左右輿入城中。

李伯昇遣客説士誠曰：「公始以十八人入高郵，元兵百萬圍之，如虎墮阱中，死在旦夕。元兵無故自退，公遂乘勝東據三吴，闢地千里，擁兵千餘萬。誠於此時不忘高郵之危，苦心勞慮，練兵選將，收當時之豪傑，豈特保三吴之地？天下可圖也。」士誠曰：「君往時不言，今復何及？」客曰：「吾當時雖欲進言，無路自效。何則？公之子弟、親戚布列中外，歌兒舞女日夕酣飲，公又深居於内，敗一軍不問，失一城不知，故淪胥至今日耳。」士誠曰：「吾甚恨之，亦無及矣。今爲之奈何？」客曰：「吾有一策，恐公不從。」士誠曰：「不過死耳。」客曰：「徒死無益也。公不見陳友諒乎？戰於姑孰，又戰於鄱陽，友諒擧火欲燔敵艦，天乃反風燒之。何者？天命所在，人力無如之何。今外圍益急，竊恐勢急變生，禍從中起，雖欲死而不可得。公如順天之命，遣一介之使，歸命金陵，不失爲萬户侯，則所全多矣。」士誠良久曰：「君休矣！吾將思之。」竟不聽。

八月，城破，徐義、潘元紹皆降，外兵蟻坿登城。士誠使其將劉毅，收餘兵三萬餘人，戰於萬壽寺，復敗。士誠從數騎倉皇歸府。初，士誠見兵敗，謂其妻劉氏曰：「我敗且死矣，若曹奈何？」劉曰：「君勿憂，妾必不負君。」乃積薪齊雲樓下。至是，驅羣妾登樓，使養子辰保縱火焚之，自經死。士誠獨坐一室，達遣李伯昇諭意，士誠閉户自經。伯昇決户入，抱解之，未絶，復蘇。達又令潘元紹反覆諭之，士誠瞑目不語。舁至舟中，不食，及至龍江，卧不肯起。乃舁至中書省，李善長問之，不答。已而士誠卒自經死，年四十七。

二子皆幼，其妻以白金遺乳母負之而逃，不知所終。

莫天佑，素勇悍，號「莫老虎」。徐達屢遣使諭降，俱爲所殺。及士誠就擒，州人張翼説之降，械送金陵，磔於市。

新元史卷之二百二十六　列傳第一百二十三

徐壽輝　陳友諒理　明玉珍昇

徐壽輝，一名貞一，蘄州羅田人。以販繒爲業，往來蘄、黄間。初，袁州有妖僧彭瑩玉，用泉水治病，多愈，遠近神之。至正十年，其徒周子旺以妖術惑衆，從之者五十餘人，僭稱國王，官軍獲而殺之。瑩玉遁去，匿淮西民家，日夜密搆異圖。壽輝浴於池，瑩玉之徒見其有赤光，異之。十一年八月，乃擁壽輝爲主，聚衆剽掠。九月，陷蘄水縣，蘄州總管李孝先敗死。進陷黄州，壽輝僭稱皇帝，號天完國，都蘄州，改元治平。以麻城人鄒普勝爲太師。其衆以紅巾裹首，與汝、潁妖賊同。

十二年，竹山孟海馬起兵，陷襄陽、荆門以應壽輝，號南鎖紅巾。襄陽路總管柴蘭及縣尹孛朮遠俱敗死。壽輝將丁普郎等連陷漢陽、興國。曾法興等陷安陸，執知府醜驢，不屈，法興義而釋之。醜驢與其妻侯氏俱自經死。湖廣行省平章星吉，聞老將鄭萬户知兵，令募兵爲守禦計。壽輝遣其衆千餘人至武昌降，星吉知其詐，使鄭萬户伏兵邀之，獲六百人，械以俟命。會朝廷徵星吉爲司農，以和尚代之，納賊賄，釋其縛，反下鄭萬户於獄。壽輝使趙普勝襲武昌，六百人爲内應，城遂陷。沿江郡縣皆望風奔潰。

二月，趙普勝乘武昌之捷，舳艫相銜，順流攻江西，江州總管李黼與主簿也孫帖木兒拒戰，大敗之。普勝又以舟師攻城，亦爲黼所敗。普勝攻益急，城陷，黼死之，普勝遂陷南康。是月，孟海馬陷歸、峽、房諸州。壽輝别將陷岳州，徇忠、萬、夔諸州，皆下之。又有周伯顔者，起兵陷道州，以應壽輝。

時湖南之地多爲壽輝所有，乃分道入江西，姦民乘勢應之。不旬日，衆輒數萬，率以天完將爲名。行省右丞太不花兵至應山，廣水鎮巡檢王珪參其軍事，三上書於太不花毋玩寇，太不花怒，使珪爲前鋒。珪連敗壽輝兵，以無後援，衆潰。珪率麾下數百人奔孝感，縣人劉禹、吴思明方舉義兵，聞珪至，從之，敗壽輝將王思明於蓮花寨。思明悉衆圍之，逾月，珪與禹等皆戰没。

是月，壽輝將歐普祥入萍鄉，遂陷袁州。分宜人彭繼凱與安福人袁明東擊走普祥，復袁州。已而繼凱爲知府寶童所嫉，使客刺殺之，袁州復爲普祥所據。彭瑩玉陷瑞州，陳普文陷吉安。閏三月，泰和州達魯花赤達里麻失理復吉安。達里麻失理所部號黄衫軍，壽輝兵畏之。未幾，項普略陷饒州、信州，遊騎至婺源，江浙震恐。朝廷以亦憐真爲江西行省右丞，將兵擊之。湖廣行省參政鐵傑以兵復岳州。四川行省平章咬住克忠、萬、夔、雲陽諸州。

是月，壽輝兵攻南昌，靖安達魯花赤湖海大敗之。賊再至，湖海與勇士黄雲等且戰且守。連兵八月，皆戰死。壽輝兵圍撫州，州人木古丙、趙均保等倡義助官軍防守，賊不能克，遂引去。時江西諸路皆陷，獨撫州堅守不下。是月，咬住克歸州，進攻峽州，斬壽輝將李太素。壽輝別將陷池州，圍安慶，勢張甚。平章卜顔帖木兒等敗之於丁家洲，遂復池州。復敗賊於白湄，斬其大將周驢。

十三年五月，咬住復中興。建昌人戴良起兵，復建昌。咬住進克襄陽，殺賊將王權。六月，行省左丞火你赤復瑞州，執彭瑩玉，斬而臠之。瑩玉攻城略地，所至無噍類，至是就戮，天下快之。

七月，項普勝陷婺源州、徽州，自昱嶺關入浙西，遂陷杭州。八月，咬住與壽輝將俞君正戰於樓臺，失利，咬住奔松滋，俞君正復陷中興，爲荆門僧李皆等所襲敗，咬住還屯石馬。是時項普勝分兵據宜興、歷陽、丹陽、句容，前鋒至鍾山，平章慶童以兵來援，始敗退。

先是，承平日久，壽輝兵四出，州縣皆望風降附。已而民習見，不以爲意，於是智勇之士多思自奮，爲朝廷討賊。壽輝所得州縣旋復失之，賊勢遂不振。是年，元帥董摶霄復杭州，受代去，壽輝兵復入昱嶺關，陷於潛。行省檄搏霄禦之，事具《搏霄傳》。

九月，官軍大集於中興，以攻壽輝。初，壽輝樹栅於黄州之蘭溪口，積金帛其中，最號險固。至是，亦爲官軍所克。十月，廣西元帥甄崇福復道州，周伯顔伏誅。十一月，卜顔帖木兒與中丞蠻子海牙等，率兵二十萬，分道攻蘄水縣。壽輝出戰，大敗，遁入黄梅山。官軍入城，擒其僞將相以下四百餘人，遂盡復武昌諸路及均房等州。朝廷以賊已潰敗，檄諸將班師。

十四年，壽輝收合餘衆，饑民多附之，勢復振。

十五年，壽輝將倪文俊敗威順王寬徹不花，縱横湖、湘間，官軍屢爲所挫。五月，文俊陷中興。自兵興以後，湖南北州縣相繼陷，獨茶陵州堅守數年。至是，亦爲文俊所陷。七月，文俊陷武昌、漢陽。

十六年正月，文俊乃建都於漢陽，迎壽輝徙都之。壽輝性寬縱，權在羣下。及鄒普勝死，以文俊爲丞相，大權悉出其手，壽輝無如之何。是年，文俊連陷常德、澧州、衡州，又分兵陷岳州。

十七年，壽輝將明玉珍陷重慶，壽輝以玉珍爲隴西右丞。文俊怙侈自專，謀殺壽輝不果，奔黄州。壽輝僞元帥陳友諒襲殺之，并其衆，自稱平章。文俊生時，其母夢白虎入其室；將死，其母復夢白虎斃。文俊驍勇善戰，官軍畏之，呼爲「倪蠻子」。十八年，陳友諒陷安慶，龍興、信州諸路盡爲所有，壽輝欲徙都安慶，友諒不奉命。十九年十二月，壽輝引兵至江州，友諒佯出迎壽輝，既入，門閉，悉殺其從者。自是權歸友諒，壽輝僅有空名而已。

二十年五月，友諒挾壽輝攻太平，舟至采石磯，使人詣壽輝白事，以鐵撾自後擊之，碎其首而死。

陳友諒，沔陽黄蓬人。其先平吉州謝氏，爲黄蓬陳氏贅婿，遂冒姓陳。父普才，以漁爲業，生五子，友諒其次子也。讀書粗通大義，嘗爲州吏，鬱鬱不樂。季父普文，從倪文俊作亂，友諒亦往從之。文俊用爲簿書掾，尋爲元帥，將兵。至正十六年，友諒襲殺文俊，自稱平章，壽輝因而命之。文俊黨在歸州者，保山柵自守，友諒使其弟友能及部將歐普祥等招之，久始降。

是時，余闕守安慶，壽輝兵至輒敗，賊憚其威名。十七年，友諒合趙普勝、祝宗等攻之，友諒自上游引兵直擣小孤山，守將胡伯啟力戰四晝夜，奪還安慶，友諒遂逼城下。闕血戰當之。十八年，友諒與普勝等合圍，百道並進，城遂陷，闞赴水死。

友諒乘勝薄龍興，左丞火你赤望其軍，駭曰：「賊與往時異，是惡可當？」乃棄城走。友諒自駐龍興，規取江西，遣其將王奉國陷臨江及瑞州，熊天瑞陷吉安，又分兵攻撫州，圍三月，城始陷。友諒聞州人吳彤守城，多智略，令軍中有生致彤者，賞百金。及得彤，友諒釋而用之。八月，陷建昌。九月，遣其將辛文才陷贛州，又徇南安，下之。

是年，友諒之兵入福建者，其將爲康泰等；陷汀州入廣東者，其將爲熊天瑞，陷南雄州、韶州。十九年，王奉國陷信州。

是時，明祖已稱吳國公，與友諒地接壤。明祖在池州，趙普勝引兵爭之，敗走。未幾，復敗吳兵於沙子港。明祖遣俞廷玉以水陸兵攻之，至樅陽。普勝潛橫鐵絙於水中，舟至，柁挂絙不行，普勝蹙之，一軍盡没。普勝勇決善戰，號「雙刀趙」，名聞敵國，友諒忌之。至是，友諒將弑壽輝，懼普勝不從，乃以會師爲名，自江州猝至。普勝迎於雁汊，甫登舟，友諒殺普勝，并其軍。未幾，挾壽輝東下，攻太平，引巨舟薄城外，士卒緣柁尾登城，遂克之。弑壽輝於采石。乃以采石五通廟爲行殿，僭號皇帝，國稱大漢，建元大義，以鄒普勝爲太師，張必先爲丞相。其黨班沙岸稱賀，值大風雨，不能成禮。

友諒恃其兵强，欲東取集慶。吴人恐其與士誠連兵，乃用劉基策，使裨將康茂才僞降。友諒令速來，閽者齎書以往。茂才與友諒有舊，其閽者則嘗事友諒者也。友諒大喜，引舟師東下，至江東橋，連呼「老康」，無應者，始知見紿。即與其弟號五王者趨龍灣，遣萬人立栅岸上，勢鋭甚。明祖伏兵於石灰山，突起，四面蹙之。友諒兵敗，走下岸，登舟。潮退，舟膠於河，溺死者又無算。其將張志雄、梁鉉、喻國興、劉世衍等皆降，友諒遁去。

張志雄者，趙普勝部將也。怨友諒殺普勝，無鬭志。及降，言於明祖曰：「今降卒皆安慶之兵。友諒敗走，安慶空虚，可取也。」明祖從之，使徐達、馮勝、張德勝等追友諒至慈湖，又敗之。友諒收兵再戰，張德勝敗死，友諒乃還。徐達等遂克太平。方友諒東下，吴人亟使衢州胡大海搗信州，以牽制之。大海克信州。十一月，友諒浮梁守將于光、鄱陽守將徐椿，以饒州降於吴。

二十年六月，友諒將李明道、王漢寶攻信州，胡大海敗之，禽漢寶。明祖釋之，問友諒事，漢寶盡以虚實告之。八月，明祖以王漢寶爲鄉導，率舟師遡流而上，以報龍江之役。攻安慶不克，劉基曰：「此不足取也，宜徑襲江州。」明祖至湖口，距江州五里，友諒不虞兵至，大驚，挈妻孥走武昌。明太祖遂入江州，友諒將傅友德、丁普郎皆以所部降。南康、龍興、袁州皆送款於吴。

二十一年，友諒改元大定。是時，江西諸路惟熊天瑞據贛州，爲友諒固守。羣盜附友諒者，樹白幟，號爲白軍；降於吴者，則易紅幟，號爲紅軍。日夜相攻，死亡無算。

二十二年四月，友諒復以舟師攻龍興，號高稍子戰船，甲士六十萬，載其妻孥、百官，傾國而出。攻圍八十五日，不克。明祖率舟師二十萬以援龍興，友諒聞之，解圍東出鄱陽湖。

六月戊子，大戰於康郎山。兩軍鼓譟，囂聲動天地，燃巨礮如震雷。至晡，友諒擲火燒明祖船，忽反風，自焚，十里之内，湖水盡赤。友諒叔父陳普略等皆死，吴將張志雄、丁普郎亦戰歿。己丑，徐達焚友諒平章蔣必勝船，死者千五百人。是日，戰數合，互有勝負。翌日，明祖見友諒兵强，有懼色，問劉基曰：「我氣色何如？」基以必勝對。辛卯，日光慘澹，兩軍咸震恐，戰不力。友諒弟友仁、友貴皆死，其驍將張定邊敢深入，中流矢敗退。自是，相持六晝夜。

劉基勸明祖移軍湖口，期以金木相犯日決勝。吴人乃移舟入港。至夕，舟置一燈，首尾相銜。比曉，兵盡渡，泊於左蠡，列栅南北江岸，置火筏於中流，水陸戒嚴。友諒亦移軍楮溪，綴敵兵，使不得去。未幾，友諒引兵次鞋山，吴兵亦次於湖口，相距十有五日。

八月壬戌，友諒自乘樓船，率其軍下趨九江，常遇春以火筏禦之。順流而下，至禁江口〔一〕，礮擊明祖船，明祖適在他船〔二〕，獲免。友諒兵謂已死，讙呼萬歲。明人遣使詐爲諸將約降，友諒親出引見使者，爲流矢所中，貫睛及顱而死。兵大潰，退至江口。癸亥，明祖乘勢蹙之，擒其太子善兒及平章張榮等，降士卒五萬人。友諒僭位四年，死，年四十八。

其太尉張定邊等，乘夜以小舟載友諒屍，及其少子理，走武昌。九月，理僭稱皇帝，改元德壽。明太祖征之，立柵逼其城，又聯船爲水柵，以絶出入之路。

二十三年，理計窮，悉衆出戰。其將陳僉同，驍捷，善用槊，直犯中軍，吳將郭英刺殺之，定邊等不敢復出。其丞相張必先以湖南兵赴援，戰於城下，兵敗被執，城中之援始絶。明祖使降將羅復仁入城諭理降，理乃率其大將張定邊等出降。明祖封理爲順德侯，普才爲承恩侯，友諒兄友寧歸仁伯，友直懷仁伯。追封友仁爲康山王，立廟祀之。張定邊、張必先等尋皆誅死。普才徙滁州，理徙高麗，皆不知所終。

明玉珍，隨州沔陽人，農家子也。身長八尺，目重瞳子，性明決，爲鄉人所推服。十一年，潁州盜起，遠近響應。玉珍聚衆於青山，築柵自守。徐壽輝據蘄州，遣使招之。玉珍自度不能敵壽輝，遂以衆降，壽輝授爲元帥，益其兵，使屯沔陽。

十二年，與哈林禿戰，爲流矢所中，眇其右目，人呼爲「明眼子」。時沔陽連年饑饉。十五年春，玉珍以斗船五十艘，率所部糴糧於夔州。明年，辰州人楊漢率精兵五千人，降於重慶帥完者都。

十七年，完者都襲殺漢，其衆東走夔州，遂歸於玉珍，且言重慶無重兵，守將哈林禿、完者都二人不協，兵至，可一鼓而下。玉珍疑而未行，其部將戴壽進曰：「分兵輸糧於沔，以麾下率楊漢餘衆襲重慶，濟則大事可成，不濟則掠其資財而歸，上策也。」玉珍從之。時重慶承平日久，見賊至，遠近震駭。完者都遁，獲哈林禿。城中父老以香花迎玉珍入城，玉珍禁侵掠，居民安堵如故，降附日衆。

十八年二月，完者都自辰州會平章囊革歹、參政趙資，以兵次嘉定之大佛崖，規復重慶。玉珍遣明二攻之，潛師登烏牛山，陷嘉定。惟大佛崖官軍相持半載，玉珍自率兵攻之，遣明二倍道襲成都府，遂略定兩川郡縣。

玉珍之出兵也，舟行過瀘州，其部將劉澤民言於玉珍曰：「前進士劉楨，有策略，嘗官大名經歷，青巾賊李喜喜入蜀，禎避亂於此。公盍往見之？」玉珍曰：「爾與偕來。」澤民曰：「是不可屈，宜親往。」玉珍乃入山中訪之，語未畢，玉珍喜不自勝曰：「吾得一孔明矣！」拜爲參謀。

二十年，陳友諒弒壽輝自立，玉珍議討之，閉夔關不與友諒通。二十一年，劉禎勸玉珍自立，玉珍不許。戴壽、張文炳復勸之，玉珍咨於部衆，同心推戴。二十二年三月戊辰，遂僭稱皇帝，都重慶，號大夏國，建元大統。立妻彭氏爲皇后，子昇爲太子。仿周制，設六官，以戴壽爲冢宰，明二復姓萬，賜名勝，爲司馬，張文炳爲司空，向大亨、莫仁壽爲司寇，鄒興爲司徒，劉禎爲宗伯。又以牟圖南爲丞相，史天章爲翰林學士。改知府曰刺史，知州曰太守。廢釋老，止奉彌勒佛教。定賦税，十取其一，免力役之征。

二十三年，命萬勝、鄒興、芝麻李分道攻雲南。勝兵不滿萬人，鋒鋭甚，遂入中慶。已而饋運不繼，士卒剽掠爲糧，滇民叛之。梁王乞師於大理，累戰皆捷。勝度衆寡不敵，乃全師而返。

二十三年，萬勝攻興元不克，遣鄒勝攻巴州，陷之。石柱安撫司馬克用叛，降於玉珍，乃改設永寧宣慰司，及邑海溪洞軍民府。又立平茶永化軍民府。獨播州楊元晶堅守拒之，玉珍以重兵臨其境，元晶始降。

二十四年，更六卿爲中書省、樞密院，以戴壽、萬勝爲左、右丞相，向大亨、張文炳知樞密院。鄒興守成都，吴友仁守保寧，莫仁壽守夔州，俱爲平章。竇英守播州，爲參政。時明祖已滅陳友諒，遣使通好，玉珍使其參政江儼報聘。明祖聞雲南之師敗還，復以書貽之。

二十五年夏，玉珍死，年三十六。玉珍躬履節儉，好賢禮士，蜀人稱之。然無遠略，僅能自守而已。子昇嗣。

昇僭立甫十歲，其母彭氏垂簾聽政，改元開熙。萬勝與張文炳有隙，勝密使人殺文炳。玉珍養子明昭等，矯彭氏命，召勝入，縊殺之。勝，黄陂人，有智勇，玉珍妻以弟婦，稱爲「明二」。開國之功，勝居七八。彭氏以劉禎爲丞相。

二十六年，吴友仁移檄遠近，言萬勝無辜受戮，諸將寒心，友仁不得已而叛明氏，遂據保寧，附於陝西李思齊。昇遣兵攻之，皆敗還。

二十七年，戴壽攻保寧，友仁登城，語壽曰：「使參政文彦彬來，吾即降。」及彦彬入城，友仁密與約曰：「明昭等不誅，丞相必不免，奈何舍此不圖，而加兵於我？我明氏舊臣，寧有他耶？」彦彬出告壽，壽然之。時昭等皆從壽討友仁，壽乃召諸將會議，執昭等殺之，友仁即詣軍門持壽而泣，偕壽至重慶謝罪。昇慰諭之，復其位。明祖賜以璽書，又遣楊璟往諭之，使奉土地入朝，昇不從。二十八年，友仁攻興元，明人乃決意用兵。是秋，昇丞相劉禎死。二十九年，明人假道伐雲南，昇不許，乃遣湯和、廖永忠等伐之，又使傅友德由階、文逼成都。

三十年，湯和等入峽，莫友仁以鐵鎖横截瞿塘口，戴壽、向大亨鑿兩崖爲飛橋，又置大木水中，戰艦將至，順流以大木衝之，和等不能克。友德入綿州，壽、大亨悉衆來援戰於漢州，敗走。永忠亦敗鄒興於峽口，興戰歿，遂入夔州。進次銅鑼峽，昇面縛銜壁，率其羣臣出降。友德進攻成都，壽等聞昇降，亦出降。分兵克保寧，執吴友仁，送金陵殺之。壽、大亨至夔州，亦被誅。

昇僭立六年，父子據蜀十一年而亡。明封昇爲歸義侯，召彭氏入宫。後遷昇於高麗，不知所終。

【校勘記】

〔一〕「禁江口」，邵遠平《元史類編》及張廷玉、萬斯同《明史》等多處均作「涇江口」。

〔二〕「他船」，原作「地船」，據文意改。《明史》卷一二八列傳第十六《劉基傳》作「别舸」。

新元史卷之二百二十七　列傳第一百二十四

方國珍　何真邵宗愚[一]　李質　陳均義陳舜隆　陳良玉　歐普祥鄧克明　熊天瑞　王宣信

方國珍，黄巖洋山澳人，後避明太祖字，改名谷珍。初，與兄國馨、國璋，弟國瑛，皆以販鹽海上爲業。國珍與州人蔡亂頭以争鹽販相仇，州不與直。已而蔡聚衆海上剽掠漕運，再殺使者，勢張甚，行省懸格捕之。國珍欲捕蔡以應賞格，蔡懼，自歸於官。總管焦鼎納蔡賂，薄其罪。國珍恚曰：「蔡能爲盜，我顧不能耶？」適以逋租，遣巡檢往捕之，國珍方食，左執食案，右持梃[二]，格殺巡檢，遂與其兄弟亡入海，刦糧艘，梗運道。時至正八年十一月也。

行省參政朵兒只班討之，追至福州。國珍焚舟將遁，官軍自相驚潰，朵兒只班爲國珍所執，使請於朝，授國珍海運千户，不受。

十年十一月，率水賊千艘，泊松門港，索糧。十二月，攻温州及沿海諸縣，行省左丞孛羅帖木兒擊之。

十一年六月，官軍至大閭洋，國珍縱火焚之，官軍大敗，赴水死者過半。孛羅帖木兒及郝萬户皆被執，二人乃爲飾詞，以國珍求招安上聞。郝故出奇皇后位下，請託得行，遂議立巡防千户所，設長貳等官，授其兄弟及黨與數十人。復遣大司農達識帖木兒至黄巖招降，國珍兄弟皆登岸羅拜，退舍民居。紹興總管泰不華欲遣壯士襲殺之，達識帖木兒曰：「我受命招降，公欲擅命耶？」事乃止。

明年，貶泰不華爲台州路達魯花赤。時官軍方討徐州，募舟師防江，國珍疑懼，復入海。泰不華遣方大用往諭國珍留之，遣其黨陳仲達來議降。泰不華具舟，建受降旂，至澄江，與國珍遇於黄林港，呼仲達申前議。仲達目動氣索，泰不華知有變，手斬之，即前攻國珍船。賊黨麕集，擁泰不華入其船，泰不華瞋目叱之，爲國珍所殺。六月，國珍據定光觀，悉燬黄巖官居民舍。八月，進攻台州，以舟師誘總管趙琬至黄巖，舍於白龍澳，琬不食而死。

十三年，遣行省左丞帖里帖木兒、南臺侍御史左答納失里招諭之。二人奏國珍已降，遂降金符，授其兄弟、黨與官有差，伐石立宣德碑，國珍仍不受命。時州人潘有光挺身説國珍降，國珍使盗要於路，殺之，遂據台、温、慶元三路。行省無可如何，奏以國珍爲海道萬户。

明年，又遷爲都鎮撫，兼行樞密院判官。自後，汝、潁兵起，海内大亂，累遷國珍浙江省參知政事，詔使討張士誠。士誠遣其將史文炳、吕珍，率兵七萬禦國珍。文炳與珍陳於崑山，仍以步騎夾岸爲陣，士誠命游兵往來，旌旗數十里不絶。國珍曰：「瀕海之地，非通衢可比，士誠參用步騎，兵雖盛，不足畏也。」國珍舟師僅五萬，自率壯士數百趨奣子橋。文炳使十將軍搏戰，矢石如雨。國珍戒其衆持葦席塗泥，冒矢石而入。士誠兵以火箭攢射之，國珍燎及鬚髮，橫刀大呼，殺兩將軍及十餘人，士誠兵大潰。國珍與將士追擊，轃其中堅，步騎訖不得成列，文炳、珍皆棄馬而遁。明日又戰，七戰七捷，直至平江城下。士誠遣使納款，請奉元正朔，國珍乃還。累擢至太尉、行省左丞。

初，國珍作亂，朝廷出空名宣勑數十道，募人擊賊。海瀕壯士多應募立功，所司邀重賄，不輒與，有一家死數人，卒不得官者。國珍再受招諭，遽至大官。由是民慕爲賊，從國珍者益衆。國家既失江淮，藉國珍舟師以通海運，重以官爵羈縻之，國珍愈橫。

十八年，明人取婺州，遣主簿蔡元剛招國珍，國珍欲藉爲聲援，以觀事變。十九年二月，遣其郎中張仁本奉書獻黄金五十斤、白銀百斤、文綺百匹。明祖復遣鎮撫曾養浩報之，國珍請獻温、台、慶元三路，且以次子關爲質。明祖曰：「古者慮人不從則爲質，今既誠心歸順，何以質子爲？」厚賜關而遣之，拜國珍福建行省平章政事。

是年，朝廷亦授國珍行省平章政事，已又改爲淮南行省左丞。是時國珍歲治海運，舟漕張士誠粟十餘萬石至京師，於是封國珍爲衢國公，官爲江浙行省左丞相，分省慶元。

明祖累以書諭之，國珍陽爲恐怖謝罪，以金寶飾鞍馬獻，明祖卻之。已而苗帥蔣英殺胡大海，持其首奔於國珍，國珍不受。國璋爲蔣英所殺，明祖遣使弔祭。及胡深克瑞安，進兵温州，國珍懼，請歲輸白銀三萬犒軍，俟杭州下，即納土。明祖詔深班師。國珍數通使於擴廓帖木兒及陳友定，圖爲犄角。明人知其事，移書數其十二罪，復責軍糧二十萬石。國珍日夜運珍寶，治舟楫，爲航海計。

迨明人取平江，朱亮祖攻台州，進克温州，湯和以大軍直抵慶元，國珍走入海。追敗之盤嶼，國珍始遣子關乞降。明祖賜書，許宥其罪，國珍乃謁和於軍門。和送國珍等至建康入朝，明祖誚讓之，國珍頓首謝罪，且曰：「臣聞天下無道，乘桴浮於海；天下有道，束帶立於朝。」明祖笑而宥之，授廣西行省左丞，食禄，不之官。

數歲卒。疾革，遣内史問所欲，國珍以子孫愚魯，願賜保全爲對。明祖憫之，爲文賜祭葬，官其子禮衛指揮僉事，關衛千户所鎮撫。關弟行，明敏善詩，宋濂嘗稱之。

先是，有周必達者，隱天台山。國珍造其居問之，必達曰：「當今四方大亂，君能舉義除盜，名正言順，富貴可致，餘非我所知。」國珍不聽。及屢敗，始悔曰：「不意黄毛野人，能料事如此！」由是國珍頗敬禮文士，薩都剌等皆入其幕府。

何真，字邦佐，東莞員岡人。少孤，事母以孝聞。爲人美鬚髯，音若洪鐘。嘗有相者謂曰：「君材兼文武，霸王器也。惜生南方，微帶火色，位不過封侯耳。」至正初，官河源務副使、淡水鹽場管句。會增城盜朱光卿起，湖廣蠻蔣丙又攻破連、桂二州，真乃棄官歸。

至正十二年，王成、陳仲玉作亂於東莞，真請于行省，舉義兵討之，自擒仲玉以歸。成築寨自守，真使弟迪及驍將黄從簡、高彬圍之，募能生縛成者，賞鈔十千。既而成奴縛以獻，真釋之，引成坐，謂曰：「何養虎自貽患？」成掩面愧謝曰：「始以爲犬，孰知其爲虎耶？」奴請賞，真如數與之，而使人具湯鑊，駕轉輪車，置奴其上，督奴妻烹之，數人鳴鉦以號於衆，一號則衆應之，曰：「四境之上，有以奴縛主求榮利者，視此奴也。」由是衆心畏服。行省上其功於朝，未報。

居一年，惠州人黄仲剛與叛將黄常據惠州，民怨其虐，迎真守惠州。真乃逐常，殺仲剛，遂有循、惠二州之地。興寧人謝以文倔强不服，真又擊滅之。朝廷授真惠州路同知，尋進廣東都元帥、宣慰使。

至正二十一年，邵宗愚入廣州，戕殺官吏，真帥師來援，遂入廣州，秋毫無犯，州人大悦。擢廣東行省參知政事。真乃遣何迪擊香山、增城諸盜，皆平之，未幾，江西、福建合爲一省，改授江西福建行省左丞，仍治廣州。

二十四年，宗愚復挾廉訪使廣寧圍廣州，真拒守數月，城中糧盡，民煮蕉頭、藨根以食，終無叛志。二十五年二月，真將張鎮撫以兵入援，敗宗愚於城北。宗愚再戰，會真次子富入援，又敗之。宗愚憤甚，仍堅壁不退，恃其衆，日夜攻。七月，誘真將博羅、馬丑寒叛真，率兵攻惠州，且絶廣州糧道。真聞之，使廉訪副使黑的兒守城，自將兵夜從間道出，救惠州。宗愚知真去，攻陷廣州。真至惠州，圍解，執博羅、馬丑寒，戮之，復攻諸壘之與宗愚合者。靖康李維東，諸文，七小響寨張伯寧，翁源大小張諸賊帥，或走或降，惠州境内悉平。

二十七年四月，真率兵復攻廣州，宗愚不能抗，棄城走，廣寧死於亂兵。真遂再入廣州。朝廷進真行省右丞。始，真與宗愚相軋，各倚行省以爲重。二人皆再入廣州，然州人莫不苦宗愚之暴而樂屬真。

及明祖定天下，遣湯和、廖永忠次於閩，先檄真使降。會永忠航海趨廣東，而裨將陸仲亨亦自大庾嶺入。真使都事劉克佐、檢校梁湲初，詣永忠軍，上其印綬，永忠再以檄諭之，真遂迎降。明封爲東莞伯，卒。

與真同據廣東者，有邵宗愚、李質。

邵宗愚，南海三山人。至元二十一年，廣東都元帥世傑班謀殺廉訪使百家奴，事覺，僉事八撒剌不花執而戮之。八撒剌不花亦專恣自用，詔除八撒剌不花江南行臺侍御史，而以完者篤代之。八撒剌不花怒，殺完者篤等數人，擁兵自衛，廣州内外凶懼不安。於是宗愚起三山，羅實善起龍潭，秦德用起清遠，王可成起增城，皆據地自稱元帥。而香山人李祖二，亦聚衆攻掠縣城。宣差朵羅歹不能禦，縣人鄭棨叟徙縣治於古羅寨，實善數以兵攻之。廣東大亂。

二十二年冬十月，江西平章朵列不花移檄討八撒剌不花，宗愚聲言承檄討賊，進攻廣州，元帥何深力戰死之，城遂陷，殺八撒剌不花。詔除宗愚江西福建行省參知政事。及何真入廣州，宗愚復争之，再取廣州，殺掠尤甚。既而復不能守，奔還三山。

二十七年，江西右丞鐵里迷失按廣州，宗愚遣人迎之，且指真爲僭據，誘之攻真。鐵里迷失遂入三山，竟爲宗愚所殺。四月，明兵臨廣東，宗愚遣其將羅元祥詣廖永忠軍約降，以覘之，實無降意。永忠語之曰：「欲降則降，毋以虛言相款。」宗愚終遷延不至。永忠夜攻破其寨，擒之，與其徒皆斬於廣州市。

宗愚據三山，貪殘嗜殺，鄰境咸被其毒。再入廣州，廣州民尤恨之。及面縛入城，争唾其面。然真與宗愚俱受命於朝廷，真迎降而宗愚死，議者亦有取焉。

李質，字文彬，德慶人。通經史，有器局，浮沈府掾中。至元中，廣東大亂，質亦聚衆保鄉里，據有肇慶、封川、新會等州縣之地。一時三山、龍潭諸賊，莫能與争。朝廷嘉之，授廣東樞密同僉。何真恐質圖之，遣其幕士孫賁説與連和。質每以安民爲念，雅好儒學，衣冠之士多往從之。如江西伯顔子中、茶陵劉善、建安張智等，皆見賓禮。後亦降於明，仕至江浙行省參政，卒。

時樂昌有小張元帥者，出没鄰境。廖永忠兵至虎頭門，張亦迎降。

陳均義，桂陽臨武人。沈毅有勇略，家豐於資。至正初，洞寇出没，均義召募士兵千餘，從參知政事哈剌帖木兒等收捕之。

十二年，紅巾賊廖景知等攻陷臨武，均義將所募兵及陳舜隆等二千餘人，破走景知。

賊將唐雲龍復以藍山僞帥陳淵等來寇，城再陷，均義在家聞變，復率兵擒殺雲龍，淵等遁去。

十七年，淵及艾舜等再至，衆萬餘，屯於界上，均義出戰，陣斬舜及僞鎮撫梁國安等二十餘人，淵敗死。湖廣行省以均義領義兵萬户，判臨武縣事。復以所部合郴州義兵〔三〕，攻復宜章，走僞元帥歐陽平泰。遷永州路同知總管府事。廣東廉訪使八撒剌不花檄均義攻勦韶、廉諸寇，以功遷授武略將軍、同知南雄路事。是時，潭州諸路相繼陷没，朝廷從行省議，開設屯田水軍元帥府，以均義領水軍萬户，從右丞榮禄攻克長衡等路，進江西等處征行副元帥。勦僞帥黄景中等，克之，又以本官兼湖南宣慰使副都元帥。均義攻破永興僞太平賊巢，因諭下郴、桂、韶、連未附諸郡〔四〕，朝廷即以均義領之。

二十七年，授湖南宣慰使、都元帥，總領湖南兵事。均義以萬户屢立戰功，嶺南北方千里皆聽節制。陳友諒僭據荆楚，均義控制要隘，友諒不能下。明興，湖南諸路以次平定，均義率所部歸附。未幾，卒。明祖以前功録其部將陳以宣等，賜官有差。

同均義俱起者有陳舜隆，以功授桂陽路同知，後從元帥李伯顔攻下韶、連等路，斬獲賊首李三良等，累進征行副都元帥，年五十卒。族子陳良玉，少從舜隆斬獲有功，授英德路同知，又兼常寧州判官，累官元帥、都鎮撫。均義等始與楊璟部將力戰十餘年，天下盡平，然後自歸，明人雖授官羈縻之，頗以爲憾焉。

歐普祥，黄州黄岡人。至正十一年，從徐壽輝以燒香起兵，爲元帥，人稱爲「歐道人」。引兵掠江西諸郡，攻陷袁州。既而分宜人彭繼凱與元帥别速堅起義兵復袁州，普祥怒，復往攻之，不克，乃陷分宜、新喻等縣。十三年二月，復攻袁州，元帥别速堅與萬户寶同等堅守。十二月，城陷，普祥遂據之。分兵攻陷安福、上高等縣，屢敗元兵。壽輝累加普祥左丞、大司徒、袁國公。普祥性殘暴，所過焚掠無遺。陳友諒弑壽輝，徵兵於普祥，普祥不聽。明兵取江西，普祥令其子廣迎降。明太祖厚賜之，命率所部守袁州。未幾卒。

時賊將降明者，又有鄧克明、熊天瑞。

鄧克明，新淦人。自少無賴，恣横鄉里。紅巾賊陷臨江，克明與弟志明亦聚衆而起，陷樂安、崇仁等縣，自稱元帥。後降於陳友諒，遂陷建昌。道順昌、光澤，以攻建寧，不克，還據撫州。明兵逼撫州，克明出降。明將鄧愈遣志明還新淦，收其部曲。志明據麻嶺、沙阬、牛陂爲寨，明兵攻破之，與克明並誅死。

熊天瑞，荆州人。初以樂工從徐壽輝起兵，後攻陷臨江、吉安，又攻陷贛州，據之。造戰艦，欲引兵東下，署其幟曰「無敵」，自稱金紫光禄大夫、司徒、平章軍國重事，兼侍衛親軍都指揮使。陳友諒攻江西，檄天瑞以兵來援，天瑞坐觀勝負，不應命。友諒敗死，乃佯遣其子元震赴援。已而與龍泉彭師中相攻。又欲規取廣東，乃攻陷韶州，命其黨袁仁仲守之，自率舟師數萬攻廣州。時何真據廣州，以兵逆於胥江，天瑞大破之，意廣東可不戰而下。忽天晝晦，大雨，雷震其檣，舟師不能進。天瑞懼，仰天祝曰：「若廣東非吾所當有，則天爲明霽，當即日還師。」祝畢，天果霽。

既歸贛州，望氣者言將有外兵至，可厭之，天瑞不之信。是年，攻陷湖南桂陽諸山寨。明兵克臨江，天瑞遣元震築壘太壺湖頭，爲守禦計。九月，明兵圍贛州，浚長濠困之。元震竊出覘兵勢，明將常遇春亦從數騎出，卒與相遇。元震不知其爲遇春也，過之。及遇春還，元震始覺，奮鐵撾來追。遇春遣裨將揮雙刀以拒之，元震且鬭且却，遇春曰：「壯男子也！」舍之。圍五月，城中食盡，天瑞率元震肉袒詣軍門降。後叛歸於張士誠。士誠敗，天瑞伏誅。

元震，天瑞養子，本姓田氏。遇春薦其才勇，入明爲指揮。

王宣，揚州興化人。初爲司農掾。會黄河決，行省募淮揚才能之士，使召集民夫疏濬之。宣挺身自薦，授淮南淮北都元帥府都事，齎楮幣至揚州市竹篾，募丁夫。數月間，得丁夫三萬餘，就令宣統之。數月，河工竣。時徐州芝麻李據州城，命宣爲招討使，率丁夫從知樞密院也速復徐州。尋擢淮南淮北義兵都元帥，守馬陵。調滕州鎮禦，且耕且戰，以給軍食。移鎮山東益都。田豐寇益都，宣子信從察罕援之，還鎮沂州，授宣父子俱爲平章。

二十九年，明太祖遣徐達等伐中原，達以書諭宣父子，宣遂納款。明授宣江淮行省平章政事。宣外請降，陰持兩端，令信密往莒、密等州募兵，又遣其員外郎王仲剛、信妻父老馮等來犒明兵，達受而遣之。仲剛等還，宣以兵劫使者徐唐臣，欲殺之。唐臣脱走，達聞之，即日率師抵沂州。宣自度不能支，乃開門出降。達令宣爲書，遣鎮撫孫惟德招降信。

信殺之，與其兄仁奔山西。達以宣反覆，并怒信殺惟德，遂執宣，杖而戮之，並殺王仲剛等。

【校勘記】

〔一〕「邵宗愚」，原作「邵宗愈」，據正文改。本書卷二六《惠宗本紀四》、《元史》卷四六本紀第四十六《順帝九》及《明史》卷一二九、一三〇列傳第十七、十八均作「邵宗愚」。

〔二〕「梃」，原作「挺」，據文意改。

〔三〕「郴州」，原作「彬州」，據文意改。

〔四〕「郴」，原作「彬」，據文意改。

新元史卷之二百二十八　列傳第一百二十五

帖木兒

帖木兒，巴魯剌思氏。五世祖哈剌察兒，爲太祖八十五功臣之一，封千户。父杜爾凱，與察合台汗宰相杜蘭斯窩基士阿奈部喀斯庚汗友善，封以基杜戍、納克寒克二城。元統元年，帖木兒生於基杜戍，姿貌雄偉，喀斯庚汗妻以孫女窩爾戞公主。

至正十五年，喀斯庚汗與不賽音奎爾德部搆釁，兵敗，喀斯庚汗及杜爾凱俱見殺，部衆離叛。帖木兒佐喀斯庚汗之孫不賽音，圖恢復。會察合台後王德克爾克齊穆爾汗率師來援，部内始定。帖木兒謁德克爾克齊穆爾於境上，以忠義自奮，德克爾克齊穆爾大悦，擢爲萬户。師還，留其子義利阿斯赫戞守撒馬爾罕城，填撫杜蘭斯窩基士阿奈之地，以帖木兒爲大將輔之。未幾，義利阿斯赫戞之子義律亞斯與帖木兒不協，其所部皆烏斯卑克人，又與帖木兒争權。帖木兒謀殺義律亞斯父子，事洩，攜窩爾戞挺身出走，欲奔貨勒自彌。失道，陷沙漠中，爲土爾基人所獲，縶其夫婦於牛欄，地穢汙，又有毒蟲齧人。居兩月，伺守者懈，與窩爾戞遁去。

招集舊部，屯於勃加拉之地。復潛入撒馬爾罕，匿於姊家。爲偵者所覺，乘夜去，渡阿模達律阿河，部衆至千餘，遂據阿富汗境坎達哈爾之地。旁掠賽斯達因部，戰不利，傷足。後拓地北至巴達克傷，聲威始震。以所部二千人敗烏斯卑克兵二萬。未幾，義律亞斯復率三萬人來伐，戰於君都斯坦，帖木兒大敗之。義律亞斯又得父凶問，引兵去，杜蘭斯窩基士阿奈之地遂爲帖木兒所有，建都於撒馬爾罕。

帖木兒自以非成吉思汗之後，不敢遽稱汗，乃大會諸將及部内長老阿薩蘭教士，立察合台後喀普爾西阿特爲汗。既而義律亞斯復至，帖木兒使不賽因將左翼西渡爾達利亞河要擊之，自將右翼爲後援。不賽因陷敵中，帖木兒拔出之，始轉敗爲勝。不賽因以帖木兒舍己而立喀普爾西阿特，意不能平，乃起兵攻帖木兒，戰於巴達克傷。不賽因大敗，復自歸於帖木兒。帖木兒欲宥之，衆議不可，不賽因登高塔自投於地而死。

帖木兒遂廢喀普爾西阿特汗，自立於巴里黑，時年三十六歲。帖木兒假護持阿薩蘭教以馭衆，對教士則稱蘇爾灘。逾二年，出兵攻貨勒自彌，圍其烏爾鞬赤都城。其酋耶斯布知不敵，與帖木兒議和，以女妻其長子辛翰塞爾特。帖木兒恐耶斯布反覆，乘間襲陷烏爾鞬赤，以耶斯布之女歸，爲其子行婚禮。既而辛翰塞爾特死，和好中絕，帖木兒再陷烏爾鞬赤，盡取貨勒自彌之地。貨勒自彌，欽察金斡耳朵汗之屬國也。拔都建金斡耳朵，其後人稱金斡耳朵汗云。

帖木兒既克貨勒自彌，乃決計攻波斯。初，旭烈兀建國於波斯，爲阿爾瑪里亞，其後分爲二國：一曰伊兒汗，一曰莫薩法利汗。帖木兒先攻伊兒汗，降其屬國與聖的闌，渡阿拉克塞斯河，高加索之全部望風納款。又略取西爾番及機闌烏奄等地，逼阿爾瑪里亞宣誓臣服，進克西里亞斯城，有席捲波斯南境之勢。聞金斡耳朵汗德克達密杜司乘虛襲貨勒自彌，始旋師。

先是，德克達密杜司以帖木兒之助爲欽察總汗，白斡耳朵汗烏魯斯忌而逐之。白斡耳朵者，拔都兄鄂爾達之後也。德克達密杜司乞援於帖木兒，出兵屢爲烏魯斯所敗。烏魯斯卒，子德克達喀耶立。未幾，又卒，其弟齊爾瑪利克代之。帖木兒助德克達密杜司與齊爾瑪利克戰於喀拉達爾之地，大敗齊爾瑪利克，禽而斬之。德克達密杜司遂併白斡耳朵汗之地，又大敗斡羅斯，焚其莫斯科都城，意寖驕。至是分兩道進兵：一循西爾達利亞河上流，一出烏斯德烏爾土之野，直抵貨勒自彌，及帖木兒馳歸撒馬爾罕，德克達密杜司始懼，倉皇遁走。時帖木兒得國二十年，明太祖洪武二十一年矣。

帖木兒以德克爾克齊穆爾之子奎塞兒汗與德克達密杜司爲聲援，分兵五路攻之，敗奎塞兒汗於達俊奎之地。帖木兒休兵於耶爾士烏斡城，使其子窩馬兒略地至喀赤喀爾。是時西伯里亞諸部已大定，帖木兒會諸將於克律台，大舉伐金斡耳朵汗。軍行至達朱蘭，帖木兒有疾，留不進。逾年春，經基爾基斯大漠，抵薩瑪拉之北境，與德克達密杜司戰於昆德烏爾札河。敵兵五十萬，帖木兒所部兵三十萬，力戰三日，德克達密杜司敗走，追奔四百餘里，橫尸蔽野。帖木兒入其夏宮，飲酒高會，慰勞士卒，由窩德拉兒歸撒馬爾罕。自是帖木兒之威名震於遠近焉。

又二年，帖木兒再伐波斯，統兵三十萬。先抵波斯北境，攻拔阿穆爾寨，以其地險要，傷士卒多，屠之。南略琉璃斯坦、哈喀丹、普爾知德、帖義斯布兒等部，與莫薩法利汗戞曼斯爾戰於巴齊拉之郊。戞曼斯爾自將突騎陷陣，帖木兒麾下皆望風辟易。其孫戞爾克憤怒，收集散卒，直前搏之。戞爾克手劍先登，斬戞曼斯爾於陣前，其軍崩潰。帖木兒遂滅莫薩法利，亞塞爾、巴義香諸城皆降。進拔克爾齊斯坦，圍巴克達城，其酋不戰而降。巴克達爲天方教祖國，至是三爲蒙古人所躪。伊兒汗聞帖木兒兵至，乘駿馬奔於爾比拉之地，其妻、子皆爲帖木兒所獲。

帖木兒已滅波斯二汗國，乘勝北攻，略地至旻奎兒湖，宴將士於軍中。偵卒報德克達密杜司奄至，諸將皆挺刃請行。帖木兒徐曰：「吾將使野獸自投陷阱也。」坐飲如故。俟敵近，乃麾兵出。德克達密杜司大敗，奔於西伯利亞。

帖木兒長驅高加索之北境，畧地至莫斯科，立烏魯斯之子姤戞爾爲汗，統治東西欽察之地。帖木兒自平波斯至此，凡用兵五年。

初，明太祖定中原，屢遣使招諭西域諸國，然未有至者。獨帖木兒遣回回人滿剌哈非思等來朝，貢馬十五、駝五。自是歲貢馬、駝，欲覘中國虛實，非誠心款附也。洪武二十七年，貢馬二二匹，上表曰：

恭惟大明大皇帝，受天明命，統一四海，仁德洪布，恩養庶類。萬國欣仰，咸知上天欲平治天下，特命皇帝出膺運數，爲億兆之主，光明廣大，昭若天鏡，無有遠邇，咸照臨之。臣帖木兒，僻在萬里之外，恭聞至德寬大，超越萬古。自古所無之福，皇帝皆有之；所未服之國，皇帝皆服之；遠方絶域昏昧之地，皆清明之。老者無不安樂，少者無不長遂，善者無不蒙福，惡者無不知懼。今又特蒙施恩遠國，凡商賈之來中國，使觀覽都邑城池，富貴雄壯，如出昏暗之中，忽睹天日，何幸如之！又承敕書恩撫勞問，使站驛相通，道路無壅，遠國之人，咸得其濟。欽仰聖心，如照世之杯，使臣心豁然光明。臣國中部落，聞兹德音，歡舞感戴。臣無以報恩，惟仰天頌祝，福壽如天地，永永無極。

明太祖得表，悅其甘言。明年，使給事中傅安等齎書、幣報之。安等至撒馬爾罕，帖木兒留不遣，歲貢亦絶。是時，帖木兒國勢强盛，受羣臣尊號曰成吉思可汗，以蒙古太祖自比，欲先平印度、土爾基，再用兵於中國。

又二年，乃自將大軍攻印度，號稱八十萬。徑薩密涅，進拔土基耶漢涅馬城，與諸將會議攻鐵利城。鐵利城者，印度杜兒拉克王斯爾坦馬穆士之都城也。有一將進言曰：「我軍渡印度河之後，俘其教徒及猶太人已逾十萬，如事有緩急，必爲我之大患。」帖木兒然之，殺降衆而後進兵。斯爾坦馬穆士率步騎五萬，陣於鐵利城外，列象隊於前，以皮甲衣之，塗象牙以毒藥，背負長刀，又置小櫓於象背上，以護戰士。凡火攻之物，石腦、油火、樹脂及火箭、藥彈皆備焉。其勇將曰戛克曼斯，躍馬入帖木兒軍中，爲帖木兒之子窩馬兒所殺。帖木兒麾兵擊其象隊，斫象鼻斷之，衆象狂奔，敵陣亂，斯爾坦馬穆士棄衆奔還。翼日，開城門而遁，城民出降。帖木兒縱兵大掠，廛市一空。鐵利城富庶甲印度，奇珍瓌寶，公私充牣，悉爲帖木兒所有。進至喜拉馬亞山之南，聞撒馬爾罕盜起，乃班師。帖木兒入印度，兵無留行，然所克諸城，兵退後仍爲斯爾坦馬穆士拒守，不能有其地云。

是時，撒馬爾罕亂民揭竿者爲阿塞爾、哈義香諸部，帖木兒自往討平之，遂渡阿拉古塞斯河，攻土爾基屬城。阿爾瑪尼亞及朱爾査天方教禁酒，帖木兒自稱往討飲酒之國民，凡不從教者皆殺之。

是時，土爾基王曰巴耶知德，自稱東羅馬皇帝，戰屢勝，四鄰畏服。埃及，土爾其之與國也。初，帖木兒遣使通好於埃及，其王普耶爾基殺之，乃興師問罪，略取埃及屬地士利阿諸部，進克齊克利斯河畔之模斯爾城。巴耶知德聞之，屯兵於阿列波耶帖薩及齊阿爾別機二地以備之。帖木兒自率大軍，壁於耶爾塞爾模，自此地攻小亞細亞。先拔奎瑪兒克，進抵塞巴德城。帖木兒以山林深阻，非用兵之地，又聞土爾其兵聚於土喀德城，扼西機爾依爾瑪克河以自固，乃改道至奎薩里河，留輜重爲後路之根本，且絶敵軍與阿爾薩都城來往之路。帖木兒進圍安喀拉城，聞巴耶知德來援，退軍待之。黎明，帖木兒陣於晏格拉之野，分軍爲左右兩翼，陣前列象三十有二，又在中軍後排騎兵四十隊，爲游擊之師。巴耶知德亦分兵禦之。既戰，帖木兒先以右翼攻土爾其之左翼，敗之。其左翼爲塞爾維人，驍勇敢戰，既敗，全軍奪氣。又以左翼攻其右翼，右翼將卑律士拉被創死，所部潰走。帖木兒麾諸將追之，塞而維人敗而復振，屢卻帖木兒追兵，然爲潰卒所躪，不能獨立。巴耶知德見兵敗，戰益力。至夜半，欲突圍走，馬蹶，爲帖木兒部將瑪穆士所禽。帖木兒遣其孫卑爾靡哈馬德，追擊巴耶知德之太子索律曼，入其阿爾薩都城，索律曼敗走，俘其後宮嬪妾及府藏之貨幣。

是時，小亞細亞全部瓦解，獨斯密爾奈城猶堅守不下。帖木兒攻圍十餘日，始克之。送巴耶知德於撒馬爾罕，中道卒。帖木兒旋師，埃及已納款，獻駿馬及麒麟以贖罪。西域諸國或遣使，或入朝於撒馬爾罕，道路絡繹不絕。撒馬爾罕宮室壯麗冠西域，遠近皆仿效之。

未幾，帖木兒遂大舉伐明。募精兵二十萬，以糧運不給，載穀數百車，軍行至沃野，即播種之，充異日之軍食。又驅牝駱駝數千頭，如餉乏，則餐其乳以濟饑。中途遇大雪，士馬僵斃。帖木兒亦患瘧疾，至訛德拉爾城而卒，年七十二。時永樂三年也。遺命以其孫皐爾摩哈馬德爲嗣。

帖木兒善撫士卒，得人死力。喜怒不形於色，謀定後戰，所向有功。善屬文，兵事之暇，序其制勝之方畧，著爲成書。然性嗜殺戮，與成吉思汗相似。又篤信宗教。定新律，分國民爲十二級，第一級以摩罕默特之裔當之，宗室及將相大臣不與焉。成吉思汗所創之法制，至是破壞殆盡。

初，帖木兒幼時，適於野，見小蟲緣草而上，屢墮不已，卒至莖端，歎曰：「人之臨事，當如是矣！」故累遭困辱，折而不撓，卒建不世之功焉。

帖木兒娶喀斯庚汗女孫，部人稱爲駙馬。或曰：察合台後王納女迪勒沙的阿加公主於帖木兒以請和，部人榮之，稱駙馬云。

史臣曰：蒙古三大汗國，帖木兒併其二。克印度，敗土爾基。卑辭厚幣以誑中國，始則詗伺，終乃大舉。儻不死，明人其旰食乎？《明史·西域傳》略見帖木兒本末，然挂漏已甚，故論次其事，著於篇。

新元史卷之二百二十九　列傳第一百二十六

循吏

古者治民之吏，事權一而責任專。縣之事專於令，郡之事專於守，故無所牽制，而吏得展其才。至元之官制則不然，縣有尹、有令，府、州有知府、知州，路有總管，而皆設達魯花赤以監之。凡爲達魯花赤者，非蒙古則色目人，皆懵於中國之治術者也。夫既以達魯花赤監吏矣，則吏之權已奪於達魯花赤，使其賢，猶將與吏爭是非可否，而牽制其所爲，而況懵於治術者乎？雖潔己愛民者亦時有之，然其姦貪狂法、虐殺無辜，史固不絕於書也。此元之吏治所以日窳，而盜賊所以不息歟？吾徵之刻石，凡《去思》、《遺愛》之碑，頌達魯花赤、總管以下之德政，存而未佚者尚得五六百事，大抵皆空言無實，習爲諛美。嗚乎！是亦吏治之窳之一端矣。今爲《循史傳》，采其卓有治行者著於篇，庶幾信以傳信云爾。

劉義　謝天吉　趙振玉　黃順翁 倉振　曾冲子　張耕　葛榮 齊克中　趙志　閻從　王琚仁　杜處愿

劉濟 周惠 李英 許維楨 王德亮 田滋 王安貞 邢裕秉仁 徐泰亨陳春 耶律伯堅陳楚仙 劉輝 柯謙九思 王肖翁 盧克治 趙良輔陳炎酉 于弘毅 孫天正 燕立帖木兒 諳都剌 楊景行 干文傳 林興祖 觀音奴 周自強 白景亮 夏日孜 聶以道 盧琦王大中 野仙不華 鄒伯顔 劉秉直 許義夫 郭思恭 合剌不花 羅文焕 李惟閏 葉森 孔濤 林泉生 繆思恭

劉義，遼州人。父恩，爲金晉陽公郭文振裨將，累遷同知元帥府事。金亡，率所部來降，胡士虎那顔、楊惟中交薦之，拜遼州軍民長官，佩銀符，以老致仕。義襲遼州軍民長官，遷同知絳州事。再遷孟州知州，加武略將軍，吏民畏愛，治績爲一路之最。至元九年，移知臨州，孟州人詣闕上書，乞義再任孟州。十五年，卒於孟州。義每到官，其目有四：一勸農，二興學，三勵風俗，四不貸枉法吏。前後涖四州，未嘗有敗事云。

謝天吉，字鍾祥，臨晉人。累官昭勇大將軍、鎮邊元帥、行河中府事，賜金符。金亡，流民多逃難於河南，知天吉以公事至，流民相謂曰：「吾謝帥素有仁名，舍此曷歸？」於是來附者數千人。時行省徵發無度，天吉計民力必不能供，自出家貲助之。復又徵黄金百餘笏，天吉自度無所出，迺假自投於河。家屬迎喪至，觀者無不泣下。徵金事遂寢。後又徵役，民相謂曰：「若謝帥在，事必不至此。」左右或謂之曰：「謝帥實在，嚮之死僞也。」衆皆驚喜，同往謁天吉，求復領府事。天吉起，事果寢。其爲人所敬信如此。卒，年五十九。

趙振玉，大寧龍山人。以幹局受知於史天倪，選署龍安府庫使。改承安令，遷軍中都提控。武仙反狀已露，振玉請先圖之。天倪曰：「彼鼠子，何能爲？」後天倪爲武仙所襲殺，振玉及其兄真定府判官真玉，脱身走滿城。史天澤復真定，命振玉招降臨城、杏樹等砦，下邢、趙二州，州民保聚者，悉使還故居。授慶源軍節度使，兼趙州觀察使。慶源户不滿百，振玉爲招集流亡，勸耕稼，通貨易。羣盜時出剽掠，輒爲振玉所捜捕。尋改河北西道按察使，兼帥府參謀。俄復還慶源軍，有白晝殺人於市者，振玉案其罪，勅怨家婦手刃之，闔邑稱快。時治郡以振玉稱首云。

黄順翁，字濟川，江西建昌人。少勤學，卓犖有才氣。大兵至建昌，制置使黄萬石，順翁族人也，將迎降，置酒謂順翁曰：「明日則子女、玉帛皆他人所有，君可任意攫之。」順翁辭不肯取。後郡守請爲盱江書院山長，順翁取朱子《小學》以教授學者。授建昌路儒學教授，旋擢武岡路新寧縣尹。民失業久，順翁招撫流亡，教以種植畜養之法，户口日增，新寧人即順翁種竹之處立生祠，湖南廉訪副使余傛題曰「種竹堂」，以文記之。湖廣盜起，右丞劉國傑率兵討之，順翁儒服上謁，叩頭曰：「請以理諭之，不從，然後用兵。」國傑從之。順翁輿轎，從一老兵，遇峒民各予《孝經》一卷，爲講説大義，羣盜皆感泣，頓首謝罪，即日詣軍門降。國傑大説，遂班師。後峒民家爲木主，書「生父黄公」以祀之。累遷龍興路税務提領、撫州路金谿縣丞。皇慶元年，調江州路德化縣尹。皆有惠政。延祐元年，乞病歸，未幾卒。

同時，倉振，爲新州知州。時猺賊蠭起，振深入賊窟，諭以禍福，羣猺翕然從命。暇日詣學宫與諸生講説經義，又於驛路夾植松、榕，以便行者，人歌曰：「高松茂榕，一道清風。」

曾冲子，字聖和，撫州金谿人。父鈺，宋諫議大夫。兄淵子，參知政事。冲子以父任爲瀏陽縣主簿、江東西宣撫使，趙葵辟佐吉州節制司，改知仁和縣，累遷知南安軍。宋亡，棄官歸。至元二十四年，以行臺薦，除僉福建提刑按察司事。閩地險遠，吏骩法，盜賊屢起。冲子行部所至，先牓諭吏民以感切之，吏悚息，或自免去。鄉民嘯聚山澤，欲出不敢者，得牓皆麕至，羅拜請罪。侍御史吴曼慶聞其事，大悦，非冲子分部亦檄使按行。有囚殺人當死，行省私出其罪，使冲子涖刑，冲子曰：「如律，冲子往涖，否則不敢。」未幾，以病致仕。大德九年卒，年七十八。初，冲子至仁和，有劫盜，官論十九人死，冲子閲其狀曰：「非盜也。」將理出之。都城盜發，官吏皆當坐，幸藉手以免，語共侵冲子。冲子恚曰：「吾官不足惜，如十九命何？」力辯之。已而果獲真盜，贓具在，衆始愧服焉。

張耕，佚其籍貫。中統初，爲邢州安撫使。兵後，户不滿數百。有兩達爾罕，言於世祖，請選良吏撫治之。世祖從其言，承制以耕爲安撫使，劉肅爲副使，邢州大治，流民復業。又興鐵冶、行鈔幣，公私兩濟。裕宗在東宫，嘗曰：「安得治民如張耕者乎？」後卒於官。

葛榮，淇縣人。父旺，大兵南下，旺自奮，説郡守率郡人出迎，鄉里得全。元帥必拉罕置縣蘇門，署旺爲令。榮授衛、輝二州提領譏察使，改蘇門主簿。蘇門改輝州，復提領譏察使，擢輝州判官，蘇門復縣，仍主簿兼尉。中統初，調衛州軍民彈壓官，兼録事。三年，復輝州州判。時河北饑，部使頒區田法，郡邑不能行，檄榮察覆。榮躬率野人，相地授方略，熟，得百倍。土之墝埆者，教以糞薙。鄰境法焉。課最，遷蘭台縣令，擢磁州判官。轉平陸縣令，兼諸軍奥魯，以計擒大盜黨吾。擢僉嶺南廣西道提刑按察司事，墨吏聞風遁去。卒於官，年五十五。

同時，齊克中、趙志、閻從、王琚仁，均爲河南北循吏。齊克中，至元初爲扶溝縣主簿，有能名。擢延津縣尹，歲大祲，民流亡載道，克中撫卹招徠，咸得其所。及受代去，數歲再過，延津民感泣送迎之。

趙志，長葛尹。爲政寬和，民戴之。歲比不登，志教民爲水田，旱則決潩水灌之，悉爲沃壤，民獲其利焉。

閻從，新安縣尉。有販麥商爲賊所殺，莫知主名。從集吏民至屍傍跽聽，忽一人屏樹立，命卒引詰之，果服。嘗於道中遇數人，僕從若貴游者，從曰：「此巨盜也。」訊之，果得其實。鄰境號爲神明。

王琚仁，涉縣尹。縣城爲山水所圮，民不寧居，琚仁築堤禦之，患乃止。及去，民爲刻石。

杜處愿，字榮季，霸州信安人。父瑛，見《逸民傳》。以薦爲按察司書吏，除濟南經歷。歲終上計京師，建言：「會計有名無實，徒耗輿馬物力之用。」政府韙其言，罷之。遷睢州判官。是年，睢水溢，幾入城，官僚暴露城上。吏白：「城已圮，請具舟檥以逃。」處愿叱之曰：「吾有官守，逃將安之？」水竟退，時論壯之。改大名路經歷。官糴米二萬石給民食，處愿以出納之。時吏易爲姦，不如徑以錢下於民，上其議於行省，從之。歲十月，宗室例以駝馬下諸路，分廄飼之，吏率建廄，費多，賦之貧民。至是，處愿均其賦於豪右，民大悅。未幾，除東昌路推官。卒，年六十八。

劉濟，字巨川，真定行唐人。父信，宋義兵都統，戰歿。濟，中統初，以薦擢中書左曹掾，遷磨勘官。真定民郭文運告白、蕭二人殺其父，歲久不決，命濟往讞之，不終日而虛實辨，真定人稱爲神明。至元七年，授太原總管府判官。會大水，川澤泛溢，濟相度形勢，鑿渠以洩水勢，自是無漂没之患。九年，擢獻州知州。下車，罪囚纍纍，濟裁判五日，獄訟一空。遷僉燕南河北道提刑按察司事。十六年，卒。子珪，大名路總管，亦有能名。

周惠，字德甫，晉州隰縣人。憲宗二年，朝廷經略江淮，擢惠江淮都轉運使，置轉運司於胙州。四年，惠入覲，圖利病上之。詔以彰德、衛輝、大名民户各五千，實胙州，復其賦，改胙州爲淇州。惠治官廨、倉庫及境内之廛市、阡陌，皆井井有法。民貧無食者，令習陶甓之業，躬爲規勸，無倦色。西山鐵官甆竈久廢，惠出貲修復之。由是商賈四集。後卒於官。子鍇，淮東高郵路總管。

李英，字彦臣，滑州白馬人。叔父宥，以宣武將軍知滑州。宥卒，英襲職。歲饑，民多逋賦，英率其父老見世祖於邢州曰：「兵興，又值饑荒，民逃亡盡，敢昧死請蠲其逋賦。」世祖動色，從之。中統元年，蝗食桑，蠶賦病民，英建言：「俟秋熟，並徵蠶賦，如逋負，當以身任。」民德之，至秋，悉如約以償。州隸大名路，相距二百餘里，英以轉輸勞費，請儲於本州，候指撥，朝廷如所請，著爲令。兵興，甲仗資粮率從豪民稱貸，子母旬月相倍。英入覲，訴其病民，陳詞感切，執政韙之，由是官償其本，不收倍息。至元二年，改順德路判官，兼清豐、南宫兩縣尹。又改武略將軍、知裕州，换房州，所至有聲。卒，年六十九。

許維楨，字周卿，遂州人。至元十五年，爲淮安總管府判官。屬縣鹽城及丁溪場，有二虎爲害，維楨禱於神祠，一虎去，一虎死祠前。境内旱蝗，維楨禱而雨，蝗亦息。是年冬，無雪，父老言於維楨曰：「冬無雪，民多疾，奈何？」維楨曰：「吾當爲爾禱。」已而雪深三尺。朝廷聞其事，未及擢用而卒，年四十四。

王德亮，字仲明，范陽人。由中書省令史，再遷爲中書掾。御史臺舉廉能，擢北京宣慰司都事。乃顏叛，宣慰使亦而撒合知德亮才，城守之事，一以委之。論功，進一階，執政格其事不下，德亮無愠色。未幾，選授江西行省左右司員外郎，旋改遼陽行省，累轉常德路總管府判官、大都税課同提舉。期年，課羨四千餘錠。擢奉訓大夫、遼陽行省左右司郎中。秩滿，遷萬億寶源庫提舉，出爲宜興州知州。歲大饑，德亮募官、私粟得一萬六千餘石振之，民無餓莩者。以勞致疾卒，年六十一。德亮起家掾史，然恒勵其子宏以學問，曰：「吏不可爲也。不從吾訓者，非王氏子孫。」其愛尚儒學如此。

田滋，字榮甫，汴梁開封人。至元二年，由汴梁路總管府知事入爲御史臺掾。十二年，拜監察御史。十三年，宋平，滋建言：「江南新附，民情未安，加以官吏侵漁，宜立行御史臺以鎮之。」詔從其言。超拜行御史臺侍御史。歷兩淮鹽運使、河南路總管。大德二年，遷浙西廉訪使。有縣尹張彧者，被誣以贓，獄成，滋審之，但泣而不語，滋以爲疑。明日齋沐，詣城隍禱曰：「張彧坐事有冤，伏願神相滋，明其誣。」守廟道士進曰：「曩有王成等五人，同持誓狀焚禱，火未盡而去。燼中得其遺藁，今藏於壁間，豈其人耶？」視之，果然。明日，詣憲司詰成等，不服，因出火中誓狀示之，皆驚愕伏辜。彧得釋。十年，改濟南路總管，尋拜陝西行省參知政事。時陝西不雨三年，滋禱於西嶽，到官，果大雨。滋開倉以麥五千餘石給民之無種者，俾來歲收麥償官，民大悦。未幾卒。贈通奉大夫、河南行省參知政事，追封開封郡公。

王安貞，字吉鄉，安陽人。由宣使掾，累擢永嘉縣尹。永嘉地濱海，鹽豪通外夷販鹽，官不能禁，坐是去職者相望。安貞嚴條禁，察尤者寘之法，姦僞屏息。或誣張明一爲盜，逮三十餘人，察其冤，釋之。同官争之，安貞曰：「理冤，令職也。失出，令自坐。」未幾，得真盜。其人繪安貞像祀之。入爲工部主事。宣徽院都事掌御膳，恃不考計，並緣爲姦蠹。安貞毫髮不貸，衆憚之。奏稽察北邊部落。安貞以老疾，請出，知崑山州。時覈田，行省官暴急，抑民虚承，安貞慨然曰：「民困極矣，吾豈愛一身，而置民死地耶？」上不便數十事，識者韙之。州治更徙，廟學未作，安貞倡衆作新學，以舊學爲玉峰書院。未幾卒，年六十二。

邢裕，字德卿，彰德安陽人。由録事遷潞州判官，再遷陽翟縣尹。縣民王氏有婢，竊簪珥以逃，盗不可得，詿誤相連。裕密詢其素所往來者，或曰：「王氏姪誘婢，度不可俱行，因殺之，而取其財。」後卒獲其姪，一訊而服。遷藁城縣尹。會無極縣兵隊長匿戍卒鈔二萬五千緡，紿言中夜被盜，告於官，三年不能獲，捕盜官多受譴。府以白樞密院，咸曰：「是能決陽翟疑獄者。」檄裕讞之。入其室，左右視驗，實無盜迹。呼其妻、子別訊之，所對異辭。乃直入其室，發牀下，鈔具在，即日獄具。至元二十九年，卒於官，年六十七。子秉仁。

秉仁，字仁父。辟署河南廉訪司掾史，累遷平江路推官，未上，改濟南、萊蕪等處鐵冶等提舉。復遷江西行中書省左右司都事。歲饑，請出廩米五十萬石賑貸貧民，衆難之，秉仁曰：「異日科擅發罪，秉仁願獨坐。」於是全活以數萬計。擢撫州路總管。撫州，户部賦木棉織布，民病非所産，秉仁改令輸直，公私稱便。調廣平路總管。教士以雅樂祀先師孔子，立鄉校七百餘，課樹桑以億萬計。民有婦妬妾，妒，嫁之，夫死，族人欲占其家貲，訟久不決。秉仁斷歸妾子，一郡稱快。盜僞以小鈔貫文作大鈔，事發，詿誤七十餘人，秉仁止坐爲首者，餘皆輕減。以禮部尚書致仕。泰定二年卒，年七十六。秉仁勵志讀書，老而益篤，工書，古隸尤長。子温，字孟直，河間路都轉運使。

徐泰亨，字和甫，其先衢州龍游人，後徙餘杭。泰亨性警敏，用舉者試平江州掾。歲滿，署歸安縣典史。白雲宗沈明仁，冒名爵，官吏畏之。沈有怨家二人，其鄰女爲何人所殺，沈使以他辭引二人，傅致其罪。泰亨欲直其冤，吏白：「此沈公意，孰敢不從？」泰亨語之曰：「吾能死，不敢以濫殺媚人。」卒出之。明仁弟子私民婦，爲其夫所歐。適有盜殺人，僧爲飛書，誣其夫及平日怨家七人，官爲捕治之，獄卒凌虐，皆誣服。泰亨命去其械扭，始垂泣自言，縣令以有左驗難之。泰亨親至其地。悉得七人以己物實贓狀，取其家藏布數匹，析縷以比，無不合者，釜竈及他物又合。僧乃伏罪。已而獲真盜於武康，人皆歎服。擢平陽州提控案牘，以憂去官。服除，授海道都漕運萬户府提控案牘。時新法經理田賦，泰亨論田不實、役不均之弊，上之，執政大喜，使乘傳白於行省。泰亨佐常州經理，又佐池州，所行一如其言，他州皆取法焉。未幾，以九品官仍爲本府提控案牘，兼照磨承發架閣。泰亨考漕法利弊，下至占候探測，著《海運紀原》七卷。又條漕運之弊，當更易者十事，行省採用其七。久之，遷建安路總管府知事，擢池州路青陽縣尹。有司歲徵荒田租，爲田一千四百頃，人苦之。泰亨募民墾闢，因地勢以爲蓄泄，田熟租完，民無擾。累歲饑，有告發廩粟者，吏準强盜律，泰亨曰：「以救民而抵重禁，當用法外意可也。」笞而遣之。後謝病歸。大德二年，卒，年六十五。

同時，陳春，嘉興路推官，有能名。民販私鹽，事覺，牽連者衆，獄久不決。春往治之。

釋應坐者數百人，合境稱爲神明。時久旱，至是大雨，鄉人稱爲「陳公雨」。

耶律伯堅，字壽之，桓州人。用薦舉，入官爲工部主事。至元九年，轉保定路清苑縣尹。初，安肅州苦徐水之害，訴於大司農司，欲奪水故道，導水使東。東則清苑境也，地勢不利，水必反故道，伯堅陳其形勢，要大司農司官及郡守行視可否，事遂得已。縣西有塘水，溉民田甚廣，勢家據爲磑，民以失利來訴。伯堅命毁磑，決其水而注之田，以溉田餘月，得堰水置磑。仍以其事聞於省部，著爲定制。縣居南北之衝，歲爲親王大官治廬帳於縣西，限以十月成，至明年，復撤而新之，吏藉以侵漁，其費不貲。伯堅命築公館以代帳，其弊遂絶。凡郡府賦役，於縣有重於他縣者，輒曰：「寧得罪於上，不可得罪於下。」必詣府力争之。在清苑四年，民戴之如父母。擢恩州同知，卒。

同時，陳楚仙，鄒平尹。役均而事集，去任，父老請留之，詔允其請，升秩以旌其賢。

劉輝，字文大，本太原人。曾祖宏，爲金山西四路都萬户，太宗時徙河東十大家於汴，遂占籍開封。輝少爲廣西廉訪司令史。會中使至宣詔，百官跪拜，聽讀畢，復出帝師令，使跪拜如前儀。輝不可，中使怒，徑去，人皆悚懼。已而聞中使至湖南北，皆如輝言。廉訪使舉酒酹輝曰：「微文大，幾辱我！」累遷紹興路同知餘姚州事，輝務以德教化民，不施鞭朴而民自畏服。他縣獄有疑，即移輝讞之，一訊必得情實。禮部侍郎泰不華守杭州，首正經界。輝曰：「寬容慎密，民必輸情而盡實；嚴急苛暴，人將畏罪而生姦。」泰不華大喜曰：「得之矣！」遂以經界事委之。輝旦夕句稽，鬚髮盡白，越二年而後畢。爲田五十五萬三千七百畝，爲印契以給田主，曰烏由，凡四十六萬三千有奇，畫之曰《流水册》，次之曰《魚鱗圖》，類之曰《兜率簿》，第其高下以爲差徭，曰《鼠尾簿》。詭名自陳而得實者六千七百餘畝，站户既遺而得者萬一千二百餘畝，因而息訟者七十餘家。廉訪使用其法，頒於屬郡，於是浙東人皆感頌輝之德政。初，輝承泰不華命，植柏樹於廳事前，以榮悴卜事之成否，後人遂名其廳事曰「瑞柏堂」云。久之，選授松江府上海縣尹。上海民多豪强，輕於犯法。輝出藍田吕氏鄉約，朔望率父老子弟會坐學宫講之，升降揖拜，彬彬有禮，民翕然化之。丁母憂。踰年，除奉訓大夫、户部主事。不赴。終喪，改知紹興路餘姚州事。輝入境，老幼扶攜迎謁者相屬於道。未幾卒，年六十一。

柯謙，字自牧，台州臨海人。父采，宋國學進士。謙幼精敏，讀書過目成誦。至元中，行省辟昌國州文學掾，不就。元貞初，以翰林國史院檢閲官，預修《世祖實録》。書上，應得奬擢，以母老辭，轉江浙儒學副提舉。時江南多事，儒籍亦不復更繇，謙援詔旨，白於行省免之。秩滿，以便於養母，改温台檢校所大使。至大元年，擢紹興諸暨州判官。謙初至，誡屬吏毋濫刑，吏白無其事。謙即詣獄驗狀，多所平反，吏愧服請罪。延祐初，遷饒州路餘干州判官。處州學田爲僧所占，歷數官不敢問，謙奪而復之，遠近稱快。江浙饑，謙奉檄賑台州，勸富人出穀以濟官賑之不足。傍郡流民至，咸謂非謙分地，不宜賑，謙不從，全活無算。臨海人相誡，不踐謙之先壟，以報其德。延祐六年卒，年六十九。子九思，最知名。

九思，字敬仲。以蔭補華亭尉，不就。文宗知之於潛邸，及即位，擢典瑞院都事。帝置奎章閣，特授奎章閣學士參書，階文林郎，遷鑒書博士。賜牙章，得通籍禁署。以謙善教子，錫碑名訓忠，敕虞集爲文旌之，寵顧日隆。九思乘間請曰：「臣以文藝遭逢聖明，孤危見忌，乞補外以自效。」帝曰：「朕在，汝復何憂？」未幾，御史希宰相意，劾九思，遂罷歸，寓平江以卒。九思善寫竹石，始得筆法於文同，自謂寫幹用篆法，枝用草書法，葉用八分法。又善鑒識鼎彝古器。有《任齋詩》四卷。

王肖翁，字傅明，婺州金華人。宋左丞相淮之元孫。初辟衢、婺二州儒學録。大德中，擢婺州儒學正。秩滿，當得州教授。故事，教授必年五十以上者。時蜀郡虞集亦以儒學正在選中，與肖翁年皆不及格，有司持之。廷臣言：「虞集，宋丞相允文孫；肖翁，宋丞相淮孫。皆前代名家，且文學出衆，宜不拘常格。」於是集得京畿教授，肖翁得靜江州教授。俄以病棄官歸。延祐末，復起爲南康教授。至治初，辟江西行省令史。贛人因覈田虚增糧額，激而致變。事平，肖翁謂民亂雖弭，而糧之虚額在所必除。行省韙其言，從之。積年勞，除海道都漕運萬户府知事。後至元二年，轉嘉興府録事。歲饑，免荒租數萬石，民德之。以松江府判官致仕。卒，年六十五。

盧克治，字仲敬，本滑州胙城人，後徙開州。克治由淮東元帥府令史，累擢江西行省左右司都事，以材敏見知於參知政事徐琰，調江浙行省左右司都事。時琰已遷浙東海右道肅政廉訪使，亟奏薦克治署臺職，未報，擢兩浙都轉鹽副使。先是，兩浙鹽賦，歲有減耗，克治規措有法，自常算外，得羨鹽八萬九百引，以最聞。

除知平江常熟州。下車，牒訴坌集，克治談笑之頃，剖决如流，胥吏莫不畏服。歲饑，募民浚水道之湮廢者，爲水門，以時其蓄洩，凡役工一百一十四萬，食米三萬四千四百石，鹽一萬九千斤，民霑其利，無莩者。未幾，遷江浙等處財賦都總管。常熟人相率爲生祠祀之。後除知建康溧水州，以亞中大夫知漢陽府致仕。至治三年，卒，年七十四。克治兄克柔，官至中書參知政事，追封范陽郡公，謚文昭。子恂，晉寧路潞州知州。

趙良輔，字良卿，安陽人。弱冠游京師，以薦授四川屯田令，未幾，棄官歸。御史大夫相威行臺揚州，選爲掾，除淮東道按察司經歷，改鎮江金壇縣尹。寒食日，放獄囚歸拜掃，約三日返，無一人逸者。告饑於郡，遇大風，舟幾覆，良輔曰：「吾爲民死，不恤也。」風俄止，運米三千石以歸。朝廷以良輔治縣五事布告天下，擢平江路推官。時朱清、張瑄勢震中外，其徒周千户主殺沈昌妻奴三人，官莫能究。良輔捕之，寘於法。擢新喻知州。民有犯惡逆者，州僚懼罪匿之。良輔行部，聞之曰：「吾不發其事，不稱職，罪輕；蔽元惡，罪重。」亟執歸，杖殺之。有母訴其子，良輔命杖之，立母於庭，戒伍百喻其母曰：「今杖汝子，必死，死則汝何歸？盍訴官？或矜焉。」母果流涕懇請，良輔呼子語曰：「吾欲死爾。哀爾母，故貸爾。」母子感謝如初。累遷醴陵知州、建昌路同知。請老，加中順大夫、同知潭州路總管府事。延祐中卒，年七十二。

同時，陳炎酉，至元中爲南康路總管，修白鹿書院。歲荒賑饑，給牛具子種，招集流亡四萬餘户，有麥秀兩歧之瑞，民立生祠祀之。

于弘毅，爲海鹽州知州。颶風，海水暴溢，弘毅朝服拜禱，欲自沈於水，竟反風，一州獲免。

孫天正，字夢符，其先益都壽光人，後徙高唐州。父居仁，起家新昌丞，以治盜知名，官中奉大夫、河東山西道宣慰使。始，居仁兩夢神人授白麻曰：「宣付孫天正。」已而生子，因以「天正」名之。幼嗜學，宿衛仁宗潛邸。大德十一年，立東宮僚屬，擢從仕郎、文庫副使。選補太史掾、監修國史掾，除中書省管句承發架閣庫。服除，知沂州。天正始至，以三皇廟湫隘，令改作，吏民難之，已而規置有法，不三月而成。捐俸倡率，以賑歲饑。立法均役，以革吏弊。臨沂民妻徐氏夫喪，自經以殉，有司四年不聞，天正白於省，旌其閭。嶧州豪曹誼奪民田，凡三移，不爲直，郡以屬天正，天正立決之。既去，民刻石頌之。改遼東左右司員外郎，臺除僉山北遼東道肅政廉訪司事。廣寧劉大使誣丞殺人，天正辨釋之。俄拜監察御史，擢江北淮東道肅政廉訪副使。至順四年，卒，年五十。元統元年，贈中大夫、僉太常禮儀院事、輕車都尉，追封樂安郡侯，謚惠肅。

燕立帖木兒，畏兀人。至治三年，由平涼府判官轉西鄉縣尹。其民不知種木棉之利，燕立帖木兒至興元，求種給社户，教以種植之法，民得其利。暇日巡視郊野，以縣北之田苦水潦，乃借富室錢，開渠築堤，泄水於河，其田遂收倍息。驛馬困民尤甚，販馬者乘民之急，價至千五百貫，民以債壓不復蘇。燕立帖木兒知其弊，令户納中統鈔八貫，官拘之買馬，周歲所納額，計馬十一匹，錢爲貫七千四百三十，民便之。又以倉卒有事科徵，民不能堪，創立官店於城南門外，四鄉各立一店，歲入鈔爲貫二千有奇，以紓民力。又創碾磨，二歲課得米或麥五十餘斛，代民應官用，民始有更生之慶，爲立遺愛碑以頌之。未幾，卒於官。

諳都剌，字瑞芝，凱烈氏。祖阿思蘭，嘗從大將阿朮伐宋，仕至冀寧路達魯花赤，子孫因以蘭爲氏。父忻都，福建行省右丞。諳都剌通經史，兼習諸國語。成宗時，爲翰林院札爾里赤，職書制誥。會有旨，命書藩王添力聖旨，諳都剌曰：「此旨非惟有虧國體，行且爲民殃矣。」帝聞之，謂近臣曰：「小吏如此，真難得也。」事乃止。尋授應奉翰林文字，凡蒙古傳記多所校正。升待制。時方選守令，除遼州達魯花赤。以政聞，賜上尊、名幣，加集賢直學士。至順元年，選襄陽路達魯花赤。山西大饑，河南行省恐流民入境爲變，檄守武關。諳都剌驗爲良民，輒聽其度，關吏曰：「得無違上命乎？」諳都剌曰：「吾防姦耳，非仇良民，可不開其生路耶？」既又煮粥以食之，所活數萬人。城臨漢水，歲有水患，爲築堤城外，民賴之。元統二年，除益都路總管。俗悍黠，諳都剌務以平易治之。有賊白晝劫人，久不能捕，諳都剌生擒之。其黨賂宣慰使羅鍋，誣以枉勘，縱之。已而賊劫河間，復被獲，諳都剌之誣始白。命再任一考。至正六年，卒，年七十。子燮徹堅，同知新喻州事，以孝稱。

楊景行，字賢可，吉安太和人。登延祐二年進士第，授贛州路會昌州判官。會昌民素不知井飲，汲於河，故多疾癘；不知陶瓦，以茅覆屋，故多火災。景行教民穿井以飲，陶瓦以代茅茨，民大悅。豪民十人，號「十虎」，武斷害民，悉捕寘之法。乃創學舍，禮師儒，勸民斥腴田以贍士，絃誦之聲日盛。調永新州判官。奉部府命，覈民田租，除剗宿弊，姦欺不容，細民賴焉。改江西行省照磨，轉撫州路宜黄縣尹，理白冤獄之不決者數十事。升撫州路總管府推官。金溪縣民陶甲，凶險，屢誣陷其縣長吏罷去之，由是官吏畏其人，不敢詰，陶遂横於一郡。景行至，以法痛繩之，徙五百里外。金溪豪僧雲住，發人冢墓取財物，不事覺，官吏受賄，緩其獄。景行急按之，僧以賄動之，不聽，乃賂當道者，以危語撼之，不顧，卒治之如法。由是豪猾屏迹，良民獲安。轉湖州路歸安縣尹，奉行省命，理荒田租，民無欺弊。景行所歷州縣，皆有惠政，民立石頌之。以翰林待制、朝列大夫致仕，年七十四卒。

干文傳，字受道，平江吴縣人。祖宗顯，宋承信郎。父雷龍，鄉貢進士。宗顯以武弁入官，教其子以文易武，故雷龍兩舉進士。宋亡，不及仕。及生子，乃以「文傳」名之。文傳登延祐二年進士，授同知昌國州事。累遷長洲、烏程兩縣尹，并婺源知州，又知吴江州。長於治劇，所至俱有善政。長洲爲文傳鄉邑，文傳徙榻公署，無事未嘗輒出，親舊莫敢通私謁。會創行助役法，凡民田百畝，令以三畝入官，爲受役者之助。文傳既專任縣事，而行省又以無錫州及華亭、上海兩縣之事委之。文傳諭豪家大姓，以腴田來歸，中人之家自是不病於役。其在烏程，有富民張申妻王氏無子，張納一妾於外，生子，未晬，王誘妾以兒來，尋逐妾，殺兒焚之。文傳發其事，王厚賄妾父，買鄰兒爲妾所生〔一〕，謂兒實不死。文傳令妾抱兒乳之，兒啼不就乳。妾之父母吐實，乃呼鄰婦至，兒見之，躍入其懷，乳之即飲，王氏遂伏辜。丹徒縣民有二弟共殺其姊者，獄久不决。浙西廉訪司使文傳鞫之，既得其情，其母乞貸二子命，爲終養計。文傳謂二人所承有輕重，以首從論，則爲首者當死，部議從之。婺源俗，男女婚聘後，富則渝約，有育其女至老死不嫁者；親喪，貧則不舉，或停柩累數世。文傳下車，即召其耆老，以禮訓告之，閱三月婚、喪俱畢。宋儒朱熹上世居婺源，故業爲豪民所占，子孫訴之有司，莫能直。文傳諭其民以理，不煩窮治，而悉歸之。復即其故宅建祠，俾朱氏世守焉。有富民江丙游京師，娶娼女張爲婦，江客死，張走數千里返其柩以葬。前妻之子困苦之，既而殺之，瘞其屍，賄官司不問。文傳發其事，論如法。文傳治行爲諸州縣最。至正三年，召修《宋史》。書成，擢集賢待制，以嘉議大夫、禮部尚書致仕。卒，年七十八。

林興祖，字宗起，福州羅源人。至治二年，登進士第，授承事郎、同知黄巖州事。三遷知鉛山州。鉛山素多造僞鈔者，豪民吳友文爲之魁。友文姦黠悍鷙，因僞造致富，乃分遣惡少四五十人，爲吏於有司，伺有欲告之者，輒先事戕之，前後殺人甚衆。奪人妻女十一人爲妾，民罹其害，銜冤不敢訴者十餘年。興祖至官，曰：「此害不除，何以牧民？」即張牓禁造僞鈔，且立賞募民首告。俄有告者至，佯以不實斥去。又有告獲僞造二人並贓者，乃鞫之，款伏。友文自至官，爲之營救，興祖命併執之。須臾，來訴友文者百餘人，擇其重罪一二事鞫之，獄立具，逮捕其黨二百餘人，悉寘之法，民翕然頌之。江浙行省丞相别兒怯不花薦諸朝，擢南陽知府，改建德路同知，俱未赴任。至正八年，特旨遷爲道州路總管。

行至城外，賊已迫其後，相去僅二十里。時湖南副使哈剌帖木兒屯兵城外，聞賊至，以乏軍需，欲退兵。興祖聞，即夜詣説留之。哈剌帖木兒曰：「得鈔五千錠，桐盾五百，乃可破賊。」興祖許之。明日，甫入城視事，即以恩信勸諭鹽商，貸鈔五千錠，且取郡樓舊桐板爲盾，日中皆備。哈剌帖木兒大喜，遂留爲禦賊計。賊聞新總管一日具五百盾，以爲大軍且至，中夕遁去。永明縣洞猺屢竊發，爲民害，興祖以手榜諭之，皆曰：「林總管廉而愛民，不可犯也。」三年不入境。春旱，蟲食苗麥，興祖爲文禱之，大雨三日，蟲死而麥稔。憲司考課，以道州爲最。年老致仕，終於家。

觀音奴，字志能，唐兀氏，居新州。泰定四年進士。由户部主事，再轉知歸德府。廉明剛斷，發擿如神。民有銜冤不直者，皆千里奔走來訴，立爲剖決。富商任甲抵睢陽，驢斃，令郗乙剖之。任以怒毆郗，經宿而死。郗有妻王氏、妾孫氏，孫訴於官。官納任賄，謂郗非傷死，反抵孫罪，置之獄。王來訴冤，觀音奴立破械出孫於獄，呼府胥語之曰：「吾以郗事禱諸城隍神，令神顯於吾。」有睢陽小吏，亦預郗事，畏觀音奴嚴明，且懼神顯其事，乃以任所賂鈔自首曰：「郗實傷死，任賂上下匿其實，吾亦得賂，敢以首。」乃罪任而釋孫。寧陵豪民楊甲，夙覯王乙田三頃，未付值。王以饑攜其妻就食淮南，得疾死，其妻還，則田爲楊據矣。訴之官，楊行賄，僞作文憑曰：「王在時已售我。」觀音奴令王妻與楊同就崔府君神祠質之。楊先期以羊酒浼巫禱於神，及王妻詣祠質之，無顯應。觀音奴疑之，召巫詰問，巫吐實。觀音奴因訊得其情，坐楊罪。亳州有蝗食民禾，觀音奴以事至亳，民以蝗訴，立取蝗食之，仰祝於天，是歲蝗不爲災。後升都水監官。卒。

周自强，字剛善，臨江新喻人。以文法推擇爲吏。泰定間，廣西洞猺反，自强往見猺酋，説以禍福，猺酋立爲罷兵，貢方物，納款請命。事聞，超授廣西兩江道宣慰司都事。轉饒州路經歷，遷婺州路義烏縣尹。性度寬厚，不爲刻深。民有以争訟訴於庭者，一見即能知其曲直，然不遽加刑責，必取經典中語反覆開譬之，令其誦讀講解。若能悔悟首實，則原其罪；若怙惡不悛，然後繩之以法，不少貸。民畏且愛，獄訟頓息。田税籍多失實，以故差徭不平，自强履畝覈之，民不能欺，文簿井井有攷，於是賦役均平，貧富樂業。由是政治大行，部使者數以廉能譽於朝，選授撫州路金溪縣尹，階奉議大夫。以亞中大夫、江州路總管致仕，卒。

白景亮，字明甫，南陽人。明法律，善書算。由征東行省譯史，超遷南恩知州，升沔陽府尹，奏最於朝，特授衢州路總管。先是，爲郡者於民間徭役，不盡校田畝以爲則，吏得高下其手，富民有餘力，而貧弱者多至破産。景亮深知其弊，乃始覈驗田畝以均之，役之輕重，一視田之多寡，由是民不勞而事易集，他郡邑皆取以爲法。郡學諸生無廩餼，祭服樂器不備，景亮皆增之，士風大振，搢紳稱頌焉。景亮性廉介勤苦，自奉甚薄，妻尤儉約，惟以脱粟對飯而已。部使者上其事，特詔褒美，賜以宫錦，改授台州路總管。卒於官。

夏日孜，字仲善，吉水人，天曆元年進士，授建昌州判官。有劇寇就捕，越獄亡去。日孜使人蹤跡，盡獲而殺之，盜以屏息。州有三坡界南昌、新建，可溉田數千頃，廢且久。日孜相度形勢，浚而障之，民獲其利。改授興國路録事，再調會稽縣尹。吏循故事，越境出迎，日孜搗遣之，令非召不得見，自是一縣肅然。會稽鹽課侵於私鬻，日孜每鄉置局，命里長董之，民給一券，晝爲十二月，每月令民賣券買鹽，以私識驗之，私鬻遂絶。山陰富民嘗以私怨殺人，沈屍於海，又仇異母弟，誣其僞造楮幣。推官貢師泰委日孜治其獄，日孜收捕，窮治之，論如法，遠近歎服。歲大比，行省檄日孜與師泰同考試，所得皆知名士。以母疾去官，未幾卒。

聶以道，吉水人。伯父淳，有學行，與劉辰翁齊名。以道明習法律。延祐初，辟廣西帥府掾。會猺蠻反，以道單騎入賊巢，諭使降，由是知名。累遷道州路江華縣尹，鄰縣猺賊相戒，毋入江華境。以道奪豪民占水利，溉良田數萬頃。廢黄泥渡，别通水道，使民運鹽米，水潦至，不爲病。民立碑頌之。天曆二年，中書省奏，江華縣尹聶以道授武昌推官。文宗驚問：「聶以道，廉吏，今纔爲推官耶？」初，文宗南遷，聞其名，召見賜宴加勞，故稔知以道治狀。參政阿榮素不喜以道，謬對：「武昌訟獄繁，非以道不能治。以道又貧，非田禄無以爲養。」文宗遲回久之，卒從其請。是年冬，河南水災，命以道馳驛賑之。旋擢朝列大夫、海北海南道肅政廉訪司經歷。廉訪使議改平湖書院爲老子廟，以道力争不可。又議：「職官有罪，不當没其命婦爲人妻孥，以勵守節者。」事聞，著爲令，遷中順大夫、廣東道宣慰副使、僉都元帥府事。卒，年六十一。

盧琦，字希韓，泉州惠安人。至正二年進士，授台州録事，遷永春縣尹。減口鹽一百餘引，民德之。鄰縣盜發，琦與義士吕用賓等大募民兵擊之，屢戰屢克，威惠行於境外。後琦巡縣境，盜遥見，迎拜曰：「此永春大夫也。」琦立馬諭以禍福，皆投刀槊請降。十六年，改調寧德尹，遷鹽司提舉。以近臣薦，除平陽州知州，命下而卒。琦工詩文，著有《圭峰集》七卷。

時江州總管王大中，歲饑貸富民粟以賑貧民，免富民之徭役，民德之，其名譽與琦相埒。

野仙不華，字彦楨，順德内邱人。性剛峭。丞相哈喇哈孫引見，成宗器之，俾事皇太子，以母老辭歸，勑江浙行省丞相帖古迭兒贍養之。帖古迭兒卒，野仙不華護喪還，丞相别不花義之，屬左丞張士瞻爲娶鄧氏女。補中書怯里馬赤，秩滿，授瓊山縣尹。文宗潛邸饘廩衣藥，皆躬自檢料。文宗每顧左右曰：「野仙不華，昔蒙先皇寵遇，今復効忠於我。苟得纂大統，當以金蒙之。」五年，遷將樂尹，有惠政，民肖像祠之。文宗即位，入覲，帝賜所啜黑湯，以奏對忤旨，竟不遷。帝崩，召除湖廣行省員外郎，旋改華亭尹。民有以僞鈔償物價告者，曰：「彼偶誤耳。」付諸火，易真鈔予之，民感頌，取韡懸東門，以存遺愛。縣當要衝，歲課鈔十餘萬。剔蠹剗弊，税吏莫敢欺。擢郴州路判官。行省檄總湖南一路軍餉，先期而集。猺蠻作亂，官兵進討不克，野仙不華單騎入諭福禍，猺悉歸農。移袁州路判官，致仕歸，卒。

鄒伯顔，字從吉，高唐人。爲建寧崇安縣尹。崇安區別其田，名之曰都者五十，五十都之田上送官者，爲糧六千石。其大家以五十餘家，而兼五千石，細民以四百餘家，而合一千石。大家之田連跨數都，而細民之糧或僅升合。有司常以四百之細民，配五十大家之役，故貧者受役旬日，而家已破。伯顔取其糧籍計之，有糧一石者，受一石之役，有糧升斗者，受升斗之役。田多者受數都之役，田少者稱其所出，而無倖免，貧民始得以休息。崇安賦役之均，遂爲四方最。邑有宋趙抃所鑿渠，溉民田數千畝，歲久渠湮。伯顔濬之，繞楓樹陂，累石以爲堰，悉復抃遺跡，民賴其利。安慶路嘗得造僞鈔者，遣卒械至崇安，求其黨而執之。囚與卒通謀，誣良民。伯顔捕訊得其狀，即執而歸諸安慶，自是僞造之連逮無濫及崇安者。調漳州路判官，卒。

劉秉直，字清臣，大都武清人。至正八年，爲衛輝路總管，平傜役，興教化。賊劫汲縣民張聚鈔一千二百錠而殺之，賊不獲。秉直禱城隍祠，使人伺於死所，忽有村民阿蓮者，戰怖仆地，具言賊之姓名及所在，遂得賊於汴，正其罪。秋七月，螟生，民患之，秉直禱八蜡祠，蟲皆自死。歲大饑，人相食，死者過半，秉直出俸米，倡富民分粟，餧者食之，病者與藥，死者與棺以葬。天不雨，秉直詣太行山之蒼峪神祠，具詞祈祝，有青蛇蜿蜒而出，觀者異之。及還，行數里，雷雨大至。秩滿，以親老去官，卒於家。

許義夫，碭山人。爲夏邑縣尹，每親詣鄉社教民稼穡。見民勤謹者，出己俸賞之，怠惰者罰之。三年之間，境内豐足。後爲封丘縣尹。值至正四年大饑，盜賊羣起，抄掠州縣。義夫聞賊近境，乃單馬出郊十里外迎之，見賊數百人。義夫力言：「封丘縣小，民貧，已驚惶逃竄，幸無入吾境。」言辭愿款，賊遂去，民免於難。

郭思恭，字子敬，彰德安陽人。肄業國子學。故事，陪堂生輸錢，乃得食。祭酒耶律有尚憫思恭貧，免其輸，補伴讀。授汝寧州教授，遷光山縣主簿，有惠政，光山縣尹馬祖節亟稱之。累轉猗氏縣，有争田久不決者，思恭至即決之。召爲國子助教，遷博士。拜監察御史，出僉燕南、河南兩道廉訪司事。轉淮西道，謝病歸，中途召爲集賢直學士，兼國子祭酒，至任甫三月，又謝病歸。至正五年，卒，年七十二。

合剌不花，傑烈宜氏，台州路達魯花赤。與許謙友善，其爲學，以誠意不欺爲主。至正四年，遷徽州路達魯花赤。合剌不花廉平自持，專務以德化民。徽州六縣輸永豐倉粟，官吏攫攘，病民最甚。合剌不花親臨監視，通其利害緩急，舊弊盡除。嘗曰：「法所以防姦，事苟辦集，不用法可也。」官事畢，則攜一羊皮，坐於山顛水涘，歌詠終日。有訟者，就決於途，或自慙誣罔而退。考績爲天下第一，賜衣錦一襲，且布告諸路，使知所勸。後去官，卒於家。

羅文焕，字顯卿，鉅野人。以薦除膠州判官。行用庫吏，應者必破産，文焕擇精識楮幣者十餘家，以次應役，民便之。有盜金珠者，已誣服，讞而疑之。俄得真盜，盡釋誣者。代去，民立《去思碑》。後爲吴橋尹。御河歲決，文焕築隄百餘里，水患遂絶，民爲立生祠。改武岡路推官，不赴。晚號獨慎主人。後至元五年，卒。

李惟閏，安陽人。官中書右司掾。有饋兄肉，而兄以他疾死，娣婿利其貲，誣肉中有毒。獄上，惟閏疑其冤，覆訊得實，釋之。其人繪象事之。累遷陝西行臺御史。華州獄囚誣承强盜，惟閏平反其獄。西岳道士陷民作驅奴，惟閏出爲良民。時論稱之。遷福州路總管，卒。

葉森，江陰人。鹽官州判官。大饑，斗粟十千，森具粟平糶，全活甚衆。調新喻判官。時蒙山銀場，以官估抑民市木炭，森白行省蠲之。擢上高尹，有大猾武斷一鄉，爲民害，森搒諸市，仍疏其惡於城門，猾斂迹不敢逞。後卒於官。

孔濤，字世平，孔子五十二世孫。宋紹興初，自曲阜徙衢州。父純，西安縣儒學教諭。濤幼慧，五歲知讀書。及冠，吴興趙孟頫、巴西鄧文原皆器之。泰定元年進士，授平江路崑山州判官。丁内憂。服除，改吴江州判官。行省檄點浙東倉庫，餘姚倉不宿糧，官吏皆惶懼，濤知而不發，使補之糧，既充，而官吏亦得自逭，衆皆感服。有張甲，以擅殺盜，逮下獄。濤謂所殺非平民，卒貸其死。歲饑，民多剽掠，濤獲數十人，皆杖而遣之，不坐以强盜律。御史蓋苗率同院舉濤治績爲諸州最，未報，調桂陽州判官。歲旱，濤按獄，出無罪者三人，天乃雨。知州方思廣貪虐，獠殺人不問，反入告者罪。濤争之，不能得，即日解印綬去。廉訪使韓德新知其事，劾罷思廣，留濤。直入獠穴，諭以禍福，皆讋服。卒得殺人者，論如律。秩滿，遷潮州路總管府知事。至正三年，卒，年五十七。著有《闕里譜系》一卷。子思構。初，濤兄洙，宋衍聖公。至元十九年，詔赴闕廷，議使洙襲封。洙固辭，乃授國子祭酒，提舉浙東學校。洙扁其室曰「存齋」。濤惜洙替其封爵，因自號「存存齋」。

林泉生，字清源，興化莆田人。父士霆，興化録事判官。泉生幼精敏嗜學。天曆二年進士，授同知福清州事。有盜號浄海王，横行海上十八年，長吏不敢詰，泉生以計禽之。盜曰：「我始爲盜時，夢至陰府，有神官治我，貌正類林公，誠當死，無恨。」凡誅三百餘人，境内始安。遷泉州經歷，擢温州永嘉尹。監郡者占無名田，在永嘉境中，泉生奪以與民。調漳州推官。汀州盜起，泉生主官軍餽運，賊欲邀於半途，泉生使役夫輕齎夜行。遲明，賊追之不及。升奉順大夫、福清州知州。俗每殺孤幼，誣人取財。泉生立連逮法，罪及親鄰，由是民不敢犯。有媪訴其子僧爲人所斃，泉生拒不受。媪訴行省，趣符下，又不受。或問之，泉生曰：「以吾觀其情，必自匿之，欲誣仇家，俟受牒，即殺之。是我殺一人，又殺一家也。」數日，僧果自出。改翰林待制，出爲福建理問官。廉訪使郭興祖妒其能，以飛語誣之，泉生乃自免歸。尋擢郎中，使招撫亂黨，遷漳州路總管，復召爲翰林直學士、知制誥，同修國史。至正二十一年，卒，年六十三。賜謚文恪。著有《春秋論斷》及詩文集。

繆思恭，字德謙，吴縣人。至正間，爲嘉興府同知。張士誠遣其弟士德、士信攻嘉興，楊完者使思恭於杉青閘西岸積葦以待。敵船蔽江而下，思恭燔葦火延敵船，盡焚之，師大捷。

未幾，士誠降，大城杭州，思恭率工徒赴役。士信欲衆辱之，一日，巡工至思恭所轄地，時日已暮，工未竣，士信曰：「出作入息，汝何獨勞民如此？」思恭曰：「平章禮絶百僚，猶敬共皇命，百姓敢偷餘晷！」士信曰：「此人利口，何怪杉青鬧畔烈火逼人。」思恭曰：「今幸太尉反正，若念杉青之役，猶恨不力，縱平章遁去。」士信曰：「别駕好將息，言及杉青，猶使人肉顫。」思恭治郡三年，有惠政，去之日，民追送數十里。尋擢淮安路總管，卒。

【校勘記】

〔一〕「爲」，疑當作「謂」。《元史》卷一八五列傳第七十二《干文傳傳》亦作「爲」。曾廉《元書》卷九〇、陳芳生《疑獄箋》卷一、胡文炳《折獄龜鑑補》卷一均改作「謂」。

新元史卷之二百三十　列傳第一百二十七

忠義一

昔宋亡，其降將入朝，世祖召問曰：「汝等何降之易？」對曰：「賈似道輕侮臣等，故皆無鬬志。」帝曰：「此似道一人之罪，汝主何負焉？」符寶郎董文忠從旁責之曰：「宋主貴汝、富汝，未嘗薄汝也。今坐視社稷之亡，可乎？」。諸降將皆慚謝而退。大矣哉！世祖之教忠也！吾觀元之亡也，民叛於下，而士死其官，捐軀脰，糜妻子，以赴國家之難者，史不絶書，蓋過於遼、金之季遠甚。嗚乎！王者一言之予奪，而人心習尚爲之轉移，豈不誠然哉！作《忠義傳》。

攸哈剌拔都　任志存　劉天孚　闞文興　張桓　蕭景茂　侯彦直　布景龍　毛鐸祝興可　樊復

張懷德　刁代　李純　董文彦　韓心淵周宏　李齊　周喜同　塔不台　韓因　卞琛小十　李仲亨　喬彝

張岩起　王佐[一]　吴德新　顔瑜　王士元　楊樸　孫撝　石普　盛昭　楊乘　納速剌丁寶童　海魯丁　西山驢

胡善

攸哈剌拔都，渤海人，初名興哥。善騎射。金末，避地大寧。大兵至，保高州富庶寨，射獵以食，屢奪蒙古孳畜，又射死其追者。國王木華黎率兵攻之，奔高州。大兵傅城下，令曰：「能斬攸興哥首以降，則城中居民皆宥之。」守者召謂曰：「汝奇男子，吾寧忍斷汝首以獻！汝其往降，不然吾一城無噍類矣。」興哥乃折矢出降。諸將欲殺之，木華黎曰：「壯士也，留之吾用。」從木華黎攻通州，有功，太祖賜名哈剌拔都。從木華黎略地至大名，金將登城督戰，哈剌拔都射之，中左目，其部衆開門潰走，追殺殆盡。論功，賜金符，充隨營監戰。太祖十三年，授金虎府、龍虎衛上將軍、河東北路兵馬都元帥，鎮太原。哈剌拔都招降屬邑，市不改肆，遠近聞之，皆相率來歸。嘗微服夜出，聞兵間語曰：「吾屬父母子女相失，死者不復生，生者不能贖，奈何？」明日下令軍中：「凡俘獲有親者，聽贖；無貲，官爲贖之。」民得完聚者衆。木華黎由葭州渡河西行，哈剌拔都迎之，破隰州及懸窯、地洞諸寨。十六年三月，金兵攻壽陽縣王胡莊，垂陷。時左右裨將各分兵守險，城中見卒不滿百人，哈剌拔都夜半引甲騎十餘人救之，金兵乘虛擣太原，獲哈剌拔都家屬。哈剌拔都聞之，徑趨西門，復奪其家屬還。五月，金趙權府率兵三萬圍太原，哈剌拔都將騎三十出西門，令騎曳柴揚塵，聲言大兵至，金人潰走。太原諸縣皆平，惟石家昂及盂州陵井寨、忻州清泉寨堅守未下。十九年十月，將兵至陵井。遣卒叩寨門，詐曰納糧芻，守者啟門，哈剌拔都徑入，遂平陵井寨。二十年二月，清泉寨、石家昂俱降。二十二年五月，武仙引兵襲陷太原，哈剌拔都猶力戰。仙兵大至，諸將自城外呼曰：「攸哈剌拔都，汝當出。」哈剌拔都曰：「真定史天倪、平陽李守忠、隰州田雄皆失守，我又棄太原，何面目見主上及國王乎！我誓與城同存亡。」遂歿於陣。太祖以其子幼，命其表弟王七十守太原。七十從攻鳳翔府，中礮死，哈剌拔都長子忙兀台嗣。

任志，潞州人。太祖十三年，木華黎略地至潞州，志迎降，木華黎授以虎符，充元帥，收輯山寨之衆。數與金兵戰，比有功。金人擒其長子如山以招之，曰：「降則爾子得生，不降則死。」志曰：「我爲大朝之帥，豈愛一子？」親射其子，殪之。木華黎召志議軍事，道過武安，其縣已反爲金，志死之。

木華黎令其子存襲，太宗二年，武仙攻潞州，存戰死。三年正月，詔潞州元帥任存妻孥，令有司廩給，仍賜第居之。十一月，以存父子死事，子立尚幼，先官其姪成爲潞州長官。成卒，授立潞州長官，佩金符。後歷澤州尹，遷陳州，卒。

劉天孚，字裕民，大名人。由中書譯史爲東平總管府判官，改都漕運司判官，知冠州，再知許州，所至有治績。時檢核屯田，臨潁鄧艾口民稻田三百頃，怨家誣爲右屯，中書下天孚按實，天孚辨其誣，章數上，乃止。襄城與葉縣接壤，襄城民食滄鹽，葉縣民食解鹽，刻石湛河南岸爲界。葉縣令徙石於北二里，誣其民食私鹽，繫治百餘家。兩縣訟辯，葉縣倚漕司勢凌襄城。中書遣吏察其實，天孚考元界，移石故處，葉縣令以罪去。歲旱蝗，天孚令民捕之，俄羣烏來啄蝗爲盡。明年麥熟時，有青蟲如蠡食麥，忽生大花蟲噉之。許人立碑頌焉。轉萬億寶源庫同提舉，遷江西行省左右司郎中，以母老不赴。俄丁母憂。服除，起知河中府，視事始兩月，陝西行省丞相阿思罕舉兵至河中，時事起不虞，達魯花赤朵兒只趨晉寧告亂。阿思罕軍列栅河西岸，來索舟，天孚度不能拒，凡八遣人至晉寧乞援兵，不報。居七日，阿思罕縛桄河上，欲縱火屠城。同知府事鐵哥與河東廉訪副使明安答兒見事急，乃詣阿思罕軍。阿思罕囚之，而斂船濟兵。既入城，阿思罕坐府治，號令諸軍。天孚佩刀直前，衆遏之，不得進，退謂幕僚王從善等曰：「吾家本微賤，荷朝命至此，今不幸遭大變，吾何忍從之而負上恩？且與其辱於阿思罕之手，吾寧蹈河以死！」遂拂衣出。時天寒，河冰堅厚，天孚拔所佩刀斫冰，北望再拜，自投水中。阿思罕大怒，籍其家。郡人咸哀痛之。事平，詔給驛歸其柩。贈推誠秉節功臣、中奉大夫、河東山西道宣慰使、護軍、彭城郡侯，謚忠毅。

闞文興，漳州萬户府知事。至元十三年，從賈萬户戍漳州。十七年八月，陳弔眼聚衆爲亂，殺招討使傅全，文興力戰死。其妻王氏，建康人，爲賊所執，逼污之，紿曰：「吾不幸至此，豈敢愛吾身？願葬吾夫，然後從命。」賊義而許之。王氏得其夫尸，焚之，遂自躍火中，并焚死。至順三年，贈文興英毅侯，王氏貞烈夫人，有司立廟祀之，號「雙節廟」。

張桓，字彦威，真定藁城人。父木，知汝寧府，因家焉。桓以國子生釋褐，授白馬丞，入補中書掾，擢國子典簿。拜陝西行臺監察御史，以言事不合去。未幾，汝寧盜起，桓避之確山，賊久知桓名，襲獲之，羅拜，請爲帥，弗聽。囚六日，擁至渠魁前。桓直趨據榻坐，與之抗論逆順。其徒捽桓起跪，桓仰天大呼，詈叱彌厲，且屢唾賊面。賊猶不忍殺，謂桓曰：「汝但一揖，亦恕汝死。」桓瞋目曰：「吾恨不能手斬逆首，肯聽汝誘脅而折腰哉！」賊知終不可屈，遂刺之，年四十八。賊後語人曰：「張御史真鐵漢，害之可惜！」事聞，贈禮部尚書，謚忠潔。

蕭景茂，漳州龍溪人。性剛直，家貧力農。至元四年，南勝縣民李智甫作亂，掠龍溪。景茂與兄佑集鄉丁拒之，衆敗，景茂被執。賊脅使降，景茂罵曰：「狗盜，我生爲大元民，死作隔洲鬼，豈從汝爲逆！」隔洲，其所居里也。賊怒，縛景茂於樹，臠其肉，使自啖，景茂益憤罵，賊遂以刀抉其口至耳傍，景茂罵不絶聲而死。有司上其事，朝廷下詔旌褒，仍給錢以葬。

侯彦直，雅州人。以驍勇仕爲忠翊校尉、副千户。至元間，王虎寇雅州。州人議分兵一路出城外，爲犄角勢。彦直乃將兵數百人前進，遇賊於名山縣，力戰二日，斬殺過當。寇盡鋭來攻，彦直力疲援絶，爲賊所擒。欲降之，彦直自刎死。

布景龍，新都人。篤學有大志。舉進士，授芒部路益涼州同知。賊李頗驢來寇，城中軍力單弱，景龍招募壯勇爲義兵拒之。救援外絶，射矢且盡，知城不能守，乃北向再拜曰：「臣力竭矣！」冒刃衝敵死。

毛鐸，南昌人，署富州學正。時土賊季明道據州治，欲脅爲從事，鐸叱曰：「幸托孔聖之門，敢偷生從逆！」遂延頸受戮。

同郡祝興可，世業儒，與寇吴娘子戰，敗被執，罵不輟口而死。

樊復，亦儒士，寇攻北山，與弟文仲、姪用行率義兵拒之，俱不勝死。

張懷德，貴州知州。成宗大德五年，遣右丞劉深將兵，由順元征八百媳婦，供億繁重，人心惶惑。土官宋隆濟激爲變，懷德募民壯，合官兵千餘，與隆濟死戰，不敵，被執。蠻素服其名，欲降之，慷慨不屈死。

刁代，元江路安撫使，有威望，勇膽過人。大德五年，從征八百媳婦有功，擢總管。時洞蛟爲患，蠻民苦之，代挾利劍入洞。頃之，水赤，代與蛟並死。居民始得耕播，歲祀之。

李純，天曆初爲洛陽縣令。陝西兵東犯，府官命其屬曰：「誰能諭西人，俾臣服者？」衆皆股慄，純獨毅然曰：「臣死，忠義也。食焉而避難，可乎？」即單騎捧詔西行，與賊會新安，賊帥揮戈而前，命其徒斬之，遂遇害。

董文彦，臨安通海人，官威楚路知事。天曆間，中慶路鎮將叛，引兵攻威楚。官吏皆亡匿，文彦獨死守。城陷，賊欲降之，叱曰：「汝逆天殄民，恨不殺汝，乃從汝邪。」賊怒，截其耳，使啗之。文彦嚼肉，血噴賊面，遂被害。

韓心淵，武安人。以文學徵入國子監，任衡水縣尹。以德化民，蝗不入境。後調真定縣尹。會掃地王作亂，心淵與子拒守數月，繕樓櫓，修器械，晝夜不解甲，防禦甚備，居民賴之。未幾，賊益衆，城陷，父子俱巷戰死。

又有昌黎縣尹周宏者，當土寇程思忠之亂，宏率其民赴永平拒守。城陷，被執，七日不食死。

李齊，字公平，祁州人。元統元年進士第一，歷僉河南淮西廉訪司事，移知高郵府，有政聲。至正十一年，州人秦觀保造兵仗，將圖劫掠，獲而誅之。十三年，泰州白駒場亭民張士誠爲亂，破泰州，淮南行省遣齊往招降，被拘久之，始縱齊歸。泰州平，賊徒尚蠭聚，士誠復鼓變，殺參知政事趙璉，走入得勝湖，俄陷興化縣。行省以左丞偰哲篤偕宗王鎮高郵，使齊守甓社湖。夏五月乙未，賊入城，省、臺官皆遁，齊還救，賊已閉門拒戰。已而有詔，凡叛逆者赦之。詔至高郵，不得入。賊紿曰：「請李知府來，乃受命。」行省强齊往，至則下齊獄中。齊益辯説。士誠本無降意，特遷延爲城守計。官軍諜知之，乃進攻城。士誠呼齊使跪，齊叱曰：「吾膝如鐵，肯爲賊屈耶！」士誠怒，磔齊。

周喜同，河西人。初爲衛士，選充承徽寺經歷，再調南陽縣達魯花赤。居二歲，妖賊起，陷鄧州，人情洶洶。俄而賊游騎抵南陽，喜同以計獲數賊，詰之，云賊將大至，悉斬之以安衆心，晝夜督丁壯巡邏守備。時大司農鐵木爾以兵駐諸葛菴，爲賊所襲敗，賊遂乘鋭攻南陽。喜同守西門，望見賊勢盛，即以死自許，與家人訣曰：「吾與汝等不能相顧矣，吾分死此以報國也！」已而城中皆哭。喜同策厲義兵，力與賊搏。賊退，明日復至，城遂陷。喜同突圍將自拔，賊横刺其馬，馬蹶，喜同鞭馬躍而起，手斬刺馬者。已而身被數創，不能鬭，遂見執，爲所殺。妻邢氏聞喜同戰死，率家僮數人出走，遇賊，奪賊刀斫之，亦見殺。一家死者二十餘人。贈南陽路判官。

塔不台，字彦暉。元統元年進士，襄陽録事司達魯花赤。魏王孛羅帖木兒討賊，屯於汝寧。塔不台來供軍餉，王嗜酒不爲備。一夕，賊劫王，爲所執。塔不台馳騎奪王，亦被獲。比明，見賊酋，王拜而乞活，塔不台以足蹴王曰：「猶欲生乎？」賊復屈其拜，塔不台詬之，且與縛者角，賊支解之。

韓因，字可宗，汴梁人。盜據汝寧，官軍討之，久不下。會朝廷詔赦叛逆，募能持詔諭賊者，即借以官。因應命，乃借因以唐州判使焉。賊導因止于外，納詔不讀，詰問再三，因答以恩宥寬大，禍福所係甚切，不聽，乃縱因歸報。因出乘馬，周歷賊屯，大言曰：「汝輩好百姓，何不出降歸田里，而甘從逆賊驅使耶？」衆愕然相顧。或以告賊帥，追因還，責其所言。因極口肆駡，賊怒，寸磔因。

卞琛，大名人。游學京師，補國子生。至正十二年，鄰州盜起，來剽掠。琛與從子小十、府史李仲亨等協謀，率丁壯數百人拒之。丁壯皆民兵，無弓矢，以鉤鋤、白梃當賊。賊矢雨集，琛衆潰散，被擒。仲亨、小十皆死。賊素知琛，諭之曰：「汝從我，解汝縛；不從，殺汝。」琛唾駡曰：「我國子生，視汝逆賊，真狗彘也。吾寧義死，不從賊生。」駡不止。賊屢脅不聽，殺之。

喬彝，字仲常，晉寧人。性高介有守。至正十八年，賊由絳州垣曲縣襲晉寧，城陷，城中死者十二三。彝整衣冠，聚妻、子。家有大井，彝坐井上，令妻、子循次投井中，而己隨赴之。賊首王士誠使人邀致彝至，則彝已死矣。賊平，朝廷贈彝臨汾縣尹，賜謚純潔。

同時，張岩起，字傅霖，汾州人。累舉不中，用薦者徵爲國子助教，居一歲，免歸，盜既去晉寧，復陷汾州，岩起與妻赴井死。

王佐，字元輔，晉寧人。從父居上都，教授里巷，賊至，倉卒不能避，爲所獲。欲降之，佐詬詈不輟，因見害。

又有吴德新者，字止善，建昌人。工醫，留京師久之。嘗往寧夏，會盜至，德新見執，脅使降，德新厲聲曰：「我生爲皇元人，死作皇元鬼，誓不從爾賊！」賊乃縛其兩手，加白刃頸上，德新罵不已。曳之井邊，陽欲擠之。德新偶得寬，即自投井中，仰罵賊。賊下射，矢貫其項，罵益力。賊怒，以長鎗刺之，然壯其志，曰：「此真丈夫也！」以土埋井而去。

顔瑜，字德潤，兖州曲阜人，兖國復聖公五十七代孫。以行誼，用舉者爲鄒、陽曲兩縣教諭。至正十八年，田豐起山東，瑜攜家走鄆城，道遇賊，以刃脅瑜曰：「爾何人？」瑜曰：「我東魯書生也。」賊執瑜曰：「爾書生，吾不爾殺，可從我見主帥。」瑜罵曰：「爾賊，何主帥邪？」賊怒，欲殺瑜，瑜無懼色。復使之寫旗，瑜大詬曰：「爾大元百姓，天下亂，募爾爲兵，而反爲叛逆。我腕可斷，豈能爲爾寫旗！」賊以槍刺之，至死罵不絕口。其妻、子皆爲所害。

王士元，字堯佐，恩州人。泰定四年進士，由棣州判官累遷知磁州。值軍興，餽餉需索日繁，民不堪命。士元力爲區畫，至見陵辱訶責，不避也。改知濬州。州濱黄河，嘗經盜賊，城堞不完。至正十七年，賊復大至，州兵悉潰散。士元坐堂上，顧其子致微，使避賊，曰「吾守臣，居此，職也。若可速逃！」子侍立，不忍去。賊前問曰：「爾爲誰？」士元叱曰：「我王知州也，强賊識我否？」賊欲縛士元，士元奮拳毆賊。賊怒，并其子殺之。

楊樸，字文素，河南人。滁州全椒縣尹。滁界盧江，盧江陷於寇，滁人震動。行省參政也先總兵於滁，不理軍事，惟縱飲。至暮，城門不鑰，寇入縱火，也先踰城走。樸度必死，乃盡殺其妻女，朝服坐堂上。盜欲降之，樸指妻、女示曰：「我已戕家屬，政欲死官守耳，尚何云云？」乃連唾之。賊縶樸倒懸樹上，而割其肉至盡，猶大罵弗絕。

孫撝，字自謙，曹州人。至正二年進士，授濟寧路録事。張士誠據高郵叛，或謂其有降意，朝廷遣烏馬兒招諭士誠，而用撝爲副，撝家居，不知也。中書借撝集賢待制，給驛，就其家起之。撝强行，抵高郵，士誠不迓詔使。撝等既入城，反覆開諭，士誠等皆竦然以聽。已而拘之他室，或日一饋食，或間日一饋食，欲以降撝，又令其黨肆加陵辱，撝不卹也。及士誠徙平江，撝與士誠部將張茂先謀，將撝所授站馬劄子，遣壯士浦四、許誠赴鎮南王府，約日進兵，復高郵。謀泄，執撝訊問，撝罵聲不絕，竟爲所害。後賊中見失節者，輒曰：「此豈孫待制耶！」事聞，贈翰林侍讀學士、中奉大夫、護軍，追封曹南郡公，謚忠烈。賜田三頃，恤其家。

石普，字元周，徐州人。至正五年進士，授國史院編修官，改經正監經歷。淮東、西盜起，朝廷方用兵，普以將略稱，同僉樞密院事董鑰嘗薦其材。會丞相脱脱討徐州，以普從行，録功，遷兵部主事，尋陞樞密院都事，從樞密院官守淮安。時張士誠據高郵，普詣丞相面陳破賊之策，且曰：「高郵負重湖之險，地皆沮洳，騎兵卒莫能前。與普步兵三萬，保取之。高郵既平，則濠、泗易破。普請先驅爲天下忠義倡。」丞相壯之，命權山東義兵萬户府事，招萬人以行。汝中栢方用事，陰沮之，減其軍之半。初，令普便宜行事，及行，又使聽淮南行省節制。普行次范水砦，日未夕，令軍中具食。夜漏三下，銜枚趨寶應，其營中更鼓如平時。抵縣，即登城，樹幟城上，賊大驚潰，因撫安其民。由是諸將疾普功。普水陸進兵，乘勝拔十餘砦，斬賊數百。將抵高郵城，分兵三隊，一趨城東備水戰，一爲奇兵備後路，一普自將之攻北門。遇賊與戰，賊不能支，遁入城。普先士卒躡之，縱火燒其城門。賊懼，謀棄城走。而援軍遷延不進，且忌普，遣蒙古軍千騎突出普軍前，欲收先入之功。蒙古軍恇怯，見賊即奔還，普止之，不可，遂爲賊所蹂踐，相率墜水中。普軍亂，賊乘之，普勒餘兵血戰良久，仗劍大呼曰：「大丈夫當爲國死，退者斬。」奮擊直入賊陣，從者僅三十人。被創墮馬，復步戰數合，賊益至。賊指普曰：「此必頭目，不可使逸，須生致之。」普叱曰：「死賊奴，我即石都事，何云頭目！」左脅爲賊鎗所中，猶手握其鎗斫賊死，賊攢鎗刺普，殺之。

盛昭，字克明，歸德人。由儒學官累遷淮南行省照磨。會詔使往高郵，不得達而還，謬稱賊已迎拜，但乞名爵耳。行省不虞其欺，乃遣昭入高郵，授以萬户告身。士誠拒不聽，拘諸舟中。昭語從吏曰：「吾之至此，有死而已。」既而官軍逼高郵，士誠授昭以兵，使出拒官軍。昭叱曰：「吾奉命招諭汝，汝拘留詔使，罪不容斬，又欲吾從汝爲賊耶！」大罵不絶口，賊怒，先剜其臂肉，而後磔之。

楊乘，字文載，濱州渤海人。至正初，爲介休縣尹。民饑，散爲盜，乘立法招之，使自新，皆棄兵頓首，願爲良民。其後累官江浙行省左右司員外郎。坐海寇掠漕糧舟，免官，寓居松江。張士誠入平江，其徒郭良弼、董綬言乘于士誠，遣張經招乘。乘曰：「良弼、綬皆名士，今已失節，顧欲引我以濟其惡邪？」且讓經：「平日讀書云何？」經俛首不能對。乘日與客痛飲，竟日不言。客問：「盍行乎？」乘曰：「乘以一小吏，致身顯官，有死而已，何行之有！」乃整衣冠，自經死，年六十有四。

納速剌丁，字士瞻。其父馬合木，從征襄陽，以勞擢濬州達魯花赤，因家大名。納速剌丁由鄉貢進士補淮東廉訪司書吏。丁母憂，服闋，補兩浙鹽運司掾，復辟掾淮東宣慰司。至正十年，賊發真州，納速剌丁以民兵往襲之，獲賊四十二人。已而泰州賊大起，鎮南王府宣慰司請參議軍事，納速剌丁建議築四城，立外寨，建堤穿河，募兵與賊抗。行省命率戰艦六十、海舟十四，上下巡捕，以防江面，且護蒙古軍五百往江寧，道遇賊，斬馘二百餘級，生獲十八人，遂抵龍潭而還。未幾，出巡江上，賊突至，納速剌丁手射死三十賊，奪其放火小船二百，賊遁走。俄復據龍潭口，擊走之，追斬三百餘級。其子寶童擒首賊陳亞虎等，及其號旗。捷聞，賞賚甚渥，且召納速剌丁還真州。已而賊犯蕪湖，行臺檄使來援，遂三分戰艦縱擊之，賊奔潰，俘斬無算。賊不得渡江者，皆納速剌丁之功也。因留守蕪湖江口。泰州李二起，行省移納速剌丁捍高郵得勝湖。賊船七十餘艘奄至，納速剌丁禦之，焚其二十餘船，李二失援，遂降。其黨張士誠殺李二，復爲亂，入據興化，分兵襲高郵。納速剌丁以舟師會諸軍討之，屯三垛鎮，賊衆猝至，阿速衛軍及真滁萬户府等官皆遁走。納速剌丁知必死，謂其三子寶童、海魯丁、西山驢曰：「汝輩可脱走。」寶童等不肯去，遂皆死之。事聞，贈淮西元帥府經歷。

胡善，字師善，紹興諸暨人。泰定間進士，以薦授松江儒學教授。至正十五年，苗兵至，欲燬孔子廟，善坐明倫堂詈之，爲所殺，廟得不燬。先是，善題詩壁上曰：「領檄來司鐸，將危要致身。」後果不負其言。

【校勘記】

〔一〕「王佐」，原倒在「吴德新」下，據正文乙正。

新元史卷之二百三十一　列傳第一百二十八

忠義二

鄭玉，字子美，徽州歙縣人。祖安。至元中，官兵討歙賊李世達，欲屠城。安至軍門，與主將言之，一城獲免。授歙縣尹，卒，民立祠祀之。父千齡，休寧縣尹。母洪氏，少寡，以節行稱。

玉生，光照一室，鄰里異之。及長，覃思《六經》，尤邃《春秋》之學。文章嚴而有法，虞集、揭奚斯皆推重焉。再應進士，舉不第，即絶意仕進。築室歙縣師山開門講授，弟子日衆，所居至不能容。

至正十三年，江浙行省平章三旦八知其名，欲薦之，玉以病辭。十四年，以丞相定住薦，遣使者謝嘉卿賫上尊、禮幣〔一〕，召爲翰林待制，階奉議大夫。徽州達魯花赤按敦海牙偕使者至山中，玉固辭宣命，請以布衣入覲。行至海上，疾作，草謝表，授使者而返。因上書於定住曰：

昔周公之爲輔相，一沐三握其髮，一飯三吐其哺，急於得賢，以共天位，故能致成周之治，爲三代之隆。然求賢之道，在於公天下之選，不可徇耳目聞見之偏，而蹊朋黨之弊也。伏維閣下以宰相之重，朝夕求賢，惟恐不及，其視周公，誠不多讓。然天子之職在擇相，相之職在擇百官。主上擇於衆，而相閣下，可謂得人矣。閣下之所以擇百官者，則未聞其人也。邇者，朝廷以玉隱居不仕，上尊出自光禄，束帛賁於邱園，拔之深山窮谷之中，置之玉堂金馬之上，豈所謂公天下之選哉？蓋玉自幼知無用世之才，故躬耕隴畝，自食其力，暇則誦詩讀書，以著述爲業。非敢不仕無義，廢人之大倫也。好事相傳，目爲隱逸，流布京師，至徹閣下之聽。閣下又不察之，而以上聞。玉聞命以來，揣分量才，逃避無所，仰愧俯怍，寢食不安。竊維方今戰士暴露，而賞賜不加；賢人在野，而弓旌不舉。乃使玉謬膺恩寵，傳笑四方，爲閣下累，誠非所望於閣下者也。欲乞朝廷繳還翰林之命，俾玉以布衣躬詣閣下，吐其狂愚，少抒報效。移其恩數，以之賞戰士，則盡其力，以之招賢，則得其用。削平盜賊，坐致太平，實天下之望，抑亦玉之願也。以此不敢祇受，而使者敦迫，必欲令玉面自辭繳。玉憂患餘生，昏耄成疾，行至海上，復感風痹〔三〕，不能前進。用是略布私衷，伏望鈞慈特爲陳奏，遂其初心，實切幸甚。

又與三執政書曰：

竊維士君子之於世，固在乎人相知之深，尤在乎己自信之篤。夫以夫子之睿聖，察弟子之學行，而許漆雕開以仕，其知之不爲不深矣。及至開以「吾斯未之能信」告，則夫子爲之喜說。豈夫子之知不如開哉？顧有人己之殊，而開之不自欺爲可貴也。玉，江東之鄙人也。投棄山林，甘與樵牧爲伍。重以鄉郡累經寇盜，室廬焚燬，妻子離散，憂患驚心，遂成疾疢。景迫桑榆，昏耄日甚。近者，朝廷急於得人，不核其實，遂以隱逸見舉，即所居拜翰林待制。玉自愧非才，乞讓名爵，求以布衣應召，而使者堅拒不允，令自入都辭繳恩命，逼迫登程，舊患增劇。伏維三先生以中州文獻之宗，任廊廟柱石之重，愛人以德，不尚虛文。敢乞經邦論道之餘，達衰朽顛連之狀，使玉得老於山林，優游斯世。上不妨朝廷進賢之路，下不屈匹夫自信之心。雖不能有補聖明之治，尚可以少息奔競之風。豈惟玉之私幸，亦世道之幸也。

十七年，明兵破徽州，主將必欲致玉。玉曰：「吾知死期矣。二雉飛入吾室，是其兆也。」吏卒逼玉見之，玉不爲禮。主將曰：「爾何爲不至？」玉曰：「吾豈事二姓者耶！」抗辭不屈。主將命囚之，玉七日不食，猶作詩文，從容如平日。爲書諭門人曰：「人言食人之食，則死其事。不食其食，奚死？然揆之吾心，未獲所安。士臨事，惡可不盡其本心哉！」玉妻程氏使人謂之曰：「君死，吾相從地下。」玉曰：「吾無遺憾矣。」明日，具衣冠，北面再拜，自縊死。

著有《周易大傳附注》、《程朱易契》、《春秋經傳闕疑》、《餘力藁》，行於世。

全普庵撒里，字子仁，高昌人。初爲中書省檢校。時太師汪家奴擅權用事，臺諫無敢言者，普庵撒里獨於衆中歷數其過，諤諤無懼色。拜監察御史，即首劾汪家奴十罪。出爲廣東廉訪使，尋除兵部尚書，未幾，授贛州路達魯花赤。至郡，發摘姦惡，一郡肅然。至正十一年，潁州盜起，即修築城壘。旬月之間，守禦之具畢備，募勇士得兵三千人，日練習之。屬邑有爲賊所陷者，遣兵復之，境内悉安。十六年，以功拜江西行省參政，分省贛州。十八年，江西下游諸郡皆爲陳友諒所據，乃與總管哈海赤戮力同守。友諒遣其將幸文才率兵圍贛，使人脇之降，普庵撒里斬其使，擐甲登城拒之。力戰凡四月，兵少食盡，義兵萬户馬合某沙欲舉城降賊，普庵撒里不從，遂自剄。事聞，朝廷贈謚慠哀。

哈海赤，守贛尤有功。城陷之日，賊將脅之使降，哈海赤謂之曰：「與汝戰者，我也。爾賊毋殺贛民，當速殺我耳。」遂見殺。

王榮忠，岳州人。全普庵撒里出爲贛州路達魯花赤，薦榮忠爲總管府判官。至正十二年，賊由撫州趨贛州，陷寧都，據之。全普庵撒里遣榮忠禦賊於小莊，連戰皆捷。進屯女冠山，三路並進，遂復寧都，未幾，賊再至，榮忠又敗之，州境以安。全普庵撒里復檄榮忠分防興國，敗賊於方石，斬獲三百餘人。賊退，建尊經閣以教士，曰：「學不可廢也。」明年，會昌陷，遣榮忠分治雩都以援之。二月，復會昌。三月，招降石城賊十五砦。賊自循梅來攻雩都，編竹箕，負以攻城，矢石不能入，榮忠冶銅汁以灌之，賊始敗退。十八年，陳友諒攻陷贛州，全普庵撒里死之。榮忠率所部入援，亦戰死。

周鏜，字以聲，瀏陽州人。篤學，通《春秋》。登泰定四年進士第，授衡陽縣丞，再調大冶縣尹。有豪民持官府短長，號爲難治，鏜狀若尪懦，而毅然有威不可犯。抑豪强，惠窮民，治行爲諸縣最。累遷國子助教。會修功臣列傳，擢翰林國史編修官。出爲四川行省儒學提舉，便道還家，無何盜起，湖南北郡縣皆陷。瀏陽無城守，盜至，民皆驚竄。鏜告其兄弟，使遠引，自謂：「我受國恩，脱不幸，必死，毋相累也。」賊至，得鏜，欲推以爲主。鏜瞠目厲聲大罵，賊知其不可屈，乃殺之。

同時有謝一魯，字至道，亦瀏陽人。鄉貢進士，嘗爲石林書院山長。賊陷潭州，縛一魯。一魯駡賊甚厲，舉家咸遇害。

聶炳，字韞夫，江夏人。元統元年進士，授承事郎、同知平昌州事。炳早孤，其母改適，自平昌還，始知之，即迎其母以歸。久之，轉寶慶路推官。會峒猺寇邊，湖廣行省右丞秃赤統兵討之，屯於武岡，以炳攝分省理問官。悍卒所至掠民爲俘，炳言于秃赤，釋其無驗者數千人。至正十二年，遷知荆門州。賊陷荆門，炳出募士兵，得衆七萬，復之。又與四川行省平章政事咬住復江陵，其功居多。既而賊將俞君正合兵來攻荆門，炳率孤軍晝夜血戰。援絶，城陷，爲賊所執，極口駡不絶。賊以刀抉其齒盡，乃斷左臂而支解之。

未幾，賊陷潛江縣，達魯花赤明安達爾，率士兵禦之，擒其僞將劉萬户，進營蘆洑。賊衆奄至，戰死，其家殲焉。一子桂山海牙，懷印綬去，得免。明安達爾，唐兀氏，字士元。炳同年進士，由宿州判官再轉爲潛江達魯花赤。

劉畊孫，字存吾，茶陵州人。至順元年進士，授承事郎、桂陽路臨武縣尹。臨武近蠻獠，畊孫至，召父老告之曰：「吾儒士也，今爲汝邑尹，爾父老當體吾，教訓其子弟孝弟力田，暇則事詩書，毋自棄以干吾政。」乃爲建學校，設俎豆，三年，文化大興。邑有茶課，歲不過五錠，後增至五十錠。畊孫言於朝，除其額。歷建德、徽州、瑞州三路推官，所至詳讞疑獄，政績卓然。至正十二年春，蘄、黄賊攻陷湖南，畊孫傾家貲，募義兵以援茶陵，賊至，輒却，故茶陵久不失守。十五年，轉寧國路推官。歲饑，勸富民發粟賑之，活者萬計。會長鎗瑣南班、程述、謝璽等攻寧國。畊孫日署府事，夜率兵乘城固守。江浙行省遣參知政事吉尼哥兒來援。城恃有援，不爲備。瑣南班知之，夜四鼓引衆緣堞而上，城遂陷。畊孫力戰遇害。

弟燾孫，以國學生下第，授常寧州儒學正。湖南陷，常寧長吏棄城走，民奉印請燾孫爲城守，城賴以完。後外援俱絶，死之。長子碩，爲武昌江夏縣魯湖大使。起義兵援茶陵，亦死之。弟興孫，官豐州同知，與寇戰，仗節死於台城。

俞述祖，字紹芳，慶元象山人。由翰林書寫，考滿，調廣東元帥府都事。入爲國史院編修官，已而出爲沔陽府推官。至正十二年，蘄、黄賊至，述祖率民兵守緑水洪，并力捍禦之。兵力不支，城陷，述祖爲賊所執。械至其僞主徐壽輝所，誘之使降。述祖罵不輟，壽輝怒，支解之。有子方五歲，亦死。事聞，贈奉訓大夫、禮部郎中。

桂完澤，永嘉人。嘗從江西左丞李朵兒至京師，授平江路管軍鎮撫。爲仇家所訴，免官。會賊攻昱嶺關，行省遂假前官，令從征。完澤勇於討賊，凡再戰關下，皆勝。尋又與賊鬬，爲所執，其妻弟金德亦被擒，皆反縛於樹，臨以白刃降之。金德意未決，完澤呼曰：「金舅，男子即死，不可聽賊！」德曰：「此言最是。」因大罵。賊怒，剖二人之腹而死。

丑閭，字時中，蒙古氏。元統元年進士，累官京畿漕運副使，出知安陸府。至正十二年，蘄賊魯法興犯安陸，時丑閭募兵得數百人，帥以拒賊，敗賊前隊，乘勝追之。而賊自他門入，亟還兵，則城中火起，軍民潰亂。乃歸服朝服，出坐公堂。賊脅以白刃，丑閭猶喻以逆順。一賊排丑閭下，使拜，不屈，且怒罵。賊酋不忍害，拘之。明日，又逼其從亂，丑閭疾叱曰：「吾守土臣，寧從汝賊乎！」賊怒，以刀斫丑閭左脇斷而死。賊憤其不降，復以布囊囊其屍，舁置其家。丑閭妻侯氏出大哭，因置酒肉款賊，紿賊使不防己，至夜，自經死。

事聞，贈丑閭河南行省參知政事，侯氏寧夏郡夫人，表其門曰「雙節」。

有馮三者，湖廣省公使也。素不知書。湖廣賊起，誘三從，三辭曰：「賊名惡，我等豈可爲！」衆初强之，終不從，乃縛三於十字木，舁之以行，而刲其肉。三益罵不止，抵江上，斷其喉委去。其妻隨三號泣，俯拾刲肉，納布裙中。伺賊遠，收三血骸，脱衣裹之，大哭，投江而死。

孛羅帖木兒，字國賓，高昌人。由宿衛累遷江東廉訪副使，以選爲襄陽路達魯花赤。至正十一年，盜起汝、潁，均州鄖縣人田端子等亦聚衆殺官吏，孛羅帖木兒捕斬之。未幾，行省、廉訪司同檄孛羅帖木兒，以所部兵會諸軍於均、房，討賊，賊始退。而穀城、光化以急告，即帥兵趨穀城，分遣樊城主簿脱因等趨光化。且遣使求糧於襄陽。不應，遣同知也先不花促之，又不應。軍乏食，不能行，乃駐於柴店，復遣從子馬哈失力往告急。廉訪分司王僉事、本路總管柴順禮怒其責望，械之。適紐真來獻光化所獲首級，且言孛羅帖木兒在穀城，與賊相持，未知存歿，宜濟其糧，少緩，恐弗及。於是脱二人械，遣還，命也先不花與萬户也先帖木兒率數千人，會孛羅帖木兒以討賊。明年正月，襄陽失守，也先不花等聞之奔潰。孛羅帖木兒率義兵二百人，且戰且退，至監利縣，遇沔陽府達魯花赤咬住、同知三山、安陸府同知燕只不花、荆襄提舉相哥失力之師。時濱江有船千餘，乃糾合諸義兵丁壯、水工五千餘人，水陸繼進。至石首縣，聞中興路亦陷，議趨岳州，就元帥帖桀，而道阻不得前，仍趨襄陽。賊方駐楊湖港，乘其不虞擊之，獲船二十七艘，生擒賊黨劉咬兒。進次潛江縣，又斬賊數百級，獲三十餘船，梟賊將劉萬户、許堂主等。是日，兵未食，而賊大至。與戰，抵暮，咬住等軍各當一面不能救。孛羅帖木兒被重創。麾馬哈失力使去，曰：「吾以死報國，汝無留此。」馬哈失力泣曰：「死生從叔父。」既而孛羅帖木兒被執，賊請同爲逆，孛羅帖木兒怒罵之，遂遇害。馬哈失力帥家奴求其尸，復與賊戰，俱歿。舉家死者凡二十六人。

彭庭堅，字允誠，温州瑞安人。至正四年進士，授承事郎、同知沂州事。毁牛皇神祠，驅鄰縣上馬賊，免横急徵斂，民甚便之。俄以平反獄囚，忤上官意，遂棄去。十年，詔選守令，起爲建寧路崇安縣尹。十一年，擢同知建寧路總管府事。江西寇熾，庭堅率民兵克復建陽，又進兵克浦城。十二年，攝僉都元帥府事，與邵武路總管吴按攤不花夾攻邵武。庭堅設雲梯、火礮，晝夜攻城，寇遁，追斬賊將董元帥等，邵武平。遷同知福建道宣慰司副都元帥，鎮邵武。冬，寇陷建寧縣。十三年，庭堅統建陽、崇安、浦城三縣民兵，次泰寧，賊懼請降，復建寧縣，還師邵武。江浙行省檄庭堅節制建寧、邵武二郡諸軍。十四年，賊入政和、松溪，江南行臺中丞吴鐸督軍建寧。庭堅部將鎮撫萬户岳焕素悍，縱卒爲暴，庭堅繩以法。焕懼，乘其不備，詐爲賊，突攻之。衆潰，庭堅獨留不去，遂遇害，死年四十三。故吏張椿等奉柩還崇安，民哀泣如喪父母，立祠歲時祭禱，數有靈應，旁邑立祠亦如之。贈中奉大夫、福建道宣慰使、都元帥，謚忠愍。

王伯顏，一名簡，字伯敬，濱州霑化人。由湖廣省宣使，歷永州祁陽、湖州烏程縣尹，信州推官。至正九年，遷知福寧州。居三歲，擢福建鹽運副使，將行，憲府留伯顏，仍領州事。未幾，賊自邵武間道偪福寧，乃與監州阿撒都剌募土兵五萬，分扼險阻。賊至楊梅嶺立柵，伯顏與子相馳破之。賊帥王善擁衆直壓州西門，胥隸皆奔散。伯顏麾下惟土兵數百人，賊以長槍舂伯顏馬，馬仆，遂見執。善説伯顏曰：「聞公有惠政，此州那可無尹？公爲我尹可乎？」伯顏訶善曰：「我天子命官，不幸失守，義當死，肯從汝反乎！」善怒，叱左右搤之跪，弗屈，遂毆之。伯顏嚼舌出血，噀善面，駡曰：「反賊，殺即殺，何以毆爲？吾民，天民也，汝不可害。大丞相親討叛逆，百萬之師雷擊電掃，汝輩小醜將無遺種，顧敢爾邪！」賊亦執阿撒都剌至，善厲聲責其拒鬬，噤不能對。伯顏復唾善曰：「我殺賊，何言拒邪？我死，當爲神以殺汝！」言訖，挺頸受刃，頸斷，湧白液如乳。暴屍數日，色不變。州人哭聲連巷。

賊既殺阿撒都剌，欲釋相官之，相罵曰：「吾與汝不共戴天，恨不寸斬汝。我受汝官邪？」賊殺之。相妻潘氏，挈二女，爲賊所獲，亦罵賊，母子同死。

伯顔既死，賊時覘其引兵出入。明年，州有僧林德誠者，起兵討賊，乃望空噑曰：「王州尹，宜率陰兵助我斬賊！」時賊正祠神，覩紅衣軍來，以爲僞帥康將軍，亟往迎之，無有也。官軍四集，賊大敗，斬其酋江二蠻，福寧遂平。事聞，贈嘉議大夫、濟南路總管、上輕車都尉，追封太原郡侯。

長子楨，往收得父母屍，藁葬烏程。朝命以襲父爵，除紹興路總管。張士誠陷紹興，楨不屈死。

又有陳陽盈，字子謙，佚其籍。官泉州稅課使，從伯顔率民兵拒賊，被執，亦不屈死。

劉濬，字濟川，其先興州人。曾祖海金，進士第一人，仕至河南府尹，死於國難，子孫遂家河南。濬由廉訪司書吏，調連江縣寧善鄉巡檢。至正十三年，江西賊帥王善寇閩，官軍守羅源縣拒之。羅源與連江接壤。濬妻真定史氏，故相家女也，有才識，謂濬曰：「事急矣，可聚兵以捍一方。」於是盡出奩中物，募壯士百餘，命仲子健將之，浹旬間衆至數萬。賊尋破羅源，分兩道攻福州。濬拒之辰山，三戰三捷。俄聞福州陷，衆多潰去。濬帥兵遇賊於中麻，突其陣，斬前鋒五人。賊兵大至，鏖戰三時頃，濬中箭墮馬，健下馬掖之，俱被獲。濬忿，戟手大駡。賊縛濬階下，先斫手一指，駡彌厲，再斫一指，亦如之。指且盡，斫兩腕，次及兩足，濬色不少變，駡聲猶不絶，遂割其喉舌而死。

健亦以死拒賊。善舍健，使斂濬屍瘞之。健歸，請兵於帥府以復父讎，弗聽。盡散家貲，結死士百人，詐爲工、商、流丐，入賊中。夜半，發火大譟，賊驚擾，自相屠戮。健手斬殺其父者張破四，并擒善及賊首陳伯祥來獻，磔之。事聞，贈濬福建行省檢校官，授健古田縣尹。官爲濬立祠福州北門外，有司歲時致祭。

朵里不花，字端甫，蒙古人。始爲宿衛官，累擢遼陽行省右丞、平章政事。陳友諒陷江西，詔拜江西行省平章政事，與平章政事阿兒渾沙等分道進討。遂由海道趨廣東，駐揭陽，降土寇金元祐，招復循、梅、惠三州，承制官其酋長，俾治賦以給兵食。又募粟四千石，輸送京師。自是英、肇、欽、連諸郡皆附，且治兵，由梅嶺以圖江西。而元祐有異志，託以鎮服鄉土，遮道固留。先是，制書命劉巨海僉廣東元帥府事，未發，元祐竊取，易其名，私畀猺賊劉文遠，誘與偕亂。事覺，文遠伏誅，而元祐及其弟元泰子榮竄匿不獲。俄榮率外賊突入，奪符信，殺官吏。變起倉卒，衆莫能支，朵里不花與參政楊泰元等勒兵拒戰。賊益衆，朵里不花爲槍所中，創甚。其子達蘭不花率麾下力與抗，死之。朵里不花遂被執，擁至太平橋，駡不絕口，遂爲賊殺。

其妻卜顔氏、妾高麗氏，在側不去，皆大駡曰：「我平章遇爾父子厚矣，爾父子何暴逆至此？」亦皆遇害。其部將哈乞、吴普顔、阿剌不花、歹不花等，俱戰死。

陳君用，字子材，延平人。少負氣，勇猛過人。紅巾入閩，閩帥授君用南平縣尹，給錢五萬緡，俾募千兵。君用散家財繼之，導官軍復建陽、浦城等縣，以功授同知建寧路事。亡何，賊圍福州，君用率兵往援，大敗賊衆。廉訪僉事郭興祖使權同知副都元帥，遂引兵逾北嶺，至連江，阻水而陣。君用曰：「今日不盡殺賊，吾不復生還矣！」乃率壯士六十人徒涉，賊稍潰。既而復合，君用大呼轉戰，中槍死。事聞，贈懷遠大將軍、浙東道宣慰司同知副元帥、輕車都尉、潁州郡侯，謚忠毅。

卜理牙敦，北庭人。累官至山南廉訪使，治中興。至正十二年，寇犯中興，卜理牙敦以兵與抗，射賊多死，賊稍退。明日，復擁衆來襲東門，卜里牙敦兵潰被執，不屈而死。

又明日，賊復來攻，前中興判官上都，統兵出擊之。既而東門失守，上都倉黄反鬬，力屈，賊執之，使降。上都大罵，賊怒，刳其腹而死。

潮海，札剌台氏。由國子生入官爲靖安縣達魯花赤。至正十二年，蘄、黄賊起，潮海與縣尹黄紹，同集義兵，爲禦賊計。未幾，賊數萬，由武寧來寇，紹赴行省求援。潮海獨率衆與戰於象湖，大破之。乃起進士胡斗元、塗淵、舒慶遠、甘棠等共城守，而以勇士黄雲爲前鋒。自二月至於八月，戰屢捷，擒賊將洪元帥。賊黨益盛，雲戰死，潮海遂被圍，尋爲賊所執，殺於富州。

子民安圖，襲父職爲本縣達魯花赤。十三年，帥衆敗賊，復縣治。十四年，賊復至，民安圖戰敗，賊執而剮之。

紹，字仲先，臨川人。至正八年進士，以求援出靖安，遇官軍，護紹得入龍興。而龍興亦被圍。其後圍解，紹乃與民安圖招諭叛黨。過建昌之高坪，遇賊，紹正衣冠，怒罵，爲賊所害。

斗元，字元浩，靖安人。至正十年，領江西鄉薦第一，下第，署鰲溪書院山長。賊至靖安，掠斗元鄉里，斗元以鄉兵擊敗之。與潮海共圖戰守，及被執，賊脅之使降，斗元罵不屈。乃以土埋其腰，不死。又縛置暗室，斗元仆牆以出，遁入深山，忿恚而卒。

黄雲，撫州人，寓靖安。以勇捷稱，每接戰，獨以身當敵。嘗爲數十人所圍，即奮身躍出。至是，身中數十槍，噴血罵賊死。

魏中立，字伯時，濟南人。由國子伴讀，歷官至陜西行臺御史中丞，遷守饒州。賊既陷湖廣，分攻州郡，官軍多疲懦不能拒。所在無賴子，多乘間竊發，不旬日，衆輒數萬，皆短衣草屨，齒木爲杷，削竹爲槍，截緋帛爲巾襦，彌野皆赤。中立率壯丁分塞險要，戒守備。俄而賊至，達魯花赤馬來出戰，不能發一矢。中立以義兵擊卻之。已而賊復合，遂爲所執，以紅衣被其身。中立叱之，鬢髯盡張。賊執歸蘄水，欲屈其從己。中立大罵不已，遂被害。

未幾，賊又犯信州，信州總管于大本，以土兵備禦。賊入，執大本至蘄水。徐壽輝釋其縛，畀僞印一紐，且命以官。大本投印於地，痛詈之，遇害。大本字德中，密州人，由儒學教諭入官。

章善，字立賢，吉安龍泉人。性耿介，尚氣節。攝龍泉令完者帖木兒嘗授學於善。至正十二年，盜賊蠭起，善說完者帖木兒籍民兵，修城，爲固守計。明年，賊攻圍日蹙，城中糧盡，至取草根木皮食之，猶堅守不下。一日，山水暴至，完者帖木兒挈妻子乘小舸夜遁。比旦，城陷。善父士璧年八十餘，自投北江。其妻李氏與子婦相挽赴井死，善亦投江而死。

【校勘記】

〔一〕「胡斗元」，原倒在「黄雲」下，據正文乙正。

〔二〕「幣」，原作「弊」，據文意改。《唐氏三先生集》卷四《筠軒詩藁》云「前元至正十四年間庚申，帝遣使謝嘉卿航海齎名幣法酒」。

〔三〕「復」，原作「夏」，據鄭玉《師山集》卷一《上鼎珠丞相書》改。

新元史卷之二百三十二　列傳第一百二十九

忠義三

王翕朶兒直班　高文鼎解子元　羅啓南　姜天祐　錢鶴皋　梁曾甫孔昞　鄧可賢　張恒　張友明周仁
陳元善雷燦　葉景仁雋　李鉉　馬哈麻　羅良陳端孫　張進九　趙觀光　潘伯修　周誠德劉公寬　王銓
劉良劉溶　楊椿　李棠卿　鄒世聞劉受二　陳謙訓　李清七〔一〕清八　林夢正　夏璿　普元理　湯自愿
汪伯正胡振祖〔二〕　江日新程擇　許晉　劉元謨楊居仁　脱脱　張昇　舒泰張遠　陳無吝　黄復圭　黄翊
楊本巖　彭繼凱　蕭同善陳新　馮文舉郭景杞　尚景仁　東良曾　劉以忠　神保　邢飛翰　張仲仁
張名德　齊郁　鄧祖勝趙元隆〔三〕　張士謙　吴訥陶起祖　驢兒達德　柏帖木兒　迭里彌實獲獨步丁等

王翕，宣城管軍百户也。至正中，長鎗軍瑣南班叛，攻郡城將陷，翕呼弟曰：「我世受國恩，遇難當死。顧老母在，汝等宜出避。」語訖，即殺妻、子，焚其居自刎。

時中興元帥朶兒直班，亦死之。

高文鼎，吉水人。爲廣東元帥。至正中，三山寇攻廣州，文鼎以義激將士，力拒幾一年。援兵不至，城陷，自刎，舉家無一存者。

同邑進士解子元，起兵保鄉里，與義士羅啟南、姜天祐皆戰死。

又錢鶴皋，上海人。至正中，盜發松江，鶴皋揭竿起義兵以復本郡，不克而死。

梁曾甫，南海泮浦人。至正間，授番禺沙灣巡檢。及盜起，曾甫據形勢立壘砦，流逋四歸，盡散家財以餉士，不足則質其田繼之，鄉人賴以守堵。賊遣使説之降，曾甫斬以狥衆。賊怒，悉鋭來攻，曾甫遂遇害。

有烏石砦巡檢孔昞者，宣聖五十六代孫也。同起兵拒賊，亦被殺。

鄧可賢，乳源人。慷慨好學。郴寇攻乳源，可賢率民立砦自保，以忠孝大義相勉，且曰：「砦不能守，當急趨韶州，韶吾父母邦也。」乃遣子一源，間道上方略於同知買住，率兵破賊。由是賊深恨之，復合兵攻砦。守兩月，糧盡，可賢子弟七人皆被殺。及砦破，守民四百人無一降者，郡人建祠祀之。

張恒，電白人。官雷州千户。高涼猺賊寇雷州，勢猖獗，諸將皆恇怯。恒曰：「恒實專戎衛，敢偷生誤國乎！」遂披甲躍馬，出與賊戰，奮臂殺數十人，竟以無援死。

張友明，吴川人。至正九年，海寇犯合浦，攻珠崖。宣慰使檄化州通判游弘道進兵會剿，弘道知友明爲義士，命率師追賊於澄邁之石礶港。時賊糧盡，死戰。友明爲先鋒，戰方酣。俄而海南番兵先遁，寇乘勝四合，友明與弘道力戰，歿於陣。

有瓊山縣巡檢周仁者，亦戰歿。

陳元善，龍溪人。世以儒名家。海壖逃兵作亂，賊帥以元善素行孚鄉里，欲先脅之爲民望。元善曰：「吾所畏者義，不畏者死。汝賊豈能久生耶！」與其妻郭氏及三子皆遇害。

又雷燦，進賢鄉貢士，閩中亂，燦起兵討賊，亦死之。

葉景仁，字天德，松溪人。至正十三年，爲浦城縣尹。閩中盜起，奉檄討政和西里寨，克之。遂深入，以援不繼，爲賊執，斷其右膊死。

子雋，聞父死，傾家貲募壯士，從間道入賊境，殺賊帥，載父屍而還。事聞，授以官，不就。

同時有李鉉，字伯鼎，衛縣人。官郢、復二州副萬户，分兵守延平。與寇戰於政和泗州橋，弗克，死之。

又馬哈麻，回鶻人。爲政和尉，亦率鄉兵拒戰，被執，瞋目罵賊。賊怒，剖其腹，腸出，委地而死。

羅良，長汀人。散資募兵，捕殺漳州山寇，解福州圍，功爲閩將第一。又數從海道漕粟京師，賜爵晉國公。時陳有定主閩事，良貽之書曰：「足下向爲參政，國之大臣，克復汀州，固其本職。燕只平章，僚長也，足下迫之；郡邑之長，朝命也，足下竄之；百司，朝廷之役也，足下臣妾之。足下所收復郡邑，得其倉庫，入爲家資，口言爲國，心實爲身耳！跬步之間，真僞甚明。不審足下將爲郭子儀，抑爲曹孟德耶？」有定大怒，發兵攻漳州，良迎戰馬岐山，敗績。進圍之，良堅守旬月，城陷，死之。

又陳端孫，字伯都，福清人。武舉第一。時陳有定勒兵侵州境，率衆拒之，中流矢墜馬。有定脅之使從，端孫曰：「我家三世事元，今從汝反邪？」有定怒，殺之。其妻孫氏，抱幼女投井死。

張進九，青田人。世業農，敦樸有至行。至正十五年，八都賊起，進九被縛，使前誘衆降。進九怒呼曰：「諸君速來殺此賊！」賊加刀於頸，令如己言，卒不改，竟被殺。

趙觀光，鄞人。以文學得推擇爲吏，署奉化州判官，尋遷昌國州。方國珍作亂，昌國孤懸海中，勢甚危。守將問計，對曰：「州兵寡弱，且不諳水戰。惟蘭、秀二山居民悍勇善鬥，素習海事，若募以厚貲，示以重賞，用之擒賊無難也。」守將然其言，即以事委之。引兵出海，俄而賊船猝至，衆皆畏縮莫敢前，獨觀光部兵與之戰。至晚，短兵相接，矢石交下，官軍與賊不可辨，遂死之。

潘伯修，字省中，黄巖人。嘗三舉於鄉，至春官輒不第，遂隱居教授，以著書自娱。爲詩文皆寓微意，曰：「文章不關世教，雖工無益也。」方國珍寇海上，江浙參政朵兒只班總兵至，將盡屠邊海之民。伯修挺身率父老詣軍前，力争曰：「倡亂者，國珍爾。吾民無罪也。」乃得免。國珍聞之怒，遣人沉之於海。

周誠德，温州平陽人。父應煃，以浙東帥府同知致仕。至正十四年，盜起，蔓延温州境。浙東元帥檄誠德爲平陽州同知，遂募義勇勦捕賊黨李師、吴第五等，境内以安。第功遷樞密判官。時方國珍從子明善據温州，屢侵平陽，誠德率兵敗之於香山，又敗之於徐洋，累官浙東道副都元帥。明善深畏之，乃賂遺麾下，使狙伺於内，以計誘執之。誠德大罵，不屈，明善叱左右刳其皮。誠德曰：「雖齏粉猶勝從爾活，况刳皮乎！」既死，猶屹立不仆。

有義士劉公寬，團結鄉兵，代誠德復讐，明善從間道脱走。

王銓，字伯衡，安仁人。登進士，歷温州守。及州陷，銓公服坐堂上。寇至，問：「何爲不去？」銓曰：「方州大臣與城存亡，去將何適！吾負國托付，死有餘辜。但不可延累吾民。吾當爲厲鬼以報汝！」寇欲降之，乃以言激賊怒，引頸受刃死。其女聞之，亦抱子赴水以殉。

劉良，常州萬户府知事也。張士誠圍常州，援兵不至，遣其子毅齎蠟書，間道抵江浙求救。未及還，而城陷，良不屈，闔門赴水死者十餘人。

時武進縣尹劉溶，率民兵戰於葛橋南，亦陣歿。

楊椿，字子壽，平江人。素有學行。張士誠攻平江，有司籍民守陴，署椿李司馬賓客，佐其軍。時所募皆少年良家子，椿入募之明日，寇兵即附城，椿戎衣率所部晝夜獨守一隅。既而守臣遁去，寇奪門入，椿猶持弓矢督戰，遂死城下。妻王氏，披髮徒跣，求於亂屍中，不得見。循河而哭，忽其尸浮於水上，因載以歸，撫柩大慟三日而氣絶。

李棠卿，樂平人。爲無錫州倉使。時張士誠寇無錫，棠卿抱印避草澤間。士誠以倉印故，購之急，棠卿度不能脱，遣人懷印間道納之行省。尋被執，誘以仕，不降。因繫數日，死獄中。

鄒世聞，字聞達，登州黄縣人。世襲管軍百户，戍海寧，地瀕海，竈民多鬻私鹽，而禁甚重，有犯者，例與管民官共讞。管民官欲按法科竈民罪，世聞曰：「民貧故耳。」卒不問。民皆稱爲「鄒父」。會張士誠陷浙西，見有從逆者，世聞每爲切齒。後屏居峽石，不食死。

同時，劉受二，彭澤人。以貢授池州府推官。張士誠倡亂，受二領兵戰於城西渡口，敗績。嬰城固守，城陷，不屈死之。

陳謙，字子平，平江人。潛心皇極之學，尤精於《易》。嘗一應鄉貢，既入院門，卒有解士人衣，索挾書者，歎曰：「是豈致身之道耶！」遂趨出，不就試。兄訓，爲江浙行省照磨，謁告還吴。適苗寇薄城急，俄聞城陷，訓即與謙訣曰：「吾雖位卑，嘗爲王臣，義不可辱。弟處士耳，宜走避。」語訖，即拔刀自刺，家人抱止之。亂兵入脅使拜，不屈，遂刃其胸，謙翼蔽之，乞以身代。衆掖之門外，復求入見，其兄已殪，伏尸號慟，併見殺。悉投於河，門弟子得其屍橋下，兄弟猶相倚立水中，若抱持然。求其所著書，皆散失，獨得《周易解詁》二卷，古體詩二十四篇。

李清七，蘄水人。與弟清八，俱英邁剛果，謹守禮義。徐壽輝據蘄水爲都，鄉人有材識者，皆妄授官爵。清七兄弟以爲恥。壽輝及門辟之，匿不出。及索致之，兄弟歷陳大義，辭色俱厲，並見殺。至今耆老指其地曰：「此李清七兄弟死所也。」

林夢正，字古泉，台州太平人。以遺逸舉爲溧陽儒學教授。蘄、黄賊寇溧陽，獲其魁張姓者，乃世職千户也。夢正叱之曰：「爾父祖世受國恩，而爾忍爲逆邪？」既而寇勢轉盛，竟奪張去，令曰：「有生得林教授者，受上賞。」夢正匿他處，搜得之，張曰：「前日罵我者，非子邪？」曰：「然。」張曰：「降則俾爾爲元帥。」夢正曰：「爾僞也，我何爲降！」强之再三，終不可。縛於樹，不解衣冠殺之。

夏璿，字希政，湘陰人。博學篤行，以氣節自負。領鄉薦，歷湖廣行省都事，布衣茹素以爲常。至正十二年，蘄、黄兵變，屢爲亂黨所脅，憤懣自經。遺書勉妻子以忠節，語不及私。

普元理，其先高昌人，後徙公安。至正壬辰進士，歷僉江南湖北廉訪司事。時所治郡邑皆陷，遂詣長沙，假分司印，徵兵屬郡。未幾，授行省參政，兵潰，一門盡節死。

湯自愿，字伯恭，餘干人。徐壽輝遺將項普略陷饒州，所至殺掠，自愿起兵禦之。未幾，州陷，自愿走港西，結連臨川諸義士爲保障。其子弟皆有膂力，每戰必克，聲大振，時號「湯軍」。集兵復州治，三日，戰敗，自愿遭擒，送饒州。普略欲其降，不屈死。

汪伯正，字以德，樂平人。少通《春秋》大義，尚名節，授婺源州判官。僞將項普略陷饒、信，伯正引兵自五嶺，與平章三旦八兵合勦之。兵敗，三旦八僅以身免。賊乘勝長驅入州，伯正力戰死。

初，鄱陽胡振祖，獨樹義旗，糾鄉民自保江口，三旦八授爲浮梁州同知。率兵轉戰，遇歙寇汪童，衆數萬。乃營大游山拒之，累戰不利，馬蹶，被擒死。

江日新，歙州人。蘄、黄賊陷郡，日新與其弟倡義舉兵，選武勇者將之。相持旬日，寇益衆。兄弟迭出戰，力竭，皆死。

同郡程擇，時爲武昌路學正。蘄、黄寇至，以府檄起義兵，固守。城陷，死之。

許晉，字德紹，江陰州大姓也。有武略，仲子如璋，亦英勇。蘄賊陷江陰，晉與如璋謀潛募鄉人，資以飲食，俾護里閈。賊四出抄掠，則誘使深入，殪而埋之。尋聞官軍駐近郊，陰遣人約爲内應。會浙東宣慰元帥以兵至，晉率所募應之，與賊戰城北。賊忿，兵犄其後，如璋與家僮往救，手刃數人，陷陣入，偕父戰死。鄉人得其屍斂葬之，表所居曰「忠孝里」。

劉元謨，佚其籍貫，弋陽知州。蘄寇至，力拒之，凡十九日。衆皆欲降，元謨大言曰：「吾雖死，當殺此賊！」城陷，罵賊而死。

同時，玉山監縣壽安、貴溪尉張良材，亦死於難。

又楊居仁，開化縣尹。饒兵陷縣治，謂其下曰：「我守土臣，城亡與亡，義不可去。若輩宜自爲計。」衆皆散，居仁獨衣冠坐堂上。賊至執之，大罵被殺。

又脱脱，同知萍鄉州事。蘄、黄寇起。脱脱以勢必蔓延，糾集義兵勤加訓練，爲守禦之計。及賊壓境，悉力拒戰。賊環攻益急，城陷，死之。

張昇，建陽人。少穎悟，年十二，除正字，積官江西儒學提舉。陳友諒據江西，追取諸司印，昇獨不從，投其印於井，不食死。

有鄧椿者，吉水人，臨江府吏也。城陷，亦投江死。

舒泰，奉新人。至元初進士，任分宜縣丞。辨寃獄，却虎患，異政纍纍可紀。寇起，渠帥知其爲民望，欲要致之，不得。後舉義兵破賊，爲鄰境劇寇所乘，泰被執，瞋目怒駡，遂遇害。

又張遠，永豐人。世以貲自雄。盜起沔陽，所過剽掠。遠保護鄉里，以大義激厲郡人，合兵禦寇。謀泄，盜襲殺之。

時清江劉天祐，亦起義兵謀討賊，及被賊執，駡賊而死。

又陳無吝，亦永豐人。素有文名，叛將慕其才，强之從己，使參軍事。無吝不肯，固請之，乃曰：「相從可，乞與我紙筆。」乃大書一詩與寇，極詆之。寇怒，拔其舌，刳其腹，含糊駡不絶口而死。

黄復圭，字均端，安仁人。少博學，以詩鳴於時。後陷於賊，爲詩寫志。賊怒，將刃其腹。圭曰：「腹可剖，赤心不可剖。」賊引錐欲刺其心，圭曰：「心可滅，吾心之正氣不可滅也。」賊寸磔之。

黄翊，字孟翔，新建人。辟掾廬陵郡。安城土豪横殺人，有司莫敢逮，翊請行。豪樹柵自固，翊命拔去。惡少年數十輩譁而出，翊叱曰：「汝主自殺人，何與爾事？顧甘同滅族耶！」挺身呼而入，豪知勢蹙，出求解，且誘以重賂。翊諾之，與俱來，寘諸法。僞漢陷江西，將及郡，知府以下皆散走，翊獨止孔子廟堂。盜獲之，知爲府掾，强之，使奉行文書，翊曰：「我即死，其能官於賊耶！」盜怒，反接於樹，歷一日，意必自悔，抽刀礪其頸。翊大駡，甚於初，賊乃殺之。

楊本巖，廬陵人。有文武材。初爲白鹿書院山長，遷廬陵主簿。往捕東固盜，所向披靡。本巖欲窮其巢穴，乘勢深入，死之。子節，聞父陷，奮勇突前，賊圍之數重，不得脱，亦死。

彭繼凱，分宜人。歐普祥陷袁州，繼凱募義旅迎戰，大敗之。適安福義士袁明東引兵來會，并力克復袁城。乃下令禁殺掠，修城池，繕甲兵，弔死恤孤，民賴稍安。遣人詣贛迎舊守寶童歸，寶童嫉其功，令刺客殺之。城中驚擾，義士潰散。

蕭同善，萬安人。以安慶路經歷攝縣事，龍泉彭時中寇縣治，同善集義士守禦，城賴以存。後復來攻，同善督衆力戰，被執。賊脅其跪，同善曰：「我，命官也，何爲跪！」賊裂其喉而死。

有彭敬叔，初爲河北僉事，致仕歸道，遇亂兵執之，使拜，亦不屈死。又陳新，泰和人。初任新淦州判官。既歸省，監州達正道聞其賢，使分守州之東境。時援少，食盡，堅守不去。未幾，被執，解佩刀自刎。

時新淦守孔會心，亦赴水死。

馮文舉，成都什邡人。初舉鄉試，授漢川州學正。會達魯花赤讌賓佐，以一手稱觴，文舉恥之，謝病去。次年成進士，授雲南儒學正提舉。明玉珍攻雲南，文舉謂妻馬氏曰：「我，元進士，蒙恩厚，今天運至此，有死無二。汝，光州馬中丞孫女也，其從之乎？」馬氏曰：「夫既義亡，妾生何益！」乃焚香北叩，相對縊於學宮。

時副提舉燮理翰，聞之，憮然曰：「吾其可獨生乎？」亦整衣冠自經。同時，新都人郭景杞，進士，官益源州同知。賊至，力戰而死。

尚景仁，施州人。父紹榮，召集鄉民守禦本州，大將劉應寶奏署元帥府事。明玉珍據重慶，屢遣人招紹榮，許以官爵，不應。及遣將來攻城，紹榮敗之。時副元帥覃川隆密受僞命，以城降，紹榮遁入蠻中。景仁與弟庭芳收餘衆，從大兵征討有功。庭芳授夔州路總管，從攻新建，戰死。景仁并領其衆，守鐵案城，僞丞相戴壽來攻，城陷，不屈死。

束良曾，佚其籍貫。官鞏昌路總管，駐商州。聞李喜喜入蜀，慨然曰：「吾職守在此，豈可臨難苟免？」遂率所部拒之，先登，陷陣而歿。

及寇焚遼陽懿州，總管呂震亦死之〔四〕。

劉以忠，字恕夫，湯陰人。劉福通侵河北，以忠避地林縣鹿嶺山。羣盜襲得之，欲推爲主，擁坐盤石上，衆卒羅拜於前。以忠曰：「我書生也，不能爲國討賊，反附之乎！」遂以頭觸石，血流滿面。賊度其志終不改，刺殺之。

有扶溝進士潘炎者，賊素重其名，將辟爲學士。炎叱曰：「我豈從賊者！」當賊觸柱而死。

神保，北庭人。爲林州達魯花赤。劉福通兵陷林州，神保與民避守蟻尖寨。事急，懷其所授白麻投崖死。

時林州團練萬户高傅，磁州人也，赴調至中途，遇盜，亦戰死。

邢飛翰，霍州人。性剛介，以薦爲内臺御史。伯顔專政，飛翰面斥其非。參議佛家驢姦邪，復廷劾之。以不容於宰相，出爲兩淮鹽運同知，致仕。至正末，兵亂被執，不屈而死。

張仲仁，濠州人。讀書尚氣節。流寓泗州，以賈魯召，使諭安豐，死之。子順禮，繼往諭安豐，亦死焉。世稱父子完節。

同時，姜碩，樂安人，官禮部員外郎。奉詔招安陳友諒，不從，碩大駡，遇害。

張名德，淄川人。爲般陽路總管。時州縣喪亂過半，名德日訓練其下，無少怠。嘗曰：「此地稍安，以河爲之障，賊兵卒不能來。今朝廷奏兵事者，多留中不省。萬一賊衆北渡，防禦稍疎，吾輩死無地矣。爾等歲縻廩粟，當各存忠義，要使頭頸吃一刀以報國。」未幾，劉福通果遣將毛貴引兵攻山東，連破膠萊、益都，名德力戰死。

時膠萊守臣釋家訥、僉書樞密院脱歡，陵川縣尹張輔、臺掾張祖信，皆死於毛貴之亂。

齊郁，博興人。官山東僉事，分守益都。明兵至，諸路望風迎附，郁與宣慰副使于德文、總管胡濬、知行樞密院張俊，協力防守。食盡，衆潰，並相約具公服自縊。俊妻子亦自投井中。

鄧祖勝，佚其籍貫。以右丞守永州。明兵圍其城，屢戰屢屈。城中食盡，或勸暫投他郡以圖後效，祖勝慨然曰：「吾受封疆之寄，才力譾薄，不能禦難以至此，有何面目復視息人間？分當效死報國，諸君可速爲計。」遂抽刀自殺。

都事趙元隆者，興安奇士也。素尚氣節。嘗讀書至「士爲知己者死」，拊几歎曰：「烈士當如此矣！」聞永州破，祖勝自殺，乃私語同官曰：「昔與鄧侯同事，良荷知遇，所以不即死者，期効尺寸以報。今鄧侯死矣，尚可獨生乎？」即引劍自決。

張士謙，樂安人。由南臺御史出知婺源州事。明兵至，拒守五十餘日，城陷，被執。先戮其妻，仍加刃於頸，脅之。士謙曰：「吾爲國忠臣，豈愛身邪！」至死罵詈不絕。

時婺州守臣僧住、廉訪使楊惠、宣城百户張文貴，亦皆自殺。

吴訥，字克敏，休寧人。少學兵法，習騎射。盜起徽州，待制鄭玉薦其才，授建德路判官。明兵至，隨元帥阿魯輝退屯浙西，札溪源。巡邏至界首白際嶺，戰敗，引刀自刎，年僅二十七。有《吴萬户詩集》五卷。

同時，銅陵人陶起祖，官同知，爲賊所執，仗義而死。

驢兒達德，蒙古人。爲雲南行省右丞。鎮帥達里麻兵敗，梁王聞之，即同其母嘉僖可敦忽的斤等百餘人，乘舟趨昆明池，謂驢兒達德曰：「我，宗室子，無降理。」命取藥仰之死，妻、子皆從之。驢兒達德既進毒於王，號慟自殺。一時從死者幾二百人。

柏帖木兒，字君壽，蒙古人。居官所至，以廉能著。至正中，累遷爲福建行省左右司郎中，行省治福州。二十七年，明以騎兵出杉關，取邵武，以舟師由海道赴閩，奄至城下。柏帖木兒知城不可守，引妻妾坐樓上，慷慨謂曰：「丈夫死國，婦人死夫，義也。今城且陷，吾必死於是。若等能吾從乎？」皆泣曰：「有死而已，無他志也。」縊而死者六人。有十歲女，度其不能自死，則紿之曰：「汝稽顙拜佛，庶保我無恙也。」甫拜，即挈米囊壓之死。乳媪抱其幼子旁立以泣，柏帖木兒熟視之，歎曰：「父死國，母死夫，妾與女從父者也，皆當死。汝三歲兒，於義何所從乎？爲宗祀計可也。」乃命媪抱匿旁近民舍，而斂金珠畀之曰：「即有緩急，可以此贖兒命。」有頃，兵入城，即自焚死。

迭里彌實，字子初，回回人。性剛介，事母至孝。年四十猶不仕，或問之，曰：「吾不忍舍吾母以去也。」以宿衛年勞，授行宣政院崇教，三遷爲漳州路達魯花赤。居三年，民甚安之。時陳有定據全閩，八郡之政，皆用其私人以總制之，朝廷命官不得有所與。明兵既取福州，興化、泉州皆納款，或以告迭里彌實，仰天歎曰：「吾不材，位三品，國恩厚矣。其何以報乎？報國恩者，有死而已。」亡何，吏走白招諭使者至，請出城迓之。迭里彌實從容語之曰：「爾第往，吾行出矣。」乃詣聽事，具公服，北面再拜畢，引斧斫其印文，又大書手版曰：「大元臣子。」即入位端坐，拔所佩刀，割喉中以死。既死，猶手執刀按膝坐，儼然如生時。郡民相聚哭庭中，斂其屍葬東門外。

時又有獲獨步丁者，回回人。進士，累官僉廣東廉訪司事。有吕復者，爲江西行省左右司都事。皆閑居，寓福州。復以行省命，攝長樂縣尹。福州既下，獲獨步丁曰：「吾兄弟三人，皆忝進士，受國恩。今四十年，雖無官守，然大節所在，其可辱乎！」以石自繫其腰，投井死。復亦曰：「吾世食君禄，今雖攝官，若不以死報國，則無以見先人於地下。」引繩自經死。獲獨步丁兒曰穆魯丁者，官建康；曰海魯丁者，官信州。亦皆死國難。

【校勘記】

〔一〕「李清七」，原作「李璿七」，據正文改。

〔二〕「胡振祖」，原脱，據正文補。

〔三〕「趙元隆」，原脱，據正文補。

〔四〕「總管」，原作「總營」，據本書卷二六《惠宗本紀四》、《元史》卷四五本紀第四十五《順宗八》及《明史》卷一二二列傳第十《韓林兒傳》改。

新元史卷之二百三十三　列傳第一百三十

忠義四

伯顔，一名師聖，字宗道，哈剌魯氏。世居開州濮陽縣。伯顔生三歲，常以指畫地，或三或六，若爲卦者。六歲，授《孝經》、《論語》，即成誦。稍長，受業宋進士建安黄坦。坦曰：「此子穎悟過人，非諸生可比。」因命以顔爲氏，且名而字之。久之，坦辭曰：「余不能爲爾師。羣經有朱子説具在，歸而求之可也。」至正四年，以隱士徵至京師，授翰林待制，預修《金史》。既畢，辭歸。已而復起爲江西廉訪僉事。數月，以病免。及還，四方來學者至千餘人。十八年，河南賊蔓延河北，伯顏言於省臣，將結鄉民爲什伍以自保。俄賊兵大至，伯顏乃渡漳水北行，鄉人從之者數十萬。至磁州，與賊遇，賊知伯顏名士，生劫之，以見賊將，誘以富貴。伯顏罵不屈，引領受刃，與妻、子俱死之，年六十四。人或破其腹，見其心數孔，曰：「古稱聖人心有七竅，此非賢士乎？」乃覆牆而揜之。有司上其事，贈奉議大夫、僉太常禮儀院事，謚文節。太常謚議曰：「以城守論之，伯顏無城守之責而死，可與江州守李黼一律；以風紀論之，伯顏無在官之責而死，可與西臺御史張桓並駕。以平生有用之學，成臨義不奪之節，乃古之所謂君子人者。」時以爲確論。

朱春，佚其籍貫。三原尹。明兵克奉元，春謂其妻曰：「吾當以死報國。」妻曰：「君盡忠，吾豈不能盡節？」俱投厓死。

同時，谷廷珪，襄陽尹。鐵木哥兵入境，官吏皆遁，廷珪與主簿張德獨不走，被執不降，死之。

買住，韶州路同知，以廉介聞。至正間，郴賊陷樂昌，買住率義兵敗賊，復樂昌、乳源諸縣。寢疾，歿於軍中，郡人義而祀之。

經歷張鳳儀，率義兵追賊，兵潰，被執，不屈死。子萬里，獲賊酋，劈其肝食之。尋補父官，及贛賊圍城，出戰，被數創，罵賊而死。

熊義山，安鄉人。累官至萬户。倪文俊兵至，執縣尹張繼和，義山保黄山砦，一縣歸之。又二年，文俊襲陷之，逼使降，義山罵不絶口，文俊剖其腹殺之。

又，羅邦佐，石城人。平海寇，授廉州總管。子震，敦化州總管；次子奇，曹州路同知；子奇子元，廉州路同知。一門父子兄弟皆死節。

曹彦可，亳州人。妖賊起，羣至彦可門，逼之寫旂。彦可罵曰：「我儒者，知有君父，寧死耳，肯從汝輩耶？」遇害，賜謚節愍。

同時，陳道夫，懷寧人。余闕辟爲懷寧尹。屢抗賊，城陷，死之。

梅實，宣城人。集慶路總管府照磨。至正中，明兵圍城，乃會友人李端曰：「事急矣，當以死殉國。」城陷，合門遇害。

又，吕復，福清人。攝長樂縣尹。明兵入福州，復曰：「學古，世食君禄，不以死報國，無以見先人於地下。」自縊死。

又，堵簡，字無傲，金壇人。善詩歌。元末爲江浙行省檢校官，平章慶童辟爲參議。兵敗，爲賊所執，不屈死。

囊果歹，四川行省平章政事。明玉珍據重慶，囊果歹與右丞完者都、參知政事趙資，各以兵次嘉定之大佛寺，規復重慶。玉珍使其弟明二攻之，相持半年。玉珍遣明二倍道趨成都，陷之，獲囊果歹、趙資妻子，送於玉珍。囊果歹之妻謂舟人曰：「吾家三世受羊皮宣命，吾爲平章夫人，今遭辱如此，何面目見祖宗於地下？」遂自沉於江。趙資妻至，玉珍待以禮。資方守凌雲山，因諷妻招資降。將戰，玉珍驅資妻陣前，攜子呼資曰：「妾與鎖兒受擒，明元帥待妾母子以禮，君宜早歸，以全妾母子之命。」子亦呼父救，號泣，兩軍莫不墮淚。資控馬彎弓，厲聲曰：「癡婦！汝不死何待？汝不見平章夫人耶？」一矢殪之。復欲射其子，兵擁去獲免。玉珍揮兵進戰，官軍大敗，完者都、囊果歹、趙資皆被執。玉珍勸之降，囊果歹曰：「我，元之懿親，固無降理。一死之外，尚何言也！」資曰：「吾爲參政，不能平賊，罪不容於死，敢助賊乎？惟速死爲幸！」完者都惟俯首長吁而已。後皆爲玉珍所殺，蜀人謂之「三忠」。

周冕，字時中，廬陵龍湖人。少讀書，自負奇偉。由文學起家，至連山縣尹，以廉介稱。賀州峒賊周滿反，官兵討之不克，曰：「周縣尹來，即降。」冕往，賊羅拜迎降。歷官亞中大夫、廣東宣慰使。至正中，監郡納速兒丁起冕及前松江府同知劉公福，領兵至龍湖。賊大至，陽使人納款，冕開懷受之，遂遇害，公福亦死之。納速兒丁立祠祀之。

又廬陵人羅輝，字明遠，以字行。性倜儻好義。聞紅巾賊至，即散家財，招死士，爲戰守計。賊攻吉安，明遠率敢死士三百餘人，與賊戰於城東。賊敗走，郡城立復。明遠陣歿。

王成，雷州人。素驍勇，號「帽兒王」。猺賊時或侵境，成常戴一皮帽，先登陷陣，猺賊輒奔潰。他人或戴其帽臨陣，賊亦驫走。猺賊侵雷州，元帥張不兒罕孛温率所部禦之。賊間道徑至城下，官軍還救，成先驅，連斬數賊，大破之。恃勝，不設備，餘賊發毒矢，中成而卒。軍民附祀成於黑神祠。

游弘道，江西人。通判化州，爲政廉而不苛。九年，海賊犯合浦，弘道出貲購賞，率義兵吴川張友明等七百餘人，會諸郡兵，禦賊於澄邁之石礶港。友明等戰甚力，俄而猺兵梟水走，賊乘勝圍之。弘道與主簿木薛飛、同知羅武德及張友明，俱戰死。

王英，字邦傑，益都人。性剛果，有大節。膂力絶人，善騎射。襲父職爲莒州翼千户。父子皆用雙刀，人號曰「刀王」。至元二十九年，江西行樞密院檄討南雄賊丘太老。賊突至，英力戰，大破之。斬其渠帥劉把束。元貞元年，從左丞董士選討大山賊劉貴，擒之。延祐二年，寧郡賊起，行省檄英率各萬户軍討之。英屢戰皆勝，斬獲甚多。行省平章李世安遣英迓江浙平章張閭於境上。至木麻坑，擒賊蔡五九。又追賊至上虎嶂，遇賊三千餘人，盡殲之。至治元年，以大臣薦，授忠武校尉、益都淄萊萬户府副萬户。天曆元年，授宣武將軍。至順二年，行省檄英招捕桂陽州賊張思進等二千餘人。英布以威信，皆相率請降。元統元年，授懷遠大將軍、同知海北海南道宣慰使司事。至元三年，萬安軍賊吴汝期等作亂，英至，賊皆就擒。未幾，李志甫起漳州，劉虎仔起潮州，詔江西行省右丞燕帖木兒討之。時英已致仕，平章政事伯撒里謂僚佐曰：「非刀王行，不能平此賊。其人雖老，可以義激。」乃使迎致之。及賊平，英功居多。至正中，毛貴陷益都，英年九十有六，乃謂其子弘曰：「吾老，不能報天子，忍食異姓之粟以求生乎？」水漿不入口者數日，遂卒。毛貴聞之，使具棺衾以葬。將斂，舉其尸不動。焚香祝曰：「公子弘請公歸葬先塋。」祝畢，尸遂起，觀者莫不驚異。山東宣慰使及憲司請恤典於朝，有曰：「不食寇粟，餓死芹泉，有夷、齊之風。」芹泉谷，英所居也。

普顏不花，字希古，蒙古氏。倜儻有大志。至正五年，由國子生登右榜進士第一人，授翰林修撰，調河南行省員外郎。十一年，遷江西行省左右司郎中。蘄、黄賊徐壽輝來寇，普顏不花戰守之功爲多。十六年，除江西廉訪副使。頃之，召還，授益都路達魯花赤。遷山東廉訪使，再轉爲中書參知政事。十八年，詔與治書侍御史李國鳳同經略江南，至建寧。江西陳友諒遣鄧克明來寇，平章政事阿魯温沙等皆夜遁。國鳳時分鎮延平，城陷，遁去。普顏不花曰：「我承制來此，去將何之？誓與此城同存亡耳！」命築各門甕城，前後拒戰六十四日，城卒完。明年，召還，授山東宣慰使，再轉知樞密院事、行省平章，守益都。明兵壓境，普顏不花力戰，城陷，平章保保出降。普顏不花還告其母曰：「兒忠孝不能兩全矣！有二弟養母。」拜母，趨官舍，坐堂上。主將素聞其賢，召之再三，不往。既而縛之，普顏不花曰：「我，元朝進士，官至極品，臣各爲其主。」不屈死之。

先是，其妻阿魯真，歷呼家人告之曰：「我夫受國恩，我亦封齊國夫人，今事至此，唯有死耳。」家人莫不歎息泣下。已而普顏不花二弟之妻各抱幼子，及婢妾投井死。比阿魯真欲下井，已不能容，遂抱子投舍北井，其女及妾女、孫女皆從死。

時有申榮者，山東行省平章守東昌，榮見列郡皆降，告其父曰：「人生世間，不能全忠孝者，兒也。」父曰：「何爲？」榮曰：「城中兵少不敵，戰則萬人之命由兒而殞，但有一死報國耳。」遂自經。

閔本，字宗先，河內人。性剛正。早歲得推擇爲禮部令史，御史大夫不花奇本之才，辟爲掾。平反冤獄有聲，擢御史臺照磨。累遷樞密院都事，拜監察御史，五轉爲吏部尚書，移刑、户二部。本素貧，且有目疾，嘗上章乞謝事，不允，詔授集賢侍講學士。明兵薄京師，本謂其妻程氏曰：「國事至此，吾知之久矣。愧不能立功補報，敢愛六尺軀苟活哉？」程氏曰：「君能死忠，我尚有愛於君乎？」本乃朝服，與程氏北向再拜，大書於屋壁曰：「元中奉大夫、集賢侍講學士閔本死。」遂各縊。二女：長真真，次女女。見本死，亦皆自縊。

拜住，康里人，字聞善。累官至翰林國史院都事、太子司經。兵至，拜住謂家人曰：「吾始祖海藍伯封河東公者，與太祖同事王可汗。太祖取王可汗，收諸部落，吾祖引數十騎馳西北而去。太祖使人追問之，曰：『昔者，與皇帝同事王可汗。王可汗今已滅，欲爲之報仇，則帝乃天命；欲改事帝，則吾心有所不忍。故避之於遠地，以没餘生耳。』此吾祖之言也。且吾祖生朔漠，其言尚如此，今吾生長中原，讀書國學，可不知大義乎？況吾上世受國厚恩，至吾又食禄。與其苟生，不如死！」遂赴井死。其家人瘞之舍東，焚其書以爲殉。

趙弘毅，字仁卿，真定晉州人。少好學，家貧無書，傭於巨室，晝則服役，夜則借書讀之。後受經於臨川吴澄。始辟翰林書寫，再轉爲國史院編修官，調大樂署令。明兵入京城，弘毅歎息曰：「『忠臣不二君，烈女不二夫』，古語也。我今力不能救社稷，但有一死報國耳！」乃與妻解氏皆自縊。

其子恭，中書管勾，與妻、子訣曰：「今乘輿北奔，我父子食禄，不能効尺寸力。今父母已死，吾敢惜死乎！」或止之曰：「我曹官卑，何自苦如此？」恭叱曰：「爾非我徒也！」遂公服，北向再拜，亦縊死。

恭女官奴，年十七。見恭死，方泣，適隣嫗來，相率出避，曰：「我未適人，避將何之？」不聽。嫗欲力挽之，女曰：「人生在世，便百歲亦須一死。」乃潛入中堂，解衣帶自經。

同時，張正蒙，山陰人。官税務提領。明兵入，正蒙謂妻韓氏曰：「吾爲元臣，義當死。」韓氏曰：「君死忠，吾死節可也。」乃相對縊死。

其女池奴，投厓死。次女越奴，日夜守父母尸側，竟餓死。

徐猱頭，大興人。兵至，妻岳氏曰：「寇來，恐被污，奈何？」猱頭曰：「惟有死耳。」夫婦俱自焚。其母王氏及二子、一女，亦同死。

黄㝷，字殷士，撫州金谿人。博學明經，善屬文，尤長於詩。至正十七年，用左丞相太平奏，授淮南行省照磨，未行，除國子助教。遷太常博士，轉國子博士，陞監丞，擢翰林待制，兼國史院編修官。二十八年，京城既破，㝷歎曰：「我以儒致身，累蒙國恩，爲胄子師，代言禁林。今縱無我戮，何面目見天下士乎？」遂赴井而死，年六十一。有詩文傳於世。

同縣鄧烈，字季諠。至正間寇犯金谿，率族子石，力戰死。

同時，餘干李弁、臨州劉德餘，並以起義兵戰死。

朴賽因不花，字德中，肅良合台氏。有膂力，善騎射。由速古兒赤授利器庫提點，再轉爲資正院判官。累遷同知樞密院事，遷翰林學士，尋擢承旨，賜虎符，兼巡軍合浦全羅等處軍民萬户都元帥。除大司農，出爲嶺北行省右丞，擢平章政事。至正二十四年，甘肅行省以孛羅帖木兒弑皇后、皇孫，遣人白平章政事也速答兒，即欲署榜諭衆。朴賽因不花持不可，曰：「此大事，何得輕信？况非符驗公文。」卒不署。既而果妄傳。會皇太子撫軍冀寧，承制拜朴賽因不花翰林學士承旨，遷集賢大學士。又爲宣政院使，遂拜中書平章政事。明兵逼京師，詔朴賽因不花以元官守順承門，其所領兵僅數百羸卒而已。乃歎息謂左右曰：「國事至此，吾但知與此門同存亡也。」城陷，被執，見主將，唯請速死，不少屈。主將命留營中，終不屈，乃殺之。

是時有張庸者，字存中，温州人。精太乙數。會世亂，以策干經略使李國鳳，承制授庸福建行省員外郎，治兵杉關。頃之，計事赴京師，因進《大乙數圖》。帝善之，擢秘書少監。皇太子立大撫軍院，命庸團結房山，遷同僉將作院事，又除刑部尚書。諸寨既降，庸守駱駝谷，遣從事段禎請援於擴廓帖木兒，不報。庸獨拒戰累日，已而寨民李世傑執庸出降，以見主將。庸不屈，與禎同被殺。

郭庸，字允中，蒙古人。由國學生歷西臺監察御史，劾丞相脱脱弟也先帖木兒，左遷興中府添設判官。脱脱敗，召還，累擢中書參知政事。明兵入京師，舁至齊化門，叱之拜，庸曰：「臣各爲其主，何拜之有？」不屈死。

丁好禮，字敬可，蠡州人。精律算，辟中書省掾，授户部主事。擢江南行臺監察御史，入爲户部員外郎。拜監察御史，又遷部郎中，升侍郎。除京畿漕運使，建議置司於通州，講求漕運利弊，著爲成書。除户部尚書，拜參議中書省事。遷治書侍御史，出爲遼陽行省左丞，未行，留爲樞密副使。至正二十年，拜中書參知政事。京師大饑，值元壽節，朝廷仍依故事大讌。好禮言：「民有父子相食者，當修省以弭天災，不宜讌會。」不聽，乞謝事，以集賢大學士致仕，給全俸。擴廓帖木兒饋麥百石，不受。二十七年，復起爲添設平章。尋以議論不合，謝政去。特封趙國公。明兵陷京師，或勸好禮往謁主將，好禮叱曰：「我小吏致位極品，今老矣，所欠惟一死耳。」後數日，主將召之，不肯行。舁至齊化門，抗辭不屈，遇害，年七十五。

朱公選，字克用，樂平人。累官監察御史。明兵逼京師，惠宗集三宫，議避兵北行。宦者趙伯顔不花慟哭，諫曰：「天下者，世祖之天下。陛下當以死守，奈何棄之？」不聽，夜半開門北遁。公選以疏留弗獲，乃匍匐送帝出國門，歸而自裁。

孫德謙，睢州人。官大同行省平章政事。大都既陷，惠宗北奔，明兵圍大同。謙嬰城固守，自知力不支，乃手書自決，作詩數章，詞義激烈，飲藥自殺。

葉蘭，字楚庭，鄱陽人。官太常禮儀院奉禮。明初，周伯琦應召入金陵，蘭以詩諷之。後伯琦以其名薦，蘭曰：「吾世爲元臣，義不可仕。」赴石橋水死。

張昶，宛平人。累官户部尚書。奉使招諭明祖，爲明祖所留，愛其才敏，授參知政事，昶外示款誠。與楊憲、胡惟庸皆友善。自以元之舊臣，心常怏怏。嘗語所親曰：「吾仍思歸故土也。」朝廷謂昶已死，贈官謚，録用其子。會李文忠下杭州，擒元平章丑的、長壽等至，明祖釋之，遣歸京師。昶陰託二人，奏密疏於惠宗，且寄書其子存仁。會昶疾，憲候之於昶卧内，得疏稿，遂奏之。明祖令都督府按問。昶書八字曰：「身在江南，心思塞北。」乃殺昶。

伯顔子中，其先西域人，後徙江西。少好學，有司薦，不第。行省辟授東湖書院山長，遷建寧路教授。會江西盜起，行省拜子中都事，使守贛州。子中從諸生趣贛，贛已破，子中倉卒募吏民，與賊戰於城下。兵敗，子中由間道走福建。汀州帥陳有定固熟子中名，授行省員外郎。子中出奇計，以有定兵復建昌，因浮海抵大都獻捷。遷行省郎中，再進吏部侍郎。持節發廣西何真兵，使救閩。至則何真已降明，子中墮馬，折一足，不死。至軍中，主將義而釋之。子中遂變姓名，冠黄冠，游行江湖間。明祖數訪求子中，不得，録其妻、子，没掖庭。子中竟自匿不顧，曰：「吾元臣，死元固吾分，何妻、子言哉！」出購鴆自隨，曰：「此以志也。」未幾，子中遁還江西，布政使沈元密言之明祖，遣使者賫璽書以幣聘子中。使者至，子中大哭曰：「死晚矣，乃以詔污我！」祭祖父、師友畢，仰藥死。

王翰，字用文，又名那木罕，本河西人。先世以千户鎮廬州〔三〕，遂爲廬州人。翰襲世職爲千户，有能名。臺省薦之，改除廬州路治中，又改福州路。適三魁盜起，翰造其壘，諭降之。遷同知，又遷理問。綜理永福、羅源二縣。泉州土官柳莽跋扈，連結旁郡，翰至，悉解散之。擢行省郎中、潮州路總管。元亡，屏居永福山中，黄冠野服，號友石山人。有上書薦之者，聞命下，歎曰：「女豈可更適人哉！」即病，不服藥，有司迫就道，引刃自絶。遺詩與友人吴海曰：「昔在潮陽我欲死，宗嗣如絲我無子。彼時我死作忠臣，覆宗絶嗣良可恥。今年辟書親到門，丁男屋下三人存。寸刃在手顧不惜，一死了卻君親恩。」翰性强介精敏，持身刻苦，歷官二十餘年，家無餘積。行政以愛人爲主，平居喜讀書爲詩。有《友石稿》行世。子偁，有才名。

蔡子英，永寧人。至正中。舉進士。時擴廓帖木兒略定河南，開府，辟子英參軍事。累遷行省參政，猶不離丞相幕。擴廓帖木兒兵敗，子英單騎入關中，遁於南山。明有司捕得之，傳詣京師。渡江，一夕脱走。變姓名爲人賃舂，久之，復見捕，械送湯和。子英長揖不拜，和怒，抑使膝坐，不肯，火燎其鬚且盡，嫚罵自如。子英有妻流落河南，至是欲見子英，子英謬曰：「吾故鰥耳。」卒不見其妻。至京師，明祖令置外舍，欲官之。子英上書曰：

皇帝恢廓宏度，曲宥亡國之臣，不自死，慙負皇帝。往者軍敗，漏命刃下，荆棘之息，延及七載，重勞吏卒搜捕，自外大化，復忤貴臣，萬分不足以辱膏斧。皇帝不即下司敗，使得以衣冠待罪外舍，感上恩德，死且不朽。臣有痼疾，迷於心志，藥石匪解。竊惟少本書生，奮志行伍，過辱北帥知薦，仕底七命，躍馬食肉，十有五年。進不能効尺寸，陪國家之論；退不能畢命枹鼓，以愧封圉之臣。一遘板蕩，靦顔失節。皇帝既丕昭武功，踐華苞宇，窮髮臣嚮堅甲利兵，宿積陳廩，猶以爲歉於志。下有司飭學校褒予死節，風示後世，豈肯令亡命俘虜，玷維新之化哉？皇帝幸哀憐臣，毋血槀街，而以投瘴海，禦魑魅無人之境，臣若茹薺。

書上，明祖益異之，陰戒守者：「謹事子英，旦夕問起居，毋令天下謂我有殺義士名。」一夜，子英大哭不止，人問之，曰：「吾自念故主耳。」乃具狀聞，明祖歎曰：「吾何苦一蔡子英，令彼喋喋泉下訾我哉？」送之出塞。

狄琮，字子玉，保德州人。軀幹魁梧，尚氣節，讀書能知大義。裕宗在東宮，召爲晉王宿衛。王開藩雲南，擢奉議大夫、王府司馬府中事咸咨之。王鎮西邊，轉朝列大夫、內史府司馬。未幾，進大中大夫。琮因事納規，知無不言。王薨，琮慟哭，嘔血而卒。臨卒，召子東山，戒之曰：「爲人臣子，惟忠與孝爾。其勿違！」

東山，剛正有父風。授中書舍人，進監察御史，出爲同知大都路都總管。以材選授禮部郎中，進大中大夫、同僉宣徽院事，卒。

夏侯尚元，字文卿，松江華亭人。年十六，夢神人有所授，由是爲文詞下筆立就。後遊京師，翰林學士承旨趙孟頫薦之，入見仁宗。英宗爲皇太子，召爲說書。即位，授侍儀司典簿。英宗遇弒，尚元棄官歸。及明宗南還，尚元謁於和林。明宗暴崩，尚元爲武平王鐵忽思不花所留。王卒，其兄嘉王晃火帖木兒又留之。郯王徹徹禿聞其名，召見，厚禮之。徹徹秃嚴重，寡言笑，與尚元語則劇談終日不倦。王嘗謂左右：「吾得斯人，如執法御史。吾有過，彼且直言，况汝輩乎？」由是左右嫉之，尚元乃謝病歸。至元四年，徹徹秃入朝，丞相伯顔爲子請婚，徹徹秃不從。伯顔怒，與知樞密院事者延不花，謀構禍於徹徹秃。明年，使人説昌王實藍朵兒只，告郯王謀反。時徹徹秃在和林，徵下樞密院獄，鞫其家奴，無證驗。十二月，伯顔矯詔殺徹徹秃於光熙門外。明年二月，伯顔以罪免。尚元至京師上書曰：「郯王守國北門，十有九年，忠孝之心，神明所鑒。而乃誅戮其身，放逐其子孫，銜冤抱屈，上無由知。今知樞密院事脱脱大義滅親，殫心國事，乞遣脱脱爲郯王立廟致祭。」又上書言：「郯王統大軍十八萬，其將帥皆素所信任者，設有他志，當與之謀。豈有走千里之外，與異姓王圖之？雖兒童亦知其不然。况昌王素與郯王有隙，其言豈可聽乎？」俱不報。尚元復上書，號哭闕下。執政皆歎曰：「古之義士也！」爲言於上。七月，詔天下雪郯王之冤，遣使致奠，還其貲産於子孫。尚元慨然曰：「吾報主事畢，可行矣。」遂歸卒於家。

【校勘記】

〔一〕「黄尋」，原作「堇㝷」，正文中原作「黄㝷」，據《元史》卷一九六列傳第八十三《忠義四·黄尋》改。

〔二〕「段禎」，原作「段楨」，據正文及《元史》卷一九六列傳第八十三《忠義四·張庸》改。

〔三〕「廬州」，原作「盧州」，據文意改。下「廬州路治中」同。下「廬州人」不誤。王圻《續文獻通考》卷六五云：「王翰，字用文，廬州人。」

新元史卷之二百三十四　列傳第一百三十一

儒林一

自趙復至中原，北方學者始讀朱子之書。許衡、蕭𣂏講學，爲大師，皆誦法朱子者也。金履祥私淑於朱子之門人，許謙又受業於履祥，朱子之學得履祥與謙而益尊。迨南北混一，衡爲國子祭酒，謙雖屢聘不起，爲朝廷所禮敬。承學之士，聞而興起，《四書章句集註》及《近思録》、《小學》通行於海内矣。延祐開科，遂以朱子之書爲取士之規程，終元之世，莫之改易焉。是故元之儒者，服膺朱子之學，篤信謹守，言行相顧，無後世高談性命、陽儒陰釋之習，嗚乎！是亦足以通《六經》之大義，傳孔、孟之心法矣。作《儒林傳》。

趙復 硯彌堅　金履祥 衛富益〔一〕　張𤩽　胡炳文 程直方　敬琠 潘迪〔二〕　許謙 張樞〔三〕 薛玄　馬道貫　呂洙〔四〕 呂溥　陳庚　牟應龍　熊朋來　車若綰　徐之綱　胡一桂　戴良齊　熊禾　馬端臨 胡三省　俞琰 李簡　劉德淵　薛元 宰沂　何中　董朴　榮肇　蕭𣂏 韓擇 侯均

趙復，字仁甫，德安人。太宗七年，皇子闊出伐宋，克德安，以其民嘗拒命，俘戮無遺。時楊惟中行中書省於軍前，姚樞奉詔即軍中求儒、道、釋、醫、卜士，凡儒生掛俘籍者，輒脱之歸。復在其中，樞與之言，奇之。復以九族俱没，不欲生，因與樞訣。樞恐其自裁，留帳中共宿，既覺，失復所在，遽馳馬追之。行及水際，見復被髮徒跣，仰天而號，欲投水。樞曉以「布衣未仕，徒死無益。不如隨吾而北，可以傳聖教」。復强從之。先是，南北道絶，載籍不通。復至燕，以所記程、朱諸經傳註，盡録付樞，學徒從遊者常百餘人。

世祖在潛邸，召見，問曰：「我欲取宋，卿可導之乎？」對曰：「宋，父母國也。未有引他人以伐父母者。」世祖悦，因不强之仕。

惟中聞復論議，始嗜學，乃與樞謀建書院，祀周子，以二程、張、楊、游朱六子配食，取遺書八千餘卷，請復講授其中。復作《傳道圖》，而以書目條列於後。别著《伊洛發揮》，標其宗旨。又取伊尹、顔淵言行，作《希賢録》，示學者求端用力之方。

樞既退隱蘇門，乃即復傳其學。由是許衡、郝經、劉因皆得其書而尊信之。北方知有程、朱之學，自復始。

復爲人樂易而耿介，與人交尤篤分誼。元好問文名擅一時，其南歸，復贈之言，以「博溺心，末喪本」爲戒，以「讀《易》，求文王、孔子用心」爲勉。

復家江漢之間，學者稱之曰江漢先生。

與復同時至北方者，有應城硯彌堅，字伯固。亦名儒，後居真定，劉因從之受業。以大臣薦，授真定路教授。至元十四年，超七階，拜國子司業，賜五品服。後謝病歸，卒於家。年七十八，有《鄖城集》十卷。

金履祥，字吉父，婺州蘭谿人。其先本劉氏，後避吴越錢武肅王嫌名，更爲金氏。履祥事同郡王柏，從登何基之門。基學於黄榦，得朱子之傳。時宋事已不可爲，履祥遂絶意進取。會襄樊之師日急，宋人坐視不救。履祥因進牽制擣虚之策，請以重兵由海道直趨燕薊，則襄樊之師不攻自解，且備叙海舶所經，凡州縣及海中島嶼，難易遠近，歷歷可據以行。宋廷臣不能用。伯顔師入臨安，得其書及圖，乃命以宋庫藏及圖籍儀器由海道運燕京。其後朱清、張瑄獻海漕之策，所由海道視履祥圖書咫尺無異，然後人服其精識。

德祐初，以迪功郎、史館編校起之，辭弗就。宋亡，所在盜起，履祥屏居金華山中，視世故泊如也。尤篤於分義。有故人子坐事，母子分配爲隸，不相聞者十年，履祥傾貲營購，卒贖完之。後其子貴，履祥終不自言，相見勞問而已。何基、王柏之喪，履祥率其同門之士以義制服，觀者始知師弟之禮。

履祥以司馬光作《資治通鑑》，託始戰國，而周以前，則秘書丞劉恕爲外紀，不本於經，而信百家之説，是非頗謬於聖人，不足以傳信。乃用邵氏《皇極經世曆》、胡氏《皇王大紀》之例，損益折衷，一以《尚書》爲主，下及《詩》、《禮》、《春秋》，旁采舊史、諸子，表年繫事，斷自唐堯以下，接於《通鑑》之前，勒爲二十卷，名曰《通鑑前編》。它所著書，曰《大學章句疏義》二卷，《論語孟子集註考證》十七卷，《尚書表註》二卷。天曆初，廉訪使鄭允中上其書於朝。

履祥居仁山之下，學者因稱爲仁山先生。大德中，卒。至正中，賜謚文安。

門人衛富益，崇德人。宋亡，富益日夜悲泣，設壇爲文祭故相文天祥、陸秀夫、張世傑，聞者悲之。後隱居湖州金蓋山，年九十六卒，門人私謚爲正節先生。

張𩓐，字達善，其先導江人，僑寓江左。金華王柏傳朱子之學，𩓐從而受業焉。自六經、《語》、《孟》、傳註，以及周、程、張、邵之微言，朱子所嘗論定者，靡不潛心玩索，久而不懈，所學益宏密。

世祖至元中，行臺中丞吳曼慶聞其名，延至江寧學宫，中州士大夫皆遣子弟從游，或闢私塾迎之。在真州，來學者益衆。遠近尊之，稱曰導江先生。

以大臣薦，命爲孔、顔、孟三氏教授。著《釋奠儀注》。其及門知名者，夾谷之奇、楊剛中爲尤顯。卒，無子。有經説及文集行世。吴澄序其書，以爲「議論正，援據博，貫穿縱横，儼然新安朱氏之尸祝也」。至正中，真州守臣以須㚐及郝經、吴澄皆常留儀真，作三賢祠祀焉。

胡炳文，字仲虎，徽州婺源人。篤志朱子之學，爲信州書院山長，再調蘭溪州學正，不赴，卒。學者稱雲峰先生。著《周易本義通釋》。

同縣程直方，通諸經，著書甚富，與炳文俱爲東南大儒。

敬琰，字文書，霸州人。隱河南緱氏山。世祖徵爲大名、彰德、懷孟等路提舉，不就。著有《春秋地理原委》十卷，《語孟旁通》八卷，《皇極引用》八卷，《皇極疑事》四卷，《極演》十卷，《律吕禮樂雜説》三十卷。以孫秉彝，贈官翰林學士、魏國公，謚文獻。

又，元城人潘迪，字牖民。博學能文，歷官國子司業。著《易春秋庸學述解》、《六經發明》及《石鼓文音訓攷》，北方學者奉爲師表。

許謙，字益之，婺州金華人。父觥，宋淳祐七年進士。謙生數歲而孤，世母陶氏日授《孝經》、《論語》。稍長，肆力於學。年三十，始受業於金履祥之門。履祥語之曰：「吾儒之學，理一而分殊，理不患其不一，所難者分殊耳。聖人之道，中而已，學當致其辨於分之殊，而要其歸於理之一。每事每物，求夫中者而用之，道不外是矣。」又曰：「士之爲學，若五味之在和。醯醬既加，則酸鹹頓異。子來見我，已三日，而猶夫人也。豈吾之學無以感發子耶？」謙聞之惕然，居數年，盡得其傳。

讀《四書》、《尚書》，各有《叢說》若干卷。讀《詩集傳》，有《名物鈔》。讀《春秋》、《三禮》，有《温故管窺》。其觀史有《治忽機微》，倣史家年經國緯之法，起太皞氏，迄宋元祐元年秋九月尚書左僕射司馬光卒，備其世數，總其年歲，原其興亡，著其善惡，蓋以爲光卒則中國之治不可復興，以附於左氏續經之義。又有《自省編》，晝之所爲，夜必書之，其不可書者則不爲也。

延祐初，謙居東陽，入華山講學，隨其材質，咸有成就。獨不以科舉之文授人，曰：「此義利所由分也。」大德中，熒惑入南斗，已而句行。謙以災應在吴越，深憂之。是歲大祲，謙貌加瘠，或問曰：「豈食不足邪？」謙曰：「今公私匱竭，道殣相望，吾何能獨飽？」廉訪使劉庭直、副使趙宏偉皆論薦於朝，郡復以遺逸應。詔鄉闈大比，請爲考試官。皆莫能致。

至元三年卒，年六十有八。嘗以「白雲山人」自號，世稱爲白雲先生。朝廷賜謚文懿。謙與何基、王柏及金履祥稱「金華四先生」。江浙行中書省爲請於朝，建四賢書院以奉祠事。而列於學官。其弟子著名者有張樞、薛玄、吕洙、吕溥、馬道貫。

張樞，字子長，金華人。幼居外家潘氏，盡讀其藏書數萬卷。尤長於史學，嘗爲《春秋三傳歸一義》三十卷，《刊定三國志》六十五卷，《林下竊議》一卷，《張曲江年譜》一卷，《宋季逸事》若干卷，詩文曰《敝帚編》。至正八年卒。謙之殁，命其子師事樞。至正十一年〔五〕，朝廷纂修宋、遼、金三史，丞相脱脱奏擢遺逸之士四人，以兩院次對之職使參筆削，仍辟樞爲本府長史，樞力辭。後五年，命史臣纂修本朝后妃、功臣傳，樞以翰林修撰、同知制誥召，復不就。

薛玄，字子晦，東陽人。隱居不仕。著《中庸質疑》。

馬道貫，字德珍，金華人。謙没，制服盡禮如親喪，學者稱之。著《尚書疏義》六卷。自號一得叟。性恬退，非公事不入城市。

吕洙，金華人。與弟溥俱從謙學。溥著《大學疑問》。

陳庾，字子京，平陽人。金末，四方兵起，隱盧氏山中，旋署郡教授。日與弟子講習問辨，學者日衆。會中書令耶律鑄奏置經籍所於平陽，命庾領校讎事。世祖徵至六盤山，與語，大悦。中統初，以宣慰張德輝薦，授平陽路提舉學校官。其學沈潛貫穿，先行後言。其事親，旦暮必盛服，與兄弟婦姒序拜堂下，問起居，受訓敕，然後退。與元好問、李獻卿、李微、楊奂、麻革、杜仁傑、商挺諸人友善。太原李汾者，負才使氣，與庾會相國寺，語侵庾。庾正色責之，汾沮而退，坐客大服。一日，語兄賡曰：「吾聞財多害身。今喪亂若此，而吾廩有餘粟，藏有餘布，與其爲他人守，孰若分諸鄰里鄉黨乎？」兄大喜，立散之。所著書有《經史要論》三十卷，《三代治本》五卷，《唐編年》二十卷，《澹軒文》三十卷。

牟應龍，字伯成，本蜀人，後徙居湖州。祖子才，仕宋，贈光禄大夫，謚清忠。父巘，爲大理少卿。應龍當以廕補京官，盡讓諸從弟，而擢咸淳進士。時賈似道當國，屬馬廷鸞致意應龍來謁，當處以高第，應龍拒之。及對策，具言國勢危急，考官不敢寘上列。調光州定城尉。沿海制置司辟爲掾，以疾辭。宋亡，留夢炎事世祖爲吏部尚書，以書招之，許以館職，應龍不受。起家教授溧陽州，晚以上元縣主簿致仕。諸經皆有成説，惟《五經音攷》盛行於世。時人稱曰隆山先生。

熊朋來，字與可，南昌人。宋咸淳中進士，授寶慶府僉書判官，未及就而宋亡。隱居授徒，無志利禄。久之，從游日衆。廉希憲之子惇爲江西參知政事，以師禮終身稱門人。劉宣爲按察使，尤加禮敬。會朝廷遣治書侍御史王構銓外選於江西，於是參政徐琰、李世安列薦朋來爲閩海提舉儒學官。而朝廷以東南儒學之士，惟福建、江西最盛，特起朋來爲教授。所至考古篆籀文字，調律吕，協詩歌，以興雅樂，制器定辭，必則古昔，學者化焉。既滿考，以常格調建安縣主簿，改福清州判官，皆不就。自號彭蠡釣叟，又號天慵子。嘗歎《詩》樂無傳，仿朱子所得趙彦肅家《十二詩譜》，增二十四詩，協以律吕，俾皆可歌。每燕居，鼓瑟而歌《考槃》、《蒹葭》、《衡門白駒》諸詩以自樂。嘗著《瑟賦》二篇，學者傳誦之。延祐初，詔以進士科取士，時科舉久廢，有司以不稱明詔爲懼。行省官咨於朋來，手條程式，四方遵用之。及請爲考試官，則曰：「應試者十八九及吾門，不可。」其後江浙、湖廣皆請爲考官，朋來屢往應之，及廷對，其所選士居天下三之一焉。初，朋來以《周禮》首薦鄉郡，而定制《周官》不與設科，治《戴記》者又尠，朋來屢以爲言，當世言禮樂者咸宗之。至治中，英宗始采用古禮，親御衮冕祠太廟，鋭意制作。翰林學士元明善以朋來薦，未及召而卒，年七十八。所著有《瑟譜》六卷，文集三十卷。

車若綰，字給臣，後更名捄，台州黄巖人。少警敏，與從兄若水同學。久之，覺胸中浩浩，發而爲言，宏放無涯涘。於是車氏之學爲一郡所崇尚。宋咸淳末，用特恩授建寧浦城縣尉。宋亡，隱於馬家山，卒，年五十五。若綰精於禮學，謂喪服之親疏隆殺，深衣之續袵鈎邊，雖家禮之證定，註疏之援引，亦庸有所未盡。用廣頭在下之説，以改正深衣，辨内外正降之義，以圖列服制，皆能發先儒所未及云。

徐之綱，字漢臣，濟州人。少爲詞賦有名，久而曰：「是果爲學邪？」益研究義理，以二程、朱子爲根抵，治《易》、《春秋》二經。以明經選益都教授，佐省事。李璮有異志，陰練士卒，習勞苦。綱曰：「『使民以時』，相公不知邪？」璮默然。又曰：「周衰，戰國之士知有諸侯，而不尊周。唐河北將士，知有藩鎮，而不尊唐。」璮惡其言直，黜爲滕縣尉。中統四年，卒。後璮果以反誅。有《默志》三卷，《麟台雜著》七卷。

胡一桂，字庭芳，徽州婺源人。父方平。一桂生而穎悟，好讀書，尤精於《易》。初，饒州德興沈貴珤受《易》於董夢程，夢程受朱子之《易》於黄榦，而一桂之父方平及從貴珤、夢程學，嘗著《易學啓蒙通釋》。一桂之學出於方平，得朱子源委之正。宋景定中，一桂年十八，領鄉薦，試禮部不第，退而講學，遠近師之，號雙湖先生。所著書有《周易本義附録纂疏本義啟蒙翼傳》、《朱子詩傳附録纂疏》、《十七史纂》，並行於世。

戴良齊，字彦肅，台州人。精通《六經》奥義，謂經書雖皆完具，而《禮經》獨爲殘闕，加以漢儒諸説抵牾者多，著《禮辨》一書，特出己見，攷證獨爲明確。吴澂常師之，以衍其説。

熊禾，字去非，福建建陽人。有志濂洛之學，受業於朱子之門人輔廣。宋咸淳間進士，寧武州司户參軍。宋亡，隱居不仕，築雲谷書院以教生徒。郡有考亭書院，大德十一年有司更新之，辟禾分教大小學於中，學者稱勿軒先生。皇慶元年，卒。

馬端臨，字貴與，江西樂平人。父延鸞，宋右丞相。時休寧曹涇深於朱子之學，端臨從之游。以廕補承事郎。宋亡，隱居不仕。著《文獻通考》，以補杜佑《通典》之闕，二十餘年而後成書。延祐四年，遣真人王壽衍訪求有道之士，至饒州路，録其書上進。詔官爲鏤板，以廣其傳，仍令端臨親齎稿本赴本路校勘。初，留夢炎與廷鸞同相，及夢炎降，召致端臨，欲用之，以親老辭。後爲慈湖、柯山二書院山長，台州教授三月，謝病歸，卒於家。

同時，天台胡三省，字身之。篤於史學。宋寶祐四年進士，以賈似道辟，從軍蕪湖，言輒不用。及敗，隱居不仕。著《資治通鑑音註及釋文辯誤》百餘卷。

俞琰，字玉吾叟〔六〕，平江人。宋亡，隱居著書，自號林屋山人。精於《易》。著《經傳考證》、《讀易須知》、《六十四卦圖》、《古占法》、《卦爻象占分類》、《易圖合璧連珠》等書，皆佚。惟《周易集說》附以《易圖》、《易外傳》，行於世。

時信都人李簡，亦通《易》學。官泰安州通判，著《學易記》九卷。

劉德淵，字道濟，内邱人。性癖直，有操守。好學，能自刻厲。及遊滹南王若虛門，聞思索、辨惑等説，遂饜飫史學，爲專門之業。非義理不妄言動，一介不取於人。中統初，用中書薦，授翰林待制，以不合於時，告歸。立言傳後，著書數萬言。又通古文奇字，士多傳習之。太保劉秉忠以鄉曲義，來周恤，卻之。許衡每過邢州，必式閭致敬而去。至元二十三年，卒，年七十九。

薛元，字微之。本華州下邽人，後徙於洛陽。元少好學，負書入華山，晝夜誦之。束枯葵，學書於石上，石爲之泐。耶律楚材聞其名，辟爲應州教授，使子弟從元受學。沙門萬松問：「孔子之教，何者爲先？」元答曰：「君君臣臣，父父子子。」松愧服。時用兵襄、鄧，楚材薦授檢察，使督河南饋餉，未幾，改軍儲轉運使。明年召還，賜銀幣、貂裘。楊奐爲河南廉訪使，辟置幕府。歲餘，元謂同僚曰：「進不能行其道，栖栖於此，無謂也。」即自免去。元素與王文統有舊，文統聚歷代奇謀詭計爲一書，元見而責之曰：「士君子自有聖賢格言，此何爲者？」遂絶，弗與通。中統初，召爲平陽、太原宣撫使，又除提舉河南學校，俱不就。至元八年，卒。著有《道德經解》、《陰符經論説》、《適意集》、《易解》、《中庸注》、《聖賢心學編》、《皇極經世圖説》。友直〔七〕，龍陽州判官；友諒，翰林直學士。

與元友善者，有洛陽辛沂。王文統當國，薦沂爲真定勸農使，不得已而受命，陽爲不事事者，至亡其告身及金符於酒家，因自劾去官。文統敗，沂竟獲免。

何中，字太虛，撫州樂安人。父天聲，宋咸淳進士，官主管刑部架閣文字。與兄時齊名。文天祥建都督府，兄弟皆爲幕僚。中，少穎拔，以古學自任，程鉅夫、元明善皆器遇之。與門人講《易》、《書》、《春秋》之學。吴澄與中爲中表兄弟，恒推讓之，不敢置弟子列。著《易象類》二卷，《書傳補遺》十卷，《通鑑綱目測海》二卷，《通書問》一卷，《叶補疑》一卷，

《六書綱領》一卷，《補校六書故》三十二卷，《知非堂集》十卷，《支頤集》二卷，《薊邱述遊録》一卷。卒，年六十八。

董朴，字大初，順德人。自幼强記，比冠，幡然有求道之志。至元十六年，用薦起家爲陝西知法官。未幾，以親老歸養。尋召爲太史院主事，復辭不赴。皇慶初年，已踰八十，詔以翰林修撰致仕。延祐三年，無疾而終。朴所爲學，自《六經》及孔、孟微言，與凡先儒所以開端闡幽者，莫不研其旨而會通之。其事親孝，與人交，無智愚貴賤，一待以誠，或有犯之者，夷然不與校。中山王結曰：「朴之學，造詣既深，充養交至，其爲人清而通，和而介，君子人也。」所居近龍岡，學者稱龍岡先生云。

滎肇，字子與，鹽官州人。幼端謹，不苟言笑。既長，博通經史。服膺朱子之學，以誠意正心爲學之根本。宋季，賈似道當國，應試者例自署非假道學。肇太息曰：「君子患不力學，苟抱道自處，雖窮困，不榮於附時相以獲功名乎！」遂拂衣而出。宋亡，隱居不仕。成宗即位，有薦於朝者，詔有司徵之。召見，奏對稱旨，帝曰：「汝宜爲國子師，以表率天下。」乃補國子助教，累擢祭酒，以年老乞致仕。卒於家，年八十一。

蕭㪺，字惟斗，其先北海人，後徙奉元。㪺性至孝，少爲府史，與上官語不合，即日謝去。隱終南山下，鑿土室，讀書其中三十年。一言一動，必則古人。博極羣書，自《三禮》、六書、九數以及諸史，靡不研究，及門受業者甚衆。鄉人有騎馬自城中暮歸者，遇盜逐之，詭言：「我蕭惟斗也。」盜驚愕，釋去。世祖分藩在秦，辟㪺與楊恭懿、韓擇侍秦邸，㪺以疾辭。授陝西儒學提舉，不赴。憲司即其家具宴爲賀，使一從史先詣㪺舍。㪺方汲水灌園，從史至，不知其爲㪺也，命飲其馬，即應之不拒。及冠帶迎賓，從史見㪺，有懼色，㪺殊不爲意。後累授集賢直學士、國子司業，改集賢侍讀學士，皆不赴。成宗大德九年夏，詔曰：「蕭維斗山中讀書，不求名利。皇祖及朕屢召不至，豈將命者非其人而不來乎？今特命使者前往，行省給安車一乘，楮幣百匹，挈家偕來。倘堅不欲仕，可進嘉言一二，朕當遣人送還。」於是行省、臺所在，敦遣力疾北行。會帝不豫，命宰臣以治道爲問。武宗至大元年，仁宗爲太子博選名儒輔導，以右諭德召至京師。入覲東宫，書《酒誥》爲獻。尋以病，力請去職。人問其故，則曰：「在禮，東宫東面，師傅西面。此禮今可行乎？」俄除集賢學士、國子祭酒，依前右諭德，復以辭卑居尊爲嫌，固辭而歸。卒，年七十有八。賜謚貞敏。

㪺制行甚高，難進易退，論者謂元初逸民，惟㪺與劉因二人。其示學者入門，必自小行於世。

學始，關輔之士翕然興起。所著有《三禮說》、《小學標題駁論》、《九州志》及《勤齋文集》，

斢鄉人韓擇，字從善，尤邃《三禮》學。有質問者，口講指畫，無弗貫穿。士大夫游宦過秦中，必往見擇。世祖嘗召赴京，以疾辭。其卒也，門人爲服緦麻者百餘人。

又，侯均，字伯仁，亦奉元人。父母早亡，獨與繼母居，賣菜奉養。積學四十年，羣經、百氏，無不淹貫。每讀書，必熟誦乃已。嘗言：「書不千徧讀，終於己無益。」貌嚴氣剛，而應接和易。用薦起爲太常博士。後以上書忤時相意，不待報即歸關中。

自宋初張載、吕大臨以禮爲教，至蕭斢、韓擇、侯均、同恕，而關學復興。其教大旨宗程、朱，而專精《三禮》，則出其鄉先正之傳云。

【校勘記】

〔一〕「衛富益」，原作「衛益富」，據正文改。

〔二〕「敬瑛」二字原闕，「潘迪」原誤在「陳庚」下，據正文改。

〔三〕「張樞」原爲大字，據正文改。

〔四〕「吕洙」，原倒在「張樞」下，據正文乙正。

〔五〕「至正十一年」，當作「至正二年」。黄溍《金華黄先生文集》卷三〇《張子長墓表》「上即位之十一年，分命儒臣纂修遼、金、宋三史」同誤。按陶宗儀《南村輟耕録》卷三云「至正二年壬午春三月十有四日，上御咸寧殿，中書右丞相脱脱等奏，命史臣纂修宋、遼、金三史，制曰可」，蓋「二」訛作「一 一」，又寫作「十一」矣。又下文「後五年，命史臣纂修本朝后妃、功臣傳」，《元史》卷一九九列傳第八十六《隱逸傳・張樞》作「至正三年，明儒臣纂修遼、金、宋三史」，「七年，申命史臣纂修本朝后妃、功臣傳」，可證本傳當作「至正二年」。

〔六〕按「叟」字疑不當有。「玉吾叟」爲俞琰自稱及尊稱，如所著《黄帝陰符經注》署名「林屋山人俞琰玉吾叟解」。

〔七〕「友直」上當補「子」字。又按程鉅夫《雪樓集》卷九《薛庸齋先生墓碑》「配徐氏，追封河南郡夫人，生友諒；及玉、郝、楊三婦；次王氏，生友直；次任氏」，則二子長幼次序似當作友諒、友直。

新元史卷之二百三十五　列傳第一百三十二

儒林二

黄超然陳應潤　王埜翁謝仲直　錢義方　丁易東陶元幹　王申子　任士林趙采　徐之祥　魏新之　吴霞舉　邱富國〔一〕　鄭儀孫　董真卿張理　程龍程焕　吴迂　雷光霆陳深　吴鄹　劉整陳宏　史蒙卿　周鼎　楊璲夏泰亨　劉瑾　王天與王充耘　黄景昌　俞皐魯震　熊復毛應龍　烏冲　黄澤　安熙焦悦　同恕第五居仁　敖繼公邱葵　孟文龍　秦玉　吴師道王餘慶　陳普　韓性　熊良輔　陳櫟　保八　曹元博吴儀　武恪

黄超然，字立道，天台人。幼有高志，嘗游王柏門下，得聞性理之旨。尤深於《易》，以朱子《本義》欲再修而未及，乃參訂互考，采之先儒，以盡其變；本之經義，以斂其歸，作《周易通義》二十卷。又以「讀《易》之法，當先推卦義，以求六爻之情；情有難通，則參以象；象有難通，則參以位；位有難通，則參以三百八十四爻之例」，别爲《發例》三卷，《或問》、《釋蒙》各五卷。宋亡不仕，築西清道院居之，卒。世祖嘉其節，賜謚康敏。

同縣陳應潤，字澤雲。父邦彦。家傳《易》學，應潤作《周易爻變義藴》四卷，謂：「假老子之學者，創無極、太極之論；變爐火之術者，撰先天、後天之圖。强指陰陽老少爲四象，而四象之説不明；妄引《復》《姤》逆順爲八卦，而八卦之位不定。」乃示人爻變之法，削去其圖，辨正其説，自謂積三十年勤苦而成。黄溍序而行之。

王埜翁，字太古，婺源州人。辟鎮江路學正，棄官歸。著《見易篇》，極卦畫之所以然，而皆本河圖、洛書自然之法象。既即圖書詳論畫卦作範之故，且援《列禦寇》、《子華子》、《乾鑿度》與《黄庭經》之辭，以證劉長民九爲河圖之説，復辨孔安國、劉向父子、班固、僞關氏《易》相承之誤。又有《周易分注》，主於明象以考變。時尚程、朱《易》説，皆駭所聞見。吴澂方爲國子司業，見而説之，所注《易纂言》多采其説。

又，上饒謝仲直，著《易三圖》十卷。以先天八卦圜圖爲河圖九數而九位，方圖爲洛書十數而五位，作《五位相得之圖》。虞集見而善之。

吴興進士錢義方，作《周易圖説》。謂河圖本伏羲所取，至洛書之出，在千有餘年後，聖人並陳之，不過以龍龜負文而出河、洛者，其事同。聖人則之，而即理推數，二者固可相通，因並舉之以見義，非謂作《易》兼取洛書也。故其説悉本河圖，而不及洛書云。

丁易東，字石潭，龍陽人。宋進士，官編修。入元，累徵不起。著《周易傳疏》十卷。《易》上下經，古既爲二卷，通孔子所傳十篇，爲十二卷。至費直，分《彖》《象》二傳附於經後，以便學者，今乾卦是也。後人又附爻象傳文於當爻之下，今坤卦以下是也。吕微仲嘗正之爲十二篇，晁以道又正之爲八篇，皆以經、《彖傳》、《文言》、《繫辭》、《説卦》、《序卦》、《雜卦》爲次。吕伯恭又定爲經二卷、傳十卷，合王肅本，朱子《本義》用之。吴斗南又謂《説卦》三篇，漢初出於河内女子，今止存其一。又有《繫辭》上下二篇，即所謂《説卦》上中篇，而今所傳《説卦》，特下篇也。乃合《彖》、《大象》各爲一卷，而以《小象》分上下。《繫辭傳》以今《繫辭》合《説卦》，爲《説卦》三篇，然《彖》《象》依本義分爲二，故上下二經外，十翼之序，《彖上》一，《彖下》二，《象上》三，《象下》四，《文言》五，《説卦上》六，《説卦中》七，《説卦下》八，《序卦》九，《雜卦》十。其説固似有理，但改《繫辭》爲《説卦》，尚有可疑。而寘《文言》於《繫辭》前，則不可易。易東從其序，而《繫辭傳》之名則仍依《本義》，考訂尤確。嘗建石潭精舍，教生徒。事聞，賜額沅陽書院，授山長。

時襄陽陶元幹，亦嘗著《易》，世稱陶《易》。

王申子，字巽卿，邛州人，寓居慈利天門山。著《大易緝説》十卷。嘗見魏了翁答蔣得之書，及史學齋《臨汝講義》，皆祖張觀《物語》，以「九其圖者，見後天八卦之象；十其書者，具《洪範》五行之數」，謂晦庵不及見是書，故謂十圖而九書，此讀《易》者一大疑事。申子力探其原而正之。取十其圖者分緯之，以畫先天；九其書者錯綜之，以位後天。不假穿鑿，可以祛疑辨惑。皇慶二年，徵爲南陽書院山長，卒。

任士林，字叔實，綿竹人。嘗作《中易》，分爲上下篇。三陳其卦，所以極河洛之數，成大衍之用，體天地之撰。盛德大業，顯仁藏用，一本《坎》《離》《頤》《大、小過》之妙，《既、未濟》《隨》《蠱》之機，《井》《噬嗑》《賁》《困》之感，《屯》《鼎》《革》《蒙》之應，推聖人通變立言之旨，最爲明確。又《松鄉文集》十卷。以薦授安定書院山長。

同時有潼川趙采，字德亮。著《周易折衷》卅三卷，以程、朱《傳》《義》爲主，附以己説，間采先儒象數變互，以相發明。

饒州徐之祥，字方塘。有《讀易蠡測》，其言象數，取皇極於康節，取太極於濂溪，而諸卦之中，多詳其變。又名《玩易詳説》。

桐廬魏新之，著《學易蠡測》。因先儒列卦爲方圓圖，乃以己意成三隅圖，自成一家之言。

休寧吴霞舉，字默室。著《周易管見》六十卷，《筮易》七卷，《太玄潛虚圖》十卷，雖互有異同，皆盛行於世。

又，建安邱富國，字行可。受業朱子之門，宋亡不仕。著《周易輯解》十卷，《學易説約》五篇，《經世遺書》三卷。

其徒鄭儀孫，作《易圖説解》、《大學中庸章句》。

董真卿，字季真，江西鄱陽人。父鼎，字季亨，私淑朱子門人黄幹，著《尚書輯録纂註》，又疏《孝經》大義，悉遵朱子《刊誤》，定爲經一章，傳十四章。真卿早承家學，復受業於胡一桂、熊禾。著《周易會通》十四卷。

時江西清江人張理，官福建儒學提舉，著《易象圖説》三卷，《大易象數鈎深圖》二卷，亦有時名。

程龍，字舜俞，婺源人。宋永嘉縣尹，入元不仕。著《尚書毛詩二傳釋疑》、《禮記春秋辨證》及《弄環餘説》、《補程子三説》、《易圖》，並刊行當世。

同時，豐城人程焕，字時可，學者稱巏山先生。著《易傳宗》、《書傳通》、《詩傳微》各數十卷。

浮梁人吴迂，字仲迂，少從饒雙峰學，人稱可堂先生。汪克寛，其門人也。著《易學啟蒙》、《書編大旨》、《左傳義例》、《詩傳衆説》等書。

雷光霆，字友光，江西寧州人。家居教授。學士程鉅夫、詹天遊，皆其徒也。著《九經集義》五十卷，《史辨》三十卷，《詩義指南》十七卷。至元間，遣使徵之，未至而卒。學者稱龍光先生。

同時，平江人陳深，字子微。沈潛問學，著《讀易編》、《讀詩編》及《讀春秋》十二卷。與人高譚遺經，亹亹不倦，爲一時耆宿。天曆間，奎章閣臣以能書薦，匿不出。所著詩文，名《寧極齋稿》。

吴鄹，永新人。宋末避讎徙山西，變姓名張應珍。注《周易》，宗程、朱，而不爲苟同。如參天兩地而倚數，鄹謂：「《本義》：天圜地方，圜者一而圍三，三各一奇；方者一而圍四，四合二偶。似費擬議。蓋五生數中，天數一三五凡參，地數二四凡兩，故聖人參兩之以倚數。八卦之象，《乾》《坤》，天地，以太虛言也；《震》《巽》，天地之長男女，爲雷、風，有氣無形；《坎》《離》，天地之中男女，爲水、火，有形無質；《艮》《兑》，天地之少男女，爲山、澤，有質確定矣。」駙馬闊里吉思嘗從之質疑，刻其書於平陽路。大德八年，官秘書少監，始更今名。

劉整，字宋舉，古田人。自稱蒙谷遺老。教生徒百餘人。少從合沙鄭少褋學《易傳六十四卦圖説》及《春秋元經》，著《易纂圖》一卷，甫就而卒。

同邑有陳宏者，元初徙華亭，官同知吴江州事。著《易童子問》、《易象發揮》各一卷。

史蒙卿，明州人。宋咸淳進士，志行高卓。時四明之學，悉祖陸氏而宗楊、袁，及沈焕、舒璘繼起，復主其説。能表章朱子之學者，自蒙卿始。初，教授江陰，著《小學紺珠》，以淑後進。其文曰《静清集》。

周鼎，字仲恒，廬陵人。早從湜溪郭正表游，《六經》有所疑滯，縱横叩擊，多超特之見。謂：「詩分正變，固肇於漢儒，然正中有變，變中有正，其體製音節，夐然不侔。策書紊亂，瞭然可見，必各從其類，然後可辨世道升降之由。其詩雖非盛時之作，其人既賢，其詞猶爲近古，必附小、大雅之正者，勸懲之義庶幾有托。」鼎於《六經》皆有論著，獨《詩經辨正》爲完書。

楊璲，字元度，餘姚州人。服膺朱子之學，著《詩傳名物類考》，御史姚紱上於朝。歷寧海、縉雲學正，卒。

同郡夏泰亨，字叔通。九歲能文。官翰林編修。著《詩經音考》、《矩軒集》。

又，安城人劉瑾，字公瑾。博通經史。著《詩傳通釋》二十卷，采録各經傳及諸儒所發要義，最爲詳博，其書盛行於世。

王天與，字立大，江西吉安人。研精覃思，著《尚書纂傳》四十六卷，十五年而後成書，雖心薄蔡沈，然亦間擇其説。

後，江西人王充耘，元統中進士。著《讀書管見》二卷，考訂蔡傳，尤爲精核焉。

黄景昌，字明遠，浦江人。通《尚書》、《春秋》之旨，嘗言：「自公、穀口説相傳，至漢然後著之竹帛，故經有脱編，有錯簡。學者上畏聖經，下避賢傳，謁舛誣漏，莫之敢較。」其《春秋公穀舉傳》，論及三代用正、日夜食之辨，凛凛不可屈。後得巴州陽恪《春秋考正》一卷，言三代悉用夏時，不改月。景昌明其不然，作《周正如傳考》三卷，謂周改月並改時，《左傳》去夫子時近，當如《傳》所云也。

俞皋，字心遠，新安人，幼師宋進士趙良鈞，得《春秋》大旨。自晉杜氏注《左傳》，始有「凡例」之説，取經之事同、辭同者，計其數，凡若干，而不考其義。唐陸氏學於啖、趙，作《纂例》一書，雖分晰詳備，亦未嘗以義言之。逮程子爲傳，始分别義例。皋一遵程説，以義同、事同、辭同者，定爲例十六條。其有義不同而辭同，事同而辭不同者，則分見各事之下，名《春秋斷義》。

又，魯震，字樵南，廬陵人。時設科以《春秋》胡傳與三傳並用，學者困於繙閲，未有能合爲一書者。震次第集之，始左氏，次公，次穀，次胡氏，而取止齋陳氏説附於後。凡胡氏有所引用，皆分注其下，别爲類編，以附於卷後。名《春秋五傳》，與皋書俱有便於學者。

熊復，字庶可，南昌人。以《五經》教授鄉里，學者稱西雨先生。著《春秋會傳》，吴澂見而稱之，跋其後曰：「邵子曰：『聖人之經，渾然無迹，如天道焉。故《春秋》書實事，而善惡形乎其中。』世之學者，率謂聖人有意褒貶。三傳去聖人未遠，已失經意，况後之注釋者乎？唐儒惟啖、趙二家獨究聖人之旨，宋清江劉原父其次也。熊君所輯《會傳》，合之諸家注釋，未有能精擇審取如此者。」

同縣毛應龍，字介石。大德間，爲澧州教授。著《周禮集傳》二十四卷，《周官或問》五卷。總諸儒訓釋，而斷以己意，其學亞於復云。

烏冲，大寧路川州人。祖塔塔兒台，太祖伐金，率軍民詣河北迎降，賜名侈稔虎。從太師國王南伐，累官龍虎衛上將軍、易州崇寧軍節度使、行川州元帥府事。父禔，襲父職，充北京路總管，佩虎符，累官河北河南道提刑按察使。冲明經勵行。初從容城劉因受業，冠服車騎甚都，改贄見師，三日不返。諸生皆曰：「是豈真實爲學者！」翼日，冲服儒服，執經趨席，舉動如寒士。諸生嘖嘖稱歎，因亦奇之。冲爲學清苦，晝誦夜思，至忘寢食。居喪三年，不入於內家。日落日宴不食，意泊如也。真定安熙欲從因學，不果，冲盡以所得告之，熙卒爲名儒。卒，贈秘書省秘書郎。

黄澤，字楚望，本長安人。唐末，其遠祖舒藝知資州内江縣，子孫遂爲資州人。父儀可，累舉不第，從兄驥子官九江，蜀亂不能歸，因家焉。澤生有異質，慨然以明經學道爲志。好爲苦思，屢以成疾，疾止，復思久之，如有所見，作《顔淵仰高鑽堅論》。蜀人治經，必先古注疏。澤於名物度數考覈精審，而義理一宗程、朱。作《易》、《春秋》二經解、《二禮祭祀述略》。

大德中，江西行省聞其名，授江州景星書院山長，使食其禄以施教。又改洪州東湖書院山長，受學者益衆。始，澤嘗夢見夫子，以爲適然，既而屢夢見之，最後乃夢夫子手授所校《六經》，字畫如新。由是深有感發，始悟所解經多徇舊説，爲非是。乃作《思古吟》十章，極言聖人德容之盛，上達於文王、周公。秩滿即歸，閉門授徒以養親，不復言仕。

嘗以爲去聖久遠，經籍殘闕，傳注家率多傅會，近世儒者又各以才識求之，故議論雖多，而經旨愈晦。必積誠研精，有所悟入，然後可以窺見聖人之本真。乃揭《六經》中疑義千有餘條，以示學者。既乃盡悟失傳之旨，自言每於幽閒寂寞、顛沛流離、疾病無聊之際得之。及其久也，則豁然無不貫通。自天地定位、人物未生已前，沿而下之，凡邃古之初，萬化之原，載籍所不能具者，皆昭若發蒙，如示諸掌。然後由伏羲、神農、五帝、三王以及春秋之末，皆若身在其間，而目擊其事者。於是《易》、《春秋》傳注之失，《詩》、《書》未決之疑，《周禮》非聖人書之謗，凡數十年苦思而未通者，皆渙然冰釋，各就條理。故於《易》，以明象爲先，以因孔子之言，上求文王、周公之意爲主，而其機括則盡在十翼。作《十翼舉要》、《忘象辯》、《象略》、《辯同論》。於《春秋》，以明書法爲主，其大要則在考覈三傳，以求向上之功，而脉絡盡在《左傳》，作《三傳義例考》、《筆削本旨》。又作《元年春王正月辯》、《諸侯娶女立子通義》、《魯隱公不書即位考》、《殷周諸侯禘祫考》、《周廟太廟單祭合食說》，作《丘甲辯》，以明古今禮俗不同，見虛辭說經之無益。

嘗言：「學者必悟經旨廢失之由，然後聖人之本意見。若《易象》與《春秋》書法，廢失大略相似，苟通其一，則可觸機而悟矣。」又懼學者得於創聞，不復致思，故所著多引而不發。作《易學濫觴》、《春秋指要》，示人以求端用力之方。其於禮學，則謂鄭氏深而未完，王肅明而實淺，作《禮經復古正言》。如王肅混郊丘、廢五天帝，併崑崙、神州爲一；趙伯循言王者禘其始祖之所自出，以始祖配之，而不及羣廟之主；胡宏家學不信《周禮》，以社爲祭地之類，皆引經以證其非。其辯釋諸經要旨，則有《六經補注》；詆排百家異義，則取杜牧不當言而言之義，作《翼經罪言》。近代覃思之學，推澤爲第一。

吴澄嘗觀其書，以爲平生所見明經之士，未有能及之者，謂人曰：「『能言距楊、墨者，聖人之徒也』，楚望真其人乎！」然澤雅自慎重，未嘗輕與人言。李泂使過九江，請北面稱弟子，受一經，且將經紀其家。澤謝曰：「以君之才，何經不可明？然亦不過筆授其義而已。若余，則於艱苦之餘，乃能有見。吾非邵子，不敢以二十年林下期君也。」洞歎息而去。或問澤：「自閟如此，寧無不傳之懼？」澤曰：「聖經興廢，上關天運，子以爲區區人力所致耶。」

澤家窶貧，且年老，不復能教授。歲大祲，家人采木實草根以療饑。宴然不動其意，惟以聖人之心不明，而經學失傳，若己有罪爲大戚。至正六年，卒，年八十七。

安熙，字敬仲，真定藁城人。祖滔、父松，皆有學行。熙既承家學，及聞保定劉因而向慕之。所居相距數百里，將造其門，而因已歿，乃從因門人烏冲録其遺書而還。建祠堂以奉四世，冠昏喪祭，一遵文公禮書。其教人，以敬爲本，以經術爲先。弟子去來，常至百人。出入閭巷，帶規佩矩，望而知爲安氏弟子。家居教授垂數十年，四方來者多所成就。既殁，鄉人立祠於藁城之西。其門人蘇天爵輯其遺文爲《默菴集》十卷，虞集序之曰「使熙得見劉氏，廓之以高明，厲之以奮發，則劉氏之學當益昌大於時」云。

同郡焦悦，字子和。與熙講説《六經》之旨，授真定學官，學者稱兑齋先生。

同恕，字寬甫。其先太原人，五世祖遷陝西，遂爲奉元人。祖昇、父繼先，俱有學行。廉希憲宣撫陝右，辟掌庫鑰。家世業儒，同居二百口，無間言。至元間，朝廷始分六部，選名士爲吏屬，關陝以恕貢禮曹，辭不行。仁宗踐阼，即其家拜國子司業，使三召，不起。陝西行臺侍御史趙世延，請即奉元置魯齋書院，以恕領教事。延祐六年，以左贊善召，入見東宮，賜酒慰問。繼而獻書，歷陳古誼，盡開悟涵養之道。明年春，英宗繼統，以疾歸。致和元年，拜集賢侍讀學士，以老疾辭。

恕之學長於禮。平居盛暑，未嘗不冠帶。居父喪，哀毀幾喪明，祭必如事生。扁所居曰「榘庵」。與人交，雖外無適莫，而中有繩尺。家無儋石之儲，而聚書萬卷。時蕭𣂏居南山下，亦以道高當世，入城府，必主恕家。恕自京還，家居十三年，海内並稱「蕭同」。後至順二年卒，年七十有八。贈翰林直學士，封京兆郡侯，謚文貞。其所著曰《榘庵集》二十卷。

弟子第五居仁，字士安。幼師蕭𣂏，弱冠從恕受學。博通經史。躬率子弟力農，而學徒滿門。嘗行田間，遇有竊其桑者，自引避之。鄰人借騾而死，償其直，不取，曰：「物之數也，何以償爲？」鄉里高其行誼，率多化服，稱曰静安先生。

敖繼公，字君善，福州長樂人。後寓平江，築一小樓，坐卧其中，日從事於經史。趙孟頫，其弟子也。初爲定成尉，以父任當得京官，讓於弟。尋擢進士，對策忤時相，遂不仕。著《儀禮集説》十三卷。大德中，以高克恭荐，授信州教授，未仕而卒。

又，同安人邱葵，字吉甫。著《易解義》、《書直解》、《詩口義》、《春秋通義》、《周禮補亡》等書。泰定中，馬祖常薦之，未及用而卒。

同時，錢塘人孟文龍，字震翁，宋浙東提舉。宋亡，平章史弼等薦起之，以死辭。不出户庭者三十年。著《周易大全》二卷。

鹽城人秦玉，字德卿。通《五經》，尤邃於《詩》，門人私謚孝友先生。

吴師道，字正傳，婺州蘭溪人。弱冠，讀宋儒真德秀書，幡然有志於爲己之學。又受業於同郡許謙。登至治元年進士，授高郵縣丞。明達文法，吏不敢欺。再調寧國路録事。會歲大旱，饑民仰食於官者三十三萬人。師道勸富民捐粟三萬七千六百石，又言於部使者，請官粟四萬石、鈔三萬八千四百錠，振之，饑民賴以存活。遷池州建德縣尹。郡學有田七百畝，爲豪民所占，師道按其圖籍，悉歸於學。建德素少茶，而榷税重，言於所司，減榷額，民以不病。中書左丞吕思誠、侍御史孔思立，薦爲國子助教，尋遷博士。六館諸生，人人自以爲得師。以禮部郎中致仕，卒於家。所著有《易詩書雜説》、《春秋胡傳附辨》、《戰國策校註》、《敬鄉録》及文集二十卷。

同郡有王餘慶，字叔善，官江南行臺監察御史，亦以儒學名重當世。

陳普，字尚德，寧德人。其學以《四書》、《五經》爲本。三辟福州路教授，不起。著《四書句解鈐鍵》、《學庸指要》、《孟子纂圖》、《周易解注》、《尚書補微》，凡數百卷。尊聞紹言，屹然爲朱子嫡派。隱居石堂山，學者稱石堂先生。

韓性，字明善，紹興人。宋魏忠獻王琦八世孫也。高祖左司郎中，膺胄扈從南渡，家於越。性七歲讀書，日記萬言。九歲通《小戴禮》，作大義，文意蒼古，老生宿學皆稱異焉。及長，博綜羣籍。文辭博達儁偉，自成一家言。延祐初，以科舉取士，學者多請其程式。性告以朱子《學校貢舉私議》，俾從事根柢，以應有司之求。性出無輿馬僕御，所過負者息肩，行者避道。巷夫街叟，至於童穉厮役，咸稱之曰「韓先生」云。憲府嘗舉爲教官，不赴。暮年愈自韜晦。天曆中，趙世延以名上聞。後十年，門人李齊爲南臺監察御史，力舉其行義，而性已卒。南臺御史中丞月魯不花，嘗學於性，爲請於朝，賜謚莊節先生。其所著有

《禮記說》四卷，《詩音釋》一卷，《書辨疑》一卷，郡志、文集十二卷。

熊良輔，字任重，江西南昌人。延祐中鄉貢。早師同縣熊凱學《易》，復得進賢龔焕之《易》學。先是，朱子《本義》一遵吕祖謙所訂古文，以六十四卦彖爻之辭爲上下經，而孔子所釋《彖》、《象》、《文言》及上下《繫》、《説卦》、《序卦》、《雜卦》爲十翼。良輔著《周易本義集成》，仍舊本上下經二卷，謂之集成；十翼十卷，謂之附録。其所採摭，自唐迄元，凡八十四家。其書盛行於世。

陳櫟，字壽翁，新安人。其學以朱子爲師，自稱東阜老人。延祐中，貢於鄉，因病固辭。年八十三，卒。著《四書發明》、《書傳纂疏》、《禮記集義》等書。崇仁吴澄嘗稱櫟有功於朱子，凡來受業者，澄皆謝之，使受學於櫟焉。

保八，字公孟，蒙古人。少好學，爲黄州路總管。精《易》理，著《易源奥義》一卷，《周易原旨》六卷。仁宗在東宫，保八進箋曰：「自龍圖之畫既出，而象數之學肇開。至六十四卦以成書，爲百千萬年之明鑑。羲、文、孔子發先天之妙，京、費、王弼廣後世之傳。豈但求語下之筌蹄，又當參胸中之關鍵。凡蠡測管窺，以探精義，皆銖積月累，以用深功。苟得其真，敢私其秘？不揆淺膚之素學，冒干投進於青宮，冀虎闈齒胄之間，特加披閱；在鶴禁延儒之頃，更賜表章。」太子嘉納焉。

曹元博，以字行，上海人。著《左傳序事本末》，楊維楨序其書曰：「左丘明受經仲尼，故作《春秋傳》，爲聖經之案。後之傳《左氏》者，有鐸椒作《鈔撮》八卷，虞卿作《鈔撮》九卷，惜其文無傳。漢張蒼、賈誼，復傳《左氏》，河間王進於武帝。至成帝時，劉歆校秘書，見而存之，始立《左氏春秋》。逮晉杜預，復表章之，而傳有注釋。後世言《春秋》者，舍《左氏》無以爲統緒。故止齋陳氏謂：『著其所不書，以見經之所書者，皆左氏功。』此章指所由作也。元博既按經以證傳，復索傳以合經，爲《左氏序事本末》，可謂採蒐之精，而權衡之審矣。」其爲維楨推重如此。

同時，金谿人吴儀，字明善。其學以《六經》爲歸，晚尤專心《春秋》，謂聖人之經一，而家異傳，大道榛塞，職此之由。乃著三書：曰《裨傳》，曰《類編》，曰《五傳辨》，辭義嚴密。每撫卷嘆曰：「此書，吾積學所致，後有楊子雲，其將好之矣！」儀絶意仕進，以壽卒。

武恪，字伯威，宣德人。吴澄爲江西儒學提舉，薦入國學。明宗在潛邸，選爲説書秀才，及出鎮雲南，而恪從行。明宗至陝西，欲起兵，恪諫曰：「太子南行，於國爲君命，於家爲叔父命，何可違也？若向京師發一矢，史官必書太子反，不可悔矣！」左右惡其言直，遣之歸。隱居教授。文宗知其名，除秘書典簿。秩滿，丁憂。再除中瑞司典簿，改汾西尹，皆不就。至正間，泰不華舉爲沁水縣尹，亦不赴。近臣又薦爲授經郎，恪陽爲疾病，不與人接。或問：「先生之學，以何爲本？」恪曰：「以敬爲本。」著有《水雲集》。卒於家。

【校勘記】

〔一〕「邱富國」，原作「丘富國」，據正文改。

新元史卷之二百三十六 列傳第一百三十三

儒林三

劉莊孫 劉彭壽 林起宗 戚崇增 程端禮端學 倪淵 陳澔師凱 劉友益馮翼翁 彭絲 宇文公諒 史季敷趙有桂 聞人夢吉 陳剛 陳樵 牟楷 程時登程復心 史伯璿詹道傳 黄景星 曾貫 周仁榮仔肩 孟夢恂 鍾律黄清老 畢庚金 俞漢 朱公遷 朱隱老劉霖 陳謨 周聞孫俞元燮〔一〕 邵光祖 趙汸 汪克寬

劉莊孫，字正仲，天台人。在大學五年，不獲釋褐，以諸生卒。喜著書。《尚書》有古文、今文，陳振孫掇拾援據，確然明白，言傳心者猶依違不敢置論。莊孫憤然曰：「吾不能接響相附和，各爲論著，不没其實。」著《書傳》上下篇，二十卷。又著《易志》十卷，《詩傳音指補》二十卷，《周官集傳》二十卷，《春秋本義》二十卷。詩文集曰《芳潤藁》，共五十卷，《和陶詩》一卷。

劉彭壽，眉州人。父淵，經術深邃，事母以孝聞。著有《讀易記》、《易學須知》、《春秋例義》、《春秋續傳記》、《左氏記事本末》等書。用薦爲永州路學正，卒。彭壽有儁才，延祐三年進士，授桂陽路平陽縣丞，轉岳州路行用庫使，擢建德路淳安縣尹。每月朔日，輒幅巾深衣，升座講書，淳安士庶聽講無惰容。卒，年六十四。彭壽教學者，必以經術爲本。爲文，先義理而後詞章。著有《四書提要》、《春秋澤存》、《春秋正經句釋》。

林起宗，字伯始，順德内邱人。初，四方傳布程、朱遺言，起宗誦之知敬。時劉因以風節、學問著名當世，起宗欲從游，而無以爲介。擔簦負笈，齋沐立於其門者三日，因嘉其志，受而教之。起宗明於講説，深思力行，極其至而後已。久之，以家貧思省其親，因授以治家之法，歸而行之，事親温清定省，皆有禮節。親喪，廬墓三年。隱居教授，率其徒立爲程限，以驗日進之功。其言曰：「學當以聖賢爲準。是非得失，了然常在目前。從事於博文約禮之誨，循序漸進，至於日至之時，有不期然而然者矣。」起宗儀容奇偉，晨起正襟危坐，雖造次必依禮法。鄉人有一不善，惟恐爲其所知，其爲人所敬畏如此。

晚號魯庵。嘗作《志學指南圖》，以爲學道之標準；《心學淵源圖》，以爲入聖之極功。及《中庸》、《大學》、《論語》、《孟子》諸圖，《考經圖解》、《小學題辭發明》、《魯庵家説》，共數十卷。至大間，王結官順德，薦於朝。蘇天爵薦知名之士十餘人，起宗與焉。後至元三年卒，年七十有六。

戚崇增，字仲咸，金華人。少好學，能爲詩、古文辭。年二十七，始盡棄其學，從同縣許謙游。著有《春秋學講》一卷，《春秋纂例原指》三卷，《四書儀對》二卷，《復古編》一卷，《昭穆圖》一卷，《歷代指掌圖》一卷。以經籍之文傳寫譌舛，乃考許慎《説文》，參以近代諸儒之所訂，用古文寫《易》、《書》、《詩》、《儀禮》、《春秋》、《孝經》、《論語》、《大學》、《中庸》、《孟子》，將獻於有司，未及上而卒。

程端禮，字敬叔，慶元鄞縣人。慶元自宋季皆尊尚陸氏之學，端禮獨從史蒙卿游，傳朱子之緒論。用舉者，授廣德建平縣、池州建德縣兩縣儒學教諭，又爲建康路江東書院山長。文宗在潛邸，遣近侍子弟來學，賜以金幣，甚加禮敬。後遷鉛山州儒學教授，秩滿，以將仕郎、台州儒學教授致仕。至正五年卒，年七十五。初，鉛山鵞湖書院旁有道觀，一日，端禮過其處，有驢跑隙地，發之，得石碣十餘，刻羣賢像，因作羣賢堂以祀之。所著有《進學規程》，國子監頒其書於郡縣，以爲學者法。

弟端學，字時叔。通《春秋》。至治元年進士，授仙居縣丞。尋改國子助教，遷國子博士，命未下而卒。端禮色莊而氣夷，善誘學者。端學剛嚴方正，人皆敬憚之。當時以比河南兩程子云。端學有《春秋本義》三十，《三傳辨疑》二十卷，《春秋或問》十卷。

倪淵，字仲深，湖州烏程人。從敖繼公受《易》及《三禮》之學。高克恭爲行省左右司郎中，深器之，謂淵曰：「君大才，不可小用也。」及遷行臺侍御史，以敖繼公、鄧文原、陳康祖、姚式與淵，並薦於朝，授杭州路儒學教授。先是，廟學釋奠多用俗樂，淵得宋太常樂工二人，使以雅樂教諸生習之。國子監聞其事，因召兩樂工爲國子樂師。太學備金石之樂，實自淵倡之。秩滿，調湖州路儒學教授，淵用胡瑗舊法，葺經義、治事兩齋，又創仁智軒，爲游息之地。其後學者爲淵立生祠，淵自往撤之。遷太平路當塗縣主簿，有能名。江東廉訪副使元永貞按部還，謂廉訪使王士熙曰：「吾分按太平、池州兩路，廉能之吏，惟一當塗主簿而已。」未幾，以年垂七十，授承務郎、杭州路富陽縣尹，致仕，卒。有《易說》二十卷，《圖說》、《序例》各一卷。

陳澔，字可大，江西都昌人。父大猷，宋開慶二年進士，官通直郎、黄州軍判官，師事雙峰饒氏，以禮名家。澔承其家學，會萃演繹，而附以己見，著《禮記集説》三十卷。隱居不仕，郡守延爲白鹿洞山長，卒。金谿危素嘗以澔《集説》與陳櫟《禮記集解》質於吴澄，澄復書曰：「二陳君可謂善讀書者，其説禮無可疵矣。」

子師凱，於易象、樂律多所撰述，能世其家學。

劉友益，字益友，永新人。少好學，貧不能購書，借人書，窮晝夜讀之。及長，貫穿《六經》，至天文、地志、律曆、象數之學，無不研究。宋亡，兄弟遇亂兵皆死，友益絶而復蘇。饑困著書，不與世接，以爲聖人之志，莫大於《春秋》；繼《春秋》之迹，莫尚於《通鑑綱目》。凡司馬氏宜書而未書者，朱子書之；宜正而未正者，朱子正之。恐朱子之意不白於天下後世，乃著《通鑑綱目書法》五十九卷，歷三十年而後成。至順三年，卒，年八十五。

同縣馮翼翁，字子羽。著《春秋集解大義》、《性理羣書》、《通鑑小録正統》、《五德類編》、《文章旨要》、《五子旨要》、《禮考正》、《古正僞》等書。

彭絲，字曾叔。著《庖易》、《春秋辨疑》、《禮記集説》四十九卷，《黄鐘律説》八篇。俱爲名儒。

宇文公諒，字子貞。其先成都人，父挺祖徙湖州。公諒弱冠有操行，嘉興富民延爲子弟師。夜將半，有叩門者，問之，乃一婦人，公諒叱去之。翼日即辭歸。至順四年，登進士第，授徽州路同知婺源州事，改同知餘姚州事。省檄察實松江海淤田，公諒以潮汐不常，後必遺患，請一概免科，省臣從之。除國子助教，調應奉翰林文字、同知制誥，兼國史院編修官。改僉嶺南廉訪司事，以疾請老。公諒平居，雖暗室必正衣冠端坐。嘗挾手記一册，晝有所爲，夜必書之，其不可書即不敢爲。門人私謚曰純節先生。

史季敷，以字行，明州人。世傳《夏小正》爲夏書，在《大戴禮》中，傳之者戴氏也。鄭康成爲之注。或曰盧辯注，謂爲鄭氏者非也。山陰傅崧卿，加以訓釋，多所補正。朱子集《儀禮》，尊信《小正》而用之，其論益定。季敷參攷同異，作《夏小正經傳考》三卷，參以傅氏本，及采《儀禮》集解，附以釋音，復取先儒解經所引《小正》語，及事相附近者，綴於傳文下，脱衍者列叙於後，尤稱詳密。

時括蒼趙有桂，字詵仲。有《夏小正集解》，蓋取諸家説而更爲之解者。

聞人夢吉，字應之，金華人。父詵，老遊王柏之門。夢吉受學家庭，父子自相師友，手抄七經傳疏，深究義理，閉户逾十年，悉通奥旨，乃開門講學。泰定間，貢授泉州教諭。平生信道既篤，涵養益純，識與不識，莫不稱爲有道君子。門人謚曰凝熙先生。

陳剛，字公潛，温州平陽人。受業胡長孺之門，晝夜研索，通《易》、《詩》、《書》三經旨要，著《五經問難》、《四書通辨》、《述歷代正閏圖》、《説渾天儀》、《説歷代官制》、《説禹貢洪範》。手抄後，兩目盲，人有求其文者，猶能口授。雅正高古，人稱潛齋先生。

陳樵，字君采，東陽人。父取青，從鄉先生石一鰲遊，與聞朱子之學。樵承家傳，繼受《易》、《詩》、《書》、《春秋》於程直方，精思四十年，恍然有得。著《易象數解新説》、《洪範傳經解》、《四書本旨》、《孝經新説》、《鹿皮子集》。樵常製鹿皮爲衣，種藥圁谷中，自稱鹿皮子，故以名其集云。

牟楷，字仲裴，黄巖人。刻志誠正之學，論文務以性命爲先，詞華爲後。有《九書辨疑》、《致中和議》、《河圖洛書説》、《春秋建正辨》、《深衣刊誤》、《定武成錯簡》、《管仲子糾辨》、《桐葉封弟辨》、《四書疑義篇》。門人名其書爲《理窟》，尊之曰静正先生。

程時登，字登庸，樂平人。時德興董銖，得朱子之學，傳其鄉里。有程正則者，私淑之。時登從之遊，深徹性命奧義。著《大學本末圖説》、《中庸中和説》，集朱子論述問答之語，審未發已發之幾，而探索性情體用之極。《太極圖》、《通書》、《西銘》，則錯綜爲之互解。又有《周易啟蒙輯録》、《律呂新書贅述》、《臣鑑圖》、《文章原委》等書。

時婺源程復心，字子見，自幼潛心理學，會輔氏、黄氏之説，折衷成章，名《四書章圖總要》，二十二卷，皇慶二年，江浙省臣上其書，優詔擢用，辭不出。

史伯璿，字文璣，平陽人。幼强記，精究《四書》，深得朱子本意。時饒氏輯講許氏《藂説》、胡氏《通旨》、陳氏《發明》，有與朱子背馳者，伯璿著《四書管窺》五卷，多所辨正。

臨川詹道傳，亦言《四書》之旨晦蝕於訓詁，幸朱傳出而大義曉然。讀者未易窺測，乃用許衡所定句讀，著《四書纂箋》二十六卷，行於世。

又餘姚黄景星，著《四書集説啟蒙》，發明朱子之學，尤多心得。

泰和曾貫，字傳道。篤志聖賢之學，倜儻有大志。至正中，爲紹興路照磨，禦龍泉賊，戰殁。著有《四書類辨》、《周易變通》、《學庸標旨》諸書。

周仁榮，字本心，台州臨海人。父敬孫，宋太學生。從金華王柏講學於上蔡書院，與同郡楊玨、陳天瑞、車若水、黄超然、朱致中、薛松年等同門。嘗著《易象占》、《尚書補遺》、《春秋類例》。仁榮承其家學，又師玨、天瑞，治《易》、《禮》、《春秋》。用薦者，署美化書院山長。地在處州萬山中，人尟知學，仁榮舉行鄉飲酒禮，士俗爲變。後辟江浙行省掾史，省臣皆呼以先生。泰定初，召拜國子博士，遷翰林修撰，卒。

弟子多知名士，以泰不華爲最著。仁榮居台州，築一室，甫落成，有友人楊公道輿疾至門，曰：「願假君新宅以死。」仁榮讓正寢居之，未幾，楊死，有遺財。楊之弟詒仁榮，求分之，仁榮不許。對衆封籍所貯物，遣人至平陽，呼其子至，悉與之。其篤於親故如此。

仁榮弟仔肩，字本道。以《春秋》登延祐五年進士第，終惠州路總管府判官，亦以文學名。

同郡孟夢恂，字長文，黄巖人。與仁榮同師楊玨、陳天瑞。以薦，署本郡學録。至正十三年，授常州路宜興縣判官，未受命而卒，賜謚曰康靖先生。所著有《性理本旨》、《四書辨疑》、《漢唐會要》、《七政疑解》，及《筆海雜録》五十卷。

鍾律，字伯紀，開封人。元末鄉貢士，不應辟召，肆力經學。元末治《春秋》者，多泥於胡傳褒貶之說，其能脱去積習，一以經文爲正者，於筆削精義，又往往失之。律采諸家精義，載各條之下，而間附己意，名《春秋案斷補遺》，蓋取程子傳爲案，而經爲斷者。一時稱爲通儒。

又，黄清老，字子肅，邵武人。累官湖廣等處儒學提舉，著《春秋經旨》、《四書一貫》，學者號爲樵水先生。

剡溪人單庚金，字君範。隱居三十年，著《春秋傳説集略》十二卷。

諸暨人俞漢，字仲雲。著《春秋傳》三十卷，辟儒學官，不就，卒。

朱公遷，字克升，饒州鄱陽人。肆力聖賢之學，以正心誠意爲入德之門。至正七年，以遺逸徵至京師，授翰林直學士，勸帝「親賢遠佞、修德恤民，庶天意可回；不然，恐憂在旦夕」。執政惡其切直，不能用，出爲處州學正。著《朱子詩傳疏義》廿卷，《四書通旨》六卷。

朱隱老，字子方，豐城人。受業於同郡桂莊、涂應、雷遠，承朱子遺緒。隱居荷山，精《易》理，及邵子先天、横渠《正蒙》諸書。謂：「先天之學，心學也。其圖皆從中起。邵子探是圖，著《皇極經世》，性命物理之説，重明於世。」學者畏其難，棄而弗講，乃作《經世書説》。張子《正蒙》，實與《太極圖》、《通書》、《西銘》並傳，而未有爲之註者，乃作《正蒙書説》。《禮經》殘缺已久，朱子雖定爲《儀禮經傳》，而其輯録皆出門人，予奪多有未當，乃作《禮説》。《易》之論，精深廣大，非近世儒者所知，乃作《易説》。學者稱瀔峰先生。

同時，劉霖，字雨蒼，安福人。博通《五經》。元季，避地泰和，學者尊師之。性耿介，不隨世俯仰。著有《太極圖解》、《易本義》、《童子説》、《四書纂釋》、《杜詩類註》諸書。

又，泰和陳謨，號心吾。其學亦爲鄉人所宗，著《書經會通》、《詩經演疏》二書，及《海桑集》。

周聞孫，字以立，吉水人。由鄉貢薦入史館，修宋、遼、金三史。同事多遼、金故臣後，不肯以正統予宋，聞孫疏争之，不報，棄職歸。著《尚書一覽》、《河圖洛書序説》、《詩學舟楫》諸書。

同時，俞元燮，字邦亮，其先自建寧徙長洲。通蔡氏《書傳》，博采羣説，著《尚書集傳》十卷。

又，邵光祖，字宏道，亦長洲人。博通好古，研精經傳，窮六書之旨。張士誠辟爲湖州學正，不赴。著《尚書集説》。俱行於世。

趙汸，字子常，休寧人。姿禀卓絶。幼讀朱子《四書》，多所疑難，乃盡取朱子書讀之。聞九江黄澤有學行，往從之游，得《六經》疑義千餘事以歸。復往，留二年，得口授六十四卦大義與《春秋》之學。又從學於臨川虞集，聞吴澄之緒論。著《春秋集傳》十五卷、《左氏補注》十卷、《春秋師説》三卷，發明師説，度越唐宋諸家。學者稱東山先生。卒，年五十一。

汪克寬，字德一，祁門人。祖華，爲饒魯門人，傳黄勉齋之學。克寬十歲，其父授以《雙峰問答》，輒有悟。後從浮梁吴仲迂受業。泰定中，應進士舉，以策對伉直見黜。乃棄科舉業，盡力於經學。著《春秋經傳附録纂疏》、《程朱傳義音考》、《詩集傳音義會通》、《禮經補逸》、《綱目凡例考異》，又《環谷集》八卷。元末爲朱子之學者，以克寬爲大師。明初，聘修《元史》，欲官之，固辭不受。卒，年六十九。

【校勘記】

〔一〕「俞元燮」，原作「俞燮元」且倒在「邵光祖」下，據正文改。

新元史

第六册

列傳（一）

柯劭忞 撰
張京華 黄曙輝 總校

上海古籍出版社

新元史卷之一百四　列傳第一

后妃

蒙古因突厥、回鶻舊俗，汗之妻曰可敦，貴妾亦曰可敦，以中國文字譯之，皆稱皇后。其庶妾則稱妃子。終元之世，後宮位號祇皇后、妃子二等。世祖至元十年，以魏初建議，授察必皇后册寶，用漢禮册，皇后自此始，是爲正宮皇后。其餘雖稱皇后，無册封之禮焉。今博采前聞，爲《后妃傳》。其母以子貴，爲皇太后者，並列於篇。

烈祖宣懿皇后

太祖光獻翼聖皇后忽魯渾皇后以下附

太祖忽蘭皇后古兒八速皇后以下附

太祖也遂皇后察合皇后以下附

太祖也速干皇后合答安皇后以下附

太祖完顏皇后

仁宗莊懿慈聖皇后答里麻失里皇后
英宗莊静懿聖皇后牙八忽都魯皇后以下附
甘剌麻元妃宣懿淑聖皇后
泰定帝八不罕皇后亦憐真皇后以下附
明宗八不沙皇后
明宗貞裕徽聖皇后〔五〕按出罕皇后以下附
文宗不答失里皇后
寧宗答里忒迷失皇后〔六〕
惠宗答納失里皇后
惠宗伯顔忽都皇后
惠宗完者忽都皇后木納失里皇后以下附
附諸公主

烈祖宣懿皇后斡勒忽訥氏，諱訶額倫。

先爲蔑兒乞部人也客赤列都所娶，也客赤列都御后行至斡難河，烈祖出獵，見后美，與族人捏坤太石、答里斡赤斤共劫之。后使也客赤列都策馬疾走，烈祖追不及，以后歸，遂納焉。生四子，爲太祖及合撒兒、哈準、斡赤斤，一女，爲帖木倫公主。

烈祖崩，太祖方十三歲，同族欺其母子寡弱。一日，俺巴孩之二妻，曰斡兒伯、曰莎合台，春祭，飲族人酒。后後至，分膰不及，后怒曰：「也速該雖死，我子寧慮不成人？今膰肉獨不我與，他日且棄我矣！」斡兒伯、莎合台亦怒，明日徙帳去，與后母子絶。是時，烈祖部衆皆叛去，后騎而追之，持旄纛以麾叛衆，還其大半。

太祖既長，娶光獻皇后孛兒台。也客赤列都之兄蔑兒乞部長脱黑脱阿欲爲其弟復仇，率三部蔑兒乞之衆來襲。后率太祖等騎馬入不兒罕山，使光獻皇后駕牛車從之，爲蔑兒乞人所掠。脱黑脱阿曰：「昔也速該奪吾弟之妻，今吾亦奪其子婦，可以相報矣。」始解圍而去。

及札木合與泰亦赤兀等部以三萬人來攻，太祖分所部爲十三翼以拒之，后率斡勒忽訥人爲第一翼，戰於答蘭版朱思之地。

太祖即皇帝位，尊爲太后，分部衆萬人與之，后意不足。二年，巫者闊闊出譖合撒兒於太祖，太祖惑其言，執合撒兒，將殺之。后聞之，駕白駝車馳至太祖帳中，盛怒譙責太

祖。太祖惶恐謝罪，然卒奪合撒兒部衆。后鬱鬱不樂，未幾崩。至元三年定廟制世次，追上尊謚，祔烈祖爲太廟第一室。

太祖光獻翼聖皇后，孛思忽兒弘吉剌氏，諱孛兒台，與訶額倫太后同宗異族。祖曰達而罕，父曰特因，又稱爲特薛禪。太祖九歲，烈祖挈往舅家，欲爲之乞昏，道遇特薛禪〔七〕，奇太祖狀貌，又夜夢白海青挾日月而飛集其掌，心喜爲吉徵，乃要烈祖至其家，以后字焉。烈祖返，留太祖爲贅婿，及將崩，始命蒙力克召太祖歸。

太祖既娶后，蔑兒乞人來襲。太后有媪曰豁阿黑臣，聞車馬聲殷地，疾告太后。太后與諸子及博兒朮、者勒蔑各騎一馬入不兒罕山。后無馬，豁阿黑臣乘以花牛車，中道軸折，爲蔑兒乞人所獲。太祖乃乞師於王罕及札木合，盡虜蔑兒乞部衆。后及豁阿黑臣遇太祖於亂兵中，控其馬韁，遂與太祖同返。

太祖與札木合自幼爲俺答，至是益德之，同牧於豁兒豁納黑主不兒。歲餘，札木合意叵測，后勸太祖避之，事具《札木合傳》。

太祖稱尊號，巫者闊闊出答辱皇弟斡赤斤，泣告於太祖。后聞之，愀然曰：「汗在，而

小臣橫恣如是。儻百年後，其能畏憚汗之子孫乎。」太祖乃命斡赤斤拉殺闊闊出。后明識善斷，能持大體，尤爲太祖所重。

生四子，曰朮赤、察合台、太宗、拖雷；五女，曰火臣別吉、扯扯亦堅、阿剌海別吉、禿滿倫、阿兒塔隆。至元二年，追謚光獻皇后，祔太祖廟。至大二年，加謚光獻翼聖皇后。后守第一斡兒朶。次后者，曰忽魯渾皇后、闊里桀擔皇后、脫忽思皇后、帖木倫皇后、亦憐真八剌皇后、不顏忽禿皇后、忽勝海妃子。

太祖忽蘭皇后，兀洼思蔑兒乞部長答亦兒兀孫之女也。答亦兒兀孫從乃蠻太陽汗與太祖戰於納忽山，太陽罕敗死，答亦兒兀孫大懼，請降，將納女於太祖。太祖使裨將納牙逆之，阻於兵。納牙周慎，止后途中三日。太祖疑納牙有私，欲罪之。后力自陳，既幸，知其不欺，由是益重納牙。后有寵，太祖征西域，獨以后從。生一子，曰闊列堅，以母故，視如嫡子。

后守第二斡兒朶。次后者曰古兒八速皇后，本乃蠻亦難察汗之妻，太陽汗之後母也。乃蠻敗，爲太祖所獲，依蒙古禮納之，有寵。曰亦乞列真皇后，曰脫忽思皇后，曰也真妃子、也里忽禿妃子、察真妃子、哈喇真妃子，氏族皆佚。又有乃蠻女，失其名，生子朮兒徹，

早卒。

太祖也遂皇后，塔塔兒也客扯連之女。太祖滅四部塔塔兒，先得其妹也速干，有寵，因言：「有姊尤美，新嫁，不知流落何地。」太祖曰：「若得汝姊，汝能爲之下乎？」也速干允之。時也遂與其婿匿於林中，太祖搜獲之，也速干果讓姊而居。

其次一日，太祖讌軍中，也遂侍，忽顧而歎息。太祖覺有異，命在會者各退就所部而立，最後一少年倉皇不知所適。詰之，乃也遂前夫也。太祖命斬之，而寵也遂如故。

太祖將征西域，也遂請曰：「兵凶戰危，汗出師萬里，諸子皆不在側，儻一旦不諱，誰當爲嗣，願以告部衆。」太祖大驚曰：「此大事，微汝言，吾幾忘之。」由是始定立太宗。

後從征西夏，太祖出獵墮馬，因不豫。也遂與近侍脱欒扯兒必力勸班師，太祖雖不用其言，而心以爲忠。既滅西夏，盡以俘虜賜之。

后守第三斡兒朶。次曰忽魯哈剌皇后，曰阿失侖皇后，曰禿兒哈剌皇后，氏族均佚；曰察合皇后，嵬名氏西夏主李安全之女，太祖伐西夏，圍中興府〔八〕，安全獻女乞和；曰阿昔迷失皇后，曰完者都皇后，曰渾都魯歹妃子，曰忽魯灰妃子，曰剌伯妃子，氏族均佚。

初，太祖滅塔塔兒，有小兒兄弟二人，曰忽里，曰哈喇蒙都，爲太祖所收養。及稍長，

也遂言於太祖，請使忽里兄弟收塔塔兒之餘衆，得千人。也遂有弟曰胡土虎，爲右翼千户。胡土虎之弟生女曰奴忽丹，爲諸王阿八哈妃。

太祖也速干皇后，也遂皇后之妹。生一子曰察兀兒，早卒。

守第四斡兒朵，次曰忽答罕皇后，氏族佚。

曰合答安皇后，速勒遜都氏功臣赤老温之妹。太祖爲泰亦兀赤人所獲，脱走至赤老温家，后匿太祖於羊毛車中。追者至，欲搜車，后曰：「天暑如此，羊毛中能匿人乎？吾與汝乃一家人，顧疑我如此。」追者乃去。太祖滅泰亦兀赤，其夫爲亂兵所殺，后望見太祖，亟呼：「帖木真救我！」太祖遽令釋之，以舊恩納焉。

曰斡者忽兒皇后，曰燕里皇后，氏族均佚；曰秃該妃子，與朵列格揑均爲蔑兒乞部長脱黑脱阿長子忽秃之妻。太祖敗蔑兒乞，虜秃該及朵列格揑，以朵列格揑賜太宗，而自納秃該。曰完者妃子，曰金蓮妃子，曰完台妃子，曰奴倫妃子，曰卯真妃子，氏族均佚。

又有謨蓋皇后，貝格林部長阿體耶訥赤之女，無所出。太祖崩，太宗甚禮重之，察合台欲娶之，太宗不與。又有肅良合妃子，高麗人，佚其名；八不别及妃子，佚其氏族。其所守斡兒朵均未詳。

太祖公主皇后，完顏氏，金衛紹王女也。太祖圍燕京，金宣宗納女請和。太祖命阿剌淺使於金，金諸帝女未嫁者七人，后最秀慧，宫中稱爲小姐姐。宣宗封爲岐國公主，以遣嫁焉。引見阿剌淺，即拜后於階下，又請后北鄉拜，后不敢拒。於是金人使丞相完顏福興送后至太祖營，並媵護駕將十人，細軍百人，童男女各五百人，采繡衣三千襲，馬三千匹，金寶稱是。后母欽聖夫人袁氏亦從之。太祖以其爲貴主，禮重之，國人呼爲公主皇后。太祖於四斡兒朵之外，又爲后建斡兒朵於斡兒洹水西。邱處機至西域，道過和林，后與西夏公主各遣使送寒具等食。后年甚高，阿里不哥僭位和林時尚在焉。

太宗孛剌合真皇后，次曰昂灰二皇后，氏族均佚。太宗在潛邸，以憲宗爲子，命昂灰皇后撫育之。次曰忽帖尼三皇后，乞里吉思氏，生二子，曰闊端，曰滅里。憲宗二年，遷后於闊端所居地之西。

又有土拉起那妃子，本蔑兒乞部長答亦思兀妻，太祖滅蔑兒乞，以土拉起那賜太宗。

太宗昭慈皇后乃馬真氏，諱朵列格捏，號六皇后。先爲蔑兒乞部長脱黑脱阿長子忽禿妻，太祖滅蔑兒乞，以后賜太宗。生一子，爲定宗。太宗崩，后稱制五年，復歸政於定宗，而國事猶決於后，事具《本紀》。至元二年追上尊謚，祔太宗廟。

定宗欽淑皇后斡兀立氏，諱海迷失，號三皇后。定宗崩，后臨朝稱制者四年。憲宗即位，后始歸政焉。二年，后與皇孫失烈門厭禳事覺，謫失烈門於没赤脱之地，賜后死。至元三年追上尊謚，祔定宗廟。

定宗在潛邸，其元妃曰烏兀兒黑迷失，蔑兒乞氏，卒年未詳。

顯懿莊聖皇后克烈氏，諱唆魯忽帖塔尼，太宗母弟拖雷妃，憲宗、世祖母也。父札合敢不，克烈部長王汗弟，奔於乃蠻。太祖滅乃蠻，札合敢不獻二女以降，長曰亦巴合，次即后。太祖納亦巴合，而以后賜拖雷。

蒙古俗，父之遺産多歸幼子，太祖臨崩，部兵十二萬九千人，拖雷分十萬一千，諸將多

其舊部。拖雷早卒，憲宗、世祖尚幼，事皆決於后。后有才智，能馭衆，尤與太祖長孫拔都親厚。太宗崩，與諸王大臣共立定宗，后主賞賚之事，優渥異常，故內外稱善。定宗崩，拔都首建議立憲宗，衆從之，位遂定。憲宗二年，后崩。世祖至元二年，追上尊謚曰莊聖皇后，祔睿宗廟。武宗至大二年十月，加謚曰顯懿莊聖皇后。三年十月，上玉册焉。

憲宗貞節皇后，弘吉剌氏，諱忽都台，特薛禪孫忙哥陳女也，早崩。至元二年，追上尊謚，祔憲宗廟。

后初崩，憲宗即以其妹也速兒繼后位。次曰出卑三皇后，佚其氏族。憲宗八年，從伐宋，留駐六盤山。明年秋七月，憲宗崩，九月，后亦卒。次曰亦乞烈氏皇后，昌王孛禿子鎖郎哈女。次曰明里忽都魯皇后，佚其氏族，泰定三年尚在，詔后守班禿大王營帳。次曰火里差皇后，火魯剌思氏，憲宗在潛邸，太宗爲帝娶火里差爲妃，後亦稱皇后。又有失力吉妃子，伯要兀氏。

世祖帖古倫皇后，弘吉剌氏，按陳孫脱憐女也。事世祖於潛邸爲元妃，守第一斡兒朶。

世祖昭睿順聖皇后弘吉剌氏，諱察必，按陳女也。貌甚美，侍世祖於潛邸，最有寵，生皇太子真金。

世祖伐宋，渡江圍鄂州，憲宗崩於合州，皇弟阿里不哥留守和林，其黨阿藍答兒等勸之自立，乘傳發山後兵，去開平僅百餘里。后使人詰之曰：「發兵，大事也，太祖曾孫真金在此，何故不使知之？」阿藍答兒意沮。阿里不哥使脱里出行省燕京僉民兵，后聞之，密使人馳報世祖，趣班師。迨世祖北歸，事乃定。

中統三年，立爲皇后。至元十年十月，授册寶。元代册皇后禮自后始。

后性仁明，隨事諷諫，多裨時政。有怯薛官請割京師城外地爲牧場，奏可，以圖進。后欲諫，至帝前，先陽責太保劉秉忠曰：「汝，漢人明達者，言則主聽，何爲不諫？初定都時，以地牧馬，無不可者，今軍民分業已定，奈何奪之？」世祖默然，事遂寢。

性儉素，嘗以令旨取太府監繒帛各一端。世祖謂軍國所需，非私家物也。后自是率宫人親執女工，拘舊弓弦練之，緝爲綢，製衣，其韌比繒綺。宣徽院舊羊臑皮置不用，后取之緝爲地毯。胡帽無簷，世祖苦日光眩目，以語后。后即益前簷，世祖大悦，命爲式。又

製一衣，前有裳無衽，後長倍前，亦無領袖，綴以兩襻，謂之比甲，便騎射，時多效之。

宋平，幼主入朝上都，大宴，衆皆歡甚。世祖察后色不懌，曰：「今我平江南，自此不用兵，衆皆喜，爾胡不然？」后跪奏曰：「妾聞自古無千歲之國，毋致吾母子及此，幸矣！」時宋府庫寶物陳於殿前，世祖召視之，后徧視即去。世祖遣宦者追問，欲取何物，后曰：「宋人貯蓄以遺子孫，其子孫不能守，而歸於我，我何取焉？」宋全太后至上都，不習風土，其宮人安定夫人陳氏、安康夫人朱氏及二小姬皆自縊邸中。世祖怒，命梟其首。全太后驚怖。后乘間從容爲奏，聽回江南，不允。再三請，世祖曰：「爾婦人無遠慮，彼一國之母，遺民尚在，若聽南歸，萬一浮言偶動，即難保全，非所以愛之也。時加存恤可耳。」后由是日厚全氏。

翰林學士王思廉嘗進讀《通鑑》，至唐太宗怒魏徵，長孫皇后朝服拜賀得賢臣事，世祖命内官引思廉詣后閤前覆講之。后曰：「是誠有益聖德。復有類此者，汝宜以時進讀。」其賢明多類此。

十八年二月，崩。二十一年，世祖上尊號，亦追上皇后尊號曰貞懿昭聖順天睿文光應皇后。三十一年，成宗即位，追上尊謚曰昭睿順聖皇后，祔世祖廟。

后守第二斡兒朵。其次曰南必皇后，翁吉剌氏，納陳孫仙童之女，或曰按陳之女。至

元二十年，册爲皇后。時世祖春秋高，大臣多因后白事。生一子曰鐵滅赤，早卒。

守第三斡耳朵者，曰塔剌海皇后、奴罕皇后，並佚其氏族。

守第四斡兒朵者，曰烏式真皇后，許兀慎氏，功臣博爾忽之女也，生子曰脱歡，曰愛牙赤。次闊闊倫皇后，佚其氏族。

又有速哥荅思皇后，泰定三年詔守世祖斡兒朵。又八八罕妃子、撒不忽妃子，並佚其氏族。

徽仁裕聖皇后，弘吉剌氏，諱伯藍也怯赤，又諱闊闊真，皇太子真金妃，成宗母也。先是，世祖出獵，道渴，至一帳，見一女子緝駝茸，從求馬湩。曰：「馬湩固有之，但我父母諸兄皆不在，我女子，難以與汝。」世祖欲去，又曰：「我獨居此，汝自來去，於禮不宜。父母即歸，盍姑待之？」須臾果歸，出馬湩飲焉。世祖既去，歎息曰：「此女倉卒知禮若是，豈非佳婦耶？」後諸臣請擇太子妃，俱不當上意。有老臣嘗從獵，知此事，且聞后未字，具白世祖，大喜，納爲太子妃。

后性孝謹，善事中宮，起居服御無纖介不至，世祖每稱爲賢德婦。一日，世祖幸視太

子疾，見牀第間設織金卧具，世祖責曰：「我嘗以汝爲賢，何奢靡如此？」妃跪答曰：「常時不敢用，今以太子病，恐侵濕氣，乃陳之。」即時撤去。

成宗即位，尊皇考爲帝，廟號裕宗，尊后爲皇太后，設太后官屬，置徽政院。後院官受獻浙西田七百頃，籍位下，后曰：「江南率土，皆國家所有，且我一寡婦人，安用是耶！」即命中書省盡罷之。后有弟求官，后不悦曰：「汝非其人也，勿以累我。」後果黜。大德四年二月崩，上尊謚曰裕聖皇后，祔裕宗廟，葬先陵。至大三年十月，加謚徽仁裕聖皇后。

裕宗又有安真迷失妃子，無子，氏族佚。

后長子曰晉王甘麻剌，生泰定帝；次子曰答剌麻八剌，生武宗、仁宗。雖神器代易，陵替失序，而人繼正統者，罔非其裔胄云。

成宗貞慈静懿皇后，弘吉剌氏，諱失憐答里，斡羅陳女也。侍帝藩邸爲元妃，生一子曰德壽太子，帝未即位卒。武宗至大三年，上尊謚，祔成宗廟。

成宗卜魯罕皇后，伯牙吾氏，駙馬脱思忽之女。元貞元年，立爲后。大德三年十月，授册寶。

時帝多疾，后居中用事，然頗信任相臣哈剌哈孫，舉措不撓，號爲綏静。八年正月，地震平陽，后召平章愛薛問曰：「災異若此，殆下民所致耶？」對曰：「天地示警，於民何與？」后深然之。京師嘗建天壽萬寧寺，中塑秘密佛，形象詭褻，后幸寺，見之，惡焉，以帕蒙面，尋敕毁去。羣臣欲上尊號，帝不許，后因自請。帝曰：「朕病日久，國事多廢不舉，奚以此虚文爲耶？」議遂寢。后用事久，頗專制。

十年，出帝兄答剌麻八剌元妃與其子愛育黎拔八達，居於懷州，而妃長子懷寧王海山方總兵居朔方。明年，帝崩，無子，后恐其兄弟立修怨，乃召安西王阿難答至京師，謀立之。丞相阿忽台等欲奉后垂簾聽政，而哈剌哈孫已密報愛育黎拔八達先入，以計誅阿忽台等，清宫禁，迎立其兄，是爲武宗。既殺西安王，並構后以交通之罪，遷居東安州，尋賜死。成宗又有忽帖尼皇后，乞兒吉思氏。

昭獻元聖皇后，弘吉剌氏，諱答吉，魯王按陳孫渾都帖木兒女，成宗同母兄答剌麻八

剌元妃，武宗、仁宗母也。世祖初以宫人郭氏賜荅剌麻八剌，後乃納后。

大德九年，成宗不豫，后及仁宗出居懷州。成宗崩，仁宗自懷州奉后還京師，平内難，迎武宗即位，尊皇考爲帝，尊后爲皇太后。是年冬，朝后於隆福宫，上皇太后册寶。

至大元年三月，爲后建興聖宫。當武宗守邊時，后嘗親禱於五臺山。明年正月，遂復幸五臺山，修佛事。詔高麗王璋從之。四月，立興聖宫江淮財賦總管府。三年，又以興聖宫鷹坊等户四千，分處遼陽，建萬户府統之。是年十月，率皇太子諸王羣臣朝，上徽號曰儀天興聖慈仁昭懿壽元皇太后。越日，后恭謝太廟，武宗更推廣恩意，詔赦天下。仁宗踐位，加上尊號曰全德泰寧福慶皇太后。英宗立，尊爲太皇太后，上尊號曰徽文崇祐太皇太后。是日，御大明殿受朝賀。越日，以禮成，復告廟。元世諸皇后，光耀尊寵，莫有其比焉。

后居東朝，頗仁儉，宫女皆教治女工。每幸上都，必敕鷹坊衛士先往，毋害民稼。性敏給，有權數，歷佐三朝，威福己出。内則黑驢母亦烈失八用事，外則幸臣失列門、紐鄰及丞相鐵木迭兒相率夤緣爲奸，以至箠辱平章張珪等，紊亂綱紀。仁宗恐傷后意，不窮問。

仁宗崩，后命鐵木迭兒復爲右丞相，御史中丞楊朶兒只、中書平章政事蕭拜住忤后旨，鐵木迭兒矯詔殺之。失列門又以太后命更易朝官，英宗曰：「此豈除官時耶？且先帝舊臣，不宜輕動。俟朕即位，議於宗親、元老，賢者任之，邪者黜之可也。」事遂已。

初，后以武宗長子和世㻋英偉，英宗弱，易制，羣小亦以立明宗爲不利於己，共擁戴英宗。既即位，太后來賀，見帝有剛毅之色，退曰：「我不擬養此兒也。」遂飲恨成疾。至治二年九月崩。明年，上尊謚，祔順宗廟。

武宗宣慈惠聖皇后〔九〕，弘吉剌氏，諱真哥，按陳裔孫迸不剌之女。至大三年正月，册爲后，無子。仁宗皇慶二年，立長秋寺，掌后宮政，秩三品。泰定四年，崩。八月，上尊謚。惠宗元統二年，詔立武宗廟后主。丞相伯顔與羣僚議曰：「先朝以真哥皇后無子，不祔廟。今所當祔者，其明宗母，抑文宗母也。」惠宗爲明宗長子，伯顔意有在，而羣臣亦依違莫決。太常博士逯魯曾對曰：「真哥皇后，早膺册寶，則文、明二母皆妾也。今以無子之故，不爲立主，而以妾母爲正，是爲臣而廢先君之后，爲子而追封先父之妾，於禮不可。昔燕王慕容垂即位，追廢母后，而尊其生母配享先王，爲萬世笑，豈宜復蹈其失乎？」集賢學士陳顥素疾魯曾，乃曰：「唐太宗册曹王明之母爲后，是亦二后也，奚爲不可？」魯曾曰：「堯之母爲帝嚳妃，堯立爲帝，未聞尊爲后以配嚳皇。上爲大元天子，不法堯、舜，而法唐太宗耶？唐太宗初欲立曹王明母爲后，魏徵諫止，無册立事。顥蓋妄爲駁難，其言不倫。」衆皆是魯

曾議，於是升祔禮定，以后配焉。

武宗又有速哥失里皇后，按陳從孫哈兒只之女，亦無子。又有完者歹皇后，氏族佚。帝有妃洪氏，不知所由進，最有寵。每七夕，結彩樓於臺上，妃登樓散彩，令宮人俯拾之。又於仲秋夜月，與衆嬪御泛舟太液池，設女軍，夾以數船，左曰鳳隊，右曰鶴團。冠服旗旓瑰奇詼麗，令互相衝擊爲戲。有駱妃，善歌舞，爲帝奏《月照臨》之曲，夜分乃罷。太液池在萬歲山北，舊名瓊花島，引金河水出石龍口，注方池，伏流至山半仁智殿後，有石琢蟠龍昂首噴出，東西流入池。山前白石橋長二百尺，迤至池中坻上，東爲靈囿，多畜珍禽奇獸。至元四年，賜今名。車駕歲幸上都，必先宴百官於此云。

武宗仁獻章聖皇后亦乞烈氏，諱壽童，世祖皇子安西王忙哥剌女奴兀倫公主所出。初爲帝妃，生明宗。天曆二年，追上尊謚曰。至正六年，改謚曰莊獻嗣聖皇后。

武宗文獻昭聖皇后唐兀氏，諱闕。亦帝妃，生文宗。天曆二年，追上尊謚。

武宗伯忽篤皇后，怯烈氏，年十三，侍武宗於潛邸。後從昭獻元聖皇后出居懷州。后

性敏給周慎，昭獻皇后愛之。英宗即位，命主太祖完顏氏皇后斡爾朵。至治三年，徙居世祖迭只斡爾朵。昭獻皇后崩，出私財三千五百貫作順聖寺以奉昭獻神御，又作崇源寺以奉英宗神御。

仁宗莊懿慈聖皇后，弘吉剌氏，諱阿納失失里，生英宗。皇慶二年三月，立爲后，上册寶，遣官祭告天地於南郊及太廟，改典内院爲中政院，秩正二品。先仁宗崩。英宗即位，追上尊謚，祔廟。册曰：「至孝所以揚親，易名所以表行，矧爲天下母而養弗逮，履天子位而報則豐。」又曰：「昊天不吊，景命靡常。」詞極悲痛云。仁宗又有答里麻失里皇后，氏族佚。

英宗莊静懿聖皇后亦乞烈氏，諱速哥八剌，駙馬昌王阿失之女，成宗女昌國大長公主益里海牙所出也。至治元年二月，册爲后。無子。泰定四年六月崩，上尊謚。英宗南坡之變，典禮闕如。後至元二年，始與武宗、明宗后祔廟。

英宗又有牙八忽都魯皇后、朵兒只班皇后。鐵失之妹爲第二皇后，當爲牙八忽都魯。

鐵失弒英宗，伏誅，御史許有壬以皇后猶在宮中，請加貶廢，後不知所終。

宣懿淑聖皇后，弘吉剌氏，諱普顔怯里迷失，晉王甘剌麻元妃，泰定帝母也。至元三年九月，泰定帝即皇帝位，十二月戊辰，追尊爲皇太后。

泰定帝八不罕皇后，弘吉剌氏，按陳孫斡留察兒之女。泰定元年三月，册爲后。二年，封后父爲威靖王。初，后侍帝藩邸，生子阿速吉八。元年，立爲皇太子。帝崩，皇太子即位，後不知所終。文宗詔徙后於東安州，崩年失。

帝又有皇后七人：曰亦憐真八剌，曰忽剌，曰也速，曰撒答八剌，曰卜顔怯里迷失，曰失烈帖木兒，曰鐵你。亦憐真八剌皇后，亦乞烈氏，昌國大長公主益里海牙女，二年，與帝受佛戒於帝師。撒答八剌皇后，帝姊壽寧公主女也，三年，納之宮中，先卒。餘氏族俱佚。文宗時，太平王燕帖木兒嘗娶帝后爲夫人，其名亦佚。

又妃二人，曰必罕，曰速哥答里，皆弘吉剌氏，袞王買住罕女也。天曆初，俱徙東

安州。

明宗八不沙皇后，乃馬真氏，泰定帝甥壽寧公主之女，侍帝潛邸，生寧宗。天曆二年八月，明宗暴崩，文宗入臨，燕鐵木兒以后命奉皇帝寶授於文宗。是年，立寧徽寺掌后中宮事，又奉后鈔萬錠、帛二千匹供費用。后命帝師率羣僧爲帝修佛事於大天源延聖寺七日，又命道士建醮於玉虛、天寶、太乙、萬壽四宮及武當、龍虎二山。至順元年，復詔有司供后幣二百匹。四月，文宗不答失里皇后與宦者謀弒后，尋崩。或云不答失里皇后推后墮地爐中而崩。後至元二年，祔廟。

明宗貞裕徽聖皇后，罕禄魯氏，諱邁來迪，郡王阿兒厮蘭之裔。祖曰阿里朮兀，父曰帖木迭兒。明宗爲周王時，北行過其部，帖木迭兒以后進，生惠宗。文宗既復位，忌之，以明宗言帝非己子，自高麗遷於廣西，命奎章閣學士虞集草詔告中外，事具《本紀》。後至元二年，追上尊謚。

明宗又有后六人：曰按出罕，曰月魯沙，曰不顏忽都，曰野蘇，曰脱忽思，曰阿梯里，

氏族皆佚。脱忽思皇后嘗守明宗斡兒朶，至順二年，賜湘潭户四萬爲湯沐邑。然當時文移稱娘子，不稱皇后焉。惠宗時，哈麻提調寧徽寺，出入脱忽思宫中，爲御史海壽所劾。寧徽寺者，掌脱忽思位下錢糧。脱忽思泣訴於帝，帝爲奪海壽官。

文宗不答失里皇后，弘吉剌氏，順宗女魯國大長公主祥哥剌吉所出。祖父帖木兒，父駙馬琱阿不剌，皆封魯王。天曆元年，册立爲皇后。二年二月，授册寶。生皇太子阿剌忒納答剌，早卒。又生燕帖古思、太平訥二皇子。

后篤信釋教，嘗以銀五萬兩助建大承天護聖寺，又賜籍没張珪家田四百頃。

至順三年八月，文宗崩，丞相燕帖木兒請立燕帖古思，后不從。文宗大漸時，命傳位於明宗子。明宗長子妥懽帖木兒謫静江，燕帖木兒謂后曰：「阿婆且權守大位，妥懽帖木兒居南徼瘴癘之地，未審存亡，我與宗室諸王徐議之可也。」至是年十月，始以明宗次子懿璘質班留京師，白於后，宣遺命而立之，是爲寧宗，甫七歲，后同聽政。十一月，奉册寶尊后爲皇太后，御興聖宫，受朝賀。

是月，寧宗崩，燕帖木兒復請立燕帖古思。后曰：「天位至重，吾子尚幼，明宗長子妥

歡帖木兒在廣西，今十三歲矣，其迎立之。」約傳位於燕帖古思，若武、仁故事。燕帖木兒知事不獲已，乃奉皇太后詔旨，遣使迎惠宗於静江。

明年六月，惠宗即位，爲皇太后置徽政院，設官三百六十六員。二年，上尊號曰贊天開聖仁壽徽懿昭宣皇太后。至元二年冬，復上尊號曰貞文慈祐儲善衍慶福元太皇太后，仍臨朝稱制。先議尊爲太皇太后，參知政事許有壬諫以爲非禮，不聽。時南臺御史太不花亦奏以叔母不宜加太皇太后尊稱，后初聞之怒，徐曰：「風憲有臣如此，可謂能守祖宗法矣。」賜金幣以旌其直。六年六月丙申，詔曰：

昔我皇祖武宗傳位仁宗，定議易世之後，舍子傳姪。祖母太皇太后惑於憸慝，俾皇考明宗出封雲南。英宗遇弑，正統寖偏，我皇考以武宗之嫡，逃居朔漠，及泰定升遐，宗王大臣同心翼戴，肇啟大事，時以近地，先迎懷王，暫總機務。繼撥天理人倫，不當竊據，假讓位之名，以璽紱來上。我皇考推誠不疑，授以皇太子寶，使守青宫。乃苞藏禍心，迎謁行在，與其臣月魯不花、也里牙、明理董阿等謀爲不軌，使我皇考飲恨上賓。歸而再御宸極，思欲自解於天下，乃謂夫何數日之間，宫車宴駕。海内聞之，靡不切齒。又私圖傳子，虚構邪言，嫁禍八不沙里后，謂朕非明宗之子，俾出居遐陬。祖宗大業，幾於不繼。内懷媿慊，則殺也里牙以杜口。及其將死，哀鳴畏在天之

震怒，始議立明考之嗣，冀逭冥誅。叔母不答失里自謀稱制，貪引童昏，舍明考之冢嗣，而立朕弟懿璘質班，曾未匝月，奄復不年，諸王大臣以賢以長，扶朕踐阼。國之大政，遲未躬親。賴天之靈，權奸屏黜，顧念治必本於盡孝，事莫先於正名，永惟鞠育罔極之恩，忍忘不共戴天之義。既往之罪，不可勝誅，其命太常撤去圖帖睦爾在廟之主。不答失里本朕之嬸母，乃陰構奸臣，弗顧非禮，僭膺太皇太后尊號，迹其閨門之禍，離間骨肉，罪惡尤重，揆之大義，削去鴻名，可東安州安置。燕帖古思昔在幼沖，情雖可原，理難同處，惟朕終不蹈覆轍，專務殘酷，可放諸高麗。當時賊臣月魯不花、也里牙已死，其以明理董阿明正典刑。

后至東安州，尋賜死。文宗固有罪，然后舍其愛子而立兄之子，割情蹈義，非由箝制。一旦反覆，使母子俱殞。追緣釁隙，報亦酷焉。

寧宗答里也忒迷失皇后，弘吉剌氏。至順三年十月，帝即位，立爲皇后，時年甚幼。至正二十八年崩，祔寧宗廟。

惠宗答納失里皇后，伯牙吾氏，太平王燕帖木兒女也。至順四年六月，帝即位，七月立爲皇后。元統二年，授册寶。

惠宗立，非燕帖木兒意，而后頗有寵，性貪冒黷貨。時詔立鹽局，官自賣鹽，后亦命宦者孛羅帖木兒取鹽十萬引入中政院，帝又命發兩艅船下番爲后營利。

至元二年，后兄左丞相唐其勢與太師伯顏争權，坐謀逆誅。弟塔剌海逃入宫，匿后坐下，后以衣蔽之，左右曳出斬首，血濺后衣。伯顏奏曰：「豈有兄弟爲逆，而皇后護之者？」遂並執后。后呼帝曰：「陛下救我！」帝畏伯顏，乃曰：「汝兄弟爲逆，豈能相救？」於是遷后出宫，伯顏尋進鴆弑后於開平民舍。

惠宗伯顏忽都皇后，弘吉剌氏，武宗宣慈惠聖皇后之姪，毓德王孛羅帖木兒女也。後至元三年三月，册爲后。生皇子真金，二歲而夭。后性簡重節儉，不妒忌，動中禮法。待妾媵、太子皆有恩意。時第二皇后奇氏有寵，居興聖西宫，帝希幸東内。左右或以爲言，后無纖微怨望見於言色。從帝巡上都，次中道，一夕，帝欲臨幸，使内官馳告，后不可，曰：「暮夜非至尊往來之候。」中使往復者三，竟不納，帝益賢之。至正十四年，后母卒，帝

加禮賻鈔三百錠。后居坤德殿，終日端坐，未嘗妄踰閫閾。二十五年八月崩，年四十二。奇后見后遺衣質敝，大笑曰：「正宮所服何至斯耶！」皇太子自太原歸，哭之極哀。

惠宗完者忽都皇后，奇氏，高麗人。其家微也。故事，高麗國歲獻媵妾。徽政院使禿滿迭兒進爲宮女，主供茗飲，尋見寵幸。生子愛猷識理達臘，後立爲皇太子。時答納失里皇后方驕妒，知當帝意，數箠辱之。及后遇害，帝欲立焉，丞相伯顏爭不可。伯顏罷，學士沙剌班希旨，請立爲第二皇后，居興聖宮，改徽政院爲資政院。

后爲人獧黠，務自矯飾，無事則取《女孝經》、史書，訪問歷代皇后有賢行者爲法。四方貢獻珍味，非薦太廟不敢先食。京師大饑，命官作糜粥賑之。又出金銀粟帛，令宦者朴不花置冢，瘗遺骼十餘萬，復命僧建水陸大會度之。太子既長，帝爲建端本堂，命儒臣教授國法。帝與太子多受佛戒，帝師因啟后曰：「太子向學佛法，頗開悟，今乃使習孔子教，恐壞真性。」后曰：「我雖居深宮，不明道德，嘗聞自古及今治天下者，須用孔子教，舍此則爲異端。佛法雖好，不可以治天下，安可使太子不讀書耶？」帝師慚退。其後正位中宮，誕日百官進箋賀，后誡左丞相沙藍答里曰：「自世祖以來，正宮皇后壽日未嘗進箋。近年雖有，不合典禮。」卻之。其假託正誼如此。

帝怠棄政事，后與太子遽謀内禪，使朴不花喻意丞相太平，太平不答。復詔太平至宮，舉酒賜之，申前說，太平依違而已。帝亦知后意，怒而疏之。然后頗盜威柄，賞罰由己。朴不花有罪被劾，后諷御史大夫佛家奴爲疏辨。佛家奴謀再劾之，后嗾御史轉奏，謫潮河。

后族奇氏在高麗者，怙勢驕横，高麗王伯顏帖木兒怒，盡殺之。后謂皇太子曰：「汝年已長，不能爲我復仇耶？」皇太子乃請帝廢高麗王，立其弟塔思帖木兒留京師者爲王，以奇氏族子三寶奴爲太子，將作同知崔帖木兒爲丞相，將兵萬人送之至鴨緑江，爲伏兵所敗，餘十七騎而返。

時中書平章政事孛羅帖木兒鎮大同，與太子有嫌。帝亦憤其跋扈，命太尉擴廓帖木兒討之。孛羅帖木兒遂舉兵犯闕，及入都城，嗾監察御史武起宗言后撓亂國政，宜遷居於外。帝弗聽，孛羅帖木兒遂矯制幽后於諸色總管府，使其黨姚伯顏不花守之。太子先奔太原。尋逼后入宮，取印章，僞爲書以召太子。復幽后舊所。后數納美女求脱，至百日，始釋之。及孛羅帖木兒伏誅，太子還，后又密令擴廓帖木兒以重兵擁入，劫帝禪位。擴廓帖木兒知其意。將至京師，散遣諸軍，陰謀遂沮。

會伯顏皇后崩，中書省又以太子故，請后正尊位，奏改資政院，兼主中政院。帝初不

許，俄授册寶，進爵奇氏三世爲王，至正二十五年十二月也。先是，后爲第二皇后時，監察御史李泌言：「世祖有誓：子孫不得與高麗女子共事宗廟。陛下踐世祖之位，何忍忘世祖之言，乃以高麗女並位宫中。今災異屢起，河決地震，盜賊滋蔓，皆陰盛陽微之漸。乞仍降爲妃，庶使三辰定位，災異可息。」不聽，卒成亡國之禍云。元稱西夏、高麗，不舉其國，舉其部族曰唐兀氏、肅良合氏。至是乃以后爲肅良合氏，詔天下。二十八年，明兵破大都，從帝北奔。二十九年，崩。

帝多内嬖，其妃嬪可考者，有龍、程、張、戈、支、祁諸妃。又有木納失里皇后稱三皇后，弘吉剌氏居隆福宫，至正三年卒。龍妃尤嗜利，帝賜繒綺，率纂組奇瑰，與他珍異動以鉅萬，令宦者貨於左掖門内，售者麕至，名其地曰繡市焉。

史臣曰：蒙古之興，由於宣懿皇后，以一寡婦提挈孤子，卒能奮於艱難，弼成大業，雖《詩》《書》所載，何以尚之！中葉以後，昭獻淫恣，徇嬖寵之言，不立周王，禍延數世，元祚由此替矣。惠宗惑於孽后，寵遇無節，撓其政刑紊亂，雖不盡由帷闥，而啟釁召戎，則奇后實爲之導焉。嗚乎！是亦褒閻之亞匹歟？

元制，皇女及諸王女皆稱公主。記載弗備，甄其可考者，附於《后妃傳》後。

烈祖女帖木倫，封昌國大長公主，適昌王孛禿。

太祖女火臣別吉，封昌國大長公主，適孛禿爲繼室。

太祖女扯扯亦堅公主，適衛拉特部長忽都哈別吉子土拉而吉。

太祖女阿剌海別吉，封趙國大長公主，始適汪古部長長子不顏昔班，改適其兄子鎮國，再適趙王孛要合。太祖征西域，公主留漠南，號監國公主。公主性明敏，有智數，侍女數千人，給事左右。軍國大事，雖木華黎亦禀命焉。

太祖女禿滿倫，封鄆國公主，適赤窟駙馬。

太祖女阿兒塔隆公主，適斡勒忽訥部長泰赤子札費圖兒薛禪塔出古列堅，爲宣懿皇后兄弟之子。定宗時，阿兒塔隆坐事賜死。

太祖女也立可敦，封高昌公主，適畏兀兒亦都護巴而朮阿兒忒的斤。拉施特書：太祖女布亦塞克，許字弘吉剌部長帖兒該阿蔑，嫌其貌陋，不欲娶，太祖殺之。東西書譯音迥別，未知爲太祖第幾女。又拉施特書：千户布哈古而干娶太祖女，然則太祖固不止五女也。

太宗女唆兒哈罕，封魯國公主，適納合駙馬。

太宗兒朮赤女大魯罕公主，適斡亦剌惕部長忽都合子脱列勒赤。

睿宗拖雷女也速不花，封魯國大長公主，適斡陳駙馬。

睿宗拖雷女薛木罕，封趙國公主，適郇王聶古觪，再適察忽駙馬。

太祖孫女薛只干，封魯國公主，適納陳駙馬。

太祖弟合赤温子阿勒赤歹大王女，封昌國大長公主，適昌王札忽爾臣。

定宗女巴巴哈兒公主，適亦都護大赤哈兒的斤。

定宗女葉里迷失，封趙國大長公主，適趙王君不花。

憲宗女伯雅倫，封昌國大長公主，適昌王忽憐。

憲宗女失林公主，適弘吉剌部長朮臣駙馬，卒，以其妹爲繼室，失名及封號。

世祖女月烈，封趙國大長公主，適趙王愛不花，先追封皇姑齊國大長公主，後改封。

世祖女囊家真，封魯國大長公主，始適斡羅陳爲繼室，改適納陳子帖木兒，再適帖木兒之弟蠻子台。

世祖女兀魯真，封昌國公主，適孛花駙馬。

世祖女忽都魯堅迷失公主，適高麗王王昛，封安平公主，追封皇姑齊國大長公主。元貞二年，公主從昛入朝。及歸高麗，宫中芍藥盛開，左右采以獻。公主忽泣下，數日而卒。

高麗世子謜疑眶妾殺之，事具《高麗傳》。

世祖女茶倫，封昌國大長公主，適帖監干駙馬。

太宗子闊出太子女安禿，封昌國大長公主，適昌王瑣郎哈。

太宗孫女卜魯罕，封高昌公主，適高昌王紐林的斤，卒，以其妹八卜乂公主爲繼室。

太宗子闊端太子孫女朵而只思蠻，封高昌公主，適高昌王帖木兒補化。

憲宗孫女卜蘭奚，封昌國大公主，適昌王忽憐爲繼室。

憲宗曾孫女買的，封昌國大長公主，適昌王阿失爲繼室。

世祖孫女脱脱灰公主，適禿滿答兒駙馬，晉封榮壽大長公主。

真金太子女忽答迭迷失，封趙國大長公主，適趙王闊里吉思。

真金太子女南阿不剌，封魯國大長公主，適蠻子台爲繼室。

安西王忙哥剌女奴兀倫公主，適鎖郎哈爲繼室。

安西王阿難答女兀魯真公主，適紐林的斤爲繼室。

成宗女益里海涯，封昌國大長公主，適昌王阿失。

成宗女愛牙失里，封趙國大長公主，適闊里吉思爲繼室。

成宗女普納，適魯王桑哥不剌，封鄆安大長公主，進號皇姑魯國大長公主。

晉王甘剌麻女卜答失里，封薊國大長公主，適高麗王謜。

晉王甘剌麻女壽寧大長公主。

晉王甘剌麻女阿剌的納八剌，封趙國公主，適趙王注安。

答剌麻八麻太子女祥哥剌吉，封魯國大長公主，適琱阿不剌駙馬。蚤寡守節，不從諸叔繼尚。女爲文宗皇后。天曆二年，詔曰：「朕思庶民若此，猶當旌表，况在懿親？趙世延、虞集等可議封號以聞。」乃晉封徽文懿福貞壽大長公主。

營王也先帖木兒女亦憐只班，封濮國大長公主，適瀋王王燾。

仁宗女闊闊倫公主，適特薛禪孫脱羅本。

魏王阿不哥女金童，封曹國大長公主，適王燾爲繼室。

魏王阿不哥女寶塔失憐公主，封徽懿魯國大長公主，適高麗王顓。

明宗女不答昔你，封明慧貞懿大長公主。

明宗女月魯公主，適嗣昌王沙藍朵兒只。

【校勘記】

〔一〕「喃必皇后」，正文作「南必皇后」。

〔二〕「忽帖泥皇后」，正文作「忽帖尼皇后」。

〔三〕「速哥失理」，正文作「速哥失里」。

〔四〕「武宗伯忽篤皇后」，原在「武宗宣慈惠聖皇后」下，據正文移此。

〔五〕「貞」，原作「真」，據正文及《元史》卷一一四列傳第一《后妃》改。

〔六〕「答里忒迷失皇后」，正文作「答里也忒迷失皇后」。

〔七〕「特薛禪」，原作「特貌禪」，據上文改。又按《元史》卷一一四列傳第一《后妃》本傳云：「有功賜名薛禪，故兼稱曰特薛禪。」

〔八〕「中興府」，原作「中與府」，按本書《太祖本紀下》「十三年戊寅春正月，圍中興府」，據改。

〔九〕「惠聖」，原倒作「聖惠」，據目録、下文及《元史》卷一一四列傳第一《后妃》改。

新元史卷之一百五　列傳第二

烈祖諸子

哈撒兒 也生哥　勢都兒

哈準 按只吉歹〔一〕　哈丹

帖木哥斡赤斤 搭察兒　乃顏

別克帖兒

別勒古台 口溫不花

烈祖神元皇帝六子：宣懿皇后生太祖皇帝，次哈撒兒，次哈準，次帖木兒斡赤斤；太祖異母弟別克帖兒，次別勒古台。

哈撒兒，少太祖二歲，有勇力，善射。幼與太祖奉宣懿皇后居斡難河上，泰亦赤兀人

來襲，哈撒兒獨彎弓禦之。敵不敢逼，遥謂之曰：「吾但取汝兄帖木真，無預汝事。」太祖得乘間逸去。事具《本紀》。

太祖稱汗，以哈撒兒爲兀勒都赤，領宿衛。癸亥，太祖與王汗戰於哈蘭真，哈撒兒别居哈剌温山，妻子爲王汗所掠，獨挈幼子脱忽走免，至巴泐渚納始與太祖會，太祖大喜。明年，太祖將襲王汗，遣哈撒兒左右合里兀答兒、察兀兒該，謬爲哈撒兒之言，往紿王汗曰：「吾兄離我，不知何往，緣道求之亦不得其蹤跡。我妻子在父王汗所，我何歸哉？我今露宿於野，仰視星辰，終夕不寐，思還事父王汗。儻念前勞，許我自效，遣親信一人來與我盟，則我束手歸命矣。」王汗信之，遣其將亦秃兒干盛血於牛角，往涖盟，與合里兀答兒等同行中途，遇太祖伏兵。合里兀答兒恐亦秃兒干驚走，乃下馬僞言馬蹄中有碎石，將抉去之。亦請亦秃兒干下馬，遂執以歸，太祖畀哈撒兒殺之。進襲王汗於徹徹爾温都爾，大破之，王汗走死。

甲子，太祖伐乃蠻，命哈撒兒將中軍，軍容甚盛。乃蠻太陽汗望見，大懼，退上納忽山，一戰擒之。論功以哈撒兒爲第一，予以恩賞，凡哈撒兒子孫，位次在宗室之上。

太祖即皇帝位，有狂人闊闊出妄言禍福，爲太祖所敬信。闊闊出惡哈撒兒，率其兄弟毆之。哈撒兒愬於太祖，太祖不懌曰：「汝自負無敵，奈何爲人所辱？」哈撒兒垂涕而出。

闊闊出因言:「天神有命,使哈撒兒代帖木真爲汗管百姓。不除哈撒兒,事未可知。」太祖執哈撒兒,欲殺之。會宣懿皇后知其事,奔救之。時太祖方褫哈撒兒冠帶,嚴詞詰責,見后至,惶恐甚。后手解哈撒兒縛,盛氣趺坐,出兩乳加於膝上,謂太祖曰:「汝昔在抱,哺我一乳盡。哈準、斡赤斤二人不能盡我一乳。惟哈撒兒哺我二乳兼盡之,使我胸臆舒暢。是以汝多才智,哈撒兒有勇力。哈撒兒爲汝執弓矢,討捕叛亡。今諸部略定矣,汝無所用之,宜其見殺也。」太祖頓首謝罪,事始解。然太祖終奪哈撒兒所分降衆大半,纔餘一千四百户。哈撒兒位下千户者卜客懼罪,亡入巴兒忽真。者卜客,木華黎之叔父,八十五功臣之一也。

九年,太祖伐金,兵分三路。哈撒兒率斡陳諾延、主兒赤歹、布札循太行而東,爲左路,取薊、平、灤等州,與太祖圍中都。會金人乞和,乃班師。未幾卒。相傳哈撒兒有四十子,惟五子知名:曰也古,曰脱忽,曰也生哥,曰巴忽兒達兒,曰哈拉兒珠。

也古與也生哥從諸王會於奎騰敖拉之地,擁立憲宗。二年,以也古爲征東元帥,與高麗降人洪福源率兵渡鴨緑江,拔高麗禾山、東州、春州、三角山等城,以私怨襲諸王塔剌兒營。事聞,憲宗褫其兵權,以札剌台豁兒赤往代之。也古卒,子火魯火孫嗣。

也生哥，從太祖伐西夏，至盎魯塔斯之地。太祖疾大漸，諸王惟也生哥侍側。也古既罷，也生哥仍率所部從札剌台征高麗，先後攻拔其光州、玉果等城。憲宗崩，也生哥與東路諸王擁戴世祖。阿里不哥叛，從世祖討之，爲前鋒，敗其將出木哈兒。車駕東還，留也生哥守和林。中統二年，阿里不哥僞請降，突攻也生哥，遂陷和林。世祖再親征，賜以金印。也生哥精力强健，年七十有五，鬚髮無白者。也古、脱忽身軀皆短，也生哥獨偉岸，肖其父哈撒兒。卒，子愛每根嗣。卒，子勢都兒嗣。至元二十四年，乃顔叛於遼東，勢都兒與合丹應之，遣其將帖哥攻咸平府，約海都爲犄角。後悔罪，來降。

子八不沙，元貞二年，與諸王也只里等駐夏於晉王怯魯剌之地。大德七年，以敗海都功，賜金銀鈔幣有差。十一年七月，封齊王。至大四年十一月，諸王不里牙屯等誣八不沙不法，詔竄不里牙屯等於河南。

八不沙弟黄兀兒子月魯帖木兒，延祐三年封保恩王，六年進封恩王，泰定元年嗣爲齊王，給金印。天曆元年以兵襲陷上都，執丞相倒剌沙，論功第一。二年，卒。子失列門嗣，至正十二年，獻馬萬匹於京師。

巴忽兒達兒與也古、脱忽、也生哥，皆哈撒兒妃阿爾壇可敦所出。

哈拉兒珠，其母闊闊真，哈撒兒之僕婦，有美色。哈拉兒珠在襁褓，爲阿爾壇所撫養。

太宗即位，察合台遣使上言：「從前共飲食之人，今漸少。請可汗選舊人來，與商國事。」於是太宗命哈拉兒珠往，佐察合台，阿爾壇攜其孫徹兒吉歹從之。徹兒吉歹，巴忽兒達兒之長子也。

哈拉兒珠子七人：曰帖木兒，曰沙里，曰木哥都，曰忽圖哥，曰沙兒速克塔，曰孟岱兒，曰呼爾達喀。

徹兒吉歹子五人：曰乞卜察克，曰蘇圖，曰庫克，曰圖丹土喝塔，曰台兒極兒。後察合台後王博拉克與旭烈兀子阿八哈構兵[二]，哈拉兒珠、徹兒吉歹相謂：「可汗命吾等西來，宜從阿八哈。」乃迎降。阿八哈厚撫之，使蘇圖、庫克從其子阿魯渾使圖丹土喝塔，管倉儲。以台兒極兒不能任事，使扈從左右。沙兒速克塔、孟岱兒、呼兒達喀等，皆待以親王之禮。巴忽兒達兒四世孫，有吐哥帖木哥，爲義闌克汗。

哈準，少太祖四歲，早卒。子按只吉帶，從太祖軍中。太祖獲札木合，不肯殺，付於按只吉帶。按只吉帶截其手足，殺之。太祖二年，皇子朮赤平林木中百姓，賜按只吉帶降民二千户。太宗二年，從伐金。四年正月，偕諸王口温不花等將萬騎先渡河，會拖雷大軍，敗金人於三峰山。五年，

偕定宗，將左翼兵，討蒲鮮萬奴於遼東，擒萬奴。八年，大舉伐宋，皇子闊出卒於軍，按只吉帶代之。太宗崩，乃馬真皇后稱制，按只吉帶與大將察罕等數伐宋，攻略江淮間，爲宋人所畏。憲宗之立，預定策功。憲宗與世祖皆重其爲人，有大事必使議之。卒。

子察忽剌嗣，察忽剌卒，子忽剌忽兒嗣，中統初有擁戴功，卒，子勝納哈兒嗣。至元中，從北安王那木罕禦海都於北庭。二十四年，乃顏叛，遣使陰結勝納哈兒，其使人爲土土哈所執。事覺，勝納哈兒設宴召土土哈等，皆不往，計無所逼。未幾，詔勝納哈兒入朝，將由東道。土土哈言於北安王曰：「彼分地在東，是縱虎入山林也。」乃令從西道至大都。既至，奪其王封。丞相桑哥言：「勝納哈兒印文曰『皇姪貴宗之寶』，寶非人臣所宜用，因其分地改鑄濟南王印爲宜。」從之，以授其從兄弟也只里。

也只里，察忽剌之子，不預乃顏逆謀，爲叛王火魯火孫所攻。皇孫鐵木耳帥土土哈等援之，乃免。二十七年，置王傅，秩正四品。元貞初，以兵五千戍兀魯斯。明年，與諸王也里干、八不沙等，從晉王甘剌麻駐客魯漣河。大德六年，又與安西王阿南答等駐和林。成宗崩，也只里與阿難答、明理帖木兒等謀奉皇后稱制，爲武宗所殺。

哈丹，亦按只吉帶子，太宗八年，分撥五户絲濟南五萬五千二百户。憲宗四年，又分撥濟南漏籍二百户。哈丹不嗣王位，號爲禿魯干，國語「頭人」也。

乃顏叛，哈丹率所部應之。乃顏伏誅，哈丹與諸叛黨北遁，諸王薛徹干、駙馬忽憐等復敗之。哈丹走，渡猱河。既而哈丹糾叛王八剌哈赤等再出，復爲諸王愛牙哈赤等所卻。

二十五年，叛王火魯火孫與哈丹合謀內犯。夏四月，詔皇孫鐵木耳北討，都指揮使土土哈敗火魯火孫於兀魯灰河。是時，玉昔帖木兒督師與哈丹戰於帖里揭，失利。秋八月，哈丹兵屯於托吾兒、貴列兒二河之間，王師累戰不能克，流矢中李庭左脅及右股。庭裹創，選鋭卒潛負火炮，夜溯貴列兒河上游燃之，敵馬驚逸。適土土哈還至合剌温，帥師來應。黎明進戰，大破之，哈丹帥餘衆遁走。時已初冬，玉昔帖木兒聲言明春再舉，潛與諸王乃蠻台分帥諸將兼程而進。至霸郎兒，驍將伯帖木兒與叛黨忽都禿兒干戰，殺裨將五人，生擒叛王曲兒，先踐冰渡黑龍江。哈丹逆戰，復敗，乃率餘衆出没於女真、高麗之境爲流寇。

二十六年二月，入犯胡盧口，爲開元府治中兀顏牙兀格所敗。六月，乃蠻台又敗之於托吾兒河。

二十七年，哈丹再犯遼東，又北寇開元。九月，行省平章徹里帖木兒與戰於瓦法，大敗之，哈丹遂竄高麗。十二月，詔遼陽行省摘蒙古軍萬人，分戍雙城及婆娑府諸城，防其回竄。

二十八年，徹里帖木兒帥師入高麗，與哈丹子老的戰於鴨緑江上，失利。世祖命乃蠻台、薛徹干代之，仍以伯帖木兒爲先鋒。先是，哈丹竄高麗，陷其和州、登州，殺人而食，得婦女聚麀而脯之。至是，又踰鐵嶺，入交州道，陷陽根，攻原州。雉獄城鄉貢進士元冲甲，以數十人突擊，卻之。州兵稍集，斬賊將暗都剌等六十八人。哈丹鋭氣益挫。薛徹干又敗哈丹於禪定州。踰數日，乃蠻台軍踵至，遂約高麗人夾擊哈丹於燕岐山，大敗之。哈丹帥精騎千餘渡河而遁，高麗將韓希愈從蒙古軍追之。賊中有一善射者，射我軍，應弦輒倒；希愈持槍策馬，突入賊陣刺殺之，揭其首於竿，以示賊，賊氣奪。哈丹父子潰圍走，伯帖木兒將百騎追之，虜其妻孥。哈丹尚有八騎，伯帖木兒餘三騎，再戰，兩騎士皆重傷不能進，伯帖木兒單騎追之。日暮，竟失哈丹所在，乃還。

二十九年，哈丹又涉海南襲高麗。塔出與博羅歡追討之，斬其子老的於陣，哈丹赴水死，俘其二妃以獻。

帖木哥斡赤斤，烈祖幼子，少太祖六歲。國語謂主竈曰斡赤斤，幼子受父母遺産，當主竈，故凡幼子稱斡赤斤。人因稱帖木哥爲斡赤斤那顔。

太祖既滅王汗，乃蠻太陽汗約汪古部長阿剌忽失夾攻，欲奪蒙古弧矢。阿剌忽失執

送其使，太祖與諸將議伐乃蠻。衆皆以方春馬瘦爲詞，斡赤斤憤言：「公等馬瘦，我馬獨肥？且公等不聞彼之大言乎？彼能來，我亦能往，何故坐而致敵？」

別勒古台亦言：「男子與弧矢共命，若被奪於人，何以自主？不如戰死，以弧矢殉葬。」議遂決。是役竟擒太陽汗，滅乃蠻。

太祖二年，平林木中百姓，分降人於子弟。宣懿皇后及斡赤斤共得萬人，以古出等四千户領之。斡赤斤好治宫室園囿，太祖以季弟，故特愛之，號爲國王，其子位於諸皇子之上。車駕征西域，命以本部兵留守漠北，卓帳於臚朐河東南。太祖末年，收遼王耶律薛闍土地，以別勒古台鎮廣寧，轄遼西；而東京、臨潢二道地在遼東，移斡赤斤鎮之。

太宗崩，乃馬真皇后臨朝稱制，斡赤斤引兵至和林，人心震駭。斡赤斤有一子在太宗左右，皇后使詰問其父。時定宗已至葉密爾河，斡赤斤聞之，乃曰：「吾來奔喪，非有他也。」遂東歸。皇后召諸王大將，議立定宗，斡赤斤亦至。定宗即位，究斡赤斤稱兵之事，不欲顯言其事，命親王蒙哥、鄂爾達往按之，戮其將校數人，餘置不問。斡赤斤以壽卒。相傳有子孫八十人。

長子只不干早卒，嫡孫塔察兒未受朝命，其庶兄脱迭欲廢嫡自立。必闍赤撒吉思與火魯火孫馳白乃馬真皇后，乃授塔察兒以皇太弟寶，嗣爲國王。憲宗之立，塔察兒帥東路

諸王也孫格等來會，預定策功。憲宗六年，命與駙馬特爾格伐宋。次東平，士卒有掠人羊豕者；憲宗聞之，立遣使者究治，於是軍中肅然。七年，塔察兒復率師伐宋，圍樊城，霖雨連月，乃班師。八年，塔察兒略地至江北而還，與諸王會於世祖軍中。中統二年，拜中書平章政事。阿里不哥叛，從世祖討之。昔木土之戰，塔察兒與太丑台爲左翼，又與親王不者克分兵追阿里不哥，敗之。尋代忽魯不花爲左丞相，世祖甚重之。凡召宗王議事，塔察兒必預焉。卒，子阿朮魯嗣。

阿朮魯卒，子乃顏嗣。自斡赤斤至乃顏，前後五六十年，世據遼東。海都叛，乃顏潛與通謀。至元二十一年，北京宣慰使亦力撒合察其有異志，密請備之。二十三年二月，廷議罷山北遼東道開元等路宣慰司，立東京等處行中書省。三月，徙省治於咸平路，仍嚴女真水達達弓矢之禁。東路諸王多不自安，而女真水達達失業，亦怨望。朝廷微聞之，爲罷東京行省，復北京、咸平等三宣慰司，且弛女真水達達弓矢之禁。然乃顏叛志已決，遣使與諸王勝納哈兒、也不干相結，並約海都爲犄角，海都允之。

二十四年二月，遼東宣慰使塔出使人馳驛上變。詔塔出領軍一萬，與皇子愛牙赤同力禦之，以諸王徹里帖木兒節制東道諸軍，毋許乃顏擅發。夏四月，乃顏舉兵反。世祖遣也先傳諭北道等處宣慰司，凡隸乃顏所部者，禁其往來，毋得乘馬持弓矢。又遣近侍阿沙

不花北使於諸王納牙，説之入朝，以孤其勢。五月，車駕親征，發上都。六月壬戌，次撒里禿魯。時大軍未集，乃顔將塔不帶、金剛奴以兵六萬逼行在而陣。我軍遠來疲乏，又敵衆我寡，不得地勢，諸將欲退，博羅歡以爲不可。世祖乃張曲蓋，據胡床，尚食帖哥從容進酒。塔不帶等疑有伏，不敢犯。是夜，李庭引壯士十人，潛至敵壘，然火炮，賊驚擾，明日遂退。博羅歡以師乘之，轉戰二日，斬其駙馬忽倫、萬户闍里鐵木兒。乃顔遣哈丹帥萬騎來援，爲我前鋒將玉哇失所敗。追至不里大都伯塔塔之地，又敗之。是時，玉昔帖木兒別將由他道以師來會，遂分軍爲二：蒙古軍，玉昔帖木兒將之；漢軍，李庭將之。進次遼河失剌斡兒朵之地，與乃顔遇。乃顔軍號十萬，以車環衛爲營。王師三十營，間以漢軍步隊，皆執長矛、大刀進退，時與騎卒疊乘一馬，及敵，則下馬先進。乘輿駕四象，上有戰臺，建中軍旗鼓。自辰至午，大破其衆，擒乃顔誅之，並獲其輜重千餘乘。其黨叛王勢都兒等復犯咸平，塔出從愛牙赤自瀋州進擊，敗之。轉戰，渡遼水，射殺其將帖古歹。又與叛王曲迭兒等戰，敗之，追北至金山。於是遼東叛黨略盡。八月乙丑，車駕還上都。

乃顔既誅，世祖以塔察兒別子乃蠻台領其部衆。至元二十八年，追討哈丹入高麗，有功。至大元年，封壽王。

塔察兒諸孫脱脱，延祐三年封遼王。英宗遇弑，泰定帝入承大統，脱脱度有赦，挾仇

殺諸王、妃、公主百餘人，分其畜產。泰定元年，御史傅巖起、李嘉賓劾其乘國家禍難，誅鋤骨肉，罪惡已彰，如使歸藩，是縱虎出柙，宜別選近族代襲其位，不報。已而御史董鵬南等連劾之，仍不報。致和元年，泰定帝崩於上都。九月，文宗自立於大都，上都諸王分道伐之，留脱脱居守。齊王月魯帖木兒襲上都，脱脱兵敗，爲月魯帖木兒所殺。

南臺御史言：「遼王脱脱自祖父以來，屢爲叛逆，蓋因所封地大物博。今宜削王號，處其子孫遠方，而析原封分地。」事不果行。天曆二年，詔封牙納失里爲遼王，以脱脱故印與之。

別克帖兒，或言爲烈祖前妻子，或言其母爲塔喀式。太祖幼與別克帖兒交惡，愬于宣懿皇后：「別克帖兒與別勒古台奪我魚，又奪哈撒兒之雀，請殺之。」宣懿皇后戒之曰：「爾兄弟除影子外無安答，除馬尾外無鞭，奈何相賊害？獨不見阿蘭可敦五子之前事乎？」太祖不聽，卒與哈撒兒射殺別克帖兒。別克帖兒將死，謂太祖曰：「汝殺我則可，勿殺別勒古台，留爲汝異日效力。」後竟如其言。

別勒古台，母曰豁阿巴海，秃馬敦氏。蔑兒乞之難，豁阿巴海與光烈皇后同被掠，太祖以王汗、札木合之衆大破蔑兒乞，迎光烈皇后歸。別勒古台亦求其母，有告以豁阿巴海

所在者。別勒古台入自門右，其母自門左避出，語人曰：「無面目見兒輩也。」遂走匿林中。別勒古台竟不得其母。故捕得蔑兒乞人，輒擬以鳴鏑，詰之曰：「將吾母來！」凡殺蔑兒乞男子三百餘人，以其婦女爲婢媵。

太祖稱汗，使哈撒兒與忽必來等一處帶刀，使哈準與博爾朮等帶弓箭，使別勒古台與合剌勒歹、脱忽剌温二人掌馭馬。太祖大宴宗人於斡難河上，別勒古台掌太祖乞列思，播里掌薛徹別乞乞列思。乞列思，譯言牧場也。播里從者盜太祖馬韁，爲別勒古台所獲，播里庇之，斫別勒古台，創甚。太祖大怒，別勒古台曰：「今將舉大事，豈可爲我一人使兄弟交惡？且我創不至死，請宥之。」太祖尤韙其言。後太祖誅薛徹別乞，播里來降，太祖使別勒古台與播里搏。播里勇冠諸將，能以一手按別勒古台於地。至是，恐忤太祖，佯敗蒲伏不起。別勒古台回顧太祖，太祖齧下唇以示意，遂殺之。太祖之意，匪修舊怨，蓋欲除異日之患云。

太祖攻略諸部，別勒古台衝鋒陷陣，戰必先登。太祖嘗曰：「有哈撒兒之射，別勒古台之勇，此我之所以取天下也。」

太祖平四種塔塔兒，密與親族議：「塔塔兒，吾父仇，其男子高如車軸者，盡殺之，餘分爲奴婢。」議既定，別勒古台出見塔塔兒人也客扯連，泄其事。也客扯連語其黨：「吾輩毋

徒死，可人袖一刀，各殺彼一人以藉背。」於是蒙古人死者甚衆。事定，太祖深咎之，命以後議大事，別勒古台毋與聞，須議事中決，進一尊酒，方許其入見焉。

太祖即位，分別勒古台三千户，又使長札魯忽赤別刻一印賜之。定宗崩，別勒古台與諸王、大將會於奎騰敖拉之地，共立憲宗。後以壽卒。別勒古台，人謂其百婦、百子，妻、子至前，有不識者。三子知名：曰罕秃忽，曰也速不花，曰口温不花。

罕秃忽，性剛猛，從憲宗南伐，數有功。卒，子霍歷極嗣，以病廢不能治事。世祖俾居廣寧，統其部衆。至大三年卒，子塔出嗣。

塔出，性温良，好學，通知經史。

塔出之從父兄弟按灰者，嘗代諸王脱脱鎮雲南。至順元年冬，坐擊傷巡檢張恭，杖六十，謫廣寧路探馬赤，後至元三年爲也客札魯忽赤。

也速不花子爪都，世祖中統三年，以推戴功，封廣寧王。至元十三年，賜金印。時方與河平王昔里吉等從皇子北平王屯阿力麻里，諸王脱黑帖木兒等劫北平王，奉昔里吉以叛，爪都亦與其謀。及伯顏北討，爪都悔罪來歸。塔察兒國王請誅之，世祖念其前勞，謫往屯河爲探馬赤。躬薪樵之役，從者請代，自謂前日得罪，今以此補過云。

口温不花，太宗六年帥師伐宋，獲其將何太尉。九年，口温不花復伐宋，圍光州，使張

柔、鞏彦暉、史天澤攻拔之。別攻蘄州，降隨州，略地至黄州。宋人懼，請和，乃還。張德輝嘗言於世祖，請宗室中賢如口温不花者主兵，其爲時人推重如此。子曰滅里吉台，曰甕吉剌台。

至元十三年，甕吉剌台奉命與駙馬丑漢帥所部五百人戍哈答城，以罪謫婺州。二十六年，台州賊楊鎮龍寇東陽、義烏，甕吉剌台帥兵討之，以功赦還。後從晉王甘剌麻屯客魯漣河。延祐間卒。先是，甕吉剌台得罪，以其子徹里帖木兒襲廣寧王。至元二十四年，敕徹里帖木兒節制諸軍，乃顔徽東諸侯兵，諭徹里帖木兒毋發。子按渾察襲廣寧王。

史臣曰：元之宗系藏於石室金匱，外廷不得而知，故舊史《宗室表》疏舛最甚。至拉施特《蒙古部族考》，其言宜足徵矣。然烈祖諸子世次，往往有灼然謬誤者，意者拉施特官西域，與東藩見聞隔絶，故無從考訂歟？今爲列傳，其世次皆本於《部族考》。正誤闕疑，庶幾尚論者有取焉。

【校勘記】

〔一〕「按只吉歹」，正文作「按只吉帶」。

〔二〕「察合台」，「察」字原脱，據本書卷一〇七《太祖諸子傳二·察合台》補。又本書卷一〇八《太祖諸子傳三》云：「七年，阿八哈與察合台後王博拉克戰於徒思，大敗之。」

新元史卷之一百六　列傳第三

太祖諸子一

朮赤 拔都　伯勒克　忙哥帖木兒　脱脱　月思别　鄂爾達　昔班　土斡耳　托克帖木兒

太祖皇帝八子：光獻皇后生朮赤，次察合台，次太宗，次拖雷；忽蘭皇后生闊列堅；也速干皇后生察兀兒；乃蠻女生朮兒徹；塔塔兒女生兀魯赤。

朮赤，性卞急，驍勇善戰，爲諸將所服。不嗜殺，嘗攻塔塔兒部，俘獲者多蒙全宥。太祖二年，將右翼兵征和林西北諸部〔一〕，以不哈爲嚮導。斡亦剌酋忽都哈别乞迎降，遂進攻土綿斡亦速於施黑寺特之地。於是斡亦剌、不里牙特、巴兒渾、兀兒速特、哈卜哈納思、康哈思諸部悉降。乞兒吉思酋也迪亦納勒、阿勒迪額兒、斡列别克的斤亦望風歸款，獻白海青、白騸馬、黑貂等方物。復降失必兒、客思的音、巴亦特、秃哈思、田列克、脱額列思、塔

思、巴只吉等部，皆林木中百姓也。師還，太祖因忽都哈別乞先降，以皇女扯扯堅尚其子亦納勒赤，以朮赤女豁兒哈妻亦納勒赤之兄。

六年，太祖伐金，朮赤與察合台、太宗分下雲內、東勝、武、朔等州。八年，復與察合台、太宗循太行而南，攻下保、遂、安肅、安、定、邢、洛、磁、相、衛，輝、懷、孟，掠澤、潞、遼、沁、平陽、太原、吉、隰，降汾、石、嵐、忻、代、武等州。

十一年，從太祖北還。乃蠻酋古出魯克襲據西遼，乘大軍南伐，煽誘諸部爲亂，禿馬特與乞兒吉思皆叛應之。十二年，命朮赤討乞兒吉思，仍以不哈爲先鋒，追敗其衆於亦馬兒河，返至謙河，涉冰北行，盡降烏思、康哈思、田列克、客失的迷、槐因而亦干等部。是時，速不台敗蔑兒乞於吹河，蔑兒乞酋脱黑脱阿之子善射，稱爲墨爾根，速不台擒之送於朮赤。命之射，前矢中的，後矢劈前矢之幹亦中的。朮赤大喜，遣使告於太祖，請赦之。太祖曰：「蔑兒乞，吾深仇。留善射仇人，將爲後患。」命殺之。朮赤率諸將搜捕乃蠻、蔑兒乞餘衆，師將返，西域主阿剌哀丁自將來追。諸將以衆寡不敵，且奉命剿乃蠻、蔑兒乞，不宜與鄰國構兵。朮赤曰：「遇敵而逃，何以歸見吾父及諸弟？」遂戰。我軍敗其左翼，會阿剌哀丁子札剌勒哀丁以右翼來援，朮赤乃斂兵而退。及夕，多爇火以爲疑兵，未曉即馳去。歸見太祖，大蒙獎許焉。

十四年，從太祖征西域，分克八兒真、養吉干、氈的等城。十五年，與察合台、太宗共圍烏爾鞬赤城，久不下。太祖改命太宗總統諸軍，乃拔之。事具《西域傳》。

十七年，西域略定，太祖率大軍北還，命哲別、速不台循裏海之西征奇卜察克，留朮赤屯於鹹海、裏海之間，爲二將聲援。十九年，哲別、速不台平奇卜察克，復敗斡羅斯兵，擒其二酋獻於朮赤，誅之。朮赤自錫爾河北儻塔之地，西踰烏拉嶺至奇卜察克東境，撫定諸部，使哲別、速不台班師。二十年卒，年四十九。

初，光獻皇后孕朮赤時，爲蔑兒乞人所掠。太祖乞師王汗與札木合，襲敗蔑兒乞，返光獻皇后。已而舉子，遂名之曰朮赤。朮赤譯言客也。或謂光獻皇后姊爲王汗妃，王汗聞光獻皇后被掠，告於蔑兒乞使返之，中途朮赤生，倉卒無襁褓，摶麵盛之，置於騎上而歸。太祖曰：「此不速之客也。」故名以朮赤。

然卒以此爲諸弟所輕，尤與察合台不協。太祖將征西域，也遂皇后問：「儻有不諱，諸子中以何人爲嗣？」太祖召諸子問之，先及朮赤，未對。察合台曰：「朮赤爲蔑兒乞種，豈可以辱社稷？」朮赤怒，趨摶察合台，時闊闊搠思侍側，謂察合台曰：「可汗艱難百戰以平諸部，汝賢明之母實佐之，今汝誣蔑如此，獨不爲汝母地乎？」察合台乃請

立太宗，而己與朮赤任征討之事。朮赤亦允之。太祖曰：「吾疆域甚廣，分王諸子可也。」於是立太宗爲嗣，而以鹹海西南與鹹海、裏海之北封朮赤，以錫爾河東之地封察合台云。

朮赤自以長子，不得襲父位，又封地絶遠，恒鞅鞅不樂。太祖至錫爾河，屢召之，以疾不至。又命其西略依必而、西畢利、布而嘎爾等部，亦稱疾不行。太祖滋不說。二十年，太祖既還行宮，有蒙古人自西來，詢朮赤病狀，對曰：「見其出獵，未聞有疾也。」太祖怒，命察合台、太宗率師逮問之。無何，朮赤凶問至，太祖大慟，欲誅妄言者，而人已逸去。遂命斡赤斤往涖其喪，定嗣子之位。

朮赤十四子，知名者，曰鄂爾達，曰拔都，曰伯勒克，曰脱哈帖木兒，曰昔班，曰唐古忒，曰土斡耳，曰伯勒克察爾，曰乞剌烏堪，曰桑庫，曰領台，曰謨罕默德，曰烏都，曰庫馬帖木兒。

拔都，朮赤第二子。與兄鄂爾達相友愛。鄂爾達自以才不如弟，乃讓位於拔都，斡赤斤遂定拔都爲嗣。未幾，太祖崩，斡赤斤馳歸。拔都與兄鄂爾達、弟伯勒克、脱哈帖木兒、昔班、唐古忒、伯勒克察耳來會葬，奉太宗即位。

太宗七年，以奇卜察克、斡羅斯諸部未定，出師討之。命拔都爲統帥，速不台副之。

太宗位下定宗、合丹，朮赤位下鄂爾達、昔班、唐古忒、伯勒克，察合台位下貝達兒、不里，拖雷位下憲宗、不者克，太宗庶弟闊列堅，皆從行。

八年，速不台首入布噶爾都城，其酋望風納款。未幾又叛，速不台討平之。諸王各率所部會於浮而嘎河布而噶之地。

九年，入奇卜察克，其別部酋八赤蠻竄匿浮而嘎河深林中，一日數遷，蹤跡無定。大軍入林搜捕，見空營一病嫗在焉，詢之，則八赤蠻已遁入海島中。跡至，出不意擒之，裏海以北諸部悉降。是年冬，克巴而脫拉及惹勒忒城、沙而克忒城，進至倭而那城，堅守不下。拔都決端河水灌之，遂入斡羅斯。毛兒杜因人與斡羅斯有兵怨，導大軍自東南入，取勃蠻思克等城。南境諸王幼里與其弟羅曼分守烈也贊、克羅姆訥二城，乞援於物拉的米爾王攸利第二。大軍招降烈也贊，幼里不從，乃築長圍困之。攻六日，城陷，幼里闔門皆死。攸利第二遣其子兀薛佛羅特帥衆來援，而烈也贊已陷，乃戰於克羅姆訥城下。羅曼陣歿，兀薛佛羅特逃歸，大軍遂攻拔克羅姆訥。是役也，闊列堅創甚卒，因屠克羅姆訥城。北進至莫斯科，攻五日，拔之，獲攸利第二之孫。東趨物拉的米爾都城。時攸利第二令其子兀薛佛羅特及木思推思老弗哀居守，而自引兵北駐昔提河，以待乞瓦王牙羅思剌弗哀、珀列思剌弗哀勒王土委阿脫思剌弗哀之援兵。大軍至，令攸利第二之孫在城下招降，不肯從，

乃殺之，分軍下蘇斯達耳城而歸。

十年春，合圍物拉的米爾，凡七日，城陷。自此分數軍，一月之間下攸利掖甫等十餘城。時攸利第二尚屯昔提河上，我軍至，破其營，攸利第二與二姪俱戰没，軍士得脱者十才二三。拔都一軍益北趨那懷郭羅特，未及城百八十里，阻於淖而退。遂轉而西南，一軍攻秃里思哥城，其王瓦夕里堅守不下，殺蒙古兵數千。拔都命合丹、不里助攻，閱四十九日始克之。屠城，血流成渠。獲瓦夕里，投血渠中斃之，謂其城曰卯危八里克。是時，伯勒克擊敗奇卜察克，其酋霍灘西北奔馬加。秋，合丹等征撒耳柯思，獲其酋秃勘，殺之。昔班、不者克、不里别將侵奇卜察克屬部蔑里姆。是冬，蒙哥、不里、合丹合軍圍阿速部蔑乞思都城。

十一年春正月，拔之。分軍東渡亦的勒河，直至烏拉嶺西北。拔都休息士馬，乃謀攻斡羅斯南部。計掖甫者，斡羅斯之舊都，南部名城也。攸利第二戰没，其弟計掖甫王牙羅思剌弗哀往援弗及，乘蒙古軍退，遂入物拉的米爾，嗣其兄位。而扯耳尼哥王米海勒亦乘其北行，轉據計掖甫。

十二年，拔都軍至珀列思剌弗哀勒城，降之，攻下扯耳尼哥城。城人以沸湯澆士卒，死傷頗衆。退而東掠戞魯和城，至端河，雖絶計掖甫之旁援，而阻於帖尼博耳河不得渡。

憲宗駐兵河東，遣人諭降計掖甫，使者被殺。冬，帖尼博耳河冰合，拔都率全軍渡河，米海勒奔波蘭，令其將狄米脱里居守。大軍晝夜環攻，克之。狄米脱里傷而未死，拔都嘉其忠勇，釋不誅。復下哈力赤城，達尼耳王亦遁。斡羅斯之南部略定。

乃謀攻波蘭及馬加，皆斡羅斯西南境之鄰國也。波蘭王波勒斯拉物死，分地與四子爲四部：曰康拉忒，治撇洛赤克城；曰亨力希，治伯勒斯洛城；曰波勒司拉布哀，治克拉克城；曰米司拉弗哀，治低而貝城。馬加王貝拉治格蘭城，濱杜惱河，而常駐河東之派斯特城。波蘭在東北，馬加在西南，兩國相倚如輔車，而馬加三面環山，險阨四塞，用兵尤不易。拔都乃議東南北五路進兵，而以貝達爾統北路一軍攻波蘭諸部。貝達爾轉戰至不威迷亞部東南，爲拔都聲援，事具《貝達爾傳》。拔都未入馬加，先遣英吉利人諭降，自屯哈力赤以待之。馬加王貝拉不肯降，亦不設備，僅遣其衆守喀而巴特山口，伐木塞途以拒我軍。

十三年春，拔都率諸將攻喀而巴特山口，守兵盡潰。貝拉亟召各部兵赴援，未至，遊騎已抵派斯特城。貝拉欲俟援兵，天主教士烏孤領以爲怯，出城拒戰。拔都麾諸軍退，烏孤領逐之，其所將皆客兵，失道陷淖中，又身擐鐵甲，行遲，我軍攢射之，盡殪，惟烏孤領脱歸。既而援兵大集，拔都引還，屯於賽育河、色克河合流之下游。時雪消水漲，我軍三面

阻水，據橋，地勢險固，又林木叢雜，可隱蔽。貝拉追至，見橋東有守兵，乃駐於賽育河西，以千人守橋，環車爲營，懸盾於車上，儼如壁壘，然舉動皆爲我軍所見。相持數日，拔都知敵懈可乘，下令夜進，一軍奪橋，一軍繞至下游潛渡。有斡羅斯逃人漏其事於馬加諸部長，皆不信。惟貝拉弟廓落曼與烏孤領信之，引衆巡橋，見我軍已至橋西，卻之，增守卒而反。遂酣寢，以爲無患。既而我軍以炮擊守卒，皆遁。下游之軍亦濟而成列，乃四面攻之，而開西南一面〔二〕，使之走。衆遂瓦解，逸者十無二三，河水盡赤。烏孤領死之，廓落曼走丕思脱，欲往地中海，以創甚死。貝拉遁入林中，輾轉至土拉斯部，合於其婿波勒司拉弗哀。拔都獲貝拉之印，使降人僞爲貝拉，諭令居民安堵無恐，軍雖失利，終必大捷。居民見僞諭，信之，無遷徙者。大軍至，悉俘之。遂渡賽育河，至丕思脱。先是，廓洛曼勸城人避去，不從，至是，盡爲大兵所戮。

合丹一軍由馬加東南馬拉兒境間道攻魯丹城，克之。又募日耳曼人爲鄉導，而以俘卒前驅，將士督攻於後，積尸填塹，踐而仰登，連拔蝸拉丁、丕勒克諸城，遂偕定宗、不里、撥綽等與拔都軍合。

拔都欲攻格蘭城，格蘭人守杜惱河，鑿冰以防西渡。已而天寒冰合，我軍欲試堅否，放牛馬以誘之。格蘭人踐冰過，驅牛馬而西。拔都知冰堅可渡，乃萬騎俱進，所向無不

披靡。

拔都自留攻格蘭，使合丹追貝拉。初，貝拉至土拉斯，旋西入奧斯大里亞境。其王勸貝拉扼杜惱河，蒙古兵未必能西渡。貝拉至韋敦貝而克城，遇其孥，乃偕赴阿格拉姆城覘敵動靜，遣使乞援於天主教王及德意志國，皆不應。合丹至阿格拉姆，貝拉復走特勞恩城，入於地中海。合丹追不及，引兵趨塞而維亞部，大掠耳拉孤薩城、喀滔城，旋奉拔都命東返。

拔都圍格蘭城，立炮三十架攻之。守將曰錫門日，斯巴尼亞人也，堅守不下。乃分軍西略奧斯大里亞境，至地中海北維尼斯部。又一軍分攻柯倫貝而克城、韋而乃斯達城，皆旋退。

太宗凶問至，乃馬真皇后稱制元年春，拔都率諸軍東返，中途奇卜察克叛，討平之。二年春，拔都至浮而嘎河，定宗奔喪先歸。拔都與定宗有隙，知皇后將立定宗，遂託病遷延不行。速不台諫，不從。

定宗即位三年，西巡葉密爾河。拔都恐，來謁，至阿勒塔克山，聞定宗崩而止。定宗皇后不發喪，先赴於睿宗妃及拔都，自請攝政以待立君。拔都允之，召諸王大將於阿勒塔克議立君，皇后亦遣使預會。有建議拔都最長當立者，拔都不可。衆曰：「王既

不自立，請審擇一人，以踐大位。」拔都曰：「我國家幅員甚廣，非聰明睿知能效法太祖者不勝任。我意在蒙哥。」衆應曰：「然。」議遂定。

明年，拔都遣伯勒克、脱哈帖木兒將兵衛憲宗而東，大會諸王於斡難河、克魯倫河之間，奉憲宗即位。時皇后欲援先朝故事，立其子，諸王覬覦者尤衆。定策之功，推拔都第一。拔都能疏財，得將士心，皆稱爲賽因汗。賽因，譯言好也。拔都建斡爾朵於浮而嘎河下游，曰薩萊。每歲春，溯浮而嘎河東岸，北至布而嘎爾之斡爾朵。秋則還駐薩萊，名曰阿勒泰斡爾朵，譯言金頂帳也。建喀山城於浮而嘎河東岸，亦建薩萊於黑海北撒吉剌之地，使其子撒里答居之。斡羅斯諸王皆受封於拔都，奉約束惟謹。憲宗二年，法蘭西王路易第九使其臣胡卜洛克來聘。未幾，小阿美尼亞王海屯亦來朝。六年，拔都卒，年四十八。

拔都子有名者：曰撒里答，曰托托罕，曰安狄萬，曰烏拔奇。憲宗六年，撒里答入朝，聞父卒，憲宗令歸嗣父位，中道卒。憲宗立其子烏拉赤，尚幼，命拔都元妃波拉克勒聽政。未數月，烏拉赤亦卒。拔都弟伯勒克嗣。

伯勒克，朮赤第三子。信天方教，常集教士於斡爾朵，講論教律。太祖子孫入天方教者，自伯勒克始。伯勒克括斡羅斯户口〔三〕，計丁出賦。凡城邑及千户以上者，設官一人，

而以八思哈三人總之：一治蘇斯達爾城，一治勒治贊城，一治謨洛姆城。田賦十取一，牛羊馬稅百取一。凡教士皆免之。

哈力赤王達尼爾逐蒙古官，拒命。伯勒克使忽侖薩赫討之，不敢進，乃命布侖台代將其軍。布侖台，拔都舊將也，諭達尼爾歸順，助攻力拖部。達尼爾從之，使其弟伐力拖降其部衆。後達尼爾子弟從諾垓、帖列布喀伐波蘭，俱有功。

憲宗崩，阿里不哥僭號，立察合台孫阿魯忽以爲己援。伯勒克附世祖，阿里不哥使阿魯忽伐之，爲伯勒克所敗。阿里不哥降，伯勒克亦罷兵。

旭烈兀平報達，戮教民無算，又朮赤後從征報答者，或以罪死，或暴卒，疑皆爲旭烈兀所害。伯勒克使諾垓興師問罪，戰於得耳奔得，旭烈兀敗退。埃及王比拔而斯與旭烈兀有兵怨，知伯勒克同教，遣使者齎哈里發家乘來聘，伯勒克厚禮使者，遣歸。時伯勒克亦使人於埃及，貽書請合攻旭烈兀，埃及王復書贈以《可蘭經》及纏頭布一方。

旭烈兀卒，子阿八哈嗣位。至元元年，諾垓攻阿八哈，傷目而退。伯勒克率大軍繼之，卒於軍中。

托托罕子忙哥帖木兒嗣，其母衛拉特氏，太祖駙馬朵拉勒赤之女也。時世祖使鐵連使於海都，且令至忙哥帖木兒處計事。忙哥帖木兒許夾攻海都。其後海都拒命，忙哥帖

木兒果伐之。然終與海都連和，助以軍五萬，敗旭烈兀後王傅拉克。

斡羅斯諸王互相讒〔四〕，洛斯多王喝來伯譖勒治贊王羅曼。至元十六年，忙哥帖木兒召羅曼至，殺之。喝來伯之子亦譖羅曼之子於諸該〔五〕。十五年，諸該引兵侵勒治贊。是年，阿速部叛，忙哥帖木兒討平之。十七年，忙哥帖木兒伐波蘭，攻柳勃林城，進至森地米爾，爲波蘭人所敗。十八年，忙哥帖木兒卒。

弟脱脱蒙哥嗣。物拉的米爾王狄迷特里之弟安得富阿來三德勒委持讒其兄於脱脱蒙哥。十九年，脱脱蒙哥伐物拉的米爾，直至諾拂郭羅特，狄迷特里奔於諾垓。二十年，諾垓仍命狄迷特里返物拉的米爾，又誘庫爾斯克、鄂兒斯克王鄂列克附己。鄂列克不從，諾垓伐之。配思克暇洛郭爾王士委託司拉弗哀亦不附於諾垓者，爲諾垓所殺。

二十二年，托托罕長子巴而圖之二子秃拉布哈、昆逐克與忙哥帖木兒二子阿力貴赤、古列兒廢脱脱蒙哥，四人同治國事。

二十三年，忙哥帖木兒第五子脱脱率衆入得耳奔得，以攻宗王阿魯渾，軍鋒甚鋭。秃拉布哈等忌之，脱脱乃退軍，潛引諾垓爲助。諾垓設宴延秃拉布哈諸王至，伏兵殺之。

脱脱即位，時至元二十七年也。諾垓既輔立脱脱，後復與脱脱不協。諾垓旋卒。斡羅斯諸部訴物拉的米爾王狄迷特里，三十一年，脱脱遣兵討之，狄迷特里奔於諾物哥羅

特。自忙哥帖木兒後，諸王自擅，不復奉朝廷之命。海都卒，其子察八兒降，脱脱首先效順。至大元年六月，遣月魯哥十二人使於脱脱。皇慶元年，脱脱卒。忙哥帖木兒孫月思別嗣。

月思別，父曰土古兒。既嗣位，延祐元年遣使來朝。月思別初立，諸將多異議，且以月思別奉回教爲嫌，定計乘宴飲殺之。或於席上示月思別以目，月思別託故出，詗有變，即馳去，引兵捕諸將盡殺之。是時，月思別甫十三歲，人皆服其智勇。

至治三年二月，遣使來朝。十二月，又遣錫拉來朝。泰定三年十二月，月思別獻文豹，賜金銀鈔幣有差。至順元年三月，遣諸王分使月思別及燕只吉台、不賽因。至正元年八月，月思別遣使來朝。三年七月，遣南忽里等來朝，貢方物。朮赤位有舊賜平陽、晉州、永州分地，歲賦中統鈔二千四百錠，久未給之，亦未置總管府領其事。後至元二年，月思別遣使來求歲賜。三年，中書省議置總管府，秩正三品。至五年，始頒賜焉。

初，物拉的米爾王狄迷特里卒，立其叔父彌海勒第二。莫斯克王攸利第三覬得狄迷特里之位，脱脱以彌海勒第二年長當立，不允。及月思別立，攸利第三娶其妹，遂約蒙古入侵物拉的迷爾。彌海勒第二奔於特威亞之地，攸利第三追之，反爲所敗，其妻及蒙古將士多爲彌海勒第二所獲，知爲貴主，禮而歸之。月思別之妹道卒，攸利第三乃誣以鴆殺，

訴於月思別。月思別怒，召彌海勒第二至，繼察其誣，釋不治。適月思別至高喀斯山，未令彌海勒第二即歸，攸利第三賄月思別左右矯命殺之，襲其位而受封焉。已而彌海勒第二子德彌特里訴父寃，月思別召攸利第三入朝，使與面質。德彌特里見攸利第三〔六〕，忿發，拔刀斬之。月思別殺德彌特里，封其弟阿來克三德爲物拉的米爾王，以雪其父之寃。時至治三年也。未幾，物拉的米爾亂作，執蒙古官殺之，阿來克三德奔普斯廊甫城。月思別遣兵討平其亂，召阿來克三德入朝，不至。月思別命莫斯科王伊萬第一逮問，阿來克三德旋入朝請罪。伊萬第一忌阿來克三德之得民，不爲己利，譖於月思別而殺之。延祐五年，月思別侵不賽因之境，爲其將出班所卻。後至元六年卒。

子札尼別嗣。至正十三年九月，獻撒哈剌、察赤兒、米昔兒弓、刀、鎖子甲及青白馬各二匹，賜鈔二百錠。自後至元二年以後，不賽因卒，其國內亂蠭起，台白利司之民皆避亂至奇卜察克。至正十五年，札尼別自將入阿特而佩占，殺亂將阿失甫，據台白利司，令其子畢兒諦伯克守之而自歸。次年卒。

畢兒諦伯克北歸嗣位，未幾卒。繼畢爾諦伯克者爲科兒納〔七〕，繼科而納者爲努魯斯〔八〕。自此國亦亂，諸王起兵相争，皆鄂爾達、昔班、脱哈帖木兒三王之後，非拔都胄裔焉。

繼努魯斯者，曰起西耳，昔班之後，其子曰汗莫爾都特。繼汗莫爾都特曰帖木兒合

札，鄂爾達之後。繼帖木兒合札曰汗穆力特合札，脫哈帖木兒之後。繼汗穆力特合札曰科脫魯合札，又爲鄂爾達之後。繼科脫魯合札曰普拉特合札，昔班之後忙哥帖木兒之子。繼普拉特合札曰阿西士薩克，脫哈帖木兒之後。繼阿西士薩克曰阿勃達亞拉，鄂爾達之後。繼阿勃達亞拉曰哈散，脫哈帖木兒之後，立於至正二十七年。又歷四汗，至謨罕默德普拉克，爲托克塔迷失所廢。

鄂爾達，朮赤長子。拔都以鄂爾達讓位於己，分以東方錫爾河北等地。其斡兒朵色尚白，以別於金斡爾朵。部人稱拔都後王爲西奇卜察克汗，鄂爾達後王爲東奇卜察克汗。

鄂爾達卒，子科齊嗣。卒，子伯顏嗣。卒，子薩西卜克嗣。卒，子愛必散嗣。卒，弟穆巴爾克合札嗣。卒，愛必散之子漆穆泰嗣。卒，其孫烏魯斯嗣，屢敗駙馬帖木兒之兵。先是，穆巴爾克合札之孫托克帖米斯得帖木兒之助，欲爲奇卜察克總汗，烏魯斯忌之，殺其父而逐之。托克帖米斯乞援於帖木兒〔九〕，而終不能勝。烏魯斯卒，子托克脫起嗣。未幾，又卒，弟帖木耳没里克嗣，懦不任事，降於托克帖米斯。自此白斡爾朵之汗位爲托克帖米斯所奪，復伐西奇卜察克，大敗之，廢其汗謨罕默德普拉克，東、西奇卜察克爲一，金斡兒朵之地亦併於白斡兒朵。然托克帖米斯方西伐斡羅斯，國內空虛，昔班後王遷其部落以實之。托克帖米斯大敗斡羅斯兵，焚其莫斯科都城，後復爲帖木兒所敗，事具《帖木兒

傳》。托克帖米斯敗歸，烏魯斯之子帖木兒科得魯得逐之。托克帖米斯奔於力陶，明永樂四年卒。

昔班，朮赤第五子，從拔都伐斡羅斯有功。拔都使居鄂爾達牧地之北，西至於烏拉河。其斡兒朵色尚藍。或曰昔班從拔都伐馬加，戰勝有功，拔都授以馬加汗名號，師還，拔都以北邊地與之。昔班之六世孫孟古帖木兒與月思別同時。

土斡耳，朮赤第七子。其孫諾該，爲拔都後王任事，以斡濟稱，後忤脱脱意，謫處浮爾嘎河之東，其子孫散居烏拉河、恩拔河之間。

托克帖木兒，朮赤第十三子。分地在浮而嘎河上，後忙哥帖木耳賜以克雷木、幾富兩地。其後人因在喀散、喀西莫甫、克雷木三地立國稱汗。以分地南北俱近金斡爾朵，故拔都後王嗣位之際，托克帖木兒後王恒起而相争。

史臣曰：朮赤可謂驍將，非治國之才。太祖不傳位於朮赤，宜也。或疑其慚於察合台，不亦誣乎？拔都爲宗王之長，又建大功，擁戴憲宗以安社稷。「宗子維城」，拔都無愧焉。

【校勘記】

〔一〕「右翼」，原作「古翼」，據本書卷三《太祖本紀下》「皇子朮赤領右翼軍征和林西北部」改。

〔二〕「一面」，原作「十面」，據文意改。

〔三〕「伯勒克」，原作「伯勒伯」，據上文及本書卷二五七《外國傳九》「伯勒克嗣爲金斡兒朵汗，始遣官吏括斡羅斯户口」改。

〔四〕「互」，原作「亙」，據本書《外國傳九》「斡羅斯諸王互相讒構」改。

〔五〕「諾該」，當依上文作「諾垓」。

〔六〕「攸利第三」，原作「攸利第二」，據上文及本書卷二五七《外國傳九》「至治三年，攸利第三貢不如額，月思別召而讓之，中途爲彌海勒第二之子德彌特里所殺」改。

〔七〕「畢爾諦伯克」，當依上文作「畢兒諦伯克」。

〔八〕「科而納」，當依上文作「科兒納」。

〔九〕「乞援於帖木兒」，「於」字原重，據文意删重。按本書卷一二八《帖木兒傳》有云：「德克達密杜司乞援於帖木兒。」

新元史卷之一百七　列傳第四

太祖諸子二

察合台 合剌旭烈兀　也速蒙哥　阿魯忽　博拉克　篤哇　也先不花　怯伯　篤來帖木兒　貝達爾　不里　禿剌　阿剌忒納失里

察合台，太祖第二子也。太祖以其性剛，使闊闊搠思輔導之。其後分封西域，又使受教於博爾朮。

太祖十四年，親征貨勒自彌，瀕行，也遂皇后請擇諸子定嗣大位者。太祖韙其言，召諸子，首問朮赤：「汝爲長子，有何言？」朮赤未及對，察合台言：「彼蔑兒乞種，兒輩安能下之！」朮赤大怒，謂察合台：「汝除剛很外，有何能？與汝較射，如勝我，則斬我拇指。與汝搏，如勝我，則我甘伏地不起。」兄弟洶洶相搏，太祖默然。闊闊搠思趨進，責察合台。太祖亦曰：「朮赤，我之長子，汝輩勿妄言。」察合台微笑，乃白於太祖，請與朮赤分任軍旅之

事，窩闊台敦厚，可奉教訓，嗣大位。於是太宗之位遂定。

是年，太祖以大軍薄謁打剌城，分兵四道，留察合台與太宗攻之。城酋堅守，攻五月，入其外城。又一月，克内城，擒其酋哈那兒只克，檻送行在，誅之。十五年，又與朮赤及太宗以右翼軍攻兀籠格赤城，朮赤與察合台不協，師久無功，各以軍事來告。太祖廉得其實，改命太宗總兵事。太宗和解二兄，軍復振，始克之。城人巷戰七晝夜，遺民尚十餘萬，以婦孺工匠從軍，餘則驅爲前敵，凡蒙古兵一人分二十四人。十六年，太祖親攻塔里堪城，察合台與太宗自貨勒自彌上謁。太祖復進攻八米俺，察合台長子莫圖根中流矢卒。太祖最愛此孫，及城破，遇生物悉戮之，名其地曰卯庫爾干。察合台不知莫圖根之死，一日，諸子侍食，太祖佯發怒，察合台惶懼伏地，謂如不從父命則死。太祖問：「汝此言誠否？」察合台力矢不敢妄言，太祖乃告以莫圖根之死，令勿悲哀。察合台聞言忍淚，侍食如故，既而出，痛哭野外而返。太祖自西域班師，攻西夏，命察合台以本部兵防後路。

太祖臨崩，遺命傳位太宗，且曰：「察合台雖不在側，不至背吾遺命。」太宗即位之時，斡赤斤持太宗左手，察合台持太宗右手，爲諸王之長焉。自斡赤斤以下，皆拜於堂下。察合台問：「以兄拜弟，禮乎？」耶律楚材進曰：「王雖兄，爲臣，臣宜拜君。」察合台始從之。太宗敬禮察合台，每事必咨之。遣諸王長子從拔都征斡羅斯，及立中外站赤，皆察合台贊

成其事。太宗崩，明年察合台亦卒。察合台長於聽訟明斷，人不敢欺，爲部人所稱服。子曰莫圖根，曰也速蒙哥，曰貝達爾〔一〕，曰撒巴。

察合台卒，莫圖根子合剌旭烈兀監國，以私憾殺阿母河行省長官闊兒吉思，時論冤之。定宗即位，以傳孫不傳子爲非，命也速蒙哥嗣父位。也速蒙哥淫湎，國事廢弛。定宗崩，拔都等擁立憲宗於斡難河，也速蒙哥後期不至。

憲宗元年，命合剌旭烈兀殺也速蒙哥代之。合剌旭烈兀奉命，未至其國而卒。其妃倭耳干納殺也速蒙哥，自爲監國，以俟朝命。

中統初，阿里不哥僭號和林，貝達爾之子阿魯忽附之，阿里不哥使嗣汗位。倭耳干納歸於阿里不哥。既而阿里不哥徵兵餉，阿魯忽不與，且殺其使者，乃來降。

世祖中統三年，與定宗子禾忽大王合兵攻阿里不哥，大敗之，斬其大將哈剌不花。阿魯忽恃勝不設備，又爲阿里不哥所襲敗，事具《阿里不哥傳》。其後阿里不哥使倭耳干那及馬思忽惕來議和〔二〕，阿魯忽遂以國俗娶倭耳干那爲妃。

至元三年，阿魯忽卒，倭耳干那復立合剌旭烈兀之子謨八里克沙，年少，世祖命其從父博拉克歸輔之，欲藉其力以制叛王海都。博拉克廢謨八里克沙而自立。是時海都與朮赤後王忙哥帖木兒相持，博拉克乘機侵其分地。海都乃乞和於忙哥帖木兒，回軍與博拉

克戰於昔剌河，大敗。後忙哥帖木兒以兵五萬助之，始轉敗爲勝。博拉克退至昔剌河南，脅布哈爾、撒馬兒罕等城輸軍實以備再戰。太宗諸孫乞卜察克説與海都連和，於是布哈爾等地，海都分其歲入。博拉克與海都修好，思攘阿母河南呼拉商部以益己封，海都許分兵助之。

至元五年冬，博拉克遣馬思忽惕使於旭烈兀後王阿八哈，陽謂西域之地本屬公家，太祖四子皆得分其歲入，陰則探行軍之道路，偵阿八哈之虚實。既至，阿八哈厚款之，贈以太祖御服，出歲計簿示無餘財。馬思忽惕既獲歲計簿，不辭而去。追者及諸河，已在舟中矣。察合台孫尼古塔爾將兵從旭烈兀西征，遂留事阿八哈，博拉克貽以箭，藏書幹中，約爲内應。尼古塔爾所部萬人屯角兒只，自從阿八哈，既見書，奔還角兒只。阿八哈召之，慮事泄，不敢往，率其部曲欲從得而盆脱出裏海北，以歸博拉克，爲希拉們所阻，戰敗，希拉們獲之，檻送阿八哈。馬思忽惕既返，博拉克遂出師，令察合台後人曰阿赫每特，曰卜里，曰匿貝克，曰牙爾孤，自忒耳昧城渡阿母河；定宗孫察拔特與奇卜察克、謨八里克沙自阿母葉城渡河；大將曰葛喀扯，曰貝那爾，自機窪渡河，大將格喀出自敏克世拉克渡河。博拉克悉括民馬，備戰騎，括民牛，剥皮以製盾。先遣使告布勤八脱吉斯曰：「嘎自尼及阿母河東居中之地，皆應屬我祖察合台，速以相讓。」布勤八脱吉斯不應。博拉克自率

大軍渡河，阿八哈將昔扯克先隸奇卜察克，聞舊主至，來降，且餽以馬。奇卜察克分餽於博拉克，其大將札拉兒台誚奇卜察克自得良馬，以下駟贈人。奇卜察克怒而争，訴博拉克祖，札拉兒台不爲剖曲直。奇卜察克夜率所部北趨阿母河，追之不及。未幾，察拔特亦去。博拉克召海拉脱酋射姆沙丁至，許以呼拉商畀之，毋助阿八哈，復令籍呼拉商富民姓名以獻。

至元七年，阿八哈自阿特耳佩占進兵。世祖使臣梅喀伯爲博拉克所獲，乘間逸去，遇阿八哈，以敵情告。阿八哈進至徒思，使往議和，許割嘎自尼、起而漫二部。博拉克與諸將議之。約速耳謂：「可許。」茫孤耳謂：「已入敵境，宜乘勝而進，且阿八哈西邊多事，未必自至。」札拉兒台亦謂：「既欲講好，何必渡阿母河？」博拉克乃遣諜三人往偵阿八哈至否，邏者獲之。阿八哈使僞爲急遞，噪而入，言北兵已過得而盆脱，即倉皇傳令移營禦北兵，勿帶輜重，殺諜者，而故縱其一。諜者以所見聞歸報。博拉克亟進，見空營遺輜重，益信爲實，前行將出山，突遇阿八哈大軍，阿拔台將中軍，牙世摩特將左翼，布勤八脱吉斯將右翼，起兒漫、法而斯、羅耳諸部兵皆從之。然博拉克諸將猶力戰。牙世摩特之軍爲札拉兒台所敗，左翼將蘇納台年逾九十，見事亟，下馬席地坐，麾兵再接，衆益奮。博拉克大敗墜馬，援他騎而上，始得脱。敗兵過阿母河，不能成列，至布哈爾，僅有五千人。博拉克以墜

馬受傷，肩輿入城，使弟亦速爾往告海都。海都拘之，旋引兵自至。海都至，而博拉克已卒，或云中毒死。諸將立撒巴子聶古伯。九年，聶古伯自將與海都戰，殞於陣。察合台四世孫托咯帖木兒嗣，十一年卒。

海都立博拉克之子篤哇，由是篤哇甘心從叛，海都勢益張。自至元二十年至大德末，數與海都入寇，事具《海都傳》。海都死，部下欲立其子斡羅思，篤哇以己之得國，藉察八兒之力，遂援立察八兒。是時篤哇兵屢敗，乃與察八兒、明理帖木兒聚謀，以大德七年通款於武宗。事聞，成宗遣諸王滅怯禿、月魯帖木兒使於察八兒。八年，篤哇、察八兒皆遣使歸命。既而篤哇與察八兒因子弟構釁，十年戰於忽氈、撒馬兒罕之界，察八兒敗。再戰，篤哇敗，乃議和。篤哇乘其無備，襲之，武宗又使月赤察兒掩取察八兒之部衆，察八兒以三百騎降於篤哇，潰衆亦多歸之。自是，海都分地盡爲篤哇所有。是歲，篤哇卒。

子寬闍嗣。至大元年，寬闍遣萬户也列門合散進呈太祖時所造西域户口青册，賜金銀鈔幣有差。寬闍卒，其族父達里忽嗣，察合台曾孫也。未幾，篤哇次子怯伯乘其宴飲，殺之，怯伯暫攝國事。國人立篤哇長子也先不花，時皇慶二年也。

也先不花與旭烈兀後王合兒班答構兵，殺其入貢使者，復引兵入寇，事具《合兒班答傳》。仁宗遣萬户拜住以金印賜合兒班答大臣薄拉，並見合兒班答議事，中途遇也先不

使者往來，皆有啟邊生事形跡。汝此行宜得要領，不實言，則榜掠汝。」

拜住曰：「王所問，實不知，且王從何處得此言？」也先不花曰：「阿必失哈嘗言之。」且曰：「合兒班答，上近支，吾等疏屬，存與否不可知，後使者當有處分。今汝往彼，必生事，其速吐情實。」拜住力辯阿必失哈之言不可信。左右曰：「彼統兵九萬，豈詭辭求免者？」乃縛拜住兩手，撻之。拜住出璽書示之，始曰：「彼果無罪。」遂奪其虎符，囚於也先不花營中。延祐元年，也先不花入寇，謂拜住曰：「我已入汝境矣」。拜住曰：「兄弟之國無內外，此地亦王地也，王何所疑？」因徐言：「太祖有訓：『人不可以信讒，讒言入則親戚乖離，貽笑鄰國。』使者妄生異同，致王有疑心，皆拜住等之罪，敢請死。」也先不花解顏曰：「吾遣汝通好，何如？」拜住謝不勝任。未幾，也先不花卒。

弟怯伯復立，數寇邊。延祐七年，遣拜住入朝，仁宗復遣拜住以都元帥使於怯伯。怯伯受命，拊膺謝曰：「疆宇敉安〔三〕，自此始矣。」拜住又言：「昔定宗欲征拔都王，因滅谷真薛禪諫，遂中輟。拜住不才，願踵滅谷真薛禪後，以效死。」怯伯從其言，入奏，兵事始弭。至治元年，拜住歸，至上都，入見嘉禧殿，拜浙東道宣慰使。怯伯亦奏：「除拜事非吾所預，請語朝廷大臣，使拜住得建牙纛，爲諸侯表率云。」是年，怯伯卒。子燕只吉台嗣，未幾卒，弟

篤來帖木兒嗣。至治二年，遣使來朝貢文豹，又貢海東青鶻。三年，遣使貢蒲萄酒。英宗曰：「朕非欲其土地人民，但吾民不罹邊患，軍士免於勞役，斯幸矣。今既來降，當厚賜以安之。」卒。

弟答里麻失里與其子桑札兒同爲汗。天曆元年，明宗南還京師，漠北諸王皆勸進，答兒麻失里以兵扈從〔四〕。篤來帖木兒晚年，呼拉商人忽辛郭耳忒，以察合台後王不奉摩哈默得教，起兵抗命，據呼拉商以叛。答里麻失里合諸王兵討之〔五〕，以國相喀斯庚汗總其軍。元統元年，克呼拉商，忽辛敗遁。明年，答里麻失里卒〔六〕，從子真吉賽嗣。卒，弟不站嗣。卒，篤哇孫額不堅子也速帖木兒嗣。

自怯伯以後，札剌亦兒、速勒都思、巴魯剌思、阿魯剌惕四族專權，境内分爲二十五汗國。也速帖木兒卒，太宗後人阿里以奉摩哈默得教，爲國人所推，嗣汗位，不稱汗而稱蘇爾灘。卒，國人立寬闍孫謨罕默德。卒，立不里五世孫合占。國相喀斯庚罕叛之，合占敗死。喀斯庚汗立太宗後裔達尼斯乃赤，未幾喀斯庚汗又弑之，立篤哇曾孫巴顔合里，尋廢巴顔合里，立也孫帖木兒之子帖木兒沙，後又廢帖木兒沙而立阿密而。喀斯庚汗與不賽音奎爾德部構兵，敗死。時阿密而亦卒，子德克爾克帖木兒嗣。卒，子義利阿斯赫戞嗣。

初，德克爾克帖木兒使義利阿斯赫戞守撒馬爾罕，以喀斯庚汗駙馬帖木兒佐之。其

子義律亞斯與帖木兒不協，帖木兒謀殺其父子，事洩，出奔。及義利阿斯赫戛嗣位，帖木兒勢復振，使義律亞斯攻之，大敗，事具《帖木兒傳》。義利阿斯赫戛卒，帖木兒乃廢義律亞斯，立燕只吉歹孫喀普爾西阿特爲汗。是時主權日替，人稱喀普爾西阿特爲草稈王，言其中空易折。至明洪武三年爲帖木兒所廢，國亡。

貝達爾，察合台第三子。從拔都征奇卜察克、斡羅斯諸部。拔都分軍五路入波蘭，貝達爾將北路一軍，留攻森地米爾，敗其援兵。進至拉諦波而，由梅侖入奥斯馬加，至白吕門之屬部謨拉費牙。白吕門王曰文測斯拉物，留兵守其都城及勞昔司城，以五千騎援謨拉費牙，其將曰斯德姆貝而克，有勇名，文測斯拉物戒以勿野戰，但守鄂而謀次、白倫二城。斯德姆至白倫，見城守已固，分城兵千人與己所部至鄂而謀次。時貝達爾前鋒已至城外，城上縛草爲人以誑敵，須臾，集矢如蝟。攻三日，不下。貝達爾誘城兵出，又不應，以爲敵不足慮，遂分兵四掠。斯德姆乘其無備，夜襲之，大軍失利，貝達爾殁於陣。子阿魯忽嗣合剌旭烈兀爲汗。阿魯忽二子，曰出班、基顏，常率所部從篤哇攻海都。

不里，莫圖根長子〔七〕。從拔都平阿速等部。拔都奏捷，大宴亦的勒河上。拔都自以年長，先舉盞自酌。不里與定宗皆怒，不終宴，上馬去。不里言：「拔都與我齊位，乃妄自尊大。彼婦人有髯者，我舉踵可以蹴之。」定宗與額勒只吉歹之子合兒合孫亦附合不里，

詆拔都。拔都奏其事。時定宗奉太宗命入朝，太宗大怒，不見定宗，欲謫定宗及合兒合孫皆爲探馬赤，且命拔都遣使告於察合台。時諸王蒙哥與廷臣晃豁兒台、掌吉等建議曰：「成吉思汗有訓：『閫外事從外斷，閫内事從内斷。』今不里等事在閫外，乞委拔都處置爲宜。」

太宗怒稍息，召定宗切責之，仍使與合兒合孫至拔都處聽其處分，不里事告察合台知之。定宗及不里等遂與拔都有隙。定宗崩，拔都翼戴憲宗，不里附失列門，與其逆謀。憲宗二年，殺定宗皇后用事諸臣，以不里付拔都。先是，不里與其部將言，與拔都同爲太祖子孫，不如拔都得額提勒河岸之遊牧地。拔都聞而憾之。至是，詰以「醉時敢呼我名，當斬」，遂殺之。

不里子曰阿卜失哈，曰哈薩兒，曰帖木兒不花，曰阿只吉。

中統元年，世祖遣阿卜失哈、哈薩兒守察合台分地，以防阿里不哥。行至陝西，爲叛黨所獲，致於阿里不哥，殺之。

帖木兒不花，至元二十八年封肅遠王。元貞二年，從遼王脱脱討吐蕃。

阿只吉，封威遠王，以翊戴世祖，特被信任。北平王那木罕爲叛王脱黑帖木兒等所劫執，世祖命阿只吉率所部鎮別失八里，自太和嶺至別失八里置新驛以速郵遞。後叛王篤

哇擾天山南北，阿只吉與西平王奧魯赤禦之失利，以舊恩不之罪也。卒，子禿剌襲領其軍。

禿剌，少以勇力聞。大德十一年，成宗崩，左丞相阿忽台等潛謀立安西王阿難答，推皇后伯牙吾氏稱制，中外洶洶。仁宗至自懷慶，引禿剌入内，縛阿忽台等，誅之，大事遂定。武宗即位，第功封越王，賜金印，以紹興路爲其分地。禿剌怏怏，有怨望意。至大元年秋，武宗幸涼亭，將乘舟，禿剌前止之。帝曰：「爾何爲？朕欲登舟。」禿剌曰：「人有常言：『一箭中麋，毋曰自能；百兔未得，不可遽止。』」蓋國俗相靳之語也。帝由是銜之。既而大宴萬歲山，禿剌醉，解其腰帶擲於地，嗔目謂帝曰：「爾與我者止此耳。」帝益疑其有異志。二年春，命楚王牙忽都、丞相脱脱、平章赤因鐵木兒鞫之，辭伏，遂賜死。

子西安王阿剌忒納失里。至大三年，寧王闊闊出謀爲不軌，事連阿剌忒納失里，竄於諸王伯帖木兒分地。泰定元年，命阿剌忒納失里鎮沙州，賜鈔三千錠。四年，又賜六千錠。天曆二年十一月，因翊戴有勞，以其父越王印賜之。至順二年，中書省行言：「越王禿剌在武宗時，以紹興路爲食邑，歲賜本路租賦鈔四萬錠。今其子阿剌忒納失里襲王封，宜歲給其半。」從之。子答里麻以軍功封西安王。

禿剌弟忽都鐵木兒，至治三年封威遠王，賜金印。

【校勘記】

〔一〕「貝達爾」，原作「貝達兒」，據本卷目録、下文及《太祖諸子傳一》改。

〔二〕「倭耳干那」，上文及《憲宗本紀》均作「倭耳干納」。下文兩處「倭耳干那」同。

〔三〕「彊宇」，原作「彊宇」，據文意改。

〔四〕「答兒麻失里」，當依上文作「答里麻失里」。

〔五〕「答里麻失里」，原作「答失麻失里」，據上文改。

〔六〕「答里麻失里」，原作「答失麻失里」，據上文改。

〔七〕「莫圖根」，原作「謨圖堪」，據上文改。

新元史卷之一百八　列傳第五

太祖諸子三

拖雷上旭烈兀　出伯　阿八哈　台古塔兒

拖雷，太祖第四子也。甫能言，太祖爲泰亦赤兀人所虜，額訶倫太后及家人皆謂不能免，拖雷獨曰：「我父乘栗色馬歸矣！」咸以爲妄語。翼日，太祖果至。乘鎖兒罕失剌所贈之栗色馬，衆始奇之。稍長，英武有幹略。太祖親征，常攜以自隨，呼爲那闊兒，譯言伴當也。

太祖七年，攻金德興府，不克。使拖雷與駙馬赤苦帥師再往，先登，毁其樓櫓，拔之。八年，從太祖攻雄、霸、莫、河間、滄、獻、深、祁、蠡、冀、恩、濮、開、滑、博、濟、泰安、濟南、濱、棣、益都、淄、濰、登、萊、沂諸州路，皆望風款服。

十四年，從伐貨勒自彌，别將一軍渡阿母河，略定呼拉商部，事具《西域傳》。

二十年，太祖分封諸子，拖雷分斡難河上源及合剌和林之地，太祖四大斡兒朶所在也。其後皇孫闊出等來求賞，太祖曰：「吾産業已盡與拖雷。彼家主也，可向拖雷索之。」國俗，少子守父遺産，故太祖獨以舊居之地與拖雷云。

二十二年，太祖崩於靈州，諸皇子奉梓宫北還，葬畢，各歸本部。拖雷監國以待立君。

又明年春，召集忽里勒塔，譯言大會議也。國俗，承大位者必經忽里勒塔之議定。太宗雖有太祖之前命，猶遵國俗，召諸王駙馬及諸大將會議。衆議多擁戴拖雷，太宗亦固辭，於是猶豫不決者四十餘日。已而斡赤斤與察合台決計遵太祖前命，乃扶太宗即位。拖雷進酒，諸王、駙馬、諸大將脱帽九頓首，稱「可汗萬歲」者三。太宗自御帳出，先拜日，而後受賀焉。

二年，太宗伐金。拖雷帥子蒙哥及諸王阿勒赤台、口温不花等，各以所部兵從行。渡漠，至官山，遂入河東，拔韓城、蒲城。金大將合達、布哈守鳳翔，進攻之，前軍戰不利。

明年二月，克鳳翔。五月，從太宗避署官山，集諸王、大將議伐金之策。先是，有降人李國昌言於拖雷：「金人遷汴二十年，恃黄河、潼關爲固。若出寶雞，道漢中，不一月可抵唐、鄧。金人失險，首尾不相顧，我取之如探囊底物矣。」拖雷然其計。及是以聞，太宗從之。遂定議三道進兵，期以明年春會汴。

先遣搠不罕如宋假道，至青野原，爲宋將張宣所殺。時拖雷已將右軍由鳳翔渡渭，過寶雞，入小潼關，欲沿漢水而下。聞宋殺使人，大怒，遂總三萬騎入大散關，破鳳州，徑趨華陽，出武休關，圍興元府，屠洋州。分一軍由沔西取大安軍。撤屋爲筏，渡嘉陵江。入八關堡，取葭萌，略地至西水縣，破城寨百四十而還。十一月，至興元、洋州間，與東軍合，進至饒風關，遂取金、房二州，破宋兵於武當山。趨均州。十二月戊辰，由峭石灘浮騎渡漢水而北，遣夔曲涅帥千騎馳白行在。

太宗方欲渡河，分兵南應拖雷。會夔曲涅至，即日使返報，約南北會師。拖雷既渡漢，諜知合達、布哈步騎十五萬據鄧州西之禹山以待。拖雷總七提控兵，凡三萬騎。金兵四倍之，惟步多騎少。拖雷悉留輜重，輕騎以進。丙子，日未出，次禹山，見金步騎傅山前後陣，因命我軍分布如雁翅，轉山麓出敵陣之後，以鋭騎突之。金人不得不戰，至以短兵相接，我軍少卻。別將在西者，望見布哈躬擐甲騎而督陣，亦自陣後襲之。金將蒲察定住力戰，爲所卻。遂退匿光化對岸棗林中，晝作食，夜騎以待。遣諜十人，敝衣羸馬，亡入金師，泣訴飢寒。金人信之，與之酒食，置陣後。十人乘間逃歸，盡得敵之虛實。庚辰，金大兵過林後，我軍突出攻之。敵棄輜重走，不復成列。我軍夜追之，比至鄧，敵已入城。圍之三日，不下，相持至歲除。

四年正月壬午朔，金人耀兵城外。拖雷不與戰，集諸將議，以頓兵堅城下，非計。明日，悉率大軍踰鄧而北，命札剌兒將三千騎殿。合達等慮我軍直襲汴京，亦棄鄧，躡我軍之後。甲午，我軍次五朵山。明日，曉行，大霧失道。金人以萬騎抄我軍，札剌兒戰，失利，多所折傷。拖雷怒其失律，以額勒只吉歹代之。我軍駐沙河北，命失吉忽都虎以五千騎誘敵。敵奪橋而進，我軍不與戰，南渡沙河。敵欲安營，我軍復渡河襲之，金人不得食宿。明日，雨雪，拖雷自以萬騎尾敵後，且戰且行。至黄榆店，距鈞州二十五里，雨雪不能進，兩軍對壘相持。拖雷命終夜鼓譟以擾之。

丙申，雪益甚。時太宗已由白坡濟河，先遣諸王口温不花等帥萬騎來會，伐大樹塞敵前路。會合達等得金主密諭，言北騎已過懷、孟，促入援。丁酉，雪不止，金將楊沃衍拔樹開道，完顏彝率所部爲前鋒。

至三峰山，彝先據山上，武仙、高英軍於山西南，樊澤、楊沃衍軍於東北。拖雷欲擊之。諸將請俟車駕至，破之未晚。拖雷曰：「機不可失，脱彼入城，未易圖也。況大敵當前，敢以遺君父乎？」乃佯卻以誘之。金將按忒木、張惠見我軍勢卻，即揮兵乘高而下。我軍回拒之。須臾，雪大作，白霧彌天，人不相覿。戰地多麻田，往往耕四五過，積雪盈尺，人馬所踐，泥淖没脛。金軍中有三日不食者，被甲胄僵立雪中，槍槊凍結如椎。拖雷

合南北兩軍圍之數重，令軍士番休，析薪爇火，割牛羊肉炙而啖之。久之，料敵憊，故開鈞州路縱之走，伏軍於前路夾擊之。金師大潰，聲如山崩。天忽開霽，日光皎然，金之精鋭盡爲我軍所殺。合達、彝、沃衍以數百騎走入鈞州。布哈走汴，至望京橋就獲。

明日，車駕至，按行戰地，顧謂拖雷曰：「微汝不能破敵神速如此！」拖雷遜謝而已，聞者服其不伐。從拔鈞州，獲合達、彝，殺之。尋從拔許州，遂圍汴。

夏四月，扈駕北還，避署官山。五月，太宗不豫，暴瘖。六月，疾甚。師巫言：「金國山川神，以我殺戮過多，爲祟，非犧牲所能禳，惟子弟可以代之。」拖雷乃禱於天，請以身代，取釁祓之水而自飲焉。數日，太宗疾果瘳。拖雷從還漠北，行至阿剌合的思而卒，年四十。

憲宗即位，追上尊號，謚曰英武皇帝，廟號睿宗。至元二年，改謚景襄皇帝。至大二年，加謚仁聖景襄皇帝。子十一人：長憲宗，次忽都禿、世祖、旭烈兀、阿里不哥、不者克、末哥、歲哥都、雪別台，二子失名。

史臣曰：周公金縢之事，三代以後能繼之者，惟拖雷一人。太宗愈，而拖雷竟卒，或爲事之適然，然孝弟之至，可以感動鬼神無疑也。世俗淺薄者，乃疑其誣妄，過矣！

旭烈兀，拖雷第六子也，少世祖二歲。

太宗二年，旭烈兀伐宋，拔安豐。賜河中、陝西諸路爲分地。

憲宗即位，使旭烈兀開藩西域，一切承制專決，授爲葉爾堪。西域之制，汗曰阿塔畢，次汗位一等則爲葉爾堪。初，定宗中分西域之地：以額勒知吉歹管角兒只，領西域之西半境；阿兒渾管呼拉商，領西域之東半境。憲宗又分西域爲四部：曰呼拉商、馬三德蘭、義拉克、阿耳佩占，皆統於旭烈兀。

憲宗二年，以木剌夷凶悍無道，命旭烈兀率諸將討之。乃蠻人寶兒赤怯的不花有勇略，率萬二千人爲前鋒。

三年，怯的不花攻木剌夷吉兒都苦堡，地勢險峻，堅守不下。是年，憲宗又命大將撒里等征印度，亦聽命於旭烈兀。撒里等入克什米爾，涉印度斯單界，大掠而還。旭烈兀以怯的不花師老無功，乃決計親征。是時，西域統兵大將爲綽兒馬罕、貝住，分駐於克什米爾者爲岱兒巴圖〔一〕，三將皆受旭烈兀節制。未幾，岱兒巴圖卒，以撒里代之。太祖諸孫所部之兵，十僉其二，從旭烈兀討木剌夷。旭烈兀命貝住先至羅馬，修橋道，峙糧儲。憲宗諭旭烈兀，「木剌夷平後，即入伊拉克、羅耳、庫兒特諸部，以劫蒙古商旅也。報達如來修好，勿拒絶，否則移兵伐之。凡大兵所過之地，勿擾民，以廣招徠。軍事與杜庫司哈敦同議，聽其區畫。」憲宗意俟諸部平，盡界旭烈兀爲封地，然未明言也。皇弟雪別台幼亦從

行。是年，旭烈兀自和林返西域。

四年，率諸將出師。杜庫司哈敦以第二子台古塔兒從。察闊台孫也速蒙哥〔二〕、妃倭耳干納來犒師。免大兵所過之地今年租賦。

五年，駐兵撒馬兒干。其長官馬素特獻金織紋斡爾朵。未幾，皇弟雪別台卒。烏魯克射姆思哀丁先上謁，旭烈兀優禮之。至渴石，阿兒袞亦率所部來迎。旭烈兀分遣使者，諭各屬國，令出兵討木剌夷，有不從命者，先伐之。於是羅馬、法而斯、伊拉克、呼拉商、阿爾佩占、阿而法、失兒灣、角兒只諸酋，皆以兵至。造浮橋於阿母河，以濟師。中途，大雨雪，駐兵於渴石。阿兒袞亦以金織紋斡爾朵進，旭烈兀大悅。

先是，怯的不花使裨將率三千人過阿母河，至庫亦斯單，攻拔數堡。自將五千人，圍吉兒都苦堡，築壘掘濠，以裨將阿里守之，自引兵攻墨喝林堡，又襲破沙喝堡。又遣別將分兵，攻他勒姆與洛特巴兒兩堡。四年，吉兒都苦堡人夜襲布里營，殺傷甚衆，布里戰歿。怯的不花聞之，亟引還，攻拔徒唔及台而舍司兩堡，別將沙而班攻拔墨喝林堡。

明年，木剌夷酋阿拉哀丁爲馬三德蘭人哈三所刺殺，子兀乃克丁庫沙嗣。人咸謂兀乃克丁庫沙使哈三弒其父。

是年，旭烈兀遣烏魯克射姆思哀丁至賽而擔寒堡，諭其守將降，民不從。旭烈兀進至

撒瓦及哈瓦甫之地，命怯的不花、庫喀伊而喀等以兵來會，攻庫亦斯單附近諸堡。旭烈兀由徒思進至噶爾珊，遣貝克帖木克等諭降庫而沙噶，復回軍入木剌夷。兀乃克丁庫沙遣其弟蔭恒沙來見，又使其異母弟僞爲己子入質，以甲士三百人衛送之。旭烈兀命兀乃克丁庫沙自來，終不至。旭烈兀遂分兵三道而進，期會師於鹿忒巴耳。不花帖木兒將右翼自禡拶答爾進，台古塔兒、怯的不花將左翼自西模囊進，布而嘎脱忽兒向阿剌模忒。旭烈兀自將中軍向塔勒耳，直至低簾，擣其巢穴，密殺兀乃克丁庫沙所遣之三百人於可疾寧。九月，進薄梅門迭思，兀乃克丁庫沙之新都也。諸將以冬寒，馬無芻秣，請旋師，俟來春再舉，不花帖木兒不謂然。乃定議炮攻，諭堡民五日出降，逾期則屠殺無噍類。守者登陴告曰：「兀乃克丁庫沙不在堡中，不得其命不敢降。」旭烈兀不信，命造衝車，刻日攻城。次日，兀乃克丁庫沙始遣使請降。已而其弟開城先遁，城民大嘩，復誓以死守。兀乃克丁庫沙又遣使白其事。旭烈兀以甘言撫之，下令亟攻城，城民亦發機弩拒之。是日，風雪，兵士皆凍瘃，不能仰攻。翼日，雪霽，大軍復乘勢攻之。至第四日，兀乃克丁庫沙率其子及將吏出降。旭烈兀厚撫兀乃克丁庫沙，命以手書諭低簾、庫母斯諸堡撤守備來降，惟阿剌模忒及蘭巴撒耳不下。旭烈兀自將攻阿剌模忒，裨將貝而該先登，仍爲矢石所卻。乃使兀乃克丁庫沙以書諭之。城民夜遁，大軍入空城，焚其廬舍而去。又至蘭巴撒耳，命塔亦

兒不台圍之，自率諸將返哈馬丹。木剌夷平。旭烈兀以木剌夷諸堡險峻，不易下，乃許兀乃克丁庫沙不死，使諭降諸堡，故大小五十餘堡不煩兵力而定。

明年，旭烈兀議進攻報達，與諸將簡料軍實，同時大舉。初，旭烈兀出師，奉憲宗命盡殺木剌夷人。迨兀乃克丁庫沙入覲，旭烈兀下令：無少長男女，咸殺之。是年，報達境内大水，民多餓莩。

又明年，旭烈兀至秋納維思之地。未幾，仍返哈馬丹，遣使諭哈里發。事具《報達傳》。哈里發問退敵之策於諸將，其低瓦答兒謨牙代丁勸以納賄行成，凡祈禱之文及鑄錢皆用旭烈兀名。哈里發欲從之，其小低瓦答兒哀倍克不從，力請用兵。哈里發遂改計，謂諸將曰：「我與蒙古大汗及旭烈兀素通好，不至相仇，恐其部下所爲虛聲恫喝耳。」謨牙代丁不敢復言。哈里發以書幣至，歷述攻報達者咸獲天譴。旭烈兀益怒，然亦躊躕不決，恐報達不易攻，先使裨將率千人探其道路。至得而騰克之地，其守將曰忽珊姆哀丁，以城降，旭烈兀許以附近之地封之。已而哈里發大將素黎曼沙兵至，忽珊姆哀丁又中悔，使告哀而陛耳軍官：「嚮者降於蒙古，欲覘其軍之虛實耳。如哈里發厚待我，我能集庫而特人十萬，據險邀之。」其軍官告於哈里發，不以爲意。旭烈兀聞忽珊姆哀丁反，復遣怯的不花乘其無備襲殺之〔三〕，隳其城。與諸將決策深入，留哈塔克守哈馬丹；命貝住等爲右翼，自

報達西北進；怯的不花等爲左翼，自報達東南進。自將中軍進次耶塞脱阿卜禿，再遣使招諭哈里發，仍不從。遂踰闊薛斯單之隘，大掠乞里茫沙杭，建黄斡兒朵於倭古兒之地，召諸將議軍事。貝住等乃自體格力斯河上游東渡，以土耳基軍校二人爲嚮導。又使諭哈里發，如不能自來，當使低瓦答兒素黎曼沙先至。哈里發亦不答。旭烈兀進至呼耳汪。時怯的不花已入羅耳斯單。貝住等還渡體格力斯河，從塔克里丹東南入。哈里發使哀倍克、費度曷丁，喀拉辛酷耳等守體格力斯河東之牙庫拔城，聞貝住等已渡河，亦引兵西渡，遇前鋒將蘇衮察克於盎瓦拔耳，再戰，全軍盡覆，費度曷丁、喀拉辛酷耳死之，哀倍克單騎遁歸報達，亟繕城守。貝住等沿體格力斯河直抵城西。河東諸將怯的不花營於開克拔提門，布而嘎等營於速克莎勒壇門。旭烈兀自營於阿鄭門。城圍遂合。哀倍克欲乘小舸突圍走，爲巡邏所邀截，仍引還。哈里發再遣長子與謨牙代丁至軍中，旭烈兀拒不見。遣使召素黎曼沙及哀倍克至，縱之歸，使告城中：「蒙古將遷城民於西利亞，願出者聽。」及城民出，分於各營，次日悉殺之，並殺素黎曼沙、哀倍克。越日，哈里發率其三子及法官、教士、貴族等出降。旭烈兀置哈里發父子於怯的不花營。大宴宫中，命縶哈里發至，告以「君爲室主人，我爲客，何以贈我？」哈里發獻錦衣二千襲，黄金一萬的那，其他珍寶稱是。旭烈兀曰：「是但可犒吾從者。」促令發窖藏，黄金珠玉充牣其中，阿拔斯五百餘年之蓄積悉爲

旭烈兀所有焉。事定，以氈裹哈里發，置通衢，驅馬踐斃之。縱兵殺掠，死者八十餘萬。自是兵威所及，望風披靡。

八年，進攻西里亞。明年，入他古木斯都城，聞憲宗大漸，兵始返，事具《西里亞傳》。

初，朮赤後從旭烈兀征報達者，曰土拉爾，曰布而嘎，曰庫里。土拉爾以事被譖，旭烈兀嚴刑鞫之，誣服，命蘇衮察克執送於伯勒克汗。伯勒克以讞已實，使返而聽命，旭烈兀殺之。已而布而嘎、庫里亦相繼卒。伯勒克疑毒死，大怒。又以旭烈兀師行所至，殘殺素尼、十葉教士，無人理。中統二年，盡暴旭烈兀之惡，興師問罪，聲言爲冤死者復仇。分二軍：自將一軍入呼拉商，又南取哥疾寧；其一軍命土拉爾從兄弟諾垓將之，由得耳盆脱進至設里汪，敗旭烈兀前鋒將失剌木於沙馬起。已而大將阿拔台繼至，諾垓敗。旭烈兀自將出得而盆脱，與阿拔台兵合，諾垓遁走，即諾垓幕中置酒三日，以慶戰功。

明年春，諾垓搜集散亡，軍復振。旭烈兀拒戰，失利，退渡帖列克河，冰泮，士卒多溺死。埃及王比拔而斯以西里亞事夙怨旭烈兀，聞旭烈兀兵敗，遂通好於伯勒克，與之連合。

至元元年，世祖遣使者册封旭烈兀爲伊而汗，自阿母河至西里亞，益兵三萬戍之。

明年，旭烈兀病卒，遺命以長子阿八哈爲嗣。旭烈兀封地南界印度洋，西南界阿剌伯

河，東北界察合台、朮赤分地，與察合台、朮赤後王並稱三大藩。子十三人，知名者曰阿八哈，曰客兒來，曰台古塔兒牙世摩特，曰蒙哥帖木兒，曰台克實，曰空古斡兒，曰出木哈兒。

其子孫多留西域，惟諸孫出伯居中國。海都叛，出伯率所部扞禦西陲。至元二十年，封西寧王，賜銀印龜紐。二十五年，海都犯邊，出伯總駙馬昌吉、諸王也只烈等禦之，賜金銀幣帛。二十七年，又擊敗叛王昌吉。元貞初，立都元帥於北庭及曲先塔林，並受出伯節制。在西邊十餘年，爲朝廷倚重。

大德初，特賜征行馬粟。四年，賜鈔萬五千四百錠。五年，又賜六萬錠，別賜市馬直三十八萬四千錠，寵眷莫與爲比。及海都死，察八兒嗣，朝廷未審其向背，益出伯軍三千人，人馬二匹，官予其直，又籍甘州善射者二千人隸之，使嚴備西邊，以觀敵變。明年，察八兒降。

八年十二月，以功晉封威武西寧王，換金印駝紐，鎮哈密。十一年，晉封豳王。出伯營軍之地，西接兀丹，有八答山，産玉，常謫罪人採之，道遠，進奉勞費。至元中，朝廷賜出伯錢幣，載以官驢，至則並驢賜之。桑哥議，請以驢載玉而回。至大初，出伯又進玉六百斤，賜金銀錠有差。

延祐七年，卒。子南忽里嗣，改封肅王。卒，弟恩特帖木兒嗣，降於明，封忠順王。

阿八哈，旭烈兀長子，生於太宗七年。從父西征，躬擐甲胄，甚有戰功。旭烈兀開藩西域，使領馬三德蘭、義拉克、呼拉商三部。

旭烈兀卒，阿八哈來奔喪。管旭烈兀斡爾朵之大臣曰伊而喀，以遺命告阿八哈。既葬，伊而喀與諸大將曰蘇衮察克、曰蘇納台、曰阿拔台、曰台馬庫、曰辛圖爾、曰阿兒衮阿喀會議，遵遺命奉阿八哈嗣位。阿八哈讓於弟台古塔兒，衆不可。復欲俟世祖册命，衆以汗位不可久虛，再三勸進，乃即位於察罕淖爾。國俗，新君即位，羣臣從新君朝日，皆解帶挂於項，向日九拜；新君入帳殿，羣臣拜賀如初禮。

阿八哈自以未奉天子命，不敢遽踐汗位，設小坐於下以受朝。仍以射姆沙丁謨罕默德志費尼行尚書省事，阿兒衮阿喀司財賦，以弟台古塔兒轄得而盆脱及阿拉他克，弟台克實轄馬三德蘭、呼拉商，以伊而喀之子圖古司、蘇衮察克之弟杜丹轄羅馬，以杜而台轄的牙佩壳耳與美索卜塔米牙，以希拉們轄角兒只，以蘇衮察克轄報達與法而斯，阿拉哀丁阿塔瑪里克志費尼副之。定都於台白利司，夏駐阿拉他克昔耶庫，冬駐阿而俺，或報達，或楚喀圖。

至元三年夏，諾垓侵得而盆脱，台古塔兒與戰於阿克索河，諾垓傷目而退。阿八哈聞

伯勒克汗自率大軍南來，乃退渡庫爾河，撤橋梁自守。兩軍隔河相持十五日，伯勒克欲改道自角兒只進兵，而病卒，軍亦罷。阿八哈遂築邊牆於庫耳河北，自達蘭淖爾至得世庫耳提俺，分兵守之。是年冬，埃及王比拔而斯知與朮赤後王稱難，不能西顧，以兵奪西里亞境内濱海數地，復侵小阿昧尼亞。小阿昧尼亞酋海屯第一乞援於阿八哈，兵未至，其子立盎已戰敗被禽。海屯第一與埃及議和，贖其子歸。是時阿八哈以東方有警，聽其行成。

七年，阿八哈與察合台後王博拉克戰於徒思，大敗之，事具《博拉克傳》。阿八哈留台克實守呼拉商，自引軍西行，至低楞，遇木剌夷人行刺。羅耳酋約索甫下馬亟救之，獲免。是冬，世祖使命至，錫以冠服，册封爲汗，阿八哈乃重行即位禮焉。博拉克卒，其子伯克帖木兒、篤哇、布里亞、忽拉洼夷與阿魯忽之二子楚班、基顏合兵，攻海都，躪阿母河北，數與海都戰，而數敗。志費尼謂阿八哈曰：「彼之争，我之利也。然必有一勝，勝者併其衆，禍必及我。宜先掠其地，勿令生聚。」乃使捏克拜巴都爾、察而杜阿克貝將一軍渡阿母河；約索甫、喀而噶帶、楚而喀達夷、伊拉布哈將一軍，自呼拉商循阿母河之西，以侵烏爾鞬赤、機窪之地。捏克拜一軍入布哈爾，虜民五萬以歸。楚班率衆來追，奪還所俘之半。是時，埃及攻西里亞，數年兵不解，來乞援。

八年，阿八哈命大將薩馬嘎爾率萬人援西里亞。冬，埃及人自丹馬斯克奄至，我軍敗

退。埃及陷哈俺城而去。次年，又爲阿八哈所取。先是，比拔而斯欲與阿八哈行成，遣二使見薩馬嘎爾於昔挖斯城，因入謁阿八哈。時朮赤後王忙哥帖木兒屢約埃及夾攻阿八哈，使人洩其事。阿八哈聞之，大怒，即遣二使歸，遂渝平。

至元九年，阿八哈遣使至丹馬斯克，要比拔而斯自來議和，比拔而斯亦要阿八哈自往以答之。冬，遣將攻陛而哀城，比拔而斯來援，以駝馬負舟，舟可分合。既至哀甫拉特河，步卒乘舟，騎泅水，敗守河兵，攻城之將引還。

十一年，比拔而斯令阿剌伯之貝杜音人來侵，至諳拔爾。

十二年，又入小阿昧尼亞，分兵赴陛而哀，以拒援兵。冬，其將阿拔台攻陛而哀，以天寒糧運不繼而退。

十四年，比拔而斯自將攻羅馬，阿八哈遣圖古斯、倭而洛克圖、杜丹三將統十一隊以援之。羅馬之配而斡迺亦以兵從。配而斡迺，譯言宰相也。遇於阿白拉斯丁城，比拔而斯先登陷陣，圖古司、倭而洛克圖皆戰没，兵士死者六千七百餘人。配而斡迺潛通埃及，遣使賀捷。比拔而斯不敢久留，即班師。阿八哈聞兵敗，自將大軍繼至。比抵羅馬，則埃及人已先一月去矣。經阿白拉斯城，見尸骸山積，大哭。詈配而斡迺不多出兵助之，縱兵大掠。留空庫斡台統羅馬兵而返。道過貝布而堡，堡長出謁，請畢一言，許之。乃曰：「汗

所仇者，埃及。今多俘羅馬民，何也？」阿八哈悟，責諸將不早言，盡返所俘。既而聞配而斡迺潛通埃及，乃責以三罪：一，戰敗而逃；一，敵兵至，不亟報；一，敗後不來請罪。十五年，戮之於阿拉他克。

十八年，阿八哈命弟蒙哥帖木兒統軍，角兒只、小阿昧尼亞人皆從，與埃及王開拉温戰於哈馬希姆斯。埃及遣人僞降，臨陣刺蒙哥帖木兒墜馬，軍亂，敵乘之，遂敗。時右翼已敗，敵兵追至希姆斯城下。待後軍不至，偵之，則中、左兩軍俱潰，亟退。埃及人逐於後，渡哀甫拉特河，多溺死，有逃入沙漠者亦暍死。阿八哈自爲後援，未及渡河，而前軍敗，亦退。

十九年，歸至哈馬丹，憤恚而卒，年四十八。

二子：長阿魯渾，次蓋喀圖。

阿八哈妃八人，一爲東羅馬王密哈哀兒巴里洛克之女。初，旭烈兀與東羅馬通好，結爲婚姻。羅馬俗，一夫惟一婦。蒙古妃嬪多，東羅馬王難之，重違其請，乃以私生女瑪里亞字之。送至中途，旭烈兀已卒，阿八哈遂娶之，以是厚撫天主教人，與教王及法蘭西諸國通使命。

其臣曰納昔兒哀丁，通天文、算術，著有測日儀器、曆算等書。講輿地學者曰只馬拉

丁牙庫特，講樂律者曰阿白圖而謨愛明。人才輩出，一時稱盛焉。

阿八哈卒，弟台古塔兒牙世摩特嗣。

台古塔兒，阿八哈母弟也。

蒙古家法：君卒，擇其子及弟之年長者立之。阿八哈欲傳位於子阿魯渾，議未定而卒。諸弟以台古塔兒爲最長，其弟曰阿載、曰康廓而拉台、曰忽喇朮，其兄子曰楚式喀潑、曰景朮，與諸將蘇衮察克、辛杜而等皆擁戴之。附阿魯渾者，惟布哈與烏洛克等數人，勸阿魯渾勿與争。至元十九年，諸王、大將定議，立台古塔兒。

夏六月，台古塔兒即位，以素奉天方教，改名牙世摩特，不稱汗，而稱蘇而灘。下令國人皆奉教。以蘇衮察克爲大將，以射姆思丁志費尼爲相，司錢穀。其弟阿累屋丁志費尼，先坐事下獄，釋之，仍使鎮報達。以與埃及同教，遣使往議和。

阿魯渾雖讓位，然心不能平，又不欲入天方教。諸王、大將亦多以天方教爲非。阿魯渾奏於世祖，言台古塔兒違祖訓，從異教，世祖寢其事不問。阿魯渾分地爲柯拉森，歲賦少，軍儲不贍。請於台古塔兒，以法而斯、義拉克、阿朮迷三部爲屬地，台古塔兒不與。是年，阿魯渾在報達駐冬。台古塔兒以康廓而拉台鎮羅馬，恐與阿魯渾連合，遣兵駐的牙佩売耳，扼其中路。康廓而拉台果與諸將約，欲俟台古塔兒西巡，襲殺之，而立阿魯渾。事

覺，台古塔兒斷其脊骨殺之，同謀諸將與羅馬酋結牙特丁皆死。以重兵圍報達，捕阿魯渾。及兵至，阿魯渾已返柯拉森。時二十年正月也。

台古塔兒徵兵八萬伐阿魯渾，以大雪，緩師期。四月，兵至塔馬干，阿魯渾自將禦之，戰於開而布逐而克之地。阿魯渾兵敗，遣其子合贊與察合台孫尼古他而之子倭馬倭古而來議和。台古塔兒命阿魯渾自來，則受其降，前事釋不問。阿魯渾不敢往，台古塔兒再遣使諭之。六月，阿魯渾始至，命歸柯拉森，以部將阿里那克監之。台古塔兒旋師，密諭阿里那克，阿魯渾歸即殺之。

初，阿魯渾部將布哈將兵，兼管阿魯渾內政。台古塔兒即位，命喀阿布哈代之，故布哈怨台古塔兒，潛告諸將：「台古塔兒必欲殺阿魯渾及吾輩。」於是忽喇朮、楚式喀潑等皆信其言。七月，請阿里那克夜宴，阿里那克謂：「我監守阿魯渾者，不敢離。」楚式喀潑請代之，乃赴宴。既醉，布哈挾阿魯渾出，殺阿里那克於坐上〔四〕，並將其兵。楚式喀潑之弟控庫世亦引所部來會，諸將皆俯首聽命。

台古塔兒失衆，走其母杜庫司可敦營中。初，尼古他而將兵從旭烈兀征報達，遂留事阿八哈。及薄拉克來伐，貽書約其合應。尼古他而得書，未舉兵。阿八哈召之，尼古他而疑事泄，乃率所部奔得而盆脱，爲希拉們所敗，執送於阿八哈，囚之。其舊部潰散，在庫密

失之地爲盜，稱其衆曰喀敖唔。至是，阿魯渾招之，使捕台古塔兒。康廓而拉台部將亦欲爲舊主復仇，率所部應之。台古塔兒與杜庫司可敦赴得而盆脱，欲入奇卜察克察。適喀阿布哈、辛杜而二將至，見台古塔兒勢去，反以兵守之。喀敖唔羣盜至，大掠，執台古塔兒，送於阿魯渾。阿魯渾以杜庫司可敦哀祈，欲宥之。康廓而拉台子請復仇，乃斷其脊骨以死。

是年，台古塔兒使者至埃及，埃及王開拉温聞國有内亂，下使者於獄，殺之。

史臣曰：旭烈兀闢地萬里之外，其功名與拔都相伯仲。兄弟鬩牆，自招外侮，使西略之雄圖限於埃及，惜哉！

【校勘記】

〔一〕「克什米爾」，原作「克什米耳」，據上文及《憲宗本紀》改。

〔二〕「察闊台孫也速蒙哥」，本書卷六《憲宗》有「察合台子也速蒙哥」。

〔三〕「復」，原作「覆」，據文意改。

〔四〕「阿里那克」，原作「那里那克」，據上文改。

新元史卷之一百九　列傳第六

太祖諸子四

拖雷中阿魯渾　蓋喀圖　合贊　合兒班答　不賽因

阿魯渾，阿八哈長子也。母曰海迷失亦可敦，由宮人得幸。

台古塔兒被弑，諸將乃迎阿魯渾立之，以布哈爲相，累黄金等其身，酬其翼戴之功。使長子合贊守呼拉商、馬三德蘭等地，以景赤、尼佛魯慈輔之。阿八哈舊臣射姆思哀丁、阿塔瑪里克志費尼比於台古塔兒，懼誅，奔於羅耳。羅耳酋約索甫沙，先奉台古塔兒之命，出兵攻阿魯渾。約索甫沙感阿八哈恩，不欲攻其子，兵未出而台古塔兒已遇弑。至是，來賀即位，兼營救射姆思哀丁。射姆思哀丁素與布哈交好，意必爲援，乃歸。阿魯渾令副布哈治事。未幾，有譏布哈者，仍殺之。遠近聞其死，皆爲流涕。

至元二十三年，世祖使命至，封阿魯渾爲汗，布哈爲丞相，赦九死罪。阿魯渾乃行即

位禮，凡教令必由布哈加印而後行，庶事則布哈專決之。初，法而斯人法克哀丁哈山有田在設喇斯城，城官没其田爲公産。法克哀丁哈山乃獻於阿魯渾。及阿魯渾即位，籍其田而有之。布哈謂：「設喇斯亦國家壤土，何必自私？」阿魯渾不從命，圖格察而任其事。布哈聞之，大恚。布哈有治才，而性嚴，失衆心。徒干有寵於阿魯渾，密言其「專權自恣，親王大臣奉令惟謹；昔台古塔兒遇之有恩，權勢尚小，一旦倒戈相向，從者響應；今大權在握，設有異謀，易如反掌」。阿魯渾猶不謂然。布哈與諸將飲於宮中，醉而相詬。阿魯渾不罪詬者，布哈益愠，稱疾不朝，密與楚世喀潑等立約廢阿魯渾，兼約角兒只酋爲外應。

二十六年，楚世喀潑因賀正旦，發其事。阿魯渾大怒，命土拉戴、徒干等捕布哈，誅之，四子及弟阿洛克皆坐死。角兒只酋迪密脱利以同謀，亦死。楚世喀潑首發逆謀，阿魯渾始德之，繼疑其同與立約，恐事泄故先發，乃並誅楚世喀潑。尼佛魯慈輔合贊於東邊，自以與布哈同功一體，恐禍及，詭言閱兵防阿母河，陰聚所部兵，劫合贊於徒思。適合贊他往，聞忽喇朮與尼佛魯慈通，亟至馬三德蘭，擒忽喇朮。檻致於阿魯渾，與台古塔兒之子哈拉布哈同死。

是年春，朮赤後王攻得而盆脱，阿魯渾自將禦之。行至沙陛耳俺，前鋒將昆竺克巴兒、圖格察而、土古兒哲已退敵，遂還。中途聞尼佛魯慈叛，命圖格察而移師討之，適貝杜

兵亦至。尼佛魯慈見不敵，走入沙漠，至突而基斯單，附於海都。合贊追不及，遣援兵返，自駐於你沙不兒。海都使其子阿也干與月思伯克帖木兒將三萬人，從尼佛魯慈攻呼拉商。阿魯渾遣徒干援之，尼佛魯慈遁去。阿魯渾既誅布哈，以猶太人沙特倭而導勿雷代之，副以蒙古人鄂爾多海岦，又以楚實庫扎爲之佐。乃定讞獄法，刑官聽斷，將領不得阻撓；又禁擾累郵傳；皆善政也。然諸將滋不悅。沙特倭而導勿雷聞徒干陵侮郵吏，索馬逾額勘實，杖徒干七十，於是諸將益怒。阿魯渾信方士言，服金石藥，冀長年，不延接臣下，惟信任諸人得入對。服藥而病，既愈，又服之，病遂劇。沙特倭而導勿雷謀於衆，縱囚祈福，因釋獄囚，始知台古塔兒、忽喇出之子在獄皆被殺，宗親死者十有三人。訊由伊答赤以己意殺之，阿魯渾不知也。星者謂此十三人爲祟〔一〕，大將圖格察而、昆竺克巴兒、都嘎爾等，乃矯阿魯渾命殺伊答赤，復以積怨殺沙特倭而導勿雷、鄂爾多海亞、楚實庫扎三人。阿魯渾不見沙特倭而導勿雷等入內議事，知有變，病益革。二十八年，卒於阿而俺。子合贊、合兒班答。

蓋喀圖，又名亦憐真朵兒只，阿八哈次子。母曰杜丹可敦，塔塔兒人。

阿魯渾卒，是年秋，蓋喀圖即位於阿克拉脫，下執政五人於獄。問辛圖而：「阿魯渾之卒，沙特倭而導勿雷之被殺，汝爲大將之首，宜問汝。」辛圖而曰：「諸將咸在，請汗自問之，

是非自明。」諸將言：「圖格察而、昆竺克巴兒實唱亂，沙馬嘎爾與貝克培附之，定議後乃告辛圖而，辛圖而亦允。」辛圖而曰：「我逼於不得已，否則禍首及我。」乃赦辛圖而。圖格察而等亦辭伏，蓋喀圖責而宥之，惟奪其兵權，以台克實、辛圖而、納鄰阿哈馬特代之，而下徒干等於獄，命鄂而多海亞之子湴殺之。於是以蒙哥帖木兒之長子阿思別兒吉守呼拉商，辛圖而爲文武總管大臣。

會羅馬有亂，蓋喀圖西討，使辛圖而留守台白而司。辛圖而疑圖格察而謀反，執之，以二千人送至行營。蓋喀圖已平羅馬，東歸，遇諸塗，察其無罪，釋之，並釋其同被執者。

未幾，蓋喀圖有疾，既瘳，重行即位禮，以術家言前即位日與星命不合故也。乃大賚可敦、公主等，且免穆罕默特後人之賦。阿八哈以來庫藏充溢，至是一空。

是年，埃及王阿失阿夫自將來伐。二十九年夏，次於哀甫拉特河，陷喀剌特烏兒羅姆，改其堡名曰木速兒蠻。蓋喀圖以兵往援，不及，遣使於阿失阿夫，欲復其父所得西里亞之地。阿失阿夫答言：「汝與我意同。我亦欲復報達，重立哈里發，視兵孰先到。」是歲，蓋喀圖廢起兒漫酋只剌勒丁蘇育，以其姊巴的沙可敦代之。事具《起而漫傳》。

初，阿魯渾長子合贊在西模囊，得父凶問，知蓋喀圖已即位，遣使入賀，且以尼佛魯慈之難告，並乞援。蓋喀圖遣阿思別兒吉援之。合贊留其將庫特魯克沙守呼拉商。至元三

十年，遣使請入覲。蓋喀圖使人逆止之，合贊不從，仍至台白利司。會阿思別兒吉已敗尼佛魯慈；遁入你沙不兒山中。蓋喀圖仍促合贊東歸。

時相位久虛，有沙特而哀丁，思得其位，賄結蓋喀圖左右。及以名上，無沙特而哀丁，蓋喀圖謂列名者皆不及此人，諸可敦又從旁言之，遂立爲相，以金印賜之，並配兵萬人，又以其弟爲大刑官。蓋喀圖荒於酒色，羣臣有子女者率遠徙避之，事無大小盡委沙特而哀丁。沙特而哀丁易置舊人〔二〕，黜哈山、台朮等。蓋喀圖出獵，哈山、台朮即圍場發其貪婪之罪，蓋喀圖不問，反以告者畀沙特而哀丁自鞫，禁再訴，犯者罪死。又諭：「東起阿母河，西抵埃及之界，悉受沙特而哀丁節制。」時馬病疫多斃，帑藏又耗費殆盡。有獻策用中國交鈔者，蓋喀圖問蒲拉。蒲拉本中國使者，留事阿魯渾，習見中國幣制，以爲可行。沙特而哀丁附和之。辛圖而諫，不聽。三十一年夏，造交鈔，頒行所在，設交鈔局，禁民用金銀器。台白利司商賈以用鈔皆折閱，流言洶洶，亂且起。乃仍用錢，廢鈔。才兩月，反大耗鈔本焉。是年，蓋喀圖從父弟貝杜自報達來朝，蓋喀圖宴之，醉而相詬，令近侍阿亦脱合里毆之。翼日，蓋喀圖自知無禮，延至謝罪。貝杜歸，至達拈喀，告於諸將，皆以蓋喀圖奪部下子女怨之，慫恿貝杜起兵。貝杜引兵至毛夕里，殺守吏，復殺守報達之將。時諸將曰土拉戴，曰昆逐克巴而，曰伊而達兒，曰都嘎爾，曰伊兒乞帶，皆潛通貝杜。事覺，蓋喀圖

盡執之。哈山與台朮請速殺諸將，圖格察而以爲不可，宜先召貝杜至，訊明殺之，儻貝杜不來，則叛迹顯著，殺諸將未晚。蓋喀圖從之，囚諸將於台白利司，命圖格察而監視之，遣使者召貝杜。圖格察而陰使人告貝杜：「第來無恐，我等皆竭力助汝。」貝杜即進兵。

元貞元年春，蓋喀圖自哀倍而河自將禦之，以阿克布哈、圖格察而各率萬人爲前鋒。行一日，圖格察而與阿克布哈分道。詰之，則云：「馬多，如同行，慮水草不足。」阿克布哈又詰以違軍令，圖格察而乃告以：「昔汝爲第一大將，今我爲貝杜第一大將。」阿克布哈所部皆畔從圖格察而，以親兵三百人逃歸。時蓋喀圖已離哀倍兒河，聞變，度兵力不足，退往阿而俺。哈山、台朮二人亦畔之，羣臣多散去。行至莫干，宿於抹里赤家。土拉戴等已出獄，欲奪其鄂爾朵，遇而執之。蓋喀圖請貸其一死，不允，以弓弦縊殺之。

諸將會議於楚喀圖、庫喀拉二水合流之地，遣使迎立貝杜。貝杜知蓋喀圖已死，令殺阿克布喀、塔馬起、賽而他克等，皆蓋喀圖所寵任者。問阿亦脱合里：「何以毆我？」答云：「蓋喀圖爲我之君，命我殺子弟，我亦不能不行。今貝杜爲我之君，我亦如此。」貝杜説，復其官。於是數蓋喀圖之罪，布告國中。以圖格察而爲大將，兼爲相，以昆逐克巴而、哲綽克、雷克西哥兒干、土塔朮爲之副，以朮馬而哀丁管財賦，又命諸將分轄各部，以賞有功。

合贊聞貝杜立，不説。先是，尼佛魯慈既叛，爲庫特魯克沙所敗，奔西義斯丹，屢犯呼拉商。至元三十一年，用其妻托紺珠公主之言，仍歸命於合贊。元貞元年春，合贊至梅而甫，遂詣尼佛魯慈營。受其降，返至賽拉克斯，聞貝杜起兵，乃召尼佛魯慈，俾守呼拉商。合贊進至爾哈夷、可斯費音之間，遇貝杜使者，始知蓋唃圖已死，貝杜已立。召諸將議之，尼佛魯慈謂：「此無足怪，衆所以不推戴汝者，一恐汝治弒君之罪，一恐汝治前殺鄂爾多海亞、楚實庫札二將之罪。又恐汝有才，不如貝杜易制。宜遣使偵其舉動，再決大計。」遂遣二使往，謂：「太祖法律，臣不得弒君。請執弒蓋唃圖者，畀我治罪。」合贊至可斯費音，貝杜遣使請和。合贊不從，與貝杜遇於庫班希而拉之地。尼佛魯慈知貝杜兵未集，請速戰。庫特魯克沙將右翼，斬馘八百，殺伊而達兒，擒阿斯闌倭古而，乘勝而進。貝杜使者布克戴至陣前，下馬伏地言：「貝杜有命：一家骨肉，不宜兵争，請分國而治。畀以義拉克、法而斯、起兒漫三部，請退兵講好。」意在緩兵，以俟援也。合贊允之，約貝杜各從十人於軍前相見。既見，各下馬行抱見禮。貝杜仍申前議，飲酒行成。尼佛魯慈以天方教不飲酒，但立誓。衆將皆誓，議遂定。

明日，貝杜即位。又明日，兩軍同往庫班希而拉。合贊兵行於山谷中，貝杜兵前趨隘口，欲塞其去路，貝杜亟止之。入夜，兩軍同駐一地，各執兵勒馬以備非常。已而報達、莫

干之兵皆至，諸將請攻合贊，貝杜不肯。都嘎爾愠，即以兵回角而只。合贊知援兵已至，議速歸，欲取道於喀敖納。其地有精兵，貝杜恐爲合贊所有，遣蒲拉丞相來告，請由原路返。越日，貝杜子奇卜察克等請合贊至營中餞別，合贊慮事不測，不從。奇卜察克固請，諸將勸合贊以日辰不利辭之，約明日相見。是夕，即引衆東歸，留尼佛魯慈、圖克帖木兒二人待受分地，且伺貝杜之舉動。

是時，昆逐克巴而、土拉戴、伊而乞帶已率五千人躡合贊後。合贊至可斯費音東，貝杜又遣使邀合贊相見。合贊令尼佛魯慈同往，自駐迭馬温山待之。貝杜執尼佛魯慈、圖克帖木兒下獄，其部將與尼佛魯慈弟雷開齊勸之降。尼佛魯慈始不從，後與圖格察而暗約共助合贊，乃僞降於貝杜。貝杜信之，以禮延接，令發誓獲合贊以獻。尼佛魯慈從之，與圖克帖木兒同時釋歸，自梅拉喀疾馳四日，至迭馬温山見合贊。以回俗誓不可没，依字義「合贊」爲煮飲食之器，乃取此器而裹以布，遣人送往，以踐誓言。貝杜見之，大怒。

尼佛魯慈勸合贊入教，謂星者言回曆六百九十年應出一賢能汗，興其教，今直其時，如入教則必爲伊而汗。回衆本不樂蒙古人拜偶像，改從回教，可得民心。合贊乃於迭馬温山阿魯渾之行宫入教，洗澡畢，至座位前宣誦信教之文，厚賜教士，並赴禮拜寺祈禱上帝焉。

貝杜擯沙特而哀丁不用，沙特而哀丁怨望，思助合贊。阿八哈妃布魯干應適合贊處，而貝杜阻其行。於是沙特而哀丁、布魯干潛輸誠於合贊，遣教士馬赫模德往告之。合贊召馬赫模德入見，具言衆將歸心，惟昆逐克巴爾、都嘎爾、土拉戴、伊而乞帶四人罪重，不欲擁戴。適有阿母河北之兵南侵，合贊遣尼佛魯慈禦之，兵旋退。馬赫模德歸，仍以敵兵入境，尼佛魯慈東行，張皇其事以告貝杜。貝杜遂不爲意，散其兵牧馬草地。

時沙特而哀丁之弟尚管財賦，乃竊帑藏以行，昆逐克巴而追之，獲其行李。沙特而哀丁奔於合贊。合贊尚猶豫不決，沙特而哀丁力言圖格察而必爲内應，合贊遂起兵於費烏斯古山，至爾拉夷。出班與庫魯密世哥而干告統將伊達杜，宜簡閱戰馬以防合贊，伊達杜從之，即以良馬五百匹夜赴合贊軍。合贊重賞之，遣人往告各城：「我今統兵十二萬，以繼父業，不從者以叛逆論。」所在響應。尼佛魯慈率四千騎爲前鋒，至昔比特羅特河。土拉戴聞兵至，以書告貝杜，並問計於圖格察而。圖格察而謬謂：「彼兵不多，可與一戰。」夜與同謀諸將投尼佛魯慈營。

次日，貝杜見大事已去，逃於素黎漫沙城。哀而帖木兒、喀而奔特及諸大將皆赴尼佛魯慈營。貝杜又奔倭占梅侖脱，同行惟昆逐克巴而、奇卜察克、伊而乞帶等，欲入角兒只，以合於都嘎爾。合贊至昔札司，喀而奔特、伊而戴來歸。至西比特河，土拉戴、伊而帖木

兒等亦來降。尼佛魯慈與庫特魯克沙等追貝杜至阿拉斯，及於梅而侖西北獲之。合贊令殺之，時元貞元年冬也。貝杜篡立僅五月。伊兒乞帶奔羅馬，都嘎爾奔角兒只。

合贊，阿魯渾長子，生於至元八年。阿八哈聞其早慧，亟欲見之。阿魯渾送之往，阿八哈以屬其妃布魯干，使撫育之。合贊幼習蒙古、回紇文字及騎射，八歲已能從祖父獵。阿魯渾即位，令轄呼拉商等地。

元貞元年，合贊師至台白利司，諸王蘇凱等率衆來迎。既入台白利司，諭民相輯睦，大臣毋陵其下。遣尼佛魯慈、奴爾蘭、庫特魯克沙搜捕貝杜黨與昆竺克巴而、都嘎爾、伊爾達兒、伊兒乞帶等，皆誅之，惟土拉戴、哲察克、伊達杜三人杖而免死。是冬即位，不曰汗，曰蘇爾灘。論翊戴功，拜尼佛魯慈爲大將，位諸臣右，賜券書。以沙特而哀丁爲相。篤哇與海都子薩兒班合兵侵呼拉商，遣蘇凱、尼佛魯慈禦之。兵饟絀，預徵次年賦以資軍實。蘇凱自以旭烈兀之孫，於次序當立，與其黨巴魯拉謀刺尼佛魯慈於軍中，而廢合贊，約台朮同舉事。台朮密告尼佛魯慈，空營設伏伺之。蘇凱等至，伏發，斬巴魯拉，蘇凱敗遁，追殺之。叛軍復推阿爾思蘭爲主，圖犯台白利司。合贊聞變，慮衛兵少，且習亂，乃稱出獵，部勒將士，行及中途，突命擊叛衆。初戰不利，賀爾庫達克率二千人來援，遂斬阿爾思蘭，盡降其衆。時元貞二年春也。一月之内，凡誅親王五人，叛臣三十八人。

尼佛魯慈與沙特而哀丁不協，奏褫其職，以只馬兒哀丁代之。或誣沙特而哀丁交通蘇凱，諸吏之侵帑者憚其復用，證成其罪。已論死，賀爾庫達克爲辨其冤，始得釋。

合贊以圖格察而反覆橫恣，欲除之，遣庫門乞往賜書褒獎，以安其心，而潛約諸將執圖格察而，謂之曰：「國家大義，通敵賣主者殺無赦。蘇而灘不能以私情廢公義也。」遂殺圖格察而。

羅馬將巴兒圖自阿魯渾時即握兵權，屢徵入朝，輒托詞不赴，聞圖格察而誅，舉兵反。合贊命庫特魯克沙討平之。

尼佛魯慈恃功驕蹇，以妻病，往阿特耳佩占，委軍事於奴爾蘭。未幾，台朮所部棄伍逃。合贊不悅，促令赴軍中。尼佛魯慈請卒視妻病而返，朝臣言其以私廢公，請逮治。合贊曰：「此未足以箝其口也。」既而，托紺珠公主病卒，尼佛魯慈乃往呼拉商。奴爾蘭入朝，訴其過失並與齟齬狀。合贊令弟合兒班答往代奴爾蘭。初，尼佛魯慈介報達人凱薩爾致書埃及國王，依託教誼，乞以兵援合贊。比答書至，合贊已得國，尼佛魯慈令記室改易埃及答書，呈於合贊。至是事覺，奴爾蘭等因劾其通敵，尼佛魯慈在外，自知主眷衰，遣其部將薩忒耳哀丁入朝寄耳目，而其人反爲合贊所用，使往報達紿凱薩爾，執以歸。時沙特而哀丁復相，與弟庫脫拔丁僞爲尼佛魯慈致埃及執政書，請藉兵力誅異己者，事成割地爲

報，先奉衣服若干事。納衣、書於凱薩爾篋中。復爲尼佛魯慈致其弟哈濟那蘭密書，往見哈濟那蘭，乘間納其書於哈濟那蘭篋中，哈濟那蘭不知也。合贊廷鞫，凱薩爾不承，搜其篋，則衣、書在焉，立殺之。捕尼佛魯慈家屬，無男婦老幼皆就戮。擒哈濟那蘭至，搜獲密書，誣服論斬，諸昆弟勒格濟等盡死。尼佛魯慈舉兵反。

大德元年夏，命庫特魯克沙率諸將討之，戰於你沙不兒。尼佛魯慈衆潰，以數百騎奔海拉脱。其酋法克哀丁爲所輔立，故納之。庫特魯克沙至，圍城，令獻叛者。法克哀丁出書以示，尼佛魯慈益德之。或謂之曰：「公孤寄於此，大軍壓境，城主未可深恃。不如執之，用其兵以退敵。」弗從。法克哀丁聞其事，大駭。其部下咸謂：「以全城殉一人非計，彼已背永不犯上之誓，我背誓庸何傷？」乃請分其將士於各軍，率以出戰，遂擒尼佛魯慈，獻諸庫特魯克沙。誅之，傳首台白利司。

是冬，角兒只兄弟爭國，令庫特魯克沙平之，立瓦世當第三。庫特魯克沙歸，以角兒只賦重爲言。沙特而哀丁聞之，先告合贊，謂其縱兵蹂躪角兒只。於是，庫特魯克沙奏輒不入，知必有讒之者，以詢沙特而哀丁，則曰：「此某醫所爲也。」庫特魯克沙以語拉施特哀丁，白諸合贊。合贊召至，告之曰：「沙特而哀丁實譖汝而嫁禍於人，險詐如是，不可復留。」命與庫脱拔丁同棄市。

大德二年，遣使臣曰謨阿臧、法克哀丁、阿喝美特，曰布喀伊耳赤，入朝貢珍珠、寶石、獵豹，且以金錢十萬市中國貨。使臣至，成宗優禮之，賜酒慰勞，留四年始辭歸。温詔報合贊，賜賚甚厚。旭烈兀位下歲賜及五户絲久儲府庫，至是遣使頒與之。

是年秋，以火者薩特哀丁爲相。羅馬將蘇拉迷失叛，殺其副畢音察爾、别乞庫爾。

三年春，庫特魯克沙敗其衆，蘇拉迷失奔埃及，引軍來犯，擒斬之。

時埃及内亂，其將奇卜察克、哀爾别乞、伯克帖木兒皆來奔。合贊待以殊禮，思用其力以謀埃及。埃及西里亞兵入的牙佩壳耳，合贊益怒，定議親征。兵十人中抽五，賫六月糧。

大德三年冬，次哀甫拉特河，留兵萬人殿後，步騎九萬，以庫特魯克沙、謨雷爲前鋒。抵阿勒坡，軍士縱馬食麥田，令曰：「馬不可以食人食，犯者斬。」諸軍肅然。軍至撒拉米治，聞埃及兵已至希姆斯那雪爾，合贊令曰：「埃及親軍驍勇善戰，恃騎兵衝突。今我以步隊當之，勝騎戰也。」自撒拉米治進兵，距敵百里而止。次日，進至那蘭蘇河。埃及兵奄至，命後軍張兩翼禦之。戰少卻，合贊以中軍退。埃及軍逐之，陣復接。埃及一軍潰，别軍援之，殊死戰，復出鐵騎五百，短刀奮斫。我軍以强弩攢射之，馬始回竄。庫特魯克沙率右翼鳴角以進，埃及誤爲合贊，併力攻之，右翼敗，死者近五千人。庫特魯克沙率餘騎

奔中軍。合贊麾左翼進，中軍繼之，以弓箭手萬人居前，矢如雨集。埃及前鋒左右翼先後潰，中軍亦敗走。是役也，合贊以堅忍，轉敗爲功，而右翼之敗適成爲餌敵之計云。

羅馬守將阿彌世喀偕阿昧尼亞王海屯第二，率五千人來會，軍勢益張。希姆斯城乞降，發其庫藏分給將士。進至達馬斯克，亦迎降。合贊自至城中，令衛士守一門，而閉其餘，雖從官亦不得擅入。民益感德，輸金錢百萬餉軍。埃及將厄爾朮法世守内堡不下，諭降不從。諸將請攻之，合贊不許。謨雷窮追敗衆，直至喀雜忒城，遇埃及兵輒殺之，追不及，乃整旅而還。合贊以奇卜察克轄達馬斯克部，伯克帖木兒轄阿勒坡、哈馬特、希姆斯三部，哀爾別乞轄薩弗特、忒里波利等城，牙希阿司賦税，以庫特魯克沙鎮守西里亞全境。

大德四年春，合贊東歸。庫特魯克沙遽下令攻達馬斯克内堡，攻半月，不能下而去，以軍事委謨雷。初，合贊諭西里亞境内悉降，既而諸城知蒙古軍不能久駐，故拒命者日多。埃及王那雪爾聞合贊已去，奇卜察克等皆在西里亞，乃手書招三將返。於是奇卜察克等叛歸，謨雷亦棄達馬斯克，全軍而返。

合贊自西里亞班師，鋭意政事。夏，如梅拉喀觀天方臺儀器，亦建臺於台白利司，自運巧思，創製新器。訪古賢人墓，慨然曰：「死而不朽，其樂有甚於生矣！」引哀甫拉特河，開三渠溉田，悉成沃壤。貧家寡婦，官給棉，使紡績以餬其口。

秋，再伐西里亞，以庫特魯克沙爲前鋒，自將大軍繼之。冬，渡哀甫拉特河，次阿勒坡。埃及兵屯於哈馬特禦之。淫雨四十日，餽運不繼，駝馬亦多凍斃。

大德五年春，還。夏，遣使如埃及，請棄怨修好。冬，使還。埃及答書，亦願通好，而詞意不屈。

六年，朮赤後王脱脱使來，請阿而俺、阿特耳佩占之地，弗許。秋，三伐西里亞。遣前使往埃及，以稱藩、納幣等事要之。答書不允，且餽軍器，示能用武。合贊怒，留其使。

七年春，令庫特魯克沙與出班、謨雷等率五萬人深入，自駐哀甫拉特河東以待。師及哈馬特，越達馬斯克而南，與埃及兵遇。庫特魯克沙敗其右軍，謨雷率衆追之。既而中軍、左軍齊至，庫特魯克沙不能支，出班、庫爾迷失來援，始免於敗。及暮，蒙古兵屯於山上。謨雷恐明日戰不利，夜引所部退。埃及有斷卒被擒，脱歸，言蒙古兵不得水，病渴，宜速戰。日出，我軍下山，埃及人力遏之，殊死戰。至午，爲埃及人所圍，而開其一面縱之走。於是角兒只兵先潰，諸軍亦相繼潰，埃及人逐於後。蒙古兵以馬疲不能行，多棄械就死，又或爲鄉導所紿，暍死沙漠中。

庫特魯克沙回至克沙甫，謁合贊，陳兵敗狀。合贊遂歸，以出班殿後，翼護殘卒，召至

優獎之，申喪師之罰，諸將誅謫有差。出班雖殿後有功，亦受杖焉。

秋，如台白利司，蒐閱軍實，圖再舉。遣使泰西諸國，請發兵攻西里亞，復耶穌墓。大將奴爾蘭卒，以庫特魯克沙代之，屯阿而俺北界。台白利司教士牙庫白等謀逆，附會讖書，欲立蓋喀圖之子阿拉佛郎。事覺，逮訊，詞連世祖使臣納息爾哀丁。合贊曰：「此必沙特而哀丁餘黨所爲也。」嚴訊之，果服。誅牙庫白安，置阿拉佛郎於呼拉商。

合贊得目疾。大德八年春，病痊，出獵。既而復病，知不起，召大將庫特魯克沙、出班、謨雷等，文臣火者撒特哀丁、拉施特哀丁等，屬以大事，傳位於弟合兒班答，勉諸臣同心輔佐，壹遵所定法度。夏，合贊卒，年三十四。妃八人，布魯干可敦生子一：阿爾珠。

合贊沈毅果斷，訓勉將士詞旨愷切，賞罰必當，故人樂爲用。即位之初，府庫空虛，餽賜不給，迨經營兩載，賚賜、振恤無虛日，而度支日充。熟於蒙古掌故、世系、族派、姓氏，命拉施特哀丁作史，凡述蒙古事，皆面奉教令而後載筆。勤恤民隱，方獵思食，必倍價購於民，以爲從官率。西域自用兵後，汙萊徧野，合贊下令墾田四載後始升科，於是田疇日闢。刑官向受諸延節制，讞獄多枉法，改易官制，而獄訟以平。錢質駁雜，有禁；權量不一，有禁；鬻良爲賤，有禁；奸人斂民財以供獻可敦、諸延，出貲借貸而以重利困民，皆有禁。蓋蒙古建國西域以來僅見之主云。

合兒班答，阿魯渾次子。母曰烏魯克可敦，客烈亦部王罕孫撒里只之女。至元十八年，生於馬魯之西沙漠中。衆憂無水，俄大雨至，皆喜，以爲吉兆，稱曰鄂爾采布哈。鄂爾采，譯言吉祥也。稍長，改名達母答兒，後又改合兒班答。娶昆徹司喀特可敦，爲蘇衮察克子沙第之女；其母霍兒庫達克，則旭烈兀子出木忽見之女也。嗣位後，仍稱鄂爾采。國中教令多稱鄂爾采圖謨罕默德呼搭奔特。呼搭奔特，譯言上帝之奴。國人稱爲鄂爾采圖蘇爾灘。

大德八年，合贊卒，大將謨雷盧阿拉佛郎爲變，秘不發喪。先遣亦生布哈等潛殺阿拉佛郎於呼拉商。統將賀爾庫達克素助阿拉佛郎，亦遣殺之。事定，合兒班答乃率諸將西行，至台白利司城外奧占行宫即位。以庫特魯克沙、出班治軍事，火者撒特哀丁、火者賽夷忒、拉施特哀丁治財賦。

秋，至梅拉喀。成宗遣使與察八兒、篤哇使者皆至，以息兵悔禍來告。釋合贊所拘之埃及使人，並遣使偕往議和。昆徹司喀特可敦卒，合兒班答娶庫脱洛克可敦，爲亦憐真之女，以博拉及拉施特哀丁爲大禮使。既成婚，又娶布而干可敦。

大德九年，徵克兒漫酋沙喝奇汗入朝，以其不納貢，留之，克兒漫地改設蒙古官。建新城於空庫兒歐隆之地，名曰蘇爾灘尼牙，遂遷都焉。

先是，蘇爾灘尼牙之北基闌境內，有小部，東北負裏海，東南、西南皆山，廣袤一百八十里，而分十二部，各有土酋，阻山負險，自爲一國。篤哇卒，其後王寬闍遣阿兒渾之子阿兒岱哈贊來告喪，語及基闌之地，謂蕞爾小國，久未討定，鄰封多笑之。合兒班答恥其言，令庫特魯克沙、出班、圖干、謨敏率三軍，合兒班答自將一軍，分四路以進。出班與圖、謨二將平數部。庫特魯克沙亦屢勝，各部皆乞降。庫特魯克沙之子昔保赤拒之，仍縱兵殺掠。敵據險殊死戰，庫特魯克沙陣歿，一軍幾覆。合兒班答聞庫特魯克沙敗信，遣勁兵三千人往援，復戰没。繼遣呼辛、賽云赤往，始平之。究喪師之罪，鞭昔保赤，以其父舊部屬於出班。

海拉脱酋法克哀丁不自來朝，大德十年，遣丹尼世門巴哈圖克討之，命交尼古答爾部衆及三年貢賦。丹尼世門入城，而內城仍爲其將麻罕没特所守，堅不可攻。丹尼世門遣告法克哀丁：「若入內城，必請命於蘇爾灘恕汝之死，令汝仍主是地。」法克哀丁以告其將，開門延之。丹尼世門先遣其子偕他將入，盛筵款接，比自入，伏發，丹尼世門父子皆死，且舉火爲號，法克哀丁望見，即率衆赴之。

是年秋，合兒班答以亞薩鄂爾爲統將，丹尼世門之子布載、塔垓從之，往復父仇。二

子使告法克哀丁：「如汝不知此事，即縛麻罕没特至，不汝罪。」法克哀丁以無力縛送自諉。

次年春，戰不利，築長圍困之。時法克哀丁已死，布載僞以書與城將，若許其禽送麻罕没特者。又以書告麻罕没特，言汝部將伊思瑪與布載通。麻罕没特皆不應。麻罕没特力竭，議降。布載許以不死，與立誓，遂開門降。麻罕没特宴布載，醉，麻罕没特復欲殺之，衆不可，乃止。

次年夏，亞薩鄂爾令布載偕麻罕没特入朝，遣人追殺之。法克哀丁弟基亞代丁先爲質子，合兒班答自基闌凱旋至蘇爾灘尼牙，聞海拉脱事定，乃令基亞代丁嗣兄位。

是年冬，以女弟杜倫第公主嫁於出班。

初，阿昧尼亞王海屯第二致書阿勒坡守將喀喇桑柯爾，請納歲貢罷兵，埃及允之。未幾，海屯第二讓位於姪立盎第四，自入教堂爲僧。合兒班答以妻父亦憐真鎮羅馬，其將壁拉爾古屯阿昧尼亞界上。

十二年，立盎第四與亦憐真同入謁。壁拉爾古聞其訴己，又以其納貢埃及，遂殺立盎第四。亦憐真奏劾之，合兒班答誅壁拉爾古，立海屯第二季弟鄂聖爲王。

羅馬西境土耳其部浸盛，侵東羅馬屬地。東羅馬王安鐸魯尼克思藉蒙古之力扞之，以女瑪里亞嫁合兒班答，蒙古人稱之曰脱司配那可敦。

皇慶元年，諸王科爾迷失謀叛於羅馬，討平之，並殺其四子。建新城於報達之東。埃及將喀喇桑柯爾與謨罕納等率千騎來奔，合兒班答待以寵禮，思乘隙伐西里亞。是年冬，出兵。出班、賽云赤、伊遜庫特魯克與角兒只兵皆從，衆號十萬，渡哀甫拉特河，攻拉黑貝堡，逾月不下而返。

二年，長子不賽因出鎮呼拉商，時年九歲。呼拉商爲儲君分封之地，故未及其長即開藩府。賽云赤及阿爾固爲將，拉施哀丁之子阿白都而拉體甫司財賦。

是年，察合台後人帖木兒古爾干遣使來降。先是，也先不花既併海都舊地，以其弟古特魯火者建國於阿母河南，與呼拉商爲鄰。卒，子島特火者嗣。帖木兒古爾干與爭國，故降於合兒班答請援。於是，諸王敏干將呼拉商兵員往，島特火者不能禦，自歸於也先不花，請兵復仇。時也先不花與王師戰於騰格里山而敗，謂島特火者：「更有大仇敵在東方，不能西顧。」適朝使還，賫合兒班答所貢方物，乃執使臣殺之，並其從者七十人。然也先不花戰屢敗，突而基斯單之地多爲王師所躪。也先不花不得志於東，思西略。

延祐二年，遣葛伯克、島特火者、亞索伏兒率兵渡阿母河，與亞薩鄂爾戰於八脱吉思，亞薩鄂爾、布載皆戰没，入呼拉商。四月，以糧盡，又聞王師已至塔剌斯亦息庫爾，乃返，葛伯克謂亞索伏兒奉天方教，陰附合兒班答，雖得呼拉商而不能守。也先不花信其言，令

捕亞索伏兒。兵至，亞索伏兒拒戰，葛伯克爲所敗。亞索伏兒遣使謁不賽因，欲來降。不賽因請命於父，允之，並令庫兒迷失、圖干率二軍渡阿母河爲援，海拉脱酋基亞代丁亦以兵從。

三年秋，亞索伏兒與也先不花相拒，援軍至，敗之，掠布哈爾、撒馬爾干、忒耳迷民，編置希部而干分地。亞索伏兒謁合兒班答，令駐巴達克、堪達哈爾兩山之中。先是，朮赤後人巴拔避禍，率萬人來奔，延祐二年掠貨勒自彌民五萬而歸。亞索伏兒聞之，自忽氈引兵截之，盡奪其俘。月思伯遣諸王阿克布哈來詰，是年秋至蘇爾灘尼牙，謂若巴拔所爲，請君討之，若由蘇爾灘命，則請以兵相見。合兒班答謝曰：「我不知其稱兵犯境也。」殺巴拔父子，禮其使而遣之。初，阿克布哈至台白利司宴會，有阿而俺守將曰忽辛古而干送酒杯而未起立。阿克布哈怒責其忘蒙古舊禮，忽辛曰：「汝來議事，非來争禮者。」蓋國俗，凡古而干見親王必應起立云。

未幾，麥喀酋倭邁宰特來奔。倭邁宰特兄弟争位，埃及以兵助争者，倭邁宰特敗，以合兒班答奉十葉教與同教，故來乞援。合兒班答遣哈赤狄兒堪的率千人衛之還國。次年春，行至巴索拉，爲伯都音人所襲，覆其衆，倭邁宰特、哈赤狄兒堪的僅以身免。

是冬，合兒班答卒，年三十六。子不賽因。二女，皆嫁出班。

不賽因，合兒班答長子。爲賽云赤夫婦所撫養。五歲即習騎。國俗，童子習騎，使星者擇日，迨上騎，則持馬乳灑於頭尾，以爲典禮。九歲，出鎮呼拉商。

合兒班答卒，諸將遣使告不賽因。賽云赤恐有内難，勸不賽因勿遽行。既葬，諸將又遣使奉迎。賽云赤使左右先至台白利司，察諸將無他意，乃與不賽因同往。

延祐四年，不賽因即位，稱阿來屋敦亞徵丁阿卜賽特蘇爾灘，譯言世界與命運皆崇高莫尚也。賽云赤以大將位讓出班，勸不賽因專任之。以出班子帖木兒大石鎮羅馬，亦憐真、蘇納台、伊生庫特洛兒皆爲之佐，拉施特哀丁子火者質拉兒哀丁司羅馬財賦。

呼拉商守將亞薩倭兒爲約索伏兒所殺，以伊生庫特洛兒代之。初，亞薩倭兒欲娶約索伏兒女，已納幣，而合兒班答卒，約索伏兒思乘機據呼拉商。布載戰没，其子已奉命統父舊部，亞薩倭兒以其兄代之，乃與約索伏兒謀作亂，邀亞薩倭兒飲酒，將執之，逸去，追而殺之。約索伏兒遂入呼拉商。

五年，庫特洛兒至呼拉商，撫定約索伏兒誓不反。然逾歲，約索伏兒即舉兵至馬三德蘭。時又有烏斯貝克，陷得而奔特。埃及兵亦至的牙佩壳兒。乃命亦憐真守的牙佩壳兒，忽辛往攻約索伏兒，不賽因自將禦烏斯貝克。忽辛至馬三德蘭，約索伏兒已返呼拉商。出班欲自往討之，聞得而奔特守將敗走，不賽因兵少，至庫兒河不敢渡，張空營以疑

敵，出班乃率二萬人以行。烏斯貝克聞其至，即遁。約索伏兒舉兵，以主幼，大將專權，欲往扶幼主爲辭。及至馬三德蘭，聞忽辛率大軍奄至，又退走。時海拉脱酋亦奉出班命，出兵攻八脱吉思，叛衆多降於忽辛。

六年，約索伏兒將謨拔來克薩率六千人至八脱吉思，掠俾路芝之民，爲民兵所卻。約索伏兒率萬人繼之，圍海拉脱城。忽辛兵至，約索伏兒先遁。再進，爲忽辛所敗，斬馘甚衆。以盛暑，乃返駐於海拉脱。不賽因聞海拉脱人不附叛，以五萬的那往賑其民，免三年之賦。不賽因返蘇爾灘尼牙，出班散遣其兵，自往角兒只避暑。

出班以諸將輕不賽因年少，故庫兒迭失、喀贊等皆怨出班，合謀殺之。至是，思掩其不備，以騎兵一隊襲角兒只。內有一將曰哈剌圖培，奔告於出班，猶不信，遣二將往覘之，爲庫兒迭失所殺，麾兵亟進。或以二將不返，勸出班避之，乃乘夜至其子忽辛營。追兵至，不得出班，翌日追之。出班至一草地，有烹羊而食者，請出班共食，辭之，疾行。追者五十人至，奪羊共食，以是出班得脱。時阿里沙在台白利司，聞亂，亟引騎兵赴之，路遇出班，爲迎歸台白利司，遂與阿里沙赴蘇爾灘尼牙。

時亦憐真亦附庫兒迭失，僞爲不賽因手諭令殺出班，以惑其衆。又遣使告急於蘇爾灘尼牙，謂出班已反。使者先出班至，亦憐真之子欲先殺出班子，諸將不可，猶豫一日，而

出班至，始知亦憐真妄言。

時亦憐真兵已逼烏占，守將奔蘇爾灘尼牙。不賽因自將討之，出班、阿里沙皆從。亦憐真女爲庫特洛沙兒妻，請勿戰，遣人招其父降，不從，自往勸之。亦憐真請不賽因營挂白旂以爲信，既懸旂，亦憐真以爲怯，復與庫兒迭失進攻。出班命先戮其子，懸首標槍上以示衆。亦憐真夫婦皆怒，奮突誓死戰。王師卻，不賽因先登陷陣，諸將從之。亦憐真大敗，獲而斬之，其婦亦戰歿。庫兒迭失與其子及布喀伊爾等遁去〔三〕，中途爲蘇納台所獲，檻送蘇爾灘尼牙，伏誅。因此役，國人稱不賽因爲把哈圖兒汗云。

出班妻杜倫第公主卒，不賽因復以姊凱而圖領、薩諦伯兩公主妻之。察合台後王葛伯克素與約索伏兒不合，告呼拉商守將忽辛：「我助汝夾攻約索伏兒，命諸王率四萬人以往。」忽辛亦率二萬人並海拉脱、義斯單二部之衆應之。東軍先至，密誘約索伏兒之將臨陣殺貝克圖兒來降，約索伏兒遂敗走，追及殺之。忽辛至，東軍已振旅而返。時梅沙卜特尼牙、庫兒特斯單、的牙佩売耳連年旱蝗，麻而哲西而克梅法而勒、毛夕里、哀而比而各城人煙殆絶，報達亦告饑。七年夏，又大雨雹。不賽因詢於教士，乃禁釀酒，逐娼妓，並免各城税賦。是年，埃及王遣木剌奚刺客三十人刺阿克桑柯兒及忽辛，皆不中。埃及使者至，出班欲殺之，爲阿里沙所阻。不賽因亦恐木剌奚人刺之，乃與埃及和，遣使告埃及王：

二，勿遣木剌奚人行刺；二，兩國逃人，彼此皆不交出；三，勿令阿剌比犯蒙古屬地；四，兩國通商；五，赴麥喀禮拜，兩國各用國旂爲識。」

至治三年，及埃及平。先是，出班子帖木兒塔失在羅馬，密與埃及約，助其舉兵。出班聞而大恐，即告不賽因自往捕之。是年冬，出班以兵至，帖木兒塔失欲拒戰，衆不可，乃上謁。出班囚之，誅其左右數人，不賽因宥不問，仍使守羅馬。

四年，阿里沙卒。前此管財賦官，皆不得其死，獨阿里沙終於位。不賽因既長，漸忌出班權重，鬱鬱不樂。出班不以爲意，其子狄馬世克火者心不能平。是冬，出班恐東邊不靖，自赴呼拉商，與洛肯哀丁、愛而倫赤、伊生庫特洛克、阿里巴的沙之弟穆罕默特同行，狄馬世克在內益縱恣不法。

泰定二年，不賽因在報達，有告狄馬世克姦奪平民者，不賽因不悅。

三年，不賽因回蘇爾灘尼牙，狄馬世克阻羣臣上謁，不賽因愈怒。有告狄馬世克與鄂爾呼圖侍妾空庫台有逆謀，不賽因命捕空庫台鞫之，未獲。時蘇爾灘尼牙戮羣盜，獻首於不賽因，令人僞云此出班等之首，已在海拉脱伏誅。狄馬世克聞之〔四〕，改服出城而逸，追至中途殺之，懸首國門。

不賽因既殺狄馬世克，即密告愛克倫赤、伊生庫特洛克等，令殺出班，並言已遣兵攻

其子帖木兒達失。愛克倫赤等素服出班，同至八脱吉思，見出班，白其事，願助出班舉兵。出班與其子忽辛謀，忽辛曰：「計惟一戰，然諸將不足恃，當先殺之。呼拉商我所轄，克兒漫、法而斯之庫藏可以取給，帖木兒達失已在羅馬，賽因克穆罕默特已在角兒只，四面合攻，不足懼也。」出班不從，但殺洛肯哀丁等七十人。

時不賽因已令蘇納台、阿兒巴的沙、得勿來特沙討出班，自駐於可費斯音爲後援。出班進至西模囊，使教士往見不賽因謂：「我不但爲王效力，並爲先王效力，又無過失。狄馬世克有罪當誅，不必寬恕，但不可株連其父與弟耳。又聞殺狄馬世克非王命，乃他人所爲。請王察之。」教士勸不賽因罷兵。不賽因曰：「出班自來，吾當返旆。」然爲諸將所尼。

出班乃進兵，是夜，有大將率三萬人投於不賽因。明日，出班退走，愛克倫赤、伊生庫特洛克尚從之，而麾下兵已散去。出班至撒喹，見其妻凱而圖領、薩諦伯，令攜其子布卜而牙失歸於不賽因，自攜前妻杜倫第公主之子赤老罕奔於塔八斯，從者僅十七人。欲入突而基斯單，又改計入海拉脱。或勸其來中國及奔印度，皆不從。海拉脱酋基亞特丁待出班甚厚，後得不賽因書，命殺之，許以凱而圖領下嫁，且割地與之。基亞得丁使人持其書示出班，言：「蘇爾灘之命不能違。」出班父子相持而哭，請全尸以死，以一指有長甲爲證據。又謂：「赤老罕尚幼，請送於蘇爾灘；又麥地拿造一墓，請葬於此地。」

遂自縊。

是年，基亞特丁入朝，聞不賽因已娶報格達克，甚懼，乃令人回海拉脱殺赤老罕。報格達克者，狄馬世克之女，嫁賽克喀山，爲不賽因所奪者也。報格達克有寵，不許基亞特丁返國，令俟出班父子喪至。既至，以禮殮之，葬於麥地拿。不賽因先至麥喀，繞黑石殿三周以祈福焉。

不賽因既平出班之亂，以拉施特哀丁之子結牙特丁及阿來哀丁分總財賦，旋以結牙特丁爲相，勸農興教，境内大治。先是，阿里沙構飛語，謂合兒班答爲拉施特哀丁毒死，證成其罪。拉施特哀丁腰斬，梟首通衢，分其手足傳示各部，並戮其子火兒質拉兒。拉施特哀丁年已八十，時人皆冤之。至是，其二子復蒙任用焉。

四年，察合台後王以兵掠呼拉商，命守將納林秃垓禦之。其人與海拉脱酋不協，不賽因命納林秃垓勿預海拉脱事。不聽命，乃遣母弟阿里巴的沙代之。納林秃垓不悦，揚言呼拉商並無軍事，阿里巴的沙中途而返。不賽因仍使往呼拉商，阿里巴的沙怏怏，遂謀叛，不待命而歸。其母哈赤可敦與不賽因皆遣使止之，又不從。遣囉魯火者率兵往，阿里巴的沙部將不從叛，執阿里巴的沙以歸。不賽因以哈赤可敦之言，宥其死，使塔失帖木兒代赴呼拉商。納林秃垓思入朝，殺結牙代丁。事覺，捕之。納林秃垓脱走，遣囉魯追斬

之。以賽克阿里爲呼拉商大將。

不賽因晚年，外任結牙代丁，内惟聽報格達克之言，別將無當意者。後至元二年卒。遺命立阿里不哥四世孫阿兒帖爲嗣，薩諦伯公主之婿也。明年爲貝杜孫穆薩所廢。是時，將相争權，境内大亂。有兩大將剖分其國：一爲出班之後，一曰胡信，爲則來耳汗。胡信爲大哈散，出班之後爲小哈散。未幾，大哈散立穆罕默特爲汗，小哈散又立薩諦伯公主爲女汗。出班死，薩諦伯改嫁阿兒帖，又嫁蘇力門。薩諦伯卒，蘇力門嗣爲汗。繼蘇力門者曰奴捨而萬。大哈散立穆罕默特，三年卒。又立托克帖木兒。穆罕默特，旭烈兀之五世孫。托克帖木兒，朮赤裔孫也。繼托克帖木兒者曰赭汗帖木兒，蓋喀圖之孫也。奴捨而萬之後，國事皆決於則來耳汗。於是則來耳、色爾必達耳、馬札非耳三族彼此争奪，後皆爲駙馬帖木耳所滅。

史臣曰：旭烈兀屠報達，剗天方祖國，然其曾孫合贊卒奉穆罕默特之教。何則？從其國俗，則上下相安。自阿八哈以後，篡奪頻仍，至合贊而亂始定，以民心之歸附也。君子易政而不易教，有以夫！

【校勘記】

〔一〕「爲祟」原作「爲崇」，據文意改。

〔二〕「沙特而哀丁」，原作「沙特兒哀丁」，據上文改。下文三「沙特而哀丁」同。

〔三〕「庫兒迭失」，原作「庫爾迭失」，據上文改。

〔四〕「狄馬世克」，原倒作「狄世馬克」，據上文乙正。下文「不賽因既殺狄馬世克」同。

新元史卷之一百一十　列傳第七

太祖諸子五

拖雷下阿里不哥　藥木忽兒　撥綽　牙忽都　末哥

闊烈堅也不干

阿里不哥，拖雷第七子，世祖同母弟也。

憲宗伐宋，命世祖分兵趨鄂州，以阿里不哥留守和林，孛魯歡、阿藍答兒輔之。憲宗崩，以序以賢，世祖當立。先是，世祖受關中分地，阿藍答兒爲行省，鉤考陝西、河南財賦，多所譴責，事具《世祖本紀》。至是，阿藍答兒恐世祖追論其罪，乃與渾都海、脱火思、脱里赤等謀立阿里不哥。

中統元年，世祖即位於開平，阿里不哥亦僭號於和林城西按坦河，太宗後王海都，憲宗後王阿速帶、玉龍答失、昔里吉，察合台後王阿魯忽，曲里堅子阿而喀台，旭烈兀子出木

哈兒等，及拔都母庫托克台可敦皆附之，獨斡赤斤大王謂世祖應嗣大位。初，憲宗留輜重於六盤山，以大將渾都海守之；又分兵戍東、西川，其將爲怯的不花、明里火者等，皆與阿里不哥通。阿里不哥使霍魯歡、劉太平行省於關右，藉以抗命。詔宣撫使廉希憲執霍魯歡、劉太平殺之，尸諸市，並誅怯的不花於東川，明里火者於西川。於是渾都海舉兵應阿里不哥。阿藍答兒自和林援之。世祖遣使諭阿里不哥。不奉命，殺諸王阿畢世喀，引兵而東，以出木哈兒、合剌札爲前鋒，遇世祖所遣亦孫哥之軍，一戰而潰。

是年冬，車駕至和林。時阿藍答兒、渾都海已伏誅，阿里不哥駐謙謙州，知不敵，遣使歸命，請俟馬肥入覲，且云願約伯勒克、旭烈兀、阿魯忽三王同入朝。世祖允之，命速來，勿俟三王，以亦孫哥守和林待之。車駕還開平，遣散餘軍。

二年秋，阿里不哥至和林，僞言歸順，出不意突攻亦孫哥，敗之，遂據和林，乘勝踰漠而南。帝聞警，亟徵兵，自將禦之。冬十一月壬戌，戰於昔木土淖爾。國王塔察兒爲左翼，親王合丹、駙馬納陳爲右翼，親王撥綽將中軍，斬其將合丹豁爾赤，阿里不哥大敗。敕勿窮追，俟其悔悟。阿里不哥見無追兵，越十日，回兵再戰於阿兒忒之地。自旦至晡，勝負未分，而阿里不哥退走。是時阿魯忽引兵至忽只兒之地，殺阿里不哥守將唆羅海，將歸命於世祖。阿里不哥因是亟引而西，欲攻阿魯忽，道過和林，不守而去。帝撫定和林，免

其今年賦稅。十二月，車駕還大都。

三年，阿里不哥之將哈剌不花與阿魯忽戰於布剌城及賽剌木漳爾，兵敗，哈剌不花没於陣。阿魯忽恃勝輕敵，還駐亦剌八里，遣散其兵。未幾，阿速帶率第二軍繼至，入自鐵門，陷阿力麻里城，阿魯忽敗走，踰天山而南，至兀丹、乞思合兒。

四年，阿里不哥兵復至，阿魯忽迎戰於渾八升，又敗退至撒馬爾干。阿里不哥亦北還。其將士以阿里不哥多殺阿魯忽之衆，自戕蒙古同類，羣議其非。玉龍答失已反正，駐阿爾泰山。於是阿里不哥部衆多往投之。時天山南北户口逃亡，餱糧無所出。阿里不哥饑困，恐阿魯忽乘其勢弱來攻，乃使合剌旭烈兀妃倭耳干納偕馬思忽惕往議和。海都附阿里不哥攻阿魯忽，又爲所敗。

阿里不哥失援，勢益蹙。至元元年正月，遣使乞降。帝預敕近邊，和糴以餉其衆。秋七月庚子，阿里不哥與玉龍答失、阿速帶、昔里吉至京師入謁。帝熟視無言，既而哭，阿里不哥亦哭。帝曰：「試據理言之，我兄弟二人孰應嗣大位？」阿里不哥曰：「昔日我爲是，今日汗爲是耳。」諸王阿濟格謂阿速帶曰：「殺我兄弟阿畢世喀，非汝耶？」阿速帶曰：「此奉阿里不哥之命。今我臣服於汗，若汗命殺汝，我亦不能不從。」世祖禁止其争，命阿里不哥坐於諸子之列。次日，使四親王、三大臣鞫其諸將。阿里不哥自引僭號抗命之罪，與諸將

無與。其部將最長者爲秃滿，奮然曰：「是我等之謀。請勿罪阿里不哥，而置我等於刑。」帝奬其忠，復詰阿里不哥。乃曰：「孛魯歡、阿藍答兒二人勸我：先帝已崩，兩兄將兵在外，我爲留守，義當嗣立。」於是誅孛魯歡、忽察、秃滿、阿里察、脱忽思等凡十人。諸王大臣議免阿里不哥、阿速帶之死，請告於旭烈兀、伯勒克、阿魯忽諸王，俾審議以聞。旭烈兀，伯勒克咸是廷議，阿魯忽則謂未受朝廷册命，不置詞。

三年，阿里不哥卒於大都。四子：曰明理帖木兒、藥木忽兒、乃剌忽不花、剌甘失甘。

明理帖木兒，初從海都叛。大德十年，始棄察八兒降於武宗。明年正月，從安西王阿難答入朝。成宗崩，伯岳吾皇后與左丞相阿忽台等謀立阿難答，仁宗執殺阿忽台，廢伯岳吾皇后。明理帖木兒黨於阿難答，帥衆抗命。兵敗，執送上都，與阿難答同賜死。曾孫阿兒帖，嗣旭烈兀後王不賽因之汗位。

藥木忽兒，至元八年從皇子北平王那木罕備北邊，駐阿力麻里。十四年，諸王脱黑帖木兒與藥木忽兒及玉龍答失之子撒里蠻，合謀劫北平王，執之，並械繫丞相安童，挾河平王昔里吉以叛，執益蘭州等五部斷事官劉好禮，盡據嶺北之地。諸王叛者相屬。

秋七月，丞相伯顔視師和林，與昔里吉、藥木忽兒戰於斡魯歡河。相持既久，伯顔伺其懈擊敗之。兀魯兀特將哈答窮追昔里吉、藥木忽兒至野孫河，昔里吉、藥木忽兒遁走乞

兒吉思。

先是，斡魯歡河之戰，伯顏奪脱黑帖木兒輜重，昔里吉不能援，脱黑帖木兒怨之，遂附於撒里蠻，使告海都、忙哥帖木兒，且脅藥木忽兒從之。藥木忽兒與之戰，獲脱黑帖木兒，藥木忽兒勸昔里吉殺之。脱黑帖木兒善戰，好乘白馬，謂戰血濺白馬，如婦人之施朱也。

脱黑帖木兒死，撒里蠻失援，昔里吉執送於朮赤後王寬徹，爲其舊部所奪回，攻昔里吉、藥木忽兒，獲而執之，獻於朝。經斡赤斤後王分地，受藥木忽兒賂，劫之去，僅以昔里吉來獻。

藥木忽兒旋附於海都。元貞二年秋，與昔里吉之子兀魯思不花俱來降。明年正月入朝，成宗大悦，爲之改元肆赦，命藥木忽兒屯田和林，與晉王甘剌麻同禦海都，率阿速千户玉哇失敗海都兵於巴阿鄰之地。

大德三年，封定遠王，賜鎏金銀印龜紐。九年，改威定王，换金印駝鈕。至大元年，進封定王。三年，設王府官如例。尋卒。

子薛徹干嗣。至治三年，泰定帝即位，授以其父金印。泰定三年，又增置定王總管府。

乃剌忽不花子孛羅，大德六年以誣告濟南王，謫於四川八剌軍中自效。七年，以破賊

有功，徵詣京師。十年，封鎮寧王，賜金印。延祐四年，進封冀王。

剌甘失甘子那海，亦封鎮寧王。

撥綽，拖雷第八子，亦譯爲不者克，又作哈必赤。母曰乃馬真氏。驍勇善射。從拔都征奇卜察克。其别部酋八赤蠻爲大軍所敗，遁去，竄於亦的勒河林麓中，轉徙無常。憲宗以與撥綽各率小艦百艘，艘載百人，窮搜兩岸。見一老婦，詢之，知八赤蠻已遁入海島。無舟楫，將返，忽大風起，捲海水去，大軍遂徒涉至島中，生獲八赤蠻。八赤蠻請憲宗手刃之，憲宗命撥綽斬之，旋師而東。撥綽與諸王昔班、不里再侵乞卜察克之蔑里姆部，論功以撥綽與速不台居最，賜號拔都兒。

中統元年，阿里不哥僭號和林，其將阿藍答兒率所部西與渾都海兵合。世祖命撥綽與諸王合丹督便宜總帥汪良臣往討，大敗之，斬阿藍答兒、渾都海。

明年冬，阿里不哥渡漠而南，撥綽從車駕親征，敗阿里不哥於昔木土淖爾，追北五十里。阿里不哥遁去。

又明年，賜行軍印及金、銀海青符各二，總諸軍討李璮。璮退保濟南。築長圍困之，自四月至於七月，城破獲璮，縛至帳前磔之。

至元三年，賜金素幣及銀鈔。未幾，卒。子薛必烈傑兒，早卒。

薛必烈傑兒子牙忽都，年十三，世祖命襲其祖父之位。

至元十二年，從北平王備邊於北庭。河平王昔里吉有異志，誘牙忽都，不從，益謹事北平王。八魯渾拔都兒粘閭與海都通，率所部引去，北平王遣牙忽都追禽之。明年，藥木忽兒等執北平王奉昔里吉以叛，囚牙忽都。牙忽都與那台等謀逃歸，又爲所覺，那台等皆死，復囚牙忽都，困辱備至。

十四年，丞相伯顏討昔里吉等，戰於斡魯歡河。牙忽都潛結赤斤帖木兒，亂其陣，因得脱走。至京師，鬚髮盡白。世祖憫之，賞賚甚厚。

明年，與土土哈討海都。牙忽都邏得諜者，知虛實，先登陷陣，破其精兵。海都遁，奪還俘口，以功賜鈔、幣、鎧甲、弓矢。

二十四年，乃顏叛，遣使誘河間王也不干。也不干應之，引兵東趨太祖大斡兒朵。時北安王再出防邊，駐軍帖木兒河，遣親王闊闊出、指揮土土哈等率衆追之。牙忽都將三百騎，進至阿赤怯之地。時怯必禿忽兒霍台誘蒙古軍二萬從乃顏，牙忽都知之，夜襲其營，突入帳中，遇忽都滅兒堅，幾獲之，間道逸去。

二十七年，海都入寇。時朵兒朵哈方守大斡兒朵，詔牙忽都同力禦之。軍未戰而潰，牙忽都妻子及輜重悉爲藥木忽兒、明理帖木兒所掠，獨與十三騎奔還。世祖優加撫慰，封

鎮遠王，賜鎏金銀印，妻以翁吉剌氏女，並厚賜貲裝。復命納里忽、徹徹不花撫其部衆之被掠者。以籍没桑哥之家財賜之，仍各賜白金五十兩、珠一巵，鈔幣稱是。又命牙忽都守北安王第二斡耳朵。王卒，帝命掌大斡耳朵，固辭。

成宗即位，武宗以懷寧王撫軍漠北，命其子脱烈帖木兒從。五年，海都、篤哇入寇，大戰於迭怯里古哈剌哈塔之地，王師失利，脱烈帖木兒翼衛武宗力戰，功多。

成宗崩，安西王阿難答、明理帖木兒謀奉伯岳吾皇后稱制，牙忽都以正義折之。武宗入繼大統，以其父子忠勤，未改元即進封牙忽都楚王，賜金印，置王傅，以叛王察八兒親屬賜之，仍令脱烈帖木兒襲封鎮遠王。

至大三年六月，察八兒歸命入朝，武宗告祀太廟，大宴宗親。牙忽都即席言曰：「昔我成吉思可汗戡定三方，惟南服未平。至薛禪可汗，始混一四海。獨宗室諸王弗克同堂而燕。賴天之靈及陛下神武，拔都汗之裔首先效順，今察八兒又舉族來歸。人民境土悉爲一家，地大物衆，有可恃者，有不可恃者。臣聞成吉思可汗有訓，薛禪可汗誦之：『理亂絲者斷以刀，櫛亂髮者束以繩，治亂國者齊以法；所以辨上下，定民志。』今末大不掉，僭亂屢作，因循不改，民將生心。乞畫一法令，俾有所懲勸。」武宗及諸王皆改容竦聽焉。

牙忽都卒，仁宗命脱烈帖木兒嗣楚王。延祐中，明宗出鎮雲南，行次延安，王府常侍

教化等與行省丞相阿思罕密謀擁戴。事敗，脱烈帖木兒坐累，徙吐番，没家貲之半。及明宗即位，詔曰：「脱烈帖木兒何罪？其復王封，人民財産悉歸之。」卒，子八都兒嗣。

八都兒三子：曰燕帖木兒，曰速哥帖木兒，曰朵羅不花。八都兒卒，燕帖木兒嗣。

末哥，拖雷第九子。

定宗崩，末哥與拔都等定議立憲宗。從憲宗伐宋，末哥别將一軍，由洋州入米倉關，承制得便宜行事，速哥、李庭諸將咸受節制。

憲宗崩於合州，時世祖方圍鄂，末哥密使以凶問來告，且請北還。世祖班師至衛州，遣趙良弼如京兆，訪察秦蜀人情向背。良弼還報，稱末哥獨竭心翼戴，可以六盤及東西川軍事委之。世祖即位，推恩宗室，賜末哥銀三千五百兩。未幾，卒。

子昌童嗣。初，末哥賜印，稱「皇弟之寶」。中統二年，封昌童永寧王，改其父玉寶爲金印焉。大德四年，坐誣告濟南王，謫劉國傑軍中自效，以討賊有功，徵還。卒，子伯帖木兒嗣。至治三年，以不法，命宗正府及近侍鞫其王傅之罪。卒，子伯顔帖木兒嗣。

闊列堅，母忽蘭皇后，有寵。太祖愛闊列堅，視如嫡子。太宗七年，從拔都伐斡羅斯，中流矢卒。

四子，長曰忽察，嗣父封。卒，子忽魯歹嗣。至元二年封河間王，從皇子那木罕屯阿力麻里。昔里吉劫那木罕以叛，忽魯歹自拔來歸。卒，子也不干嗣。二十一年，那木罕再鎮北邊，屯塔密兒河上，也不干從。二十四年，乃顏叛，也不干率所部東走應之。駙馬潤里吉思、大將土土哈疾追七晝夜，及於孛怯嶺，大敗之。也不干奔客魯漣河。土土哈收其餘衆，沿河而下，遇叛王也鐵哥，擊敗之，禽叛王。哈兒魯、乞卜察克、康里等部新附之民，至是來歸。明年冬，也不干入寇，卜都馬失、塔不台、忽剌忽、阿塔海等先後敗之。未幾，爲千户答答呵兒所獲，伏誅。

太祖諸幼子：曰察兀兒，曰木兒徹，曰兀魯察，俱早卒。

史臣曰：《春秋傳》曰：「緩追逸賊，親親之道。」世祖待阿里不哥，其合於《春秋》之義乎？或謂開平即位，背先朝之家法，故和林拒命，無以罪之。然桓公殺糾，太宗殺建成、元吉，推刃之時，曾無顧忌。嗚呼！視世祖何如哉？

新元史卷之一百十一　列傳第八

太宗諸子

合失海都　察八兒　闊端太子只必帖木兒　別帖木兒　脱脱木兒　闊出太子失烈門〔一〕　哈剌察兒　滅里阿魯輝帖木兒〔二〕　合丹

太宗皇帝七子：孛剌合真皇后生合失，乃馬真皇后生定宗，乞兒吉思皇后生闊端，次闊出，次哈剌察兒，並不詳其母氏族。業里乞納妃子生滅里。庶長子合丹，其母氏族亦佚。

合失，生於太祖十年，嗜酒早卒。蒙古謂西夏曰河西，合失與河西音相近。及卒，左右諱言河西，惟稱唐古特云。

子海都。憲宗二年，定太宗諸子封地，以海押立之地分海都。海都自以太宗嫡孫，不

嗣大位，心常鞅鞅。

中統初，阿里不哥僭號和林，海都附之。及阿里不哥歸命，海都仍自擅於遠，屢徵入朝，皆以馬瘦道遠爲詞。又權譎多智略，善於籠絡，朮赤後王貝勒克等咸與之善，太宗分地在葉密立河上者，亦多爲所有。

至元三年，察合台孫阿魯忽卒，其妃倭耳干納立前王合剌旭烈兀之子謨八里克沙，年少。其從父博拉克在朝，世祖命歸國輔之，欲藉其力以制海都。博拉克廢謨八里克沙而自立。是時，朮赤曾孫忙哥帖木兒奉朝命伐海都，與之相持。博拉克侵其分地，海都乃乞和於忙哥帖木兒，與博拉克戰於昔剌河，敗績。忙哥帖木兒助以兵，回攻博拉克，勝之。太宗諸孫乞卜察克爲之和解，兵始罷。而布哈兒等地，海都亦得分其歲入。已而博拉克西攻阿八哈，海都又助以兵。既渡阿母河，海都兵即引還。

至元十一年，察合台後王托喀帖木兒卒，海都輔立博拉克之子篤哇。由是篤哇德之，舉國以從海都，始顯背朝命，使其將帖木迭兒南侵畏兀兒之地。

十二年正月，敕追前所賜海都、博拉克金銀符三十四。初，世祖命北平王那木罕駐阿力麻里，以禦海都，復命丞相安童輔之。是時，昔班使於海都，諭使罷兵入朝。海都聽命，已退兵，而安童襲叛王禾忽部曲，盡獲其輜重。海都懼，將遁。適托喀帖木兒等劫北平王

奉昔里吉以叛，使通好於海都。海都不納，而自置行營於阿力麻里，侵略天山南北，闊列堅後王八八等皆應之。世祖先後命都元帥忽必來、别速台及萬户綦公直分戍兀丹、别失八里，受諸王合丹、阿只吉節度，仍置别失八里、火州、兀丹等處宣慰司，改畏兀斷事官爲北庭都護府。

十九年，海都將玉論亦撒寇兀丹，宣慰使劉恩設伏敗之。明年，海都遣八八以三萬人至，總管旦只兒别將破其衆，拔亡卒二千餘人以出，度衆寡不敵，乃引還。

二十一年，諸王牙忽都與土土哈邏得海都諜者，審知虚實，敗其精兵，海都遁。

二十三年，海都、篤哇連兵入寇，諸王阿只吉、西平王奥魯赤拒戰，失利。於是丞相伯顔奉命代阿只吉總北庭軍。秋，海都、篤哇寇别失八里，綦公直與屯田總管李進俱爲所獲。

二十四年，乃顔叛於遼東，遣使陰結海都，許爲犄角。世祖命伯顔宿重兵於和林以扼之。

明年正月，海都寇西邊。六月，其將暗伯著暖犯業里干淖爾，管軍元帥阿里帶卻之。九月，篤哇入寇。冬，海都再入寇，大將拔都也孫脱戰没。

二十六年，皇孫甘麻剌與海都戰於杭海山，失利。土土哈力戰，翼甘麻剌以出。時和

林宣慰使怯伯等皆叛應海都，漠北大震。秋七月，世祖親征。海都聞車駕將至，遁去。二十七年，海都又入寇。

二十九年，有譖伯顔通於海都者，詔以玉昔帖木兒代之，未至，而海都復入寇。伯顔欲誘其深入，一戰禽之，且戰且卻，凡七日。諸將咸以爲怯，有後言。伯顔回軍擊敗之，海都竟脱去。

是年秋，土土哈略地金山，俘海都所部三千餘户，師還，詔進取乞兒吉思。明年春，師次謙河，盡收益蘭州等五部之衆，屯兵守之。海都引兵來争，虜禿合思之部衆，土土哈敗之，禽其將孛羅察。海都自乞兒吉思引還，又爲指揮玉哇失所敗，自是海都因北庭有重兵，乃擾西番以圖牽制。

大德元年，土土哈子牀兀兒率大軍踰金山，略巴鄰之地，敗海都將帖良台於答魯忽河，追奔五十里，盡獲其駝、馬、廬帳。還次阿雷河，遇海都將孛伯以精騎來援，陣於高山。牀兀兒渡河仰攻；敵騎逼於險，多顛踣，兵遂大敗，孛伯僅以身免。

二年冬，篤哇、徹徹禿潛兵襲合剌合塔之地，牀兀兒又敗之。然是年防秋諸將不設備，敵奄至，駙馬闊里吉思以兵敗被執。

四年八月，海都子禿曲滅、斡羅思入寇，牀兀兒敗其衆於闊克之地，追北踰阿爾泰山。

武宗躬擐甲冑，與海都戰於闊列別，敗之。

五年，海都、篤哇大舉踰金山，欲犯和林。武宗率諸將禦於康孩。八月朔，與海都戰於帖怯里古之地，牀兀兒擊卻之。越二日，海都悉衆復至，大戰於合剌合塔，大軍失利。明日，復戰。大軍分五隊，宣徽使月赤察兒將其一。鋒始交，前軍稍卻。月赤察兒怒，被甲持矛陷陣，諸將從之，出敵軍之背，敵始斂退。時牀兀兒及駙馬阿失別將與篤哇戰於兀兒秃之地，以精騎衝之。阿失射篤哇，中膝，篤哇號哭而遁。是役也，海都雖勝，未大得志，又受傷患腰痛，未幾而死。

海都六子：曰察八兒，曰烏魯斯，曰塔兒合孫，曰秃曲滅，曰薩兒班，曰阿拔干。或云有四十子。一女，名庫徒倫，常從其父於軍中，有幹略。海都死，庫徒倫思襲其位，諸將不從，又欲立其弟烏魯斯。

篤哇以己之得國由於察八兒，遂援立察八兒。自海都叛，金山南北不奉正朔者垂五十年。及篤哇附之，益爲邊患。然叛衆亦疲於奔命，不得休息。至是，篤哇與察八兒、明理帖木兒等議曰：「昔我祖成吉思汗艱難創業，我子孫不能安享其成，連年構兵，以相殘殺，是自墮祖宗之業也。今鎮北邊者，乃我世祖之嫡孫，吾誰之與争？且前與土土哈戰，弗能勝，今與其子牀兀兒戰，又無功，惟天惟祖宗意可知矣。不如遣使請命，罷兵修好，庶

無負於成吉思汗所望於我子孫者。」乃以大德七年七月，納款於武宗。武宗與月赤察兒議，機不可失，先許之，隨以事聞。成宗命置馹於北邊，以待其來。十一月，遣諸王滅怯禿、月魯帖木兒使於察八兒，撫慰之。八年八月，察八兒、篤哇俱遣使來朝。十年，使還，賜以銀鈔。

是年，察八兒與篤哇構釁，既而議和。篤哇乘其不備攻之，武宗亦踰阿爾泰山，追海都子斡羅思，獲其妻孥輜重，執叛王也孫禿阿、駙馬伯顏。遂與月赤察兒進至額兒的失河，招叛王禿滿、明理帖木兒、阿魯灰等來降。察八兒部衆潰。月赤察兒遣别將追之，掩襲察八兒之營帳，察八兒僅以三百騎奔於篤哇。

未幾，篤哇卒，三易汗，至其次子怯伯。察八兒與其弟塔克察兒、禿曲滅及斡羅思數子合謀攻怯伯，爲怯伯所敗。至大三年六月壬申，始來朝。禿曲滅中途爲怯伯部人所殺。初，世祖有命以海都分地五户絲存於府庫，俟其來降賜之。至是，尚書省以聞。武宗曰：「薛禪可汗慮遠如此，待諸王朝會頒賞畢，卿等備述其故，然後與之。」及察八兒等至，告祀太廟，設宴廷中，宗王大臣服只孫就列，知樞密院事康里脱脱即席，陳西北諸藩始終離合之由，去逆效順之義。察八兒等聽之，皆懾伏。海都分地盡爲察合台後王所並，察八兒無所歸。延祐元年，賜以一歲糧，俾屯田自贍。明年，封汝寧王。卒，子完者帖木兒嗣。

泰定元年，孫忽剌台嗣。泰定帝崩於上都，燕鐵木兒迎文宗至大都立之。忽剌台奉上都命，自嶂州入紫荆關，以討燕鐵木兒，敗阿速衛指揮脱脱木兒於良鄉，轉戰至蘆溝橋，兵潰，退至馬邑，爲元帥也速答兒所執，送上都見殺。

闊端太子，太宗第三子。太宗七年，分兵三道伐宋，闊端將大軍由秦、鞏入蜀。冬十一月，攻石門，金將汪世顯來降。時金亡已二年，都總管郭斌據金、蘭、定、會四州，堅守不下。闊端命裨將按竺邇攻拔會州，斌死，三州亦降。遂入宋沔州，獲其知州高稼。明年，大舉伐蜀，闊端自率汪世顯等出大散關，分兵命諸王末哥率按竺邇等出陰平會於成都。九月，闊端與宋利州統制曹友聞戰於陽平關，覆其師，招降利州、潼川等路。冬十月，遂入成都。十一年，師還，成都復爲宋守。又二年，闊端復遣汪世顯、按竺邇等襲克之。

乃馬真皇后稱制，闊端開府西涼，承制得專封拜。用河西人高智耀言，除儒人役籍。未幾，卒。五子：曰滅里吉歹，曰蒙哥都，曰只必帖木兒，曰帖必烈，曰曲烈魯。

滅里吉歹子也速不花，至元元年賜印。明年，率所部戍西番，累戰有功。二十五年十二月，也速不花以昔烈門叛，甘肅行省官與闊列堅後王八八、拜答罕、駙馬昌吉合兵討之。

也速不花等自縛請罪。獨昔烈門西走，追至朵郎不帶之地，獲之，送於京師〔三〕。

蒙哥都，翼戴憲宗有功，分其父闊端西涼府迤西之地，命侍其祖母乞兒吉思皇后居之。憲宗八年，從伐蜀，攻渠州禮義山，不克。中統初，又奉命征雲南。

子亦憐真。二十七年，章吉寇甘木里，亦憐真與諸王出伯、拜答罕等合兵擊走之。元貞二年，從晉王甘麻剌駐夏客魯漣之地。大德元年正月，入朝，卒於中途，賻帛五百匹。

只必帖木兒，中統初歸心世祖。阿藍答兒、渾都海叛於甘、涼，掠只必帖木兒輜重。只必帖木兒率所部就食秦、雍。二年，西番酋火都叛，詔只必帖木兒與李庭討禽之。是時，只必帖木兒專閫河西，其部下頗暴横，行省郎中董文用輒以法裁之，有言其用管民官太濫者。至元二年，詔省併其管民官。九年，改中興路行尚書省復爲行中書省，仍令只必帖木兒設行省斷事官。是年，築新城，賜名永昌府，尋升爲路，降西涼府爲州隸之。自此人稱爲永昌王。十二年，從西平王奥魯征北番。十四年二月，奏永昌路駰百二十有五，疲於供給，至質妻孥以應役，詔賜鈔贖之。十七年四月，請設投下官，不從。二十年，請括常德路分地民户，又請於分地二十四城自設管課官，亦不從。又請立拘榷課税所，其長從都省所用，次則王府差設，從之。朝廷嘗收其西涼州田租入官，至大三年，以只必帖木兒老且貧，仍以西涼州田租賜之。尋卒。

曲烈魯子別帖木兒，延祐初襲諸父只必帖木兒之位。四年閏四月，封汾陽王，賜金印駝紐。子也速也不干，泰定元年九月，進封荆王，賜金印獸紐。嘗占駙馬鎖南管卜分地，駙馬愬其事。四年，命行省閱籍正之。泰定帝崩，文宗自立於大都，陝西諸王及行臺官起兵勤王。御史大夫也先帖木兒從大慶關渡河，下河中；靖安王闊不花入潼關，進據虎牢；鐵木哥入武關，克襄陽及鄧州。也速也不干駐河南府之白馬寺，節度諸軍，勢張甚。既而齊王月魯帖木兒襲陷上都，文宗遣使放散西軍，闊不花械其使送於別帖木兒。俄知上都定不守，乃解甲西還。至順初，諸王禿堅等起兵雲南，也速也不干從鎮西武靖王搠思班討平之，諸軍北還。也速也不干與諸王鎖南以所部留鎮一年，以防反側。是年，使其子脱火赤入朝，再貢犛牛。後至元元年，卒。

子脱火赤襲荆王，賜金印，三年卒。

弟脱脱木兒嗣，仍命脱火赤妃忽剌灰同掌奥魯思事。明年十二月庚戌，加脱脱木兒元德上輔廣中宣義正節振武佐運功臣。卒，無子。至正三年七月，中書省奏：「闊端分地接連西番，自脱脱木兒卒，無人承嗣。達達人口畜牧，時被西番劫奪，甚不便。」遂以其地置永昌等處宣慰司都元帥府治之。

闊出太子，太宗第四子。太宗七年，三道伐宋，闊出與諸王忽都禿、嗣國王塔思由中道，以粘合重山軍前行中書省事輔之。冬十月，拔棗陽，遂徇襄、鄧諸州，入郢州，大掠而還。明年冬，卒於軍中。

子失烈門，自幼爲太宗所愛。定宗崩，斡亦剌海迷失皇后欲立之。親王拔都等定議立憲宗。憲宗即位，皇后與失烈門之母厭禳，事覺，賜死。失烈門與定宗之二子忽察、腦忽亦以謀作亂，訊鞫得實，謫失烈門爲探馬赤。世祖方用兵大理，請以失烈門自從，俾贖罪。後憲宗自將伐宋，仍投失烈門於水。

子孛羅赤。至元二年，分河南路屬州爲太宗位下四親王食邑，孛羅赤分得睢州。二子：曰合帶，曰阿魯灰。

合帶，至元二年七月封靖遠王，賜駝紐鍍金銀印。

阿魯灰，嘗從海都叛，大德十年偕諸王秃滿、明理帖木兒等來降，封襄寧王，賜駝紐金印。卒，無子。至大二年，以兄子也速不干襲爵。

哈剌察兒子脫脫。憲宗二年，析太宗西域分地與其子孫，脫脫得葉密里河上地。從憲宗伐蜀，留營帳於河西。中統初，爲渾都海所掠。二子：曰月別吉，曰沙藍朵兒只。

滅里子脱忽。昔里吉之叛，脱忽依違容納。至元十八年，爲諸王別里帖木兒所襲破。

子曰俺都剌。俺都剌二子：曰愛牙赤，曰秃滿。

秃滿，初附海都，海都死，與其子察八兒歸命於武宗，不即至，與篤哇相攻。大德十一年，武宗與月赤察兒乘間亟進，至也兒的失河，秃滿與明理帖木兒、阿魯灰等不意大軍猝至，俱來降。武宗即位，秃滿進所藏太宗玉璽，封爲陽翟王。秃滿子曲春。

曲春子太平。泰定元年，太平襲封賜印。天曆初，偕國王朵羅台與燕帖木兒戰於薊州檀子山，兵敗，爲唐其勢所殺。文宗以曲春子帖木兒襲封陽翟王。三年八月，入朝。卒，子阿魯輝帖木兒嗣。

阿魯輝帖木兒，性姦黠。惠宗初立，阿魯輝帖木兒欺其幼，曰：「天下事重，宜委宰相決之，庶可責其成效。若躬自聽斷，萬一差誤，將負惡名。」帝信其言，每事無所專決，以致姦臣竊柄，馴至亂亡，及汝、潁盜起，天下騷動。

至正二十年，阿魯輝帖木兒乘間擁衆二十萬，屯於木兒古徹兒之地，脅漠北諸王以叛，且遣使言於帝曰：「祖宗以天下付汝，汝何故亡其大半？汝自度不勝任，盍以國璽授我？我代汝爲之。」帝聞其言，神色自若，徐曰：「天命有在，汝欲爲則爲之。」仍降詔開諭，

俾其悔罪。不聽。乃命禿堅帖木兒等至稱海，發哈剌赤萬人討之。甫交綏，即棄仗奔阿魯輝帖木兒軍中，禿堅帖木兒單騎還上都。明年，更命老章以兵十萬討之，且令阿魯輝帖木兒之弟忽都帖木兒從軍，大敗其衆。其部將脱驩見勢敗，與宗王玉樞虎兒吐華等執阿魯輝帖木兒，獻於闕下。阿魯輝帖木兒臨死，駡不絶口。舊例：宗王有罪大故，用弓弦絞之，名曰賜死。至是，帝特命殺之，以忽都帖木兒襲封陽翟王。

合丹，太宗庶長子也。從拔都征奇卜察克，遂入斡羅思。大軍圍禿里思城，不下，拔都使合丹與不里助攻，拔而屠之。辛丑，分軍五道，攻馬加。合丹一軍，從莫而陶踰山，入脱蘭吾西而伐尼，選日耳曼六百人爲嚮導，西行至滑拉丁，爲馬加之要地，有内堡守禦甚固，惟城爲木城。大軍至即破之，俘戮無算。内堡仍堅守，軍退，堡人出居外城，大軍突返，皆殺之，以火炮攻陷内堡，老弱盡死。遂西攻生他馬斯城，殺戮亦如之。别將破札納忒城。又至丕勒克，先驅馬加人攻之，再驅斡羅斯及庫滿人繼之，而督以蒙古兵，積尸盈塹，踐之登城。攻七日，城陷。以屆秋收，下令不殺人，斂民賦供軍食。是年冬，合丹與拔都合兵渡禿納河，圍格蘭城，架炮攻之，護以木栅，並填塹以進。城人焚居室，守禮拜堂以拒敵，其將爲西班牙人，有勇略。相持未下，而太宗凶聞至。是時，合丹自率所部追馬加

王不剌不及，遂引兵與拔都東返。事具《拔都傳》。憲宗、世祖之立，合丹均有翼戴功。中統元年，禦阿藍答兒、渾都海於姑臧，獲而斬之。明年，從世祖征阿里不哥，戰於昔土木淖爾，阿里不哥敗走。未幾，合丹卒。子五人：曰睹兒赤，曰也不干，曰也迭兒，曰也孫脱，曰火你。

睹兒赤子小薛。元貞元年，平陽民訴小薛部曲恣横，遣官按問，杖所犯重者，餘聽小薛自責之。大德二年，招小薛所部流徙鳳翔者三百餘户，以潞州田二千八百頃賜之。皇慶元年，敕小薛部下，歸所占襄垣縣民田。

也不干子火郎撒。至大元年，封隴王，賜獸紐金印。

也孫脱，黨附海都。大德十年，武宗踰阿爾泰山，襲執之。

火你，又稱火你赤。子二人：曰咬住，曰那海。天曆元年，那海與齊王月魯帖木兒襲陷上都，得玉璽來上。

史臣曰：海都之叛，憲宗爲之也。世祖鑒於此，招攜懷遠，務存忠厚。成宗之待明理帖木兒，武宗之待察八兒，皆承世祖之遺訓，可謂得親親之道矣。

【校勘記】

〔一〕「失烈門」，原作「失列門」，據本書目録、卷六《憲宗本紀》及本卷正文改。

〔二〕「阿魯輝帖木兒」，原作「阿魯灰帖木兒」，據本卷正文改。

〔三〕「送於京師」，「於」字原重，據文意删重。

新元史卷之一百十二　列傳第九

定宗諸子

忽察腦忽　禾忽秃魯

憲宗諸子

班秃　阿速台　玉龍答失撒里蠻　徹徹秃　昔里吉兀露思不花　晃火帖木兒

定宗三子：長忽察，次腦忽，次禾忽。

忽察，以定宗長子覬覦父位，而衆望不屬。及拔都等定議立憲宗，忽察心不能平，謀作亂。憲宗即位，大會諸王，忽察與弟腦忽、從兄失烈門，藏兵車中，載以至。事覺，訊鞫得實，忽察、腦忽免死，安置於和林西失剌豁羅罕之地。忽察子完者也不干。腦忽無子。

禾忽，襲定宗大名路歲賜，故時稱大名王，其分地在葉密立，亦定宗潛邸之分地。阿里不哥僭號，脅禾忽從之，然禾忽實欲東覲世祖。中統三年，徙於忽只兒之地，與察合台後王阿魯忽，合兵拒阿里不哥。未幾，還葉密立。阿里不哥兵至，又徙於孛劣撒里，展轉至不剌城，留妻孥輜重於徹徹里澤剌山。阿里不哥將哈剌不花來襲，禾忽與阿魯忽合兵敗之，斬哈剌不花，函其首告捷。四年春，阿里不哥兵復至，禾忽與阿魯忽拒戰於渾八升城，失利。阿里不哥以糧盡引還，遂與禾忽、阿魯忽議和。五年，與諸王八剌同時賜帛六萬匹。海都叛，禾忽附之，爲丞相安童所襲，盡失其輜重。

子禿魯，至元九年從皇子西平王奧都赤征建都蠻，封南平王，賜龜紐銀印，仍賜金、銀符各五，及所部有功者三十五人銀鈔定，衛士人各馬三匹，從者一匹。明年，換駝紐鎏金銀印，命鎮守六盤山。及聞其父禾忽已附海都，即於十四年冬舉兵反。安西王遣鞏昌總帥汪惟正等西討，敗禿魯於武川，獲之。

憲宗四子，長班禿，次阿速台，次玉龍答失，次昔里吉。

班禿，憲宗七年與弟玉龍答失、昔里吉從車駕渡漠，至玉龍棧赤。八年，卒於吉河之南，無子。泰定三年，詔以憲宗明里忽都魯皇后守班禿營帳。

阿速台，初與玉龍答失、昔里吉俱附阿里不哥。察合台後王阿魯忽敗阿里不哥將哈剌不花，恃勝輕敵，還駐亦剌八里，不設備。阿速台率所部襲之，入自鐵門，奪其阿力麻里城。至元元年，從阿里不哥歸命至京師，世祖宥之。

玉龍答失，初附阿里不哥。中統末，阿里不哥失勢，部衆多棄之而從玉龍答失。阿里不哥藏憲宗玉璽，玉龍答失索取之。至元元年，奉璽來歸。世祖悦，賜印，並賞以先朝獵户。三年，以阿速台原賜衛輝路爲其分地。二子：曰撒里蠻，曰完澤。

撒里蠻，至元十四年從河平王昔里吉叛，已而相攻。十九年，執昔里吉來獻。世祖宥其罪，仍賜以地。

完澤，元貞二年賜印。九年封衛安王，賜金印。至大三年，進封衛王，换獸紐金印。完澤二子：曰徹徹禿，曰寬徹哥。

徹徹禿，至治二年奉命總兵北邊。是年十二月，封武寧王，賜駝紐金印。三年，泰定

帝入繼大統，命徹徹禿月修佛事於嶺北，以禳寇兵。泰定元年，命統其父完澤所部，給以衛王印。天曆元年，奉文宗命迎明宗於金山。明年，明宗即位於和林之北，遣徹徹禿與平章哈八兒禿自行在致命京師，立文宗爲皇太子。至順二年，以淮安路寧海州之朐山、贛榆、沭陽三縣爲徹徹禿食邑。進封郯王，換獸紐金印。明年，徙鎮遼陽。後至元二年，以江南太平路户鈔益徹徹禿歲賜。三年，又以完者帖木兒位下蘇州水田二百頃賜之。五年冬，爲丞相伯顏誣構，矯詔賜死。伯顏，蔑兒乞氏，其先世本隸於憲宗爲家奴。凡家奴稱主人曰使長，貴賤不易其稱。徹徹禿爲憲宗曾孫，伯顏見徹徹禿宜稱使長。至是，怒曰：「吾位極人臣，豈尚有使長？」遂誣奏徹徹禿謀爲不軌，殺之。是日，大風霾，廷臣皆冤之。脱脱爲右丞相，始奏雪其冤，復爵邑。

寬徹哥，至順間襲封衛王。後至元二年，以衛輝路五户絲賜之。至正十一年，與知樞密院事也先帖木兒討河南妖賊，禽韓咬兒送京師誅之。

昔里吉，至元元年從阿里不哥至京師。五年六月，封河平王，賜駝紐金印。未幾，從皇子北平王那木罕備邊，駐阿力麻里。十四年，諸王脱黑帖木兒、藥木忽兒、撒里蠻合謀劫北平王，械繫丞相安童，奉昔里吉以叛，犯和林。詔丞相伯顏總諸軍討之。河間王忽魯台始從之，及是率所屬來歸，與伯顏軍合。昔里吉等與伯顏夾斡魯歡河而軍，相持未戰。

諸王牙忽都爲昔里吉所囚，潛使人以敵情來告。及戰，牙忽都自後亂其陣，昔里吉敗走。明年，土土哈率千騎踰金山追之，禽其將札忽台，進戰於寬徹哥，又敗之。昔里吉走乞兒吉思，至野孫河，又爲哈答所追，敗遁額兒的失河。脱黑帖木兒欲奉撒里蠻爲主，脅藥木忽兒，不從，而與之戰，禽脱黑帖木兒歸，昔里吉殺之。昔里吉遂執撒里蠻，致於朮赤後王寬徹，道過譌跡刊，爲撒里蠻舊部所要，奪還，攻昔里吉。時昔里吉爲斡赤斤後王別里帖木兒所襲敗，部衆迸散，爲撒里蠻所執。十九年，獻於朝，流海島而卒。三子：曰兀魯思不花，曰晃火帖木兒，曰火兒忽。

兀魯思不花，其父被執後率餘衆附於海都。元貞二年，與藥木忽兒等棄海都來歸。大德元年，入朝，增兀魯思不花與藥木忽兒歲賜鈔千錠。是年三月，又賜金百兩，賜其母阿不察等金五百兩，以乳牛、牝馬賑其部饑民。四月，賜兀魯思不花圓符。十一月，賜金千兩。明年六月，又賜兀魯思不花及其母金千兩，銀有差。成宗加意撫慰，以勸未至者，故賞賚獨優焉。至治三年，預鐵失逆謀，流於海島死。

晃火帖木兒。延祐五年，封嘉王，賜獸紐金印。泰定二年，徙封并王，仍賜獸紐金印，以嘉王印賜其弟火兒忽。至順三年，以安陸府爲并王食邑。後至元元年，燕帖木兒子唐其勢怨望，謀廢帝而立晃火帖木兒。事覺，唐其勢伏誅，晃火帖木兒自殺，謫其子孫戍邊。明年，賜其母答里鈔千錠。至正二年，赦其子徹里帖木兒歸，封爲撫寧王。

新元史卷之一百十三　列傳第十

世祖諸子上

皇太子真金甘麻剌　梁王松山　王禪　答剌麻八剌　魏王阿木哥

世祖十一子：長朵兒只，早卒。次真金，次忙哥剌，次那木罕，皆察必皇后所出。次忽哥赤，次愛牙赤，次奥魯赤，次闊闊出，次脱歡，次忽都魯帖木兒，均不詳其母名氏。次鐵蔑赤，南必皇后所出。

皇太子真金，少從姚樞、竇默授《孝經》，又命王恂伴讀。及卒業，世祖大悦，設酒食饗樞等。

中統三年，封燕王，守中書令。丞相史天澤入白事，真金曰：「我幼，未習祖宗法令，一旦當大任，公耆德宜有以弼我。」復謂贊善王恂曰：「省臣所啟，爾宜與聞之。」四年，兼判樞

密院事。至元二年，奉詔居潮河。是年八月還京師。

七年秋，又命巡撫稱海。冬，還京師。問謂諸王札剌忽及從臣伯顏等曰：「吾今有暇，宜各誦所聞，俾吾效之。」於是撒里蠻曰：「太祖有訓：欲治身，先治心；欲責人，先責己。」伯顏曰：「皇上有訓：欺罔盜竊，人之至惡。一爲欺罔，則後雖出善言，人終弗信；一爲盜竊，則事雖未覺，心常惴惴，若捕者將至。」札剌忽曰：「我祖有訓：長者杪，深者底；蓋言貴有終始，長必極其杪，深必究其底，不可中輟也。」王曰：「皇上有訓：毋持大心；持大心，事必隳敗。吾觀孔子之言，即與聖訓合也。」

十年二月，立爲皇太子，仍兼中書令，判樞密院事。受玉册文曰：

皇帝若曰：咨爾皇太子真金，仰惟太祖皇帝遺訓，嫡子中有克嗣服繼統者，豫選定之。是用太宗英文皇帝，以紹隆丕構。自時厥後，爲不顯立冢嫡，遂啟争端。朕上遵祖宗弘規，下協昆弟僉同之議，乃從燕邸，立爾爲皇太子，積有日矣。比者儒臣敷奏，國家立儲嗣，宜有册命，此典禮也。今遣攝太尉、左丞相伯顏持節授爾玉册金寶。於戲！聖武燕謀，爾其承奉。昆弟宗親，爾其和協。使仁孝顯於躬行，抑可謂不負所託矣。尚其戒哉！勿替朕命。

九月，立宮師府，設官屬三十有八員。十一年，太子下教中書，聘奉元處士楊恭懿，如

漢惠帝聘四皓故事。
太子嘗有疾，世祖臨幸，親和藥賜之。遣侍臣李衆禱祀嶽瀆及名山大川，太子戒衆所
至郡縣，勿煩吏迎送，重擾民也。初，太子守中書令，將入省署，敕乳母進新衣，笑卻之
曰：「吾何事美觀也！」及爲太子，服綾袷被瀋漬，命重加染治。左右請更製之，太子曰：
「吾欲織百端不難，顧是物未敝，豈宜棄之？」東宮香殿成，工請鑿石爲池，仿曲水流觴。
太子曰：「古有肉林酒池，爾欲吾效之耶？」不許。每與諸王近臣習射之暇，輒討論經史，
若《資治通鑑》、《貞觀政要》，許衡、王恂所述遼、金帝王行事要略，意所允愜，必爲之洒然
動容。時侍經幄者，如王恂、白棟，皆朝夕不出東宮。待制李謙、太常宋衜，亦時加咨訪。
按察副使王惲進《承華事略》二十篇：一曰廣孝，二曰立愛，三曰端本，四曰進學，五曰擇
術，六曰謹習，七曰聽政，八曰達聰，九曰撫軍，十曰明分，十一曰崇儒，十二曰親賢，十三
曰去邪，十四曰納誨，十五曰幾諫，十六曰從諫，十七曰推惡，十八曰尚儉，十九曰戒逸，二
十曰審官。宮臣進讀至漢成帝不絕馳道，唐肅宗改絳紗袍爲朱明服，大喜曰：「使我行之，
亦當若此。」及說邢巒止齊太子食邪蒿，顧宮臣曰：「菜名邪蒿，未必果邪。雖食之，豈遽使
人不正耶？」張九思對曰：「古人設戒，義固當爾。」太子善其言，賜酒勞之。命宋衜擇可備
顧問者，衜以郭祐、何瑋、徐琰、馬紹、楊居寬、何榮祖、楊仁風等爲言。太子曰：「是數人

者，盡爲我致之，宜自近者始。」遂召瑋於易州，琰於東平，仁風於潞州。贊善王恂卒，太子聞之嗟悼，賻鈔二千五百緡。一日，顧謂左右曰：「王贊善當言必言，未嘗顧惜，隨事規正，裨益良多，今鮮有其匹也。」

會議立門下省，世祖欲以廉希憲爲侍中，希憲辭以疾。太子遣人告之曰：「上命勿辭，羣小爲難，吾爲公除之。」然終爲阿合馬所阻。時阿合馬擅權，太子惡其奸，未嘗少假顏色。益都千户王著等知阿合馬所畏憚者獨太子一人，因僞爲太子，夜入都城，召而殺之。及和禮霍孫入相，太子曰：「阿合馬死於盜手，汝任中書，有便國利民之事，毋憚更張，有阻撓者，我當力持之。」中書省啟以何瑋參議省事，徐琰爲左司郎中。瑋、琰入見，太子諭之曰：「汝等學孔子之道，今始得行，毋負平生所學也。」

詔割江西龍興路爲太子分地。太子謂左右曰：「安得治民如邢州張耕者使之往，俾江南諸郡取法，民必安集矣。」於是召宋衢薦舉守令，慎加選擇。江西行省以歲課羨餘鈔四十七萬緡獻，太子怒曰：「朝廷令汝安百姓，百姓安，則錢糧何患不足？百姓不安，雖有羨餘，能自奉乎？」盡卻之。阿里以民官兼税課司，請歲附輸羊三百隻，太子以其違例，罷之。參政劉思敬遣其弟思恭以新民百六十户來獻，太子問民所從來，以重慶俘獲對。太子蹙然曰：「歸語汝兄，此屬宜隨在放遣爲民，毋重失人心。」烏蒙宣撫司進馬逾歲額，諭之

曰：「去歲令汝勿多進馬，恐道路所經，重勞吾民也。自今其勿復然。」有司欲就威武營貸粟數萬石濟民饑，太子問王慶端可否，對曰：「兵民一體，何間焉？」即命與之。

二十年冬，辟劉因於保定，因以疾辭，固辟之，乃至，拜右贊善大夫，以吏部郎中夾谷之奇爲左贊善大夫。是時，已立國子學，李棟、宋衜、李謙皆以宮僚典教事。至是，命因專領之。嘗曰：「吾聞金章宗時，有司論太學生廪費太多，章宗謂養出一范文正，所償豈少哉？其言甚善。」會因復引疾去。二十二年，以長史耶律有尚爲國子司業。中庶子伯必以其子阿八赤入見，諭令就學，伯必令其子入蒙古學。逾年又見，太子問讀何書，阿八赤以蒙古書對，太子曰：「我命汝學漢文耳，其亟入胄監！」

遣使聘宋工部侍郎倪堅於開元。既至，訪以古今成敗得失，堅對言：「三代得天下以仁，其失也以不仁。漢、唐之亡，以外戚奄宦。宋之亡，以姦臣。」太子甚悦，賜宴，日昃乃罷。諭德李謙、夾谷之奇嘗進言曰：「殿下方遵聖訓參決庶務。如視膳問安之禮，固無待於贊諭。至於軍民之利病，政令之得失，事關朝廷，責有臺院，有非宮臣所宜言者。獨有澄原固本，保守成業，殿下所宜留心，臣等不容緘口者也。敬陳十事：曰正心，曰睦親，曰崇儉，曰親賢，曰幾諫，曰戢兵，曰尚文，曰定律，曰正名，曰革敝。」太子皆嘉納之。

太子在中書日久，明於聽斷，州郡科徵、輓漕、造作、和市，有爲民病者，聞之，即日奏

罷。右丞盧世榮以言利進，太子意深非之，嘗曰：「財非天降，安得歲取贏乎？豈惟民害，實國之大蠹。」其後世榮果坐罪死。桑哥素善世榮，聞太子有言，箝口不敢論救。

至元以來，天下太平，人才輩出。太子折節下交，非朝廷名德，則布衣志節之士，恩禮始終不衰。宋衢目疾，賜鈔千五百緡。王磐告老歸，官其婿於東平以養之。孔洙自江南入覲，則責張九思學聖人之道，不知有聖人之後。其親賢好學，本於天性，故中外歸心焉。世祖春秋高，江南行臺御史有奏請禪位於太子者，太子聞之懼。御史臺都事尚文寢其奏，不上。阿合馬黨塔即古阿散知之，奏聞。世祖震怒，敕宗正薛徹干取其奏。丞相安童與月呂魯那延入白其事，帝怒稍解。太子仍憂懼不安，未幾遂卒，時二十二年十二月丁未，年四十有三。

太子性至孝，嘗從幸宜興州，帝不豫，憂形於色，竟夕不寐。聞母后暴得風疾，即悲泣，衣不加帶而入省。及后崩，太子居喪，勺飲不入口者終日，設堊廬居之。

及卒，太常博士議曰：「前代太子薨，梁武帝謚統曰昭明，齊武帝謚長懋曰文惠，唐憲宗謚寧曰惠昭，金世宗謚允恭曰宣孝。又別建廟以奉神主，准中祀以陳登歌，例設令、丞，歲供灑掃。斯皆累代之典禮也。」中書、翰林諸老臣亦議宜加謚立廟。遂謚曰明孝太子，作金主。三十年十月朔，祔明孝太子於太廟。成宗即位，追謚文惠明孝皇帝，廟號裕宗。

三子：長晉王甘麻剌，次塔剌麻八剌，次成宗。

甘麻剌，母曰徽仁裕聖皇后闊闊真，太子元妃也。少育於祖母察必皇后，日侍世祖，未嘗離左右，畏慎不妄言，言必無隱。

至元中，奉命出鎮北邊。嘗巡邊，駐金山，大雪，擁火坐帳中，顧謂左右曰：「今日風雪如是，吾與卿等擁火尚有寒色，彼軍士亦人耳，腰弓矢、荷戟周廬之外，其寒可知。」遂命饔人爲肉糜，親嘗而徧賜之。暇日，則命也滅堅以國語講《資治通鑑》。誡近侍太不花曰：「朝廷以藩屏寄我，事有不逮，正賴汝輩輔助。其或依勢作威，不用吾命，輕者論遣，大者奏聞。宜各慎之。」

二十六年，入朝。世祖以其居邊日久，特命獵於柳林。甘麻剌率衆至漷州，恐廩膳不均，令左右司其分給，仍飭衆曰：「汝等飲食既足，若復侵漁百姓，是汝自取罪謫，無悔。」衆皆如約束，民安之。北還，覲世祖於上都，帝勞之曰：「汝在柳林，民不知擾，朕實嘉焉。」明年冬，封梁王，賜獸紐金印，出鎮雲南。從卒駝馬以千計，所至未嘗横取於民。

二十九年，改封晉王，移鎮北邊，統領太祖四大斡耳朶及達達軍馬，更鑄晉王印賜之。中書省臣言：「諸王皆置傅，今晉王守太祖創業之地，視諸王宜有加，請置内史。」從之，遂以北安王傅秃歸、梁王傅木八剌沙、雲南行省平章賽陽並爲内史。明年，置内史府。又明

年，世祖崩，甘麻剌奔喪至上都。諸王畢會，甘麻剌曰：「昔皇祖命我鎮撫北方，以衛社稷，歷事日久，願服厥職。母弟鐵木兒仁孝，宜嗣大統。」於是成宗遂即帝位。

元貞元年，塔塔兒部飢，檄宣徽院賑之。詔賜鈔一千萬貫及銀帛有差，皇太后復以雲南所貢金器賜之。是年冬，奉詔以知樞密院事札散、同知徽政院事阿里罕爲內史。二年，忻都言甘麻剌有異圖，樞密院鞫之，無證驗，忻都賜死。大德元年，增所部屯田户，又增位下內史、尚乘寺卿各一員。五年，以邊軍貧乏，分賜鈔一千萬貫。

六年正月乙巳卒，年四十。甘麻剌性仁厚，御下有恩。元貞初，藩邸屬官審伯年老，請以子代其任。內史言之，甘麻剌曰：「惟天子所命。」其謹守如此，故尤爲朝廷所重焉。然崇尚浮屠，歲作佛事，耗財無算。三子：長泰定帝，次松山，次迭里哥不花。仁宗即位，追謚甘麻剌曰獻武王。泰定帝入承大統，追謚光聖仁孝皇帝，廟號顯宗。文宗即位，毀其廟室。

松山，至元三十年，以皇曾孫出鎮雲南，賜以其父梁王印。元貞二年，命位下怯薛歹討降元江賊。大德五年五月，雲南土官宋隆濟叛，遣行省平章政事幢兀兒、參知政事不蘭奚討之，斬賊酋月撒。未幾，有人作飛語，並以符讖之説進於松山。事聞，其人伏誅。九年三月，詔松山勿與雲南行省事，仍賜鈔千錠慰之。松山抑鬱不樂，漸成風疾。至大二

年，封諸王老的罕爲雲南王，代鎮焉。未幾卒。

子王禪，英宗即位，封雲南王，繼其父任。泰定元年，賜車帳駝馬。十月，進封梁王，食益陽州六萬五千户，仍以其子帖木兒不花襲封雲南王，代之鎮。三年，命與武寧王徹徹禿鎮撫北邊。致和元年，泰定帝崩，奔喪上都。八月，與右丞相塔失帖木兒等分兵討大都。九月，與燕鐵木兒弟撒敦戰於榆林，失利，退次懷來。復分兵襲破居庸關，前鋒與燕鐵木兒戰於榆河。塔失帖木兒有貳心，逗遛不進。王禪退駐紅橋，副樞阿剌帖木兒、指揮忽都帖木兒來援，兵復振。庚辰，與燕鐵木兒戰於白浮，天霧，斂兵入谷，相持數日。撒敦、脱脱木兒乘夜襲之，軍大潰，王禪單騎亡去。十一月，被獲，爲文宗所殺。至順元年，流其子帖木兒不花等於吉陽軍。

迭里哥不花，武宗即位，封北寧王，賜螭紐銀印。至大二年，以阿速衛五百人隸之，命駐和林。四年，改封湘寧王，换金印，食湘鄉州寧鄉縣六萬五千户。至治末卒。

子八剌失里襲，泰定帝即位，賜以湘寧王印。泰定元年，出鎮察罕淖爾。三年正月，移鎮兀魯斯部。六月，又移鎮阿難答之地。先是，安西王阿難答領開成路，及以罪誅，武宗以其地賜皇太子。至是，改命八剌失里往鎮焉。四年，還鎮察罕淖爾。泰定帝崩，大都自立，八剌失里與汝寧王忽剌台、駙馬趙王馬札罕起兵勤王，入冀寧，敗大都萬户和尚援

兵。及聞上都覆没，退還馬邑。兵敗，爲也速答兒執送大都，與火兒忽答等十三人皆死。

答剌麻八剌〔二〕，至元初，生於燕邸。及燕王爲皇太子，凡扈駕巡狩及朝會，必以答剌麻八剌從。二十二年，皇太子卒。二十八年，始奉命出鎮懷州，命侍衛都指揮使唆都、尚書王倚輔之。至趙州，從卒有拔村民桑棗者，杖之，遣倚入奏。世祖嘉之。未至鎮，以疾召還。明年春，卒，年二十九。三子：長武宗，次仁宗，庶長子阿木哥。武宗即位，追謚昭聖衍孝皇帝，廟號順宗。

阿木哥，母郭氏，本世祖宮人，答剌麻八剌稍長，世祖先以郭氏賜之，生阿木哥。大德六年，籍河西寧夏善射軍隸阿木哥麾下。武宗即位，封魏王，賜獸紐金印。仁宗即位，入覲。帝諭行省曰：「朕與阿木哥同父異母，朕不撫育之，彼將誰賴耶？賜鈔二萬錠，他勿援例。」明年，賜慶元路定海縣六萬五千户爲食邑。尋以罪謫徙耽羅，復移於大青島。有術者趙子玉言於王府司馬曹脱不台等曰：「阿木哥名應圖讖。」潛謀航海至大青島，迎阿木哥入都作亂。行次利津，事覺，子玉等伏誅。遂内徙阿木哥於大同。泰定元年，召赴闕。是年六月，卒。

子阿魯，至順元年封西靖王，出鎮陝西。次孛羅帖木兒，襲封魏王，至正十三年與伯家奴同討河南妖賊，嗜酒不設備，爲賊所劫執，被害。

史臣曰：蒙古法不立太子，其嗣大位者，俟諸王大臣集議，然後定策，謂之忽里勒達。故覬覦與黨附者，彼此構煽，易爲亂階。世祖用當時儒者之言，册立皇太子以植國本，遏争端，聖矣哉！以真金之仁孝，而隕於憂懼，與梁昭明太子之事無以異。然俱慶流允嗣，天之報施可謂不爽矣。

【校勘記】

〔一〕「答剌麻八剌」，上文作「塔剌麻八剌」。下文二「答剌麻八剌」同。

新元史卷之一百十四　列傳第十一

世祖諸子下

忙哥剌阿難答　那木罕　忽哥赤也先帖木兒　把匝瓦剌爾密〔一〕　愛牙赤　奧魯赤鐵木兒不花　老的　阿忒思納失里　搠思班　黨兀班　闊闊出　脫歡老章　孛羅不花　大聖奴　寬徹不花　和尚　帖木兒不花　蠻子　忽都魯帖木兒

成宗皇太子德壽

仁宗皇子兀都思不花

泰定帝諸子

八的麻亦兒間卜　小薛　允丹藏卜

文宗諸子

皇太子阿剌忒納答剌、燕帖古思〔二〕 太平訥

忙哥剌，皇太子真金同母弟也。至元九年十月，封安西王，賜螭紐金印，以京兆路爲分地，駐於六盤山。置王相府，以商挺、李德輝爲王相。明年，册立皇太子，忙哥剌亦進封秦王，別賜獸紐金印。兩府並置，在長安者曰安西路，在六盤者曰開成路。詔京兆尹趙炳治宮室，冬、夏分駐焉。十四年，兀剌孩土番火石顔謀作亂，忙哥剌自六盤率師討平之。是年，改相府銅印爲銀印，發四川蒙古軍七千、新附軍三千隷王府，以四川行省右丞汪良臣爲安西王相，改李德輝爲行省左丞。十五年冬十一月，卒。罷王相府。

忙哥剌妃使商挺請命於朝，以子阿難答嗣。世祖曰：「年幼未嫺教訓，卿姑行王相府事以輔之。」十七年，陝西運使郭琮矯王妃命，殺前安西王相趙炳，逮挺至京師。十八年十月，命王府協濟户及南山隘口軍屯田安西、延安、鳳翔、六盤等處。二十二年，詔爲皇孫阿難答立衍福司，秩正四品。時阿難答既襲安西王，弟按檀不花佩秦王印，其下用王傅印。又北安王相府無印，安西王府獨有相印，桑哥以爲不均。二十四年，收安西王相印，詔按

檀不花納秦王印，並罷所署王傅，其安西王傅仍舊。是年，阿難答請設本位下諸匠都總管府，從之。二十六年，罷按檀不花所設斷事官〔三〕。二十七年，罷秦王典藏司。三十年，給安西王府斷事官印，以鐵赤、脱脱木兒、齕住、拜延四人並爲王傅。

元貞元年，鐵赤等請復立王相府，不允。是年，以海都入寇，命阿難答率所部赴北邊。五月，以阿難答軍妻孥乏食，賜糧二千石。十一月，賜甲胄、弓矢、櫜鞬、槍楇等十五萬八千二百餘事。二年，鐵赤等復申相府之請，成宗曰：「去歲阿難答面陳，朕諭以世祖舊制。今復云然，豈欲以四川、京兆盡爲彼有耶？今姑從汝請，置王相府第行王傅事。」尋阿難答以貧乏告，成宗曰：「世祖聖訓，嘗以分賚爲難，阿難答亦知之。若言貧乏，豈獨汝耶？去歲賜鈔二十萬錠，又給以糧。今與之，則諸王以爲不均；不與，則汝言人多餓死。其給糧萬石，擇貧者賑之。」大德五年，籍王府侵占田四百餘户。六年，禁和林釀酒，惟阿難答及諸王忽剌出、脱脱、八不沙、也只里，駙馬蠻子台、翁吉剌帶、也里干等許釀。七年，篤哇、察八兒遣使請降，詔阿難答置馹於北邊，以俟其來。十年，開成地震，壞王宫室及官民廬舍，壓死故秦王妃也里完等五千餘人。

十一年正月，成宗崩。阿難答與明理帖木兒先以事至京師，左丞相阿忽台、平章八都馬辛、前平章伯顏、中政院使道興等議奉伯牙吾皇后稱制，以阿難答輔政。右丞相合剌合

孫潛使人迎武宗、仁宗。二月，仁宗自懷慶奔喪至，執阿忽台等殺之。事具《合剌合孫傳》。阿難答賜死。

武宗即位，以安西王位下分地及江西吉州户鈔賜仁宗，廷臣或請以阿難答子月魯帖木兒紹封者，詹事丞王結言：「安西王以何罪誅？今復之，何以懲後？」議遂寢。至治三年，英宗遇弒，月魯帖木兒預鐵失逆謀。泰定帝即位，欲安反側，命月魯帖木兒襲安西王封。後追論逆黨，流月魯帖木兒於雲南，按檀不花於海南。至順三年，月魯帖木兒坐與畏兀僧你達八的剌版的、國師必剌忒納失里沙律愛護持等謀反，伏誅。

那木罕，亦皇太子真金母弟。至元元年，以高道爲那木罕説書官。三年，封北平王，賜螭紐金印。四年，出鎮阿力麻里。七年，討叛王聶古伯。會聶古伯與海都相攻戰歿，那木罕乘勢敗其兵。明年，給軍中甲一千，又賞其立功將士有差。十四年，諸王藥木忽兒、撒里蠻等合謀夜劫那木罕營，執那木罕及丞相安童，奉河平王昔里吉以叛。久之，撒里蠻執昔里吉及藥木忽兒，將獻於朝以自贖。十九年，那木罕自賊中遣諸王札剌忽以其事入奏。是年，進封北安王，猶爲撒里蠻等所留。至二十二年，始歸。是年，賜北安王螭紐金印，仍出鎮北邊。二十三年，分臨江路六萬五千户爲食邑。二十四年，置都總管府以領北

安王民匠、斡端大小財賦。十二月，置王傅，凡軍需及本位下之事皆領之。二十九年，卒。延祐七年，追謚昭定王。無子。泰定帝即位，敕會福院奉其像於高良河寺中。

忽哥赤，世祖第五子也。至元四年八月，封雲南王，賜駝紐鎏金銀印。九月，置大理等處行六部，以闊闊帶、柴楨並爲尚書兼王傅，府尉寧源爲侍郎兼司馬。遣忽哥赤出鎮，奉詔撫諭大理、鄯闡、察罕章、赤秃哥兒、金齒等處吏民，編户籍，俾出賦役，置達魯花赤統治之。時大理等處三十七部宣慰都元帥寶合丁忌忽哥赤來，八年二月乙巳，宴忽哥赤中毒，一夕卒。寶合丁賄王傅闊闊帶及阿老瓦丁、亦速失等秘其事。會王府文學張立道密遣人走京師告變，世祖使斷事官博羅歡、吏部尚書别帖木兒馳馹至雲南，按之，寶合丁及闊闊帶等皆伏誅。

自忽哥赤卒，以南平王秃魯鎮雲南。秃魯者，太宗孫禾忽子也。忽哥赤有子曰也先帖木兒，久未襲封。張立道爲中慶路總管，十七年入朝，言於世祖。是年十月，賜也先帖木兒雲南王印。二十二年，敕雲南行省：事不議於王者，毋輒行。是年，又敕合剌章酋長之子入質京師，千户、百户子留質於雲南王。二十五年，换駝紐金印。大軍征緬，命也先帖木兒率所部鎮撫大理等處。四月，敕緬中行省軍一稟雲南王節制。大軍次蒲甘，失利，

既而緬酋謝罪請降。武宗即位，進封營王，换獸紐金印。封鎮西武寧王帖木兒不花子老的爲雲南王，以代也先帖木兒。皇慶元年，賜福州路福安縣一萬三千六百有四户爲食邑。泰定帝崩，文宗自立於大都，也先帖木兒與平章秃滿答兒奉上都之命，自遼東以兵入遷民鎮，進至通州，爲燕鐵木兒所敗。齊王月魯帖木兒襲陷上都，也先帖木兒乃罷兵歸，文宗奪其王印。至順元年，還之。三年二月，卒。二子：曰脱歡不花，曰脱魯。

其裔孫有梁王把匝剌瓦爾密，至正以後中原盜起，雲南僻在西南，把匝剌瓦爾密撫馭有威惠，一方寧謐。二十三年，明玉珍僭號於蜀，分兵三道來攻，其將萬勝一軍由叙州先入抵中慶。把匝剌瓦爾密走金馬山，轉入威楚。大理總管段功以兵援之，玉珍兵敗退。已而大都不守，中國無元尺寸地，雲南固守自若，歲遣使自塞外達惠宗行在。及明兵平四川，天下大定，明太祖以雲南僻遠，不欲勞師。時北平守將得雲南遣往漠北使者蘇成以獻，乃命待制王禕賫詔偕成至雲南招諭。會昭宗遣使脱脱來徵餉，聞有明使，疑其貳，脅以危詞，把匝剌瓦爾密遂殺禕而以禮葬之。逾三年，明太祖復遣湖廣參知政事吴雲偕所獲雲南使者鐵知院等往，知院以己奉使被執，誘雲改制書，雲不從，被殺。明太祖乃命傅友德爲征南將軍，藍玉、沐英爲副，率師伐之。洪武十四年十二月，下普定路。平章達里麻以兵十餘萬拒於曲靖，英乘霧趨白石江，霧霽，兩軍相望，達里麻大驚。英嚴陣若將渡

江者，別遣奇兵從下流濟度，出其陣後，張疑幟山谷中，人吹一銅角。我軍驚擾，英麾軍徑渡，以善泅者先之。鏖戰良久，軍大潰，生禽達里麻。先是，段功退明玉珍兵，把匝剌瓦爾密妻以女阿襤公主，倚其兵力。後以疑忌，酖殺之，遂失大理援。至是，達里麻敗，知事不可爲，走普寧州之忽納寨，焚其龍衣，驅妻子赴滇池死，自與左丞達的、右丞驢兒夜入草舍自經。明人遷其家屬於耽羅。

愛牙赤，世祖第六子。至元二十二年，賜銀印。二十四年，叛王勢都兒犯咸平，愛牙赤率宣慰使塔出，自瀋州北討，命宣慰使亦力撒合分兵趨懿州，寇遁去。後病卒。

元貞初，其子孛顏帖木兒入朝，賜金帛如諸王大會例。所部在兀剌海路，地磽瘠貧乏，泰定元年移鎮闊連東部。孛顏帖木兒之兄曰阿木干，阿木干子曰也的古不花，泰定中親信用事，車駕幸上都，與中書省臣兀伯都剌等居守焉。

奧魯赤，世祖第七子。至元六年十月，封西平王，賜駝紐鋈金銀印。九年，命討建都蠻，諸王阿魯帖木兒、禿哥，南平王禿魯，各率所部從之。都元帥也速答兒及忙古帶所領欲速公弄等吐番十八族之兵，並聽奧魯赤節度。明年十月，禽其酋下濟等四人。建都降，

留忙古帶統新舊軍一萬五千戍之。十二年，又率安西王忙哥剌、諸王只必帖木兒、駙馬昌吉等征吐番，賜部下戍鴨池者馬人三匹。二十二年，與諸王阿只吉拒叛王篤哇，戰失利。三十年，詔以所部九千人付萬户張邦瑞，西討篤哇。元貞元年，隴北道廉訪司鞫邦瑞不法事，奥魯赤庇邦瑞，成宗命諭之。是年，以諸王出伯所統探馬赤紅襖軍各千人隸其麾下。二年，奉命駐夏上都。大德七年，賜南思州一萬三千六百有四户爲食邑。未幾，卒。二子：曰鐵木兒不花，曰八的麻的加。

鐵木兒不花，至元中鎮亦奚不薛。二十六年，徙鎮重慶。大德三年，封鎮西武靖王，賜駝紐鍍金印。二子：曰老的，曰搠思班。

至大二年，命老的代營王也先帖木兒鎮雲南，賜以雲南王駝紐鍍金銀印。仁宗即位，八百媳婦與大小徹里蠻寇邊，老的率行省右丞阿忽台等討之。皇慶元年，璽書招諭，皆降，以馴象方物來獻。延祐二年，老的入朝，以明宗代之，不赴，代以諸王脱脱。四年，脱脱擾害軍民，召還，復以諸王按灰代之。老的四子：曰阿忒思納失里〔四〕，曰荅兒麻，曰乞八，曰亦只班。

阿忒思納失里，泰定元年七月出鎮沙州。天曆二年，封豫王，賜金印。十一月，詔豫王阿忒思納失里鎮雲南。至順元年，賜豫王傅金虎符。禿堅據雲南反，三月，以乞住爲雲

南行省平章政事，從王由八番進討。六月，分道而入。二年三月，阿剌忒納失里戰屢捷。四月，雲南平。至正十二年，命阿剌忒納失里討南陽、襄陽、鄧州賊。十六年，命與陝西行省官商議軍機，從宜進討。九月，復潼關，未幾又陷，再取之。十七年十月，賊犯七盤，與哈剌不花進討。十一月，又與陝西省臺官分道攻關陝。十八年十月，徙居白海，尋又遷於六盤，卒。答兒麻，至正十三年以討賊功，賜西安王印。

乞八，至順二年上言：「臣每歲扈從時巡，所費甚廣。臣兄豫王阿剌忒納失里、弟亦只班，歲給鈔五百錠、幣帛千匹，敢視其例以請。」從之。

搠思班，襲封鎮西武靖王。至大二年，宣政院奏，以搠思班與脫思麻宣慰司言，請改松潘疊岩威茂州安撫司爲宣撫司，遷治茂州汶川縣，從之。延祐六年，察合台後王怯別寇斡端，遣搠思班率所部討之。英宗即位，來朝。至治三年三月，西番參卜郎諸族叛，搠思班討平之。泰定二年，賞其有功將士四百人鈔四千錠。三年十一月，階州土番叛，搠思班遣臨洮路元帥螽螽諭之降。天曆二年，囊家台舉兵於四川，來乞師；搠思班拒之，分兵嚴守關隘。二月，從湖廣行省官討囊家台。既而囊家台聽命，遂罷兵。至順元年，諸王禿堅自立爲雲南王，命搠思班與行知樞密院事徹里鐵木兒等由四川進討。十一月，戰於安寧州及中慶，皆捷。明年正月，遂復雲南省治。搠思班奏請荆王也速也不干及諸王鎖南等

留雲南一二歲，以靖反側，從之。未幾，卒。

子黨兀班，後至元元年五月討叛番，禽其酋阿答里胡。黨兀班歿於陣，追封涼王，謚忠烈。

奧魯赤次子八的麻的加，襲封西平王。子貢哥班，後至元二年，賜以西平王印。

闊闊出，世祖第八子。至元二十六年，始封寧遠王，賜龜紐鍍金銀印。三十年，從成宗備兵北邊。明年，成宗入嗣大統，以軍事屬闊闊出，師久無功。大德三年，命武宗即軍中代之。十一年，武宗即位，以翊戴功，進封寧王，换獸紐金印。至大三年，三寶奴告闊闊出謀爲不軌，武宗命楚王牙忽都等鞫之下獄。平章察乃鐵哥廷辯，其誣得釋，猶徙於高麗，賜其妃完者死，以畏兀兒僧鐵里等二十四人同謀，或知而不首，並磔於市。鞫其獄者皆升秩二等，賜牙忽都金千兩、銀七千五百兩，三寶奴賜號答剌罕，以闊闊出清州食邑賜之。皇慶元年，鐵哥奏：「世祖諸皇子惟寧王在，宜賜還。」仁宗從之。明年二月，卒。二子：曰薛徹秃，曰阿都赤。

薛徹秃，延祐七年四月封寧遠王，至治二年進封寧王。三年七月，入朝。請印，英宗不允。泰定元年，賜福州路永福縣一萬三千六百有四户，置王傅。至順二年二月，與沙哥

坐妄言不道，安置薛徹禿於廣州，沙哥於雷州。明年，以燕鐵木兒言，赦還。

脱歡，世祖第九子。至元二十一年六月，封鎮南王，賜螭紐金印。七月，奉命征占城，假道安南。十二月，至安南境，國王陳日烜遣其從兄興道王將兵拒之。脱歡諭令退兵，不從。乃分軍六道進攻。二十二年正月，轉戰次富良江，敗其水軍。日烜棄城遁。脱歡入王京，還屯富良江北，唆都及左丞唐古䚟自占城來會。分兵水陸，追日烜。五月，左丞李恒敗日烜於安邦海口，幾獲之。會暑雨疫作，又糧運不繼，諸將議退軍，脱歡從之。還次冊江，結栰爲浮橋，將渡，伏發林中，唆都戰殁。李恒殿後，毒矢貫其膝，且戰且行，僅衛脱歡出境。至思明州，士馬亡失過半。事聞，敕留蒙古軍百人，漢軍四百人爲脱歡宿衛，放散諸軍。

明年春，召征東宣慰都元帥來阿八赤與阿里海涯至都，議伐安南，立征交趾行尚書省，以阿里海涯爲左丞相，來阿八赤右丞，奥都赤平章政事，烏馬兒、樊楫等參知政事，並受脱歡節制。發江淮、江西、湖廣三行省蒙古、漢軍七萬人，戰艦五百艘，雲南兵六千人，海外四州黎兵一萬五千人，海道萬户張文虎等運糧十七萬石，凡水陸軍十萬。已而湖廣行省奏請緩師，詔阿里海涯返。十一月，脱歡次思明州，命右丞程鵬飛與奥魯赤等分道並

進，來阿八赤將萬人爲前鋒。脱歡次界河，來阿八赤擊安南軍敗之。進次萬劫，諸軍畢會。十二月，脱歡次茅羅港，破浮山寨，率諸軍渡富良江，進薄王京。日烜與子走噉南堡，諸軍攻下之。二十五年正月，日烜復遁入海，諸軍追之不及，引還。時軍中糧盡，遣烏馬兒至安邦海口迎張文虎糧船，不至。二月，諸軍退次安劫。三月，又退次内旁關。安南以精兵邀我歸路，萬户張均率所部三千人力戰，始出關。諜知日烜率兵三十萬扼女兒關及邱急嶺，脱歡乃由單已縣趨盝州，間道入思明州。是役，來阿八赤、樊楫及萬户張玉皆戰殁。

世祖以脱歡再伐安南無功，喪師辱國，終身不許入覲。先是，脱歡始受封，命鎮鄂州，以在軍中未之鎮。二十八年，徙鎮揚州。大德五年，卒。六子：曰老章，曰脱不花，曰寬徹不花，曰帖木兒不花，曰蠻子，曰不答失里。

老章，大德五年襲封鎮揚州，出入導從僭擬車駕。至大三年，爲尚書省臣奏劾，遣使詰問，有驗，召赴闕。

老章卒，脱不花襲封鎮南王。泰定二年，卒。其子孛羅不花尚幼，使中書平章政事乃蠻台代鎮焉。

明年以脱不花弟帖木兒不花襲封鎮南王，鎮揚州。孛羅不花既長，天曆二年帖木兒

不花讓還王位。

元統元年，孛羅不花入朝。至正七年，集慶盜起，孛羅不花討平之，又與威順王寬徹不花討猺賊吴天保於靖州。十二年，以淮南行省平章晃火兒不花提調鎮南王傅事。十五年，與淮南行省招降張士誠。明年，卒。

子大聖奴襲封。至正十九年，與樞密判官席閏守信州，陳友諒使其將王奉國來攻，城陷死之。

寬徹不花，脱歡第三子。泰定三年三月，封威順王，鎮武昌，賜駝紐鎏金銀印，領怯薛歹五百人，又許自募千人以備宿衛。致和末，與弟鎮南王脱不花應文宗召，至大都，有擁戴之勞。天曆初，疊蒙賞賚。至順二年，還鎮武昌。寬徹不花性寬，位下怯薛歹頗侵漁百姓。至元五年，丞相伯顔矯詔貶之，及脱脱爲相，復其王位。至正二年，湖北廉訪司劾寬徹不花恣行不法，不報。十一年，率二子別帖木兒、答帖木兒與倪文俊戰於金剛台，兵敗，別帖木兒被執。明年，賊陷武昌，寬徹不花與平章和尚棄城走，詔奪王印，和尚論死。十三年，參政阿魯輝復武昌、漢陽，寬徹不花屢戰有功，十四年還其王印。十六年，詔與宣讓王帖木兒不花以兵防懷慶。未幾，復還武昌，率其子報恩奴、接待奴、佛家奴攻倪文俊於漢陽，載妻妾以行。至雞鳴汊，舟膠，賊縱火焚之，接待奴、佛家奴被害，報恩奴自殺，妻妾

皆没。既而文俊陷岳州，答帖木兒死之。寬徹不花脱走，部將侯伯顔答失奉之，自雲南入蜀，轉戰而北。二十五年，至陝西成州，欲赴京師，爲李思齊所拘留。寬徹不花屯田於成州，未幾卒。

子和尚，事惠宗，甚見親信。二十四年，孛羅帖木兒稱兵犯闕，自爲右丞相，和尚受密詔斬之。事具《孛羅帖木兒傳》。以功封義王。二十八年，惠宗北奔，詔和尚與淮王帖木兒不花監國。明兵至，和尚遁去。

帖木兒不花，脱歡第四子。讓位於孛羅不花，文宗嘉之，特封宣讓王，賜螭紐金印，命鎮廬州。至順二年，給王傅印。後至元元年，賜廬州、饒州牧地各一百頃。明年，又賜市宅鈔四千錠，詔王府官屬班有司之右。五年，伯顔矯詔貶之。至正九年，給還宣讓王印，復鎮廬州。十二年，盜起，帖木兒不花與諸王乞塔歹、曲憐帖木兒、廉訪使班第分道討平之，賜金帶銀鈔有差。十七年，賊陷廬州，帖木兒不花還京師。二十七年，進封淮王，賜金印。二十八年，惠宗北奔，命帖木兒不花監國。明兵陷京師，帖木兒不花見徐達，抗詞不屈，爲所殺，年八十有三。

蠻子，脱歡第五子。元統二年四月，封文濟王，出鎮大名。後至元二年，賜金印、馹券及從者衣糧。至正十三年，卒。

子不花帖木兒襲封。

鑾子弟不答失里，皇慶元年賜福州路寧德縣一萬三千六百有四户爲食邑。二年十月，封安德王，駝紐鋈金銀印。後進封宣德王，换螭紐金印。

忽都魯帖木兒，世祖庶子。子阿八也不干，皇慶元年賜泉州路南安縣一萬三千六百有四户爲食邑。子八魯朵兒只。

成宗皇太子德壽，母曰失憐答里皇后。大德九年六月庚辰，册立爲皇太子。是年十二月卒。

仁宗二子：英宗爲阿納失舍里皇后所出，庶長子兀都思不花。兀都思不花，延祐二年封安王，賜獸紐金印。四年，置王傅。五年，以湖州路爲分地，其户數視魏王阿木哥。英宗即位，降封順陽王，尋賜死。遣怯薛歹定住括王府貲財入章佩監。

泰定帝四子：長皇太子阿速吉八，見《本紀》；次八的麻亦兒間卜，次小薛，次允丹藏卜。

八的麻亦兒間卜，泰定元年三月以皇子嗣封晉王。四年，敕右丞相塔失帖木兒、左丞相倒剌沙兼領晉王內史四斡兒朵事。

小薛，泰定三年，以其夜啼，賜高年鈔以厭之。

允丹藏卜，泰定四年三月出鎮北邊。

三皇子俱早殞，無後。

文宗三子：長皇太子阿剌忒納答剌，次燕帖古思，次太平訥。

皇太子阿剌忒納答剌，至順元年三月封燕王。立宫相都總管府，以燕鐵木兒領之。八月，御史臺臣請立皇太子，文宗曰：「朕子尚幼，非裕宗比。俟燕鐵木兒至，共議之。」冬十月，諸王大臣復以爲請，帝曰：「卿等所言誠是，但燕王尚幼，不克負荷，徐議之未晚也。」是年十二月辛亥，册立爲皇太子。二年正月，卒。命宫相法里等護喪北葬起輦谷，仍命法里等守之。三月，繪皇太子真容，置於安慶寺東鹿頂殿祀之，如累朝神御殿儀。鞫宦者拜住侍皇太子疹疾，以酥拭其眼鼻，又爲禳祝，杖一百七，斥出京城。五月，皇太子影殿造祭器，如裕宗故事。

燕鐵古思，初名古納答列。至順二年，市故相阿魯渾撒里宅，命燕鐵木兒奉皇子居之。三年，改今名。文宗崩，遺命以明宗子嗣位。燕鐵木兒請立燕帖古思〔五〕，不答失里皇后遵遺命不許。及寧宗崩，燕鐵木兒又請立之，皇后又不從，乃迎立惠宗，議萬歲之後傳位燕帖古思。後至元六年，追論文宗弑逆之罪，撤其廟主〔六〕，削不答失里太皇太后之號，安置東安州，放燕帖古思於高麗。監察御史崔敬抗疏論之，不報。燕帖古思未至高麗，七月丁卯，從臣月闊察兒希旨殺之，託言病卒。詔賜鈔百錠，以禮葬之。

太平訥，本名寶寧。天曆元年，改今名。命大司農買住養於其家。早殞，無後。

史臣曰：元之季世，宗王死國難者，皆世祖之胄裔，蓋教育之澤遠矣。世祖伐安南，始爲驕兵，繼爲忿兵，其敗宜也。帝不自反，而遷怒於脱歡，此則狃於功利之習，不能爲世祖諱者焉。

【校勘記】

〔一〕「把匝瓦剌爾密」，正文作「把匝剌瓦爾密」。

〔二〕「燕帖古思」，正文或作「燕鐵古思」。

〔三〕「檀不花」，原作「擅不花」，據上文改。下文「檀不花」不誤。

〔四〕「阿忒思納失里」，本書目録同。《永樂大典》卷六七六七亦作「阿特思納失里」。下文又作「阿剌忒納失里」。按當皆作「阿剌忒納失里」。本書卷二一《文宗本紀上》：「壬午，詔豫王阿剌忒納失里鎮雲南。」《元史》卷三三本紀第三十三《文宗二》：「壬午，詔豫工阿剌忒納失里鎮雲南。」明王宗沐《宋元資治通鑑》卷六〇、明

周季鳳《正德雲南志》卷一五亦作「阿剌忒納失里」。曾廉《元書》卷六六：「阿忒納失里，亦曰阿剌忒納失里，亦曰阿剌納失里。」畢沅《續資治通鑑》卷一九七及卷二〇四：「喇特納實哩，舊作阿剌忒納失里，今改。」均可參。

〔五〕「燕帖古思」，當依上文作「燕鐵古思」，下文三「燕帖古思」同。

〔六〕「撤」，原作「徹」，據文意改。

新元史卷之一百十五　列傳第十二

特薛禪　孛禿　鎖兒哈　忽憐

特薛禪，本名特因，時人以其賢智，呼爲薛禪，故又稱特薛禪。孛思忽兒弘吉剌氏，與斡勒忽納氏同宗異族。孛思者，板升之異譯，國語屋也；忽兒者，古闌之異譯，國語圈子也。特因之族築室以居，與遊牧之俗稍異，故謂之孛思忽兒，非氏族之名也。

其先世出山，爲火傷其足，故子孫多足病。部人矜其門閥，自云從金缸中出。始祖兄弟三人：長曰楚而魯忽蔑兒干，其後爲弘吉剌氏；次曰哈拜失米，其後爲亦乞列思氏、兀而忽努氏；三曰楚斯布陶，其後爲哈拉奴氏、弘格里約氏。楚而魯忽與弟不和，欲射之。哈拜失米畏而伏馬腹下，楚而魯忽憐之，射其耳環，故有蔑兒干之號。其部居長城之北，近哈剌温只山。特薛禪之父達爾罕生五子：曰特因，曰哈達，曰布奔，曰乃古塔爾，曰崔和爾，皆娶蒙古女。

太祖年九歲，從也速該至舅家，將爲之乞昏，中道遇特薛禪，奇太祖狀貌，延也速該至

其家，請婚焉，遂以光獻皇后孛爾台歸太祖。事具《后妃傳》。特薛禪嘗言，「吾弘吉剌氏，向不與汝家争人民、土地。生女既長，則乘大車駕黑駝，嫁汝貴族，往往爲可敦。」後太祖有命：「弘吉剌氏生女世爲后，生男世尚公主。」每歲四孟月宣讀此敕，世世勿絶焉。

庚申，太祖敗泰亦兀赤。合塔斤、撒勒只兀特二部不自安，糾合朵兒邊等十部會於阿泐灰泉，潛師來襲，弘吉剌部亦從之，特薛禪之宗人帖兒格克額蔑勒、阿勒灰等與之同盟。特薛禪知其謀，遣使告變。太祖與王罕合兵禦之，特薛禪率所部來會，大敗之。初，帖兒格克額蔑勒與太祖友善，太祖以女布亦塞克妻之，帖兒格克額蔑勒嫌其貌寢，稱如蝦蟆，不欲娶，遂與太祖絶。至是爲太祖所殺。

特薛禪三子：長曰按陳，次曰火忽，三曰册。

按陳率三千騎，從太祖平諸部。太祖元年，與弟火忽、子赤苦，俱封千户。從合撒兒徇遼東，又從木華黎經略中原，爲十提控之一。大兵入陝西，别將斷潼關道。二十二年，從太祖平西夏，賜號國舅諾顔。太宗八年，賜東平五千二百户爲食邑，授爲萬户。九年，賜錢二十萬貫。按陳以外戚從征討，前後三十二戰，皆有功。卒，葬官人山。元貞元年，追封濟寧王，謚忠武。妻哈真，追封濟寧王妃。

長子赤古，尚太祖第三女鄆國公主秃滿倫。太祖七年，大軍攻德興府失利，赤古與拖

雷率所部再進，敵軍卻退，先登拔其城。追封寧濮郡王。

赤古曾孫寧濮郡王昌吉，尚鄆國大長公主忙哥台。昌吉弟岐王脱脱木兒，尚桑哥不剌公主。

按陳次子斡陳，太宗十年授爲萬户，尚拖雷女魯國大長公主也速不花。斡陳卒，葬不海韓。

弟納陳，尚魯國公主薛只干。憲宗七年，襲爲萬户，從憲宗伐宋，攻合州。又從世祖南伐，略地至大清口，獲戰艦百餘艘。又平山東濟、兖、單等州。中統二年，偕諸王禦阿里不哥，以其子哈海、脱歡、斡羅陳等十人自從。至莽來，由失木魯與阿里不哥之黨八兒哈八兒思等戰，追北至孛羅克秃，復戰，自旦至夕，斬首萬級。卒，葬末懷秃。

斡羅陳，襲萬户，尚完澤公主，公主卒，繼尚囊家真公主。至元十四年，斡羅陳弟只兒瓦台叛，挾斡羅陳北去，並竊太祖所賜誓券。未幾，斡羅陳爲只兒瓦台所殺，其左右張應瑞逃歸。世祖嘉之，賜鈔五百緡，命應瑞輔斡羅陳子諦瓦不剌，收其部衆。

諦瓦不剌，亦譯爲琱阿不剌，尚武宗妹皇姑徽文懿福貞壽大長公主祥哥剌吉，封魯王，開府應昌。以應瑞爲魯王傅，封薊國公。大德十一年，賜諦瓦不剌金印。至大二年，賜平江稻田一千五百頃。三年，諦瓦不剌卒，葬末懷秃。

斡羅陳又一弟曰帖木兒，繼尚囊家真公主。至元十八年，襲萬户。二十四年，乃顔叛，從車駕親征，以功封濟寧郡王，賜白繖蓋以寵之。明年，從成宗及玉昔帖木兒討哈丹禿魯干，遇於貴列兒河，轉戰至惱河，殲其衆，以功賜號按察兒禿那顔。卒，葬末懷禿。

子桑哥不剌幼，至元二十七年以其弟蠻子台襲萬户，亦尚囊家真公主。成宗即位，封皇姑魯國大長公主，以金印封蠻子台爲濟寧王。率所部討海都、篤哇，賊未成列，單騎突其陣，往復數四，賊大擾，一戰克之。時武宗鎮北庭，詔蠻子台總領蒙古軍民官，輔武宗守莽來。囊家真公主卒，尚皇太子真金之女魯國大長公主喃哥不剌。蠻子台卒，年五十有二。

阿里嘉室利，諦瓦不剌適子也。至大三年，甫八歲，襲萬户。四年七月，襲封魯王，尚朵兒只班公主。元統元年，阿里嘉室利卒。至順間，加朵兒只班號肅雍賢寧公主。

桑哥不剌，自幼奉世祖命養於斡可真公主，是爲不只兒駙馬。後襲領本部民四百户。成宗時，尚普納公主，至順間封鄆安大長公主，賜桑哥不剌金印，封鄆安王，職千户。元統元年，授萬户。二年，加封鄆安公主號皇姑大長公主，進封桑哥不剌魯王。卒，年六十一。

此皆以駙馬襲王封者也。

按陳之子唆兒火都，以戰功遥授左丞相，爲千户，仍賜塗金銀章及金銀海青圓符五、

馹券六。

其子曰阿哈駙馬，當憲宗時嘗率兵克徐州，以功受黄金一錠、白金十錠及銀鞍勒，仍命襲父官。

至世祖時，詔弘吉剌萬户原受馹券、圓符皆仍舊，惟唆兒火都所受者收之。而唆兒火都諸孫若孛羅沙、伯顔、蠻子、添壽不花、大都不花、掌吉等，及阿哈之孫曰也速達兒，與按陳之弟名册者，自太祖以來先後授本藩蒙古軍站千户。

册之子曰哈兒哈孫，以平金功，賜號拔都兒。哈兒哈孫之孫曰都羅兒，至元四年授光禄大夫，以銀章封懿國公。

有脱憐者，亦按陳之後。世祖授本藩千户，仍賜馹券、圓符各四，命守怯魯連河。二十四年，從族父按答兒秃征乃顔有功，亦賜號拔都兒。卒，子迸不剌嗣。迸不剌卒，子買住罕嗣。買住罕尚拜答沙公主。卒，弟孛羅帖木兒嗣。泰定二年，封郡王。至元五年，進封毓德王，賜金印。孛羅帖木兒卒，買住罕孫阿失襲千户。

有名丑漢者，按陳次子必哥之裔孫，尚台忽魯都公主。仁宗朝，封安遠王，以兵守莽來有功。

有答兒罕，亦特薛禪之裔孫，以戰功，世祖賜以拔都兒之號，加賜黄金一錠。其子曰

不只兒，從征乃顏，禽其將金剛奴，世祖以金帶賜之。

又按陳之孫納合，尚太宗唆兒哈罕公主。火忽之孫不只兒，尚斡可真公主。又特薛禪諸孫有名脱羅禾者，尚不魯罕公主，繼尚闊闊倫公主。

此皆尚公主爲駙馬者也。

凡其女之爲后者，自光獻翼聖皇后以降，憲宗貞節皇后諱忽都台及后妹也速兒，皆按陳從孫忙哥陳之女。世祖昭睿順聖皇后，諱察必〔一〕，濟寧忠武王按陳之女；其諱帖古倫者，按陳孫脱憐之女；諱喃必册繼守正宫者，納陳孫僊童之女。成宗貞慈静懿皇后諱實憐答里，斡羅陳之女也。順宗昭獻元聖皇后諱答吉，則按陳孫渾都帖木兒之女。武宗宣慈惠聖皇后諱真哥，脱憐子迸不剌之女；其諱速哥失里者，按陳從孫哈兒只之女。泰定皇后諱八不罕，按陳孫斡留察兒之女；其諱必罕、諱速哥答里者，皆脱憐孫買住罕之女。明宗皇后諱不顔忽都者，孛羅帖木兒之女。文宗皇后諱不答失里，諦瓦不剌之女。他若仁宗莊懿慈聖皇后、寧宗皇后答里也忒迷失、裕宗徽仁裕聖皇后、顯宗宣懿徽聖皇后，俱弘吉剌氏，而軼其所出。此則弘吉剌氏之爲皇后者也。

初，弘吉剌氏族居於苦烈兒温都兒斤、迭烈不兒、也里古納河之地。太祖九年，在迭蔑可兒之地，有旨分賜按陳及其弟火忽、册等農土，若曰：「是苦烈兒温都兒斤，以與按陳

及哈撒兒爲農土。」申諭按陳曰：「可木兒温都兒、答兒腦兒、迭蔑可兒等地，汝則居之。」諭册曰：「阿剌忽馬乞迤東，蒜吉納秃山、木兒速拓、哈海斡連直至阿只兒哈温都、哈老哥魯等地，汝則居之。當以胡盧忽兒河北爲鄰，按赤台爲界。」又諭火忽曰：「哈老温迤東，塗河、潢河之間，火兒赤納慶州之地，與亦乞列思爲鄰，汝則居之。」又諭按陳之子唆魯火都曰：「以汝父子能輸忠於國，可木兒温都兒迤東，絡馬河至於赤山，塗河迤南與國民爲鄰，汝則居之。」

至至元七年，斡羅陳萬户及其妃囊加真公主請於朝曰：「本藩所受農土，在上都東北三百里答兒海子，實本藩駐夏之地，可建城邑以居。」帝從之，遂名其城爲應昌府。二十二年，改爲應昌路。元貞元年，濟寧王蠻子台亦尚囊加真公主，與公主請於帝，以應昌路東七百里駐冬之地創建城邑，復從之。大德元年，名其城爲全寧路。

弘吉剌之分邑，得任其陪臣爲達魯花赤者，有濟寧路及濟、兖、單三州，鉅野、鄆城、金鄉、虞城、碭山、豐縣、肥城、任城、魚臺、沛縣、單父、嘉祥、磁陽、寧陽、曲阜、泗水十六縣。此丙申歲之所賜也。至元六年，升濟州爲濟寧府，十八年始升爲路，而濟、兖、單三州隸焉。又汀州路長汀、寧化、清流、武平、上杭、連城六縣，此至元十三年之所賜也。又有永平路灤州、盧龍、遷安、撫寧、昌黎、石城、樂亭六縣，此至大元年之所賜也。若平江稻田一

千五百頃，則至大二年所賜也。其應昌、全寧等路則自達魯花赤總管以下諸官屬，皆得專任其陪臣，而王人不與焉。

此外，復有王傅府，自王傅六人而下，其羣屬有錢糧、人匠、鷹房、軍民、軍站、營田、稻田、煙粉千户、總管、提舉等官，以署計者四十餘，以員計者七百餘。其五户絲、金鈔之數，則丙申歲所賜濟寧路之三萬户，至元十八年所賜汀州路之四萬户。絲以斤計者，歲二千二百有奇。鈔以錠計者，歲一千六百有奇，此則所謂歲賜者也。

孛秃，亦乞列思氏。父捏坤，爲泰亦兀赤部下人。太祖嘗濳使朮兒徹歹至也兒古納河，孛秃知爲帝所遣，留宿於家，殺羊以享之。朮兒徹歹馬疲，復假以良馬。及還，孛秃待之有加禮。朮兒徹歹具以告，帝大悦，許以皇妹帖木倫妻之。孛秃家遣也不堅歹等來請婚，且致詞曰：「聞威德所加，若雲開見日，春風解凍，喜不自勝。」太祖問：「孛秃孳畜幾何？」對曰：「有馬三十匹，請以其半爲聘禮。」帝曰：「婚姻而論財，殆若商賈矣。昔人有言：同心實難。吾方欲經營天下，汝等從孛秃效忠於我可也，何論財爲？」竟以皇妹妻之。

及札木合等以兵三萬來襲，捏坤知其謀，遣波欒歹、磨里禿禿來上變。太祖得先備之，於是有十三翼之戰。

帖木倫卒，復妻以皇女火臣別吉，命哈兒八台之子也可忽林圖帶弓箭以侍。哈兒八台，火魯剌斯氏，與弘吉剌氏同宗異族，矜其門閥，乃曰：「吾兒豈能爲人奴隸：寧死不爲也！」太祖命孛禿率千人討之，哈兒八台令月列等拒戰於碗圖河。孛禿禽月列，刺殺也可忽林圖，哈兒八台走渡拙赤河，又禽之。

癸亥，太祖爲王罕所敗，退至班朱尼河。時孛禿亦敗於火魯拉斯，與太祖相遇。火魯拉斯人搠斡思、察罕等來降。

太祖即位，大封功臣，授孛禿千户。從伐金，命孛禿取阿篤亦馬合等城，以功賜冠、懿二州爲分地。從平西夏。太祖崩，旬日，孛禿亦卒。後追贈推忠宣力佐命功臣、太師、開府儀同三司、駙馬都尉、上柱國，進封昌王，謚忠武。子鎖兒哈襲封。次子帖堅干，尚亦乞列思公主，繼尚茶倫公主。

鎖兒哈，事太宗，擢萬户。伐宋，克嘉州，遣使獻捷，帝曰：「若父宣力國家，朕昔見之。今鎖兒哈克光前烈。」賜以金錦、金帶、七寶鞍，召至中都，以疾卒。追贈宣忠保大翼運開

國功臣、太師、開府儀同三司、駙馬都尉、上柱國、昌王，謚忠定。鎖兒哈先後尚皇子闊出之女安秃公主及宗女不海罕公主。安秃公主生女爲憲宗皇后。

子札忽兒臣，從定宗討萬奴有功，太宗命親王按赤台以女也孫真公主妻之。卒，贈推誠靖宣佐運贊治功臣、太師、開府儀同三司、駙馬都尉、上柱國，襲封昌王，謚忠靖。

札忽兒臣二子：長月列台，娶皇子賽因主卜女哈答罕公主，生脱别台，與乃顏戰有功。次忽憐。

忽憐，尚憲宗女伯牙魯罕公主。諸王脱黑帖木兒劫北平王那木罕以叛，世祖命忽憐討之，大戰終日，脱黑帖木兒敗走。帝嘉之，復令尚憲宗孫女不蘭奚公主。宋平，以廣州爲其分邑。乃顏叛，世祖親征。薛徹堅等與乃顏黨哈丹屢戰，帝召忽憐至，值薛徹堅戰於程火失溫之地，哈丹衆甚盛，忽憐以兵二百迎敵，敗之。哈丹走度猱河。踰年，夏，帝復命忽憐討之。至曲列兒、塔兀兒二河之間，大戰，其衆皆渡塔兀河遁去，餘百人逃匿山谷。忽憐率兵三百徒步追之，薛徹堅止之曰：「彼亡命者，安得徒行？」忽憐不聽，盡搜而殺之。薛徹堅以聞，賜金一鋌、銀五鋌。又踰年，復與哈丹遇於兀剌河。忽憐夜率千人潛入其軍，大敗之。帝賜鈔五萬貫、金一鋌、銀十鋌。忽憐卒，贈效忠保德輔運佐理功臣、太師、

開府儀同三司、駙馬都尉、上柱國，追封昌王，謚忠宣。

子阿失，事成宗。篤哇叛附海都，帝遣晉王甘麻剌並武宗帥師討之。大德五年，戰於哈剌答山，阿失射篤哇，中其膝，擒殺甚多，篤哇號哭而遁。武宗解衣賜之，成宗加賜珠衣。阿失尚成宗女亦里哈牙公主，復尚憲宗曾孫女買的公主。亦里哈牙生二女：曰速哥八剌，爲英宗正后，曰亦憐真八剌，爲泰定帝正后。武宗即位，封阿失昌王，賜金印。仁宗時賜寧昌縣爲食邑，仍拜文豹及海青白鶻之賜。英宗即位，賜鈔二萬錠，西馬及七寶帶各一。太皇太后加賜鈔萬錠。

阿失卒，子八剌失里襲封昌王，尚煙合牙公主。子沙藍朶兒，襲昌王，尚月魯公主。

忽憐從弟不花，尚世祖女兀魯真公主。其弟鎖郎哈，娶皇子忙哥剌女奴兀倫公主，生女，是爲武宗仁獻章聖皇后，實生明宗。

又忽憐從弟寧昌郡王唆都哥，尚魯魯罕公主，繼尚魯倫公主。子卜鄰吉歹，襲寧昌郡王，尚普顏可里美思公主。

史臣曰：周之諸侯，同姓曰伯父，異姓曰伯舅，不獨宗子維城，即異姓婚姻之國，其屏藩王室，無異同姓也。後世外戚之禍，史不絕書，能謹飭自守者已罕矣。惟蒙古弘吉剌

氏、亦乞列思氏，世通婚姻，與國終始，其子孫皆能以功名自奮，自只兒瓦台外，不聞有蹈於罪戾者。當時史臣以爲舅甥之貴，媲於周室，信矣哉！

【校勘記】

〔一〕「諱」，原作「韓」，據本書《后妃傳》及《元史》卷一一八列傳第五《特薛禪傳》改。

新元史卷之一百十六　列傳第十三

阿剌兀思剔吉忽里闊里吉思　术忽難　术安　巴而术阿而忒的斤亦都護火赤哈兒的斤　紐林的斤　帖木兒補化　伯顔不花的斤

阿剌兀思剔吉忽里，汪古部長也。蒙古語：汗之子弟爲剔吉，亦曰的斤；統數部之長爲忽里。阿剌兀思，則其名也。汪古部乃白達達十五部之一，本爲布而古特，亦曰貝而忽特，遼人稱爲烏而古，屢降屢叛。後爲金人所撫，屬西北路招討司。大定後，北族漸强，金塹山爲界，以限南北，烏而古部有帳四千，居界垣之衝要，屏蔽山後諸州。蒙古謂長城曰盎古，又謁爲汪古云。

太祖既滅王汗，乃蠻太陽汗懼，遣使約阿剌兀思請爲右臂，助攻太祖。部衆有欲從之者，阿剌兀思聞太祖威名，度不敵，遣部將脱兒必塔失奉酒六樽，執送乃蠻使者，以其謀來告。時蒙古但飲湩酪，無酒。太祖飲三爵而止，曰：「是物少則發性，多則亂性。」使還，酬以馬五百、羊千，且謂阿剌兀思曰：「異日吾有天下，不報汝之功，天實鑒之！」遂定議同伐

乃蠻。甲子，太祖親征乃蠻，阿剌兀思果先期以部衆來會。太祖元年，世襲千户。六年，伐金。車駕先至其部，以阿剌兀思爲嚮導，南逾界垣。太祖命還鎮本部，爲其部衆欲從乃蠻者所殺，並殺其長子不顔昔班。後追封高唐王，謚忠武。

不顔昔班尚太祖第三女阿剌罕公主。至是，公主同阿剌兀思之孫鎮國及幼子孛要合，夜遁至界垣，門已閉，守者縋而納之，遂避地於雲内州。及太祖平雲内，購得之，厚加賜與。以孛要合尚幼，先封鎮國爲北平王，以國俗尚阿剌罕公主。太祖征西域，以孛要合從，阿剌罕留漠南，號監國公主。公主明敏有智略，侍女數千人給事左右，軍國大事，雖木華黎國王亦咨禀而後行。

鎮國卒，子聶古伯嗣。尚睿宗女獨木干公主，略地江淮，卒於軍中，賜興州民户千餘給其喪。

孛要合自西域返，封北平王，仍約世婚，敦朋友之好，號按達忽答，譯言親好也。復尚阿剌罕公主。孛要合三子，皆侍妾所出，曰君不花，曰愛不花，曰拙里不花。君不花尚定宗女葉里密失公主，從憲宗攻宋合州。宋人乘壁而詬，有傍坐張蓋者，矢石莫能及。君不花一箭殪之，遂平其壘。卒，謚忠襄。三子：曰囊家台，曰喬鄰察，曰安童。

囊家台尚亦憐真大長公主，封趙王。卒，謚忠烈。子馬札罕，尚桑哥八剌大長公主。

泰定元年，封趙王。泰定帝崩，起兵討大都，兵敗被執而死。

喬鄰察，尚宗王阿只吉女回鶻公主，封趙王。卒，謚康僖。

愛不花，尚世祖季女月烈公主。中統初，從征阿里不哥，敗叛將闊不花於按檀火爾歡。三年，從親王撥綽、諸王帖哥圍李璮於濟南，當城南一面。賊數出南門，輒爲愛不花所卻。璮伏誅，又從丞相伯顏征西北叛王，敗撒里蠻於孔古烈。卒，謚武襄。愛不花四子，皆月烈公主所出：曰闊里吉思；曰也先海迷失，早卒；曰阿里八斛；曰朮忽難。愛不花卒，闊里吉思嗣。

拙里不花，鎮雲南，卒。子火思丹，尚宗王卜羅出女竹忽真公主。

闊里吉思，性勇毅，習武事，尤篤好儒術，築萬卷堂於私第，日與諸儒討論經史，陰陽術數，靡不通曉。在北邊爲廟以祀孔子，表賀聖節獨用漢文。尚裕宗女忽答迭迷失公主，繼室以成宗女愛牙失理公主。奉命駐和林，防叛王海都。至元二十四年〔一〕，諸王也不干叛，東附乃顔。闊里吉思率千餘騎，晝夜兼行，旬日追及之。方暑，北風大作，左右以風勢不順，請待之。闊里吉思曰：「夏得北風，天贊我也。」策馬徑進，賊大敗，也不干以數騎遁走。闊里吉思身中三矢，一矛斷其髮。凱旋，賜黄金三斤、白金千五百斤。

成宗即位，封高唐王，賜金印。駙馬封王，自闊里吉思始也。

是時，海都、篤哇屢擾北邊，闊里吉思請往討賊〔二〕，成宗不許。再三請，乃許之。瀕行，誓曰：「不平西北，吾馬首不南。」大德元年，遇賊於伯牙思之地，衆請俟大軍畢至，與之戰。闊里吉思曰：「大丈夫報國，而待人耶？」即整軍而進，大敗之。詔賜世祖所服貂裘、寶鞍，及繒錦七百匹，介胄軍器有差。

二年，諸王將帥議防邊，皆曰：「賊往歲不冬出，可休兵境上。」闊里吉思曰：「不然。今秋候騎漸少，所謂鷙鳥將擊，必匿其形，備不可緩也。」衆不謂然，闊里吉思獨嚴兵以待。是冬，篤哇、徹徹禿等果出兵，襲合剌合塔之地。闊里吉思三戰三卻之，乘勝逐北深入，馬蹶被執。賊誘使降，不從。又欲以女妻之，闊里吉思毅然曰：「我帝婿也，非帝后命而再娶，可乎？」賊不敢逼。成宗憫闊里吉思陷賊，欲遣使詗其消息，其家臣有阿昔思者，衆稱其可用，乃遣阿昔思使於篤哇。遇之稠人中。闊里吉思一見，即問：「兩宮安否？」次及其嗣子。語未畢，爲左右引去。闊里吉思竟不屈而死。

九年，贈推忠宣力崇文守正亮節保德功臣、太師、開府儀同三司、上柱國、駙馬都尉，謚忠獻。並追贈曾祖阿剌兀思高唐忠武王，祖孛要合高唐武毅王，父愛不花高唐武襄王。

以子朮安幼，詔闊里吉思弟朮忽難襲高唐王，尚宗王兀魯觧女葉綿干真公主，卒，繼尚宗王奈剌不花女阿實禿忽魯公主。朮忽難才識英偉，善撫衆，境内乂安。痛闊里吉思死節，表請恩卹。又請翰林學士承旨閻復勒其事於碑。教養朮安過於己子。至大元年，朮忽難進封趙王。時朮安已長，朮忽難以王位讓之。朮安既襲趙王，尚普王甘剌麻之女阿剌的納八剌公主。一日，召王傅脱歡、司馬阿昔思，謂之曰：「先王旅殯卜羅，荒遠之地，神靈靡托，吾痛不欲生。若得請於朝，歸葬先塋，吾死瞑目無憾矣。」二人白其事於知樞密院事也里吉尼，奏聞，武宗嘉歎曰：「朮安孝子也。」賜阿昔思黄金一瓶，與脱歡子失忽都魯、朮忽難子阿魯忽都、斷事官也先等十九人，馳馹以往，復賜從者鈔五百貫。淇陽王月赤察兒等遣兵六百人，護其行至殯所，啟視面如生，遂歸葬焉。

阿里八觧尚宗王完澤女奴倫公主。鎮國子聶古台尚拖雷女獨木干公主，襲北平王，追封鄃王，無子，以朮忽難嗣。朮忽難以趙王讓還朮安，而己還襲鄃王，卒，謚忠襄。

巴而朮阿而忒的斤亦都護，亦都護者，畏兀兒國之王號也。畏兀兒即唐之回鶻，以和林爲王庭。會昌中，回鶻内亂，又爲鄰國所攻，焚其牙帳，諸部潰散。餘衆徙於火州，兼有

別失八里之地，北至阿朮河，南接夏之肅州，東至兀敦、甲石哈，西界吐番，改稱畏兀兒。至巴而朮阿而忒的斤之父月仙帖木兒，爲西遼屬國。

及巴而朮阿而忒的斤嗣位，西遼主直魯古使其太師僧沙均監其國，恣睢自擅。巴而朮阿而忒的斤不能堪，用國相仳理伽帖木兒計，結蒙古爲外援，遂殺沙均，遣其臣別吉思與阿鄰帖木兒等來納款，時太祖四年也。受命未行，適太祖遣使者安魯不也奴等至其國。巴而朮阿而忒的斤大悅，厚禮之，命別吉思等偕使者入朝，致辭曰：「聞往來人言，可汗雄威大度，善撫百姓，方棄哈剌契丹舊好，遣使通誠，並以古兒汗國情上達。不意遠辱天使先臨下國，譬雲開見日，冰泮得水，喜不自勝。而今而後，願率部衆爲臣爲子，竭犬馬之勞。」

是時，蔑兒乞脱黑脱阿中流矢死，其子忽禿等函其父首渡額兒的失河，將來奔，先遣其屬額不干通款於畏兀兒，巴而朮阿而忒的斤殺之。忽禿至，與畏兀兒人戰於嶄河，敗走。巴而朮阿而忒的斤知蔑兒乞爲太祖深仇，別遣使者曰阿兒思蘭斡乞，曰忽察魯斡乞，曰孛羅的斤，曰亦難海牙，輕騎出別吉思等之前來告捷。既而別吉思等偕安魯不也奴等亦至，太祖大悅曰：「亦都護果能輸誠戮力於我。」仍遣安魯不也奴等往勞，且徵方物。尋遣使賫珍寶方物入貢。

六年春，覲太祖於客魯漣行宮，奏言：「儻恩顧臣，使遠近知臣得託陛下襟帶之間，附四子之末，幸甚！」太祖感其言，字以皇女阿勒可敦公主，序在第五子之列。

十四年，車駕親征西域，巴而朮阿而忒的斤率萬人從行，與皇子朮赤同克養吉干城。奉命率所部先歸。後又從征西夏，有功。初，太祖以阿勒可敦公主字巴而朮阿而忒的斤，其正妃妒，不令娶。迨妃死，太宗即位，方議遣公主下嫁，公主旋卒。未幾，巴而朮阿而忒的斤亦卒。

子怯石邁因嗣。卒，弟薩侖的斤嗣。憲宗初，薩侖的斤來朝。別失八里有造飛語者謂：「薩侖的斤欲盡殺奉天方教之部民。」其僕訐於官。時賽甫曷丁監治別失八里，要薩侖的斤歸，詢之，無其事。然其僕猶堅證之。事聞於朝，命忙哥撒兒覆按。刑訊薩侖的斤，誣服，乃殺之。命其弟玉古倫赤的斤代立。憲宗方有慊於太宗子孫，凡太宗舊人在畏兀兒者，緣此斥逐殆盡。玉古倫赤的斤卒，子馬木剌的斤嗣。率探馬赤萬人從憲宗入蜀，圍合州。師還，卒。

至元三年，世祖命其子火赤哈兒的斤嗣。後爲海都所攻，畏兀兒部衆迸散，詔火赤哈兒的斤收撫之。二十二年，篤哇、卜思巴率兵十二萬，圍火州，聲言：「阿只吉、奧魯赤有衆

三十萬，猶不能抗我，汝敢以孤城拒我乎？」火赤哈兒曰：「吾祖宗世國於此，生爲吾家，死爲吾墓，終不能從爾也。」圍六月，不解。篤哇以書繫矢射於城中曰：「我亦太祖諸孫，何以不附我？且汝祖曾尚公主，汝能以女與我，則罷兵。不然，且亟攻汝。」火赤哈兒曰：「吾豈惜一女，不救民命？然吾終不見之。」出其女也立亦黑迷失，厚載以茵，縋城下與之。篤哇乃解去。後火赤哈兒入朝，世祖嘉歎。尚定宗女巴哈兒公主，並賜鈔二十萬錠振其民。火赤哈兒以火州荒殘，徙於州南哈密力之地。兵力寡弱，北軍奄至，戰歿。三子：紐林的斤，次欽察台，次雪雪的斤。

紐林的斤尚幼，詣闕請兵爲父復仇，世祖壯其志。尚太宗女孫不魯罕公主，公主卒，繼尚其妹八卜叉公主。詔紐林的斤留永昌，俟與北征諸將同發。會吐番脱思麻作亂，命以榮禄大夫、平章政事，領本部探馬赤萬人鎮吐番。至大初，召還，嗣爲亦都護，賜金印。延祐三年，始稽故實，封爲高昌王，别賜駝紐金印，爲設王傅官。其王印行於漢地，亦都護印行畏兀兒境内。八卜叉公主卒，繼尚安西王阿難答女兀剌真公主。復立畏兀兒城。五年，卒。三子：曰帖木兒補化，曰籛吉，曰太平奴。

帖木兒補化，大德中尚闊端太子女孫朵兒只思蠻公主。至大中，從父入朝，留備宿衛，又事皇太后於東朝，以中奉大夫領亦都護事。又出爲鞏昌等處都總帥達魯花赤。讓王位於叔父欽察台，辭不受，乃嗣爲高昌王。至治中，領甘肅諸軍，仍治本部。泰定中，召還。自此畏兀兒之地入於察合台後王。帖木兒補化旋奉命與威順王寬徹不花等分鎮襄陽，拜開府儀同三司、湖廣行省平章政事。致和元年，以懷王命召至大都，佐平内難。時湖廣行省左丞有罪，詔誅之，帖木兒補化爲之申請，竟獲免。其人素與帖木兒補化不協，皆服其雅量。留拜開府儀同三司、上柱國、録軍國重事、知樞密院事，以亦都護高昌王讓其弟籛吉。天曆二年，拜中書左丞相。三月，改太子詹事。十月，又拜御史大夫，改知樞密院。元統元年，再爲御史大夫。後至元六年，拜中書左丞相，監修國史。至正元年，罷。十一年，有譖帖木兒補化於丞相脱脱者，誣以謀害大臣，脱脱奏殺之，並殺御史大夫韓嘉納，又欲殺帖木兒補化弟太平奴。刑部尚書宋文瓚以無信讞駁之，始獲免。

籛吉，至順二年以亦都護高昌王讓太平奴。卒，子月魯帖木兒襲。卒，子桑哥襲。

雪雪的斤，駙馬都尉，中書右丞相，封高昌王。子朵兒的斤，駙馬都尉，江浙行省丞相，封荆南王。朵兒的斤子伯顔不花的斤。

伯顏不花的斤，字蒼崖，倜儻好學。初用父蔭，同知信州路事，又移建德路。徽州賊犯遂安，伯顏不花的斤將義兵敗之，又擒淳安叛賊方清之，以功擢本路總管。至正十六年，授衢州路達魯花赤。明年，行樞密院判官。阿魯灰引兵經衢州，軍無紀律，所過剽掠。伯顏不花的斤曰：「阿魯灰以官軍而爲民患，此國賊也。」乃帥兵逐之出境。遷浙東都元帥，守衢州。頃之，擢江東道廉訪副使。

十八年二月，江西陳友諒遣賊黨王奉國等號二十萬寇信州。明年正月，伯顏不花的斤自衢引兵援之，奉國敗走。時鎮南王大聖奴、樞密院判官席閏等屯兵城中，聞伯顏不花的斤至，開門出迎，羅拜馬前。伯顏不花的斤登城四顧，誓以破賊自許。後數日，賊復攻城，伯顏不花的斤大饗士卒，約曰：「今日破賊，不用命者斬。」乃命裨將大都閭將阿速諸軍及民兵爲左翼，出南門；高義、范則忠將信陽一軍爲右翼，出北門；自與忽都不花將沿海諸軍爲中軍，出西門。直入賊營，斬首數千級，賊亂，幾擒奉國。援賊突至，忽都不花復勒兵力戰，破之。

二月，友諒弟友德營於城東，繞城植木栅，攻我益急。又遣僞萬户周伯嘉來説降。高義潛與賊通，給忽都不花等，謂與奉國相見，則兵釁可解。忽都不花信之，率范則忠等十人往見，奉國囚之不遣。明日，奉國令高義以計來誘伯顏不花的斤。時伯顏不花的斤坐

城上，見高義單騎來，伯顏不花的斤謂曰：「汝誘十帥，無一人還，今復來誘我耶？我頭可斷，足不可移。」乃數其罪斬之。由是日夜與賊鏖戰。

夏四月，有大呼於城下者曰：「有詔。」參謀海魯丁臨城問：「詔自何來？」曰：「江西來。」海魯丁曰：「此賊耳。吾元朝臣子，可受爾僞詔乎？」呼者曰：「我主聞信州久不下，知爾忠義，故來詔。爾徒守空城，欲何爲耶？」海魯丁曰：「汝聞張睢陽事乎？」僞使者不答而去。伯顏不花的斤笑曰：「賊欲我降爾。城存與存，城亡與亡，吾計之熟矣。」時軍民唯食草苗茶紙。既盡，括靴底煮食之。又盡，掘鼠羅雀以食。

六月，奉國親來攻城，晝夜不息。賊穴地百餘道，或魚貫梯城而上。萬户顧馬兒以所部叛，城遂陷。席閏降，大聖奴、海魯丁皆死之。伯顏不花的斤力戰不勝，乃自刎。其部將蔡誠盡殺妻子，及蔣廣與賊巷戰。誠遇害，廣爲奉國所執。賊愛廣勇敢，誘之降。廣曰：「我寧爲忠死，不爲降生。汝等草寇，吾豈屈汝乎？」賊怒，磔之。有陳受者，信州人。伯顏不花的斤知受有膂力，募爲義兵。戰敗，爲賊擒，罵不屈，賊焚殺之。

先是，伯顏不花的斤援信州，嘗南望泣下曰：「我爲天子司憲，知上報天子，下拯生民，餘皆無可恤，所念者太夫人耳。」即日入拜其母鮮于氏曰：「兒今不得事母矣。」母曰：「爾爲

忠臣，吾即死復何憾！」鮮于氏，太常典簿樞之女也。伯顏不花的斤因命子也先不花奉其母間道入福建，以浙東廉訪司印送行御史臺，力守孤城而死。事聞，賜謚曰桓敏。

史臣曰：阿剌兀思、巴而朮阿而忒的斤，咸早識真主，自託於肺附之列，宜可以憑藉恩寵，世爲藩臣。乃阿剌兀思爲部人所殺，亦都護之疆域亦見併於强鄰，雖其子孫不失富貴，然社稷則墟矣。殆所謂積弱之餘，不能自振者歟？

【校勘記】

〔一〕「二十四年」，「二」原作「三」。按本書卷一一〇《太祖諸子傳五·也不干》「二十四年，乃顏叛，遣使誘河間王也不干，也不干應之」，「二十四年，乃顏叛，也不干率所部東走應之」，據改。

〔二〕「闊里吉思」，「吉」字原脱，據上文補。

新元史卷之一百十七　列傳第十四

札木合塔兒忽台〔一〕　脱黑脱阿〔二〕

札木合，札只剌氏。太祖九世祖孛端察兒生札只剌歹，其母乃札兒赤兀惕兀良合之婦，已有身，爲孛端察兒所掠，及生子，名以札只剌歹，義謂他人子也，是爲札只剌氏之祖。札只剌歹生土古兀歹，土古兀歹生不里不勒朮魯，不里不勒朮魯生合剌合答安，合剌合答安生札木合。

札木合幼與太祖親密，約爲按答。太祖十一歲，於斡難河冰上爲髀石之戲，札木合以麅子髀石贈太祖，太祖以灌銅髀石報之。又與太祖習射，以牛角骲箭贈太祖，太祖以柏木髑頭骲箭報之。二人情好甚篤。

烈祖卒，部衆多叛去，札木合亦率所部歸於泰亦兀赤。太祖光獻皇后爲蔑兒乞人所掠，太祖求救於王汗，約札木合助太祖。太祖使合撒兒、別勒古台告於札木合，札木合允之，且曰：「吾聞三種蔑兒乞：托黑脱阿在不兀剌客額兒之地，答兒兀孫在斡兒洹、薛涼格

兩河間塔勒渾阿剌勒之地，答兒馬剌在合剌只客額兒之地。若以豬鬃草縛筏，徑渡勤勒豁河，至托黑脱阿所居，猶從天窗入室，其部衆可襲而虜之。」議定，使王汗取道不兒罕合勒敦，太祖待札木合於孛脱罕孛斡兒只之地。札木合率二萬騎溯斡難河而西，來會師。既而王汗與其弟札合敢不，分率二萬騎，東踰不兒罕合勒敦，趨太祖行營客魯漣河源不兒吉之地。太祖至不兒罕山塔納河邊，逆王汗不遇，乃改道至乞沐兒合阿因勒合剌合納，始與王汗軍合。遂溯斡難河源至孛脱罕孛斡兒只，則札木合已先三日至矣。札木合愠曰：「吾與人期會不避風雨，達達輩一諾如盟，何後也？」王汗媿謝。乃合軍而北，結筏夜渡勤勒豁河，襲蔑兒乞部衆，大破之。脱黑脱阿與答亦兒兀孫遁走，獲其妻孥，並執答兒馬剌。太祖遂迎歸光獻皇后。王汗返土兀剌河之黑林，太祖與札木合返豁兒豁納黑主不兒。

太祖以金帶、牝馬贈札木合，札木合亦以金帶、有角白馬贈太祖，重與太祖約爲按答，歲餘無間言。一日，太祖與札木合同游於忽勒答合兒崖，札木合曰：「吾緣厓而下，則放馬者有營帳可居，至澗底，則牧羊者有水可飲，真形勢之地也。」太祖不答。俟宣懿皇后至，告之。時光獻皇后在側，言於太祖曰：「吾聞札木合喜新厭舊，彼殆厭我矣。嚮所言，得勿有圖我之意乎？不如去之。」太祖以爲然，乘夜間行，西還闊闊納涺兒。及太祖爲可汗，使阿兒該、合撒兒、察兀兒罕三人告於札木合，札木合以太祖之去歸咎於阿勒壇、忽察兒之

離間，以好言復太祖，然心實忌之。

後札木合之弟紿察兒居於斡列該不剌合之地，與太祖部下答兒馬剌牧地相近。紿察兒掠答兒馬剌之馬，答兒馬剌追之，伏於馬鬃上射殺紿察兒，奪馬而回。札木合怒，率所統十三部共三萬人來伐。十三部者，曰泰亦赤兀、亦乞列思、兀魯兀特、布魯特、忙忽特、那牙勤歹、巴普剌思、巴阿鄰歹、合塔斤、撒勒只兀特、朵兒邊、塔塔兒及札答蘭本部也。是時，太祖在古連勒古之地，駙馬孛禿父捏坤在泰亦兀赤部下，遣使來告變。太祖亟召集部衆，爲十三翼，以拒之。戰於答蘭巴泐渚納。太祖兵敗退，札木合斷捏兀歹部人察合剌安之首，繫於馬尾而去。

辛酉，弘吉剌、亦乞列思、豁羅剌思、朵兒邊、塔塔兒、撒勒只兀特、合塔斤等部會於刊河，立札木合爲古兒汗。至禿拉河，舉足蹋岸土，揮刀斬林木，而誓曰：「有洩此謀，如土崩，如木斷。」遂潛師來襲。有火力台者聞之，以語其妻舅麥兒吉台。麥兒吉台使告於太祖，騎以剪耳白馬。夜經一古闌，其將曰忽蘭把阿禿兒，曰哈剌蔑兒巴歹，見而執之。然二將亦心附太祖，贈以良馬使去。火力台遇載札木合白帳者，疾馳得免，見太祖，具告其事。太祖自古連勒古起兵，迎戰於亦提火兒罕之地，大敗之，札木合遁走。

明年，札木合又合乃蠻、蔑兒乞、斡亦剌、泰亦兀赤、朵兒邊、塔塔兒、合塔斤、撒勒只

兀特諸部攻太祖，太祖與王汗合兵拒之。太祖以阿勒壇等爲前鋒，王汗使其子桑昆爲前鋒。阿勒壇漏師於札木合將阿不出。次日，兩軍陣於闊亦田之地，札木合軍中有不亦魯黑、忽都合者，能以巫術致風雨，欲順風縱擊太祖。忽反風，雨雪，天地晦冥，諸部兵不能進，多墜死澗谷中。札木合見事敗，乃言：「天不佑我。」策馬潰圍而去。諸部皆潰散，札木合遂大掠合答斤等部。自此札木合不能復振，降於王汗。

太祖與王汗伐乃蠻。札木合言於王汗曰：「帖木真按答曾遣使於乃蠻，今遷延不進，必與乃蠻通。」王汗始疑太祖。

及太祖滅王汗，札木合復奔於乃蠻。太祖親征乃蠻，札木合見太祖軍容甚盛，謂太陽汗曰：「汝初視蒙古兵如羖䍽羔兒，謂蹄皮亦不留。今吾觀其氣勢，殆非昔比矣。」遂引所部遁去，又遣使以乃蠻軍事告於太祖。太祖禽殺太陽汗，朵兒邊、塔塔兒、合塔斤、撒勒只兀惕等部皆降。

札木合部衆盡潰，率左右五人遁入倘魯山。一日，左右炙羱羊而食，札木合呵之，五人怒，乃縛札木合致於太祖。札木合使謂太祖曰：「鴉獲家鶩，奴執主人，按答必有以處之。」太祖以辜恩賣主，不可恕，並其子孫誅之，命涖殺五人於札木合之前。使人謂札木合曰：「我昔與汝爲按答，如車之有轅。汝自離我而去，今又相合，可以從我矣。」札木合曰：

「吾兩人自幼爲按答，因爲人離間，故參差至此。吾羞赧不敢與按答相見。今按答大位已定，如不殺我，則似領有虱，衿有刺，必使按答不能安寢。願恩賜速死爲幸。若使不見血而死，吾魂魄有知，猶當護按答子孫。」太祖乃令其自殺。或云太祖卜殺札木合不入，乃送於伊而乞歹，伊而乞歹截其手足。札木合曰：「此事之當然，使我獲彼，亦必出此也。」札木合譎詐有口辨，時人以薛禪稱之。嘗爲蔑兒乞人所敗，祇餘三十人，無所歸。使人告脱黑脱阿，請爲其子，許之，乃往依脱黑脱阿。一日，見樹間有雀巢，默識之。越日，復過其地，乃謂衆曰：「前年我至此，見有雀哺鷇於此樹，不知是此否？」往視之，果有雀巢，衆服其强記。後脱黑脱阿獨居一帳，無左右，札木合與三十人徑入，脱黑脱阿疑懼，問其來何爲。札木合曰：「我來視護衛何如耳。」脱黑脱阿益懼，以金盃酹馬湩於地，與之盟，盡返其部衆焉。

時太祖仇人附札木合者，曰泰赤兀赤部長塔而忽台，蔑兒乞部長脱黑脱阿，俱爲太祖所滅。

塔兒忽台，太祖五世祖海都次子扯兒黑領昆之後。令穩，遼官名，蒙古語譌爲領昆。領昆長子莎兒郭都魯赤那，與托邁乃汗同時。其子俺巴該，繼哈不勒之汗位，娶婦至塔塔

兒部。塔塔兒執之，送於金，金人殺之。俺巴該子哈丹太石。哈丹太石子布達歸附太祖。布達子速敦諸顏領速而圖斯部衆。塔而忽台乃泰亦赤兀阿達爾汗之子〔三〕，與同祖兄弟忽力兒把阿禿兒、盎庫兀庫楚，皆爲泰亦赤兀部長。初，阿達爾汗與烈祖親好，繼而不叶，至以兵相攻。

烈祖崩，太祖方十三歲，塔而忽台兄弟强盛，太祖部衆多叛從泰亦赤兀，札木合亦歸之，於是塔而忽台遂與太祖相仇。塔而忽台性狠毒，人稱之曰開勒而禿克。太祖嘗爲所獲，枷太祖項，一老嫗憐之，爲梳髮，以氈裹其項。既而太祖逸去，遇速而圖斯人鎖而干失刺救之，事具《赤老温傳》。

後札木合與塔而忽台等集三萬人攻太祖，戰於答蘭巴泐渚納，太祖失利。泰亦兀赤部下朱里耶人出獵，遇太祖於烏者兒哲兒們山。朱里耶人以糧糗不給，已歸其半。太祖堅留之。次日，再獵，分以飲食，復驅獸向之，俾多獲。朱里耶人感之，相謂曰：「泰亦赤兀薄待我，帖木真素與我疏，乃厚我如此，真人君之度也。」其部長遂率所部來歸。諸族皆謂泰亦赤兀無道，帖木真能撫衆，亦相率降附。

巴鄰部長述兒哥圖額不干與其子納牙阿禽塔而忽台，欲獻於太祖，中道復縱之，惟父子來降，太祖義之。

時蔑兒乞酋脱黑脱阿遣使糾合泰亦赤兀各部，塔而忽台、忽都答兒、忽里兒把阿秃兒、盎庫兀庫楚等，共會於斡難河沙漠中。太祖與王罕兵至，敗之，追及於特秃剌思之地。赤老温以槍擲塔而忽台，中之，墜馬。塔而忽台曰：「我固當死，然爲鎖兒干失剌之子標槍中我，我死不甘心。」遂爲赤老温所殺。忽都答兒亦死，盎庫兀庫楚奔巴兒古真，忽里兒把阿秃兒奔乃蠻，泰亦赤兀部遂滅。

脱黑脱阿，蔑兒乞部長也。蔑兒乞爲白達達之一種，一名兀都亦，又曰梅格林，居鄂勒昆河、色楞格河之間。脱黑脱阿爲兀都亦部長。兀都亦之别部曰兀洼思，塔亦兒兀孫爲部長；曰合阿惕，答兒馬剌爲部長。是爲三種蔑兒乞。

先是，脱黑脱阿之弟也客赤列都娶於斡勒忽納氏，曰訶額侖；返至中道，遇烈祖與其兄捏坤太石、弟答里台，劫之，也客赤列都懼而逃。烈祖以訶額侖歸納之，是爲宣懿皇后。故脱黑脱阿仇烈祖父子。

蔑兒乞部衆喜掠人勒贖，太祖幼嘗爲所掠，贖歸。及娶光獻皇后孛兒台，脱黑脱阿率部衆來襲，太祖匿於不而罕山，獲孛而台，以妻赤列都之弟赤勒格兒。太祖求援於王汗及札木合，大敗蔑兒乞之衆，獲答兒馬剌，迎孛兒台以歸。有蔑兒乞人獵於勤勒豁河〔四〕，見

兵至，走告脱黑脱阿，故脱黑脱阿與塔亦兒兀孫得逸去，奔於巴兒忽真。赤勒格兒謂孛兒台曰：「我如慈烏欲食雁與鶿老，宜有此禍也。」亦挺身走免。

丁巳，太祖與王汗合兵攻蔑兒乞，戰於孟察之地，悉以俘獲歸於王汗。

戊午，王汗復自攻脱黑脱阿於不兀剌客額兒之地，殺其長子土古思，又獲其二子忽圖、赤老温，脱黑脱阿復奔巴兒忽真。

辛酉，脱黑脱阿遣忽敦忽兒章與泰亦兀赤等部會於斡難河沙漠中，太祖與王汗兵至，敗之。脱黑脱阿從札木合及乃蠻不亦魯黑汗等合衆來攻，又爲太祖與王汗所敗。

甲子，太祖親征乃蠻，脱黑脱阿以兵助太陽汗。太祖禽殺太陽汗，脱黑脱阿遁走。冬，太祖再征蔑兒乞至塔而合，塔亦兒兀孫來降，獻女忽蘭可敦，謂部衆無馬，不能從。太祖令散其衆於輜重後營，每營百人，以分其勢。後其衆復叛去，塔亦兒兀孫逃至呼魯哈卜察之地，築城以守。太祖遣博爾忽、沈伯率右翼兵討平之，以其妻土拉基乃賜太宗。太祖圍脱黑脱阿於台哈勒忽兒罕，盡取麥丹、脱塔黑林、哈俺諸部衆，脱黑脱阿與其子奔於不亦魯黑。

太祖元年，不亦魯黑敗死，脱黑脱阿與太陽汗子古出魯奔也兒的失河。

三年，太祖以衛拉特人爲嚮導，至也兒的失河。脱黑脱阿中流矢死，部衆潰，渡也兒

的失河，溺死大半。其子忽圖、赤老温、赤攸克、呼圖罕蔑而根不能得父全尸，函其首去，奔於畏兀兒。畏兀兒不納，與忽圖等戰於蘄河，逐之。忽圖等奔欽察。

十一年，太祖命速不台征之，用鐵釘密布車輪上，以利山行。復命脱忽察兒率二千騎同往。至吹河，盡殲其衆，生禽呼圖罕蔑而根，檻送於朮赤。朮赤命之射，首矢中的，次矢劈首矢之簳而亦中的。朮赤大喜，馳使告太祖，請赦之。太祖曰：「蔑而乞，吾深仇。留善射仇人，將爲後患。」仍命朮赤殺之。

史臣曰：札木合率十三部之衆，與太祖争衡，可謂勁敵矣。然矜凶挾狡，反覆無常，卒爲左右所賣，非不幸也。泰亦兀赤或謂出於勃端察兒之孫納勤，拉施特曰：「《蒙古金字譜》：泰亦兀赤之祖爲扯而黑領昆。納勤救海都免於札剌亦之難，其牧地又近於領昆，故謁爲泰亦兀赤之祖焉。」

【校勘記】

〔一〕「塔兒忽台」，原作「塔而忽台」，據正文改。

〔二〕「脱黑脱阿」，原作「托黑托阿」，據正文改。

〔三〕「泰亦赤兀」，上文作「泰赤兀赤」。本書卷一〇五《烈祖諸子傳》作「泰赤兀赤」，卷二《太祖本紀上》、卷一〇八《太祖諸子傳三》作「泰亦赤兀」。卷一〇四《后妃傳》作「泰亦赤兀」，又作「泰赤兀赤」。《元史》卷一本紀第一《太祖》作「泰赤烏」。

〔四〕「勤」，原作「勒」，據上文改。

新元史卷之一百十八　列傳第十五

客烈亦王罕 桑昆 札合敢不 乃蠻太陽罕 不月魯克 古出魯克 抄思 別的因

客烈亦部，未詳所出，或謂始居唐麓嶺北謙謙州之地，後徙於土拉河。相傳其祖生子七人，面黝黑，蒙古語黑爲喀喇，故名其部爲喀喇，又譌爲客烈。後族類繁衍，如只兒起特、董鄂亦特、土馬烏特、薩起牙特、哀里牙特，皆其支派，而統名爲客烈亦特。言語風俗，大率類蒙古。

其酋有默爾忽斯不亦魯罕，爲塔塔兒部酋拏烏爾不亦魯黑所誘執，獻於金，金人釘於木驢斃之。默爾忽斯之妻思復仇，僞降於塔塔兒，願往獻牛酒，拏烏爾許之。乃饋牛十、羊百，皮囊百，皮囊不盛酒而藏壯士於內。拏烏爾宴之，壯士自囊中突出，殺拏烏爾而返。默而忽斯二子〔一〕：一曰忽兒察忽思不亦魯黑，一曰古兒堪。默爾忽斯死於金，忽兒察忽思嗣。生八子，脱斡鄰勒最長。

脱斡鄰勒七歲，嘗爲蔑兒乞人所掠，使舂碓，忽兒察忽思贖歸。十三歲，又嘗同其母

爲塔塔兒人所掠，使牧駝、羊，乘間逸去。忽兒察忽思卒，脱斡鄰勒嗣。脱斡鄰勒助金人征塔塔兒有功，受王封，故部衆稱爲王罕。王罕性猜忌，好殺，以事誅其弟台帖木兒、不花帖木兒，又欲殺母弟額兒格喀剌，額兒格喀剌奔乃蠻。其叔父古爾堪舉兵逐之，王罕敗遁哈喇温山，納女忽札兀兒於蔑兒乞酋脱黑脱阿，假道奔於烈祖。烈祖伐古爾堪，古爾堪奔西夏，王罕復其有部衆，以是德烈祖，約爲按答。

烈祖崩，所部多叛歸泰亦兀赤。太祖既壯，娶皇后孛而台，新婦覲訶額侖太后，以黑貂裘爲贄。太祖用其贄以謁王罕於哈喇屯，王罕大悦，温言撫慰，許爲收集舊部。未幾，蔑兒乞修烈祖舊怨，襲攻太祖，掠孛而台而去。太祖求救於王罕，並約札只剌部長札木合爲應，大敗蔑兒乞，迎后返。或云王罕有一妃，爲后之妹，蔑兒乞人送后於王罕，王罕乃歸之太祖焉。王罕爲太祖父執，太祖尊之如父，至是情好益篤。

金遣宰相完顔襄討塔塔兒，諭遊牧諸部出兵。太祖與王罕攻殺塔塔兒部酋蔑古真薛兀勒圖，由是王罕受封於金，爲夷離堇，譯義王也。

既而，王罕弟額兒格喀剌以乃蠻兵攻王罕，王罕奔西遼，聞太祖强盛，思歸於太祖。道遠糧絶，僅有五乳羊，以繩勒羊口，奪其乳飲之，刺橐駝血爲食，獨騎眇一目之馬，行至客蘇孤淖爾。太祖往迎之，令各部分以牛羊，宴王罕於圖而阿河濱。遂與王罕合兵攻布

而斤，又合攻蔑而乞，太祖分所獲於王罕。王罕勢漸振，再往攻蔑兒乞，殺脱黑脱阿長子土古思，獲其忽秃黑台、察勒渾二女，又降其二子忽圖、赤老温，俘虜甚衆，無所遺於太祖。

金承安四年，又與太祖合攻乃蠻。乃蠻不亦魯黑罕奔於謙謙州，其部將可克薛兀撒卜剌黑來援。戰竟日，勝負未決，王罕夜爇火於原，潛移其衆以去。太祖不得已，亦退至撒里罕哈兒之地。可克薛兀撒卜剌黑追王罕，遇其弟必而嘎、札合敢不，獲二人之妻子，又入客烈亦界搭而都阿馬舍拉之地，大掠。王罕使其子伊而克桑昆禦之，又乞援於太祖曰：「乃蠻掠我部衆，我子能以四良將助我乎？」四良將者，博爾朮、木華黎、博爾忽、赤老温也。太祖遣四人赴援，未至，桑昆已敗，其部將的斤火里、赤土兒干約塔黑俱戰没。博爾朮等反敗爲勝，盡奪所獲以歸王罕。王罕大悦，遣使告太祖曰：「昔也速該俺答曾救我，今其子帖木真復然。欲報之德，惟天知之。吾老矣，一子伊而克孤立，若令伊而克兒事帖木真，是吾不啻有二子，可以高枕卧矣。」遂會太祖於忽剌阿訥兀之地，重申父子之盟，矢之曰：「有敵同征，有獸同獵，毋爲讒言所間。」未幾，蔑兒乞酋脱黑脱阿使其二弟忽敦忽而章，約泰亦兀赤部長盎庫兀庫楚等，在沙漠中相會。王罕與太祖攻敗之，事具《塔而忽台傳》。太祖軍威大振，蒙古别部皆畏懼不自安。

承安五年，喀答斤、薩而助特、都爾班、弘吉拉特與塔塔兒部衆會議，殺一馬、一牛、一

犬、一牡羊，立誓共襲太祖。已而弘吉拉特部長背約，遣使告於太祖。太祖與王罕自庫而各湖進，至不月兒湖，大敗之。

是年冬，王罕沿克魯倫河至庫塔海牙之地。札合敢不與王罕部將阿勒屯阿速兒、額勒忽秃兒，伊兒晃火兒、忽勒巴里、納鄰太石等竊議曰：「吾兄心性無常，殺戮諸弟殆盡，又虐我部衆，今將何以處之？」阿勒屯阿速兒以其言密告王罕。王罕怒，盡執札合敢不及諸將至帳下，面詰之曰：「昔日相誓云何？今汝曹如此，吾不與校也。」語畢，唾其面，帳下人亦唾之，而釋其縛。阿勒屯阿速兒出，語人曰：「吾亦與謀，惟不忍於故主，故告之。」後王罕屢責札合敢不，謂：「汝心最叵測者。」札合敢不不自安，與額勒忽秃兒、伊兒晃火兒、納鄰太石奔乃蠻。

札木合忌太祖與王罕並力難制，至是偵知二人分兵，乃會弘吉剌等十有一部盟於刊河，欲襲攻太祖，爲太祖所敗。王罕中立，不相助也。既而不亦魯黑、脱黑脱阿等復合兵攻太祖，太祖乞援於王罕，王罕以兵來會。太祖與王罕自庫而庫夷河至額喇温赤敦山，桑昆殿後。行及山之隘口，不亦魯黑已至，見桑昆兵少，謂其左右曰：「是可聚而殲之。」遣其將阿忽出及脱黑脱阿之弟爲前鋒。未陣，桑昆兵已踰隘。不亦魯黑等從之，遇風雪不能進，乃退至奎騰之地，士馬凍死無算。札木合率所部歸於王罕。是時，太祖與王罕同居阿

拉兒之地，金泰和二年也。冬，太祖又移帳於阿兒怯弘哥兒之地，王罕西還者者額兒温都兒、折兒合不赤孩。太祖欲爲朮赤聘王罕女超爾别乞，王罕欲爲其孫庫世布喀聘太祖女庫勒别乞。獨桑昆不欲，曰：「吾妹至彼家，北面倚户立；彼女來，南面正坐，可乎？」不許。由是太祖與王罕有隙。太祖怨王罕收納札木合，告王罕曰：「吾等如白翎雀，他人乃告天雀耳。」蒙古稱鴻雁爲告天雀，意謂白翎雀寒暑居北方，鴻雁南北無常，喻札木合之反覆也。

札木合亦與阿勒壇、忽察兒、合兒答乞歹、額不格真那牙勤、雪格額台、脱斡鄰勒、合赤温别乞等説桑昆曰：「帖木真與乃蠻通，舉動如此，豈復可恃？若不早備之，且爲君父子後患。」阿勒壇、忽察兒曰：「我爲君討訶額侖諸子可也。」額不格真那牙勤與合兒答乞歹曰：「我請爲君縛其手足。」脱斡鄰勒曰：「不如先虜其部衆，失衆則彼將自敗。」合赤温别乞曰：「桑昆吾子欲何如？高者山，深者水，吾與汝共之。」桑昆遣撒亦罕脱迭額以札木合等之言聞於王罕，王罕曰：「札木合巧言寡信人也，不足聽。」桑昆又使人説之，王罕不爲動。桑昆乃自見王罕曰：「吾父在，彼猶蔑視吾；如不可諱，吾祖父之業，彼能容吾自主乎？」王罕曰：「兒輩一家，何忍相棄？況彼有德於我，背之不祥。」桑昆咈然而出。王罕呼使反曰：「吾老矣，但思聚骸骨於一處，汝乃喋喋不已，好自爲之，毋貽吾憂可也。」桑昆遂決意

殺太祖。

泰和三年，桑昆僞爲許婚，邀太祖飲酒，欲伏兵殺之。蒙力克勸太祖勿往，太祖從之。桑昆見事不就，又欲乘太祖不備掩襲之。王罕部將也客扯闌歸語其妻阿剌黑因特，且曰：「如有人告於帖木真，當若何酬之？」有牧人乞失力克送馬湩至帳外，聞之，以告同牧者巴歹，二人即夜至太祖處告變。太祖移營於賽魯特而奇特山，分兵至卯温都爾狄斯山偵敵。王罕兵至，匿於紅柳林中，適伊而乞歹奴牧馬見之，奔告太祖。太祖在客蘭津阿而忒之地，倉卒拒戰。有忙古特部將畏答兒，請繞出敵後，樹幟奎騰山上，爲前後夾攻之計。從之。將戰，王罕問札木合曰：「帖木真部下孰善戰？」札木合曰：「兀魯兀特、忙古特也，一花纛，一黑纛，當者慎之。」王罕曰：「令我只克斤把阿禿兒合答吉當之，以土棉禿別干阿赤黑失侖及斡欒董合亦特巴阿禿兒、豁里失烈門太石率護衛千人爲應，最後我以中軍之士攻之，蔑不濟矣。」然札木合知王罕非太祖敵，自引去，而陰以王罕軍事輸於太祖。及戰，太祖果以兀魯兀特、忙古特爲前鋒。合答吉率只克斤人衝其陣，不動。阿赤黑失侖以土棉禿別干兵繼進，剌畏答兒墮馬。兀魯兀特將朮赤台援之，阿赤黑失侖敗卻。斡欒董合亦特、失烈門太石並爲兀魯兀特一軍所敗。桑昆見事亟，徑前搏鬥，朮赤台射之中頰，桑昆創甚。王罕乃斂兵而退。王罕怒責桑昆。阿赤黑失侖曰：「今日之戰，忙豁侖部衆大

半從札木合暨阿勒壇、忽察兒，少半從帖木真。人無兼騎，去亦不遠，入夜必宿林中，吾往取如拾馬糞耳。」王罕以子受傷，不欲進兵，乃退舍於只惕豁羅罕沙陀。有塔兒忽人合答安答勒都兒罕自王罕處奔於太祖，以阿赤黑失倫之言告。太祖乃自答闌揑木兒格思之地，引軍夾哈勒哈河而下，營於董嘎淖爾脱爾哈火魯罕，是地水草茂美，因休息士馬。遣阿兒海者温告於王罕曰：「我今駐董格淖爾脱兒哈火魯罕，水草皆足矣。父王罕！昔汝叔古兒堪責汝，謂『我兄忽兒察忽思不亦魯黑罕之位，不我與，而汝自據之』。汝又殺台帖木兒太石、不花帖木兒二弟』。古兒堪乃逐汝至哈剌温哈卜察，汝僅有數人相從。斯時救汝者何人？乃我父也。汝往哈剌不花，又往土拉壇秃朗古特，後由哈卜察爾而至古蘇兒淖爾，以遇汝叔古兒堪。其時古兒堪在忽爾奔塔剌速特，勢敗而遁，自此入合申不復返。我父奪古兒堪之國以復於汝，由是結爲按答，我遂尊汝爲父。此有德於汝者一也。再者，父王罕！汝避居於日入之地，隱没於中，汝弟札合敢不在察富古特之地，我舉帽招之，大聲呼之，以致彼來，彼欲來，而蔑兒乞迫之。我遣將往援，殺薛撒别乞、泰出勒，則我又以汝故而殺我兄弟二人。此有德於汝者二也。再者，父王罕！汝如雲中日影，緩緩而升；如火焰，緩緩而騰，以來就我。我不及半日，而使汝得食；不及一月，而使汝得衣。人問此何以故，汝宜告之曰：『在木里察克速兒，大掠蔑兒乞之輜重，悉以與汝，故不及半日而飢

者飽，不及一月而裸者衣。』此有德於汝者三也。曩者蔑兒乞在不兀剌客額兒，我使人往覘脱脱黑脱阿虚實。汝知有機可乘，不告於我而自進兵，虜忽秃黑台哈敦、察勒渾哈敦並其子忽圖、赤老温，取其奥魯思，而無絲毫遺我。汝後與我共攻乃蠻，在拜答剌黑别勒赤兒之地，忽圖、赤老温率其部衆離汝而去，可克薛兀撒卜剌黑遂掠汝之奥魯思。我令博爾朮、木華黎、博兒忽、赤老温盡奪之歸，以致於汝。此有德於汝者四也。昔者我等在哈剌河濱與忽剌安必兒答秃兀特相近之卓兒格兒痕山，彼此明約，如有毒牙之蛇在我二人中經過，我二人必不爲所中傷，必以脣舌互相剖訴，未剖訴之先，不可遽離。今有人讒構，汝並未詢察，而即離我，何也？再者，父王罕，我如鷙鳥，自赤而古山飛越捕魚兒淖爾，擒灰色足之鶴，以致於汝。此鶴爲誰？朵兒奔、塔塔兒諸人是也。我又如海東青鶻，越古闌淖爾，擒藍色足之鶴以致於汝。此鶴爲誰？哈答斤、撒兒助特、弘吉拉特諸人是也。今汝乃仗彼以驚畏我乎？此有德於汝者五也。父王罕！汝之所以遇我者，何一能如我之遇汝？我爲汝子，曾未嫌所得之少而更欲其多者，嫌所得之惡而更欲其美者，譬如車有二輪，去其一則牛不能行；棄車於道，則車中之物將爲盜有；繫牛於車，則牛困守於此，將至餓斃；强欲其行而鞭箠之，徒使牛破額折項，跳躍力盡而已。以我二人方之，我非車之一輪乎？」

又使謂阿勒壇、火察兒曰：「汝二人疾惡我，將仍留我地上乎？抑埋我地下乎？我嘗告把兒壇把阿禿兒之子及薛撒別乞、泰出二人，斡難河地詎可無主，我勸其爲主而不從。我因汝火察兒爲揑坤太石之子，勸汝爲主又不從。汝等必以讓我，我由汝等推戴，故思保祖宗之土地，守先世之風俗，不使廢墜。我既爲主，則我之心必以俘掠之營帳、牛馬、男女丁口悉分於汝，郊原之獸圍之以與汝，山林之獸驅之以向汝也。今汝乃棄我，而從王罕。三河之地，我祖實興，慎毋令他人居之。」

又使告脱忽魯兒曰：「汝祖乃我祖俘爲奴僕，故我稱汝爲弟。汝父之祖塔塔爲扯勒黑領昆都邁乃所虜。塔塔生雪也哥，雪也哥生闊闊出黑兒思安，闊闊出黑兒思安生也該晃脱合兒，也該晃脱合兒生汝。汝思得我之基業，阿勒壇、火察兒必不汝與也。在昔王罕所飲之青馬乳，我以起早，亦得飲之。汝輩殆由是妒我。我今去矣，汝輩恣飲之，量汝能飲幾何也？」

又謂阿勒壇、火察兒曰：「汝二人今從我父王罕，毋有始無終，使人議汝向日所爲皆札兀特忽里之力也。今如有人以我故而痛我，將來亦必有人以汝故而痛汝。縱今歲不及汝等，明冬將及汝等矣。」

又告王罕曰：「請遣阿勒屯阿速黑、忽勒巴爾二人爲使，或一人來。昔者戰時木華黎

忙納兒失銀鞍轡黑馬，請以歸我。桑昆按答當遣必勒格別乞、脱端二人來，或一人，札木合按答、哈赤温、阿赤黑失侖、阿剌不花帶、阿勒壇、火察兒亦各遣二人，否則遣一人。使人之來，可在捕魚兒淖爾遇我。如我他適，則可在哈潑哈兒哈答兒罕之路尋我。」

使者既致各詞，王罕曰：「彼言誠有理，惟我子桑昆有以答之。」桑昆曰：「彼稱我父爲好殺人之額不干，詈我爲脱黑脱阿師巫，撒兒塔黑臣之羊銜尾而行。今日不能遣使，惟有一戰。我勝則併彼，彼勝則併我耳。」即令必勒克别乞、脱端建旗鳴鼓，秣馬以待。

太祖既遣使，遂率部衆掠弘吉拉特而至巴泐渚納。王罕亦徙帳於喀爾特庫而格阿而特之地。有答力台斡赤斤、阿勒壇者温、火察兒別乞、札木合、忽勒巴里、蘇克該、脱忽魯兒、圖海忽剌海、忽都呼特謀殺王罕。事覺，王罕先捕之。於是答力台、斡赤斤、忽勒巴里與撒哈夷特部、呼真部俱降於太祖。阿勒壇者温、火察兒別乞、忽都呼特、札木合奔乃蠻。

是年秋，太祖自巴泐渚納誓師，將自斡難河以攻王罕。哈里兀答兒、察兀兒罕本在哈薩兒左右，太祖使往紿王罕，僞言哈薩兒欲降。王罕信之，遣亦秃兒干盛血於牛角，往與之盟。三人行至中途，太祖兵亦至。哈里兀答兒紿亦秃兒干下馬，執獻太祖。太祖付哈薩兒殺之。即日夜兼進，至徹徹兒温都爾，出不意攻之，盡俘其衆。王罕方卓金帳，酌馬湩高會，與桑昆率數騎突圍走，僅以身免。行至中途，王罕曰：「不應與離之人，我自離之。

今遘此厄，皆我一人之罪也。」至乃蠻界之揑坤烏孫，爲守界將火力速八赤、騰喀沙兒所殺，送其首於太陽罕。

桑昆亡去，經亦即納城，入波魯土伯特，日剽掠以自給。部人逐之，逃於兀丹、乞思合兒近地曰苦先古察兒喀思每，爲哈剌赤部酋克力赤哈剌獲而殺之。桑昆本以父功，金人授爲本部詳穩官，語譌爲桑昆。

王罕二子：長桑昆，次艾忽。艾忽子薩里哲。艾忽二女，嫁於皇孫旭烈兀。薩里哲女，嫁於諸王阿魯渾。

王罕弟札合敢不，幼時嘗爲唐古特所虜，唐古特語謂雄强曰贊，丈夫曰普，故稱君爲贊普，語譌爲札合敢不。札合敢不受唐古特封，而有是稱，人遂呼以爲名。太祖平乃蠻，札合敢不獻二女以降。太祖納其長女，以次女賜少子拖雷，即莊聖皇后也。札合敢不既降，以外戚之恩得自領部曲。已而叛去，朮赤台以計誘執之。

乃蠻部，遼時始著，耶律太石西奔，自乃蠻抵畏吾兒，即此部也。其部初居於古謙河

之傍，後益强盛，拓地至烏隴古河。乃蠻譯義爲八，所據之地：一阿而泰山，一喀喇和林山，一哀略以賽拉斯山，一阿而帖石湖，一阿而帖石河，一阿而帖石河與乞里吉思中間之地，一起夕耳塔實山，一烏隴古河。故稱其部曰乃蠻。其北境爲乞里吉思，東爲克烈，南爲回紇，西爲康里。

其酋曰亦難察貝而喀布庫罕，以兵力雄長漠北。客烈亦王罕之弟額而格合剌來奔，亦難察爲出兵伐王罕，大破之，王罕奔西遼。亦難察卒，二子，一曰泰赤布喀，一曰古出古敦不月魯克。初，亦難察無子，禱於神而生泰赤布喀。亦難察嫌其闒弱，謂不能保其部衆，及卒，泰赤布喀與不月魯克以爭父妾相仇，不月魯克北徙於起夕耳塔實山。泰赤布喀居其父舊地，後受封於金爲大王。蒙古語譌大王爲太陽，故稱爲太陽罕。

太祖與王罕知其兄弟有釁，乘機攻不月魯克至忽木升古兒、烏瀧古河，不月魯克之將也迪土卜魯黑率百騎偵敵，馬靷斷，爲太祖兵所執。進至乞濕泐巴失之野，不月魯克拒戰，大敗，奔於謙謙州。其驍將撒卜剌黑稱曰可克薛兀，譯言老病人也，以兵援之，遇於拜答剌黑巴勒赤列之地，戰一日，無勝負。王罕夜引去，太祖亦退。可克薛兀追王罕至伊庫魯阿而台之地，王罕弟札合敢不殿後〔二〕，爲所襲，輜重、妻子皆失。别遣一軍至帖列格秃阿馬撒剌，掠王罕部衆。桑昆以中軍追之，又爲所敗，流矢中桑昆馬胯。桑昆墜馬，幾被

執。太祖使博爾朮等救之，可克薛兀始敗去。

金泰和二年，不月魯克與蔑兒乞、斡亦剌、泰亦兀赤、朵兒邊、塔塔兒、合塔斤、撒勒只兀特諸部立札木合爲罕，合兵攻太祖。太祖與王罕自兀而庫夷河至喀剌温赤敦山，不月魯克等從之，其部將能以術致風雨，欲順風擊我。忽風反，大雨雪，人馬多凍死，遂大敗而返。

又二年，太祖襲破王罕，王罕走至乃蠻界之揑坤烏孫，爲守將火力速八赤、騰喀沙兒所殺，白其事於太陽罕。太陽罕後母古兒別速，又爲太陽罕可敦，聞之曰：「脱斡鄰勒是東鄰老王罕，取彼頭來視之，若信，當祭以禮。」頭至，置白氈上。乃蠻人有識之者，果王罕也。乃陳樂以祭之，其頭忽有笑容。太陽罕以爲不祥，蹴而碎之。可克薛兀退謂諸將曰：「割死王罕之頭而蹴之，非義也。況近日狗吠聲甚惡，事其殆乎？昔王罕嘗指古兒別速言：『此婦人年少，吾老且死，泰赤布喀柔軟，他日恐不能保我部衆。』今古兒別速用法嚴，而我太陽罕顧性懦，舍飛獵外無他長。吾亡無日矣。」

太陽罕忌太祖勢日强，欲用兵於蒙古。可克薛兀諫，不聽。乃使其部將卓忽難告汪古部長曰：「我聞有北邊林木中之主，欲辦大事。我知天上惟一日一月，地下亦不得有兩主。請汝助我爲右手，我將奪其弓矢。」汪古部長遣使告於太祖，太祖議先攻之。

泰和五年春，會諸將於迭滅該河，衆以方春馬瘦，俟馬肥而後進。別勒古台請先發以制之，太祖從其言。進兵至乃蠻境外之哈剌河，乃蠻兵不至，不得戰。

秋，再議進兵，以忽必來、哲別爲前鋒。時太陽罕亦遣兵爲前鋒，而自與蔑兒乞酋脱黑脱阿、客烈亦酋阿鄰太石、衛拉特酋忽都哈別乞、札只剌酋札木合及朵兒奔、塔塔兒、哈答斤、撒兒助等部連合駐於阿勒台河、杭海山之間。

太祖營有白馬，鞍翻而逸，突入乃蠻軍中，乃蠻皆謂蒙古馬瘦。太祖進至撒阿里客額兒之地，部將朵歹言於太祖曰：「吾兵少。至夜，請使人各燃火五處爲疑兵，以張聲勢。」太祖從之。乃蠻哨望者果疑蒙古兵大至，走告太陽罕。

太陽罕與諸將計曰：「蒙古馬雖瘦，然戰士衆，亦不易敵。今我退兵，彼必尾追，則馬力愈乏，我還而擊之，可以得志。」太陽罕子古出魯克聞之，恚甚，曰：「吾父何畏葸如婦人！達達種人吾知其數，大半從札木合在此，彼從何處增兵？吾父生長宮中，雖孕婦更衣、童牛齧草之地，身所不至，故懼爲此言耳。」其將火力速八赤亦曰：「汝父亦難察從不以人背馬尾嚮敵，汝恇怯如此，曷不使汝婦古兒別速來乎？惜可克薛兀老，吾兵紀律不嚴，得毋蒙古人應運將興耶？」言畢歎息而出。太陽罕大怒曰：「人各有一死，七尺之軀辛苦相等。汝輩言既如此，吾前迎敵可也。」遂決戰，渡斡兒洹河至納忽嶺東崖察乞兒馬兀惕

之地。

太陽罕與札木合登高瞭敵，見太祖軍容嚴整，有懼色，退至山上陳兵自衛。札木合謂其左右曰：「乃蠻平日臨敵，自謂如宰小牛羊，自頭至足不留皮革。汝等今視其能否？」遂率所部先遁。是日戰至晡，乃蠻兵大潰。太陽罕受重傷，卧於地。火力速八赤曰：「今我等尚在山半，不如下山爲再戰之計。」太陽罕不應。火力速八赤曰：「汝婦古兒別速已盛飾待汝得勝而回，汝盍速起？」亦不應。火力速八赤乃謂其部將十人曰：「彼如有絲毫氣力，必不如此。我等與其視彼死，不如使彼視我等之死。」遂與諸將下山力戰。太祖欲生致之，而不從，皆死。太祖歎息曰：「使吾麾下將士能如此，吾復何憂！」太陽罕既死，餘衆夜走納忽嶺，墜死厓谷者無算。太祖獲古兒別速，調之曰：「汝謂蒙古人歹氣息，今日何故至此？」遂納之。朶兒奔、塔塔兒、哈答斤、撒兒助四部悉降。古出魯克奔於不月魯克。

太祖元年，親征不月魯克。不月魯克方獵於兀魯黑塔山，太祖兵奄至，殺之。古出魯克與脱黑脱阿奔也兒的石河。

三年，太祖以衛拉特降酋忽都哈別乞爲鄉導，至也兒的石河，陣斬脱黑脱阿。古出魯克復奔西遼。

是時，西遼古兒罕爲直魯古。古出魯克至西遼，將謁古兒罕，慮有變，令從者僞爲己

入謁，自立於門外俟之。適古兒罕之女格兒八速自外至，見其狀貌，偉之。後詢得其實，乃以女晃忽妻古出魯克。晃忽年十五，性慧黠。以古兒罕喜諛，使古出魯克迎合其意，古兒罕遂以國事任之。古出魯克聞其父潰卒多藏匿於舊地，欲糾合部衆，以奪古兒罕之國，乃言於古兒罕曰：「蒙古方有事於乞䚟，不暇西顧。若我往葉密里、哈押立克、別失八里，招集潰卒，衆必響應，可藉其力以衛本國。」古兒罕從之。古出魯克既東，乃蠻舊衆果聞命附從。又遇貨勒自彌使者，約東西夾攻古兒罕。西軍勝，則拓地至阿力麻里、和闐、喀什噶爾；東軍勝，則拓地至費那克特河。議定，古出魯克即至鄂思懇，奪西遼之庫藏，進攻八剌沙衮。古兒罕自出禦之，古出魯克敗退。而貨勒自彌之兵已至塔剌思，擒古兒罕之將塔尼古。八剌沙衮城守，鄂思懇潰卒以象毀門而入，大掠三日。古出魯克乘機再進，古兒罕戰敗，生獲之。奉古兒罕爲太上皇，篡其國而自立。越二年，古兒罕以憂卒。

古出魯克既篡立，又納西遼前宰相之女爲妃，貌甚美，與正妃晃忽同信佛教。契丹本舉國事佛，及耶律大石西遷，其地盛行回回教。大石聽其信仰，不之禁，故上下相安。古出魯克用其妃之言，定佛法爲國教。諭其民奉佛，不得奉謨罕默德。自至和闐，招集天方教士辨論教理。有教士曰阿拉哀丁，與古出魯克往復駁難，古出魯克慚怒，詈而縛之，釘其手足於門。又賦斂苛重，每一鄉長家置一卒監之。於是民心瓦解，惟望蒙古兵速至。

太祖亦聞之，使哲别伐古出魯克。哲别入西遼境，諭民各奉舊教勿更易，各鄉長皆殺監卒應之。古出魯克在喀什噶爾，兵未至，先遁。哲别追及於撒里黑庫爾，古出魯克匿於葦拉特尼之山谷。哲别遇牧羊人，詢知古出魯克蹤跡，獲而殺之。古出魯克自太祖三年奔西遼，六年簒直魯古，十四年爲哲别所殺，距太陽罕之死已十有一年。

古出魯克有子敞温，走死。敞温子抄思幼，從母康里氏間行歸太祖，給事中宫。年二十五，出從征伐。破代、石二州，不避矢石。太宗四年，從皇弟拖雷敗金師於鈞州之三峰山。論功，賜湯陰黄招撫等百十有七户，不受；復賜俘口五十、宅一區，黄金鞶帶、酒壺、盃、盂各一，再辭，不許，乃受之。擢副萬户，與忽都虎留撫河南，尋移隨州。九年，簽西京、大名、濱、棣、懷、孟、真定、河間、邢、洺、磁、威、新、衛、保等路軍，得四千有六十餘人，以抄思統之。移鎮潁州，卒。子别的因，襁褓時鞠於祖母康里氏，留和林。稍長，給事乞兒吉思皇后。父卒，母張氏迎别的因南來。張賢明，嘗從容訓之曰：「人之所以成立者，知恐懼，知羞恥，知艱難，否則禽獸而已。」

憲宗四年，以别的因襲父職副萬户，鎮隨、潁二州。别的因身長七尺，多力，尤精騎射，士卒畏服之。

中統四年，入覲，賜金符，爲壽、潁二州屯田達魯花赤。時州境有虎食人，别的因縛羊

置檻中，誘虎殺之。至元十三年，授信陽府達魯花赤。信陽亦多虎，别的因加馬踢鞍上出獵，命左右燔山，虎出走，别的因擲以踢，虎搏踢，據地而吼，還馬射之，立斃。十六年，進常德路副達魯花赤。會同知李明秀作亂，别的因單騎往諭之降。事聞朝廷，誅明秀。三十二年，進池州路達魯花赤。大德十一年，遷台州路。卒，年八十一。

子三人：不花，僉嶺南廣西道肅政廉訪司事；文圭，有隱德，贈秘書著作郎；延壽，湯陰縣達魯花赤。孫可恭，曾孫與權，皆進士。

史臣曰：王罕猜忌失衆，賴烈祖父子，亡而復存，乃聽讒子之言，辜恩負德。太陽罕懦而無謀，横挑强敵。考其禍敗之由，皆不量智力，輕於一舉，身隕國滅，同趨覆轍，愚莫甚焉。古出魯克乘機篡奪，民心未附，乃强其所不從，而淫刑以逼之，淵魚叢爵，徒爲吊伐之資而已。

【校勘記】

〔一〕「默而忽斯」，上文作「默爾忽斯」。

〔二〕「札合敢不」，原作「札合敢卜」，據上文及本卷目録改。

新元史卷之一百十九　列傳第十六

木華黎上孛魯　塔思　霸都魯　安童　兀都帶　拜住

木華黎，札益忒札剌兒氏。祖帖列格秃伯顏，父孔温窟洼。太祖征主兒乞，師還，帖列格秃伯顏使孔温窟洼率木華黎與其弟不合，謁太祖於行在，自是遂留事左右。孔温窟洼從太祖征蔑兒乞、乃蠻等部，數有功。太祖與乃蠻戰，失利，率七騎走，饑不得食，孔温窟洼獲一橐駝，殺之，炙其肉以獻。追騎至，太祖馬已憊，孔温窟洼以己馬授太祖，身當追騎，死之。後追贈推忠效節保大佐運功臣、太師、開府儀同三司、上柱國、魯國王，謚忠宣。

孔温窟洼五子，木華黎其第三子也。生時有白氣出帳中，神巫異之曰：「此非常兒也。」及長，身長七尺，虬鬚黑面，沈毅多智略，猿臂善射。

太祖征塔塔兒，失道，不知牙帳所在，夜卧澤中。大雨雪，木華黎與博爾朮張氈裘，蔽太祖，通夕侍立，足跡不移。一日，太祖從十餘騎行山谷，顧謂木華黎曰：「儻遇賊，奈何？」對曰：「願獨當之。」已而賊果自林中突出，矢如雨集。木華黎引滿向賊，三發殪三

人。賊問：「爾何人？」曰：「我木華黎也。」徐解馬鞴，捍太祖出谷中，賊亦引去。

王罕爲乃蠻所敗，乞援於太祖曰：「聞汝有四良將，能使助我否？」時木華黎與博爾朮、博爾忽、赤老温俱以忠勇，號掇里班屈律，譯言四駿馬也。太祖乃遣木華黎等援之，與乃蠻戰於按臺山，大敗之，返其所掠於王罕。

既而王罕與太祖有隙，從太祖禦王罕於合剌合勒，又從太祖襲王罕，兼程至徹徹兒温都爾，夜斫其營，大破之。王罕走死，諸部皆聞風款服。

太祖即位，以木華黎爲左萬户，東至合剌温山悉隸之，子孫世襲勿替。是時封功臣九十餘人爲千户，惟木華黎與博爾朮爲左、右萬户，位諸將之上。太祖嘗從容語之曰：「吾有汝二人，猶車之兩轅、身之兩臂也。」

六年，從太祖伐金，渡漠而南。金主使其將獨吉思忠將兵築烏沙堡，欲以逼我。木華黎襲敗之，思忠遁走，金將郭寶玉來降，從太祖克西京及昌、桓、撫等州。金兵號四十萬，陣野狐嶺北，木華黎進曰：「彼衆我寡，弗致死，未易破之。」遂率敢死士，大呼陷陣。太祖麾諸軍繼進，大敗之。追至澮河堡，又敗之，僵尸百里。是役也，金人之精鋭殲焉，其後遂不能復振。

七年，從太祖攻德興府。八年，從入紫荆關，敗金兵於五回嶺，拔涿、易等州。是時三

路伐金，太祖與睿宗爲中路，分遣木華黎拔益都、濱、棣等州縣，又攻拔密州，屠之。還次霸州，史天倪、蕭勃迭兒來降，承制授天倪萬户，勃迭兒千户。

九年，從圍中都，金主珣請和。太祖北還，命木華黎統諸軍取遼西，高州守將盧琮、金朴以城降。初，高州富庶，寨將攸興哥屢抗我軍，木華黎下令，能斬攸興哥首以獻，則城人皆免死。興哥挺身自歸，諸將欲殺之，木華黎曰：「壯士也，留麾下爲吾用。」後以功，太祖賜名攸哈喇拔都。

十年，進圍北京。金守將奧屯襄率衆二十萬來拒，逆戰破之，斬首八萬餘級。城中食盡，其裨將完顔習烈、高德玉等殺奧屯襄，推寅達虎爲帥，以城降。木華黎怒其降遲，欲坑之。部將石抹也先進曰：「北京爲遼西重鎮，今坑其衆，後豈有降者乎？」從之。承制以寅達虎爲北京留守，以吾也而權兵馬都元帥，撫定其地。又遣高德玉、劉蒲速窩兒招諭興中府。同知兀里卜不從，殺蒲速窩兒，德玉走免。已而城中殺兀里卜，推石天應爲帥，以城降。承制授天應爲興中府尹，兼兵馬都提控。

錦州張鯨聚衆十餘萬，殺節度使，自稱臨海郡王，亦來降。承制以鯨總北京十提控兵，使從脱欒扯兒必南征，攻略未附州縣。鯨懷反側，木華黎覺之，以石抹也先監其軍。鯨稱疾逗遛不進，也先執送行在，誅之。鯨弟致據錦州叛，陷平、灤、瑞、利、義、懿、廣寧等

府州。木華黎率蒙古不花等討之。進至紅羅山，其將杜秀迎降，承制以秀爲錦州節度使，又遣史進道攻廣寧府，拔之。

十一年，致陷興中府。木華黎使吾也而等先攻溜石山，諭之曰：「今急攻，賊必赴援，我截其歸路，致可擒也。」又遣蒙古不花屯永德縣以邀之。致果遣鯨子東平將騎八千、步兵三萬，援溜石山。木華黎引兵抵神水縣東，與蒙古不花前後夾擊。選善射者數千人，令曰：「賊步兵無甲，疾射之。」又麾騎兵突陣，賊大敗，陣斬東平及士卒萬三千餘級。拔開義縣，進圍錦州。致遣張太平、高益出戰，又敗之，斬首三千餘級。圍數月，高益縛致出降，伏誅。廣寧劉炎、懿州田和尚亦來降，木華黎曰：「此叛賊，不殺之無以懲後。」遂盡戮其衆。進拔復州及化城縣，斬完顏衆家奴。咸平守將蒲鮮萬奴等遁入海島，遼東、西皆平。

十二年春，覲太祖於土拉河。秋八月，詔封太師、國王、都行省承制行事。木華黎在金人境，金人咸呼爲國王。太祖聞之曰：「此嘉兆也。」至是遂封國王，賜誓券、黃金印曰：「子孫傳國，世世不絕。」以汪古特萬人、兀魯特四千人爲木華黎麾下親軍。亦乞剌思人二千，孛徒古兒干統之；忙兀特人一千，木勒格哈兒札統之；翁吉剌特人三千，阿勒赤諾延統之；札剌亦兒人二千，木華黎弟帶孫統之；又契丹、女真兵，吾也而與蒙古不花統之。皆受木華黎節制。諭曰：「太行之北，朕自經略；太行以南，卿其勉之。」賜大駕所建九斿

大旗，仍諭諸將曰：「木華黎建此旗以號令諸將，猶朕之號令也。」乃建行省於中都，以略中原。

進拔遂城縣及蠡州。蠡州力屈始降，大將石抹也先攻城，中炮死，木華黎欲屠之。蔚州人趙瑨從軍，爲署百户，泣請曰：「母與兄在城中，乞以身贖一城之命。」木華黎義而免之。冬，攻拔大名府，復定益都、淄、登、萊、濰、密等州縣。

十三年，自西京踰大和嶺入河東，攻太原、忻、代、澤、潞、汾、霍等府州，悉降之。遂拔平陽府，以拓拔按札兒統蒙古軍守之，又以義州監軍李延楨之弟守忠權河東南路元帥府事。十四年，命蕭勃迭兒等攻嵓嵐州火山軍，谷里夾打攻石、隰、絳三州，皆拔之。

十五年，木華黎以河東已下，復北徇燕、趙，至滿城縣。使蒙古不花將輕騎三千出倒馬關，遇金將武仙遣葛鐵槍攻台州，不花敗之，武仙以真定降，承制以仙權知河北西路兵馬事。史天倪進言曰：「今中原粗定，而兵猶抄掠，非王者弔民伐罪之事也。」木華黎曰：「善。」下令禁剽掠，所獲老稚皆縱還鄉里，軍中肅然，民大悦。進至滏陽，金邢州守將武貴迎降。遣蒙古不花分兵略定懷、孟等州。木華黎自以輕騎至濟南府，嚴實籍所隸相、魏、磁、洺等州户三十萬詣軍門降。

時金兵屯黄陵岡，號二十萬，遣步卒二萬來襲。木華黎以五百人擊走之，遂進薄黄陵

岡。金兵陣河南，示以必死。木華黎令騎卒下馬，以短兵接戰，大敗之，溺死者衆。復北攻衛州，嚴實率所部先登拔之。又拔單州，圍東平府。承制以實權山東西路行省事，戒之曰：「東平糧盡，其將必棄城走，汝即入城安輯之，慎勿暴苦郡縣。」留梭魯忽秃以蒙古兵三千守之。十六年四月，東平糧盡，其行省蒙古綱、監軍王廷玉率衆趨邳州，梭魯忽秃邀擊之，斬首七千級。

先是，帶孫攻洺州不下。至是，遣石天應拔之。宋將石珪來降，承制以珪爲濟、兖、單三州都總管，賚以繡衣、玉帶。張林來降〔一〕，承制以林爲行山東東路益都、滄、景、濱、棣等州都元帥〔二〕。金將鄭遵亦以棗鄉、蓨縣降，升爲完州，承制以遵爲節度使，行元帥府事。

木華黎遂振旅北還，監國公主遣使來迎，以郊勞之禮待木華黎。初，木華黎受專征之命，攻拔七十餘城來告捷，且問旋師之期。太祖諭以盡取金人之地而後返。使者回報，木華黎問：「上意何如？」使者曰：「惟伸拇指，以奬大王而已。」木華黎又問：「果爲吾否？」使者曰：「然。」木華黎太息曰：「上眷吾如此，吾效死宜矣。」是年，木華黎由東勝州渡河引兵而西，夏主聞之懼，遣其臣答海監府等宴木華黎於河南，且遣塔海甘卜將兵五萬屬焉。木華黎乃引兵東入葭州，金將王公佐迎降，以石天應權行臺兵馬都元帥守葭州，而自將攻綏德。夏主復遣其臣述僕率兵會之，述僕問木華黎相見之禮，木華黎曰：「汝見夏主之禮即

是也。」述僕曰：「未受主命，不敢拜。」乃引去。及木華黎進逼延安，述僕始贄馬而拜。木華黎攻拔馬蹄寨，距延安三十里。金延安守將合達率兵三萬，陣於城東。蒙古不花輕騎覘之，馳報曰：「彼見我兵少，輕我，當佯敗以誘之，可以取勝。」從之。夜半，將士亟進，伏於城東十五里兩谷中。次日，蒙古不花望見金人，即棄旗鼓佯走。金人果追之，伏發，萬矢雨下，金人大敗，斬首七千餘級，獲馬八百匹。合達走入延安，堅壁不出。木華黎知城不易拔，乃南徇洛川，拔鄜州，獲金將完顔六斤、紇石烈鶴壽、蒲察婁室等。進至坊州，聞金復取隰州，木華黎遂自丹州渡河，攻隰州，拔之。獲其守將軒成，以田雄權元帥府事。又攻拔代州，斬其守將奥敦醜和尚。

十七年，命蒙古不花引兵出秦隴，以張聲勢。自率大兵道雲中，攻拔孟州四蹄寨、晉陽縣義和寨，進拔三清巖及霍州山堡。金將胡天作拒守青龍堡，金主復命其將張開、郭文振等援之，次彈平寨東三十里，不敢進。其裨將定住、提控王和執胡天作以降，遷天作於平陽。其後定住譖天作於郡王帶孫，殺之。

八月，有星晝見，術士喬静真曰：「觀天象，未可進兵。」木華黎曰：「上命我平定中原，今關中、河南均未下，若因天象而不進兵，天下何時定耶？」

冬十月，連拔滎州胡平堡、吉州牛心寨，遂進攻河中府。金將侯小叔嬰城固守。會小

叔出迎樞密院官，大軍乘之而入，小叔奔中條山。木華黎召石天應曰：「河中吾要害地，非君不能守。」乃以天應權河東南北路關西陝右行臺，平陽守將李守忠、太原守將攸哈喇拔都、隰州守將田雄，並受天應節制。天應造浮橋以濟師，木華黎乃渡河，拔同州、蒲城縣，徑趨長安。金將合達擁兵二十萬堅守不下，命兀胡、太不花與合達相持。又遣按赤將兵塞潼關，而自率大軍西圍鳳翔府，月餘又不下。木華黎謂諸將曰：「吾奉命征討，不數年取遼東、西及山東、河北，不勞餘力。前攻延安，今攻鳳翔，皆不克，豈吾命當盡耶？」乃解圍循渭水而南，遣蒙古不花出牛嶺關，徇鳳州。

時侯小叔伺我軍既西，率輕騎襲河中府，石天應戰死。小叔入城，即燒毀浮橋，以斷援兵。會先鋒元帥按察兒自平陽赴援，急攻之，復克河中。木華黎乃以天應子斡可爲河中守將，仍督造浮橋。

十八年，師還，浮橋未就。木華黎顧謂諸將曰：「橋工未畢，豈可坐待？」復攻拔河西十餘堡。三月，渡河至聞喜縣，疾篤，召其弟帶孫，謂曰：「我爲國家佐成大業，東征西討垂四十年，所恨者南京未下耳。汝其勉之。」卒，年五十四。後太祖親攻鳳翔，謂諸將曰：「使木華黎在，朕不至此矣。」至治元年，贈體仁開國輔世佐命功臣、太師、開府儀同三司、上柱國、魯國王，謚忠武。子孛魯。

史臣曰：木華黎經略中原，收金之降將而用之。知人善任，有太祖之風。其爲功臣第一，宜哉！子孫繩繩，世挺賢哲。自古功臣之胄，永保富貴者有之矣，未有將相名臣如札剌兒氏之盛者也。

孛魯，通諸國語，善騎射。年二十七，覲太祖於行在。會遭父喪，東歸嗣國王。時西夏主李德旺與金連和，密詔孛魯討之。太祖十九年九月，克銀州，斬首數萬級，獲生口、馬駝、牛羊數十萬，俘監府塔海。

明年春，太祖班師至白西域，孛魯入朝和林。同知真定府事武仙殺都元帥史天倪，孛魯承制命天倪弟天澤代領帥府事。

二十一年，宋將李全陷益都，執元帥張林送楚州。九月，郡王帶孫帥兵圍全於益都。十二月，孛魯以大軍繼之，先遣李喜孫招諭，全欲降，部將田世榮等不從，殺喜孫。二十二年三月，全突圍走，邀擊敗之，全仍入保城。四月，城中食盡，全乃降。諸將皆曰：「全勢窮而降，非心服，不誅且爲後患。」孛魯曰：「誅一人易耳，山東諸城未下者多。全素得人心，殺之不足立威，徒失民望。」乃表全爲山東淮南楚州行省，以全部將鄭衍德、田世榮副之。郡縣果聞風款附。

時滕州尚爲金守，諸將以盛暑，欲緩進攻。孛魯曰：「主上親征西域數年，未聞當暑不戰，我等敢自逸乎？」促進兵。金兵屢戰皆北，開門出降。以州屬石天禄。分命先鋒元帥蕭乃台屯濟、兗，闊闊不花屯濰、沂、莒，以備宋；按札兒屯河北，以備金。

九月，師還，至燕京，獵於昌平，民持牛酒以獻，卻之。及去，厚賜館人。聞太祖崩，奔喪漠北。明年三月，卒於雁山，年三十有二。至治二年，贈純誠開濟保德輔運功臣，謚忠定，其餘官爵如其父。六子：長塔思，次速渾察，次伯亦難，次野蔑干，次野不干，次阿里乞失。

塔思，一名查剌温。木華黎自幼器之。年十八，襲父孛魯爵，鎮西京。

武仙圍潞州，太宗命塔思救之。仙聞之，退軍十餘里。時大兵未至，塔思帥十餘騎覘敵形勢，仙疑有伏，不敢犯。塔思曰：「日暮矣，待明旦擊之。」是夜，金將布哈來襲，我師不利，退守沁南。敵攻陷潞州，守將任志死之。太宗遣萬户額勒知吉歹與塔思復取潞州，仙宵遁，邀擊之，斬首七千餘級。

太宗二年，伐金，將西攻鳳翔，命塔思扼守潼關。

三年十二月，帝攻河中府，克之。金簽樞草火譌可遁，爲塔思所追斬。

四年春，皇弟拖雷與金兵相拒於鄧州，太宗命塔思從親王阿勒赤歹、口温不花渡河以爲聲援。至三峰山，與拖雷兵合，大敗金兵。事具《拖雷傳》。四月，車駕北還，留塔思與忽都虎略地河南。金陳州防禦使兀林答阿魯兀剌守邳州，大軍攻之不下。塔思臨城，以國語諭之曰：「河南、河北皆我家所有，汝邳州不過一掌大地，城破之日，男女齠齔不留，徒死何益？」阿魯兀剌遂以城降。時太宗以攻汴事委速不台，塔思請曰：「臣之祖父，累著勳伐。自臣襲爵，曾無寸效，往歲潞州失利，罪當萬死。願分攻汴城一隅，以報陛下。」帝命卜之，不利，乃止。

五年九月，從皇子貴由征遼東，禽蒲鮮萬奴。

明年秋七月，塔思入朝和林。時諸王百官大會於八里里答蘭答八思之地，太宗曰：「先帝創業垂四十年，今河西、女真、高麗、回鶻諸國皆已臣附，惟宋人尚倔强不服。朕欲躬行天討，卿等以爲何如？」塔思對曰：「臣不逮先臣武，然杖國威靈以行天討，汛埽江淮，歸我版籍，臣敢以死自力，不勞乘輿踐卑濕之地。」帝説，賜黄金甲、玻璃帶及良弓二十，命與皇子闊出總軍南伐。

七年冬，拔棗陽。闊出别徇襄、鄧，塔思攻郢。郢瀕漢江，城堅固且多戰艦。塔思結筏，命劉拔都兒將死士五百，乘以進攻。自引騎兵沿岸迎射之，宋兵溺死過半，餘入城固

守不下。俘生口、馬牛數萬而還。

八年十月，復徇蘄、黄諸州。蘄守將來犒軍，遂去之。進拔符離、六安焦家寨。是歲，受撥東平歲賜五户絲三萬九千有十九户。

九年，至汴京。守臣劉甫置酒大慶殿，塔思曰：「此故金主所居，我，人臣也，豈可處此？」遂移燕甫家。是年十月，復與口温不花攻光州，守將黄舜卿降。口温不花略黄州，塔思攻大蘇山，多所斬獲。

十年正月，至安慶。次北峽關，宋汪統制帥兵三千降，遷之尉氏。三月，入朝和林。九月，太宗宴羣臣於萬安宫，塔思大醉。帝語羣臣曰：「塔思神已逝矣，其能久乎？」十二月，還西京。明年三月，卒，年二十有八。

二子：碩篤兒、霸都魯，皆幼；弟速渾察襲國王。碩篤兒既長，詔別賜民三千户爲食邑，得建國王旗幟，降五品印一、七品印二，置官屬如王府故事。碩篤兒子忽都華，孫忽都帖木兒，曾孫寶哥，玄孫道童，以次襲。

霸都魯，從世祖伐宋，渡江圍鄂，命以舟師趣岳州，遇宋將吕文德自重慶赴援，敗之。會憲宗崩，世祖以霸都魯總軍留戍，輕騎先還。既即位，定都燕京，曰：「朕居此以臨

天下，用霸都魯之言也。」先是，世祖在潛邸，嘗從容與霸都魯論天下形勢，曰：「今中原稍定，主上仍都和林，居回鶻故地，以休兵息民何如？」對曰：「帝王必宅中以撫四方，朝覲會同，道里惟均。中都負山襟海，南俯江淮，北連朔漠，右挾韓趙，左控齊魯。大王必欲佐天子大一統，非都燕不可。」及是定都，故有此諭焉。

中統二年，卒於軍。大德八年，贈推誠宣力翊衛功臣，追封東平王，謚武靖，餘官如祖父。妻帖木倫，弘吉剌氏，世祖察必皇后同母女兄也。四子：長安童，次定童，次霸虎帶，次和童，襲國王。

安童，中統初，世祖召入長宿衛，年方十三，位在百寮上。母弘吉剌氏，通籍禁中。世祖一日見之，問及安童，對曰：「安童雖幼，公輔器也。」世祖曰：「何以知之？」對曰：「每退朝必與老成人語，未嘗接一年少，是以知之。」世祖悅。

四年，阿里不哥降，執其黨千餘人，將置之法。安童侍側，諫曰：「人各爲其主，陛下甫定大難，遽以私憾殺人，何以安反側？」帝驚曰：「卿年少，何從得老成語？此意正與朕合。」由是深重之。

至元二年秋八月，拜光祿大夫、中書右丞相，增食邑至四千户。辭曰：「今三方雖定，

江南未附，臣以年少，謬膺重任，恐四方有輕朝廷心。」帝動容有間，曰：「朕思之熟矣，無以逾卿。」冬十月，召許衡至，令入省議事，衡以疾辭。安童親候之，與語良久，既還，累日念之不釋。三年，帝諭衡曰：「安童尚幼，未更事，善輔導之。汝有嘉謨，當先告安童，使達於朕。」衡對曰：「安童聰敏，且有執守，告以古人所言，悉能領解，臣不敢不盡心。但慮中有人間之，則難行；外用勢力納入其中，則難行。臣入省之日淺，所見如此。」帝召安童，以衡言告之，且加慰勉焉。四年三月，安童奏：「宜令儒臣姚樞等入省議事。」帝從之。

五年，廷臣密議立尚書省，以阿合馬領之，乃先奏「安童宜位三公」。事下諸儒議，商挺言曰：「安童，國之柱石，若爲三公，是崇以虛名而實奪之權也，不可。」衆曰然，事遂罷。七年四月，奏曰：「臣近言：『尚書省、樞密院各令奏事，並如常制；其大政，從臣等議定，然後上聞。』既得旨矣，今尚書省一切徑奏，違前旨。」帝曰：「豈阿合馬以朕頗信之，故爾專權耶？不與卿議，非是。」敕如前旨。

八年，陝西省臣也速迭兒建言：「比因饑饉，盜賊滋橫，若不顯戮一二，無以示懲。」敕中書詳議。安童奏曰：「强、竊均死，恐非所宜。罪至死者，宜仍舊待報。」

十年春三月，奏以玉册、玉寶上皇后弘吉剌氏，以玉册、金寶立燕王爲皇太子，兼中書令，判樞密院事。冬十月，帝諭安童及伯顔等曰：「近史天澤、姚樞纂定《新格》，朕已親覽，

皆可行。汝等豈無一二可增減者，亦當一一留心參考。」時天下待報死囚五十人，安童奏其中十三人因鬥毆殺人，餘無可疑。於是詔以所奏十三人免死從軍。十一年，奏阿合馬蠹國害民數事，又奏各部與大都路官多非其人，乞加黜汰。並從之。

十二年七月，詔以行中書省樞密院事，從北平王那木罕出鎮北邊，以阿合馬之讒也。初，北平王奉命駐北邊，禦叛王海都，河平王昔里吉、諸王藥木忽兒、撒里蠻、脫黑帖木兒各率所部以從。至是，復命安童輔之，遣昔班使於海都，諭使罷兵入朝。適安童襲破叛王禾忽部曲，獲其輜重，海都懼而遁，謂昔班：「汝歸以安童之事告，非我不欲降也。」海都狡譎，蓋籍此事以歸過朝廷云。十三年十一月，安童飲諸王酒，不及脫黑帖木兒。脫黑帖木以爲輕己，怒，與藥木忽兒等劫北平王以叛，械繫安童。事具《那木罕傳》。

二十一年三月，始從王歸，待罪闕下。帝召見，慰勞之。頓首謝曰：「臣奉使無狀，有累聖德。」遂留寢殿，語至四鼓乃出。冬十一月，和禮霍孫罷。復拜中書右丞相，加金紫光禄大夫。二十二年，右丞盧世榮以罪誅，詔與諸儒條其所用人及所爲事，悉罷之。

二十三年夏，中書奏擬漕司諸官姓名，帝曰：「如平章、右丞等，朕當親擇，餘皆卿等職也。」安童奏曰：「比聞聖意欲倚近侍爲耳目，臣猥承任使，若所行非法，從其舉奏，罪之輕重，陛下裁處。今近臣乃伺隙援引非類，曰某居某官、某居某職，以奏目付中書施行。臣

廬其黨有短臣者，幸陛下詳察。」帝曰：「卿言是也。今後若此者勿行，其安奏者，即入言之。」

二十四年，宗王乃顏叛，世祖親討平之。宗室詿誤者，命安童按問，多所平反。嘗退朝，自左掖門出，諸免死者争迎謝，或執轡扶之上馬，安童毅然不顧。有乘間言於帝曰：「諸王雖有罪，皆帝室近親；丞相雖尊，人臣也。何悖慢如此？」帝良久曰：「汝等小人，豈知安童之意？特辱之使改過耳。」是年，復立尚書省，安童切諫曰：「臣力不能回天，乞不用桑哥，别相賢者，猶不至虐民誤國。」不聽。二十五年，見天下大權盡歸尚書，屢求退，不許。二十六年，罷相，仍領宿衛事。

先是，北安王遣使祠岳瀆，時桑哥領功德使，給驛傳。及桑哥平章尚書省事，忌安童，誣奏北安王以皇子僭祀岳瀆，安童知之不以聞，指參知政事吕哈剌爲證。世祖召問之，對曰：「時桑哥主祠祭，北安王使者實與臣往來，安童未嘗知其事也。」桑哥不能對。

安童天姿厚重，人莫能測。公退即引諸儒講經史，孜孜忘倦，二十餘年未嘗一日稍輟。所居堂廡卑陋，或請建東西室，安童曰：「屋可以蔽風雨足矣，置田宅以資不肖子弟，吾不爲也。」聞者嘆服。

三十年正月，卒，年四十九。雨木冰三日，世祖震悼，曰：「人言丞相病，朕固弗信，果

喪予良弼。」詔大臣監護喪事。大德七年，贈推忠同德翊運功臣、太師、開府儀同三司、上柱國、東平王，謚忠憲。碑曰《開國元勳命世大臣之碑》。後加贈推忠守正同德翊運功臣，進封魯王。後至元二年，又贈推忠佐運開國元勳，於所封地建祠，官爲致祭。

初，安童過雲州，聞道士祁志誠名，屏騎從見之，志誠語以修身治世之要。及復拜右丞相，力辭，帝不允，乃往決於志誠。志誠曰：「昔與公同相者何人？今同列何人？」安童悟，見帝辭曰：「臣前爲相，年尚少，幸不僨陛下事者，以執政皆臣師友。今事臣者，序進與臣同列，臣爲政能加於昔乎？」帝曰：「誰爲卿言此？」安童以志誠對，帝稱歎久之。故安童再相，屢求去，其聲譽亦遜於前云。子兀都帶。

史臣曰：世祖武功文德自比唐太宗，安童爲相，庶幾房、魏。觀其尊崇儒術，汲引老成，君臣一德，信無愧於貞觀之治矣。乃爲姦人讒構，未竟所施，惜哉！

兀都帶，器度弘達，世祖時襲長宿衛。父歿，凡賜賻之物，一無所受，以素車樸馬歸葬祇蘭禿先塋。事母以孝聞。成宗即位，拜銀青榮禄大夫、大司徒，領太常寺事。常侍掖庭，贊畫大政，帝及中宮咸以家人禮待之。

大德六年正月，卒，年三十一。至大二年，贈輸誠保德翊運功臣、太師、開府儀同三司、上柱國、東平王，謚忠簡。加贈宣力迪慶保德翊運功臣，進封兖王，餘如故。子拜住。

拜住，五歲而孤，其母怯烈氏撫之成人。至大二年，襲爲怯薛官。延祐二年，拜資善大夫、太常禮儀院使。年甫二十，吏就第白事，適拜住閱雜戲，出稍遲，怯烈氏厲色責之。後爲宰相，侍英宗内宴，英宗素知其不飲，强以酒。及歸，怯烈氏戒之曰：「天子試汝酒量，汝當謹敕勿湎於酒，以負上恩。」拜住之賢，皆其母教之也。太常事簡，拜住退食後，輒延儒者咨訪古今，竟日無惰容。嘗曰：「吏事可習而能，至於學問乃宰相之資，非受教於儒者不可。」

四年，進榮禄大夫、大司徒。五年，進金紫光禄大夫。六年，加開府儀同三司，餘並如故。英宗在東宫，聞其賢，遣使召之。拜住謂使者曰：「嫌疑之際，君子所慎。我爲天子近臣，而私與東宫來往，我固得罪，亦非東宫之福。」竟不往。

英宗即位，拜中書平章政事。會諸侯王於大明殿，詔讀太祖《金匱寶訓》，拜住音吐明暢，莫不竦聽。夏五月，宣徽使失列門與中書平章政事黑驢等謀逆，英宗御穆清閣，命拜住率衛士擒斬之，其黨與皆伏誅。

進拜中書左丞相。自世祖建太廟，至是四十年，未舉時享之禮。拜住奏曰：「古云禮樂百年而後興。郊廟祭享，此其時矣。」英宗曰：「朕能行之。」敕有司上親享太廟禮儀。七年冬十月，有事於太廟。至治元年春正月孟享，始備法駕，設黃麾大仗，英宗服衮冕〔三〕，出崇天門，拜住攝太尉以從。禮畢，拜住率百僚稱賀於大明殿，賜金帛有差。又奏建太廟前殿，議禘祫配享等禮。

時國喪未除，元夕，英宗欲宴於禁中，張燈爲鰲山。參議張養浩疏諫，拜住袖其疏入告，英宗立止之，仍賜養浩帛，以旌其直。三月，從幸上都，次察罕淖爾。英宗以行宮庳隘，欲廣之。拜住奏曰：「此地苦寒，入夏始種黍粟，今興土木之工，恐奪農時。且陛下初登大寶，宜勤求民瘼，營造非所亟也。」英宗亦從之。英宗嘗謂拜住曰：「朕委卿大任，卿宜念先世勳德，盡心國事。」拜住頓首曰：「臣有所畏者三：畏辱祖宗；畏天下事大，識見小；畏年少不克負荷，無以報稱。惟陛下時加訓飭，幸甚！」

延祐間，朔漠大風雪，駝馬盡死，流民多鬻子女。拜住請立宗仁侍衛司以收養之，英宗即以拜住領宗仁蒙古侍衛親軍都指揮司事，賜三珠虎符。或言佛教可治天下，英宗以問，拜住對曰：「浮屠之法，自治可也，若治天下，舍仁義則綱紀亂矣。」英宗又問拜住曰：「今有如唐魏徵之敢諫者乎？」對曰：「槃圜則水圜，盂方則水方。有唐太宗納諫之君，則

有魏徵敢諫之臣。」英宗並嘉納之。英宗性剛明，委任拜住，事無大小，咸咨訪之。一日，侍坐便殿，拜住信手拈筆作古錢形，而以朱筆分爲肉好。英宗覽之，大悦，書皮日休詩「我愛房與杜，魁然真宰輔。黄閣三十年，清風一萬古」於其側，以房、杜期拜住焉。

然拜住與鐵木迭兒並相，鐵木迭兒貪而譎險，其黨與布列左右，拜住不能聲其惡而去之。至鐵木迭兒已死，罪狀明白，英宗果於刑戮，姦黨畏誅，煽構逆謀，而拜住以宰相兼宿衛大臣猶莫之知也，卒致英宗見弑，拜住亦不免於難，君子惜之。

初，鐵木迭兒惡平章政事王毅、右丞高昉，因大都諸倉糧儲虧短，欲奏誅之。拜住密爲營救，二人皆獲免。鐵木迭兒復引參知政事張思明爲左丞，思明與鐵木迭兒比以傾拜住。二年，英宗賜安童碑，詔拜住立於良鄉。鐵木迭兒久稱疾，聞拜住行，將起視事，入朝至宫門。英宗遣速速勞以酒，諭使明年入朝，鐵木迭兒怏怏而返。未幾，拜住復從幸上都，奏召張思明至，數其罪，杖而罷之。鐵木迭兒旋病死，拜住遂代爲右丞相。

先是，司徒劉夔買失業民田，賂宣政使八剌吉思矯詔出庫鈔六百五十萬貫售爲寺僧廩田，其實抵空券於寺僧而已，鐵木迭兒及鐵失等均取賂焉。真人蔡道泰殺人，又賂鐵木迭兒，俾有司平反其獄。拜住舉奏二事，命御史鞫之，盡得其實。八剌吉思、劉夔、蔡道泰先後皆坐死，特宥鐵失不問。

三年夏五月，又奪鐵木迭兒官謚，仆其碑，鐵失等始懼。英宗在上都，夜不寐，命作佛事，拜住以國用不足諫止之。鐵失等復誘羣僧言：「國有災阨，非作佛事及大赦天下無以禳之。」拜住叱曰：「爾等不過圖得金帛，又欲庇罪人耶？」姦黨知必不免，益萌逆志。八月，晉王獵於圖喇之地，鐵失遣斡羅思告曰：「我與赤斤鐵木兒、也先帖木兒、失秃兒謀已定，事成迎立大王。」又令斡羅思以其事告晉王内史倒剌沙。晉王命囚斡羅思，遣使赴上都告變。未至，車駕南還，次南坡，鐵失、也先帖木兒、失秃兒與前中書平章政事赤斤鐵木兒、前雲南行省平章政事完者、鐵木迭兒之子前治書侍御史鎖南、鐵失之弟宣徽使鎖南、典瑞院使托火赤、樞密院副使阿散、簽書樞密院事章台、衛士秃滿及諸王按梯不花、博羅、伊魯帖木兒、曲吕不花、兀魯思不花等，以鐵失所領阿速兵爲外應，殺拜住，遂弑英宗於行幄。

晉王即位，鐵失等伏誅。詔有司備儀衛，百官前導，輿拜住畫相於法雲寺，大作佛事，觀者數萬，有歎息泣下者。

拜住端亮有祖風，初拜左丞相，近侍傳旨以姓名注選者六七百人，拜住奏閣之，除授依選格次第，姦吏束手。尤懲貪墨，按治不少貸。英宗嘗語左右：「汝輩慎之，苟罹國法，朕雖貰汝，拜住不汝恕也。」及進右丞相，英宗遂不置左相，使拜住獨任大政。拜住首薦張

珪爲平章政事，又薦侍講學士趙居信、直學士吴澄，請不次用之。英宗以居信爲翰林學士承旨，澄爲翰林學士。自延祐末，水旱相仍，民不聊生，拜住振立紀綱，修舉廢墜，輕徭薄賦，以休息百姓，海内宴然，稱爲良相云。

泰定初，中書奏拜住盡忠效節，殞於羣凶，乞賜褒崇，以光後世。詔贈清忠一德功臣、太師、開府儀同三司、上柱國，追封東平王，謚忠獻。至正初，改至仁孚道一德佐運功臣，進封鄆王，改謚文忠。

子答剌麻碩理，宗仁蒙古衛親軍都指揮使；因牙納失理，一名篤麟帖木兒，宗仁衛親軍都指揮使、大宗正府札魯忽赤、宣徽使、知樞密院事。

史臣曰：《春秋》宋督弑其君與夷及其大夫孔父。穀梁子曰：「督欲弑而恐不立，於是先殺孔父，孔父閑也。」是故鐵失欲弑英宗而恐不立，則先殺拜住，拜住閑也。比事而觀之，如拜住之危身奉上，洵無愧於孔父者哉！

【校勘記】

〔一〕「張林」，《宋史》卷四七本紀第四十七《瀛國公》等同，《元史》卷一本紀第一《太

祖》等作「張琳」。

〔二〕「棣」，原作「隸」，據本書卷三《太祖本紀下》及《元史》卷一一九列傳第六《木華黎傳》改。

〔三〕「衮冕」，原作「兖冕」，據文意改。

新元史卷之一百二十　列傳第十七

木華黎下　速渾察　乃燕　碩德　別里哥帖木兒　相威　撒蠻　脱脱　朵兒只　朵兒直班　乃蠻台　帶孫　忽圖魯　塔塔兒台

速渾察，從太宗伐金，又從皇子闊出伐宋，攻棗陽，入郢州。太宗十一年，襲兄爵，駐於桓州西阿兒查禿之地，總燕京行省蒙古、漢軍。凡他行省事，必先取決可否，而後上聞。賞罰明信，人莫敢犯。太宗嘗遣使至其部，見紀綱整肅，還朝具以上聞。帝曰：「真木華黎家兒也。」速渾察嚴重有威，諸王使者入見，皆倉遽失辭。左右或請待以寬恕，速渾察曰：「爾言誠是也，然爲政寬猛，各視乎時。今中原初附，民心未安，萬一守土吏弛縱，反側復生，悔之何及？」未幾卒。延祐三年，贈宣忠同德翊運功臣，追封東平郡王，謚忠宣，餘官如祖父。又進封魯國王，改謚忠烈。

四子：曰忽林池，曰乃燕，曰相威，曰撒蠻。

憲宗以速渾察仲子乃燕好學，有賢名，命襲爵國王。辭曰：「臣有兄忽林池當襲。」憲宗曰：「汝兄柔弱，恐不勝任，且汝父亦以仲子襲爵。」忽林池亦固讓。乃燕頓首涕泣，力辭，不得命，則曰：「王爵必不敢受，上不以臣爲不肖，請代兄行軍國之事。」於是忽林池襲國王，事無巨細，必與乃燕謀，剖決精當，事無壅滯。

世祖在潛邸，常與論事。乃燕援據典要，世祖嘉之，因賜號曰薛禪。乃燕小心謹畏，每誨羣從子弟曰：「先王百戰，以啟藩封，子孫何功德而坐享之？常恐不堪福禄，墮先王之業，矧驕佚乎？汝曹戒之。」及卒，世祖悲悼。至元八年，贈中奉大夫、遼東等處行中書省參知政事、護軍，追封魯郡公。

二子：曰碩德，曰伯顏察兒。

碩德，中統初自西臺入宿衛，奏對稱旨。世祖謂左右曰：「碩德通敏如此，乃燕有子矣。」命典朝儀。凡宗室外戚之訟弗決者，使讞之，咸服其公允。帝嘗問安童：「卿族人可繼卿者爲誰？」對曰：「性行淳雅，智辯明哲，無踰碩德。」帝韙之。會初設通政院，命以嘉議大夫、同知院事。

碩德奏：「遼東韓拙、吉烈滅二部數入寇，宜遣近臣諭之。」帝難其人，執政請即使碩德

往。召問之，對曰：「先臣從太祖定天下，不避萬死，以身殉國。陛下不以臣年少愚戇，俾效犬馬之力，臣請行。」帝悦，賜御鞍對衣以遣之。女真舊土有水達達萬户府，兵、民乏食，請賑，有司格其事不下，訴於碩德。命覈有司之侵匿者，給之，全活甚衆。征東元帥府道沮洳，夏行舟，冬以犬駕杷駛冰上，碩德相山川形勢，除道以通往來，人便之。韓拙、吉烈滅二部居海島，碩德檄諸萬户，據其險要，遣人至島中招諭之。於是脅從者悉降，僅戮賊首數人，餘無所問。帝大悦，賜玉笠頂、連珠束帶。

未幾，西北諸王有異志，帝召諭碩德曰：「卿雖勞，然非卿無可爲朕使者。」碩德頓首受命。及至，宣布太祖聖訓及朝廷之德意，諸王皆嘆服曰：「真天使也！」復命，奏西事甚悉。帝謂左右曰：「汝輩如出使，當以此人爲法。」賜珠質孫衣以旌之。俄以疾卒。贈推忠宣惠寧遠功臣、嶺北行省中書右丞，追封魯郡公，謚忠敏。子别里哥帖木兒。

别里哥帖木兒，早孤，其母弘吉剌氏以國書授之。性至孝，母疾，成宗遣尚醫診視，或言有刲股療疾者，别里哥帖木兒聞之，即刲肉以進，疾遂愈。

仁宗即位，擢僉通政院事。帝嘗問周文王之父子及周之所以興，别里哥帖木兒奏對甚詳。帝賜以卮酒，獎諭之曰：「卿，蒙古人中儒者也。」延祐四年卒，年三十三，贈河南行

省中書平章政事，追封魯國公。子朵爾直班〔一〕。

相威，性厚重，喜延士大夫，聽其讀書，至忠臣、良將，必撫案稱快。至元十一年，從伐宋。由正陽取安豐，渡江東下，會伯顔兵於潤州，分三道並進。相威將左軍，申明約束，江陰、華亭、澉浦、上海諸城，悉望風款附。又與阿朮合兵攻揚州。十三年，入覲。時海都有異志，授相威征西都元帥，使鎮西邊。十四年，置行御史臺於揚州，召拜行臺御史大夫。上言：「陛下以臣爲耳目，臣以監察御史、按察使爲耳目。非其人，則臣之耳目先自閉塞，下情何以上達？」帝然之，命慎選監察御史、按察使。每除目至，必集臺中僚屬議可否，不協公論者即罷去。相威又奏便民十五事，如：並行省，汰冗官，鈐鎮兵，業流民，録故官，禁饋遺，浙鹽運司隸於行省，行大司農營田司並於宣慰司，理訟分南北，公田召佃減租，革亡宋公吏之弊。皆當時要政，並見施行。先是，行省平章阿理伯言：「有罪者，乞與臺臣同問。」相威奏：「行省斷罪，以意出入，行臺何由舉正？宜從行省問訖，然後體察爲宜。」從之。浙東盜起，宣慰使昔里伯之弟阿速與王權府等縱兵俘掠平民，相威遣御史商琥閲治，得釋者以數千計。奏執昔里伯，治其罪。尋又敕相威檢覈阿里海牙、忽都帖木兒等俘丁三萬二千餘人，盡釋之。

十六年，入覲。會河南行省左丞崔斌劾平章阿合馬不法事，帝使相威與樞密副使博羅至大都鞫之。阿合馬稱疾不出。博羅欲還，相威厲聲曰：「吾奉旨來，若敢抗旨耶？」令輿疾對簿，首責數事，皆引伏。既而詔釋阿合馬不問，仍褒諭相威，使還行臺。

大軍征日本失利，帝震怒，命阿塔海依舊爲征東行省丞相，議再舉，廷臣無敢諫者。相威奏言：「倭不奉職貢，可伐而不可恕，可緩而不可急。向者師行期迫，戰艦不堅，前車已覆，後宜改轍。爲今之計，惟有修戰艦，練士卒，整兵耀武，使彼聞之，亟圖禦備。需以歲月，彼必怠玩，出其不意，乘風疾往，可一舉而平也。」帝意釋，兵遂不出。

二十年，以疾請入覲，進翻譯《資治通鑑》，帝賜皇太子，俾經筵進講。未幾，拜江淮行省左丞相。行至蠡州而卒，年四十有四。

子牙老瓦丁，行臺御史大夫。孫脱歡，集賢大學士。

撒蠻，自襁褓時世祖撫育之如己子。同舟濟江，慮其有失，繫之御榻。年十餘，侍左右。世祖嘗詔之曰：「男女異路，古制也，況掖庭乎？禮不可廢，汝其司之。」既而近臣孛羅銜命出，行失次，撒蠻執而拘之。世祖怪孛羅久不復命，詢得其故，命釋之。撒蠻曰：「令自陛下出，陛下自違之，他日何以責臣下？」世祖謝之，由是有大任之意。會以疾卒，年僅

十七。子脱脱。

脱脱，少孤，其母孛羅海教之。稍長，直宿衛，復受教於世祖，尤以嗜酒爲戒。既冠，儀觀甚偉。

從駕征乃顏。王師既陳，旌旗蔽野。鼓未作，諜報賊至。脱脱即環甲，帥家僮數十人馳突而前，賊衆披靡。帝駐蹕山顛，望見之，亟遣使召還，勞之曰：「卿勿輕進，此寇易禽也。」視其刀已折，馬亦中箭矣。顧謂近臣曰：「撒蠻不幸早死，脱脱幼，朕撫而教之，常恐其不成立。今若此，撒蠻有子矣。」親解佩刀及御馬賜之。仍從皇孫鐵穆耳討乃顏餘黨哈丹，馬陷於淖，哈丹兵卻而復進，脱脱弟阿剌瓦丁揮戈擊賊，脱脱乃免。

自以受帝命戒酒，而未能遽絶，及宫車宴駕，即屏杯勺，命家人勿以酒進。成宗聞而善之，曰：「札剌兒氏如脱脱者無幾，真可大用也。」加資德大夫，由宿衛長出爲上都留守。入爲通政院使、虎賁衛親軍都指揮使。

大德三年，朝議江浙地大人衆，非世臣有重望者不足以鎮之。進榮禄大夫，拜江浙等處行中書省平章政事。瀕行，命中書祖道都門外。始至，嚴飭左右，咨訪掾屬。時朱清、張瑄所行多不法，慮事發覺，預以黄金五十兩、珠三囊交驩脱脱。脱脱大怒，繫其使以聞。

成宗悦，賜黄金五十兩。十一年，卒於位，年四十四。子朶兒只。

朶兒只，生一歲而孤。稍長，事母至孝，喜讀書。至治二年，授中奉大夫、集賢學士。時年未及冠，同官如郭貫、趙世延、鄧文原諸老宿皆重之。

天曆元年，朶羅台國王以起兵應上都，爲文宗所殺。二年，詔以朶兒只襲國王。後至元四年，朶羅台弟乃蠻台謂國王己所當襲，愬於朝。丞相伯顔妻欲得朶兒只大珠環，價直萬六千錠。朶兒只不與，慨然曰：「王位我祖宗所傳，不宜從人求買。」於是乃蠻台以賂得爲國王，而除朶兒只遼陽行省左丞相。

六年，遷河南行省。先是，河南盜殺行省官，以詿誤逮繫者數百人。朶兒只至，知其冤，欲釋之。而平章政事納麟乃元問官，執不從，又劾朶兒只庇罪人。朶兒只聞之，不與辨。

至正四年，遷江浙行省左丞相。汀州寇發，朶兒只遣將士招捕之，威信所及，數月即平。賜九龍衣、上尊酒。居二年，境内宴然。杭人請建生祠，如前丞相故事，朶兒只辭之曰：「昔我父爲平章，我實生於此地，宜爾父老有愛於我。然今天下承平，我叨居相位，唯知謹守法度，不辱先人足矣，何用虚名爲？」

七年，召拜御史大夫。秋，拜中書左丞相。冬，遷右丞相、監修國史。而太平爲左丞相。郯王産没官，朵兒只使掾史簿録之。明日，掾史復命。韓嘉訥爲平章政事，不知出丞相命，變色叱之曰：「公事宜自下而上，何竟白丞相？」令客省使扶之出。朵兒只不爲動，人咸服其量。九年，罷相，復爲國王，就國遼陽。

十四年，詔脱脱總兵南討。中書參議龔伯璲建言：「宜分遣宗王及異姓王俱出軍。」吴王朵兒赤厚賂伯璲，獲免。朵兒只獨曰：「吾國家世臣，天下有事，正效命之秋，豈暇與小人通賄賂哉？」即率所部，聽脱脱節制。脱脱遣朵兒只攻六合，拔之。既而詔削脱脱爵，罷其兵權。朵兒只以本部兵守揚州。十五年卒於軍，年五十二。

初，朵兒只爲集賢學士，從丞相拜住在上都。南坡之變，拜住遇害。鐵失、赤斤鐵木兒等並欲殺朵兒只，其從子朵兒直班方八歲，走詣怯薛官失都兒求免，故朵兒只得免於難。朵兒只爲相，務持大體，而太平則兼理庶務，趨附者衆。朵兒只處之淡然，中外皆號爲賢相云。

二子：朵兒帖木兒，翰林學士；俺木哥失里，襲國王。

朵兒直班，字惟中。父別理哥帖木兒。朵兒直班甫晬而孤，育於從祖母。拜住，從父

也，請於仁宗，降璽書護其家。稍長，好讀書。年十四，入見文宗，適將幸上都，親閱御衣，命録於簿，顧左右無能書漢字者，朵兒直班引筆書之。文宗喜曰：「世臣之家乃能知學，豈易得哉！」命爲尚衣奉御，尋授工部郎中。

元統元年，擢監察御史。首上疏，請親祀宗廟，赦命不宜數。又陳時政五事：一曰：「太史言三月癸卯望月食既，四月戊午朔，日又食。皇上宜奮乾綱，修刑政，疏遠邪佞，顓任忠良，庶可消弭災變。」二曰：「親祀郊廟。」三曰：「博選勳舊世臣之子，端謹正直者，前後輔導，使嬉戲之事不接於目，俚俗之言不及於耳，則聖德日新。」四曰：「公賞罰，則民心服。」五曰：「弭盜賊，振饑民。」又條陳九事上之。一曰：「比日倖門漸啟，刑罰漸差，無功者覬覦希賞，有罪者僥倖求免。恐刑政漸隳，紀綱漸紊，勞臣何以示勸，姦臣無所警懼。」二曰：「天下之財皆出於民，民竭其力以佐公上，而用猶不足，則嗟怨之氣上干陰陽之和，水旱災變所由生也。宜顓命中書省官二員督責户部詳定減省，罷不急之工役，止無名之賞賜。」三曰：「禁中常作佛事，權宜停止。」四曰：「官府日增，選法愈敝，宜省冗員。」五曰：「均公田。」六曰：「鑄錢幣。」七曰：「罷山東田賦總管府。」八曰：「蠲河南自實田糧。」九曰：「禁取姬妾於海外。」

正月元日，朝賀大明殿，朵兒直班當糾正班次，即上言：「百官踰越班制者，宜同失儀

論，以懲不恪。」先是，教坊官位在百官後，御史大夫撒迪傳旨使入正班，朵兒直班執不可。撒迪曰：「御史不奉詔耶？」朵兒直班曰：「事不可行，大夫覆奏可也。」西僧爲佛事内廷，醉酒失火，朵兒直班劾其不守戒律，延燒宫殿。撒迪傳旨免其罪，朵兒直班又執不可，一日間傳旨者八，乃已。

丞相伯顔、御史大夫唐其勢二家奴怙勢爲民害，朵兒直班巡歷至漷州，悉捕其人致於法，民大悦。及還，唐其勢怒曰：「御史不禮我已甚，辱我家人，我何面目見人耶？」答曰：「朵兒直班知奉法，他不知也。」唐其勢從子馬馬沙爲欽察親軍指揮使，恣横不法，朵兒直班劾奏之。馬馬沙怒，欲使其黨刺殺朵兒直班，會唐其勢伏誅，事乃已。遷太府監，改奎章閣學士院供奉學士，進承制學士，皆兼經筵官，又遷侍書學士、同知經筵事。朵兒直班年甫弱冠，又世家子，獨以經術侍帝左右，世以爲盛事。

至正元年，罷學士院，除翰林學士，進資善大夫。於是經筵亦歸翰林，仍命朵兒直班知經筵事。時巎巎以翰林學士承旨直經筵，在上前敷陳經義，朵兒直班則爲翻譯，曲盡其意，多所啟沃，禁中語秘不傳。俄遷大宗正府也可札魯火赤，讞獄，引諭律令，曲當事情。有同僚年老者，嘆曰：「吾居是官四十年，見公論事，殆神人也。」宗王有殺其大母者，朵兒直班與同僚拔實力請於朝正其罪，時相難之。出爲淮東肅政廉訪使，遷江南行臺治書侍

御史，未行，又遷江西行省左丞，以疾不赴，起爲資正院使。

五年，拜中書參知政事、同知經筵事，提調宣文閣。纂集《至正條格》，朵兒直班謂是書上有祖宗制誥，安得獨稱今日年號？又律中條格乃其一門耳，安獨以爲書名？時相不能從，惟除制誥而已。有以善音樂得幸者，敕用爲崇文監丞。朵兒直班它擬一人以聞。帝怒曰：「選法盡由中書省耶？」朵兒直班頓首曰：「用倖人居清選，臣恐後世議陛下。今選它人，臣之罪也，省臣無與焉。」帝悦，遷右丞。尋拜御史中丞。監察御史劾奏別兒怯不花，章甫上，黜御史大夫懿憐真班爲江浙行省平章政事。朵兒直班曰：「若此，則臺綱安在？」乃再上章劾奏，並留懿憐真班，不允。臺臣皆上印綬辭職。帝諭朵兒直班曰：「汝毋辭。」對曰：「憲綱隳矣，臣安得獨留？」帝爲之出涕。朵兒直班即杜門待罪。

尋出爲遼陽行省平章政事，階榮禄大夫。至官，詢民疾苦，知米粟、羊豕、薪炭等皆鄉民販負入城，貴室僮奴、官府隸卒争强買之，僅酬其半直。又其俗編柳爲斗，大小不一，豪賈猾儈得以高下其手，民咸病之。即飭有司厲防禁，齊稱量，諸物畢集而價自平。又存恤孤寡，平準錢法，清銓選，汰胥吏，慎句稽，興廢墜，巨細畢舉。召爲太常禮儀院使，俄遷中政使，又遷資正使。

會盜起河南，帝憂之。十一年，拜中書平章政事，階光禄大夫。首言：「治國之道，綱

常爲重。前西臺御史張桓伏節死義，不污於寇，宜首旌之，以勸來者。」又言：「宜守荆襄、湖廣以絶後患。」又數論：「祖宗用兵，不專於殺人。今倡亂者止數人，乃盡坐中華之民爲畔逆，豈足以服人心？」其言頗迕丞相脱脱意。時脱脱倚信左司郎中汝中柏、員外郎伯帖木兒，兩人因擅權用事。朶兒直班正色立朝，無所附麗。是年，出爲陝西行臺御史大夫。省、臺素以舉措爲嫌，不覿面論事。朶兒直班曰：「多事如此，惡得以常例論？」乃與行省平章朶朶五日一會集。尋命與朶朶便宜討賊，即督諸軍復商州。修築奉元城。募民爲兵，出庫所藏銀爲大錢，射而中的者賞之，由是人人皆奮。金、商義兵以獸皮爲矢房，狀如瓠，號毛葫蘆軍。列其功以聞，賜敕書褒奬之。金州由興元、鳳翔達奉元，道里迴遠，乃開義谷，置七驛，人便之。

十二年，御史大夫也先帖木兒敗於河南，西臺御史蒙古魯海牙、范文等十二人劾奏之。朶兒直班當署字，顧謂左右曰：「吾其爲平章湖廣矣。」未幾命下，果然。也先帖木兒者，脱脱之弟。章既上，脱脱怒，故左遷朶兒直班，而御史十二人皆見黜。是時湖廣行省權治澧州，以江淮道梗，從間道至重慶，以達澧州。既至，人心始定。汝中柏、伯帖木兒言於脱脱曰：「不殺朶兒直班，則丞相終不安。」乃命朶兒直班專供軍食。右丞伯顔不花承風旨，數侵辱之。朶兒直班不爲動。會官軍復武昌，至蘄、黄。伯顔不花欲誣以轉運失期，

達剌罕軍帥王不花奮然曰：「平章坐不重茵，食無珍味，爲我曹供軍食。今百需立辦，猶欲誣之，是無人心也。」伯顏不花意沮。朵兒直班素有風疾，未幾卒於黄州蘭溪驛，年四十。

朵兒直班在經筵，開陳大義，采前哲遺言，各以類次，爲書凡四卷：一曰《學本》，二曰《君道》，三曰《臣職》，四曰《國政》。明道、厚倫、制行、稽古、游藝五者，《學本》之目。敬天、愛民、知人、納諫、治内五者，《君道》之目。宰輔、臺察、守令、將帥、暬御五者，《臣職》之目。興學、訓農、理財、審刑、議兵五者，《國政》之目。帝覽而善之，賜名曰《治原通訓》，藏於宣文閣。二子，鐵固思帖木而、篤堅帖木而。

乃蠻台，阿里乞失之孫，忽速忽爾之子也。阿里乞失，追封嗣莒王，謚忠惠。忽速忽爾嗣國王，卒，追封冀王，子朵羅台嗣國王。天曆元年，燕鐵木兒立文宗於大都，朵羅台奉上都之命討之，進至古北口，戰失利，後爲文宗所殺。二年，命朵兒只襲國王。

乃蠻台，朵羅台弟也。大德五年，奉命征海都、篤哇，以功賜貂裘、白金，授宣徽院使，階榮禄大夫。延祐七年，拜嶺北行省右丞。舊制，募民中糧以餉邊。是歲，中者三十萬石，用事者挾私爲市，減其數爲十萬，民進退失措。乃蠻台請於朝，凡所輸者悉受之，爲明年之數，民感其德。

至治二年，改甘肅行省平章政事，佩金虎符。甘肅歲糴糧於蘭州，多至二萬石，距寧夏各千餘里至甘州，自甘州千餘里始達亦集乃路，而寧夏距亦集乃僅千里。乃蠻台令輓者自寧夏徑趨亦集乃，歲省費六十萬緡。

天曆二年，遷陜西行省平章政事。關中大饑，詔募民入粟，賞以官。四方富民應命輸粟，露積關下。初，河南饑，告糴陜西，而陜西民遏其糴。至是關吏乃河南人，修宿怨，留粟使不得入。乃蠻台杖關吏而入其粟。既而粟雖多，貧民無鈔以糴。乃蠻台取官庫未燬昏鈔，得五百萬緡，識以省印，畀民糴粟，俟官給賑饑鈔，如數易之，民賴以濟。拜西行臺御史大夫，賜金幣、服玩。奉命送太宗舊鑄「皇兄之寶」於察合台後王燕只哥䚟，乃蠻台素嚴重，至其境，禮貌益尊。

至順元年，遷上都留守，佩元降虎符，虎賁親軍都指揮使，進開府儀同三司，知嶺北行樞密院事，封宣寧郡王，賜金印。尋出鎮北邊。國初，諸軍置萬户、千户、百户，金、銀符未備，惟加槍纓以示等威。至是，乃蠻台爲請於朝，皆綰符。後至元三年，詔乃蠻台襲國王，賜珠絡半臂並海東名鷹、西域文豹。六年，拜嶺北行省左丞相，仍前國王、知行樞密院事。

至正二年，遷遼陽行省左丞相，以年踰六十，上疏辭職。詔以麥四百石、馬二百匹、羊五百頭給其軍士之貧乏者。八年，卒。贈攄忠宣惠綏遠輔治功臣、太師、開府儀同三司、

上柱國，追封魯王，謚忠穆。

乃蠻台身長七尺，性明果善斷，射能貫札，歷官亦有名迹。惟賂伯顏，奪朵兒只國王位，爲時論所少云。

子二：長野仙溥化，入宿衛，掌速古兒赤，特授朝列大夫、給事中，拜監察御史，除河西廉訪副使、淮西宣慰副使，累遷中書參知政事，拜御史中丞，改中書右丞。次晃忽而不花。

帶孫，木華黎弟。孔温窟洼五子：長、次失名；第三子爲木華黎；第四子爲不合，以佐命功封千户；第五子爲帶孫，封東阿郡王。卒，長子秃馬台嗣。卒，弟荼合台嗣。秃馬台二子：曰札爾忽，曰忽圖魯。

忽圖魯從憲宗伐蜀，攻嘉定諸城，降之，賜金符。再統蒙古軍五部，共萬人。至元五年，召還。札爾忽以征南萬户從丞相伯顏伐宋，戰没。伯顏奏以忽圖魯襲萬户，定末下州郡，鎮揚州。十五年，以昭勇大將軍兼揚州路達魯花赤，降浙東賊楊震龍，監真定、河南二路上萬户府。兄子舒温直長，以兄爵讓還之。江南行臺薦其行義，除福建閩海道肅政廉

訪使。

元貞初，八番蠻叛，以忽圖魯爲宣慰使都元帥，進鎮國上將軍。建議立宣撫司，以招徠之。戈布、喇台、乞即、落東等番，恃險不服，討之。部落降者三千户。未幾，平連思、婁浴、暮梅、求那諸蠻，皆降。明年，八番蠻酋羅陳、羅何、羅廉部五千户降，忽圖魯率以入覲。成宗大悦，賜金織衣。

大德五年，遷廣西兩江道宣慰使都元帥，誅叛酋易奚晚、高仙道等，遂深入左右江溪洞。明年，地州酋羅光殿、天州酋羅仲憲各率所部降，得三萬四千户。七年，移浙東道，爲政寬簡，吏民愛之。八年，丁母憂歸。十年，卒，年六十四。

子曰佛寶，寧國路總管；曰按壇不花；曰安僧，歷八番、淮東、福建三道宣慰使，告歸養母，天曆初起爲淮東宣慰使；曰博羅，兵部尚書。

塔塔兒台，帶孫郡王之後。父曰忙哥，從憲宗入蜀，攻合州。憲宗崩，塔塔兒台護喪北歸。會阿里不哥僭立，留不遣，乘間脱去，追騎執以北還，將殺之。親王阿速歹、玉龍答失曰：「塔塔兒台乃太師國王之親族，不可殺也。」遂免。至元元年，從阿速歹入朝，授懷遠大將軍，佩金虎符，世襲東平達魯花赤。命宿衛士四十人，給驛送之官。爲政鎮静不擾，

鄆人安之。卒，年四十有二。

四子：只必，至元十四年襲職，階少中大夫。嘗出家。藏書二千餘卷，置東平廟學，使學徒講肄。尋進嘉議大夫、江南湖北道提刑按察使，改浙西。大德八年，入覲。明年春，卒，年五十有一。只必除按察使，弟禿不申襲東平達魯花赤。禿不申知民疾苦，歲饑，請於朝發廩以振。加太中大夫。士民刻石，紀其政績。卒，年五十有一。五子：曰不老赤，曰塔實脱因，曰阿魯灰，曰完者不花，曰留住馬。皆以次襲職。

【校勘記】

〔一〕「朵爾直班」，本卷目録及下文均作「朵兒直班」。

新元史卷之一百二十一　列傳第十八

博爾朮玉昔帖木兒　阿魯圖　紐的該　博爾忽布而古兒　月赤察兒　塔剌海　佤頭　塔察兒　密里察而　宋都台　伯里閣不花　赤老温察剌　脱帖穆兒　月魯不花　阿剌罕　健都班

博爾朮，阿魯剌特氏。與太祖同出於海都。海都三子，長曰伯升忽兒多黑申，太祖六世祖也；次曰察剌孩領忽，泰亦赤兀之祖也；次曰抄直斡兒帖該，生六子，其第三子曰阿魯剌特，子孫以其名爲氏，博爾朮之祖也。父納忽，以財雄於部中，人呼爲納忽伯顔。

太祖微時，要兒斤部人盜太祖慘白色騸馬八匹去，太祖自追之，見道傍馬羣中一少年挏馬，問盜馬者蹤跡。少年曰：「今晨日未出，有人驅馬八匹過此，其毛色與公言合。」即以良馬授太祖，自騎一馬與太祖同往，告太祖曰：「我父納忽伯顔，我博爾朮也。」及至盜馬家，與太祖疾驅所失馬而返。盜衆來追，一人掣馬竿居前。博爾朮言：「將弧矢來，吾爲公返鬬。」太祖謝曰：「恐以吾事傷汝，吾自當之。」遂彎弓注矢以向盜，盜手竿而立，相持至日暮，羣盜趑趄，竟不敢前，遂奪馬而返。時博爾朮甫十三歲。太祖欲分馬與之，博爾朮固

辭。至其家，宰羊烹之，盛以革囊，贈太祖爲行糧。太祖歸，乃使別勒古台邀之。博爾朮不告於父而從太祖，自是遂留事左右。

太祖稱汗，命博爾朮長衆怯薛，仍以其弟斡歌連扯兒必爲宿衛。時諸部未平，博爾朮警夜，太祖寢必安枕。或與太祖論事，恒達旦不寐，君臣之分益密。

王罕子桑昆，爲乃蠻驍將可克薛兀撒卜剌黑所襲敗，輜重盡失，王罕乞援於太祖，且曰：「請以四良將助我。」太祖遣博爾朮與木華黎等援之。博爾朮乞太祖良馬曰赤乞布拉，太祖戒之曰：「是不可鞭，欲疾馳，以鞭拂其鬣可也。」比至，桑昆已爲乃蠻將所敗，失馬。博爾朮以己馬授之，而自乘赤乞布拉，鞭之不進，忽憶太祖言，橫鞭拂鬣，即疾馳如電。大敗乃蠻，盡返所奪於王罕。王罕大悅，又召博爾朮往，時博爾朮方宿衛行營，以弓箭付人，自謁王罕。王罕餽以衣一襲、金樽十，博爾朮受之。歸見太祖，自請擅離宿衛之罪，太祖使受王罕之餽，且獎其謹敕焉。

壬戌，從征塔塔兒，戰於答蘭捏木兒格思，下令跬步勿退。博爾朮縶馬腰間，跽而引弓，分寸不離故處，太祖稱其膽勇。太祖中流矢墜馬，博爾朮擁太祖累騎而行。夜卧澤中，遇大雪，博爾朮與木華黎以氈裘覆太祖，燒石温其凝血，竟夕植立不移。又嘗失利，與大軍相失，獨博爾朮與博爾忽從。太祖饑，博爾朮以帶鉤釣大魚，烹以進。太祖歎息曰：

「吾異日當有以報汝也！」

其後太祖與王罕戰於合剌合勒只惕沙陀。翼日，簡閲將士，失太宗、博爾朮、博爾忽三人。又一日，博爾朮始至，太祖曰：「博爾朮無恙，天贊我也。」博爾朮曰：「向者之戰，臣馬傷於矢，奪敵馬始免於難。」未幾，博爾忽與太宗亦至。博爾朮曰：「中道見敵塵高起，向卯危温都兒前忽剌安不魯合惕去矣。」太祖乃率諸將徙帳於答蘭捏木兒格思。

太祖即位，大封功臣，授博爾朮右翼萬户，屬地西至阿爾泰山，與木華黎同爲元功，位在諸將上。初，太祖叔父答阿兒台降於王罕，至是太祖欲誅之，博爾朮力諫，始宥其罪。皇子察闊台分封西域，敕從博爾朮受教，博爾朮教以：「涉歷險阻，必擇善地居之，勿任意留頓。」太祖聞之，謂察闊台曰：「吾之教汝，亦不踰此矣。」博爾朮以舊恩宿衛，未嘗獨將，故無方面之功。然太祖親征，無役不從，爲太祖所倚重。及卒，太祖痛惜之。

子孛鑾台，太宗賜廣平路一萬七千三百户爲食邑，從憲宗伐蜀。大德五年，追贈博爾朮推忠協謀佐運功臣、太師、開府儀同三司，封廣平王，謚武忠；孛鑾台推誠宣力保順功臣、太師、開府儀同三司、廣平王，謚忠定。孛鑾台子玉昔帖木兒。

玉昔帖木兒，弱冠襲萬户，器量弘達，莫測其際。世祖聞其賢，驛召赴闕，解御服銀貂

賜之，並賜號月呂魯那顏，譯言能官也。國制重內膳之選，特命玉昔帖木兒領其事。侍宴內廷，玉昔帖木兒行酒，詔諸妃皆爲答禮。

至元十年，拜御史大夫。江南既定，益封功臣，賜全州清湘縣户爲分地。時阿合馬用事，併省內外諸司，援金制，併各道提刑按察司入轉運司。監察御史姚天福謂玉昔帖木兒曰：「按察司之設，所以廣視聽，備非常，慮至深遠，不但繩有司而已，不宜罷。」玉昔帖木兒駭然曰：「微公言，幾失之。」夜入世祖臥內，白其事。世祖大悟，復立諸道提刑按察司。二十二年，中書省臣請以玉昔帖木兒爲左丞相，御史中丞撒里蠻爲御史大夫。世祖曰：「此事朕當思之。」帝以風憲之長，難於得人，故獨任玉昔帖木兒幾二十年，不以爲相也。

二十四年，乃顏反。世祖親征，分二軍：蒙古兵以玉昔帖木兒統之，漢兵以李庭統之。戰於遼河，蒙古騎兵三十營，間以漢兵步隊，進退與騎兵共騎一馬，見敵則下騎先進。自晨至午，大破其衆，獲乃顏。詔選乘輿橐駝百蹄賜之，玉昔帖木兒謝曰：「天威所臨，風行草偃，臣何力之有？」車駕還上都，命皇孫帖木兒與玉昔帖木兒剿乃顏餘黨，執其酋金家奴以獻，戮同惡數十人於軍前。

二十五年，哈丹秃魯干復叛。命玉昔帖木兒及李庭等討之，敗其衆於也烈河，哈丹秃魯干遁。時已隆冬，聲言俟明年進兵，乃倍道兼行，過黑龍江，擣其巢穴，斬馘無算，哈丹

禿魯干走高麗。詔賜内庭七寶帶以旌之，加太傅開府儀同三司，移駐杭愛山，以禦北邊。

二十九年，加録軍國重事知樞密院事，特賜步輦入禁中。位望之崇，廷臣無出其右者。

三十年，成宗撫軍北邊，以玉昔帖木兒輔之，請授皇太子玉璽，從之。

三十一年，世祖崩，成宗奔喪至上都，諸王咸會。玉昔帖木兒謂晉王甘麻剌曰：「大行賓天已踰三月，神器不可久曠。皇太子玉璽已授於皇孫，王爲宗盟長，奚俟而不言？」甘麻剌曰：「皇帝踐祚，臣請北面事之。」於是宗王、大臣合辭勸進。玉昔帖木兒曰：「大事已定，吾死無憾矣。」成宗即位，進秩太師，賜尚方玉帶寶服，還鎮北庭。

元貞元年冬，入朝。兩宮賜宴如家人禮，賜其夫人禿忽魯質孫服及他珍寶。十一月，卒，年五十四。大德五年，贈宣忠同德弼亮功臣，依前太傅、開府儀同三司、録軍國重事、御史大夫，追封廣平王，謚貞憲。

三子：曰木剌忽，襲封萬户；次脱憐；次土土哈，襲封廣平王。延祐六年，土土哈由中丞拜御史大夫，仁宗諭之曰：「御史大夫職任至重，以卿勳舊之裔，故特授此官。卿當思祖父忠勤，仍以古名臣爲法。」延祐七年五月，英宗即位，有告土土哈謀廢立，坐誅，並籍其家。六月，收土土哈廣平王印，詔木剌忽襲王封。天曆二年，以木剌忽附上都，毁其廣平王印，以哈班襲廣平王。哈班，脱憐子也。哈班卒，木剌忽子阿魯圖襲。

阿魯圖，由經正監襲爲怯薛官，拜翰林學士承旨，遷知樞密院事。至元三年，襲封廣平王。

至元四年，脱脱罷相，帝問誰可代者，脱脱薦阿魯圖。五月，拜中書右丞相、監修國史，並録軍國重事。時修遼、金、宋三史，阿魯圖代脱脱爲總裁。書成，與平章政事帖木兒達識、太平奏上之，鼓吹導從，進至宣文閣。帝具禮服迎之，因謂羣臣曰：「史既成書，前人善者可以爲法，惡者可以爲戒，非獨爲君者當然，人臣亦宜知之。」阿魯圖頓首謝。

右司郎中陳思謙條時政得失，阿魯圖曰：「左右司之職，所以贊助宰相。郎中與我輩共議，自可見諸行事，何必别爲文字自有所陳耶？郎中若居他官，可以建言，今居左右司而建言，將置我輩於何地耶？」思謙愧服。一日，與同僚議除刑部尚書，宰執有所舉，或難之曰：「此人柔軟，非刑部所宜。」阿魯圖曰：「今選儈子耶？若選儈子，須强壯。尚書詳讞刑獄，不枉人壞法，即是好官，何用强壯者？」其議論知大體多如此。

先是，左丞相别兒怯不花欲與阿魯圖陷脱脱。阿魯圖曰：「我等豈必久居此位，當有罷退之日，人將謂我何？」别兒怯不花屢以爲言，終不從。六年，别兒怯不花乃諷御史劾奏阿魯圖不稱職，阿魯圖即避於城外。親舊皆爲不平，請阿魯圖見上自陳，辨其是非。阿

魯圖曰：「我功臣世裔，豈以丞相爲難得耶？但上命我，不敢辭；今御史劾我，我宜自去。且御史臺世祖所設置者，我抗御史，即與世祖抗矣。」阿魯圖遂罷去。十一年，復拜爲太傅，出守和林，卒。

紐的該，博爾术四世孫，佚其祖父名。早入宿衛，累遷同知樞密院事。既而坐事罷官。後至元五年，奉使宣撫達達諸部，摘發有司不公不法者三十餘事，擢知嶺北行樞密院事。

十五年，召拜中書平章政事，遷知樞密院事。十七年，詔紐的該討山東諸賊，旋加太尉，總山東諸軍，守東昌。十八年，田豐再陷濟寧，進逼東昌。紐的該棄城走，退屯柏鄉。俄召還京師，拜中書添設左丞相，與太平同居相位。

紐的該有識量。張士誠降，紐的該處置江南諸事，咸得要領，士誠大服。已而罷知樞密院事，卧病，謂其所知曰：「太平真宰相才，我病固不起，太平又不能久於其位，可歎也！」二十年，卒。

初，皇太子決意罷太平政事，紐的該聞之曰：「善人，國之紀也，苟去之，國將何賴？」數於帝前左右太平，故皇太子之志不獲逞。紐的該卒，皇太子竟逼令太平自殺。

博爾忽，許兀慎氏。太祖討主兒乞部，博爾忽尚幼，爲部將者卜客所掠，歸於訶額侖太后，撫以爲子。既壯，有智勇，與木華黎、博爾朮、赤老温齊名。又與汪古兒同典御膳。

太祖與王罕戰失利，太宗陷陣，博爾忽從之。太宗項中矢，創甚，博爾忽吮其血，與太宗共騎而返。太祖甚感之。

初，太祖滅蔑兒乞，其部人曰合兒吉勒失剌逸去。已而至訶額侖太后帳，詭言乞食。拖雷方五歲，爲合兒吉勒失剌所持，拔刀欲殺之。博爾忽妻阿勒塔泥急出，提其髮，刀墜於地，哲台、者勒蔑在帳外宰牛，聞阿勒塔泥呼，即入殺合兒吉勒失剌。論功，阿勒塔泥第一，哲台、者勒蔑次之。

及太祖即位，授博爾忽第一千户，且曰：「博爾忽侍我左右，雖戰事危急，或暮夜雨雪之時，必供我飲食，不使我空宿。其赦罪九次，以爲恩賞。」

太祖十二年，秃馬惕復叛。太祖遣納牙阿與朶兒伯朶黑申討之，納牙阿以病不行，太祖躊躇良久，乃改命博爾忽。秃馬惕部衆素强，又道險，林木茂密，難於用兵，諸將皆憚往。博爾忽問使者：「此上意，抑他人所舉？」使者曰：「上意也。」博爾忽曰：「如是，我必

往，妻子惟上憐之。」時秃馬愓酋都秃勒莎額里已死，其妻勃脱灰兒塔渾將其衆拒險以守，聞博爾忽將兵至，使人伏於林中，狙擊之。會日暮，博爾忽從左右三人離大軍前行，伏發，遂爲所害。

博爾忽族人布而古兒，勇敢亞於博爾忽，累擢萬户，隸博爾忽，將右翼。太祖最愛之，與博爾忽同時戰殁。太祖聞博爾忽死，議親征。木華黎、博爾朮力諫乃止。復遣朵兒伯朵黑申討平之，以秃馬愓民百户賜博爾忽家爲奴。後又以淇州爲博爾忽食邑，復增賜沅州六千户。贈推忠佐命著節功臣、太師、上柱國、開府儀同三司，追封淇陽王。

二子：長脱歡，次塔察兒。脱歡與父同時封千户，扈憲宗親征，屢有功。以蜀地暑濕，勸憲宗還軍，不從，憲宗遂崩於合州。女烏式真爲世祖皇后。脱歡子失里門，從世祖征雲南，亦陣殁。失里門子月赤察兒。

月赤察兒，六歲而孤。事母石氏，以孝聞。世祖知其賢，且憫失里門死王事，年十六，召見，奏對稱旨。世祖歎曰：「失里門有子矣。」即命領四怯薛。至元十七年，長一怯薛。明年，代線真爲宣徽使，兼領尚膳院、光禄寺。

二十六年，世祖親征海都。月赤察兒奏曰：「丞相安童、伯顏，御史大夫月呂魯，皆受

命征討，臣不可以後之。」世祖曰：「汝親佩櫜鞬爲宿衛近臣，功自不小，何必以先登陷陣爲能繼祖父耶？」

二十八年，桑哥既立尚書省，殺異己者，箝天下之口，紀綱大紊，平章政事也速答兒潛以其事白月赤察兒奏劾之。既而言者益衆，桑哥遂伏誅。以首發大奸，賜没入桑哥黄金四百兩、白金三千五百及水田、水磑、別墅。

是年，世祖令四怯薛人及諸府人鑿渠，西導白浮諸水，經都城中，東入潞河，以達糧艘。度其長闊，畫地分賦之。月赤察兒率其屬著役者服，操畚插，以爲衆先。渠成，賜名通惠河。世祖語左右曰：「此渠非月赤察兒，不能速成如此。」

成宗即位，加開府儀同三司、太保、録軍國重事，兼知樞密、宣徽院事。大德元年，拜太師。

初，叛王海都、篤哇據金山南北，再世爲邊患。常屯戍重兵，以防侵軼。五年，朝議以諸將紀律不嚴，命月赤察兒副晉王統防軍。是年，海都、篤哇入寇。八月朔，戰於鐵堅古山。未幾，海都悉衆至，戰於合剌合塔，我軍失利。次日，復戰。我軍分五隊，月赤察兒自將一隊，率麾下力拒之，海都始卻。後海都死，篤哇請降。時武宗亦在軍中，月赤察兒遣使與武宗及諸王將帥議曰：「篤哇降，爲我大利。若待上命，往返閲兩月，恐失事機。篤哇

妻，我弟馬兀合剌之妹，宜遣馬兀合剌報之。」衆以爲然。既遣使，始以其事聞。成宗嘉獎之，不責其專擅之罪。即而馬兀合剌復命，篤哇遂降。

叛王滅里帖木兒屯於金山，武宗出其不意先踰金山待之，月赤察兒以諸軍繼進，滅里帖木兒亦降。是時，海都子察八兒與叛王禿苦滅俱奔於篤哇。至大元年，月赤察兒奏曰：「諸王禿苦滅本懷攜貳，而察八兒游兵近境，素無悛心，倘合謀致死，恐爲國患。臣以爲昔者篤哇首請降附，雖死，宜遣使安撫其子寬徹，使不我異。又諸部降人宜處於金山之南，吾軍屯田於金山之北，就彼有謀，吾已搗其腹心。」奏入，命月赤察兒移軍於阿答罕三撒海之地。其後察八兒、禿苦滅合謀攻怯伯，爲所敗，進退失據，果相率來降，於是北邊始定。怯伯，寬徹弟，篤哇之次子也。

武宗立和林等處行省，以月赤察兒爲右丞相，依前太師、録軍國重事，封淇陽王。四年，月赤察兒入朝，武宗宴於大明殿，眷禮優渥。尋以疾卒，年六十有三。贈宣忠安遠佐運弼亮功臣，謚忠武。

初，世祖以湖廣行省延袤數千里，内包番洞，外接安南，非賢能不足以鎮撫之。月赤察兒舉哈剌哈孫爲湖廣平章政事，凡八年，蠻夷服其威德，入爲丞相，天下稱賢。世以月赤察兒有知人之鑒。

七子：長塔剌海，次馬剌，次佩頭，次也先帖木兒，次奴剌丁，次伯都，次也遜真。

塔剌海，少侍皇太子真金於東宮。後佩虎符，爲左都威衛使，兼宣徽、徽政二使。武宗即位，五月，詔塔剌海曰：「卿事裕宗皇帝、裕聖皇后，爲善則多，不善則不聞也。卿其相朕。」塔剌海奏：「中書大政所出，臣未嘗學問，且樞密、宣徽、徽政三使所領已繁，又長怯薛，春秋扈蹕獮狩，誠不敢舍是以姦大政。」固辭，不許，遂拜中書左丞相。

成宗時，嘗賜塔剌海江南田六千畝，武宗又加賜田千畝。辭曰：「萬畝之田，歲入萬石。臣待罪宰相，先規私利，人謂臣何？請入米萬石於官，以蘇江南百姓之困。」武宗嘉許之。進位太保、録軍國重事，兼太子太師，又進階開府儀同三司，未幾遷右丞相、監修國史。

武宗嘗手授太尉印於塔剌海，辭曰：「世祖未嘗以此官授人，臣請固辭。」許之。至大元年，加領中政使。是年四月，從幸上都，卒於懷來。贈智威懷忠昭德佐治功臣，追封淇陽王，諡輝武，改諡惠穆。塔剌海與父月赤察兒並爲宰相，月赤察兒封淇陽王，亦追封塔剌海淇陽王云。

馬剌，由内供奉爲大宗正府也可札魯忽赤。武宗時，奏曰：「臣家以武顯，臣方壯，不

效命於仇敵，臣實愧赧。」武宗大悅，遥授左丞相，行大宗正府也可札魯忽赤，統嶺北防軍，卒。

馬剌子完者帖木兒，御史大夫、太保，嗣淇陽王。後至元元年，監察御史言：「完者帖木兒乃賊臣也先帖木兒骨肉之親，不宜居大位。」詔安置完者帖木兒於廣海。

佩頭，又名脱兒赤顔。年六歲，裕聖皇后命侍武宗。武宗撫軍北邊，以佩頭領仁宗府四怯薛、大官服奉御。是年，授宣徽使，復加儀同三司、右丞相，賜江南田萬畝，辭不受。至大元年，拜太師，兼前衛親軍都指揮使。十一月，武宗面諭曰：「公祖父宣力王家，公之輔朕，克謙克謹，翼翼小心。今旌德録功，爵公爲郡王，已敕主者施行。」佩頭固辭，乃賜海青、白鶻、文豹。二年，兼知樞密院事。三年，加録軍國重事，又命爲尚書省左丞相，佩頭又辭。上鑒其誠，聽焉。皇慶元年，命佩父印，嗣淇陽王，仍開府儀同三司。佩頭緣潛邸舊恩，富貴震一時，雖無當時之譽，然謙謹自守，爲朝廷所倚信。卒，弟也先帖木兒嗣淇陽王，累官知樞密院事。鐵失弑英宗，也先帖木兒預其謀。泰定帝即位，伏誅。

塔察兒，一名倴盞，驍勇善戰，幼直宿衛。

大兵略定燕、趙，命爲燕南斷事官。睿宗監國，以燕京盜賊橫行，有司不能禁，遣塔察兒與耶律楚材窮治其事，誅首惡十六人，民始安堵。

太宗三年，拜行省兵馬都元帥，分宿衛及諸王、駙馬親軍，使塔察兒統之。自河中府渡河伐金，克潼關，取陜西。四年春，金西安節度使趙偉降。進克洛陽，金留守撒合輦投水死，玳瑁寨任元帥等皆率衆迎降。時睿宗已敗金兵於三峰山，詔塔察兒會諸將圍汴京。塔察兒與金兵戰於南薰門外，敗之。

金主奔歸德，遂之蔡州。塔察兒復率師圍蔡，築長圍困之。宋將孟珙以兵來會。蔡倚柴潭爲固，珙決潭入汝，大兵亦決練江以洩潭水。冬十二月，墮其外城，復破其西城。塔察兒按兵緩進，欲生致金主。五年正月，金主自縊，其左右焚之，奉御絳山請瘞其遺骨，塔察兒義而許之。

蔡州平，塔察兒奏：「金人既滅，宋或迫我，何以抵禦？請亘大河南北，東自曹、濮，西抵秦、隴，分兵鎮戍，以遏宋寇。」詔從之。由是京兆、鳳翔等路次第撫定。

六年秋，宋人入寇，詔塔察兒率所部南征。八年春，宋息州守將崔太尉來降，光、息諸州悉定。詔以息州及瑇瑁寨户口賜塔察兒爲農田養老户。九年，圍宋壽州，卒於軍。

子別里虎台，憲宗二年，授行省兵馬都元帥，率蒙古四萬户及諸翼漢軍，收淮南未附

州縣。七年，從諸王塔察兒攻樊城，戰殁。長子密里察而，次宋都台。

密里察而，事世祖於潛邸。中統元年，授大河以南統軍。五年，授保甲丁壯射生軍達魯花赤。至元四年，襲蒙古軍萬户，從攻樊城，卒。泰定元年，贈明威將軍、洪澤屯田萬户府達魯花赤，追封平陽郡侯。長子阿魯灰，次伯里閣不花。

宋都台，襲兄職，從取襄、樊。十一年，從平鄂、岳等州，授昭毅上將軍。又攻拔歸、峽等州，進克江陵，以兵鎮潭州。十二年，克江州，授都元帥，佩虎符，兼領江東西大都督。進克南昌，獲宋將萬將軍。次塔水，又獲宋驍將熊飛。龍興守將劉槃以城降。宋都台綏輯降衆，秋豪無犯。南康、吉、贛、袁、瑞、臨、撫等州，次第皆平。十三年，宋都台奏言：「江西雖附，閩、廣諸郡尚阻兵，乞增兵進討。」詔以襄、漢兵四千，又益以安慶、蘄、黄等路戍兵，使宋都台統之。是年，卒於廣東。

阿魯灰襲領其軍，至元十八年授江西道都元帥，卒。

伯里閣不花，十九年襲都元帥。峒獠董輝等叛，討平之，授昭勇大將軍、蒙古軍萬户，

賜三珠虎符。三十年，以蒙古軍戍湖廣，從平章劉國傑討叛寇，所至有功。元貞三年，率蒙古軍二千人扈從上都，加鎮國上將軍，賜弓、刀、鞍、轡。大德三年，從武宗北伐，詔以所部屯田稱海。六年，授河南淮北蒙古軍都萬户府副都萬户，仍屯田。九年，以北庭寧謐，詔有司資送伯里閣不花還河南。延祐元年，卒。泰定元年，贈輔國上將軍、樞密副使、護軍，追封雲中郡公，謚襄懋。

子昔里伯吉，襲明威將軍、河南淮北蒙古軍都萬户府副都萬户，累進昭毅大將軍。性簡重，善撫士卒。卒，子八撒兒襲。

赤老温，速勒都孫氏。

父鎖兒罕失剌，本泰亦兀赤部下人。太祖爲泰亦兀赤酋塔兒忽台所執，命荷校徇軍中。一夕，塔兒忽台等宴於斡難河上，使一童子監視太祖。太祖擊童子眩仆，涌水而逸。比童子甦，大呼荷校者脱走，泰亦赤兀人分道追之。鎖兒罕失剌見太祖仰面卧水中，即語太祖：「汝慎自匿，吾不以告人也。」既搜太祖不獲，鎖兒罕失剌言於衆曰：「是荷校者焉往？明日再緝可也。」衆散去，鎖兒罕失剌復至太祖卧處，囑太祖亟逃。太祖私念曩傳宿

鎖兒罕失剌家，其子赤老温、沈伯俱憐我，夜脱我校，盍往投之？昧爽，入門。鎖兒罕失剌大驚，赤老温兄弟曰：「鸇驅雀，叢草猶能蔽之。彼窘而投我，而不之救，可乎？」乃脱太祖校，匿於羊毛車中，使其妹合答安守之。泰亦兀赤人大索部中，次第至鎖兒罕失剌家，見羊毛車，欲搜之。鎖兒罕失剌曰：「酷暑如此，羊毛中有人，安能禁受？」搜者始去。鎖兒罕失剌贈太祖栗色馬、火鐮、弓矢，又煮羊羔，盛之革囊，佐以馬乳，爲途中之食。太祖始得歸。

及太祖敗泰亦兀赤於斡難河嶺上，有一婦人大哭，呼：「帖木真救我！」太祖使問之，自言爲合答安，其夫爲兵所執，將見殺，故呼帖木真救之。太祖馳往，已無及。遂延見合答安，納之。又明日，鎖兒罕失剌亦至。太祖詰其來遲，對曰：「吾歸心已久，但恐早來，妻子爲泰亦兀赤所殺耳。」

太祖即位，大封功臣，鎖兒罕失剌言，願得薛涼格河邊牧地，太祖從之，並賜號答剌罕，子孫世爲豁兒赤，與大宴禮，赦罪九次。赤老温、沈伯並爲千户。

赤老温與木華黎、博爾朮、博爾忽齊名。一日，與敵戰，墜馬。敵將欲刺之，赤老温騰起，反刺殺敵將。太祖大悦。後從太祖平泰亦兀赤，以槍擲塔兒忽台，中之，遂爲赤老温所殺。沈伯率右翼兵討蔑兒乞酋帶亦兒兀孫，亦有功。

赤老温早卒。二子：曰納圖兒，曰阿剌罕。

納圖兒，御位下必闍赤。從伐金，數有功。後從攻西夏，戰歿。

子察剌，從太祖征西域，以功授業里城子達魯花赤。後事太宗於潛邸，從太宗經略中原，賜金符，改授隨州軍民達魯花赤，卒。

子忽納，襲父職。以隨州孤絕，改治南陽府之昆陽。至元十三年，以管軍萬户從大軍伐宋渡江，後加金虎符，授湖廣行省樞密院判官。宋平，擢江西湖東道肅政廉訪使，卒。忽納有惠政，民繪象祠之。贈通議大夫、僉樞密院事、上輕車都尉，追封陳留郡公，謚景桓。子式列烏臺，次脱帖穆兒。

脱帖穆兒，字可與。以勳家子入直宿衞。大德十年，用臺臣薦，佩金符，爲武德將軍、東平管軍上千户所達魯花赤。泰定三年，移鎮紹興，攝軍民萬户府事。宋郡人蔡定父坐事繫獄，定乞以身代，不許，乃自沈於江。郡守爲出其父，立廟卧龍山之陽，請敕額曰「愍孝祠」。歲久，居民侵其地，官不問。脱帖穆兒謂守令曰：「承宣風教，郡縣責也。」即日使歸其侵地，廟復立。大軍伐宋，至天台，民婦王氏爲兵所獲，至清風嶺，齧指血題詩石上，

投厓死。脱帖穆兒移文郡縣，立祠祀之。禮部侍郎泰不花出守紹興，行鄉飲酒禮，迎脱帖穆兒涖其事。脱帖穆兒有威儀，人望而敬之。至正四年卒，年八十四。

五子：曰大都，襲東平上千户所達魯花赤；曰哈剌；曰月魯不花；曰篤列圖，至正五年進士，衡州路衡陽縣丞；曰王者不花。

月魯不花，字彦明。未冠，受學於紹興韓性。爲文援筆立就，中江浙省試右榜第一。元統元年，成進士，授台州路録事司達魯花赤。州無學，月魯不花首建孔子廟，延名儒以教學者，士論翕然。丁憂歸，服除，授行都水監經歷。尋擢廣東道廉訪司經歷，召爲行水監丞，改集賢待制，遷吏部員外郎。奉使江浙，糴穀二十四萬石，第户産高下，以爲糴之多寡，事立辦。既而軍餉絀，又奉命糴於江浙，召父老以大義諭之。民聞月魯不花至，皆從命，不踰月而兵食足。

至正十三年〔一〕，丞相脱脱南征，以月魯不花督餽餉，擢吏部郎中。尋拜監察御史，奏言：「天子宜躬祀南郊，殷祭太室。」又言：「皇太子天下之本，宜簡老成爲輔導，以成其德。」帝並嘉納之。再擢吏部侍郎。時廷議欲設局長蘆，造海船三百艘。月魯不花言其不便，事獲寢，然忤執政意，左遷工部侍郎。會重選守令，出爲保定路達魯花赤。保定歲輸糧於

新鄉，民苦之。月魯不花請改輸於京倉，著爲令。俄拜吏部尚書，父老數百人詣闕乞留監郡，以蘇凋瘵。詔以尚書仍知保定路事。

十七年，賊渡河，月魯不花修城浚壕，以備戰守。奏請五省八衛兵出戍外鎮者，宜留護本部。詔允之。遂兼統黑軍及團結西山八十二寨民兵，聲勢大振。賊再犯保定，皆不利，退走。進中奉大夫，賚上尊四、馬百匹。頃之，召還爲詳定使。月魯不花去一月，保定竟陷於賊。改大都路達魯花赤。執政以耶律楚材墓地給番僧，月魯不花持之，卒弗與。轉吏部尚書。初，永平賊程思忠據府城，其黨雷帖木兒僞降，事覺，爲官軍所殺。至是，詔月魯不花招撫思忠，衆皆危之。月魯不花毅然曰：「臣死君命，分也。奈何先計禍福？」竟入城諭賊，思忠感泣納降。還，拜翰林侍讀學士。俄復授大都達魯花赤。召見宣文閣，帝與皇后、皇太子皆遣使賜内醞。

進資善大夫，拜江南行臺御史中丞。陛辭，帝御嘉禧殿慰勞之，賜上尊、金、幣。皇太子亦書「成德誠明」四字賜之。江南道梗，月魯不花航海赴紹興。頃之，進一品階，改浙西肅政廉訪使。已而張士誠據杭州，月魯不花謂其姪同壽曰：「吾家世受國恩，恨不能殺賊以圖報，乃與賊同處耶？」使同壽具舟載其孥，而自匿櫃中，以藁秸蔽之，脱走至慶元。士誠知之，遣鐵騎百餘追至曹娥江，不及而返。

俄改山南道肅政廉訪使，浮海北行，至鐵山，遇倭船甚衆。賊登舟，攫月魯不花，令拜伏。罵曰：「吾國家大臣，寧爲賊拜乎？」遂遇害。家奴那海乘間刺賊首，殺之，與月魯不花次子樞密院判官老哥、兄子百家奴俱死。事聞，贈推忠宣武正憲徇義功臣、金紫光禄大夫、福建行省平章政事、上柱國、鄧國公，謚忠肅。

阿剌罕，赤老温第二子也。以恭謹事太祖。太祖嘗被創甚，阿剌罕療之七日而愈。子鎖兀都，太宗命侍闊端太子於河西。其妻爲只必帖木兒王保母。

鎖兀都一子曰唐台觮，領王府怯薛官及所屬民匠户。

唐台觮諸子，知名者曰健都班，領王府怯薛，管軍民諸色人匠。至順二年，授永昌路總管。泰定二年，遷本路達魯花赤，階中順大夫。又遷王府中尉。天曆二年，只必帖木兒入覲，薦其從臣五十人爲宿衛，以健都班爲第一。奏對稱旨，拜同僉太常禮儀院。俄遷監察御史、中書省左司員外郎，累擢治書侍御史。卒。

史臣曰：太祖困約時，博爾朮獨慕義相從，赤老温則冒死以救之，博爾忽受命討賊，

捐軀脰而不悔，咸有國士之風。玉昔帖木兒、月赤察兒出入將相，爲時名臣。月魯不花尤以節義顯。《春秋》之法，善善及子孫。賢者之宜有後，諒矣哉！

【校勘記】

〔一〕「至正」，原作「至元」，按本書卷二一五《惠宗本紀三》「右丞相脱脱請親討徐州賊」在至正十二年，據改。

新元史卷之一百二十二　列傳第十九

速不台兀良合台　阿朮　卜憐吉歹　也速䚟兒

速不台，兀良合氏。兀良合爲塔立斤八族之一。蒙古俗，聞雷匿不敢出。兀良合人聞雷則大呼與雷聲相應，故人尤驍悍。

速不台遠祖捏里必，獵於斡難河上，遇敦必乃汗，因相結爲按答。捏里必生孛忽都，衆目爲折里麻，譯語有知略人也。孛忽都孫合赤温，生哈班、哈不里。哈班二子：長忽魯渾，次速不台，俱善騎射。太祖在巴勒渚納，哈班驅羣羊以獻，遇盜被執。忽魯渾兄弟繼至，以槍刺一人殺之，餘黨逸去，遂免父難。忽魯渾以百户從太祖，與乃蠻戰於闊亦田之野，遇大風雪，忽魯渾乘風射之，敵敗走。

速不台以質子事太祖，亦爲百户。太祖即位，擢千户。七年，從太祖伐金，攻桓州，先登，拔其城，賜金帛一車。

十一年，太祖以蔑兒乞乘我伐金收合餘燼，會諸將於和林，問：「誰能爲我征蔑兒乞

者？」速不台請行，太祖壯而許之。山路險峻，命裹鐵於車輪，以防摧壞。速不台選裨將阿里出領百人先行，覘蔑兒乞之虚實，戒之曰：「汝止宿必載嬰兒具以行，去則遺之，使若挈家而逃者。」蔑兒乞見之，果以爲逃人，不設備。十三年，速不台進至吹河，大破之，盡殲其衆。

十四年，太祖親征西域，命速不台與者别各率萬人，追西域主阿剌哀丁，戒以「遇彼軍多，則不與戰，而俟後軍。彼逃，則亟追勿舍。所過城堡降者，勿殺掠。不降則攻下之，取其民爲奴。不易攻，則捨去，毋頓兵堅城下」。時西域主棄撒馬爾罕遠遁，速不台、者别渡阿母河，分路追之。西域主逃入裏海島中，未幾病死，盡獲其珍寶以獻。事具《西域傳》。太祖曰：「速不台枕戈血戰，爲我家宣勞，朕甚嘉之。」賜以大珠、銀甕。速不台與者别遂入其西北諸部，諸酋皆望風納款。

西域軍事略定，十六年，太祖命速不台與者别進討奇卜察克，循裏海之西入高喀斯山，大破奇卜察克之衆，殺其部酋之弟玉兒格，其子塔阿兒匿於林中，爲奴所告，執而殺之。速不台縱奴爲民，還以聞，太祖曰：「奴不忠於主，肯忠事他人？」並戮之。奇卜察克酋遁入斡羅斯境，速不台、者别引兵至喀勒吉河，與斡羅斯戰於孩兒桑之地，斬獲無算。速不台奏以蔑兒乞、乃蠻、怯烈、康鄰、奇卜察克諸部千户，通立一軍，從之。初，太祖命速

不台、者别以三年爲期，由奇卜察克返至蒙古地，與太祖相見。至是二將凱旋，遵太祖之命而返。

十九年，太祖親征西夏，以速不台比年在外，恐其父母思之，遣歸省。速不台奏願從西征，太祖命度大磧以往。二十一年，破撒里畏兀、特勒、赤閔等部，及德順、鎮戎、蘭、會、洮、河諸州，得牝馬五千匹，悉獻於朝。二十二年，聞太祖崩，乃還。

太宗即位，尚禿滅干公主。從太宗伐金，圍慶陽。我軍及金人戰於大昌原，敗績。命速不台援之。二年，速不台與金將完顔彝戰於倒回谷，又失利，爲太宗所責。睿宗曰：「兵家勝負不常，宜令速不台立功自效。」遂命引兵從睿宗南伐。

三年冬，出牛頭關，遇金將合達率步、騎十五萬赴援。睿宗問以方略，速不台曰：「城居之人，不耐勞苦。數挑戰以勞之，乃可勝也。」睿宗從之。明年正月，大敗金人於三峰山，合達走鈞州，追獲之。合達問：「速不台安在？願識其人。」速不台出曰：「汝須臾人耳，識我何爲？」合達曰：「人臣各爲其主，我聞卿勇蓋諸將，故欲見之。」其爲敵國畏服如此。

三月，從太宗至汴。金人議守汴之策，舍裏城而守外城。外城，周世宗所築，堅不可攻。速不台以步、騎四萬圍之，又徵沿河州縣兵四萬，募新兵二萬，共十萬人，分屯百二十里之内。大治攻具，驅降人負薪填塹，彀强弩百張，攻城四隅，仍編竹絡盛石投之，未幾積

石高與城等。守者亦仿製竹絡，盛所投之石還擊之，復以鐵罐盛火藥擲於下，爆發，聲聞數十里，名曰震天雷，迸裂百步外。我軍冒牛皮至城下，穴隧道。城人縛震天雷於鐵絙，縋擊之；又製噴火筒箭，激射十餘步。我軍惟畏此二器。攻十有六日，城不下，乃許金人和，納其質曹王訛可。

四月，車駕北還，留速不台統所部兵鎮河南。速不台謬爲好語曰：「兩國已講好，尚相攻耶？」金人就應之，出酒炙犒師，且賂以金幣。乃退駐汝州，託言避暑，掠其糧餉，俟饑疲自潰。已而金飛虎衛士殺使臣唐慶等三十餘人，和議中敗。速不台復帥師圍汴，金主棄汴北走。明年正月，追敗之於黄龍崗，金主南走歸德。未幾，又走蔡州。金崔立以汴降，速不台殺金荆、益二王及宗室近屬，俘其后妃、寶器，獻於行在。

七年，太宗以奇卜察克、斡羅斯諸部未定，命諸王拔都討之，而以速不台爲副。八年，速不台首入布而嘎爾部，太祖時其部降而復叛，至是悉平之。九年，入奇卜察克。奇卜察克別部酋八赤蠻數抗命，太宗遣速不台出師，即曰：「聞八赤蠻有膽勇，速不台可以當之。」至是八赤蠻聞速不台至，大懼，遁入裏海。速不台俘其妻子以獻。十年，復從拔都入斡羅斯，悉取斡羅斯南北諸部。事具《拔都傳》。

當拔都攻斡羅斯之屬國馬札兒部，速不台與諸王五道分進。馬札兒酋貝拉軍勢盛，

拔都退渡漷寧河，與貝拉夾水相持。上游水淺易涉，復有橋，下游水深。速不台欲結栰潛渡，繞出敵後。諸王先濟，拔都軍争橋，反爲敵乘，没甲士三十人並麾下將八哈秃。既濟，諸王又以敵衆，欲要速不台返。速不台曰：「王自返，我不至杜惱河馬札剌城，不返也。」乃進至馬札剌城，諸王繼至，遂攻拔之。拔都與諸王言曰：「漷寧河之戰，速不台救遲，殺我八哈秃。」速不台曰：「諸王惟知上游水淺，且有橋，遂渡而與戰，不知我於下游結栰未成。今但言我遲，當思其故。」於是拔都亦悟。後大會，飲以馬乳及蒲桃酒；言征貝拉時事，推功於速不台。拔都與諸王飲酒，先酌，諸王怒，拔都馳奏其事。時定宗先歸，太宗切責之，謂諸王得有斡羅斯部衆，實速不台之力云。

太宗崩，諸王會於也只里河，拔都欲不往。速不台曰：「大王於族屬爲兄，安得不往？」拔都卒不從其言。定宗即位，速不台俟朝會畢，遂請老，家於秃剌河上。定宗三年，卒，年七十有三。至大三年，贈效忠宣力佐命功臣、開府儀同三司、上柱國，追封河南王，謚忠武。子兀良合台。

兀良合台，太祖時以功臣子，命監護皇孫蒙哥。後掌憲宗潛邸宿衛。太宗五年，從定宗擒布希萬奴於遼東。又從諸王征奇卜察克、斡羅斯、孛烈兒諸部。定宗元年，又從拔都

討孛烈兒乃、揑迷思部，平之。定宗崩，拔都與諸王、大將會於阿勒塔克之地，定議立憲宗。定宗皇后遣使告拔都，宜更議。兀良合台對曰：「議已定，不能復變。」拔都曰：「兀良合台言是也。」憲宗遂即大位。

憲宗二年，命世祖討西南夷諸部，以兀良合台總軍事。三年，世祖師次塔拉，分三道而進。兀良合台由西道踰宴當嶺，入雲南境，分兵攻白蠻察罕章諸寨，皆下之。至阿塔剌所居半空和寨，倚山帶江，地勢峻險，兀良合台立礮攻之。阿塔剌自將來拒，兀良合台遣其子阿朮逆擊之，阿塔剌敗遁，並其弟阿叔城俱拔之。

是年十二月，世祖入大理都城，國王段興智迎降，獲大理將高祥於姚州，留兀良合台攻諸蠻之未下者，遂班師。四年，兀良合台攻烏蠻，次羅部府，敗蠻酋高華，進至押赤城〔一〕。城三面瀕滇池，兀良合台以礮攻其北門，又縱火焚之，皆不克，乃鳴鉦鼓震之，使不知所爲。凡七日，伺其惰，阿朮乘堙而入，遂克之。餘衆依阻山谷，命諸將掩捕之。圍合，阿朮引善射者三百騎四面蹙之，兀良合台先登陷陣，盡殲其衆。又攻拔纖寨，至乾德格城，環城立礮，以草填其塹而渡，阿朮率所部搏戰城上，克之。

五年，攻不花合因、阿合阿因諸城，又攻赤禿哥寨及魯魯斯國塔渾城、忽蘭城，皆克之。魯魯斯國請降。阿伯國有勝兵四萬，負固不下。阿朮突其城而入，乃舉國請降。又

攻拔阿魯山寨及阿魯城，遇赤秃哥軍於合打台山，大敗之，殺獲幾盡。凡平大理五城、八府、四郡，及烏、白蠻三十七部。

六年，征白蠻波麗部，其酋細蹉甫降，與段興智同時入覲，雲南平。詔以便宜取道，與鐵哥帶兒兵合，遂自烏蒙趨瀘江，破秃剌蠻三城，擊敗宋兵，奪其船二百艘於馬湖江，通道於嘉定、重慶，抵合州。

七年，獻夷捷於朝，請依漢故事，以西南夷爲郡縣，從之。賜其軍銀五千兩、彩幣二萬四千匹，授銀印，進都元帥，還鎮大理。

秋九月，遣使招降交趾，不報，遂伐之。其國主陳日煚，隔洮江，列象騎以拒。兀良合台分兵爲三隊濟江，部將徹徹都從下游先濟，兀良合台居中，駙馬懷都與阿朮殿後。仍授徹徹都方略曰：「汝既濟，勿與之戰，蠻必逆我。俟其濟江，我使懷都邀之，汝奪其船。蠻敗而反走，無船以濟，必爲我擒。」徹徹都違命，登岸即縱兵擊之，日煚雖大敗，得乘舟逸去。兀良合台怒曰：「先鋒違我節制，國有常刑。」徹徹都懼，飲藥死。兀良合台入交趾，日煚遁海島。得前所遣使者於獄，以破竹鉗其體入膚，一使死焉。兀良合台怒，屠城人以報之。越七日，日煚請内附，乃大饗將士而還。

是年，憲宗大舉伐宋。八年，侵宋播州，士卒遇炎瘴多病，兀良合台亦病，遂失利。詔

兀良合台還軍趨長沙。兀良合台率騎三千，蠻僰萬人，拔横山寨，入老蒼關，徇宋内地。宋將以兵六萬來拒，遣阿朮自間道襲敗之。自貴州入静江府，連克辰、沅二州，直抵潭州。宋將向士壁固守不下。世祖遣鐵邁赤迎兀良合台於岳州，乃解圍引軍而北。作浮橋於鄂州之新生州，以濟師。宋將夏貴率舟師斷我浮橋，進至白鹿磯，又獲我殿兵七百人。兀良合台力戰，始渡江，與世祖軍合。

世祖中統元年夏四月，兀良合台至上都。至元九年，卒，年七十二。追封河南王，謚武毅。子阿朮。

初，兀良合台事憲宗於潛邸，及拔都議立憲宗，兀良合台實助之。世祖即位，憲宗諸子從阿里不哥於和林，兀良合台爲憲宗舊臣，世祖疑而忌之。故討阿里不哥，兀良合台以宿將，獨擯而不用焉。

阿朮，有智略，臨陣勇決。從兀良合台征西南夷，率精兵爲候騎，所向有功。平大理、烏白等蠻，及伐安南，阿朮出奇制勝，尤爲諸將推服。兀良合台駐軍押赤城，奉命會師於鄂州。瀕行，阿朮戰馬五十匹爲禿剌蠻所掠，偵之，有三蠻寨，匿馬山顛。阿朮率健士攀厓而上，生獲蠻酋，盡得前後所盜馬一千七百匹，乃屠押赤城而去。憲宗勞之曰：「阿朮未

有名位，挺身許國，特賜黃金三百兩，以勉將來。」

中統三年，從諸王拜出、帖哥征李璮有功。九月，授征南都元帥，治兵於汴。至元元年八月，略地兩淮，軍聲大振。

四年八月，侵宋襄陽，取仙人、鐵城等栅，俘生口五萬。軍還，宋兵邀於襄樊。阿朮乃自安陽灘濟江，留精騎五千陣牛心嶺，復立虛寨，然火爲疑兵。夜半，敵果至，斬首萬餘級。初，阿朮過襄陽，駐馬虎頭山，指漢東白河口曰：「若築壘於此，襄陽糧道可斷也。」五年，遂築鹿門、新城等堡，又築臺漢水中，與夾江堡相應。自是宋兵援襄者不能進。

六年七月，大霖雨，漢水溢，宋將夏貴、范文虎相繼率兵來援，復分兵出入兩岸林谷間。阿朮謂諸將曰：「此張虛形，不可與戰，宜整舟師備新堡。」諸將從之。明日，宋兵果趨新堡，大破之，獲戰船百餘艘。於是分水軍築圍城，以逼襄陽。文虎復率舟師來救，來興國又以舟師侵百丈山，前後邀擊於湍灘，俱敗之。

九年三月，破樊城外郛，增築重圍以困之。宋裨將張貴裝軍衣百船，自上流入襄陽，阿朮要擊之，貴僅得入城。九月，貴乘輪船順流東走，阿朮與元帥劉整分泊戰船以待，燃薪兩岸如晝，阿朮追戰至櫃門關，擒貴，餘衆盡死。加同平章事。先是，宋兵植木江中，聯以鐵鎖，中設浮梁以通襄樊援兵，樊城恃此爲固。至是，阿朮以機鋸斷木，以斧斷鎖，焚其

橋，襄兵不能援。十年，遂拔樊城，襄陽守將吕文煥懼而出降。

是年七月，奉命略淮東。抵揚州城下，守將千騎出戰。阿朮伏兵道左，佯北。宋兵逐之，伏發，擒其騎將王都統。

十一年正月，入覲，與參政阿里海牙奏請伐宋。帝命政府議，久不決。阿朮進曰：「臣久在行間，備見宋兵弱於往昔，失今不取，時不再來。」帝乃從其議，詔益兵十萬，與丞相伯顏、參政阿里海牙等同伐宋。三月，進平章政事。

秋九月，師次郢之鹽山，得俘民言：「宋沿江九郡精鋭，盡聚郢州東、西兩城，今舟師出其間，騎兵不得護岸，此危道也。不若取黄家灣堡，東有河口，可拖船入湖，轉入江中爲便。」從之。遂舍郢州而去，行大澤中，忽宋兵千騎突至。時從騎纔數十人，阿朮即奮槊馳擊，所向畏避，追斬五百餘級，生擒其將趙文義、范興。進攻沙洋、新城，拔之。次復州，守將翟貴迎降。

時夏貴鎖大艦扼江口，兩岸備禦堅嚴。阿朮用裨將馬福計，回舟淪河口，穿湖中，從陽羅堡西沙蕪口入大江。十二月，軍至陽羅堡，攻之不克。阿朮謂伯顏曰：「攻城，下策也。若分軍船之半，循岸西上，對青山磯止泊，伺隙擣虚，可以得志。」從之。明日，阿朮遥見南岸沙洲，即率衆趨之，載馬後隨。宋將程鵬飛來拒，大戰中流，鵬飛敗走。諸軍抵沙

洲，攀岸步鬭，開而復合者數四，敵小卻，出馬於岸上騎之，宋兵大敗，追擊至鄂東門而還。夏貴聞阿朮飛渡，大驚，引麾下兵三百艘先遁，餘皆潰走，遂拔陽羅堡，盡得其軍實。

伯顏議師所向，或欲先取蘄、黄，阿朮曰：「若赴下流，退無所據，上取鄂、漢，雖遲旬日，可以萬全。」乃水陸並趨鄂、漢，焚其船三千艘，煙焰漲天，漢陽、鄂州大恐，相繼降。

十二年正月，黄、蘄二州降。阿朮率舟師趨安慶，范文虎迎降。繼下池州。宋丞相賈似道擁重兵拒蕪湖，遣宋京來請和。伯顏謂阿朮曰：「有詔令我軍駐守，何如？」阿朮曰：「若釋似道不擊，恐已降州郡今夏難守，且宋無信，方遣使請和，而又射我軍船，執我邏騎。今日惟當進兵，事若有失，罪歸於我。」二月辛酉，師次丁家洲，與宋前鋒孫虎臣對陣。夏貴以戰艦二千五百艘横亘江中，似道將兵殿其後。時伯顏已遣騎兵夾岸而進，兩岸樹礮，擊其中堅，宋軍陣動，阿朮挺身登舟，手自持柂，突入敵陣，諸軍繼進，宋兵遂大潰。似道東走揚州。

四月，命阿朮分兵圍揚州。庚申，次真州，敗宋兵於珠金砂，斬首二千餘級。既抵揚州，乃造樓櫓戰具於瓜洲，漕粟於真州，樹柵以斷其糧道。宋都統姜才領步騎二萬來攻柵，敵軍夾河爲陣，阿朮麾騎士渡河擊之，戰數合，堅不能卻。衆軍佯北，才逐之，我軍回擊，萬矢雨集，才軍不能支，擒其副將張林，斬首萬八千級。

七月庚午，宋將張世傑、孫虎臣以舟師萬艘駐焦山東，每十船爲一舫，聯以鐵鎖，以示必死。阿朮登石公山，望之，舳艫連接，旌旗蔽江，曰：「可燒而走也。」遂選强健善射者千人，載以巨艦，分兩翼夾射，阿朮居中，合兵而進，以火矢燒其蓬檣，煙焰漲天。宋兵既碇舟死戰，至是欲走不能，前軍爭赴水死，後軍散走。追至圌山，獲黃鵠白鷂船七百餘艘，自是宋人不復能軍。

十月，詔拜中書左丞相，仍諭之曰：「淮南重地，李庭芝狡詐，須卿守之。」時諸軍進取臨安，阿朮駐兵瓜洲，以絶揚州之援。伯顏兵不血刃而入臨安，以得阿朮控制之力也。

十三年二月，夏貴舉淮西諸城來附。阿朮謂諸將曰：「今宋已亡，獨庭芝未下，以外助猶多故也。若絶其聲援，塞其糧道，尚恐東走通、泰，逃命江海。」乃栅揚之西北丁村，以斷高郵、寶應之餽運，貯粟灣頭堡，以備捍禦；留屯新城，以逼泰州。又遣千户伯顏察兒率甲騎三百助灣頭兵勢，且戒之曰：「庭芝水路既絶，必從陸出，宜謹備之。如丁村烽起，當首尾相應，斷其歸路。」六月甲戌，姜才知高郵米運將至，果夜出步騎五千犯丁村栅。至曉，伯顏察兒來援，所將皆阿朮麾下精兵，旗幟畫雙赤月。衆軍望其塵，連呼曰：「丞相來矣。」宋軍敗遁，才脱身走，殺其騎兵四百，步卒免者不滿百人。壬辰，李庭芝以朱焕守揚州，挾姜才東走。阿朮率兵追襲，殺步卒千人，庭芝僅入泰州，遂築壘以守之。七月乙巳，

朱焕以揚州降。乙卯，泰州守將孫貴，胡惟孝等開北門納降，執李庭芝、姜才，斬於揚州市。阿朮申嚴士卒，禁暴掠。有武衛軍校掠民二馬，即斬以徇。兩淮悉平，得府二、州二十二、軍四、縣六十七。九月辛酉，入見世祖於大明殿，陳宋俘，第功行賞，實封泰興縣二千户。

尋受命討叛王昔剌木等。十七年，卒於别失八里軍中，年五十四。贈開府儀同三司、太尉、并國公，謚武宣。加贈推誠宣力保大功臣、上柱國，追封河南王，改謚武定。子卜憐吉歹。

卜憐吉歹，至元二十七年爲江浙行省平章政事。婺州賊葉萬五寇武義縣，卜憐吉歹將兵討平之。十一月，改江淮行省平章政事。二十八年，奏言：「福建盜賊已平，惟浙東一道地極邊，惡賊所巢穴。今復還三萬户，以合剌帶一軍戍明、台，亦怯烈一軍戍温、處，札忽帶一軍戍紹興、婺州。其寧國、徽州，初用土兵，後皆與賊通。今以高郵、泰州兩萬户戍漢陽者易地戍之。揚州、建康、鎮江三城跨據大江，人民繁會，置七萬户府。杭州行省諸司府庫所在，置四萬户府。擇瀕海沿江要害二十二所，分兵閱習水戰，伺察盜賊。錢塘控扼海口，僅置戰船二十艘，故海賊屢出奪船，請增置戰船百艘、海船二十艘。」世祖俱從之。

遷河南行省左丞相。延祐元年，封河南王。

卜憐吉歹性寬恕。一日，掾吏田榮甫抱文牘請印，卜憐吉歹命取印至，榮甫誤觸之墜地，印朱濺卜憐吉歹新衣，卜憐吉歹色不少動。又郊行，左右捧笠侍，風吹笠墜，碎御賜玉頂，卜憐吉歹笑曰：「是有數也。」諭使勿懼。論者擬之後漢劉寬云。

子童童，中奉大夫、集賢侍講學士，累官江浙平章政事。

也速䚟兒，本名帖木兒，避成宗諱改名。忽魯渾之孫，大宗正札魯忽赤哈丹子也。雄毅有謀略，讀書能知大意。幼事世祖於潛邸。

阿朮伐宋，言於帝，以也速䚟兒爲副，從阿朮攻拔襄、樊。至元十一年，伯顏與阿朮會於襄陽，分三道並進。阿朮由中道將渡江，也速䚟兒獻擣虛之計，夜半絶江徑濟。黎明，與宋將夏貴戰於陽羅堡，敗之，遂入鄂州。宋都督賈似道與大軍相拒於丁家洲，其前鋒孫虎臣來逆戰。也速䚟兒乘高望之，見其陣勢首尾橫決，以戰艦衝之。似道先遁，其衆一時俱潰。十二年，阿朮攻揚州，使也速䚟兒與宋將戰於揚子橋，出奇兵斷真州運道。宋將張世傑以舟師屯揚子江中流。從阿朮擊之，以火箭燒其船篷，大敗世傑於焦山下。宋平，授行中書省斷事官，階懷遠大將軍。十五年，進昭勇大將軍。

十六年，除淮東道宣慰使，遷鎮國上將軍。奉中書省檄奏報邊事，也速解兒入對便殿，出奏牘於懷中〔二〕。帝召近臣進讀，適左右無其人，也速解兒奏：「臣亦粗知翰墨。」乃誦其文，而以國語譯之，敷陳明暢。帝說，使縱横行殿中以察之，命參知中書省事。二十二年，安童自北庭歸，奏：「也速解兒蒙古人，又通習漢文。久淹下位，宜加擢用。」帝問：「居其上者誰也？」對曰：「參政郭佑，參議秃魯花、拜降。」即日擢中奉大夫、中書參知政事，位郭佑上。仍敕之曰：「自今事皆責成於汝。」二十三年，進資德大夫、中書左丞。二十四年，拜榮禄大夫、尚書省平章政事。從討乃顔，復與諸將禽其將金家奴、塔不解等。帝以也速解兒家貧，賜鈔五千錠。

二十七年，武平地震，姦人乘災異相扇誘，有宗王三人皆爲所誑。帝慮乃顔餘黨復爲亂，遣也速解兒率兵五百人鎮撫之。以便宜蠲田租，弛商税，運米萬石以賑民災，鞫三宗王，諭以禍福輕重，皆引伏。事聞，帝甚韙之。自遼陽行省至上都，道路回遠，也速解兒奏請從高州以北開新道，裁舊驛五，其三備他驛物力之乏絶，其二隸於虎賁司，給田宅爲屯户。公私便之。

是時，桑哥秉政久，恣爲貪虐。也速解兒劾其姦，帝始悟。後完澤等復相，繼言之，桑哥竟伏誅。未幾，拜江浙行省平章政事。大德二年卒，年四十五。也速解兒喜薦士，凡所

甄拔，多至通顯。至正八年，贈推忠宣力守正佐理功臣、太傅、開府儀同三司、上柱國，追封安慶王，謚武襄。

三子：忽速觧，江浙行省平章政事；探進，御史中丞；木八剌沙，南陽府達魯花赤。孫：脱因納，陝西行臺御史大夫；紐兒該，同知都護府事；古納剌，上都留守。

史臣曰：速不台與者勒蔑、忽必來、者别齊名，太祖擬之四獵犬，常爲軍鋒。者勒蔑等前卒，獨速不台歷事三朝，年踰耆艾，子孫俱爲名將，至其曾孫遂啟王封。乃知道家三世之忌，非古今通論也。

【校勘記】

〔一〕「押赤」，原倒作「赤押」。《元史》卷一二一列傳第八《速不台傳》作「押赤」，蘇天爵《國朝文類》卷四一、萬曆《雲南通志》卷九、正德《雲南通志》卷一七、天啟《滇志》卷一〇同。下文作「押赤」不誤，據改。本書《憲宗本紀》作「赤押」亦誤。

〔二〕「奏牘」，原作「奏讀」，據文意改。

新元史卷之一百二十三　列傳第二十

者勒蔑也孫帖額　忽必來　者别

者勒蔑，兀良合氏。父札兒赤兀歹，與烈祖有舊。太祖初生，札兒赤兀歹以貂鼠裹袱獻。時者勒蔑亦在襁褓，言於烈祖，請俟長大爲太祖服役。及太祖娶光獻皇后，往見王罕於土兀剌河，歸至不兒罕山，札兒赤兀歹率者勒蔑來附。者勒蔑與博爾朮及太祖弟别勒古台從太祖避蔑兒乞之難，扞禦甚力。後者勒蔑之弟察兀兒罕亦慕義歸於太祖。

太祖稱汗，命者勒蔑與博爾朮爲衆怯薛長。太祖與泰亦兀赤戰於斡難河，頸瘡甚，者勒蔑吮其血，至夜半，太祖始蘇，渴索飲。者勒蔑裸入敵營，挈一桶酪返，來往無覺者。調酪飲太祖，遂愈。太祖問：「何爲裸入敵營？」者勒蔑曰：「我如被擒，便謂本欲來降，事覺，解衣就戮，乘間得脱走。彼必信我言而用我，可以盗馬馳歸。」太祖嘉歎之。自是人稱爲者勒蔑烏該。烏該者，譯言大膽賊也。及王罕來襲，太祖分軍於卯温都赤山，以者勒蔑爲前鋒，敗之。太祖攻乃蠻太陽罕，以者勒蔑與者别、忽必來、速不台爲前鋒，一戰擒之。

太祖即皇帝位，大封功臣，授者勒蔑千户，赦罪九次。其子也孫帖額爲豁兒赤千人之長。者勒蔑弟察兀兒孩亦授千户，太祖使爲哈薩兒使者，僞請降於王罕。事具《王罕傳》。者勒蔑與者别、忽必來、速不台同以驍悍名，又歸附獨早，以先卒，故功名不及者别、速不台之著。

也孫帖額以附諸王爲亂，爲憲宗所誅。太祖嘗謂：「諸將之勇，無過也孫帖額，終日戰而不疲，不飲不食而不饑渴。然不可使爲將，以其視人猶己，士卒疲矣，饑渴矣，而彼不知也。故爲將必知己之疲、己之饑渴，而後能推之於人云。」

忽必來，巴魯剌思氏，與族人忽都思同侍太祖左右，又與太祖弟合撒兒同爲佩刀宿衛。太祖伐四種塔塔兒，誓師破敵勿掠棄物，俟軍事畢散之。及戰勝，阿勒壇、火察兒、答里台三人背約，帝怒，使忽必來與者别盡奪所獲，分於軍士，於是一軍肅然。太祖伐乃蠻，遣忽必來與者别爲前鋒，至撒阿里客額兒，遇乃蠻哨探，游騎往來相逐。我隊中羸馬有逸入敵營者，太陽罕信爲蒙古馬瘦，利速戰，遂進兵，爲太祖所禽。事具《乃蠻傳》。

太祖踐尊位，謂忽必來曰：「凡剛硬不服之種族，汝皆服之。汝與者勒蔑、者别、速不台四人，如我之猛犬，臨陣以汝四人爲前鋒。博爾朮、木華黎、博爾忽、赤老温隨我，主兒扯歹、亦勒答兒立我前，使我心安。以後軍事汝皆長之。」又曰：「别都温性執拗，汝怒之，吾亦知之，故不令其管兵。今試與汝同爲千户，視其後效何如。」其見倚重如此。六年，命忽必來征合兒魯兀惕部，降其部長阿兒思蘭。未幾卒。

者别，别速特氏。托邁力汗第九子欽達台之後也。國語九爲伊蘇，又轉爲别速。别速特人素附泰亦兀赤，與太祖交惡。太祖敗泰亦兀赤等於闊亦田之野，别速特部衆潰散，者别匿於林藪。太祖出獵見之，令博爾朮追捕，乘太祖戰馬而往，馬口色白，國語名爲「察罕忽失文秣驪」。博爾朮射者别不中，者别射其馬殪之，遂逸去。後與鎖兒罕失剌來降。太祖問：「闊亦田之戰，自嶺上射斷我馬項骨者爲誰？」者别曰：「我也。若賜死止污一掌地，若赦其罪，願效命以報。」太祖嘉其不欺，遂赦而用之。先爲什長，洊擢爲千户。

太祖即位五年，金人築烏沙堡，命者别襲殺其衆。六年，太祖自將伐金，以者别與亦古捏克爲前鋒，拔烏沙堡、烏月營。至居庸關，金人守禦甚固，者别回軍誘敵，金人悉出追

之，大敗。者別遂入居庸，抵中都城下。復攻東京，不拔，夜引去。時已歲除，金人謂大軍已退，不設備。逾數日，者別倍道疾趨，突入其城，大掠而還。八年，金兵復守居庸，仍爲者別所取。

十一年，太祖北還，時古出魯克盜據西遼，命者別征之。明年，師至垂河，所過城邑望風降附，古出魯克西奔。又明年，者別使曷思麥里踰葱嶺追之，及諸撒里黑昆，斬其首以徇諸部。軍中獲馬千匹，皆口白色者，歸獻於太祖曰：「臣請償昔者射斃之馬。」十四年，太祖親征西域，以者別爲前鋒，速不台爲者別後援，脱忽察兒又爲速不台後援，追西域主阿拉哀丁。西域主竄海島而死，俘其母、妻及珍寶以獻。復攻下西域各城，入其西北鄰部曰阿特耳佩占，曰角兒只，曰失兒灣，皆望風款服。

十六年，西域略定。太祖復命者別與速不台進軍裏海之西，以討奇卜察克。軍入高喀斯山，奇卜察克、阿速、撒耳柯思等部據險邀之。者別以衆寡不敵，乃甘言誘奇卜察克謂：「我等皆同類，無相害意，何必助他族以傷同類？」奇卜察克信其言而退。者別引軍出險，敗阿速等部，急追奇卜察克，縱兵奮擊，殺其霍灘之弟玉兒格及其子塔阿兒，告捷於太子朮赤，請濟師。時朮赤駐軍於裏海東，分兵助之。十七年冬，新軍至，乘冰合，渡浮而嘎河，遂下阿斯塔拉干城。遇奇卜察克兵，又敗之。軍分爲二，俱引而西：一軍追敗兵過端

河；一軍至阿索富海之東南，平撒耳柯思、阿速等部。遂自阿索富海履冰以至黑海，入克勒姆之地。兩軍復合。

霍灘遁入斡羅斯境，乞援於其婿哈力赤王穆斯提斯拉甫。哈力赤王集斡羅斯南部諸王於計掖甫，議出境迎擊。者别、速不台遣使十人來告：「蒙古所討者奇卜察克，與斡羅斯無釁，必不相犯。」斡羅斯諸王謂：「先以此言餌奇卜察克，今復餌我，不可信。」執十人殺之。者别、速不台復遣使謂：「殺我行人，曲在汝。天奪汝魄，自取滅亡。請一戰以決勝負。」庫灘又欲殺之，斡羅斯人釋之，約戰期。哈力赤王先以萬騎東渡帖尼博耳河，敗前鋒裨將哈馬貝，獲而殺之。諸王皆引兵從之，至喀勒吉河，與大軍遇。時斡羅斯軍分屯南北，南軍爲計掖甫、扯耳尼哥等部，北軍爲哈力赤等部及奇卜察克之兵。哈力赤王輕敵，獨率北軍渡河，戰於孩兒桑之地，勝負未決，奇卜察克兵先遁，我軍乘之，斡羅斯兵大潰。哈力赤王走渡河，即沈其舟，後至者不得渡，悉爲我軍所殺。南軍不知北軍之戰，亦不知其敗，我軍猝至，圍其壘，三日不下，誘令納賄行成，俟其出，疾攻之，斬馘無算。我軍西至帖尼博河，北至扯耳尼可城及諾拂敦羅特城、夕尼斯克城而止。捷書至太祖行在，詔以馬十萬匹犒師，封朮赤於奇卜察克，以轄西北諸部。十九年，朮赤西行，者别與速不台歸朮赤部兵，自率所部東返，中道卒。

初，者别名只兒豁忽阿歹，太祖以其射斃戰馬，賜名者别，國語梅針箭也。者别弟蒙都薩洼兒，侍拖雷左右。其子烏勒思，亦入西域。

子忽生孫，爲千户。忽生孫子哈拉，從旭烈兀入西域。者别後在西域者甚衆。

史臣曰：者勒蔑、忽必來、者别，所謂熊羆之士，不二心之臣也。者勒蔑屢拯太祖於患難，忽必來之勇素爲太祖所知，其視者别奮自降虜者蓋不侔矣，然其功名反出者勒蔑、忽必來之右。吾益歎太祖棄仇雠、任智勇，其雄略爲不可及也。

新元史卷之一百二十四　列傳第二十一

术赤台　怯台　哈答　畏答兒　博羅歡　伯都

术赤台，兀魯特氏。其先納臣拔都，太祖八世祖蔑年土敦第七子也，生二子：長曰兀魯特，次曰忙兀特，子孫遂以名爲氏。术赤台爲兀魯特之六世孫。兀魯特與忙兀特、札剌兒、弘吉剌、亦乞列思，歸附太祖最早，號爲五投下。

术赤台有膽略，勇冠一時。始附札木合，後見札木合殘暴，與忙兀特部長畏答兒各率所部歸於太祖。

王罕襲太祖於卯温都兒山，太祖倉卒聞變，陣於合剌合勒只沙陀。王罕問札木合：「帖木真部下諸將，勇敢者爲誰？」札木合曰：「兀魯特、忙兀特二部人健鬬，兀魯特花纛，忙兀特黑纛，當者慎之。」於是王罕使其驍將合答黑失當二部，而以阿赤黑失倫、豁里失列門繼之。是時王罕之衆數倍於我，其子桑昆有智勇，人畏之。將戰，諸將見衆寡不敵，言於太祖，請使术赤台爲前鋒，太祖從之。畏答兒亦願爲前鋒，遂各率所部以進，敗合答黑

失等。阿赤黑失倫以土棉秃別干之衆援之，刺畏答兒墮馬，忙兀特人還救之。朮赤台率兀魯特一軍轉戰而前，連敗土棉秃別干、斡欒董、合亦特及豁里失烈門所領護衛千人，直入王罕中軍。桑昆見事亟，親來搏戰，朮赤台射中其頰。桑昆創甚，王罕始斂兵而退。是役也，微朮赤台力戰，幾敗。

王罕已退，太祖引軍至答蘭揑木兒格，僅有二千六百騎。太祖自將其半循合泐合水西岸，朮赤台與畏答兒將其半循東岸而行。使朮赤台説弘吉剌部，降之。太祖遂駐於董嘎淖爾、脱兒哈火魯罕。後太祖襲王罕於徹徹兒温都爾，復以朮赤台與阿兒孩合撒兒爲前鋒，晝夜兼行，出其不意攻之。王罕父子方酗馬湩於金帳，不設備，其部衆悉爲太祖所俘，王罕父子走死。又從太祖伐乃蠻，朮赤台爲第二軍隊。乃蠻平，王罕之弟札合敢不降而復叛，朮赤台以計誘執之。太祖嘗諭之曰：「朕望朮赤台如高山前之日影。」其見重如此。

太祖稱尊號，授千户，命統兀魯特部，世世勿替，又賜宫嬪亦巴合以賞其功，即札合敢不之女也。仍命亦巴合位下之歲賜，依舊給之。太祖謂亦巴合曰：「昔汝父媵汝二百人，且使阿失黑帖木兒、阿勒赤黑二人爲汝主膳。今以其半從汝往兀魯特氏，留阿失黑帖木兒及其餘百人爲記念。」或云太祖一日得惡夢，不懌，遂以亦巴合賜朮赤台云。

十一年，朮赤台與合撒兒、脱侖徇女真故地，攻大寧城，克之。後卒。弟察乃，亦封千户，爲怯薛長，領侍衛千人。

朮赤台子怯台，有材武，與父同時封千户。從太祖伐金，與弘吉剌人薄察别將疑兵屯居庸北口。者别繞攻南口，克之，遂入居庸。及攻中都，怯台與哈台將三千騎駐近郊，以斷援兵之路。怯台以父佐命功封郡王。

二子：曰端真，曰哈答。

怯台卒，端真嗣封。太宗八年，賜端真德州二萬户爲食邑。至元十八年，又增二萬一千户，肇慶路連州及德州屬邑俱隸焉。

世祖討阿里不哥，哈答與畏答兒之曾孫忽都忽跪言：「臣祖父幸在先朝屢立戰功，今北討，臣等又幸少壯，願如祖父以力戰自效。」世祖允之。從諸王合丹、駙馬納陳爲右翼，戰於昔木土，又戰於失烈延塔兀之地，以功賜黄金，將士受賞有差。李璮叛，世祖遣諸王哈必赤等討之，哈答亦在軍中。

哈答三子：曰脱歡，曰慶童，曰亦憐真班。

脱歡，從諸王徹徹討弘吉剌叛者只兒瓦台，獲之。又從破昔里吉、藥木忽兒於野孫河。

世祖征乃顔，慶童扈從，力疾以戰，卒於軍中。二子：曰塔失帖木兒，曰朵來。塔失帖木兒一子，曰匣剌不花。

自怯台以下，凡九人，皆襲爵，加封號爲德清郡王。

畏答兒，忙兀特氏。納臣拔都次子忙兀特六世孫也，與兄畏翼俱事太祖。時泰亦兀赤部落强盛，與太祖有隙，畏翼率其衆叛附泰亦赤兀。畏答兒力勸之，不聽；追之，又不肯還；畏答兒乃還事太祖。太祖曰：「汝兄去，汝何爲獨留？」畏答兒無以自明，取矢折而誓之。太祖遂與畏答兒約爲按答，又呼爲薛禪。

太祖拒王罕，慮衆寡不敵，先謂朮赤台曰：「伯父，欲使汝爲前鋒，何如？」朮赤台以鞭拂馬鬣，未及答。畏答兒自奮請行，謂：「我猶鑿，諸君猶斧；斧非鑿不入，我請先之。當出敵背，樹我幟於奎騰山上。不幸戰歿，有三子，惟上憐之。」遂怒馬陷陣，敗王罕驍將合答黑失。其後援阿赤黑失倫驟至，刺畏答兒墜馬。朮赤台繼進，大敗之。畏答兒創甚，太

祖親爲傅藥，留宿帳中。後月餘，自合泐合水移營，資糧匱乏，畏答兒力疾出獵。太祖止之不可，遂創發而死。太祖痛惜之，葬於合泐合水上斡而訥兀山。太祖滅王罕，獲其將合答吉，使領只兒斤降衆百人，役屬於畏答兒妻子。

太祖即位，大封功臣，追封千户。又別封其子忙哥合勒札爲千户，命收集忙兀特族人之散亡者。太宗思其功，復以北方萬户封忙哥合勒札爲郡王。九年，大料漢民，分城邑以賜諸王貴戚，失吉忽都虎主其事，定畏答兒薛禪位下歲賜五户絲，授忙哥合勒札泰安州萬户。太宗訝其少，忽都虎對曰：「臣今差次，惟視舊數多寡，忙哥合勒札舊裁八百户。」太宗曰：「不然。畏答兒本户雖少，戰功則多，其增封爲二萬户，與十功臣皆異其籍。」朮赤台之孫端真争曰：「忙哥合勒札舊兵不及臣家之半，今封户顧多於臣。」太宗曰：「汝忘爾先人横鞭馬鬣事耶[一]？」端真遂不敢言。

忙哥合勒札卒，孫只里瓦䚟、乞答䚟魯，曾孫忽都忽、兀乃忽里、哈赤，先後襲郡王。

畏答兒曾孫博羅歡最知名。

博羅歡，畏答兒幼子醮木曷之孫，瑣魯火都之子也。年十六，爲本部札魯忽赤。中統初，從世祖討阿里不哥，以功賜馬四百匹，金帛稱是。尋詔入宿衛，諭近臣曰：「是勳閥諸

孫，從其出入禁闥，無禁止之。」

李璮反，命將忙兀特一軍圍濟南，分兵略定益都、萊州。又奉詔讞獄燕南，以明允，賜衣一襲。至元八年，皇子雲南王忽哥赤爲省臣寶合丁毒殺，事聞，敕中書省擇治其獄者，凡奏四人，皆不稱旨。丞相線真舉博羅歡，且言：「設敗事，臣請從坐。」遂命之。博羅歡辭曰：「臣不敢愛死，但年少，且不知書。」乃以吏部尚書別帖木兒輔其行，謂博羅歡曰：「別帖木兒知書，可使主簿。責其事是否，一以委卿，他日慎無歸咎副使也。且聞卿不善飲，彼土多瘴，宜少飲敵之。」未至四五驛，寶合丁迎，餽金六籯。博羅歡以雲南去朝廷遠，不安其心，將懼而生變，乃爲好語遣之。既至，盡以金歸行省，而竟其獄，論如法。歸報，世祖顧線真曰：「卿舉得人。」詔凡忙兀部事，無鉅細，悉統於博羅歡，如札剌亦兒事統於安童者比。授右衛親軍都指揮使，賜虎符，大都則專右衛，上都則兼總三衛。

十一年，授中書右丞。伐宋，分軍爲二，詔右受伯顏、阿朮節度，左受博羅歡節度。俄兼淮東都元帥，軍下邳，罷山東經略司，而以其軍隸之。博羅歡召諸將謀曰：「清河城小而固，與泗州、昭信、淮安相犄角，未易卒拔。海州、東海、石秋，至此數百里，守必懈。輕騎倍道襲之，其守將可擒也。」師至三城，果下，清河聞之亦降。及宋主奉表内附，淮東諸州猶城守。詔博羅歡進軍，拔淮安南堡，戰白馬湖，又戰寶應，釋高郵不攻，由西小河達漕

河，據濤頭堡，斷通、泰援兵，遂拔揚州，淮東平。益封桂陽、德慶二萬一千户，賜西域藥及蒲桃酒、介冑、弓矢、鞍勒。

十四年，討只兒瓦台於應昌，敗之。賜玉罄帶、幣帛，與博羅同署樞密院事。以中書右丞行省北京，未幾，召還。

時江南新附，尚多反側，詔募民能從征討者，使自爲一軍，其百户、千户惟聽本萬户節度，不役他軍，制命、符節，一與正同。博羅歡方寢疾，聞之，附樞密董文忠奏言：「今疆土寖廣，勝兵百萬，指揮可集，何假無賴僥倖之徒？此曹一踐南土，肆爲貪虐，斬刈平民，姦其婦女，槖其貨財，賈怨益深，叛將滋衆。非便。」召輿疾入對，賜坐與語，帝悟。適常德人愬唐兀帶一軍殘暴其境，如博羅歡所策。敕斬以徇，凡所募軍皆罷。

帝以哈剌思、博羅思、斡兒洹、薛涼格四水上屯田軍與戍軍不相統屬，遣博羅歡往監之。十八年，又以右丞行省甘肅。時西北防軍仰哺於省者十數萬人，十石不能致一，米石百緡，博羅歡饋餉不絕，軍以無饑。

二十一年，拜龍虎衛上將軍、御史大夫、江南諸道行御史臺事。黄華反，徵內地兵進討，平之。賊多虜良民，博羅歡令監察御史、提刑按察司隨在檢察，遣還故土。以疾罷歸。

乃顔叛，帝將親征。博羅歡曰：「昔太祖分封東諸侯王，其地與户，臣皆知之。以二十

爲率，彼得其九，忙兀、兀魯、札剌亦兒、弘吉剌、亦乞列思五諸侯得其十一。幸較息耗，彼此宜同。然要其歸，五部之力終贏彼二。今但徵兵五部，自足當之，何煩乘輿？臣疾且愈，請事東征。」時帝計已決，賜博羅歡甲冑、弓矢、鞍勒，命督五諸侯兵從駕行。次撒里，禿魯叛黨塔不帶逼行在。會久雨，王師乏食，諸將請退。博羅歡曰：「兩陣之間，勿作事先。」已而彼軍先動，博羅歡悉衆乘之，轉戰二日，身中三矢，斬其駙馬忽倫，遂擒誅乃顏。既而哈丹復叛，詔與諸王乃蠻台討之。從三騎輕出，遇敵游兵，返走。抵絶澗，廣可二丈，深加廣之半。追兵垂及，博羅歡躍過，三騎皆没。未幾，哈丹自引去，斬其子老的於陣。往返凡四載，凱旋，俘其二妃。敕以一賜乃蠻台，一賜博羅歡。世祖陳金銀器於延春閣，召東征諸侯王、將帥分賜之，博羅歡辭。帝曰：「卿雖善讓，豈可聽徒手歸？」始拜受。

河南宣慰司改行中書省，拜平章政事。瀕行，賜以海東白鶻。尋有詔括馬毋及勳臣家。博羅歡曰：「吾家羣牧連坰，不出馬佐國，無以爲方三千里官民倡。」乃先入馬十有八匹。河流遷徙無常，民訟退灘，連歲不絶，或獻諸王求爲佃民自蔽。博羅歡奏正之，仍著爲令。

元貞二年，改陝西行省平章政事，未行，奉命仍留河南。尋入朝，奏忙兀一軍戍北，歲久衣敝，請以位下泰安州五户絲歲入一斤，積四千斤，輸内庫，易繒帛，分賚所部。從之，

敕遞車送達軍中。陛辭，賜世祖所佩弓矢、鞶帶。中書平章刺真、宣政院使大食蠻合奏：「往年伐宋，分軍爲二，右屬伯顏、阿朮，左屬博羅歡。今伯顏、阿朮皆有田民，而博羅歡獨不及。」帝曰：「胡久不言？豈彼恥於自白邪？其於高郵州已籍之民賜五百户，以上中下率之，上一，而中下各二。並賜圈背銀椅。」

大德元年，叛王藥木忽兒、兀魯思不花來歸。博羅歡聞之，遣使馳奏曰：「諸王之叛，皆由其父。此輩幼弱，無所與知。今茲來歸，宜棄其前惡，以勸未至。」成宗深然之。改湖廣行省，賜鞍勒。行次汝寧，會並福建行省入江浙，在道授江浙行省平章政事，賜白玉帶。博羅歡欲斬之，中書刑曹當以杖，然由是豪姓始畏法斂迹。大德四年卒，年六十有五。累贈推忠宣力贊運功臣、太師、開府儀同三司、上柱國，追封泰安王，謚武穆。

四子：渾都，山東宣慰使；次伯都；次也先帖木兒，河南行省參知政事；次博羅。

伯都，幼穎悟嗜學，不以家世自矜。大德五年，擢江東道廉訪副使。十年，改江南行臺侍御史。歲大饑，奏請以十道贓罰鈔賑之。入爲僉書樞密院事，領食兒别赤。至大二年，拜江南行臺御史大夫。四年，换陝西行臺，進階榮禄大夫，賜玉帶一、鈔五萬緡。

延祐元年，拜甘肅行省平章政事。時米價騰湧，陸輓每石費二百緡。伯都修除運道，省四百餘萬緡。詔賜名鷹、甲胄、弓矢及鈔五千緡以勞焉。四年，换江浙行省，入爲太子賓客。奏陳正心修身之道，帝嘉納之。復除江南行臺御史大夫，皇太后以東宫官留之。未幾，以目疾告歸，寓於高郵。

至治元年，起爲御史大夫，辭不拜。賜平章禄，養疾於家。敕内臣購空青於江南，治其疾。二年春，來朝，賜金文衣及藥。三年，賜鈔五萬緡及西域酒、藥，伯都辭，並歸平章禄於有司。

泰定元年，再徵入朝。卒，贈銀青榮禄大夫、江浙行省左丞相、上柱國，追封魯國公，謚元獻。朝廷知其貧，賻鈔二萬五千貫。御史臺又奏賻三萬五千貫，仍還其賜禄。伯都妻弘吉剌氏曰：「始吾夫仕於朝，不敢虚受廪禄。今没而受之，非吾夫意也。」卒辭之。子篤爾只，將作院判官。

史臣曰：太祖初興，兵力尚弱，是以十三翼之戰敗於札木合。朮赤台、畏答兒獨不論勝敗，誠心歸附，可謂有擇君之識矣。太祖拒王罕，朮赤台、畏答兒俱爲元功，不幸畏答兒以創死，人遂疑朮赤台遷延不進。夫勢有利鈍，知兵者當因其勢乘之，豈必以敢死爲勇決

乎？太宗訾朮赤台横鞭馬鬣，非知兵者之言也。

【校勘記】

〔一〕「爾」，原作「而」，據文意改。

新元史卷之一百二十五 列傳第二十二

答阿里台 蒙力克脱欒 伯八兒 闊闊出 豁兒赤兀孫 察合安不注 納牙阿

答阿里台斡赤斤，把兒壇之少子，太祖季父也。答阿里台始從泰亦赤兀中歸太祖，答闌捏木克格思之役，與阿勒壇、忽察兒違命掠塔塔兒所棄輜重，太祖奪其所獲，分給於衆。三人怨望，叛附王罕。及王罕敗亡，入乃蠻。乃蠻又滅，窮來歸命。太祖怒其反覆，密令誅之，毋使人見。博爾朮、木華黎、忽都虎諫曰：「骨肉相殘，如火自滅，額赤格之兄弟惟答阿里台在，寧忍廢絶？願以額赤格故，曲矜之。」太祖聞三人言，遂宥之。其後太祖以其子大納耶耶及從人二百付皇姪阿勒赤歹，其後人常在阿勒赤歹後王部下。太宗時，以寧海、登、萊三州爲答阿里台後人分地。至元九年八月，大納耶耶之子闊闊出請以三州自爲一路，與諸王比，歲賦惟入寧海，無輸益都。從之。答阿里台四世孫拔都兒，延祐五年封寧海王，賜金印。五世孫買奴，泰定三年正月壬子，封宣靖王，鎮益都。天曆二年，文宗即位，入覲，賜控鶴二十人。至順二年，置王傅等官，立宮相都總管府，給銀印。後至元二

年，進封益王。至正十六年，毛貴陷益都，買奴遁走。

答阿里台又有後人曰布兒罕，從旭烈兀征西域，不敢與諸王子抗禮。旭烈兀謂王子年少，許布兒罕與之並坐。布兒罕之子曰庫魯克。又有布剌兒赤乞顏惕者，仕於阿魯渾，張大蓋，亦答阿里台後人。

蒙力克，晃豁壇氏。父察剌合。烈祖崩，太祖母子寡弱，部衆多叛附泰亦兀赤。察剌合勸沮之，脱朵延吉兒帖以槍刺察剌合背，不顧而去。察剌合創甚，太祖爲之涕泣。蒙力克與烈祖相親愛，烈祖臨崩，以家事託之，又使召太祖於弘吉剌氏。太祖稱之爲額赤格。後太祖與札木合戰於答蘭巴泐渚納，蒙力克率其七子先後來歸。癸亥，王罕子桑昆紿太祖議昏，太祖以十騎往，中道過蒙力克家，白其事。蒙力克勸太祖勿往，以方春馬瘦爲辭，太祖從之。太祖稱尊號，命蒙力克隅坐，論軍國重事，與其子脱欒並封千户。

脱欒，蒙力克長子也。太祖伐乃蠻，大搜軍實，以脱欒與朵歹、多豁勒忽、斡歌連、不只兒、速亦客秃六人，同爲扯兒必。後從皇弟合撒兒取金遼西諸州。又奉命督蒙古、契丹

軍並張鯨所總北京十提控漢軍南征，鯨中道叛誅。脱欒仍帥諸軍進討，降真定，克大名，至東平阻水，大掠而還。從駕征西域，又從征西夏。

先是，太祖將征西域，徵兵西夏。西夏主李遵頊與廷臣議，其臣阿沙敢不大言謂使者曰：「汝主内度力不足，何以爲汗？」於是定議不助兵。使者歸報，太祖大怒，遂伐西夏，圍其都城。遵頊先使其子德旺居守，奔西涼。太祖解圍去，至是復征之。脱欒從駕至阿兒不台，地多野馬，因縱獵。太祖騎爲野馬驚突，墜而傷股，駐蹕搠斡兒合惕之地。是夕，帝不豫。翌日，也遂皇后以告扈駕諸王、百官，議進退之計。脱欒謂：「唐兀惕，城郭之國，其民土著，不能轉徙。今且退軍，須聖躬康復，再討之。」衆然其議。入奏，太祖謂：「唐兀見我退軍，必以我爲怯。不如於此養病，使人於唐兀，視彼如何復命，再爲進止。」遂遣使責西夏主之抗命。時遵頊已内禪德旺，德旺不承侵蒙古之言，阿沙敢不自承言之，因謂使者曰：「汝蒙古夙以善戰名，我今駐營賀蘭山，廣張天幕，饒有橐駝。汝與我戰，勝則取之。若願金銀、幣帛，請向中興、西涼自取可也。」使還以聞。太祖大怒曰：「彼如此狂言，我軍安可徑退？雖死必往證其言。」明年春，師入西夏，阿沙敢不走據山寨。我師仰攻破之，擒阿沙敢不，盡獲營帳、橐駝，殺其精壯，餘聽我軍俘得者自分之。是夏，太祖避暑察速秃山，分遣諸將取甘、肅、西涼等府州，進逼中興。是時李德旺已殂，從子睍嗣位，遣使乞降。

太祖令脱欒前往安撫。及西夏主朝行在，太祖已崩，遺詔秘不發喪，俟夏主來朝殺之，而滅其族。脱欒奉遺詔，手刃西夏主睍，盡殺其族人。以功賜西夏主行宫器皿。未幾卒。

脱欒子伯八兒。

伯八兒，世祖即位，以舊臣子孫擢爲萬户，命戍欠欠州。至元十二年，諸王昔里吉、脱帖木兒叛，伯八兒以聞，且請討之。未得命，爲昔里吉、脱帖木兒所襲敗，死之。脱帖木兒虜其二子八剌、不蘭奚，分置左右歲餘，待之頗厚。八剌陰結脱帖木兒左右也伯秃，謀報父仇，後爲也伯秃家人泄其謀。八剌知事不成，率家族南奔。脱帖木兒遣騎追之，兄弟俱被執。脱帖木兒責之曰：「我待汝厚，汝反爲此耶？」八剌曰：「汝叛君之賊，害我父，掠我親屬。我誓將殺汝，以報君父之仇。今力窮就執，從汝所爲。」逼令跪，不屈。以鐵撾碎其膝，終不跪，與不蘭奚俱見殺。幼子阿都兀亦，官河北河南道肅政廉訪使。

闊闊出，蒙力克第四子也。爲巫，形如狂人，嘗隆冬裸行風雪中。好言休咎，往往奇中。蒙古人號爲帖卜騰格里，譯言天使也。

太祖滅王罕，闊闊出即以符命之説進，謂：「聞天語，將畀帖木真以天下，號曰成吉

思。」丙寅，羣臣議上尊號，以爲札木合稱古兒罕，不踰時而敗，不祥，欲廢之而別擇美號。有請用闊闊出前説者，遂上尊號曰成吉思可汗。闊闊出即以符命被寵，又藉父勞，兄弟七人勢傾一時。

嘗撻合撒兒，合撒兒愬於太祖，太祖不問也。闊闊出復譖之曰：「長生天有命，帖木真、合撒兒迭爲百姓主，不除合撒兒，事未可知。」太祖惑其言，欲殺之，以太后救之獲免。事具《合撒兒傳》。

其後有九種言語之人，從闊闊出，聚於太祖羣牧場，帖木格斡赤斤屬人亦有往者。斡赤斤使部將莎豁兒往索逃人，反爲闊闊出所歐，且縛馬鞍於背，驅歸以辱之。明日，斡赤斤自往，闊闊出兄弟七人羣起欲歐之。斡赤斤懼不敵，婉詞遜謝。闊闊出使長跽帳後以示罰。

斡赤斤歸，憤甚。翌日，入謁太祖，卧未起。斡赤斤直趨榻前，奏其事，且大哭。太祖未及言，光獻皇后垂涕曰：「晃豁壇之子何爲者？曩既撻合撒兒，今又辱斡赤斤。可汗見在，彼尚任意陵踐諸弟。如不諱，其肯服汝弱小兒子約束耶？」語畢亦哭。於是太祖謂斡赤斤曰：「闊闊出今日來，任汝處之。」

斡赤斤乃選三力士以待。既而蒙力克率七子入見，闊闊出甫坐，斡赤斤與三力士搏

闊闊出，顛而折其脊，棄於左廂車下。斡赤斤入奏：「闊闊出偃卧不肯起。」蒙力克知其已死，泣言：「我佐可汗創大業，相從至今。」辭未半，其六子攘袖塞户立，勢洶洶。太祖遽起曰：「辟我即出立帳外。」佩弓箭者趨而環侍。太祖命以青廬覆闊闊出尸，嚴其扃鐍。比三日，失尸所在。太祖曰：「闊闊出撻吾弟，又無端從而譖之。皇天震怒，俾死無歸骨地矣。」因切責蒙力克而釋之。自闊闊出死，蒙力克父子之勢遂衰。

豁兒赤兀孫，巴阿鄰氏。始屬札木合，而心歸太祖。及太祖與札木合分牧而西，豁兒赤兀孫夜與闊闊搠思舉族從之，謬言曰：「昔我始祖孛端察兒所掠兀良合真婦人，先後生札木合之祖暨吾祖，是二祖者異父而實同母，則我於札木合誠不當背之他適。顧昨者神明示我，見有慘白乳牛觸札木合牙帳，若車折去一角。其牛作人語曰：『札木合將我角來。』又見無角犍牛曳一大帳椗木，循帖木真所行轍跡而來，亦作人語曰：『長生天命帖木真爲衆達達主，我今載國往送之。』」部衆以老人言必不謬，往往忻動，争附太祖。豁兒赤兀孫謂太祖曰：「君他日得國，何以報我？」太祖曰：「汝言若徵，賜汝萬户。」曰：「萬户何足道？容我取部中美婦人三十爲妻；且我縱不擇而言，言必見聽。」

即而，部族果推太祖爲可汗，上成吉思尊號。乃敕豁兒赤兀孫娶三十妻。巴阿鄰部原有三千人，益之以迭該、阿失黑二人同管之阿答兒斤、赤那思、脱額列思、帖良古惕等四種民，以爲萬户。蒙古俗以别乞爲尊，别乞者服白衣，騎白馬，位在衆人上，歲時主議。太祖以其爲巴阿鄰氏之長子，復賜别乞之號。

既而豁兒赤兀孫以禿馬惕婦女最美，索取三十人，禿馬惕人執之以叛。太祖使斡亦刺部長忽都合别乞就近招撫，亦被執，復殺大將博爾忽。最後遣朵兒伯朵黑申討平之，盡取其民。釋豁兒赤兀孫、忽都合别乞以歸，竟賜禿馬惕婦女三十人，酬其夙願焉。

察合安不洼，捏古歹氏。早從太祖。札木合與太祖戰於巴泐渚納，我軍失利，察合安不洼歿於陣，札木合懸其首於馬尾而去。太祖即位，以其子納鄰脱斡鄰爲千户，受孤獨之賞。納鄰脱斡鄰言：「有弟捏古思散在各部落内，願收集其衆以覓之。」太祖許之，命其子孫世襲捏古歹千户。

納牙阿，巴阿鄰氏。與太祖有舊。父失兒古額禿爲巴阿鄰部長，屬於泰亦赤兀。太祖敗泰亦赤兀於答蘭巴泐渚納，失兒古額禿率二子阿剌黑、納牙阿，執泰亦兀赤酋塔兒忽台欲獻之。納牙阿曰：「塔兒忽台吾父子之主人，若執而獻之，帖木真將以叛上之罪先殺吾父子，不如縱之使去。」失兒古額禿從之。及歸於太祖，具言縱塔兒忽台事。太祖甚嘉之，謂納牙阿知義理，異日可任大事。

甲子，太祖滅乃蠻，蔑兒乞酋答亦兒兀孫懼，因納牙阿獻女請降，即忽蘭皇后也，以道阻留納牙阿營中三日。太祖疑納牙阿有私，欲嚴詰之，先詰忽蘭皇后。皇后曰：「嚮者之來，中道阻兵，遇納牙阿，云是可汗腹心大官。暫住其營三日以避亂，否則事不可測。如可汗加恩，有全受於父母之遺體在，不可誣也。」既而太祖納忽蘭皇后，果處女也。由是益重納牙阿。

及即位，以其父爲本部左千户，而授納牙阿中軍萬户，僅下木華黎一級。二年，禿馬惕叛，命納牙阿討之，納牙阿以病不行。太祖躊躕良久，改命博爾忽，竟戰歿。納牙阿子阿里黑巴罷。孫闊闊出，從旭烈兀，仕於西域。

新元史卷之一百二十六　列傳第二十三

忽都虎曲出　闊闊出　察罕木華黎　塔出　亦力撒合　立智理威　韓嘉訥

忽都虎失吉，塔塔兒氏。太祖征塔塔兒，虜其部衆，得一帶金鼻圈之小兒，歸於訶額倫太后。太后曰：「是必貴種。」遂養以爲子，賜名忽都虎。十餘歲即善射。一日大雪，忽都虎見鹿羣，逐而射之，至夜未返。太祖問古出古兒，對以射鹿未返。太祖不信，欲鞭古出古兒。未幾，忽都虎至，云遇三十鹿，已射死二十七，皆在雪中。太祖大奇之。

太祖建號，命爲斷事官。凡經忽都虎科斷之事，書之册以爲律令，後世不得擅改。又以忽都虎爲太后養子，恩賞視諸弟，赦罪九次。

太祖十一年，取金中都，命忽都虎與翁古兒、阿兒海合撒兒往中都檢視府藏。金守藏官哈答、國和私獻金帛，翁古兒、阿兒海合撒兒受之，忽都虎獨不受，簿録府藏物，與哈答、國和俱詣行在。太祖問忽都虎：「哈答曾餽汝否？」對曰：「有之，特不敢受。」太祖問故，

曰：「城未下，一絲一縷皆阿勒壇汗物。城下，則爲國家之物，豈敢私取？故不受。」太祖奬其知禮，厚賚之，而責翁古兒、阿兒海合撒兒。

十七年，太祖征西域，至塔力堪。西域主札拉勒丁在嘠自尼，蔑而甫酋汗蔑力克以兵四萬從之。太祖命忽都虎率謨喀哲、謨而哈爾、烏克兒古兒札、古都斯古兒札四將將兵三萬進討。初，汗蔑力克已降復叛，忽都虎不知也。迨汗蔑力克潛師會札拉勒丁，忽都虎始覺，夜半追及之。忽都虎持重，不敢夜戰，俟次日擊之。汗蔑力克乘夜疾引去。比曉，札拉勒丁亦至。先是，謨喀哲、謨而哈爾分兵圍斡里俺城，將下。札拉勒丁馳往救之，二將以衆寡不敵退，與忽都虎軍合。忽都虎仍前進，與札拉勒丁遇，交綏，無勝負。忽都虎令軍中縛氈象偶人列士卒後，以爲疑兵。次日又戰，敵望見偶人，果疑援至。札拉勒丁呼曰：「我衆彼寡，不足畏也。」張兩翼而進圍。既合，札拉勒丁使其衆下馬，以待戰酣，乃齊令上馬衝突。我軍大敗，兵士死傷者衆。敗奏至，太祖曰：「忽都虎素能戰，特狃於常勝，今有此敗，當益精細，增閱歷矣。」忽都虎見太祖，極論烏克兒古兒札、古都斯古兒札二將不曉兵機，臨敵無布置，以致覆敗。太祖自將攻札拉勒丁，至忽都虎戰處，問烏克兒二將列陣何地，札拉勒丁列陣何地，以二將擇地不善，切責之。

太宗即位，授中州斷事官。詔括户口，命忽都虎領其事。忽都虎括中州户，得一百四

萬以上。七年，皇子闊出伐宋，以忽都虎副之，徇襄、鄧諸州，虜人民、牛馬數萬而還。

忽都虎年逾九十始卒。蒙古人祝福壽者，必曰「如忽都虎」云。國初設官至簡，總裁庶政，悉由斷事官，任用者必親貴大臣。忽都虎爲兩朝斷事官，恩眷尤渥。世祖問典兵治民之要，張德輝對曰：「使宗室之賢者如口温不花使典兵，勳舊如忽都虎者使主民，則天下均受其賜矣。」其爲人所推重如此。

初，訶額倫太后養子四人，曰忽都忽、博爾忽、曲出、闊闊出。或云忽都忽爲孛兒台皇后養子，稱太祖爲額怯，稱孛兒台爲賽因額格，坐次在太宗之上。博爾忽自有傳，曲出、闊闊出附著左方。

曲出，蔑兒乞氏。年五歲，太祖伐蔑兒乞得之，太后養以爲子。太祖即位，分太后及皇弟斡真處一萬户，委付四人，曲出居其一。後從太祖伐金，戰於居庸北口。曲出與拖雷横衝其陣，大敗金將亦列等，太祖厚賞之。

闊闊出，泰兀特氏。爲太后養子。後從札木合叛附客列亦王罕。王罕敗，其子桑昆奔川勒地，無水。闊闊出與其妻從桑昆覓水，闊闊出竊桑昆馬而走，其妻曰：「桑昆父子以

美衣食養汝，今汝棄之，不義孰甚？」留所齎金盂於道上，俾桑昆持以取飲。闊闊出來歸，太祖怒其反覆，戮闊闊出，而改嫁其妻。

察罕，初名益德，唐兀烏密氏。烏密即嵬名之異譯。西夏國族。或曰姓逸的氏，逸的又益德之異譯，以名爲氏也。父曲也怯律，其妾懷察罕未娠，不容於嫡，以配牧羊者。察罕稍長，其母以告，且曰：「嫡母有弟矣。」

察罕幼武勇，牧羊於野，植其杖，脱帽置杖端而拜。太祖出獵，見而問之。對曰：「二人行則年長者尊，獨行則帽尊，故致敬。且聞有貴人至，故先習禮儀。」太祖異其言，挈之歸，語光獻皇后曰：「今日得佳兒，可善視之。」命給事内廷。及長，賜姓蒙古，更名察罕，妻以宫人弘吉剌氏。

六年，從太祖伐金。金將定薛以重兵守野狐嶺。太祖使察罕覘虛實，還言彼馬足動，不足畏也。太祖遂鼓行而進，大破之。師還，以察罕爲御帳第一千户。七年，太祖圍西京，遣察罕攻奉聖州，拔之。十二年，復破金監軍瓜爾佳於霸州，金遣使求和，乃還。十六年，從太祖征西域，攻拔布哈爾、撒馬兒罕二城。西域主阿剌哀丁留兵扼鐵門關，不得進，

察罕先驅開道，斬其將，餘衆悉降。二十一年，又從攻西夏，取甘、肅等州。察罕父曲也怯律爲夏守甘州，察罕射書招之，且求見其弟，遣使諭城中早降。會其副阿綽等三十六人襲殺曲也怯律父子，並殺使者，登陴拒守。城下，太祖欲盡坑之，察罕言百姓無罪，止戮三十六人。夏主堅守中興，太祖遣察罕入城，諭以禍福，夏主請降。太祖崩，諸將受太祖遺命，誘夏主至而殺之。又議屠中興，察罕力諫而止，全活無算。

太宗即位，從略河南北州縣，賜馬三百匹、珠衣、金帶、鞍勒。七年，皇子闊出與忽都虎伐宋，命察罕爲斥候。又從諸王口温不花南伐，克棗陽及光化軍。分遣察罕攻真州，宋知州邱岳拒之，以强弩射殺致師者，察罕遂引去。九年，復與口温不花克光州。十年，察罕圍廬州，欲造舟巢湖，以擾江淮。宋守將杜杲乘城力戰，又以舟師扼淮水口，我軍不得入，乃去廬州，攻拔天長縣及滁、泗等州。授馬步軍都元帥。

六皇后稱制二年，察罕奏令萬户張柔總諸軍，駐杞縣。初，河決西南，入陳留，分爲三道，杞縣居中潬。宋人恃舟楫之利，由亳、泗以窺汴、洛。柔築城，建浮橋，爲進戰退守之計，邊圉始固。四年，察罕率三萬騎與柔攻宋壽州，進攻揚州。宋將趙葵請和，遂班師。定宗即位，賜黑貂裘一、鑌鐵刀十。

憲宗即位，召見，累賜金綺、珠衣，命以都元帥領尚書省事，賜開封、歸德、河南、懷、

孟、曹、濮、太原三千餘户爲食邑，及諸處草地一萬四千五百餘頃。五年，卒。贈推忠開濟翊運功臣、開府儀同三司、上柱國、太師，追封河南王，謚武宣。

察罕嘗脱靴藉草而寢，鴞鳴其旁，心惡之，擿以靴，有蛇自靴中墜出。歸，以其事聞太祖，太祖曰：「鴞，人所惡者，在爾則爲喜神，宜戒子孫勿食鴞。」察罕子十人，長木華黎。

木華黎，事憲宗，直宿衛。從攻釣魚山，以功授四斡耳朵怯憐口千户。世祖至元四年，都元帥阿朮攻宋襄陽，略地至安陽灘，宋兵扼我歸路，木華黎擊敗之。阿朮墜馬，木華黎挾以超乘，力戰卻敵，特賜金二百五十兩，佩金虎符爲蒙古軍萬户。五年，復從攻襄陽，卒於軍。贈推誠宣力功臣、榮禄大夫、平章政事、柱國，追封梁國公，謚武毅。次布兀剌里辛子塔出，察罕弟阿波古子亦力撒合、立智理威，均有名。

塔出，幼孤，長善騎射。至元元年，入侍世祖。四年，給察罕食邑賦税之半，又還其逋户二十。七年，降金虎符，授昭勇大將軍、山東統軍使，鎮莒、密、膠、沂、郯、邳、宿、即墨等州縣。統軍司改樞密院，授僉樞密院事。略地漣、海，獲人畜萬計，表言降人蔣德勝，宜加賞賚，以勸來者。詔賜黄金五十兩，白金倍之。十年，又改僉淮西等處行樞密院事。城正

陽，以扼淮海諸州，宋陳奕率安豐、廬、壽等州兵，數撓其役。塔出選精鋭拒之，奕遁去。宋人復造戰艦於六安，欲攻正陽，率騎兵焚其戰艦，又敗宋兵於橫河口。

十一年，改淮西行樞密院爲行中書省，以塔出爲鎮國上將軍、淮西行省參知政事。略安豐、廬、壽等州，俘生口萬餘。賜葡萄酒二壺，仍以曹州官園爲第宅，給城南牧地。宋夏貴帥舟師十萬圍正陽，決淮水灌城，幾陷。詔塔出援之，道出潁州，遇宋兵。塔出發公庫弓矢，驅市人出戰，預度潁之北關攻易破，乃徙民入城，伏兵以待。是夜，宋人果焚北關，火光燭天。塔出率衆從暗中射之，矢下如雨，宋軍退走至沙河，大破之。明日長驅直入正陽，時方霖雨，堅壁不出。雨霽，與右丞阿塔海各帥所部渡淮，至中流，殊死戰，宋軍大潰，追奔數十里，奪戰艦五百餘艘，正陽圍解。塔出乃上奏：「方事之殷，宜明賞罰，俾將士有所懲勸。」帝納其言，頒賞有差。

十二年，從丞相伯顏敗賈似道於丁家洲。順流東下，至建康、丹徒、江陰、常州，皆望風迎降。時揚州未附，諜告揚州人將夜襲丹徒，守將乞援。塔出設伏以待，敵果夜至，塔出扼西津邀擊之，斬獲無算。入朝，賜玉帶，旌其功，授淮東左副都元帥，仍佩金虎符。

十三年，改通奉大夫、參知政事，領淮西行中書省事。時沿淮諸州新附，塔出禁侵掠，撫瘡痍，境内帖然。俄遷江西都元帥。征廣東，宣布恩信，所至溪峒納款，廣東遂平。十

四年，加賜雙虎符，以參知政事行江西宣慰使。宋益王昰、廣王昺走嶺海。復改江西宣慰司爲行中書省，遷治贛州，授資政大夫、中書右丞，行中書省事。

十五年，帝命張弘範、李恒總兵攻厓山，塔出留後以供軍費。初，江西甫定，帝命隳其城。塔出表言：「豫章諸郡皆瀕江爲城，霖潦泛溢，無城必至墊溺，隳之不便。」帝從之。端州張公明愬左丞呂師夔謀爲不軌，塔出廉知其誣，曰：「狂夫欲脅求貨耳。若遽聞之朝廷，則大獄滋興，連及無辜。且師夔既居相位，詎肯爲狂悖之事？遲疑不決，恐彼驚疑，反生異謀。」乃斬公明而後聞，帝韙之。

十七年，入覲，賜賚有加，復命行省江西。以疾卒於京師，時年三十七。妻默畤氏，以貞節稱，旌其門閭。

二子：辛牙，襲中奉大夫、江西宣慰使；必辛牙，遼陽行中書省右丞。

亦力撒合，事諸王阿魯忽，居西域。至元十年，召爲速古兒赤，甚見親幸。有大政，時咨之，稱以「秀才」而不名。

奉使河西，還奏諸王只必帖木兒用人太濫，帝嘉之。擢河東提刑按察使，劾平陽路達魯花赤泰不花。召還，賜黃金百兩、銀五百兩，以旌其直。進江南行臺御史中丞。帝出寶

刀賜之曰：「以鎮外臺。」時阿合馬子忽辛爲江浙行省平章政事，亦力撒合發其姦贓，奏劾之。並劾江淮釋教總攝楊璉真加諸不法事，諸道悚動。

二十一年，改北京宣慰使。諸王乃顔鎮遼東，亦力撒合察其有異志，密請備之。二十三年，罷宣慰司，立遼陽行中書省，以亦力撒合爲參知政事。已而乃顔果反，帝自將討之，亦力撒合管餽運。遼東平，進行省左丞。二十七年，命尚諸王算吉女，帝爲親製資裝，並賜玉帶一。改四川行省左丞。二十九年，再賜玉帶。成宗即位，入覲，卒於京師。弟立智理威。

立智理威，爲裕宗東宮必闍赤。至元十八年，除嘉定路達魯花赤。時以墾田、均賦、弭盜、息訟諸事課守令，立智理威課最，使者交薦之。會盜起雲南，聲言欲寇成都。立智理威入覲，白其事。執政疑爲不然，帝曰：「雲南朕所經理，未可忽也。」乃賜御膳以勞之。又謂立智理威曰：「汝歸，以朕意告諸將：『叛則討之，服則捨之。毋多殺以傷生意，則人心定矣。』」立智理威還，宣布上意，境内帖然。

俄召爲泉府卿，遷刑部尚書。有小吏誣告漕臣劉獻盜倉粟，宰相桑哥方事聚斂，衆阿宰相意，鍛煉其獄，獻遂誣服。立智理威曰：「刑部天下持平，今漕臣以冤死，何以正四

方？」即以實聞。由是忤桑哥意，出爲江東道宣慰使。

元貞二年，遷四川行省參知政事。有婦人弒其夫，獄數年不決，逮繫數十人。立智理威至，考訊得實，盡釋冤誣。

大德三年，以參知政事爲湖南宣慰使，又改荆湖。部内公田爲民累，隨民所輸租取之，雖水旱不免。立智理威問民所不便，凡十餘事，上於朝，而言公田尤切。朝議遣使覈之，卒不果行。七年，再遷四川行省參知政事。八年，進左丞。雲南王入朝，道中以驛馬獵。立智理威曰：「驛馬所以傳命令，非急事且不得馳驛，况獵乎？」王聞之，爲之止獵。

十年，入覲，賜白金對衣，加資德大夫，改湖廣行省左丞。湖廣貢織幣，以省臣領作，買絲他郡，多爲奸利，工官又加刻剥，故匠户日貧，造幣益惡。立智理威不遣使，令工匠自買絲，工不告病，歲省費數萬貫。他路仿其法，皆稱便焉。

至大三年，卒，年五十七。贈資德大夫、陝西行省右丞、上護軍、寧夏郡公，謚忠惠。再贈推誠亮節崇德贊治功臣、榮禄大夫、中書平章政事、柱國、秦國公。

二子：長買嘉奴，翰林學士承旨；次韓嘉訥，御史大夫。至正十二年，有誣韓嘉訥與高昌王帖木兒補化謀害丞相脱脱，爲脱脱所貶死，海内冤之。

史臣曰：太祖復仇，塔塔兒種人高如車轄者盡殺之。忽都虎獨以仇種，收爲太后養子。察罕見棄於父，邂逅興王，得賜國姓。功名之立，殆有天幸歟？亦力撒合案贓吏、劾奸僧，立智理威辨漕臣之枉。當官奉法，棘棘不阿，賢矣哉！

新元史卷之一百二十七　列傳第二十四

耶律楚材鑄　希亮　有尚

耶律楚材，字晉卿，遼東丹王突欲八世孫。父履，金尚書右丞，通術數，尤邃於太元。楚材生，履私謂所親曰：「吾年六十而得此子，他日當爲異國用。」因取《春秋左氏傳》楚材晉用之語，以爲名字。楚材三歲而孤，母楊氏教之學。及長，博極羣書，援筆爲文，如宿構者。金制，宰相子得試補省掾。楚材不就，章宗特敕應試，中甲科，考滿授開州同知。

宣宗南渡，完顏承暉留守中都，行尚書省事，表楚材爲左右司郎中。太祖克中都，訪遼宗室，聞其名，召詣行在。楚材身長八尺，美鬚髯，音如洪鐘。帝偉之，謂曰：「遼金世仇，朕爲汝雪之。」對曰：「臣祖、父皆北面事金，既爲臣子，敢仇君父耶？」帝重其言，處之左右，呼爲吾圖撒合里而不名，國語長髯人也。

西夏人常八斤善治弓，謂楚材曰：「國家尚武，而明公欲以文進，不亦左乎？」楚材曰：「治弓尚須弓匠，豈治天下不用天下匠耶？」帝聞之甚喜，日見親用。十四年，從太祖

征西域。二十年，又從征西夏。

明年冬，大軍克靈武，諸將争取金帛，楚材獨收遺書及大黄兩駝。既而士卒病疫，得大黄輒愈，人始嘆服。時州縣長吏專生殺，燕京留後長官咸得卜尤貪暴，殺人盈市。楚材聞之泣下，即奏請州縣不奉璽書，不得擅徵發，囚當大辟者，必待服，違者罪死。燕京多盜，未夕，輒劫人財物，不與則殺之。睿宗監國，遣楚材偕中使往窮治其事。楚材詗得盜姓名，捕下獄，皆勢家子弟也。其人賂中使求緩之，楚材曰：「信安咫尺未下，不嚴懲此輩，恐大亂起。」中使懼，從其言，戮十六人於市，民始安堵。

初，太祖嘗指楚材謂太宗曰：「此人天賜我家，爾後軍國之事當悉委之。」太宗將即位，宗王會議未決，楚材言於睿宗曰：「此宗社大計，宜早定。」睿宗曰：「事未集，宜別擇吉日。」楚材曰：「過是無吉日矣。」乃定策，撰禮儀，告皇兄察合台曰：「王雖兄，位則人臣，禮當拜。王拜，則莫敢不拜矣。」察合台然之，率宗王、大臣拜於帳下。既退，察合台撫楚材背曰：「真社稷臣也。」蒙古尊屬有拜禮自此始。部長來朝，以冒禁應死者衆，楚材奏曰：「陛下新登寶祚，願無污白道子。」從之。國俗尚白，故楚材之言如此。

蒙古無赦令，楚材屢言之，詔自庚寅正月朔以前事勿治。楚材條便宜十八事，頒天下：「請各路設長吏牧民，設萬户總兵，使勢均力敵，以遏驕横之漸；中原之地，財賦所出，

宜存恤其民，州縣非奉上命敢擅行科差者罪之；貿易借貸官物者罪之；蒙古、回回等人種地不納税者死；監主自盜官物者死；應犯死罪者，具由申奏，命下然後行刑；貢獻禮物者禁斷。」帝悉從之，惟貢獻一事不允，曰：「彼自願奉上者，宜聽之。」楚材曰：「蠹害之端，必由於此。」帝曰：「卿所奏，朕無不允，卿不能從朕一事耶？」楚材乃不敢復言。

自太祖有事西域，倉廩府庫無尺帛斗粟，中使別迭等言：「漢人無益於國，宜空其地爲牧場。」楚材曰：「陛下將南伐，軍需宜有所資，誠均定中原地税、商税，酒、醋、鹽、鐵，山澤之利，歲可得銀五十萬兩、絹八萬疋、粟四十萬石，足以供給，何謂無益？」帝曰：「試爲朕行之。」乃奏立十路徵收課税使，凡長貳悉用士人，如陳時可、趙昉等，皆當時之選。因從容進説周孔之教，謂：「天下得之馬上，不可以馬上治之。」帝深然之。由是儒者漸獲進用。三年，帝幸雲中，十路咸進廩籍及銀絹。帝笑謂楚材曰：「汝不去朕左右，而能使國用充足如此。」乃親酌大觴賜之。即日拜中書令，事無大小，一委楚材。

宣德路長官太傅秃花失陷官糧萬餘石，自恃勳舊，密奏乞免。帝問：「中書省知否？」對曰：「不知。」帝取鳴鏑，欲射者再，叱之出，使白中書省償之。仍敕：「凡事先白中書，然後奏聞。」中使苦木思不花奏撥山後一萬户，以爲採金銀、種蒲萄等户，楚材言：「太祖遺詔：山後百姓與蒙古人無別，緩急可用。不如將河南俘户貸而不誅，使充此役，且以實山

後之地。」從之。楚材又奏：「諸路民户疲乏，宜令蒙古、回鶻、河西人分居諸路者，與民户一體應輸賦役。」事亦施行。

四年，從帝幸河南。詔：「陝、虢等州山林洞穴逃匿之人，來降者免死。」或謂降民反覆，宜盡戮之。楚材奏：「人給一旂執之，使散歸田里。」全活無算。國制：凡攻城，城中一發矢石，即爲拒命，既克，必屠之。汴京垂拔，大將速不台奏言：「金人抗拒日久，多殺士卒，宜屠城。」楚材馳入奏曰：「將士暴露數十年，所欲者土地、人民耳。得地無民，將安用之？」帝猶豫未決，楚材曰：「凡工匠及厚藏之家，皆聚於城内，殺之則一無所得矣。」帝始允之，詔除完顔氏一族外，餘皆原免。

時城中一百七十萬户，楚材奏選工匠及素業儒、釋、道、醫、卜者遷於河北，官爲贍給。又遣人求孔子後，得五十一代孫元措，奏襲衍聖公，與以林廟之地。薦名儒梁陟、王萬慶、趙著等，使直講於皇子。置編修所於燕京，經籍所於平陽。由是文治興焉。

軍還，遺民被俘者多亡去。詔：「居停逃民及資給衣食者，滅其家，並連坐鄉社。」逃民無所得食，多踣死道路。楚材從容進曰：「河南平，其民皆陛下赤子，去將安之？豈有因一俘殺數百人者？」帝悟，立除其禁。金亡，惟秦、鞏二十餘州久不下，楚材奏曰：「吾民逃罪者，皆聚於此，故冒死拒戰，圖延命於旦夕。若赦之，則不攻自下矣。」從之，諸城果開門

出降。

六年，詔括中原户口。忽都虎等議以丁爲户，楚材不可。皆曰：「本朝及西域諸國法如此，豈有捨大朝成法而襲亡國之政者？」楚材曰：「自古中原之國，未有以丁爲户者。若行之，丁逃，則賦無從出矣。」卒從楚材議。時將相大臣所得俘户，往往寄留諸郡，幾居天下之半。楚材因奏括户口，籍爲良民，匿占者罪死。

七年，朝議以回回人伐宋，中原人伐西域。楚材曰：「中原、西域相去數萬里，未至敵境，人馬疲乏，兼水土異宜，必生疾疫，宜各從其便。」争論十餘日，議始寢。

八年，有奏行交鈔者，楚材曰：「金章宗時初用交鈔，與錢並行，有司以出鈔爲利，收鈔爲諱，謂之老鈔，至以萬貫易一餅。今日當爲鑒戒，印造交鈔，不宜過萬錠。」從之。

秋七月，忽都虎上户口籍，帝欲裂州縣賜親王、功臣。楚材曰：「裂土分民，異日有尾大不掉之患，不如多以金帛賜之。」帝曰：「朕已許之，奈何？」楚材曰：「請朝廷置吏，收其賦税與之，使毋擅科徵可也。」帝然之。始定天下賦税：每二户出絲一斤，給國用，五户出絲一斤，給諸王、功臣。地税，上田畝三升，中田二升半，下田畝二升，水田畝五升。商税三十分而一；鹽價銀一兩四十斤。永爲定額。朝議以爲太輕，楚材曰：「異日必有以利進者，則今已爲重矣。」

國初，盜賊充斥，周歲不獲正賊，令本路民户償其失物，前後積累萬計。又官吏貸回回銀本，年息倍之，次年並息又倍之，謂之羊羔利，往往質妻子不能償。楚材奏請悉以官銀代還，凡七萬六千錠，仍奏請無論歲月遠近，子本相侔，更不生息。

中使脱歡奏選室女，楚材格其事不下，帝怒。楚材曰：「向所刷室女二十八人，足備使令，今又行選刷，臣恐重擾百姓，欲覆奏陛下耳。」帝良久曰：「可。」遂罷之。帝欲收民間牝馬，楚材曰：「漢地宜蠶桑五穀，非産馬之地，異日必爲民害。」亦從之。

九年，楚材奏曰：「制器者必用良工，守成者必用儒臣。儒臣之效，非積數十年之久，殆未易見也。」帝曰：「可擇其人官之。」楚材奏命宣德州宣課使劉中隨路校試，以經義、詞賦、論分三科，士俘爲奴者，亦令應試，其主匿弗遣者死。凡得士四千三百人，免爲奴者四之一。又請汰三教冒濫者，僧、道中選給牒住寺觀，儒中選則復其家。楚材初言僧、道中避役者多，合行選試，至是始行之。

時諸路官府自爲符印，僭越無度。楚材奏並仰中書依式鑄造，於是名器始重。因奏時務十策，曰信賞罰，正名分，給俸禄，封功臣，考殿最，定物力，汰工匠，務農桑，定土貢，置水運。帝雖不能盡用，亦擇而行之。

十年，天下旱蝗，帝問禦災之術，楚材曰：「今年租賦乞權行停閣。」帝恐國用不足，楚

材奏倉庫之儲可支十年，帝允之。初籍天下户得一百四十萬，至是逃亡者十四五，而賦仍不減，天下病之。楚材奏除逃户三十五萬，民賴以蘇。

富人劉忽篤馬等撲買天下課稅，楚材曰：「此剥下罔上之姦人，爲害甚大。」奏罷之。嘗曰：「興一利不如除一害，生一事不如省一事。」世稱爲名言。

先是，楚材定課稅之額，每歲銀一萬定，後增至二萬二千定。譯史安天合諂事左丞相鎮海，引回回人奥都剌合蠻撲買課稅，增至四萬四千定。楚材曰：「雖取四十四萬亦可得，不過攘奪民利耳。民窮爲盜，非國之福也。」帝不聽，楚材反覆辯論，聲色俱厲。帝曰：「汝欲搏鬬耶？」楚材力不能奪，乃太息曰：「民之窮困，自此始矣。」楚材每陳天下利病，生民休戚，詞氣懇切，言與泣下。帝曰：「汝又欲爲百姓哭耶？」

帝嗜酒，楚材屢諫不聽，乃持酒槽鐵口進曰：「麴蘖能腐物，鐵尚如此，况人五臟？」帝悟，語近臣曰：「汝輩愛君憂國之心，有如吾圖撒合里者耶？」以金帛賜之，敕近臣日進酒三鍾而止。

楚材初拜中書令，引鎮海、粘合重山爲同事，權貴不能平。咸得卜尤嫉之，譖於宗王皇叔曰：「楚材多用南朝舊人，必有二心，宜奏殺之。」宗王遣使奏聞。帝察其誣，責使者遣之。後有告咸得卜不法者，帝命楚材鞫之，奏曰：「咸得卜性倨傲，又暱羣小，易得謗。今

將南伐，他日治之未晚也。」帝私謂左右曰：「楚材不較私仇，真長者，汝輩宜效之。」有道士誣其仇爲逃軍，結中使及通事楊惟忠執而殺之。楚材按治惟忠，中使訴楚材違制。帝怒，暴繫楚材，既而自悔，命釋之。楚材不肯解縛，進曰：「臣備位宰相，陛下以臣有罪而繫之，又以臣無罪而釋之，反覆輕易如戲小兒，國有大事何以行焉？」衆失色。帝曰：「朕寧無過舉？」乃温言謝之。轉運使呂振、副使劉子振以贓抵罪，帝責楚材曰：「卿言孔子之教可行，何故有此輩？」對曰：「孔子之教，萬世由之，如天之有日月也。豈得緣一人之失，而廢萬世常行之道乎？」帝意乃釋。

十三年冬十一月，帝崩。皇后以儲嗣問，對曰：「此事非外臣所敢議，且有先帝遺詔，遵之則社稷幸甚。」皇后稱制，奥都剌合蠻以賄得執政，大臣悉畏附之，惟憚楚材沮其事，以銀五萬兩賂之。楚材不受。皇后以御寶空紙付奥都剌合蠻，使便宜填行。楚材奏曰：「天下者，先帝之天下，號令自先帝出。今如此，臣不敢奉詔。」尋有旨：「奥都剌合蠻奏准事理，令史不書者，斷其手。」楚材曰：「軍國之事，先帝悉委老臣，令史何與焉？若事不合理，死且不避，况斷手乎？」因厲聲曰：「老臣事太祖、太宗三十餘年，不負國家，皇后豈能以無罪殺之？」后雖怒其忤己，亦以先朝勳舊，深加敬憚焉。

皇后稱制三年夏五月，卒，年五十五。有譖於后曰：「楚材爲宰相二十年，天下貢賦半

入其家。」后命中使麻里札覆視之，僅琴阮十餘，及古今書畫、金石、文字數十卷，無他物。

楚材從釋萬松受佛學。一日，萬松造之，楚材方飯，惟以菜根蘸油鹽而已。其儉於自奉如此。

旁通天文曆算及醫卜之書。太祖親征西域，禡旗之日，雨雪三尺，帝疑之。楚材曰：「此克敵之徵。」冬，雷，又問之，對曰：「蘇爾灘當野死。」已而果然。蘇爾灘，西域王號也。蒙古未有曆學，太祖十五年，西域人奏五月望夕月食，楚材曰否，果不食。明年，楚材奏十月望當月食，西域人曰不食，是夜月食八分。帝曰：「汝於天上事尚無不知，況人事乎？」是年八月，長星見西方，楚材曰：「女真將易主矣。」明年而金主殂。帝出兵，必命楚材卜，帝亦自灼羊髀以相符應焉〔一〕。太宗十三年十一月，帝出獵，楚材以太乙數推之，亟言不可。左右皆曰：「不騎射無以爲樂。」獵五日而帝崩。皇后稱制二年五月，熒惑犯房，楚材奏：「當有驚擾，然無事。」未幾，親王斡赤斤引兵至，人心震駭，后欲西遷避之。楚材曰：「朝廷天下根本，豈可動搖！臣觀天道，必無患也。」後數日而事定。楚材嘗言西域曆五星密於中法，乃作《麻答把曆》，又以日食躔度與中法不同，以《大明曆》浸差故也，乃定其父所撰《乙未元曆》以行於世云。

至順元年，贈經國議制寅亮佑運功臣、太師、上柱國，追封廣寧王，謚文正。二子：

鉉，監開平倉，早卒；鑄。

鑄，字成仲。幼聰敏，善屬文，尤工騎射。楚材卒，領中書省事。上言宜疏禁網，采歷代善政之可行者八十一事以進。從憲宗伐宋，領侍衛驍果，屢出奇計，賜尚方金鎖甲及内廄驄馬。

憲宗崩，阿里不哥叛，鑄棄妻子自歸，世祖召見，賞賜優渥。中統二年，拜中書左丞相，將兵戍北邊，從帝敗阿里不哥於上都之北。

至元元年，遷右丞相，加光禄大夫。奏定法律三十七章，吏民便之。二年，命行省山東，遷調所部官吏，尋召還。初，太廟雅樂止有登歌，詔鑄製宫縣備八佾之舞。四年，樂成，表上之，賜名《大成之樂》。六月，改榮禄大夫，平章政事。七年，復拜左丞相。十年，遷平章軍國重事。十三年，詔監修國史。十四年冬，無雪，帝問勤民之政，對曰：「縻穀之多，無踰麴蘗，祈神賽社，費亦不貲，宜一切禁止。」從之。十九年，復拜左丞相，奏言：「有司采女擾民，請大州歲取三人，小州歲二人，擇可者留之，餘遣還，著爲令。」從之。二十年冬，坐不納職印，妄奏東平人謀逆，及黨罪囚阿里沙，免官，仍籍家貲之半，徙山後。二十二年，卒，年六十五。

至順元年，贈推忠保德宣力佐治功臣、太師、開府儀同三司、上柱國、懿寧王，謚文忠。九子：希徵，希勃，希亮，希寬，希素，希固，希周，希光，希逸。

希亮，字明甫。初，乃馬真皇后命以赤帖古氏歸鑄，生希亮於和林南之涼樓。皇后遂以其地名之曰禿忽思，後改今名。憲宗使鑄覈錢穀於燕京，鑄奏言：「願攜諸子往受學讀書。」帝允之，乃命希亮師事北平趙衍。鑄扈駕南征，以希亮從。

憲宗崩於蜀，鑄護輜重北歸，至陝西，世祖即位，阿里不哥叛，遣使召大將渾都海。鑄說渾都海等入朝，不聽，乃棄妻子挺身歸世祖。渾都海知鑄去，脅希亮母子至甘州，從阿里不哥將阿藍答兒於焉支山。既而渾都海、阿難答兒俱敗死，其餘衆北走，推哈剌不花爲帥。希亮匿於甘州北沙陀中，爲所獲。初，哈剌不花從憲宗伐蜀，疾病，鑄召醫診之，遺以酒肉。至是，釋希亮縛，謂之曰：「我昔受汝父恩，此圖報之時矣。」希亮踰天山，至北庭都護府。明年，至昌八里城，踰馬納思河，抵葉密里城，至於火孛之地。

三年，從定宗幼子火忽大王至忽只兒之地。會宗王阿魯忽至，誅阿里不哥守將唆羅海，復從火忽及阿魯忽還葉密里城。王遺以大珠二，使穿耳帶之。希亮辭曰：「不敢傷父母之遺體。」王又解金帶遺之。後展轉至也里虔城，哈剌不花兵至，希亮從二王還不剌城。

哈剌不花敗死，乃函其頭，遣使報捷。四年，至可失哈里城，阿里不哥兵復至，希亮又從二王至渾八升城。

先是，鑄言於世祖：「臣妻子皆留朔漠。」至是，世祖遣不花出使於二王，因以璽書徵希亮赴闕。六月，由苦先城至哈剌火州，道伊州，涉大漠而還。八月，覲世祖於上都，面奏邊事及羈旅困苦之狀。帝憫之，賜鈔千錠、金帶一、帛三十匹，命爲速古兒達魯花赤。至元八年，授奉訓大夫、符寶郎。

十三年，宋平，帝使希亮問諸降將日本可伐否。夏貴等皆云可伐，希亮奏曰：「宋、遼、金相攻日久，今海内混一，百姓甫得休息，俟數年後興師未晚也。」帝然之。太府監令史盧摯言於監官：「各路貢布惟平陽獨長，諸集賽台争取之，若截與他路等，則息争，且所截者可爲髹漆器皿之用。」從之。後帝聞其事，監官當摯盜截官布罪，帝命斬之。希亮遇摯呼冤，命緩刑，具以實奏。詔董文忠讞之，竟釋摯，而責御史大夫塔察兒等曰：「此事御史當言而不言，微禿忽思，不枉殺此人耶？」

十四年，轉禮部尚書，尋遷吏部尚書。帝駐蹕察納兒台之地，希亮自大都至，奏對畢，董文忠問近事。希亮曰：「囹圄多囚耳。」帝欹枕卧，忽寤，問其故。對：「近奉旨，漢人盜鈔六文者死，故囚多。」帝驚問：「孰傳此語？」左右曰：「脱兒察言：陛下在南坡，以告蒙古人

者。」帝曰：「朕戲言，乃著爲令耶？」命希亮返大都，諭中書省除之。十七年，以足疾致仕。至大三年，武宗訪求舊臣，除翰林學士承旨，知制誥兼修國史。希亮類次世祖言行以進，英宗命取其書置禁中。泰定四年，卒，年八十一。希亮性至孝，在北庭，藏祖父畫像，四時奠祭穹廬中，曲盡誠敬。朔漠之人，咸來聚觀，歎曰：「此中華之禮也。」著有《憫軒集》三十卷。贈推忠輔義守正功臣、資善大夫、集賢學士、上護軍。追封漆水郡公，謚忠嘉。

有尚，字伯强。

祖思忠，字天祐，楚材仲兄也，從金宣宗南渡，累官都水監使，充鎮撫軍民都彈壓。太宗四年，楚材奉詔索思忠北還。金哀宗召見於宣德殿，思忠不欲往，哀宗冀和議可成，賜金帛而遣之。思忠自投於内東城濠中而死。

父鈞，仕蒙古，提領東平路工匠長官，佩金符。贈昭文館大學士、漆水郡公，謚莊慎。

有尚資禀絶人，受業許衡，爲高第弟子。其學以誠爲本，儀容辭令，動中規矩。至元八年，衡授集賢大學士、國子祭酒，奏以有尚及王梓、韓思永、蘇郁、孫安、高凝、姚燧、姚燉、劉季倫、吕端善、劉安中、白棟等十二人爲伴讀，皆衡之弟子也。十年，衡乞疾

歸，諸生祖餞於都門外。衡謂諸生曰：「他日能尊嚴師道者，耶律君也。汝等當以事我之禮事之。」未幾，朝廷復以有尚等爲助教，領學事。久之，拜監察御史，不赴，除秘書丞。

二十年，出爲蘇州知州，爲政以寬簡得民。州無職田，歲徵於民，有尚獨不取。裕宗在東宮，召爲詹事院長史。有尚既去國學，事頗廢，廷議以謂非有尚不足以繼衡，授國子監司業。時學館未建，師弟子皆僦屋而居，有尚屢以爲言。二十四年，始設國子監官，增廣弟子員，建學舍居之。擢有尚國子祭酒，階奉議大夫。二十六年，乞養歸。

大德元年，復召爲國子祭酒。尋除集賢學士，兼前職。累遷太常卿、集賢學士。八年，丁父憂歸。朝廷思用宿儒，以安車召之，累辭不允。又明年，拜昭文館學士，兼祭酒。丞相哈剌合孫令使者述朝廷佇望之意，勿以老病辭，乃就職。武宗即位，大臣奏有尚久列三品，宜叙遷。帝曰：「是儒學舊臣也。」拜昭文館大學士，兼國子祭酒，進中奉大夫。

有尚前後五居國學，其教士以義理爲本，凡文詞小技，破裂聖人之大道者，皆屏黜之。後以年老致仕，使者護送歸鄉里。延祐六年，遣使者賜上尊，士論榮之。七年，卒於家，年八十六。贈資德大夫、河南行省右丞、上護軍，追封漆水郡公，謚文正。

史臣曰：蒙古初入中原，政無紀綱，遺民慄慄不保旦夕。耶律楚材以仁民愛物之心，

爲直尋枉尺之計，委贄仇邦，行其所學，卒使中原百姓不至踐刈於戎狄，皆夫人之力也。《傳》所謂「自貶損以行權」者，楚材其庶幾歟？

【校勘記】

〔一〕「羊脾」，「脾」字疑誤，王宗沐《宋元資治通鑑》同。《元史》卷一四六列傳第三十三本傳作「胛」，《淵鑑類函》卷一一二引作「髀」。曹元忠《蒙韃備録校注》云「羊胛，疑髀之誤」，「羊胛，亦疑髀之誤」。

新元史卷之一百二十八　列傳第二十五〔一〕

亦魯該阿勒赤　忽難　迭該古出古兒　木勒合勒忽　布拉忽兒　汪古兒　者歹朵豁勒忽　哈剌察兒〔二〕　闊闊搠思豁兒豁孫　蒙古兀兒　客帖〔三〕木格　速亦客禿種索　輕吉牙歹　答亦兒　阿兒孩合撒兒八剌扯兒必　八剌斡羅納兒台　掌吉　帖木兒　蔑格禿　合答安薛赤兀兒〔四〕　也客揑兀鄰　朵歹　晃答豁兒速客該〔五〕晃孩　合兒忽答　別都温　赤歹　朵兒伯多黑申　附朵羅阿歹等十有七人

亦魯該，雪泥惕氏，與迭該同爲太宗傅。太祖臨崩，稱爲忠直，受顧命輔翼太宗，又護太祖梓宫北還。弟阿勒赤，亦授千户，管護衛散班。

忽難，格泥格思氏，授朮赤下萬户。太祖嘗謂博爾朮、木華黎曰：「忽難夜爲雄狼，白日爲烏鴉。」其見重於帝如此。

迭該，别速氏。初爲太祖牧羊。及即位，授千户，使收集無户籍之部衆。弟古出古兒，太祖車工也，與木勒合勒忽同管一千户。木勒合勒忽，札答剌氏，掌牧養有功。古出古兒又管御膳，及告老，以布拉忽兒代之。布拉忽兒擢行軍萬户，以汪古兒代之。

汪古兒，乞顔氏，與其父蒙格秃俱事太祖。汪古兒管御膳，又稱海薩特，乃蠻語也，譯爲管酒樽事。太祖即位，授千户，使收集伯牙兀部衆。

者歹，忙忽特氏。太祖去札木合，者歹與弟朵豁勒忽追從之。或云，者歹父有二兒，欲歸泰亦兀赤，弟不從，二兒殺之。有巴而忽人抱其嬰兒匿羊毛車中，其兄刺以槍，不中，後又匿飯釜中。迨太祖平泰亦兀赤，乃以此子來歸，即者歹。太祖使帶弓箭，與合赤温、多豁勒忽、斡哥來同侍左右。太祖滅塔塔兒，其部人合兒吉逸去，乞食於訶額倫太后。時拖雷方幼，合兒吉抽刀斫之，爲博爾朮妻阿勒塔泥所掣，刀墮。者歹與者勒蔑在外宰牛，聞之，入殺合吉兒。論功，阿勒塔泥第一，者歹、者勒蔑次之。太祖即位，授者歹拖雷下千

户。朵豁勒忽，亦授千户，管護衛散班。太宗二年，朵豁勒忽與金人戰失利，太宗以私憾殺之。後語皇兄察合台曰：「吾有四過，其一則殺忠義之朵豁勒忽也。」

哈剌察兒，巴魯剌思氏。父速忽薛禪。太祖去札木合，速忽薛禪率其子從之。太祖即位，授哈剌察兒察合台下千户。木華黎伐金，遣使告捷，太祖申拇指獎之。木華黎大説，問使者：「獲拇指之獎者凡幾人？」對以博爾朮、博爾忽、忽必來、赤老温、哈剌察兒、者歹、乞失里黑、巴歹。博爾朮等以力戰，乞失里黑、巴歹以告王罕陰謀，惟哈剌察兒、者歹事佚。

闊闊搠思，巴鄰氏。與迭該、兀孫老人同爲朮赤千户。太祖以察合台性剛，改使闊闊搠思輔導之。太祖議立嗣，察合台詬朮赤，爲闊闊搠思所斥，事具《朮赤傳》。又朮赤傅豁兒豁孫、蒙古兀兒、客帖，察合台傅木格，氏族均佚。

速亦客秃，晃豁壇氏。太祖去札木合，速亦客秃從之。及即位，授千户。種索，那牙勒氏；輕吉牙歹，斡勒忽訥兀惕氏；亦從太祖者，俱授千户。

答亦兒，氏族佚。太祖自謁脱喇兒攻布哈爾，答亦兒爲前鋒將，招降奴爾城。

阿兒孩合撒兒，札剌亦兒氏，薛扯朵抹黑之子，與弟八剌扯兒必同事太祖。阿兒孩管護衛散班，所領皆勇敢之士，臨敵常爲前鋒。金中都降，太祖使阿兒孩與忽都虎、汪古兒至中都，檢視府藏。守藏吏獻金帛，忽都虎不受，阿兒孩、汪古兒受之，爲太祖所責。

八剌扯兒必〔六〕，從太祖征西域，與朵兒伯多黑申追札拉哀丁入印度，攻拔壁遏城，掠拉火耳壁薩、烏爾蔑、里克甫爾諸城而返。八剌嘗問太祖：「上神武如是，其先有兆應否？」太祖曰：「朕未即位之先，獨出，遇六騎攢射，朕無一傷。朕殺此六人，並獲其馬而返。所謂兆應者，如此而已。」

又有八剌斡羅納兒台，與札剌兒氏八剌同名，故綴氏以別之，亦授千户。

掌吉，氏族佚。憲宗即位，坐誘諸王爲亂，伏誅。

帖木兒，氏族佚。定宗崩，諸王會議，帖木兒爲和林總管，定宗皇后使帖木兒涖會。

蔑格秃，氏族佚。太宗即位，使綽兒馬罕征西域，以蔑格秃與斡豁秃兒爲大軍後援。

合答安，塔兒忽惕氏。父答勒都兒罕，故又稱合答安答勒都兒罕，以別於同名者。太祖稱汗，與汪古兒、薛赤兀兒同爲保兀兒赤。

薛赤兀兒，豁羅剌思氏，後與曷思麥里同爲必闍赤。

也客捏兀鄰，氏族佚。太祖選護衛萬人，命也客捏兀鄰等十人分領之，稱爲也客諾延。太祖征西域，從拖雷攻拔賽兒奴城。

朵歹，那牙兀氏。太祖稱汗，命朵歹總管家人，及即位，管護衛散班。太祖伐乃蠻，朵歹請設疑兵於阿里客豁兒之地，夜令各然五炬，以張兵勢，太祖從之。事具《乃蠻傳》。

晃答豁兒，晃豁壇氏，與其子速客該俱事太祖。太祖稱汗，遣速客該與答該告於王罕。太祖敗王罕，還至統格黎河，又遣速客該與阿兒孩致命王罕，責之。後晃答豁兒從太祖征西域，與晃孩、綽兒馬罕俱爲火兒赤。晃孩，氏族佚。

合兒忽答，沼列氏。太祖將襲王罕，遣合兒忽答與者勒蔑之弟察兀兒罕爲哈薩兒使者，僞請降於王罕。事具《王罕傳》。

別都温，朵兒別氏。太祖嫌其性拗，忽必來言於太祖，始與忽必來同爲千户。

赤歹，弘吉剌氏。初爲阿勒赤牧人。王罕與札木合襲太祖，赤歹在卯温都山牧馬，見塵起，有急兵，走告太祖。事具《王罕傳》。太祖即位，授管護衛千户。

朵兒伯多黑申，朵兒別台氏。太祖即位，授千户。博兒忽征秃馬惕，戰殁，太祖使朵兒伯多黑申討之。從剌安不合之地潛師襲之，槎山通道，徑據山巔，俯視秃馬惕全部，盡

得虛實，遂虜其部衆而返。後又從太祖征西域，與八剌追札拉哀丁。

太祖功臣，見於《秘史》者，或自有傳，或附傳。其餘無事實及氏族倂佚者，凡十有七人，附著左方：

朵羅阿歹，氏族佚。

馬剌勒，氏族佚。

兀都台，氏族佚。

忽兒察兒思，氏族佚。

翁吉闌，氏族佚。

抹羅合，氏族佚。

余魯罕，氏族佚。

闊闊，氏族佚。

朵里不合，氏族佚。

亦都合歹，氏族佚。

塔馬赤，氏族佚。

合兀闌，氏族佚。

倒温，氏族佚。

秃亦迭格兒，氏族佚。

者迭兒，氏族佚。

斡剌兒駙馬，氏族佚。

忽里勒，氏族佚。

【校勘記】

〔一〕「第二十五」，「第」字原脱，據全書體例補。

〔二〕「哈剌察兒」，原作「合剌察兒」，據正文改。

〔三〕「蒙古兀兒客帖」六字原不斷開，據正文改。

〔四〕「薛赤兀兒」，原作「薛亦兀兒」，據正文及本書卷二《太祖本紀上》改。

〔五〕「速客該」，原作「速客孩」，據正文改。

〔六〕「八剌扯兒必」，「扯兒必」原脱，據本卷目録補。

新元史卷之一百二十九　列傳第二十六

乞失里黑巴歹　塔里察　抄兀兒　哈散納　紹古兒忽都虎　鐵邁赤虎都鐵木禄　塔海　拜延八都魯　紐兒傑布智兒　唵木海忒木台兒　抄兒　純只海帖古迭兒　大達里　咬住

乞失里黑，斡羅納兒氏，與弟巴歹俱爲也客扯連牧馬。也客扯連者，合不勒罕之孫，始附太祖，後與阿勒壇、忽察兒等間太祖於王罕，潛謀來襲。也客扯連至家，與其妻言之，且曰：「今設有人往報帖木真，不識彼將何以賞之？」時巴歹適送馬乳至，聞其語，出告乞失里黑。乞失里黑往偵之，見也客扯連之子納都客延坐帳外，磨鏃自言曰：「汝自饒舌，安能防人之口？」乞失里黑謂巴歹曰：「信矣。」二人即乘夜告於太祖，避於卯温都兒山陰。太祖滅王罕，以王罕金撒帳、金酒器並管酒局之人賜之。太祖即位，乞失里黑、巴歹並封千户，賜號答剌罕，遇大宴喝盞。乞失里黑從太祖征西域，平西夏，俱有功。又從太宗伐金，以病卒。

子塔里察，從睿宗間道攻河南，又從塔察兒破蔡州，以功賜順德爲食邑。孫囊家台，從憲宗伐蜀，卒於軍中。

抄兀兒，沼列台氏，事太祖爲麾下部曲。太祖駐兵徹徹兒山，哈剌赤、散只兒、朶魯班、塔塔兒、弘吉剌、亦乞列思諸部會於堅河忽蘭也兒吉之地，謀奉札木合爲局兒可汗，潛師來襲。有塔海哈者，與抄兀兒爲婚媾，抄兀兒往視之，並轡而行。塔海哈以鞭築其肋，抄兀兒回顧，塔海哈目之。抄兀兒悟，乃下馬佯卧，塔海哈遂以諸部之謀告之曰：「事急矣，汝將何往？」抄兀兒大驚，即馳還，遇火魯剌人也速該，言其事。也速該曰：「我左右祗幼子及家人火力台耳。」因使火力台偕抄兀兒往，且誓之曰：「汝至彼，惟見帖木真夫婦及我婿哈撒兒則告之，苟泄於他人，必斷汝腰膂。」中道遇忽蘭八都哈喇蔑力吉台之游兵，爲所執。其人亦心附太祖，贈以獺色馬而釋之。既又遇送髦車白帳於札木合者，抄兀兒疾馳獲免。見帝，悉以所聞告之。帝以兵迎戰於海剌兒阿帶亦兒渾之野，札木合敗走，弘吉剌部來降。太祖賜抄兀兒以答剌罕之號。卒，子那真事世祖爲也可扎魯花赤。那真卒，子伴撒襲。伴撒卒，子火魯忽台襲。致和元年，執倒剌沙使者察罕不花，並其金字圓牌獻

於文宗，賜金帶。嘗奏言：「有犯法者治之，當自貴人始；窮乏不給者救之，當自下始。如此則得衆心。」其言最切於時弊云。

哈散納，怯烈氏。從太祖征王罕有功，同飲巴渚泐納水。後管領阿兒渾軍，從平西域，下薛迷斯干諸城。太宗時，仍命領阿兒渾軍並回回人匠三千户，駐於尋麻林。尋授平陽、太原兩路達魯花赤，兼管諸色人匠。卒。子捏古伯，從憲宗攻釣魚山有功，卒。

紹古兒，麥里吉台氏。太祖時，同飲巴渚泐納水，扈從親征。已而從破信安，略地河西，賜金虎符，授洺、磁等路都達魯花赤，復從破河南。太宗命領濟南、大名、信安等處軍馬。憲宗元年，卒，子拜都襲。拜都卒，子忽都虎襲，移睢州。從世祖渡江，攻鄂州，還鎮恩州。中統三年，從征李璮有功，尋命修邳州城，率所部鎮淮南。十一年，從丞相伯顔渡江，有戰功，又從參政董文炳攻沿海郡縣，還鎮嘉興，行安撫司事。十二年，加昭勇大將軍，職如故。十四年，授嘉興路總管府達魯花赤，尋擢鎮國上將軍、黄州路宣慰使，尋罷黄

州宣慰司，復舊任。十六年，改授浙西道宣慰使，加招討使。奉詔征占城，以其國降表、貢物入見，帝嘉之，厚加賞賚。二十四年，從征交趾，明年還師，授邳州萬户府萬户。三十年，卒。

鐵邁赤，合魯氏，善騎射。初事忽蘭皇后帳前爲掮馬官。從太祖定西夏，又從皇子闊出，行省鐵木答兒定河南，累有戰功。憲宗伐宋，遣元帥兀良哈台自雲南擣宋，與諸軍合。時世祖方圍鄂州。聞兀良哈台至長沙，遣鐵邁赤將勁卒千人、鐵騎三千迎之。兀良哈台得援，始抵江夏。世祖即位，從討阿里不哥於昔木土之地。至元七年，授蒙古諸萬户府奥魯總管。十九年，卒。子八人，虎都鐵木禄最顯。

虎都鐵木禄，字漢卿。好讀書，與士大夫游。其母姓劉氏，故人又稱之曰劉漢卿。仁宗嘗謂左右曰：「虎都鐵木禄字漢卿，雖漢之名卿，何以過之？汝等以漢卿稱之，宜矣。」

至元十一年，從丞相伯顔伐宋。既入臨安，遣視宋宫室，護帑藏。諭下明、台等州，又從平章奥魯赤入覲，授忠顯校尉、總把，再轉昭信校尉，改奉訓大夫，荆湖、占城等處行中

書省理問官。一日，以軍事入奏，世祖大悅，曰：「虎都鐵木禄辭簡意明，令人樂於聽受。昔以其兄阿里譽敏，令侍左右，斯人顧不勝耶？」敕都護脱因納志之。

平章政事程鵬飛建議征日本，奏爲征東省郎中。帝顧脱因納曰：「鵬飛南士也，猶知其能。姑聽之，候還，朕當擢用。」征東省罷，徵虎都鐵木禄還，丞相阿里海牙遣郎中岳洛也奴奏留之。

二十三年，從皇子鎮南王征交趾。北還，時桑哥方擅威福，遂告歸。二十八年，哈剌合孫拜湖廣行省平章政事，詢舊人知方面之務者，衆薦虎都鐵木禄，遣使驛致武昌。後奏事京師，稱旨，擢給事中。臺臣奏爲廣西海北道廉訪司副使，陛辭，帝留之舊職。三十年，湖廣行省平章劉國傑奏伐交趾，造戰船五百於廣東。帝曰：「此重事也，須才幹者濟之。」遂以虎都鐵木禄督其事，敕曰：「汝還，當顯汝於衆。」未幾，帝崩，改福建行省郎中。累遷中順大夫、湖南宣慰司副使。

峒酋岑雄叛，奉詔諭之，雄爲帖服。改河南行省郎中，擢同僉樞密院事，拜禮部尚書。大臣奏覈實江南民田，虎都鐵木禄奉詔使江西，以田額舊定，重擾民不便，置不問，止奏茶、漕置局十七所，以七品印章敕授局官五十一員，增中統課緡五十萬。轉兵部尚書，階正議大夫。未幾，出爲荆湖北道宣慰使，進中議大夫，已命，復留之。

延祐三年，浙東商舶以貿易激變，遣虎都鐵木禄宣慰閩、浙，後卒於官。從子塔海。

塔海，少隸土土哈部下充哈剌赤。至元二十四年，扈駕征乃顔。二十六年，入覲，帝命充寶兒赤，扈駕至和林，賜只孫服。大德四年，授中書直省舍人，遷中書客省副使。武宗即位，賜中統鈔五百錠。尋進和林行省理問所官，改通政院僉事，歷和寧路總管，改汴梁路。

先是，朝廷令民自實田，有司繩以峻法，多虚報以塞命，其後差税無所出，民多逃竄。塔海言其弊於朝，由是省虚糧二十二萬石。後改廬州總管，有飛蝗北來，民患之，塔海禱於天，蝗自引去，亦有墮水死者，人皆以爲異。歲饑，民乏食，開倉減直糶之，全活甚衆。

天曆元年，樞密院奏以塔海守潼關及河中府，賜白金、鈔、幣，宣授僉書樞密院事。未幾，西軍犯南陽，塔海督諸衛兵禦之，賜三珠虎符，進大都督，階資善大夫，卒。

拜延八都魯，札剌台氏，幼事太祖，賜名八都魯。太宗七年，命領所部兵，與塔海甘卜出秦、鞏入蜀，有功。

憲宗三年，又與總帥汪德臣立利州城。四年，破宋軍鹿角寨，奪其軍資。七年，從都元帥紐鄰城成都及圜雲頂山，宋將姚統制降。帝親征，紐鄰進兵涉馬湖江，留拜延八都魯鎮成都，降屬縣諸城，得其民，悉撫定之。賜黃金五十兩、衣九襲。諸王哈丹、乃歡、脱脱等征大理還，命拜延八都魯率兵迎之。道過新津寨，與宋潘都統遇，一戰敗之。中統二年，元帥紐鄰上其功，授蒙古奥魯官。

子外貌台，孫兀渾察。至元六年，拜延八都魯告老，兀渾察代領其軍，從行省也速答兒征建部有功。十六年，從大軍征斡端，又有功，賞銀五十兩。二十一年，諸王朮伯命兀渾察屯乞失哈里之地，以禦海都。時敵軍衆，兀渾察以勇士五十人拒之，擒其將也班胡火者以獻。王壯之，以其功聞，賜銀六百兩、鈔四千五百貫，授蒙古軍萬户，賜三珠虎符。三十年，卒。次子襲授曲先塔林左副元帥，尋卒。弟塔海忽都襲，進鎮國上將軍、都元帥，改授四川蒙古副都萬户。至治二年，以疾退。子孛羅帖木兒襲。

紐兒傑，脱脱里台氏。身長八尺，善騎射，能造弓矢。嘗道逢太祖騎士别那顔，邀與俱見太祖，視其所挾弓矢甚佳，問誰造者，對曰：「臣自造之。」適有野梟翔於前，射之，獲其

二，並以二矢獻而退。別那顔從之至所居，見其子布智兒，別那顔奇之，許以女妻。布智兒父子遂俱事太祖。紐兒傑賜號拔都，憲宗時卒。

布智兒，從征回回、斡羅斯等國，每臨敵，必力戰。嘗身中數矢，太祖親視之，令人拔其矢，流血，悶仆幾絶。太祖命取一牛，剖其腹，納布智兒於牛腹，浸熱血中，移時遂甦。憲宗即位，以布智兒充燕京等處行尚書省事、天下諸路也可札魯忽赤，印造寶鈔。賜七寶金帶只孫十襲，又賜蔚州、定安爲食邑。

布智兒性酷暴，一日殺二十八人，内一人既杖，復追斬以試其刀，爲世祖所切責。世祖即位，布智兒附阿里不哥，有二心，帝徙布智兒於中都，使孟速思監護以往。未幾，卒。

子四人：長好禮，事世祖，備宿衛。丞相伯顔伐宋，奏好禮督水軍攻襄樊，從渡江入臨安，以功擢昭毅大將軍、水軍翼萬户府達魯花赤。次別帖木兒，吏部尚書。次補兒答思，雲南宣慰使。次不蘭奚，襲兄職爲水軍翼萬户招討使，鎮江陰，移通州。子完者不花，遼陽省理問。

喃木海，八剌忽艄氏。與父孛合出俱事太祖，征伐有功。帝嘗問攻城之策，對曰：「攻城宜礮石，力重而能及遠。」帝即命喃木海爲礮手。九年，木華黎南伐，帝諭之曰：「喃木海言，攻城用礮甚善，汝能任之，何城不破？」賜金符，授隨路礮手達魯花赤。喃木海選五百餘人，教之，後平諸國，多賴其力。

太宗四年，從圍南京。憲宗二年，特授虎符，擢都元帥。從宗王旭烈兀征木剌夷、報達，俱有功。卒，子忒木台兒。

忒木台兒，以戰功授金符。襲礮手總管。至元十年，築正陽東西二城，置礮二百，與宋人戰，卻之。十三年，從丞相伯顏伐宋，駐軍臨安之皋亭山，同忙古歹等八人，率甲士三百入宋宫，取傳國寶。宋太后請解兵延見内殿，期明日出降。至期，果遣賈餘慶等奉璽寶至軍前。以功授行省斷事官，復令其子忽都答兒襲礮手總管。

十四年，進昭勇大將軍、礮手萬户，佩元降虎符，鎮平江之常熟。州有亂民擁衆自稱太尉者，行省會諸軍討之，忒木台兒父子自爲一軍，斬賊酋戴太尉，擒朱太尉。十五年，兼平江路達魯花赤。尋改徽州、湖州。卒。忽都答兒後擢礮手萬户，改授達魯花赤，卒。

抄兒，別速氏。從太祖平諸國有功。又從伐金，歿於陣。

子抄海，從平山東、河南，復歿於陣。

抄海子別帖，從世祖攻鄂州，又從忽哥出太子西征大理國，亦戰歿。

別帖子阿必察，至元五年授蒙古千户，賜金符。從伐宋，渡江，奪陽羅堡，擢宣武將軍、蒙古軍總管，領左右手兩萬户。下廣德，又從阿里海涯襲瓊州，帥死士奪白沙口。十六年，命管領侍衛軍，卒。

純只海，珊竹臺氏。宿衛太祖，從征西域有功。太宗五年，授益都行省軍民達魯花赤，從塔出攻拔徐州。九年，以益都爲諸王伊克分地，改京兆行省都達魯花赤。至懷州，大疫，士卒多病，遂留鎮懷孟。未幾，代察罕總兵河南，復授懷孟路達魯花赤。

十一年，同官王榮潛懷異志，伏甲，執純只海，斷其兩足跟，復以帛塞其口，置佛寺中。純只海妻喜里伯倫率衆奪出之。純只海從二子走旁郡，乞援討殺榮。帝遣使至懷孟，以榮妻孥資産賜純只海，驅城中萬餘人至郭外戮之。純只海力争曰：「罪在榮一人，於民何

與？若朝廷怒使者不殺，吾任其咎。」使者還奏，帝韙其言。純只海給榮妻孥券，縱爲良民，以其宅爲官廨，一無所取。郡人德之，爲立生祠。入覲，帝以純只海太祖舊臣，賜第於和林。尋卒，敕葬山陵之側。皇慶初，贈推忠宣力功臣、金紫光禄大夫、上柱國、温國公，謚忠襄。後又贈宣忠協力崇仁佐運功臣，進封定西王。

六子，知名者曰塔出，曰昂阿剌，曰大達立。塔出，襲管軍總管，早卒。昂阿剌，襲懷孟路達魯花赤。孫台加斛，瓜州等處達魯花赤，改鎮守徽州路泰州萬户府達魯花赤。卒，子脱烈襲。脱烈子帖古迭兒。

帖古迭兒，字元卿。襲父職，治軍嚴整，百姓安之。前後累平劇賊。漳州李志甫叛，江浙萬户以兵會討者九人。帖古迭兒偉貌虬髯，賊稱爲黄鬍子萬户，見輒敗走。平居延接儒生，講經義，恂恂如寒素云。

大達里，純只海第六子也。中統初，兄塔出以管軍總管卒，其母攜塔出子黄頭暨大達里入見，詔大達里襲兄職。大達里讓於黄頭，上嘉其能讓，別授大達里懷孟軍奥魯官。中統三年，從大軍破李璮。至元六年，從大軍攻襄、樊，築萬山堡，俱有功。九年，宋

將張順自襄陽乘夜突圍走，大達里率所部以火攻之，盡殲其衆，生擒都統副將四人，獲戰艦二十艘。又從大軍圍安陽堡。主將録前後功，奏上，世祖大悦曰：「大達里名閥，朕所知，他日當大用之。」賜白金、錦段有差。十一年，樊城降，進攻襄陽，大達里請説其守將納款。及入城，守將吕文焕宴大達里於城樓，盟而出。後三日，文焕出降。伯顔與諸將議攻郢州，大達里言：「郢州據北岸，城堅，攻不易。」伯顔使大達里率千騎巡視形勢，至黄家原，有小河入漢江約十里。歸言：「請越郢不攻，徑渡江可也。」衆謂：「水淺，何以行舟？」大達里請編竹藉淖上，曳之行；伯顔從之。郢將趙都統率萬騎來追，大達里爲殿，敗之，斬趙都統，抵漢口。大達里言：「敵皆巨艦，吾舟十不當一。可分攻陽邏堡，夜以勁卒乘戰艦泝流，擣其不備，南岸可得也。」伯顔、阿朮與大達里意合，詰旦，遂登南岸。鄂、漢、黄、蘄既下，伯顔留大達里與鄭鼎守蘄州，曰：「以鼎之勇，大達里之智，足以禦敵矣。」

十三年，移大達里守建德。未幾，衢、婺等州皆叛，宣撫使唆都討之。大達里宴唆都於射圃，衆報賊且至，大達里與諸將擊毬爲樂，如不聞。密與唆都引兵出，大破之，境内以安。十七年，賜金虎符，遷福建道宣慰使兼萬户。卒，贈平章政事、柱國、温國公，謚恭惠。

子和卓，襲總管；次帖木兒，吏部郎中；次咬住；次合剌，萬户。

咬住，以功臣子入直宿衛。從大達里下襄、樊，所至有功，授行軍上千户。大達里卒，以昭勇大將軍、虎符萬户，將其父軍。尋奉旨：「爾祖純只海，事太祖，征帶陽汗〔一〕、回鶻、唐兀。爾父大達里，佐伯顔、阿朮伐宋。爾惟胄嗣，可任父官。」即授鎮國上將軍、福建宣慰使、管軍萬户。

時江南初定，多反側，咬住弭亂未萌，民翕然頌之。未幾，改懷孟萬户府達魯花赤，又换建德路達魯花赤。楊振龍叛，咬住擒斬之。行省責咬住擅發兵，竟抑其功賞，咬住詞不屈。又從行省平章史杠討處、婺二州賊，釋俘口萬餘。

至元二十九年，省臣入覲，奏咬住勞績。帝曰：「咬住，朕所知者。」擢征行左軍元帥。咬住在鎮十年，律下嚴，無敢恣横者。大德二年，致仕。以子察罕襲職。七年，起爲大宗正府也可札魯花赤。至大元年，卒，年五十八。贈榮禄大夫、平章政事、温國公，謚懿靖。子鐵木兒，襲萬户，官至章佩大監。

【校勘記】

〔一〕「帶陽汗」，本書卷一〇四《后妃傳》、卷一〇五《烈祖諸子傳》、卷一一六《阿剌兀思剔吉忽里傳》、卷一一七《札木合傳》、卷一三六《塔塔統阿傳》作「太陽汗」。按

劉敏中《中菴集》卷六《敕賜輔國上將軍大宗正府也可扎魯花赤贈榮禄大夫平章政事温國公謚懿靖珊竹公神道碑銘》云：「爾祖純直海，事太祖征帶陽、回鶻、唐兀。」清方履籛《河内金石志》卷下《元温國公珊竹咬住神道碑》云：「爾祖純直海，事太祖征帶陽、回鶻、唐兀。」清道光《河内縣志》卷二一《金石志下》同。

新元史卷之一百三十　列傳第二十七

闊闊不花　按札兒忙漢　拙赤哥　肖乃台抹兀答兒　兀魯台　脱落合察兒　吾也而拔不忽　槊直腯魯華撒吉思卜華　明安答兒　迺丹　忒木台奥魯赤　脱桓不花

闊闊不花，按攤脱脱里氏。魁岸，有膂力。太祖命木華黎伐金，分朮馬赤爲五部，各置將一人，闊闊不花爲五部前鋒都元帥。性不嗜殺，以威信服人。略定濱、棣諸州，俘流民四百餘口，俱籍其姓名，遣歸鄉里。徇益都，守將迎降，悉以財物分賜將士。太宗四年，從大軍攻汴，分兵渡淮，略壽州，射書諭以禍福。城人感泣，以綵輿奉金公主開門送款。闊闊不花下令，軍士擅入城剽掠者死，城中帖然。公主，哀宗之姑，東海郡侯女，所謂小四公主者也。

八年，太宗命五部將分鎮中原：闊闊不花鎮益都、濟南，按札兒鎮平陽、太原，孛羅鎮真定，肖乃台鎮大名，怯烈台鎮東平。括民匠，得七十二萬户，以三千户賜五部將。闊闊不花得户六百，立官治其賦，俾置長吏，歲給五户絲。以疾卒。

子黄頭代爲朮馬赤都元帥，從丞相伯顔伐宋，道卒。子東哥馬襲職，累遷右都威衛千户，卒。

按札兒，客列亦禿别干氏。從太祖伐金，尋隸國王木華黎麾下〔一〕，充五先鋒之一，轉戰河北、山東、山西及遼左，無役不從。

太祖十四年，河中府降，木華黎北還，以按札兒領前鋒總帥，攝國王事，統所部屯平陽。金將乞石烈牙吾答屯陝西，窺伺河東，畏按札兒威名，不敢犯。十七年，元帥石天應守河中，作浮橋於河，通陝西。明年正月二日，金將侯小叔自中條山乘夜來襲，城陷，天應死之。小叔燒浮橋以自守，按札兒自平陽進兵，攻殺小叔，復取河中。

是年三月，木華黎卒，孛魯嗣國王，以平陽重地，仍令按札兒屯戍。太宗元年，金將武仙圍潞州，嗣國王塔思由大同南下援之。武仙退駐州東十餘里，塔思至，營壘未定。是夜，金將布哈來襲，我軍戰不利，按札兒之妻奴丹氏被獲，送於汴京。金主聞按札兒名，因召見奴丹氏，謂之曰："「今縱爾還，能偕爾夫來，當有厚賞。」奴丹氏佯諾之，遂得還。太宗聞而嘉之，詔奴丹氏預前鋒事。

二年，按札兒從駕圍鳳翔，明年克之。四年正月，又從塔思會拖雷兵，破金師於鈞州三峰山。四月，車駕北還，留按札兒偕都元帥速不台圍汴。城中識按札兒旗幟，懼曰：「其妻猶勇且義，况其夫乎？」金亡，論功，賜平陽户六百十有四、驅户三十、獵户四。未幾，卒。二子：曰忙漢，曰拙赤哥。

至元十五年，忙漢爲管軍千户。先後從征乃顔、海都。二十七年，授蒙古侍衛親軍千户，佩金符。元貞元年，命領探馬赤軍，從宗王出伯西征。改授昭信校尉、右都衛威千户。大德元年，召還。至大四年，卒。子乃蠻襄。

拙赤哥，從世祖渡江，圍鄂州。至元三年，從諸王不者克征李壇，戰死。子闊闊朮，爲御史臺都事。三十一年，國王速渾察之孫碩德既歿，家有故璽，將鬻之。命闊闊朮以示中丞崔彧、御史楊桓辨，其文曰：「受命於天，既壽永昌」，以爲秦璽也。彧獻之皇太子妃，賜闊闊朮鈔二千五百貫、金織文緞二。成宗嗣位，授闊闊朮僉漢中道廉訪司事，終廉訪使。

肖乃台，客列赤禿別干氏。以忠勇侍太祖左右。時木華黎、博爾朮爲左右萬户，太祖從容問肖乃台：「汝願誰屬？」對言：「願屬木華黎。」即賜金符，領蒙古軍，隸木華黎麾下爲前鋒。

二十年，武仙殺史天倪，據真定以叛。監軍李伯佑求援於嗣國王孛魯，孛魯命肖乃台帥蒙古兵三千，與史天澤兵合，進逼中山。仙遣驍將葛鐵槍來拒，肖乃台擊之，敗諸新樂。會日莫，阻水爲營。賊宵遁，遂取中山、無極，進拔趙州。仙棄真定，奔雙門砦。肖乃台與天澤入城，撫定其民。未幾，仙潛結水軍爲内應，夜開城南門納仙。肖乃台倉卒以步卒七十人踰垣奔藁城。遲明，部曲稍集，勢復振，還攻真定。仙奔西山抱犢寨。將士忿城民反覆，驅萬餘人出，將屠之。肖乃台曰：「反覆在賊，小民被其迫脅，何辠焉？若不勝一朝之忿，匪唯自屈其力，且堅他城不降之心。」殺叛者三百人，餘盡釋之。

初，仙之叛也，其弟貴質國王中軍，聞而遁去。肖乃台遣弟撒寒追及於紫荆關斬之，俘其妻子而還。肖乃台遂踰太行，拔太原長勝寨，斬仙治中盧奴。引兵而東，敗宋將彭義斌，追斬之。至大名，守將蘇椿以城降。進敗金安撫王立剛於陽穀，金東平行省蒙古綱棄城遁，别將邀擊敗之，遂定東平。又與蒙古不花徇河北懷、衛、孟諸州。

太宗四年，從大軍渡河，徇睢陽。至陽驛店，遇金將完顏兀里及慶山奴，臨陣斬兀里，慶山奴走，馬躓，擒之。五年，金哀宗入蔡，塔察兒會宋師圍之。肖乃台與史天澤分攻城北面。六年正月，結筏渡汝水，血戰連日，克之。金亡，肖乃台功多，命並將史氏三萬户軍，鎮東平。八年，賜食東平三百户，且命嚴實爲治第宅，分撥牧地，日膳供二羊及衣糧等。以老病卒。子七人，抹兀塔兒、兀魯台最知名。

抹兀塔兒，從嗣國王忽林池行省於襄陽，略地兩淮。憲宗八年，從世祖渡江，攻鄂州。中統元年，從討阿藍答兒、渾都海，有功。二年，從敗阿里不哥於昔木土。三年，從平李壇，授提舉本投下諸色匠户達魯花赤，卒。子四人，火你赤，江南行臺御史大夫。

肖乃台次子兀魯台，中統三年從石高山奉旨拘集探馬赤軍，授本軍千户。至元八年，授武略將軍，佩銀符。十年，從攻樊城，以功換金符。十一年，從渡江伐宋，以功累進武節將軍。明年四月，卒於軍中。

子脱落合察兒襲職。從參政阿剌罕攻獨松關，授宣武將軍，尋命管領侍衛軍。樞密

院録其渡江以來前後功，十八年進懷遠大將軍。二十年，江西行省命討武寧叛賊董琦，平之，換虎符，授江州萬户府達魯花赤。二十四年，移鎮潮州，賊張文惠、羅半天等嘯聚，奉江西行樞密院檄討之，斬賊首羅大老、李尊長等。卒於軍。

吾也而，撒勒只兀歹氏。父圖魯華察，以武勇稱。吾也而狀貌甚偉，腰大十圍。太祖六年冬，與者別襲破東京。十年，從木華黎取北京，即授北京總管、權兵馬都元帥。金將撻魯據惠和漁河口不下，擊斬之。又帥史天祥禽趙守玉於興州。明年，木華黎討錦州張致，吾也而別將攻溜石山。致平，以功賞馬十匹、甲五事。十二年，興州監軍興兒叛，吾也而往討，所乘馬中箭殪，仍力戰破賊。十五年，從木華黎圍東平，先登陷陣，生挾二將以還。明年，從攻延安，不克，矢中右股。攻鄜州，克之，禽金驍將張鐵槍以獻。又明年，從攻鳳翔，不下。

十八年，從嗣國王孛魯征西夏。明年，克銀州。二十一年三月，從郡王帶孫圍李全於益都，全降，所屬三十餘城悉下。太宗元年，入覲。命與札剌亦兒台豁兒赤征遼東。三年，又同征高麗，克受、開、龍、宣、泰、葭等十餘城。高麗懼，請和，乃還。既而復叛，再討

之。十二年，攻拔昌、朔等州，高麗屢乞罷兵，吾也而諭之曰：「若能送質子則可。」十三年四月，王瞮乃以族子永寧公綧爲己子，充秃魯花，從吾也而入朝。以功爲北京、東京、廣寧、蓋州、平州、泰州、開元七路兵馬都元帥，佩虎符。

定宗時，高麗歲貢不入。憲宗即位，召問其事。對曰：「臣雖老，倘藉威靈，指揮三軍，敵國猶可克，況東夷小醜乎？」帝壯其言，問飲酒幾何？對曰：「唯所賜。」時有一駙馬在側，素能飲，帝命與角飲爲笑，賜錦衣、名馬。俄謝病歸。七年，復來朝，憲宗閔其老，曰：「太祖時老臣，獨卿無恙。」賜賚甚厚，以其仲子阿海代之領軍。八年秋九月，卒，年九十有六。追封營國公，謚忠勇。子撒禮。

撒禮子拔不忽，幼穎悟，其師周正方更名之曰介，字仲清。初爲同知北京轉運司事，累遷濮州尹、平灤路總管、江南浙西道提刑按察使，移山北淮東道，召爲刑部尚書，復除江東宣慰使。以病目去官，延名儒張翌、吴澄教其子。至大元年卒。

槊直腯魯華，蒙古克烈氏。率其部二百人從太祖征乃蠻、西夏有功。及伐金，使爲木

華黎前鋒，襲金羣牧監，獲戰馬甚衆，分屬諸軍，軍勢大振。七年，從破遼東、西諸州，唯東京未下，獲金使，遣往諭之。槊直腯魯華曰：「東京，金舊都，備嚴而守固，攻之未易下，以計破之可也。請易服與其使偕往說之，彼將不疑，俟其門開，以大軍赴之，則克矣。」如其計，遂取東京。後從攻大名，中流矢卒。武宗時，贈太傅，追封衛國公，謚武敏。子撒吉思卜華。

撒吉思卜華，嗣其父職。太宗元年，賜金符，安輯河北、山東諸州。史天澤爲真定、河間、濟南、東平、大名五路萬户，命撒吉思卜華佩金虎符以達魯花赤監其軍。

金宣宗徙汴，立河平軍於新衛以自固。撒吉思卜華數攻之，不拔。四年正月，太宗自白坡濟河而南，撒吉思卜華渡自河陰，攻鄭州，守將馬伯堅降。及金哀宗出奔，帝命撒吉思卜華追躡之。會其節度使斜捻阿卜棄新衛赴汴，撒吉思卜華遂入而據之。明年正月，哀宗自黄陵岡濟河。撒吉思卜華與其將白撒戰於白公廟，敗之。

哀宗走歸德，撒吉思卜華薄北門而軍，左右皆水。史天澤言於撒吉思卜華曰：「此非駐兵之地，彼若來犯，則進退失據矣。」不聽。先是，河北之戰，金將蒲察官奴之母爲蒙古軍所得，挾之來，爲誘降計。官奴即因母與忒木台約和，詭言欲劫金主降。忒木台信之，

還其母，因定和計。官奴口往來軍中講議，或乘舟中流會飲，探知撒吉思卜華營在王家寺。遂以五月五日帥其忠孝軍四百五十人，出南門登舟，由東而北。我軍習見官奴往來，猶以爲議和也，不設備。是夜，殺我外隄邏卒，四更至王家寺斫營。我軍倉卒接戰，官奴軍小卻，以小船載其軍七十人自後夾攻。撒吉思卜華腹背受敵，一軍皆覆，溺水死者凡三千五百餘人。

金亡，命大臣忽都虎料民分封功臣。撒吉思卜華妻楊氏自陳曰：「吾舅及夫皆死國事，獨見遺，何也？」事聞，賜新衛民二百户。撒吉思卜華贈太師，追封衛國公，謚忠武。弟明安答兒。

明安答兒，善騎射。撒吉思卜華戰殁，嗣國王塔思承制以明安答兒領其行營。尋授蒙古漢軍萬户。後從圍淮安，因糧於敵，未嘗匱乏，軍士咸樂爲用。憲宗三年，從昔烈門太子伐宋，卒於鈞州。贈太保，追封衛國公，謚武毅。

子脂虎，從世祖北征叛王，挺戈出入其陣。帝壯之，賜號拔都，賜白金四百五十兩。從討李璮，亦有戰功。次子普蘭溪，光禄大夫、徽政使。

迺丹，達里伯氏。其部落在和林之外千餘里，世有都剌合之地。迺丹聞太祖起兵，率其衆來附，命隷國王木華黎部下，從收雲中、九原，取遼西，俱有功。卒。子二人：忻都、合剌。

忻都，以材武從國王平河朔，早卒。子九人：哈剌、朵忽蘭、瘦瘦兒、阿里罕、愛不哥察兒、忽里罕、萬奴、衆家奴、忙驢，皆有勇略，常爲諸軍冠。忽里罕、萬奴、阿里罕子高奴及合剌子紐鄰，俱戰殁。愛不哥察兒，至大元年授宣撫將軍、韶州路達魯花赤，卒。子納懷，廉慎端直，武宗聞其名，拜監察御史，累官吉安路總管，兼管勸農事。

忒木台，札剌台氏。祖豁火察兒、父朔魯罕俱驍勇善騎射。太祖親征，豁火察兒常爲前鋒。朔魯罕，從太祖敗金人於野狐嶺，中流矢，帝親爲傅藥。及卒，帝歎息曰：「朔魯罕，吾之一臂，今亡矣！」賜其家馬四百匹、錦綺萬段。

忒木台，從征康里，俘其部長以獻。又從太祖征西夏有功。木華黎卒，命忒木台以行省領兀魯、忙兀、赤怯烈、弘吉剌、札剌兒五部之衆。河南平，賜户二千。從憲宗征蜀，卒

於軍。忒木台嘗屯兵河南、太原、平陽，民德之。及卒，皆爲立祠。子奥魯赤。

奥魯赤，早事憲宗，特見親任，從攻釣魚山。至元五年，又從阿朮攻襄陽，授蒙古軍萬户。明年，賜虎符，襲父職，領蒙古軍四萬户。十一年，從伯顔渡江，圍鄂州，遣許千户同宋俘持金符抵城東南門招之，守將張晏然以城降，遷昭毅大將軍。大兵出獨松關，宋兵敗潰。

十三年，宋主降，分討未下州郡，加鎮國大將軍、行省參知政事。未幾，行湖北道宣慰使。詔括逃亡，有司拘良民千餘人，無所歸，衆議隸於官。奥魯赤曰：「民被兵，幸而骨肉完聚，復羈之，可乎？」悉縱爲民。徵詣闕，賜賚優渥，擢行省左丞，行宣慰使。十八年，移宣慰司於澧州，討平劇賊周龍等。復召入覲，進右丞，改荆湖行樞密院副使。

二十三年，拜湖廣行省平章政事。夏四月，詔詣上都，命佐鎮南王征交趾，以其子脱桓不花襲萬户。既而師出無功，改江西行省平章政事。二十六年，以疾乞退，不允，改同知行樞密院事。

成宗即位，進光禄大夫、江西行省平章政事。大德元年，卒，年六十六。贈推忠開武協運佐治功臣、金紫光禄大夫、大司徒、上柱國，追封鄭國公，謚忠宣。二子：拜住、脱桓

不花。

拜住，蒙古親軍副都指揮使。

脱桓不花，行省左丞、蒙古軍都萬户。從世祖征乃顔有功。又佐仁宗入定内難，拜湖廣行省平章政事，進左丞相。卒，贈守忠翊正濟美演德功臣、上柱國，追封鄭國公，謚宣簡。二子：普答剌吉、察罕帖木兒。

普答剌吉，襲都萬户，樞密副使。卒，贈保忠經武致德宣惠功臣、江西行省右丞，追封常山郡公，謚榮襄。

察罕帖木兒，襲都萬户。

【校勘記】

〔一〕「麾下」，原作「摩下」，據文意改。

新元史卷之一百三十一　列傳第二十八

阿剌淺　阿剌瓦而思不別　斡都蠻　哈只哈心　昔里鈐部〔一〕愛魯　小鈐部　趙阿哥潘重喜　塔本
阿里乞失鐵木兒　迭里威失　鎖咬兒哈的迷失　曷思麥里

阿剌淺，西域賽夷氏。賽夷者，西域族長之名，因以爲氏。又稱札八兒火者。火者，其官名也。太祖在巴泐渚納，阿剌淺自汪古部驅駝羊，沿額而古涅河易貂鼲，遇太祖，傾心歸附，爲飲巴泐渚納水十九人之一。

太祖滅王罕及乃蠻太陽罕，欲伐金，乃遣阿剌淺使於金以覘之，金人不爲禮，然往返之間，盡得金人虛實及道路之險易。太祖遂自將伐金。金人恃居庸之險，冶鐵錮關門，布鐵蒺藜百餘里，以精兵守之。太祖召阿剌淺問計，對曰：「從此而西有間道曰紫荆口，騎行可通，臣嘗過之。若勒兵出此，一日便至。」太祖留啓台布札與金守將相持，令阿剌淺前導，疾趨紫荆口。金人聞之，遣奥敦分兵拒守。比至，太祖兵已度隘，逆戰於五回嶺，大破之。時啓台等亦入居庸關，遂盡得金之險要。後太祖入中都，覽山川形勢，謂左右曰：「朕

得至此者，阿剌淺之功也。」又謂阿剌淺曰：「汝引弓四射，隨箭所落，悉以地畀汝。」太祖北還，留阿剌淺與石抹明安等守中都，授黃河以北、鐵門以南天下都達魯花赤，賜養老一百户。

棲霞道士邱處機，太祖聞其名，遣使徵之。路過宣德，皇太弟斡赤斤遣阿剌淺迓之，並命護送至行在，及處機東歸，又命阿剌淺送至中都。時山東新附，人多反側，阿剌淺欲與處機弟子尹志平同往招諭之，處機不允。阿剌淺曰：「若大兵一到，殺戮必多，願真人救之。」處機良久曰：「雖不能救，猶愈坐視其死。」乃爲招諭書，俾志平與阿剌淺同往焉。處機語阿剌淺：「我嘗識公。」阿剌淺曰：「我亦嘗見真人。」他日，處機問：「公欲極一身貴顯，抑子孫蕃衍？」阿剌淺曰：「身後富貴安在？有子孫以承宗祀足矣。」處機曰：「聞命矣。」後果如其言。

阿剌淺長身美髯，雄勇善騎射，每戰被重鎧，馳突如飛。兼通蒙古、漢語，前後凡九使金，皆得要領。太宗即位，設諸色站赤，命阿剌淺與脱忽察兒董其事。卒，年百十有八歲。贈推忠佐命功臣、太傅、開府儀同三司、上柱國，追封涼國公，謚定武。二子：阿里罕、明里察。

阿里罕，從父出入行陣，勇而善謀。憲宗伐蜀，爲兵馬都元帥。

子哈只，湖南宣慰使，贈推誠保德功臣、金紫光禄大夫、司徒、涼國公，謚安惠。哈只子：養安，陝西行省平章政事；阿思蘭，太府監丞；補孛，太僕寺丞。

養安子阿葩實，太僕寺卿。

明里察，贈開府儀同三司、上柱國，追封涼國公，謚康懿。子：亦不速金，户部尚書；哈剌，陝西行省參知政事。

阿剌瓦而思，回鶻八瓦耳氏，仕回鶻爲千夫長。太祖駐蹕八瓦耳之地，阿剌瓦而思率其部衆來降，從太祖征西域，卒於軍。

子阿剌瓦丁，從世祖北征有功。至元二十九年，卒，年一百二歲。

子贍思丁，有子五人：烏馬兒，陳州達魯花赤；不別，隆鎮衛都指揮使；忻都，監察御史；阿合馬，拱衛直司都指揮使；阿散不別，驍勇善騎射，歷事成宗、武宗、仁宗，計前後所賜褚幣四十萬緡，他物稱是，階榮禄大夫，三珠虎符。

子斡都蠻襲職。致和元年，自上都來降，丞相燕帖木兒以爲裨將，率壯士百人，圍滅里帖木兒等於陀羅台，擒以獻，賜衣一襲及禿禿馬矢甲、金束帶各一，白金百兩，鈔二百

錠。天曆元年九月，充同僉行樞密院事。十月，從擊忽剌台、馬札兒等軍於蘆溝橋，敗之，追至紫荆關，多所俘獲，以功賜所籍倒拉沙子潑皮宅。二年，進同知樞密院。三年，以隆鎮衛都指揮使兼領拱衛司，卒。

哈只哈心，阿魯渾氏，西域人。太祖征西域，哈只哈心扼阿母河，築壘堅守，力屈始降。太祖按劍問之，先斷其髮，將戮之。哈只哈心正色對曰：「臣各爲其主，非罪也。死不過汙一席地，何恨？但恐無名爾。」太祖壯而釋之。因進言：「失剌子城堅固，不易攻，請往招之。」太祖駐兵馬魯城，使哈只哈心單騎至失剌子諭以禍福，其酋遂内附。以功擢領怯憐口。既班師，隸皇孫旭烈兀部下。至元五年，卒，年一百十七歲。

子阿散，大名路税課提領。阿散子：昭都剌，大都路警巡達魯花赤；凱霖，彰德路達魯花赤。哈只哈心娶於荀氏，阿散二子皆以荀爲氏。

昔里鈐部，河西人。自其父答爾沙必吉以上，七世相西夏。必吉，譯言宰相也。其先

本沙陀部長，從唐賜姓爲李氏，以別於西夏國姓，爲小李，後又譌爲昔里。答爾沙官肅州鈐部，生子以官配姓，名曰昔里鈐部，又名益立山，在西夏累官沙州鈐部。其兄以肅州鈐部來聘，與館接使察罕深相結納，輸誠内附。及太祖圍肅州，射書城外，約以城降。事覺，全家被害。太祖二十一年，昔里鈐部遂率部曲來降，隸國王木華黎帳下。二十二年，與忽都帖木兒招諭沙州，其守將僞以牛酒犒師，伏發，忽都帖木兒馬蹶，追兵垂及，以己所乘馬授之，使先奔，自乘蹶馬爲殿。木華黎壯其勇，問曰：「汝臨死地，而易馬與人，何也？」曰：「我新附者，戰死不足輕重，不可陷國之宿將。」帝聞而嘉之。從克沙州，帝怒城久不下，欲屠之。泣請，曰：「臣親屬咸在，願賜全宥。」且抗命者數人，若屠城，恐堅未降者心。」許之，城人賴以獲免。

太宗七年，從諸王征西域，至寬田吉思海。又從拔都征斡羅斯，攻拔也里贊城。十一年，至阿速滅怯思城，堅守不降。率死士十人躡雲梯先登，大呼曰：「城破矣！」衆蟻附而上，遂拔之。賞西京名馬，賜號拔都。十二年，班師。授千户，賜只孫爲四時宴服。尋命佐也馬赤爲其部斷事官。

定宗即位，授大名路達魯花赤，先後與斷事官合達及卜只兒同署燕京行省。憲宗元年，復爲大名路達魯花赤，佩金虎符。凡監大名十有四年，號令明肅，豪右屏息。一日，釋

菜廟學，見禮殿且圮，喟然曰：「澤宮若此，何以興善於民？」即日完葺之。其郵傳、官署，皆以次修舉。漳水歲泛溢，夾岸爲隄，植槐柳於上以固崩嚙，且充材木之用，後公私賴之。卒，年六十九。追贈太師，謚貞獻。

三子：愛魯；次羅合，大名路行軍萬户；次小鈐部。

愛魯，襲大名路達魯花赤，佩虎符。至元五年，諸王忽哥赤鎮雲南，使愛魯將衛士從之。討金齒諸部蠻，以射手五百人殲其衆數千，諸部讋服。六年，再入金齒，定其租賦，招降火不麻等三十四砦。七年，改中慶路達魯花赤，兼管爨僰軍。

十年，賽典赤行省雲南，使愛魯疆永昌田。十一年，使閱中慶户籍，皆覈其隱匿，增入甚多。初，世祖征雲南，假道吐蕃，嫌其回曲。十三年，思、播二州平，改道從蜀入，命愛魯開兩道，陸出烏蒙，水由馬湖江。烏蒙合都掌、圈豕、鵝夷諸種拒命，累戰始服。自是，水陸郵傳皆達敘州。又開左右兩江道，達於邕州。平溪洞蠻獠五十餘州。十三年，忙部、也可不薛叛，愛魯討平之，遷廣南西道左右兩江宣撫使，兼招討使。十六年，遷雲南諸路宣慰使、副都帥。十七年，復立雲南行省，拜參知政事。詔將萬人，合湖廣、四川兵，討羅氏鬼國，平之。十八年，烏蒙白水蠻殺萬户阿忽以叛，復討平之。

十九年，入覲京師，擢右丞。亦奚不薛再叛，與四川都元帥也速答兒、湖南行省脱理察合兵進討。也速答兒以地炎瘴，轉輸不繼，奏請旋師。詔許之，留藥剌海屯其地。久之，亦奚不薛納款，仁普諸酋皆降，得户四千。二十二年，烏蒙阿謀殺宣撫使以叛，愛魯與右丞拜答兒討之。拜答兒知愛魯習山川道理，命諸將悉聽指授，分道進兵，禽阿謀以歸。

二十四年，進右丞，改尚書右丞。鎮南王征交趾，詔愛魯將六千人會之。自羅羅斯入交趾境，敗其兵四萬於兀木門，平三十八栅，先大軍一月至王城，其王與世子皆乘舟遁於海。明年，師還，感瘴癘，卒，年六十三。

愛魯不吝賞賚，能得人死力，大小百餘戰，未嘗敗衂，爲一時名將。贈銀青光禄大夫、平章政事，謚毅敏。皇慶元年，加贈乘忠執德威遠功臣、開府儀同三司、上柱國、太師，封魏國公，謚忠節。

三子：教化，特進中書平章政事，孝友有藴藉，臨事精覈；也先帖木兒，江西行省平章政事；骨都歹，大名路達魯花赤。

小鈐部，襲大名路達魯花赤。冬獵，民不堪命，監察御史姚天福按之。賂侍御史安兀失納，天福又搜獲其賂。奏聞，小鈐部論死。

趙阿哥潘，土播思烏思臧掇族氏。始附宋，賜姓趙氏，世居臨洮。

祖巴命，富甲諸羌。

父阿哥昌，貌甚偉，有勇力。金貞祐中，以軍功至熙河節度使。金亡，保蓮花山，以其衆來歸。皇子闊端承制，以阿哥昌爲疊州安撫使。時兵興，城無居人，阿哥昌招撫流民，立城壘，課耕桑，以安輯之。年八十，卒於官。

阿哥潘，事親以孝聞。從伐蜀，與宋都統制曹友聞屢戰，勝負相當。以破大安功最，授同知臨洮府事。破朝天關，從嘉陵江至閬州，獲戰船三百艘。攻利州，生得其劉太尉，敗宋師於潼川。宋制置使劉雄飛進攻青居山，阿哥潘擊之，宵潰，四川大震。進逼成都，略嘉定，平峨眉太平寨，擒其將陳侍郎、田太尉，餘衆悉降。大小五十餘戰，皆先登陷陣。

憲宗初，世祖以皇弟南征大理，道出臨洮，見而奇之，命攝元帥，城益昌。時宋兵屯兩川，堡栅相望，矢石交擊，歷五年而城始完。憲宗伐蜀，以阿哥潘爲選鋒，攻西安，下之，賜金符，授臨洮府元帥。帝駐釣魚山，合州守將王堅夜來斫營，阿哥潘率壯士逆戰，手殺數十人，堅引去。明日陛見，帝喜曰：「有臣如此，朕復何憂！」賞黄金五十兩，賜號拔都。中

統元年，詔還鎮臨洮。歲饑，發私廩粟二千餘石、蕪菁子百石，以賑貧乏，人賴不饑。郡當孔道，傳置旁午，有司弊於供給。阿哥潘以私馬百匹充驛騎，羊千口代民輸。帝聞而嘉之，詔京兆行省酬其直。阿哥潘曰：「我豈以私惠而邀公賞耶？」卒不受。以軍事赴青居山，道爲宋兵所邀，戰歿。

阿哥潘好畜良馬，歲擇五駟貢於朝，子孫遵之不替。先是，勳臣子孫爲祖父請諡者，帝每靳之，至是敕大臣錫以美諡，曰桓勇。

子重喜，始給侍皇子闊端爲親衛。從世祖征哈剌章，數有功。中統元年，渾都海反，從總帥汪良臣引兵至拔沙河納火石地逆戰，以功授征行元帥。四年，從討忽都、達吉、散竹台等，克之。諸王只必帖木兒承制，使襲父職爲元帥。入覲，賜金虎符，爲臨洮府達魯花赤。

時解軍職而轉民官者，例納所佩符。有旨：「趙氏世世勤勞，其金符勿拘常例，使終佩之。」

重喜在郡，勸農興學，省刑敦教，以善治聞。請致仕不許，詔其長子官卓斯結襲爲達魯花赤。擢重喜鞏昌二十四處宣慰使。卒，諡桓襄。

官卓斯結，性静退，辭官閑處二十餘年。仁宗聞其名，召，不起。子德壽，雲南行省左丞。

塔本，伊吾廬氏。以好揚人善，人稱之曰揚公。父宋五設託陀，託陀者，其國主所賜號，猶華言國老也。

塔本初從太祖討諸部，復從圍燕京，下平灤、白霫諸城。軍士有妄殺人者，塔本戒之曰：「國之本，民也。殺人得地，何益於國？且殺無罪，以堅敵心，非上意。」太祖聞而善之，賜金虎符，俾鎮撫白霫諸郡，號行省都元帥，管内得承制除縣吏，死囚得專決。

久之，徙治興平。興平經兵火後，民户凋殘。塔本召父老問所疾苦，爲除之，民大悦，歸者四集。塔本始至，户止七百，不二三年，乃至萬户。出己馬以寬驛人，官吏貸銀，其子錢不能償者，焚其券。與貧農耕牛，比歲告稔，民用以饒。太宗二年，詔以中山府、平定州及德州之平原縣隸行省。六年，盜李仙、趙小哥作亂，塔本止誅首惡，宥其詿誤。

乃馬真皇后稱制二年，卒，遺命葬以紙衣瓦棺。贈推誠定遠佐運功臣、太師、開府儀同三司、上柱國，追封營國公，謚忠武。子阿里乞失鐵木兒。

阿里乞失鐵木兒，嗣父職爲興平等處行省都元帥，其爲治一遵先政，雖同僚不敢私役一民。從大軍伐高麗。憲宗六年，卒。贈宣忠輔義功臣、榮禄大夫、平章政事、柱國，追封營國公，謚武襄。子阿台。

阿台當襲父職，適罷行省爲平灤路總管府，憲宗命阿台爲平灤路達魯花赤。始至，請蠲銀、鹽、酒等税課八之一，細民不征。

世祖即位，來朝，賜金虎符。諸侯王道出平灤，供給費銀七千五百兩，户部不即償，阿台自陳上前，盡取償以歸。置甲乙籍，籍民丁力，民甚便之。至元十年，進懷遠大將軍。歲饑，發粟賑民。或持不可，阿台曰：「朝廷不允，願以家粟償官。」僚屬始至，阿台必遺之鹽、米、羊、畜、什器，曰：「非有他也，欲其不剥民耳。」姻族窮者，月有常給。民有喪不能葬者，與之棺槨、布帛、資糧。灤州爲古孤竹國，廟祀伯夷、叔齊，以勵風俗。

二十一年，進昭武大將軍。二十四年，乃顔叛，獻馬五百匹佐軍，世祖大喜，已而得乃顔銀甕，亟以賜之。二十五年，入朝，以疾卒。贈推忠宣力功臣、資德大夫、中書右丞、上護軍，追封永平郡公，謚忠亮。子迭里威失。

迭里威失，少好讀書，成宗時入宿衛，授河西廉訪司僉事，拜監察御史，遷淮西廉訪副使，召爲中書左司員外郎，改樞密院參議，遷判官。延祐四年，授翰林侍講學士，出爲河間路總管。屬歲饑，出俸金及官庫所積賑之，活數十萬人。河間當水路要衝，四方供億皆取給焉。迭里威失立法調遣，民便之。復建言增置便習弓馬尉一人，益邏兵之數，於是盜賊屏息。陵州姦民結黨横行，迭里威失收繫獄中，悉殺之，一郡肅然。後拜遼陽行省參知政事。子鎖咬兒哈的迷失。

鎖咬兒哈的迷失，年十二，宿衛英宗潛邸，掌服御諸物。英宗即位，拜監察御史，首言：「國家政柄，總歸中書，不得隔越奏事。凡有奏行布告，並從中書省送國史、翰林院，詳定可否。」廷議韙之，著爲令。至治元年春，詔起大刹於京西壽安山，鎖咬兒哈的迷失與御史觀音保、成珪、李謙亨上章極諫，以爲東作方始，而興大役，以耗財病民，非所以祈福也，且歲在辛酉，不宜興築。初，司徒劉夔妄獻浙右民田，冒領内帑鈔六百萬貫，丞相帖木迭兒分取其半，監察御史發其姦，遂嫉臺臣。至是，帖木迭兒之子瑣南爲治書侍御史，密奏曰：「彼宿衛舊臣，聞事有不便，弗入告，乃訕上以揚己之直，大不敬。」帝遂殺鎖咬兒哈的迷失與觀音保，杖珪、謙亨，黥而竄之。

泰定初，贈鎖咬兒哈的迷失資德大夫、御史中丞、上護軍，追封永平郡公，謚貞愍。賜其妻子鈔五百貫、良田千畝，仍樹碑於墓道以旌之。

曷思麥里，西遼虎思斡兒朶人。事西遼主直魯古，爲柯散城八思哈長官。太祖遣者別伐西遼，時乃蠻太陽罕子古出魯克已篡直魯古之位，者別至垂河，曷思麥里率柯散等城官吏迎降。者別以曷思麥里爲前鋒，引大軍踰葱嶺，追斬古出魯克於撒里黑崑，傳首徇未下諸城，皆望風款服。

太祖十四年，從者別渡阿母河，入呼拉商，追貨勒自彌蘇爾灘，戰於禿馬温山。追至可疾寧城西可隆堡，射傷蘇爾灘之馬，收其珍寶而還。中途攻破玉兒堡，獲蘇爾灘之母、妻。又取谷德痕城。未幾，可疾寧亦降，乘勝略西北鄰部阿在兒拜展，其酋鄂思貝克降。遂駐冬於麥加，招降西南山中曲兒忒種人，略曲兒只部。

十五年，者別再入曲兒只，曷思麥里仍爲前鋒。以道路險阻，退而東行，渡古爾河，破設里汪之沙馬起城。進攻打耳班，踰太和嶺，敗阿速軍，乘勝入奇卜察克。明年冬，自阿速履冰渡黑海，入於撒吉剌之地，招降黑林城。十七年，奇卜察克以斡羅思援軍至，大軍

與戰於孩兒桑，大敗之。事具《者別傳》。

十九年，大軍凱旋，者別中道卒，曷里麥里率所部東還。會太祖親征西夏，曷思麥里以所獲珍寶及七寶織靚帝於阿剌思不剌思行在所。帝顧謂羣臣曰：「者別嘗稱曷思麥里之功，其軀幹雖小，聲聞甚大。」就以所進珍寶，聽稱力自取。仍命與薛赤兀兒同爲必闍赤。曷思麥里言：「向所招降人，尚留亦剌八里，願率以從征。」許之。

太宗三年，從車駕伐金，次懷孟州，命領奧魯事。明年，從敗金人於三峰山，授懷孟州達魯花赤，佩金符。五年，金中京留守强伸來寇，曷思麥里與昔里吉思、鎖剌海等力戰，卻之。又遣蒲察寒奴、乞失里札魯招降金總帥范真。是年，太宗以曷思麥里宣勞西域有年，命其二子捏只必、密里吉分襲懷孟達魯花赤、必闍赤。曷思麥里以札魯忽赤歸西域，行省帖木迭兒奏留之。明年，進懷孟、河南二十八處都達魯花赤，所隸州縣，不從命者，承制得籍其家。憲宗元年，卒。

密里吉襲懷孟達魯花赤，中統三年從征淮西，戰歿。

史臣曰：曷思麥里，西遼舊臣也。藉蒙古之兵，梟古出魯克以復故國之仇，可謂義烈。雖功名遜於者別，其忠於所事，則非者別所及也。

【校勘記】

〔一〕「昔里鈐部」，原作「昔思鈐部」，據正文及《元史》卷一二二列傳第九《昔里鈐部傳》改。

新元史卷之一百三十二 列傳第二十九

札剌亦兒台豁兒赤塔出 阿只乃懷都 塔孩拔都兒阿塔海 速哥忽蘭 失魯孩麥里 昔里吉思

札剌亦兒台豁兒赤，札剌亦兒氏，以氏爲名，亦譯爲撒里塔。事太祖爲宿衛。契丹人乞奴、鵶兒、喊舍等驅遼東遺民渡鴨绿江，竄據高麗江東城。十二年，以哈真爲元帥，札剌亦兒台副之，帥蒙古軍，兼督耶律留哥契丹軍、蒲鮮萬奴將完顔子淵軍，討之。破和、孟、順、德四城，麟州都領洪大純帥其子福源迎降。十二月，使著古與至高麗乞糧，且徵兵。高麗輸米千石，遣其將趙冲、金就礪帥師來會〔一〕。又明年正月，契丹平，札剌亦兒台與冲約爲兄弟，冲請歲輸貢賦。札剌亦兒台曰：「道路梗阻，汝國來往不易，我國每歲遣使不過十人，可齎以去也。」於是高麗王瞮遣其權闔門祗候尹公就中書注書崔逸持牒文來行營。遣使報之，定約而還。十五年，著古與再使高麗歸，盜殺諸途。由是與高麗絶信使者七年。

太宗初，金平章温迪罕哥不霱行省於遼東，連結高麗與蒲鮮萬奴以拒命。太宗命札剌亦兒台帥北京元帥吾也而、遼王薛闍、義、川等州節度使王榮祖、都提控耶律捏兒等渡遼，先討哥不霱，拔蓋州、宣城等十餘城，哥不霱走死。

三年，追討高麗殺信使之辠，遂圍新興鎮，屠鐵州，洪福源帥降民千五百户導札剌亦兒台攻州郡之未附者。九月，至西京，入黄鳳州，克宣郭州，取城邑四十餘。使阿兒禿與福源招諭王瞮，瞮使其弟淮安公侹請和。十一月，屠平州。元帥唐古拔都兒等至王京。王瞮遣御史閔曦犒師。十二月，蒙古軍分屯王京城外，閔曦復來犒。札剌亦兒台遣使持牒入城諭降。王瞮使弟侹獻方物。札剌亦兒台復徵賄，王瞮又獻國贐，且遣使上表自陳。札剌亦兒台遂承制置京府及州縣達魯花赤七十二人，以也速迭兒帥探馬赤軍留鎮之。

明年正月，率所部先歸，遣使二十四人持璽書諭高麗王。三月，王瞮遣中郎將池義深、録事洪巨源、金謙等齎國贐、牒文送札剌亦兒台行營。四月，又遣其上將軍趙冲及御史薛慎來上表稱臣，獻方物。五月，帝以將征蒲鮮萬奴，遣使九人徵兵高麗。七月，高麗權臣崔瑀脅遷其王於江華島，並遣内侍尹復昌往北界諸城，奪蒙古所置達魯花赤弓矢，達魯花赤射殺之。八月，其西京巡撫閔曦亦謀殺達魯花赤，不果。是月，札剌亦兒台復奉命討高麗。先貽書詰責王瞮，瞮一再答書自辯。十二月，札剌亦兒台至王京，攻處仁城，爲

高麗人金允佳所射殺，别將帖哥引軍還。子塔出。

塔出，以勳臣子，至元十七年授昭勇大將軍、東京路總管府達魯花赤。十八年，召見，賜鈔六十錠，旌其廉勤，授開元等路宣慰使。二十二年，入覲，帝慰勞久之，且問曰：「太祖命爾父札剌亦兒台聖旨，爾能記否？」塔出奏對稱旨，帝嘉之，賜以玉帶、弓矢，拜龍虎衛上將軍、東京等路行中書省右丞。復授遼東道宣慰使。

塔出探知乃顔謀反，遣人馳驛上聞。命領軍一萬偕皇子愛牙赤備禦之。女真、水達達官民與乃顔連結，塔出遂棄妻子，率麾下十二騎直抵建州，距咸平千五百里，與乃顔黨太撒拔都兒等合戰，兩中流矢，其黨帖哥、抄兒赤等欲襲攻皇子，塔出扈從皇子渡遼水。乃顔軍來追，塔出轉鬬而前，射其將帖古歹，鏃出於項，墮馬死，追兵始退。遂還軍懿州，州老幼千餘人，焚香羅拜道傍，泣曰：「非宣慰公，吾屬無遺種矣。」塔出至遼西熙山北小龍泊，得叛將史秃林台、盧全等納款書，期而不至，即遣將討擒之，又獲其黨王賽哥。復與曲迭兒大王等戰，破之，將士欲俘掠，塔出禁止之。與諸將漢爪、脱脱台等追乃顔餘黨，北至金山。帝嘉其功，召賜黄金、珠璣、錦衣、弓矢、鞍勒。

二十八年，賜明珠虎符，充蒙古軍萬户。是年，討哈丹於女真，還攻建州。明年，哈丹

涉海南，奔高麗，塔出復進兵討之。入朝，賜珍珠上服，拜榮禄大夫、遼陽等處行中書省平章政事，兼蒙古軍萬户。卒。子答蘭帖木兒，中奉大夫、遼陽省參知政事。

阿只乃，亦譯爲阿朮魯，斡羅納兒氏。與飲巴泐渚納水。太祖元年，授千户。屢從征討，賜銀印。領兵收附遼東女真，還，賜金甲、珠衣、寶帶。從太祖征西夏，大戰於額里合牙。西夏主李睍懼，乞降，來朝行在。時帝已崩，脱欒扯兒必遵遺詔殺之，分給西夏主貲産於阿只乃。復從太宗伐金，下宿、泗等州二十餘城。諸王闋阿只乃年老，命其子不花代領軍職。

中統二年，不花卒。子幼，以兄子懷都襲。

懷都，從親王哈必赤討李璮，圍濟南。夏四月，璮夜出兵衝突，懷都力戰，斬首百餘級，俘二百餘人，璮退走入城。秋七月，破濟南，誅璮。哈必赤第其功居最，詔賜金虎符。領蒙古、漢軍，攻海州，略淮南廬州。

至元三年，充邳州監戰萬户。四年，領山東路統軍司，從伐宋。至襄陽，西渡漢江，宋

遣水軍絶歸路，懷都選士卒泅水，奪戰艦二十餘艘，斬首千餘級。六年，略地淮南天長，至五河口，與宋兵戰，敗之。七年，詔守鹿門山、白河口、一字城。九年春，懷都請攻樊之古城堡。堡高七層，懷都夜勒士卒，攀援而上，遂拔之，斬宋將韓撥發，擒蔡路鈐。襄陽既降，帥師城正陽，復略地南豐，獲生口無算。

十二年夏，宋將夏貴來攻正陽，懷都領步卒薄西岸，至横河口，逆戰敗之。十二年，北渡，至柵江堡，敗宋軍。復南渡江，駐兵鎮江。諜報宋平江軍出常州，懷都領兵千人，至無錫，與宋兵遇，大戰，殲其衆。秋七月，行省檄懷都領軍護焦山江岸，仍駐揚州灣頭立木城，以兵守之。九月，權樞密院事，復守鎮江。宋殿帥張彦、安撫劉師勇攻吕城，懷都與萬户忽刺出、帖木兒追戰至常州，奪戰船百餘，擒張彦及范總管。冬十月，從右丞阿塔海攻常州，宋朱都統赴援，懷都帥所部至横林店與之遇，奮擊，大破之。十一月，克平江，徇秀州，仍撫治臨安迤東新附軍民。

十三年秋，偕元帥撒里蠻、帖木兒、張弘範徇温州、福建，所至州郡迎降。十四年，授鎮國上將軍、浙東道宣慰使，討台、慶叛賊，戰於黄奢嶺，又戰於温州白塔屯寨，轉戰至漳、泉、興化，平之。十六年，召至闕下，賜玉帶、弓矢，授行省參知政事，至處州，以疾卒。

子八忽台兒，官至通奉大夫、浙東道宣慰使、都元帥，平浙東、建寧盜賊，數有功。

不花子忽都答兒既長，分襲蒙古軍千户。從平宋有功，授浙西招討使，改邳州萬户，加榮禄大夫、平章政事，卒。

塔孩拔都兒，遜都思氏。始與其兄赤勒古台、弟泰亦赤兀歹事札木合，繼而棄之，歸於太祖。以赤勒古台同皇弟合撒兒帶刀宿衛爲兀勒都赤，泰亦赤兀歹與忽圖抹里赤主飼馬羣爲阿都兀赤。塔孩與阿兒孩合撒兒、速客該、察兀兒孩四人，掌遠近巡察之事，特被親信。常與速客該往來奉使於王罕，後同飲巴泐渚納水。太祖即位，授赤勒古台第十四千户，塔孩第二十四千户。塔孩從太祖征西域，與阿剌黑、速客圖攻白納克城，降之。進圍忽氈城，其守將帖木兒以精兵千人屯賽渾河中洲，矢石不能及。塔孩等填石以進，帖木兒不能守，遁去，遂克忽氈。後卒。子卜花，襲職。孫阿塔海。

阿塔海，魁偉有大度，才略過人。既襲千户，從大帥兀良合台征雲南，身先行陣。師還，事世祖於潛邸。至元九年，命督諸軍攻襄陽。襄陽下，第功授鎮國上將軍、淮西行樞密院副使，築正陽東、西城。五月霖雨，宋將夏貴乘淮水溢，來争正陽。阿塔海率衆禦之，

賁走，追至安豐城下而還。

拜中書右丞、行樞密院事。渡江，與丞相伯顏軍合，克池州。十二年，師次建康。宋鎮江守將石祖忠降，其揚州守將李庭芝遣兵突圍來攻，阿塔海率師救之，宋兵望風退走。時真、泰諸城尚爲宋守，鎮江地扼襟喉，城壁不完，阿塔海乃立木柵，以保障居民，又分兵屯瓜洲，以絶揚州之援。宋將張世傑、孫虎臣帥舟師陣於江中焦山下，阿塔海與平章阿朮登南岸，督諸軍大破之。宋殿帥張彦與平江都統劉師勇襲吕城，遣萬户懷都擊之，獲彦。十月，併行樞密院於行中書省，仍以阿塔海爲右丞。克常州，降平江、嘉興。十三年正月，會兵臨安，宋降，以其幼主、母后入覲。詔赴瓜洲，與阿朮議淮南事宜。

十四年，授榮禄大夫、平章政事、行中書省事。十五年二月，召赴闕，拜光禄大夫、行中書省左丞相，移治臨安。十八年，遷征東行省丞相，征日本，遇風舟壞，遂失利。二十年，行同知沿江樞密院事。二十三年，行江西中書省事，入朝。二十四年，扈從征乃顔，師還，奉朝請居京師。二十六年十二月，卒，年五十六。贈推忠翊運宣力功臣、開府儀同三司、太師、上柱國，追封順昌王，謚武敏。子阿里麻，江淮行樞密副使、江南行臺御史大夫。

速哥，蒙古怯烈氏。父懷都事太祖，嘗從飲巴泐渚納水。速哥爲人，外質直而內沈勇，雅爲太宗所知。命使金，覘其虛實，語之曰：「即不還，子孫無憂不富貴也。」速哥頓首曰：「臣死，職耳，況奉陛下威命以行，必無他慮。」帝悅，賜御馬。至河，金人閉之舟中，七日始登南岸，又三旬乃至汴。及見金主，曰：「天子念爾土地日狹，民力日疲，故遣我致命。爾能修歲幣，通好不絕，則轉禍爲福矣。」謁者令下拜，速哥曰：「我大國使，肯爲爾屈乎！」金主壯之，取金巵飲之酒。速哥飲畢，即懷金巵出，默識其地理阨塞、城郭人民之强弱。既復命，備以虛實告，且以所懷金巵獻。帝喜曰：「我得金於汝手中。」復以賜之。始下令徵兵南伐。大兵至河北岸，方舟欲渡，金人陣於河南。帝令儀衛導速哥居中軍，親率偏師掠陣，策馬登岸。及金亡，詔賜金護駕士五人，曰：「以旌汝爲使之不辱也。」速哥昔過崞州，盜殺其馬，至是兼以崞州民賜之。

太宗八年，帝從容謂速哥曰：「我將官汝，西域、中原，惟汝擇之。」速哥再拜曰：「幸甚。臣意中原便。」帝曰：「西山之境，八達嶺以北，汝其主之。汝於城中構大樓居其上，使人皆仰望汝，汝俯而諭之，顧不偉乎？」乃以爲西山大達魯花赤。

受命方出，有回回六人訟事不實，將抵罪，遇諸途。謂監刑者曰：「姑緩其刑，當入奏。」復見帝曰：「此六人者，名聞西域，以小罪誅之，恐非所以懷遠人也。願以賜臣，臣得

笞辱之，使悔過遷善，爲他日用。」帝意解，召六人謂之曰：「生汝者速哥也，其竭力事之。」後六人有至大官者。速哥卒，年六十二。贈推忠翊運同德功臣、太師、開府儀同三司、上柱國，追封宣寧王，謚忠襄。

六子：曰長罕，曰玉呂忽都撒，曰合里都，曰忽蘭，曰忽都兒不花，曰不花。長罕、玉呂忽都撒、合里都，皆從兀魯赤太子出征，以戰功顯。

忽蘭，以母爲后戚，得襲職。乙未抄户籍，前賜崞州户已入官籍，更賜山西户三百。郡縣捕盜不獲，法當計失物直倍償，郡縣苦之。有甄軍判者，率羣盜殺人渾源界，縣以失捕當償。忽蘭曰：「此大盜也，縣豈能制哉？」即遣千人捕甄，殺之，其害乃除。

忽蘭性純篤，然好佛法，嘗施千金修龍宫寺，建金輪大會，供僧萬人。卒，年四十二。贈太保、金紫光禄大夫、上柱國，追封雲國公，謚康忠。

子天德于思，穎悟過人。世祖聞其賢，令襲父爵。養母完顏氏，以孝聞。海都寇邊，天德于思撫循其衆，守備甚完。帝聞而嘉之，賜馴豹、名鷹，使得縱獵禁地。卒，年三十九。贈太傅、儀同三司、上柱國，追封雲國公，謚顯毅。子孫世多顯貴。

失魯孩那顔，沼兀列台氏。從太祖同飲巴泐渚納水。授千户，統沼兀列部從征諸國。卒於河西。

子麥吉，從太祖平金。

孫麥里，從定宗平乞卜察克、阿速、斡羅斯諸國。又從憲宗征蜀。中統初，諸王禾忽附阿里不哥，麥里以爲上初即位，而禾忽爲亂首，不可不誅。與其弟桑忽答兒帥所部討之，一月八戰，奪所掠札剌亦兒台、塔塔兒諸部民而還。桑忽答兒爲禾忽所殺。帝聞，遣使者以銀鈔、羊馬迎致麥里，賜號答剌罕。尋卒。子秃忽魯。

昔里吉思，佚其氏族。從太祖征西域。太宗時，從睿宗伐金，師次京兆府。會亦來哈觧作亂，昔里吉思挺身斫賊陣，衆皆披靡，俄失所乘馬，走還軍中。睿宗嘉其功，妻以侍女唆火尼。世祖尤愛之，命侍左右。其妻爲皇太子乳母，皇太子待以家人之禮，得飲白馬湩。二子：曰塔出，曰撒里蠻。

塔出，官寶兒赤迭只斡兒朵千户。塔出子千家奴，從伐乃顔，戰歿。帝命籍乃顔人口賜之。

撒里蠻從討阿里不哥，賜號拔都兒，授光禄少卿，仍襲千户。累遷僉宣徽院使。以千户從征乃顔，賞金盞二。入爲同知宣徽檢事。成宗即位。拜宣徽使，加大司徒。卒，子帖木迭兒，襲千户，累遷宣徽使，遥授左丞相。

【校勘記】

〔一〕「帥師」，原作「帥帥」，據文意改。

新元史卷之一百三十三　列傳第三十

鎮海　粘合重山南合　牙剌洼赤馬思忽惕　劉敏王德真　楊惟中　孛魯歡也先不花　塔失蠻〔一〕按攤　阿榮　搠思監　忙哥撒兒伯答沙

鎮海，怯烈氏，或曰本田氏，至漠北始改爲怯烈氏。或曰當時同名者三人，以管屯田，故稱田鎮海云。鎮海以百户從太祖，同飲巴勒渚納水。與親王、大臣大會斡難河上，共上太祖尊號曰成吉思汗。太祖倚眷日密，授札魯忽赤。從征乃蠻，賜御馬。又從攻西遼，賜珍珠旂，佩金虎符，爲闍必赤。總屬官金符十人、銀符五十人，命屯田於阿魯歡之地，且城之，因名其地曰鎮海。

七年，從太祖伐金。師次撫州，與金將忽察虎戰，流矢中左脅，裹創復戰，竟拔其城，賜白金以旌之。燕京下，命鎮海登大悲閣，環射四箭，所至園廛邸舍，悉以賜之。

太祖崩，受顧命奉太宗踐阼，拜中書左丞相。後尚右，又改右丞相。凡中書省文書，行於西域、畏兀兒諸國者，用畏兀文，鎮海主之；行於中國及契丹、女真者，用漢文，耶律

楚材主之。然仍於年月之前，鎮海書畏兀字曰付與某人，用相參驗。帝收天下符節，獨鎮海符節聽留。四年，偕速不台、塔察兒圍汴京，賜九龍旂、乘輿、椅、蓋。五年，破蔡州，以功賜恩州千户爲湯沐邑，世食其賦。先是，收天下童男女及工匠置局於弘州，既而得西域織金綺紋工三百户及汴京織毛褐工三百户，皆分隸弘州，命鎮海世掌之。太宗崩，六皇后稱制，素不喜鎮海，罷其官。定宗即位，復拜右丞相。定宗以寢疾不視事，事多決於鎮海與喀達克。卒，年八十四。

其後憲宗伐宋，常拊髀歎曰：「使吾有鎮海，何憂江南？惜其亡矣。」或曰憲宗即位，殺定宗用事大臣，鎮海、喀達克皆誅死，湴殺鎮海者爲丹尼世們。疑莫能詳也。

世祖即位，以鎮海舊部及降人千户爲貴赤，授其孫莊家千户，曾孫也里卜花百户，爲十七投下之一焉。

鎮海子十二人。知名者，曰要束木札魯忽赤，佩金符。曰孛古思，從世祖征雲南，率千人架浮橋於金沙江以濟師，以功授益州都等路宣慰使，賜金虎符、玉帶。中統二年，改東平路副達魯花赤，尋遷濟南等路宣慰使。至元二年，遷南京路達魯花赤，討平蘄縣賊。以病乞歸，授保定路達魯花赤，卒。曰闊里吉思，子八十八，僉河東廉訪司事；按攤不花，淮東廉訪副使。孫脱烈，靖州達魯花赤。

史臣曰：許有壬撰《鎮海碑》，稱鎮海卒於乙未八月。定宗元年丙午至憲宗元年辛亥，中無乙未。意者鎮海誅死，子孫諱其事，妄言卒年，而不悟其年事之不合也。

粘合重山，一名鈞，金女奚烈氏。初爲質子，知金亡，遂委質於太祖。授必闍赤，直宿衛，賜馬四百匹。從攻西夏，執大旗指麾將士，手中流矢不動。太宗即位，數侍内宴，因諫曰：「臣聞天子以天下爲憂，憂之則治，忘憂則亂。今置酒爲樂，此忘憂之術也。」帝深納之，以重山與史天澤、劉黑馬爲三萬户，統漢軍。三年，立中書省，拜重山爲左丞相。時耶律楚材爲中書令，帝委以國事，而以重山佐之。

七年，從皇子闊出伐宋，詔軍前行中書省事，許便宜從事。重山收降民三十餘萬。師還，復入中書視事，賜中廄馬十匹、貫珠袍一襲。卒，贈太尉，追封魏國公，謚忠武。子南合。

南合初爲江淮安撫使。十年，詔嗣其父行軍前中書省事。時大將察罕圍壽春，七日

城始下，欲屠其城。南合曰：「不降者獨守將耳，其民何罪？」由是城人獲免。

初，世祖伐宋，南合進曰：「李璮受國厚恩，專制一方，然其人多詐，叛無日矣。」帝然之。中統元年，遷西京等處安撫使。已而立宣撫司，改西京路宣撫使。明年，拜中書左丞、中興等路行中書省事。三年，遷秦蜀五路行中書省事。是年，李璮反，帝使諭南合曰：「卿言猶在吾耳，璮果反矣。卿宜嚴防西邊。」南合奏曰：「臣謹受詔，不敢以西事累陛下。」至元元年，進中書平章政事。五年，卒。追封魏國公，謚宣昭。

子博温察兒，河中知府。孫世臣，同知京畿都漕運使。

牙剌洼赤，忽魯謨斯人。太祖征西域，皇子拙赤等下兀籠格赤，牙剌洼赤挈其二子馬俺木惕、馬思忽惕來降。從駕追札剌勒丁，中道取哥疾寧，留牙剌洼赤守之。西域略定，分置達魯花赤監治不合兒、薛米思堅、兀籠格赤、兀丹、乞思合兒、兀里羌、古先、答里勒等城，以太師耶律阿海總領之，命馬思忽惕同知其事。

牙剌洼赤從駕東歸，佐太宗定西域丁賦，授燕京行省札魯忽赤，斷漢民公事，且掌中原財賦。有西域商人奧都剌合蠻請撲買中原銀課二萬二千錠，以四萬錠爲額，太宗從之，

以爲提領諸路課稅所官。牙剌洼赤不以爲然。及六皇后稱制，益任奧都剌合蠻以財政，罷牙剌洼赤官，禍且不測。馬思忽惕在西域，聞之懼，亡命依親王拔都。其後奧都剌合蠻伏誅，定宗仍以牙剌洼赤管中原財賦，馬思忽惕治突厥斯單、薛米思堅等處財賦，並錫金獅符。

憲宗初立，太宗孫失烈門，定宗諸子忽察、腦忽等，合謀爲變。事覺，捕其從官，鞫問辭服，廷臣請窮治其獄。帝以初政，不欲多行殺戮，見牙剌洼赤立户外，呼入問之曰：「汝老成人，更事多，何獨無言？」對曰：「臣西域人也，請得言西域事。昔者希臘王阿來珊德已滅波斯，欲入印度，將領中多異議，令出不行。阿來珊德遣使詢於其傅阿里斯拓忒耳。使者致命，阿里斯拓忒耳無言，與使者至園中，遇樹之蔽礙者，令僕從芟伐，或竟拔其根株，易以新植。使者悟，歸報阿來珊德，乃誅諸不從令者，使人代將之，竟平印度而回。」帝聞是言，遂誅三王之黨預逆謀者凡七十人。仍命牙剌洼赤與不只兒等行尚書省事於燕京，管印造寶鈔，馬思忽惕與納懷、塔剌海充別失八里行尚書省事。其父子同被四朝寵遇如此。

中統時，阿里不哥僭號，與察阿歹後王阿魯忽交兵久之。阿里不哥使馬思忽惕往議

和，阿魯忽以馬思忽惕治不合兒、薛米思堅等城財賦，軍用饒足，馬思忽惕遂留事察阿歹後王。其後八剌合謀攘旭烈兀後王呼拉珊之地，至元五年冬，遣馬思忽惕爲使，陽謂阿梅河左右之地，本屬公家，成吉思四子皆得分其歲賦，陰則探道路、詗軍事。馬思忽惕至，阿八哈大王厚禮之，贈以成吉思御服，出示歲計簿籍，明無餘財。馬思忽惕既得簿籍，不辭而去，來時沿途留騎以待，易馬疾馳，追者及諸河，已在舟中矣。及篤哇立，仍以馬思忽惕治呼拉珊財賦。馬思忽惕在西域前後五十餘年，所至府庫裕而民不擾，有善理財之名。

劉敏，字德柔，一字有功，宣德人。太祖七年，大軍次山西，敏年十二，從其父母避兵於德興禪房山，盡室被俘。敏隸於一大將麾下，一日御營犒宴，敏輒入坐共食。上見之，親問姓名，敏跪而自陳，並訴主將不見恤，無以自贍。上憐之，命改隸中宫。閲二年，能通諸部語，賜名玉出干，出入禁闥爲奉御。

十八年，授安撫使，便宜行事，兼燕京路徵收税課、漕運、鹽場、僧道、司天等事，給以西域工匠千餘户，及山東、山西兵，置二總管府。敏從子二人，佩金符，爲二府長，以敏總之，賜玉印，佩金虎符。敏奏佐吏宋元爲安撫副使，高逢辰爲安撫僉事，李臻爲參謀。契

丹人在燕京，往往中夜挾弓矢掠民財，敏戮其渠魁。又豪家冒籍良民爲奴者衆，敏悉歸之。選習星曆者爲司天太史，興學校，進名士爲之師。

太宗即位，改造行宮幄殿。七年，城和林，建萬安宮，設宮闈司局，立驛傳以便貢輸，皆以敏董其役。既成，宴賜甚渥。十三年，授行尚書省，詔曰：「卿之所行，有司不得與聞。」俄而牙剌洼赤自西域回，奏與敏同治漢民，帝允之。牙剌洼赤素剛尚氣，恥不得自專，使其屬忙哥兒以流言誣敏，敏出手詔示之，乃已。帝聞之，命漢察火兒赤、中書左丞粘合重山、奉御李簡詰問得實，罷牙剌洼赤，令敏獨任。復辟李臻爲左右司郎中。臻在幕府二十年，參贊之力居多。

六皇后稱制，以敏與奥都剌合蠻同行省事，仍命與牙剌洼赤同管中原財賦。四年，請以子世亨自代，帝許之，賜世亨銀章，佩金虎符，賜名塔塔兒台。帝諭世亨有不從命者黜之。又賜其子世濟名散祝台，爲必闍赤，入宿衛。

帝伐宋，幸陝右，敏輿疾請見。帝曰：「卿有疾，不召而來，將有言乎？」敏曰：「臣聞天子出巡，義當扈從。但中原初定，勞師遠伐，恐非計也。」帝弗納。敏還，退居年豐。世祖南征，過年豐。敏入見，諭之曰：「我太祖勵精圖治，汝及見之。今汝春秋高，其彙次聖政以爲後世法。」未幾，以病歸於燕京。夏四月，卒。與敏同爲太祖奉御者，有王德真。

王德真，字濟準，隆興豐利人。九歲而孤。太祖敗金軍於野狐嶺，獲德真，愛其風骨，命後宮撫養之。稍長，通蒙古語，善於譯説。太祖以德真漢人，定官名爲奉御，與也速拜兒、塔布台、札固剌台三人同列，皆當時勳貴也。德真知無不言，或至夜分，猶敷陳於御榻之下。又命德真兼掌二皇后宮政，皇后撫之如子。從平西夏，太祖欲屠城，德真諫曰：「陛下一視同仁，非敵百姓也。」太祖説，遂赦之。

太宗即位，以先朝親舊，不欲勞以煩劇，賜金符，授德興人匠達魯花赤。四年，崔立以南京降，從速不台入南京。後除德興、燕京、太原人匠達魯花赤。中書令耶律楚材從容謂德真曰：「君佐命舊臣，宜入中書，相與同心輔政。」德真固辭。六皇后稱制，以德真爲西京等路廉訪使。世祖南征，又以德真爲平陽、太原等路廉訪使。皆不就。至元九年卒，年七十一。

楊惟中，字彥誠，弘州人。幼事太宗，知讀書，有膽略，太宗器之。奉命使西域，籍其户口而歸。皇子闊出伐宋，命惟中於軍前行中書省事，克宋棗陽、光化等軍，光、隨、郢、復

等州，及襄陽、德安府，凡得知名士數十人，收伊、洛諸儒著述送燕京，立宋大儒周敦頤祠，建太極書院，延趙復、王粹講授其間，慨然欲以道濟天下。

太宗崩，乃馬真皇后稱制，惟中代耶律楚材爲中書令，以一相總庶務。

定宗即位，平陽路斷事官斜徹横恣不法，詔惟中宣慰，惟中按誅之。金將武仙餘黨散入太原、真定，據大明川，用金天興年號，衆至數萬。詔會諸道兵討之，不克。惟中仗節開諭，降其渠帥，餘黨悉平。

憲宗即位，世祖以太弟開府金蓮川，立河南道經略司於汴梁，奏惟中等爲使，俾屯田唐、鄧、申、裕、嵩、汝、蔡、息、亳、潁諸州。監河橋萬户劉福爲河南道總管，性貪酷，虐害遺民二十餘年。惟中至，召福聽約束，福稱疾不至。惟中設大挺於坐〔二〕，復召之，使謂曰：「汝不奉命，吾以軍法從事。」福不得已，以數十人擁衛見惟中，惟中即握大挺擊仆之。數日福死，河南大治。遷陝西四川宣撫使。時諸軍帥横侈病民，郭千户者尤甚，殺人之夫而奪其妻。惟中戮之以徇，關中肅然。語人曰：「吾非好殺。國家綱紀不立，致此輩賊害良民，無所控告。雖欲不殺，可乎？」

世祖伐宋，奏惟中爲江淮京湖南北路宣撫使，建行臺，蒙古、漢軍諸帥並聽節制。師還，卒於蔡州，年五十五。中統二年，追謚忠肅。

孛魯歡，怯烈氏。父昔刺斡忽勒，兄弟四人，長曰脱不花，次曰怯烈哥，季曰哈刺阿忽刺，俱隸王罕部下。王罕與太祖有隙，脱不花率其屬二百户來降，經雍古部，爲部長所留，居之忙兀魯地。脱不花遣其子要速特兒僞爲賈人，至太祖告其事。太祖使脱侖扯兒必往索之，雍古部長乃歸其兄弟於太祖。太祖問脱不花：「汝爲王罕何官？」對曰：「質子也。」乃使爲質子，宴享班大臣之列。從太祖征西域，賜畏兀兒户五百四十八。後從拖雷伐金，又從速不台征西域，從拔都征欽察。病卒。昔刺斡忽勒爲千户，早卒，孛魯歡其長子也。

幼事睿宗，爲護衛。定宗崩，與親王拔都擁立憲宗。即位之日，文臣以孛魯歡爲班首，掌宣發號令、朝覲、貢獻及内外聞奏諸事。二年，又以孛魯歡掌必闍赤寫發宣詔及諸色目官。賜真定之束鹿爲其食邑。憲宗崩於軍中，以序以賢，世祖當立，而先朝舊臣阿藍答兒等謀立阿里不哥，孛魯歡亦附之。至元元年，阿里不哥來降，帝令四親王、三大臣鞫其逆謀。阿里不哥曰：「孛魯歡、阿藍答兒二人勸我：先帝崩，兩兄將兵在外，我爲留守，應即大位。」帝乃誅孛魯歡等，釋阿里不哥不問。後贈推誠贊治功臣、儀同三司、太傅、昌國公，謚莊愍。孛魯歡四子：曰也先不花；曰木八剌，御史中丞；曰答失蠻；曰不花帖

木兒，榮祿大夫，四川行省平章政事。

也先不花，初襲必闍赤長。裕宗封燕王，世祖命也先不花傅之，謂裕宗曰：「也先不花，吾舊臣子，端方明敏，閑習典故，汝可每事咨之。」

二十三年，拜雲南行省平章政事。阿郎、可馬丁諸種僰夷爲變，討平之。立登雲等路、府、州、縣，得户二十餘萬。

大德二年，遷湖廣行省平章政事。會河南妖賊事連湖廣平章劉國傑、右丞燕公楠，朝廷驛召二人。也先不花附奏，辨其虚誣，事得釋。先是，也先不花與二人不相能，當時咸稱爲長者云。八年，遷河南行省平章政事。河決落藜隄，也先不花督有司塞之，身先吏士，功立就。九年，進拜湖廣行省左丞相。至大二年，卒。天曆二年，贈推忠守正佐運翊戴功臣、太師、開府儀同三司、上柱國，追封恒陽王，諡文貞。

子五人：曰亦憐真，累拜湖廣行省左丞相，天曆二年贈推誠輔治宣化保德功臣、太傅、開府儀同三司、上柱國，追封武昌王，諡忠定；曰禿忽魯，累拜中書右丞相、御史大夫、太傅、録軍國重事，天曆二年贈懷忠秉義昭宣弼亮功臣、太師、開府儀同三司、上柱國，追封廣陽王，諡清獻；曰答思，湖南宣慰使；曰怯烈，中政使；曰按攤。

答失蠻，幼事世祖於潛邸，掌第一宿衛、奏記，兼監斡脱總管府。及即位，拜户部尚書，兼内八府宰相。凡馬湩、祭天、燔肉、告神諸典禮，皆答失蠻掌之。十八年，改總管府爲泉府司，旋爲丞相哈剌哈孫所奏罷。二十五年，答失蠻請復立泉府，帝從之。是年，乃顔叛，答失蠻扈駕親征，詔諸王以下以軍法便宜從事。乃顔平，哈丹又叛，詔答失蠻從皇孫討之。哈丹走高麗死，遷宣政院使。二十六年，海都寇北邊，又扈從世祖親征，至杭海，置西北驛傳而還。二十八年，拜榮禄大夫、泉府大卿。

元貞元年，海都復入寇。成宗召答失蠻曰：「卿名素重，非身往不可。」加銀青光禄大夫、平章軍國重事，發衛士千人從行。大德三年，兼翰林院學士承旨，領泉府司事。八年，卒，年五十七。贈推忠益國輔治功臣、開府儀同三司、太師、上柱國、高昌王，謚忠惠。

按攤，有至性，以孝聞。事成宗，襲爲必闍赤長。也先不花有疾，命給七乘傳，使省父於湖廣。未幾，拜海北海南道宣慰使、都元帥。海島生黎叛服不常，按攤素有聲威，生黎王高等二十餘洞，皆願輸租稅如平民。至大二年，擢中書右丞、浙東道宣慰司都元帥。奔父喪，以哀毁卒。天曆二年，贈秉義效忠著節佐治功臣、太保、開府儀同三司、上柱國、中

書左丞相，追封趙國公，謚貞孝。子阿榮。

阿榮，字存初。幼事武宗，直宿衛，累遷湖南道宣慰副使。歲饑，分廪禄爲粥，以食餓者。遷湖廣行省左右司郎中，入僉會福院事，尋除吏部尚書。泰定初，出爲湖南道宣慰使，旋改浙東道宣慰使都元帥，以疾辭。天曆初，起爲吏部尚書、參議中書省事。二年，拜中書參知政事，知經筵事。進奎章閣大學士、榮禄大夫、太禧宗禋院使、都典制神御院事。久之，謁告歸。至元元年，卒。

阿榮精數學，逆推事成敗及人禍福，多奇中。天曆三年，廷試進士，阿榮與虞集會於直廬，語集曰：「更一科後，貢舉當輟。輟兩科而復，則人材大出矣。」又曰：「君猶及見之，榮則不及矣。」後三年，卒。元統三年，科舉罷，至正元年始復，如其言。

搠思監，亦憐真之子也。早歲性寬厚，寡言語，皆以遠大許之。泰定初，襲長宿衛，爲必闍赤怯薛官。至順二年，除内八府宰相。元統初，出爲福建宣慰使都元帥。後至元三年，拜江浙行中書省參知政事，是歲督海運漕米三百餘萬石，悉達京師，無耗折。六年，遷湖北道肅政廉訪使，未行，改江浙行省右丞。福建鹽法久壞，詔搠思監往究其私鬻、盜鬻

及出納之弊，至則悉廉得其利病，爲罷行之。

至正元年，改山東肅政廉訪使，尋召拜中政使。明年正月，除陝西行臺御史中丞。三月，復爲中政使。八月，調太府卿。四年，拜中書參知政事，尋遷右丞。六年，遷御史中丞，除翰林學士承旨，俄復爲中丞，又由資政使遷宣徽使。九年，除大宗正府也可札魯忽赤〔三〕，尋復入中書爲右丞。十年，遷平章政事，階光祿大夫。十一年，拜御史大夫，進銀青榮祿大夫。十二年，復爲中書平章政事，從丞相脱脱平徐州有功。十三年，拜御史大夫，尋又爲中書平章政事。

十四年九月，奉命討賊淮南，身先士卒，面中流矢，不爲動。十五年，遷陝西行省平章政事，召拜知樞密院事。俄復拜中書平章政事，兼大司農分司，提調大都留守司及屯田事。一日入侍，帝見其面有箭瘢，深歎閔之，進爲首平章。十六年，復遷御史大夫。四月，拜中書左丞相。明年三月，進右丞相。十八年，加太保，詔封其曾祖孛羅歡爲雲王，祖也先不花爲瀛王，父亦憐真爲冀王。

搠思監居相位久，無所匡救，又公受賄賂，物議喧然。是年冬，監察御史燕赤不花劾搠思監任用私人朵列及妾弟崔完者帖木兒印造僞鈔，事將敗，令朵列自殺以滅口。搠思監乃請解機務，詔止收其印綬。而御史答里麻失里、王彝言不已，帝終不聽。會遼陽賊勢

張甚，明年，起爲遼陽行省左丞相，未行，二十年三月，復拜中書右丞相，仍詔諭天下。

時宦者資正院使朴不花乘間用事爲姦利，搠思監與朴不花相表裏，四方警報壅不上聞。孛羅帖木兒、擴廓帖木兒各擁强兵於外，以權勢相軋，搠思監與朴不花黨於擴廓帖木兒，誣孛羅帖木兒以不軌。二十四年三月，下詔削其官爵，且命擴廓帖木兒討之。宗王不顔帖木兒、秃堅帖木兒等皆稱兵與孛羅帖木兒合，上表言其無罪，京師震恐。帝乃竄搠思監於嶺北，朴不花於甘肅，悉復孛羅帖木兒等官爵，然詔書雖下，而搠思監、朴不花仍留京師。

四月，孛羅帖木兒遣秃堅帖木兒稱兵犯闕，必得搠思監、朴不花乃已。帝不得已，縛二人畀之，皆爲孛羅帖木兒所殺。搠思監始至，孛羅帖木兒釋其縛，厚禮之。逾三日，方詰其濁亂天下之罪，又笑謂搠思監曰：「前賂汝七寶數珠一串，宜見還。」搠思監使取似此者六串至，孛羅帖木兒視之，皆非也，因怒曰：「宰相貪婪如此，我安能不正其罰！」遂殺之。已而御史復奏：「搠思監矯詔殺丞相太平，盜用鈔板，私家草詔，任情黜陟，鬻獄賣官，費耗庫藏，使天下八省之地悉致淪陷，乃誤國之奸臣，究其罪惡，大赦難原。曩者姦臣阿合馬之死，剖棺戮尸。搠思監之罪，視阿合馬尤甚。今雖死，必宜剖棺戮尸，以洩衆憤。」詔從之。而臺臣言猶不已，遂没其家産，竄其子宣徽使觀音奴於遠方。

怯烈氏四世爲丞相者八人，至搠思監竟隳其世業焉。

史臣曰：孛羅帖木兒跋扈，搠思監不量力而討之，使喋血京師，幽皇后，殺宰相，身既不免，國亦幾亡。是故激孛羅帖木兒以成其悖逆者，搠思監之罪也。然其人庸懦，劾者方之阿合馬，則過矣。

忙哥撒兒，札剌兒氏。曾祖赤剌温孩亦赤、祖搠阿，並事太祖。搠阿精騎射，太祖愛之，號爲蔑兒干。嘗與賊遇，將戰，有二飛鶩至，命搠阿射之。請曰：「射其雄者？抑雌者？」太祖曰：「雄者。」搠阿一發墮之。賊望見，驚曰：「是善射若此，飛鳥且不能逃，况人乎？」不戰而去。

太祖征蔑兒乞，兵潰，搠阿與其弟左右力戰以衛太祖。會者勒蔑來援，賊乃引退。搠阿生那海，那海生忙哥撒兒。太宗平金，念那海世勳，賜食洛陽百七十五户。

忙哥撒兒事拖雷，恭謹過其父，定宗以爲札魯忽赤。憲宗在藩邸，深知之。從征斡羅思、阿速、乞卜察克諸部，常身先諸將，及頒賞，則退然一無所取。憲宗益重之，使治藩邸

分民。間出遊獵，則命爲軍長，動如紀律。雖太后及諸嬪妃小有過失，知無不言，邸中人敬憚之。廼授爲也客札魯忽赤，義謂大斷事官。

既拜命，出帳殿外，欹橐坐熊席，其僚列坐左右者四十人。忙哥撒兒問曰：「王以我長此官，諸公謂我當用何道以稱職？」衆皆默然。又問，有夏人和斡居下坐，進曰：「夫札魯忽赤之道，猶宰之刲羊也，解肩者不使傷其脊，在持平而已。」忙哥撒兒聞之，即起入帳內。衆不知所爲，皆咎和斡失言。既入，乃爲憲宗言之。憲宗召和斡，命之步，曰：「可用材也！」和斡由是知名。

定宗崩，親王拔都大會宗親，議立憲宗。畏兀八剌曰：「失烈門，皇孫也，太宗嘗言其可以君天下。」時諸大臣聞八剌言，皆默然。忙哥撒兒獨曰：「汝言誠是，然乃馬真可敦立定宗時，汝何不言耶？拔都汗固亦遵太宗遺言者，有異議，吾請斬之。」衆莫敢支吾，憲宗之位始定。

已而察合台後王燕只吉歹二子與失烈門、忽察、腦忽三王欲乘大會燕飲作亂，刳車轅，藏兵器其中，以至在道轅折，兵器見，御者克薛傑上變，忙哥撒兒即發兵拒之。忽察等不虞事遽覺，倉卒不能戰，好言赴會。憲宗付忙哥撒兒鞫治，忙哥撒兒悉誅之。憲宗以其奉法不阿，委任益專。當刑者，輒以法處決，然後上聞。或卧未起，忙哥撒兒直造金帳前，

敂箭房，帝問何言，即可其奏。嘗以所御大帳行扇賜之。

三年秋，授萬户。冬，病酒卒。

帝以忙哥撒兒當國時多所誅戮，及是咸騰謗言，迺爲詔諭其子脱歡、脱兒赤曰：

汝高祖赤剌温孩亦赤，暨汝曾祖搠阿，事我成吉思皇帝，皆著勞績，惟朕皇祖實嘉賴之。汝父忙哥撒兒，自其幼時事我太宗，朝夕忠勤，罔有過咎。從我皇考，經營四力。逮事皇妣及朕兄弟，亦罔有過咎。暨朕討定斡羅思、阿速、隱兒別里、乞卜察克之域，濟大川，造方舟，伐山通道，攻城野戰，功多於諸將。大賚有績，則退然無欲得之心，惟朕言是用。修我邦憲，治我蒐田，輯我國家，罔不咸乂，惟厥忠。雖其私親，與朕嬪御小有過咎，無有比私。故朕皇妣迨朕昆弟，無不嘉賴。朝之老臣、宿衛耆舊，無不嚴畏。録其勤勞，命爲札魯忽赤，迨朕皇考受民，布昭大公，以辨獄慎民，爰作朕股肱耳目，衆無譁言，朕聽以安。自時厥後，察合台阿合之孫，太宗之裔，定宗、闊出之子，及其人民，越有他志。賴天之靈，時則有克薛傑者，以告於朕。汝父肅將大旅，以遏亂略，額勒只吉歹等謀是用潰，悉就拘執。朕取有辜者，使辨治之，汝父體朕之心。其刑其宥，克比於法。又使治也速蒙哥、不里獄，亦克比於法。惟爾脱歡、脱兒赤，自朕用汝父，用法不阿，兄弟親媢，咸麗於憲。今衆罔不怨，曰：「爾亦有

死耶？」若有慊志。人則雖無死，朕將寵之如生。肆朕訓汝，爾克明聽朕言，如是而有福，不如是而有禍。惟天惟君，能禍福人；惟天惟君，是敬是畏。立身正直，制行貞潔，是汝之福，反是勿思也。能用朕言，則不墜汝父之道，人亦不能間汝矣。不用朕言，則人將仇汝、伺汝、間汝。怨汝父者，必曰：「汝亦與我夷矣！」汝則殆哉！汝於朕言，弗慎繹之，汝則有咎；克慎繹之，人將敬汝、畏汝，無間伺汝，無慢汝怨汝者矣。又汝母汝婦，有讒欺巧佞構亂之言，慎勿聽之，則盡善矣。

至順四年，追封忙哥撒兒究國公。四子：曰脱歡，萬户；曰脱兒赤，脱兒赤子明里帖木兒，翰林學士承旨；曰也先帖木兒；曰帖木兒不花。

帖木兒不花子伯答沙，幼英敏端重，長入宿衛，歷事成宗、武宗，官宣徽院使。成宗崩，護梓宫北葬，守陵三年乃還。

延祐四年，拜中書右丞相。時承平日久，朝廷清明，百姓乂安，號稱極治。

仁宗崩，鐵木迭兒專政，改集賢大學士。未幾，以大宗正札魯忽赤出鎮北方。泰定間，還朝。

天曆初，上都兵潰，伯答沙奉璽紱來上，拜太傅，仍札魯忽赤。卒，貧無以爲殮，人稱

其廉。追封威平王。

三子：曰馬馬的因，曰潑皮，曰八郎。八郎期而孤，母乞要歹氏年二十守志不它適。八郎後亦爲大宗正札魯忽赤。

史臣曰：鎮海、粘合重山、楊惟中，俱非宰相之才。牙剌洼赤導憲宗以殺戮，忙哥撒兒又以酷濟之，蓋長君之惡者。孛魯歡擁戴阿里不哥，蒙古之家法如此，死非其罪，宜其有後也。

【校勘記】

〔一〕「塔失蠻」，正文作「荅失蠻」。

〔二〕「挺」，《元史》卷一三六列傳第三十三《耶律楚材傳》附《楊惟中傳》同。邵遠平《元史類編》卷一一、錢大昕《廿二史考異》卷八六作「梃」。下同。

〔三〕「大宗正府」，「正」原作「政」，據本書卷五七《百官志三》、《元史》卷八七志第三十七《百官三》改。

新元史卷之一百三十四　列傳第三十一

耶律留哥 薛闍 收國奴 古乃 善哥　蒲鮮萬奴　王珣 榮祖

耶律留哥，契丹人，仕金爲北邊千户。太祖起兵，金人疑契丹遺民有異志，下令契丹一户以二女真户夾居防之。留哥不自安，遁至隆安、韓州，聚衆剽掠。時有耶律的與之合，招集亡命，數月間衆至十餘萬，推留哥爲都元帥，的副之。

太祖命阿勒赤那顏略地至遼東，遇之，問所從來。留哥曰：「我契丹軍也，欲往附大國，道阻逗留於此。」阿勒赤曰：「我奉命討女真，適與爾會，豈非天乎？然爾欲效順，以何爲信？」留哥乃帥所部會阿勒赤登金山，刑白牛、白馬，北向折矢以盟。

金遣咸平兵馬都總管完顏承裕來討，聲言有得留哥骨肉一兩者，賞金銀如之，仍世襲千户。留哥度不敵，馳表乞援。太祖使阿勒赤、孛都歡、阿魯都罕引千騎會留哥，與金兵對陳於迪吉納兀兒。留哥以姪安奴爲先鋒，横衝承裕軍，大敗之，獻所獲輜重。太祖召阿勒赤還，以可特哥副留哥屯其地。

其部衆遂推留哥爲遼王，建元元統，都廣寧，立妻姚里氏爲妃，以耶律厮不爲郡王，坡沙、僧家奴、耶律的、李家奴等爲丞相、元帥、尚書，統古與、著撥行元帥府事。時太祖八年三月也。金知廣寧府温迪罕青狗退守蓋州，妻子陷於廣寧。金遣青狗往諭留哥降，不從，青狗竟留事之。金主怒，復遣咸平宣撫蒲鮮萬奴來討。留哥逆戰歸仁北細河上，萬奴大敗，收散卒奔東京。安東同知阿憐懼，遣使降於留哥。於是留哥盡有遼東諸州，定都咸平，號爲中京。金左副元帥移剌都以兵來攻，又爲所敗。

十年正月，蒲鮮萬奴僭號於東京，北襲咸平，東略婆速。留哥偵知萬奴兵出，國内空虛，乘間襲破東京。耶律厮不等勸留哥稱帝，留哥不從。是冬，與其子薛闍奉金幣九十車、金銀牌五百，至桉檀孛魯罕入覲。

時大朝會，勅漢人引見先納款者，太傅耶律阿海奏：「劉伯林納款最先。」太祖曰：「伯林納款雖先，然迫而來降，未若留哥杖義效順也。其先留哥。」既見，盡獻所賫，並以子薛闍爲質。太祖大説，謂左右曰：「凡留哥所獻，告之於天乃可受也。」陳以白氈，七日而後納於庫。問留哥何官，對曰：「遼王。」命賜金虎符，仍爲遼王。又問户籍幾何，曰：「六十餘萬。」太祖命以三千人爲秃魯花軍，遣蒙古三百人偕留哥所遣乞奴、秃哥二人往取之。先是，東京之破，可特哥納萬奴妻李僊娥，留哥不直之。及是以聞，太祖怒可特哥悖法，命執

之來。可特哥懼，與耶律厮不等紿衆，言留哥已死，殺所遣蒙古三百人以叛，惟三人逃歸告變。太祖慰留哥曰：「爾毋以失衆爲恨，吾他日倍此封爾，不吝也。草青馬肥，資爾甲兵，往取妻孥。」

十一年，乞奴、金山、青狗、統古與等推耶律厮不僭號於澄州，稱大遼收國王，建元天成，以留哥兄獨剌爲平章，青狗爲元帥。未幾，青狗叛歸金，厮不爲其下所殺，推其僞丞相乞奴監國，與行元帥鴉兒等分兵民爲左右翼，屯開、保二州間。金蓋州守將完顔衆家奴以兵三萬討之，戰於開州館，不克，退屯大夫營。留哥引蒙古軍數千適至，得兄獨剌並妻姚里氏，户二千。乞奴、鴉兒引兵數萬，渡鴨緑江，侵高麗寧朔、定戎之境。留哥乃招撫懿州、廣寧，徙居臨潢。未幾，金山殺乞奴，自稱大遼收國王，改元天德。是歲十一月，帥衆踐冰，渡大同江，入西海道。十二月，屠黄州。明年，統古與殺金山而代其位，喊舍又殺之。

十三年冬，留哥領所部契丹軍，與蒲鮮萬奴將完顔子淵，從元帥哈真、札剌亦兒台入高麗，圍喊舍於江東城。遣使至高麗乞糧徵兵，高麗輸米千石，且使其將趙冲、金就礪帥師來會〔一〕。明年正月，克江東城，喊舍自經死。留哥收其衆而還，置之西樓。自留哥入覲，遼東反復，耶律厮不僭號七十餘日，金山二年，統古與、喊舍共二年，至是留哥復定之。

十四年，留哥卒，年五十六。妻姚里氏入奏。會太祖征西域，皇太弟斡赤斤居守，承

制以姚里氏佩虎符，權領事者七年。二十一年，車駕東還，姚里氏挈次子善哥、鐵哥、永安及從子塔塔兒、孫收國奴，入覲於阿里湫行在。太祖曰：「健鷹飛不到之地，爾婦人乃能來耶！」賜之酒，慰勞甚至。姚里氏奏曰：「留哥既歿，其長子薛闍扈從有年，願以次子善哥代之，使歸襲爵。」太祖曰：「薛闍爲蒙古人矣，當令善哥襲其父爵。」姚里氏拜且泣曰：「薛闍者，留哥前妻所出嫡長也，宜立。善哥者，婢子所出，若立之，是私己而蔑天倫，竊以爲不可。」太祖嘉歎其賢，給驛騎四十。

從征西夏，賜夏俘九口、馬九匹、白金九錠，幣器皆以九計，許以薛闍襲爵，而留善哥、塔塔兒、收國奴於朝，先遣其季子永安從姚里氏東歸。

二十二年，遣薛闍歸，諭之曰：「昔爾父起兵遼東，會我蒙古軍，又能割愛，以爾事我。繼而姦人耶律斯不等叛，人民離散。欲食爾父子之肉者，今豈無人？我以兄弟視爾父，則爾猶吾子。爾父亡矣，爾其與吾弟別勒古台並領遼東軍馬，以爲第三千户。」

太宗二年，從伐宋，賜馬四百匹、牛六百頭、羊二百噭。三年，奉命從札剌亦兒台東征，收其父遺民，移鎮廣寧，行廣寧路都元帥府事。十年，薛闍卒，年四十有六。

子收國奴襲爵，行廣寧路總管軍民萬户府事。易名石剌。從征高麗有功。憲宗即位元年，以石剌三世爲國宣勞，命更造虎符賜之，佐諸王也古及札剌亦兒台控制高麗。九年，卒，年四十五。

長子古乃嗣〔二〕。中統元年，從諸王合丹、不者克討阿藍答兒及渾都海於山丹，平之。三年，從征李璮。至元六年，朝廷並廣寧路於東京，去職。是歲卒，年三十有六。子忒哥。

薛闍弟善哥，賜名蒙古歹，隸諸王口温不花。太宗二年，從拔天城堡。明年，克鳳翔。四年，引兵三千從渡河，平金。後伐宋，又從拔光州、棗陽，由千户遷廣寧尹。至元元年卒，年五十。有二子，天祐襲廣寧千户，改廣寧縣尹。

蒲鮮萬奴，女真人。初仕金爲尚廐局使。金泰和六年，以翼副統與阿魯帶、完顏達吉不，從都統完顏賽不敗宋將皇甫斌於溱水上。萬奴别將斷真陽路，與諸軍追擊至陳澤，斬獲有功。金宣宗立，萬奴累擢咸平招討使。

太祖九年，與耶律留哥戰歸仁北，敗績。金主御下嚴，萬奴畏辠不自安，又聞車駕南遷，思據地自擅。忌東北路招討完顏鐵哥兵强，徵其部騎兵二千並泰州軍三千，及其户口實咸平，鐵哥不遣。會萬奴代完顏承裕爲遼東宣撫，即坐鐵哥辠，下獄殺之。北京留守奥屯襄、宣差蒲察五斤表萬奴有異志。金主疑三人不協，詔諭「每事同心，並力備禦」，萬奴益不自安。

十年正月，遂據東京叛，自稱天王，國號大真，建元天泰。以兵北取咸平，走耶律留哥，東京諸猛安謀克多從之。高麗畏萬奴勢强，因其乞糧，給以八千石。四月，萬奴掠上古城，別將攻望雲驛三义里。五月，據大寧鎮。先後爲金同知婆速路兵馬都總管紇石烈桓端部將温迪罕怕哥輦等所敗。九月，萬奴自帥所部，出宜風及易池，與桓端戰，衆潰。是時，耶律留哥諜知萬奴兵東出，國内空虚，乘間與可特哥以兵襲破東京。

萬奴進退失據。十月，來降，以其子帖哥入質。既而殺遼東行省右丞耶律捏兒哥，復叛去，帥衆棲於海島。明年四月，破金兵於大夫營，轉入女真故地，自稱東夏國，改金上京會寧府曰開元，都之。哈真、札剌亦兒台討喊舍於高麗，萬奴命完顏子淵帥女真軍二萬往會焉。先是，金主聞萬奴叛，遣侍御史完顏素蘭與近侍局副内族諤可，由山東航海赴遼東，命駐於鐵山，體訪消息。後審其果叛，乃詔諭高麗及遼東行省平章温迪罕哥不靄討

之，萬奴又與哥不靄相結。

太宗即位，先命札剌亦兒台征遼東，哥不靄走死，乃進征高麗，且遣也速迭兒爲札剌亦兒台後援。高麗平，五年，命諸王阿勒赤歹、嗣國王塔思，各帥本部左手軍討萬奴。九月，圍其南京。城堅如立鐵，裨將石抹查剌約別將攻其東南，自奮長槊，超登西北隅，斬陴卒數十人。大軍乘之，城遂拔。開元、恤品兩路亦先後下，萬奴就擒，斬之。

萬奴自乙亥歲僭號，至是凡十有九年而亡。

萬奴之相曰王澮，金宣宗授右諫議大夫，充遼東安撫司參謀官，後遂爲萬奴宰相。年九十餘卒，世謂有知來之術云。

史臣曰：遼東之亂，耶律留哥、蒲鮮萬奴與兵事相終始。留哥無御衆之才，以歸附獨早，轉禍爲福。萬奴，金之舊將，一旦反噬，自稱東帝，偭向無常，卒歸夷滅。皆盜賊之雄，何足算也！

王珣，字君寶，本耶律氏。金正隆末，契丹窩斡叛，祖父成從母避難遼西，更姓王氏，

遂爲義州聞義人。

珣武力絶人，善騎射。年三十餘，遇道士，奇珣之相，謂之曰：「君他日因獲一青馬而貴。」珣不信。歲餘，有以青馬來鬻，珣私喜曰：「道士之言驗矣。」乃倍價買之。後乘以戰，進退無不如意。又得一刀，其銘曰：「舉無不克，動必成功。」常佩之。每有警，刀必先鳴，故所向克捷。

金末，豪强各擁衆自保。鄉人推珣爲長，旬月之間，招集遺民至十餘萬。

太祖十年，木華黎略地奚霫，珣率吏民出迎，承制以珣爲元帥，兼領義、川二州事。十一年春，張致僭號錦州，陰結開義楊伯傑等掠義州，珣出戰，伯傑引去。致兄子復以千騎來寇，珣選十八騎突其前，一卒槍刺珣，珣揮刀殺之，其衆潰走。時興中亦叛，木華黎圍之，召珣以兵來會。致乘虛襲義州，家人皆遇害。及興中平，珣無所歸，木華黎留之，遣其子榮祖馳奏其事。帝諭之曰：「汝父子宣力我家，不意爲張致所襲陷。歸語汝父，俟逆黨平，彼之族屬、城邑、人民，一以付汝，吾不吝也。仍免徭賦五年，使汝父子世爲大官。」珣以木華黎兵復開義，擒伯傑等殺之。進攻錦州，致部將高益縛致妻子及其黨千餘人以獻。木華黎悉以付珣，珣但誅致家，餘皆釋之。始還義州。

十二年，入朝，賜金符，加金紫光禄大夫、兵馬都元帥，鎮遼東便宜行事，兼義、川等州

節度使。珣貌黑，人呼爲哈剌元帥。從木華黎略山東，至滿城，命珣還鎮，戒之曰：「新附之民，反覆不常，非盡坑之，終必爲變。」對曰：「國朝經略中夏，宜以恩信結人，若殺降，寧有復至者乎？」於是降民皆獲免死。十九年正月卒，年四十八。四子，榮祖最知名。

榮祖，字敬先，珣長子也。性沈厚，音吐如鐘。珣初附於木華黎，以榮祖爲質，稍見任用。珣卒，襲榮禄大夫、崇義軍節度使、義州管内觀察使。從嗣國王孛魯入朝，帝聞其勇，選力士三人與之搏，皆應手而倒。欲留置宿衛，會金平章政事哥不靄行省於遼東，咸平路宣撫使蒲鮮萬奴僭號於開元，遂命榮祖還，副札剌亦兒台討之，拔益州、宣城等十餘城，哥不靄走死。金將郭琛、完顔洩魯馬、趙遵、李高奴等猶據石城，復攻拔之，洩魯馬戰死，遵與高奴出降。虜生口千餘，榮祖皆放爲良民。方城未下，榮祖遣部卒賈實穴其城，城崩被壓，衆謂已死，弗顧也。榮祖曰：「士忘身死國，安忍棄之？」發石，實猶未死，一軍感激。有言義州人懷反側者，札剌亦兒台將屠之，榮馳驛奏辯，乃止。

太宗元年，授北京等路征行萬户，换金虎符，從伐高麗，圍其王京，高麗王遣弟淮安公侹奉表納貢。五年，從討萬奴，擒之。趙祁以興州叛，又從諸王按只台平之。祁黨猶剽掠景、薊間，復從大將唐兀台討之。將行，榮祖曰：「承詔討逆人耳，豈可戮及無辜？」唐兀台

然之，由是免死者衆。再從征高麗，破十餘城，高麗王遣子綧入質。帝賜錦衣，旌其功。又從諸王也忽略地高麗，降天龍諸堡，遂下甕子城、竹林寨、苦苦數島。賜金幣，官其子興千户。移鎮高麗平壤。帝遣使諭之曰：「彼小國負險自守，釜中之魚，不久自死，緩急可否，卿當熟思。」榮祖乃募民兵屯戍，闢地千里。高麗王大懼，遣其世子倎出降。榮祖遂以倎入朝。

中統元年夏，詔榮祖詣闕，進沿邊招討使，兼北京等路征行萬户，賜寶鞍、弓矢。還鎮，以病卒，年六十五。

子十三人：通，興中府尹；泰，權知義、錦、川等州總管；興，征東千户；遇，襄陽路管軍萬户；達，東京五處征行萬户；廷，鎮國上將軍、中衛親軍都指揮使；璲，江西湖東道提刑按察使。

【校勘記】

〔一〕「帥師」，原作「帥帥」，據文意改。

〔二〕「長子」，原倒作「子長」，據本卷目録及《元史》卷一四九列傳第三十六《耶律留哥傳》乙正。

新元史卷之一百三十五　列傳第三十二

耶律阿海秃花 秃滿答兒 忙古帶　移剌捏兒買奴　石抹也先查剌 庫禄滿　石抹明安咸得卜　石抹孛迭兒　石抹海住世昌　耶律忒末天祐

耶律阿海，金桓州尹撒八兒之孫，尚書奏事官脱迭兒之子也。善騎射，通諸國語。金末，使於王汗，見太祖姿貌異常，因進言：「金國戎備廢弛，俗日侈肆，亡可立待。」帝喜曰：「汝肯臣我，以何爲信？」阿海對曰：「願以子弟爲質。」明年，復出使，與弟秃花俱往，慰勞加厚，遂以秃花爲質，直宿衛，阿海亦留事太祖，參預機謀，常在左右。

及王汗來襲，太祖與諸將同休戚者，飲巴泐渚納水爲盟，阿海兄弟皆預焉。既敗王汗，金人訶阿海久不反，命拘其家屬於瀛州，阿海殊不介意。帝聞之，妻以貴臣之女，給户食其賦。從攻西夏諸國，累有功。

太祖即位，敕大將者別略地漠南，阿海爲先鋒。六年，從破烏沙堡。八年，從拔宣德，乘勝次居庸北口。阿海奏曰：「好生乃聖人之大德，願止殺掠，以應天心。」帝嘉納焉。遂

分兵略燕南，山東諸路，還駐中都近郊。金主懼，請和。太祖諭其使曰：「阿海妻子，何故拘繫弗遣？」金人即歸其妻子。

九年，拜太師，行中書省事。從帝攻西域，拔布哈爾、撒馬爾干等城，留監撒馬爾干。未幾，以疾卒，年七十三。至元十年，追謚忠武。

三子：長忙古台、次綿思哥，次捏兒哥。

忙古台，太祖時佩虎符、監戰左副元帥，階金紫光禄大夫，管領契丹、漢軍，守中都，招安水泊等處。卒，無子。

捏兒哥，佩虎符爲右丞，行省遼東。萬奴叛，舉家遇害。

綿思哥，襲太師，監撒馬爾干城。久之，請還内郡。改中都路也可達魯花赤，佩虎符，卒。

二子：買哥，通諸國語，太祖時爲奉御，賜只孫服，襲其父職。時供億浩繁，屢貸於民，買哥悉以私帑償之。事聞，賜銀萬兩。從憲宗攻蜀，師次釣魚山，卒於軍。妻移剌氏，以哀毁卒，特謚貞静夫人。七子，知名者曰老哥、驢馬。

老哥，歷提刑按察使，入爲中書左丞。

驢馬，備宿衛爲必闍赤，遷右衛親軍都指揮使。至元二十四年，世祖宴於柳林，命驢

馬居其父位次，賜只孫服。二十五年，戍哈丹禿，有戰功，以老乞骸骨。

驢馬七子：五臺奴，襲父職；拔都兒，中書右丞；文謙，興國路總管；卜花，早卒；蒙古不花，荆湖北道宣慰使；虎都不花，一名文炳，潮州同知；萬奴，人匠副總管。

禿花，又譯爲統灰，國語質子也。帝即位，封千户，與阿海同親任用事。從伐金，爲嚮導，率劉伯林一軍招降山後諸州。九年，金將斫答、札剌兒來降，太祖命與石抹明安會攻中都。又從木華黎收山東、河北，有功，拜太傅，總領也可那延。封濮國公，賜虎符、銀印，歲給錦幣三百六十匹，鎮宣德。太宗即位，立漢軍七萬户，以禿花統萬户札剌兒、劉黑馬、史天澤伐金。卒於西和州。

子朱哥嗣，仍統劉黑馬等諸萬户，與都元帥塔海紺卜伐蜀，卒於軍。子寶童，有疾不任事，以朱哥弟買住嗣，别授寶童隨路新軍總管。買住言於憲宗曰：「今欲滅宋，當先定成都以爲根本。」帝然之，使率諸軍攻嘉定，未下而卒。以兄百家奴嗣。

自朱哥至百家奴，並襲太傅，領也可那延。

禿滿答兒，百家奴子也，常留中宿衛，後代百家奴爲成都管軍萬户。

至元十一年，從忽敦攻嘉定，修平康寨以守之。十二年，從汪田哥攻九頂山，嘉定降。又從忽敦徇瀘、叙諸州，圍重慶，守合江口，又以舟師塞龍門，敗其援兵。十三年，瀘州叛，從汪田哥攻之。瀘州堅守不下，禿滿答兒夜率所部奪其水城，黎明，遂克瀘州。復從圍重慶，敗守將張珏於城下，重慶降。賜虎符，授夔州路招討使。遷四川東道宣慰使，仍兼夔州路招討使，改同僉四川等處行樞密院事，遷四川行省左丞，尚書省立，改尚書省左丞，進右丞，卒。

忙古帶，寶童子也。沈雄有膽略。世祖時，賜金符，襲父職爲隨路新軍總管，統領山西兩路新軍。從行省也速帶兒征蜀，攻拔重慶、瀘州，俱有功，擢萬户。至元二十一年，遷雲南都元帥，從攻羅必甸，詔率所部入緬，迎雲南王。金齒、白衣、答奔諸蠻往往伏險要爲劫掠，忙古帶奮擊敗之，凡十餘戰，開金齒道，奉王以歸。遷副都元帥。二十四年，從諸王阿台征交趾，至白鶴江，與交趾昭文王戰，奪其戰艦八十七艘。又從雲南王攻必甸，破之。二十九年，入覲，賜金、幣有差。

成宗即位，擢鎮國上將軍，授烏撒、烏蒙等處宣慰使，兼管軍萬户。遷大理、金齒等處宣慰使都元帥。六年，烏撒、羅羅斯叛，雲南行省使忙古帶討平之。事聞，賜鈔三千貫、銀

五十兩、金鞍轡、弓矢，以旌其功。九年，討普安羅雄州叛賊阿填。晝夜不解甲，一日之間合戰者九，擒阿填，殺之。十年，進驃騎衛上將軍，遥授雲南諸路行中書省左丞，行大理金齒等處宣慰使、都元帥。十一年，卒於大吉州，年五十八。至大四年，贈龍虎衛上將軍、平章政事，追封濮國公，謚威愍。子火你赤，船橋萬户達魯花赤；旺札拉不花，雲南諸路兵馬右副元帥。

移剌捏兒，契丹人，沈毅多謀略。金人欲官之，辭不受。聞太祖舉兵，私謂所親曰：「爲國復仇，此其時矣。」率其衆百餘人來降，且獻伐金十策。帝召見，與語，奇之，賜名賽因必闍赤。又問生於何地，捏兒對曰：「霸州。」因號爲霸州元帥。

太祖十年，授兵馬都元帥，佐木華黎取北京。及張致據錦州叛，使捏兒與吾也而、脱蘭闍里必合兵討之。致平，遷龍虎衛上將軍、兵馬都提控元帥。興州達魯花赤重兒叛，復與吾也兒討平之，賜金虎符。

從木華黎圍鳳翔，先登，手殺數十人，左臂中流矢，裹創進攻丹、延諸州。木華黎止之，對曰：「創不至死，敢自愛耶？」木華黎壯之，贈以所乘白馬。明日，介其馬，飾以朱纓，

簡驍騎七十人與金人戰。木華黎登高望之，見其馳突萬衆中，曰：「此霸州元帥也。」金人大敗，丹、延十餘城皆降。遷軍民都達魯花赤、都提控元帥，兼興勝府尹。

二十一年，從太祖征河西，取甘、合、辛、蛇等州。復從郡王帶孫攻益都，下膠、萊、淄等州，太宗元年，卒。追贈推忠定力保德功臣、開府儀同三司、上柱國，封定國公，謚武毅。子買奴。

買奴，太宗召見，問曰：「汝年小，能襲父爵乎？」對曰：「臣年雖小，國法不小。」太宗異其對，顧左右曰：「此兒甚肖其父。」以爲高州等處達魯花赤，兼征行萬户。

從札剌亦兒台攻高麗花涼城，監軍張翼、劉拔都隕於敵，買奴怒曰：「兩將陷賊，義不獨生。」力戰，斬其大將一人。進攻開州，獲守將金沙密，遂下龍、宣、雲、泰等十四城。

太宗五年，從諸王阿勒赤歹征蒲鮮萬奴，有功。未幾，召還。興州趙祚反，土豪楊買驢等附之。仍從阿勒赤歹往討，斬賊將董鑾等，圍買驢於險樹塞，三月不下。買奴令健卒劉五兒循塞北小徑上大樹，懸繩引百人登，直前奮擊，買驢投崖死，餘黨悉平。以功賜金鞍良馬。

又從唐古征高麗，圍王京，取其西京而還。賜金鎖甲，加鎮國上將軍、征東大元帥，佩

金符，出鎮高麗，將行，以疾卒，年四十。贈推誠效義功臣、榮禄大夫、平章政事，追封興國公，謚顯懿。

買奴子元臣，别名哈剌哈孫。年十六，入宿衛，進止有度。世祖謂丞相和禮合孫曰：「此勳臣子，非凡器也。」以爲怯薛必闍赤，襲千户，將其父軍。從伐宋，攻淮西，戍清口，取瓜洲，下通、泰諸州。至元十三年，預平宋功，進階武義將軍、中衛親軍總管，佩金虎符。

十四年，翁吉剌部只兒瓦台叛，圍應昌。時皇女魯國公主在圍中，元臣帥所部兵馳救，擊敗只兒瓦台，追執諸魚兒濼。公主賜賚甚厚，奏請暫留元臣鎮應昌，以安反側。居一歲，召還，遷明威將軍、後衛親軍副都指揮，還鎮。又三歲，召還，加昭勇大將軍。十九年，世祖以所籍没權臣阿合馬家婦人賜之，辭曰：「臣家世清素，不敢自污。」帝嘉歎不已。

二十二年，進昭毅大將軍，同僉江淮行樞密院事。院罷，歸高州。車駕親征乃顔，元臣帥家僮五十人謁行在，自請扈駕討賊。二十八年，移僉湖廣行樞密院。時溪洞施、容等州蠻獠作亂，元臣親入敵境，諭降其酋魯萬丑。三十年，卒於官。贈安遠功臣、龍虎衛上將軍、同知樞密院事，追封興國公，謚忠靖。

子迪，中奉大夫、湖廣宣慰使都元帥。

石抹也先，本遼述律氏，遼之后族也，入金改爲石抹氏。祖庫烈兒，誓不食金禄，率部落遠徙，年九十而卒。父脱羅畢察兒，有五子，也先其仲子也。

年十歲，從其父問遼亡事，即憤曰：「兒能復之！」及長，勇力過人，多智略。金人徵爲奚部長，讓其兄贍德納，而自匿於北野山，射狐兔以食。聞太祖起朔方，即來降，建言：「北京，金根本地，先取之，則中原可傳檄而定。」太祖悦，命隸木華黎麾下取北京。

師次高州，木華黎使也先率千騎爲先鋒。也先曰：「兵貴出奇，何用多爲？」諜知金新易北京留守將至，也先與數騎邀而殺之，懷其敕命徑至北京，謂守門者曰：「我新留守也。」入府中，問吏列兵城上何爲？吏以邊備對，也先命盡撤之〔一〕，曰：「寇至在我，無勞爾輩。」是夜，下令易置其將佐部伍。越三日，木華黎至，也先開門納之，得户十萬八千、兵十萬，資糧　器械山積，降金將寅答虎等四十七人、城邑三十有二。

木華黎以北京抗命，城下，將屠之。也先諫曰：「降而復屠，則未下者人將死守，天下何時可定？」因以其事上聞，詔赦之，授也先御史大夫，領北京達魯花赤。時石天應等據興中府，也先分兵降之，奏以爲興中尹。又副脱忽蘭闍里必，監張鯨等取燕南未下州縣。至平州，鯨稱疾不行，也先執鯨送行在。帝責之，鯨對：「臣實病，非敢叛也。」帝曰：「今呼

汝弟致爲質，當活汝。」鯨諾而宵遁，也先追斬之。時致已殺使者應其兄矣。致伏誅，也先籍其私養士萬二千人，號黑軍，上於朝。賜虎符，進鎮國上將軍，以御史大夫提控諸路元帥府事。

後從木華黎攻蠡州北城，先登，中礧石卒，年四十一。子查剌，次咸錫博羅侃。

查剌亦善射，襲御史大夫，領黑軍。太祖十四年，詔以黑軍分屯真定、固安、太原、平陽諸郡。及南征，盡以黑軍爲前列，敗金將白撒、官奴於河北。渡河再戰，盡殲其衆。論功，黑軍爲最。太宗五年，從國王塔思討萬奴，獲之，事具《萬奴傳》。十三年，授真定、北京兩路達魯花赤。卒，年四十。四子庫禄滿。

庫禄滿，卓犖有大志。關弓滿石，晝的去百步射之，無不中。襲父職爲黑軍總管。憲宗八年，從大軍攻襄陽，晝夜苦戰，與從弟度剌攀雲梯而上，手殺數百人。度剌死之。中統三年，從討李壇於濟南，分地以守。壇數率精鋭衝突，庫禄滿輒挫之。後攻城，中流矢卒，年四十一。

庫禄滿臨陣，每身先士卒。或誡之，曰：「惡死好生，人之常情。吾不以身率之，誰肯

捐軀以效命乎？男子當援桴死事，豈呫呫死户牖下，效兒女子耶？」聞者壯之。子良輔、家兒。良輔，襲總管。至元十七年，以功擢昭毅大將軍、沿海副都元帥。二十一年，改沿海上副萬户。大德十一年致仕。子繼祖，襲萬户。

家兒，豐縣尹。

繼祖子宜孫，自有傳。

石抹明安，桓州人。幼嘗騎杖爲馬，令羣兒前導，行列整肅，無嘩者，父老見而異之。太祖七年，大軍克金撫州，金主命紇石烈九斤來援，明安爲裨將，陣於温根達坂。九斤謂明安曰：「汝嘗至蒙古，識其汗，可往見之，問舉兵之故。彼若不遜，即詬之。」明安如所戒，太祖使縛以俟命。既而大敗金兵，太祖召明安，詰之曰：「我與汝無怨，奈何衆辱我？」明安曰：「臣欲歸順，恐九斤見疑，故如所戒，得乘機至上前，不然何以自達？」太祖善其言，釋之。八年，金復遣明安等乞和，太祖允之。後來降，太祖命領蒙古軍撫定雲中東西兩路。

九年，金主遷汴，其紏軍斫答等殺其主帥來降。是時太祖欲休兵北還，明安諫曰：「金

有天下十七路，我甫得雲中兩路。使彼並力而來，則難敵矣。且山前民久不習戰，可傳檄而定。兵貴神速，豈宜猶豫？」太祖從之，即命明安與撒木哈由古北口進圍中都。諸將議屠城，明安奏曰：「攻而後降，城中人固當死。若生之，則州郡之未附者必聞風自至。」太祖從之。

十年春正月，克通州，金將蒲察七斤降。是時中都圍急，金主遣御史中丞李英、元帥左都監烏古論慶壽來援，人負糧三斗，慶壽亦自負以率其衆。明安將五百騎邀之，遇於永清，佯敗。金兵來追，大破之，獲李英及糧車千餘。未幾，金將完顔合住、監軍阿興鬆哥，復以步兵萬二千人來援。明安將三千騎，戰於涿州旋風寨，復破之，獲鬆哥，合住遁。四月，克萬寧宮及富昌、豐宜二關，分兵拔固安縣。

初，大軍破順州，兵士縛密雲主簿完顔壽孫以獻，明安用爲掾吏。俄逸去復來，問其故，對曰：「有老父在城中，往就之，今已没，故來。」明安義而釋之。五月，金丞相完顔承暉仰藥死，中都官屬率父老開門請降。明安諭之曰：「負固不服，非汝等罪，守者之責也。」悉宥之。仍賑以粟，衆皆感悦。

太祖駐桓州，明安遣使告捷，即以明安守中都，加太傅，兼管蒙古、漢軍兵馬大元帥。後以疾卒，年五十有三。

子咸得卜襲職。性貪暴，殺人盈市。耶律楚材聞之泣下，奏請禁州縣非奉璽書不得擅徵發，因當大辟必待報，違者罪死。咸得卜始稍戢。

次子忽都華，太宗時復爲燕京等處行尚書省事，兼蒙古、漢軍都元帥。

石抹孛迭兒，契丹人。父桃葉兒，徙霸州。孛迭兒仕金爲霸州平曲水寨管民官。木華黎至霸州，孛迭兒迎降。木華黎奇其才，擢爲千户。太祖九年，從木華黎覲太祖於雄州。賜銀符，充漢軍都統。太祖次牛闌山，欲盡戮漢軍，木華黎以孛迭兒可用，奏釋之，仍隸其麾下，從平高州。

十年，授左監軍，佩金符，與都元帥吾也而分領紅羅山、北京東路漢軍。又從脱忽闌闍里必攻洺州，城守甚堅，孛迭兒率衆先登，拔之。十二年，從木華黎定山東沂、密等州。十三年，又從定太原、平陽、忻、代、澤、潞、汾、霍等州。十四年，又從平岢嵐、吉、隰、絳等州。擢龍虎衛上將軍、霸州等路元帥，統黑軍鎮守固安水寨。既至，令軍士屯田，且耕且戰，披荆棘，造廬舍。數年之後，城郭悉完，爲燕京之外蔽。

太宗二年，入覲，賜金符。三年，從國王塔思定河南。五年，從討萬奴於遼東，平之。孛迭兒大小百餘戰，所至有功。年七十，以疾卒。

石抹海住，名德亨，字仲通，以小字行。木華黎承制授館陶縣尹。從克磁州，未嘗戮一人。又得鹿邑、太康生口五千餘，悉縱之。從攻彰德有功，遷奉國上將軍、彰德路總管，兼行軍總元帥府事，卒。石抹本遼之蕭氏，金改爲石抹氏，海住後更爲蕭氏，以復其舊云。子珪，征南千户。

孫世昌，字榮甫。幼端重。年十三，襲千户，已雄偉如成人。從討李壇及復宿、蘄等州，皆有功。至元六年，取宋五河口，手馘四十餘人，搏戰舟中，血流没髁，得戰艦二。卒於軍中，年二十五。妻段氏，至元二十二年以節孝旌其門。子：恒，襲千户，從鎮南王征交趾，以疾歸，封武略將軍、臨漳縣男；謙，仁和縣尹。謙子剌哈不花，内邱尹。

耶律忒末，祖丑哥，仕遼爲統軍都監。迨遼亡，丑哥夫婦俱死。

忒末仕金，仍爲都監。宣宗遷於汴，忒末及子天祐率衆三萬内附。授忒末帥府監軍，天祐招討使，從元帥史天倪略趙州，平棗强、欒城、元氏、柏鄉、贊皇、臨城等縣。太師木華黎承制加忒末洺州等路征行元帥。與天祐略邢、洺〔二〕、磁、相、懷、孟，招花馬劉元帥有功，木華黎又承制授忒末真定路安撫使、洺州元帥。進兵臨澤、潞，降其民六千餘户，以功遷河北西路安撫使，兼澤、潞元帥府事。太祖十七年致仕，退居真定。天祐襲職，從天倪攻取益都諸城，略滄、棣，得户七千，兼滄、棣州達魯花赤，佩金符。十九年，攻大名，拔之。明年，金降將武仙據真定以叛，殺守將史天倪。忒末父子夜踰城而出，會天倪弟天澤自北京還，遇諸滿城，合蒙古諸軍與賊戰，走武仙，復真定。朝廷以天澤襲兄爵，而以天祐鎮趙州。明年，仙復犯真定，天澤奔藁城，忒末與其妻子在真定者皆陷焉。仙遣其僕劉攬兒持書誘天祐曰：「汝能殺趙州官吏以附，當活父母，仍授汝元帥，不爾盡烹之。」忒末密令攬兒語天祐曰：「仙狡猾，汝所知也，毋以我故墮其機穽，以虧忠節。」天祐得書慟哭，至藁城，以書示天澤，天澤曰：「王陵之事，前史所稱，汝能遵父命，功不在王陵下也。」天祐乃趨還趙州，率衆殊死戰。仙怒，盡殺忒末家十八人。天祐戰屢捷，監軍張林密通仙，啟關納賊。天祐斬關出，復收散卒圍城。二十二年，賊棄城走，追至藁城，會天澤兵至，夾擊殺林。加

奉國上將軍、潞州征行元帥，兼趙州安撫使。後致仕卒。

【校勘記】

〔一〕「撤」，原作「撒」，《元史》卷一五〇列傳第三十七《石抹也光傳》亦誤，按：邵遠平《元史類編》卷一七做「撤」。據改。

〔二〕「洺」，原作「洛」，據《元史》卷一九三列傳第八十《忠義傳一》改。

新元史

第七册

列傳（二）

柯劭忞 撰
張京華 黄曙輝 總校

上海古籍出版社

新元史卷之一百三十六　列傳第三十三

仳理伽帖木兒岳璘帖木兒　都爾彌勢　哈剌普華　偰文質　偰列篪　撒吉思答里麻〔一〕　哈剌阿思蘭都大　塔塔統阿玉笏迷失　力渾迷失　哈剌亦哈赤北魯阿鄰帖木兒　沙剌班　世傑班　野里朮鐵哥朮　孟速思阿失帖木兒　八丹阿散　亦輦真　昔班斡羅思密

仳理伽帖木兒，畏兀兒人。國相暾欲谷之後也。暾欲谷數世至克直普爾，襲國相、答剌罕，錫號阿大都督。西遼授以太師、大丞相，總管內外藏事，國人稱之爲藏赤立。卒，子岳弼襲。岳弼七子：曰達林思弼，曰亞思弼，曰衢仙，曰博哥，曰博禮，曰合剌脫因，曰多和思。

亞思弼子仳理伽帖木兒，年十六，襲國相、答剌罕。時西遼尚强，威制畏兀兒，命太師僧沙均監其國，驕恣擅權。亦都護患之，謀於仳理伽帖木兒，對曰：「能殺沙均，挈吾衆歸大蒙古，彼且震駭矣。」遂襲殺沙均，以功加號仳理傑忽的，進授其妻明別吉號赫斯迭林。左右有嫉之者，譖於亦都護曰：「沙均珥珠，先王寶也，仳理伽帖木兒匿之。」亦都護怒，索

珠甚急。仳理伽帖木兒度無以自明，乃亡歸太祖。賜金虎符、獅紐銀印、金螭椅、金濟遜衣，護衛四人，以二十三城爲食邑，又賜銀五萬兩。後卒。弟岳璘帖木兒。

岳璘帖木兒，初奉亦都護命來朝，後爲質子，從太祖征討有功。皇弟帖木格斡赤斤求師傅，帝命岳璘帖木兒教之，以孝弟、仁厚爲先，帝聞而嘉之。

從太宗平河南，徙鄲縣民萬餘户於樂安。俄授河南等處都達魯花赤，佩金虎符，賜宫女四人。岳璘帖木兒所得賞賚，悉散於親舊。徑河西，所過榛莽，又乏水，爲之鑿井置堠戍，行旅稱便。

以中原多盜，充大斷事官。從帖木格斡赤斤鎮撫燕京等路。尋復監河南等處軍民。卒，年六十七。後贈宣力保德功臣、山東道宣慰使，謚莊簡。

子十人，曰益彌勢普華，曰都督彌勢普華，曰懷朱普華，曰都爾彌勢，曰八撒普華，曰旭烈普華，曰和尚，曰合剌普華，曰獨可理普華，曰脱烈普華。

都爾彌勢，初從撒吉思討李壇，以功授行省郎中，除博興州、沂州達魯花赤。

伯顔伐宋。慨然曰：「此吾立功報國之日也。」叔父撒吉思嘉其志，乃舉以自代。與從

子撒里蠻俱隸伯顔麾下。宋丞相賈似道屯於丁家洲。都爾彌勢爲前鋒，敗之。與宋殿帥孫虎臣戰於焦山〔二〕，又敗之。又從破常州，擢斷事官。

宋平，授安豐路達魯花赤，權處州達魯花赤。時新附之民多阻兵自保，都爾彌勢單騎招降，兵不血刃，人以四哥佛子稱之。阿合馬用事，乃告歸。大軍征日本，起爲征東都元帥，又與丞相阿答海等異議，辭不行。已而大軍果無功而返。盧世榮欲薦爲參知政事，亦力辭。遷同知浙東宣慰司事，改行省郎中，累遷太平路達魯花赤、廣西道提刑按察使，卒於官。

哈剌普華，幼侍母奥敦氏居益都。嘗歎曰：「幼而不學，必墮吾宗。」岳璘帖木兒奇其志，使習畏兀兒書及經史，記誦通敏過人。李璮叛，合剌普華與其母相失，撒吉思以行省討賊，合剌普華從之，得其母歸。撒吉思言於世祖，召直宿衛，命至益都，置廣興、商山二冶於四脚山，授商山鐵冶都提舉，佩金符。讓職於弟。大軍伐宋，授行都漕運使，帥諸翼兵萬五千人督餽餉。

宋平，上疏言：「親肺腑，禮大臣，以存國家之體。興學校，獎名節，以勵天下之才。正名分，嚴考察，以定百官之法。通錢幣，卻貢獻，以厚生民之本。」又言：「江南新附，宜登用

舊族，力穡通商，弛征薄斂以馴撫之。不然，恐尚煩聖慮。」帝采用其言。

屬漕米二十萬石，舟覆，損十之一，又每斛視都斛虧三升。時阿合馬專政，責償舟人。合剌普華抗言：「朝廷不任虧損，臣獨當其咎。」阿合馬怒，出爲寧海州達魯花赤。遷江南道宣慰使，未行，改廣東都轉運使，兼領諸番市舶。

東莞、香山、惠州販徒搆亂，哈剌普華與招討使答失蠻討平之。條鹽法之不便者，悉除其害。按察使脱歡大爲姦利，哈剌普華劾罷之。遂與都元帥課兒伯海牙、宣慰都元帥白佐等，分討劇盜歐南喜。

未幾，右丞唆都征交阯，使哈剌普華護餉道。至東莞、博羅二縣界，遇賊歐鍾等，衆寡不敵，爲所執。賊欲奉爲主帥，不屈，遇害於中心岡。是夕，其妻希吉特勒氏夢其來告曰：「吾死矣。」知事張德、劉閏亦夢之。贈户部尚書、守忠全節功臣，追封高昌郡侯，謚忠愍。希吉特勒氏有節行，有司旌之。

子偰文質。十歲時，刲股肉以愈母疾。延祐初，爲廣德路總管，改潭州路，又遷贛州路，擢同知宣慰司事、副都元帥。猺民叛，以計誘其酋龍半天等，誅之，餘衆悉降。遷吉安路達魯花赤。致仕，卒。次越倫質。

偰文質五子：偰直堅、偰哲篤、偰朝吾、偰列篪、偰玉立，皆第進士。時人稱其里爲五桂坊。偰直堅，宿松縣達魯花赤。偰哲篤，吏部尚書，建議改鈔法，丞相脱脱從之。累官江西行省右丞。偰朝立，翰林待制，至正中出爲泉州達魯花赤，有名績。越倫質子善著，偰哲篤子偰百僚，遜善著子偰正宗、阿兒思蘭，皆相繼成進士。

偰列篪，字世德，以父官江西，遂家焉。由翰林待制擢潮州達魯花赤，有惠政。至正中授河南路經歷。賊攻府城，偰列篪守北門，城且陷，投井死，妻、子從殉者十一人。

撒吉思，阿大都督和多思之次子也。爲斡赤斤國王必闍赤，領王傅。斡赤斤卒，長子只不干蚤世，孫塔察兒幼，庶兄脱迭欲廢適自立。時乃馬真皇后稱制，撒吉思與火魯和孫馳白其事，后乃授塔察兒以皇弟寶，襲國王。撒吉思以功與火魯和孫分治國王本部事：黑山以南撒吉思治之，其北火魯和孫治之。

撒吉思從憲宗攻釣魚山，建言宜乘勢定江南，不當頓兵堅城下，帝不能用。及崩，阿里不哥争立，諸王多附之，撒吉思馳見塔察兒，力言宜推戴世祖，塔察兒從之。世祖即位，

聞撒吉思前言，授北京宣慰司使，仍賜宮人翁吉剌氏及金帛、章服。

李璮叛，撒吉思從宗王不者克討平之。王以益都民從亂當屠，撒吉思争曰：「王者之師，誅止元惡，脅從罔治。」不者克從之，衆情大說。授山東行省都督，遷經略、統軍二使，兼益都路達魯花赤，辭不拜。上言山東重鎮，宜選親貴臨之，世祖不許。賜京城宅一區，益都田千頃，及璮馬羣、園林、水磑。兵後民無牛具，爲之上聞，驗民丁力，官給之。

時董文炳爲山東路經略使，收集益都舊軍充武衛軍，戍南邊。詔撒吉思與文炳議軍民籍，每十户唯取其二，其海州、東海、漣水移入益都者，亦隸本衛。既而分益都軍民爲二，文炳治軍，撒吉思治民。有統軍抄不花者，田游無度，害稼病民，元帥野速塔兒據民田爲牧地，撒吉思隨事表聞，敕杖抄不花，令野速答兒還其田。璮故將毛璋謀執撒吉思，帥所部歸宋，事覺，撒吉思襲璋，殺之。嘗慕古人舉讎之義，璮舊部得與子弟參用，公論多之。山東歲屢歉，請於朝，發粟賑之。又奏蠲其田租，士民刻石頌德。卒，年六十有六。追贈安邊經遠宣惠功臣、河南行省右丞、上護軍，封雲中郡公，謚襄惠。

孫曰答里麻，曰約著。約著，隆禧觀使，以伯父及父名皆有里字，乃以里爲氏。

答里麻，弱冠入宿衛。大德十一年，授御藥院達魯花赤，遷回回藥物院。尋出僉湖

北、山南兩道廉訪司事。召拜監察御史。時丞相帖木迭兒專權，答里麻帥同列亦憐真、馬祖常等劾其罪，風紀大振。擢河東道廉訪副使。隰州民賽神，因醉毆殺姚甲，爲首者逸去。有司逮同會者繫獄，歷歲不決。答里麻曰：「殺人者既逃，存亡不可知。此輩皆詿誤無罪，而反桎梏耶？」悉縱之。

至治元年，帖木迭兒復相，專務報復，答里麻謝病歸。明年，改燕南道廉訪副使。開州達魯花赤石不花歹有政績，同僚忌之，誣其與民妻俞氏飲。答里麻察俞氏乃八十老嫗，石不花歹實不與飲酒，抵誣告者罪，石不花歹復還職。行唐縣民砍桑道側，有人借斧削杖，其人夜持杖劫民財，事覺，並逮斧主下獄。答里麻原其不知情，縱之。深州民媼毆兒婦死，婦方抱其子，子亦死。媼年七十，同僚議免刑，答里麻曰：「法，罪人七十免刑，爲其血氣已衰，不任刑也。媼能殺二人，何謂衰？」卒死獄中。至治元年，除濟寧路總管。濟陽縣有牧童，持鐵連擊雀，誤殺同牧者，繫獄數歲。答里麻曰：「小兒誤殺，宜末減。」罰銅遣之。

泰定元年，擢福建廉訪使。朝廷遣宦官伯顏督繡段，橫取民財，宣政院判官朮鄰亦取賂於富僧，答里麻皆劾之。遷浙西廉訪使，會文宗發江陵，阿兒哈禿來求賂不獲，還譖於朝。召至京師，將罪之。比至，帝怒解，遷上都同知留守。天曆元年八月，明宗崩，文宗入

正大統，使者旁午，事無缺失誤，帝嘉之，特賜錦衣一襲。三年，遷淮東謙訪使。明年，召拜刑部尚書。新君即位，賜諸王、駙馬、妃主及宿衛官金帛，答里麻建議唱名給散，無虚冒者，費大省，帝復賜黄金腰帶以旌其能。

元統元年，擢遼陽行省參知政事。高麗使者道過遼陽，謁省官，各奉布四疋、書一幅，用征東省印封之。答里麻詰其使曰：「國制設印，以署公牘，防姦僞，何爲封私書？况汝出國時，我尚在京，未爲遼陽省官，今何故有書遺我？汝君臣何欺詐如是耶？」使者愧服。三年，改山東廉訪使。時山東盜起，答里麻以爲官吏貪污所致，先劾去之，而後上擒賊方略，朝廷嘉納之。除大都路留守。帝宴大臣於延春閣，特賜答里麻白鷹，以表其廉。帝嘗命答里麻修七星堂。先是，修繕必用金銀裝飾，答里麻獨令畫工圖山林景物，左右皆不以爲然。是歲秋，車駕自北京還，觀之大悦，以手撫壁，歎曰：「有心哉，留守也！」賞賚有加。

至正六年，擢河南行省右丞，改翰林學士承旨。七年，遷陝西行臺中丞。時年六十九，致事。後召商議中書平章政事，不拜，賜終身全俸。未幾卒。

哈剌阿思蘭都大，畏兀氏，父玉龍阿思蘭都大。都大，譯言巨室也。

太祖四年，畏兀亦都護納款。時蔑里乞酋托克塔敗死，其子忽都等涉也的兒石河，將奔畏兀。亦都護拒之，敗忽都等於真河。以蔑里乞爲帝仇，遣哈剌阿思蘭都大與察魯等四人來告戰事，具奏亦都護之誠款。帝曰：「果如爾言，其告亦都護以方物來獻。」對曰：「陛下幸哀憐，亦都護身且不敢有，何論方物？」復命亦都護遣哈剌阿思蘭都大賫寶貨、金織段以獻，由是高昌內附。哈剌阿思蘭都大亦留事太祖，直宿衛，從太祖伐金，卒於柳城。後贈資善大夫、湖廣行省右丞、上護軍，追封范陽郡公。

子阿塔海牙，用宿衛積勞，除塔山屯田捕打提舉，不就，卒於京師。贈江浙行省平章政事，追封趙國公。

阿塔海牙子阿思蘭海涯，由達魯花赤入爲監察御史，累遷江南行臺御史大夫。文宗即位，眷遇尤渥，以玉刻署押賜之，廷臣皆羡爲異數。後致仕，卒於家。弟賽因海牙，同僉宣徽院事。

塔塔統阿，畏兀兒人。通本國文字，乃蠻太陽汗尊之爲傅，掌其金印及錢穀。太祖平乃蠻，塔塔統阿懷印遁去。已而就擒，太祖詰之曰：「乃蠻人民疆土悉入我矣，汝懷此安

歸？」對曰：「臣之職也，將以死守，求故主歸之耳，豈敢有他？」太祖曰：「忠臣也。」問：「是物何用？」曰：「出納錢穀，委任人才，一切用爲信驗。」太祖善之，命侍左右。後文牘始用印，仍命掌之。又問畏兀兒文字，塔塔統阿奏對稱旨，遂命教諸皇子以畏兀兒字書。

太宗即位，命司内府玉璽、金、帛，且以其妻吾和利氏爲皇子哈剌察兒乳母，時加賜予。塔塔統阿召諸子諭之曰：「上以汝母鞠育皇子，故加賜予，汝等豈宜有之？當先供皇子，有餘則可分受。」太宗聞之，以爲廉，由是益加禮遇。卒，至大二年，贈中奉大夫，追封雁門郡公。

四子，長玉笏迷失，次力渾迷失，次速羅海，次篤縣。

玉笏迷失，少有勇略。渾都海叛於六盤，玉笏迷失爲皇孫脱脱守營壘，拒戰，敗之。追至只必勒，適阿藍答兒以兵來與渾都海合，玉笏迷失衆寡不敵，死之。

力渾迷失，有膂力。嘗獵於野，與衆相失，遇盜三人，欲褫其衣。力渾迷失手搏之，盡仆，執盜以歸。太宗召見，選力士與之搏，無相對者。帝壯之，賜金，命備宿衛。

速羅海，襲父職，仍司内府玉璽、金帛。

篤緜，舊事哈剌察兒。世祖即位，從其母入見，欲官之，以無功辭。命備宿衛。奉使遼東，卒。封雁門郡公。子阿必實哈，陝西行省平章政事。

哈剌亦哈赤北魯，畏兀兒人，性聰敏。亦都護月仙帖木兒聞其名，自唆里迷國召爲斷事官。月仙帖木兒卒，子巴而朮阿而忒斤嗣位，年少，西遼主直古魯遣契丹人沙均監其國，且召哈剌亦哈赤北魯至，以爲諸子師。會巴而朮阿而忒斤殺沙均而附於太祖，更遣阿憐帖木兒都督等四人使西遼。阿憐帖木兒都督者，哈剌亦哈赤北魯壻也，語之故，於是與其子月朵失野訥馳歸太祖。太祖大說，即命諸皇子受學，仍使月朵失野訥以質子宿衛。十四年，哈剌亦哈赤北魯從征西域，經别失八里東獨山，見城空無人。太祖問：「此何城也？」對曰：「獨山城。往歲大饑，民皆流徙。然此地當東路要衝，宜屯田。臣昔在唆里迷國，有户六十，願移居之。」帝曰：「善。」即遣月朵失野訥佩金符往取之，父子皆留居焉。後六年，太祖西征還，見田野墾闢，大說。問哈剌亦哈赤北魯，已卒，乃賜月朵失野訥都督印，兼獨山城達魯花赤。卒。子乞赤宋忽兒，太宗時襲職，賜號答剌罕。四子：曰塔塔兒，曰忽棧，曰火兒思蠻，曰月兒蠻。

世祖命火兒思蠻從雪雪的斤鎮雲南。

月兒思蠻事憲宗，襲父職，兼領僧人。後因篤哇據別失八里，盡室徙平涼。與其子阿的迷失帖木兒入覲，詔入宿衛爲必闍赤。尋從安西王忙哥剌出鎮六盤。忙哥剌卒，其子阿難答嗣。成宗即位，遣使入朝，因奏：「阿的迷失帖木兒父子，本先帝舊臣，來事先王，服勤二十餘年，願歸陛下用之。」帝從之，授阿的迷失帖木兒汝州達魯花赤。累官秘書大監，卒。子阿鄰帖木兒。

阿鄰帖木兒，善國書，歷事累朝。由翰林待制累遷榮禄大夫、翰林學士承旨。英宗時，以舊學日侍左右，陳説祖宗以來及古先哲王嘉言懿行，翻譯諸經，紀録故實，總治諸王、駙馬、番國朝會之事。天曆初，北迎明宗入正大統。明宗一見，甚悦，顧左右曰：「此朕師也。」明年，進光禄大夫、知經筵事。子曰沙剌班，曰禿忽魯，曰六十，曰咱納禄。

沙剌班，字敬臣，惠宗師也。帝即位，禮遇優渥。嘗入侍禁中，寢於便殿之側，帝以藉坐方褥，所謂朵兒別真者，扶而枕之。患頭瘍，帝親爲傅佛手膏。伯顔當國，有宗王譯奏：「『薛禪』二字，自爲世祖廟號，人臣遂不敢用。今太師伯顔功高德重，請賜以『薛禪』名

字。」御史大夫帖木兒不花爲伯顔心腹，欲慫恿執政允之。沙剌班言於帝曰：「此事關係甚重，不可曲從。」命學士歐陽玄、監丞揭傒斯會議，以「元德上輔」四字代之。

沙剌班累官翰林學士承旨，拜中書平章政事、大司徒、宣政院使。卒，追封北庭王，謚文定。沙剌班希帝意，請立奇氏爲皇后，時論少之。

子世傑班，字彦時，爲尚輦奉御，惠宗親愛之。帝黜丞相伯顔，世傑班與其謀。帝製洪禧小璽，貯以金函青囊，命世傑班掌之，懸項下或寘於袖中，其母不知也。有問以内廷之事，則答以他語，其慎密如此。累官翰林學士承旨。

野里朮，高昌人。

父達識，有謀略，爲國人所服。太祖西征，亦都護懼，以錦衣、貂帽召達識謀之，達識勸亦都護執贄稱臣，以保其國。由是擢爲尚書。

太祖班師，諸王言於帝曰：「聞達識之子野里朮驍勇善騎射，所將部落又强大，盍召用之？」帝韙其言，命以驛馬五百匹迎。野里朮既至，帝甚重之。十七年，太祖征西域，野里

朮從親王按只台力戰有功。按只台方以絳蓋障日，聞野里朮議事，喜見顏色，既退，撤其蓋送之十里。命兼四環衛之必闍赤。太宗四年，從伐金。六年，副忽都虎籍漢人户口，均其賦役。頃之，卒。子鐵哥朮。

鐵哥朮，沈鷙有才識。軍興，文檄交馳，鐵哥朮以國書譯之，無遺漏者，世祖嘉之。至元中，擢棣州達魯花赤，調德安府達魯花赤。宋遺民蔡知府據城叛，鐵哥朮率衆先登，身被數創，猶麾衆力戰，遂克之。主將議屠城，鐵哥朮曰：「叛者蔡知府數人，城民何與焉？請誅其黨與而止，毋濫殺。」主將從之。遷婺州路達魯花赤。卒，成宗敕其孫海壽返葬京師。贈榮禄大夫、江浙行省平章政事、柱國，追封榮國公，謚簡肅。

三子，長義堅亞禮，幼給事裕宗。至元十五年，爲中書省宣使，奉使河南，適大疫，義堅亞禮命村坊構室廬，備醫藥，以畜病者，全活甚衆。遷直省舍人。徵考上都儲峙，賜錦衣貂裘一襲，以旌其能。累遷湖州路達魯花赤。次月連朮，同知安隆府事。次八札，同知宣政院事。

義堅禮亞子海壽，累官杭州路達魯花赤，有惠政。卒，贈翰林直學士，追封范陽郡侯，謚惠敏。

孟速思，畏兀兒氏，世居別失八里，後徙大都。祖父八里木，父阿的息思，皆有名。孟速思年十五，盡通畏兀國書。太祖聞而召之，一見大悅，曰：「此兒眼中有火，他日可大用。」使侍睿宗，管顯懿莊聖皇后分邑。復侍世祖於潛邸。

世祖伐宋，孟速思與不只兒俱爲斷事官。憲宗崩，密白世祖：「神器不可久曠，宜早即大位。」諸王塔察兒、也孫哥、合丹等皆然之。世祖立，眷顧益重。及阿里不哥叛，不只兒有二心，孟速思知之，奏徙不只兒於中都，監護以往。帝又使迎安藏於和林。至元初，詔與安童並拜丞相，固辭。然尊禮與丞相等。凡所引薦，皆當世之選。帝語安童及月魯那演等曰：「賢哉孟速思！求之彼族，誠爲罕也。」四年，卒，年六十。帝痛惜之，特謚敏惠。大德十一年，贈推忠同德佐理功臣、太師、開府儀同三司、上柱國，追封武都王，改謚智敏。

十一子：曰脫因，宣政院使、太府卿；曰帖木兒不花，翰林學士承旨；曰小雲者，同知安西路總管事；曰也迭干，平陽達魯花赤；曰買奴，開府儀同三司、大司徒、翰林學士承旨，領章佩監；曰阿失帖木兒；曰乞帶不花；曰叔丹，吉州達魯花赤；曰月古不花，中書左丞；曰火你赤，雲南都元帥。

脱因了：曰察牙孫，四川行省左丞；曰僧家奴，行大司農少卿；曰本牙失理，同知澧州事；曰五十，唐州達魯花赤。也迭干子，曰阿思蘭，開成路達魯花赤。買奴子，曰朵兒克吉班，翰林侍讀學士。月可不花子，曰朵兒克，檀州達魯花赤。

阿失帖木兒，性聰强，能傳家學。至元十五年，從征乃顏有功，授樞密院都事。徽仁裕聖皇后召入内廷，命以字學授成宗及晉王。十九年，遷樞密院斷事官。大德二年，遷翰林侍讀學士，復命以字學授武宗。累擢翰林學士、正議大夫。武宗即位，以師傅恩，特拜榮禄大夫、大司徒、翰林學士承旨、知制誥兼修國史。未幾，加金紫光禄大夫，領太常禮儀院使。至大二年，卒，年六十。贈推誠保德濟美功臣、太師、開府儀同三司，追封武都王，謚忠簡。

子：别帖木兒，廬州達魯花赤；木忽禿，澧州達魯花赤；寬者，太常少卿。

八丹，畏兀兒氏。父小雲石脱忽憐。太祖四年，亦都護入朝，小雲石脱忽憐爲其國吾魯愛兀赤，譯言大臣，其父爲的斤必里傑提，譯言智福大相，俱從之。父子遂留事太祖。

小雲石脱忽憐尤爲帝所親幸，後給事拖雷，莊聖皇后撫爲養子。真定，拖雷分地，命爲宣差、都達魯花赤、斷事官。四子：曰八丹；曰速渾察，從皇弟旭烈兀征西域；曰哈剌哈孫，中書右丞，行中書省事，後以本官襲父職；曰闊闊，官宣慰使。

八丹事世祖，爲寶兒赤、鷹房萬户。從征哈剌有功，賜男女口、金鋌、銀甕。從征阿里不哥，戰於昔門秃，日三合，斬獲甚衆，賜金鋌。又從裕宗北征，至鎮海你里温，賜銀椅、鈔、幣，命還守真定。未幾，又命行省揚州。八丹辭曰：「臣自幼未嘗去陛下左右。」改隆興府達魯花赤，遥授中書右丞，諭之曰：「隆興府，朕之舊居，汝往居之。」八丹又辭，帝不允。從晉王甘剌麻征海都有功，賜金鋌。未幾，卒。贈銀青榮禄大夫、大司徒。

子五人：曰阿里，鷹房千户；曰石得，安西王相府官；曰德服，汝寧府達魯花赤；曰阿散；曰臘真，由會同館使、同知通政院，累官中書平章政事，兼翰林學士承旨、通政院使，卒。

臘真子察乃，由陝西行臺御史大夫入爲通政使，泰定中拜中書平章政事，卒。察乃子十人：曰孛孛實，河東山西道宣慰使；曰老漢；曰亦輦真，曰老章，知樞密院事；曰草地里，真定路達魯花赤；曰捏烈秃，宫傳；曰答剌海；曰羅羅，江東建康道肅政廉訪使；曰撒馬篤，中書參知政事；曰伯顔帖木兒，光禄少卿。

阿散，八丹第四子，通畏兀文，兼長騎射。裕宗在東宮，以奉訓大夫爲詹事判官。至元二十四年，除真定路達魯花赤。累進正議大夫。真定濱滹沱，多水患。阿散奏言：「治河即古之太白渠，舊合洨水於欒城縣北，經趙州南而東入大陸澤。今治水由平山西入滹沱，其勢益張。若浚治而復嘉埸堰，使治水循故道，滹沱湍悍之勢可殺。」廷議從之。堰成，規利者惡害其私，決之，遂爲臺臣所劾，罷其事。元貞元年，拜甘肅行省平章政事，賜玉帶。大德三年入覲，帝慰勞之，賜三珠虎符，統領西邊軍馬，仍舊平章政事。八年，卒，年五十。

子班祝，僉河東山西道肅政廉訪司事。

亦輦真，察乃第三子。幼敏慧，爲英宗御位下必闍赤。泰定初，授内八府宰相。初，高麗王阿難答失里襲位，其從弟完者篤愬於朝。阿難答失里入覲，留弗遣。至是，命亦輦真送阿難答失里歸其國。亦輦真宣布朝廷德意，人皆悅服。亦輦其弟老章，從明宗於朔漠。及帝北還，亦輦真奉璽綬迎於傑堅察罕。帝大悅，即除翰林學士，階資善大夫。故事，諸王入朝，從翰林求進止，餽遺甚厚，亦輦真悉拒不納。

惠宗即位，擢資政大夫、山東山西道肅政廉訪使。復召爲通政院使，奉命巡視驛傳，歷答八失剌哈孫，抵晃火兒目連之地，以便宜革驛傳弊政。東勝州之吴爨、永興、馬牛三驛牧地，爲人所侵冒，訟久不决，亦輦真讞得其實，衆皆辭服。乃正其經界，緩其逋租，民德之，立德政碑於三驛。未幾，遷山東西道宣慰使。江淮賊起，亦輦真與諸將討之。至邳州，遇賊二百人，諸將逡巡引卻，亦輦真獨與親兵十二人拒之，斬首七十餘級。俄拜遼陽行省左丞。時賊在膠州，亦輦真曰：「代者未至，我豈敢逭賊？」遂整衆東行，至沂水，而代者至，乃還。以疾卒於遼陽，年五十二。

昔班，畏兀兒人。父闞里别斡赤，身長八尺，智勇過人。從太祖征西域，數立戰功，將重賞之，自請爲本國坤閭城達魯花赤。從之，仍賜田卒二百。

昔班嘗授太宗皇長子合失書，合失，海都之父也。後事世祖潛邸，長必闍赤。中統元年，授真定路達魯花赤，入爲宗人府札魯忽赤。阿里不哥爭立，昔班奉世祖命督餉，給河西軍。還至西京北，聞萬户阿失鐵木兒等方選士卒，將從阿里不哥。昔班矯制召其軍赴行在。阿失鐵木兒狐疑未決，昔班委曲諭之，且曰：「可汗兄也，阿里不哥弟也。從兄順，

又何疑焉？」阿失鐵木兒請至夜熟議[三]，翌旦復命，且以兵圍昔班而待。明日至，曰：「從爾之言矣。」即便宜以西京錢糧給其軍，率之以行。及入見，帝歎曰：「戰陳之間，得一夫之助，猶爲有濟。昔班以二萬軍至，其功豈少哉！」

海都叛，遣昔班往諭，使罷兵、置驛來朝。海都聽命，既退軍置驛，而丞相安童襲禾忽大王部曲，盡獲其輜重。海都懼，將逃，謂昔班曰：「我不難殺汝，念我父嘗受書於汝，姑遣汝歸，以安童事上聞，非我辠也。」昔班以聞，世祖曰：「汝言是也。」先是來者亦嘗有此報。」十三年正月，拜中書右丞，參議政事，妻以宗女不魯真公主。三月，改户部尚書。明年，復使海都，諭來朝。海都辭以畏死，昔班不得要領而歸。昔班奔走三年，風沙翳目，遂失明。命爲翰林學士承旨，給全俸養老。年八十九而卒。

子斡羅思密，至元二十三年授淛東宣慰使。淛東盜起，僭稱天降大王，斡羅思密討平之。移鎮廣西，招降峒蠻羅天佑。年六十九，卒。

子咬住，至大三年授典用監卿。有盜世祖御帶者，懸賞五千錠購賊。咬住擒獲之，盜伏誅，咬住辭賞。武宗嘉其不伐，予之千錠。累官榮禄大夫、宗正府札魯忽赤。

史臣曰：蒙古滅乃蠻，得畏兀兒文字用之，故畏兀兒人多顯者。其後百餘年，偰氏，畏兀兒之世家也，反以中國文學知名。彼此一時，亦視人主之好尚而已。

【校勘記】

〔一〕「答里麻」，原作「答理麻」，據正文改。

〔二〕「殿帥」，原作「殿師」，據《元史》卷一五六列傳第四十三《張弘範傳》、歐陽玄《圭齋文集》卷一一《高昌偰氏家傳》改。本書《張弘範傳》、《靳忠傳》作「殿帥」不誤。

〔三〕「熟」，原作「孰」，據文意改。

新元史卷之一百三十七　列傳第三十四

嚴實忠濟　忠嗣　忠範　王玉汝　張晉亨　晉亨子好古　齊榮顯　岳存　王德禄　信亨祚　畢叔賢　閻珍　孫慶　齊珪　珪子秉節

嚴實，字武叔，泰安長清人。爲人美儀觀，略知讀書，志氣豪放，喜施與。

太祖八年，大兵略河北、山東，已而北歸。金東平行臺調民兵，署實爲百户。九年春，泰安張汝楫據靈巖山，遣其將攻長清，實敗之，以功授長清尉，東阿、平陰、長清三縣提控捕盜官，攝長清令。張林以益都附宋，乘勢西略，實出城督民租，比還，城已陷，俄以兵復之。行臺疑實通於宋，欲殺實，實挈家壁於青厓崮，倚林爲聲援。十五年八月，宋使趙拱諭京東州縣，過青厓，實因降宋，分兵四路，所至州縣皆下。

是年冬，木華黎至濟南，實知宋不足恃，遂挈二府、六州户三十萬，詣軍門降。木華黎承制，拜實金紫光禄大夫、行尚書省事。進攻曹、濮、單三州，皆克之。偏將李信守青厓，有罪懼誅，乘實出，殺實妻杜氏及其兄彬，降於宋。十六年，實以蒙古兵攻信，殺之，從木

華黎圍東平。木華黎謂實曰：「東平糧盡必棄城走，汝入即安輯之。」以實權東平行省。又謂千户扎拉兒台曰：「東平破，可命實與石珪分南北守之。」既而守將蒙古綱遁走，實入城，建行省。扎拉兒台以木華黎命，使實略定東平以北恩、博等州，石珪移治曹州。

十七年，宋將彭義斌復取京東州縣，實將晁海以青厓降，實家屬又爲義斌所獲。十八年，都元帥史天倪攻河衛，實以兵會之，與金將布哈等戰失利，實爲所擒。天倪使壯士要於延津，實得脱歸。二十年四月，義斌攻東平，實求援於孛里海，兵久不至，城中食盡，乃與義斌連合。義斌亦欲藉實收河朔而後圖之，以兄禮事實。時實衆尚數千，義斌不之奪，而留其家屬不遣。六月，義斌緣真定西山，與孛里海等軍相望，實自拔歸於孛里海。後義斌戰於贊黄五馬山，敗潰，史天澤擒義斌斬之，於是京東州縣復爲實有。是年冬，帶孫郡王取彰德；明年取濮州、東昌；太宗元年，孛魯取益都。實皆從行有功。

四年八月，朝太宗於牛心帳殿，賜坐，宴饗終日。太宗歡甚，賜實金虎符，數顧實，謂左右曰：「嚴實，真福人也。」八年，復朝於和林，授東平路行軍萬户，偏裨賜金符者八人。實所領凡五十四城，後割大名、彰德外屬，而益以德、兖、濟、單四州。太宗雅知實不便鞍馬，詔實毋從征伐。實病風痹久，或勸迎良醫，實笑曰：「人豈不死？吾得無疾病以殁，足矣！」十二年四月，卒，年五十九。

實在東平，以宋子貞爲評議官，兼提舉學校，延致名儒康曄、李昶、徐世隆、孟祺等於幕府，四方之士聞風而至，故東平文學，彬彬稱盛。實亦折節自厲，從儒者問古今成敗，至仁民愛物之事，輒欣然慕之。帶孫郡王克彰德，驅老弱數萬欲屠之，聽實諫而止。及破濮州，復欲屠之，實諫，獲免者又數萬。大兵由武關出襄、鄧，攻拔河南州縣，實知俘戮必多，載金帛往贖之，且約束部將毋妄殺。歲大饑，流民多殍。國法：匿逃亡，保社皆緣坐，流民無所託，僵尸塞路。實作糜粥，置道傍哺之，全活無算。王義深者，彭義斌別將也，義斌敗奔於金，實家屬在東平者，皆爲所害。金亡，實獲義深妻子，厚恤之，其寬厚長者類若此。

中統二年，追封實爲魯國公，謚武惠。七子：忠貞、忠濟、忠嗣、忠範、忠傑、忠裕、忠祐。

忠貞，金紫光禄大夫，先實卒。子度，甘肅行省左丞。

忠濟，一名忠翰，字紫芝，從實入見太宗，賜虎符，襲東平路行軍萬户、管民長官，初統千户十有七。憲宗五年，入朝，命括新軍，山東益兵二萬有奇。忠濟弟忠嗣、忠範爲萬户，以次諸弟及舊將之子爲千户，使忠濟統之，戍蘄縣。九年，世祖南征，詔忠濟帥所部會鄂。

中統二年，還京師，命忠範代之。

忠濟在東平，借貸於人，爲部民納逋賦。債家執文券來徵，世祖命出內藏償之。至元二十二年，特授資德大夫、中書左丞、行江浙省事，以老辭。二十九年，賜錢萬五千緡，宅一區，召其子瑜入侍。三十年，卒，謚莊孝。

忠濟早歲驕恣，朝廷恒慮其難制。及謝事後，貴而能貧，安於義命，世以是多之。

忠嗣，少從張澄、商挺、李楨學，略知經史大義。授東平人匠總管，領單州防禦使事。憲宗五年，充東平路管軍萬户。七年，從忠濟略地揚州，攻召伯埭，有功。九年，從忠濟渡淮，分兵出挂車嶺，與宋人相拒三晝夜，殺獲甚衆。又從攻蘄州，及渡江圍鄂州，戰甚力。師還，賜金虎符。

中統三年，宋人攻蘄州，徐州總管李杲哥叛降於宋。忠嗣從大軍復徐州，執杲哥殺之。賜銀二百兩、幣五十疋。四年，罷歸，卒於家。

忠範，代兄忠濟爲東平路行軍萬户。至元九年，僉成都行省事。戰失利，逮至京師，會赦免。十二年，授國信副使，偕廉希賢使於宋，至獨松關，爲宋將張濡所殺。

史臣曰：嚴實降於宋，又降於蒙古，蓋亦乘時徼利之士。迨中原粗定，挈溝壑轉徙之民，置之衽席之上，興學養士，文教蒸蒸，雖學道愛人者，何以尚此？宜乎功名之盛不及張柔、史天澤，而令聞獨遠也。

凡嚴實行臺官有名迹者，得十有二人，附著左方。

王玉汝，字君瑋，鄆州人。嚴實署爲掾吏，稍遷行臺令史。中書令耶律楚材過東平，奇之，授本路奏差官。夏津災，玉汝奏請復其民一歲。

太宗十年，以東平地分封諸功臣，各私其人，不隸有司。玉汝曰：「若是，則嚴公事業存者無幾矣。」夜哭於楚材帳後。明日，楚材召問之，曰：「玉汝爲嚴公之使，今嚴公地分裂，而不能救止，無面目還報，將死於此，是以哭耳。」楚材惻然良久，使詣帝前愬之。玉汝進言：「嚴實以三十萬户歸朝廷，崎嶇患難，卒無異志，豈與他降人同？今裂其土地，非所以旌有功。」太宗嘉玉汝忠款，罷其事，遷行臺知事，遥領平陰令。

實子忠濟嗣，授左右司郎中，總行臺之政。定宗即位，食邑東平者復欲剖分實地，玉汝力争於上，事始已。憲宗即位，命常賦外歲出銀兩，謂之包垛銀，玉汝曰：「民力不支

矣。」率諸路管民官訴之闕下，減三分之一。累官泰定軍節度使，兼兖州管内觀察使，充行臺參議。後以病謝事，忠濟强起之。未幾卒。

張晉亨，字進卿，南宫人。兄顥，金同知安武軍節度使事，領棗强令，率所部降於嚴實，進安武軍節度使，戰殁。木華黎承制以晉亨襲顥職。晉亨性畏慎，實器之，以女妻焉。其子忠貞入質，遣晉亨從之。太祖二十二年，從孛魯攻益都，以功遷昭毅大將軍，領恩州刺史，兼行臺馬步軍都總領，再遷鎮國大將軍。太宗六年，從實入覲，授東平路行軍千户。從圍安慶，攻光州之定城，略信陽，又別攻六合，拔之。

實卒，其子忠濟奏晉亨權知東平府事。東平貢賦率倍他道，又簿書獄訟日不暇給，晉亨任七年，甚獲民譽。憲宗即位，從忠濟入覲。時包銀制行，廷議户賦銀六兩。諸道長吏有輒請試行者，晉亨面責之曰：「諸君爲親民之吏，民利病且不知乎？今知而不言，罪也。承命而歸，事不克濟，尤罪也。且五方土產不同，任土而賦之，則民便而事易濟，必責民輸銀，雖破產有不能辦者。」大臣以聞。明日，太宗召見，如其言以對，帝韙之，乃蠲户額三分之一，仍聽民輸他物，遂爲定制。帝欲賜晉亨金虎符，辭曰：「虎符，爲長一道者所佩。臣佩虎符，非制也。不敢受。」帝益悦，改賜璽書、金符，恩州管民萬户。

中統三年，李璮叛，晉亨從忠範敗賊於遥牆濼，改本道奥魯萬户。四年，授金虎符，分將本道兵充萬户，戍宿州，建言：「汴隄南北沃壤，宜屯田以資軍食。」乃分兵屯墾。期年，遂獲其利。至元八年，改淄萊路總管，尋兼軍事。十一年，大舉伐宋，晉亨在選中，聞命就道，曰：「此報效之時也。」當率所部。由安慶渡江。伯顔留戍鎮江，戰焦山、瓜洲，皆有功。十三年，卒。三子：好古、好義、好禮。

好古，字信甫。晉亨權知府事，忠濟以好古領其父軍。戍宿州，旋授行軍千户。從圍樊城，又從略揚州，攻邵伯埭，拔之。中統元年，兼恩州刺史。未幾，移戍蘄州。宋人來攻，好古力戰，死之。時晉亨在濟南軍中，聞之，曰：「吾兒得其死矣！」至元元年，以好古殁於王事，命其弟好義、好禮並襲職爲千户。

齊榮顯，字仁卿，聊城人。父旺，金同知山東西路兵馬都總管。榮顯九歲代父任爲千户，佩金符，從妻父嚴實屢立戰功。攻濠州，宋兵背城爲陣，榮顯薄之，所向披靡。部將王孝忠力戰，中鉤戟，榮顯斷戟拔孝忠出，大帥察罕壯之。進拔五河口，擢權行軍萬户，守宿州。墮馬傷股，改提領本路課税，又改本路諸軍鎮撫，兼提控經歷司。值斷事官鈎校諸路

積逋，官吏多遭詬辱，榮顯從容辨理，悉爲蠲貸。從實入朝，授東平總管府參議，兼領博州防禦使。及大兵伐宋，道出東平，索供給銀二萬錠，榮顯詣斷事官訴之，得折充賦稅。中統元年，告歸，卒於家。

岳存字彦誠，大名冠氏人。嚴實承制授帥府都總領，守冠氏。金將鄭倜據大名，來攻。存堅守，倜復自將萬人圍之。存率死士百餘人，突出西門搏戰，倜退走。從實拒武仙於彰德西，敗之。遷明威將軍，領冠氏主簿。明年，存率五百人自彰德北還，過金將張開，衆萬餘。存兵入林中，戒之曰：「彼衆我寡，不可輕動，聽吾鼓聲爲節。」乃命騎居前，步卒在後，距敵二十步，鼓之，直薄開衆，開遁走，不損一卒而還。旋擢本縣丞，移楚邱。告老歸，卒於家，年六十九。

子玉禎，襲父職冠氏縣軍民彈壓。從圍襄樊，築百丈山、鹿門等堡。又監戰船於鎮江，戰焦山，擢千户。宋平，從張弘範覲世祖於柳林，賜金飾、銀鞍勒，擢福州路總管。累遷建康路總管，有惠政，民勒碑記之。至大二年，卒，年七十二。

王德禄，興中府人。以騎兵從王守玉屯東平，又從守玉歸於嚴實，以功累遷同知兖州

軍事。與宋將彭義斌戰，殁於陣。

信亨祚，字光祖，上谷人。率鄉曲千餘人壁梁山，歸於嚴實，署五翼都總領，佩金符。金濟南兵來襲青崖，一戰敗之，斬獲甚衆。後守曹州，不解甲者三年。又從實破黄山，取恩州，皆先登陷陣。又從大軍破彭義斌將劉慶福，遷同知曹州事。實治軍嚴，動以軍法從事，亨祚從容救止，多所全活。泰安人司仙統萬餘户壁於徂徠山，因亨祚自歸，亨祚受之，秋毫無所犯。卒年四十九。

畢叔賢，永清人。爲金濟南總管成江養子。李全據益都，以叔賢爲帳前都統，遷統制。大軍圍益都，城中食盡，全閉户欲自經，以試衆心嚮背。叔賢排户入，説全曰：「公死城即破，大兵一縱，城民無噍類矣。公降，必不死，何惜屈一身而不爲城民計乎？」全遂納降。後從成江歸於嚴實，實倚重之。妖人李佛子之獄，詿誤萬人，實欲盡誅之。叔賢諫曰：「民自陷於死，已可哀，況其老幼？公一言之重，人獲更生，何忍坐視而不救乎？」實惻然感動，别白詿誤，全活甚衆，并以金繒贖之。十五年，實承制授行軍總領，遥授鄒平、齊河兩縣令。累遷濮州刺史，改營屯都總領，復并本路税課所長官，卒。

閻珍，上黨人。仕金爲公府掾。金上黨公張開壁馬武寨，遣别將李松守潞州。嚴實從大兵略地，開遁，城民推珍爲主，遂以城降，實承制授珍爲潞州招撫使。有譖於實者，言珍多斂部民金，私貯之。實按籍問之，出入皆有朱墨可尋。實嘉歎，加元帥左監軍，兼同知昭義軍節度使事。又用實薦，遷左副元帥、昭義節度使，佩金虎符。武仙復叛，執珍送馬武寨，有營救之者，釋不誅，遷珍於河南。後復歸於實，卒。

孫慶，濟南人。嚴實壁青崖崮，慶往從之。實與彭義斌連和，密告難於國王孛魯。大軍來援，與義斌遇於贊皇西山。時實率所部從義斌，慶獻計：「援兵至，我宜入北軍以張其勢，成敗在此一舉，幾不可失。」實即馳赴之。義斌大敗，尋被獲。授慶濟南府軍資庫使，改行尚書省應辦使。累遷本路鎮撫軍民副彈壓，兼府領事。後罷職，復起爲都指揮使，卒。

齊珪，濱州蒲台人。從嚴實攻德州，有功，授無棣縣尹，攝政行千户，後兼總管，鎮棗陽。李壇叛，徵棗陽兵會討，僅留羸卒數千。時珪攝萬户，與宋人對壘，以東門外濠狹，命

浚廣之。宋將聶都統、陳總管果率兵萬餘抵東門，阻於濠，不能仰攻。珪復率衆力戰，敵退走。事聞，賜金符，真授千户。至元二年，致仕，舉子秉節自代。卒於家。

秉節，字子度。憲宗四年，宋人圍海州，秉節往援，突陣，擒其二將。五年，從大軍伐宋，築新城白河口堡鹿門山，略地郢州大洪山黄山洞。七年，擢上千户，旋擢萬户。十一年，從丞相伯顔攻郢，克武磯堡，擒宋將閻都統。十二年，大軍敗宋賈似道於丁家洲〔一〕，使秉節屯建康，與宋將趙淮戰於西離山，淮遁去。遷武義將軍。又從定太平、安慶諸路，與宋將張咨議戰於崑山，斬之。十四年，授宣武將軍、管軍總管。黄州叛，秉節往討之，斬叛將余總轄於陣。十七年，授明威將軍。二十三年，移饒州，擒安仁劇盜蔡福乙。二十五年，擢廣威將軍、棗陽萬户府副萬户。二十八年，卒，年六十二。子英嗣。

英亦有武略，不妄殺降卒。時稱珪三世爲仁義將軍。

【校勘記】

〔一〕「丁家洲」，原作「丁家州」，據《宋史》卷四七本紀第四十七《瀛國公》、《元史》卷八本紀第八《世祖五》改。

新元史卷之一百三十八　列傳第三十五

史秉直 進道 天倪 楫 權 元亨 天安 樞 天澤 格 燿〔一〕 天祥

史秉直，永清人。祖倫，築室得藏金，遂饒於財。金末中原大亂，歎曰：「財者，人之命也，安可獨享？」乃徧周貧乏，建家塾，招徠學者。歲大祲，發粟八萬石賑之。父成珪，亦倜儻好施〔二〕。

秉直讀書，尚氣概。太祖八年，木華黎率師南伐，所向殘破。秉直聚族謀曰：「世亂如此，吾家百口何以自保？」已而知降者皆無恙，即率鄉民萬人詣涿州軍門降。木華黎欲官之，秉直辭而薦其子。乃以子天倪爲萬户，而命秉直統降人家屬屯霸州。秉直拊衆有方，遠近來降者十餘萬家。尋遷於漠北，降衆道饑，秉直所得牛羊悉殺以食之，全活無算。九年，從攻北京，城降。詔以吾也爾爲北京路都元帥，秉直行尚書六部事。吾也爾雖爲大帥，其軍府事一委秉直，又以秉直主餽餉，軍中未嘗乏絕。

天倪以都元帥行真定府事，降將武仙副之。天倪將赴真定，秉直密戒之曰：「觀仙之

詗氣，必不爲我用，宜備之。」天倪謂：「大人奈何教兒猜中而不信人？」秉直怒，乃攜其孫楫、權還北京，曰：「吾不忍其併及於難也。」既而仙果襲殺天倪，人始服其先識。太宗二年，以老病謝事歸。幅巾羸馬，逍遥里巷，見者不知其爲貴官也。卒，年七十一。弟進道。子天倪、天安、天澤。

進道，字道遠。大兵徇燕、趙，進道與秉直共白於母，其母曰：「吾決以天道，莫若順之。」遂偕秉直謁國王木華黎。木華黎器其才，深加撫慰。九年，從木華黎圍北京。十年三月，城降，木華黎遣進道及要魯火赤、吾也爾等進兵，攻興州，守將趙玉望風納款。以功進義州節度使，命管領北京勾當。十一年，錦州守將張致叛，從木華黎討平之。又令招諭廣寧，兵至，即迎降。就命進道守廣寧，尋改留守北京，遷北京管民長官萬户。進道治北京十餘年，推誠御衆，不爲鉤距譎詐之事，輕徭薄賦，闔境安之。嘗謂人曰：「幼不能事父母，長不能事兄，吾於義誠有闕矣。且吾兄居鎮陽，吾思之，吾兄得毋北向思我乎？」愀然變色者久之。太宗六年，薦張翼自代，致仕歸。卒年六十五。

天倪，字和甫，姿貌魁傑。初生時有白氣貫於庭中，及長，好學，日誦千言。大安末，

舉進士不第，歎曰：「大丈夫立身，何必文事？使吾擁百萬之衆，功名可唾手取也。」木華黎見而奇之，承制授萬户。天倪乃進言曰：「金遷都於汴，失策之甚者也。遼東、西諸郡，金之心腹地，我若據大寧以扼其吭，則遼陽可不攻自下矣。」木華黎善之。

初，倫卒，鄉人感其德，結清樂社以祀倫，凡四十餘社。至是，天倪選其壯勇萬人爲義兵，號清樂軍，以從兄天祥爲先鋒，所向無敵。分兵略三河、薊州，諸寨皆望風款服。太祖九年，入朝，召見行幄，賜金符，授馬步軍都統，管領二十四萬户。從木華黎攻高州，又攻北京，皆降之。

十年，授右副都元帥，改賜金虎符。八年，克平州，金經略使乞住降。進兵真定，其將武仙不下，乃移兵趨大名。衆謂城堅不可猝拔，天倪循視良久，使攻其西南隅。勁卒屢上屢卻，天倪一躍而登，守者辟易，遂克之。十一年，清州監軍王守約、平州推官合達，俱以城叛，欲從海道南歸。天倪追襲至樂安，金益都行省忙古以兵來援，敗之，殺守約，擒忙古，斬首萬級。

十二年，徇山東諸郡。部卒有宰民豕者，立斬之，軍中肅然。金知中山府李明、趙州李瑀、邢州武貴、威州武振、磁州李平、洺州張立等，皆降。十四年，從木華黎徇河東，至絳州。城人甃石爲團樓禦敵，天倪穴地攻之，樓陷，遂拔其城。木華黎大喜，賞繡衣、鞍馬。

十五年，武仙降，木華黎承制以天倪爲金紫光禄大夫、河北西路兵馬都元帥，行府事，仙副之。天倪言於木華黎曰：「今中原粗定，而所過猶縱鈔掠，非王者弔民伐罪之意。且王奉天子命，爲天下除暴，豈可效他將所爲？」木華黎曰：「善。」下令：「敢有剽掠者，軍法從事。」遠近大悦。十六年，金懷州元帥王榮、潞州裴守謙、澤州王珍皆以城降。十七年，攻濟南水寨，破之。

十八年，徇山西，不浹旬，定四十餘砦。未幾，還軍真定。宋大名總管彭義斌侵河北，天倪逆戰於恩州，敗之。

二十年，武仙部將據西山腰水、鐵壁二砦叛。天倪擣其穴，盡掩殺之。仙怒，會義斌復陷山東郡縣。仙謀叛，乃設宴邀天倪。有知其事者，止天倪毋往，不從，遂爲仙所害。先是，天倪擊鞠夜歸，有大星隕馬前有聲，心惡之，已而果及於難，年三十九。妻程氏聞亂，恐爲賊污，自殺。子五人：楫、權，其三子俱死於難。

楫，字大濟。太宗十一年，知中山府。憲宗三年，世祖駐六盤，召天澤議經略司事，天澤奏：「臣攝兄天倪軍民之職。天倪有二子，長子楫管民政，次子權又握兵柄，臣可退休。」世祖曰：「昔成吉思汗封功臣十人爲千户，諭衆曰：『所有年幼者，汝等無疑，此人父兄俱有

功，安得不報？』且功臣中豈無一門三要職者？」意不許辭。尋遷楫征南行軍萬户翼經略，徇地蘄、黄。楫善撫士卒，所向有功。後天澤又請使楫襲其父職，世祖歎曰：「今争爵者多，讓爵者少，卿深可嘉尚。吾自有官與楫。」即以楫爲真定兵馬都總管，佩金虎符。

朝廷始徵色銀，楫請以銀與物折，仍減其元數以紓民。詔從之，著爲令。各道以楮幣相貿易，不得出境，二三歲輒一易，鈔本日耗，商旅不通。楫請立銀鈔相權法，人以爲便。或請更鹽法，按籍計口給之，楫争其不可，曰：「鹽鐵從民貿易，豈能如差税例配之？」議遂寢。元氏民有愬府僚於達官者，鞫之無實，將抵死，楫力爲營解。達官曰：「是欲陷汝輩死地，汝救之何也？」楫曰：「誅之足以懲後，然不若宥之以愧其心。且人命至重，妄言罪不至死。」乃杖而遣之。

中統元年，授真定路總管、同判本道宣撫司事。所舉州縣佐吏有文學者三十餘人，後皆知名。四年，以天倪爲武仙所殺，籍仙宅賜楫。會天澤言：「兵、民之官不可并在一門，行之請自臣家始。」楫即日解印綬歸。卒，年五十九。

五子：炫，常德管軍總管；煇，知孟州；燧，同知東昌事；煊，潼關提舉；煬，僉廣西按察司事。

權，字伯衡，勇而有謀。憲宗二年，天澤以萬户改河南經略使，命權代爲萬户。四年，屯鄧州，敗宋將高達於樊城。世祖伐宋，次鄂州，聞憲宗崩，北還，使權總兵屯江北岸之武磯山。中統元年，降詔獎諭，賜金虎符，授真定、河間、濱、棣、邢、洺、衛、輝等州路并摩哩紇軍兼屯田民户沿邊鎮守諸軍總管萬户，其所屬萬户、千户悉聽節制。三年，改授江漢大都督，依前屯戍。宋將夏貴攻邳州，徐邳總管李杲哥出降。貴既去，杲哥自陳能保全一州，權奏聞其事。詔自杲哥以下，並原其罪。已而杲哥降貴事發覺，詔誅之，並責權妄奏。

至元元年，入覲上都。六年，復詔赴上都，問取宋方略。對曰：「樊城爲襄陽之外郛，若先克樊城，則襄陽不戰自降。然後東西並舉，事必有濟。」帝善其言。七年，宋人入寇，權引兵趨荆子關，大破之。賜白金五百兩，權悉與麾下分之。夏貴以戰艦萬艘載鋭卒，欲截江面，權進攻破之。賜衣幣、弓矢、鞍勒。未幾，轉餉隨州，貴復引兵鈔奪，權又敗之。賜白金七百兩，授河南等處宣撫使。未行，賜金符，復充江漢大都督，總制兵馬，總管屯田萬户。天澤請罷子弟兵柄，授鎮國上將軍、真定等路總管，兼府尹。徙東平，又徙河間。卒，謚武穆。三子：烜，大中大夫、同知兩淮轉司事；烓，善化縣尹。烜子元亨。

元亨，字太初。至元二十九年，以大臣薦，入見皇太子於隆德殿，命直宿衛。出爲龍

興路同知，擢黄州通判，移婺州。執政以元亨閥閲近臣，不宜限年勞，由奉訓大夫進朝列大夫。元亨有吏能，豪民詐乘傳肆爲奸利，元亨以法繩之，餘皆惕息。婺州不産銅，元亨言於行省，罷鑄錢，民尤頌之。延祐四年，遷饒州路同知，未赴任而卒，年五十四。

初，天倪卒，子楫、權幼，天澤襲爲萬户。及長，天澤辭萬户，世祖弗許，别授二子官。烜卒，弟焃未仕，元亨母張氏使以父爵讓焃，由是焃得善化縣尹。人皆稱史氏之世讓焉。

天安，字金甫。從秉直降木華黎，以其兄天倪爲萬户而質天安軍中。太祖十一年，從討錦州張致，平之。十四年，又從略地陝西，生擒鄜州張資禄，號張鐵槍，驍將也。武仙殺天倪於真定，天澤進兵野頭，天安亦率所部來赴，併力攻仙，敗之。以功授行北京元帥府事，屯真定。

宋人聚兵於邢州之西山，爲仙聲援，遣其黨趙和行間，誣倅副李甲、劉清輸款爲内應，守將械二人送府。大帥趣命戮之。天安揣知其詐，請鞫之，得實，乃斬和以徇。太宗四年，從伐金。師還，討劇盗果滿、蘇傑等，悉平之。六年，權真定等路萬户，賜金符。定宗元年，入覲，賜黄金、裘、馬。憲宗五年，卒。子樞。

樞，字子明，年二十餘，以功臣子知中山府，有治績。憲宗四年，初籍新軍，詔大臣求可以慎固封守、閑於將略者。擢樞征行萬户，配以真定、相衛、懷孟新軍，戍唐、鄧二州。五年，敗宋舟師於漢水之鴛鴦灘，賜金虎符。

八年，憲宗伐宋，樞從天澤覲帝於大散關。帝勞之，樞奏曰：「臣祖、父，受國厚恩。今陛下親總六師，暴露萬里之外，臣願出死力，以報國恩之萬一。」帝壯其言，命爲前鋒，從攻宋劍州。州僑治於苦竹厓，前阻絶澗，深數百尺。樞率壯士數十人，縋而下。及城降，大宴諸將，帝顧皇后，使飲樞酒，諭降將曰：「此國家殊禮，爾等有功，禮亦如之。」九年，從天澤敗宋將吕文德於嘉陵江，追至重慶而還。

世祖即位，改賜金虎符。中統二年，從天澤扈駕北征。三年，從天澤圍李壇於濟南。樞營於城西南，夾澗爲柵，淫雨暴漲，柵木壞。樞曰：「賊乘吾隙，今夜必出。」命作葦炬數百待之。迨夜，賊果至，飛炬擲之，風怒火烈，弓弩兼發，賊大潰，死者無算。未幾，壇就擒。

至元四年，宋人攻開、達諸州，以樞爲左壁總帥，佩虎符。七年，高麗權臣林衍死，其黨裴仲孫、金通精等立承化公爲王，竄珍島。進樞昭勇大將軍，高麗鳳州等處經略使，佩虎符，領屯田事。八年五月，樞與經略使忻都等進兵至高麗，謂諸將曰：「賊勢方張，未易

力勝。況盛暑，弓力弛弱，猝不可用。宜分軍三路，多張旗幟以疑之，吾潛師擣穴，可破也。」諸將從其計，大破珍島賊，平其地而還。

十二年，復以萬户從丞相伯顔伐宋，賜錦衣、鞍勒、弓矢，仍給天澤帳下十人。宋平，署安吉州安撫使。時新附之衆，所在依險阻自保，樞以威信招納之，皆復業爲民。

十四年，移疾還。十九年，起爲東京路總管，辭不赴。二十一年，以盧世榮薦，拜中書左丞。世榮敗，坐免。二十三年，復授中奉大夫、山東西道宣慰使。二十四年，卒，年六十七。子：煥，昭勇大將軍、後衛親軍都指揮使，佩金符；煇，奉訓大夫、秘書少監。

天澤，字潤甫。身長八尺，音吐如鐘，善騎射，膂力過人。天倪帥真定，署天澤帳前軍總領。

太祖二十年，天澤送其母還北京，甫行，而天倪爲武仙所害。府經歷王縉追及天澤於中途，曰：「變起倉卒，部曲雖散走，尚在近郊。公能回轡而南，則不招自至矣。」天澤毅然曰：「兄弟之仇，不反兵，雖死何敢避，況不必死耶？」即傾貲裝，購甲仗南還。次滿城，收兵千餘，馬七百匹。遣監軍李伯佑詣國王孛魯言狀，且請濟師。

孛魯承制授天澤都元帥，使笑乃觧率蒙古兵三千援之，合勢攻仙。生擒其將葛鐵槍，

軍威大振，遂復中山、趙州，進屯野頭。仙懼，奔西山抱犢砦。三月，遂復真定。六月，宋將彭義斌以兵應仙，天澤禦於贊皇，擒斬之。未幾，仙令諜者入城匿大曆寺爲内應，夜半斬關納仙。天澤踰城走，求援於藁城董俊。俊授以銳卒數百人，與笑乃觮軍合，攻仙。二十一年八月，天澤夜襲真定，克之，仙復走抱犢砦。笑乃觮忿民從賊，驅萬餘人將殺之，天澤曰：「此爲其所脅耳，殺之可憫。」力争於笑乃觮，始得釋。天澤招集流散，官府、民居日以完葺。以抱犢諸砦仙之巢穴，急攻之，仙敗遁，相、衛二州遂平。

太宗即位，議立三萬户，分統漢兵。適天澤入覲，太宗素知天澤，以杖麾天澤及劉黑馬、蕭札剌居右，詔爲萬户，其居左者悉爲千户，遂以真定、河間、大名、濟南、東平五路兵隸於天澤。二年冬，武仙屯汲縣，天澤合諸路兵圍之。金將完顔合達以十萬衆來援，戰不利，諸將皆北，天澤獨繞出敵後，夾攻之，仙棄城走。

四年，太宗由白坡渡河，詔天澤以兵會河南，招降太康、睢、柘等州縣。金徐州行省完顔慶山努入援，敗之於楊驛店。慶山努馬蹶被擒，見天澤，問爲誰。天澤曰：「我真定史萬户也。」慶山努曰：「是天澤乎？吾國已殘破，公其以生靈爲念。」後慶山努卒不屈死。五年春，金主突圍而出，使完顔白撒自黄龍岡襲新衛，天澤率輕騎赴之，白撒等敗走蒲城，俘斬八萬餘人。金主奔歸德，天澤會諸軍於城下。新衛達魯花赤撒吉思不花欲背水而營，天

澤曰：「此非駐兵之地，若敵至，則進退失據矣。」不聽。會天澤以事至汴，撒吉思不花全軍皆没。金主自歸德遷蔡州，元帥倴盞率大軍圍之，天澤當其北面，力戰有功。蔡州平，天澤還軍真定。

時政煩賦重，貸錢於西北賈人以代輸，數倍其息，謂之羊羔利，民不能堪。天澤奏請官爲代償，本息平而止。歲饑，假貸以充民賦，積一萬三千錠，天澤罄家資率屬吏償之。又請以中户爲軍，上、下户爲民，著爲定籍。從之。

七年，從皇子曲出伐宋，攻棗陽，天澤先登拔之。又攻襄陽，宋舟師數千陳於峭石灘，天澤挾兩舸直前擣之，宋師覆溺無算。九年，從口温不花攻克光州。次復州，宋舟師栅湖中，天澤曰：「栅破，則城自下。」募死士四千人攻其栅，破之，復州降。進攻壽春，乘勝而南，所向輒克。

憲宗三年，入覲，賜衛州五縣爲分邑。世祖在潛邸，知漢地不治，河南、陝西尤甚，請以天澤及趙璧爲經略使。天澤均賦税，更鈔法，建行倉，立屯田、保甲，境内大治。七年，詔阿藍答兒鈎較諸路財賦。阿藍答兒性苛刻，鍛煉羅織，無所不至，獨以時望容假天澤。天澤曰：「我爲經略使，願責我而寬屬吏。」由是獲免者甚衆。

八年，從憲宗伐蜀。明年夏，駐合州釣魚山，疫作，議班師。宋將吕文德以艨艟數千

溯江而上，戰不利。帝命天澤禦之。天澤分兩翼，截江爲陣，自率麾下迎敵，奪戰艦數百艘，追至重慶而還。

中統元年，世祖首召天澤，問以治安之道。天澤疏奏：「立省部以正紀綱，設監司以督諸路，施恩澤以安反側，屏貪殘以任賢能，頒俸秩以養廉，禁賄賂以防奸。則上下丕應，内外休息。」帝嘉納之，以天澤爲河南等路宣撫使，俄兼江淮諸翼軍馬經略使。帝問竇默曰：「朕欲求如唐魏徵者，豈有其人乎？」默對曰：「深謀遠慮有宰相才，則史天澤其人也。」帝以爲然。二年夏五月，拜中書右丞相。天澤謂同官曰：「天澤本武夫，豈堪負荷？但事理未安者，老夫通譯其間，爲諸君條達之，何敢言相？」人多其能讓。初，憲宗時，括民户百餘萬，至是諸色占役者大半，天澤悉奏罷之。秋七月，從世祖討阿里不哥，次昔木土之地，線真將右軍，天澤將左軍，合勢蹙之，阿里不哥敗走。

三年，李璮叛，諸王哈不赤討之，復命天澤往。聞璮入濟南，笑曰：「豕突入笠，無能爲矣。」乃進説於哈必赤曰：「璮兵精，不宜力角，當以歲月斃之。」於是深溝高壘，遏其奔軼，城中食盡，出降，生擒璮，斬於軍門。

初，天澤將行，帝臨軒授詔，俾諸將皆聽節度。天澤未嘗以詔示人，及還，帝慰勞之，悉歸功於諸將。其謙慎如此。言者謂李璮之叛由諸將權太重，天澤遂奏：「兵、民之官不

可併在一門，行之請自臣家始。」於是史氏解兵符者十七人。

至元元年，加光禄大夫。三年，皇太子領中書省，兼判樞密院事，以天澤爲輔國上將軍、樞密副使。四年，復加光禄大夫，改左丞相。六年，降授爲平章政事。大軍攻襄陽，詔天澤與駙馬忽剌出往經畫之，賜白金、楮幣。天澤相要害，建地堡，以絶襄陽聲援，爲必取之計。七年，以疾還。八年，進開府儀同三司、平章軍國重事。

十年春，與平章阿术等進攻樊城拔之，襄陽降。十一年，詔天澤與丞相伯顔總大軍，自襄陽水陸並進。以左丞相行中書省於荆湖。天澤至郢州，疾篤，還襄陽。帝遣近侍勞問，賜藥餌，天澤附奏曰：「臣大限有終，死不足惜，但願天兵渡江，慎勿殺掠。」語不及他。十二年二月卒，年七十四。帝聞，震悼，賻白金二千五百兩，贈太尉，謚忠武。後累贈太師，追封鎮陽王。天澤平居，未嘗自矜其能，及臨大事，毅然以天下自任。言約而理賅，氣和而色莊。年四十始折節讀書，尤熟於《資治通鑑》。至論成敗得失，雖老師宿儒自以爲不及也。拜相之日，門庭悄然。或勸以權自張，天澤舉韋澳告周墀之語曰：「願相公無權。爵禄刑賞，天子之柄，何以權爲？」言者慚服。初，天澤取衛州，獲衛士蒲察輔之，問金之名士，以近侍局副使李大節對。及克歸德，獲大節，署爲參謀，委以一路之事，常署空名委劄數十事，畀大節用之。又使王昌齡治食邑，凡蠹民之政，昌齡一切罷之，失職者造爲誣

謗，天澤不顧也。其知人之明，多類此。天澤髯已白，用藥染之，世祖見而問曰：「史拔都之髯，何乃更黑耶？」對曰：「臣覽鏡見白髯，竊悼衰暮，效力於陛下之日淺，故染之。」帝大喜。世祖時，漢人賜名拔都者，惟天澤與張弘範、張興祖三人云。

九子：格、樟，真定、順天新軍萬户；棣，衛輝路轉運使；杠，湖廣行省右丞；杞，淮東道廉訪使；梓，同知澧；楷，同知南陽府；構，中書左丞。

格，字晉明。憲宗二年，以衛州之汲、胙城、新鄉、獲嘉、蘇門五縣封天澤，即以格爲節度使。從憲宗伐宋。憲宗崩，至和林，留謙州五年始得歸。大軍圍襄陽，格請從，授懷遠大將軍、亳州萬户，佩虎符。天澤誡之曰：「戰事無居人後。」襄陽下，賜白金、衣裘、鞍馬、弓矢。大軍次鹽山，距郢州二十里，宋將夏貴鎖戰艦絶江爲陣，以拒我師。格麾下千户馬福嘗從世祖渡江，請爲嚮導，拖舟由沙武口入湖達於江。平章阿朮將二十五萬户，以五萬户爲前列，擇一人帥之，格居其一。軍先濟，爲宋將程鵬飛所卻，格身被三創，力戰，鵬飛乃敗走。阿朮奏格輕進，撓軍法。世祖貸之，賜白金五百兩。阿朮東下，格從阿里海涯圍潭州，攻鐵壩，礮石傷肩，又中流矢，格拔矢先登，克之。遂以格爲軍民安撫使，戍潭州。旋入覲，加定遠大將軍。格以天澤所服玉帶，賜物也，奏上之。帝曰：「太尉所服，汝

服何嫌？」即以玉帶賜格。自是格班諸將，獨服一品服。從攻静江，衆以轒輼自蔽鑿城，格當礮礌之衝，轒輼不能前，乃率死士攀堞，蟻附而上，拔之。阿里海涯北還，留格戍静江。格乘勝徇定廣西昭、賀、梧、潯、藤、容、象、貴、鬱林、柳、融、賓、邕、横、廉、欽、高、化十八州，廣東肇慶、德慶、封三州，除其三年田租，發倉稻以振貧民。遣萬户鄭何、朱國寶、劉五剛、趙珪、趙修己戍昭、賀等州，千户馬天麟、宋景、劉君進、花禮、完顔世英、李宗、張武、鄒瑛、閻國順、脱歡戍潯、賓、容、象等州。又以千户不兼民職，則權分而令不專，皆便宜加以軍民總管。事聞，詔即授十千户爲總管。初，静江未下，溪洞諸蠻皆附於雲南。至是，格遣使諭之，來降者五十餘洞。雲南行省平章賽典赤以書讓格曰：「吾與先太尉共事久，汝奈何有吾成功？」各上其事於朝，詔聽格節度。擢昭勇大將軍、廣西宣撫使。尋罷宣撫，改鎮國上將軍、廣南西道宣慰使。宋將張世傑據福州，傳檄嶺南，詐言夏貴已復瀕江州縣。諸將恐江路絶，不能北歸，皆託計事返静江。格曰：「此虚聲怵我耳，君輩勿擅棄戍地。」行省又議棄肇慶等三州，併兵戍梧州。格曰：「棄地則示賊以怯，宜分兵戍之。」行省從格言，衆心始定。土賊蘇仲據鎮龍山，横、象、賓、貴四州皆受其害，格討平之。世傑分兵破潯州，又遣其將羅飛圍永州，判官潘澤民間道告急於格，格率所部援之，殄其衆。

進攻宋都督曾淵子於雷州，淵子走硇州。世傑將兵數萬欲復取雷州，萬户劉仲海擊

敗之。世傑悉衆來攻，城中糧絶，格漕欽、廉諸州粟以給之，世傑解圍去。詔格移戍雷州。嶺南平，行省議户賦酒醋算，格曰：「兩廣地狹而户少，俗悍而産貧，征之適急其爲盜耳。」事遂寢。張弘範請復將亳州兵，乃還格鄧州萬户。尋拜參知政事，行廣南西道宣慰使。入覲，拜資德大夫、湖廣行省右丞。日本用兵，詔格督造戰艦六百艘，送揚州。要束木來爲左丞，鈎考戰艦費，欲以危法中格，無所得而止。尋遷江西右丞，進左丞，復還湖廣爲右丞，進平章政事。二十八年，卒，五十八。

時要束木定州縣賦籍，責償十五萬錠，會赦令下，要束木猶以爲不應貸。格曰：「今重賦於民，民不能堪。又格恩命不下，倘大亂起，孰任其咎？」要束木始減收五萬錠。未幾，要束木伏誅，格已先卒矣。

子燿、榮。榮襲鄧州舊軍萬户。

燿，字焕卿，權子。至元六年，以格爲亳州萬户，從圍襄陽。時格無子，言於天澤，請以燿爲子，天澤許之。行省授燿千户，從參政崔斌破土寇趙宣機，燿射殺數人，賊奪氣。斌歎曰：「真將種也。」

阿里海涯拔静江，留格戍之。或問其故，曰：「吾去而静江叛，戍將必誅。史宣慰功臣

子，朝廷當寬宥之。」

燿從格成静江，徇定廣東、西州縣，以功授同知潭州總管府事，攝德慶府總管。討平肇慶賊趙都，遷潭州路治中，改廣東道宣慰副使。唆都將兵至廣州，燿主辦餽運〔三〕，事治而民不擾。改浙東道宣慰副使，從省臣破山賊柳分司，又從討楊鎮龍、婁蒙才等，皆擒斬之。張弘範自南海還，求將亳州兵，還鄧州於史氏，詔允之。是時，令諸將位至省臣者，許自擇，欲將去相〔四〕，欲相罷將。格已官右丞，奏請以張温代爲鄧州萬户，世祖曰：「史天澤之兵，豈可使他人代將？」問格：「誰可授萬户者？」格奏：「臣子燿可。」燿固辭，請俟弟榮長授之。及格卒，詔以燿襲鄧州舊軍萬户。燿以弟榮入覲，奏曰：「榮爲臣所後父格之子，今年十四歲，宜代臣爲萬户。」世祖曰：「昔天澤讓職於兄子，今汝復讓職於弟，真天澤子孫也。」

至元二十九年，以將討爪哇，授燿福建等處行省平章政事，賜金虎符。未幾，改命史弼，燿不行。

成宗即位，拜江浙行省左丞。會人告省臣迎詔，裼衣上香，引燿爲徵。遣御史按問燿，言未見其裼，但不束帶耳。當國者庇其人，摭燿他事，免官。

大德元年，起爲江浙行省左丞，移湖廣二年，復還江西。以屯田贛州，兵多死於瘴癘，

廣東宣慰司加丁糧於田租之外，皆按治主者之罪。入爲大司農，覈公帑逋緡錢數千萬，率勢家貸爲貿易，負子錢不歸，燿悉徵入之，不徇請託。九年卒，年五十。泰定三年，追謚義襄。燿性剛狷，雖勳貴不肯少下之。廉於財，所至賃屋以居。

子壎，瑞州總管，遷江西行省左丞，卒。

天祥，父懷德，秉直從祖弟也，從秉直降於木華黎，命懷德就領黑軍。後從木華黎攻大寧，先登，擒其二將，中流矢卒。

天祥初署都鎮撫，木華黎選降卒勇健者二百人隸之。太祖九年，從木華黎略地高州，攻拔惠和、金源等十五城，惟大寧固守不下。天祥獲金將完顔胡速，木華黎欲殺之，天祥曰：「殺一人無損於敵，且天祥嘗許以不死，殺之何以取信於後？」乃釋爲千户。

懷德卒，天祥痛憤，戰愈力。十年，與吾也而攻北京，降其將寅達虎、烏古倫。進略北京傍近諸寨，擒都統不剌，釋其縛，諭以利害，不剌感泣，願效死。天祥命與降將王都統往諭樓子崖等二十餘寨，悉降之，得勝兵八千人。惟西乾河答魯、五指山楊趙奴不降，天祥攻之，趙奴死，答魯敗走。授西山總帥兵馬。興州守將趙守玉反，天祥與吾也而分道討平之。答魯復聚衆寇龍山，以槊刺吾也而墮馬，天祥馳救獲免，復與戰，敗之，答魯死。進克

興中府。

十一年，從木華黎擒張致於錦州，得黑軍五百人，命天祥統之。

十一年春，覲太祖於魚兒濼，賜金符，授提控元帥。攻拔金蘇、復等州，獲金將完顏咎、耶律神都馬，遷鎮國上將軍、利州節度使、所部降民都總管、監軍兵馬元帥。武平賊祁和尚拒命，天祥擊斬之。遂擒金將巢元帥以獻。又討興州叛將重兒，斬之。十三年，權兵馬都元帥，蒙古、漢軍、黑軍並聽節制。從木華黎攻拔河東平陽等路八十餘城。

十五年，略地至真定，天祥謂木華黎曰：「攻之恐戮及無辜，不如先往諭之。不從，加兵未晚。」木華黎許之，守將武仙果降。已而請留天祥守真定，木華黎曰：「天下未定，天祥智勇之士，不可離吾左右。」乃使秉直子天倪守真定，而以天祥爲左副都元帥，引兵南屯邢州。仙兄貴以萬人壁邢州西山，負固不降。天祥率完顏胡速等扳援而上，盡掩捕之。貴大驚，謂天祥曰：「公若有羽翼者，不然何能至此？」遂以衆降。又從木華黎敗金人於黄龍岡，拔單、滕、兖三州。

木華黎圍東平，久不下，怒吾也而不盡力，將手劍斬之。天祥請代攻，木華黎大悦，賜皮甲一，又以己鐵鎧被之。鏖戰良久，木華黎使人止之曰：「爾力竭矣，宜少息。」賜以金鞍名馬。十六年，從拔綏德、鄜、坊等州。十七年，木華黎攻青龍、金勝諸堡，花帽軍堅守不

下，既破，欲屠之，天祥力諫而止。

十八年，賜金虎符，授蒙古、漢軍兵馬都元帥，鎮河中。是冬，略地西夏，還，遇賊狙射傷額，遂失明。十九年，歸北京，授北京等七路兵馬都元帥。太宗二年，入覲，乞致仕，不許。三年，太宗用兵河南，强之行，使轉漕饋諸軍餉。

四年，命天祥領民兵數千，屯霸州之益津，行元帥府事，賜衣一襲。會天祥金瘡發，睿宗聞而憫之，授海、濱、和、眾、利州等處總管，兼領霸州御衣局人匠都達魯花赤，行北京七路兵馬都元帥府事。憲宗八年卒，年六十八。

天祥長身駢脅，膂力絶人，性好施予。太宗七年，括中州户口，天祥縱其奴千餘口爲良民，人尤頌之。

子：彬，江東提刑按察副使；槐，襲御衣局人匠都達魯花赤。

史臣曰：史秉直之降附，蓋爲保全宗族之計，然其父子卒以功名顯。余既歎秉直之知去就，又歎用人者能各盡其智勇也。天澤出入將相，不伐不施，世祖謂：「郭子儀、曹彬終身無大過。朕所見者惟史天澤似之。」知言哉！

【校勘記】

〔一〕「燿」，原作「耀」，據正文改。

〔二〕「倜儻」，原作「倜黨」，據文意改。

〔三〕「主辦」，原作「主辯」，據文意改。

〔四〕「欲將去相」，原作「欲相去將」，據姚燧《牧庵集》卷一六《榮禄大夫福建等處行中書省平章政事大司農史公神道碑》改。

新元史卷之一百三十九　列傳第三十六

張柔弘彦　弘略　弘範　珪

張柔，字德剛，涿州定興人。少慷慨，尚氣節，以豪俠稱。右額有異肉如錢，怒則墳起。貧不事産業，嘗曰：「大丈夫當爲公侯，田舍翁不足道也。」金貞祐間，河北盜起。柔年三十四，有女道士蔡氏語之曰：「金祚將訖，君當爲諸侯輔新朝。」以兵法授之。柔聚衆保西山東流砦，選壯士以自衛，盜不敢犯。縣人張信假柔勢，納流人女爲妻，柔鞭信百，而還其女。信憾之，謀殺柔，既而信有罪當誅，柔救之獲免，部衆益服柔之威德。

中都經略使苗道潤承制授柔定興令，累遷青州防禦使。道潤表其才，加昭毅大將軍，遥領永寧軍節度使，兼雄州觀察使，權元帥左都監，行元帥府事。道潤爲其副賈瑀所殺，瑀使告柔曰：「吾得除道潤者，以君不助兵故也。」柔怒叱其使曰：「瑀殺吾所事，吾食瑀肉且未足快意，反以此言戲吾耶？」遂移檄道潤部曲，會於易州軍市川，誓復仇。適道潤麾下何伯祥得道潤所佩金虎符以獻，因推柔行經略使事。金主加柔驃騎將軍、中都留守，兼

大興府尹、本路經略使，行元帥事。太祖十三年，大兵出紫荆口，柔戰於狼牙嶺，馬蹶被執，遂以衆降。太祖還其舊職，得便宜行事。柔攻下雄、易、安、保諸州，獲賈瑀，剖其心以祭道潤。瑀部將郭瑀亦降，盡有其衆，徙治滿城。

金真定帥武仙來攻，柔從數騎，躍馬直抵仙營，敵衆披靡，獲其旗鼓以歸。又明日，益張旗幟爲疑兵，援桴徑進，仙大敗，僵尸數里。乘勝攻完州，命部將聶福堅架飛梯，躍而登城，鞏彦輝率突騎繼之，城遂拔。獲州佐甄全，詞色不撓，柔義而釋之。十四年，仙復來攻，敗之，進拔郎山、祁陽、曲陽諸城寨。既而中山叛，柔引兵圍之，與仙將葛鐵槍戰於新樂，流矢中柔頷，折其二齒，拔矢以戰，斬首數千級，遂克中山。仙復攻滿城，柔登城拒戰，爲流矢所中。仙兵大呼曰：「中張柔矣。」柔不爲動，開門突擊，仙敗遁。又敗仙兵於祁陽，進攻深澤、寧晉、安平，拔之。分遣别將攻下平棘、藁城、無極、欒城諸縣，拓地千餘里。由是深、冀以北三十餘城，緣山鹿兒、野狸等寨相繼降。一月之間，與仙十七戰，仙望風輒敗。

方獻捷於行在所，次宣德，而易州軍叛，逐其守盧應，據西山馬頭寨以自保。柔聞之，即引還，出奇兵破其寨，叛者皆伏誅。加榮禄大夫、河北東西等路都元帥，賜號拔都，將士遷授有差。

蒙古帥孛赤台數凌柔，柔不爲下，乃譖柔於行省曰：「張柔驍勇無敵，向被執而降，非其本意。今委以兵柄，威震河朔，失今不圖，後必難制。」行省召柔至，囚之土室，孛赤台立帳寢其上，環以甲騎，明日將殺之。孛赤台一夕暴死，柔始獲免。

二十年，武仙既降復叛，殺元帥史天倪，其弟天澤來乞援。柔遣驍將喬惟忠等率千餘騎赴之，仙大敗，遂分遣惟忠、宋演略彰德，聶福堅略大名。璽書授柔行軍千户、保州等處都元帥。二十二年，移鎮保州。州毁於兵，十餘年爲盜藪。柔畫市井，定民居，修官廨，引泉水入城，疏溝渠以洩之，遷廟學城東南，增其舊制，屹然爲河朔重鎮。

太宗四年，從睿宗伐金，語其部將曰：「吾用兵殺人多矣，寧無冤者？自今以往非與敵戰，誓不殺人。」大兵圍南京，柔軍於城西北，金人屢出戰，柔皆卻之。金哀宗自黄陵岡渡河，敗走歸德，崔立以南京降。柔入城，於金帛無所取，獨入史館取《金實録》并秘府圖書，訪求耆獻及燕趙大姓十餘家，衛送北歸。從大軍圍歸德，城瀕水，諸將背水而營。柔曰：「敵開門擊我，必擠我於水中。」衆不聽。既而金人果乘夜來襲，衆潰亂。柔率百餘騎援之，敵敗走。復益兵而出，勢張甚。柔命檥舟南岸，示無還意，下令登舟者斬，使一卒執大旗，立隄上，伏戰士於下，伺敵至擊之。敵竟不敢逼而退。金主走蔡州，州恃柴潭爲阻。宋孟珙以兵來會，決其南，潭水涸。金人懼，開門死戰，柔中流矢如蝟，爲金人所獲。珙麾

兵救之，挾柔出。已而宋兵奪柴潭樓，柔使聶福堅先登，破外城，又遣張信墮其西城，諸軍齊奮，東城始陷。大將下令屠城，一小校縛十人以待。一人貌獨異，柔問之，狀元王鶚也，乃解其縛，賓禮之，後卒爲名臣。六年，柔入朝，太宗歷數其功，班諸將上，賜金虎符，升萬户。

七年，從皇子闊出伐宋，拔棗陽。又從大帥太赤攻徐、邳，奪其外城。宋守將出戰，諸軍悉力拒之。柔繞出敵背擊之，敵潰走，溺死者甚衆。又與史天澤邀擊潰走者，盡戮之。後從大帥察罕出許州，略淮東西，分戍許、鄭兩州而還。九年，詔屯兵曹武以逼宋，道出九里關，柔欲率所部徑進。或言道隘，宋必設伏，柔不聽。從以二十騎，方解甲而食，伏起，圍數重，左右皆失色。柔怒馬馳突，竟與二十騎達於曹武。復攻拔洪山寨，寨據山頂，四壁斗絶，柔肉薄而上，剗其壘。遂會諸軍圍光州，柔夜遣鞏彦輝率勁卒二百伏城西南，柔攻其西北，城人悉力拒，柔、彦輝乘虛而入，拔其外城，宋守將降。又進攻黄州，宋重兵據三山寨，地險絶，柔誘敵出戰，潛遣死士從間道魚貫而上。會天霧，守者不覺，遂崩潰，斬馘數萬。柔壁於黄州西北隅，城人有乘舟出者，柔曰：「此偵我者也，夜必襲我不備。」乃分軍爲三以待之。宋人果夜至，柔大敗之。宋人懼，請和。柔乃班師，使王安國攝行府事，戍光州。

察罕攻滁州，柔以二百騎往。城久不下，察罕欲解去，柔請決戰。既陣，柔突入宋軍，宋將執柔轡曳之，遇救得還，飛石中柔鼻，裹創復戰。夜遣鞏彦輝刦其營，焚城東南隅，柔率鋭卒先登，竟入滁州。十一年，詔以本官節制河南諸翼兵馬征行事，河南三十餘城皆屬焉。

柔辟王汝明爲書記。汝明年二十餘，始見柔，説以軍事，柔與語竟日，不覺墮麈尾於地，自是深重之。明年，詔柔等八萬户伐宋。王汝明説柔曰：「明公終歲用兵，惟資兩淮糧穀以給軍食，非久遠計也。莫若用許、鄭兩州戍兵開屯墾，以給糧儲。」柔從之。十三年，賜御衣數襲、名馬二、尚廐馬百匹。柔帥師自五河口濟淮，略和州，進攻壽州。裨將趙明、石文戰殁，柔哭之曰：「當爲婚姻，不負汝也。」師還，命王汝明、聶福堅將千人屯田於襄城。察罕奏柔總諸軍屯杞縣。初，河決於汴西南，入陳留分而爲三，杞居中潬。宋人恃舟楫之利，由亳泗以窺汴。柔乃夾河築連城，通以浮橋，爲進戰退守之計。未幾，又敗宋兵於泗州。王汝明漕襄城粟數千斛至，軍食以濟。冬，還軍杞縣。命子弘範娶趙明女，以己女妻石文之子，人皆服其信義。乃馬真皇后稱制五年，柔帳下吏夾谷顯祖得罪亡走，上變誣柔，詔逮柔至和林訊之。執政素知柔，以百口保之，卒辯其誣，顯祖伏誅。柔聞陵川郝經賢，請教其諸子，經爲柔論經國大要，柔深加禮敬焉。

憲宗即位，換金虎符。三年，柔遣王安國與總管叱剌攻宋廬州。四年，王安國略漢南，深入而還。柔遣張信戍潁州，自帥山前漢軍城亳州，移戍之。五年，安國復侵宋，率水軍出台子灣，抵蒙縣。柔會元帥不憐吉歹，攻蘄州及五河口，自亳州以南築甬道抵百丈口，中爲横堡，又東六十里立柵水中，由是宋之舟師不能北犯。奏入，憲宗大悦，賜衣一襲、翎根甲一、金符九、銀符九，頒將校之有功者。

九年，分遣裨將張果、王仲仁，從憲宗入蜀，王安國、胡進、田伯榮、宋演從塔察兒攻荆山，柔自從世祖攻鄂。世祖出大勝關，柔出虎頭關，與宋兵遇於沙窩，柔子弘彦擊敗之。世祖濟江，柔以兵來會，使何伯祥作鵝車，洞掘其城，别遣勇士先登。城垂陷，憲宗凶問至，宋亦行成。世祖北還，使統諸軍以俟後命。

中統元年，世祖即位，詔班師。阿里不哥叛，徵柔入衛，至盧朐河，復止之。分其兵三千五百人衛京師，以子弘慶爲質子。二年正月，入朝於上都。廷議削諸侯權，選耆德監之。諸萬户懼，請柔沮其事，柔言於上曰：「今治郡者皆年少，未習於政事。若獲罪不加以刑，則廢法；重繩之，則没其先世之微勞。請使老成人監之爲便。」世祖大悦，遂立十道安撫司。諸萬户皆怒，已而咸德之。三年，柔請老，年已七十，封安肅公，以第八子弘略襲其職。李璮反，詔柔與子弘範率精兵二千入衛，未幾，復止其行。宋夏貴出蘄州爲璮聲援，

弘範敗之。

至元三年，城大都，起柔判行工部事，將二十萬人以受役，子弘略佐之。御史臺建，博羅請以柔爲御史大夫，帝曰：「臺臣構怨之地，非所以處功臣也。」議封柔國公，帝以柔起於燕，成功於蔡，詔自擇之。柔曰：「燕，天子所都，臣封蔡足矣。」乃進封蔡國公，刻印賜之。五年六月卒，年七十九。贈推忠宣力翊運功臣、太師、開府儀同三司、上柱國，謚武康。延祐五年，進封汝南王，謚忠武。

子十一人：福壽，早卒；弘基，順天宣權萬户；弘正，襲宣權萬户；弘規，從郝經受《左氏春秋》，順天、涿州等路新舊軍奥魯總管；第四子弘彦、第八子弘略、第九子弘範最知名。

弘彦，從郝經受學，善騎射，前後殺虎以百數。從伐宋荆山有功，授新軍總管。攻鄂州，先登者再。中統元年，扈駕上都，改順天路新軍總管。三年，授新軍萬户，佩金虎符。至元二年，授鄂州萬户。十六年，裕宗在東宮，召爲侍衛親軍副都指揮使。年四十告老，八十而卒。

弘略，字仲傑。憲宗五年，入朝，授金符，權順天萬户，從征蜀，以其幼，賜錦衣還。柔致仕，授弘略金虎符、順天路管民總管、行軍萬户，仍總宣德、河南、懷孟等路諸軍屯亳州。中統三年，李璮反，求救於宋將夏貴。貴乘虛北奪亳、滕、徐、宿、邳、滄、濱七州，新蔡、符離、蘄、利津四縣，殺守將。弘略率戰船禦之於渦口，貴退保蘄縣，弘略水陸並進。宋兵素憚亳軍，焚城宵遁，盡復所失地。李璮既誅，追問當時與璮通書者，獨弘略書勸以忠義，事得釋。朝廷懲璮叛逆，務抑諸侯權以保全之，因解弘略兵職，宿衛京師，賜只孫冠服，以從宴享。

至元三年，城大都，佐其父爲築宫城總管。八年，授朝列大夫、同行工部事，兼領宿衛親軍、儀鸞等局。十三年，城成，賜内帑、金釦、璹瑁卮，授淮東道宣慰使。十四年，宋廣王昺據閩、廣，時東海縣儲粟數萬，行省檄弘略將兵二千戍之，仍命造舟運粟入淮安。弘略雇民舟，有能載粟十石者與一石，人争趨之，一月而畢。

十六年，遷江西宣慰使。會饒州盜起，犯都昌。弘略以饒州雖屬江東，與南康止隔一湖，寇不滅，則南康必有相扇而起者。乃使人擣其巢穴，縛賊酋磔於市，餘黨潰散。下令曰：「不操兵者皆爲平民，餘無所問。」頃之，以疾歸。有讒貴臣子在江南買田宅，詞引弘略。或謂弘略曰：「公但居亳，未在江南，入見宜自明。」弘略曰：「吾明之，則言者獲譴矣。

吾寧引疾家居。」

二十九年，見世祖於龍虎臺，請曰：「臣之子玠長矣，願備宿衛。」從之，且賜以酒曰：「卿年未老，謝事何爲？」特命爲河南行省參知政事。元貞二年卒，贈推忠佐理功臣、銀青榮禄大夫、平章政事、上柱國、蔡國公，謚忠毅。子三人：玠、瑾、琰。

弘範，字仲疇。年二十，兄弘略爲順天路總管，上計，留弘範攝府事，吏民服其明決。蒙古軍肆暴，弘範杖之，入其境無敢犯者。

中統初，授御用局總管。三年，改行軍總管，討李璮於濟南。瀕行請氈帳，柔曰：「汝欲即安耶？」不與，戒之曰：「汝圍城勿避險地，險則己不敢懈，兵必致死。且主將知其險，有來犯，必赴救，可因以立功。勉之！」弘範營城西，璮出軍突諸將營，獨不向弘範。弘範曰：「我營險地，璮乃示弱於我，必以奇兵來襲，謂我不悟也。」遂築長壘，内伏甲士而外爲壕，開東門以待之，夜令士卒浚壕益深廣，璮不知也。明日，果擁飛橋來攻，未及岸，兵陷壕中，得跨壕而上者，入壘門，遇伏皆死，降兩賊將。柔聞之曰：「真吾子也！」璮既誅，朝廷罷大藩子弟，弘範例解總管。至元元年，弘略入宿衛，授弘範順天路管民總管，佩金虎符。二年，移守大名。歲大水，弘範輒免本縣租賦。朝廷罪其專擅，弘範請入見，進曰：

「臣以爲朝廷儲小倉，不若儲之大倉。」帝曰：「何説也？」對曰：「今歲水潦不收，必責民輸租，倉庫雖實，民死亡殆盡，明年租將安出？曷若活其民，使不逃亡，則歲有恒收，非陛下大倉乎？」帝悦其言，詔勿問。然卒坐盜用官錢免官。

六年，括諸道兵圍宋襄陽，授益都、淄、萊等路行軍萬户，復佩金虎符，戍鹿門堡，以斷宋餉道，且絶郢之救兵。弘範建言曰：「國家取襄陽，爲延久之計者，所以重人命而欲其自斃也。曩者夏貴乘江漲送衣糧入城，我師無禦之者。其境南接江陵、歸、峽，商販、行旅、士卒絡繹不絶，寧有自斃之時乎？宜城萬山以斷其西，柵灌子灘以斷其東，則庶幾速斃之道也。」帥府奏用其言，移弘範兵千人戍萬山。

既城，與將士較射出東門，宋師奄至。將佐皆謂衆寡不敵，宜入城自守。弘範曰：「吾與諸君在此，敵至不戰，可乎？敢言退者死！」即擐甲上馬，遣偏將李庭當其前，自率二百騎爲長陣，令曰：「聞吾鼓則進，未鼓勿動。」宋軍步騎相間突陣，弘範軍不動，再進再卻。弘範曰：「彼氣衰矣。」鼓之，前後奮擊，宋師奔潰。

八年，築一字城逼襄陽，破樊城外郭。九年，攻樊城，流矢中其肘，裹瘡見主帥曰：「襄、樊相爲唇齒，故不可破。若截江斷其援兵，水陸夾攻，樊必破矣。樊破，則襄陽何所恃？」從之。明日，復率鋭卒先登，遂拔樊城。未幾，襄陽亦下。偕宋將吕文焕入覲，賜錦

衣、白金、寶鞍，將校行賞有差。十一年，丞相伯顔伐宋，弘範率左部諸軍循漢再東略郢西南，攻武磯堡，取之。大兵渡江，弘範爲前鋒。宋相賈似道督兵屯蕪湖，殿帥孫虎臣據丁家洲。弘範轉戰而前，諸軍繼之，似道敗走，弘範長驅至建康。伯顔大會諸將，出庫金行賞。弘範後至，伯顔曰：「祖宗之法，以軍事命集，罪加後至者，雖貴近無所貸。爾何爲後至？」弘範曰：「臨陣居先，受賞在後，何爲不可？」伯顔默然而止。十二年五月，帝遣使諭伯顔：「方暑，宜少駐以待。」弘範進曰：「聖恩待士卒誠厚，然緩急之宜，不能遥度。今敵已奪氣，正當乘破竹之勢取之。豈應迂緩，使敵得爲計耶？」伯顔然之，馳驛至闕，面論形勢。詔進兵。

十三年，次瓜洲，分兵立柵，據其要害。揚州都統姜才以二萬人出揚子橋，弘範佐都元帥阿朮禦之，與宋兵夾水陣。弘範以十三騎徑度衝之，陣堅不動，弘範引卻。一騎躍馬揮刀，直趣弘範，弘範旋轡刺之，應手頓斃馬下，其衆潰亂。追至城門，斬首萬餘級。宋將張世傑、孫虎臣等率水軍陣於焦山，弘範率所部横衝其陣，宋師大敗〔一〕。追至圌山之東，奪戰艦八十艘，俘馘千數。上功，改亳州萬户，賜名拔都。

是年，復從董文炳由海道會伯顔，進次臨安近郊。宋主上降表，以伯姪爲稱，往返未決，弘範將命入城，數其大臣之罪，皆屈服，取稱臣降表上。未幾，台州叛，弘範遣人持書

諭之，守將殺使焚書，弘範力疾攻拔之。部將請屠城，弘範不許，但誅其守將，台民感悅。十四年，師還，授鎮國上將軍、江東道宣慰使。

十五年，宋張世傑立廣王昺於海上，閩、廣響應。弘範入覲，自奮請討之，乃授蒙古、漢軍都元帥。陛辭，奏曰：「漢人無統蒙古軍者，乞以蒙古信臣爲帥。」帝曰：「汝知而父與察罕之事乎？其破安豐也，汝父欲留兵守之，察罕不從。師還，安豐復爲宋有，進退失據。汝父深悔之，以委任不專故也。豈可使汝復有汝父之悔？」面賜錦衣、玉帶，弘範不受，以劍、甲爲請。帝出武庫劍、甲，聽自擇，且諭之曰：「劍，汝之副也，不用令者，以此處之。」將行，薦李恒爲副，從之。

至揚州，選將校水陸二萬人，分道南征。以弟弘正爲先鋒，戒之曰：「選汝驍勇，非私汝也。軍法重，我不敢以私撓公。勉之！」弘正所向克捷。攻三江寨，拔之。進克漳州，又攻鮑浦寨，拔之。由是瀕海郡縣皆望風降附。獲宋丞相文天祥於五坡嶺，使之拜，不屈。弘範義之，待以賓禮，送至京師。及弘範卒，天祥在京師，爲之垂涕焉。

十六年正月庚戌，由潮陽港乘舟入海，至甲子門，獲宋斥候將劉青、顧凱，乃知廣王所在。辛酉，次崖山。宋軍千餘艘碇海中，建樓櫓其上，隱然堅壁也。弘範引舟師赴之。崖山東西對峙，其北水淺舟膠，非乘潮不能進，乃由山之東轉南入大洋，始得逼其舟，又出奇

兵斷其汲路。宋人以烏蛋船十餘艤大舟之北，弘範夜操小艇，帶勁兵潛襲之，取烏蛋船載草，乘風縱火。宋預以泥塗艦，懸水筒無數，火船至，鉤而沃之，竟莫能毀。弘範乃與李恒畫圖定計，授恒以戰艦二，使守北面。

二月癸未，將戰，或請用砲。弘範曰：「火起則舟迸散，非計也。」明日，四分其軍，軍其東南北三面，弘範自將一軍，相去里餘，下令曰：「宋舟潮至必東遁，急攻之，勿令去。聞吾樂作乃戰，違令者斬。」先麾北面一軍乘潮而戰，不克，李恒等順潮而退。樂作，宋將以爲休息，少懈。弘範率舟師復犯其前，命將士負盾而伏，令之曰：「聞金聲起，先金而妄動者斬。」飛矢集如蝟，伏盾者不動。舟將接，鳴金撤舟中布幔，弓弩火石交作，頃刻破其七舟，宋師大潰。宋丞相陸秀夫抱其主昺赴水死。世傑先遁，李恒追至大洋，不及。世傑走交趾，風壞舟，溺死海陵港。其餘將吏皆降。嶺海悉平，勒石紀功而還。

十月，入朝，賜宴內殿，慰勞甚厚。未幾，以染瘴癘，疾作。帝命尚醫診視，敕衛士監門，止雜人毋擾其病。病甚，沐浴易衣冠，扶掖至中庭，面闕再拜。退坐，命酒作樂，與親故言別。出所賜劍、甲，付嗣子珪曰：「汝父以是立功，汝佩服勿忘也。」語竟，端坐而卒，年四十三。贈銀青榮祿大夫、平章政事，謚武烈。至大四年，加贈推忠效節翊運功臣、太師、開府儀同三司、上柱國、齊國公，改謚忠武。延祐六年，加保大功臣，進封淮陽王，謚獻武。

弘範喜讀書，身長七尺，修髯如畫，歌詩踔厲奇偉，著有《淮陽集》。子珪。

珪，字公瑞。年十六，攝管軍萬户。至元十七年，拜昭勇大將軍、管軍萬户，佩其父虎符，鎮建康。未幾弘範卒，喪畢，世祖召見，珪奏：「臣年幼，軍事重，聶禎者，從臣祖、父，久歷行陣，幸以副臣。」帝歎曰：「求老成自副，常兒不知出此。」厚賜而遣之，徧及從者。十九年冬，以使事入覲。初，弘範以功高，凡內宴，賜坐諸王上，至是，特敕珪坐弘範故處。

還鎮，賊起蕪湖及宣、徽二州。珪率所部討之，蕪湖平，乃言於行省曰：「宣、徽非我所部，然不敢分彼此，以誤軍國之事。」遂進討宣州賊。官兵屢敗於賊，敗卒有殺民家豕並傷其主者，珪曰：「此兵之所以敗也。」斬之。明日戰，三合三勝。時賊勢尚强，珪曰：「宣卒敗而怯，勿累我。」使張旗鼓爲聲勢，自將所部攻之，賊大敗，斬馘三百人，餘衆悉降。又有吳道子者，以妖術惑衆，易珪年少，欲因入謁刺殺珪。珪執而斬之。其黨又欲襲珪，珪伏兵山上，令曰：「賊至而起。」明日，賊悉衆來攻，伏起，蹴賊墮死巖谷者無算，擒其酋磔之。宣州平，移兵討徽州，獲生口三十，縱之歸，使散語其人曰：「張萬户知汝爲逃死計，與官軍鬬非汝本心。來降，吾能活之。不然，吾殺汝立盡。」明日，有持牛酒來見者，珪厚加撫恤。遠近漸以信服，獨南喦西坑寨尤險固，又嘗敗官軍，堅守不降。珪選壯士百餘人鳥道緣登

柵後，度已上，縱兵擊之。賊出戰，登者已奪其柵，賊回顧失巢穴，不得還其砦，由他道走。諸將請邀之，珪不可。已而賊以砦出，漸懈，珪曰：「可矣。」追之，盡殲其衆。南陵盜又起攻宣州，宣州告急。珪帥輕騎赴之，賊見兵無後拒，引衆圍珪。珪揮稍出入，斬首數千級，振旅而還。宣州人德珪，立生祠祀之。賊平，軍中無事，珪迎宋禮部侍郎鄧光薦，師事之。光薦授以所著書曰《相業》，謂珪曰：「熟讀之，後必賴其用矣。」

珪在軍中凡十有四年而復入朝，時至元二十九年也。廷議江淮行樞密院可罷，江浙行省參知政事張瑄領海運，亦以爲言。樞密副使暗伯問於珪，珪曰：「見上當自言之。」召對，珪曰：「使行院可罷，亦非瑄所應言。」帝深然之。未幾，拜行樞密院副使。太傅月兒魯諾延言：「珪尚少，請試以僉書，異日大用未晚。」帝曰：「不然，是家爲國滅金、滅宋，盡死力者三世矣。漢人賜號拔都者，惟史天澤與珪家。史徒持文墨議論，孰與其家功多？今可吝此耶？」進鎮國上將軍、江淮行樞密院副使。

成宗即位，罷行樞密院。大德三年，遣使巡行天下，珪使川、陝，問民疾苦，以便宜振之，罷冗官無益於民者。使還，擢江南行御史臺侍御史，換文階中奉大夫。遷浙西肅政廉訪使，劾罷郡長吏以下三十餘人，徵贓巨萬計。珪得監司奸利事，將發之，事干行省，平章政事阿里欲中以危法，賂遺近臣，妄言珪有厭勝事，且沮鹽法。帝遣使雜治之，得行省大

小吏及鹽官欺罔狀，皆伏罪。召珪拜僉樞密院事，入見，賜只孫冠服侍宴，又命買宅以賜，辭不受。拜江南行臺御史中丞，因上疏極言天人之際、災異之故，其目有修德行、廣言路、進君子、退小人、信賞必罰、減冗官、節浮費，以法祖宗成憲，累數百言。是時中書平章政事梁德珪以受張暄、朱清賄謫湖廣，夤緣近倖求復相位，阿里亦由行省入爲中書平章政事。珪並劾之，不報。又馳驛面論其事，亦不報，遂謝病歸。久之，拜陝西行臺中丞，不赴。武宗即位，召拜太子諭德。未數日，拜太子賓客，復拜詹事，辭不就。御史中丞久闕，議擇人，仁宗時在東宮，曰：「必欲得真中丞，惟張珪可。」即日拜御史中丞。至大四年，帝崩，仁宗將即位，廷臣用皇太后旨，行禮於隆福宮，珪言：「當御大明殿。」御史大夫止之曰：「議已定，雖百奏無益。」珪曰：「未一奏，安知無益？」奏入，帝果移仗御大明殿。賜珪只孫衣二十襲、金帶一。帝嘗親解衣賜珪，明日復召，謂之曰：「朕欲賜卿寶玉，非卿所欲。」以帨拭面額，納諸珪懷，曰：「朕面澤之所存，心之所存也。」

皇慶元年，拜榮祿大夫、樞密副使。徽政院使失列門請以洪城軍隸興聖宮，自以徽政使領之。以上旨移文樞密院，衆恐懼承命，珪固不署，事遂不行。是年十二月，拜中書平章政事，綱領國子學，請減煩冗還有司以清政務，得專修宰相之職。帝從之，著爲令。教坊使曹咬住拜禮部尚書，珪曰：「伶人爲宗伯，何以示後世？」力諫止之。皇太后以中書右

丞相鐵木迭兒爲太師，萬户别薛參知行省政事，珪曰：「太師論道經邦，鐵木迭兒非其人。别薛無功，不得爲外執政。」帝韙之。是時車駕幸上都，已度居庸，皇太后宮幄在龍虎台，遣失列門召珪，切責杖之。珪創甚，輿歸京師，明日遂出國門。珪子景元掌符璽，以父病篤告，遽歸。帝驚曰：「嚮别時卿父無病。」景元頓首涕泣，不敢言。帝不懌，遣參議中書省事換住賜上尊，拜大司徒。謝病家居，繼丁母憂，廬墓側，寢苫啜粥者三年。六年七月，帝憶珪生日，復賜上尊、御衣。

至治二年，英宗召見於易水之上，曰：「卿四世舊臣，朕將畀卿以政。」珪辭歸，丞相拜住問珪曰：「宰相之體何先？」珪曰：「莫先於格君心，莫急於廣言路。」是年冬，起珪爲集賢大學士。先是，鐵木迭兒既復相，以私怨殺平章蕭拜住、御史中丞楊朵兒只、上都留守賀伯顏，皆籍没其家。會地震風烈，敕廷臣集議弭災之道，珪抗言於坐曰：「弭災當究其所以致災。漢殺孝婦，三年不雨；蕭、楊、賀冤死，非致沴之一端乎？死者固不能復生，而清議猶可昭白，毋使朝廷終失之也。」又拜中書平章政事，侍宴萬壽山，賜玉帶。

三年秋八月，鐵失等弑英宗，逆黨夜入京師，坐中書堂，矯制奪符印。時衛王徹徹秃監省，珪密説之，徹徹秃意動。珪因曰：「大統應在晉邸，我有密書，非王莫敢致。」徹徹秃恐事泄，珪曰：「事成，王之功；不成，我甘齏粉，不敢以言累王。」於是徹徹秃使人達其書。

泰定帝即位於龍居河，鐵失等皆伏誅。駕至，珪等迎謁，帝顧問曰：「此張平章也。密書來，甚合朕意。」因探囊出片紙付翰林學士承旨曲出曰：「此當書於國史者。」鐵木迭兒之子治書侍御史鎖南，議遠流，珪曰：「於法，强盜不分首從。鎖南從弑逆，親斫丞相拜住臂，乃欲活之耶？」始伏誅。盜竊仁宗廟主。參知政事馬剌兼領太常禮儀使，當遷左丞，珪曰：「參政遷左丞，雖曰叙進，然太常奉宗祏不謹，當待罪，而反遷官，何以謝在天之靈？」命遂不下。泰定元年六月，車駕在上都。先是，帝以災異詔百官集議，珪與樞密院、御史臺、翰林、集賢兩院官，極論當時得失。珪自詣上都奏之曰：

國之安危，在乎論相。昔唐玄宗前用姚崇、宋璟則治，後用李林甫、楊國忠，幾致亡國。雖賴郭子儀諸將效忠竭力，克復舊物，然自是藩鎮縱横，紀綱亦不復振。良由李林甫妬害忠良，布置邪黨，奸惑蒙蔽，保禄養禍所致也。前宰相鐵木迭兒奸狡險深，陰謀叢出，專政十年，凡宗戚忤己者，巧飾危間，陰中以法，忠直被誅竄者甚衆。始以贓敗，諂附權姦失列門及嬖幸也里失班之徒，苟全其生，尋任太子太師。未幾仁宗賓天，乘時幸變，再入中書。當英廟之初，與失列門表裏爲姦，誣殺蕭、楊等，以快私怨。天討元凶，失列門之黨既誅，坐要上功，遂獲信任。諸子内布宿衛，外據顯要，蔽上抑下，杜絶言路，賣官鬻獄，威福己出，一令發口，上下股栗，稍不附己，其禍立

至，權勢日熾，中外寒心。由是羣邪並進，如逆賊鐵失之徒，名爲義子，實其腹心，忠良屏迹，坐待收繫。先帝悟其姦惡，仆碑奪爵，籍没其家，終以遺患，構成弑逆。其子鎖南親與逆謀，所由來者漸矣。雖剖棺戮屍，夷滅其家，不足塞責。今復回給所籍家產，諸子尚在京師，夤緣再入宿衛。世祖時阿合馬貪殘敗事，雖死猶正其罪，況如鐵木迭兒之姦惡哉？臣等議：宜遵成憲，仍籍鐵木迭兒家產，遠竄其子孫外郡，以懲大姦。

君父之讎，不共戴天，所以明綱常、别上下也。鐵失之黨，結謀弑逆，君相遇害，天下痛心疾首，所不忍聞。比奉旨：「以鐵失等既伏其辜，諸王按梯不花、孛羅、月魯帖木爾、曲吕不花、兀魯思不花亦已流竄，逆黨脅從者衆，何可盡誅？後之言事者，其勿復舉。」臣等議古法：弑逆，凡在官者殺無赦。聖朝立法，强盜殺庶民，其同情者猶且首從俱罪，況弑逆之黨，天地不容。宜誅其徒黨，以謝天下。

《書》曰：「惟辟作福，惟辟作威。臣無有作福作威。臣而有作福作威，害於而家，凶於而國。」蓋生殺與奪，天子之權，非臣下所得盜用也。遼王脱脱，位冠宗室，居鎮遼東，屬任非輕，國家不幸有非常之變，不能討賊，而乃覬幸赦恩，報復讎忿，殺親王、妃主百餘人，分其羊馬畜產，殘忍骨肉，盜竊主權，聞者切齒。今不之罪，乃復厚賜放

還，仍守爵土。臣恐紀綱由此不振。設或效尤，何法以治？且遼東地廣，素號重鎮，若使脱脱久居，彼既縱肆，將無忌憚，况令死者含冤，感傷和氣。臣等議：累朝典憲，聞赦殺人，罪在不原。宜奪削爵土，置之他所，以彰天討。

刑以懲惡，國有常憲。武備卿即烈，前太尉不花，以累朝待遇之隆，俱致高列，不思補報，專務姦欺，詐稱奉旨，令鷹師强收鄭國寶妻，貪其家人畜産，自恃權貴，莫敢如何。事聞之官，刑曹逮鞫服實，竟原其罪。輦轂之下，肆行無忌，遠在外郡，何事不爲？夫京師，天下之本，縱惡如此，何以爲政？古人有言：「一婦銜冤，三年不雨。」以此論之，即非細務。臣等議：宜以即烈、不花付刑曹鞫之。

中賣寶物，世祖時不聞其事。自成宗以來，始有此弊。分珠寸石，售直數萬，當時民懷忿怨，臺、察交言。且所酬之鈔，率皆天下生民膏血，錙銖取之，從以捶撻，何其用之不吝？夫以經國有用之寶，易此不濟饑寒之物，又非有司聘要和買，大抵皆時貴與斡脱中寶之人妄稱呈獻，冒給回賜，高其值且十倍，蠶蠹國財，暗行分用。如賽不丁之徒，頃以增價中寶事敗，具存吏牘。陛下即位之初，首知其弊，下令禁止，天下欣幸。臣等比聞中書乃復奏給累朝未酬寶價四十餘萬錠，較其元直，利已數倍。有事經年遠者三十餘萬錠，復令給以市舶番貨。計今天下所徵包銀差發，歲入止十一

萬錠，已是四年徵入之數，比以經費弗足，急於科徵。臣等議：番舶之貨，宜以資國用、紓民力，寶價請俟國用饒給之日議之。

太廟神主，祖宗神靈所妥。國家孝治天下，四時大祀，誠爲重典。比者仁宗皇帝、皇后神主，盜利其金而竊之，至今未獲。斯乃非常之變，而捕盜之官兵不聞杖責。臣等議：庶民失盜，應捕官兵，尚有三限之法；監臨主守，倘失官物，亦有不行知覺之罪。今失神主，宜罪太常，請揀其官屬免之。

國家經賦，皆出於民，量入爲出，有司之事。比者建西山寺，損軍害民，費以億萬計。刺繡經幡，馳驛江浙，逼迫郡縣，雜役男女，動經年歲。窮奢致怨，近詔雖已罷之，又聞姦人乘間奏請，復欲興修，流言喧播，羣情驚駭。臣等議：宜守前詔，示民有信，其創造、刺繡事，非歲用之常者，悉罷之。

人有冤抑，必當昭雪；事有枉直，尤宜明辨。平章政事蕭拜住、中丞楊朵兒只等，枉遭鐵木迭兒誣陷，籍其家，以分賜人，聞者嗟悼。比奉明詔，還給元業。子孫奉祀家廟，修葺苟完，未及寧處，復以其家財仍賜舊人，止酬以直，即與再罹斷没無異。臣等議：宜如前詔，以元業還之，量其直以酬後所賜者，則人無冤憤矣。

德以出治，刑以防姦。若刑罰不立，奸宄滋長，雖有智者，不能禁止。比者也先

帖木兒之徒，遇朱太醫妻女過省門外，强拽以入，姦宿館所。事聞，有司以扈從上都爲解，竟弗就鞫。輦轂之下，肆惡無忌，京民憤駭，何以取則四方？臣等議：宜遵世祖成憲，以姦人命有司鞫之。臣等又議：天下囚繫，不無冤滯，方今盛夏，宜令省、臺選官審録，結正重刑，疏決輕繫，疑者申聞詳讞。邊鎮利病，宜命行省、行臺體究興除。廣海鎮戍卒吏病者，給粥食藥，死者人給鈔二十五貫，責所司及同鄉者，歸骨於其家。

歲貢方物，有常制。廣州東莞縣大步海及惠州珠池，始自大德元年，姦民劉進、程連言利，分蜑户七百餘家，官給之糧，三年一採，僅獲小珠五兩六兩，入水爲蟲魚傷死者衆，遂罷珠户爲民。其後同知廣州路事塔察兒等，又獻利於失列門，創設提舉司監採，廉訪司言其擾民，復罷歸有司。既而内正少卿魏暗都剌，冒啟中旨，馳驛督採，耗廩食，疲民驛，非舊制，請悉罷遣歸民。

善良死於非命，國法當爲昭雪。鐵失弑逆之變，學士不花、指揮不顏忽里、院使禿古思，皆以無罪死，未蒙褒贈。鐵木迭兒專權之際，御史徐元素以言事鎖項死東平，及賈禿堅不花之屬，皆未申理。臣等議：宜追贈死者，優叙其子孫，且命刑部及監察御史體勘其餘有冤抑者，具實以聞。

政出多門，古人所戒。今内外增置官署，員冗俸濫，白丁驟升出身，入流壅塞日甚，軍民俱蒙其害。夫爲治之要，莫先於安民；安民之道，莫急於除濫費、汰冗員。世祖設官分職，俱有定制。至元三十年以後，改升創設，日積月增，雖常奉旨取勘減降，近侍各私其署，夤緣保禄，姑息中止。至英宗時，始鋭然減罷崇祥、壽福院之屬十有三署，徽政院、斷事官、江淮財賦之屬六十餘署，不幸遭罹大故，未竟其餘。比奉詔：「凡事悉遵世祖成憲。」若復循常取勘，調虚文，延歲月，必無實效，即與詔旨異矣。臣等議：宜敕中外軍民，署置官吏，有非世祖之制，及至元三十年以後改升創設員冗者，詔格至日，悉減併除罷之。近侍不得巧詞復奏，不該常調之人亦不得濫入常選，累朝斡耳朵所立長秋、承徽、長寧寺及邊鎮屯戍，别議處之。

自古聖君，惟誠於治政，可以動天地、感鬼神，初未嘗徼福於僧道，以厲民病國也。且以至元三十年言之，醮祠佛事之目，止百有二。大德七年，再立功德使司，積五百有餘，今年一增其目，明年即指爲例，已倍四之上矣。僧徒又復營幹近侍，買作佛事，指以算卦，欺昧奏請，增修布施莽齋，自稱特奉、傳奉，所司不敢較問，供給恐後。况佛以清淨爲本，而僧徒貪慕貨利，自違其教，一事所需，金銀鈔幣不可數計，歲用鈔數千萬錠，凡所供物，悉爲己有，布施等鈔，復出其外，生民脂膏，縱其所欲，取以

自利，畜養妻子。彼既行不修潔，適足褻慢天神，何以要福？比年佛事愈繁，累朝享國不永，致災愈速，事無應驗，斷可知矣。臣等議：宜罷功德使司，其在至元三十年以前及累朝忌日醮祠佛事名目，止令宣政院主領修舉，餘悉減罷。近侍之屬，並不得巧計擅奏，妄增名目。若有特奉、傳奉，從中書復奏乃行。

古今帝王治國理財之要，莫先於節用。蓋侈用則傷財，傷財必至於害民。國用匱而重斂生，如鹽課增價之類，皆足以厲民矣。比年遊惰之徒，妄投宿衛部屬，及宦者、女紅、太醫、陰陽之屬，不可勝數。一人收籍，一門蠲復。一歲所請衣、馬、芻糧，數十户所徵入不足以給之，耗國損民爲甚。臣等議：諸宿衛、宦、女之屬，宜如世祖時支請之數給之，餘悉簡汰。

闊端赤牧養馬駝，歲有常法，公布郡縣，各有常數。而宿衛近侍，委之僕御，役民放牧。始至，即奪其居，俾飲食之，殘傷桑果，百害蠭起。僕御四出，無所拘鈐，私鬻芻豆，瘠損馬駝。大德中，始責州縣正官監視，蓋暖棚、團槽櫪以牧之。至治初，復散之民間，其害如故，監察御史及河間路守臣屢言之。臣等議：宜如大德團槽之制，正官監臨，閱視肥瘠，拘鈐宿衛、僕御，著爲令。

兵戎之興，號爲凶器，擅開邊釁，非國之福。蠻夷無知，少梗王化，得之無益，失

之無損。至治三年，參卜郎盜，始者劫殺使臣，利其財物而已。至用大師，期年不戢，傷我士卒，費國資糧。臣等議：好生惡死，人之恒性。宜令宣政院督守將嚴邊防，遣良使抵巢招諭，簡罷冗兵，明敕邊吏謹守禦，勿生事，則遠人格矣。

天下官田歲入，所以贍衛士，給戍卒。自至元三十一年以後，累朝以是田分賜諸王、公主、駙馬及百官、宦者、寺觀之屬，遂令中書酬直海漕，虛耗國儲。其受田之家，各任土著奸吏爲贓，巧名多取，又且驅迫郵傳，徵求餼廩，折辱州縣，閉償逋負，至倉之日，變鬻以歸，官司交忿，農民窘竄。臣等議：惟諸王、公主、駙馬、寺觀，如所與公主桑哥剌吉及普安三寺之制，輸之公廩，計月直折支以鈔，令有司兼令輸之省部，給之大都。其所賜百官及宦者之田，悉拘還官，著爲令。

國家經費，皆取於民。世祖時，淮北内地，惟輸丁稅。鐵木迭兒爲相，專務聚斂，遣使括勘兩淮、河南田土，重併科糧，又以兩淮、荆襄沙磧作熟收徵，徼名興利，農民流徙。臣等議：宜如舊制，止徵丁稅，其括勘重併之糧，及沙磧不可田畝之稅，悉除之。

世祖之制：凡有田者悉役之，民田典賣，隨收入户。鐵木迭兒爲相，納江南諸寺賄賂，奏令僧人買民田者，免其賦役。臣等議：惟累朝所賜僧寺田及亡宋舊業，如舊

制勿徵。其僧道典買民田及民間所施産業，宜悉役之，著爲令。

僧、道出家，屏絶妻孥，蓋欲超出世表，是以國家優視，無所徭役，且處之官寺，宜清浄絶俗爲心，誦經祝壽。比年僧、道往往畜妻子，無異常人，如蔡道泰、班講主之徒，傷人逞欲、壞教干刑者，何可勝數？俾奉祠典，豈不褻天瀆神？臣等議：僧、道之畜妻子者，宜罷以舊制，罷遣爲民。

賞功勸善，人主大柄，豈宜輕以與人？世祖臨御三十五年，左右之臣雖甚愛幸，未聞無功而給一賞者。比年賞賜汎濫，蓋因近侍之人，窺伺天顔喜悦之際，或稱乏財無居，或稱嫁女娶婦，或以技物呈獻，殊無寸功小善。遞互奏請，要求賞賜回奉，奄有國家金銀珠玉，及斷没人畜産業。似此無功受賞，何以激勸？既傷財用，復啟倖門。臣等議：非有功勳勞效著明實蹟，不宜加以賞賜，乞著爲令。

臣所言弑逆未討、姦惡未除、忠憤未雪、冤枉未理、政令不信、賞罰不公、賦役不均、財用不節、民怨神怒，皆足以感傷和氣。惟陛下裁擇，以答天意，消弭災變。

帝不從。珪復進曰：「臣聞日食修德，月食修刑，應天以實不以文，動民以行不以言，刑政失平，故天象應之。惟陛下矜察，允臣等議，乞悉行之。」帝終不能用。

未幾，珪病增劇，非扶掖不能行。有詔：「常見免拜跪，賜小車，得乘至殿門下。」帝開

經筵，命右丞相旭邁傑與珪領之，進封蔡國公、知經筵事，別刻蔡國公印賜之。珪薦翰林學士吴澄等以備顧問，求去益力。二年夏，得請暫歸。

三年春，復遣使召珪。珪至，帝曰：「卿來時，民間何如？」珪奏：「真定、保定、河間民饑甚，朝廷雖振以粟帛，惠未及者十之五六。」帝惻然，敕有司贍之。拜翰林學士承旨、知制誥兼修國史，經筵如故。帝見其羸甚，命養疾西山，繼得旨還家。

未幾，起珪商議中書省事，以疾不赴。四年，卒。

五子：景武，定遠大將軍、保定等路上萬户，佩虎符；景魯，海北廣東道肅政廉訪使；景哲，僉河東海右道肅政廉訪司事；景元，河南河北道肅政廉訪使；景丞，内政司丞。

天曆元年，紫荆關敗卒南走保定，沿途剽掠，景武與同知阿里沙率鄉民梃斃數百人。參知政事也先捏以兵至保定，執景武兄弟五人，盡殺之，籍其家。詔以珪女歸也先捏。廷臣言：「保定萬户張昌，其諸父景武等既受誅，宜罷所將兵，並奪其金虎符。」不許。

已而御史臺言：「北兵奪紫荆關，官軍潰走，掠保定。本路官與故平章張珪子五人，率民擊官軍死。也先捏不先奏聞，輒擅殺官吏及珪五子。珪祖、父三世爲國勳臣，即使景武等有罪，珪之妻女又何罪焉？今既籍其家，又以其女妻也先捏，誠非國家待勳臣之意。」帝

曰：「卿等言是也。」詔中書還其所籍。御史臺又論也先捏擅殺之罪，詔竄也先捏於南寧，聽珪女還家。

至順元年，帝以珪議立泰定帝，追怨之，又疑景武等附上都，復籍珪五子家資。元統初，監察御史王文若奏：「珪祖、父三世積有勳烈，諸子横罹戕害，官籍其家，宜革正之，以爲功臣之勸。」奏寢不報。

史臣曰：張柔平河北，經略江淮，有攻城野戰之功。弘範厓山之役，功成身歿，賞不酬勞。珪蹇蹇匪躬，稱爲賢相。以三世之忠，不能庇其子孫，唏矣。景武兄弟既駢戮，又籍其家，失刑莫甚焉，蓋出於文宗之私憾歟？

【校勘記】

〔一〕「宋師」，原作「宋帥」，據《元史》卷一五六列傳第四十三《張弘範傳》改。

新元史卷之一百四十　列傳第三十七

張榮邦傑　宏　宓　劉鼎　張迪　迪子福

張榮，字世輝，濟南歷城人。父衍，以周急稱於鄉里。榮貌奇偉，嘗從軍，流矢貫眥，使人以足抵其額拔之，神色自若。

金末，山東盜起，榮率鄉民據濟南黌堂嶺，略有章邱、鄒平、濟陽、長山、辛市、蒲台、新城及淄州之地。

太祖二十一年，榮舉其地納款於按只台那顏。引見，太祖責其降附之晚，對曰：「山東之地，悉歸陛下，臣不能獨立。若尚有倚恃，仍不款服。」太祖壯之，拊其背曰：「真賽因拔都兒也。」授金紫光禄大夫、山東行尚書省，兼兵馬都元帥，知濟南府事。

太宗二年，議取汴。榮請先清蹕路，太宗嘉之，賜衣三襲，位諸侯上。四年，大軍至河上，榮率死士宵濟，守者潰走，奪戰船五十艘，麾抵北岸，乘勝破張盤三山砦，俘獲萬餘。大將阿朮魯欲盡殺之，榮力諫而止。五年，從阿朮魯攻歸德。阿朮魯欲殺降人，烹其油以

灌城，榮又諫止之。城下，榮單騎入城拊其遺民。六年，攻沛縣，守將唆蛾夜擣我軍，榮覺之，唆蛾敗死，乘勝拔其城。進攻徐州，守將國用安引兵突出，榮逆擊敗之，用安赴水死。七年，攻拔邳州。又從諸王闊出拔宋棗陽等三縣。

時河南流民北徙濟南，榮下令分屋與地居之，資以樹蓄，且課其殿最，於是汙萊盡闢。中書考績，爲天下第一。李璮在益都，私餽以馬蹄金，榮卻之。年六十一，乞致仕，不許。世祖即位，授濟南路萬户，並封濟南公。致仕。卒，年八十三。贈推忠宣力正義佐命功臣、太師、開府儀同三司、上柱國，追封濟南王，謚忠襄。子七人。

長邦傑，字智萬。年十七，爲質子。榮老病，奏請以邦傑襲爵。奥都拉合蠻行省燕京，擬於常賦外徵銀七兩，諸路畏其權重，莫敢言者。邦傑曰：「今天下甫定，瘡痍未復，輕徭薄賦以招徠之猶懼不濟，豈宜厚斂重困吾民？」奏請免徵，太宗許之。行省增酒課歲三百錠，邦傑曰：「今正供猶不給，又倍酒稅，是驅民於死地也。」力争之，卒如舊額。先是，逃亡者之逋賦，省檄居民代償，邦傑詣和林奏免之。尋榷鹽利，有司欲均賦於民，邦傑又奏寢其事，民翕然頌之。土寇李佛擁衆掠東平齊河，邦傑討平之。母卒，廬於墓側，哀毁逾禮。先榮卒，年四十四。邦傑勤於撫字，憲宗賜新造虎符及織金幣，割河南路將陵、臨邑

等六縣屬之，以旌治績，時論榮之。謚宣惠。

邦直，邳州行軍萬户。至元二年，坐違制販馬論死。邦彦，權濟南行省。邦允，知淄州。邦孚，大都督府郎中。邦昌，奥魯總管。邦憲，淮安路總管，贈宣忠秉義功臣、中奉大夫、河南江北行中書省參知政事、護軍，追封濟南公，謚貞毅。

榮孫四十人。邦傑子宏，字可大，通諸國語，襲父爵。從憲宗攻釣魚山。世祖在潛邸，伐宋，宏爲前鋒，得生口輒詢山川地形，途所從出，城郭向背，主將誰某，倉儲、兵卒之數，一一奏之。且逆畫進取之策，既捷，卒如其言。世祖曰：「汝殆身歷耶？何其言之信也？」大軍至陽邏堡，宏以四百艘先濟，奪大船名白鷂者一，宋師奔潰。世祖圍鄂州，宏先諸將攻城，登其陴。師旋，授濟南府行軍萬户、管民總管，佩虎符。

中統三年春，李璮襲陷濟南，宏舁其祖榮走京師。榮命宏以劍誓子孫及諸將校曰：「討賊不用命者死。」衆悉奮。初，宏億知璮必反，條其逆跡十事上聞，曰：「諸路城堡不修，而益都因澗爲城。國初以全師攻之，數年不下。今更包以磚石，而儲粟於内，且留壯丁之轉輸者於府，志欲何爲？又諸路兵久從征伐，不得休息，率皆困弊。而璮假都督之重，擁强兵至五、七萬，日練習整厲，名爲討宋，而實不出境。士卒惟知璮之號令，不復禀朝廷之

命。平章王文統，故壇參佐，倘中外連構，窺僻間隙，以逸待勞，此尤可慮。又大駕前歲北征，羣臣躬扞牧圉，而壇獨以禦宋爲辭，既不身先六軍，又不遣一校以從。及駕還京師，諸侯朝覲，又不至。不臣之心，路人共知。國家去歲遣使聘宋，實欲百姓休息，壇獨不喜，方發兵邊境，下竊兵威，上失國信。又如市馬，諸路無論軍民概屬括買，獨不及益都。而壇方散遣其徒於別境，高其直以市馬。王文統與壇締交，於此尤著。又中統鈔法，諸路通行，惟壇用漣州會子，所領中統鈔顧於臣境貿易，商人買鹽而鈔不見售。又山東鹽課之額，歲以中統鈔計爲三千五百錠，近年互爲欺誑，省爲二千五百錠，餘悉自盜，屬法制初新，宜復舊額，而欺盜仍前。又前歲王師渡江，宋人來禦，壇乘其隙取宋漣州，輒留歲賦爲括兵之用，而又侵及鹽課。誠使壇絕淮向南，去杭尚遠。方今急務，政不在此，而徒以兵賦假之，不可不慮。今亟宜罷王文統，而擇人代壇，且征壇從攻西北，足以破其姦謀。如或不然，尚宜再設都督，内足以分其勢而伐其謀，外足以鼎立而禦侮。」

奏上，帝諭近侍以軍國密計毋泄。至是，詔諸王合必赤統兵討壇，以宏爲導。宏率所部斷壇餉道，壇欲突圍走，宏屢卻之。以功遷大都督。及城破，宏言於合必赤，城民無罪，請禁剽掠。合必赤從之，遣將分掌門鑰，有褫婦人衣者，立斬以徇。於是城民皆免於難。

至元初，遷真定路總管，兼府尹，加鎮國上將軍。有故吏摭宏諸父罪狀，辭連及宏；

又言宏在濟南，盜用官物。世祖念其功，特原之，而免所居官。

九年，大軍圍襄陽，起宏爲懷遠大將軍、新軍萬户，佩金虎符。宋襄陽守將吕文焕納款，遣使來告：「得張濟南一言，吾無盟矣。」詔宏往諭，文焕即舉城降。十年，授襄陽等處統軍使，總兵十七萬人。十三年，謝病歸。卒於家，年五十九，謚武靖。

子：元節，襲宏爵宣武將軍、征西萬户；元里，建昌路達魯花赤。宏女也速貴，爲諸王忽刺忽兒妃。忽刺忽兒與乃顔通謀，也速貴以逆順禍福反復開諭，不聽。及敗，逮繫詔獄，有旨詰問：「汝從乃顔反，亦有人諫汝否？」忽刺忽兒以也速貴之言對，世祖嗟異曰：「是濟南張宏女也。」命索於軍中，給傳返濟南，有司供億。元貞初，山東憲司奏也速貴忠孝大節，贍養不足，乞賜田周恤之，詔加賜鈔幣二萬緡。元節子那懷，襲征西萬户。

邦憲子宓，字淵仲。幼以質子侍武宗於潛邸，賜名蒙古台。武宗即位，授尚沐奉御。嘗詔見便殿，問古聖人可法者，宓對曰：「帝王之德，莫大於孝。臣濟南人，濟南有舜祠。舜事父母底豫，可法者宜莫如舜。」武宗嘉納之。後山東蝗旱，命宓至濟南禱於舜祠，訖事而雨蝗盡死。還奏，賜金織衣一襲。

仁宗即位，欲授宓二品官，固辭。仁宗諭省臣曰：「朕惟張拔都兒，昔以五十萬衆歸我

太祖，世祖念其勳勞，爵以上公。其孫蒙古台事先帝久，欲官以二品，辭不肯受。其以三品官授之。」尋選知滕州，陛辭，賜海東青以寵之。旋入爲度支監丞，出知南陽府，未行，轉兵馬司都指揮使。豫討鐵失赤斤帖木兒逆黨，遷彰德路總管。境内患盜，宓令郵置一鼓，盜發則擊鼓相應，各爲守備，盜悉遁。天曆初，擢山北廉訪副使，尋改保定路總管。時上都兵猝至紫荆關，戍卒潰走保定，大肆剽掠，同知路事阿里哥及平章張珪子景武等率居民梃斃數十人。知樞密院事也先尼至保定，營於城外，給同知、縣尉與張景武兄弟及居民百餘人至軍中，責以擅殺，盡戮之。復下令屠城。宓方以病在告，即輿疾至也先尼帳下。也先尼踞宓而詬之曰：「汝欲反乎？」宓從容對曰：「我病，不與官事，聞戍卒見敵而潰，剽掠良民，此法所不貸者。民不辨誰何，倉卒殺之。樞密戮百餘人，足以相償。復欲屠城，城中户口萬餘，若激而生變，孰任其咎耶？願以身代民死，幸樞密允之。」也先尼氣沮，遂殺數人而去。城民聞宓歸，咸額手以更生相慶。後臺臣言也先尼擅殺之罪，詔刑部鞫之，籍也先尼家，杖一百七，竄南寧。然終無以宓之事上聞者。

宓後調真定路，移平江路。平江積訟牒七百餘，宓下車數日，剖析略盡。時東南諸路富民佃其田於提舉司，州縣一切不得問，其徭役則責之貧户。宓言於行省，請罷之。事聞，詔罷平江、杭州、集慶提舉司，民尤稱便。元統二年，召爲吏部尚書。明年，拜嶺北行

省參知政事，謝病歸。至正三年，起爲山東東西道宣慰使。益都路增油稅至四千五百錠，羨入十倍，宓下令釐革之，益都民勒石頌其事。復乞致仕，卒於家，年六十六。贈中奉大夫、江浙等處行省參知政事、護軍，追封濟南郡公，謚宣懿。

子元輔，松江財賦司副提舉。

榮行臺官知名者，曰劉鼎、張迪。

史臣曰：張起巖撰《張宏行狀》，稱張氏累世有善政。時論東諸侯尚忠厚、崇信義，而不奪民力，惟濟南爲然。予考其時，東平嚴忠濟驕豪隳父業，益都李璮包藏禍心，獨榮子孫惸惸奉職，恭儉愛民，所謂「豈弟君子，求福不回」者也。也先尼欲屠保定，張宓冒死以紓其禍。微宓，則保定之民必揭竿而應上都。文宗罪也先尼，而不賞宓之功。嗚呼，何其闇歟！

劉鼎，字漢寶，濟南章邱人。美鬚髯，有器度，臨事才智捷出。金末山東大亂，有盜柵歷城南山中爲民患，官兵不能制。鼎直登其柵，喻以禍福，盜遂降。以功授歷城令。土豪李氏據遥牆濼，恣爲姦利。遥牆濼，縣之大澤也。鼎一日往濼中，伏壯士於路側，誘李出，

執而殺之。

張榮聞鼎名，授爲行臺掾。益都李全聽讒言，分兵爲三道攻濟南。榮欲悉兵拒之，鼎方卧疾，扶掖入見，謂榮曰：「彼衆我寡，戰必敗。公第入，老夫爲公卻之。」鼎致書於全及其三帥，三帥勒兵待命。全發書，撫掌大笑曰：「我固言之矣，此老在，何益？」趣罷兵，修好如故。太宗五年卒，年五十一。

子景石，十歲徧通五經。客命賦火鐮詩，景石援筆立就，一座盡驚。官山東轉運司經歷，以剛介不能從俗，自免歸。後除濱州教授。卒，年六十七。子，敏中自有傳。

張迪，字吉甫。本濟南章邱人，後徙禹城。迪有膂力，能臂擐石獅子以行，兼控二强弩俱彀滿。隸榮帳下，有戰功，授濟南兵馬鈐轄，權濟南府事。行省自水砦還舊治，遷懷遠大將軍、元帥、右監軍、濟南府推官，佩金虎符，仍提領歷城縣事。榮從大軍伐宋，薦迪爲留後。迪涖政廉明，號稱良吏。頃之，卒。

子福，字顯祖。好學，能背誦《春秋左氏傳》。從榮朝太宗於和林，預伐宋之謀。大軍圍沛縣，城中食盡，率敢死士乘夜突圍而出，福力戰卻之。擢中書奏差，佩銀符。廷議增

調諸路兵伐宋，濟南路應調二千三百人，民大擾。榮使福面奏：「兵興，役無虛歲。今又增兵，民情震駭。宜寢其命，以安反側。」世祖從之。遷濟南軍民鎮撫都彈壓。行中書省牙魯瓦赤建議，常賦外增銀六兩，視絲縣中分折納。榮子邦傑襲位，使福白於宗王，亟罷其議。遷鎮府鈐轄，權濟南府事。從邦傑入朝面奏，乞休兵以養民力，世祖嘉納之。後致仕，卒於家，年七十一。

福五子，中子鐸最知名。

鐸，字宣卿。幼負奇節，讀書通大義，以古人自勗。出《中庸》、《大學》授其子弟曰：「此宰相之業也。」累遷東昌録事推官，卒。

鐸弟鑄子範，四川等處副提舉，工詩，有《蓬窗稿》、《益齋集》、《旅齋集》。範子起巖，自有傳。

新元史卷之一百四十一　列傳第三十八

董俊 文炳　士元　士選　文蔚　文用　士廉　文直　文忠　士珍　守中　守簡　士良　士恭

董俊，字用章，真定藁城人。少力田，長涉書史，善騎射。金貞祐間，邊事方急，藁城令立的，募射中者拔爲將。獨俊一發破的，遂領所募兵爲統將。

太祖十年，國王木華黎南下，俊迎降。十四年，以勞擢知中山府事，佩金虎符。金將武仙據真定，諸城皆應仙。俊率衆夜入真定，逐仙走之。十五年春，中山府治中李全叛應仙，俊方屯曲陽，仙來攻，敗之黄山下，獻捷於木華黎。及仙以衆降，木華黎承制授俊龍虎衛上將軍、行元帥府事，屯藁城。俊謁木華黎曰：「武仙姦黠，終不爲我用，請備之。」木華黎然其言，以俊爲左副元帥，升藁城縣爲永安州，號其衆爲匡國軍，兵、民之事，一委於俊。二十年，仙果殺都元帥史天倪，據真定叛，旁郡縣皆爲仙守。俊以孤軍居反側間，戰士不滿千人。仙攻之，不能下，乃縱兵蹂民禾。俊呼語之曰：「汝欲得民，而奪之食，無道賊不爲也！」仙慙而去。久之，俊復夜入真定，仙敗走，乃納史天倪弟天澤爲帥。

太宗四年，會諸軍圍汴。明年，金主棄汴奔歸德，追圍之。金兵夜出薄諸軍於水，俊力戰，死之，時年四十有八。

俊早喪父，事母以孝聞，待親故皆有恩意。克汴時，以侍其軸爲賢，延歸教諸子。嘗曰：「射，百日事耳。《詩》、《書》，非積學不通。」屢誡諸子曰：「吾一農夫，遭天下多故，徒以忠義事人，僅立門户。深願汝曹力田讀書，勿求非望，爲吾累也。」

臨陣勇氣慴衆，立矢石間怡然若無事者，雖中傷亦不爲動。每慕馬援爲人，曰：「馬革裹屍，援固可壯。」故戰必先登。或諫，俊曰：「我人臣也，敵在前，不死，乃就安避危乎？」初，太宗即位，朝於行在，諸將獻户口，各增數，吏請如衆。俊曰：「民實少，他日需求無應，必重斂以承命，是我獨利，而民日困也。」藁城有三百餘人尅期作亂，事覺，戮其渠魁，餘並釋之。深、冀二州妖人惑衆，圖不軌，連逮者數萬人，有司議當族。俊力請主者，但誅首惡。節度使劉成叛降武仙，俊下令曰：「叛者成一人，餘能去逆效順，即忠義士，吾畀其貲産，仍奏官之。」衆果相率來降。沃州天臺砦既降，他將欲掠其子女。俊曰：「城降而俘其家，仁者不爲也。」力止之。

爲政寬明，見人善治田廬，必曲加褒獎，有惰者則怒罰之。故所部完實，民惟恐其去也。贈翊運效節功臣、太傅、開府儀同三司、上柱國，封壽國公，謚忠烈。加贈推忠翊運效

節功臣，改封趙國公。

九子：文炳、文蔚、文用、文直、文毅、文振、文進、文忠、文義。文毅，同知潭州路總管府事。文進，順德路總管府判官。文振、文義，早卒。

文炳，字彦明，俊之長子也。父卒，年始十六。母李夫人有賢行，治家嚴。文炳事母，撫諸弟，儼如成人。

太宗七年，以父任爲藁城令，時年甫十七。文炳明於聽斷，同列皆束手下之，吏抱案牘求署字，不敢仰視。縣貧，重以旱蝗，徵斂日暴，民不聊生。文炳出私穀數千石賑之。前令因軍興，稱貸於人，貸家取息歲倍，償以蠶、麥。文炳曰：「民困矣，吾當爲代償。」乃以田廬計直與貸家，復籍縣閒田畀貧民爲業，於是流離漸復。朝廷初料民，敢隱實者誅，籍其家。文炳使民聚口而居，少爲户數。衆以爲不可，文炳曰：「爲民獲罪，吾所甘心。」民亦有不樂爲者，文炳曰：「後當德我。」由是賦斂大減。旁縣民訟不得直，皆詣文炳求決。文炳嘗上謁大府，旁縣人聚觀之，曰：「吾亟聞董令，董令顧亦人耳，何其明若神也。」府帥需索無厭，文炳抑不予。或讒於府帥，欲中傷之，文炳曰：「吾終不能剥民求利也。」即棄官去。

憲宗元年，世祖受命征大理，文炳率四十六騎從行，人馬道死殆盡。及至吐番，止有兩人，挾文炳徒行，取死馬肉食之，日行二三十里。會使者過，遇文炳，還白其狀。世祖即命其弟文忠以尚廐五馬載糗糧迎之。既至，世祖閔其勞，賜賚甚厚。有任使，皆稱旨，由是日親貴用事。

九年秋，世祖伐宋，攻淮西臺山寨。文炳馳至寨下，諭以禍福，不應。文炳脱胄呼曰：「吾所以不亟攻者，欲活汝衆也，不速下，今屠寨矣。」守者遂降。九月，師次陽羅堡。宋兵築堡於岸，列船江中，軍容甚盛。文炳請於世祖曰：「長江天險，宋所恃以爲國，勢必死守。不奪其氣不可，臣請嘗之。」即與敢死士數百人先發，率弟文用、文忠，鼓櫂疾進。鋒既交，文炳麾衆上岸搏之，宋師敗走。命文用輕舟報捷，世祖方駐香爐峰，因策馬下山問戰勝狀，以鞭仰指曰：「天也。」命諸軍毋解甲，明日圍城。既渡江，會憲宗崩，閏十一月班師。

明年，世祖即位於上都，是爲中統元年，命文炳宣慰燕南諸道。還奏曰：「人久弛縱，一旦遽束以法，不可。宜赦天下，與之更始。」世祖從之。二年，擢山東東路宣撫使。方就道，會立侍衛親軍，帝曰：「親軍非文炳難任。」即遥授侍衛親軍都指揮使，佩金虎符。

三年，李璮反濟南。文炳會諸軍圍之，賊勢日蹙。文炳曰：「窮寇可以計擒。」乃抵城

下，呼瓊將田都帥曰：「反者瓊耳，餘來即吾人，毋自取死。」田縋城降。田，瓊之愛將，既降，衆遂亂，擒瓊以獻。瓊兵有沂、漣兩軍二萬餘人，勇而善戰，主將怒其從賊，配諸軍，使陰殺之。文炳當殺二千人，言於主將曰：「彼爲瓊所脅耳，殺之恐乖天子仁聖之意。向天子伐南詔，或妄殺人，雖大將亦罪之。是不宜殺也。」主將從之。

瓊伏誅，山東猶未靖，乃以文炳爲山東東路經略使，率親軍以行，出金、銀符五十，有功者聽與之。閏九月，文炳至益都，留兵於外，從數騎衣冠而入。居府，不設警衛，召瓊故將吏謂之曰：「瓊狂賊，詿誤汝等。瓊已誅，汝皆爲王民。天子至仁聖，遣經略使撫汝，當相安毋懼。經略使得便宜除擬將吏，汝等勉取金、銀符，經略使不敢格上命不予有功者。」所部大悦。

至元二年，以文炳代史氏兩萬户爲鄧州光化行軍萬户、河南等路統軍副使。到官，造戰艦五百艘，習水戰，凡陒塞要害皆列栅築堡，爲備禦計。帝嘗召文炳密謀，欲大發河北民丁。文炳曰：「河南密邇宋境，人習江淮地利，宜使河南人戰，河北耕以供食。俟宋平，則河北長隸兵籍，河南削籍爲民。如是爲便。又將校素無俸給、馬乘，請使所部千户私役兵四人，百户二人，聽其雇役，稍食其力。」帝皆從之。始頒將校俸，以秩爲差。

七年，改山東路統軍副使，治沂州。有詔和糴本部，文炳命收州縣所移文。衆諫，文

炳曰：「但止之。」乃遣使入奏，曰：「敵人接壤，知吾虛實，一不可；邊民供頓甚勞，重苦此役，二不可；困吾民以懼來者，三不可。」帝大悟，罷之。九年，遷樞密院判官，築正陽兩城。

十年，以文炳行樞密院事，守正陽。夏霖雨，水漲，宋淮西制置使夏貴帥舟師十萬來攻，文炳登城禦之。飛矢貫文炳左臂，文炳拔矢授左右，發四十餘矢。箙中矢盡，顧左右索矢，又十餘發，力困不能張滿，遂悶絕氣殆。明日，水入外郭，文炳麾士卒卻避，貴乘之。文炳病創甚，子士選請代戰，文炳壯而遣之，復自起束創，手劍督戰。士選以戈擊貴，幾獲之，貴遂遁去。

是歲，大舉伐宋，丞相伯顏自襄陽東下。十一年正月，拜參知政事、行中書省於淮西。文炳會伯顏於安慶，安慶守將范文虎以城降。文炳請於伯顏曰：「大軍既疲於陽羅，吾兵當前行。」伯顏許之。宋都督賈似道來禦，望風敗走。進至和州，文炳謂伯顏曰：「和州與采石對岸，亦堅城也。今不取，異日必爲後患。」伯顏使文炳與萬戶晏徹兒往招之，知州事王喜以城降。

三月，詔以天時向暑，命伯顏軍駐建康，文炳軍駐鎮江。時揚州堅守不下，常州、平江既降復叛。張世傑、孫虎臣約真、揚兵誓死戰，陳大艦萬艘碇焦山下江中，勁卒居前。文

炳身犯之，載士選別船。文直子士表請從，文炳顧曰：「吾弟僅汝一子，脱吾與士選不返，士元、士秀猶足殺敵，吾不忍汝往也。」士表固請，乃許之。文炳乘輪船，建大將旂鼓，士選、士表船翼之，大呼突陣。戰酣，短兵相接，宋兵亦殊死戰，聲震天地，横屍委仗，江水爲之不流。自寅至午，宋師大敗。世傑走，文炳追及於夾灘。世傑收潰卒復戰，又破之，遂東走於海。文炳船小，不能入海，乃還。俘甲士萬餘人，悉縱不殺，獲戰船七百艘。

十月，諸軍分三道而進，文炳居左，由江陰並海趨臨安。先是，江陰軍僉判李世修欲降不果，文炳檄諭之，世修以城降，令權本軍安撫使。所過民不知兵，凡獲生口，悉縱遣之，無敢匿者。張瑄有衆數千，出没海上，文炳命招討使王世强及士選單舸至瑄所，諭以威德，瑄即率所部降。

十三年春正月，次鹽官，招之，再返不下。將佐請屠之，文炳曰：「縣去臨安近，聲勢相及。臨安約降已有成言，吾輕殺一人，則撓大計，況屠一縣耶？」於是遣人入城諭之，城人遂降。文炳會伯顔於臨安城北。

宋主㬎既納款，伯顔命文炳入城，罷宋官府，散其諸軍，封庫藏，收禮樂器及圖籍。文炳盡取宋主諸符璽，上於伯顔。伯顔以宋主入覲，詔留事一委文炳。時翰林學士李槃奉詔至臨安，文炳謂之曰：「國可滅，史不可没。宋十六主，有天下三百餘年，其太史所記

具在史館，宜收之。」乃得宋史及諸注記五千餘册，歸之國史院。宋宗室福王與芮赴京師，徧以重寶致諸貴人，文炳獨卻不受。及官録與芮家具籍受寶者，惟文炳無名。伯顏入朝奏曰：「臣等奉天威平宋，懷徠安集之功，董文炳居多。」帝曰：「文炳舊臣，忠勤朕所素知。」乃拜資德大夫、中書左丞。

時張世傑奉吉王昰據台州，福建亦爲宋守。敕文炳進兵，所過禁士馬勿踐田麥，曰：「在倉者吾既食之，在野者汝又踐之，新附之民何以續命？」次台州，世傑遁。諸將先俘州民，文炳下令曰：「台人首效順於我，我不暇有，故世傑據之，其民何罪？敢不縱所俘，以軍法論。」得免者數萬口。至温州，其守將火城中而遁，文炳追擒之，數其殘民之罪，斬以徇。逾嶺，漳、泉、建寧、邵武諸郡皆送款。閩人感文炳德，廟祀之。

十四年，帝在上都，適北邊有警，欲親征，急召文炳。四月，文炳至自臨安，帝日問來期，及至，即召入。文炳奏曰：「今南方已平，臣無所效力，請事北邊。」帝曰：「朕召卿，意不在是也。豎子盜兵，朕自撫定。山以南，國之根本，盡以託卿。卒有不虞，便宜處置以聞。中書省、樞密院事無大小，咨卿而行。已敕主者，卿其勉之。」文炳避謝，不許，因奏曰：「臣在臨安時，阿里伯奉詔檢括宋諸藏貨寶，追索没匿，人實苦之，恐非安懷之道。」即詔罷之。又奏：「昔者泉州蒲壽庚以城降，壽庚素主市舶，臣欲重其事權，使爲我扞海寇，誘諸蠻臣

服，因解所佩金虎符佩壽庚矣。惟陛下恕其專擅之罪。」帝嘉之，更賜金虎符。燕勞畢，即聽陛辭。文炳求見皇太子，帝許之，復敕太子曰：「董文炳所任甚重，見畢即遣行。」太子慰諭懇至。文炳留士選宿衛，即日就道，凡在上都三日。

至大都，更日至中書、樞密，不署中書案。平章政事阿合馬方恃寵用事，生殺任情，惟畏文炳，嘗執筆請曰：「相公官爲左丞，當署省案。」請至再四，不肯署。皇太子聞之，謂宮臣竹忽納曰：「董文炳深慮，非爾曹所知。」後或私問其故，文炳曰：「主上所付託者，在根本之重，非文移細故。且吾少徇則濟姦，不徇則致讒；讒行則身危，而失付託本意。吾是以略其細務也。」

十五年夏，文炳有疾，奏請解機務。詔至上都，命僉書樞密院事、中書左丞如故。八月，天壽節，禮成賜宴，帝命文炳上坐，諭宗室大臣曰：「董文炳，功臣也，理當坐是。」每尚食上食，輒輟賜文炳。是夜，文炳疾復作，敕賜御醫診視。疾篤，洗沐而坐，召文忠等曰：「吾以先人死王事，恨不效命邊疆，今至此，命也。願董氏世有男子能騎馬備行伍，則吾死瞑目矣。」言畢，卒，年六十二。帝聞，悼痛良久，贈金紫光祿大夫、平章政事、上柱國，追封趙國公，謚忠獻。世祖眷文炳最厚，嘗曰：「朕心，文炳所知；文炳心，朕所知。」故讒間不行。文炳卒後十餘年，姦臣桑哥敗，帝詔文炳子士選入，曰：「汝父忠勤不欺，成吾大事。

汝不必遠學，學汝父足矣。」其爲帝所眷如此。文炳孝友，居母喪，哀毁骨立，教諸弟如嚴師。文用、文忠雖貴顯，休沐還家，不敢先至私室，侍立終日，不問不敢對。諸弟有過受笞，退無怨言。當世言家法者，比之漢萬石君云。子士元、士選。

士元，一名不花，字長卿，文炳長子也。自襁褓喪母。祖母李氏愛之，謂文炳曰：「俟兒能言，即令讀書。」憲宗征蜀，士元年二十三，從叔父文蔚率鄧州軍西行。次釣魚山，宋人堅壁拒守。士元請代文蔚攻之，以所部鋭卒先登，力戰，以它軍不繼而還。憲宗壯之，賜金帛。

中統初，文蔚入典禁兵，士元選供奉内班，從車駕巡狩北方。會文蔚病卒，無子，命士元襲爲千户，率禁兵戍淮上。士元在軍中，修敕武備，號令肅然。

丞相伯顔克江南，兩淮郡縣猶爲宋守，士元攻拔淮安堡，以功遷武節將軍。從太師博魯歡攻揚州，駐灣頭堡。博魯歡病還京師，以行省阿里代領諸軍。揚州守將姜才以米運至，出步騎五千陣於丁村。阿里素不習兵，率輕騎數百出堡，士元與别將哈剌禿以百騎從之。日已暮，宋兵至者萬餘，士元謂左右曰：「大丈夫報國正在今日，勿懼也。」整軍欲戰，阿里已遁去。士元與哈剌禿以所部迎敵，泥淖，馬不能馳，乃棄馬步戰，至夜，宋兵始退。

及明日，阿里來視戰地，見士元卧泥中，身被十七創，甲裳盡赤，肩舁至營而絶，年四十二。哈剌禿亦戰死。文炳聞士元死，一慟而止，曰：「真吾子也！」

江淮既平，伯顏入朝言於帝曰：「淮海之役，所損者二將而已。」帝問其人，以士元與哈剌禿對。曰：「不花健捷過人，晝戰必能制敵，夜戰而死，甚可惜也。」至大元年，贈鎮國上將軍、僉書樞密院事，謚節愍。後加贈推誠效節功臣、資政大夫、中書左丞、護軍，追封趙郡公，改謚忠愍。

士元妻凌氏，嘗以賜幣爲士元作服，世祖善之，謂左右曰：「董士元妻必勤於女紅者。」由是有賢名。子守仁，中書參知政事，謚肅誠。

士選，字舜卿，文炳次子也。幼從文炳居兵間，晝治武事，夜讀書不輟。文炳敗宋兵於金山，士選戰甚力。及降張瑄等，丞相伯顏臨陣觀之，壯其驍勇，遣使問之，始知爲文炳子。奏功，佩金符爲管軍總管。臨安降，從文炳入宫，取宋主降表及收其文書圖籍，静重識大體，秋毫無所取，軍中稱之。詔置侍衛親軍諸衛，以士選爲前衛指揮使，未幾，以職讓其弟士秀。帝嘉其意，命士秀將前衛，而以士選同僉行樞密院事於湖廣，久之，召還。

乃顏叛，帝親征，召士選至行在所，與李庭同將漢軍以禦之。乃顏飛矢及乘輿，士選

等出步卒橫擊之，其衆敗走。緩急進退有禮，帝甚善之。桑哥伏誅，召士選論議政事，以中書左丞與平章政事徹理往鎮浙西，聽辟舉僚屬。至部，察病民事，悉以帝意除之。西僧楊璉真伽總攝僧教於杭州，淫恣不法，士選受密旨逮之，械於市，士民稱快。

成宗即位，僉行樞密院於江南。未幾，拜江西行省左丞。贛州盜劉六十聚衆至萬餘，自號劉王。朝廷遣兵討之，主將觀望不肯戰，賊勢益盛。士選請自往，衆欣然許之。即日就道，不求益兵，但率掾史李霆鎮、元明善二人，持文書以去，衆莫測所爲。至贛境，捕貪吏病民者治其罪，民大悅。進至興國縣，去賊百里，察知激亂之人，悉置於法，復誅奸民之爲囊橐者。於是民爭出自效，不數日，遂擒賊首，散餘衆歸農。軍中獲賊所爲文書，旁近郡縣富人姓名具在。霆鎮、明善請焚之，民心益安。遣使以事平奏於朝，中書平章政事不忽木召其使，謂之曰：「董公上功簿耶？」使者曰：「某且行，左丞告某曰：『朝廷若以軍功爲問，但言鎮撫無狀，得免罪幸甚，何功之可言？』」因出其書，但請黜贓吏數人而已，不言破賊事。廷議深歎其不伐。

拜江南行御史臺中丞，廉威素著，不嚴而肅。入僉樞密院事，俄拜御史中丞。前中丞崔彧久任風紀，善斡旋以就事功。既卒，不忽木以平章軍國重事繼之，方正持大體，已而多病，遂屬之士選。士選風采明俊，中外竦然。時丞相完澤用劉深言，出師征八百媳婦，

及至，士卒死者十已七八。驅民轉粟餉軍，溪谷之間不容舟車，必負擔以達，一人致粟八斗，率數人佐之，凡數十日乃至。由是民死者亦數十萬，中外騷然。而完澤說帝：「江南之地盡世祖所取，陛下不興此役，則無功可見於後世。」帝入其言，用兵意甚堅，故無敢諫者。士選率同列言之，奏事殿中畢，同列皆起，士選乃獨言：「劉深出師，以有用之民而取無用之地。就令當取，亦必遣使諭之，諭之不從，然後視時而動。豈得聽一人妄言，致百萬生靈於死地？」帝色變，士選猶辨論不止，侍從皆爲戰慄。帝曰：「事已成，卿勿復言。」士選曰：「以言受罪，臣所甘心。他日以不言罪臣，臣雖死何益？」帝麾之起，左右擁士選出。未數月，帝聞師敗績，慨然曰：「董二哥之言驗矣，吾愧之。」因賜上尊，以旌直言。乃罷兵，誅劉深等。世祖嘗呼文炳曰董大哥，故帝以二哥呼士選云。久之，出爲江浙行省右丞，遷汴梁行省平章政事，又遷陝西。至治元年卒，追封趙國公，謚忠宣。

士選平生以忠義自許，尤廉介，門生故吏無敢以苞苴進者。治家甚嚴，言世家有禮法者，必歸之董氏。尤禮敬賢士，在江西以屬掾元明善爲賓友，既又師事吳澄，延虞汲於家塾，以教其子，後又得範椁等數人，皆以文學顯。

子守忠，雲南行省參知政事、樞密副使，謚靖獻；守愨，浙東道廉訪使；守思，知威州。

文蔚，字彦華，俊之次子也。重厚寡言，善騎射，膂力絶人。事母至孝，凡所與交，貴賤長幼，待之無異。

太宗十三年，僉民兵南行，文炳命文蔚率十有七人，私整鞍馬衣甲，自爲一隊，與衆軍渡淮。憲宗四年，世祖收大理，還駐六盤山。文炳以文蔚公勤，可委以事，解所佩金符讓之。帝嘉之，授藁城等處行軍千户，鎮鄧州。是年冬十一月，城光化。明年，城昆陽。六年，城棗陽。文蔚悉總其役。

七年，從大軍攻樊城，南據漢江，北瀕湖，卒不得渡。文蔚夜率所部，於湖水狹處，伐木爲橋，至曉，師畢過，城人大驚。文蔚復統拔都軍以當前行，奪其外城，論功居最。九年，從憲宗入蜀，至釣魚山，地勢險絶，惟一徑可登。文蔚激厲將士，挾雲梯以上。帝親勞之，厚加賞賚。

中統二年，世祖置武衛軍。文蔚以鄧州兵入爲千户。帝北狩，留屯上都。三年，李璮反，據濟南，文蔚以所部圍其南面。至元五年七月，卒於上都之炭山。泰定中，贈明威將軍、僉右衛使司事、上騎都尉、隴西郡伯。

文用，字彥材，俊第三子也。生十歲，父卒。長兄文炳教諸弟有法，文用學問早成，弱冠試詞賦中選。藁城爲莊聖太后湯沐邑，太后命擇邑中子弟來見，文用始從文炳謁太后於和林。世祖在潛藩，命文用主文書，講說帳中。

憲宗三年，從世祖征雲南大理。七年，世祖命授皇子經，是爲北平王、雲南王。又使召遺老竇默、姚樞、李俊民、李冶、魏璠等。九年，從世祖伐宋，攻鄂州，宋吕文德將兵來拒，水陸軍容甚盛。世祖臨江督戰，文炳求先進，文用與文忠固請偕行，世祖親料甲冑，擇大艦授之，大破宋師。

會憲宗崩，世祖不即去，文用一日三諫，乃班師。世祖即位，使文用宣諭邊郡，且擇諸翼軍充侍衛，七月還朝。中書左丞張文謙宣撫大名等路，奏文炳爲左右司郎中。二年八月，以兵部郎中參議都元帥府事。三年，李璮叛，從元帥闊闊討之。阿术伐宋，召文用爲其屬，文用辭曰：「新制：諸侯總兵者，其子弟勿任兵事。今吾兄文炳以經略使總重兵鎮山東，我不當行。」阿术曰：「潛邸舊臣，不得引此爲說。」文用卒謝病不行。

至元元年，召爲西夏中興等路行省郎中。中興自渾都海之亂，民間相恐動，竄匿山谷。文用至，鎮之以静，爲書置通衢諭之，民乃安。始開唐來延、秦家等渠，墾中興、西涼、甘、肅、瓜、沙等州之地爲屯田，歸者四五萬户，更造舟於河，受諸部落及潰叛之來降者。

時諸王只必鐵木兒鎮西方，部下需索無算，省臣不能支。文用坐幕府，輒面折以法，其徒積忿，譖文用於王。王怒，召文用，使左右雜問之，意叵測。文用曰：「我天子命吏，非汝等所當問，請得與天子所遣爲王傅者辨之。」王即遣其傅訊文用，文用謂之曰：「我漢人，生死不足計。所恨者，仁慈寬厚如王，而其下毒虐百姓，凌暴官府，損王聲名。於事體不便。」因歷指其不法者數十事。其傅白於王，王即召文用謝曰：「非郎中，我不知也。郎中持此心事朝廷，宜勿怠。」自是譖始不行。二年，入奏經略事宜還，以詔旨行之。

八年，立司農司，授山東東西道巡行勸農使。文用巡行所部，至登州，見其開墾有方，以郡守爲能，作詩表異之。蒞任五年，政績爲諸道勸農使之最。十二年，丞相安童奏文用爲工部侍郎，代紇石里。紇石里，阿合馬私人也，安童罷相，即使鷹監奏曰：「自紇石里去，工部侍郎不給鷹食，鷹且瘦死。」帝怒，促召治之。因急捕文用入見，帝望見，曰：「董文用乃爲爾治鷹食者耶？」置不問，別令取給有司。

十三年，出爲衛輝路總管，佩金虎符。諸郡運江淮米於京師，衛當運十五萬石。文用曰：「民籍可役者無幾，且米船不能以時至，而先爲期會，是未運而民已困矣。」乃集旁郡通議，立驛置法，民力以舒。十四年，詣漕司言事。適漕司議通沁水東合御河以便漕，文用曰：「衛爲郡，地最下，大雨時行，沁水輒溢出，今又引之使來，豈惟無衛，將無大名、長蘆

矣。」會朝廷遣使相地形，上言：「衛州城浮屠最高者，纔與沁水平，勢不可開。」事始寢。

十六年，受代歸。裕宗在東宫，數爲臺臣言：「董文用忠良，何以不見用？」十八年，臺臣奏起文用爲山北遼東道提刑按察使，不赴。十九年，朝廷選舊臣，召文用爲兵部尚書。二十年，江淮省臣建議行臺隸於行省，狀上，集朝臣議之。文用議曰：「御史臺，譬之卧虎，雖未噬人，人猶畏其爲虎也。今虚名僅存，紀綱猶不振，一旦摧抑之，則風采薾然，無可復望者矣。昔阿合馬用事時，商賈賤役皆行賄入官，及事敗，欲盡去其人，廷議以爲不可，使阿合馬售私恩，而朝廷斂怨。乃命按察司劾罷其不稱職者，然後吏有所憚，民有所赴訴。則是按察司者，國家當激勵之，不可摧抑之也。」於是廷臣悉從文用議。

轉禮部尚書，遷翰林、集賢二院學士，知秘書監。時中書右丞盧世榮，以掊克爲功，建議曰：「我立法治財，視常歲當倍增，而民不擾。」詔下會議，人無敢言者。文用陽問曰：「此錢取於右丞家耶？將取之於民耶？取於右丞之家，則不敢知；若取諸民，則有説矣。收羊者歲嘗兩剪其毛，今牧人日剪其毛而獻之，則主者固悦其得毛之多，然而羊無以避寒熱，即死且盡，毛又安所得哉？民財有限，取之以時，猶懼其不給；今刻剥無遺，尚有百姓乎？」世榮不能對。丞相安童謂坐中曰：「董尚書真不虚食俸禄者。」議者出，皆謝文用曰：「君以一言折聚斂之臣，吾曹不及也。」世榮竟以是得罪。

二十二年，拜江淮行中書省參知政事，文用力辭。帝曰：「卿家世非他人比。朕所以任卿者，不在錢穀細務，卿當察其大者，事有不便，但言之。」文用遂行。行省丞相忙兀帶素貴倨，同列莫敢仰視，跪起禀白如小吏。文用至，則坐堂上，侃侃與論是非，無所遷就，雖數忤之，不顧也。有以帝命建佛塔於宋故宫者，官吏奉行甚急。天大雨雪，入山伐木，死者數百人，猶欲並建大寺。文用曰：「非時役民，民不堪命，少徐之如何？」忙兀帶曰：「參政奈何格上命耶？」文用曰：「非敢格上命。今日之困民力而失民心者，豈上意耶？」忙兀帶意沮，遂稍寬其期。二十三年，朝廷將用兵日本，文用上書極諫，時論韙之。

二十五年，拜御史中丞。文用曰：「中丞不當理細務，吾當先舉賢才。」乃舉胡祗遹、王惲、雷膺、荆玩恒、許楫、孔從道十餘人爲按察使，徐琰、魏初爲行臺中丞，當時以爲極選。時桑哥當國，自近戚貴人見之，皆屏息遜避，文用獨不附之。桑哥令人風文用頌己於上前，文用不答。桑哥又自謂文用曰：「百司皆具食於丞相府矣。」文用又不答。會北邊軍興，誅求愈急，文用謂桑哥曰：「民憊矣。外難未解，而内伐其根本，丞相宜思之。」桑哥益怒，乃摭拾臺事百端，文用與辯論不爲屈。於是具奏桑哥姦狀，語密，外人不知也。桑哥日誣譖文用於帝，曰：「在朝惟董文用戇傲不聽令，沮撓尚書省，誰治其罪？」帝曰：「彼御史之職也，何罪之有？且董文用端謹，朕所素知，汝善視之。」遷大司農。時欲奪民田爲屯

田，文用固執不可。乃遷爲翰林學士承旨。

二十七年，隆福太后在東宫，以文用舊臣，欲使文用授皇孫經，以帝命命之。文用講説經旨，必附以朝廷故事，反覆開悟，皇孫亦特加敬禮。

三十一年，帝命文用諸子入見，文用曰：「臣蒙國厚恩，死無以報，臣之子豈敢濫邀恩寵。」命至再三，終不肯從。世祖崩，成宗即位上都，太后命文用從行。既即位，巡狩三不剌之地，文用曰：「先帝新棄天下，陛下不以時還，無以慰元元之望。宜趣還京師。」帝悟，即時旋蹕。帝每召文用，問先朝故事，文用亦盛言先帝虚心納諫、開國經世之務，奏對或至夜半。

初，帝在東宫，正旦受賀，於衆中見文用，召使前曰：「吾向見至尊，甚稱汝賢。」至是眷賚益厚。是年，詔修《世祖實録》。遷資德大夫、知制誥兼修國史。文用於祖宗世系功德、近戚將相家世勳績，皆記憶貫穿，史館恒質疑於文用。大德元年，請老，賜中統鈔萬貫以歸，官一子，鄉郡侍養。六月卒，年七十有四。贈銀青光禄大夫、少保、壽國公，謚忠穆。

八子：士亨，昭勇大將軍、侍御親軍都指揮使；士恒，南康路總管；士廉，字簡卿，以儒業起家爲國子師，扁其書室曰「性齋」，學者稱之。

文直，字彦正，俊第四子也。通經史法律，爲藁城令，佩金符。性好施，鄉里有貧乏者，每陰濟其急，不使之知。卒年五十有二。

子士表，後衛親軍都指揮使，追封隴西郡侯，謚武毅。士表子守義，前衛親軍都指揮使，追封隴西郡侯，謚昭毅。

文忠，字彦誠，俊第八子也。入侍世祖潛邸。從討雲南，又從伐宋，與兄文炳、文用敗宋兵於陽羅堡，得蒙衝百艘。

世祖即位，置符寶局，以文忠爲郎，授奉訓大夫。居益近密，嘗呼董八而不名。至元二年，安童以右丞相入領中書，陳十事，言忤旨。文忠曰：「丞相素有賢名，人方傾聽，所請不得，何以爲政？」遂從旁代奏，條理詳明，始蒙允納。

八年，侍講學士徒單公履欲奏行貢舉，知帝於釋氏重教輕禪，乃言：「儒亦有之，科舉類教，道學類禪。」帝怒，召姚樞、許衡與宰臣廷辯。文忠自外入，帝曰：「汝日誦《四書》，亦道學者。」文忠對曰：「陛下每言：『士不治經講孔孟之道，而爲詩賦，何關修身？何益治國？』由是海内之士稍知從事實學。臣今所誦皆孔孟之言，焉知所謂道學？而俗儒守亡國餘習，欲行其説，故以是上惑聖聽，恐非陛下教人修身治國之意也。」帝意始解。

十一年，伐宋，民困供給。文忠奏免常歲横征，從之。又請罷官鬻田器之税，聽民自爲。時多盜，詔犯者皆殺無赦。文忠言：「殺人取貨與竊一錢者均死，恐乖陛下好生之德。」帝悟，敕革之。或告漢人毆傷國人，及太府監屬盧摯盜剪官布，帝命殺以懲衆。文忠言：「今刑曹於囚罪當死者，已有服辭，猶必詳讞。是豈可因人一言，遽加重典？宜付有司閲實，以俟後命。」乃遣文忠及近臣突滿分覈之，皆得其誣狀，遂原之。帝因責侍臣曰：「方朕怒時，卿曹皆不敢言。非董文忠開悟朕心，則殺二無辜之人，必取議中外矣。」因賜文忠金尊，曰：「用旌卿直。」裕宗亦語宫臣曰：「方天威之震，董文忠從容諫止，實人臣所難能者。」盧摯奉物詣文忠泣謝曰：「鄙人賴公復生。」文忠曰：「吾素不知子，所以相救者，爲國平刑，豈望子見報哉？」卻其物不受。

自安童罷相，阿合馬獨當國柄，懼廉希憲復入相，害其私計，奏希憲以平章政事行省江陵。文忠言：「希憲，國家名臣。今宰相虚位，不可使久居外，以孤人望。且江陵卑濕，希憲病，宜早召還。」從之。十六年十月，奏曰：「陛下始以燕王爲中書令、樞密使，纔一至中書。自册爲太子，欲使明習軍國之事，然十有餘年，終守謙退，不肯視事者，非不奉明詔也，蓋朝廷處之未盡其道爾。夫事已奏決，而始啟太子，是使臣子而可否君父之命，故惟有避遜而已。以臣所知，不若令有司先啟太子而後奏聞，其有未安者，則以詔敕斷之，庶

幾理順而分不踰。」帝即日召大臣，面諭其意，行之。復語太子曰：「董八崇立國本者，其勿忘之。」

禮部尚書謝昌元請立門下省，封駁制敕，以絶近習奏請之弊。帝鋭意行之，詔廷臣雜議，且怒翰林學士承旨王磐曰：「如是有益之事，汝不入告，而使南方後進言之，汝用學問何爲？」廷議以文忠爲侍中。近臣乘間奏曰：「陛下置門下省，今實其時。然得人則可以寬聖心，新民聽。今聞用欺詐之臣，臣實惑之。」其言多指擿文忠。文忠忿辯，帝令言者出，文忠猶訴不止。帝曰：「朕自知之，彼不言汝也。」文炳官中書左丞，卒。太傅伯顏言文忠可相〔一〕，文忠固辭。

十八年，升典瑞局爲監，郎爲卿，仍以文忠爲之，授正議大夫。俄授資德大夫、僉書樞密院事，卿如故。車駕行幸，詔文忠毋扈從，留居大都，凡宮苑、城門、直舍、徼道、環衛、管屯、禁兵、太府、少府、軍器、尚乘諸監，皆領焉。兵馬司舊隸中書，並付文忠。時桑哥累請奪還中書，不報。是冬十月，卒。帝悼惜之，賻錢數十萬。大德四年，贈光禄大夫、司徒，封壽國公，謚忠貞。後加贈體仁保德佐運功臣、太師、開府儀同三司、上柱國、趙國公，謚正獻。五子，士珍、士良、士恭最知名。

士珍，字周卿。幼從許衡學，淹貫經史，通國語，善騎射。世祖命侍東宮，裕宗嘗解御衣賜之。至元十九年，參議樞密院事，讞軍户康甲冤，老吏咸服其明斷。二十三年，進同知上都留守司事。時桑哥立尚書省，專以錢穀羨餘罔上。士珍典倉庾，出納均平，不事掊克。世祖詰之，對曰：「臣收粟不以高概，多取於民；出粟不以低概，少與於軍。臣不爲欺，羨餘故無自出。」帝感悟。二十八年，除山東東西道肅政廉訪使。

成宗即位，召爲兵部尚書。大德元年，遷吏部尚書。五年，拜江浙行省參知政事，賜鈔萬五千緡，以旌其廉。七年，召拜中書參知政事，與右丞相答剌罕、右丞尚文等同心輔政，有中統、至元之風。會河東地震，民多死傷，命士珍發屬郡藏粟賑之。八年，出爲江西行省左丞，以疾不赴，改陝西行臺中丞。至大元年，又移江南行臺，皆力辭。

仁宗即位，拜河南江北行省左丞。皇慶二年，御史中丞員闕，仁宗與臺臣議其人，既而曰：「方今無踰董士珍者。」驛詔還都，拜御史中丞。仁宗性嚴毅，士珍執奏或不得旨，至再三，必俞允乃已。帝輒歎曰：「董中丞，直人也！」嘗一日論事榻前，忤帝意，進曰：「臣等死生至微，臣若顧其至微，而使君有過舉，國有闕政，何面目立朝廷之上！」中書以四方災異，欲遣使者巡行郡國，士珍曰：「此時急務，選賢能，任守令，省刑薄斂，其民自安。使者巡行郡國，徒增擾耳。」事遂寢。省、臺議禁圍獵，欲置犯者極刑。士珍曰：「殺其麋鹿者，

如殺人之罪，可乎？」其人語塞。士珍在言路，蹇蹇自矢，有古直臣風，爲它官則務持大體。居中書時，帝議討西南夷，臺臣力諫不納，士珍侍左右，從容進曰：「臺臣言是。」帝意解，遂寢其事。延祐元年卒，年五十九，謚清獻。士珍三子：守中、守庸、守簡。守庸，御史中丞，坐黨附逆臣鐵失，免官。

守中，字子平。始入太學，世祖召問時政，條對詳敏，如素習吏事者，世祖稱之。年二十二，以世胄供奉内廷。歷尚服院，出爲懷慶路判官，坐事左遷河南行省理問。丁父憂，起爲典瑞院丞、僉典瑞院事，不赴。服闋，除集賢侍讀學士，出爲浙江道廉訪使。以弟守庸爲御史，改河南行省參知政事。河北饑，部使者下令逐流民南渡，守中止而賑之，全活無算。遷湖廣行省參知政事。江西歲給蒙山銀冶糧四萬餘石，輸銀三萬五千兩。興國路龍閣諸山亦産銀，有請包辦興國銀冶者，守中曰：「此姦利之民。」斥弗聽。旋改漢中道廉訪使。時泰定帝崩，燕鐵木兒迎懷王於江陵，使河南行省平章伯顏簡兵扈從。守中赴漢中任，過河南，伯顏留之，與聞密議。伯顏遣孛羅守潼關，守中諫，不聽。已而潼關果失守。懷王至，召賜白金百兩，除河南道廉訪使，使將兵守武關。事平，遷湖北道廉訪使，晉階正奉大夫。歲大饑，豪民控米商閉糴城中，斗米至萬錢。守中適至，杖其黨與七十餘

人，米大賤。撥貢士莊錢入學養士，俾不至以饑廢學。又刻《朱子戊申封事》於南陽書院，以教學者，士論翕然頌之。後以病乞歸。至順四年，卒於家，年六十一。贈樞密副使，追封趙郡公，諡清獻。三子：鋙、鉉、鑰。鋙僉羣玉内司事。鑰，監察御史。

守簡，字子敬，士珍第三子也。甫冠，入直宿衛，仁宗察其忠謹，授集賢侍讀學士。守簡辭，帝曰：「朕知卿家法崇禮讓，宜成卿之美。」乃以守簡兄守中代之，换守簡僉典瑞院事。帝賜守簡《大學衍義》，適近侍進酒，守簡引《衍義》之説以諫，帝大悦。

英宗即位，命守簡代祀秦、蜀山川。陝西饑，守簡移行省開倉廩賑之，復命謝專擅之罪。帝曰：「卿，朕之汲黯也。」除淮安路總管。歲旱，條荒政便宜奏之。未及報，先以禄廪，倡官民輸錢粟流民，爲粥食之。土著則給以錢，使不失其業。邗溝涸，發官帑浚之，使饑民得食其力，公私皆以爲便。未幾，遷汴梁路總管，郡人挽留不得行，由他道而去。有吏於汴而不返葬者，弟利其資，逼寡嫂啟冢歸其柩。嫂匿其骨之一體，弟訴之，下嫂於獄。豪家又覬以賤價，售其田宅，共賄獄卒殺嫂，以瘐死聞。守簡廉得其實，豪家、獄卒與弟皆論死。陳州有惡少，爲何人所殺〔二〕，且誘其妻以逃。事覺，有司逮其族人論死。守簡詰吏曰：「惡少死，其妻安在？」吏不能對。乃捕其妻至，一訊而服，汴人以爲神明。擢海北海

南廉訪使。廣西猺人竊發，官軍不能制。守簡劾其總兵官，罷之，諸將皆肅然聽命，猺患遂平。累擢江東廉訪使，以疾告歸。召爲大都路總管，兼大興尹，辭不就。遣中使賜上尊，强起之，旋除樞密院判官。

至正元年，出爲山東廉訪使，未行，拜中奉大夫、陝西行省參知政事，復以疾辭。改浙西廉訪使，擢湖廣行省左丞，又改江南行臺御史中丞。先是，建集慶寺，取官没田宅給之，內有故平章政事張珪别業，未幾，敕復歸張氏，有司猶觀望。守簡至，立命歸之。召還，拜御史中丞。

至正四年九月，遷中書左丞，尋命知經筵事。新進士授官，吏部奏，恐礙入粟補官者。守簡曰：「朝廷下詔求賢，將儲爲公卿也。苟急於此而緩於彼，人將謂讀書不如獻粟，恐貽笑於天下後世。」乃授進士官如故事。有司患盜，欲重法以懲之。守簡曰：「民貧故爲盜，不思保民而淫刑以逞，可乎？」或謂去歲汴中亂，連坐者猶未竟其獄，此盜所以起也。守簡曰：「罪人已得，州縣奉行文書，容有不能辨其真僞者，未可以首從論。且事在赦前，使國家失信，何以安反側？」於是繫獄者百餘人皆釋不問。廷議以盜發，禁漢人挾弓矢。帝曰：「董左丞祖父佐祖宗征伐四方，豈得以漢人待之？」賜良弓二，命其族人皆得挾弓矢。四月，惠宗北巡，命守簡留守京師，賜御衣一襲。未幾，以左丞總裁遼、金、宋三史，復拜御

史中丞，進榮禄大夫。至正六年卒，年五十五。贈推誠佐治濟美功臣、榮禄大夫、河南行省平章政事、上柱國，追封冀國公，謚忠肅。子鎧。

士良，文忠第二子。由曲陽尹累遷開州尹。文忠卒，世祖召見諸子，士良偕其弟士恭入見，帝熟視之，指士良語左右曰：「此兒甚肖其父。」遂命入直宿衛，以母疾謝歸。再起爲曲陽尹。縣陶縹瓷歲貢之，是年變色爲赤。士良曰：「禮：奇器不入公宫。」悉毁之。人服其有識。士良嘗以公事至曲阜，孔氏有相争之獄，累年不決，聞士良至，咸愧而相告曰：「吾輩所爲，何以見董公？」遂罷訟。泰定四年卒。

士恭，字肅卿，文忠第五子。幼端重，未嘗見其嬉笑。文忠卒，世祖召見諸子，士恭年甫十三，命往返步於廷中，正色斂容，周旋中度。帝甚奇之，問學射否，對以漢人挾兵有禁。帝即以弓矢賜之，仍命董氏一族弛挾兵之禁。後入直宿衛，從成宗至三不剌，命代祀岳瀆，復命奏對稱旨。世祖常呼文忠爲八哥，帝因呼士恭爲察罕八哥，其見親禮如此。大德九年，授典瑞少監。十一年，有位士恭下者，中書奏遷太監。帝怒曰：「董少監不遷，何耶？」特命擢典瑞太監，階正議大夫。

成宗崩，安西王阿難答覬覦神器，亟索符璽，士恭持不與。仁宗入平內難，士恭奉御寶以進。武宗即位，賜黃金帶以旌之。典瑞升爲院，拜中奉大夫、同知典瑞院事。四年，出爲江南行臺侍御史，涖事不務苛細，人服其知大體。皇慶二年，典瑞復爲監，授典瑞卿，使屬吏佩金字圓牌馳驛召之。有宗室位士恭下，固讓之。帝不允，士恭始拜命。帝問民所疾苦，以省刑薄斂對，問臣子之道，以忠孝對。帝大悅。延祐二年，拜陝西行臺御史中丞。丞相阿斯罕迎詔，便服不拜，又肩輿登堂北面坐。士恭厲色責之，叱左右去其肩輿。翌日，諸御史踵門謝曰：「微公，臺綱幾墜。」未幾，謝病歸。累除河南江北、淮東西道廉訪使，俱不赴。至順元年卒，年五十三。

子：守讓，東昌路總管；守訓，中書工部司程；守誠，衡水尹，有惠政，縣人立碑頌之。

史臣曰：藁城董氏與永清史氏、定興張氏，皆爲功臣之胄。董氏被服儒術，家法尤嚴，父子兄弟世濟其美，出任干城，入爲腹心。《詩》云：「惟其有之，是以似之。」其董氏之謂與！

【校勘記】

〔一〕「太傅」，原作「太傳」，據姚燧《牧庵集》卷一五《董文忠神道碑》、蘇天爵《國朝文類》卷六一《僉書樞密院事董公神道碑》改。

〔二〕「何人」，黄溍《金華黄先生文集》卷二六《董公神道碑》作「同黨」。

新元史卷之一百四十二　列傳第三十九

汪世顯　忠臣　德臣　良臣　惟正

汪世顯，字仲明，鞏昌鹽川人。本姓王，父彦忠，隸於汪古部，故改姓汪。世顯仕金，屢立戰功，爲征行從宜，分治陝西西路。時軍儲匱，世顯出家貲爲豪右率，鄰州效之，兵食以足。哀宗以忽斜虎爲鞏昌總帥，世顯同知府事，二人同心固守。及忽斜虎勤王敗潰，乃以世顯代爲總帥。哀宗遷蔡州，欲奔鞏昌，以粘葛完展爲鞏昌行省。蔡州破，完展欲安衆以待嗣立者，乃遣人稱使者，自蔡州宣諭。世顯知哀宗凶問，且嫉完展制之，遣使約會州守將郭斌，併力圖鞏昌。使者至，爲斌所拒，且曰：「爾帥欲背國家，任自爲之，何爲及我？」世顯遂襲殺完展，據鞏昌。及皇子闊端至，乃率衆降。皇子曰：「吾征四方，所至皆下，汝獨固守，何也？」對曰：「臣不敢背主失節。」又問曰：「金亡已久，汝不降，果誰爲耶？」對曰：「大軍迭至，莫知適從。惟殿下神武不殺，竊意必能保全闔城軍民，是以降也。」皇子大悦，承制授世顯舊官。

從伐宋，斷嘉陵江，擣大安。宋將曹友聞潛兵與諸蠻相爲犄角，世顯敗之。入武信，遂進逼葭萌。宋將依山爲栅，世顯以數騎襲奪之，乘勝定資州，略嘉定、峨眉，進次開州。宋軍屯萬州南岸，世顯即水北造船以疑之，夜從上游乘革舟以濟，敗之。追奔至夔峽，與宋援軍遇，斬首三千餘級。明年，師還攻重慶，會大暑，乃罷歸。入覲太宗，錫金符，易其名曰中山，且歷數其功。

十三年，蜀帥陳隆之貽書請戰，聲言有衆百萬。闊端集諸將議之，咸謂隆之可擒。世顯曰：「顧臨敵何如耳，不必誇辭。」進薄成都，隆之戰屢卻，堅壁不出。其部曲田顯約夜降，隆之覺之。世顯曰：「事急矣。」亟梯城入救顯，得與從者七十餘人出，獲隆之，斬之。世顯復簡精鋭五百人，擣漢州，州兵三千出戰，盡殲之。三日，大軍薄其城，克之。

六皇后稱制二年，闊端承制拜世顯便宜總帥，秦、鞏等二十餘州事皆聽裁決，賜虎符、錦衣、玉帶。世顯先已遘疾，至是加劇，卒，年四十九。中統三年，追封隴西公，謚義武。延祐七年，加封隴右王。七子：忠臣；德臣；直臣，鞏昌中路都總領，戰歿；良臣；翰臣，兵馬都元帥；佐臣，鞏昌左翼都總領，戰歿；清臣，四州行樞密院副使。

忠臣，字漢輔。以管軍總領從攻成都，入其外城。世顯陷伏中，忠臣手殺十餘人，翼

世顯而出。後從克疊州，賜金符。世顯卒，忠臣讓世爵於弟德臣，皇子闊端嘉之，以忠臣爲鞏昌元帥、知府事。憲宗二年，權都總帥事。世祖征雲南，禡牙臨洮，忠臣上謁，使督嘉陵漕運。九年，帝自將攻蜀，德臣集諸將問曰：「吾境內凋瘵，一旦乘輿至，左右貴近之需索，何以應之？」忠臣曰：「吾輩拔身健兒，惟應效死前驅，何至爲媚人計？汝但恤吾妻子足矣。」德臣泫然，灌酒於地，誓與諸將同生死。忠臣從憲宗攻苦竹隘，先登，賜銀四百五十兩。復從攻長寧山，又以先登，賜銀幣。德臣卒於合州，忠臣集將佐議曰：「吾弟歿王事，子惟正雖未冠，宜世其爵。」諸將乃奉惟正爲總帥。

中統元年，授忠臣副總帥，戍青居山。三年，璽書褒美，賜虎符，復以弟良臣代之。卒於鞏昌，年四十八，謚忠讓。

子惟益，襲副總帥。孫安昌，懷遠大將軍、便宜都總帥。

德臣，賜名田哥，字舜輔。襲爵鞏昌等二十四路便宜都總帥。從征蜀，將前軍出忠、涪，所向克獲。進攻運山，所乘馬中飛石死，步戰，拔其外城。宋將余玠攻漢中，德臣馳援之，玠聞，遁去。

憲宗素聞其名，入覲，賜印、符，命城沔州，數日而畢。進攻嘉定，敵潛軍夜出，德臣迎

戰，殺百人。還至雲頂山，宋軍乘夜斫營，覺之，擒斬無算。進次隆慶，宋軍仍夜出，與力戰，大敗之。及馬漕溝，遇伏兵，獲其統制羅廷鶚。又詔德臣城益昌，諸戍皆聽節制。世祖以皇弟有事西南，德臣入見，乞免益昌賦稅及徭役，漕糧、屯田爲長久計，並從之。命置行部於鞏昌，立漕司於沔，通販鬻，給餽餉。奏乞以兄忠臣攝府事，使己得專事益昌。益昌爲蜀喉襟，宋人憚其威名，不敢犯。

已而嘉陵漕舟水澀，議者欲棄去。德臣曰：「國家以蜀事托我，有死而已，奈何棄之？」盡殺所乘馬饗士。襲嘉州，得糧三千餘石。雲頂守將吕遠以兵五千邀戰，擒之，復得糧五千石。

獲宋提轄崔忠、鄭再立，縱令持檄諭苦竹，守將南清以城降，所俘城中民悉歸之。戍卒數百人有去志，德臣揣知之，給券縱去，皆泣謝。未幾，山寨相繼輸款。宋將余晦遣都統甘閏，以兵數萬城紫金山，德臣選精卒，銜枚夜進，大破之，閏僅以身免。南清入覲，其下殺清妻子叛。宋將焦遠饋以糧，德臣擊敗遠，盡獲所饋糧。又敗宋援兵，獲糧百餘艘。魚關至沔水，迂迴爲渡百有八，至是爲橋梁以通行旅。

憲宗親征，次漢中，德臣朝行在所。初，成都猝爲宋人所圍，德臣遣將赴之，約曰：「先破敵者，奏領此城。」圍遂解。詔俟江南事定，如約以城與之。帝幸益昌，駐北山，謂德臣

曰：「來者言汝立利州之功，今見汝身甚小，而膽甚大，不知敵曾薄汝城否？」德臣對曰：「賴陛下福，未嘗一來。」帝曰：「彼憚卿威名耳。」賜金帶，且俾立石紀功。嘉陵、白水交會，勢洶急，帝問：「船幾何可濟？」德臣曰：「大軍百萬，非可久淹，當別爲方略。」即命繫舟爲浮橋，一夕而成，如履坦途。帝顧謂諸王曰：「汪德臣言不虛發。」賜白金三十斤，仍命刻石紀功。苦竹既逆命，至是攻之，巖壁峭絕，或請建天橋，帝以問德臣，對曰：「臣知先登陷陣而已，他非所知也。」既而橋果無功。乃率將士魚貫而進，帝望見，歎曰：「人言其膽勇，豈虛譽耶？」宋守將趙仲武納款，楊立猶率所部拒戰，德臣奮擊，盡殺之。俄有疾，帝勞之曰：「汝疾皆爲我家。」飲以葡萄酒，解玉帶賜之，曰：「飲我酒，服我帶，疾其瘳乎！」德臣泣謝。宋龍州守將王德新遣使來納款，乞宥州民抗命之罪，奏如其請。進攻長寧，拔之，斬守將王佐。

帝東下，德臣爲先鋒，抵大獲山，奪水門，宋將楊大淵降，已而運山、青居、大梁皆降。攻釣魚山，守臣王堅負險，五月不下。德臣率死士夜登外城馬軍寨，殺守寨者，梯折，後軍不繼，乃還。德臣單騎至城下，大呼曰：「王堅，我來活汝一城軍民，宜早降。」語未既，幾爲飛石所中，遂感疾。帝遣使問勞，俾還鞏昌，奏曰：「陛下尊爲天子，猶冒寒暑，服勞於外。臣待罪行伍，死其分也。」卒，年三十有六。中統三年，追封隴西公，謚忠烈。

六子：長惟正；次惟賢，大司徒、中書右丞；惟孝，參知政事、昭文館大學士；惟明，以質子爲元帥；惟能，征西都元帥；惟純，權便宜都總帥、屯田上萬户府萬户。

良臣，年十六七即從兄德臣軍中，每戰輒爲前鋒。以功擢裨將，兼便宜都府參議。憲宗三年，以德臣薦，爲鞏昌帥，領所部屯田白水。憲宗親征，軍至六盤，良臣還鞏昌，供億所須，民無擾累。詔權便宜總帥府事。良臣奏：「願與兄德臣效力定四川。」帝曰：「行軍餽餉，所繫不輕，汝任其責可也。」以勞賜黄金、弓矢。

世祖即位，阿藍答兒、渾都海逆命，劫六盤府庫，西垂騷動。詔良臣討之。兵至山丹，賊按兵不戰者凡二月。俄大舉至耀碑谷，兩軍相當，良臣慷慨誓諸將曰：「今日之事，係國安危，勝則富貴可保，敗則身家並盡。苟能用命，雖死行間，不失忠孝之名。」衆踴躍而前。會大風揚沙，晝晦，良臣手刃數十人，賊勢沮，衆軍乘勝擣之，賊大潰，獲阿藍答兒、渾都海。捷聞，賜金虎符，權便宜都總帥。

中統二年，合剌叛，復討平之。入覲，賜燕，屢稱其功，良臣拜謝曰：「臣奉諸王成算，何功之有？」世祖嘉其能讓，復賜金鞍、甲胄、弓矢，轉同簽鞏昌路便宜都總帥，凡軍民官並聽良臣節制。宋將昝萬壽帥戰船二百，泝江而上，欲掩青居。良臣伏甲數十艘，身先逆

戰，萬壽敗走，伏發，幾獲之。三年，授閬蓬、廣安、順慶等路征南都元帥。良臣以釣魚山險絶，不可攻，奏請就近地築城曰武勝，以扼其衝。四年春，良臣攻重慶，命元帥康脱脱先驅，與宋將朱禩孫戰，兵交，良臣引兵横擊，敵敗走趨城，不得入，盡殺之。

至元六年，授東川副統軍。八年，兄子惟正請於朝，謂良臣勞苦，乞身代之。九年，復授良臣昭勇大將軍、鞏昌等二十四處便宜都總帥，兼本路諸軍奥魯總管。明年，入覲。帝曰：「成都被兵久，須卿安集之。」授鎮國上將軍、樞密副使、西川行樞密院事，蜀人安之。十一年，進攻嘉定，昝萬壽堅守不出。築壘逼其城，萬壽悉軍出戰，大破之。萬壽遂降。良臣統兵順流而下，紫雲、瀘、叙相繼款附。還圍重慶。

十三年，宋涪州安撫楊立帥兵救重慶者再，良臣皆敗走之。宋安撫張珏遣將乘虚襲據瀘州，良臣還軍平之。十五年春，張珏率衆突出，良臣奮擊，身中四矢。明日，督戰益急，珏所部趙安開門納降，珏遁走。良臣禁俘掠，發粟振饑，民大悦。四川悉平，捷聞，世祖喜甚，召良臣入覲，授資善大夫、中書左丞、行四川中書省事，賜白貂裘。良臣陳治蜀十五事，世祖嘉納之。行省罷，改授安西王相，不赴。十八年夏，卒，年五十一。贈開府儀同三司，謚忠惠，加贈推誠保德宣力功臣、陝西等處行中書省平章政事、柱國，追封梁國公。

七子：惟勤，雲南諸路行省平章政事；惟簡，保寧萬户；惟和，同知屯田總管府事；

惟永，征西都元帥；惟恭，階州同知；惟仁，人匠總管府達魯花赤；惟新，漢軍千户。爵，守青居山。

惟正，字公理。幼穎悟，藏書一萬卷，喜從文士遊。父卒於軍，塔察兒國王使權襲父爵，守青居山。

世祖即位，遂以父爵授之。初，憲宗遣渾都海以騎兵二萬守六盤，又遣乞台不花守青居。至是，渾都海叛，乞台不花欲發兵相應。惟正命力士縛乞台不花，殺之。世祖嘉其功，詔東川軍事悉聽處分。

中統二年，入朝，賜甲冑、寶鞍。三年，詔還鞏昌。部長禾禿叛，民大擾。惟正謂諸將吏曰：「禾禿今若猘犬，方肆狂齧，苟一戰不利，則城邑爲墟，當勝以不戰。」乃發兵踵之，賊欲戰不得，相持兩月，知其糧盡勢蹙，曰：「可矣。」屢戰皆捷。禾禿遣三十人來約降，即遣十人還，潛兵躡其後，出禾禿不意，擒殺之。

至元七年，宋人築合州，詔立武勝軍以拒之。惟正臨嘉陵江作栅，扼其水道，夜懸燈栅間，編竹籠，中置火炬，照百步外，以防不虞。宋人知有備，不敢近。九年，略江、忠、涪三州，破寨七，擒守將六，降户千六百有奇。會丞相伯顏克襄陽，議取宋，惟正奏曰：「蜀未下者，數城耳。宜併力攻餘杭，本根既拔，此將焉往？願以本兵由嘉陵下夔峽，與伯顏會

錢塘。」帝優詔答曰：「四川事重，舍卿誰托？異日蜀平，功豈在伯顏下耶。」未幾，兩川樞密院合兵圍重慶，命惟正助之。惟正奪其洪崖門，獲宋將何世賢。皇子安西王出鎮秦蜀，召惟正還。

十四年冬，皇子北伐，藩王禿魯叛於六盤，王相府命布色台進討，惟正爲副。進次平涼，簡精兵八千人而行，至六盤。禿魯先據西山，惟正分安西兵爲左右翼，鞏昌兵居中，去禿魯一里許，皆下馬彎弓。禿魯遣百騎突陣，惟正令引滿毋發，將及，又命曰：「視必中而發。」於是矢下如雨，突騎中者三之一，餘盡馳還。惟正麾兵逐之，三踰山，至蕭河，擒叛將燕只不花。復進兵，禿魯亦就擒。安西王至，惟正迎謁，王歷稱其功。明日大燕，賞以金尊、貂裘。王妃賜其母珠絡帽衣，且曰：「吾皇家兒婦，爲汝母製衣，汝母真福人也。」詔惟正入朝，世祖推玉食食之，賜白金五千兩、錦衣一襲，授金吾衛上將軍、開成路宣慰使。十七年，遷龍虎衛上將軍、中書左丞，行秦蜀中書省事，賜玉帶。以省治在長安，去蜀遠，乃命惟正分省於蜀。惟正留意撫循，人安之。二十年，進階資德大夫。二十二年，改授陝西行中書省左丞。入覲上都，還至華州，卒，年四十四。謚貞肅。

二子：嗣昌，武略將軍、成都管軍副萬户；壽昌，資德大夫、江南行御史臺中丞、四川行省平章政事。

史臣曰：汪世顯、郭斌，俱爲金將。世顯襲殺元帥，據鞏昌以叛，因降附晚，又竊忠義之名，金之降將，未有如世顯之狡者。斌捐軀脰、糜妻子，而汪氏累世富貴，蓋義與利之相反如此。然志士仁人終不以此而易彼也。

新元史卷之一百四十三　列傳第四十

石珪天禄　王珍文幹　楊傑只哥　劉通復亨　淵　劉斌思敬　趙柔晟　耿福繼元

石珪，泰安新泰人。體貌魁偉，倜儻不羈。金末，渡河，率少壯據險自保，與滕州陳敬宗破張都統等兵於龜蒙山。又敗宋將鄭元龍於亳州，乘勝引兵入盱眙。會宋賈涉誘殺漣水忠義軍統轄季先，衆迎珪爲帥，稱爲太尉。

太祖十三年，使葛不罕與宋議和。明年，珪令麾下劉順覲太祖於塔什干城，太祖慰勞順，且敕珪曰：「如宋和議不成，吾與爾爲一家，勿憂不富貴。」順還告珪，珪感悦，日夜思降。十五年，宋果渝盟，珪棄其妻孔氏、子金山，杖劍渡淮，宋將追之曰：「太尉還，完汝妻、子。」珪不顧，宋將沉珪妻、子於水。遂率順及李温等歸木華黎。木華黎承制拜珪光禄大夫、濟兗單三州兵馬都總管、山東諸路行元帥府事，佩金虎符，便宜從事。後金棄東平，珪與嚴實分守，收輯濟、兗、沂、滕、單諸州。十八年，加金紫光禄大夫、東平兵馬都總管、山東諸路都元帥。

秋七月，珪攻克曹州，與金將鄭從宜戰，馬仆，爲所獲，送至汴。金主壯其爲人，誘以名爵。曰：「吾身事大朝，官至光禄，復能受封他國耶？假我一朝，縛爾以獻。」金主大怒，蒸殺於市。珪怡然就死，色不變。其部下立祠兖州祀之。子天禄。

天禄襲父爵，授龍虎衛上將軍、東平路元帥，佩金虎符。時宋將彭義斌取大名及中山，天禄從孛里海敗之，又敗金將武仙，屢立戰功，國王孛魯奏遷金紫光禄大夫、都元帥。太宗四年，從皇太弟拖雷伐金，率戰船夜至歸德城下，襲其營，殺三百餘人。金將陳防禦來追，天禄回軍復戰，金兵退走。明年秋九月，破考城，復圍歸德。冬十二月，歸德降。六年，入覲，改授征行千户，濟、兖、單三州管民總管。七年，從札剌温火兒赤渡淮，攻隨州，至襄陽夾河寨，敗宋兵。又從攻蘄、黄等州。

時詔天禄括户東平，軍民賦税並依天禄已括籍册，嚴實不得科收。天禄病，不任職，以子興祖襲。明年卒，年五十四。

子十人。興祖襲千户，官武略將軍，從伐宋，攻鄂州。至元四年，由宿州率所部抄沿淮諸郡，俘獲甚多，統軍司賞馬二十匹、銀五百兩、錦二十端。十二年，攻常州，爲先鋒，功在諸將上。宋亡，第功，擢宣武將軍、管軍總管，戍温州。平土賊林大年等，招輯南溪山寨

歸農者三萬餘户。十六年，晉顯武將軍，佩金虎符。十九年七月，卒於軍。子璉嗣。

王珍，字國寶，大名南樂人。金末所在盜起，南樂人楊鐵槍聚衆保鄉里，珍從之。大兵略地河朔，鐵槍迎降，署珍軍前都彈壓。鐵槍戰死，衆推蘇椿代領其衆。宋將彭義斌侵大名，椿戰不利，降之，義斌遂據大名。珍棄其家，間道走還軍中，按只吉歹大王嘉其誠心歸附，以爲義子。復從速魯忽擊走義斌，蘇椿以大名降，歸珍妻子。珍語之曰：「吾非棄汝輩，誠不以私愛奪吾報國之心。」聞者稱歎，授鎮國上將軍、大名路治中、軍前行元帥府事。俄遷輔國上將軍，復授統攝開、曹、滑、濬等處行元帥府事，兼大名路安撫使。

蘇椿有異志，珍覺之，與元帥梁仲先發兵攻椿，椿開南門遁。國王斡真授仲行省，珍驃騎衛上將軍、同知大名府事，兼兵馬都元帥。從速不台經略河南，破金將武仙於鄭州，復與金人戰於蕭縣，斬其將。頃之，仲死，國王命仲妻冉守真權行省，珍爲大名路尚書省下元帥，將其軍。國用安據徐、邳，珍從太赤及阿朮魯攻破之，授同簽大名行省事。從伐宋，破盧、壽、滁等州，珍常身先諸將。宋城五河口，珍帥死士二十人奪之，乘勝連破濠、泗、渦口。

太宗二年，入朝，授總帥本路軍馬管民次官，佩金符。珍言於帝曰：「大名困於賦調，貸借西域賈人銀八千錠，及逋糧五萬斛，若復徵之，民無生者矣。」詔官償所借銀，復蠲其逋糧。已而朝廷議分蒙古、漢軍戍河南，以珍戍睢州，修城隍，明斥候，宋兵不敢犯。定宗三年，入朝，晉本路征行萬户，加金虎符。在鎮九年卒，年六十五。子文幹。

文幹善騎射，襲爲行軍萬户。從世祖攻鄂州，先登，中流矢，賜良馬、金帛。李璮叛，從哈必赤大王討平之。論功第賞，文幹曰：「增秩則榮及一身，賜金則恩逮卒伍。」迺以白金二千兩、器皿百事、雜綵數百縑賞之，文幹悉頒於軍中。

中統三年，制：「父、兄、子、弟並仕者，罷其子、弟。」文乾弟文禮爲千户，文幹自陳願解己官而留文禮，詔從之。改同知大名路總管府事，累遷河東山西道提刑按察副使。近臣言其鄂州之功，晉僉東川行樞密院事，歷金州、衛輝、東平總管，改江東建康道提刑按察使。卒於官，年五十八。發其篋中，錢僅七緡，貧不能歸葬。人以此稱之。

楊傑只哥，大興寶坻人。少有勇略。大兵略地燕趙，率族屬降附。從攻遼東，又從元

帥阿朮魯克西夏諸城，有功。

太宗元年，皇太弟拖雷賜以金、幣，命從阿朮魯攻信安。阿朮魯知其材出諸將右，命裁決軍務。信安城四面阻水，其帥張進數月不降。傑只哥曰：「彼恃巨浸，我師進不得利，退不得歸，不若往說之。」進見其來，怒曰：「吾已斬二使，汝不畏死耶？」傑只哥無懼色，從容言曰：「今齊魯、燕趙地方數千里，郡邑皆聞風納款，獨君恃此一城，亡可立待。爲君計，不如歸附，可以保富貴。」進默然曰：「姑待之。」凡三往，乃降。

三年，大名守蘇椿叛，討獲之。衆議屠城，傑只哥曰：「怒一人而族萬家，非招來之道也。」衆是其言，由是滑、濬等州皆下。四年，大軍攻徐州，阻河不得濟。傑只哥率勁卒憑河奪賊舟楫，衆遂畢渡，獲河南諸郡降人三萬餘户。進圍徐州，金將國用安拒戰，傑只哥率百餘騎突陣，大敗之。皇弟拖雷賜名拔都，授金符，命總管新附軍民。

七年，太宗特賜傑只哥種田民户租賦。九年，從阿朮魯攻歸德，傑只哥麾諸將縛草作筏渡壕抵城下，梯城先登，拔之。乘勝得五州、十縣、四堡、二寨。十年，宋兵至，傑只哥率舟師擊之，轉戰中流，溺死，年四十。子孝先、孝友。孝先，僉江北淮東道肅政廉訪司事。孝友，鎮江路總管。

劉通，字仲達，東平濟河人。初從嚴實來歸，收濮、曹、相、潞、定陶諸州縣，實薦於太師木華黎，以通爲齊河總管，尋授鎮國上將軍、左副都元帥、濟南知府、德州總管、行軍千户。太宗賜金符，擢上千户。宋將彭義斌攻齊河城，已登陴，通率六七人鼓譟而進，宋人驚墜，溺死者甚衆。明日，復圍城三匝，通令守陴者植槊如櫛，俄撤去，宋人懼其出攻，遂引退。九年，遷德州等處二萬户軍民總管，卒。子復亨。

復亨襲行軍千户，從嚴實略安豐、通、泰、淮、濠、泗、蘄、黄、安慶諸州。憲宗西征，復亨攝萬户，統東平軍馬攻釣魚山苦竹寨，有功。師還，兼德州軍馬總管。

中統元年，率所部戍和林，還，授虎符，進武衛軍副都指揮使。李璮叛，遣使招復亨，復亨斬之。時諸軍乏食，復亨出其私蓄以濟師。世祖嘉之，賜白金五千兩，復亨固辭。

至元二年，進左翼侍衛親軍都指揮使。四年，遷右翼。九年，加昭勇大將軍、鳳州等處經略使。十年，遷征東左副都元帥，統軍四萬、戰船九百，征日本，由博多舍舟登陸，屢敗日本。兵進至今津，戰於百道原，復亨披赤甲，縱横指揮，鋒鋭甚。日本將三郎景資射復亨墜馬，乃引軍還。事具《日本傳》。十一年〔二〕，授昭信路總管。十四年，遷黄州宣慰

使。十五年，改太平路總管，俄授鎮國上將軍，爲淮西道宣慰使都元帥。二十年，加奉國上將軍。三月，卒。五子：浩、澤、澧、淵、淮。浩，中統四年襲千户，至元八年歿於兵。澤，由近侍出爲荆州湖北道宣慰使。澧，知長寧州。俱蚤卒。

淵，至元十一年佩金符，授進義副尉，爲徐、邳屯田總管下丁莊千户。九月，領兵巡邏泗州，至淮河九里灣，遇宋兵，奪其船三十餘艘。十二年三月，與宋安撫朱焕戰於清河，敗之，擒十四人，奪其輜重。九月，從右丞别里迷失攻淮安。十三年，與宋人戰於昭信軍南靖平山。俱有功。十四年，入覲，進武略將軍、管軍總管。十五年，從元帥張弘範征閩、廣諸州，以功授武德將軍。十六年，從攻崖山，弘範命淵領後翼軍，水戰有功。十七年，進安遠大將軍，爲副招討。二十一年，遷潁州副萬户。二十四年，從征交趾，鎮南王脱歡命别將二萬人攻萬劫江，又攻靈山城，大敗賊衆。還師，討浙東土寇，平之。三十一年，兼領紹興浙江五翼軍，守杭州。大德十一年，卒。子無晦，至大元年襲授昭信校尉、潁州副萬户。延祐五年，以病免。六年，改河南江北行省都鎮撫。泰定四年，加宣武將軍，卒。

劉斌，濟南歷城人。少孤，鞠於大父。有勇力，從濟南張榮起兵，爲管軍千户。太宗四年，以功授中翼都統。從攻歸德，軍杏堆，距陳州七十里。聞金兵屯州城外，斌率衆夜破之。又襲敗太康兵，拔其城。移屯襄陽，軍乏食，斌知青陵多積穀，陳可取狀。衆難之，斌叱之，曰：「青陵前阻大澤，彼恃險，不設備，可必勝也。」乃率百騎夜發，行大澤中五十餘里，遇敵兵，斌揮槊突擊，敗之，獲其糧數千斛。從攻六安，先登，破其城。

擢濟南推官，授本道左副元帥，擢濟南新舊軍萬户，移鎮邳州。憲宗九年，病，謂其子曰：「居官當廉正自守，毋黷貨以喪身敗家。」語畢而逝，年六十有二。追贈中奉大夫、參知政事、護軍、彭城郡公，謚武莊。子思敬。

思敬賜名哈八兒都，襲父職爲征行千户。世祖南征，從董文炳攻臺山寨，先登，中流矢，傷甚。帝親勞賜酒，易金符。中統二年，授武衛軍千户。從討李璮，賜銀六十錠。四年，授濟南武衛軍總管，捕盜有功，又賜銀千兩。至元三年，授懷遠大將軍、侍衛親軍左翼副都指揮使。四年，命築京城。八年，授廣衛將軍、西川副統軍，佩金虎符。九年，宋嘉定守臣昝萬壽乘虛襲成都，哈八兒都邀擊之，戰於青城，宋兵大敗，奪所俘二千人還。十二年，轉同僉行樞密院事，復攻嘉定，取之。瀘、叙、忠、涪諸郡，及巴縣籌勝、龜雲、石筍等寨

十九族，及西南夷五十六部，悉來降。十三年，圍重慶，敗宋將張萬，得其舟百餘。六月，瀘州復叛，殺哈八兒都妻子。哈八兒都討擒其將任慶，攻破盤山寨，俘九千餘户，又獲其將劉雄及王世昌等。夜入東門，巷戰，殺王安撫等，遂克瀘州。復攻重慶，其將趙牛子降。十六年，蜀平，拜中奉大夫、四川行省參知政事。行省罷，改四川北道宣慰使。

十七年，授正奉大夫、江西行省參知政事，平吉、贛盜，民賴以安。二十年，卒，年五十三。贈推忠宣力果毅功臣、平章政事、柱國，封濱國公，謚忠肅。弟思恭，字安道，累官昭毅大將軍、右衛親軍都指揮使；思義，宣武將軍、昌國州軍民達魯花赤。

趙柔，易州淶水人。父世英，金易縣令。柔有膽略，金末避兵西山，柵險自保。同縣劉伯元、蔡友資、李純等亦各聚衆數千，聞柔信義，共推爲長。柔明號令，嚴賞罰，人多服之。

大兵入紫荆關，柔以衆降，行省札八兒奏聞，授涿、易二州長官，佩金符。時羣盜並起，柔單騎徧入賊寨，説降其衆，以功遷真定、涿州等路兵馬都元帥，佩金虎符，兼銀冶總管。太宗二年，命兼管諸處打捕總管。八年，加金紫光禄大夫，卒。至順元年，追封天水

郡侯，謚莊愼。

四子：守瓚、守信、守純、守政。守瓚二子：謙，襲打捕鷹房總管；晟，最知名。守信二子：簡，洛水尹，贈榮禄大夫、柱國、巍國公，謚忠憲。簡子世安，中書平章政事。守純子千閭，提領打捕鷹房。守政子：允，保定總管府通判；密，大名打捕鷹房府總管。

晟，字子昌，以伯父守瓚蔭，累官秀容縣尹。秀容民家女爲妖所凴，術士劾之，輒投以瓦石。晟至，妖不復作，其家繪晟像祀之。轉新城尹，時太保曲樞圉人牧馬於新城，踐蹋田禾，晟收繫之。曲樞怒，使其長史持刑部牒按治晟，卒無所得。

至治元年，詔舉守令，部使者以晟應，改中山尹，又轉安憙。所至有能名，以臺臣薦，拜陝西行臺監察御史、僉四川道廉訪司事。

天曆元年，召拜監察御史。首言：「天下已定，不當有彼此之分，上都官吏宜序用。」劾平章政事速速恃功驕恣，帝親祀太室，速速爲禮儀使，稱疾不出，又褻服入齋宫，不敬。又劾參知政事也先捏，將兵禦西軍，逗撓不進，擅殺萬户張景武兄弟二人。皆以罪廢。除山東道廉訪司副使，改燕南道。遷同知儲政院事，拜燕南道廉訪司使。以年老致仕，不允，拜翰林直學士。

至順三年，大雨雪。晟上言：「雨水正月中氣，春分二月中氣，四陽上行，卦爲《大壯》。今自正月雨雪至二月未已，陽和弗興，陰凝不釋。陽爲君子、爲善，陰爲小人、爲惡，宜預防其變。」中書以其言下禮部。是年晟卒，年七十四。明年，贈集賢直學士，追封天水郡侯，謚惠肅。

耿福，字伯禧，祁州束鹿人。沈鷙寡言，善騎射。大兵入中原，河朔盜起，令遁去，束鹿民推福攝縣事，號令明信，境内晏然。

太祖八年，木華黎徇地至束鹿，福以衆降。九年春，木華黎以冀州不納使者，命福討之。福請先招之，果不來，興師未晚。乃遣福持檄往諭，守將猶疑曰：「若遣親信來，我即降。」福使其妻兄往，守將迎降。冀州平，謁太祖於行在，賜金織衣一襲、名馬二，拜鎮國上將軍、安定軍節度使，行元帥府事，佩金虎符。是年秋，武仙悉衆來攻，福逆擊之，仙不能克，乃以火炮攻北門。城中火起，福禱於真武廟，反風滅火，大雨如注。俄聞劉仲禄以兵迎邱真人行次安平，福宣言於師曰：「劉便宜率精兵援我，期以明日破賊。」諸軍聞之，膽皆壯。是夜，分兵三隊攻賊，仙棄營走，福追擊，斬首數千級，仙僅以身免。順天帥張柔上其

功，加輔國上將軍。明年二月卒，年四十九。子孝祖，襲東鹿軍民長官，贈吏部尚書，追封高陽郡公；紹祖，東鹿縣尉。孝祖子繼元。

繼元字舜臣。幼英悟好學，年十八以質子入宿衛，襲東鹿縣尹。官制行，改固安州判官，移錦州。有劇盜據山險，繼元至，掩捕無遺，境内以安，民號其山曰「耿公山」。累官葛城、大同、河間縣尹，同知絳州事，卒。

子焕，由中書掾累官監察御史、都事，拜治書侍御史。至元元年，以户部尚書晉中書左丞。二年，遷侍御史，拜御史中丞。六年，賜上尊、束帛，致仕卒。

【校勘記】

〔一〕「十二年」，「十」字原脱，據《元史》卷一五二列傳第三十九《劉通傳》補。

新元史卷之一百四十四　列傳第四十一

張子良懋　王檝　高宣天錫　塔失不花　邸順浹　琮　澤　張全思忠　匡才國政　鮮卑仲吉　焦德裕

李邦瑞唐慶　張羽　王鈞

張子良，字漢臣，涿州范陽人。金末四方兵起，子良率千餘人阻水治舟筏，取蒲魚自給，從之者衆，至不能容。子良部勒定興、新城數萬口就食東平，東平守蒙古綱納之。久之，綱棄東平，檄子良屯宿州，又使移屯壽州。夏全劫其民出雞口。李敏據壽州，子良率麾下造敏，敏欲害之，子良走歸宿州。因以宿帥國用安之衆，奪全所劫老幼數萬以還。大軍圍汴，聲援盡絶，用安欲以漣水之衆入援，道阻不能進。子良與一偏將晝伏夜行，得入汴，達用安意。金君臣以爲自天降也，曲賜勞來，凡所欲皆如用安請，因以徐、宿二州授子良。明年，子良運米五百石於汴，授榮禄大夫、總管陝西東路兵馬，仍治宿州。是時，金之命令已不行於陝，而用安亦卒不得逞。徐、宿之間民無食者出城采旅穀以食，子良嚴兵護之，防鈔掠。猝遇敵，子良被重傷，乃率其衆就食泗州。守將欲圖之，子良與麾下十數人

即軍中縛守將，殺之。

太宗十年，率泗州西城二十五縣、軍民十萬八千餘口，因元帥察罕來歸。太宗命爲東路都總帥，授銀青榮禄大夫，擢京東路行尚書省兼都總帥，管領元附軍民，進金紫光禄大夫。十二年，賜金符。自兵興以來，子良轉徙南北，依之以全活者不可勝計。

憲宗即位，授歸德府總管，領元附軍民。中統二年，改爲歸德、泗州總管，降虎符，仍管領泗州軍民。至元七年，罷元管户隸諸郡縣，授昭勇大將軍、大名路總管，兼府尹。八年卒，年七十八。贈昭勇大將軍、僉樞密院事、上輕車都尉，追封清河郡侯，謚翼敏。二子：長懋，次亨。亨，佩金虎符，爲管軍千户。卒，子與立襲。與立卒，子鑑襲。

懋，字之美。未弱冠，已有父風。領父衆，從丞相阿朮，城歸德府，留其軍鎮之。未幾，移鎮下邳，知歸德府事。李璮叛據濟南，以所部戍蔡州。中統元年，授泗州軍總把，佩金符。

至元七年，擢濟南諸路新軍千户。九年，從破襄、樊，有功。十一年，丞相伯顔南征，其行陣以鏵車弩爲先，衆軍繼之。懋以勇鷙，將弩前行，擢爲省都鎮撫。

臨安平，還駐瓜洲，伯顔命懋往諭淮西夏貴，將騎士直趨合肥。貴出迎，設賓禮。懋

示以逆順禍福，辭旨雄厲，貴受命頓首，上地圖降。還報，伯顏大喜，復令徇鎮東、安豐、壽春、懷遠、淮安、濠等州郡，皆下之。十三年，懋馳驛至上都，伯顏上其功，授明威將軍、泗州安撫司達魯花赤。十四年，改安撫司爲總管府，置宣慰使，拜同知淮西道宣慰司事。十六年，改授懷遠大將軍，吉州路總管。

部使者劉宣賢之，凡所徵治，朝至夕報可，豪强竦然。萬户蘇良恃勢虐民，爲之翼者，有「十虎」之目，民苦之。乃上其事於憲府，盡誅「十虎」，奪良虎符，黜之，民大悦。羣盜有白晝劫城者，懋聞之，率從騎擣其穴，縛盜首以歸。流民來歸者數千家，相率爲生祠祀之。十七年二月卒，年六十三。贈昭勇大將軍、龍興路總管、上輕車都尉，追封清河郡侯，謚宣敏。二子：文焕，以父蔭任承務郎、江州路瑞昌縣尹；文炳，三汊河巡檢。文焕子珪，初爲高安縣尹，有異政，擢江西檢校，拜南臺御史，遷淮西、江西二道廉訪僉事，卒。

王檝，字巨川，鳳翔號縣人。父霆，金武節將軍、麟游縣主簿。檝性倜儻，弱冠舉進士不第，乃入終南山讀書。泰和中，復下第，詣闕上書，論當世急務，金主俾給事縉山元帥府。尋用元帥高琪薦，特賜進士出身，授副統軍，守涿鹿。

太祖將兵南下，檝鏖戰三日，兵敗見執，將戮之，神色不變。太祖問曰：「汝曷敢抗我？獨不懼死乎？」對曰：「臣以布衣受金主恩，今即僨軍，得死爲幸。」帝義而釋之，授都統，佩金符，令招集山西潰兵。從大軍破紫荆關，取涿、易、保州、中山府，次雄州。節度使孫吴堅守不下，檝入城諭以禍福，吴以城降。

九年，授宣撫使，兼行尚書六部事。從三模合拔都、石抹明安入古北口，攻薊、雲、順等州，所過迎降，遂圍中都。中都降，檝進言曰：「國家以仁義取天下，不可失信於民，宜禁虜掠，以慰民望。」時城中絶粒，人相食，乃許軍士賫糧入城轉糶。於是士得金帛，民獲粒食。又議：「田野久荒，兵後無耕牛，宜差官住盧溝橋索軍回所驅牛，十取其一，以給農民。」用其策，得牛數千頭，分給近縣，民大悦，復業者衆。三模合、明安俾檝招諭保定、新城、信安、雄、霸、文安、清、滄諸城，皆望風款附，乃置行司於滄州以鎮之。遂從明安入覲，授銀青榮禄大夫，仍前職，兼御史大夫，世襲千户。

時河間、清、滄復叛，帝命檝討之，復命駙馬孛秃分蒙古軍及漢軍三千屬檝，遂復河間，得軍民萬口。孛秃惡其反覆，欲盡誅之。檝曰：「驅羣羊使東西者，牧人也，羊何知焉？殲其渠魁足矣！釋此輩，遷之近縣，强者使從軍，弱者使爲農，此天之所以畀我也，何以殺爲？」孛秃曰：「汝能保此輩不復反耶？」檝曰：「可！」即移文保任之。

帝命闍里必與斡赤斤國王分撥諸侯城邑，諭闍里必曰：「漢人中若王宣撫者，可任使之。」遂以前職兼判三司副使。又命省臣總括歸附工匠之數，俾大臣分掌之。太師阿海具列諸大臣名以聞，帝曰：「朕有其人，偶忘姓名耳。」良久曰：「得之矣，舊人王宣撫可任是職。」遂以命檝。時都城廟學燬於兵，檝取舊樞密院地，復創立之，春秋率諸生行釋菜禮，仍取岐陽石鼓列廡下。

二十一年，從征西夏。及秦州，夏人盡撤橋梁爲備，軍阻不得前。檝夜督士卒運木石，比曉橋成，軍乃得進。明年，奉監國公主命，領中都行省。金將張進據信安，結北山盜李密，轉掠近縣。檝曰：「都城，根本之地，不可無備。」引水環城，調度經費，檝自爲券，假之賈人，而斂不及民，民安之。遣其子守謙率所部討平諸盜。

太宗元年，從大軍入關中，克鳳翔。請於太宗曰：「此城，鄉邑也，願入城訪求親族。」果得族人數十口以歸。五年，奉命持國書使宋，以兀魯剌副之。至宋，宋人甚禮重之，即遣使以金幣入貢。檝前後凡五往，以和議未決，卒於宋。宋人重賵之，仍遣使歸其柩。

高宣，遼陽人。太宗元年，以宣爲元帥，賜金符，統兵從睿宗攻大名。宣進曰：「伐罪

吊民，願勿嗜殺，以稱上意。」睿宗召元帥阿朮乃諭之，下令軍中如宣言。四年正月，從破金兵於三峰山，降宣者三千餘户，籍以獻，立打捕鷹坊都總管府統之，以宣爲都總管，賜金符。卒。皇慶二年，贈推忠宣力功臣、銀青榮禄大夫、大司徒，追封營國公，謚簡僖。子天錫。

天錫，事世祖潛邸，爲必闍赤，甚見親幸。中統二年，授鷹房都總管。四年，改燕京諸路奥魯總管，遷按察副使，仍兼鷹坊都總管。天錫語丞相不花、左丞張文謙曰：「農桑者，衣食之本，務本則民衣食自足，古之王政，莫先於此。」丞相以聞，帝悦，命立司農司，以天錫爲中都山北道巡行勸農使，兼司農丞。尋遷司農少卿、巡行勸農使。又遷户部侍郎，進嘉議大夫、兵部尚書，卒。後贈推忠保義功臣、太保、儀同三司、柱國，追封營國公，謚莊懿。子諒，裕宗初封燕王，以諒爲符寶郎。俄命襲其父官，爲鷹坊都總管。裕宗甚愛之，謂符寶郎董文忠曰：「汝爲我奏請，以諒所管民户隸於我，庶得諒盡力爲我用。」文忠入奏，帝從之。未幾，授諒嘉議大夫，遷兵部尚書，卒。仁宗時，贈推誠保德贊治功臣、太師、開府儀同三司、上柱國，追封營國公，謚宣靖。

子塔失不花，成宗命世其祖父官，以居喪辭。大德元年，授奉議大夫、章佩監丞，累遷少監。武宗即位，授中議大夫、秘書監丞。仁宗居東宮，召入宿衛。至大三年冬，遷少中大夫、納綿府達魯花赤，且諭之曰：「此汝先世所守舊職也。」皇慶元年春，改授嘉議大夫、同知崇祥院事。冬，進資德大夫，爲院使。延祐四年夏四月，帝謂塔失不花曰：「汝祖嘗爲司農，今復以授汝。」遂遷榮禄大夫、大司農。英宗居東宮，塔失不花撰集前代嘉言善行，名曰《承華事略》，並畫《豳風圖》以進。帝覽之，獎諭曰：「汝能輔太子以正，朕甚嘉之。」命置於東宮，俾太子時時省覽。六年，改集禧院使，卒。

邸順，保定行唐人，占籍曲陽。金末，聚衆數百人，與其弟常分據石城、元保兩砦。太祖九年來降，授行唐令。十一年，真定饑民穴地避賊，賊發而噉之，順擒斬數百人。遷恒州安撫使。武仙率衆來攻，順敗之，賜金虎符，加鎮國上將軍、恒州等處都元帥。十五年，仙屯於黄、堯兩山，順及弟常又擊敗之。時西京郝道章陰結武仙，掠州縣，順擒道章，殺之，仙退保真定。又從木華敗仙於王柳口，仙遂出降。以功賜順名察納合兒，擢驃騎上將軍，充山前都元帥；常，賜名金那合兒。

太宗三年，從攻河南諸路，招降民十餘萬，以順知中山府。十一年，賜金符，遷行軍萬户，管領諸路元差軍五千人。定宗二年，屯於五河口，宋兵乘夜來襲，順掩殺甚衆。憲宗三年，攻宋漣水軍，舉部將肖撒八、耨隣之功以奏，皆賜金符，仍使隸順麾下。六年，卒，年七十四。子浹。

浹襲父職。從世祖圍鄂州，有功。中統元年，浹舉部將張宣等十二人，皆賜金符。三年，以歸德萬户從討李壇，還守息州。至元十一年，賜虎符，授金州招討副使。俄遷懷遠大將軍、金州萬户。又改襄陽管軍萬户，行淮西總管萬户事，守廬州。

十四年，移屯隆興，仍管本翼軍民。後又爲管軍萬户，攻贛州崖石寨、太平巖賊有功。十七年，擢鎮國上將軍、都元帥，鎮隆興諸路，兼管本萬户府事，賜銀印。吉、贛盜起，遷元帥府以鎮其地。三十一年，元帥府罷，仍爲萬户。未幾，佩元降虎符，爲歸德萬户，鎮吉安。又統江西各萬户，戍廣東。大德三年，卒，年七十七。贈輔國上將軍、北庭元帥府都元帥、護軍，追封高陽郡公，謚武敏。子榮仁，襲佩父虎符，以歸德萬户鎮廣東潮州，因疾謝事，子貫襲。貫卒，子士忠襲。士忠卒，子文襲。

琮，順之族弟。從常來降。太祖二十年，武仙據真定叛，琮敗之於黃臺。太宗五年，從倴盞破蔡州，授真定諸路萬户，選充總管府推官。尋賜金符，授管軍總押管，領七路兵馬鎮徐州。十一年，從察罕攻宋滁州，力戰，中流矢卒。子澤。

澤字潤之。通《左氏春秋》，年十一，襲父職。憲宗七年，城鹿邑，避河流齧，移戍潁州。宋夏貴夜悉鋭攻東南壁，澤將射士禦之。戒更吏促其漏，丙夜伐五鼓，敵以爲旦，遽引去。自此貴不敢復犯潁州。

中統四年，盡收諸將符節，澤亦納金符。明年，制還之。至元初，入覲，賜錦衣、弓矢、鞍勒。從劉國傑圍襄陽，掠鵶山，拔平塞寨，功最，受衣幣之賜。又從伯顏南伐，下郢州，賜白金三百兩。又從阿里海涯下荆南，進武德將軍、管軍總管。又從攻潭州，流矢貫肘，城拔，進顯武將軍。明年，從攻静江，炮礧傷首，絶而後蘇。從阿里海涯討平土寇羅飛、張虎、周龍，皆生獲之，剥其皮以獻，進懷遠大將軍萬户，換虎符。率所部監郴州，位總管上。初至城中，纔四百户，澤招懷安輯，期年遂至萬户。重修孔子廟，聘進士左雲龍爲校官。州界鄘州，盜起，宣慰司將調兵討之，澤曰：「盜始起，官兵遽討之，民懼俘戮，必驚竄，與盜合，是驅使爲賊也。」乃召父老諭之曰：「吾止官軍，不使暴。汝佃民有從賊者，不坐汝，聽

汝執送自贖。」得五百人，惟誅首事數人，餘悉縱之。

大兵伐占城，所過城市，肆行剽奪。至郴州，澤捕劫抄者，械送軍中，責其部將約束不嚴，皆杖之。既而命郴州造海艦十五艘〔一〕，度用錢七十五萬。澤戢吏侵牟，用未半而工已就。後伐安南，令饋米千石入桂林。澤曰：「自是入桂，陸行千里，負擔之民，人勝五斗，二千人爲擔夫，負資裝者半之，行未中道，必委負而逃，可前知也。」乃召丁家曰：「吾將出家資，責諸縣令即桂林糴之，上不乏軍興，而下紓民力，何如？」衆踴躍從之，後貸錢加息還澤，辭不受其贏。又請罷陶坑銀，減酒醋税，皆惠政也。

遷廬州蒙古漢軍萬户。郴州人號泣遮留，如失父母。又改潁州萬户，戍無爲軍。盜起江南，澤率所部討之，饒、信等處皆降。破宣、徽二州賊於南陵，斬馘萬餘。績溪賊壁塘山，山周十里，峻二百丈，行省官以六萬兵攻之，不能下。澤一戰破之，因留澤戍徽州。進拜都萬户，尋還無爲州，復戍郴州。二十一年，卒，年六十三。子謙元，襲潁州萬户。

張全，大興永清人。宗族同居百餘年，稱「義門張氏」。以良家子從軍，隸史天倪麾下，充唐山令，進授都鎮撫。太宗四年，以千户從史天澤略地河南，密縣西山難民匿山窟

中，諸將欲焚其窟，全言於天澤，禁之，全活甚衆，人稱爲「佛張鎮撫」。

子思忠，字立言，從父軍中。既冠，嗣父職。至元五年，朝廷會諸道兵取襄、樊，思忠建議築堡於湞河口，以遏宋人轉輸之路，從之。以思忠充唐州、新野等處提舉糧漕。湞河淺深不常，艱於綱運，思忠建數堰以平水勢，造江軸車兼通陸運，軍餉以濟。從攻樊城，先登，中流矢，力戰不輟。以勞授都鎮撫。其職掌上承主帥方略，指授諸將，軍中有所關白，必因都鎮撫上達，凡訓練、調遣、巡邏之事，皆領之。當時大小四十餘營，每遣翼鎮撫一員，號曰「接手」，聽將令於都鎮撫。其權重如此。

十年春，襄陽降。明年，詔丞相伯顏等水陸並進，次郢州，與宋軍相持。思忠按視江北，有一港通湖，可三里許，由湖復入於江，喜曰：「吾事濟矣！」遂拖舟達湖中，無復阻礙，伯顏大悦。時主帥從偏裨百餘騎周巡險要，會天大雪，誤抵宋壁，宋兵潛出圍之，衆將相顧失色。思忠奮矟突擊，殺數十人，始得解去。

尋以功授宣武將軍，從伯顏敗賈似道於丁家洲，遂入建康。丞相阿朮分兵趨瓜步，回擣揚州，擇勇而有謀者偕往，以思忠爲首選。伯顏惜，不遣，奏請權充萬户。命未下而卒，年三十九。子四人，用道嗣職爲千户。

匡才，邳州人，金邳、徐兵馬都巡使。太宗五年，率所部降於都元帥大赤〔二〕，建言：「邳、徐逼宋北邊，銅陵、孟山、宿遷、桃源、睢口，皆要地。今不乘勝取之，則邳、徐不可守。」大赤然之，使才與裨將百家奴攻拔五城，獲宋將馬都統、王都統。授沂、邳、東河監軍。

八年，邳人袁萬作亂，陰結宋將李都統襲邳州。才大敗宋兵，擒萬，斬之。加諸路兵馬使。十年，徐州守將張彥叛，合宋將范太尉來攻，才復敗之，獲鮑太尉。進沂、邳、東河元帥，兼建武軍節度副使。十二年，宋兵入境，戰不利，歿於陣，年六十五。

才妻高氏有志操。初，才以事詣幕府，賊乘虛襲邳，執高氏以去。高氏罵不屈，賊斫其面，仆地，卒獲免。後大軍破賊，分其產畀之，名其田曰「夫人莊」。子國政。

國政六歲而孤。宋兵至，國政與高氏相失，高氏冒死求之，得於亂尸中，竟無恙。中統三年，李璮叛，宋人陷邳州，國政母子皆被俘，徙之淮安。宋亡，國政率所部三百餘人北歸，從行樞密院別乞烈迷失入覲，賜宴便殿，賞衣靴，授揚子縣丞。累遷睢州判官，虞城縣

尹，所至以廉惠稱。國政篤孝，母疾，刲肝療之。又疾，剔腦和藥，遂愈。丁母憂，廬墓三年，有馴麞至其廬。有司上其事，表所居曰「貞孝里」。

鮮卑仲吉，字慶仲。其先中山人，後徙灤州。太祖十年，大兵定中原，仲吉首率平灤路軍民詣軍門降，太祖命爲灤州節度使。從阿朮魯南征，充右副元帥，以功賜虎符，授河北等路漢軍兵馬都元帥。從平蔡州有功，加金吾衛上將軍、興平路都元帥、右監軍、永安軍節度使，兼灤州管内觀察使、提舉常平倉事。尋卒。子準，充管軍千户，從札台火兒赤東征高麗。中統元年，賜金符，扈駕征阿里不哥，以功受上賞。三年，從征李璮。至元十年，授侍衛親軍千户、昭武大將軍、大都屯田萬户，佩虎符，卒。子誠，襲授宣武將軍、高郵上萬户府副萬户，佩虎符。改授懷遠大將軍、僉武衛親軍都指揮使司事。從征瓜哇，攻八百媳婦，使廣東，俱有功。尋以疾卒，子忽篤土襲。

焦德裕，字寬父。其遠祖贊，從宋丞相富弼鎮瓦橋關，遂爲雄州人。父用，金千户，守

雄州北門。太祖兵至，州大開南門降，用猶力戰，生獲之。帝以其忠壯，釋不誅，復舊官。徇地山東，未嘗妄殺一人。年六十二卒。

德裕通《左氏春秋》，有拳勇，善射，從其舅解昌軍中。武仙敗，裨將趙貴、王顯、齊福等保仙故壘，數侵掠太行。太宗擇廷臣有才辯者往招之，楊惟中以德裕薦，遂降齊福，擒趙貴。王顯亡走，德裕追射殺之，其地悉平，詔賜井陘北障城田。

中統三年，李璮平，世祖命德裕曲赦益都。四年，賜金符，爲閬蓬等處都元帥府參議。宋夏貴圍宣撫使張庭瑞於虎嘯山，實薪土塞水源，人無從得飲。帥府檄德裕援之，德裕夜薄貴營，令卒各持三炬，貴驚走，追及鵝谿，馘千人，獲馬畜兵仗萬計，擢京畿漕運使。至元六年，僉陝西道提刑按察使事。八年，轉西夏中興道按察副使。

十一年，從丞相伯顏南征，授僉行中書省事，遂從下安慶。至鎮江焦山寺，僧誘居民叛，丞相阿朮既誅之，欲戮其徒衆，德裕諫止之。宋平，賜予有加，奉敕求異人、異書。平章阿合馬譖丞相伯顏殺丁家洲降卒，事奏，以德裕爲中書參知政事，欲假一言證成之，德裕辭不拜。久之，復僉行省事。

十四年，改淮東宣慰使。淮西賊保司空山，檄淮東四郡守爲應。元帥帖哥邏得其檄，即械郡守許定國等四人，使承反狀，將籍其家。德裕言：「四人者皆降將，有地有民，豈肯

他覬！奈何以疑似殺之？且安知非反間耶？」乃盡復其官。拜福建行省參知政事。二十五年，卒，年六十九。贈榮禄大夫、平章政事，追封恒國公，謚忠肅。二子：簡，餘姚州知州；潔，信州治中。

李邦瑞，字昌國，以字行，京兆臨潼人。幼嗜學，讀書通大義。被掠，逃至太原，木華黎兵至，邦瑞迎降。太原守將器之，具鞍馬遣赴行在。太宗二年，奉使於宋，至寶應，不得入。未幾，命復往，諭行尚書省李全護送，宋仍拒之。復奉詔以行道出蘄、黄，宋遣賤者來迓，邦瑞怒叱之，宋改命行人，乃定約而還。賜車騎、衣襲，並銀十錠。邦瑞奏：「宗族離散，乞歸尋訪。」帝允之，並諭速不台、察罕、也速、達海等，邦瑞宗族有隷諸部者歸之。六年，從諸王闊出經略河南，凡所歷四十餘城，繪圖以進。授金符、宣差、軍儲使，卒。子榮。

太宗時使於金、爲金人所殺者有唐慶。至元中使於宋、爲宋人所殺者有張羽。

慶事太祖，爲管軍萬户、權元帥左監軍。二十五年，賜虎符，使金。太宗四年，復以慶爲國信使，取金質子，督歲幣，以金曹王來見帝於官山。七月，使慶再往，令金主黜帝號稱

臣。金飛虎軍夜半入館舍，殺慶及其弟山禄、興禄，並從者十七人。金主不問，和議遂絶。金滅，購慶屍不得，厚恤其家，賜金五十斤。子政，中統三年入見，詔計其家口，給糧養之。

張羽，字飛卿，陝西人，以千户議中書省事。至元十三年，大兵渡江，羽請至臨安爲陳禍福，抵中江，宋人殺之。詔官其子一人，復其家。

王鈞，鳳翔岐山人。金末，關中羣盜蠭起，鈞集鄉兵萬人壁拙山後，移壁三稜堡。偵知賊巢窟，縱奇兵擊之，擒賊首張嵩、楊政等，復招降劇賊梁七兄弟，併將其衆。授都提控，再遷鳳翔安撫使。率邠、涇諸州流民，復鳳翔，進拜都元帥。鳳翔大饑，移民就食秦州，與汪世顯連兵拒守。

金亡，明年始來降。太宗義其後服，不之罪，使將所部從大軍伐蜀。是年，攻拔大安軍。太宗八年，圍成都，克其郛。入覲，以功賜金符，仍故官。九年，克遂寧。十年，襲萬州，累戰皆捷。改平涼長官、元帥，兼征行元帥。再從伐蜀，入成都，虜其將以歸。憲宗駐蹕六盤，平涼爲近郡，使者徵發旁午，皆取給鈞家。後運粟沔陽，率十石致一百，鈞爲民代

輸三千石，闔郡翕然頌之。鈞由此罄其家資。以老病致仕，使子瓚襲其職。後卒歸葬，民沿塗哭之，爲位以祭者至數萬人。瓚由知平涼府遷同知安西路總管府事，卒。

【校勘記】

〔一〕「郴州」，原作「彬州」，據上文及姚燧《牧庵集》卷一七《潁州萬户邸公神道碑》改。下同。

〔二〕「都元帥大赤」，程鉅夫《雪樓集》卷五《匡氏褒德之碑》作「大帥岱齊」。

新元史卷之一百四十五　列傳第四十二

趙天錫賁亨　趙瑨秉温　秉正　趙迪椿齡　賈塔剌渾六十八　喬惟忠　袁湘　王兆劉會　趙祥　聶珪　靳和用　王守道　李伯祐　楊彦珍　吴信　段直王珪　周獻臣梁成

趙天錫，字受之，東平冠氏人。祖誠，歲饑發粟賑餓者，爲鄉里所推重。父林，金貞祐之亂，以鄉豪保縣城，授冠氏令。大軍略洺州，林堅守不降，城陷死之。

天錫初爲本縣防城提控，後避兵於洺州。防禦使蘇政召置幕府，仍充冠氏令。乃挈鄉人壁桃源、天平諸山。太祖十六年，降於行臺嚴實，從征澤、潞有功，遷元帥左都監，兼冠氏令如故。

十九年，宋將彭義斌據大名，天錫度冠氏不能守，率所部往依大將孛里海。義斌敗，授鎮國上將軍、左副元帥、同知大名路兵馬都總管事。二十年，復爲冠氏令。先是，冠氏守將李泉降於義斌，大兵至，怒城民反覆，欲屠之。天錫悉力營護，活老幼數萬人。後泉在大名，又結蘇椿等，納金將鄭倜，欲復取冠氏。一日，倜自將萬人來攻，天錫率死士乘城

力戰三晝夜，倜知不可攻，乃引去。太宗元年，朝於行在，上便民數事，優詔答之。四年，嚴實敗於黃龍岡，將佐十餘人爲金所俘，天錫皆以計活之。五年，用實薦，授行軍千户，賜金符。十年，從伐宋，病卒，年五十。

天錫天資厚重，造次必以禮，事母至孝，在軍中未嘗妄笞一人。冠氏屢經寇亂，户口凋耗，天錫敝衣糲食，勸課農桑，數年之後，流亡復業。賓至，燕享犒勞如承平故事，來往者皆稱爲「樂土」云。

天錫姊有勇略，自將萬餘人，錦衣繡帽，從横無敵，東西數千里咸以「女王」目之。

天錫子賁亨〔一〕。賁亨字文甫，襲父行軍千户。憲宗九年，從世祖渡江攻鄂州，有功。至元五年，總管山東諸翼軍。從圍襄、樊，賁亨别抄蘄、黄，以五百人拔野人原寫山寨，修白河新城。七年，偕元帥劉整入朝，授征行千户，賜金符及衣帶、鞍馬。從攻樊城，擁盾先登，拔之。十一年，敗宋將夏貴於淮西，益以濟南、汴梁二路新軍。十二年從攻鎮江，與宋將孫虎臣、張世傑戰於焦山，殺獲甚衆。江南平，進宣武將軍。

十四年，授虎符、懷遠大將軍、虔州路總管府達魯花赤。未行，盜發澉浦，行省檄爲招討使，率所部平之。未幾，處州盜季文龍、章焱作亂，文龍自稱兩浙安撫使，據處州天慶

觀。賁亨將三百騎討之，走章焱。文龍復率衆來援，賁亨與萬户忽都台合兵攻之，賊大潰，文龍溺死。忽都台欲盡戮州民，賁亨不從。兵虜掠，賁亨捕爲首者斬之，還所掠於民，闔境悦服。

十五年，龍泉賊張三八殺慶元縣達魯花赤也速台兒，衢州賊陳千二、遂昌賊葉一、丙六遥與三八連合。賁亨以孤軍轉戰，前後斬首三千餘級，賊悉平。十七年，改處州路管軍萬户。卒，年五十七。

趙瑨，蔚州飛狐人。父崑，金帥府評事。兄珪，亦爲金將，守飛狐城。崑卒，珪奉母如蠡州，留瑨於飛狐。

太祖八年，大軍至飛狐，瑨迎降。十二年，木華黎署瑨爲百户，從攻蠡州。裨將石抹也先戰死，木華黎怒，將屠城，瑨泣曰：「母與兄在此，願以一身贖城中民命。」木華黎義而許之。從攻易州，城中死士突出，瑨力戰，中流矢，出腦後。城下，擢冀州行軍都元帥，佩金虎符。瑨讓於珪，從之，改授瑨冀州軍民總管，遷易州達魯花赤，佩金虎符。太宗伐金，瑨輸矢二十餘萬至行在，帝大喜，命權中書省事。五年，趙揚據興州叛，瑨討平之，遷中

山、真定二路達魯花赤。

中統三年，立十路宣慰司，以璮爲順天路宣慰使。至元元年，轉淄萊路總管。六年，改太原路。十二年，擢燕南道提刑按察使。十四年，改河南道。後致仕卒，年八十三。皇慶元年，贈儀同三司、太保、上柱國，追封定國公，謚襄穆。子秉温、秉正。

秉温，事世祖於潛邸，命受學於太保劉秉忠。從征雲南大理。中統初，行右三部尚書事。至元八年，預制朝儀，授禮部尚書、知侍儀司事、秘書少監，購求天下秘書。十九年，遷昭文館大學士，知太史院、侍儀司事。《授時曆》成，賜鈔二百錠，進中奉大夫。二十九年，編《國朝集禮》成，官其子襲侍儀使。後卒。皇慶元年，贈金紫光禄大夫、司徒、雲國公，謚文昭。子和，昭文館大學士。

秉正，字公亮，璮次子，秉温弟也。初爲新軍上千户。世祖自鄂班師，璮迎謁於定州，奉牛酒以獻。帝爲下馬，坐帳内，璮進酒，秉正從拜於後。世祖偉其貌，命入直宿衛。從伯顔伐宋，賜金符，授徽州管軍總管，遷僉江西湖東道提刑按察司事。豐城尹張甲夤緣東宮近侍得官，貪虐，秉正按之，張怒曰：「吾受東宮教者！」秉正曰：「東宮教汝殘民耶？」吏

不敢書其獄詞。秉正曰：「吾得罪，必不累汝等。」卒論如法。行部迎劉辰翁、鄧光荐諸老宿會於學宮，命諸生師事之。移僉漢中道，謝病歸。二十八年，起爲僉河東道提刑按察司事。成宗即位，擢江南行臺治書侍御史。大德五年，出爲江西廉訪使，卒，年六十七，謚忠敏。

趙迪，真定藁城人。有膂力，善騎射。金末爲義軍萬户，郡將出六鈞强弩，募挽者，獨迪能之，署真定尉，遷藁城丞。

大軍至藁城，迪率衆迎降。太祖十七年，升藁城爲永安州，號其軍爲匡國軍，以迪同知節度使事。從太祖征西域，將校多縱意剽掠，獨迪治軍嚴，所過秋豪無犯。

初，真定既下，迪亟入索城中藁城人，得千餘，諸將欲分取之，迪曰：「是我所掠者，宜歸我。」盡縱之去，衆皆感泣。後戰骨蔽野，迪爲大塚瘞之。遷永安軍節度使，卒，年七十。子椿齡。

椿齡字壽卿，襲父職爲永安軍節度使、藁城丞，尋遷縣令。有甲乙二人共飲，甲返，乙

不知所往，其家訟甲殺之，已誣服。椿齡以不得乙尸，緩其獄，不令甲償死。踰月，滹沱冰釋而尸出，乃醉後墮水死也，甲之誣始白，一縣稱其詳審。

遷西京總管，兼大同尹。詔采民女實掖庭，椿齡上言：「山西距京師甚遠，又無大家，民女率寒陋，無可充掖庭之選。徒令嫁娶失時，非朝廷之盛舉。」同列不敢署名，椿齡獨奏之，事竟報罷。改南京總管，兼開封尹。未行，裕宗在東宮，留爲兵部尚書。未幾，改户部，又改禮部。建言：「省部用人，率徇其私，非獨名器日濫，且啟仕者之争，無忌憚者至遮乘輿自訴，其風不可崇長。」時論韙之。至元十七年，出爲陝西漢中道提刑按察使。十八年，遷中奉大夫、荆湖北道宣慰使。二十七年，卒，年七十三。子瓛，大中大夫、江州總管。

賈塔剌渾，冀州人。太祖伐金，募能用砲者籍爲兵，授塔剌渾四路總押，佩金符以領之。及攻拔益都，擢龍虎衛上將軍、元帥左監軍，便宜行事。師還，駐謙謙州。十四年，從太祖征西域，將所部及契丹、女真、唐兀、漢兵攻斡脱剌兒城。塔剌渾督諸軍穴城先入，破之，拜元帥，改銀青光禄大夫。太宗四年，從睿宗渡漢江，略唐、鄧、申、裕諸州。又從大帥朮赤攻下徐、邳諸州。六年，卒。子抄兒赤襲，從諸王也孫哥、塔察兒伐

宋，憲宗八年卒。子冀驢襲，卒。弟六十八襲。至元五年，從諸軍攻襄、樊。九年，六十八率所部戍駱駝嶺一字城，立砲樊城南，不發，以怠敵心。俄率鋭卒突出，攻其城西，破之。賜銀幣、鞍馬、弓矢。十二年，進宣武將軍，從攻宋常州，發砲摧其城，以納諸軍。宋援兵突至，六十八力戰卻之。臨安降，進懷遠大將軍，再進昭勇大將軍，領南軍精鋭者入宿衛。累進奉國上將軍、管領砲手軍都元帥。二十年，罷都元帥，更授砲手軍匠萬户，佩三珠虎符。二十六年，卒。

喬惟忠，字孝先，涿州定興人。從張柔起兵，保西山之東流埚。金行臺授惟忠定遠大將軍、恒州刺史。柔降於蒙古，招惟忠，不從。及克東流埚，柔嘉其守義，釋之。武仙叛，柔會諸將討之，使惟忠攝元帥事。仙棄真定走，將聚保於狼山砦，惟忠謂諸將曰：「彼欲歸巢穴，我遏之，必致死於我。不如開其歸路，彼得歸，無鬥志，是獲獸於穴也。」衆從之。仙既過，惟忠奮擊，大破之。有別將陷敵，惟忠横戈突陣，援而出之，斬馘無算。

遂會攻彰德，轉戰至滕州，營於牙山。金人夜襲其營，惟忠揮戈陷陣，諸軍繼之，敵衆駭散。又會攻益都，敗援兵於城下。先是，柔開元帥府於滿城，以惟忠爲元帥都監，遷副

元帥。師還，復從柔鎮新衛州。

太宗三年冬，從大軍破金人於鈞州，遂圍汴。金哀宗北渡，其丞相白撒圍衛州，惟忠力戰卻之，追奔至黄龍岡，又從圍蔡州。金亡，柔入覲太宗，奏言：「臣憑藉國威，所向克捷。臣副將喬惟忠，戰功第一，乞加恩澤。」璽書賜金符，授千户。自是連年伐宋，從破棗陽，攻光、黄等州，俱有功。定宗元年卒，年五十五。

惟忠美鬚髯，沈勇善戰，遇克捷，無自得之色。其攻黄州，宋人夜襲諸栅，惟忠率鋭卒拒戰。主帥舉火偵之，見青甲而黄馬者戰甚力。明日懸賞購其人，惟忠終不自言，其不伐如此。子珪，襲千户。

袁湘，字潤夫，太原臨泉人。金將王公佐鎮葭蘆，當蒙古之衝，力不支。一日，問將佐使舉所知可與計事者。或薦湘，公佐辟之，授忠顯校尉，遥授延長縣主簿。以功進武節將軍、臨泉令。公佐卒，人心惶沮，湘曰：「吾不愛一死，敵怨我日久，我死，彼將甘心於民，吾何忍耶？」濟河，詣大將孛里海，湘請降，解所佩劍誓曰：「所有二於公者，有如此劍。」孛里海義之，以便宜升臨泉爲州，授湘爲守將，遣將州兵略地鄜、延，悉下之。

擢延安路兵馬總管。湘敦勸農桑，裁抑游惰，鄰民聞之咸逾河而至。又徵儒者侯邱、嚴明、焦舉華、張玉明、畢美、邵瑞、張輔等延致幕下，由是禮讓大行。

會檢料户口，湘止籍主户，漏其僑家浮客。或咎以「何獨損吾户口」，湘曰：「若欲肥版籍以衒衆耶？一旦賦役下，僑浮必逃亡，衹益累也。」後河東、山西累徙其民，湘謂使者曰：「吾所籍止主户，不敢以僑浮爲土著，版册具在，可稽也。何如勿徙，使各奠其居，置吏歲集其賦入，是以吾土養吾民，便甚。」使者從之。尋有詔，任民隨在占籍。湘猶減浮僑之庸調。同列嫉其能，訐於朝，徵湘就辯。湘見貴幸，幣贄甚薄，執政嘉其廉直，釋之歸。世祖駐蹕六盤，湘上謁，建言：「始延安籍民爲兵，皆懸賞募之，人率授銀三十兩始行。及遠戍久役，津餽不加於前，老稚日困，則怯者挺身亡去，悍者連伍俱歸。軍吏雖以法誅之，莫能止也。非大選閲州民厚籍饒丁更代，以休其力，則兵帳不充。」世祖韙之，責諸道將吏曰：「汝輩之來，其所請求不過官資之崇卑、符節之輕重而已。亦嘗有一白軍民利病，如袁湘者乎？」聞者愧服。自是，雖不自行遣官屬奏事，世祖輒曰：「若從袁湘所來耶？」即報可。卒，年五十九。子克忠，昭勇大將軍、隴右道提刑按察使；克良，提舉太原桴木司。

王兆，堅州人。少爲軍吏，非所好，棄去，從旁郡諸豪俠游。太祖十二年，蒙古兵圍雁門，游兵至堅州，知州棄城遁。城人推兆與劉會同管州事，兆度不能守，乃與會等持牛酒詣軍門上謁，且獻攻取之策。主帥偉之，以便宜授兆左監軍，會軍事判官盡還所俘堅州生口。已而受監國公主教，遷昭武將軍、堅州左副元帥。時兵荒之後，兆招集流民，勸課農桑，在職二十年，威惠大行。以老病致仕，卒年八十。弟斌，善騎射，兆倚爲爪牙。武仙餘黨匿五臺山中爲盜，斌偵知所在，擒盜首戮之，餘黨悉平。兆子玘，權堅州軍民。

次官劉會，亦堅州人。由判官遷驍騎將軍、堅州都元帥，兼節度使。子澤質於監國公主，深蒙禮遇。澤妻卒，公主賜良家女爲繼室。會卒，澤襲堅州軍民長官。

趙祥，字天麟，繁畤人。金末，徙蔡州之平輿。大軍圍金主於蔡州，祥糾合義兵數千，發平輿富人藏粟，突圍饋城中。金主嘉之，賜銀符，命還守平輿。金亡，祥率其衆降宋。宋襄陽守將慮降人反覆，欲坑之。太尉江海持不可，使祥戍鄧州，以裨將呼延實爲之監。祥與實不相能，又知其始謀，益憤。太宗七年冬，大兵略地至鄧州，祥突入實營，劫令約束

所部毋妄動，即開門迎降，縱實還襄陽以謝宋。

八年二月，皇子曲出伐宋，徙唐、鄧、均三州民於洛陽西，以長水爲鄧州治，令祥權行省事。襄、樊二州民亦徙於洛陽西。祥入覲，奏歲饑，請發大名軍儲米，運陝州鹽以振之，報可。賜金符、錦衣。旋授鄧州長官，以其弟彦爲次官。祥在任十二年，墾汙萊，建城邑，甚有能名。憲宗三年，史天澤奉命經略河南，還五州民於故土，祥仍爲鄧州帥。時宋人已復取襄、樊，守以重兵，二州民無所歸，皆寓於鄧州。祥外扞敵兵，内務耕作，四年積穀七十萬石。以疾乞休，不允。卒年六十一。祥有勇力，善射，性坦直。子侃，以平宋功，授昭勇大將軍，鎮衢州。

聶珪，字廷玉，冀寧壽陽人。少孤，從兄璋學，天資開敏。金攝太原府事趙得裕辟爲委差官。時德裕寄治榆次之利和砦。太祖十七年，大軍克利和砦，珪率衆迎降，授招撫司副使，同都元帥王璋招撫平定州諸砦。璋卒，珪代爲都元帥，而以璋弟貴副之。貴素驕恣，珪稍加檢制，貴不平，潛結武仙以叛。二十一年正月，遣步卒戕珪，以弓弦縊之，舁置於城西北隅。至夜，珪帳下督王常等視珪可救，緩其縊而活之。珪奔於太原，太原繼陷，

珪挺身走，檄召本路兵復克太原。

都行省恒察遣兩千户討仙，以珪爲嚮導，襲破仙於石人砦。仙竄仙台砦，珪進圍之，仙衆潰，遂奔汲縣。珪以功攝平定皋、晉、威、盂、遼、儀等處總兵都元帥，守令以下聽珪選注，賜金虎符。

時遺民據山砦自保，珪攻降石龕、焘泉等十餘砦。北山民兵帥趙德以驍勇聞，屢入寇。珪敗德於張家河，生獲之，德請降。珪使德入平山境，招撫張山、保安等砦。後德卒以戰死。

太宗五年，再攻新砦，拔之。於是河北之南路、西路，諸賊帥悉解甲來降。六年，仙餘黨復據平定、皋落，珪攻破之，其安撫史雄、康義等俱降。七年，東山羅睺等亦率所部來降，境内始平。時朝廷更制，改授珪平定邢、晉等州長官。

先是，珪拔新砦，俘男女數千人，大帥習力吉思欲盡坑之，珪不從，衆始獲免。珪天資仁厚，其爲政緩急輕重，悉有條例。家居喜賓客，多購法書名畫，與元好問、李治等友善。卒，年五十六，贈西陽郡公。子大本，襲平定等州軍民長官。

靳和，字達道，平陽曲沃人。家富，喜施予。太祖十四年，率義兵三千人降於木華黎，授征南元帥。木華黎南征，留和守曲沃。金將據彈平、青龍諸砦，屢出剽掠，和選募鄉兵，且耕且戰，境内卒免流殍。太祖嘉之，拜絳陽軍節度使，賜金符。後乞致仕，卒。長子麟，襲節度使。

次子用，初授滎河尹，遷汲縣尹。廷議開沁水通漕，用力争不可，以舉家没入爲請，事獲寢。已而沁水涌溢，壞民田千餘頃，其言卒驗。拜監察御史，出爲嶺北湖南道廉訪僉事，所至廉直有聲。卒於官。

王守道，字仲履，真定平山人。金亡，羣盗並起，往往殺守令，擁衆自保。宣撫司署守道爲縣尉，因攝令，改真定主簿。史天倪爲河北西路兵馬都元帥，鎮真定，收大名、澤、潞、懷、孟諸城之未附者，以守道爲府經歷。及金恒山公武仙降，爲天倪副，守道謂天倪曰：「是人位居公下，意不平，宜先事備之。」天倪不以爲然，未幾，果爲所害。及仙以城反，史氏舊部與屬縣豪傑納天倪之弟天澤爲主帥，攻仙。仙走保西山諸砦，執守道家人，以重幣

誘之，守道不顧。擢慶源軍節度使。

天澤爲五路萬户，署守道行軍參謀，兼檢察使。真定爲莊聖太后湯沐邑，守道頻歲入覲，奏對稱旨，賜金符、錦衣、金錢。至元七年卒。至大元年，以子顒貴，特贈銀青榮禄大夫、大司徒，追封壽國公，謚忠惠。仁宗即位，復加推忠協力秉義功臣、金紫光禄大夫、大司徒、上柱國。

李伯祐，高麗人，爲史天倪部將。武仙襲殺天倪，其弟天澤方在燕京購入覲禮幣，伯祐馳告之，與從事王玉汝、王縉推天澤領其兄潰卒。又北見國王孛魯，使奏聞。詔天澤嗣爲都元帥，以伯祐爲都提控。仙復夜襲真定，伯祐從天澤縋城出，先投下以藉。天澤走藁城，求援於董俊。諸將有異謀者，伯祐手斬之。天澤再取真定，伯祐轉鎮撫軍民都彈壓。

從天澤伐宋，以功授金符，授本路兵馬都總管。大軍圍襄陽，宋人栅峭石灘，環以戰艦。天澤將伯祐等二十人攻其栅，伯祐櫂輕舸而進，三進三卻。宋人以爲怯，不設備。遂疾趨敵艦，天澤先登，伯祐繼之，平其栅而還。又從拔壽春，授千户。天澤拜河南經略使，以伯祐攝真定萬户。又從世祖圍鄂。

中統元年，擢侍衛親軍都指揮使，佩金符。李璮反，從大軍討之，戰於老鴉口，失利。伯祐與董文蔚合，請天澤督師，從之。璮平，伯祐以老致仕，卒，年八十三。子珣，真定管軍千户；公懋，沭陽令；珏，江陵總管；琦，寶慶總管；琳，提舉越州人匠。初，伯祐致仕時，禁網尚疏，諸將多以家奴代兵。後核兵籍，事發，罪至死。珣爲部下所訐，事連伯祐。珏方爲質子，乃自承曰：「吾以資用乏，爲此事，父兄不知也。」下獄當死，執政知其事，憫之，奏軍官未受俸以前，宜減罪，珏始獲免。後從大軍伐宋有功，應得萬户，聞珣卒，子幼，恐奪珣千户，乃棄己功，求代兄子襲千户，曰：「吾父、兄世官也，吾宜及兄。」俟其子壯，授之，人稱其孝弟云。

楊彦珍，汴梁杞縣人。金末，聚衆二萬人來降，授萬户。從張柔戰淮南、北，復徐、邳兩州，擢行軍千户。又從柔拔光化、棗陽，克信陽軍，戍鄧州。宋將劉整來襲，戰於塔橋、古村、黔陂，屢敗之。與游顯築威楚、鐵狗兩堰，以灌屯田，歲收粟數萬石。憲宗四年，以老乞致仕，使子珪襲其職。至元中卒，年七十。

珪始以副千户領彦珍舊部。江漢督府遣别將襲宋房州，爲宋兵所邀截，檄珪援之。

戰於分道口，斬其副將杜胡。又戰於馬嘶山通道，房州全軍皆出。從史天澤援開、達二州，累戰皆捷，獲生口五百。又從阿朮圍襄陽，戰於小堰堡、南漳鴉及八瓣棱三山，擒宋將解都統、樊提轄於湖城砦，趙總管於野鵝池，劉都官於蚌山，王總管於貉子川。至元六年，襄陽下，授敦武校尉。

十二年，從伯顏攻漢陽，先登，拔之。又從敗宋師於陽邏堡，獲船五十五艘。又從阿里海涯戰於荆口，降其將高安撫。從攻沙市，先登，拔之。徇地峽州，鄉民多趨險阻自保，珪擇宜都富民駱升爲衆所信嚮者，署爲邑令，招還五千户。從圍潭州，先登，進武略將軍、千户，佩金符。從下衡、永、全、道四州，拔静江，進宣武將軍、總管，佩虎符。又從拔西融州，召還，進明威將軍、副萬户，再遷廣威將軍、萬户，戍襄陽。後卒。

珪大小七十餘戰，身被五創，矢中右手、洞肩、汏股、貫踵，衆推其勇敢云。

吴信，晉寧滎河人。目瞭能夜視，月下射雉、兔於百步之外，矢無虚發。

太祖十七年，率衆降於木華黎，授鎮西元帥，留戍禹門東衛堡。進據汾陰鄉，金滎州守將憚信威名，不敢迎擊，信遂定滎州。

太宗二年，太傅耶律秃花遣信進攻夾家堡，中伏，士卒潰散。信突圍而出，過深穽，躍馬過之，如有神助。已而潰卒復集，再戰，大破之，堡衆遂降。

及境内寧謐，信躬勤稼穡，公私皆足。在任十餘年，爲政廉平，遠近歸之。後以疾致仕，卒，年六十八。子思，襲榮河諸軍奧魯。

段直，字正卿，澤州晉城人。木華黎略地河東，直率衆歸之，承制授澤州長官，兼潞州元帥府右監軍，佩金符。時天下初定，以澤州衝要，留兵戍之。將士恣爲侵暴，民苦之，往往聚爲盜賊。直上言，願罷戍兵，請身任防守，從之，羣盜始息。

直見士人避亂者多未復，乃籍其業於親戚、鄰人，約曰：「俟主還與之。」於是流亡盡返，户口日增。新法：匿逃亡者籍没，從坐保任。直乃豫爲符券，若係官收養以俟諸軍物色者，於是匿家皆獲免罪。州人俘於他郡者，直又出資贖之。闔境翕然，以爲樂土。

直乃大修廟學，購書萬卷貯之。州人李俊民，累徵不起，賜號莊靖先生，直迎而師之。學徒通經預選者至百二十餘人。世祖在潛邸，聞而嘉之，特命提舉本州學校事。直未拜而卒，年六十五。子紹隆，襲澤州長官，加武略將軍，移知葭州。

同時有王珪，聞喜人。父謹成，金華州節度使。天興元年，拒大軍於新門，兵敗死之。珪以父死事，授招撫使。金亡，降於蒙古，授征行元帥、孟津令。敦尚儒雅，士論稱之。

周獻臣，字夢卿，忻州定襄人。父丕顯，質直尚義。有以女奴嫁饑民爲贅婿者，歲久，並所生男女奴之。丕顯教以訴訟法，爲有司所直，所生女從母，其餘皆免爲良。當世賢之。丕顯長子鼎臣，金陽曲令，城陷死之。

獻臣，其次子也。岱遜郡王略地河東，獻臣率衆迎降，承制授定襄令。從岱遜南略遼、沁、晉、絳、河、解等州，皆望風納款。復從岱遜安輯靈、夏，以功擢九原府左副元帥，權四州都元帥，行九原府事。未幾，又從平河北、山東諸路。

太祖二十一年，武仙圍忻州，獻臣援之，遇仙驍將姬節使於忻州之南原。敵銳甚，獻臣謂麾下曰：「彼衆我寡，不可緩也。」乃陷陣而入，大破之，斬首三百餘級，圍立解。仙復遣驍將董祐襲盂州，遂侵忻州。獻臣拒戰，互有勝負。中流矢，創甚，意氣愈厲，復敗祐於盂州之邱石甸，祐僅以身免。自是仙不敢窺忻州。

太宗二年，車駕南征，詔獻臣屯三棱、大勝等寨，以禦金人。已而從大軍克蔡州，又從大軍伐蜀，宣授征行千户，賜金符。後致仕，卒於家，年七十四。獻臣用兵有法，賞罰明信，與士卒同甘苦，故所向有功。子允中，襲父職，累遷宣武將軍、太原路行軍總管；敏中，忻州諸軍奧魯長官。

襄陵人梁成，與獻臣同時，亦有名。成性剛勇，國王孛魯選善騎射者，成中選，爲偏將，從孛魯拔益都。又從攻河南，授廣威將軍、都元帥，賜金符，卒。子正視，以質子從征西域，每戰先登，不避矢石，授武略將軍，充千户，賜虎符。從也里城，歿於軍。子乞住，襲父千户。

【校勘記】

〔一〕「賁亨」，原作「賁享」，據本卷目録改。下文作「賁亨」不誤。

新元史卷之一百四十六　列傳第四十三

劉伯林黑馬　元振　元禮　夾谷常哥　常哥子忙古帶　郭寶玉德海　侃　石天應安琬

劉伯林，濟南歷城人。好任俠，善騎射。金末爲威寧防城千户。太祖圍威寧，伯林知不能敵，乃縋城詣軍門降。帝問伯林在金國爲何官，對曰「都提控」。即以元職授之，命選士卒爲一軍，與太傅耶律禿花招降山後諸州。

太祖北還，留伯林屯天成堡，遏金兵，前後數十戰。進攻西京，賜金虎符，以本職充西京留守兼兵馬副元帥。從征山東，攻梁門、遂城，下之。復從大軍攻下濟、兖諸州。木華黎上其功，賜名馬二十四、錦衣一襲。太祖十三年，從攻太原、平陽。明年，破潞、絳及聞喜諸州縣。時論欲徙聞喜民實天成堡，伯林以人艱於食，止之。部曲俘掠萬計，悉縱之還。

在威寧十餘年，務農積穀，與民休息。嘗曰：「吾聞活千人者，後必封。吾之所活，何啻萬餘人，子孫必有興者。」十六年，卒，年七十二。累贈太師，封秦國公，謚忠順。子

黑馬。

黑馬，名㲄，字孟方。始生時，家有白馬産黑駒，故以爲小字，後遂以小字行。驍勇有膽略，從父大小數百戰，出入行陣，略無懼色。嘗率十三人巡邏，遇金兵圍之，即搏鬥，手刃數人，十三人皆得脱。襲父職，佩虎符，兼都元帥。

太祖十八年，從國王木華黎攻鳳翔，不克，回屯絳州。又從孛羅攻西夏。明年，從按真那演攻破東平、大名。二十年，金降將武仙據真定以叛，從孛羅討之，武仙遁去。金將忽察虎復取山後諸州，黑馬逆戰，隘胡嶺，大破之，斬忽察虎。

太宗即位，始立三萬户，以黑馬爲首，蕭札剌、史天澤次之，授金虎符，充管把平陽、宣德等路管軍萬户，仍僉太傅府事，總管漢軍。從破鳳翔、西河、洧州諸城堡。太宗二年，睿宗入自大散關，假道於宋以伐金，命黑馬先由興元、金、房、東下。至三峰山，從大軍敗金將合達。又從攻香山寨及鈞州。賜西錦、良馬、貂鼠衣，以旌其功。會增立七萬户，仍以黑馬爲首，蕭札剌、史天澤、嚴實等次之。

五年，從破南京，賜繡衣、玉帶。六年，從破蔡州，滅金。七年，同都元帥答海紺卜征西川。十三年，改授都總管萬户，統西京、河東、陜西諸軍萬户，夾谷忙古歹、田雄等並聽

節制。入覲，帝慰勞之，賜銀鼠皮三百爲只孫衣。尋命巡撫中原，察民利病。應州郭志全反，脅從詿誤者五百餘人，有司議盡戮之，黑馬止誅其爲首者數人，餘悉從輕典。

憲宗三年，從車駕至六盤山。商州與宋接境，數爲所侵，命黑馬守之，宋人斂兵不敢犯。七年，入覲，請立成都，以圖全蜀。帝從之，就命管領新舊軍民、小大諸務，賜號也可禿立。

中統元年，廉希憲、商挺宣撫川、陝，時密力火者握重兵居成都，希憲與挺慮其爲變，以黑馬有膽智，使乘驛矯詔誅之。其子訴於朝，世祖諭之曰：「玆朕命也，其勿復言。」三年，命兼成都路軍民經略使。瀘州被圍，黑馬已屬疾，猶親督轉輸不輟。左右諫之，黑馬曰：「國事方急，以此死無憾。」遂卒，年六十三。累贈太傅，封秦國公，謚忠惠。子十二人，元振、元禮最顯。

元振，字仲舉，黑馬長子也。從父入蜀，會商、鄧間有警，命黑馬往鎮其地，以元振攝萬户，時年方二十。既涖事，號令嚴明，麾下宿將皆敬憚之。憲宗伐宋，駐蹕釣魚山，以元振與紐鄰爲先鋒。

中統元年，世祖即位，廉希憲、商挺奏以爲成都經略使總管萬户。宋瀘州守將劉整送

款請降，黑馬遣元振往受之。諸將皆曰：「劉整無故而降，不可信也。」元振曰：「宋權臣當國，賞罰無章，有功者往往以計除之，是以將士離心。且整本非南人而居瀘州重地，事勢與李全何異？整此舉無可疑者！」遂行。黑馬戒之曰：「劉整，宋之名將。今遽以城降，情僞不可知。汝無爲一身慮，事成則爲國家之利，不成則當效死，乃其分也。」元振至，整開門出迎。元振先下馬，與整相見，示以不疑。明日，請入城，元振釋戎服，從數騎與整聯轡而入，飲燕至醉。整心服焉，獻金六千兩、男女五百人。元振以金分賜將士，而還其男女。宋將俞興率兵圍瀘州，晝夜急攻，自正月至五月，城幾陷。左右勸元振曰：「事勢如此，宜思變通。整本非吾人，與俱死無益也。」元振曰：「人以誠歸我，既受其降，豈可以急而棄之？且瀘之得失，關國家利害，吾有死而已。」食將盡，殺所乘馬犒將士，募善游者賫蠟書至成都求援，又權造金銀牌分賞有功者。未幾，援兵至。元振與整出城合擊興兵，大敗之，斬其都統一人，興退走。捷聞，且自陳擅造金銀牌罪，帝嘉其通變，賜錦衣一襲、白金五百兩。入朝，又賜黃金五十兩、弓矢、鞍轡。

黑馬卒，元振居喪，起授成都軍民經略使。至元七年，時議以勳舊之家事權太重，遂降爲成都副萬户。十一年，命兼潼川路副招討使。十二年卒，年五十一。子緯，襲父職，佩虎符爲萬户。守潼川，立遂寧諸處山寨。從圍釣魚山，數戰有功。授潼川路副招討，遷

副都元帥。復授管軍萬户，遷同知四川西道宣慰司事。入朝，進四川西道宣慰使，拜陝西行省參知政事，卒。

元禮，黑馬第五子也。從父在軍中，授金符，爲京兆路奥魯萬户。中統四年，遷興元、成都等路兵馬左副元帥。

至元元年，遷潼川路漢軍都元帥。二年九月，宋將夏貴率軍五萬犯潼川，元禮所領纔數千，衆寡不敵，諸將登城望貴軍有懼色。元禮曰：「料敵制勝，在智不在力。」乃出戰，屢破之。復大戰蓬溪，自寅至未，勝負不決。元禮謂將士曰：「此去城百里，爲敵所乘，則城不得入，潼川非國家所有。丈夫當以死戰取功名，時不可失也。」即持長刀大呼突陣，所向披靡，大敗貴兵，斬首萬餘級。捷聞，賜錦衣二襲、白金三錠、名馬一匹、金鞍轡、弓矢。召入朝，命復還潼川，立蓬溪寨。

元禮又奏：「嘉定去成都三百六十里，其間舊有眉州城，可修復之，屯兵以扼嘉定往來之路。」世祖從之。四年，命平章趙寶臣往視可否。或以爲眉州荒廢已久，立之無關利害，徒費財力。元禮力争之，寶臣是其言，遂興工，七日而竣。元禮鎮守眉州五年，召入朝，乞解官養母，從之。九年，起授懷遠大將軍、延安路總管，卒。

初，伯林與夾谷常哥同守威寧，又同時來降。其父子功名與劉氏相埒焉。

夾谷常哥，女真人。既降，太祖命率所部守威寧。金人啗以大官，使反正，常哥縛其使以獻。太祖嘉之，擢爲萬户兼招討使，卒。後贈定襄郡公，謚忠敏。

子忙古帶，嗣萬户，從木華黎平山東、河北，又從睿宗拔鳳翔。明年，從破宋人於大散關。俱有功。太宗七年，從塔海紺卜伐蜀。明年，上言：「興元形勢，西控巴蜀，東扼荆襄；山南之地，無要於此。誠留兵戍守，招徠未降，擇便水之田，授以牛種，既省關中餽運，亦制蜀一奇也。」帝從之，授興元軍民安撫使，領屯田事。

定宗即位，置行省於興元，以忙古帶領之，宋閬州守將馬仲、巴州守將張文貴等皆來降。憲宗元年，宋制置使余玠敗利州路元帥王進於金牛堡，遂圍興元。忙古帶誓死拒守，城垂陷，會都元帥禿薛以援兵至，玠始遁去。憲宗嘉其功，授軍民萬户，再賜金虎符。七年，與劉黑馬城成都，七日而工畢。中統三年，改賜虎符。四年，致仕，以子堅實嗣，卒年七十。後追封汭國公，謚忠靖。堅實官至河南行省右丞。

郭寶玉，字玉臣，華州鄭縣人，唐中書令子儀之裔也。通天文、兵法，善騎射。金末，爲猛安，屯定州。時童謠曰：「摇摇罟罟，至河南，拜閼氏。」既而太白經天，寶玉歎曰：「北軍南，汴梁即降，天下改姓矣。」金人以獨吉思忠、完顔承裕行中書省，領兵築烏沙堡。大軍至，思忠等敗走，寶玉舉兵降。

木華黎引見太祖，問取中原之策，寶玉對曰：「中原勢大，不可忽也。西蕃勇悍可用，宜先取之，藉以圖金。」又言：「建國之初，宜頒新令。」帝從之。於是頒條畫五章，如「出軍不得妄殺，刑獄惟重罪處死，其餘雜犯量情笞決」；「軍户，蒙古、色目人，每丁起一軍，漢人有田四頃、人三丁者，僉一軍」；「年十五以上成丁，六十破老，站户與軍户同」；「民匠限地一頃」；「僧道無益於國、有損於民者悉禁止之」，皆寶玉所陳也。

帝將征西域，患其城多依山險，問寶玉攻取之策，對曰：「使其城在天上，則不可取；如不在天上，至則取矣。」帝壯之，授抄馬都鎮撫。從木華黎取高州，降北京、龍山，復帥抄馬從錦州出燕南，破太原、平陽諸州縣。

十四年，從帝西征，寶玉胸中流矢，帝命剖牛腹置其中，少頃，乃蘇。進次忽章河，敵列兩陣迎拒，戰方酣，寶玉望其衆疾呼曰：「西陣走矣！」其兵果走，追殺殆盡。從下尋思

干城。次阿母河，敵築十餘壘，陳船河中。俄風濤暴起，寶玉令發火箭射其船，乘勝直前，破護岸兵五萬，斬大將佐里，遂屠諸壘，收呼拉商部馬里四城。

十六年，西域主札剌勒丁南走入鐵門，寶玉追之，遂奔印度。帝駐蹕大雪山前，時谷中雪深二丈，寶玉請封山川神。十七年三月，封崑崙山爲玄極王，大鹽池爲惠濟王。從者別速不台轉戰有功，累遷斷事官。卒於賀蘭。二子：德海、德山。德山以萬户從破陝州，攻潼關，卒。

德海，字大洋。資貌奇偉，亦通天文、兵法。金末，爲謀克，擊宋將彭義斌於山東，敗之。知父寶玉北降，遁入太行山，大軍至，乃出降，爲抄馬彈壓。從者別西征，渡乞則里八海，攻鐵山。衣幟與敵軍不相辨，乃焚蒿爲號，煙焰漫野，敵軍動，乘之，斬首三萬級。踰雪嶺西北，進軍次荅里國，討平之。二十年，還至峥山，吐蕃帥尼倫、回紇帥阿必丁反，復俱擒斬之。

二十一年春，從元帥闊闊出游騎入關中，金人閉關拒守，德海引驍騎五百，斬關入，殺守者三百人，直搗凌風寨。以後兵不至，引還。太宗元年秋，破南山八十三寨，陝西平。德海導大將夔曲捏拔都，假道漢中，歷金、房而東，與金將武仙遇於白河，德海提孤軍轉

戰，仙敗走，復破金移剌粘哥於鄧州。四年春正月，從睿宗敗金兵於三峰山，又破金將合喜兵於中牟。完顏斜烈復帥軍十萬來拒，戰於鄭州，德海先登破之，殺其都尉左崇。以功遷右監軍。五年正月，破金師於黃龍岡。六年，河南復叛，德海往討之，炮傷其足，以疾歸。卒。

德海請遣大臣試天下僧、尼、道士，選精通經文者千人，有能工藝者，則命小通事等領之，餘皆爲民。又詔天下置學廩，育人材。太宗皆從之。子侃。

侃，字仲和。幼爲丞相史天澤所器，留於家教養之。弱冠爲百户，鷙勇有謀略。太宗五年，金將伯撒復取衛州，侃拒之，破其兵四萬於新衛，遂渡河，追金主至歸德。又從速不台攻汴西門，以功授總把。從天澤屯太康，復以下德安功爲千户。送兵仗至和林，改抄馬那顏。

從宗王旭烈兀西征。憲宗三年，至木剌夷。敵塹道，置毒水中，侃破其兵五萬，斬其將忽都答而兀朱。五年，至乞都卜。其城在檐寒山上，懸梯上下，守以精兵悍卒。侃架炮攻之，守將火者納失兒開門降。旭烈兀遣侃往説兀魯兀乃算灘來降。其父阿力據西城，侃攻之，走據東城，復攻破殺之。六年正月，至兀里兒城，伏兵，下令聞鉦聲則起。敵兵果

來，伏發，盡殺之，海牙算灘降。又西至阿剌汀，破其游兵三萬，禡拶答而算灘降。至乞石迷部，忽里算灘降。

從旭烈兀進攻報達，教主哈里發所都也。侃至，破其兵七萬，屠西城。又破其東城，東城殿宇皆構以沉檀木，舉火焚之。香聞百里，得七十二絃琵琶、五尺珊瑚燈檠。兩城間有大河，侃預造浮梁以防其遁。城破，哈里發登舟〔一〕，覩河有浮梁扼之，乃自縛詣軍門降。其將紂答兒遁去，侃追之，至暮，諸軍欲頓舍，侃不聽，又行十餘里，乃止。夜暴雨，先所欲舍處水深數尺。明日，獲紂答兒，斬之。

又西行三千里，至天房，其酋住石致書請降，左右信其言，易之，不爲備。侃曰：「欺敵者亡，軍機多詐，若中彼計，恥莫大焉。」乃嚴備以待。住石果來邀我師，侃與戰，大敗之，巴兒算灘降。

又西行至密昔兒，會日暮，已休，復驅兵起，留數病卒，西行十餘里頓軍，下令軍中銜枚而進。敵不知也，潛兵夜來襲，殺病卒。其酋可刀算灘大驚曰：「東將軍，神人也。」遂降。

旭烈兀命侃西渡海，收富浪國。侃喻禍福，兀都算灘曰：「吾昨所夢神人，乃將軍也。」即來降。師還，至石羅子，敵來拒，侃一鼓敗之，換斯干阿答畢算灘降。憲宗九年，破兀林

游兵四萬，阿必丁算灘大懼，來降。西南至乞里彎，忽都馬丁算灘來降，西域平。侃以捷告至釣魚山，會憲宗崩，乃還鄧州，開屯田，立保障。

世祖即位，侃上疏陳建國號、築都城、立省臺、興學校等二十五事，及平宋之策。其略曰：「宋據東南，以吳越爲家，其要地則荆襄而已。今日之計，當先取襄陽。既克襄陽，彼揚、廬諸城，彈丸地耳，置之勿顧，而直趨臨安，疾雷不及掩耳，江淮、巴蜀不攻自平。」後皆如其策。

中統二年，擢江漢大都督府理問官。三年二月，益都李璮反，夏貴復來犯邊。史天澤薦侃，召入見，世祖問計所出，曰：「羣盜竊發，猶柙中虎。内無資糧，外無救援，築壘環之，坐待其困，計日可擒也。」帝然之，賜尚衣弓矢。夏貴焚廬舍，徙軍民南去。侃追貴，過宿遷縣，奪軍民萬餘人而還。賜金符，爲徐、邳二州總管。貴以兵三萬入寇，侃出戰，斬首千餘級，奪戰艦二百。

至元二年，有言當解史天澤兵權者，天澤遂遷他官，侃亦調同知滕州。三年，侃上言：「宋人羈留我使，宜興師問罪。淮北可立屯田三百六十所，每屯置牛三百六十，計一屯所出，足供軍旅一日之需。」四年，徙高唐令，兼治夏津、武城等五縣。從大軍克襄陽。江南平，遷知寧海州。居一年，卒。

侃行軍有紀律，野爨露宿，雖風雨不入民舍，所至興學課農，吏民畏服。子秉仁、秉義。

史臣曰：元之兵制，漢人無將蒙古兵者。旭烈兀平木剌夷及報達，郭侃之功在怯的不花諸將之右。其事或虛罔不實。《春秋》之義：「信以傳信，疑以傳疑。」今仍采舊史之文，爲列傳云。

石天應，字瑞之，興中永德人。善騎射，豪爽不羈，鄉人多歸之。太師木華黎南下，天應率衆迎謁軍門，木華黎即承制授興中府尹、兵馬都提控。天應造攻戰之具，臨機應變，捷出如神，以功拜龍虎衛上將軍、元帥右監軍。天應旌旗色黑，人目之曰「黑軍」。從木華黎大小二百餘戰，常身先士卒，累功遷右副元帥。

太祖十六年五月，拔洺州。九月，從木華黎自東勝渡河，取葭州，進克綏德。天應因説木華黎曰：「西戎雖降，實未可信。此州當金、夏之衝，士卒健勇，倉庫豐實，加以長河爲限，脱爲敵軍所梗，緩急非便，宜命將守之。多造舟楫，以備不虞。」木華黎然之，表授金紫

光禄大夫、陝西河東路行臺兵馬都元帥，以勁兵五千，留守葭蘆。遂造舟楫，建浮橋，諸將多言水漲勞費無功，天應下令曰：「有沮吾事者，斷其舌。」橋成，諸將悦服。先時，金葭州守將王公佐收合餘燼，攻函谷關，將圖復故地，及見橋成，遂遁去。

一日，謁木華黎於汾水東，木華黎諭以進取之策。天應還鎮，召將佐謂曰：「吾累卿等留屯於此，今聞河東西皆平川廣野，可以駐軍，規取關陝，諸君以爲如何？」或諫曰：「河中雖用武之地，南有潼關，西有京兆，皆金軍所屯。且民新附，其心未一，守之恐貽噬臍之悔。」天應曰：「葭州通鄜、延，今鄜已平，延不孤立，若發國書，令夏人取之，猶掌中物耳。且國家之急，本在河南。河中雖迫於二鎮，實用武之地，北接汾、晉，西連同、華，若起漕運以通餽餉，則關内可尅期而定。關内既定，河南在吾目中矣。吾年垂六十，一旦卧病床第，聞後生輩立功名，死不瞑目也。」

秋九月，遂移軍河中。既而金軍果潛自中條襲河中，天應知之，先遣驍將吴澤伏兵要路。澤勇而嗜酒，是夕醉卧，金兵由間道已抵城下。時兵燼後，守具未完，敵乘隙入。天應見火舉，知城已陷，左右從者四十餘騎，皆勸其渡河。天應曰：「先時人諫我南遷，吾違衆而來，今事急棄之去，是不武也。縱太師不罪我，何面目以見同列乎？今日惟死而已，汝等勉之！」少頃，敵兵四合，天應力戰，至日午，死之。木華黎聞而痛惜，以子焕中知興

中府事，執中行軍千户，受中興中府相副官。

初，天應死事時，弟天禹子佐中在軍中。伺敵少懈，倒抽其斧，反斫之，突城而出，趨木華黎行營，率蒙古軍數千回與敵戰，敗之。木華黎嘉其勇，奏授金符，行元帥事。尋詔將官各就本職，授興中府千户。子安琬。

安琬襲職，佩金符，從征大理，討李壇，皆有功。十三年，分寧盜起，行省檄安琬討之。賊背山而陣，安琬引兵出陣後，賊驚潰，退而距守。安琬揮兵直抵壘門，賊揚言曰：「願少容行伍而戰，死且不憾。」安琬從之，賊果出。安琬突陣而入，大呼曰：「吾止誅賊首，庸卒非我敵也。」手刃中其背，生擒之。累功至右衛親軍副都指揮使，進階懷遠大將軍，賜金虎符。後授大同等處萬户，領江左新附卒萬人，屯田紅城。大德三年，李萬户當戍和寧，親老且病，安琬請代其行，及還，以病卒。子居謙襲職，後改忠翊侍衛親軍都指揮使。

【校勘記】

〔一〕「哈里發」，原作「合里發」，據上文改。

新元史卷之一百四十七　列傳第四十四

李守賢 穀 伯温 守正 守忠 何實 劉亨安 世英 薛塔剌海 四家奴 高鬧兒 元長 滅里干 王義 奥敦世英〔一〕 保和 希愷 希尹 田雄 史千 張拔都 忙古台〔二〕 世澤 張榮 君佐 孫威 拱

李守賢，字才叔，大寧義州人。祖父小字放軍，從金將攻宋淮南，飛石傷髀，録功，賞生口七十。主將分命將校殺所掠俘口，有失亡者罪死，放軍當殺五百人，皆縱之去。放軍爲人營救，亦獲免。

金大安初，守賢暨兄庭植、守忠，弟守正，從兄伯通、伯温，降於國王木華黎，朝太祖於行在，即命庭植爲龍虎衛上將軍、右副元帥、崇義軍節度使；守賢，錦州臨海軍節度觀察使；守忠爲都元帥，守河東，守賢自錦州遷河東南路兵馬都總管。

太宗元年，朝於和林，加金紫光禄大夫，知平陽府事，兼本路兵馬都總管。太宗南伐，道平陽，見田野不治，以問守賢，對曰：「民貧無耕具，且流亡未復，故荒田多。」詔給牛萬頭，仍徙關中生口墾地河東。三年，平陽當移粟萬石輸雲中，守賢奏：「百姓疲敝，不任輓

輸。」帝嘉納之。時河中未下，守賢請自北面鑿城先登，如其言，城果下，遂構浮橋以通來往。明年，濟河入潼關，大破金將趙雄兵於芮城。

時方會師圍汴，留守賢屯嵩、汝二州，金將完顏延壽保嵩山太平寨，衆十餘萬。五年正月望日，延壽等擊球爲戲，不設備。守賢潛遣壯士數十人，緣崖蟻附以上，殺其守卒，遂縱兵入，破之，下令禁抄掠，悉收餘衆以歸。不兩旬，連天、交牙、蘭若、香爐諸寨，皆望風俱下，守賢未嘗妄殺一人。藍田賊王祐聚衆據虢州南山，守賢使人招之，祐素憚守賢威略，即以所部降。六年冬十月卒，年四十六。

子轂嗣。九年，從太師塔海紺卜伐蜀有功。明年，攻碉門。又明年，征萬州，會戰於瞿塘峽，獲戰艦千餘艘。十三年，朝行在，授河東道行軍萬户，兼總管。進兵攻成都，由廣元出葭萌，度木爪坡，宋人聞轂至，潛伏以待，轂諜知之，令衆銜枚疾進，伏兵不敢動。徑克成都。

憲宗南伐，轂造浮橋濟援兵，且斷宋人往來之路。會江漲，浮橋斷。宋將率舟師萬艘逆戰。轂以所部先犯之，諸軍繼進，遂大捷。明日，帝召諸將謂曰：「汝輩平日自負鷙勇，及臨敵，不能爲朕立尺寸功。獨李轂摧鋒陷陣，視敵蔑如，言勇者如轂乃可耳。」賜白金二

百五十兩。中統三年，改河東路總管，佩金虎符。移京兆路，加昭勇大將軍。未幾，轉洺磁路。至元七年正月卒，年四十九。子惟則，懷遠大將軍、平陽征行萬户。

伯温，守賢從兄也。兄伯通從國王木華黎討張致，殁於陣。伯温行平陽元帥府事，鎮青龍堡。平陽陷，弟守忠被執。金人盡鋭來攻，守卒多遁去，部將李成開水門，導敵入。伯温登城樓，謂左右曰：「吾兄弟受方面之寄，今不幸失利，當以死報國。吾弟已被執，我不可再辱。」即拔劍驅家屬投井，以刃植柱刺心而死。金人登樓，見伯温抱柱，目不瞑，咸嗟歎之。

守正，質於木華黎，後爲平陽守，活俘虜甚衆，授銀青榮禄大夫、河東南路兵馬都元帥。上黨、晉陽合兵攻汾州，將陷。守正赴援，衆寡不敵，别遣老弱百人曳薪揚塵，多張旗幟，敵謂大兵至，遂解去。汾人持牛酒迎犒，且泣謝曰：「幸公完是州，德甚大，願奉是州以從。」楊鐵槍既降復叛，守正擒斬之。軒成據隰州，與守正相拒，中流矢，瘡甚。金大將合達復以衆來攻，守正裹瘡戰殁。大帥以其兄守忠代之。

守忠，官至銀青榮禄大夫、河東南路兵馬都元帥，兼知平陽府事，從攻益都。北還，部將彭智孫乘間據義州叛，守忠長驅抵城下，力戰克之。太祖二十二年四月，金將紇石烈真襲攻平陽，行營招討使、權國王按札兒屯於洪洞，守忠援之，師潰，嬰城自守。副帥夾谷常德潛開東門，以納金兵，城遂陷。金人執守忠至汴，誘使降，守忠罵之，金人怒，置守忠鐵籠中炙死。

何實，字誠卿，大寧人，父道忠，金北京留守。實少孤，依叔父以居，家人常入臥内，見一青蛇蜿蜒被中，駭而視之，乃實也。及長，通諸國譯語，驍勇善騎射，遠近之民慕其雄略，咸傾心歸附。

張鯨既納款，復以叛誅。鯨弟致亦謀叛，使問於實，實叱之曰：「天命今在朔方，汝等爲不軌，徒自斃耳。」乃籍户口一萬、兵三千來歸。國王木華黎與論兵事，奇變百出，甚稱之。引見太祖，獻軍民之數，帝大悦，賜鞘劍一，命從木華黎充前鋒。

時致據錦州，實與賊遇於神水縣，挺身陷陣，大破之，木華黎奏賜鞍馬、弓矢，以功爲帳前軍馬都彈壓。十二年，木華黎平河北、山東，使實率四千人徇曹、濮、恩、德、泰安、濟

寧諸州，薄濰州，與木華黎會，遷兵馬都鎮撫。十二年，從攻大同、鷹門及石、隰等州。引兵掠太原、平陽、河中、京兆，所向欵附。木華黎録其功，表實爲元帥左監軍。

木華黎卒，子孛魯嗣。武貴既降復叛，據邢州。實率所部圍之，立雲梯，先登。城破，貴遁走，逐北四十里，斬首二百餘級。實下令，敢有剽掠者斬，軍中肅然。孛魯命實戍邢州，撫恤凋殘，邢民敬愛之。孛魯征西夏，分織匠五百户置局課織，以實領之。

太祖二十二年，賜金虎符，便宜行元帥府事。邢州歲屢饑，請移織匠局於博州，孛魯從之，憫實勞瘁，檄東平嚴實與之分治軍民。博州兵燹後，公私掃地，實以絲數印會子，權行一方，民獲貿遷之利。

太宗二年，收諸將金符。九年，實入覲，貢金幣紋綺三篚。次陵州，遇寇，實縱擊，斃二十餘人，生擒十餘人。朝於幄殿，帝歡甚，命所獲寇勿殺，仍以賜實。是日，賜坐，與論軍中故事，良久，曰：「卿效力有年，朕欲授以征行元帥，後當重任。」實叩頭謝曰：「臣披堅執鋭，從事鋒鏑二十餘年，身被十餘創，右臂不能舉，已爲廢人。臣不敢辱命，願辭監軍之職，幸得元佩金符，督治工匠。」帝默然不悦，命之射，實謝不能。命入宿衛，密使人覘之，實臂果不能舉。始俞其請，賜宴，取金符親佩之，授以漢字宣命，充御用局人匠達魯花赤，子孫世其官，更賜白貂帽、減鐵繫腰，貂衣一襲、弓一、矢百，遣歸。憲宗七年，卒。子九

人，孫十七人。子崇禮，授應奉翰林文字、同知制誥兼國史院編修官。

劉亨安，其先范陽人，後遷遼東川州。國王木華黎經略遼東，其兄世英率宗人隸麾下，分兵收燕、趙、雲、朔、河東，以功充行軍副總管。河東被兵之後，民物凋殘，世英言於木華黎曰：「建國以民爲本，今平陽諸路遺民殆盡，異日我師復至，孰給轉輸？收存恤亡，此其時也。」木華黎善之。以絳州邊地，難其人，授世英絳州節度使，兼行帥府事。世英卒，無子，國王孛魯命其族兄德仁襲職。金將移剌布哈攻絳州，城陷，死之。孛魯承制以亨安領其衆，奏賜金虎符，授鎮國上將軍、絳州節度使，行元帥府事，兼觀察使。

太宗二年冬，從大軍入關。明年春，從克鳳翔。四年，從敗金人於三峰山。五年，從平蔡州。既而宋兵入汴，趨洛陽，元帥塔察兒使亨安拒之，與宋軍遇龍門北，搗戈突陣，衆乘之，宋師大潰，追奔百餘里。塔察兒拊其背曰：「真驍將也！」延坐諸將之右，勞賜甚厚。八年，從都元帥塔海征蜀。圍成都，亨安爲先鋒，大破宋兵於城下，生擒其將陳侍郎。有喬長官與亨安爭功，未幾攻城，喬爲炮所傷，亨安負之以出，喬感愧。

亨安從軍十年，所獲金帛悉推與將佐，故士卒樂爲之用。六皇后稱制二年二月，卒。

子貞，嗣職。

薛塔剌海，大興人。太祖引兵至北口，塔剌海帥所部三百餘人來歸。帝命佩金符，爲水軍炮手元帥，屢有功，進金紫光禄大夫。佩虎符爲水軍炮手及諸色人匠都元帥，便宜行事。從征西域，俱以炮立功。太宗四年，從睿宗假道金、房，敗金兵於鈞州三峰山。又從下南京，取鄢陵、扶溝。四月，卒。

子奪失剌，襲爲都元帥，略地江淮，卒於軍。弟軍勝襲。憲宗八年，從憲宗征蜀，攻苦竹崖、大林平、青居山，破重慶、馬湖、天水，賜白金、鞍馬，授武衛軍炮手元帥。中統三年，李璮據濟南叛，又以炮克其城。至元五年，從圍襄陽，卒。

丞相阿朮欲以千户劉添攝帥府事，子四家奴，年方十六，請從軍自效，帝壯而許之。八年，始襲父爵。十年，從阿里海涯克樊城，四家奴以用炮，論功第一。十一年，從丞相伯顔渡江，至郢州，先登，克之。十二年，授武節將軍。六月，與宋將夏貴戰於峪溪口，奪其船二百餘艘。十一月，屠常州。十二月，取平江。十三年，攻鎮巢，進圍揚州，守臣李庭芝

棄城走，追獲之。九月，進階懷遠將軍，將兵徇浙東，遂入福建。與宋人戰於灤江，破之。十六年，進階鎮國將軍，留鎮揚州。二十二年，改爲萬户，卒。

高鬧兒，女真人。事太祖，從征西域。復從闊出太子、察罕那演伐宋，累有功，授金符總管，管領山前十路工匠軍。憲宗憫其老，命子元長襲職。

元長從世祖渡江攻鄂，還鎮隨州。至元二年，移鎮李陽堡。五年，從元帥阿朮建白河口、新城、鹿門山等處城堡，圍襄、樊。七年，充李陽軍馬總管。十年，從攻樊城，先登。十一年，從渡江，與宋人戰，殺三百餘人，奪其船及鎧仗，以功賜虎符、擢宣武將軍。進兵丁家洲，敗宋將孫虎臣等，奪其船及鎧仗無算。又敗夏貴於焦湖。從攻常州，先登，又從攻杭州。宋平，護送宋太后、幼主至京師，以功進懷遠大將軍、萬户。

二十一年，從鎮南王脱歡征安南，追襲安南世子於海口，奪其戰艦以還。二十二年，進安遠大將軍、李陽萬户府萬户。是年夏，復以兵追襲安南世子於三叉口，中毒矢卒。

子滅里干，初直宿衛，襲父職，領兵戍廣東，尋移戍惠州。平譚大獠、朱珍等。元貞元年，移戍袁州，盜蔡陀頭以衆犯境，一戰獲之。尋南恩盜起，復以兵殲之。還，卒於袁州。贈懷遠大將軍、李陽萬户府萬户、輕車都尉、渤海郡侯。

王義，字宜之，真定寧晉人。世業農。義有膽智，沉默寡言。金人遷汴，河朔盜起，縣人推義攝縣事，稱爲都統。木華黎兵至城下，義率衆以寧晉歸焉。入覲，太祖賜駿馬二匹，授寧晉令，兼趙州以南招撫使。時亂後，農皆失業，所在人相食。寧晉東藪澤，周回百餘里，中有小堡曰瀝城，義曰：「瀝城雖小而完，且有魚藕菱芡之利，不可失也。」留偏將李直守寧晉，自率衆保瀝城，由是歸附者衆。金將李伯祥據趙州，木華黎遣義襲其城，會大風雨，義帥壯士挾長梯疾趨，夜四鼓登城，殺守埤者，城中亂，伯祥挺身走天壇寨，一州遂定。木華黎承制授義趙州知州，兼趙、冀二州招撫使。太祖十二年，從大軍南取洺州，還至唐陽西九門，遇金監軍納蘭率冀州節度使柴茂等，將兵萬餘北行。義伏兵桑林，先以百騎挑之，誘納蘭至桑林，伏起，金兵大亂，奔還，獲納蘭二弟及萬户李虎。十三年，拔束鹿，進攻深州，守將以城降。順天都元帥張柔上其功，擢深州節度使，兼深、冀、趙三州招

撫使。

金將武仙以兵四萬攻束鹿，諭軍士曰：「束鹿兵少，城無樓櫓，一日可拔也。」義固守月餘，仙不能克。一夕，義召將佐曰：「今城守雖固，然外無援兵，糧食將盡，豈可坐而待斃？」椎牛饗士，率精鋭三千，銜枚夜出，直擣仙營。仙軍亂，乘暗攻之，斬馘數千人。仙率餘衆遁還，悉獲其軍資器仗。木華黎聞之，遣使送銀符十，命義賜有功者。十五年，拔冀州，獲柴茂，械送軍前戮之。授龍虎衛上將軍、武安軍節度使，行深、冀二州元帥府事，賜金虎符。

十六年，仙復遣其將盧秀、李伯祥陷灑城，率戰艦數百艘沿河而下。義以舟師截其下流，邀擊之，士卒皆習水戰，敵莫能當，擒秀。伯祥退保灑城，義引兵拔之，伯祥遁走。邢州盜趙大王，聚衆數千，據任縣固城水寨，真定史天澤集諸道兵攻之，不能下。義引兵薄其城，一鼓破之，獲趙大王、侯縣令等，餘黨悉平。義乃布教令，招集散亡，督勸農功。深、冀之間，遂爲樂土。未幾卒。

奥敦世英，女真人。其先世仕金，爲淄州刺史。大兵下山東，州民奉世英及弟保和迎

降，皆授爲萬户。世英倜儻有武略，由萬户遷德興府尹。時金經略使苗道潤率衆欲復山西，世英拒戰，敗之，將盡殺所俘。其母責之曰：「汝華族也，畏死而降，豈可殲同類以立威名！」世英感母言，皆宥之。未幾，巡部至定襄，卒於軍。

保和由萬户升昭勇大將軍、德興府元帥，賜虎符，改雄州總管。尋以元帥領真定、保定、順德諸道農事，墾田二十餘萬畝。改真定路勸農事，兼領諸署，賜居第、弓矢、裘馬、給户，食其租。年五十六，致仕。保和四子：希愷、希元、希魯、希尹。

希愷襲父職。皇太后賜以錦服，曰：「無墜汝世業。」大軍伐宋，置軍儲倉於汴、衛，歲輸河北諸路粟以實之，分冬月三限，失終限者死，吏徵斂舞法，病民尤甚。希愷知其弊而寬之，事集，民無罹法者。尋以勸農使兼知冀州，蒙古軍占民田久不歸，希愷奪而返之，軍無怨言。至元二年，遷順天府治中。三月，改順德府。又踰月，擢知河中府，秩滿歸。時阿合馬專政，官以賄成，希愷不往見之，降武德將軍、知景州。數月卒。

希元，彰德路漕運使。

希魯，澧州路總管。

希尹，中統三年，李璮叛，世祖命丞相史天澤討之，希尹謁天澤，面陳利害，願從軍自效。天澤試以騎射，壯之，命充真定路行軍千户。與賊戰，矢無虚發，賊敗走入城中，希尹請深溝高壘，不戰而坐待其困。天澤從之，璮就擒。至元十一年，樞密院録其功，自右衛經歷，六遷至同知廣東道宣慰司事，卒。

田雄，字毅英，北京人。以驍勇善騎射知名，金末署軍都統。太祖兵至北京，雄率衆出降，隸國王木華黎麾下，從平興中、廣寧諸郡，定府州縣二十有九。又從攻邢、相二州，及鄜坊、綏、葭、諸州，俱有功。木華黎承制授隰、吉二州刺史，兼鎮戎軍節度使，行都元帥府事，平汾西霍山諸砦。既而金兵至，雄不能守，棄隰州，歸於木華黎。太祖十七年，以木華黎命，授河中帥，聽石天應節制。

太宗二年，從攻西和、興元，賜金符，授行軍千户，召爲御前先鋒。別將一軍，攻克槙州雷家堡。招納河南降附，得户三萬七千有奇，民皆安堵。五年，授鎮撫陝西、總管京兆等路事。雄披荆棘，立官府，開陳禍福，招徠堡砦之未降者，獲其人，皆慰遣之，由是歸附

者曰衆。雄乃教民力穡，京兆大治，事聞，賜金符。定宗元年，入覲於和林，以疾卒，年五十八。後追封西秦王。子大明，襲職，知京兆等路都總管府事。

與雄同隸木華黎部下者，有河州人史千。木華黎南下，千率衆迎降，授鎮西元帥，佩金符。從太宗圍鳳翔，又從大軍略漢中，取河南，俱有功。詔領平陽、太原兩路兵，戍關中，爲田雄之副。後告歸，卒於家。

張拔都，昌平人。太祖南征，拔都率衆來降，願爲前驅。遂從大將孛都虎征河西諸蕃，屢戰，流矢中頰，不少卻。帝聞而壯之，賜名拔都，孛都虎亦專任之。金亡，孛都虎爲炮手諸色軍民人匠都元帥，守真定，卒，無子，以拔都代之。及孛都虎兄子贍闍長，拔都請於朝，歸其職於贍闍。後卒於家。

子忙古台，從憲宗攻釣魚山、苦竹隘二城，親冒矢石，屢挫而不沮，以勇聞。中統元年，賜銀符，預議炮手軍府事，尋易金符，爲行軍千户，從征襄樊有功。卒。

子世澤襲，從丞相伯顏南征，大小十餘戰，皆有功。又從平廣西。明年，收瓊、萬諸州，拜宣武將軍、行軍總管。未幾，遷行軍副萬户，加明威將軍。從鎮南王伐交趾，既還，議再舉。有萬户脱歡當行，病不能起，世澤曰：「吾祖父以力戰荷國厚恩，吾蒙其餘澤，當輸忠王室，豈可苟爲自安計耶！」請代脱歡行，人服其義勇云。

張榮，清州人，後徙鄢陵。從石抹明安降，太祖賜虎符，授懷遠大將軍、元帥左都監，領軍匠，從太祖征西域諸國。十五年八月，至西域莫蘭河，不能涉。太祖召問濟河之策，榮請造船，以一月爲期。乃督工匠造百船，及期，師畢濟。太祖賞其功，賜名兀速赤。十八年七月，擢鎮國上將軍、水軍炮手元帥。十九年七月，從國王孛羅征河西。二十一年，從征關陝五路。十月，攻鳳翔，炮傷右髀。賜銀三十錠，養病於雲内州。太宗三年七月，卒，年七十三。

子奴婢，襲佩虎符、炮軍水手元帥，領諸色軍匠。太宗伐金，命由關西小口收附金昌等州。授懷遠大將軍，累遷輔國大將軍，領蒙古漢軍，守均州。宋兵來襲，奴婢大敗之。

復與宋兵戰，流矢中右臂。中統三年，卒，年七十五。

子君佐襲，佩虎符，水軍炮手元帥，戍蔡州。五年，從都元帥阿朮攻襄陽。至元八年，調守襄陽一字城、橐駞嶺，攻南門牛角堡，破之。攻樊城，親立炮摧其角樓。十年，襄陽降。參政阿里海牙以宋降將吕文煥入朝，敕召蒙古、漢人萬户凡二十人陛見，各以功受賞，君佐預焉，命還鎮。十一年，從大軍渡江，至沙洋，丞相伯顔命率炮手軍攻其北面，焚城中民舍幾盡，遂破之。賜良馬、金鞍、金段。又以火炮攻陽邏堡，破之。十二年，從大軍與宋將孫虎臣戰於丁家洲，復從丞相阿朮攻揚州。是年冬，又從諸軍破常州。

十三年，擢懷遠大將軍，率所部屯真、揚二州間，絶宋糧道。宋制置李庭芝、都統姜才棄城走，揚州平，以君佐爲安慶府安撫司軍民達魯花赤。十四年春，安慶野人原及司空山天堂賊，將攻安慶，君佐密偵知之。時城兵僅數百人，君佐命搤賊出没要道，賊不敢入，乃襲陷黃州。大軍復黃州，授君佐爲黃州達魯花赤。十五年，加鎮國上將軍，仍水軍炮手元帥。十九年，命率新附漢軍萬人，修膠萊河以通漕運。二十一年，兼領海道運事。是年卒。

孫威，渾源人，幼有巧思。金貞祐間，應募爲兵，以驍勇稱。及來降，守將表授義軍千户，從軍攻潞州、鳳翔，皆有功。善爲甲，嘗以意製蹄筋翎根鎧以獻，太祖親射之，不能徹，大悅。賜名伊克烏蘭，佩以金符，授順天、安平、懷州、河南、平陽諸路工匠都總管。威突戰不避矢石，帝勞之曰：「汝縱不自愛，獨不爲吾甲計乎？」因召諸將問曰：「汝等知所愛重否？」諸將對，皆失旨。太祖曰：「能捍蔽汝等以立功名者，非威之甲耶？爾輩何言不及此？」復賜威錦衣。威性仁慈，恐民有横被屠戮者，輒以簡工匠爲言，全活之。卒，年五十八。至大二年，贈中奉大夫、武備院使、神川郡公，謚忠惠。

子拱，襲順天、安平、懷州、河南等路甲匠都總管。巧思如其父，常製甲二百八十襲以獻。至元十一年，别製疊盾，其製，張則爲盾，斂則合而易持。世祖以爲古所未有，賜幣帛旌之。丞相伯顔南征，以甲胄不足，詔諸路集民匠分製。順天河間甲匠先期畢工，且繪虎豹異獸之形，大爲帝所稱歎。十五年，授保定路治中。歲饑，議開倉賑民，或曰：「宜請於朝。」拱曰：「救荒事不可緩，若得請而後發粟，則民餒死矣。苟見罪，吾自任之。」遂發粟四千五百石以賑饑民。二十二年，除武備少卿，遷大都路軍器人匠總管、工部侍郎。

成宗即位，典朝會供給，賜銀百兩、織紋段五十匹、帛二十五匹、鈔萬貫。元貞二年，授大同路總管，兼府尹。大德五年，遷兩浙都轉運使。鹽課舊二十五萬引，歲有虧負，拱至，增五萬引，恢辨雖充，民無擾累，遂爲定額。九年，改益都路總管，兼府尹，仍出内府弓矢、寶刀賜之。卒於官。贈大司農、神川郡公，謚文莊。

【校勘記】

〔一〕「奥敦世英」，原作「奥屯世英」，據正文改。本書卷一五一目録「常畝住」下有「奥都世英」，正文作「奥屯世英」，云：「奥屯世英，字伯豪，小字大哥，其先居上京」。

〔二〕「忙古台」，原作「忙古歹」，據正文改。《元史》卷一二二列傳第九等多處作「忙古歹」。

新元史卷之一百四十八　列傳第四十五

郝和尚拔都天挺　何伯祥瑋　王善慶端　梁瑛天翔　杜豐思明　思忠　思敬　王玉忱

郝和尚拔都，安肅人，出於朵魯別族，以小字行。幼爲國兵所掠，長通譯語，善騎射。太祖遣使宋，往返再四，以辨稱。授太原府行軍元帥，佩金符。

太宗三年，授行軍萬户。七年，從定宗伐宋。圍襄陽，宋兵陣漢水上。率先鋒數百人，直前突之，宋兵潰走。八年，從都元帥塔海伐宋，克興元。宋將王連以重兵守劍關，募死士乘夜攻之，遂入關，直抵成都。明年，取夔州，宋舟師來援。和尚拔都乘輕舸徑進，既出復入，宋人莫能當，由是以敢戰名。

十二年，朝太宗於行在，命解衣，數其創痕二十有一，進拜宣德、西京、太原、平陽、延安五路萬户，易佩金虎符，以兵二萬屬之。復賜上廄馬二、西域馬三，錦帛、弓鎧有差。六皇后稱制三年，朝定宗於宿瓮都之行宫，賜銀萬錠，辭以「賞厚，臣不敢獨受，願分於將校」。遂奏劉天禄等十一人，皆賜金、銀符。定宗三年，詔還治太原，凡租税、鹽課，悉蠲其

過重者，歲饑，出銀六千錠、粟千石、羊千頭，以贍國用。四年，升萬户府爲河東北路行省，得以便宜行事。憲宗二年，卒。追贈太保、儀同三司、冀國公，謚忠定。七子：天益，佩金符，太原路軍民萬户都總管；仲威，襲五路萬户；天舉，大都路總管兼府尹；天祐，陝西奥魯萬户；天澤，夔州路總管；天麟，京兆等路諸軍奥魯萬户；天挺，最知名。

天挺，字繼先，受業於元好問。以勳臣子召見，世祖嘉其容止，詔以文學之事侍皇太子。雲南建行省，除參議行尚書省事，尋擢參知政事，又擢陝西漢中道廉訪使。未幾，入爲吏部尚書，尋除陝西行御史臺中丞、四川行省參政、江浙行省左丞，俱不赴。

武宗即位，拜中書左丞，與宰相論事不合，輒面斥之。一日，以敷奏明允，特賜黄金百兩，不受。武宗曰：「非利汝第，旌汝敢言耳。」

仁宗即位，詔天挺與張閭等十人共議大政，革尚書省諸弊。出爲江西行省右丞，改河南行省。召拜御史中丞，入見，首陳綱紀之要，以獵爲諭曰：「御史擊奸，有似鷹揚禽之，弱者易獲也。其力大者必藉人之力，不然，有傷鷹之患。」仁宗韙之。又上書陳七事，曰：惜名爵、抑浮費、止括田、久任使、論好事、獎農務本、勵學養士。詔中書省施行。尋拜河南行省平章政事。時卜憐吉歹爲行省丞相，待以師禮。皇慶二年，卒，年六十七。贈光禄大

夫、中書平章政事、柱國，追封冀國公，謚忠定。

好問撰《唐詩鼓吹》十卷，天挺爲之注。趙孟頫序其書，以爲唐人之於詩，「非好問不能盡去取之工，非天挺亦不能發比興之藴」云。

子佑，字君輔。仁宗時拜殿中侍御史，以廉直稱。遷陝西行省參知政事，拜陝西行臺侍御史。孫忠恕，翰林待制，獻所著《無逸圖》。命預修遼、金、宋三史，書成，即謝病歸，卒於家。

何伯祥，字世麟，其先陜州人，後徙易州。父淵，知易州。伯祥以行軍千户隸張柔部下。時保定經略使王子昌、信安公張甫堅守不降。子昌，金驍將也。柔命伯祥取之。伯祥薄其城而陣，子昌出走，伯祥追及之。子昌反射伯祥，中手貫槍。伯祥策馬棄槍，徒手搏之，禽子昌及所佩金虎符，甫亦遁去。伯祥遂攻西山諸寨，悉平之，取三十餘城，後從破蔡州，以功授易州等處軍民總管。

太宗九年，從察罕伐宋，伯祥拔三十餘寨，獲戰艦萬餘艘。宋人以兵二萬守洪山，伯祥逆戰，破之。又從克光州，進攻黄州。有小舟來覘，張柔曰：「此偵者，吾當備之。」命伯

祥伏兵赤壁以伺之。夜果水陸來攻，伯祥横擊宋師，大敗之。軍還，又拔張家寨，俘斬萬級。大帥口温不花、察罕以其功上聞。及張柔入覲，面奏伯祥戰功，賜宣命、軍符，充易州等處行軍千户，兼軍民總管，仍賜廐馬、衣甲。柔常命伯祥攝帥府事，軍事皆咨之。

憲宗二年，又從大軍南征，深入敵境。察罕由别道遽還，諸將倉皇失措，伯祥曰：「此必爲敵所遏，不如出其不意，使不能測我，乃可出也。」遂直抵司空山寨，爲攻取之勢。既夜，分所部爲十營。營火十炬，伏精卒於營前，黎明，整衆徐行。宋兵果追之，遇伏驚潰，大敗之，轉戰千餘里，諸軍賴以拔出。帝聞之，賜黄金二百兩。

世祖伐宋，以伯祥參預軍事，後卒於鄂州。延祐初，贈推忠保節功臣、太保、儀同三司、上柱國，追封易國公，謚忠毅。子瑛、瑋。瑛，行軍千户，與子德隆俱戰殁。

瑋，字仲韞。年十六，從張柔見世祖，帝感其父之殁，授瑋易州知州。未幾，襲行軍千户，鎮亳州。從圍樊城，宋將夏貴帥舟師來援，瑋營於城東北，扼其衝。貴縱兵燒北關，進逼瑋營，萬户脱温不花等邀瑋入城，瑋不從，率所部力戰，貴敗走。

至元十一年，伯顔伐宋，以瑋爲帳前都鎮撫。伯顔令軍中拒命者屠之，瑋諫曰：「丞相弔民伐罪，宜以不殺爲本。」伯顔善其言。及克黄家灣、沙洋堡，使瑋撫定其民，則沙洋已

屠矣。進攻陽羅堡，夏貴列戰艦於上下游，瑋從阿朮先濟，奮擊之，貴敗走。又敗賈似道於丁家洲。授武德將軍、管軍總管，佩金虎符。宋平，進懷遠大將軍、太平路軍民達魯花赤。俄遷户部尚書，行兩淮都轉運使。阿合馬用事，謝病歸。

十八年，召參議中書省事。出爲江南浙西道提刑按察使，改大名路總管。二十八年，遷湖南宣慰使。三十一年，拜中書參知政事。時宰執十二人，瑋以政出多門，辭不拜。

大德四年，除侍御史，又以母疾辭。七年，改授御史中丞。瑋剛直無所顧忌，奏政要十事，以紓民力、制國用、備荒政、重吏禄、開賢路爲急務，且曰：「丞相安童甚賢，而相業前後異者，蓋初則有史天澤、廉希憲、許衡諸人爲之佐，及再相，則諸人去矣。」成宗嘉納之。京師孔子廟成，瑋請建國學於廟側，從之。地震，上言咎在大臣。明日，洪雙叔、木八剌沙、阿老瓦丁皆罷政事。既而賽典赤、八都馬辛等召還，瑋言：「姦黨不可復用，宜選正人以爲輔弼。」疏入，報聞。御史郭章劾郎中哈剌哈孫受賕，已抵罪。哈剌哈孫結權倖，以枉問逮章。瑋言於帝曰：「陛下殺郭章，如祖宗法度何？」帝意解，即釋之。

九年冬，將有事於南郊，議配享，瑋曰：「嚴父配天，萬世不易。」不果行。成宗崩，左丞相阿忽台奉皇后命，集議成宗祔廟及皇后攝政事。瑋曰：「朝廷故事，惟親王得與此，非臣所敢知。」阿忽台變色，以唐武后爲辭。瑋曰：「彼有盧陵王，事體不同。」及出，勸右丞相答

剌罕、御史大夫塔思不花密白武宗及皇太后，早定大計。

武宗即位於上都，除瑋副詹事，復遥授平章政事、商議中書省事。武宗至，羣臣郊迎，帝問：「孰爲何中丞？」瑋出拜，帝曰：「聞卿忠直，其匡朕不逮，勿有所隱。」

至大元年，遷詹事，兼衛率使。拜中書左丞，仍商議中書省事。越王禿烈請置吏自賦，脱虎脱等議建尚書省易鈔法，瑋皆奏格之。未幾，出爲河南行省平章政事，佩金虎符，提調屯田事。帝召至榻前，諭曰：「汴事重，屯田久廢，卿當爲國竭力。」賜黑貂裘、錦衣各一襲。瑋行部至揚州，民負鎮南王錢，王傭之，歲滿没入爲奴，瑋白王釋之。奸人趙萬兒造妖言，事覺，連南陽、歸德等路數百家，瑋按誅萬兒，盡釋逮繫者。歲餘，增河南屯田米十七萬石。又經理荆湖廢屯，歲得米百餘萬石。以行臺錢五十萬建國學，買地三千畝立書院於南陽，祠諸葛亮。又請置洪澤芍陂屯田萬户府儒學教授。三年，改行尚書省平章政事，卒，年六十六。皇慶中，贈推忠佐理同德功臣、太傅、開府儀同三司、上柱國，追封梁國公，謚文正。子德嚴、順德路總管；德温，武略將軍、副萬户。

王善，字子善，真定藁城人。姿貌雄偉，多智略。金宣宗南遷，河朔羣盜蠭起，藁城人

推善爲首，使捍衛鄉里，授本縣主簿。

未幾，權中山府治中。時武仙在真定，忌善威名，密使知府李濟、通判郭安圖之。善覺，襲殺二人來降，授同知中山府事，佩金符。率所部三百人攻武仙，仙遣裨將拒戰，善擒斬之。仙走獲鹿，使其將段琛城守，善進攻拔之，軍勢大振，自中山以南，降州縣四十有二。

十五年，遷中山、鎮定等路招討使。尋加右副元帥、驃騎大將軍，屯藁城。十七年，升藁城爲永安州匡國軍，以善行帥府事。明年，進金吾衛大將軍、左副元帥。武仙既降，善奏：「仙狼子野心，終必反覆，請修城塹爲備。」十九年，仙果叛，率衆來攻，及西門，善力戰卻之，仙自是不敢復入真定。二十一年，賜金虎符，仍行帥府事。

太宗四年，從攻河南，至鄭州，守將馬伯堅素聞善名，登陴呼曰：「藁城王元帥在軍中否？願以城降之。」善免冑應之，伯堅果出降。八年，兼河北西路兵馬副總管。十三年，授知中山府事，屬縣新樂居衝要，迎送供給，倍他縣，民不堪命。善出家貲助之，民懷其德。卒，年六十一。皇慶元年，贈銀青榮禄大夫、司徒，追封冀國公，進趙國公，謚武靖。子慶淵，行軍千户，戰殁；次子慶端；從子思義，從征江西、廣東有功，官廣東兵馬招討使，兼領韶州路總管。

慶端，字正甫。初爲本路管庫官。遷水軍提領，訓練將士常如臨敵。敗李壇於老鸛口，以功授金符，爲千户。監築大都城，議用甓，慶端請易以葦，省費不貲。事竣，第勞賞，慶端固辭，且言共事者有顔進，遂擢進千户，别賜慶端銀鈔。大軍伐宋，使慶端戍清口，宋人覘知虚實，來攻，守將戰没，城垂陷。慶端拔刀誓衆，樹栅，以手臂創劇，割之，力戰數日，敵卒退。進武節將軍、管軍總管，領左右中衛兵。至元初，從世祖北征，還，遷右親軍副指揮使，進侍衛軍都指揮使。慶端建武威營，以處衛兵，又别立神鋒軍，教以蹶張之技，又作整暇堂、屏利局，經畫田廬，如治家事。其後諸衛皆取以爲法。

十九年，設詹事院，就兼詹事丞，有司欲貸威武衛倉穀萬石，以賑饑民。皇太子問慶端，對曰：「兵民一體，何問焉！」即日付之。世祖聞其事，歎曰：「真宰相之器也！」帝遣近侍夜出詗察，爲邏卒所執，告以故，卒曰：「軍中知將令，不知其他。」近侍奏聞，賜慶端黑貂裘以獎之。及親征乃顔，敕慶端以所部扈從。

慶端年六十餘，與士卒同甘苦，夜不解衣而卧，暇日使士卒爲軍市，自相貿易。故經年暴露，士無饑色。事平，世祖北巡，命慶端先歸。慶端引義，仍求扈從，帝嘉獎之。

世祖崩，慶端言於裕聖皇太后，謂：「神器不可久虚，宜速定大計，以慰天下之望。」成

宗即位，論翼戴功，拜金吾衛上將軍、中書左丞，行徽政院副使，兼隆福宮左都衛使。大德二年，加榮禄大夫、平章政事、僉書樞密院事，兼使如故。十二月，以疾卒。皇慶二年，贈金紫光禄大夫、開府儀同三司、上柱國，追封冀國公，謚忠武。子桓，亦官至平章政事。

梁瑛，汾州平遥人。有勇力，善騎射。太祖十三年，率衆降於木華黎，授元帥左監軍，使攻城堡之未下者。瑛招懷降附，甚得人心。十四年，從按赤那延徑回牛、鳳棲二嶺，攻克平陽、霍州、晉安、沁、潞等數十州縣。又踰太行，略懷、孟等州。十五年，從木華黎入陝西，天寒，黄河冰合，諸軍平渡，遂攻拔禎州，擢征行都元帥，佩虎符。以平遥縣行平安州事，使瑛領之。二十二年，金人陷平陽、太原，攝國王按札爾檄瑛會兵討之，敵敗走。

太宗元年，入覲，適改定天下官制，特授瑛御前千户，佩金符。二年，扈駕南征，至鳳翔，使瑛别將所部西略宋地，克西和、興元十餘城。四年，從諸將敗金兵於三峰山。時降人日衆，諸將以糧不繼，欲盡殺之。瑛曰：「殺降不祥。」凡隸麾下者，皆得免死。十一年，從塔海甘卜伐蜀，略重慶、萬州，敗宋人於夔州，作皮渾船以濟師。奏擢征行萬户，留鎮興元。又從塔海圍資州，踰月始下。塔海欲坑其衆，瑛曰：「今始得一城，而坑之，他城未易

下也。」事獲已。瑛喜曰：「吾大小百餘戰，未嘗敗衄，所全活者亦不下數千人，可以無愧於心矣。」十三年，從塔海攻成都，自新井入，詐立宋將幟，以誘城中。宋制置使丁黼夜出戰於石筍街，敗死，遂克其城。

六皇后稱制元年，宋人再陷成都，瑛復從塔海攻之，與先鋒禿薛擒其制置使陳隆之，成都平。定宗二年，瑛告老，不允，以瑛充西京、平陽、太原、京兆、延安五路萬户，治太原。子翼，襲行軍千户。瑛以太原甫定，民多流散，奏請給復三年，於是四方來歸者三萬餘户。憲宗六年卒，年六十六。三子：翼、羽、天翔。翼，由千户累官成都轉運使；羽，太原路行軍千户。

天翔，字飛卿。生而穎異，讀書能知大義，通習國語，尤善射。年十八，授平遥縣尹，召父老十餘人詢以民事，衆曰可而後行，境内翕然頌之。中統五年，授同知懷孟路奥魯總管府事。至元九年，改介休縣尹。縣南北驛衝，諸王使命絡繹，天翔迎送供億，民不擾而事集。承制僉兵以戍南邊，天翔第民衆寡甲乙爲伍，咸服其公允。

十三年，用部使者薦，授同知郢州事。州初附，人懷反側。不逞者聚而爲盜，天翔捕首惡，杖殺之，餘釋不問，一境慴服。擢僉嶺南廣西道提刑按察司事，再遷海北廣東道提

刑按察副使。宣慰使白甲貪虐，土豪因衆怒謀爲亂，天翔劾罷之，民心遂靖。轉奉議大夫、四川道提刑按察副使。歲饑，天翔欲發廩賑之。衆議上聞，天翔獨曰：「報下，則民殍矣。朝廷罪責，吾當身任。」遂發粟四萬石，事聞，世祖韙之。桑哥秉政，遣使括天下錢穀，宜檄天翔分理其事。天翔不希旨剸剔，時論稱之。建言：「思、播、八番蠻獠怙險爲盜竊，宜遷其右部郡縣之，且選能吏馭之，使知𢥞懼。」後設宣撫使鎮其地，由天翔請也。俄遷奉政大夫、浙東海右道提刑按察副使，未上。

二十六年，授雲南行臺侍御史。天翔下車，訪軍民利病，條汰冗員，薄税斂，省驛傳，遷土官，恤兵政，已逋懸，布威德，懷遠人，共二十餘事，世祖嘉納焉。入爲吏部侍郎。高麗饑，詔天翔往賑，還，除少中大夫、成都路總管。又改西蜀四川道肅政廉訪使。命下而卒，年五十五。子時中，信州路總管府治中；時正，清河縣尹；時仁，浙東海右道肅政廉訪司僉事；時義，成紀縣尹。

杜豐，字唐臣，汾州平遥人。少倜儻有大志，仕金爲平遥縣義軍謀克，佩銀符。太祖取太原，豐率所部降於國舅按赤那延，授兵馬都提控。從攻平陽，又從克絳州、解州諸堡，

招集流民三萬餘家，賜金符，擢征行元帥左監軍。

太祖十五年，金將上黨公張開寇汾州，豐擊敗之。從皇弟哈察兒略懷、孟，拔温谷、木澗諸寨，又攻克洪洞西山及松平山，斬獲萬計。十七年，授豐龍虎衛上將軍、河東南北路兵馬都元帥，便宜行事。

二十一年，從按赤那延克益都，遂略登、萊，降島民萬餘。太宗元年，率本部克沁州及銅鞮、武鄉、襄垣、浮山、沁源諸縣。三年，命豐撫定平陽、太原、真定三路及遼、沁二州未降山寨。七年，授沁州長官。豐在沁州十餘年，寬傜薄賦，勸農積穀，民以殷富。定宗二年，致仕。憲宗六年，封沁陽郡公，卒，年六十七。沁人立廟祀之。子三人：思明、思忠、思敬。

思明，字彦昭。豐致仕，思明襲父職。中統初，例遷隰、鄧、陜三州刺史，政尚嚴猛，盜賊屏迹。至元十九年，從伯顔伐宋，攻陽羅堡，先登，授明威將軍、吉州路總管達魯花赤。卒年六十四。

思忠，字信甫。沁州諸軍奥魯長官。高麗金通精搆亂，詔思忠討之，諭以大義，高麗

人遂降。還，授承務郎、固鎮鐵冶提舉，思忠曰：「鹽鐵之政，古人所鄙，營利非余所能。」棄官歸，時論高之。

思敬，字亨甫。許衡門人。事世祖於潛邸，累遷治書侍御史。阿合馬敗，臺臣以不早言，皆斥去。思敬爲世祖所眷，獨留，出爲順德、安西等路總管。再入爲侍御史，按治桑哥之罪，臺綱振肅。未幾，拜參知政事。改四川行省右丞，不赴。以中書右丞致仕，卒年八十六，謚文定。

思明子泂，長寧州知州。思敬子肯構，山西道宣慰使；肯播，會州知州；肯穫，陝西行省左丞。肯構子宣，光禄大夫、集賢大學士，追封晉國公。肯獲子文獻，晉寧路同知。

王玉，趙州寧晉人，父守忠、金承信校尉。玉長身駢脅多力，金末爲萬户，守趙州。大兵至，玉率衆降。領本部軍從攻邢、洺、磁三州，濟南諸郡號「長漢萬户」。從攻澤、潞諸州，獨潞州堅壁不下。玉力戰，流矢中左目，竟拔其城。又破平陽，下太原、汾、代等州。師還，署元帥府監軍，以趙州四十寨隸焉。

武仙既降復叛，殺元帥史天倪。宋將彭義斌在大名，陰與仙合，玉從笑乃帶、史天澤，攻敗武仙，擒義斌，駐軍寧晉東里寨。仙遣人賫誥命，誘玉妻，妻拒曰：「妾豈可使吾夫爲二心臣耶！」仙圍之數匝，殺其子寧壽。玉聞之，領數騎突其圍，斬獲數百人而還。仙遣人追之，不敢進，皆曰：「王將軍膽氣驍雄，我輩非敵也。」仙乃盡發玉先世二十七冢。玉從史天澤諸將敗仙於趙州，仙糧絶，走雙門寨，圍之，會大風，仙獨脱走，斬其將四十三人，真定遂平。加定遠大將軍，權真定五路萬户，假趙州慶源軍節度副使。

有負西域賈人銀者，倍其母，不能償，玉出銀五千兩代償之。又出家奴二百餘口爲良民，時論稱之。中統元年，卒，年七十。子忱。

忱，字允中。幼明敏。平章趙璧引見裕宗，奏對稱旨，命宿衛，掌錢穀計簿。至元十七年，授山北遼東道提刑按察司副使，秩朝列大夫。駙馬伯忽里，數出獵蹂民田，忱以法繩之。司吏耿熙言徵北京宣慰司積年逋負，可得鈔二十萬錠。帝遣使核實，熙懼事露，擅增制語，有「并打算大小一切諸衙門等事」凡十二字，逮繫官吏至數百人。忱驗問，知其詐，熙乃款伏。裕宗卒，忱建言：「陛下春秋高，當早建儲嗣。」章三上，平章不忽木以聞，帝嘉納之。

二十四年，改河北河南道提刑按察副使。忱以江南人鬻子北方，名爲養子，實爲奴，乞禁之。又省部以正軍餘田出調發，忱言：「士卒衝冒寒暑，遠涉江海，宜加優恤。」皆從之。潁州朱喜，俘於兵，既自贖，主家利其資，復欲以爲奴。又有誣息州汪清爲奴，殺而奪其妻子、田宅者。獄久不決，忱皆平反之。劾罷鎮南帥唐兀台，唐兀台誣奏忱，逮忱至京師，面陳其事，世祖大悟，抵唐兀台罪。遷燕南河北道肅政廉訪副使，帝謂左右曰：「此人非素餐者。」敕省臺慰遣之。二十七年，河間鹽司盜印鈔十餘萬，忱核正其罪。諸王分地恩州，以錢貸民，倍其息，忱令子母相當則止，逾者有罰。先是，僉民爲兵，限私田四頃贍其家，忱曰：「一兵歲費不啻千緡，區區限畝，豈能充給？」奏請增田額以恤之，不報。至是，以戍兵貧乏〔一〕，敕忱與諸臣會議，簡料真定、順德、廣平等路，得富民數百户充兵額，汰貧兵還，人皆服其平允。三十年，拜廣西道肅政廉訪使，秩嘉議大夫，以疾辭。

元貞元年，起爲河東道肅政廉訪使。五臺山建佛寺，省臣擇幹吏工部司程陸信董其役，驅民夫數千入山伐木，死亡大半。忱言於皇太后，減其役，仍恤死者家，民德之。宗王分地河東，其左右哈塔不花倚勢虐民，忱按其事，已款伏，王爲之請，忱不從。會車駕北巡，哈塔不花亡走，訴忱不法，敕中丞崔彧問之。俄彧卒，哈塔不花又上訴，敕省臺官同鞫之。事皆不實，抵哈塔不花罪。

大德三年，遷江陵路總管，不行，又改汴梁路。河決原武，回回炮手居鄢陵者萬餘户，忱督使趨工，不數日堤成，民尤頌之。至大三年，拜雲南行省參知政事，未行，卒，年七十九。追贈河南行省參知政事、護軍、太原郡公，謚憲穆。

忱與姚天福、陳天祥齊名，並以方鯁稱於當世云。

史臣曰：郝和尚拔都諸人，披堅執鋭，爲時名將。又俱有賢子，振其世業。郝天挺之文學，王慶端、梁天翔之政事，王忱之諫諍，皆卿士之良也。何瑋正色立朝，侃侃誾誾，尤不愧社稷之臣，庶幾與張珪、李孟相伯仲矣。

【校勘記】

〔一〕「貧乏」，原作「貧之」，據文意改。

新元史卷之一百四十九　列傳第四十六

按竺邇車里　步魯合答　國寶　趙世延　野峻台　阿巴直　月乃合馬潤　馬祖常

按竺邇，雍古氏。幼鞠於外祖達工家，達工，朮要甲氏，譌爲「趙家」，故按竺邇亦姓趙氏。達工爲金羣牧使，太祖獲其牧馬，達工死之。

按竺邇年十四，隸皇子察合台部下。嘗從獵射，獲數麇，有二虎突出，按竺邇三發皆中之，由是以善射名。從太祖征西域，以功爲千户。二十年，從攻西夏積石州，先登，拔其城。圍河州，破臨洮，攻德順，又從攻鞏昌，皆有功。

太宗即位，以按竺邇爲元帥，鎮刪丹州，自燉煌置驛通西域。三年，從圍鳳翔，按竺邇分兵攻西南隅，選死士先登，拔其城，追斬金將劉興哥。分兵攻西和州，宋將彊俊堅壁，欲老我師。按竺邇率死士詬城下挑戰，俊怒，悉衆出。按竺邇佯走，俊追之，因以奇兵奪其城，生獲俊。餘衆退保仇池，進擊，拔之。從攻平涼、慶陽、邠、原、寧夏，皆降。涇州叛，殺守將郭元恕，按竺邇往定之。衆議屠城，按竺邇但誅首惡。師還原州，降民棄老幼夜亡

走，衆曰：「此必反，宜誅之，以儆其餘。」按竺邇曰：「此輩懼吾驅之北徙耳。」遣人諭之曰：「汝等若走，以軍法從事，父母妻子並誅矣。汝歸，保無他。明年草青時，其具牛酒迎我。」民皆復業。豪民陳苟集數千人匿新寨諸洞，衆議以火攻之。按竺邇曰：「招諭不出，攻未晚。」遂偕數騎抵寨，縱馬解弓矢，召苟遥語之，折矢爲誓，苟即率其衆羅拜降。

金人守潼關，攻之，戰於扇車回，失利。睿宗分兵由山南入金境，按竺邇爲先鋒，趣散關。宋人已燒絶棧道，復由兩當縣出魚關，軍沔州。宋制置使桂如淵守興元，按竺邇假道於如淵曰：「宋讐金久矣，曷從我以洗國恥？今欲假道南鄭，由金、洋達唐、鄧，會大兵以滅金，豈獨吾利，亦宋之利也。」如淵遂輸芻糧，遣百人導大兵，由武休關東抵鄧州，西破小關子。金人大駭，謂我軍自天而下。睿宗以玉杯盤、生口三十賞按竺邇假道功。

初，金將郭蝦蟆自鳳翔突圍出，保金、蘭、定、會四州。至是金亡，命按竺邇往攻之。圍蝦蟆於會州，食盡，城陷，蝦蟆手劍驅妻子於一室焚之。有一女奴抱兒出，泣授人曰：「將軍盡忠，忍使絶嗣？此其幼子也，幸垂哀憫！」言畢，復赴火死。按竺邇聞之，惻然，命收養之。金將汪世顯守鞏州，按竺邇奏記皇子闊端，請遣使招之。皇子遣按竺邇往，世顯果降。太宗勞之曰：「長軍民官，何官爲尊，任汝自擇。」按竺邇固辭。乃拜征行大元帥，賜錦衣。

七年，大軍伐蜀，皇子出大散關，分兵令宗王穆哥等出陰平。按竺邇領炮手兵爲先鋒，破宕昌、階州。攻文州，守將劉禄堅守不下，諜知城中無井，乃斷其汲道，率勇士梯城而上，陷之，禄不屈死。因招徠吐蕃酋勘陁孟迦等十族，賜以金符，略定龍州，遂與大軍合，進克成都。師還，成都復叛。按竺邇言於宗王曰：「隴西州縣甫平，人心猶貳，西漢陽隴、蜀之衝，宜得良將鎮之。」宗王曰：「無以易汝。」分蒙古千户五人，隸麾下以往。按竺邇命侯和尚等南戍沔州之石門，木魯關西戍階州之兩水關，謹斥堠，嚴巡邏，境内帖然，敵不敢犯。

十一年，從元帥塔海伐蜀，克隆慶，進攻重慶，圍萬州，敗宋舟師於夔門。十三年，連下西川二十餘城，成都守將田顯開北門迎降。其制置使陳隆之遁，追獲之，縛至漢州，令誘降守將王夔，夔乘夜驅牛突圍走，遂斬隆之。六皇后稱制元年，攻拔遂寧、瀘、叙等州，進克資州。命按竺邇班師，安輯涇、邠二州。憲宗即位，宋制置使余玠攻興元，文州降將于德新乘隙叛，執扈、牛二鎮將，率衆走江油。憲宗召按竺邇還鎮。按竺邇遣别將直擣江油，奪扈、牛二將歸。

中統元年，世祖即位，叛將阿藍答兒、渾都海據關隴。時按竺邇以老，委軍事於其子，帝遣宗王哈丹、阿曷馬等西討。按竺邇曰：「今内難方殷，豈臣子安卧之時？吾雖老，尚能

破賊。」遂引兵出删丹之耀碑谷，從阿曷馬與賊合戰。會大風，晝晦，大敗之，斬馘無算。捷聞，帝賜璽書褒美，賜弓矢、錦衣。四年卒，年六十九。延祐元年，贈推忠佐運功臣、太保、儀同三司、上柱國，封秦國公，謚武宣。子十人：車里、國寶、南家台、阿巴直、欽木兒、質兒瓦台、主渾、伯延、察野、連台兒、孛浪台。

車里，襲父職。從都元帥紐璘攻成都，宋將劉整以重兵守雲頂山，車里敗之，拔其城。又進攻重慶，車里將兵千人爲先鋒，渡馬湖江，敗宋兵於馬老山。諸軍還屯灰山，宋兵夜來劫營，復爲車里所敗，斬首三百級。世祖即位，賜金符，爲奥魯元帥，又改征行元帥。

至元二年，車里以老疾不任事，命子步魯合答代領其軍。至元八年，授步魯合答管軍千户，佩金符。宋將昝萬壽攻成都，僉省嚴忠範遣步魯合答將兵七百人禦之於沙坎，流矢中右頰，拔矢，戰愈力，大敗其軍。十一年，行院汪良臣圍嘉定，步魯合答即率其衆攻九頂山，克之，嘉定降。進攻重慶，宋軍突圍出走銅鑼峽，行院呼敦遣步魯合答追之，至廣羊壩，斬首二百級。瀘州叛，還軍討之，步魯合答以所部兵攻寶子寨，歲餘不下，造雲梯以登，始克之。十六年，重慶降，以功遷武略將軍、征行元帥。

二十一年，命統蒙古探馬赤軍千人從征金齒蠻，平之。都元帥蒙古歹征羅必甸，步魯合答率游兵爲前鋒，江水暴溢，率衆泅水而渡。傅城下七日，諸軍始至，步魯合答先登，拔其城，遂屠之。又從征八百媳婦，至車蠻。車蠻者，其酋長所居也。諸王闊闊命步魯合答將游騎三百往招之降，不聽，進兵攻之，步魯合答毀其北門而入。賜金虎符，授懷遠大將軍、雲南萬户府達魯花赤，卒。子忙古不花，襲管軍千户。

按竺邇

國寶，一名黑仔，倜儻有謀略。按竺邇爲元帥，軍務悉以委之。中統元年，從攻阿藍答兒有功。阿藍答兒部將火都據吐蕃之黠西嶺，國寶攝帥事討之。衆欲速戰，國寶曰：「此窮寇也，宜少緩，以計破之。」火都欲西走，國寶據險要之，挑戰則斂兵自固。相持兩月，潛師出其不意，擒之。捷聞，賜弓矢、金綺。

初，按竺邇告老，詔使車里襲征行元帥。車里以病不視事，國寶謂諸弟曰：「昔我先人立功西垂，關隴雖平，而西戎未戢，此吾輩自奮之時也。」乃遣部將謝鼎持金帛説降吐蕃，酋長勒陁孟迦從國寶入覲。國寶奏曰：「文州山川險扼，控制北蕃，宜城文州，屯兵鎮之。」乃授國寶三品印，爲蒙古漢軍元帥並文州吐蕃萬户府達魯花赤。國寶宣上威德，於是扶州諸羌呵哩禪波哩揭諸酋皆降，從國寶入覲。國寶圖山川形勢以獻，詔授呵哩禪波哩揭

爲萬户，賜金虎符，諸酋長爲千户，賜金符。國寶治文州有善政。至元四年，卒。延祐元年，贈推誠佐理功臣、光禄大夫、平章政事、柱國、封梁國公，謚忠憲。國寶子世榮、世延，俱以趙爲氏。

世榮，一名那懷，襲懷遠大將軍、蒙古漢軍副元帥，兼文州萬户府達魯花赤，後以功進安遠大將軍、吐蕃宣慰使議事都元帥，佩三珠虎符。

趙世延，字子敬，一名達察兒，天資秀發，喜讀書。弱冠，世祖召見，俾入樞密院、御史臺習官政。至元二十一年，授雲南諸路提刑按察司判官，時年二十有四。二十六年，擢監察御史，與同列五人劾丞相桑哥不法。中丞趙國輔，桑哥黨也，抑不以聞，更以告桑哥，於是五人悉爲所擠。桑哥知帝眷世延，獨容之。敕按平陽達魯花赤也先忽都贓鉅萬，鞫左司郎中董仲威殺人獄，皆明允。二十九年，轉奉議大夫，出僉江南湖北道肅政廉訪司事。修澧陽縣壞堤，嚴常、澧掠賣良民之禁，部内頌之。

元貞元年，除江南行御史臺都事，丁内艱，不赴。大德元年，復除前官。三年，移中臺都事，俄改中書左司都事，復爲中臺都事。六年，由山東肅政廉訪副使，改江南行臺治書侍御史。十年，除安西路總管。安西積訟三千牘，世延既至，不三月，剖決殆盡。陜民饑，

省臺議，請於朝賑之。世延曰：「救荒如救火，願先發廩以賑。朝廷設不允，世延當傾家財以償。」從之，所活者衆。

至大元年，除紹興路總管，改四川肅政廉訪司使。蒙古軍科差繁重，而就戍往來者擾民尤甚，且軍官或抑良民爲奴，世延皆除其弊。又修都江堰，民尤便之。四年，遷中奉大夫、陝西行臺侍御史。先是，八百媳婦叛，右丞劉深討之，兵敗而還，坐棄市。皇慶元年，復命右丞阿忽台繼往，世延言：「蠻夷地在羈縻，而重煩天討，致軍旅亡失，誅戮省臣。藉使盡得其地，何補於國？今窮兵黷武，實傷聖治。朝廷當選重臣知治體者，付以邊寄，兵宜止，勿用。」事聞，樞密院臣以爲用兵國家大事，不宜以一人之言爲進止。世延聞之，章再上，事卒罷。

二年，拜江浙行省參知政事，尋召還，拜侍御史。延祐元年，省臣奏：「比奉詔漢人參政用儒者，趙世延其人也。」帝曰：「世延誠可用，然雍古氏非漢人，其署宜居右。」遂入之中書，參知政事。明年，遷御史中丞。詔省臣自平章以下，送之官。其禮前所未有，由是爲權臣所忌，乃假皇太后命出世延爲雲南行省右丞。陛辭，帝特命留之。三年，右丞相帖木迭兒罷，未逾月，復起爲太子太師，世延劾其罪惡十有三，詔奪其官。尋遷翰林學士承旨，兼御史中丞，世延固辭，乃解中丞。五年，進光禄大夫、昭文館學士，守大都留守，乞補外，

拜四川行省平章政事。世延議即重慶路立屯田，得江津、巴縣閑田七百八十三頃〔一〕，摘軍千二百人墾之，歲得粟萬一千七百石。

仁宗崩，帖木迭兒復居相位，鋭意報復，屬其黨何志道，誘世延從弟胥益兒哈忽誣告世延。逮世延置對，中途遇赦。世延以疾抵荆門，留就醫。帖木迭兒遣使逮至京師，復使人諷世延啗以美官，令告引同時劾己者。世延不聽，乃坐以違詔書不敬，又謀害宰相，當處極刑。帝以事在赦前，不允。帖木迭兒更以它事白帝繫之，刑曹逼令自裁，世延不爲動。逾年，胥益兒哈忽亡去，中書左丞相拜住屢言世延亡辜，命出獄養疾。先是，帝獵北涼亭，顧謂侍臣曰：「趙世延，先帝所尊禮，而帖木迭兒妄入其罪，數請誅之，此殆報私怨耳，朕豈能從之！」侍臣皆叩頭稱萬歲。帖木迭兒在上京，聞世延出獄，索省牘視之，怒曰：「此左丞相罔上所爲也。」事聞，帝語之曰：「此朕意耳。」未幾，帖木迭兒死，事乃釋。世延僑於金陵。

泰定元年，召還，除集賢大學士。明年，出爲江南行臺御史中丞。四年，入朝，復爲御史中丞，又遷中書右丞。詔：「趙世延頃爲權奸所誣，中書宜偏移天下，昭雪其辜。」仍加翰林學士承旨、光禄大夫。經筵開，兼知經筵事，又加同知樞密院事。

泰定帝崩，燕鐵木兒迎文宗於江陵，使世延分典機務。文宗即位，世延仍以御史中丞

兼翰林學士承旨，以疾乞歸田里，詔不允。用中丞崔彧故事，加平章政事，居前職。天曆二年正月，復除江南行臺御史中丞，行次濟州，三月，改集賢大學士，六月，又加奎章閣大學士，八月，拜中書平章政事。冬，世延至京，固辭，不允。詔以世延年高多疾，許乘小車入內。至順元年，詔世延與虞集等纂修《經世大典》，世延屢乞解中書政務，專意纂修。帝曰：「老臣如卿者無幾，求退之言，後勿復陳。」四月，仍加翰林學士承旨，封魯國公。六月，燕鐵木兒言：「嚮有旨，惟許臣及伯顔兼領三職，今趙世延以平章政事兼翰林學士承旨、奎章閣大學士。」引疾以辭。帝曰：「朕重老成人，其令世延仍視事中書，果病，不領銓選可也。」七月，監察御史葛明誠言：「世延年踰七十，智慮衰耗，固位苟容，無補於事，請斥歸田里。」詔中書議之。燕鐵木兒言：「世延以年老屢乞致仕，臣等以聞，敕『世延舊人，宜在中書』。御史之言，不知前旨也。」帝曰：「御史言，世延固難任中書，其仍以翰林、奎章之職任之。」是年，世延乃乞病歸，養疾於金陵之茅山。二年，改封涼國公。

元統二年，詔賜世延錢四萬緡。至元元年，仍除奎章閣大學士、翰林學士承旨、中書平章政事、魯國公。明年五月，至大都，十一月卒，年七十有七。至正二年，贈世忠執法佐運翊亮功臣、太保、金紫光禄大夫、上柱國，追封魯國公，謚文忠。世延嘗較定律令，彙次《風憲弘綱》行於世。

五子：野峻台；次月魯，江浙行省理問官；次伯忽，夔州路總管，天曆初囊加台據蜀叛，死於難，贈推忠秉義效節功臣、資善大夫、中書右丞、上護軍，追封蜀郡公，謚忠愍。

野峻台，由四川行省左右司郎中、西行臺監察御史、河西廉訪副使，轉黄州路總管。湖廣既陷，朝廷察其材，擢四川行省參知政事，命與平章咬住討賊。咬住軍五千，分鋭卒八百，使野峻台爲前驅。賊方據巴東縣，攻拔之。是時，歸、峽等州皆爲賊所守，野峻台破賊江上，斬溺無算。歸、峽平，又進拔枝江、松滋兩縣，乘勝趨江陵。賊出陣清水門，鏖戰至夕，賊退入城。黎明，賊出戰，咬住止軍百步外，先大陷陣，賊飛槍刺野峻台，殺之。事聞，贈榮禄大夫、陝西行省平章政事、柱國，追封涼國公，謚忠壯。

阿巴直，一名國安。國寶將卒，以子世榮幼，命阿巴直襲其職，兼文州吐蕃萬户府達魯花赤。後以國寶功，賜阿巴直金虎符，進昭勇大將軍。十五年，討叛王吐魯於六盤山，獲之，請辭職授世榮。帝曰：「人争，汝讓，可以敦薄俗。」録其六盤功，進昭毅大將軍、招討使，使世榮襲其父職。弟欽木兒，佩金符、管軍萬户；質兒瓦台、主渾，俱佩金符、營軍千户。

月乃合，字正卿。本雍古部，後徙於静州，曾祖帖木兒越哥，金馬步軍指揮使，因以馬爲氏。父馬慶祥，本名昔里吉思，金鳳翔府路兵馬都總管判官。大軍克鳳翔，昔里吉思盡室自焚。其僕抱嬰兒出，即月乃合也。金宣宗南遷，贈昔里吉思鎮國上將軍、恒州刺史，從祀於褒忠廟。

月乃合幼好學，每奮而自誓曰：「吾父死於國難，吾紓家難可也。」金亡，北渡河，見憲宗於藩邸。帝嘉其端謹，使佐斷事官卜兒只。月乃合慨然以治道自任，政事修舉，有能名。

憲宗二年，料漢地民籍，凡試通一經以上者，爲儒士，復其家，實月乃合爲帝言之。又請建常平倉，舉海内賢者楊春卿、張孝純等，分布諸郡，辟馬文玉、牛應之等爲參佐，後皆至顯仕。

九年，世祖南征，使月乃合專饋餉，運濟南鹽百萬斤，以給公私之費。世祖即位，降詔褒諭。阿藍答兒據魚兒濼以叛，月乃合市馬五百匹以佐軍實，帝給券賜其家曰：「後宜償汝也。」中統二年，拜禮部尚書，佩金虎符。

四年，奏光、潁等州立榷場，歲可得鐵一百萬七十餘斤，鑄農器十萬件，易粟四萬石，官民既便，兼可填服南方。詔以本職兼領已括户三千興造鑪冶，蒙古、漢軍並聽節制。未行，以疾卒，年四十八。至順元年，贈推忠宣力翊運功臣、正議大夫、僉樞密院事、上輕軍都尉，追封梁郡侯，謚忠懿。子十一人：世忠，常平倉都轉運使；世昌，尚書省左右司郎中，贈嘉議大夫、吏部尚書，追封梁郡公；世顯，通州知州；世禄，織染局提舉；世吉，絳州判官；審温，瑞州路總管。世昌子潤。

潤，字仲澤。父以文學入官，累遷兩淮轉運司經歷。鹽商争先後，歲終鹽直不售。潤請刻籌，第甲乙，置筒中，使商人自押之，其弊遂除。未幾，改太平路當塗縣尹。上疏言括馬料，民徙户增賦爲不便。時宰相桑哥主其事，獨潤以縣令争之。再調常州路武進縣，擢奉訓大夫、知光州。言利者請籍光州新開田，稱歲可得粟十萬石。河南行省下其事，潤執筆不肯署，吏固請，潤曰：「官可免，筆不可署。」卒格其事不行。州無茶税，民採茶自食，轉運使捕之抵於法。會朝廷遣使者問民疾苦，潤訴其冤，自轉運使以下各降黜有差。久之，改漳州路同知。皇慶二年，卒，年五十九。贈中奉大夫、河南行省參知政事，追封梁郡公。所爲詩曰《樵隱集》。子祖常，最知名；祖義，郊祀法物庫使；祖烈，江浙行省承宣使；祖

孝，與祖常同舉進士，陳州判官； 祖謙，保德州同知，遷東鹿縣達魯花赤，有惠政，部使者至縣，父老數百人争言其賢，使者以狀聞，召爲昭功萬户府知事，卒。

祖常，字伯庸。七歲知學。十歲時，見燭欹側燒屋壁，解衣沃水以滅火，人咸異之。既長，益篤於學。時名儒張𩑛講學儀真，往受業其門，質以疑義，𩑛甚器之。延祐初，科舉法行，鄉貢、會試皆中第一，廷試國人居第一甲，祖常爲二甲第一，授應奉翰林文字、同知制誥兼國史院編修。三年，拜監察御史。

是時，仁宗在御已久，猶居東宮，恒飲酒過度。祖常上書：「請御大明殿正衙，立朝儀，御史執簡，太史執筆，則雖有懷姦利己、乞官求賞者，不敢出諸口。天子承天地祖宗之重，當慎爲調攝，至於酒醴，近侍進御，應思一獻百拜之義。」帝嘉納之。英宗爲皇太子，又上書請簡擇師傅。時姦臣鐵木迭兒爲丞相，威權自恣，祖常率同列劾其十罪，仁宗震怒，黜罷之。祖常又奏參議孛羅、劉吉爲鐵木迭兒腹心，交通賄賂，左右司都事馮翼霄、劉允中依憑權勢，僥倖圖進，孛羅等皆褫職。秦州山移，祖常言：「山，不動之物，今移動，由在野有當用不用之賢，在官有當言不言之佞。」疏聞，大臣爲家居待罪。祖常薦前平章蕭拜住、左丞王毅前與鐵木迭兒抗辯是非，當置機要；前御史徹里帖木兒、中書參議韓若愚，皆被

鐵木迭兒誣罔，宜早賜録用；翰林承旨劉敏中斂身高蹈，宜賜俸以厲廉隅；國子司業吴澄海内名儒，宜登兩院；翰林修撰陳觀、刑部主事史惟良，才器方嚴，宜居諫職。皆一時賢者也。俄改宣政院經歷，月餘辭歸，起爲社稷署令。七年，仁宗崩，亡何，鐵木迭兒復相，左遷祖常開平縣尹，因欲中傷之，遂告歸。久之，鐵木迭兒死，拜住獨相，召除翰林待制。泰定元年，立皇太子，擢典寶少監、太子左贊善，兼翰林直學士，除禮部尚書。尋辭歸。

天曆元年，召爲燕王内尉，仍入禮部，兩知貢舉，一爲讀卷官，時稱得人。遷參議中書省事，參定親郊禮儀，充讀册祝官，拜治書侍御史，歷徽政副使，遷江南行臺中丞。

元統元年，召議新政，賜白金二百兩，鈔萬貫。又歷同知徽政院事，兼知經筵事，遂拜御史中丞。帝以其有疾，詔特免朝禮，光禄日給上尊。祖常在憲臺，務存大體。西臺御史劾其僚禁酤時面有酒容，以苛細黜之。山東廉訪司言孔氏訟事，以闗名教寢之，按者亦引去。除樞密副使，復辭歸。起爲江南行臺中丞，又遷陝西行臺中丞，皆以疾不赴。至元四年卒，年六十。贈攄忠宣憲協正功臣、河南行省右丞、上護軍、魏郡公，謚文貞。

祖常立朝既久，多所建明。嘗議：「國族及諸部既誦聖賢之書，當知尊諸母以厚彝倫。」又議：「將家子弟驕脆，恐負任使，庶民有挽强蹶張老死草野者，當設武學、武舉，儲材

以備非常。」時雖弗用，識者韙之。

祖常工文章，務去陳言，專以先秦、兩漢爲法，尤致力於詩，圓密清麗。有文集行於世。文宗嘗駐蹕龍虎臺，祖常應制賦詩，甚被歎賞，謂中原碩儒唯祖常一人云。

二子：武子，湖廣行省檢校官；文子，秘書省著作郎。

史臣曰：雍古氏，回鶻之貴族也。按竺邇父子，爲當時名將。至趙世延，乃用文學取貴仕。觀其劾桑哥、忤鐵木迭兒，豈非謇諤之士？晚節依違，貽固寵之譏。所謂「血氣既衰，戒之在得」者歟？馬祖常高才碩學，與元明善、虞集齊名，獨以排擯集爲士論所不滿。惜哉！

【校勘記】

〔一〕「頊」，原作「傾」，據《元史》卷一八〇列傳第六十七《耶律希亮傳》改。

新元史卷之一百五十　列傳第四十七

綽兒馬罕希拉們　貝住　岱爾拔都也速台兒　脱忽察兒圖格察兒　速客圖　撒里　成帖木兒　庫而古司　阿兒渾尼佛魯慈

綽兒馬罕，斡帖格歹氏，事太祖爲火兒赤。太宗與朮赤、察闔台攻克西域烏爾鞬赤都城，盡戮其民，留工匠及婦女分取之，而無所獻於太祖。太祖怒，及太宗、察闔台赴行在，不令入見。綽兒馬罕與晃孩、晃格合兒諸人曲爲營救，且請討報達哈里發以迎合太祖之意。太祖怒始解，遂命綽兒馬罕任西征之事。太宗即位，復以斡豁秃兒及蒙格秃爲綽兒馬罕後援。

時札拉勒丁據亦思法杭，哈里發立爲波斯汗。二年，綽兒馬罕將兵三萬討之。札拉勒丁以天寒，我師未必遽進，不設備，遣小校率十四騎往阿剌黑偵敵，至贊章及阿八哈耳，突遇前鋒，從騎盡没，小校僅以身免。返報，札拉勒丁遂由台白利司走莫干城，糾合部衆。兵未集，而綽兒馬罕奄至。札拉勒丁復走，與諸酋議，欲還亦思法杭。適阿尼忒部酋遣使

誘札拉勒丁西入羅馬國，徐圖恢復，且請發四千騎以衛之。札拉勒丁乃赴阿尼忒，中途夜飲，我師追及之。札拉勒丁突圍而走，至阿尼忒，閉城不納，綽兒馬罕急追之，從者盡死。札拉勒丁單騎入庫兒忒山，爲仇家所殺。

綽兒馬罕既克札拉勒丁，遂入呵尼忒、愛而西楞、梅法而定三部，破沙而來脱及忒勿沙與麻而頓，分軍入毛夕耳部，屠謨那薩。又一軍東北入必忒力斯、阿而奇斯。分軍下梅拉喀，西南至哀而陛耳而還。綽兒馬罕營於台白利司，令民輸布帛以貢和林，定賦額之數。阿特耳佩占先併於札拉勒丁，至是亦降。綽兒馬罕復取阿兒俺，屠甘札，由莫干侵角兒只，别軍克哀而陛耳。

太宗九年，入義拉克、阿剌伯二部，報達大震。我師失利而返。十年，再入義拉克、阿剌伯，圍侃匿斤城。哈里發遣七千騎赴援，綽兒馬罕設伏兵邀之，盡殲其衆。部將分下角兒只所屬之地，嘎達罕取，開達巴古城、法而沙拏速忒城，謨拉爾取商喀耳城，綽兒馬罕弟笠拉取嗒程城，察格塔取羅黎城，圖格塔取蓋恒城。蓋恒守將阿拔克爲角兒只大將意萬乃之子，迎降。綽兒馬罕自取脱馬尼城、商馬素亦而台城、帖弗利司城。十一年，商喀耳等土酋皆納款。阿拔克與商喀耳酋瓦拉馬從綽兒馬罕攻降孤尼城、喀而斯城，於是西北諸部略定。太宗命綽兒馬罕留鎮其地。

十一年，阿拔克偕阿釋阿甫妻湯姆塔入朝，湯姆塔前爲札拉勒丁妻，阿拔克之女弟也。太宗厚撫之，詔綽兒馬罕返其侵地。未幾，又詔綽兒馬罕：「角兒只國及其國之屬地，歲貢外，勿苛斂。」綽兒馬罕獲札拉勒丁，威震西域，爲一時之名將。六皇后稱制元年，卒。以副將貝住代之。

綽兒馬罕子希拉們，勇冠三軍，蒙古人呼爲金柱，從旭烈兀伐報達。阿八哈嗣爲汗，以希拉們領角兒只事。

貝住，別速特氏，爲綽兒馬罕副將，復代綽兒馬罕爲元帥。乃馬真皇后稱制二年，貝住伐羅馬國。別將約索倭耳分軍入西里亞，降木拉梯亞城。其阿勒波部、俺體育部、達馬斯克部，俱納款輸歲賦。四年，克凱辣脱城，行太宗之命，使湯姆塔主其地。又入美索卜塔米牙克羅哈城、夕你班城。五年，與報達兵戰於牙庳拔，失利。定宗崩後一年，攻達枯克城，拔之。殺報達所置官吏，以報牙庳拔之役。憲宗二年，復入美索卜塔米牙，大掠而還。貝住初攻羅馬，以炮毀愛而西楞城，復與羅馬酋開廊蘇戰於愛而靖占，大破之。追至

舍挖司，降其民，羅馬酋遂納款。小阿昧尼亞酋聞羅馬服，亦納款於貝住。六年，從旭烈兀伐報達，爲右翼大將。涉毛夕耳河，攻報達西北諸城，克之。後卒。子阿拉爾爲諸王阿八哈將。

岱爾拔都，又譯爲艾兒拔都，康里氏。太祖攻布哈爾，以岱爾拔都爲前鋒，循沙漠僻路，突至努爾城，降其衆。太祖使速不台收撫之，令如平日賦額，輸金錢千五百底那。岱爾拔都復從速不台征欽察，伐西夏，滅金，又從定宗攻阿速，皆有功。西域呼拉商長官成帖木兒不能撫其民，札拉勒丁舊部喀拉札構亂，岱爾拔都方爲八脱吉斯城守將，太宗命會兵討之。喀拉札據山爲堡，攻圍二年始下。岱爾拔都以書告成帖木兒：「呼拉商人本不從喀拉札，徒以汝貪婪，激民爲亂，今可汗命我轄呼拉商，汝宜速去。」時元帥綽兒馬罕亦征成帖木兒還，以呼拉商、馬三德蘭兩部屬於岱兒拔都。憲宗末，從世祖伐宋，命充怯憐口阿答赤孛可孫，又從大軍渡江，攻鄂州。以疾卒。子也速台兒。

也速台兒，從討阿藍答兒、渾都海，又從平李壇，伐宋，累功授管軍總把。至元十四

年，從攻福建興化，招古田等處五千餘户，以功擢武略將軍、千户，賜金符。又招手號新軍二千五百餘人，進宣武將軍總管，賜虎符。世祖議討日本，也速台兒願往，賜以弓矢，進懷遠大將軍、萬户。二十年，授泰州達魯花赤。二十三年，遷昭勇大將軍、欽察親軍都指揮使。二十四年，從征乃顔，有功。明年，卒。贈金吾衛上將軍，追封成武郡公，謚顯敏。

脱忽察兒，佚其氏族。太祖討札拉勒丁，以者别爲前鋒，速不台爲者别後援，脱忽察兒又爲速不台後援。時蔑而甫汗蔑里克遣使納降。太祖命者别三人經汗蔑里克之地，勿擾其部衆。者别、速不台皆秋豪無犯，脱忽察兒後至，獨縱兵暴掠，且徵求苛急，民不堪命。蔑而甫部衆盡叛，脱忽察兒爲其所殺。汗蔑里克遣使言其事於太祖，且餽衣服以謝，然内不自安，卒叛附札拉勒丁。

太祖征西域諸將，以殺掠降衆爲人所戕者，又有圖格察兒。圖格察兒爲拖雷前鋒，至你沙不兒城，不知城已降附，縱兵大掠，城民射殺之。後拖雷攻克你沙不兒，圖格察兒之婦率萬人入城，遇人盡殺之，以報夫仇。

速客圖，晃豁壇氏。事太祖，以千户管飲膳。太祖用兵西域，分四路攻之。速客圖與阿剌黑、塔孩二人將五千人爲一路，東南攻白訥克特城。圍三日，降之，分康里兵與民置兩地，盡殺康里兵，取工匠從軍。忽氈城酋帖木兒瑪里克守錫爾河中潬，與城犄角，矢石不能及，又造十二艘。裹以氊泥，禦火箭。速客圖等以兵力不足，請援。援兵至，驅民五萬，運石填河，爲甬道，達於中潬。瑪里克不能守，遂遁。

撒里，塔塔兒氏。父哈剌拔都與兄忽里，俱爲太祖忽蘭皇后所撫養。撒里從攻西夏之托克奇城，蒙哥見一壯士登城戰甚力，問其人，則撒里也，遂擢用之。其後從征西域，至印度斯單，大掠而回。西域屯田，多撒里舊部。子鄂爾多諾顏，襲父職。

成帖木兒，佚其氏族，朮赤部將也。朮赤伐西域，遣使招降撒格納克城，城人殺之。

進至鄭忒城，守將遁。又使成帖木兒招降，遂單騎入，諭以禍福。成帖木兒獲免，城亦下。太祖分鹹海西南貨勒自彌之地，及鹹海、裏海之北，封朮赤。朮赤以烏爾鞬赤爲貨勒自彌都城，使成帖木兒守之。

太宗即位，命綽兒馬罕討札拉勒丁，復命成帖木兒自烏兒鞬赤至呼拉商，捕札拉勒丁餘黨，即以成帖木兒爲呼拉商長官，屬於綽兒馬罕。呼拉商，西域一大都會也。兵事竣，流民復業，百貨充牣如平日。太祖諸子各置官於呼拉商，以收賦稅。太宗遣開里拉特，拔都遣奴薩爾，察闊台遣庫爾圖喀，睿宗子遣佟嘎，皆爲成帖木兒之佐。成帖木兒黷貨而虐民，札拉勒丁之舊將喀拉札、徒干桑古爾率康里兵萬餘人，竄你不沙兒、徒思山中，亂民應之。於是呼拉商全部大擾。

成帖木兒自將攻喀拉札，不能克。開里拉特自薩伯子洼城赴援，力戰三晝夜，喀札拉敗遁。康里兵三千人走海拉脫，開里拉特追殲之。時太宗又命八脱吉思守將岱爾拔都會討喀拉札，勞師二年，喀拉札始就擒。岱爾拔都移書成帖木兒言：「我已受命代汝爲呼拉商長官。」綽兒馬罕聞成帖木兒之召亂也，亦徵之，遂以呼拉商、馬三德蘭兩部屬於岱爾拔都。

成帖木兒使開里拉特入覲太宗，譽其才，太宗信之，復命成帖木兒領呼拉商、馬三德

蘭，開里拉特副之，不使受岱爾拔都節制焉。

庫而古司〔一〕，别失八里人。幼隸朮赤帳下，從出獵，適太祖書至，倉卒無讀者，惟庫而古司能讀，朮赤悦，令以畏兀文授其子。成帖木兒守烏爾鞬赤，以庫而古司治文書，復從至呼拉商，與呼拉商人射里甫哀丁、志費尼人巴海勒丁俱爲成帖木兒所任。太宗七年，成帖木兒卒，以奴薩爾代之，耄不治事，皆取決於開里拉特。初，庫而古司與巴海勒丁入覲太宗，言西域事甚悉，簿籍出入之數尤明晰，丞相鎮海才之。及奴薩爾不稱職，太宗欲用庫而古司，丹尼司們則請以成帖木兒之子翁古帖木兒嗣父任。鎮海獨對，力薦庫而古司，乃命攝呼拉商長官。奴薩爾解任，開里拉特與射里甫哀丁均失勢，鞅鞅，遂使翁古帖木兒誣庫而古司以罪狀，入告。太宗命阿兒渾偕二使者按其事。庫而古司亦赴愬於和林，遇諸途。命庫而古司返，不從，怒而毆之，齒折，濺血淋漓。庫而古司使其僕裹血衣赴和林，自與使者返呼拉商。太宗見血衣，大怒，召諸人嚴鞫之。開里拉特往，至布哈爾，爲怨家所殺。翁古帖木兒坐誣告，以年少爲人詿誤，宥其罪，令庫而古司回任，以阿兒渾亦直庫而古司，俾佐之。庫而古司集屬僚，諭以上意：「毋溺職，毋侵官，毋骫法度，吏受賕，簿其

贓入官，將士不得妄殺部人。」於是民大悦，流亡盡復。初，睿宗徙海拉脱民千户於別失八里，庫而古司以海拉脱荒殘，歸其三百户，逾年，海拉脱已增至六千户云。

阿兒渾，西域衞拉特氏。通畏兀文，太宗使治文書。既佐庫而古司，嫌庫而古司專，乃往依察闊台。庫而古司執射里甫哀丁，訊以刑，盡得其構陷之事，將入告於太宗，聞太宗崩而返。射里甫哀丁之妻愬於察闊台妃。阿兒渾方用事，遂捕庫而古司，使諸王喀喇忽拉台以沙塞其口，斃之，而誣爲供狀以奏，乃馬真皇后即以阿兒渾代庫而古司之任。

定宗二年，命野里知吉帶率綽斯滿兵征西域未下諸部。中分西域之地，東屬阿兒渾，西屬野里知吉帶。初，太宗崩，諸王各以敕令徵西域財賦。乃馬真皇后四年，召内外大臣會議，立定宗。阿兒渾亦往，盡取所奉諸王敕令以獻，定宗嘉之，諸王始斂戢。至是，求貨者復絡繹於西域。

憲宗即位，阿兒渾再言其事，憲宗命詳定條例以上，乃援牙剌洼赤計丁出賦之例，按貧富分則，一切科斂悉革之，毋聽諸王濫發號令，報可。錫阿克渾獅首金符，充阿母河等處行尚書省事，以巴海勒丁、沙拉智哀丁佐之。萬户音杜綽克擅殺守吏，阿兒渾以詔書便

宜行事，戮之。於是西域一切之政，始有條理焉。野里知吉帶二子從失烈門謀逆，事覺，伏誅。憲宗命捕野里知吉帶，付拔都殺之。

阿兒渾子九人，知名者曰尼佛魯慈，曰合濟那蘭，曰勒格濟，曰薩德爾迷失。

尼佛魯慈，初佐阿魯渾長子合贊鎮呼拉商。及阿魯渾殺其相布哈，尼佛魯慈恐禍及於己，陰勒所部劫合贊營，適合贊他往，遂奔突而基斯單，附於海都。阿魯渾卒，其弟蓋喀圖嗣爲汗。四年，爲貝住等所弑。合贊起兵討貝住，尼佛魯慈用其妻托紺珠公主之言，仍歸於合贊，佐平内亂。合贊嗣位，拜尼佛魯慈爲大將，位羣臣右。尼佛魯慈恃功驕蹇，合贊厭之。其裨將奴爾蘭等又誣其通書埃及，請藉埃及兵力以圖合贊。遂捕尼佛魯慈家屬，悉誅之。尼佛魯慈據呼拉商以叛。大德二年，合贊遣兵討之，尼佛魯慈奔於海拉脱，海拉脱酋縛獻軍中，殺之。事具諸王傳。自阿兒渾奉命至西域，諸子多尚公主，一門鼎盛，至是族滅云。

史臣曰：西人書載翁古帖木兒獻一帳於太宗，爲風所仆，太宗不懌。庫而古司繼獻一帳，稱太宗意。又獻寶石帶，太宗束之，腰疾頓愈。然則庫而古司之受知，亦由於賄

歟？余觀成帖木兒貪黷，射里甫哀丁等娼嫉，其人均不足道。然如庫而古司、阿兒渾之設施，皆犖犖大政，又惡可没耶？阿兒渾既直庫而古司，又誣而殺之，其子卒爲人構陷，至於滅族，天道神明，報施不爽，尤可畏哉！

【校勘記】

〔一〕「庫而古司」，原作「庫爾古司」，據本卷目録及下文改。

新元史卷之一百五十一　列傳第四十八

常畯住普蘭奚　普化　奥屯世英〔一〕貞　也里迭兒　石抹明里　劉哈喇八都魯〔二〕　許國禎〔三〕

扆　韓麟

常畯住，信都人。祖父資，太祖選入宿衛，典御膳。父兀邇篤襲職，兼納憐總管奴婢。憲宗二年夏，大會諸王於驢駒河上，水忽暴漲，鼎俎失序，兀邇篤躬自營護，竟無廢禮，帝甚嘉之。然兀邇篤以此致疾，賜醫藥費養疾於家，以其奴來興代之。明年，卒。

世祖伐宋，還至順德，追思兀邇篤之勤，召畯住入見，令直宿衛。至元四年，敕以來興還之，畯住曰：「來興奉至尊久，豈宜爲臣奴？」頓首固辭。帝悦，賜鈔償之。因謂左右曰：「畯住忠謹，出於天性，宜友賢士，以成其德。」命與董文忠同直。至元九年，遣畯住侍皇太子。一日，復召入，左右諫曰：「畀之而復奪之，不可。」帝笑曰：「朕特戲言耳。」賜巾服、佩刀遣之。三十一年，改中順大夫、家令司丞。成宗即位，轉吏部尚書、内宰司丞，進資善大夫、同知宣徽院事。大德八年卒，年六十一。延祐二年，贈推誠宣力保德功臣、太師、開府儀同三司、上柱國，追封信都王，謚忠懿。二子：普蘭奚；次小和尚，内宰司丞。

普蘭奚，八歲，裕宗養於宫中。母疾，刲股和藥療之，不令人知，裕宗稱其孝。丁父憂，哀毁踰制。起爲資善大夫、同知宣徽院事。武宗即位，入侍興聖宫，進徽政院使，固辭，仍爲同知徽政院事。皇慶元年，擢光禄大夫，封趙國公，賜尚服黄金幣、白鶻。延祐二年，加金紫光禄大夫、徽政院使，卒。

子普化甫齔，成宗愛之，召入禁中，累遷集賢學士，領典瑞院。延祐中，加榮禄大夫，守司徒，不拜，卒。

奥屯世英，字伯豪，小字大哥。其先居上京胡里改路，徙蒲城，遂爲蒲城人。其遠祖黑風，佐金太祖征伐有功，封王。父閏生，新平縣令。

世英以蔭補官，累遷郃水酒税監，充征行都統，領軍率其衆來降。以材武爲太祖所知，賜虎符，隸朵火魯虎徹立部下。大軍攻陝西，世英與禮古帶偕至富平，主帥命諸將分下各州縣，世英欲得蒲城，從之。至城下，諭以禍福，城人相率出降。世英復從大軍攻鳳

翔，自隴州克鳳州，取武休關，至興元，又攻鞏州，再入宋境。從皇弟拖雷，由興元歷金、洋諸州，所至城寨無不降附。遂敗金兵於三峰山。

金亡，奉命鎮河中，招降天和、人和二堡。初，太宗在鳳翔，許世英以河中府尹，會以他事不果。世英入覲，太宗喜曰：「曩之所許，今可相付矣。」世英奏曰：「臣名在四大王府，今改屬别部，何面目見唐妃母子？」帝始怒，既而喜曰：「汝言是也。」唐妃聞其言，甚悦，禮遇益厚。十三年，河中船橋官以事誣世英，奪虎符。唐妃言於太宗，復畀之，授軍民萬户，便宜行事，改賜金虎符。卒，年六十二。贈嘉議大夫，追封奉元郡侯。

世英性至孝。大兵圍慶陽，戰失利，世英家屬爲金人所獲。世英狼狽北歸，每夜焚香祝天，願得生遇父母，每就寢則淚漬裀席，太宗憫之。及大兵下河南，下令軍中曰：「得大哥父母者，生致之，無使驚怖。」及攻拔許州，有唱者曰：「奥屯將軍家屬在此！」世英馳往視之，則闔門百口如故，人以爲孝感所致云。

二子：貞、亮。貞，字正卿。年十三，世英卒，入見，憲宗詔曰：「世英早附太祖皇帝，統兵南伐，我師失利，叛者如蟻，而世英棄父母、捐妻子，束身來歸，先帝嘉之。以有昔授，今命其子貞襲萬户，佩金虎符。毋少貞，若不奉約束，罪死没入其室。」

貞從攻重慶、嘉定諸路，俱有功。世祖即位，貞入覲，賜黃白金錦衣。至元十三年，以貞爲南陽府尹，階明威將軍。累遷廣南西道宣慰使，改蓬州路總管，又轉順慶、嘉定兩路總管。所至有惠政。卒，年六十七。子金剛奴，金齒大理道宣慰副使、僉都元帥府事；銀剛奴，錦州判官。

也里迭兒，西域人。事世祖於潛邸。憲宗九年，世祖伐宋，還幸其第。也里迭兒以金糷衣地藉馬蹏，帝嘉歎之。及即位，使領茶迭兒局，茶迭兒，譯言廬帳也。未幾，賜虎符。至元三年，授嘉議大夫，領茶迭兒局諸色人匠總管府達魯花赤，兼監領宮殿。又命與大興府尹張柔、工部尚書段天祐同行工部事，監築宮城，卒。

初，部人鑿石，肖也里迭兒象。及卒，家人謂其非法，議棄之。帝夜夢也里迭兒若愬事狀，詔訊其家人，以實告。帝亟命止之，賜金幣爲祀事。

子馬合謀沙，襲父職，遥授工部尚書，卒。子：密見沙；次木八剌沙，領茶迭兒局、工部尚書；次忽都魯沙，户部尚書；次阿魯渾沙。

也里迭兒追贈推誠宣力功臣、太傅、開府儀同三司、上柱國，追封趙國公，謚忠敏。馬

合謀沙追贈推誠贊治功臣、太傅、開府儀同三司、上柱國，追封趙國公，謚忠靖。

石抹明里，契丹人。祖合魯，事太祖爲膳夫。睿宗求之，帝聽以其僚十人往，敕曰：「皇子方總兵，朕輟爾畀之，能以事朕者事之，將用黄金覆汝周身。」睿宗從太宗西征，道中無水，合魯晨聚草霜，調羹以進，睿宗嘉之。師還，賜金帛甚厚。年八十，卒。

中統初，明里入見，世祖令近侍送明里於裕宗，且曰：「明里，朕親臣之子，今以事汝。」已而世祖命裕宗：「以從者十人來，朕將行賞。」十人至帝前，帝曰：「第五人非明里耶？」對曰：「然。」帝曰：「上之。」明里越一人立，帝曰：「更上之。」明里又越一人立，帝曰：「止。」賜金文衣一襲。明里出，侍臣相與耳語。帝聞之曰：「明里之祖合魯，事太祖、睿宗以及朕兄弟，爾時汝輩安在？顧疑其後來耶？」帝親征乃顏，明里請從。師還，第功賜白金百兩。至元二十八年，爲尚食令。

成宗即位，加朝列大夫，賜金帶，又賜御衣一襲、鈔萬五千貫。詔曰：「明里舊臣，其令諸子入宿衛，可假禮部尚書，進階嘉議大夫，食尚書禄以老。」

武宗即位，詔曰：「明里夫婦，歷事帝后，保抱朕躬，朕甚德之。可特加明里榮禄大夫、

司徒。其妻梅仙封順國夫人。賜黃金二百五十兩、白金千五百兩、衣一襲。仁宗在東宮，語宮人曰：「昔朕有疾甚危，徽仁裕聖皇后憂之，梅仙守視，不解帶者七十日。今不敢忘，其賜明里寶帶、錦衣、輿馬。」至大三年二月，卒，年六十九。

劉哈喇八都魯，河東人，世業醫。至元八年，世祖駐蹕白海，以近臣言，得召見。世祖謂其目有火光，異之，留侍左右，初賜名哈喇斡脫克赤。擢太醫院管勾。昔里吉叛，宗王別里帖木兒奉命征之，帝謂哈喇八都魯曰：「當行者多避事，汝善醫，復習騎射，能從行否？」對曰：「事君不辭難，臣不行將何爲？」即請受甲。帝曰：「醫，汝事也，甲不可得。」惟賜環刀、弓矢、裘馬等物。

一日，從王獵於野，有狐竄草中，哈喇八都魯一發中之，王大喜。又療王妃疾愈，王奏爲長史。將戰，從王請甲，王曰：「上不與汝甲，我何敢與！」因留之，使領輜重。哈喇八都魯不肯，曰：「大丈夫當效力行陳，乃守營帳如婦人耶！」見有甲者，飲以酒，高其直購之。明日，被以往。王望見，使人問之，免胄曰：「我也。」因慨然曰：「一人爲善，萬人可激，我爲萬人激耳。」中道三遇賊，射哈喇八都魯皆不中。王解衣衣之曰：「此所以識也。」

師次金山，有使者云自脱忽大王所來，曰：「我受太祖分地，守此不敢失。凡上所使與昔里吉之過我者，並飲食供給之，無二心。且願見天子，而道遠無嚮導，今聞王來甚喜，得一見可乎？」王以爲信，左右曰：「此詐也，脱忽與昔里吉爲耳目，願勿聽。」乃使人間道詗之，獲其游騎三十人，訊之，得其情，知脱忽方酣飲。遂出其不意襲擊，大敗。因獲昔里吉所遣使，知其不爲備，又乘勢攻之。王乃命哈喇八都魯獻俘行在。帝見其瘠甚，輟御膳羊胾以賜。既拜受，先割其美者懷之。帝問之，對曰：「臣將行，值母有疾，不敢以遠役告。今歸，母幸存，請以君賜遺之。」帝悦，命自今凡賜食，必先賜其母。以功授和林等處宣慰副使，賞賚甚厚。二十三年，遷同知宣慰司事。二十四年，遷宣慰使。

二十五年，海都入寇，尚書省以和林屯糧，奏用怯伯管出納。帝曰：「錢穀非怯伯所知，哈喇斡脱克赤可使也。」進嘉議大夫，與怯伯偕往。

二十六年，海都寇和林，皇子北安王使報怯伯，率其民避去。怯伯與哈喇八都魯南行六日至巴爾布拉克，距海都軍五六十里。怯伯大懼曰：「事急矣，不如順之。」哈喇八都魯語其弟欽祖、榮祖曰：「怯伯有二心矣。」遂潛遁，遇千户忽魯速，從騎百餘人，問之，忽魯速曰：「吾在海都軍中，聞怯伯反，宣慰脱身歸報天子，我欲往從之。」哈喇八都魯察其誠，與之謀，乘高結陳，令曰：「吾將往責怯伯，汝曹勿動，見吾執弓而起，即相策應。」既見怯伯，

哈喇八都魯詭辭自解，乘間疾去。忽魯速整陣以出，怯伯遣騎來追，拒卻之。道遇送軍裝者，護送至鹽海，及入見，帝喜曰：「人言汝陷賊，乃能來耶！」命與酒饌。顧謂侍臣曰：「譬諸畜犬，得美食而棄其主，怯伯是也。雖未得食而不忘其主，此人是也。」更其名曰察罕斡脱克赤，賜鈔五千貫。

二十七年，遷正奉大夫、河東山西道宣慰使。奏曰：「臣累戰而歸，衣裘盡敝。河東，臣鄉里，願乞衣錦之榮。」帝以金織文衣賜之。居二年，召還。帝諭之曰：「自此而北，乃顏故地曰阿八剌忽者，産魚，吾立一城名曰肇州，汝往爲宣慰使，仍別賜汝名曰『小龍兒』，或曰哈喇八都魯，汝擇其一可也。」對以小龍兒非人臣所敢當，願賜名哈喇八都魯。帝復賜繡衣、玉帶及鈔五千貫。既至，一日得魚九尾，皆千斤，遣使來獻，俄召還。

三十一年春，世祖崩，太傅伯顔奉皇太后旨，以哈喇八都魯爲咸平道宣慰使。元貞元年，召爲御史中丞，行至懿州，卒。

許國禎，字進之，絳州曲沃人。祖濟，金絳州節度使。父日嚴，滎州節度判官。世業醫。

國禎博通經史，尤精醫術。世祖在潛邸，國禎以醫徵至，療莊聖太后疾，刻期而愈。太后年五十三，以白金鋌如年數賜之。宗王昔班屢請以國禎隸帳下，世祖重違其請，將遣之。辭曰：「國禎蒙恩拔擢，誓盡心以報，不敢易所事。」乃不果遣。

世祖過飲馬湩，得足疾，國禎進藥味苦，卻不服。國禎曰：「古人有言：良藥苦口利於病，忠言逆耳利於行。」已而足疾再作，召國禎入視，世祖曰：「不聽汝言，果困斯疾。」對曰：「良藥苦口，大王既知之；忠言逆耳，願留意焉。」世祖大悅，以七寶馬鞍賜之。

憲宗三年，從世祖征雲南，與聞機密，朝夕侍左右。或在告，帝輒不悅。九年，從世祖圍鄂州，師還，招降民數十萬口，國禎發蔡州軍儲糧賑之，全活甚衆。

世祖即位，録前勞，授榮禄大夫、提點太醫院事，賜金符。至元三年，改授金虎符。十二年，遷禮部尚書。國禎疏陳八事，曰慎財賦，禁服色，明法律，嚴武備，設諫官，均衛兵，建學校，立朝儀，多見施行。凡所薦引，皆知名士，士亦歸重之。帝與近臣言及勳舊大臣，因謂國禎曰：「與朕同履艱難者，惟卿數人在爾。」遂拜集賢大學士，進階光禄大夫。每進見，帝呼爲「許光禄」而不名，由是内外諸王大臣皆以「許光禄」稱之。拜翰林集賢大學士。卒，年七十六。時大臣非有勳德爲帝所知者，罕得贈謚，特贈國禎金紫光禄大夫，謚忠憲，人以爲榮。後加贈推誠廣德協恭翊亮功臣、翰林學士承旨、上柱國，追封薊國公。

初，國禎母韓氏，亦以能醫侍莊聖太后，賜以真定宅一區。國禎由是家於真定。子扆。

扆，字君黼。從其父事世祖於潛邸，賜名忽魯火孫，俾從許衡學，入直宿衛，忠慎小心。嘗因事忤旨，欲罪之，帝後悔，謂近侍帖哥曰：「朕初罪忽魯火孫，汝何不言？汝二人自今約爲兄弟，朕有所譴責，則更相進諫。」乃置金酒中，使二人飲酒爲盟。時裕宗居東宮，帝又諭忽魯火孫曰：「若太子罪汝，將誰諫耶？」遂命宮臣慶山奴亦同飲金酒。俄除禮部尚書、提點太醫院事，賜日月龍鳳紋綺衣二襲。每外國使至，必命扆應對，辭理明辨，莫不傾服。改尚醫太監。帝使畫工寫其像賜之。轉正議大夫，仍提點太醫院事。

有竊大安閣禮神幣者，將論死。忽魯火孫諫曰：「因敬神而置人於死，臣恐神不享其祭。」帝即命釋之。忽魯火孫與丞相安童善，桑哥忌之，數譖於上，帝不之信。桑哥敗，繫于左掖門，帝命忽魯火孫往唾其面，固辭。帝稱其仁厚，賜以白玉帶，且諭之曰：「以汝潔白無瑕，有類此玉，故以賜汝。」

成宗即位，遷中書右丞，行太常卿，辭不拜。乃命以中書右丞署太常事。俄改陝西行中書省右丞。時關中饑，議發倉粟賑之。同列以未請於朝不可，忽魯火孫曰：「民爲邦本，

今饑餒如此，若俟命下，無及矣。擅發之罪，吾當獨任之。」進發粟。不數日，命亦下。明年旱，禱於終南而雨，歲以大熟，民皆畫像祀之。

忽魯火孫不事生業，田宅皆上所賜。有足疾，不能行，仁宗以爲先朝老臣，特敕乘小車入禁中，訪以舊事。後疾益甚，每國有大政，使近侍即其家問之。特授榮祿大夫、大司徒，食其祿終身。卒，贈推忠守正佐理功臣、光祿大夫、陝西等處行中書省平章政事、柱國，追封趙國公，謚僖簡。

以醫術爲國楨所薦者，有韓麟。

麟字國瑞，真定人。世祖召見便殿，示以西域藥。麟奏對稱旨，授尚醫。帝春秋高，體常不平，麟典領方藥，累賜貂裘、玉帶，擢御藥局副使。

成宗即位，遷太醫院副使，晉太使。太醫院升二品，進嘉議大夫、僉書太醫院事。召麟讀《資治通鑑》、《大學衍義》，麟開陳義理，帝聽之忘倦。御史中丞崔彧言事忤旨，麟乘間奏曰：「臺諫，天下耳目，使噤口不敢言事，是自塞其耳目也。」帝悟，彧得無罪。帝問麟：「今儒臣，孰與卿比？」對曰：「集賢學士焦養直，學爲通儒，非臣所及。」遂召養直入侍左右。帝晚年寢疾，麟言：「治世莫如愛民，養身莫如寡欲。」帝嘉納之。

至大中，出爲淮安路總管，不赴。皇慶元年，拜秘書卿。明年，進昭文館大學士。延祐六年，卒，年六十七。

【校勘記】

〔一〕「奥屯世英」，原作「奥都世英」，據正文改。

〔二〕「劉哈喇八都魯」，原作「劉哈剌八都魯」，據正文改。

〔三〕「許國禎」，原作「許國楨」，正文或作「楨」，或作「禎」。按《元史》卷一六八列傳第五十五本傳作「許國禎」，王圻《續文獻通考》卷一九三《封建考》作「許國禎」，據改。下同改。

新元史卷之一百五十二　列傳第四十九

月里麻思　塔不已兒重喜　怯怯里相兀速　孛罕忽都　苫徹拔都兒　哈八兒秃察罕　阿兒思蘭阿散真　失剌拔都兒　口兒吉　阿老瓦丁亦思馬因　失里伯　拜延　坤都岱烏克岱　合剌江〔一〕　曷實帶　只兒哈郎秃魯不花　咬住哥

月里麻思，乃蠻氏。太宗命爲斷事官忽都虎之副，又同阿术魯充達魯花赤，破宿州。太宗十三年，使於宋，從行者七十餘人，月里麻思語之曰：「吾與汝等奉命南下。楚人多詐，倘遇害，當死，毋辱君命也。」已而抵淮上，宋將以兵脅之曰：「爾命在我，生死頃刻間耳。若能降，官爵可立致。不然，必不汝貸。」月里麻思曰：「吾持節南來，以通國好，反誘我以不義，有死而已！」言辭慷慨，不少屈。宋將知其不可逼，乃囚之長沙飛虎寨二十六年而死。世祖深悼之，詔復其家，以子忽都哈思爲答剌罕。忽都哈思自陳於帝曰：「臣願爲國效命，爲父雪恥。」帝嘉納之，授以均州監戰上萬户。十八年，以招討使將兵征日本，戰没。

塔不已兒，束吕紇氏。太宗時，以招討使將兵破信安、河南，授金虎符、征行萬户，以疾卒。子脱察刺襲職。憲宗九年，伐宋，破十字寨，命其子重喜從行。

重喜與宋兵戰於洋隘口，奪戰艦一，流矢中左足，勇氣愈倍。時世祖駐蹕口北，親勞之曰：「汝年幼，能宣力如是，深可嘉尚，然繼今尤當勉之。」

及脱察刺卒，以重喜襲職。中統三年，從征李璮有功。四年，率所部鎮莒州。至元二年，築十字路城，以重喜爲游擊軍。四年，從抄不花伐宋，至泗州北古城。時蔡千户爲宋兵所圍，重喜救出之。五年，入覲，賜白金、納失失段及金鞍、弓矢等。十一年，宋兵圍正陽，敗之。十二年，從下漣、海諸城，别領五千人徑至衡陽店，與宋將李提轄等戰，大敗之，遂進駐瓜洲。十三年夏六月，宋都統姜才來攻，敗之。又從敗李庭芝等於泰州。十四年，進昭勇大將軍、婺州路總管府達魯花赤，佩已降虎符。未幾卒。子慶孫襲職。初授宣武將軍、管軍總管，鎮守安樂州。十六年，移戍鎮江府。十八年，還鎮通州。二十年，進明威將軍。二十二年，移鎮十字路。二十四年，領諸翼軍鎮太湖，教習水戰。二十九年，從征爪哇，擢昭勇大將軍、征行上萬户。將行，詔留之。皇慶二年，卒。子孛蘭奚襲。

怯怯里，斡耳那氏。以千户從闊出攻安豐、壽州。又從諸王塔察兒率蒙古軍二千攻荆山，破之，賜馬二匹。與萬户納鮮以兵略漣海，又從元帥懷都攻襄陽，卒。

子相兀速襲父職。至元十三年，率本部兵從丞相伯顏渡淮，别將千騎攻淮安南門，破之。又從元帥博羅罕築灣頭堡。萬户納兒鮮卧疾，令相兀速權領蒙古、女真、漢人三萬户。宋揚州都統姜才引兵來寇，相兀速逆戰有功。又從丞相阿朮襲制置使李庭芝及姜才於泰州。皆獲之。十四年，加宣武將軍、管軍總管。十八年，爲蒙古侍衛親軍總管。二十三年，改千户。三十年，擢蒙古侍衛親軍副指揮使司事，易金虎符，加顯武將軍。子捏古解，元貞元年爲蒙古侍衛親軍百户。大德六年，襲父職，佩金虎符，授宣武將軍。延祐四年，遷左翊蒙古侍衛親軍都指揮使，仍所佩符，進懷遠大將軍，卒。

孛罕，兀魯帶氏。事太祖，備宿衛。太宗時，領蒙古、漢軍從攻河中府、潼關及河南諸

州縣，與拜只思、札忽帶、阿思蘭攻秦、鞏及仁和諸堡，又與拜只思共守長安。太宗七年，授萬户。從都元帥塔海紺卜伐蜀，卒於師。

子忽都襲萬户。憲宗命將其父軍，從都元帥大答攻巴州。又從都元帥紐璘渡馬湖江，破宋叙州兵於老君山下。中統元年，宋人以舟師二千犯成都新津，忽都逆擊敗之。至元元年，授蒙古、漢軍總管。二年，從都元帥百家奴敗宋將夏貴於淮安。五年，卒。子札忽帶方在宿衛，弟忽都答立襲其職。忽都答立卒，札忽帶復嗣爲千户。從行樞密院圍重慶。守將張珏以勁兵數千挑戰，札忽帶力戰，大破之。回軍圍瀘州，未下。行樞密院遣入朝計事。授定武將軍、管軍總管。復還攻瀘州，登城，搏戰而殁。子阿都赤。

苫徹拔都兒，欽察人。初事太宗，掌牧馬，從攻鳳翔，戰潼關，皆有功。後從大將速不台攻汴京。金人列大栅於河南，苫徹拔都兒率死士往拔之，賜良馬十匹。師還，金將高英率衆邀於中路，苫徹拔都兒擊斬之，賜白金五十兩、幣四匹。從攻秦州，前鋒塔察兒與金將戰。金將捽其鬚，苫徹拔都兒斫金將，乃得脱。蔡州破，金守將佩虎符立城上，苫徹拔

都兒以鐵椎擊殺之，取虎符以獻。命從皇子闊出攻棗陽，又從宗王口温不花攻光州。一日五戰，光州下，賜黄金五十兩、白金酒器一事、馬三十匹。百户愛不忮赤自以無勇略，乞苫徹拔都兒自代，遂授爲百户。從攻滁州，宋兵敗走西山，苫徹拔都兒與千户忽孫追殲之。世祖伐宋，募能先絶江者，苫徹拔都兒與脱歡領兵百人，同宋使諭鄂州降。抵城下，鄂守將殺使者，以軍來襲，苫徹拔都兒奮擊，大破之，復賜黄金五十兩。

中統三年，授蔡州蒙古、漢軍千户。冬，宋人犯西平，爲苫徹拔都兒所卻。至元二年秋，由安慶入廬州，聞宋兵至，設伏於竹林，敗之。四年秋九月，從元帥阿朮敗宋兵於襄陽安陽灘。五年，從阿朮圍襄陽，奪宋將夏貴米舟。阿朮入漢江，使與札剌兒引軍南略，多所斬獲。十年八月，略地淮東。十二年，遣招降滁州，戮其守將王應龍。改武略將軍管軍千户。十三年，復略地淮東，獲其總管二人以獻。遷滁州總管府達魯花赤。宋都統姜才率軍取糧高郵，苫徹拔都兒從史弼奪其馬及糧橐二萬。淮東平，入朝。十四年，從討只里瓦歹於懷剌合都。改宣武將軍、滁州路總管府達魯花赤。

十七年，率其子脱歡、孫麻兀入見。奏曰：「臣老矣，幸主上憐之。」帝命以脱歡爲宣武將軍、管軍總管，佩金符；麻兀爲滁州路總管府達魯花赤。後脱歡以征日本功，授明威將軍、滁州萬户府達魯花赤，遷昭勇大將軍，征行萬户府達魯花赤，佩三珠虎符。又以征爪

哇功，遷昭毅大將軍，鎮守無爲、滁州萬户府達魯花赤，卒。次子鎖住襲其職。

哈八兒秃，薛亦氏。從憲宗攻釣魚山，有功。又從親王塔察兒北征，充千户所都鎮撫。從千户脱倫伐宋，没於陣。

子察罕，從塔察兒攻樊城，領揚州等處游擊軍與宋兵戰，有功。至元十一年，從忽都帖木兒攻江陵。又從阿剌罕敗宋兵於陽邏堡，阿剌罕選爲萬户府副鎮撫。十二年，從總管脱脱出廣德，與宋兵戰，敗之，賜白金酒器。又從攻獨松、千秋等關及諸山寨，撫其降民，賜白金一百兩。十三年，中書省檄爲瑞安縣達魯花赤。始至，招集逃民十萬餘户。十四年，擢管軍總把，並領新附軍五百人，從宣慰唐兀台戰於司空山，有功，命以本職兼都鎮撫，俄選充侍衛親軍。十六年，授銀符、忠武校尉、管軍總把。二十四年，賜金符，授承信校尉、蒙古衛軍屯田千户。二十五年，進武義將軍、本所達魯花赤。二十七年，遷左翼屯田萬户府副萬户。大德五年，卒。子大納襲。

阿兒思蘭，阿速氏。憲宗伐阿速部，阿兒思蘭偕其子阿散真上謁，帝賜手詔，命專領阿速部衆，留其衆之半，餘悉遣歸，以阿散真侍左右。道遇闊里哥叛軍，阿散真力戰死，帝命裹其屍還葬之。阿思蘭言於帝曰：「臣長子死，今以次子捏古來侍陛下，願用之。」捏古來從兀良合台征哈剌章有功。又從伐宋，中流矢卒。子忽都兒，世祖命從孛羅那顏使於哈兒真，以疾卒。子忽都帖木兒。

失剌拔都兒，阿速氏。父月魯達某，憲宗時率阿速十人入覲，充阿答赤。從世祖平大理，兀良合台奏其功，賞俘口。後以金創發，卒。

失剌拔都兒至自脱别之地，賜白金、楮幣、牛馬有差。至元二十一年，從伯顏南征，有功，仍充阿答赤。二十四年，授武略將軍、管阿速軍千户，賜金符。乃顏反，從諸王和兀魯討之，賜金束帶及銀交椅。二十五年，進武德將軍、尚乘寺少卿，兼阿速千户。從討哈答安等，敗之，獲其駝馬。又從討叛王脱脱，擒之。大德六年，卒。子那海顏襲職。至大二年，進宣武將軍、右衛阿速親軍都指揮使，賜二珠虎符。泰定二年，加明威將軍，卒。

口兒吉，阿速氏。與父福得來賜俱事憲宗，直宿衛。世祖時，口兒吉以百户從阿朮伐宋，有功。宋平，命充大宗正府也可札魯花赤。領阿速軍，從征海都。師還，命宣撫湖廣等處，訪百姓疾苦。至大元年，追録前勞，擢左衛阿速親軍都指揮使，進廣威將軍，卒。子的迷的兒，由玉典赤改百户，領阿速軍。從指揮玉哇失征叛王乃顔，敗金剛奴於鎖寶赤之地。至大四年，襲父職。授明威將軍、阿速親軍都指揮使，卒。子香山，事武宗、仁宗，直宿衛。天曆元年九月，與上都兵戰於宜興。自旦至暮，卻敵兵十有三次，以功賜金帶，授左阿速衛都指揮使，卒。

阿老瓦丁，西域木發里人。世祖至元八年，遣使徵砲匠於宗王阿八哈，以阿老瓦丁、亦思馬因應詔。首造火砲置於五門前，帝命試之，各賜衣段。十一年，阿里海涯伐宋，奏乞砲手匠。命阿老瓦丁往，破潭州、静江等路。十五年，授管軍總管。十七年，入覲，賜鈔五千貫。十八年，屯田南京。二十二年，改元帥府爲回回砲手軍匠上萬户，以阿老瓦丁爲

副萬户。大德四年，告老，以子富謀只襲職。

亦思馬因，別馬里斯丹人。從大兵攻襄陽，亦思馬因置砲於城東南隅，機發，聲震天地。守將吕文焕懼，以城降。授回回砲手總管，佩虎符。十一年，卒。子布伯襲職，從大兵渡江，每戰皆有功。十八年，賜三珠虎符，加都元帥。明年，進軍匠府萬户，遷刑部尚書。以弟亦不剌金爲萬户，佩元降虎符，布伯改通奉大夫、浙東宣慰使，卒。

失里伯，蒙古氏。祖怯古里秃，從太祖經略西夏有功。隸於朮赤，領寶兒赤。與金人戰，殁。父莫剌合襲其職，從討阿藍答兒有功，卒。失里伯由樞密院斷事官，出爲河南行中書省斷事官，賜金虎符。至元七年，引水軍四萬攻襄陽。八年七月，宋將范文虎來援，敗之。與諸將圍樊城，先登。十年，遷昭勇大將軍、耽羅招討使。入覲上都，改管軍萬户。十四年，授湖州領襄陽諸路新軍，從丞相伯顔渡江，破獨松關，取湖州，行湖州安撫司事。十四年，授湖州總管，進鎮國上將軍、浙西道宣慰使。十九年，卒。子塔剌赤，曲靖等路宣慰使。

拜延，西夏人。父火奪都，以質子降於太祖。太祖立質子軍，號秃魯花，以火奪都爲百户。從元帥紐璘征西川，承制授爲千户。忽都叛於臨洮，世祖命火奪都從大軍討之，卒。

拜延襲千户。至元九年，授征行千户，佩金符。宋人寇成都，僉省嚴忠範遣拜延擊敗之。又從也速帶兒攻嘉定，從忽敦攻瀘、叙、重慶，皆有功。十二年，授東西兩川蒙古、漢軍萬户總帥。汪田哥用兵於忠州。拜延將兵二千往涪州爲策應。宋人伺田哥回，以舟師邀於清江，拜延卻之，擒副將李春等十七人，奪其軍資。十三年，瀘州叛，拜延率所部扼瀘之珍珠堡，敗其將王世昌，移兵戍暗溪寨。宋合州守將來援，敗之，遂克瀘州。從行院副使不花圍重慶，重慶降，授宣武將軍，蒙古漢軍總管。十九年，從汪田哥入覲，擢懷遠大將軍、管軍萬户，改賜金虎符，卒。子答察兒，金州萬户府達魯花赤。

坤都岱，欽察氏。父庫春，爲欽察部酋諸孫。太宗時，速不台平欽察，庫春隸速不台麾下爲百户。卒，坤都岱嗣。從速不台平河中、鳳翔，又從圍汴京。金亡，從諸王巴哈及

察罕伐宋，破襄陽、郢州、德安，援淮西諸州，登陴陷陣，常爲諸將冠。後戍光州，宋兵來犯，率所部禦之，中流矢卒，年五十一。

子烏克岱嗣百户。從攻襄陽，斬宋將白都統。從大軍伐宋，由忠顯校尉、蒙古大總把，賜金符。監真定、河間、曹州、大名翼各千户。從伯顔濟江，授元帥府知事。擢經歷，以給西安、河東蒙古軍衣糧。賜鞍勒、弓矢。累遷泰州同知宣政院斷事官，擢朝列院經歷。驛徵西蕃負欠金五千兩、鈔八萬五千錠。丁母憂，廬墓，爲鄉里所稱。尋起爲參議院事、西蕃宣慰使，佩虎符。入爲吏部郎中，累擢尚書吏部侍郎。卒。

合剌江，弘吉剌氏。祖納魯都，從太祖伐金，授千户，卒。父門特哥，襲爲平陽府達魯花赤，賜金虎符。卒，合剌江襲。累官武略將軍，晉、潞、吉三州達魯花赤。至元四年，李璮叛，從宗王合必赤討之。璮突圍出，適當合剌江分地。力戰，卻賊。合必赤飲以酒，並飲器賜之，世祖又賜白金。卒，子阿爾答藍嗣。歷晉、朔、應三州達魯花赤。以治最，拜監察御史。歷浙東西、廣西等路廉訪司僉事、副使。

勗實帶，克烈氏。祖昔里吉思，父兀都，世爲炮手軍千户。至元中，勗實帶襲職，從伯顔南伐，以渡江功，授武義將軍，佩金符。尋遷武德將軍、本軍總管。諸將渡江，争掠金帛、婦女，勗實帶獨取圖書百卷。宋平，還屯聞喜，建伊川書院以教士。手不釋卷，與陳天祥、姚燧、盧摯、趙簡友善。臺省交薦之，會卒。勗實帶晚改名士希，字及之，有詩五百餘篇，曰《伊東拙藁》。子慕顔帖木兒，襲千户，亦有學行。

只兒哈郎，滅里乞台氏。至元二十四年，授昭武大將軍、太僕卿。元貞元年，進資德大夫、御史大夫、太僕卿、西域親軍都指揮使司達魯花赤，佩虎符。尋進榮禄大夫。大德四年，以疾卒。

子秃魯不花，至大元年，授開府儀同三司、豐國公，遥授平章政事、行太府院使、西域親軍都指揮使，佩虎符。又特授左丞相、行知樞密院事。至大元年，卒。

子咬住哥，嘉議大夫、西域親軍都指揮使司達魯花赤。皇慶二年，進通議大夫。至治三年，改授同知典院院使，兼前職。天曆元年，有戰功。三年，授雲需總管府達魯花赤。

【校勘記】

〔一〕「合剌江」，原在「拜延」下，據正文乙正。

新元史卷之一百五十三　列傳第五十

田嗣叔子成　孟德義　鄭義江　鞏彥暉信　劉恩　石高山　隋世昌　賀祉　楚鼎　張均　王昔　剌寧　李天祐

田嗣叔，字起宗。其先平陽趙城人，後徙中山。有至性，侍母疾四十餘日，衣不解帶。歲饑，以粟貸貧民，不能償，即取券焚之。金末，河北盜起，嗣叔聚衆自保。後降於睿宗，賜金符，授行軍千户。每戰，率所部爲先鋒，號敢死軍。後與金兵遇於馬黄陂，嗣叔搗其中軍，金兵大亂。俄伏發，倉卒爲流矢所中，創甚。以忠孝勉其二子，言訖而卒。二子：子實、子成。

子成勇悍多智略。從父攻城略地，身先士卒。言於元帥田鎮海，留俘衆有工藝者備任使。鎮海奏聞，從之，命閱實。未幾，饟不繼，將屠其老弱及不習工藝者，子成復進言：「兵爲拯民焚溺，臨陣降者尚不可殺，已爲民而殺之，可乎？」散於河北，使自食其力，足以

結人心。」又從之，活二千餘家，號種田户，太宗命其兄子實爲總管領之。子成佩父金符，爲弘州人匠總管，後致仕卒。子實孫忠良，見《藝術傳》。

孟德，濟南人。由鄒平縣令、淄州節度使，累官至同知濟南路事。太宗八年，諸王闊端命德爲元帥，佩金符，領濟南軍攻宋徐州、光州，降其衆。六皇后稱制，按只台大王以德爲萬户，攻濠、蘄、黄等州。憲宗三年，命德守睢州。五年，移守海州。宋安撫吕文德寇邊，德敗之，俘其太尉劉海。又與子義從世祖攻鄂州，先登。中統三年，從征李璮。璮平，德以老告歸。

義襲爲萬户，領兵守沂、郯。四年，賜虎符。至元元年，城郯。六年，從山東統軍帖赤攻五河口。宋軍拒南岸，義率兵渡河擊之，宋軍敗走。九年，遷宿州萬户。十一年，宋制置夏貴攻正陽，義奪其戰艦數艘，貴遁去。十二年，從攻楊子橋，有功。十三年，改守杭州。九月，從下福建、温、台等處。十四年，授瑞州路達魯花赤。十月，徙鎮閩州。十六年，授招討使。二十二年，復爲沂、郯萬户。元貞元年，以老辭職。子智襲，授三珠虎符、

宣武將軍，爲萬户。延祐二年，進明威將軍，以病去職。子安世襲。

鄭義，冀州棗强人。太師木華黎平河北，義帥其鄉人迎降，授虎衛上將軍、元州路兵馬都元帥，兼景州軍民人匠長官，佩金符。從伐金，戰殁。二弟曰德温，曰甫。德温襲職，從攻徐州，陷陣而死。子澤襲，從萬户史天澤，數有功。年老，弟江代其職。

世祖北征，賜金符，授侍衛親軍副都指揮使，判武衛軍事，兼景州軍民人匠長官。中統三年，李璮據濟南叛，世祖令各州縣長官子弟充千户。於是以江子郇爲千户，領景州新僉軍千餘人，敗賊衆於馬馬橋。璮平，郇以例罷。擢江爲都指揮使，賜虎符，尋改左衛。至元八年，從攻襄陽，殁於陣。郇襲其職，甫以戰功，遷同知冀州節度使事，兼管民萬户。二子：渤，襲都元帥，謚宣靖；澧，性高潔，不樂仕進。澧子郇，累官通議大夫、奉元路總管。

鞏彦暉，易州人。與兄彦榮俱以武勇稱。彦榮以百户隸千户何伯祥麾下，累有戰功。後告老，以彦暉代之。諸軍伐宋，彦暉從破棗陽，斬首甚衆。萬户張柔駐曹武鎮，彦暉與伯祥别將一軍，破大洪諸寨。宋人選兵二萬救之，彦暉與伯祥逆戰，斬首五百級，生擒其將曹路分等。是夜，宋兵來攻彦暉，率甲士三十人拒之，敵潰走，擒其主將以歸。戰光州，柔軍於東北，夜二鼓，命彦暉率勁卒二百伏西南。五鼓，東北聲振天地，彦暉植梯先登，衆繼之，破其外城。遂急攻，並其子城破之。戰滁州，彦暉率浮渾脱者十人，夜渡塹入欄馬牆，殺守軍三鋪，焚其東南角，排寨木簾，大軍繼之。比曉，拔其城。從大軍攻黄州，諸將壁壘未定，柔遣彦暉伏甲二百於赤壁之下。至夜，宋人果水陸並進，彦暉等俟其半過，擊之，敵奔潰，生擒十七人。師還，又破張家寨。從攻壽州，奪其門，生擒三人以出。從攻泗州，諸將集城下，爲塹水所阻。兩軍交射如雨，彦暉被重甲徑渡。敵將來禦，彦暉刺其胸，搏殺之。衆畢渡，克其外城。尋登其月城，彦暉部將顧伯祥陷城中，不能出。乃與驍將王進反求之，翼伯祥以歸。事聞，賜彦暉銀符。憲宗九年，世祖伐宋渡江，次武昌。宋援兵四集，來挑戰。彦暉逐之，中伏，圍彦暉數匝，彦暉矢盡，短兵接，身被重創。度不免，遂自投水中。敵援之出，載歸江州，見宋將不屈，問以事不對，竟死，年五十六。

長子信襲。授銀符、易州等處管軍總把。中統三年，從征李璮。至元四年，從元帥阿术南征。九年，從攻樊城，先登，奪其土城，焚西南角樓。十一年，從丞相伯顔攻沙陽堡，率勇士五十人焚其寨，遂破之。是年，從渡江，直抵鄂州下，擒宋將江路分以歸。十二年，戰丁家洲，殺宋兵七十餘人，奪戰艦二。江南平，以功擢武略將軍、管軍千户，鎮太平州。十六年，以疾辭。子思明、思温、思恭。思明初患目疾，以思温襲。及思温卒，而思明疾愈，復以思明襲。思明卒，以思恭襲，改懷孟萬户府管軍下千户，佩金符。

劉恩，字仁甫，洺州洺水人，後徙威州。恩以材武隸軍籍，累功爲百户。俄遷管軍總管，佩銀符，太傅府經歷。從伐蜀，數有戰功。中統三年，都元帥紐璘遣恩受劉整降，賜金符。至元三年，宋將以戰船五百艘載甲士三萬人屯於江上游，先以一萬人據雲頂山，欲取漢州。恩率千人渡江，與戰，敗之。授成都路管軍萬户。六年，從平章賽典赤攻嘉定，過九頂山，與宋軍遇，生擒其部將十八人，械送京師。

九年，從皇子西平王、行省也速帶兒征建都，恩將游兵爲先鋒，一日三戰，皆捷。時大軍久駐，食且盡，恩招諭諸蠻，得糧三萬石、牛羊二萬頭，士氣益振。建都因山爲城，山有

七頂，恩奪其五，並斷其汲道，建都乃降。入朝，升管軍萬户，戍眉州。十二年，昝萬壽以嘉定降，恩移戍嘉定。安西王遣使召恩至六盤山，問曰：「江南已平，四川未下，奈何？」恩曰：「以不徇私之重臣，奉詔督責之，則半年可下矣。」王即遣恩與木兒赤乘傳以聞。帝然之，命丞相不花等行樞密院於西川，授恩同僉院事。十五年，重慶降，不花遣恩招降反側，旬月之間，得大小州縣六十四。入朝，賞賚有加，授四川西道宣慰使。

改副都元帥，率蒙古、漢軍萬人征斡端，進都元帥，宣慰使如故，賜宿烈孫皮衣一、錦衣一及弓刀諸物。師次甘州，奉詔留屯，得粟二萬餘石。十八年，命恩進兵斡端。海都將玉論亦撒率兵萬人拒戰，游騎先至，恩設伏以待，大敗之。海都又遣八把以兵三萬來攻，恩料衆寡不敵，斂兵而退。二十二年，授僉行樞密院事。卒，子德禄襲，成都管軍萬户。

石高山，德興人。父忽魯虎從太祖定中原，太宗賜以東昌、廣平四千餘户，遂徙居廣平之洺水。

中統三年，高山因平章塔察兒入見世祖，因奏曰：「昔太祖皇帝所集按察兒、孛羅、窟里台、孛羅海拔都、闊闊不花五部探馬赤軍，金亡之後，散居牧地，多有入民籍者。宜加招

集，以備驅策。」帝大悦，曰：「聞卿此言，猶寐而覺。」即命與諸路招之，既籍其數，仍命高山佩銀符領之。

四年，授管軍總管，鎮息州。軍令嚴肅，寇不敢犯，賜金符獎之。至元八年，從取光州，克棗陽，進攻襄、樊，皆有功。十年，從阿朮略地淮南。十一年，從平江南，以功遷顯武將軍。十二年冬，丞相伯顔命以所部兵取寧國，下令無虜掠。既至城下，喻以禍福，守將開門降，秋毫無犯。復從至焦山，與宋將孫虎臣、張世傑轉戰百餘里，殺獲甚多。賜金虎符，進信武將軍，鎮高郵。

伯顔朝京師，帝問：「有瘦而善戰者，朕忘其名。」伯顔以高山對，且盛言其功。帝即召見，命高山自擇一大郡以佚老，高山辭曰：「臣筋力尚壯，猶能爲國驅馳，豈敢爲自安計！」帝大悦，進顯武將軍，率所部北征，屯亦脱山。十六年，命同忽都魯領三衛軍，戍和林屯田，以給軍儲。二十四年，從討乃顔，有功，賜三珠虎符、蒙古侍衛親軍都指揮使，守衛東宫。成宗憫其老，以其子闊闊不花襲職，賜鈔三百錠。大德七年，卒於家，年七十六。

隋世昌，其先登州棲霞人。父寶，從萊陽，金末管軍都統，領鎮行村海口。太宗下山

東，寶迎降，授萊陽令。歷萊州節度判官，終高密令。世昌，其第四子也。善騎射，身長八尺，鍛渾鐵爲鎗，重四十餘斤，能左右擊刺，選充隊長。宋兵攻海州，世昌戰卻之。從攻漣水，世昌樹雲梯攀緣而上，衆從之，遂克其城，授馬軍千户。

中統元年，宋將夏貴軍淮南新城，世昌夜乘艨艟抵城下。宋兵出戰，斬首數百級。未幾，漣水復叛歸宋，世昌軍於東馬寨，擊敗宋兵。三年，改步軍千户，還鎮行村海口。至元元年，朝議分揀正軍奥魯，授萊陽縣諸軍奥魯長官。

七年，遷淄萊萬户府副都撫鎮，守萬山堡，建言修一字城以圍襄陽。遷管軍千户。九年，敗宋兵於鹿門山。元帥劉整築新城，使世昌總其役。世昌立砲簾於樊城欄馬牆外，夜大雪，城中矢石如雨，世昌不肯卻，砲簾卒立。宋人列艦江上，世昌乘風縱火，燒其船百餘。樊城出兵鏖戰，世昌創甚，血漬衣甲，勇氣愈壯。樊城下，遷武略將軍。

從伯顏伐宋，攻新城。世昌坎其城而登，中數矢，傷臂，昏眩墜地，少蘇復進，遂拔之。明日，丞相伯顏視所坎城，高一丈五尺餘，論功第一。從諸軍渡江，抵南岸，率蒙古哈必赤軍步戰，大敗宋兵，斬其將一人。十二年，從敗賈似道於丁家州，以功賜金符。十三年，圍揚州，世昌絶其糧道，兼搜湖泊，宋兵聞鐵鎗名，不敢近。揚州平，充四城兵馬使。從平章阿朮入覲，授宣武將軍、管軍總管。十四年，平野人原、司空山等七寨賊，進安撫使，佩金

虎符，鎮澉浦。十七年，拜定遠大將軍。二十三年，改沂、郯上副萬户。世昌前後數百戰，偏體金瘡，竟以是卒，年六十一。追封定海郡侯，謚忠勇。子國英嗣。

賀祉，益都人。父進，元帥左監軍，守淄州，改千户，守膠州。祉初以質子入宿衛，至元六年，襲父職爲千户，仍守膠州。七年，宋兵攻膠州，祉固守，卻之。十年，領舟師五百艘爲先鋒，攻五河口。軍還，殿後。時宋兵以巨索横截淮水，號渾江龍，祉用刀斷之，卻其救兵，清河城遂降。攻高郵、寶應，戰淮安，城下，丞相伯顔以其功上聞，授武節將軍。攻泗州，獲戰船五百艘。還，從右丞别乞里迷失入朝，帝賜以弓矢、錦衣、鞍勒，加宣武將軍，鎮新城。絶淮安、寶應糧道，獲戰船六百艘及器械，上於行樞密院，遂命領寶應軍民事。十四年，特賜金虎符、懷遠大將軍。二十年，討建寧賊黄華，有功。二十四年，以征交趾，請行，湖廣行省檄令守輜重，屯思明州。軍還至建康，卒。

楚鼎，安豐蒙城人。父玠，金壽春府防禦使，守宿州。太宗十一年，以州降。阿朮魯

命玠守之。宋兵攻陷宿州，玠戰歿，宋人囚鼎於鎮江府十有四年，會赦免。

至元十二年，大兵渡江，鼎從知太平州孟之縉降。行省遣鼎諭寧國府守將孫世賢，下之，承制授鼎管軍總管，加懷遠大將軍，鎮寧國，剿建平、廣德諸盜。鼎與權萬户孛羅台護送徽州招撫使李銓子漢英至徽州，諭銓降。十三年，漢英與李世達叛，旌德、太平兩縣附之。鼎與兀忽納進兵，用徽人鄭安之策，按兵徐入，不血刃而亂定。十五年，鼎始受符印。十八年，東征日本，鼎率千餘人從左丞范文虎渡海。大風舟壞，鼎挾破舟板，漂流三晝夜，至一山，會文虎船，因得達高麗之金州合浦。後病卒。

張均，濟南人。父山，從軍伐宋，以功爲總把，戰歿。均襲百户，從親王塔察兒攻鄂州，面中流矢。中統三年，從征李壇有功，以總帥命升千户，守淄州。至元六年，從左丞董文炳攻宋五河口，轉戰濠州北，遇其伏兵，均力戰敗之。十年，攻連州，奪孫村堡。十二年，賜金符，授忠翊校尉、沂郯翼千户。從攻蕪湖，奪宋戰船，俘四十餘人。又從阿塔海戰有功，加武略將軍。十四年，賜虎符，加宣武將軍。

二十二年，擢松江萬户。二十四年，從鎮南王征交趾。二十六年，從北征，擢明威將

軍、前衛親軍副都指揮使。三十年，以扈從世祖親征乃顔功，受賞。成宗即位，命屯田和林。大軍討西北叛王，軍糧未嘗乏絶。大德元年，改和林等處副元帥。歷宣慰司同知，擢都元帥，加鎮國上將軍。延祐元年，卒。子世忠，襲前衛親軍副都指揮使。

王昔剌，保定人。初事世祖，以其有勇略，賜名昔剌拔都。從攻釣魚山及阿里不哥，累功，賜金符，授武衛親軍千户。中統三年，從征李璮於濟南。四年春，元帥阿朮經略河南，遣昔剌將蒙古、漢軍，復立宿州。至元六年，賜虎符，升海州萬户。引兵攻鹽林山寨，多所俘獲。十年，授同僉東川行樞密院事。十五年，從攻夔府，有功。十六年，徙鎮萬州，卒於軍。二子：宏、寧。

宏先佩金符，爲左衛千户。及樞密院擬寧襲武職，寧讓於宏，於是授宏中衛都指揮使，佩父虎符，而以寧代宏爲千户，佩金符。寧從阿剌台、憨合孫北征，追擊脱脱木兒於阿納秃阿之地。師還，又從别急里迷失等擊賊外剌，斬首百餘級。復從忽魯忽孫北征，有功。升右衛親軍總管，後改前衛都指揮使司、僉事。子處恭，襲宏職，仕至侍御史。

李天祐，修武人。以百户從大兵破蔡州，又從攻釣魚山有功，轉均州萬户府都鎮撫。從破襄陽，轉戰渡江，率驍勇千人登戰艦，横出江口。宋人列船以待，天祐持長矛鈎其船而攻之，斬獲百餘級，宋人奪氣。擢敦武校尉、總管荆南迤北站赤千户。五年，遷武略將軍、荆湖北道屯田總管。募民能田者，躬自率之。尤習於水利，歲收數倍。卒。年七十一。

新元史卷之一百五十四　列傳第五十一

杭忽思阿塔赤　伯答兒　拔都兒別吉連　帖赤帖木兒脫歡　帖木兒不花　忽都思和尚　千奴　葉仙鼐〔一〕　帖哥朮探花愛忽赤脫力世官　也罕的斤　旦只兒　脫歡　孛蘭奚　怯烈　月舉連赤海牙　也速䚟兒　昔都兒　闊里吉思　伯行　鐵連　謨克博羅

杭忽思，阿速部長也。太宗兵至其境，杭忽思率衆來降，賜名拔都兒，佩金符，領其部衆。尋敕選阿速軍千人，及其長子阿塔赤扈駕親征。既還，阿塔赤入直宿衛。杭忽思歸國，遇賊戰殁。敕其妻外麻思領國事。外麻思躬擐甲胄，平叛亂後，以次子按法普代之。

阿塔赤，從憲宗伐宋軍於釣魚山，戰有功。帝親飲以酒，賞白金。阿藍答兒、渾都海叛，從大軍討之，腹中流矢。賞白金，召入宿衛。中統二年，扈駕征阿里不哥，追至蘇馬勒圖之地，復以功賞白金。三年，從征李璮，授金符千户。至元五年，從塔卜台伐宋，克金剛臺。六年，從攻安慶府。七年，從下五河口。十一年，從下松江諸郡戍鎮巢，宋降將洪福

乘醉殺之。世祖憫其死，賜白金五百兩、鈔三千五百貫及鎮巢降民一千五百三十九户，命其子伯答兒襲千户佩金符。

伯答兒，從討叛王昔里吉，與只兒瓦台戰於押里，復與葯木忽兒戰於秃剌及斡魯歡。十五年春，與叛將赤憐戰於伯牙之地。五月，又與外剌台、寬赤哥思等戰於阿赤牙。其大將塔思不吉爲木柵、石城以自守，伯答兒督勇士先登，拔之，矢中右股。元帥別里吉迷失以其功聞，賞白金。二十年，授虎符、定遠大將軍、後衛親軍都指揮使，兼領左阿速衛事，充阿速拔都達魯花赤。二十二年，征別失八里軍於亦里渾察罕兒之地，與秃呵不早麻戰，有功。賜貂裘、弓矢、鞍轡，尋復以銀坐椅賜之〔二〕。二十六年，征杭海。大軍乏食，其母乃咬真輸私財及畜牧等，以佐軍儲。世祖聞而嘉之，賜予甚厚。大德四年，伯答兒卒。

長子斡羅斯，由宿衛累官僉隆鎮衛都指揮使司事，賜一珠虎符。天曆元年，諭降上都兵，賜三珠虎符，擢本衛都指揮使。斡羅斯二子：長都丹，右阿速衛都指揮使；次福定，懷遠大將軍、右阿速衛達魯花赤，兼管後衛軍。後以兄都丹領右阿速衛。福定復遷後衛，升同僉樞密院事，命領軍一千守遷民鎮，尋授定遠大將軍、僉樞密院事、後衛親軍都指揮使，提調右衛阿速達魯花赤。二年，進資善大夫、同知樞密院事。後至元間，進知樞密院

事，因忤伯顏，放海南。尋召還，卒。

拔都兒，阿速氏。世居上都宜興。憲宗在潛邸，與兄兀作兒不罕及馬塔兒沙帥衆來歸。馬塔兒沙，從征蔑吉思城爲前鋒，身中二矢，先登，拔其城。又從征蜀，至釣魚山，歿於軍中。

拔都兒從征李璮，圍濟南，有功，賞納失思段九，命領阿速軍一千常居左右。尋充阿塔赤怯薛百户。後從塔卜台南征，與宋人戰於金剛臺，又以功受賞。師還，言於帝曰：「臣願從軍爲國效死。」世祖留之，充孛可孫，兼領阿速軍，令鞚引御馬。至元二十三年，授廣威將軍、後衛親軍副都指揮使，賜虎符。明年夏，征乃顏於亦米河，擒金家奴、塔不台以歸，賞鈔及衣段，加定遠大將軍。大德元年，卒。

子別吉連襲。至大四年，河東、陝西、鞏昌、延安、燕南、河北、遼陽、河南、山東諸翼衛探馬赤争草地，訟者二百餘起。命別吉連往讞之，悉正其疆界。累官懷遠大將軍。致和元年，從燕帖木兒入中書省，擒平章政事烏伯都剌等，迎立文宗。使別吉連領衛軍，守居

庸關諸要害。天曆元年十月，梁王王禪兵掩至羊頭山，勢張甚，别吉連從燕帖木兒擊之，突入其軍，王禪敗走。文宗賜御衣二襲、三珠虎符及弓矢、甲胄、金帛旌其功。尋以疾辭，子也連的襲。

帖赤，答答里帶氏。同都元帥塔海紺布伐蜀，並將蒙古也可明安、和赤馬賴及炮手諸軍，攻下興元、利、劍、成都諸路。中統二年，賜虎符，授西川便宜都元帥。俄進行樞密院，率諸軍略定未下郡縣。至元元年，遷益都等路統軍使，卒於軍。二子：帖木兒脱歡、帖木兒不花。

帖木兒脱歡，初以蒙古軍千户從伐蜀有功，行樞密院承制授萬户，並將列别木、塔海帖木兒、也速帶兒、匣剌撒兒四千户軍從大軍取重慶。徇下流諸城，留戍夔州，兼本路安撫司達魯花赤，進懷遠大將軍、蒙古軍萬户。遷定遠大將軍，兼嘉定鎮守萬户、本路總管府達魯花赤。尋升鎮國上將軍、諸蠻夷部宣慰使，加都元帥。亦奚不薛叛，與岳剌海會雲南兵討平之。改征緬都元帥，卒於軍。子忽都答兒嗣。

帖木兒不花，中統初，入備宿衛。至元七年，授虎符，代張馬哥爲淄萊水軍萬户，將其衆赴襄陽，與宋將范文虎戰於灌子灘，奪其戰艦，追至雲勝洲，大敗之。行省上其功，賜白金五十兩，並衣甲、鞍轡。九年，授益都、淄萊新軍萬户。

從丞相伯顔伐宋，敗其大將夏貴於陽羅堡。論功，賜白金五百兩。又從下鄂、蘄、黄、江、常、秀等州，累加昭武大將軍。從參知政事阿剌罕，略定紹興、温台、福建，授台州路總管府達魯花赤。遷廣東宣慰使。

十六年，加都元帥，從攻宋將張世傑於厓山。世傑死，降其衆數千人。廣東平，領諸降臣及將校有功者入見於大安閣，命大府監視其身製銀鼠裘，親賜之，授中書左丞，行省江西。二十五年，拜四川等處行尚書省平章政事，兼總軍務，改行中書省平章政事，卒。

忽都思，玉耳別里伯牙吾氏。父哈剌察兒，率所部歸太祖。忽都思有膂力，太宗四年從睿宗敗金兵於三峰山，賜號拔都。六年，授百户，從攻宋唐、鄧州，數有功，賜銀幣、名馬、甲冑、弓矢。憲宗四年，從攻宋漢上鐵城寨，戰殁。追贈竭忠宣力功臣、資德大夫、中

書右丞、上護軍。追封流國公，謚武愍。子和尚。

和尚，襲父職。從世祖攻鄂州。又從大軍討李璮，敗其衆於老僧口，擢阿剌罕萬户府經歷。至元五年，從攻襄陽，都元帥阿朮薦其才可大用。十一年，從丞相伯顔渡江，戰於柳子、魯洑、新灘、沌口，皆有功。十三年，從平章政事阿里海涯攻江陵，宋安撫使高達城守，和尚直抵城下，諭以禍福，達開門出降。以功擢行省郎中。從圍潭州，守將李芾堅守不下。十二年，城陷，諸將議屠其民，和尚曰：「拒命者宋將耳，民何罪？且列城未附者尚多，若降而殺之，是堅其效死之心也。」參知政事崔斌曰：「郎中言是。」阿里海涯從之，由是湖南郡縣望風納款。世祖聞而嘉之。改行省斷事官，分徇廣西，兼行宣撫司事。未幾，授常德路達魯花赤，以治最聞，擢嶺南廣西道提刑按察使。阿里海涯恃功驕恣，和尚據事劾之，不少貸。遷江南浙西道提刑按察使，卒於官，年四十九。贈宣忠守正功臣、銀青光禄大夫、司徒、上柱國，追封沇國公，謚莊肅。子千奴。

千奴，以月魯那延薦，召見大安閣。世祖以其父官授之，拜江南浙江道提刑按察使。是時行省、行臺皆治杭州，千奴上言：「兩府並在杭州，勢偪則權分，情通則威褻，宜移行臺

極言於要便之地。」後行臺卒移於江東道。二十六年，累遷淮西江北道提刑按察使。入覲，極言丞相桑哥罪狀，帝爲之改容。未幾，桑哥竟伏誅。二十八年，改立肅政廉訪司，授江北淮東道肅政廉訪使，進階廣威將軍。三十一年，换江東建康道，丁祖母憂歸。

大德二年，授太中大夫建康路總管，未行，奉使淮東、西，察官吏能否。還奏軍民便宜三十事，多見采用。歷江西湖東、江南湖北兩道。奏劾中書平章政事伯顔等顓權固位，行臺聞於上，伯顔等皆被黜。千奴剛正不撓，朝廷事有不便，必上章極論之，未嘗以外吏爲嫌。七年，授大都路總管兼大興府尹。俄進通議大夫同僉樞密院事。奏言：「蒙古軍在山東、河南者，往戍甘肅，資裝歸其自辦，往往鬻田產、賣妻子。戍者未返，代者又繼，前後相仍，困苦日甚。請以甘肅鄰境兵戍之。其山東、河南戍兵，官爲出錢，贖其田產、妻子。」詔從之。未幾，遷參議中書省事。

武宗即位，拜榮禄大夫、平章政事、商議樞密院事，兼左翼萬户府達魯花赤，賜玉帶。延祐五年，乞致仕，仁宗憫其衰老，從之，仍給半俸終身。

千奴屏居濟南，築先聖祠於歷山之下，聚書萬卷，延名儒教其鄉里子弟。賜額「歷山書院」。家居七年，卒，年七十一。贈推忠輔治功臣、光禄大夫、河南行省平章政事、上柱國，追封衛國公，謚景憲。四子：龍寶，監察御史、洪澤屯田萬户；不蘭奚，江南行臺監察

御史；觀音保，襲洪澤屯田萬户；孛顔忽都，鄭州知州，以治行第一，入爲翰林國史院經歷。

葉僊鼐，畏吾氏。父土堅海牙，以才武從太祖、太宗平西夏及金，俱有功。

葉僊鼐事世祖於潛藩。從征吐蕃、雲南，常爲前鋒。從伐宋，至鄂州，先登，奪其外城。中統元年，從征阿里不哥，賞白金、貂裘。明年，討李璮，又以功賞白金五百兩。授西道都元帥，金虎符，吐蕃宣慰使。葉僊鼐隨地之阨塞，設兵屯鎮撫之，恩威兼著。賜金幣鈔及玉束帶，爲宣慰使。天曆二十四年，遷雲南行省平章政事，尋改江西行省平章政事。至元三十一年，成宗即位，召還，賜玉帶，改陝西行省平章政事。謝事歸隴右。十年，卒。贈協恭保節功臣、太保、儀同三司、上柱國、鞏國公，謚敏忠。子完澤，太子詹事。至大四年，拜平章政事。皇慶二年，以宣徽院事，除知樞密院事。延祐四年，出爲雲南行省平章政事。後與弑英宗，伏誅。

帖哥朮探花愛忽赤，畏吾氏。父八思忽都探花愛忽赤，領畏吾、阿剌温、滅里乞、八思四部，從攻四川戰歿。憲宗命帖哥朮管理渴密里、曲先諸宗藩地。渾都海、阿藍答兒叛，執帖哥朮械繫之。帖哥朮乘間脱走，入覲。世祖賜金符，襲其父職，命率所部討賊。以功賜衣服、弓矢、鞍勒。又命從諸王奧魯赤討建都蠻，平之。擢昭勇大將軍、羅羅斯副都元帥、同知宣慰司事。至西蕃境内，蕃酋遮道不得進，帖哥朮戰卻之，道遂通。賜金符，賞白金及衣二襲。卒於官。子脱力世官。

脱力世官，襲父職爲武德將軍、羅羅斯副都元帥、同知宣慰司事。定昌路總管谷納叛，與千户阿夷謀率衆渡不思魯河。脱力世官引兵擒阿夷，殺之。德平路落來民叛，又討平之。

亦奚不薛諸部未附，詔脱力世官率羅羅斯、蒙古軍四百人，羅羅章六百人，從左丞愛魯討之。愛魯命率兵攻羅羽，抵落穿，奪其關，獲牛馬以給士卒。又與萬户兀都蠻攻怯兒部，其酋阿失據寨不下，脱力世官先登拔之。愛魯遂命脱力世官總左手四翼兵，討平亦奚不薛。又有蠻子童者，立寨於納土原山，脱力世官與參政阿合八失夾攻之，賊窮蹙乞降。進兼管軍副萬户。蠻細狗、折興等及威龍州判阿遮，皆阻險爲亂，脱力世官夜襲其寨，賊

敗走，獲阿遮，斬之。

入覲，授三珠虎符，加懷遠大將軍[三]、羅羅斯宣慰使，兼管軍萬户。既還，括户口，定賦税[四]，以給屯戍。昌州蘇你、巴翠等作亂，以雲南王命討降之，徙其衆於昌州平川縣。千户任世禄以所部二千人乘間遁去，屯威龍州。脱力世官據其要路扼之，世禄降。未幾入覲，卒於京師。子唆南班，由宿衛襲職，佩三珠虎符，晉鎮國上將軍。

也罕的斤，匣剌魯氏。祖匣答兒密立，以斡思堅部哈剌魯軍三千人降於太祖。以千户從征西域。又從睿宗及哲别諭降河西諸城。後從攻臨洮，戰殁。父密立火者，從太宗滅金。又從憲宗攻蜀，爲萬户府達魯花赤。憲宗崩，大軍北還，留密立火者戍成都以備宋。世祖即位，密立火者貳於阿里不哥，廉希憲使别思馬襲殺之。世祖以匣答兒密立死王事，中統二年，授也罕的斤千户，數有戰功，拔宋五花、石城、白馬等寨。至元七年，宋兵入成都，以四百人拒之，相持四日，宋兵敗退，追擊於眉州，敗之。授蒙古、匣剌魯、河西、漢軍萬户，戍眉州。從攻嘉定，築懷遠砦以扼其要害，屢敗宋兵。

十二年，入朝，賜對衣、玉帶、白金百兩，加昭勇大將軍、上萬户，益兵萬人。會圍重慶，督馬湖江兩岸水陸兵。十四年，從攻瀘州神臂門，先登拔之。又從行樞密院副使卜花攻重慶，屯佛圖關，移屯堡子頭，宋將趙安開門降。復率所部略地恩州。加昭毅大將軍，授嘉定軍民、西川諸蠻夷部宣撫司達魯花赤，增户萬餘。進奉國上將軍、四川宣慰使、都元帥。

十七年，率所部成斡端，拜雲南行省參知政事。二十一年，與諸王相吾答兒、右丞太卜等分道征緬，造舟二百於阿昔、阿和二江，進拔江頭城，以都元帥袁世安守之，且圖其地形勢以獻。先是，遣黑的兒、揚林等諭緬降，不報。諸叛蠻據大公城以拒官兵，復遣僧諭以禍福，反爲所害。乃水陸並進，連拔建都、金齒等十二部，命都元帥合帶、萬户不都蠻等成之，緬遂納款。二十八年，改四川行樞密院副使，卒。子：火你赤的斤，雲南都元帥；也連阿，蒙古軍萬户。

旦只兒，蒙古答答帶氏。至元初，從征蜀，敗宋兵於馬湖江。九年，從征建都蠻。十三年，從敗宋兵於峽江。又從拔瀘、叙諸州，進圍重慶，敗宋將張萬。瀘州叛，旦只兒先將

所部據紅米灣，敗宋援兵，進至安樂山，復敗之，斬首五百餘級。宋兵邀糧運於安樂山，擊走之，遂破其石檠寨。十四年，從諸軍拔瀘州。張萬欲引兵向合州，旦只兒以鋭卒千人邀擊於龍坎，萬遁走。賜銀符，授管軍千户。從征斡端，至甘州，賜金符，擢總管。十九年，從諸王合班、元帥忙古帶討斡端，與叛王元盧戰，敗之。二十年，諸王八巴以兵來攻，旦只兒敗其衆五百人，拔出亡卒二千餘人，進副萬户。二十六年，授信武將軍、平陽等路萬户府達魯花赤。卒，子建都不花襲。

脱歡，札剌兒台氏。父脱端，爲千户，從皇子闊出伐宋。憲宗三年，鎮蔡州，卒。子不花襲。不花卒，弟阿藍答兒襲。阿藍答兒卒，弟長壽襲，並爲千户長。壽卒，脱歡襲。加武略將軍，佩金符，從阿朮攻陽邏堡，又從攻拔鄂、漢諸州，建康、太平等路。宋將姜才攻楊子橋，脱歡率鋭卒逆之，斬馘無算。俄宋兵又集於堡北，復破之。萬户昔里罕入朝，道滁州，爲宋兵所遮，脱歡擊敗宋兵，出昔里罕。從攻揚州，至泥湖，奪戰艦三十艘。進攻平江，宋將王邦傑等迎降。至元十三年，大軍圍高郵，脱歡率所部赴之，未至二十里，遇宋將漕高郵粟，擒之，又敗高郵兵於城下。十四年春，授懷遠大將軍、太平路達魯花赤。會只

里瓦帶寇北邊，遣脱歡禦之，左臂中流矢二，賜鎧甲、弓矢、鞍勒、鈔千五百緡。十五年，從親王斡魯忽台、丞相孛羅西征，加定遠大將軍、福州路達魯花赤，改武昌路。卒。

孛蘭奚，弘吉剌氏。祖忙哥，以后族爲太祖宿衛。父律實，狀貌魁偉，善騎射。太宗問以兵事，應對稱旨，授千户，尋命隸濟南王按只吉歹府。從睿宗伐金，有功。仍入爲宿衛，卒。

孛蘭奚英邁有父風，幼孤，能自刻厲。暇日習弓馬，夜則讀書。其母嘗訓之曰：「汝父忠勇，天不假年。汝能自立，則汝父無憾矣。」孛蘭奚亦感奮，期成其父之志。襲爲濟南王府官。世祖征乃顔，孛蘭奚以王府兵從，躍馬陷陣，所向披靡。世祖望見，壯之，及戰捷，帝勞之曰：「無忝爾父也。」賜黄金及金織文二匹，授宣武將軍、信州路達魯花赤。時江南初附，孛蘭奚宣布德意，與民休息，期年，信州大治。使者以聞，帝遣使賜以上尊。俄以疾卒，年三十三。贈河間路達魯花赤，追封范陽郡侯。

子脱穎不花，歷監察御史、河南道廉訪使、郴州達魯花赤。

怯烈，西域人。雲南行省平章賽典赤辟爲掾。至元十五年，分省大理。緬人入寇，怯烈擊卻之。授行省左右司員外郎。十八年，平章納速剌丁遣詣闕面奏邊事，世祖愛其聰辨，賜虎符，授鎮西平緬麓川等路宣撫司達魯花赤，兼招討使。成都、烏蒙諸驛阻絶，怯烈市馬給傳，往來便之。俄召入，詢征緬事宜，奏對稱旨，賜幣及翎根甲。諸王相吾答兒、右丞太卜征緬，命怯烈率兵船爲嚮導，拔其江頭城。復從雲南王入緬，將兵三千人屯驃甸，招徠蠻峒，民多復業。後入覲，授鎮西平緬宣撫司達魯花赤，兼招討使、僉緬中行中書省事，佩金符。頒詔於緬，緬王稽顙降附，遣世子信合八的入貢。遷通奉大夫、雲南行省參知政事，進資善大夫、左丞。二十八年，改四川行樞密院副使。大德四年卒。

月舉連赤海牙，畏兀氏。從憲宗攻合州，奉命修藥麴以療疫，賞白金五十兩。又從皇子忙哥都征雲南。中統三年，火都暨答離叛，從大軍討平之。至元十二年，佩虎符，爲隴右河西道提刑按察使。番酋兀朗孩、火石顔謀爲亂，從皇子安西王討平之。十五年，與伯速帶討平土魯蕃，皇子復賜衣帶、金椀。十七年，進嘉議大夫。二十年，進中奉大夫、四川

行省參知政事，尋以疾歸秦州。大德八年，卒。至順中，贈推忠宣力定遠功臣、資善大夫、陝西行省左丞、護軍，追封威寧郡公，謚襄靖。

也速䚟兒，伯牙烏氏。父愛伯，太祖時内附，徙濟陰，以五十户從大軍伐宋，戰殁。也速䚟兒襲父職，從大軍經略襄、樊，攻百丈山、鸛子灘，俱有功。樊城圍合，也速䚟兒先登，賜銀鈔。明年，破復州，以功遷百户。主將言賞不酬勞，世祖擢爲千户，賜金符，督五路招討。至元十六年，改授金虎符、管軍總管。宋平，進懷遠大管軍、萬户，領江淮戰艦數百艘，東征日本，全軍而返，特賜養老户一百及弓矢、鞍轡。二十二年，移鎮泰州。是時籍民丁爲兵，得萬人，以也速䚟兒爲欽察親軍指揮使統之。二十四年，詔范文虎將衛軍五萬鎮平灤州，也速䚟兒及右衛僉事王通副之。大德三年，卒。四子：黑厮，襲萬户；黑的，牧馬户同知；延壽拜顔，哈剌赤；完澤帖木兒，廣德萬户府達魯花赤。

昔都兒，欽察氏。父秃孫，從大軍討李璮有功，授百户。至元十年，告老，以昔都兒代

之。從攻襄陽、唐、鄧等州，授管軍把總，賜銀符。十四年，從諸王伯木兒追擊只兒瓦台、岳不思兒等於哈喇和林，平之，賜金符，進武略將軍、侍衛軍百户。宋亡，江南郡縣猶有未附者，昔都兒白於省臣，願率所部平之。諸城望風景附，賜虎符，進宣武將軍、溪洞右江萬户府達魯花赤。率洞軍從鎮南王征交趾。二十四年冬十月，屯兵萬劫，右丞阿八赤命進兵，拔其一字城，奪戰艦七。明年春正月，與交趾興道王戰於塔兒山，右臂中毒矢，裹創力戰，諸軍乘勝繼進，大敗之，入其都城。四月，戰於韓邨堡，擒其將黄澤。是夜，交人劫營，官軍堅壁待之，敵退，追敗之，斬馘無算。五月，鎮南王引兵還，以昔都兒爲前軍，至陷泥關，敗追兵，迎鎮南王於女兒關。交人以兵四萬截要路，將士相顧失色，昔都兒率死士奮擊，敗之，鎮南王遂由單巳縣趣盝州間道以出。二十六年，賜虎符，授廣威將軍、炮手匠軍萬户府達魯花赤。大德二年卒，子也先帖木兒襲。

闊里吉思，蒙古按赤歹氏。曾祖八思不花，從太祖平乃蠻諸部，常爲先鋒，佩虎符。以諭降豐州、雲州，擢宣撫使。祖忽押忽辛，襲父職。憲宗語之曰：「汝所佩虎符舊矣，何以旌世功？」命改製，賜之。中統三年，改河中府達魯花赤，卒。父藥失謀，襄陽統軍司經

歷，改宿州達魯花赤，不拜。樞密副使孛羅、御史中丞木八剌引見世祖，奏曰：「此忽押忽辛子也，乞以其祖父虎符賜之。」除金剛臺達魯花赤，累遷建康路達魯花赤，卒。

闊里吉思以宿衛充博兒赤。至元二十五年，拜司農少卿，賜金束帶。遷司農卿，進秩資善大夫。未幾，拜榮禄大夫、湖廣行省平章政事，平海南黎峒，入覲，賜玉帶、金銀、幣帛有差。成宗即位，又入覲，賜海東青鶻、白鶻各一。大德二年，改福建行省平章政事，旋改福建道宣慰使、都元帥。遷征東行省平章政事。闊里吉思與高麗王王昛不相能，又多受賄賂。五年，徵還，復拜湖廣行省平章政事。明年，改陝西行省，以目疾還京師。加金紫光禄大夫、雲南行省左丞相。卒，年六十六。子完澤，湖廣行省右丞，征廣西猺，卒於軍中。

伯行，玉吕伯里氏，本西北部人。父忽都，從太祖定中原，遂家於大名路之清豐縣。伯行幼孤，大興尹張柔見而奇之。後從丞相阿塔海鎮揚州，阿塔海奏以本州所領四萬户移於鄂，易鄂州兩萬户戍揚州，廷議如所請。湖廣行省丞相阿里海涯不從，阿塔海使伯行乘馹至鄂州，宣上旨。語竟，阿里海涯怒而面赤。伯行前曰：「此聖旨，公怒，且不敬。」阿

里海涯曰：「吾怒阿塔海也。」伯行曰：「聖旨非阿塔海所造，公殆怒上耳。盍姑退！」阿里海涯懼，置酒食謝罪，卒易兩萬户而返。阿塔海以伯行通國語，使專奏對，歲率乘馹六七返。世祖見而喜曰：「是黑髯使者復來矣！」

至元二十二年，授金壇縣尹。未幾，遷行省理問官。帝欲再伐日本，阿塔海言其不便，使伯行入奏，帝悟，遂罷兵。帝諭執政曰：「伯行，朕昔以『黑髯使者』目之，今察其人温良潔正，可當重任。」時桑哥秉政，寢上命不下。阿塔海移江西，奏以伯行自輔，授奉議大夫、行省都鎮撫。

二十九年，除慶元路治中。慶元多宋故家，翰林學士王應麟杜門謝客，伯行首加尊禮，俾學者師事之。胥吏侮士大夫，至叱名召立廷下，伯行禁之，俾稱其故官，民大悦。

大德元年，遷浙東海右道肅政廉訪副使。太傅答剌罕薦其賢，擢工部侍郎。伯行條江南弊政數百事，答剌罕悉革之。十一年，成宗崩。伯行掌諸庫鍵籥，遷尚書。至大元年，加正議大夫。從皇太子幸五台山，頓遞如法，民不知勞，賜白金、名馬以奬之。丁母憂歸，特賜上尊祭墓。起爲兩浙都轉運使，辭不就。再授資國院使，復辭，不允。三年，奉使至江南道，卒，年六十一。延祐四年，贈資政大夫、江浙行省左丞、上護軍，追封順義郡公，謚貞惠。

伯行母徐氏守節，教子甚嚴。及伯行貴，聞其事於朝，詔旌其門。子：和尚，監察御史；教化，同知沔陽府事。

鐵連，乃蠻人，居絳州。祖伯不花，爲宗王拔都傅。鐵連魁偉寡言，有智略。早歲宿衛王府。拔都分地平陽，以鐵連監隰州。中統初，調平陽馬步站達魯花赤。至元初，海都叛，廷議欲伐之。世祖曰：「朕以宗室之情，當懷之以德，其擇謹密足任大事者往使焉。」左右以鐵連對，遂召見。帝嘉其辯慧，曰：「此事非汝不可。然必先詣蒙哥帖木兒，相與計事而後行。」使二人副之。鐵連欲直造海都境，視其虛實，副者弗從，曰：「上命我輩先與諸王議，今遽造敵境，不可。」鐵連曰：「親承密旨，汝輩違則當誅。」副者懼而從之。既至，海都召與宴飲，鐵連乃厲聲斥之曰：「且食勿語，望語言脫口相摭爲罪耶！」良久，海都曰：「直哉！」酒半，鐵連求衣爲賜。海都嘉其辯，將解與之，其妃止之，贈以裘二襲，因語其屬曰：「爲使者當如是矣。」

及至蒙哥帖木兒所，具告以故。王曰：「祖宗有訓，叛者人得誅之。如通好不從，奉師以行天罰，我即外應掩襲，剿絕不難矣。」鐵連還，悉以事聞，因言於帝曰：「海都兵多而銳，

不宜速戰。來則堅壘待之，去則勿追，自守既固，必無他虞。」帝然之，敕所受海都裘飾以金，凡朝會服之，以旌其奉使之勞。

後屢使於海都，道遇海都游兵，副者前行失對，遇害。鐵連後至，曰：「我爲天子使，可以非禮犯耶！」游兵語屈，乃曰：「前者僞使，此真使也。」釋之，遂得還。帝常謂侍臣曰：「有鐵連，則朕之宗族不失和好矣。」鐵連始終凡四往返，歷十有四年。帝謂鐵連曰：「在朝官之要重者，惟汝所擇。」對曰：「臣志在王室，其事未辦，不敢奉命。今臣母在絳州，老且病，得侍朝夕，幸也。」詔從其請，授絳州達魯花赤。至元十五年，平陽李二謀亂，鐵連捕問，盡得其狀。中書奏進其秩，帝曰：「鐵連豈惟能辦此耶？」加宣武將軍。至元十八年，病卒於官，年六十四。子答剌帶嗣，官信武將軍、同知大同路總管府事。

謨克博羅，維尼斯國人。從其父來中國貿易。世祖平江南，授爲杭州管税官，乞解職返國，從之。時旭烈兀後王阿魯渾使者至，求漢女爲妃，世祖以蒙古女庫喀奇賜之，媵以宋宗室女，使謨克博羅送之，並使通好於英吉利、法蘭西、日斯巴尼亞諸國。謨克博羅與阿魯渾使者三人，從海道歸。逾年，始抵西域忽里模子。阿魯渾已前卒，蓋喀圖嗣立，命

謨克博羅送女於合贊，阿魯渾之長子也。謨克博羅著游記，載西域及中國事甚悉。泰西人入中國，著書，以謨克博羅爲稱首云。

【校勘記】

〔一〕「葉仙鼐」，正文作「葉僊鼐」。本書卷二九《氏族表下》作「葉仙鼐」。按《元史》目録亦作「葉仙鼐」，本傳作「葉僊鼐」。

〔二〕「坐椅」，原作「生椅」，據《元史》卷一三五列傳第二十二《阿荅赤傳》改。

〔三〕「懷遠大將軍」，「懷遠」原作「遠遠」，據《元史》卷一三三列傳第二十《脱力世官傳》改。

〔四〕「賦税」，原作「賦脱」，據《元史》卷一三三列傳第二十《脱力世官傳》改。

新元史卷之一百五十五　列傳第五十二

賽典赤贍思丁 納速拉丁 烏馬兒 忽辛　布魯海牙 廉希憲 廉希賢 廉惠山海牙　闊闊 堅童

賽典赤贍思丁，一名烏馬兒，回回人別庵伯爾之裔。別庵伯爾者，西域諸國尊回回教主之名也。賽典赤，猶華言貴族。贍思丁自云「與中國孔子同世系」，言爲教主後，同於中國孔氏之貴云。父苦魯馬丁。太祖征西域，贍思丁率千騎迎降，獻文豹、白鶻。命直宿衛，賜號賽典赤而不名。太宗即位，授豐、浄、雲内三州都達魯花赤，改太原、平陽二路達魯花赤，遷燕京斷事官。憲宗即位，命與塔剌渾行六部事，改燕京路總管，旋擢本路採訪使，多惠政。

世祖中統元年，立十路宣撫司，改燕京路宣撫使。二年，拜中書平章政事。至元元年，出爲陝西五路、四川行省平章政事，涖官三年，增户九千五百六十五、軍一萬二千二百五十五、鈔六千二百二十五錠，屯田糧九萬七千二十一石，撙節和買鈔三百三十一錠。中書奏聞，賜銀五千兩，命陝西五路、四川行院大小官並聽節制。七年，改軍前行尚書省事，

鎮四川。宋嘉定守將昝萬壽與賽典赤對壘，賽典赤推誠待之，萬壽心服。未幾，召還。萬壽請置酒爲好，左右難之，賽典赤竟往。酒至，左右復請勿飲，賽典赤笑曰：「汝等何見之小？昝將軍能毒我，豈能盡毒我國之人乎！」萬壽歎服。八年，大軍圍襄陽，詔各路進兵以牽制之。賽典赤與僉省鄭鼎，水陸並進，至嘉定，縱筏斷其浮橋，獲戰艦二十八艘。尋命行省事於興元，主饋運。

十年，入覲，帝謂賽典赤曰：「雲南朕嘗親至。其地比委任失宜，使遠人不安。欲選謹厚者撫之，無如卿者。」賽典赤受命，退朝，繪雲南輿圖以上。帝大說，拜雲南行省平章政事，賜鈔五十萬緡。

時南平王禿魯鎮雲南，惑於左右之言，以賽典赤至必奪其權，徵兵備之。賽典赤遣其子納速剌丁先謁禿魯，請曰：「天子命臣安輯雲南，今未敢專，請王遣一人來共議其事。」禿魯聞之，遽詈其下曰：「幾爲汝輩所誤！」明日遣親臣撒滿、立哈乃等至，賽典赤問相見之禮，對曰：「吾等與納速拉丁偕來，猶兄弟也，請以子禮見。」皆獻名馬爲贄，拜跪甚恭，觀者大駭。賽典赤設宴，盡以金銀酒器與之。明日來謝，賽典赤謂之曰：「二君雖宗王親臣，未有名爵，不可議國事；欲屈爲行省斷事官，以未見王，不敢擅授。」請一人還報，從之。禿魯大悦，由是政令一聽賽典赤所爲。

十二年，奏：「雲南諸夷未附，擬宣慰司兼行元帥府事，並受行省節制。」又奏：「哈剌章、雲南壤地相等，而州縣皆以萬户、千户主之，宜改置令長。」並從之。雲南俗：男女自相配偶，親死則火之，無喪祭之儀。其地無桑麻秔稻，子弟不知讀書。賽典赤教以媒妁通婚，死者爲之棺槨奠祭，又教民播種，爲陂池以防旱潦，創建孔子廟、明倫堂，以經史授學者，由是舊習漸除。雲南以貝爲錢，時初行鈔法，民不便之，賽典赤奏聞，俾仍其舊。又以山路險遠，多盜賊，相地置鎮，每鎮設土官一人、百户一人，遇盜賊劫掠，則罪之。

有怨家走京師，誣告賽典赤專僭數事，帝命械送賽典赤治其罪。既至，賽典赤脱械諭之曰：「汝不知上以便宜命我，故疑我專僭。今貰汝罪，且官之，能竭忠自贖乎？」皆叩頭謝，誓以死報。

交趾叛服不常，湖廣行省遣兵討之，失利。賽典赤使人諭以逆順禍福，且約爲兄弟。其王親至雲南，賽典赤郊迎，待以賓禮，遂乞永爲藩服。

蘿槃甸叛，命賽典赤討之，有憂色。左右問其故，賽典赤曰：「吾非自憂，憂汝輩冒鋒鏑，不幸無辜而死；又憂汝輩劫掠，使民不聊生耳。」師次蘿槃城，三日不降，諸將欲攻之，賽典赤不可。遣使諭之，越三日仍不降，諸將怒，請進兵，又不可。俄將校有乘城而上者，賽典赤大怒，鳴金止之，召萬户責之曰：「天子命我安撫雲南，未嘗命我殺戮。無主將命而

擅攻，於軍法當誅。」叱左右縛之，諸將叩頭，請俟城下之日軍法從事。蘿槃酋聞之，曰：「平章寬仁如此，吾拒命不祥。」乃出降，由是諸夷翕然款服，廣南儂士貴、左江李維屏、右江岑從威，共籍户四十萬來聽命。夷酋入見，必有獻納，賽典赤悉分賜從官，或以贍貧民，秋豪無所取。又以酒食勞諸酋，製衣冠韈襪，易其卉服草履，衆皆感悦。

至元十六年，卒，年七十九，百姓巷哭。交趾遣使者齊衰致祭，其祭文有「生我育我，慈父慈母」之語云。帝思賽典赤之功，詔雲南省臣守其成規，勿擅改。大德元年，贈守仁佐運安遠濟美功臣、太師、開府儀同三司、上柱國，追封雍國公，謚忠懿。後進封咸陽王，改謚忠惠。子：納速剌丁；次哈散，廣東道宣慰使、都元帥；次忽辛；次苦速丁兀默里，建昌路總管；次馬忽速，雲南行省平章政事。

納速拉丁，累官中奉大夫、雲南路宣慰使都元帥。至元十四年，遷大理、金齒等處宣慰使都元帥，以兵抵金齒、蒲驃、曲蠟、緬國，招降帖木、乃木、普蒙、帖木、巨木、禿磨欲等砦土官。曲臘溝折民四千，孟磨愛吕民一千，磨奈蒙匡黑答八剌民二萬，蒙古甸甫禄保民一萬，木都彈禿民二萬，以馴象十二入貢。賜金五十兩、衣二襲，將士賞賚有差。十七年，授資德大夫、雲南行省左丞，尋遷右丞。建言三事：一，雲南規措所造金薄

貿易病民；一謂雲南有行省，又有宣慰司、都元帥府，近宣慰司已罷，而元帥府尚存，行省既兼領軍民，則元帥府當罷；一謂官吏子弟入質，大吏子弟當遣，餘當罷。並從之。

二十一年，進榮禄大夫、平章政事。從皇子托歡征交趾，賜銀二千兩。雲南俗尚鬼，相傳劚土一尺，則死者旋踵。納速拉丁告誡之，使劚土者日以聞，於是築隄防、建廬舍皆無避忌。二十八年，拜陝西行省平章政事。納速拉丁受代去，雲南人範金爲像祀之。二十九年，卒。贈推誠佐理協德功臣、太師、開府儀同三司、上柱國、中書左丞相，追封岐國公，謚貞簡。後進封延安王，改謚宣靖。子十二人：伯顔，中書平章政事；次烏馬兒；次沙的，雲南行省左丞；次阿榮，太常禮儀院使；次伯顔察兒，中書平章政事，贈守誠佐治安惠世美功臣、太師開府儀同三司、上柱國、中書左丞相，追封奉元王，謚忠憲。

烏馬兒，累官福建行省平章政事，建泉州、興化兩郡廟學，置學田。又築興化、莆田等縣海塘爲田，以贍貧民，閩人頌之。

至治元年，改江浙行省平章政事，領江淮等處財賦都總管府事。歲饑，出財賦府米十萬石賤糶之，又自購米五百石食饑者。是年冬，京師亦歲祲，詔江浙行省每歲海運米二百三十萬石，使春運五十八萬，以四月至京師，一府愕然，曰：「凡海運以夏至爲期。方春，東

北風多，安能濟事？」烏馬兒曰：「吾奉天子命，不敢緩，即時開運。」四月，海道萬户府以狀聞，運米五十五萬石赴都倉訖，官民相慶。時江淮財賦府初立，烏馬兒入覲，太皇太后勞而遣之。至是，半歲之輸增三十三萬錠。太皇太后賜織室錦襖、大官上尊以爲寵賚焉。後卒於官。

忽辛〔一〕，賽典赤第三子也。以世臣子直宿衛，世祖善其應對。至元十四年，授兵部郎中，出爲河南等路宣慰司同知。河南多盜，官軍緝捕失利，忽辛遣人持檄諭之，有二人來降，忽辛賜以冠服，放還，使招其部黨。未幾，偕盜魁十餘輩至，羅拜庭下，瞻視異常。左右驚怖失措，忽辛使吏籍其姓名爲民，以飲食賜之，命服役於左右。羣盜聞之，相繼款附。二十一年，授雲南諸路轉運使，累遷汴梁路總管三十年，授兩浙鹽運使。

大德元年，擢江東道宣慰使。改陝西行省御史中丞，又改雲南行省右丞。時梁王松山以皇曾孫鎮雲南，忽辛條諸不便事，白於梁王改之，王不可。忽辛與左丞劉正馳還京師，詔王依所奏施行。於是病民之政，剗除始盡。豪民避徭役投充王府宿衛，忽辛按舊額所無者，悉籍爲民，去其宿衛三分之二。馬龍州酋謀反，事覺，王將釋之，忽辛與劉正反覆研鞠，盡得姦狀，斬之。軍糧支給，道有遠近，吏夤緣爲奸，忽辛籍軍户姓名及倉廩之所

在，更番支給，弊遂革絶。

先是，賽典赤建孔子廟，置祭田。及卒，田爲大德寺所有，忽辛奪還之，令諸路徧立廟學，文教大行。

廣南酋沙奴素强悍，嘗受宋之金印。忽辛遣使招之，留數月不遣。酋請還，忽辛曰：「汝欲還，可納印來。」酋不得已，以印上。忽辛置酒宴勞，使賫印入覲。

五年，緬酋負固不服，忽辛遣人諭之曰：「我老賽典赤之子，一切奉先人訓，汝國所不便事，當爲汝更之。」緬酋聞之，即與使者偕至，獻白象一，曰：「此象古所未有，今應聖德而來，敢效方物。」忽辛奏聞，帝大悦。俄有附會圖讖以惑王者，忽辛與劉正密奏之，帝遣使者按問，誅之。忽辛偕使者入覲。

八年，改四川行省左丞，又改江西行省。至大元年，拜榮禄大夫、江西行省平章政事。明年，以母老乞養歸，卒於家。天曆元年，贈守德宣惠敏政功臣、上柱國、雍國公，謚忠簡。子伯杭，中慶路達魯花赤；曲列，湖南道宣慰使。

史臣曰：元末歙人羅文節爲普定府知事，豪酋饋以金文，節卻之。酋怒曰：「君賽典赤耶？乃不受吾金！」賽典赤之名爲蠻夷所重如此，雖鄭子産、楚孫叔敖何以尚之哉！

布魯海牙，畏吾兒人。祖牙兒八海牙，父吉台海牙，俱以功爲其國世臣。布魯海牙年十八，隨亦都護内附，充宿衛。太祖西征，布魯海牙扈從，不避勞苦，賜羊馬、氈帳，又以西遼菊兒汁女耶律氏配之。太祖崩，拖雷監國，選使燕京總理財賦。使還，莊聖太后聞其廉謹，請於太宗，使管湯沐邑，凡軍民匠户在燕京、中山者悉統之，又賜中山店舍、園田、民户二十，授真定路達魯花赤。

太宗三年，拜燕南諸路廉訪使，佩金虎符，賜民户十。未幾，授斷事官。時斷事官得專生殺，布魯海牙慎於用刑。有誤毆人死者，吏論以重法，其子號泣請代。布魯海牙戒吏，使縛送於市，懼則殺之。其子無懼色，乃曰：「誤毆人死，情有可原；子而能孝，義無可誅。」遂併釋之，使出銀以資葬埋。

是時法制未定，奴有罪，主得專殺。布魯海牙知其非法而不能救，嘗出金贖死者數十人。隸軍籍者，憚於行役，往往募人代之，又多逃歸者。朝廷定制：募代者杖百，逃歸者死。命布魯海牙與斷事官卜只兒按順天等路，得募人代者萬一千户，逃者十一人。布魯海牙憫而奏之，皆得輕減。有丁多産富、未至役而逃者，則曰：「此而不殺，何以懲後！」其

執法平允，類如此。

世祖即位，擇信臣宣撫十道，命布魯海牙使真定。真定富民出錢貸人者，不踰時倍取其息，布魯海牙使息如本而止，著爲令。中統鈔法行，以金銀爲本，本至，乃降新鈔。真定無金銀，鈔不可得。布魯海牙遣幕僚邢澤往謂平章王文統曰：「昔奉太后旨，金銀悉送上京。真定南北要衝之地，商賈甚多，今舊鈔既罷，新鈔不降，何以爲政？且以金銀爲本，豈若以民爲本乎！」文統不能奪，立降鈔五千錠，民賴以濟。俄遷順德等路宣慰使，佩金虎符。來朝，帝命坐，慰勞之，賜海東青鶻。至元二年秋，卒，年六十九。

初，布魯海牙拜廉訪使，命下之日，子希憲適生，喜曰：「吾聞古以官爲姓，天其以廉爲吾宗之姓乎？」故子孫皆姓廉氏。後或奏廉氏仕進者多，宜稍汰之，世祖曰：「布魯海牙功多，子孫亦朕所知，非汝所當預也。」

大德初，贈儀同三司、大司徒，追封魏國公，謚孝懿。子十三人：希閔，蘄黃等路宣慰使；希憲；希恕，中書平章政事、湖廣行省左丞；希尹；希顏；希愿；希魯；希貢，昭文館大學士、薊國公；希中；希括；阿魯渾海牙，廣德路達魯花赤。孫五十三人，多顯仕。

廉希憲，字善甫，一名忻都。幼魁偉，舉止異凡兒。九歲，家奴四人盜五馬逃，既獲，

法當死。布魯海牙將付有司，希憲泣諫止之，俱得免。又嘗侍母居中山，有二奴醉出惡言，希憲曰：「是以我爲幼也。」即送府獄，杖之。皆奇其有識。年十九，侍世祖於潛邸，恩遇殊絶。希憲篤好經史，手不釋卷。一日，方讀《孟子》，聞召，懷書以進。世祖問：「讀何書？」對曰：「《孟子》。」又問《孟子》大義，對曰：「陳王道，明義利，不忍一牛，推恩四海。」世祖嘉之，目曰「廉孟子」，由是知名。與近臣校射世祖前，希憲腰插三矢，有欲取以射者，希憲曰：「汝以我爲不能耶？但吾弓力稍弱耳。」左右授以勁弓，三發連中。衆驚服曰：「真文武材也！」

世祖受京兆分地，命希憲爲宣撫使。京兆控制隴蜀，王藩分布左右，民雜羌戎，號難治。希憲講求利病，抑强扶弱。暇日從名儒許衡、姚樞等諮訪治道，首請用衡提舉京兆學校，教育人材，爲根本計。國制：爲士者不隸奴籍。京兆多豪强，令格不行。希憲至，悉令著籍爲儒。貧民貸富家錢，至本息相當，收其本，又以息爲券，展轉責償，號羊羔利。負則虐待之，不勝其毒。希憲正其罪，償利勿過本息，餘皆取券焚之，著爲令。

初，世祖受命憲宗，經理河南、關右，讒者謂王府人多專擅不法。至是，命阿藍答兒、劉太平檢核所部，用酷吏分領其事，大開告訐。希憲曰：「宣撫司事由己出，有罪當獨任，僚屬何預！」及事竟，無獲罪者。憲宗九年，世祖渡江圍鄂州，希憲引儒生百餘拜伏軍門，

因言：「王師渡江，凡士人宜官爲贖還，以廣示德意。」世祖從之，還者五百餘人。憲宗凶聞至，希憲啟曰：「殿下太祖嫡孫，先皇母弟，子惠黎元，率土歸心。今大行奄棄萬國，神器無主，願速還正大位，以安天下。」世祖然之，且命希憲先行審察事變。對曰：「劉太平、霍魯歡在關右，渾都海在六盤。太平性險詐，素畏殿下英武，倘倚關中形勢，連結諸將，則不可制。宜遣趙良弼往覘人情向背。」從之。後良弼自關中奏劉太平等反狀，卒如希憲言。

阿里不哥搆亂北邊，使脱忽思僉兵河朔。真定名士李槃，嘗奉莊聖太后命，侍阿里不哥講讀。脱忽思怒槃不附己，械之。希憲白於世祖而釋之。宗王塔察兒，東諸侯之長也，世祖欲招徠之，難其使，希憲請行。塔察兒宴希憲，希憲從容説之曰：「大王屬尊望重，發言推戴，誰敢不協？」塔察兒從其議。還奏世祖，驚曰：「此大事，卿何輕率如此？」對曰：「《論語》謂『時然後言』，臣所言亦惟其時耳。」

明年，至開平，宗室諸王勸進，世祖謙讓未允。希憲復以天時、人事進言，且曰：「阿里不哥於殿下爲母弟，留守和林，專制有年，或覬望神器，事不可測，宜早定大計。」世祖良久曰：「吾意決矣！」明日遂即位，建元中統。希憲上言：「高麗王世子倎久留京師，今聞其父死，宜立爲王，遣還國，以恩結之。」又言：「宜遣使與宋講好，敕諸軍北歸。」帝皆從之。

初分漢地爲十道，乃併京兆、四川爲一道，以希憲爲宣撫使。劉太平、霍魯歡聞之，乘

驛急至京兆，謀爲變。後一日，希憲至，宣布詔書，遣使安慰六盤。未幾，斷事官闊闊出遣使來告：「渾都海已反，殺所遣使者朵羅台，遣人約密里火者於成都，乞台不花於青居，各以兵來援。又多與蒙古軍奥魯官兀奴忽等金帛，盡起新軍，且約太平、霍魯歡同日俱發。」希憲得報，召僚屬謂曰：「上新即位，責任吾等，正爲今日。不早爲之計，悔將無及！」遣萬户劉黑馬、京兆治中高鵬霄、華州尹史廣，掩捕太平、霍魯歡及其黨，獲之，悉置於獄。復遣劉黑馬誅密里火者，總帥汪惟正誅乞台不花，具以驛聞。時關中無兵，命汪惟良率秦、鞏諸軍進駐六盤，惟良以未奉詔爲辭。希憲即解所佩虎符、銀印授之，付銀一萬五千兩以充功賞，出庫幣製軍衣。惟良感激，遂行。又發蜀卒更戍，及在家餘丁，推節制諸軍蒙古萬户八春將之，謂之曰：「君所將之衆，未經訓練，六盤兵精，勿與争鋒，但張聲勢，使不得東，則大事濟矣。」會有詔大赦，希憲命絞太平等於獄，尸於通衢，方出迎詔，人心遂安。乃遣使自劾停赦行刑、徵調諸軍、擅以惟良爲帥等罪。帝深善之，曰：「《經》所謂『行權』，此其事也。」别賜金虎符，使節制諸軍，且詔曰：「朕委卿以方面之權，事當從宜，勿拘常制，坐失事機。」

西川將紐鄰奥魯官，將舉兵應渾都海，八春獲之，繫其黨五十餘人於乾州獄，送二人至京兆，請殺之。二人自分必死，希憲謂僚佐曰：「渾都海不能乘勢東來，保無他慮。今衆

志未一，猶懷反側，彼見其將校囚執，或別生心，爲害不細。若因其懼死，並加寬釋，使之感恩效力，就發其餘丁往隸八春，上策也。」紐鄰見奥魯官得釋，果大喜過望，切諭其屬，人人感悦。

渾都海知京兆有備，遂渡河西趨甘州，阿藍答兒復自和林率兵應之，又使紐鄰兄宿敦爲書招其弟。於是成都帥百家奴，興元帥忙古台，青居帥汪惟正、欽察，俱遣使言，人心危懼，事不可測。希憲遣使諭之，兩川諸將夙憚希憲威名，皆從命。時朝議欲棄兩川，退保興元，希憲奏曰：「四川已定，無故自墮成功，後悔不及。」帝即拜希憲中書右丞、行秦蜀中書省事。渾都海、阿藍答兒合軍而東，諸將失利，河西大震。會親王合丹及汪惟良、八春等合兵，復戰，大敗之，俘斬略盡，梟二叛首於京兆市。事聞，帝大奬之，曰：「希憲真男子也！」進拜平章政事，賜宅一區。時希憲年甫三十云。

希憲奏：「四川降民皆散處山谷，宜申敕軍吏禁止俘掠，違者千户以下與犯人同罪。」又禁諸人無販易生口，由是四川遂安，降者益衆。又罷解鹽户所摘軍，及京兆諸處無籍户成靈州屯田者，以寬民力。欽察獲宋將張炳震、王政二人，以母老，願賜矜放，希憲皆遣之。因爲書與宋四川制置使余玠，諭以天道、人事。玠得書感愧，不復輕動。鞏昌帥府言，鎮戎州有謀叛者，連引四百餘人。希憲詳推之，惟誅首惡五人。宋將劉整以瀘州降，

盡繫前降宋者數百人待報。希憲奏釋之，且致書宰相，待整以恩，當得其死力。宋將家屬之在北者，希憲歲給資糧，仕於宋者，子弟得越界省其父母，人皆感之。

詔括北京諸郡牛馬以濟河西，希憲奏曰：「關中凋瘵已極，歲賦不充，不堪此役。」奏入，特復二年。

希憲父布魯海牙爲順德等路宣撫使，入朝面奏曰：「臣子希憲誤蒙獎拔，恩逾其分，且事多專，輒恐開後釁。」帝曰：「朕欲大用希憲久矣，第難於代者，卿勿疑懼。」

李璮反，事連王文統。平章趙璧素忌希憲勳名，因言：「文統爲張易、廉希憲薦引，遂至大用。且關中形勝之地，希憲得民心，有商挺、趙良弼爲之輔，此事宜關聖慮。」帝曰：「希憲自幼事朕，朕知其心。挺、良弼皆正士，何慮焉？」蜀伶人費寅爲同知興元府事，後坐法當死，會赦免。希憲惡其爲人，不用。寅乃爲飛語，譖希憲因李璮叛，亦治兵，潛蓄異志。帝惑之，命中書右丞南合代希憲行省，且覆驗其事，卒無實。詔希憲還京師，陛見，奏曰：「方關陝叛亂，川蜀未寧，事急星火，臣隨宜行事，不謀佐貳。如寅所言，罪止在臣，臣請逮繫有司。」帝撫御床曰：「當時之言，天知之，朕知之，卿何罪！」慰諭良久。進拜中書平章政事。

一日夜半，召希憲入禁中，從容道藩邸舊事，因及趙璧所言〔二〕。希憲曰：「昔攻鄂時，

賈似道作木栅環城，一夕而成。陛下顧扈從諸臣曰：『吾安得如似道者用之？』劉秉忠、張易進曰：『山東王文統，才智士也，今爲李璮幕僚。』詔問臣，臣對：『亦聞之，實未嘗識其人。』」帝意始釋。

希憲在中書，振舉綱維，綜核名實，汰逐冗濫，裁抑僥倖，當時翕然稱治。又建言：「國家自開創以來，凡納土及始命之臣，咸令世守，至今將六十年，州縣長吏皆其皂隸僮奴。宜更張之，使考課黜陟。」乃議行遷轉法。

至元元年，丁母憂，率親族行古喪禮，勺飲不入口者三日，慟則嘔血，不能起，寢卧草土，廬於墓側。宰執以憂制未定，欲勸之出，既至，聞號痛聲，竟不忍言。未幾，有詔奪情起復，希憲雖不敢違命，然出則素服從事，入必縗絰。及喪父，亦如之。

奸臣阿合馬領左右部，專總財賦。會其黨相攻，帝命中書推覆，衆畏其權，莫敢問。希憲窮治其事，以狀聞。杖阿合馬，罷所領歸有司。帝諭希憲曰：「吏廢法而貪，民失業而逃，工不給用，財不贍費，先朝患此久矣。自卿等爲相，朕無此憂。」對曰：「陛下聖猶堯舜，臣等未能以臯陶、稷、契之道，輔佐太平，實爲溺職。今日小康，未足多也。」因論及魏徵，對曰：「忠臣、良臣，何代無之？顧人主用不用爾！」有内侍傳旨内朝堂，言某事當爾，希憲曰：「此閹宦預政之漸，不可啟也。」遂入奏，杖之。

言者訟丞相史天澤，親黨布列中外，威權日盛。詔罷天澤政事，使待鞫問。希憲進曰：「天澤事陛下久，知天澤深者，無如陛下。陛下以其可付大事，用爲輔相，小人一旦有言，陛下當察其心跡，果有肆横不法者乎？今日信臣，故臣敢進言。他日有訟臣者，臣亦遭疑矣。臣等備員政府，陛下之疑信若此，何敢自保？天澤既罷，亦當罷臣。」帝良久曰：「卿且退，朕思之。」明日，帝召諭希憲，事遂解。

又有訟四川帥欽察者，帝敕中書遣使誅之。明日，希憲復奏。帝怒曰：「尚爾遲回耶！」對曰：「欽察大帥，以一小人言誅之，民心必駭。宜逮至京師，與訟者廷對，然後明其罪於天下，誅之未晚。」詔遣使者按問，事竟無實，欽察得免。

希憲每奏議帝前，論事激切無少回惜。帝曰：「卿昔事朕王府，多所容受。今爲天子臣，乃爾木强耶？」希憲對曰：「王府事輕，天下事重，一或面從，天下將受其害，臣非不自愛也。」

方士請煉大丹，敕中書給所需。希憲以秦、漢故事奏，且曰：「堯、舜之壽，不因大丹也。」帝曰：「然。」遂卻之。時方尊禮國師，帝命希憲受戒。對曰：「臣受孔子戒矣！」帝曰：「孔子亦有戒耶？」對曰：「爲臣當忠，爲子當孝。孔子之戒，如是而已。」

五年，始建御史臺，繼設各道提刑按察司。時阿合馬專總財利，乃曰：「庶務責成諸

路，錢穀付之轉運，今如此繩治，事何由辦？」希憲曰：「立臺察，古制也。内則彈劾奸邪，外則訪求民瘼，裨益國政，無大於此。若去之，使上下專恣貪暴，事豈可集耶！」阿合馬不能對。

七年，詔釋京師繫囚。西域人匿贊馬丁用事先朝，資累巨萬，爲怨家所告，繫大都獄，既釋之矣，時希憲在告，實不預其事。是秋，車駕還自上都，怨家訴於帝，希憲取堂判補署之，曰：「天威莫測，豈可幸其不署以苟免耶！」希憲入見，以詔書爲言。帝曰：「詔釋囚耳，豈有詔釋匿贊馬丁耶？」對曰：「不釋匿贊馬丁，臣等亦未聞有此詔。」帝怒曰：「汝等號稱讀書，臨事乃爾，宜得何罪？」對曰：「臣等忝爲宰相，有罪當罷退。」帝曰：「但從汝言。」即與左丞相耶律鑄同罷，時至元七年也。

一日，帝問侍臣：「希憲居家何爲？」侍臣以讀書對，帝曰：「讀書固朕所教，然讀之而不肯用，多讀何爲？」意責其不復求進也。阿合馬因讒之曰：「希憲日與妻子宴樂爾。」帝變色曰：「希憲清貧，何從宴設？」希憲有疾，帝遣醫診視，醫言須用沙糖。時沙糖最難得，家人求於外。阿合馬與之二斤，且致密意。希憲卻之曰：「使此物果能活人，吾終不以奸人所與服之也。」帝聞而賜之。右丞相安童奏希憲行省河西。帝曰：「河西諸王分地，希憲執法嚴，於朕意尚不肯曲從，豈聽諸王命者？」

會嗣國王頭輦哥鎮遼陽，言者劾其擾民不便。十一年，詔起希憲爲北京行省平章政事，肩輿入辭，賜坐，帝温諭良久，且曰：「遼霫户不下數萬[三]，諸王、駙馬分地所在，彼皆素知卿，故命卿往，體朕此意可也。」故事親王使者傳令旨，官立聽。希憲至，始革正之。

有西域人自稱駙馬，營於城外，繫富民，誣其祖父嘗貸息錢，索償甚急。民訴之行省，希憲命收捕之。其人怒，乘馬入省堂，坐榻上。希憲命捽下，跪而問之曰：「法無私獄，汝何人，敢擅繫良民！」令械之。其人惶懼求哀，國王亦爲之請，乃令其待對，遂夜遁。俄詔頭輦哥歸國，希憲獨行省事。

朝廷降鈔買馬六千五百，希憲遣買於東州，得羨餘馬千三百。希憲曰：「上之則若自衒。」即與他郡之不及者，以其直還官。長公主及駙馬入朝，縱獵，發民牛車載其所獲，徵求費至萬五千貫。希憲宴公主，從者怨飲食不及，希憲曰：「我天子宰相，非汝庖人。」駙馬怒，起立，希憲面責之曰：「駙馬畋獵，非國制也。費民財不貲，我已馳奏矣。」駙馬驚，入告公主。公主出，飲希憲酒，曰：「從者擾民，吾不知也。請以鈔萬五千貫還斂民之直，幸勿遣使者。」自是貴人皆莫敢縱。

十二年，右丞阿里海牙下江陵，圖地形上於朝，請命重臣開府鎮之。帝急召希憲還，使行省荆南，賜坐，諭曰：「荆南入我版籍，欲使新附者感恩，未來者向化，且令宋人知我朝

有臣如此，亦足以戢其心。南土卑濕，於卿非宜，今以大事付託，度卿不辭。」賜田以養居者，馬五十以給從者。希憲曰：「臣每懼才識淺近，不能勝大任，何敢辭疾？然敢辭新賜！」復有詔，令希憲承制授三品以下官。

希憲冒暑疾驅以進。至鎮，阿里海牙率其屬郊迎，望拜塵中。荆人大駭。即日禁剽奪，通商販，興利除害，兵民安堵。首録宋故宣撫、制置二司幕僚能任事者，以備采訪，仍擇二十餘人隨材授職。左右難之，希憲曰：「今皆國家臣子也，何用致疑！」

時宋故官禮謁大府，必廣致珍玩。希憲拒之，且語之曰：「汝等身仍故官，或不次遷擢，當念聖恩，盡力報效。今所饋者，若皆己物，我取之爲非義；一或係官，事同盜竊；若斂於民，不爲無罪。」皆感激謝去。又令敢殺俘獲者，以故殺平民論；爲軍士所虜、病而棄之者，許人收養，病愈，故主不得復有；立契券質賣妻子者，重其罪，仍没入其直。

先時，江陵城外瀦水爲陂以禦敵，希憲命決之，得良田數萬畝，分於貧民。發沙市倉粟不入官籍者二十萬斛，以賑公安之饑。大綱既舉，乃選教官置經籍，且日親詣講舍，以厲諸生。

西南溪洞及思、播田、楊二氏，重慶制置使趙定應，俱越境請降。事聞，帝曰：「先朝非用兵不能得地，今希憲能令數千百里外越境納土，其治效可知矣。」闗吏得江陵人私書，不

敢發，上之。樞密發於帝前，其中有曰：「歸附之初，民不聊生。皇帝遣廉丞相出鎮荆南，豈惟人漸德化，昆蟲草木，咸被澤矣。」帝曰：「希憲不嗜殺人，故能爾也。」

希憲疾久不愈，十五年春，近臣董文忠言：「江陵濕熱，如希憲病何？」乃召希憲還。江陵民號泣遮道留之，相與畫像建祠。希憲囊橐蕭然，帝知其貧，特賜白金五千兩、鈔萬貫。

五月，至上都。太常卿田忠良來問疾，希憲謂曰：「上都，聖上龍飛之地，天下視爲根本。近聞龍岡遺火，延燒民居，此常事耳，慎勿令妄談地理者惑動上意。」未幾，果有以徙建都邑上奏者，樞密副使張易、中書左丞張文謙與之廷辯，力言不可，帝不悦。明日，召忠良質其事，忠良以希憲語對，帝曰：「希憲病甚，猶慮及此耶！」議遂止。

詔徵揚州名醫王仲明視希憲疾。既至，希憲服其藥，能杖而起，帝喜，謂希憲曰：「卿得良醫，疾向愈矣。」對曰：「醫持善藥以療臣疾，苟能戒慎，則誠如聖諭；設或肆情縱欲，良醫何益？」蓋以醫諷諫也。

會議立門下省，帝曰：「侍中非希憲不可。」遣中使諭旨曰：「鞍馬之任，不以勞卿。坐而論道，時至省中。事有必須執奏，肩輿以入可也。」希憲附奏曰：「臣疾何足恤！輸忠效力，生平所願。」皇太子亦遣人諭旨曰：「上命卿領門下省，無憚羣小，吾爲卿除之！」然竟

爲阿合馬所沮。

十六年春，賜鈔萬貫，詔復入中書，希憲稱疾篤。皇太子遣侍臣問疾，因詢治道，希憲曰：「君天下在用人，用君子則治，用小人則亂。臣病雖劇，委之於天。所甚憂者，大奸專政，羣小阿附，誤國害民，病之大者。殿下宜開聖意，急爲屏除，不然，不可藥矣。」戒其子曰：「丈夫見義勇爲，禍福無預於己。謂皋、夔、稷、契、伊、傅、周、召爲不可及，是自棄也。天下事苟無牽制，三代可復也。」又曰：「汝讀《狄梁公傳》乎？梁公有大節，爲不肖子所墜，汝輩宜慎之。」

十七年十一月，有大星隕於正寢之旁，流光照地，久之方滅。是夕，希憲卒，年五十。

希憲在中書，宋降將劉整上謁，希憲弟希貢爲通報。希憲方讀書，不答。希貢出，整復求見。希憲中坐，命整入。整再拜，希憲不予一言。整求退，謂之曰：「此我之私宅，汝欲有所陳，明日當至政事堂見我。」整出，愧赧無人色。未幾，宋太學諸生袖詩入見，希憲肅容入，執禮甚恭。諸弟問之，希憲曰：「吾國家大臣，嚬笑繫天下輕重。整，叛臣也，故折辱之，令其知君臣之義。至寒士，皆誦法孔子者，我不禮敬之，則儒術將掃地矣。」丞相伯顔嘗曰：「廉公，男子中真男子，宰相中真宰相也。」其推服希憲如此。

大德八年，贈忠清粹德功臣、太傅、開府儀同三司、追封魏國公，謚文正。加贈推忠佐

理翊運功臣、太師、開府儀同三司、上柱國、恒陽王，諡如故。

子六人：孚，僉遼陽等處行中書事；恪，台州路總管；恂，中書平章政事、集賢大學士；忱，邵武路總管；恒，御史中丞；惇，江西等處行中書省參知政事、陝西行省左丞。從弟希賢。

希賢，字達甫，一名中都海牙。伯父布魯海牙嘗曰：「是兒剛果，當大吾家。」年二十餘，與從兄希憲同侍世祖，出入禁中，小心慎密。至元初，北部諸王拘殺使者，世祖使希賢往諭之。希賢宣布上意，辭旨條暢，王悔謝，爲設宴，贈貂裘一襲、白金一笏。還奏，帝喜，賜以御膳。尋進中議大夫、兵部尚書。

左丞相伯顏伐宋，既渡江，十二年春，授希賢禮部尚書，佩金虎符，與工部侍郎嚴忠範、秘書丞柴紫芝持國書使宋。三月丙戌，至廣德軍獨松關，守關者不知爲使，襲而殺之。守將張濡以爲己功，受賞，知廣德軍。明年宋亡，獲張濡，殺之，詔遣使護希賢喪歸，後籍濡家貲與之。希賢死，年二十九。

廉惠山海牙，字公亮，阿魯渾海牙之子也。惠山海牙幼孤，言及父輒泣下。養母家日

不給，敝衣糲食，不以爲恥。母喪，哀毁逾禮。年弱冠，大臣欲薦入宿衛，辭曰：「吾世父事世祖以通經，號『廉孟子』。今方設科取士，願讀書以科第進。」乃入國學積分。

至治元年，登進士第，授承事郎、同知順州事。有弓匠提舉馬都剌怙勢奪州民田，同列畏之。惠山海牙至，即讞其事，卒還民田。用薦者召入史館，預修英宗、顯宗《實録》。尋拜監察御史，抗章劾中書省臣貪猥，語同列曰：「儻以言責獲罪，吾之職也。」既又劾奏明里董阿不當攝祭太廟。遷都水監，疏會通河，堤灤、漆二水，又修京東閘。歷秘書丞、會福總管府治中。上疏言迎佛費財蠹俗，時論韙之。出僉淮東廉訪司事，遷江浙行省左右司員外郎，僉河東、河南、江西廉訪司事，擢江南行御史臺經歷。時山東鹽法大壞，以選除都轉運使，未期月，用課最，賞賚金、幣、上尊。

至正三年，初行郊禮，召拜侍儀使。明年，預修遼、金、宋三史。遷崇文太監，出爲河南行省右丞。遷湖廣行省右丞，以武昌失守連坐。既而事白，遷江西行省右丞，就除本道廉訪使。未幾，江西省治亦陷，惠山海牙走福建。久之，除僉江浙行樞密院事。改拜福建行省右丞。居歲餘，奉詔還治省事，且督賦税由海道供給京師。遷行宣政院使。明年，拜翰林學士承旨、知制誥兼修國史。卒，年七十有一。

史臣曰：渾都海擁重兵附阿里不哥，與劉太平、霍魯歡相表裏，廉希憲以一書生，搘拄其間，決猶豫，平大亂，可謂智勇矣。及爲宰相，剗除蠹弊，與民休息，侃然以古大臣之事爲己任。元之理學名臣，希憲一人而已。安童、不忽木，其次也。

闊闊，字子清，本蔑里吉氏。部族世居不里罕哈里敦之地。其俗驍勇，善騎射，諸族憚之。國初舉族内附。世祖居潛邸，選闊闊爲近侍。世祖聞王鶚賢，避兵居保州，遣使徵至，問以治道，命闊闊與廉希憲皆師事之。既而闊闊出使於外，迨還而鶚已行，思慕不食者累日。世祖聞而賢之。後憲宗復召鶚至和林，仍命闊闊受學。每旦起，盛飾冠服，鶚讓之，闊闊深自悔悟。明日，衣純素以進，鶚乃悦。

憲宗二年，奉命僉諸路軍籍，以丁壯産多者充之。所至編籍，無撓累，人皆德之。及還，帝悦，命領燕京匠局。

世祖即位，特授中書左丞，遷大名路宣撫使。時李壇據濟南未下，故事：死囚呈中書省待報。闊闊與參議烏古論真謀：「大名近濟南，不便宜從事，無以懾伏叛黨，一切重囚皆命戮之於市。」時論稱其明決。未幾，以疾卒，年四十。

子堅童，字永叔。少孤，甫十歲即從王鶚游。及長，奉命入國學，復從許衡游。弱冠入侍禁廷，授中順大夫、侍儀奉御，遷中議大夫、同修起居注。奉使濟南，見楊桓賢，遂力薦之。

至元二十三年，授嘉議大夫、禮部尚書，遷吏部尚書，秩未滿，特授通議大夫、御史臺侍御史。二十四年，扈從東征有功，遷燕南河北道提刑按察使。二十八年，授正議大夫、燕南河北道肅政廉訪使，拜河南行省平章政事。驛召赴闕，未拜，以疾卒，年三十九。

【校勘記】

〔一〕「忽辛」，原作「忽幸」，據本卷目録及下文改。《元史》卷一二五列傳第十二亦作「忽辛」。

〔二〕「趙璧」，原作「趙壁」，據上文及《元史》卷一二六列傳第十三《廉希憲傳》改。

〔三〕「霅」，原作「雪」，《元史》卷一二六列傳第十三《廉希憲傳》同，據元明善《清河集》卷五《平章政事廉文正王神道碑》改。

新元史卷之一百五十六 列傳第五十三

高智耀睿 納麟 李楨 劉容 闊闊出脱歡 朵兒赤仁通 暗伯亦憐真班

高智耀，字顯達，河西人。祖逸，夏大都督府尹。父良惠，夏右丞相，封寧國公。智耀登進士第，而國亡，遂隱於賀蘭山。太宗召見，將用之，固辭。

皇子闊端鎮平凉，智耀上言：「儒者給復已久，不宜與厮養同役，請除之。」皇子從之。憲宗即位，智耀入覲，奏言：「儒者所學堯、舜、禹、湯、文、武之道，自古有國家者，用之則治，不用則亂。然欲資其用，宜先養其材，蠲除徭役，固教育人材之先務也。」帝問：「儒者何如巫醫？」對曰：「儒以綱常治天下，豈方技所能比乎！」帝曰：「善。前未有以此告朕者。」詔復各路儒户，徭役無所與。

世祖在潛邸已聞其名，及即位，尤加禮遇，呼爲「高秀才」而不名。命鑄印授之，凡儒户給公文爲左驗。時士之被俘者，皆没爲奴，智耀請朝廷贖之。即拜翰林學士，命巡行各路，贖免三千餘人。左右或言其詭濫，帝詰之，對曰：「士譬則金也；金色有淺深，謂之非

金不可；才藝有短長，謂之非士亦不可。」帝悦。智耀又言：「國初庶事草創，綱紀未立，宜仿前代置御史臺以司糾劾。」至元五年立御史臺，用智耀之言也。

未幾，拜西夏中興等路提刑按察使。會西北藩王遣使入朝，奏言：「蒙古舊俗與漢人不同，今留漢地，建城郭宮室，儀文制度遵用漢法，其故何如？」帝選使報聘諭之，智耀請行。至上京，病卒。

自太宗考選各路儒士後，所在不務存恤，仍與齊民無異。智耀前後上言，正户籍，蠲力役，由是儒術始重，人才漸出。學校中多立祠祀之。後贈崇文贊治功臣、金紫光禄大夫、司徒、柱國，追封寧國公，謚文忠。子睿。

史臣曰：趙氏南遷，中原文獻掃蕩無餘。獨拓拔氏建國二百餘年，唐之故家遺俗尚有存者，如高智耀、李楨等皆是也。自智耀上言，正户籍，蠲力役，中原之士始知嚮學。其祀於學校，宜哉！

睿年十八，以父蔭授符寶郎，出入禁闥，恭謹詳雅。久之，除唐兀衛指揮副使，累遷禮部侍郎。出爲嘉興路總管，遷江東道提刑按察使。盜發，聲言圍宣城，城門晝閉。睿召官

吏責之曰：「賊勢方熾，吾先示弱，民何以賴？」命開門，聽民出入貿易，密治兵以備之。賊憚睿，且知有備，不敢進，遂討平之。除同僉行樞密院事，遷浙西道肅政廉訪使。奸民有連結黨與、持官吏長短者，其魁曰十老，吏莫敢問，睿悉按法誅之，闔境稱快。拜江南行臺侍御史，進御史中丞，又改淮東道肅政廉訪使。盜竊真州庫鈔三萬緡，有司大索，逮繫良民數百。睿廉得其情，悉縱之，已而果獲真盜。復拜南臺御史中丞。延祐元年卒，年六十六。贈推忠佐理功臣、太傅、開府儀同三司、上柱國，追封寧國公，謚貞簡。子納麟。

納麟，大德六年用丞相哈剌哈孫薦，入直宿衛，除中書舍人。至大四年，遷宗正府郎中。皇慶元年，出僉河南道廉訪司事。延祐初，拜監察御史。以言事忤旨，帝怒甚，中丞楊朵兒只力救之，始解。事具《楊朵兒只傳》。四年，遷刑部員外郎，出爲河南行省郎中。至治三年，入爲都漕運使。未幾，擢湖南湖北兩道廉訪使。天曆元年，除杭州路總管。明年，改江西道廉訪使。歲饑，議發粟賑民，行省難之。納麟曰：「朝廷如不允，我願以家貲償之。」議始決，全活無算。又劾罷貪吏平章政事八失忽都，民尤頌之。至順元年，拜湖廣行省參知政事，召爲户部尚書，未至，改江南行臺侍御史，尋擢中丞。

後至元元年，召拜中書參知政事。遷同知樞密院事。出爲江浙行省右丞，乞致仕，不

允。除浙西道廉訪使，辭不赴。六年，除行宣政院使。上天竺僧彌戒、徑山僧惠洲犯法，納麟皆按治之。請行宣政院設崇教所，升行省理問官四品，以治僧獄，從之。尋拜江浙行省平章政事。至正三年，遷河南行省。明年，入爲中書平章政事。七年，出爲江南行臺御史大夫，復召拜御史大夫。八年，進金紫光禄大夫，請老，不許，加太尉。旋爲御史劾罷，退寓平江。

十二年，江淮盜起，復拜南臺御史大夫，兼太尉，總制江浙、江西、湖廣三省軍馬，詔遣直省舍人慰諭之，許便宜從事。會杭州失守，淮南行省平章失列門引兵來援，次於采石。納麟以宣城危急，請失列門先救之，調部將脱火赤率蒙古軍爲應，大敗賊於堈下門，宣城圍解。

已而賊陷徽州，游兵至集慶，納麟命治書侍御史左答納失里守城，御史中丞伯家奴屯城外，遣監察御史鄭郊徵兵於湖廣行省平章也先帖木兒。也先帖木兒時屯和州，引步騎二千人趨集慶，江浙行省平章三旦八、佛家驢亦引兵來會，賊始敗走。十三年，納麟固請謝事，從之。十六年，南臺移紹興，復以納麟爲御史大夫，兼太尉。十八年，召入都，至黑水洋，阻風而返。十九年，由海道趨直沽〔一〕，八月至京師，未幾卒，年七十九。

子安安，判江浙行樞密院。納麟再爲南臺御史大夫，耄昏，政事皆決於安安，爲當時

所譏。時同知禿堅不花在餘姚團結民兵，與慈溪尹陳文昭、紹興達魯花赤邁里古思相犄角，安安忌之，恐三人不受制，紿禿堅不花至，夜半使人殺之。已而國珍亦執陳文昭沉於海。拜住馬代納麟爲御史大夫，又殺邁里古思，紹興遂爲國珍所據。

李楨，字幹臣，其先西夏族子也。金末，楨以經童中選。既長，爲質子於蒙古。太宗嘉其文學，賜名玉出干必闍赤。從皇子闊出伐宋，太宗命之曰：「凡軍事必咨於楨而後行。」闊出遣楨及吉登哥赴唐、鄧二州，料民實。兵後連歲凶荒，民流亡殆盡。楨至，振卹饑寒，歸者如市。十年，又從察罕伐宋，以功賜金符，授軍前行中書省左右司郎中。楨奏尋訪天下儒士，令所在優給之。

乃馬真皇后稱制六年，從察罕圍宋壽州，不克。進攻揚州，會霖雨，乃班師。楨表言：「襄陽，宋咽喉地，得之則可爲取宋之基。」定宗嘉納之，賜虎符，授襄陽軍馬萬户。憲宗六年〔二〕，命楨巡哨襄、樊。八年，憲宗伐蜀，召楨議事。秋九月，卒於合州，年五十九。

劉容，字仲寬。其先西寧青海人。高祖阿勒華，西夏主尚食。西夏平，徙西寧民於雲内，容父海川在徙中，後遂爲雲内人。

容幼穎悟，稍長，喜讀書。國俗素尚武，容亦善騎射，然非所好。中統初，以國師薦，入侍皇太子於東宫，命專掌庫藏。每退直，即詣國子祭酒許衡受學。至元七年，世祖駐蹕稱海，聞容知吏事，召至，命權中書省掾，以忠直稱。

十五年，奉命使江西，撫慰新附之民。或勸其受餽遺，歸賂權貴，容曰：「剥民以自利，吾心何安？」使還，惟載書籍數車，獻之皇太子。忌嫉者從而譏之，由是稍疏容，然容亦終不辯。會立詹事院，容上言曰：「太子，天下本，苟不得端人正士左右輔翼之，使傾邪側媚之徒進，必有損令德。」聞者是之，俄命爲太子司議。改秘書監，出爲廣平路總管。

富民有同姓争産者，訟連年不決。容至，取譜籍考二人父祖名，得其實，立斷之。皇子雲南王至汴，道過廣平，達魯花赤欲厚斂以賄左右。容請自往，減其供張之費，民以不病。後卒於官，年五十二。

闊闊出，唐兀氏。祖小丑。太祖定西夏，括諸色人匠，小丑以治弓進，賜名怯延兀蘭，

爲行營弓匠百户，徙和林，卒。父塔爾忽台襲職。阿里不哥叛，塔爾忽台從戰於失畝里禿之地，死之。塔爾忽台二子：長朵羅台，從萬户也速觧兒、玉哇赤等，累戰有功，授前衛親軍百户，累官昭信校尉、芍陂屯田千户所達魯花赤，以疾卒。闊闊出，其弟也，亦爲弓。嘗獻所造弓，帝稱善，問其父何名，闊闊出對曰：「塔爾忽台，臣之父也。」帝見其狀貌魁偉，問能射否，左右對曰能，試之果然，遂命侍左右。明年，武備寺復以其弓獻，且奏用之。帝曰：「孔子言三綱五常，人能自治而後能治人，能齊家而後能治國。汝可以此言諭闊闊出，吾用之未晚也。」俄擢爲大同路廣勝庫達魯花赤。廣勝庫貯兵器，時總管兀海涯以庫作公署，寘甲仗於虛廪，爲蟲鼠所嚙。闊闊出言於帝，復之，且責其償。使者薛綽不花、納速魯丁以檄取鷹房軍衣甲弓矢，闊闊出責其入文書。時副使速魯蠻已命有司封鑰其庫，將點視之，闊闊出不從。事聞，帝命答速魯蠻，罷其官。

大德元年，遷大同路武州達魯花赤，兼管本州諸軍奧魯勸農事。又監建州、利州，改僉四川道廉訪司事。拜監察御史，累官中大夫、大寧路總管，卒於官。

子脱歡，初直宿衛，累拜監察御史，遷四川行省左右司員外郎，四川廉訪司僉事，樞密院都事、斷事官。在四川，嘗上疏曰：「内外修寺，雖支官錢，而一椽一瓦，皆勞民力，百姓

嗟怨，感傷和氣，宜且停罷。仍減省供佛、飯僧之費，以紓國用。如此則上應天心，下合民志，不求福而福自至矣。回回户計，多富商大賈，宜與軍民一體應役，如此則賦役均矣。爲國以善爲寶，凡子女、玉帛、羽毛、齒革、珍禽、奇獸之類，皆足以喪德喪志。今後回回諸色人等，不許賫寶中賣，以虛國用，違者罪没。如此則富商大賈無所施其奸僞，而國用有餘矣。」其辭懇直剴切，當時稱之。

朵兒赤，字道明，西夏寧州人。曾祖斡道冲，爲西夏名儒，位至宰相。父斡扎簣，守西涼，大兵至，率父老以城降，太祖命副撒都忽爲中興路管民官。大兵西征，督轉輸，無毫髮之私，時號曰「滿朝清」。世祖即位，斡扎簣卒，遺奏因高智耀以進，請慎名爵，節財用，帝嘉納焉。

朵兒赤年十五通《論語》、《孟子》、《尚書》。帝聞其聰敏，欲試用之，召見於香閣。帝曰：「朕聞儒者多嘉言。」朵兒赤奏曰：「陛下聖明仁智，奄有四海，惟當親君子，遠小人爾。古帝王未有不以用小人而亡者，惟陛下察焉。」帝曰：「朕於戇直忠言，未嘗不悦而受之，違忤者亦不肯加罪，蓋欲養忠直而退諛佞也。汝言甚合朕意。」因問欲何仕，朵兒赤對曰：

「西夏營田，實占正軍，儻有調用，則又妨耕作。土瘠野曠，十未墾一。南軍屯聚以來，子弟蕃息稍衆，若以成丁者編入籍，以實屯户，則地利闢而兵有餘矣。請爲其總管，以盡措畫。」帝然之，乃授中興路新民總管。至官，大興屯墾，塞黄河支流，濬其三以資灌溉。凡三載，賦額增倍。就轉營田使，秩滿，入覲。帝大悦，擢潼川府尹。時公府無禄田，朵兒赤以官曠地給民，收其租爲官禄，潼川仕者有禄自此始。

未幾，臺臣奏爲雲南廉訪副使，遷山南廉訪副使，調雲南廉訪使。會行省丞相帖木迭兒貪暴，擅誅殺，羅織安撫使法花魯丁，將置極刑。朵兒赤謂之曰：「生殺之柄，繫於天子，汝以方面之臣而專殺，意欲何爲？小民罹法，且應審覆，況朝廷命吏耶！」法花魯丁竟獲免，尋復其官。僰夷與蠻相讎殺，時省臣受賄，誣奏蠻反，殺良民。朵兒赤劾罷之。年六十二，卒於官。

子仁通，雲南省理問。天曆二年三月，雲南諸王與萬户伯忽等叛，仁通率官軍討之，没於陳。

暗伯，唐兀人。祖僧吉陀迎太祖於不倫答兒哈納之地，太祖嘉其效順，命爲禿魯花必闍赤兼怯里馬赤。父禿兒赤襲職，事憲宗，累官至文州禮店元帥府達魯花赤。

暗伯性嚴重剛果，有大志。弱冠，娶婦於燉煌，阻兵不得歸，乃往依宗王阿魯忽。世祖遣薛徹干等使阿魯忽以通好，阿魯忽留使者數年弗遣。暗伯以馬駝厚贐之，令逃去。薛徹干等得脱歸，具以白世祖，世祖稱歎久之。既而命元帥不花帖木兒等征于闐，暗伯乘間至行營，見薛徹干於帳中。薛徹干曰：「公之忠義，已上聞矣。」言於不花帖木兒，遂承制以暗伯權充樞密院客省使，護送其妻子來京師。未幾，宗王乃顔叛，世祖新征。暗伯在行間，命爲客流速、不魯合、不周兀等處萬户。及諸王哈魯、駙馬禿綿答兒等叛，暗伯率所部戰於客流速石巴禿之地，身中七創，所乘馬亦中二矢，自旦至晡，鏖戰愈力，刺禿綿答兒殺之，生擒哈魯以獻。論功，命長唐兀衛，兼僉樞密院事。凡分立諸色五衛軍職、襲替屯戍之法，多所更定。歷同僉、副樞、同知，至知樞密院事，以疾卒於位。贈推忠保節功臣、資善大夫、甘肅等處行中書省右丞、上護軍、寧夏郡公，謚忠遂。子阿乞剌，知樞密院事；次亦憐真班。

亦憐真班性剛正，動有禮法。仁宗召見，令入宿衛。延祐六年，超拜翰林侍講學士。

至治二年，調同知通政院事，擢虎符唐兀親軍都指揮使。泰定初，遷典瑞院使。天曆二年，選爲太子家令。尋擢資政大夫、同知樞密院事。遷侍御史，仍兼指揮使。至順初，拜翰林學士承旨、榮禄大夫。遷功德使，指揮使如故。已而拜陝西行省平章政事，未行，復爲翰林學士承旨。時伯顏爲丞相，嫉其論事不阿，出爲江南行臺御史大夫。尋殺其子答里麻，謫亦憐真班於海南。伯顏敗，始召還。

至正六年，拜御史大夫。遷宣政院使。出爲甘肅行省平章政事。先事弭西羌之亂，民立石頌之。召還，爲銀青榮禄大夫、知樞密院事，提調太醫院。尋加金紫光禄大夫，復爲御史大夫、領經筵事，兼宣忠斡羅思扈衛親軍指揮使。奏言：「風俗人心日趍於薄，請禁故吏不許彈劾所事長官。」太師馬札兒台與子丞相脱脱謫居在外，時相欲傾之，嗾之告變，且扳臺臣同時上奏。亦憐真班曰：「爲宰相者，孰無閑退之日？況脱脱父子在官無大咎，奈何迫之於險？」終不從。及監察御史劾丞相别兒怯不花，帝不聽，亦憐真班反復論奏，由是忤上意，出爲江浙行省平章政事。遷湖廣行省左丞相，復召知樞密院事。

十一年，潁、亳盜起〔三〕，亦憐真班數言得失，不聽。復拜江浙行省左丞相。十二年，移江西。時賊由蘄、黄陷饒州安仁縣，亂民應之。亦憐真班道出安仁，命子哈監朵兒只與江西右丞火你赤等，乘高縱火，攻敗之，餘賊皆降。先是，江西行省平章政事道童以寬容爲

政，軍民懈弛。亦憐真班至，威聲大振。十四年八月，以疾卒於官，時論惜之。事聞，贈推忠佐運正憲秉義同德功臣，追封齊王，謚忠獻。

九子：長答里麻，爲伯顔所殺；普達失理，翰林學士承旨、知制誥兼修國史；桑哥八剌，同知稱海宣慰司事；哈藍朵兒只，宣政院使；桑哥答思，嶺北行省平章政事；沙嘉室理，嶺北行省參知政事；易納室理，大宗正也可札魯火赤；馬的室理，僉書樞密院事；馬剌室理，内八府宰相。

【校勘記】

〔一〕「直沽」，原作「直活」，據《元史》卷一四二列傳第二十九《納麟傳》改。

〔二〕「憲宗六年」，原作「憲宋六年」。《元史》卷一二四列傳第十一《李楨傳》作「丙辰，憲宗」，據改。

〔三〕「亳」，原作「毫」。按《元史》卷一八八列傳第七十五《劉哈剌不花傳》云「至正十二年，潁、亳盜起」，據改。

新元史卷之一百五十七　列傳第五十四

劉秉忠秉恕　張文謙　竇默　姚樞煒　燧

劉秉忠，字仲晦。初名侃，因從釋氏，又名子聰，拜官後始改今名。其先瑞州人，後徙於邢州。太祖十五年，木華黎取邢州，立都元帥府，以其父潤爲都統。事定，改署州録事，歷鉅鹿、内丘兩縣提領。

秉忠風骨秀異，志氣英爽不羈。八歲入學，日誦數百言。年十七，爲節度使府令史。居常鬱鬱不樂，一日，投筆歎曰：「吾家累世衣冠，乃爲刀筆吏乎！丈夫不遇於世，當隱居以求志耳。」即棄去，隱武安山中。久之，天寧僧虚照招爲弟子，使掌書記。後游雲中，居南堂寺。

世祖在潛邸，僧海雲被召，過雲中，聞其博學多材藝，邀與俱行。既入見，應對稱旨，屢承顧問。秉忠於書無所不讀，尤邃於《易》及邵氏《經世書》，至於天文、地理、律曆、六壬、遁甲之屬，靡不精通。世祖大愛之，海雲南還，秉忠遂留藩邸。後數歲，奔父喪，賜金

百兩，仍遣使送至邢州。秉忠初丁母憂，毀瘠骨立，衣一緻衰，三年不易。及父卒，雖從天竺之教，然哀感幾於滅性，與執通喪者無以異。服除，復召還和林。上書於世祖曰：

典章、禮樂、法度、三綱五常之教，備於堯、舜，三王因之，五霸假之。漢興以來，至於五代，一千三百餘年，由此道者，漢文、景、光武、唐太宗、玄宗五君，而玄宗不能有終也。然治亂之道，係乎天而由乎人。天生成吉思皇帝，起一旅，降諸國，不數年而取天下，勤勞憂苦，遺大寶於子孫。

愚聞之曰：「以馬上取天下，不可以馬上治之。」昔武王，兄也；周公，弟也。周公思天下善事，夜以繼日，每得一事，坐以待旦，以保周天下八百餘年，周公之力也。今皇帝，兄也；大王，弟也。思周公之故事而行之，千載一時，不可失也。

君之所任，在內莫大乎相，在外莫大乎將。內外相濟，天下之急務也。然天下之大，非一人所能及；萬事之細，非一心所能察。當擇開國功臣之子孫，分爲京府州郡，監守督責舊官，以遵王法。仍差按察官守，治者升，否者黜，則賢能奮而人才出。

天下户過百萬，自忽都那演斷事之後，差徭役甚大。加以軍馬調發，使臣煩擾，官吏乞取，民不能當，是以逃竄。宜比舊減半，或三分去一，就見在之民以定差稅，招逃者復業，再行定奪。官無定次，清潔者不遷，汙濫者不黜。可比附古例，定百官爵

禄儀仗，使家給身榮。有犯於民，設條定罪。威福者君之權，奉命者臣之職。今百官自行威福，進退生殺惟意之從，宜從禁治。

天下之民未聞教化，見在囚人，宜從赦免，明施教令，使之知畏，則犯者自少。教令既設，又不宜繁，因大朝舊例，增益民間所宜設者十數條足矣。教令既施，罪不至死者，皆提察然後決；犯死刑者，覆奏然後斷，不致刑及無辜。

天子以天下爲家，兆民爲子。國不足，取於民，民不足，取於國，相須如魚水。有國家者，置府庫倉廩，亦爲助民；民營產業，亦爲資國用也。今宜打算官民所欠債負，若實爲應當差發所借，宜依合罕皇帝聖旨，一本一利，官司歸還。凡賠償無名，虛契所負，及還過元本者，並行赦免。

納糧就遠倉，有一廢十者，宜從近倉以輸爲便。當驛路州城，飲食祇待偏重，宜計所費以準差發。關市津梁正稅十五分取一，宜從舊制，禁橫取，減稅法，以利百姓。倉庫加耗甚重，宜令權量度均爲一法，使錙銖圭撮尺寸皆平，以存信去詐。金銀所出，淘砂鍊石，實不易爲。一旦以飾皮革，塗木石，取一時之華麗，廢爲無用，甚可惜也，宜從禁治。除帝胄功臣大官以下章服有制，外無職之人不得僭越。今地廣民稀，賦斂繁重，民不聊生，何力耕耨以厚產業？宜差勸農官二員，率天下百姓務農桑，營

產業。

古者庠序學校未嘗廢，今郡縣雖有學，並非官置。宜從舊制，修建三學，教士以經義爲上，詞賦論策次之。兼科舉之設，已奉合罕皇帝聖旨，因而舉之，易行也。開設學校，宜擇開國功臣子孫受教，選達才任用之。

關西、河南地廣土沃，以軍馬之所出入，荒蕪不治。宜設官招撫，不數年民歸土闢，以資軍馬之用，實國之大事。移剌中書拘榷鹽鐵諸產、商賈酒醋貨殖諸事，以定宣課，雖使從實恢辦，不足亦取於民，已不爲輕。奧魯合蠻奏請於舊額加倍榷之，往往科取民間，科榷並行，民無所措手足。宜從舊例辦榷，更或減輕。罷繁碎，止科徵，勿任獻利之徒削民害國。鰥寡孤獨廢疾者，宜設孤老院，給衣糧以爲養。使臣到州郡，宜設館，不得於官衙民家安下。

孔子爲百王師，立萬世法。今廟學雖廢，存者尚多。宜令州郡祭祀，釋奠如舊儀。近代禮樂崩壞，宜刷徵太常舊人，教引後學，使器備人存，實太平之基、王道之本。今天下廣遠，雖成吉思皇帝威福所被，亦天地神明之祐也。宜訪名儒，循舊禮，奠祭上下神祇，和天地之氣，順時序之行。

見行遼曆，日月交食頗差，聞司天臺改成新曆，未見施行。宜因新君即位，頒曆

改元。令京府州郡置更漏，使民知時。國滅史存，古之常道。宜修《金史》，令一代君臣事業不墜於後世。

國家廣大如天，萬中取一，以養天下名士宿儒之無營運産業者，使不致困窮。或有營運産業，應輸差税。其餘大小雜泛並行蠲免，使自給養，實國家養才勵人之大者。明君用人，如大匠用材，隨其巨細長短，以施規矩繩墨。孔子曰：「君子不可小知而可大受，小人不可大受而可小知。」蓋君子所存者大，不能盡小人之事；小人所拘者狹，不能同君子之量。盡其才而用之，成功之道也。

君子不以言廢人，不以人廢言。大開言路，所以成天下、安兆民。天地之大，日月之明，而或有所蔽。且蔽天之明者，雲霧也；蔽人之明者，私欲佞説也。常人有之，蔽一心；人君有之，蔽天下。宜選左右諫臣，使諷諭於未形，防維於至密。

君子之心，一於理義；小人之心，一於利欲。君子得位，可容小人；小人得勢，必排君子。不可不辨也。孔子曰「遠佞人」，又曰「惡利口之覆邦家」者，此之謂也。今言利者衆，非圖利國，實欲殘民而自利也。宜將國中場冶，付各路課税所，以定權辦，其餘言利者並行罷去。

古者治世均民産業，自廢井田爲阡陌，後世遂不能復。今窮乏者益損，富盛者增

加。宜禁居官在位者勿侵民利，商賈與民交易，勿擅奪欺罔，真國家之利也。笞箠之制，宜斟酌古今，均爲一法，使無敢過越。禁私置牢獄，及鞭背之刑，以彰好生之德。立朝省以統百官，分有司以御衆事，以至京府州縣親民之職無不備。紀綱正於上，法度行於下，天下可不勞而治矣。

世祖覽其書而善之，及即位，多見施行。

秉忠又言：「邢州舊萬餘户，兵興以來不滿數百，凋壞日甚，得良牧守如真定張耕、洺水劉肅者治之，猶可完復。」世祖即以耕爲邢州安撫使，肅爲安撫副使，由是流民復業，户口日增。

憲宗三年，秉忠從世祖征大理，恒以天地好生之德勸世祖。故克城之日，不妄戮一人。從伐宋，復爲世祖言之，所至全活不可勝計。

中統元年，世祖即位，問以治天下之大經、養民之良法。秉忠采祖宗舊典，參以古制之宜於今者，條列以聞。於是下詔建元紀歲，立中書省、宣撫司。金源舊臣及山林遺逸之士，咸見録用，文物粲然一新。

秉忠雖居左右，猶不改舊服，時人稱之爲「聰書記」。至元元年，翰林學士承旨王鶚奏言：「秉忠久侍藩邸，積有歲年，參帷幄之密謀，定社稷之大計，忠勤勞績，宜被褒崇。聖明

御極，萬物惟新，而秉忠猶仍其野服散號，深所未安。宜正其衣冠，崇以顯秩。」奏上，即日拜光禄大夫、太保，參預中書省事，詔以翰林侍讀學士竇默之女妻之，賜第奉先坊，給以少府宫籍監户。秉忠既受命，以天下爲己任，事無巨細，凡有關於國家大體者，知無不言，言無不聽。帝寵任愈隆，燕閑顧問，輒推薦人物可備器使者，凡所甄拔，後悉爲名臣。

初，帝命秉忠相地於桓州東，灤水北，建城郭於龍岡，三年而畢，名曰開平府。繼升爲上都，而以燕爲中都。四年，又命秉忠築中都城，始建宗廟、宫室。八年，奏建國號曰「大元」，以中都爲大都。他如頒章服、起朝儀、給俸禄、定官制，皆自秉忠發之，爲一代成憲。

帝嘗以錢幣之制問秉忠，對曰：「錢用於陽，楮用於陰。國家龍興朔漠，宜用楮幣，子孫世守之。若用錢，天下將不靖。」帝從之。後武宗鑄錢，旋廢不用。惠宗再鑄錢，而天下亡於盜賊，果如秉忠之言。

十一年，扈從至上都。其地有南屏山，築精舍居之。秋八月，秉忠無疾端坐而卒，年五十九。帝聞驚悼，謂羣臣曰：「秉忠事朕三十餘年，小心慎密，不避險阻，言無隱情。其陰陽術數之精，占事知來，若合符契，惟朕知之，他人莫得聞也。」出内府錢具棺歛，遣禮部侍郎趙秉温護其喪還葬大都。十二年，贈太傅，封趙國公，謚文貞。成宗時，贈推誠協謀同德翊運功臣、太師、開府儀同三司、上柱國，謚文正。仁宗時，又追封常山王。

秉忠自幼好學，至老不衰。雖位極人臣，而齋居蔬食，終日澹然，不異平昔。自號藏春散人，每以吟詠自適。其詩蕭散閑淡，類其爲人。有文集十卷。無子，以弟秉恕子蘭璋後。

秉恕，字長卿。好讀書，受《易》於劉肅。秉忠事世祖，以薦士自任，嫌於私親，獨不及秉恕。左右以聞，召見，遂同侍潛邸。世祖嘗賜秉忠白金千兩，辭曰：「臣山野鄙人，僥倖遭際，器服悉出尚方，金無所用。」世祖曰：「卿獨無親故遺之邪？」辭不允，乃受而散之，以二百兩與秉恕。秉恕曰：「兄勤勞有年，宜蒙兹賞。秉恕無功，敢冒恩乎？」終不受。

中統元年，擢禮部侍郎、邢州安撫副使。二年，賜金符，遷吏部侍郎。三年，升邢爲順德府，賜金虎符，爲順德路安撫使。至元元年，改嘉議大夫，歷彰德、懷孟、淄萊、順天、太原五路總管。淄萊府有死囚六人，獄已具，秉恕疑之，詳讞得其實，六人賴以不死。召除禮部尚書，出爲淮西宣慰使，會省宣慰司，歷湖州、平陽兩路總管。平陽饑，輒開倉以賑之，全活者衆。年六十，卒於官。贈禮部尚書，謚文定。

張文謙，字仲卿，邢州沙河人。父英，金邢州軍資庫使。文謙幼聰敏，與劉秉忠同學。既而欲習吏事，英召而責之，謝曰：「仰衣食於父母，竊不自安，故勉爲此。今聞命矣，願改業。」乃專心儒術。

太宗十年，試天下儒士，文謙中選，免本户徭役。世祖居潛邸，受邢州分地，秉忠薦文謙可用。召見，應對稱旨，命掌王府書記，日見信任。邢州初分二千户爲勳臣食邑，歲遣人監領，徵求百出，民不堪命。或訴於王府，文謙與秉忠言於世祖曰：「今民生困弊，莫邢爲甚。盍擇人往治之？責其成效，使四方取法，則天下均受王之賜矣。」世祖從之，選安撫使張耕、副使劉肅及李簡往。三人協心爲治，流亡復歸，户增數倍。由是世祖益重儒者，任之以政，其端實自文謙發之。

世祖征大理國，其相高祥拒命，殺信使，遁去。世祖怒，將屠城。文謙與秉忠、姚樞諫曰：「殺使拒命者，高祥爾，非民之罪，請宥之。」大理之民賴以全活。世祖伐宋，文謙與秉忠言：「王者之師，有征無戰，當一視同仁，不可嗜殺。」世祖曰：「期與卿等守此言。」既入宋境，分命諸將毋妄殺，毋焚人室廬，所獲生口悉縱之。

中統元年，世祖即位，立中書省，首命王文統爲平章政事，文謙爲左丞。文統素忌克，議論之際，屢相可否。文謙遽求出，詔以本官行大名等路宣撫司事。臨發，語文統曰：「民

困日久，况當大旱，不量減税賦，何以慰來蘇之望？」文統曰：「上新即位，國家經費止仰税賦，苟復減損，何以供給？」文謙曰：「百姓足，君孰與不足？俟時和歲豐，取之未晚也。」乃蠲常賦什之四，商酒税什之一。

二年春，來朝，復留居政府。三年，阿合馬領左右部，總司財用，欲奏請，不關白中書。詔廷臣議之，文謙曰：「分制財用，古有是理。中書不預，無是理也。若中書弗問，天子將親浤之乎？」帝曰：「仲卿言是也。」

至元元年，詔文謙以中書左丞行省西夏中興等路。羌俗素鄙野，文謙得蜀士陷於俘虜者五六人，使習吏事，旬月間簿書有品式，子弟亦知讀書，俗爲一變。浚唐來、漢延二渠，溉田十數萬頃，人蒙其利。

三年，入朝。諸勢家言有户數千，當役屬爲私奴者，議久不決。文謙謂以乙未歲户帳爲斷，奴未占籍者，歸之勢家可也，其餘良民無爲奴之理。議遂定。四年六月，裁執政，降爲參知政事。五年，淄州妖人胡王惑衆，事覺，逮捕百餘人。丞相安童以文謙言奏曰：「愚民無知，爲所誑誘，誅其首惡足矣。」詔即命文謙往決其獄，惟三人坐棄市，餘皆釋之。

七年二月，立司農司，以參知政事兼司農卿。十二月，改爲大司農司。復拜大司農卿，奏立諸道勸農司。巡行勸課，請開籍田，行祭先農、先蠶等禮。復與竇默請立國子學，

詔以許衡爲國子祭酒，選貴胄子弟教之。時阿合馬議拘民間鐵，鑄農器，高其價以配民，創立行户部於東平、大名以造鈔，及諸路轉運司蠹政害民，文謙悉於帝前極論罷之。

十三年，遷御史中丞。阿合馬慮文謙發其奸，乃奏罷諸道按察司，以風示臺臣。文謙奏復之，然自知爲奸臣所忌，力求去。會修新曆，乃授文謙昭文館大學士，領太史院以總其事。

十九年，復拜樞密副使。首議肅兵政，汰冗員，選擇將士而優恤其家。未及施行，二十年三月，以疾卒，年六十七。

文謙蚤從劉秉忠洞究術數，晚交許衡，尤粹於義理之學。爲人剛明簡重，數忤權倖，不以爲意。中統初，國學之育人才，司農之勸民事，太史之授人時，凡出於文謙規畫者，皆爲一代成憲。成宗即位，贈光禄大夫、大司徒，謚忠宣。累贈推誠同德佐運功臣、太師、開府儀同三司、上柱國，追封魏國公。

二子：晏，侍裕宗於東宫，爲府正司丞。世祖以宴功臣子，選充刑部郎中，累遷大司農丞。成宗即位，命進講經史，擢集賢侍讀學士、參議樞密院事，遷大學士、樞密判官。出爲陝西行臺御史中丞，卒。贈陝西行省平章政事，追封魏國公，謚文靖。次子杲，侍儀司進使。

竇默，字子聲。初名傑，字漢卿。廣平肥鄉人。幼力學，毅然異於常兒。大兵伐金，默與同行三十人俱被俘，惟默得脱歸。南走渡河，醫者王翁妻以女，使業醫，轉客蔡州。遇名醫李浩，授以銅人針法。金主遷蔡州，默恐兵且至，又走德安。孝感令謝憲子以伊洛性理之書授之，學日進。適中書楊惟中招集儒、道、釋之士，默乃北歸，隱於大名，與姚樞、許衡講學，至忘寢食。

世祖在潛邸，遣召之，默變姓名以自晦。使者從其友人往見，默不得已，乃拜命。既至，問以治道，默首以三綱五常爲對。世祖曰：「人道之端，孰大於此？失此則無以立於世矣！」默又言：「帝王之道，在誠意正心。心既正，則朝廷遠近莫敢不一於正。」一日凡三召見，奏對稱旨。自是敬待加禮，不令去左右。

世祖問「今之明治道者」，默薦姚樞，即召用之。俄命皇子真金從默學，賜以玉帶鉤，諭之曰：「此金内府故物，汝老人，佩之爲宜，且使真金見之如見我也。」久之，請南還。命大名、順德各給田宅，有司歲給衣物。

世祖即位，召至上都，問曰：「朕欲求如唐魏徵者，有其人乎？」默對曰：「犯顔諫諍，剛

毅不屈，則許衡其人也。深識遠慮，有宰相才，則史天澤其人也。」天澤時宣撫河南，帝即召拜右丞相，以默爲翰林侍講學士。

時初建中書省，平章政事王文統頗見委任，默上書曰：「臣事陛下十有餘年，數承顧問，與聞聖訓，有以見陛下急於求治，未嘗不以利生民、安社稷爲心。時先帝在上，姦臣擅權，總天下財賦，操執在手，貢進奇貨，衒耀紛華，以娛悦上心，其扇結朋黨、離間骨肉者，皆此徒也。此徒當路，陛下所以不能盡其初心。今天順人應，誕登大寶，天下生民莫不懽忻踴躍，引領盛治。然平治天下，必用正人端士，脣吻小人一時功利之説，必不能定立國家基本，爲子孫久遠之計。其賣利獻勤、乞憐取寵者，使不得行其志，斯可矣。若夫鉤距揣摩，以利害動人主之意者，無他，意在擯斥諸賢，獨執政柄耳。此蘇、張之流也，惟陛下察之。伏望别選公明有道之士，授以重任，則天下幸甚。」

他日，默與王鶚、姚樞俱在帝前，復面斥文統曰：「此人學術不正，久居相位，必禍天下。」帝曰：「然則誰可相者？」默曰：「以臣觀之，無如許衡。」帝不悦而罷。文統深忌之，乃請以默爲太子太傅。默辭曰：「太子位號未正，臣不敢先受太傅之名。」復爲翰林侍講學士。事具《許衡傳》。未幾，默謝病歸。及文統伏誅，帝追憶其言，謂近臣曰：「曩言王文統不可用者，惟竇漢卿一人。向使更有一二人言之，朕寧不之思耶？」召還，賜第京師，命有

司月給廩禄。國有大政，輒訪之。

默與王磐等請分置翰林院，專掌蒙古文字，以翰林學士承旨撒的迷底里主之。其翰林兼國史院，仍舊纂修國史，典制誥，備顧問，以翰林學士承旨、兼修起居注和禮霍孫主之。默又言：「三代所以風俗淳厚，歷數長久者，皆設學養士所致。今宜建國學，博選貴族子弟教之，以示風化之本。」帝並從之。

默嘗與劉秉忠、姚樞、劉肅、商挺侍上前，默言：「君有過舉，臣當直言，都俞吁咈，古之所尚。今則不然，君曰可，臣亦以爲可；君曰否，臣亦以爲否，非善政也。」明日，復侍帝於幄殿，獵者失一鶻，帝怒，近侍揚言宜加罪責。帝惡其迎合，命杖之，釋獵者不問。既退，秉忠等賀默曰：「非公，安能感悟至此！」

至元十二年，默年八十，公卿皆往賀。帝聞之，拱手曰：「此輩賢者，惜老矣！安得請於上帝，常留事朕，共治天下？」悵然者久之。默雖不視事，帝數遣中使以珍玩及諸器物存問之。十七年，加昭文館大學士，卒，年八十五。帝嗟悼，厚加贈賜，皇太子亦賻以鈔二千貫，命有司護喪歸。

默爲人樂易，平居未嘗臧否人物，與人居，温然儒者也。至論國家大計，面折廷諍，人謂汲黯無以過之。帝嘗謂侍臣曰：「朕求賢三十年，惟得竇漢卿及李俊民二人。」又曰：「如

竇漢卿之心，姚公茂之才，合而爲一，斯可謂全人矣！」後累贈太師，封魏國公，謚文正。有遺腹子棄於外，集賢大學士王約奏，宜收養歸宗爲履後，詔竇氏收養之。

子履，累官中書左丞、集賢大學士。方直有父風。卒。

姚樞，字公茂，本柳城人，後遷河南洛陽。少力學，讀書夜分不輟。其母恐過勞，止之，乃塞窗不使見燭。漏三下，方就枕。金末，內翰宋九嘉有當時重名，一見樞，稱其有王佐之才。太宗選儒者十八人，即長春宮教之，使楊惟中監其事。樞與惟中有舊，往從之。五年，惟中偕樞覲太宗於和林，帝甚重之。大軍南伐，詔樞從惟中即軍中求儒、道、釋及醫、卜之士，至拔德安，獲名儒趙復，始獲見程頤、朱熹之書。十三年，賜金符，爲燕京行臺郎中，時行臺牙魯瓦赤黷貨，以樞幕長，分及之，樞一切拒絕，因棄官去。攜家至輝州蘇門山，爲廟奉孔子及宋儒周、程、張、邵、司馬諸賢，刊羣經，惠學者。許衡在魏州，至蘇門就録程、朱著述以歸，謂其徒曰：「曩所授受皆非也，今始聞進學之序。」

世祖在潛邸，遣趙璧召樞至，大喜，待以客禮。詢及治道，樞爲書數千言以進，首言治國平天下之大經，彙爲八目，曰修身、力學、尊賢、親親、畏天、愛民、好善、遠佞。次及救時

之弊，爲條三十，曰：「立省部，則庶政出於一途。辟才行，舉遺逸，慎銓選，汰職員，則不專世爵而人才奮。班俸禄，則贓穢塞而公道開。定法律，審刑獄，則收生殺之權，諸侯不得而專。設監司，明黜陟，則善良姦窳可得而舉刺。閣徵斂，則部族不横於誅求。簡驛傳，則州郡不困於需索。脩學校，崇經術，旌節孝，以爲育人才、厚風俗、美教化之基。重農桑，寬賦税，省徭役，禁遊惰，則民力紓，且不趨於浮僞。肅軍政，使田里不知行營往復之擾攘。周匱乏，恤鰥寡，使顛連無告者有養。布屯田，以實邊戍。通漕運，以廩京都。倚債負，則賈胡不得以子爲母，破稱貸之家。廣儲畜，復常平，以待凶荒。立平準，以權物估。却利便，以塞倖門。杜告訐，以絶訟原。」各疏張弛之方於下，世祖嘉納焉。

憲宗即位，詔凡軍民在赤老温山南者，聽世祖領之。世祖既奉詔，宴羣臣，酒罷，遣人止樞，問曰：「頃者諸臣皆賀，汝獨默然，何耶？」對曰：「今天下土地之廣，人民之殷，財賦之阜，有加於漢地者乎？軍民吾盡有之，天子何爲？異時廷臣間之，必悔而見奪。不若但總兵權，供億之需取之有司，計之上者也。」世祖大悟，曰：「此吾慮所不及者。」樞又請置屯田經略司於汴以圖宋，置都運司於衛以轉粟於河南，世祖俱從之。憲宗大封同姓，敕世祖於南京、關中自擇其一。樞曰：「南京土薄水淺，不若關中古稱天府。」於是世祖願有關中。憲宗二年夏，從世祖征大理，至曲先腦兒之地，夜宴，樞陳宋曹彬取南唐不殺一人、市不易

肆事。明日，世祖據鞍呼曰：「汝昨言曹彬不殺，吾能爲之！」樞賀曰：「聖人之心，仁明如此，民之幸也！」明年，王師入大理，飭樞裂帛爲旗，書止殺之令，分布城中，由是民獲完保。

六年，憲宗遣阿藍答兒置局關中，以百四十二條鉤考經略宣撫司官吏，下及征商，曰：「俟終局日，入此罪者，惟劉黑馬、史天澤以聞，餘悉誅之」。世祖聞之不樂，樞曰：「帝，君也，兄也；大王爲皇弟，臣也。事難與較，莫若卒王邸妃主自歸朝廷。疑將自釋。」世祖初難之，後思之數日，乃謂樞曰：「從汝！從汝！」時憲宗在河西，聞之不信，曰：「是有異心！」曰：「來，詐也！」及世祖見憲宗，相持泣下，竟不令有所白而止，因罷鉤考局。

世祖即位，立十道宣撫使，以東平嚴忠濟强横難制，乃命樞使東平。既至，置勸農、檢察二司以監之，均賦役，罷鐵官，忠濟不敢抗。中統三年，拜太子太師，樞固辭，改大司農。樞奏曰：「昔孔子五十一代孫元措，襲封衍聖公，卒，其子與族人争求襲爵，訟之潛藩。帝曰：『第往力學，俟有成德達才，我則官之。』又曲阜有太常雅樂，憲宗命東平守臣輩其歌工與俎豆、祭服至日月山，帝親臨觀之，飭東平守臣，員闕充補，勿廢肄習。且陛下閔聖賢之後與凡庶等，既命楊庸選孔、顔、孟三族俊秀者教之，乞真授庸教官，以成國家育材之美。王鏞練習故實，宜令提舉禮樂，使不致崩壞。」皆從之。詔赴中書議事。兼修條格，諭曰：

「姚樞辭台司，朕甚嘉焉。省中庶務，須賴一二老成同心贊畫，可與尚書劉肅往盡乃心，其尚無隱。」及條格成，與丞相史天澤奏之。

李璮叛，帝問：「卿料何如？」對曰：「使璮乘吾北征之釁，瀕海擣燕京，閉居庸關，惶駭人心，爲上策。與宋連和，負固持久，數擾邊，使吾罷於奔命，爲中策。如出兵濟南，待山東諸侯應援，此成擒耳。」帝曰：「今賊將安出？」對曰：「出下策。」初，帝嘗論天下人材，及王文統，樞曰：「此人學術不純，以游說干諸侯，他日必反。」至是，文統果與璮通謀，伏誅。

時回回人乘間上言：「回回雖盜國家錢物，不至如秀才敢爲叛逆。」帝曰：「昔姚公茂嘗言王文統必反，竇漢卿亦屢發其奸，秀才豈盡反者？」然文統之相，實商挺薦之。至是，費寅訟挺爲文統羽翼，引陝西行省部事趙良弼爲證。於是囚挺上都，而繫良弼於獄。會遣阿脱行樞密院於成都，使省臣擇其副。樞奏：「惟商挺與趙良弼可，幸陛下寬其前罪用之。」帝乃赦良弼，用爲行院副使。

至元三年，行省事於西京、平陽、太原諸路。四年，拜中書左丞，奏罷世襲官，置牧守。或言中書政事大壞，帝怒大臣，罪且不測，樞上言：「太祖開創，跨越前古，施治未遑。自後數朝，官多刑濫，民困財殫。陛下天資仁聖，自昔在潛，聽聖典，訪老成，日講治道。如邢州、河南、陝西，皆不治之甚者，爲置安撫、經略、宣撫三使司，頒俸以養廉，去污濫以清政，

勸農桑以富民，不及三年，號稱大治。諸路之民望陛下之拯己，如赤子之求母。先帝陟遐，國難並興，天開聖人，纘承大統，即用歷代遺制，內立省部，外設監司。自中統至今五六年間，外侮內叛，相繼不絕。然能使官離債負，民安賦役，府庫粗實，倉廩粗完，鈔法粗行，國用粗足，官吏遷轉，政事更新，皆陛下信用先王之法所致。今正宜上答天心，下副民望。睦親族以固本，建儲副以重祚，定大臣以當國，開經筵以格心，脩邊備以防虞，蓄糧餉以待歉，立學校以育才，勸農桑以厚生。乃可以光先烈，成帝德，遺子孫，流遠譽。以陛下才略，行此有餘。邇者伏聞聰聽日煩，朝廷政令日改月異，如木始栽而復移，屋既架而復毀。遠近臣民，不勝戰懼，竊恐大本一廢，遠業難成，惟陛下圖之。」帝爲霽怒。

十年，拜昭文館大學士，詳定禮儀事。其年，襄陽下，遂議取宋。樞奏如求大將，非右丞相安童、知樞密院伯顏不可。伯顏既渡江，遣使奏事至，世祖夜召見樞，憂形於色，曰：「昔朕濟江，而家難作。今伯顏雖濟江，天意與否，尚未可知。宋家三百年天下，天命未在吾家，先在於彼，勿易視之。所有事宜，可書以進。」樞請嚴兵守鄂，勿使荊闔斷陽邏渡，先遣使責負歲幣、留行人之罪。帝從之。

十一年，樞言：「陛下降不殺人之詔，伯顏濟江，兵不踰時，降城三十，户逾百萬，自古平江南，未有如此之速者。今自夏徂秋，一城不降，皆由軍官不體陛下之深仁，利財剽殺

所致。揚州、焦山、淮安，人殊死戰，我雖克勝，所傷亦多。宋之不能爲國，審矣，而臨安未肯輕下，好生惡死，人之常情，蓋不敢也。宜申止殺之詔，使賞罰必立，恩信必行，則聖慮不勞，軍力不費矣。」又請禁宋鞭背黥面之刑，帝並從之。十三年，拜翰林學士承旨。詔亡宋侍從之臣入見者，先使謁樞，詢其學行以備異日之任用。

十七年，卒，年七十八。謚曰文獻。成宗即位，加贈嘉猷程世舊學功臣、太師、開府儀同三司，追封魯國公。子煒，樞從子燧、燉。燉，官至僉江西湖東道提刑按察司事。

煒，字光甫，累官河南行省左丞。泰定二年，奏請禁屯田吏蠶食屯户，及勿進增羨以廢裕民之意，又以河屢決，請立行都水監於汴梁，仿古法扞禦瀕河州縣，正官皆兼知河防事，從之。遷陝西行臺御史中丞。三年，奏請集世祖嘉言善行，以時省覽，帝嘉納之。煒議論侃侃，爲當時名臣。拜陝西行省平章政事。卒，贈推忠秉德佐治功臣、光禄大夫、河南行省平章政事、柱國，追封魯國公，謚文忠。

燧，字端甫。生三歲而孤，育於伯父樞。樞教督甚急，燧不能堪，楊奐馳書止之曰：「燧，令器也。長自有成，何以急爲？」且許妻以女。年十三，見許衡於蘇門。十八，始受

學於長安。時未嘗爲文，視流輩所作，惟見其不如古人，則心弗是也。年二十四，始讀韓退之文，試習爲之，人謂有作者風。稍就正於衡，衡亦賞其辭，且戒之曰：「弓矢爲物，以待盜也；使盜得之，亦將待人。文章固發聞士子之利器，然先有能名，何以應人之役？非其人而與之，與非其人而拒之，均罪也。豈周身之道乎？」

至元八年，衡爲國子祭酒，奏召弟子十二人。燧自河内驛致館下，時年三十八。由秦王府文學，授奉議大夫，兼提舉陝西、四川、中興等路學校。十二年，以秦王命，安輯四川。明年，漢嘉新附，入諭其民。又奉命招王立於合州。又明年，撫循夔府。凡三使蜀，皆稱職。十七年，除陝西漢中道提刑按察司副使，録囚延安，逮繫詿誤，皆縱釋之，人服其明決。調山南湖北道。二十三年，自湖北入朝。明年，爲翰林直學士。二十七年，授大司農丞。

元貞元年，以翰林學士召修《世祖實録》。初置檢閲官，究核故事，燧與侍讀高道凝爲總裁。書成，大德五年，授中憲大夫、江東道廉訪使。九年，拜中奉大夫、江西行省參知政事。未幾，謝病歸。

仁宗居藩邸，開宮師府。燧年已七十，遣正字吕洙，如漢徵四皓故事，起燧爲太子賓客，尋拜太子少傅。武宗面諭燧，燧拜謝曰：「昔臣先伯父樞除是官，尚不敢拜，何況於臣？」明年，授榮禄大夫、翰林學士承旨、知制誥、兼修國史。四年，告歸，中書以承旨召。

明年，復召。燧以病，俱不赴。卒於家，年七十六。謚曰文。燧與絳州姬文龍友善，遺命喪禮勿徇流俗，使文龍主其喪，悉遵古禮焉。

燧之學得於許衡，爲世名儒。其文豪而不宕，剛而不厲，春容盛大，有西漢之風。三十年間將相名臣，懿行碩德，皆燧所書。時高麗瀋陽王父子連姻帝室，傾貲求燧詩文，燧靳不與，至奉詔乃與之。王贈謝幣帛、金玉、名畫五十篚〔一〕，燧即時分於屬官及胥吏，金銀付翰林院爲公用，燧一無所取。人問之，燧曰：「彼小國之君，惟重貨利。吾能輕之，使知大朝不以是爲意。」其器識豪邁如此。著有《牧庵文集》五十卷。子三：壎、圻、城。

史臣曰：劉秉忠、張文謙、竇默、姚樞，皆世祖潛邸賓僚，贊帷幄之謀，以成大業。默請罷王文統，相許衡，世祖不用其言，而事後思之，又蔽於阿合馬之奸，不相衡。而文謙亦爲阿合馬所擠。嗚呼！君子難進易退，自古則然矣。

【校勘記】

〔一〕「幣帛」，原作「弊帛」，據《元史》卷一七四列傳第六十一《姚燧傳》改。又「篚」，《元史》作「篚」。

新元史卷之一百五十八　列傳第五十五

商挺琥 瑭 琦〔一〕　趙良弼　楊果　宋子貞　趙璧　張雄飛

商挺，字孟卿，曹州濟陰人。其先本殷氏，避宋諱改焉。父衡，金進士，秦藍總帥府經歷官。河潼失守，爲北軍所得，不屈死。挺年二十四，東平嚴實聘爲諸子師。實卒，其子忠濟辟爲經歷。

世祖在潛邸，聞其名，遣使徵至鹽川。入對稱旨，挺因言：「李璮城朐山，東平當餽米萬石，率十石致一石，且天久雨，路淖，車運後期罪至死。不若輸沂州，使璮衆取食，便。」世祖從之。

陝西、四川宣撫使楊惟中辟挺爲郎中，挺請減關中常賦之半，以蘇民困。又佐惟中誅大猾郭千户，羣吏畏服。明年，惟中罷，挺馳奏：「關陝重地，非廉希憲不能鎮撫中外。」遂以希憲爲宣撫使，擢挺爲副使。尋命兼轄懷、孟，境内大治。

憲宗八年，宣撫司罷，挺還東平。會憲宗征蜀，世祖將趨鄂漢，次小濮，召挺問軍事，

對曰：「蜀道險遠，萬乘豈易輕動？」世祖曰：「卿言正契吾心。」憲宗崩，世祖北還。道遣張文謙與挺計事，挺曰：「軍中當嚴符信，以防奸僞。」文謙還奏，世祖大悟曰：「非商孟卿，無人能見及此。」未幾，阿里不哥之使果至，乃執而斬之。世祖召挺至開平，挺與廉希憲密贊大計。及即位，復以希憲爲陝西四川宣撫使，挺爲副使。

時渾都海駐六盤山，以兵應阿里不哥。挺謂希廉曰：「爲六盤，有三策：悉鋭而東，直擣京兆，上策也；聚兵六盤，觀而動，中策也；重裝北歸，以應和林，下策也。」希憲曰：「彼將何從？」挺曰：「必出下策。」已而果然。乃與希憲定議，令八春、汪良臣等禦之。時阿藍答兒、渾都海等已至山丹，八春戰不利，賊陷涼州，犯甘州。良臣以兵來會，聽諸王合丹節制，大敗賊於甘州，阿藍答兒自殺，渾都海亦伏誅，關隴遂平。

中統三年，改宣撫司爲行中書省，進希憲爲右丞相，挺爲僉行省事，復擢參知政事。初，挺薦王文統可大用，擅反，文統與擅通謀。至是，興元判官費正寅訟挺爲文統黨，遂逮至上都。世祖召挺便殿，責之曰：「卿在關中，累著治效，而毁言日至，何也？且比年論王文統者甚衆，卿何無一言？」挺頓首謝曰：「臣在陝西三年，多過失。然功成歸己，事敗分咎於人，臣必不敢，請就戮！」會置四川行樞密院，姚樞薦挺，乃授挺行樞密院副使，佩虎符。

至元元年，召拜參知政事。二年，丞相耶律鑄行省河東，以挺副之。六年，同僉樞密院事，累遷樞密副使。挺定軍官品級，給軍吏四千人屯田，開墾三萬畝，收其獲以餉親軍。汰不勝軍者户三萬，户一丁者亦汰之。丁多業寡、業多丁寡者，許財力相資，合出一軍。著爲令。

九年，封皇子忙哥剌爲安西王，以挺爲王相。王曰：「關中事有不便者，可悉更張之」。挺進十策，曰睦親鄰，安人心，敬民時，備不虞，厚民生，一事權，清心源，謹自治，固根本，察下情。王爲置酒嘉納焉。十五年，王薨〔二〕，王妃使挺請命於朝，以子阿難答嗣。世祖曰：「阿難答年少，未習祖宗之訓，卿姑行王相府事。」

十七年，運使郭琮、郎中郭叔雲誣陷王相趙炳，妃命囚炳於平涼獄，琮、叔雲毒殺之。世祖廷鞫其事，琮等皆伏誅。王府女奚徹徹，臨刑以曖昧語連挺及其子瓛。世祖怒，拘挺，而下瓛於獄，且謂炳子曰：「商孟卿，老書生，可與諸儒共讞其罪。」吏部尚書青陽夢炎以議勛奏，世祖疑其朋黨。符寶郎董文忠曰：「夢炎素不知挺，臣以其推戴之功語之。」世祖良久曰：「其事果何如？」文忠對曰：「臣固聞之。殺炳之謀，挺不與也。」世祖默然。十八年春，詔藉挺家。是冬，始釋挺及瓛。二十年，復起爲樞密副使，俄以疾免。三十一年，炳子復訟父冤，挺坐繫百餘日乃釋。遂築室於都城南左山，自號左山老人。二十五年，

卒，年八十。延祐初，贈推誠協謀佐運功臣、太師、開府儀同三司、上柱國、魯國公，謚文定。子五：琥、璘、瑭、瓛、琦。

琥，字台符。至元十四年，以姚樞、許衡薦，拜江南行御史臺監察御史。二十七年，徵拜中臺監察御史。屬地震，琥疏言：「漢文帝時有此異，而無其應，蓋以躬行德化而弭。」因條漢文時政以進。又言：「爲國之道，在立法、任人而已。法不徒立，須人而行；人不濫用，惟賢是擇。」因薦天下名士十餘人，世祖皆召用之。三十年，遷國子司業，卒。有《彝齋文集》。

瑭，字禮符。爲右衛屯田千户〔三〕。年三十三，即辭祿養親。築室曰「晦道堂」，取其七世祖宋太子中舍人宗弼年五十致仕所築堂名也。

琦，字德符。成宗召入宿衛。仁宗在東宫，奏授集賢直學士。出爲大名路治中，不赴。皇慶元年，授集賢侍講學士。延祐四年，擢侍讀官、通奉大夫，賜錢二萬五千貫。泰定元年，遷秘書卿。謝病，卒於家。

史臣曰：商孟卿以書生受世祖之知，功參佐命。耄而智惛，黨附奸人。雖曰無交通之跡，然坐視冤誣，焉用彼相？其晚節不終，幾陷刑戮，非不幸也。

趙良弼，字輔之。趙州贊皇人，本女直朮要甲氏，譌爲趙家，因以趙爲氏。父慤，金威勝軍節度使，兼義沃州管内觀察使、右監軍、行元帥府事。與大兵戰於高邑，被禽，不屈死。子良貴，嵩汝招討使。良貴子讜，許州兵官。慤從子良材，守太原。皆以戰敗死。

良弼，慤之次子也，明敏多智略。崔立之亂，良弼奉母還趙州，渡河争舟者挺刃，及良弼母首，良弼扞以臂，幾折，有兵士見而哀之，手援以登，母子始獲免。已而試儒士中選，教授趙州。世祖在潛藩，召見，占對稱旨。會立邢州安撫司，擢良弼爲判官。良弼區畫有方，事或掣制，則請於藩邸。二年，凡六往返，所請無不從。脱脱以斷事官鎮邢州，事多沮撓，良弼馳驛白其事，遂罷脱脱，邢大治。世祖分地在關中，奏以廉希憲、商挺宣撫陝西，擢良弼宣撫司郎中。憲宗使劉太平等鉤校京兆錢穀，死者二十餘人，衆皆股栗，獨宣撫司一無所坐。

世祖南征，召參議元帥府事，兼江淮安撫使。率士卒先進，五戰皆捷，禁焚廬舍〔四〕、殺降民，所至宣布恩德，民皆安堵。既渡江，攻鄂州，聞憲宗崩，世祖北還，良弼陳時務十二事，世祖嘉納之。遣至京兆，察訪秦、蜀人情嚮背。不逾月，具得實以報，曰：「宗王穆哥無他心，宜以西南事委之。渾都海屯六盤，士馬精强，咸思北歸，恐事有不測。紐璘總秦、川蒙古諸軍，年少鷙勇，輕去就，當寵以重職，解其兵柄。劉太平、霍魯歡，行尚書省事，陰有據地之志。伯家奴、劉黑馬、汪惟正兄弟，夙蒙恩德，並悉心俟命。」其言皆見採用。

良弼凡五上書勸進，曰：「今中外皆願大王早正宸位，以安天下。事勢如此，豈容中止？社稷安危，間不容髮。」世祖既即位，立陝西、四川宣撫司。復以廉希憲、商挺爲使副，良弼爲參議。良弼先行，言於斷事官八春曰：「今劉太平思合於渾都海，紐璘遷延不行，當先遣使促紐璘入朝，劉太平還京兆。」八春從其議。至則紐璘果移屯將入涇州，劉太平將趨六盤，聞命乃止。

渾都海叛，良弼與汪惟正、劉黑馬議，執其黨乞台不花、密利火者，誅之。希憲、挺慮有擅殺名，遣使入奏待罪。良弼具密狀授使者，言：「始捕二帥時，止令囚以俟報。臣竊以爲張皇不便，宜急誅之。擅殺在臣，實不在宣撫司。若上怒希憲等，願使者出此奏。」帝竟不問。使者以奏白政府，咸謂良弼爲長者。是年，改宣撫司爲行中書省，拜良弼陝西四川

宣撫使、參議行省事。蜀人費正寅以私憾誣廉希憲、商挺在京兆有異志者九事，以良弼爲徵。帝召良弼詰問，良弼泣曰：「二臣忠良，保無是心，願剖臣心以明之。」帝意不釋。會平李璮，得王文統與璮交通書，益疑挺等。又以良弼多智略，疑爲文統游說，械繫良弼，下於獄，至欲斷其舌。姚樞奏：「踐阼之初，非良弼詗事關中，恐陛下有西顧之憂。其人忠於陛下，安得與文統蓄異志者比！」帝意始解，赦出之。

至元七年，起良弼爲經略使，領高麗屯田。良弼言屯田不便，固辭，遂以良弼奉使日本。先是，數遣使通日本，不得要領。於是良弼請行，帝憫其老，不許。良弼固請，乃授秘書監，充國信使。良弼奏：「臣父兄四人死事於金，乞命翰林撰碑文，臣雖死絕域無憾。」帝曰：「人臣各爲其主，苟忠於所事，雖在前朝，朕亦嘉之，況有賢子爲朕使萬里之外乎？」命學士王磐撰趙氏家廟碑。給良弼衛兵三千，固辭，獨書狀官二十四人從行。

八年，與高麗通事徐稱、周金貯，至日本筑前金津。金津人以爲賊，欲攻之。良弼登岸喻旨，守吏延入板屋，以兵環之，滅燭大譟，良弼泰然自若。明日，其國太宰府官率兵至，問使者來狀。良弼數其不恭罪，仍喻以禮意。太宰官求國書，良弼曰：「必見汝國王，始授之。不然，則授之大將軍。」良弼盛國書於篋，鍵鎖甚嚴。越數日，復來求書，且曰：「我國自太宰府以東，上古使臣未有至者。今大朝遣使至此，而不以國書見授，何以示

信？」良弼曰：「隋文帝遣裴清來，王郊迎成禮；唐太宗、高宗時，遣使皆見。王何獨不見大朝使臣乎？」詰難數四，至以兵脅良弼，良弼終不與，但出録本示之。日本太宰府見國書録本，以爲不遜，卻良弼不納。良弼使書狀官張鐸先歸，太宰府送良弼於對馬島。

九年，張鐸與日本人彌四郎等十二人至京師。良弼本意欲見日本王，説以罷兵修好，既見拒，乃與太宰府守護官議。守護官亦恐兵連禍結，與良弼定約，遣彌四郎僞稱使介，修飾其詞，偕張鐸報命。帝召見張鐸，宴勞之，鐸奏：「良弼遣臣入奏，與日本人彌四郎等至太宰府，其守護官云：『曩爲高麗所紿，屢言上國來伐，豈意皇帝先遣行人下示璽書？然王都去此尚遠，願先遣人從使者回報。』故良弼使鐸同日本人入覲。」帝疑之，命翰林學士承旨和禮和孫問於姚樞、許衡等，皆對曰：「誠如聖算，彼懼我加兵，故使此輩伺吾强弱耳，不宜聽其入覲。」帝從之。是年，遣御史康之邵護彌四郎等還日本。

十年，良弼復至太宰府，仍爲所拒，乃歸至京師。帝召見，問日本事本末，深加褒奬，曰：「卿可謂不辱君命矣。」後帝將討日本，問於良弼，對曰：「臣居日本歲餘，睹其民俗，狠勇嗜殺，不知有父子之親、上下之禮。其地多山水，無耕桑之利，得其人不可役，得其地不加富。況舟師渡海，風濤莫測，是謂以有用之民力，填無窮之巨壑也。臣謂勿擊便。」帝不聽。

十一年十二月，以良弼同僉書樞密院事。丞相伯顔伐宋，良弼言：「宋重兵在揚州，宜以大軍徑擣錢塘。」又言：「宋亡，江南士人多廢學，宜設經史科，以育人材，定律令，以戢姦吏。」後皆用其議。

良弼屢以疾請告，十九年，奉敕居懷孟。良弼别業在温縣，有地三千畝，乃析爲二，六與懷州，四與孟州，皆隸廟學。又立贊皇廟學，市學田六百畝，立趙州廟學，市學田一千六百畝，以贍生徒。或問爲治，良弼曰：「易發而難制者，惟怒爲甚。必克己，然後可以制怒；必順理，然後可以忘怒。能忍所難忍，容所難容，事斯濟矣。」二十三年卒，年七十。贈推忠翊運功臣、太保、儀同三司，追封韓國公，謚文正。子訓，陝西行省平章政事。

史臣曰：異哉，趙良弼之奉使也！日本拒而不納，則持國書以返耳。乃使彌四郎等僞稱使介，以罔其君，而驕其敵，是諼也。稱爲不辱君命，可乎？

楊果，字正卿，祁州蒲陰人。幼失父母，轉徙居許州，以章句授徒爲業。金正大中，登進士第。會參政李蹊行大司農於許，果以詩送之，蹊大稱賞，薦爲偃師令。到官，以廉

幹稱。

金亡，楊奂徵河南課税，起果爲經歷。未幾，史天澤經略河南，果爲參議。時兵餘，法度草創，果隨宜贊畫，民賴以安。中統元年，設十道宣撫使，以果爲北京宣撫使。既至任事，果爲喻以自嘲曰：「田婦越賈，相爲室家，言語不通，以意求之，十裁得其一二。每夕歸，焚香祝天而言，越賈不之知。有曉田語者，釋之曰：『注禄神官，獨不能從遠以從近也？』」語聞，宰相笑之。明年，拜參政知事。及例罷，猶詔與左丞姚樞等日赴省議事。至元六年，出爲懷孟路總管，大修廟學。以嘗爲中書執政官，移文申部，特不署名。後致仕，卒於家，年七十五，謚文獻。

果性聰敏，美風姿。工文章，尤長於樂府。外若沈默，内懷智用。微時避亂河南，娶羈旅中女，後登科，歷顯仕，竟與偕老，人以是稱之。有《西庵集》行於世。

宋子貞，字周臣，潞州長子人。貌清奇，耳聳過眉一寸，相者以爲必壽且貴。好學，工詞賦。弱冠，與族兄知柔同補太學生，俱有名於時，人以大、小宋稱之。

金末，潞州亂，子貞避地大名。宋將彭義斌守大名，辟爲安撫司計議官。義斌死，子

貞率衆歸東平行臺。嚴實素聞其名，用爲詳議官，兼提舉學校。先是，實每令人請事於朝，因近侍奏決，不經中書，與宰相耶律楚材有違言。子貞至，勸實通慇懃於楚材，凡奏請必先白楚材。自是交歡無間，實因此益委信子貞。

太宗四年，實戍黄陵，與金人戰不利，曹、濮以南皆震。有自敵中歸者，言兵且大至，人情恟懼。子貞請於實，斬揚言者首以令諸城，境内乃安。大軍入汴梁，饑民北徙，餓殍盈道。子貞多方賑救，全活者萬餘人。士之流寓者，悉引見周給，且薦用之。拔名儒張特立、劉肅、李昶輩於羈旅，與之同列。四方之士聞風而至。

七年，太宗命子貞爲行臺右司郎中。中原略定，事多草創，行臺所統五十餘城，子貞仍前代觀察采訪之制，分三道糾察官吏，立爲程式。黜貪墮，奬廉勤，官府始有紀綱。東平將校占民爲部曲户，謂之脚寨，擅其賦役，幾四百所。子貞請罷歸州縣，實初難之，子貞力言乃聽，人以爲平。

實卒，子忠濟嗣，尤敬子貞。請於朝，授參議東平路事，兼提舉太常禮樂。子貞延前進士康曄、王磐爲教官，自孔、顔、孟子孫外，招致生徒幾百人，出粟贍之，每季親臨課試，士風爲之一變。

世祖南伐，召子貞至漢州，問以方略。對曰：「本朝威武有餘，仁德未洽。所以拒命

者，特畏死爾。若降者不殺，脅從者勿治，則宋之郡邑可傳檄而定也。」世祖善其言。

中統元年，授益都路宣撫使。未幾，入覲，拜右三部尚書。時新立省部，典章制度多子貞裁定。李璮叛據濟南，詔子貞參議軍前行中書省事。子貞單騎至濟南，觀璮形勢，因說丞相史天澤曰：「璮擁衆東來，坐守孤城，宜增築外城，防其奔突，彼糧盡援絶，不攻自破矣。」議與天澤合，遂擒璮。

子貞還，上書陳便宜十事，大略謂：「官爵，人主之柄，選法宜盡歸吏部。律令，國之紀綱，宜早刊定。監司總統一路，用非其材，不厭人望，乞選公廉有才德者爲之。今州縣官相傳以世，非法賦斂，民窮無告，宜遷轉以革其弊。」又請建國學，教冑子，敕州郡提學課試諸生，三年一貢舉。命中書次第施行之。至元二年，始罷州縣官世襲。遣子貞與左丞相耶律鑄行山東，遷調所部官。還，授翰林學士、參議中書省事。奏請班俸禄、定職田。三年二月，拜中書平章政事，復陳時務之切要者十二策，帝頗悔用子貞晚。

未幾，以年老求退，帝曰：「卿氣力未衰，勉爲朕留，措置大事，俟百司差有條理，聽卿自便。」十一月，懇辭，乃得請。特敕中書，凡有大事，即其家訪問。子貞私居，每聞朝廷事不便，必密陳得失，愛君憂國，不以進退異。卒，年八十一。

始病，家人進醫藥，卻之曰：「死生有命，吾年踰八十，何以藥爲？」病危，諸子請遺言，

子貞曰：「吾平昔教汝者不少，今尚何言耶？」

子渤，字齊彦，有才名，官至集賢學士。

趙璧，字寶臣〔五〕，大同懷仁人。世祖在潛邸，聞其名，召見，呼秀才而不名。使皇后製衣賜之，試服不稱，輒爲損益，寵遇無與爲比。命馳驛四方，聘名士王鶚等。又令蒙古生十人，從璧授儒書。敕璧習國語，譯《大學》、《中庸》、《論》、《孟》諸書，時從馬上聽璧陳說。

憲宗即位，召璧問：「天下何如而治？」對曰：「請先誅近侍之不法者。」憲宗不悦。璧退，世祖曰：「秀才，汝渾身是膽。吾亦爲汝握兩手汗也。」

一日，斷事官牙老瓦赤持印請於帝曰：「此先朝所賜，今陛下登極，將仍用舊印耶，抑易以新者？」時璧侍左右，斥之曰：「用汝與否，取自聖裁。汝敢以印爲請耶？」奪其印，置帝前。帝默然久之，既而曰：「朕亦不能爲此。」

憲宗二年，授河南經略使。河南萬户劉福貪暴，郡中婚嫁，必先賂之，得請而後行。其黨董主薄，强取民女有色者三十餘人。璧至，按其罪，立斬之，盡還民女，劉大驚。時天大雪，因詣璧相勞苦，且酌酒賀曰：「經略下車，誅鋤强猾，故雪爲瑞應。」璧曰：「如董主簿

比者，尚有其人，俟盡誅之，瑞應將大至矣！」劉屏氣不敢復言而歸。

世祖伐宋，以璧爲江淮荆湖宣撫使。大兵圍鄂州，宋賈似道遣使來議和，璧請行。世祖曰：「汝登城，必謹視吾旗。旗動，即速歸。」璧登城，宋將宋京曰：「北兵若旋師，願以江爲界，且歲奉銀、絹疋兩各二十萬。」璧曰：「大軍至濮州時，誠有是請，猶或見從；今已渡江，是言何益？賈制置今焉在耶？」璧適見世祖旗動，乃曰：「俟他日復議可也。」遂還。

世祖即位，拜燕京宣慰使。時供給蜀軍，府庫已竭，及用兵北邊，璧經畫，饋運不絕。中書省立，授平章政事，加答剌罕之號，力辭不就。中統二年，從征阿里不哥，以平章政事兼大都督，領蒙古、漢軍。是年，始製太廟雅樂。樂工黨仲和、郭伯達以知音律在選中，爲造僞鈔者連坐，繫獄。璧曰：「太廟雅樂，大饗用之，豈可繫及無辜，而廢雅樂之成？」奏請原之。三年二月，復拜中書平章政事。李璮反，親王合必赤討之，以璧督餽運。璮平，以平章政事行省山東。

至元元年，官制行，加榮禄大夫。帝欲作文檄宋，執筆者數人，皆不稱旨，乃召璧爲文。帝大稱善，曰：「惟秀才能曲盡我意。」六年，改樞密副使，雖左遷，璧處之泰然，不以爲意。六年，宋邊臣遣間使約降，帝命璧詣鹿門山都元帥阿朮營密議，以璧同行漢軍都元帥府事。時阿朮卧病，營屯遇雨，漲没殆盡。宋將夏貴率兵五萬，饋糧三十艘，自武昌援襄

陽。璧據險設伏待之，貴果中夜潛上，璧策馬出鹿門山，行二十餘里，奪其五舟，大呼曰：「南船已敗，我水軍宜速進。」貴懾不敢動。明旦，阿朮命諸將渡江以騎兵截貴，璧與水軍萬户解汝楫等追貴舟師。遂合戰於虎尾洲，貴敗走，士卒溺死甚衆，奪戰艦五十艘，擒將士三百餘人。

高麗王植爲其臣林衍所逐，帝召璧還，改中書左丞。同國王頭輦哥行東京等路中書省事，駐兵平壤。時衍已死，璧與國王議曰：「高麗遷居江華島有年矣。外雖卑辭臣貢，內恃其險，故使權臣無所畏忌，擅逐其主。今衍已死，王實無罪，若朝廷遣兵護王歸於舊京，可以罷兵息民，策之上者也。」因遣使以聞，帝從之。師還，遷中書右丞。冬祀太廟，有司失黄幔，得於神庖竈下，已汙壞。帝聞大怒，曰：「是應坐大不敬律，當斬。」璧爭曰：「法止杖斷遠流。」其人竟得不死。九年，復拜平章政事。

璧平居寡言語，及論政事，必反覆詰難，務究其利弊而後已。世祖嘗稱爲「秀才舌」云。十三年卒，年五十七。大德三年，贈大司徒，謚忠亮。子二人：仁榮，中書參知政事；仁恭，集賢直學士。孫二人：崇，郊祀署令；弘，左藏庫提點。

張雄飛，字鵬舉，沂州臨沂人。父琮，仕金，守盱眙，金主疑之，罷其兵，徙居許州，尋復命守河陰，留家人於許。雄飛幼失母，琮妾李氏養之。大兵屠許州，惟工匠得免，有田姓者，琮故吏也，自稱能爲弓，且詐以雄飛及李氏爲家人，由是獲全，遂徙朔方，雄飛甫十歲。至霍州，李欲逃，恐其累己，雄飛知之，頃刻不去左右，李乃變服與雄飛俱還，寓潞州。雄飛既長，往師前進士王寶英於趙州。金亡，雄飛不知父所在，求之十餘年，終弗得。遂入大都，居數歲，盡通諸部語。

至元二年，廉希憲薦於世祖，召見，陳當世之務，世祖大悅。授同知平陽路轉運司事，搜抉蠹弊悉除之。帝問處士羅英，誰可大用者，對曰：「張雄飛真公輔器。」帝然之，命驛召雄飛至，問以方今所急，對曰：「太子天下本，願早定以繫人心。閭閻小人有升斗之儲，尚知付託。天下至大，社稷至重，不早建儲貳，非至計也。向使先帝知此，陛下能有今日乎？」帝方卧，矍然起，稱善者久之。

他日，與江孝卿同召見，帝曰：「今任職者非材，政事廢弛，譬大廈將傾，非良工不能搘柱，卿輩能任此乎？」孝卿謝不敢當。帝顧雄飛，雄飛對曰：「古有御史臺，爲天子耳目。凡政事得失、民間疾苦，皆得言；百官姦邪、貪穢不職者，即糾劾之。如此則紀綱舉、天下治矣。」帝曰：「善。」乃立御史臺，以前丞相塔察兒爲御史大夫，雄飛爲侍御史，且戒之曰：

「卿等既爲臺官，職在直言。朕爲汝君，苟所行未善，亦當極諫，况百官乎？汝宜知朕意，人雖嫉汝，朕能爲汝地也。」雄飛益自感勵，知無不言。

參議樞密院事費正寅素憸狡，密遣人通於宋。事覺，詔丞相線真等與雄飛雜治之。雄飛無所顧，盡得其罪狀以聞，正寅與其黨管如仁等皆伏誅。會議立尚書省，請托交至，雄飛力争，忤旨，左遷同知京兆總管府事。宗室公主有家奴逃渭南爲民贅婿，雄飛識之，捕其奴與妻及妻之父母，皆械繫之，盡没家貲。雄飛與主争辯，辭色俱厲，主不得已，以奴妻及妻之父母、家貲還之，惟挾其奴以去。

入爲兵部尚書。平章阿合馬在制國用司時，與亦麻都丁有隙。至是，羅織其罪，同僚争相附會。雄飛不可，曰：「所犯在制國用司時，平章獨不預耶？」衆無以答。秦長卿、劉仲澤亦以忤阿合馬，皆下吏，欲殺之，雄飛亦持不可。阿合馬使人啗之曰：「能殺此三人，當以參政相處。」雄飛曰：「殺無罪以求大官，吾不爲也。」阿合馬怒，奏出雄飛爲澧州安撫使〔六〕，三人竟死獄中。

澧州有巨商二人，犯匿税及歐人事，僚佐受賂，欲寬其罪，雄飛繩之益急。或曰：「此細事，何執之堅？」雄飛曰：「吾非治匿税歐人者，欲改宋弊政，懲不畏法者爾。」貧民以乏食，羣聚發富家廪，所司欲論以强盗，雄飛曰：「此盗食，欲救死耳，非强也。」寬其獄，全活

者百餘人。澧西南接溪洞，猺人乘間抄掠，雄飛遣楊應中等往諭以威德，諸猺悉感服。

十四年，改安撫司爲總管府，命雄飛爲達魯花赤，遷荊湖北道宣慰使。有告常德富民十餘家，與德山寺僧將爲亂，衆議以兵討之。雄飛曰：「告者必其仇也。且新附之民，當以静鎮之，兵不可遽用。苟有他，吾自任其責。」遂止，徐察之，果如所言。十五年，荊湖行省阿里海牙以降民千户没入爲家奴，自置吏治之，歲責租賦，有司莫敢言。雄飛言於阿里海牙，請歸其民於有司，不從。雄飛入朝奏其事，詔還籍爲民。

十六年，拜御史中丞，行御史臺事。阿合馬以子忽辛爲中書右丞，行省江淮，恐不爲所容，奏留雄飛不遣，改陝西漢中道提刑按察使。未行，阿合馬死，朝臣皆以罪去。拜參知政事。阿合馬用事日久，賣官鬻獄，紀綱大壞。雄飛乃先自降一階〔七〕，於是僥倖超躐者皆降黜。忽辛有罪，敕中貴人及中書雜問，忽辛曆指宰執曰：「汝曾使我家錢物，何得問我？」雄飛曰：「我曾受汝家錢物否？」曰：「惟公獨否。」雄飛曰：「如是，則我當問汝矣！」忽辛遂伏辜。

二十一年春，册上尊號，議大赦天下。雄飛諫曰：「古人言：無赦之國，其刑必平。故赦者，不平之政也。聖明在上，豈宜數赦？」帝嘉納之，語雄飛曰：「大獄而後見善射，集議而後知能言。汝所言者是，朕今從汝。」遂止降輕刑之詔。

未幾，盧世榮以言利進，雄飛與諸執政同日皆罷。二十三年，起爲燕南河北道宣慰使，卒於官。

五子：師野、師諤、師白、師儼、師約。師野，宿衛東宫。荆湖行省平章政事阿里海牙入覲，言之宰相，欲白皇太子，請以師野爲荆南總管。雄飛固止之，歸謂師野曰：「今日有欲官汝者，汝宿衛日久，固應得官。然我方爲執政，天下必以我私汝，我一日不去此位，汝輩勿望有官也。」其介慎如此。

史臣曰：張鵬舉剛明廉直，材任宰相。世祖用盧世榮，罷鵬舉政事，可謂棄蘇合而寶蛣蜣之糞矣。豈好利之心不能自克，遂爲逢君者所蠱惑歟？

【校勘記】

〔一〕「瑭」字原脱，據正文補。

〔二〕「薨」，原作「夢」，據《元史》卷一五九列傳第四十六《商挺傳》改。

〔三〕「右衛」，原作「大衛」，據《元史》卷一五九列傳第四十六《商挺傳》改。

〔四〕「廬舍」，原作「盧舍」，據《元史》卷一五九列傳第四十六《趙良弼傳》改。

〔五〕「寶臣」，原作「寶仁」，《元史》卷一五九列傳第四十六《趙璧傳》同。按王惲《秋澗先生大全文集》卷八〇《中堂事記》云「平章政事趙璧，字寶臣，西京懷仁縣人」，據改。
〔六〕「澧州」，原作「灃州」，據《元史》卷一五九列傳第四十六《張雄飛傳》改。下同。
〔七〕「階」，原作「偕」，據《元史》卷一五九列傳第四十六《張雄飛傳》改。

新元史卷之一百五十九　列傳第五十六

伯顏 相嘉失里

伯顏，巴鄰氏。曾祖失兒古額禿，爲巴鄰部長。率二子阿剌黑、納牙阿歸於太祖，授巴鄰部左千户。納牙阿爲太祖中軍萬户，自有傳。阿剌黑，伯顏祖父也。襲父職，兼斷事官。從太祖伐西域，攻拔忽氈城，遂以忽氈爲其食邑。阿剌黑子曉古台，襲千户，從宗王旭烈兀於西域。曉古台生伯顏。

至元初，旭烈兀遣伯顏入奏，世祖偉其言貌，曰：「非諸侯臣也，其留事朕。」以右丞相安童女弟妻之，拜光禄大夫、中書左丞相。伯顏凝重寡言，諸曹白事，尤難決者，徐以一二語判之，衆服曰：「真宰相也。」四年，改中書右丞。七年，遷同知樞密院事。

十一年，大舉伐宋，與史天澤並拜中書左丞相，行省荆湖。初，世祖與劉秉忠議伐宋，秉忠以無元帥對。及見伯顏，乃謂世祖曰：「取江南有人矣。」姚樞亦奏：「如求大將，非安童與伯顏不可。」至是，遂與天澤並任焉。天澤又以病，表請專任伯顏，乃以伯顏領河南等

路行中書省，諸將並聽節制。秋七月，陛辭，帝曰：「昔曹彬以不嗜殺平江南，汝其體朕意，爲朕曹彬可也。」

九月甲戌朔，會師於襄陽，分三道並進：唆都以兵一萬，由東道趨棗陽；翟招討以兵一萬，由西道老鴉山趨荆南；伯顏與平章政事阿朮由中道循漢水趨鄂州，萬户武秀爲前鋒。遇潦水汎濫，無舟楫，伯顏曰：「吾且飛渡大江，豈憚此潢潦！」命壯士負甲仗，騎而前導，麾諸軍畢濟。次鹽山，距郢州二十里。宋兵十餘萬，夾漢水城萬勝堡，號爲新郢，兩岸戰艦千艘，橫鐵絙江中，以遏舟師。惟黄家灣有小河，經鷂子山入唐港，可達於江，宋人又爲壩築堡於上，嚴兵守之。伯顏遣總管李庭、劉國傑攻拔黄家灣堡，鑿壩，挽舟出唐港，整列而進。諸將請曰：「郢城，我之咽喉，不取恐爲後患。」伯顏曰：「用兵有緩急，攻城，下策也。大軍之出，豈爲此一城哉？」遂舍郢不攻，由平江堰順流而下。伯顏與阿朮殿後，不滿百騎。至泉子湖，郢將趙文義、范興以二千騎來襲。還軍擊之，文義、興俱死，斬獲數百人。

十月，次沙洋堡。命斷事官楊仁風招之，不應。復遣一俘持黄榜、檄文、傳文義首，入城招其守將王虎臣、王大用。虎臣等斬俘，焚黄榜。其裨將傅益以水軍十七人降，伯顏復命吕文煥招之，仍不應，乃水陸並進。有裨將李國用以巫術召風，風起，伯顏命炮手元帥

張榮實順風燃炮，焚城中廬舍，城遂拔。萬户忙古歹獲虎臣、大用等，屠其城。進次新城，使萬户帖木兒、史弼列沙洋所馘於城下，射黃榜、檄文以招之。守將邊居誼邀文焕語，至城下，飛矢中右臂，奔還。未幾，其總制黃順踰城降，明日，副統制任寧亦降，居誼終不出。乃令總管李庭攻其外堡，拔之。諸軍蟻附而上，内堡亦破。餘衆三千人皆戰死，居誼闔家自焚。并誅王虎臣、王大用等。遣萬户帖木兒等奏沙洋、新城之捷。

十一月丙戌，次復州，安撫使翟貴以城降。阿朮使右丞阿里海涯來請渡江之期，伯顏不答，明日又來，仍不答。阿朮自至，問之，伯顏曰：「此大事，主上付吾二人，可使餘人知吾虛實乎？」潛刻期而去。大軍次蔡店。宋淮西制置使夏貴等以戰艦萬艘，分據要害，都統王達守陽邏堡，荆湖宣撫使朱禩孫以游擊兵扼中流，大軍不得進。伯顏大會諸將，議渡江。遣總管劉深、千户馬福觀沙湖水勢，福建議，淪河口可通沙蕪入江。伯顏使覘沙蕪口，夏貴亦以精兵守之。乃圍漢陽軍，聲言由漢口濟江，貴果移軍來援。

十二月丙午，大軍次漢口。諸將自漢口開壩，引船入淪河。先遣萬户阿剌罕巡視陽邏城堡，徑趨沙蕪，入大江。壬子，伯顏戰艦萬計，連檣而至，以數千艘泊淪河灣。諸將言：「沙蕪南岸有宋戰船，可攻而取之。」伯顏曰：「吾亦知其可取，慮汝輩貪小失大。一舉渡江，收其全功可也。」進攻陽邏堡，再遣人招之，俱不應，其將士曰：「我輩受宋厚恩，戮力

死戰，此其時也。安有歸降之理？今日猶賭博之孤注，輸贏在此一擲！」伯顔麾諸將攻之，三日不克。乃密與阿朮議曰：「彼謂我必拔此堡，方能渡江。此堡守禦堅固，攻之徒勞。汝今夜以鐵騎三千直趨上流，爲擣虚之計，詰旦渡江襲南岸。已過，則遣人告我。」乃分遣阿里海涯督萬户張弘範、忽失海涯、折的迷失等，先以步騎攻陽邏堡。夏貴來援，阿朮出其不意，率萬户晏徹兒、忙古歹、史格、賈文備四翼軍，泝流西上四十里，對青山磯而泊。是夜，雪大作，遥見南岸尚露沙洲。阿朮登舟率諸將徑趨之。史格一軍先渡，爲宋將程鵬飛所卻。總管史塔剌渾繼進，擒其將高邦顯等。鵬飛身被七創，敗走，獲船千餘艘，遂抵南岸。阿朮與鎮撫何瑋等數十人登岸，與宋軍相持。夏貴在江南，不能爲聲援，我軍遂起浮橋，成列而濟。阿里海牙繼遣張榮實、解汝楫等四翼軍，舳艫相銜，直攻夏貴。貴引麾下軍數千先遁，諸軍乘之，斬馘不可勝計，追至鄂州東門而止。阿朮遣使告捷，伯顔大喜，急攻陽邏堡，拔之，斬王達。諸將謂：「貴大將，不可使逸去，請追之。」伯顔曰：「陽邏堡之捷，吾欲遣使告於宋人。今貴走，代吾遣使，不必追也。」

阿朮還渡江，議兵所向，或欲先取蘄、黄，阿朮曰：「若赴下流，退無所據，先取鄂、漢，雖遲旬日，可爲萬全計。」伯顔從之。進次鄂州，焚戰船三千艘，火照城中，宋人大恐。乃遣吕文焕、楊仁風等諭之曰：「汝國所恃者，江、淮而已。今大兵渡江，如履平地，汝輩何不

速降。」知鄂州張晏然、知漢陽軍王儀、知德安府來興國，並以城降，程鵬飛亦以本軍降。伯顏承制以宋鄂州民兵總制王該知州事，王儀、來興國仍舊任。分宋降卒隸諸將，凡逃民悉縱還之。遣萬户也的哥、忽都歹入奏。分命阿剌罕先鋒黄頭，收壽昌糧四十萬斛，以濟軍需。留阿里海涯等以兵四萬戍鄂、漢，伯顏與阿朮率大軍東下，以侍衛親軍都指揮使秃滿台爲諸軍殿。

十二年正月癸酉朔，阿朮先至黄州，宋知州陳奕降，伯顏承制授奕沿江大都督。遣奕與吕文焕以書招蘄州安撫使管景模，阿朮復以舟師造其城下。伯顏至蘄州，景模出降，承制授以淮西宣撫使，留萬户帶塔兒守之。阿朮以舟師趨江州，宋兵部尚書吕師夔、知江州錢真孫及知六安軍曹明，皆以城降。伯顏承制以師夔守江州。師夔宴伯顏於庾公樓，飾宋宗室二女以獻，伯顏怒曰：「吾奉天子之命，興師問罪，豈以女色移吾意乎！」斥遣之。知南康軍葉閶來降，殿前都指揮使、知安慶府范文虎亦奉書納款。伯顏至湖口，遣千户寧玉造浮橋以渡，大風，禱於山神，有頃風息，大軍畢渡。伯顏承制授范文虎兩浙大都督，以其從子友信知安慶府事，命萬户喬珪戍之。次池州，都統制張林以城降，通判權州事趙昴發與其妻自經死，伯顏命具衣衾葬之。

宋宰相賈似道遣袁克己、宋京致書，請還已降州郡，約貢歲幣。伯顏遣囊加歹偕克己

入奏，止京以待，且使謂似道曰：「未渡江，議和入貢則可；今沿江諸郡皆内附，欲和則汝自來面議。」囊家歹還，乃釋宋京。

賈似道屯於丁家洲，步兵十三萬，號百萬。孫虎臣爲前鋒，夏貴以戰艦二千五百艘橫亘江中，似道將後軍。伯顏曰：「衆寡不敵，宜以計勝。」令軍中作大栰數十，置薪芻於上，陽言欲以火攻。宋人晝夜嚴備，戰士少懈。乃命左右翼萬户率騎兵夾江而陣，炮聲震百里。宋軍陣動，我師掠宋戰艦，大呼曰：「宋人敗矣。」似道倉皇失措，遽鳴金收軍，軍潰。阿朮以小旗麾何瑋、李庭等率舟師衝擊，伯顏命步騎左右犄之，追奔百五十餘里，獲戰艦二千餘艘。似道東走揚州，貴走廬州，虎臣走泰州。

進攻太平州，知州孟之縉及知無爲軍劉權、知鎮萬軍曹旺等，並以城降。大軍次建康之龍灣，大賚將士。宋沿江制置使趙溍遁，都統徐之榮、翁福、茅世雄等以城降，命招討使唆都守之。鎮江府管軍總管石祖忠以城降，江東及淮西滁州諸郡亦相繼降。時民乏食，又疾疫，伯顏開倉賑之，兼施醫藥。宋人大喜曰：「真王者之師也！」伯顏遣左右司員外郎石天麟詣闕奏事，世祖大悦，悉允所請，命伯顏以行中書省駐建康。阿塔海、董文炳以行樞密院駐鎮江，阿朮別奉詔取揚州。

四月，詔盛夏不利行師，俟秋再舉。伯顏奏曰：「宋人據江海，如獸之走險。今已扼其

吭，少縱之則逸而逝矣。」世祖語使者曰：「將在外，不從中制，兵法也。宜從丞相言。」五月，復命奉御愛薛召伯顏赴闕，以阿剌罕爲參政，留治省事。伯顏至鎮江，會諸將計事，令各還戍地，乃渡江北行，入見於上都。七月癸未，進右丞相，讓功於阿朮，詔以阿朮爲左丞相。阿朮材勇善戰，而士心不附，伯顏患之，乃曲加禮敬，由是衆皆悦服。

八月癸卯，受命還行省，取道益都，按視沂州防軍，調淮東都元帥孛魯歡、副都元帥阿里伯，以所部兵泝淮而進。九月，至淮安，射書城中，諭守將降。又使降將孫嗣武招之，皆不應。乃使招討使別里吉迷失攻北城，伯顏與孛魯歡、阿里攻其南城堡，拔之。十月，進圍揚州，留孛魯歡、阿里伯守灣頭新堡。至鎮江，罷行院，以阿塔海、董文炳同署院事。

十一月，分兵爲三路，期並會於臨安：阿剌罕等爲右軍，以步騎自建康趨獨松嶺；董文炳爲左軍，以舟師自江陰循海道趣澉浦、華亭；伯顏與阿塔海由中道，節制諸軍水陸並進。

先是，常州守王宗洙遁，通判王虎臣以城降。其都統制劉師勇與張彦、王安節等復推姚訔爲帥，堅守不下。彦與安節拒戰於呂城，大敗，彦以衆降。伯顏至常州，命呂文焕射書城上，諭以禍福，不應。文焕又爲流矢所中，乃命掾史書榜文射入城中，曰：「常州已附之地，爾等復來據之。大丞相親臨攻擊，勢易摧枯，然念主上好生惡殺，務以招徠爲先。

連日遣人告諭，未見聽從。爾之士民勿以歸降復叛爲疑，約以來日，如出城歸附，以保生靈，前罪一無所問。仍依沿江已附州城，一例優加爵賞，四民各令安業。若更執迷堅拒，城破之日，枕尸流血，老幼無遺。宜速深思，無貽後悔。」又不聽。乃督帳下親軍攻南城，命親軍先登，豎紅旗城上。諸軍見而大呼曰：「丞相登矣！」師畢登，宋兵大潰，拔其城，屠之。峕戰死，安節被執不屈死，惟師勇遁去。以行省都事馬紹爲常州尹。

遣蒙古軍都元帥闊里帖木兒、萬户懷都，先據無錫州。萬户忙古歹、晏徹兒巡太湖。又遣監戰亦乞里歹、招討使唆都、宣撫使游顯，會闊里帖木兒先趨平江。

初，伯顏出都，帝以手詔付之，使諭宋主。至是，遣降人游介實，奉詔書副本使於宋，仍以書諭宋大臣。十二月，宋工部侍郎柳岳等奉其國主及太皇太后書，並宋之大臣與伯顏書來見，垂涕言：「太皇太后年高，嗣君幼冲，且在衰絰中。自古禮不伐喪，乞哀恕班師，每年進奉修好。且今日事至此者，皆奸臣賈似道失信誤國，非太皇太后之意也。」伯顏曰：「主上即位之初，奉國書修好，汝國執我行人，至十有六年，所以興師問罪。今又無故殺我行人。如欲大軍不進，將效錢王納土乎？李主出降乎？爾宋昔得天下於小兒，今亦失於小兒，天道如此，何多言也！」乃遣招討使抄兒赤，以柳岳來使事及嚴忠範所賚國書入奏。

次平江，宋都統王邦傑等出降。遣囊家歹與柳岳至臨安。宋尚書夏士林、侍郎呂師孟、宗正少卿陸秀夫又以書來，請尊世祖爲伯父，世修子姪之禮，且約歲幣銀二十五萬兩，幣二十五萬匹。伯顏不答，遣忙古帶、范文獻，會阿剌罕、昔里伯取湖州，留游顯、懷都、忽都不花屯兵鎮守平江，別遣寧玉守吳江長橋。橋，玉所造也。

十三年正月，次嘉興，安撫使劉漢傑以城降，留萬户忽都虎等戍之。宋軍器監劉庭瑞又以其宰相陳宜中等書來，伯顏亦不答，遣庭瑞返。宜中遣御史劉岊奉宋主稱臣表副本，及致書伯顏，約會長安鎮。大軍至崇德，宜中又令都統洪模持書同囊家歹來見。已而伯顏次長安鎮，宜中等不至。進至臯亭山，宋主遣知臨安賈餘慶，同承宣使趙尹甫、防禦使趙吉甫，奉傳國璽及降表詣軍前。伯顏受之，召宋宰執議出降。時宋宰相陳宜中已遁，宋主以文天祥代爲宰相，辭不拜，自請至軍前。大軍至臨安北十五里，分遣董文炳、呂文焕、范文虎撫慰軍民。

伯顏聞宜中與張世傑等挾益王、廣王航海去，亟遣右軍阿剌罕、奥魯赤，左軍董文炳、范文虎等追之，不及而還。

或請檢視府藏簿帳，以知金穀户口多寡，伯顏曰：「是欲貪緣噬吾民耳！」乃下令將士：「敢入城者，以軍法論。」先是，宋三衙衛士白晝殺人，亂民亦乘時剽掠。至是，始皆斂

迹。遣吕文焕持黄榜諭臨安軍民，遣程鵬飛、洪雙壽等入宫慰諭謝太后。太后遣丞相吴堅、文天祥，樞密使謝堂、安撫使賈餘慶、内官鄔惟善來見，伯顔慰遣之。以天祥舉動不常，疑其有異志，留之。天祥數請歸，伯顔笑而不答。天祥怒曰：「我此來，爲兩國大事，何故留我？」伯顔曰：「勿怒，汝爲宋大臣，責任非輕。今日之事，當與我共之。」使程鵬飛、洪雙壽同賈餘慶易宋王削帝號降表。伯顔屯臨安城北之湖州市，遣千户囊家歹等以宋傳國璽入獻。

庚寅，伯顔建大將旗鼓，率左右翼萬户，巡臨安城，觀潮於浙江〔一〕。宋宗室大臣皆來見。張弘範、孟祺同程鵬飛以所易降表及宋主、謝太后諭未附州郡手詔至。伯顔登獅子峰，觀臨安形勢，命唆都部分諸將守護宫城。癸巳，謝太后復使人來勞問。分置其三衙諸司兵於各翼，以俟調遣，其生募等軍，願歸者聽。分遣蕭郁、王世英等招諭衢、信諸州。

二月，遣劉岊等往淮西招夏貴，仍遣别將徇浙東、西，於是知嚴州方回、知婺州劉怡、知台州楊必大、知處州梁椅，並以城降。命阿剌罕、董文炳等見謝太后，宣布德意，以慰諭之。

辛丑，宋主率文武百餘，望闕拜發降表。伯顔承制，以臨安爲兩浙大都督府，忙古歹、范文虎並爲大都督。復命張惠、阿剌罕、董文炳、吕文焕等入城，籍其軍民錢穀之數。收

百官誥命、符印、圖籍，悉罷宋官府，移宋王於別館。禁人勿侵壞宋氏陵寢。是日，大軍屯於江滸，潮三日不至，人以爲天助焉。

癸卯，謝太后命吴堅、賈餘慶、謝堂、家鉉翁、劉岊、文天祥等爲祈請使，楊應奎、趙若秀爲奉表押璽官，詣闕請命。伯顏亦拜表稱賀。宋福王與芮奉書於伯顏，辭甚懇至。伯顏曰：「爾國已降，南北一家，王勿疑，宜速來，共預此事。」且使迓之。夏貴以淮南降。庚申，囊加歹傳諭，召伯顏偕宋君臣入朝。

三月丁卯，伯顏入臨安，使孟祺籍其禮器、册寶、圖書。議以阿剌罕、董文炳留治省事，以經略閩、粤；忙古歹以大都督，戍浙西；唆都以宣撫使，戍浙東；唐兀歹、李庭護送宋君臣北上。初，宋末童謡有云：「江南如破，白雁來過。」又讖語云：「亡宋者，百眼將軍也。」至是皆應焉。

阿塔海等宣詔，趣宋主、母后入覲。聽詔畢，即日出宫，惟謝太后以疾獨留。隆國夫人黄氏以下，宫人從行者百餘人，福王與芮、沂王乃猷、駙馬楊鎮以下，官屬從行者數千人。宋主求見，伯顏曰：「未入朝，無相見禮。」

五月乙未，伯顏以宋主至上都。世祖御大安閣受朝，授宋主㬎開府儀同三司、檢校大司徒，封瀛國公。宋平，得府三十七、州百二十八、關監二、縣七百三十三。命伯顏告於

天地宗廟，大赦天下。帝勞伯顏，伯顏再拜謝曰：「奉陛下成算，阿朮效力，臣何功之有？」復拜同知樞密院事，賜銀鼠、青鼠只孫二十襲，以陵州、藤州户六千爲食邑。將校有功者一百二十三人，賜銀有差。奏言：「江南川渠，通利百貨，皆以船運，比之車運載倍而力省。今南北混一，宜疏濬河渠，令遠方貢獻京師者，皆由此而達，誠萬世之利。」帝從之。其後海運之議，亦發自伯顏云。

十四年，諸王昔里古劫北平王以叛，命伯顏率大軍討之。與其衆遇於斡魯歡河，夾水而陣，相持終日。俟其懈，麾軍爲兩隊擊之，昔里古敗走。十八年三月，世祖命皇太子撫軍北邊，以伯顏從，諭之曰：「伯顏才兼將相，忠於所事，汝勿以常人遇之。」皇太子與伯顏論事，輒敬禮有加。是年，頒功臣食邑，益以藤州等處四千九百七十七户。

初，伯顏至上都，詔百官郊迎。平章政事阿合馬先半舍謁於道左，伯顏解所服玉鉤絛遺之，且曰：「宋寶玉雖多，吾實無所取，勿以此爲薄也。」阿合馬疑其輕己，思中傷之，乃謂：「玉桃盞，宋之至寶，爲伯顏所匿。」帝命按之，無驗，事始得釋。後阿合馬死，有獻玉桃盞者，帝愕然曰：「幾陷我忠臣也！」別里吉迷失誣伯顏以死罪，帝察其誣，斥之。未幾，別里吉迷失以他罪誅，敕伯顏臨視。伯顏與之酒，不顧而返，帝問其故，對曰：「彼有罪當誅，以臣臨之，人且疑陛下爲臣報復矣。」

二十二年秋，宗王阿只吉爲海都所敗，詔伯顔代總其軍。伯顔令軍中采蔑怯葉兒及宿敦之根貯之，人四斛，草實稱是。是冬雨雪，人馬賴以不饑。又令軍士捕塔剌不歡之獸食之，積其皮至萬餘，人莫知其意。既而遣使輦至京師，帝曰：「是欲易吾繒帛耳。」乃賜帛爲軍士衣服。二十四年二月，有上變告乃顔逆謀，詔伯顔偵之。伯顔多載衣裘，入其境，以賜館人。既至，乃顔設宴，謀執之。伯顔覺，趨出，與從者分三道逸去。館人既得衣裘，争以良馬與之，遂得脱，馳還白狀。四月，乃顔反，世祖親征，奏請李庭、董士選將漢軍以兵法布置。賊將金家奴、塔不歹進逼乘輿，庭等大敗之，卒擒乃顔。二十六年，進金紫光禄大夫、知樞密院事，出鎮和林。和林置知院，自伯顔始。

二十九年，諸王明理帖木兒叛，與海都連兵入寇，詔伯顔討之。遇賊於阿撒忽禿嶺，矢下如雨，伯顔麾軍以進，下令退後者斬，大敗明理帖木兒〔二〕。使速哥、梯迷禿兒等追之。伯顔引軍夜還，至必失禿，卒與賊遇，伯顔堅壁不動。黎明，賊引去，追至别竭兒，速哥、梯迷禿兒等兵亦至，夾擊之，斬首二千級，俘其餘衆以還。軍中獲諜者，伯顔厚賜之，遣歸。賫書諭明理帖木兒以禍福，明理帖木兒爲感泣。

未幾，海都復犯邊，伯顔留拒之。廷臣有譖伯顔與海都通者，詔以知樞密院玉昔帖

木兒代之，伯顏留大同以俟後命。玉昔帖木兒未至三驛，會海都復至。伯顏遣使告玉昔帖木兒曰：「公姑止此，待我翦此寇而來，未晚也。」伯顏與海都戰，佯卻，凡七日。諸將以爲怯，憤曰：「果畏賊，何不授軍於大夫？」伯顏曰：「海都犯邊，邀之則遁；誘其深入，一戰可擒也。諸君必欲速戰，若失利，誰任其咎？」諸將屢請，伯顏還軍擊敗之，海都果脱去。玉昔帖木兒至，成宗餞伯顏，且曰：「公將去，何以教我？」伯顏舉酒，謂之曰：「可慎者，惟此與女色耳。軍中當嚴紀律，然恩德不可偏廢。冬夏營屯，循舊爲便。」成宗悉從之。

三十一年正月癸酉，世祖崩，伯顏總百官以聽。兵馬司請日出入時鳴鐘，以防變故，伯顏呵之曰：「汝將爲亂耶？其如平日！」有盜內府銀者，宰相欲誅之，伯顏曰：「何時無盜？今以誰之命誅盜耶？」人皆服其有識。

夏四月，成宗即位於上都大安閣，左右部諸王畢會。伯顏仗劍立殿陛，陳祖宗寶訓，宣揚顧命，述所以立成宗之意，辭色嚴肅，諸王皆股慄，趨殿下拜賀。五月乙亥，拜開府儀同三司、太傅、録軍國重事，依前知樞密院事。丞相完澤忌之，伯顏知其意，語之曰：「幸送我兩罌美酒，與諸王飲，餘非所知也。」江南行省累請罷行樞密院，帝問於伯顏，時伯顏已病，張目對曰：「內而省、院，各置爲宜；外而軍、民，分隸不便。」成宗韙之，三行院遂罷。

十二月庚子，卒，年五十九。

伯顔深沈善斷，率二十萬衆伐宋，如將一人。事畢還朝，口不言功，歸裝惟襆被而已。大德八年，贈宣忠佐命開濟功臣、太師、開府儀同三司，追封淮安王，謚忠武。至正四年，加增宣忠佐命開基翊戴功臣，進封淮王，餘如故。

子買奴，僉樞密事院；囊加歹，樞密副使。

孫相嘉失里，同僉樞密院事、集賢學士，至治末聞南坡之變，奔赴上都，或止之。曰：「吾與國同休戚，今聞難不赴，可乎？」至上都，爲逆黨所執。尋得釋，拜河南江北行省平章政事，遷江南行臺御史大夫，卒。相嘉失里子普達失里，陜西行省平章政事。

史臣曰：世祖一見伯顔，擢爲宰相，知人之哲，近世未嘗有也。然伯顔自滅宋以後，迭遭誣陷，君臣之分，幾至不終。良以非親非貴，蹤跡孤危，功名雖盛，適足爲讒構之資而已。甚矣！明良契合之不易言也！

【校勘記】

〔一〕「潮」，原作「湖」，據《元史》卷一二七列傳第十四《伯顏傳》改。

〔二〕「明理帖木兒」，原作「明里帖木兒」，下「賚書諭明理帖木兒」同，據上下文改。然本書卷一二《世祖本紀六》已作「諸王明里帖木兒叛附海都」。

新元史卷之一百六十　列傳第五十七

阿里海涯貫雲石　阿剌罕也速迭兒　忙兀台　完者拔都

阿里海涯，回鶻人。胞生，剖而出之，其父也先火者欲棄之，母不忍，及長，雄武有膽略。家貧，躬耕養母，喟然曰：「大丈夫當立功萬里，何至效細民從事畎畝間乎！」釋耒去，求國書讀之，逾月盡其師學。大將卜憐吉歹使其子忽魯不花從阿里海涯受國書，又薦於世祖潛邸，直宿衞。憲宗九年，從世祖濟江。世祖射虎未殪，阿里海涯挺矛刺殺之。攻鄂州，先登，流矢貫其喉，賜銀五十兩。憲宗崩，諸王大臣議所立。先是，宗王塔察兒有書勸進，世祖忘而置之，及問左右，阿里海涯對曰：「在臣所。」出示羣臣，議遂定。世祖甚稱之。

中統三年，授中書省郎中。至元元年，加朝請大夫、參議中書省事。二年，僉南京、河南、大名、順德等路行中書省事，轉廉訪使，賜虎符。尋領諸路鷹師獵户，再兼領中都路闌遺。四年，拜僉制國用司使。

五年，劉整議取襄陽，世祖然之，别置行中書省，以阿里海涯同僉行省事。乃築長圍，

起萬山，包百丈、楚山，盡鹿門，以斷襄陽援兵。敗宋將范文虎於灌灘。時兵事劇，阿里海涯專入奏，能日馳八百里。

六年，拜參知河南等路行尚書省事。七年，兼漢軍都元帥，分將新軍。尚書省罷，復參知行中書省事。宋遣都統張貴、張順將舟師送袍甲犒城中。自萬山接戰二十餘里，斬順。貴以餘衆入城。後貴乘水漲宵遁，阿里海涯復追斬貴於櫃門關。九年，破樊城外城，會有西域人獻新炮。十年正月，以西域炮攻樊城，拔而屠之。

移攻襄陽，一炮中其譙樓，聲如雷震，城中洶洶，諸將多踰城降。劉整欲立碎其城，執守將呂文煥以逞其意。阿里海涯獨不欲攻，乃身至城下，與文煥言曰：「汝以孤軍拒守數年，今飛走路絶，上嘉汝忠於所事，若降必尊官厚賜，以勸來者，決不殺汝也。」文煥狐疑未決，又折矢與之誓，文煥感而出降。詔阿里海涯偕文煥入朝，拜中書參知政事。

十一年，進中書左丞、行荆湖等路樞密院事。阿里海涯奏曰：「襄陽爲自古用武之地，今幸而克之，宜乘勝順流東下，宋可必平。」平章阿朮亦贊其事。世祖命丞相史天澤議之，天澤曰：「朝廷若遣重臣如丞相安童、同知樞密院事伯顔者一人，都督諸軍，則四海混同，可以立待也。」乃拜伯顔爲行中書省左丞相。阿里海涯進行省右丞，賞鈔二百錠。

九月，會師襄陽，進攻郢州。宋人築新郢，夾江爲城。伯顔使阿里海涯將數十騎覘新

郢虛實，宋范、趙兩都統伏兵葭林中，阿里海涯奮擊，大破之，斬兩都統而歸，以其腦撓酒飲之。

十二月，次沙武口。宋制置使夏貴守諸隘甚固，阿里海涯麾兵攻陽邏堡，敗貴援兵，遂拔陽邏及青山、白湖諸堡，鄂州守將張宴然、王該等以城降。阿里海涯御軍嚴整，州民安堵，無奪菜秉者，於是漢陽、壽昌、信陽、德安諸州縣皆望風款服。伯顏與諸將會於鄂州，議曰：「鄂襟帶江山，江南要區，且兵糧皆備。今江陵、潭、岳皆未下，不以大將鎮之，上流一動，則鄂非吾有也。」乃使阿里海涯將兵四萬人戍鄂州。

十二年春，略地江陵，與宋將高世傑遇於巴陵。世傑將艨艟千六百艘、兵二萬規襲鄂，阿里海涯遣張榮實、解汝楫敗之，追至桃花灘，世傑降，遂克岳州。承制以降將孟之紹爲安撫使。四月，進兵沙市，縱火攻之，城陷，宋宣撫朱禩孫、制置高達出降。乃入江陵，傳檄郢、隨、歸、峽、常德、澧、辰、沅、靖諸郡，皆下之，籍其户口財賦來上。世祖喜，大宴三日，謂左右曰：「伯顏東下，阿里海涯以孤軍戍鄂，朕甚憂之。今荆湖定，吾東兵無後患矣。」乃親作手詔褒之，賜龍鳳御服、御帽，及珠衣、玉帶、貂裘，又別賜金罍一，曰：「俟汝至，當合樂飲之。」以世傑窮而歸命，殺之，禩孫徵至京師，死，籍其妻孥。命阿里海涯還鄂，以沿江新附州縣委之。

阿里海涯至鄂，招潭州守將李芾，不聽。乃移兵長沙，拔湘陰。潭人植涀柱江中，自喬口至城下，凡十有五，皆斷之。又拔城西栅，射書城中示芾曰：「速降以活州民，否則屠矣。」芾仍不答。阿里海涯部分諸路，以炮攻之，中流矢，創甚，督戰益急。城陷，潭人復作月城以自守。十三年春正月，芾力屈自殺，其將劉孝品等以城降。諸將欲屠之，阿里海涯曰：「潭州户口數百萬，屠之非上諭伯顔以曹彬不殺意，其屈法貸之。」復發倉廩食飢者。

遣使徇郴、全、道、桂陽、永、衡、武岡、寶慶及袁、韶、南雄諸郡，其守將皆奉表迎降，獨經略使馬暨據静江不下。使俞全等招之，皆爲所殺。會宋主降，阿里海涯入覲，拜平章政事。世祖使賫手詔至静江諭之。阿里海涯録上所賜詔以示暨，暨焚之，並殺使者。攻三十餘日，城陷。暨與其將黄文政、張虎等突圍走，追執之。阿里海涯恐静江民復叛，悉坑之，斬暨等於市。分遣萬户秃哥不花徇賓、融、柳、欽、横、邕、慶遠，齊榮祖徇鬱林、貴、廉、象，托里徇容、藤、梧，皆下之。特磨酋穠士貴、南丹州酋莫大秀，皆請内附。

既而宋益、衛二王稱制海上，全、永諸州與潭州屬縣民文喻才等咸起兵應之，舒、黄、蘄相繼煽動。詔阿里海涯討之，阿里海涯斬喻才等。踰嶺至柳州，天署，軍病渴，所乘馬跑地出泉，一軍飲之，至今名馬蹄泉。

時宋將趙與珞戍瓊州之白沙港。阿里海涯航海攻之，執與珞與冉安國、黄之紀等，皆

磔以徇，瓊州遂降。八番羅甸蠻酋龍文貌入覲，置宣慰司。八番羅甸、卧龍、羅番、大龍、

渴蠻、蘆番、小龍、石番、方番、瑶番、獞番，並置安撫司以鎮之。

十八年，奏請徙行省於郢州。所定荆南、淮西、江西、海南、廣西之地，凡得州五十有八，峒夷山獠不可勝計。其取民，悉從輕賦，所在立祠祀之。

二十一年，敕阿里海涯調漢軍七千、新附軍八千從鎮南王伐安南。阿里海涯自請至海濱，收集占城潰卒，再使南征，且趣其未行者。拜安南行中書省左丞相。會湖廣省臣奏請緩師，世祖從之，詔阿里海涯返。

二十三年，入朝，加光禄大夫、湖廣行省左丞相。湖廣行省左丞要束木，丞相桑哥之姻黨也，劾阿里海涯侵盗錢穀，桑哥從中主之。阿里海涯亦劾要束木貪婪。遣參政秃魯罕等推驗，皆希桑哥旨，謂要束木事不實，阿里海涯贓據有徵。阿里海涯方以疾留上都，世祖敕尚醫診視，恩禮有加。聞推驗者右要束木，竟忿而自殺，以暴卒聞，年六十。秃魯罕言，阿里海涯雖卒，事之是非仍宜暴白。世祖命竟其事，籍阿里海涯家貲，運於京師，後贈開府儀同三司、上柱國，追封楚國公，謚武定。至正八年，追封江陵王，改謚武宣。

阿里海涯喜薦人才，由麾下偏裨及降將爲丞相者二人：曰蒙古歹，曰阿剌罕；爲平章政事者十一人：曰奥魯赤、虎都帖木兒、阿里、史格、吕文焕、帖木兒不花、李庭、劉國

傑、程鵬飛、史弼；右丞四人，曰塔出、唐兀帶、劉深、趙修；參知政事十三人，曰賈文備、鄭鼎、何瑋、張鼎、樊楫、朱國寶、張榮實、囊家歹、烏馬兒、孛羅、合答兒、高達、馬應龍、雲從龍。人才之衆，一時莫及焉。

惟自陳功比伯顏，應賜養老户，御史滕魯瞻劾之，阿里海涯遣使至行臺，逮御史。行臺御史大夫相威奏其欺謾，事始寢，爲士論所訾云。

妻特里氏。世祖復敕以陳、亳、潁元帥郝謙女爲次妻，卒，又以其妹繼之。自陳州召至京師，順聖皇后爲加幗服。

六子，知名者：忽失海涯，湖廣行省左丞；貫只哥，湖廣行省參知政事，追封楚國公，謚忠惠；和尚，湖南道宣慰使，監潭州軍，賜玉帶、一品服。貫只哥子貫雲石。

史臣曰：阿里海涯平湖廣，使伯顏東下無返顧之憂，功名與阿朮相伯仲。乃爲要束木所迫脅，至於自裁。以世祖之待功臣，尚有覆盆之獄，「讒人罔極」，吁可畏哉！

貫雲石，字酸齋。神采秀異，年十二三，膂力絶人，善騎射。稍長，折節讀書，爲文不蹈襲故常，簡峭有法。

襲兩淮萬户府達魯花赤，鎮永州。初，貫只哥御下寬，衆翫之。雲石濟以威嚴，行伍肅然。一日，呼弟忽都海涯，語之曰：「吾宦情素澹，然祖父爵不敢不襲。今已數年，宜讓汝。」即解金虎符佩之。

北從姚燧學，燧見其詩文，大異之。仁宗爲皇太子，聞雲石讓爵於弟，謂左右曰：「將相家子弟能如此，誠不易得。」未幾，雲石以所著《孝經直解》進，甚稱帝旨，命侍英宗爲説書秀才。仁宗即位，拜翰林學士、知制誥同修國史。奏陳六事：一曰釋邊戍以修文德，二曰教太子以正國本，三曰設諫官以輔聖德，四曰表姓氏以旌勛胄，五曰定服色以變風俗，六曰舉賢才以佐治道。帝覽而善之，未報。

一日，雲石忽喟然嘆曰：「辭尊居卑，昔賢所尚。今侍從之官與所讓軍資孰貴？人將議吾後矣。」乃移疾去官，賣藥於錢塘市，變易姓名，人無識之者。嘗過梁山濼，見漁父緝蘆花絮爲被，愛之，欲易以紬。漁父曰：「君欲吾被，當更賦詩。」雲石援筆立就，忻然持被而去，遠近傳之，稱爲「蘆花道人」。泰定元年卒，年三十九。贈集賢學士、中奉大夫、護軍，追封京兆郡公，謚文清。子阿思蘭海涯，慈利州達魯花赤；次八思海涯。

阿剌罕，札剌兒氏。祖撥徹，事太祖爲火兒赤，又爲博兒赤，數有戰功。太宗即位，從征關隴，戰殁。追贈定威佐運功臣、光禄大夫、司徒，封曹南王，謚忠定。父也柳干，幼隸皇子岳里吉，爲衛士長。從皇子闊出伐宋，累功授萬户，遷都元帥。及大將察罕卒，以也柳干代之，拜諸翼軍馬都元帥。憲宗八年，攻揚州，戰殁。追贈宣忠靖遠佐運功臣、中書右丞相，封曹南王，謚桓毅。

阿剌罕襲爲諸翼蒙古軍馬都元帥。從世祖渡江，圍鄂州。世祖即位，阿里不哥自立於和林，大將阿藍答兒、渾都海等叛應之。世祖命阿剌罕帥所部西討，有功。中統二年，又從世祖敗阿里不哥於昔門禿，賜金五十兩。三年，從諸王不者克討李壇於濟南，阿剌罕與壇戰於老倉口，敗之，壇伏誅，授都元帥，賜金虎符、銀印。至元四年春，改上萬户，從都元帥阿朮伐宋。九月，師次襄陽西安陽灘，逆戰，敗宋兵。五年，大軍圍襄、樊，阿剌罕守南面百丈山、漫河灘，累敗宋兵。十年春，襄陽降。

十一年秋，丞相伯顔與阿朮會師襄陽，遣阿剌罕率諸翼軍攻郢、復諸州。十月，奪郢州南門堡。丞相伯顔親率騎兵行視漢陽城壁，欲從漢口渡江。宋人以精兵扼漢口，乃遣阿剌罕帥蒙古騎兵倍道兼行，攻破沙洋堡，遂渡江，取鄂州。阿剌罕同斷事官楊仁風東略壽昌，得米四十萬斛。統左翼軍，順流東下，沿江州郡悉降。

十二年五月，加昭毅大將軍、蒙古漢軍上萬户，屯建康。丞相伯顏受詔赴闕，以阿剌罕留治行省事。拜中奉大夫、參知政事。伯顏還，分軍爲三道並進，阿剌罕由西道，趨溧水、溧陽，攻破銀樹東壩，至護牙山，敗宋軍，斬首七千級。又擒其將祝亮並裨校七十二人，斬首三千級。又與宋兵戰，斬首七千級。又敗其都統等三人，斬首三千級。克建平縣，進攻廣德軍獨松關。先是，宋廣德守將張濡殺國信使廉希賢、嚴忠範等於獨松關，及阿剌罕軍次安吉州上柏鎮，濡率兵拒戰，大敗之，斬首二千級，生擒其副將馮翼，斬於軍前，俘裨將四十二人，濡遁。

十三年春，宋降，詔阿剌罕同左丞董文炳率高興等，攻浙東温、台、衢、婺、處、明、越、及閩中諸郡，追襲宋嗣秀王趙與擇至福州。與擇以軍三萬拒戰，阿剌罕身先士卒，率高興、撒里蠻等渡江鏖戰，斬其步帥觀察使李世達，生擒與擇及將吏百八十人，悉斬之。泉州蒲壽庚降，閩、浙平，以參知政事佩金虎符行江東宣慰使。

十四年，入覲，進資善大夫、行中書省左丞。俄遷右丞，仍宣慰江東。十八年，召拜光禄大夫、中書左丞相，行中書省事。統蒙古軍征日本，行次慶元，卒於軍中，年四十九。贈協謀佐理功臣、太師、開府儀同三司、上柱國、曹國公，謚武定。進贈推誠宣力定遠佐運功臣、太師、開府儀同三司、上柱國，追封曹南王，謚忠宣。

二子：也速迭兒，襲蒙古軍萬户。天曆初，有擁戴功，由河南行省參知政事拜知樞密院事。帥所部敗上都將秃滿迭兒於通州，梁王王禪於北皇后店。又從燕鐵木兒，敗忽都帖木兒等於白浮郜，敗昔寶赤兵於昌平州北，留守居庸北口。尋行院事，禦陝西軍，獲其西臺御史大夫也先帖木兒。明年，復拜山東、河北蒙古軍都萬户，奉命討囊家台，以病不行。十月，拜河南行省平章政事，兼山東蒙古軍大都督，入爲集賢大學士。卒。脱歡，江西、河南行省左丞，拜南行臺御史大夫。後至元六年，拜中書平章政事。初，阿剌罕卒，也速迭兒尚幼，以阿剌罕兄弟之子拜降襲職。拜降累遷江浙行中書省平章政事，仍領本軍萬户。拜降卒，也速迭兒始襲焉。

忙兀台，達達兒氏。祖塔思火兒赤，從太宗定中原，爲東平路達魯花赤，位在嚴實上。忙兀台事世祖，爲博州路奥魯總管。至元七年，又爲監戰萬户，佩金虎符。八年，改鄧州新軍、蒙古萬户，治水軍於萬山南岸。九月，從圍襄、樊，拔古城，又敗宋軍於安陽灘，轉戰八十里，禽其將鄭高。俄分軍五道攻樊城，忙兀台當其一，率五翼軍以進。焚南岸舟，竪

雲梯於北岸登櫃子城，奪西南角樓。既入城，命部將先據倉廩。功在諸將右，賜金百兩。襄陽降，同宋安撫吕文焕入覲，賜銀五十兩及翎根甲。

十一年，從丞相伯顏、平章阿朮伐宋，命與萬户史格率麾下會鹽山嶺，遇宋兵，敗之。自郢州黄家原入湖，至沙洋堡，豎雲梯先登，焚其樓櫓，拔羊角壩，遂克沙洋。擒宋將王虎臣等，直抵新城，鏖戰自晨至晡，大敗之，宋復州守將翟貴以城降。乃率舟師經鬪龍口，至沙武入江，遇宋兵三百餘艘分道來拒，擊走之。次武磯堡，宋將夏貴堅守不下。十月乙卯，平章阿朮率萬户晏徹兒、史格、賈文備，同忙兀台四軍，雪夜溯流西上。黎明，至青山磯北岸。萬户史格先渡，宋將程鵬飛拒戰，格被三創，戰士二百人皆没。諸將繼進，大戰中流，鵬飛被七創，敗走，舟泊中洲。宋兵阻水，不得近，伯顏復遣萬户張榮實等來援，遂拔陽邏堡，斬守將王達，事具《阿朮傳》。己未，伯顏次鄂州，遣忙兀台諭宋守臣張宴然以城降。十二年正月，復遣忙兀台諭蘄、黄、安慶、池州諸路，皆下之。又與宋降將范文虎諭降和州及無爲、鎮巢二軍。宋降將趙溍叛於溧陽，伯顏命忙兀台討之。戰於豐登莊，斬首五百餘級，擒其將三人，復招降湖州守將二人。十二月，行省第其功，承制授行兩浙大都督府事。

十四年，改閩廣大都督，行都元帥府事。時宋二王逃入海，忙兀台率諸軍，與江西右

丞塔出追之。次漳州，諭降宋守將何清。降將王用言：「宋主昰已死，張世傑等復立其弟昺於硇洲，其地無糧儲，聞瓊州宋將欲運糧一萬石，海道灘水淺，急難運，止有杏磊浦可通舟。」忙兀台聞其言，即命諸將以兵守之。由是世傑衆饑困，遂敗死。

十五年，師還，拜參知政事，詔與唆都等行省福州，鎮撫瀕海八郡。十月，召赴闕，遷左丞。十六年七月，沙縣盜起，詔忙兀台復行省事討平之。初，忙兀台北還，左丞唆都行省福建。一日，帝命召唆都、李庭，言：「若召唆都，則行省無人，宜令建康阿剌罕往。」帝曰：「何必阿剌罕？其命忙兀台往，候唆都還，令移潭州可也。」未幾，中書省臣言：「唆都在福建，所部擾民，攻南劍等路，往往殺長吏。及忙兀台至，招來七十二寨，建寧、漳、汀稍安。若移之他處，使唆都復往，恐重勞民。」詔忙兀台仍鎮閩。十八年，轉右丞。

二十一年，拜江淮行省平章政事。初，潮州人陳義、宋末兄弟五人，聚衆剽劫，號「五虎」。及大兵入廣東，義等迎降，屢有功。至是，福建省臣言其有反側意，請除之，帝使忙兀台察之。忙兀台携義入朝，保其無事，且乞寵以官爵，丞相伯顏亦以爲言。乃授義同知廣東道宣慰司事，其裨將林雄等十人並爲百户。

二十二年，脱忽思、樂實傳諭中書省，悉代江浙省臣。中書復奏，帝曰：「朕安得此言？傳者妄也。如忙兀台之通曉政事，亦可代耶？」俄以言者召赴闕，封其家貲，遣使按

驗，無狀，進拜銀青榮禄大夫、行省左丞相，還鎮江浙。

二十三年，奏：「以販鬻私鹽者，皆海島民。今征日本，可募爲水工。」從之。賜鈔五千貫。役既罷，請以戰艦付海漕。又言：「省治在杭州，其兩淮、江東財賦軍實，既南輸於杭，復自杭北輸京師，往返勞頓，不便。請移省治於揚州。」又言：「淮東近地宜置屯田，歲入糧以給兵食，兼餉京師。」帝悉從其言。二十五年，詔江淮管内，並聽忙兀台節制。

二十六年，廷議以中原民轉徙江南，令有司遣還。忙兀台言其不可，遂止。閩越盜起，詔與不魯迷失海牙等合兵討之。御史大夫玉速帖木兒請選將，帝曰：「忙兀台已往，無慮也。」未幾，盜平。忙兀台屢以病，疏乞骸骨，乃召還。

二十七年，以江西平章奥魯赤不稱職，特命爲丞相，兼樞密院事，往代之。到官四十日，卒。

忙兀台在江浙，專愎自用，誣劾行臺中丞劉宣，宣自剄死。又易置戍兵，平章不憐吉台言其變更伯顏、阿朮成法，帝每戒敕之。既卒，臺臣劾郎中張斯立罪狀，而忙兀台逼劉宣死及其屯田無成效，始聞於帝焉。

三子：帖木兒不花；孛蘭奚，襲萬户；亦剌出，中書參知政事。

完者拔都，欽察人。父哈喇火者，從憲宗征討有功。憲宗九年，完者拔都從世祖攻鄂州，以先登受賞。中統三年，從諸王合必赤討李壇，兩戰皆敗之。至元四年，從萬户木花里略地荆、襄，還至安陽灘，遇宋師，敗之。又從阿朮圍樊城，梯城而上，焚其樓櫓。以功授武略將軍、彰德南京新軍千户。

十一年，從伯顏攻克沙洋、新城，由沙蕪口渡江。賜金符，領伯顏帳前合必赤軍。十二年，與宋將孫虎臣戰於丁家洲，大敗之，進武義將軍。從大軍戰於楊子橋及焦山，克常州，攻泰州新城，俱有功。宋平，入覲，帝謂左右曰：「真壯士也！」賜名拔都兒。賜金符，遷信武將軍、管軍總管、高郵軍達魯花赤，軍升路，仍爲達魯花赤。

十六年，進昭勇大將軍、管軍萬户。漳州陳吊眼聚衆數萬，掠汀、漳。七年未平。十七年，樞密副使孛羅請使完者拔都討之。加鎮國上將軍、福建等處征蠻副元帥，賜翎根甲，獎諭甚至。時黄華聚衆三萬，屯建寧，號頭陀軍。請降，完者拔都慮其反側，因大獵以耀軍容。有一鵰起，完者拔都仰射之，應弦而落。華悦服，承制授華征蠻副元帥，使爲前驅。十九年，追陳吊眼至千壁嶺，擒之。斬於漳州市，餘黨悉平。入覲，賜金銀、鞍勒、弓矢，授管軍萬户、高郵路總管府達魯花赤。

二十年，改高郵萬户府達魯花赤。二十三年，以疾召至京師，遣中使存問，仍命良醫視之。疾愈，帝大悦，賜醫鈔萬貫。初，江淮行樞密院阿答海率舟師征日本，有司請以完者拔都代之。未命，而行院罷。福建置行中書省，復奏爲左丞，帝以道遠難之。至是，拜驍騎衛上將軍、江浙行省左丞，兼管軍萬户。

浙西售私鹽，吏莫能禁。完者拔都自至松江、上海，收販鹽者五千人隸軍籍，私鹽遂戢。未幾，行省遷揚州，置浙西宣慰司，以中書左丞行浙西宣慰使。二十五年，遥授尚書左丞，兼管本萬户軍馬，宣慰如故。二十七年，擢資德大夫、江西等處行樞密院副使，兼廣東宣慰使。元貞元年，以疾作，召還。未幾，授榮禄大夫、江浙行省平章政事。大德元年，卒，年五十九。

完者拔都廣顙豐頷，髯長過腹，驍勇絶人。大小十七戰，未嘗敗衄。及官高郵路，興學勸農，有循吏之風。四方之民襁負而至高郵，立生祠祀之。至大初，贈效忠宣力定遠功臣、開府儀同三司、太尉、上柱國，追封林國公，謚武宣。

五子：帖木禿古思，襲高郵上萬户府達魯花赤，遷資德大夫、遥授中書右丞、淮東淮西道宣慰使；別里怯都，江浙行省左丞，遷資善大夫、燕南河北道肅政廉訪使；插都，無錫州達魯花赤；別里怯，長興州達魯花赤；徹里帖木兒，高郵打捕屯田提舉。

新元史卷之一百六十一　列傳第五十八

昂吉兒　哈剌𣋍　忽剌出　葉諦彌實　塔里赤　沙全　謁只里　囊加歹〔一〕

昂吉兒，西夏人。姓野蒲氏，世爲西夏將家。太祖十六年，父甘卜率所部來降，隸蒙古軍籍，仍以甘卜爲千户。病卒。

昂吉兒領其父軍，從征諸國有功。至元六年，授千户，佩金符。略地淮南，所向無前。時塞馬畏暑，往往病疥癘，昂吉兒率所部馬入山療之，病良已。由是軍中馬病者率以屬昂吉兒，歲療馬以萬數。

宋輸糧金剛臺，將深入。昂吉兒將兵斷其輸道，因上言：「河南邊郡與宋對境，宋兵時爲邊患。唐州東南皆大山，非兵路。信陽州南直九里武陽、平靖、五水等關，宋兵從諸關入信陽，實其咽喉。往年金亡，朝廷得壽、泗、襄、郢，而不留兵以守，卒使宋得之。請城信陽以扼宋。」敕昂吉兒率河西軍一千三百人城之。九年，加明威將軍、信陽軍萬户，佩虎符，分阿朮所將河西兵與之，加懷遠大將軍。

丞相伯顏渡江，留阿朮定淮南東道，其西道則屬之昂吉兒，駐兵和州。宋淮西制置使夏貴遣侯都統將兵四萬來攻。有謀内應者悉誅之，潛兵出千秋澗，塞其歸路，敗之，獲人馬千計。遂攻廬州。夏貴使人來言曰：「公毋攻吾，臨安降吾即降矣。」宋亡，貴舉所部納款。昂吉兒入廬州，民安堵無所犯。遷鎮國上將軍、淮西宣慰使。

宋丞相文天祥起兵，舒州人張德興應之。陷興國、德安諸郡，還據司空山。詔昂吉兒攻之，一戰而定，殺張德興，執其三子以獻。

江左初平，官制草創，權臣阿合馬納賂鬻爵，官僚冗濫，一州佩金符者多至三四人，由行省官薦授宣慰使者甚衆。昂吉兒入朝，具爲帝言之。帝驚曰：「有是哉？」因謂姚樞等曰：「此卿輩所知，而不爲朕言。昂吉兒顧言之邪！」即命偕平章哈伯、左丞崔斌、翰林承旨和魯火孫、符寶奉御董文忠減汰之，仍通諭江淮軍民。

時兩淮荆榛蔽野，昂吉兒請立屯田以給軍餉，帝從之。既而阿塔海言：「屯田所用人、牛、農具甚衆，今有事日本，若復調發民兵，恐不勝其擾。」議遂寢。未幾，宣慰使燕公楠復以爲言。帝乃遣數千人即芍陂、洪澤試之，果如昂吉兒所言。乃以二萬兵屯田，歲得米數十萬斛。加輔國上將軍、河南行省參知政事、淮西宣慰使都元帥。進驃騎衛上將軍、行中書省左丞、加龍虎衛上將軍、行尚書省右丞，兩官皆兼淮西使帥。

帝命阿塔海等領兵十萬征日本，昂吉兒上疏，其略曰：「臣聞兵以氣爲主，而上下同欲者勝。比者連事外夷，三軍屢衄，不足以言氣。海内騷然，一遇調發，上下愁怨，非所謂同欲也。請罷兵息民。」不從，既而師果無功。拜行省平章政事。

昂吉兒官淮西幾二十年，專愎自恣。宋亡，宿盜出没淮海，昂吉兒庇之，受其賂遺。按察使姚天福劾之，昂吉兒遣小校丁文虎刺天福於中途，不及。事具《天福傳》。詔遣近侍阿朮、侍御史萬僧訊其事，昂吉兒坐免官。元貞元年，昂吉兒又以擅殺，訟天福於京師，事寢不報。未幾卒。

子五人，其顯者，曰昂阿秃，初爲速古兒赤，從征乃顔有功，襲廬州蒙古漢軍萬户府達魯花赤。大德初從討宋隆濟，嘗出私財，築室百二十楹居軍士，時論稱之。曰暗普，海北海南道肅政廉訪使。孫教化的，世襲千户。

史臣曰：世祖伐日本，將相大臣不敢沮其事。獨昂吉兒抗疏争之，謂「兵以氣爲主，而上下同欲者勝」，可謂善料勝負者。其人雖暴恣，其言曷可廢歟？

哈剌斛，哈魯氏。父八合，從睿宗伐金，大戰三峰山，射中金恒山公武仙，睿宗見而奇之，賜名奧欒拔都。時大雪，軍士饑寒瀕死，八合殺所乘馬食之，多所全活。後從破汝州。卒，贈懷遠大將軍、沿海翼管軍萬户、輕車都尉、汝南郡侯。

哈剌斛少英邁，負奇略。初從大軍圍襄、樊，與宋人相距六年，哈剌斛卧不脱甲胄，由是知名。

十二年，從丞相伯顔伐宋，授管軍百户。十月，大軍次揚州，宋將孫虎臣遣使告曰：「古者鬭將不鬭兵，今遣劉都統挑戰，請擇武勇善鬭者當之，勿妄殺士卒。」伯顔召諸將問之，皆相顧莫敢應。哈剌斛請行，伯顔拊其背曰：「壯士也！」適兩將所乘馬皆黑，陣於揚子橋，力戰數十合，未決勝負。劉都統稍刺哈剌斛墜地，劉馬逸，哈剌斛上馬追之。劉回稍出其左腋下，哈剌斛挾稍，斬其首以歸。觀者數萬人，讙噪動地。劉號「黑馬劉」，宋驍將也。是日，伯顔以帳前儀衛送哈剌斛還營，繪戰圖以進，賞甲胄、銀鞘刀。

又從丞相阿术與宋人戰於焦山，獲海船二艘。阿术使招討王世强造白鷂海船百艘，就四十一萬户翼摘漢軍三千五百人、新附軍一千五百人，命哈剌斛與世强統之。攻拔宋江陰、許浦、金山、上海、崇明、金浦等縣，獲海船三百餘艘，遂戍澉浦海口。

十三年春，行省檄充沿海招討副使。宋將張世傑舟師至慶元朐山東門，哈剌斛追之，

獲戰船四艘，移戍定海港口。秋，宋昌國州、朐山、秀山舟師千餘艘攻定海，哈剌䚟迎擊，禽其裨將，並獲大艦三艘。宋兵復來攻，哈剌䚟敗之。行省檄充蒙古漢軍招討使。十月，哈剌䚟引兵出温州青嶼，招降宋温州守將家之炳。十一月，至福州，獲宋海船二十艘，禽其將毛監丞等。

十四年，賜金符宣武將軍、沿海招討使，行省檄充沿海經略副使，與萬户劉深行元帥府事於慶元。復檄充沿海經略使，兼左副都元帥，督造海船。八月，江西行省左丞塔出等攻廣南，命哈剌䚟率所部從之，進昭勇大將軍、沿海招討使，佩金虎符。時宋兵陷温州，哈剌䚟復取之。進拔朝陽縣，宋將陳懿等以畲兵七千人降。塔出攻廣州，不利。哈剌䚟引兵會之，諭宋安撫使張鎮孫、侍郎譚應斗以城降。又與宣撫梁雄飛、招討王天禄追張世傑於香山，獲其將李茂等，詰之，茂供世傑與陳宜中攻泉州衆尚數千、船八百艘，比至虎頭山，遇風，船壞，衆皆溺死，宜中僅以身免。哈剌䚟復追世傑於七洲洋，獲宋主昰之母舅俞如靖，諭宋南恩州守將梁國傑以畲軍萬五千人降。

十五年，還軍慶元，條上防海便宜，自南恩州至上海設水站三十有一，置巡兵警邏。七月，入朝，賜金織文衣、鞍勒，進昭武大將軍、沿海左副都元帥、慶元路總管府達魯花赤。十六年，日本商船至慶元港口，哈剌䚟諜知無他意，言於行省，與貿易而遣之。又禽海賊

賀文達等，獲船六十餘艘。十八年，進輔國上將軍、都元帥，從大兵征日本，遇颶風乃還。復命哈剌觧鎮慶元。二十一年，罷都元帥，更立沿海上萬户府，以哈剌觧爲達魯花赤。二十二年，入朝，賜名哈剌觧拔都。奏請賜兵士衣裝，及禁戢私鹽數事，世祖嘉納之，賜錦衣、玉帶、金鞍勒、弓矢有差。

二十四年，加鎮國上將軍、浙東道宣慰使，仍兼管萬户府。二十五年，樞密以水軍無元帥，奏哈剌觧兼之。明年，拜金吾衛上將軍、中書左丞，行浙東道宣慰使，領軍職如故。

大德五年，入朝，進資德大夫、雲南行省右丞，偕劉深征八百媳婦。大軍失利，深坐誅，哈剌觧亦免官。十一年，以疾卒於汝州。

哈剌觧在浙東有惠政，及卒，浙東民多立廟祀之。皇慶二年，贈榮禄大夫、中書平章政事、鞏國公，謚武惠。子哈剌不花，襲沿海萬户府達魯花赤。卒，子安坦襲。

忽剌出，蒙古氏。曾祖阿察兒，事太祖爲博兒赤。祖赤脱兒，從太宗征欽察、康里等部，有功，爲涿州達魯花赤。卒，伯父哈蘭朮襲職，佩金符，以功稍遷益都路蒙古萬户，殁於軍。

忽刺出襲哈蘭朮職，初授昭勇大將軍。至元十二年，攻宋六安軍，行省命領諸軍戰艦，遇宋軍，敗之。大軍次安慶，忽刺出及參政董文炳爲前鋒，與宋孫虎臣等戰於丁家洲，大敗之。戰於朱金沙，又敗之。七月，及宋人戰於焦山。時丞相阿朮督戰，忽刺出與董文炳冒矢石，沿流鏖戰八十里，身被數創，不肯卻。宋張殿帥攻呂城，又與萬户懷都生獲之。十三年，大軍至臨安。丞相伯顔命忽刺出守浙江亭及北門。時揚州猶爲宋守，忽刺出敗揚州軍於揚子橋，又敗真州軍。追李庭芝至通州海口。江南平，加昭毅大將軍，尋遷湖州路達魯花赤。

十四年，進鎮國上將軍、淮東宣慰使，戍上都。改嘉議大夫、行臺御史中丞。進資善大夫，福建行首左丞。遷江淮行省，除右丞。拜光禄大夫、江浙行省平章政事。以疾卒。

葉諦彌實，朵魯伯觧氏，宿衛世祖潛邸。世祖常陰視衛士腰帶，見葉諦彌實獨精好，命佩刀侍左右。從敗宋兵於金剛臺，又從戰於筲箕窩，中流矢墜馬，易騎復戰，大敗之。遣子紐鄰請城光州，召面陳得失，賜金鞍一，授昭勇大將軍、光州等處招討使。從伯顔伐宋，總十二萬户攻陽邏堡。分鎮黄州，徙潯陽，以扼江西。下南康、瑞昌、德安。分攻洪州

章江門，不克，諭以禍福，其守將即開門降。遂下撫州、建昌。撫賊張青阻險自保，夜趨七十里，襲其柵，獲青，爲賊脅從者悉縱之。樂安、崇仁、宜黄等縣俱納款。與諸帥分道取閩，所向克捷。會黄州復叛，帥府以葉諦彌實有威名，召還，使總江西兵討平之。民爲立生祠。

初，湖廣兵屯樊口，葉諦彌實言形勢不利，其將鄭鼎不聽，果敗死。葉諦彌實得鼎虎符奏聞，遷鎮國上將軍、廣東道宣慰使，拜江西行省參知政事。爲同官誣搆，左遷招討使。入覲自明，改江西道宣慰使，以直前枉。拜福建行省參知政事，又改江西，平邵武等處土賊。世祖欲立行樞密院，徵行省官一人入議。葉諦彌實奏對稱旨，授僉書江西等處行院事。至元二十四年卒，年七十。子伯帖木兒，千户；紐鄰，襲萬户；野仙帖木兒，同知咸平府事；保保，同知江陰州事。

塔里赤，康里人。父也里里白，太祖時授帳前總校。塔里赤幼穎異，好讀書，尤善騎射。襲父職，行省奏充斷事官。時南北民户主客良賤雜糅，蒙古軍牧馬草地互相佔據，命塔里赤勘定，軍民各得其所。從大軍克樊城、襄陽。又從丞相伯顏渡江，駐臨安。尋命平

章奥魯赤等分爲六路，追襲宋廣、益二王。塔里赤領軍至福建，所過秋毫無犯。宋都統陳宗榮率衆來降，以功遷福建招討使。

時諸郡盜起，陳吊眼擁衆五萬，陷漳州。行省承制命塔里赤爲閩廣大都督、征南都元帥，總四省軍復漳州，生擒陳吊眼，戮於市。復從征叛蠻，敗黄聖許等，積功加鎮國上將軍、三珠虎符，廣西兩江道宣慰使、都元帥。賀州盜起，塔里赤討平之。改福建宣慰使，又改浙東。金瘡發，卒。贈輔國上將軍、浙東道宣慰使都元帥、護軍，追封臨安郡公。子：脱脱木兒，邵武、汀州新軍萬户府達魯花赤；萬奴，廣西宣慰使都元帥。

沙全，哈剌魯氏。父沙的，從太祖平金。全初名杪兒赤，五歲爲宋軍所虜，年十八隸劉整帳下。宋人以其父名沙的，使以沙爲姓，而名曰全。

中統二年，整以瀘州來歸，全與之同行。宋軍追之，全力戰得脱，授管軍百户。至元三年，整出兵雲頂山，與宋將夏貴兵遇，全擊殺甚衆。五年，命整領都元帥事，出師圍襄、樊，以全爲鎮撫。整遣全率軍攻仙人山、陳家洞諸寨，破之，升千户，賜銀符。敗宋將張貴，拔樊城，與整軍會。修正陽城，引兵渡淮，敗宋將陳安撫。十二年，從丞相阿朮與宋將

張世傑、孫虎臣大戰於焦山，水陸並進，宋人大敗，獲其將校三十三人。從攻常州，克之，乘勝下沿海諸城。至華亭，戒士卒毋殺掠，宋將遂開門出降。以功授華亭軍民達魯花赤。

時民心未定，有鹽徒聚衆數萬，掠華亭，全擊破之，簿其名得六千人，請於行省，遣屯田於淮北芍陂。行省以新附，恐有反側，委萬户忽都忽等體察，欲屠城。全言：「鹽卒多非土人，若屠之，枉死者衆。」以全家保其不叛，遂止。賜金符，加武略將軍，兼領鹽場，職如舊。尋升華亭爲府，以全爲達魯花赤，賜虎符。時盜賊蠭起，全悉招來之，境内得安。改松江萬户府達魯花赤，始專領軍政。

二十二年，召見，遷隆興萬户府達魯花赤。得請，復舊名曰杪兒赤。未幾，帝以爲松江瀕海重地，復命鎮之，賜三珠虎符。卒於官。

謁只里，女真人。祖昔寶味也不干，金進士。謁只里事世祖於潛邸。中統初，命參議陝西行樞密院事，以商挺佐之。比行，入奏曰：「關陝要地，軍務非輕。阿脱仰刺，國之元臣，陛下方委任之。伏慮臨時議論不協，必誤大計，儻有異同，臣請得以上聞。」帝可其奏，賜宴而遣之。未幾，改行省斷事官。復入宿衛。李璮平，朝議選宿衛之士監漢軍，謁只里

佩虎符，監軍於毗陽。

至元七年，命爲軍前監戰，領諸軍圍襄陽，築一字堡以張軍勢。一時名將劉國傑、李庭等，皆隸麾下。十一年，從丞相伯顔次郢州，將數騎而出，與宋兵遇，有部卒墮馬，謁只里横戈直入其軍，救之以還。時糧儲不繼，謁只里西攻江陵龍灣堡，獲粟萬石，衆賴以濟。大兵東下，宋將夏貴迎戰於陽羅堡，伯顔未至，衆欲俟之。謁只里曰：「兵貴神速，機不可失，宜及其未定而擊之。」遂直前衝貴軍，獲戰船百餘，貴敗走。伯顔上其功，加定遠大將軍。

十二年，攻常州，造雲梯繩橋以登，克之。遂徇下安吉諸州。十三年，宋降。伯顔命謁只里監守宋宫，號令嚴肅，秋豪無犯。入朝，遷昭勇大將軍。未幾，拜浙東宣慰使。十九年卒，年四十二。子：赤老温，襲爲萬户，累遷江東廉訪使；脱脱，淮東宣慰使。

囊加歹，乃蠻人。曾祖不蘭伯，祖合折兒，皆爲乃蠻大將。父麻察。太祖平乃蠻，麻察迎降。太祖命與察剌同總管蒙古、漢軍。後從世祖伐宋，敗阿里不哥於失門禿，從諸王哈必赤平李璮，皆有功，賜金符。卒，贈太傅，封梁國公，謚桓武。

囊加歹幼習兵事，佩金符爲都元帥府經曆。從阿朮圍襄陽，襄陽降，以功授漢陽千户。從丞相伯顔攻復州，敗宋兵於風波湖。渡江後，伯顔南攻鄂州，阿朮北攻漢陽，囊加歹與張弘範等焚宋蒙衝三千艘，兩城皆恐懼出降。伯顔軍次安慶，賈似道遣宋京、袁克己等來請和。伯顔使囊加歹偕宋京報似道，似道復遣阮思聰偕囊加歹至軍中。時暑雨，世祖慮士卒不習水土，詔緩師。伯顔、阿朮與諸將議，乘勢徑進，遂敗似道於丁家洲。大軍次建康。

帝聞囊加歹親見似道，召赴闕，具陳其事。遣還，諭伯顔以北邊未靖，勿輕入敵境。而大軍已克平江。宋使柳岳、夏士林、吕師孟、劉岊等踵至，皆命囊加歹往報之。師逼臨安，復遣囊加歹入取降表、玉璽，又遣囊加歹賫降表、玉璽獻於京師。賜金符，授懷遠大將軍、安撫司達魯花赤。與阿剌罕、董文炳等取台、温、福州。尋領蒙古軍副萬户、江東道宣慰使，佩金虎符如故。擢江東道按察使，復爲本道宣慰使，領萬户如故。

召爲都元帥，東征日本，未至而還。詔以元管軍與孛羅迭兒見管軍合爲一翼，充萬户，守建康。改賜三珠虎符，拜雲南行省參知政事，討金齒、緬國。得疾，召還京師。授南京等路宣慰使，改河南道宣慰使，命襲父職爲蒙古軍都萬户。

武宗在潛邸，囊加歹從帝北征，與海都戰於帖堅古，明日又戰。官軍失利，陷於重圍，

囊加歹力戰決圍而出。師還，囊加歹殿，爲海都所邀截。囊加歹選勇敢千人徑衝之，賊披靡，帝乃由旭哥耳温、稱海與晉王軍合。

成宗崩，仁宗在懷州。遣囊加歹與八思台詣諸王秃剌議事。時内外洶洶，猶豫莫敢言。囊加歹獨贊秃剌，定計先發。歸白仁宗，仁宗固問可否，對曰：「事貴速成，後將受制於人。」太后與仁宗意乃決。内難既平，仁宗監國，命同知樞密院事。武宗即位，拜同知院事，進階資德大夫，賜七寶束帶、鞍轡、衣甲、弓矢、黄金五十兩，以旌定策之功。尋授开縣萬户府達魯花赤，仍同知院事如故。仁宗嘗語近臣曰：「今春之事，賴囊加歹一語而定。吾聞周有尚父，囊加歹亦吾家尚父也。」

尋以老病乞骸骨，不允。仁宗即位，特授河南江北行省平章政事，佩金虎符。以病卒，追封浚都王。二子：教化，山東、河北蒙古軍副都萬户；執禮知台，河南、江北行省平章政事。孫脱堅，山東、河北軍大都督。

【校勘記】

〔一〕「囊加歹」，原作「囊家歹」，據正文改。《元史》卷一三一列傳第十八本傳亦作「囊加歹」。

新元史卷之一百六十二　列傳第五十九

李庭　劉國傑

李庭，小字勞山，本金人蒲察氏，金末改稱李氏，家於濟陰，後徙壽光。至元六年，以材武遷隸軍籍，權管軍千户。從伐宋，圍襄陽，宋將夏貴率戰船三千艘來援，泊鹿門山西岸，諸翼水軍攻之，相持七日。庭時將步騎，自請與水軍萬户解汝楫擊之，斬其裨將王圮、元勝，河南行省承制授庭益都新軍千户。宋襄陽守將吕文焕以萬五千人來攻萬山堡，萬户張弘範方與接戰，庭單騎横槍入陣，殺二人，槍折，倒持回擊一人墜馬，庭亦中二槍，裹創力戰，敗之。

八年春，真除益都新軍千户，賜號拔都兒，與宋兵戰襄陽城下，流矢中左股。九年春，攻樊城外郭，炮傷額及左右手，奪其土城。進攻襄陽東堡，炮傷右肩，焚其樓，破一字城。文焕麾下有胖山王總管者，驍將也，庭設伏擒之，以功授金符。十年春，大軍攻樊城，庭運薪芻土牛填城壕，立雲梯，城上矢石如雨，庭屢中炮，墜城下，絶而復甦，裹創再登，殺獲甚

梟。樊城下，以功授金虎符，爲管軍總管。

十一年九月，從伯顔伐宋，次郢州。郢在漢水東，宋人復於漢水西築新城、沙洋二堡，以遏我軍。黄家灣有溪通藤湖，至漢水數里，宋兵亦築堡守之。庭與劉國傑先登，拔之。進攻沙洋、新城，炮傷左脅，破其外堡，復中炮墜城下，矢貫於胸，氣垂絶。伯顔命剖水牛腹納其中，良久乃甦。以功加明威將軍，授益都新軍萬户。師次漢口，宋將夏貴鎖戰艦，横截江面，軍不得進。乃用庭及馬福等計，由沙蕪口入江。宋兵守武磯堡，四面皆水，庭決其水而攻之，大軍渡江，武磯堡亦破。遂從阿朮轉戰至鄂州，順流而東。十二年春，與宋將孫虎臣戰丁家洲，宋軍敗潰，以功加宣威將軍。宋兵斷真州江路，庭焚其船二百，敗其護岸軍。聞夏貴欲由太湖援臨安，亟出兵逆戰裕溪口，敗之。諸軍攻常州，庭鏖戰，奪北門而入。

十三年春，至臨安，宋主降。伯顔命庭等護其内城，收集符印珍寶，仍令庭與唐兀台等防護宋主赴燕。世祖以庭功，大宴會，命坐於左手，諸王之下、百官之上，賜金百錠，金、珠衣各一襲。仍諭之曰：「劉整在時，不曾令坐於此。爲汝有功，故加殊禮，汝子孫宜謹志之勿忘。」繼有敕：「汝在江南，多出死力。男兒立功，要在西北。今有違我太祖成憲者，汝其往討之。」乃别降大虎符，加鎮國上將軍、漢軍都元帥，仍命其次子大椿襲萬户。庭至哈

剌和林、晃兀兒之地，越嶺北，與撒里蠻諸叛王大戰，敗之。移軍援河西，敗叛將霍虎，追之，逾大磧而還。復引兵會諸王納里忽，渡塔迷兒河，擊走叛王昔里吉餘黨兀斤末台、要朮忽兒等，河西平。

十四年，入朝，世祖勞之，賜益都官莊爲居第，鈔萬五千貫及弓矢諸物，拜福建行中書省參知政事，改福建道宣慰使。召赴闕，備宿衛。

十七年，拜驃騎衛上將軍、中書參知政事，征日本。十八年，軍次竹島，遇風，船盡壞。庭抱壞船板漂流抵岸，收餘衆，由高麗還京師。丁父憂，歸益都。召拜中書左丞、司農卿，不赴。

二十四年，宗王乃顏叛。驛召至上都，統諸衛漢軍從帝親征。塔不台、金剛奴來拒戰，衆號十萬。帝親麾諸軍圍之，庭調阿速軍繼進，流矢中胸貫脅，裹創復戰，帝遣止之，乃已。帝問庭：「彼今夜當何如？」庭奏：「賊必遁去。」乃引壯士十人負火炮，夜入其陣，炮發，賊果潰散。帝問：「何以知之？」庭曰：「賊雖多，無紀律，見車駕駐此而不戰，必疑有大軍在後，是以知其將遁。」帝大喜，賜以金鞍良馬。庭奏：「若得漢軍二萬，從臣便宜用之，乃顏可擒也。」帝命月兒魯那演將蒙古軍，與庭並進，遂縛乃顏以獻。帝既南還，庭又追獲塔不台、金剛奴。以功加龍虎衛上將軍、遙授中書左丞。

二十五年，乃顔餘黨哈丹秃魯干復叛於遼東，詔庭及樞密副使塔答討之。大小數十戰，流矢中庭左脅及右股。追至一大河，夜選鋭卒負火炮，泝上流發之，賊馬皆驚擾。大軍濳於下流畢渡，天明，賊望見官軍，不戰而潰，俘斬二百餘人，哈丹秃魯干走高麗。拜資德大夫、尚書左丞，商議樞密院事。官其長子大用，仍賜鈔二萬五千貫。庭因奏：「今漢軍之力困於北征。若依江南軍每歲二八放散，以次番上，甚便。」帝俞其奏，著爲令。海都將犯邊，伯顔以聞，帝命月兒魯那演與庭議。庭請下括馬之令，凡得馬十一萬匹，軍中賴之。拜榮禄大夫、平章政事，仍商議樞密院事，提調諸衛屯田事。

三十一年春，世祖崩。月兒魯那演與伯顔等定策立成宗，庭有翊贊之功。成宗與太后眷遇甚至，每進食必分賜之，仍命序坐於左手，諸王之下、百官之上，賜以珠帽、珠半臂、金帶各一，銀六錠，莊田稱是。敕點視江浙軍馬五百三十一所，還，入見，帝賜御衣慰勞之。

武宗出鎮北邊，庭請從行。帝憫其老，不許，賜鈔五萬貫，依前榮禄大夫、平章政事，商議樞密院事，提調諸衛屯田，兼後衛親軍都指揮使。未幾，從討懷都，至野馬川而還。有敕使拘漢軍馬，以濟蒙古軍，且焚其鞍轡、行糧。庭因感疾，詔内醫二人診視之，疾稍間，扈從上都。大德八年二月卒。至大二年，贈推忠翊衛功臣、儀同三司、太保、柱國，追

封益國公，謚武毅。三子：大用，同知歸德府事，以哀毁卒；大椿，襲職佩金虎符爲宣武將軍、益都新軍萬户，戍建康；大誠，襲職後衛親軍都指揮使。

劉國傑，字國寶，本女真烏古論氏。曾祖廷心，金樞密使。祖鎬，金都統。父德寧，始改姓劉氏，爲宗王斡臣必闍赤，副蒙古官合剌温，管領益都路軍民總管達魯花赤，進龍虎衛上將軍，遂爲益都人。

國傑貌雄偉，善騎射。以門閥從軍，攻漣海有功，擢爲馬隊長。至元六年，王師伐宋，國傑應募選爲新軍千户，從張弘範屯萬山堡。宋人伺我軍樵采，發兵萬五千來攻。國傑以數百人敗之，斬首四千餘級，由是知名。已而攝萬户，别將二千人略荆南、歸、峽等州，轉戰數百里，俘獲萬計。還，破宋兵於襄陽城下。從攻樊城之東土城，國傑躡雲梯先登，炮傷左股，裹創力戰，遂拔之。賜金符，進武略將軍。宋人製輪船數百，結栰相連，儼如城堡，以機輪運之，自襄陽順流赴郢。國傑逆擊之，鏖戰三十餘里，舟中之血没踝，生獲其將張貴。貴，宋之名將，所謂「矮張都統」者也。再攻樊城，宋人植巨樁於漢水上，造浮橋以濟援兵。國傑率舟師溯流而上，鋸其樁，斷之。又毁樊城南面木栅，進攻外城，選鋭卒

坎其墉而上，破之。未幾，襄陽亦下。是役也，國傑身被數創。世祖聞其勇，召入朝，賞銀百兩及内府錦衣、弓矢、鞍轡，遷武德將軍、管軍總管。

復從伯顔南伐，次郢州。宋人築黄家灣堡，以阻我師，國傑率三百人攻拔之。郢將趙文義潛兵來襲，國傑還擊，走之，斬首七百級，獲文義。詔賜金虎符，加武節將軍。從破沙洋、新城二堡，進至洋洛渡，國傑以五十艘敗其守兵。賞銀二百五十兩。從敗宋將孫虎臣於丁家洲〔一〕，直抵蕪湖，超授管軍萬户。又從阿朮取淮南，詔國傑以五千人壁揚子橋，斷宋人糧援。宋將張林來攻，國傑奮擊，破之，生獲林。詔加懷遠大將軍，賜號拔都，因呼爲「劉二拔都」而不名。揚州援絶，守將李庭芝棄城走，追襲庭芝於泰州，斬首千餘級，禽之。又與董文炳等敗宋將張世傑於焦山，追奔至圌山，奪黄鵠、白鷂數百艘。

宋平，進懷遠大將軍。入朝，擢僉書四川行樞密院事。未行，詔統侍衛親軍鎮撫北邊。師還，遷鎮國上將軍、漢軍都元帥，世祖解御衣，加玉帶賜之，及寶鈔五千緡。十五年，復領侍衛軍萬人戍金山，屯田和林，安集流氓，全活數萬口。十六年，叛王脱脱朮寇和林，國傑選輕騎襲之。脱脱朮爲其下所殺，餘衆悉降。十八年，遷輔國上將軍。

十九年，再遷征東行中書省左丞。先是，征日本失利，世祖怒，將盡罷大小將校。國傑既至，諫曰：「師出無功，罪在元帥。儻蒙聖慈，宥諸將之罪，必人人感奮，思雪敗軍之

會建寧管軍總管黄華反，詔國傑率征東兵恥。」世祖從之，詔諸將復官，從國傑立功自贖。會建寧管軍總管黄華反，詔國傑率征東兵會江淮參政伯顔討之。國傑攻拔赤巖寨，華自殺。福建行省左丞忽剌出欲搜捕逃賊，盡戮之，國傑曰：「華一人倡亂，餘皆脅從，諭之不來，誅未晚也。」

既而逃賊果相率出降。征東省罷，授僉書江淮行樞密院事，又改四川行院。未幾，仍還江淮行院。征東省復立，仍爲左丞，行省罷，仍僉書江淮行院。

二十一年冬，入朝。

二十三年，拜湖廣行省左丞。國傑至，首禽湖南盜李萬一。明年，肇慶盜起，其魁鄧太獠據前寨，劉太獠據後寨，相爲表裏。國傑先搗後寨破之，遂拔前寨，斬二人。進資德大夫。二十五年，湖南盜詹一仔據四望山，衡、永、武岡三州亂民爭附之。國傑討斬一仔，將校請盡殺降賊以除後患，國傑曰：「吾有以處之。」乃相險要之地立三屯：在衡州曰清化，在永州曰烏符，在武岡州曰白倉，遷其衆居之。其有田宅者還之，無者使墾闢汙萊，以爲己業，遂皆爲良善。

移討江西羣盜。十一月，破蕭太獠於陳古水，進克懷集諸寨。二十六年春，東入肇慶，破閣太獠於清遠，還禽蕭太獠於懷集。四月，破曾太獠於金林。會士卒感瘴癘多病，國傑亦病，乃移軍道州。樞臣請賜屯官虎符，詔問：「卿等忘劉二拔都耶？」對曰：「劉已

授。」上曰：「昔之授爲酬功，今之授爲世襲。」遣使持節即軍中佩之。廣東盜陳太獠寇道州〔二〕，國傑討擒之，遂攻拔赤水寨。

二十七年，江西龍泉盜起。國傑將討之，諸將諫曰：「此他省盜也，曷爲煩吾兵力？」國傑曰：「縱盜釀亂，豈可以彼此言耶！」乃簡輕兵，偃旗息鼓，一日夜至賊境。賊見軍容不整，易之。國傑率數十騎陷陣，衆從之，賊大敗，奪所掠男女無算。別盜鍾太獠據南安，國傑乘霧突入其寨，擒之。二月，龍泉盜復起，國傑還軍襲之。賊退保大井山，乃分兵三路而入，天大雨，賊不爲備，盡爲國傑所禽。八月，永州盜李末子干七殺其監郡，寇全州，國傑復擒之，梟其首而還。以前後功，遷湖廣行尚書省左丞。

二十八年，置湖廣等處行樞密院，遷副使。秋，廣東盜再起，國傑還軍道州。時上恩州蠻酋黄聖許叛。二十九年，詔國傑討之。賊勁悍，出入巖洞如飛鳥，發毒矢，中人輒死。國傑連敗之，賊退據象山，乃列柵圍之，槎山通道以進，聖許走交趾，禽其妻子。國傑三以書責交趾，獻聖許，交趾竟匿不與。師還，大興屯墾，募土著耕之，以爲兩江屏蔽。後蠻人謂其屯爲省地，莫敢鈔掠。詔遣使即軍中以玉帶錫之。

是時哈剌哈孫爲行省平章政事，與國傑相得，嘗謂國傑曰：「文字惟漢人之學最精，惜我不知耳。」國傑曰：「以公之聰明，任賢使能，即是讀書。使子孫習經史，即公自讀也。」哈

剌哈孫嘉納之。

三十年，入朝。世祖謂左右曰：「湖廣重地，惟劉二拔都能鎮之，無徙他官。」世祖召見世傑，曰：「爪哇既得復失，卿盍爲朕一行？」對曰：「爪哇指末物，安南掌中物也。臣請爲陛下取之！」帝曰：「此事如癢在心，非爬搔所及。卿言深合吾意。」議興兵十萬。國傑奏：「萬人已足用。」帝曰：「萬人太少。」以番兵五萬人付之。國傑請近臣爲監，帝令自擇。時親王亦乞剌歹在側，國傑以請。帝允之，授湖廣安南行省平章政事。會世祖崩，乃止。

成宗即位，復置行樞密院於衡州，仍除副使。初，施溶州蠻酋田萬頃等，降而復叛。至是，赦天下，並赦萬頃，仍不肯降。成宗命國傑討之。九月，國傑攻明溪，蠻酋魯萬丑擁衆來援，千户崔忠等戰死。十月，國傑敗萬丑於桑木溪。明日，復戰，百户李旺率死士陷陣，衆從之，賊大敗，遂平其寨，焚之。進攻施溶，部將田榮祖請曰：「施溶，萬頃之腹心，石農次、三羊峰，其左右臂也。宜先斷其臂，而後腹心可圖。」國傑曰：「善。」麾諸軍攻石農次，賊棄寨遁，遂進拔施溶，擒萬頃，斬之。

元貞元年，即軍中加榮禄大夫、湖廣行省平章政事。初，宋設民屯以防蠻寇，在澧州者曰隘丁，在辰州者曰寨兵。宋亡，屯悉廢。國傑復之。又經畫衡、郴、道、茶陵、桂陽諸州，置戍三十有八，分屯南北要隘，控制諸蠻，盜賊遂息。六月，入朝，錫錦衣、玉帶、弓矢。

臺臣言國傑罄家資以充軍賞，成宗命倍償之。部曲立功者，遷秩有差。

大德五年，羅鬼女子蛇節反，諸蠻皆叛。詔國傑將諸翼兵，合四川、雲南、思播之兵以討之。官兵戰失利。國傑令人持一盾，布釘盾上，俟陣合，即棄盾走。賊逐之，馬遇盾而躓，遂大敗。既而糾合餘黨，復請戰。國傑堅壁不出，數日，度其懈，一鼓破之。七年春，追斬蛇節、宋隆濟、阿女等，貴州平。詔領其將士入見，賜錦衣二襲，玉帶一，金鞍勒、弓矢，楮幣二百五十緡，進光禄大夫，命還益都上冢。八年，還鎮，病篤。平章卜鄰吉歹率僚屬問之，國傑曰：「交賊不臣，若病小愈，得滅此逆賊，雖死無憾。」問以家事，不言。二月卒，年七十二。贈推忠定遠效力功臣、光禄大夫、湖廣等處行中書省平章政事、司徒、上柱國，追封齊國公，謚武宣。初，世祖以國傑力戰有功，聽子弟一人襲爵，遂以兄子漢臣襲管軍萬户，佩虎符。二子：脱歡，四川行省平章政事，尚憲宗孫女；脱出，中書參知政事。

史臣曰：李庭、劉國傑從伯顏伐宋，攻城野戰之功，未必居諸將右。其後庭擒叛王，國傑平溪洞蠻夷，遂俱爲時之名將。有發蹤指示者，而後見獵犬之能；有世祖之知人善任，而後見庭與國傑之智勇。功名之立，豈偶然哉？

【校勘記】

〔一〕「孫虎臣」，原作「孫處臣」，據本書卷九《世祖本紀三》、《元史》卷八本紀第八《世祖五》改。

〔二〕「陳太獠」，原作「陳大獠」，據上文「鄧太獠」、「劉太獠」、「蕭太獠」、「閻太獠」、「曾太獠」及下文「鍾太獠」改。《元史》卷一六二列傳第四十九《劉國傑傳》均作「太獠」，且云「復攻走嚴太獠」。然元刊本黃溍《金華黃先生文集》卷二五《湖廣等處行中書省平章政事贈推恩效力定遠功臣光祿大夫大司徒柱國追封齊國公謚武宣劉公神道碑》作「鄧大獠」、「劉大獠」、「蕭大獠」、「閻大獠」、「曾大獠」、「廖大獠」、「嚴大獠」、「陳大獠」、「鍾大獠」。

新元史卷之一百六十三　列傳第六十

李忽蘭吉　鄭鼎甫 昂霄 制宜 阿兒思蘭　李進　石抹按只不老　鄭温釭 銓　石抹乞兒狗狗

李忽蘭吉，一名庭玉，隴西人。父節，仕金，自鞏昌石門山從汪世顯以城降。忽蘭吉隸皇子闊端爲質子，從征西川，以功擢管軍總領，兼總帥府知事。從征西番南澗，有功。世祖在潛邸，用汪德臣言，承制命忽蘭吉佩銀符爲管軍千户、都總領，佐汪德臣城利州。憲宗五年，大兵取合江大獲山，宋劉都統率衆謀焚利州、沙市，次青山，忽蘭吉以伏兵敗之。都元帥阿答忽以聞，擢本帥府經歷，兼軍民彈壓。六年，憲宗更賜金符，仍命爲千户、都總領。八年，忽蘭吉以兵趨劍門，宋人運糧於長寧，追至運曲壩，奪之，俘其將而還。

憲宗南征，忽蘭吉管橋道饋運，有功，賜璽書。從攻苦竹隘，先登，斬守將楊立，獲都統張寔，招降長寧、清居、大獲山、運山、龍州等寨。十一月，大獲山守臣楊大淵納款，已而逃歸。憲宗怒，將屠其城，衆不知所爲。德臣諭忽蘭吉曰：「大淵去，事頗難測，亟追之！」迺單騎至城下，門未閉，大呼入城曰：「皇帝使我來撫軍民！」一卒引入，忽蘭吉下馬，執大

淵手，謂之曰：「上方宣諭賞賜，不待而去，何也？」大淵曰：「誠不知大朝禮。且久出，恐城中有他變，是以亟歸，非敢有異謀也。」遂與偕來，一軍皆喜。忽蘭吉入奏，帝曰：「楊安撫反乎？」對曰：「不反。」帝曰：「汝何以知之？」對曰：「城門不閉，是無他心。一聞臣言，即從臣以出，故知其不反。」帝曰：「汝不懼乎？」對曰：「臣恐上勞聖慮，下苦諸軍，又念一郡生靈，故不知懼。」帝悅，賜蒲萄酒。使忽蘭吉與怯里馬哥領戰船二百艘掠釣魚山，奪其糧船四百。帝次釣魚山，忽蘭吉造浮梁以通往來。

九年，與怯馬里哥、札胡打、魯都赤、闊闊朮領蒙古、漢軍二千五百略重慶。六月，總帥汪德臣卒，命忽蘭吉率所部殿後。宋兵水陸晝夜接戰，皆敗之。宗王穆哥承制，命忽蘭吉佩金符，爲鞏昌元帥，守青居山。

中統元年，德臣子惟正襲總帥，至青居。五月，忽蘭吉等赴上都。時渾都海據六盤山以叛，世祖遣忽蘭吉亟還，與汪良臣發所統二十四州兵禦之。十月，從宗王哈必赤等次合納忽石温之地，力戰，禽渾都海等於陣，餘黨悉平。二年六月，以功授鞏昌後路元帥，賜金、幣、鞍馬、弓矢。

九月，火都叛於西蕃點西嶺，汪惟正帥師討之，至怯里馬之地，火都以五百人遁。詔宗王只必鐵木兒以答剌海、察吉里、速木赤將蒙古軍二千，忽蘭吉將漢軍一千，追襲火都，

擒之。四年，元帥答剌海言忽蘭吉功高，詔賜虎符，忽蘭吉不受。問其故，對曰：「臣聞國制，將萬人者佩虎符，若汪氏將萬人已佩之，臣安得復佩！」帝是其言，命於總帥汪惟正下充鞏昌路元帥，諸將悉聽節制。六月，帝命惟正討吐蕃酋答機於松州，忽蘭吉以千騎先往，襲答機獲之。

至元元年，入覲，命與汪良臣同守青居。是時，大兵與宋兵相持於釣魚山。三年，宋兵陷大梁平山寨。平章賽典赤令忽蘭吉率千餘騎掠其境。斬首三百級，得馬二百八十。都元帥欽察等家屬百餘口，先爲宋兵所得，奪還之。四年，以本職充閬、蓬、廣安、順慶、夔府等處蒙古漢軍都元帥參議。六年，賜虎符，授昭勇大將軍、夔東路招討使，立章廣平山寨。

十年正月，成都失利，帝遣人問敗狀及措置之方。忽蘭吉附奏曰：「初立成都，惟建子城，軍民止於外城，別無壁壘。宋軍乘虛來攻，失於無備，軍官皆年少不經事之人，以此失利。西川地曠人稀，宜修築城寨以備不虞。選任材能，廣蓄軍儲，最爲急務。今蒙古、漢軍多非正身，代以驅奴，宜嚴禁之。所謂修築城寨、練習軍馬、措畫屯田、規運糧餉、創造舟楫、完繕軍器，六者不可缺一，則邊陲無虞矣。」六月，將兵赴成都，與察不花同權省事。十一月，復還守章廣平山寨。十三年，引兵略重慶，復取簡州。

十四年，承制授延安路管軍招討使。十五年，秃魯叛於六盤山，忽蘭吉以延安路軍，會別速台、趙炳及總帥府兵於六盤，敗秃魯於武州，俘其孥。還，承制授京兆、延安、鳳翔三路管軍都尉，兼屯田守衛事。十月，改同知利州宣撫使，夔東招討如故。入覲，賜虎符，授四川北道宣慰使。忽蘭吉請以先受鞏昌元帥之職及虎符，與其弟庭望。二十年，改四川南道宣慰使。

二十二年，詔與參政曲里吉思、僉省巴八、左丞汪惟正，分兵進取五溪洞蠻。時思、播以南施、黔、鼎、澧、辰、沅之界，蠻獠叛服不常，詔四川行省討之。曲里吉思、惟正一軍出黔中，巴八一軍出思、播，都元帥脱察一軍出澧州，忽蘭吉一軍自夔門來會。十一月，諸將鑿山開道，綿亘千里，蠻獠設伏險隘者，盡殺之。遣使諭其酋長，皆率衆來降，獨散毛洞潭順走入嵒谷，力屈始降。

二十三年，入覲，以老病乞歸田里。帝憫之，遂還鞏昌。二十六年，行省奏忽蘭吉之功，請用范殿帥故事，商議本省軍事。二十七年，拜資善大夫，遥授陝西等處行尚書省左丞、商議軍事，食左丞之禄。元貞二年，入覲，授資德大夫、陝西等處行中書省右丞，議本省公事。卒。泰定元年，謚襄敏。

鄭鼎，澤州陽城人。父皋，金忠昌軍節度使。鼎善騎射，初爲澤、潞、遼、沁千户。從塔海紺卜征蜀，攻二里關及散關，屢立戰功，還屯秦中。未幾，宋將余玠燒絶棧道，以兵圍興元，鼎率衆大敗宋兵，解興元之圍，遷陽城縣軍民長官。

從世祖征大理國，自六盤山經臨洮，入西蕃境，抵雪山。山路險澀，舍騎徒步，嘗背負世祖以行。敵據險要，鼎力戰敗之。帝壯之，賜馬三匹。至金沙江，波濤洶湧，帝臨水傍危石，立馬觀之。鼎諫曰：「此非聖躬所宜。」親扶下馬，帝嘉之。大理平，師還，以鼎殿後，全軍而返。入朝，憲宗問以時務，鼎敷對詳明，憲宗嘉納之，賜名曰也可拔都。賜白金千兩。

從世祖南伐，攻大勝關，破之。繼破臺山寨，禽其守將胡知縣。乘勝獨進，陷淖中，伏兵突出，鼎擊殺三人，餘衆遁去。帝急召鼎還，使者以聞，帝曰：「爲將當慎重，不可恃勇輕進。」遂分畀衛士三百人，以備不虞，且戒之曰：「自今非奉命，毋得輕與敵接。」秋九月，帝駐蹕江北岸，命諸將南渡，先至者舉烽火爲應。鼎首奪南岸，衆軍畢渡。進圍鄂州，戰益力。別攻興國軍，遇宋兵五千，力戰破之，擒其將桑太尉，責以儒怯不忠，斬之。

以功遷平陽、太原萬户。阿藍答兒、渾都海之亂，鼎率本道兵討之。二年，詔鼎率征西

諸將戍雁門關。遷河東南、北兩路宣撫使。三年，改平陽、太原兩道宣慰使。至元三年，遷平陽路總管。是歲大旱，鼎下車而雨。平陽地狹人衆，常乏食，鼎乃導汾水，溉民田千餘頃。開潞河鵬黄嶺道，以來上黨之粟。修學校，厲風俗。建横澗故橋，以便行旅。民德之。

七年，改僉書西蜀四川行尚書省事，將兵巡東川。過嘉定，遇宋兵，與戰江中，擒其將李越。八年五月，改軍前行尚書省事。十一年，從伐宋。十二年，留鎮黄州。夏四月，改淮西道宣慰使。十三年，加昭毅大將軍，賜白金五百兩。

十四年，改湖北道宣慰使，移鎮鄂州，仍領平陽、太原萬户。是年，蘄、黄二州叛，鼎將所部討之〔一〕，戰於樊口，舟覆溺死，年六十有三。

初，鄂州民傅高謀反，鼎疑城中大姓皆與高通，欲盡戮之。僉行中書省事賈居貞不從。及鼎出討賊，留其部將，告以「吾還軍，内外合發，盡戮城中大姓」。會鼎敗，溺死，鄂人始免於難。鼎一時名將，獨以此事爲人所訾焉。十七年，董文忠等奏：「鄭也可拔都遇害，其叛人家屬物産，宜悉與其子納懷。」帝從之。贈中書右丞，謚忠毅。後加贈宣忠保節功臣、金紫光禄大夫、平章政事、柱國，追封潞國公，謚忠肅。子制宜。

鼎弟廷瑞，平陽太原萬户。次弟甫，未冠，鼎攜之入見，世祖偉其儀狀，命給事左右。甫勇略絶人，讀書，善騎射，從鼎西征有功。歷陽曲、長子、陽城、潞、平棘五縣尹，有惠政。遷平定州、潞州同知，不從長吏加鐵冶課税。改邠州知州，授璽書，仍前職，兼管民萬户。致仕，卒。子昂霄。

昂霄始宿衛世祖，以勤慎知名。至元十九年，從征八番順元蠻，晉定遠大將軍。又從征安西猺賊，斬賊首粱君政，擢中奉大夫、廣西兩江都元帥。初，制宜官樞密副使，其所襲萬户授廷瑞。及廷瑞老，以昂霄襲萬户。昂霄重棄世勛，辭都元帥不拜。

大德五年，葛蠻雍真土官宋隆濟叛，昂霄率所部從分省討之，有功。入朝，賜銀鈔、錦段，進懷遠大將軍。延祐元年，進定遠大將軍。三年，分戍廣南。二十四年，擢廣西兩江道宣慰使都元帥。泰定二年，復襲萬户。安西猺叛，命昂霄與左丞乞住討之。昂霄諭以禍福，降洞寨八十五，男女八百餘人，遂班師。天曆元年，授湖廣行省參知政事，率平陽、保定兵屯河上，以子濤襲萬户。旋改樞密副使，扼潼關以禦西兵。事平，賜銀鈔，固辭。二年，復授湖廣行省參知政事，與行省官脱歡，别薛、孛羅等總兵入蜀，討囊加歹，賜表裏衣甲、弓矢有差。四月，囊加歹降，師還。以疾告，不允。八月，知貢舉，昂霄力疾留貢院，

誓天爲國得人，俄卒，年六十。子濤，以萬户不能去職，丁憂，涕泣陳情，欲棄官歸，乃得請。濤婦范氏，以夫喪，哀毁卒。

制宜，小字納懷，性聰敏，有器局，通習國語。至元十四年，襲父職太原、平陽萬户，仍戍鄂州。十九年，朝廷將征日本，造樓船何家洲。地狹，衆欲徙洲旁居民，制宜不從，改擇寬地，民德之。城中屢災，或言於制宜曰：「恐姦人乘間爲變，宜捕其疑似者，痛治之。」制宜曰：「吾但嚴守備而已，奈何濫及無辜？」不答一人，災亦息。有盜伏近郊，晨夕剽劫，流言將入城。俄有數人自城外至，顧盼異常，制宜命吏縛入獄，問之無驗，行省將釋之，不從。明日，再出城東，遇一人，乘白馬，制宜叱下，訊之，乃與前數人同爲盜者，遂殺之，一郡帖然。

二十四年，扈駕東征乃顏，請赴敵自效。帝顧左右曰：「而父歿王事，惟有一子，毋使在行陣。」制宜請愈力，乃命從月兒吕那顔别爲一軍。以戰功，授懷遠大將軍、樞密院判官。明年，車駕幸上都。舊制：樞府官從行，歲留一人司本院事，漢人不得與。至是以命制宜，制宜辭，帝曰：「汝豈漢人比耶！」竟留之。二十八年，遷湖廣行省參知政事，陛辭。帝曰：「汝父死事，恤賞未汝及。近者要束木伏誅，已籍没其財産，汝可擇取之。」制宜對

曰：「彼以贓敗，臣復取之，寧不污臣？」帝賢之，賜白金五千兩。未幾，徵拜内臺侍御史。安西牧地圉人冒奪民田十萬餘頃，訟於有司，積年不能理。制宜奉詔而往，按圖籍以正之，訟遂息。

三十年，除湖廣行樞密院副使。湖南地闊遠，羣盜據險出没，昭、賀二州及廬陵境常被害。制宜按部，經廬陵、永新，獲賊首及其黨與，皆殺之。茶陵譚計龍，聚惡少年，匿兵器爲姦。既捕獲，其家納賂乞緩獄事。制宜頒其賂以犒士卒，斬計龍於市。自是湖以南無盜賊。元貞元年，詔行樞密院添置副使一員，與制宜連署。制宜以員非常設，先任者當罷。俄入朝，特授大都留守，領少府監，兼武衛親軍都指揮使，知屯田事。

大德八年，平陽地震，壓死者衆。制宜承命存恤，懼緩不及事，晝夜倍道兼行。至則親入閭巷，撫瘡殘，給粟帛，存者賴之。成宗素知其名，眷遇殊厚。每侍宴，制宜不敢飲，終日儼然。帝察其忠勤，屢賜内醖，輒持以奉母。帝聞之，特封其母蘇氏爲潞國太夫人。十年，卒，年四十有七。贈推忠贊治功臣、銀青榮禄大夫、平章政事，追封澤國公，謚忠宣。

子阿兒思蘭嗣。至大三年，尚書省誣奏阿兒思蘭與兄榮祖及段叔仁等謀爲不軌〔二〕，詔誅阿兒思蘭等十七人，籍没其家。仁宗即位，雪其冤，並給還家産，追謚敬敏。

李進，保定曲陽人。初從萬户張柔屯杞縣三義口。六皇后稱制二年，柔引兵築堡龍岡。會淮水汎漲〔三〕，宋舟師卒至，大帥察罕率軍拒之，進以兵十五人轉鬭十餘里，奪一巨艦，以功擢百户。

憲宗八年，大舉伐宋，丞相史天澤爲河南經略大使，選諸道兵之驍勇者，命進爲總把。是年秋九月，由陳倉入興元，度米倉關，伐木開道七百餘里。冬十一月，至定遠七十關，其關上下皆築連堡，宋以五百人守之。天澤命進往説降之，不從。進潛視間道，歸白天澤曰：「彼可取也。」是夜二鼓，進率勇士七十人，掩其不備，攻之，脱門樞而入者二十人。守門者覺，拔刀拒之，進被傷，懸門俄閉。進與二十人力戰，殺傷三十人。後兵繼至，進乃毁懸門，納諸軍，遂拔其堡。守之，關路始通。

九年春二月，天澤兵至行在所，圍合州釣魚山。夏五月，宋舟師援合州，大戰三槽山西。六月，又戰三槽東。進並有功。秋七月，宋戰船三百餘泊黑石峽，以輕舟五十爲前鋒，北軍船七十餘泊峽西，相距一里許。帝立馬東山，擁兵二萬，夾江而陣。天澤乃號令於衆曰：「聽吾鼓，視吾旗，無少怠。」頃之，聞鼓聲，視其旗東指，諸軍鼓譟而入。兵一交，

宋前鋒潰走。順流縱擊，死者不可勝計。帝謂諸將曰：「白旗下服紅半臂突而前者，誰也？」天澤以進對。賞錦衣、名馬。

世祖即位，入爲侍衛親軍。中統二年，宣授總把，賜銀符。三年，從征李璮，有功。至元八年，從圍襄陽。十二年，略地湖北、湖南。宋平，以兵馬使分兵屯鄂州。十三年，領軍三千，屯田河西中興府。十四年，加武略將軍，擢千户。十五年，移屯六盤山，加武毅將軍，賜金符。十七年，進明威將軍、管軍總管。十九年，賜虎符，復進懷遠大將軍，命屯田西域別十八里。

二十三年秋，海都及篤哇等至洪水山，進衆寡不敵，軍潰。進被擒，從至摻八里，遁還至和州，收潰兵三百餘人，且戰且行。至京師，賞金織紋衣二襲、鈔一千五百貫。二十五年，授蒙古侍衛親軍都指揮使司僉事。明年，改授左翼屯田萬户。元貞元年春，卒。子雯，襲授武德將軍、左翼屯田萬户，佩虎符。皇慶二年，加宣武將軍。延祐六年，仁宗念其父功，特賜雯中統鈔五百錠以恤之。泰定元年春，以疾辭，子朵耳只襲。

石抹按只，契丹人，世居太原。父大家奴，率漢軍五百人歸太祖。憲宗八年，按只代

領其軍，從都元帥紐璘攻成都。時宋兵聚於虛泉，按只率所部兵大敗之，殺其將韓都統。又從都元帥按敦攻瀘州，按只以戰艦七十至馬湖江，宋軍先以五百艘控江渡，按只擊敗之。時宋兵沿江拒守，按只相地形，造浮橋，敵欲撓其役，兵出輒敗。自馬湖以達合江、涪江、清江，凡立浮橋二十餘。及四川平，浮橋之功居多。

九年，宋以巨艦載甲士數萬，屯清河浮橋，相距七十日。水暴漲，浮橋壞，西岸軍多漂溺。按只軍東岸，急撤浮橋，聚舟岸下，士卒得不死。又援出別部軍五百餘人，先鋒奔察火魯赤以聞。憲宗遣使慰諭，賞賜甚厚。叙州守將橫截江津，軍不得渡。按只聚軍中牛皮，作渾脱及皮船，乘之與戰，奪渡口，爲浮橋以濟。中統三年，授河中府船橋水手軍總管，佩金符，以立浮橋功也。

至元四年，從行省也速帶兒攻瀘州。按只以水軍與宋將陳都統、張總制戰於馬湖江，按只身被二創，戰愈力，敗之。六年正月，也速帶兒領兵趨瀘州，遣按只運糧械，由水道進。宋兵復扼馬湖江，按只擊敗之，生獲四十人，奪其船五艘。復以水軍一千，運糧於眉、簡二州，軍中賴之。九年，從征建都蠻，歲餘不下。按只先登力戰，遂降之。軍還，道病卒。行省承制以其子不老代領其軍。

不老從攻嘉定，以巨艦七十艘載勇士數千人，據其上流，於府江紅崖灘造浮橋以渡。十二年，嘉定降，宋將鮮於都統率衆遁，不老追至大佛灘，盡斃之。行院汪田哥攻取紫雲、瀘、叙等城，不老功最多。及諸軍圍重慶，不老先以戰艦三百艘列陣於觀灘，絶其走路。十三年，領隨翼軍五百人，會招討藥刺海，豎栅於白水江岸以爲備。不老乘夜襲宋軍，直抵重慶城下，攻千斯門，宋軍驚潰，溺死者衆。宋涪州守將率舟師來援，不老擊敗之於廣陽壩，奪其船十艘。十四年，從攻瀘州，不老勒所部兵攻神臂門，蟻附以登，斬首五十級。明日復戰，又敗之。十五年，復攻重慶太平門，不老先登，殺其守陴卒，宋都統趙安以城降。總管黄亮乘舟遁，不老追擒之，奪戰艦五十艘。

十六年，命襲父職爲懷遠大將軍、船橋軍馬總管，更賜金虎符，兼夔路守鎮副萬户。十八年，大小盤諸峒蠻叛，命領諸翼蒙古、漢軍三千餘人戍施州。既而蠻酋向貴、誓用等降，其餘峒蠻未服者悉平。以不老爲保寧等處萬户，未幾卒。

鄭温，真定靈壽人。初從粘合南合有功，爲合必赤千户。後又從史天澤爲新軍萬户鎮撫。憲宗征西川，温四月不解甲。天澤以温見，具言其功，帝曰：「朕所親見也。」賜名也

可拔都，賞以鞍勒。還至閬州，命分軍守邏青居、釣魚兩山。

中統元年，佩金虎符，爲總管。三年，李壇叛，詔温以軍還討。至濟南，大軍圍其城，賊將楊拔都等乘夜斫營，温力戰至黎明，賊退。諸王哈必赤、丞相史天澤厚賞之。七月，城破，命温率兵三千往定益都，授侍衛親軍總管。

至元六年，進懷遠大將軍、右衛副都指揮使。九年，詔温統蒙古、漢人、女真、高麗諸部軍萬人，渡海征耽羅，平之。十二年，擢右衛親軍都指揮使，率三衛軍萬人，從攻岳州、江州、沙市、潭州，皆有功。十四年，入朝，遷昭勇大將軍、樞密院判官。

十八年，改輔國上將軍、江淮行省參知政事。杭民饑，出米二十萬石糶之。俄賜以常州官田三十頃。二十二年，召還。二十三年，遷江浙行省左丞，命以新附漢軍萬五千人，於淮安雲山泉塘立屯田。三十年，卒，年八十一。贈榮禄大夫、平章政事、柱國，追封趙國公，謚武毅。子欽、釭、銓、鏞。

欽以父功授右衛親軍千户，遷利用監丞。欽子克諶，克諶子惟知，惟知子彬，皆世襲。釭有智略，仕爲龍興路同知，暦廬州路總管，擢樞密院判官，所至有聲。

銓，字方年。温自江南入覲世祖，方次柳林，銓見於行宫。世祖奇其貌，命宿衛東宫。

未幾，代兄爲右衛千户。故事：大享太室，先期賜執事湯沐錢，有司或不時給。銓上言：「禮者，著致潔也。今湯沐錢賜或不均，非是。」時論韙之。分治渾河橋，大雨水溢，銓所治獨堅完不壞。敕賜酒饌勞之。大德中，復以官讓兄子克諶。中統元年，卒。子克順，臨城縣尹。

鏞，靖江路總管府同知，政尚平恕，民稱之。

石抹乞兒，契丹人。祖高奴。太祖六年大軍至威寧，高奴與劉伯林、夾谷常哥等迎降，授千户、青州防禦使，賜金符。太宗元年，從伐金，爲征行千户，卒。父常山襲。憲宗三年，擢總管，領興元諸軍奥魯屯田，並權臺雞驛行軍都總管萬户。卒。乞兒襲萬户，從紐鄰攻重慶、瀘、叙諸州，俱有功。至元三年，從都元帥按敦移鎮潼川。四年九月，從攻蓬溪寨，戰歿。子狗狗襲。

狗狗少從征伐，以勇敢稱。八年，從嚴忠範圍重慶，攻朝陽寨，先登。九年，宋昝萬壽襲成都，狗狗以蒙古軍二千擊敗之。十六年，録前後功，賜金虎符，授宣武將軍、管軍總

管，戍遂寧。

十七年，進明威將軍、管軍副萬户。從招討使藥剌海討亦奚不薛蠻，平之。從行省也速帶兒討都掌、烏蒙、蟻子諸蠻，戰於鴨樓關，狗狗最有功。二十一年，率蒙古軍八百人，從征散貓，戰於菜園坪、滲水溪，皆敗之。月餘，散貓降，大盤諸蠻亦降。二十四年，遷懷遠大將軍、夔州路萬户，移戍重慶。二十六年，卒。子安童襲。

【校勘記】

〔一〕「鼎」，原作「縣」，據《元史》卷一五四列傳第四十一《鄭鼎傳》改。

〔二〕「榮祖」，原作「塋祖」，據《元史》卷二三本紀第二十三《武宗二》改。

〔三〕「汎漲」，原作「汛張」，據《元史》卷一五四列傳第四十一《李進傳》改。

新元史卷之一百六十四　列傳第六十一

紐璘 也速答兒　囊加台〔一〕　答失八都魯　孛羅帖木兒　速哥　探馬赤　塔海帖木兒

紐璘，珊竹帶氏。祖孛羅帶，爲太祖宿衛，從太宗平金。父太答兒，從憲宗征阿速、欽察等國有功，拜都元帥。率陝西、鞏昌諸軍伐宋，與總帥汪田哥立利州。憲宗八年，入重慶，獲宋統制張實。是年卒。

紐璘勇力絶人，多謀略，常從父軍中。六年，憲宗命將兵萬人略地，自利州下白水，過大獲山，出梁山，直抵夔門。七年，還釣魚山，引軍欲會都元帥阿答胡等於成都。宋制置使蒲擇之遣劉整、段元鑑等，據遂寧江箭灘以斷東路。紐璘軍至，不能渡，自旦至暮，大戰，斬首二千七百餘級，長驅至成都。帝聞，賜金帛勞之。蒲擇之命楊大淵等守劍門及靈泉山，自將四川兵取成都。會阿答胡卒，諸王阿不干與諸將脱林帶等謀曰：「今宋兵日逼，聞元帥死，必悉衆來攻，其鋒不可當。我軍去行在遠，待上命建大帥禦敵，恐無及。不若推紐璘爲長，以號令諸將，出彼不意，敵可破也。」衆然之，遂推紐璘爲帥。紐璘率諸將大

敗宋軍於靈泉山。圍雲頂山城，扼宋軍歸路，其主將遂以衆降，城中食盡亦降。成都、彭、漢、懷、綿等州悉平，威、茂諸番亦來附。紐璘奉金銀、竹箭、銀銷刀，遣速哥入獻。帝賜黄金五十兩，即軍中真拜都元帥。

冬，帝進軍至大獲山，紐璘率步騎，號五萬，戰船二百艘，發成都。遣張威以五百人爲前鋒，水陸並進，縛橋資州江口以濟師。千户暗都剌率舟師，紐璘將步騎，旌旗、輜重，百里不絶。蒲擇之遣兵分道要遮，遇輒敗之。紐璘至涪，造浮橋，駐軍橋南北，以禦宋援兵。聞大軍多瘧疾，遣人進牛犬豕各萬頭。明年春，朝行在所，還討思、播二州，獲其將一人。宋將吕文焕攻涪浮橋，紐璘以士馬不習水土，遂班師。文焕追襲其後，紐璘戰卻之。

中統元年，大將渾都海據六盤，叛附阿里不哥。紐璘奥魯官欲以兵應之，中途爲宣撫使廉希憲所獲，釋不問。紐璘始無貳志。事具《希憲傳》。是年入朝，賜虎符及黄金五十兩、白金二千五百兩、馬二匹。紐璘遣梁載立招降黎、雅、碉門、巖州、偏林關諸蠻，得漢、番二萬餘户。未幾，詔速哥分西川兵及陝西諸軍屬紐璘，鎮秦、鞏、河西之地。三年，宋將劉整以瀘州降，吕文焕圍之。紐璘以兵往援，文焕敗走，遂徙瀘州民於成都、潼川。四年，爲劉整所譖，徵至上都，驗問無狀，詔釋之。還至昌平，卒。追封蜀國公，謚忠武。子也速答兒。

也速答兒，至元十一年入見世祖，以屬行樞密院火都赤，使習兵事。從圍嘉定，率三千人至三龜、九頂山，相形勢，敗宋安撫昝萬壽兵，斬首五百級。以功賜虎符，授六翼達魯花赤。昝萬壽尋遣部將李立以嘉定、三龜、九頂、紫雲諸城寨降。又從行樞密副使忽敦徇東川諸城，皆望風來附。會東川行樞密院合答圍重慶，歲餘不下，帝命行樞密院副使不花代將。不花將兵萬餘至城下，也速答兒率二十餘騎與宋都統趙安搏戰，也速答兒三入其軍，敵衆皆披靡。大兵繼之，斬首五百餘級，趙安開門降，制置使張珏遁。捷聞，帝賜玉帶、鈔五千貫，授西川蒙古軍馬六翼新附軍招討使，遷四川西道宣慰使，加都元帥。

十七年，羅氏鬼國亦奚不薛叛。詔四川會雲南、湖廣兵討之。至會靈關，羅氏酋阿察遣其將阿麻、阿懷至宣慰司，自言無反意。也速答兒分兵徑進，亦奚不薛酋遣其將阿候拒戰。也速答兒先登，陷陣，挾阿候出，斬之。亦奚不薛及阿察俱遁。也速答兒定議班師，命部將守之。賊窮困，二十年，率所部五萬餘户降。以功拜西川等處行中書省右丞，加賜金、帛、鞍轡。

西南夷雄左、都掌蠻得蘭右叛，也速答兒討降之，改四川等處行樞密院副使。是年冬，烏蒙蠻又陰結都掌蠻以叛，詔也速答兒會雲南行院拜答兒進討。也速答兒擒烏蒙蠻

酋。賜玉帶、織金服，遷蒙古軍都萬户，復賜銀鼠裘，進同知四川等處行樞密院事。元貞元年，拜四川等處行中書省平章政事。

武宗即位，遷雲南，加左丞相，仍爲平章政事。南征叛蠻，感瘴毒，還至成都，卒。弟八剌，襲爲蒙古軍萬户。八剌三子：囊加台；次伯顏，四川行省左丞；次不花台，蒙古軍都元帥。

囊加台，泰定初，以四川行省平章政事兼宣政院使，奉命征西番參卜郎，有功。天順改元，不受大都朝命，本省平章寬徹有異議，殺之。自稱鎮西王，以左丞脱脱爲平章政事，前雲南廉訪使楊静爲左丞，燒絶棧道。教授杜巖肖聞文宗已立，勸其罷兵入朝。囊加台以爲妄言惑衆；杖一百七，禁錮之。

是年十二月，御史臺言：「囊加台罪不容逭，宜追奪制敕。」中書省臣請降詔，許其自新。天曆二年正月，近侍星吉班奉詔至四川，詔諭囊加台，不從，約鎮西武靖王搠思班同拒命。陝西蒙古軍都元帥不花台，囊加台弟也。囊加台遣使招之，不花台斬其使。囊加台遣兵南攻播州貓兒埡，宣慰使萬户楊燕里不花開關納之，導四川兵進至烏江驛。川兵在烏江北岸者，爲八番元帥脱出所敗。是時囊加台自帥大軍出興元，焚雞武關大橋，並焚

棧道，遂據雞武，奪三義、柴關等驛。以書招鞏昌總帥汪延昌，分兵東至金州，據白土關，進逼襄陽。

朝命陝西、湖廣兩行省督軍分討之，仍命宣慰撒式迷失將本部蒙古軍，從鎮西武靖王搠思班進討。時播州楊燕里不花已歸命，囊加台所遣守碉門安撫使布答思監等亦詣雲南行省降。朝廷調河南、江浙、江西、山東兵及左右翼蒙古侍衛軍，立行樞密院，以山東都萬户也速答兒知院事，將之。也速答兒病不行，改命左丞躍里帖木兒、同僉樞密傅巖起代往。會湖廣參政孛羅奉詔至四川，曲赦囊加台等罪。囊加台聽命，蜀地始平，諸路兵皆罷。囊加台入朝。是年九月，坐指斥乘輿，大不道，棄市，家產没官，並藉楊靜等家。子答失八都魯。

史臣曰：阿里不哥自立於和林，東西川諸將咸附之。獨紐璘歸心世祖，以翼戴之功，子孫世官其地。至囊加台乘時徼利，僭號稱王，與宋之吴曦無以異，非忠於泰定帝者也。或謂其知逆順，過矣！

答失八都魯，以世襲萬户鎮守羅羅宣慰司，行省舉充船橋萬户。征雲南，擢大理宣慰

司都元帥。至正十一年，特除四川行省參知政事。撥本部探馬赤軍三千，從平章咬住討賊於荊襄。咬住兵既平江陵，答失八都魯請自攻襄陽。十二年，進次荊門，招義丁二萬。進至蠻河，賊堅守要害，答失八都魯率奇兵由間道出其後，首尾夾攻，賊大敗。追至襄陽城南，擒賊將三十人，腰斬之。自是賊不復出。

答失八都魯相視形勢，内列八翼，包絡襄城，外置八營，分屯峴山、楚山，以截其援，自以中軍四千據虎頭山，以瞰城中。賊受圍日久，夜半，二人縋城叩營門，具告虛實，願爲内應。答失八都魯與之定約，至期，垂繩以引官軍，先登者近十人。時賊船百餘艘在城北，陰募善水者鑿其底。天將明，城破，賊巷戰不勝，走就船，船壞，皆溺死，遂平襄陽。加資善大夫，賜上尊及黃金束帶。以其弟識里木爲襄陽達魯花赤，子孛羅帖木兒爲雲南行省理問。賊再犯荊門、安陸、沔陽，答失八都魯皆破之。尋詔益兵五千，以烏撒烏蒙元帥成都不花聽其調發。

十三年，克青山、荊門諸寨。九月，率兵略均、房，平穀城，拔武當山寨。十二月，進攻峽州，破木驢寨。遷四川行省右丞，賜金繫腰帶。十四年正月，復峽州。三月，遷四川行省平章政事，兼知樞密院事，總荊、襄諸軍。五月，命玉樞虎兒吐華代答失八都魯守中興、荊門，移兵赴汝寧。十月，詔與太不花會軍討安豐。是月，復鄭、鈞、許三州。十二月，復

河陰、鞏縣。

十五年，命答失八都魯就管領太不花一應諸王藩將兵馬，許便宜行事。六月，拜河南行省平章政事。進次許州長葛，與劉福通戰，失利。九月，退屯中牟。賊復來劫營，掠其輜重，與其子孛羅帖木兒相失。劉哈剌不花來援，大破賊兵，獲孛羅帖木兒，歸之。復進駐汴梁東南青堽。十二月，大敗賊於太康，遂圍亳州。僞宋主小明王遁。

十六年，加金紫光禄大夫。帝使知樞密院脱歡來督戰。是時賊勢猶强，官軍卻。答失八都魯墜馬，孛羅帖木兒救之，獲免。十月，移駐陳留。十一月，克夾河劉福通寨。十二月，次高柴店，逼太康三十里。是夜，賊五百餘騎來劫營，以有備，亟遁。追之，壯士緣城入，斬首數萬，擒僞將軍張敏、孫韓等九人，太康平。遣孛羅帖木兒告捷京師，帝賜勞内殿，拜河南行省左丞相，仍兼知樞密院事。識里木，雲南行省左丞，孛羅帖木兒，四川行省左丞。將校賞爵有差。

十七年三月，朝京師，加開府儀同三司、太尉、四川行省左丞相。九月，復朝城、東明、長垣三縣。十月，詔遣知院達理麻失理來援，分兵屯濮州。既而達理麻失理爲劉福通所殺，諸軍皆潰。答失八都魯退駐石村。帝疑其玩寇，復遣使者督戰。賊覘知之，詐爲答失八都魯通賊書，遺諸道路，使者果得之以聞。答失八都魯知其事，一夕憂憤卒。初，答失

八都魯入朝，帝謂左右曰：「答失八都魯將死矣！」是年果卒。子孛羅帖木兒。

孛羅帖木兒，從父討賊，屢立功。答失八都魯卒，引兵退駐井陘。至正十八年正月，授河南行省平章政事，仍領其父元管諸軍。三月，敗劉福通於衛輝，進克濮州。六月，自武安邀截沙劉二等，敗之。九月，統諸軍攻曹州。十月，參政匡福統苗軍自西門入，孛羅帖木兒自北門入，克復曹州，擒僞官武丞相、仇知院，獲印信、金牌等物。

十九年二月，移屯代州，收山東潰軍。詔置大都督兵農司，專督屯種，以孛羅帖木兒領之。駐大同、豐州、雲内，與關先生戰於管城，大敗之。楊誠據蔚州。六月，詔孛羅帖木兒督兵討之，俄召還。十一月，再命討誠。

二十年正月，追誠至飛狐縣東關，誠棄軍遁，降其潰卒。拜中書平章政事。進討上都程思忠，次興和，思忠奔潰。七月，敗田豐將王士誠於台州。詔領一應達達、漢軍，便宜行事。八月，命守石嶺關以北，察罕帖木兒守石嶺關以南。孛羅帖木兒不聽命，遣兵自石嶺關直趨冀寧，三日，復退屯交城。十月，詔孛羅帖木兒守冀寧，守者不納。察罕帖木兒來爭，爲孛羅帖木兒部將圖魯卜所敗。

二十一年正月，命平章政事達實帖木兒、參政七十往諭解之。孛羅帖木兒罷兵還鎮，

命於保定以東、河間以南屯田。

二十二年三月，孛羅帖木兒遣裨將也速不花等招兵五萬，戍大同。拜太尉、中書平章政事，位居第二。八月，孛羅帖木兒據延安。十月，侵擴廓帖木兒守地，使其將參知政事朱希哲守宜川。

二十三年十月，復南侵擴廓帖木兒守地，遂據真定。初，朝廷既黜御史大夫老的沙，安置東勝州。帝別遣宦官密諭孛羅帖木兒留軍中，而皇太子累遣使索之，匿不遣。

二十四年正月，孛羅帖木兒陰使人殺其叔父左丞亦只兒不花，佯爲不知者。三月辛卯，詔罷孛羅帖木兒兵權，四川安置。孛羅帖木兒殺使者拒命，遣部將會知樞密院事禿堅帖木兒犯闕，揚言索右丞相搠思監、資正院使朴不花二人。

先是，朝廷立衛屯田，命中書右丞也先不花領之，與禿堅帖木兒分院之地相近，屢搆嫌隙。也先不花乃譖禿堅帖木兒於朝廷，孛羅帖木兒與禿堅帖木兒友善，遣人白其誣。皇太子以其握兵跋扈，與禿堅帖木兒交通，又匿不軌之臣，與搠思監議罷其兵權，不受命則使擴廓帖木兒討之。孛羅帖木兒知非帝意，遂舉兵。

四月壬寅，入居庸。癸卯，知樞密院事也速、詹事不蘭奚逆戰於皇后店。不蘭奚力戰，也速不援而退，不蘭奚幾爲所獲，遂大敗。乙巳，禿堅帖木兒至清河。帝遣達達國師、

宣政院使蠻子問故，對以必得搠思監、朴不花方罷兵。乃命屏搠思監於嶺北，竄朴不花於甘肅。未幾，執二人送於軍中，皆爲孛羅帖木兒所殺。庚戌，秃堅帖木兒陳兵自建德門入，見帝於延春閣，慟哭請罪，帝賜宴慰勉，詔赦其罪。仍以孛羅帖木兒爲太保、中書平章政事，兼知樞密院事，守大同；以秃堅帖木兒爲中書平章政事。辛亥，孛羅帖木兒還大同，皇太子再徵擴廓帖木兒兵衛京師。

五月，詔擴廓帖木兒總諸道兵，分討大同。擴廓帖木兒自其父在時，與孛羅帖木兒連年相仇殺，朝廷累命講和，還兵各守分地。至是，擴廓帖木兒乃發兵，分道攻大同。調麾下白鎖住守護京師，兵不滿萬，以其部下青軍楊同僉守居庸，擴廓帖木兒自將至太原，調督諸軍。

七月，孛羅帖木兒留兵守大同，自率諸將與秃堅帖木兒等復犯闕，京師震駭。丙戌，皇太子自將駐清河，丞相也速等屯昌平。也速軍無鬭志，青軍楊同僉又爲麾下所殺，皇太子還京師。丁亥，白鎖住脅宫僚從皇太子出奔太原。戊子，孛羅帖木兒兵至，營健德門外，欲追襲皇太子，老的沙力止之。入見於宣文閣，泣拜訴冤，帝亦爲之泣，乃賜宴。庚寅，就命孛羅帖木兒太保、中書左丞相，老的沙中書平章政事，秃堅帖木兒御史大夫，部將布列臺省。

八月壬寅，加開府儀同三司、上柱國、録軍國重事太保、中書右丞相，節制天下軍馬。數遣使請皇太子還朝。

二十五年三月，皇太子謀除内難，承制調遣嶺北、甘肅、遼陽、陜西及擴廓帖木兒等軍進討。孛羅帖木兒怒，囚皇后奇氏於外。四月，擴廓帖木兒部將關保入大同。孛羅帖木兒遣秃堅帖木兒圍上都，調也速南禦擴廓帖木兒。也速次永平，西連太原，東結遼陽，軍聲大振。孛羅帖木兒患之，使驍將姚伯顔不花攻也速。至通州，河溢，營虹橋以待。也速乘其不備，襲破之，擒姚伯顔不花。孛羅帖木兒大恐，自將出通州，三日大雨而還。

孛羅帖木兒先以疑忌，殺其將保安，既又失姚伯顔不花，鬱鬱不樂，酗酒殺人，喜怒不測。又索帝所愛宫嬪，帝曰：「欺我至此耶！」威順王子和尚受帝密旨，與待制徐士本結勇士上都馬、金那海、伯達兒等陰圖之。

七月乙酉，秃堅帖木兒遣人來告上都之捷，平章政事失烈門謂孛羅帖木兒曰：「好消息，丞相宜入奏。」孛羅帖木兒推失烈門，失烈門强與同行。至延春閣側，有李樹枝絓其冠墜地，失烈門俯取之，孛羅帖木兒曰：「咄，今日莫有事！」伯達兒突出斫之，中其腦，上都馬等競前斫殺之。老的沙傷額，趨出，擁孛羅帖木兒母妻及子天寶奴北遁。未幾，與秃堅帖木兒俱伏誅。

史臣曰：孛羅帖兒兒與察罕帖木兒争冀寧，曲在孛羅帖木兒。惠宗不察曲直，而調停其事，以求姑息。由是孛羅帖木兒益桀驁不可制，至於稱兵犯闕，殺宰相，辱皇后。嗚乎！履霜堅冰，由來者漸，是以君子慎之於早也。

速哥，蒙古氏。父忽魯忽兒，國王木華黎麾下卒也，後隸塔海、帖哥。有口辯，令佩銀符，奏軍中機務，往返未嘗失期。太宗器之，賜名動哥居，詔：「動哥居奏事，朝至朝入奏，夕至夕入奏。」出金盤龍袍及宫女賜之。後卒於官。

速哥尤壯勇，憲宗命從都元帥帖哥火魯赤等伐蜀。五年，萬户劉七哥、阿剌魯阿力與宋兵戰於巴州，失利，陷敵中。速哥馳入其軍，奪劉七哥歸。賜白金、名馬及紫羅圈甲。又從都元帥紐璘敗宋將劉整，克雲頂山。紐璘奉金銀、竹箭、銀銷刀，使速哥入獻。速哥以革爲舟，夜渡馬湖江，至大獲山行在所，奏道梗失期，帝慰遣之。未幾，復自涪州奏事，遇宋軍於三曹山，速哥衆僅百餘，奮擊，敗之。九年，宋兵攻涪州浮橋，部將火尼赤陷陣，速哥力戰出之。又白事於宗王末哥，復敗宋軍於三曹山。還至石羊，與劉整遇，又敗之。

世祖即位，賜白金、弓刀、鞍勒。至元三年，從行院帖赤戰於九頂山。四年，行省也速答兒署爲本軍總管，從平瀘州。五年，立德州，以速哥爲達魯花赤，擢陝西五路四川行省左右司員外郎。七年，從也速答兒敗宋軍於馬湖江。用平章政事賽典赤薦，遷行尚書省員外郎。九年，建都蠻叛，也速答兒請率六千人往討之，帝從其請。速哥將千人爲先鋒，破黎州水尾砦，攻連雲關，克之。進至建都，戰於東山，斬其酋布庫。復與元帥八兒禿迎合剌軍於不魯斯河。十年，討碉樓諸蠻，襲破連環城，還敗宋軍於七盤山，署新軍萬户。

十一年，賜虎符，真授管軍萬户，領成都高哇哥等六翼及京兆新軍，教習水戰。也速答兒進圍嘉定，速哥率舟師會平康城，築遠懷等寨守之。十二年，敗宋將昝萬壽於麻平。既而行樞密院副使忽敦等軍至，與也速答兒會於紅崖，遣速哥守龍壩。城中大震，守將率舟師遁，速哥追擊之，斬獲甚衆。遂與中使沈達罕徇瀘、叙諸州，皆降之。進圍重慶，速哥以所部兵屯白水、馬湖江口。

十三年，帝遣脱朮、教化的諭宋臣使降，不聽，乃分兵爲五道，水陸並進攻之。諸軍不利，惟速哥獲戰艦三百艘，俘其衆百三十人。涪州守將遺書納降，速哥率千人往察其情僞。至涪州，受降而返。重慶守將張萬來襲，速哥一晝夜凡十八戰，斬首三百餘級，萬敗走。未幾，萬復以精兵三千人至，又敗之。

十四年，行院署爲鎮守萬户，嘉定總管府達魯花赤。重慶守將趙安開門降，制置使張珏遁。速哥追擊之，虜百餘人及船二十餘艘。以功授成都水軍萬户。尋改重慶、夔府等路宣撫，招討兩司軍民達魯花赤。十六年，除四川南道宣慰使，依前成都水軍萬户，鎮重慶、夔、施、黔、忠、萬、雲、涪、瀘等州。

十九年，亦奚不薛叛，置順元等路軍民宣慰司，以速哥爲宣慰使，經理諸蠻。二十四年，遷河東陝西等路萬户府達魯花赤。播州宣撫使楊賽因不花等赴闕請留之。降八番金竹百餘寨，得户三萬四千，悉以其地爲郡縣。置順元路、金竹府、貴州以統之。東連九溪十八峒，南至交趾，西至雲南，咸受節制。

二十九年，入朝，加都元帥，改河東、陝西等處萬户府達魯花赤。三十一年，僉書四川行樞密院事。元貞元年，行院罷，速哥家居，數歲卒。子壽不赤，襲河東陝西等處萬户府達魯花赤。

同時爲紐璘、也速答兒部將者，有探馬赤、塔海帖木兒。

探馬赤，秃立不歹氏。從諸王没赤征蜀，後以兵從塔海紺布、火魯赤、紐璘諸帥。紐璘攻涪州，還至馬湖江，宋兵連艦絶江，不得進，探馬赤率精兵二千擊之，奪其舟以濟。又

於横江、嘉定、宣化三縣造浮橋，以達成都。紐璘以爲能，命將千人從萬户昔力答克略地碉門、黎、雅。昔力答克卒，行院帖赤以探馬赤爲萬户，領其軍。

中統四年，授蒙古、漢軍萬户。至元九年，從行省也速答兒征建都，獨以鋭卒千五百人與建都兵戰於梅子嶺，大敗之。夜與速哥會，直搗其營，獲其輜重以歸。復益兵三千人，與左丞曲立吉思乘勝進攻，建都降。又從行院汪良臣、忽敦等，攻嘉定、重慶、瀘、叙諸州，以功兼重慶府達魯花赤。十九年，卒。子伯顔，襲蒙古軍萬户，戍甘州。

塔海帖木兒，答答里帶氏。曾祖忒木勒哥世襲職，領太原以西八州。從都元帥塔海紺卜征蜀，殁於興元，祖扎剌帶嗣。扎剌帶卒，父拜答兒尚幼，從祖扎里、答朮相繼襲其職。扎里從都元帥大答兒征蜀，以所統軍二百人破宋軍於巴州，斬首三百級。答朮以西川行樞密院檄，領兵三千人救碉門，大敗宋軍，斬首三百餘級，俘百餘人以歸。拜答兒既長，始以父官從行省也速帶兒征建都，死軍中。

塔海帖木兒襲父職，初從行院忽敦圍嘉定，嘉定降。進圍重慶，敗守將張珏，塔海帖木兒力戰陷陣，功最多。十五年，又以拔都魯軍二百人破宋軍於白水江，奪戰船一，俘其衆十三人。升宣武將軍、管軍總管。從也速答兒征亦奚不薛，又從征都掌蠻，皆爲前鋒，

殺獲甚衆。九溪蠻、散貓、大盤蠻尚木的世用等叛，從行省曲立吉思帥師往討，皆擒之，殺其酋長頭狗等。也速答兒、藥剌罕率兵萬人會雲南兵討烏蒙蠻、至鬧竈，其酋長阿蒙率五百餘衆奔麻布，塔海帖木兒以四百人追至山箐中，大敗之，擒阿蒙以歸。二十六年，又從也速答兒西征，卒於軍中。

【校勘記】

〔一〕「囊加台」，原作「囊家台」，據正文改。

新元史卷之一百六十五　列傳第六十二

張興祖　寧玉　張榮實玉　吕德　朱國寶　吴祐安民　梁禎　張泰亨繼祖　珍　王守信　皇毅
靳忠　蔡珍韓進　劉用世世恩　世英　蘇津　王均　季庭璋

張興祖，中山無極人。父林，爲史天澤部將，以功授金符千户。林請老，興祖襲父職。從察罕伐宋，能以少擊衆，敗宋人於虎頭關。察罕壯之，奏其功，賜鞍馬、甲胄。後從史權戍鄧州。宋人鈔輜重於新野之西港，權使興祖將步騎數百人追之，及於栲栳潭。興祖令騎負一步，將近敵，推步下，騎列陣以俟，分騎爲左右翼，夾擊之，宋人錯愕不知所應，盡殲之。興祖馬踐横尸而踣，左股折，輿歸，賜金幣爲醫藥費。宋人攻新野，又敗之於白河口。

中統元年，從史樞援東川，假總管，戍東安虎嘯城。軍還，又戍光化州，禽宋將唐都統。大軍圍襄陽，以興祖戍萬山，敗宋援將張順。從攻樊城，興祖督造雲梯，又燒宋人戰艦，斷其襄樊之援。襄陽下，以功擢總管，再擢懷遠大將軍、副萬户。

至元十一年，從伯顔伐宋，攻郢州黄灣堡。先登，矢貫左股，伯顔親爲敷藥。從拔沙

洋、新城，矢中額者三。換虎符。從攻陽邏堡，禽宋將鄭信，矢貫左臂。鄂、漢平，以阿里海涯鎮之，使興祖將十六翼兵戍漢陽。興祖曰：「吾戰是求，迺留吾戍此，何耶？」阿里海涯曰：「鄂、漢，乘輿所至，衝地也，非公不能守之。」興祖始受事。宋安撫高世傑規襲鄂州，從阿里海涯敗之於荆江口，世傑降。又從攻沙市，先登，戰於城上。又巷戰，蹀血濡趺，斬馘無算，宋將高達以江陵降。阿里海涯移軍攻潭州，留興祖於鄂。已而計事至潭，使興祖督攻城西北，三月不下。或議燒其木柵，興祖曰：「火易沃滅，不如炮攻，使敵不能隊立，吾肉薄而登，可以得志。」阿里海涯從之，城遂拔，進興祖安遠大將軍。又從阿里海涯攻靖江，屠之。宋益、衛二王立於海上，湖南羣盜蠭起相應。阿里海涯使興祖討之，斬賊首二千九百餘人，安輯降衆二萬三千九百家。常德路總管謀以城叛，事覺，興祖誅之。進昭勇大將軍、招討使、歸州路達魯花赤，位總管上。旋移常德路達魯花赤，仍招討使，位總管上。十七年，詔興祖征羅氏鬼國，會其酋納款，未至而還。復使討亦奚不薛，降之，偕其酋入覲，賜衣服、弓矢、鞍勒。

興祖平生殺虎數十，一日遇虎，一發而踣，語左右曰：「生虎鬚剔齒，可以已風。」拔之，虎怒，爪其靴裂，興祖立殺之，人遂名興祖爲「殺虎張」。至是，以國語賜號拔都。尋罷招討使，以萬户將真定新軍戍衡州、茶陵、耒陽、常寧。元貞元年卒，年七十五。

興祖負氣，重然諾，不可屈以威武。阿里海涯大會諸將，興祖腰刀行酒，阿里海涯避入後閣，曰：「張公醉矣！」戒左右善扶出。諸將皆憚之，無敢坐其上者。

子鑄，管軍總把，從興祖戰於通城，陣歿；史閭，懷遠大將軍，戍瑞州等處萬户；鵬翼，僉嶺北湖南提刑按察司事；塔剌齊，襲懷遠大將軍、真定新軍萬户。

寧玉，孟州河陽人。貌魁梧，膂力絶人。年十七爲棹卒，署孟津渡長。從世祖渡江，以功授百户。世祖即位，召玉充河道官，疏濬玉泉河。

至元三年，大軍攻襄樊，檄玉導鄧州七里河，由新野而南，以通糧運。襄陽圍合，以玉攝萬户府事，兼管浮梁津渡，教習水軍。

十一年，伯顔渡江，玉以千人導前，至白河，爲浮橋濟師，遂拔沙陽。與宋人戰於江中，玉以輕舸五十艘徑奪南岸，指撝戰艦分渡諸軍，凡三晝夜始畢。至彭蠡湖口，風濤洶湧，浮梁數壞，玉躬督士卒，植巨木爲碇。伯顔立馬俟之，師畢濟。進及丁家洲，與宋將夏貴等相持，南軍舳艫蔽江，伯顔使玉發四炮，擊其中堅，舟多覆，遂大敗之。拜管軍千户，佩金符。伯顔入建康，使玉督造戰艦，分玉三十艘守龍灣口。宋將姜才乘夜來攻，玉潛以

巨艦出其後，夾擊之，斬獲殆盡。從拔平江，平江之南曰太湖，有長橋爲南北要衝，伯顔使玉守之。時江南甫下，江海多盜賊，玉密斷諸港，設置輕舸巡邏，以備非常，賊聞風解散。招集流民四萬餘家，境内帖然。遷管軍總管，擢浙西道吴江長橋都元帥，兼沿海上萬户，佩金虎符。

二十三年，以病乞歸。未幾，起玉從鎮南王討交趾。師至安南，疾甚，王憫之，使玉歸，以子居仁襲職。大德六年卒，年六十七。居仁襲沿海上萬户，佩金虎符。從討爪哇，擢昭勇大將軍、佩三珠虎符、左軍上萬户。累擢鎮國上將軍、廣東道宣慰都元帥。弟居正，從討交趾，以功擢杭州路領海船千户，累遷僉行樞密院事。

張榮實，霸州保定人。父進，金封北平公。太宗四年，率所部來降，太宗命爲征行萬户〔一〕。六年，與金將國用安戰於徐州，死之。

榮實始以質子入宿衛，授金符，充征行水軍千户。九年，改雄州，保定新城長官。後統水軍，從大將察罕伐宋。至淮上，遇宋將吕文德，敗之，俘五十餘人。賞銀碗、戰馬。又從攻江陵，略襄陽。宋以舟師横截漢水，榮實力戰卻之，獲戰船數十艘。察罕以聞，賜錦

袍及銀十五斤。又破宋軍於太湖，賜銀百兩。

憲宗九年，從世祖伐宋，駐陽羅渡。宋兵十萬，舟二千，横截江中以禦我師。帝以榮實習水戰，命爲前鋒。榮實率麾下鏖戰北岸，獲宋大船二十，俘二百人，斬其將吕文信。

中統元年，録前勞，授金虎符、水軍萬户，仍以其子顔代爲霸州七處管民萬户。三年，李壇叛，榮實從史天澤討平之。賜金碗及銀二百五十兩、馬一匹，命鎮膠西。

至元九年，從丞相阿朮攻襄陽，敗夏貴。又攻樊城，俘其二將。賜弓矢、鞍勒。十一年，增領新軍，從丞相伯顔渡江。榮實以所部先進，鄂、漢降，論功授昭毅大將軍。與萬户宋都台等取江西。又從阿里海牙攻岳州，宋將高世傑降，以功加昭武大將軍。偕元帥宋都台圍隆興，守將劉槃降。又與吕師夔進逼撫州，宋將密佑逆戰於進賢平，敗之，生獲佑，撫州降。

十三年，授同知江西道宣慰使，俄進鎮國上將軍、福建道宣慰使。十四年，改江東道宣慰使、行省參知政事。命與右丞塔出安輯廣東。十五年，入覲，帝賜酒慰勞，授湖北道宣慰使、諸路水軍萬户。是年卒，年六十一。三子顔、玉、珪。

玉，襲父職爲懷遠大將軍、諸路水軍萬户。至元十六年，討吉安叛賊，有功。入朝，賜

金織文衣、弓矢、佩刀，加輔國上將軍、都元帥，並水軍萬户，鎮黄州。又與元帥唐古特改立蘄、黄等路都元帥府，仍管本道鎮守軍馬。二十一年，廣東盜起，遏絶占城糧運，玉討平之。入朝，賜金織文衣、鞍勒、弓刀。會元帥府罷，命玉充保定水軍萬户。二十二年，以鄱陽湖多盜，詔徙水軍萬户府於南康。

明年，從鎮南王脱歡征交趾。二十四年，王至思明州，玉與湖廣行省參政樊楫亦引兵至萬劫江，累戰有功。二十五年，將士以疾疫不能進，引還，且戰且行，終日數十合。賊據險，發毒矢，將士死傷過半。爲賊邀遮於白藤江，潮退，舟膠，玉力戰，身被數創，投水中。賊鉤致玉，殺之。

吕德，字伯亨，東平汶上人。少孤貧。常負其勇，僞爲商賈，入宋邊境掠生口。宋邊將懸賞購之，莫能獲。至元初，闊闊帶等伐宋，募壯士偵淮南虚實。德應募，率八十四人襲破宋泗州安河口栅，獲裨將三人。事聞，賜衣一襲。後從大將烏馬爾至京師，獻策招集河南達爾罕軍，以備征調，從之。以烏馬爾爲統軍萬户，德爲千户副之，招徠降人七百餘户。行樞密院以德充壽州等處招討司鎮撫，引兵渡淮，抵六安野人原，招降宋將。轉攻安

慶，進泊丁家洲。宋人阻江自守，德擊敗之，獲其將閻統制。

十二年，行省檄德充江陰、鎮江路軍民都鎮撫。積前後功，擢武略將軍，佩金符。十四年，從宣慰使李庭屯處、婺等州。永康、浦江盜發，德討捕之，獲賊首張炎、季文龍。餘黨復剽龍泉，庭追賊，馬絓於木而踣傷股，兵遂失利。德反旗鳴鼓，賊始駭遁。論功，以德攝招討司事。

十五年，復從宣慰使史格討龍泉賊，擒賊首張三八等，餘衆悉降。慶元賊陳弔眼聚衆叛，自稱頭陀軍。德將鋭卒數百，夜掩其壘，擒之。擢武節將國、管軍上千户。

二十年，青田吴提刑與政和賊黄華通，僞稱宋祥興五年，鑄兩浙安撫司印，勢張甚。德與趙萬户討之，斬其將毛統制等，賊潰走。獲宋陳丞相僞劄及賊首黄華印榜。德威名益著。

二十六年，嵊縣賊楊震龍叛，壁龍興山，自稱國主，僞造龍鳳法物。左丞相忙兀帶調水軍萬户虎兒哈赤討之，以德充行軍都鎮撫，點視諸翼兵馬。德敗賊於新昌，進至桃源。賊衆萬餘人屯史家樓，甲冑精明，官軍望之失色。德笑曰：「此鋤田夫耳，何足涴吾馬足！」大呼陷陣，賊披靡，悉棄其甲冑而遁。明日再戰，復敗之，擒其驍將張九。三月，德率所部與虎爾哈赤徑至龍興山，瞰賊巢，縱火焚之，賊拔栅走。四月，復與萬户土哈爾會

師於天台，賊首曹榮等出降。六月，武義、永康降賊復叛。德與蔡推官輕騎出，諭以禍福，賊首相顧曰：「弁而甲者，呂將軍也。」相率拜馬首，從德入城。

德往來浙東十有三年，大小數百戰。所至先榜招諭，降者甚衆，不聽命，然後殺之。諸將或並坐論功，德歎曰：「取赤子頭顱易賞級，吾不忍也。」

二十八年，除東平等路中千户。德風疾作，不能拜，請以子世英自代。未幾卒，年六十四。

朱國寶，大都寶坻人。父存器，修内司使，嘗夜行，獲金一囊，坐待其主至，還之。憲宗將攻宋，募兵習水戰，國寶以職官子從軍。世祖攻鄂州，國寶攝千户，率鋭卒於中流，遇宋師，凡十七戰，諸軍始濟。

中統二年，授千户，佩銀符。三年，從圍李璮於濟南，佩金符。又從征襄陽，攝四翼鎮撫，督造戰艦，築萬山堡。及拔沙洋、隳新城，皆有功。初，師次江上，國寶願當前鋒，既而奪船二十艘以獻，伯顔壯之。宋人據上流，方舟數百，結爲堡栅。伯顔指示曰：「復能奪取是乎？」國寶即應聲往，破其栅而歸。

既渡江，進兵岳州，與宋人戰於桃花灘，獲其將高世傑。累進宣武將軍，統蒙古諸軍鎮常德府，知安撫司事。時郡邑多堅守不下，國寶傳檄招諭，踰月悉平。惟辰、沅、靖、鎮遠未降。宋將李信、李發結武岡洞蠻分據阨塞，國寶擊敗之。其衆退保飛山之新城。思、播蠻來援，國寶復敗之，擒張星、沈舉等三百餘人。進攻新城，獲信、發等，獻俘江陵，賜金虎符。

至元十三年，會諸道兵攻廣西静江，拔之。授管軍萬户，鎮梧州。十五年，加懷遠大將軍。劉宗純據德慶府，國寶攻之，焚其栅，遂拔德慶。南恩、新州何華、張翼等舉兵應張世傑，國寶擊殺之，降其民三萬餘户。遷海北海南道宣慰使。蜑賊連結鬱林、廉州諸洞，恣行剽掠，國寶悉平之，任龍光等率所部五千户降。移瓊州，訓兵息民，威惠大行。南寧謝有奎負固不服，國寶開示信義，有奎感悟，以其屬來歸。又招降居亥、番毫、銅鼓、博吐、桐油等十九洞。遣兵略大黎、密塘、横山，焚其巢，生致大鍾、小鍾諸部長十有八人。加鎮國上將軍、海北海南宣慰使都元帥。供給占城軍餉，事集而民不擾。二十三年，遷廣南西道宣慰使。

二十四年，入覲，帝慰勞之。二十五年，進輔國上將軍、都元帥、參知政事、行尚書省事。以軍事至贛州，得疾卒，年五十九。子斌，襲海北海南道宣慰使、都元帥，加賜金虎

符；賚，上副萬户，佩金虎符，鎮福州。

吴祐，安豐壽春人。至元十二年，大軍次安慶，范文虎以城降，祐方以鄉兵保壽春，道梗不通，亦降。伯顔渡江，以祐爲鄉導，由池口趨建康，克建平、長興二縣，據獨松關。又從大軍渡錢塘江，攻越、台、温三州，進克莆陽縣。以功除懷遠大將軍、招討使。至元十四年卒。子安民，襲父職。

安民，字惠卿。從其父祐於行間。大軍破獨松關，渡浙江，略定温、台，踰嶺拔莆田，安民功最多，而以功歸其父。大帥曰：「吴祐子有功，宜别賞之。」命署千户。祐卒，安民襲管軍總管，鎮揚州。

大軍伐日本，安民請行，授宣武將軍、征東副萬户。遇颶風，將士漂溺，安民附敗舟，遇高麗邏者，載與俱還。

二十年，建寧黄華叛，安民率所部討之，逾九峰嶺，直抵平溪，俘其家屬輜重，華始就擒。移鎮湖州，調嘉興路，又移鎮壽春。二十六年，從大軍討江西賊鍾朗、興國賊吴大仲，

並有功。後移鎮和州。大德四年，卒。贈騎都尉、渤海郡伯。子繼武，襲壽春路副萬户，晉武略將軍，轉武德將軍。至治二年，流民渡淮，白晝剽掠，繼武禽爲首者斬之，境内肅然。歲飢，繼武勸富民出粟以食餓者，又請漕荆湖米贍軍，得一萬八千石，全活甚衆。至順元年，卒。

梁禎，字用之，大名元城人。金末，河北盜起，禎父千聚衆自保，後率所部來降，授金吾衛上將軍、大名兵馬都總管。宋將彭義斌渡河，羣盜響應，千搜城内倡亂者誅之，餘皆懾伏。太宗三年，大名守將蘇椿叛，大將阿朮魯怒，欲屠城，千輸金帛於阿朮魯請命，卒獲免。千卒，長子汴襲職。會伐宋，復籍新軍，擇諸將子弟爲統領，中書、樞密議以汴領之。禎請曰：「兵事至重，不應獨責吾兄。禎宜行效死，弗敢辭。」二府壯之，使攝新軍千户，鎮睢州。

大軍伐宋，與宋將夏貴相持，禎率所部分擊，斬獲甚衆，以功授新軍千户。中統三年，李璮叛，禎攝本軍元帥討之。璮善戰，多殺將士，及璮誅，諸將議屠降衆。禎密白宗王哈必赤曰：「璮逆黨俱江淮逋寇，非土著，宜分别脅從，以安新土。」哈必赤然之。至元十一

年，移邳州。十三年，從大軍攻常州。有裨將架木爲橋傅於堞，俄中弩死，以禎代之。禎緣附以登，城陷。論功，擢武義將軍，佩金符。江南平，改鎮紹興。三十年卒，年七十。子紹祖襲千户。

張泰亨，東昌堂邑人。父山，以管軍千户爲堂邑縣丞。泰亨襲千户，從攻宋釣魚山，及圍樊城，又從征女兒阿塔，俱有功，授銀符、侍衛軍總把。從禽李璮，賜金符，擢京東、歸德等處新軍千户，累遷元帥府都鎮撫。至元十二年，進武略將軍、管軍總管，尋進明威將軍。從攻潭州，中流矢，拔矢力戰，遂克之。十三年，賜虎符，進武德將軍，從征廣西。十四年，軍還，卒。泰亨與其父山俱有智勇，當時稱其父爲拔都，稱泰亨爲「堂張」，以別其姓焉。子顯祖、繼祖、榮祖。

繼祖，字善卿。幼穎悟，博學强記。襲父職，後授昭信校尉，佩虎符。喜親文學士，名譽籍甚，平章阿里海涯深器之。十八年，從阿里海涯移鎮鄂州，舟過洞庭，風大作，繼祖恐阿里海涯舟不能達，棹輕舸疾進，溺死。弟榮祖，管軍總把，亦同死。繼祖妻郭氏守節，大

德中有司奏其事，予旌表。

初，顯祖以目眚不能襲父職，至是繼祖子震幼，乃以顯祖代之。二十四年，從征交趾，戰殁。震襲職，充昭信校尉、管軍上千户，佩金符。延祐二年，加武略將軍。累擢武節將軍、潁州副萬户。卒，子珽襲。珽弟珍。

珍，字元諒。以廕授武略將軍、潁州翼萬户，鎮杭州。至正十二年，賊陷常州，珍引兵伏横林，邀敗之，遂復常州。十三年，江陰賊起，太尉納麟檄珍討之，斬獲甚衆。八月，浙東元帥野先與珍合屯胡村，野先敗死，珍冒圍以入，馬蹶，拔所佩刀自刎死。時江浙參政買住丁按兵不救，故珍等及於難。

王守信，霸州大城人。父英，水軍千户，賜銀符，從討李璮，戰殁。守信襲父千户，戍膠州。從圍襄陽，戰有功，换金符。從攻樊城，登其外郛，又斷江中鐵絙，獲敵艦三十艘。樊城拔，擒宋將徐麟。前後累賞銀鈔。從伯顏渡江，敗宋師於柳林，擢都鎮撫。從攻新城、沙洋，拒夏貴於陽邏，俱有功。又從都元帥府定江西，授宣武將軍、管軍總管。轉戰廣

東，拔韶州，敗宋將方安撫於石門，授明威將軍。從擊文天祥於興國之雲坑，獲其妻子。又從敗張世傑於廣州，獲戰艦一百八十艘。再授明威將軍。入覲，賜虎符，還戍廣州。平葛岇洞、厓石寨，殲李梓發於南安，別降新會賊林桂芳、清遠賊潘舍人。歐將軍僭號稱王，遣其黨襲廣州，守信擊走之。歐合於新會賊黎德，衆號二十萬，戰艦至七千艘。其別將吳林以八百艘圍馮村，守信大敗之，林溺死，生獲歐、黎，與僞都督、丞相二十四人，皆磔之，椎其僞符璽。召入都，加懷遠大將軍、同知廣東宣慰司事，賜衣服、弓矢、鞍勒。行省恐守信受代去，預乞於尚書省留之。再授懷遠大將軍、同知廣東宣慰司事。

守信前後在廣東十八年，斬獲賊首二百七十一人。或梯崖縋谷，窮其巢穴，水戰則乘烏船游擊之，不盡不已，故所向有功。三十年卒，年五十六。子弼，新州同知。

皇毅，真定藁城人。父全，署千户。毅有勇略，董文炳使雲南，從行三十二人，毅其一也。世祖攻鄂州，從文炳奪宋南岸梁子湖水栅。世祖即位，北討阿里不哥，使將壯士五十人以從。文炳戍鄧州，署毅爲征行千户。從大軍敗夏貴於泓河口，以功授百户。又從敗張世傑於焦山，奪戰艦二，授總把，佩銅印。文炳略定淮東，表爲千户，佩銀符。

兵還，北戍黑城，進武略將軍，佩金符。築上都東西涼亭，有功，進武德將軍、親軍總管，例改總管爲千户，又爲前衛親軍千户。從世祖討乃顔，敗賊於吐忽哥，又與前鋒敗賊於兀魯古河，又戰於末温，戰於哈剌木干，又與賊將金剛奴戰於扎答，獲之。乃顔平，進宣武將軍。告老歸，以子度襲職。大德元年，卒。

靳忠，深州静安人。以材勇爲阿朮所知，拔爲帳下親軍。從攻樊城，又從破沙洋、新城，攝行軍百户。至元十二年二月，追敗宋殿帥孫虎臣，奪其乘舟，伯顔壯之。及常州破，録前後功，真授管軍百户。江南平，伯顔以忠賞不酬勞，命爲管軍千户，佩銀符。

從討建寧黄華，手刃賊首黄朝奉、王拔都，又獲其驍將陳統制。行省賚白金碗二以旌之。後以伯顔薦，除武略將軍、鄧州翼管軍下千户。二十一年，從忙古台入朝，賜金符，就擢中千户。樞密院申定兵制，又改下千户，卒。

忠禮敬賢士，恂恂有儒者風。先是，諸將討閩、浙之亂，多俘良民爲奴。忠令自相保任，散歸鄉里。其後男女相攜來謝，作齋祠以爲福報焉。

蔡珍，彰德安陽人。父興，管軍百户，告老，以珍代之。珍素驍勇，從憲宗伐宋。從世祖征阿里不哥。又從討李璮，敗其兵於老僧口。後戍襄陽，從攻安慶、五河，復漣、海二州。授忠顯校尉、管軍總把，尋權千户。十四年，扈駕黑城，珍儲芻藁，營土室，諸軍賴之。累遷中衛親軍總把，改後衛，賜銀符。白海建行營，命珍督役卒事，民不知擾，下至草木無纖介之損。帝臨幸，問其故，左右以珍軍令嚴肅對，帝嘉之。二十一年，改膠東海道都漕運萬户府都鎮撫。遷後衛親軍千户，佩金符。至大四年，進武略將軍，卒。

先是，彰德帥麾下軍校二人，以剛直忤衆。或譖其外叛，帥遽命斬之，珍力爲營救，始得釋。及珍卒，二人俱使其子服喪三年。子恕，襲後衛親軍千户。

珍同縣韓進，亦以材勇顯，進以百户。從大軍攻宋合州釣魚城，及攻鄧州、襄陽，俱有功。世祖即位，又從破李璮，賜號拔都，賞錦衣、寶鞍。至元十一年，樞府劄管襄樊歸附新軍。是年九月，從征東副元帥洪茶邱伐日本，擢中衛千户，管北京等新簽洪軍。十五年，拜忠顯校尉、管軍總把。累擢武德將軍，賜金符。復從伐日本，充行軍都鎮撫。大德三年，遷宣武將軍，卒。

劉用世，其先本遼東人。父福，以親王移相哥驅户，官淄州，遂爲淄州人。福卒，用世襲父職，權行軍千户。十二月，從破武磯堡，據其木栅四重，決濠水灌之，又以雲梯登陴，斬獲甚衆。十一年，從敗宋舟師於丁家洲，奪其戰艦。以前後功，進武略將軍。十五年，從李恒入廣州，敗宋王侍郎軍於閣部口，又敗凌制置軍於海珠口。十六年，與宋兵戰於厓山，用世擒其副統制祝永昌、副將孟德凱。旋加武德將軍，賜金符，移鎮龍興，卒。

用世二子：世恩、世英。世恩有膂力，能挽强命中。厓山之戰，恒出奇計，作射栅，度與南船相直，選世恩等七八人射之。世恩弦不虛發，自卯至午，宋軍大潰。後以疾讓職於世英。及世恩子源成立，世英慨然曰：「吾兄子已能荷戈帶甲，宜還其禄秩，吾退居田里可也。」請於朝，復以源襲千户，時論稱之。

蘇津，滕州人。兄潤，金末起義兵。累遷懷遠大將軍，滕州太守。孛魯攻滕州，潤巡

城，中流矢卒，城降。時津爲杞縣丞，棄官歸。東平總管石天禄，津之鄉人也。招之爲沛縣兵馬都總領兼分治縣令。津安輯流亡，沛人德之。遷武顯將軍，左監軍，同知滕州。中統三年，李璮據濟南叛，宋人乘釁遣夏貴襲陷蘄、宿等城，津從張禧援之。所至號令嚴明，市不易肆。阿朮魯上功，擢定遠大將軍，左副元帥兼睢州知州，卒於官。

王均，字潤夫，襄陽人。性倜儻不羈。張子良爲歸德府總管，辟均從事。遷行省掾，以策干都元帥劉整。整奇之，奏爲元帥府經歷，佩金符。襄陽下，擢襄陽總管府判官。至元十三年，詔以湖南戍兵多疾，由不習食稻，使均轉粟湖南，饋阿里海涯兵。遷奉議大夫、行省左右司員外郎，遥授慶源府知府。

十五年，擢朝列大夫、左右司郎中。是時用兵瓊、崖、儋、萬四州，均督一切，供億無缺乏。擢中議大夫、永州路總管。永州當土賊作亂後，長吏旁逮根株，以責賕賂，均繩之以法。民始安堵，父老數百人狀其治於行省。大軍征日本，賦造兵船，取材於民，而促其期，均不爲威懾，而事自辦。二十四年，遷少中大夫、静江路總管。鎮南王征交趾，行省檄均至海北，督饋運。又詔料民海外，往返數四，得户十有六萬。二十七年，卒，年六十四。子

天錫，鄠縣尹。

季庭璋，莒州人。父智仙，千户。庭璋從大軍圍襄陽，敗宋援兵，授敦武校尉、右衛親軍百户。十三年，巡哨高郵、寶應，累有功，進忠顯校尉、侍衛親軍總把。宋平，賜銀符，進忠翊校尉。

十五年，從大軍北征，擢漢軍都元帥府都鎮撫。率所部戍和林成闊闊之地，宗王伯木兒賜以牛羊。十八年，擢武略將軍、管軍千户。二十六年，世祖親征乃顔，命左丞李庭舉精於韜略者，以庭璋應選，詔馳驛至軍中。二十七年，軍還，換金符，進武德將軍、右衛親軍千户。卒，子珍，襲父職。

【校勘記】

〔一〕「太宗」，原作「太宋」，據《元史》卷一六六列傳第五十三《張榮實傳》改。

新元史

第八册

列傳（三）

柯劭忞 撰
張京華 黄曙輝 總校

上海古籍出版社

新元史卷之一百六十六　列傳第六十三

張禧弘綱　賈輔文備　王國昌通　解誠　趙匣剌　孔元　張洪　趙伯成　虎益　張萬家奴保童

孝忠〔一〕　郭昂嘉　綦公直忙古台　完顔石柱　程介福　張立

張禧，東安州人。父仁義，金末徙益都。及太宗下山東，仁義乃走信安，信安守將張進用爲裨將。大兵圍信安，仁義率敢死士三百開門出戰，圍解，以功署軍馬總管。固守十年，不能支，始與進來降。率其部曲，從宗王合丹略地河南，授管軍元帥。後攻歸德，中流矢卒，追贈縣侯。

禧年十六，從大將阿朮魯攻徐州、歸德，復從元帥察罕攻壽春、安豐、廬、滁、黄、泗諸州，皆有功。禧素峭直，爲主將所忌，誣以他罪，欲殺之。禧子弘綱入獄省其父，獄卒並縶之。乘間與父脱械同逸，求援於王鶚，鶚薦禧與其子弘綱俱入見。從世祖南伐，進攻鄂州。諸軍穴城以入，宋樹柵爲夾城於内，入戰者輒不利，乃以厚賞，募敢死士。禧與弘綱俱應募，由城東南入。將至城下，世祖憫其父子俱死，遣阿里海牙諭禧父子止一人。進戰，禧槍折，

取弘綱槍以入，戰良久，身中十八矢，一矢鏃貫腹，悶絶復甦，曰「得血竭飲之，血出可生。」世祖亟命取血竭療之。瘡既愈，復從大將納剌忽，與宋兵戰於金口、李家洲，皆捷。

世祖即位，賜金符，授新軍千户。三年，從征李璮。時宋乘璮叛，遣夏貴襲取蘄縣、宿州等城。禧移兵攻之，貴走，盡復諸城。至元元年，擢唐、鄧等州民軍總管。宋侵均州，總管李玉山敗走，帝命禧代之。三年，與宋將呂文煥戰於高頭赤山，乘勝復均州。四年，改水軍總管，益其軍二千五百，令習水戰。

五年，從攻襄、樊。六年七月，夏貴率兵援襄陽，禧從元帥阿朮戰卻之。七年，與宋將范文虎戰於雲壽洲。九月，復戰於竹根灘、餓虎崖，俘斬二千餘人。八年，江水暴溢，范文虎以戰艦千餘艘援襄陽，阿朮命禧夜率輕舟銜枚出敵艦之後，插葦識水深淺。及還，即使禧率四翼水軍進戰，宋兵潰，追至淺水，奪戰艦七十餘艘。九年，攻樊城，焚其串樓，敗宋將張貴於鹿門山。十年，行省集諸將，問破襄陽之策，禧言：「襄、樊夾漢水爲城，敵人橫鐵鎖水中，斷鎖以絶其援，則樊城必下。樊城下，則襄陽可圖。」行省從之。及襄陽降，授宣武將軍、水軍萬户，佩金虎符。丞相伯顏因命禧爲水軍先鋒。

十二年，敗宋將孫虎臣於丁家洲。九月，從阿朮與宋都統姜才戰，有功，加信武將軍。十三年，從下温、台、福建。十四年，加懷遠大將軍、江陰路達魯花赤、水軍萬户。十六年，

入朝，進昭勇大將軍、招討使。

十八年，加鎮國上將軍、都元帥。朝廷議征日本，禧請行，即日拜行中書省平章政事，與右丞范文虎、左丞李庭，同率舟師至日本。禧捨舟築壘平湖島，約束戰艦各相去五十步，以避風濤。八月，颶風大作，文虎、庭戰艦悉壞，禧所部獨完。文虎議還，禧曰：「士卒溺死者半，其脱死者皆壯士也。曷若乘其無回顧心，因糧於敵，以立奇功？」文虎等不從，曰：「還朝問罪，吾輩自當之。」禧乃分船與之。時平湖島尚屯兵四千〔二〕，禧悉棄舟中所有馬七十四，以載兵歸。二十八年卒，年七十五。至治三年，贈推誠著節功臣、榮禄大夫、湖廣行省平章政事、柱國、齊國公，謚忠烈。

子弘綱，字憲臣。從禧伐宋，屢有功。自管軍總把、佩銀符，换金符爲千户，升總管、廣威將軍、招討副使，加定遠大將軍、招討使，襲鎮江陰。從參政高興破建德溪寨諸賊，後賜三珠虎符，授昭勇大將軍、河南諸翼征行萬户。從右丞劉深征八百媳婦，師次八番，與叛蠻宋隆濟等戰，殁。贈宣忠秉義功臣、資善大夫、湖廣等處行中書省左丞、上護軍，追封齊郡公，謚武宣。子漢，當襲職，讓其弟鼎。漢後爲監察御史，累官至集賢直學士。鼎，襲江陰水軍萬户。

賈輔，字元德，祁州蒲陰人。金貞祐初，領鄉兵，以功授蒲陰尉。尋擢爲令。時土豪王知領祁州，貪婪爲民害，州人逐之，推輔爲刺史。行臺即授輔宣武將軍、祁州刺史。輔保境息民，衆安之。遷濬州防禦使，仍知祁州。武仙守真定，潛兵襲之，輔挺身來降。詔以輔爲萬户張柔之副，仍領祁州事。柔開都元帥府於滿城，輔行元帥事於祁，號南府。從柔定山東，屢戰有功，遷左副元帥。柔開府於保州，復以輔副之。柔將兵在外，輔居守，事無鉅細，一決於輔。輔涖政嚴明，千里之外肅然。金亡，有朝士五十餘人流徙境内，輔厚爲資給，由是士論歸之。丞相耶律楚材遺書稱美，且贈以詩，奏輔兼行臺事。輔力辭。乃以其子文備爲千户，佩金符，以輔商處行臺事，領順天等路如故，亦佩金符。憲宗四年，入覲和林，帝欲以政事畀之，輔已疾甚，是年卒，年六十三。帝聞，驚悼曰：「吾方欲用之，天遽奪去耶！」賻廐馬五匹，俾輿歸以葬。六子，文備最知名。

文備，字仲武，襲父千户。張柔命屯三汊口，備宋兵。宋以雲梯來攻，文備鏖戰卻之。憲宗賜弓矢、銀盂，復令襲父左副元帥職，兼領順天路。

中統二年，升開元路女真、水達達等處宣撫使，佩金虎符。三年，遷開元、東京、懿州等處宣慰使。四年，改授萬户，領張柔所部軍，屯亳州。至元二年，加昭勇大將軍，真定路總管，兼府尹。六年，調衛輝路總管。七年，授西蜀成都統軍，以疾不赴。八年，授宿州萬户。尋改河南等路統軍，圍襄、樊。九年，移蔡州，兼水陸漕運，宋兵截運道，文備敗之，併奪其船。統軍罷，敕文備入覲，賜弓矢、金鞍、錦衣、白金。十一年，復授萬户、漢軍都元帥，領劉整軍駐亳州。宋將夏貴引兵來襲，文備邀擊，大破之。賜金鞍、金織文段、白金。

丞相伯顔伐宋，文備領左翼軍以從。抵郢州，宋築二城，夾江布戰艦數千艘於江中，陳兵兩岸，軍不得進。文備引舟由淪河徑出大江，攻武磯堡，大軍繼之，遂取鄂、漢。以功賜白金，加昭毅大將軍，守鄂州。十二年，從平章政事阿里海牙取湖南。至潭州城下，文備冒鋒鏑，炮傷右手，流矢中左臂，宋轉運判官鍾蜚英等以城降。十三年，加昭武大將軍，守潭州。十四年，衡、永、郴等州寇發，文備悉討平之。十五年，進鎮國上將軍、湖南道宣慰使，徇瓊、崖等州及廣東瀕海諸城。十六年，召還拜浙東宣慰使，加金吾上將軍，鎮慶元。十八年，復授都元帥。二十年，改江東宣慰使，討建寧盜黄華。二十二年，拜荆湖占城行中書省參知政事。二十三年，改湖廣行省參知政事。二十四年，致仕，後十七年以疾卒。延祐四年，贈江西等處行中書省左丞，追封武威郡公，謚莊武。

王國昌，膠州高密人。初爲膠州千户。中統元年，入覲，遷左武衛親軍千户，佩金符。召問軍旅之事，國昌奏對甚悉，帝嘉之，賜白金、錦袍。至元五年，有上書言高麗境内黑山海道至宋境爲近，帝命國昌往視之。泛海千餘里，風濤洶湧，國昌神色自若，至黑山乃還。帝延見，慰勞之。時遣使諭日本，令國昌率兵護送，道經高麗。高麗叛臣據珍島，因命國昌與經略使卯突、史樞等攻之。八年，復遣使至日本，命國昌屯於高麗之義安郡以爲援。冬十月，卒於軍。子通嗣。

通，初襲爵爲左衛親軍千户。十二年，從諸軍伐宋，渡江，鎮鄂州。時潭州不下，兵薄其城，通以所將千人破其栅，宋兵遁去。通縱兵追擊，殺獲其衆。以功進武節將軍。從攻静江，克之。十四年，改侍衛親軍千户。明年，通上書言：「今南方已定，北陲未安，請屯田於和林，率所部自效。」帝慰勞遣之。從破叛王於金山，俘獲生口及牛、馬、羊、駝不可勝計。進顯武將軍，賜金虎符，升僉左衛親軍都指揮使。從討乃顔，遷副都指揮使。明年，屯田瓜、沙諸州，進階明威將軍。武宗即位，命總京城衛兵。樞密院復奏通攝左丞，領諸

衛屯田兵。尋遷屯儲衛親軍都指揮使，鎮海口，以疾卒。子燕出不花，襲武德將軍，右衛親軍副都指揮使。

解誠，易州定興人。善水戰。從伐宋，以功授金符、水軍萬户，兼都水監使。焦湖之戰，獲戰艦三百艘，援兵不敢動，乘勢追敗之，奪其軍糧三百餘石。從攻安豐、壽，復泗、亳諸州，俱有功。又從下雲南大理，以功賜金虎符。從攻鄂州，奪敵艦千餘艘。世祖嘉其功，降璽書獎之。李璮反，奉命率所部會東平，卒於軍中。後贈推忠宣力功臣、龍虎衛上將軍、同知樞密院事、上護軍，追封易國公，謚武定。子汝楫襲，從討李璮。至元六年，從行元帥趙壁，以舟師敗夏貴於龍尾州。襄、樊平。汝楫功多，賜銀萬五千兩。十一年，又從阿里海涯敗高世傑於洞庭湖，卒。贈推忠效節功臣、資德大夫、中書右丞、上護軍，追封易國公，謚忠毅。子帖哥襲。從征廣西，下静江府，改授水軍招討使。尋復爲萬户。從征交趾有功，升廣東道宣慰使，卒。贈資德大夫、河南江北等處行中書省左丞、上護軍、平陽郡公，謚武宣。子世英，由監察御史遷山南江北道僉事，卒。

趙匣剌，失其籍貫。以父任爲千户，佩金符。中統三年，守東川。四年，宋夏貴以兵侵虎嘯山，元帥欽察遣匣剌禦之，貴敗走。宋劉雄飛以兵犯青居山，匣剌與戰於都尉壩，復敗之。欽察攻釣魚山，别遣匣剌以兵千五百略地至南壩，敗宋軍，獲軍士五十七人，老幼三百四十人。從攻大良平，宋昝萬壽運糧至渠江之鵝灘，匣剌邀擊之，宋兵大敗。匣剌亦被三創，鏃中左肩不出。欽察惜其驍勇，取死囚二人，刲其肩，視骨節淺深，知可出，鑿創，拔鏃出之，匣剌神色不動。

至元三年，擢東川路先鋒使。四年，元帥拜答攻開州，至萬寶山，遣匣剌以兵五百人禦宋軍，獲四十人。五年，兼管京兆、延安兩路新軍，戍東安、虎嘯山兩城。宋楊立以兵護糧送大良平，匣剌率所部與立戰於三重山，斬首百五十級。立敗走，棄其糧千餘石。並奪其甲仗、旗幟而還。

六年，行院遣匣剌攻釣魚山之沙市，焚其敵樓。從左丞曲力吉思等入朝，詔賞白金五十兩、細甲一注。九年，統軍合剌攻釣魚山，以匣剌爲先鋒，領兵千人略地至葛樹坪，與宋兵遇，生獲二十餘人，斬首四十級。十年三月，復從合答攻釣魚山之沙市，匣剌乘夜蟻附而登，殺其守兵，生獲二十餘人。又擊敗宋將張珏於武勝軍，行院拔禮義山寨，命匣剌守

之。十二年，率舟師會攻釣魚山，戰數有功。進圍重慶，宋將趙安勒兵出戰，匣刺逆敗之。行院以其疾作，命返瀘州。瀘州復叛，匣刺與從者二十人皆死。子世顯，船橋副萬户。

孔元，字彦亨，真定人。驍勇有智略，隸丞相史天澤麾下。從取焦湖，圍壽春，先登，拔其西堡。又從圍泗州，拔之。又從攻五堂山寨，俘其衆以歸。憲宗八年，從攻樊城，元率死士，斬首十九級以獻。中統元年，扈駕北征。二年，宣授管軍總把。至元十一年，從伐宋，爲前鋒，所向克捷。十四年，進武略將軍、管軍千户。明年，還軍，北征，進武義將軍侍衛親軍千户，賜佩金符。又明年，討叛王失里木等，從行院别乞里迷失追其衆至兀速羊而還，分軍扼其要害，餘衆遂潰，獲輜重牛馬。帝大悦，賞賚甚厚〔三〕，加宣武將軍右衛親軍總管。十九年，以疾卒。子鷹揚，襲授昭信校尉、右衛親軍弩軍千户，仍佩金符。至大元年，以疾卒。子成祖襲，延祐二年卒。子那海襲。

張洪，河間滄州人。以千户從討李璮，賜金符。至元四年，董修大都城，賞金織衣。十一年，從征五河口。十四年，從討叛王撒里蠻，擢宣武將軍、侍衛親軍總管。還至和林塔迷兒之地，輜重爲賊所掠。十六年，進左衛親軍副都指揮使。十七年，加安遠大將軍。二十四年，扈駕征乃顔。明年，以昭毅大將軍致仕。子奉政，襲千户，僉左衛親軍都指揮司事。元貞元年，提調左衛屯田。大德十一年，卒，子庸嗣。

趙伯成，真定人。父偉，黑軍百户。伯成襲職，隸萬户邸澤部下。從攻鄂州，李璮反，從澤討之，俱有功。改隸招討使野的迷失部下。從渡江伐宋，留戍黄州。至元十三年，張世傑挾宋益、衛兩王走福建。伯成從野的迷失攻克建寧，署伯成建寧安撫司達魯花赤。明盜起南劍州，犯建寧，伯成一發，殲其渠魁，餘衆奔潰。行省以伯成署軍民達魯花赤。明年，討平慶元浦城亂民，兼署建寧路萬户，賜金符，授管軍千户。十七年，都昌賊杜萬一作亂，伯成與方安撫討平之，生禽萬一，磔以徇。復以管軍千户守建寧。十六年，授管軍總管。二十年，黄華叛，伯成連戰敗之。未幾，華衆號二十萬來攻，伯成據水拒之，潛從上游泅以濟，賊大敗，華遂不振。二十四年，移守南劍州。是冬，鍾明亮叛，伯成偕達魯花赤脱

歡討之，超拜漳州新軍副萬户。二十九年，移伯成守漳州之雲霄隘，盜不敢犯，民德之。大德初，劉大老犯漳州，伯成拒戰，刀中項及腰。時伯成年六十七，乃移疾北歸。至大二年，卒於家。子仲立，嗣爲副萬户。

虎益，河西人。父穆蘇和勒善，爲夏兀納城鈐部官，首出降。從李恒父惟忠，隸於諸王哈札爾，官淄川軍民總管。卒。益，姓其祖名，爲虎氏。從討李璮有功，賜鞍馬、弓矢、甲胄。以承事郎、知萬户府事，從恒下襄陽。又從徇地江西，破劉槃、熊飛諸軍。凡定江西州七、福建州三、廣東州十四。護送宋丞相文天祥至京師，擢中順大夫、龍興路達魯花赤，歷撫州、袁州、徽州三路，累擢少中大夫。乞病歸，卒於家。

張萬家奴，失其籍貫。父札古帶，事睿宗於潛邸。從破金，有功，賜虎符，授河東南北路船橋隨路兵馬都總管、萬户。從圍嘉定，殁於軍。

萬家奴數從都元帥亦答火魯征討，有功。中統二年，從都元帥紐璘入朝，授以父官。宋兵入成都，從行院阿脱擊破之。至元四年，帥師立眉、簡二州。從也速答兒攻瀘州，大敗宋軍，俘四十餘人。七年，率諸軍城章廣平，與宋人戰，斬首三百餘級。攻重慶，破朝陽寨。時諸將攻瀘州多失利，乃詣闕請自任攻取之效，許之。率舟師百五十艘，自桃竹灘至折魚灘，分守江面。先據神臂門，爲梯衝，登城，殺二百餘人。斬關而入，遂拔之。加昭勇大將軍。從圍重慶，將其衆斷馬湖江，分兵水陸往來爲游徼。加昭毅大將軍，以所部轉餉成都及下流諸屯。遷招討使，與都元帥藥剌海討亦奚不薛，平之。進副都元帥。詔其子孝忠爲船橋萬户，以萬家奴將四川、湖南兵征哈剌章。時雲南惡昌、多興、羅羅諸蠻皆叛，州郡莫能制，萬家奴率所部討平之，民爲立生祠。二十年，征緬，戰殁。

雲南王命次子保童將其軍，從攻太公城，有功，襲副都元帥。又從討吐番，至甘州山丹，亦戰殁。

孝忠少從父軍中。至元十九年，從都元帥也速答兒討亦奚不薛，遇其衆於會靈關，追至沙谿，敗之。克龍家寨、阿那關，遂進攻亦奚不薛，大破之。又以八百人敗阿永蠻於鹿

札河。乘勝至打鼓寨，諸蠻悉平。以功賜金帛、弓矢、鞍轡，還軍成都。二十二年，從討烏蒙蠻，復擊降大埧、都掌、蟻子諸蠻，加明威將軍。二十七年，從討叛王，至沙、瓜諸州還。賜虎符，僉書四川等處行樞密院事。院罷，以本軍萬户鎮成都，卒。

郭昂，字彦高，彰德林州人。稍通經史。至元二年，上書言事，平章廉希憲材之，授山東統軍司知事。尋改經歷，遷襄陽總軍司，轉沅州安撫司同知，佩金符。招降溪洞八十餘柵。播州賊張華聚衆容山，昂討華，斬之，山猺、土獠諸洞盡降。十六年，以諸洞酋入朝，帝賜金綺衣、鞍轡，進安遠大將軍。徇沅州西南界，復新化、安仁二縣。擒劇賊張虎，縱之，曰：「汝非吾敵，願降即來，不然吾復擒汝不難也。」明日虎降，其衆三千餘人悉使歸民籍。軍還，衆斂白金以獻，一無所受。至江陵，衆復追至，請納其金，昂悉上之行省。辛臣令藏於庫，以示諸將。十九年，授溪洞招討使，换虎符。二十六年，江西盜起，昂討平之，進平南安、明揚、上龍巖、湖緣村、石門、鴈湖、赤水、黑風峒諸蠻，立太平寨而還。會大饑，以賊酋家資賑饑民。授萬户，賜金虎符，鎮撫州。是年，宜黄縣南坑盜起，行省檄昂捕之。昂議環賊出入之境，各以兵殲其居民。行軍令史李榮抗言不可，請招諭其衆，昂從之。獲

盜首四人，餘悉散走。未幾，赴廣東監造戰船，遇賊，移檄諭以禍福。廣東素服其威信，檄至即降。授廣東宣慰使。卒，年六十一。子：震，杭州路鎮守萬户；惠，僉江西廉訪司事；豫，知寧都州。惠子嘉。

嘉字元禮，由國子生登泰定三年進士第，授彰德路林州判官。累遷翰林國史院編修官，除廣東道宣慰使司都元帥府經歷。未幾，入爲京畿漕運使司副使，尋拜監察御史。會朝廷以海寇起，欲於浙東温、台、慶元等路立水軍萬户鎮之，擢嘉禮部員外郎，乘驛至慶元，與江浙行省會議可否。嘉至，詢父老，知其弗便，請罷之。授廣寧路總管，兼諸奥魯、勸農、防禦。屬盜起，軍旅數興，供餉無虚日，民苦和糴轉輸，吏胥得因緣爲奸。嘉設法弟其户口甲乙，民甚便之。詔團結義兵，嘉招集民兵數千，教以坐作進退，號令齊一，賞罰明信，故東方諸路義兵，稱廣寧爲最。十八年，寇陷上京，嘉率義兵援之。既而遼陽陷，嘉率衆巡邏，去城十五里，遇青號賊五百餘人，紿言官軍。嘉疑其詐，分兵兩隊夾攻之，生擒賊數百，死者無算。嘉見賊勢日熾，孤城無援，乃集同官議攻守之計。衆皆失措，嘉曰：「吾計決矣！」因出所有家貲犒義兵，且曰：「自我祖宗有勳王室，今之盡忠，吾分内事也。況身守此土，當生死以之，餘不足恤矣。」頃之，賊至圍城，有呼者曰：「遼陽我得矣，何不出

降？」嘉挽弓射呼者，中其左頰，墮馬死，賊稍引退。嘉開門逐之，賊大至，力戰以死。事聞，贈崇化宣力效忠功臣、資善大夫、河南江北等處行省、左丞、上護軍，封太原郡公，謚忠烈。

綦公直，字世美，益都樂安人。爲益都勸農官，又爲沂、莒、膠、密、寧海五州都城池所千户。至元十年，賜金符，監造征日本戰船於高麗。世祖知其勇，召見，命與忽不烈拔都等同行荆南等處招討司事。抵峽州青草灘，霖雨，不進，還屯玉泉山。率兵三千，攻安進寨，破之，獲牛馬七百。還至襄陽，樞密院復命督造戰船。襄陽既下，敕領鄧州、光化、唐州漢軍及郢、復熟券軍九千二百人，從諸軍南伐。十二年冬，至隆興。宋軍突出逆戰，公直敗之，追抵城下，踰壕焚其樓櫓，斬首萬餘級，隆興降。由是南安、吉、贛皆望風款附，平堡柵六百餘所〔四〕。公直又令第三子忙古台攻梅關，破淮德山寨，入廣東，所嚮克捷，詔授公直武毅將軍、管軍千户。

入覲，加昭勇大將軍、管軍萬户，佩金虎符，領侍衛親軍鎮别失八里。時伯延、伯答罕、秃忽魯叛於西夏，命公直率所部討平之。十八年五月，擢輔國上將軍、都元帥、宣慰

使。初，帝詔以長子泰襲萬户，公直自陳年老，乞以泰爲樂安縣尹，就養其父，仍終身勿徙他職。至是，乃以忙古台襲萬户，佩金虎符，從之鎮。公直陛辭曰：「臣父喪五年，願葬以行。」帝許之。至家，葬事畢，遂計樂安税課及貧民逋負，悉以賜金代輸。二十三年，諸王海都叛，侵別失八里，公直從丞相伯顔戰於洪水山。援兵不至，第五子瑗力戰而死，公直與妻及忙古台俱陷於賊。

二十四年，忙古台奔還，授定遠大將軍、中侍衛親軍副都指揮使，改湖州炮手軍匠萬户。討衢州山賊有功，加昭勇大將軍。泰，後終於知寧海州。

完顔石柱，契丹人。祖德住，仕金爲管軍千户。父拿住，歸太祖，從征西域、河西。又從太宗攻下鳳翔、同州，有功，賜號拔都兒，佩銀符，爲同州管民達魯花赤，改賜金符，兼征行千户，總管拔都軍。憲宗以拿住年老，命石柱襲其職，從世祖征合剌章。還，又從都元帥紐璘攻馬湖江。石柱奪浮橋有功，賞白金七百五十兩。進至龍化縣，與宋兵戰，大敗之。中統二年，以前功，授征行萬户，佩金符。三年，從都元帥帖哥攻嘉定有功，改賜金虎

符。至元四年，敗宋兵於九頂山，生獲四十餘人。五年，攻瀘州之水寨及五獲寨，渡馬湖江，迎擊宋兵，敗之。從行省也速帶兒攻建都，建都降。從攻喜定，復瀘州，取重慶，石柱之功居多。十四年，遷昭勇大將軍。十六年，授四川東道宣慰使。十七年，改鎮國上將軍、四川西道宣慰使，總管隨路八都萬户。二十年，拜四川行省參知政事，卒。弟真童，襲爲隨路八都萬户。

程介福，字伯强，太原祁縣人。父達，太祖十三年率衆來降，授提控。累遷管民總管，賜銀符。太宗四年，發平陽、河中、京兆民户二千屯田鳳翔，以達領之。换金符，位總管上。大軍伐蜀，其往來供億，屯民出十之七。達卒，介福嗣。

憲宗二年，宋制置使余玠潛遣偏將燒絶棧道，自率諸軍攻圍興元城，旦夕且陷。介福將屯兵五百，從大帥赴援，道路不通。有三人自玠營亡歸，爲介福所獲，貰之，使爲嚮導，槎山通路，直出陳倉，玠以爲從天而下，焚圍宵遁。帝收諸將符節。二年，介福入覲，再賜金符，位總管上，制許專生殺。民有毆其兄死者，其父以金賂介福曰：「季子償死，吾誰與爲養？幸哀而宥之！」介福曰：「賊殺同氣，其不仁甚於虎狼，貸之何以坊民譌？」其父出，

立誅之。遷武略將軍、知弘州，有惠政。後以病卒。子檜，八番副都元帥，賜虎符。孫文演，陝西萬户。

張立，泰安長清人。初隸嚴實麾下，略地江淮，以功署百户。憲宗征蜀，徵諸道兵，立佐劉千户將東平兵從行。次大獲山，宋人阻山塹江，恃以自固。立攻其外堡，克之，奪戰艦百餘艘。從攻釣魚山，復力戰，有功，賜金帛。中統初，從世祖北征，還，授管軍總把，佩銀符。至元二年，進侍衛軍鎮撫，换金符。八年，改侍衛軍千户。尋遷左衛親軍副指揮使，賜金虎符。十四年春，率步卒千人，轉粟和林。至應昌，有叛將潛謀不軌，以騎三千躡立後，欲乘間奪其資糧。立覺其有異，環車爲栅，以自衛。賊衆已合，矢如雨下。初，立發上都，每車載二板以備不虞。至是，立板於車上，矢不能入。相持累日，卒達和林。十六年，增置前後衛，進明威將軍，後衛親軍都指揮使，賜雙珠虎符，加昭勇大將軍。長子温，以世爵爲千户，加宣武將軍、右衛親軍總管。父子並佩虎符，鄉里榮之。立以老病致仕，卒於家，年六十七。

立精敏，常督營繕之役。白河宫殿落成，世祖命賜金以旌其勞，立固辭不受。乃致

仕，詔以立次子珪代領環衛，以立所佩金符賜之。珪卒，子伯潛襲。

【校勘記】

〔一〕「孝忠」，原在「保童」上，據正文乙正。

〔二〕「平湖島」，原作「平壺島」，據上文及《元史》卷一六五列傳第五十二《張禧傳》改。

〔三〕「賚」，原作「賫」，據《元史》卷一六五列傳第五十二《孔元傳》改。

〔四〕「所」，原作「其」，據《元史》卷一六五列傳第五十二《綦公直傳》改。

新元史卷之一百六十七　列傳第六十四

游顯　賈居貞鈞　趙炳　李德輝呂掔〔一〕　張德輝　馬亨　何榮祖　程思廉

游顯，字子明，本代州崞縣大姓。金宣宗遷汴，徙其族於許州臨潁。太宗四年，拔許州，顯隸大帥巴而思不花部下，以善國語，擢爲經歷。後與千户阿思蘭從諸王伐宋，略房州，禽宋將何太尉。襄陽下，授副達魯花赤。十年，襄陽別將劉義叛，執顯等送於建康。宋將劉石河薦其才於制置使孟珙，珙移鎮鄂州，使顯從石河戍淮北，遂與田僧住二騎夜遁，至新野境，遇阿思蘭巡徼，偕至察罕軍中。十二年，入覲，太宗賜白金五萬兩、錦衣二襲，襄陽新附民二百家爲佃户，且曰：「昔太祖時，一回鶻人迎降，授以璽書，從其所爲。今亦授卿璽書，從其所爲。」

憲宗即位，授金符，爲大帥卜憐吉歹佐。瀕行，賜之酒，辭，帝曰：「卿朕前不飲，將飲無人處耶？」對曰：「臣不敢面欺，今效死行間，從此十年不飲酒。」帝大悅。八年，帝自將伐蜀，顯謂：「道路險遠，饋運甚艱，六師出此，非萬全之策，不如從關東直臨江漢。」帝曰：

「朕業已至此，闗東之事付之朕弟，宜即彼言之。」九年，世祖自開平南伐，顯謁見湯陰。至黄陂，使顯督别帖萬户戰船。篙工不足，顯取降人立兩幟，下令之曰：「能用篙者左，否則右。」得九百人濟江。授銀章，行宣撫使事。

世祖踐阼，詔顯位中書左丞、大名宣撫使張文謙下。中統二年，代文謙爲宣撫使。三年，李璮反，以顯行宣慰司於大名、洺、磁、懷、孟等州，及河南東西兩路，皆隸之。有誣顯嘗與璮通書者，帝曰：「顯豈爲此事？鷙鳥爲狐所憎耳！」及籍璮家，果無顯書。敕以誣告人付顯，聽其甘心，其人亡命。逾年，顯召其妻子，諭使出，其人膝行祈死，顯曰：「汝生死惟吾，其忍殺汝？」待之如平時。

顯以平賊入賀。故事，非國人不入宫門，席地坐，不設榻，侍宴不稱觴。至是，顯請稱觴，詔允之，並賜黄金一斤。他日，帝宴坐虎帳，顯至，衛士呵止之，呼於廷中。帝曰：「是非游顯聲耶？」召入，詰之，顯以實對，帝命之出。裕宗時爲中書令，適至，復召入，俾盡所言。對曰：「臣聞將改宣撫司爲宣慰司。若不選賢能任之，雖變易官名，猶惡鼓不鳴，而新其枹聲，豈加大耶？」因歷短諸臣，無少隱借。帝顧裕宗曰：「汝他日求可用者，須此輩人。」

至元二年，進嘉議大夫、益都路總管。未幾，改南京路總管。四年，改大都路總管，兼

府尹。乘輿歲至大都居冬，餼糧藁秸，多不給直，率出於中下之户，豪强不及。顯以物力多寡差賦之，民力紓其半。入言：「安童、伯顏兩丞相，一治中書事，一爲樞密，則軍政必齊肅於前。」從之，以伯顏同知樞密院事。六年，授河北、河南道提刑按察使。八年，改總管襄陽水軍萬户，又改陝西、四川道提刑按察使。皇子安西王出鎮陝西，載順聖皇后賜物數十車，用事者欲置於憲府，副使張庭瑞不受。皇子聞其事，將按治庭瑞〔二〕，顯力爲陳辯，且責同事者曰：「昔線真罷右丞相，入爲宣徽使，有干以事者，謝曰：『吾守鬻釜者，他非所知。』汝乃王之庖人，不師此而越職沮撓風紀，儻帝聞之，謂王不戢左右，奈何？」皇子雖不説，然素知顯爲人，由是庭瑞得免重譴。

伯顏濟江，授顯前軍宣撫使。大軍圍平江，顯以七騎抵城下，呼曰：「我游宣撫也。告汝州將，宜早納款。」宋將王安撫即以城降。授顯平江路宣撫使。十四年，遷中訓大夫、浙西道宣慰使。入覲，帝顧謂之曰：「卿老人，宣力多年。」賜榻坐，輟大官所上食之，賜白貂裘。顯奏言：「江南賴陛下神武，文軌已同，惟官吏敷宣聖化者，不稱任使。」敕與中書言之。十六年，遷中奉大夫、中書右丞、行浙西宣慰使。十九年，拜榮禄大夫、江淮等處行中書省平章政事。卒，年七十四。

顯推誠感物。有竊戍兵馬者，律當倍償，顯先假公帑償之，與盜期，歸取於家；如期

而反，悉輸官罰。在平江，貸倉穀一百三十萬於民，約秋熟償官，及期無少折閱。二事人尤頌之。

子永錫，海北廣東道廉訪使；永禄，知綏德州。

賈居貞，字仲明，真定獲鹿人。祖守謙，金尚書右丞。父頤，金蔡州觀察推官。居貞甫冠，爲行臺從事，有餽黄金五十兩者，居貞卻之。太宗聞其事，稱爲清慎，特敕有司給銀百兩。世祖在潛邸，召對稱旨，使監築上都城，以母憂歸。中統元年，授中書左右司郎中。居貞習國語，命特入奏事。從帝北征，賜西錦服，以賞其勞。一日，帝問郎俸幾何，居貞如數對。帝謂太薄，敕增之。居貞辭曰：「不可以臣而紊官制。」劉秉忠奏居貞參知政事，又辭曰：「他日有援臣例求執政者，何以處之？」帝嘉其能讓。

至元元年，授參議中書省事。與左丞姚樞行省河東山西，罷諸侯世襲，立遷轉法。五年，再爲左右司郎中。阿合馬當國，忌之，改給事中，同丞相史天澤等纂修國史。十年，克宋襄陽，以居貞知襄陽府，旋擢襄陽路總管，佩虎符。十一年，伯顔伐宋，授居貞宣撫使，議行省事。鄂州降，留居貞與阿里海牙戍之，授僉行中書省事。居貞建議曰：「江陵要地，

宋制閫重兵所屯。聞諸將不睦，城中又患疾疫，薪芻乏絶，閉門不敢樵採。宜乘間取之，若春水漲，彼乘上流而下，則鄂、漢危矣。」驛聞，詔從之。十二年春，阿里海牙攻江陵，使居貞守鄂州。居貞嚴戢吏卒，有縱暴於民者，立斬之。發倉廩以振流亡，弛湖荻禁，免括商船，聽民用宋之楮幣，宋宗室仰食於官者，依舊廩之，州境遂安。宋將妻安邦以信陽降，入覲，裨將陳思聰屠其家。居貞以計召思聰至，數其罪，誅之。蘄州盜起，屬縣民傅高亦聚衆應之。居貞移檄諭以禍福，衆皆降，獲高，磔死。居貞初遣萬户鄭鼎討賊，鼎疑城中大姓皆與高通謀，請殲之以絶禍本，居貞不從。鼎留其部將於鄂，戒之曰：「吾還軍，汝即舉烽，内外合發，當盡殺城中大姓。」會鼎戰敗溺死，其事洩露，鄂人尤感頌居貞。十四年，拜中奉大夫、湖北宣慰使。

十五年，遷參知政事。未幾，改江西行省參知政事。瀕行，老幼號泣相送，刻其像祀於州學。詔捕受厓州僞命者，逮繫三百餘家，居貞悉出之，下令凡收藏宋告身者，悉投水火，有妄訐者坐死。十五年，江西大水，居貞發粟振之，遣吏具舟載糜粥以食餓者，全活無算。冬，大雪墮地旋消。右丞塔出，貴胄也，顧謂居貞曰：「國家有江南，北寒宜減三月。」居貞曰：「相公襲貂裘，熾炭於前，張幄於後，言是則宜。彼庭立之甲士，必以爲加三月矣。」塔出謝其失言，由是師事居貞，事無大小，悉以咨之。南安李梓發作亂，居貞請自討

之，諭其衆降，梓發自焚死，不戮一人。都昌杜萬一僭號，擁衆數萬，居貞曰：「都昌與吾南康祇隔一湖，不速誅此賊，南康將亂。」乃遣部將方招討伏兵舟中，僞爲賈，徑造都昌，禽萬一，磔之。有列通賊姓名百餘人來上者，居貞曰：「元惡已誅，蔓延何爲？」取其牒燒之。

十七年，朝廷再伐日本，造戰艦於江南。居貞欲入朝奏罷其事，未行，以疾卒，年六十三。贈推忠輔義功臣、銀青榮祿大夫、中書平章政事，追封定國公，謚文正。

居貞貌粹言溫，侃侃易直。性好學，軍中以橐駝負書讀之。從世祖北征，猶進講《資治通鑑》。子鐸，淮東宣慰使；鏞，禹城尹；鍔，知鹽官州；鈞，最知名。

鈞，字元播。幼淵默有度量。由榷茶提舉拜監察御史，出僉淮東廉訪司事、行臺都事，入爲刑部郎中，改右司郎中、參議中書省事。至大二年，拜參知政事，議罷尚書省所立法。遷僉書樞密院事。三年，復改參知政事，賜錦衣、寶帶。鈞爲政持大體，不孑孑鈞名譽。皇慶元年，卒。詔賻錢三百萬。子汝立。

趙炳，字彥明，惠州灤陽人。父弘，有勇略，元初爲征行兵馬都元帥。炳幼孤，鞠於從

兄。歲饑，就食平州，遇盜，縛兄，將殺之。炳年十二，泣請代死，盜驚異，舍之而去。甫冠，以勳臣子侍世祖於潛邸，性勤恪，眷顧日厚。世祖復立撫州，即以炳爲撫州長官。憲宗九年，王師伐宋，括兵斂財，燕薊騷動。師還，炳迓於中途，具以事聞，返所括兵及橫斂之財於民。

中統元年，命判北京宣撫司事。時參知政事楊果爲宣撫使，聞炳至，喜曰：「吾屬無憂矣！」三年，括北京鷹房等户丁爲兵，蠲其賦，使炳統之。時李璮叛據濟南，炳將千人從大軍討璮，獨當城北面，有俘獲輒縱之去，曰：「脅從者不足治也。」濟南平，入爲刑部侍郎，兼中書省斷事官。有攜妓登龍舟者，炳按以法。未幾，其人死，子訴冤，詔讓之。既而謂侍臣曰：「炳用法太峻，然非徇情者。」改樞密院斷事官。濟南妖民作亂，授炳濟南路總管，賜金虎符，加昭勇大將軍。炳至，止誅首惡，餘黨悉解散。歲凶，發廩賑民，而後上聞，朝廷不之罪也。遷遼東提刑按察使。

至元九年，帝以陝西重地，思用剛鯁舊臣治之，徙炳京兆路總管，兼府尹。皇子安西王開府陝西，詔王治宮室，悉聽炳裁制。王府吏卒橫暴，炳以法繩之。王曰：「後有犯者，勿啟請，君自處之可也。」由是豪猾斂戢。詔以解州鹽賦給王府經費，歲久積逋二十餘萬緡，有司追理，僅獲三之一，民已不堪。炳密啟於王曰：「十年之逋，豈可責償一日？與其

裒斂病民，孰若貸之？」王善其言，遽命免徵。會王北伐，詔以京兆一年之賦充軍資，炳復請曰：「所徵逋課，足供軍用，請免歲賦以蘇民。」令下，秦民大悦。十四年，加鎮國上將軍、安西王相。王府冬居京兆，夏徙六盤山，歲以爲常。王北伐六盤，守者搆亂。明年春，六盤再亂。炳悉討平之。王還，賚賜有加。

是歲十一月，王卒。十六年秋，詔炳入覲，帝勞之曰：「卿去數載，衰白若此，關中事煩可知。」及詢民間利病，炳悉陳之，因言：「王卒之後，運使郭琮、郎中郭叔雲竊弄威柄，恣爲不法。」帝卧，遽起曰：「聞卿言，使老者增健。」飲以上尊馬湩，改中奉大夫、安西王相，兼領陝西五路、西蜀四川課程、屯田事，餘職如故。即令乘傳，偕敕使數人往按之。至則琮等假王妃之命，入炳罪，收炳及其妻孥囚之。王妃在六盤，徙炳於平涼北崆峒山。炳子仁榮訴於上，詔近侍二人馳驛至六盤，械琮等偕來。琮等留使者，醉以酒，先遣人毒炳於平涼獄。其夜星隕，有聲如雷，炳年五十九，時十七年三月也。帝聞之，撫髀歎曰：「失我良臣！」俄械琮等百餘人至，帝親鞫之，盡得其實。命仁榮手刃琮、叔雲於東城，籍其家以付仁榮。仁榮辭不受。帝善之，别賜鈔二萬二千五百緡爲治喪具。蒙古舊制，無賻臣下禮，異數也。六月，詔雪炳冤，特贈中書左丞，謚忠愍。子六人：仁顯、仁表、仁榮、仁旭、仁舉、仁軌。仁榮，大德八年拜中書參知政事。

李德輝，字仲實，通州潞縣人。生五歲，其父將卒，指德輝謂家人曰：「吾爲吏，治獄不尚苛刻，天或報之。是兒其大吾門乎！」父卒，德輝哀毁如成人。及長，嗜讀書，家貧無以自給。年十六，監豐州酒稅，有暇則市筆札録書，夜誦之。未幾，自免歸，從先生長者講學。世祖在潛藩，用劉秉忠薦，使侍裕宗講讀。京兆爲世祖分地，擇能理財賦者供給軍儲。立從宜府，以德輝與孛得乃爲使。時汪德臣屯利州，扼四川襟喉，數萬之師仰哺於從宜府。德輝募民入粟，散錢幣，給鹽券爲直，陸挽興元，水漕嘉陵，未期年，軍儲充羨。

中統元年，調燕京宣撫使。燕多劇賊，造僞鈔，結死黨殺人。德輝悉捕誅之，令行禁止。然事多不白中書，由是忤平章王文統意，罷去。三年，文統以反誅，德輝起爲山西宣慰使。勢家籍民爲奴者，咸免之，復業近千人。

至元元年，罷宣慰司，授太原路總管，兼府尹。至郡，有惠政。五年，徵爲右三部尚書。有訟財而失其兄子者，德輝曰：「此叔殺之無疑。」遂竟其獄。權貴人爲請者甚衆，德輝不應。罪狀既明，請者慚服。

七年，帝以蝗旱爲憂，命德輝録囚山西、河東。行至懷仁，有魏甲發得木偶，告其妻挾

左道爲厭勝，謀不利於己，已定讞。德輝察其冤，知魏妾所爲。召妾鞫之，不移時而服，遂杖其夫而論妾死。

初，德輝與阿合馬同侍帝於潛邸，至是，爲平章政事用事，德輝不至其門，阿合馬求好，拒之愈力。後阿合馬敗，人皆歎服。

八年，授中奉大夫、參知北京行尚書事。九年，罷尚書省，以故官參知北京行中書省事。皇子安西王鎮關中，改安西王相。至則視涇河營牧故地，可得數千頃，起廬舍，疏溝澮，假牛種田，歲得粟麥芻藳萬計。

十二年，詔以王相宣撫西川。時重慶猶城守不下，朝廷置行樞密院於東、西川，合兵萬人圍之。德輝至成都，兩府爭遣使咨受兵食方略，德輝戒之曰：「宋已亡矣，重慶以彈丸之地不降，何待？政懼公輩之殺掠耳！嚮日中使奉璽書肆赦，公輩既不肯明言以須其至，反購得軍吏杖之，僞爲得罪，投入城中，水陸之師繼進，是堅其不下也。中使不喻詐計，竟以不奉詔復命，如是者非玩寇而何？況軍政不一，朝夕敗矣，豈能成功？」德輝返，未至陝西，瀘州叛，而重慶之兵果潰。

明年，再圍重慶，踰月拔之。紹興、南平、夔、施、思、播諸山柵皆下，而東川樞府尚獨圍合州。德輝乃出合州俘繫順慶獄者，縱之使歸，語州將張珏，以「宋室既亡，三宫皆北，

能早自歸，必取將相與夏、吕比」。又爲書以禮義禍福，反復譬解之，以爲「汝之爲臣，不親於宋之子孫；合之爲州，不大於宋之天下。彼子孫已舉天下而歸我，汝猶負阻窮山，而曰『吾忠於所事』，惑莫大焉。」玨未及報。

十四年，詔以德輝爲西川行樞密院副使，仍兼王相。諸軍既發，德輝留成都，給軍食。是年，復瀘州。十五年，合州將王立遣李興、張郃十二人詗事成都，皆獲之。德輝釋不殺，復爲書縱歸，使諭立如諭玨者，辭尤剴切。初，德輝妹爲立所獲，詭稱王氏，兄事立。至是，知德輝在成都，以手書與之，立亦計夙與東川有怨，懼誅，使興等懷蠟書至成都請降。十六年，德輝以兵數百人赴之。東川害其來，皆曰：「公昔爲書招玨，竟無功。今立，玨牙校也，習狙詐不信，特以計致公來，使與吾争功，延命晷刻耳，未必誠降。」德輝曰：「昔合州以重慶存，故同惡相濟。今已孤絶，窮而來歸，亦其勢然。吾非攘人之功者，誠懼公等憤其後服，誣以抗蹕先朝，利其剽奪，而快意於屠城也。吾爲國活此民，豈計汝嫌怒哉！」即單舸濟江，薄城下，呼立出降，安集其民而返。合州人咸繪象事之。

十七年，置安西行中書省，以德輝爲行省參知政事。是年，西南夷羅施鬼國既降復叛，詔雲南、湖廣、四川合兵三萬人討之。兵且壓境，德輝適被命，乃遣安珪馳馹止三道兵勿進。復遣張孝思諭鬼國趣降。其酋阿察熟知德輝名，曰：「是活合州李公，其言明信可

侍。」即身至播州，泣且告曰：「吾屬百萬人，微公來，死且不降。今得所歸，蔑有二矣。」德輝以其言上聞，乃改鬼國爲順元路，以其酋爲宣撫使。其後有以受鬼國馬，譖德輝於朝者，帝曰：「是人朕所素知，雖一羊不妄受，寧有是耶！」十月，改安西行省爲陝西四川行省，以德輝爲行省左丞。德輝未聞命而卒，年六十三，謚忠宣。

卒之夕，有星如斗隕於館垣外，德輝歎曰：「吾死徵也。」及卒，蠻夷爲位哭之，哀如私親。王立衰絰，率合州人拜，哭聲震山谷。播州立廟祀之。

德輝招降合州，行院都事吕或佐之，州人繪或像，與德輝同祀。或，字伯充，河内人，後徙京兆。從許衡受學，衡爲國子祭酒，舉或爲伴讀。至元十三年，擢陝西道按察司知事，未行，會宋降人言：「有吕子開，爲宋制置司參謀官，今居鄂州，其人知宋事，宜徵用之。」朝廷議遣使召子開。或言：「子開，或之從叔，宜遣或往。」或慨然請行。子開既入覲，拜翰林直學士，辭不就。

十四年，授或四川行樞密院都事。李德輝行西院事於成都，獲宋合州守將王立偵卒，將殺之，或勸釋之，使歸諭立降，立果降。德輝承制，授立安撫使、知合州。東院忌德輝成功，械立於長安獄。或以事至京師，言於許衡。衡白其事於賀仁傑，奏釋立。賜或金織

衣、刀弓、鞍勒，權行省左右司郎中。十九年，調同知順慶行總管府事，二十年，徵爲國子司業，俱不就。三十年，改華州知州，有惠政。仁宗即位，召拜翰林學士。未幾，以年老致仕，卒，年七十八。贈陝西行省參知政事，追封東平郡公，諡文穆。

張德輝，字耀卿，冀寧交城人。天資剛直，博學，有經濟才。史天澤辟爲經歷官，從伐宋。天澤欲戮逃兵，德輝救止之，配令穴城。光州山民據寨自保，天澤議攻之，德輝曰：「鄉民爲自守計，當曉以禍福。」果相率來降。

定宗二年，世祖在潛邸，召見，問曰：「孔子殁已久，其性安在？」對曰：「聖人與天地相終始，殿下能行孔子之道，性即在是矣。」世祖又問：「遼以釋廢，金以儒亡，有諸？」對曰：「遼事臣不知，金事臣所親睹。宰執中雖用一二儒者，餘皆武弁世爵，及論軍國事，又不使預聞。國之存亡，自有任其責者，儒何咎焉？」世祖然之。又問祖宗法度，德輝指銀盤，喻曰：「創業之君，如製此器，選精金，良匠規而成之，以畀後人。宜擇謹厚者掌之，乃永爲寶用。」又問中國人才，德輝舉魏播、元好問、李冶等以對。

三年春，釋奠致胙於世祖。世祖問孔子廟祀之禮，對曰：「孔子爲萬世師，廟祀之禮於

孔子無所損益，特以見時君崇儒重道之意耳。」又問：「典兵與宰民者，害孰甚？」對曰：「軍無紀律，信爲民害。若親民之吏，頭會箕斂，以毒天下，則其害尤烈。」世祖曰：「然則奈何？」對曰：「擇宗室之賢者如口温不花使掌兵，勳舊如忽都虎使治民，則天下均受其賜矣。」德輝乞假歸，薦白文舉、鄭顯之、趙元德、李造之、高鳴、李槃、李濤等。又條先務七事，曰：敦孝悌，擇人才，察下情，貴兼聽，親君子，信賞罰，節財用。世祖以字呼之，賜賚優渥。尋與元好問北覲，推世祖爲「儒教大宗師」，世祖悦而受之。因啓：「累朝蠲儒户兵賦，乞令有司覈實奉行」，從之。仍命德輝提調真定學校。

世祖即位，起爲平陽、太原路宣撫使。河東徭役，官吏率賦一征十。德輝覈户籍，均其等第，出納有法，宿弊頓除。又州縣多世守，吏互爲朋黨，德輝取奸贓尤甚者數十人，械庭下，杖而逐之，所部肅然。兵後，孱民依託豪右，及身雇於人者，歲久掩爲家奴，德輝悉還爲良民。是時，平陽路僉兵戍秦、鞏，其帥紐璘重調千餘人，守吏莫敢申理；鳳翔屯田兵八百餘人，屯罷，兵不歸籍。德輝奏還之，悉從其請。

中統二年，考績爲十路最。陛見，世祖勞之，命疏急務，條四事，曰：「嚴保舉以取人才，給俸禄以養廉吏，易世官而遷都邑，薄刑罰而勿屢赦。」世祖嘉納焉。遷東平路宣慰使，奏免遠輸豆粟二十萬斛、和糴粟十萬斛。寶合丁令民税而後輸，德輝曰：「是誣上以朘下

也，且孰任後期之責？」奏罷之。宣慰使八剌議誅盜賊，德輝曰：「吾不敢曲法從汝殺人也。」

至元三年，參議中書省事。五年，擢侍御史，辭不拜。或言邊將冒兵廩，敕按之。德輝奏曰：「若重繩以法，則人不自安。今但易其部署，選武毅有幹略者任之，又時委憲司體究，則宿弊自除。」又命德輝議御史臺條例，德輝曰：「御史，執法官，今法令未修，何所據而行？陛下宜慎思之。」有頃，復召曰：「朕慮之熟，卿力行可也。」對曰：「必欲行此，乞立宗正府，以正宗室、外戚，屏絶女謁，毋令奏事，諸局承應人皆得按治之。」世祖默然。德輝請老，命舉任風憲者。疏烏古倫真、張邦彥、徒單公履、張蒙、張肅、李盤、張昉、曹椿年、西方賓、周止、高逸民、王博文、劉郁、孫汝楫、王惲、胡祗遹、周砥、李謙、魏初、鄭㞬，凡二十人。卒，年八十。

德輝嘗與元好問、李治游封龍山，時人號爲「龍山三老」云。

馬亨，字大用，邢州南和人。少孤，事母孝。太宗始建十路徵收課税使，河北東西路使王晉辟亨爲掾，以才幹稱。晉薦於中書令耶律楚材，授轉運司知事，累擢轉運司副使。太保劉秉忠薦亨於世祖，召見潛邸，甚器之。既而籍諸路户口，以亨副八春、忙哥撫諭西

京、太原、平陽及陝西五路。既還，圖山川形勢以獻。使者多以賄敗，惟亨等各賜衣九襲。

憲宗三年，世祖征雲南，留亨爲京兆榷課所長官。京兆，藩邸分地也。亨以寬簡治之，不事掊克，涖政五年，民安而課裕。憲宗遣阿藍答兒等覈京兆錢穀，亨輦歲辦課銀五百錠輸之藩府，道出平陽，與之遇。亨策曰：「見之則銀必拘留，不見則必以罪加我。與其銀弗達王府，寧獲罪焉。」避而過之。阿藍答兒果怒，遣使逮之。世祖詢亨曰：「汝往，得無摭汝罪耶？」對曰：「無害，願一行。」乃慰遣亨。既至，窮治百端，竟無所得，惟以支竹課分例錢充公用及僦公廨輦運脚價爲不應，勒償其直而已。世祖知其誣，更賜銀三十二錠。

九年，從世祖攻鄂州。洎北還，遣亨馳驛往西京等處罷所僉軍，並撫諭山西河東、陝右漢中復遣轉餉，饋江北諸軍。中統元年，世祖即位，陝西四川立宣撫司，詔亨議陝西宣撫司事。尋賜金符，遷陝西、四川規措軍儲轉運使。時阿藍答兒等叛，亨與宣撫使廉希憲、商挺謀誅之。尋建行省，命亨兼陝西行省左右司郎中。興元糧五萬石欲轉餉太安軍，計傭直萬緡，衆推亨往。時丁内艱，以攝省府事强起之。至則以兵官丁産均其役，不閲月而事集。興元判官費正寅狡悍不法，亨白省府，欲以法繩之，反誣搆行省前在關中有異謀。詔左丞粘合珪讞之。亨力辯，其冤始得釋。

四年，遷陝西五路、西蜀四川廉訪都轉運使。未幾，朝廷以考課，檄諸路轉運使至京

師，併轉運司入總管府，授亨工部侍郎、解鹽副使。亨上言：「以考課定賞罰，其人甫集，而一切罷之，則是非安在？宜還其命書，俾仕者有所勸勉。」從之。

亨復上便宜六事：「一曰東宮保傅當用正人，以固國本；二曰中書大政擇任儒臣，以立朝綱；三曰任相惟賢官，不必備，今宰相至十七員，宜加裁汰；四曰左右郎署毗贊大政，今用豪貴子弟，豈能贊襄？五曰六曹之職分理萬機，今止設左右二部，事何由辦？六曰建元以來，便民條畫已多，有司往往視爲具文，宜令憲司糾舉，務在必行。」疏聞，帝即召見，問：「卿比安在，胡不早言？」亨對曰：「新自陝西來覲。」帝諭曰：「卿久著忠勤，自今不令卿遠出矣。」至元三年，進嘉議大夫、左三部尚書，尋改户部尚書。有賈胡恃制國用使阿合馬，欲貿交鈔本，私平準之利，以增歲課爲辭。帝以問，亨對曰：「交鈔可以權萬貨者，法使然也。法者，主上之柄。今使一賈擅之，廢法從私，將何以令天下？」事遂寢。

七年，立尚書省，仍以亨爲尚書，領左部。亨上言：「尚書省專領金穀百工之事，銓選宜歸中書，以示無濫。」尋爲平章阿合馬所忌，以誣免官。會大兵圍襄、樊，廷議河南行省調發軍餉，詔以阿里爲右丞，姚樞爲左丞，亨爲僉省，任其事。十年，還京師，以病請告。十四年卒，年七十一。子紹庭，雲南諸路肅政廉訪司副使。

何榮祖，字繼先，其先太原人，金亡徙家廣平。榮祖狀貌魁偉，額有赤文如雙樹，背負隆起。有相者謂曰：「子位極人臣，且壽相也。」何氏世業吏，榮祖尤爲通敏。累遷中書省掾，擢御史臺都事。始折節讀書，日記數千言。阿合馬方用事，置總庫於其家，以收西方之利，號曰和市。監察御史范方等劾之，論甚力。阿合馬知榮祖主其謀，奏爲左右司都事，以隸己。未幾，御史臺除治書侍御史，擢侍御史。又出爲山東按察使。

有帖木剌思者，以貪墨爲僉事李唐卿所劾，適濟南有上變者，唐卿察其妄，取訟牒焚之。帖木剌思乃告唐卿縱反者，逮繫數十人，獄久不決。詔榮祖與郝禎、耿仁鞫之。榮祖得其情，欲抵告者罪。禎、仁議以失口亂言之罪坐之，榮祖不可。俄遷河南按察使，仁等竟薄其罰予杖，然株連者俱得釋，唐卿之誣亦白。

平涼府言有降民二十餘口，叛歸江南，安西行省欲上聞，會榮祖來爲參政，止之曰：「何必上聞朝廷？此輩去者，皆人奴耳。今聞江南平，遁往其家，移文捕之可也。」已而逃者俱獲，果人奴也，治以本罪，而付其主。其涖事明決多類此。

除雲南行省參知政事，以母老辭。又拜御史中丞，復出爲山東、山西道按察使。時宣慰使樂實、姚演開膠州海道，敕禁戢諸人沮撓。糧船遇暴風，多漂覆，樂實弗信，督漕卒償

之，搒掠酷毒，自殺者相繼，按察官懼違制，莫敢言。榮祖曰：「第言之！若朝廷見譴，吾自當之！」即入奏，詔免其徵。

至元二十五年，召爲中書參知政事。二十六年，改尚書參知政事。時桑哥專政，亟於理算錢穀，人受其害。榮祖數請罷之，帝不從，懇請不已，始稍緩之，而畿内民苦尤甚，榮祖每以爲言。同僚曰：「上既爲免諸路，惟未及京師，可少止，勿言也。」榮祖執愈堅，至於忤旨，不少屈，竟不署其牘。未踰月，其弊皆上聞，帝乃思榮祖言，召問所宜。榮祖請於歲終立局考校，人以爲便，著爲令。詔賜鈔萬二千貫。榮祖既與桑哥異議，乃以病告，特授集賢大學士。

二十八年，起爲尚書左丞。桑哥敗，改右丞。奏行所定《至元新格》。請改提刑按察司爲肅政廉訪司，而立監治之法。又上言：「國家用度，不可不足；天下百姓，不可不安。今理財者弗顧民力之困，言治者弗圖國計之大。且當用之人恒多，而得用之人恒少，省部宜擇材用之。按察司雖監臨一道，其職在於除蠹弊，苟有弗至，則臺、省又當遣官體察之，庶有所益。」帝深然之。屢以老疾乞解機務，詔免署事，惟預中書省議，而食其禄。

三十一年，拜昭文館大學士，預中書省事，又加平章政事。以水旱請罷，不允。先是，榮祖奉敕定律令，書成已久，至是乃得請於上，詔未及頒行，適子秘書少監惠卒，遂謝病返

廣平。卒，年七十九。贈光禄大夫、大司徒、柱國，追封趙國公，謚忠肅。

榮祖身至大官，而僦第以居，飲器用青瓷杯。中宫聞之，賜以上尊及金五十兩、鈔二萬五千貫，俾置器買宅，以旌其廉。所著有《大畜十集》，又有《學易記》、《載道集》、《觀物外篇》等書。

程思廉，字介甫，其先洛陽人，後徙東勝州。父恒，佩金符爲沿邊監榷規運使、解州鹽使。思廉從白悋受業，學有師法。中統元年，用太保劉秉忠薦，給事裕宗潛邸，以謹愿聞，命爲樞密院監印。至元七年，平章政事哈丹行省河南，署爲都事。丞相史天澤尤器之。時方規取襄、樊，使思廉督轉餉粟至，多露積，一夕大雨，思廉安卧不起。行省召詰之，思廉曰：「此去敵近，中夜騷動，衆必驚疑，或致他變。縱有漂没，不過軍中一日糧耳。」聞者韙之。

十二年，調同知淇州，辭不就。丁父憂。服除，授東平路判官。入爲監察御史，以劾權臣阿合馬繫獄，其黨巧爲機穽，思廉居之泰然，卒不能害。

十六年，出僉河東、山西道提刑按察司事。大同楊剌真犯酒禁，敕誅之。思廉以罪不

至死，論奏數四，卒得減輕。累遷河北、河南道按察副使。道過彰德，聞兩河歲饑，而徵租益急，欲止之。有司謂法當上請，思廉曰：「若然，民已不堪命矣！」即移文罷徵，後果得請。

二十年，河北復大饑，流民渡河求食。朝廷遣使者會監司官於河上，禁流民南渡。思廉曰：「民急於就食，豈得已哉？天下一家，河北、河南，皆吾民也。」亟命縱之，且曰：「雖得罪死，不恨。」奏入，帝不之罪也。衛輝、懷孟大水，思廉臨視賑貸，全活甚衆。水及城不沒者數板，思廉督修堤堰，恒露宿城上，水不爲患，民德之。未幾，陝西行省舉思廉爲興元路總管，遷陝西漢中道按察使，並以母老不赴，俄丁母憂。

二十七年，立雲南行御史臺，起復思廉爲御史中丞。或疑思廉必不拜，思廉曰：「前昧死陳請，以老母故。今吾母已亡，當馳驅邊徼，以贖前罪。」甫踰小祥，即素服就道。始至，蠻夷酋長來見，思廉奉宣德意，綏輯遠人，且明示禍福，使毋自外，聞者懾服。雲南學校無釋奠禮，思廉舉春秋祭祀之禮，集省臺以下官百餘人，公服跪拜。蠻夷化之，子弟始有從學問禮者。

成宗即位，除河東山西廉訪使。太原歲飼諸王駝馬一萬四千餘匹，思廉請止飼千匹。平陽諸郡歲輸租稅於北方，民甚苦之，思廉請輸河東近倉。舊法，決事咸有議劄，權歸曹

吏。思廉自判牘尾，某當某罪，吏皆束手。

思廉累任風憲，剛正疾惡，言事剴切。如請早建儲貳、辨尊卑服制、議封謚、養軍力、定律令，皆當時急務。與人交有終始，或有疾病死喪，問遺賙卹，往返數百里，不憚勞，仍爲之經紀家事。好薦達人物，或者以爲好名，思廉曰：「若避好名之譏，人不復爲善矣。」思廉伯父震，金南渡後爲監察御史，有剛直名。思廉言論風采，皆不愧其伯父云。元貞二年卒，年六十二，謚敬肅。

史臣曰：游顯、賈居貞、李德輝之愛民，趙炳、張德輝之守法，馬亨、何榮祖、程思廉之匡君，出任方面，入官臺省，譬之緝衆腋而成裘，構羣材以造厦。此至元之治，所以庶幾貞觀也。

【校勘記】

〔一〕「吕彧」，「彧」字原脱，據正文補。魏源《元史新編》、曾廉《元書》均作「吕彧」。

〔二〕「庭瑞」，原作「廷瑞」，據上下文及姚燧《牧庵集》卷二一《榮禄大夫江淮等處行中書省平章政事游公神道碑》改。

新元史卷之一百六十八　列傳第六十五

郝經　苟宗道

郝經，字伯常，其先潞州人，徙澤州陵川。祖天挺，父思温。天挺有重名，元好問之師也。金末，思温辟地河南魯山。賊至，經母許匿窖中，賊爇火熏之，悶絶。經以蜜和寒菹汁，決母齒飲之，始蘇。時經甫九歲，人皆異之。金亡，徙順天，爲守帥張柔、賈輔所知，延爲上客。二家藏書皆萬卷，經博覽，學日進。

憲宗元年，世祖以皇弟開幕府金蓮川，召經。咨以時務，條上數十事，世祖大悦，遂留王府。及伐宋，經從至濮州。有得宋人奏議以獻，言衝要宜防者凡七道。下諸將議，經曰：「古之一天下者，以德不以力。彼今未有敗亡之釁，我乃空國而出，諸侯窺伺於内，小民凋弊於外。經見其危，未見其利也。王不如修德布惠，敦族簡賢，綏懷遠人，順時而動，宋不足圖也。」世祖愕然曰：「汝與張拔都議邪？」經對曰：「經少館張柔家，聞其議論。此則經臆説，柔不知也。」世祖以楊惟中爲江淮、荆湖南北等路宣撫使，經爲副使，將歸德軍，

先至江上，宣布恩信，納降附。惟中欲還汴，經不可，惟中怒，經率麾下先發，惟中愧謝，乃與經俱行。

經聞憲宗在蜀，久無功，進《東師議》曰：

經聞圖天下之事於未然則易，救天下之事於已然則難。已然之中復有未然者，使往者不失而來者得遂，是尤難也。國家以一旅之衆，奮起朔漠，斡斗極以圖天下，馬首所向，無不摧破。滅金源，並西夏，蹂荆、襄，克成都，平大理，奄征四海，有天下十八，盡元魏、金源故地而加多。惟宋不下，未能混一，連兵構禍踰二十年。何曩時掇取之易，而今日混一之難也？

夫取天下，有可以力并，有可以術圖。并之以力則不可久，久則頓弊而不振；圖之以術則不可急，急則僥倖而難成。要之，成功各當其可，不妄爲而已。國家創業垂五十年，而一之以兵，遺黎虔劉殆盡。自古用兵未有如是之久者也，其力安得不弊乎？且括兵率賦，朝下令而夕出師，躬擐甲胄，跋履山川。以志則鋭，以力則强，以土則大，而其術則未盡也。苟於諸國既平之後，息師撫民，創法立制，上下井井，不撓不紊，任老成爲輔相，選賢能爲任使，鳩智計爲機衡，平賦以足用，屯農以足食，内治既舉，外禦亦備。如其不服，先以文誥，拒而不從，而後伺隙觀釁，以正天伐。自東海至

於襄、鄧，重兵數道，以爲正兵。自漢中至於大理，輕兵捷出，以爲奇兵。帥臣得人，師出以律，高拱九重之内，而海外有截矣。是而不爲，乃於間歲遽爲大舉，上下震動，兵連禍結，底安於危，是已然而莫可止者也。東師未出，大王仁明，則猶有未然者，可不議乎？

國家用兵，一以國俗爲制，而不師古，不計師之衆寡，地之險易，敵之强弱，必合圍把矟，獵取之若禽獸然。鞭弭所屬，指期約日，萬里不忒，得兵家之詭道，而長於用奇。自澮河之戰，乘勝下燕、雲，遺之而去，似無意於取者。既破回鶻，滅西夏，乃出兵關陝以敗金師，然後知所以深取之，長於用奇也。既而由金、房出繞潼關之背以攻汴，自西和徑入石泉、威、茂以取蜀，自臨洮、吐番穿徹西南以平大理，皆用奇也。夫攻其無備，出其不意，而後可以用奇。豈有連百萬之衆，首尾萬餘里，六飛雷動，乘輿親出，竭天下，倒四海，大極於遐徼之土，細窮於委巷之民，撞其鐘而掩其耳，𠾏其臍而蔽其目，如是用奇者乎？是執千金之璧而投瓦石也。

其初以奇勝也，關隴、江淮之北，平原曠野之多，而吾長於騎，故所向不能禦。兵鋒新鋭，民物稠夥，摊而擠之，郡邑自潰，而吾長於攻，故所擊無不破，是以用奇而驟勝。今限以大山深谷，阨以重險薦阻，迂以危途繚徑，我乘險以用奇則難，彼因險以

制勝則易。況於客主勢懸，蘊蓄情露，雖有奇謀秘略，無所用之。力無所用與無力同，計不能行與無計同。泰山壓卵之勢，河海濯爇之舉，擁遏頓滯，盤桓而不得進，所謂强弩之末不能射魯縞者也。

爲今之計，則宜救已然之失，防未然之變而已。西師既構，猝不可解。如兩虎相鬬，入於巖阻，見之者辟易不暇，又焉能以理相喻，使之逡巡自退？彼知其危，竭國以并命；我必其取，無由以自悔。兵連禍結，何時而已？殿下宜遣人禀命於行在所，大軍壓境，遣使喻宋，示以大信，令降名進幣，割地納質。彼必受命，姑與之和，偃兵息民，以全吾力，而圖後舉，天地人神之福也。禀命不從，殿下之義盡，而後進吾師，重慎詳審，不爲躁輕，假西師以爲奇，而用吾正。申以文移，喻以禍福，使知殿下仁而不殺，非好攻戰鬬土地，不得已而用兵之意。誠意昭著，恩信流行，然後閱實精勇，制節以進。既入其境，敦陳固列，緩爲之行。彼善於守，而吾不攻。彼恃堅城以不戰老吾，吾合長圍以不攻困彼，吾用吾之所長，彼不能用其長。選出入便利之地爲久駐之基，示必取之勢。毋焚廬舍，毋傷人民，開其生路，以攜其心，亟肆以疲之，多方以誤之。兵勢既振，蘊蓄既見，則以輕兵掠兩淮，杜其樵採，遏其糧路，使血脈斷絶，各守孤城，示不足取。即進大兵，直抵於江，沿江上下列屯萬竈，號令明肅，部曲嚴整，首

尾締構，各具舟楫，聲言徑渡。彼必震疊，自起變故。蓋彼之精鋭盡在兩淮，江面闊越，恃其巖阻，兵皆柔脆，用兵以來未嘗一戰，焉能當我百戰之鋭？一處崩壞，則望風皆潰，肱脾不續，外内限絶。勇者不能用，而怯者不能敵，背者不能返，而面者不能禦。水陸相濟，必爲我乘。是兵家所謂避堅攻瑕，避實擊虚者也。

如欲存養兵力，漸次以進，以圖萬全，則先荆後淮，先淮後江。彼之素論，謂有荆、襄則可以保淮甸，有淮甸則可以保江南。先是我嘗有荆、襄，有淮甸，皆自失之。今當從彼所保以爲吾攻。命一軍出襄、鄧，直渡漢水，造舟爲梁，水陸濟師。以輕兵綴襄陽，絶其糧路，重兵趨漢陽，出不意以伺隙。不然，則重兵臨襄陽，輕兵捷出，穿徹均、房，遠叩歸、峽，以應西師。如夔門不守，大勢順流，即並兵大出。摧拉荆、郢，横潰湘、潭，以成犄角。一軍出壽春，乘其鋭氣，並取荆山，駕淮爲梁，以通南北。輕兵抄壽春，而重兵布於鍾離、合肥之間，據濡須，塞皖口，南入舒、和，西及於蘄、黄，徜徉恣肆，以覘江口。烏江採石，廣布戍邏。偵江渡之險易，測備禦之疏密，徐爲之謀，而後進師，所謂潰兩淮之腹心，抉長江之襟要也。一軍出維揚，合爲長圍，示以必取。而以輕兵出通、泰，直塞海門、瓜步、金山、柴墟河口，遊騎上下，吞江吸海，並著威信，遲以月時，以觀其變，是所謂圖緩持久之勢也。三道並出，東西連衡。殿下或處一

軍，爲之節制，使我兵力常有餘裕，如是則未來之變或可弭，已然之失一日或可救也。

議者必曰：三道並進，則兵分勢弱，不若併力一向，則莫我當也。曾不知取國之術與争地之術異。併力一向，争地之術；諸道並進，取國之術也。昔之混一者，皆若是矣。晉取吴，則六道進；隋取陳，則九道進；宋之於南唐，則三面皆進。未聞以一旅之衆，而能取國者，或者有之，僥倖之舉也。豈有堂堂大國，師徒百萬，而爲僥倖之舉乎？況彼渡江立國，百有餘年，紀綱修明，風俗完厚，君臣輯睦，内無禍釁，東西南北，輪廣萬里，不可謂小。自敗盟以來，無日不討軍實而申警之，當我强對，未嘗大敗，不可謂弱。豈可蔑視，謂秦無人，直欲一軍倖而取勝乎？秦王問王翦以伐荆，翦曰：「非六十萬不可。」王曰：「將軍老矣。」命李信將二十萬往，不克，卒畀翦以兵六十萬而後舉楚。蓋衆有所必用，事勢有不可懸料而倖取者。故王者之舉必萬全，其倖舉者，崛起無賴之人也。

嗚呼！西師之出，已及瓜戍，而猶未即功。國家全盛之力在於東師，若亦直前振迅，鋭而圖功，一舉而下金陵、舉臨安則可也。如兵力耗弊，役成遷延，進退不可，反爲敵人所乘，悔可及乎？雖然，猶有可憂者。國家掇取諸國，飄忽凌厲，本以力勝，今乃無故而爲大舉，若又措置失宜，無以挫英雄之氣，服天下之心，則稔惡懷姦之流，得

以窺其隙而投其間，國内空虚，易爲摇盪。臣愚所以諄諄於東師，反覆致論，謂不在於已然而在於未然者，此也。

及世祖渡江圍鄂州，聞憲宗崩，召諸將密議，經復進議曰：

《易》言：「知進退存亡而不失其正者，其惟聖人乎！」殿下聰明睿知，足以有臨；發强剛毅，足以有斷。進退存亡之正，知之久矣。嚮在沙陀，命經曰：「時未可也。」又曰：「時之一字最當整理。」又曰：「可行之時，爾自知之。」大哉王言！「時乘六龍」之道，知之久矣！自出師以來，進而不退。經有所未解者，故言於真定，於曹、濮，於唐、鄧。亟言不已，未賜開允。今事急，故復進狂言。

國家自平金以來，惟務進取，不遵養時晦，老師費財，卒無成功，三十年矣。蒙哥罕立，當安静以圖寧謐，無故大舉，進而不退。畀王東師，則不當復進也而遽進。王以有命不敢自逸，至於汝南，既聞凶訃，即當遣使徧告諸帥，各以次退，修好於宋，歸定大事，不當復進也而遽進。以有師期，會於江濱，遣使喻宋，息兵安民，振旅而歸，不當復進也而又進。既不宜渡淮，又豈宜渡江？既不宜妄進，又豈宜攻城？若以幾不可失，敵不可縱，亦既渡江，不能中止，便當乘虚取鄂，分兵四出，直造臨安，疾雷不及掩耳，則宋亦可圖。如其不可，知難而退，不失爲金兀朮也。師不當進而進，江不

當渡而渡，城不當攻而攻，當速退而不退，當速進而不進，情見勢屈。舉天下兵力不能取一城，則我竭彼盈，又何俟乎？

且諸軍疾疫已十四五，又延引月日，冬春之交，疫必大作，恐欲還不能。彼既上流無虞，吕文德已并兵拒守，知我國疵，鬬氣自倍。兩淮之兵盡集白鷺，江西之兵盡集隆興，嶺廣之兵盡集長沙，閩、越沿海，巨舶大艦以次而至，伺隙而進。如遏截於江、黄津渡，邀遮於大城關口，塞漢東之石門，限郢、復之湖濼，則我將安歸？無已，則突入江、浙，搗其心腹。聞臨安、海門已具龍舟，則已徒往。還抵金山，并命求出，豈無韓世忠之儔？且鄂與漢陽分據大别，中挾巨浸，號爲活城，肉薄骨并而拔之，則彼委破壁孤城而去，泝流而上，則入洞庭，保荆、襄，順流而下，則精兵健櫓，突過滸、黄，未易遏也。亦徒費人命，安所得哉？

雖然，以王本心，不欲渡江，既渡江，不欲攻城，既攻城，不欲並命，不焚廬舍，不傷人民，不易其衣冠，不毁其墳墓，三百里外不使侵掠。或勸徑趨臨安，曰其民人稠夥。若往，雖不殺戮，亦踐蹂，吾所不忍。若天與我，不必殺人；若天弗與，殺人何益？而竟不往。諸將歸罪士人，謂不可用，以不殺人故不得城。大王曰：『彼守城者祇一賈制置，汝十萬衆不能勝，汝輩之罪也，豈士人之罪乎？』益禁殺人，巋然一仁，

上通於天，久有歸志，不能遂行耳。

然今事急，不可不斷也。宋人方懼大敵，自救之師雖則畢集，未暇謀我。第吾國內空虛，塔察國王與李行省肱髀相依，在於背脅。西域諸胡窺覘關隴，隔絶旭烈大王。病民諸姦各持兩端，觀望所立，莫不覬覦神器，染指垂涎。一有狡焉，或啟戎心，先人舉事，腹背受敵，大事去矣。且阿里不哥已行赦令，令脱里赤爲斷事官、行尚書省，據燕都，按圖籍，號令諸道，行皇帝事矣。雖大王素有人望，且握重兵，獨不見金世宗、海陵之事乎？若彼果決，稱受遺詔，便正位號，下詔中原，行赦江上，欲歸得乎？

昨奉命與張仲一觀新月城，自西南隅，萬人敵，上可並行大車，排槎串樓，締搆重複，必不可攻，祇有許和而歸耳。斷然班師，亟定大計，銷禍於未然。先命勁兵把截江面，與宋議和，許割淮南，漢上梓、夔兩路，定疆界歲幣。置輜重，以輕騎歸，渡淮乘驛，直造燕都。則從天而下，彼之姦謀僭志，冰釋瓦解。遣一軍逆蒙哥罕靈輿，收皇帝璽。遣使召旭烈、阿里不哥、摩哥及諸王駙馬，會喪和林。差官於汴京、京兆、成都、東平、西京、北京，撫慰安輯，召真金太子鎮燕都，示以形勢。則大寶有歸，而社稷安矣。

會宋賈似道亦遣間使請和，迺班師。

世祖即位，經上《立政議》曰：

臣聞所貴乎有天下者，謂其能作新樹立，列爲明聖，德澤加於人，令聞施於後也。非謂其志得意滿，苟且而已也。志得意滿，苟且一時，草木並朽而無聞，是爲身者也，於天下何有？有志於天下者，不貴也。爲人之所不能爲，立人之所不能立，變人之所不能變，卓然與天地並，沛然與造化同，雷厲風飛，日星明而江河流，天下莫不貴之。而已不以爲貴，以爲己所當爲之職分也。古之有天下者，莫不然；後之有天下者，亦莫不當然。

天下，一大器也。綱紀禮義者，天下之元氣；文物典章者，天下之命脈。非是，則天下之器不能安。小廢則小壞，大廢則大壞。小爲之脩完，則小康；大爲之脩完，則太平。故有志於天下者，必脩之而不棄也。以致治自期，以天下自任，孳孳汲汲，持扶安全，必至成功而後已。使天下後世稱之曰：「天下之禍至某君而除，天下之亂至某君而治，天下之亡者至某君而存，天下之未作者，至某君而作。」配天立極，繼統作帝，熙鴻號於無窮，若是則可謂有志於天下矣。

由漢以來，尚志之君六七。作於漢，則曰高帝，曰文帝，曰武帝，曰昭帝，曰宣帝，

曰世祖，曰明帝，曰章帝，凡八帝。於三國，則曰昭烈一帝。於晉，則曰孝武一帝。於元魏，則曰孝文一帝。於宇文周，則曰武帝一帝。於唐，則曰高祖，曰文皇，曰玄宗，曰憲宗，曰武宗，曰宣宗，凡六帝。於後周，則曰世宗一帝。於宋，則曰太祖，曰太宗，曰仁宗，曰高宗，曰孝宗，凡五帝。於金源，則曰世宗，曰章宗，凡二帝。是皆光大炳烺，不辱於君人之名，有功於天下甚大，有德於生民甚厚。人之類不至於盡亡，天下不至於皆爲草木鳥獸，天下之人猶知有君臣父子夫婦昆弟，人倫不至於大亂，綱紀禮義、典章文物不至於大壞，數君之力也。嗚呼！上下數千載，有志之君僅是數者何？苟且一時者多，而致治者鮮也。雖然，是數君者，獨能樹立，功成治定，揄揚於千載之下，豈不爲英主也哉！其視壞法亂紀，斁彝倫，毒海内，覆宗社，碌碌以偷生，孑孑以自蔽，其爲庸懦者，可爲憫笑也。

國家光有天下，緜歷四紀，恢拓疆宇，古莫與京。惜乎攻取之計甚切，而脩完之功弗逮。天下之器日益弊，而生民日益憊也。蓋其幾一失，而其弊遂成。初下燕雲，奄有河朔，便當創法立制，而不爲。既並西域，滅金源，蹂荆襄，國勢大張，兵力崛阜，民物稠夥，大有爲之時也。苟於是時，正綱紀，立法度，改元建號，比隆前代，使天下一新，漢、唐之舉也，而不爲。於是法度廢則綱紀亡，官制廢則政事亡，都邑廢則宫室

亡，學校廢則人材亡，廉恥廢則風俗亡，紀律廢則軍政亡，守令廢則民政亡，財賦廢則國用亡。天下之器雖存，而其實則無有。

賴社稷之靈，祖宗之福，兵鋒所向，無不摧破。穿徹海嶽之鋭，跨凌宇宙之氣，騰擲天地之力，隆隆殷殷，天下莫不懾伏。當太宗皇帝臨御之時，耶律楚材爲相，定税賦，立制作，榷宣課，分郡縣，籍户口，理獄訟，别軍民，設科舉，推恩肆赦，方有志於天下。而一二不逞之人，投隙抵罅，相與排擯，百計攻訐，乘宫闈違豫之際，恣爲矯誣，卒使楚材憤悒以死。既而牽連黨與，倚疊締構，援進宵人，畀之以政，相與割剥天下。而天下被其禍，荼毒宛轉，十有餘年，生民顒顒，莫不引領望明君之出。

先皇帝初踐寶位，皆以爲致治之主，不世出也。既而下令鳩括符璽，督察郵傳，遣使四出，究核徭賦，以求民瘼，汙吏濫官，黜責殆遍。其願治之心亦切也。惜其授任皆前日害民之尤者，舊弊未去，新弊復生，而致治之幾又失也。

今陛下統承先王聖謨，英略恢廓，正大有一天下之勢。自金源以來，綱紀禮義、文物典章，皆已墜没，其緒餘土苴，萬億之能一存。若不大爲振澡，與天下更始，以國朝之成法，援唐、宋之故典，參遼、金之遺制，設官分職，立政安民，成一王法，是亦因仍苟且，終於不可爲，使天下後世以爲無志於天下。曆代綱紀典刑至今而盡，前無以

貽謀，後無以取法，壞天地之元氣，愚生民之耳目，後世之人因以竊笑而非之，痛惜而歎惋也。

昔元魏始有代地，便參用漢法，至孝文遷都洛陽，一以漢法爲政。典章文物粲然，與前代比隆。至今稱爲賢君，王通修《元經》即與爲正統，是可以爲監也。金源氏起東北小夷，部曲數百人，渡鴨緑，取黄龍，便建位號，一用遼、宋制度。收一國名士，置之近要，使藻飾王化，號十學士。至世宗與宋定盟，内外無事，天下晏然，法制修明，風俗完厚，真德秀謂金源氏典章法度在元魏右，天下亦至今稱爲賢君。燕都故老語及先皇者，必爲流涕，其德澤在人之深如此，是又可以爲監也。

今有漢、唐之地而加大，有漢、唐之民而加多。雖不能便如漢、唐，爲元魏、金源之治亦可也。陛下睿稟仁慈，天錫勇智，喜衣冠，崇禮讓，愛養中國，有志於爲治，而爲豪傑所歸、生民所望久矣。但斷然有爲，存典章，立綱紀，以安天下之器，不爲苟且一時之計，奮揚乾綱，應天革命，進退黜陟，使各厭伏，天下不勞而治也。今自踐祚以來，下明詔，蠲苛煩，立新政，去舊汙，登進茂異，舉用老成，緣飾以文，附會漢法，歛江上之兵，一視以仁，兼愛兩國，莫不思見德化之盛，至治之美也。

但恐害民餘孽，扳附姦邪，更相援引，比周以進。若不辨之於早，猶夫前日也。

以有爲之姿，據有爲之位，乘有爲之勢，而不爲有爲之事，與前代英主比隆，陛下亦必愧怍而不爲。《書》曰：「罔不在厥初。」《易》曰：「履霜堅冰至。」《詩》曰：「如彼雨雪，先集維霰。」《春秋》書：「元年春王正月。」皆謹之於初，辨之於早也。有有爲之志，而不辨姦邪於早而卻之，則鑠剛以柔，蔽明以暗，終不能以有爲。蓋彼姦人易合難去，誘之以甘言，承之以令色，賂之以重寶，便辟迎合，無所不至。不辨之於早而拒之，則墮其計中，授之以柄而隨之耳。昔王安石拜參政，吕獻可即以十罪劾之。安石得政，宋果以亡。温公謂太早，獻可曰：「去天下之害，不可不速，異日諸君必受其禍。」安石得政，宋果以亡。温公曰：「吕獻可之先見，范景仁之勇決，吾不及也。」

夫月暈而風，礎潤而雨，理有所必然。雖天地亦可先見，況於人乎？方今之勢，在於卓然有爲，斷之而已。去舊汙，立新政，創法制，辨人材，綰結皇綱，藻飾王化，偃戈卻馬，文致太平，陛下今日之事也。毋以爲難而不爲，毋以爲易而不足爲，投機挈會，比隆前王，政在此時。不累於宵人，不惑於羣言，兼聽俯納，臣之所願也。

世祖深韙其言，欲大用之。

時王文統當國，忌經，思擯之於外。中統元年，世祖議遣使於宋，告即位，且徵前日請和之議，仍敕沿邊諸將毋鈔掠，經入辭，請與蒙古人偕往。帝不許，曰：「卿等往即可，彼之

君臣皆書生也。」賜蒲萄酒，詔曰：「朕初即位，庶事草創，卿當遠行，凡可輔朕者，亟以聞。」經奏便宜十六事，辭多不載。

或謂經：「宋人譎詐，盍以疾辭？」經曰：「自南北構難，兵連禍結。苟能弭兵靖亂，吾學爲有用矣。雖蹈不測之淵，吾所甘心也。」既行，文統陰屬李璮侵宋，欲假手害經。經至濟南，璮以書止之，經奏其事於朝。宋敗璮軍於淮安。經至宿州，遣副使劉仁傑、參議高翻請入國期，不報。遺書宰相及淮帥李庭芝，庭芝復書，果疑經。而賈似道方以卻敵爲功，恐經至謀泄，館經真州。經乃表奏宋主曰：「願效魯連之義，排難解紛，豈知唐儉之徒，款兵誤國。」又數上書宋主及宰執，極陳戰和利害，且請入見及歸，皆不報。驛吏棘垣鑰户，晝夜守邏，欲以動經，經不屈。經待下素嚴，又久羈困，多怨者。經諭曰：「嚮受命不進，我之罪也。一入宋境，死生進退，聽其在彼，我終不能屈身辱命。汝等不幸，宜忍以待之，我觀宋祚將不久矣。」至元十二年，丞相伯顏南伐，帝遣禮部尚書中都海牙及經弟行樞密院都事庸入宋，問執行人之罪。宋懼，遣總管段佑以禮送經歸。似道之謀既泄，尋竄死。經道病，帝遣樞密院官及尚醫近侍迎勞，所過父老瞻望流涕。明年夏，至闕，賜宴內廷，賞賚有差。秋七月卒，年五十三。敕官爲護喪還葬，謚文忠。官其子采麟奉訓大夫、知林州。後贈昭文館大學士、司徒、冀國公。

經爲人尚氣節，爲學務有用。及被留，思託言垂後，撰《續後漢書》、《易春秋外傳》、《太極演》、《原古録》、《通鑑書法》、《玉衡貞觀》等書，及文集，凡數百卷。其文豐蔚豪宕，善議論。詩尤奇崛。拘使館十六年，從者皆通於學。開封民射雁金明池，得繫帛詩云：「霜落風高恣所如，歸期回首是春初。上林天子援弓繳，窮海纍臣有帛書。」後題曰：「中統十五年九月一日放雁，獲者勿殺，國信大使郝經書於真州忠勇軍營新館。」咸謂經之忠節所感動。時南北隔絶，經不知改元，故題曰「中統十五年」云。

二弟彝、庸，皆有名。彝字仲常，隱居以壽終；庸字季常，潁州知州。子采麟，累官集賢直學士、山南江北道肅政廉訪使。

從經使宋者，有苟宗道，字正甫，保定人。官都事。經授以經學，官至國子祭酒、江南行臺治書侍御史，卒。

史臣曰：郝經屢進言於世祖，以伐宋爲連兵構禍。就成敗論之，其言似迂而不切。然謂「如其不服，先以文誥，拒而不從，再行天伐」，異日蒙古滅宋，卒不外此。蓋王者之師，誠不以陰謀詭計爲勝算也。宋人自亡其國，無足論者。以經之學識，而不獲用於至元之世，惜哉！

新元史卷之一百六十九　列傳第六十六

陳祐 思謙 天祥

陳祐，一名天祐，字慶甫，趙州寧晉人。祖忠，字公茂，有學行，鄉黨尊而師之，稱爲茂行先生。父子安，早卒。

祐少好學，家貧，母張氏翦髮易書使讀之，長遂博通經史。時諸王得自辟官屬，穆哥王府署祐爲尚書。王分土於河南，又表祐爲河南府總管。下車之日，禮聘名士李國維、楊杲、李微、薛元等，咨以治道，奏免征西軍數百家及椒竹諸税、糧料等錢，又上便民二十餘事，朝廷皆從之。

世祖即位，分陝、洛爲河南西路。中統元年，真除祐爲總管。時州縣官未給俸，多貪暴，祐獨以清慎見稱，在官八年，如始至之日。至元二年，改南京路治中。適大蝗，徐、邳尤甚，責捕急。祐部民丁數萬人至其地，謂左右曰：「捕蝗慮其傷稼也。今蝗雖盛，而穀已熟，不如令早刈之。」或以事涉專擅，不可。祐曰：「救民獲罪，亦所甘心。」即諭使刈穀，兩

州之民皆賴焉。

三年，朝廷以祐降官無名，乃賜虎符，授嘉議大夫、衛輝路總管。衛當四方衝要，號爲難治。祐申明法令，創立孔子廟，修比干墓，請列於祀典。及去官，民爲立碑頌德。

祐上書世祖，言樹太平之本有三，曰：

臣聞殷、周、漢、唐之有天下也，天生創業之君，必生守文之主。蓋創業之君，天所以定禍亂；守文之主，天所以致隆平也。昔我聖朝之興，太祖皇帝龍飛朔方，雷震雲合，天下響應，統一四海，雖湯、武之盛，未之有也。天眷聖朝，實生陛下，陛下神武聖文，經天緯地，能盡守文之美，兼隆創業之基，典章文物，燦然可觀。暨遐陬絶域之民，上古所不能臣者，陛下悉能臣之，雖高宗之興殷，成、康、宣王之興周，文、景、光武之興漢，太宗、憲宗之興唐，無以過也。是以海内豪傑之士，翕然嚮風，咸謂天命陛下啟太平之運者有四，民望陛下樹太平之本者有三，臣請條列而言之。

陛下昔在藩邸之初，奉辭伐罪，西舉大理，勢若摧枯，南渡長江，易於反掌。此天命陛下揚萬里之威，定四方之亂，將降大任於陛下。即位之後，内難方殷，藩王之搆亂者在北，逆賊之連禍者在東，然天戈一指，俱從蕩平。此天命陛下消藩鎮有釁之權，新唐、虞無爲之化，將以躋斯民於仁壽之域也。臣故曰天命陛下。

啟太平之本者有三：其一曰太子國本，建立之計宜早。臣聞三代盛王有天下者，皆以傳子，非不欲法堯、舜禪讓之美也，顧其勢有不能爾。何則？俗有厚薄，時有變遷，苟或傳非其人，禍源一啓，則後世争奪之亂未易息也，以是見聖人公天下之憂深矣。故孟軻曰：「天與賢則與賢，天與子則與子。」夫所謂天與子者，非謂天有諄諄之言告諭人主以傳子之計也，政謂時運推移，無非天理。聖人能與時消息，動合天意，故自天祐之，吉無不利。是以三代享祚長久，至有踰六七百年者，以其傳子之心，公於爲天下，不私於己故也。伏見聖代隆興，不崇儲貳，故授受之際，天下憂危。曩者建藩屏之國，授諸侯之兵，所以尊王室，衛社稷，實祖宗創業之宏規也。迨乎中統之初，頗異於是。恃其國之大也，謀傾王室者有之；恃其兵之强也，圖危社稷者有之。當是之時，賴陛下斷自聖衷，算無遺策。故總攬權綱，則藩鎮之禍消；深固根本，則朝廷之計定。此陛下守文之善經也。何以言之？天下者，太祖之天下也；律令者，太祖之法令也。陛下豈欲變易舊章，作爲新制，以快天下耳目之觀聽哉？誠以時移事變，理勢當然，不得不爾，期於宗社之安而已矣。由此觀之，國本之議，昭然甚明，不可緩也。語曰：「雖有智慧，不如乘勢，雖有鎡基，不如待時。」今年穀屢登，四海晏然，此其時矣；億兆戴德，侯王向化，此其勢矣。夫天與不受，則違天意；民望不

副，則失民心。失民心則可憂，違天意則可懼，此安危之機，不可不察也。伏惟陛下上承天意，下順民心，體三代宏遠之規，法《春秋》嫡長之義，内親九族，外協萬邦，建皇儲於春宮，隆帝基於聖代。俾入監國事，出撫戎政，絶覬覦之心，壹中外之望，則民心不揺，邦本自固矣。陛下藴謙光之德，縱不欲以天下傳子孫，獨不念宗廟之靈，社稷之重，生民之塗炭乎？願陛下熟計而爲之，則天下臣民之幸甚矣。

其二曰中書政本，責成之任宜專。臣伏見陛下勵精爲治，頻年以來，建官分職，綱理衆務，可謂備矣。曰中書，曰御史，曰樞密，曰制國用，曰左右部。夫承命宣制，奉行文書，銓叙流品，編齊户口，均賦役，平獄訟，此左右部之責也。通漕運，謹出納，充府庫，實倉廩，百姓富饒，國用豐備，此制國用之職也。修軍政，嚴武備，闢疆場，肅號令，謹先事之防，銷未形之患，士馬精强，敵人畏服，此樞密之任也。若夫屏貴近，退姦邪，絶臣下之威福，强公室，杜私門，糾劾非違，肅清朝野，非御史不能也。如斗之承天，斟酌元氣，運行四時，條舉綱維，著明紀律，總百揆，平萬機，求賢審官，獻可替否，内親同姓，外撫四夷，綏之以和，鎮之以静，涵養人材，變化風俗，立經國之遠圖，建長世之大議，孜孜奉國，知無不爲，作新太平之化，非中書不可也。皇天以億兆之命，懸之於陛下之手，陛下父事上天，子愛下民，其道無他，要在慎擇宰相，委任責

成而已。陛下，元首之尊也；中書，股肱之任也；御史，耳目之司也。方今之宜，非中書則無以尊上，非御史則無以肅下；下不肅，則內慢，上不尊，則外侮。內慢外侮，亂之始也；上尊下肅，治之基也。故《虞書》載明良之歌，賈生設堂陛之喻，其旨豈不深且遠哉！凡今之所以未臻於至治者，良由法無定體，人無定分，政出多門，不相統一故也。臣謂諸外路軍民錢穀之官，宜悉委中書通行遷轉。其賞罰黜陟，一聽於中書。其善惡能否，一審於御史。如此則官有定名之實，法有畫一之規矣。又大臣貴和，不貴同。和於義，則公道昭明，有揖讓之治；同於利，則私怨萌生，起忿爭之亂。此必然之效也。誠能中外戮力，將相同心，和若鹽梅，固如金石，各慕相如、寇恂相下之義，夾輔王室，協贊聖猷。陛下臨之以日月之明，懷之以天地之量，操威福之權，執文武之柄，俾知法有定體，人有定分。上之使下，如身之運臂，臂之任指；下之事上，如足之承身，身之尊首。各勤厥職，各盡迺心。夫如是，天下何憂不理，國勢何憂不振乎？雖西北諸王未覲天顏，東南一隅未霑聖化，其來庭之議，稱藩之奏，可剋日而待，不足爲陛下憂也。所可憂者，大臣未和，公道未昭，羣小流言，熒惑聖聽，干撓庶政，虧損國威，摧壯士之心，鉗直臣之口。至使人情以緘默爲賢，以盡節爲愚，以告訐爲忠，以直言爲諱，是皆姦人敵國之幸，非陛下之福也。臣恐此弊不已，習以成風，將

見私門萬啟於下，公道孤立於上，雖有夔、皋爲臣，伊、周作輔，亦不能善治矣。陛下有垂成太平之功，而復有小人基亂之釁，此臣所以爲陛下惜也。今大臣設有姦邪不忠，竊弄威柄者，御史自當劾之，乃其職也；百官自當論之，乃其分也。烏在無賴小人不爲鄉黨所齒者，驟興攻訐之風於朝廷之上乎？臣知國家承平吉祥之言，必不出於若輩之口也，惟陛下遠之，則天下幸甚。

其三曰人材治本，選舉之方宜審。臣聞君天下者，勞於求賢，逸於得人，其來尚矣。蓋天地間，有中和至順之氣，生而爲聰明特達之人，以待時君之用。是以聖王遭時定制，不借材於異代，皆取士於當時。臣愚以爲，今之天下，猶古之天下也；今之君臣，猶古之君臣也；今之人材，猶古之人材也。顧惟陛下求之與否爾。伏見取人之法，今之議者，互有異同。或以選舉爲盡美，而賤科第；或以科第爲至公，而輕選舉。是皆一己之偏見，非古今之通論也。夫二帝、三王以下，隋、唐以上，數千百年之間，明君睿后所得社稷之臣，王霸之輔，蓋亦多矣。其豐功盛烈，章章然著於天下後世之耳目者，跡其從來，亦可考也。或起於耕耘，或來於版築，或獵於屠釣，或因獻言而入侍，或由薦進而登朝。至於賢良方正、孝廉、貢舉之途，遭際萬殊，不可勝紀，豈一出於科第乎？自隋、唐以降，迄於宋、金，數百年間，代不乏人，名臣偉器，例皆以科

第進，豈皆一出於選舉乎？及遇合於君，聚精會神於朝廷之上，皆能尊主庇民，論道佐時，寧復有彼優此劣之間哉？夫士之處世，亦猶魚之處水，其取之之術，固有筌罶罟釣之不同，期於得魴得鯉則一也。臣愚謂方今取士，宜設三科，以盡天下之材，以公天下之用。亡金之士，以第進士歷顯官，耆年宿德老成之人，分布臺省，咨詢典故，一也。內則將相公卿大夫，各舉所知，外則府尹州牧，歲貢有差，進賢良則受賞，進不肖則受罰，二也。頒降詔書，布告天下，限以某年開設科舉，三也。三科之外，繼以門廕勞閥參之，可謂才德兼收，動賢並進。如此則人人自勵，多士盈朝，將相得人於上，守令稱職於下，陛下端拱無爲而天下治矣。夫天下，猶重器也。器之安危，置之在人。陛下誠欲措天下於泰山之安基，宗社於磐石之固，可不以求材爲急務乎？《詩》曰：「濟濟多士，文王以寧」，其斯之謂歟！

抑臣又聞，凡人臣進深計之言於上，自古爲難。昔漢賈誼當文帝治平之世，建言諸侯强大將不利於社稷，譬猶抱火厝之積薪之下而寢其上，火未及然，因謂之安。安上全下之計，莫若衆建諸侯而分其力。可謂切中時病矣。然舉朝皆以誼言爲過，故帝雖嘉之，而不能用。逮景帝之世，七國連兵，幾危漢室，誼之言始驗於此矣。董仲舒當武帝窮兵黷武之時，重斂繁刑之際，一踵亡秦之覆轍，唯崇尚虛文，而欲求至治。

仲舒以爲宜更化，而不更化，雖有大賢大能善治，譬之琴瑟不調；當更張而不更張，雖有良工不能善鼓。又言臨淵羨魚，不如退而結網；臨政願治，不如退而更化。可謂深識治體矣。然當時皆以其言爲迂，故帝雖納之，而不果行。逮至季年，海内虚耗，户口減半，帝於是發仁聖之言，下哀痛之詔，仲舒之言始驗於此矣。向若文帝早從賈誼，武帝早用仲舒，其禍亂之極，必不至此。漢之爲漢，又豈止如是而已哉？洎乎有唐馭宇，太宗皇帝清明在躬，以納諫爲心，而魏徵之倫耻其君不及堯、舜，是以知無不言，言無不聽，聽無不行。故能身致太平，比功較德，優邁前主矣。

臣誠才識駑鈍，不足以比擬前賢，如霄壤涇渭，固自有間。然於遭逢聖明，誠誠懇懇，志在納忠，其義一也。臣請以人身之計言之：冬之祁寒，夏之甚暑，此天時變於上者也，在修人事以應之。故祁寒則衣裘，甚暑則服葛，非人情惡常而好變也，蓋亦理勢當然，不得不爾，期於康寧其身而已矣。國計安危，理亦如此。臣愚切謂三本之策，若施之於太祖用武之世，有所未遑；行之於陛下守文之時，誠得其宜。此天下之公論，非臣一人之私意也。

書上，事雖未能盡行，時論韙之。

六年，以提刑按察司兼勸農使，遷祐爲山東東西道提刑按察使。時中書、尚書二省並

立，世厭其煩，欲合爲一，集大臣議之。祐還朝，特命預其議。阿合馬爲尚書平章政事，欲奏中書右丞相安童爲太師，因罷中書省，懼祐有異同，許以祐爲尚書參知政事。及入議，祐極言：「中書政本，祖宗所立，不可罷；三公古官，今徒存虚位，不須設。」阿合馬怒其忤己，除祐僉中興等路行尚書省事。

西涼隸永昌王府，其達魯花赤及總管爲人誣搆，王欲悉致之法，祐力辯其冤。王怒甚，祐執議彌固。王亦尋悟，二人皆獲免，持祐泣曰：「公再生父母也。」朝廷大舉伐宋，遣祐僉山東民軍。民聞祐來，皆曰：「陳按察來，必無私。」於是逃匿者皆出，應期而辦。十二年，授南京總管，兼開封府尹。屬吏聞祐至，多震懾失措。祐因謂曰：「何必若是？前爲盜跖，今爲顏子，吾以顏子待之；前爲顏子，今爲盜跖，吾以盜跖待之。」由是吏知修飭，不敢弄法。十四年，遷浙東道宣慰使。時江南初附，軍士俘温、台民數千口，祐悉奪還之。未幾，行省榷民商酒税，祐請曰：「兵火之餘，遺民宜從寬恤。」不報。

遣祐檢覆慶元、台州民田。及還，至新昌，值玉山鄉盜起，倉猝不及爲備，中流矢而卒，年五十六。贈推忠秉義全節功臣、江浙等處行中書省左丞，追封潁川郡公，謚忠定。父老請留葬會稽，不得，乃立祠祀之。祐能詩文，有《節齋集》。

三子：夔，芍陂屯田萬户。在揚州，聞祐遇盜死，泣請行省，願復父讎。擒其賊魁，戮

於紹興市。累遷朝列大夫、慶元路治中。皋、奭，皆侍儀司通事舍人。孫思魯、思謙，思魯襲芍陂屯田萬户。祐弟天祥。

思謙，少孤，警敏好學。天曆初，丞相高昌王亦都護舉思謙，時年四十矣。召見興聖宫。明年，授典寶監經歷，改禮部主事。首言：「教坊、儀鳳二司，請併入宣徽，以清禮部之選。其官屬不當與羣臣並列朝會，宜置百官之後，大樂之前。」詔從之，而二司隸禮部如故。

至順元年，拜西臺監察御史，條上八事：一曰正君道，二曰結人心，三曰崇禮讓，四曰正綱紀，五曰審銓衡，六曰勵孝行，七曰紓民力，八曰修軍政。先是，關陝大饑，民多鬻産，及歸，皆無地可耕。思廉請聽民倍直贖之，使富者收兼入之利，貧者獲已棄之業。從之。監察御史李擴行部甘肅。金州民劉海延都，其男元元，自稱流民王延禄，非海延都之子，告海延都掠其財。擴聽之，以酷刑拷其父〔一〕。思謙劾擴逆父子之倫，壞朝廷之法，遂抵擴罪。

明年，遷太禧宗禋院都事。九月，拜監察御史，首言：「户部賜田，諸怯薛支請海青、獅、豹肉食，及局院工糧。好事布施，一切泛支，較之至元三十年以前增數十倍，至順元年

經費缺二百三十九萬餘錠。宜節無益不急之費，以備軍國之用。」又言：「軍站消乏，僉補則無殷實之户，接濟則無羨餘之財。倘有征行，必括民間之馬，苟能脩馬政，亦其一助也。今西越流沙，北際沙漠，東及遼海，地氣高寒，水甘草美，無非牧養之地。宜設羣牧使司，統領十監，專治馬政，并畜牛羊。」又言銓衡之弊：「入仕之門太多，黜陟之法太簡，州郡之任太淹，京朝之職太速。」設三策以救四弊：「一曰至元三十年以後增設衙門冗濫不急者，從實減并，其外有選法者，并入中書。二曰參酌古制，設辟舉之科，令三品以下各舉所知，得才則受賞，失實則受罰。三曰古者刺史入爲三公，郎官出宰百里，蓋使外職識朝廷治體，内官知民間利病。今後歷縣尹有能聲善政者，授郎官、御史，歷郡守有奇才異績者，任憲使、尚書。其餘各驗資品通遷，在内者不得三考連任京官，在外者須歷兩任乃遷内職。凡朝缺官員須二十月之上，方許遷除。」帝俞其奏，命中書議行之。時有官居喪者，往往奪情起復。思謙言：「三年之喪，謂之達禮。自非金革，不可從權。」遂著於令。詔起報嚴寺，思謙曰：「兵荒之餘，當罷土木，以紓民力。」帝悦，曰：「此正得祖宗立臺憲之意，繼此事有當言者無隱。」賜縑帛旌之。未幾，遷右司都事。

元統二年五月，轉兵部郎中。十一月，改御史臺都事。後至元元年，出爲淮西道廉訪副使，期月引疾歸。六月，召爲中書省員外郎，上言：「强盜但傷事主者，得死罪。故殺，從

而加功者，與鬬而殺人者例，杖一百七十下，得不死，與宰牛馬之罪無異。是視人與牛馬等也，法應加重。因姦殺夫，所姦妻妾同罪。律有明文。今止坐所犯，與律不合。」事下刑部議，皆爲改定。

至正元年，轉兵部侍郎。丁内艱，服除，召爲右司郎中。歲凶，盜賊蠭起，剽掠州縣。思謙白於執政，當竭府庫以賑貧民，分兵鎮撫中夏，以防後患。不從，後卒如思謙言。

五年，參議中書省事。轉刑部尚書，改湖廣廉訪使。八年，遷淮東宣慰司都元帥。九年，遷浙西廉訪使、湖廣行中書省參知政事，辭。十一年，改淮西廉訪使。尋召入爲集賢侍講學士，修定刑律。十二年，拜治書侍御史。明年，擢御史中丞。思謙以年近七十，上章告老，不允。特旨進榮禄大夫，仍御史中丞。入謝，感疾，明日卒。贈宣猷秉憲佐治功臣、翰林學士承旨、榮禄大夫、柱國，追封魯國公，謚通敏。

天祥，字吉甫。少隸軍籍，善騎射。中統三年，李璮叛，河北河南宣慰司承制授天祥千户，屯三汊口，以遏宋兵。事平，罷歸。初，天祥未知學，祐不之奇也。别數歲，獻所爲詩於祐。祐疑假手它人，及與語，出入經史，大爲嗟異。

至元十年，起爲郢、復州等處招討司經歷，從大兵渡江，論軍事，深爲行省參政賈居貞

所重。十三年，興國軍以籍兵器倡亂，行省命天祥權知軍事。父老上謁，天祥諭之曰：「捍衛鄉井，誠不可無兵，任事者籍而收之，操持過急，故致亂爾。今令汝輩權置兵仗以自衛，何如？」民皆稱便。乃白其事於行省曰：「鎮遏姦邪，當實根本。若内無備禦之資，則外生窺覦之釁，此理勢必然者也。推此軍變亂之故，正由當時處置失宜，疏於外而急於内。凡在軍中者，寸鐵尺杖不得在手，遂使姦人得以竊發，公私同被其害。今此地再經殘破，單弱至此，若猶相防而不相保信，豈惟外寇可憂，第恐舟中之人皆敵國矣。莫若推赤心於人，使戮力同心，與均禍福，人則我之人，兵則我之兵，靖亂止姦，無施不可。惟冀少加優容，然後責其必成之效。」行省許以便宜處置。凡天祥所施設，皆合衆意。由是流移復業，以至鄰郡之民來歸者相繼。分寧盜起，諜者至，吏請捕之，天祥曰：「彼以官吏貪暴故叛。今我一軍三縣，官無侵漁，民樂其業，使之告其徒黨，則諜者反爲我用矣。」遂一無所問。

居歲餘，詔改本軍爲路。有代天祥爲總管者，變更舊政，天祥去未久而興國復亂。壽昌府及大江南北諸城，多乘勢殺守將以應之。時方改行省爲宣慰司，參政忽都帖木兒、賈居貞、萬户鄭鼎爲宣慰使。鼎帥兵討之，至樊口溺死。賊遂聲言攻陽羅堡，鄂州大震。忽都帖木兒恇怯不敢出兵。天祥言於居貞曰：「陽羅堡依山爲壘，素有嚴備，彼若來攻，我之利也。且南人輕進易退，官軍憑高據險，出精兵擊之，必獲全勝。」居貞深然之，乃引兵伏

於青山，賊至，果爲官軍所敗。復遣天祥權知壽昌府事，授兵二百人。亂民聞官軍至，皆依險自保。天祥以衆寡不敵，遣人諭以禍福，使各歸田里，惟擒其渠魁毛遇順、周監斬於鄂州市，得金二百兩，詢知爲鄂州賈人物，召而還之。賊黨王宗一等十三人亦就擒，以冬至日放還家，約三日歸獄，皆如期而至。白宣慰司盡縱之，由是無復叛者，百姓爲立生祠。

二十一年三月，拜監察御史。會右丞盧世榮以掊克聚斂，權傾一時。御史中丞崔彧言之，帝怒，欲致之法，世榮勢焰益熾。左司郎中周戭因議事有可否，世榮誣以沮法，奏令杖一百，然後斬之，百僚震懾，無敢言者。二十二年四月，天祥上疏極論世榮姦惡，曰：

盧世榮以商販所獲之貲，趨附權臣，營求入仕，輿贓輦賄，輸送權門，所獻不充，又別立欠少文券銀一千錠，由白身擢江西榷茶轉運使。專務貪饕，所犯贓私，動以萬計。其隱秘者固難悉舉，惟發露者乃可明言。凡掊取於人及所盜官物，略計：鈔以錠計者二萬五千一百一十九，金以錠計者二十五，銀以錠計者一百六十八，茶以引計者一萬二千四百五十有八，馬以匹計者十五，玉器七事，其餘繁雜物件稱是。已經追納及未納見追者，人所共知。

今不悔前非，狂悖愈甚。以苛刻爲自安之策，以誅求爲干進之門。而又身當要路，手握重權，雖位在丞相之下，朝省大政，實得專之。是猶以盜蹠而掌阿衡之任，不

止流殃於當代，亦恐取笑於將來。朝廷信其虚誑之説，俾居相位，名爲試驗，實授正權。校其所能，敗闕如此；考其所行，毫髮無稱。此皆既往之真跡，可謂已試之明驗。若謂必須再試，止可叙以他官，宰相之權，豈宜輕授？夫宰天下譬猶製錦，初欲驗其能否，先當試以布帛，如無成效，所損或輕。今捐相位以試驗賢愚，猶捐美錦以較量工拙，脱致隳壞，悔將何及？

國家之與百姓，上下如同一身。民乃國之血氣，國乃民之膚體。未有耗其血氣，能使膚體豐腴者。是故民富則國富，民貧則國貧，民安則國安，民困則國困，其理然也。昔魯哀公欲重斂於民，問於有若，對曰：「百姓足，君孰與不足？百姓不足，君孰與足？」以此推之，民以賦輕而後足，國以民足而後安。《書》曰：「民爲邦本，本固邦寧。」歷考前代，因百姓富足以致治，百姓困窮以致亂，自有天地以來，未之聞也。夫財者，土地所生，民力所集，天地之間，歲有常數。惟其取之有節，故其用之不乏。

今世榮欲以一歲之期，致十年之積，廣邀增羨之功，不恤顛連之患。視民如讎，爲國斂怨。果欲肆意誅求，何所不得？然其生財之本既已不存，斂財之方復何所賴？將見百姓由此凋耗，天下由此空虚，安危利害之機，有不可勝言者。

計其任事以來，百有餘日。今取其所行與所言，已不相副者，略舉數端：始言能

令鈔法如舊，鈔愈虛耗；始言令百物自賤，物愈騰貴；始言課程增添三百萬錠，不取於民而辦，今卻迫脅諸路官司增數包認；始言能令民快樂，今所措置無非敗法擾民者。若不早有更張，須其自敗，猶蠹雖除去，木病亦深，始嫌曲突徙薪，終見焦頭爛額。事至於此，救將何及？

臣亦知阿附權要則榮寵可期，違忤重臣則禍患難測。緘默自固，亦豈不能？正以事在國家，關繫不淺，憂深慮切，不得無言。

奏上，世祖遣使召天祥與世榮俱至上都，面質之。比至，即日縛世榮於宮門外。明日入對，天祥於帝前再舉其未及言者，帝稱善。世榮遂伏誅。五月，朝廷録天祥從軍渡江及平興國、壽昌之功，擢吏部郎中。

二十三年四月，除治書侍御史。六月，命理算湖北湖南行省錢糧。天祥至鄂州，即上疏劾平章要束木凶暴不法。時桑哥竊國柄，與要束木姻黨，誣天祥以罪，欲殺之，繫獄幾四百日。二十五年春正月，遇赦得釋。二十八年，擢行臺侍御史。未幾，以疾辭歸。三十年，授燕南河北道廉訪使。

元貞元年，改山東東西道廉訪使。山東盜起，詔求弭盜方略。天祥奏，所擬事條，皆切於時用。執政頒行諸路，由是羣盜屏息。平陰縣女子劉金蓮，假妖術惑衆，所至官爲建

神堂，愚民奔走事之。天祥謂同僚曰：「此婦以神怪惑衆，聲勢如此。若復有狡獪之人輔之，仿漢張角、晉孫恩之所爲，必成大害。」遂命捕繫之，杖於市，自此妖妄屏息。天祥言山東宣慰司官冗宜罷，因劾宣慰使貪暴骫治諸事，不聽。遂以任滿辭職。

大德三年六月，遷河北河南廉訪使，以疾不起。六年，拜江南行臺御史中丞。上疏論征西南夷事，曰：

兵有不得已而不已者，亦有得已而不已者。惟能得已則已，可使兵力日强，以備不得已而不已之用，是之謂善用兵者也。去歲行省右丞劉深遠征八百媳婦，此乃得已而不已之兵也。彼荒裔小邦，遠在雲南之西南又數千里，人皆頑愚無知。取之不足以爲利，不取不足以爲害。深欺上罔下，帥兵伐之。經過八番，縱横自恣，恃其威力，虐害居民。中途變生，所在皆叛。深既不能制亂，反爲亂衆所制。軍中乏糧，人自相食。計窮勢蹙，倉皇退走，棄衆奔逃，僅以身免。朝廷再發陝西、河南、江西、湖廣四省兵，使劉二霸都總督，以圖收復叛地。湖北、湖南大起丁夫，運送軍糧，至播州交納，其正夫與擔負自己糧食者，通計二十餘萬。正當農時，興此大役，驅愁苦之人，往返數千里中，何事不有？或所負之米盡到，固爲幸矣。然官軍數萬止仰今次運米，自此以後，又當如何？

比問西征敗卒及其將校，頗知西南遠夷之地，重山複嶺，陡澗深林。軍行徑路在於其間，窄處僅容一人一騎，上如登天，下如入井。賊若乘險邀擊，我軍雖衆，亦難施爲。又毒霧、煙瘴之氣，皆能傷人。羣蠻既知大軍將至，若阻要害以老我師，進不得前，旁無所掠，士卒饑餒，疫病死亡，將有不戰自困之勢，不可不爲深慮也。

且自征伐倭國、占城、交趾、爪哇、緬國以來，近三十年，未嘗見有尺地一民内屬之益，計其所費錢財，死損軍數，不可勝言。又聞八番羅國，向爲征西官軍擾害，捐棄生業，相繼逃叛，怨深入於骨髓，皆欲得其肉而分食之。人心所惡，天意亦憎。惟須上承天意，下順人心，早正深之罪，續下明詔，示彼一方。仍諭自今再無遠征之役以招之，使官民上下，皆知不與區區小醜争一旦之勝負也。

昔大舜退師而苗民格，充國緩戰而諸羌安，事載經傳，爲萬世法。爲今之計，宜駐兵近境，使其水路經通，或用鹽引茶引，或用寶鈔，多增米價和市軍糧。但法令嚴明，官不失信，米船必蔽江而上，軍自足食，民亦不擾。内安根本，外固邊陲。以我之鎮静，御彼之猖狂，布恩以柔之，畜威以制之，期之以久，服之以漸。此王者之師，萬全之利。若謂業已如此，欲罷不能，亦當慮關繫之大，審詳成敗，算定而後用兵。彼溪洞諸蠻，各有種類，必無同心敵我之理。但急之則相救，緩之則相疑。俟彼有可乘

之隙，我有可動之時，徐命諸軍，數道俱進。服從者恩之以仁，拒命者威之以武。恩威相濟，功乃易成。若仍蹈深之覆轍，恐他日之患有甚於今日也。

不報，遂謝病去。

七年，召拜集賢大學士，商議中書省事。八月，地震，河東尤甚。詔問弭災之道，天祥言：「陰陽不和，天地不位，皆人事失宜所致。」執政者以其言切直，抑不以聞。

天祥還都且一歲，未嘗得見帝言事，常鬱鬱不自釋。八年正月，移疾歸。至通州，中書遣使追之，不肯還。帝聞之，賜鈔五千貫，仍命給驛傳，官護送至其家。九年五月，拜中書右丞，議樞密院事。提調諸衛屯田，以年老固辭。十一年，仁宗在懷州，遣使賜幣帛、上尊酒。至大四年，仁宗即位，復遣使召之，不起。延祐三年四月，卒，年八十七。累贈推忠正義崇德佐理功臣、河南江北等處行中書省平章政事，追封趙國公，謚文忠。

史臣曰：陳祜建言三本，皆當世之要務。天祥抨擊姦臣，尤爲侃直。方之軾、轍，庶幾媲美。思謙議論可觀，出爲方面，未著名蹟，殆非治事之才歟？

【校勘記】

〔一〕「拷」，原作「考」，據文意改。《元史》卷一八四列傳第七十一《陳思謙傳》作「以酷法抑其父」。

新元史卷之一百七十　列傳第六十七

許衡師敬　劉因　吴澄當

許衡，字仲平，懷州河内人。生有異禀，與羣兒嬉，即立進退周旋之節，羣兒莫敢犯。年七八歲，受學於塾師，凡三易師，所授書輒不忘。其師辭於父母曰：「此兒穎悟非常，他日必有過人者，吾非其師也。」有道士款其門，謂父母曰：「此兒氣骨不凡，當謹視之，異日名冠天下，富貴不足道也。」金末，徭役繁興，衡從其舅受吏事。久之，以應辦宣宗山陵，州縣追呼旁午，衡歎曰：「民不聊生，欲督責以自免，吾不爲也。」遂不復詣縣，決意求學。父母以世亂，欲衡習占候之術，爲避難計。於日者家見《尚書疏》，乃就宿其家手録之。由是知考求古學，一言一行，必質於書，時人亦稍從受學焉。

未幾，避亂於徂徠山，轉徙大名。時竇默以經術得名，見衡，敬禮之，相遇則危坐終日，出入於經史百家之説，互相難問。姚樞以道學自任，聞衡苦學力行，過大名訪之。樞隱居蘇門山，傳伊、洛之學於趙復。衡至蘇門，見樞，得伊川《易傳》，朱子《論孟集注》、《中

庸大學章句》、《或問》、《小學》諸書，乃手寫以歸，謂學徒曰：「昔所授殊孟浪，今始聞進學之序。若必欲相從，當悉棄前日所學章句之習，從事於小學洒掃應對，以爲進德之階。」乃悉取舊書焚之，使門人自小學入。衡以身先之，家貧，躬耕自養，年不熟則食糠茹菜，處之泰然。

樞應世祖聘，衡獨處蘇門，始有任道之意。及樞爲勸農使，薦衡於世祖，以爲京兆提學。世祖南征，衡復歸懷州。

中統元年，召衡赴上都。入見，帝問所學，曰：「孔子。」問所長，曰：「虛名無實，誤達聖聽。」問科舉之學，曰：「不能。」帝曰：「卿言務實。科舉之學虛誕，朕所不取也。」明年三月，復召至上都。時王文統秉政，深忌樞、默等，疑衡附和之。五月，奏以樞爲太子太師，默太子太傅，衡太子太保，陽尊之，實不欲其侍左右。默以屢言文統不中，欲倚東宮避之。衡以爲不可，且曰：「禮，師傅與太子位東西嚮，師傅坐，太子乃坐。公等能爲此事否？不然，是師道自我而亡也。」樞然之，與默等懷制立殿下，五辭乃免。改授衡國子祭酒。既拜命，復以疾辭。九月，得請歸，仍奉敕教授懷孟路弟子。

三年九月，召至大都。中書左丞張文謙見衡，請執弟子禮，衡拒之。文謙數忤倖臣，被譴責，請教於衡。衡貽書，教以存誠克己之學。至元元年，懇請返懷州，帝許之。六月，

迅雷起於堂下，從者皆驚仆，衡獨不爲動。二年，帝復徵之。衡至上都，即奏震雷之罰，不當入覲，帝不許。十二月，敕入中書省議事，衡以疾辭。丞相安童素慕衡名，謁於行館，及還，謂左右曰：「若輩自謂相去幾何？蓋什百而千萬也，是豈繒繳之可及哉！」

三年春，召至檀州。敕諭衡曰：「竇漢卿獨言王文統，當時汝何不言？豈孔子之教，使汝如是乎？抑汝不遵孔子之教乎？往者不咎，今後毋然。省中事前雖命汝，汝意猶未悉，今再命汝。汝之名分，其斟酌在我。國事所以無失，百姓所以得安，其謨猷在汝。正當黽勉從事，毋負平生所學。安童尚幼，未更事，汝其輔導之。」衡對曰：「聖人之道，至大且遠。臣平生雖讀其書，所得甚淺。既承特命，願罄所知。安童聰明，有執守，告以古人言語，悉能領解。但慮中有人間之，則難行矣。」

是年夏，分省至上都，衡疏陳五事。其一曰：

自古立國，有大規模。規模既定，然後治功可期。昔子產相衰周之列國，孔明治西蜀之一隅，且有定論，終身由之。而堂堂天下，可無一定之制哉？前代北方之有中夏者，必行漢法，乃可長久。故後魏十六帝，百七十年；遼九帝，二百有八年；金九帝，百二十年，皆歷年最多。其他不行漢法，如劉、石、姚、苻〔一〕、慕容、赫連等，專尚威力，劫持鹵莽，皆不過二三十年而傾敗相繼。夫陸行宜車，水行宜舟，反之則不能行。

幽燕食寒，蜀漢食熱，反之則必有變。以是論之，國家既自朔漠入中原，居漢地，主漢民，其當用漢法無疑也。然萬世國俗，累朝勳舊，一旦驅之下從臣僕之謀，改就亡國之俗，其勢有甚難者。夫寒之與暑，固爲不同。然寒之變暑也，始於微温，而熱而暑，積百有八十二日而寒始盡。暑之變寒，其勢亦然，是亦積漸之驗也。苟能漸之摩之，待以歲月，心堅而確，事易而常，未有不可變者。以北方之俗，改用中國之法，非三十年不可成功。在昔平金之日，即當議此，顧乃遷延歲月，養成尾大之勢。祖宗失其機於前，陛下繼其難於後。雖曰守成，實同創始，規模又難於曩時。惟亟亟講求得失而法戒之，不雜小人，不責近效，不恤流言，則周、漢不難復，遼、金不難躒也。

其二曰：

天下之務，萃於中書，不勝其煩，然大要用人、立法而已。人之賢否，未知其詳，固不可遽用。若或已知其爲君子、爲小人，而復遲疑兩可，莫決進退，用君子恐其迂闊，用小人冀收其捷效，是徒曰知人，而實不能用人，亦何益哉？人莫不飲食也，獨膳夫能調五味之和；莫不睹日月也，獨星官能步虧食之數。今里巷之談，動以古爲詬戲，不知今日口之所食，身之所衣，孰非古人遺法？豈天下之大，國家之重，而獨無必然之成法乎？夫治人者法，守法者人。人法相維，上安下順，而君相不勞。今立法用

人，縱未能遽如古昔，然已仕者當給俸以養其廉，未仕者當寬立條格，俾就叙用，則失職之怨少可舒矣。外設監司以察汙濫，内專吏部以定資歷，則非分之求漸可息矣。再任三任，抑高舉下，則人才爵位略可平矣。至於貴家之世襲，品官之任子，版籍之數，續當議之，亦不可緩也。

其三曰：

爲君當知爲君之難。蓋上天爲下民作之君師，非以安佚娱之，乃以至難任之也。古帝明王，莫不兢兢業業，豈故爲自苦哉？誠深知爲君之難，則有一息，不敢暇逸者。請言其要，曰：踐言難，知人難，用賢難，去邪難，得人心難，合天意難。何者？

人君不患出言之難，而患踐言之難。知踐言之難，則其出言不容不慎。「一日二日萬幾」，人君以一身一心臨斷之，欲言之無失，豈易得哉？故有昔之所言而今日忘之者，今之所命而後日違之者。可否異同，紛更變易，紀綱不得布，法度不得立，臣下無所持循。此無他，至難之地不以難處而以易處故也。苟從《大學》之道，以修身爲本，凡一言一行，必求其所當然，不牽於愛憎，不激於喜怒，虚心端意而審處之，鮮有不中者。奈何爲上多樂舒肆，爲下多事容悦。夫私心盛則不畏人，欲心盛則不畏天。以不畏天、不畏人之心，所日務者皆快心之事，則口欲言而言，身欲動而動，又安肯兢

兢業業，熟思而審處之乎？此人君踐言之難，又難於在下之人也。

人之情僞有易有險，險者難知，易者易知。且又有衆寡之分焉，寡則易知，衆則難知。故在上難於知下，而在下易於知上。處難知之地，御難知之人，欲其不見欺也，難矣！人君處億兆之上，操予奪進退賞罰生殺之權，不幸見欺，則以非爲是，以是爲非，其害可勝既乎？人君惟無喜怒也，有喜怒，則贊其喜以市恩，鼓其怒以張勢；人君惟無愛憎也，有愛憎，則假其愛以濟私，藉其憎以復怨。甚至本無喜也，誑之使喜；本無怒也，激之使怒；本不足愛也，而譽之使愛；本無可憎也，而短之使憎。若是，則進者未必君子，退者未必小人，予者未必有功，奪者未必有罪，賞罰生殺，鮮得其正。人君不悟其受欺也，而反任之以防天下之欺，患尚可言邪？大抵人君以知人爲貴，以用人爲急，用得其人，則無事於防。既不出此，則所近者争進之人耳，好利之人耳，無恥之人耳。彼挾詐用術，投間抵隙，以蠱君心。欲防其欺，雖堯、舜不能也。此知人之難也。

能知賢則必任賢。賢者以公爲心，以愛爲心，不爲利回，不爲勢屈，置之周行，則庶事得其正，天下被其澤，其於人國，重固如此也。然其人必難進易退，輕利重義。人君雖或知之而召之命之，泛如廝養，賢者有不屑也。雖或接之以貌，待之以禮，然

而言不見用，賢者不處也。或用其言而復使小人參之，責小利，期近效，有用賢之名，無用賢之實，賢者亦豈肯尸位素餐以取譏天下後世哉？且賢不惟難進也，而又難合。人君處崇高之地，大抵樂聞人過而不樂聞己過，務快己心而不務快民心。賢者欲匡而正之，扶而安之，如堯、舜而後已，故其勢恒難合。況姦邪佞倖，醜正惡直，肆爲詆毁，多方以陷之，將見罪戾之不免，又可望事得其正，而天下被其澤邪？此任賢之難也。

姦邪之人，其心險，其術巧。惟險，故千態萬狀而人莫能知；惟巧，故千蹊萬徑而人莫能禦。其諂似恭，其訐似直，其欺似可信，其佞似可近。勢在近習，則結近習，勢在宫闈，則媚宫闈。或以甘言誘人於過，而後發之，以示其無黨。務窺人君之喜怒而迎合之，竊其勢以立己之威，結其愛以濟己之欲，愛隆於上，威擅於下。大臣不敢議，近親不敢言，毒被天下，而上莫之知。所謂城狐社鼠而求去之，固已難矣。然此猶人主之不知者也。至若宇文士及之佞，太宗灼見其情而不能斥；李林甫妒賢嫉能，明皇洞見其姦而不能退。邪之惑人有如此者，可不畏哉？此去邪之難也。

夫上以誠愛下，下以忠報上，感應之理則然。禹抑洪水以救民，啟又能敬承繼禹之道，其澤深矣，一傳而太康失道，則萬姓仇怨而去者，何邪？漢高帝起布衣，天下景

從，滎陽之難，紀信至捐生以赴急，則人心之歸可見矣。及天下已定，而沙中有謀反者，又何邪？非戴上之心有時忽變，特由使之失望，使之不平，然後怨怒生焉。禹、啟愛民如赤子，而太康逸豫以滅德，是以失望。漢高以寬仁得天下，及其已定，乃以愛憎行誅賞，是以不平。古今人君，凡有恩澤於民，而民怨且怒者，皆類此也。人君有位之初，既出美言而告天下矣，既而實不能副，故怨生焉。等人臣耳，無大相遠，人君特以己之私而厚一人，則其薄者已觖望，況於薄有功而厚有罪，人得不憤於心邪？得人心之道，不在於要結，而在於修身。誠使一言一動，必可爲天下之法，一賞一罰，必求合天下之公，則億兆之心，將不求自得，又豈有失望不平之累哉？此得人心之難也。

三代而下，稱盛治者，無如漢之文、景。然攷之當時，天象數變，山崩地震未易遽數，是將小則有水旱之災，大則有亂亡之應。而文、景克承天心，一以養民爲務，今年勸農桑，明年減田租，懇愛如此，是以民心洽而和氣應。臣竊見前年秋，孛出西方，彗出東方，去年冬，彗見東方，復見西方，議者謂當除舊布新，以應天變。臣以爲曷若直法文、景，恭儉愛民，爲本原之治。《書》曰：「天視自我民視，天聽自我民聽。」以是論之，則天之道恒在於下，恒在於不足也。君人者，不求之下，而求之高，不求之不足，

而求之有餘，斯其所以召天變也。其變已生，其象已著，乖戾之幾已萌，猶且因仍故習，抑其下而損其不足，謂之合天，不亦難乎？

此六者，皆難之目也。舉其要，則修德、用賢、愛民三者而已，此謂治本。本立則紀綱可布，法度可行，治功可必。否則愛惡相攻，善惡交病，生民不免於水火，以是爲治，萬不能也。

其四曰：

農桑學校，治法之大綱也。古之賢君莫如堯、舜，賢臣莫如稷、契。亦不過播百穀以厚民生，敷五教以善民心，此教養之道，民可使富，兵可使强，人才可使盛，國勢可使重，必然之理也。今國家徒知斂財之巧，而不知生財之由；徒知防人之欺，而不知養人之善；徒患法令之難行，而不患法令無可行之地。誠能優重農民，勿擾勿害，驅游惰之人歸之南畝，課之種藝，懇喻而督行之，十年已後，倉廩之積當非今日之比矣。自都邑而至州縣，皆設學校，使皇子以下至於庶人之子弟，皆入於學，以明修己治人之要道，十年已後，人材之盛、風俗之美，又非今日之比矣。二綱既張，萬目斯舉，否則富强之效皆不可期也。

其五曰：

天下所以定者，民志定，則士安於士，農安於農，工商安於爲工商，而後在上之人始安如泰山。今民不安於白屋，必求祿仕；仕不安於卑位，必求尊榮。四方萬里，輻輳並進，各懷無恥之心，在上之人可不爲寒心哉？臣聞取天下者尚勇敢，守天下者尚退讓，各有其宜，不可不審。然欲民志之定者，必先定君志。君志之定，莫如慎喜怒而修號令。古之帝王潛心恭默，不易喜怒。其未發也，雖至近莫能知；其發也，雖至親莫能移。喜怒發必中節，是以號令簡而無悔也。

書奏，帝嘉納之。衡多病，帝聽五日一至省，時賜尚方名藥、美酒。四年，乃聽其歸。五年，復召見。六年，命與太常卿徐世隆定朝儀，又詔與太保劉秉忠、左丞張文謙定官制。衡歷攷古今分并統屬之序，定爲圖。七年，奏上之。

未幾，阿合馬爲中書平章政事，領尚書省六部事，勢傾朝野，一時大臣多附之。衡每與之議，必正言不少讓。已而其子又有僉樞密院之命，衡獨執議曰：「國家事權，兵、民、財三者而已。今其父典民與財，子又典兵，不可。彼雖不反，此反道也。」阿合馬面質衡曰：「汝何言吾反？汝實反耳！人所嗜好，權勢、爵祿、聲色，汝皆不好，惟欲得人心，非反而何？」衡曰：「王平章不好權勢、爵祿耶？何以反？」阿合馬銜之，亟薦衡宜在中書，欲中以事。俄除左丞，衡屢入辭，帝命左右掖出之。從幸上京，復論列阿合馬專權罔上、蠹政害

民若干事，不報。因謝病，請解機務，帝惻然，召其子師可入諭旨，且命舉自代者。衡奏曰：「用人，天子之大柄也。臣下泛論其賢否則可，若授之以位，當斷自宸衷，不可使臣下有市恩之漸。」

帝久欲開太學，會衡求罷益力，乃從其請。八年，以爲集賢大學士，兼國子祭酒，親爲擇蒙古弟子使教之。衡聞命，喜曰：「此吾事也。國人子太樸未散，視聽專一，若置善類之中涵養數年，必爲國用。」乃請徵其弟子王梓、劉季偉、韓思永、耶律有尚、吕端善、姚燧、高凝、白棟、蘇郁、姚燉、孫安、劉安中十二人爲伴讀，分處各齋，以爲齋長。時所選弟子皆幼稚，衡待之如成人。講課少暇即習禮，或習書算。少者則令習拜跪揖讓，進退應對，或射，或投壺，負者罰讀書若干遍。久之，諸生人人自得，尊師敬業，下至童子，亦知禮節。十年，阿合馬屢毀漢法，諸生廩食或不繼，衡固請退。帝命諸老臣議其去留，竇默亦爲衡請，乃聽衡歸，以贊善王恂攝學事。劉秉忠等奏，乞以衡弟子耶律有尚、蘇郁、白棟爲助教，守衡規矩，從之。

十三年，詔王恂定新曆。恂以爲曆家知曆數而不知曆理，宜得衡領之。乃以集賢大學士兼國子祭酒，領太史院事，召至京。十七年，曆成，奏上之，賜名曰《授時曆》，頒行天下。語詳《郭守敬傳》。

六月，以疾請歸。皇太子爲請於帝，授子師可爲懷孟路總管以養之，且使東宫官諭衡曰：「公毋以道不行爲憂也，公安則道行有時矣，其善藥自愛。」十八年，衡病革，逢家祭，扶起奠獻如儀。既徹，餕而卒，年七十三。是日，雷電，大風拔木。懷孟人無貴賤少長，皆哭於門。四方學士，不遠數千里祭哭墓下。

北方文學自衡開之，當時名公卿多出其門。丞相安童事以師禮，卒稱賢相。惟值王文統、阿合馬相繼用事，未獲大行其志，論者惜之。大德元年，贈司徒，謚文正。至大三年，加贈正學垂憲佐運功臣、太傅、開府儀同三司，追封魏國公。皇慶二年，詔從祀孔子廟廷。延祐初，又詔立書院於京兆以祀之，給田奉祠事，賜名魯齋書院。魯齋，衡在大名時所署齋名也。

二子：師可，懷孟路總管；師敬，累官山東廉訪使。泰定二年，奏請頒族葬制，禁用陰陽邪説，從之，入爲中書參知政事，遷左丞，令與紐澤等編譯《帝訓》。書成，經筵進講，仍令皇太子閲之。三年，帝幸上都，命師敬與兀伯都剌等居守。是年，譯《帝訓》成，更名《皇圖大訓》。後卒於官。孫從宣，河北河南道廉訪使。元統二年，録衡孫從宗爲異珍庫提點。

劉因，字夢吉，保定容城人。世爲儒家。父述，邃於性理之學。中統初左三部尚書劉肅宣撫真定，辟武邑令，以疾辭歸。年四十無子，因生之夕，述夢神人騎馬載一兒至其家曰：「善養之。」乃名曰駰，字夢驥，後改今名及字。

因天資絶人，三歲識書，日記千百言，過目成誦。六歲能詩，七歲能屬文，落筆驚人。甫弱冠，才器超邁，思得如古人者友之，作《希聖解》。國子司業研彌堅教授真定，因從之游，同舍生皆不能及。初爲經學，究訓詁注疏之説，輒歎曰：「聖人精義，殆不止此。」及得周、程、張、邵、朱、吕之書，一見能發其微，曰：「我固謂當有是也。」因蚤喪父，事繼母孝。雖貧，非其義，一介不取。家居教授，師道尊嚴，弟子造其門者，隨材器教之，皆有成就。嘗愛諸葛孔明「静以修身」之語，表所居曰「静修」。

不忽木以因學行薦於朝。至元十九年，詔徵因，擢右贊善大夫。初，裕宗建學宫中，命贊善王恂教近侍子弟，恂卒，乃命因繼之。未幾，以母疾辭歸。明年，丁内艱。二十八年，復遣使者以集賢學士徵因，以疾固辭，且上書宰相曰：

因自幼讀書，聞大人君子之餘論，雖他無所得，至如君臣之義，自謂見之甚明。

如以日用近事言之，凡吾人所以得安居而暇食，以遂其生聚之樂者，是誰之力與？皆君上之賜也。是以凡我有生之民，或給力役，或出知能，亦必各有以自效焉。此理勢之必然，亘萬古而不可易，莊周氏所謂「無所逃於天地之間」者也。

因生四十三年，未嘗效尺寸之力，以報國家養育生成之德。而恩命連至，因尚敢偃蹇不出，貪高尚之名，以負我國家知遇之恩，而得罪於聖門中庸之教也哉？且因之立心，自幼及長，未嘗一日敢爲崖岸卓絶、甚高難繼之行。平昔交友，苟有一日之雅者，皆知因之此心也。但或者得之傳聞，不求其質，止於踪跡之近似者觀之，是以有高人隱士之目，惟閣下亦知因之未嘗以此自居也。

向者先儲皇以贊善之命來召，即與使者俱行，再奉令旨教學，亦即時應命。後以老母中風，請還家省視，不幸彌留，竟遭憂制，遂不復出，初豈有意於不仕邪？今聖天子選用賢良，一新時政，雖前日隱晦之人，亦將出而仕矣，況因平昔非隱晦者邪？況加以不次之寵，處之以優崇之地邪？是以形留意往，命與心違，病卧空齋，惶恐待罪。

因素有羸疾，自去年喪子，憂患之餘，繼以痁瘧，歷夏及秋，後雖平復，然精神氣血，已非舊矣。不圖今歲五月二十八日，瘧疾復作，至七月初二日，蒸發舊積，腹痛如刺，下血不已。至八月初，偶起一念，自歎旁無期功之親，家無紀綱之僕，恐一旦身先

朝露，必至累人，遂遣人於容城先人墓側，修營一舍，儻病勢不退，當居處其中以待盡。遣人之際，未免感傷，由是病勢益增，飲食極減。至二十一日，使者持恩命至，因初聞之，惶怖無地，不知所措。徐而思之，竊謂供職雖未能扶病而行，而恩命則不敢不扶病而拜。因又慮，若稍涉遲疑，則不惟臣子之心有所不安，而蹤跡高峻，已不近於人情矣。是以即日拜受，留使者，候病勢稍退，與之俱行。遷延至今，服療百至，略無一效。乃請使者先行，仍令學生李道恒納上鋪馬聖旨，待病退，自備氣力以行。望閣下俯加矜憫，曲爲保全。因實疏遠微賤之臣，與帷幄諸公不同，其進與退非難處之事，惟閣下始終成就之。

帝聞之，曰：「古有所謂不召之臣，其斯人之徒歟！」

三十年夏四月卒，年四十五。無子。延祐中，贈翰林學士、資善大夫、上護軍。追封容城郡公，謚文靖。歐陽元贊因畫像，曰：「微點之狂，而有沂上風雩之樂；資由之勇，而無北鄙鼓瑟之聲。於裕皇之仁，而見不可留之四皓；以世祖之略，而遇不能致之兩生。烏乎！麒麟、鳳凰，固宇内之不常有也，然而一鳴而《六典》作，一出而《春秋》成。則其志不欲遺世而獨往也，明矣。亦將從周公、孔子之後，爲往聖繼絶學，爲來世開太平者邪！」論者以爲知言。吴澄於當時學者最慎許可，獨推敬因，自謂不及云。

因所著有《四書精要》三十卷，詩文集二十二卷。門人新安人劉英、王綱、梁至剛，容城人梁師安，俱高尚不仕。

吳澄，字幼清，撫州崇仁人。幼穎異。五歲，日受千餘言，夜讀書達旦。母憂其過勤，不多與膏火。澄候母寢，燃膏復誦。九歲，日誦《大學》二十過，次第讀《論語》、《中庸》，如是者三年。

十九歲，著論曰：「堯、舜而上，道之元也；堯、舜而下，其亨也；泗、洙、鄒、魯，其利也；濂、洛、關、閩，其貞也。分而言之，上古則羲皇其元，堯、舜其亨乎！禹、湯其利，文、武、周公其貞乎！中古之統，仲尼其元，顏、曾其亨乎！子思其利，孟子其貞乎！近古之統，周子其元也，程、張其亨也，朱子其利也。孰爲今日之貞，未之聞也。然則可以終無所歸乎？」其以道統自任如此。

宋咸淳七年，試禮部不第。時宋亡徵已見，澄以其學教授鄉人，作草屋數間，題其牖曰：「抱膝《梁父吟》，浩歌《出師表》。」程鉅夫與澄爲同學，知其意，題之曰「草廬」。學生遂稱之曰「草廬先生」。

至元十二年，撫州内附。樂安丞蜀人黄西卿不肯降，遁於窮山中，招澄教其子，澄從之。樂縣人鄭松又招澄居布水谷，乃著《孝經章句》，校定《易》、《書》、《詩》、《春秋》、《儀禮》，及大、小《戴記》。二十三年，程鉅夫奉詔求江南遺逸，强起澄至京師。未幾，以母老辭歸。二十五年，鉅夫白於執政：「吴澄不欲仕，所著《詩》、《書》、《春秋》諸書，得聖賢之旨，可以教國子，傳之天下。」敕江西行省繕録其書以進，州縣以時敦禮。

元貞二年，董士選爲江西行省左丞，雅敬澄。及拜行臺御史中丞，入奏事，首以澄薦。未幾，士選遷樞密副使，又薦之。一日，議事中書省，起立謂丞相完澤曰：「士選所薦吴澄，經明行修，大受之才。」平章政事不忽木曰：「樞密質實，所薦天下士也。」遂授應奉翰林文字、同知制誥、兼國史館編修官。有司敦勸久之，乃至。而代者已到官，澄即日南歸。明年，除江西等處儒學副提舉，三月，以疾辭。

至大元年，召爲國子監丞。先是，許衡爲祭酒，始以朱子《小學》等書授弟子，久之漸失其傳。澄廣以經義，各因其材質，反覆訓誘其學，誠篤不及衡，而淹博過之。

皇慶元年，遷司業，爲教法四條：一曰經學，二曰行實，三曰文藝，四曰治事。未及行。又嘗爲學者言：「朱子於道，問學之功居多，而陸子静以尊德性爲主。問學不本於德性，必偏於言語訓釋之末。故學必以德性爲本，庶幾得之。」議者遂以澄爲陸氏之學，非衡

尊信朱子本意云。澄一夕謝病南歸，諸生有不謁告而從之者。俄拜集賢直學士，特授奉議大夫，俾乘驛至京師。次真州，疾作，不果行。

英宗即位，超遷翰林學士，進階太中大夫。先是，詔集善書者，粉黃金爲泥，寫浮屠《藏經》。帝在上都，使左丞速速，詔澄爲序。澄曰：「主上寫經，爲民祈福。若用以追薦，臣所未知。蓋福田利益，雖人所樂聞，而輪迴之事，彼習其學者猶或不言。不過謂爲善之人，死則上通高明，其極上則與日月齊光；爲惡之人，死則下淪汙穢，其極下則與沙蟲同類。其徒遂爲薦拔之說，以惑世人。今列聖之神，上同日月，何庸薦拔？且國初以來，凡寫經追薦，不知凡幾。若未效，是無佛法；若已效，是誣其祖也。撰爲文辭，不可以示後世，請俟駕還奏之。」會帝崩而止。

泰定元年，初開經筵，首命澄與平章政事張珪、國子祭酒鄧文原爲講官。先是，至治末，作太廟，議者習見同堂異室之制，乃作十三室。未及遷奉，而英宗崩，有司疑於昭穆之次，命廷臣集議。澄議曰：「世祖混一天下，悉攷古制而行之。古者，天子七廟，廟各有宮。太祖居中，左三廟爲昭，右三廟爲穆，昭穆神主，各以次遞遷，其廟之宮，如今之中書六部。夫省部之設，亦做金、宋，豈宗廟叙次而不攷古制乎？」議上，有司以急於行事，竟如舊次云。

時澄已有去志，會修《英宗實録》，命總其事，居數月，《實録》成，即移病不出。中書左丞許師敬奉敕賜宴國史院，仍致朝廷勉留之意。澄宴罷即出城登舟去。中書聞之，遣官乘驛追之，不及而還，言於帝曰：「吴澄，國之名儒，朝之舊德。今請老而歸，安忍重勞之？宜特加褒異。」詔進資善大夫，仍以金織文綺二端及鈔五千貫賜之。

初，延祐中，蠲虚增之税，惟江西增税三萬餘緡不獲免，後又行包銀法，民困益甚。泰定元年，澄白執政，免包銀，獨增税如故。至是，澄與宣撫副使齊履謙言之，始奏請蠲免。

澄於《易》、《書》、《詩》、《春秋》、《禮記》各有《纂言》，盡破傳注穿鑿之習。其《書纂言》祇注今文二十八篇，不用僞孔古文，尤爲絶識。又訂《孝經》定本，合古、今文，分經一章，傳十二章。校正《皇極經世書》及《老子》、《莊子》、《太玄經》、《樂律》、《八陣圖》、郭璞《葬書》，皆行於世。其《儀禮》逸經八篇、傳十篇，危素得其稿本，補刊之。

澄卒於至順元年，年八十五。贈江西行省左丞、上護軍，追封臨川郡公，謚文正。五子：文，同知柳州路總管府事；京，翰林院典籍官。文子當。

當，字伯尚。侍澄至京師，補國子生。久之，澄既卒，從澄游者悉就當卒業。至正五年，以父蔭授萬億四庫照磨，未上，用薦者改國子助教。詔修遼、金、宋三史，當預編纂。

書成，除翰林修撰。七年，遷國子博士。明年，遷監丞。十年，擢司業。明年，遷翰林待制，又改禮部員外郎。十三年，擢監察御史，復爲國子司業，累遷禮部郎中，除翰林直學士。

時江南兵起且五年，大臣有薦當世居江西，習民俗，且其才可任政事者。特授江西肅政廉訪使，偕江西行省參知政事火你赤[二]、兵部尚書黄昭，招捕江西羣盜，便宜行事。當以朝廷兵力不給，既受命，至江南即招募民兵。由浙入閩，至江西建昌，招安新城盜孫塔。道路既通，乃進攻南豐。

十六年，調檢校章迪率本部兵，與黄昭夾攻撫州，復崇仁、宜黄，於是建、撫兩郡悉定。是時，參知政事朵歹總兵，積年無功，忌當屢捷，功在己上，又以爲南人不宜總兵，搆飛語，謂當與黄昭皆通寇。乃除當撫州路總管，昭臨江路總管，並供億平章火你赤軍。火你赤殺當從事官范淳及章迪，將士皆憤怒不平，當諭之曰：「上命不可違也。」火你赤又上章誣劾二人，詔當與昭皆罷總管，除名。

十八年，火你赤自瑞州還龍興，當與昭皆留軍中，不敢去。先是，當平賊功狀自廣東海道未達京師，而朵歹、火你赤等公牘先至，故朝廷責當與昭，皆除名。及得當功狀，始知其誣，拜當中奉大夫、江西行省參知政事，昭湖廣行省參知政事。命未下，陳友諒已陷江

西諸郡。火你赤棄城遁。當乃著道士服，杜門不出，日以著書爲事。友諒遣人辟之，當卧床不食，以死自誓。乃舁床載送江州，拘留一年。終不爲屈，始得歸隱，居廬陵吉水之谷坪。逾年，以疾卒，年六十五。著有《周禮纂言》及《學言藁》。

史臣曰：許文正應召過真定，劉文靖謂之曰：「公一聘而起，無乃太速乎？」文正曰：「不如此則道不行。」及文靖不受集賢之聘，或問之，曰：「不如此則道不尊。」君子之道，或出或處，或默或語，惡可軒此而輊彼也！自朱子以後，博通經術，未有及吴文正者。擬之四科：許，德行；劉，言語；吴，其文學歟！

【校勘記】

〔一〕「苻」，原作「符」，據文意改。

〔二〕「政事」，原倒作「事政」，據文意乙正。

新元史卷之一百七十一　列傳第六十八

李冶朱世傑　楊恭懿　王恂　郭守敬　齊履謙

李冶，字仁卿，真定藁城人。本名治，後改今名。登金進士第，辟知鈞州事。大兵入鈞州，冶北渡河，僑寓忻、崞諸州。世祖在潛邸，聞其賢，遣使召之，且曰：「素聞仁卿學優才贍，潛德不耀，久欲一見，其勿辭。」既至，問：「亡金居官者孰賢？」對曰：「險夷一節，惟完顏仲德。」又問：「合達及布哈何如？」對曰：「二人短於將略，任之不疑，此金所以亡也。」又問魏徵、曹彬，對曰：「讜言忠論，唐之諍臣，徵爲第一。彬伐江南，不妄殺一人，擬之方叔、召虎可也。」又問：「今有如魏徵者乎？」對曰：「近世側媚成風，欲求魏徵之賢，實難其人。」又問人才賢否，對曰：「天下未嘗無才，求則得之，舍則失之。如魏璠、王鶚、李獻卿、藺光庭、趙復、郝經、王約等，皆有用之才，又皆王所聘者，舉而用之，何所不可！然四海之大，豈止此數子？誠能旁求於外，則人才彙進矣。」世祖嘉納之。

中統元年，復聘之，欲處以清要，以老病，懇乞還山。至元二年，召爲翰林學士〔一〕、知

制誥同修國史。就職朞月，復以老病辭。

冶精於算法，著《測圓海鏡》十二卷。其自序曰：

數本難窮，吾欲以力强窮之，不惟不能得其凡，而吾之力且憊矣。然則數果不可窮耶？既已名之數矣，則又何爲而不可窮乎？故謂數爲難窮，斯可；謂爲不可窮，斯不可。何則？彼冥冥之中，固有昭昭者存。夫昭昭者，其自然之數也。非自然之數，其自然之理也。推自然之理，以明自然之數，則雖遠而乾端坤倪，幽而神情鬼狀，未有不合者矣。予自幼喜算數，恒病考圓之術乖於自然，如古率、徽率、密率之不同，截弧、截矢、截背之互見，内外諸角，析剖支條，莫不各自名家。及反覆研究，而卒無以當吾心者。老大以來，得洞淵之術，日夕玩繹，而鄉之病我者始爆然落手而無遺。客有從余求其説者，於是又爲衍之，遂累一百七十問。既成編，客復目之爲《測圓海鏡》。昔半山老人集唐百家詩選，自謂廢目力於此，良可惜。明道以謝上蔡記誦爲玩物喪志，况九九之賤技乎？耆好酸鹹，平生每自戒約，竟莫能已，吾亦不知其然而然也。故嘗爲之解曰：由技兼乎事者言之，夷之禮，夔之樂，亦不免爲一技；由技進乎道者言之，石之斤，扁之輪，非聖人之所與者乎？覽吾之書，其憫我者當以百數，笑我者當以千數。乃吾之所得，則自得焉耳，寧復計人憫笑哉？

又著《益古演段》三卷，以發揮天元如積之術，與《測圓海鏡》相表裏。冶病且革，語其子克修曰：「吾平生著述可盡燔，獨《測圓海鏡》雖小術，吾嘗精思致力，後世必有知者，庶可布廣垂永乎！」卒，年八十有八，謚文正。冶之立天元術，在算學中爲最精。

同時有朱世傑，充類盡義，演爲四元，與冶並稱絕學。世傑，字漢卿，寓大都，不知何許人。著《四元玉鑑》三卷，凡二百八十問，列開方演段諸圖凡四：一曰「今古開方會用之圖」；二曰「四元自乘演段之圖」；三曰「五和自乘演段之圖」；四曰「五較自乘演段之圖」。謂「算學精妙，無過演段，前明五和，後辯五較，自知優劣也」。次則假令四問。其立天元曰「一氣混元」，天地二元曰「兩儀象元」，天地人三元曰「三才運元」，天地人物四元曰「四象會元」。法以元氣居中，立天元一於下，地元一於左，人元一於右，物元一於上。乘除往來，用假象真，以虛問實，錯綜正負，分成四式，必以寄之剔之，餘籌易位而和會，以成開方之式焉。

又撰《算學啟蒙》三卷，自乘除加減以至天元如積，總二十門，較《四元玉鑑》爲便於初學。世傑書之茭艸形段，如象招數、果垛疊藏諸術，與郭守敬授時草平立定三差，所謂垛積招差者相通。故祖頤序世傑之書，謂與授時術相爲表裏焉。

楊恭懿，字元甫，奉元高陵人。父天德，金興定進士，以安化令兼録事及州判官。金章宗南郊，太常卿孫通祥授幣而立，御史將劾其不恭。從天德問之，曰：「授坐，不立。」御史慙而止，由是知名。

恭懿博學强記，通《易》、《禮》、《春秋》三經。年二十四，始得朱子《集注》、《章句》及《太極圖説》、《小學》、《近思録》諸書，歎曰：「人倫日用之常，天道性命之妙，皆萃於此書矣！」許衡至陝西，恭懿敬事之，所造益深。丁父憂，水漿不入口者五日，杖而後起，斥浮屠法不用。衡會葬歸，謂門人曰：「楊君居喪盡禮，其功可當於肇修人紀也。」御史王惲薦其賢。

至元七年，與許衡俱被召。恭懿辭。衡拜中書左丞，與丞相安童共事，日譽恭懿賢，安童以聞。十年，帝遣協律郎申敬召之，以疾辭。十一年，裕宗教下中書，使如漢聘四皓者以聘恭懿。安童遣郎中張元智致裕宗命，恭懿始至京師。帝遣國王和童勞之，召見，詢其先世及師承本末甚悉。恭懿退而嘔血，帝復賜醫藥。侍講學士徒單公履請設科取士，詔與恭懿議之。恭懿言：「明詔有云：『士不治經學、孔孟之道，日爲詩賦空文』，此言誠萬

世治安之本。今欲取士，宜敕有司舉有行檢、通經史之士，使無投牒自薦，試以《五經》、《四書》大小義、史論、時務策。夫既從事實學，則士風純，民俗厚，國家得識治之才矣。」奏入，帝善之。安童咨世務於恭懿，倚以自助，會其北征，恭懿遂乞病歸。

十三年，詔修曆法。或薦恭懿嘗推曆，終一甲子，得日月薄食者七十有奇。十六年，召恭懿撰《曆議》。十七年，《授時曆》成，恭懿與許衡等上之。是日，諸臣方跪讀奏，帝命衡與恭懿起，曰：「卿二老，毋自勞也。」授集賢學士，兼太史院事。明年，復告歸。

二十年，召爲太子賓客。二十二年，召爲昭文館大學士，領太史院事。二十九年，召議中書省事。皆不行。三十一年卒，年七十，謚文康。

恭懿疾革，門人問之，忽太息曰：「有是哉？國衰矣！」聞者亂以他言。後成宗登極，詔下，則世祖果以是日崩，人以爲至誠所格云。子宙，蒲城令。

王恂，字敬甫，中山唐縣人。父良，金末爲中山府掾。時民遭寇亂，多以詿誤繫獄，良前後所活數百人。已而棄去吏業，潛心伊洛之學，及天文、律曆，無不精究。年九十二卒。

恂性穎悟，生三歲，家人示以書，輒識風、丁二字。母劉氏，授以《千字文》，再過目即

成誦。六歲就學，十三學九數，盡通其法。太保劉秉忠北上，過中山，見而奇之。及南還，從秉忠學於易州之紫金山。

秉忠薦之世祖，召見於六盤山，命輔導裕宗，爲太子伴讀。中統二年，擢太子贊善，時年二十八。三年，裕宗封燕王，守中書令，兼判樞密院事，敕兩府大臣，凡有咨稟，必令王恂與聞。初，中書左丞許衡集唐、虞以來嘉言善政，爲書以進。世祖嘗令恂講解，且命太子受業焉。又詔恂於太子起居飲食，慎爲調護，非所宜接之人，勿令得侍左右。恂言：「太子，天下本，付託至重，當延名德與之居處。」帝深然之。

恂早以算術名，裕宗嘗問焉。恂曰：「算數，六藝之一。定國家，安人民，乃大事也。」每侍左右，必發三綱五常、爲學之道，及歷代治忽興亡之所以然。又以遼、金之事近接耳目者，論著其得失上之。裕宗問以心之所守，恂曰：「許衡嘗言：人心如印板，惟板本不差，則雖摹千萬紙皆不差；本既差，則摹之於紙無不差矣。」詔擇勳戚子弟，使學於恂。及恂從裕宗撫軍稱海，乃以諸生屬之許衡。衡告老而去，復命恂領國子祭酒。國學之制，實始於此。

帝以金《大明曆》歲久浸疏，欲釐正之，知恂精於算術，遂以命之。恂薦許衡能明曆理，驛召衡赴闕，命領改曆事，官屬悉聽恂辟置。至元十六年，授嘉議大夫、太史令。十七

年，曆成，賜名《授時曆》。

十八年，卒，年四十七。初，恂病，裕宗屢遣醫診治。及葬，賻鈔二千貫。後帝思治曆之功，以鈔五十貫賜其家。延祐二年，賜推忠守正功臣、光禄大夫、司徒、上柱國、定國公，謚文肅。子寬、賓，並從許衡游，得星曆之傳於家學。裕宗嘗召見，語之曰：「汝父起於書生，貧無貲蓄。今賜汝五千貫鈔，用盡可復以聞。」恩恤之厚如此。寬由保章正，歷兵部郎中，知蠡州。賓由保章副，累遷秘書監。

郭守敬，字若思，順德邢臺人。生有異稟，巧思絶人。祖父榮，通算學，習水利。時劉秉忠、張文謙、張易、王恂同學於易州紫金山，榮使守敬從秉忠受學。

中統三年，文謙薦守敬於世祖。召見，面陳水利六事：一，引中都玉泉水至通州，又於蘭榆河口開河，避浮雞恂之險。二，引順德達活泉灌田。三，開順德灃河故道。四，引漳、滏二河入灃河灌田。五，引懷孟沁河入御河灌田，六，開黄河引河，由新、舊孟州至温縣灌田。世祖歎曰：「任事者如此，人不爲素餐矣！」授提舉諸路河渠。四年，授銀符、河渠副使。

至元元年，從張文謙行省西夏。修中興路唐來、漢延二渠，凡舊渠之壞廢者，皆更立閘堰以通灌溉，民便之。

二年，授都水少監。守敬言：「京師西麻峪村，分引盧溝水東流，穿西山而出，是爲金口，灌溉之利，不可勝言。兵興以後，典守者以大石塞之。若按故蹟，使水通流，可以助京畿之漕運。」又言：「當於金口西預開減水口，通大河，防漲水突入之患。」帝善之，而未施行。

十二年，丞相伯顏伐宋，議立水站，命守敬按視。守敬自陵州至大名，又自濟州至沛縣，又南至呂梁，又自東平至綱城，又自東平清河逾舊黃河至御河，自衛州御河至東平，自東平西南水泊至御河，乃得汶、泗與御河相通形勢，爲圖奏之。

初，秉忠以《大明曆》自遼、金承用二百餘年，浸已後天，議修正之，事未及行而秉忠卒。十三年，宋平，帝思用其言。遂以守敬與王恂率南北日官，分掌測驗推步於下，而命文謙與樞密副使張易領之，左丞許衡以通算理，亦命參預其事。守敬以測驗由於儀表，作簡儀、仰儀、正方案、景符、闚几諸器，測驗之精，不爽毫釐。是年，都水監併於工部，守敬除工部郎中。

十六年，改局爲太史院，王恂爲太史令，守敬爲同知太史院事，賜印，立官署。及奏進

儀表式，守敬當世祖前指陳算理，至於日昃，帝聽之無倦容。奏請設監候官二十七所，立表取直測景，從之。自丙子之冬至日測晷景，得丁丑、戊寅、己卯三年冬至加時，減《大明曆》十九刻二十分，又增損古歲餘歲差法，上考春秋以來冬至，無不盡合。以月食衕及金水二星距、冬至日躔，校舊曆，退七十六分。以日轉遲疾中平行度，驗月離宿度，加舊曆三十刻。以綫代管窺測赤道宿度，以四正定氣立損益，以定日之盈縮，分二十八限爲三百六十六，以定月之遲疾。以赤道變九道定月行，以遲疾轉定度分定朔，而不用平行度。以日月實合時刻定晦，而不用虚進法。以躔離朓朒定交食。其法視古皆密。又悉去諸曆積年日月法之傅會，一本天道自然之數，可以施之永久。

十七年，新曆成。守敬與諸臣奏上，賜名《授時曆》，頒行天下。

十九年，王恂卒。時新曆雖頒，然推步之式，與立成之數，皆未有定稿。守敬比次編類，整齊分秒，爲《推步》七卷，《立成》二卷，《曆議稿》三卷，《乾坤選釋》二卷，《上中下三曆法式》十二卷。二十年，守敬拜太史令，奏上之。又有《時候箋注》二卷，《修改源流》七卷，《儀象法式》二卷，《晷景考》二十卷，《五星細行考》五十卷，《古今交食考》一卷，《新測二十八舍雜坐諸星入宿去極》一卷，《新測無名諸星》一卷，《距離考》一卷，並藏之官。

二十八年，守敬建言引白浮泉水經瓮山泊，自西水門入城，匯於積水潭，復出南水門

入舊運糧河，可省通州至大都陸運之費。從之。事具《河渠志》。

三十年，世祖還自上都，過積水潭，見舳艫蔽水，大悦，賜名通惠河，賜守敬鈔一萬二千五百貫，以舊職兼提調通惠河漕運事。三十一年，拜昭文館大學士、知太史院事。

大德二年，召守敬至上都，議開鐵幡竿渠。守敬奏：「山水頻年暴下，非大爲渠堰，廣六七十步不可。」執政難之，縮其廣三之一。明年大雨，山水下注，渠不能容，漂没人畜廬帳，幾犯行宫。成宗謂左右曰：「郭太史神人也，惜其言不用耳。」七年，詔内外官年及七十，並聽致仕，獨守敬不允。自是翰林、太史院、司天臺官不致仕，著爲令。延祐三年卒。

其門人齊履謙謂守敬：「純德實學，爲世師法，其不可及者有三：一曰水利之學，二曰曆數之學，三曰儀象製造之學。」許衡尤推服守敬，以爲異人云。

史臣曰：先正阮文達公有言：「推步之要，測與算二者而已。郭守敬簡儀、仰儀之製，前此言測候者未及也。垜積招差、句股弧矢之法，前此言步算者弗知也。測之精，算之密，上考下求，若應準繩，可謂集古法之大成，爲將來之典要者矣。」

齊履謙，字伯恒，大名人。父義，通算術。履謙年十一，教以推步星曆之法。至元十六年，初立太史局，改治新曆，履謙補星曆生。太史王恂問以算數，履謙隨問隨答，恂大奇之。新曆成，復預修《曆經》、《曆議》。二十九年，授星曆教授。都城刻漏舊以木爲之，其形如碑，名碑漏，內設曲筒，鑄銅爲丸，自碑首轉行而下，鳴鐃以爲節。久壞，晨昏失度。大德元年，中書省使履謙視之，因見刻漏旁有宋舊銅壺四，於是按圖考定蓮花、寶山等漏，命工改作。又請重建鼓樓，增置更鼓，當時遵用之。

二年，遷保章正，始專曆官之政。三年八月朔，時加巳，依曆，日蝕二分有奇，至其時不蝕。履謙曰：「當蝕不蝕，在古有之，矧時近午，陽盛陰微，宜當蝕不蝕。」遂考唐開元以來當蝕不蝕者凡十事以聞。六年六月朔，時加戌，依曆，日蝕五十七秒。衆以涉交既淺，且近濁，欲匿不報。履謙曰：「吾所掌者，常數也，其食與否，則係於天。」獨以狀聞，及其時，果食。衆嘗爭没日，不能決，履謙曰：「氣本十五日，而間有十六日者，餘分之積也。故曆法以所積之日，命爲没日，不出本氣者爲是。」衆服其議。

七年，上以地震，詔問弭災之道。履謙按《春秋》，言：「地爲陰而主静，妻道、子道、臣道也。三者失其道，則地爲之弗寧。大臣當反躬責己，去專制之威，以答天變。」時成宗寢疾，宰相有專威福者，故履謙言及之。九年冬，始立南郊，祀昊天上帝，履謙攝司天臺官。

舊制：享祀，司天雖掌時刻，無鐘鼓更漏，往往至旦始行事。履謙請用鐘鼓更漏，俾早晏有節，從之。

至大二年，太常請修社稷壇，及浚太廟庭中井。或以太歲所直，欲止其役。履謙曰：「國家以四海爲家，歲君豈專在是耶？」三年，擢授時郎、秋官正，兼領冬官正事。四年，仁宗即位，臺臣言履謙有學行可教國學子弟，擢國子監丞，改授奉直大夫、國子司業，與吳澄並命，時號得人。未幾，復以履謙僉太史院事。

皇慶二年春，彗星出東井。履謙奏宜增修善政，以答天意，因陳時務八事。仁宗爲之動容，顧宰臣命速行之。延祐元年，復以履謙爲國子司業。時初命國子生歲貢六人，以入學先後爲次第。履謙曰：「不考其業，何以興善得人？」乃酌舊制，立升齋、積分等法，每季考其學行，以次遞升。既升上齋，又必踰再歲，始與私試。孟月、仲月試經疑、經義，季月試古賦、詔、誥、章、表、策，蒙古色目試明經策問。辭理俱優者一分，辭平理優者爲半分，歲終積至八分者充高等，以四十人爲額。然後集賢、禮部定其藝業及格者六人，以充歲貢。三年不通一經及在學不滿一歲者，並黜之。帝從其議。

五年，出爲濱州知州，丁母憂，不果行。至治元年，拜太史院使。泰定二年九月，以本官奉使宣撫江西、福建，黜罷官吏貪污者四百餘人。州縣有以先賢子孫充房夫諸役者，悉

遣之。福建憲司職田，每畝歲輸米三石，民不勝苦。履謙命准令輸之，由是召怨。及還都，憲司果以他事誣之。未幾，皆坐事免，履謙始得直，復爲太史院使。天曆二年九月卒。

著《大學四傳小注》一卷，《中庸章句續解》一卷，《論語言仁通旨》二卷，《書傳詳説》一卷，《易繫辭旨略》二卷，《易本説》四卷，《春秋諸國統紀》六卷，《經世書入式》一卷，《外篇微旨》一卷，《二至晷景考》二卷，《經串演操八法》一卷。

履謙以律本於氣，氣候之法具載前史，欲擇僻地爲密室，取金門之竹及河内葭莩以候氣，列其事上之。又得黑石古律管一，長尺有八寸，外方，内圓空，中有隔，隔中有小竅。隔上九寸，其空均直，約徑三分，以應黄鐘之數；隔下九寸，其空自小竅殺至管底，約徑二寸餘。其製與律家所説不同，蓋古所謂玉律者也。適履謙遷他官，事遂寢，有志者深惜之。至順三年五月，贈翰林學士、資善大夫、上護軍，追封汝南郡公，謚文懿。

【校勘記】

〔一〕「學士」，原作「舉士」，據《元史》卷一六〇列傳第四十七《李治傳》改。

新元史卷之一百七十二　列傳第六十九

張庭珍庭瑞　張立道　梁曾　李克忠稷

張庭珍，字國寶，臨潢全州人。父楫，金商州南倉使。太宗四年，籍其民數千來降，命監榷北京路課，改北京都轉運使，因家焉。

庭珍性彊毅，通知經術，尤長《左氏春秋》。憲宗元年，授必闍赤。高麗不請命，擅徙於江華島，遣庭珍詰之，且詗其叛服。其王言：「臣事本朝未嘗不謹，而大軍猶侵掠，避而逃，不得已也。」且賂庭珍金銀數千兩。庭珍勃然曰：「王以天子之使爲求貨來耶？」撝之去，反命，以狀聞。詔禁戍兵勿擅入高麗地。憲宗伐宋，至閬州，授庭珍安撫使。

世祖即位，自將討阿里不哥，以庭珍諳悉漠南道路，遣立沙井諸驛，兼督糧運。至元四年，授同僉吐蕃經略使。

六年，授朝列大夫、安南國達魯花赤，佩金符，使安南。國王陳光昺立受詔，庭珍責之曰：「皇帝不欲並汝土地，而聽汝稱藩，德至厚也。汝猶依宋爲脣齒，妄自尊大。今百萬之

師圍襄陽，拔在旦夕，席捲渡江，則宋亡矣，汝將何恃？且雲南之兵，不兩月可至汝境，覆汝宗祀不難，其審處之！」光昺惶恐，下拜受詔。既而語庭珍：「天子憐我，使者來迺待我無禮。汝官爲朝列大夫，我，王也。與我抗禮，可乎？」庭珍曰：「可。王人雖微，序於諸侯之上。」光昺曰：「汝見雲南王，拜否？」庭珍曰：「雲南王，皇子也。汝蠻夷小國，豈得比雲南王？況天子命我爲安南長官，位居汝上耶？」光昺曰：「既稱大國，何索吾犀、象？」庭珍曰〔一〕：「貢獻方物，藩臣之職宜然。」光昺無以應，使其人露刃環立，以恐庭珍。庭珍解所佩刀弓，坦臥室内，曰：「聽汝所爲。」庭珍嫌江水温惡，不可飲，索井汲。其人不許，曰：「吾俗多投毒井中，飲常死。」庭珍曰：「吾自求飲，死不汝責。」卒汲之，於是安南人皆讋服。明年，遣使偕庭珍入貢。庭珍以所對光昺之言奏聞，帝大悦，使翰林學士承旨王磐爲文紀之。

遷行省郎中，與阿里海涯從數騎抵襄陽城下，呼宋將吕文焕，諭以禍福。文焕帳前將田世英、曹彪執其總管武榮來降。文焕益懼，明日，遣其黑楊都統來納款。將還報，庭珍曰：「此吕氏心腹將，不如留之，以伐其謀。」元帥阿朮然之，乃留不遣。又明日，文焕舉城降。以功遷中順大夫、遥授知歸德府、行樞密院經歷。俄復爲行省郎中，賜金虎符，再遷襄陽路總管，兼府尹，又改郢、復二州達魯花赤。

十四年，擢嘉議大夫、平江路達魯花赤。十五年，改同知浙江道宣慰使，未行，又改大司農卿。丁母憂，軍興聞喪不得輒行，庭珍請納制書爲民，行省知不可奪，聽之。庭珍行橐蕭然，惟文書襆被而已。家居，又丁父憂。起復南京路總管，兼開封府尹。河北旱，流民南渡，州縣避損户口罪，謾以逃聞，朝廷遣使者邀截，流民不欲還。庭珍謂使者曰：「吾不忍老稚頓踣，甘受專輒之咎。」下令諸渡口濟之。事聞，詔御史按治。御史廉知其實，奏之，事寢不下。河決，灌太康，漂溺千里。庭珍括民船數百艘，又編木爲筏，載糗糧，四出救之，全活甚衆。水入善利門，庭珍頹城爲堰以禦之，水退，復發民築外堤，起陽武黑石，東盡陳留張弩河，綿亘三十里，河患始平。

至元十七年，卒於官，年五十六。庭珍性清慎，丞相伯顔嘗語人曰：「諸將渡江，無不剽掠，惟我與國寶斷斷自守耳。」聞者以爲知言。子岳，提舉郢、復、魚湖；崇，四川行省宣差。弟庭瑞。

庭瑞，字天表。幼以功業自許，兵法、地志、星曆、卜筮，無不推究。以宿衛從憲宗伐蜀，爲先鋒。中統二年，授元帥府參議，留戍青居山。又將兵城虎嘯山。宋將夏貴以兵數萬圍之。城當炮，皆穿，築柵守之。柵壞，仍依大樹張牛馬皮以拒炮。貴絶其水道，庭瑞

取人畜溲沸煮之，瀉土中以泄臭，人日飲數合，脣皆瘡裂。堅守踰月，援兵不敢進。庭瑞度宋兵稍懈，分兵夜劫貴營，殺都統欒俊、雍貴、胡世雄等五人，貴遁走。以功授奉議大夫、知高唐州，改濮州尹，遷陝西、四川道按察副使。坐事，左遷四川屯田經略副使。東西川行樞密院發兵圍重慶，朝廷知庭瑞練習軍事，換成都路總管，佩虎符，舟楫、兵仗、糧儲皆倚以辦。

擢諸部蠻夷宣撫使。碉門羌因入市争價，殺人，繫碉門魚通司獄中。羌酋怒，斷繩橋，謀入劫之。魚通司來告急，左丞汪惟正問計，庭瑞曰：「羌俗暴悍，以鬬殺爲勇。今如蜂毒一人，而即以寇盜待之，不可。宜遣使往諭禍福，彼悟，當自歸。」惟正曰：「使者無過於君。」遂從數騎，抵羌界。羌陳兵以待。庭瑞進前，語之曰：「殺人償死，羌與中國法同。有司繫其人，欲以爲見證耳。而汝即肆行無禮，如行省聞於朝，召近郡兵空汝巢穴矣。」其酋長棄槍弩，羅拜曰：「我裂羊髀卜之，視肉之文理何如，其兆曰：『有白馬將軍來，可不勞兵而罷。』今公馬果白，敢不從命！」乃論殺人者，餘盡縱遣之。遂與約：自今交市者，以碉門爲界，無相出入。

官買蜀茶，增價鬻於羌人。庭瑞更變引法，使引納二緡，而付券於民，聽其自市於羌，羌、蜀俱便之。

都掌蠻叛，蠻善飛槍，聯松枝爲牌自蔽。行省命庭瑞討之。庭瑞所射矢，出其牌半幹，羣蠻大駭，即請服。惟斬其酋德蘭酉等十餘人，而降其餘民。授叙州等處蠻夷宣撫使，改潭州路總管。時湖廣省臣要束木務聚斂，庭瑞乃謝病歸。以疾卒。

庭瑞初屯青居，其地多橘樹。庭瑞課士卒日入橘皮若干儲之，人莫曉也。賈人有喪其資不能歸者，人給橘皮一石，及售於中原，價倍蓰，莫不感之。家有愛妾，一日見老人與之語，乃其父也。妾以告，庭瑞召其父謂之曰：「汝女居吾家，不過羣婢，歸嫁則良人矣。」盡取奩裝書券還之，時人以爲難。

張立道，字顯卿。其先陳留人，後徙大名。父善，金進士。大兵下河南，善以策干太弟拖雷，命爲必闍赤。立道年十七，以父任備宿衛。至元二年，爲郎中，奉使安南。四年，命使河西，給所部軍儲，以幹敏稱。皇子忽哥赤封雲南王，詔以立道爲王府文學。勸王務農厚民，即署立道大理等處勸農官，兼領屯田事，佩銀符。尋與侍郎寧端甫使安南。

八年，雲南三十七部都元帥寶合丁專制歲久，有竊據之志。忌忽哥赤來爲王，設宴置

毒酒中，且賂王相府官無泄其事。立道聞之，趨入見。守門者拒之，立道怒與爭。王聞其聲，使人召立道，乃得入，爲王言之。王引其手使探口中，肉已腐矣。是夕，王卒。寶合丁使人諷忽哥赤妃索王印，立道潛結義士，得十三人，約共討賊，刺臂血和金屑飲之，推一人走京師告變。事頗露，寶合丁囚立道，將殺之。人匠提舉張忠，立道族兄也。結壯士夜劫於獄，出之，共亡至吐蕃界，遇帝所遣御史大夫博羅歡、吏部尚書別帖木兒。遂與立道還，按寶合丁及王府官受賂，皆伏誅。召立道等入朝，問王卒時狀。帝聞立道言，泣數行下，歔欷久之，曰：「汝等爲我家事甚勞苦，今欲事朕乎？事太子乎？事安西王乎？惟汝擇之。」立道奏願留事陛下。於是賜立道金五十兩，以旌其忠。張忠等亦授官有差。

尋復使安南。十年三月，領大司農事，未幾，授大理等處巡行勸農使，佩金符。其地有昆明池，夏潦暴至，冒城郭。立道役丁夫二千人治之，洩其水，得良田萬餘頃。土人雖知蠶桑，未得飼蠶之法，立道始教之，收利十倍。

十五年，除中慶路總管，佩虎符。先是，雲南不知尊孔子，祀晉王羲之爲先師。立道首建孔子廟，置學舍，擇蜀士之賢者，迎爲弟子師，歲時率諸生行釋菜禮。行省平章賽典赤表言於朝，敕進秩以褒之。

十七年，入朝，力請於帝，以雲南王子也先帖木兒襲王爵，帝從之。遂命立道爲臨安

廣西道宣撫使，兼管軍招討使，仍佩虎符。陛辭，賜弓矢、衣服、鞍馬。始赴任，會禾泥路大首領必思反，扇動諸蠻夷。立道發兵討之，拔其城，徇金齒甸，越麻甸，抵可蒲，皆下之。二十二年，又籍兩江儂士貴、岑從毅、李維屏所部二十五萬餘户歸有司。遷臨安廣西道軍民宣撫使。復創廟學於建水州，書清白之訓於公廨，以警貪墨，風化大行。入朝，值桑哥用事，遂謝病家居。條時務十二策，帝嘉納焉。

二十八年，武平地陷，命立道爲本路總管，以賑其災。未行，安南世子陳日燇遣其臣嚴仲維、陳子良等詣京師請襲爵。先是，其國王陳日烜累召不至，遣諸將討之，失利而還。帝怒，欲再發兵，丞相完澤、平章不忽木言：「蠻夷小邦，不足勞中國。張立道嘗再使安南，有功，今遣立道往，宜奉命。」帝召至香殿，諭之，授禮部尚書，佩三珠虎符，賜衣段、金鞍、弓矢以行。

至安南界，謂郊勞者曰：「語爾世子，當出城迎詔。」日燇乃率其屬焚香伏謁道左。既抵府，日燇拜跪，聽詔如禮。立道傳上命，數其罪，爲書曉之曰：「至誠一念，不避嫌疑；兩國之間，正言損益。立道發乘之日，朝廷大臣有言曰：『小國多疑，汝等當宣言以曉之。』惟汝蕞爾之邦，形服而心猶未化。雖任土修貢之不闕，而未盡其誠。問罪興師，固大朝之正理；藏鋒避鋭，亦小國之卑情。奈何與鎮南王拒敵爭衡，敢忘君臣之分？曩所謂『小杖則

受，大杖則逃』者，斯言安在？倘大朝撫有汝國，國人必棄土地而匿於海隅，雖生何異於死，雖存何異於亡？此海隅之不可伏者一也。江南四百餘州，不能當中原之一戰，安南與江南衆寡何若？安能以拒上國乎？今年與戰，明年與戰，小國之衆能有幾何？此人力之衆不可恃者二也。宋之有國，三百餘年，一旦掃地俱空，脣亡齒寒，理有必至。今不至於遽寒者，以其先附大朝，天道相應，氣運相通也。今捨天道而尚人力，豈不達天之道歟？此歷數之遠不可賴者三也。愚聞：『順天者昌，逆天者亡。』古之諸侯或朝覲於京師，或會同於邦嶽。因軍旅之事，踰時越境，不以爲難，何憚山高水闊之勞？而成禍結兵連之釁。所謂『毫釐失之千里』者也。今之急務，在於悔過自新，趨朝待罪。聖天子爲萬邦之首，焉肯食言？必赦前過而加大恩，計無加於此者。汝之小國，不圖今日之利，悔將無及。呼吸之機，間不容髮，吾非說客，汝勿涉疑。」讀罷，其君臣皆俯首聽命。

翌日，迎立道入見，謂立道曰：「比三世辱公使。公，大國之卿，小國之師也，何以教我？」立道曰：「昔鎮南王奉詞致討，汝非能勝之也，由其不用嚮導，率衆深入，不見一人，遲疑而還。曾未出險，風雨驟至，弓矢盡壞，衆不戰而自潰，天子亦既知之。汝所恃者，山海之險，瘴癘之惡耳。且雲南與嶺南之人，習同而技力等，今發而用之，繼以北方之勁卒，汝復能抗哉？汝戰不利，不過遁入海中。島夷乘釁，必來寇抄汝。汝食少不能支，必爲彼

屈。汝爲其臣，孰若爲天子臣？今海上諸夷歲貢於汝者，亦畏我大國之爾與也。聖天子有德於汝甚厚，前年之師，殊非上意，邊將讒汝爾。汝曾不悟，不能遣一介之使謝罪請命，輒稱兵抗拒，逐我使人，以怒我大國之師。今禍且至矣，惟世子計之。」日燇拜，且泣涕曰：「公言良是。爲我計者，皆不知出此。前日之戰，救死而已，寧不知懼？天子使公來，必能活我。」北面誓死，不敢忘天子之德。出奇寶爲賄，立道一無所受，但要日燇入朝。日燇曰：「貪生畏死，人之常情。誠有詔貸以不死，臣將何辭！」乃先遣其臣阮代之、何惟嚴等，隨立道上表謝罪，修歲貢之禮如初。廷臣有害其功者，以爲必先朝而後赦。日燇懼，卒不敢至，議者惜之。

二十九年，遣立道奉使按行兩浙。尋授四川南道宣慰使，遷陝西漢中道肅政廉訪使。皇曾孫松山封梁王，出鎮雲南。廷議求舊臣可輔王者，立道遂以陝西行臺侍御使拜雲南行省參知政事。視事期月，卒於官。

立道三使安南，官雲南最久，得土人之心，爲立祠於鄯善城西。所著詩文有《效古集》、《平蜀總論》、《安南録》、《雲南風土記》、《六詔通説》。子元，雲南行省左右司郎中。

梁曾，字貢父，大都大興人。少好學，日記數千言。中統四年以翰林學士承旨王鶚薦，辟中書左三部令史，三轉爲中書省掾。至元十年，用累考及格，授雲南諸路行省都事，佩銀符。久之，擢員外郎。十五年，轉同知廣南西路左右兩江宣撫司事。明年，除南陽府知府。唐、鄧二屬州爲襄陽府所奪，曾力争，卒復舊制。南陽在宋末爲邊郡，地無桑柘，而歲賦絲，曾請折輸布，一郡稱便。

十七年，遣使安南，召見，賜三珠金虎符、貂裘一襲，進兵部尚書。明年，日烜遣其叔遺愛，奉表從曾獻方物。二十一年，除曾湖南宣慰司副使，以疾去官。

二十九年，改淮西宣慰司副使，復以親老辭。召至京師，敕曾再使安南，授吏部尚書，賜三珠金虎符、襲衣、乘馬、弓矢、器幣，以禮部郎中陳孚爲副。十二月，改授淮安路總管而行。明年正月，至安南。其國門中曰陽明，左曰日新，右曰雲會。安南人郊迎，請由日新門入。曾大怒曰：「奉詔不由中門，是我辱君命！」即回館。既而請由雲會門，曾復執不可，始自陽明門迎詔入。又責日燇親出迎詔，且講本朝尚右之禮，以書往復者三。三月，其國相陶子奇等從曾詣闕請罪，並上萬壽頌、金册表、方物，而以黄金器遺曾爲贐，曾不受。

八月，還京師，進所與陳日燇往復議事書。帝大悅，解衣賜之，且令坐地上。右丞阿

里意不然，帝怒曰：「梁曾兩使外國，汝何敢爾？」是日，有親王至自和林，帝命酌酒，先賜曾，謂親王曰：「汝所辦者汝事，梁曾所辦，吾與汝之事，汝勿以爲後也。」復於便殿賜酒饌，夜二鼓乃出。明日，詔陳其方物象、鸚鵡於庭，而命曾引所獻象。曾以袖引之，象隨曾如素馴者。復命引他象，亦然。帝以曾爲福人，且問曰：「汝亦懼否？」對曰：「雖懼，君命不敢違。」帝曰：「善。」或讒曾受安南賂者，帝以問曾。曾對曰：「安南以黄金器遺臣，臣不受，以屬陶子奇矣。」帝曰：「此餽贐，受之可也。」尋賜白金、金幣。中書以使安南三珠金虎符與之，仍乘傳之任。

大德元年，除杭州路總管，户口復者五萬二千四百户。請禁莫夜鞫囚及游街之刑，著爲令。四年，丁内艱。先是，丁憂制未行，曾奏請終制如禮。七年，除潭州路總管，辭不赴。服除，拜兩浙都轉運鹽使。又明年，拜雲南行省參知政事，賜三珠金虎符。尋召還，以母喪未葬，扶柩北歸，至長蘆，賜鈔一百錠使營葬。十年，召爲中書參議。預内燕，賜只孫一襲。十一年，出爲河南行省參知政事。尋遷湖廣行省參知政事。四年，以疾罷，敕賜藥物。

皇慶元年，仁宗以曾前朝舊臣，特授昭文館大學士、資德大夫。累章乞致仕，不允，復起爲集賢侍講學士。國有大政，必命曾與諸老議之。延祐元年，奉詔代祀中岳，中道以病

致仕。至治二年，卒，年八十一。

李克忠，字公瑾，滕州人。父顯，倜儻善騎射，從族人李元至都，受知於諸王脱端，以管軍千户領鄒縣尉，累遷河南等路管民權府。克忠幼警敏，好讀書。至元十二年，世祖遣哈撒兒海牙、奴剌丁使安南，以克忠佐之，授安南達魯花赤府知事。詔有司依使緬事例，厚給資裝。既至，克忠要以三事：一曰國主親朝，二曰遣子入侍，三曰籍户口歸朝廷。安南人不從。克忠以書諭其國主，又不報，乃還。時吐蕃梗命，雲南行省創開新路於納洪土老蠻，克忠等始得平行而返。十四年夏，至上都，召見大安閣，賜金符，擢奉訓大夫、工部郎中，兼計議官。

十五年，偕禮部尚書柴椿、會同館使哈剌脱因、工部員外郎董瑞安、南人黎克，復賫璽書諭日烜入朝。十六年，克忠等返。十一月，復遣克忠再往，以竟使事。十七年四月，偕其陪臣黎仲陀等，齎表奉貢物詣闕下。世祖大悦。用事大臣欲克忠往謁，克忠曰：「論功行賞，國有常典。吾豈奔走權門者耶？」竟不往。

久之，授奉議大夫、同知岳州路總管府事。初至，教郡人藏冰，已而大疫，以冰療之，

全活甚衆。遷泰州尹，又選爲海北廣東道提刑按察副使，進階中順大夫，以親老乞養歸。旋起爲同知吉州路總管府事。延名儒以興郡學，士論稱之。大德五年，卒，年五十六。

子希顔，以父蔭授進義校尉、南昌縣主簿。江西行省參知政事郝天挺雅重之，辟行省掾。又從平章散朮台討寧都賊有功，遷承事郎、袁州路知事，終太常太樂署令。子稷。

稷，字孟豳。幼穎敏，八歲能記誦經史。從其父官袁州，師夏鎮。又從官鉛山，師方回。鎮與回俱名儒，稷兼得其傳。

泰定四年，登進士第，授淇州判官。調海陵縣丞，入爲翰林國史院編修官，擢御史臺照磨。至正初，出爲江南行臺監察御史，遷都事，又入爲監察御史。劾奏閹宦高龍卜「侵撓朝政，擅作威福，交通時相，請謁公行，爲國基禍，乞加竄逐，以正邦刑」。章上，流高龍卜於高麗。又言：「御史封事，須至御前開拆，以防壅蔽之患。言事官須優加擢用，以開諫諍之路。殿中侍御史、給事中起居注，須任端人直士，書百司奏請及帝所可否，月達省臺，付史館以備纂修之實。」承天護聖寺火，敕更作，稷上言：「水旱相仍，公私俱乏，不宜妄興大役。」議遂寢。會朝廷方注意守令，因言：「下縣尹多從吏部銓注，宜併歸省選。茶、鹽、鐵課，責備長吏，動受刑譴，何以臨民？宜分委佐貳。投下達魯花赤蠹政害民，宜爲佐

貳。」帝悉可其奏。遷中書左司都事，又四遷爲户部尚書。稷詣都堂言曰：「今妖寇竊發，民庶流亡，此政一行，是驅民爲盜也。」宰相韙之。尋參議中書省事，俄遷治書侍御史。

十一年，廷議以中原租稅不實，將履畝起稅。稷詣都堂言曰：「今妖寇竊發，民庶流亡，此政一行，是驅民爲盜也。」宰相韙之。尋參議中書省事，俄遷治書侍御史。

十二年，從丞相脱脱征徐州。賊平，謁告歸滕州。既而召爲詹事丞，除侍御史，遷中書參知政事。皇太子受册，攝大禮使，除樞密副使。帝躬祀郊廟，攝太常少卿。尋爲侍御史，又爲中書參知政事。俄進資善大夫、御史中丞，尋特加榮禄大夫。至正十九年，丁母憂。詔起復爲陝西行省左丞、樞密副使。乞終制，不起。服闋，命爲大都路總管，兼大興府尹，除副詹事。二十四年，出爲陝西行臺中丞，未行，改山東廉訪使。得疾，上章致仕。還京師卒，年六十一。贈推忠贊理正憲功臣、集賢大學士、榮禄大夫、柱國，追封齊國公，謚文穆。

稷爲人孝友恭儉，處家嚴而有則，與人交一以誠恪。尤篤於鄉黨朋友之誼。中丞任擇善、陳思謙既没，皆撫其遺孤。出入臺省者二十年，爲時名卿云。

史臣曰：張庭珍諸人，皆奉使安南有名跡者。中統元年，安南世子光昺上書，請三年一貢，從之。庭珍爲安南達魯花赤在至元六年，又責其入貢，疑非事實。是時江南未平，

陳氏倚宋爲屏蔽，或有倔强之辭，然謂其露刃以脅使者，亦誣矣。蓋私家傳狀所載者，不可以盡信也。

【校勘記】

〔一〕「庭珍」，原作「庭昜」，據文意改。

新元史卷之一百七十三　列傳第七十

郭汝梅　張炳　袁裕　孟祺　王庭玉[一]　劉好禮　李元　張礎　陳元凱　許楫　孫顯　王顯祖

郭汝梅，字和卿，大都潞陰人。金末，大兵陷潞陰，屠之。汝梅方七歲，其父琪禱於神，願佑此兒，使宗嗣不絕。及灤河，琪力不能負，欲棄之。遇赤犢，乘以渡河，獲免。汝梅年十八，父老稱其幹略，使攝知縣事。

太宗二年，立十路徵收課稅所。耶律楚材奏充燕京都稅司，以理劇知名。中統初，汝梅以久管徵收，非本志，使其子翰承襲。

中統三年，阿合馬奏本路員多，宜汰之，疏其勤幹得力者任使如故。起汝梅再充課稅所官。創建驛舍百餘，民不知擾。每歲應給行宮所需，未嘗闕誤。益户口萬餘。遷中都路總管，兼大興尹，階昭勇大將軍。數引見，奏對稱旨。五年卒。

先是，汝梅從憲宗幸柳林，憲宗問近郊户籍，汝梅倉卒不能對。從吏劉伯傑代應之，帝甚悦，曰：「是人爲官寧有不能者？」後伯傑亦以吏事知名。

張炳，字彦明，濟南濟陽人。祖全，父信，以貲雄於鄉。太宗四年，歲饑，出粟賑貸，鄉人賴以全活。炳幼穎悟力學。始補掾史，上計行省，有積年勾考未輸銀十萬五千兩。炳條陳切至，遂獲免。徵擢行省斷事官。

中統元年，辟爲中書省掾。俄遷右司提控案牘，管都督府員外郎。轉山東路廉訪轉運司經歷，考課爲天下最，遷廉訪司參議，兼攝濟南、益都、濱棣三路奥魯花赤。至元二年，改濟南路奥魯花赤。四年，轉陝西五路西蜀四川行中書省左右司員外郎。八年，進階奉訓大夫、兖州知州。屬縣有黠吏挾官府爲暴横，炳繩之以法，杖而逐之，民大悦。

十一年，改淮西等路行中書省左右司郎中。丞相阿塔海進攻瓜州、鎮江，炳運糧儲，供器械，凡二年。十三年，丞相阿朮攻揚州，宋將李庭芝棄城走泰州，炳至揚州城下，招諭制置朱焕以城降，庭芝亦就擒。炳傳檄未下州郡，皆望風款附。從阿朮入覲，世祖賜錦衣、鞍勒。十三年，擢大中大夫，揚州路總管府達魯花赤，商議行中書省事，佩金虎符。時行省在揚州，據南北要津，炳勞來撫恤，上下安之。

十六年，改鎮江路總管府達魯花赤，謝病歸。購書八萬卷，以萬卷送濟南府學。二十一年，起爲東昌路總管，吏民畏服，以治最稱。二十五年，卒，年六十四。延祐五年，贈太

中大夫、東昌路總管，追封清河郡侯，謚敬惠。子用中，沂州山場同提舉。

袁裕，字仲寬，河南洛陽人。幼孤，從兄避難聊城，因家焉。中統初，由聊城縣丞，辟中書右司掾，建言給重囚衣糧醫藥，免籍其孥產，止令出焚瘞錢，著爲令。順天路民王住兒因鬬誤殺人，其母年七十，言於朝：「妾寡且老，恃此兒爲生，兒死則妾亦死。」裕白執政，誤殺非故犯，當矜其母，乞宥之。執政以聞，囚得免死。南京總管劉克興掠良民爲奴，後以矯制獲罪，當籍没。裕請止籍其妻子，奴得復爲良者數百人。

至元六年，遷開封府判官。洧川縣達魯花赤貪暴，盛夏役民捕蝗，禁不得飲水，民不勝忿，擊斃之。有司當以大逆，置極刑者七人，連坐者五十餘人。裕白：「達魯花赤自犯衆怒而死，安得盡罪百姓？」議誅首惡一人，餘各杖之。部使者録囚至縣，疑其太寬。裕辨益力，遂白其事於中書省，竟從裕議。

八年，拜監察御史。俄授西夏、中興等路新民安撫副使，兼本道巡行勸農副使，佩金符。時徙鄂州民萬餘於西夏，有司雖給廪食，而失業者猶多。裕與安撫使獨吉請於朝，計丁給地，立三屯，使耕以自養，官民便之。又言：「西夏羌渾雜居，驅良莫辨，宜驗已有從良

書者，則爲良民。」從之。得八千餘人，官給牛具，使力田爲農。

十三年，進甘州等路宣撫副使，兼西夏、中興等路新民安撫副使。十八年，調南陽知府。明年，召拜刑部侍郎，出爲順德路總管。鐵冶提舉張鑑無子，買妾，其妻妒而殺之。裕捕其妻，訊之，論如律。其用法嚴明如此。二十一年，卒於官，年五十九。

裕以兄有鞠育之恩，令其子師愈推蔭於兄子，師愈後仕至侍御史。

孟祺，字德卿，宿州符離人。父仁，有學行。金亡北徙，寓濟州魚臺縣，州帥石天禄禮之，辟詳議府事。

祺敏悟，早知問學，從父游東平。時嚴實修學校，招致生徒。祺就試，登上選，辟掌書記。廉希憲、宋子貞俱薦之，擢國史院編修官。遷應奉翰林文字，兼太常博士。一時典册，多出其手。

至元七年，使高麗。還，稱旨，授山東西道勸農副使。十二年，丞相伯顏伐宋，授祺行省咨議官，遷郎中。伯顏雅信任之。宋舟師陳焦山，祺言於諸將曰：「敵軍下流，宜乘勢速進，以奪彼氣。」從之，宋師大敗。時伯顏以兵事入覲，聞之喜曰：「祺書生，乃知兵若是！」

諸將欲直趨臨安，伯顏問計，祺對曰：「宋人之計，惟有竄閩。若以兵迫之，彼必速逃。一旦盜起臨安，三百年之積，焚掠無遺矣。宜以計緩之，使彼不懼。譬取果，稍待時日耳。」伯顏曰：「善。」乃遣人持書至臨安慰諭之，宋人果不復議遷。先是，宋降表稱姪、稱皇帝，伯顏拒不納。祺自請至臨安徵降表，會宋執政於三省。夜三鼓，議未決，祺正色責之，始定議。宋謝太后內批用寶，祺攜之以出，並取十二璽獻於伯顏。伯顏親封之，祺曰：「管鑰自有主者，公勿封。一有不謹，恐異時姦人妄相污染，不能自明。」伯顏韙之，使祺籍宋冊寶及太廟禮樂器、郊天儀仗，秘書省、國子監、國史院、學士院、太常寺圖書、祭器等物。伯顏發臨安，趣宋主顯及全太后入覲。祺宣讀詔書：「免牽羊係頸之禮。」太后聞之，泣謂宋主曰：「荷天子聖慈活汝，當望闕拜謝。」宋主拜畢，子母皆肩輿出宮。

伯顏奏祺前後功多，且薦祺可任大事。授嘉興路總管，佩虎符。勞徠撫字，甚有能名。後以疾解官。十八年，擢浙東海右道提刑按察使。辭不赴。二十八年，帝遣祺招諭爪哇，其酋不聽命，黥祺以辱之。帝大怒，遂決計用兵。祺未幾卒，年五十一。贈宣威安遠功臣、中奉大夫、中書參知政事、護軍、魯郡公，謚文襄。子遵、適。

王庭玉，字國寶，保定清苑人，本完顏氏。父安住，金懷遠大將軍、安州刺史。太祖十三年，來降，譯姓王氏，改名安。庭玉隸萬户張柔部下，以材勇聞。憲宗九年，從攻鄂州有功，擢亳州萬户府首領官，遷河南路統軍司知事。從圍襄樊，城光化州，賜衣襖、鞍轡、銀、錢鈔有差。改招討司經歷，佩銀符。

從大軍濟江，敗宋將孫虎臣於丁家洲。追至龍江磯，獲宋小校二人，自稱太平州帳下，持守將蠟書以獻。軍中欲殺之，庭玉力争曰：「是絶人降附之心也。」受其書而遣之。明日，大軍至太平，守將即開門降。由是爲丞相伯顏所知。建康下，以庭玉僉江東宣撫司事。元帥唆都悉以郡事委之，庭玉招撫流亡，甚獲民譽。

十四年，授建康路總管府治中。伯顏曰：「王治中，吾帥府師也，事何憂不治？」十五年，擢朝列大夫、招信路總管府達魯花赤，佩虎符。招信尋改臨淮，庭玉换金符。伯顏聞之，咨中書省，仍佩虎符。臨淮多盗，有二男子飲兵家，庭玉使録事徐霆逮捕之，果盗魁。盡獲其黨一百七十六人，戮七十人，餘悉宥之，民遂安堵。録事李娃過臨淮，吏誣爲盗，庭玉覆訊之，察其冤，娃得免死。

御史大夫相威奏江南廉能吏五十人，庭玉其一也。改授漣、海州等處屯田總管。先是，上屯田策者，以墾荒爲名，官給鈔買牛，實未嘗有牛。每歲輸牛皮，妄言牛死，官又給

鈔補之，冒濫無已。庭玉白其事於中書，罷之，爲怨家所誣。世祖素知庭玉長者，寢不問。庭玉乃棄官歸。大德二年，卒，年七十一。

劉好禮，字敬之，汴梁祥符人。父仲澤，金大理評事，遥授同知許州，徙家保定之完州。好禮通國語，廉訪司辟爲參議，改永興府達魯花赤。至元元年，以侍儀廉希逸薦，召見奏對稱旨。五年，應詔，建言：「有司奏請，宜先啟皇太子。陝西重地，宜封皇子、諸王以鎮之。築都城，宜給直以市民地。選格不宜以中統三年爲限。」帝是其言，敕中書施行。

七年，遷吉思昂可剌、烏斯、撼合納、謙州、益蘭州五部斷事官，以比古之都護，治益蘭。其地距京師九千餘里，民俗不知陶冶，水無舟航，以杞柳爲器皿，刳木爲槽以濟水。好禮請工匠於朝，以教其民，土人便之。或言榷鹽、酒，可以佐經費，好禮曰：「朝廷設官要荒，務以綏遠，寧欲奪民利耶？」言者慚服。

十年，北邊諸王叛，執好禮軍中。其大將以好禮善應對，釋之。十六年春，叛王召好禮至謙謙州，曰：「皇帝疑我，至有今日。」好禮曰：「不疑。果疑王，召王至京師，肯還之耶？」叛王語塞。十七年春，好禮率衆南歸，中道遇叛王軍，迫好禮西踰雪峨嶺。好禮以

衣服賂其千户，始獲東出鐵壁山口，數日，從者繼至，且千人。中道糧絶，捕獵以爲食。七月，至珠爾海，與戍兵接，得乘傳至昌州。入見，帝賜之食。

十八年，授嘉義大夫、澧州路總管〔二〕。十九年，入爲刑部尚書，俄改禮部，又改吏部。好禮建言：「象力最巨，上往還兩都，乘輿駕象，萬有一變，事不可測。」未幾，象驚，幾傷從者。二十一年，出爲北京路總管，再入爲户部尚書。二十五年六月卒，年六十二。子晸，爲河西隴右道肅政廉訪使。

李元，字善長，滕州人。父浩，精於醫術。竇默薦浩於世祖，以老不能就徵，詔有司歲廩之，終其身。召元至京師，賜宴萬安閣，俾掌御藥局。奏對稱旨，賜白金五百兩。從北安王那木罕征西域，元以兵力不足，言於王曰：「今深入敵國，兵不盈萬，恐不任戰事，請益府兵以備不虞。」王從之。王恩遇益厚，以王妃妹妻元。

至元七年，世祖以王守上都，署元爲斷事官。時饋餫不及，兵以剽掠自給。元諭富民預輸租賦，得萬餘石以贍軍食。至元十四年，諸王昔里吉叛，劫北安王於阿力麻里。元爲昔里吉所拘，後脱走，至阿赤潭城，收餘衆，兼道東歸。至瞻思谷水，又爲叛王海都所獲，

挈之西行數千里，至垂水川，守衛愈嚴，六年不令他徙。

二十二年，海都言於篤哇：「北安王留此，瘠甚，儻病死，則搆怨日深，不如還之。」元遂從北安王歸，晝夜兼行，遇大軍於馬絮思水。明年，始達上都。六月，覲世祖於行在。世祖三招使前，詢其來狀，謂左右曰：「此人萬里歸我，其忠孝雖蒙古人弗逮。」賜錢五千貫，貂裘、貂帽各一，錦帛三千匹，授奉訓大夫、都總管府達魯花赤。改順德路總管，晉嘉議大夫，遷通議大夫、益都路總管，又改般陽路。以年老致仕，卒於家，年八十四。

元敦厚明敏，善於撫馭，所至有聲，其忠信尤爲遠人所服。追封東平郡公，謚忠穆。

張礎，字可用。其先渤海人，曾祖琛，徙通州。祖伯達，從忽都虎那顏略地燕、薊。金守將蒲察七斤以城降，忽都虎承制以伯達爲通州節度判官知通州。父範，爲真定判官，因家焉。礎業儒，廉希憲薦於世祖。時真定爲阿里不哥分地。阿里不哥銜礎不附己，遣使言於世祖：「張礎我分地人，宜歸我。」世祖謂使者曰：「兄弟至親，寧分彼此？我方有事於宋，待天下平定，當遣礎還。」憲宗九年，從世祖伐宋，文檄悉出其手。

中統元年，立行中書省，以礎權左右司掾。尋出爲彰德路拘摧官，復入爲右三部員外

郎。賜金符，爲平陽路同知轉運使。改知獻州、同知東平府事，又改知威州。有婦人騎驢過市，投下官暗赤之奴引鳴鏑射婦人墜地，奴匿暗赤家。礎大怒，將以其事上聞，暗赤懼，乃出其奴，論如律。

至元十四年，遷江南浙西道提刑按察司副使，佩金符。遂安縣貧民負險爲亂，命礎與同知浙西道宣慰使劉宣捕之。宣即欲進兵，礎曰：「江南新附，宜遣人招諭，以全衆命。」宣不可，礎曰：「諭之不來，用兵未晚。」遂遣人諭以禍福，逆首果自縛請罪，礎釋之，宣乃歎服。累遷嶺南廣西道、嶺北湖南道提刑按察副使。授賓州路總管，不赴。拜國子祭酒，尋出爲安豐路總管。三十一年，卒，年六十三。贈昭文館大學士，追封清河郡公，謚文敏。子淑，衛輝路推官。

陳元凱，字時舉，冀寧臨晉人。父膺，東平路勸農使。元凱通經術，得中原文獻之傳。至元三年，太保劉秉忠薦於裕宗。元凱舉止詳雅，占對稱旨。除宮籍監，出爲同知復州路總管府。二十年，拜江西行省郎中。時盜賊蠭起，省中議討賊方略。元凱曰：「破賊在擇良將。」舉招討使郭彥高可用。彥高方被誣繫獄，衆難之。元凱曰：「使功不如使過，况非

其罪乎？」乃命彥高討捕，悉平之。廣東賊黎德據海州抄略，右丞忽都鐵木兒討擒之，欲獻俘京師。元凱請曰：「黎德么麽小醜，宜速殺之，以謝百姓。」即命磔德於市。移富州尹，元凱謂僚屬曰：「今日當以安百姓爲急務。百姓安，則農不待勸而衣食足，盜賊自息矣。」居三月，盜賊屏跡，流亡復業，治行爲江西第一。

擢江州路總管。改海北廣東道肅政廉訪使，以疾不赴。元貞元年，復授龍興路總管。龍興爲徽仁裕聖皇太后分地，陛辭。太后諭之曰：「汝舊臣，宜加意撫治。」賜錦衣以寵其行。歲大水，民多餓莩，元凱請於行省，罷河泊稅，聽民自取，全活無算。大德元年，拜嶺北湖南道肅政廉訪使，請告歸。五年，起爲建康路總管，又辭歸。十一年，拜浙東海右道肅政廉訪使，復告老，不俟報而行。卒於家，年七十八。

許楫，字公度，冀寧忻州人。幼從元好問學。年十五，以儒生中詞賦，選河東宣撫司。又舉楫賢良方正。楫至京師，平章王文統命爲中書省掾，以不任簿書辭，改知印。丞相安童、左丞許衡深重之。一日，從省臣立殿下，世祖見其美髯魁偉，問曰：「汝秀才耶？」楫頓首曰：「臣學秀才耳，未敢自謂秀才也。」帝善其對，授中書省架閣庫管勾，兼承發司事。

未幾，立大司農司，以楫爲勸農副使。時商挺爲安西王相，遇於途，楫因言京兆之西荒田數千頃，宋、金皆嘗置屯，如募民立屯田耕種，得穀可以給王府之需。挺以其言入奏，從之。三年，屯成，果獲其利。尋佩金符，爲陝西道勸農使。

至元十三年，宋平，帝命平章廉希憲行中書省於荆南，以楫爲左右司員外郎。父老輿金帛求見，楫曰：「汝等已爲大元民矣，今置吏以撫字汝輩，奚用金帛爲？」明年，擢嶺北湖南提刑按察副使。武岡富民毆死軍人，陰以家財之半誘其佃者代己款伏。楫審得其情，釋佃者，以富民抵罪。改江西道提刑按察副使。行省命招討使郭昂討叛賊董旗，兵士俘掠甚衆，楫釋良民六百口，遣還鄉里。

二十三年，授中議大夫、徽州路總管。桑哥立尚書省，會計天下錢糧，參知政事忻都、户部尚書王巨濟倚勢刻剥，遣吏徵徽州民鈔，多輸二千錠。巨濟怒其少，欲更益千錠。楫詣巨濟曰：「公欲百姓死耶？生耶？如欲其死，雖萬錠可徵也。」巨濟以其詞直，乃免徵。楫考滿，去。績溪、歙縣民柯三八、汪千十等，因歲饑，阻險爲寇，行省右丞教化以兵捕之，相拒七月，始使人諭之降。三八等曰：「但得許總管來，我等皆降矣。」行省驛召楫至，命往招之。楫單騎趨賊壘，衆見楫來，皆拜曰：「公既來，請署榜以付我。」楫白教化，請退一舍，聽其來降。不從。會以參政高興代教化，楫復以前言告之，興從其計，賊果降。二十四

年，授太中大夫、東平路總管，謝事卒，年七十一。

孫顯，字榮甫，鄭州管城人。以書吏從大軍伐宋。宋平，擢中順大夫，遥授知英德府、同知太平路總管府事。未幾，改江西行省郎中。至元十八年，遷少中大夫、同知荆湖北道宣慰司事。時阿合馬秉政，遣使者鉤考湖廣財賦，集諸道官吏於行省，以顯主會計。使者多方羅織，稾數易不定。顯庭辯曰：「册已造矣，何紛紜如此？有絲髮隱匿，願身任其咎。」使者爲之斂戢。

二十三年，廷議以宋平賞格過優，例降顯朝列大夫、福建行省郎中。省臣盜官鈔十三萬錠，事發，獨顯無所染。南雄械賊百餘人當死，顯訊之，惟戮三十人，餘皆縱遣。安溪賊連十五寨爲亂，顯諭下之。行省議，但誅首惡，既又欲屠之，分其子女。顯拔劍止之曰：「前議云何？敢言殺掠者，論如律。」磔首惡一人，而事定。

大德二年，復少中大夫、懷孟路總管，兼諸軍奥魯，兼管内勸農事。卒，六十一。

先是，惟河南路課竹税，懷孟與輝州雖産竹，無税。自馮德用爲河南都漕運使，始請籍兩郡竹園爲官有，隸於制國用使司。設法峻密，雖園中取一竿，亦坐以自盗之罰。然竹

日損耗，官民交病。顥白其事於户部，請責園主輸竹税，聽其斬伐。從之。諸王、妃主道經懷孟，賦木席爲屋，絡綵周之。前期一月具，而不至，民守視不敢去，去則官吏擅取其物，無所控告。顥製卉布爲大幕，容數百人，可以離合舒卷，以輕車載之，送往迎來，民甚便之。二事尤爲人所頌云。

顥繼妻李氏，封肉療顥疾。顥卒，斷髮納棺中，誓不再醮。以節行稱於世。

王顯祖，字繼先。其先高平人，後徙居邢州。金人南渡，河北隔絶，州民推顯祖父明爲節度判官。木華黎徇地至邢州，明以城降，授本州節度副使，佩金符。明卒，顯祖襲節度判官。世祖在潛邸，過邢州，劉秉忠與明有舊，引顯祖入見。顯祖年十四，狀貌奇偉，世祖酌酒賜之，使爲秉忠養子。

中統三年，邢州改順德府，顯祖遷府判官。從大軍討李璮，先登陷陣，數有功。調衛州判官，又調宣德府判官。秩滿，遷同知濱州事，以病去官。復起爲同知德州事，尋除鈞州尹。在任六年，威惠大行。丁母憂，時服制未定，顯祖首行三年喪，解官廬墓。

至元二十八年，湖廣行省平章要束木以貪暴聞。世祖震怒，命哈剌哈孫往鞫之。除

顯祖行省副理問官，窮治黨與，追賊以鉅萬計，民大說。官庫被盜，不獲，逮繫百餘人。顯祖推問得實，乃庫兵自盜也。盡釋之，咸羅拜而去。三十一年，行省檄顯祖整理湖南等七路錢糧，凡無名之賦、有徵不納之額，顯祖悉蠲之，著爲令。

元貞元年，改濱州尹。州民苦鹽貴，顯祖申請先散鹽，而後支價，歲省民錢一萬二千餘錠，民刻石頌之。是時山東鹽法壞亂，行省以顯祖才任繁劇，除山東東路同知都鹽運使事。首尾六年，增鹽引十四萬有奇。大德九年，遷少中大夫、江西袁州路總管，顯祖以年老辭。十一年，卒，年六十七。子郁，襲同知邢州事。

史臣曰：蒙古初定中原，以武夫悍卒世襲地方長吏。至世祖，始詔諸路管民官治民，管兵官治兵，各有所司，不相統攝。於是擢用賢能爲諸路總管，休養生息，與民更始。故吏治蒸蒸，庶幾唐、宋，如郭汝梅、張炳等，皆良吏也。考其名蹟，可以見世祖之知人善任焉。

【校勘記】

〔一〕「王庭玉」，原作「王廷玉」，據正文及任士林《松鄉集》卷三《臨淮府君王公墓誌銘》改。

〔二〕「澧州」，原作「灃州」，據《元史》卷一六七列傳第五十四《劉好禮傳》改。

新元史卷之一百七十四　列傳第七十一

李秉彝　覃澄　謝仲温　姜彧　高源　韓政　馮岵　胡祗遹　王綱思聰　曹世貴　詹士龍　高良弼　白棟　孫澤良楨　趙宏偉璉　琬

李秉彝，字仲常，通州潞縣人。幼沉毅，見人倨坐，輒色變，由是衆異焉。七歲讀書，日千言。十歲，能習古篆隸。年二十餘，謁行省，粘合重山辟爲掾。未幾，遷都事，説重山曰：「金亡，人材無所附麗。天下初定，宜拔其尤者，爲朝廷用。」重山韙其言，首聘王磐授子弟經。於是士大夫相繼登重山之門參議。王文統投書重山，請立河南行省，曰：「距河阸南北之勢，用財結上下之交，可以得志。」秉彝斥爲邪説，願勿聽，後文統果敗。遷員外郎，從世祖伐宋渡江，將士争掠金帛，秉彝獨載書萬卷以還。

中統三年，遷中興等處行省郎中。時兵亂初平，民艱食。秉彝奉命賑恤，全活無數。至元二年，徙四川，民苦竹税，奏罷之。遷大中大夫，佩金符，爲彰德宣課運使。課最，擢尚書户部侍郎。

八年秋，中原蝗，銜命往捕，有不盡心者，聽以軍法從事。秉彝訖事，未嘗操切。明年，京師饑，朝廷用秉彝言，發廩賑之。又明年，魚兒泊饑，亦奉命賑其民。出爲都提舉漕運使，中臺察廉能，奏授陜西、四川道按察副使，巡行灌州。州故有李公堰，當三江口，遇水漂悍輒壞，歲調民夫修之。秉彝以爲築之堅可已患，父老謂壅遏漲勢，恐爲成都害。秉彝令投石水中，問曰：「水從石上過耶？石下耶？」皆曰：「從石上。」秉彝曰：「水從石上過，寧有壅遏之患乎？」督有司三月堰成。自是大水至，冒堰上行，旱則瀦以溉田，費省而利興。

十四年，除江州路總管。屬邑有剽掠者，有司以叛告，官軍既至，俘良民甚衆。秉彝要於路，詰無辜者千餘人，悉縱之。黄州叛，九江戍卒僅五百人。吕師龍新降爲招討使，擁精騎數千，檄使捍禦，不聽。秉彝夜登庾樓，遥望小舟順流下，邏獲七人自黄州來，持叛書期師龍以五月十六日爲内應。秉彝即偕其計議官陳文彬見師龍，諭以利害。師龍自誓不知，秉彝曰：「審爾，請分兵守城。」師龍從命，九江遂安堵。其兄師夔自江西奉黄金二百兩、白金二千兩、奴婢十人爲謝，卻不受。義門陳氏苦縣吏貪酷，戕吏卒，秉彝曰：「非叛也。」遣人招撫之，闔族千餘口皆得免。遷湖州總管。踰年，又徙常德。官種柑橘五百株，以代民貢。歲歉，黜同僚議，不俟命，開倉救饑者，民立碑頌之。

十九年，擢通議大夫、兩浙轉運使。轉正議大夫，除工部尚書。復出爲兩浙轉運使，兼杭州諸色課程及市舶。前同知納速剌丁倚權臣勢，奪秉彝職，候理算，欲因以誣秉彝，卒不得毫髮私，羣小讋服。歸至鎮江，病卒，年六十五。

覃澄，字彥清，興德懷來人。父資榮，仕金爲縣令，率衆款附，以金符授元帥左都監，令如故。改賜金虎符，升行元帥府事。復以其弟資用代充元帥左監軍。資用卒，以澄代之，年十八。

太宗八年，州縣置達魯花赤以監守令。不習國語者，則受命於譯人。澄慮見欺，日與習國語者游，歲餘，悉通曉，與達魯花赤議事，應答無滯，人以爲不學而能。燕京置斷事官，建行臺府，檄澄往受事。澄請省工料費，凡横取於民，皆減之。文谷水分溉交城，爲平州知州所遏，交城人訟之，終不直。澄争於行省，知州噤屈，水利大興。俄入覲，因耶律楚材面陳：「乙未料民，率以無産僑民入籍，及賦下，悉逃避，責徵實存，官稱貸納之，困不能償，以子爲母，息日增，謂之特生利。」帝憫之，勅免其逋賦公私之負，三年勿徵，子母相當，止其息，民困大蘇。壬子，復料民，澄削其逃户，不入籍，民尤頌之。

世祖平大理還，澄上謁，帝喜其容止，留居藩府，以其弟山阜代爲交城令。憲宗疑世祖有貳心，遣劉太平等置計局於京兆，條百四十有二事，多方鉤覆，且興大獄。世祖遣澄與庫濟勒見太平等通款曲，世祖亦入朝。事始解。

世祖南征，使澄專治懷孟。歲旱，鑿唐温渠，引沁水灌河内諸縣。中統元年，詔獎其練習政事，授懷孟路總管，賜金符，又換虎符。至元二年，省懷孟、衛輝兩路入彰德，改授同知總管府事。丁憂，起復，遷少中大夫、平涼路總管。七年，散階例降二等，改奉議大夫、司農少卿。尋遷京兆路總管，兼府尹。又改陝西四川道提刑按察使。詔禁有妻者娶妾，澄建言：「不孝有三，無後爲大。請四十無子者，聽其娶妾。」中書韙之。

十年，宋將昝萬壽入寇，大敗僉省嚴忠範於成都，入其郛。世祖械忠範至都，遣澄代之。澄練兵儲餉，宋人知其有備，不敢犯。十一年，西南夷羅羅斯内附，以澄爲副都元帥、同知宣慰司事。澄不習水土，竟以疾卒，年五十八。

初，游顯爲大名路宣撫使，爲諸路總管求金符，奏已上，澄白於中書，辭不受，曰：「上不識覃澄耶？乃爲顯所舉！」省臣爲去其名。其剛介如此。劉秉忠常謂：「天下長吏，如邢之張耕，懷孟之覃澄，何憂不治！」許衡亦重其爲人，稱爲當時循吏焉。

子克修，陝西漢中路提刑按察使，亦有能名。卒，贈禮部尚書，追封弘農郡侯，謚文憲。

謝仲温，字君玉，豐州豐縣人。父睦歡，以貲雄鄉里。大兵南下，轉客兀剌城。太祖攻西夏，過其城，睦歡與其帥迎降。從攻西京，睦歡力戰先登，連中三矢，仆城下。太宗見而憐之，命軍校拔矢，縛牛刳其腸，納睦歡於牛腹中，良久乃甦。後官至太原路金銀鐵冶達魯花赤。

仲温通書史，初見世祖於野狐嶺，命備宿衛。凡行幸，必在左右。及城上都，以仲温爲工部提領，督其役。帝曰：「汝但執梃，雖百千人，寧不懼汝耶！」憲宗九年，大軍圍鄂，軍餉缺，仲温教兵士罾魚以充食。帝喜，謂侍臣曰：「朕思不及此。」飲以駝乳。一夕，帝聞敵軍讙譟，命警備。仲温奉繩床，帝憑其肩以行，至旦不寐。

中統元年，擢平陽、太原兩路宣撫使。二年，改西京。至元九年，遷順德路總管。時方用兵江淮，有寡婦鬻子以償轉輸之直，仲温出俸金贖還之。十六年，遷湖南宣慰使。二十二年，改淮東。歲旱，仲温導白水塘溉民田，公私賴之。三十年春，入見，帝曰：「汝非謝仲温乎？朕謂汝死矣！」從容語及攻鄂時事。帝喜甚，諭曰：「汝將復官乎？朕爲汝擇之。」對曰：「臣老矣，一子早亡，惟有孫孛完，幸陛下憐之。」即日命備宿衛。大德六年，卒，

年八十。子蘭，江州達魯花赤，先卒。蘭子孛完，冀寧等路管民提舉司達魯花赤。

姜彧，字文卿，萊州萊陽人。父椿，與張榮有舊，避楊安兒之亂，依榮於濟南。榮愛彧才，辟爲掾。遷左右司都事，進郎中。斷事官遣彧詣闕，奏割陵州五城屬於榮，以彧爲參議官。

中統元年，彧從榮孫宏入朝，密奏李璮反狀已露，宜先其未發制之。不報。明年，璮果反，襲陷濟南。彧從宏討璮，見賊勢已蹙，城旦夕且下，乃夜謁諸王哈必赤，請諭諸將勿入城縱兵，哈必赤從之。明日，賊開門出降，哈必赤下令：「將士敢入城者，以軍法論。」城中安堵如故。

以彧知濱州。時行營多占民田爲牧地，縱牛馬壞稼。彧請分畫牧地疆界，捕壞稼者，置之法。又課民種桑，人名爲「太守桑」，歌曰：「田野桑麻一倍增，昔無粗麻今纊繒，太守之賢如景星。」後遷東平府判官。

至元五年，召拜治書侍御史。七年，出爲河北河南道提刑按察使，賜金虎符。改信州路總管，累遷陝西漢中、河東山西提刑按察使。拜行臺御史中丞，後謝病歸。尋起爲燕南河北道提刑按察使，以老病致仕。三十年，卒，年七十六。子四人：迪吉、從吉、呂、璞。

高源，字仲淵，晉州饒陽人。父汝霖，真定廉訪司照磨，使東平，遇盜死。源幼力學，事母孝，補縣吏。中統初，擢衛輝路知事。遷齊河縣尹，有遺愛。去官十年，民猶立碑頌之。再遷行臺都事，僉江南浙西道提刑按察司事。劾常州路達魯花赤馬紹奪民田及他不法事，紹懼，走賂權臣阿合馬，以他事誣源。既繫獄，一日忽釋之，莫知所由。先時，源鄰里多阿合馬姻戚，素知源事母孝，至是，聞源坐非辜，悉詣阿合馬曰：「源孝子也，非但我知之，天必知之。若妄殺源，悖天不祥。」阿合馬感悟，得不死。

尋除河間等路都轉運副使，撫治有條，竄户逃者皆復業，常賦外羨餘至十萬緡。至元二十四年〔二〕，改江東道勸農營田使。二十八年，遷都水監，開通惠河，由文明門東七十里與會通河接，置閘七，橋十二，人蒙其利。授同知湖南道宣慰司事。卒，年七十七。

韓政，字君用，益都人。父松之，從金四駙馬伐宋，戍山陽，戰殁。政幼孤，習醫術以自給。後從諸王塔察兒鎮遼東，塔察兒白其計畫於世祖，帝奇之。至元十三年，相威爲征

西都元帥，討西番，授政嘉議大夫、漢軍元帥監軍，佩金虎符。軍中大驚，曰：「監軍非國姓不可得。」裕宗在東宫，亦疑之。政入辭，命挽强弓，彀而復引者三。裕宗歎曰：「皇帝善任使若是。」賜錦衣一襲以行。

政西逾大磧，斬馘甚多。軍還，授前衛親軍副都元帥、指揮使，兼領左右衛屯田軍馬。奏以屯田統屬於衛，而治其無良者。從之。十九年，加正議大夫，充樞密院判官。俄拜治書侍御史，劾中書右丞盧世榮牟利，卒正其罪。二十三年，出爲淮東道提刑按察使。善決疑獄，爲吏民所稱。卒，年六十六。贈嘉議大夫、尚書、上輕車都尉、南陽郡侯，謚威敏。子拱，增城縣尹；振，昌國州知州；極，御藥副使。

馮岵，字壽卿，中山人。祖父璧，金同知集慶軍節度使。父渭，右三部郎中。初，璧從金宣宗南渡，與渭母相失。渭徒行千里求之，哀動行路，時稱爲「馮孝子」。

岵聰悟好學，辟中書省掾。故事，諸曹皆出爲總管、判官。岵以忤執政，獨抑爲真定轉運經歷。遷無極令，考最，换曲周令。大軍圍襄陽，籍河北民兵濟之。岵視丁地入中甲者，户抽一人。賄託不行，富室計無所施，民翕然頌之。宋平，擢奉議大夫、僉山南湖北道

提刑按察司事，改嶺北湖南道，又改河北河南道。劾罷貪吏三百餘人，籍没賕賂至三千錠。怨家訟岵不法十餘事，詔御史按之，皆不實，抵誣者罪。擢岵朝請大夫、江西湖北道提刑按察副使。尋告歸。起爲山北遼東道提刑按察副使，以疾辭。再换山南江北道，命下數日而卒，年五十九。

岵文章雄剛深古，淺學不能句讀。晚號雪厓。疾篤，猶自書「馮孝子墓」、「雪厓墓」，伐石爲阡表焉。

胡祗遹，字紹聞，磁州武安人。少孤，自力於學。中統初，張文謙宣撫大名，辟員外郎。明年，入爲中書詳定官。至元元年，授應奉翰林文字，尋兼太常博士，著《禮論》以糾時之弊政，曰：

聖人之制，禮通貴賤之情，而嚴上下之分。故曰：「履雖美，不加於枕；冠雖敝〔二〕，不以苴履。」尊卑分定故也。羣臣之視天子，如地之於天然。而篡弒之凶，古亦有之，何自而來哉？聖人作《易》，於坤之初六謹爲之戒曰：「初六履霜，陰始凝也。馴致其道，至堅冰也。」又曰：「臣弒其君，子弒其父，其所由來者漸矣。」賈誼見漢法不敬

大臣，曰：「天子之尊如堂，大臣如陛，衆庶如地。」今大臣下獄，賤隸得搏執而笞辱之。然則堂不幾於無陛乎？今之大臣有罪，則杖辱於市，小人興謡造訕，揶揄詬駡，無所不至。漢之大臣，天子罪之，賈誼猶爲之太息。今之大臣，小民得以罪之，此風一長，有識者甚爲寒心。

近歲以來，奴訐主，妻妾告夫，子弟訟父兄，編民把執詬辱官吏，輿臺皂隸謗訕大臣，凶險姦邪，百無忌憚。白晝殿廷之上，穢言褻語，肆口而出。聖德天聰，豈不知其爲惡？然而樂聞不禁者，上欲發欺蔽，摘姦邪，通冤抑，抑豪横也，故特借凶人之口，來端直之言耳。殊不察即位以來，所聞之言，無大利害，適足爲弄口舌者進身之階。失大臣之禮，瀆上下之分。朝廷之上，無禮無威；閭里之間，彝倫攸斁。無知之氓，習見官府之不足畏，一旦饑饉凶荒，狐鼠嘯聚，郡縣之權若之何制之？今之大臣不以爲憂，反以私門豢養凶人，使之遞相訐制，何其愚也！必欲通上下之情，擢一二直節敢言之臣，如古之納言者，何求而不得？何必以嘵嘵之小人，瀆日月之明哉？

後調户部員外郎，轉右司員外郎，尋兼左司。時阿合馬當國，官冗事煩。祗遹建言：「省官莫如省吏，省吏莫如省事。」忤其意，出爲冀寧路治中，兼提舉本路鐵冶，將以歲賦不辦責之。及涖職，乃以最聞，改河東山西道提刑按察副使。

江南平，遷荆湖北道宣慰副使。有佃户訐田主謀爲不軌，祇遹察其誣，坐告者。十九年，遷濟寧路總管，上八事於樞府：曰役重，曰逃户，曰貧難，曰正身入役，曰僞署文牒，曰官吏保結，曰有名無實，曰合併偏頗。樞府采其言，著爲令。濟寧移治鉅野縣，兵後流亡未復，士不知學。祇遹選郡中子弟教之，親爲講説，文學最於他郡。擢山東東西道提刑按察使，以敦教化爲先務。有父子兄弟相告者，必諭以倫常之重，不獲已始繩以法。召拜翰林學士，不至。改江南浙西道提刑按察使，未幾，乞病歸。

二十九年，徵耆德十人，以祇遹爲首，以病辭。三十年，卒，年六十七。延祐五年，贈禮部尚書，謚文靖。子持，太常博士。

王綱，字政之，安平人。性倜儻，少爲縣吏，不骫骳從俗。大軍伐宋，亟饋餉，自淮以北，徵斂尤重。綱在潁州，首建互市之法，公私賴之。累擢工部主事。世祖建大都，綱預營繕之役，以功最，遷兵部員外郎，轉刑部。讞獄概以平恕。豪右匿良民爲奴，綱擿其實，免之。尋遷工部郎中。阿合馬擅利權，蠹倖百出。綱疏言其弊，忤阿合馬，出爲益都淘金總管府經歷。

至元十九年，擢奉議大夫、山東道提刑按察副使，尋改湖南道。湖南俗輕悍善訟，且

歸附未久，守令率贓賄自恣，綱力革其弊，犯者以法繩之，一道帖然。二十四年，遷海北廣東道提刑按察使。或勸以臨海炎瘴，宜勿行。綱曰：「使者受天子命，若以炎瘴棄之，誰當往者？」既至，疾作，還至潭州卒，年五十四。子思敬，弋陽尹；思忠，淮東屯田副總管。弟經子思聰。

思聰，字德明。由書掾累擢廬陵尹，以才幹選除廣州路推官。屬縣豪右有誣民以罪者，獄成，彌縫無間。思聰疑而詰之，竟得其實。擢海漕千户，賜金符。進朝列大夫、衢州路治中，致仕，卒。

曹世貴，字仲明，睢州考城人。父鸞，以材武爲劉整所薦，官規運庫提舉。世貴由翰林國史院書寫，授元帥府提控。世祖遣諸王塔察兒伐高麗，平章政事趙壁行征東省，以世貴爲行省宣差，使於高麗。其臣林衍陳兵以逆，世貴厲聲曰：「汝海邦小夷，敢脅天子之使，是反也！」立斬十餘人，衍等讋服。

擢忠翊校尉、城武令，有惠政，民勒石頌之。遷同知隆興州。羣盜據山洞，官軍不能

討，使世貴招之，即相率來降。累遷朝列大夫、福建閩海道提刑按察副使，糾行省平章政事默勒賊民蠹政，詔誅之。遷中順大夫、興化路總管，改福建都轉運鹽使。卒，年六十一。子定國，江陰尹；靖國，同知武昌榷茶提舉。

詹士龍，字雲卿，光州固始人。父鈞，爲宋勇勝軍都統，戍鄂州，以偏師來往渠、巴等州，數與元兵拒戰。至南平隆化縣，身受九創，被執。元帥欲生降之，不屈，不食八日死。

士龍方在襁褓，與其母俱北徙。時董文忠從世祖南征，以士龍見於世祖。世祖歎曰：「忠臣宜有佳兒！」即以士龍屬之文忠，撫爲己子。年十八，魁梧精敏，馳射能命中如破。文忠歎曰：「都統有後矣！」士龍固不識所謂也。後諸兄忌之，至詈爲虜子。士龍乘間訴於文忠，語之故，士龍涕泣，欲復姓不可得。一日，從獵滹沱河上，復跪請於文忠。文忠戲之曰：「爾欲復姓耶？爲我投石水中，浮則從爾，否從我。」左右咸以爲笑，士龍仰天祝曰：「使詹氏不絕，石當浮。」因抱石投水中，石盤旋於急溜中，若沉若浮者數四，文忠愕然，以手拊髀曰：「天也！詹都統其不死乎！」即日命士龍復詹姓。文忠卒，士龍哭之慟，服斬衰三年。

試經學、吏事高等，授高郵興化尹。時兵後，士龍招撫流亡，户口日增。又籍官田入學宫，召佃種之，歲得穀三百五十石，以贍肄業者。縣東五十里濱海，苦水患，宋范仲淹爲令，築堤捍之，名捍海堰。歲久圮壞，高郵、寶應、海陵諸州皆被水，士龍以狀聞，請發民夫修之。堤成，延亘三百里，數州賴之。當興工時，掘地獲方石，刊四字曰「遇詹再修」，衆異之。工竣，擢兩淮都轉運鹽使司判官。

調淮安路推官。旋擢江南行臺監察御史。時桑哥柄國，虐焰方熾，士龍曰：「吾居言路，豈敢畏死？」即抗章劾之。未幾，桑哥伏誅，由是得名。復請病歸。起爲奉訓大夫、僉廣西肅政廉訪司事，居官二年，復以疾歸。卒，年五十八。子澍，岳州華容縣尹，有廉惠聲。

高良弼，字輔之，真定平山人。父進。真定，莊聖太后分邑也。置規運庫，以進爲庫使。良弼幼端重如成人。真定火，延燒千家，良弼言於父曰：「吾家幸完，盍發粟賑災？」進大爲嗟異。既長，事世祖於潛邸。

世祖即位，使管真定路財賦。至元二年，授奉議大夫、同知南京都漕運使，賜金符。

六年，改河南拘榷稅課使。未幾，遷同知河南都轉運使。歲饑，賤糴廩粟以濟貧民。大軍圍襄陽，抽河北諸路民轉漕粟，不時至。良弼請增價以糴，則人趨利自至，功將倍蓰。從之，由是軍儲充溢。

秩滿，改知鳳翔府。倡民導汧水，起遥望盡閣底五十里，溉田三千畝，水輪十七。岐人惠之，稱爲「高氏渠」。晉中順大夫、同知陝西都漕運使。漕使郭琮貪婪不法，良弼斂手避之，琮敗，獨無所染，猶以連坐免官。

二十四年，起爲少中大夫、淮安路總管。淮安以征日本，治海艦，歲購材萬餘。富商通有司，分入其利，積材已十三萬。良弼下車，吏又請四十萬緡如歲例，良弼白其事於行省，罷之。富商夜持五萬緡餽良弼，良弼曰：「若欲貨取吾耶？」叱之去。未幾，行省報下，如舊例購材。良弼曰：「吾言不效，尸位何爲？」壹鬱發疾而卒，年六十六。子琬，宜陽縣尹；珪，海船總管，征交趾戰歿。

白棟，字彦隆，冀寧陽曲人。少受業於許衡。衡爲國子祭酒，奏用舊弟子十二人，棟與焉。衡引疾歸，以棟與耶律有尚爲國子助教。後侍講於裕宗，棟爲講「鄭伯克段於鄢」，

裕宗語人曰：「是非空言，意固有在也。」俄改國史館編修，仍兼助教。

擢監察御史，疏劾阿合馬陰賊不法諸事。阿合馬誣棟糾摘不實，捕送刑部，獄引鄰婦，使誣棟竊相來往，鄰婦不肯從，事始釋。又劾西京宣慰使倒拉沙以私憾殺其幕僚，時論偉之。

出僉陝西漢中道提刑按察司事。有陰濟人遇仇家，問所挾何書，其人紿之曰：「反書也。」仇家至延安上變。棟往讞其獄，株連二百餘人，悉釋之，科以妄言之罰。有中使括馬延安，聞棟秉燭治獄，歎曰：「世有勤於職事如斯人者乎！吾歸見陛下，當首言之。」

未幾，改僉河南河北道提刑按察司事，又改燕南河北道，丁父憂，歸，旋丁母憂，哀毁骨立，卒於苦次，年四十六。

孫澤，字潤甫。其先本女真人烏古孫氏，後徙大名，從漢俗，以孫爲氏。祖璧，金明威將軍，兼軍資庫使，入蒙古爲税課所詳議官。父仲，大都廣濟倉使。

澤幼倜儻，以經濟自負。辟充淮東大都督府令史，改差行征東元帥府提控案牘。宋亡，其遺臣擁立廣王昺於福州。元帥唆都南征，檄澤爲軍師。由分水嶺趨建安，攻克南劍

州，宋廣王遁入海。移攻興化，其守將陳瓚既降復叛，唆都怒，議屠城。澤曰：「首惡者瓚耳，餘皆脅從，不宜妄殺。」唆都從之，戮瓚於市，一城獲免。十月，唆都與江西行省左丞塔出合軍，自甲子門入海，襲漳、潮二州。至惠州，頓兵海豐縣，澤請濟師於萬户喬惟忠，選精騎，從唆都直擣廣州。十二月，抵其城下，入之。十五年，還軍福建。往返數千里，戰勝攻取，用澤策畫居多。授福建道宣慰司都事。未幾，改立行省，就遷行省都事。唆都拜參知政事，入朝，澤從至大都，代之占對，世祖甚嘉之，賜錦衣一襲，授承直郎、知興化軍。

十六年，改軍爲路，立總管府，以澤行總管府事。時姦民私立頭目，侵漁良懦，鄉人苦之。官或追逮，輒拒不受命。澤至，拘索宣敕或軍前文字，盡追毀之，姦豪束手，州縣之令始行。陳瓚既誅，三縣之民以詿誤受戮者，猶三千餘家。有司欲没其田産，行省委官勘驗，鄉民聞之，咸竄伏山澤，相挺爲盜〔三〕。澤揭榜曉諭，叛首伏辜，餘皆不問，降者給還田宅，不幸殺死無後，許親屬承接，官不得擅没。於是遠近相應攜持而出，各安其業。三縣爲澤立生祠，作佛事以報之。議者又欲拘刷鄉兵充籍，置立手號。澤力阻不從，乃親詣行省上言：「此等皆田野耕農，自護身家，非有舊籍可稽，聽爲民便。」從之，民大悦。澤又興學校，延召生徒，刊補書版，就道化堂行鄉飲酒禮。觀者歎息，以爲復睹太平。

二十一年，例降縣遷官，調永州路通判。湖廣行省平章要束木挾桑哥勢，恣爲貪虐，

吏民重足而立。一日，遣其黨趙萬户以取勘和買紗羅，至州，氣焰張甚。澤從容告之曰：「新附民易動，一有不靖，譴責官吏，君獨得安乎？」趙感動，不竟其事而去。二十六年，理算令下，澤曰：「吾不親行，其禍不解。」即至行省上計，要束木怒，拘澤於行省，澤不爲動。他郡根株連逮，因此破家者十有二三，獨永州無擾累，民立石頌之。武岡、寶慶盜發，行省檄澤收捕。澤戮盜魁三十一人，釋脅從五百餘人，一道肅清。

二十八年，要束木伏誅。擢澤奉訓大夫、充行省左右司員外郎。平章闊里吉思雅敬澤，薦澤諳習兵事。元貞二年，從闊里吉思撫定生黎。越海攻占城，行軍方略，一以委澤。事平，授海北海南道宣慰副使。旋改廣西兩江道僉都元帥府事。海濱夷獠雜處，吏民不遵法度，狃以爲常。澤創立司規二十二章，簡易可行。奏請減併站驛，攢挪馬匹，以寬民力，從之。又以糧稅太重，災荒之後，宜從優恤，詔免廣西糧稅一年，民皆感悦。

澤行部，視民間利害事，輒興革之，孜孜詢訪，如恐不及。道過象州，歲饑，澤發廩米二千石賑之。至臨賀，又發廩米一千二百石以賑饑。皆不待報，以便宜行事。

邕州議創屯田，委澤經畫，澤徧歷荒徼，臨交阯界，起雷白等十寨陂堰八處，開水田五百二十頃，編立排甲人夫四千六百餘户，歲收五萬餘石，公私便之。猺人符文真告元帥薛直干奪民牛、邀取金銀等罪，行省檄澤驗治。澤躬入海島，理出平民四百八十二名，牛五

十餘頭，金銀什物有差。

廣西道肅政廉訪使舉澤才任風憲，大德六年，授海北海南道肅政廉訪使。澤抵任，例得圭田米五百餘石。澤曰：「吾尚未涖事，遽食重祿，可乎？」悉舉籍撥入儒學，以爲養士之費。澤患愚民絓刑綱，摹印格例三千餘册，犯某事則抵某罪，名曰《社長須知》。月集老幼聽之，仿《周禮》月吉讀法之意。於是人知自重，犯罪者少。

雷州地近海，東南有潮汐之患，西北廣衍平袤，宜爲陂濼。澤深究水利，出私帑雇役四十人，浚通舊湖，築陂四千餘丈，堨三溪瀦之隄，旁置石閘七。復鑿渠，自西而東，環而南，長八千七百六十餘丈。渠上置閘六，通支流，以溉東南際海之田。新堤外復鑿二十四渠，以溉西北之田，長萬三千六百五十餘丈。建八橋以通行旅。渠之首尾有閘，官司之，時其消長而啟閉之。附城山田作石渠，引西湖注之。又築塘馬家梢，以障潮汐之患，撥水户守之。自是瀉鹵萬頃，悉爲沃壤。澤爲政，規畫宏遠，措置精密，大率類此。

至大元年，遷福建閩海道肅政廉訪使，以母老乞養，不待命而去。事聞，改授江東建康道肅政廉訪使，以便養母。歲餘，丁母憂，去官。延祐二年，卒於家，年六十六。累贈推忠靖遠著節功臣、榮祿大夫、中書平章政事、柱國，追封魏國公，謚正憲。

澤於書無所不讀，尤精陰陽、曆算之學。諸葛亮木牛流馬法，澤以意爲之，轉運如飛。

渾天儀以水激輪，澤以汞代之，不差晷刻。著《棋法》十卷，《忍經》一卷，《集字選玉》二卷。

子良楨。良楨，字幹卿。資禀絶人，喜讀書，蔭補江陰判官。調婺州武義縣尹，改漳州路推官。上言：「律，徒者不杖。今杖而又徒，非恤刑意。宜加徒，減杖。」遂定爲令。移泉州，益以能稱。天曆初，拜陝西行臺監察御史，劾遼陽行省左丞相達識帖睦邇賣國不忠，援漢高帝斬丁公故事，以明人臣大義。並劾御史中丞胡居祐姦邪，皆罷之。擢行臺都事，猶以言不盡行，自免歸。

復起爲監察御史。良楨以惠宗初覽萬幾，不可不求賢自輔，疏言：「天曆數年，紀綱大壞，元氣傷夷。天祐聖明，入膺大統，而西宫秉政，姦臣弄權。今天威一怒，陰晦開明，以正大名，以章大孝，此誠兢兢業業、祈天永命之秋，其術在乎敬身修德而已。今經筵多兼領職事，大臣數日一進講，不逾數刻而罷，而褻御小臣恒侍左右，何益於盛德哉？臣願招延儒生若許衡者數人，寘於禁密，常以唐虞三代之道，啟沃宸衷，日新聖德，實萬世無疆之福。」又以「國俗，父死則妻其後母，兄弟死則納其妻，父母死無丁憂制。請下禮官有司，及右科進士在朝者會議，自天子至於庶人皆從禮制，以明萬世不易之道」。又言：「處士劉因學術可比許衡，宜從祀孔子廟庭。」皆不報。

宦者罕失嬖妾，殺其妻，糜其肉飼犬。上疏乞寘罕失重典，並論宦寺交結廷臣之害，宜加汰黜。憸人尤忌之。

至正四年，遷刑部員外郎，再遷中書省左司都事。出爲江東道廉訪司副使，不就。六年，授平江路總管，復不就。八年，召爲右司員外郎，擢郎中。尋遷廣東道肅政廉訪使，未行，還爲郎中，遷福建道肅政廉訪使。中道召還，參議中書省事，兼經筵官。十一年，拜治書侍御史，擢中書參知政事、同知經筵事。十三年，擢左丞兼大司農卿，仍同知經筵事。時中書參用非人，良楨不能行其志。會軍餉絀，請與右丞悟良哈台主屯田，歲入二十萬石。

東宮未建，良楨屢言之。車駕幸上都，始册皇太子，立詹事院，驛召良楨爲副詹事。良楨每直端本堂，則進正心誠意之説，親君子、遠小人之道，皇太子嘉納焉。

十四年，出爲淮南行省左丞。初，泰州賊張士誠既降復叛，進據高郵。太師脱脱奉詔總諸軍討之，良楨與參議，龔伯璲等皆從行。高郵垂克，會詔罷脱脱兵柄，有上變告伯璲等勸脱脱勒兵北嚮者，下其事逮問，詞連良楨，簿對無所驗。仍除中書左丞，分省彰德，調給軍食。未幾，召還京師。十六年，進階榮禄大夫，賜玉帶。十七年，除大司農。十八年，遷右丞，仍兼大司農，辭不允。有姦民誣告知宜興州張復通賊，中書將籍其孥吏，抱牘請

署名。良楨曰：「吾腕可斷，牘不可署。」同列變色，卒不能强之。

良楨登政府，多所建白。罷福建、山東食鹽，浙東西長生牛租，瀕海被災圍田稅，民皆德之。嘗論《至正格》輕重不倫，吏得舞文爲姦，舉明律者數人，參酌古今，重加釐訂。書成，良楨已以病去官。未幾卒。

初，良楨曾祖壁改烏古孫氏爲孫氏，良楨自以金源舊族，不宜忘本，復改爲烏古孫氏。

史臣曰：漢霍光廢昌邑王，立宣帝，嚴延年劾其擅廢立，大逆亡道。文宗篡立，達識帖睦邇迎降，烏古孫良楨劾其賣國不忠。二人者，皆能明君臣之義，使後世之亂賊有所顧忌，而不敢動於惡。嗚呼！豈尋常敢言之士所能及哉！

趙宏偉，字子英，潁州人。至元十三年，大兵伐宋，宏偉以書謁，副元帥宋都觪奇之。從略臨江，下吉州，俱有功，署爲吉州參佐官。時江淮初附，吉之亂民復聚衆抗命，宋都觪使宏偉討之，道與賊遇。宏偉設伏橋下，以火攻之，賊敗走趨橋，伏發，盡殲之。乘勝擣其巢穴，賊悉衆來拒，宏偉諜知賊已過，還襲其背，大敗之，禽斬賊首，一州遂安。宋廂軍將

王昌、張雲誘新附五營兵爲亂，事覺，昌就禽，宏偉夜襲雲，斬之，俘其黨五百人。宋都觧欲盡誅之，宏偉曰：「此屬詿誤，非得已，誅之無以安反側。」衆得免死。以功授泰和縣尹。宋相文天祥部將羅開禮、葉良臣謀攻吉、贛諸州，宏偉斬良臣，俘開禮，而釋其餘衆。十五年，賜金符，提舉瓜洲渡。頃之，以例免，改衡州路總管府治中。宏偉大興屯墾，亂民皆去盜爲農，州以寧謐。後以疾告歸。

大德五年，用中丞董士恒薦，起僉浙西道肅政廉訪司事。先是，鎮江大旱，蠲民租九萬五千石，已而吏畏飛語，復徵之，民無所出。行臺移宏偉核其事，宏偉卒蠲之。大風海溢，常、潤等州民多凍溺，宏偉欲發粟賑之，有司以未得報爲辭。宏偉曰：「擅發之罪，坐我一人。」由是全活者十餘萬。官調所部造船，自淮入河至臨清。時山東饑，宏偉建議：「此有餘粟，彼有饑民，宜以有餘救民不足。」行省韙其言，漕粟五萬石於山東。遷江南行臺都事。十一年，江南饑，宏偉請以贓罰銀賑之，同僚猶豫未決，宏偉正色力争。中丞廉恂歎曰：「吾佐得趙君，尚何憂國事哉！」卒如宏偉議。

召拜御史臺都事，疏言：「朝廷百官，宜各供其職，以襄時政。」士論稱之。仁宗在東宫，聞其名，禮遇甚厚，常以字呼之。居一歲，宏偉復告歸，出爲浙東海右道廉訪副使，詣東宫辭，仁宗出衣緞，使自擇而賜之。擢江南行臺侍御史。皇慶二年，以年及七十，致仕。

延祐二年，復起爲福建道肅政廉訪使，以疾辭。泰定三年，卒。贈嘉議大夫、禮部尚書、上輕車都尉，追封天水郡侯，謚貞獻。子思恭、思敬。思敬有文行，以處士徵爲教授。孫璡、琬。

璡，字伯器。至治元年，登進士第，授嵩州判官，再調汴梁路祥符縣尹。入爲國子助教。累遷湖廣行省左右司郎中，除杭州路總管。杭州地大事繁，長吏多不稱其職。璡爲人强毅開敏，精力絶人，吏莫不服其明決。浙右病於徭役，民充坊、里正者，皆破其家。朝廷令行省召八郡守集議便民之法，璡獻議，以屬縣坊正爲雇役，里正用田賦以均之。民咸以爲便。有盗誘其同惡，持刃斫市人以索金，人無敢言者。璡曰：「此不可恕也！」遣卒掩捕之，盡戮於市。踰年，召拜吏部侍郎，杭人思之，刊其政績於碑。

歷中書左司郎中，除禮部尚書，尋遷户部，拜參議中書省事，出爲山北遼東道廉訪使。是時河南兵起，兩淮亦騷動，朝廷乃析河南，立淮南江北行省於揚州，以璡參知政事。璡方病水腫，即輿疾而行。既至分省，鎮淮安，又移鎮真州。會張士誠爲亂，陷泰州興化，行省遣兵討之不克，命高郵知府李齊招諭之。士誠請降，行省授以民職，且乞從征討以自效，遂移璡鎮泰州。璡乃趣士誠，治戈船趨濠、泗。士誠疑憚不肯發，又覘知璡無備，遂復

反。夜四鼓，縱火登城。璉力疾捫佩刀上馬，與賊鬬。賊圍璉，邀至其船。璉詰之曰：「汝輩罪在不赦，今既宥汝，又錫以名爵，朝廷何負於汝？乃既降復反邪！汝棄信逆天，滅不旋踵。我執政大臣，豈爲汝賊輩屈乎！」賊以槊撞璉墮地，欲舁登其舟。璉瞋目大罵，遂死之。其僕揚兒以身蔽璉，亦俱死。事聞，賻鈔三百錠，仍官其子錡。

璉弟琬，字仲德，仕至台州路總管。至正二十七年，方國瑛以舟挾琬至黄巖。琬潛登白龍奥，舍於民家，絶粒不食。人勸之食，輒瞑目卻之，七日而死。

史臣曰：李秉彝諸人，皆世祖、成宗時之監司。其盡心民事，糾劾官邪，可謂稱其職者。白棟劾阿合馬，詹士龍劾桑哥，尤不愧於鯁亮。「風雨如晦，雞鳴不已」，二子有焉。

【校勘記】

〔一〕「至元」，原作「正元」，據《元史》卷一七〇列傳第五十七《高源傳》改。

〔二〕「敝」，原作「幣」，據賈誼《新書》及《漢書·賈誼傳》改。

〔三〕「相挺爲盜」，「挺」原作「挻」，據文意改。

新元史卷之一百七十五　列傳第七十二

賀仁傑勝　太平　也先忽都　賈昔剌丑妮子　虎林赤　秃堅不花　吕合剌天麟　天祺

賀仁傑，字寬甫，其先隰州人，後徙京兆鄠縣。父賁，數從軍有功。長安兵後，積尸徧野，賁買地金天門外，爲大冢瘞之。嘗治室，獲白金七千五百兩。世祖以皇太弟征雲南，駐兵六盤，賁獻五千兩以佐軍資，且言其子仁傑才可用。世祖即召仁傑直宿衛。世祖踐阼，賜賁金符、總管京兆諸軍達魯花赤。卒，贈推忠立義功臣、銀青光禄大夫、司徒、追封雍國公，謚忠宣。

仁傑從世祖征雲南，有功，與董文忠同侍帷幄，多所裨益，又厚重不泄，世祖深愛重之。他人入直滿三日則更，獨仁傑、文忠侍上疾，或一月不出。

至元十六年，宋合州守將王立降於西川行樞密院李德輝，東川行樞密院與德輝争功，奏誅立。會西川都事吕嫈具立降附本末來，上白其事於許衡，衡告仁傑，仁傑奏於世祖，遂釋立。事具《李德輝傳》。

世祖一日召仁傑至榻前，賜以白金，曰：「此汝父獻朕者，可持歸養母。」辭，不許。仁傑白其母鄭氏，鄭曰：「君賜也，宜仁吾宗。」悉散之。

世祖欲選童女充後宮，及有司和買多非土產，山後諸郡縣鹽禁爲民害，仁傑皆奏罷之，民爲立生祠於李老峪。又永盈司倉任文通稅民不入粟，而私給券取直，懼事覺，乃先言他吏爲之，罪當誅。仁傑謂：「罪許自首。今文通雖誣人，事與自首同。若殺之，是塞悔過之途。」帝然之，乃重杖文通而貸其死。

十八年，上都留守闕，宰相擬數人皆不稱旨，世祖顧仁傑曰：「無以易卿者。」特授正議大夫、上都留守，兼本路總管、開平府尹。明年，賜三珠虎符，進資德大夫，兼虎賁親軍都指揮使，尋加榮祿大夫、中書右丞，留守如故。桑哥奏：「上都留守司錢穀多失實。」召留守刺忽耳及仁傑廷辨。仁傑曰：「臣漢人，不能戢姦，致錢穀耗，臣之罪也。」刺忽耳曰：「臣掌印，凡事必關白臣而後行，今錢穀耗，臣之罪也。」世祖曰：「讓人以名爵者有之，未有爭引咎者也。」皆置勿問。

仁傑妻劉氏卒，世祖欲爲娶貴族，固辭，乃娶平民女，已而失明，夫婦相敬如賓，未嘗置媵妾。大德九年，年七十二，致仕，拜光祿大夫、平章政事，商議陝西行中書省事，賜金幣、袍帶有差。以子勝襲上都留守。仁宗立，以仁傑世祖舊臣，召赴闕，行至樊橋而卒。

贈恭勤竭力功臣、儀同三司、太保、上柱國，追封雍國公，謚忠貞。延祐六年，加贈推誠宣力翊運功臣、太師、開府儀同三司、上柱國，追封奉元王。子勝。

勝，字貞卿，小字伯顔，以小字行。從許衡學，通經傳大義。年十六，入直宿衛，凝重寡言，世祖器之。是時天下初定，外事以遽聞者，世祖亟欲賜報，輒遣勝。勝日馳千里，受命無留行，復命無後期，凡交、廣、雲南、西域之地，皆至焉。

乃顔叛，世祖親征，勝扈從。將戰之夕，惟近臣只兒哈良帶劍立武帳外，雖親貴不能輒入。獨勝受密旨，出入指授諸將方略。明日，世祖禽乃顔。帝顧謂侍臣曰：「昨日之戰，飛矢及於朕前，毅然無懼色者，惟伯顔一人耳。」

帝親征，都人洶懼，故亟還。夜行卧輿中，寒甚，勝解衣以身温帝足，始酣寢。伶人迎駕，蒙彩毳爲獅子舞，乘輿象驚，奔踶不可制。勝投身象前，令後至者斷靷縱之，乘輿乃安。勝創甚，世祖親撫之，遣尚醫尚食護視。俄拜集賢學士，領太史院事，賜一品服。

至元二十八年二月，拜尚書省參知政事。及桑哥敗，罷尚書省，改歸中書。世祖問：「誰可相者？」勝對曰：「天下公論，皆屬完澤。」遂相完澤，而以勝爲中書參知政事。勝年甫二十八，參决大政，明允稱職。三十年，改僉樞密院事。

大德九年，勝父仁傑請老，以勝代爲上都留守，兼本路都總管、開平府尹，兼虎賁親軍都指揮使。至大三年，進領左丞相，階光禄大夫，行上都留守，兼本路總管府達魯花赤。延祐二年，加開府儀同三司、上柱國。歲饑，勝輒發倉廩賑民，自劾待罪。仁宗報曰：「祖宗以上都之民付卿父子，欲安之，卿能如此，朕復何憂？」吏持上供物入宫門，暮不得出，所司奏誅之。勝曰：「此非闌入也。」力争之，吏得免死。奉全州高甲隸虎賁籍，甲死，子幼，官利甲家貲，使人强娶其婦。勝辨於帝前，不聽娶，高氏始獲全，民爲勝立祠上都西門外。仁宗復命畫工寫勝像賜之，俾傳示子孫。未幾，以足疾請老，不許，賜小車出入禁闥。

初，上都富民張弼死，其奴索逋錢，毆負錢者至死。治獄者教奴引弼子，並下獄。丞相鐵木迭兒受弼子賂六萬緡，使大奴脅勝出之，又强以他姦利事，勝不從。一日，鐵木迭兒坐都堂，盛怒，以官事召勝，將罪之。勝抗言：「大奴所干非法，不敢從，他實無罪。」鐵木迭兒語詘，事得解。已而中丞楊朵兒只、平章蕭拜住廉知其所受贓，使御史玉龍帖木兒、徐元素按之，據實入奏。仁宗素惡鐵木迭兒，欲誅之。鐵木迭兒走匿興聖宫，太后爲言，乃奪其印綬，罷之。

仁宗崩，英宗在諒闇，鐵木迭兒復相，即執楊朵兒只、蕭拜住，矯詔殺之，又誣勝便服迎詔，大不敬，棄市，並籍其家。勝足疾，乘所賜小車迎詔，鐵木迭兒遂誣爲便服。英宗誅

合散等，布告天下，尚及勝前事，曰：「賀勝輕侮詔書，殊乖臣禮，不加懲創，曷示等威！」蓋猶信鐵木迭兒之誣云。後聞勝母老，憫之，乃以所籍京兆田宅還其家。泰定初，詔雪其冤，贈推忠宣力保德功臣、太傅、開府儀同三司、上柱國，追封秦國公，謚惠愍。至正三年，加贈推忠亮節同德翊戴功臣、太師，晉封涇陽王，改謚忠宣。子惟一、惟賢。惟賢，大中大夫、同知上都留守司事。

惟一，字允中，後賜姓蒙古氏，名太平。資性開朗，幼如成人。受學於趙孟頫，又師雲中呂弼。泰定初，襲父職爲虎賁親軍都指揮使，尋擢陝西漢中道廉訪副使。文宗即位，召爲工部尚書，都主管奎章閣工事，又除上都留守同知。

元統初，召爲樞密副使，遷同知樞密院事，尋拜御史中丞。中書參議佛家閭，憸人也。御史劾其罪，宰相庇之，寢不報，太平引疾家居。

至正二年，命爲中書參知政事，辭。俄進右丞，又辭。會御史祁君璧復劾佛家閭，黜之，太平乃起視事。時粟貴，金銀賤，太平請出官錢買之。後兵興，卒獲其用。又請慎選守令，仍遣使覈其治行最者，增秩，賚以金幣。從之。四年，拜中書平章政事。五年，罷爲宣徽院使。宣徽典司飲膳，權貴多橫索，太平閱其籍，惟太常禮儀使阿剌不花無之，因請

帝擢居近職，並厚賜之。

六年，拜御史大夫。故事，非國姓不授御史大夫。太平辭，詔賜姓而改其名。七年，再遷中書平章政事，班同列上。國王朶兒只爲左丞相，奏言：「臣藉先臣之蔭，備位宰相，願得與太平共事。」十一月，拜太平左丞相，朶兒只右丞相，太平辭，不允，仍詔示天下。明年二月，詔修后妃、功臣傳，特命太平同監修國史，異數也。九年七月，罷爲翰林院學士承旨，俄謫山西。太平還奉元，閉門謝客。

十五年，河南盜起，詔以太平爲江浙行省左丞相。未行，改淮南行省左丞相，兼知樞密院事，總制諸軍，駐濟寧。軍餉絀，太平使有司給官兵牛具，種麥自食，軍賴以濟。十六年，移駐益都。未幾，除遼陽行省左丞相。

十七年五月，復拜中書左丞相。時毛貴據山東，官軍屢敗。十八年，自河間入寇，京師大震。廷議遷都避之，太平力争以爲不可。會劉哈剌不花禦賊於柳林，大敗之，貴衆潰走濟南，京師解嚴。

已而皇后奇氏爲皇太子求内禪，遣宦者朴不花諭意，太平不答。皇后又召太平至宫中，置酒，申前意，太平依違而已。皇太子令御史劾中丞秃魯鐵不花，未及奏，御史遷他官去。皇太子疑太平之子也先忽都泄其事，遂決意逐之。知樞密院事紐的該聞而歎曰：「善

人，國之紀也，苟去之，國將奚賴？」數於帝前左右之。俄紐的該卒，皇太子令御史買住、桑哥失理劾左丞成遵、參知政事趙中下獄死，以二人爲太平之黨也。太平乃引疾辭位。

二十年二月，拜太保，養疾家居。是年，陽翟王阿魯輝帖木兒反，兵逼上都。皇太子言於帝，起太平爲上都留守，欲陷之於死地。會阿魯輝帖木兒敗於老章，其部將脱歡縛送於太平。脱歡，也先忽都之舊部也。太平不受使，生致闕下誅之。

太平復引疾乞歸。詔拜太傅，賜田若干頃，俾歸奉元。帝欲相伯撒里，辭以老，非得太平共事不可。於是密旨復留太平毋行，太平至沙井，聞命而止。皇太子惡其去而復留也，二十三年，令御史大夫普化劾以違命之罪，詔悉拘所授宣命及賜物，安置陝西西邊。右丞相搠思監希皇后意，復劾之，詔安置於吐蕃，尋遣使者逼令自裁。太平至東勝，賦詩一篇自殺，年六十三。

初，別怯兒不花與脱脱有夙怨，脱脱謫陝西，別怯兒不花欲中傷之，賴哈麻營救獲免。太平與別怯兒不花、韓嘉納等十人約爲兄弟。及太平爲左丞相，韓嘉納爲御史大夫，惡哈麻，諷御史沃呼海壽劾之。哈麻知其事，愬於帝前。疏入，帝斥弗納。明日，疏再上，僅奪哈麻及其弟雪雪官，太平罷爲翰林學士承旨，韓嘉納出爲江浙行省平章政事。已而脱脱復相，乃謫太平於陝西，杖韓嘉納，流於尼嚕罕以死。又劾也先忽都不應僭娶宗室女，脱

脱之母聞之，謂脱脱兄弟曰：「太平好人，何害於汝？而欲去之！汝兄弟如不信吾言，非吾子也。」事始得釋。

太平引太不花爲平章政事，太平罷相，太不花黨於脱脱，故太平怨之。及再爲左丞相，太不花督諸軍討賊，久無功，疏請太平至軍中供其餉。太平知太不花害己，諷御史只達兒海劾之，又力言於帝，削太不花官爵，安置蓋州，卒使劉哈剌不花殺太不花父子於路。脱脱之搆太平，與太平之殺太不花，皆以朋黨修舊怨，爲君子所呰。

然太平留意人才，疏薦完者都、執禮哈郎、董摶霄、張樞、李孝光等，皆當時賢者。至於沙汰僧道，以減耗蠹，給教官俸，以防虚冒，請賜經筵講官坐，以崇聖學，又考求死節之士，雖平民亦予贈謚，有官者就世其子孫，天下尤爲感動，故一時稱爲賢相云。

子均。均，字公秉，後改名也先忽都。少好學，有俊才。累遷殿中侍御史、治書侍御史、翰林侍讀學士，皆兼虎賁親軍都指揮使。被劾，從太平歸奉元，居六年，召爲兵部尚書、同知樞密院事，改通政院使。太平再相，授知樞密院事，進太子詹事。

十九年，賊由開平東犯遼陽，詔也先忽都將兵討之，有功。旋罷爲上都留守，又改宣政院使。丁内艱，搠思監强起之，又爲御史也先帖木兒等所劾罷。已而搠思監誣也先忽

都與老的沙、蠻子、按難答識里、沙加識里、脱歡等謀爲不軌，鍛鍊其獄。帝知其無罪，欲釋之，特命大赦。而搠思監增入條畫内，獨不赦也先忽都等。惟老的沙匿於孛羅帖木兒軍中，獲免，蠻子等皆貶死。也先忽都當貶撒思嘉之地，道過朵思麻，行宣政院事桓州閭素受知於太平，留之。搠思監復劾也先忽都違命，杖殺之，年四十四。也先忽都以宰相子，傾身下士，名譽藉甚。有詩集十卷。

史臣曰：皇太子圖内禪，皇后奇氏召宰相太平言之，使太平告以君臣、父子、夫婦之正，雖殞其身，豈非堂堂社稷臣哉！乃依違答之，既麗於亂賊之黨，又爲孽后所困，父子俱不得其死。嗚呼！何其庸且闇也！

賈昔剌，大都大興人。其父爲庖人。昔剌體貌魁梧，太祖十九年，因近臣入見莊聖皇后，遂從睿宗於和林，典御膳。以鬚黄，賜名昔剌，氏族與蒙古同，甚見親幸。又以昔剌漢人，不習和林風土，命居灤州，已復思之，曰：「昔剌在，吾飲食殊甘。」促召入供奉。世祖在潛藩，知其厚重，俾迎皇后於鴻吉剌之地，自是預帷幄密計。賜牝馬及駒三十匹，並牧户

與之。時兵餘，數以所賜分還鄉里。世祖即位，立尚食、尚藥二局，賜金符，提點局事。卒，追封聞喜郡侯，謚敬懿。子丑妮子。

丑妮子，幼時世祖愛之，嘗坐之御席旁。從征雲南，躍馬入水，斫戰船，帝奇其勇敢，而戒其輕鋭。憲宗九年，從伐宋，還自鄂州，卒。追封臨汾郡公，謚顯毅。子虎林赤。

虎林赤有智略。阿里不哥叛，出名馬以助官軍。從幸和林，中道大風，晝晦，敵猝至，虎林赤擊走之。還，佩其大父金符，提點尚食、尚藥二局，歷尚膳使，兼司農。嘗入侍，帝問：「治天下以何爲本？」曰：「重農爲本。」「以何爲先？」曰：「用賢爲先，用賢則天下治，重農則百姓足。」帝深嘉之，超拜宣徽使，辭，改僉院事，仍領尚膳使，卒。贈榮祿大夫、絳國公，謚忠靖。子禿堅不花。

禿堅不花，襲世職爲尚食、尚藥局提點。世祖以故家子獨奇之，謂他日可大用，使在左右。從征乃顏，軍次杭海，敵猝至，禿堅不花突其陣，破走之。移軍哈罕，大風，晝晦，敵兵千人鼓噪以進。禿堅不花奮擊，身被十餘創，猶力戰，復大破之，帝嘉其壯勇。杭海叛

衆請降，咸謂親犯王師，宜誅之。禿堅不花曰：「杭海本吾人，或誘之以叛，豈其本心哉？且兵法，殺降不祥。宜赦之。」帝曰：「禿堅不花議是。」擢同僉宣徽院事。每論政帝前，言直而氣不懾，帝亦知其直，令察宿衛之士有才器者，以名聞，論薦數十人用之，後皆稱職。

成宗即位，諸侯王會於上京，凡芻餼宴享之節，賜予多寡之分，無一不當。帝喜曰：「宣徽得禿堅不花，足矣！」進同知宣徽院事。四年，帝不豫，召入侍疾。疾愈，賜錢不受，解衣賜之。嘗從巡，幸禁中，衛士感奮，欲有所言。帝進而問之，皆曰：「臣等宿衛有年，日膳充、歲賜以時者，誠荷陛下厚恩，亦由宣徽有能官禿堅不花其人也。」帝悅，賜珠袍，超拜宣徽使。辭曰：「先臣服勤三世，位不過僉佐，臣何敢有加？」帝嘉其退讓，允其請。九年，北方乞禄倫部大雪，奏買駝馬補其死損，出衣幣於内府，自往給之，全活者數萬人。還，賜七寶笠。十年，帝病甚，復入侍疾。及大漸，内難將作，守正無所回撓。

武宗即位，進階榮禄大夫，遥授平章政事，商議宣徽院事，行金復州新附軍萬户府達魯花赤。至大二年，詔出金帛大賚北邊諸軍，以禿堅不花明習事宜，且不憚勞苦，使即軍中與其帥月赤察兒定議分給之，諸部大悅。拜宣徽使，出内藏兼金帶賜之。爲同官賈廷瑞所嫉，廷瑞請以宣徽院爲門下省，尚書省奏廷瑞擅易官制，帝大怒，欲殺之。禿堅不花力諫，帝曰：「賈廷瑞毁卿，不直一錢，卿何力言邪？」對曰：「廷瑞所坐不當死，不敢以臣私

嫌，誤陛下失刑。」廷瑞遂得免。轉光禄大夫。

仁宗即位，加金紫光禄大夫。延祐四年，朔方又大雪，秃堅不花請賑之如大德時，且出私家馬二百匹以爲助。賜錢酬其價，不受，帝解御衣賜之。是時托恩幸以邀賞賚者，秃堅不花輒抑弗予。鐵失、王廷顯，皆同官也。鐵失私取海舶之貨，秃堅不花曰：「此軍國所資，非人臣所得擅。」鐵失銜之。又賜廷顯玉帶，廷顯欲取大官羊錢三百緡充其價，秃堅不花亦執不從。於是怨之者衆。七年，以疾去官。

英宗在諒闇，鐵失構秃堅不花於興聖太后，奏殺之。後鐵失伏誅，秃堅不花之冤始白。贈推忠宣力守諒功臣、太傅、開府儀同三司、上柱國，追封冀國公，謚忠隱，又進封冀安王。加贈其曾祖昔剌推忠翊運功臣、金紫光禄大夫、太保，進封絳國公；祖丑妮子崇德效節功臣、儀同三司、太傅、柱國，追封絳國公；父虎林赤推誠宣力守德功臣、太師、開府儀同三司、上柱國，進封臨汾王。四子：曰班卜，曰忽里台，皆官監察御史；曰也速古，章佩監少監；曰秃忽赤，中書客省使。

吕合剌，本遼東咸平人，後徙大都。祖元，金監軍。太祖八年，率所部來降。父惠賢，

事順聖皇后，與其妻董氏爲皇子北安王保傅。

合刺性廉直。爲金玉局使，奏釋宋俘鉗鈦輸作，教以工事。累遷工部侍郎、將作監使。桑哥誣奏丞相安童，合刺力爲之辨，事始釋。成宗即位，拜中書參知政事，遷大司徒，卒。贈金紫光禄大夫，謚忠惠。五子，天麟、天祐、天祺最知名。

天麟，元貞二年由工部尚書拜中書參知政事。大德六年，遷左丞，卒。天祐亦官至大司徒。

天祺，幼從合刺入見，世祖即以爲可大任。合刺選將作局吏，詔用天祺，合刺執不可，改同知異樣局總管府事。元貞初，累遷秘書監。繼其父爲將作監使，擢集賢學士，遷大都留守，兼少府監，人莫敢干以私。至大初，擢河東山西道肅政廉訪使，以老母辭，改禮部尚書。丁母憂，屢詔起之，天祺固辭。服除，授壽福院使。延祐四年，拜集賢大學士，與聞國政。宰相忌其切直。遂稱疾辭歸。

文宗即位，起爲陜西等處行省平章政事。時關陜連年大旱，天祺發鈔百萬緡、米萬石，命有司賑之。禱雨，不食三日，天果雨，歲乃大稔。至順二年冬，以疾乞還，父老哭而

留之。天祺未至都，帝數問：「呂平章至否？」入見，上慰勞之，賜酒食，且曰：「卿病愈，當大用。」天祺頓首謝。後至元三年三月，卒，年七十。呂氏自元至天祺，世以忠謹事上，有漢萬石君之家風。子延壽，大都人匠府達魯花赤、同知異樣局事。

新元史卷之一百七十六　列傳第七十三

洪福源 茶邱 君祥 萬 王綧 阿剌帖木兒 兀愛

洪福源，本高麗唐城人。父大純，爲麟淵都領，因家焉。太祖十一年，契丹叛衆乞奴、金山等竄於高麗，陷江東城，據之。十三年，太祖使哈真等追討之，大純率衆迎降，仍歸高麗。十七年，太祖又遣着古與等十二人使於高麗，偵其虛實，還，遇害。太宗二年，以高麗殺使者，遣大將撒禮塔伐之。時福源爲西京郎將，與其黨畢賢甫殺宣諭使鄭毅、朴禄全，據西京，内附。高麗遣兵馬使閔曦攻之，獲賢甫，腰斬之。福源來奔，高麗執其父大純及大純弟百壽，徙餘民於海島，西京遂爲邱墟。福源從撒禮塔攻拔四十餘城，又與阿兒禿進至王京〔一〕。高麗王瞮乃遣其弟懷安公侹請降，遂置東京及州縣達魯花赤七十二人，以福源爲東京總管，領高麗軍民。瞮畏福源搆釁，官其父大純爲大將軍，百壽爲郎將，以張暐爲福源女婿，賄遺不絶。

四年，高麗復叛，殺所置達魯花赤，遁入江華島。福源招集北邊四十餘城遺民，以待

王師。太宗復遣撒禮塔討高麗，福源從大軍攻處仁城。撒禮塔中流矢卒，副將帖哥引兵還，福源留戍。

五年，高麗悉衆攻之，陷西京。福源率所部來歸，處於遼、瀋二州之地。六年，賜金符，爲管領高麗軍民長官，仍令招流民之未附者。又諭高麗臣民有執王瞮及搆亂之人來獻者，與福源同處東京，優加恩禮擢用。若大兵已至，拒者死，降者生，其降民令福源統之。

七年，太宗命唐古拔都兒偕福源進討，攻拔龍岡、咸從二縣，鳳、海、洞三州，又拔金山、歸、信、昌、朔等州。十一年二月，入朝，賜鎧甲、弓矢及金織文緞、金銀器、金鞍勒等。

定宗初，命阿母河行省軍與福源攻拔威州平虜城。

憲宗即位，改授虎符，仍爲前後歸附高麗軍民長官。三年，命諸王耶虎與福源攻拔禾山、東州、春州、三角山、楊振、天龍等城。四年，又攻拔光州、安城、忠州、玄鳳、珍原、甲向、玉果等城。八年，福源入朝，留和林。

高麗既納款，永寧公綧爲質子，寓於福源家，福源待之甚厚，久乃與福源有隙。福源令巫作木偶人，縛手足，埋於第，或投井中咀咒。綧從者李綱知之，以奏憲宗，遣使驗之。福源曰：「兒子病瘧，故用之以厭瘧鬼，非有他也。」因謂綧曰：「公受恩於我久矣，今乃使讒

人陷我，所謂養犬反噬主人也。」綧妻，宗室女，聞福源詬綧，使譯者述其詞，大怒，呵福源伏於地，切責曰：「汝在高麗爲何等人？」曰：「邊城人。」又問：「我公爲何等人？」曰：「王族。」曰：「然則永寧公真汝主，汝實爲犬，反以公爲犬噬主，何也？我，皇族女，帝以公爲高麗王族而嫁之。公爲犬，安有人而與犬同處者乎？吾當奏帝！」遂行。福源號泣叩頭乞罪，綧追止之，不及。福源傾家貲備賄賂，與綧倍道追之。中途遇敕使，令壯士數十人蹴殺福源，籍没家貲，械其妻及子茶邱、君祥等以歸。

福源死時年五十二。中統二年，茶邱雪父冤，贈嘉議大夫，瀋陽侯，謚忠憲。福源七子，俊奇、君祥最知名。

俊奇，小字茶邱。幼以驍勇聞，受知世祖，以小字呼之。中統二年，命襲父職，管領歸附高麗軍民總管。至元六年，高麗權臣林衍叛。冬十一月，詔以其軍三千從國王頭輦哥討平之，遷江華島所有臣民復歸王京。十二月，帝命茶邱率兵，往鳳州等處立屯田總管府。八年二月，入朝，賜鈔百緡。林衍餘黨裴仲孫等立高麗王禃親屬承化侯爲王，引三別抄軍據珍島以叛。五月，茶邱偕經略使欣都討破之，其黨金通精率餘衆走躭羅。帝遣侍衛親軍千户王岑與茶邱議征取之策，茶邱表陳：「通精之黨多在王京，可使招之，招而不

從，擊之未晚。」從之。俄敕往羅州道監造戰船，且招降躭羅。茶邱得通精之姪金永等七人使招通精，不從，留金永，餘盡殺之。十年，詔茶邱與欣都率兵渡海，攻躭羅，通精伏誅，悉免其脅從者。高麗始平。

茶邱奉詔來見高麗王，不拜，以中書省牒索其叔父百壽。高麗拜百壽樞密副使，致仕，將遣之。茶邱故遷延不去，欲以激帝怒。時高麗官奴崇讓等謀殺達魯花赤，事覺，捕鞫之。茶邱欲使崇讓等詞連本國，因襲滅之，密與達魯花赤脱朶兒議之。國禮，凡議事，議合則脱冠以示同意。茶邱等皆脱冠，脱朶兒不脱，爲之辨明，事始得已。

十一年，又命監造戰船，經營征日本事。三月，授昭勇大將軍、安撫使，高麗軍民總管如故。又命茶邱提點高麗農事。八月，授征東右副都元帥，與都元帥忽敦等領舟師二萬，渡海征日本，拔對馬、一岐、宜蠻等島。十四年正月，授鎮國上將軍、征東都元帥，鎮高麗。二月，率蒙古、高麗、女真、漢軍，從伯顏北征叛臣只兒瓦歹等。四月，至脱刺河，猝與賊遇，茶邱突陣無前，伯顏以其勇聞，賜白金五十兩、金鞍勒、弓矢。

十七年，授龍虎衛上將軍、征東行省右丞。十八年，與右丞欣都將舟師四萬，由高麗金州合浦以攻日本。時右丞范文虎等兵十萬由慶元、定海等處渡海，期至日本一岐、平户等島合兵登岸。秋八月，遇颶風，舟壞而還，茶邱僅以身免。十九年十月，命茶邱於平灤

黑場兒監造戰船七百艘，以圖再舉。二十一年十一月，復授征東行省右丞。二十三年，命往江浙等處遣漢人復業。

二十四年，乃顔叛，車駕親征，賜以翎根甲、寶刀，命率高麗、女真、漢軍扈從。猝遇乃顔騎兵萬餘，時茶邱兵不滿三千，衆有懼色。茶邱夜令軍士多裂裳帛爲旗幟，斷馬尾爲旄，林中張設疑兵。乃顔大驚，以爲官兵大至，遂潰走。帝聞之，厚加旌賞。凱還，授遼陽等處行尚書省右丞。二十七年，以疾辭。

叛王哈丹等竄入高麗西京，中書省特起茶邱鎮遼東，帝遣闍里台孛羅兒賜以金字圓符，命茶邱便宜行事。二十八年，以疾卒，年四十八。

茶邱常怨本國，弟君祥獨謂「寧怨永寧公，不敢負國」云。子四人，長曰萬，最知名。

君祥，小字雙叔。福源第五子也。年十四，隨兄茶邱見世祖於上都，帝悦，命劉秉忠相之。秉忠曰：「是兒目視不凡，後必以功名顯，但當致力於學耳。」令選師儒誨之。至元三年，籍高麗民三百人爲兵，令君祥統之。從禿花禿烈、伯顔等軍築萬壽山，復從開通州運河。帝親諭之曰：「爾守志忠勤，朕所知也。」帝嘗坐便殿，閱江南輿地圖，欲召知者詢其險易。左丞相伯顔、樞密副使合達以君祥應旨，奏對詳明，帝悦，酌以巨觥，顧謂伯顔曰：

「是遠大器也。」

六年，林衍叛，從頭輦哥征之。八年，戍河南。九年，掠淮西，破其大凹城。十年，從元帥孛羅罕襲淮東之陽湖，俘其男女、牛馬。

十一年，入朝，帝命伯顏伐宋。朝議以宋之兵力多聚兩淮，聞我欲渡江，彼必移師拒守。遂命右衛指揮使禿滿歹，率輕鋭二萬攻淮安以牽制之，君祥以蒙古漢軍都鎮撫從行。後伯顏既渡江，帝命禿滿歹還軍蕭縣。時君祥奉使伯顏軍中。宋黄州制置使陳奕降，其子巖知漣水軍，伯顏遣三十騎往招之，因令君祥入奏。帝曰：「卿可急還，陳知府降，即偕來也。」及與巖入朝，宴勞甚厚。從元帥孛魯罕攻清河，拔之。海州安撫使丁順約降，孛魯罕令君祥以聞，時伯顏方朝上都，見君祥，甚喜，遂從南伐。

伯顏克淮安，至揚州，分兵攻淮西。宋制置使夏貴遣牛都統以書抵伯顏曰：「諺云：『殺人一萬，自損三千。』願勿廢國力，攻奪邊城。若行在歸附，邊城焉往？」伯顏遣君祥以牛都統入見，留三日，還軍中。仍傳旨諭伯顏曰：「事難遥度，宜臨幾審圖之。」伯顏師次鎮江。諜報有都統洪模爲都督府將，伯顏謂君祥曰：「汝同姓，可往招之。」模即迎降。師進次臨平山，距臨安五十里，模來報曰：「宋丞相陳宜中、殿帥張世傑皆已遁去，惟三宫未行，宜早定計，以活生民。」伯顏遂令模護送三宫，以君祥從行。宋平，擢武略將軍、中衛親軍

千户。十五年，命僉江南民兵。進明威將軍、中衛親軍副都指揮使。十七年，進昭勇大將軍。十九年，授樞密院判官。二十三年，轉昭武大將軍、同僉樞密院事。

二十四年，乃顔叛，從世祖親征。每駐蹕，君祥輒以兵車外環爲營衛，布置嚴密，帝嘉之。凱旋，加輔國上將軍。編次上起居爲《東征録》。二十八年，授遼陽行省右丞，用樞密院留，復居舊職。俄加集賢大學士，依舊同僉樞密院事。議者欲自東南海口辛橋開河合灤河，運糧至上都，敕與中書右丞阿里相其利害。還，極言不便，罷之。帝又欲征日本，令高麗造船。君祥進言曰：「軍事重大，宜遣使問高麗，然後舉兵。」帝然之，遣君祥使於高麗。還，改僉書樞密院事。明年，又使君祥兄子波立兒至高麗，監造戰船。波立兒望見王宫，下馬流涕曰：「今雖衣錦還鄉，然勞吾父老，甚可愧也！」高麗王嘉君祥不忘故國，封爲益城侯、修文殿大學士。

成宗即位，詔裁減久任官。知樞密院暗伯等奏：「君祥在樞密十六年，最爲久者。」帝曰：「君祥始終一心，可勿遷也。」大德二年，復遣君祥使於高麗。臺臣劾君祥以他事，中道追還。三年，奉使江浙，問民疾苦。後屏居昌平縣之皇華山。七年，擢司農卿。拜中書右丞，又爲御史所劾，改浙江行省右丞。遷遼陽右丞，建議宜新省治，增巡兵。設儒學提舉、都鎮撫等員，以興文化，修武備。未報。會武宗即位，徵爲同知樞密院事，進榮禄大夫、平

章政事，商議遼陽等處行中書省事，改遼陽行省平章政事，俄改商議行省事。至大二年，卒。子邁，奉訓大夫、同知開元總管府事。

萬，小字重喜，以小字行。至元十三年，入宿衛。十八年，襲職爲懷遠大將軍、安撫使、高麗軍民總管，仍佩父茶邱虎符。

二十四年，從討乃顏。六月，至撒里禿魯之地，偕平章失剌鐵木兒與乃顏將黄海戰，大敗之。又扈駕與塔不台戰，敗之。世祖留蒙古、女真、漢軍鎮哈剌河，復選精騎，使重喜領之，扈駕至失剌斡耳朵，從御史大夫玉速帖木兒進討。七月，至扎剌麻禿，與剛家奴戰，敗之。追至蒙可山、那兀江等處，遂平金剛奴、塔不台等。九月，師還。哈丹、八剌哈赤再叛。十月，重喜從諸王愛牙哈赤、宣慰使塔出及失剌鐵木兒討之。十二月，次木骨不剌。時諸王脱歡以兵四千餘人與賊將戰，稍卻，重喜率騎兵援之，衝鋒陷陣，大破其衆。又從諸王乃蠻、愛牙哈赤、平章薛闍干與哈丹等戰於兀朮站，又戰於黑龍江，又戰於貼滿哈，皆敗之。

二十五年，重喜又從玉速帖木兒出師，五月，至貼列河，又至木骨兒抄喇，與哈丹禿魯干戰，俱有功。八月，至貴列河，重喜率所部先涉，賊遁。十月，又從玉速帖木兒至木八

蘭。十二月，與古都秃魯干戰，又敗之。二十七年六月，賜白金五十兩、甲一襲。九月，至禪春，與哈丹秃魯干戰。二十八年二月，從平章薛闍干至高麗青州。五月，與哈丹戰八日，又戰，俱敗之。六月，班師，授昭勇大將軍，佩三珠虎符，職如故。十月，薛闍干以重喜入朝，且奏其功。帝喜之，賜玉帶一、白金五十兩，授龍虎衛上將軍、遼陽等處行中書省右丞。

二十九年。仍佩元降虎符，總管高麗、女真、漢軍萬户，兼安撫使、高麗軍民總管。六月，改資德大夫、遼陽等處行中書省右丞。大德十年，以其叔父君祥代之。十一年，武宗即位，重喜朝於上都。七月，復授遼陽行省右丞。至大二年，坐事謫漳州，中途遇赦而還。明年，卒。子滋，襲職。

史臣曰：洪福源以高麗西京叛，遂引蒙古之兵剗其宗社。公山弗狃有言：「君子不以所愛廢鄉。」若福源者，其公山弗狃之罪人乎！君祥能蓋前人之愆，易亂賊而爲忠孝，賢矣哉！

王綧，高麗清化侯璟之子也，封永寧公。太宗十三年，瞮遣綧率質子十五人入爲禿魯花，僞稱瞮子。綧善騎射，讀書通大義。憲宗三年，宗王也苦等征高麗，使綧諭國王納款。從也苦圍忠州，瞮以書責綧曰：「昔爾入侍天庭之日，出自誠心，決然獨斷，以一身代韓之百姓，豈以己之安危爲慮哉？十餘年間，險阻艱難，殆不可容説。然邈在萬里外，猶望庇於本國。幸今至此，韓之百姓冀蒙救護，想爾意何如也。况孝思所格，天地感動。今大王以寬仁字小爲任，汝當切迫陳達，俾大軍早日解圍，則不特老人悦懌，一國之人俱慶更生矣。」後憲宗知綧非王子，謂曰：「汝雖非王子，亦王族之近者。久居吾國，乃吾人也。」奪阿母侃馬三百賜之。綧又從大軍伐高麗，至尚州。郎將蔡取和謂綧曰：「捐妻子，從公絶域者，欲安國家耳。今無一事利國，與叛臣何異？」乃逃歸。綧遣人追斬之。

中統元年，授金符、總管，换虎符。三年，率所部討李璮。至元七年，高麗臣林衍叛，世祖遣宗王頭輦哥討之，綧簽新附户一千三百以從。是年十一月，以疾歸。綧妻奏殺洪福源，其子洪茶邱訴於世祖曰：「真金太子中書令，綧高麗尚令，自謂品秩與皇太子等。」世祖怒，奪綧所領部衆。二十年卒，年六十一。三子：阿剌帖木兒、闊闊帖木兒、兀愛。

阿剌帖木兒，襲虎符、總管。至元八年，從討叛賊金通精，賊敗走躭羅。十一年，進昭

勇大將軍，從都元帥忽都征日本。十五年，加鎮國上將軍、安撫使、高麗軍民總管，尋擢輔國上將軍、征東左副元帥。十八年，復征日本，遇颶風，没於海。

闊闊帖木兒，侍武宗於潛邸，積勞授大中大夫、管民總管。

兀愛，襲虎符、總管，擢安遠大將軍、安撫使、高麗軍民總管、征東左副元帥。二十四年，從討乃顔。復從月魯那演討塔不台、脱歡於蒙可山、那江。兀愛與八剌哈赤、脱歡相拒，戰於黑龍江，箭中右臂，裹創復戰，大破之。二十五年，從平章闊里帖木兒討哈丹，兀愛獲古都秃魯干。明年，加昭武大將軍、遼陽等處行中書省事。又明年，哈丹等收散卒號十萬，脅掠水達達、女真之地。遣兀愛鎮撫高麗，修城隍，嚴卒伍，軍威大振。九月，哈丹寇纏春，兀愛拒卻之。二十八年，入覲，賜尚方玉帶及銀酒器。二十九年，改征東左副都元帥府，立總管高麗女真漢軍萬户府，授兀愛三珠虎符、鎮國上將軍、總管高麗女真漢軍萬户府，兼瀋陽安撫使，高麗軍民總管，未幾卒。

【校勘記】

〔一〕「阿兒秃」，原倒作「阿秃兒」，據本書《札剌亦兒台豁兒赤傳》及《元史》卷一五四

列傳第五十一《洪福源傳》、卷二〇八列傳第九十五《外夷一·高麗傳》乙正。又「王京」原作「玉京」，據《元史》卷一五四列傳第五十一《洪福源傳》、卷二〇八列傳第九十五《外夷一·高麗傳》改。

新元史卷之一百七十七　列傳第七十四

楊大淵 文安　劉整 垓　夏貴　吕文煥 師夔　范文虎　管如德　王積翁 都中　朱焕 霽　陳奕 巖　蒲壽庚　馬成龍　周全

楊大淵，成州天水人。與兄大全、弟大楫皆仕宋。大淵總兵守閬州。憲宗伐宋，圍閬州大獲城，遣宋降臣王仲入招大淵，大淵殺之。帝怒，督諸軍力攻，大淵懼，遂以城降。帝欲誅之，汪田哥諫，獲免。命招降蓬、廣安諸州。進攻釣魚山，擢大楫爲管軍總管，從諸王攻禮義城。憲宗九年，拜大淵侍郎、都行省，悉以閫外之任委之。

世祖中統元年，詔諭大淵曰：「尚厲忠貞之節，共成康乂之功。」大淵既拜命，即遣兵進攻禮義城，掠其饋運，獲總管黄文才、路鈐、高坦之以歸。二年秋，與宋將鮮恭戰，獲其統制白繼源。行省以大淵功言於朝，詔給虎符一、金符五、銀符五十七，令論功行賞，以名聞。三年春，世祖命大淵出開、達，與宋兵戰於平田，復戰於巴渠，擒其知軍范燮、統制魏興等。

先是，大淵建言，謂取江南必先取蜀，取蜀必先據夔州。乃遣其姪文安攻宋巴渠。至萬安寨，守將盧埴降。復使文安相夔、達要衝，城蟠龍山。山四面巖阻，可以進攻退守。城未畢，宋夔州路提刑鄭子發曰：「蟠龍，夔之咽喉，此必争之地也。」遂悉衆來攻。大淵聞有宋兵，即遣姪安撫使文仲赴援。宋兵宵遁，追敗之。秋七月，詔以金符十、銀符十九，賜其麾下將士，别給海青符二，俾事亟則馳奏。又賞合州之功〔一〕，賜白金五十兩。冬，大淵入覲，拜東川都元帥，與征南都元帥欽察同署事。大淵還，復城虎嘯山，以逼宋大良城，不踰時而就。

四年，宋賈似道遣楊琳賫空名告身及蠟書、金幣，誘大淵南歸。文安擒之以聞，詔誅琳。五月，世祖以大淵及張大悦復神山功，賜蒙古、漢軍鈔百錠。至元元年，大淵進花羅、紅邊絹各百五十段。詔曰：「所貢幣帛，已見忠勤，卿守邊陲，宜加優恤。今後以此自給，俟有詔乃進。」冬十月，大淵諜知宋總統祁昌由間道運糧入得漢城，乃率軍掩襲擒昌等於椒坪，俘獲輜重以數千計。明日，宋都統張思廣引兵來援，復大破之，擒其將盛總管。

二年，大淵以疾卒。八年，追封閬中郡公，謚肅翼。子文粲，襲閬、蓬、廣安、順慶、夔府等路都元帥。兄子文安。

文安，字泰叔。父大全，仕宋，守叙州。大兵入蜀，大全戰没，宋贈眉州防禦使，謚愍忠，官其長子文仲。文安方二歲，母劉氏鞠之，依叔父大淵於閬州。大淵降，授文仲安撫使。

中統元年，擢文安監軍，攻禮義城，奪其糧船。繞出通川，獲宋將黄文才、高坦之。二年，復出通川，與宋將鮮恭大戰，擒統制白繼源。三年，出開、達，擒知軍范燮、統制魏興等，授文安開、達、忠、萬、梁山等處招討使。遂築蟠龍城，以據夔、達要路。宋兵來争，文安擊敗之。四年，佩銀符，擢千户，監軍如故，進築虎嘯城。至元元年，宋都統張喜引兵攻蟠龍，敗之。喜潛師宵遁，出得漢城，文安又追擊敗之。復築方斗城，爲蟠龍聲援，令裨將高先守之。宋兵攻潼川，行省命文安赴援，敗宋師於射洪之納垻。宋都統祁昌以重兵運糧餉得漢，大淵命文安邀之。昌立柵椒原以守，連戰三日，獲昌，俘守將向良家屬，以招良，良以城降。

二年，改授金符，仍前職，還攻宋開、達等州，擒其統制張剛。八月，宋兵由開州運糧，文安率奇兵邀擊之，獲總管方富等。行省上其功，擢夔東路征行元帥，命以前後所俘入見，賜黄金、鞍馬有差。還，攻宋金州斷虎隘，殺其將梁富，擒路鈐、趙貴等。

三年春，率千户李吉等略開州，與宋將硬弓張大戰，獲統制陳德等。冬，總帥汪惟正

遣裨將李木波等由間道襲開州，文安遣千户王福引兵助之。福先登，宋將龐彦海投崖死，擒副將劉安仁，留兵戍其地。宋諸路兵來援，圍城三匝，又築壘於城外。文安密遣人入城，諭以堅守。四年春，文安率兵斷宋人糧道。飛矢中文安面，拔矢力戰，大破之，殺其將張德等。已而文安以創甚，回鐇龍，宋兵遂陷開州。

五年，文仲卒。詔文安就佩金虎符，充閬州夔東路安撫使、軍民元帥，仍相副都元帥府事。閬州户口凋耗，文安教以耕桑。鰥寡不能自存，願相配偶者，並爲一户充役，民始復業。七年，從嚴忠範攻重慶，大戰於龍坎，敗宋兵。攻鏵鐵寨，擒其將袁宜、何世賢等。捷聞，詔賜白金、寶鈔、幣帛有差。冬，文粲入見，帝諭之曰：「汝兄弟宣力邊陲，朕所知也。」進文安階明威將軍。

八年秋，文安會東川統軍匣剌攻達州，三戰三捷。帝深加獎諭，進昭勇大將軍、東川路征南招討使，復賜金銀、寶鈔、鞍馬、弓矢，幣帛。

九年秋，築金湯城，積屯田之粟，以逼宋龍爪城。知宋兵必至，遣韓福出通川以牽制之，與宋兵遇於銼耳山，敗之。宋兵輸糧達州，邀擊於盧灘峽，擒統制孫聰、張順等。宋兵復由羅頂山輸糧開、達，文安伏兵截之，擒裨將吴金等，覆其糧船；秋，宋都統閻國寶、監軍張應庚，運糧於達州，文安復邀之於瀉油坡，奪其糧。宋開州守將鮮汝忠邀文安歸路，

與戰，敗之，獲總轄秦興祖、譚友孫。

十一年秋，與蒙古、漢軍萬户怯必烈等攻宋夔東，拔高陽、夔、巫等寨，擒守將嚴貴、竇世忠、趙興。因跨江爲橋，以斷宋兵往來之路。時宋以鮮汝忠、趙章鎮開、達二州，而汝忠家屬尚留開州。文安曰：「達未易攻。若先拔開州，俘其家屬，以招汝忠，則達不煩兵而下矣。」乃遣蔡邦光率千户呼延順等攻開州，盛兵駐蟠龍，以爲聲援。十二年正月，諸軍夜銜枚，薄開州城下，遣死士先登，斬關以入。及城中人知，則我軍已立旗幟於城上。守將韓明父子猶率所部巷戰，力屈就擒。文安遷汝忠家屬於蟠龍，遣部將王師能往達州招之曰：「降則家屬得全，不降則闔城塗炭，汝宜早爲計。」汝忠遂降。趙章子桂楫守師姑城，招之亦降。獨龍爪城守將謝益不降，攻之，擒統制王慶，益棄城走。於是由山等處八城皆望風歸附，凱還。獻捷京師，加文安驃騎衛上將軍，兼宣撫使，賜鈔一千錠，文粲加鎮國上將軍。

文安尋遣其兄子應之，往招都勝、茂竹、廣福三城。蒲濟川降。進攻梁山，守將袁世安皆降之。秋七月，兵至樂勝城，宋將隨方備禦，圍城四十日，竟不降。文安乃移兵攻萬州之牛頭城，遷其民進圍萬州。守將上官夔固守，文安解圍去。冬，進攻白帝城，以師老乃還。

十三年，進金吾衛上將軍，賜玉帶一。夏，朝廷遣安西王相李德輝經畫東川課程，袁世安遣使約降。文安以白德輝，德輝大喜，即遣文安招之，世安遂納款。秋七月，進軍攻萬州，遣經歷徐政諭守將上官夔降，夔不從，逾月，攻拔外城。宋將張起巖來救，遣鎮撫彭福壽迎擊，敗之，萬州奪氣。文安復傳王令旨諭夔降，終不屈。文安遣勇士梯城入，夔巷戰而死。萬州既定，遣使招鐵檠、三寶兩城守將楊宜、黎拱辰降。分兵略施州，擒統制薛忠。會大雪，遣蔡邦光夜攻之，遂拔施州。

十四年夏，進兵攻咸淳府。守將鎮撫使馬堃，文安鄉里也，諭之降，不從。冬十一月，堃力屈就擒。十五年，進兵攻紹慶府，破之，獲其守將鮮龍。東川已定，獨夔帥張起巖嬰城固守。文安遣元帥王師能招之，起巖亦以城降。夏入覲，文安以所得城邑繪圖獻之，帝勞之曰：「汝攻城略地之功，何若是多也！」擢四川南道宣慰使，解白貂裘賜之。

十七年，遣裨將王介諭降散毛諸洞蠻，以散毛酋入覲，因奏曰：「元帥蔡邦光，昔征散毛洞戰歿，可念也。」帝曰：「散毛既降而殺之，何以懷遠？」乃擢邦光子爲管軍總管，佩虎符，賜散毛酋金銀符各一，遥授文安參知政事，行四川南道宣慰使。十九年春，入覲，擢龍虎衛上將軍、中書左丞，行江西省事。二十年，改授荆南道宣慰使，卒。子良之，襲佩虎符、昭勇大將軍、管軍萬户，歷湖南宣慰副使、岳州路總管，卒。

劉整，字武仲，先世京兆樊川人，徙鄧州穰縣。整沉毅有智謀，善騎射。金亂，入宋，隸制置使趙方麾下。方臨卒，謂其子葵曰：「整才氣，汝輩不能用，宜殺之，勿留爲異日患。」葵不聽。整從孟珙攻金信陽州，爲前鋒，夜率壯士十二人渡塹登城，襲擒金將。還報，珙大驚，以爲唐李存孝率十八騎拔洛陽，今整取信陽所將更少，乃書其旗曰「賽存孝」。累遷潼川十五軍州安撫使，知瀘州軍州事。

整以北人，捍西邊有功，江南諸將皆出其下，吕文德忌之，所畫策輒擯沮，有功輒掩而不白，知俞興與整有隙，使制置四川以圖整。興以軍事召整，不行，誣搆之。整遣使訴於臨安，不得上達。及向士璧、曹世雄見殺，整益危不自保，乃謀款附。

中統二年夏，整籍十五軍州、户三十萬來降。世祖授整夔府行省，兼安撫使，賜金虎符，仍賜金、銀符，以給其將校有功者。俞興攻瀘州，整出珍寶分士卒，激使戰，敗之。復遣使以宋所賜金字牙符及佩印入獻，請益屯兵，厚儲積，爲圖宋計。三年，入朝，授行中書省於成都、潼川兩路，賜銀萬兩，分給軍士，仍兼都元帥。同列嫉整功，謀陷之。整懼，請分帥潼川。七月，改潼川路都元帥。四年五月，宋安撫高建、温和進逼成都，整援之。宋

兵聞「賽存孝」至，遁去。攻潼川，又與整遇於錦江，敗走。至元三年六月，遷昭武大將軍、南京路宣撫使。

四年十一月，入朝，建言：「宋主闇臣悖，立國一隅，今天啟混一之機，臣願效犬馬勞，先攻襄陽，撤其捍蔽。」廷議沮之。整又曰：「自古帝王，非四海一家，不爲正統。聖朝有天下十七八，何置一隅不問，而自棄正統邪？」世祖曰：「朕意決矣！」五年七月，遷鎮國上將軍、都元帥。九月，偕都元帥阿朮督諸軍，圍襄陽，城鹿門堡及白河口，爲攻取計，率兵五萬，鈔略沿江諸郡。六年六月，擒都統唐永堅。七年三月，築實心臺於漢水中流，上置弩炮，下爲石囤五，以扼敵船。且與阿朮計曰：「我精兵突騎，所當者破，惟水戰不如宋耳。奪彼所長，造戰艦，習水軍，則事濟矣。」乘驛以聞，報可。既還，造船五千艘，日練水軍，雖雨不能出，亦畫地爲船習之，得戰士七萬。八月，復築長圍以遏外援。

八年五月，宋將范文虎遣都統張順、張貴駕輪船饋襄陽衣甲，邀擊，斬順，獨貴得入城。九月，遷河南省參知政事。九年三月，加諸翼漢軍都元帥。襄陽帥呂文煥登城，整躍馬前曰：「君昧於天命，害及生靈，豈仁者之事？又齷齪不能戰，取羞於勇者，請與君決勝負！」文煥不答，伏弩中整臂。三月，破樊城外郭，斬首二千級，擒裨將十六人。諜知文煥將遣張貴出城來援，乃分部戰艦，縳草如牛，傍漢水兩岸徧置之，衆莫測所用。九月，貴果

夜出，乘輪船順流下走，軍士覘知之，兩岸爇草牛如晝，整與阿朮麾戰艦轉戰五十里，擒貴於櫃門關，餘衆盡殺之。

十一月，詔統水軍四萬户。宋荆湖制置李廷芝以金印牙符，授整漢軍都元帥、盧龍軍節度使，封燕郡王，爲書，使永寧僧持送，期以間整。永寧令得之，驛聞於朝，敕張易、姚樞雜問。適整至自軍中，言：「宋怒臣畫策攻襄陽，故設此以殺臣，臣實不知。」詔令整復書，謂：「整受命以來，惟知督厲戎兵，舉垂亡孤城。宋若果以生靈爲念，當重遣信使，請命朝廷。顧爲此小數，何益於事？」

時圍襄陽已五年，整計襄、樊唇齒，宜先攻樊城。樊城人樹柵於城外，斬木列置江中，貫以鐵索。整言於丞相伯顔，令善泅者斷木沉索，督戰艦趨城下，以回回炮擊之，焚其柵。十年正月，樊城破，遣唐永堅入襄陽，諭吕文焕，乃以城降。上功，賜整田宅、金幣、良馬。

整入朝，奏曰：「襄陽下，則臨安揺動矣。若將所練水軍，乘勝長驅，長江必非宋所有。」遂改行淮西樞密院事，屯正陽。十一年，遷驃騎衛上將軍、行中書左丞。宋夏貴悉水軍來攻，破之於大夫洲。十二年正月，詔整將所部出淮南，整鋭欲渡江，行省止之，不果行。丞相伯顔入鄂，捷至，整失聲曰：「首帥止我，使我成功後人！『善作者不必善成』，果然！」是夕憤惋而卒，年六十三。贈龍虎衛上將軍、中書右丞，謚武敏。四子：垣，嘗從父

戰敗昝萬壽於通泉；埏，管軍萬户；均，榷茶提舉；垓，最知名。

垓，字仲寬。中統三年，移新附民匠於成都，以垓領其衆。時垓年十三歲。至元三年，從整入朝，授管軍萬户，佩金虎符。四年，城眉、簡二州。從圍嘉定，攻破五獲石城、白馬、資江等城寨。六年，從敗宋師於龍坝。九年，入直東宮宿衛。十年，從圍樊城。四月，御史言垓與阿里海涯子忽失海牙素不知兵，帝命以萬户還成都。十一年六月，敗宋師於嘉定城外，收撫嘉定等路，拓地一千五百餘里，以降將及蠻酋入覲，進拜都元帥。宋亡，蜀地未盡平，樞密院奏瀘州整舊治，請使垓以都元帥領之。十四年，克瀘州之珍珠堡，降其守將。十六年，入朝，拜同知四川北道宣慰司事。二十年，移四川南道。二十一年，邱德、祖趓等謀作亂，垓擒斬之。

二十三年，入朝，詔問宋降將，垓即奏：「先臣在襄陽，以呂文焕來歸，今爲右丞；在瀘州，以管如德來歸，今爲左丞。臣在西川，以昝萬壽來歸，今亦爲右丞。」帝即擢垓左丞，爲參知政事吐魯華所格而止。垓又奏：「江南平，臣不敢自言先臣功，惟上念之。」帝曰：「朕未嘗忘爾父也。」授垓鎮國上將軍、陝西、四川等處行省參知政事。旋改四川等處行省僉事，又改行尚書省事。二十九年，拜輔國上將軍、四川行省參知政事。未幾，謝病歸。

大德八年，起爲奉國上將軍、四川行省參知政事、八番、順元等處宣慰使都元帥，佩金虎符。蠻酋南列等納款，賜弓矢、衣甲。至大三年，移鎮廣東，奏言：「軍士不習水土，宜移中原，屯戍於內地。」從之。皇慶二年。卒，年六十四。

垓廉於財，卒之日，僅存中統鈔四百貫云。

夏貴，字用和，安豐人。生有異禀，暮夜能見射箭落處，人稱爲「夏夜眼」。少年以罪刺雙旗面上，又稱「夏旗兒」。以勇敢見知於呂文德。從趙范入洛陽，擢爲裨將。蒙古兵圍安豐，貴援之，築砦於瓦步，徧樹五色旗，間道率所部趨安豐。敵撤圍城兵，攻瓦步砦，竟得空城。比還安豐，則貴已登陴，遂解圍去。

嘉熙三年，壽春告急，食且盡。貴與文德定計，夜率援兵直抵城下，棄其所賫米於道。明日，敵兵見道上棄米，駭曰：「米入城中多矣！」皆有去志。貴又令舟師囊磚石，相繫擲於浮橋上，橋沉，舟師魚貫而上，卒全壽春。

淳祐六年，葵命貴援高郵，貴以兵百人赴之。夜伏敵砦外，以鞘笛爲號，伏兵聞笛而起，入砦中，獲牛馬器械無算。

寶祐五年，賈似道欲城荆山，問形勢於貴。貴曰：「荆山與塗山夾束淮流，如人之喉咽，一有梗，則安豐、壽春斷，淮西必危。」似道然之，命貴董城工，擢吉州刺史、知懷遠軍。六年，兼河南招撫使，尋封壽春郡開國伯，食邑七百户。

開慶元年，命貴至懷遠，措置戰守。貴固守百餘日，會濠州援兵至，圍始解。召詣行在，賜金帶一、銀五百兩。

景定元年，兀良合台自黄州新生洲濟師北歸，貴進兵漳源，獲戰船三百餘艘。又戰於黄石港，獲馬三百餘匹，遂復壽昌。軍進至黄州團峰，去白鹿磯二十餘里，時氈帳布南北兩岸，貴以舟師陣白鹿磯浮橋下，登北岸陸戰，奪還所俘老弱三千餘人。或譖貴不戰於南岸，貴貽書賈似道曰：「敵輜重盡在北岸，攻其所必救，以速其走耳。不出三日，江面可以肅清。」於是夜率諸軍，攻斷浮橋，殺殿卒七百餘人，明日，江南無一騎，遂以大捷聞。論功，除其子松環衛官，賜金帶。尋除貴知淮安州，兼京東招撫使。

李璮南侵，貴敗之，璮僅以身免。二年，克復漣水軍及東海軍、海州，賜官會百萬貫、金帶一，又賜溧陽田三千畝。貴建第溧陽，得金龜，宋理宗書「錦龜堂」賜之。

四年，除四川安撫制置使，兼知重慶府。是年，偕張珏攻虎嘯山，敗績於鵝湖。咸淳元年，貴濳師泝資江而上，出劉整不意，斬馘數千人，整敗歸。三年，克復廣安軍，除寧武

軍節度使，加食邑五百户，實封二百户。

四年，召赴行在，除沿江制置副使，知黄州。五年，除權荆湖安撫制置大使、湖廣總領，四川策應大使，知鄂州。六年，乞回黄州，七年，乞致仕，俱不允。九年，除淮西安撫制置大使，兼知黄州。十二月，阿术攻陽羅堡，貴率兵援之。聞阿术渡江，大驚，引麾下三百艘遁還。事具《阿术傳》。

德祐五年，賈似道督師次於蕪湖。貴引兵會之，出一編書示似道曰：「宋曆止三百三十年。」似道俛首而已。二月，似道以精兵七萬人屬步軍指揮使孫虎臣，次池州之丁家洲，貴以戰艦二千五百亘江中，似道爲殿。貴既失利於鄂，恐似道成功，無鬭志。步軍前鋒將姜才方接戰，衆讙曰：「步師遁！」貴不戰而走，以扁舟掠似道船，呼曰：「彼衆我寡，勢不可支。」似道遽鳴鉦收軍，宋師大潰。似道召貴計事，貴曰：「諸軍膽落，吾何以戰？」乃奔廬州。阿术乘勝東下，沿江州軍相繼降。

貴陰縱北人岳全還，致款附意，以書抵伯顔曰：「願勿費兵力攻邊城，行都若下，邊城焉往？」伯顔遣貴婿胡應雷與貴約。是時宋徵貴爲樞密副使入衛，貴不應命。至元十三年二月，貴舉淮西三府六州三十六縣以降。

貴家僮洪福從貴積勞，爲鎮巢軍統制。貴降，招福，不從。使其從子往，福斬之。貴

至城下，好語紿福，請單騎入城。福信之，開門，伏兵起，執福父子。貴泣殺之，福大罵，數貴不忠而死。

四月，覲世祖於上都，令其孫貽孫權安撫事。貴條上安民十事，賜金織衣、玉帶、靴帽、鞍馬，授開府儀同三司、參知政事，行中書省事。十五年，擢左丞。十六年十月卒，年八十三。子富，宋左領衛大將軍，知昭信軍，先貴卒；松，宋和州觀察使，戰殁，宋贈保康軍節度使，謚壯肅；柏，嘉議大夫、岳州路總管。

吕文焕，安豐人。兄文德，微時鬻薪於市，宋淮西帥趙葵見其遺履，長尺有咫，異之，招致麾下。累功授京湖安撫制置使。時劉整獻計，謂宋人所恃惟文德在鄂州，然可以利誘。乃遺以玉帶，求置推場於樊城外，文德許之。既而言場貨每爲盜所掠，願築土牆護之，遂築壘置堡江心，起萬人臺，立撒星橋，以遏宋南北之援，時出兵哨掠襄、樊城外。文德始悟爲整所賣，疽發背死。

文焕仕宋，知襄陽府，兼京西安撫副使。時阿朮攻襄陽，文焕拒守久之。至元六年，命史天澤督兵圍襄陽，文焕遣使饋以鹽、茗。十年正月，阿里海牙等拔樊城。世祖降詔諭

文焕曰：「爾等拒守孤城，於今五年，宣力爾主，固其宜也。然勢窮援絶，如數萬生靈何？若能納款，悉赦勿治，且加遷擢。」既而阿里海牙身至城下，謂曰：「君以孤軍城守者數年，今飛鳥路絶，主上深嘉汝忠，若降則尊官厚禄可得，必不負汝。」文焕疑未決。又折箭與之誓，文焕感泣，遂納筦鑰，與其子來降。

四月，從阿里海涯入朝，即爲帝畫攻鄂策，且請身爲前鋒。授昭勇大將軍、侍衛親軍都指揮使、襄陽大都督。十一年二月，拜參知政事，行省荆湖。命文焕率其麾下，臨城以善遇降將意，招諭未下州郡。十月，文焕引兵攻破沙洋城，執守將王大用、總管王虎臣，殺之。進逼新城，招都統邊居誼，不從。伏弩中其右臂，馬仆，幾被獲，衆挾以出。文焕怒，麾兵拔其城，居誼赴火死。由是江陵諸州皆下。文焕謂權守張晏然等曰：「汝國所恃者，江淮耳。今大軍飛渡，如履平地，不降何待？」晏然與都統程鵬飛皆以州軍降。時沿江諸將，多吕氏舊部，争望風款附。十二年正月，引兵至江州。從弟文福方爲湖南五郡鎮撫使，宋主促其將兵入衛。文福至饒州，殺使者，入江州迎降。宋謝后遣使諭文焕，請息兵修好，不聽。十月，伯顔分兵東下，以文焕爲鄉導，趨常州。宋遣兵部侍郎吕師孟來軍中議和，師孟，文德子也，陰請文焕贊成和議，亦不省。十二月，平江府官屬迎降於常州，文焕先往受其降。

十三年，伯顏兵至皋亭山，宋主奉表稱臣。伯顏遣文焕入臨安，閱視城塹，且賫黄榜安諭中外軍民，並入慰謝后。文焕因使人上謝表而出，有曰：「兹銜北命，來抗南師，視以犬馬，報以寇讎，非曰子弟攻其父母，不得已也，尚何言哉！」伯顏拘文天祥於軍中，天祥讓伯顏失信。文焕從旁解喻，天祥並斥其合族爲逆，文焕甚慙。

十四年，以文焕爲中書左丞，仍宣慰江東。十五年三月，詔文焕遣官招宋生熟券軍堪用者，月給衣糧，不堪者屯田近地。江東道按察使阿八赤從文焕求金銀及第宅、奴婢，不與，遂奏文焕私匿兵仗。帝命行臺御史大夫相威按之，阿八赤坐免官。二十三年，文焕以江淮行省右丞請老，許之，仍任其子爲宣慰使。後卒於家。

文德子師夔，宋提舉江州興國軍沿江制置使。陳奕既降，以兵攻蘄州，師夔與知江州錢真孫遣人如蘄請降。伯顏入江州，師夔設宴庾公樓，選宋宗室二女盛飾以進。伯顏怒曰：「吾奉天子命，帥師問罪於宋，豈以女色移吾志乎！」斥遣之。都元帥宋都解攻撫州，命師夔以金符遣守將密佑誘之降，佑不受，死之。

師夔與謝枋得友善，至是以兵徇江西，下安仁。時枋得守信州，攻之，枋得走建陽。師夔鏤榜捕之，執其妻子下於獄。及宋主昰在廣州，師夔復與阿里海牙、塔出等率兵逾梅

嶺，襲攻之。遂以參知政事留鎮廣州。瑞州張公明訴師夔謀不軌，塔出恐師夔驚疑，乃斬公明而後聞，詔弗問。

十五年，宋制置使張鎮孫起兵復廣州，師夔執之，及其妻子械送京師，鎮孫自經死。十七年，以廣州民不聊生，召師夔赴闕詰責之。廷辯無證驗，仍還任。二十二年六月，乞假省母江州，未幾卒。

范文虎，呂文德壻也，佚其籍貫。宋咸淳中，遷殿前副指揮使。阿朮攻襄、樊，宋以文虎統禁軍來援，遂蓄異志。軍中爲樂，日與妓妾擊鞠宴飲，不進攻。比戰，又不力，兵屢敗，所喪舟械甚多。及襄、樊陷，給事中陳宜中請誅文虎，賈似道庇之，止降一官，仍知安慶府。至元十二年正月，伯顏分兵至江州，文虎遣人以酒饌迎犒，且請伯顏速來。伯顏使阿朮以舟師先至安慶，文虎以城降。伯顏承制遥授兩浙大都督，命招諭壽州諸鎮。復同失里伯、史樞率襄陽熟券軍降安豐、壽州、五河等處軍民，與呂文煥、陳奕攻下沿江州郡。宋謝后詔諭文虎三人使通和議，文虎等不報，乃籍三人家，妻孥多遇害。十月，命董文炳將左軍由江入海，以文虎爲鄉導，取道趨澉浦、華亭。十三年正月，伯顏分兵圍安吉，文虎

致書知州趙良淳，誘之降，良淳斬其使而自經。及兵逼臨安，宋駙馬都尉楊鎮奉益、廣二王渡江，如婺州。文虎率勁兵五千追之不及，執鎮而還。伯顏以臨安爲兩浙大都督府，命文虎同忙古歹入治事。宋宗室趙孟棻謀起兵越州，事泄，被執至臨安，文虎斬之。七月，與呂師夔並參知政事。

十五年二月，與夏貴、陳巖並進中書左丞。詔諭行省東南島嶼，諸番國有慕義者，可因番舶布德意，使其來朝。文虎遣周福等偕日本僧賫詔往諭諸國，降海賊賀文達，以所得銀三千兩獻之。帝即以銀賜文虎，並賜金紋綾及西錦衣諸物。文虎薦可爲守令者三十人，帝曰：「今後所薦，朕自裁擇。」皆不聽。

十七年五月，召入朝，命招集避罪附宋蒙古、回鶻等軍，並將兵十萬，同右丞相阿剌罕征日本。十八年正月，文虎再赴闕，請給馬二千及回鶻匠人，帝曰：「戰船安用此？」亦不與。八月，軍至平壺島，遇颶風壞舟。文虎被溺，漂流一晝夜，幸附敗板得生，遂擇堅艦乘之，棄士卒於五龍山下。盡爲日本所殲，逃歸者僅三人。初議班師，張禧曰：「士卒溺死過半，其脱死者皆壯士也。曷若乘其無回顧心，因糧於敵，以圖進取？」文虎不從，曰：「還朝問罪，我自當之。」及歸，文虎奏：「遇風壞舟，將士沉溺。」世祖不之罪也。

二十四年，諸王乃顔反，帝親征，命文虎將衛軍五百鎮平灤爲策應。文虎言：「豪、懿、

東京諸地，人心未安，宜立行省撫治之。」詔立遼陽行省。

二十六年，漳州賊陳機察等降，行省請斬之，文虎曰：「罪固當斬，然殺降何以示信？宜並遣赴闕。」行省從其言。蓋其意獨加厚於降人云。尋卒。

管如德，黄州黄陂人。父景模，爲宋安撫使，守蘄州。伯顏兵至，景模舉衆降，授淮西宣撫使，以老不任事。時如德爲江州都統制，遣書招之，亦以城降。先是，如德嘗被俘，思其父，與同輩七人間道南馳，爲邏者所獲，械送郡。如德伺邏者怠，即破械走達父所，景模喜曰：「真吾子也！」至是入見，世祖笑曰：「是能孝於父者。」一日，授以强弓二，如德以左手兼握，右手悉引滿之。帝曰：「得無傷汝臂乎？後毋復然。」嘗從獵，過大溝，馬不能越，如德即解衣浮渡，帝壯之，由是稱爲拔都。帝問：「朕何以得天下？宋何以亡？」對曰：「陛下以福德勝。襄、樊，宋咽喉也。咽喉破塞，不亡何待？」帝曰：「善。」授湖北招討使，總管本部軍馬。

阿朮以如德爲前鋒，攻揚州，招降鎮江、紹興諸郡。初，世祖以寶刀賜如德，及與宋戰，刀刃盡缺。宋平，入覲，如德以刀上曰：「陛下向所賜刀，歷斫宋軍，刃缺如是。」帝嘉其

誠樸，遷浙西宣慰使。入奏事，帝問曰：「江南之民得無有貳志乎？」對曰：「往旱澇相仍，民不聊生，或萌他念。今屢年豐稔，民沐聖恩多矣，安敢貳？」帝悅，授福建宣慰使。

二十一年，拜泉州行省參知政事，累遷江西左丞。初，廣東賊鐘明亮率衆二萬來降，宣慰使月的迷失請以明亮爲循州知州，帝不允。明亮復叛，命如德統四省兵討之。諸將欲直擣其巢，如德曰：「今田野之民疲於轉輸，介胄之士病於暴露，重困斯民而自爲功，吾不爲也。」遣使諭以禍福，明亮復詣贛州降。詔縛至大都，如德留之不遣。明亮再反，朝廷責以玩寇，如德惶懼，卒於軍。贈平昌郡公，謚武襄。

王積翁，字良臣，福建福寧人。以叔父參知政事伯大蔭，補承務郎，調監察嚴州都酒務，累辟浙西安撫司幹辦公事。奉朝命，讞六縣獄。夜至餘杭，閱囚一百七十，當坐者僅數人，餘皆釋之。平反他縣疑獄，亦多所全活。差知富陽縣，治辦爲諸縣最。秩滿，除兩浙轉運司主管文字。奏請寬版曹催科之限，東南各路便之。六遷至知徽州，兼都督兵馬府參議官，加兵部侍郎。

德祐初，除天下兵馬都元帥益王府司馬，辭不就。改知南劍州，兼福建招捕使，進兵

部尚書。是時，宋使積翁備禦上三州，以黄佺爲招捕副使，兼知漳州，備禦下三州。大兵破邵武，積翁棄南劍州走福安，密書納款。及大兵至，迎降，以積翁知建寧府。

至元十四年，大軍引還，留潛説友爲福州宣慰使，積翁爲宣慰副使，淮兵戍福州者以李雄統之。未幾，雄殺説友，以應張世傑，積翁紿雄，誅之。擢宣撫使、福州路總管，兼府尹、提刑按察使。淮兵又謀殺積翁，事覺，皆爲積翁所殺。已而劉深奏積翁嘗通書於世傑，積翁上言：「若不暫從，恐爲生靈害。」帝原其罪不問。十五年，入覲。帝使中書左丞張文謙詢以日本事，積翁畫招徠之策，甚稱帝意。授刑部尚書、福建道宣慰使，佩金虎符。入辭，賜宴便殿，使中書左丞吕文焕爲積翁起舞。十六年，復入覲，遷兵部尚書。十九年，拜江西行省參知政事，丞相安童留不遣。積翁建議開新河以通漕運，從之。使阿八赤等董其役。新河水淺，候潮爲出入，船多損壞，民苦之。既而忙古歹言海運之船悉至，役始罷。

二十一年，積翁久留京師，不見用，自詭能宣諭日本，奏言：「日本難以力服，可以計取。誠令臣備一介之使，以招徠之。事成，不至勞師傷財；事不成，亦無損於國威。」帝乃以積翁爲國信使，賜玉環連條、納瑟瑟、袍、帽、韡、馬鞍各一。又以日本俗尚佛，命普陀僧如智副之。積翁過温州，强取縣民任甲船，中途又以事鞭甲。將至對馬島，甲飲從者酒，

盡醉，遂殺積翁，掠其貲遁去。事聞，詔廩其家，追謚積翁敬愍侯。皇慶初，贈榮禄大夫、平章政事、上柱國，追封閩國公，改謚忠愍。子都中。

史臣曰：孔子有言：「行己有恥，使於四方，不辱君命。」蓋其事有相爲表裏者。王積翁諓諓小人，冒利亡恥，世祖用之，負乘致寇，卒殞其軀。就使積翁不死，亦必啟釁納侮，辱命而返。世祖以范文虎爲將，王積翁爲使，其不得志於日本，不亦宜乎！

都中，字元俞。生三歲，以恩授從仕郎、南劍路順昌尹。七歲，從其母葉氏詣闕下，世祖閔之，給驛券南還。賜平江田八千畝，宅一區。未幾，特授都中平江路總管府治中。都中年甫十七，僚吏易視之。既遇事，剖析動中肯綮，始不敢欺。

秩滿，除浙東道宣慰副使。金華有殺人者，吏受賕，以爲病死。都中命屬吏覆按，得其情，獄具，置受賕吏於法。遷荆湖北道宣慰副使。武宗詔更鈔法，行銅錢，以都中有幹略，除江淮泉貨監。凡天下爲監者六，惟江淮所鑄獨精。

改郴州路總管。民俗喜争鬬，都中爲立學校，製籩豆簠簋，使其民識禮樂，延宿儒教之，俗爲一變。茶陵州富民譚甲死，妻誣贅婿匿其財，獄數年不決。宣撫移其獄，諉之都

中，按問得實，州長吏以下計贓至十一萬五千餘緡，民以爲神明。

遷饒州路總管。年饑，米價翔踊，都中以官倉米定價爲三等，言於行省，請糶以下等饒州價，民乃得食。未報，又於下等價減十之二，使民就糴。行省怒其專擅，都中曰：「饒去杭幾二千里，比議定往還，非半月不可。人七日不食則死，安能忍死以待乎？」行省聞之，乃罷。歲貢金，而金户貧富不同。都中考得其實，更定之。包銀之法，户不過二兩，而州縣徵之加十倍。都中責之，一以詔書從事。以内憂去郡，民爲立生祠。

服闋，除兩浙都轉運鹽使，未上，擢海北海南道肅政廉訪使。中書省臣奏國計莫重於鹽筴，又如前除鹽亭造户，三年一比附推排，世祖舊制也。任事者恐斂怨，久不舉行。都中曰：「爲吏皆避嫌怨，何以集事？」遂請於行省，偏歷三十四場，驗其物力高下以損益之。役既平，而課亦足，公私便之。遷福建閩海道肅政廉訪使，俄遷福建道宣慰使都元帥，又改浙東道宣慰使都元帥。

天曆初，徙廣東道，三易鎮，皆佩元降金虎符。惠宗時，朝廷以兩淮鹽法久壞，命都中以行户部尚書兼兩淮都轉運鹽使。尋拜河南行省參知政事，中道疾作南歸，詔即其家拜江南行省參知政事。至正元年，卒。贈昭文館大學士，謚清獻。

朱焕，泰安新泰人。宋淮安州安撫使。與李庭芝共守揚州，庭芝走泰州，焕以揚州城降。授淮東大都督，累遷福建道宣慰使，卒。

子霽，字景周。初襲父官爲淮東大都督，後改都督府爲總管府，以霽爲揚州路總管，兼府尹，佩金虎符。治尚簡静，民安之。或告嘉定富民王甲謀爲不軌，行省議調兵捕之。霽曰：「此姦人利王氏財耳。」從其言，民將重足而立。」命縣令察其虚實，遂正誣者罪。大軍征爪哇，省檄揚州轉餉十萬石，霽曰：「郡人朱清、張瑄歲漕海運米，請使清等輸之，充常賦之數。」行省韙之。

二十三年，改吉州路總管。郡有稼軒書院，爲宋名臣辛棄疾故第。國初，戍兵奪而居之。霽歸其地，列於學宫。後以病歸。二十五年，起爲平江路總管。元貞三年，遷台州路，又轉信州路、衢州路，階嘉議大夫。延祐三年，遷徽州路。七年，卒。

信州歲貢金幣，皆爲吏胥所蝕。霽親爲監視，其弊始除。徽州歲貢紙數百萬，皆賦於民，一郡受其擾累。霽按户籍，請賦田多者，並除其租，民便之。子德懋，溧陽州判官；德潤，江淮營田提舉。

陳奕，歸德永城人。初諂事賈似道之玉工陳振民爲兄，以求進，自小官躐貴顯，爲沿江制置使，兼知黄州。程鵬飛既降，以兵攻黄州，奕遣人請降於壽昌軍，且求名爵。伯顔曰：「汝但率衆來歸，何慮名爵？」許以沿江大都督，奕遂以城降。

其子巖，知安東州。奕遣人至漣州，出家書示之，巖亦降。世祖授巖淮東宣撫使。十二年五月，奕卒。巖乞解官終制，不許。十三年七月，宋姜才帥步騎來攻灣頭堡，巖大破之，獲米五千餘石。加參知政事，行省淮東。二十二年，進征東行省左丞，同征日本。二十四年五月，江淮平章政事沙不丁議裁南人官吏，帝曰：「除陳巖、吕師夔、范文虎諸人，餘從卿議。」其見信任如此。

蒲壽庚，本西域人，與兄壽宬以互市至泉州。宋咸淳末，禦海寇有功。壽庚授閩廣招撫使，以全軍來降。宋幼主過泉州，衆欲應之，壽庚閉門不納。及張世傑回軍攻城，宋宗室在城内者又謀應世傑，壽庚置酒延其人議城守事，酒半，盡殺之。世傑攻城三月閲不

下，遂解去。世祖嘉其功，進昭勇大將軍、兵馬招討使。十四年，拜江西行省參知政事。子孫並爲顯仕。

馬成龍，成都廣都人。宋濠州團練使。大軍至臨安，宋謝太后詔内外悉罷兵内附，成龍奉常德府版籍以降。召見，賜金符，授昭勇大將軍、昭州安撫使。徇湖南、江西、廣東西諸路，皆下之，遷昭毅大將軍、招討使。尋拜輔國上將軍、海北海南道宣慰使。大軍征交趾，公私煩費，成龍主饋運，事辦而民不擾。又出新意，造大艦數十，名曰「海哨馬」，師賴以濟。卒，年六十六。子：興祖，明威將軍、鎮巢萬户，戰歿；壽祖，臨川縣尹；復祖，襲萬户。

周全，光州人。宋廣南西路馬步軍副總管。降於伯顔，遥授衡州知州。入覲，賜金符，遥授泉州知州，兼千户。從宋都觕平江西，又從大軍攻韶州，殺安撫使熊飛。廣東平，全功居多。十四年，從攻静江，宋將李夢龍迎降，授全管軍總管。十五年，討平贛州崖石

山賊寨。十七年，進廣威將軍、管軍副萬户，鎮守龍興。二十年，以疾去官。大德九年，卒。贈懷遠大將軍萬户，追封汝南郡侯。子祖瑞襲職。

【校勘記】

〔一〕「功」字原脱，據《元史》卷一六一列傳第四十八《楊大淵傳》補。

新元史卷之一百七十八　列傳第七十五

伯帖木兒　玉哇失　哈答孫塔海　乞台哈贊赤　答答呵兒　答失蠻　曷剌不花　明安　忽林失　徹里

伯帖木兒，欽察人。至元中，充哈剌赤，入備宿衛。以忠謹，授武節將軍、僉左衛親軍都指揮使司事。二十四年，從御史大夫玉昔帖木兒征乃顏，敗賊於忽爾阿剌河，追至海剌兒河，又敗之。乃顏將金剛奴、別不台率衆走山前，追戰於札剌馬篤河。至夢哥山，賊復敗，金剛奴遁。

二十五年夏，成宗率諸軍討叛王火魯火孫。是時，哈丹禿魯干駐兀魯灰河，伯帖木兒從玉昔帖木兒至貴列兒河，哈丹來拒，伯帖木兒戰卻之，獲其將駙馬阿剌渾。成宗說，以賊將兀忽兒妻賜之。至霸郎兒，與忽都禿魯干戰，生獲忽都。九月，玉昔帖木兒使伯帖木兒至納兀河東，招集逆黨乞答直一千户、女真押兒撒及達達百姓五百户。是年冬，又從諸王乃蠻台討哈丹於斡麻站、兀剌阿，連敗其將阿禿八剌哈赤，轉戰至帖麥哈必兒哈，又敗

之。進至明倫安城，哈丹遁，追敗賊於忽蘭葉兒，一日三戰。至帖里揭，挺身陷陣，中三十餘矢而還。是役也，王師失利。伯帖木兒創甚，玉昔帖木兒親視其創，罪諸將之不救者。

二十六年春正月，師還，復遣戍也真大王分地。五月，海都謀内犯，敕伯帖木兒以其軍來會。行至怯吕連河，值拜要叛，伯帖木兒即移兵討之，獲其將伯顔。帝深加奬諭，賜以所得伯顔女茶倫。是年冬，立東路蒙古軍上萬户府，統欽察、乃蠻、捏古思、那牙勤等四千餘户。擢懷遠大將軍、上萬户，佩三珠虎符。

二十七年，哈丹入高麗，伯帖木兒偕徹里帖木兒進討。二十八年正月，至鴨緑江，與哈丹子老的戰，失利。伯帖木兒以聞，帝命乃蠻台、薛徹干等援之，仍命伯帖木兒爲先鋒。薛徹干軍先至禪春州，擊敗哈丹。踰數日，乃蠻台以兵至，合攻哈丹，又敗之。伯帖木兒將百騎追哈丹，虜其妻孥。哈丹尚有八騎，伯帖木兒餘三騎，再戰，兩騎士皆重傷，不能進。伯帖木兒單騎追之，至一大山，日暮，哈丹遂遁去。乃蠻台嘉其勇，賞以老的妻完者。事聞，賜金帶、衣服、鞍馬、弓矢、銀器皿，並厚賚其軍。

二十九年，叛王捏怯兒烈在濠來倉，伯帖木兒以輕騎襲之，虜其妻子、畜産。追至陳河，捏怯兒烈以二十餘騎脱走，得所管女真户五百餘，以聞，帝命充漁户。伯帖木兒度地置馬站七，令歲捕魚以進。成宗即位，幸上都，徵其兵千人從，歲以爲常。

皇慶元年，加榮禄大夫。延祐三年，拜中書平章政事。天曆二年，知樞院事。至順二年，出爲遼東行省左丞相，卒。後至元四年，賜宣忠濟美協誠經正功臣、太傅，開府儀同三司、上柱國，追封文安王，謚忠憲。

玉哇失，阿速人。父也烈拔都兒，從其國王來歸，充宿衛。從憲宗征蜀，爲游兵，前行至重慶，戰數有功。嘗出獵遇虎於隘，下馬搏虎。虎張吻噬之，以手探虎口，抉其舌，拔佩刀刺殺之。帝壯其勇，賞黄金五十兩，别立阿速一軍，使領之。從世祖征阿里不哥，又從親王哈必失征李壇，俱有功，賜金符，授本軍千户。從克襄陽，又從下沿江諸郡。宋將洪福僞請降，誘其入城宴飲，乘醉殺之。長子也速歹兒代領其軍，從攻揚州，中流矢卒。

玉哇失襲父職，爲阿速軍千户。從丞相伯顔平宋，賜巢縣二千五十二户。只兒瓦歹叛，率所部兵擊之懷魯哈都，擒其將失剌察兒，斬之。又從丞相伯顔討叛王昔里吉等，進至斡耳罕河，無舟，躍馬亂流而渡，俘獲甚衆。時北平王爲昔里吉等所劫執，勢張甚。玉哇失力戰卻之，追至金山而返。賜銀、鈔，改賜金虎符，進定遠大將軍、前衛親軍都指揮使。

乃顔叛，世祖親征，玉哇失爲前鋒。乃顔遣哈丹領兵萬人來拒，擊敗之。追至不里古

都伯塔哈，乃顏兵號十萬，玉哇失先登力戰，又敗之。追至失列門林，遂擒乃顏。賜金帶、只孫、錢幣有差。乃顏將塔不歹、金剛奴聚兵滅捏該，從大軍討平之。既而哈丹復叛於曲連江，追敗其軍。哈丹渡江遁。又與海都將八憐人帖里哥歹、必里察等戰於亦必兒失必兒，皆有功。

成宗出鎮金山，玉哇失率所部從之。又從皇子闊闊出、丞相朵兒朵懷擊海都軍，突陣而入，大敗之。復從諸王藥木忽兒、丞相朵兒朵懷敗海都將於八憐。海都以禿苦馬領精兵三萬人趨撒剌思河，欲據險以襲我師。玉哇失率善射者三百人守其隘，全軍而歸。賜鈔萬五千緡、金織緞三十匹。

武宗鎮北邊，海都復入寇，至兀兒朵，玉哇失敗之，獲其駝馬、器仗以獻。時海都圍札魯花赤孛羅帖木兒於小谷。武宗命玉哇失援出之，謂諸將曰：「今日大丈夫之事，舍玉哇失誰能之？縱以黄金包其身，猶未足以厭吾志也。」武宗南還，命玉哇失殿後，因留之戍邊。賜金察剌二，玉束帶、渾金段各一，仍賜秫米七十石，使爲酒以犒其軍。後海都子察八兒遣人詣闕請和，朝廷許之，撤邊備，玉哇失乃還。帝録其功，賜鈔五萬貫，進鎮國上將軍，仍舊職。大德十年五月，卒。子亦乞里歹襲。亦乞里歹卒，子拜住襲。

哈答孫，本關中人，其父剌真，從憲宗至和林，遂家焉。哈答孫年十五侍世祖於潛邸，以謹篤稱。中統初，命掌尚食局，久之，遷生料庫提點。至元二十四年，從討乃顏，有功，加武略將軍。從幸杭海，值歲饑，哈答孫請於帝，賑之，不足，濟以私財，全活甚衆。

大德元年，擢懷遠大將軍、淮東淮西屯田捕打總管。武宗即位，拜淮東淮西道宣慰使。至大四年，賊起四明。賜三珠虎符，授中書右丞、浙東道宣慰使，兼都元帥，往討之。哈答孫驅賊入海，安集流亡，境内帖然。俄感瘴癘，卒，年六十五。延祐初，贈推忠效義佐理功臣、太傅、開府儀同三司、上柱國，追封秦國公，謚昭宣。子塔海。

塔海，方數歲，世祖一見奇之，命肄業國子監。成宗即位，授樞密院斷事官。大德末，輔立武宗，轉同僉樞密院事，擢樞密副使。尋遷大司農、同知宣徽院事。仁宗在東宮，或建議立黑軍衛率府，塔海力諫，仁宗嘉納之。及即位，遷集賢大學士，太醫、宣徽院使，進翰林學士承旨、知制誥兼修國史，卒。

乞台，察台氏，世祖時爲欽察衛百户，從土土哈征失烈吉及乃顔有功，賜金符，擢千户。從征忽刺出，戰於阿里台之地。元貞二年，卒。

子哈贊赤，初從土土哈征哈丹罕，戰於貴烈兒，有功。大德五年，從征杭愛。又從武宗討哈剌阿答。又從牀兀兒征不别、八憐，爲前鋒，以功受賞。皇慶二年，賜金符，爲千户。延祐四年，從周王舉兵，與諸王禿滿帖木兒戰於失剌答兒馬，不勝。王北奔金山，哈贊赤從王居其地十有三年。天曆二年，周王即位，賜金符，授昭勇大將軍、同知大都督府事，卒。

答答呵兒，脱脱忒氏。父孛兒速，世祖時直宿衛，扈駕征哈剌章。還，世祖駐蹕高阜，見河北有乘船至者，顧謂左右曰：「此賊也，奈何？」孛兒速解衣徑渡，揮戈刺殺舵手二人，拖其船近岸，賊悉就擒。以功受賞。

答答呵兒襲父職，從征孛可有功，進武德將軍、揭只揭烈温千户所達魯花赤。從征乃顔、也不干等，擒也不干，收其所管欽察户。武宗時，進懷遠大將軍、都元帥，卒。

答失蠻，哈剌魯氏。曾祖馬馬，太祖六年從其部長阿爾思蘭來朝於龍居河。馬馬子阿里，前卒，以其孫哈只爲質子。哈只後事太宗爲寶兒赤，以恭謹爲太宗所信任。從世祖取雲南、伐宋，俱有功。以疾卒。

答失蠻襲父職，爲寶兒赤，世祖甚重之。是時，阿合馬秉政，答失蠻侍左右，因極論其姦，帝怒而呵之，曰：「無預汝事！」答失蠻徐對曰：「犬馬知報其主，臣世荷國恩，豈敢知而不言？」其後阿合馬敗，帝思其直，賜玉環及鈔二千五百貫，諭以後有所知，仍盡言無隱。

二十四年，從討乃顔有功，以蒙古女脱脱倫氏妻之。帝幸杭海，使答失蠻督饋餉。晉王軍乏食，以便宜輸米給之。師還，自劾專擅，帝嘉歎不已，賜銀、鈔有差。二十七年，復立尚書省，答失蠻上疏切諫，言尤剴切。及桑哥伏誅，其言悉驗。詔賜宅一區，固辭，仍賜玉環及只孫服以旌之。

成宗即位，以奉議大夫領供膳司事。車駕親征海都，敕倍道兼行，答失蠻慮後軍不繼，請俟大衆集而後進，帝韙之。尋擢司農丞，進職爲卿。與其子買奴侍帝疾，數月衣不解帶。

成宗崩，答失蠻迎武宗於野馬川。仁宗爲皇太子，以答失蠻先朝舊臣，奏爲中書參知

政事，仍兼司農卿，賜金犀帶、七寶笠、珠帽、珠衣、金五百兩、田二千畝。仁宗即位，命僉宣徽院事。同列以出納不謹陷於贓汙，答失蠻獨不與其事。累遷宣徽院使，階榮禄大夫。嘗侍坐侑食，帝問先朝舊事，答失蠻奏對稱旨，賜玉帶、海東白鶻，且命畫工繪像於内廷。

延祐四年，卒，年六十。臨卒，告其諸子曰：「人之隕其世業者，必自貪與侈始，汝曹戒之！」贈推誠宣力守正功臣、太保、金紫光禄大夫、上柱國，追封定國公，謚忠亮。子：買奴，河南行省中書平章政事，以翰林學士承旨、榮禄大夫致仕；忻都，上都留守，兼本路都總管府達魯花赤；怯來，同知宣徽院事。

曷剌，兀速兒吉氏。至元九年，世祖召見，命入直宿衛。從討乃顔，賜金幣、甲胄、橐駝、鞍馬。成宗即位，命曷剌使高麗、和林、江西、福建，皆稱旨，授忠勇校尉、中書直省舍人，出爲息州達魯花赤，晉奉訓大夫。武宗即位，詔曰：「曷剌，世祖舊臣，可授奉議大夫、都水監。」明年，晉嘉議大夫，金虎符，兼直東水韃靼、女真萬户府達魯花赤。延祐元年，特授資善大夫、遼陽等處行中書省左丞，仍監其軍。三年，詔爲榮禄大夫、大司農。卒，年六十三。贈推誠宣力保德功臣、太師、儀同三司、上柱國，追封薊國公，謚安穆。子不花。

不花，宿衛仁宗潛邸，及即位，授中順大夫、中書直省舍人，改直省副使。遷大中大夫、同知典瑞院。改左司員外郎、參議中書省事。延祐三年六月，拜中奉大夫、中書參知政事。十二月，罷爲資德大夫、宣徽副使、同知宣徽院事。改典瑞院使，兼襲其父監軍，佩金虎符。又改翰林學士。至治元年，仍翰林學士，監軍，領東蕃諸部軍事。後爲鐵失所譖，下獄死。泰定二年，與中政使普顏篤、指揮使卜顏忽里等，俱贈功臣及階勳、爵謚。

明安，康里氏。至元十三年，領貴赤軍，歲扈駕出入。二十年，授定遠大將軍、中衛親軍都指揮使。明年，賜佩虎符，領貴赤軍北征。又明年，立貴赤親軍都指揮使司，命爲本衛達魯花赤，領蒙古軍八千北征。明年，至別失八剌哈思之地，與海都軍戰，有功。

二十六年冬十二月，別乞憐叛，劫取官站，脱脱火孫、塔剌海等，明安率所部追擊，五戰五捷，悉還之。至杭海，亂民闊闊台、撒兒塔台等奪三站地，劫脱脱火孫，明安又引兵追敗之。

二十七年秋七月，布四麻，當先別乞失、出春伯駙馬、兀者台、朵羅台、兀兒答兒、答里

雅赤等，掠四怯薛牛馬畜牧，及劫滅烈後王昔博赤並斡脱、布伯各投下民殆盡。明安將兵追擊於汪吉昔博赤之城，賊軍敗走，還所掠之民，並獲其牛馬畜牧等以歸。時出伯、伯都所領軍乏食，以明安所獲畜牧濟之。

二十九年，以功擢定遠大將軍、貴赤親軍都指揮使司達魯花赤。別失八剌哈孫羣盜起，詔以兵討之，戰於別失八里禿兒古闌，有功，又敗賊於忽蘭兀孫。大德二年，復將兵北征，與海都戰。七年，卒於軍。子曰帖哥台，曰孛蘭奚。

帖哥台，初爲昭勇大將軍、貴赤親軍都指揮使司達魯花赤，及改充萬户，則以其叔父脱迭出代之。帖哥台後以萬户改中衛親軍都指揮使，進銀青榮禄大夫、平章政事。子曰普顔忽里，曰善住。普顔忽里，懷遠大將軍、貴赤親軍都指揮使司達魯花赤。

善住，初直宿衛，歷中書直省舍人，諸色人匠達魯花赤，遷奉議大夫、僉中衛親軍都指揮使司事。天曆元年九月，賜佩一珠虎符，從丞相燕帖木兒禦敵於檀州。又率家奴那海十一人，自出乘馬，與遼東軍戰，俘八十四人以歸。

孛蘭奚，昭武大將軍、中衛親軍都指揮使。積官銀青榮禄大夫、太尉。至治元年，封知國公。子桑兀孫，中衛親軍都指揮使。桑兀孫卒，弟乞答海襲職。

忽林失，八魯剌觧氏。曾祖不魯罕罕劄，事太祖，從平諸國，充八魯剌思千户。與太赤温等戰，重傷墜馬。帝勒兵救之，以功升萬户。賜黄金五十兩、白金五百兩，俾直宿衛。祖許兒台，年十五，以勇略稱，從定宗平欽察，爲千户。又從世祖伐宋，至亳州，敗宋軍。父瓮吉剌帶，初爲軍器監官。從世祖親征阿里不哥，俄奉旨使西域籍地産，悉得其實。帝欲大用之，不及而卒。

忽林失，初直宿衛。後以千户從征乃顔，身被三十三創。世祖以克宋所得銀甕及金酒器等賜之，命領太府監。又以千户從皇子闊闊出及武宗，與海都、都瓦等戰有功，擢翰林學士承旨。俄改萬户，與叛王斡羅思、察八兒等戰，又以功授榮禄大夫、司徒，賜銀印。武宗嘗曰：「羣臣中能爲國宣力如忽林失者實鮮，其厚賚之！」於是遣使召見。未幾，武宗崩。仁宗即位，念其舊勳，賞賚特厚。未幾，卒。

子燕不倫，初奉興聖太后旨，充千户。俄改充萬户，代其父職。尋罷歸其父所受司徒印及萬户符於有司，仍直宿衛。致和元年秋八月，在上都，潛謀奉迎文宗。會同事者見執，乃率其屬奔還大都。特賜龍衣一襲，命爲通政院使。天曆元年九月，同丞相燕帖木兒敗王禪等於紅橋，又戰於白浮，戰於昌平東，戰於石槽，皆有功。拜榮禄大夫、知樞密院

事，以世祖常御金帶賜之。未幾，卒。

徹里，阿速氏。父別吉八，從憲宗攻釣魚山，以功受賞。徹里事世祖，充火兒赤。從征海都，揮戈斬其前鋒，以功受賞。後從征杭海，獲其牛馬畜牧，悉以給軍食。帝嘉之，賞鈔三千五百錠，仍以分賚士卒。

成宗時，盜據博落脱兒之地，命將兵討之，獲三千餘人，誅其酋長。還，奉命同客省使拔都兒等往八兒胡之地，以前所獲人口畜牧，悉給其主。軍還，帝特賜鈔一百錠。武宗居潛邸，亦以銀酒器賞之。

至大二年，立左阿速衛，授本衛僉事，賜金符。皇慶二年，從湘寧王北征，以功賜一珠虎符。

子失列門，直宿衛。至和元年秋八月，從知院脱脱木兒至潮河川，獲完者八都兒、愛的斤等十二人，戮八人，執四人歸京師。復於宜興遇失剌、乃馬台等，敗之。賞白金、楮幣。天曆元年，從擊禿滿台兒之兵於兩家店，又從戰薊州及檀子山，俱有功。授左衛阿速親軍都指揮使，卒。

新元史卷之一百七十九　列傳第七十六

土土哈 牀兀兒　燕帖木兒　撒敦　唐其勢

土土哈，伯牙兀氏。世爲欽察部長。太祖命哲別、速不台伐欽察，土土哈祖父忽都速蠻率其子班都察迎降。太宗命拔都伐斡羅斯，班都察從攻阿速蔑怯斯城，有功。後又率欽察百人從世祖征大理、伐宋。嘗侍左右，掌御廐，歲時挏馬乳以進。馬乳尚黑色，國語謂黑爲哈剌，因名其屬曰哈剌赤。以諸王哈納女弟訥倫妻之。

土土哈，班都察之子也。中統二年，父子俱從世祖討阿里不哥。班都察卒，襲父職。至元十四年，諸王脱黑帖木兒、昔里吉叛，東犯和林，掠憲宗所御大帳以去。土土哈從丞相伯顔討之，敗其將脱兒赤顔於納蘭赤剌。同時翁吉剌人只兒瓦台搆亂，脱黑帖木兒引兵應之，中途遇土土哈。將戰，先獲其候騎數十，脱黑帖木兒引去，遂平只兒瓦台。復追脱黑帖木兒等，敗之於斡歡河，返所掠大帳。

十五年，詔率欽察驍騎千人，從大軍北討。追叛王昔里吉，踰金山，擒扎忽台等以獻。

又敗寬折哥等，裹瘡力戰，獲其輜重。還朝，帝召至榻前慰勞之，賜金酒器及金幣、預宴只孫冠服、海東白鶻一，仍賜以大帳，諭之曰：「祖宗武帳，非人臣所得御，以卿能奪之，故授卿。」詔：「欽察部衆爲民及隸諸王者，皆分別籍之，隸於土土哈，户給鈔二千貫，歲賜粟帛，選其材勇者，備宿衛。」

十九年，授昭勇大將軍、同知太僕院事。二十年，改同知衛尉院事，兼領羣牧司。請以哈剌赤屯田畿内，詔給霸州文安縣田四百頃。益以宋新附軍八百人，使土土哈領之。二十一年，賜金虎符，並賜金貂、裘帽、玉帶各一，海東青鶻一，水磑一區，近郊田二千畝，籍河東諸路蒙古軍子弟四千六百人隸其麾下。二十二年，拜鎮國上將軍、樞密院副使。二十三年，兼欽察親軍衛都指揮使，聽以宗族將吏備官屬。海都兵犯金山，詔與大將朵爾朵懷共禦之。

二十四年，乃顔叛，陰遣使連結也不干、勝剌哈諸王，爲土土哈所執，盡得其情以聞。未幾，詔勝剌哈入朝，將由東道。土土哈言於北安王曰：「彼分地在東，是縱虎入山，非計也。」乃命改行西道。既而有告也不干叛者，衆欲聞於朝，然後發兵。土土哈曰：「兵貴神速，緩之非計也。」率所部疾驅七晝夜，渡圖喇河。也不干來拒戰，於博怯嶺大敗之，也不干僅以身免。世祖聞之，遣使命土土哈收其餘黨。遇賊將也鐵哥，擊走之，並擒叛王哈兒

魯等。時成宗撫軍北邊，詔以土土哈佐之，追乃顔餘黨於哈拉温，獲叛王兀塔海。盡降其衆。

二十五年，諸王也只里爲叛王火魯火孫所攻，遣使告急。土土哈援之，敗其衆於兀魯灰。還至哈拉温，夜渡貴烈河，敗叛王哈丹。於是捏古思、那牙勒及欽察、乃蠻之人，皆自拔來歸。世祖多其功，以也只里女弟塔倫妻之。

二十六年，從皇孫甘剌麻討海都，抵杭愛嶺，諸軍失利，土土哈率所部力戰，翼皇孫而出。秋七月，世祖巡幸北邊，召見，慰諭之曰：「昔太祖與其臣同患難者飲班珠爾河水，今日之事，何愧昔人？卿其勉之！」後大宴羣臣，復謂土土哈曰：「北邊人聞海都言：『杭愛之役，使邊將皆如土土哈，吾屬安有今日。』」論功行賞，帝欲先欽察人。土土哈奏：「慶賞之典，蒙古將吏宜先。」帝曰：「蒙古人誠居汝右，力戰豈在汝右耶？」召諸將賞賚有差。

二十八年，土土哈奏：「哈剌赤軍逾萬人，足以備用。」詔賜珠帽、珠衣、金帶、玉帶、海東青鶻各一，復賜哈剌赤人裘各一襲，絹如之。

二十九年秋，略地金山，獲海都部衆三千餘户還至和林。詔進取乞里吉思。三十年春，次謙河，舟行數日始至其地，盡收五部之衆，屯兵守之。加龍虎衛上將軍，仍給行樞密院印。海都聞取乞里吉思，引兵至謙河。復敗之，擒其將孛羅察。

成宗即位，遣使賜銀五百兩，七寶金壺、盤、盂各一，鈔萬貫，白氈帳一，獨峰駞五。冬，召至京師，别賜麾下士鈔千二百萬貫。元貞元年春，復出守北邊。二年秋，諸王附海都者率衆來降，邊民驚擾，土土哈至玉龍罕界，饋餉安輯之，護諸王岳木忽兒等入朝。帝解御衣賜之，又賜金、銀、鈔、幣有差。

大德元年正月，拜銀青榮禄大夫、上柱國、同知樞密院事、欽察親軍都指揮使，奉命還北邊。至宣德府，以疾卒，年六十一。贈宣忠定遠佐運功臣、太尉、開府儀同三司，追封延國公，謚武毅。後進封昇王。

子八人：曰塔察兒，定遠大將軍、北庭元帥；曰太不花，御位下博兒赤；曰牀兀兒；曰别里不花，欽察親軍千户；曰帖木兒不花，建康等處哈剌赤户達魯花赤；曰歡差，欽察親軍千户；曰岳里帖木兒，僉武衛親軍都指揮使事；曰斷古魯班，欽察親軍都指揮使。

牀兀兒，初從太師月兒魯討合丹，戰於百塔山有功，拜昭勇大將軍、左衛親軍都指揮使。常執罍杓以進湩飲，親幸無比。

大德元年，襲父職，率諸軍踰金山攻八鄰部。其將帖良臺阻答魯忽河，伐木柵岸。士皆下馬跪，持弓矢伏柵内，守備甚嚴。牀兀兒命吹銅角，士卒呼聲與銅角相應。其衆不知

所爲，争起就馬。於是麾軍渡水，踰木柵而入，大破之。追奔五十里，盡得其人馬廬帳還。次阿雷河，與海都援八鄰之將孛伯遇。孛伯陣於山上，牀兀兒渡河麾之，其衆崩潰，追奔三十餘里。二年，叛王都哇、徹秃等潛師襲火兒哈秃，據高山爲營，牀兀兒選勇士持挺而上，奮擊敗之。三年，入朝，成宗親解御衣賜之，拜鎮國上將軍、僉樞密院事、欽察親軍都指揮使、太僕少卿。復還邊。

時武宗以親王鎮北庭，軍事皆咨於牀兀兒。四年秋，叛王秃麥、斡魯思等犯邊，牀兀兒敗其衆於闊赤之地，逾金山乃還。五年，海都越金山而南，屯於鐵堅古山，牀兀兒復敗之。又與都哇相持於兀兒秃之地，牀兀兒率精鋭突其陣，左右奮擊，斬馘不可勝計，都哇之兵幾盡。武宗親在行間，乃歎曰：「力戰未有如此者，真可謂驍將矣！」事聞，詔遣御史大夫秃只等即赤訥思之地，集諸王大將責問功罪，咸稱牀兀兒功第一。武宗命尚楚王雅思秃公主察吉兒，帝復以御衣賜之。秋七月，入朝，帝親諭之曰：「卿鎮北邊，累建大功，雖以黄金周飾卿身，猶不足以盡朕意。」賜衣帽、金珠等物，拜驃騎衛上將軍、樞密院副使、欽察親軍都指揮使、太僕少卿，仍賜其軍萬人鈔四千萬貫。

七年，諸王都哇、察八兒、明里帖木兒等聚謀曰：「昔我太祖艱難以成帝業，我子孫弗克安享其成，連年構兵，以相殘殺，是自隳祖宗之業也。今鎮北邊者，皆吾世祖嫡孫，吾與

誰爭？且前與土土哈戰既弗勝，今與其子牀兀兒戰又無功，惟天惟祖宗意可見矣。不若遣使請命罷兵通好，庶無愧於爲太祖之子孫。」乃遣使請降。使至，帝許之。於是明里帖木兒等入朝，特爲置驛以通來往。十年，拜榮禄大夫、同知樞密院事，尋拜光禄大夫、知樞密院事，欽察左衛指揮、太僕少卿皆如故。

成宗崩，武宗方在渾麻出海上，牀兀兒請亟歸以副天下之望。武宗納其言，即日南還。及即位，加平章政事，封榮國公，授以銀印，賜尚服衣段及虎豹之屬。至大三年，入朝，加封句容郡王，改授金印。帝曰：「世祖征大理時所御武帳及所服珠衣，今以賜卿，其勿辭。」翊日，又以世祖所乘安輿賜之，且曰：「以卿有足疾，故賜此。」牀兀兒叩頭泣涕，固辭。別命有司置馬轎賜之，得乘至殿門下。

仁宗即位，入朝，特授光禄大夫、平章政事、知樞密院事、欽察親軍都指揮使、兼左衛親軍都指揮使、太僕少卿。延祐元年，討叛王也先不花等於亦忒海迷失之地，方接戰，有敵將持戟而出，牀兀兒擘其戟，揮刀斬之，乘勢奮擊，賊奔潰。遣使告捷，賜尚服。二年，敗也先不花將也不干、忽都帖木兒於赤麥干之地。追至鐵門關，遇其大軍於札亦兒之地，又敗之。四年，召入商議中書省事，知樞密院事。大理國進象牙、金飾轎，即以賜之。每見必賜坐賜食，待以宗王之禮。至治二年，卒，年六十三。後進封揚王。

子七人：曰小雲失不花，欽察親軍千户；曰燕赤不花，大司農卿；曰燕帖木兒；曰撒敦；曰燕禿哈兒，闌遺少監；曰答里，襲封句容郡王；曰潑皮罕。

燕帖木兒，事武宗於潛邸，宿衛十餘年，特見愛幸。及即位，授正奉大夫、同知宣徽院事。皇慶元年，襲左衛親軍都指揮使。泰定二年，加太僕卿。三年，遷同僉樞密院事，進僉書樞密院事。

時倒剌沙用事，災眚屢見。有右衛千户任速哥與前湖廣行省右丞速速密議曰：「英宗之弑，倒剌沙等與鐵失通謀。今姦臣當國，先帝之仇未復。武宗皇子二人，周王遠逃沙漠，難以達意；懷王人望所歸，近在金陵，若同心推戴，此不世之功也。」乃同告於燕帖木兒，燕帖木兒聞之矍然。速哥復説之曰：「公，國之世臣，以順討逆，何憂不濟？若他日有先我起事者，公必爲禍首矣。」燕帖木兒然之。

致和元年秋七月，泰定帝崩，燕帖木兒方總環衛事，留大都，乃與繼母察吉兒公主及其黨阿剌帖木兒、孛倫赤、剌剌等密議迎文宗立之。八月甲午昧爽，率勇士納只禿魯等十七人入興聖宫，集百官，執中書平章政事烏伯都剌、伯顔察兒，露刃誓衆曰：「祖宗正統屬在武宗皇帝之子，敢有不順者斬。」衆皆奔散。捕中書左丞朵朵、參知政事王士熙等下於

獄，與西安王阿剌忒納失里入守内庭，即命前河南行省參知政事明里董阿、前宣政使答里麻失里乘驛至江陵，奉迎大駕，密諭河南行省平章政事伯顔簡兵扈從。

是日，推前湖廣行省左丞相别不花爲中書左丞相，詹事塔失海涯爲平章政事，前湖廣行省右丞速速爲中書左丞，前陝西行省參政王不憐吉歹爲樞密副使，蕭忙古解爲通政使，與中書右丞趙世延、通政院使寒食分典庶務。貸在京寺觀鈔，募死士，買戰馬，運京倉粟以餽之，復遣使徵各行省之軍資器械。

諸臣既受命，未知所謝，燕帖木兒指使南向拜，衆愕然，始喻其意。燕帖木兒弟撒敦、子唐其勢在上都，密遣塔失帖木兒召之，皆棄其妻子來奔。再遣撒里不花、鎖南班趣大駕早發。又令塔失帖木兒僞爲南使云：「諸王帖木兒不花、寛徹普化，湖廣、河南省臣及河南都萬户扈從新天子，旦夕至，民勿疑懼。」以撒敦守居庸關，唐其勢守古北口。復命乃馬台僞爲北使，稱明宗從諸王兵南還。撒里不花至自江陵，詔拜燕帖木兒知樞密院事。丁巳，文宗至京師，居大内。

是時，梁王王禪及太尉不花、丞相塔失帖木兒、平章政事買閭、御史大夫紐澤等自上都來討，次榆林。詔燕帖木兒帥師禦之。九月朔，撒敦先驅至榆林西，乘其未陣薄之，王禪等大敗。詔燕帖木兒還都。已而遼東平章政事禿滿迭兒等入山海關，至遷民鎮，撒敦

敗其衆於東沙流河。燕帖木兒與諸王大臣請帝早即大位，以安天下，帝以明宗居長，固辭。燕帖木兒曰：「人心向背之機，間不容髮，倘失之，噬臍無及。」帝曰：「必不得已，當明詔天下，以著予退讓之意。」壬申，文宗即位。

封燕帖木兒太平王，以太平路爲其食邑，加開府儀同三司、上柱國、録軍國重事、中書右丞相、監修國史、知樞密院事，賜黃金五百兩、白金二千五百兩、鈔一萬錠、金素織段色繒二千匹、海東白鶻一、青鶻二、豹一、平江官地五百頃。詔將大軍拒禿滿迭兒於薊州。次三河，而王禪等軍已破居庸關，進屯三塚。燕帖木兒乃蓐食倍道而還，抵榆河，聞帝出齊化門視師，單騎見帝曰：「陛下出，民必驚擾，凡戰事一以責臣，願陛下亟還。」帝乃還宮。未幾，阿速衛指揮使忽都不花、塔海帖木兒，同知台不花構變，事覺，械送京師斬之。與王禪前軍遇於榆河，敗之，追至紅橋北。王禪將阿拉帖木兒槍刺燕帖木兒，不中，燕帖木兒以刀格其槍，就斫之，中左臂。部將和尚斫忽都帖木兒，亦中左臂。二人皆王禪驍將，敵爲奪氣，遂退師白浮。燕帖木兒夜遣裨將阿剌帖木兒、孛羅倫赤、岳來吉將百騎鼓噪射其營，敵驚擾，自相蹂躪，王禪等棄甲北走。越數日，王禪復集散卒來攻，燕帖木兒堅壁不出。是夜，命撒敦、脱脱木兒伏敵營前後，吹銅角爲夾攻之勢，王禪復遁。遲明，追及於昌平北，斬首數千級，降者萬餘人。

帝遣賜上尊，諭之曰：「丞相親冒矢石，脱有不虞，其若宗社何？自後以大將旗鼓督戰可也。」對曰：「臣身先諸將，敢後者臣論以軍法。若托之諸將，萬一失利，悔將何及？」是日，還至昌平。

聞上都將竹温台、闊克襲破古北口，掠石槽，乃遣撒敦爲先驅，燕帖木兒以大軍繼之。轉戰四十里，至牛頭山，擒駙馬博羅帖木兒、平章蒙古達實、也克帖木兒等，獻於闕下，斬之。

時也先帖木兒、秃滿迭兒陷通州，將襲京師，燕帖木兒引還。十月朔，至通州，乘其初至，擊之，也先帖木兒等走渡潞河。追至檀子山棗林，也先帖木兒、秃滿迭兒與陽翟王太平、國王朵羅觧、平章塔海等來拒，士皆殊死戰。唐其勢陷陣，刺殺太平，敵始崩潰，也先帖木兒等夜遁。

諸王忽剌觧、指揮使阿剌帖木兒、安童又入紫荆關，犯良鄉。燕帖木兒循北山而西，兵士脱銜繫囊，盛莝豆以飼馬，行且食，至盧溝河，忽喇觧望風敗走。是日凱旋入都，帝大悦，賜燕興聖殿，加號達剌罕，授太平王黄金印，並降制書，賜玉盤、龍衣、珠對衣、寶珠、金腰帶。

已而秃滿迭兒復入古北口，燕帖木兒戰於檀州，敗之。萬户哈剌那懷率麾下萬人降，

殺秃滿迭兒，獲忽剌觧、阿剌帖木兒、安童、朵羅觧、塔海等，盡殺之。

先是，齊王月魯帖木兒與燕帖木兒叔父蒙古元帥不花帖木兒，聞文宗即位，起兵襲上都。壬寅，倒剌沙肉袒奉皇帝寶出降。庚戌，文宗御興聖殿，受皇帝寶，下倒剌沙於獄。兩都平。賜燕帖木兒珠衣二、七寶束帶一、白金甕一、黄金瓶二、海東白鶻一、青鶻三、白鷹一、豹二。

十二月，置龍翊衛，命燕帖木兒領之。尋升爲大都督府。燕帖木兒乞罷相，還宿衛。帝曰：「卿尚未入臺，其聽後命。」天曆二年二月，遷御史大夫，依前開府儀同三司、上柱國、録軍國重事、太平王。俄復拜中書右丞相、監修國史、知樞密院事、領都督府龍翊侍衛親軍都指揮使司事，就佩元降虎符，依前開府儀同三司、上柱國、録軍國重事、答剌罕、太平王。

三月，詔燕帖木兒護璽寶北上，覲明宗於行在。監修國史、答剌罕、太平王並如故。明宗拜燕帖木兒太師，仍命爲開府儀同三司、上柱國、録軍國重事、中書右丞相。燕帖木兒恃功驕恣，明宗潛邸諸臣待燕帖木兒無加禮，燕帖木兒怒，又恐明宗躬攬萬幾、潛邸諸臣用事，奪其權寵，乃潛以弒逆之謀白於文宗。未幾，明宗暴崩。燕帖木兒以皇后命奉皇帝璽授文宗，疾驅而返，復與諸王大臣勸進。

至順元年五月，帝命獨爲丞相以尊異之，凡中書一切政務悉聽總裁，諸王、公主、駙馬、近侍人員及官員人等，敢有隔越聞奏，以違制論。

六月，知樞密院事闊徹伯，脱脱木兒等惡其權重，欲圖之，爲燕帖木兒所殺。二年二月，建第於興聖宫之西南，命留守司董其役。尋又立生祠於紅橋。詔養其次子塔喇海爲皇子。三年二月，又以燕帖木兒兼奎章閣大學士，領奎章閣學士院事。賜龍慶州之流盃園池水磑土田。又賜平江、松江、江陰蘆場、蕩山、沙塗、沙田等地。燕帖木兒奏言：「平江、松江圩田五百頃，糧七千七百石，願增爲萬石入官，以所得餘米贍弟撒敦。」詔從之。

四年，文宗大漸，遺詔立明宗之子懿璘真班，是爲寧宗，越四十三日而崩。皇后臨朝，燕帖木兒與羣臣議立文宗子燕帖古思，皇后不聽，語詳《惠宗紀》。乃迎明宗長子妥歡帖木兒於静江。至良鄉，燕帖木兒上謁，與之並馬行，馬上舉鞭指畫，告以國家多難遣使奉迎之故，妥歡帖木兒無一語酬之。燕帖木兒疑其意不可測，又恐帝即位後究其逆謀，於是妥歡帖木兒至都，遷延數月未正大位，國事皆決於燕帖木兒，白皇后行之。

燕帖木兒取泰定帝后爲夫人，前後尚宗室之女四十人，有交禮三日遽遣歸者，後房充斥不能盡識。一日，宴趙世延家，男女列坐，名「鴛鴦會」。見座隅一婦色甚麗，問曰：「此爲誰？」欲與之俱歸，左右曰：「此太師家人也。」至是，荒淫日甚，體羸溺血而卒。

燕帖木兒既死，妥歡帖木兒始即位，是爲惠宗。七月，立燕帖木兒女伯牙吾氏爲皇后，撒敦爲左丞相，唐其勢爲御史大夫。元統二年四月，授撒敦開府儀同三司、上柱國、録軍國重事、答剌罕、滎王、太傅、中書左丞相，賜廬州路爲食邑，赦世世子孫九死。贈燕帖木兒公忠開濟弘謨同德協運佐命功臣，追封德王，謚忠武。

至元元年，撒敦卒，唐其勢爲中書左丞相。伯顏爲右丞相，獨用事。唐其勢忿曰：「天下本我家天下也，伯顏何人，而位居吾上？」遂與其叔父答里交通諸王晃火帖木兒，謀廢立。郯王徹徹秃發其謀。六月晦日，唐其勢與其弟塔剌海伏兵東郊，率勇士突入宮中。伯顏及完者帖木兒、定住、闊里吉思等討禽之。唐其勢攀殿檻不肯出，塔剌海走匿皇后坐下，伯顏曳出斬之。並執皇后，鴆殺於開平民舍。答里舉兵反，殺使者哈兒哈倫、阿兒灰用以禡旗。帝遣阿弼諭之，又殺阿弼。率其黨和尚、拉拉等逆戰，爲捌思監、火兒灰、哈剌那海等所敗，遂奔於晃火帖木兒。伯顏使孛羅追獲之，斬答里於上都，晃火帖木兒自殺。

任速哥者，渤海人。文宗賞其功，授禮部尚書，累遷都水監。速速從燕帖木兒舉兵，推爲中書左丞。天曆元年，拜中書平章政事。坐受賄，徙襄陽，以母老詔留京師，未幾死。

史臣曰：燕帖木兒之材武，蓋有祖父之風，然好亂樂禍，左右文宗，以成篡弒之惡。子弟效其所爲，相挻爲亂，咸就誅夷。昔慶封附崔杼，卒滅崔氏之宗；伯顔附燕帖木兒，卒殺唐其勢、塔剌海。姦人反覆噬螫，何其相似哉！

新元史卷之一百八十　列傳第七十七

唆都百家奴　李恒世安　來阿八赤　樊楫李天祐　唐琮

唆都，扎剌兒氏。驍勇善射，宿衛世祖潛邸。從征大理。李璮叛，又從諸王哈必赤平之。還言於朝曰：「郡縣姦民多從間道鬻馬於宋境，乞免其罪，籍爲兵。」從之。得兵三千人，以千人隸唆都爲千户，命守蔡州。

至元五年，阿朮等圍襄陽，命唆都巡邏，奪宋金剛臺、筲基窩、青澗寨、大洪山、歸州洞諸隘。猝遇宋兵，敗之，斬首三百餘級。七年，宋將范文虎率舟師駐礶子灘，丞相史天澤命唆都拒卻之。明年，又敗文虎於湍灘，擢總管，分東平卒八百隸之。十年，攻樊城，唆都先登。襄陽降，再與五千人，賜弓矢、襲衣、白金等。入覲，擢郢、復等州招討使。十一年，移戍郢州之高港，敗宋師，斬首五百級，獲裨校九人，從大軍濟江。

十二年，建康降。參政塔出命唆都入城招撫，改建康安撫使。十三年，攻平江、嘉興，皆下之。帥舟師，會伯顏於臯亭山。宋平，詔伯顏以宋主入朝。留參政董文炳守臨安，令

自擇副。文炳請留唆都，從之。時衢、婺諸州皆起兵，文炳謂唆都曰：「嚴州不守，臨安必危，公往鎮之。」至州，方十日，衢、婺、徽連兵來攻，唆都一戰敗之，獲章知府等二十二人，復婺州。又敗宋將陳路鈐於梅嶺，斬首三千級，又復龍游縣。攻衢州，衢守備甚嚴，唆都親率諸軍先登，拔其城。宋丞相留夢炎降。攻處州，斬首七百級。又攻建寧府松溪、懷安等縣，皆下之。

十四年，遷福建道宣慰使，行征南元帥府事，聽右丞塔出節制。塔出令唆都取道泉州，泛海會於廣州之富場。將行，信州守臣來求援曰：「元帥不來，信不可守，今邵武方屯兵觀釁，元帥旦往，邵武兵夕至矣。」唆都告於衆曰：「若邵武不下，則腹背受敵，豈獨爲信州之患乎？」乃遣周萬户等往招降之。唆都趨建寧，遇宋兵於崇安，軍容甚盛。令其子百家奴及楊庭璧等數隊夾擊之。范萬户以三百人伏祝公橋，移剌答以四百人伏北門外。庭璧陷陣深入，宋兵敗走，伏兵起邀擊之，斬首千餘級。宋丞相文天祥、都督張清合兵，將襲建寧，唆都夜設伏敗之。轉戰至南劍州，敗張清。知州王積翁走福安，遂以城降。進攻興化軍，知軍陳瓚已乞降，復閉城拒守，唆都臨城諭之，矢石雨下。乃造雲梯，攻拔其城，巷戰終日，斬首三萬餘級，獲瓚，支解以徇。分兵授百家奴，裝大艦追世傑。自將攻漳州，知州何清降。進攻潮州，知州馬發固守不下，唆都恐失富場之期，乃舍之去。

十五年，至廣州，塔出令還攻潮州。發城守益備，唆都塞塹填濠，造雲梯、鵝車，日夜急攻，發潛遣人焚之，二十餘日不能克。唆都令於衆曰：「能先登者，白身拜官，有官者增秩。」總管兀良哈耳先登，諸將繼之，戰至夕，宋兵潰，發死之，遂取潮州。進拜參知政事，行省福州。徵入覲，帝以江南既定，將有事於海外，遷左丞，行省泉州，命招諭島夷諸國。十八年，改右丞，行省占城。

十九年，率戰船千艘出廣州，浮海伐占城，分東南北三道攻之。占城兵敗，官軍入其木城，其酋遁入山谷，僞請降，招之，不至。唆都進討烏里、越里諸小夷，皆下之，屯田積穀以給軍食。二十一年，鎮南王脱歡征交趾，詔唆都帥師會之。敗交趾兵於清化府，奪義安關。脱歡命唆都屯天長以就食，與大營相距二百餘里。二十二年，脱歡引兵還，唆都不知也。交趾人告之，弗信，及至大營，已空矣。賊據乾滿江，斷其歸路，唆都力戰，死之。事聞，贈榮禄大夫，謚襄愍。子百家奴。

百家奴，至元五年從元帥阿术攻襄陽，築新城。七年，以質子從郡王合達，敗宋兵於礶子灘。八年夏四月，宋殿帥范文虎等督糧運，輸襄陽，晝夜不絶，百家奴乘戰船順流至鹿門山，塞宋糧道，拒文虎，累有功，河南行省命爲管軍總把。

後隸丞相伯顔麾下，擢爲知印。從攻鄂州，百家奴深入，身被數創。從破沙洋堡，以立雲梯於東角樓，功第一，賜弓矢、衣甲。又從破新城，宋將王安撫棄城宵遁。伯顔以百家奴前後戰功上聞，世祖大悦，曰：「此人之名，朕心不忘，兵還時大用之，朕不食言也。今且以良家女及銀碗一賜之，以爲券。」

從圍漢陽，自沙武口曳船入江，宋制置夏貴來拒戰，百家奴與暗答孫突入敵陳擊之，宋兵奔潰，遂登江南岸，獲其戰船、器甲甚衆。轉戰至黄州，日暮，追擊夏貴至白虎山，夜分乃還，未幾，復攻破金牛壩。

十二年春正月，與千户薛赤千取雞籠洞，還至瑞昌縣，遇夏貴潰兵，復敗之。是時，宋遣兵救瑞昌，未至而城已下，復擊宋救兵，得宋所執北兵五人，圍江州，宋安撫吕師夔以城降。東下池州，從大軍敗宋平章賈似道於丁家洲，奪戰船五，擒宋統制王文虎。又從伯顔略地宣州，百家奴爲前鋒，與敵兵戰喃呢湖，敗之，奪其戰船三百。伯顔令謁只里第諸將戰功，賞百家奴銀幣以旌之，仍命爲管軍總把。俄從伯顔入朝，加進義校尉，賜銀符。攻丹陽、吕城，破常州，皆有功。至平江，都統王邦傑以城降，嘉興、湖州皆不煩兵而下。

十三年，領新附軍守鎮江。未幾，復從右丞博魯歡攻泰、壽二州，中流矢，創甚。後數日，與萬户葉了虔將兵攻泰州新城，百家奴裹創先登，破之，復被兩創。從阿朮攻下揚州，

得宋制置李庭芝、都統姜才，擢武略將軍，換金符，爲管軍總管，鎮高郵白馬湖。是時，行省以百家奴襲父唆都建康安撫使，仍領本翼軍。

頃之，略地福建，定衢、婺、信等州。至新安縣，擊斬宋趙監軍、詹知縣，擒江通判。道與畬軍遇，敗之。鼓行而東，沈安撫以建寧府降。攻拔南劍州，張清、聶文慶遁去。至福州，王安撫率衆出降。進拔興化，擒成安撫及白牒都統。張世傑軍於泉州，乘戰船入海。百家奴追世傑於惠州甲子門。進至同安縣答關寨，瀕海縣鎮悉招諭下之。白望丹等以戰船三千艘來降。十三年十二月，宋益王昰遣倪宙奉表詣軍門降。

明年春正月，振旅而還。三月，偕宙奉降表來朝，未至，授昭勇大將軍，賜虎符，管軍萬户。七月，朝於上都，升鎮國上將軍、海外諸蕃宣慰使，兼福建道市舶提舉，仍領本翼軍守福建，俄兼福建道宣慰使都元帥。是時福建多水災，百家奴出私錢市米以賑，貧民全活甚衆。十七年，朝京師，改正奉大夫、宣慰使、都元帥。

二十二年，從父唆都征交趾，唆都戰殁，百家奴從脱歡引兵還。二十七年，除建康路總管。武宗即位，遷鎮江路總管。至大四年，金瘡發，卒於家。

李恒，字德卿，西夏宗室子也。太祖伐西夏，其祖守兀納剌城，城陷，不屈死。子惟忠，方七歲，求從父死，宗王哈札爾留養之。從嗣王移相哥伐金，有功。移相哥封淄川，以惟忠爲達魯花赤，佩金符。惟忠生恒，移相哥妃愛其穎異，撫之爲子。

時宗王例遣府官一人，參決尚書事，恒代其兄爲之。李璮謀逆有迹，恒從惟忠入京師告變，璮繫其家人獄中，璮誅，得出，授恒淄萊路奧魯總管，佩金符。

至元七年，改宣武將軍、益都淄萊路新軍萬户，從圍宋襄陽，率所部築萬山堡，扼其陸路。守將吕文焕以小舟潛渡漢水偵軍勢，恒設伏敗之，於是水路亦斷。十年春，攻樊城，恒以鋭卒先登。樊城陷，襄陽遂降。捷聞，世祖賜以寶刀，遷明威將軍，佩虎符。十一年，從丞相伯顔伐宋，進至郢州。宋人以重兵戍郢，鎖戰艦爲陣。伯顔鑿黄灣拖舟泛藤湖以出唐港，棄郢去，留恒爲後拒，敗宋追兵，進拔沙洋、新城。復敗宋將夏貴於陽邏口，恒先登陷陣，額中流矢，伯顔止之，恒戰益力，射殺貴子松。鄂、漢俱下，遷宣威將軍，賜白金五百兩。

十二年，宋將高世傑窺漢、沔，乃遣恒還守鄂州。十三年，從右丞阿里海涯敗宋師於荆口，禽高世傑，遂拔岳州及沅州之沙市，傳檄歸、峽、辰、沅、靖、澧、常德諸州，皆下之。從鎮常德。

阿里海涯徇地湖南，伯顏在浙西，世祖以地遠援疏，詔恒與宋都觧、吕師夔等開元帥府於江西，以恒爲左副都元帥。禽宋將熊飛於建昌。進圍隆興，宋將劉槃請降，恒覺其詐，陰備之，槃果以精兵來襲，恒大破之，槃乃降。軍中有得宋丞相文天祥與建昌吏民書，恒焚之，人心始靖。宋吉州知州周天慎、廣東經略使徐直諒皆請降，前江西制置使黄萬石亦以邵武降。

會陳宜中、張世傑等立益王昰於閩，州縣響應，恒敗吴浚兵於南豐。世傑遣裨將張文虎與浚合，恒敗之兜港。浚走從天祥於瑞金，恒又敗之，天祥走汀州。恒遣鎮撫孔遵追之，並敗趙孟濬兵，取汀州而還。隆興帥府誣富民與賊通，已戮百餘家，恒察其枉，盡釋之。帥府改宣慰司，加昭勇大將軍、同知江西宣慰司事。尋加鎮國上將軍、福建宣慰使，又改江西宣慰使。天祥再取汀州，圍贛州，或言天祥墳墓在吉州，若發之則天祥自敗，恒不從。分兵援贛，自率精兵襲天祥於興國。天祥走，追至空坑，獲天祥妻女，降其衆二十萬。詔與右丞阿剌罕、左丞董文炳合兵追益王。衆謂宜趨福建，恒曰：「諸軍盡趨福建，若彼竄廣東，則江西非我所有。宜從閩、廣夾攻。」衆然之。兵逾梅嶺，果與宋師遇，大敗之，益王走磵州。十四年，拜江西行省參知政事。

十五年，宋益王殂，張世傑等復立衛王昺，詔以恒爲蒙古漢軍元帥經略廣東。恒進克

英德府與廣州之清遠縣，敗其將王道夫、凌震，遂入廣州。世傑等移屯厓山。時江淮行省都元帥張弘範舟師未至，恒按兵不動，分遣諸將略定梅、循諸州。凌震復寇廣州，恒敗之，禽將吏宋邁以下二百人。十六年二月，弘範至自漳州，恒率所部赴之，大破世傑等於厓山，陸秀夫抱其主昺蹈海死。是日黑氣如霧，有乘舟南遁者，恒以爲宋主昺，追至高化，詢降人，始知昺已死，遁者乃張世傑，世傑俄亦溺死於海陵港，嶺海悉平。恒入覲，世祖賞勞甚厚，將士預宴者二百餘人。

十七年，拜資善大夫、荆湖行省左丞。十九年，乞解軍職，命其長子散木解襲本軍萬户。是年，大軍討占城，詔恒供給軍資。二十一年，詔恒從皇子鎮南王假道於交趾，以討占城，其王陳日烜拒命。二十二年，恒等縛筏爲橋，渡富良江，破其天長府，日烜航海遁。恒欲城天長，儲糧待賊來攻，衆議不果，會盛暑霖潦，軍中疫作，遂班師。王命恒殿後，且戰且行。賊閉永平關，以藥弩射恒貫膝，負創奪關出。至思明州，毒發卒，年五十。

恒純孝，瀕死謂左右曰：「爲吾語昆弟妻子，吾不得以時喪父，今棄吾母而死，吾目不瞑矣。」恒卒，家人秘之，不使其母知，恒再見夢於母曰：「兒已戰死日南。」其母泣言：「吾再夢如是，豈誠然耶？」家人始以情告之。贈銀青榮禄大夫、平章政事，謚武愍，再贈推忠靖遠功臣、太保、儀同三司，追封滕國公。

三子：世安，一名散木觧；世雄，一名囊家歹，益都淄萊萬户；世顯，一名宋都觧，同知湖南宣慰司事。

世安，字彦豪。從恒定江南，授廣州路達魯花赤。敗宋兵於海珠寺，又從恒破厓山，論諸將功賞，中書省抑之。世安言於執政曰：「非重賞，無以得人死力。大功既成，不可失信。」執政從之，以金銀符畀世安散給。遷新軍萬户，尋擢同知江西宣慰司使，特旨世襲益都淄萊上萬户。恒卒，起復僉江西等處行中書省事，兼本軍萬户。

至元二十四年，立尚書省，世安僉行尚書省事。黠僧誣告宋故相章鑒匿國璽及宋宗室，詔世安率所部捕之。世安以百騎至鑒家，搜索無驗，請坐僧誣告，又發其脅取富室寶貨事，桑哥庇之，事寢不報。

二十五年，獠賊反，命世安討之。世安冒大雨夜行五十里至信豐，出賊不意，斬馘殆盡。擢尚書省參知政事。二十七年，獠復叛，使裨將解青擣其巢穴，一戰平之。南豐、廣昌賊繼起，使弟世雄往，諭以禍福。賊降，世安誅首惡六人，餘盡貸之。尚書省罷，獨留世安一人改中書參知政事。先是，官差民户典倉庫，往往虧折，填償至於破産。世安擇府史代充其役，著爲令，民德之。三十年，省院以所獲盜四百餘人，使世安泣殺，世安與都事周

元德詳爲讞定，僅戮二人。

元貞初，出爲江浙行省參知政事，改河南行省。秩滿，遷湖廣行省左丞，供平章劉國傑西征饋運。道路險惡，率斗粟運費十餘石，世安與役夫均其勞苦往返，期年，軍興不乏。

至大初，召入，加榮禄大夫、平章政事，商議樞密院事，提調諸衛屯田。皇慶元年，賜只孫順金繡段、金鞍轡、弓箭，日給世安母尚醞一壺。二年，拜江西行省平章政事。

延祐二年，寧都縣以經理錢糧激民變，省臣遣兵討之，堅守不下，乃請世安往。世安以不兼提調兵馬之職，非所當任，同僚固請不已，世安移咨樞密而後往，月餘獲其渠魁，餘悉不問。賜三珠虎符。

三年，以母年九十，乞養歸。至順元年，詔給一品全俸。二年，卒。

四子：屺，翰林直學士；嶼，懷遠大將軍，襲萬户；巖，棲霞縣達魯花赤；嶸，江西行省理問。

初，世安以本軍萬户讓其弟世雄。世雄在職十年，復讓還於嶼。嶼卒，讓於世雄子繁。繁曰：「父讓而子奪之，可乎？」不肯就，乃使世安孫保襲父職，保又讓於嶼子順。時論美之。

來阿八赤，河西人。父朮速忽里歸太祖，選居宿衛，繼命掌膳事。憲宗大舉伐宋，攻釣魚山，命諸將議進取之計。朮速忽里言於帝曰：「川蜀之地，三分我有其二，所未附者巴江已下數十州而已。地削勢弱，兵糧皆仰給東南，故死守以抗我。蜀地巖險，重慶、合州又其藩屏，皆新築之城，依險爲固。今頓兵堅城之下，未見其利。曷若城二郡之間，選鋭卒五萬，命宿將守之，與成都舊兵相出入，不時擾之，以牽制其援師。然後大軍乘新集之鋭，用降人爲鄉導，水陸東下，破忠、涪、萬、夔諸小郡，俟冬水涸，瞿唐三峽不日可下。出荆楚，與鄂州渡江諸軍合勢。如此則東南之事一舉可定，其上流重慶、合州孤危無援，不降即走矣。」諸將曰：「攻城則功在頃刻。」反以其言爲迂，卒不用。

以阿八赤往監元帥紐鄰軍，遏宋人援兵，駐重慶上流之銅羅峽，夾江據厓爲壘。宋都統甘順自州溯流西上來攻，阿八赤預積薪於二壘，然火鼓噪，矢石如雨，順流而進。宋人力戰，不能支，退保西岸，斂兵自固。黎明復至，阿八赤身率精兵，緣厓而下，宋人敗走，斬獲千人。帝聞而壯之，賜銀二錠。

憲宗崩，阿八赤從父歸。世祖即位，問以川蜀之事，阿八赤歷陳始末，誦其父前言以對。世祖撫掌曰：「當時若從此策，東南其足平乎？朕在鄂渚，日望上流之聲勢也。」

至元七年，大軍圍襄樊，發河南、北糧儲聚於淮西之義陽。慮宋人剽掠，命阿八赤督運，二日而畢。既還，世祖大悦，以銀一錠賜之。十四年，立尚膳院，授中順大夫、同知尚膳院事。十八年，佩三珠虎符，授通奉大夫、益都等路宣慰使、都元帥。發兵萬人開運河，有兩卒自傷其手以示不可用，阿八赤奏聞，斬之。二十年，以與姚演侵用官鈔二千四百錠，折閱糧米七十三萬石，詔徵償，仍議罪。二十一年二月，罷阿八赤開河之役。是年，調同僉宣徽院事，復降虎符，授征東招討使。二十二年，授征東宣慰使都元帥。

皇子鎮南王征交趾，授湖廣等處行中書省右丞，召見，世祖親解衣衣之。並賜金玉束帶及弓矢、甲胄。二十三年，改征交趾行省右丞。二十四年，又改湖廣等處行尚書省右丞，詔江淮、江西、湖廣、雲南四省所發士馬，俾阿八赤閱視。九月，領中衛親軍千人，從皇子至思明州。賊阻險拒守，與賊戰於女兒關，斬馘萬計，餘衆棄關走。於是大軍深入，進至王城，陳日烜空城而遁。阿八赤曰：「賊棄巢穴匿山海者，待吾之敝而乘之耳。將士多北人，春夏之交瘴癘作，賊弗就擒，吾不能久待矣。今出兵分定其地，招降納附，勿縱士卒侵掠，急捕日烜，此策之善者也。」時日烜屢遣使約降，欲以賂緩我師，諸將皆信其説，且修城以居而待其至。久之，軍乏食，日烜不降，擁衆據竹洞、安邦海口。阿八赤率兵往攻之，屢與賊遇，賊兵敗遁。會將士疾疫不能進，降人復叛，所得關隘皆失守，乃議班師。且戰

且行，日數十合，賊據高險，發毒矢，士卒裹瘡以戰，護皇子出賊境。阿八赤中毒矢三，首、項、股皆腫，遂卒。

子寄僧，爲水達達屯田總管府達魯花赤。乃顔叛，戰於高麗雙城。調萬安軍達魯花赤。平黎蠻有功，遷雷州路總管，卒。

孫完者不花，同知潮州路總管府事；次禿滿不花、也先不花、太不花。

樊楫，冠州人。初爲軍吏，從阿里海涯下鄂州、江陵有功，以行省命爲都事。宋平，改員外郎。從阿里海涯定廣西有功，擢郎中。從張弘範攻厓山，進參議行中書省事、同知湖南宣慰司。

二十一年，擢僉荆湖占城行中書省事，從阿里海涯征交趾，未至而還。

二十四年，復討交趾，進行中書省參知政事。時三路進兵，鎮南王與右丞程鵬飛分二路，一入雲平，一入女兒關。楫與參政烏馬兒將舟師入海，與賊船遇於安江口。楫擊之，斬首四千級，遂至萬劫山，與鎮南王兵會。十二月，進攻王城，陳日烜棄城走嗷喃堡。

二十五年正月，楫攻嗷喃堡，破之，日烜走入海。交趾人皆匿其粟而逃，軍乏食。二

月，王命班師。楫與烏馬兒將舟師還，賊邀遮於白藤江，舟膠淺，力戰，自卯至酉，楫被創，投水中，賊鉤致殺之。

烏馬兒與其妻妾及楫之妻妾皆爲交趾人所獲，烏馬兒旋病卒。後交趾人歸楫與烏馬兒之喪並其妻妾，詭言楫亦病死云。初，楫爲阿里海涯軍吏，擢至行省參政。及阿里海涯卒，楫與湖南宣慰使張鼎新同以黨附阿里海涯免官，命下，楫已戰殁。

至順二年，贈楫推忠宣力效節功臣、江浙行省、上黨郡公，謚忠定。

楫部將李天祐，清平人，以行省都事從楫征交趾。楫使天祐追陳日烜至宏縣，敗之。進次塔山洋，又敗之，斬首二千級，從楫班師，至白藤江，兵潰，天祐等俱被執。交趾人斷其髮，囚之。守者懈，天祐遂脱還。官至象山尹，卒。

時死事者又有唐琮。琮，内鄉人，父慶，宋諸軍統制，來降，官江漢軍民安撫使。琮襲父職，賜金虎符，進管軍總管。至元二十年，改授唐州萬户。二十四年，移屯道州。從鎮南王征交趾，戰於三江口，兵敗，殁於陣，年四十九。琮待士卒有恩，及戰死，有刲股肉以祭之者。子世忠襲。

史臣曰：世祖使脱歡伐安南，可謂以其所不愛及其所愛者矣。精兵猛將殞身鋒鏑，唆都、李恒死，來阿八赤、樊楫等繼之。脱歡之獲免，蓋幸爾，孟子之言何其不爽耶！

新元史卷之一百八十一　列傳第七十八

史弼　高興　亦黑迷失

史弼，字君佐，一名塔剌渾，蠡州博野人。曾祖彬，有膽勇，木華黎兵南下，蠡州閉城自守，彬率鄉人數百家詣營門請降，木華黎書帛爲符，遣還。既而城破，獨彬與同降者得免。

弼長通國語，膂力絶人，能挽强弓，里門有石獅重四百斤，弼舉之，置數步外。潼關守將王彦弼奇其材，妻以女，又薦於左丞相耶律鑄。弼從鑄至北京，近侍火里台見弼所挽弓，以名聞世祖。召之，試以射，連發中的，令給事左右，賜馬五匹。

中統末，授金符、管軍總管。從劉整伐宋，攻襄、樊。出挑戰，射殺二人，因横刀大呼曰：「我史奉御也。」宋兵卻退。至元十年，諸將分十三道圍樊城，弼攻東北隅，凡十四晝夜，破之，殺其將牛都統。襄陽降，上其功，賜銀及衣錦、金鞍，進懷遠大將軍、副萬户。十一年，從丞相伯顔東下，攻沙洋堡，飛矢中臂，城拔，血濡襟袖，事聞，賜金虎符。軍至陽羅

堡，伯顔誓衆曰：「先登南岸者爲上功。」史格一軍先渡，爲宋將程鵬飛所敗。弼率所部繼進，鵬飛敗走，擒其將高邦顯等。大軍登南岸，論弼功第一，擢定遠大將軍。鄂州平，進至大孤山，大風，伯顔命弼禱於山神，風立止。

大兵駐瓜州，阿塔海言：「揚子橋乃揚州出入之道，宜立柵，選驍將守之。」伯顔授弼三千人立木柵，據其地。弼遽以數十騎抵揚州城，或止之曰：「宋將姜才倔强，未可易也。」弼曰：「吾柵揚子橋，據其所必争之地，才乘未固，必來攻我，則我之利也。」才果以萬衆，乘夜來攻，人挾束薪填塹。弼戒軍士無嘩，俟其至，發檑木、炮石擊之，殺千餘人，才乃退。弼出兵追之。會相威、阿朮兵繼至，大戰，才敗走，擒其將張都統。

十三年六月，才復以兵夜至，弼三戰三勝。天明，才見弼兵少，進圍弼，弼復奮擊之。騎士二人挾火槍刺弼，弼揮刀禦之，皆左右仆。及出圍，追者尚數百騎，弼殿後，敵不敢近，才奔泰州。及守將朱焕以揚州降，使麥朮受其降於南門外，而弼從數騎由保城入揚州，出南門與之會，以示不疑。授昭勇大將軍、揚州路總管府達魯花赤，兼萬户。冬，遷黄州等路宣慰使。

十五年，入朝，遷中奉大夫、江淮行中書省參知政事，行黄州等路宣慰使。盜起淮西，據司空山，弼討平之。十七年，南康都昌盜起，弼戮其黨與數十人，宥其脅從者。江州宣

課司税及米，米商不至，民皆罷市，弼立蠲之。十九年，改浙西宣慰使。二十一年，黄華反建寧，春復霖雨，米價湧貴，弼發米十萬石平價糶之，而後聞於行省。省臣欲增其價，弼曰：「吾不可失信，寧輟吾俸以足之。」省臣不能奪，益出十萬石，民得不饑。改淮東宣慰使，弼凡三涖揚州，民刻石頌之，號「三至碑」。遷僉書沿江行樞密院事，鎮建康。

二十六年，平台州盜楊鎮龍，拜尚書左丞，行淮東宣慰使。冬，入朝。時世祖欲征爪哇，謂弼曰：「諸臣爲吾腹心者少，欲以爪哇事付汝。」對曰：「陛下命臣，臣何敢自愛！」二十七年，遥授尚書省左丞，行浙東宣慰使，平處州盜。

二十九年，拜榮禄大夫、福建等處行中書省平章政事，率諸將征爪哇，以亦黑迷失、高興副之。付金符百五十、幣帛各二百匹，以待有功。十二月，弼以五千人發泉州，風急，舟掀簸，士卒皆數日不能食。過七洲洋、萬里石塘，歷交趾、占城界。明年正月，至東董西董山、牛崎嶼，入混沌大洋橄欖嶼，假里馬答、勾闌等山，伐木造小舟以入。時爪哇與鄰國葛郎構怨，爪哇酋哈只葛達那加剌，已爲葛郎酋哈史葛當所殺，其壻土罕必闍耶攻哈只葛當，不勝，退保麻喏八歇。聞弼等至，遣使以其國山川、户口及葛郎國地圖迎降，求救。弼與諸將進擊葛郎兵，大破之，哈只葛當走歸國。高興言：「爪哇雖降，儻中變，與葛郎合，則孤軍懸絶，事不可測。」弼遂分兵三道，與興及亦黑迷失各將一道，攻葛郎。至答哈城，葛

郎兵十餘萬迎敵，自旦至午，葛郎兵敗，入城自守，遂圍之。哈只葛當出降，併取其妻子官屬以歸。

土罕必闍耶乞歸易降表，及所藏珍寶入朝，弼與亦黑迷失許之，遣萬户担只不丁、甘州不花，以兵二百人護之歸國。土罕必闍耶於道殺二人以叛，乘軍還，夾路攘奪。弼自斷後，且戰且行，三百里，得登舟，歷六十八日夜，達泉州，士卒死者三千餘人。有司數其俘獲金寶香布等，直五十餘萬，又以没理國所上金字表，及金銀犀象等物進。朝廷以弼亡失多，杖十七，没家貲三之一。

元貞元年，月兒魯那延奏：「弼等以五千人渡海二十五萬里，入近代未嘗至之國，俘其酋及諭降傍近小國，宜加矜憐。」遂詔以所籍還之。至大三年，起同知樞密院事，出爲江西等處行中書省右丞。延祐五年，擢中書平章政事，加銀青榮禄大夫，封鄂國公。卒，年八十六。

高興，字功起，蔡州人。少慷慨，多大節。力挽二石弓。嘗獵南陽山中，遇虎，衆驚走，興神色自若，發一矢斃之。至元十一年冬，挾八騎詣州，謁宋制置陳奕。奕使隸麾下，

且奇興相貌，以甥女妻之。

十二年，丞相伯顔伐宋至黄州，從奕出降，伯顔承制授興千户。從破瑞昌之烏石堡、張家寨，進拔南陵。行省上其功，世祖命興專將一軍，常爲先鋒。宋張濡殺使者嚴忠範等於獨松關，伯顔使興問罪。師次溧陽，再戰，斬其將吴、李、杜三總管，擒裨將祝亮等四十二人，遂破溧陽，斬首七千級，授金符，爲管軍總管。從攻銀墅，拔建平，由間道奪獨松關，進至武康，獲張濡。

十三年春，宋降，伯顔北還，留興以兵取郡縣之未下者，降建德守方回、婺州守劉怡。衢、婺二州已降復叛，章焴自爲婺守，興以五千人討之。七戰，至破溪，相持四十餘日。興兵少，力戰，潰圍出，至建德，與援兵合。進戰蘭溪，斬首三千級，復取婺州，擒章焴，斬之。又戰衢州城下，斬首五百級，連戰赤山、陳家山園、江山縣，斬首三千級，虜五百人，獻魏福興等七人於行省，餘盡戮之，衢州平。追宋嗣秀、王與檡入閩，與檡據橋，陣水南，興率奇兵奪橋進戰。殺其觀察使李世達，擒與檡父子及裨將二，獲印五、馬五百匹。下興化，降宋參知政事陳文龍、制置邱德傳等百四十人，獲海船七千餘艘。遷鎮國上將軍、管軍萬户。

十四年春，還鎮婺州，佩元降虎符，充招討使。東陽、玉山羣盗張念九、强和尚等殺宣

慰使陳祐於新昌，興捕斬之。復從都元帥忙古台平福、建、漳三州，破敏陽寨，屠福成寨。政和人黃華，邵武人高日新、高從周聚衆叛，皆討降之，以招討使行右副都元帥。

十六年秋，入朝，侍燕大明殿，悉獻江南所得珍寶，世祖曰：「卿何不少留以自奉？」對曰：「臣素貧賤，今幸富貴，皆陛下所賜，豈敢隱盜賊之物？」帝悦曰：「直臣也。」興奏：「臣部五千人冒死百戰，乞官之。」帝命興定其差等，頒爵賞。遷興浙東道宣慰使，賜西錦服、金線鞍轡。

十七年，漳州盜數萬據高安寨，官軍討之，二年不能下。詔以興爲福建等處征蠻右副都元帥，與完者都等討之。直抵其壁，賊乘高瞰下。興命人挾束薪自蔽，至山半，棄薪而退，如是六日，誘其矢石盡，乃燃薪焚其柵，遂平之。十八年，盜陳吊眼聚衆十萬，連五十餘寨，扼險自固。興攻破其十五寨，吊眼走保千壁嶺。興上至山半，誘與語，掣其手，下斬之，州境悉平。

十九年，入朝，賜銀五百兩、鈔二千五百貫及錦衣、鞍轡、弓矢。改淛西道宣慰使。降人黃華復叛，有衆十萬，興與戰於鉛山，獲八千人。華攻建寧，興疾趨，與福建軍合，華走江山洞。追至赤巖，華敗走，赴火死。二十一年，改淮東道宣慰使。二十三年，拜江淮行

中書省參知政事。平婺州盜施再十。改淛東道宣慰使。

二十四年，尚書省立，拜行尚書省參知政事，捕斬盜首柳分司於婺州。丁母憂，詔起復，討處州盜詹老鷂、温州盜林雄。興潛由青田搗其巢穴，戰葉山，擒老鷂及雄，斬於温州市。又奉省檄平徽州盜汪千十等。二十八年，罷福建行省，以參知政事行福建宣慰使，諭漳州盜歐狗降之。召入朝，拜江西行省左丞。

二十九年，復立福建行省，拜右丞。爪哇黥使者孟祺，詔興爲平章政事，與史弼、亦黑迷失討之，賜玉帶、錦衣、甲胄、弓矢、大都良田千畝。三十年春，浮海抵爪哇。亦黑迷失將水軍，興將步軍，會八節澗，爪哇酋壻土罕必闍耶降。進攻葛郎國，降其酋哈只葛當，又諭降諸小國。哈只葛當子昔剌八的、昔剌丹不合，遁入山谷，興獨帥千人深入，虜昔剌丹不合。還至答哈城，史弼、亦黑迷失已遣使護土罕必闍耶歸國，具入貢禮，興深言其失計。土罕必闍耶果殺使者以叛，合衆來攻，興等力戰卻之，遂誅哈只葛當父子以歸。詔治縱爪哇者，弼與亦黑迷失皆獲罪，興獨以不預議，且功多，賜金五十兩。

成宗即位，復拜福建行省平章政事，賜玉帶，號拔都魯。大德三年，汀州總管府同知阿里，挾怨告興不法，召入對，盡得其誣狀，阿里論死。改江浙行省平章政事，賜海東青鶻，命其子伯顏入宿衛。四年，遣使賜海東白鶻、蒲萄酒、良藥。八年，授樞密副使。十

年，進同知樞密院事，皆兼平章。改河南行省平章政事。

武宗即位，召見，拜左丞相，商議河南省事，賜以先朝御服。興素與張瑄善，瑄父子坐法死，興歎息曰：「海軍無張、朱，陸軍無劉二拔都，則吾死亦久矣。」哭之慟，至失明。皇慶二年秋九月，卒，年六十九。贈推忠效順佐理功臣、開府儀同三司、上柱國，追封梁國公，謚武定。元統三年，加封南陽王。

子六人：久住，泉州總管；長壽，同知建寧路總管府事；忙古台，襲萬户；伯顏，同知建國路總管府事；完者都，辰州路總管；寶哥，治書侍御史。

亦黑迷失，畏吾兒人。至元二年，入備宿衛。九年，奉世祖命使海外，入孛羅國。十一年，偕其國人，以珍寶奉表來朝，帝嘉之，賜金虎符。十二年，再使其國，與其國師以名藥來獻，賞賜甚厚。十四年，授兵部侍郎。

十八年，拜荆湖占城等處行中書參知政事，招諭占城。二十一年，召還，復命使海外僧迦剌國，觀佛鉢舍利，賜以玉帶、衣服、鞍轡。二十二年，自海上還，以湖廣行省參知政事管領鎮南王府事，復賜玉帶。與行省右丞唆都征占城，亦黑迷失言於鎮南王，請屯兵大

浪湖，觀釁而後動。王以聞，詔從之。竟全軍而歸。

二十四年，使馬八兒國，取佛鉢舍利，浮海阻風，行一年乃至。得其良醫善藥，遂與其國人來貢方物，又以私錢購紫檀木殿材並獻之。嘗侍帝於浴室，問曰：「汝踰海者凡幾？」對曰：「臣四踰海矣。」帝憫其勞，又賜玉帶，改資德大夫，遥授江淮行尚書省左丞，行泉府太卿。

二十九年，召入朝，盡獻其所有珍異。時方議征爪哇，立福建行省，亦黑迷失與史弼、高興並爲平章政事。詔軍事付弼，海道事付亦黑迷失，仍諭之曰：「汝等至爪哇，當遣使來報。汝等留彼，其餘小國即當自服，可遣使招徠之。彼若納款，皆汝等之力也。」軍次占城，先遣郝成、劉淵諭降南巫里、速木都剌、不魯不都、八剌剌諸小國。

三十年，攻葛郎國，降其酋哈只葛當。又遣鄭珪招諭木由來諸小國，皆遣子弟來降。爪哇酋婿土罕必闍耶既降，歸國復叛。諸將議班師，亦黑迷失欲如帝旨，先遣使入奏，弼不從，遂引兵還，以所俘及諸小國降人入見。帝罪其與弼縱土罕必闍耶，没家貲三之一，杖十七。尋還其家貲。以榮禄大夫、平章政事爲集賢院使，兼會同館事，告老家居。仁宗念其屢使絶域，詔封吴國公，卒。

史臣曰：世祖不得志於安南，復討爪哇。海道懸絶，以五千之衆貿然深入，可謂行險僥倖，輕於一擲者矣。其喪師辱國，非諸將之罪也。

新元史卷之一百八十二　列傳第七十九

朱清旭〔一〕　張瑄文虎　黄真、劉必顯等〔二〕　羅璧　黄頭　咬童

朱清，字澄叔，揚州崇明人。宋末，瀕海姚劉沙初漲，清母集親舊十餘家縛蘆爲屋，捕魚以給衣食。

先是，宋宰相賈似道徵相士張錦堂觀氣色，似道將坐，拂几茵者三，錦堂謬曰：「公憂民憂國，顔色未和，請俟異日。」似道使門客數請，輒曰未可。後使親密問之，錦堂曰：「一塵尚不容，安能治天下！」似道怒，欲殺之。錦堂望紫氣在東北海上，乃易姓名潛至太倉，渡海寓於崇明，尋其地，乃新漲姚劉沙也。見三五少年，皆頎偉，及見清，身長八尺，貌如彪虎，錦堂乃拜於地曰：「不圖今日得見貴人。」清母及諸婦争笑之。錦堂所見少年，即黄、劉、殷、徐、虞五萬户也。

張瑄，平江嘉定人。幼孤，從母乞食。及長，丰姿魁岸，膂力過人。好飲博，鄉里以惡少年目之。朱清販私鹽，入吴淞江，至新華鎮易米，遇瑄，結爲兄弟。爲巡鹽吏所獲，繫平江軍獄，共十八人，提刑洪起畏來涖斬，是夕夢二白虎率羣虎伏於前，寤，以爲不祥。旦出視事，獄卒枷衆囚跪廳下，孔目取準伏以筆付清，清塗五指尖以押紙，瑄亦如之。洪奇其狀貌，以爲應夢兆，乃諭之曰：「今中原大亂，汝輩皆健兒，當爲國家立恢復之功。」遂釋之。

清等歸，仍劫掠爲羣盜。尉司捕之急，乃攜老幼，泛海至膠州來降。世祖授清、瑄俱爲管軍千户，其從者亦授百户、總把。

至元十三年，丞相伯顔以大軍趨臨安，清、瑄亦率所部克上海，入吴淞江。宋主納款，清、瑄運宋帑藏至大都。後從張弘範克厓山，真授千户、武略將軍，佩金符。

十七年，從元帥阿塔海招海中羣盜，又平陳吊眼於福建。

十八年，宋都統崔順有衆五千、戰艦百艘，數寇山東沿海州縣。冬，泊於紫霧島，世祖命清招撫之，問用兵多少。清曰：「但率壯士二人，及朱虎在此，不煩兵力。」虎，清之次子也。清乘舟至紫霧島，賊矢發如雨。清呼曰：「我朱相公也，皇帝命我招崔都統。從我者，共取富貴。」衆指一巨艦，爲都統舟，清等即登舟。順聞之，甲而出，清宣讀詔書，乘間即捽順首，斬以徇，衆皆讋服請降。時車駕駐天門鎮，清上謁，賞賚甚厚。

二十年，命阿塔海統舟師，瑄爲招討使，清爲總管，東征日本。師至八角島，無功而返。

二十一年，仍與阿塔海率舟師一萬五千人伐占城。

二十二年，創行海運，從清、瑄之議也。乃以清行海道運糧萬户府事，瑄爲海運千户。二十四年，命清子濟，瑄子文虎，並爲千户，運糧十七萬石討交趾。以海運勞，遥授清鎮國上將軍，真除江東道宣慰使，兼領漕事。二十七年，運遼陽、高麗糧，加驃騎衛上將軍，賜銀印以寵之。清奏蠲建康淘金税役，免溧陽歲課，以甦民力。又討平涇縣賊趙良繪。

元貞二年，授資善大夫、河南行省參知政事。大德三年，擢大司農。四年，遷行省左丞，賜玉帶。瑄亦至資善大夫、江南行省參知政事，遷左丞。清、瑄並移居於太倉。太倉爲崑山惠安鄉之屬地，不滿百家。清、瑄營建第宅，開海道通於直沽，糧艘商舶雲集於市。清、瑄兩家子弟，佩金銀符者百餘人，蕃夷珍貨、文犀翠羽，充斥於府庫之内，富貴赫奕，爲東南之冠。

七年，僧祖芋訐二人有逆謀，樞密院斷事官曹拾得從中主之。詔籍其家，逮清、瑄至京師。清歎曰：「我世祖舊臣，寵渥逾衆，豈從叛逆？不過新進宰相圖我家貲，欲以危法中

我耳。」遂發憤，以首觸石而死，年六十七。瑄與子文虎、清子虎俱棄市。虎妻茅氏没官，有千户欲娶之，自縊死。至大三年，中書奏雪其冤，以清幼子完者都爲樞密院判官，子孫悉返太倉，還其田宅。

清子顯祖，海運千户；虎，昭勇大將軍、都水監；旭，最知名。

瑄，豪横甚於清，鄉人忤其意，則縛而投於海。其第四妾尤悍，瑄嬖而畏之，爲建大第，號四夫人府。兩家田宅徧於吳中，籍没後，官立提舉司專掌其租賦。

瑄子文龍，流漠北。文龍子天麟，大德九年伏闕訴冤，使中書召還文龍，董日本賈舶。至大初，遷都水監，仍督海運。天麟，授絳州坑冶提舉，不就。延祐二年，詔還所籍。天麟晚通《易》學。元統二年，江浙平章玥璐不花薦之，仍不起，卒。

與清、瑄同事者有五萬户：黄真，昭武大將軍，海道都漕運糧正萬户，佩三珠虎符；劉必顯，信武將軍、海運副萬户；徐興祖，昭勇大將軍、海運副萬户，追封東海郡侯，謚宣惠；虞應文，清女婿也，海運副萬户。朱明達，海運上千户。朱日新，清之養子，宣武將軍、江州路總管。楊茂春，松江嘉定所千户，佩金符。范文虎、柏良弼、黄成，俱海運千户，佩金符。俱爲崇明人。

初，清、瑄爲海盜，東行三日夜，得沙門島，又東北過高麗海口，見文登諸山，又北見碣石山，亡慮十五六往返，私念南北海道此最徑直，又不逢淺角，識之。及朝廷議輓漕，清、瑄遂建言海運焉。

旭，字子陽，清第三子。事親以孝名，處富貴之中，泊如也。以大臣薦，授忠顯校尉、海道運糧千户，佩金符。秩滿，不樂仕進，遂告歸。日與士大夫以詩酒爲樂，博涉經史。尤長於書法，早從趙孟頫學，已有書名，晚年所造益精。卒於家。

文虎，字山雲，瑄中子，善騎射。至元十五年，授管軍總把，佩銀符。二十一年，遷管軍千户，换金符，督餉輸京師。丞相引見，上嘉歎，詔去帽，撫其顱曰：「真我國能臣也。」二十四年，從鎮南王伐安南，授交趾海船萬户，佩虎符，轉餉至松柏灣，逆戰，賊敗走。王議罷兵，以文虎殿後，竟全師而返。二十五年，超授懷遠大將軍、慶遠路總管，佩三珠虎符。二十八年，行户部尚書、海道都漕運府事。二十九年，拜湖廣行省參知政事。大德三年，改江浙行省。五年，領江淮財賦都總管。七年，坐父事，誅。

史臣曰：元之海運，創於朱清、張瑄，重利而輕民命，不仁莫甚焉。二子用此致富貴，然亦不免誅夷。君子鑒於作俑，有以哉！

羅璧，字仲玉，鎮江丹徒人。幼孤，事母以孝聞。長而魁偉，沈鷙，善騎射。從朱禩孫入蜀，累官武翼大夫、利州西路馬步軍副總管。禩孫移荆湖，璧從之。阿里海涯至江陵，璧從禩孫降，入覲，授宣武將軍、管軍千户，隸阿朮麾下。從平歙寇，領本州安撫使事。

至元十五年，從張弘範定廣南。十七年，以功賜金符，擢明威將軍、管軍總管，鎮金山，居四年，海盜屏絶。徙上海，督造船六十艘，再月而畢。

廷議轉江南之粟實京師，下其事於行省，璧獨謂海道便。部漕舟從海道至楊村，不數十日達京師，賜金虎符，進懷遠大將軍、管軍萬户，兼管海道運糧。

二十四年，乃顔叛，璧轉餉遼陽，浮海抵錦州小凌河，至廣寧。加昭勇大將軍。二十五年，督運至直沽倉。潞河水溢，倉幾壞。璧樹栅、築堤以捍之。賜宴中書省，擢昭毅大將軍、同知淮西道宣慰司事。上便宜十二策，帝嘉納之。又請以兩淮荒田給貧民，三年後量收其入。從之，歲得粟數十萬石。拜鎮國上將軍、海北海南宣慰使都元帥。

大德三年，除饒州路總管，兼府尹。改廣東道宣慰使、都元帥。初，峒蠻占奪民田，不納租稅。璧召其酋至，以禍福諭之，相率奉版籍聽命。北軍戍廣東，多瘴死，璧求良藥，給諸郡療之。有請加鹽額置轉運司者，璧力言其不可，民皆悦服。尋除都水監，換正奉大夫。通州多水患，鑿二渠以分水勢，又浚阜通河而廣其堤，歲增漕六十餘萬石。至大元年，奉命治徐、邳水災，又治兩淮屯田。得疾歸，卒於家，年六十六。

子坤載，以孝聞。璧病，坤載刲股爲粥以進，不仕，卒。

黄頭，一名世雄，唐兀氏，後徙濮州鄄城。祖璉赤，山東道宣慰司副都元帥。父阿榮，襲璉赤職，累遷汀州總管、同知邵武路事，有惠政，轉德慶路總管、階懷遠大將軍，卒。

黄頭，其長子也。以世襲職讓其弟山住。從弟朶羅歹爲廣衍倉使，虧官粟，黄頭賣其宅以償之。辟浙西元帥府掾，累遷興國路大冶縣達魯花赤，調安豐路懷遠縣，兼領蒙城縣，鎮南王伐安南，道過其境，供張辦而民不擾，王善之，解所御衣服弓矢以賜。擢嘉興等處運糧千户，佩金符，在職八年，改温台等處運糧千户。

延祐元年，擢海道都漕運萬户府副萬户，運米二百七十萬至京師。遷海道都漕運萬

户，佩雙珠虎符，階武德將軍。前後九渡海，海運利弊，靡不周知。運船雇於瀕海居民，常以船壞失事。黄頭預以運費借之，使修船，由是失事者日少。運船受雇者直甚厚，船主貪飲博，或失期受責。黄頭爲之封識，時其當用給之。運船竊米者多，黄頭使漕兵、柁工、水手之屬得相收倚連坐，其弊遂除。自温台至福建，皆雇民船載米至浙西，復還浙東入海。黄頭請移米慶元，自烈港入海，無迂道之費。温、台運船水脚之費，歲於行省關撥，黄頭請給鈔於温、台，使船人受訖即行。船行遲疾不一，舊例至直沽以次受之，先至者或食盡不得去。黄頭請於朝，至則受之，民以爲便。運船回空，樞密差官搜閲，因爲姦利，或誣執榜掠，罄其囊篋，黄頭請禁止之。運船過河間，監司率以鹽草爲辭，舟人無所得爨。黄頭請正鹽草地界，購其界外之薪。運船禱祠費，歲不給，黄頭請借官鈔千緡，收息供之。運船至直河，禁船人登岸。黄頭請寬其禁，使柁工、水手得飲食於市。凡所張弛之法，後人皆遵用之，以爲定例焉。未幾，卒。

子保童，崇仁縣達魯花赤，以轉輸至集慶海洋，海船人有識之者，驚曰：「此吾萬户公子也。」相率羅拜，且衞之。其爲人所感戴如此。

咬童，阿魯威氏。由中書直省舍人出爲濟南總管府治中，拜陝西行臺監察御史，改内臺。江淮再置財賦總管府，遷同知府事。至順三年，改海道都漕運副萬户。先是，春運先從浙西裝發。是歲，浙西大水，行省議撥江東糧十七萬石補之。咬童曰：「風信不可失，儻誤國計，非細故。請先發浙西所有，徐以江東糧補之。」行省韙其言，立爲改命。無錫州千户玉倫赤不花不聽命，咬童劾按之，各所咸儆戒，無敢後期。及達直沽，咬童復以卸糧情弊白於監察御史，著爲令。會科撥海船，別給脚直，運遼東粟菽八萬石，舟人争欲承載，咬童使拈鬮決之，衆乃帖服。事竣，入覲京師，道卒。咬童精悍勤敏，臺省交章薦之，未及大用，時論深惜焉。

【校勘記】

〔一〕「旭」，原作「九」，據正文改。

〔二〕此處朱旭、張瑄、張文虎、黄真、劉必顯等的排列次序，與正文不同。

新元史卷之一百八十三　列傳第八十

崔斌 宋欽其　劉宣　秦長卿 仲　楊居寬 居簡　楊朵兒只 不花　教化〔一〕　蕭拜住

崔斌，字仲文，大同弘州人，一名燕帖木兒。性警敏，世祖在潛邸召見，應對稱旨，命佐卜鄰吉歹將遊騎戍淮南，卜鄰吉歹甚敬禮之。使斌覘敵形勢，斌潛襲之，多所俘獲。俄丁父憂，襲授金符，爲總管。中統元年，改西京參議宣慰司事。世祖嘗命安童舉漢人識治體者一人，安童舉斌，入見，陳時政得失，甚合帝意。

時帝鋭意圖治，斌危言讜論，面斥是非，無所諱避。帝幸上都，嘗召斌，斌下馬步從，帝命之騎，因問爲治大體當何先，斌以任相對。帝曰：「汝爲我舉可爲相者。」斌以安童、史天澤對，帝默然良久。斌曰：「陛下豈以臣猥鄙，所舉未允公議，有所惑歟？今近臣咸在，乞采衆言，陛下裁之。」帝俞其請，斌立馬颺言曰：「敕問安童爲相可否？」衆讙呼萬歲。帝悦，遂並相二人。除斌左右司郎中。每進見，必與近臣偕，其所獻替，雖執政大臣有不得聞者，故人多忌之。會阿合馬立制國用使司，專總財府，一以掊克爲事。斌曰：「與其有聚

歛之臣，寧有盜臣！」於帝前屢斥其姦。

至元四年，出爲東平路總管。五年，大兵南征，道壽張。兵士有撤民席，投其赤子於地以死，訴於斌，斌馳謂主將曰：「未至敵境，而先殺吾民，國有常刑，汝亦當坐。」於是下兵士於獄，自是衆莫敢犯。歲大祲，徵賦如常年，斌馳奏免之，復請於朝，得楮幣十萬緡以賑民饑。六年，除同僉樞密院事。

大軍圍襄陽，命斌僉河南行省事。方議攻鹿門山，斌曰：「自峴山西、萬山北，抵漢江，築城浚塹，以絶餉援，則襄陽可坐制矣。」時調曹、濮民丁屯田南陽，斌議罷之，補以近地，兵民以爲便。又議户部給濱、棣、青、滄鹽券，付行省募民以米貿之，仍增價和糴。遠近輸販者輻輳，饋餉不勞而集。敕河南四路籍兵二萬以赴襄樊，斌馳奏曰：「河南户少而調度繁，實不堪命，減其半爲宜。」從之，襄陽既下，轉嘉議大夫，仍僉行中書省事。

十一年，詔丞相伯顔伐宋，改行省爲河南宣慰司，加中奉大夫，賜金虎符，充宣慰使。伯顔既渡江，分命阿里海涯定湖南，以斌貳之，拜行中書省參知政事。

十二年十月，圍潭州，斌攻西北鐵壩。阿里海涯中流矢，不能軍，斌率諸將夜集壩下，黎明畢登，戰不利。斌曰：「彼小捷而驕，今焚其角樓，斷其援道，塹城爲三周，則城可得。」諸將然之。乃銜枚以待鐵壩，人積芻稭梯其樓火之，且竪木栅壩上。詰旦，大軍布雲梯而

上，斌挾盾先登，奪木栅據之。阿里海涯持酒勞曰：「取此城，公之力也。」斌曰：「潭人膽破矣。若斂兵不進，許其來降，則土地人民皆我有，自湖以南，連城數十，可傳檄而定。若縱兵急攻，彼無噍類，得空城何益？」阿里海涯從之，遣人開示禍福，城人出降。諸將怒其久抗，咸欲屠之。斌喻以興師本意，諸將曰：「百姓當如公說，兵必誅之。」斌曰：「彼各爲其主耳，宜旌之，以勸未附者。」諸將乃止。潭人德之，爲立生祠。

十三年，奉詔諭廣西，尋命還治湖南。安化、湘鄉賊周龍、張唐、張虎等，所在蜂起，及事平，同僚議盡戮降者，以懲反側。斌但按誅首惡，脅從者盡釋之。十四年，遷行省右丞，進階資善大夫。

十五年，召入覲。時阿合馬擅權，廷臣莫敢言。斌從帝至察罕淖爾，帝問：「江南各省吏治如何？」斌對以治安之道在得人，今所用多非其人。因極言阿合馬姦蠹，一門子弟並爲要官。帝乃令御史大夫相威、樞密副使孛羅按問之，黜其親黨，檢覈其不法事，罷天下轉運司，海内稱快。斌又言：「阿老瓦丁，臺臣劾其盜官錢事猶未竟，今復授江淮參政，何以儆貪吏！」詔罷之。適尚書留夢炎、謝元昌言：「江淮行省事至重，而省臣無一人通文墨者。」乃遷斌江淮行省左丞。既至，凡蠹國病民之政，悉革之，仍條具以聞。阿合馬屏其疏不上。時江淮行省平章政事阿里伯亦與阿合馬有隙，阿合馬乃誣阿里伯與斌盜河南營田

府官糧四十萬石，命刑部尚書李子忠按其事，逮營田府提控案牘宋欽其下獄。欽其不承，以酷刑訊之，不改辭。阿合馬益怒，復遣北京行省參知政事張澍等四人雜治之，斌與阿里伯俱論死。裕宗在東宮，聞之，方食，投箸惻然，遣使止之，已不及矣。天下寃之。年五十六。至大初，贈推忠保節功臣、太傅、開府儀同三司，追封鄭國公，謚忠毅。

子三人：良知、威、恩，皆爲顯官。

宋欽其者，字敬之，申州人。初爲府掾，阿里海涯器之，擢河南營田府提控案牘。後要束木又緣事逮之，道卒。子文瓚，天曆中爲禮部侍郎。

劉宣，字伯宣，其先潞州人，後徙陽曲。父訓金，河南省掾，博學知名，與元好問友善。宣沉毅清介，有經世之志。宣撫張德輝至河東，見而器之，還朝，薦爲中書省掾。遂從國子祭酒許衡受學，初命爲河北、河南道巡行勸農副使。

至元十二年，入爲中書户部郎中，改行省郎中。從丞相伯顔平江南，伯顔嘗命宣詣大都獻捷，世祖召見，應對稱旨，賜器服寵之。江南平，命宣沙汰江淮冗官，其所存革，悉合

擢公論。除知松江府，未幾同知浙西宣慰司事。在官五年，威惠並著。遷江淮行省參議，擢江西湖東道提刑按察使。

二十二年，入爲禮部尚書，遷吏部。時將伐安南，宣上言曰：

連年日本之役，百姓愁戚，官府擾攘。今春停罷，江浙軍民歡聲如雷。安南小邦，臣事有年，歲貢未嘗愆期。邊帥生事興兵，彼因避竄海島，使大舉無功，將士傷殘。今又下令再征，聞者莫不恐懼。自古興兵，必須天時。中原平土，猶避盛夏，交廣炎瘴之地，毒氣害人，甚於兵刃。今以七月會諸道兵於静江，比至安南，病死必衆。緩急遇敵，何以應之？又安南無糧，水路難通，不免陸運。一夫擔米五斗，往還自食外，官得其半。若十萬石，用四十萬人，止可供一二月。軍糧搬載，船料軍須，通用五六十萬人。廣西、湖南調度頻數，民多離散，户令供役，亦不能辦。况湖廣密邇溪洞，寇盜嘗多。萬一奸人伺隙，大兵一出，乘虛生變，雖有留後人馬，疲弱衰老，卒難應變。請與彼中兵官深知事體者，商量萬全方略，不然將復蹈前轍矣。

及再征日本，宣又上言曰：

近議復置征東行省，再興日本之師，此役不息，安危繫焉。唆都建伐占城，阿里海涯言平交趾，三數年間，湖廣、江西供給船隻、軍須糧運，官民大擾，廣東羣盜並起，

官兵遠涉江海瘴毒之地，死傷過半，連兵未解。安南與我接境，蕞爾小邦，親王提兵深入，未見報功，唆都爲賊所殺，自遺羞辱。況日本海洋萬里，疆土闊遠，非二國可比。今此出師，實爲履險，縱不遇風，可到彼岸，倭人徒衆猥多，彼兵四集，我師無援，萬一不利，欲發救兵，其能飛渡耶？隋伐高麗，三次大舉，喪師百萬。太宗親征高麗，雖取數城而還，徒增追悔。且高麗平壤諸城，皆居陸地，去中原不遠，以二國之衆加之，尚不能克。況日本僻在海隅，與中國相懸萬里哉。

疏入報聞。

二十三年十二月，中書議更鈔用錢。宣獻議曰：

原交鈔所起，漢、唐以來，皆未嘗有。宋紹興初，軍餉不繼，造此以誘商旅，爲沿邊糴買之計，比銅錢易於賫擎，民甚便之。稍有滯礙，即用見錢，尚存古人子母相權之意。日增月益，其法浸弊，欲求目前速效，未見良策。新鈔必欲創造，用權舊鈔，只是改換名目，無金銀作本稱提，軍國支用不復抑損，三數年後亦如元寶矣。鑄造銅錢，又當詳究。秦、漢、隋、唐、金、宋利病，著在史策，不待縷陳。國朝廢錢已久，一旦行之，功費不貲，非爲遠計。大抵利民權物，其要自不妄用始。若欲濟丘壑之用，非惟鑄造不敷，抑亦不久自弊矣。

適桑哥謀立尚書省，以專國柄，錢議遂罷。

二十五年，由集賢學士除御史中丞，行御史臺事。時江浙行省丞相忙古台，悍戾縱恣，尤忌宣。一日，御史大夫與中丞出城點視軍船，有軍船載葦，御史張諒詰之，知爲行省官所使，詣揚州覆實。忙古台圖報，復遣伺臺中違失，臺官皆竦懼，陰求自解，惟宣屹然不動，忙古台怒，羅織宣之子繫揚州獄。又令酒務、淘金等官及録事司官以罪免者，誣告行臺沮壞錢糧，聞於朝，必欲置宣死地。朝廷爲置獄於行省，鞫其事。宣及御史六人俱就逮，既登舟，行省列兵衛驅迫之，至則分處，不使往來。九月朔，宣自剄於舟中。

宣將行，書後事緘付從子自誠，令勿啟視。宣死，視其書曰：「觸怒大臣，誣構成罪。豈能與經斷小人交口辯訟、屈膝於怨家之前？身爲臺臣，義不受辱，當自引決，但不獲以身殉國爲恨耳。嗚呼！天乎！實鑒此心。」别有文書言忙古台罪狀，其藁塗抹不能識，宣友前治書侍御史霍肅爲叙次其文，讀者悲之。

宣既引決，行省白於朝，以爲宣知罪重自殺。前後構成其事者，郎中張斯立也。斯立，濟南章邱人，爲行省員外郎。宣爲參議，相得甚歡。斯立坐阻格江南鈔法，尚書省命宣杖之。宣爲任其事，貸斯立罰。至是，斯立徇上官意，周納宣罪，時論薄之。延祐四年，自誠持上宣行實，御史臺以聞，贈資善大夫、御史中丞、上護軍，追封彭城郡公，謚忠憲。

子：自勉，上蔡、臨潁二縣尹；自得，杞縣主簿。

秦長卿，河南洛陽人。性俶儻有大志。世祖在京兆，已聞其名。既即位，以布衣徵至京師。長卿尚風節，好論事，與劉宣同在宿衛。

是時，尚書省立，阿合馬專政。長卿上書曰：「臣愚戇，能識阿合馬。其爲政擅生殺人，人畏憚之，固莫敢言，然怨毒亦已甚矣。觀其禁絶異議，杜塞忠言，其情似秦趙高；私蓄踰公家貲，覬覦非望，其事似漢董卓。《春秋》人臣無將，請及其未發誅之。」事下中書省，阿合馬便佞，善伺人主意，左右亦爲抹解，事遂寢。然由是大恨長卿。除興和宣德同知鐵冶事，竟誣以折閲課額，逮長卿下吏，籍其家産償官，又使獄吏殺之。獄吏濡紙塞其口鼻，即死。未幾，王著殺阿合馬，帝悟其姦，斵棺戮屍。而長卿冤終不白。

長卿從子仲，字山甫，爲建康府判官，聞長卿冤狀，即日棄官歸。阿合馬伏誅，姚燧與執政言：「仲以諸父之冤，不肯仕，宜薦之。」行臺侍御史裴道源舉爲昭州知州。至元三十年，卒於官。

仲子從龍，仕至南臺治書侍御史；從德，中書參知政事。從龍預修《經世大典》，夢其父問：「長卿事已言於史館否？」從龍乃以歐陽玄所作家傳上之。

楊居寬，字子裕，東昌莘縣人。辟中書省掾，擢左右司郎中，累遷江浙行省參議，入爲中書參知政事。性剛直。桑哥爲總制院使，倖進者入賄即得美官，居寬在中書省恒裁抑之。桑哥怒，及拜尚書右丞相，誣以罪殺之，籍其家，惟其子集賢直學士勳不連坐。居寬死時，年五十五。

弟居簡，從世祖伐宋，累遷唐州知州，有能名。桑哥伏誅，上愬兄冤，詔還所籍産，官其二孫。居簡子昇，翰林國史院檢閱官。居寬從弟居義，浦東場鹽司丞，亦有吏能。

楊朵兒只，河西寧夏人。父式臘唐兀台，給事裕宗，早卒。裕宗崩，隆福太后在東宫，問左右曰：「式臘唐兀台有子否？」以朵兒只及其弟教化對。乃命教化侍武宗，朵兒只侍

仁宗。成宗崩，仁宗自懷慶入靖内難，先命朶兒只偕李孟至京師，與右丞相哈剌哈孫定計。及仁宗至，命朶兒只領禁衛，親解御帶以賜。仁宗爲皇太子，授家令丞，旦夕侍側，至廢休沐。武宗聞其賢，召見之。皇太子爲先容曰：「此人誠可任大事，然剛直寡合。」帝然之。

仁宗即位，執朝臣誤國者，將盡誅之，朶兒只曰：「爲政而尚殺，非帝王之治也。」仁宗感其言，止誅脱虎脱等。它日，與中書平章李孟論元從人材，孟以朶兒只爲第一，拜禮部尚書。初，尚書省改作至大銀鈔，一當中統鈔二十五，又鑄銅爲至大錢，至是議罷之。朶兒只曰：「法有便否，不當視立法之人爲廢置。鈔固當廢，錢與楮幣相權而用，古之道也。國無棄寶，民無失利，錢未可遽廢也。」言雖不盡用，時論韙之。遷宣徽副使，御史請爲臺官，帝不許。

有言近臣受賄者，帝怒其非所當言，將誅之。御史中丞張珪叩頭諫，不聽。朶兒只從容言曰：「世無諍臣久矣，張珪真中丞也。」帝説，竟用珪言，且拜朶兒只侍御史。嘗侍宴，羣臣或談笑逾常度，而朶兒只獨正色，帝爲之改容。遷中丞，平章張閭以妻病，謁告歸江南，奪民河渡地，朶兒只以失大體，劾罷之。江東、西奉使斡來不稱職，朶兒只劾而杖之。

御史納璘以言忤旨，帝怒，朶兒只救之，一日至八九奏，曰：「臣非偏護納璘，誠不願陛下有殺諫臣之名。」帝曰：「爲卿宥之，可左遷昌平令。」朶兒只又言：「以御史宰京邑，無不

可者。但以言事左遷，恐後來引以爲戒，莫肯盡言矣。」它日，帝讀《貞觀政要》，朵兒只侍側，帝顧謂曰：「魏徵，古之遺直也，朕安得用之？」對曰：「直由太宗，太宗不聽，徵雖直，奚益？」帝笑曰：「卿意在納璘耶？當赦之，成爾直名。」

有上書論朝廷闕失面觸宰相者，宰相怒，將奏殺之。朵兒只曰：「詔書云：『言雖不當，無辜。』今若此，何以示信於天下？果殺之，臣亦負其職矣。」帝悟，釋之。加昭文館大學士，進階榮祿大夫。時位一品者，多乘間邀贈先世王爵。或謂朵兒只倚眷隆，宜奏請。曰：「家世寒微，幸際遇至此，已懼弗稱，况敢多求乎？且我爲之，何以風厲徼幸者？」遷中政院使。未幾，復爲中丞。

初，鐵木迭兒用興聖太后旨，召爲中書右丞相，非上意也。居兩載，有罪，託病去。既而夤緣近臣，再入相，恃勢貪虐，中外切齒，然莫敢發其姦。朵兒只慨然以糾劾爲己任。會張弼子獄起，朵兒只廉得鐵木迭兒受贓六萬貫，其大奴亦受數千，告監察御史玉龍帖木兒、徐元素按實入奏。而御史亦輦真別發其它私罪二十餘事。帝本惡鐵木迭兒，至是震怒，詔逮問。鐵木迭兒走匿太后宮中，帝爲不御酒者數日，以待決獄。誅其大奴數人，鐵木迭兒終不能得。朵兒只持之急，徽政院臣以太后旨，召朵兒只至宮門，責之。對曰：「待罪御史奉行祖宗法，必得罪人，非敢違太后旨也。」帝仁孝，恐忤太后意，但奪其丞相印綬，

而遷朵兒只集賢學士，猶數以臺事訪之，對曰：「非臣職事，不敢與聞。所念者，鐵木迭兒雖去君側，反爲東宮師傅，在太子左右，恐售其姦，則禍有不可勝言者。」

仁宗崩，英宗在諒闇中，鐵木迭兒復相，即宣太后旨，召朵兒只至徽政院，與徽政使失列門、御史大夫脱忒哈雜鞫之，責以違旨之罪。朵兒只曰：「恨不斬汝以謝天下！果違太后旨，汝尚有今日耶？」鐵木迭兒又使同時爲御史者二人證其獄，朵兒只顧二人，唾之曰：「汝等皆備位風憲，顧爲犬彘事耶？」坐者皆慚俛首，即入奏。執朵兒只載於國門外，殺之。是日晝晦，都人恟懼。英宗即位，詔天下，加以誣妄大臣之罪。

朵兒只少孤，與兄教化友愛。兄死，事寡嫂有禮，視兄子如己子，家人化之。及死，權臣欲奪其妻劉氏與人，劉氏翦髮毀容，自誓以免。後贈思順佐理功臣、金紫光禄大夫、上柱國，追封夏國公，謚襄愍。

子不花，官至僉河東廉訪司事。有殺子誣怨家者，獄成，不花讞之曰：「以十歲兒受十一創，已可疑。且彼以斧殺仇人子，必盡力，何創痕之淺反不入膚耶？」卒得其情，平反之。天曆初，陝西兵入河東，戰没，二僕皆從死。

教化，幼事武宗於潛邸。武宗總兵北邊，以成宗所賜玉印爲符令，使教化懷之。大德十年，教化入奏軍事，且請頒歲賜。太府卿持其券不下，教化憤怒，責之曰：「太子躬擐甲胄，防邊於萬里之外，賴歲賜以給軍旅之用，奈何靳之？恨不得面質汝罪於天子！」引所持撾擊之。

及成宗崩，教化疾馳至懷州，見仁宗，請即日入朝，内難遂平。武宗即位，羣臣以次召見，問教化：「太府卿孰爲汝所擊者？敕誅之，以其家産賜教化。」對曰：「事在赦前，不可失大信於人。至以其家産賜臣，臣尤不敢奉詔。」武宗嘉歎，從之。超拜同知太府院事。

至大二年，御史臺奏爲江南湖北道肅政廉訪使。入辭，帝不悦曰：「此朕左右手，何可令遠去？」留爲將作院使。是年卒，年三十三。贈效節宣忠翊戴功臣、大司徒、金紫光禄大夫、上柱國，夏國公，謚襄敏。子衍飭，監察御史。

蕭拜住，契丹石抹氏。曾祖醜奴，仕金爲古北口千户。大兵南下，同戍之將招燈必舍遁，醜奴獨帥三千人，夜襲大營，力戰不克，乃開關遣使納降。太祖命醜奴追襲招燈必舍，及諸平、灤，降之。從大軍攻取平、灤、檀、順、深、冀等州，下昌平縣及紅螺、平頂諸砦，又

兩敗金兵於邦君甸，以功爲檀州軍民元帥。車駕西征，驛送竹箭、弓弩弦各一萬，擢檀、順、昌平萬户，仍管打捕鷹房人匠。卒，官醜奴弟老瓦爲禿魯花，襲檀州節度使，與金人戰，没。祖青山，襲萬户，從丞相伯顏平宋，官湖北提刑按察使。父哈剌帖木兒，少事太子真金，典東宫宿衛，出知檀州，卒。

拜住嘗從成宗北征，由知檀州入爲禮部郎中、同知大都路總管府事，又出知中山府，以憂去官。屬仁宗出居懷孟，道過中山，有同官譖於近侍，謂知府之去，憚迎候勞耳。仁宗頷之，適見田中老嫗，問府官孰賢，嫗對：「有蕭知府，奔喪還，禱其速來。」帝意乃釋。

武宗即位，起復中書左司郎中，出爲河間路總管，召充右衛率使，遷户部尚書，拜御史中丞。皇慶元年，遷陝西行中書省右丞。延祐三年，入拜中書平章政事，罷爲典瑞院使，歷崇祥院使，階銀青榮禄大夫。拜住在中書，頗牽制鐵木迭兒所爲，又發其姦贓諸事。鐵木迭兒恨之，遂與朵兒只同被誣陷。英宗曰：「人命至重，不宜倉卒。二人罪狀未明，當白與聖宫，付法司詳讞。若果有罪，誅之未晚。」鐵木迭兒竟殺之，並籍其家。拜住死，有吴仲者，守其屍三日不去，卒收葬之。

鐵木迭兒死，會地震風烈，敕廷臣集議弭災之道。集賢大學士張珪、中書參議回回，抗言於坐，謂蕭、楊及賀勝冤死，實致沴之端，聞者失色，言終不得達。及珪拜平章，告丞

相拜住曰：「賞罰不當，枉抑不伸，不可以爲治，若蕭、楊等之冤，何可不亟爲昭雪？」遂請於英宗，贈楊朵兒只官謚。泰定初，贈拜住守正佐治功臣、太保、儀同三司、柱國，追封冀國公，謚忠愍。蕭、楊死後一年，御史鎖咬兒哈的迷失、觀音保，亦爲鐵木迭兒子瑣南所害。

史臣曰：阿合馬殺崔斌、秦長卿，忙古台殺劉宣，皆緣吏事，中以危法。至鐵木迭兒殺蕭拜住、楊朵兒只，則矯母后之命，以快其報復之私。雖明如世祖，斷如英宗，不能燭其姦而戮之。嗚呼！長國家者，慎勿爲憸人所蔽哉？

【校勘記】

〔一〕「教化」，原在「不花」上，據正文乙正。

新元史卷之一百八十四　列傳第八十一

姚天福　崔彧

姚天福，字君祥，絳州稷山人。少爲懷仁縣吏，見同列所爲，恥之。從儒者受《春秋》，學能知大義。世祖以皇太弟駐白登，縣令使天福進蒲萄酒於行帳，應對敏給，帝奇之，留直宿衛。至元初，授懷仁縣丞。丞相塔察兒奉使北藩，代州知州楊闊闊出薦天福於塔察兒，俾從行，塔察兒以爲能。五年，塔察兒爲御史大夫，妙擇官屬，以天福爲架閣管勾兼獄丞。

十一年，拜監察御史。時群臣奏事皆便服，天福朱衣秉笏以入，衆駭顧，莫知所爲。見帝，首論阿合馬擅政爲奸利，出詣中書省，執阿合馬。阿合馬亦期得對，必殺天福。及至帝前，天福探皂囊，出二十四事，抗聲論之。才及其三，帝爲之動容，曰：「即此已不容誅，況其餘乎？」國語謂虎曰巴而思，帝賜天福名巴而思，且諭之曰：「有敢違祖訓而干紀犯法者，其擊之勿縱。」是時阿合馬方以言利得幸，帝雖韙天福言，然寵任如故也。

既而天福按事北邊，道過其家，其母趙氏見之，大怒曰：「汝爲御史，胡私歸？」立遣之去，且告曰：「汝勿以吾爲慮。苟言事得罪，吾雖爲汝死亦甘心。」廷臣聞其母言，以奏，帝曰：「賢哉！非此母，不生此子。」命付史館書之。

大名路達魯花赤小甘浦，冬獵於郊，民不堪命。事聞，帝遣御史按之，反爲小甘浦所歐，更命天福往。天福微服廉問，盡得其實，立捕小甘浦，劾治之，並及他淫虐不法事。小甘浦素貴，猝見折辱，皆款服，械以俟命。爲侍御史安兀失納所營救，詔釋之。小甘浦騎過臺門，爲詬誶語，天福聞之曰：「敢爾耶！」率吏卒執之，於佩囊得賂安兀失納書，詰之，則賂在道士家。天福搜得賂如書，而安兀失納不知也。明旦，方坐御史府治事，天福叱左右撤其案，手執之。安兀失納絕裾而逸，天福持贓入奏。帝曰：「朕嘗貰小甘浦十死罪。」天福曰：「今小甘浦死罪十有七，陛下貰其十，其七誰當之？且太祖之法，安可壞耶！」於是小甘浦竟伏誅，安兀失納亦坐免官。

後安兀失納與御史大夫孛羅宴見，爲雙陸於帝前，天福入奏事，引其衣而出之，曰：「罪人也，安得近至尊？」左右皆失色。

是時，月魯那延與孛羅同爲御史大夫，天福奏曰：「一蛇九尾，首動尾隨。一蛇二首，則不能行矣。今臺綱不振者，由一蛇二首也。」帝曰：「朕亦思之，巴而思之言是。」孛羅遂

以年少自劾去。

詔罷各道提刑按察使。天福見月魯那延，反覆言所係之重，月魯那延曰：「非御史，見不及此。」夜見帝於卧内奏之，帝亦大悔，未旦，趣命中書省復立之。

阿合馬畏天福久爲御史，謀去之。會帝幸上都，遂托事，使兵馬司率騎士猝縛天福去，索其家，僅有脱粟數升。天福曰：「丞相反！無詔旨自行在來，而欲擅殺御史，非反耶？」阿合馬欲鍛煉以成其罪，無所得，乃左遷天福同知衡州路事。左司召天福受命，天福曰：「吾先受密旨，勿遠去臺，俟見上乃行。」執政不敢强之，復奏爲河東路提刑按察副使。

時北邊用兵，方冬，役太原民轉粟，民苦之。天福上言曰：「外患未寧，而先失内郡民心，可乎？」帝悟，遽命罷之。太原饑，天福發廩而後奏聞，爲有司所劾，詔勿問。入拜治書侍御史。

十六年，出爲淮西江北道提刑按察使。江南初定，蘄、黄、宣、饒諸路盜發，輒以兵屠之，而大掠其近縣。又淮西多宋宿將家，官利其貲，則緣事籍之，或遣人俘良家子女。天福於津隘置吏察閲，悉還之，嚴治掠賣之罪，得免者數千人，民立祠祀之。

十八年，移江南湖北道。劾平章阿里海涯不法事，不報。天福入朝自言之，出境，遇

賊劫之。已而知爲姚按察船，賊羅拜曰：「公正人，不可犯。」其爲人所感慕如此。遼東宣慰使阿老瓦丁以軍興盜官粟，獄久不決，詔天福按之。天福樹杙於庭曰：「屍贓吏於此，獄必具。」阿老瓦丁聞之曰：「我詎能抗姚公？」遂引伏。以内臣救之獲免，入見裕宗於東宮，泣告曰：「巴而思鞫臣如執豕然。」裕宗曰：「汝罪應爾，巴而思無濫刑也。」由是内外莫不震肅。

二十年，移山北遼東道。民饑，天福發廩賑之，州以無朝命，遣使止天福。天福留使者，振畢而後遣之。事聞，帝亦不之罪也。有叔姪爭田者，數十年不決。天福讞其事，問姪：「有歐汝叔者，汝救之否？」曰：「救之。」又問其叔：「有戕汝姪者，何如？」曰：「吾仇也。」天福曰：「然則汝何争耶？」皆感泣而去。州民以游牧爲業，天福勸以農事，民日富。又立學校，延師以教之，政化大行。

二十二年，帝選六部尚書，問巴而思所在，召拜刑部尚書。有疑獄讞上，天福不肯署，同列代決之，天福乃引疾去官。後其事果如天福所疑，人始服其明允。尋除揚州路總管。

二十六年，復改淮西路提刑按察使。行省平章政事昂吉兒，其子昂阿禿與大盜七人交通。天福捕七人，誅之，劾昂吉兒贓巨萬。時行御史臺在揚州，天福自詣臺，白其事。昂吉兒使其兵校丁文虎道殺天福，天福並執之。事聞，詔近侍阿朮、治書侍御史萬僧按

問，昂吉兒懼，因館人餽米，貯金於米囊中，持以入。天福詗知之，亦隨之入，發囊得金。昂吉兒詞伏，立杖之。然昂吉兒卒以功臣議宥，後還都，猶譖天福擅殺。帝曰：「殺賊何罪耶？」

二十八年，遷平陽府尹。有男子僞爲女巫，妄言禍福。天福曰：「是亂常敗俗者。」立命撲殺之。天福決平湖爲水碓田，民便之。按察副使速魯蠻沮其事，天福不爲動，並劾其受賕，速魯蠻坐免官。三十一年，拜甘肅行省參知政事，以母老，辭不行。

元貞元年，授陝西、漢中道肅政廉訪使，又改真定府尹。隆福太后建佛寺於五臺山，役真定民。時麥熟，天福輒止之，上言請緩至農隙，從之。欒城有殺人於逆旅者，縣令執主人考之，誣伏。獄三上，天福三疑之，縣令卒不肯改。天福問死者之母曰：「爾子所賫鈔，有私識乎？」曰：「有。」取主人之贓，使辨之，曰：「非也。」天福曰：「信冤矣。」持其事不下。居一月，而得真盜於德興。

大德三年，拜江西行省參知政事，又以病辭。四年，以通奉大夫、參知政事，行大都路總管、大興尹事。三河縣民得銅印於田間，未及送官，怨家誣爲謀反。事上府，天福取其印視之，則故三河縣印也，笑釋其縛而遣之，治縣令與告者之罪。有寡婦朱，畀弟錢爲賈，後索錢，弟不肯予，朱告於官，皆以無券，不直朱。天福使朱歸，而召其弟曰：「爾昔貧今

富，今有盜扳爾爲其徒黨，信乎？」弟惶懼，具言假姊錢致富，有簿記可按也。天福乃召朱至，按簿分其半與之。其斷決明識皆類此。

六年，卒，年七十三。敕内侍董文忠宣付天福事於史館，贈正奉大夫、河南江北行省參知政事、護軍、平陽郡公，謚忠肅。

初，天福官山北遼東道時，有武平縣民劉成暴死，其弟告嫂阿李與人通，疑爲所殺。縣令丁欽驗之，無死狀。天福趣欽三日復命，欽憂懣不知所爲。其妻韓聞之，告欽曰：「死者頂骨中當有物，塗蘖泯其跡耳。」欽濯而求之，果於頂骨中得鐵三寸許，持白天福，且言得妻之教。天福召韓問之，則夫死再醮者也。遣吏發前夫之棺，驗之，得頂骨中之鐵，與成無異。韓款服，不旬日而兩獄皆具。又天福按事過景州，有旋風起馬前，天福使二卒從之。至大澤葭葦中，得殺死者五人，一人腰間懸小印。天福曰：「吾得之矣！」下令括城中布，盡市之，且使吏四出邀行賈。有四人，載布五驢，止之，驗布上印文相合。訊以殺人事，皆款服。此二事尤爲當世傳頌云。

子：祖舜，秘書郎；侃，内藏庫使。

崔彧，字文卿，小字拜帖木兒，江淮行省左丞斌之弟也。負才氣，剛直敢言，世祖甚器之。至元十六年，奉詔偕牙納朮至江南，訪求藝術之士。還朝，首劾忽都帶兒根索亡宋財貨，擾百姓，身爲使臣，挈妻子以往，所在索鞍馬芻粟。疏上，不報。

十九年，除集賢侍讀學士。彧言：「參知政事阿里請以阿散襲其父阿合馬職，倘得請，其害不可勝言。賴陛下神聖，拒而不可。臣已疏其奸惡十餘事，乞召阿里廷辯。」帝曰：「已敕中書，凡阿合馬所用，皆罷之，窮治黨與。事竟之時，朕與汝有言也。」又請將郝禎剖棺戮屍，從之。尋敕鉤考樞密院文牘，由刑部尚書拜御史中丞。彧言：「臺臣於國家政事得失，生民休戚，百官邪正，雖王公將相，亦宜糾察。近惟御史得有所言，臣以爲臺官皆當建言，庶於國家有補。選用臺察官，若由中書，必有偏徇之弊。御史宜從本臺選擇，初用漢人十六員，今用蒙古十六員，相參巡歷爲宜。」從之。

二十年，復爲刑部尚書，上疏言時政十八事：「一曰廣開言路，多選正人，番直上前，以司喉舌，庶免黨附壅塞之患。二曰當阿合馬擅權，臺臣莫敢糾其非，迨事敗，然後接踵隨聲，徒取譏笑。宜別加選用，其舊人除蒙古人取聖斷外，餘皆當問罪。三曰樞密院定奪軍官，賞罰不當，多希阿合馬風旨。宜擇有聲望者爲長貳，庶號令明而賞罰當。四曰翰林官亦頌阿合馬功德，宜訪南北耆儒碩望，以重此選。五曰郝禎、耿仁等雖正典刑，若是者尚

多，罪同罰異，公論未伸，合次第屏除。六曰貴游子弟，用即顯官，幼不講學，何以從政？得如左丞許衡教國子學，則人才輩出矣。七曰今《起居注》所書，不過奏事檢目而已。宜擇蒙古人之有聲望、漢人之重厚者，居其任，分番上直，帝王言動必書，以垂法於無窮。八曰憲曹無法可守，是以奸人無所顧忌。宜定律令，以爲一代之法。九曰官冗若徒省一官員，併一衙門，亦非經久之策。宜參衆議，而定成規。十曰官僚無以養廉，責其貪則苛。乞將諸路大小官，有俸者量增，無俸者特給。然不取之於民，惟賦之於民。蓋官吏既有所養，不致病民，少增歲賦，亦將樂從。十一曰内地百姓流移江南避賦役者，已十五萬户。去家就旅，豈人之情，賦重政繁，驅之致此。乞降旨招集復業，免其後來五年科役，其餘積欠並蠲，事産即日給還。民官滿替，以户口增耗爲黜陟，其徙江南不歸者，與土著一例當役。十二曰凡丞相安童遷轉舊臣，悉爲阿合馬擯黜，或居散地，或在遠方，併合拔擢録用。十三曰簿録奸黨財物，本國家之物，不可視爲横得，遂致濫用。宜以之實帑藏、供歲計。十四曰大都非如上都止備巡幸，不應立留守司，此皆阿合馬以此位置私黨，宜易置總管府。十五曰中書省右丞二，而左丞缺，宜改所增右丞置諸左。十六曰在外行省不必置丞相、平章，止設左右丞以下，庶幾内重，不致勢均。彼謂非隆其名不足鎮壓者，姦臣欺罔之論也。十七曰阿里海牙掌兵民之權，子姪姻黨分列權要，官吏出其門者十之七八，威權不

在阿合馬下。宜罷職理算，其黨雖無污染者，亦當遷轉他所，勿使久據湖廣。十八曰銓選類奏，賢否莫知，自今三品以上，必引見而後授官。」敕與御史大夫玉昔帖木兒議行之。

又言：「江南盜賊相挺而起，凡二百餘所，皆由拘刷水手與造海船，民不聊生，激而成變。日本之役，宜姑止之。又江西四省軍需，宜量民力，勿强以土產所無。凡給物價與民者，必以實。召募水手，當從其所欲。伺民氣稍蘇，我力粗備，三、二年後，東征未晚。」世祖以爲不切，曰：「爾之所言如射然，挽弓雖可觀，發矢則非是矣。」

彧又言：「昨中書奉敕差官度量大都州縣地畝，本以革權勢兼併之弊，欲其明白不得不於軍民諸色人户通行覈實。又因取勘畜牧數目，初意本非擾民。而近者浮言胥動，恐失農時。」又言：「建言者多，孰是孰否，中書宜集議，可行者行之，不可則明諭言者爲便。」又言：「各路每歲選取室女宜罷。」又言：「宋文思院小口斛，出入官糧，無所容隱，所宜頒行。」皆從之。

二十一年，彧劾奏盧世榮不可居相位，忤旨，罷。二十三年，起爲集賢大學士、中奉大夫、同僉樞密院事。尋出爲甘肅行省右丞，召拜中書右丞。與中書平章政事麥朮丁奏曰：「近桑哥當國四年，中外諸官鮮有不以賄得者。其昆弟、故舊、妻族，皆授要官美地，唯以欺蔽九重、朘削百姓爲事。宜令兩省嚴加考覈，凡入其黨者，皆汰逐之。其出使之臣及

按察司官受賕者，論如律，仍追宣敕，除名爲民。」又奏：「桑哥所設衙門，其閒冗不急之官徒費禄食，宜令百司集議汰罷。及自今調官，宜如舊制，避其籍貫，庶不害公。又大都高貲户，多爲桑哥等所容庇，凡百徭役，止令貧民當之。今後徭役，不問何人，宜皆均輸，有敢如前以賄求人容庇者，罪之。又軍、站諸户，每歲官吏非名取索，賦税倍蓰，民多流移。請自今非奉旨及省部文字，敢私斂民及役軍匠者，論如法。又忽都虎那顔籍户之後，各投下毋擅招集。太宗既行之，江南民籍已定，乞依太宗之法爲是。」並如所請。

二十八年，由中書右丞遷御史中丞。或奏：「太醫院使劉岳臣嘗仕宋，練達政事，比者命其參議機務，衆皆稱善。乞以爲翰林學士，平議朝政。」又言：「行御史臺奏：『建寧路總管馬謀，因捕盜延及平民，有搒掠至死者多，又俘掠人財，迫姦處女，受民財積百五十錠，獄未具，會赦。如臣等議，馬謀以非罪殺人，不在原例。』宜令行臺詰問明白定罪。」又言：「昔行御史臺監察御史周祚，劾尚書省官忙兀帶、教化、納速剌丁滅里奸贓，納速剌丁滅里反誣祚以罪，遣人詣尚書省告桑哥。桑哥曖昧以聞，流祚於憨答孫，妻子家財並没入官。祚至和琳遇亂，走還京師。桑哥又遣詣雲南理算錢穀，以贖其罪。今自雲南回，臣與省臣閱其狀詞，罪甚微，宜復其妻子。」從之。

二十九年，或偕御史大夫玉昔帖木兒等奏：「四方之人來闕下，率言事以干進。國家

名器，資品高下，具有定格。臣等以爲，中書、樞密院宜早爲銓定，應格者與之，不當與者，即令其人講究，否則罷遣。」帝嘉納之。使去。」又言：「事有是非當否，宜早與詳審言之。當者即議施行，或所陳有須詰難條具者，

又奏：「納速剌丁滅里、忻都、王巨濟，黨比桑哥，恣爲不法，楮幣、銓選、鹽課、酒稅，皆更張變亂之。銜命江南，理算積久逋賦，期限嚴急，胥卒追逮，半於道路，民至嫁妻賣女，殃及親鄰。維揚、錢塘受害最慘，無故而殞其生者五百餘人。近者闍里按問，悉皆首實請死，士民乃知聖天子仁愛元元，而使之至此者，實桑哥及其凶黨之爲也，莫不願食其肉。臣等共議：此三人者既已伏辜，宜令中書省御史臺從公論罪，以謝天下。」

又言：「河西人薛闍干領兵爲宣慰使，吏詣廉訪司告其三十六事，檄僉事簿問。而薛闍干率軍人擒問者，辱之，且奪告者以去。臣議：從行臺選御史往按問薛闍干，仍先奪其職。」又言：「去歲桑哥既敗，使臣至自上所者，或不持璽書，口傳聖旨，縱釋有罪，擅籍人家，真僞莫辨。臣等請自今凡使臣必降璽書，省、臺、院諸司，必給印信文書，以杜奸欺。」帝曰：「何人乃敢爾耶？」對曰：「咬剌也奴、伯顏察兒，比嘗傳旨縱罪人。」帝悉可其奏。

又言：「松州達魯花赤長孫，自言不願錢穀官，願備員廉訪司，令木八剌沙上聞。傳旨至臺，特令委用，臺臣所宜奉行。但徑自陳請，又嘗有罪，理應區別。」帝曰：「此自卿事，宜

審行之。」

又奏：「江南李淦言葉李過愆，敕赴都辯論，今葉李已死，事有不待辯者。李淦本儒人，請授以教官，旌其直言。」又奏：「鄂州一道，舊有按察司，要束木惡其害己，令桑哥奏罷之。臣觀鄂州等九郡，境土亦廣，宜復置廉訪司。行御史臺舊治揚州，今揚州隸南京，而行臺移治建康；其淮東廉訪司舊治淮安，宜移治揚州。」又奏：「諸官吏受賕，在朝則詣御史臺首告，在外則詣按察司首告，已有成憲。自桑哥當國，受賕者不赴憲臺憲司，詣諸司，故爾反覆牽延，事久不竟。臣謂宜如前旨，惟於本臺、行臺及諸道廉訪司首告，諸司無得輒受。又監察御史塔的失言：『女真人教化的，去歲東征，妄言以米千石餉闍里帖木兒軍萬人，奏支鈔四百錠。』宜令本處廉訪司究問，於本處行省追償議罪。」皆從之。

三月，中書省臣奏，請以彧爲右丞，世祖曰：「崔彧敢言，惟可使任言責。」閏六月，又同御史大夫玉昔帖木兒奏：「近耿熙告：河間鹽運司官吏盜官庫錢，省臺遣人同告者雜問，凡負二萬二千餘錠，運使徵八千九百餘錠，猶欠一萬三千一百餘錠。運使張庸嘗獻其妹於阿合馬，有寵。阿合馬既死，以官婢事桑哥，復有寵。故庸夤緣戚屬，得久漕司，獨盜三千一百錠。宜命臺省遣官，同廉訪司倍徵之。」又言：「月林伯察江西廉訪司官朮兒赤帶、河東廉訪司官忽兒赤，擅縱盜賊，抑奪民田，貪污不法。今月林伯以事至京，宜就令詰

問。」又言：「揚州鹽運司受賄，多付商賈鹽，計直該鈔二萬二千八百錠。臣等以謂追徵，足日課以歸省，贓以歸臺，斟酌定罪，以清蠹源。」又奏：「江西詹玉始以妖術致位集賢，當桑哥持國，遣其掊刻江西學糧，貪酷暴橫，學校大廢。近與臣言：『撒里蠻、答失蠻傳旨，以江南有謀叛者，俾乘傳往鞫。』明日，訪知爲禿速忽、香山欺罔奏遣。玉在京師，猶敢誑誕如此，宜亟追還訊問。」帝曰：「此惡人也。遣之往者，朕未嘗知之。其亟執之！」

三十年，彧言：「大都民食唯仰客糴，頃緣官括商船載遞諸物，致販鬻者少，米價翔踴。臣等議：勿令有司括船爲便。」寶泉提舉張簡及子乃蠻帶，告彧嘗受鄒道源、許宗師銀萬五千兩，又其子知微訟彧不法十餘事，敕就中書自辯。彧已書簡等所告，與已宜對者爲牘，袖之，視而後對。簡父子所告皆無驗，並繫獄，簡瘐死，仍籍其家一女入官。乃蠻帶、知微皆坐杖罪除名。

三十一年，成宗即位。先是，千户闊闊出得玉璽於扎拉爾氏，以示彧，其文曰「受命於天，既壽永昌」，彧使上之徽仁裕聖皇后。至是，皇后手授成宗。

彧以久任憲臺，乞選他職，不許。帝諭之曰：「卿若辭避，其誰抗言？」彧言：「肅政廉訪司案牘，而令總管府檢劾非宜。」帝曰：「朕知其事，當時由小人擅奏耳，其改之。」

大德元年，彧又條陳臺憲諸事，皆見於施行。彧居御史臺久，又守正不阿，人疾之。

監察御史斡羅失刺劾奏：「彧兄在先朝嘗有罪，不宜還所籍家産。」帝怒其妄言，笞而遣之。十一月，御史臺奏：「大都路總管沙的，盜支官錢，及受贓計五千三百緡，准律當杖百七，不敘，以故臣子從輕論。」帝欲僅停其職，彧與御史大夫只而合郎執不可。已而御史又奏：「彧爲中丞且十年，不宜久任。」彧遂以病辭，帝諭之曰：「卿辭退誠是，然勉爲朕少留。」

閏十二月，兼領侍儀司事，與太常卿劉無隱奏：「新正朝賀，歲常習儀大萬安寺。」帝曰：「去歲兀都帶以雪故來遲，今而復然。諸不至及失儀者，殿中司、監察御史同糾之」。

二年，加榮禄大夫、平章政事，尋與御史大夫禿赤奏：「世祖聖訓，凡在籍儒人，皆復其家。今歲月滋久，老者已矣，少者不學，宜遵先制，俾廉訪司常加勉厲。」帝深然之，命彧與不忽木、阿里渾撒里同翰林、集賢議，特降詔條，頒於各路。

彧以是年九月卒。至大元年，贈推誠履正功臣、太傅、開府儀同三司，追封鄭國公，謚忠肅。

史臣曰：漢之汲黯，宋之包拯，元之姚天福，所謂邦之司直者也。崔彧鑒於斌之受禍，不劾阿合馬、桑哥，而事後論其黨附者，猶不免於畏强禦。然議論侃侃，切於時務，亦天福之次也。

新元史卷之一百八十五　列傳第八十二

王磐　李昶　劉肅賡　王鶚　徐世隆　孟攀鱗

王磐，字文炳，廣平永年人。世業農，歲得麥萬石，鄉人號萬石王家。父禧，金末入財佐軍興，補進義副尉。大兵破永年，將屠城，禧復罄家貲以獻，遂獲免。金人遷汴，乃渡河，居汝州之魯山。

磐從麻九疇學，客居貧甚，晝盌粥爲朝暮食。年二十六，登正大四年進士第，授歸德府録事判官，不赴。避亂襄、淮間，宋荆湖制置司辟爲議事官。太宗八年，襄陽内附，乃北歸，至洛陽。會楊惟中奉詔招集儒士，得磐，深禮敬之。東平行臺嚴實興學養士，迎磐教授，受業者常數百人，後多爲名士。

中統元年，拜益都等路宣撫副使，頃之，以疾免。磐樂青州風土，乃買田瀰河之上，題其居曰「鹿庵」，有終焉之意。及李璮謀反，磐覺之，脱身至濟南，得驛馬馳入京師，因侍臣以聞。世祖即日召見，嘉其誠節，撫勞甚厚。璮據濟南，大軍討之，帝命磐參議行中書省

事。壇平，挈妻子至東平。召拜翰林直學士，同修國史。

出爲真定、順德等路宣慰使。邢水縣達魯花赤忙兀觧貪暴不法，民苦之。有趙清者發其罪，既具伏，其妻賄人以利，使殺清。清逃，盡殺其父母妻子。清訴於官，不爲理，又欲反其獄。磐奏置忙兀觧於法，籍其家貲。

真定有西域賈人，稱貸取息，償不以時，輒置獄於家，拘繫搒掠。且恃勢干官府，坐宣慰廳事，指撝屬吏。磐大怒，叱左右捽下，箠之。時府治寓城上，即投之城下，幾死，郡人稱快。

未幾，蝗起真定，督捕使者役夫四萬人，以爲不足，欲牒鄰郡助之。磐曰：「四萬人多矣，何煩他郡？」使者怒責磐狀，期三日捕盡。磐不爲動，親率役夫督捕，三日蝗盡滅，使者驚以爲神。

至元七年，復入翰林爲學士。累遷承旨，領集賢院事。言於宰相：「害民之吏，轉運司爲甚，至稅人白骨，使死者不得改葬。宜罷去之，以蘇民力。」由是運司遂罷。阿合馬諷大臣，請合中書、尚書兩省爲一，拜右丞相安童爲三公，陰欲奪其政柄。詔會議，磐言：「合兩省爲一，以右丞相總之，寔便。不然，宜仍舊。三公不預政事，不宜虛設。」其議遂沮。遷太常少卿，乞致仕，不允。

時朝儀未立，凡稱賀，臣僚雜至帳殿前，執法者不能禁其諠擾。磐上疏曰：「按舊制，天子宮門不應入而入者，謂之闌入。闌入之罪，由第一門至第三門，輕重有差。宜令宣徽院籍兩省而下百官名，各依班序，聽通事舍人傳呼贊引，然後進。其越次者，殿中司糾察定罰，不應入而入者，準闌入罪。庶朝廷之禮，漸可整肅。」從之。

曲阜孔子廟，歷代給民户百，以供灑掃，復其家。至是，尚書省盡括之。磐言：「林廟户百家，歲賦鈔不過六百貫，僅比一六品官終年俸耳。聖朝疆宇萬里，財賦歲億萬計，豈愛一六品官俸不以待孔子？且於府庫所益無多，損國體甚大。」時論韙之。

帝以天下獄囚滋多，敕諸路自死罪以下，縱遣歸家，期秋八月，悉來京師聽決。囚如期至，帝惻然憫之，盡原其罪。他日，命近臣作詔，戒喻天下，皆不稱旨，磐獨以縱囚之意命辭。帝喜曰：「此朕所欲言而不能者，卿乃能爲朕言。」嘉獎不已，取酒賜之。再乞致仕，不允。

國子祭酒許衡將告歸，帝遣近臣問磐，磐言：「衡素廉介，其所以求退者，得非生員數少，坐糜禀禄，有所不安耶？宜增益生員，使之施教，則庶幾人才有成，衡之受禄亦可以無愧。」從之。

磐移疾家居，帝遣使慰諭曰：「卿年雖老，非任煩劇，何以辭爲？」仍詔禄之終身，並還

所斷月俸。磐不得已，復起。詔集百官，問鈔輕物重事，磐言：「物貴則不足，物賤則有餘，要以節用而不妄費，庶鈔、貨可平。」

時方伐宋，凡帷幄之謀，有所未決，即遣使問之。磐所奏，每稱上意。帝將用兵日本，問以便宜，磐言：「今伐宋，當用吾全力，庶可一舉取之。若分討東夷，恐曠日持久，功難卒就。俟宋滅，徐圖之未晚也。」江南既下，磐上疏，大略言：「禁戰軍士，選擇官吏，賞功罰罪，推廣恩信，所以撫安新附，消弭寇盜。」其言要切，皆見施行。

朝議汰冗官，欲並裁按察司。磐奏曰：「各路州郡，去京師遥遠，貪官污吏，侵害小民，無所控告，惟賴按察司爲之申理。若指爲冗官，一例罷去，則小民冤死而無所訴矣。若謂京師有御史臺糾察四方之事，是大不然。夫御史臺，糾察朝廷百官、京畿州縣，尚恐弗及，安能及外路？若欲併入運司，運司專以營利增課爲職，與管民官常分彼此，豈暇顧細民之冤抑哉？」由是按察司得不罷。

朝廷録平宋功，遷宰相執政者二十餘人，因議更定官制。磐奏曰：「歷代制度，有官品，有爵號，有職位。官、爵所以示榮寵，職位所以委事權。臣下有功有勞，隨其大小，酬以官爵；有才有能，稱其所堪，處以職位。此人君御下之術也。臣以爲有功者，宜加遷散官，或賜五等爵號，如漢唐封侯之制可也，不宜任以職位。」

日本之役，師行有期，磐入諫曰：「日本小夷，海道險遠，勝之則不武，不勝則損威，臣以爲勿伐便。」帝震怒，謂非所宜言，且曰：「此在國法，言者不赦，汝豈有他心耶？」磐對曰：「臣赤心爲國，故敢言之。苟有他心，何爲冒萬死而歸陛下？今臣年已八十，又無子，他心欲何爲耶？」明日，帝遣侍臣以温言慰諭磐，出内府碧玉枕賜之。

磐以年老，累乞骸骨。丞相和禮霍孫爲言，詔允其請，進資德大夫，致仕，仍給半俸終身。皇太子聞其去，召入宫，賜食慰問良久。行之日，皇太子賜宴聖安寺，公卿百官出送麗澤門外，縉紳以爲榮。磐無子，命其婿著作郎李稺賓爲東平判官，以養磐。每大臣燕見，帝數問磐起居，始終眷顧不衰。磐資性剛方，閒居不妄言笑，每奏對，不肯阿意承順，帝嘗以古遺直稱之，雖權倖側目，弗顧也。阿合馬方得權，以重幣求文，磐拒弗與。所薦宋衜、雷膺、魏初、徐琰、胡祗遹、孟祺、李謙，後皆爲名臣。卒年九十二。贈端貞雅亮佐治功臣、太傅、開府儀同三司，追封洺國公，謚文忠。

李昶，字士都，東平須城人。父世弼，從外家受孫明復《春秋》。金貞祐初，三赴廷試，不第，推恩授彭城主簿。復求試，一夕，夢在李彦榜下及第。時昶年十六，已能文，乃更其

名曰彦。興定二年，父子廷試，昶果以《春秋》中第二甲。世弼在第三甲，授東平教授，卒。

昶釋褐，授徵事郎、孟州温縣丞。累遷尚書省掾，再調漕運提舉。金亡，行臺嚴實辟爲都事，改行軍萬户知府事。實卒，子忠濟嗣，擢昶爲經歷。忠濟怠於政事，昶諫曰：「比年内外裘馬相尚，飲宴無節，庫藏空虚，百姓匱乏，若猶循習故常，恐生他變。惟閤下接納正士，黜遠小人，損騎從，省宴遊。雖不能救已然之失，尚可以弭未然之禍。」時朝廷裁抑諸侯，法制寖密，忠濟縱侈自若。昶以親老求去，不許。俄以父憂去官，杜門教授，一時名士若李謙、馬紹、吴衍等，皆出其門。

世祖伐宋，次濮州，聞昶名，召見，問治國用兵之要。昶上疏，論治國，則以用賢、黜不肖、務本清源爲對；論用兵，則以伐罪、救民、不嗜殺爲對。世祖嘉納之。

明年，世祖即位，召至開平。昶知無不言，眷遇益厚。時徵需煩重，行中書省科徵税賦，雖逋户不貸。昶移書時相曰：「百姓困於弊政久矣，聖上龍飛，首頒明詔，天下之人，如獲更生，拭目傾耳，以傒太平。半年之間，人漸失望，良以渴仰之心太切，興除之政未孚故也。今又聞欲據丁巳户籍徵税，比之見户，或加多十六七。止驗見户，應輸猶恐不逮，復令包補逃亡，必致艱難。苟不以撫字爲心，惟事苛徵，則諸人皆能之，豈聖上擢賢更化之意哉？」省臣感其言，爲蠲逋户之賦。

中統二年春，阿里不哥來降，昶上表賀，因進諫曰：「患難所以存儆戒，禍亂將以開聖明。伏願日新其德，雖休勿休，戰勝不矜，功成不有，和輯宗親，撫綏將士，增修庶政，選用百官，儉以足用，寬以養民。恒以北征宵旰之勤，永爲南面逸豫之戒。」世祖稱善久之。世祖嘗燕處，望見昶輒斂容曰：「李秀才至矣。」其見敬禮如此。

會嚴忠濟罷，以其弟忠範代之。忠範表請昶，師事之，特授翰林侍講學士、行東平路總管軍民同議官。昶條十二事，剗除宿弊。廷議令百姓老疾者，仍充賦役。昶言於政府曰：「鰥寡廢疾之人，命所在優恤，此近日德音也。旬月之間，一予一奪，何以示信於民？」其議始格不行。

至元元年，減併各路官，昶謝事家居。五年，起爲吏禮部尚書，品格條式，選舉禮文之事，多所裁定。凡議大政，宰相延置上座，傾聽焉。六年，阿合馬議立尚書省，昶請老。七年，詔授南京路總管府尹，不赴。八年，授山東東西道提刑按察使，務持大體，不事苛細，未幾致仕。二十二年，昶年已八十三，復遣使徵之，以老疾辭，賜田千畝。二十六年卒，年八十七。著《春秋左氏遺意》二十卷、《孟子權衡遺說》五卷。

劉肅，字才卿，威州洺水人。金興定二年進士。爲尚書省令史。盜竊内藏珠及官羅，逮繫貨珠牙儈及藏吏，誣服者十一人。刑部議皆置極刑，肅執之曰：「盜無正贓，殺之冤。」金主怒，有近侍夜見肅，具道上意。肅曰：「辯析冤獄，我職也。惜一己而戕十一人之命，可乎？」明日，詣省辯愈力。右司郎中張天綱曰：「汝具奏辯之。」奏入，金主悟，因得不死。

調新蔡令。先時，縣賦民以牛多寡爲差，民匿牛不耕。肅至，命樹畜繁者不加賦，民遂殷富。瀕淮民有竄入宋境，籍爲兵而優其糧，間有歸者，艱於衣食，時出怨言曰：「不如渡淮。」告者以謀叛論，肅曰：「淮限宋境，一水耳，果欲叛，不難往也。口雖言而心無實，準律當杖八十。」奏可。擢户部主事。

金亡，依東平嚴實，辟行尚書省左司員外郎，又改行軍萬户府經歷。東平歲賦絲銀，復輸綿十萬兩、色絹萬匹，民不能堪，肅贊實奏罷之。世祖居潛邸，以肅爲邢州安撫使，肅興鐵冶及行楮幣，公私賴焉。

中統元年，擢真定路宣撫使。時中統新鈔行，罷鈔銀不用。真定以銀鈔交通於外者，凡八千餘貫，公私囂然，莫知所措。肅建三策：一曰用舊鈔，二曰新舊兼用，三曰官以新鈔如數易舊鈔。中書從其第三策，遂降鈔五十萬貫。二年，授左三部尚書。未幾，兼商議中書省事。三年，致仕，給半俸。四年，卒，年七十六。

肅性舒緩，有執守。嘗集諸家《易》説，曰《讀易備忘》。後累贈推忠贊治功臣、金紫光禄大夫、上柱國、大司徒、邢國公，謚文獻。子愻，長葛縣主簿，贈光禄大夫、大司徒、邢國公，謚孝靖；憲，禮部侍郎；愻，大名路總管。愻子賡。

賡，字熙載。幼師事王磐。至元十三年，授國史院編修官。遷應奉翰林文字，辟司徒府長史，仍兼應奉。出爲德州同知，累擢太常博士，拜監察御史。中丞崔彧好使氣，他御史拜謁，彧平受之，獨見賡則禮焉。

大德二年，擢翰林直學士。秋，大雨，河決蒲口，詔賡等塞之。七年，奉使宣撫陝西。至大二年，拜禮部尚書，兼翰林學士。明年，遷侍御史。未幾，拜翰林學士承旨，兼國子祭酒。皇慶元年，遷集賢大學士，仍兼祭酒。延祐元年，復爲承旨。六年，拜太子賓客。七年，拜集賢大學士。尋又爲翰林承旨。泰定元年，加光禄大夫。會集議上尊號，賡抗言不可，事遂已。天曆元年卒，年八十一。至順三年，贈河南行省平章政事、柱國，追封趙國公，謚文貞。

賡官至一品，年七十，父愻尚亡恙，賡躬奉飲食，昕夕侍側。仁宗聞之曰：「此我國家人瑞也。」刻玉爲鳩杖以賜，士論榮之。

王鶚，字百一，開州東明人。始生，有大鳥止於庭，鄉人張大淵曰：「鶚也，是兒其有大名乎！」因名之。幼聰悟，日誦千餘言，長工詞賦。

金正大元年，登進士一甲第一，授應奉翰林文字。累遷同知申州事，行蔡州汝陽令。丁母憂。金主遷蔡州，詔尚書省移書恒山公武仙進兵，金主覽書，問誰爲之，右丞完顏仲德曰：「前翰林應奉王鶚。」曰：「朕即位時狀元耶？」召見，惜擢用之晚。起復，授尚書省右司都事，擢左右司郎中。蔡州陷，將受戮，萬户張柔聞其名，救之，館於保州。

世祖在藩邸，訪求遺逸之士，遣使聘鶚。及至，使者數輩迎勞，召對。進講《易》、《尚書》、《孝經》及齊家治國之道，古今事物之變，每夜分乃罷。世祖曰：「我未能即行汝言，安知異日不行之耶？」鶚就聘時，其友馬雲漢贈以孔子畫像，鶚奏請行釋奠禮，世祖悦。禮畢，鶚進胙於世祖。自是春秋二仲，歲以爲常。歲餘，鶚乞還，賜以馬，仍命近侍闊闊、柴禎等五人從之學。繼命徙居大都，賜宅一區。嘗因見，請曰：「天兵克蔡，金主自縊，其奉御絳山焚葬汝水之傍。至則爲河水所没，設牲酒爲位哭之。禮，爲舊君有服，願往葬祭。」世祖義而許之。

定宗元年春正月辛卯朔，日有食之，世祖問，鶚以宋富弼故事對，世祖爲罷宴徹樂，明日始受賀。憲宗六年，遣李堯咨以安車徵鶚，與魏璠同召見，奏對稱旨，將任以政事，鶚力辭。

中統元年，首授翰林學士承旨，制誥、典章，皆所裁定。至元元年，加資善大夫。上奏：「自古帝王得失興廢可考者，以有史在也。我國家以神武定四方，天戈所臨，無不臣服者，皆出太祖皇帝廟謨雄斷所致。若不乘時紀録，竊恐久而遺亡。宜置局纂實録，附修遼、金二史。」又言：「唐太宗始定天下，置弘文館學士十八人。宋太宗承太祖開創之後，設内外學士院。史册爛然，號稱文治。堂堂國朝，豈無英才如唐、宋者乎？」皆從之，始立翰林學士院，鶚薦李冶、李昶、王磐、徒單公履、郝經、徐世隆、高鳴爲學士，楊恕、孟攀鱗爲待制，王惲、雷膺爲修撰，周砥、胡祗適、孟祺、閻復、劉元爲應奉文字。一時人才，搜羅殆盡。復奏立十道提舉學校官。

有言事者，謂宰執非其人，詔儒臣廷議可任宰相者。時阿合馬巧佞，欲乘隙取相位，大臣復助之，衆知其非，莫敢言。鶚奮然擲筆曰：「吾以衰老之年，無以報國，既欲舉此人爲相，吾不能插驢尾矣！」振袖而起，事遂寢。五年，乞致仕，詔有司歲給廩禄終其身。十年卒，年八十四。十五年，翰林學士承旨和禮合孫、前中書左丞張文謙奏：「鶚，藩邸舊人，

宜有封謚。」詔特謚文康。

鶚性樂易，爲文章不事雕飾，嘗曰：「學者當以窮理爲先，分章析句，乃經生舉子之業，非爲己之學也。」著《論語集義》一卷，《汝南遺事》四卷，詩文四十卷。無子，以婿周鐸子之綱爲後。之綱，官至翰林侍讀學士。

徐世隆，字威卿，陳州西華人。金正大四年進士，爲縣令。其父戒世隆曰：「汝年少，學未至，毋急仕進，當讀書以益智識，俟三十入官未晚也。」世隆遂辭官，益篤於學。

金亡，嚴實招致幕府，俾掌書記。世隆勸實收養寒素，一時名士多歸之。又使世隆考其甲乙，屢入高等者擢用之，李謙、閻復、孟祺、張孔孫、夾谷之奇等皆預其選。

憲宗即位，以爲拘榷燕京路課税官，世隆固辭。世祖在潛邸，召見於日月山。時將伐雲南，以問世隆，對曰：「孟子有言：『不嗜殺人者能一之。』夫君人者，不嗜殺人，天下可定，況蕞爾之小夷乎？」世祖曰：「誠如卿言，吾事濟矣。」實得金太常登歌樂，世祖遣使取之，世隆典領以行，既見，世祖欲留之，世隆以母老辭。遣尚書柴禎送世隆還，嚴忠濟署爲本府經歷。

中統元年，擢燕京等路宣撫使。世隆以新民善俗爲務。中書省檄諸路養禁衛羸馬，數以萬計，世隆曰：「國馬牧於北方，無飼於南者。上新臨天下，京畿根本地，煩擾之事，必不爲之。馬將不來。」吏白：「此軍需也，其責不輕。」世隆曰：「責當我坐。」卒弗爲備，後馬果不至。清滄鹽課，虧不及額，世隆綜覈之，得增羨若干，賜銀三十錠。二年，移治順天，歲饑，世隆發廩貸之，全活甚衆。三年，宣撫司罷，世隆還東平，請增宮縣大樂、文武二舞，令舊工教習，以備大祀，從之。除世隆太常卿，兼提舉本路學校事。四年，世祖問堯、舜、禹、湯爲君之道，世隆取書所載帝王事奏之，帝喜曰：「汝爲朕直解進讀，朕將聽之。」書成，帝命翰林承旨安藏譯國語以進。

至元元年，遷翰林侍講學士，兼太常卿，詔命典册多出其手。世隆奏：「陛下帝中國，當行中國事。事之大者，首惟祭祀，祭必有廟。」乞敕有司以時興建，從之。逾年廟成，迎祖宗神御奉安太室，而大饗禮成。俄兼户部侍郎，承詔議立三省，定内外官制上之。

七年，遷吏部尚書。世隆以銓選無可守之法，撰《選曹八議》，俱著爲令。

九年，乞補外，佩虎符爲東昌路總管。至郡，專務以德率下，不事鞭箠，郡人頌之。十四年，遷山東提刑按察使。時有妖言獄，所司逮捕凡數百人，世隆剖析註誤者十之八、九，悉縱遣之。十五年，移淮東。宋將許瓊家童，告瓊匿官庫財，有司繫其妻孥。徵之，瓊所

匿者亡宋之物，不得與盜官財者同論，世隆獨抗章辯明，行臺是之，釋不問。十七年，召爲翰林學士，又召爲集賢學士，皆以疾辭。

世隆慈祥樂易，人忤之無慢色。喜賓客，樂施與，明習前代典故，尤精律令。二十二年，安童再入相，奏世隆雖老，尚可用。遣使召之，仍以病辭，附奏便宜九事。賜田十頃。未幾卒，年八十。著有《瀛洲集》百卷、文集若干卷。

孟攀鱗，字駕之，雲内人。曾祖彥甫，以明法爲西北路招討司知事。有疑獄當死者百餘人，彥甫執不從，後三日得實，皆釋之。祖鶴、父澤民，皆金進士。

攀鱗幼日誦萬言，時號奇童。金正大七年，擢進士第，仕至朝散大夫、招討使。金亡，北歸居平陽。定宗元年，爲陝西帥府詳議官，遂家長安。世祖中統三年，授翰林待制、同修國史。

至元初，召見，攀鱗條陳十七事，勸上親祀天地、宗廟，制禮樂，建學校，行科舉，擇守令以字民，儲倉廩以贍軍，省無名之賦，罷不急之役，百司庶府統有六部，紀綱制度悉由中書，是爲長久之計。世祖嘉納之，咨問諄諄。後論王鶚、許衡優劣，對曰：「鶚文華之士，可

置於翰苑；衡明經傳道，可爲後學矜式。」帝深然之。又嘗召問親祀郊廟儀制，攀鱗悉據經典以對。時帝將親祀，命攀鱗會太常議定禮儀，攀鱗畫南北郊及宗廟之圖以進，帝覽而善之。復以病請歸，命就議陝西五路四川行中書省事。四年，卒，年六十四。延祐三年，贈翰林學士承旨、資德大夫、上護軍、平原郡公，謚文定。

新元史卷之一百八十六　列傳第八十三

張惠　石天麟　楊湜　張昉　張天祐　高觿　張九思　郝彬　王伯勝

張惠，字廷傑，成都新繁人。大兵入蜀，惠年十四，被俘至杭海。居數年，盡通諸國語，孟速思愛其才而薦之，入侍世祖藩邸，以謹敏稱，賜名兀魯忽訥特。世祖即位，授燕京宣慰副使。爲政寬簡，奏免分數錢，罷硝碱局。

至元元年八月，拜中書參知政事，行省山東。贖俘囚二百餘家爲民，其不能歸者，使爲僧，建寺居之。李壇之亂，山東民被掠者甚衆，惠大括軍中，悉縱之。遷制國用使司副使。會改制國用司爲尚書省，拜參知政事。遷中書左丞，進右丞。伯顏伐宋，詔惠主饋餉，凡江淮錢穀皆領之。

十三年，宋降，伯顏命惠與參知政事阿剌罕等入城，按閱府庫版籍，收其太廟與景靈宫禮樂器及郊天儀仗。籍江南民爲工匠凡三十萬户，惠選通藝業者十餘萬户，餘悉奏還爲民。伯顏以宋主北還，使惠居守。惠不待命，輒啟府庫封鑰，伯顏以聞，詔左丞相阿朮、

平章政事阿塔海詰之，徵還京師。

二十年，拜榮禄大夫、平章政事，行省揚州。二十二年，復命以平章政事行省杭州。至無錫卒，年六十二。惠所至有能聲，然依附阿合馬，士論少之。以潛邸舊臣，故世祖眷顧獨厚云。

石天麟，字天瑞，大都順州人。年十四，入見太宗，因留宿衛。天麟好學，通諸國文字。帝命耶律楚材釐正庶務，擇賢能爲參佐，天麟預選，賜名蒙古台。宗王旭烈兀征西域，以天麟爲斷事官。

憲宗六年，遣天麟使於海都，拘留久之。既而叛王劫皇子北安王以往，寓於天麟所。天麟與其用事者習狎，因告以逆順禍福之理，海都遂遣天麟與北安王同歸。天麟留二十八年始還，世祖大悦，賞賜甚厚。拜中書左丞，兼斷事官，天麟辭曰：「臣奉使無狀，陛下幸赦弗誅，何敢叨榮寵，貽廟堂之羞？」帝嘉其誠懇，從之。

或譖丞相安童嘗受海都官爵，帝怒。天麟奏曰：「海都親藩，非仇敵比，安童不拒絶之，殆欲導其歸命。」帝怒乃解。江南道觀藏宋主畫像，有僧與道士交惡，發其事，將寘極

刑。帝以問天麟，對曰：「遼帝、后銅像今尚在西京佛寺，未聞干禁令也。」事遂寢。天麟年七十餘，帝以金龍頭杖賜之，曰：「卿年老，出入宮掖，可杖此。」時權臣桑哥用事，人莫敢言。天麟獨劾其奸，無所顧忌。

成宗即位，加榮禄大夫、司徒。召宴玉德殿，醉，命御輦送還。武宗即位，進平章政事。至大二年秋八月卒，年九十二。贈推誠宣力保德翊戴功臣、開府儀同三司、太師、上柱國，追封冀國公，謚忠宣。

子珪，累官治書侍御史，遷樞密副使，復爲治書侍御史，拜河南行省中書右丞、南臺御史中丞，卒。次子懷都，累官刑部尚書。

楊湜，字彦清，真定藁城人。工書算，始以府吏遷檢法。中統元年，辟中書掾，與中山楊珍、無極楊卞齊名，時人以「三楊」目之。中書省初立，國用不足，湜論鈔法宜以榷貨制國用，朝廷從之，使掌其條制。四年，授益都路宣慰司咨議。遷左司提控掾，請嚴贓吏法。

至元二年，除河南、大名諸處行中書省都事。三年，制國用司總天下錢穀，以湜爲員外郎，佩金符。改宣徽院參議。湜計帑立籍，具其出入之算，每月終上之，遂定爲令。加

諸路交鈔都提舉，上鈔法便宜事，謂平準行用庫白金出入有盜濫之弊，請以五十兩鑄爲鋌，文以「元寶」，用之便。

七年，改制國用司爲尚書省，拜户部侍郎，仍兼交鈔提舉。時用壬子舊籍定民賦役之高下，湜言：「貧富不常，歲久浸易，不可以昔時之籍而定今之賦役。」廷議善之。湜心計精析，時論財政者咸推其能。未幾，卒。

子克忠，安豐路總管。孫貞。

張昉，字顯卿，東平汶上人。父汝明，金大安元年進士，官至治書侍御史。

昉性縝密，遇事敢言，以任子試補吏部令史。金亡，還鄉里。嚴實辟爲掾。鄉人有執左道惑衆謀不軌者，事覺逮捕，詿誤甚衆，僚佐莫敢言，昉獨别白出數百人。實才之，擢幕職。有將校死事，以弟襲其職者，至是革去，昉辯明，復之，持金夜饋昉，昉卻之，慚謝而去。同里張氏，以絲五萬兩寄昉家，俄昉家被火，貲用悉焚，惟張氏絲以家人營救獨完，人尤義之。權知東平府事，以疾辭，家居養母。

中統四年，參知中書省事。商挺表爲四川等處行樞密院參議。至元元年，入爲中書

省左右司郎中。三年，遷制國用使司郎中。丁内憂，哀毁踰制。尋詔起復，録囚東平，多所平反。七年，轉尚書省左右司郎中。九年，改中書省左右司郎中。昉有識慮，損益古今，裁定典憲，名爲稱職。十一年，拜兵刑部尚書，上疏乞骸骨，致仕，卒。贈中奉大夫、參知政事，追封東郡公，謚莊憲。

子克適，平陰縣尹。孫振，秘書著作郎；揆，中書省左司都事；拱，常德路蒙古學教授。

張天祐，字吉甫，開封浚儀人。幼給事裕宗，以年勞授工匠總管府經歷，有能名。至元十四年，轉歷城尹，未赴，改同知棣州。十八年，詔發濟南十路民丁五萬濬膠河以通海運，責天祐董其役，丞相哈必赤監之。冬寒，天祐數言宜休衆，待春徵集，哈必赤不從。天祐行堤，見僵尸枕籍，歎曰：「吾曹媚上急功，使民凍死，可乎？」悉縱遣之，言於哈必赤曰：「有罪吾請身坐，不以相及。」事聞，帝大爲嗟異。裕宗擢爲功德司經歷，尋改總判院，晉奉訓大夫。二十二年，出爲太原路總管，有惠政，部民刊石頌之。召參議尚書省事。二十五年，拜中書參知政事。大德四年，改僉宣政院事，進資善大夫、同知江南行宣政院事。

卒，年六十三。

高觿，字彦解，本女真渤海部人，後改高氏，徙潞州上黨。父守忠，國初爲千户。太祖九年，從親王口温不花攻黄州，歿於兵。

觿事世祖，備宿衛，甚見親幸。至元初，立燕王爲皇太子，詔選才儁充官屬，以觿掌藝文監，兼領中醖、宫衛監門事，又監作皇太子宫，規制有法，帝嘉之，錫金幣、廐馬，因觿面黄，賜名失剌。十八年，授工部侍郎、行同知王府都總管府事。十九年春，皇太子從帝北幸。時丞相阿合馬留守大都，專權恣横，益都千户王著與高和尚等謀殺之。

三月十七日，觿宿衛宫中，有番僧二人至中書省，言今夕皇太子與國師來建佛事。省中疑之，使出入東宫者雜識之，觿等皆不識，乃作番語詢僧曰：「皇太子及國師今在何處？」二僧失色，又以漢語詰之，倉皇不能對，遂執二僧屬吏。訊之，皆不伏。觿恐有變，乃與尚書忙古兒、張九思，集衛士各執弓矢以備。頃之，樞密副使張易亦將兵駐宫門外。觿問：「何爲？」易曰：「夜當自見。」觿固問，乃附耳語曰：「皇太子來誅阿合馬也。」夜二鼓，忽聞人馬聲，遥見燭籠儀仗，將至宫門，一人前呼啟關，觿謂九思曰：「他時殿下還宫，必以

完澤、賽音二人先，請見二人，然後啟關。」觿呼二人不應，即語之曰：「皇太子平日未嘗行此門，今何來此？」賊計窮，趨南門。觿留張子政守西門，亟走南門伺之。但聞呼省官姓名，燭影下遥見阿合馬及左丞郝禎已被殺。觿乃與九思大呼曰：「此賊也！」叱衛士急捕之，高和尚等皆遯去，惟王著就擒。黎明，中丞也先帖木兒與觿等馳驛至上都，以其事聞。高和尚等尋被獲，皆伏誅。

二十二年，遷嘉議大夫、同知大都留守司事、少府監。久之，遷中奉大夫、河南等處宣慰使。卒，年五十三。後贈推誠協亮功臣、太傅、儀同三司、上柱國、魯國公，謚莊僖。

張九思，字子有，大都宛平人。父滋，薊州節度使。至元二年，九思入備宿衛，裕皇居東宮，一見奇之，以父蔭當補外，特留不遣。江南平，宋庫藏金帛輸内府，分授東宮者，置都總管府以主之。九思以工部尚書兼府事。

十九年春，世祖幸上都，皇太子從，阿合馬留守，妖僧高和尚、千户王著等謀殺之。夜聚數百人爲儀衛，稱皇太子，入健德門，傳令啟關甚遽。九思適直宿宫中，命衛士勿擅啟關，語在《高觿傳》。賊知不可紿，循垣趨南門外，擊殺阿合馬、郝禎。時變起倉卒，且昏

夜，衆莫知所爲。九思審其詐，叱衛士并力擊賊，賊遁去，惟王著就擒。賊之入也，矯太子命，徵兵於樞密副使張易，易遽以兵與之。易既坐誅，刑官復論以知情，將傳首四方。九思啟太子曰：「張易應變不審，授賊以兵，死復何辭？若坐以同謀，則過矣，請免其傳首。」從之。九思討賊時，右衛指揮顔進中流矢死，怨家誣爲賊黨，將籍其家，九思力辯，得免。

是年冬，立詹事院，以九思爲丞，遂舉名儒上黨宋衜、容城劉因、滕州夾谷之奇、鄆州李謙，分任東宫官屬。二十二年，皇太子卒，朝議欲罷詹事院。九思抗言曰：「有皇孫在，固宗社之所屬，人心之所繫也，奈何爲斯言乎？」衆韙之。

三十年，丞相完澤薦之曰：「昔妖僧之變，能審詐禦賊者也。」遂拜中書左丞，兼詹事丞。明年，世祖崩，成宗即位，改詹事院爲徽政院，以九思爲副使。十一月，進資善大夫、中書右丞，兼領修《裕宗實録》事。大德二年，拜榮禄大夫、中書平章政事，兼領徽政院副使如故。五年，改授大司徒、徽政院副使，領將作院事。賜小車，得乘出入殿門，諭之曰：「朕知卿必以禮辭，誠念卿宫府舊臣，不忍卿步履之艱也，其毋辭。」既而又詔曰：「昔在東朝，卿於事無所違缺，朕素念之。今佐朕理天下如詹事，朕所望也。」時人榮之。六年，加光禄大夫，卒，六十一。追封魯國公，贈推誠翊亮功臣、太傅、上柱國，謚惠獻。

子金界奴，天曆三年爲大都留守。文宗建奎章閣，金界奴爲都主管公事，帝嘉其才，

命爲九思立神道碑以寵之。歷官河南行省右丞。

郝彬，字景文，後改名元良，霸州信安人。年十六，爲東宫宿衛。擢揚州路治中。宋末，鄞縣賊顧閏聚衆劫掠海上，宋覊縻以官，内附後益横，彬討擒之。泰興人有被殺者，賊二年不獲，吏誣平人，獄已具。彬疑其誣，讞之，果得真賊。

二十二年，遷同知淮西道宣慰司事，覈户版，理屯田，諸廢修舉。改江淮財賦府總管府，掌東宫田賦。官屬皆以僉事奏授，不隸中書，往往爲奸利誅求無厭。彬爲總管，入見，請受憲司糾察以革私弊，罷所隸六提舉司以便民，從之。兩淮鹽課當天下之半，法日弊壞，以彬行户部尚書經理之。彬請度舟楫所通，建六倉，煮鹽於場，運之，歲首聽羣商於轉運司探倉籌買券，又定河商、江商市易之法，著爲令。

大德中，入爲工部尚書，改户部尚書。至大元年，拜中書參知政事，俄以病自免歸。尚書省立，拜參知政事，辭不獲命，出爲江西行省參知政事。三年，復爲尚書參知政事。仁宗在東宫，彬懇辭至，稱疾篤。時相强起之，彬堅卧一榻，至數月。迨尚書省臣得罪，彬獨不與焉。家居七年，仁宗召爲大司農卿，又固辭。延祐七年卒，年六十二。

彬從兄從，河間清鹽使；從子志善，監察御史。並有時名。

王伯勝，霸州文安人。兄伯順，給事内廷，爲世祖所親幸，因以伯勝入見，命直宿衛。伯勝年十一，廣顙巨鼻，狀貌偉麗，帝顧謂伯順曰：「此兒當勝卿。」因賜名伯勝。帝嘗沃盥，水温冷適當，問誰進者，内侍以伯勝對。帝曰：「此兒達人情，他日必知爲政。」

至元二十五年，從征乃顔，以功授朝列大夫、拱衛直都指揮使。初，拱衛直隸教坊，市井無賴往往竄名衛卒，伯勝盡募良家子易之。大德五年八月，扈從上都，天久雨，夜聞城西北有聲如戰鼓。伯勝出視，乃大水暴至，伯勝立具畚鍤，以土石、氈罽塞門，分決壕城，至旦始定，而民弗知。丞相完澤以聞，帝嘉之。以侍成宗疾，忤安西王，出爲大寧路總管，伯順亦出爲梁王傅。

武宗即位，召拜大都留守，兼少府監。大都土城，歲必蓑葦以禦雨，日久城日堅，徒爲勞費，伯勝奏罷之。

仁宗即位，敕百司改升品級者悉復至元舊制，降授資政大夫，尋復進榮禄大夫，拜遼陽等處行中書省平章政事。遼陽俗陋敝，民不知學。伯勝增置州學，子弟擇名師教之。

度田百頃，募民耕種，以給廩餼。歲大旱，禱雨立應，人謂之平章雨。延祐二年，仍爲大都留守，遼陽民具狀乞留，不得請，相與涕泣而去。三年，特授銀青榮禄大夫。

至治二年，賜金虎符，授武衛親軍都指揮使，兼大都屯田事，仍大都留守。奉詔監修太廟及咸寧殿。泰定三年卒。贈翊忠宣力保惠功臣、太保、金紫光禄大夫、上柱國，追封薊國公，謚忠敏。

長子恪，初名安童，累官兵部尚書、南臺治書侍御史、僉宣徽院事。次馬兒，以宣武將軍襲武衛親軍都指揮使。孫善果，襲伯順官，至大司徒。

新元史卷之一百八十七　列傳第八十四

尚文　李謙　王約　張昇

尚文，字周卿，祁州深澤人，後徙保定。幼嗜學，卓犖負奇志。中統元年，張文謙自河東還，前參知政事王椅薦文才，文謙辟掌書記。至元元年，西夏行中書省復辟之。六年，始立朝儀，太保劉秉忠言於世祖，詔文與諸儒採唐《開元禮》及近代禮儀之可用者，斟酌損益，凡常朝、朔望起居、元日、冬至會覲，内外文武仗衛、服色差等、圖象、規製，皆文掌之。七年，朝儀成，敕爲綿蕞於禁城東，使百官肄習。帝見大書「宸極御座之居」，召文問之，對曰：「天極居中，衆星環拱，帝德無爲，天下歸之，其象如此。」帝大悦，遂爲定制。遷文司農都事。八年，禮成，置侍儀司。秉忠以文見帝於仁智殿，擢右直侍儀使。十二年，復爲司農都事。

十七年，出爲輝州知州。懷孟民馬氏、宋氏，誣伏殺人，獄久不決。使者檄文讞之，得吏卒羅織狀，兩獄皆釋。十九年，召爲户部司金郎中。初，竹稅置提舉司，懷、衛二州居民

犯一筍一竹，率以私論，至破家。至是，文抗言罷之，俾州縣收其課，民便之。江西行省與宣慰使交訟，皇太子使文訊其事，罷行省官及宣慰使各一。

二十二年，遷御史臺都事。南臺御史上封事，言帝春秋高，宜禪位皇太子，皇太子聞之懼，文因寢其奏不發。答即古、阿散等知之，奏請收內外百司吏案，索天下錢糧之埋沒者，實欲藉發其事。文白於右丞相安童、御史大夫月吕魯那延，並拒不問。翌日，答即古等奏聞，敕宗正薛徹干取其奏。皇太子益懼，文曰：「事急矣！」白月吕魯，請就省圖之，至謂安童曰：「丞相、大夫皆朝廷柱石，皇太子天下根本。固本安天下，兩公任也。此輩傾險，乘釁圖不逞，禍且不測。今先事言之，使噤不容喙，策之上者也。」安童與月吕魯即入言狀，帝怒曰：「汝等無罪耶？」安童進曰：「臣等無所逃罪。但此輩皆阿合馬餘黨，名麗刑書，藉事動摇人心，宜以重臣爲之長，庶可杜紛擾。」帝怒稍解，可其奏。既而答即古受人金，與其黨俱坐姦贓論死，事始寢。未幾，擢大司農丞。

二十四年，置尚書省。桑哥爲右丞相，使者四出，峻繩督，務贏官緡〔一〕，以邀功賞。文奉使江南，得鈔緡四十萬，以三之一還於民。桑哥雖不悦，無以罪之。明年，復使江西，時至元鈔始行，禁私易金銀，胥吏緣爲姦利。或誣熊甲買金尺，乞輸直，不聽，乃貸簪珥作新尺，符其妄。劉甲誣其弟貿金銀，獄久不決。文至，俱辨其誣。二十六年，遷司農少卿。

尚書省罷，遷吏部侍郎，撮尚書省變革所不當者，奏上之。明年，出爲江南湖北道肅政廉訪使。三十一年，召爲刑部尚書。

元貞元年，拜中臺侍御史。湖州司獄郭玘訴浙西廉訪司僉事張孝思多取廩餼，孝思繫玘於獄，行臺使監察御史楊仁鞫之。浙江行省平章鐵木爾逮孝思至省訊問，又令其屬官與仁同鞫玘事，仁不從。行臺及浙西廉訪使劾鐵木耳不法者十七事，詔遣文往訊之。鐵木耳挾貴力爭不服，以國制軍數禁密，劾御史違制取會防鎮軍數，帝命行臺、宣政使諸大臣會議，咸曰：「平章所犯者輕，事宜宥，御史法當死。」文抗言：「平章不受簿責，無人臣禮。御史因兵士爭訴，責其帥均役，情無害法。必謂軍數有禁，則胥吏掌給鹽米伍籍，誰不知者。上初登大寶，豈宜濫刑以累聖德？」詔廷辯數四，帝意悟，平章、御史各杖遣之。

二年，建言：「治平之世，不宜數赦。」及停罷不急之役，帝皆嘉納之。出爲河北河南肅政廉訪使。大德元年，河決杞縣蒲口，文上言：「自孟津而下，地平土疏，遷徙不常，蒲口不塞便。」語詳《河渠志》。會山東官吏爭言：「不塞，則河北盡爲魚鱉之區，塞之便。」帝復從之。明年，蒲口再決，塞河之役，無歲無之。是後水北入巴河，復故道，竟如文言。

三年，調山東肅政廉訪使。歷行省參知政事、行御史臺中丞。七年，召拜資善大夫、中書左丞。浙西饑，發廩不足，奏請募民入粟補官以賑之。又奏斥罷江南白雲宗，與民均

事賦役。西域賈人進售珍寶，其價六十萬錠，省臣顧謂文曰：「此所謂押忽大珠也，六十萬酬之不爲過矣。」一坐傳玩，文問：「何所用之？」曰：「含之可不渴，熨面可使目有光。」文曰：「一人含之，十萬人不渴，則誠寶也。若一寶止濟一人，用已微矣。吾之所謂寶者，米粟是也，一日不食則饑，三日不食則疾，七日則死。有則百姓安，無則天下亂，以功用較之，豈不愈於彼乎？」省臣固請觀之，文竟不爲動。年六十九，告老歸。十年，拜昭文館大學士、中書右丞，商議中書省事，固辭。

自是累召皆不至。延祐六年，拜太子詹事，使者三往，乃起。常見上於嘉禧殿，上謂太保曲樞曰：「此自世祖時效力潔浄人也。」命教太子，待以殊禮。泰定三年，以中書平章政事致仕。明年，卒於家，年九十二。追封齊國公，謚正獻。

李謙，字受益，鄆州東阿人。祖元，以醫著名。謙始就學，日記數千言，與徐世隆、孟祺、閻復齊名。爲東平府教授，生徒四集。累官萬户府經歷。先時，教授無俸，郡斂儒户銀百兩爲束脩，謙辭不受。

翰林學士王磐以謙名聞，召爲應奉翰林文字，一時制誥，多出其手。至元十五年，遷

待制。扈駕至上都，賜銀壺、藤枕。十八年，遷直學士，爲太子左諭德，侍裕宗於東宮。陳十事：曰正心，曰睦親，曰崇儉，曰幾諫，曰戢兵，曰親賢，曰尚文，曰定律，曰正名，曰革弊。裕宗崩，世祖又命傅成宗於潛邸，轉侍讀學士。帝飲羣臣酒，謂謙曰：「聞卿不飲，然爲朕强飲。」因賜葡萄酒一鍾，曰：「此極醉人，恐汝不勝。」令近侍扶之出。二十六年，以足疾辭歸。

三十一年，成宗即位，驛召至上都。既見，勞曰：「朕知卿有疾，然京師去家不遠，且多良醫，能愈疾。卿當與謀國政，餘不以勞卿也。」遷翰林學士。元貞初，引疾歸。大德六年，召爲翰林學士承旨，以年七十一，乞致仕。九年，又召還。至大元年，給半俸。仁宗爲皇太子，召爲太子少傅，謙固辭。

仁宗即位，召舊臣十六人，謙居其首。乃力疾見帝於行在，疏言九事，曰：「正心術以正百官，崇孝治以先天下，選賢能以居輔相之位，廣視聽以通上下之情，恤貧乏以重邦家之本，課農桑以豐衣食之源，興學校以廣人材之路，頒律令使民不犯，練士卒使武備不弛。至於振肅紀綱，糾察内外，臺憲之官尤當選素著清望、深明治體、不事苛細者爲之。」帝嘉納焉。遷集賢大學士、榮禄大夫，致仕，賜銀一百五十兩，金織幣及帛各三匹。歸，卒於家，年七十九。

謙文章醇雅，不尚浮巧，學者宗之。子偘，官至大名路總管。

王約，字彦博，其先開封人，後徙家真定。約少從中丞魏初游，博覽經史，工文辭。至元十三年，翰林學士王磐薦爲從事，承旨和魯火孫以司徒開府，奏爲翰林國史院編修官，兼司徒府掾。既而辟中書掾，除禮部主事。

二十四年，拜監察御史，首請建儲及修國史。時丞相桑哥銜參政郭佑爲中丞時奏劾盧世榮等，誣以他罪，約上疏直佑冤。轉御史臺都事。南臺侍御史程文海入言事，多斥桑哥罪狀。桑哥怒，以約與之表裏，奏請殺之，上不從。約以秦隴地遠，請立陝西行臺，從之。出賑河間饑民，全活甚衆。

三十一年，遷中書右司員外郎。四月，成宗即位，條上二十二事，曰：「實京師，放差税，開獵禁，蠲逋負，賑窮獨，停冗役，禁鷹房，振風憲，除宿蠹，慰遠方，却貢獻，詢利病，利農民，勵學校，立義倉，覈税户，重名爵，明賞罰，擇守令，汰官屬，定律令，革兩司。」又請中書外取信於行省，内責成於六部。調兵部郎中，改禮部郎中。請復贈謚之典，付時政記於史館，立供需府以專供億，皆從之。拜翰林直學士、知制誥同修國史。奉詔賑京畿東道饑

民，因奏京東利病十事，請再發廩賑之。中書用其言，民困以甦。高麗王昛年老，傳國於太子謜，讒臣以飛語間之，及謜朝京師，留謜不遣。昛復位，乃委用小人，淫刑厚斂。國人羣愬於朝，使約驗問之。約至，諭之曰：「天地間至親者父子，至重者君臣。彼小人知自利，寧肯爲汝家國地耶？」昛感泣，謝曰：「臣年耄，聽信憸邪，是以致此，今聞命矣。」願奉表自雪，且請謜還國，奸臣黨與，悉聽使者治之。」翼日，約逮捕奸臣黨與，流二十二人，杖三人，黜有官者二人，命舊臣洪子藩爲相，更其弊政，東民大悅。還報稱旨，除太常少卿。

尋詔約同宗正、御史讞獄京師，約辭職在奉祭祀，帝不允。乃閱諸獄，決二百六十六人，當死者七十二人，釋無罪者八十六人，平反十人，杖流八十人。因議鬭毆殺人者宜減死一等，著爲令。浙民訟於臺、省，獄久不決，命約訊之。約至杭，二十日而決，臺省無異辭。使還，特拜刑部尚書。

大德十一年，仁宗至自懷州。平章賽典赤、安西王阿難答與左丞相阿忽臺潛謀爲亂，命刑部按其罪狀。約曰：「在法，謀逆不必搒掠，當伏誅。」帝從之。

監察御史言通州倉米三萬石，因雨濕敗。約謂乃積氣所蒸，釋守者罪。宗王兄弟二人守邊，兄陰有異志，弟諫不聽，即馳去。兄遣奴挾弓矢追之，弟發矢斃其奴，兄訴囚其弟，獄當死。約慮囚曰：「兄之奴即弟之奴，況殺之有故。」立釋之。

遷禮部尚書，請定丁憂、旌表之制，免都城煤炭稅，皆從之。京師民王甲歿，有遺腹子育於姊家，年十六，訴其姊匿貲若干，有司責之急。約曰：「無父之子育之成人，姊之恩多矣。誠利其貲，寧有今日耶？」改前議而斥之。

至大二年正月，上武宗尊號及册皇后，凡典禮儀注，皆約所手定。仁宗在東宮，雅知約名，思用以自輔，擢太子詹事丞。從幸五臺山，約諫不可久留，即日還上都。初，安西王以謀逆誅，國除，版賦入詹事院。至是，大臣奏請封其子。約曰：「安西以何罪誅？今復之，無以懲將來。」議遂寢。明年，進太子副詹事。

承制立左衛率府。統侍衛萬人，同列欲署軍官，約持不可，衆難之曰：「東宮非樞密使耶？」約曰：「詹事，東宮官也，預樞密事可乎？」仁宗復召問約，對曰：「皇太子事，不敢不爲；天子事，不敢爲。」仁宗悟，竟罷議。同列復傳命增立右衛率府，取河南蒙古軍萬人統之。約屏人語曰：「左衛率府，舊制有之，今置右府何爲？諸公宜深思之，不可累儲宫也。」主上又命收安西兵仗，給宿衛士，約謂詹事完澤曰：「詹事移文數千里取兵仗，人必驚疑。主上聞之，奈何？」完澤謝曰：「吾慮不及此。」又命福建取繡工童男六人，約曰：「福建去京師六七千里，使人父子兄弟相離，有司承風擾累，豈美事耶？」仁宗立罷之，稱善再三。家令薛居敬上言陝西分地五事，請使約往，約不爲署行，語之曰：「太子，潛龍也。當勿用之時，爲

飛龍之事，可乎？」遂止。約薦翰林學士李謙爲太子少傅，請立故丞相淮安忠武王伯顔祠於杭州，皆從之。

仁宗賜犀帶，又賜江南所取書籍，皆固辭。帝字而不名，謂羣臣曰：「事未經王彦博議者，勿啟。」又謂中丞朵䚟曰：「在詹事而不求賜予者，惟彦博與汝二人耳。」一日，帝幸西園觀角觝戲，敕取繒帛賜之。約入，遥見，問曰：「汝何爲來？」帝遽命止之。又欲觀俳戲，事已集而約至，即命罷去。其見敬禮如此。四年三月，帝即位，欲用陰陽家言，御光天殿，即東宫也。約言於大保曲樞曰：「正名定分，當御大内。」曲樞入奏，遂即位於大明殿。中書奏約陝西行省參知政事，特拜河南行省右丞。約陛辭，帝賜卮酒及弓矢。

先是，至大間，尚書省用言者，冒獻河南官民地爲無主地，奏立田糧府，歲輸數萬石。是歲詔罷之，竄言者於海外，命河南行省還其田於業主，省吏並緣爲奸，田仍未給。約至，立限檄郡縣，釐正之。會更銅錢銀鈔法，且令天下税，盡收至大鈔。約度河南歲用鈔七萬錠，必致上供不給，乃下諸州，凡至大、至元鈔相半。衆以方詔命爲言，約曰：「吾豈不知？第歲終諸事不集，責亦匪輕。」丞相卜憐吉歹從之，遣使白於中書，省臣大悦，遂徧行天下。

皇慶改元元日，詔中書省曰：「汴省王丞可即召之。」約至，召見，慰勞，特拜集賢大學士。建議行封贈、禁服色、興科舉，皆著爲令。疏薦國子博士姚登孫、應奉翰林文字揭傒

斯、成都儒士楊静，請起復中山知府致仕輔惟良、前尚書參議李源、左司員外郎曹元用，皆擢用有差。

延祐二年，丞相帖木迭兒專政，奏遣大臣分道奉使宣撫，命約巡行燕南山東道。衛輝民有毆母者，有司論如法。其母訴言：「老妾惟此一息，死則門户絶矣。」約原其情，杖一百遣之。冠州民有兄訐其弟厭祖者，讞之，則曰：「我求嗣也。」索《授時曆》驗其日，良信，立縱之。使還，拜樞密副使，視事，明日召見賜酒，帝謂左右曰：「人言彦博老病，朕今見之，精力尚强，可以大任也。」是夕，知樞密院駙馬塔失帖木兒宿衛，帝戒之曰：「彦博非汝友，宜事之。」

英宗即位，帖木迭兒復相，約辭職不出。二年，以年七十致仕。三年，丞相拜住當國，約復拜集賢大學士，商議中書省事，每日一至中書省議事。朝廷議罷征東省，立三韓省，詔下中書雜議。約對曰：「高麗去京師四千里，地瘠民貧，非中原比，萬一梗化，平之非易，不如守祖宗之舊。」丞相稱善，議遂寢。高麗人聞之，圖約像歸，祠之曰：「不絶國祀者，王公也。」

天曆元年，文宗踐祚，約入賀，賜宴大明殿，帝勞問甚歡。時年七十有七。至順四年二月卒，年八十二。皇太后聞之嗟悼，以尚醖二尊遣徽政院臣臨吊致奠，敕中書省以下賻

贈有差。

約有《史論》三十卷，《高麗志》四卷，《潛丘稿》三十卷，行於世。子思誠，秘書監著作郎。

張昇，字伯高，其先定州人，後徙平州。父昂霄，管勾濟民鹽場，有文行。

昇幼警敏，既長，力學，工文辭。至元二十九年，用薦者授翰林國史院編修官，預修《世祖實録》，遷應奉翰林文字，尋升修撰。歷興文署令、太常博士。成宗崩，中書議奉徽號，饗宗廟，昇曰：「凡有事於宗廟，必書嗣皇帝名，今將何書？」議遂寢。

武宗即位，議躬祀禮，昇據《禮經》以對，帝嘉納之。除禮儀院判官。久之，出爲汝寧府知府。民告有寄書於其家者，逾三年取閱，有禁書一編，且記里中大家姓名於上。昇亟呼吏焚其書，曰：「妄言誣民，且再更赦矣，勿論。」同列懼，皆引起。既而事聞，廷議遣使窮問，卒無跡可指，乃詰以擅焚書狀，對曰：「昇備位郡守，爲民父母，今屏誣訴，免冤濫，重得罪不避。」乃坐奪俸二月。旁郡移文報術者言：「歲值壬子六月朔日蝕，其占爲兵寇，歲癸丑，其應在吴分野。」同列欲召屬縣爲備禦計，昇曰：「此謬言，久當自息，毋惑民聽。」衆論

旌之。部使者舉治行爲諸郡最。歷江西行省左右司郎中，除紹興路總管。

初，大德間，越大饑，且疫厲，民死者殆半，賦稅鹽課責里胥代納，吏並緣爲姦，害富家，昇證於簿籍，白行省蠲之。前總管爲江浙行省參知政事，争代者禄米，有隙，欲内之罪，移平江歲輸海運糧布囊三萬，俾紹興製如數，民不能堪。更數總管，謂歲例如此，置弗問。昇言：「麻非越産，海漕又於越無涉。」章上，卒罷之。歷湖北道廉訪使、江南行臺治書侍御史，召爲參議中書省事，改樞密院判官，尋復中書參議。

至治二年，又出爲河東道廉訪使，未行，拜治書侍御史。明年，出爲淮西道廉訪使。泰定二年，拜陝西行省參知政事，加中奉大夫，尋遷遼東道廉訪使。致和元年，永平大水，民多捐瘠，昇請發海道糧十八萬石，鈔五萬緡賑饑民，且蠲其歲賦，朝廷從之，全活甚衆。明年，召拜侍御史。

天曆初，出爲山東道廉訪使，賜尚醞文幣。逾年，召爲太禧院副使，兼奉贊神御殿事，除河南省左丞，復遷淮西道廉訪使。昇時年六十有九，上書乞致仕。至順二年，復起爲集賢侍講學士。

元統元年，惠宗即位，首詔在廷耆艾，訪問治道，昇條上所宜先者十事。尋兼經筵官，廷試進士，特命昇讀卷，事已，告省先墓。帝賜金織文袍，以寵其歸。明年，以奎章閣大學

士、資善大夫、知經筵事召，賜上尊，趣就職，以疾辭。命本郡月給禄半，以終其身。至正元年卒，年八十一。贈資德大夫、河南等處行中書省左丞，謚文憲。

弟曇，幼有令譽，日誦數千言，受業於滕安上。安上卒，曇方爲兵曹掾，棄官奔其喪，時論高之。早卒。

史臣曰：尚文、李謙諸人，歷仕累朝，年逾耆艾，忠規讜論，始終一節，可謂人之模範，國之蓍龜。《書》曰：「詢兹黄髮，則罔所愆。」諸人其庶幾焉。

【校勘記】

〔一〕「嬴」，原作「嬴」，據蘇天爵《國朝文類》卷六八《平章政事致仕尚公神道碑》改。

新元史卷之一百八十八　列傳第八十五

王惲遜志　高鳴　王思廉荆玩恒　馬紹　閻復　王倚　高克恭　夾谷之奇　臧夢解　燕公楠　白恪　李衎　張伯淳

王惲，字仲謀，衛輝汲縣人。父天鐸，金户部主事，著《易學集説》，爲名儒。惲好學，善屬文。史天澤將兵過衛，一見接以賓禮。中統元年，左丞姚樞宣撫東平，辟爲詳議官。時省府初建，令諸路各上儒吏能理財者一人，惲以選至京師，上書論時政，與渤海周正並擢爲行中書省詳定官。二年春，從行中書省丞相禡禡等赴開平，轉翰林修撰、同知制誥，兼國史院編修官，尋兼中書省左右司都事。初，高麗國相致書於省府，欲命惲爲答書。惲曰：「境外之交，非人臣所宜。范仲淹諭元昊，尚得罪於仁宗，可以爲戒。」乃止。

至元五年，建御史臺，拜監察御史，條奏百五十餘事。時都水劉晸陷没官糧四十餘萬石，惲劾之，又言：「晸監修太廟，轉官受賞。今纔數年，梁柱摧朽，事涉不敬，宜論如法。」

秩滿，陳天祐、雷膺交薦於朝。

九年，授平陽路總管府判官。初，絳州太平縣民殺其兄，蔓引逮繫者三百餘人，五年不決。朝廷委惲鞫之，一訊而服，乃盡出逮繫者。州久旱，一夕大雨。十三年，奉命試儒人於河南。十四年，除翰林待制，拜朝列大夫、河南江北道提刑按察副使。尋遷燕南河北道。十八年，拜中議大夫、行御史臺治書侍御史，不赴。

裕宗在東宫，惲進《承華事略》，其目曰：廣孝、立愛、端本、進學、擇術、謹習、聽政、達聰、撫軍、崇儒、親賢、去邪、納誨、幾諫、從諫、推恩、尚儉、戒逸、明分、審官，凡二十篇。裕宗覽而善之，賜酒慰喻。

十九年春，改山東東西道提刑按察副使，在官一年，以疾告。二十二年春，召爲左司郎中。時右丞盧世榮以聚斂進用，屢趣惲入都，不赴。或問其故，惲曰：「力小任大，剥衆利己，未有能全者。遠之尚恐見浼，况近之乎？」既而果敗。

二十六年，授少中大夫、福建閩海道提刑按察使。黜官吏貪污者數十人，察繫囚冤滯者，決而遣之。戒戍兵無寓民家，創營房居之。惲以爲治之本在於得人，奏福建連山距海，爲邊徼重地，今行省官平章政事、左丞尚缺，宜選清望素著、簡在帝心、足以撫綏黎庶、折衝外侮者任之。又以行省討劇賊鍾明亮無功，條陳利害。帝並韙之。

二十八年，召至京師。二十九年春，見帝於柳林行宫，上書極陳時政，授翰林學士。成宗即位，又獻《守成事鑑》十五篇，所論悉本於經義。元貞元年，加通議大夫、知制誥同修國史，纂修《世祖實録》，因集《聖訓》六卷上之。大德元年，進中奉大夫。二年，以惲與閻復等十二人清貧守職，各賜鈔二千一百餘錠。乞致仕，不許。五年，再上章求退，授其子公孺爲衛州推官，以便養，仍官其孫笴秘書郎。八年六月，卒。贈翰林學士承旨、資善大夫，追封太原郡公，謚文定。著有《相鑑》五十卷，《汲郡志》十五卷，《承華事略》、《中堂事記》、《烏臺筆補》、《玉堂嘉話》，並雜著詩文，合爲《秋澗集》一百卷。曾孫遜志。

遜志，字文敏。以廕授侍儀司通事舍人，累遷監察御史。劾奏詹事卜蘭奚、平章政事宣童皆逆臣子孫，當屏諸遐裔。不報。除太府少監，出爲江西廉訪副使，召僉太常禮儀院事。京師陷，百官出降，遜志獨家居衣冠而坐。其友中正院判官王翼來曰：「新朝寬大，不惟不死，且録用，曷詣官自陳？」遜志艴然曰：「君既不忠，又誘人爲不義耶？」撝之，出語其子曰：「汝速行，以繼吾宗。」遂自投井中死。

高鳴，字雄飛，真定人。少以文學知名。元好問薦於世祖，未報。諸王旭烈兀將征西域，聞其賢，遣使三召之，鳴乃起，條上二十餘策，旭烈兀稱善，薦爲彰德路總管。政暇即詣學舍，親講經義，郡人知有經學，自鳴始。

世祖即位，賜誥命金符，召爲翰林學士，兼太常少卿。至元五年，立御史臺，以鳴爲侍御史，臺章多其裁定。尋立四道按察司，選任名士，鳴所薦居多。時中書、樞密事務壅滯，言者請置都事官各二人，鳴曰：「臣職在奉憲，願舉察之，毋庸員外置人。」七年，議立三省。鳴上封事曰：「臣聞三省設自近古，其法由中書出政，移門下，議不合則有駁正，或封還詔書，議合，則還移中書。中書移尚書，尚書乃下六部、郡國。方今天下大於古，而事益繁，取決一省，猶恐壅滯，况三省乎？且多置官者，求免失政也。但使賢俊萃於一堂，連署參決，自不至於曠廢，豈必別官異坐，而後無失政乎？不如一省便。」世祖深然之，議遂罷。川、陝盜起，省臣請專戮其尤者，朝議將從之。鳴諫曰：「制令天下上死囚，必待論報，所以重用刑、惜民命也。今從其請，是開天下擅殺之路，害仁政甚大。」帝曰：「善。」令速止之。

鳴每以敢言被上知，嘗入内，值大風雪，帝謂御史大夫塔察兒曰：「高學士年老，後有大政，就問可也。」賜太官酒肉慰勞之。九年，遷吏禮部尚書。十一年，病卒，年六十六，謚文獻。著有《河東集》五十卷。

三子：易訓、書訓、詩訓，俱知名。書訓，官應奉翰林文字、同知制誥兼國史院編修。

王思廉，字仲常，真定獲鹿人。幼師太原元好問，既冠，張德輝宣撫河東，辟掌書記，謝病歸。至元十年，董文忠薦於世祖，帝問文忠曰：「汝何由知其賢？」對曰：「鄉人之善者稱之。」遂召見，授符寶局掌書。十三年，姚樞舉爲昭文館待制，遷奉訓大夫、符寶局直長。

十四年，改翰林待制，嘗進讀《通鑑》，至唐太宗有殺魏徵語，及長孫皇后進諫事，帝命內官引至皇后閣講之，后曰：「是誠有益。爾宜擇善言進講，勿以瀆辭煩上聽也。」每侍讀，帝命御史大夫玉速帖木兒、太師月赤察兒、御史中丞撒里蠻、翰林學士承旨撥立察等，咸聽受焉。帝嘗御延春閣，大賚羣臣，命十人爲列以進，思廉在衛士之列，帝責董文忠曰：「思廉儒臣，豈宜列衛士中！」

十八年，進典瑞少監。十九年，帝幸白海，時千户王著矯殺奸臣阿合馬於大都，辭連樞密副使張易。帝召思廉至行殿，屏左右，問曰：「張易反，若知之乎？」對曰：「未詳。」帝曰：「反已，何未詳也？」思廉徐奏曰：「僭號改元謂之反，亡入他國謂之叛，羣聚山林、賊害

民物謂之亂。張易之事，臣實不知。」帝曰：「朕自即位以來，如李璮之不臣，豈以我若漢高祖、趙太祖，遽陟帝位者乎？」思廉曰：「陛下神聖天縱，前代之君不足比也。」帝歎曰：「朕往者有問於竇默，其應如響，蓋心口不相違，故不思而得。朕今有問汝，能然乎？且張易所爲，張文謙知之否？」思廉曰：「文謙不知。」帝曰：「何以明之？」對曰：「二人不相能，臣故料其不知。」因此文謙獲免。

二十年，遷太監。裕宗居東宫，思廉進曰：「殿下府中宜建學官，令左右近侍皆親正學，必能裨輔明德。」裕宗然之。裕宗欲買甲第賜思廉，思廉固辭。二十三年，改嘉議大夫、同知大都留守，兼少府監事。乃顔叛，帝親征，思廉謂留守段貞曰：「藩王反側，地大故也，漢晁錯削地之策，實爲良圖，盍爲上言之？」貞白其事於帝，帝曰：「汝何能出是言？」貞以思廉對，帝嘉之。二十九年，遷正議大夫、樞密院判官。

成宗即位，遷中奉大夫、翰林學士，仍樞密院判官，以病歸。三年，起爲工部尚書，拜征東行省參知政事。七年，總管大名路。八年，召爲集賢學士。十一年，授正奉大夫、太子賓客。

仁宗即位，以翰林學士承旨、資善大夫致仕。延祐七年，卒，年八十三歲。贈翰林學士承旨、資德大夫、河南江北等處行中書省右丞、上護軍，追封恒山郡公，謚文恭。

初，思廉官符寶局，有荆玩恒與思廉齊名，世祖嘗謂荆、王二人可爲司符寶者師表云。

玩恒，字文紀，趙州寧晉人。少從李治受學。張文謙薦爲興文署校理，遷符寶局直長，擢典瑞監丞，遷少監。世祖以符寶國之重器，擇儒臣愼密者掌之，得玩恒，以爲稱職。故玩恒在典瑞監十三年，不遷他官。

後出爲淮東道提刑按察使，改肅政廉訪使。時徹里爲江浙行省平章政事，玩恒奏言：「奸臣桑哥倚勢弄權，衆皆慴伏，獨近侍徹里不避雷霆之怒，言於陛下，卒使奸臣伏辜。臣素知其人，進退不苟，有大臣蹇諤之風。宜置於朝廷，使獻可替否，弼成大業。」時世祖已不豫，遂召還徹里侍醫藥。成宗即位，改遼東道肅政廉訪使，致仕，卒，謚端敏。子訥，右衛屯田千户。

馬紹，字子卿，濟州金鄉人。從上黨張播學。丞相安童奏言，宜得儒士講經史，以資見聞。平章政事張啟元以紹應詔，授左右司都事，出知單州，民刻石頌德。至元十年，僉山東東西道提刑按察司事。益都寧海饑，紹發粟賑之。十三年，移僉河北河南道提刑按

察司事，未行，屬江淮甫定，選官撫治，遷同知和州路總管府事。

十九年，詔割隆興爲東宮分地，皇太子選署總管。未幾，入爲刑部尚書。萬億庫吏盜絨四兩，時相欲置之重典，紹言：「物情俱輕，宜貸減。」乃決杖釋之。河間李移住妄言惑衆，謀爲不軌，紹被檄按問，多所全活。二十年，擢參議中書省事。二十二年，改兵部尚書。逾年，復爲刑部尚書。二十四年，分立尚書省，拜參知政事，賜中統鈔五千緡。

時更印至元鈔，前信州三務提舉杜璠言：「至元鈔公私不便。」平章政事桑哥怒曰：「杜璠何人，敢沮吾鈔法耶？」欲當以重罪，紹從容言曰：「國家導人使言，言可采，用之，不可采，亦不之罪。今重罪璠，豈不與詔書違戾乎？」璠得免罪。進尚書左丞。邊卒有過支廩米者，有司以聞，帝欲究問，紹言：「方邊庭用兵，罪之，懼失將士心。所支逾數者，當明年之數可也。」從之。

海都作亂，其民來歸者七十餘萬，散居雲、朔間，桑哥議徙之內地，紹持不可。桑哥怒曰：「馬左丞愛惜漢人，欲令餒死此輩耶？」紹徐曰：「南土地燠，北人居之，慮生疾疫。若恐餒死，曷若計口給羊馬之資，俾還本土。」言有異同，丞相何以怒爲？宜取聖裁。」乃奏聞，帝曰：「馬秀才所言是也。」

桑哥集諸路總管三十人，導之入見，欲以趣辦財賦之多寡爲殿最。帝曰：「財賦辦集，

非民力困竭必不能。然朕之府庫豈少此哉？」紹退録聖訓，付史官書之。時議增鹽課，紹獨力争山東課不可增。議增賦，紹曰：「苟不節浮費，雖重斂數倍，亦不足也。」事獲寢。都城種苜蓿地，分給居民，省臣因取爲己有，以一區授紹，紹獨不取。桑哥欲奏請賜紹，辭曰：「紹以非才居政府，恒憂不能塞責，詎敢徼非分之福，以速罪戾！」桑哥敗，索其行賂之簿閲之，獨無紹名。桑哥曰：「使吾早信馬左丞之言，必不至今日之禍。」帝曰：「馬左丞忠潔可尚，其復舊職。」尚書省罷，改中書左丞，居再歲，移疾還家。

元貞元年，遷中書右丞，行江浙省事。大德三年，移河南省。明年卒。

閻復，字子静，其先平陽人，後徙於高唐州。

復始生，有奇光照室。幼入東平府學，師事名儒康曄。嚴實招諸生肄進士業，延元好問校試，四人中選，復爲首，徐琰、李謙、孟祺次之，時稱東平四傑。

憲宗九年，行臺辟爲書記，遷御史臺掾。至元八年，用王磐薦，授翰林應奉文字，充會同館副使，兼接伴使。扈駕上都，應制賦詩，寓規諷之意，帝顧和禮霍孫曰：「有才如此，何可不用！」擢翰林修撰。十四年，出僉河北河南道提刑按察司事。十六年，入爲翰林直學

士，以州縣學官多不稱職，建議定銓選之法。累遷侍講學士，兼集賢侍講學士，兼領會同館事。

二十三年，擢翰林學士，改集賢學士。二十八年，尚書省罷，帝召對便殿，諭以「卿爲執政官何如？」復謝不勝任，帝謂左右曰：「讓爲美事，勿强之。」遷浙西道肅政廉訪使。先是，桑哥當國，復被命撰《桑哥輔政碑》。至是，桑哥敗，詔有司踣其碑，復亦坐免官。

成宗即位，詔舊臣入朝，除集賢學士，階正議大夫。疏言：「京師宜建孔子廟，用釋奠雅樂。」從之。又言：「宜復曲阜縣守塚户。」其後詔賜孔林灑掃二十八户、田五千畝，皆由復之請云。三年，因星變，條上十九事，帝賜鈔幣旌之。大德元年，仍遷翰林學士。三年，帝召至榻前，密問曰：「左丞相缺，孰可代者？」復薦哈剌哈孫，帝大悦。拜翰林學士承旨，階正奉大夫。

武宗即位，復奏上三事，曰惜名器、明賞罰、擇人才。未幾，復怨家以飛語上聞，帝怒，事且不測。執政曲爲營解，始命復以老致仕。進榮禄大夫，遥授平章政事，給半俸終養。仁宗即位，遣使召復，以病辭。皇慶元年卒，年七十七。

復以文學知名，然高自矜詡，不喜獎誘後進，士論以是少之。既卒，復婦弟淮東宣慰使李處恭，方爲吏部侍郎，慨然曰：「豈可使閻公無以易名！」請於朝，贈光禄大夫、大司

徒、上柱國、永國公，謚文康。有《静軒集》五十卷。子嗣慶，威州知州。

王倚，字輔臣，本東萊人，後徙宛平。祖温，主管京城課税。倚讀書，務躬行，不事章句。

世祖選良家子入侍東宫，倚年弱冠，在衆中儀觀獨偉，太保劉秉忠器之，即以充選。倚侍皇太子，日見信任。凡時政所急，知無不言。是時宫職未備，皇太子湯沐邑地廣事繁，乃拜倚工部尚書，行本位下隨身民匠都總管。至元二十一年，置東宫官屬，拜家丞。又置儲用司，掌貨幣出納，令倚兼之。後以倚辭職，仍給家丞禄終養，倚固辭，方許之。

二十六年，皇孫出鎮懷孟，帝選舊臣護之，乃以屬倚。陛辭，帝目之良久，謂侍臣曰：「倚，修潔人也，左右皇孫得人矣。」未幾，從皇孫召還。二十八年，授禮部尚書，以疾辭。皇太子妃召見，問曰：「人皆求進，卿獨求退，何也？」對曰：「臣見宫廷舊人如臣等者，十去八九。臣蒙恩最厚，願留侍皇孫，備宿衛。」聞者賢之。明年卒，年五十三。贈正義大夫、禮部尚書，追封太原郡侯，謚忠肅。

子鵬，翼樣局總管，官至大司徒，追封太原郡侯，謚忠懿。

高克恭，字彦敬，其先西域人，後占籍大同。父亨，字嘉甫，治《易》、《詩》、《書》、《春秋》，有時名。世祖時，臺、省交章論薦，召對便殿，稱旨，世祖欲官之，固辭，歸老房山卒。

克恭傳家學，於羣經奥義，靡不研究。至元十二年，由京師貢補工部令史。江南平，選授行臺掾。從御史大夫相威入覲，世祖顧問再三，曰：「是高嘉甫兒耶？」賜鈔二千五百貫。累遷河南道提刑按察使判官，改山東西道。二十五年，入爲監察御史。是時，桑哥秉政，擢克恭右司都事，克恭棘棘不阿。明年，遣使江淮行省，考覈簿書文法，吏多希旨，務從深刻，克恭獨持以平恕。還，授兵部郎中。

出爲江淮行省左右司郎中。儒户例蠲徭役，而故籍散失，行省持論可否，期歲不能決。克恭至，命讀書者皆占儒籍，得自拔於氓隸，士論翕然頌之。浙西公田七十五萬頃，糧千一百三十九石，居諸路三之二。克恭視民所輸，較私田增二十倍，奏言：「宋季賈似道斂怨誤國，田有虚額，官無蠲，征急則負逋者衆，吏民交困。今宜講求良法，保固邦本，不當重爲煩擾，復循舊弊。」疏入，不報。有以朝命至杭，增湖東夏税者，自執政以下皆取認狀，獨克恭不肯。比去，克恭徐語之曰：「吾才不逮子遠甚，子昔官於此不能增，而謂吾能

耶？子毋重瘠吾民。」事卒寢。杭州歲調民司庫藏，有折耗，至鬻子女償之。克恭選州縣吏充其役，滿一歲輒擢去，公私稱便，遂爲常例。

元貞二年，遷山南河北道廉訪副使。時暢師文爲僉事，克恭奏言：「師文歷中外幾二十年，臣資歷尚淺，師文學行敻出倫輩，非臣所能及。況臣素兄事師文，一旦躐居其上，情實不安。」明年，乃擢克恭江南行臺治書侍御史，師文亦改山東道，入爲國子司業，人皆多克恭之讓。克恭抵任，條上興學校、選真才、汰冗官、增吏俸、慎刑獄五事。又言：「朝廷累放詔旨，議行貢舉法，而權臣扳引朋類，沮格不行。今所至乏才，宜設科取士，以副上意。」

四年，復入爲工部侍郎，轉翰林直學士。五年，敕克恭與直學士王約賑京師水災，惠利周浹，民德之。六年，授吏部侍郎。出爲彰德路總管，未赴。八年，改刑部侍郎，擢尚書。奏言：「明刑弼教，莫重於君臣、父子、夫婦、兄弟之叙，今子證父，婦證夫，奴證主，大傷倫紀，宜禁之。」旋除大中大夫、大名路總管。克恭在刑部，與同官議事，不肯曲意附和。及去，凡克恭所定者，胥吏皆準爲程式。至大三年，卒，謚文簡。子秬，秘書著作郎。

克恭詩自得天趣，畫學米芾父子，後用李成、董元法，造詣精絶，尤工墨竹，與宋文與可齊名。

夾谷之奇，字士常，其先出女真加古部，譌爲夾谷，後徙家於滕州。之奇少孤，好學，受業於東平康曄。授濟寧教授，辟中書省掾。大兵南伐，授行省左右司都事。時阿合馬當權，與行省官有隙，遣使覈其財用。之奇職文書，亦被按問。張弘範率其屬詣使者言：「夾谷都事素公清，若少有侵漁，弘範當與連坐。」事聞，適御史臺立，乃擢之奇僉江南浙西道提刑按察司事，既而移僉江北淮東。

至元十九年，召爲吏部郎中，立黜陟之法，著爲令。歲大旱，之奇請省經費，輟土木之役，以召和氣，弭災變。時論韙之。

二十一年，遷左贊善大夫。時裕宗爲皇太子，每進見，必賜坐，顧遇甚優。桑哥欲以均輸法益國賦，慮提刑按察司撓其事，請與轉運司併爲一職，詔集羣臣議之。之奇言：「按察司者，控制諸路，發擿姦伏，責任匪輕，若使理財，則心勞事冗，將彌縫自救之不暇，又安能繩糾他人，併之弗便。」事遂寢。

又與諭德李謙條時政十事，上之皇太子：一曰正心，二曰睦親，三曰崇儉，四曰幾諫，五曰戢兵，六曰親賢，八曰尚友，九曰定律，十曰正名。會皇太子卒，除翰林直學士。改吏

部侍郎，遂拜侍御史。二十五年，丁母憂。以吏部尚書起復，屢請終制，不許。明年卒。

臧夢解，慶元鄞縣人。宋末，中進士第。至元十三年，授婺州路軍民人匠司提舉。未幾，司罷，淛東宣慰司舉夢解才兼儒吏，可試州郡，授息州知州，改海寧州知州，時淮東按察副使王慶之按部至海寧州，見夢解剛直廉慎，門無私謁，凡差役皆當，其貧富新增民户七百六十有四，新闢田畝四千四百有三十，政平訟簡，爲諸州最，舉夢解宜擢清要之職，御史臺亦抗章薦之。未及報，夢解以秩滿去任。

二十七年，江陰饑，江浙行省委夢解賑之。夢解躬至其地，人給以米，所活四萬五千餘人，江南行臺治書侍御史荀宗道以其名上聞，除同知桂陽路總管府事。三十年，擢奉議大夫、廣西肅政廉訪副使。故事，煙瘴之地，行部者多不親至。夢解偏歷上下江諸路，按問賓州、藤州兩路達魯花赤，發其姦贓。又平反邕州黄震被誣贓罪，及藤州唐氏婦被誣殺夫罪，民翕然頌之。

大德元年，遷江西肅政廉訪副使。臨江路總管李倜素狡獪，又附大臣勢，省、臺皆畏之。夢解據實劾奏，一道肅然。六年，遷浙東肅政廉訪副使。九年，除廣東肅政廉訪使，

以老病致仕。後至元元年，卒。

夢解爲時名儒，敏於政事，操守尤爲介特。所著書有《周官考》三卷，《春秋徵》一卷。夢解自號魯山，稱爲魯山先生云。

燕公楠，字國材，南康建昌人。祖燮，父堂，俱仕宋。母雷氏夢五色大鳥入幃，而生公楠。十歲能屬文，居父喪，廬墓三年。以師府辟，五遷至贛州通判。

至元十三年，江南平，授同知贛州事。遷同知吉州路總管府事。二十二年，召至上都，奏對稱旨，賜名賽因囊加帶，欲用爲參知政事，固辭，除僉江浙行中書省事。江淮置尚書省，又改僉行尚書省事。初，公楠在江浙，奏請置兩淮屯田。二十五年，用前議，拜行大司農，領八道勸農營田司事。公楠按行州縣，劾江西營田使沙不丁貪横，罷之。

二十六年，擢江淮行省參知政事。桑哥敗，蠹政尚未盡去，民不堪命。公楠入覲，極言其弊，請更張以固國本，世祖悦。會欲易政府，帝以問公楠，公楠薦伯顔、帖哥、不忽木、徹里、闊里吉思、史弼、徐琰、趙琪、陳天祥等十餘人。帝又問：「孰可爲首相者？」對曰：「人望所屬，莫如安童。」問其次，曰：「伯顔可。」又問其次，曰：「完澤可。」明日，拜完澤爲

右丞相，以公楠與不忽木爲平章政事，公楠固辭，改江浙行省參知政事，賜弓刀及衛士十人。三十年，上言，請立行大司農司於江南，以究豪右隱匿田租。從之。復拜大司農，得藏匿公私田六萬九千八百六十二頃。

元貞元年，丞相完澤以究隱匿田租不多，且病民，罷行大司農司，遷公楠爲河南行省右丞。大德三年，改湖廣行省。五年，召入朝。明年，卒於京師，年六十二。帝悼惜甚，敕中書致祭，遣官乘驛護其喪南歸。

公楠前後條時政得失，凡百餘事，如屯田、鹽法、賦役，皆著爲令。劉深討西南夷，公楠料其必敗，深竟坐誅。又語平章劉國傑，宜積糧於思、播、順元，然後進兵。國傑不從，後轉餉之士瘴没者至十餘萬。沅州唐運判奪民田，武昌令劉權殺主簿，誣繫其妻子，公楠悉正其罪，時論尤稱之。子璋、琦，俱總管府判官。有《五峰集》十五卷。

白恪，字敬甫，冀寧陽曲人。父華，字文舉，以文學知名。

至元十四年，江南行臺大夫相威辟恪爲掾，恪條二十事以獻，相威見世祖力陳之，允其十八，如大辟讞上刑部，聽報可，賈似道公田租，歲減什二，皆是也。十八年，授建康道

按察司經歷。改湖廣行省都事。省臣要束木恣爲威福，恪度不可諫，辭不拜。復除福建宣慰司經歷。

三十一年，哈剌哈孫爲湖廣行省平章政事，薦恪爲行省都事，擢員外郎。左右江官吏俸，受於行省，道遠，所得不償旅食，恪建議隨所部給之，著爲令。戍兵屯田，官出牛，輸其租，牛死，歲率錢以償之，恪令牛死納皮角於官，戍兵由是免害。省臣奏廣西地肥沃可爲田，徙湖南民五千户往耕之，恪力言不可，哈剌合孫從其議，奏止之。

大德四年，進江西行省理問官，時閻復爲翰林承旨，慨然曰：「白文舉父子，俱有文名，敬甫老不入翰林，咎將誰執？」奏爲翰林待制，復同僉太常禮儀院事。至大二年卒，年六十三。

李衎，字仲容，大都人。由太常寺太祝累遷淮東道宣慰使都事，擢江南行省左右司員外郎。二十八年，除都功德司經歷。

成宗即位，衎以禮部侍郎使於安南，賜金符，以兵部郎中蕭泰登副之。國王奉表謝罪，歸侵地三百里，偕其使入朝。明年，出爲同知嘉興路總管府事。再遷婺源州知州。衎

有吏能，奉詔録囚江南，多所平反。常州學田僧冒種三之一，衎白於行省，還之。皇慶三年，請致仕，召爲吏部尚書。仁宗聞衎名久，禮遇優洽，字而不名。衎以年老請致仕，帝不允，曰：「仲容舊人，宣力有年，不可令去禁掖。」超拜集賢大學士。延祐七年卒，年七十八，謚曰文簡。衎善畫竹石，爲一時之冠。

張伯淳，字師道，嘉興崇德人。少舉童子科，有薦其善書大字者，宋理宗親試之，伯淳書一「天」字，詰之，對曰：「『惟天爲大，惟堯則之。』」理宗大悦，遂中選。以父任授迪功郎、淮陰尉，改揚州司户參軍。尋舉進士，累擢觀察推官，除大學録。

至元二十三年，用薦者言，授杭州路儒學教授。遷浙東道按察司知事。二十八年，遷福建廉訪司知事。又有與帝言：「此人非憲司知事才。」即日驛召至都。明年，入對，陳時務十餘事，詞意愷切，上爲動容，命就中書與執政議次第舉行。其第一事曰罷冗官，方條舉辦法，而執政已不悦，曰：「遠人欲奪吾官耶？」使健兒要諸途，詬辱之，伯淳幾不免，事亦寢。授翰林直學士，進階奉訓大夫，謁告歸。換慶元路總管府治中，行省檄伯淳按衢、秀二州疑獄，皆得情實。

大德四年，拜翰林侍講學士，扈從上都。帝選近臣祀岳瀆，伯淳在選中，以老病辭。明年卒，謚文穆。

伯淳與妻弟趙孟頫，俱以文學擅名，其文源出韓愈，謹嚴有法，得立言之體。著《養蒙集》十卷。子采，河東宣慰副使。

新元史卷之一百八十九　列傳第八十六

程鉅夫　袁桷

程鉅夫，名文海，避武宗御名，以字行。其先自徽州徙郢州京山，後又徙建昌。宋德祐元年，鉅夫叔父飛卿，以軍器監知建昌軍，大兵至，迎降。鉅夫入爲質子，授宣武將軍、管軍千户。世祖召見，問：「宋何以亡？」對曰：「賈似道誤之。」又問：「似道何如人？」對曰：「爲邊將一似道也，爲宰相又一似道也。」帝悦，命給筆札書之。鉅夫即御前，以銀盆磨墨，書二十餘紙以進。帝問居何官，以千户對。帝曰：「卿儒者，授非所宜。」特命改直翰林，且諭之曰：「自今政治得失，廷臣邪正，卿爲朕直言無隱。」鉅夫頓首謝。十六年，授應奉翰林文字。明年，進修撰，尋遷集賢直學士、中議大夫，兼秘書少監。

鉅夫條陳五事：

一，取會江南仕籍。

昨者欽奉聖旨，許令江南曾有官人賫告敕赴省換授，此最良之法。奸邪賣弄，遂

至顛倒。求仕者憑外省之咨，而外省貪饕，尤爲不法。有賣家喪業，而卒不沾一命者。亦有全無根脚，白身而受宣敕者。又有外省官將空頭咨示，旋來内省，尋趁有錢人員，書填姓名。亦有内省通同作計，公行添插人員。又有一等奸人，置局京師，計會保官，誣寫根脚，保明而得者。吏治之弊，至此已極。省府欲行考究，似覺費力。今有捷法，可以永除病根。乞選清强通曉官員，無論南北，每省差兩員前去，同本道按察司，取會江南州縣城郭鄉村鄰甲，保明詣實元在亡宋有官人員姓名，一概置籍明書本人鄉貫、三代及入仕根脚，賫來省部，以憑照勘。遇有求仕人員，一閲而知真僞，極爲便當。仍與申飭外省，遇有求仕者，合與行下本郡，令鄉都鄉甲保明本人是何出身，即量輕重咨來，不許邀阻。其有邀阻者，許令求仕人赴御史行臺及按察司論訴。庶幾公私兩得便當。籍成之後，却與商略白身人求仕格式，行下江南。

一，通南北之選。

聖主混一車書，南北之人皆得入仕。惜乎北方之賢者，間有視江南爲孤遠，而有不屑就之意。故仕於南者，除行省、宣慰、按察諸大衙門，出自聖斷選擇而使，其餘郡縣官屬指缺願去者，半爲貪污狼藉之輩。南方之賢者，列姓名於新附，而冒不識體例之譏，故北方州縣並無南方人士。且南方歸附已七八年，是何體例難識如此？欲乞

令省部，刷具南北府州縣官員脚色參對，今後南北選房，流轉定奪。若以南人爲未識體例，則乞於北方州郡每處且與參用一二人，秩滿却與通行定奪。其北人注南缺而不赴者，重與罪過。庶幾吏稱民安，可以上副聖主兼愛南北之意。

一，置考功歷。

國朝建御史臺，雖有考課之目，而未得其要，莫可致詰。欲乞照前朝體例，應諸道府州縣，下至曹掾等，各給出身印紙歷子一卷，書本人姓名、出身於前，俾各處長吏聯銜結罪保明，書其歷任月日，在任功過於後。秩滿，有司詳視而差其殿最。則人之賢否一覽而知，考核得實，庶無僥倖。

一，置貪贓籍。

國朝内有御史臺，外有行臺、按察司，其所以關防貪官汙吏者，可謂嚴矣。而貪污狼藉者，往往而是，何也？蓋其弊在於以徵贓爲急務，以按劾爲具文。故今日斥罷於東，明日擢用於西，隨仆隨起，此棄彼用。多方計置，反得美官。相師成風，愈無忌憚。欲乞省臺一體，應内外諸路官員，有以貪贓罷者，置籍稽考，不許收用。其吏人犯贓者，重置於法。内外一體照應，庶幾官吏知所警戒。

一，給江南官吏俸錢。

仕者有禄，古今定法。無禄而欲責之以廉，難矣。江南州縣官吏，自至元十七年以來，並不曾支給俸錢，直是放令推剥百姓。欲乞自今並與支給各合得官俸錢，其有貪贓者，重罪不恕，人自無詞。

奏上朝廷，皆采而行之。

二十年，加翰林集賢直學士，同領會同館事。二十三年，改集賢直學士，進少中大夫。入見，乞建國學，又請搜訪江南遺逸，御史臺、按察司宜南北人參用。帝並嘉納之。二十四年，立尚書省，拜參知政事，鉅夫固辭，又命爲御史中丞。臺臣言：「鉅夫南人，且年少。」帝怒曰：「汝未用南人，安知南人不可用？」遂拜侍御史，行御史臺事，奉詔求士於江南。初，詔書皆用蒙古字，至是特命以漢字書之。帝素聞趙孟頫、葉李名，密諭鉅夫，必致此二人。鉅夫又薦趙孟頫、余恁、萬一鶚、張伯淳、胡夢魁、曾晞顏、孔洙、曾冲子、凌時中、包鑄等二十餘人，帝皆擢置清要。入都復命，時宫門已閉，世祖聞之喜甚，不覺起立曰：「程秀才來矣。」

鉅夫奏《民間利病》七事：

一，江南買賣宜許用銅錢或零鈔。

竊維江南貧民多而用錢細，初歸附時，許用銅錢，當時每鈔一貫準銅錢四貫。自

銅錢不用，每鈔一貫所直物件比歸附時不及十分之二。在前上司指揮官收銅錢有私藏者，坐以重罪，其拘收到官者必多，或民間尚有窖藏，亦難盡知。計江南銅錢，比故宋時雖或鎔廢，其到官者寧無十分之五，在民者無十分之一。若盡廢在官之錢，使民間以鈔一貫就官買錢若干，添貼使用，其有民間窖藏者，立限出首納官免罪，如限外不首，私自發掘行用，許鄰右主首諸色人捕告，驗實坐以元罪。有誣告者，亦反坐之。試行一二年，如公私果便，永遠行用。如其不便，然後再禁，公私亦無所損。如不復用銅錢，更宜增造小鈔。比來物貴，正緣小鈔稀少。如初時直三、五分物，遂增爲一錢。一物長價，百物隨之。省府分有小鈔發下，而州縣庫官不以便民爲心，往往憚勞而不領取，提調官亦置而不問。於是民日困而鈔日虛。宜令增造小鈔，分降江南各路，特便細民博易，亦利民重鈔之一端也。

一，軍人作過甚者，責其主將，仍重各路達魯花赤之權。

各路管民官與管軍官不相統一，軍卒肆凶，小民受害，管軍官不肯問，而管民官不敢問。甚則如臨江之兵揮刃以擬總府，吉州之兵奮拳以毆府官，此風何可浸長？國家置達魯花赤，本令兼管軍民。江南諸路達魯花赤固多失職，亦緣地遠軍驕，故不能制。宜特降旨，今後諸處經過屯戍軍兵，敢於民間剽奪姦汙者，本路達魯花赤即將

犯人準法處斷。如漏失本人姓名，具管軍官姓名呈省，自其牌子頭至百户定罪有差。若十人以上同罪，罪其主將。庶幾每翼頭目，各務鈐束其下，不致生事，軍民相安，遠方幸甚。

一，百姓藏軍器者死，而劫盜止杖一百單七，故盜日滋，宜與藏軍器同罪。

盜之害民，劫盜爲甚。故自古立法，劫盜必死。江南比年殺人放火者，所在有之。被害之家纔行告發，巡尉吏卒名爲體覆，而被害之家及其鄰右先已騷然。及付有司，則主吏又教以轉攤平民，坐延歲月。幸而成罪，不過杖一百單七，而蔓延逮捕平人死獄中者，乃十之四五。況劫盜倖免，必圖報復，而告發之家無遺種矣。被賊劫者，誰敢告發？盜勢日張，其禍何可勝言！夫諸藏兵器者處死，況以兵器行劫，而罪乃止於杖，此何理也？故盜無所畏，黨日以多。今後强盜持軍器劫人財物，贓證明白，只以藏軍器論罪，郡府以便宜從事，並免待報。庶使凶人警畏，平民安帖，其於治勢實非小補。

一，江南和買物件及造作官船等事，不問所出地面，一切遍行合屬，處處擾害，合令揀出産地面行下。

凡物各有所出、所聚處。非其處而謾求，如緣木求魚，鑿冰求火，無益於官，徒擾

百姓。如紵絲、邵緯、木錦、紅花、赤藤、桐魚、鰾膠等物，非處處皆出，家家俱有者也。而行省每遇和買，不問出産在何地面，件件都是遍行合屬。其各道宣慰司承行省文字如此，亦遍行合屬總管府，總管府又遍行合屬州縣。遂使江南百姓，因「遍行」二字，處處受害。及申到和買諸物，又行移體覆，動輒半年、一年。及上司放支價錢，官吏通同，不復給散於民，虚寫收管，粘入卷中，以備照刷，公私俱弊。欲令省家先計必合和買物件，某物出於何處，聚於何處，采之公論，置簿籍記。如在江東，止行下江東；在兩浙，止行下兩浙。量遠近，立限期，仍令本處宣慰司止行下所出、所聚去處，委廉正官一員，依時給價，於係官錢内即行放支，結保申呈。如後經手官吏作弊事發，依至元十九年聖旨條畫盜官財物罪犯追斷。

又造船一事，其弊與前略同。自至元十八年至今，打造海船、糧船、哨船，行省並不問某處有板木，某處無板木，某處近河採伐利便，又有船匠，某處在深山採伐不便，又無船匠，但概驗各道户口，敷派船數，遍行合屬宣慰司，仍前遍行合屬總管府。以江東一道言之，溧陽、廣德等路，亦就建康打造，信州、鉛山等處，亦就饒州打造。勾喚丁夫，遠者五六百里，近二三百里，離家遠役，辛苦萬狀。兼木植或在深山窮谷，去水甚遠，用人扛擡過三五十里山嶺，不能到河，官司又加以箠楚。所以至元二十一

年，寧國路旌德縣民余社等，因而作哄，亦可鑒也。又所用鐵、炭、麻、灰、桐油等物，官司只是椿配民户，不問有無，其造成船隻，並係倉卒應辦，元不牢固，隨手破壞，誤事尤多。宜令凡是海船，止於沿海州郡如建德、富陽等處打造，糧船、哨船止於江西、湖南、湖北等處打造。仍乞照故宋時打造官船體例，差官領錢與河、海船匠，議價打造，每人願造若干船隻，領若干錢，寫立文書，須管十分堅牢。如有違約，即追罰價錢，依法治罪。所委官在彼守待了畢，交領而回，則民户無遠役之費，匠户無差役之苦，官吏無催督之勞。或有欺盜發覺，照盜官財物例追斷，公私兩便。而所造船隻，亦可爲長久之用。

一，江南諸色課程多虚額妄增，宜與蠲減。

江南茶、鹽、酒、醋等税，近來節次增添，比初歸附時十倍以上，今又逐季增添。姑正緣一等管課程官，虚添課額，以諂上司，其實利則大概入己，虚額則長掛欠籍。以酒課言之，自前日有司陡增酒課，每米一石，收息鈔十兩，而江南糯米及所用麴蘖等工本，通僅七兩。以七兩工本，而官先收十兩和息，寧有此理？所以杭州、建康城裏酒價，不半月間，每瓶驟增起二百文。其他可類推也。前來欽奉聖旨，「諸色課程從實恢辦」，既許從實，豈可虚增？除節次累增課額實數，及有續次虚增數目，特與查

照，並蠲減，從實恢辦。庶將來不致陷失歲課，亦不致重困民力。

一，建昌路分小於撫州，而雜造段匹三倍撫州，工役不均，宜只依撫州例。諸處凡似此不均者，比附施行。

竊惟建昌雖名一路，而在宋時止稱爲軍，宋初本是撫州屬縣。兩處民户物産，大不相侔。況建昌四縣近又割出管内南豐一縣以爲州，事力小弱甚矣。今江西卻令建昌路安機一百張，每年造生熟段匹二千二百五十段，而撫州路止安機二十五張。建昌何重，撫州何輕？撫、建甚近，土性相同，非建昌獨宜織造也，緣建昌曾有一路官，刻下民，媚上司，妄添數額，遂不可減。作俑有自，流毒無窮，本郡不堪其擾。臣昔家此，實所備知。如令比附撫州體例，特與末減，似望公私易爲趁辦，段匹又加精好，而本路之民少得一分之寬。然此特建昌一路與織造一事也。其他路分及工匠等事，似此不均者，亦乞令各處有司，比附上項事理施行，生民幸甚。

一，江南官吏家遠俸薄，又不能皆有職田，故多貪污之吏，宜於係官田地撥爲職田。

江南官吏多是北人，萬里攜家，鈔虚俸薄，若不侵漁，何以自贍？中前曾令依腹裏州縣體例，各給與職田，而行省行下，必令於荒閑田地内摽撥。夫江南州縣，安得

處處有荒閑田地？只爲此語糊塗浮泛，得職田者，遂無幾人。今欲一一添俸，則費鈔愈多，虚鈔愈甚，莫若職田之爲便也。宜令行省徧下諸道諸路州縣，凡各處係官田，即撥與各官充合得職田，比腹裏例。毋令減少，使潔己守官者既免饑寒之憂，其病民蠹國者自甘懲汰之罰。如此然後治平可冀也。

時桑哥顓政，法令苛急。鉅夫入朝奏言：

天子之職，莫大於擇相；宰相之職，莫大於進賢。苟不以進賢爲急，而以殖貨爲心，非爲上爲德、爲下爲民之意也。昔漢文帝以決獄及錢穀問丞相周勃，勃不能對，陳平進曰：「陛下問決獄責廷尉，問錢穀責治粟内史。宰相上理陰陽，下遂萬物之宜，外鎮撫四夷，内親附百姓。」觀其所言，可以知宰相之職矣。今權姦用事，立尚書省鉤考錢穀，以割剥民生爲務，所委任者皆貪饕嗜利之人〔一〕。江南盗賊竊發，良以此也。臣竊以爲，宜革尚書之政，損行省之權，罰言利之官，行恤民之事，於國爲便。

桑哥大怒，留鉅夫不遣，奏請殺之。凡六上，帝皆不許，命鉅夫歸。

二十九年，又詔鉅夫與胡祗遹〔二〕、姚燧、王惲、雷膺、陳天祥、楊恭懿、高凝、陳儼、趙居信十人赴闕，召對便殿，勞問甚悉。三十年，出爲福建海北道肅政廉訪使。大德四年，改

江南湖北道肅政廉訪使。湖廣行省平章縱家奴害民，鉅夫按治之，榜其罪於市，民大悅。八年，召爲翰林學士、知制誥同修國史。明年，加商議中書省事。時亢旱，風災尤甚，鉅夫應詔陳言，奏敬天、尊祖、清心、持體、更化五事。十一年，出爲山南江北道肅政廉訪使。

武宗即位，留翰林學士，加正奉大夫。凡朝廷大議，必咨之。每議事歸家，人占其顏色，以知時政之得失。至大三年，復拜山南江北道肅政廉訪使。

仁宗即位，召老臣十六人赴闕，鉅夫與焉。帝素重鉅夫爲人，每呼程雪樓而不名。雪樓，鉅夫別字也。未幾，改浙東海右道肅政廉訪使，留爲翰林學士承旨、資善大夫、知制誥兼修國史。二年，旱，鉅夫應詔陳桑林六事，忤宰相意。明日，帝遣中使賜上尊，勞之曰：「昨中書集議，惟卿言最當。後遇事，其盡言無隱。」皇慶元年，進榮禄大夫，詔鉅夫與李孟、許師敬等議貢舉法。鉅夫言：「朱子貢舉私議，可損益行之。」又言：「取士當以經學爲本，經義當用程、朱傳注。唐、宋詞章之弊，不可襲。」從之。二年，以疾乞歸，不允，命尚醫給藥物，官其子大本郊禮署令。三年，疾益劇，平章政事李孟亦爲之請。特加光禄大夫，賜上尊，命廷臣以下餞於文明門外，大本乘驛護侍南還，仍敕所在有司常加存問。五年，卒，年七十。泰定二年，贈光禄大夫、大司徒、柱國，追封楚國公，謚文憲。

鉅夫博聞强識，文章議論爲海内宗尚者四十餘年。臨大事，決大議，風采懔然，不爲

利害所動。常曰：「士生天地間，當以利人濟物爲心，奈何瑣瑣爲身家之計？」論者謂鉅夫不愧其言。有《雪樓集》四十五卷。

子大年，金谿縣尹；大本，秘書監著作郎。孫世京，集賢修撰。

袁桷，字伯長，慶元鄞縣人。曾祖韶，宋同知樞密院事。祖似道，宋知嚴州。父洪，字季源，七歲通《詩》、《書》、《春秋》，宋京尹馬光祖辟爲掾，以敏達聞，累遷太社令。賈似道不樂四明人，洪與同州六十餘人皆被廢。咸淳九年，起爲建康路通判，大帥趙溍委以府事。諸將桀驁，數以語侵，洪請較射，洪三發三中，衆驚服。後爲制置司參議官，不拜而歸。至元十五年，授同知邵武路總管府事，二十年，改温州，並以疾辭。卒，年五十四。

桷幼好學，讀書常達旦不寐。稍長，師事王應麟、舒岳祥，其學精深核實。以行臺薦，授麗澤書院山長，不就。大德初，閻復、程鉅夫、王構俱薦之，擢翰林國史院檢閱官。成宗初建南郊，桷進《郊祀十議》，其序曰：

「五帝不相沿樂，三王不相襲禮，所由來尚矣。損益之道，其旨同焉。嬴政絶滅三代典禮，臆爲之制，《禮經》廢缺，殘灰斷壁。收合於西漢之世，名爲宗周，而祠祭廣衍，皆祖

秦舊。逮王莽尊信《周官》，後漢二鄭申釋名義，違異於《五經》者，旁傅曲會，皆得以合。自漢而降，言禮者悉本於此。愚嘗紬繹經傳，審問慎思，繄儒先是，證郊社大典，秦、漢而下，莫有疑義。惟合祭同異，其詳可得聞矣。若郊非圜丘，帝非天帝，沿襲舊說，卒無與正。夫天無二日，是天尤不得有二也；五帝非人也，然不得謂之天，作《昊天五帝議》。祭天歲或爲九，或爲二，或以變禮者爲正，作《祭天名數議》。圜丘不見於《五經》，郊不見於《周官》，作《圜丘非郊議》。后土，社也，先儒言之而復疑焉，作《后土即社議》。三歲一郊，非古也，作《祭天無間歲議》。燔柴，古經之可見者也，《周官》以禋祀爲天，其義各旨，作《燔柴泰壇議》。祭天之牛角繭栗，用牲於郊，牛二，合配而言之也，禮成，於周公未之有，改增羣祀而合祠焉，非周之制矣，作《郊不當立從祀議》。郊，質而尊之義也；明堂，文而親之義也，作《郊明堂禮儀異制議》。郊用辛，魯禮也，卜不得常爲辛，猶至日之不常爲辛，作《郊非辛日議》。北郊不見於《三禮》，尊地而遵北郊，鄭玄之說也，作《北郊議》。多聞闕疑，先聖有訓。私不自量揆，妄爲之說，實有愳焉。鴻藻碩儒，洽通上下，其必有以折衷而深證之。大德五年春三月，具官袁桷序。」

《昊天五帝議》：

言昊天者有三說。鄭玄六天之妄，攻之者衆矣。王肅謂祭天有二，冬郊圜丘，春

祈農事。若明堂迎氣，皆祭人帝。歷唐而下，則謂郊祀配天者爲昊天，明堂配上帝者爲五帝。甚者因其説之不通，併《孝經》后稷配天本文而非之。其説紛雜，良由天與帝之號不明故耳。夫在郊者謂之天，在明堂者謂之帝。河南程氏曰：「萬物本乎天，人本乎祖。故冬至祭天而以祖配之，以冬至者，氣之始也。萬物成形於帝，人成形於父。故季秋饗帝，而以父配之，以季秋者，物成之時也。」胡宏氏曰：「天言其氣，帝言其性。」其説是矣。故由其在郊，則以其遠祖配，尊而無文之義也。由其在明堂，則以其父配，尊而親之之義也。鄭氏六天，本於讖緯，攻之者雖力，而卒莫敢廢。漢、魏以來，名號不一。漢初曰上帝，曰太一元始，曰皇天上帝。魏初元間，則曰皇皇天帝。梁則曰天皇大帝。至唐，始曰昊天上帝，從長孫無忌之議，而廢六天之謬。後復尊鄭而不敢廢者，蓋鄭氏謂星經之天皇，即《周官》之昊天，上以合夫《周官》，而下復合夫從祀。於是郊之所主爲昊天，而其壇之二等復有天皇焉。此存鄭之説，至於唐、宋而不敢廢者，以此也。王肅言明堂爲人帝者，固非，而攻王者未嘗不泥於五帝，至以明堂之祀五常，其來已久。或者又謂禋祀五帝爲祭天，以此病肅，然卒無以歸於一當之論。愚嘗獨謂五帝非人帝，其所謂人帝者，五帝之配耳。且五帝非天也。新安朱氏之定五帝，有取夫《家語》五帝之説。天有五行，木、火、土、金、水，分時化育，以成萬

物，其神謂之五帝，而不敢加天以混之。唐永昌之敕亦曰：「天無二稱，帝是通名。承前諸儒互生同異，乃五方之帝亦謂爲天。自今郊祀唯昊天上帝稱天，餘五帝皆稱帝。」證以二說，則六天之說不攻而自破，五帝之誤可證而不誣矣。獨黄幹泥夫鄭學，謂饗帝於郊，而風雨節、寒暑時，非人帝所能爲。殊不知五人帝者，若太皞是也：五人神者，若句芒是也。今以五行之官名佐成上帝，而稱五帝，何憂不能寒暑節、風雨時？獨不可稱天帝以混夫昊天上帝之號耳。陳祥道言「五帝無預乎昊天上帝」，其説良是。而下文言「上帝則五帝兼存焉」，此亦泥夫鄭説。又謂「明堂之上帝兼昊天與五帝而一之」，其説又不通。獨三山林岊言「古之祭上帝與祭五帝」之禮，以經推之，禮莫盛於周，周之祭上帝，亦曰祀天，郊祀之天，明堂之上帝，即一也。郊祀從簡，爲報本反始。以稷配明堂從備，爲大饗報成。以文王配稷，王業所始，文王王業所成，從其類也。祭於郊曰天，於明堂曰上帝，天言兆朕，帝言主宰也。《周官》先言祀上帝，次言祀五帝，亦如之。謂大臣之贊相，有司備具，至其圭幣，則五帝各有方色，未嘗與上帝混同也。愚嘗妄謂《周官》無明堂郊天之文，先儒必欲合於《五經》，其説愈不可解。天官大宰祀五帝，則掌誓戒，後云祀大神示，亦如之。鄭謂大神示即天地也，是重五帝於大神示也。五帝之説，盛於呂不韋之《月令》，《詩》、《書》所載未嘗有

五帝之號。尊上帝而黜五天帝，要不爲無據也。

《祭天名數議》：

天歲有九祭，鄭玄之説也。何以謂之九祭？祀昊天於圜丘，五天帝於四郊，復立郊祀、明堂而爲二，龍見而雩帝於南郊，此九祭也。王肅謂天惟有一，歲有二祭，南郊之祭爲圜丘以冬祭，其祈農事也以春祭，謂之二祭。梁崔靈恩宗鄭而黜王，不過謂郊丘不可爲一，而五帝之祀同爲天帝，明堂之不可廢，猶大雩之不可廢也。自唐以後，非六天者皆是，而九祭之名微與鄭異者，則謂春祈穀，夏大雩，秋明堂，冬圜丘，兆五帝於四郊，爲九祭。歷代尊黜異同，不過出於三者之説。愚獨以謂其説皆無足取證。鄭氏之五天帝不得爲天，前已辨之詳矣。以圜丘、南郊爲二者，分帝爲太微，爲天皇，而非昊天之本名也。王肅之祈農事，先儒之言大雩，愚請得而論之。按《月令》「元日祈穀於上帝」，《噫嘻》之《小序》「春夏祈穀於上帝」，祈穀之祭非郊與明堂之比也。善乎廬陵胡氏之論曰：鄭謂此即郊，按《特牲》又云「郊迎長日之至」，注引《易》説，謂春分日漸長，則此未春分也。《易》説三王之郊，一用夏正。孟獻子云「啟蟄而郊」，則此未啟蟄也。獻子又云「郊祀后稷以祈農事」，此不祀后稷而祀帝也。足明此但祈穀非郊天。大祭詩云：「春夏祈穀」，豈謂郊乎？先儒亦言祈者，以民食之重，有求於天，不

得與南郊、明堂並，而大雩之祭尤不宜與二大祭同議。按《春秋》之書雩，旱祭也。司巫女巫之舞雩，皆不得已吁嗟而求之，其甚者則歌哭而請之，禮之變也。《爾雅》曰：「雩，號祭也。」《春秋》書雩之例，三傳雖有異同，大較紀其旱烖之極。若昭公之季年一月而兩書焉，足以見夫旱之極矣，謂夫子紀魯之僭者，非也。魯之雩壇舞詠而歸者，非歟？又按鄭注，周雩壇在南郊之旁，則非郊天之壇明矣。《詩》之《小序》，自歐陽氏、蘇氏、朱氏疑而去之者已久，詳《小序》之箋，則先已有疑於本文，故其箋曰：「《月令》孟春祈穀於上帝，夏則龍見而雩，是與？」夫「是與」者，疑之之辭也。春猶得以祈穀言，夏不得以祈穀言矣。孔疏知「是與」爲若不審之辭，復引仲夏大雩，以祈穀實爲證，是徇《小序》之失，不若鄭氏之置疑也。祀天之禮，有常有變，有因事之祭，若國故之旅於上帝，師行之類於上帝，天地之大烖、疾病、水旱，皆不得不禱於天。孰謂雩旱而可謂常祭者也？今定以南郊爲一，明堂爲二，此爲一歲之大祭。若祈農事，雖非變禮，要爲祭之次者。《吕令》固有議之者矣。獨祈農於上帝，誠不可廢。而元日之祭，不得與郊祭並。故兩存而復議之。

《圜丘議》：

圜丘之名，獨見於《周官·大司樂》，《詩》、《書》、《春秋》、《儀禮》之所不載。二戴

《禮》先儒謂出於漢儒，今不復引。以《周官》考之，圜丘非祀天之地。其本文曰：「凡樂，圜鐘爲宫，黄鐘爲角，太族爲徵，姑洗爲羽。靁鼓、靁鼗、孤竹之管，雲和之琴瑟，雲門之舞。冬日至於地上之圜丘奏之。若樂六變，則天神皆降，可得而禮矣。函鐘爲宫，太蔟爲角，姑洗爲徵，南宫爲羽。靈鼓、靈鼗，孫竹之管，空桑之琴瑟，咸池之舞。夏日至，於澤中之方丘奏之。若樂八變，則地示皆出，可得而禮矣。」鄭康成釋以爲禘祭，又謂天神爲北辰，地示爲崑崙。歷代相承，皆謂祀天於圜丘。王肅之徒雖難鄭説，能知禘之非祀天，而謂「郊即圜丘，圜丘即郊」，其説率雜而不能定。愚按圜丘非郊也。圜丘非祀天之所，獨鄭康成言之，既不能合於《詩》、《書》、《儀禮》，而於《周官》復有所背。以《周官》之本文言之，止言於地上圜丘奏之，不聞其祀天於圜丘也。況《大司樂》前云奏黄鐘，歌大吕，舞雲門，以祀天神；奏太蔟，歌應鐘，舞咸池，以祭地示。夫祀天神、祭地示，其樂與圜丘所奏實異。則當以黄鐘、大吕、雲門爲祀天，不當用圜丘降神之所，而遽言爲祀天之所也。其祭地也，亦當以太蔟、應鐘、咸池爲祭地，不當用方丘降神之所爲祭地之所也。鄭康成知其説之不通，遂釋前天神爲五帝，日月星辰圜丘之天神爲北辰，後來紛紛沿襲其説。而王肅六天之辨，復泥於祀天圜丘之説，不能詳明其本文而折其謬，乃謂「郊即圜丘，圜丘即郊」。故崔靈恩、孔穎達

咸宗鄭而黜王。夫《大司樂》既無祀天圜丘之文，而鄭氏天神復釋爲二，有不待辨而明。按釋圜丘者，謂爲自然之丘，非人力所爲，其説與《爾雅》合。雍鎬近郊宜或有此，若後代國都於平衍之地，將人力而爲之耶？抑亦爲壇以象之耶？或曰：圜丘祀天，鄭康成必本於前代。愚曰《詩》、《書》、《易》、《春秋》、《儀禮》之所無者，不必信。鄭氏之説本於秦始皇祠八神地主之圜丘，又漢武帝作十九章之歌，以正月上辛用事甘泉圜丘，二者皆非祀天。鄭氏陰取之，而不敢明證其事。若謂南郊即圜丘，北郊即方丘，不知《周官》四郊非南北郊之郊，《詩》、《書》、《春秋》之郊非圜丘之制，不得合而爲一。謂祀天於圜丘者，特鄭氏之説，初非《周官·大司樂》之本文。陳祥道《禮書》謂「祭祀必於自然之丘，所以致敬；燔瘞必於人爲之壇，所以盡文」，亦宗鄭之説而微異。崔靈恩《義宗》亦宗鄭黜王。而所謂「郊即圜丘，圜丘即郊」之誤，乃不能正其説。歷漢至宋諸儒，悉不過以《周官》傅合於《詩》、《書》、《春秋》，滋以啟後來之誤，故爲之辨。

《后土即社議》：

《周官》無祭地之文，先儒言之詳矣。而其言近於地者有五：曰地示、大示、土示、后土、社，是也。鄭氏之釋地示，則曰：「北郊神州之神及社稷。」夫以北郊爲祀地，

此祀之大者，不得合社與稷而言，合社與稷，是爲三祀，非祭地明矣。曰大示，鄭無明釋。或謂大示，乃地示之大者。祀地以北郊爲大，則地示之大者，將何以祀之？曰土示，鄭謂原隰平地之神，此又非祀地矣。曰后土，鄭氏則直謂：「后土，黎所食者，后土官名，死爲社而祭之。」又曰：「后土，土神。」不言后土社也。其答田瓊則曰：「此后土不得爲社者，聖人制禮，豈得以世人之言著大典？」明后土土神不得爲社。至於太祝建邦國告后土，鄭復曰：「后土社神。」獨此說違戾特甚，啟歷代之譌謬，實自此始。

按《尚書》曰：「告於皇天后土。」孔注曰：「社也。」《泰誓》之「宜於冢土」，亦社也。《召誥》之「社於新邑」者，亦后土也。《甫田》之「以社以方。」注：「社，后土也。」后土與社，皆地之稱，今悉疏經文之可證者而言之：《泰誓》曰：「郊社不修，禮日祭地於郊，所以定天位也，祀社於國，所以列地利也。」又曰：「郊所以明天道，社所以神地道。」又曰：「郊社所以事上帝。」又曰：「明乎郊社之義。」又曰：「禮行於郊，而百神受職；禮行於社，而百貨可極。」若然，則社即后土，后土即社。鄭氏之釋《大宗伯》，既以黎所食者爲是，而復有所疑而不決，於是答田瓊之問，以后土不得爲社。四者之說，更相背戾。而方丘、北郊復爲二說，終莫能定。至胡宏氏始定郊、社之義，以爲祭地於社，猶祀天於郊也。故《泰誓》曰「郊社不修，而周公祀於新邑，亦先用二牛於郊，後用太牢

於社。《記》曰：「天子將出，類乎上帝，宜乎社。」而《周禮》以禋祀祀昊天上帝，以血祭祭社稷，别無地示之位。「四圭有邸」，舞雲門以祀天神；「兩圭有邸」，舞咸池以祭地示。而别無祭社之説，則以郊對社可知。後世既立社，又立北郊，失之矣。此説足以破千古之惑，故新安朱氏《中庸》「郊社」，亦以社爲祭地，取夫胡氏，而獨以其廢北郊之説爲未然。愚按北郊不見於經，獨見於鄭氏。鄭氏之北郊，非至日方丘之祭。攻鄭氏神州之説者多，而不能辨鄭氏北郊之不經；攻合祭之説者力，而不考以地爲郊之失，亦始於王氏。郊以祀天，社以祀地。謂郊爲祀地，吾知其不出於《六經》也。《春秋》書魯之郊止於郊天，不聞其郊地也。用牲幣於社，間於兩社，皆天子之制也。謂魯爲僭郊社，則可；以魯郊爲祀地，則不可。《雲漢》之詩曰：「祈年孔夙，方社不莫。」又曰：「自郊徂宫。」宫，社宫也。告天地之禮，郊、宫爲二，則《詩》之郊，亦非祀地也。朱氏亦曰：「《周官》止言祀昊天，不言祀后土。」先儒之言祭社者爲是。其言《周官》禮大神、祭大示，皆無明文，是深有疑於《周官》之非全書也。或謂社不足以盡地，此蓋因諸侯大夫皆得宜社，遂因此以致疑。按《大宗伯》：「王大封，則先告后土。」又曰：「建邦國，先告后土。」謂之后土者，建國之始稱。若武城之告於后土者是也。左祖、右社，親地之道也。此言社之名成於告后土之後也。先儒謂尊無二上，故事天明

獨行於天子，而無二事地察，故下達於庶人，而且有公私焉。胡宏氏曰：「諸侯之不敢祭天，猶支庶之不敢斷祖也；諸侯之得祭地，猶支庶之各母其母也。」其說爲是。且社有等差，至於州黨族閭，愈降愈少，獨天子之社爲羣姓而立。王社之說，孔疏謂書傳無文，其說莫考。陳祥道釋社、后土之辨，終泥於鄭氏。至謂建邦國先后土爲非社，曾不知社之未立，其不謂之后土，其可乎？

《祭天無間歲議》：

古者天必歲祭。三歲而郊，非古制也。然則曷爲三歲而郊也？三歲之禮，始於漢武。其祀天也，不於泰壇而於甘泉壇。有八觚席，有六采、文章、采鏤之飾，玉女、樂石之異，鸞輅、騂駒之靡，瑄玉、寶鼎之華，其禮也侈，其用民也勞，如之何其勿三年也？至於後世，不原其本，而議其末。三年之祭，猶不能舉其能力行者。若唐之太宗，享國長久，亦不過三、四。至宋仁宗以後，始克遵三年之制。夫三年一祭，已不得爲古，則一、二舉者，尤非禮也。蘇氏曰：「秦、漢以來，天子儀物，日以滋多，有加無損，以至於今，非復如古之簡易也。今所行皆非周禮。三年一郊，非周禮也。先郊二日而告原廟，一日而祭大廟，非周禮也。郊而肆赦，非周禮也。優賞諸軍，非周禮也。自后妃以下至文武官皆得蔭補親屬，非周禮也。自宰相宗室已下至百官皆有賜賚，

天子前期非周禮也。」先儒又曰：「古之郊禮，以事天也，以報本反始，以教民尊上也。天子前期齋戒，命冢宰誓百官而涖事焉，事之莫尊者也。」近世則變矣。三年而一郊，其所事者，則軍旅億醜之賞賚耳。事軍旅億醜之賞賚，則誠不專於享帝，制不一於報本。夫郊，以報一歲生物之功也。夫豈三歲一生物而三歲一報耶？古者，大路素而越席，大圭不琢，大裘不飾，牲用繭栗，器用陶匏，謂德産精微，物所以稱，故其文至簡，而其誠至懿。近世盛鑾輅冕服，珠玉金繒之飾，唯懼不華；内闕觀宫一夕之具，唯恐不工。其文至繁，而其費至廣，豈所以降格天神之意邪？如是，則郊天之禮，自漢而下皆非古制。禮樂百年而後興，誠能如三代之禮，其繭栗、陶匏，費不爲甚廣；罷壇陛從祀之位，止以始祖爲配，則千百年之廢禮墜典由是而舉，豈不甚盛！其或不與祭，則如《大宗伯》所謂「若王不與祭祀，則攝位」，鄭氏之釋《量人》亦曰「冢宰位佐王，祭亦容攝祭」，庶幾破千古之陋，上以合於天道，而下足以解諸儒之疑議云。

《燔柴泰壇議》：

《儀禮·覲禮》曰：「祭天，燔柴；祭山，丘陵，升；祭川，沈；祭地，瘞。」《祭法》亦曰：「燔柴於泰壇，祭天也；瘞埋於泰折，祭地也。」《爾雅》曰：「祭天曰燔柴，祭地曰瘞薶。」《祭法》、《爾雅》雖各自爲書，而其説與《儀禮》合者，獨燔柴無異。《周官》曰：「以

禋祀祀昊天上帝，實柴祀日月星辰，槱燎祀司中、司命、飌師、雨師。」夫《周官》之柴歸於日月星辰，而以禋祀爲祀天，是不與《儀禮》合也。《禮器》曰：「至敬不壇，掃地而祭。」不壇，非燔柴也；掃地而祭，非《周官》之祀也。合《儀禮》、《周官》、《禮器》三書而言之，實有不同。自鄭氏必欲合三禮之説爲一，而後人附會者曲爲之遷就。崔靈恩則謂：「先燔柴及牲玉於丘訖，次乃掃地而祭。」陸佃則曰：「祭天之禮，升禋於泰壇，奏樂於圜丘，所以致天神也。不祭於人功之壇。」祭天之法，皆於地上，以下爲貴，故天神皆降，可得而禮，然後掃地而祭。樂者陽也，其聲無形，故奏於自然之圜丘。煙者，陽中之陰，其氣有象，故燔於使然之泰壇。至於禋祀實柴，有異於《儀禮》。」鄭氏則云：「禋，煙也。三祀皆積柴實牲體，於日月言實柴，於祀天言禋，三祀互相備矣。」其釋《覲禮》則曰：「燔柴祭天，祭日也。祭天爲祭日，則祭地瘞者，祭月也。日月而云，天地靈之也。」敢各疏其穿鑿，以從古禮經之正。《周官》之不與《儀禮》、《易》、《詩》、《書》、《春秋》合者，不止於祀天地，今止因《三禮》之異同，諸儒之附會，而言其非是。夫《周官》之圜丘，乃奏樂之所，非壇也。自漢而下，皆祀於圜丘，已失《周官》之意。崔氏謂圜丘即壇，爲人功之壇。按釋圜丘者爲自然之丘，非人功之壇，崔説與釋圜丘者異矣。使果從壇下掃地而祭，則燔柴於人功之壇，不可謂質，而獨掃地之

祭，得謂之質矣。若然，則《儀禮》之燔柴爲末，而掃地之祭爲本。歷考梁、陳以來，不聞有祭於圜丘之下者。是崔氏之説，不得以行也。陸氏謂自然者爲丘，使然者爲泰壇，是祀天之地有二。愚嘗謂：合於《周官》，則泰壇之制未嘗有合於《儀禮》，則燔柴之制無圜丘。歷代之失祀於圜丘，非是。陸氏獨不能證其誤，是爲二壇者，亦非也。鄭氏謂煙，禋也。《詩·生民》之禋祀，《書》之「禋於六宗」、「禋於文武」，釋者謂禋，敬也。又曰「精意以享」之謂也。使從鄭説，以禋爲煙，則六宗之祀不得與上帝並，而祀文武於宗廟，又難與燔柴之祭同也。鄭氏之釋燔柴，以祭天爲日，祭地爲祭月，其説尤妄。是殆尊《周官》之書，其不可合者，遂臆説以非古禮。如夏正郊天迎長日之至圜丘，南郊二天帝之説，類皆若是。古《禮經》獨《覲禮》爲天子禮，捨燔柴爲祭天。則此書又如王安石之罷黜，不能以用於世。《戴記》之合於經傳者，先儒類皆取之。若《王制》、《禮器》、《儒行》、《明堂位》等篇，固有疑之者矣。獨燔柴、泰壇爲祭天，與古禮合，特取其説。鄭泰壇雖不見於《儀禮》，然從古傳襲，未嘗不以壇壝爲正。《覲禮》之壇十有二尋，周公之三壇，同墠司儀之爲壇，三成去祧爲壇。下至周末，齊侯爲柯之盟，有壇先君適四國，未嘗不爲壇。況祀天欽崇之實，其可廢壇壝哉！

《郊不當立從祀議》：

郊有從祀，西漢末之見也。禮之失，始於建武。建武采元始之制而爲之。元始，王莽之政也。王莽之失，在分牢，在同祭，不聞其從祀也。杜佑尊時王之禮，而深知其非，謂：「從祀之坐，近古皆有，梁、陳及於國朝，始相沿襲。」夫謂之近古者，非古明矣。開元之禮，成於徐堅之徒，而開寶所作，祖於開元。大較從祀損益，咸取於建武。今因開元所定而論著其非是。其第一壇曰五帝，曰大明夜明。以《周官》言之，五帝之祀在四郊，大明夜明以實柴，而朝日夕月之制，復見於經傳，此不得混而一之之證也。壇之第二與第三，皆以星經爲之制。杜佑謂：「天有萬一千五百二十星」，地亦如之。考其所祭，知其壇壝之不足以容也。遂爲外官、内官以别，而節其數。開寶以後，又復增五嶽、四瀆、飌師、雨師之類，而併祭之。其壇愈廣，其牲牢愈繁，而其禮愈失。考於《周官》，則《大宗伯》之實柴槱燎，此又不得混而爲一之證也。今考於《虞書》，其類上帝之後，則行六宗、山川羣神之祀，不聞其合祭也。湯之元牲，武成之柴望，皆若此矣。《召誥》用牲於郊牛二者，后稷配天之始也。若魯之三望，雖爲非禮，亦皆無總祀之理。自漢而下，牲犢、尊罍之數，不勝其煩，其郊禮之費，竭九州之貢賦，不足以供。由是，雖三年之祭亦不能舉。壇壝繁雜，宫縣四立，有司臨事，登降傴仄，懼不能以周旋，跛倚顛仆，無所不至。昔之儒先，能議合祭天地之非，而不能正合

祭羣祀之失；能以親郊爲是，而不能以三年一郊爲非；能知牛羊供給之費廣，而不能盡角繭栗之誠慤。甚者配帝之争不決，遂有二配帝於壇上。依違莫從，一至於是。今若悉如三代典禮，不傷財，不害民，一歲一郊，則何憚其不可行也！

《明堂與郊天禮儀異制議》：

晉摯虞議曰：「郊丘之祀，掃地而祭，牲用繭栗，器用陶匏。事反其始，故配以遠祖，明堂之祭，備物以祭，三牲並陳，籩豆成列，禮同人理，故配以近考。」新安朱氏曰：「爲壇而祭，故謂之天。祭於屋而以神示祭，故謂之帝。」晉傅玄亦云：「於郊尚質，於明堂尚文。」若然，則儀文悉皆有異矣。郊以牲，明堂以牛羊，詩曰：「我將我享，維羊維牛。」此牲之異者也。燔柴以報陽也，猶宗廟之祼鬯也。明堂與宗廟近，則燔柴乎何有？席用藁秸，器用陶匏，象天之質也。玉爵、代匏、尊罍、簠俎之屬，一以宗廟。此元豐議禮之得也。郊之祭，用氣也，進孰之失，始於唐。自唐以降，未之有改也。《記》曰：「郊血，大饗腥，三獻爓，一獻孰。」解者曰：「郊，祭天也；大饗，祫祭也；三獻，社稷五祀也；一獻，羣小祀也。」郊不以血，而以孰薦，禮之褻而失之甚者也。然則明堂之祭，其不進孰與？曰：「聖人亨，以享上帝」，上帝，明堂之稱也。用於明堂而不用於郊，其義明矣。特牲少牢之始於薦孰，大夫之禮也。用大夫之禮於郊，不可

也。用於明堂，近宗廟也。配羣祀於郊，非禮矣。明堂，國中也；邑外曰郊，引而近之，其瀆莫大焉。尊罍，尚質也，彝以盛鬱鬯，郊得以用之也。《記》曰：「黄目，鬱氣之上尊。」彝得謂之尊也。定尊罍於天地，六彝於宗廟，鄭氏之説也。開元遵而不用於郊，猶曰以質不以文。明堂，宗廟之近，而文物之極也。其不用也，則野矣。凡此皆禮儀文質之異，不可以不辨也。

《郊非辛日議》：

《郊特牲》曰：「郊之至也，迎長日之至也」，又曰：「郊之用辛也，周之始郊日以至」。鄭玄謂：「迎長日者，建卯而晝夜之分也。」「三王之郊，一用夏正。」其釋「周之始郊日以至」，則謂：「魯無冬至祭天圜丘之事，是以建子之月郊天，示先有事也。」夫以迎長日爲建卯，胡氏非之至矣。三王之郊以寅，則冬至圜丘之祭，是周以冬爲春矣。正月正歲，猶日以子爲首，若以冬爲春，是非矣。蓋「郊之用辛」，言魯禮也。「周之始，郊日以至」，言周以冬至而郊也。易周爲魯，以附夫臆鑿之論，則大有所不可。周爲周王，魯爲魯公，合周、魯爲一禮，曷不曰「魯之始郊日以至」？葉夢得氏曰：「以郊爲迎長日之至，下言郊之用辛。周之始郊日以至，正以别魯禮。鄭氏反之，强以建卯爲日至，甚矣，其好誣也！」冬至祭天，此周之正禮，不可易者。孟春建寅之郊，蓋祈

穀之祭。魯雖得郊，不得同於天子。是以因周郊之日，以上辛，三卜不從，至建寅之月，正魯郊，殆周祈穀之祭故。左氏謂：「啟蟄而郊也。」或曰：郊雩必以辛，周之制與？曰：以至日而祭，則至日非常以辛也。魯之郊雩皆辛，是魯之禮也。然則周郊非辛與？曰：周官祀大神則卜日。崔靈恩謂：「卜日以至，爲主不吉，始用它日。」是有疑於卜也。横渠張氏謂：「日至不必卜日，周之始郊日以至，言日至則不容卜，言月至則有卜，卜日則失氣至之時矣。」是定以爲卜日也。《曲禮》曰：「大饗不用，卜吕大臨。」謂天時陰陽之至，日月素定，故不問卜。若他饗，則問卜矣。或又曰：周之不用辛，有所本與？《召誥》曰：「越三日，丁巳用牲於郊。」非辛也。至翼日而社，非卜也。《五經異義》、《春秋公羊説》，禮郊及日皆不卜，常以正月上丁，成王命魯使卜從乃郊。故魯以上辛郊，不敢與天子同也。是足以明周郊之非辛矣。歷代之月時不一，獨唐武德以冬至祀天，孟春辛日祈穀於南郊，能取二説而裁正之，號爲近古，故特表而出之。

《北郊議》：

北郊之名，不見於《五經》。謂北郊見於《周官》，鄭玄之論也。《周官》無北郊之本文，因鄭玄讖緯之説，而與《周官》並行者，王莽、劉歆實爲之始也。先儒能攻王莽

南北合祭之義，而不知立北郊之説者，始於匡衡，成於王莽。捨其大而議其細，相承謬誤，今千七百餘年矣。敢推其本始而詳言之。夫《周官》圜丘、方丘爲奏樂之地，非祭之所。圜丘之辨詳矣。鄭氏祭地之法有二：夏至之日，祭崑崙之神於澤中之方丘，一也；正月，祭神州地示於北郊，二也。是方丘、北郊爲二。今合而言之，不知其何所始也？按《大宗伯》之本文，鄭氏之不能釋者有二：曰以貍沈、以疈辜，則曰：「不言祭地，此皆地示祭地，可知。」以黄琮禮地，則曰：「禮地以夏至，謂神在崑崙者。」至於《大司樂》之地示，則又曰：「祭於北郊。」鄭氏既以方丘、北郊爲二，而後人之尊鄭者，未嘗不以方丘、北郊合而爲一，神州讖緯非之者至矣。至若方丘之不爲祭所，北郊之無所經見，皆泥其説而無有辨之者。或曰：北郊始於匡衡，非王莽自爲之説。謹按《漢志》，高帝因北畤而備五帝，至武帝時，后土猶未立，建始之際方立南北郊。匡衡、張譚以天隨王者所居，援據《禮經》皆自爲損益，若所引祭地於泰折在北郊就陰位之説，今《戴記》無北郊之文。陳祥道《禮書》知其説之無所據，遂謂南郊祀天，則北郊祭地，祀天就陽位，則祭地就陰位，以强合夫鄭氏北郊之説。夫郊非天不足以言，社非地不足以盡，二者相對，如天之不可以合祭也。謂之郊地，其何所據哉？先儒能明祭之不可以合，而不能辨社之不可以爲郊，沿襲建始之弊。自漢而降，無有知其非

者。祀地之爲社，詳見於后土之議。尊地之説，莫先於罷方丘、廢北郊，以全古禮之正。王肅之攻鄭玄，其説雖行於泰始，惜猶以郊、丘爲一，故宗鄭者多，而王説復廢。馴致今日，郊社盛禮，方由是損益，以承三代之正。罷北郊之謬，其不在兹乎？

禮官推其博洽，多採用之。擢應奉翰林文字、同知制誥兼國史院編修官，遷待制，拜集賢直學士，移疾歸。復以集賢直學士召，改翰林直學士、知制誥同修國史。至治元年，遷侍講學士。時拜住當國，重桷學識，欲使撰遼、金、宋三史，桷上《採訪遺書條例》。未幾，英宗遇弒，事不果行。泰定初，告歸，卒於家，年六十二。贈中奉大夫、江浙行省參知政事、護軍，追封陳留郡公，謚文清。

桷於近代禮樂之沿革，官吏之遷次，士大夫之族系，百家諸子之目録，悉能推本源委詳言之。文章奧雅，與虞集、馬祖常以議論相師友，當時文體爲之一變。有《清容居士集》五十卷。

子瓘，同知奉化州事。後至元中，修三史，桷孫曮進家藏書數千卷，擢秘書監著作郎。

史臣曰：程鉅夫條時政得失，事覈而詞直，雖文采不耀，然切用之言也。遭遇世祖，事多施行江南，新附之民，實被其澤，仁言利溥，信矣哉！袁桷議郊祀典禮，斟酌古今，爲

當時所採用，故著其《十議》，以備一朝之掌故焉。

【校勘記】

〔一〕「貪饕」，原作「食饕」，據程鉅夫《雪樓集》卷一〇改。

〔二〕「胡祇遹」，原作「胡祇適」，據《元史》卷一七〇列傳第五十七《程鉅夫傳》改。

新元史卷之一百九十　列傳第八十七

趙孟頫　趙與票　趙大訥　葉李

趙孟頫，字子昂，湖州歸安人。宋太祖裔孫秀王子偁五世孫也。幼聰敏，讀書過目成誦。

宋亡，益自力於學。吏部尚書夾谷之奇薦爲翰林編修，不就。侍御史程鉅夫奉詔搜江南遺逸，又薦之。入見。孟頫神采秀異，世祖稱爲神仙中人，使坐於右丞葉李上。御史中丞奏：「孟頫亡宋宗室，不宜侍左右。」鉅夫曰：「立賢無方，乃陛下之盛德。此言將陷臣於不忠。」帝曰：「彼何知！」命左右宣敕逐之出。

會立尚書省，使孟頫草詔頒天下。帝覽之，喜曰：「卿言皆吾所欲言者。」詔集百官於刑部議贓律，以至元鈔二百貫爲滿，論死。孟頫曰：「始造鈔時以銀爲本，虛實相權，今則輕重相去至數十倍，故改中統鈔爲至元鈔。異日至元鈔必復如中統，計鈔抵法，疑於太重。古律以米、絹論贓，謂之二實，最爲適中。鈔乃宋人所造，施於邊郡，今襲用之，以此

斷人死命，恐非良法。」或以孟頫南人，年少，議國法不便，厲色責之。孟頫曰：「人命至重，立法不當，人將不得其死。孟頫奉詔與議，不敢不言。」其人默然。議罷，出謝曰：「吾失在不學。細思之，公言是也。」執政擬孟頫爲吏部侍郎，參議高明持不可。

二十四年，授兵部郎中。至元鈔滯不行，詔遣尚書劉宣與孟頫乘驛至江南，責行省慢令之罪，左右司及諸路官則徑笞之。孟頫不笞一人，復命。桑哥爲丞相，鐘初鳴，即坐尚書省治事，六曹官後至者笞。孟頫一日後至，斷事官引受笞。孟頫入訴於右丞葉李，李責桑哥曰：「古者刑不上大夫，所以養人廉恥。公笞郎中，是辱朝廷也。」桑哥慚，慰遣孟頫。自後惟曹史以下始受笞。孟頫行東御牆外，道狹，馬蹶，墜於河。帝聞之，賜鈔五十錠，命移築御牆。其爲帝眷厚如此。

二十七年，拜集賢直學士。是歲地震，北京尤甚。帝幸龍虎臺，深憂之，遣平章阿剌渾撒里馳還上都，召問集賢、翰林兩院官致災之由，戒毋令桑哥知。兩院官畏桑哥，莫敢言。孟頫與阿剌渾撒里善，密告之曰：「今理算錢糧，民不聊生。地震之變，殆由於此。宜大赦天下，盡與蠲除，庶幾天變可弭。」阿剌渾撒里入奏，帝從之。已草詔，桑哥怒，謂必非上意。孟頫曰：「凡錢糧未徵者，其人死亡已盡，何所從取？不及是時免之，他日言事者以失陷錢糧數千萬歸咎尚書省，丞相何以自解？」桑哥悟，乃曰：「吾料不及此。」詔下，民大

悦，咸額手相慶。

宋故相留夢炎降，帝用爲禮部尚書。一日，帝問夢炎與葉李優劣，孟頫對曰：「夢炎，臣之父執，其人重厚，篤於自信，好謀而能斷，有大臣器。李所讀之書，臣皆讀之，所知所能，臣皆知之能之。」帝曰：「卿以夢炎賢於李耶？夢炎在宋爲狀元，位至丞相，賈似道誤國罔上，夢炎依阿取容。李布衣，乃伏闕上書，請斬似道，是李賢於夢炎明矣。卿以夢炎父執，不欲斥言，可賦詩刺之。」孟頫賦詩曰：「狀元曾受宋家恩，國困臣强不盡言。往事已非那可說，且將忠直報皇元。」帝稱善。孟頫退謂奉御徹里曰：「上論賈似道誤國，責留夢炎不言。今桑哥誤國之罪，甚於似道，我等不言，他日何以辭責？然我疏遠之臣，言必不聽，公爲上所親任，讀書知義理，能爲天下除殘賊，真仁者之事也。公必勉之。」既而徹里至帝前數桑哥罪惡，帝怒，命衞士批其頰，血湧口鼻，仆於地。少間，復呼而問之，徹里執奏如初。會大臣亦有繼言者，帝大悟，遂按誅桑哥。後徹里與孟頫論及此事，歎曰：「使我有萬世名，子昂之力也。」

尚書省罷，執政多以罪去。中書參知政事賀勝以不通文字，請帝早簡輔相。帝周視左右，乃屬目於孟頫曰：「卿可至中書參決庶務。」孟頫固辭。帝問閻復、宋渤何如？孟頫對曰：「皆非相才。」詔孟頫出入宫門無禁，且謂孟頫曰：「朕年老，聰明有所不逮。大臣奏

事，卿必與俱入，或欺罔，卿即爲朕言之。」孟頫謝不對，後乃力請補外。

二十九年，出爲同知濟南路總管府事。僉廉訪司事哈剌哈孫素苛虐，與孟頫不相能，以事中之。會修《世祖實録》召孟頫至京師，乃解。大德二年，除汾州知州，未行，召書金字藏經，仍命舉能書者自隨。事竣，改集賢直學士〔一〕，行浙江等處儒學提舉。至大元年，遷泰州尹。

仁宗在東宮，素知孟頫賢，召爲翰林侍讀學士、知制誥同修國史。及即位，擢集賢侍讀學士。皇慶元年，改翰林侍講學士，轉集賢侍讀學士。是年，河間路進嘉禾，有一莖數穗者，詔孟頫繪圖，藏於秘府。延祐元年，遷集賢學士、資德大夫，進拜翰林學士承旨、榮禄大夫。帝眷孟頫甚厚，字而不名，嘗以孟頫比唐李白、宋蘇軾，又言孟頫過人者數事：一帝胄，二美姿儀，三博學，四操履純正，五文詞高古，六書畫絶倫，七旁通佛老之學。或言孟頫爲趙太祖子孫，帝作色曰：「汝言趙子昂，豈家世不及汝耶？」其人惶懼而退。又有言國史載兵謀戰策，不宜使孟頫與聞。帝曰：「趙子昂，世祖所簡拔，朕憫其老，隆以禮貌，使典司著作，傳之後世，汝輩姤之何也？」孟頫常累月不朝，帝問左右，對以年老畏寒，敕御府賜貂鼠翻披。

初，孟頫用程鉅夫薦起家，後鉅夫以翰林學士承旨致仕，孟頫代之，先往拜鉅夫，而後

入院，時人稱爲衣冠盛事。六年，謁告歸。帝遣使賜衣、幣，趣之還朝，以疾不果行。至治元年，詔孟頫，即其家書《孝經》，賜上尊及衣二襲。是歲卒，年六十九。贈江浙中書省平章政事，追封魏國公，謚文敏。有《松雪齋文集》十三卷。

楊載稱孟頫之才爲書畫所掩，知其書畫不知其文章，知其文章不知其經濟之學。人以爲知言。孟頫妻管氏、子雍，並以書畫知名。仁宗取孟頫及管氏與雍所書，裝爲一帙，識之曰：「使後世知我朝有一家善書者。」雍官至集賢待制。孟頫弟孟籲，字子俊，亦工書畫。

宋宗室仕元者，又有趙與票、趙大訥。

趙與票，字晦叔，宋宗室子。登進士第，爲鄂州教授。至元十一年，伯顔渡江，與票率其族人詣軍門上書，力陳不殺人可以一天下，且乞全其宗族。後伯顔入朝，世祖問宋宗室之賢者，伯顔以與票對。

十三年秋九月，遣使召至上都，與票幅巾深衣以見，言宋亡由於誤用奸臣，詞旨激切，世祖爲之感動。即授翰林待制，進直學士，轉侍講。疏陳江南科斂，及發宋攢宫宜禁之。帝雖不能用，然不以爲忤也。二十七年，京師霧塞，明年正月甲寅，虎入南城。與票又疏

言權臣專政之咎，退而家居待罪。

未幾，桑哥敗，平章不忽木奏與票貧窶有守，世祖曰：「得非指權臣爲虎者耶？」賜鈔萬三千貫，歲給其妻子糧。累遷翰林學士。成宗即位，特命官其子孟實以終養。大德七年卒，命有司賻鈔五千貫。贈通議大夫、禮部尚書、上輕車都尉、天水郡侯，謚文簡。

趙大訥，一名良勝，字敬叔，浦陽人。宋周王元儼十世孫。有學行，由全州録事累轉龍溪尹。俗尚鬼，壘石爲紫衣神祠，黠者藉爲姦利。大訥投其像江中，移石修孔子廟。邑豪殺人，郡守受其賕出之。大訥抱案牘詣府，歷數其奸，守怒，中以他罪，改永春尹。俄調永嘉。永嘉計口賦鹽，民病之，大訥建議令富商轉售。瑞安猾吏僞爲官書，誣貧民盜販，民自殺者三人。府下大訥訊之，卒正猾吏罪。除温、台等海運千户，改知永新州。境内鵠湖、羅陂爲羣盗淵藪，大訥用奇計獲其渠魁，餘黨奔散。後告老歸，卒於家。民爲立生祠。

葉李，字太白，一字舜玉，杭州錢唐人。少受學於義烏施南，補京學生。宋景定五年，彗出於柳，理宗下詔罪己，求直言。是時世祖南伐，命賈似道禦之。會憲宗崩，世祖班師，

似道自詭以爲己功，益驕肆，創置公田關子，其法病民甚，中外毋敢言者。李與同舍生康棣等八十三人，伏闕上書，劾似道。似道大怒，知藁出於李，嗾臨安尹劉良貴，誣李僭用金飾齋扁，鍛煉成獄，竄漳州。似道既敗，乃放還，與似道遇諸塗，李以小詞贈之。宋亡，歸隱富春山。江淮行省辟署蘇、杭等郡教授，不應。

至元十四年，世祖命御史大夫相威行臺江南，且求遺逸，以李姓名上。初，李劾似道書，世祖習聞之，每拊掌稱歎。及是，以姓名聞，世祖大悅，即授浙西道儒學提舉。李聞命，欲遁去，而使者致丞相安童書，有云：「先生在宋，以忠言讜論著，簡在帝心。今授以五品秩，士君子當隱見隨時，其尚悉心以報殊遇。」李乃就職。

二十三年，侍御史程文海奉命搜江南遺逸。世祖諭之曰：「此行必致葉李來。」李既至京師，敕集賢大學士阿爾渾薩里，館於院中。及召見香殿，勞問「卿遠來良苦」，又詢「治道安出」？李歷陳自古帝王得失成敗之由，世祖嘉納之，賜坐錫宴，更命五日一入議事。一日，議事朝堂，李病足不在列，帝命以所御五龍車召之。李奏請復立提舉司提調學官，課諸生講明治道，而上其成才者，以備録用，凡徭役一切蠲免。從之。

是時，乃顏叛，詔李庭討之，將校多用國人，或其親暱，立馬相嚮語，輒釋仗不戰，逡巡退卻。帝患之。李密奏請以漢軍列前步戰，而聯大軍斷其後。帝用其謀，師果奏捷。自

是帝益奇李，每罷朝，必召見論事。

二十四年，特拜御史中丞，兼商議中書省事。李以足疾辭，帝笑曰：「卿足艱於行，心豈不可用耶？」李固辭，因奏：「若監察御史奏疏、西南兩臺咨禀，事關軍國，利及生民，宜令便宜上聞，以廣視聽。臣請詔臺臣言事，各許實封，幸甚。」又曰：「憲臣以繩愆糾繆爲職，苟不自檢，於擊搏何有？儻有貪㑿敗度之人，宜付法司增條科罪，以懲欺罔。」由是臺憲得實封言事，其受賕者付法司科斷。

會議立尚書省，李奏：「平章政事桑哥宜爲右丞相。」帝從之。桑哥既爲右丞相，奏以李爲尚書左丞，李固辭，謂：「臣之資格，不宜遽至此。」帝曰：「商用伊尹，周舉太公，豈循資格耶？卿其勿辭。」賜大、小車各一，許乘小車入禁中，仍給扶升殿。始定至元鈔法，並取鈔樣頒行。又薦周砥等十人爲祭酒等官。帝皆從之。帝欲徙江南宋宗室及大姓於北方，李乘間言：「宋已歸命，其民安於田里。今無故遠徙，必將疑懼，萬一有奸人乘釁而起，非國之利也。」帝悟，事遂寢。遷右丞，轉資德大夫。時淮、浙饑饉，穀價騰躍，李奏免江淮租税之半，運湖廣、江西糧十七萬石至鎮江，以振饑民。帝伐安南，召李入議，李以爲：「軍旅一興，糜費鉅萬，今深入敵境，萬一蹉跌，非所以威示遠人。」帝不聽。

二十五年，遷平章政事，李又固辭，賜以玉帶，秩視一品，及平江田四千畝。時桑哥顓

國政，李與之同事，無所匡救。會桑哥敗，事頗連及同列。久之，李以疾得請南還。揚州儒學正李淦上書言：「葉李本一黥徒，受皇帝簡知，可謂千載一遇。而纔近天光，即以舉桑哥爲第一事，禁近侍言事，以非罪殺參政郭佑、楊居寬，逼御史中丞劉宣自殺，變鈔法，拘學糧，徵軍官俸，減兵士餉，立行司農司、木棉提舉司，增鹽酒醋稅課，官民皆受其禍。尤可痛者，要東木禍湖廣，沙不丁禍江淮，木呼里禍福建。又鈎考錢糧，民怨而盜發，天怒而地震，水災洊至。尚賴皇帝聖明，更張政化。人皆知桑哥誤國之罪，而不知葉李舉桑哥之罪。李雖罷相權，刑戮未加，宜斬李以謝天下。」書聞，驛召淦詣京師。

二十九年二月，李南還，至臨清，帝復召爲平章政事，佐丞相完澤治省事，李上表力辭。尋卒，年五十一。李既卒而淦至，詔以淦爲江陰路教授，以旌直言。

李前後賜賚雖多，自奉甚儉。嘗戒其子曰：「吾世業儒，甘貧約。汝曹其清慎自持，勿增吾過。」指所賜物曰：「此終當還官也。」比卒，悉表上之。至正八年，贈資德大夫、江浙等處行中書省右丞、上護軍，追封南陽郡公，謚文簡。

史臣曰：趙孟頫以宋宗室之儁，委贄事元，躋於通顯。其在《大雅》之詩，曰「殷士膚敏，祼將於京」。劉向以爲憫微子之朝周，故君子不責孟頫，而爲趙氏憫也。葉李以劾賈

似道受知於世祖，及爲宰相，黨附桑哥，不發其奸。《傳》曰：「君子不以言舉人」，信夫！

【校勘記】

〔一〕「集賢直學士」，「學」原作「賢」，據歐陽玄《圭齋文集》卷九《元翰林學士承旨榮禄大夫知制誥兼修國史贈江淛等處行中書省平章政事魏國趙文敏公神道碑》、宋濂《宋學士文集》卷五三及《宋文憲公全集》卷二六《題子昂書招隱卷後》改。

新元史卷之一百九十一　列傳第八十八

王構 士熙 士點　魏初　劉敏中　宋衜　焦養直　楊桓　尚野 師簡　李之紹　謝端　曹鑑

王構，字肯堂，東平人。父公淵，金末山東大亂，其三兄皆擕妻孥南遷，公淵獨願守墳墓，不肯從。

構少以詞賦入鄉學，行臺從事賈居貞一見器之，使其子受學，遂從居貞至京師。至元十一年，授翰林國史院編修官。丞相伯顏伐宋，命構草詔聲其罪，甚稱帝旨。宋亡，詔構與翰林學士李槃訪賢才。構至臨安，言於董文炳：「宋三館圖書及太常禮器鹵簿，宜輦於京師。」從之，宋《實録》、《國史》得不亡。擢翰林應奉文字，遷修撰。構受業於東平李謙，推謙先擢應奉，構始受命，士論賢之。和禮霍孫拜司徒，辟爲司直。阿合馬死，和禮霍孫當國，剗除蠧弊，構之力居多。歷吏部、禮部郎中。改太常少卿，定親享太廟儀注。俄拜江北淮東道提刑按察副使，召見便殿，帝親授敕書，賜上尊以遣之。入爲治書侍御史。時桑哥秉政，嫉士之方直者，檄構與不忽木檢覈燕南錢穀，限一月治辦。事竣已逾

期，構謂不忽木曰：「有罪我當任之，不以累公也。」會桑哥伏誅，乃免。再入翰林爲侍講學士。

成宗即位，遷學士，參議中書省事。有請括江南田賦者，執政欲聽之，構與平章政事何榮祖力言不可，事獲已。後以病去官。久之，起爲濟南路總管。諸王官屬怙勢横行，民莫敢忤視，構聞諸朝，徙王於北邊。武宗即位，以纂修國史趣召入都，拜翰林學士承旨。卒，年六十六。

構文章典雅，練習朝廷掌故，撰《追謚太祖册》、《世祖謚册》、《武宗立皇后册》，尤爲世所傳誦。好汲引寒士。孔顔孟學教授陳儼，年幾五十，以構薦，擢爲監察御史，遷翰林直學士、國史院編修官。王愷年七十，請於朝，俾以待制致仕。其門下士官清要者，亡慮數十人。後贈大司徒，追封魯國公，謚文肅。有文集三十卷。

子士熙，字繼學。泰定中，累官治書侍御史、中書參知政事。致和元年，泰定帝崩於上都，士熙與中書左丞朵朵等留守大都，僉樞密院事燕鐵木兒舉兵立文宗，執士熙等下獄，流於遠州，並籍其家。天曆二年，與朵朵等十二人放還鄉里。後起爲南臺御史中丞，卒。

士點，字繼志，僉淮西廉訪司事，遷雲南廉訪使，再擢江東廉訪使，卒。贈中書平章政事，追封趙國公。士點善篆書，爲當時第一。

魏初，字大初，弘州順聖人。祖珪，金進士。父思廉，金甄官署令。從祖璠，金翰林修撰。世祖居潛邸，聞璠名，徵至和林，訪以當世之務。璠條陳便宜三十餘事，如：定官號、頒俸禄、功罪有賞罰、能否有升降、重農業、嚴告訐、杜僥倖，復漢之常平、宋之經筵，皆當時急務。又舉名士六十餘人以對。世祖嘉納之。以疾卒於和林，賜謚靖肅。璠無子，以初爲後。

初好讀書，尤長於《春秋》。中統元年，始立中書省，辟爲掾史，兼掌書記。未幾，以祖母老，辭歸隱居教授。會詔左丞許衡、學士竇默及京師諸儒各陳經史、前代帝王嘉言善政，選進讀之士，有司以初應詔。帝雅重璠名，詢知初爲璠孫，歎獎久之，即授國史院編修官。尋拜監察御史。首言：「法者持天下之具，御史臺則守法之司也。方今法有未定，百司無所持循，宜參酌考定，頒行天下，」時論韙之。

帝宴羣臣於上都行宮，有不能釂大卮者，免其冠服。初上疏曰：「臣聞君猶天也，臣猶地也，尊卑之禮，不可不肅。方今內有太常、有史官、有起居注，以議典禮、記言動；外有高麗、安南使者入貢，以觀中國之儀。昨聞錫宴大臣，威儀弗謹，非所以尊朝廷、正上下也。」疏入，帝嘉納之。時襄樊未下，將括民兵，或請自大興始。初言：「京師天下之本，要在殷盛，建邦之初，詎宜騷擾？」從之。初又言：「舊制，常參官諸州刺史，上任三日，舉一人自代，況風紀之職與常員異？請自今監察御史、按察司官在任一歲，各舉一人自代，所舉不當有罰，不惟砥礪風節，亦可爲國得人。」遂舉勸農副使劉宣自代。

出僉陝西四川按察司事，歷陝西河東按察副使，入爲治書侍御史。又以侍御史行御史臺事於揚州，擢江西按察使。尋徵拜侍御史。行臺移建康，出爲中丞。卒年六十一。子必復，集賢侍講學士。

劉敏中，字端甫，濟南章邱人。張榮行臺掾劉鼎之孫也。幼卓異不凡，年十三，語其父景石曰：「昔賢足於學而不求知，豐於功而不自衒，此後人所弗逮者。」父奇之。敏中嘗與同儕言志曰：「自幼至老，相見而無愧色，乃吾志也。」至元十一年，由中書掾擢兵部主

事，拜監察御史。權臣桑哥秉政，敏中劾其奸邪，不報，遂辭職歸。既而起爲御史臺都事。時同官王約以言去，敏中杜門稱疾，臺臣請視事，敏中曰：「使約無罪而被劾，吾固不當出。誠有罪，則我既爲同僚，又爲交友，不能諫止，亦不爲無過也。」出爲燕南肅政廉訪副使。召拜國子司業，遷翰林直學士，兼國子祭酒。

大德七年，詔遣宣撫使巡行諸道，敏中出使遼東山北。守令恃貴倖貪暴者，一繩以法。錦州雨水爲災，輒發廩振之。事竣，除東平路總管，擢陝西行臺治書侍御史。九年，召爲集賢學士，商議中書省事。上疏陳十事，曰整朝綱、省庶政、進善良、剔姦蠹、顯公道、杜私門、廣恩澤、實鈔法、嚴武備、舉封贈。帝嘉納之。

武宗即位，召敏中至上京，庶政多所咨訪。授集賢學士，兼太子贊善，仍商議中書省事，賜金幣有加。頃之，拜河南行省參知政事，俄改中臺侍御史。出爲淮西肅政廉訪使，轉山東宣慰使，遂召爲翰林學士承旨。詔公卿集議弭災之道，敏中疏陳七事，皆當時要政。以疾還鄉里。

敏中義不苟進，進必有所匡救，援據今古，雍容不迫。或鬱而弗伸，則戚形於色，中夜歎息，至淚濕枕席。延祐五年卒，年七十六。贈光祿大夫、柱國，追封齊國公，謚文簡。

宋衜，字弘道，潞州長子人。祖元吉，金兵部員外郎。衜幼好學，年十七，避地襄陽。已而北歸，屏居河内者十有五年。趙璧經略河南，聞其名，禮聘之。

中統三年，擢翰林修撰。李璮畔，璧行中書省事於濟南，至元五年大兵圍襄陽，璧行元帥府事，衜皆從行，軍事多所咨訪。六年，高麗權臣林衍廢國王而立其弟温，詔遣國王頭輦哥暨璧將兵討之，以衜爲行省員外郎，賫詔徙江華島居民於平壤。復命，帝甚悦，賜衣段。授河南路總管府判官，不赴。十三年，入爲太常少卿。屬省併官制，兼領籍田署事。

十六年，皇太子召見，應對詳雅，自是數蒙顧問。十八年，除秘書監。十九年，江西分地當署郡縣守令，太子皆命衜銓舉。二十年，初立詹事院，遷衜爲太子賓客〔一〕。二十三年，卒。有《秬山集》十卷，行於世。

焦養直，字無咎，東昌堂邑人。夙以才器稱。至元十八年，世祖改符寶郎爲典瑞監，思得一儒者居之。近臣有以養直薦者，帝即命召見，奏對稱旨，以真定路儒學教授超拜典

瑞少監。

二十四年，從征乃顏，自北道赴行在，路險梗，上甚憫之，賜生口、貂衣帽、玉帶、鑌刀各一。二十八年，賜宅一區。入侍帷幄，陳説帝王政治，帝聽之忘倦。嘗語及漢高帝起自側微，養直從容論辨，帝然之。

大德元年，成宗幸柳林，命養直進講《資治通鑑》，因陳規諫之言，賜酒及鈔萬七千五百貫。二年，賜金帶、象笏。三年，遷集賢侍講學士，賜通犀帶。七年，詔傅太子於宮中，啟沃誠懇，帝聞之大悦。八年，代祀南海。九年，進集賢學士。十一年，遷太子諭德。至大元年，授集賢大學士，告老歸，卒於家。贈資德大夫、河南等處行中書省左丞，謚文靖。子德方，以蔭爲興國路總管府判官。

楊桓，字武子，兖州人。幼警悟，讀《論語》至「宰予晝寢」章，慨然有立志，由是終身非疾病未嘗晝寢。中統四年，近侍堅通使濟南，見桓賢，薦之，補濟州教授。後由濟寧路教授召爲太史院校書郎。奉敕撰《儀表》、《銘曆日序》，文辭典雅，賜楮幣千五百緡，辭不受。遷秘書監丞。至元三十年，拜監察御史。有得玉璽於木華黎曾孫碩德家者，桓辨識其文

曰：「受命於天，既壽永昌」，乃頓首言曰：「此歷代傳國璽，亡久矣。今宮車宴駕，皇太孫龍飛，而璽復出，天其彰瑞應於今日乎？」即爲文述傳國璽始末〔二〕，表上於徽仁裕聖皇后。

成宗即位，桓疏上時務二十一事：一曰郊祀天地。二曰親享太廟，備四時之祭。三曰先定首相。四曰朝見羣臣，訪問時政得失。五曰詔儒臣，以時侍講。六曰設太學及府州儒學，教養生徒。七曰行誥命，以褒善叙勞。八曰異章服，以别貴賤。九曰正禮儀，以肅宮庭。十曰定官制，以省内外冗員。十一曰講究錢穀，以裕國用。十二曰訪求曉習音律者，以協太常雅樂。十三曰國子監不可隸集賢院，宜正其名。十四曰試補六部、寺、監及府、州、司、縣吏。十五曰增内外官吏俸禄。十六曰禁父子骨肉奴婢相告訐。十七曰定婚姻聘財。十八曰罷行用官錢營什一之利。十九曰復笞杖，以别輕重之罪。二十曰郡縣吏自中統前仕宦者，宜加優異。二十一曰爲治之道，宜各從本俗。疏奏，帝嘉納之。未幾，擢秘書少監，預修《大一統志》。秩滿，歸兗州，以貲業悉讓弟楷，鄉里稱焉。大德三年，以國子司業召，未赴，卒，年六十六。

桓爲人寬厚，事親篤孝。博覽羣籍，尤精篆籀之學。著《六書統》、《六書泝源》、《書學正韻》，大抵推明許慎之說，皆行於世。

尚野，字文蔚，其先保定人，徙滿城。至元十八年，以處士徵爲國史院編修官。二十年，兼興文署丞。出爲汝州判官。廉介有守，憲司屢薦之。二十八年，遷南陽縣尹。初至，獄訟充斥，野裁決如流，旬日遂無事。改懷孟河渠副使，會遣使問民疾苦，野建言水利有成法，宜隸有司，不宜復置河渠官。事聞於朝，河渠官遂罷。

大德六年，遷國子助教。諸生入宿衛者，歲從幸上都，丞相哈剌哈孫始命野分學於上都，以教諸生，仍鑄印給之。上都分學，自野始。俄遷國子博士。野謂諸生曰：「學未有得，徒事華藻，若持錢買水，所取有限。能自鑿井及泉而汲之，不可勝用矣。」士論稱之。

武宗即位，仁宗爲皇太子，召野爲太子文學，多所裨益。時從賓客姚燧、諭德蕭𣂏入見，太子爲加禮。至大元年，除國子司業。近臣奏分國學西序爲大都路學，帝已可其奏，野謂國學、府學同署，不合禮制，事遂寢。四年，拜翰林直學士、知制誥同修國史。詔野赴吏部試用蔭補官，野多所優假。或病其太寬，野曰：「今初設此法，冀將來者習《詩》《書》，知禮義耳，非必責效目前也。」衆乃服。

皇慶元年，遷翰林侍講學士。延祐元年，改集賢侍講學士，兼國子祭酒。二年夏，移疾歸，滿城四方來學者益衆。六年，卒於家，年七十六。贈通奉大夫、太常禮儀院使、護

軍，追封上黨郡公，謚文懿。野事繼母以孝聞。文辭典雅，一本經術。

子師易，蘄州路總管府判官；師簡，字虞仲，以薦爲大都學正，拜監察御史，至正初擢奎章閣侍書學士、同知經筵事，卒，贈翰林侍讀學士、護軍，追封上黨郡公，謚文肅。

李之紹，字伯宗，東平平陰人。自幼穎悟，從東平李謙學。家貧，教授鄉里。至元三十一年，纂修《世祖實録》，以謙與馬紹薦，授將仕佐郎，翰林國史院編修官。直學士姚燧欲試其才，凡翰林應制文字積十餘事，並付之。之紹援筆立成，燧驚喜曰：「可謂名下無虚士也。」

大德二年，聞祖母疾，辭歸。復除編修官，累遷太常博士。九年，丁母憂。起復，終不能奪。至大三年，仍授太常博士，遷翰林待制。皇慶元年，遷國子司業。延祐三年，擢奉政大夫、國子祭酒。四年，擢朝列大夫、同僉太常禮儀院事。六年，改翰林直學士，復以疾還。七年，召爲翰林直學士。至治二年，遷翰林侍講學士、知制誥同修國史。三年，告老歸。泰定三年八月，卒，年七十三。子勖，蔭父職，同知諸暨州事。

謝端，字敬德，其先遂寧人，後徙武昌。祖父元賁，精於數學，制使孟珙敬禮之。一夜，叩門，謂珙曰：「流星出下階，没西方，占爲天士亡，吾必當之。明年大將卒，公是也。」已而果然。

端幼穎異，弱冠與尚書宋本同學，又同教授江陵城中，以文學齊名，時號「謝宋」。史杠宣慰荆南，薦之姚燧。燧方以文章自負，少所許可，以所爲文示端。端一讀，即指摘其用意所在，燧歎獎不已。

延祐五年，擢進士乙科，授承事郎、同知湘陰州事。歲滿，入爲國子博士，遷太常博士。泰定四年夏四月，盗入太廟，失第八室黄金主。明日，當時享，衆議爲位祀之。端言：「四時之祭，皆用孟月，有故則用仲月。今盗入祏室，震驚神靈，當用仲月。」上從之。尋除翰林修撰，遷待制，以選爲國子司業，遂爲翰林直學士，階太中大夫。

端吏事精敏，在湘陰，猾吏束手，不敢舞文法。盗有殺賈人而攘其財，其家累訟於官，皆以無佐證，不爲理。端自往捕之，盗不伏，鞫其妻，妻時時仰視屋椽。端曰：「贓在是矣。」發屋椽，獲贓，盗始吐實，一州神之。部使者行部旁郡，滯訟皆委端讞，端剖决如流，

有能名。

其文章體裁嚴謹，居翰林久，至順、元統以來制册，多出其手。預修文宗、明宗、寧宗三朝《實録》及累朝功臣列傳。初，文宗建奎章閣，搜羅中外才俊置其中，嘗語阿榮曰：「當今文學之士，朕惟未識謝端。」亡何，文宗崩，竟不及用端。端卒於後至元六年，年六十二。贈國子祭酒、陳留郡侯，謚文安。

曹鑑，字克明，大都宛平人。幼穎悟，既冠，通《五經》大義。大德五年，用翰林侍讀學士郝彬薦，爲鎮江路淮海書院山長。十一年，南行臺中丞廉恒辟爲掾，除興文署令。伴送安南使者，應對捷敏，使者嘆服，以爲中國有人。至治二年，授江浙行省左右司員外郎。明年，奉旨括釋氏白雲宗田，不數月而事集，纖毫無擾。遷湖廣行省左右司員外郎。時丞相忽刺歹怙勢作威福，僚屬畏之，鑑遇事不爲回撓。湖北廉訪司舉鑑宜居風紀，不報。天曆元年，調江浙財賦府副總管。屬大水，鑑減其賦什六七，勢家因而詭免者，鑑覈實，諭令首輸。

元統二年，擢同僉太常禮儀院。鑑明習掌故，集議明宗皇后祔廟，援據《禮經》，辯析精審，君子多之。至元元年，以中大夫進禮部尚書。卒，年六十五。追封譙郡侯，謚文穆。

鑑性純孝，親族貧乏者周恤恐後。歷官三十餘年，僦屋以居，歿之日，家無餘貲，惟蓄書數千卷，皆手自較定者。鑑官湖廣行省，有主簿顧淵白餽辰砂一包，鑑受之，未及啟封。後有同僚過鑑，欲求辰砂合藥，鑑取視之，乃黄金三兩，驚歎曰：「淵白以我爲何如人！」時淵白已卒，呼其子歸之。其廉慎如此。

【校勘記】

〔一〕「賓客」，原作「賓容」，據《元史》卷一七八列傳第六十五《宋衜傳》改。

〔二〕「傳國璽」，「傳」原作「傅」，據上文及《元史》卷一六四列傳第五十一《楊恒傳》改。

新元史卷之一百九十二　列傳第八十九

安藏　迦魯納答思　大乘都　唐仁祖　潔實彌爾〔一〕兀玉篤實〔二〕脫烈海牙　燕只不花　忙兀的斤　普顏

安藏，字國寶，畏兀氏，世居别失八里。幼習浮屠法，兼通儒學，一目十行俱下，日誦萬言。憲宗聞其名，召之，奏對稱旨，賜坐。

世祖即位，進《寶藏論元演集》十卷，並勸上「宜親經史，以知古今之治亂；正心術，以示天下之向背」。譯《尚書·無逸》及《貞觀政要》、《申鑒》各一通以獻。阿里不哥潛謀不軌，帝以骨肉之親，使安藏往諭之。既而反狀益聞，乃遣近侍孟速思、帖木不花亟召安藏返，曰：「毋害善人。」既至，帝慰勞久之。安藏因舉「任賢勿貳，去邪勿疑。有言逆於汝志，必求諸道；有言遜於汝志，必求諸非道」以諫。

至元八年，與許衡共進「知人用人，德業盛，天下歸」之說，帝嘉納之。特授翰林學士、知制誥同修國史，尋商議中書省事。奉旨譯《尚書》、《資治通鑑》、《難經》、《本草》。進承

旨，加正奉大夫，領集賢院、會同館、道教事。至元三十年，卒。延祐二年，贈太師，追封秦國公，謚文靖。

子斡兒妥迪欽，同知徽州路總管府事。其門人最著者爲國師天藏沙津密護赤。集賢大學士陳顥，亦從安藏受學云。

迦魯納答思，畏吾氏。通天竺教及諸國語。翰林學士承旨安藏、扎牙答思薦於世祖，召入朝，命與國師講法。國師西番人，言語不通，帝命迦魯納答思從國師習其法及言語文字，期年皆通。以畏兀字譯番經既成，進其書，帝命鋟板賜諸王、大臣。西南夷星哈剌的威二十餘國來朝，迦魯納答思於帝前誦其表章，夷酋驚服。朝議興兵討暹國、羅斛、馬八兒、俱藍、蘇木都剌諸國，迦魯納答思奏：「此皆蕞爾之國，得之何益？興兵徒殘民命，莫若遣使諭以禍福，不服而攻之，未晚也。」帝嘉納之。

至元二十四年，丞相桑哥奏爲翰林學士，帝曰：「迦魯納答思之官，非汝所當奏也。」既而擢翰林學士承旨、中奉大夫，遣侍成宗於潛邸，命以節飲戒之。成宗即位，遷榮祿大夫、大司徒，憐其老，命乘輿入殿。仁宗即位，廷議汰冗官，獨迦魯納答思爲司徒如故，仍加開

府儀同三司，賜玉鞍。是年八月卒。

大乘都，别失八里人，世爲畏兀貴族。中統初，大乘都自畏兀入覲，帝知其家世貴盛，又應對稱旨，大器之。即命入侍禁中，賜貂裘、金銀器、白玉佛，且謂皇孫阿難答曰：「遺爾良師，爾願學否？」對曰：「有良師，乃所願也。」遂以大乘都爲阿難答師。未幾，忙哥太子卒，阿難答嗣爲安西王，出鎮平涼。順聖皇后請於帝，使大乘都從行。帝曰：「大乘都，我所用者，他人則可。」后固請，始允之，命其子大理都侍裕宗，大慈都直宿衛，以文學備顧問。

大乘都至平涼，皇孫按灘不花、阿都直皆師之。久之，王出征土番，曰：「八哈室老矣，其留平涼少休。」八哈室，譯言博士也。大乘都亦曰：「吾老矣，思見至尊。」遂自平涼返京師。時世祖已崩，成宗即位，拜嘉議大夫、翰林學士，賜第於京師。大德三年卒，年七十二。皇慶初，贈太傅、秦國公，謚文敏。

子大理都，樞密院參議；大慈都，中書平章政事；别怯木，陝西怯憐都管；僧奴，烏程縣達魯花赤。

唐仁祖，字壽卿，本畏兀人。祖曰唐古直，其後遂爲唐氏。唐古直，年十七給事太祖。太祖嘗語睿宗：「唐古直，人可用。」睿宗未及用，莊聖皇后擢爲達魯火赤。頃之，卒。

仁祖少穎悟，其母教之，通諸國方言。中統初，世祖親閱貴胄質子，見仁祖曰：「是唐古直孫，聰明無疑也。」命習國書。未幾，中書省選爲蒙古掾。至元十六年，録囚於平陽，平反冤獄，免死者十七人。十八年，授翰林直學士。時阿合馬在中書，奏真定、保定兩路錢穀逋負，屢歲不決，遣仁祖案之。仁祖閱其牘，皆中統間積逋，亟奏罷之。轉工部侍郎，除中書右司郎中。

二十五年，拜參議尚書省事。仁祖侃侃持正，屢忤丞相桑哥，人皆危之，仁祖自若也。桑哥欲以繁劇困之，遷爲工部尚書。尋奉使雲州，桑哥考工部織課緩，怒曰：「誤國家歲用，罪不赦。」遣驛騎追仁祖還，就見桑哥於私第，命直吏拘仁祖，即往督工，且促其期曰：「逾期必致汝於法。」仁祖退，召諸署長，諭之曰：「丞相怒在我，不在汝等，宜勉爲之。」衆感激，晝夜倍其功，未及期而辦。已而桑哥繫獄，命仁祖往籍其家。明日，桑哥以左右之援得釋，衆駭然，目仁祖曰：「乳虎之威，可再犯耶？」皆踰垣以遁，仁祖獨不爲之動。桑哥

竟敗。

二十八年，拜翰林學士承旨。遼陽饑，命與近侍速哥、左丞忻都往賑。忻都欲按户籍大小口給之，仁祖曰：「不可，籍上之小口今已大矣，宜皆給以大口。」忻都曰：「汝要善名，而陷我於惡耶？」仁祖曰：「吾二人善惡，衆所夙知，豈待今日？我知恤民而已。」卒以大口給之。俄除將作院使。大德五年，再授翰林學士承旨，進階資善大夫，知制誥兼修國史。以疾卒，年五十三，贈榮禄大夫、中書平章政事，追封洹國公，謚文貞。子恕，累官亞中大夫、侍儀使。

潔實彌爾，回鶻氏。年十八，與兄兀玉篤實俱至京師。世祖召見，命兀玉篤實給事左右，潔實彌爾侍裕宗於東宫。中書省奏立延慶司，授同知延慶司事。潔實彌爾廉謹，裕宗愛之，嘗謂之曰：「高昌回紇人皆貪，獨汝不染其俗。儻日用不足，可於我取之。」潔實彌爾頓首謝。臺、省有機事，命潔實彌爾傳旨辭，裕宗曰：「以汝厚重，言不洩漏，是以命汝。」裕宗卒，事徽仁太后。

成宗即位，太后命潔實彌爾護顯宗就國。復命，成宗曰：「汝善處吾兄弟之間。」擢嘉

議大夫，賜玉鞶帶、香串帶各一。未幾，晉資善大夫、同知宣政院事，領延慶使。宣政院掌僧徒，往往黷貨營私，潔實彌爾約束嚴如臺、省，人皆曰宣政院爲御史臺治事，帝聞而嘉之。帝寢疾，潔實彌爾與尚醫侍醫藥，期年寢不解帶。常病暍，或勸其還家治疾，曰：「聖體未康，臣敢自愛乎？」事聞，賜平江田五十頃。進榮祿大夫、宣政使，領延慶使。

至大初，興聖太后以潔實彌爾爲先太后舊臣，復使領延慶使，辭不許。延祐改元，議封潔實彌爾國公，又固辭，於是升延慶司爲正二品以褒之。二年，卒，年六十三。贈推誠佐理功臣、太師、開府儀同三司、上柱國，追封齊國公，謚文忠。

子答兒麻失里，同知宣政院事；散散，翰林侍讀學士；速速，湖廣行省右丞。兀玉篤實，初授功德使司經歷，未幾擢同知司事，改同知總制院事。遷宣政副使，並同知功德使司如故。後擢資德大夫、同知宣政院事，卒。贈存誠秉德功臣、太傅、開封儀同三司、上柱國，追封齊國公，謚忠穆。

脱烈海牙，畏吾氏，世居別失八里。曾祖闊華八撒朮當，太祖西征，導亦都護迎降，帝

嘉其有識，欲官之，辭以不敏。祖八剌朮，始從真定，仕至帥府鎮撫，富而樂施，貸不償，則火其券，人稱爲長者。父闍里赤。

脱烈海牙性整暇，雖倉卒未嘗見其急遽。喜從文士遊，犬馬聲色之娱一無所好。由中書宣使出爲寧晉主簿，改隆平縣達魯花赤，有惠政，及滿去，民勒石頌之。拜監察御史。時江西參知政事胡頤孫殺其弟，訟久不決，脱烈海牙一訊而伏。出僉燕南道肅政廉訪司事，務存大體，不事苛察。在任六年，黜汙吏百四十餘人。召爲户部郎中，轉右司員外郎，升右司郎中。

仁宗在東宫，知其嗜學，出秘府經籍及聖賢圖像以賜，時人榮之。母霍氏卒，哀毁骨立。事聞，賜鈔五萬貫給葬事。起爲吏部尚書，改禮部尚書，領會通館事。進中奉大夫、荆湖北道宣慰使。歲大饑，脱烈海牙先發廪賑之，而後以聞，朝議韙之。至治三年，遷淮東宣慰使。七月，以疾卒，年六十有七。贈通奉大夫、河南江北等處行中書省參知政事、護軍，追封恒山郡公。弟觀音奴，有幹才，亦仕至清顯。

燕只不花，字延真，回鶻氏，居哈剌和卓，爲北庭大族。曾祖布克布呼托克托，祖達爾

布呼托克托，父阿布納托克托，相繼爲錫勒沁城酋長。太祖時，亦都護納款入朝，阿布納托克托從之，太祖授爲錫勒沁城達魯花赤，使領其部衆。尋內徙，留直宿衛。燕只不花與其兄曲出皆得出入禁中。曲出累遷中書省斷事官，恩幸無比。

世祖即位，曲出面奏：「臣弟年力壯，願備奔走，效犬馬之勞。」帝素知燕只不花才，欲因事試之。會營新都，命也速不花董其役，而以燕只不花副之。至元七年，詔領校尉十人，卒五百人巡都城迤北順州拜郊臺、羔麋店、咸寧莊等處苜蓿近地，兼典御廐。八年，帝幸五臺山，也速不花奏：「燕只不花宣勞日久，貴而能貧。」命給真俸二千兩，賜尚方鑄印。十五年，江南平，大會廷臣，賜燕只不花白金五十兩、衣一襲。十六年，建太廟司天臺及皇城內外橋梁，中書省復薦燕只不花董之。

十八年，出僉福建廣東道提刑按察司事。十九年，巡部至臨漳，值建寧賊黃華叛，連陷政和、松溪，入古田縣，燕只不花曰：「事急矣，不應拘常法。」乃擅發鋪遞，檄陳、李二萬户邀擊於建安尤溪口，賊敗遁。二十一年，改授僉山南湖北道提刑按察司事。辰、沅驛路自北寺至白牛堡，相距七十里，由五現嶺而上，巖谷深險，過者或戰慄失足。燕只不花曰：「是豈置郵傳地耶？」於是鑿山通道四十餘里，直抵沅州，行旅便之。二十七年，遷嶺北湖南道提刑按察司副使。武岡獠據綏寧縣城，爲十五團以自保，湖南行省命萬户孫定

遠會武岡，集義軍討之。燕只不花持不可，且曰：「愚民無知，宜以恩信誘之，多殺何爲？」乃遣人賫榜招諭之，猺衆大喜，皆出降。二十九年，除廣南西道宣慰副使。

大德元年，改葛蠻軍民安撫使。丁内憂，去官。久之，除沅州路總管府達魯花赤。大軍討烏蒙諸蠻，使燕只不花開道給餽餉，軍以不乏。十年，除南安路總管府達魯花赤，累遷海北廣東道肅政廉訪使、廣東道宣慰使副元帥。其子袞布巴勒以父年高，宜致仕，乘間率諸弟言之。燕只不花太息曰：「吾老矣，豈耽榮進者？顧朝廷待我厚，臣子之義，東西惟命，馬革裹尸，吾志也。」諸子乃不敢復言。延祐元年卒，年七十二，廣東人肖其像於觀音寺，歲時祀之。

子袞布巴勒，嶺北湖南道肅政廉訪副使；多爾濟巴勒，同知江陰州事。

忙兀的斤，畏兀氏，父朶羅朮，從亦都護内附，用畏兀字教授部人。世祖在潛邸，亦從學焉。及即位，朶羅朮已卒，召忙兀的斤入見，謂昭睿順聖皇后曰：「是兒容儀壯偉，宜侍朕左右，朕不忘朶羅朮也。」以宫人忽都花妻之。至元十年，命提點資成庫，主尚方幄殿。十五年，改資用庫爲尚用監，拜忙兀的斤爲太監，階中順大夫。十九年，遷太府太監。二

十五年，又改尚用爲中尚監，忙兀的斤仍爲太監。未幾，遷中尚卿，尋命兼知太府監事，進通議大夫。

成宗即位，以舊恩特授正奉大夫。武宗即位，拜中尚院使。未幾，拜大司徒，階榮祿大夫，忙兀的斤固辭，不許。初，仁宗奉昭憲元聖皇后入平内難，召忙兀的斤計事，忙兀的斤多援祖訓以對，仁宗嘉納之。皇慶元年，復拜中尚監，敕中書賜鈔萬緡，忙兀的斤又辭不受。是年卒，年七十六。元統元年，贈銀青光祿大夫、太保、上柱國，追封薊國公，謚忠簡。

子十人：曰明理，瀘州達魯花赤；曰八札不花，安豐路達魯花赤；曰禿忽赤，裕州達魯花赤；曰德奴，光州達魯花赤；曰塔納，監察御史。

普顏，字君卿，畏兀氏。祖普顏脱忽憐，從太祖西征，戰死，贈中書左丞，追封恒山郡公，謚靖忠，父愛全，受知於憲宗，尤爲莊聖太后所敬禮，命徙居湯沐邑，贈司徒，追封趙國公，謚文靖。

普顏幼給事北平王，授石城縣達魯花赤，以治稱。後宿衛仁宗潛邸，帝一見器之，補

東宮必闍赤。及即位，拜監察御史，糾劾無所憚。狃兒堅元帥亦刺思受賕，普顔承詔鞫之，正其罪。正旦糾朝儀，有二品而立於一品班首者，普顔斥使退，其人不從，即劾罷之。上行幸次大口，問宰相：「御史七品，普顔散官正八，何也？」對曰：「初仕當爾。」乃特授承事郎，擢僉河北河南道肅政廉訪司事。陛辭，賜魚籃觀音像。靈壁民李甲殺劉乙，繫獄，獄卒嗾使誣其兄授意，普顔讞得其實，釋之。黜污吏四百人。移浙西道。白雲宗僧人蠹浙尤劇，普顔上其事，朝廷爲奪印罷之。運使李英恃勢貪虐，普顔發其贓。部使者牒普顔詣行臺，行臺復命普顔告於中臺。時帝已幸上都，普顔又馳至上都。事聞，帝深嘉之，親酌酒以賜，且命上方賜食，敕省臺擇能吏與本道雜問，英始罷黜。改燕南道。英宗行幸定興、五臺，皆以行部進見，賜賚厚渥。改奉元路總管，以疾去，移守吉安。歲大旱，民食且盡，普顔禱雨輒應，黍稷穗生稿節，民爲德政碑紀之。召入，遷奉政大夫、淮西江北道肅政廉訪使。未幾，致仕歸。後至元三年八月卒。贈嘉議大夫、禮部尚書、上輕騎都尉，追封恒山郡公，謚正肅。

長子黄頭，同知諸暨州事。弟忽都魯篤爾彌實，奎章閣大學士，趙國公，謚文穆。惠宗嘗閔普顔職不逮弟，欲擢以顯官，普顔固辭，尤爲人所重云。

史臣曰：唐之中葉，回紇改稱回鶻，唐末回鶻衰，西併高昌而居其地，又改稱畏兀兒。故畏兀兒地爲高昌，人爲回紇。或曰：高昌之遺種，則稱高昌人；回紇之舊部，則稱畏兀兒氏、回鶻氏云。

【校勘記】

〔一〕「潔實彌爾」，「爾」字原脱，據正文及本書卷二一九《氏族表下》補。

〔二〕「兀玉篤實」，「篤」原作「都」，據正文改。

新元史卷之一百九十三　列傳第九十

趙天麟　鄭介夫

趙天麟，東平人，博學能文。世祖至元末，以布衣進《太平金鏡策》，前後數萬餘言，議論政事多切時宜。今撮其大要曰：

國家鋪張治具，整頓條綱，内焉三公九卿，外而庶疆諸尹，例皆舉賢推德，揆務分司，蓋欲有生皆樂，無物不安，旁推惻隱之心，續迓文明之治。至於中書一令，樞密一使，嘗使東宫領之。連旬累月，望儲闈銅輦之臨；虚榭空帷，設銀棨金墀之坐。事專歸於副相，政並決於同僚。臣以爲：中書者，機務之關津，天門之鎖鑰；樞密者，疆場之守衛，熊虎之綱維。軍、民二柄，治亂所關，非其才尚恐難行，曠其官云何可治？且太子正名之後，雖諸王莫得而同，有三師、三少之徒，立詹事屬官之院。君行則守，有官則從，從曰撫軍，守曰監國。又何必列一品之高階，占大臣之上位？名爲重之，適所以輕之也。若謂藉其重以鎮之，則太師、太保、太傅、司徒勳舊大臣亦嘗任之矣，

觀彼四職，不下於此，皆令異姓爲之，何獨他人不可居此職哉？況太子之道，春誦夏絃，秋習禮，冬讀書。龍樓問寢，殷勤於内豎之前；甲觀尊師，懇惻於春官之側。以徽柔爲本，以仁孝爲先。及其既冠，則有記過之史，徹膳之宰，進善之旌，敢諫之鼓。此所以周公示法於成王，賈誼忠告於漢文。伏望慎選耆碩，早加輔導，無令降居臣職。則乾符來握，黔黎知大本之安；震德維新，天地有長男之美。更望陛下近擇宗室，旁及岩穴，舉大賢充令使之官，即以錫軍民之福也。

禮，天子立七廟，在都内之東南。太祖中位乎北，三昭在東，三穆在西，廟皆南向，主皆東向。都宫周於外以合之，牆宇建於内以別之。門堂室寢，分方庭砌，唐陳異地。山節藻棁，以示崇高；重檐刮楹，以示嚴肅。斲礱其桷，以示麗而不奢；覆蓋用茅，以示儉而有節。蓋廟之制度也，祖功宗德，百世不易。親盡之廟，因新而祧，祧舊主於太祖之夾室，祔新主於南廟之室中。昭以取其向明，而自班乎昭；穆以取其深遠，而常從其穆。穆祔而昭不動，昭祔而穆不遷。二世祧，則四世遷於二世，而六世遷於四世，以八世祔昭之南廟矣。三世祧，則五世遷於三世，而七世遷於五世，以九世祔穆之南廟矣。孫以之祔於祖父，孫可以爲王父尸，由其昭穆之同，非有尊卑之辨。故祧主既藏祫則出，餘則否祔。廟貴新，易其檐，改其塗。蓋廟之祧祔也，散齊

七日，致齊三日。牲牷肥腯，旨酒嘉栗，粢盛豐潔，器皿具備，衣服既鮮，水火又明。祀宜羔豚膳膏薌，禴宜腒鱐膳膏臊，嘗宜犢麛膳膏腥，烝宜鱻羽膳膏羶。設守祧所掌之遺衣，陳奕世遞傳之宗器。王后及賓，禮成九獻，辟公卿士，奔執豆籩，此廟之時祭也。太祖廟主循常東面，移昭南穆北而合食，就已毁未毁而制禮，四時但陳未毁而祭之，五年兼其已毁而祭之，此廟之祫祭也。三年大祭，祭始祖之所出，以始祖配之，此廟之禘祭也。

臣聞：祭祀者，人之大端；衣食者，人之常理。聖朝立太常之正卿，設司農之大寺，職尸三禮，望重三農，欽乃攸司，可謂備矣。但今藉田之禮尚未施行，公桑之儀似猶虧闕。至如郊天祀祖，奚爲具豐潔之粢盛？有事致齋，何以得鮮明之衣布？則將發倉廩而取粟，向坊局而求衣，是皆農夫之所樹藝，紅女之所繅織。雖有藉田，而實非陛下之所耕也；雖備服物，而實非後宫之所出也。以之對越神祇，享於祖禰，道或未盡，禮不徒成，陛下之心能無少歉乎？謹按《禮經》之義，遠稽前古之文，適三陽交泰之春，當是月上辛之日，祈穀於太微之帝，再擇乎吉亥之辰。封入壝宫，掌舍設梐，太僕秉轡，保介從行。綴黛耟於紺轅，冠朱紘之華冕。平秩東作，爰至南郊，天顏咫尺，恭就三推，黎庶三百，遂終千畝。公卿以下，隨爵秩而亦耕；燕飲之宜，布龍光於

既返。内宰獻穜於厥后，神倉斂獲於西成，一旦用之，中心足矣。此天子藉田之禮也。

載按古經之文，周達王后之制，衣服不備，不敢以祭。天子有公桑之地，地逼於川，築蠶室於其旁，建后宫於其上。宫高一丈，棘繞垣墉，外户扇而掩之。禁伐桑柘，因具植筐，后妃齋戒而臨焉，戕斧由斯而動矣。浴蠶乎水，戾葉乎風，蠶卒眠矣，歲既單矣，吉婦之勤就矣，奉繭獻於后矣。后於是而言曰：「此以爲君服與？」遂副褘而受之，少牢以禮之。復詮良日，后乃親繅，手既三盆。事終，羣下染以玄黄朱緑，爲之黼黻文章，君王致祭，從而服之。此后妃公桑之制也。望陛下勿怒虢公之直諫，式同漢帝之親耕，於彼大田，成兹盛事。更望中宫協聖，仿古親蠶，大增助日之月光，深盡配天之坤厚。如此則下使田家服勤，上獲宗廟垂祐矣。

井田之法，六尺爲步，步百爲畝，畝百爲夫，夫三爲屋，屋三爲井。井方一里，凡九百畝，其中爲公田，八家皆私百畝，同養公田。井百爲成，成方十里，成百爲同，同方百里，同百爲畿，畿方千里。臣嘗計方千里之地，提封百萬井，山川城市等除百分提封之三十六外，定六十四萬井，中爲私田五萬一千二十萬畝。其井中區，除宅居二十畝之餘，爲公田五千一二十萬畝。又乘除粟稻等子粒之多寡，每畝歲率一石五斗計

之，則私田子粒可得七萬六千八百萬石，公田子粒可得七千六百八十萬石。其鰥寡孤獨無告者，尤先賑惠焉。上下相睦，貧富相均。此隆周所以旁作穆穆迓衡，而孟子所以不憚區區告人也。自嬴秦變法之後，富者田連阡陌，貧者無置錐之地。越至於今，迫於豪富官貴而不能復聖朝。東西南北，地境無窮，國家用費之資僅足，下民愁歎之聲未除。且古者方千里之地，得公田子粒七千六百八十萬石，今能得之乎？臣知其斷不能也。方今之務，莫如興復井田。尚恐驟然騷動，宜限田以漸復之。望陛下一新田制，凡宗室王公之家，限田幾百頃。無族官民之家，限田幾十頃。凡限外退田者，賜其家長以空名告身，每田幾頃官階一級，不使居實職。凡限外蔽欺田畝者，坐以重罪。至限外之田有承佃者，即令佃户爲主。其未經開墾者，令無田之民占而闢之，本年免其租税，次年減半，三年始依例科徵。所占田亦不得過限。其無田之民，不欲占田者聽。以後有賣田者，買田亦不得過限。是私田既定，乃定公田。公田之法，凡九等：一品者二十頃，二品者十八頃，三品者十五頃，四品者十二頃，其下俱以二頃爲差，至九品但二頃而止。庶乎民獲恒産，官足養廉，行之五十年後，井田可復興矣。

方今御史臺官，内有監察院以隸之，外有廉訪司以承之，所以整齊百僚，激揚百

姓。御史之職，非天子視聽之官而何哉？是以霜蘭露車，柏林石室，昭其清也；授以立秋，象以熒惑，昭其嚴也；鷹擊之喻，豸冠之服，昭其威也；千步清道，王公遜避，昭其重也；中書、門下，並爲三司，昭其貴也。五者備矣，然後能觸邪指佞，使雄奸巨猾膽破聲消，封豕長蛇骨寒心顫，將狐狸眇害、蠭蠆微毒，不攻而自息矣。顧阿合馬擅政於前，桑哥弄權於後，臺官以下閉口吞聲，寡居高坐。幸而太原俠客揖聶政之高風，大理名卿致皋陶之淑問，一旦凶渠頓翦，赤子更生，美則美矣，未盡善也。且我國家建兹臺班，豈徒稽朝祭之末儀，糾案牘之細事已哉！然而不言，蓋由省府之職秩懸殊，而不敢抗衡故也。況權臣之計，百綱千機，崔斌、楊居寬等同爲執政，猶陷之於死地。進而守正，則徒遭刑戮，而令聖朝有殺直之名；退而引病，則誣以不忠，而謂不肯效皇家之力。伏望厲憲臺之丰采，俾行省以齊階，則委任既專，而體統自肅矣。

臣聞：設紀張綱，莫如清簡；建官置吏，切戒繁多。夫爵者，官之尊也；階者，官之次也；品者，官之序也；職者，官之掌也；位者，官之居也；禄者，官之給也；吏者，官之佐也。雖曰事非官不辦，亦有事因官多而益紊。此聖王所以貴寡不貴衆，欲静不欲躁也。唐虞稽古，建官惟百，夏商官倍，亦克用乂，周卿分職，各率其屬。厥後官愈多，而治愈不古。是以漢廢四百縣，而下民業定；隋廢五百郡，而天下政行。

皆以官不用多，而在乎得賢；政不徒煩，而貴乎省事也。今國家立制，自宗王及國王、郡王、國公以下爲爵，自特進、崇進至將軍、大夫、校尉、郎爲階，自正一至從九爲品，掌典當行爲職，各職所居爲位，各位養廉之資爲禄，各司贊佐行文之史爲吏，其制亦詳矣。然文武二等，分部中外，本欲圖寧，而似乎難寧也。伏見京師不急之司、院，無用之署、局，及隨朝臺、省、院、部以下諸有司官吏，可兼而不兼，可併而不併者有之矣。畿外行省，隨省諸有司，宣慰、廉訪等司，路、府、州、縣、倉、庫、局監諸衙門，官吏亦有冗者矣。武臣萬户所統不滿萬人，千户所管不及千人之類，亦已有之矣。臣竊以冗官之大弊有三：一曰選法之弊，二曰政事之弊，三曰軍民之弊。夫文武官吏員數既多，當考滿之時，近春秋之選，資格之簿擾攘紛紜，保薦之文交錯旁午，有司行文且未暇，奚暇顧孰果有才、孰果有德而考校之哉？既不遑考校，則取準於官牘薦書之所陳布已耳。於是雜流之途進，貨賄之竇開，遂致員多闕少，無如之何。經營者是得遷除，養高者坐淹歲月，此選法之弊也。夫文武官吏人數既多，有當決之事而不決，有當行之事而不行。問其職，則曰：「我職也。」問其施，則曰：「僚屬非一，豈我所能獨主？」及乎朝廷聞之，遂立稽違期限之罰，不亦甚與！此政事之弊也。夫國家用人路廣，浮濫得升，使之臨涖在下，必不能敷宣政化，如是則刻剥之苦，役使之煩，爲害良

多。此軍民之弊也。三弊不絶，而徒立法以防之，不知法立而懼法之人姦欺之計益生矣。伏望察此三弊，凡内外不急之官吏、無用之衙門，可罷者罷之，可併者併之，然後以慎重名器之法，擇人而用，又以黜幽陟明之法，順理而考，則典選者易見其人，易程其效，而選法清矣；臨政者事有所歸，職有所主，而政績成矣；在下者省於煩役，免於苦刻，而民業定矣。民者，天下之本。民業定而天下不太平者，未之有也。

又曰：赦者，欲以蕩滌瑕穢，與民更始。以負罪者言之，則爲莫大之深恩；以致治者論之，則非太平之常事也。近世以來，郊天、祝宗、建儲、立后，未有不肆赦者。僥倖之子，逆知期會，能不起非濫之心哉？且罹獄者，皆人之切心側目者也，及乎啼烏夜啟，驛馬宵流，玉籥告靈，金雞樹伏，雷雨一解，例皆釋之，名爲嘉吉之符，實皆變異之徵也。遂使攘劫服贓而詫議，善人屏息以銜冤，養稂莠於良田，縱豺狼於當道。獨不念害嘉穀而傷平民乎？又況大赦之後，邪奸未嘗衰止，朝脱囹圄，夕攖縲絏，其不能承化自新，亦已明矣。今國家哀囚徒之孽苦，憫小民之庸騃，頻降赦條，此蓋朝廷不忍人之心形於外而不能自已也。推此以及良民，順大道以正生殺，則周文之治不難同矣。若當罪而宥之，當殺而生之，亦猶來暄風於霜雪之辰，行春令於秋冬之際，如此而欲天道之成，臣不知其可也。伏望明罰飭法，振紀肅綱，俾姦人貪吏革面

洗心，不敢覬非常之恩，怍倖邀之想，天下幸甚。

臣聞：堯居茅屋，禹戒雕牆，周王之卑服，漢帝之皂綈，非徒盡質素之本心，亦以杜人民之奢汰也。下至晉武焚雉頭裘，宋武碎琥珀枕，隋文帝同土價於黃金，唐太宗悲苦寒之鸚鵡，斯中主之雄，匹夫之聖，猶能卓然特立。而國家乃使纂組綾錦浼其身，金珠璧玉浼其心，禽鳥犀象浼其視，俳優絲竹浼其耳，珍饈異饌浼其口腹，臣竊危之。

今國家官階各異，服色惟三。是故有紫，有紅，有綠，有碧者，實唐朝之公服也。意或水一、火二、木三、金四者，用四方之間色也。今又舉三等之色而遺其碧者，從當時之宜也。至於玉犀、金角之飾帶，金銀錫鍇之殊節，象板以爲簡，銀銅以爲章，此在公之品級也。山節藻棁，複室重檐，黻繡偏諸，肩繪日月，皆古天子宮室衣服之制也。今市井臧獲皆敢居之服之，此臣所以惜之也。車馬者，古之命物也。今六合爲一，冀代多馬，天下之人皆得乘之，無足深怪。然大夫不敢徒行，是以有車。今市井之家往往以驂服駕車而乘之，與士大夫無異，此臣所以惜之也。上自省、臺，下及州、府中人，前世皆用黛色爲區別，今猶闕焉，出入公庭與庶人無異，此臣所以惜之也。僧尼、道士之服，自有其宜，今不遵本教，雜混常俗，此臣所以惜之也。古者五十方衣帛，七

十方食肉，今富人牆屋被文繡，鞍轡飾金玉，婢妾曳絲履，犬馬食菽粟，甚至權吏濫官，豪富子弟，大率以貞廉爲愚，以節儉爲恥，此臣所以惜之也。

奏上，多爲時所採用。

成宗即位，天麟復上《逃民策》曰：

伏讀辛酉詔命，中統建元以前逃户復業者，户下差税，本年全免，次年半徵，三年復始例起科。自此累頒詔文，優恤逃户，蠲免積逋，斯皆先帝之惠也。臣謂逃民之故有五：一曰天，二曰官，三曰軍，四曰錢，五曰愚。蓋有田之家，田爲恒産，屢經饑饉，糧竭就食。如此而逃者，天爲之也。守令苛刻，役斂煩興，富以賂免，貧難獨任。如此而逃者，官爲之也。軍資不贍，鬻賣田産，無以供給。如此而逃者，軍所致也。生理不周，舉債乾没，子本增積，不能速償。如此而逃者，錢所致也。弗恤艱難，損墜遺業，悔恨莫追，窮困失所。如此而逃者，乃自愚也。夫逃民，皆無奈之民也。倘稍能自存活，豈肯逃哉？又詔云「苟避差發」，臣謂此則非民之罪，實官長之罪耳。昔漢倪寬爲内史，軍發負租，課殿當免，民聞之，大家牛車，小家擔負，輸租繦屬課，更以最此。蓋民信愛之故也，豈有「苟避差發」者哉？伏望陛下一新污俗，再整淳風，下哀痛之詔，察化導之義，從前逋負差税並行除免。凡有田而逃者聽復本業，無田而逃者聽

於曠土占田，其間貧無牛種及田器者，官爲貰而頒之，限三年外酬其貰主之直而無息。凡因軍而逃者，驗實貧爲助資之户。凡欠負他人錢債者，復業之後，限五年外一本一利償還，有既復業而尚游手荒廢農務者，鄉三老舉於官而罪之。逃民已定，於是慎名器以絶濫虚之官，限田産以絶兼併之路，重農桑以絶失業之人，設義倉以絶凶歲之厄。向之逃民，雖賞之亦不復逃矣。此謂之務本。

雲南金齒路進馴象，天麟又上策曰：

當今殊方異物，禽鳥犀象，自山海而來者多矣。其間爲害不一，試略陳之。夫牛馬雞犬之類，中國之所常有，上下之所共育畜之，無失其時，則可以充國用而利民生。彼異域之産，有之不足以增光，無之不足以滋歉者，近年以來，駢羅而至，梯山航海，輦贐輿金。或重譯而來呈，或望風而並湊，府無虚月，史不絶書。若以冠帶百蠻、車書萬里而論，則百世之嘉猷，莫大之神功；若以帝王大體、古今論議而言，則受之而不却，啟之而不杜，亦非所以盡聖明之本心也。按夏禹任土作貢，而召公之戒其主且曰：「不作無益害有益，功乃成；不貴異物賤用物，民乃足。珍禽異獸不育於國，不寶遠物，則遠人格。」真知言者也。東周之際，楚子不臣，包茅不至，無以縮酒，齊桓仗義而問其罪，《春秋》大之。西漢之時，大宛未服，天馬未來，怒激中國，武帝恃力而侵其

域，當代病之。此二者，足以審中國之貢，乃所當然，而遠人之物，未宜取之也。豈惟遠人之物未宜取哉？即中國無益之物亦不可取。是以孝文還千里馬，元帝罷齊三服官，仁儉之名，如揚日月，雖欲下民之不感，豈可得哉！且異物蕩心，其害一也。使外國聞之，而以國家爲有嗜好，其害二也。水陸轉運，役人非細，其害三也。有三害而無一利，亦何尚之有？伏望陛下昭播徽聲，俾揚遐境。凡四遠之納款者，聽書檄奏聞，而不求其獻物；聽子弟入朝，而不求其納賄。則化天下以德，示天下以無欲，將見西番東徼之渠長承恩而來享，慕道而來王矣。

又言：「訓宗室，在教行而知禮，法明而畏罪。閥閱子弟例得補廕者，宜嚴定試法。至於獻商計羨餘者，莫非掊尅之臣；被笞杖復官者，類皆無恥之輩。其大夫以上有罪者，先禁卒徒詈辱，當刑者聽其自裁，籍没者子孫免禁錮之限，家財給無告之人。」

其論人材，「辨三德而分爲九科，簡八材而分爲二十六等」。其論建官行省，「革藩鎮諸侯之專，中書爲公卿大臣之任」。其論選法，「當以賢能爲先，稱職是尚，而不計資序之淺深」。又如立社倉、置諫院、定軍役、除差税、惜農時、開武科、設天駟監、廣羣牧所，皆裨益時政之大者。

天麟所著詩文尤富，皆不傳於世。

鄭介夫，字以居，衢州開化人。性剛直敢言。成宗大德七年，上《太平策》一綱二十目，略曰：

昔齊桓五子争立，而霸業遂微；晉獻讒廢申生，至國亂數十年；始皇以扶蘇不定，致使滅宗；惠帝以繼子不明，幾至易姓。自後由此敗亡者，不可勝計。草茅之士，猶不能忘情，而秉鈞當軸之臣，略不及此，何邪？今皇太子嗜欲未開，心術未定，宜擇端人正士以傅翼之，與之居處出入，使通古今治亂之成迹，明君子小人之情僞。所謂教得而太子正，太子正而天下定矣。古者建東宫，立太子，將以重國本、定民志，非泛然之美稱也。今諸王公子例呼太子，嫡庶親疏略無差别。昔晉申允曰：「太子統天下之重，而與諸王齊冠遠遊，非所以辨貴賤也。」同衣冠猶不可，况可同名號哉！

吏之與儒，可相有而不可相無者也。儒不通吏，則爲腐儒；吏不通儒，則爲俗吏。必儒吏兼通，而後可以蒞政臨民。《漢書》稱以儒術飾吏治，正此謂也。今吟一篇詩，習半行字，即名爲儒；檢舉式例，會計出入，即名爲吏。吏則指儒爲不識時務之書生，儒則詆吏爲不通古今之俗子。儒、吏本出一途，析而爲二，遂致人員之冗，莫

甚此時。久任於内者，但求速化，未知民瘼之艱難；久任於外者，惟務苟禄，不諳中朝之體統。今朝廷既未定取人之科，當思所以救弊之策。百官自三品以下，九品以上，並内外互相注授。歷外一任，則升之朝；隨朝一任，則補之外。凡任於外者，必由内發；任於内者，必從外取。庶使儒通於吏，吏出於儒，儒、吏不致扞格，内外無分重輕矣。

古者自州縣官以上，皆天子自選。故銓曹每擬一官，必先禀命於天子；天子欲用一人，亦詢其可否於執政。今乃以省部除授之官，指爲常選；以天子委用之人，指爲別里哥選。夫天下之官，孰非天子之臣？安得一以朝省，而自分爲兩途邪？

漢以銅錢而權皮幣之重，皮幣爲母，銅錢爲子。宋以銅錢而權交會之重，交會爲母，銅錢爲子。國初以中統鈔五十兩爲一錠者，蓋別乎銀錠也，以銀爲母，中統爲子。既而銀已不行，所用者惟鈔，遂以至大鈔爲母，小鈔爲子。今以至元一貫準中統五貫，是以子勝母，以輕加重。以後逾前，勢不至於大壞，極弊不止。夫鈔爲一時之權宜，錢爲萬世之長計。盜賊難以賫行，水火不能消滅，世世因之，以爲通寶。説者謂鑄一錢費一錢，無利於國。不知費一錢可得一錢，利在天下，即國家無窮之利也。

唐劉晏專用榷鹽，以充軍國之用，其言曰：「官多則民擾，但於出鹽之鄉置鹽官，

收鹽户所煮之鹽轉鬻於商，任其所之，自餘州縣不復置官，或商絶鹽貴，則減價鬻之，謂之常平鹽。由是國用充足，民不困敝。」此已驗良法也。今宜祖其遺規，將鹽運司衙門及各場所設官吏、團軍、巡卒盡歸有司管領，選省部内才幹官一員，充榷鹽使，於各州縣摘佐貳官一員，提調鹽務，於産鹽處所設鄉官一員，專掌支發。但簽取本處富家應當亭户，分認周歲鹽額，令亭户自行收貯，竈户任便煎煮，隨處立倉交納，亭户不致逃亡，竈户可免追剥，民户亦無團巡誣逮之擾，自皆樂於應辦。若非亭户、竈户自煎者，方爲私鹽，許令鹽户告發，依條治罪。商人獲利既厚，販者必多，而民間亦可得賤鹽食用。古今鹽法，不過爲辦課耳。使課而無虧，何必廣布衙門，自取多事？今鹽有定額，户有定數，私煎有定罪，若一委之有司取辦亭户，既省俸給工本，自可全收課程，官享其利，而民安其業矣。

今市街之間，名曰「嫁漢」，曰「把手合活」，曰「坐子人家」，十室而九，各路争相倣效，此風尤爲不美。且抑良爲賤者，待告而禁，終不能絶。若令有司覺察，或許諸人陳首，但有此等，盡遣從良。此可厚俗之一也。南北風俗不同，北方以買來者謂之軀口，南方以受役者即爲奴婢。故唐法，奴告主者皆勿受。此可厚俗之二也。古者宗廟四時之禴祀蒸嘗，皆天子親享，不敢使有司攝也。宜檢討舊典，親行享廟之儀。仍

令天下無論官庶之家，有親在，而諸子忍於分析，及居官客外，而違於生事死葬者，並坐以不孝之罪。此可厚俗之三也。父子夫婦，綱常之大。今鬻子休妻，視同犬豕。雖有抑良買休之條，而轉售者則易其名曰過房，受財者則易其名曰聘禮。今大都、上都有馬市、羊市、牛市，兼有人市，致使人畜相等，極爲可憐。宜嚴行禁絶，使各相保守，無棄天倫。此可厚俗之四也。九品之官，定爲九等。士、農、工、商、僧、道，定爲六等。下而臧獲，定爲一等。使服飾各安分，限貧富不得僭逾。此可厚俗之五也。

漢立常平倉，穀賤，增價而糴以利農；穀貴，減價而糶以利民。朱文公常行之浙東，最爲得法。然不可行於今矣，何也？官吏爲奸。若官入官出，民間未沾賑濟之利，且先被尅減計點之擾，適以重困耳。宜於各處驗户口多寡，設立義倉，令百姓各輸己粟，自掌出入之數。凡入一石之粟，自得一石之用。不費公錢，亦無損於私蓄。猶慮風俗不古，急義者少，則官爲之立式。有地百畝者，限以一歲出粟一石，令本甲户執其綱領，擇鄉里廉幹者掌其收支。歲添新粟，則旋廣倉廩，每遇闕乏，如取諸寄。其中或有侵欺，則令司縣官依竊盜例科斷。或司縣官因而挾勢借貸，則令巡按官依枉法贓例定罪。若所在官司有能勸率成效，優加升賞，誠爲安民定業之長策。至於目前所急，尤思先有以救之。雖官司賤價賑糶，以有限之粟，應未已之荒，所濟無幾。

若勒令富家平糴，則大户縱賄而求免，小户力貧以奉行，流害滋甚。今被災之處雖多，而江淮、湖廣皆稔熟，及此秋成之餘，急爲立法，收米四百餘萬石，半運赴都，半留隨省，以備明年之荒可也。或倣漢時輸粟爲郎，宋時官賣度牒之例。二者但費朝廷之一紙，不動聲色，而數百萬糧可立致矣。

國家立政，必以刑書爲先。今天下所奉行者，有例可援，無法可守，官吏因得並緣爲欺。内而省部，外而郡府，抄寫格條多至數十。間遇事有難決，則檢尋舊例，或中無所載，則旋行比擬，是百官莫知所守也。民間自以耳目所得之敕旨、條令，雜采類編，刊行成帙，名曰《斷例條章》，曰《官民要覽》，家置一本，以爲準繩。試閲二十年間之例，較之三十年前，半不可用矣。更以十年間之例，較之二十年前，又半不可用矣。是百姓莫知所避也。號令不常，初降隨没，遂致民間有「一緊、二慢、三休」之謡。京都爲四方取則之地，法且不行，況四方乎？如往年禁酒而私醖者比屋，禁牛而私宰者盈市。奸盗殺人，罪在不赦，而每歲放禿魯麻婚姻聘財，明有官庶高下折鈔之例。而今之嫁女者，重索財物，與估賣軀口無異。買賣田宅，舊有先親後鄰之條，而今民業多歸勢要。推此數端，天下概可知矣。今有司每視刑名爲重，而户婚、錢債略不加意。殊不知民間争競之端，無不始於户婚、錢債，而因之以至於奸盗殺人者也。憲司

巡按，每以贓罰爲重，而一切民詞略不省察。殊不知百姓負冤，上無所訴，是開官吏以受贓之路也。更兼衙門紛雜，事不歸一，正宫位下自立中政院，匠人自隸金玉府，校尉自歸拱衛司，軍人自屬樞密院，諸王位下自有宗正府、内史府，僧則宣政院，道則道教所，又有宣徽院、徽政院、都護府、白雲宗所管户計諸司，頭目布滿天下，彼此不相統攝。無法之弊，莫此爲甚。昔先帝嘗命修律，未及成書。近議大德律，所任非人，譌舛益甚。宜於臺閣省部内，選擇通經術、明治體、練達時宜者，酌以古今之律文，參以建元以來制敕命令，採以南北風土之宜，修爲一代令典，使有所遵守，生民知所畏避，庶政體歸一，獄無久淹矣。

古者立刑，必先施於贓吏。蓋贓吏爲患，甚於酷吏之肆虐。贓既不行，則刑自平矣。昔國家定爲枉法、不枉法之例。今則枉法者除名不叙，不枉法者並殿三年。制法雖明，而犯者未已，終莫能禁其萬一。且如司縣官困於正從七品、八品間，終老無受宣之望；吏員困於路縣，終老無受敕之期。凡人之自愛其身而重於犯法者，以清議之可畏，前程之尚遠也。既無所畏，又無所慕，則仕而爲貧耳，復何所惜？在昔有刺配籍没之法，文其面則終身不齒於鄉里，籍其資則全家不免於饑寒。治贓吏，無出此法之善也。

贓吏固嚴其罪矣，而廉吏則未見賞。今省部置立過名簿，不聞有功績簿；憲司歲報贓罰册，不聞有廉能册。朝廷雖有封贈之典，未見舉行。嗣後内外大小官，有至廉無擾者，歷一考，則封贈其父母，歷再考，則封贈其妻妾。不過邀朝廷一命之恩光，而可收激勸人材之實效矣。

當今之弊，不在俸禄之薄，而在俸禄之未均；不患俸禄之未敷，而患設官之太濫。均有餘以周不足，取濫設之米以給合設之官，則國無所損，而官有所利。議事之臣若能裒多益寡，截長補短，則職田所收自可敷用。今又額外多出俸米二十八萬餘石，徒損國儲，無益官吏。且丞相職居人臣之右，每月得俸八錠有零，一日之俸不滿十四兩，若倣晉之何曾，日食萬錢，雖竭私帑不能自給矣。天子立相，必須厚禄以優崇；大臣律身，自宜戒奢而從儉。豈可先處以約，而薄其所養哉？今俸自三錠以上者，不得添米，官益高而俸益薄，甚非尊尊貴貴之道。又如隨朝大小官及各行省、宣慰司，皆樞要重臣，既無所取於民，又無職田可收，縱添俸米，何足養廉？宜盡取元撥職田，合計子粒，官爲收貯，將中外人員差等而普及之。内外臺察廉訪司，事煩而形神勞，官清而交往絶，比之有司，量加優厚，所以重風憲也。和林、上都、山後、河西諸路，不係産米之地，依本處時估折價，不拘以定數，所以重邊鄙也。軍民各色官吏，但

請俸錢者，隨所給鈔數，按月支米。元無俸錢者，隨所授品從，依例增支。將官收職田錢糧，先儘外任數足，其餘盡令起運赴都，以給隨朝官吏。計其所得，倍多於前，又可不費太倉之粟，此利國利官之要道也。

昔田千秋一言寤主，即登侯相；鄭然明一言見知，便獲賞識。古人際遇，往往皆然。若必待羔雁以爲先容，幣帛以將厚意，則千秋老死於郎官，然明終役於堂下耳。今之隸名儒籍者，不知壯行本於幼學，而謂借徑可以得官，皆曰：「何必讀書，然後富貴？」仕路既不出於儒，何須虛費日力？但厚賂翰林、集賢院，求一保文，或稱茂異，或稱故官，或稱先賢子孫，其人即保教授。才入州選，便求升路；才歷一任，便幹提舉。但求遷轉之速，何問教養之事？學校遂成廢弛，言者皆歸咎於差役所致，不思唐、宋盛時，儒人未嘗免差，而士風甚盛，人材甚廣，無他，聲名誘之於前，利禄引之於後也。使前數年不當差役，亦未見有一人成材者。果業儒而獲用，則人自慕尚，雖當役不足以抑之；苟業儒而無用，則人皆厭棄，雖免役亦不足以勵之也。比者，如編《一統志》、寫金字經，非有追章琢句之巧，考古證今之難也。愚夫下流，但能繕書者，皆可與選，給食賞鈔已足以酧其勞，更與之升職減資，是朝廷開天下以奔競之路也。

明詔：「德行文學高出時輩者，有司保舉，廉訪司體覆相同，以備擢用。」年來中外

所舉不爲少矣，未見擢一才，拔一士，豈非虛文求人乎？明詔：「上書陳言者，皆得實封進獻。」年來官庶所陳，不爲少矣，未聞納一諫，從一事，豈非虛文求言乎？格例：「諸縣尹以五事備者爲上選，三事成者爲中選，五事俱不舉者黜。」今實備五事而無力者，止常調；　虛稱五事而有力者，則引例升等，豈非虛文考績乎？國家立御史臺及肅政廉訪司，糾彈諸人，無得沮壞。　今所糾者僅可施之卑官、下吏，所薦者呈省到部，俾同故紙，而外任巡按書吏人等，反借風憲之威，徇私納賄，無所畏忌，其爲民患，過於有司，豈非虛文重臺察乎？《至元新格》：「常事五日程，中事七日程，大事十日程。」今小事動經半年，大事輒以數歲，豈非虛文議獄乎？詔書累降停罷勞民不急之役，存恤鰥寡孤獨之人，今之隸名官籍者皆坊正巷長，略舉市井所知，以應故事，其實窮而無告者未嘗登籍沾惠也，豈非虛文愛民乎？國家立司農司以敦農政，路縣正官銜內加以兼勸農事，每歲仲春令親行勸課。　今官吏出郊，借此遊宴，里正、社長科斂供給，豈非虛文務農乎？

國家倣古立翰林院、集賢院、秘書監、太常司，可謂得彬彬文物之盛矣。　今翰林多不識字之鄙夫，集賢爲羣不肖之淵藪，編修、檢閱皆歸門館富兒，秘監、署丞半是庸醫、繆卜。　職奉常者，誰明乎五禮、六律？居成均者，誰通乎《詩》、《書》、六藝？他如

醫學、儒學、蒙古學，各置提舉司，尤爲無益。國政豈非虚文設官乎？國家設立太史、司天，以明占測；崇奉國師、宗師，以嚴祈禱，可謂盡事天之誠矣。今日月薄蝕，則期集鼓奏以彰信推曆，未嘗尅定其應驗；星象失躔，但託辭禳度以分受官物，未嘗指稱其變故。罄竭帑藏，以供西僧好事；盛陳金帛，以副黄冠醮筵。豈非虚文對越乎？

聖朝定奪諸色户計，何嘗一毫損民？如水馬站户，與之除糧免差，糧資足以補辦，祇應可抵里役。如金户辦金，則就準本户合納之税；匠户當工，則官支口糧以資贍養；竈户燒鹽，則給以工本；銀場煉煆，既給工本，又與口糧。計所入課程，正與買價無異，愛民之厚，於此可見。今各處巡尉司設弓手，各路縣獄司設禁子，牧民官各衙門設祇候、曳刺，既免糧以優之，而有司不與開除，反令税户分任包納，於各輸額糧之外，别立名項曰包米，誠古今所未見。且各户勞逸相懸，如站有消乏，金須本色，竈欲辦課，匠不離局，設有不及，訶責踵至，所準税糧，豈足供給？而弓手、祇候、曳刺、禁子等户，役甚優閑，無費於己，且可肥家，不知何自而與之免糧也？

古稱侍衛禁直，左右前後之人，今謂之怯薛歹。以今倣古，古者數多名繁，今視古頗簡。《周禮·天官冢宰》曰膳夫、庖人，曰内饔、外饔，曰漿人，曰烹人、籩人，今之博兒赤也。曰幕人，曰司服、司喪，曰内宰，今之速古兒赤也。曰掌舍、掌次，今之阿

察赤也。曰閽人，今之哈勒哈赤也。曰縫人、屨人，曰典婦功，今之玉烈赤也。曰宫人，今之燭刺赤也。古者分以職役，定以等差，用當其人，人當其任，是以人無覬覦，各守分義。今則不限以員，不責以職，但挾重貲有梯，援投門下，便可報名請糧，獲邀賞賜，皆名曰怯薛歹。是各官門下之怯薛，非天子御前之怯薛也。比者朝省嚴行分揀，如有職役定員，則挾貲投入者無所容力，有出身定例，則别里哥選不禁自絶矣。

今國家財賦，半入西番。紅帽禪衣者，公然出入宫禁。道家以老子爲宗，惟在清净無爲，辟穀棄人間事，今張天師縱情姬愛，廣置田園，招攬權勢，凌爍官府，此江南一大豪霸也。朝廷前立宣政院、道教所，以其棄俗出家，非有司所宜統攝，而乃恃寵作威，公行賄賂，僧道詞訟數倍。民間如奸盜殺人不法事，往往見告。各寺既有講主、長老，各觀既有知觀、提舉，足任管領之責。隨路又濫設僧録司、道録司，各縣皆置僧綱威儀，反爲僧、道之蠹，並宜革去。且僧、道另設衙門，三代以下所未有。亡金棄人尚鬼，故置二司，與民官鼎立而三，豈謂聖朝踵其弊政！僧、道既全免繇税，愚民多出財産託名詭寄，以求避役。驅國家之實利，歸無用之空門。視民間輸税之外，又當里正、主首、和顧、和買，非惟棄本逐末，實且勞逸不均。今後寺觀常住税糧，宜準古法，盡令輸官。外有白雲宗一派，既自别於俗人，又復異於僧、道，朝廷不察其僞，

特爲另立衙門，亦宜革去，以除國蠹，以寬民力。

《春秋》二百四十二年之間〔一〕，災變迭出，地震者五。國家自十數年來，凡三見之。以今考古，未有若此之數數也。漢史翼奉言：「地變爲陰氣太盛，宜疏后黨，親同姓，出後宫，損陰氣。」李尋曰：「地震有上中下，上位應后妃，中位應大臣，下位應庶民。」宜弱外戚，强本支，崇陽抑陰，以救其咎。或以言游畋土木，或以言宦官嬖倖，或以言小人黨盛，各因時弊而指斥之耳。以今日人事觀之，閫儀嚴肅，女謁不行，如吕、韋之專，趙、楊之寵，無有也。後宫列陳，名不盈數，如三千、一萬之充滿，無有也。秉國鈞者，皆色目，漢人未嘗一官任舅后之族，如吕、霍、上官之僭奢，無有也。敷奏出納，非臺、省不得與聞，未嘗一事出閹寺之口，如恭、顯、魚、程之專擅，無有也。春秋出畋，循行故典，宫牆殿宇，一安舊規，如阿房、複閣之興，樓船、錦纜之侈，無有也。然則致是變也，既皆非此之故，意當歸之執政大臣乎？季路問事鬼神，子曰：「未能事人，焉能事鬼？」敢問死，曰：「未知生，焉知死？」此一章，乃三教是非之所由分也。況達摩面壁九年，維摩不二法門，止爲身計，何嘗施禍福於人？張道陵遠處深山，薩真人一瓢自隨，厭與俗接，何曾妄有希求？往年帝師之死，驛取小帝師來代，不過一庸厮耳，舉朝郊迎，望風羅拜，榮遇之過，一至如此。昔達摩自南天竺來，梁武帝問

曰：「朕造寺、舍經、度生不可勝紀，有何功德？」師曰：「並無功德，此但天人小果有漏之因，如影隨形，雖有非實。」此語足以解求福田利益者之惑。陳摶隱華山，宋太宗召至，使宰相宋琪等問以修養之道，對曰：「鍊養有術，縱使白日升天，何益於治？今聖上洞達古今，深究治亂，正君臣合德致治之時，勤行修鍊，無以逾此。」斯言可爲求神仙者之鑒。唐會昌間，爲僧尼耗蠹天下，命併省佛寺，上都、東都各留二寺，上州留一寺，中下州並廢。寺分三等，上等留僧二十人，中等十人，下等五人，餘僧及尼皆勒歸俗。通毀招提蘭若四萬餘區，收良田數千萬畝、奴婢十五萬人、歸俗僧尼二十六萬五百人，真是快活條貫，宜體此意。

今日未嘗無邊遠選，固有准保定奪者矣。但保舉之初，忽於立法防奸；選用之後，失於計功覈實。如雲南、甘肅、八番、兩江等處統帥、藩臣，一赴闕下，便行保人。以所保之品級，定價值之輕重，多者百錠，少亦三之二。或當時取盈，或先與其半，或立利錢文書呈解到省，官可立得。街市富子每聞一帥臣至，則争先營求，並未嘗涉歷塞庭、練習邊事也。近者兩江元帥累保得除者，幾及百人，各鎮蹈其故轍，公然賣保，遂致邊鄙失得才之實，朝廷負濫爵之名，皆諸帥不忠誤國之故。

自古天下之田，無不屬官。先王受田，使貧富强弱不相過，得以自耕，故天下無

甚富、甚貧之民。至成周時，其法大備，畫地爲井，八鳩、五規、一牧、九夫，以等其高下，溝洫、畎澮、川涂、畛徑，以立其隄防。疆井既定，雖欲貪，並不得也。商鞅用秦，已不復有井田之舊。於是阡陌既開，乃有豪强兼併之患，然猶不明言田在民也，官不得治而民得自占爲業耳。漢亡，三國並立，兵火之餘，人稀土曠。當是時，天下之田既不在官，亦終不在民。以爲在官，則無人；以爲在民，又無簿籍契券，但隨其力所能至而耕之。元魏行均田，唐因而損益之，爲法雖善，然令民得賣其口分、永業，日漸一日，而公田盡變爲私田矣。田既屬民，乃欲奪富者之田以與無田之民，禍亂羣興，必然之理也。董仲舒在武帝朝，去古未遠，乃曰：「井田雖難卒行，宜少近古，限民名田以贍不足。」言甚善而未果行。至哀帝時，孔光、何武曰：「吏民名田無過三十頃，期盡三年，而犯者没入官。」時丁、傅用事，董賢隆貴，不便於己，遂寢其議。三十頃之田，周民三十夫之田也。以一人而兼三十夫之田，亦已過矣，而期之三年似太迫。爲今之計，豪强卒難禁止，惟有限田之法可以制之。酌古準今，宜爲定制。

古者給價換馬，已非良策。今乃刷馬民間，尤爲弊政。且南北風土不同，生長於南者則不禁其冷，生長於北者則不禁其熱。若刷東南之馬以供西北用，則立見其死亡耳。且牧於野者，安於水草，習於馳驟，以之臨敵，易於鞭策。畜於家者，飽以芻

豆，勤以剪拂，一旦置之荒郊，便已無力。朝廷不循廣馬之成規，而行刷馬之下策，雖曰和買，何異白奪？且政出亡金，其時鄰敵交攻，疆土滋削，未免刷之民間，以應一時之急。堂堂天朝，豈宜出此？兼以刷至之馬實無所用，而民怨皆歸於國，甚非經久之計。唐初得牝馬三千匹，徙之隴右，命張萬歲掌之，蕃息至七十萬匹，分爲八坊、四十八監，各置使領之。是時天下以一縑易一馬。及玄宗以王毛仲爲内外閑廐使，東封之日有馬四十三萬匹，牛羊稱是，此已然之明驗也。今國家土宇數倍於唐，水甘草美之處，盡在版圖。若擇宜牧之地，各設牧馬監，官給牝馬，選用能吏，使專牧養之權，重職任，優俸禄，責以成效，不十數年，馬不可勝用矣。奏上，多見采納。後以省臣薦，授金谿縣丞，卒。

史臣曰：唐劉蕡對策，忤宦官，宜其不遇也。趙天麟、鄭介夫，議論足以從政，文章足以經國，又無奸人娼嫉，蔽日月之明，然其不遇，乃與蕡無以異。嗚呼！以世祖之用人，成宗之待士，而使野有遺賢，不亦惜乎！

【校勘記】

〔一〕「二百四十二年」，原倒作「二百二十四年」，據文意改。清邵遠平《元史類編》卷二五亦作「二百四十二年」。

新元史卷之一百九十四　列傳第九十一

陸垕　李拱辰　潘澤　李廷　王道　郭郁　任仁發　苗好謙　韓冲中

陸垕，字仁仲，江陰人。父渙，宋江陰軍安撫副使。大軍南下，垕從父降，授江陰軍判官。

至元十六年，入覲，除朝列大夫、同知徽州路總管府事。垕儒家子，又年少，民易之。及涖事，發摘奸伏，明斷如神，衆乃大服。有争山葬者，各指一塜，莫知其歲月遠近。垕視之曰：「必發爾塜。」争者曰：「法不許也。」垕曰：「吾固欲發之。」命具畚鍤，争者逸，發之果虚塜也。縣解官錢夜爲人盜去，莫知主名。垕召役夫詰之，指其一曰：「訊彼。」一訊而伏，贓具在。或問何以知之，垕曰：「吾以色聽耳。」官命江南路造船，集昇州之龍灣，垕白宣慰司：「徽州道險遠，請就太白渡便。」從之，役中止。又欲運其材於京師，垕持不可。未幾，旌德募民運木，亂者蠭起，卒如垕言。

二十五年，遷江東宣慰副使，旋改江南浙江道提刑按察副使。垕劾去貪吏數十人，追

贓以鉅萬計。織染局官受賄，事連行省胥吏十餘人。㕔移文右司逮之，右司訴於參政，謂分司不當案省吏，以違制論。㕔曰：「分司不得案省吏，固也。吏受賕，御史亦不得問乎？」白其事於行臺，論如律。按察司改肅政廉訪司，㕔以例去官。久之，起中順大夫、同知台州路總管府事。

元貞元年，改江東建康道肅政廉訪副使。㕔治辦有聲，臺、省交薦之，㕔益感激，遇事侃侃不撓。部使者市紅、藍，受賈人金；又奉旨造浮屠像者，攫官吏金幣逾五萬錠，㕔俱劾罷之。由是權倖側目。時檢覆諸縣水災，㕔檄一令往，令以病卒於道，仇家嗾其子訴㕔，謂㕔實死之，用事者將中以危法。㕔不自辯，以母老乞養歸。舟行至湖口，行省遣使者逮之，不知㕔在舟中，及入城，㕔已去。使者曰：「余知其無罪也，天相之矣。」以追不及返命。㕔知其事，自至京師，訴於御史臺。人皆知㕔無罪，畏用事者，莫敢言。尋降三官，改授嶺北湖南道肅政廉訪副使。湖南俗尚競渡，歲有溺死者，峒丁以盜牛相鬭訟，㕔皆禁之。有里婦，僧出入其家，夫久出，或誣婦與僧殺之，指道傍尸爲驗。僧不任笞，已誣服。㕔閱其牘，尸死於夏月，而衣冬服，疑之，根究得實，乃何人先數月受杖而瘖於道，非其夫。僧得訟繫，免死。逾年，湖南吏部送軍糧至鄂州，遇其夫，趣使還家自首，僧之冤始白。㕔平反疑獄多類此。未幾，擢海南廣東道肅政廉訪使，復以母老去官。

屋持身廉介，扁所居曰「義齋」，嘗曰「吾平生受用義字不盡。」家居，患差役不均，爲立式推排，除詭寄虚椿之弊，分户九等，各出助田，先後差次，每歲充里正者，即以助田義粟畀之，歲終稽其出入，數年後義粟有羡，乃買田如助田之數，歸助田於本户。鄉人德之，至今守其法不變。大德十一年卒，年五十。延祐中，贈嘉議大夫、上輕車都尉、吴興郡侯，謚莊簡。

子鏜，德清縣尹；銓，規運提點大使。

李拱辰，字廷弼，本磁州人。曾祖儀爲滏陽令，因家於滏陽。祖㲄，以駙馬忒木台采地在磁州，爲駙馬人匠局提領。父著，襲㲄職。

拱辰幼聰慧好學。著卒，當襲提領，歎曰：「是可以行吾所學耶？」遂棄去，游京師，以善譯語，入直宿衛。大德三年，授高郵府判官。高郵初爲路，隸淮東宣慰司，後改爲散府，宣慰司仍役屬之，吏民以爲病。拱辰白於宣慰使，復隸宣慰司使。事聞中書，奏從其請。會福院設營田提舉司，爲民害，用拱辰言罷之，而責其事於有司，民德之。

至大元年，遷紹興路新昌縣尹。拱辰患經界不正，覈其地圖，與保甲册印分兩券，官

執左，民户執右，鬻産則券隨之，隱設詭緝之弊悉除。新昌去郡遠，不通舟檝，拱辰請以土産布代糧。縣民惑於陰陽之説，親死至數十年不葬，拱辰下令：「不葬其親者以不孝論。」其俗遂革。新昌人以爲自設縣以來，未有及拱辰之爲政者。

皇慶二年，擢湖州歸安縣尹。有京師貴人指縣民某甲妻爲逃婢，督捕甚急。拱辰留不遣，卒完其夫婦。經理田土令下，奉行者率務增多，拱辰獨聽民自占，僅增田百五十頃。行省又議倍賦，拱辰曰：「吾官可去，民不可病也。」竟格其事不行。臺、省交章薦拱辰廉能。

延祐四年，除中書户部司計。六年，擢監察御史。有以藥術媒進，躐遷翰林學士承旨。拱辰曰：「承旨職任親密，豈彼所堪？」同列噤不敢一語，拱辰獨抗疏劾之，帝初不以爲忤。會内府市莊炭乾没錢十餘萬緡，拱辰發其奸。章再上，不報，遂解印綬去。譖者因誣拱辰按奏不實，執政素重拱辰，多方營救，始獲免。未幾，起爲僉福建閩海道廉訪司事，仍進三品爲奉議大夫。丁憂，不赴。七年冬，復拜監察御史。英宗夙聞拱辰名，至治二年〔一〕，特授御史臺都事，又以丁憂去官。泰定元年，卒於家，年七十七。子益，江浙行省檢校官。

潘澤，字澤民，順寧宣德人，從許衡受學。由太府監掾史，累遷知宏州諸軍奧魯。有盜八人繫獄，澤一讞知其枉，皆出之。未幾，真盜盡獲。太原民從貴家奴得僞鈔，獲罪，過宏州，號於市曰：「神明如潘公，獨不能活我乎？」澤聞之，竟雪其冤。轉興中州，入爲監察御史。時桑哥用事，及得罪，御史臺召按不能致，澤從卒捕之，論如律。

轉僉山北遼東道提刑按察司事。有佃户殺其主，獄已具。澤覆讞之，則其妻與奸夫所爲，乃出佃户，抵二人罪。又有訟爲豪家奴其一族十七人者，有司數年不能決。澤以鬻奴皆畫男女左右食指横理於券，以其疏密，判人長短壯少。索其券，内有十三歲兒指理如成人，澤曰：「僞也！」召郡中兒年十三者十人，以符其指，皆不合。豪理屈，毁券還之。

或言高麗王謀反，詔近侍偕澤按之。澤謂王尚公主，設舉事，公主必上變，安能噎默從之？未幾，公主果遣使辯誣。入爲御史臺都事，遷江北提刑按察司副使，轉江南浙西道。至元二十九年卒，年五十五。

李廷，字瑞卿，本廣州人，後遷於大都。廷早孤，樵薪養母，其母亦有賢名。大都人柴

好禮聞之曰：「母貞子孝，不興何待？」遂以女妻之。歷左司吏部掾。太子詹事完澤薦於裕宗，得召見，用爲南昌尹。復入爲詹事及中書掾，累遷泉府司丞。受詔覈江南賦，賦平，擢同知河南府事，祠二程、張、邵、司馬於府學，士論稱之。三遷爲户部郎中，進中議大夫、江州路總管。歲饑，發廪粟賑之，又使醫載藥療饑民之疾，全活甚衆。改兩淮屯鹽總管。糧田之没於民者二十餘頃，户之入於他籍者千二百餘户，逃於他郡者九千餘户，皆復之。糧之逾於額者六千四百餘石，皆除之。歲省公帑十七八，而鹽課日增。世祖知其賢，數賜幣獎之。召爲兵部尚書，改刑部尚書，拜淮東道宣慰使。以老乞致仕，卒。贈通奉大夫、江西行省參知政事、護軍，追封潞陽郡公，謚忠靖。

王道，字之問，先世京兆終南人，後遷濰州北海縣。至元初，以布衣上書，請置執法官則，吏畏政肅。六年，建御史臺，辟爲掾史，道恥之，引疾去。竇傑薦爲東宫講書。

十三年，宋平，除福建行省左右司郎中。宋宗室趙元章等六十三家，有誣與山賊通者，行省欲盡殺之，道抗言：「宋之宗室累詔恩恤，今以曖昧拏戮，傷國家好生之德。」遂獲免。陳吊眼據漳州叛，招討使逾城走，行省以失守罪縛出，將斬之。道曰：「招討使三品大

吏，有罪當禀命朝廷，不可擅殺。」行省遣甲士環道而訴之曰：「若不署字，當從坐！」道乃具朝服，望闕再拜曰：「省臣不有朝廷，脅我以兵，欲將何爲？吾寧死不署字也。」招討使竟得減死論。由是豪强氣褫，民間畫道像祀之。

二十四年，授泉州路總管。先是，安溪土賊張大老、方德龍嘯聚畬洞，爲一方之患，垂三十年。聞道至，相謂曰：「王老子來，宜謹避之，勿輕出。」道布耳目，設方略，不逾月擒賊首二十餘人，悉榜殺之，餘黨駴散。百姓歌頌之。後卒於官。

郭郁，字文卿，汴梁封邱人，金末徙於大名。性穎悟，六歲讀書，博通經史。年十九，辟充江淮行樞密院令史。元貞元年，河南行省丞相卜憐吉歹薦爲行省掾，中書丞相哈剌合孫留於都省。定水門料工者多虚計，郁覈實，省官費一千三百錠。車駕幸縉山，姦人劉甲等冒領納鉢草料，省臣使郁治之。既伏罪，郁乃白省臣，奏聞利病，置孛哥孫分司印，御史刷籍，冒領之弊遂革。又以縉山民饑，請賑之。

大德九年，除宣徽院都事。本院歲買湯羊多虚額，郁以實價買羊，增買三千隻，省鈔三千餘錠，以此忤長官意。十一年，出爲江浙行省都事。考覈荒田，增科糧四萬餘石。

至大元年，漕吴松江，役夫歲一人除糧十五石，郁視其牘曰：「役不過二月、三月耳，而除一歲之糧，何也？」於是追理十六萬石，以充海運。四月，立衛率府，摘發一萬五千人，期九月至都。郁曰：「今軍士饑窘在道，遷延非計之得者，宜聽其還家收蠶麥，如期至都可也。」比至，則軍資整備，最諸省。初行至大錢，拘民間銅器，郁白於大臣：「廣濟庫藏舊錢數百萬，例許使用。止拘廢銅足矣，何必毁已成之器？」從之，上下稱便。

皇慶元年，擢浮梁知州，括隱漏田二百餘畝、米三千餘石，以爲諸生餼廩，廣弟子員百餘。賦役驗實有户，以定上中下之則，於是詭名規避者無所隱匿。官田額重者折收輕賦，以剔偏負虚包之弊，民翕然頌之。省、臺考績，升秩一等。

延祐五年，入爲中書檢校官。丁父憂，去官。服除，授中順大夫、知高郵府。涖官五月，墾田六萬餘畝，逃民歸者千二百餘家。至治三年，進階中憲大夫、同知兩浙都轉運鹽使司事。建言減鹽額五萬錠以寬竈户，又平反鹽徒十七家，由是課程增羡額外至二萬二千四百錠。

泰定元年，擢僉江西湖東道肅政廉訪司事，舉劾務存大體，不以苛察爲事。吉、贛、南安饑，郁經營賑濟，活者數十萬人。二年，除亞中大夫、慶元路總管，兼勸農事。始下車，決疑獄三百餘事，民爲立德政碑。四年，進嘉議大夫、福建等處都轉運鹽使。是時，鹽法

久弊，民不堪命。郁曰：「水不清者，宜澄其源。」乃白於省府，裁冗濫職事百餘人，請給分司印，以革私鹽之弊，禁預辨增餘帶耗。又鹽徒犯法，輒妄引平民，株連者衆，郁讞之，止坐犯事之家，應時科斷，不增入一人。由是獄無冤滯，民安其業。未幾，卒。

郁廉潔自持，不可干以私，所至有聲，爲元明善、馬祖常諸人所重。

任仁發，字子明，松江上海人。幼穎悟，異羣兒。年十八，袖刺謁平章游顯，一見奇之，辟宣慰司掾。至元二十五年，以蔭襲爲海道副千户，轉正千户。從征安南，改海船上千户。

時浙西淫潦爲災，仁發白省臣，以爲河沙匯乃吴淞江咽喉，必先治此而後事集。省臣不從，後果湮塞，水患日甚。大德中，仁發陳利弊、疏濬之法於中書省。江浙平章政事徹里委仁發濬之，凡四月，工竣。入覲成宗，賜賚有差，進都水監丞。

至大元年，除嘉興府同知。又明年，遷中尚院判官。大都通惠河閘底壞，水洶湧，譌言中有水怪，省臣束手，檄仁發按視。仁發繕補壞閘，卒無他患。時會通河亦淤，仁發疏泉脈，钁僵沙，役不浹旬而畢。升都水少監。二年，河決歸德及汴梁之封邱縣，詔仁發董

其役。仁發縛蘧蒢鳳掃濱河口，築堤五百餘里以禦横流，河防始固。

延祐初，出知崇明州。調築鹽官州海岸，又疏鎮江練湖淤積。泰定元年，詔賜銀幣，與江浙行省左丞朵班疏吴淞二道，大盈、烏泥二河。以年七十乞致仕，帝不聽，特授都水庸田使司副使。凡創石閘六，築塍圍八千，浚溝洫千有奇。仁發治河爲天下最，大工大役，省臣皆委之。累遷浙東道宣慰副使，秩中憲大夫。卒，年七十三。著有《浙西水利議答録》十卷，切中時弊，行於世。子賢佐，台州判官。

苗好謙，東平城武人。大德中，由大宗正府都事累擢僉江北淮南道廉訪司事。彈劾不法，甚有名譽。至大二年，僉淮西道廉訪司事，獻種桑之法：分農民爲三等，上户地十畝，中户五畝，下户二畝或一畝，周築垣牆，以時收採桑椹，依法種之。武宗善之，頒其法於各路。延祐三年，以好謙所至種桑，皆有成效，申命各路，著爲令。入爲司農丞。五年，大司農買住等進好謙所撰《栽桑圖説》，帝曰：「農桑衣食之本，此圖甚善。」命刊印千帙散之。後遷江北淮南道廉訪使，卒於官。

韓冲，字進道。其先大都人，遼、金世族，與劉六符、馬人望、趙思温等爲四大姓。祖珍，金昌武軍節度使，金亡，始徙家衛州。父天麟，兵部郎中。

冲夙爲丞相完澤所知，累擢工部主事、陝西行省左右司郎中。有家奴怨其主歲給衣食不均，殺其主之子，誣他奴，積十餘年，獄不決。冲一讞而服。中使答館人，館人夜殺之。有司疑爲盜，弗獲，按其從者，誣服。冲驗之，乃問之衆曰：「中使過此，曾虐汝乎？」對曰：「嘗笞館人。」冲徐召其人詰之，遂得實。臨洮富人子有妾方娠，妻賣之，二十餘年，夫死，官主其家貲。忽一人至曰：「我遺腹子也。」冲疑之，檢其家，得佛書一册，背有書云：「某年月日，妾有孕，賣於鞏昌某家。」遣人至鞏昌，求得遺腹子，詢其歲月皆合。一郡嘆服。

大德初，選爲安西王相府郎中令，王敬禮之。十一年，改知沔陽府，擢峽州路總管府。六年，以工部尚書致仕。弟中，爲陝西行臺侍御史，亦請老。兄弟同時歸里，士論榮之，爲畫《二老出關圖》。卒年八十三。贈通議大夫、禮部尚書、南陽郡侯，謚康靖。子汝霖，陝西行臺掾。

中，字大中。由中臺掾累擢監察御史，拜山東道廉訪副使，轉淮東道。以母疾辭歸，丁母憂，服除，三遷爲漢中道廉訪使，又轉陝西行臺侍御史。中事母至孝，庭竹生芝，姚燧、蕭𣂏皆賦詩美之，謂中誠孝所感。卒年七十九。贈集賢直學士、亞中大夫，追封南陽郡侯，謚貞孝。

史臣曰：自陸垕以下，其人皆有吏能，勤於民事，故撮其施爲方略著於篇，以補舊史之闕。

【校勘記】

〔一〕「至治」，原作「至元」，據本書卷一八《英宗本紀》改。

新元史卷之一百九十五　列傳第九十二

陳思濟　梁貞　申屠致遠　雷膺　徐毅　滕安上　蕭泰登　張完　權秉忠　王興祖　黄肯播

陳思濟，字濟民，睢州柘城人。幼讀書，即知大義。世祖在潛邸，聞其名，召之以備顧問。廉希憲等行中書省於陝西，命思濟佐之。中統三年，召希憲入中書，思濟還。會阿合馬入省，希憲去位，省臣晨集，掾屬皆憚阿合馬，不敢前。思濟獨先以文牘進，阿合馬輒於希憲位署押，思濟掩以手曰：「此非相公署位也。」阿合馬怒目視之，衆爲之懼，思濟神色自若。除右司都事，從希憲行省山東。

至元五年，遷同知高唐州事，以績最聞，拜監察御史。時阿合馬立尚書省，權在中書右，思濟與魏初等劾其不法。帝命近臣詰之，御史各以次對，思濟獨厲聲曰：「御史，言官也，非爲辯訟設。」拂袖而去。

出知泌州，爲政簡要，不務苛察。遷同知紹興路總管府事，承檄讞獄。桐廬有囚，羸瘠將死，縱還家，候期來決。因拜請曰：「聞公名久矣，若不早決，恐終不可保。」乃閱其案，

而釋之。時盜起新昌玉山，宣慰陳祐率師討之，中流矢卒。或誣城中少年將與外寇合謀變，軍帥欲殺少年千餘人，思濟曰：「若輩無反狀，以無罪殺之，人心危亂，變恐不止此，請以全家保之。」事乃止。轉同知兩浙都轉運司事，調陝西漢中道提刑按察副使，丁母憂，去官。

二十三年，加少中大夫、同知浙東道宣慰司事。時浙西大水，民饑，浙東倉廩殷實，即轉粟賑之，全活者衆。兩淮鹽課不敷，授嘉議大夫、兩淮都轉運使，奸弊盡革，商賈通行，歲課以充。擢嶺北湖南道肅政廉訪使，改池州路總管。江浙行省平章也速答兒摘淘金户三千，括民間田畝，檄下，抗章止之。累遷中議大夫、僉河南江北等處行中書省事。大德五年，卒，年七十。贈正議大夫、吏部尚書、上輕車都尉，追封潁川郡侯，謚文肅。子誠，監察御史，僉廣西道肅政廉訪司事。

梁貞，字幹臣，彰德人。父璧，爲賈人，有持金鍍銀貿物者，誤爲銀，璧斷而視之，金也，追貿物者返之，人稱其信義。

貞，以宣撫司推擇，爲中書左三部提控令史。聞父疾，六日馳千二百里至家，父已卒，

哀毁踰禮，廬墓側。部檄三至，力請終制。中書省下本郡，加優禮以旌之。服除，授濟源縣令。始入境，從人求田婦所負水飲馬，婦難之。貞問，對以地無井，得水不易。貞曰：「吾豈可以因馬擾民？」遂縱馬，任其所之。馬前蹴地以待，貞鑿地，得泉甘洌，民爲立祠，號「梁公井」。濟源民趙成訴虎食牛，乞蠲徭役，貞戚然曰：「令不善之所致也。」償其牛直。未幾，虎斃於神祠下。貞爲令三年，決笞罪止二十七人。蝗大起河朔，獨不入濟源境。許衡在中書，兩薦貞。時廷議郡縣吏治最者，僅二人，其一貞也。俄以疾去，縣人立碑紀之。

至元初，始立御史臺，世祖御廣寒殿，召拜監察御史。遇事敢言，不畏强禦。八年，遥授中山府判官，行河南等路行尚書省部事。十一年，出爲代州知州，引滹沱水澆瘠田，皆爲沃土。禁昏嫁論財及火葬，民尤頌之。十四年，擢奉議大夫、江北淮東道提刑按察副使，未逾月，劾屬吏不職者二人，同僚震慴，貞處之泰然。十八年，移山南湖北道，進階朝請大夫，以母老請終養，母卒，遂不出。大德十一年卒，年七十九。孫遷，黄巖知州。

申屠致遠，字大用，其先開封人，金末遷東平壽張。致遠肄業東平府學，與李謙、孟祺等齊名。世祖南征荆湖，經略使乞實力台薦爲經略司知事，贊畫軍中機務。師還至隨州，

所俘男女，致遠悉縱遣之。

至元七年，崔斌守東平，聘爲學官。十年，御史臺辟爲掾，不就。授太常太祝兼奉禮郎。帝遣太常卿孛羅問毛血之薦，致遠對曰：「毛以告純，血以告新，禮也。」

宋平，焦友直、楊居寬宣慰兩浙，舉爲都事，首言：「宋圖籍宜運之京師，江南學田宜仍以贍學校。」行省從之。轉臨安府經歷。臨安改杭州，遷總管府推官。宋駙馬楊鎮從子玠節家富於貲，守藏吏姚溶竊其銀，懼事覺，誣玠節與宋廣、益二王通。有司榜笞，誣服，獄具。致遠讞之，得其情，溶服辜。玠節以賄爲謝，致遠怒絶之。杭人金淵者，欲冒入儒籍，儒學教授彭宏不從，淵誣宏作詩有異志，揭書於市，邏者以上。致遠察其情，坐淵誣告。屬縣械反者十七人，致遠一訊，知爲詿誤，皆釋之。西僧楊璉真加作浮圖於宋故宮，欲取高宗所書《九經》石刻以築基，致遠力拒之。改壽昌府判官。

二十年，拜江南行臺監察御史。江淮行省宣使郗顯、李兼愬平章忙兀台不法，憲司不問，仍以顯等付忙兀台鞫之。繫于獄，抵死罪，致遠慮囚浙西知其冤狀，將縱之，忙兀台脅之以勢，致遠不爲動，親脱顯等械，使從軍自贖。桑哥當國，治書侍御史陳天祥劾平章要束木，桑哥摘其疏中語，誣以不道，遣使往訊之，天祥就逮。時行臺遣御史按部湖廣，莫敢往，致遠慨然請行。比至，累疏極論之。桑哥方促定天祥罪，會致遠疏上，桑哥氣沮。江

西行省平章馬合謀於商稅外橫加徵取，轉運使盧世榮榷茶牟利，致遠並劾之。又言：「占城、日本與內地隔絕，涉海遠征，徒勞中國。銓選限以南北，優苦不均，宜考其殿最，量地遠近定爲制，則銓衡平而吏弊革。」他如罷香莎米、弛竹限禁，設司獄官、醫學職員，皆致遠發之。二十八年，丁父憂，起復江南行臺都事，以終制辭。二十九年，僉江東建康道肅政廉訪司事，未至，移疾還。

元貞元年，纂修《世祖實錄》，召爲翰林待制，不赴。大德二年，僉淮西江北道肅政廉訪司事。行部至和州，得疾卒。

致遠清修苦節，恥事權貴。聚書萬卷，名曰「墨莊」。家無餘產，教諸子如嚴師。所著《忍齋行稿》四十卷，《釋奠通禮》三卷，《杜詩纂例》十卷，《集驗方》二十卷，《集古印章》三卷。

子伯騏，嶺北湖南道肅政廉訪司知事；驥、驪，俱爲學官；駉，兵部員外郎。

雷膺，字彥正，大同渾源人。父淵，金監察御史。膺生七歲而孤，母侯氏挈膺北歸渾源，織紝爲業，課膺讀書。膺篤志於學，事母以孝聞。太宗時，詔選試占儒籍者復其家，膺

年甫弱冠，得與選，愈自砥礪，遂以文學稱。丞相史天澤辟爲萬户府掌書記。

世祖即位，初置十路宣撫司，授膺大名路宣撫司員外郎。中統二年，翰林學士承旨王鶚薦膺爲翰林修撰、同知制誥兼國史院編修官。至元元年，調陝西四川按察司參議。二年，改陝西五路轉運司參議。四年，佩金符，參議左壁總帥府事，師還，遷同知恩州事。憲府表薦其能，入拜監察御史。首以「正君心、正朝廷百官」爲言，又斥聚斂之臣不宜爲相。十一年，出僉河東山西道提刑按察司事，以稱職聞。

十四年，進朝列大夫、山南湖北道提刑按察副使。是時江南新附，諸將利俘獲，往往濫及無辜，或强籍新民以爲奴隸。膺下令，得還爲民者以數千計。十八年，轉淮西江北道提刑按察副使，以母老辭。二十年，遷行臺侍御史，奉母之官，分司湖廣、江西，奏劾按察使二人及行省官吏之不法者。二十二年，丁母憂去官。明年，起復，授中議大夫、江南浙西道提刑按察使。時蘇、湖二州饑，膺請於朝，發廩米二十萬石賑之。江淮行省以發米太多，議留三之一，膺曰：「宣布皇澤，惠養困窮，行省臣職也，豈可效有司出納之吝？」行省不能奪。時年六十二，即致仕歸老山陽。二十九年，徵拜集賢學士。

成宗即位，朝會上都，召諸故老咨詢國政，膺多所建白。一日，延見便殿，奏對稱旨，賜白玉帶環一。明年賜鈔五千貫，進秩二品。大德元年夏六月，卒於京師，年七十三。贈

通奉大夫、河南江北等處行中書省參知政事、護軍，追封馮翊郡公，謚文穆。

子肇，順德路總管府判官。孫豫，南陽府穰縣尹。

徐毅，字伯弘，平陽趙城人。祖玉，河東南路常平倉提舉。父德舉，重然諾，負氣尚俠。李璮叛，平陽路總管李毅受其僞檄，坐誅，幼子青童徙遼東，德舉哀之，率其家僮訟於樞密院，得釋歸。世祖遣使者諭大理，爲所殺，以蠻口數十人賞使者之子，爲郡豪所冒領已三十年。德舉白其事於提刑按察司，坐豪罔上受恩，官吏見知藏匿皆罪黜。二事尤爲人所推服。

毅幼穎異，從許衡受業於太學。辟通政院掾，調同知檀州事。時阿合馬當國，徵斂苛急，州縣惴惴奉令恐後，毅獨不阿其意，爲政務尚寬大。世祖聞其名，擢監察御史。疏言：「江南新附未久，宜隱恤流亡，以固民心。京師天下根本，宜蠲除地稅，以厚民力。檢覈災傷，宜以時發倉廩之儲，捐山澤之利，申明酒禁，以修荒政。鰥寡孤獨宜有養。宜遣使問民所疾苦。」又言：「憲司監治官吏，不可因人之誣告，遽行降黜。行樞密院、行大司農、行通政院及尚書省理算受賞進官者，皆可罷。」又以日食、地震，乞罷諸行省官，其妄啟

邊釁以邀功生事者，宜勿聽。軍官承襲，皆膏粱子弟，不知兵，當別議銓授法。增國子之員，重教官之選，以興學校。治宗廟以崇典禮，修國史以存故實。他如擇官吏、減錢糧、理詞訟，馬禁、水利、鹽鈔諸法，其弊當救者，前後上七十餘疏，多見施行。

世祖崩，毅奏封事於太皇太后曰：「四海不可一日無君，大行皇帝奄棄天下已五日矣，苟非早定大策，萬一或啟姦覦，變生不測，實可寒心。皇孫撫軍朔漠，先帝既授以皇太子寶，聖意可知，伏願明諭宗藩大臣，叶謀推戴，遣使奉迎歸正大統，上以副先帝之遺意〔一〕，下以慰四海萬民之所屬望。」廷議韙之。

成宗即位，毅疏請早正東朝尊號，以嚴孝養。因言：「陛下方虛心求治，而大臣不肯任事。人主之職在於論相，今宰相員太多，議論不一。伯顏乃先帝舊臣，留以遺陛下者，宜亟相之。爲治不必過求高遠，但當遵守舊制，其要有四：親賢、遠佞、信賞、必罰而已。」又請建立儲貳，敦睦宗藩，選任台諫，教習親軍，勿事西南夷，而專備北邊，凡十餘事。上皆嘉納焉。擢僉陝西漢中道肅政廉訪司事，未行，改吏部員外郎。時選曹事多壅滯，毅不避權勢，凡銓量注擬，必準其資歷才品，人皆悦服。奉詔使甘肅給軍需，毅糴買轉輸，規措有法，事辦而民不擾。除僉河東山西道肅政廉訪司事，入爲徽政院長史。舊例，臺察於徽政院一無所問，毅謂：「法者，天下公器，宜共遵而行之。臺察者執法之司，何獨不預聞徽政

之事？」有與毅不合者，力詆之，毅即謝病去。尋除樞密院經歷，再遷右司郎中，出爲西臺治書侍御史，並以丁父憂不赴。服除，召爲左司郎中，遷治書侍御史。時監察御史郭章劾郎中哈剌哈孫，贓罪具伏，哈剌哈孫密結權要，以枉問誣章。毅力爲申辯，有沮之者，疏入報聞，毅以言不用，自引去。召還，授陝西漢中道肅政廉訪使。入爲刑部尚書，疏言：「有國者必定律令，使有司知所遵守。今承平日久，宜參酌古今，立一代之成法。」允之，仍命毅總其事。未幾，改授河北河南道肅政廉訪使。復入爲刑部尚書、僉樞密院事。

仁宗在東宮，素知毅。及即位，拜江南行臺侍御史，召入參議中書省事。俄拜陝西行臺御史中丞，毅力辭，以疾致仕。延祐元年，卒於家，年六十一。上聞毅卒，嗟悼不已。特贈資政大夫、中書右丞、上護軍，追封平陽郡公，謚文靖，仍命爲贊以褒之。子宗義，衡州路總管。毅有奏議五卷，詩文集二十六卷。

史臣曰：世祖崩，徐毅請立皇孫以杜姦覦，可謂安社稷之言矣。世祖晚年，許文正之門人多獲擢用，如毅者亦其一人也。或謂儒者無益人國，曷觀世祖崇儒之效乎？

滕安上，字仲禮，中山安喜人。少孤，自力於學。以薦授定州教授，累遷國子博士，擢監丞，遷太常寺丞。

世祖崩，南郊請謚及升祔太廟諸典禮，皆安上所擬，朝廷采而用之。元貞元年，拜監察御史。京師地震，上疏曰：「君失其道，責見於天。其咎在内廷干外政，小人厠於君子之列，刑賞僭差，名實混淆。宜側身修行，反昔所爲，以盡弭災之道。」其言反覆深切，有司不以上聞。安上曰：「吾不得於言，可去矣。」遂辭職歸。尋起爲國子司業，以疾卒，年五十四。贈昭文館大學士，謚文穆。有《東庵類稿》十五卷。吴澄謂其文爲有學行之言。

蕭泰登，字則平，其先長沙人，後徙安成。父元永，瓊州路安撫副使。泰登早穎拔，試吏，授永豐縣丞。行省薦其才，遷湖南道儒學副提舉，擢僉廣東提刑按察司事。獠賊反攻城，衆惶惑無所措，泰登奮曰：「督捕盜賊，獨非按察司職耶？」即上馬出城，將吏從之，賊退走，因按潛通獠賊及他奸利事，守令以下抵罪者八十七人。又建議減韶州歲賦銀條，並歷舉廣東積弊二十事，自詣行臺上之。會丁母憂，去官。

成宗即位，召泰登爲兵部郎中，副禮部侍郎李衎往諭安南。抵其境，迎餽者麕至，泰

登悉卻之。安南君臣既喻朝廷德意，泰登又廉敏開亮，不與前使等，益大喜過望，歸所侵地二百里，遣其臣奉表貢獻謝罪。既復命，授連州知州，未拜，丁父憂。起江西儒學提舉，改遷廣西廉訪司僉事。始至，條便宜二十五事。行都元帥薛闍干賊殺不辜，泰登劾之，詔泰登鞫其事，出薛闍干所掠生口六百七十五人、牛馬三千六百有奇，薛闍干論如律。柳州白蓮道人謀反，應死者二百人，泰登察其冤，釋一百三十七人。未幾，拜南臺監察御史，分按江浙行省，卒於舟中，年三十八。

泰登精悍細密，發必中節。或勸以太剛必折，泰登曰：「人患不剛耳，折不折天也。」故自號方厓，以見其志云。

張完，獻州交河人。性簡重。事成宗於潛邸，授興國路判官，廉明有聲。遷户部司計，點視倉站，見鷹房官爲民害，白於執政斥罷之。再遷監察御史，糾劾無所避忌。超拜治書侍御史，劾尚書省臣脱虎脱等，舉朝愕眙。會仁宗立，罷尚書省，始獲免。丁父憂，起爲河東道廉訪使，辭不赴。服除，拜工部尚書。卒，謚端恪。

完劾尚書省時，吳澄爲國子司業，完子彝肄業國學，澄遣彝告完曰：「人臣惟忠與智，

忠者危身奉國，智者有益於國，不危其身。」完復澄曰：「吾寧死，不顧也。」澄嘉歎之。

權秉忠，字伯庸，潞州黎城人。祖垣，金懷遠大將軍、隰州刺史，行黎城令。秉忠幼從欒城李治學，工文辭。至元十三年，試諸路儒士於真定，秉忠中高等，山東西道提刑按察使姜彧辟爲掾。調封邱尹。大德四年，遷同知鈞州事。十年，調海陵尹。俱有聲。海陵歲饑，賑以私粟，饑民露宿，分官舍居之，民皆感悅。

至大三年，拜陝西行臺監察御史，所至申冤抑、糾貪墨，甚著風采。皇慶二年，以中書平章政事李孟薦，擢翰林待制，並國史院編修官。以年勞應遷四品，秉忠不自言。翰林學士承旨程鉅夫將薦爲直學士，會卒，年六十六。

王興祖，字景先，衛輝胙城人。以文學薦爲汝州學正，辟樞密掾。朝廷議行科舉，其條例多興祖所定。延祐四年，以恩例超一資，授奉訓大夫、禮部主事。改大宗府左右司員外郎。六年，拜監察御史，按河南，廉得參知政事你咱馬丁酗酒虐民事，劾罷之。召爲吏

部員外郎。未幾，出僉燕南河北道肅政廉訪司事，建言：「敦本成化，在尊崇儒術。」又集漢、唐諫臣遺事上之，曰《憲覽》。帝稱其知要。慮囚至大名，有彭四自誣爲盜，繫獄逾年，興祖閱其辭，遽曰：「此非盜，盜未獲耳。」已而得真盜，論長吏失，入褫其官。復召爲禮部郎中。卒，年五十二。子毅，國子典籍。

黄肯播，字允蓺，利州人。初爲錦州儒學正，累遷中書檢校，改吏部主事。延祐四年，擢拜監察御史。丞相鐵木迭兒以受賕得罪，匿於興聖宫，肯播謂同列曰：「丞相受賕，罪固當治。然其罪之大者，盍悉陳之？」即疏言：「鐵木迭兒違世祖制，括江南地，致汀、漳民叛。陰奪阿撒罕太師，致關陝弗靖。降諸王監郡監縣，致宗親不睦。增江淮鹽課，致黎民困窮。引用貪邪小人，致朝廷政亂。」臺臣以聞，仁宗震怒，罷鐵木迭兒政事，黜其黨與。由是肯播名震天下。

明年春，詔御史長哥偕肯播巡行上都。先是，太府丞監造雲州佛寺，盜上所賜軍匠金帛，軍匠訴之。肯播鞫其獄，詞連平章政事烏列赤，乃入言於上，以沮格修造佛寺爲肯播罪。帝召至京師，傳旨責之。尋授雲州知州。州當南北之衝，車駕歲幸上都，供張悉賦於

民，肯播取之有制，民不以爲擾。

仁宗崩，鐵木迭兒再相，誣肯播誹謗先朝，械至上都，免肯播官，籍其家。泰定元年，起爲遼陽行省左司郎中。三年卒，年五十八，子謙，秘書監管勾。

【校勘記】

〔一〕「遺意」，原作「遣意」，據黄溍《金華黄先生文集》卷二七《御史中丞贈資政大夫中書右丞上護軍追封平陽郡公謚文靖徐公神道碑》改。

新元史卷之一百九十六　列傳第九十三

李元禮　趙璧　秦起宗　席郁　韓國昌元善　董納　趙師魯　于欽　宋翼楊按札兒不花〔一〕　楊煥　胡彝

李元禮，字庭訓，真定人。歷易州、大都路儒學教授，太常太祝、博士。撰世祖皇帝、昭睿順聖皇后、裕宗皇帝尊謚議，體製温雅。請謚圜丘、升祔太室禮文，皆元禮所詳定。元貞元年，擢拜監察御史。詔建五臺山佛寺，皇太后將臨幸。元禮上疏曰：

古人有言曰：生民之利害，社稷之大計，惟所見聞而不係職司者，獨宰相得行之，諫官得言之。今朝廷不設諫官，御史職當言路，即諫官也，烏可坐視得失而無一言，以裨益聖治萬分之一哉！伏見五臺創建寺宇，土木既興，工匠夫役，不下數萬，附近數路州縣，供億煩重，男女廢耕織，百物踊貴，民有不聊生者。伏聞太后親臨五臺，布施金幣，廣資福利，其不可行者有五：時當盛夏，禾稼方茂，百姓歲計，全仰秋成，扈從經過，千乘萬騎，不無蹂躪，一也。太后春秋已高，親勞聖體，往復暑途數千里，

山川險惡，不避風日，輕冒霧露，萬一調養失宜，悔將何及，二也。今上登寶位以來，遵守祖宗成法，正當兢業持盈之日，上之舉動，必書簡册，以貽萬世之則。書而不法，將焉用之？三也。夫財不天降，皆出於民。今日支持調度，方之曩時百倍，而又勞民傷財，以奉土木，四也。佛本西方聖人，以慈悲方便爲教，不與物競。雖窮天下珍玩奇寶供養，不爲喜；雖無一物爲獻而一心致敬，亦不爲怒。今太后爲國爲民，崇奉祈福，福未獲昭受，而先勞聖體，聖天子曠定省之禮，軫思慕之懷，五也。伏願中路回轅，端居深宮，儉以養德，靜以頤神，上以循先皇后之懿範，次以盡聖天子之孝心，下以慰元元之望。如此則不祈福而福至矣。

臺臣以其言切直，不敢奏。大德元年，侍御史萬僧與御史中丞崔彧不合，詣架閣庫取前章封之，入奏曰：「崔中丞私黨漢人李御史，爲大言謗佛，不宜建寺。」帝大怒，遣近臣賚其奏，敕右丞相完澤、平章政事不忽木等鞫問。不忽木以國語譯而讀之，完澤曰：「其意正與吾同，往吾嘗以此諫，太后曰：『我非喜建此寺，蓋以先皇帝在時，嘗許爲之，非汝所知也。』」或與萬僧面質於完澤，不忽木抗言曰：「他御史懼不肯言，惟一御史敢言，誠可嘉尚。」完澤等以章上聞。帝沉思良久曰：「御史之言是也。」乃罷萬僧，復元禮職。未幾，改國子司業，以疾卒，贈亞中大夫、翰林直學士、輕車都尉，追封隴西郡侯。子端，仕至禮部尚書。

趙璧，字國寶，東平陽穀人。相威爲江南行臺御史大夫，辟爲掾。改浙東提刑按察司知事，遷經歷。泣事有威名，入拜監察御史。方卜相，中書省與臺臣論難上前，或言未易口決，宜稽之案牘。璧詰之曰：「按牘乃文奸之具，何足徵耶？」上深然之。又劾東昌府達魯花赤非其人，倚内援骫法爲奸利事。訊之，具得贓罪，詔褫之，一郡稱快。轉御史臺都事，璧守法嚴，同列皆憚之。

出爲山東廉訪司僉事。山東置宣慰司，使者緣近幸，擅作威福，璧劾其不法十事。詔璧與使者辨於上前，璧面數其惡，時論壯之。尋改僉燕南路廉訪司事，入爲户部員外郎、刑部郎中、中書省右司員外郎。丁憂歸，起爲禮部郎中。武宗元年，出爲淮安路總管，賜虎符，晉階中議大夫，卒。

秦起宗，字元卿，潞州上黨人，後徙廣平。金末兵起，其曾祖窾山麓爲洞，奉其父母以居，傍窾大洞，匿里中百人，閉之，具牛酒出待兵。兵入索，惟見其父母，曰：「孝子也。」釋

之去。里人曰：「秦父生我。」

起宗生長兵間，學書，無從得紙。父順，削木爲簡，寫以授之，成誦，削去更書。會立蒙古字學，辟武衛譯史。御史中丞塔察兒愛其才，遷中臺史。仁宗即位，轉中書史。累遷太子家令司典簿官，上言：「東宮官屬輔導德義，財賦非所治也。」朝廷是之。遷南臺御史，覈水災虛實，人不能欺。

文宗初，命威順王征八番，是時四川囊加台拒命未平，起宗極言：「武昌重鎮，宜備上流，親王不可遠去。」力止之。及王入見，帝謂曰：「八番之行，非秦元卿，幾爲失計。」廷議以起宗治蜀，忘其名曰秦元卿，帝引筆改曰起宗，其眷注如此。拜中臺御史，劾中丞和尚受人婦人、賤買縣官屋，不報。起宗從臺官入見，跽辯久之，敕令起，起宗不肯。會日暮，出。明日，立太子，有赦。起宗又奏：「不罪和尚，無以正國法。」和尚卒抵罪。帝曰：「爲御史當如是矣。」元會賜只孫服，令得與大宴。又劾臧卜咱耳竊父妾以逃，瀆亂天常。流之嶺南。起宗盡言無諱，多見聽用。擢都漕運使，帝召諭之曰：「漕輸事多廢闕，賴御史治之。」遷撫州路總管。至官，有司供帳甚盛，問其費從所出，小吏不敢隱，曰：「借辦於民。」遂亟使歸之，因諭衆曰：「我素農家，安儉約，務安靜，庶使吾民化之。」居一歲，以兵部尚書致仕。卒，謚昭肅。子鈞，西臺御史；鏞，延徽寺經歷；銓，都省掾。

席郁，字士文，大名人。以御史薦爲殿中知班。御史中丞崔斌嘗目之曰：「是讀書明理，吾知其不回撓也。」累遷秘書郎。

至大三年，郁爲澄源書數千言，以貽兩府。大要謂：「正己以格君，任人以謀國，是在兩府。宰相，元氣也。臺臣，藥石也。元氣受病，則有藥石以輔之，彼此相維，然後君心可正，治道可成。」識者韙之。

延祐三年，出爲輝州知州，未行，拜監察御史。上言：「選官之法，宜循名而責實，察言而觀行。」又論：「興學所以立教，師道不嚴，蒙養不正，望其成功難矣。」

延祐四年，畿輔旱〔二〕，和寧諸路大雪，人畜多死。郁上言：「應天惟以至誠，愛民莫如實惠，陰陽偏勝，理有致然。宜令近臣經事多而計慮審者，雜議之。凡政令得失、民生休戚，咸得上聞，庶有以挽回天意。」仁宗嘉納之。五年卒，年六十。

郁少受學於胡祗遹，告之曰：「士所以賢於人者，以義理養心，以學問養才，能以名位養功業，以道養天下，以著述養萬世。」故郁之學醇然不雜，其立身如古獨行君子焉。

韓國昌，字勵夫，汴梁太康人。以孝廉辟廉訪司掾，累遷中書省掾。論事持正不撓，所至有聲。刑部缺主事，衆咸推國昌。或疑其資淺，執政曰：「用賢何以資爲？」卒授之。有兄弟五人爲盜，皆論死，國昌閱其牘，慼然曰：「弟從兄者也〔三〕，今若是，幾於族矣。」乃議最幼者減死。讞上，執政從之，同僚皆嘆服久之。有嫉其專者，國昌曰：「上絜其綱，下任其繁，此朝廷之通制。余何專？」遂舉人自代。改太常太樂署令，旋拜監察御史。建言皇子師友非人、起居注不舉其職及省官節用、審令、慎罰數事，皆切當時務。

延祐元年，河東廉訪司爲屬吏所訐，臺臣以爲失風憲體，奏遣國昌訊之。時國昌有疾，或止之，國昌慨然曰：「御史與散吏不同，豈可以疾病曠官守？」乃力疾往，歸，及半途而卒，年四十三。

國昌性端介，臨事踔厲奮發，人或以爲狷云。子元善。

元善，字大雅。由國子監生積分中程，除新州判官，累擢江南行臺監察御史，歷中書左司郎中、吏部侍郎、吏部尚書、僉樞密院事。至正三年，拜中書參知政事。五年，遷大司農卿，尋出爲江南行御史臺中丞、燕南肅政廉訪使。九年，召拜中書左丞、同知經筵事。

十一年，以論事忤丞相脱脱，遂與右丞玉樞虎兒吐華分省彰德。十二年，至衛輝，病卒。

元善明達政體，歷臺閣三十餘年，論議侃侃，不附和上官，朝廷倚之爲重。嘗謁告居家，效范文正公遺規，置田百畝爲義莊，以周貧族。至正交鈔初行，賜近臣各三百錠，元善復買田六百畝爲義塾，延名士教族人子弟云。

董納，字仁甫，趙州柏鄉人。皇慶初，由中書掾遷工部主事。時官廨土木之功，歲月不絶，官錢隱没於吏牘，納皆追徵之，得楮幣三萬餘錠、黄金千兩。近臣請於禁中海子築水殿，以備乘輿游觀，爲傀儡之戲。納言：「唐太宗命功曹選巧匠，尚書段綸教作傀儡。太宗曰：『向選巧匠，本以供國利民。今造戲具，甚失官師相規之意。』詔免綸官，史氏以爲美談。方今聖明在上，豈宜作此？」宰相韙其言，役遂罷。擢監察御史。

延祐二年冬，彗星見，納言：「宰相之職，代天理物，今天象示變，蓋由燮理非人所致。」時宰相爲鐵木迭兒，聞納言憾之。三年元旦，陳朝儀，殿廷百官將序班行禮，鐵木迭兒乘轎坐殿中，納適糾儀，乃前問曰：「此百官朝會之所，丞相不宜坐此。」鐵木迭兒怒而去。不數日，左遷大都路總管府判官。改陝西行臺都事，召還，除中書省左司都事。

英宗爲皇太子，選爲詹事院中議，進奉議大夫，遷工部郎中。鐵木迭兒欲以勞困之，出爲上都副留守，兼本路都總管府治中。納勤於職事，掎摭無所得。嘗迎車駕於北郭，鐵木迭兒問有司辦供張者誰也，左右以府判對，乃故求其過，杖之。明日，知受杖者非納，心甚慚。

臺臣以納忤權貴，改僉河東道廉訪司事。澤州高平民訴盜竊藏金，官誣執一家五人爲盜，榜掠無完膚，父子二人已瘐死，而贓竟不獲。納閱其文書，察其辭色，遽釋之。召其主人問曰：「盜未發前，何人曾至汝家？」對曰：「鄰村五人者，曾來貸粟。」納即擒五人至，並贓獲之，獄遂具，官吏坐罪有差。邑方大旱，即日雨。

未幾，進朝列大夫、江西道廉訪副使。江西民好訟，聞納嚴明，皆慴不敢犯。明年，行部至撫州，無一人控訴者。納以爲有司止之，親詢之，亦然，始知民之好訟，非其本意也。至治二年冬，詔拜吏部侍郎。泰定初，改右司郎中，尋改左司。歲餘，拜吏部尚書，奉使宣撫山北遼東道。還朝，拜江西道廉訪使。泰定四年卒。

納喜薦拔人才，如歐陽玄、李好文、吳炳等，皆當世知名士。奉使山北遼東，黜陟公允，民尤頌之。子庸，大樂署令。

趙師魯，字希顔，霸州文安人。父趾，秘書少監。師魯在太學，力學如寒士。延祐初，爲興文署丞，遷將作院照磨，辟爲御史臺掾，後補中書掾。師魯練習掌故，臨事明決，執政才之，擢工部主事，遷中書省檢校官。

泰定中，拜監察御史，奏言：「天子親祀郊廟，所以通精誠，逆福釐，生蒸民，阜萬物，百王不易之理。宜講求故事對越，以格純嘏。」帝曰：「朕遵世祖舊制，其令大臣攝之。」元夕，命有司張燈山爲樂，師魯又言：「燕安怠惰，肇荒淫之基；奇巧珍玩，發奢侈之漸。觀燈事雖微，然縱耳目之欲，則上累日月之明。」疏入，帝遽命罷之，賜酒一上尊，且命御史大夫傳旨奬其忠直。是時宰相倒刺沙專命，師魯言：「古之人君將有言也，必先慮之於心，咨之於衆，決之於故老大臣，然後斷然行之，渙若汗不可反，未有獨出柄臣之意者也。」不報。倒刺沙雖剛狠，亦稱其敢言。遷樞密院都事，改經歷。致和初，進奉政大夫、參議樞密院事。

天曆中，遷樞密院判官，改兵部侍郎。丁父憂，特旨起爲同僉樞密院事，師魯固辭不就。服除，復爲樞密院判官，持節治四川軍馬，大閱於郊，寬簡有法，士卒懷其恩信。遷中順大夫、刑部侍郎，樞密院復奏爲判官。久之，出爲河間路轉運鹽使，法度修飭，歲課大增。暇日率僚屬新孔子廟，遣吏往江西製雅樂，聘工師，春秋釋奠，士論翕然。師魯由從

官出爲外吏，恒鬱鬱不樂，以疾棄官歸，卒於家，年五十有二。贈嘉議大夫、禮部尚書、天水郡侯，謚文清。

于欽，字思容，寧海文登人。祖祥，爲李全弟二太尉所掠，全妻楊氏開府山東，署祥爲從事。父世傑，有學行。宋平，慨然曰：「中原禮樂盡在江南，吾將往觀之。」遂徙家於平江。

欽少力學，有才名。集賢大學士高貫、浙江行省平章高昉皆薦之，徵爲國子助教，擢山東廉訪司照磨。丁母憂。服除，授翰林國史院編修官，三遷爲江南行臺監察御史，改僉事院長史，就拜監察御史。

泰定初，預鐵失逆謀者未盡伏法，欽上書數百言，請亟正其罪，聞者爲之咋舌。

天曆元年，欽與同僚撒里不花、鎖南班、張士弘上言：「朝廷政務，賞罰爲先，功罪既明，天下斯定。國家近年自鐵木迭兒竊位擅權，假刑賞以遂其私，綱紀始紊。迨至泰定，爵賞益濫。比以兵興，用人甚急，然而賞罰不可不嚴。功之高下，罪之輕重，皆係天下之公論。願命有司務合公議，明定黜陟。功罪既明，賞罰攸當，則綱紀振舉，而天下治矣。」

帝嘉納之。遷中書左司都事，改御史臺都事。欽據經守律，不務刻深，忌者因其驟進，造蜚語構之，遂除同知壽福院總管府事。未幾，復拜兵部侍郎。至順四年卒，年五十。撰《齊乘》十卷，傳於世。

宋翼，字雲舉，澤州高平人。父景祁，德州教授，以經學授徒，家居七年，時論高之。擢國史院編修官。阿合馬死，世祖嚴治黨羽，左司郎中杜昌翁居官十餘年不遷，好汲引士類，至是緣坐。景祁言於執政曰：「昌翁在衆中，宜見簡别，不然何以勸善？」遂獲免，且擢集賢學士。昌翁每語人曰：「吾善遇天下士，惟得一宋景祁耳。」景祁歷晉城、鄉寧、南漳三縣尹，所至稱廉平，專務德化，不事鞭朴。卒於官。

翼，沈静好學。初除大都路儒學正，遷中山、懷慶兩府教授。仁宗出居河内，翼從衆郊迎，帝一見奇之，問長髯者爲誰，李孟對曰：「懷慶教授也。」帝賜以巵酒。俄改永寧縣主簿。有寡嫂訟其叔侵暴，有司受叔賂不問，翼窮治之。由是訟冤者必偵翼出，乃白事，否則袖訟牒而出。陝西行臺聞其名，辟爲掾。

延祐二年，召爲國史院編修官，進應奉翰林文字。四年，任滿當代，以薦留，轉從事郎。至治二年，遷修撰，俄拜監察御史。翼居翰林七年，未嘗一謁權貴。及拜御史，歎曰：「世之清要官，亦有不求而得者。然既得之，又患失之，乃不如求而不得，猶可以自遂也。」三年，劾中丞雪雪貪淫，免其官。又與御史蓋繼元同劾鐵木迭兒，時鐵木迭兒矯殺蕭拜住、楊朵兒只等，翼歷數其惡，士論壯之。先是，御史觀音保、鎖咬兒哈的迷失、成珪、李謙亨諫造壽安山佛寺，英宗殺觀音保、鎖咬兒哈的迷失，杖珪、謙亨而竄之。至是，翼訟其冤。詔觀音保、鎖咬兒哈的迷失恤贈有差，召珪、謙亨還。

泰定元年，出爲僉淮西江北廉訪司事。時浙江行省置左丞相，翼引「五大不在邊」之說，諫阻其事，不報。鎮南王將至歷陽觀香菱塘，翼按部聞之，移廉訪司，言：「秋禾未刈，王出，恐從騎踐踏，病民，請止其行。」廉訪司不敢言，而遣翼迎勞，翼論列不已，會王以疾不果來，乃止。翼糾劾屬吏贓罪，比遷，罷黜者二百餘人。二年，徵爲國子監司業，爲教寬嚴適中，學者悅服，祭酒虞集舉以自代。

天曆二年，轉奉政大夫、同僉太常禮儀院事。文宗郊祀，翼與同知太常普華奉祝册，帝見翼篤老，問參政阿榮：「白鬚者何人也？」對曰：「宿儒宋同僉。」上慰勞久之。三年，進僉太常禮儀院事。卒，年六十六。

子泉昌，東安縣尹；紹昌，國史院編修官。

延祐中劾帖木迭兒者，又有楊安札爾不花。楊安札爾不花，西夏人，爲行臺御史，劾鐵木迭兒罪惡，不報。入爲中臺監察御史，又劾之。累遷户部尚書、治書侍御史，出爲江西行省右丞，召爲同知宣政院事使，卒。

楊焕，字文伯，汴梁祥符人。父敬直，江浙行省參知政事，贈宣忠守正奉德功臣、護軍、弘農郡公，謚忠肅。

焕以後至元初宿衛東宫，除翟縣尹。避祖諱，辭改通事舍人，轉太廟署令，又以父疾辭，尋除管勾河南行省承發架閣庫。河南饑，焕告於朝，忤省臣，不爲報。焕得見上，卒如所請。歷籍田令，請籍田植柳爲薪，免伐桑棗。召見便殿，賜御酒、金綺。拜南臺監察御史，糾劾不法者七人，分司官皆憚之，多自劾去。移西臺，按雲南省臣贓，置之法。復入中臺，上言官冗吏弊、病民蠹國等事，皆切中時弊。指揮馬馬沙横行不法，焕收捕笞之。分司上都，賜中統鈔五十錠、銀五十兩、金龍幣一。臺臣檄焕開水門造石垻，以泄蔡河夏秋

之潦，復舊牐六，導蔡水入圭河，民便之。

出僉江東肅政廉訪司事，池州達魯花赤貪黷，焕發其贓罪，論如律。移僉湖北道，湖南饑民徐萬六爲盜，吏當以强劫罪，焕力争之，得不死。復移浙西道，以父敬直年高，請終養，改河南行省員外郎，尋遷郎中。敬直卒，廬墓三年。服闋，復拜監察御史，出爲閩海道肅政廉訪司副使，移湖南，擢江西榷茶都轉運使。以正議大夫、兵部尚書致仕。至正九年卒，年七十五。子圭，知湘潭州。

胡彝，字安常，彰德安陽人。父景先，有志節，隱居不仕。

彝以文學，授大都路儒學録，累擢中書省右司掾、工部主事，遷河南行省左右司員外郎。河南大饑，郡縣請先發廪後入奏，行省格其事不下。彝方代判省牘，即發三十二萬石賑之，活五十萬餘人。未幾，僉河西隴右道肅政廉訪司事，拜監察御史，遷右司都事。有張甲陳言，伏道左，乘輿馬驚，將誅之，彝抗議，卒免其死。上都獄有妻弑夫者，西僧用佛法曲宥之，中貴人傳旨引至内廷，將脱械，彝白宰相置之獄，卒正其罪。

再遷工部侍郎。滹州倉没於水，作渠分水勢，彝所董萬人，夜忽舉火讙譟，同僚惶駭，

彝靜坐至旦，戮其爲首者，衆復安。丁父憂，去官。服除，拜陜西行省治書侍御史。又丁母憂，遇大祥，起爲江西湖廣道肅政廉訪使，未行，改户部尚書。明宗入正大統，未幾崩，文宗即位，逾月再頒賞賚，當事者請括民間金帛充之。彝力諫，建議以鹽易銀，事辦而民不擾。拜治書侍御史，復除河南行省參知政事，未行，改江北淮東道肅政廉訪使。至正十二年卒，年五十五。

史臣曰：世祖建御史臺，分置察院，以監察御史專司耳目，非有時望者不能預其選。故自至元迄於泰定，御史多稱職者。燕帖木兒援立文宗，專愎自恣，非其黨羽輒風御史劾去之。元統以後，沿爲陋習，哈麻殺脱脱，搠斯監殺賀太平，皆先以御史之糾劾，顛倒是非，肆意誣蔑，是特奸人之鷹犬而已。嗚呼！豈世祖所及料者哉？

【校勘記】

〔一〕「楊按札兒不花」，正文作「楊安札爾不花」。

〔二〕「畿輔」，原作「幾輔」，據柳貫《柳待制文集》卷一〇《故奉議大夫監察御史席公墓誌銘》改。

〔三〕「弟從兄」，原倒作「兄從弟」，據蘇天爵《國朝文類》卷五五《監察御史韓君墓碣銘》改。

新元史卷之一百九十七　列傳第九十四

和禮霍孫　完澤　阿魯渾薩里岳柱　徹里　禿忽魯

和禮霍孫，佚其氏族。至元五年，中書省臣請設起居注，以和禮霍孫與獨胡剌並爲翰林待制，兼充起居注官。十年，兼領會同館事，主朝廷咨訪及降臣之表奏。累擢翰林學士承旨。十五年，帝諭和禮霍孫：「以後用宰相及統兵將帥，與侍從老臣同議之。」十七年，樞密副使張易薦妖人高和尚能役鬼爲兵，帝信之，命和禮霍孫偕高和尚赴北邊，和禮霍孫知其妄，不能强諫也。未幾，召還。十一月，奏：「俱藍、馬八、闍婆、安南等國俱遣使奉表入朝，宜禮而歸之。」帝韙其言，詔賜安南使者職名及弓矢、鞍勒。十八年，奏設蒙古提舉學校官於揚州、隆興、鄂州、泉州四路。是年，以翰林學士承旨守大司徒。

十九年，王著、高和尚殺阿合馬，命和禮霍孫至中書省，與省、臺官同議阿合馬所管財賦，和禮霍孫等請先封籍府庫，帝從之。四月，拜中書右丞相，降右丞相甕吉剌帶爲上都留守。五月，籍阿合馬黨七百十四人，褫其官。時阿合馬之弊政盡爲和禮霍孫所剗革，又

請依劉秉忠、許衡所定官制，凡阿合馬所增置者，一切罷之。訴事者赴省臺陳告，有敢上匿名書者，罪死。中山人薛寶住爲匿名書，妄效東方朔，捕下刑部獄，和禮霍孫言：「此奸詭之民，欺君侮上，罪不可逭。」敕即誅之。和禮霍孫以儒雅爲世祖所禮重，凡奏事多蒙俞允，惟論占城行省宰相至七人違制，忤帝旨，不報。

二十一年正月，率百官奉册上帝尊號，是年，和禮霍孫建議興科舉，事下中書省議，會安童自北庭返，十一月帝罷和禮霍孫，以安童代之，科舉議遂寢。未幾，和禮霍孫以病卒。後贈保德協課佐理功臣、太師、開府儀同三司，進封齊魯國公，謚文忠。

和禮霍孫喜薦人材，麥朮丁、温迪罕、張雄飛等，後皆至宰相，有時名。

完澤，土别燕氏。祖土薛，從太祖平諸部。睿宗伐金，以土薛爲先鋒，越漢江，略方城而北，破金兵於陽翟。金亡，從攻宋興元、閬、利諸州，拜都元帥，克成都，斬其將陳隆之。賜食邑六百户。父線真，宿衛禁中，掌御膳。中統初，從世祖北征。四年，拜中書右丞相。後罷爲宣徽使。有問以朝政者，線真曰：「我爲朝廷守大官庖，豈敢論時政！」其慎密如此。贈太

師，追封秦益國公，謚忠獻。

完澤以大臣子選爲裕宗府僚。裕宗爲皇太子，署詹事長，太子甚重之。一日，燕會宗室，指完澤語衆曰：「親善遠惡，君之急務，善人如完澤，羣臣中不易得者。」自是常典東宮宿衛。裕宗卒，從成宗撫軍北邊。至元二十八年，桑哥伏誅，世祖咨於廷臣，特拜中書右丞相。完澤入相，革桑哥弊政，自中統初積歲逋負之錢粟悉蠲免之。

三十一年，世祖崩，完澤受遺詔，合宗戚大臣之議，啟皇太后迎成宗即位，詔諭中外罷安南之師。元貞以來，朝廷謹守成法，詔書屢下，散財發粟，濟人饑困，百姓翕然以賢相稱之。惟導成宗用兵於八百媳婦，致劉深喪師而返，爲人所訾云。大德四年，加太傅，録軍國重事。七年，樞密斷事官曹拾得誣告朱清、張瑄有異志，詔逮之。初，完澤奉世祖遺詔「清、瑄有大功」，命完澤保護之。至是，完澤以遺詔爲言，不從，清、瑄俱坐死。是年四月，完澤卒，年五十八。追封興元王，謚忠憲。子長壽，中書右丞。

史臣曰：阿合馬敗，世祖相和禮霍孫；桑哥敗，世祖相完澤。皆以掃除秕政，獲當時之譽。然和禮霍孫之薦士，則非完澤所及也。

阿魯渾薩里，回鶻人。父乞臺薩里，早受浮屠法於智全末利可吾坡地沙，業既成，其師字之曰萬全。至元十二年，入爲釋教都總統，拜正議大夫、同知總制院事，加資德大夫、統制使，卒。

阿魯渾薩里，以父字爲全氏，幼聰慧，受業於國師八思馬。不數月，盡通其學，且解諸國語。世祖聞其才，俾習漢文，於是經史、百家及陰陽、曆數之書，靡不淹貫。後國師西還，攜與俱。歲餘，乞歸，國師送之曰：「汝之學，非爲我弟子者，我敢受汝拜乎？」比至上都，國師已上書薦之，裕宗召入宿衛，以筆札侍左右。

至元二十年冬，有西域二僧，自言知天象，譯者不能通其說。世祖問：「誰可與語者？」侍臣脱烈對曰：「阿魯渾薩里可。」詔與問難，二僧皆屈服，世祖大説，令宿衛内廷。世祖有江南人告宋宗室謀反，命使者逮捕至都，使已行，阿魯渾薩里趣入諫曰：「言者必妄。」世祖問：「何以知之？」對曰：「言者不告於州縣，徑赴闕廷，必其仇也。且江南初定，民未附，一旦信浮言輒捕之，恐人人自危，適中言者之計。」世祖悟，立召使者還，械言者鞫之，果以貸錢不遂，誣人謀反。世祖曰：「非汝言，幾誤，但恨用汝晚耳。」自是命日侍左右。

二十一年，擢左侍儀奉御。阿魯渾薩里勸世祖以儒術治天下，訪求亡宋遺臣及山澤

道藝之士，以備任使。世祖嘉納之。命阿魯渾薩里領館事，讓於司徒撒里蠻，乃遷爲中順大夫、集賢館學士，兼太史院事，仍兼奉御如故。阿魯渾薩里又言：「國學，人才之本，請置國子監學官，增博士弟子員，優其廩餼。」世祖從之。二十三年，進集賢大學士。

明年春，立尚書省，桑哥用事。詔阿魯渾薩里佐之，固辭，世祖不許，授尚書右丞，兼太史院事。冬，拜榮禄大夫、平章政事，兼集賢大學士、太史院使。桑哥奏立徵理司，徵百姓逋欠，州縣囹圄皆滿，道路側目，無敢言者。會上都地震，阿魯渾薩里請罷徵理司，以塞天變。詔從之，都人皆市酒相慶。未幾，桑哥敗，阿魯渾薩里以坐累籍没。世祖問：「桑哥暴横如此，汝何無一言？」對曰：「陛下方信任桑哥，彼所忌祇臣一人，臣言不用，如抱薪救火，勢益張，不如彌縫其際，俟陛下自悟。」世祖意乃釋。桑哥臨刑，吏以阿魯渾薩里爲問，桑哥曰：「我惟不聽彼言，故致於敗，彼何與焉？」世祖益知其無罪，詔還所籍資。裕聖皇后聞其廉正，以金帛賜之，辭。帝又使張九思賫金帛賜之，亦辭。

二十八年秋，乞罷政事，拜集賢大學士，兼奉御如故。司天監丞告阿魯渾薩里在太史院數言災祥事，預國休戚，大不敬。世祖大怒，以爲誹謗大臣，當抵罪。阿魯渾薩里頓首曰：「臣賴天地含容之德，雖萬死莫報。然欲被言者罪，恐自後無爲陛下言事者。」其人始獲免。三十年，復領太史院事。

明年，世祖崩，成宗在北邊，裕聖后命爲書趣成宗入踐大位，又命率翰林、集賢、太常禮官，備禮册命。元貞元年，以翊戴功，加守司徒、集賢院事，領太史院事，賜楮幣二十萬緡。初，裕宗殂，世祖未知所立，問於阿魯渾薩里，以成宗對，且言成宗仁孝恭儉之德，於是大計遂決，裕聖皇后及成宗皆不知其事。數召阿魯渾薩里謝，不往，及儲位已定，成宗索棋具於阿魯渾薩里，始一至。成宗曰：「人誰不求知於我，汝獨不來。我非爲棋具，欲見汝耳，汝可謂知大臣體者。」自是召對不名，賜坐視諸侯王等，常謂左右曰：「若全平章者，可謂全才矣，於今殆無其比。」左右或呼其名，帝怒責之曰：「汝何人，敢稱其名耶？」大德三年，復拜中書平章政事。七年，罷。十一年，卒，年六十三。

阿魯渾薩里歷事兩朝二十餘年，通夕未嘗安寢，或一夕再三召見，日居禁中，其所言雖妻子不知也。延祐四年，贈推忠佐理翊亮功臣、太師、開府儀同三司、上柱國，追封趙國公，謚文定。

子岳柱、久住、邁住。阿魯渾薩里兄回鶻薩里，累官資德大夫、中書右丞、行泉府太卿，弟島瓦赤薩里。

岳柱，字止所，一字兼山。性穎悟，八歲觀畫師何澄畫《陶母剪髮圖》，岳柱指陶母手

中金釧，詰之曰：「金釧可易酒，何用剪髮爲也？」何大驚異之。既長，就學，日記千言。年十八，從丞相答失蠻備宿衛，出入禁中，如老成人。至大元年，授集賢學士、正議大夫，即以薦賢才爲事。皇慶元年，進中奉大夫、湖廣道宣慰使。延祐三年，進資善大夫，有欺之者，恬不爲意。或問之，則曰：「彼自欺也，我何與焉？」母郜氏亦常稱之曰：「吾子古人也。」

子四：普達，同僉行宣政院事；次答黑麻；次安僧，爲久住後，章佩監丞；次仁壽，中憲大夫、長秋寺卿。

徹里，燕只吉台氏。

曾祖塔赤，從太宗定中原，又敗宋將彭義斌。太宗分功臣土地，以徐、邳户不盈萬，授爲徐、邳二州達魯花赤。至治三年，追封襄安王。

祖納忽，從憲宗伐宋，攻合州釣魚山，有戰功。

父奇魯俱，襲達魯花赤。

徹里幼孤，其母蒲察氏教之讀書。蒲察氏性方嚴，徹里雖貴顯，猶受杖。至元十八

年，世祖召見徹里，應對敏捷，悦之，命侍左右。乃顏叛，從世祖親征，軍中夜驚，徹里宣上命撫定之，將士帖然。師還，奏言：「大軍所過，民不勝擾累，宜加振恤。」世祖從之，賜邊民穀帛牛馬有差，擢徹里利用監。二十三年，奉使江南，訪遺逸之士。時行省鬻所在學田，以價輸官。徹里曰：「學田所以供祭祀、育人才者，安可鬻？」遽止之。還朝，奏聞其事，世祖嘉納焉。

二十四年，桑哥爲相，分中書省爲尚書省，鉤考天下錢糧，凡阿合馬用事時逋欠者，舉以爲中書失徵，奏誅參政郭佑、楊居寬。行省承風旨，督責尤峻，或逮及親鄰，械繫搒掠，民不勝其苦，自殺及死於獄中者以千百計，中外洶洶，廷臣皆莫敢言。徹里乃於帝前具陳桑哥奸貪蠹國害民狀，言辭激烈。世祖怒，謂其毀詆大臣，命左右批其頰，徹里辯愈力，且曰：「臣與桑哥無仇，所以數其罪而不顧身家者，爲國計耳。苟畏聖怒而不復言，則奸臣何由而去？且朝廷置羣臣，猶人家畜犬，賊至犬吠，主人不見賊而箠犬，犬遂不吠，豈主人之福？」世祖悟，命衛士三百人往籍桑哥家，得珍寶如内藏之半。桑哥既伏誅，枉繫者得釋。復命徹里往江南籍桑哥姻黨江浙省臣烏馬爾、蔑列、忻都、王濟，湖廣省臣要束木等棄市，天下快之。

江浙平章政事沙不丁與臺臣有嫌，乘世祖怒，從旁激之，謂湖廣廉訪使盜燒鈔八百

錠，堂帖屢下，贓終未入，抱文書至世祖前曰：「稽是可見。」裂卷爲兩，縫留半印。徹里進曰：「縫用印者以杜欺罔，汝爲執政，執半印文書以訟人，餘半安在？」沙不丁語塞，世祖叱之退，臺臣誣始白。明日，拜御史中丞。未幾，進榮禄大夫、福建行省平章政事，賜金五十兩、銀五千兩。汀、漳劇賊歐狗，積歲未平，徹里引兵討之，所過秋豪無犯，降者則勞以酒食而慰遣之，他柵聞之，望風款附。未幾，歐狗爲其黨縛致軍前，梟首以徇，汀、漳平。

三十一年，世祖不豫，徹里馳還京師侍醫藥。世祖崩，與諸王大臣共立成宗。大德元年，拜江南行臺御史大夫。既涖事，謂都事賈鈞曰：「御史不知大體，巡按以苛爲明，徵贓以多爲貴，至有迫子證父、奴訐主者，傷風敗俗甚矣。君爲我語諸御史，勿庸效也。」帝聞而善之。

七年，改江浙行省平章政事。吴淞江久淤，豪民封土爲田，水道愈窒，由是氾濫爲諸郡災。海運千户任仁發條其利病、疏濬之法，中書省以聞，詔發卒萬人，命徹里董其役。凡四月而工畢，置閘以時啟閉，民便之。九年，召爲中書平章政事。時帝久不豫，徹里見左丞相阿忽台等阿附中宫，事事專決，乃引疾不出。十年卒，年四十七。卒之日，家貲不滿二百緡，人服其廉。贈推忠守正佐理功臣、太傅、開府儀同三司、上柱國，追封徐國公，謚忠肅。至治二年，加贈宣忠同德弼亮功臣、太師、開府儀同三司，追封武寧王，謚正憲。

子朵兒只，江浙行省左丞。

禿忽魯，字親臣，康里亦納之孫，亞里大石第九子。亦納，部長之稱，大石則部長之嫡子也。自幼給事世祖，命與不忽木、也先帖木兒從許衡學。帝一日問其所學，禿忽魯與不忽木對曰：「三代治平之法。」帝喜曰：「康秀才，朕初使汝就學，不意汝即知此！」除蒙古學士、客省使，遷兵部郎中，僉太史院事。至元二十年，遷中書右司郎中。未幾，用大宗正薛徹干薦，掌宗正府判署。一日歸，愀然不樂，家人問之，曰：「今日所議罪應死，我意有所疑，欲活之，未得其方耳。」他日歸，喜曰：「我得之矣，法當流徙也。」擢吏部尚書。

哈剌哈孫爲湖廣行省平章政事，薦以自輔，拜湖廣行省右丞。時湖南北多盜，哈剌哈孫患之，禿忽魯曰：「樹茂則鳥集，伐則散，戮其渠魁足矣。」盜首喬大使在九江，擒而尸諸市，闔境肅然，遠近無剽掠者。二十九年，辰州獠叛，官軍屢戰不利，移文索辰、沅弩手三千人。哈剌哈孫弗許，禿忽魯曰：「漢人不習弩，習弩者皆蠻户也。以蠻攻蠻，何不可之有？」力請與之，獠患遂平。

成宗即位，遷浙江行省右丞。平章政事不忽木卒，帝問左右：「孰有似不忽木者？」賀

勝對曰：「禿忽魯其人也。」召入都，拜樞密副使。大德七年卒，年四十八。贈推忠翊運佐理功臣、榮禄大夫、江浙行省平章政事、柱國、大司徒，追封趙國公，謚文肅。

子山僧，晉寧路總管。

新元史卷之一百九十八　列傳第九十五

哈剌哈孫　不忽木回回　巎巎

哈剌哈孫，斡剌納兒氏，太祖功臣乞失里黑之曾孫也。祖博理察，父囊家台，並見《乞失里黑傳》。

哈剌哈孫威重，不妄言笑，善騎射，尤雅重儒術。至元九年，世祖録勳臣後，命掌宿衛，襲號答剌罕。自是人稱答剌罕而不名。嘗從獵，馬踢傷面，入直如平常，帝命醫療之，眷益重。帝嘗諭之曰：「汝家勳載天府，行且大用汝矣。」又語皇太子曰：「答剌罕非常人比，可善遇之。」十八年，以欽、廉二州益其食邑。

二十二年，拜大宗正，用法平允。嘗遣使決各路獄囚，哈剌哈孫按獄詞不具者，悉令覆勘，僅奏決六十人。大同民毆鷹房三人死，左右以聞，帝怒，亟遣哈剌哈孫治之，止坐其爲首者。京師造僞鈔者連富民百餘家，哈剌哈孫盡釋之。時相請以江南獄隷宗正府，哈剌哈孫言其不便，事遂止。

二十八年，以丞相安童薦，拜榮禄大夫、湖廣行省平章政事。臺臣言：「哈剌哈孫在宗正，決獄平，即去，恐難其繼者。」帝曰：「湖廣非斯人不可。」命勿留，遂行。初，樞密置行院於各省，分兵、民爲二，哈剌哈孫入覲，極陳其不便，帝爲罷之，因問曰：「風憲之職，人多言其撓吏治，信乎？」對曰：「朝廷設此以糾奸慝，貪吏疾之，妄爲此言。」帝然之。三十年，平章劉國傑征交趾，哈剌哈孫戒將吏無擾民。有奪民魚菜者，杖其千户，軍中肅然。俄敕發湖廣富民萬家屯田廣西，以圖交趾，哈剌哈孫密遣使奏曰：「往年遠征失利，瘡痍未復，今又徙民瘴地，必將怨叛。」使還，報罷，民皆感悦。及廣西元帥府請募南丹五千户屯田，事上行省，哈剌哈孫曰：「此土著之民，誠爲便之，内足以實空地，外足以制交趾之寇，不煩士卒而饋餉有餘。」即命度地，立爲五屯，統以屯長，給牛種農具與之。湖南宣慰使張國紀建言，欲按唐、宋末徵民間夏税，哈剌哈孫曰：「亡國弊政，失寬大之意，聖朝豈可行耶？」奏止之。

大德二年，入朝上都，拜江浙行省左丞相，視事七日，徵拜中書左丞相，進階銀青光禄大夫。既拜命，斥言利之徒，一以節用愛民爲務，有大政事必引儒臣共議。京師無孔子廟，國學寓他署，乃奏建廟學，選名儒爲學官，使近臣子弟入學。又集羣議建南郊，爲一代定制。

五年，雲南行省左丞劉深建議征八百媳婦，右丞相完澤以帝未有武功，請從之。哈剌哈孫曰：「山嶠小夷，可喻之使來，不足以煩中國。」不聽，竟發兵二萬，命深將以往。及次順元，深使雍真葛蠻土官宋隆濟備餽運夫馬，刻期嚴急，民不堪命。遂圍深於窮谷，首尾不能相捄。事聞，遣劉國傑往援，擒斬隆濟等，然士卒存者十僅一二。帝始悔不用其言。會赦，有司議釋深罪，哈剌哈孫曰：「徼功首釁，喪師辱國，非常罪比，不誅無以謝天下。」奏誅之。

七年，進中書右丞相，嘗言：「治道必先守令。」乃精加遴選。定官吏贓罪十二章，及丁憂、婚聘、盜賊等制，禁獻户口及山澤之利，著爲令。車駕幸上都，哈剌哈孫必留守京師。帝不豫，政出中宮，羣邪黨附之，哈剌哈孫匡救其間，天下晏然。十年，加開府儀同三司、監修國史。冬十一月，帝疾甚，入侍醫藥，出總宿衛。諸王請入侍疾，不聽。

十一年春正月，成宗崩。時武宗撫軍北邊，仁宗侍太后在懷慶，左丞相阿忽台議請皇后垂簾聽政，立安西王阿難答。哈剌哈孫密遣使北迎武宗，收京城百司符印，封府庫，稱疾卧省中。内旨日數至，並不聽，文書皆不署。衆欲害之，未敢發。及仁宗至近郊，衆猶未知。三月朔，列牘諸署皇后以三月三日御殿聽政，哈剌哈孫立署之，衆大喜，莫知所爲。明日，迎仁宗入，執阿忽台及安西王阿難答等，誅之，内難悉平。自冬至春，未嘗至家

休沐。

夏五月，武宗至，即皇帝位，拜太傅、録軍國重事，仍總百揆，賜宅一區，以其子脱歡入侍。初，仁宗之入也，阿忽台有勇力，人莫敢近，諸王秃剌手縛之，以功封越王，三宮盡幸其第，賜與甚厚，以慶元路爲其食邑。哈剌哈孫力争曰：「祖制，非親王不得加一字封。秃剌疏屬，豈得以一日之功，廢萬世之制？」帝不聽，秃剌因譖於帝曰：「方安西王謀干大統，哈剌哈孫亦署其文書。」由是罷相，出鎮北邊。

詔曰：「和林爲北邊重鎮，今諸部降者又百餘萬，非重臣不足以鎮之，念無以易哈剌哈孫者。」賜黄金三百兩、白銀三千五百兩、鈔十五萬貫、帛四萬端、乳馬六十匹，以太傅、右丞相行和林省事。太后亦賜帛二百端、鈔五萬貫。至鎮，斬爲盜者一人，分遣使者賑降户，奏出鈔帛易牛羊以給之。近水者，教取魚食之。會大雪，命諸部置傳車，相去各三百里，凡十傳，轉米數百石以餉饑民，不足則益以牛羊。又度地置内倉，積粟以待來者。浚古渠，溉田數千頃。復稱海屯田，歲得米二十萬石。北邊大治。

至大元年，賜斡爾朵如諸王制。十一月，寢疾，語其屬曰：「吾不能治行省事矣，汝曹勉之。」卒，年五十二。帝聞之，驚悼曰：「喪我賢相。」賻鈔二萬五千貫，詔歸葬昌平。追贈推誠履政佐運功臣、太師、開府儀同三司、上柱國，追封順德王，謚忠獻。

子脱歡，由太子賓客拜御史中丞，襲號答剌罕，進御史大夫，行臺江南，尋拜平章政事，行省江浙，進左丞相，兼領行宣政院。重厚有父風，喜讀書，爲政不尚苛暴，得衆心。致和元年卒，年三十七。子鑾鑾。

不忽木，康里氏。世爲其部大人。祖海藍伯，事克烈王汗。王汗滅，率所部遁去，太祖使招之，不從，後莫知所終。父燕真，海藍伯第十子，方六歲，爲太祖所獲，分賜莊聖皇后。性恭謹，善爲弓衣，侍世祖於潛邸，配以高麗女金氏，名長姬。及長，從征伐有功。憲宗將伐宋，命世祖居守，燕真諫曰：「上素疑殿下，今上親征，殿下不從可乎？」世祖請從，憲宗悦，使世祖分兵趨鄂州。憲宗崩，燕真統世祖留部，知阿里不哥有異志，奉皇后至上都。世祖即位，未及擢用而卒。後贈太傅、河南行省左丞相，追封晉國公，謚忠獻。

不忽木，幼事裕宗。年十二，進止詳雅，已如成人。師事贊善王恂。恂扈駕北征，詔不忽木入國學，受業於祭酒許衡。衡以爲有公輔之器，名之曰時用，字用臣。世祖命諸生獻其所習字，不忽木年十六，書《貞觀政要》數十事以進，世祖嘉歎久之。至元十三年，與

同舍生疏請：「弘展國學，擇蒙古人年十五以下、十歲以上質美者百人，百官子弟與凡民俊秀者百人，定其餼廩之制，選司業、博士、助教教之。其諸生學業成就者，聽學官保舉，依例入仕。未成就者，令照舊學習，其終不可教者，聽出學。凡學政因革損益，皆得不時奏聞。」疏上，世祖嘉納之。十四年，授利用少監。

十五年，出爲燕南河北道按察副使。世祖遣通事脱脱護送西僧過真定，僧箠驛吏幾死，按察使不敢問。不忽木受驛吏狀，下僧於獄，脱脱欲出之，詞氣倔强，不忽木責以不職，使免冠跪庭下。脱脱逃歸以聞，世祖曰：「不忽木素剛正，必汝輩犯法故也。」已而不忽木奏至，世祖曰：「朕固知之。」十九年，擢按察使。静州守吏盗官錢，詔不忽木按之，歸報稱旨，賜銀鈔有差。

二十一年，召參議中書省事。時盧世榮黨附桑哥，揚言能用己，則國賦可十倍於舊。世祖問於不忽木，對曰：「聚斂之臣，操術以罔其君，及罪惡稔，國與民俱困，雖悔無及。」世祖不聽，以世榮爲中書右丞，不忽木辭參議不拜。

二十二年，世榮伏誅，世祖謂不忽木曰：「我殊愧卿。」擢吏部尚書。時方籍阿合馬家，其奴張𢇲札爾等當死，謬言阿合馬家貲寄頓者多，盡得之可充國用。於是鉤考隱匿，逮及無辜。不忽木曰：「此奴爲阿合馬爪牙，死有餘罪，爲此言欲徼幸不死耳，豈可復受其誑，

嫁禍良善耶？」丞相安童以其言入奏，世祖悟，命不忽木鞫之，具得情實，繖札爾等伏誅。

二十三年，改工部尚書，遷刑部尚書。河東按察使阿合馬貸官錢，抑取部民貲産償之。遣使者數輩按問，皆不伏。不忽木往，發其奸贓百餘事。會大同饑，不忽木便宜出廩粟賑之。阿合馬所善幸臣劾不忽木擅發軍儲，又鍛煉阿合馬之獄使誣服。世祖曰：「發粟賑饑，何罪之有？」命逮阿合馬至京師，鞫之，竟伏誅。土土哈求欽察人爲奴者充其軍籍，濫及良民，中書遣僉省王遇覈其籍汰之。土土哈奏遇有不遜語，世祖怒，欲殺之，不忽木力諫，遇得免死。

二十四年，桑哥奏立尚書省，誣殺參政楊居寬、郭佑，不忽木争之，不能得。桑哥深忌之，嘗指不忽木謂其妻曰：「他日籍我家者，必此人也。」使西域賈人詐爲訟冤者，賂不忽木珠一篋，不受。既而知其事出於桑哥，遂以病免。二十七年，拜翰林學士承旨、知制誥兼修國史。

二十八年春，世祖獵於柳林，不忽木之弟野禮審班及徹里等劾奏桑哥罪狀，世祖召問不忽木，具以實對，世祖始決意誅之，罷尚書省，復以六部隸於中書。世祖欲相不忽木，固辭，世祖問：「孰任爲相？」不忽木薦太子詹事完澤。是時上春秋高，成宗撫軍北邊，位號未正，不忽木謂相東宫舊臣，可以杜姦人之覬覦。世祖默然良久，曰：「卿慮及此，社稷之

福也。」乃拜完澤右丞相，不忽木平章政事。不忽木議革桑哥弊政，召用舊臣爲桑哥所貶斥者，尤重文學知名之士，使更相引薦，布列臺省。桑哥之黨，惟忻都、納速丁蔑理、王濟等罪狀尤著誅之，其餘隨材擢用，待之無間，於是人情翕服。上都留守蔑巴爾思言改按察置廉訪司不便，摭憲臣贓罪以動上聽。世祖責中丞崔彧，彧謝病不知。不忽木面斥之，極論廉訪司不宜罷，世祖意始釋。

王師征交趾失利，復謀大舉，不忽木諫曰：「獸窮則噬，勢使之然。今陳日燇襲位，若遣使諭以禍福，彼必聽命；如不悛，加兵未晚。」世祖從之，已而日燇感懼，遣使詣闕請罪，獻前六歲之貢物。世祖曰：「卿一人之力也。」以其半賜之，不忽木固辭，惟受沉香假山、象牙鎮紙、水晶數事。

平章政事麥朮丁請復立尚書省，專領户、工、刑三部，不忽木詰之曰：「阿合馬、桑哥身戮家敗，前鑒不遠，汝奈何又效之？」事獲寢。

又有言京師蒙古人宜與漢人間遠，以示制防。不忽木曰：「此姦人欲擅貿易之利，借爲忠言，以熒上聽耳。」乃圖蒙古人第宅與民居相錯之狀奏之，事亦寢。

達剌海求征理錢穀逋懸，省臣請入止之，不忽木曰：「無庸，宜聽其所爲，彼不久自敗也。」已而果以賄誅。有請加江南包銀者，不忽木曰：「江南履畝納稅，輸酒醋課及門徭、水

馬驛遞，又增包銀則重斂矣，民將不堪。」其議始罷。

三十年，有星孛於帝座，世祖憂之。夜召不忽木，問以塞天變之道，對曰：「陛下，天之子也。父母怒人子，不敢疾怨，惟起敬起孝而已。故《易》曰：『君子以恐懼修省。』《詩》曰：『敬天之怒』，凡克謹天戒者，鮮不有終。漢文帝之世，同日山崩者二十有九，頻歲日食、地震，文帝能戒慎，天亦悔過，海內乂安。臣願陛下法之。」因誦文帝《日食求言詔》，世祖悚然曰：「此言深合朕意。」明日進膳，以盤珍賜不忽木。

世祖每與不忽木論古今成敗之理，至忘寢食，或危坐達旦。謂不忽木曰：「曩與許仲平論治，不及卿遠甚，豈仲平有隱於朕耶？抑卿過於師耶？」不忽木謝曰：「臣師見理甚明，臣所知何足以企萬一？臣師起於布衣，君臣分嚴，召對有時言不克究。臣托先臣之蔭，朝夕侍陛下左右，故得盡言。」世祖又謂之曰：「太祖有言：『國家之事，譬右手執之，復佐以左手，猶恐失墜。』今朕爲右手，左手非卿乎？」又嘗拊髀歎曰：「天生卿爲朕輔弼，何不前三十年及朕未衰用之？」已而顧左右曰：「此朕子孫之福也。」

或譖完澤徇私，世祖問於不忽木，對曰：「臣等待罪中書，有發其隱慝者，陛下宜面質之，明示責降，若內蓄疑猜，非馭臣下之道也。」言者果屈，世祖使批其頰而出之。是日寒甚，解所御貂裘賜之。

又有請討流求國者，詔百官集議，不忽木力言不可，乃止。

世祖每稱賽典赤伯顏之能，不忽木問之，世祖曰：「憲宗時常陰以財用資朕，卿父所知也。」不忽木曰：「是所謂二心之臣。今有以內府財物私與親王，陛下以爲何如？」帝急揮以手曰：「朕失言。」

世祖不豫，故事非蒙古勳臣不得入卧內，特詔不忽木侍醫藥。及大漸，與太傅伯顏、御史大夫月魯呂諾延受遺詔，留禁中。丞相完澤至，不得入，伺伯顏出，問之曰：「我年位俱在不忽木上，而不預顧命何也？」伯顏歎息曰：「使丞相有不忽木之識慮，吾輩何至勞苦如此？」完澤不能對，入白皇太后，召三人問之。月魯呂諾延曰：「臣等受顧命，如誤國，甘伏誅。宗社事大，非宮中所當預也。」太后韙之。其後發引、升祔、請謚、南郊，皆不忽木領之。

成宗即位，躬親庶政，每廷議大事，多采不忽木之言。河東路獻嘉禾，完澤欲奏以爲瑞。不忽木詰之曰：「汝部內所産盡然耶？」曰：「祇此數莖爾。」不忽木曰：「此無益於民，何足爲瑞？」遂罷遣之。西僧爲佛事，釋罪人祈福，謂之禿魯麻。豪民犯法，輒賂以求免。有奴殺主，妻殺夫者，僧被以御服，乘黄犢車出禁門，釋之。不忽木曰：「倫常者，人治之本，豈可使亂法如此？」成宗責丞相曰：「朕戒汝，勿使不忽木知，今甚愧其言。」然自是以

爲故事。」不忽木在中書，爲同僚所嚴憚，有干以私者，輒正色拒之。由是怨者日衆，遂構於完澤，出爲陝西行省平章。成宗聞知其故，大怒，責完澤面欺，命不忽木復入中書。不忽木稱疾不出。

元貞二年，拜昭文館大學士、平章軍國重事，辭曰：「本朝惟史天澤如此，臣不敢當。」詔去「重」字。大德二年，行御史中丞事。三年，兼領侍儀司事。久之，完澤知爲同列所誤，引咎自責，至於垂涕。

不忽木在御史臺，監察御史及各道廉訪使多擇士人爲之，患吏不讀書，令通一經一史者試吏，按官吏犯贓不施笞責，子不得證父，妻不得證夫，皆比附經義以改當時之法，人稱其平恕焉。

武宗出鎮北庭，百官郊餞，欲與不忽木易騎，謝不敢，第獻其所乘馬。明年，復遣使賜不忽木名鷹。大德四年，以病卒，年四十六。武宗即位，贈純誠佐理功臣、開府儀同三司、太傅、上柱國，追封魯國公，謚文貞。惠宗時，加贈太師，進封東平王。初世祖臨崩，賜不忽木白璧曰：「他日持此見朕。」及卒，遂以璧殉葬云。子回回、巙巙。

史臣曰：成宗席世祖之餘烈，哈剌哈孫輔之，黜營私罔利之臣，戮貪功生事之將，休

養生息，海內宴然。不忽木篤守許衡之學，獻可替否，本於經術，方之前代，庶幾司馬光、范純仁。元之賢相，前爲安童、廉希憲，後爲哈剌哈孫、不忽木，百餘年來未有及之者也。

回回，字子淵。以大臣子直宿衛，拜集賢學士，以幼辭。大德初，用薦者言，擢朝列大夫、太常少卿，進太常卿，階嘉議大夫。以藩邸舊臣出使，稱旨。寺改爲院，擢太常院使，辭不拜。

武宗即位，海盜梗漕運，廷議設康里衛鎮其地，欲以回回爲萬户。回回曰：「弭盜在用人，不必設衛分屯，以糜廩粟。」帝從之。至大初，調大司農。御史臺議選廷臣爲諸道肅政廉訪使，回回入侍，帝問之，對曰：「中臺，表也；諸道，景也。表正則景正，陛下宜慎選正人，以長中臺，次用剛毅有爲者以使諸道，則有司知畏法矣。」帝曰：「卿言得之。」即日除山南江北道肅政廉訪使。有婦人以殺夫繫獄，回回疑其枉，重鞫之，乃仇家所殺，立雪婦冤。同列多貪墨，惡回回，數以言語侵之，回回乃乞病歸。未幾，同列皆以贓敗，人始服其先識。

至大末，改江南行臺治書侍御史。御史大夫鐵木迭兒怙權自尊，凡議事，自中丞以下皆侍立，莫敢相可否。回回獨坐，與之言事，有不直，必執法以折之，鐵木迭兒銜之。還

朝，帝問臺臣優劣，遂誣奏回回不法之事，帝怒，唾其面，出之，即遣中使賜回回上尊。復遷淮西江北道肅政廉訪使。有從事以受賕被逮，累訊不引伏，回回一問即吐實曰：「吾不即伏者，以諸使者與吾無大相遠，冀遷延倖免耳。公至，尚何言？」遂伏其辜。再改河南廉訪使。行省郎中納璘爲丞相所惡，欲出之，回回察其賢，抗疏論薦，後卒爲名臣。

英宗即位，丞相拜住首薦爲户部尚書。尋拜南臺侍御史，改參議中書省事。英宗憤鐵木迭兒舞法，不及誅而死，命法司磔其尸，回回奏曰：「斯人元惡，萬磔莫贖，但初春發育之時，不宜戮遺骸，干天地之和氣。」帝稱善。帝欲選拔人材，丞相拜住命百僚各舉所知，有以中使子爲言者，回回曰：「君不見左悺、楊復光之事乎？上重惜名爵，君乃進此輩，何也？」拜住叱其人出之。高麗王兄弟不睦，帝欲廢其國爲郡縣，回回曰：「宜諭使改過自新，不從，然後擇其宗室之賢者立之。」拜住偕回回入奏，不聽，復叩頭力争，始寢其事。

司徒劉夔以訟田受賂，帝怒，欲賜之死，回回曰：「受賂而按田不實，罪准枉法論，不至死。」拜住入奏，如回回言。帝怒，欲窮究建議者，既而知其守法，釋不問。回回入謝，帝曰：「朕雖不用卿言，知卿之忠也。」會日食，帝問其故，對曰：「今徵理田賦，勞師邊塞，無罪殺楊朵兒只、蕭拜住，皆足以致天變，惟陛下察之。」帝韙其言。回回性峭直，略無顧忌，拜住嘗稱其有經濟才，謂人曰：「吾以非才，致位宰相，每慚見子淵。」拜住退朝，執政皆送至

私第，回回曰：「是不過爲諂耳。」獨不往。拜住益賢之。

英宗遇弑，泰定帝踐阼，詔捕斬構逆者。回回懼有變，即夜至中書與大臣定計，昧爽就其家執之，無一脱者。泰定初，拜太子詹事丞，進階中奉大夫。疏言：「太子，國家之本，宜擇正人如贊善王恂、諭德劉因者，爲輔導。」從之。後以病免，改山東東西道肅政廉訪使，未行，擢翰林侍講學士、知制誥同修國史。回回與宰相倒剌沙議不合，固辭，遷江浙等處中書右丞，進資德大夫，又以病免歸。

文宗即位，拜榮祿大夫、宣政院使，擢中書右丞。時太師燕鐵木兒權勢赫奕，回回待之無加禮，乃出爲陝西行省平章政事，回回度不爲所容，力辭不就。元統元年，卒於家，謚忠定。

子祐童，濟南路總管；帖木列思，江南行臺治書侍御史。

巎巎，字子山。由宿衛授集賢待制，遷兵部郎中，轉秘書監丞。奉命往覈泉舶。改同僉太常禮儀院事，拜監察御史，累遷禮部尚書、監羣玉内司、領會同館事，尋兼經筵官。復除江南行臺治書侍御史，未行，留爲奎章閣學士院承制學士，仍兼經筵官，升侍書學士、同知經筵事。復拜奎章閣學士院大學士、知經筵事。除浙西廉訪使，復留爲大學士、知經筵

事，尋拜翰林學士承旨，提調宣文閣、崇文監。

文宗勵精圖治，巙巙日以聖賢格言講誦帝前。

惠宗即位，巙巙侍經筵，益勸帝務學。帝欲寵以師禮，巙巙力辭。凡經書所載治道，爲帝言之，必使敷暢旨意而後已。帝暇日欲觀古名畫，巙巙取郭忠恕《比干圖》以進，因言商王受不聽忠臣之諫，遂亡其國。帝一日覽宋徽宗畫，稱善，巙巙奏：「徽宗多能，惟一事不能。」帝問：「何謂一事？」對曰：「獨不能爲君爾。身辱國亡，皆由不能爲君所致。人君貴能爲君，它非所尚也。」或遇天變民災，必乘間進言，謂：「天心仁愛，人君因變示儆。譬如慈父於子，愛則教之，子能起敬起孝，則父怒必釋。人君側身修行，則天意必回。」帝嘉納之，特賜只孫燕服九襲及玉帶、楮幣，以旌直言。

巙巙嘗謂人曰：「天下事在宰相，宰相不言，則臺諫言之。臺諫不言，則經筵言之。備位經筵，得言人所不敢言於天子之前，吾願足矣。」大臣議罷奎章閣學士院及藝文監，巙巙進曰：「民有千金之産，猶設家塾延館客。豈有富有四海，一學房乃不能容耶？」帝聞而深然之，即日改奎章閣爲宣文閣，藝文監爲崇文監，就命巙巙領之，又置檢討等職十六員以備進講。一日，進讀司馬光《資治通鑑》，因言國家當及斯時修遼、金、宋三史，歲久恐闕逸。後置局纂修，實由巙巙發之。又請行鄉飲酒於國學，使民知遜悌。及請褒贈唐劉蕡、

宋邵雍，帝從其請，爲之下詔。

既而出爲江浙行省平章政事。未幾，復以翰林學士承旨召還。時中書平章闕員，近臣欲有所薦用，以言覘帝意，帝曰：「平章已有其人，今行半途矣。」近臣知帝意在巎巎，不復薦人。至京七日，感熱疾卒，年五十一。家貧無以爲斂，帝聞，爲震悼，賜賻銀五錠。其所負官中營運錢，臺臣奏以罰布爲之代償。謚文忠。

子維山，材質清劭，侍禁廷，由崇文監丞擢給事中，遷同僉太常禮儀院事，調崇文太監，卒。

新元史卷之一百九十九　列傳第九十六

鐵哥　乞台普濟也克吉兒　斡羅思博羅不花　慶童　愛薛　曲樞伯都　伯帖木兒　脱虎脱三寶奴　察罕

鐵哥，伽乃氏，迦葉彌兒人。

父斡脱赤，與叔父那摩俱學浮屠法。兄弟相謂曰：「吾國將亡，東北有天子氣，盍往歸之。」乃來降，太宗禮遇之。定宗師事那摩，以斡脱赤佩金符，巡行各路。憲宗即位，尊那摩爲國師，授玉印，總天下釋教。斡脱赤亦貴用事，領迦葉彌兒萬户，奏曰：「迦葉彌兒西陲小國，今尚未誠服，請往諭之。」詔偕近侍以往，其部酋不從，怒而殺之。帝發兵討平迦葉彌兒。元貞元年，追封斡脱赤代國公，謚忠遂。

鐵哥少孤，從那摩入見憲宗。帝方食雞，輟賜鐵哥，鐵哥奉而不食。問之，對曰：「將以遺母。」帝奇之，加賜一雞。

世祖即位，幸香山永安寺，見書畏兀字於壁，問之，僧對曰：「國師兄子鐵哥書也。」帝

召見，偉其容止，命直宿衛。憲宗晚年，以讒言稍疏世祖，那摩密白世祖，宜加敬慎，遂友愛如初。至是，帝將用鐵哥，謂左右曰：「吾以酬國師也。」時鐵哥年十七，詔擇貴家女妻之，辭曰：「臣母漢人，欲得漢人女爲婦，臣不敢傷母心。」乃爲娶冉氏女。久之，命掌御膳湯藥，日親密。

至元十六年，鐵哥奏：「武臣佩符，古制也，今長民者亦佩符，請省之。」從之。十七年，進正議大夫、尚膳監，帝諭之曰：「朕聞父飲藥，子先嘗之；君飲藥，臣先嘗之。今卿典朕膳，凡飲食湯藥，卿宜先嘗。」詔賜第於大明宮之左，留守段圭言：「賜第逼木局，不便。」帝曰：「鐵哥第近禁闥，便於宣召。木局稍隘，曷害？」高州人言：「州多野獸害稼，願捕以充貢。」鐵哥白其擾民，不可聽，從之。

十九年，遷同知宣徽院事，領尚膳監。內府食用圓米，鐵哥奏：「粳米一石，僅獲圓米四斗，請非御用，止給常米。」帝韙之。進司農寺達魯花赤。從獵巴雅爾之地，獵者亦不剌金射兔，誤中名駝，駝死。帝怒，命誅之，鐵哥曰：「殺人償畜，刑太重。」帝亟命釋之。庚人盜鑿秔米者，罪死，鐵哥諫曰：「臣鞫庚人，其母病，盜秔米食母耳，請貸之。」詔免死。二十二年，司農寺升爲大司農司，秩二品，進資善大夫、大司農。時有司供膳，多擾民，鐵哥奏曰：「屯田，則諸物立供。」從之。

二十四年，從征乃顔，至蘇爾圖之地，叛王塔布岱率兵奄至。鐵哥請設疑兵以退敵，於是帝張曲蓋，據胡牀，鐵哥從容進酒。塔布岱覘之，懼有伏，遂引去。帝以金章宗玉帶賜之。

二十九年，進榮禄大夫、中書平章政事，以病足，聽輿轎入殿門。初，詔遣新附民種蒲萄於野馬川鴻和爾布拉克之地，鐵哥以北地苦寒，奏歲賜衣服，從之。

成宗即位，以先朝舊臣，賜銀千兩、鈔十萬貫。他日，又賜以瑪瑙碗，詔曰：「此器先帝所用，朕今賜卿，以卿久侍先帝故也。」大德元年，加光禄大夫。三年，乞解機務，從之。仍授平章政事、議中書省事。時諸王朝見，未有知故事者，帝曰：「惟鐵哥知之，使專司其事。」凡廩餼金帛之數，皆遵世祖舊制。

八年，復拜中書平章政事。平灤大水，鐵哥奏加賑恤。十年，丁母憂，詔奪情起復。遼王托托入朝，從者執兵入大明宫，鐵哥劾止之，王懼謝。從幸晉山，饑民相望，鐵哥輒發廩賑之，已而自劾專擅，帝稱善不已。

武宗即位，賜金一百兩，加金紫光禄大夫，遥授中書右丞相。有告寧遠王闊闊出謀反者，鐵哥知其誣，廷辯之，由是闊闊出得釋，徙高麗。二年，領度支院，尋賜江州稻田五千畝。

仁宗即位，授開府儀同三司、太傅、録軍國重事。奏：「世祖諸子，惟寧遠王在，宜賜還。」從之。二年，奉命詣萬安寺祀世祖神御殿，感疾歸，皇太后令内臣問疾，鐵哥附奏曰：「臣死無日，願太后輔陛下布惟新之政，社稷之福也。」未幾，卒。贈太師、開府儀同三司、上柱國，追封秦國公，謚忠穆。加贈推誠守正佐理翊戴功臣，進封延安王，改謚忠獻。

六子：忽察，淮東宣慰使；平安奴，大平路達魯花赤；也識哥，同知山東宣慰司事；虎里台，同知真定總管府事；亦可麻，同知都護府事；重喜，隆禧院副使。孫八人，伯顔，中書平章政事。

乞台普濟，河西人，本姓史氏。祖拉吉爾威，宿衛太祖。父考算爾威，材勇絶人，事世祖於潛邸，從平雲南，又從渡江攻鄂州。世祖即位，從討阿里不哥，授蒙古、唐兀軍民達魯花赤。

乞台普濟幼從父出入世祖帷幄，後選侍裕宗，以敬慎聞。武宗生，是爲皇曾孫，詔乞台普濟保育之。皇曾孫幼學，以其子也克吉兒侍讀。或游戲廢學，則撻也克吉兒以誡之。每大會，宗王讀《世祖大訓》，必謂皇曾孫曰：「此汝異日所應爲者，其謹識之勿忘。」裕聖皇

后以乞台普濟善於輔導，命四衛番直官，事必咨之。

大德二年，武宗鎮撫北庭，軍事悉委於乞台普濟。四年，以文移無印寶，入朝白其事，得裕宗信寶以歸。五年，海都入寇，敗之。令軍士表紅衣於甲以自別，自是賊望見紅甲軍輒退走。

十一年，成宗崩，武宗欲棄大軍奔喪，乞台普濟曰：「使者但來告哀，須俟皇太后詔赴。」已而仁宗奉皇太后削平内難，詔武宗入繼大統，即日假乞台普濟平章政事。武宗即位，拜榮禄大夫、中書平章政事，封慶國公。七月，進儀同三司、太子太保。九月，加開府、太子太傅。至大元年二月，拜中書左丞相，加上柱國。四月，拜太保。六月，進太子太師。七月，加録軍國重事。十一月，進右丞相。又授其兄阿拉克普濟榮禄大夫，兼都元帥；弟昂吉，榮禄大夫、司徒，遥授平章政事；日爾塞，榮禄大夫、宣政院使。期年之内，貴震一時。二年八月，立尚書省，進太傅、尚書右丞相。是年十二月，以病罷。皇慶二年，進封安吉王。延祐五年四月，卒。

子也克吉兒、納里日、爾禄。納里日，光禄大夫，遥授中書左丞相，兼將作院使；爾禄，幼爲沙門，後賜御服帽，不祝髮，僉宣政院事。

也克吉兒，年二十二，從武宗於北庭。海都踰金山至庫布哩，也克吉兒將左衛射士爲前鋒，當賊驍將。既接戰，搏賊將墮馬，斬其首而還，武宗解御衣及馬鞍勒賜之。賊夜襲他部輜重，又將數百騎追敗之。四年，敗賊於昂吉爾圖，獲人畜無算。五年，海都大舉犯和林，戰於哈喇台，以數十騎出入敵陣，武宗乘之，賊始卻。十年，從武宗踰金山，斬獲萬餘。十一年，第諸將功，以也克吉兒爲冠。

武宗即位，授資德大夫、同知樞密院事。六月，賜虎符、大府院使、唐兀親軍都指揮使。七月，加特進、遥授中書左丞，又進知樞密院事，兼典瑞院使。至大元年五月，兼仁虞院使。十一月，拜御史大夫。仁宗即位，改知樞密院事。卒。

斡羅思，康里氏。曾祖哈失伯，國初款附，爲莊聖太后牧官。祖海都，從憲宗伐宋，戰殁於釣魚山。父明里帖木兒，世祖時爲必闍赤，累遷太府少監，追封益國公。

斡羅思，初爲内府必都赤。二十一年，拜監察御史，出爲雲南行省理問，領雲南王府事，忤桑哥，被譖，籍其家，惟金、玉帶各一，黄金五十，皆上所賜者，乃以公用係官孳畜罪之，帝寢而不問。二十六年，置八番羅甸宣慰司，以斡羅思爲宣慰使，諸蠻悉平，立安撫等

司以守之。晉中奉大夫，賜虎符。遷八番順元等處宣慰司都元帥，賜三珠虎符。大德六年，授通奉大夫，兼管萬户，晉正奉大夫。武宗立，召爲中書左丞，領武衛親軍都指揮使、大都屯田府事。尋晉榮禄大夫、中書右丞，兼翰林學士承旨，仍領武衛屯田。屢賜貲産、第宅，皆固辭。遷四川行省平章政事。至大二年，召還，以病乞歸。皇慶二年卒，贈光禄大夫、益國公。子博羅不花、慶童。

博羅不花，初直宿衛爲速古兒赤。至大元年，累遷翰林侍講學士，以父疾乞養歸。延祐四年，起爲速古兒赤札撒孫，遷速古兒赤五十人之長，兼領皇后宮寶兒赤。出爲河南府同知。子察罕不花領其所掌宿衛。見文宗於汴，入爲温都赤。拜監察御史，累遷御史臺經歷、中書右司郎中，授中憲大夫、隆禧總管府副達魯花赤，卒。

慶童，字明德。早以勳臣子孫受知仁宗，給事内廷，掌宿衛。累遷判大宗正府，兼上都留守，江西、河南二行省平章政事。入爲太府卿，復爲上都留守，又爲遼陽行省平章政事。

至正十年，遷江浙行省平章政事。十二年，蘄黄賊攻陷杭州，慶童與行省丞相達實特

穆爾遁走。城既復，省都事以下皆罷黜不叙，而慶童等釋不問。慶童大治官廨，募民爲工役，償之以錢，杭民賴以存活。

十四年，脱脱以大兵圍張士誠於高郵，軍資取給於江浙，慶童規措有方，轉輸相屬，軍中賴之。

十六年，平江、湖州俱陷，義兵元帥方家奴屯杭州北關，所部白晝殺人，日肆劫掠，民患之。慶童白丞相達識帖睦爾曰：「師無紀律，何以克敵？必斬方家奴，乃可出師。」與達實帖睦爾入其軍，數而斬之，民大悦。既而苗軍元帥楊完者求娶慶童女，時達識帖睦爾方倚楊完者禦張士誠，强爲主婚，慶童不得已與之。後楊完者益驕，達實帖睦爾不能堪，又使張士誠襲殺之，士誠遂據杭州。俄召慶童爲翰林學士承旨，改淮南行省平章政事，未行，仍留江浙。十八年，遷福建行省平章政事，又拜江南行臺御史大夫。

二十年，召還，由海道至京師，拜中書平章政事。有譖其子剛僧與宫人亂，帝怒，殺之。慶童遂移疾家居。

二十五年，起爲陝西行省左丞相。慶童在江南，逼於張士誠、方國珍，在陝西，逼於李思齊，不能有所表見，但擁臺、省虚位而已。

二十八年，召還京師。七月，明師至通州，帝出奔，命淮王帖木兒不花監國，慶童爲中

書左丞相以輔之。或問何以扞禦，慶童曰：「吾知死所，尚何言哉！」城陷，慶童與帖木兒不花，平章政事迭兒必失、樸賽因不花，中書右丞張康伯，御史中丞滿川等，均不屈死之。

史臣曰：元季羣盜蠭起，受撫於官則號爲義軍。然大者據郡縣，小亦賊良民，以恣搏噬。而朝廷又以官爵寵之，故憑籍王命，益無忌憚，此獎亂之道也。使元之君相能如慶童之待方家奴，則降賊懾於威令，雖張士誠、方國珍可使之馴服，況其餘之小醜？惜乎其不知出此也！

愛薛，拂菻人〔一〕，祖不阿里，父不魯麻失。

愛薛通拂菻語及星曆、醫學。有列邊阿答者以本俗教法事定宗，薦愛薛賢，召侍左右，直言敢諫。世祖在潛邸，深重之。

中統三年春，詔二月八日作佛事，集教坊伎樂及鑾輿法駕迎之。愛薛諫曰：「今高麗新附，李璮復叛，天下疲弊，糜此無益之費，非所以爲社稷計也。」帝嘉納之。是月，帝幸長春宮，欲駐蹕，愛薛趣入，復力諫。帝愕然，拊其背曰：「非卿不聞此言。」促駕還。自是日

見親近。

五年春，帝獵於保定之新安，日且久，乃從容於帝前問供給之民曰：「得勿妨爾耕乎？」帝爲罷獵。從幸上都涼亭，大宴，諸王、羣臣競起行酒。愛薛進曰：「此可飲乎？」上悟，抱愛薛置膝上，啐其頂，左手挽其鬚，以酒飲之，顧謂皇太子曰：「有臣如此，朕復何憂？」

八年，以愛薛副孛羅使於西北諸王，還，爲賊所邀截，與孛羅相失，二年始達京師。召見，以阿魯渾王所贈寶裝束帶進，帝大悦，謂左右曰：「孛羅生吾土，食吾禄，而安於彼；愛薛生於彼，家於彼，而忠於我。何相去之遠耶？」孛羅爲阿魯渾所留，遂用事。後合贊與貝杜爭國，貝杜遣孛羅使於貝杜，事具《諸王傳》。故世祖斥其「安於彼」云。愛薛拜平章政事，固辭。

十二年，拜秘書監。十三年，伯顏平江南還，阿合馬以飛語搆之，愛薛叩頭諫，事得釋。十四年，領崇福院使。十九年，進翰林學士承旨，兼修國史。

大德元年，遥授平章政事。七年，帝不豫。秋八月，地震。皇后召問：「卿知天象，災異殆民所致。」愛薛曰：「此天示警誡，民何與？願熟思之。」皇后曰：「卿何不早言？」曰：「臣事世祖及皇帝，雖寢食未嘗不見。臣今累月不入侍，言何由達？」皇后默然。

十一年，成宗崩，内旨索星曆秘文，愛薛厲色拒之。武宗即位，進金紫光禄大夫，封秦國公。至大元年六月，卒於上都，年八十二。皇慶元年，贈推誠協力贊治功臣、太師、開府儀同三司、上柱國，追封拂林王，謚忠獻。

六子：也里牙，光禄大夫、秦國公、崇福院使，領司天臺事，以與文宗逆謀，惠宗時詔暴其罪；腆哈，翰林學士承旨、兼修國史；黑厮，光禄卿；闊里吉思，同知泉府院事；魯哈，廣惠司提舉；咬難，宿衛興聖宫。

曲樞，西域人。性縝密，爲徽仁裕聖皇后宫臣。仁宗幼，以曲樞可任保傅〔二〕，命侍仁宗。曲樞入典飲膳，出則抱負之，昕夕無間。大德九年，仁宗侍皇太后居懷孟，未幾復之雲中，曲樞俱隨扈。

成宗崩，仁宗入靖内難，迎武宗即位。仁宗爲皇太子，拜曲樞榮禄大夫、平章政事，行大司農。未幾，進光禄大夫、領詹事院事，加特進，封應國公。至大元年，拜開府儀同三司、太子詹事、平章軍國重事、上柱國，依前大司農，又加太子太保，領典醫監事。明年，授太保、録軍國重事、集賢大學士，領崇祥院、司天臺事。延祐四年，詔於京師健德門外構園

亭，以賜曲樞，名曰賢樂堂，且曰：「可爲朕往來駐蹕之地。」後卒於官，贈太師，追封祁連王，謚忠惠。

子二人：長伯都，大德十一年，特授學士、嘉議大夫。遷中奉大夫、典寶監卿，加資德大夫、治書侍御史。至大元年，晉榮禄大夫，遥授中書平章政事，改侍御史。明年，拜中書參知政事。三年，進右丞。年三十二卒。子咬住。

次伯帖木兒，大德十一年，特授正議大夫、懷孟路總管府達魯花赤，兼管諸軍奥魯、管内勸農事，改府正。至大二年，遷中奉大夫、陝西等處行尚書省參知政事。三年，入爲太子家令，遷正奉大夫。四年，遷資德大夫、大都留守，兼少府監，擬擢侍御史，改除翰林學士承旨、知制誥兼修國史。未幾，復爲大都留守，兼少府監、武衛親軍都指揮使，佩金虎符。皇慶元年，加榮禄大夫。卒，贈太傅，追封文安王，謚忠憲。子二人：桓澤都、鑾子。

脱虎脱，畏兀氏族。武宗即位，以潛藩之舊，授宣政院使。

是年九月，詔立尚書省，分理財用，以脱虎脱、教化、法魯忽丁三人任省事，令其自舉官屬。御史臺臣言：「至元中，阿合馬綜理財用，立尚書省，三年，併入中書。其後桑哥用事，復立尚書省，事敗，又併入中書。自大德五年以來，四方地震、水災，歲仍不登，百姓重困，便民之政，正在今日。頃又聞立尚書省，必增置所司，濫設官吏，殆非益民之事也。且理財在人，若止命中書整飭，未見不可。臣等隱而不言，懼將獲罪。」帝曰：「卿言良是，脱虎脱等願任其事，姑聽之。」既而詔脱虎脱仍爲宣政使，教化留京師，其餘尚書省官各任以職事，遂中格。

至大二年，遷中書左丞。是年，樂實言：「鈔法大壞，請變法以維之。」且圖新鈔式以進。又與保八議立尚書省，詔乞台普濟、塔思不花、赤斤鐵木兒、脱虎脱集議以聞。保八奏：「政事得失，皆前日省臣所爲。彼懼爲罪，孰願更張？陛下若矜恤臣等所議，請立尚書省，舊事從中書，新政從尚書。請以乞台普濟、脱虎脱爲尚書丞相，三寶奴、樂實爲平章，保八爲右丞，王羆參知政事。」帝並從之。塔思不花言：「此大事，乞與老臣詳議。」不聽。

八月癸酉，遂立尚書省，以脱虎脱爲左丞相。是月，命脱虎脱兼領右衛率府事。脱虎脱等奏：「中書省有逋欠錢糧、應追理者。宜存斷事官十人，餘皆併入尚書。」又言：「往者大辟獄具，尚書省議定，令中書省裁酌以聞，宜依舊制。」從之。詔：「天下敢有沮撓尚書省

事者，罪之。」改造至大寶鈔，頒行天下。事具《食貨志》。已而以大都建佛寺，立行工部，命脱虎脱領之。脱虎脱等又奏：「三宫内降之旨，中書省奏請勿行，臣等請仍舊行之。倘於大事有害，則奏聞可也。」又奏：「中書政務，乞盡歸臣等。」至元二十四年，凡宣敕亦尚書省掌之。今臣等議：「乞從尚書省任人，而以宣敕散官委之中書。」帝並韙其言。其攬權罔上，事多類此。

三年，遷右丞相，定税課法及脱課官等第，以歷代銅錢與至大錢並用。六月，加太師。詔與三寶奴總理百司庶務。脱虎脱等奏：「宣徽院廪給日增，宜分減。」帝曰：「比見後宫飲膳，與朕無異，有是理耶？其覈實減之。」又敕：「尚書省事繁重，諸司有才識明達者，先從尚書省選任。」十一月，加録軍國重事，封義國公。是年，誣奏都指揮使鄭阿思蘭等十七人謀不軌，盡殺之，天下冤之。

四年正月，武宗崩。越三日，仁宗罷尚書省，以脱虎脱等變亂舊章，與三寶奴、樂實、保八、王羆俱伏誅。

三寶奴者，至大元年封渤國公，六月加録軍國重事，二年拜尚書平章政事。先是，三寶奴以罪謫武昌，與翟萬户妻劉氏往來。及爲執政，劉氏至京師上謁，不爲所禮，見榻上

有逃婢所竊鞍帕，即詣御史臺訴三寶奴奪其所進亡宋玉璽一、金椅一、夜明珠二。鞫之，亡實，杖劉氏，斬書狀人喬瑜。

三年，進尚書左丞相，加太保，又賜號答拉罕。奏：「省部官惰窳，請敕其晨集暮散，後至者便宜罷之，不必奏聞。其抵任一二月稱病者，杖免。」從之。三寶奴等密勸廢仁宗，立周王爲皇太子，事具《亦納脱脱傳》。仁宗深惡之。及武宗崩，與脱虎脱等同日伏誅。

子哈剌拔都兒，累官知樞密院事。追封三寶奴郢城王，謚榮敏。

史臣曰：自世祖至武宗，凡三立尚書省。聚斂之臣災及其身，無足論者。然脱虎脱等視阿合馬、桑哥罪，宜末減，仁宗以私憾殺之，過矣。

察罕，西域板勒紇城人。

父伯得那，太宗十年旭烈兀伐宋，圍安豐，裨將伯要台薄城下，城人執長鉤及之，懸以上，伯得那在後隊，奮出助伯要台引卻，人、鉤俱墜，戮於陣前，宋人爲之奪氣。旭烈兀壯之，賜名拔都。河東陝右諸路爲旭烈兀分地，以重合剌爲總管，治解州，至是命伯德那爲

副總管，伯德那因家焉。僧人誣道士置酒謀毒旭烈兀，有司逮捕數百人治之。伯德那以事至和林，見旭烈兀，白其誣，事得釋。旭烈兀欲使代重合剌爲總管，伯德那固辭，賜西錦名馬以旌其讓。重合剌者，旭烈兀之愛將，賢伯德那之讓，以養女李氏妻之，生六子。

察罕，其長子也。幼穎悟，誦諸國字書，爲行軍府奥魯千户，湖廣參知政事奥魯赤辟爲蒙古都萬户府知事。奥魯赤進平章，復辟爲理問，政事悉委裁決，且令諸子受學。

至元二十四年，從鎮南王征安南，師次富良江，安南世子遣其叔父詣軍門，自陳無罪。王命察罕數其罪而責之，使者辭屈，世子率衆遁。

二十八年，授樞密院經歷。未幾，從奥魯赤移治江西寧都。民言：「某鄉石上雲氣五色，視之，玉璽也。不以兵取，恐爲居人所有。」衆惑之。察罕曰：「妄也，是必搆害仇家者。」覈之，果然。前後從奥魯赤出入湖廣、江西兩省，凡二十一年。

大德四年，御史臺奏僉湖南按察司事，中書省奏爲武昌路治中。丞相哈剌哈孫曰：「察罕廉潔，固宜居風憲；然武昌大郡，非斯人不可治。」竟除治中。廣西妖賊高仙道以左道惑衆，平民詿誤者以數千計。既敗，湖廣行省命察罕與憲司雜治之，議誅首惡數人，餘悉縱遣，且焚其籍。衆難之，察罕曰：「吾獨當其責，諸君無累也。」以治最聞，擢河南省郎中。

武宗即位，河南平章囊家台薦之。驛召至上都，賜廐馬二匹、鈔一千貫、銀五十兩，曰：「卿少留，行用卿矣。」仁宗爲皇太子，授察罕詹事院判，進僉詹事院事，賜銀百兩、錦二匹，遣先還大都，立詹事院。仁宗至，謂曰：「上以故安西王地賜我，置都總管府，卿其領之。勿以詹事位高，不屑此也。」進卿秩資德大夫。察罕辭，改正奉大夫，授以銀印。至大元年，命閱户口江南，還，進太子府正，加昭文館大學士，遷家令。

武宗崩，仁宗哭泣不已，察罕啟曰：「天下重器懸於殿下，縱自苦，如宗廟、太后何？」仁宗輟泣曰：「囊者大喪，必命浮屠，何益？吾欲發府庫以賑鰥寡孤獨，若何？」曰：「發政施仁，文王所以爲聖。殿下行之，幸甚！」東宮故有左右衛兵，命察罕與囊加台總右衛，且令慎擇官屬。

仁宗即位，拜中書參知政事，總持綱紀，識者謂得大臣體。帝嘗賜枸杞酒，曰：「以益卿壽。」又語宰相曰：「察罕清素，可賜金束帶、鈔萬貫。」前後賞賚不可勝計〔三〕。皇慶元年，進榮禄大夫、平章政事，商議中書省事。乞歸解州，立碑先塋。許之。

晚居德安白雲山别墅，以白雲自號。及入覲，帝望見曰：「白雲先生來矣。」其寵遇如此。帝嘗問：「張良何如人？」對曰：「佐高帝興漢，功成身退，賢者也。」又問狄仁傑，對曰：「當唐室中衰，能保社稷，亦賢相也。」因誦范仲淹所撰狄仁傑碑，帝歎息良久，曰：「察

罕博學如此。」已而譯《貞觀政要》以獻，帝大悦，詔繕寫，徧賜左右，且詔譯《帝範》，又命譯《脱必赤顔》，名曰《聖武開天紀》，及《紀年纂要》、《太宗平金始末》等書，俱付史館。後以病請告。暨還朝，帝御萬歲山圓殿，與平章李孟入謝，帝曰：「白雲病愈邪？」頓首對曰：「老臣衰病，無補聖明，荷陛下哀矜，放歸田里，幸甚。」命賜茵以坐，顧李孟曰：「知止不辱，今見其人。朕始以答剌罕、不憐吉台、囊加台等言用之，誠多裨益。有言察罕不善者，其人即非善人也。」又語及科舉并前古帝王賜姓命氏之事，因賜察罕姓白氏。

初，察罕生，其夜月白如晝，相者賀曰：「是兒必貴。」國人謂「白」爲「察罕」，故名察罕。既致仕，優游八年，以壽卒。

子外家奴，太中大夫、武岡路總管；李家奴，早卒；忽都篤，承直郎、高郵府判官。孫九人，知名者：闊闊不花、哈撒。察罕弟朶羅台，性至孝，高尚不仕，朝廷旌其閭爲「孝子」。

【校勘記】

〔一〕「拂菻」，退耕堂本作「西域」，下句「拂菻」同。《元史》卷一三四列傳第二十一《愛薛傳》云：「愛薛，西域弗林人，通西域諸部語。」明王圻《續文獻通考》卷一九三

《封建考》亦云：「愛薛，西域人。」

〔二〕「保傅」，原作「保傳」，據《元史》卷一三七列傳第二十四《曲樞傳》改。

〔三〕「賞賚」，原作「賞賫」，據《元史》卷一三七列傳第二十四《察罕傳》改。

新元史

第十册

列傳（五）
考證

柯劭忞 撰
張京華 黄曙輝 總校

上海古籍出版社

新元史卷之二百三十七　列傳第一百三十四

文苑上

昔金之末造，文章衰敝，至元好問出，始無愧於唐、宋之作者。然蒙古初入中原，好問之學不甚顯於當世。中統以後，浸尚詞術，上下百有餘年，稱詩者推楊載、虞集、揭傒斯、范梈，稱文者推虞集、揭傒斯、黄溍、柳貫，皆質有其文，彬彬然立言之君子也。皇朝黄宗羲以姚燧、虞集爲元文之最盛者，王士禎以吴萊之詩配蘇軾，翁方綱以虞集之詩繼黄庭堅，蓋議論之不同如此。文章之士，因派別而爲愛憎，至論定於千載之後，其言固不可易也。作《文苑傳》。

楊奂 員擇　陸文圭 梁益　劉辰翁 黄圭 羅志仁　周密　盧摯　戴表元　陳孚 馮子振　洪希文〔一〕　龔璛　宋无　白珽　劉應龜　元淮　袁易 泰　鮮于樞　鄭滁孫 陶孫　姚應鳳　謝暉　吾邱衍 仇遠　楊載 楊剛中 李桓　劉詵 龍仁夫 劉岳申　陳旅 程文 陳繹曾　李泂 王景賢　范梈　柳貫　李孝光 朱文霆　周馳　朱

德潤　顧輝　馬瑩　黃叔英　吴福孫　胡渭　李存

楊奂，初名煥，後改爲奂，字煥然，乾州奉天人。年十一，母卒，哀毁如成人。金末，舉進士不第。太宗九年，詔宣德税課使劉中試諸路儒士，奂應試東平路，兩中賦論第一。耶律楚材薦爲河南路徵收課税所長官，兼廉訪使。奂言於楚材曰：「奂以書生，理財賦已非所長，況河南兵荒之後，遺民無幾。願假以歲月，使得摩撫瘡痍，爲朝廷萬一之助。」楚材善之。奂至，約束簡易。或以增税額爲言，奂責之曰：「剥下欺上，爾欲我爲之也？」即減原額四之一，公私便之，謂從來漕司所未有。在職十年，以老病致仕。世祖在潛邸，驛召參議京兆宣撫司事。累上書，得請而歸。卒，年七十。賜謚文憲。

奂博學强記，讀《通鑑》論漢魏正閏，不平其事，著書駁正之。文章務去陳言，以蹈襲古人爲恥。趙復稱其「沉没莊、騷，出入遷、固，然後折衷於孔、孟之《六經》」，世以爲知言。著有《還山集》六十卷，《天興近鑑》三卷，《正統書》六十卷。初，奂從太宗檢文，判誤「奂」爲「英」，不敢私改，故又名英云。

門人員擇，得奂文學之傳，奂文集即擇所釐訂者。

陸文圭，字子方，江陰人。幼穎悟，博通經史百家之學。宋咸淳九年，以春秋中鄉選。宋亡，隱居不仕。延祐設科，有司强之就試，再中鄉選。其對策，言救流民之策三，曰擇守令，輕賦役，議振貸；革貪吏之策三，曰清選法，均俸給，嚴糾劾；拯鹽法之策三，曰恤亭户，減官額，省職員；拯鈔法之策三，曰住印造，節用度，禁奢侈。皆切中當世之弊。朝廷數遣使以幣聘之，文圭老疾不果行。卒，年八十五。

文圭爲文，縱横變化，莫測其涯涘，東南學者皆宗師之。屬纊先一日，語門人曰：「以數考之，吾州二十年後必有兵變。吾死宜葬於不食之地，勿封勿樹，庶免暴骨之患。」其後江陰之亂，冢墓盡發，人乃服其先知。有《牆東類稿》二十卷。

同縣梁益，字友直。工文辭，與文圭齊名，著有《三山藁》、《詩傳旁通》。

劉辰翁，字會孟，吉安廬陵人。宋太學生。廷試言：「濟王無後，可憫；忠良戕害，可傷；風節不競，可憾。」忤賈似道，置丙等。宋亡不仕。著有《須溪文集》。子尚友，亦能文。吴澄評其父子之文，謂：「辰翁奇詭變化，尚友浩瀚演迤，皆能成一家之言。」

同縣黄圭，字唐佐；羅志仁，字壽可。宋末有詩名。以薦，圭授莆田丞，志仁授天長書院山長。劉辰翁嘗稱之曰：「黄西月五言，羅秋壺小詞，它人莫能及也。」

周密，字公謹，其先濟南人，後徙吴興。密學問淵雅，爲宋相馬廷鸞所知。累官豐儲倉所檢察。宋亡，寓杭州，居癸辛街楊沂中之瞰碧園，與王沂中、張炎、仇遠等相倡和。其詩感慨激發，樂府尤工。有《蠟屐集》、《弁陽詩集》、《蘋洲漁笛譜》。密著書甚多，其《齊東野語》、《癸辛雜志》、《絶妙好詞》皆盛行於世。

盧摯，字處道，一字莘老，大都涿州人。至元中，以能文薦，累遷河南路總管。真人吴全節，代祀嶽瀆，過河南，聞其治行，力薦之。大德初，授集賢學士，出爲江東道廉訪使，復入爲學士，遷承旨，卒。

元初能文者，曰「姚盧」，謂姚燧及摯也。古今體詩，則以摯與劉因爲首。著有《疏齋集》。臨川吴澄曰：「盧學士所作古詩，類魏晉清言。古文出入《盤誥》中，字字土盆瓦缶，而有三代虎蜼瑚璉之色。」見者莫不改觀。摯嘗曰：「清廟明堂，謂之古，朱門大厦，謂之華屋可也，不可謂之古。太羹元酒，謂之古。八珍，謂之美味可也，不可謂之古。知此可與論古文矣。」其自言得力如此。

戴表元，字帥初，一字曾伯，慶元奉化州人。宋咸淳中，登進士乙科，教授建寧府。後遷臨安教授，不就。大德八年，執政薦於朝，起家授信州教授，再調婺州，以疾辭。

初，表元閔宋季文章氣萎苶而辭骫骳，慨然以振起斯文爲己任。時四明王應麟、天台舒岳祥，並當代儒宗，表元皆從受業。故其學博而肆，其文清深雅潔，蓄而始發。至元、大德間，東南以文章大家名重一時者，表元一人而已。其門人最知名爲袁桷。桷之文，體裁、議論皆取法於表元者。

表元晚年，翰林、集賢以修撰、博士二職論薦，不肯起。年六十七卒。有《剡源集》三十卷。

陳孚，字剛中，台州臨海人。至元中，孚以布衣上《大一統賦》，江浙行省聞於朝，署上蔡書院山長。考滿，謁選京師。二十九年，世祖命梁曾以吏部尚書再使安南，選南士爲介。朝臣薦孚博學有氣節，調翰林國史院編修官，攝禮部郎中，爲曾副。陛辭，賜五品服，佩金符以行。三十年正月，至安南，世子陳日燇以憂制不出郊，遣陪臣來迎，又不由陽明中門入。曾與孚回館，致書詰日燇以不庭及不出郊迎詔之罪，往復三書，辭直氣壯，皆孚筆也。使還，除翰林待制，兼國史院編修官。帝方欲寘之要地，而廷臣以孚南人，且尚氣，頗忌之，遂除建德路總管府治中，再移衢州、台州。大德七年，奉使宣撫循行諸道。時台州旱饑，道殣相望。江浙行省檄浙東元帥脱歡察爾振之，脱歡察爾不恤民，驅脅有司，動寘重典。孚遂詣宣撫使，愬其不法十九事，按實抵罪，發倉振民，全活者衆。孚亦以此致疾，卒於家。年六十四。贈臨海郡公，謚文惠。孚天材過人，性任俠不羈，其詩文任意疾成，不事雕斵。有文集行於世。

同時有馮子振，其豪俊與孚略同，孚自以爲不及。子振嘗爲詩諛桑哥，及桑哥敗，子振又告詞臣撰碑，引喻失當，孚發其奸狀，帝不問。子振爲文，酒酣耳熱，命侍史二三人潤筆以俟，據案疾書，隨紙數多寡，頃刻輒盡。然不盡合於法度，人亦以此少之。

洪希文，字汝質，興化莆田人。父德章，宋貢士，初爲興化教諭。會兵亂，父子同居萬山中，飯疏飲水，相倡和，無愠色。德章有集曰《軒渠》，希文自號《續軒渠集》，又號《去華山人稿》。其詩激宕淋漓，爲閩人之冠。

龔璛，字子敬，鎮江人。父潗，宋司農卿，宋亡，例遣北上，行至莘縣，不食而卒。璛與弟理，力學不仕，當時以「兩龔」比之。以薦，爲寧國路儒學教授。遷上饒縣主簿，以江浙等處儒學副提舉致仕，卒。爲文卓偉殊絶，自成一家，著有《悔存藁》。

宋无，字子虚，舊字晞顔。宋末兵起，自晉陵遷平江，冒朱姓，搶攘之際，不廢學業。父國珍，領征東萬户案牘，適病瘻，无匄以身代，入海，抵竹島，風濤大作，无吟詠自如。至元二十四年，中丞王約薦之，以奉親辭。著有《翠寒集》。趙孟頫稱其「風流藴藉，皆不經人道語」。又《啽囈集》一卷，雜咏古人軼事。《鯨背吟》一卷，乃從事征東幕府時，作七言斷句，議論諷刺，有裨時政焉。

白珽，字廷玉，錢塘人。年十三，受經太學，即有聲。甫壯，李衎爲江浙平章，薦爲太平學諭，珽勉起應命。秩滿，遷蘭溪州判官，不赴。其詩文爲時所重，紫陽方回稱其「冠絶古今」，廬陵劉辰翁言：「其蒼然者，不惟極塵外趣，兼有雲山韶頀之音。」晚歸老棲霞，學者稱湛淵先生。所著曰《經子類訓》，曰《集翠裘》，曰《静語》，各二十卷。亦工書，有魏晉風。

劉應龜，義烏人。自少潛心義理之學，每以古人自期。宋淳祐間，遊太學，丞相馬廷鸞高其才，將以女妻之，堅不允，由是名稱藉甚。至元初，起爲月泉書院山長，升杭州學正。所著有《夢稿》、《癡稿》、《聽雨留稿》，共二十卷。

元淮，字國泉，别號水鏡，臨川人，徙家邵武。以軍功，官至溧陽路總管。嘗有詩云：「截髮搓繩聯斷鎧，撦旗作帶繫金創。卧薪嘗膽經營了，更理毛錐治溧陽。」溧陽，至元十三年升爲溧州，繼改溧陽府，已升爲路。淮到省，乞改爲直隸州，少蘇民力。及去任，作詩云：「問歸行李輕如羽，沿路吟詩有一船。」著《金困吟》一卷。

袁易，字通甫，平江長洲人。力學，不求仕進。行省使者將薦之，易固辭。辟署石洞書院山長，亦不就。居吴淞、具區間，築堂曰静春，聚書萬卷，手自校讎。著《静春堂詩集》四卷。與郡人龔璛、郭麟孫爲「吴中三君子」，趙孟頫嘗作《卧雪圖》以美之。

子泰，字仲長，爲郡學教授，别號寓齋，亦有詩名。

鮮于樞，字伯機，號困學山民，大都人。官至太常典簿。學書於張天錫。偶適野，見二人輓車行泥淖中，遂悟書法。酒酣，吟詩作字，奇態横生，與趙孟頫齊名，終元世，學者不出此兩家。或言孟頫妒其書，重價購而燬之，故傳世不多云。著有《困學齋集》。虞集贊其畫象曰：「斂風沙裘劍之豪，爲湖山圖史之樂。翰墨比米、薛而有餘，風流擬晉、宋而無作。」世稱知言。子去矜、孫端，皆能世其家學。

鄭滁孫，字景歐，處州人。宋景定間，登進士第，知温州樂清縣。累遷宗正丞、禮部郎中。至元三十年，有以滁孫名薦者，世祖召見，授集賢直學士，累擢學士，乞致仕歸。弟陶孫，字景潛。亦登進士第，監西嶽祠，先陶孫徵至闕，奏對稱旨，授翰林國史院編修官。會纂修國史，至宋德祐末年事，陶孫曰：「臣嘗仕宋，宋是年亡，義不忍書，書之非義矣。」終不書。世祖嘉之，擢應奉翰林文字。後出爲江西儒學提舉。滁孫兄弟在當時最號博洽，學者翕然推之。隆福太后製衣親賜之，人以爲榮。滁孫所著，有《大易法象通贊》、《周易記玩》等書。陶孫有文集。

姚應鳳，字時和，慈谿人。自雄其才，喜馳騁，每屬筆於廣衆中，詞鋒横逸，驚一座。後持以謁同郡袁桷，桷語之曰：「子文不受束縛，然法度自不可廢也。」應鳳領之。自是務爲簡嚴，日益深邃。至元間，嘗就試省部，時以龍虎臺命題，有司得應鳳賦，嘆曰：「此秦漢間故物也。」置高第，著有《訥軒稿》。

謝暉，字彦實，資陽人。識見通敏。早歲受業胡長孺之門，以德業自勉。或勸習舉子業，答曰：「學以博通古今，資文行耳，仕奚所急？」趙孟頫見而愛之，授以書法，一臨池遂得其神似。文章質實，皆布帛菽粟之言。

吾邱衍，字子行，由太末徙家錢唐。性凌傲，高不事之節。家於委巷中，教小學，常數十人。或請謁，從樓上遥謂曰：「吾出有間矣！」著《尚書要略》、《聽玄集》、《九歌譜》、《十二月樂譜辭》、《重正卦氣》、《楚史檮杌》、《晉文春秋》諸書，兼通音律，工篆、隸。初，衍年四十未娶，所知爲買酒家女爲妾。女有前夫，知女所在，訟之。衍遭捽辱，不勝忿，因詣仇遠作别。值晨出，留詩一章，有「西冷橋外斷橋邊」之句，明日，有得遺履於橋上者。西湖多寶院僧可權，從衍學，知其投水死，乃葬衍遺文於後山。

同縣仇遠，字仁近。官溧陽州教授，好古博雅。楷書學歐陽率更，行書亦善。著有《山村集》、《批註唐百家詩選》。

楊載，字仲弘，其先居建州之浦城，後徙杭州。幼孤，事母至年四十不仕。户部尚書賈國英數薦於朝，以布衣召爲翰林國史院編修官，與修《武宗實録》。延祐初，仁宗以科目取士，載遂登進士第，授饒州路同知浮梁州事，遷寧國路總管府推官。至正二年，卒。

載博涉羣書，爲文以氣爲之。黄溍評其文：「博而敏，直而不肆。」載亦謂溍曰：「子之文，氣有未充也，然已密矣。」溍歎服。尤工詩，嘗語學者曰：「詩當取材漢、魏，而格律則以唐爲宗。」自載出，始洗宋季詩人之陋。

載與虞集友善，每言集不能作詩。一日，集載酒，問詩法於載，酒酣，盡爲集言之。後集作詩送袁桷扈駕上都，介他人質於載，載曰：「此詩非伯生不能作也。」或問：「君謂伯生不能作詩，何以有此？」載曰：「伯生學問高，予以詩法授之，餘莫能及也。」故元一代之詩，稱「虞、楊、范、揭」云。

同時，上元有楊剛中，字志行。自幼厲志操。及爲江東按察司照磨，風采凛凛。其文奇奥簡澀，力矯凡俗，爲元明善歎賞。仕至翰林待制而卒，有《霜月集》行世。

其甥李桓，字晉仲，同郡人。由鄉貢進士累遷江浙儒學副提舉，亦以文鳴。

劉詵，字桂翁，吉安廬陵人。少有文名。江南行御史臺屢以教官、館職、遺逸薦，皆不報。詩文曰《桂隱集》。桂隱，詵别號也。至正十年卒，年八十三，賜謚文敏。

同郡龍仁夫，字觀復；劉岳申，字高仲。其文學皆與詵齊名，有集行世。而仁夫之文尤奇逸流麗，所著《周易集傳》〔一〕，多發前儒所未發。岳申用薦，爲遼陽儒學副提舉，仁夫，江浙儒學副提舉，皆不就。

陳旅，字衆仲，興化莆田人。幼孤，篤志於學，於書無所不讀。用薦者，爲閩海儒學官。適御史中丞馬祖常使泉州，一見奇之，謂旅曰：「子，館閣才也，胡爲留滯於此？」使勉遊京師，既至，翰林侍講學士虞集見其所爲文，慨然歎曰：「我老將休，付子斯文矣！」即延至館中，朝夕以道義學問相講習，自謂得旅之助爲多。

中書平章政事趙世延力薦之，除國子助教。居三年，考滿，諸生不忍其去，請於朝再任焉。元統二年，出爲江浙儒學副提舉。至元四年，入爲應奉翰林文字。至正元年，遷國子監丞，階文林郎。又二年，卒，年五十有六。

旅於文，自先秦以來，至唐、宋諸大家，無所不究。故其文典雅峻潔，必求合於古作者。有文集十四卷。

篤於師友之義，每感虞集爲知己。其在浙江時，集歸田已數載，歲大比，請於行省參知政事孛朮魯翀，親奉書幣請集主鄉試。集感其來，留旬日而別，惓惓以斯文相勉。集每與學者語，必以旅爲平生益友。一日，夢旅舉杯相向曰：「旅甚思公，亦知公之不忘旅也，但不得見爾。」既而聞旅卒，集深悼之。

同時有程文、陳繹曾者，皆名士。文，字以文，徽州人。仕至禮部員外郎，作文明潔而精深，集亦稱之。繹曾，字伯敷，處州人。爲人雖口吃，而精敏異常，諸經註疏，多能成誦。文辭汪洋浩博，其氣燁如也。官至國子助教，論者謂二人皆與旅相伯仲。

李泂，字溉之，滕州人。少以文受知姚燧，薦授翰林國史院編修官，轉太常博士。拜住爲丞相，聞泂名，擢監修國史長史。泰定初，除翰林待制。以葬親辭歸。天曆初，文宗開奎章閣，延天下知名士充學士員。泂數進見，奏對稱旨，特授奎章閣承制學士。泂既被知遇，乃著《輔治篇》以進。命預朝廷大議，同修《經世大典》。謁告歸，復除翰林直學士，稱疾不起。

泂骨清神朗，峨冠褒衣，望之如圖畫中人。爲文揮灑縱放。去官後，歷游匡廬、王屋、少室諸山，留連久之乃去。僑居濟南，有湖山、花竹之勝，搆亭其間，文宗嘗敕虞集記之。泂尤善書，自篆、隸、真、草，皆見重於世。卒，年五十九。有文集四十卷。

同時，海康人王景賢，號愚谷，爲邕州路教授。文宗居海南，得其詩愛之，手書「愚谷」

二大字以賜。及即位，又賜以六花宫袍。

范梈，字亨父，一字德機，清江人。家貧，早孤，母熊氏守志撫之。天資穎異，所誦讀輒記憶。居則固窮守節，竭力養親，出則假陰陽之技，以給旅食。耽詩文，用力精深，人罕知者。與虞集友善。年三十六，始客京師。中丞董士選延之家塾，以薦爲翰林院編修官。秩滿，御史臺擢海南海北道廉訪司照磨。遷江西湖東道，選充翰林供奉。御史臺又改擢福建閩海道知事，閩俗素污，文繡局取良家子爲繡工，無别尤甚。梈作歌詩一篇〔三〕，述其敝，廉訪使取以上聞，皆罷遣之。未幾，移疾歸。天曆二年，授湖南嶺北道廉訪司經歷，以養親辭。明年卒，年五十九。

所著詩文，與虞集、楊載、揭傒斯齊名。梈居官廉正，不可干以私，疏食飲水，泊如也。吴澄稱爲特立獨行之士云。

柳貫，字道傳，婺州浦江人。幼有異禀，穎悟過人。稍長，受學於金履祥，又從方鳳、吴思齊、謝翱游，肆力於古文詞。以察舉爲江山縣學教諭，又爲昌國州學正。考滿，至京師，翰林學士吴澄語人曰：「柳君如慶雲甘露，天下士將被其澤。」翰林學士承旨程鉅夫以墨一笏贈之，曰：「天下文章，今屬子矣。」延祐四年，特授湖廣等處儒學副提舉，未上，改國子助教，擢博士。泰定元年，遷太常博士。朝廷有大典禮，集諸儒討論，貫酌古今之宜，爲之折衷，人咸服其精審。沅州歲貢包茅四十一舟，茅輕，舟多覆溺。貫建議，請減其三之一，附以他貢物，自是無覆溺之患。前臨江州知州李倜爲部使者所劾，倜官至集賢侍讀學士，卒，當得諡。貫爲諡議，其子納金於貫，乞毋及臨江事，貫辭之，而明其無罪。執政欲以其祖配食孔子廟，衆莫敢言，貫獨毅然持不可而止。有神降於大名，長吏白於朝，乞封爵。貫以爲神姦蠱民，不治將爲亂，下所部禁止之。監察御史馬祖常薦貫才任御史，疏再上，不報。出爲江西等處儒學提舉。抵任，吏沿舊例，納米八十石。貫謝不受。道士廟侵學地，書院學田爲僧所占者二百三十畝，悉奪而歸之。南康倉吏坐飛語逮繫百餘人，行省檄貫讞其獄，一訊而伏，平反甚衆，人尤服其明允。秩滿，謝病歸。家居十年，饔飧不給，泰如也。至正元年，召爲翰林待制，兼國史院編修官。明年卒，年七十三。門人私諡文肅先生。

貫學問淹雅，其文舂容紓徐，事詳而詞覈，蔚然成一家言。工篆籀，杜本謂其妙處不減李陽冰。有《近思録廣輯》三卷，《字系》二卷，金石文字十卷，文集四十卷。

李孝光，字季和，温州樂清人。少居雁蕩山五峰下，四方之士遠來受學，名譽日聞，泰不華以師事之。至正七年，詔徵隱士，以秘書監著作郎召，與完者圖、執禮哈琅、董立同應詔，赴京師，見帝於宣文閣，進《孝經圖說》，帝大說，賜上尊。明年，升文林郎、秘書監丞。卒於官，年五十三。孝光以文章負名當世，其文取法古人，非先秦、兩漢語，弗以措辭。有文集二十卷。

同時，莆田人朱文霆，字原道。仕至泉州路總管，博學能文，宋濂稱其言醇而理彰。著《葵山集》。

周馳，字景遠，東昌人。文章雅贍。官燕南廉訪僉事。嘗爲南臺監察御史，分治過浙西，日與朋友周旋，每有往復，其書吏記於壁上以諷之，馳召謂曰：「人之讀書，所以明人倫。使我屏絶故舊，是爲御史而廢朋友一倫，其可乎？」聞者韙之。後卒於官。

朱德潤，字澤民，平江人。父環，長洲儒學教諭。德潤工詩文，善書，尤長於繪事。延祐末，游京師，趙孟頫薦之駙馬瀋王以聞，仁宗召見，授應奉翰林文字、同知制誥，兼國史院編修。英宗嗣位，出爲鎮東行中書省儒學提舉。又明年，二月大雪，上獵於柳林，駐壽安，獻《雪獵賦》，累萬餘言，上奇之。未幾，英宗遇弒，德潤謂人曰：「吾挾所長，事兩朝而不偶，是命也。其歸歟三江水乎？」旦日，遂棄官歸。至正十二年，江浙行中書省平章政事三旦八起爲行省照磨，乃進言於三旦八，請貸脅從，以攜賊黨。既而，選爲長興尹，以病乞歸。卒，年七十二。子吉，閉門教授，不應張士誠之聘。

顧輝，字德潤，鄞縣人。其大父應春，鄉貢進士；父學海，字叔川，皆名士。輝幼承家學，甫十歲，即善屬文。郡博士俞希魯欲以神童貢，辭不就。既長，肆力經史，卓然欲以事功自見。既而喟然嘆曰：「吾身不遇矣，殆將以立言已乎？惟經以載道，史以紀事，古先哲王所藉以牖民者也。」自是默索精思，晝夜孜孜，垂三十年。著《釋圜》一，《説約》六十三，《圖徽》二十一，《希言》二十四，《事剡》六十二，《治要》十八，《體卦》八，解八，辯十二，議二十四，傳七，記、論、序文、銘各三，雜著十八，賦六，騷十九，雜詩三百二十一，合三十卷，分爲三集，通謂之《守齋類稿》。

馬瑩，字仲珍，建德人。少穎悟，精研經史，旁及諸子百家，靡不淹貫。延祐設科，瑩再舉進士不第，卒。瑩善爲詩，措意遣詞，初尚葩澤，後更脱去邊幅，直窺微妙。有《歲遷集》四十卷，文集十二卷。

黄叔英，字彦聞，慈溪人。父震，宋宗正少卿，門人私謚文潔先生。叔英傳其父學，於經史百氏之書皆能成誦。爲文儁拔偉麗，意氣奔放，用薦者，爲晉陵縣教諭，卒。有《贛答暇葺》三卷，詩文集二十卷。

吴福孫，字子善，錢塘人。用薦者，爲寧國州儒學正。趙孟頫以善書名，福孫得其楷法之妙，兼工篆、籀。後授潮陽縣青山洋巡檢，移疾歸。至順二年，赴選至京師。大學士阿榮以福孫所作小楷書進於上，召見奎章閣，命近侍引金鍾酌酒以賜，將用爲館職，有沮之者而止。至元中，累遷上海縣主簿，卒。著有《樂善齋集》、《古印史》。

胡渭，字景吕，紹興諸暨人。隱居不仕。工詩，鮮于侁稱其閑遠清麗，稍加精密可幾杜甫。趙孟頫重其高節，寫《袁安卧雪圖》以遺之。有《静春堂集》四卷。

李存，字明遠，安仁人。穎悟該博，好爲古文詞。與貴溪祝蕃遠、舒元易、吴尊光同游上饒陳立大之門，號「西江四先生」。葺書室曰竹莊。秘書李孝光舉以自代，不起。有《俟庵集》三十卷。

【校勘記】

〔一〕「洪希文」，原作「洪无文」，據退耕堂本及正文改。

〔二〕「周易集傳」，「集傳」二字原脱，據《元史》卷一九〇列傳第七十七《儒學二》補。《周易集傳》八卷今存。

〔三〕「椁」，原作「椁」，據本卷目録及上文改。

新元史卷之二百三十八　列傳第一百三十五

文苑下

薩都剌　周權　陳泰　黃許　楊士弘萬白　辛敬　周貞　鄭大同　史公珽　傅若金　李康　迺賢黃玠　何失　程以臨　王逢　蒲道源　岑安卿謝宗可　鄭元祐　胡天游　周霆震　吴定翁孫轍　郭鈺　舒頔　李祁王禮　戴良吴海　王冕　錢惟善　張昱　陶宗儀　顧德輝郭翼　楊維楨　張憲張雨　丁鶴年　倪瓚黃公望　吴鎮　王蒙

薩都剌，字天錫，答失蠻氏，後徙居河間。薩都剌本朱氏子，其父養爲己出。弱冠，成泰定四年進士，授應奉翰林文字。擢御史於南臺，以彈劾權貴，左遷鎮江録事司達魯花赤。歷淮西廉訪司經歷。至正三年，擢江浙行省郎中。遷江南行臺侍御史。明年，左遷淮西江北道經歷。

詩才清麗，名冠一時，虞集雅重之。晚年寓居武林，每風日晴好，輒肩一杖，挂瓢笠，踏芒蹻，凡深巖邃壑，無不窮其幽勝，興至則發爲詩歌。著有《雁門集》八卷，《西湖十景詞》一卷。後入方國珍幕府，卒。

周權，字衡之，處州人。磊落負雋才，持所作走京師，袁桷大異之，謂其「意度簡遠，議論雄深」，可預館職，力薦弗就。陳旅選其詩，題曰《周此山集》。此山，權之別號也。歐陽玄序云：「季世詩人，宋之習近骫骳，金之習尚號呼。當混一之初，猶或守其故習，今則皆自刮劘而不爲矣。此山詩，簡淡和平，語多奇雋。」揭傒斯謂：「詩之正，如日月星辰山川草木鳥獸；而其變，如風雲雷雹龍騰虎躑。要在盡其常，通其變而已。惜不得與權共論之。」

陳泰，字志同，茶陵州人。延祐初，與歐陽玄同舉於鄉，以《天馬賦》得薦，官龍泉主簿。生平以吟詠自怡，别號所安，有《所安遺集》一卷。好作歌行，出語清婉有致。

黄許，字與可，處州人。至正中，遣大臣宣撫各道，許以處士獻捄時十策，曰：嚴選舉，革貪污，除吏敝，抑兼并，省冗官，汰僧道，覈田賦，興武舉，作士氣，結人心。磊落數千言，時不能用。後中書省參政普顏帖木爾、内臺治書侍御史李國鳳奉詔經略江南，得許十策，嘆曰：「世未嘗無才，顧上無用才之人耳。」初，許及懷玉鄭元善、同里葉峴、林定老相師友，三人皆第進士，而許獨不遇。定老僉浙東廉訪司事，舉爲麗水儒學教諭，不就。所著有《四書會要》、《讀易大意》、《詩書類要》、《天文地志官制類編》及《古今人詩文駢儷類選》。有《石壁晚稿》，不爲華靡無益之言。學者稱爲南岫先生。

楊士弘，字伯謙，襄陽人。好古學，嘗選唐詩一千三百四十首，分爲始音、正音、遺響，總名曰《唐音》。其自著有《鑒池春草集》。與江西萬白、河南辛敬、江南周貞、鄭大同，皆以詩雄，名聲相埒。

史公珽，字搢叟，明州人。精《易》理，作文有典則。同里鄭奕夫，以道學文章自命，每有論譔，必俟公珽鑑定，然後出稿。隱居數十年，助教程端學薦主甬東書院，棄去不就。自號蓬廬處士，有《蓬廬稿》、《易演義》及《象數發揮》若干卷。

同時，陳大倫，字彦理，諸暨州人。始學於從兄洙，後事吴萊，絶意仕進。嘗語人曰：「吾平生無他嗜，唯攻文成癖耳。」所著有《春秋手鏡》、《尚雅集》。

傅若金，字與礪，新喻人。少孤刻，勵於學，能文章，受業范梈之門。甫三十，游京師，虞集見其詩，大稱賞之。元統三年，介使安南，乘傳至真定，若金始悟曰：「安南自陳日烜絶王封，朝廷降詔，止稱世子。今不然，是無故王之也。」還白中書，更之。至安南，館姬侍，卻之曰：「吾曹非陶穀，曷爲以此見污！」使還，授廣州教授，卒。有文集二十卷。

李康，字寧之，桐廬人。事母篤孝，人稱「李孝子」。工詩文，旁及書畫琴奕，無不冠絶一時。至正二年，郡守馬九皋遣使幣聘，不起。行省官至桐廬，命縣令造請議事，康不得已，往，極談當時得失。欲薦之，以母老辭。有《杜詩補遺》、《桐川詩派》、《梅月齋永言》、《看山清暇集》。

迺賢，字易之，葛邏禄氏。世居金山之西，後散處内地，隨兄塏海宦江浙，遂家明州。生平不喜禄仕，獨長於歌詩，不規規雕刻，而温柔敦厚，有風人之致。每一篇出，士大夫輒傳誦之。時浙人韓與玉能書，王子充善古文，人目爲「江南三絶」。至正間，用薦爲編修官。有《金臺集》、《海雲清嘯集》行世。

同時，黄玠，字伯成，定海人。幼勵志操，卜築弁山，號弁山小隱。工詩，有《知非稿》、《唐詩選》、《纂韻録》行世。

何失，昌平人。負才氣，能詩文。至正間，名公交薦，以親老不就。揭傒斯雅重其人，贈以句曰：「心事巢由上，文章陶阮間。」虞集見其所作，嘆曰：「當序而傳之，使後之作者亦知世有斯人。」後卒於家。

程以臨，字至可，江西寧州人。後至元間，除將仕郎，辭不就。天資超悟，尤長於詩。搆別墅，閉户著書，老而彌篤。選漢、魏、唐、宋諸詩，名曰《删後正音》。其自著，有《瓢丸小集》。

同時，黄庚，字星甫，天台人。著有《月屋漫稿》。其自序曰：「僕齠齔時習舉子業，不暇爲詩。自科目廢，始得脱屣場屋，放浪湖海，凡平生豪邁之氣，盡發而爲詩，若醯雞之出甕天，坎蛙之出蹏涔，而遊江湖也。」其詩風致清遠，時人重之。

王逢，字原吉，江陰人。才氣爽俊，以能詩名於時。至正中，作《河清頌》，臺臣薦之，稱疾辭。晚年避亂上海烏涇，築草堂以居，自號最閒園丁，又稱席帽山人。元亡，明太祖徵召甚迫，以疾辭。逢與戴良皆眷眷有故國之思云。有《梧溪詩集》七卷。

蒲道源，字得之，眉州青神人。幼强記過人，究心濂洛之學。嘗爲郡學正，罷歸。晚以遺逸徵入翰林，改國子博士，歲餘引去。起提舉陝西儒學，不就。優游林泉，病弗御醫藥，飲酒賦詩而逝。仲子機爲秘書少監，裒其遺文曰《閒居叢稿》二十六卷，黄溍爲之序，稱其「以性理之學，爲臺閣之文」云。

岑安卿，字静能，餘姚人。所居近栲栳峰，號栲栳山人。與李季和、危素相善。嘗作《三哀詩》，弔宋遺民之在里中者，寄託深遠，膾炙人口。著有《栲栳山人集》。

同時，謝宗可，江寧人。有詠物詩百篇，傳於世，皆婉秀有思致。汪澤民題其卷，謂「綺靡而不傷於華，平淡而不流於俗」。

鄭元祐，字明德，遂昌人。兒時以乳媪失手，傷右臂。比長，能左手作楷書，規矩備至，自號尚左生。僑居平江，詩名籍甚。所著有《遂昌山樵雜録》，其詩曰《僑吴集》。

胡天游，名乘龍，以字行，別號松竹主人，岳州平江人。有俊才，七歲能詩，具作者風力，名動一時。然負高氣，孤立峻視，有沈湘蹈海之概。其詩名《傲軒吟稿》。晚歲作《述志賦》，尤爲人所傳誦。

周霆震，字亨遠，安成人。父以道，篤志古學，宋亡，遁跡石門。霆震績其世學，專意古文辭，每屬文，不起草而用意精刻。至正中，遭亂，其感時觸事之作，皆可補國史之未備。晚年自號石西子，有《石初集》十卷，謂「石門，吾先志」，不忘本也。

吴定翁，字仲谷，臨川人。工於詩。揭傒斯稱其幽茂疏澹，可比盧摯。辟薦相望，終身不出。嘗曰：「士毋求用於世，惟求無愧於世可也。」同郡，孫轍，與定翁齊名，吴澄序其集曰：「所謂『仁義之言，藹如也』。」定翁與轍俱不仕。元統二年，轍卒，年七十三。

郭鈺，字彥章，吉水人。壯年負盛氣，爲詩清麗有法。其於離亂窮愁之作，尤悽惋動人。年逾六十，竟以貧死。其《春夜詩序》云：「余值時危，一貧到骨。今春雨雪連旬，牛衣以當長夜，遂成痁瘧。」其固窮如此。所著《静思集》，詩文甚富。

舒頔，字道原，績溪人。年十五六，與同郡程文，講明經史之學。後至元中，辟貴池教諭。秩滿，轉台州學正。遭逢世亂，奉親歸遁山中。嘗避寇巖谷，被執，頔正色叱賊，賊感而釋之。其詩盤鬱蒼古，不染纖巧織紝之習。書法尤樸拙，識者以爲得漢隸法。學者稱貞素先生。有《華陽貞素齋集》七卷。

李祁，字一初，茶陵州人。元統初，登進士第一，應奉翰林文字。母老，就養江南，改婺源州同知，以母憂，歸隱永新山中。年七十餘，遭兵亂，被傷而歿。總制新安余茂，刻其遺文爲《雲陽先生集》十卷。

同舉進士者，王禮，字子讓，廬陵人。元亡不仕，日以鐵拄杖採詩山谷間。著作甚富，不求聞於時，故所傳絶少。

戴良，字叔能，婺州浦江人。少事舉子業，尋棄去，專心博古。學文於柳貫、黄溍，學詩於余闕，皆得其師承。至正中，以薦授江北儒學提舉，而浙東已陷，乃避地吳中。久之，挈家泛東海，渡黑水洋，憩登、萊間，僑寓昌樂數載，訪求齊魯間豪傑，奮欲有爲，而卒無所遇。後南還，變姓名，隱九靈山下。明太祖徵之，召見，頗忤旨，卒於邸舍。有《九靈山人集》三十卷。

又有吴海，字魯客，閩縣人。至正末，絶意仕進，以文學自娱。與同鄉王翰友善。翰事見《忠義傳》。翰之死，海實勸之，又撫其子偁，俾成立，時論稱之。爲文嚴整典雅，有《聞過齋集》八卷。

王冕，字元章，號煮石山農，諸暨田家子也。年八歲，父命牧牛隴上。竊入學舍，聽諸生誦書。聽已，輒默記。暮歸，亡牛，父撻之。已復如故。安陽韓性聞而異之，因録爲弟子。通《春秋》諸傳。一試不第，即焚所爲文。常着高簷帽，披緑簑衣，履長齒木屐，或騎黄牛，持《漢書》朗誦，人皆目爲狂。北遊燕，有欲薦以官職者，冕曰：「不滿十年，此中狐兔穴矣，何以禄爲？」即遁歸，隱九里山，結茅三間，自題爲梅花屋主。倣《周禮》，著書一卷，坐卧自隨。賦詩千百言立就。善畫梅，題詩其上，人争寶之。明太祖聞其名，召爲參軍，未就而卒。

錢惟善，字思復，錢塘人。長於《毛詩》學。鄉試題爲《羅刹江賦》，應試者皆不知羅刹江爲錢塘江，惟善引枚乘《七發》爲據，謂發源太末，大爲主試者所稱，由是得名。號曲江居士，又自稱心白道人。著有《江月松風集》十二卷。官至副提舉。張士誠據吴，退隱吴江之筒川，未幾卒。

張昱，字光弼，廬陵人。早游湖海，爲虞集、張翥所知。累官行省左右司員外。日以詩酒自娱，超然物表。後棄官歸。張氏禮致不屈，策其必敗，題蕉葉以寓志焉。居西湖，每放舟湖心，把酒扣舷，自歌其所爲詩，笑曰：「我死，埋骨於此，題曰『詩人張員外墓』足矣。」著有《左司集》。年八十三而終。

陶宗儀，字九成，黄巖人。父煜，爲福建行院都事。宗儀幼好古，灑落不凡。少舉進士，一不中即棄去。工文章，尤刻意字學。至正間，浙帥泰不華、南臺御史丑閭辟舉行人校官，皆不就。藝圃一區，躬耕之暇，以筆墨自隨。時輟耕樹陰，抱膝而嘆。每記一事，輒摘葉書之，貯一破盎，去則埋於樹根，人莫能測。如是者十年，遂累盎至數十。一日，盡發其藏，萃而録之，合三十卷，題曰《南村輟耕録》。又有《説郛》一百卷，《書史會要》九卷，

《四書備遺》二卷。其未脱稿者不與焉。

顧德輝，字仲瑛，崑山人。性警敏，才贍思捷，下筆成詩。與一時名士張翥〔一〕、李孝光、楊維楨等相酬和。年踰四十，築草堂自居，名曰玉山草堂。集唱和詩十三卷〔二〕，爲《草堂雅集》。自號金粟道人。至大間，徵爲儒學教諭，不就。至正十七年，張士誠屢欲辟用之，皆以病謝。後卒。

同縣，郭翼，字義仲。沈潛百家，尤邃於《易》。善詩歌，楊維楨稱其有樂府才。

楊維楨，字廉夫，諸暨人。泰定初進士，署天台尹，罷去。張士誠據浙西，累使招之，不能屈。且撰五論，反復告以順逆成敗之説，識者韙之。生平氣度高曠，喜戴華陽巾，披羽衣，周游山水間，以聲樂自隨。早歲居吴山鐵崖，築萬卷樓，轆轤傳食，讀書其上者五年，故以鐵崖自號。已，得鐵笛於湘江，吹之，亦號鐵笛子。文辭非秦、漢弗之學，久與俱化。晚年築蓬臺於松江東南，才俊士投贄求文者無虚日。當疾亟，撰《歸全堂記》，頃刻立就，擲筆而逝。著有《四書一貫録》、《五經鑰鍵》、《春秋透天關》、《禮經約》、《歷代史鉞》二百卷、《東維子集》三十卷、《瓊臺曲》、《洞庭雪閒雜吟》二十卷。

張憲，字思廉，山陰人，别號玉笥生。負才不羈，嘗走京師論天下事，衆駭其狂。還，入富春山，混緇黄以自放。張士誠據吴，辟爲都事。吴亡，變姓名走杭州。旦暮手一編，人不得窺，死後視之，其平生所作詩也。楊維楨曰：「吾鐵門稱能詩者，南北凡百餘人，求其似憲者，不能十人。」有《玉笥集》，皆懷古感時之作。

同時，杭州人張雨，亦隱於黄冠者。從虞集受學。詩才清麗，著有《句曲外史集》。

丁鶴年，其先西域人。父職馬禄丁，徙居武昌，因以丁爲氏。年十七，通《詩》、《書》、《禮經》。至正間，從兄吉雅謨丁爲定海令，徒步往依焉。省臺交薦，凡九上，皆不就。既而方國珍據浙東，鶴年深匿海島，賣藥以自給。凡憂國之念，皆發之詩歌。著有《海巢集》。

倪瓚，字元鎮，無錫人。工詩，善書畫。所居曰清閟閣，藏書數千卷，皆手自勘定。自號雲林居士。有潔癖，盥濯不離手。家本素封，至正初，忽散其財給親故，人咸怪之。未幾兵起，富室悉被禍，瓚扁舟箬笠，往來江湖上，獨免於難。張士誠欲招之，不肯出，其弟士信怒，一日，與賓客宴湖上，聞葦中有異香，疑爲瓚，物色漁舟中，果得之，抶幾死，終無一言。明洪武初卒。

與瓚畫齊名者，有常熟人黄公望，字子久；嘉興人吴鎮，字仲圭；吴興人王蒙，字叔明。公望辟書佐，以罪免，遂爲黄冠。鎮隱居不仕。惟蒙仕於明，坐法死。

【校勘記】

〔一〕「時」，原作「詩」，據文意改。

〔二〕「十三卷」，「卷」字原脱，據文意補。《玉山草堂雅集》十三卷，今存。

新元史卷之二百三十九　列傳第一百三十六

篤行上

《周官》以六行教萬民，曰孝、友、睦、婣、任、恤。後世旌民善行，亦《周官》之遺意。然自三代以下，犯上作亂者，日湜而未有艾。至元之季世，邪慝興而妖亂作，社稷卒亡於盜賊。嗚呼，民之失教久矣！雖有一二敦行之士，有司旌之，以爲故事，無當於化民型俗也，然其人則天理民彝所賴以維繫者焉。故採其事實，著於篇。

田喜繆倫　祖浩然　徐師顔　陳斗龍　胡景清顔應祐　趙應祥　周古象　王閏　郭道卿佐卿　廷煒　蕭道壽　郭狗狗　張閏芮世通　丁煦　向存義　田改住王住兒　寧猪狗李家奴等　樊淵賴禄孫　劉德泉朱顯　吴思達　朱汝諧　郭回　孔全張子夔等　楊一張本　張慶　元善　郤祥　趙毓　胡光遠龐遵　陳韶孫　李忠吴國寶　李茂　羊仁黄覺經　章卿孫　俞全　李鵬飛　徹徹　王初應施合德　石明三　鄭文嗣　王薦　郭全劉德　馬押忽　劉居敬〔一〕　楊皞　丁文忠　邵敬祖李彦忠　譚景星〔二〕　郭成　扈鐸　孫秀實賈進〔三〕　李

子敬　宗杞　趙榮　吴好直〔四〕　余丙　徐鈺　尹莘孫希賢　卜勝榮　劉廷讓　劉通黄鎰　丁祥一　張旺舅

張思孝　杜佑　長壽粱外僧等　孫瑾吴希曾　張恭　訾汝道　趙一德

田喜，保定清苑人。金貞祐元年，保州陷，驅居民出，喜及其父彦與焉。是夕，下令先殺老者，刃將及其父。喜潛往，伏其父於下，以身覆之。兩手俛據地，延頸待刃。喜腦中兩刃死，夜半復蘇。後令再下，無老幼盡殺。時喜以工藝被選，行次安肅，聞父死，遂歸求父尸，得之，負以涉水，傷脛至血出，發母冢合窆焉。

又，東平繆倫，字叔彝。當淮兵亂，執其父，將殺之。倫哀號乞免，弗聽；願傾家資贖父命，又弗聽。乃自縛，請以自代，賊殺之而釋其父。

祖浩然，字養吾，建寧人。世儒家。至元中，盜黄華起政和，朝廷命將往討。回軍經浦城，掠其母全氏而北。時浩然方六歲，獨與父居者。二十八年後，爲三山書院山長。或告以母在河南，而不能名其處。浩然棄職辭父，抵河南。每舍逆旅，聞操南音者，必就與語。久之，知全氏已輾轉至汝州，浩然遂返汝州，徧訪之。或有言在别蓋山者，益喜，走三百餘里，果見其母，奉以歸。聞者皆爲歌詩美之，往往舉朱壽昌事爲比。

徐師顔，字子愚，新定人。性倜儻，急人之難。至元十四年，江南大疫，師顔出粟募民，舁尸坎瘞，可醫、食者，親撫視以活之。遇一女子，扶曳氣微，屬問之，曰：「吾衢州儒家女。」師顔載以歸，療之，後嫁爲士人妻。師顔事繼母至孝，一日，其妻出微語，師顔聞之自責，不居内者數月。其母言婦無過，乃叱妻拜堂下，爲夫婦如初。卒，年七十。著有《上饒集》，牟巘序其詩，謂「事親如徐積，詩亦似之」。

陳斗龍，字南仲，杭州昌化人。父澤民、母盛氏，先後卒，斗龍才十三，廬墓極哀。已娶妻，有盛冲者告之曰：「若生母王氏，若未一歲，改嫁錢塘人。聞其家在清湖中。」斗龍大驚，即日與婦決，具裝行，曰：「必與母俱歸。」先是，澤民妻無子，以幣如錢塘求宜子者，得王於清湖，生斗龍，期滿遂去。斗龍至清湖，逢白髮媪，告曰：「若母歸，無幾時，已往江東。」斗龍即入江東，往來數郡間，踰六年。一夕，舍永豐之逆旅，旅人怪其數過，問焉，告之故，其人驚曰：「吾主人婦王氏，自言家清湖。」乃走告。良久，有老婦人哭而出，斗龍亦哭，乃奉之歸。會盜入昌化境，斗龍爲廬百丈山，身自負母，婦擁後。逢盜數百人，斗龍置母，稽首曰：「余幼失母，行求六年，得母歸，未百日。若夫婦死，誰當養母者？」盜咨嗟去。

後母子俱以壽終。

胡景清，龍溪人。元兵下漳南，景清甫五歲，隨父母逃難，倉卒失母。及長，知學，每念母，輒涕下不食。乃辭父尋母。遇其叔胡巨川，知母已至大都，而未識其處。踰年，始得之。母子不相見者凡四十年。事聞，詔旌之，仍給驛以歸。

同縣有顏應祐者，母許氏，先以患難遷徙，失所之。應祐訪求無息耗，嘗悲號流涕。一日得書，知在雲南，即往求之，果得母以歸。士君子咸歌詩，以嘉其孝。

趙應祥，廬陵人。年十四，其父行賈不還。後聞父已死，即辭母往求。都下有曾老者，與父善，走數千里詢之，知父殯濱州，墓冢纍纍不可辨。應祥行哭七日，解髮繫馬鞍，祝曰：「隨馬所之，過吾父墳者，當髮解、鞍墮。」既而經一墳，鞍果墮。發之，棺上具有父姓名，遂脱己衣，裹其骨，負之以歸。

周古象，蘄水人。元初，被兵掠至薊州，贅蒙古氏。既生子，未嘗喜笑。妻詢其故，曰：「有母在，欲歸省。」妻許之，且囑曰：「母在，當奉養，勿以妾故復來。」及歸，母尚無恙，古象奉母盡孝。母殁，廬墓。妻亦終身不嫁。淮西僉按察司事韓克莊爲立孝里門。

王閏，東平須城人。父卧疾，夜燃燈室中，火延竹壁。閏驚起，火已熾，烟燄蔽寢户。閏突入火中，解衣蒙父，抱之出，肌體灼爛，而父無少損。一女不能救，遂焚死。中統二年，復其役。

郭道卿，興化莆田人。四世祖義重，至孝。宋紹興間，有詔旌之，鄉里爲立孝子祠。至元初，閩盜起，居人竄匿。道卿與弟佐卿，獨守孝子祠，不忍去，遂俱被執。盜將殺佐卿，道卿泣告曰：「吾有兒已長，弟弱子幼，請代弟死。」佐卿亦泣告曰：「吾家事賴兄以理，請殺我。」道卿固引頸請刃，盜相顧曰：「汝孝門兄弟若此，吾何忍害？」兩釋之。道卿年八十，子廷煒爲建寧路平準行用庫使，辭歸侍養。道卿嘗病疝，危甚，廷煒憂瘁扶護，一夕髮盡白。有司言狀旌之。

蕭道壽，京兆興平人。家貧，鬻箴以自給。母年八十餘，道壽事養盡禮。每旦，候母起，夫婦親侍盥櫛。日三飯，必待母食，然後退就食。至夕，必待母寢，然後退就寢。出外必以告，有母命，乃敢出。母或怒，道壽自進杖，伏地以受。杖足，母命起乃起。起復再拜，謝違教，俟色喜乃退。母嘗有疾，醫累歲不能療，道壽刲股肉，啖之而愈。至元八年，賜羊酒表其門。

郭狗狗，平陽翼城人。父寧，爲欽察首領官，戍大良平。宋將史太尉來攻，夜陷大良平，寧全家被俘。史將殺寧，狗狗年五歲，告史曰：「勿殺我父，當殺我。」史驚問寧曰：「是兒幾歲耶？」寧曰：「五歲。」史曰：「五歲兒能爲是言，吾當全汝家。」即以騎送寧等往合州，道遇國兵，騎驚散，寧家俱得還。御史以事聞，命旌之。

張閏，延安延長人，隸軍籍。八世不異爨，家人百餘口，無間言。日使諸女、諸婦各聚一室，爲女紅。事畢，斂貯一庫，室無私藏。幼稚啼泣，諸母見者，即抱哺。一婦歸寧，留其子，衆婦共乳之，不問孰爲己兒，兒亦不知孰爲己母者。閏兄顯卒，即以家事付姪聚，聚辭曰：「叔，父行也，叔宜主之。」閏曰：「姪，宗子也，姪宜主之。」相讓既久，卒以付聚。縉紳之家自謂不如。至元二十八年，旌表其門。

又有蕪湖芮世通，十世同居。峽州向存義、汴梁丁煦，八世同居。州縣請於朝，並加旌美。

田改住，汶上人。父病不能愈，禱於天，去衣，卧冰上一月。同縣王住兒，母病，卧冰上半月。其父、母俱痊。

寧猪狗，山丹州人。母年七十餘，患風疾，藥餌不效。猪狗割股肉，進啖，遂愈。歲餘復作，不能行，猪狗手滌溷穢，護視甚周，造板輿載母，夫婦共舁行園田以娱之。後卒，居喪有禮，鄉里稱焉。

潭州萬户移剌瓊子李家奴，九歲母病，醫言不可治，李家奴刲股肉，煮糜以進，病乃痊。

撫州路總管管如林、渾州民朱天祥，並以母疾刲股，旌其家。

畢也速，答立迷裏氏，家秦州。父喪，廬墓次，晝夜悲號，有飛鳥翔集，墳土踴起。又有尹夢龍，中興人。母喪，負土爲墳，結廬居其側，手書《孝經》千餘卷，散鄉人讀之，有羣烏集其冢樹。

樊淵，建康句容人。幼失父，事母篤孝。至元十二年，奉母避兵茅山。兵至，欲殺其母，淵抱母號哭，以身代死，兵兩釋之。三十年，江東廉訪使辟爲吏，母卒，奔喪，哀感行路。服闋，臺省交薦，淵不忍去墳墓，終不起。

又延祐間，汀州寧化人賴禄孫，母病，值蔡五九作亂，負母避之。盜至，禄孫守母不去，盜將刃其母，禄孫以身翼蔽，曰：「勿傷吾母，寧殺我！」母渴，不得水，禄孫含唾濡之。盜相顧駭歎，不忍害，反與以水。有掠其妻去者，衆責之曰：「奈何辱孝子婦！」使歸之。事聞，並予旌表。

劉德泉，汴梁杞縣人。早喪母，父榮，再娶王氏，生二子居敬、居元，俱幼。王氏病卒，德泉益相友愛。至元末，歲饑，父欲使析居，德泉泣止，不能得，乃各受其業以去。久之父卒，兄弟相約同爨，和好如初。

又，真定人朱顯，自至元間，其祖、父已分財，至顯，念姪彥、昉等年幼無恃，謂弟耀曰：「父子兄弟本同一氣，可異處乎？」乃會拜祖墓下，取分券焚之，復與同居。

蔚州人吴思達，兄弟六人，嘗以父命析居。思達爲開平縣主簿，父卒，還家治葬畢，會宗族，泣告其母曰：「吾兄弟别處十餘年矣，今多破産。以一母所生，忍使兄弟苦樂不均耶？」即以家財代償其逋，更復共居。母卒，哀毁甚。宅後柳樹連理，人以爲友義所感。

又濮州人朱汝諧，父子明，嘗命與兄汝弼别産。子明卒，汝弼家盡廢，汝諧泣請共居。仲父子昭、子玉貧病，汝諧迎至家奉湯藥，甘旨甚謹。後卒，喪葬盡禮，鄉人賢之。州縣各以名聞，表其閭。

郭回，邵武人。素貧，年六十無妻，奉母寄宿神祠中，營養甚艱。母年九十八卒，回傭身得錢葬之，每旦詣墳哭祭，十四年不輟。州上狀，命給衣糧贍濟，仍表異之。

孔全，亳州鹿邑人。父成病，刲股肉啖之，愈後卒。居喪盡哀，廬墓左，負土爲墳，日六十肩，三年起墳廣一畝，高三丈餘。

又張子夔，安西人。父喪，每夜半以背負土，肘膝行地，匍匐至葬所，篩細土爲墳。

又陳乞兒，歸德夏邑人。年九歲，母喪哀毁，親負土爲墳，高一丈，廣十六步。人憫其幼，欲助之，則泣拜而辭。

又有峨眉趙國安、解州張琛、南陽李庭瑞、息州移剌伯顔、南陽怯烈歹，皆居喪廬墓次，負土爲墳，並以有司請，表其閭。

楊一，懷州人。其叔父清，家貧，密以分契詣神祠焚之，與清同居者三十年，無間言。又張本，東昌茌平人。篤孝，事伯父、叔父尤謹。伯父嘗病，本晝夜不去側，復載以巾車，步挽詣岱嶽禱之。

張慶，真定人。善事繼母。伯父泰異居河南，慶聞其貧，迎歸供養，過於所生。

元善，大名人。父有昆弟五人，因貧流散江淮，久之，俱客死。至大四年，善往尋骸骨，并迎弟姪等十五喪而歸。改葬祖父母，以諸喪序列祔於塋次。州縣以聞，旌其家。

郤祥，字天瑞，真定行唐人。曾祖廣，成宗時以文臣授元帥府監軍，守亳州。祖温，獲鹿縣尹。父仲璋，監副宣課。祥官博野縣助宣課提領，父病，衣不解帶，日夜籲天，乞以身代。父歿，廬墓側，以哀毀卒。教授馬利用爲立孝行碑記之。

趙鯍，本唐州人，後遷鄭州管城。其先三世同爨。鯍官福州司獄，滿歸，以母老，不復仕。一日，會諸弟泣申遺訓，願世世無異處，且祝天歃血以盟。自是大小百口無間言，同力合作，家以殷富。毓長兄瑞早世〔五〕，嫂劉氏守志，毓率家人事之甚恭。次兄選繼歿，嫂王氏，毓母以其少，許歸改嫁，王氏曰：「婦無再嫁之義，願終事姑。」毓妹贅王佑，佑亡，妹念佑母無子，乞歸王氏養之。人謂孝友節義，萃毓一家。元貞初旌之。

胡光遠，太平人。母喪，廬墓。一夕，夢母欲食魚，晨起，將求魚以祭，見生魚五尾列墓前，俱有嚙痕，鄰里驚異，方聚觀，有獺出草中，浮水去，衆知是獺所獻。以狀聞於官，表其閭。

又至順間，永平龐遵，母病腫三年，不能起，忽思食魚。遵求於市，不得，歸途歎恨，有鯉躍入其舟。作羹以獻，母悦，病瘥。

陳韶孫，廣州番禺人。父瀏，以罪流肇州。韶孫年十歲，不忍父遠謫，朝夕號泣願從。父不能奪，遂與俱往。跋涉萬里，不憚勞苦。道過遼陽，平章塔出見而憫焉，語之曰：「天子寬仁，罰不及嗣。邊地苦寒，非汝所堪。吾返汝故鄉，汝願之乎？」韶孫曰：「既不能以身代父，當死生以之歸，非所願也。」塔出驚異，以錢賜之。大德六年，瀏死，韶孫哀慟，見者皆爲之泣下。肇州萬户府以聞，命韶孫還鄉里，仍旌之。

李忠，晉寧人。幼孤，事母至孝。大德七年，地大震，郇保山移，所過居民廬舍皆摧壓。將近忠家，分爲二行，半里復合，忠家獨完。

吳國寶，雷州人。性孝友，父喪，廬墓。大德八年，境内蝗害稼，惟國寶田無損，人皆以爲孝感所致云。

李茂，大名人，徙家揚州。父興壽，臨卒，語茂曰：「吾病且死，爾善事母。」茂泣受命，奉母孟氏益謹。母嘗病目失明，茂禱於泰山三年，復明。又願母壽，每夕祝天，乞損己年益母，孟氏年八十四而卒。大德九年，揚州再火，延燒千餘家，火及茂廬，皆風返而滅。事聞，旌之。

羊仁，廬州廬江人。至元初，阿朮兵南下，仁家爲所掠，父被殺，母及兄弟皆散去。仁年七歲，賣爲汴人李子安家奴，力作二十餘年。子安憐之，縱爲良。仁踪跡得母於潁州蒙古军塔海家，兄於睢州蒙古軍岳納家，弟於邯鄲連大家，皆爲役，尚無恙。乃偏懇親故，貸得鈔百錠，歷詣諸家求贖之。經營百計，更六年，乃得遂。大小二十餘口，復聚居爲良，孝友甚篤，鄉里美之。大德十二年，旌其家。

又有黃覺經，建昌人。五歲，因亂失母。稍長，誓天誦佛書，願求母所在。乃渡江涉淮，行乞而往，衝冒風雪，備歷艱苦，至汝州梁縣春店，得其母以歸。

章卿孫，蜀人。本劉氏，幼爲章提刑養子，與母富氏相失三十八年。遍訪於江西諸郡，迎歸養之。

俞全，杭州人。幼被掠賣爲劉餜家奴。後獲爲良，自汴步歸杭，尋其母及姊，得之，事母以孝聞。

李鵬飛，池州人。生母姚氏爲嫡母不容，改嫁爲朱氏妻，鵬飛幼不知也。年十九，思慕哀痛，誓學醫以濟人，願早見母。行求三歲，至蘄州羅田縣，得焉。時朱氏家方疫，鵬飛起之，遂迎還奉養。久之，復歸朱氏，時渡江省覲。既卒，攜子孫祭墓，終其身。

徹徹，揑古思氏。幼喪父，事母篤孝。稍壯，母歿，慟哭頓絶，水漿不入口者三日。既葬，居喪有禮。每節序，祭祀哭泣。年四十餘，思慕猶如孺子。每見人父母，則嗚咽流涕。人問其故，曰：「人皆有父母，我獨無，是以泣耳。」至大三年，旌表。

王初應，漳州長泰人。至大四年二月，從父義士，樵劉嶺山。有虎出，搏義士，傷右肩。初應赴救，抽鐮刀刺虎鼻，殺之，義士得生。

泰定二年，同縣施合德父真祐嘗出耘，爲虎扼於田。合德與從弟發仔持斧前，殺虎，父得生。並旌其門。

又紹興人石明三，虎噬其母，明三礪巨斧殺之，并殺三虎子及牡虎。明三亦死，立而不仆，面如生。

鄭文嗣，婺州浦江人。其家十世同居，凡二百四十餘年，一錢尺帛無敢私。至大間，表其門。從兄太和治家事卒，文嗣繼之，益嚴而有恩，家庭中凜如公府，子弟稍有過，頒白者猶鞭之。部使者余闕爲書「東浙第一家」以褒之。

太和，方正不奉浮屠、老子教，冠婚喪葬，必稽朱子《家禮》而行。執親喪三年，不御酒肉。子孫皆孝謹，諸婦唯事女工，不使預家政。家蓄兩馬，一出，則一爲之不食，人以爲孝義所感。

太和撫弟文原子欽爲後，丁太和憂，以毀卒。

王薦，福寧人。性至孝。父嘗疾甚，薦夜禱於天，願減己年益父壽。父絶而復甦，告其友曰：「適有神人，黄衣紅帕首，恍惚語我曰：『汝子孝，上帝命錫汝十二齡。』」疾遂愈。後果十二年而卒。母沈氏，病渴，語薦曰：「得瓜以啖我，渴可止。」時冬月，求於鄉不得，行至深奥嶺，值大雪，薦避雪樹下。思母病，仰天而哭，忽見巖石間青蔓離披，有二瓜，因摘歸奉母。母食之，渴頓止。兄孟韐早世，嫂林氏，更適劉仲山。仲山嘗以田鬻於薦，及死不能葬，且無子族。以其貧，莫肯爲之後。薦即以田還之，使置後，且治葬焉。州禁民死不葬者，時貧民未葬者衆，畏令，悉焚柩棄其骨。薦哀之，施地爲義阡，收瘞之。有死不能斂者，復爲買棺。至大四年，旱，民艱糴，薦盡出儲粟賑之。有施福等十一家，饑欲死，薦聞惻然，欲濟之，家粟已竭，即以己田易穀百石分給之。福等德其活己，每月朔，會佛祠爲祈福。宣慰司上狀旌之。

郭全，遼陽人。幼喪母，哀戚如成人。及壯，父庭玉又卒，居廬三載，啜粥面墨。事繼母唐古氏至孝。唐古氏生四子，皆幼，全躬耕以養。既長娶婦，各求分財異居，全不能止，凡田廬器物，悉自取朽弊者，奉唐古氏以居。唐古氏卒，全年六十餘，哀痛毁瘠，廬其墓終喪。

又有劉德，奉元人。事繼母何氏至孝。家貧，傭工，取直寸錢尺帛，皆上之。四弟並何出，德撫愛尤篤。年五十未娶，稱貸得錢，先爲弟求婦。諸弟亦化其德，一門藹然。鄉里稱爲「劉佛子」。

又，馬押忽，也里可温氏。素貧，事繼母張氏、庶母吕氏，以孝聞。

劉居敬，大都人。年十歲。繼母郝氏病，居敬憂之，懇天以求代。狀聞，並褒表之。

楊皞，扶風人。父清，母牛氏。牛常病劇，皞叩天求代，遂痊。如是者再。後牛氏失明，皞登太白山，取神泉洗之，復如故。牛氏歿，哀毁特甚。葬之日，大雨，獨皞墓前後數里密雲蔽之，雨不沾土。葬畢，令妻衛氏家居養清，皞獨廬墓上，負土爲墳，蔬食水飲，終其喪。清卒，亦如之。

丁文忠，許州偃城人。業冶。母和氏卒，文忠廬墓側，不與妻面者三年。父貴又疾，醫不能療，文忠造車一輛，與弟文孝共御之，載父禱於嵩山、五臺、泰安、河瀆諸祠，途遇異僧，遺藥而愈。延祐七年旌之。

邵敬祖，宛丘人。父喪廬墓，母繼殁。河決，不克葬，殯於城西。敬祖露宿，依其側，風雨不去。友人哀之，爲縳草舍庇之。前後居廬六年，兩髀俱成濕疾。至治三年，旌其家。

其後，又有永平李彦忠，父喪，廬墓八年不至家。

茶陵譚景星，幼失父，追念之，廬墓十年。

亳州郭成〔六〕，年七十一，母喪，食粥廬墓一年，朝夕哭臨，人哀其老而能孝。

扈鐸，汴梁蘭陽人。蚤孤，育於伯父。及壯，事伯父如所生。伯父老，無子，鐸爲買妾。歲餘，生一女。其妾熟寐，壓女死。久之，伯父卒，鐸哭之甚哀。遺腹生一男，鐸懲前事，告其母及妻、妹護視之。已復廬户外，中夜闚視，不敢安寢。弟能食，常自抱哺，與同卧起，十年不少怠。弟有疾，鐸夜稽顙星斗，哀禱曰：「天不貸余家，鐸父子間可去一人，勿喪吾弟，使伯父無後也。」明旦，弟愈。母卒，哀毁踰禮，廬於墓側，不理家事。宗族勸之歸，鐸曰：「今歲凶多盜，吾家雖貧，安知墓中無可欲乎？倘驚吾親之靈，雖生何爲？」卒守廬不去。

孫秀實，大寧人。性剛毅，喜周人急。里人王仲和嘗托秀實貸富人鈔二千錠，貧不能償，棄其父逃去。數年，其父思之疾，秀實日饋薪米存問，終不樂，秀實哀之，悉爲代償，取券還，復訪仲和，使歸，父子歡聚。聞者莫不嘆美。又李懷玉等，貸秀實鈔一千五百錠，度無以償，盡還其券不復徵。

又，賈進，大同人。大德九年地震，民居多傷，且乏食。進給酒藥炭米濟之。每歲冬，製木綿裘數百襲，衣寒者。買地爲義阡，使無墓者葬之。

李子敬，陝西三原人。嫁不能嫁者五十餘人，葬不能葬者五十餘喪，焚逋券四萬餘貫。有司以名聞，並旌之。

宗杞，大都人。年十九，父内宰卒，擗踴號泣，絶而復甦，水漿不入口者三日。哀氣傷心，遂成疾，伏卧床榻，猶哭不止，淚盡繼之以血。既葬，疾轉甚。杞有繼母，無他兄弟，度不能自起，作遺書囑其妻楊氏曰：「汝善守志，以事吾母。」遂卒。楊氏遺腹生一男，人以爲孝感，天不絶其嗣云。泰定三年，旌其門。

趙榮，扶風人。母强氏有疾，榮割股肉啖之者三。復負母登太白山，禱於神，得聖水飲之，乃痊。後年七十五卒，榮號痛不食，三日方飲水，七日乃食粥。葬之日，白雲庇其墓，前後十五里，葬畢而散。榮負土成墳，廬其側終喪。

吴好直，華州蒲城人。父殁，事繼母孝。兄弟嘗求分財，好直勸諭不能止，即以己所當得悉推與之。出從師學三十年，無少悔。

又有甄城人柴郁、陳舜咨，皆孝友，以己産分讓兄弟。縣令言狀，並表美之。

余丙，建德遂安人。幼喪母，泣血成疾。父亡，不忍葬，結廬山下，殯其中，日閉户守視。有牧童遺火，延殯廬，丙與子慈亟撲不止，欲投身火中，與柩俱焚。俄暴雨，火滅。

徐鈺，鎮江人。始冠，侍父鎮之婺源，過丹陽小谿，鎮乘舟失足，墮水中。同行者立岸上不能救，鈺投谿，擁鎮出。鎮獲登岸，鈺力憊，且水勢湍急，遂溺死。屍流四十五里，得於灘上。江浙行省言狀，表異之。

尹莘，開封洧川人。母卒，廬墓蔬食，哀毀骨立。父輔臣病疫，莘侍湯藥，衣不解帶。嘗其糞以驗，差劇。至順二年，以孝行旌門。

又高唐人孫希賢，母病，祈天求以身代，母果愈。

高郵卜勝榮，母痢，不能藥，日嘗痢以求愈。兄病，禮北斗，乞減己算延之。並愈。

劉廷讓，大寧武平人。至順初，北方兵起，廷讓挈家避山中。有幼弟方乳，母王氏置於懷。亂兵至，廷讓乃棄己子，一手抱幼弟，一手扶母，疾驅得免。事聞，旌之。

劉通，亳州譙縣人。家貧，業農。母卜氏，目失明，通誓斷酒肉，禱之三十年不懈。卜氏年八十五，忽復明。

又，鄱陽黃鎰、諸暨丁祥一，皆以親喪明，以舌舐之，復能視。並荷旌表。

張旺舅，安豐霍邱人。幼失父，母陳氏居貧守志。旺舅九歲，賣餳以養。及長，母病，伏枕數月，旺舅無貲延醫，惟日夜痛哭，禮天求代，未幾遂愈。又自以生業微，不能多給，竟不娶，以終母年。縣令言於朝，旌之。

張思孝，華州人。母喪，以孝聞。父疾，以父涕洟半器，垂泣盡飲之。復潔齋致禱，乞以身代，未幾遂痊。至順三年，表其門。

杜佑，邳州人。河南行省署爲三叉水馬站提領。父成，病於家，佑忽心驚，舉體沾汗，即棄職歸。父病，禱神求代，且嘗糞以驗疾。父卒，廬墓盡哀，有馴兔之瑞。

長壽。父帖住，官平章政事，生五子，長山壽早世，次即長壽，次永壽、福壽、忙古海牙。元統間，帖住歿，長壽哀毀盡禮。服闋，當蔭叙，與弟羅拜母前曰：「吾父廉貧，諸弟未有所立，願以職讓永壽。」永壽讓福壽，福壽曰：「二兄能讓，福壽獨不能耶？」以讓忙古海牙。母從之，忙古海牙遂蔭爲太禧宗禋院神御殿侍禮佐郎，階奉議大夫。

又河中人梁外僧，親喪廬墓。兄那海爲奥魯官，自以嘗遠仕，不得養其親，即棄職，舉外僧代之。人稱外僧能孝，那海能義。

又有畏吾氏秋秋，及濠州人高中、嘉定人武進，皆以侍親不願仕，以祖父蔭讓叔父、昆弟云。

孫瑾，鎮江丹徒人。父喪哀毁，冬常徒跣，停柩四載，衣不解帶，食粥，誦佛書。事繼母唐氏尤孝，嘗患癰，瑾親吮之，又喪目，瑾舐之復明。

又吴希曾，睢寧人。父卒，葬之日，大雨，希曾跪柩前，炷艾燃腕，火熾，雨止。既葬，廬於墓左。縣上狀，並旌之。

張恭，河南偃師人。以兵部符署鷹房府案牘。親老，辭歸侍養。父卒，侍母馮氏尤謹。歲凶，恭夫婦采野菜爲食，而營甘旨無乏。母有疾，恭手除溷穢，口哺飲食，且嘗糞以驗疾。天曆初，西兵至，河南居民悉竄，恭守母，項中一劍不去。母驚悸而殁，恭居喪盡禮。有詔旌其閭。

訾汝道，德州齊河人。父興卒，居喪以孝聞。母高氏，治家嚴，汝道承順甚恭。母嘗寢疾，晝夜不去側。一日，母屏人，授以金珠若干曰：「汝素孝，室無私蓄，此物可善藏之，毋令他兄弟知也。」汝道泣拜，辭不受。母卒，哀毁終喪，不御酒肉。尤友愛二弟，將析居，汝道悉以美田廬讓之。二弟早世，撫諸孤如子。鄉人劉顯等，貧無以爲生，汝道割己田畀之，使食其租終身。里中嘗大疫，有食瓜得汗而愈者，汝道即多市瓜及䊪米，歷户餽之。或曰：「癘氣能染人，勿入也。」不聽。益周行，問所苦，然卒無恙。有死者，復贈以棺櫝，人咸感之。嘗出麥粟貸人，至秋，蝗食稼，人無以償，汝道聚其券焚之。縣令李讓爲請旌。

趙一德，龍興新建人。大兵南伐，被俘，爲鄭留守家奴。歷事三世，號忠幹。至大元年，拜請於鄭阿思蘭，歸省父母，阿思蘭許之，期一歲而返。一德至家，父已殁，惟母在，年八十餘。一德卜地葬父畢，如期歸。阿思蘭義之，即裂券縱爲良。一德將辭歸，會阿思蘭以冤被誅，詔簿録其家。羣奴各亡去，一德獨奮曰：「主家有禍，吾忍同路人耶？」留不去，與張錦童詣中書訴枉，得昭雪，還其所籍。阿思蘭母分田廬遺之，一德謝曰：「一德雖鄙人，非有利於是也。重哀吾主無罪而受戮，故留以報主。今老母八十餘，得歸侍養，主之賜已厚矣，何以田廬爲？」不受而去。皇慶元年，旌其門。

【校勘記】

〔一〕「劉居敬」，原脱，據正文補。

〔二〕「譚景星」，原脱，據正文補。

〔三〕「賈進」，原脱，據正文補。

〔四〕「吴好直」，原作「吴道直」，據正文及《元史》卷一九七列傳第八十四《孝友一》改。

〔五〕「早世」，《元史》卷一九七列傳第八十四《孝友一》同，王圻《續文獻通考》卷八二作「早卒」。

〔六〕「亳州」，原作「毫州」，據《元史》卷一九七列傳第八十四《孝友一》改。

新元史卷之二百四十　列傳第一百三十七

篤行下

姚仲實，河南人。官真州三務使。居半歲，慨然曰：「剥下以事上，非我志也。」棄官歸。以貿易貲巨萬。仲實曰：「積而不散，曷爲者？」買田十餘頃爲義塋，以葬貧民，其不能婚嫁者以貲助之，又贖没爲奴者數十家。歲饑，爲食於道，以食餓者。朝廷建辟雍，獻美材千章、米五千石、役夫羊裘九十襲。元貞初，詔賜綵繒百匹，復其家。初，貧民負仲實五千餘緡，仲實悉還其券，人尤德之。卒，年七十三。集賢大學士陳顥言於武宗，請表其墓，以風天下之爲善者，詔從之。

夏永慶，字章甫，定海人。大德中，從父文德轉粟京師，舟抵海津鎮〔二〕，盤載喧呼，文德僵仆溺水。永慶震駭，没入洪濤，載父出，柁工以戟鉤其衣，父賴不死。永慶力不支，竟沉於海。其後諸弟傷之，居同室，食同爨。至正十三年，表曰「孝義之門」。

黄一清，字清夫，徽州休寧人。父元珪，早卒。母吴氏，矢志不嫁。一清事母，以孝聞。母病，夢人告之曰：「有老嫗來，當得藥。」明日果有嫗來，授以啗蜜法。一清乞蜜於旁村，還遇虎，一清謂虎曰：「吾死不足惜，如吾母何？」虎熟視逡巡而去。集賢大學士陳顥言：「母爲節婦，子爲孝子，宜旌表以風天下。」有司署其家及里門皆曰「節孝」焉。

一清與平章政事李孟友善，欲用爲杭州教授，一清固辭。一清别字秋江，孟字秋谷，孟遺之詩曰：「君釣秋江月，我耕秋谷雲。逃名君笑我，伴食我慚君。」朝野傳誦，趙孟頫繪以爲圖。陳顥又薦一清爲儒學提舉，亦不就。至元三年卒，年七十五。

祝大昌，字公榮，處州麗水人。孝友出於天性。母卒，歛殯奠祔之禮，悉遵古制。竈突失火，大昌力不能救，乃伏棺上悲號，且曰：「天乎！吾母在，乞祐之。不然，我必與母俱焚，誓不獨存也。」其火忽自滅。鄉里稱之。事其兄公亮如嚴父，公亮出仕，大昌不敢中席而坐，如其兄之在室也。

其弟卒，大昌奔視，頓仆於地，良久乃蘇。撫弟遺孤逾於所出。或説以分居，大昌勃然變色曰：「此言入於吾耳，必吾不睦於家故爾。吾若計利而害義，犬彘當不食吾餘！」因撫膺長慟，言者慙而退。

大昌好施與，歲歉，下粟估糶之。青田盜阻，民不能鹽食，大昌出所儲鹽，給宗族親姻，以及於閭井，人皆德之。江浙行省署爲處州路儒學教授，不就，卒。

葉以清，字子澄，松江華亭人。貧而尚氣節。德清尉劉昶訴以三喪未舉，以清貸錢五千緡助之。黟縣達魯花赤伯顏禦賊於昱嶺關，瀕行，囑其妻、子曰：「吾死，汝輩奉吾母依華亭葉以清。」已而伯顏戰没，後一夕，以清夢伯顏來，以老幼相託。越數日，伯顏妻、子果奉其母至，以清賙給之如骨肉。

張士誠部將鄭焕知松江府，欲燔巨室之黨於苗帥者，以清與焕有舊，力諫之，獲免者數百家。焕欲辟以清爲華亭尹，辭不就。後焕以賕敗，株連六十餘人，獨以清無所染。時楊瑀、貢師泰皆依以清爲衣食。瑀卒，貧無以斂，以清爲出貲營葬。

明初，遣使者聘之，不應，卒於家。

秦玉，字德卿，崇明人。五歲，能暗誦《孝經》、《論語》。八歲喪父，哀毁如成人。及長，通《五經》，尤邃於《詩》。會貢舉法行，縣令欲舉玉應之，玉曰：「吾學豈爲科試計哉？」辭不就。母卒，終喪不沐浴，不食鹽酪。初居喪，隣舍火，家人咸走避，獨玉伏棺上慟哭。火及屋壁，遽自滅。縣令欲上其孝行，玉固辭。卒，年五十三。

王庸，字伯常，雄州歸信人。事母李氏，以孝聞。母有疾，庸夜禱北辰，至叩頭出血，母疾遂愈。及母卒，哀毁幾絶，露處墓前，旦夕悲號。一夕，雷雨暴至，鄰人持寢席往欲蔽之，見庸所坐卧之地獨不霑濕，咸嘆異而去。復有蜂數十房來止其家，歲得蜜蠟以供祭祀。

黄贇，字止敬，臨江人。父君道，延祐間求官京師，留贇江南，時贇年幼。及既長，聞其父娶後妻居永平，往省之，則父歿已三年矣。庶母聞贇來，盡挾其貲去更嫁，拒不見贇。贇號哭，語人曰：「吾之來，爲省吾父也。今不幸吾父已歿，思奉其柩歸而窆之，莫知其墓。苟得見庶母，示以葬所，死不恨矣〔三〕。尚忍利遺財邪！」久之，聞庶母居海濱，亟裹糧往，庶母拒之三日不納。庶母之弟憐之，與偕至永平屬縣樂亭，求父墓，又弗得。䆗哭禱於神，一夕，夢老父以杖指葬處曰：「見片磚即可得。」明日，就其地求之。庶母之弟曰：「真是，已斂時，有某物可驗。」啟朽棺，得父骨以歸。

劉琦，岳州臨湘人。生二歲，而母劉氏遭亂，陷於兵。琦獨事其父。稍長，思其母不置，常歎曰：「人皆有母，我獨無。」輒歔欷泣下。及冠，請於父，往求其母。偏歷河之南北、淮之東西，數歲不得。後求得於池州之貴池，迎以歸養。其後十五年，而父歿。又三年，而母歿。終喪，猶蔬食。有司上其事，旌表其門曰「孝義」。

劉源，歸德中牟人。母吳氏，年七十餘，病甚不能行。適兵火起，且延至其家，隣里俱逃。源力不能救，乃呼天號泣，趨入抱母，爲火所焚而死。

陸思孝，紹興山陰樵者。性至孝。母病痢，思孝醫禱，俱不效，方欲刲股肉爲糜以進，忽夢寐間若有神人者授以藥劑，思孝得而異之，即以奉其母，疾遂愈。

姜兼，嚴州淳安人。七歲而孤，與二兄養母至孝。母死，兼哀慟幾絶。既葬，獨居墓下，朝夕哭奠荒山中，躬自樵爨，蔬食飲水，一衰麻寒暑不易。同里陳氏、戴氏子，不能事其父母，聞兼之行，慙悔，皆迎養焉。

胡伴侣，鈞州密縣人。其父實，嘗患心疾數月，幾死，更數醫，俱莫能療。伴侣乃齋沐焚香，泣告於天，以所佩小刀於右脇傍刲其皮膚，割脂一片，煎藥以進，父疾遂瘳，其傷亦旋愈。朝廷旌表其門。

王士弘，延安中部人。父摶，有疾。士弘傾家貲求醫，見醫即拜。遍禱諸神，叩額成瘡。父歿，哀毁盡禮，廬墓三年，足未嘗至家。墓廬上有鵲來巢，飛鳥翔集，與士弘親近，若相狎然，衆咸異之。終喪，復建祠於塋前，朔望必往奠祭，雖風雨不廢。有司上其事于朝，旌表之。

何從義，延安洛川人。祖良、祖母李氏偕亡，從義廬於墓側，旦夕哀慕，不脱帶，不食菜果，惟啖蔬食而已。事父世榮、母王氏，孝養尤至。伯祖、叔祖三人及叔父珍皆無子，比卒，從義咸爲治葬，築高墳，祭奠以禮，時人義之。

哈都赤，大都固安州人。天性篤孝。幼孤，養母。母有疾，哈都赤礪其所佩小刀，拜天泣曰：「慈母生我劬勞，今當捐身報之。」乃割左脇，取肉一片，作羹進母。母曰：「此何肉也？其甘如是！」數日而病癒。

高必達，建昌人。五歲時，父明大，棄家遠遊，莫知所適。必達既長，晝夜哀慕。乃娶妻以養母，而歷往四方求其父。十餘年不得，忽相傳黄州全真道院中有虚明子者，學道三十年矣，本姓高氏，建昌人也，匿姓名爲道人云。必達詢問，知爲父，即往拜之。具言家世及己之所生歲月，大父母之喪葬始末，因哀號叩頭不已。虚明猶瞑坐不顧，久之，斥曰：「我非汝父，不去何爲？」必達留侍左右，不少懈，辭氣哀惻可矜。其徒謂虚明曰：「師有子如此，忍弗歸乎？」虚明不得已，乃還家。必達孝養篤至，鄉里稱之。

又，曾德，漁陽人，宗聖公五十七代孫。母早亡，父仲祥再娶左氏。仲祥遊襄陽，樂其土俗，因攜左氏家焉。亂兵陷襄陽，遂失左氏。德遍往南土求之，五年，乃得於廣海間，奉迎以歸，孝養甚至。有司以聞，詔旌復其家。

王思聰，延安安塞人。素力田，農隙則教諸生，得束脩以養親。母喪，盡哀。父繼娶楊氏，事之如所生。以家多幼稚，侵父食，别築室曰「養老堂」奉之，朝夕定省不怠。父嘗病劇，思聰憂甚，拜祈於天，額、膝皆成瘡，得神泉，飲之愈。後復失明，思聰舐之，即能視。縣上狀，詔表其門閭。

黄道賢，泉州人。嫡母唐無子，道賢在襁褓，而生母蘇以疾去。及長，思念生母，屢請於父，得召之歸。道賢竭力養二母，得其歡心。父病篤，道賢晝夜奉湯藥，不離膝下。遍求良醫莫效，乃夜禱於天，願減己一紀之算，以益父壽，父病遂愈，至元統二年乃歿，果符一紀之數。道賢居喪盡禮，負土築墳廬，於廬側疏食終身。至元二年，有司上其事，旌其門曰「孝子黄氏之門」。

史彦斌，邳州人。嗜學，有孝行。至正十四年，河溢，金鄉、魚臺墳墓多壞。彦斌母卒，慮有後患，乃爲厚棺，刻銘曰：「邳州沙河店史彦斌母柩」，仍以四鐵環釘其上，然後葬。明年，墓果爲水所漂。彦斌縛草爲人，置水中，仰天呼曰：「母棺被水，不知其處。願天矜憐哀子之心，假此芻靈，指示母棺。」言訖，涕泣橫流，乃乘舟，隨草人所之。經十餘日，行三百餘里，草人止桑林中，視之，母柩在焉。載歸，復葬之。

張紹祖，字子讓，潁州人。讀書力學，以孝行聞於朝，特授河南路儒學教授。至正十五年，奉父避兵山中。賊至，執其父，將殺之，紹祖泣曰：「吾父耆德善人，不當害，請殺我以代父死。且若等非父母所生乎？何忍害人父也！」賊怒，以戈擊之，戈應手挫鈍，因感而相謂曰：「此真孝子，不可犯。」乃釋之。

李明德，瑞州上高人。讀書有志操，孝行篤至。至正十四年，亂兵陷袁州，因抄掠上高。兵執其父，欲殺之，明德泣告曰：「子豈不能代父？願勿害吾父也！」兵遂殺明德而免其父，後以壽終。

張緝，字士明，益都膠州人。性孝友，能詩文。至正七年，與兄紳、弟經，同領鄉薦，由澤州儒學正，轉泰州幕職，棄之養親，居揚州十五年。揚州亂，緝母姬氏方臥病，賊突入臥內，舉槍欲刺姬。緝以身蔽姬，槍中緝脇，三日而死。

魏敬益，字士友，雄州容城人。性至孝。居母喪，哀毁骨立。素好施與，有男女失時者，出資財爲之嫁娶。歲凶，老弱之饑者，爲糜以食之。敬益有田僅十六頃，一日，語其子曰：「自吾買四莊村之田十頃，環其村之民皆不能自給，吾深憫焉。今將以田歸其人，汝謹守餘田，可無餒也。」乃呼四莊村民，諭之曰：「吾買若等業，使若等貧不聊生，有親無以養，吾之不仁甚矣，請以田歸若等。」衆聞，皆愕眙不敢受。强與之，乃受，而言諸有司。有司以聞，丞相賀太平歎曰：「世乃有斯人！」詔旌表之。

湯霖，字伯雨，龍興新建人。早喪父，事母至孝。母嘗病熱，更數醫，弗能效。母不肯飲藥，曰：「惟得冰，我疾可愈。」時天氣甚燠，霖求冰不得，累日號哭於池上。忽聞池中戛戛有聲，視之，乃冰澌也。亟取以奉母，其疾果愈。

孫抑，字希武，世居晉寧洪洞縣。抑登進士第，歷仕至刑部郎中。關保之變，挈父母妻子避兵平陽之柏村。有亂兵至村剽掠，拔白刃脅抑母，求財不得，舉刃欲斫之。抑亟以身蔽母，請代受刃，母乃得釋。而抑父被虜去，不知所之，或語之曰：「汝父被驅而東矣。

然東軍得所掠民，皆殺之，汝慎無往就死也。」抑曰：「吾可畏死而棄其父乎？」遂往，出入死地，屢瀕危殆，卒得父以歸。

石永，紹興新昌人。性淳厚，事親至孝。值亂兵掠鄉里，永父謙孫，年八十，老不能行。永負父匿山谷中，亂兵執其父，欲殺之。永亟前抱父，請以身代。兵遂殺永而釋其父。

王克己，延安中部人。父伯通歿，克己負土築墳，廬於墓側。貊高縱兵暴掠，縣民皆逃竄，克己獨守墓不去。家人呼之避兵，克己曰：「吾誓守墓三年以報。吾親雖死，不可棄也。」遂不去。俄而兵至，見其身衣衰絰，形容憔悴，曰：「此孝子也。」舍之去，竟終喪而歸。

劉思敬，延安宜君人。事其繼母沙氏、杜氏，孝養之至，無異親母。父年八十，兩目俱喪明。會亂兵剽掠其鄉，思敬負父避於巖穴中。有兵至，欲殺思敬，思敬泣言曰：「我父老矣，又無目。我死不足惜，使我父何依乎？」兵憐之，父子皆免於難。

呂祐，字伯通，晉安人。至正二十六年，郡城破，有卒入其室，拔白刃脅其母林氏，索財物不得，揮刃欲斫母。祐急以身蔽母，而奪其刃，手指盡裂傷。仆地良久而甦，開目視母曰：「母幸無恙，我死無憾矣！」遂瞑目死。

周樂，温州瑞安人，宋狀元坦之後。父日成，通經，能文。海賊竊據温州，拘日成置海舟上，樂隨往，事其父甚謹。一日，賊酋遣人沉日成於水，樂泣請曰：「我有祖母，幸留父侍養，請以己代父死。」不聽。樂抱父不忍捨，遂同死焉。

唐轂，明州人。父復禮，以事被陷，將逮赴京師。長子轅，詣吏乞代，不許，乃叩頭流血，欲自經。吏哀其誠，脱父梏梏之。抵越州，遇轂回，挽轅袂哭曰：「兄爲冢子，宗祀所托，不可死，弟請代兄行。」轅不從，轂曰：「兄訥於言，此行必不免，弟可脱父之難。」兄弟爭乞代父，吏白其事，詔原之。

凡爲有司旌表，而無事實可見者，附著於下：其事親篤孝者，有臨江劉良臣、汴梁陳善、同官強安、潘州高守質、安豐高澤、鞏昌王欽、脩武員思忠、榆縣王士寧、河南朱友諒、泉州葉森、寧陵吕德、汲縣劉淇、建昌鄭佛生、堂邑張復亨、保定邢政、寧夏趙那海、臨潼任居敬、隴西周慶、徐德興、汝寧李從善、華州要敬、色目氏沙的。其居喪廬墓者，有太原王構、萊州任梓、平灤王振、北京張洪範、登封王佐、下蔡許從政、張鐩、富平王賈僧、鄭州段好仁、趙璧、薛明善、張齊、汴梁韓榮、劉斌、張裕、何泰、史恪、高成、鄧孝祖、李文淵、杜天麟、張顯祖、涇陽張國祥、延安王旻、東昌張翬、永平梁訥、高唐鄭榮、劉居敬、同州趙良、南陽周郁、陳介、劉權、大同高著、江都毛翔、歸德葛祥、張德成、張遜、王珪、劉弼、汲縣徐昌祖、真定宋貞、王世賢、晉寧史貴、保定耿德温、張行一、賈秉實、張勗、河南王宗道、孫裔夾、谷天祐、趙州趙德隆、安豐王德新、石思讓、冀寧何溥、大都王麟、李簡、華陰李寧、屈秀懷、慶榮、丁用、郭天一、耀州王思、中牟閻讓、曹州鄧淵、吕政、徐州胡居仁、張允中、衞輝王慶、福建朱虞龍、隨州高可燾、濟寧魏鐸、武康王子中、淮安翟諟、汶上趙恒、須城許時中、衡山歐陽誠、復江陵穆堅、薊州王欽、定陶元顯祖、絳州姚好智、宿州孫克忠、集慶傅霖、濟南宋懷忠、牟克孝、汝寧張郁、谷城王福、解州靖與曾、般陽戴貞、兗州王治、沔陽徐勝祖、興中石抹昌齡、峽州秦桂華。蒙古色目氏：納魯丁、赤思馬、改住、阿合馬、拜住、木八剌、玉龍帖木兒、鎖住、唐兀歹、宴只哥、李朵羅歹、塔塔思歹。其累世同居者，有休寧朱震、雷池州方時發、河南李福、真定杜良、華州王顯政、建寧王貴甫、句容王榮、周成、鄢陵夏全、保定成珪、開平温義、大同王瑞之、平陽湯文英、鄜州員從政、江州范士奇、涇州李子才、宿州王珍。其散財周急者，有河南高顔和、台州程遠大、潭州湯居恭、李孔英、建康湯大有、吉州劉如翁、嚴用父、高唐孟恭、松江管仲德、章夢賢、夏椿、江陵陳一寧、中興傳文鼎、永州唐必榮、濟南李恭、寧夏何惠月。

【校勘記】

〔一〕「史彦斌」，原作「吏彦斌」，據正文及《元史》卷一九八列傳第八十五《孝友二》改。

〔二〕「海津鎮」，原作「海洋鎮」，王圻《續文獻通考》卷七二同。戴良《九靈山房集》卷二一《夏孝子詩序》、貝瓊《清江詩集》卷五《精衛憤并序》、嘉靖《定海縣志》、嘉靖《寧波府志》、成化《寧波郡志》作「海津鎮」，據改。海津鎮在直沽，見《元史》卷二五本紀第二十五《仁宗二》。

〔三〕「恨」，原作「根」，據《元史》卷一九八列傳第八十五《孝友二》改。

新元史卷之二百四十一　列傳第一百三十八

隱逸

《易·蠱》之上九曰：「不事王侯，高尚其事。」後漢嚴子陵、魏管幼安其人也。孔子稱爲逸民者七人，能考論其世者，伯夷、叔齊、柳下惠而已。三子者，豈與山林遯世之士同其志事者哉？自斯以降，列於隱逸者，其人有二：惓惓故國，不仕新朝，自附於夷、齊者也；窮居伏處，修天爵而不受人爵，合於《蠱》上九之義者也。宋之亡也，士大夫多以節概相高。謝皋羽、鄭所南，其尤著者，所謂不降、不辱者與？張特立，金人，而受知於世祖，然不食元祿，亦其次也。杜瑛、杜本、張樞、王鑑，隱居不仕，庶幾高尚其志者。今類次諸人，爲《隱逸傳》，以備尚論者之採焉。

張特立　鄭思肖　謝翶 吴思齊 方鳳 唐鈺 林景熙　王炎午 張弘毅　龔開 汪元量　孫潼發　趙友欽

陸釗　張慶之 王義端　王昌世　杜瑛　杜本 張樞〔一〕　王鑑

張特立，字文舉，東明人。初名永，避金衛紹王諱，易今名。以進士爲偃師主簿，拜監察御史。平章政事白撒犒軍陜西，特立劾其掾不法。白撒訴於朝，特立遂棄官歸。特立通程氏《易》，晚教授諸生。東平嚴實，每加禮焉。

世祖在潛邸，使右丞趙寶臣諭特立曰：「前監察御史張特立，養素丘園，易代如一。今年幾七十，研究聖經，宜錫嘉名，以光潛德，可特賜號曰中庸先生。」又諭曰：「先生年老目病，不能就道，故令趙寶臣諭意，且名其讀書之堂曰麗澤。」復降璽書諭特立曰：「白首窮經，誨人不倦，無過不及，學者宗之。昔已賜嘉名，今復諭意。」中統二年，詔曰：「中庸先生，學有淵源，行無瑕玷，雖經喪亂，不改故常。未遂丘園之賁，俄興窀穸之悲。可復賜前號，以彰寵數。」至元三年卒，年七十五。

鄭思肖，字憶翁，又字所南，福州連江人。祖咸，宋枝江縣主簿。父震，安定、和靖二院山長。思肖爲太學上舍生，應博學宏詞科。大兵南下，叩閽上書，辭意切直，忤當路，不報。宋亡，始改今名，寓思趙氏之意。不娶，歲時伏臘，輒野哭南向而拜。聞北語，則掩耳而走。人亦知其孤僻，不以爲異也。坐卧不北向，扁其室曰：「本穴世界，」以「本」字之「十」置下文，則「大宋」也。工畫墨蘭，宋亡後，畫蘭根不著土，或問之，曰：「地爲番人奪去矣。」趙孟頫才名冠世，思肖惡其仕元，與之絶。孟頫數往候之，終不得見，歎息而去。未幾，賣其田宅，惟留數畝爲衣食資，仍謂佃者曰：「我死，汝則主之。」病亟，屬其友唐東嶼曰：「思肖死矣，煩爲書木主曰：『大宋不忠不孝鄭思肖。』」語訖而絶，年七十八。

思肖自稱「三外野人」，著《大無工十空經》，寓爲「大宋經」。語奇澁，如廋語，莫能曉。自題云：「思肖嘔三斗血，方能書此，後當有具眼者識之。」

謝翱，字皋羽，福州長溪人，後徙浦城。父鑰，居母喪，廬墓，終身不仕，通《春秋》。翱世其家學，試進士不第，倜儻有大節。大兵入臨安，宋相文天祥至閩，開府延平，檄州郡爲勤王之師。翱素羸於財，散家貲，募鄉兵數百人赴難，遂參天祥軍事。未幾，辭歸。及宋亡，天祥被執以死，翱悲不自禁。適浙東，登嚴子陵釣臺，設天祥主，酹酒畢，號而慟者三。乃以竹如意擊石，作楚歌招之曰：「魂朝往兮，何極暮來歸兮。關塞黑，化爲朱鳥兮，有咮焉食。」歌闋，竹石俱碎，聞者悲之。後去依浦陽方鳳。時永康吴思齊亦依鳳，三人志趣相得，以朋友道喪，無如吴季札掛劍者，欲卜釣臺之南爲葬地，思合同志姓名作《許劍録》。卒，年四十七。鳳等葬翱於釣臺南，以文稿殉焉。

翱詩直溯盛唐，不作近代語，文尤嶄拔峭勁。每語人曰：「用志不分，神將避之。」其刻苦多類此。著有詩八卷，文二十卷。

思齊，字子善，永康人。陳亮外孫也，宋嘉興丞。數上書言事，論賈似道母喪，不應賜鹵簿，責文及翁顧忌不力争，又言宰相附貴戚，塞言路，聞者壯之。宋亡，自號全歸子。

鳳，字韶卿，婺州浦陽人。宋咸淳中，舉進士不第，丞相陳宜中奇其才，欲薦之而未果。後以恩授容州文學。宋亡，遂不仕。鳳善爲古今體詩，不緣雕琢，而體裁純密，自成一家。翶客死，鳳走數百里赴其喪。卒，年八十二。

與翶友善者，又有會稽唐珏。珏字玉潛，少孤，力學，以明經教授鄉里。西僧楊璉真珈發宋諸陵，珏痛憤，乃毁家，募鄉里少年，告以欲收思陵以下遺骸葬之。衆如珏言，瘞於蘭亭山後，種冬青樹爲識焉。翶感其事，作《冬青引》以紀之。

時又有太學生林景熙，字德暘。當發諸陵時，僞爲丐者，背竹籮，鑄銀牌百餘，以賄僧徒，得高、孝兩陵骨，納竹籮中，歸葬於東嘉。景熙仕宋爲禮部架閣，宋亡不復仕。著有《白石樵唱》六卷，文十卷。

王炎午，字鼎翁，廬陵人。宋太學士。文天祥被執赴大都，炎午作文生祭之曰：「采西山之薇，酌汨羅之水，以祭文山先生未死之靈。」

天祥死，張弘毅持其髮齒歸炎午，復作望祭文，著有《吾汶稿》。弘毅，亦廬陵人，别號千載心。天祥辟爲幕僚，不就。及天祥被執，弘毅曰：「丞相赴北，吾當偕往。」至大都，館於天祥因所之側，日饋食，凡三年，終始如一。製一櫝以藏其首，付天祥家。炎午及弘毅均隱居不仕而卒。

龔開，字聖予，山陽人。博學，負才氣。著文天祥、陸秀夫二傳。開少與陸秀夫同居李庭芝幕府，宋亡，不肯求仕。家貧，坐無几席，每令其子浚，俛伏榻上，就其背按紙作書畫焉。

同時，汪元量，字大有，錢塘人。以善鼓琴，受知於宋理宗。國亡，奉宋三宫留燕，世祖欲官之，不肯，因賜爲黄冠師。南歸後，往來匡廬、彭蠡之間，人以爲神仙云。

孫潼發，字帝錫，睦州人。少好學，工文辭。嘗携所業贄見劉克莊，大奇之，由是名動一時。宋咸淳四年進士及第，調衢州軍事判官，有能名。州人留夢炎罷相，家居，愛潼發才，欲以女妻之，潼發不可，乃已。秩滿，辟御前軍械所幹辦工事。宋亡隱居不仕，程鉅夫奉勅求江南遺賢，以潼發應詔，固辭。夢炎入元爲吏部尚書，薦潼發，亦不起。與鄉人袁易、魏新之爲「三友」。易與新之卒，潼發孑然獨立。至大三年卒，年六十七。

趙友欽，鄱陽人。隱居自晦，不知其姓字。或曰名敬，字子公，莫能詳也。因其自號，稱爲緣督先生，乃宋之宗室也。習天官遁甲鈐式，著《革象新書》，發明《授時曆》之藴。乘青騾，從以小蒼頭，往來衢、婺間。後卒，葬於衢州龍游山。

弟子朱暉，龍游人，得其推步之學。

陸釗，字二思，福州人。宋丞相秀夫子。秀夫奉衛王昺至楓亭，其妾蔡氏生釗，留於楓亭。秀夫蹈海死，蔡氏招魂，葬於莆田縣之松山。元貞二年，勑宣撫李文虎訪秀夫子録用，釗以詩卻聘，文虎歎息而返。釗初遷莆田，後復徙楓亭，隱居不仕卒。

張慶之，字子善，平江人。少有志操，通《春秋》，爲舉子業。及長，乃棄之，出入經史百氏，擬楊雄《太玄》作《測雲》，又作《孔孟衍語》。絶意仕進，號海峰野逸。仿五柳先生，作《海峰逸民傳》，以伯夷、蔣詡、陶濳、司空圖自況。初，文天祥以工部尚書知平江府，慶之在弟子之列。宋亡，集杜詩，述天祥平生大節，人多義之。

同時王義端，字元剛，龍興豐城人。宋綏寧令。宋亡，棄官歸。文天祥起兵江西，知義端有智略，辟爲幕府參議，義端仰天歎曰：「天乎！事已至此，去將安歸？」涕泣謝之。自是終其身不出。或勸之仕，義端曰：「我不能死，可復仕乎？」卒，年八十七。有《經疑》十五篇，《史論》四十八篇，《經邦讜論》二十四卷。

王昌世，字昭甫，慶元鄞縣人。父應麟，宋禮部尚書。宋亡，應麟杜門不出，日取經史百家之書討論之。昌世甫十歲，能傳其家學。凡應麟著述，昌世皆爲之校訂。應麟有重名東南，學者以爲宋三百年文獻所存。昌世，名父之子，臺省薦之，力辭曰：「士之大節，嗣守爲難。敬身所以敬親，肥遯所以無不利，不願乎外也。」泰定四年卒，年六十一，子原孫、寧孫。昌世嘗戒二子曰：「務學以實，勿事虛文。持身以誠，勿循詭道。」晚自稱静學居士，有《静學稿》二十卷。

杜瑛，字文玉，其先霸州信安人。父時昇，《金史》有傳。金將亡，士猶以文辭規進取，瑛獨避地河南緱氏山中。時文物凋喪，瑛搜訪遺書，盡讀之。間關轉徙，教授汾、晉間，中書粘合珪開府於相，瑛應其聘，遂家焉。與良田千畝，辭不受。術者言其所居下有藏金，家人欲發視，輒止之。後來居者，果得黄金百斤。其不苟取如此。

世祖南伐，召見問計。瑛從容對曰：「漢、唐以還，人君所恃以爲國者，法與兵、食三事而已。國無法不立，人無食不生，亂無兵不守。今宋皆蔑之，殆將亡矣。若控襄樊之師，順長江而下，以擣其背，大業可定也。」帝悦，曰：「儒者中乃有此人！」以瑛可大用，命從行，辭疾弗就。

中統初，詔徵瑛。時王文統方用事，瑛固辭。左丞張文謙宣撫河北，奏爲懷孟、彰德、大名等路提舉學校官，又辭。遺執政書，其略曰：「先王之道不明，異端邪説害之也。横流奔放，天理不絶如綫。今天子神聖，俊乂輻輳，言納計用，先王之禮樂教化興明脩復，維其時矣。若夫簿書期會，文法末節，漢、唐猶不屑也，執事者因陋就簡，此焉是務，良可惜哉！夫善始者未必善終，今不能遡流求源，明法正俗，育材興化，以拯數百千年之禍，僕恐後日之弊，將有不可勝言者矣。」人或勉之仕，則曰：「後世去古雖遠，而先王之所設施，本末先後，猶可考見，故爲政者莫先於復古。苟因習舊弊，以求合乎先王之意，不亦難乎！吾又不能隨時俯仰，以赴機會，將焉用仕？」於是杜門著書，優游道藝，以終其身。年七十，遺命其子處立、處愿曰：「吾即死，當表吾墓曰『緱山杜處士』。」天曆中，贈資德大夫、翰林學士、上護軍，追封魏郡公，謚文獻。

所著書曰《春秋地理源委》十卷、《語孟旁通》八卷、《皇極引用》八卷、《皇極疑事》四卷、《極學》十卷、《律吕律曆禮樂雜志》三十卷、文集十卷。

杜本，字伯原，其先居京兆，後徙天台，又徙臨江之清江。本博學，善屬文。江浙行省丞相忽剌木得其所上《捄荒策》，大奇之。及入爲御史大夫，力薦於朝。被召至京師，未幾，歸隱武夷山中。文宗在江南時，聞其名，及即位，以幣徵之，不起。

至正三年，右丞相脱脱以隱士薦，詔遣使賜以金織文幣、上尊酒，召爲翰林待制，兼國史院編修官。使者趣之行，至杭州，稱疾固辭，而致書於脱脱曰：「以萬事合爲一理，以萬民合爲一心，以千載合爲一日，以四海合爲一家，則可言制禮作樂，而躋五帝三王之盛矣。」脱脱得書歎息，稱爲高士。

本湛静寡欲，無疾言遽色。尤篤於故舊，有貧不能養父母及無貲求學者，皆濟之。平居手不釋書。天文、地理、律曆、度數，靡不通究。著有《四經表義》、《六書通編》、《十原》等書，學者稱爲清碧先生。至正十年卒，年七十有五。

時有張樞子長者，婺州金華人，亦屢徵不起。樞幼聰慧，外家潘氏蓄書數萬卷，樞盡取而讀之，過目輒不忘。既長，下筆成文，頃刻數千言。嘗改訂陳壽《三國志》，撰漢本紀、列傳，附以魏、吴載記，爲《續後漢書》。危素亟稱之，朝廷取其書寘宣文閣。至正三年，修遼、金、宋三史，右丞相脱脱以監修國史領都總裁，闢樞本府長史，力辭不拜。七年，申命史臣纂修本朝后妃、功臣傳，復以翰林修撰、同知制誥、兼國史院編修官召，樞復避不就。使者强之行，至杭州，稱病而歸。至正八年卒，年五十七。

王鑑，字明卿，真定安平人。性耿介。娶同郡李氏，資裝甚盛，鑑悉歸之。受學於虞集，善唐人近體詩。游京師，大臣薦其才行，授侍儀司舍人，鑑辭曰：「吾雖不敏，安能爲人所役？」即宵遁。後樂吴中風土，遂隱居焉，足跡不出户者二十年。家貧，無儋石之儲。然非其義，雖一毫不取。張士誠每過之，勸以忠義。士誠退謂人曰：「明卿，高尚士也。」卒，年七十二。

【校勘記】

〔一〕「張樞」，本書《儒林傳一》已有傳，退耕堂本傳文大體與《元史》卷一九九列傳第八十六《隱逸傳·張樞》同，庚午重訂本删之。本卷正文中「時有張樞子長者」至「年五十七」一段，乃據退耕堂本補。

新元史卷之二百四十二　列傳第一百三十九

方技

劉秉忠事世祖於潛藩，其術數之學，尤爲帝所敬信。及即位，詔訪奇材異能之士，秉忠亦薦其所知，雖尋常藝術，皆得親承顧問，待以優禮。豈非雄才大略之主，其度量所包括者，無所不至乎？今博考其人，爲《方技傳》，以存梗概焉。

田忠良　靳德進　李俊民　張康　廖應淮傅立　周仲高　李國同　李杲羅天益　竇行冲　朱震亨王履　劉岳　阿尼哥尼劉元　朱玉　李時

田忠良，字正卿，中山人。父閏，精《易》理及六壬之數。世祖伐宋，召問宋亡期，對曰：「丙子。」已而果然。世祖欲官之，固辭，以忠良貴，至大二年，授閏光禄大夫、司徒，封趙國公，閏曰：「吾不及拜也。」命下而卒。

忠良好學，通儒家言。識太保劉秉忠於微時，秉忠薦於世祖，遣使召至，帝視其狀貌步趨，顧謂侍臣曰：「是雖以陰陽家進，必將爲國用。」俄指西序第二人，謂忠良曰：「彼手中握何物？」忠良對曰：「雞卵也。」果然。帝喜，又曰：「朕有事縈心，汝試占之。」對曰：「以臣術推之，當是一名僧病耳。」帝曰：「然，國師也。」遣左侍儀奉御也先捏兒送忠良司天臺，給筆札，令秉忠試星曆、遁甲諸書。秉忠奏：「所試皆通，司天諸生鮮有及者。」遂授司天官。帝曰：「朕用兵江南，困於襄樊，累年不決，奈何？」忠良對曰：「在酉年矣。」

至元十一年，阿里海涯奏請益十萬衆渡江，朝議難之。帝密問曰：「汝試筮之，濟否？」對曰：「濟。」帝獵於柳林，御幄殿，侍臣甚衆，顧忠良曰：「今拜一大將取江南，朕心已定，果何人耶？」忠良環視左右，目一人，對曰：「是偉丈夫，可屬大事。」帝笑曰：「此伯顏也。汝識朕心！」賜鈔五百貫、衣一襲。七月十五日夜，白氣貫三台，帝問：「何祥？」忠良對曰：「三公其死乎？」未幾，太保劉秉忠卒。八月，帝出獵，駐輦召忠良曰：「朕有所遺，汝知何物？還可復得否？」對曰：「其數珠乎？明日二十里外，人當有得而來獻者。」已而果然。帝喜，賜以貂裘。十月，詔問忠良：「南征將士能渡江否？勞師費財，朕甚憂之！」忠良奏曰：「明年正月，當奏捷矣。」

十二年正月，大兵取鄂州，丞相伯顏遣使來獻宋寶，帝以玉香爐賜忠良，及金織文十匹。二月，帝不豫，召忠良謂曰：「或言朕今歲不嘉，汝術云何？」忠良對曰：「聖體行自安矣。」三月，帝疾愈，賜銀五百兩、幣三十匹。五月，車駕幸上都，遣使來召曰：「叛者寢入山陵，久而不去，汝與和禮和孫率衆往視之。」既至，山陵如故，俄而叛兵大至，圍之三匝，三日不解。忠良引衆夜歸，敵殊不覺，和禮和孫以爲神。白其事於帝，賜黄金十兩。八月，以海都爲邊患，遣皇子北平王、丞相安童征之，忠良奏曰：「不吉，將有叛者。」帝不悦。十二月，諸王昔里吉執皇子、丞相以附海都，帝召忠良曰：「朕幾信讒言罪汝，今如汝言。汝禱於神，雖黄金朕所不吝。」忠良對曰：「無事於神，皇子未年當還。」後果然。

十四年八月，車駕駐隆興北，忠良奏曰：「昔里吉之叛，以安童之食不彼及也。今宿衛之士，日食一瓜，豈能充饑？竊有怨言矣！」帝怒，笞主膳二人，俾均其食。

十五年三月，汴梁河清三百里，帝曰：「憲宗生，河清；朕生，河清；今河又清，何耶？」忠良對曰：「應在皇太子。」帝語符寶郎董文忠曰：「是不妄言，殆有徵也。」

十八年，特命爲太常丞。少府爲諸王昌童建宅於太廟南，忠良往仆其柱，少府奏之，帝問忠良，對曰：「太廟前豈諸王建宅所耶？」帝曰：「卿言是也。」又奏曰：「太廟前無馳道，非禮也。」即勑中書闢道。國制，十月上吉，有事於太廟。或請牲不用牛，忠良奏曰：「梁武帝用麵爲犧牲，後如何耶？」從之。遷太常少卿。

二十年，將征日本，召忠良擇日出師。忠良奏曰：「僻陋島夷，何足勞王師？」不聽。二十四年，兼引進使。二十九年，遷太常卿。

大德元年，遷昭文館大學士、中奉大夫，兼太常太卿。十一年，成宗崩，宰相將以皇后教，祔成宗於廟。忠良爭曰：「嗣皇帝祔先帝於廟，禮也。皇后教，非制也。」竟不從。

武宗即位，進榮禄大夫、大司徒，賜銀印。仁宗即位，又進光禄大夫，領太常禮儀院事。延祐四年正月卒，年七十五。贈推忠守正佐運功臣、太師、開府儀同三司、上柱國，追封趙國公，謚忠獻。

子天澤，翰林侍講學士、嘉議大夫、知制誥兼修國史。

靳德進，其先潞州人，後徙大名。父祥，師事陵川郝經，兼善星曆。金末兵亂，與母相失，母悲泣而盲，祥得之，舐其目，百日復明，人稱其孝。劉敏行省於燕，辟祥寘幕下，佩以金符。時藩帥得擅生殺，無辜者多賴祥以免。贈集賢大學士，謚安靖。

德進幼讀書，能通大義，尤精星曆之學。世祖命太保劉秉忠選太史官屬，德進以選授天文、星曆、卜筮三科管句，凡交蝕躔次、六氣祲沴，所言休咎輒應，時因天象以進規諫，多所裨益。累遷秘書監，掌司天事。從征叛王乃顔，諸將欲勦絶其黨，德進獨陳天道好生，請緩師以待其降。又奏言：「叛王由惑於妖言，謀不軌。宜括天下術士，設陰陽教官，使訓學者，仍歲貢學成者一人。」帝從之，著爲令。

成宗以皇孫撫軍北邊，帝遣使授皇太子寶，德進從行。凡攻戰取勝，皆豫尅日期，無不驗者。亦間言事得失，多所裨益。成宗即位，歷陳世祖進賢納諫、咨詢治亂之原，帝嘉納之，授昭文館大學士，知太史院，領司天臺事，賜金帶宴服。都城以荻苫廩，或請以瓦易之，帝以問德進，對曰：「若是役驟興，物必踴貴，民力重困，臣愚未見其可。」議遂寢。勑中書自今凡集議政事，必使德進預焉。尋以病丐閒。

仁宗時在東宮，特令中書加官以留之，會車駕自上京還，召見白海行宮，授資德大夫、中書右丞，議通政院事。仁宗即位，命領太史院事，力辭，不允。以疾卒於位。贈推誠贊治功臣、榮禄大夫、大司徒、柱國，魏國公，謚文穆。子泰，工部侍郎。

李俊民，字用章，澤州人。金承安中，以經學舉進士第一，授應奉翰林文字。未幾，棄官歸，以所學教授鄉里。金南遷後，隱嵩山。再徙懷州，俄復歸嵩山。既而變起倉卒，人服其先知。

俊民在河南時，隱士荆先生授以皇極數學。時知數者無出劉秉忠右，亦自以爲弗及。

世祖在藩邸，以安車召至，延訪無虛日。遽乞還山，世祖重違其意，遣中貴護送之。又嘗令張易問以禎祥，及即位，其言皆驗。而俊民已卒，年八十餘。賜謚莊静先生。

張康，字汝安，號明遠，潭州湘潭人。早孤，力學，旁通術數。宋吕文德、江萬里，留夢炎皆推重之，辟置幕下。宋亡，隱衡山。

至元十四年，世祖遣中丞崔彧祀南嶽，就訪隱逸。彧兄湖南行省參政崔斌言康隱衡山，學通天文地理，彧還，具以聞，遣使召康，與斌偕至京師。十五年夏四月，至上都見帝，親試所學，大驗，授著作佐郎，仍以内嬪松夫人妻之，凡召對，禮遇殊厚，稱明遠而不名。嘗面諭，凡有所問，使極言之。

十八年，康上奏：「歲壬午，太一理艮宫，主大將客、參將囚，直符治事，正屬燕分。明年春，京城當有盜兵，事干將相。」十九年三月，盜果起京師，殺阿合馬等。帝欲征日本，命康以太一推之，康曰：「南國甫定，民力未蘇。且今年太一無算，舉兵不利。」從之。嘗賜太史院錢，分千貫以與康，不受，衆服其廉。久之，乞歸田里，優詔不許，遷奉直大夫、秘書監丞。年六十五卒。

子天祐，字吉甫，中書參知政事。

廖應淮，字學海，盱江人，號溟涬生。年三十，游臨安，抗疏劾丁大全誤國，大全怒，中以法，配漢陽軍。應淮荷校行歌出國門，時論壯之。抵漢陽，遇蜀道士杜可大，授以邵康節先天數，并言於官，爲脱其籍。應淮有神悟，可大自以爲不及也。久之，復至臨安，晝賣卜，夜飲，輒大醉。嘗醉中自語曰〔一〕：「天非宋天，地非宋地，奈何！」賈似道遣門客問之，應淮曰：「毋多言！浙西地髮白時，是其祥也。」似道復召至，問之，應淮曰：「明公宜自愛，不久宋鼎移矣！」似道惡其言直，應淮亦徑出不顧。及宋亡，應淮又曰：「殺氣將入閩、廣，吾不知死所矣。」其言無一不驗。至元十七年，卒。

門人彭復，能傳其學。復，宋進士也。

復又授鄱陽傅立。應淮臨卒，語其女曰：「吾死後一月中，朝命山姓鳥名者來徵吾，及傅立當過吾門，汝可出吾書示之。」既而果驗。所謂山姓鳥名，乃崔彧、程鵬飛也。立，鄱陽祝泌之甥。泌精於皇極數，立傳其學。又受學於吳復大，以占筮著名。時杭州内附，世祖命占異日如何，卦成，立對曰：「其地六七十年後，城市將生荊棘，不如今日多矣！」自至正壬辰以後，杭州果數燬於兵。

又，周仲高，不知何許人。精天文、地理之學。時方承平，自錢塘至崑山，嘗曰：「天下兵且起，吾卜地，莫如婁東善。」遂家焉。已而錢塘燬於兵，而崑山無恙。

李國同，登州人。能望氣占休咎，又善相人。宋末，見趙孟頫於客坐。孟頫風瘡滿面，即語人曰：「我過江，僅見此人。其瘡愈，即見至尊，異日官至一品，名滿天下。」先是，襄陽未下，世祖命國同至軍中望氣。行逾三兩舍，即還奏曰：「臣見卒伍中，往往有臺輔器。襄陽不破，江南不平，置此輩於何地乎？」其術之神如此。

李杲，字明之，真定人。世以貲雄鄉里。杲幼好醫藥，時易州人張元素以醫名，杲捐千金從之學，不數年，盡傳其業。其學於傷寒、癰疽、眼目病爲尤長。

北京王善甫，爲京兆酒官，病小便不利，目睛凸出，腹脹如鼓，膝以上堅硬欲裂，飲食不下，甘淡滲泄之藥皆不效。杲謂衆醫曰：「疾深矣！《內經》有之：膀胱者，津液之府，必氣化乃出焉。今用滲泄之劑而病益甚者，是氣不化也。啟元子云：『無陽者，陰無以生；無陰者，陽無以化。』甘淡滲泄，皆陽藥。獨陽無陰，其欲化，得乎？」明日，投以陰劑，不再服而愈。

西臺掾蕭君瑞，二月中病傷寒發熱，醫以白虎湯投之，病者面黑如墨，本證不復見，脉沉細，小便不禁。杲初不知用何藥，及診之，曰：「此立夏前誤用白虎湯之過。白虎湯大寒，非行經之藥，止能寒腑藏，不善用之，則傷寒本病隱曲於經絡之間。或更以大熱之藥救之，則他證必起，非所以救白虎也。有温藥之升陽行經者，吾用之。」有難者曰：「白虎大寒，非大熱何以救？君之治奈何？」杲曰：「病隱於經絡間，陽不升則經不行，經行而本證見矣。又何難焉？」果如其言而愈。

魏邦彦之妻，目翳暴生，從下而上，其色緑，腫痛不可忍。杲云：「翳從下而上，病從陽明來也。緑非五色之正，殆肺與腎合而爲病耳。」乃瀉肺、腎之邪，而以入陽明之藥爲之使。既效矣，而他日病復作者三，其所從來之經與腎色各異。乃曰：「諸脉皆屬於目，脉病則目從之。此必經絡不調，經不調則目病未已也。」問之，果然，因如所論而治之，疾遂不作。

馮叔獻之姪櫟，年十五六，病傷寒，目赤而頓渴，脉七八至。醫欲以承氣湯下之，已藥，而杲適從外來，馮告之故。杲切脉，大駭曰：「幾殺此兒！《内經》有言：『在脉，諸數爲熱，諸遲爲寒。』今脉八九至，是熱極也。而《會要大論》云：『病有脉從而病反者，何也？脉之而從，按之不鼓，諸陽皆然。』此傳而爲陰證矣。今持薑、附來，吾當以熱因寒用法處之。」藥未就而病者爪甲變，頓服者八兩，汗尋出而愈。

陝帥郭巨濟病偏枯，二指著足底不能伸，杲以長針刺骩中，深至骨而不知痛，出血一、二升，其色如墨，又且謬刺之，如此者六七，服藥三月，病良已。裴擇之妻病寒熱，月事不至者數年，已喘嗽矣。醫者率以蛤蚧、桂、附之藥投之，杲曰：「不然。夫病陰爲陽所搏，溫劑太過，故無益而反害。投以寒涼，則經行矣。」已而果然。

杲之設施多類此。元初，杲有盛名，時人皆以神醫目之。

弟子羅天益，字謙甫，亦真定人，能傳其學。

同縣竇行冲，字和師。及見天益，得杲書讀之。世祖徵爲尚醫，亦有時名。

朱震亨，字彦修，婺州義烏人。天資爽朗，讀書即了大義。聞同郡許謙之學，摳衣至門師事之。謙爲開明聖賢大旨，震亨心解，抑其豪邁，歸於純粹，不以一毫苟且自恕，其清修苦節，絶類古篤行士，所至人多化之。

一日，母病延醫，因自悟曰：「人子不知醫，或委之庸人，寧無有失？」於是研究醫理，博求名師，得羅知悌之傳，治症多奇效。嘗著《格致餘論》、《局方發揮》、《傷寒辨疑》、《外科精要》、《本草衍義補》、《丹溪心法》諸書行世，學者稱丹溪先生。

太倉人王履，字安道。震亨門人，得其心傳。著有《溯洄集》、《百病鈎元》諸書。

劉岳，字公泰，南康星子人。祖聞，宋名醫。岳讀書於白鹿洞書院，能世其家學。世祖定江南，有司以岳應聘，召對便殿，命以奉議大夫，官太醫院使。稱爲「劉三點」，以指三下，即知受病之源也。未幾，改翰林學士、知制誥、同修國史。出爲建昌路推官，卒。

阿尼哥尼，波羅國人也。其國人稱之曰八魯布。幼敏悟，異凡兒。稍長，誦習佛書，期年能曉其義。同學有爲繪畫粧塑業者，讀《尺寸經》，阿尼哥尼一聞，即能記。長善畫塑，及範金爲像。

中統元年，命帝師八合斯合建黄金塔於吐蕃，尼波羅國選匠百人往成之，得八十人。未得阿尼哥尼。年十七，請行，衆以其幼，難之。對曰：「年幼，心不幼也。」乃遣之。帝師一見奇之，命監其役。明年，塔成，請歸，帝師勉以入朝，乃祝髮爲弟子，從帝師入見。帝視之久，問曰：「汝來大國，得無懼乎？」對曰：「聖人子育萬方，子至父前，何懼之有？」又問：「汝來何爲？」對曰：「臣家西域，奉命造塔吐蕃，二載而成。見彼土遭兵難，民不堪命，願陛下安輯之。不遠萬里，爲生靈而來耳。」又問：「汝何所能？」對曰：「臣以心爲師，頗知畫塑範金之藝。」帝命取明堂針灸銅像示之曰：「此安撫王檝使宋時所進，歲久闕壞，無能修補者，汝能仿製之乎？」對曰：「臣雖未嘗爲此，請試之。」至元二年，新像成，關鬲脈絡皆備，金工歎其天巧，莫不愧服。凡兩京寺觀之像，多出其手。爲七寶鑌鐵法輪，車駕行幸，用以前導。原廟列聖御容，織綿爲之，圖畫弗及也。

至元十年，始授人匠總管，銀章虎符。十五年，有詔返初服，授光禄大夫、大司徒，領將作院事，寵遇賞賜，無與爲比。卒，贈太師、開府儀同三司、涼國公、上柱國，謚敏慧。子六人，知名者曰：阿僧哥，大司徒；阿述臈，諸色人匠總管府達魯花赤。

有劉元者，嘗從阿尼哥尼學西天梵相，亦稱絶藝。元，字秉元，薊州寶坻人。始爲道士，師事青州杞道録，傳其藝。至元中，凡兩都名刹，塑土、範金、摶换爲佛像，出元手者神思妙合，天下稱之。其上都三皇像尤古粹，識者以爲造意得三聖人之微者。

仁宗嘗勅元，非有旨不許爲人造神像。後大都南城作東岳廟，元爲造仁聖帝像，巍巍然有帝王之度，其侍臣像乃若憂深思遠者。始，元欲作侍臣像，久之未措手，適閲秘書圖畫，見唐魏徵像，矍然曰：「得之矣！非若此，莫稱爲相臣。」遽走廟中爲之，即日成。士大夫觀者，咸歎異焉。元官昭文館大學士、正奉大夫、秘書卿，以壽終。

朱玉，字君璧，崑山人。喜繪事，聞佳山水，即翛然獨往，雖數千里不以爲難。永嘉王振鵬，在仁宗時以界畫稱旨，躋顯仕。玉往受筆法，振鵬亟稱之。未幾，奉中宮命，圖《藏經》佛像，曲盡意態，人言振鵬之藝不能過之。至正中，清寧殿成。勅畫史圖其壁。趙雍以玉名聞，遣使召之，以道阻不果至。未幾，卒。

李時，字居中，大都人。伯父巨淵，工繪仙鬼，莫知其師傳之所自。嘗畫《魔母圖》，極獰悍之狀。仁宗見而悦之，使待詔禁中。累官朝列大夫、諸道人匠府總管。時總角即知向學。年十六，從巨淵至上都，視俗工所畫，輒羞赧棄去。聞饒陽劉仲謙，早從秘書少卿何澄畫。澄年九十餘，世祖詔見，賜以卮酒。既拜，因伏不能起。問之，對曰：「臣耄矣，弟子劉仲謙可以奉詔。」許之，由是仲謙名動京師。時受學於仲謙，藝日進。又有劉道權者，廬陵人，善畫山水，然恃才慢駡當世，如劉伯熙等，皆譏呵不少假借。獨於時，特獎譽之。嘗謂仲謙曰：「是子咄咄逼人，宜少避之。」後巨淵見時所作，亦惘然自以爲不及也。

至正二年，惠宗詔時畫東内清寧宫殿壁。時畫樊姬、馮婕妤及唐長孫皇后進諫圖，賞賚甚厚。或言時家貧母老，帝憐之，懷白金一錠，使左右密付時曰：「知卿貧，故相賚，慎毋令他人知。」後授爲利用監照磨，擢經歷，時叩頭固辭。退語人曰：「時事如此，吾免溝壑幸矣，其敢干天職乎！」竟不就。

先是，京師繁盛，帝欲畫圖以誇後世，詔時等具稿本以進。計日程工，如是將近三年，自南而東而西，裁及其半。忽屏置不問，衆莫知其故。及帝出奔，明兵入京師，以舊城太廣，乃撤其北之半而中築焉，其界適當畫稿之半，識者始歎異之。

孛羅帖木兒擅國，奏立梓潼帝君祠，命時圖其九十九化事於壁。時更畫四力士獻俘事，孛羅帖木兒見之，問曰：「此縶而擁以前者，何人也？」衆錯愕，不知所對。時從容跽言曰：「是不臣於國而遺害於民者。」孛羅帖木兒大笑而去。後旬日，孛羅帖木兒竟伏誅。

【校勘記】

〔一〕「嘗」，原作「當」。按宋濂《宋文憲公全集》卷三九《溟滓生贊》云「醉中嘗大叫曰」，據改。

新元史卷之二百四十三　列傳第一百四十

釋老

蒙古崇尚釋教，及得吐番之地，思因其俗而柔之，乃設官分職，而領之於帝師。又立宣政院，其院使位居第二者，必以僧爲之。帥臣以下，亦僧俗並用。於是帝師授玉印，國師授金印，宣命同於詔勑。凡即位之始，降詔褒護，必勑章佩監絡珠爲字以賜。及其卒而歸葬舍利，又命百官出郊祭餞。大德九年，專遣平章政事帖木兒乘傳護送，賻金五百兩、銀千兩、幣帛萬匹、鈔三千錠。皇慶二年，加至賻金五千兩、銀一萬五千兩、錦綺雜綵共一萬七千匹。其弟子之號司空、司徒、封國公者，前後相望，怙勢恣睢，氣燄熏灼，爲害不可勝言。有楊璉真珈者，世祖用爲江南釋教總統，發掘趙氏諸陵及其大臣冢墓凡百一所，戕殺平民四人，受人獻美女、寶貨無算。其攘奪盜取者，計金一千七百兩、銀六千八百兩、玉帶九、玉器大小百一十有一、雜寶貝百五十有二、大珠五十兩、鈔一十一萬六千二百錠、田二萬三千畝，私庇平民不輸公賦者二萬三千户，他所藏匿未露者不論也。南臺御史中丞亦力撒合請急誅之以謝天下，帝不允，仍録其子暗普爲江浙行省右丞，後以民怨沸騰，始罷去。又至大元年，上都開元寺西僧强市民薪，民訴諸留守李璧，方詢問其由，僧已率其徒持白挺突入公府，隔案引璧髮，捽諸地，捶朴交下，拽之以歸，閉諸空室，久乃得脱，奔訴於朝，遇赦以免。二年，復有僧龔柯等十八人，與諸王合兒八剌妃争道，拉妃墮車毆之，事聞，釋不問。而宣政院臣方奏請：「凡民毆西僧者，截其手；詈之者，斷其舌。」時仁宗居東宫，聞之，亟奏寢其令。泰定二年，西臺御史李昌言奏：「嘗經平涼府，静、會，定西等州，見西番僧佩金字圓符，絡繹道途。馳騎累百，傳舍至不能容，則假館民舍，奸污婦女。奉元一路，自正月至七月，往返者百八十五次，用馬至八百四十餘匹，較之諸王、行省之使，十多六七。驛户無所控訴，臺察莫敢誰何。且國家之製圓符，本爲邊防警報，僧人何事而輒佩之？乞更正僧人給驛法，且令臺憲得以糾察。」不報。必蘭納識里之誅也，有司籍之，得其人畜、土田、金銀、貨貝錢幣、邸舍、書畫器玩，及婦人七寶裝具，價值鉅萬萬云。番僧歲時祝釐禱祠，號稱好事者，其目尤不一。大者如：中統三年，作佛頂金輪會於聖安、昊天二寺七晝夜，賜銀一萬五千兩。至元二年，詔各路設三學，講三禪會。七年，大修佛事於瓊華島。九年，集都城僧誦《大藏經》，九會。十三年，設資戒大會於順德府開元寺。十六年，敕諸國師、教師、禪師百有八人，即聖壽萬安寺設齋圓戒，賜衣。二十二年，集諸路僧四萬於西京普恩寺，作資戒會七日夜。二十三年，命西僧作佛事於萬壽山，三十會。明年，又作佛事於大殿寢殿及五臺山，三十三會。二十五年，命亦思麻等七百餘人，坐靜於大護國仁王寺，凡五十四會。二十七年，命帝師坐靜於厚載門及桓州雙泉寺，凡七十二會。成宗初，以國忌，飯僧七萬。武宗至大元年，啟水陸大會於昊天寺。英宗即位，大興佛事於文德殿四十日。已而修秘密法會於延春閣，鎮雷法會於京城四門。至治三年，詔天下諸司，集僧誦經十萬部，又於京師萬安、慶壽、聖安、普慶四寺，揚子江金山寺，五臺山萬聖祐國寺，建水陸大會。泰定帝元年，命西僧修佛事於壽安山，曰星吉思乞剌，曰闊兒魯串卜，曰水朵爾麻，曰颯間卜里南家經，三年乃罷。又修黑牙蠻答哥佛事於水晶殿，燒壇佛事於延華閣。文宗至順元年四月，作佛事於仁智殿，歲終乃罷。惠宗後至元二年，創大覺海寺，塑千佛於其內。至正七年，興聖宮作佛事，賜鈔二千錠。十四年，命加喇麻選僧百有八人，修朵思哥兒好事，嘗以泥作小浮屠，或十萬至二三十萬，名曰擦擦。其大者，實以七寶珠玉，或一所，以至七所，名曰答兒剛。先是，至元中內廷佛事之目，僅百有二。至大德七年，再立功德使司，其目增至五百有餘。延祐四年，宣徽院會計歲供，其費以斤計者，用麪四十三萬九千五百、油七萬九千、酥二萬一千八百七十、蜜二萬七千三百，他物稱是。至累朝賜予，尤爲無度。其大者如：中統初，賜慶壽、海雲二寺陸地五百頃。大德五年，賜興教寺地一百頃，上都乾元寺地九十頃，萬安寺地六百頃，南寺地百二十頃。皇慶初，賜大普慶寺腴田八萬畝，邸舍四百間。又賜崇福寺河南地百頃，上都開元寺江浙田二百頃，普慶寺益都田七十頃。至治初，大永福寺成，賜金五百兩、銀二千五百兩、鈔五十萬貫、雜綵萬匹；又賜西番撒思加地僧金千兩、袈裟二萬匹。至正十二年，建清河大壽元忠國寺，以浙江廢寺田歸之，率多强佔民業。僧徒貪利無已，營結近侍，欺昧奏請布施，歲費千萬。又每歲必因好事奏釋輕重囚徒，以爲福利，雖大臣有罪，皆假是以逭其誅。宣政院參議李良弼，受賕鬻官，竟以帝師之言縱之。其餘僥緣幸免者，尤不可勝紀。至於道教，太祖敬禮邱處機，號爲神仙。世祖封張留孫爲上卿，恩寵尤渥。然其人皆有得於黃老之學，不汩没於權利者，黨徒雖盛，非如釋氏之病民蠹國也。故備書其事，以垂鑒戒云。

八思巴 膽巴 必蘭納識里 邱處機 馬鈺 譚處端 劉處元 王處一 郝大通 孫不二 康泰真 祁志誠 張宗演 張留孫 吴全節 酈希誠 張清志 蕭輔道 李居壽 莫起炎

帝師八思巴者，土番薩斯迦人，族穎氏。生七歲，誦經數十萬言，能約通大義，國人號聖童。稍長，學富五明，故又稱班彌怛。年十有五，謁世祖於潛邸，與語大悅，日見親禮。

中統元年，世祖即位，尊爲國師，授玉印。命製蒙古新字。其字僅千餘，其母凡四十有一。其相關紐而成字者，則有韻關之法。其以二合、三合、四合而成字者，則有語韻之法。大要以諧聲爲宗。其四十一之字母曰：

[illegible]葛，[illegible]渴，[illegible]誐，[illegible]者，[illegible]闕，[illegible]遮，[illegible]倪，[illegible]怛，[illegible]撻，[illegible]達，[illegible]闕，[illegible]鉢，[illegible]婺，[illegible]术，[illegible]麻，[illegible]栘，[illegible]闕，[illegible]惹，[illegible]嚩，[illegible]若，[illegible]薩，[illegible]阿，[illegible]耶，[illegible]囉，[illegible]羅，[illegible]設，[illegible]沙，[illegible]訶，[illegible]啞，[illegible]伊，[illegible]鄔，[illegible]醫，[illegible]污，[illegible]遐輕呼，[illegible]霞，[illegible]法，[illegible]惡，[illegible]也，[illegible]咼，[illegible]耶輕呼。

凡借漢字釋音並開口呼之漢字，母內則去[illegible]三字，而增入[illegible]四字。初韻多本梵法，或一母獨成一字，或二三母合成一字。如[illegible]天、[illegible]地、[illegible]人、[illegible]東、[illegible]西、[illegible]南、[illegible]北之類是也。但只一字具平上去三聲，而無入聲，輕呼則同平聲矣。凡詔誥、宣敕、表箋並用之。其書右行，其字方古嚴重。

至元六年，詔頒行於天下，詔曰：「朕惟字以書言，言以紀事，此古今之通制。我國家肇基朔方，俗尚簡古，未遑制作，凡施用文字，因用漢文及畏兀兒字，以達本朝之言。考諸遼、金及遐方諸國，例各有字。今文治寖興，而字書有闕，於制爲未備。故特命國師八思巴創爲蒙古新字，譯寫一切文字，期於順言達事而已。今後凡有璽書頒降者，皆用蒙古新字，仍各以其國字副之。」遂升號八思巴大寶法王，更賜玉印。

十一年，請告西還。留之不可，乃以其弟亦憐真嗣焉。十六年，八思巴卒，賜號「皇天之下、一人之上、宣文輔治、大聖至德、普覺真智、佑國如意、大寶法王、西天佛子、大元帝師」。至治間，特詔郡縣建廟通祀。泰定元年，又繪像十一，頒各行省爲塑像云。

亦憐真嗣帝師，凡六歲，至元十六年卒。答兒麻八剌乞列嗣，二十三年卒。亦攝思連真嗣，三十一年卒。乞剌斯八斡節兒嗣，成宗特造寶玉五方佛冠賜之。元貞元年，更賜雙龍盤紐白玉印，文曰「大元帝師統領諸國僧尼中興釋教之印」。大德七年，卒。明年，以輦真監藏嗣，又明年卒。都家班嗣，皇慶二年卒。相兒加思嗣，延祐元年卒。二年，公哥羅古羅思監藏班藏卜嗣，至治三年卒。旺出兒監藏嗣，泰定二年卒。公哥列思八冲納思監藏班藏卜嗣，賜玉印，降璽書諭天下，其年卒。天曆二年，亦輦真吃剌失思嗣。

時又有國師膽巴者，一名功嘉葛剌思，西番突甘斯旦麻人。幼從西天竺古達麻失利傳習梵秘，得其法要。中統間，帝師八思巴薦之。時懷孟大旱，世祖命禱之，立雨。又呪食投龍湫，頃之，奇花異果上尊湧出波面，取以上進，世祖大悦。至元末，以不容於時相桑哥，力請西歸，既復召還，謫之潮州。時樞密副使月的迷失鎮潮州，妻得奇疾，膽巴以所持數珠加其身，即愈。又嘗爲月的迷失言異夢及已還朝期，後皆驗。元貞間，海都犯西番界，成宗命禱於摩訶葛剌神，已而捷書果至。又爲成宗禱疾，遄愈，賜與甚厚，且詔分御前校尉十人爲之導從。成宗北巡，命膽巴以象輿前導。過雲州，語諸弟子曰：「此地有靈怪，恐驚乘輿，當密持神呪以厭之。」未幾，風雨大至，衆咸震懼，惟幄殿無虞，復賜碧鈿盃一。德壽太子之薨也，不魯罕皇后遣使問于師曰：「我夫婦以師事汝，至矣，止有一子，何不能保護耶？」對曰：「佛法如燈籠，風雨至，可蔽之。若爾燭盡，燈籠亦無如之何也。」大德七年夏卒。皇慶間，追號「大覺普惠廣照無上膽巴帝師」。

後又有必蘭納識里者，初名只剌瓦彌的理，北庭感木魯國人。幼熟畏兀兒及西天書，長能貫通三藏暨諸國語。大德六年，奉旨從帝師受戒於廣寒殿，代帝出家，更賜今名。皇慶中，命繙譯諸梵經典。延祐間，特賜銀印，授光禄大夫。時諸番朝貢，表牋文字無能識者，皆令必蘭納識里譯之。嘗有以金刻字爲表進者，帝遣視之。必蘭納識里取案上墨汁塗金葉，審其字，命左右執筆，口授表中語及使人名氏與貢物之數，書而上之。明日，有司閱其物色，與所賫重譯之書無少差者，衆無不服其博識，而竟莫測其何所從授，或者以爲神悟云。授開府儀同三司，仍賜三臺銀印，兼領功德使司事，厚其廩餼，俾得以養母焉。至治三年，改賜金印，特授沙津愛護持，且命爲諸國引進使。至順二年，又賜玉印，加號普覺圓明廣照弘辯三藏國師。是年，與安西王子月魯帖木兒等謀爲不軌，坐誅。其所譯經，漢字則有《楞嚴經》，西天字則有《大乘莊嚴寶度經》、《乾陀般若經》、《大涅槃經》、《稱讚大乘功德經》，西番字則有《不思議禪觀經》，皆行於世。

邱處機，字通密，登州棲霞人，自號長春子。幼有人相之曰：「神仙宗伯也。」年十九，學全真道於寧海之崑崙山，與馬鈺、譚處端、劉處元、王處一、郝大通、孫不二，同師重陽王真人。

馬鈺，寧海人，弱冠舉進士。妻孫氏，名不二，亦寧海人。劉處元，掖縣人，著有《道德經解》、《陰符經解》。譚處端，寧海人，著有《雲水前後集》。王處一，寧海人。郝大通，寧海人。時謂之「七真人」，獨處機名最著。金、宋之季，俱遣使召之，不赴。

太祖征西域，命近臣徹伯爾、劉仲祿齎璽書，請處機至軍中。處機一日忽語其徒曰：「天使來召我，我當往。」翼日，二人至，處機乃與弟子十有八人同行。明年，留山北，先馳表謝，拳拳以止殺爲戒。又明年，趣使再至，乃發撫州，經涉萬有餘里，歷四載而始達於雪山。常馬行積雪中，馬上舉策試之，未及積雪之半。既見，太祖大悅，賜食，設廬帳甚飭。

太祖方西征，日事攻戰，處機每言欲一天下者，必在不嗜殺人。及問爲治之方，則對以敬天愛民。問長生久視之道，則告以清心寡欲。太祖深契其言，曰：「天錫仙翁，以寤朕志。」命左右書之，且以訓諸子焉。賜虎符，副以璽書，不斥其名，惟曰「神仙」。一日雷震，太祖以問，處機對曰：「雷，天威也。人罪莫大於不孝，不孝則不順乎天，故天威震動以警之。似聞境内不孝者多，陛下宜畏天威，明孝道以治天下。」太祖從之。

十七年，太祖大獵於東山，馬踣，處機請曰：「天道好生，陛下春秋高，數畋獵，非宜。」太祖爲罷獵者久之。時大兵踐蹂中原，河南北尤甚，民罹俘戮，無所逃命。處機還燕，使其徒持牒購之，由是爲人奴者得復爲良，與瀕死而得更生者，毋慮二三萬人。

十九年，熒惑犯尾，其占在燕，處機禱之，果退舍。二十一年，又爲旱禱，期三日雨，當名瑞應，已而亦驗。改賜宫名曰「長春」，且遣使勞問，制曰：「朕常念神仙，神仙毋忘朕也。」六月，浴于東溪。越二日，天大雷雨，太液池水入東湖，聲聞數里，魚鱉盡去，池遂涸，而北口高岸亦崩。處機歎曰：「山其摧乎！池其涸乎！吾將與之俱乎！」遂卒，年八十。其徒尹志平等，世奉璽書，襲掌其教。

至大二年，加賜金印，處機贈爲「長春全德神化明應真君」，馬鈺爲「丹陽抱一無爲普化真君」，譚處端爲「長真凝神元静蘊德真君」，劉處元爲「長生輔化宗元明德真君」，王處一爲「玉陽體元廣慈普度真君」，郝大通爲「廣寧通元妙極太古真君」，孫不二爲「清净淵真慮元順化元君」，勅並付道士苗道一收執。

處機弟子十八人，知名者尹志平、李志常、宋德芳、綦志遠，並封真人。

時又有康泰真者，利州人。母娠二十四月而生。學道於王重陽，與邱處機、馬鈺諸人游。四方之士踵門受業者，恒數百人。夏大旱，使者請祈雨，泰真端坐久之，曰：「明日雨。」既而果然。冬常裸裎十餘日，無寒色。卒，年九十餘。

處機第四傳曰祁志誠，居雲州金閣山，譽聞甚著〔一〕。丞相安童嘗過而問之，志誠告以修身治世之要。安童感其言，故相世祖以清静爲本。及罷相，退然若無與於世者，人謂有得於志誠之言。

正一天師者，始自漢張道陵，其後四世孫來居信州之龍虎山。相傳至三十六世宗演，當至元十三年，世祖已平江南，遣使召之。至則命廷臣郊勞，待以客禮。及見，語之曰：「昔歲己未，朕次鄂渚，嘗令王一清往訪卿父，卿父使報朕曰：『後二十年天下當混一。』神仙之言驗於今矣！」因命坐，賜宴，特賜玉芙蓉冠、組金無縫服，賜號「演道靈應冲和真人」，命主領江南道教，仍賜銀印。

十八年、二十五年再入覲。世祖嘗命取其祖天師所傳玉印、寶劍觀之，語侍臣曰：「朝代更易已不知其幾，而天師劍、印傳子若孫尚至今日，其果有神明相之乎？」嗟嘆久之。其實天師玉印文曰「陽平治都君所」，乃宋徽宗所賜，非漢印也。

九月，都功德使司脱因小演赤奏：「曩者所燬道家僞經板本化圖，多隱匿未燬，其書皆詆毀釋教之言，宜甄别。」於是命前中書右丞張文謙等詣長春宫無極殿，偕宗演等證辨真僞，究其本末，惟《道德》二篇爲老子所著，餘悉漢張道陵、後魏寇謙之等僞作。文謙等奏：「自《道德經》外，宜悉焚燬。」帝曰：「道家經文，傳訛踵謬，非一日矣。若焚之，其徒未必心服。彼言水火不能焚溺，可以是端試之。候不驗，焚之未晚也。」遂諭宗演等，俾推擇人入火試其術。宗演等奏：「此皆誕妄之説，臣等入火，必皆爲灰燼，實不敢試。但乞焚去《道藏》僞書，庶幾澡雪臣等。」帝可其奏。遂詔天下道家諸經，可留《道德》二篇，其餘一切焚燬，匿藏者罪之。十月，集百官於憫忠寺，焚燬《老子化胡經》、《猶龍傳》等書。

二十九年，宗演卒，子與棣嗣，爲三十七世，襲掌江南道教。三十一年入覲，卒於京師。元貞元年，弟與材嗣授太素凝神廣道真人，爲三十八世，襲掌道教。

時潮嚙鹽官、海鹽兩州，爲患特甚，與材以術治之。一夕大雷電以震，明日見有物魚首黿形者磔於水裔，潮患遂息。大德五年，召見於上都幄殿。八年，授正一教主，主領三山符籙。武宗即位，來覲，特授金紫光禄大夫，封留國公，賜金印。仁宗即位，特賜寶冠、組織文金之服。延祐三年，加「太虚輔化體仁應道大真人」，卒。四年，子嗣成嗣，爲三十九世，襲領江南道教，主領三山符籙如故。

其徒張留孫者，字師漢，信州貴溪人。少入龍虎山爲道士，有人相之曰：「神仙宰相也。」至元十三年，從天師張宗演入朝，世祖與語，稱旨，遂留侍闕下。世祖嘗親祠幄殿，皇太子侍。忽暴風雨至，衆駭懼，留孫禱之，立止。又嘗次日月山，昭睿順聖皇后得疾，危甚，亟召留孫請禱。既而后夢有朱衣長鬚、從甲士、導朱輦白獸行草間者，覺而異之，以問留孫，對曰：「甲士導輦獸者，臣所佩法籙中將吏也。朱衣長鬚者，漢祖天師也。行草間者，春時也。殿下之疾，其及春而瘳乎？」后命畫像以進，視之，果夢中所見者。帝大悦，即命留孫爲天師，固辭不敢當，乃號爲上卿，勅尚方鑄寶劍以賜，建崇真宮於兩京，俾留孫居之，專掌祠事。

十五年，授玄教宗師，賜銀印。又特任其父信州路治中，尋復升江東道同知宣慰司事。是時天下大定，世祖思與民休息，留孫待詔尚方，因諭黄老治道貴清浄、聖人在宥天下之旨，深契上衷。及將以完澤爲相，命留孫筮之，得《同人》之《豫》，留孫曰：「《同人》，柔得位而進乎乾，君臣之合也。《豫》，利建侯，命相事也。何吉如之！願陛下勿疑。」及拜，天下果稱得賢相。

大德中，加號玄教大宗師，同知集賢院道教事。武宗即位，召見，賜坐，升大真人，知集賢院，位大學士上。尋又加特進。進講老子推明謙讓之道。及仁宗即位，猶恒誦其言，且諭近臣曰：「累朝舊德，僅餘張上卿爾。」進開府儀同三司、特進，加號「輔成贊化保運玄教大宗道師」，又封「闡道弘教冲玄仁靖大真人」，刻玉爲「玄教大宗師」印以賜之。至治元年卒，年七十四。天曆元年，追贈「道祖神應真君」。其徒吴全節嗣。

全節，字成季，饒州安仁人。年十三，學道於龍虎山。至元二十四年，至京師，從留孫見世祖。三十一年，成宗至自朔方，召見，賜古瑚玉蟠螭環一，敕每歲侍從行幸，所司給廬帳、車馬、衣服、廩餼，著爲令。大德十一年，授玄教嗣師，賜銀印，視二品。至大元年，賜七寶金冠、織金文之服。三年，贈其祖昭文館大學士，封其父司徒、饒國公，母饒國太夫人，名其所居之鄉曰榮禄，里曰具慶。至治元年，留孫卒。二年，制授特進、上卿、玄教大宗師、崇文弘道玄德真人、總攝江淮荆襄等處道教、知集賢道教事，玉印一、銀印二，并授之。

全節嘗代祀嶽瀆，還，成宗問曰：「卿所過郡縣，有善治民者乎？」對曰：「臣過河南，總管盧贄平易無爲，而民以安靖。」成宗曰：「吾憶其人。」即日召拜集賢學士。成宗崩，仁宗至自懷孟，有狂士以危言許翰林學士閻復，事叵測。全節力言於李孟，孟以聞，仁宗意解，復告老而去。當時以爲朝廷得敬大臣體，而不以口語傷賢者，全節蓋有力焉。

全節雅好結士大夫，推轂善類，唯恐不盡其力。至於振窮周急，未嘗以恩怨異其心，時論稱之。卒，年八十有二，其徒夏文泳嗣。

真大道教者，金季道士劉德仁之所立也。其教以苦節危行爲要，而不妄取於人，不苟侈於己。五傳至酈希誠，居燕京天寶宫，見知憲宗，始名其教曰真大道，授希誠太玄真人，領教事，内出冠服以賜，仍給紫衣三十襲賜其從者。

至元五年，世祖命其徒孫德福統轄諸路真大道，錫銅章。二十年，改賜銀印二。又三傳而至張清志。年十六，從天寶李道士游，其後徒衆益盛。清志事母孝，母常病疽，口吮其膿，遂愈。又患膈氣，清志禱於神，進藥，母吐涎塊如瓜，病若失。授演教大宗師、凝神冲妙玄應真人。東海大珠山、牢山舊多虎，清志往居之，虎皆避徙，然頗爲人害。清志曰：「是吾奪其所也。」遂去之。後居臨汾，地大震，城郭摧壓，死者不可勝計，獨清志所居裂爲二，無少損焉。乃徧巡木石間，聽呻吟聲，救活者甚衆。朝廷重其名，給驛致之，俾掌教事。清志徒步至京師，深居簡出，人或不識其面。貴人達官來見，率告病，伏卧内不肯起。後卒於京師。

太一教者，始金天眷中道士蕭抱珍，傳太一三元法籙之術，因名其教曰太一。四傳而至蕭輔道。世祖在潛邸，聞其名，命史天澤召至和林，賜對稱旨，留居宫邸。以老，請授弟子李居壽，掌其教事。

至元十一年，建太一宫於兩京，命居壽居之，領祠事，且禋祀六丁，以繼太保劉秉忠之職。十三年，賜太一掌教宗師印。十六年十月辛丑，月直元辰〔二〕，敕居壽祠醮，奏赤章於天，凡五晝夜。事畢，居壽請間曰：「皇太子春秋鼎盛，宜參預國政。」且又因典瑞董文忠以爲言，世祖喜曰：「行將及之。」其後詔太子參決朝政，庶事先啓後聞，皆自居壽發之。

莫起炎，字南仲，湖州人，後更名洞乙，自號爲月鼎。入青成山，見徐無極，受五雷之法。又聞南豐鄒鐵壁得王侍辰《雷書》，秘不傳，亟往求之，託爲僮隸。鄒病革，洞乙具以實告，鄒驚歎，即以書授之。於是洞乙召雷雨，制鬼魅，動若有神物從之者。

宋寶祐中，浙東大旱，馬廷鸞守紹興，延致之。洞乙建壇塲，瞑目按劍，召雷神役之，俄大雨傾注。宋理宗聞之，賜詩一首，稱爲神仙。

至元五年，世祖遣御史中丞崔彧求異人江南，物色得之。召見上都，帝賜以果殽。時天氣晴霽，帝曰：「可聞雷否？」洞乙曰：「可。」即取胡桃擲地，雷應聲而發，震撼殿廷，帝爲之改容。復使請雨，雨立至。帝大悦，賜以金繒。洞乙碎截之，爲濟寒乞。帝疑其物微，盛有所賚，亦不受。勑掌道教事，洞乙以年耄辭。遂南歸，益自放於酒。嘗與客飲西湖舟中，赤日當天，客請假片雲覆之。洞乙持果漂杯中，頃之雲自湖畔起，翳於日下。洞乙寓道觀，中秋，觀中道士會飲，不及洞乙。俄有片雲蔽月，道士知洞乙所爲，急延之上座，且謝罪。洞乙以手指之，雲即散去。山民爲魅所憑，往求洞乙，遇之酒肆中。洞乙含酒饌之，及歸而病已愈。賣餅者爲物竊其餅，訴於洞乙，召雷擊之，雲中有胡孫首下投於市。

洞乙佯狂避世，不妄與人交，然頗問疾病。有來告，或以蟹中黃篆符與之，或摘草木葉嘘氣授之，無不立愈，咸以真官稱之。一日，謂其徒王繼莘等曰：「明年正月十有三日，我將化於沙家渡。」及期，瞑目坐，夜半雷雨大作，洞乙書偈而卒，年六十有九。

洞乙之書不輕授人，惟繼莘及潘民得其傳。繼莘授張善湘，善湘授步宗浩，宗浩授周元真，元真尤奇特，若設醮，能使羣鶴回翔壇上焉。

【校勘記】

〔一〕「譽聞」，原作「譽問」，據文意改。按《元史》卷二〇二列傳第八十九《釋老》云「道譽甚著」。

〔二〕「月直」，原作「日直」，據《元史》卷一〇本紀第十、卷二〇二列傳第八十九《釋老》《世祖七》及王圻《續文獻通考》卷二四〇改。

新元史卷之二百四十四　列傳第一百四十一

列女上

《春秋》之義，用夏變夷，必自夫婦之倫始。世祖奄宅中夏，有意於先王之禮教，獨於蒙古夫死婦再醮，或嫁夫之兄弟，則仍其舊俗而不改。然旌烈女之門，復節婦之家，有司奉行，史不絶書。殆謂禮義可以治中國，而不可以施之夷狄歟？今爲《列女傳》，則蒙古、色目之族，固有以節義顯者。而祥哥不剌公主，以皇姑之貴，早寡，不從諸弟繼尚，爲文宗所敬禮。嗚乎！民彝物則之性，豈分於夷夏哉？惜不以《春秋》之法進之也！

周朮忽妻崔氏　李伯通妻周氏　郭三妻楊氏　劉平妻胡氏王氏女　楊居寬繼室馬氏　程鵬飛妻某氏　沈氏　戴復古妻　賈瓊妻韓氏　徐君寶妻某氏　臨海民婦王氏　武用妻蘇氏　江文鑄妻范氏柳氏　譚節婦　劉仝祖妻林氏　霍氏二婦尹氏楊氏　袁天裕妻焦氏任氏　田氏　梁氏　王妙璘　周氏　謝天與妻鄧氏陳存信妻程氏等　只魯花真宋仲榮妻梁氏等　王德政妻郭氏　郎氏東平鄭

氏大寧杜氏　安西楊氏　秦氏二女孫氏女　許氏女　張氏女　張興祖妻周氏　趙孝婦　霍榮妻段氏吳氏等　朱虎妻茅氏　俞新之妻聞氏李五妻劉氏　馬英趙氏女　馮氏　李君進妻王氏趙氏等　朱淑信　葛妙真畏吾氏三女　王氏王義妻盧氏等　張義婦　鄭伯文妻丁氏　葛孝女　趙美妻王氏李冬兒　李氏　脱脱尼李世安妻王氏　趙彬妻朱氏安哥　貴哥　臺叔齡妻劉氏　李智貞　蔡三玉　黄伯英妻雍氏　唐斗輔妻文氏王氏　金孝女　陳道安妻徐氏韓良可妻等〔一〕　馬氏焦三妻易氏　張氏季富妻黄氏　崑山孝節婦

周朮忽妻崔氏，佚其籍。太祖二十一年，從朮忽官平陽。金將來攻城，克之，下令官屬妻子敢匿者死。時朮忽以使事在上黨，崔氏急，即抱幼子禎以詭計自言於將，將信之，使軍吏書其臂出之。崔氏曰：「婦人臂使人執而書，非禮也。」以金賂吏，使書之紙。吏曰：「吾知汝誠賢婦，於令不敢違。」使崔自揎袖，吏懸筆而書焉。既出，有言其詐者，將怒，命追之。崔與禎伏土窖三日，得免，與朮忽會。未幾，朮忽以病亡，崔年二十九，即大慟，誓不更嫁，放散婢僕，躬自紡績，悉以資産遺親舊。有權貴欲娶之，崔自毀其面不欲生。四十年未嘗妄言笑，人比之古烈婦云。

李伯通妻周氏，灤平石城人。生一子，名昜。金末，伯通監豐潤縣，大兵攻之，城破，不知所終。周氏與易被虜，謂偕行者曰：「人苟愛其生，萬一受辱，不如死也。」即自投於塹。主者怒，拔佩刀三刃其體而去。得不死，遂携易而逃，間關至汴，績紝以自給，教易讀書，卒爲名儒。

郭三妻楊氏，東平須城人。三從軍襄陽，楊氏留事舅姑，以孝聞。至元六年，夫死戍所，母欲嫁之，楊氏號痛自誓，乃已。久之，夫骨還，舅曰：「新婦年少，終必他適，可令吾子鰥居地下耶？」將求里人亡女合瘞之。楊氏聞，益悲，不食五日，自經死，遂與夫合葬焉。

劉平妻胡氏，渤海人。至元七年，平當戍棗陽，車載其家以行。夜宿沙河傍，有虎至，銜平去。胡起追及之，持虎尾，呼車中兒取刀殺虎。兒甫七歲，持刀授母，亦無怖意。虎死，平亦以傷卒。縣官言狀，命恤其母子，仍旌之。

至大間，建德王氏女，父出耘舍傍，遇豹，爲所噬。父大呼，女識父聲，趨救，以父所棄鋤擊豹，奪父而還。

參知政事楊居寬繼室馬氏，杭州錢塘人。至元十四年，桑哥誣居寬死，没入其孥，以馬氏賜衛士。氏託狂疾叫呼，遺糞溺不可近，竟免於辱。楊氏陰贖之歸，遂削髮廬墓，以死自誓。後桑哥敗事，得昭雪。氏無子，日紡績給食，凡十餘年。大德七年，乳生瘍，或勸醫之。氏曰：「吾寡婦也，豈可令男子見！」竟死。

程鵬飛妻某氏，宋季，鵬飛被俘於興元張萬户家爲奴，張以所獲宦家女妻之。既婚三日，竊謂曰：「觀君才貌，非在人後者，何不爲去計？」夫疑其試己，訴於張，張箠之。越三日，復告曰：「君若去，必可成名，否則終爲人奴耳。」夫又訴於張，張命出之。妻臨行，以繡履一，易程一履，泣曰：「期執此相見。」程感悟，逸去。至元初，官至陝西參政，自與妻别已三十餘年，遣使携履往興元求之，知已爲尼。使者至菴中，故遺履於地，尼見之，詢所從來，曰：「吾主程參政，使尋其婦耳。」尼出履示之，合，亟拜曰：「主母也。」告以參政未嘗娶，終不出。程檄興元路官，具輿馬送至陝西，重爲夫婦焉。

沈氏，吴興人。夫爲軍士所害，沈乘間投水。適張掾舟過，見婦人衣浮水上，引救之，易衣置後艦内。其下諷之曰：「吾張君貴人，汝能侍之，且得寵。」沈謝曰：「幸諸君見憐，然彼時見吾夫被創甚，吾已許之死，恨不及生時使之見也。且貴人安用失節婦哉？」夜以竹箸刺喉以死。

戴復古妻，江西富家女。復古流寓武寧，富家愛其才，以女妻之。居二年，欲歸，妻問故，告以曾娶。白之父，父怒，妻宛轉解釋，盡以奩具贈之，并送以詞曰：「惜才憐薄命，無計可留汝。揉碎花箋，忍寫斷腸句。道旁楊柳依依，千絲萬縷，抵不住一分愁緒。捉月盟言，不是夢中語。後回君若重來，不相忘處，把杯酒，澆墳土。」夫既別，遂赴水死。

賈瓊妻韓氏，字希孟，韓琦五世孫女。岳州破，韓爲游卒所掠，獻主將。韓年甫十八，自知不免，乃作五言詩曰：「皇宋締造初，堅正臣禮秉。開國百戰功，師旅惟雄整。及侍周幼主，臣心常炯炯。帝曰卿北伐，山戎今有警。死狗莫擊尾，此行當繫頸。即日辭陛下，盡敵心欲逞。陳橋忽兵變，不得守箕潁。禪讓法堯舜，民物普安静。有國三百年，仁義過馳騁。未改祖宗法，天何肆大眚。細思天地理，中有幸不幸。失人焉得人，垂戒常耿耿。江南無謝安，塞北有王猛。所以戒馬來，飛渡以臨境。大江限南北，今此一舴艋。本期固封疆，誰謂如畫餠。烈火燎崑岡，不辨金玉礦。妾本良家子，性僻守孤梗。嫁與尚書兒，銜署紫蘭省。直以德才合，不棄宿瘤癭。初結合歡帶，誓比日月炳。鴛鴦會雙飛，比目願常並。豈期金石堅，化作桑榆景。旄頭勢正然，蚩尤氣先屏。不意風馬牛，復及此燕郢。一方遭劫難，六族死俄頃。退鷁落迅風，孤鸞弔空影。簪摧折白玉，瓶沉斷素綆。意堅志不移，改邑不改井。我本瑚璉器，安肯作溺皿。志節匪轉石，氣憾如呑鯁。不作爝火光，願爲死灰冷。貪生念麴蛾，乞憐羞虎穽。借此清江水，葬我全首領。皇天如有知，定作血面請。願魂化精衛，填海使成嶺。」遂乘間投水死。越三日，其尸上浮，得詩於練裙中。

徐君寶妻某氏，岳州人。被掠至杭州，相從數千里，其主者數欲犯之，終以計脱。一日，主者怒甚，將强焉。氏告曰：「候妾祭先夫，然後爲君婦。」主者諾。即嚴粧焚香再拜，南向飲泣，題《滿庭芳》詞於壁曰：「漢上繁華，江南人物，猶遺宣政風流。緑窗朱户，十里爛銀鉤。一旦刀兵齊舉，旌旗擁，百萬貔貅長驅入。歌樓舞榭，風卷落花愁。清平三百載，典章文物，掃地俱休。幸此身未北，猶客南州。破鏡徐郎何在，空惆悵，相見無由。從今後，斷魂千里，夜夜岳陽樓。」即投池中死。

臨海民婦王氏，美姿容。王師狥台州，被掠。千夫長殺其舅姑與夫，而欲私之。婦陽曰：「能俾我爲舅姑與夫服朞月，乃可從汝。」師還，挈行至嵊縣，過清風嶺，婦仰天嘆曰：

「吾知所以死矣。」即囓指出血，寫詩崖石上，投崖下死。石上血漬起，不爲風雨所剥蝕。浙東元帥泰不華爲立貞婦廟。

武用妻蘇氏，真定人，徙家京師。用疾，蘇氏刲股爲粥以進，疾即愈。生子德政，四歲而寡。夫之兄利其資，逼之嫁，不聽。未幾，夫兄舉家死，惟餘三弱孫，蘇氏育之以至成立。德政長，事蘇氏至孝。蘇氏死時，天大旱。德政方掘地求水，忽二蛇躍出，一東一北，隨其地掘之，果得泉。有司上其事，旌復其家。

江文鑄妻范氏，名妙元，奉化人。年二十一，歸於江。及門，未合巹，夫以癎疾死。范遂居江氏家，撫諸姪如己子。卒，年九十有五。

又柳氏者，薊州人，爲户部主事趙野妻。未成婚，而野卒。柳哭之盡哀，誓不再嫁。寢疾，不肯服藥，曰：「我年二十而寡，今已逾半百，得死幸矣。」遂卒。

譚節婦趙氏，吉安永新人，嫁同里譚氏。年二十有七，至元十三年，江南内附。明年，宋丞相文天祥志恢復，以書約婦妹壻永新彭震龍起兵，期七月十九日内外合發，而震龍先一日起，與元軍戰，敗。元軍入城，婦抱所乳子倉卒走縣學禮殿。元兵搜得，欲犯之。婦痛罵，母子俱死於禮殿之南。時有同逃者，匿殿梁上，視婦死事甚悉，遂傳於世。婦與子血影模糊，留殿階不滅，磨去復存。其後永新知縣烏斯道爲建祠於縣學。

劉仝祖妻林氏，福清人。父公遇，知名士。仝祖爲福建招撫使，宋亡，與妻兄林空齋同舉義，共敗潰。仝祖亡命，自經死，有司執林氏，命具反狀，林氏叱曰：「吾家世爲宋臣，欲以忠義報國，何反也？汝知以指血書壁而死者乎？是吾兄也。吾與兄忠義之心一也，肯爲汝等辱？」遂遇害。

霍氏二婦尹氏、楊氏，許州人。至元中，尹氏夫卒，姑命更嫁。尹氏曰：「再嫁失節，妾不忍爲也。」楊氏夫繼卒，慮姑逼之嫁，即白舅姑，與尹同守節，共居數十年。世號「雙節霍家」。

袁天裕妻焦氏，涇陽人。天裕祖母楊氏、母焦氏，俱早寡，守志不嫁。天裕從軍死於甘州，焦氏矢志不嫁。三世並以節義稱。

又至元中，邠州任氏、乾州田氏，皆一家三婦，少寡，不再適。事聞，並旌之。

梁氏，臨川人，夫家王氏。大兵至，爲一千户所掠，詈之，爲所殺。及事平，夫謀再娶，夜夢王氏告以已生某地，當復爲君婦。明日，遣人聘之，一言而成。詢其生，與婦死日相同。

又王妙璘，海康人，王谷榮女。至元間，蠻寇雷州，執妙璘，將犯之。妙璘不受辱，投水死，有司旌之。

又雷州人朱先彬妻周氏。先彬死，周氏殉之，詔旌其門。

謝天與妻鄧氏，武進人。大兵至武進，鄧氏抱姑避牛闌中，投水死。

又陳存信妻程氏，丹陽人。大兵攻常州，存信死之，程氏守節不嫁。子壽，爲百户，亦死於賊。詔旌其門。

徐順妻彭氏，東平人；鄭臘兒妻康氏，曹州人。夫卒，俱以身殉，有司旌之。

又陳若英，高安人。年十三，同縣舒璉聘爲室。璉卒，若英自經死，有司旌其門曰貞節。

又上猶人徐仁妻謝氏，夫卒，矢志不嫁。夫家陰賣爲富室妾，謝氏訴於縣，不爲理，自經死。大德間，廉訪司表其墓曰貞節。

只魯花真，蒙古氏。年二十六，夫忽都病卒，誓不再醮，孝養舅姑。逾十五年，舅姑殁，塵衣垢面，廬墓終身。至元間旌之。

其後又有翼城宋仲榮妻梁氏，舅殁，負土爲墳；懷孟何氏、大名趙氏，並以夫殁守志，養舅姑以壽終，負土爲墳。

王德政妻郭氏，大名人。少孤，事母張氏孝謹，以女儀聞於鄉。及笄，富貴家慕之，争求聘，張氏不許。時德政教授里中，年四十餘，貌古陋。張氏以貧不能教二子，欲納德政爲壻，使教之。宗族皆不謂然，郭氏順母志，竟嫁之，與德政相敬如賓，教二弟有成。未幾，德政卒，郭氏年甫二十，勵節自守。大德間表其家。

郎氏，湖州安吉人〔二〕，宋進士朱甲妻也。朱嘗仕浙東，以郎氏從。至元間，朱殁，郎氏護喪還至玉山里，留居避盜。勢家柳氏欲强聘之，郎誓不從，夜奉柩遁歸。柳邀之中道，復死拒，得免。家居養姑甚謹。姑嘗病，郎禱天，刲股肉進啖而愈。大德十一年旌之。

又有東平鄭氏、大寧杜氏、安西楊氏，並少寡守志，刲肉療姑病。

秦氏二女，河南宜陽人，逸其名。父嘗有危疾，醫云不可治。姊閉户默禱，鑿腦和藥飲之，遂愈。父後復病欲絶，妹刲股肉置粥中，父小啜即甦。

許氏女，安豐人。父疾，割股啖之痊。

又孫氏女，河間人，父病癩十年，女禱於天，求以身代〔三〕，且吮其膿血，旬月而愈。

張氏女，廬州人，嫁爲高垕妻。母病目喪明，張氏歸省，抱母泣，以舌舐之，目忽能視。州縣各以狀聞，旌之。

張興祖妻周氏，澤州人。年二十四，興祖殁，舅姑欲使再適，周氏不從，曰：「妾家祖母、妾母並以貞操聞，妾或中道易節，是忘故夫而辱先人也。忘故夫不義，辱先人不孝。不義不孝，妾不爲也。」遂嫠居三十年，奉舅姑，生事死葬無違禮。其父與外祖皆無後，葬祭之禮亦周氏主之。有司以聞，並賜旌異。

趙孝婦，德安應城人。早寡，事姑孝。家貧，傭織於人，得美食必持歸奉姑，自啖麄糲。嘗念姑老，一旦卒，無由得棺，乃以次子鬻富家，得錢百緡，買杉木治之。棺成，置於家，南隣失火，風烈甚，火勢及孝婦家，孝婦亟扶姑出避，而棺重不可移，乃撫膺大哭曰：「吾爲姑賣兒得棺，無能爲我救之者！」言畢，風轉而北，孝婦家得不焚，人以爲孝感所致。

霍榮妻段氏，隆興人。榮無子，嘗乞人爲養子。榮卒，段氏年二十六，養舅姑以孝稱。舅姑歿，榮諸父仲汶貪其産，謂段曰：「汝子，假子也，可令歸宗。汝無子，宜改適。霍氏業，汝無預焉。」段曰：「家資不計，但再醮非義，容妾思之。」即退入寢室，引針刺面，墨漬之，誓死不貳。大德二年，府上狀中書，給羊酒幣帛，仍命旌門，復役。

又有興和吴氏，自刺其面；成紀謝思明妻趙氏，自髠其髮；冀寧田濟川妻武氏、溧水曹子英妻尤氏，嚙指滴血。並誓不更嫁，有司各旌之。

朱虎妻茅氏，崇明人。大德間，虎官都水監，坐罪籍其家，吏録送茅氏及二子赴京師。太醫提點師甲乞歸家，欲妻茅氏，誓死不從。母子三人以裙相結連，晝夜倚抱號哭，形貌銷毁。師知不可奪，釋之。茅氏託居永明尼寺，憂憤不食卒。

聞氏，紹興俞新之妻也。大德四年，新之殁，聞氏年少，父母慮其不能守，欲更嫁之。聞氏哭曰：「一身二夫，烈婦所恥。妾可無恥乎？且姑老子幼，妾去，當令誰視之？」即斷髮自誓。父不忍强奪其志。姑病風，且失明，聞氏手滌溷穢不怠。時嗽口上堂舐其目，目爲復明。及姑卒，家貧，無資傭工，與子負土葬之。朝夕悲號，聞者慘惻。鄉里嘉其孝，爲之語曰：「欲學孝婦，當問俞母。」

又有劉氏，渤海李五妻也。少寡，父母使再醮，不從。舅患疽，劉禱於天，數日潰，吮其血，乃愈。

馬英，河内人，性孝友。父喪哀毁，二兄繼殁，英獨事母甚謹，又與二嫂居，使得保全嫠節〔四〕。及喪母，卜地葬父母、二兄，負土爲四墳，手植松柏，廬墓側終身。

又趙氏女，名玉兒，冠州人。嘗許爲李氏婦，未婚夫死，遂誓不嫁，以養父母。父母殁，負土爲墳，鄉里稱之。

馮氏，名叔安，字静君，大名宦家女，山陰縣尹山東李如忠繼室也。如忠初娶蒙古氏，生子任，數歲而卒。大德五年，如忠病篤，引刀斷髮，自誓不他適。如忠歿兩月，遺腹生一子，名伏。

李氏及蒙古之族在北，聞如忠歿於官，家多遺財，相率來山陰，盡取其貲及子任以去。馮不與較，一室蕭然，唯餘如忠及蒙古氏之柩而已。朝夕哭泣，隣里不忍聞。久之，鬻衣厝二柩蕺山下，携其子廬墓側，時年二十二。羸形苦節，爲女師以自給。父母來視之，憐其孤苦，欲使更事人，馮爪面流血，不肯從。居二十年，始護喪歸葬汶上。齊魯之人聞之，莫不歎息。

李君進妻王氏，遼陽人。大德八年，君進病卒，卜葬，將發引，親隣咸會。王氏謂衆曰：「夫婦死同穴，義也。吾得從良人逝，不亦可乎？」因撫棺大慟，嘔血升許，即仆於地死。衆爲斂之，連柩出葬，送者數百人，莫不洒泣。

又移剌氏，同知湖州路事耶律忽都不花妻也。夫歿，割耳自誓。既葬，廬墓側，悲號不食死。

趙氏，名哇兒，大寧人。年二十，夫蕭病劇，謂哇兒曰：「我死，汝年少，若之何？」哇兒曰：「君幸自寬，脱有不諱，妾不獨生，必從君地下。」遂命匠制巨棺。夫歿，即自經死，家人同棺葬焉。

大都費巖妻王氏、買哥妻耶律氏、陜州陳某妻別氏、大同宋堅童妻班氏、李安童妻胡氏、晉州劉恕妻趙氏、冀寧王思忠妻張氏、饒州劉楫妻趙氏、大寧趙腥兒妻安氏、陳恭妻張氏、武壽妻劉氏、宋敬先妻謝氏、撒里妻蕭氏、古城魏貴妻周氏、任城郭灰兒妻趙氏、棗陽朱某妻丁氏、葉縣王保子妻趙氏、興州某氏妻魏氏、灤州裴某妻董貴哥、成都張保董妻郝氏、利州高塔必也妻白氏、河南楊某妻盧氏、蒙古氏太朮妻阿不察、相兀孫妻脱脱真，並以死從夫。事聞，悉命旌之，或賜錢贈謚云。

朱淑信，山陰人。少寡，誓不再嫁。一女妙淨幼，哭父，雙目並失明。及長，擇偶者不至，家貧歲凶，母子相依，苦節自厲。士人王士貴重其孝，乃求娶焉。

葛妙真，宣城民家女。九歲，聞日者言，母年五十當死，妙真即悲憂祝天，誓不嫁，終身茹素，以延母年。母後年八十一卒。

又畏吾氏三女，家錢塘。諸兄遠仕不歸，母思之成疾，三女欲慰母意，乃共斷髮誓天，終身不嫁，以養母四十餘年，母竟以壽終。事上，並賜旌異。

王氏，大都人張買奴妻也。年十六，買奴官錢塘，病歿，葬城西十里外。王氏每旦被髮步往奠之，伏墓大慟欲絶，久而致疾。舅姑力止其行，乃已。服闋，舅姑謂之曰：「吾子已歿，新婦年尚少，宜自圖終身計。」王氏泣曰：「父母命妾奉箕箒於張氏，今夫不幸早逝，天也。此足豈可復履他人門乎？」固不從。煢居三十年而卒。

又有馮翊王義妻盧氏、睢陽劉澤妻解氏、東平楊三妻張氏，並守志有節行，有司各旌其門。

張義婦，濟南鄒平人。年十八，歸里人李伍。伍與從子零戍福寧，未幾，死戍所。張獨家居，養舅姑甚至。父母、舅姑病，凡四刲股肉救之。及死，喪葬無遺禮。既而嘆曰：「妾夫死數千里外，妾不能歸骨以葬者，以舅姑、父母在，無所仰故也。今不幸父母、舅姑已死，而夫骨終暴棄遠土。使無妾即已，妾在，敢愛死乎？」乃卧積冰上，誓曰：「天若許妾收夫骨，雖寒甚，當得不死。」踰月，竟不死。鄉人異之，乃相率贈以錢，大書其事於衣以行。行四十日，至福寧，見零，問夫葬地，則榛莽四塞，不可識。張哀慟欲絶，夫忽降於童，言動無異生時，告張死時事甚悲，且示骨所在處。張如其言發得之，持骨祝曰：「爾信妾夫耶？入口當冷如冰雪，黏如膠。」已而果然。官義之，上於大府，使零護喪還，給貲以葬，仍旌門，復其役。

丁氏，新建鄭伯文妻也。大德間，伯文病將歿，丁氏與訣曰：「君脫有不諱，妾當從。但君父母已老，無他子婦侍養，妾復死，使君父母食不甘味，則君亦不瞑目矣。妾且忍死，以奉其餘年，必不改事他人以負君也。」伯文卒，丁氏年二十七，居喪哀毀。服既除，父母屢議嫁之。丁氏每聞，必慟哭曰：「妾所以不死者，非有他志也，與良人約，將以事舅姑耳。今舅姑在堂固無恙，妾可棄去而不信於良人乎？」舅姑病，丁氏夙夜護視，衣不解帶。及死，喪葬盡禮。事上，表其門。

葛孝女，金溪人。元末，江南官吏有鑿山淘河取金以充貢者，不足，則市於他所，必取盈而後已，民多鬻產償官。孝女因有司强其父徵求銀冶，不忍榜掠之苦，投冶中死。官遂奏止其貢，至今邑人祠之。危素、蘇天爵皆書其事，以警獻利者。

趙美妻王氏，內黃人。至治元年，美溺水死，王氏誓守志。舅姑念其年少無子，欲使更適，王氏曰：「婦義無再醮，且舅姑在，妾可棄去耶？」舅姑又欲以族姪繼婚，王氏拒不從。舅姑迫之，王氏知不免，即引繩自經死。

又，李冬兒，甄城人丁從信妻也。年二十三，從信歿，服闋，父母呼婦問之曰：「汝年少居孀，又無子，何以自立？吾爲汝再擇婿何如？」冬兒不從，詣從信冢哭，欲縊墓樹上，家人防之，不果。日暮還從信家，夜二鼓，入室更新衣自經死。

李氏，濱州惠高兒妻也。年二十六，高兒歿，父欲奪歸嫁之，李氏不從，自縊死。

脱脱尼，雍古剌氏，有色，善女工。年二十，夫哈剌不花卒。前妻有二子，皆無婦，欲以本俗收繼之，脱脱尼以死自誓。二子復百計求遂，脱脱尼恚且罵曰：「汝禽獸行，欲妻母耶？若死，何面目見汝父地下！」二子慙懼謝罪，乃析業而居三十年，以貞操聞。

又王氏，成都李世安妻。年十九，世安卒，夫弟世顯欲收繼之。王氏不從，引刀斷髮，復自割其耳，創甚。親戚驚嘆，爲醫療百日乃愈。事上，並旌之。

趙彬妻朱氏，名錦哥，洛陽人。天曆初，西兵掠河南，朱氏遇兵五人，被執，逼與亂。朱氏拒曰：「我良家婦，豈從汝賊耶！」兵怒，提曳箠楚之。朱氏度不能脱，即紿之曰：「汝幸釋我，舍後井傍有瘞金，當發以遺汝。」兵信之，乃隨其行。朱氏得近井，即抱三歲女赴井死。

是歲又有偃師王氏女，名安哥，從父避兵邙山丁家洞。兵入，搜得之，見安哥色美，驅使出，欲汚之。安哥不從，投澗死。有司言狀，並表其廬。

貴哥，蒙古氏，同知宣政院事羅五十三妻也。天曆初，五十三得罪，貶海南，籍其家，詔以貴哥賜近侍卯罕。卯罕親率車騎至其家迎之，貴哥度不能免，令婢僕以飲食延卯罕於廳事，如廁自經死。

臺叔齡妻劉氏，順寧人。一日地震屋壞，壓叔齡不能起，家復失火，叔齡母欲就焚，叔齡望見，呼曰：「吾已不得出，當亟救吾母！」劉謂夫妹曰：「汝救汝母。汝兄必死，吾不用復生矣。」即自投火中死。火滅，家人得二屍燼中，猶手相握不開。官嘉其義烈，上於朝，命録付史臣。

李智貞，建寧浦城人。父子明，無子。智貞七歲能讀書。九歲母病，調護甚謹。及卒，哀慟欲絶，不茹葷三年，治女工供祭祀，及奉父甘旨不乏，鄉里稱爲孝女。父嘗許爲鄭全妻，未嫁，從父客邵武。邵武豪陳良悦其慧，强納采求聘，智貞斷髮拒之，數自求死，良不能奪，卒歸全。事舅姑、父母皆以孝稱。泰定間，全病殁，智貞悲泣不食，數日而死。

蔡三玉，龍溪陳端才妻也。賊起漳州，端才走避，三玉與夫妹匿於鄰祠。賊搜得之，掠至舟中，三玉投江死。越三日，屍流至其父廣瑞舟側，廣瑞認其屍，哭曰：「吾女也！」事聞，旌門復役，仍給錢以葬。

黄伯英妻雍氏，長泰人。早寡，織紝以養舅姑。嘗負豆覓水磑磨之，遇鄉人奪其磑。雍氏號天曰：「吾磨豆以食舅姑者！」其磑竟不轉，鄉人懼而還之。

唐斗輔妻文氏，静江人。大德中，斗輔爲賓州幕官，卒。文氏年二十餘，執義自誓，孝養舅姑。其子明文早卒，婦蔣氏慕姑節行，亦不改適。至治中，詔旌其門曰貞節。

又馬英妻王氏，夏津人。英卒，王氏二十餘，誓不再嫁，凍餓而死。詔旌其門。

又金孝女，名汝安，鄞縣人。以父母老，不嫁，終身茹素。夜則籲天祈親壽，父母俱八十卒。孝女終不適人，卒於家。

陳道安妻徐氏，文昌人。至正間，寇亂，道安禦賊，爲所殺。徐氏瘗其夫，哭盡哀，啖土塞口而死。

同縣韓良可妻，寇至，姊妹俱赴水死。

瓊山唐伯壽女丑兒，至正中，寇至乾寧，丑兒被獲，時年十八。乃紿賊釋其縛，請相從。賊釋之，即赴水死。

柳氏女，嘉興人。爲賊所獲，投水死。

錢子順二女，亦嘉興人。至正末，寇至，二女連結衣袂，投水死。

子順妻俞氏，亦守節。旌門。

韓軏妻邢氏，安陽人。軏守黄華砦，賊攻之急，勢將陷。邢氏謂其女曰：「事不濟，我與汝必受辱。」遂俱投岩下死。

又蕭氏，亦安陽人，杜原妻。兵亂，原挈家之官真定，道遇賊。蕭氏謂原曰：「汝當避，我自爲計。」乃投河而死。

馬氏，湯陰人，名瑞香。幼讀《孝經》、《列女傳》，通大義。父母重愛之，擇婿得薛轂，贅之，生一女。轂拙於家事，婦翁怒責，遂離去。踰三年，父母欲令再適，馬氏言：「禮無再醮之義。」以告父母，不從，乃投井死。留紙其女懷中，書謝別父母之辭。御史王構爲作傳焉。

又焦三妻易氏，安陽人。三殁，易氏哭之哀，水漿不入口。及治棺，氏紿匠曰：「吾夫遺衣甚多，欲悉置之棺，可大其制。」匠信之。比斂，易乃入室自縊，遂合葬之。

張氏，崑山太倉人。年十七，始贅周姓爲夫。夫之父爲百夫長，嘗與其伍謀刺帥，事泄，罪連其子及婦，將斬。帥之子惜張姿容，曰：「從我即活。」張怒罵，帥子拔刀磨其頸曰：「汝不從，則殺之。」張復厲聲大罵，遂死。

又季富妻黄氏，崇明人。初，海寇入境，掠婦女登舟者二十餘人。黄氏義不受辱，投海而死，時年二十有七。

崑山孝節婦，佚其夫姓名。年二十，夫死，誓不嫁。後同籍坐事繫獄，婦當連坐。或勸改嫁可免，婦曰：「吾不忍以危難棄禮義。」有司以聞，詔旌之。

【校勘記】

〔一〕「韓良可妻」下，原有「寇氏」二字，按正文云「同縣韓良可妻，寇至，姊妹俱赴水死」，知「寇氏」二字涉下而衍，今删。

〔二〕「湖州」，原作「胡州」，據《元史》卷二〇〇列傳第八十七《列女一》改。

〔三〕「代」，原作「伐」，據《元史》卷二〇〇列傳第八十七《列女一》改。

〔四〕「保全」，原作「保金」，據《元史》卷二〇〇列傳第八十七《列女一》改。

新元史卷之二百四十五　列傳第一百四十二

列女中

白氏，太原人。夫慕釋氏，棄家爲僧。白氏年二十，留養姑不去，績紝以供日膳。夫一日還，迫使他適，白斷髮誓不從，夫不能奪，乃去。姑年九十卒，竭力營葬，畫姑像祀之終身。

胡孝女泰，海鹽人，匠氏女也。母沈氏，患手足攣，積年不愈。家人侍疾者咸厭倦，泰旦夕奉盥櫛，溲矢起臥，必抱扶之。兄娶妻，與母析居，泰遂及其壻留母家以養母。至順間，歲薦饑，泰夜傭作織紝以養母，至翦髮鬻之以贍不足。聞郡人戴甲母有疾，刲胸肉療之得差，一日俟家人出，即引刃刲胸肉，雜他肉以進，因病創。沈氏年且七十，病如故，泰侍疾三十餘年，益加謹。初，泰許嫁宋氏子，疾弗良。或謂泰宜離婚，泰不從，卒嫁之，執婦道甚謹。夫亦化其義，視外姑如母。

又任仲文妻林氏，寧海人。家貧，年二十八而寡。姑患風疾，不良於行，林氏旦暮扶侍惟謹。撫育三子，皆有成。年百又三歲卒。

甯居斌妻獨吉氏，楊州總管獨吉禮之女。居斌，河內人，爲樞密院斷事官，卒於京師。獨吉氏扶其喪歸河內，廬墓下三年。禮部旌其門曰「貞節獨吉氏之門」，表其坊曰「貞節坊」。

又韓筠妻劉氏，絳州正平人。筠父病，碾藥石墮傷足，竟中風死。劉氏撫一子一女，皆成立。筠死時，劉氏年二十七，嫠居六十年乃卒。禮部旌之。

傅賀妻陳氏，東陽人。賀卒，陳氏年二十四，家貧，以紡績養其姑三年。姑又卒，陳氏哀毀逾常，内外因憐其無子而貧，勸之改適。陳氏矢於衆曰：「吾寧餓死，不肯幸生！」逾五年，奉舅姑與賀之柩而葬之，以從子爲賀嗣，鄉黨賢之。

又劉似之妻徐氏，蘭谿人。歸似之逾年，有孕，而似之卒。俄舉一男，名潛。徐氏泣而誓曰：「劉氏之家幸而不墜，吾敢有二心乎？」潛生二子一女，亦早卒。姑婦俱以節行爲鄉人所重。

張氏女，高郵人。賊陷高郵，知女有姿，叩其家索之。女方匿複壁間，賊將害其父母，女不得已，乃出拜賊。賊即以女行，女欣然從之，過橋投水死。

有高氏婦者，同郡人也。攜其女從夫出避亂道旁空舍，脱金纏臂與女，且語夫令疾行。夫挈女稍遠，乃自經。賊至，焚其舍。夫抵儀真，夜夢婦來告曰：「我已死，彼焚其舍矣。」其精爽如此。

李景文妻徐氏，名彩鸞，浦城徐嗣源之女。略通經史，每誦文天祥六歌，必爲之感泣。至正十五年，青田賊寇浦城，徐氏從嗣源匿山谷。賊至，持刀欲害嗣源，徐前曰：「此吾父也，寧殺我。」賊舍父而止徐氏，徐氏語父曰：「兒義不受辱，今必死，父可速去。」賊拘徐氏，至桂林橋，拾炭題詩壁間，有「惟有桂林橋下水，千年照見影形清」之句。乃厲聲罵賊，投於水。賊競出之，既而乘間復投水死。

秦閏夫妻柴氏，晉寧人。閏夫前妻遺一子，尚幼，柴氏撫養如己出。未幾，柴氏有一子。閏夫死，家事日微。柴氏辛勤紡績，遣二子就學。至正十八年，賊犯晉寧，其長子爲賊所掠，既而得脱。初，在賊時，有惡少與縣人張福爲仇，往滅其家。及官軍至，福訴其事，事連柴氏長子，法當誅。柴氏引次子詣官，泣訴曰：「往從惡者，吾次子，非長子也。」次子曰：「我之罪，可加於兄乎？」鞫之，至死不易其言。官反疑次子非柴氏所出，訊之他囚，始得其情。官義柴氏，爲言曰：「婦執義不忘其夫之命，子趨死而能成母之志，此天理人情之至也。」遂免其長子，次子亦得不死。二十四年，有司旌其門，並復其家。

鄭琪妻羅氏，名妙安，信州弋陽人〔四〕。幼聰慧，能暗誦《列女傳》。年二十，歸琪。琪大家，同居百餘口。羅氏執婦道，無間言。琪以軍功擢鉛山州判官，羅氏封宜人。至正二十年，信州陷，羅氏度弋陽去州不遠，必不免於難，輒取所佩刀，淬礪令銛甚。琪問何爲，對曰：「時事如此，萬一遇難，爲自全計耳。」已而兵至，羅氏自刎死，時年二十九。

陳淑真，富州陳璧女。璧故儒者，避亂移家龍興。淑真七歲能誦詩鼓琴〔五〕。至正十八年，陳友諒寇龍興，淑真見鄰媪倉皇來告，乃取琴坐牖下彈之，曲終，泫然泣曰：「吾絕絃於斯矣。」父母怪問之，淑真曰：「城陷必遭辱，不如早死。」明日賊至，乃自投東湖。水淺不死，賊抽矢脅之上岸，淑真不從，賊射殺之。衣帶有刺繡字，詞曰：「海水羣飛，不二其行。湖水澹澹，之子澄清。視刃視飴，見衣見清〔六〕。」

左幼白妻龍氏，永新人。幼白少負才名〔七〕，以父蔭爲江西廣濟庫使，後至元丁丑卒於軍。龍氏年二十九，即翦髮，勺水不入口。柩至，迎於十里外，徒跣號痛，親挽舟以前，哭奠五年，不離几席。嘗折海榴一枝，插瓶供几上，旬日視之，根柎勃然。鄰婦感慕，皆效節不嫁。翰林承旨歐陽玄爲書「榴萱」二字以表之。子二人，善詠，皆力學世其家。

焦士廉妻王氏，博興人，養姑至孝。至正十七年，毛貴作亂，官軍競出虜掠。王氏被執，紿曰：「我家墓田有藏金，可取也。」信之，隨王氏至墓所。王氏哭曰：「此我死所，非藏金所也。」乃與妾杜氏皆遇害。

又劉公翼妻蕭氏，濟南人。至正十八年，毛貴陷濟南，蕭氏自縊死。

柯節婦陳氏，長樂石梁人。至正二十一年，海賊劫石梁，其夫適在縣城，陳氏爲賊所執，且行且駡。賊亂捶之，挾以登舟，駡不已，自投江中。其父方卧病，見女至，呼之不應，駭曰：「吾豈夢邪？」既而有自賊中歸者，言陳氏死狀，乃知其鬼也。明日，屍逆流而上，止石梁岸旁。時盛暑，屍已變，其夫驗其背有黑子，乃慟哭曰：「是吾妻也！」舁斂之。

月娥丁氏，西域人，孝子丁鶴年之姊。少聰慧，通經史。及長，歸葛通甫。家婦盧，見月娥德踰於己，一日，率諸婦、諸女請曰：「願以諸婦、諸女屬之娣，幸蚤莫教之。」月娥告以婦道，及援引古烈女，示以爲則。既而豫章羣盜起，城陷，月娥歎曰：「吾生簪組世家，其忍出犬彘下邪！」遂抱所生女赴水死。諸婦、諸女咸曰：「彼之死，必安於義，吾可幸生乎？」亦相與死水中，凡九人。時夏暑，屍七日不沈，顔色如生。郡人駭異，議曰：「十節同志，死不可異壙。」乃於故居之南黄池里作巨穴，同葬焉，題其石曰「十節墓」。

鍾節婦，宜陽黄氏女。年十六，爲鍾秉敬妻。秉敬父義昭，雄勇。當紅巾賊起，鄉民賴保全者數萬户。既而賊大至，父子戰死。賊聞婦美，將强室之，以兵躪其里。婦隨里民匿石洞中，曰：「汝等同禍，以我故。然義不可令鄉里同死，吾當自爲計。」遂出臨小石潭，即自投潭中。衆遽救，幸不死，乃誑賊曰：「投潭中死矣。」賊大怒曰：「死以其首至。」衆懼，無計，或曰：「婢雪兒有貌，可令之代。」衆然之，乃飾婢使出拜，曰：「此鍾相公女也，願獻之將軍。」賊喜，擁之去，號曰娘子。婦得免，然竟以悸卒。

劉冀之，衡水曹泰才之妻也。年十二，通古文《孝經》。見小學書，固請讀之，母不許。一日，聞諸兄誦《内則》，至「姆教婉，娩聽從」，復請於母曰：「此亦女子事。」遂通經義。及笄，適泰才。紅巾陷河朔，曹故大家，避兵縣西聊城邨。賊掩至，見劉美，驅之去。劉曰：「婦人從一而終，二夫且不可，况賊乎！」賊乃出金珠置前，被以文綺，劉手裂之。賊擁上馬，墜地者數四。賊怒，繩其項，繫馬後曳之。劉以爪據地，頭觸石流血，駡賊死。

義烈女朶那者，杭州畏兀家女奴也。至正中，寇陷杭，至其家，無所得，乃反接主婦柱下，拔刀礪頸上。諸婢皆散走，女獨身覆主婦，請代死，且謂賊曰：「汝利吾財，豈利殺人哉？凡家之貨寶，皆我所掌，主母固弗知。若免主母死，我當悉與汝不吝。」寇解主婦縛，女乃出金玉等置堂上，寇争相攫取。已而又欲汙之，女持刀自刎曰：「我主二千石，我誓不奴他姓〔八〕，况汝賊乎？」賊舍之去，女泣拜主婦曰：「妾受命主管鑰，今全身，而失主人之財物，非義也。」遂自殺，人莫不難其義烈。

韓氏女，保寧人。年十七，遭明玉珍兵亂，韓爲所掠。乃僞爲男子服，既而果被獲，隸軍中。七年後，從玉珍兵攻雲南，遇其叔父，贖歸成都。適尹氏，猶處子也。人皆稱爲「韓貞女」。

胡妙端，嵊縣人，適剡溪祝氏。至正二十年春，爲苗軍掠至金華，義不受辱。乘間嚙指血，題詩壁上，赴水死。苗帥服其節，爲立廟祀之，邑人顔曰「烈女廟」。

梁王女阿禚公主，大理段功妻也。功初襲爲蒙化知府，明玉珍自蜀分兵攻雲南，梁王及行省官皆走，功獨進兵敗之。梁王深德功，以公主妻之，授雲南行省平章政事，功自是不肯歸。或譖之梁王曰：「段平章心叵測，盍早圖之？」梁王密召公主，謂曰：「功志不滅我不已，今付汝孔雀膽，乘便可毒之。」主潸然，私語功曰：「我父忌阿奴，願與阿奴西歸。」因出毒示之，功不聽。明日，邀功東寺演梵，陰令番將格殺之。公主聞變，大哭，欲自盡，王防衛甚密。因悲憤作詩曰：「吾家住在鴈門深，一片閒雲到滇海。心懸明月照青天，青天不語今三載。欲隨明月到蒼山，悞我一生路裏彩。吐嚕吐嚕段阿奴，施宗施秀同奴歹。雲片波潾不見人，押不蘆花顔色改。肉屏獨坐細思量，西山鐵立霜瀟灑。」竟死。

功女僧奴，將適建昌阿黎氏，出手刺繡文旗，屬功子寶曰：「我自束髮，聞母稱父寃。恨非男子，不能報，此旗所以識也。」人皆敬其志節。

脱脱懷氏，樞密副使燕帖木兒妻。明兵入雲南，燕帖木兒敗，馳歸。氏閉門不納，曰：「爾受梁王厚恩，兵敗不死，何以見爲？」乃鴆其二子一女，命侍者曰：「我死，爾舉火焚屋，毋令辱我。」遂飲鴆卒。

辛瑜妻傅氏，諸暨人。瑜以軍興期會，迫死道上。傅蒲伏抱屍歸，號泣三日夜。屍有腐氣，猶依屍呵舐，冀復甦。已入棺，至嚙其棺成穴。及葬，投身壙中。母强挽之出，囑侍婢謹視之。閱數日，紿婢具湯沐，既而失所在。明日，婢汲井，見二足倒植井中，乃傅也。

又史五妻徐氏，定遠人。五爲義兵百夫長，兵至，五戰死。氏求夫積屍中，莫能識。以口吮血，辨驗得實，載之歸。治大棺，將殮，乃沐浴自經其側。

張春兒，葉縣軍士李青妻也。青臨陣負傷歸，曰：「吾殆矣！汝可善事後人。」春兒截髮示信曰：「妾生寒門，頗曉大義，君勿憂。」比青卒，哭之，垢面流血。旋諭匠者造大棺，盡納夫之衣服，匠如其言。將斂，春兒自經庭下，家人共殯之。

秦筆妻，江陰人，失其姓氏。筆遭亂，挈妻依同郡朱判官璹，居吴中。筆病卒，貧無以斂，璹爲具棺衾，且思所以卹養其妻。其妻泣謝曰：「良人以藝游搢紳間，《詩》《書》禮義之教，妾亦嘗與聞矣。妾以未亡故，累鄉長者，其如義何？」璹加慰之。夜哭益哀，自經死。璹爲合葬而表其墓。

吴妙寧，上海人。年二十一，贅同里張氏子。邑大姓以叛黨連坐其父，妙寧泣曰：「吾父苟無地爲解，族其赤矣。吾不遄死，禍延良人，悔孰甚？」即投繯死。俄徵繫吏至，聞已没，嗟異而去。時人爲之謡曰：「紅羊年，黑鼠月，張婦吴，儷遺烈。九山風酸泖波血，二氣舛錯愁雲結。一樹梅花驚飄雪〔九〕。」

孔胥妻周芙，江陰人。孔素無鄉曲譽，衆以通賊愬於官。胥度不免，密書與妻早爲計，庶免軍配。周神色不亂，言笑平常。乃具酒饌祭舅姑，延親戚劇飲。是夕素服自縊死。

張貞，建康張叙女，嫁海縣周曹，坐法下獄瘐死。先是，貞在徒籍中，懼配軍，投秦淮河而死。及周屍過秦淮河，貞湧浮水上，面如生。人皆曰：「此張訓導女也。」聞者哀之。

吴良正，義烏儒家女。姑嗜酒，家固貧，必力致之，姑醉乃已。姑卒未殯，賊至，家人悉竄，吴獨侍側。人呼曰：「汝不愛頭？」吴曰：「姑未殯，妾就刃下，死不悔。」撫棺長慟。兵義之，釋去。

又有烏傷里賈善妻宋婜，性沈默。家饒於貲，平日事賈甚謹。明兵駐蘭溪，賈攜婜避浦陽城竇山鄉。無賴乘時肆掠，俄突至，婜懼侵己，擲袖銀於地，投絶澗死。

何婦賀氏，永新州人。蘄兵陷吉安，殺其夫，將汙之。賀曰：「妾聞師令嚴，淫虐者斬以狥，汝獨不懼死乎？」兵以言諸帥，帥議聘焉。屆期，帥且至，賀閉户不納，齧指血，題詩曰：「涇渭難分清與濁，妾身不死死紅巾。孤兒尚忍更他姓，烈女何曾事二人。白刃自揮心似鐵，黄泉欲到骨如銀。荒村日落猿啼處，過客聞之亦愴神。」遂引刃自斷其喉，猶端坐不仆。帥排户入，見之驚去。

費元琇，上海人，江陰知事楊州朱道存妻。先是，江陰亂，元琇依父居松江。苗軍掠郡城内，苗軍手刃，將入犯之，元琇叱曰：「我夫見勤王事，汝輩奚敢犯我！」投釵珥於地，苗攫之去。既而苗沓至，欲驅迫就道。元琇度不免，乃攀堂楹厲聲曰：「苗狗，毋辱我！」遂遇害。爪入楹木，血沁於指。

楊節婦吴氏，湖州人。年二十五，有殊色。至正丙午秋，明兵偪湖州〔一〇〕，吴自度必不免，乃攜二子投苕水中。逾月，城破，父媪見其母子並浮水上，咸嗟異焉。

陸﨤妻趙氏，印縣人。﨤與趙隱居瓢湖，兵猝至，﨤夫婦舍舟登岸。兵偪之，傷刃者三，遂仆淖中。趙躍投淖同死。

徐謝氏，名鬫，松江宦家女。素凝重，不妄言笑。苗兵燬掠，謝從夫逃，適與苗遇，驅之行。時里閈少艾被縶者相屬，謝阻板橋，遽厲聲曰：「橋有柱，我儂趨救可乎！」苗怒，斫其肩以號於衆，既而悔曰：「彼烏涇之清濟也。」相與啫啫而去。

李氏，行軍鎮撫彭九萬妻，吉水人。至正戊申，五溪苗突入城，李及其子友諒皆被執。驅之行，不從；脅以刃，不動。問所求，李曰：「我命婦也，有死而已。」因語友諒曰：「刎無刃，經無索，奈何？」諒曰：「當激賊怒以就死。」李乃極口大罵，苗怒，殺之。有趙氏婦者，抱嬰兒匿縣學中。苗强汙之，不可，死於禮殿南。血模糊，影留殿階不滅，剗去復存。後人立石以志其處。

又黃元珪妻俞氏，山陰人。賊火其廬，將擁氏去，氏躍入火中死。

同時謝氏，爲張彌遠妻。亦遭兵執，不屈而死。

林克成妻陳氏，福寧人。至正末，兵亂，陳氏奉姑匿山洞中。後潛依母家，收克成一家遺骸葬之。時年二十四，母欲其改適，陳氏泣曰：「棄幼稚而改嫁，吾必不爲也！」於是養姑撫子，卒存林氏之後。有司旌之。

劉公翼妻蕭氏，濟南人。至正十八年，毛貴兵至，蕭氏曰：「妾誓先死，若城陷被執，悔將何追？」亡何城陷，蕭縊死。

【校勘記】

〔一〕「左幼白妻龍氏」，「幼」原作「友」，據正文及李祁《雲陽集》卷八《左氏節婦傳》改。

〔二〕「趙氏」，原倒在「謝氏」下，據正文乙正。

〔三〕「黄元珪妻俞氏」，「妻」字原脱，據正文補。

〔四〕「弋陽」，原作「戈陽」，下同，據《元史》卷二〇一列傳第八十八《列女二》改。

〔五〕「歲」，原脱，據《元史》卷二〇一列傳第八十八《列女二》補。

〔六〕「清」，疑誤。按陳淑真刺繡詩，魏源《元史新編》卷五二作「士二其行」、「見衣見情」，乾隆《漢陽縣志》卷二九作「士貳其行」、「見衣見心」。

〔七〕「幼白」，原作「幼曰」，據李祁《雲陽集》卷八《左氏節婦傳》改。上文作「幼白」

不誤。

〔八〕「奴」，陶宗儀《南村輟耕録》卷一一、田汝成《西湖遊覽志餘》卷九、萬曆《杭州府志》卷八九同，嘉靖《浙江通志》卷四八、康熙《浙江通志》卷四〇、康熙《錢塘縣志》卷二八作「從」。

〔九〕「一樹梅花驚飄雪」上，王逢《梧溪集》卷四《張節婦吴氏辭有引》有「百里泥塗昏墊中」，當補。

〔一〇〕「湖州」，原作「胡州」，據上文改。

新元史卷之二百四十六　列傳第一百四十三

列女下

姚氏方寧妻管勝娘　衣氏曹德妻侯氏等　王琰妻潘氏蔣氏　田氏　鄭氏　湯輝妻張氏湯婍　俞士淵妻童氏　惠士玄妻王氏費隱妻王氏　周婦毛氏　丁尚賢妻李氏　李順兒　吳守正妻禹氏　黃仲起妻朱氏馮氏　蔡氏　也先忽都　呂彥能妻劉氏王氏　袁氏孤女　徐允讓妻潘氏王琪妻蔡氏　趙洙妻許氏　張正蒙妻韓氏季銳妻何氏　劉氏二女鄭奴　于同祖妻曹氏李氏〔一〕　李仲義妻劉氏　李弘益妻申氏安氏　周如砥女　狄恒妻徐氏　李馬兒妻袁氏　王士明妻李氏邵洪妻華氏〔二〕　陶宗媛宗婉　王淑　高麗氏　張訥妻劉氏張思孝妻華氏　觀音奴妻卜顏的斤張棟妻王氏　安志道妻劉氏　宋謙妻趙氏温氏等　齊關妻劉氏　王宗仁妻宋氏　王履謙妻齊氏蕭氏　呂氏　王時妻安氏李氏　徐猱頭妻岳氏　程徐妻金氏　孛朮遠妻雷氏　武管嬰　王子温妻諸氏〔三〕　蒲氏趙氏等　李哥

姚氏，餘杭人。夫出刈麥，姚居家執爨。母何氏，往汲澗水，久而不至。俄聞覆水聲，亟出視，則虎啣其母以走。姚倉卒逐之，以手掣其尾。鄰人競從之，虎乃置何氏去。姚負母以歸，求藥療之，奉養二十餘年而卒。

又方寧妻管勝娘者，建寧人。寧耕田，勝娘饁之，見一虎方攫其夫，勝娘即棄饁奮挺連擊之，虎舍去。勝娘負夫，至中途而死，有司旌復其家。

孟志剛妻衣氏，汴梁人。志剛卒，貧而無子，有司給以棺木。衣氏給匠者曰：「可寬大其棺，吾夫有遺衣服，欲盡置其中。」匠者然之。是夕，衣氏祭其夫，畢家之所有，悉散之鄰里及同居王媪，曰：「吾聞一馬不被兩鞍。吾夫既死，與之同棺共穴可也。」遂自刭死。

又有侯氏者，鈞州曹德妻。德病死，侯氏語人曰：「年少夫亡，婦人之不幸也。欲守吾志，而亂離如此，其能免乎？」遂縊死於墓。

又周經妻吴氏、郭惟辛妻郝氏、陳輝妻白氏、張頑住妻杜氏、程二妻成氏、李貞妻武氏、暗都剌妻張氏，並殉夫死，有司旌之。

王琰妻潘氏，徽州婺源人。年二十八而琰卒，潘誓不他適。以其夫從兄之子元圭爲後。元圭時始三歲，鞠之不啻己出。潘氏卒，年六十二。元圭之子良垕，有子燕山。燕山卒時，妻李氏年二十四，無子，乃守志自誓。父母欲奪而嫁之，不聽。燕山兄子惟德妻俞氏，惟德早死，二子甚幼，俞氏守節，不墜家業。人稱爲曰「三節之門」〔四〕。

同郡歙縣吴子恭之妻蔣氏，年廿八而夫亡，孀居五十年，年七十八卒。有司旌表其門。

又劉仲亨妻田氏，大同人。至正中，仲亨爲渾源州知州，卒，田氏年未三十，自經喪側。事聞，旌表其門。

又李思齊妾鄭氏，思齊卒，鄭氏自縊死。時人謚以貞烈。

湯輝妻張氏〔五〕，處州龍泉人。兵亂，其家財移入山砦，夫與姑共守之。舅以疾未行，張歸侍舅疾，且以輿自隨。既而賊至，即命以輿載其舅，而己遇賊。賊以刃脅之曰：「從我則生，否則死。」張掠髮整衣請受刃，賊不忍殺。張懼汙，即奪其刃自剸死，年二十七。

又湯婍者，亦龍泉人。有姿容。賊殺其父母，以刃脅之。婍不勝悲咽，乞早死，因以頭觸刃。賊怒，斫殺之。其妹亦不受辱而死。

俞士淵妻童氏，嚴州人。姑性嚴，待之寡恩，童氏事之無少拂其意者。至正十三年，賊一卒以刀擊其左臂，愈不屈。又一卒斷其右臂，駡猶不絕。衆乃剥其面而去，明日乃死。陷威平，官軍復之，已乃縱兵剽掠。至士淵家，童氏以身蔽姑，衆欲汙之，童氏大駡不屈。

惠士玄妻王氏，大都人。至正十四年，士玄病革，王氏曰：「吾聞病者糞苦則愈。」乃嘗其糞，頗甘，王氏色愈憂。士玄囑王氏曰：「我病必不起，前妾所生子，汝善保護之。待此子稍長，即從汝自嫁矣。」王氏泣曰：「君何爲出此言耶？設有不諱，妾義當死。君幸有兄嫂，此兒必不失所居。」數日，士玄卒。比葬，王氏遂居墓側，蓬首垢面，哀毀逾禮。常以妾子置左右，飲食寒暖，惟恐不至。歲餘，妾子亦死，乃哭曰：「無復望矣！」屢引刀自殺，家人驚救得免。至終喪，親舊皆攜酒祭士玄墓。祭畢，衆欲行酒，王氏已經死於樹矣。

又有王氏者，良鄉費隱妻也。隱有疾，王氏數嘗其糞。及疾篤，囑王氏曰：「我一子一女，雖妾所生，無異汝所出也。我死，汝其善撫育之。」遂没。王氏居喪，撫其子女。既而子又死。服除，謂其親屬曰：「妾聞夫乃婦之天，今夫已死，妾生何爲？」乃執女手語之曰：「汝今已長，稍知人事。管鑰在此，汝自司之。」遂相抱慟哭。是夜，縊死園中。

周婦毛氏，松陽人。美姿色。至正十五年，隨其夫避亂麻鷺山中，爲賊所得，脅之曰：「從我多與汝金，否則殺汝。」毛氏曰：「寧剖我心，不願汝金。」賊以刀磨其身，毛氏因大詈曰：「碎剮賊！汝碎則臭，我碎則香。」賊怒，刳其腸而去，年二十九。

丁尚賢妻李氏，汴梁人。年二十餘，有姿容。至正十五年，賊至，欲虜之。李氏怒曰：「吾家六世義門，豈能從賊以辱身乎？」於是闔門三百餘口俱被害。

李順兒，許州儒士李讓女。性聰慧〔六〕，頗涉經傳。年十八，未嫁。至正十五年，賊逼許州，父謂其母曰：「吾家以詩禮相傳，此女必累我。」女聞之，泣曰：「父母可自逃難，勿以我爲憂。」須臾，於後園内自經而死。

吴守正妻禹氏，名淑靖，字素清，紹興人。至元十六年，從家崇德之石門。淑靖嘗從容謂守正曰：「方今羣盜蜂起，萬一不測，妾惟有死而已，不使人汙此身也。」是年夏，盜陷崇德，淑靖倉皇攜八歲女登舟以避。盜趨奔其舟，將犯之，淑靖乃抱女投河死。

黄仲起妻朱氏，杭州人。賊寇杭州，其女臨安奴倉皇言曰：「賊至矣，我別母求一死也。」俄而賊驅諸婦至其家，且指朱氏母子曰：「爲我看守，日暮我當至也。」朱氏聞之，懼受辱，遂與女俱縊死。妾馮氏，見其母子已死，嘆曰：「我生何爲？徒受辱耳！」亦自縊死。繼而仲起弟妻蔡氏，抱幼子元童，與乳母湯氏皆自縊。

也先忽都，蒙古欽察氏，大寧路達魯花赤鐵木兒不花之妻，封雲中郡君。夫坐事免官，居大寧。紅巾賊至，也先忽都與妾玉蓮走尼寺中，爲賊所得，令與衆婦縫衣，拒不肯爲。賊嚇以刃，也先忽都罵曰：「我，達魯花赤妻也；汝曹，賊也。我不能爲針工以從賊。」賊怒，殺之。玉蓮自縊者三，賊併殺之。先是，其子完者帖木兒年十四，與父出城，見執于賊。完者帖木兒拜哭，請以身代父死。賊愛完者帖木兒姿秀，遂挈以從。久之，乃獲脱歸，訪母屍，并玉蓮葬焉。

呂彦能妻劉氏，陵州人。賊犯陵州，彦能與家人謀所往。其姊久嫠，寓彦能家，先曰：「我喪夫二十年，又無後，不死何爲？苟辱身，則辱吾弟矣。」赴井死。其妻劉氏語彦能曰：「吾爲君家婦二十八年，兹不幸逢亂，必不負君。君可自往，妾入井矣。」彦能二女及子婦王氏、二孫女，皆隨劉氏溺井，一門死者七人。

袁氏孤女，建康路溧水州人，年十五。其母嚴氏孀居，極貧，病癱瘓卧于牀者數年，女事母至孝。至正十八年，賊至，燔其里，隣婦强攜女出避火，女泣曰：「我何忍舍母去乎？同死而已。」遂入室抱母，共焚而死。

徐允讓妻潘氏，名妙圓，山陰人。至正十九年，與其夫從舅避兵山谷間。舅被執，夫泣以救父，爲兵所殺，欲强辱潘氏。潘氏因紿之曰：「我夫既死，我從汝必矣。若能焚吾夫，可無憾也。」兵信之，聚薪以焚其夫。火既熾，潘氏且泣且語，遂投火以死。

又諸暨蔡氏者，王琪妻也。至正二十二年，張士誠陷諸暨，蔡氏避之長寧鄉山中。兵猝至，有造紙鑊方沸，遂投其中而死。

趙洙妻許氏，集賢大學士有壬姪女也。至正十九年，紅巾賊陷遼陽，洙時爲儒學提舉，夫婦避亂匿資善寺。洙以叱賊見害，許氏不知也。賊甘言誘許氏，令指示金銀之處，許氏大言曰：「吾詩書冠冕故家，不幸遇難，但知守節而死，他皆不知也。」賊以刃脅之，許氏色不變。已而知其夫死，因慟哭仆地，駡不絶口，且曰：「吾母居武昌，死于賊，吾女兄弟亦死賊，今吾夫又死焉。使我得報汝，當醢汝矣！」遂遇害。寺僧見許氏死狀，哀其貞烈，賊退，與洙合葬之。

張正蒙妻韓氏，紹興人。正蒙嘗爲湖州德清稅務提領，至正十九年，紹興兵變，正蒙謂韓氏曰：「吾爲元朝臣子，於義當死。」韓氏曰：「爾果能死於忠，吾必能死於節。」遂俱縊死。其女池奴，年十七，泣曰：「父母既亡，吾何以獨生？」亦投崖而死。

又何氏者，龍泉縣季銳妻。因避兵于邑之繩門巖，賊至，何氏被執，欲汙之，與子榮兒、女回娘投崖而死。

劉氏二女，長曰貞，年十九，次曰孫，年十七。龍興人，皆未許嫁。陳友諒寇龍興，其母泣謂二女曰：「城或破，置汝何所？」二女曰：「寧死，不辱父母也。」城陷，二女登樓，相繼自縊。婢鄭奴亦自殺。

于同祖妻曹氏，茶陵人。父德夫，教授湖湘間，同祖在諸生中，因以女妻焉。至正二十年，茶陵陷，曹氏謂其夫及子曰：「我義不辱身，以累汝也。顧舅年老，汝等善事之。」遂自剄死。妾李氏驚，抱持之不得，亦引刀自剄，絶而復蘇，曰：「得從小君地下，足矣。」未幾死。

李仲義妻劉氏，名翠哥，房山人。至正二十年，縣大饑，平章劉哈剌不花兵乏食，執仲義。弟馬兒走報劉氏，劉氏遽往救之，涕泣伏地，告於兵曰：「所執者是吾夫也，乞矜憐之，貸其生。吾家有醬一甕、米一斗五升，窖於地中，可掘取之，以代吾夫。」兵不從，劉氏曰：「吾夫瘦，不可食。吾聞婦人肥黑者味美，吾肥且黑，願就烹以代夫死。」兵遂釋其夫而烹劉氏。衆莫不哀之。

李弘益妻申氏，冀寧人。至正二十年，賊陷冀寧，申氏語弘益曰：「君當速去，勿以我婦人相累。若賊入吾室，必以妾故害及君矣。」言訖，投井死。

弘益既免於難，再娶安氏。居二歲而弘益以疾卒，安氏時年三十，泣謂諸親曰：「女子一適人，終身不改。不幸夫死，雖生亦何益哉！」乃竊入寢室，膏沐薰衣，自縊于柩側。

周如砥女，年十九，未適人。至正二十年，鄉民作亂，如砥與女避于新昌西之客僧嶺，女爲賊所執。賊曰：「吾未娶，當以汝爲妻。」女曰：「我周典史女也，死即死，豈能從汝耶？」賊遂殺之。如砥時爲紹興新昌典史。

狄恒妻徐氏，天台人。恒早没，徐氏守節不再醮。至正二十年，鄉民爲亂，避難於牛囤山，爲賊所執，驅迫以前。徐紿之曰：「吾渴甚，欲求水一杯。」賊令自汲，即投井而死，時年十八。

李馬兒妻袁氏，瑞州人。至正二十二年，李病没，袁氏年十九，誓不再嫁，以養舅姑。有王成者，聞袁氏有姿色，挾勢欲娶之，袁氏曰：「吾聞烈女不更二夫，寧死不失身也。」遂往夫墓痛哭，縊死樹下。

王士明妻李氏，名賽兒，房山人。至正二十五年，竹貞軍至，李氏及其女李家奴皆被執。士明隨至軍，軍怒逐之。李氏謂其女曰：「汝父既爲軍所逐，吾與汝必不得脱。與其受辱，不若死。」女曰：「母先殺我。」李氏即以軍所遺鐶刀殺其女，遂自殺。竹貞聞之，爲之葬祭，仍書其門曰「王士明妻李氏貞節之門」。有司上其事，爲立碑。

同時，邵洪妻華氏，無錫人。兵至，謂其夫曰：「我義不可辱。」赴水死。

陶宗媛，台州人，儒士杜思絅妻也。歸杜四載而亡，矢志守節。台州被兵，宗媛方居姑喪，忍死護柩，爲游軍所執，迫脅之，媛曰：「我若畏死，豈留此耶？任汝殺我，以從姑於地下爾。」遂遇害。其妹宗婉，弟妻王淑，亦皆赴水死。

高麗氏，宣慰副使孛羅帖木兒妻。至正二十七年十二月，其夫死於兵，謂人曰：「夫既死矣，吾安能復事人？」乃積薪塞户，以火自焚而死。

張訥妻劉氏，藍田人。訥爲監察御史，早卒，劉守志不二。河東受兵，劉氏二子衡、衎俱以事出外，度不能自脱，遂與二婦孫氏、姚氏決死，盡發貲囊分給家人，婦姑同縊焉。

又有華氏者，大同張思孝妻，爲貊高兵所執，以不受辱見殺。其婦劉氏，偃壓姑屍，大罵不已，兵併殺之。後家人殮其屍，婦姑之手猶相持不捨。

觀音奴妻卜顔的斤〔七〕，蒙古氏，宗王黑閭之女。大都被兵，卜顔的斤謂其夫曰：「我乃國族，且年少，必不容於人，豈惜一死以辱國乎？」遂自縊而死。

井死。

時張楝妻王氏，語家人曰：「吾爲狀元妻，義不可辱。」赴井死。其姑哭之慟，亦赴井死。

安志道妻劉氏，順州人。志道及劉氏之弟明理，並登進士第。劉氏避兵匿巖穴中，軍至，欲汙之。劉氏曰：「我弟與夫皆進士也，豈受汝辱乎！」軍士以兵磨其體，劉大罵不輟，軍士怒，乃鉤斷其舌而死。

宋謙妻趙氏〔八〕，大都人。兵破大都，趙氏子婦温氏、高氏，孫婦高氏、徐氏，皆有姿色，合謀曰：「兵且至矣，我等豈可辱身以苟全哉？」趙即自經死，諸婦四人，諸孫男女六人，衆妾三人，皆赴井而死。

齊闢妻劉氏，河南人。闢應募爲千夫長，戰死澤、潞間，劉氏貧無所依，守志不奪。有來强議婚者，劉氏紿曰：「吾三月三日有心願，償畢，當從汝所言。」是日，徑往彰德天寧寺，登浮圖絶頂，祝天曰：「妾本河南名家劉氏女，遭世亂，適湖南齊闢爲妻。今夫已死，不敢失節也。」遂投地而死。

王宗仁妻宋氏，進士宋聚之女也。宗仁家永平，永平受兵，宋氏從夫避於鏵子山，夫婦爲軍所虜。行至玉田縣，有窺宋氏色美，欲害宗仁者，宋氏顧謂夫曰：「我不幸至此，必不以身累君。」言訖，遂攜一女投井死，時年二十九。

王履謙妻齊氏，太原人。治家嚴肅，守婦道。賊陷太原，齊氏與二婦蕭氏、吕氏及二女避難於趙莊石巖。賊且至，度不能免，顧謂二女曰：「汝家五世同居，號爲清白，豈可虧節辱身以苟生哉！」長女曰：「吾夫已死，今爲未亡人，得死爲幸。」吕氏曰：「吾爲中書左丞之孫，義不受辱。」齊氏大哭，乃與二婦、二女及二孫女，俱投巖下以死。

王時妻安氏，名正同，磁州人，平章政事祐孫女也。至正十九年，時以參知政事分省太原，安氏從之。及賊兵寇太原，城陷，衆皆逃，安氏與其妾李氏同赴井死。事聞，贈梁國夫人，謚莊潔。

徐猱頭妻岳氏，大都人。兵入都城，岳氏告其夫曰：「我等恐被驅逐，將奈何？」其夫曰：「事急惟有死耳，何避也？」遂火其所居，夫婦赴火以死。其母王氏、二女一子皆抱持赴火死。

金氏，詳定使四明程徐妻也。京城既破，謂其女曰：「汝父出捍城，我三品命婦，汝儒家女，又進士妻，不可受辱。」抱二歲子及女赴井死。

孛朮遠妻雷氏，南陽人，孛朮魯翀子婦也。遠爲襄陽尹，拒賊被害。雷爲賊所執，欲妻之，乃罵賊曰：「我魯參政家婦，肯從汝狗彘生乎！」遂見殺。

武管嬰，太原人。年十七，未嫁。至正末，避兵山洞，其父被執。女走至父所，謂兵：「勿殺我父，請以身代。」父脱去。又言：「我有金，早瘞井邊。」兵往掘之，女投井死。

王子温妻諸氏，華亭人。子温家貧，諸氏以女工資給。賊入松江，子温欲挈之逃，諸氏泣曰：「豈可以我一婦人致累汝等耶？我自爲計。」乃與鄰嫗避賊。賊至，不屈而死。

蒲氏，行唐人，嫁樊氏。山賊至，逼爲妻，蒲氏投塘而死。鄉人號曰「義姜」，稱其地爲「玉女塘」。

又趙氏，平陽人。年二十，未嫁。賊至，投於厠而死。詔旌之。

李宗頤妻夏氏，富州人；李鋸妻何氏，龍泉人。至正中，賊至，俱不屈死。

李哥，霸州倡家女。年十三，母教之歌舞，不肯從。母告以倡業不可廢，哥曰：「若此聽母，母亦當從我好。」自是不粉澤茹葷，所歌多道情仙曲。有召者，必詢主客姓名乃往，人亦預戒毋戲狎。孟津監縣賂母，夜抵舍，哥懷利刃閉卧内曰：「汝職風化首，而狗彘行，恐血污吾刃也。」監慚去。明日，知州聞之，曰：「此間有貞女不知，吾過矣！吾子明經，舉秀才，真若配。」以禮娶之。未幾，紅巾入寇，夫婦皆見執。覘哥美，將殺其夫。哥前抱夫頸，大呼曰：「吾斷不斯須求活。」寇并殺之。

【校勘記】

〔一〕「李氏」，原作「季氏」，據正文及《元史》卷二〇一列傳第八十八《列女二·曹氏》改。

〔二〕「邵洪妻華氏」，原作「邵琪妻華氏」，據正文改。

〔三〕「妻」，原脱，據正文補。

〔四〕「爲」，疑衍。《元史》卷二〇一列傳第八十八《列女二》云：「故人賢汪氏之門，而稱曰『三節』。」

〔五〕「湯輝」，原作「楊輝」，據《元史》卷二〇一列傳第八十八《列女二》改。目録不誤。

〔六〕「聰慧」，原作「聰彗」，據《元史》卷二〇一列傳第八十八《列女二》改。

〔七〕「卜顔的斤」，原作「卜顔的近」，據《元史》卷二〇一列傳第八十八《列女二》改。目録不誤。

〔八〕「趙氏」下，原衍「人」字，據《元史》卷二〇一列傳第八十八《列女二》删。

新元史卷之二百四十七　列傳第一百四十四

宦者

蒙古以功臣子弟給事内廷，雖間用宦者，不爲上所親信，故弄權病國者無聞焉。至惠宗之世，朴不花始以孽后鄉里，夤緣柄用，遂與奸臣同惡相濟，譬之鴆酒，稍濡口吻，而毒已潰裂矣。李邦寧請武宗親祀太室，可謂昌言。野先帖木兒、趙伯顏不花諫惠宗，尤無愧於吕强、張承業。備著其人，以爲彰癉焉。

李邦寧 張仲壽　野先帖木兒 趙伯顏不花　朴不花

李邦寧，字叔固，錢塘人。初名保寧，宋之小黄門也。宋亡，從瀛國公入見世祖，命給事内庭，警敏稱上意。令學國書及諸番語，即通解，遂見親任。授御帶庫提點，遷章佩少監、禮部尚書、提點太醫院使。成宗即位，進昭文館大學士、太醫院使。帝嘗寢疾，邦寧不離左右者十餘日。

武宗立，命爲江浙省平章政事，邦寧辭曰：「臣以奄腐餘命，無望更生，先朝幸赦而用之，使得承乏中涓，高爵厚禄，榮寵過甚。陛下復欲置臣宰輔，臣何敢當？宰輔者，佐天子共治天下者也，奈何辱以寺人？陛下縱不臣惜，如天下後世何？誠不敢奉詔。」帝大悦，使大臣白於太后及皇太子以褒之。

帝嘗奉皇太后燕大安閣，中有故篋，問邦寧曰：「此何篋也？」對曰：「此世祖貯裘帶者。臣聞聖訓曰：『藏此以遺子孫，使見吾朴儉，可爲華侈之戒。』帝命發篋視之，歎曰：「非卿言，朕安得知之？」時有宗王在側，進曰：「世祖雖神聖，嗇於財。」邦寧曰：「不然。世祖一言，無不爲後世法；一予奪，無不當功罪。且天下所入雖富，苟用不節，必致匱乏。先朝以來，歲賦已不足用，又數會宗藩，耗費無算。旦暮不給，必將横斂於民，豈美事耶？」太后及帝深然其言。俄加大司徒、尚服院使，遥授丞相，行大司農，領太醫院事，階金紫光禄大夫。

太廟祭祀，皆遣官行禮，至是復如故事，邦寧諫曰：「先朝非不欲躬親饗祀，誠以疾廢禮耳。今陛下繼成之初，正宜開彰孝道，以率先天下，親祀太室，以成一代之典。循習故弊，非臣所知也。」帝稱善。即日備法駕，宿齋宫，且命邦寧爲大禮使。禮成，加恩三代，皆贈官謚。

仁宗即位，以邦寧舊臣，賜鈔千錠，辭弗受。國學釋奠，敕遣邦寧致祭於文宣王。點視畢，至位立，殿户方闢，忽大風起，殿上及兩廡燭盡滅，燭臺底鐵鐏入地尺，無不拔者，邦寧悚息伏地，諸執事者皆伏。良久風定，乃成禮，邦寧慚悔累日。

初，仁宗爲皇太子，丞相三寶奴等用事，條畫新政以亂舊章，畏仁宗英明。邦寧揣知其意，言於武宗曰：「陛下富於春秋，皇子漸長。父作子述，古之道也，未聞有子而立弟者。」武宗不悦，曰：「朕志已定，汝自往東宫言之。」邦寧懼而退。仁宗即位，左右請誅之，仁宗曰：「帝王歷數，自有天命，其言何足介懷？」加邦寧開府儀同三司，爲集賢院大學士。以疾卒。

又宦者張仲翥，亦錢塘人。累官翰林學士承旨，工行、草書。

野先帖木兒，佚其氏族，事惠宗爲宦者。帝製龍舟，自後宫至瓊華島，往來游戲，水淺不能行舟，命野先帖木兒濬之。辭曰：「頻年水旱，盜賊紛起，不宜從事游嬉，妄興工作。」帝大怒，放之高麗，改命宦者答失蠻濬之。

又有趙伯顏不花，亦惠宗宦者。至正二十八年，帝御清寧殿，集三宫皇后、皇太子、大臣，同議北巡。趙伯顔不花與知樞密院事黑的等諫，帝不聽。趙伯顔不花慟哭曰：「天下者，世祖之天下也。陛下當以死守，奈何棄之？臣願率軍民及怯薛官，背城一戰。」帝又不聽。後從帝北巡，卒於和林。

朴不花，高麗人。皇后奇氏微時，與不花同鄉里，及選爲宫人，有寵，遂爲第二皇后，居興聖宫，生皇太子。於是不花以閹人入事皇后，皇后愛幸之，累遷至榮禄大夫、資正院使。

至正十八年，京師大饑，時河南北、山東郡縣皆被兵，流民避亂聚於京師，死者相枕籍。不花欲要譽一時，請於帝，市地收瘞之。帝賜鈔七千錠，中宫及興聖、隆福兩宫，皇太子、皇太子妃，賜金銀及他物有差。不花出玉帶一、金帶一、銀二錠、米三十四斛、麥六斛、青貂銀鼠裘各一襲以爲費。擇地自南北兩城抵盧溝橋，掘深及泉，男女異壙。既覆土，就萬安壽慶寺建無遮大會。至二十年四月，前後瘞者二十萬，用鈔二萬七千九十餘錠、米五百六十餘石。又以大悲寺修水陸大會三晝夜，凡居民病者予之藥，不能喪者給棺木。翰林學士承旨張翥爲文頌其事，曰《善惠之碑》。

帝在位久，軍國之事皆取决於皇太子。皇后乃謀内禪，使不花喻意於丞相太平，太平不答。及太平罷去，搠思監爲丞相。時帝益厭政，不花乘間用事，與搠思監相爲表裏，四方警報，皆抑而不聞，内外解體，然根株盤固，氣焰薰灼，内外百官趣附者十九。又宣政院使脱歡，與之同惡相濟。

二十三年，監察御史也先帖木兒、孟也先不花、傅公讓等乃劾奏朴不花、脱歡奸邪，當屏黜。皇太子執不下，皇后尤庇之，御史皆坐左遷。治書侍御史陳祖仁，連上皇太子書切諫之，臺臣大小皆辭職，皇太子乃爲言於帝，令二人辭職。祖仁言猶不已，又上惠宗書言：「二人亂階禍本，今不芟除，後必不利。漢、唐季世，其禍皆起此輩，而權臣、藩鎮乘之。故千尋之木，吞舟之魚，其腐敗必由於内，陛下誠思之，可爲寒心。臣願俯從臺諫之言，將二人特加擯斥，不令以辭職爲名，成其姦計。」語具《陳祖仁傳》。

會侍御史李國鳳亦上書皇太子，言：「不花驕恣無上，招權納賂，奔競之徒，皆出其門，駸駸有趙高、張讓、田令孜之風，漸不可長。衆人所共知之，獨主上與殿下未之知耳。自古宦者，近君親上，使少得志，未有不爲國家禍者。望殿下思履霜堅冰之戒，早賜奏聞，投之四夷，以快衆心，則紀綱可振。紀綱振，則天下之公論爲可畏，法度爲不可犯，政治修而百廢舉矣。」帝大怒，國鳳、祖仁等亦皆左遷。

時御史大夫老的沙執其事頗力，皇太子因惡之，而皇后又譖之於内，帝乃封老的沙雍王，遣歸國。已而復以不花爲集賢大學士、崇正院使。老的沙至大同，遂留孛羅帖木兒軍中。是時，搠思監、朴不花方倚擴廓帖木兒爲外援，怨孛羅帖木兒匿老的沙不遣，遂誣孛羅帖木兒與老的沙謀不軌。二十四年，詔削其官，使解兵柄歸四川。孛羅帖木兒知不出帝意，皆搠思監、朴不花所爲，怒不奉詔。宗王伯顏帖木兒等復言之，朝廷亦畏其强不可制，下詔數搠思監、朴不花互相壅蔽、簧惑主聽之罪，屏搠思監於嶺北，竄朴不花於甘肅，以快衆憤。復孛羅帖木兒官爵。然搠思監、朴不花皆留京城，實未嘗行。未幾，孛羅帖木兒遣禿堅帖木兒以兵向闕，聲言清君側之惡，駐於清河。帝遣國師問故，往復數四，言必得搠思監、朴不花乃退兵。帝度其勢不可解，不得已，執兩人畀之。朴不花遂爲孛羅帖木兒所殺。

新元史卷之二百四十八　列傳第一百四十五

雲南湖廣四川等處蠻夷

雲南溪洞諸蠻　大理金齒蠻　羅羅斯　車里　烏撒烏蒙東川芒部　禄余　八番順元諸蠻　田萬頃　宋隆濟　廣西上下江諸蠻　黄聖許　岑毅　海北海南諸蠻　四川溪洞諸蠻

雲南溪洞諸蠻。至元十三年，羅甸甸官禾者阿禾必降。是年十月，雲南行省調蒙古、爨、僰諸軍征白衣和泥一百九砦，得户四萬。又攻金齒落落廣甸、瑶甸及斜烏蒙秃老蠻，高州、筠連等州。烏蒙阿謀歸舊侵藤串縣地。是月，與安南鄰境七十城門部酋答公，遣其人名摩耳者來乞降。又提吕、提邦兩部來降，饑，行省發稟賑之。未幾，提吕子達量，爲提索所禽，行省給榜招提索，使釋達量，提索聽命。

二十三年，蒙乃土官長子殆昔，鄰境土官弗里皮之婿也，蒙乃不以位與長子，而與次子，弗里皮與殆昔同攻之。朝廷諭弗里皮，如得蒙乃地，許令其婿統之。是歲，又征驃甸大部馬。

二十四年，木龍蠻奴他謀告阿勒沙村阿加之子殺凹村頭目剌些，行省下麗江路軍民宣撫司，命出見雲南王，免其罪。是年，雲南右丞愛魯以蒙古軍一千，師宗孫勒寸白軍一千，農士富民丁三千，征維摩蠻者我滅鐵赤必匝，尋出降。

三十年，行省征習普蠻阿浪普龍華扎山些賊土官生，皆破之。逃者，命普安路總管步木普丁府嵋峨頭目矣豆等，賚榜招出。是年，七十城門蠻密察挾讐殺大甸土官阿鄰，繼遣其弟牟平林侵其境。阿鄰逃入臨安路納樓建水城，避之，行省不能救。又參政阿叔，招捕花角蠻。蠻恃險率衆拒敵，殺令史一人、裨將十五人。

元貞元年，習普、馬兒等寇邊，行省招出習普、肥昌等砦蠻，及馬兒部不舊觪、舊能二砦蠻。的井、的探等有必乖豆來者，不肯降，殺的井從者二人，的井等懼不敢出。

二年，蒙光路軍民總管答麵乞藍的頭目答剌吉瓦農開陽兩寨自來不奉命，行省差道奴攻破之。十一月，車里蠻軍弁興兵，據奪甸砦十三所，結八百媳婦蠻欲攻倒龍等，行省遣兵招捕。

大德元年，行省參政忽速剌攻破花角蠻等寨，其酋長韋郎遁走。初，廣南西道宣慰使兼知特磨道事農士富上言：「安寧州沈法昔，招引唐興州黃夢祥、深碎縣林言，與花角蠻，圍士富所居，奪虎符，執其子信以去，又攻其峩州隘。」既而又言：「夢祥結睢瞰州岑聰，引歸仁州、歸洛州、上降州、利州軍四千人，焚掠羅佐州官農郎生所轄那悶村及那寡州南村、魯谷村，付州那羅村，復奪其那環、射隘、剥笋、羅波、射布、那哈那等十村。」行省覘知花角蠻去特磨四日程，安寧州十日程，唐興州、睢瞰州皆八日程。十月，忽速剌進討之。十二月，過昔陽江，經杜箐。九日，至花角蠻木葦砦，破之。攻其正砦第一門，賊敗，奪門而遁。其砦十有二重。十四日，分九道進攻，破其砦，賊衆散走。蠻酋韋郎達不知所在。韋郎達素不奉命，至元二十七年，阿叔招之不服，討之復失利，以此狂縱，僭稱大號，以其婿郎滿爲平章，其餘有萬户等官。至是始敗。尋又破其卒羅磨誐，獲架歌雅木算等砦，招出韋郎達婦翁，繼村火頭普及，把事希古竹幹，哥雅砦火頭郎滿及其弟郎狀。郎滿稱韋郎達中傷敗走，不知存亡。又攻撒都砦，其火頭圖希古郎甚出降，及羅其砦火頭統幹希古都雞，韋郎達弟韋郎動，子韋郎應，把事希古通幹知幹，不弄砦火頭郎勤，皆出降。移軍攻安寧州沈法昔降，移攻夢祥，敗之，棄砦走。

七年春，永寧路阿永蠻雄挫反。初，雲南、四川、陝西、湖廣四省會兵討順元、羅鬼、烏撒、烏蒙，東川芒部叛蠻雄挫，匿順元蛇節賊黨阿氈，及其妻折射折利，并芒部蠻納郎弟卧踏。事覺，遂結把事阿都、阿牟等，於赤水河作亂，殺永寧府判官常珪、行省宣使南家台、千户卜速魯，拒暮暉關。官軍至，蠻拒戰，阿都死，獲其金裹甲、鏤子槍。賊退走。自暮暉至普市關，九戰，殺蠻三百餘，破海落、越寨二洞，阿牟亦死。行省以天暑班師，扼其魚槽、長寧軍、梅嶺等關，聞于朝，以爲雄挫東接羅鬼，西鄰芒部，南近烏撒，姻親相結，滋蔓力强，合以十月初，雲南省軍入暮暉，湖廣軍自播州打鼓寨入蠻地藺州，四川省軍自魚槽、長寧進討，會於赤水河雄挫巢穴。從之。

閏五月，軍中遣永寧同知蔡閏、行省左右司員外郎撒班赤等，招雄挫。雄挫遣阿加、阿抱出降，稱病不出。又令其屬委界入朝。宰相奏雄挫不至，乞再伐之。雄挫乞以十二月八日狗日出見，八年五月赴闕，原其罪，仍充土官，遣還。

九月，羅雄州軍火主阿邦龍少、麻納布昌結廣西路豆温阿匡、普安路營主普勒下軍火頭阿只阿爲及亦左鄉阿甫等叛，燒他羅迷驛，降旨招諭，仍督兵進討。阿邦龍少拒遠雄山，官軍進攻，敗之。虜阿那勇答等，阿非、阿樓、阿邦龍少子龍豆皆降，豆温阿匡與弟阿思、火頭者哇亦降，未幾，獲阿邦龍少，追麻納布昌，不獲。

十一年，阿迷土官日苴、火頭抽、首領落落軍劫僰人，奪官馬以叛。又納樓茶甸土官師禾希古、阿夷落圭、阿立旬必信，怪齒村火頭阿則、判村火頭阿提、納填村火頭身和、苴善村火頭阿次虧、抽俸村火頭雙、茶嵩村火頭咱休、菁笠鄉火頭阿豆加、矣傑村火頭阿主、矣北村火頭抽、皆床村火頭遮奴、元江路日納村火頭个忙、茫部火頭虧抽、維摩州土官者歐茅者文大布婆等並起應之，官軍尋皆討定。

至大元年，教合二部步少、來龍砦火頭漸恐等叛，遣本部達魯花赤阿里招諭，不服。賊黨答掛殺阿里，官軍破其巢，斬漸恐、答掛，梟其首。

延祐七年七月，花角蠻韋郎達糾合五十三村山獠衆萬餘，劫阿用村，呼其人曰：「爾急來降，我即退兵。爾之皇帝甚遠，我亦作皇帝，甚近，若不降我，必破爾砦。」火頭農郎勝等降賊，行省遣官招諭。九月，永寧路曲村頭目和俄等殺渠津州吏目李榮貴，奪良渠州同知敕牒，行省遣官招諭。

至治元年十月八日，良渠州知州剌俄殺其兄剌秋。初，剌秋祖剌都降附，行省立州縣，令剌秋父剌陶作土官，充良渠州知州。後剌秋伯父剌落襲職，尋爲火頭木落所殺，剌落子剌定幼，依其舅子合住於綿綿村，因持剌陶、剌落宣命及州印以去。剌俄謂己當襲職，二次訴于行省，捕剌定不獲。剌俄以計誘剌秋赴破寺村，潛於道射之，中左目墜馬，又以刀斫其左額。剌秋死，剌俄集衆，依摩些俗，殺馬、牛各一，焚剌秋屍。明日，逼其嫂梳蠻塔爲妻，及占奪剌秋所部百姓。梳蠻塔父剌資來取其女，剌俄欲殺之，剌資懼，遁至柏興府。

二年，剌定自綿綿村與子合起兵，奪剌俄地和山砦。剌俄糾合頭目子首居砦等合兵，射死剌定，復奪和山砦。本州官往招之，剌俄拒砦，遥謂曰：「父祖宣命俱在子合處，又藏印不與我。兄弟自相仇殺，争奪山砦，不關爾番漢官事。梳鑾塔係我嫂，我殺兄剌定、剌秋，故以嫂爲妻。我出官，爾欲何説？」再三招諭，不肯出。行省乞以千人討之，樞密院不聽，咨本省招諭。

二十年四月，馬龍鄉鑾普萬作亂。初，普萬父哥祛，馬龍他郎甸人也，任普日思摩甸長官，致仕。長男普奴承廕，父子皆居木用村。普萬乃次子，憤不得立，與哥祛婿抽丑、孫婿阿連，結蒙古逃軍白夷顧顧等人，攻燒木用甸。哥祛出奔，普萬殺哥祛弟阿笠、弟子阿占、婿可當等，劫掠百姓，求哥祛欲殺之。行省委官招諭。

是年，蒙化州蘭神塲落落磨察、火頭過生琮結慶甸蒲火頭阿你通，起蒲軍三千五百、磨察軍五百劫鎮南州定遠縣當布户計羅黑加等，殺九十九人，虜男女百餘人。

泰定二年，開南州阿都剌火頭大阿哀，引車里陶剌孟等萬餘人，圍剌砦，攻破十四處。木邦路土官八廟等領白衣軍，攻破倒入潢砦。朝廷遣斡爾端等賚詔，招大、小車里。車里寒賽子尼鴈、構木子刀零出降。

大理金齒蠻。至元七年，征金齒、驃國五部未降者，破其二部，酋長阿匶福勤丁、阿匶爪降，獻馬、象。

二十四年，金齒孟定甸官俺嫂、孟纏甸官阿受、夫魯砦官木拜，共率民二萬五千來降。又林場蒲人阿禮、阿憐叔阿郎，及阿蒙子雄黑，降於行省。阿禮歲承差發鐵鋤六百，雄黑布三百疋。

二十九年，木忽甸土官忽都馬遣其子阿魯，進金索、鱗膽、氈衣、虎豹皮，詣闕朝覲。

三十年，遣使賫詔，諭漆頭金齒。

延祐五年，永昌南窩蒲賊阿都衆阿艮等作亂，殺鎮將，奪驛馬。行省遣參政汪申，會右丞朵爾只討之。自八月至明年五月，破其寨，賊走入箐中。阿樓艮降，餘不可得，以天暑班師。其枯柯甸等皆降，願歲納𧴤八千索。

至治元年，怒謀甸主管故侵芒施路魯來等砦，燒百四十一村，殺提控按牘一人。有司奉詔書開讀，招諭管故，不跪聽，亦不出降。

二年，鎮西路大甸火頭阿吾與三陣作亂，奪不嶺、雷弄二砦。初，三陣父阿蘭爲鎮西總管，叛，要斬。其弟你谷南赴闕貢獻，得襲職。你谷南死，子斛朵襲位。三陣使少頭倒緬、招思二人求斛朵〔一〕，少分土地人民，不予，遂投阿吾訴之，共作亂。詔使往諭，迎至一樓，樓上下周圍懸人首，聽詔畢，阿吾怒曰：「三陣，吾孫也。吾破不嶺寨，殺傷甚衆，虜五十人，破雷弄甸，燒四百餘户，管別呰懼而降我。我遷其民二百五十家，於我弟拜法呰中。不嶺所虜人，其族各以銀三兩贖一人，盡贖去訖。今官招諭，我終不出，亦不受榜，所奪地亦不回付，須與之相殺。」詔使無如之何。

是年，南甸路木甸火頭觧院，先奪羅左甸火頭阿賽妻阿衣爲妻，取之，不肯與。又奪阿賽弟莽古妻納衣，妻其子阿你。阿賽怒，使莽古領兵三百，奪其妻不得，燒觧院呰。

羅羅斯。至元十五年，定昌路總管谷納叛，八剌即、安古馬、楊古剌、乞剌蒲等皆應之，毀橋梁，奪驛馬及屯田牛。明年，官軍擊谷納，斬之。

車里。大德二年，小車里結八百媳婦爲亂，累年不下。數遣使招之，不聽命。

延祐三年，車里兀竹魯侵阿尼必觧呰、阿白出麻呰。又罕旺及其弟胡念弟愛俄等，侵銀沙羅甸兀里鹽井，陪日、女具、落索等甸，取官所徵差發。既而愛俄死，其兄弟子姪罕塞、昭愛、剌構木、力夢、兀仲等五人，分黨争愛俄位，相殺。久之，遣火頭郭力看，賫象牙一、金信花一，來降。

烏撒烏蒙東川芒部。大德五年，左丞劉深奉命征八百媳婦，徵順元遞運人馬。土官宋隆濟、蛇節等拒命作亂。朝廷徵湖廣、河南、四川三省兵，與田、楊二氏土兵，會雲南兵收捕。於是烏撒土官宣慰使普利、總管那由，與東川芒部乘釁俱叛。其接羅羅斯及武定、威楚、曲靖、仁德、普安、臨安、廣西諸蠻，皆以朝廷遠征，供輸煩勞爲辭，反形已具。車里白衣八里日等殺掠普騰、江尾二甸，奪麥亢、忙龍二砦，燒忙陽等二十四砦，揚言：「我與吕也溝思麻部日共議渾侯連漠桑軍，來攻普騰砦。」

二月，梁王出駐陸梁州，烏撒蠻阿都普信及烏蒙蠻桂阿察多等殺太后，及梁王位下人畜。烏撒宣慰使僧家奴逃入中慶，東川土官阿葵烏撒逃之陸梁州，依梁王。阿車、阿苗分軍二道，欲執宣慰使阿忽台，約白由落吉度口，會阿乃普吉烏蒙軍，先攻阿都百姓，次攻建昌，燒烏蒙總管廨舍。烏撒蠻犯曲靖霑益州，燒蕩坦驛，駐兵闕渡橋，又與東川馬湖四族聚衆四千，復起羅羅斯軍，渡金沙江，刻日攻建昌。

三月，賊逼雅州、邛部州，陝西行省遣左丞脱歡禦之。詔：也速觪兒陝西省平章政事，汪阿塔赤充參知政事，也速忽都魯充湖廣參知政事，與平章劉二拔都等進討叛蠻。闊里吉思爲湖廣平章，與左丞散竹觪、陝西楊參政，給軍需。凡有軍事，聽也速觪兒、劉二拔都兩人節制，並便宜行事。

四月，那由、普利逼烏撒烏蒙宣慰使兼管萬户阿都合棄城走。時陝西調軍二千人，會合收捕三百人，守播州小溪，以遏烏撒蠻充斥之路。雲南調軍三千人，屯陸梁州，五百人駐西曲靖州，二千人護中慶。也速兒與雲南兵共進，悉次第討平之。

烏撒土官禄余。至順元年，諸王禿堅叛於雲南，詔以禄余爲行省參知政事，使助官軍討之。禄余殺宣慰使，降於萬户伯忽，禿堅黨與也。初，禿堅在上都，兵敗而逃，與伯忽、阿禾等陷中慶路，尋又陷仁德府，至馬龍川，禿堅自立爲雲南王，至是禄余應之，以蠻兵據順元。

五月，羅羅斯土官撒加伯、阿漏、阿剌里，州土官德益等，皆附禄余以叛。會四川軍至雲南雪山峽，遇羅羅斯，敗之。

廷議復立行樞密院，發朵甘思、朵思麻及鞏昌諸軍，命河南平章徹里帖木兒同武靖王搠思班由四川，陝西平章教化從豫王阿剌忒納失里由八番，夾攻之。撒加伯合烏蒙蠻兵攻建昌，右丞躍里帖木兒敗之。四川軍又敗撒加里於蘆沽。然禿堅、伯忽勢張甚，禄余令伯忽弟拜延順襲順元路，撒加伯遣把事曹通，潛結西番，欲據大渡河，進寇建昌。躍里帖木兒執曹通斬之。

詔趣兩省各進兵，於是四川平章塔出引兵出永寧，左丞孛羅引兵由青山芒部，以邛部州土官馬伯爲嚮導，進至周泥驛，禄余衆潰。撒加伯復攻建昌，躍里帖木兒敗其兵於木托山。仁德府權達魯花赤曲朮，糾義旅討伯忽，殺其弟拜延順於馬金山。再戰於馬金山，獲伯忽，誅之。

獨禄余猶據金沙江，塔出抵烏撒境，與禄余戰於七星關，六日十七戰，賊大潰。俄而搠思班師次羅羅斯，與躍里帖木兒期至三泊浪。躍里帖木兒兼程而進，奪金沙江，阿禾引蒙古叛軍至，敗之，阿禾夜遁。官軍直趨中慶，擒阿禾，斬於軍前。既而，禿堅拒戰於伽橋古壁口，躍里帖木兒中流矢，洞耳，拔矢復戰，大敗之，遂克中慶。分兵追禿堅於嵩明州。

明年正月，徹里帖木耳、孛羅等敗蠻兵，射中禄余肩，降其衆。禿堅使其弟必剌都失迷僞降於豫王，陰以兵圍之，平章乞住妻子皆被掠。禿堅固守嵩明，諸軍亟攻，克之。禿堅不知所往。未幾，撒加伯復叛，禄余又會伯忽姪阿福，殺烏撒官吏。朝廷遣西域指揮使鎖住，以陝西兵直抵羅羅斯，碉門兵直趨邛部州，大敗蠻人。元帥怯烈破其海中山栅，必剌都迷失舉家投海死。

八番順元諸蠻。又名亦奚卜薛。至元十五年，羅殿酋羅阿察、河中府方番酋韋昌盛，皆納土來降。

十六年三月，西南八番等卧龍番酋龍昌寧、大龍番酋龍延三、小龍番酋龍延萬、武盛軍番酋程延隨、遏蠻軍番酋龍羅篤、太平番酋石延異、永盛軍番酋洪延暢、静海軍一番酋盧延陵，皆來降。其部曲有龍文貌、龍章珍、黄延顯、盧文錦、龍延細、延回、龍四海、龍助法、龍才零、龍文求等。朝廷立八番宣慰使司以統之。

十一月，宣慰至新添，遣千户張旺招羅氏國，惟賀宗一寨投降，餘皆迎敵，旺敗之。至羅崩寨，賊又與總管王采戰，皆披甲，戴紅氈帽，采遇害。未幾，又戰於大吴。

十二月，宣慰使至番中，召集土番酋，以四日集卧龍番，受宣命。至期俱來，惟諸番盧番延陵，爲羅氏酋阿察執去。阿察初已納款，後與鬼國結婚，鬼國言：「我未降，爾奈何先降？」羅氏遂毁虎符以叛。羅氏，又名羅殿。事聞。

十七年，四川蠻吕告部酋阿濟上言，乞招阿察，從之。既而命湖廣省及雲南、四川進討。八月，阿察遣阿㤭、阿麻二人至四川諸蠻夷部宣慰使司，自言：「無反意，但雲南平章聽我讐人烏鎖納之言，羅織我罪，朝廷不知我，今赴闕聽聖裁。」雲南左丞愛魯、四川都元帥也速䚟兒，期以十一月十五日，會亦奚卜薛。至期，愛魯與阿察戰，也速䚟兒命萬户彭天祥、藥刺海、帖木兒脱歡分三道攻會寧關，亦奚卜薛遣其部落，阿侯拒戰，敗，逃入山箐。亦奚卜薛奔雕飛砦，阿寧走大寧。愛魯等進兵，也速觧兒曰：「賊已離巢穴，今發烏撒、播州及南省近地兵，足以勦除。我等可回，不然曠日持久，糧乏瘴起，不便。」事聞，上命藥剌海守其地。久之，賊窮困，以二十年二月納款。

二十九年，降詔招懷溪洞蠻夷曰：「中書省奏：金竹知府𦢊臚言，先奉聖旨招諭平伐山齊砦主詎薛約定奪，今有百眼左阿吉谷各當各迪等，自以外荒，久欲内附，乞頒聖旨，容許自新。朕嘉其誠，遂俞所奏。今諭爾衆，咸聽朕言。惟爾鄰封，率多臣服，自番方而入貢，尋萬國以來庭。南順丹州，北懷金竹，陳蒙爛土，頃已從風。新添葛蠻，久皆款化。咸膺寶命，仍佩金符，賞賚有加，官守如故，爾等如能率衆效順，同仁一視。儻爾迷之不悟，是伊戚之自貽。勉思轉禍之言，當體好生之意。」

元貞二年六月，平伐鄰界、平珠、瀘洞砦主王二原、謝鷄公、韋巴郎、楊義等十八處等官，來雲南省告降。行省差官入洞撫諭。

至大德元年四月，平珠洞宿家、沙家二族賫進呈禮物，出洞道，經新添葛蠻宋氏之村頭水底砦，宋氏怒二族不由己以降，乃遣上都雲長官落冒，率衆遮道，奪進物，二族逃散，破劫韋巴郎砦。

五月，宋氏復令平浪巡檢歐陽濯龍與其下大洞李巴林竹哥等，率木栳六十餘人，劫平珠洞蠻官足萬金婆南大砦，逼使背雲南之命，從己求降，不從，濯龍掠去足萬金從人足萬雷等。及進獻方物，實招到平林、獨山、州摇、和洞、唐開、珠羅等處八百四十四砦，民五萬餘，朝廷立長官司以統之，而以蠻婦阿初充長官。

大德二年四月，八番桑拓蠻王二萬、馬蟲等叛，殺巡檢。三萬尋出降，馬蟲聚七千餘人，陷平包砦，圍重奥砦，又與叛猫犵狫必際等，結連甕槐、了江等處猫人作亂。三年，命湖廣平章劉國傑征之。

四年正月，猫桑拓遣所部文何，持竹契、長刀及方物來降。潘州宣慰司以爲，蠻苟逃禽戮，亦須招撫。而黄平府亦上言，桑柘附近之重奥、必際、都陣、仡佬、必梅等二十一砦，刻契來降。七月，桑柘蠻及思官賊梅金匣、播州楊金萬、必梅砦王娘報等三百餘砦，皆降。

五年六月，八番宣慰使言：黨兀自降至今，八年不供賦役，所部娘祖、大盤、小盤、白定、白蘖等蠻，先結連平伐蠻，叛劫先宗砦，圍吴卜弄砦，射猫民阿羊、金垻皆死，官軍捕班夏潘家蠻，黨兀遮道助其拒敵。今年正月，又使板橋郎來重陂等砦猫、燒劫百納砦。宣慰使令馬上橋、金竹府備之，且以兵討之。黨兀年七十九，老不能出，遣其砦主的拗及子黨砦的沙、勇强砦的福三人出降。的拗等又與黨幼鬼砦王陳醒、朱蓋砦主樓地之弟楊八、小盤呰主騰香等共誓不叛。

至大二年三月，八番蠻割和寨主谷皺〔二〕、谷霞呰主洛驃、剌客呰洛卜傍、吾狂呰的搗、谷浪呰只驗，皆降，詣闕朝覲。

三年，八番玩西猫蠻阿馬害作亂，詔捕之。

四年春，阿馬與其洛羅洛登各替，及脅從蠻官卜制頭之子哥暮，出降。

至治二年六月，八番蠻官閉羅藺與其屬十嵓讐殺。七月，百眼佐等處蠻夷長官司言，康佐呰主老康糾合谷聳呰主恰信等，殺巡檢王忠，拘長官洛邦，又殺土官蒙卜郎作亂，宣慰使發官兵討之。

三年正月，八番呈周呰主韋光正等，殺牛祭天，立盟歸降。自言有地三千里，九十八呰，係暢黄五種人氏，二萬一千五百餘房，光一等二十三人領之，願歲出土布二千五百疋爲租入。

田萬頃，泊厓洞蠻酋也。其地界辰、澧二州，至元末内附，以其地爲施溶州，萬頃爲知州。未幾，扇誘諸蠻，與楠木洞酋孟再師、桑木溪洞酋魯萬丑等同叛。

成宗即位，遣行省平章政事劉國傑討之，辰、澧二州總管府供給饋餉。上均州副萬户田興祖，諳習蠻洞地里，國傑命繪圖以進。使部將唆木蘭，萬户闊脱、忽都海牙、拜藍、馮繼祖從澧州武口進兵，自率萬户别里哥不花、朵落䚟兒、田興祖從會溪施溶口進兵。是年十二月，破泊厓、楠木諸洞，獲萬頃、再師等，斬於軍門。元貞元年二月，振旅而歸，留興祖搜捕餘黨。二年春，魯萬丑降。

宋隆濟，雍真葛蠻土官也。大德五年叛。初，朝廷詔湖廣、雲南兵二萬征八百媳婦，湖廣兵命左丞劉深等領之，取道順元番進討，令雲南左丞月忽乃，招答剌罕軍，入境調用。命新添葛蠻軍民宣慰使，自琅詡驛，經平規蠻峽，至順元噥聳等砦，斟酌日程，分六處安營，備饋運、丁夫、馬匹，俟月忽乃至點視。而雍真葛蠻、乖西等部，當出丁夫、馬百匹。文書至，隆濟乃言：「猫人犵狫，謂官欲髡其髮，印其面上，送軍三四年不返，寧死不往，雖就砦見殺可也；以此觀之，夫不可差。」同官雍真總管府達魯花赤也里干曰：「然則起爾宋氏盡行。」隆濟曰：「吾往訴之宣慰司。」遂行。

六月，隆濟構木婁等族作亂。其姪臘月、宋六分、靳斤等告也里干，使爲備。也里干遂避於底窩楊黄砦。明日，隆濟率臘月弟不奴部家童農䚟、洛中、段剌、答洛、忙中等五百人，攻楊黄砦，燒雍真總管廨舍。奴都保葛海又報隆濟以一仇二天，與阿昔長官爲號，糾其同叛。又有紫江賊助兵四千，破楊黄砦。也里干走，掠去總管府印，殺也里干奴阿麻妻忙葛農等。是日，龍骨長官阿都麻殺生祭鬼，誓衆應隆濟，亦謂：「官拘壯士，黥面髡髮充軍，或殺虜我家，亦不可知，寧死不離此土。」又脅底窩總管龍郎，與古龍馬阿都所部不逭、羅鬼、阿開、阿嬌等仡佬，抵阿觧砦，拒落邦劄佐長官司止十里，聲言欲攻劄佐，遂破底窩砦。又欲攻隴兒砦，自貴州至新添界嘂聳陂，北至播州界刀項路及卜鄧加鶴鳴等站，皆被焚劫。又遣中火紫江篤猫，脅巡檢同叛。尋攻貴州，殺散普定龍里守令軍，燒官糧，殺張知州。

七月，梁王下令湖廣、雲南、四川三省，會兵討捕。

八月，雲南平章床兀兒入順元，與賊戰，數敗之。時水西、水東蠻俱叛，床兀兒遣人招水西土官之妻蛇節，不出。蠻人洛暮報云：「者阿泡言，蛇節已反，統青衣軍圍貴州甚急。」

十一月，詔：「宋隆濟妄説驚擾事端，糾合蛇節及羅鬼酋長阿合女讐，相扇作亂，特遣湖廣行省平章政事劉二拔都、指揮使也先忽都魯率兵，及思、播宣慰賽因不花等土兵，與四川、雲南省分道並進。別敕梁王率兵進討。悔罪來歸者，復其官爵。能殺賊酋或擒獻者，賞。執迷不悛者，殺無赦。一切事宜，並從劉二拔都等區處。」

初，官軍調人夫馬匹，亦奚卜薛之子斝日，人馬不辨，官鎖其項。斝日恥忿，與隆濟議，糾合阿八、阿納、許波、泥帖等反。烏撒總管那由言：「爾兵若破貴州，鴨池之事容易，我將圖之。」遣其族阿雄、阿行、頭佐助兵。至是，賊益滋蔓。行省令土官普利，買馬助軍。普利稱：「軍馬價不用㽘，非金不可。」觀望不肯進。是月，土官烏犀叛，行省討之，敗走祿豐砦，劫梁王位下財㽘。

六年正月，官軍以隆濟九次攻貴州，糧盡退還，賊邀於花猫、牛場二箐，及長脚木狫，截萬溪山杪木南箐、鐵門關沙樹猫北箐，殺傷甚衆，掠去行裝文卷。時江頭、江尾、和泥等二十四砦，龍馮蹄一十八村，皆叛。二月，四川宣慰使汪惟勤與湖廣平章會兵播州。三月，至打鼓砦南木爪垻，遇賊阿氊，敗之。九月，劉平章使土官俠者，潛刺殺阿泡。蛇節駐兵折剌危木，以待官軍。十月，蛇節敗，遁去。陝西兵敗芒部叛蠻鬼旺納濟等，與雲南、湖廣軍合，過泊飛關，追蛇節。

七年正月〔三〕，劉平章至阿加砦，追及蛇節。二月，蛇節出降，黨曲捧阿暮等四十餘人皆出。詔斬蛇節及曲捧阿暮等，尋擒斬宋隆濟，惟金竹賊月下卜蘭遁去。

廣西上下江諸蠻。至元十三年，知來安軍李濰屏、知來安軍兼知凍州事岑從義降。十五年，田州、上隆州、下隆州、武隆州、兼州、黄漢槐思恩州，八中温閏砦，頻洞、計洞、淥洞、在洞、上下雷洞、上下影洞，皆降。

十七年，廣州海港賊霍公明、蘇俄、細麥、嬰上等，殺招討馬應麟，捕斬之。

大德七年四月，藤州大任洞賊黃德寧，殺牛犬祭兵，僭號，造妖言，劫掠。僞稱皇帝李龍神，定國公黃佐，丞相黃德寧，立國公皇羅榮，開國飛童黃京夫，王朝化民衙主黃汝妙，六部尚書潘罡、玉精，光禄大夫兼管生民殿前太尉彭元吉，殿前引兵斬斫使莫道名，都統幹、太師黃勸。賊設醮筵，門首橫寫大字牌曰「建慶賀新君登極太平道場醮筵」，呼萬歲，又曰「願我皇帝早登九五之位」。四月九日，以黑漆木椅爲亭屋，持兵張旗幟，鳴金鼓，至巫烈山，迎李龍神，進銀慶賀。德寧家有大字黃紙神牌，寫「上祝新君李萬歲」。其曉民榜示曰：「照會穹庭，發下寶物，付李皇帝掌握。日後統九五之位，運半千之慶，統成一天。今李皇帝編排得力，得衙主，差一十八司，及府額六百十四軍州，七十餘縣。後安天之日，命令衣冠、圭簡、靴帽、殺活杖、玉璽，計七事，給付李皇帝掌管。今十分之民，七分不信，三分須信。五月，輕差兵車，收不信中民一千之數。尚慮累及信民，今發曉民榜一道，付右蠻衙曉示信民。至日，兵馬行，令有誥者免罪，無誥者定行誅戮。玉印朱文，預先榜示。故榜，並令知悉。」

九年四月日，榜封民倉帖云：「逆民禾倉德寧，又名萬頃，與父璋信，先曾叛逆出降。

有司謂其三代爲寇，六次叛伏，今不可赦。」尋皆捕獲伏誅。八年，都窩洞賊叛。

至大二年，常豐洞蠻大弟什用，糾集洗王不鬼散毛等洞蠻，劫掠永寧之阿那禾砦。

延祐二年，靖江古縣羅蠻洞猺賊，劫掠燒架閣庫文卷，縱獄囚。四年，招出猺人趙你、十七潘仆等，殺獲石倉團侯重用，及秀秀嶺頭團、白團、提江團、淋背團、領豚團等賊。重用能祭雷雨通陰陽，至是就禽。十年十一月，左州黄郎君劫掠滌查村。

至治元年，太平路賊趙郎陳叛屯粘村。二年，廣西宣慰使燕牽言：「猺族非一，生於深山窮谷者，謂之生猺，野處巢居，刀耕火種，採山射獸，以資口腹，標槍藥弩，動輒殺人。其雜處近民者，曰熟猺，稍知生理，亦不出賦。又有撞猺，則號爲兵官守隘通道，於官有用。自宋象州王太守，始募熟猺，官供田牛，以供此役，至今因之。爲今之計，莫若置熟猺與撞猺，並爲撞户，分地遏賊爲便。」從之。

黄聖許，上思州知州。至元二十九年，聖許反，聚二萬人，斷道路，結援交趾，借兵攻邕州。遣副樞程鵬飛討之，聖許敗，率三十人奔交趾。既而復至邊地攻劫。三十一年，同知兩江宣慰司事楊兀魯台上言，能不用兵招降聖許。從之。八月，聖許劫幫團長山隘，又與交趾興道王結婚。未幾，詔赦聖許罪，許其自新。聖許經一月不肯出，復以二萬人討之。

時賊屯上思州那答柵、三弍柵、細良柵、石佛柵、那結柵、那次柵等處，楊兀魯台上言：「聖許兩招不出，令子志寶同大小頭目一千餘人來言，聖許曾對天陳誓，不肯出官。賫到降狀稱，楊兀魯台賫聖旨來招，豈不欣悦？望北謝恩外，聖許雖有誓不出，實願投降，當令兒孫頭目出官，聖許還本州，招集逃户復業。」行省以聖許不出，依前進討。

三月十九日，聖許生日，坐草房正廳，紫羅盤領衫，裹布，金帶，據銀交椅上，懸朱漆金字闕碑，參賀，人三呼萬歲。明年正月，聖許駐上牙六羅茅山林，既而兵敗，自兜半山走交趾亭村晚夢。久之，聞官軍回，復還，由旁村至峙細潛居。官軍約十月一日會合，進討，聖許敗，獲其妻女。

大德元年二月，聖許遣其子志寶賫狀赴廣西兩江道宣慰司出而赴闕。尋詔聖許朝京師，聖許不肯，挾志寶走交趾萬寧寨。志寶不聽，逃回訴于官。

六年，聖許復回故地，居鳳凰舊巢，攻團諾屯、仙洞屯。既而又使人來告降，且乞還其所虜之妾，朝廷羈縻之。

延祐元年正月，聖許陷忠州，殺黄知州等。六年，聖許族人黄萬山、萬松壽攻古能村、戈村，劫殺歸龍團皮零洞。至治三年，聖許壻黄縣官攻劫邕州渠樂墟。後不知所終。

岑毅，鎮安州鎮撫。至元十八年，舉兵反，與特磨道農十貴書曰：「設有達達軍馬來起差税，吾與爾皆一家之人，圍裏戰殺，實不願作大元百姓。」於是放兵攻劫，殺順安州李顯祖。官軍討之，出降。

大德十一年，左江來安路總管洞兵萬户岑雄作亂，殺其姪世傑。

延祐七年，來安總管岑世興反。十二月十七日，燒田州上林縣那齊村。明年二月，殺懷德知州溪順武，奪州印，又攻那帶縣。世興尋出降，稱：「洞溪事體與内郡不同，自唐、宋互相讎殺，並不曾殺官軍，侵省地。」廣西道又上言：「世興嘗殺兼州知州黄克仁，分食其尸。」世興，雄之子也。

海北海南諸蠻。至元二十八年，瓊州安撫使陳仲達上言，乞招生、熟二黎，許之。招到本州生黎大踼、小踼，端趙、麻山等四洞王氏平等出降。

皇慶二年，黎賊王奴毆等反，僞稱平章、元帥，焚劫百姓。三年正月，奴毆等降，刻箭誓不復亂，使之歸業。然羅襖等處兵未散。延祐二年十二月二十三日，黎盜百餘人入横州永淳縣，殺達魯花赤，傷縣尉，走賓州古辣村。

至治元年九月，黎賊犯茶洞，燒民居。二年七月，黎人王火燒攻劫百姓，捕獲其黨蒙毬甘佛龍彭瘦等，火燒劫獄奪去，又陷南偏洞砦，殺夯采等。

四川溪洞諸蠻。至元十四年五月，降旨付西川諸蠻夷部宣慰使眘順，使招思州田景賢、瀘州可南番蠻王阿永、叙州筠連𦞐串、豕鵝、昔霞等處諸族蠻夷。

十五年，叙州剥骨蠻殺使者。十七年六月，施州市備、大盤、散毛等洞溪納款。十九年，發都掌阿永等民爲兵，征答馬剌。都掌等上言：「宋時未嘗僉軍，乞以馬牛助軍需。」從之。未幾，征亦奚卜薛，起軍酋長阿峻等，亦不從命。二十二年正月，討降又巴聳農洞諸蠻。

三十年十月，西川行樞密院奉詔征鐵茂州、汝州西番蠻夷，其殺戮降下者，必力溪等十五砦。其砦酋曰：牛特，蛇必，烏麥，蒲雪韋吠，舍具，得輪，只禪，非曰，東非，勾巴等也。其未附者：西番螘磨，𥖺成，獨奏罷，强獐徹垓，顔蘇，五則，客客昔多，坡必力，元剌，新而元，立山等也。

六年〔四〕，陝西平章也速答兒奉命討順元、羅鬼、烏撒、烏蒙、東川、芒部叛蠻。九月，也速答兒自叙州慶符直衝矣娘州烏巖，參政阿答赤自長寧直衝芒部，降者十有八九。回軍就糧，至永寧，阿永蠻雄挫，藏八番反蠻蛇節部曲阿氈，及其妻折射折利，及芒部納即弟卧蹈故，於七年二月反於赤水河。也速答兒就討之，射死阿氈，奪其金裹甲、鑊子槍，九戰得出叛境。

閏五月，雄挫妻蘇池與招降官蔡閏文字一紙，略曰：「阿其阿皁賫得榜文，我住在山箐，别無同伴蠻官，我自來不管官事。順元結連諸夷作亂，差人邀我同叛，我雖是親戚，不曾聽信。」又言：「聽得羿子殺訖使臣，不是蠻官本情，我親去單洛具與衆蠻官報知，然後出來軍中。」再令閏往招雄挫。

六月，遣阿加阿抱持文字來，大意謂：「我不反，使臣貪婪所致。」十四日，雄挫遣牌頭阿底下夷人阿大，遞文字降。陝西省右丞稱病不出，但令永寧路同知阿况之子委界赴官，蓋其叔父也。又與必能阿模同行。朝廷必欲令雄挫入朝，移文行省，不出則進討。十一月，雄挫呈，擇二十四日起程。續又呈，再擇十二月初三日狗日出部。二十四，到魯槽，與其部曲他阿，把事頭目各省、未未等二十九人，赴京都，賞衣服、弓矢，鞍轡放回。

至大元年二月，大弟什用集洗王、不鬼、散毛等洞兵，侵者等洞。既而出降，遣墨施什用、答昃什用赴闕。五月，歸州巴東縣唐伯圭言：「十七洞之衆，惟容米洞、罔告洞、抽攔洞有壯士兵一千，餘皆不足懼也。若官軍討之，可分四道：其一自紅鈔賽，直趨容米、玩珍、昧惹、卸加、阿惹、石驢等洞；其一從苦竹呰，抵桑廚、上桑廚抽攔洞；其一由紹慶至斈摩大科、陽蔓師、大翁迦洞；其一徵又巴洞，大弟什用洞兵接應。如此可平。」行省上其事，不報。

至治二年，散毛洞大望什用，劫掠黔江縣五里荒。三年五月，順元洪番安撫劫掠卜哥所管呰民。

【校勘記】

〔一〕「斛朵」，原倒作「朵斛」，據上文、佚名《招捕總録》及蘇天爵《國朝文類》卷四一《招捕》乙正。

〔二〕「谷皺」，疑誤，佚名《招捕總録》、蘇天爵《國朝文類》卷四一《招捕》均作「各皺」。

〔三〕「七年」，原作「七月」，據佚名《招捕總録》、蘇天爵《國朝文類》卷四一《招捕》改。

〔四〕「六年」上，脱「大德」二字，當補。佚名《招捕總録》、蘇天爵《國朝文類》卷四一《招捕》、萬曆《四川總志》卷二一《叙瀘諸夷》均同。按曾廉《元書》卷六《成宗本紀第六》大德六年四月「也速荅兒分軍進擣烏蒙、烏撒、東川、芒部、阿永及武定、威速、普安諸蠻，以次平之」。

新元史卷之二百四十九　列傳第一百四十六

外國一

高麗

高麗自後唐明宗長興元年，王建始代高氏，明宗封建爲高麗國王，世次俱見前史。自建傳至瞮，三百餘年未易姓。

太祖十一年，瞮即位之三年也。契丹人鵝兒乞奴等叛蒙古，引兵數萬渡鴨緑江，侵寧朔。是時，金宣撫使蒲鮮萬奴據遼東，僭稱天王，國號大真。金人再牒高麗乞糴，以濟軍儲，高麗不應。鵝兒乞奴等進寇安、義、龜三州，據江東城，移書高麗，自稱大遼。西京兵拒戰，互有勝負。

十二年，金人再牒曰：「叛賊萬奴本與契丹同心，若併兵侵入貴國，其患不小，請彼此夾攻之。」既而萬奴果以兵陷大夫營。

十三年，太祖遣哈真及札剌亦兒台率兵一萬，與萬奴所遣完顏子淵兵二萬，合攻契丹。

十四年春，瞰遣大將趙冲、金汝礪率兵，會哈真等圍江東城，契丹開門出降。哈真遣蒲里岱完等十人賫太祖手詔來議和，瞰遣侍御史朴時允迎之。蒲里岱完至館外，遲留不入，請國王出迎，譯者再三敦譬，始就館。明日，引見蒲里岱完上殿，出懷中書，執瞰手授之。瞰變色，左右皆遑遽。及還，贈金銀器、紬布、水獺皮有差。是年，哈真遣屬官十一人，萬奴亦遣使九人，至高麗督歲幣。

十六年，斡赤斤大王遣著古與等十三人來，頒詔書於高麗，與萬奴使同至。著古與等索獺皮萬領、紬三千匹、綿一萬斤，他物稱是。乃下殿，各出懷中物投於地，皆前年所貢麤細布也。又出元帥札剌亦兒台書，亦索獺皮、紬、棉諸物。未幾，斡赤斤又遣者別將命至，瞰欲拒之，其羣臣曰：「彼衆我寡，不可侮也。」瞰不悦。

十九年，萬奴牒高麗曰：「成吉思老師絶域，不知存亡。斡赤斤貪暴不仁。請絶其使命。」瞰不從。斡赤斤遣札古也來等十人，又遣著古與等十一人至，俱徵歲幣。

二十一年，著古與等返至鴨緑江，爲盜所殺。札剌亦兒台疑瞰所爲，遂絶好。

太宗三年，札剌亦兒台來討殺使者之罪，圍咸新鎮，克鐵州，屠之。進圍西京，高麗兵拒戰，敗之。瞮遣使犒師，札剌亦兒台乃自稱權皇帝，責之曰：「汝國能守則守，能戰則戰，能投降則降，宜速決。」自十月至十二月，大兵攻西京不下，議和。瞮遣其淮安公侹以金銀器及獺皮遺札剌亦兒台，又遣唐古迪巨及札剌亦兒台之子銀紵鞍馬。札剌亦兒台遣使，以太宗璽書來索金銀、衣服，馬二萬匹，男女各千人。乃以黃金七十斤、白金一千三百斤、襦衣一千領、馬一百七十匹，及獺皮等物遺之，又以金銀等物贈其妻子及麾下諸將，奉表稱臣。

四年，復遣通事池義深等致書於札剌亦兒台。四月，遣上將軍趙叔昌、侍御史薛慎如奉表來朝，獻土物。札剌亦兒台執義深等送於行在。

是年，權臣崔瑀脅瞮遷都江華島，瑀遣宦者尹復昌至北邊諸城，逐蒙古所置達魯花赤。復昌爲宣州達魯花赤所射殺。閔曦與崔滋温謀殺西京達魯花赤，城民叛執崔滋温等來降。是年，札剌亦兒台攻處仁城，有一僧避兵城内，射殺之。

五年，太宗以高麗五罪，布告遠近曰：「自平契丹賊，殺札剌亦兒台之後，未嘗遣使赴闕，罪一也。命使賫訓言省諭，輒敢射回，罪二也。爾等謀殺著古與，乃稱萬奴部衆殺之，罪三也。命汝入朝，爾敢抗拒，竄於海島，罪四也。汝等民户不拘執見數，輒敢妄奏，罪五也。」

是年，西京人畢賢甫、洪福源等殺宣諭使鄭毅、朴禄金，以西京叛。崔瑀遣其家兵，與閔曦討之，獲賢甫，腰斬於市，福源來奔，擒其父大純及弟百壽。遷遺民於海島，西京遂爲邱墟。

八年，大兵渡義州江，克黄州，掠介、定、慈諸州。十年，大兵至東京，瞮遣其將軍金寶鼎、御史宋彦琦來乞和，且上表自辯。

十一年，太宗遣甫可阿叱等二十人，又遣甫加波等一百三十七人，賫璽書諭瞮入朝。明年，又遣多可等十七人賫璽書諭之，瞮乃以族子永寧公綧爲己子，率大臣子十人入質爲秃魯花。

乃馬真皇后稱制二年，再遣使來獻方物。

定宗二年，元帥阿母侃以兵入鹽州。

憲宗二年，遣多可阿士等三十七人來，憲宗密勑使人曰：「汝至，國王出迎於陸，雖百姓未出，亦可恕。不然，當俟汝歸，發兵討之。」及多可等至，瞮遣其宗子新安公佺出迎，請使者入梯浦館，瞮乃出見。多可等怒，不成禮而還。帝乃使阿母侃、洪福源等分道伐高麗。元帥也窟大王遣人傳詔於瞮，以六事責之。瞮復書於也窟曰：「小邦臣服上國以來，一心無二，竭力供職，庶蒙庇蔭。不意天兵奄臨敝邑，舉國兢惕，罔知其由，惟大王哀憐之也。」瑱謂使者崔東植曰：「皇帝慮國王託病不朝，欲辨其真僞耳。」㬚復遣其大將軍高悦致書於也窟，也窟留悦及崔東植，遣其副歸。㬚召其文武四品以上議却兵之策，皆曰：「宜請太子使於蒙古。」三月，㬚傳位於太子倎倎，尊㬚爲上王，遣其子昷及大臣金文衡入朝，留昷爲秃魯花。也窟與㬚書，欲置達魯花赤，及毁江東城，使者胡花亦索金銀、獺皮。㬚答也窟書曰：「前者僕射金寶鼎還，大王諭以若能出迎，使者即當回軍。竊惟出迎使者，近無其例。况值天寒風勁，以老病之軀，豈能涉海？然大王之教不敢違也，祗率臣僚出迎使者，意謂大王不違舊約，即日班師。今承明教，有留兵一萬，置達魯花赤之語。若果如此，安得保無後患？請寢此事，以惠東民。又小邦俗不露居，兼防海賊鹵掠，是以未即墮毁城垣，後當如令。」十二月，遣安慶公淳入朝。

明年，淳至營中，設宴犒師阿母侃等南還。也窟又遣多可等來，諭以陸侍中、崔沆等不出，未爲真降。㬚徵趙邦彦等議其事。是年，大軍所過，俘男女二十餘萬，死者不可勝計，郡縣皆爲煨燼焉。

六年，㬚聞大軍將攻諸島，遣李廣等率舟師禦之，大軍戰不利。永寧公綧等遣使來言，若國王迎使者，太子入朝，兵可罷。㬚曰：「倘得退兵，何惜一子？」已而羣臣請遣太子講和，㬚又不聽。自是使命往返，至八年四月，始遣太子倎奉表入朝，以李世材、金寶鼎等四十人從之。倎至虎川，大雨，從者請留，倎不許，遂至東京。東京人曰：「大軍明日將赴江華，幸早至一日也。」倎見松吉大王，松吉曰：「王京猶在江華，安能罷兵？」倎曰：「大王嘗言，太子入朝則罷兵，故今日我來。兵如不罷，百姓畏懼逃竄，後雖敦諭，誰復聽大王之言者？」松吉等然之，遣使來言墮城之事。於是墮江都外城，使者督役急，百姓不堪其苦。俄又墮内城，使者始返。

是年六月，㬚卒。㬚在位凡四十六年，謚曰安孝王。

㬚既卒，其大臣金仁俊以倎入朝，乃戎服率甲士奉大孫諶入宮，權監國事，遣朴天植來告哀。七月，大兵入青松、安嶽、豐海諸州，憲宗賜諶詔曰：「每年爾以出島爲言，依爾所奏居於陸地，已降宣諭訖。爾自違原奏，屢發狂詞，將不恤生靈之命。今崔令公已行殺訖，爾未降時，凡歸附之高麗人，令爾管領或不令管領，臨時朕自裁焉。」崔令公者，崔誼也，擅政權。是年，柳璥、金仁俊等誅，誼復政於㬚，故詔書及之。

初，朴希實等入貢，覲憲宗於行在，帝曰：「爾國王每食言，爾等何爲來耶？」希實具陳㬚意，仍奏請罷西京義州屯兵。帝曰：「爾等既誠心歸附，何憚兵駐爾境内？且西京嘗爲我兵駐處，第勿令侵擾耳。太子之行，不出爾國，可與俱還。如入吾境，其單騎來朝。」是年，憲宗崩。

明年，世祖自鄂班師，倎赴憲宗行在。道過潼關，官吏迎於華清宮，請浴温泉。倎謝曰：「此唐玄宗所浴者，雖異代，人臣安敢褻乎？」至六盤山，聞憲宗崩，遂南謁世祖於襄陽。世祖驚喜曰：「高麗萬里之國，自唐太宗親征不能服之，今其世子自來歸我，此天意也！」命倎從車駕至開平府，及聞皦卒，乃命達魯花赤束里帶等護送倎返高麗。江淮宣撫使趙良弼言於世祖曰：「高麗雖名小國，依山阻海，國家用兵二十餘年，尚未臣附。及太子來朝，適先帝西征，留滯者二年矣。供張疏薄，無以懷輯其心。一旦得歸，將不復至。宜厚其館穀，待以親藩之禮。今聞其父已死，誠能立倎爲王，送之還國，必感恩戴德，願修臣職。是不勞一兵，而得一國也。」陝西宣撫使廉希憲亦言之。世祖然之，即日命改館禮遇有加。未幾，使荆節等二十五人賫璽書賜高麗，曰：

我太祖皇帝肇基大業，聖聖相承，先降後誅，未嘗嗜殺。凡列邦諸侯，分茅錫土，傳之子孫，孰非向之仇敵？觀乎此，則祖宗之法不待言而彰彰矣。今普天之下未臣服者，惟爾國與宋耳。宋所恃者長江，而長江之險已失，鼎魚幕燕，亡在旦夕。爾初以世子奉幣納款，束身歸朝，含哀請命，良可矜憫。故遣爾歸國，完復舊疆。用是戒飭邊將，斂兵待命。迨逾半載，乃知爾國内亂渝盟，邊將復請戒嚴。此何故也？以謂果内亂耶？權臣何不自立而立世孫？以謂傳聞之誤耶？世子何不之國而盤桓於境上？豈以世子之歸愆期，而左右自相猜疑，私憂過計而然耶？今申命邊閫，斷自予心，惟事推誠，一切勿問。宜施曠蕩之恩，以新遐邇之化。自尚書金仁俊以次，中外枝黨、官吏、軍民，令旨到日，已前或有首謀内亂，旅拒王師，已降附而旋返，因仇讎而擅殺，罪無輕重咸赦除之。世子其趣裝歸國，解仇釋憾，布德施惠。出彼滄浪，宅之平壤。凡可援濟，罔憚勤勞。大號一出，予不食言。於戲！世子其王矣，往欽哉！恭承丕訓，永爲東藩，以揚我休命。

時世祖尚未即位，聞倎至西京，留八九日，疑有變故，故肆赦以安反側云。四月，倎即位，世祖復遣奇朵台以璽書賜之。倎流其刑部侍郎李凝於遠島。初，凝從倎至大都，謂永寧公綧曰：「公若欲爲王，誰曰不可？」倎銜之，故及於罪。倎爲世子時，有美譽。及嗣位，聚宫女於水房，恣爲淫泆。其御史大夫金仁俊乃移置水房於外。是年，倎改名禃。

中統三年，遣其判祕書省事朴倫等來貢方物。四年，遣其禮賓卿朱英、郎將鄭卿甫來獻獺皮等物，又遣其大司成韓就來賀正旦，兼謝賜羊。明年，就還，帝以曆日及西錦賜之。

至元元年，禃入朝。九月，至大都，世祖賜禃駱駝千頭。十二月，禃還。

至元三年，帝遣黑的、殷弘賫璽書賜禃曰：「爾國人趙彝來告，日本與爾國爲近隣，漢、唐而下，亦時通中國。故今遣黑的等往日本，欲與通和。卿其導使者以達彼疆，勿以風濤險遠爲詞，勿以未嘗通好爲解，恐彼不順命，有阻去使。卿其勉之！」禃乃命宋君斐等偕黑的、殷弘至日本。

四年，黑的等至巨濟松邊浦，畏風濤而返。禃又命君斐從黑的入朝，奏其事。世祖復使黑的等來，禃遣舍人潘阜賫璽書及高麗國書如日本，日本不答。

五年，世祖使也孫脱、孟甲等來，諭禃以大軍伐宋，量助兵力船艦。禃奏調發萬人，其戰船則委沿海官吏營造。是年，黑的、殷弘又賫璽書賜禃，遣其知門下省事申思佺等偕黑的、殷弘如日本。黑的等至對馬島，執日本二人以歸。

十年，權臣林衍率三別抄等詣安慶公淐，第奉淐爲王，逼遷禃於别宫。衍遣舍人郭汝弼進禃遜位表，淐尊禃爲太王。世祖疑之，遣斡脱兒不花、李諤與世子書狀官金應文偕來，察其事之真僞。詔：「有敢將國王、世子并其親屬加害者，殺無赦。」

是年，兵馬使營記官崔坦等以誅林衍爲名，聚衆入椵島，殺分司御史沈元濤等以叛。未幾，又殺西京留守及龍、靈、鐵、宣、慈五州官，西北諸城皆没於賊。坦詭言於使者脱朵兒曰：「高麗捲土將入海島，吾故殺諸城長吏，欲入告於上國。」於是執義州副使金孝巨等二十二人來降。十一月，世祖詔諭高麗臣民曰：「頃以王禃稱疾，擅令王淐權總國事，遣使者詢問。今使者還，言林衍稱：『此事俱傳臣之所爲，臣位在七人之下，有何權力能行此事？』朕不信其言，王可與淐及林衍同詣闕下面陳實情，朕聽其是非，自有區處。且聞禃無恙，禃之存亡亦未可保，必待赴闕，朕方信之。已遣頭輦哥國王率兵壓境，如逾期不至，即當進兵。」衍懼，會百官廢淐，復立禃爲王。禃入朝，過西京，崔坦等獻酒食，禃不受。

十一年春，林衍疽發背死，洪文係、宋松禮等誅其子惟茂。禃還，仍都王京，其宮嬪亦自江華至。頭輦哥國王遣朵剌歹以兵二千至江華。禃請勿入，朵剌歹不從，縱兵大掠。時宮室未備，禃與其羣臣皆列幕以居。六月，將軍裴仲孫叛，率三別抄等，立承化侯溫爲王。三別抄入據珍島，金方慶與蒙古元帥阿海以兵討之。阿海懦不敢戰，方慶爲賊所圍。將軍楊東茂援之，圍始解。世祖召阿海還，免其官。

明年，以忻都、史樞代之。裴仲孫使告忻都，有密議，請暫臨珍島。忻都曰：「我不受帝命，何敢入？」奏言：「叛臣裴仲孫負固不服，乞與忽林赤、王國昌分道討之。」帝從之。四月，忻都、洪茶邱與金方慶大敗賊於珍島，斬王溫，賊黨金通精走耽羅。

十三年，世子諶入朝。及歸，辮髮胡服，國人皆歎息泣下。

世祖問討耽羅之策於洪茶邱，奏言：「金通精之黨多在王京，招之不從，用兵未晚。」從之。茶邱遣通精之姪金贊等諭之，通精不肯降。禃以帝許世子諶婚，遣帶方侯澂、諫議大夫郭汝弼入謝。忻都與金方慶至耽羅，賊敗潰，留兵戍其地而還。五月，世子諶尚帝女忽都揭里迷失公主。

六月，禃卒，在位十五年，年五十六，謚曰順孝王，後贈謚忠敬。時諶方入覲，其羣臣遥立爲王。八月，諶還。十月，使金方慶等從元帥忽敦征日本，敗日本兵於一岐島，以兵少，引還。

忽都揭里迷失公主至，諶與公主同輦入城，父老相慶，以爲復見太平。達魯花赤來詰曰：「稱『宣旨』，稱『朕』，稱『赦』，何僭也？」諶使金方慶對曰：「非敢僭，但循祖宗之舊耳。」於是改「宣旨」曰「王旨」，「朕」曰「孤」，「赦」曰「宥」，「奏」曰「呈」。

十五年，帝遣忽剌歹召諶及公主入朝。有投匿名書，誣告貞和宫主詛咒公主，又言齊安公淑、金方慶等四十二人將謀不軌，於是囚貞和宫主及淑、方慶等。柳璥泣涕力諫，公主感悟，皆釋之。

十六年，韋得儒等又誣告金方慶謀叛，諶與忻都、洪茶邱鞫之，方慶不服。流方慶於大青島。諶與公主入朝，次香河。帝遣皇子脱歡，皇后遣皇女忙哥歹及阿伊哥赤大王妃，來迎於三十里之地，又設大穹廬於開平府東門外待之。

七月甲申，諶上謁，奏曰：「日本島夷，恃險不庭，敢抗王師，臣自念無以報德，願造船積穀，聲罪致討。」帝曰：「王歸與宰相熟計，遣人奏之。」又奏曰：「陛下降以公主，撫以聖恩，小邦之民方有聊生之望。然茶邱在焉，臣之爲國，不亦難乎？如茶邱者，祇宜理會軍事，至於國家之政，皆欲擅斷，非臣所知也。上國如欲置軍於小邦，寧以達達、漢兒。如茶邱之軍，惟乞召還。」帝曰：「此易事耳。」既而曰：「惟堯、舜、禹、湯，能行帝王之道。其後君弱臣强，衣食皆仰於臣。昔有一君食羊，其臣與之則食，不與則不食。宋度宗在，此幼兒之父也。賈似道擅權，使度宗出其愛妾，不得已從之。安有君而畏臣，去其寵妾者乎？王之父，亦不免於林衍之廢立。朕聞王亦信宰相之言，如此而能治國則固善，如其不能，可勿愧乎？」對曰：「茶邱之妄言也。」諶又奏曰：「今姦人以金方慶爲謀叛，告於忻都，忻都引兵入王京，執而訊之，無他，惟東征將士有不納兵器於官者，臣咎其疏慢，流於海島。然此乃有憾於方慶者所譖也。後有若此者，臣請罪之。」帝曰：「然。」又謂衆大臣曰：「可速召茶邱還。」諶又告平章政事哈伯，王京達魯花赤秩滿，請以郎哥歹代之。哈伯奏聞，帝曰：「何用達魯花赤？郎哥歹，么麽小人也，亦不勝任。」帝賜諶海青一、駙馬金印、鞍馬，諶辭歸。九月，至王京。是行也，凡其國不便事一切奏而除之，國人感泣。

十二月，諶復求朝，帝賜以亡宋寶器鳳瓶、玉笛等九十事，又賜諶及從臣彩幣。十六年二月，諶還，帝賜馬一百五十匹，命郎哥歹送之。

十七年，遣校尉鄭之演來貢環刀三百七十八口。夏，又遣中郎將簡有之來貢方物。

平章政事阿合馬求美女，殿直張仁冏請以其女行，於是除仁冏中郎將。阿合馬以張氏非高麗名族，不受。

八月，諶入朝上都。先是，諶使朴義奏曰：「東征之事，臣請入朝稟旨。」帝許之。至是，諶以七事奏：「一，以高麗兵戍耽羅者，補東征之軍。二，減高麗漢軍，使闍里迭木兒益發蒙古軍以進。三，勿加洪茶邱職任，待其成功，賞之未晚。四，小國軍官，皆賜牌面。五，以濱海之漢人充梢工、水手。六，遣按察使，廉問百姓疾苦。七，臣躬至合浦，閱邊軍。」帝優詔答之。

九月，諶還，以將軍趙仁璠女歸阿合馬。既而金方慶與日本人戰，斬首三百級。再戰，茶邱敗績。范文虎亦以戰艦三千五百艘來會，值大風，敗没。自是，屢詔諶備軍糧，造戰艦，以圖再舉，耗費不貲，國人始怨矣。

二十五年，諶聞乃顏叛，遣將軍柳庇來，請舉兵討之。諶親率前軍，出次開城，諶潸然泣下〔一〕，左右皆掩泣。及乃顏平，公主遣使來，請與諶俱入朝。

二十六年，帝以乃顏餘黨復叛，命高麗以兵戍東藩，詔以諶爲征東行省左丞相。時右丞塔出遣使，請發兵五千及軍糧赴建州。建州距高麗三千餘里，餉道不通。諶召羣臣議，皆曰：「從之則力不堪，違之則恐負前奏之意。宜聲言發兵助戰，以緩運糧。」乃使吴仁永等來貢方物，並奏其事。

二十七年，帝以海都犯邊，親討之，遣阿旦不花來徵兵。十一月，諶及公主、世子入朝。是年，哈丹以餘衆奔高麗，闍里帖木兒來戍雙城。諶與公主世子至自上都，帝詔曰：「討賊軍至高麗，則道里回遠。宜自咸平出南京海陽，截賊歸路。」諶遣大將軍柳庇來乞師，且奏避賊江華。哈丹陷和、登二州，脯人肉爲糧。

明年，哈丹踰鐵嶺入交州道，攻陷揚根城。帝命諸王乃蠻台將兵一萬討之，諭使者吳仁永曰：「爾國，唐太宗親征尚不克，今此小寇，何畏之甚耶？」仁永奏曰：「古今强弱不同耳。」哈丹略地至王京，大將薛闍干擊敗之。又戰，哈丹復大敗，與其子老的潰圍遁去。薛闍干軍令嚴肅，士卒用命，所過秋毫不犯。聞賊逼王京，併日而行，出賊不意，故連戰皆捷。

三十年，諶及公主來朝，至大都，帝疾篤不能召見，寵賚之厚，諸王、駙馬無與倫比。是年，改名昛。

三十一年春正月，帝崩，昛與公主以羊十、馬一祭於殯殿。國制，非蒙古人不能入殯殿，惟高麗得與焉。

成宗即位，以昛年高，詔出入乘小車至殿門。

元貞二年，昛與公主再來朝。

大德元年，公主卒。昛有寵妾曰無比，世子謜疑公主之死由無比，乃殺之，又殺閹人陶成器等數十人。謜尚寶塔實憐公主，晉王甘麻剌之女也。昛上表，請傳位於謜。

二年正月，成宗授謜開府儀同三司、征東行中書省左丞相、駙馬、上柱國、高麗國王。加封昛逸壽王，以示優崇。是時，昛踐位二十四年矣。

謜嬖妾趙妃有寵，寶塔實憐公主妬之。公主乳媪與左右潛謀，以公主失愛，使闊闊不花、闊闊歹與大將軍金精、吴挺圭等愬於皇太后。帝遣孛魯兀等召謜及公主入朝。八月，昛餞謜於金郊，酒酣，孛魯兀傳帝命，取國王印授昛。於是昛復爲國王，謜留京師宿衛，凡十年。

帝詔昛曰：「聞謜涖政以來，處決失宜，衆心疑懼，蓋以年未及壯，經歷尚少，故未能副朕親任之意。卿宜依前統理國政，使謜入侍闕庭，明習於事。」孛魯兀來十日，國人不知有此詔也。

三年，帝以闊里吉思爲征東行省平章政事，耶律希逸爲左丞。時使者哈敬還奏，昛不不能服其衆，朝廷宜遣官佐之，故帝有是命。闊里吉思不能和輯國人，又多受賄賂。五年，復罷之。昛表請改嫁寶塔實憐公主，使者至京都，不敢進表而返。

七年，昛聞朝廷欲復諝王位，乃表請入朝，又欲以公主改嫁瑞興侯琠。帝不許，遣刑部尚書塔察兒、翰林直學士王約來。約謂昛曰：「天地間至親者父子，至重者君臣。彼小人但知自利，肯爲王國家地耶？」昛感泣，謝曰：「臣老耄，聽信僉邪，是以至此。願改過，且請諝復位。」乃執宋璘、吴祈等，囚於行省。塔察兒、王約詢於衆，流吴演等十餘人於海島，釋宋璘。

八年，帝復遣參知政事忽憐、翰林直學士林元來。明年，忽憐疾篤，有進藥者，忽憐曰：「汝國奸臣執命，父子相仇，故帝遣我來監汝國。若我飲藥死，其得無後言乎？」竟不飲而卒。

十年，昛來朝。王惟紹、宋邦英、宋璘等譖諝，又言於皇后及左丞相阿忽台、平章政事八都馬辛，欲使諝削髮爲僧，以瑞興侯琠繼尚寶塔實憐公主。崔有渰等詣中書省，論惟紹奸惡〔一〕，省臣執惟紹，囚之。高世全等勸昛還國，昛不可，曰：「我聞諝遣人於路要我，沉於河。我雖老，獨不畏死乎？」既而朝廷趣昛，乃服藥致痢，自夏至秋不起。

十一年，諝奉皇太子命，遷昛於慶壽寺。自是，國政復稟命於諝。五月，昛歸國。明年，卒。昛在位三十五年，年七十三，賜謚忠烈。諝又名璋，蒙古名曰益智禮普化，齊國大長公主子也。

至大元年，謜來朝，留大都二年。崔有渰等上箋請謜歸，時武宗及皇太子待謜甚寵，謜不納。既而欲傳於世子，爲從臣所沮，乃止。

三年，謜信左右之讒，殺其世子鑑及鑑從官金重義。

仁宗即位，復詔謜還國，不欲行，請俟至秋冬。帝允之。

皇慶二年，謜以子燾入見，請傳位於燾，帝策燾爲高麗國王。謜又以其姪暠爲世子。謜前封瀋王，故以暠爲瀋王世子焉。謜構萬卷堂於燕邸，招致姚燧、趙孟頫、虞集等，與之遊，以典籍自娛。右丞相禿魯罷，帝欲以謜爲相，謜固辭。燾，謜之第二子，蒙古名阿剌訥忒失里。燾既嗣位，尊謜爲上王，奉謜及公主歸。

延祐元年，謜復入朝。

明年，謜奏請傳瀋王位於世子暠，自稱太尉。王燾入朝，謁帝於上都，尚營王女亦憐真八剌公主。先是，魏王阿木哥流於大青島，其庭甎光彩斑爛。有人白燾曰：「魏王庭中磚，皆成牡丹諸花卉狀。」謜甚喜，命圖之。事聞於帝，遣吏部尚書卜顏、必闍赤買驢來責問，并慰藉魏王。

延祐六年，謜降香於江南，行至金山，英宗趣召謜返命，甲士擁之以行，從臣皆奔竄。謜至大都，命中書省護送還本國，謜仍遲留不即行。十月，下謜於刑部獄。既而祝其髮置之石佛寺。十二月，流瑔於吐藩撒思吉之地。高麗羣臣上書於中書省，訟瑔之寃。是年，詔燾入朝，以燾不奉行帝勅，遣翰林待制沙的等訊之。

至治三年，帝命量移瑔於朵思麻之地。是年，泰定帝即位，大赦天下，召瑔還。

泰定元年，勅燾還國，復賜國王印。以金元祥、趙延燾等貳於瀋王，並杖流海島。是年十二月，瑔卒於大都。瑔在位五年，年五十一，賜謚忠宣。

時瀋王暠之黨柳清臣、吳潛詣中書省，誣燾盲聾瘖啞，不親政事，且云：「上王奏仁宗皇帝，以燾爲高麗王，以暠爲世子，已有定命。至英宗時，燾與伯顏禿古思令金怡止王，奪暠世子印，又奪暠田宅。」帝遣買驢質問，燾辭疾不出迎。買驢意燾實聾啞，徑入王宫，宣詔詰問。燾對曰：「世祖皇帝賜我先王高麗王世子印，武宗皇帝又授以瀋王爵，未幾，襲封高麗王。洪重喜來曰：『一身不宜兼綰兩王印。』奏於帝，命我爲高麗王。延祐三年，我入朝，先王授我世子印，謂曰：『世祖皇帝賜此印曰：待允子長，傳與之。』今黨暠者言：先王聽金怡言，以印與我。然仁宗賓天二年，先王竄吐蕃時，予在國，何暇與伯顏禿古思謀？且印爲延祐三年所授，而言英宗時所與，謬妄如此，但願吾父子相夷耳。先王以世祖外甥，又有累朝佐命之功，重喜尚曰：『一身不可兼兩王』，況暠有何功德，既爲瀋王，又索高麗世子印耶？先王田宅，已與暠者，曾有帝命，孰敢違異？但懿州所置廨、典庫、店鋪、江子南田土，先王所與者，文契俱在。營城、宣城兩埽里，世祖爲高麗王朝見往來供給置之，子不得傳之於父，而他人有之，豈其禮也？」買驢見燾禮容嚴肅，言辭有叙，乃曰：「帝所以命臣來者，察王疾也。以今所見，向者之言皆誣。」於是皥等皆惶愧。時使人絡繹，燾皆不接見。其人擅作威福，多納賄賂，買驢疾其所爲，並趣之速返。

天曆二年，燾遣定安君琮賀文宗復位，又遣金之鏡請傳位於世子禎。

明年，帝册禎爲高麗王，遣七十堅來取國璽授之。禎，燾之長子也，蒙古名普塔失里，尚諸王焦八女德寧公主。是年五月，帝遣禎之國。

至順三年，遼陽行省來索朱帖木兒、趙高伊二人。先是，二人誣譖禎於帝曰：「遼陽與高麗謀奉妥懽帖木兒太子叛。」已而來奔。未幾，盜殺二人於市。

二月，帝遣理問郎中蔣伯祥等來，禎郊迎，伯祥傳帝命曰：「已命上王復位。」燾及左右皆失色。伯祥收國璽，封於庫，燾遂入朝。初，禎以世子來朝，丞相燕帖木兒悦之，視如己子。伯顏惡燕帖木兒專權，不禮禎，惠宗即位，燕帖木兒卒，伯顏待禎益薄。禎與唐其勢等淫湎，伯顏益惡之，目爲「潑皮」，奏言：「王禎無行檢，不宜宿衛。」帝從之。

元統三年，燾以夢，改名爲卍。

後至元五年，燾卒，在位二十五年，年四十六，賜謚忠肅。燾遺命傳位於禎，伯顏寢其事不奏，且言：「王禎本非好人，且有疾，宜死久矣。潑皮雖嫡長，亦不必復爲王。惟屬可。」

明年，伯顏貶死，脱脱奏復禎王位。是年，禎始還高麗。

至正三年，李芳、曹益清等上書中書省，極言禎荒淫無道，請立行省以安百姓。冬十月，帝遣資政院使高龍普、太監朴帖木兒不花，賜禎龍衣御酒。十一月，又遣乃住等八人來，又以頒赦遣大卿朶赤、郎中别失哥六人來。禎欲托疾不迎，龍普曰：「帝嘗謂王不敬，若不出迎，帝疑滋甚。」禎乃率百官朝服郊迎，聽宣詔於征東省。朶赤、乃住等蹴禎，縛之。禎急呼高院使，龍普叱之，使者皆拔刃，百官奔避。朶赤掖禎，載一馬馳去。至京師，詔以檻車流禎於揭陽縣，諭禎曰：「爾剥民已甚，雖以爾血飼天下之狗，猶不蔽辜。然朕不嗜殺，是用流爾揭陽，爾無我怨。」

四年正月，禎行至岳陽縣，卒，或云遇鴆焉。禎死，高麗人無憫之者。禎在位六年，年三十六，後賜謚忠惠。

長子昕，蒙古名八思麻朶兒只，母爲德寧公主。昕性聰慧，高龍普抱之見帝，帝問曰：「汝學父乎？抑學母乎？」對曰：「願學母。」帝稱其好善惡惡，遂命襲王位，時年八歲。五月，遣李麻、秦瑾册昕爲高麗國王。至正八年卒，在位四年，年十二，賜謚忠穆。

昕卒，德寧公主命德成府院君奇轍、政丞王煦攝行征東省事。王煦等遣李齊賢來，表請以禎母弟祺、禎庶子眡，皆可爲國王，請簡一人以嗣。

九年，詔以元子眡嗣高麗國王。

十一年，帝又以江陵大君祺爲國王，遣斷事官完者不花來封倉庫宮室，取國璽以歸。眡遜於江華，未幾，遇鴆而卒。在位三年，年十四，後賜謚忠定。

祺，蒙古名伯顏帖木兒，尚魯國公主。既嗣位，命李齊賢攝政丞，權征東行省事。齊賢綜覈名實，進賢黜佞，聲舉翕然。

十二年，日本兵船至，王京大震。先是，日本屢犯高麗境。至是，乃大舉入寇，境内騷然。

十三年，册立皇太子，赦天下，遣太府監山童等來頒詔。太子，奇皇后所出也。奇氏，高麗人，本微賤。至是，帝追封皇后父榮安王，母李氏爲榮安王夫人，皇后兄子奇轍授爲大司徒，富貴震一時。轍尤驕横，祺不能堪。

十六年，有密告轍潛通雙城叛民謀逆，祺殺之，夷其族。適帝使直省舍人送大司徒宣命、印章於轍，西北面兵馬副使辛詢遇諸塗，奪其宣命、印章，殺傔從，使者逃歸。事聞，遣斷事官撒迪罕、奉御朵歹宣詔，詢問情僞。祺斬其西北兵馬使以謝，并附奏奇轍之罪狀。

自是，使命通好無間。

十九年冬，紅巾賊渡鴨緑江，陷義州，又陷静州、麟州及西京。

二十年，祺卜遷都避之，不吉，仍營白岳宫闕爲新京，移居之。

二十一年，紅巾賊潘誠、沙劉、關先生等，率衆十餘萬渡鴨緑江，祺走福州，遂陷王京。至次年，安祐、崔瑩等合兵二十萬，圍王京，賊大敗，斬沙劉。關先生餘黨渡鴨緑江而去，賊遂平。

二十三年，皇太子欲爲奇皇后復仇，乃立德興君塔思帖木兒爲國王，奇三寶奴爲太子，發遼陽行省兵送之。先遣李家奴賚詔來。祺聞其事，陳兵衛以迎之，以百官耆老上中書省書付李家奴，其書曰：「世祖皇帝嘉我忠敬王先天下朝覲之功，釐降帝女於忠烈王，且許以不革國俗，以至於今。塔思帖木兒，乃忠宣王出宫人嫁白文舉所産者也。奸臣崔濡誣告朝廷，奪我王位，至煩天兵，其如世爲甥舅之義何？伏望敷奏天聰，執塔思帖木兒、崔濡等，歸之小邦，以快國人之憤。」

二十四年，崔濡、塔思帖木兒以大兵一萬圍義州，爲崔瑩等所敗，一軍皆没。十月，遣翰林學士承旨奇田龍詔王復位，送崔濡於高麗，祺殺之。

二十五年，公主卒，祺更名顓。

二十八年，明兵至，帝與皇后奔上都，遣利用監卿蠻子罕來，命顓分遣諸將以圖恢復。顓使李成瑞至上都賀朔。

二十九年，遣使進顓右丞相。是年五月，顓奉表於明太祖，以停至正紀元告於國中，自是遂與元絶。

【校勘記】

〔一〕「潸然」，原作「潜然」，按朝鮮鄭麟趾《高麗史·世家》云「出次開城卯山，王潸然泣下，群臣皆掩泣」，據改。

〔二〕「惟紹」，原作「維紹」，據朝鮮鄭麟趾《高麗史·世家》、明佚名《朝鮮史略》改，下同。上文「王惟紹」不誤。

新元史卷之二百五十　列傳第一百四十七

外國二

日本

日本，島國也。自宋以前事，具各史。

世祖中統元年，封高麗世子倎爲高麗王，遣還國，遂欲价高麗以通日本。時日本國主爲龜山天皇，建元文應。

至元三年秋八月，世祖選可使日本者，以兵部侍郎黑的佩虎符，充國信使，禮部侍郎殷弘佩金符，充國信副使，并賜高麗國王書曰：「今爾國人趙彝來告，日本與爾國爲近鄰，典章政治有足嘉者，漢、唐而下，亦或通使中國，故今遣黑的等往日本，欲與通和。卿其導達去使，以徹彼疆，開悟東方，向風慕義。兹事之責，卿宜任之，勿以風濤險阻爲辭，勿以未嘗通好爲解。恐彼不順命，有阻去使，故托卿之忠誠。卿其勉之！」高麗王禃乃遣其樞密院副使宋君斐與禮部侍郎金贊，爲黑的等嚮導。

四年春正月，至高麗巨濟縣松邊浦，畏風濤之險而還。王禃乃使宋君斐偕黑的等，詣闕上書曰：「詔旨所諭使臣通好日本事，謹遣陪臣宋君斐等伴使臣以往。至巨濟縣，遥望對馬島，大洋萬里，風濤蹴天，意謂危險若此，安可奉上國使臣冒險輕進？雖至對馬島，彼俗頑獷，無禮義，設有不軌，將如之何？且日本素與小邦未嘗通好，但對馬島人時因貿易往來金州耳。小邦自陛下即位以來，深蒙仁恤，三十年兵革之餘，稍得蘇息，綿綿存喘，聖恩天大，誓欲報效。如有可爲之勢，不盡心力，有如天日！」世祖怒，王禃以辭爲解。

八月，復遣黑的等，賜王禃書曰：「向者遣使招懷日本，委卿嚮導，不意遂令徒還。意者日本既通好，則必盡知爾國虚實，故託以他辭。然爾國人在京師者不少，卿之計亦疏矣。且天命難諶，人道貴誠，卿先後食言多矣，宜自省焉。今日本之事，一委於卿，卿其體朕此意，通諭日本，以必得要領爲期。」王禃意猶豫未決，其國人李藏用上書黑的，請期以歲月，徐觀日本之至否，至則獎其内附，否則置之度外，其辭甚懇。至王禃，以藏用上使者書，不先與己言，疑有貳心，即配流藏用。其接伴起居舍人潘阜，亦坐不告配流。阜與黑的對談，武士突入執之。黑的怒，詰知其故，乃還藏用書曰：「我歸奏此事，幸皇帝聽之，天下之福。如不聽，於汝國亦無罪。」由是藏用、阜俱獲宥。

王禃不得已，使潘阜賫世祖璽書至日本，並與日本主書曰：「我國臣事蒙古大國，稟正朔有年矣。皇帝仁明，以天下爲一家，日月所照，咸仰其德。今欲通好於貴國，而詔寡人云：『勿以風濤險遠爲辭。』其旨嚴切。兹不獲已，遣起居舍人潘阜奉皇帝書前去。貴國通好中國，無代無之，况今皇帝之欲通好貴國者，非欲其貢獻，蓋欲以無外之名，高於天下耳。若得貴國之通好，必厚待之。其遣一介之使，以往觀之，何如？幸貴國商酌焉。」阜至日本，留太宰府五月，不得報而還。時日本政在大將軍惟康，年幼，爲相模守北條時宗所擁立。至是，時宗執政權，以爲牒狀多失禮，莫如不答，故抑而不遣云。

高麗遣藏用來朝，帝謂藏用曰：「朕視爾國猶一家，爾國有難，朕不救乎？朕征不庭之國，爾國出師助戰，亦宜也。宜造戰艦一千艘，其大可載米三四千石者。爾於宋，風順則兩三日可至，日本則朝發夕至。此汝國與蠻子人言也。爾歸，以此言告於王。」

秋七月，高麗遣潘阜來朝，上書曰：「向詔臣以宣諭日本，臣即差陪臣潘阜奉皇帝璽書並賫臣書及國贐往諭。其邊吏不納，留置西偏太宰府者凡五月，館待甚薄。授以詔旨，又無報章，以故不得要領而還。未副聖慮，惶懼實深。」九月，帝復遣黑的、殷弘賫璽書使日本，命高麗人導之。

六年春三月，黑的等至對馬島，島民拒之。黑的等忿鬬，虜島民塔次郎、彌四郎二人而返。四月，黑的、殷弘復命〔一〕，獻其所執二人。帝大喜，謂塔次郎等曰：「爾國朝覲中國，其來尚矣。今朕欲爾國王來朝，非以逼汝也，但欲垂名於後世耳。」資給甚厚。六月，帝命高麗送塔次郎、彌四郎還，且命中書省牒日本國，言其事。日本人仍不報。

七年十二月，帝擇廷臣可使日本者，陝西宣撫使趙良弼請行。授良弼秘書監，充國信使，給兵三千人爲護從。良弼辭，獨與書狀官二十四人發。

八年九月，高麗使通事別將徐稱吉偕良弼至日本之筑前今津，津吏欲擊之。良弼舍舟登岸，喻旨，乃延良弼等入板屋，嚴兵守之。翼日，其筑後長官藤原給資率兵往，詰難不已，求國書。良弼曰：「國書宜獻於王所，若不允，則傳之大將軍。不然，不敢釋手。」數日，給資復往，謂良弼曰：「我國自太宰府以東，上古使臣未有至者。今汝國遣使至此，而不以國書授，何以示信？」良弼曰：「隋文帝遣裴清來〔二〕，王郊迎成禮。唐太宗、高宗遣使，皆得見王。何獨不見我國使臣乎？」乃出國書録本授之。日本人仍不答，令太宰府遣人送良弼等於對馬島。

良弼既見拒，無以復命。太宰府守護官亦恐開釁於中國，異日兵禍不易弭，乃私與良弼定約，遣彌四郎等十二人，僞稱使介，從書狀官張鐸入朝。帝召見鐸，宴勞之。鐸奏曰：「趙良弼遣臣來言，去歲九月與日本國人彌四郎等至太宰府西守護所。守者云：『曩爲高麗所給，屢言上國來伐，豈知皇帝好生惡殺，先遣行人下示璽書。然王京去此尚遠，願先遣人從使者回。』故良弼遣臣偕彌四郎等至京師。」帝疑其詐，命翰林學士承旨和禮霍孫問姚樞、許衡，皆對曰：「誠如聖算，彼懼我加兵，故發此輩偵吾强弱耳。宜示之寬仁，且不應聽其入見。」帝從之。

十年三月，趙良弼復至太宰府，又爲日本人所拒。六月，良弼歸，帝問其始末。良弼曰：「臣至太宰府，數其不恭罪，諭以禮意，太宰府官愧服，求國書。臣曰：『必見汝國王始授之。』往復數四，至以兵脅，臣終不與，但以副本示之。後又聲言大將軍以兵十萬來求書，臣曰：『不見國王，寧持我首去，書不可得也。』日本知臣不可屈，遣使介十二人入覲。」帝曰：「卿可謂不辱君命矣。」良弼具記日本君臣爵號、州郡、名姓、風俗、土宜，上之。帝又問用兵之策，良弼具奏：「不宜以有用之民力，填無窮之巨壑，請勿擊。」帝不從。

十一年正月，日本主龜山天皇傳位於其太子，號爲俊宇多天皇，改元建治。三月，帝以鳳州經略使忻都、高麗軍民總管洪茶邱等，將屯軍及女真軍並水軍共一萬五千人、戰船九百艘，期以七月攻日本，又命高麗發兵千六百人助之。

八月，元帥忽敦、右副元帥洪茶邱、左副元帥劉復亨抵高麗，高麗以都督使金方慶等將三翼軍，共八千人，與忽敦等由合浦攻對馬島。日本將允宗助國率八千騎禦之，使譯人至船上問來故。忽敦等不答，遂登陸，薄日本軍，助國戰死。忽敦等轉攻壹岐島〔三〕，登岸立赤幟，日本將平經高敗走，嬰城自守。翌日，城陷，經高死之。忽敦等連破三島，肆行殺戮，獲婦女，以索貫手心，繫於船側。

日本人大震，徵其藩屬兵十萬二千餘人赴援。忽敦等與日本戰於博多，諸將憑高鳴鼓，指揮兵士，進退應鼓聲。敵有陷陣者，則圍而擊之。又發鐵砲，殲敵兵無算。日本人敗走，忽敦等進至今津，佐屬與日本將菊池康成等戰於赤坂，又與少貳覺惠戰於百道原，均敗之。覺惠子景資善騎射，射劉復亨墜馬。忽敦等列陣松林，日本將大阪賴康來拒，復敗走。會日暮，諸將乃次第登舟。

金方慶謂忽敦、洪茶邱曰：「我兵雖少，已入敵境，『人自爲戰』，即孟明焚舟、淮陰背水計也。請復決戰。」忽敦曰：「『小敵之堅，大敵之擒。』策疲兵入敵境，非完計也。不若班師。」劉復亨瘡重，乃引所部先歸。是夜大風雨，官軍戰船觸厓石多破壞，忽敦等乃乘夜引去。

十二年二月，帝復使禮部侍郎杜世忠、兵部郎中何文著、計議官撒都魯丁齎璽書通好於日本，高麗人郎將徐贊及梢工上佐等三十人導行。四月，杜世忠等至長門室津，既而移筑前太宰府。八月，太宰府護送世忠等至鎌倉。九月，北條時宗斬杜世忠、何文著、撒都魯丁及書狀官董畏、高麗人徐贊於龍口，梟其首。

十四年，日本遣商人持金來易銅鐵，許之，於是日本人始知宋亡。

十五年七月，高麗王賰入朝，面奏曰：「日本一島夷耳，恃險不庭，敢抗王師。臣願造船積粟，聲罪致討。」帝曰：「卿歸，與宰相熟計，遣兵討之。」十一月，立淮東宣慰司於揚州，諭沿海官司通日本市舶。

十六年六月，宋降將范文虎、夏貴使周福、欒忠及日本僧靈果、通事陳光齎書至日本，俱爲日本人斬之博多。七月，宋舊臣牒告日本曰：「宋朝已爲蒙古所滅，恐又危及日本，敢來告。」

十七年二月，帝始聞日本殺使者之事，忻都、洪茶邱請自率兵往，帝諭：「姑緩其事。」八月，高麗王賰入朝，請以高麗兵戍耽羅者補東征之師，帝許之。

時忻都、洪茶邱皆受帝策畫，茶邱曰：「臣若不舉日本，何面目復見陛下？」遂約曰：「洪茶邱、忻都率蒙古、高麗、漢軍四萬人發合浦，范文虎率蠻軍十萬人發江南，俱會一岐島，兩軍畢集，直抵日本城下，破之必矣。」帝乃以阿剌罕爲左丞相，范文虎、忻都、洪茶邱爲中書右丞，李庭、張拔都爲參知政事，兼行中書省事。九月，遣也速達兒、崔仁著以水達達之在開元、北京、遼陽者移置東寧府，以赴征日本之役。十月，遣使括開元等路兵三千人從行，得兵十萬，命范文虎將之。十二月，以高麗王賰爲開府儀同三司、中書左丞相，行中書省事，以金方慶管領高麗都元帥，朴球、金周鼎爲昭勇大將軍、左右副都統，並授虎符，趙仁規爲宣武將軍、王京斷事官，授金符，朴之亮等十人爲武德將軍、管軍千户，授金符，趙抃等十人爲昭信校尉、管軍總把，金仲成等二十人爲忠顯校尉、管軍總把。

十八年春正月，帝召阿剌罕等同受訓諭，以張珪、李庭留後，命忻都、洪茶邱取道高麗陸行，是爲東路軍，其軍實則舟運之。范文虎請馬二千，給禿失忽軍及回回砲匠。帝曰：「水戰安用此？」不從。三月，給征東善射者及高麗兵鈔四千錠。以耽羅新造船付洪茶邱，以刑徒減死者付忻都爲軍士。帝諭范文虎等曰：「彼留我使不還，故使卿輩爲此行。朕聞漢人言：取人家國，欲得百姓、土地；若盡殺百姓，得地何用？又有一事，朕實憂之：恐卿等不和耳。若彼國人至，與卿等有所議，當同心協謀，如出一口答之。」仍申嚴軍律，乃給衣甲、弓矢、海青符。是時，忻都、洪茶邱先發，已抵高麗。高麗王昛令士卒，雖遭父母喪，過五十日者，即從軍。

五月，忻都、洪茶邱及金方慶、朴球、金周鼎等，以蒙古、高麗、漢軍四萬人，戰艦九百艘，發合浦。丙辰，攻日本對馬島及壹岐島，殺民三百餘人。島民匿山中者，軍士聞兒啼，輒尋而殺之。日本將少貳資時、龍造寺李時等率兵數萬，與諸將戰於壹岐島之瀨浦。大軍發火砲，日本人敗走，殺其將少貳資時。六月己巳，復戰於筑前志賀島，洪茶邱幾爲日本人所獲，裨將王萬户救之，茶邱僅免。庚午，復戰，又失利。時軍中大疫，病死者已三千餘人。諸將進至宗像海，北條時宗遣其將秋田城次郎等來援。大軍聯戰船爲圜營，外列巨舟，設石弩，俟薄擊乃發。日本戰船小，不能敵，前後來攻者皆敗退。國中人心洶洶，市無糶米，日本主親至八幡祠祈禱，又宣命於太神宮，乞以身代國難。

先是，諸將相約：忻都、洪茶邱由高麗泛海至壹岐島，范文虎、李庭等由慶源至平户島〔四〕。平户周圍皆水，可以屯兵，先據此島，使人乘輕舟如壹岐，召忻都、洪茶邱合兵共進，以六月望前，會於平户。會阿剌罕軍行次慶元，病卒，帝命左丞相阿塔海代總軍事，未至，而文虎與庭已發。至是，忻都、洪茶邱等相議曰：「嚮約江南軍與東路軍會於壹岐島，今南軍失期，我軍先至，大戰者數矣，船壞糧盡，將奈何？」金方慶不答。經十餘日，又言之。方慶曰：「奉命賫三月糧，今一月糧尚在，俟南軍至，合而攻之未晚也。」諸將不敢言。既而范文虎、李庭以船三千五百艘、兵十餘萬至次能、志賀二島，忻都、洪茶邱率所部會之，舳艫相銜而進，屢爲日本人所却，招討使忽都哈思等戰没。諸將以累失利，乃移於肥前鷹島，見山影浮波，疑暗礁在海口，不敢近。會青虯見於水上，海水作硫黄氣，怪異百出，軍心震駭。

八月甲子朔，颶風大作，戰艦皆破壞，覆没。左副都元帥阿剌帖木兒以下，溺死者無算。流尸隨潮汐入浦口，積如邱陵。漂流免死者尚數千人，至鷹島，繕治壞船，欲逃歸，皆爲日本人所殺。范文虎、李庭等船亦壞，庭抱船板漂抵岸上，以餘衆由高麗北還。

先是，行省平章政事張禧與右丞范文虎、左丞李庭等，同率舟師至肥前，禧舍舟築壘於平户，約束戰艦相去各五十步，以避風濤撞擊，故禧所部獨完。范文虎議還，禧曰：「士卒溺死者大半，其脱者皆壯士也。曷若乘其無回顧心，因糧於敵，以求一逞。」文虎等不從，曰：「還朝問罪，我輩當之，公不與也。」禧乃分船與文虎等乘之去，軍士不返者凡十餘萬人，高麗兵死者亦七千餘人。

八月，文虎等至高麗合浦，收散卒而歸，誑言於帝曰，「至日本，欲攻太宰府，暴風壞舟，猶議戰。萬户厲德彪、招討使王國佐、水手總管陸文政等不聽節制，輒逃去。故本省載餘甲至合浦，散遣之，使各歸原籍」云。未幾，敗卒于閶脱歸，言曰：「七月至平户島，移五龍山。八月一日，颶風壞舟，諸將各擇堅好船乘之，棄軍士十餘萬人於山下。衆議，推張百户爲主，聽其約束。方伐木作舟欲還，日本人來戰，盡敗没。餘二三萬人，爲其所虜至八角島，悉殺之。惟謂新附軍爲唐人，宥爲奴，閶等是也。」既而軍人莫青與吴萬五等亦逃歸，所言與閶略同。於是范文虎等皆獲罪，惟張禧獨免。

帝以不得志於日本，復命阿塔海發兵，一時無敢諫者。江南行臺御史大夫相威極論其事，帝始命罷兵。

十九年三月，南軍總把沈聰等六人逃至高麗，高麗遣印侯柳庇送之歸。

二十年正月，帝復欲發兵，以阿塔海爲征東行中書省丞相，以高麗王睶爲左丞相，命樞密院集軍官規畫事宜，發所造回回砲及匠人張林等付征東行省，給鈔及衣甲於諸軍。既而民間騷動，盜賊頻發，忽都帖木兒、忙古帶乞益兵擊寇，乃諭阿塔海曰：「所造戰船宜少緩，所拘商船，其悉還之。」

是歲，南海補陀寺僧如智言於帝曰：「今復興師致討，多害生靈。彼中亦有佛教、文學之化，豈不知大小强弱之理？如今臣等賫聖旨宣諭，彼必欣心歸附。」帝從之，乃使如智及提舉王君智賫璽書至日本。八月，過大洋，遇颶風，不能達而返。

二十一年正月，復遣如智及王積翁至日本，由慶元航海，會舟人殺積翁，仍不果至。自後帝屢欲興兵，爲羣臣所諫而止。

成宗即位，丞相完澤力主罷兵，自此征日本之議始寢。

大德二年，日本主傳位於太子，號爲後伏見天皇。大德三年，江浙行省臣勸帝復討日本，帝曰：「今非其時也。」使江浙釋教總統補陀僧一山，賫詔使於日本。詔曰：「比者有司陳奏，嘗遣補陀僧如智等兩奉璽書通好，咸以中途有阻而還。朕自臨御以來，綏懷屬國，薄海内外，靡有遐遺。日本之好，宜復通問。今補陀僧一山，戒行素高，可令往諭，附商船以行，期於必達。朕特從其請，並欲道先皇意也。至於敦好息民之事，王其圖之。」一山至太宰府，日本人拘之於伊豆，不報命。

大德五年，日本主傳位於太子，號爲後二天皇。冬十二月，日本譌言，有兵船二百艘將攻薩摩甑島，然實無出兵之事。

惠宗至正中，日本屢寇瀕海州縣。二十三年，掠蓬州，萬户劉暹擊敗之。

【校勘記】

〔一〕「殷弘」，原作「殷宏」，避清諱。本書卷八《世祖本紀二》同。然本書《高麗傳》及本卷上文至元三年八月條均作「殷弘」，殆避諱而有脱漏。《元史》卷六本紀第六《世祖三》、卷二〇八列傳第九十五《外夷一》均作「殷弘」。今統改作「殷弘」。

〔二〕「隋文帝」，「隋」原作「隨」，據本書卷一五八《趙良弼傳》及《元史》卷一五九列傳第四十六《趙良弼傳》改。

〔三〕「壹岐島」，本書卷二四九《外國傳一・高麗》作「一岐島」。

〔四〕「慶源」，下文及下二十一年條又作「慶元」。

新元史卷之二百五十一　列傳第一百四十八

外國三

安南

安南，古稱交趾，本漢日南郡地。唐高宗調露元年，改安南都護府，隸嶺南道，「安南」之名始此。後梁貞明中，始爲土豪曲承美所據。南漢劉隱伐承美，執之，并其地。尋爲愛州將楊延藝所據，州將吴昌岌復奪之，傳其弟昌文。宋開寶七年，遣使朝貢，始封交趾郡王，自是棄爲外域。後爲其將黎桓所篡，桓之後又爲大校李公藴所篡。公藴之後昊昰無子，以女昭盛主國事。理宗紹定三年，昭盛讓位於其夫陳日煚，陳氏遂有其國。宋景定三年，封日煚爲太王，以其子光昺爲國王。

憲宗七年，大將兀良合台既平大理，移兵向交趾，三遣使諭降，皆不返，於是分道進攻。師抵洮江，日煚遣兵乘象拒戰。兀良合台子阿朮，年十八，率善射者射其象，象驚奔反蹂，其衆遂大潰。明日，日煚斷扶鹵橋，對岸而陳。大軍未測水深淺，沿江仰空射之，矢墮水而不浮，知爲淺處，即以騎兵濟。日煚敗走，斬其宗子富良侯。入都城，得前所遣三使，出之獄，以破竹束體入膚，比釋縛，一使死，遂屠其城。留九日，以炎暑班師，更遣二使招日煚來歸。日煚自海島還，見國都殘毀，大憤，乃縛二使遣還。會日煚傳國與子光昺，改元紹隆，遣其女壻以方物來見。兀良合台送詣行在所，別遣納剌丁往諭之曰：「昔吾遣使通好，爾等執而不返我，是以有去年之師。以爾主播越草野，復令二使招安還國，又縛還我使。今特再加開諭，如果矢心內附，則國主親來。若猶不悛，明以報我。」光昺得書，遽納款，且曰：「俟降德音，即遣子弟爲質。」

世祖中統初，以禮部郎中孟甲、員外郎李文俊充正副使，持詔往諭曰：「祖宗以武功創業，文化未修。朕纘承丕緒〔一〕，鼎新革故，務一萬方。適聞爾邦有向風慕義之誠，念卿昔在先朝已嘗臣服，遠貢方物，故頒詔旨，諭爾國官僚士庶。凡衣服、典禮、風俗，一依本國舊制。已戒邊將，不得擅興兵甲，侵爾疆場〔二〕，亂爾人民。各宜安治如故。」光昺即遣其通侍大夫陳奉公等詣闕獻書，願臣附。帝封光昺爲安南國王，賜西錦三、金熟錦六，并授虎符。復降詔曰：「卿既委贄爲臣，其自中統四年爲始，每三年一貢。可選儒士、醫人及通陰陽卜筮、諸色人匠，各三人，及蘇合油，光香、金銀、丹沙、沈檀香、犀角、玳瑁、角牙、綿、白磁盞等物同至。」仍以納剌丁充達魯花赤，往來其國。光昺遣其員外郎楊安養等入謝，帝賜玉帶、繒帛、藥餌、鞍轡有差。

至元二年，賜光昺曆，並頒改元詔。光昺復遣楊安養上表三通：一定所貢方物，二免索儒、醫、工匠人，三願請納剌丁長爲本國達魯花赤。帝許之。四年，復下詔諭以六事，曰：「凡親附之國君長親朝，子弟入質，編民數，出軍役，輸納賦税，仍置達魯花赤統治之。以數事表來附之，深誠也。鄉令來貢不逾三年之期，其誠可知。故告以我祖宗之法，亦以誠諭。且君長來朝，子弟入質，籍民、定賦，出軍相助，古亦有之，豈今日之創制哉？略舉出軍一事，無以征行遠戍爲慮。但來人楊安養稱，有占臘、山獠之患。彼二寇如能降伏，復有何事？交兵之道，孰以爲易？倘不用命，必當討伐。况汝來奏，嘗有『一家人』之言。今聞納剌丁在彼中，多回鶻禁約，不使交談。果如所言，一家之禮，豈有如此耶？君臣之義，實同父子，豈有臣子而背其君父者？當熟思以全終始之義。」

五年，以忽籠海牙代納剌丁爲達魯花赤，張庭珍副之。光昺立受詔，庭珍責以大義，使下拜，既而曰：「汝朝官爾，我王也，何得與抗禮？」庭珍曰：「『王人雖微，序於諸侯之上。』况天子命我爲安南之長，位居汝上邪？」光昺語塞。中書省復移牒光昺，言其受詔不拜，待使介不以王人之禮，引《春秋》之義責之。光昺復書言：「本國欽奉天朝，已封王爵，豈非王人乎？天朝奉使，復稱王人，與之均禮，恐辱朝廷。況本國前奉詔旨，悉依舊俗，凡受詔令，奉安正殿而退避別室，此本國舊典也，惟閣下察之。」中書省復移牒切責曰：「考之《春秋》，叙王人於諸侯之上，《釋例》云：『王人，蓋下士也。』夫五等邦君，外臣之貴也。下士，内臣之微者也。以微者而加貴者之上，正以王命爲重也。後世列王爲爵，諸侯之尤貴者，顧豈有以王爵爲人者乎？王寧不知而爲是言耶？抑辭令臣誤爲此言邪？至於天子之詔，人臣當拜受，此古今通義。乃循舊俗，奉安正殿而退避別室，王豈能自安於心乎？前詔所言，蓋謂天壤間不啻萬國，國各有俗，驟使變革，有所不便，故聽用本俗。豈以不拜天下之詔爲從俗哉？且王之教令行於國中，臣子有受而不拜者，則王以爲何如？」

是年，光昺遣范崖、周覽入貢。

七年，以葉式捏爲安南達魯花赤。光昺遣黎佗、丁拱垣入貢，表言：「微臣僻在海隅，得霑聖化，與函生驩抃鼓舞。乞念臣自降附上國，雖奉三年一貢，然往來使臣疲於奔命，未嘗一日休息。至天朝所遣達魯花赤，辱臨臣境，動有挾持凌轢小國。雖天子明並日月，安能照及覆盆？且達魯花赤可施於邊蠻小醜，臣既席封爲一方屏藩，而反立達魯花赤以監臨之，寧不見笑他國？復望聖慈矜恤，凡天朝所遣官，乞易爲引進使，庶免達魯花赤之擾。」

十二年，帝復降詔曰：「祖宗定制，凡内附之國，君長親朝，子弟納質，籍户口，輸歲賦，調民助兵，仍置達魯花赤統治之。此六事，往年已諭卿矣。歸附踰十五年，未嘗躬自來覲，數事竟未舉行。雖云三年一貢，所貢之物，皆無補於用。謂卿久當自悟，略而不問，何爲迄今猶未知省？故復遣合撒兒海牙往爾之國，諭卿來朝。倘有他故，必不果來，可令子弟入朝。此外本國户口，若未有定籍，輸賦、調兵，何由斟酌？苟爾民實少，多取之，力將不及。今籍爾户口，蓋欲量其多寡，以定兵賦之制。其所調兵，亦不令遠適他所，止從雲南戍兵，相與協力而已。」光昺遣黎克復、黎文粹上表謝罪。八年，遣馮莊、阮元入貢。九年，又遣童子野、杜本入貢。十一年，遣黎克復、黎文粹入貢。會大兵平宋，克復等由湖廣還國。

十四年，光昺卒，國人立其世子日烜，遣中侍大夫周仲顔、中亮大夫吴德邵來朝。帝遣尚書柴椿等持詔，趣日烜赴闕。先是，使傳之通，止由鄯闡、黎化間。至是，帝命椿自江陵直抵邕州，以達交趾。椿等至邕州永平寨，日烜遣人上書，謂：「近聞國使辱臨敝境，邊民無不駭愕，不知何國人使？」椿回牒曰：「禮部尚書等官奉上命，以事由邕州入爾國，所有導護軍兵，合乘驛騎，宜來界首遠迓。」日烜使御史中贊知審判院事杜國計先至，其太尉率百官自富良江岸來迎。日烜就館，見使者。宣詔畢，椿謂曰：「汝國内附二十餘年，汝父受命爲王，汝不請命自立，今復不朝，異日朝廷加罪，將何以逃其責？」日烜仍舊例設宴於廊下，椿等弗就宴。既歸館，日烜遣范明宇來謝罪，改宴集賢殿，自言：「先君棄世，予初嗣位，天使之來，使予憂懼交并。竊聞宋主幼小，天子憐之，尚封公爵，於小國亦必加憐。若親朝之禮，予生長深宮，不諳風土，恐死於道路。俟天使歸，謹上表達誠，兼獻異物。」椿曰：「宋主年未十歲，亦生長深宮，如何亦至京師？但詔旨之外，不敢聞命。且我實來召汝，非取賂也。」椿等還，日烜遣范明宇、鄭國瓚、杜國計奉表陳情，言：「孤臣稟氣衰弱，且道路險遠，徒暴白骨，致陛下哀傷，無益天朝之萬一。伏望憐臣，得與鰥寡孤獨保其性命，以終事陛下。此孤臣之至幸，小國生靈之大福。」兼貢馴象二。廷議以其飾辭抗命，延引歲月，宜進兵境上，遣官問罪。帝不從，復遣尚書梁曾再諭日烜來朝：「若果不能親至，則積金以代其身，兩珠以代其目，副以賢士、方技、工匠各二，以代其民。不則修爾城池，以待天兵之至。」日烜遣其叔父遺愛來朝。

十八年，立安南宣慰司，以卜顏帖木爾爲使，别設僚佐，日烜拒弗納。帝下詔曰：「曩安南國王陳光昺生存之日，嘗以祖宗收撫諸蠻舊例六事諭之，彼未嘗奉行。光昺既没，其子又不請命而自立。遣使召之，托故不至。今又以爲詞，故違朕命，止令其叔父入覲。即欲興師致討，緣爾内附入貢有年矣，其可效爾無知之人，枉害衆命？爾既稱疾不朝，今聽汝以醫藥自養，故立汝之叔父遺愛代汝爲安南國王，撫治爾衆。其或與汝百姓輒有異圖，大兵深入，戕害性命，無或怨懟，實乃與汝百姓咎。」是年，日烜仍遣阮道學來貢。於是加柴椿行安南宣慰使都元帥，李振副之，以新副軍千人送遺愛之國。日烜戕殺之。

二十一年，又遣中大夫陳謙甫貢玉杯、金瓶、珠絛、金領及白猿、緑鳩等物。初，鎮南王脱歡奉命征占城，遣荆湖行省左丞唐兀䚟、右丞唆都將兵來會。帝疑安南與占城通牒，令軍行假道於其國，且責日烜運糧至占城助軍。仍命鄂州達魯花赤趙翥往諭之。比官軍至衡山縣，聞日烜從兄興道王陳峻提兵拒守境，上言本國至占城水陸俱不便，願獻糧退軍。及至永州，移文令日烜除道迎謁。至思明州，王復下令督之。至禄州，聞日烜阻兵邱温縣，邱急嶺隘路，遂分軍兩道並進：萬户李羅合答兒、招討使劉深爲西路，由邱温縣進；怯薛撒略兒、萬户李邦憲爲東路，由邱急嶺進。王以大兵繼之。復遣總把阿里諭以興兵之故，實爲占城，非爲安南也。至急保縣，安南兵阻，不得前。東軍破可離隘嬰兒關，獲間諜人杜偉等，斬之。至洞板隘，又遇安南兵，敗之。聞峻在内傍隘，進兵至變住邨，諭其收兵闢路以迎王師，不從。官軍分六道進攻，至萬劫江，盡破諸隘。峻尚擁船千餘艘，距萬劫十里而陣。各翼水軍連戰俱捷。王與行省官親臨東岸督之，奪船二十餘艘，峻敗走。官軍乘間縛栰爲橋，渡富良江。時西軍亦破支凌隘。明年正月，日烜自將十萬衆，與官軍大戰於排灘，元帥烏馬兒、招討使納海、鎮撫孫林德等敗之。日烜退守瀘江，又敗走，乃令阮效銳奉書謝罪，且請班師。大軍渡江，壁於安南城下。

明日，王入其國都，知日烜僭稱「大越國主憲天體道大明光孝皇帝」，禪位於太子，用「昊天成命之寶」，日烜即居太上皇位。見立國王，係日烜之子，行紹寶年號。所居宮室五門，額書「大興之門」，左右掖門，正殿九間，書「天安御殿」，正南門書「朝天閣」。時安南兵棄船登岸者猶衆，日烜引宗族官吏於天長、長安屯聚，峻復領兵船聚萬劫江口，整軍以待。

會唐兀䚟、唆都等兵回自占城，與大軍合。分遣右丞寬徹，引萬户忙古䚟、孛羅哈答爾由陸路，左丞李恒引烏馬爾由水路，敗其兵船。日烜遣其弟文昭王陳遹侯、鄭廷瓚拒戰於乂安，又敗。其兄子彰憲侯陳鍵復敗於海口，鍵以其兵降。越三日，鎮南王追敗日烜於大黄江。日烜懼，遣宗人忠憲侯陳陽請和，繼遣近侍陶堅奉國姝至軍中，乞罷兵。鎮南王遣艾千户諭之曰：「既請和，曷不躬來自議？」日烜不聽，至安邦海口，棄舟楫甲仗，匿山谷間。官軍獲船萬艘，擇善者乘之，餘皆焚棄。

日烜走清化府，其弟昭國王陳益稷率宗人秀嵈及妻子、官吏迎降。日烜遣宗人忠憲侯陳陽及阮銳等來請和，王留之軍中。

諸將以安南人雖數敗，然增兵轉盛。暑雨疫作，死傷亦衆，占城既不可達，決計退兵。

王不得已，引軍還。

至如月江，日烜遣兵躡其後。行至册江，未及渡，林箐伏發，唆都、李恒皆中流矢死，官軍力戰，始護王出境，亡者過半。阮銳逃伏草澤中，欲罷去，官軍獲斬之。此至元二十二年之一敗也。事聞，帝震怒，乃罷征日本兵，大舉伐安南。

二十三年四月，詔曰：「曩以爾國既稱臣服，歲輸貢獻，而不躬親入朝。因彼叔父陳遺愛來，以安南事委之，至則爲其戕害。所遣達魯花赤，又却之不納。至於用兵占城，略不供給，以致鎮南王脱歡進兵。今因爾國近親陳益稷、陳秀嵈慮宗國覆滅，殃及無辜，屢勸爾來朝，終不見從。自拔來歸，朕憫其忠孝，特封益稷爲安南國王，陳秀嵈爲輔義公，以奉陳祀。申命脱歡、奥魯赤興兵平定其國。前此罪戾，止於爾之身，吏民無有所預。詔書到日，其各歸田里，安生樂業。」

是年，日烜遣阮義全、阮德榮入貢，帝留義全等於京師。湖南省臣線哥上言：「連歲征日本及用兵占城，百姓罷於轉輸，士卒觸瘴癘多死傷，羣臣愁歎，四民廢業。今復有事交趾，動百萬之衆，非所以恤士民也。宜寬百姓之力，積糧餉，繕甲兵，俟來歲天時稍利，然後大舉未晚。」詔令歲令益稷暫駐鄂州。

明年，以阿八赤爲征交趾行省左丞，發江淮、江西、湖廣三省蒙古、漢、券軍七萬人，船五百艘，雲南兵六千人，海外四州黎兵萬五千人，海道萬户張文虎等運糧十七萬石，分道討安南。以奥魯赤平章政事，烏馬爾、樊楫參知政事，並受鎮南王節制。日烜遣中大夫阮文通入貢。

十一月，師次思明州，留兵二千人，以萬户賀祉、張玉統之。令右丞程鵬飛將漢、券兵萬人由西道入永平，奥魯赤將萬人從王由東道入女兒關。楫與烏馬爾帥舟師由海道，經玉山、雙門、安邦口，遇敵船四百餘，擊敗之，奪其船。鵬飛經老鼠、陷沙、茨竹三關，十七戰，皆捷。鎮南王進次茅羅港，攻浮山寨，破之。王命鵬飛以兵二萬人守萬劫口，且修普賴、至靈二山栅。命烏馬爾、阿八赤合水陸兵徑薄安南城。王帥諸軍渡富良江，次城下。日烜走敢喃堡。王攻城，下之。

二十五年正月，日烜及其子走入海，追之不及。遣烏馬爾由大滂口迓文虎糧船。會文虎船至雲屯山，遇敵兵，殺略相當。至緑水洋，敵船益衆，度不支，且船膠不可行，乃沈米於海，而自趨瓊州。時官軍乏食，分道入山求糧。王自引兵還萬劫。阿八赤將前鋒奪關繫橋，破三江口，攻下堡三十二，得米十一萬三千餘石。烏馬爾由大滂口趨塔山，遇敵船千餘，敗之。至安邦海口，迎文虎糧船不至，復還萬劫，得米四萬餘石，分兵屯普賴、至靈二栅。日烜遣從兄興寧王陳嵩屢來約降，故老我師。夜，又遣敢死士劫諸將營。鎮南王怒，命萬户解震焚其都城，左右諫止之。

神弩總管賈若愚獻言曰：「師可還，不可守。」諸將又言：「天時已熱，糧且盡，宜還師。」王從其言。命楫與烏馬爾由水道先發，爲安南兵所邀截，全軍覆没。鵬飛簡鋭卒護王還，次内傍關，安南兵大集，賴萬户張均以精鋭三千人殿，力戰出關。諜知日烜分兵三十餘萬，守女兒關及邱急嶺，連亘百餘里，遏歸路。諸軍戰且行，安南人乘高發毒矢，張玉、阿八赤皆死之。王由單已縣趨盝州，間道至思明州，命奥魯赤以諸軍北還。日烜隨遣近侍官李修、段可容貢方物，且進代身金人贖罪，并歸所獲俘，悉黥其額曰「天子兵」，或黥曰「投南朝」云。此至元二十五年之再敗也。

是年十二月，帝復召諭日烜曰：「爾表稱伏罪，似已知悔。據來人代奏，謂爾自責者三：被召不來，一也；脱歡撫軍而不迓，二也；唆都根底遮當，三也。若蒙赦宥，當遣質子、進美姬、歲貢方物。凡兹繆敬，將焉用此？若果出誠款，何不來此面陳？安有聞遣將，則遂事逋逃；見班師，則聲言入貢？以斯奉上，情僞可知。爾試思，與其嶺外偷生，無慮兵禍，曷若闕庭歸命，被寵榮歸？二策之間，孰得孰失？爾今一念違誤，係彼一方存亡，故遣遼東提刑按察司使劉廷直、禮部侍郎李思衍、兵部郎中萬奴，同唐兀解、合散、翕吉利解等，引前差來阮全等二十四人，回國親諭。朕當悉宥前愆，復爾舊封。或更遲疑，決難寬恕。」

明年三月，廷直等至安南，日烜遣其中大夫陳克明等上表謝罪，具言：「已差從義郎阮盛從昔里吉大王赴闕。其烏馬兒、樊楫參政，方行津遣。樊參政病卒，火葬訖，千户梅世英、薛文正等護其妻妾還家。烏馬兒參政途中舟覆，溺於水而卒，其妻妾救出，俟續後資遣。軍人陷没者八千餘人，更行搜索，得頭目若干名、軍人若干名，並從天使回中國。」烏馬爾、樊楫實爲安南人所殺，表云楫病卒、烏馬爾溺死，皆掩飾之詞云。

二十七年，日烜卒，子日燇遣其臣嚴仲維、陳子良等來告哀，且請襲爵。表言：「六尺微孤，夙受父訓，於臣事天朝毋廢，歲貢一事，切切在懷。特遣中亮大夫嚴仲維、右武大夫陳子良等奉綱貢信物進獻。」帝簡張立道爲禮部侍郎，徵日燇親朝。日燇遣其臣阮代之、何維嚴等上表乞赦罪〔三〕，且約來歲詣闕。廷議：「必先朝而後赦。」日燇懼，卒不至。

復遣尚書梁曾、郎中陳孚再往諭曰：「汝國罪愆既已自陳，朕復何言？若云畏死道路，不敢來朝，且有生之類寧有長久安全者乎？天下亦復有不死之地乎？朕所未喻，徒以虛文巧飾見欺，於義安在？」日燇復遣陪臣陶子奇請罪，上萬壽頌、金册表。

帝惡其抗命，又議興師，遂拘子奇於江陵，命劉國傑與諸王昔里吉等同出師，分立湖廣、安南行省，給二印，市蜑船百斛者千艘，用軍五萬六千五百七十人，糧三十五萬石，馬料三萬石，鹽二十一萬斤。預給官軍俸賞，軍人、水手各鈔二錠。水陸分道齊發，令益稷隨軍至長沙。

會世祖崩，成宗嗣立，罷兵，乃遣子奇歸國。日燇上表慰國哀，並獻方物。遣侍郎李衎、郎中蕭泰登持詔諭之，曰：「朕嗣守大統，踐阼之始，大肆赦宥，無間遠近。惟爾安南，亦從寬卹，已敕有司罷兵。自今以往，所以畏天事大者，其審思之！」

元貞二年，日燇上表求封王爵，不允。乞《大藏經》，賜之。

大德元年，遣阮文籍、范葛入貢。自此至十年，安南凡五入貢云。

三年，丞相完澤等奏：「安南來使鄧汝霖，竊畫宮苑圖本，私買輿地圖及禁書，且私記北邊軍情、山陵諸事，宜責以大義。」遣尚書馬合馬、侍郎喬宗亮諭以：「汝霖等所爲不法，理宜窮治。朕以天下爲度，敕有司放還。自今使介，必須選擇。有所陳請，必盡情悃。勿憚改圖，致貽後悔。」

五年，命尚書馬合馬等送來使鄧汝霖等還國，諭安南依前三年一貢。

武宗即位，遣禮部尚書安魯威、兵部侍郎高復禮，頒即位詔於安南，曰：「惟我國家以武功定天下，文德懷遠人。乃眷安南，自乃祖乃父世修方貢，朕甚嘉之。邇者先皇晏駕，朕方撫軍朔方，爲宗戚元勳所推戴，謂朕乃世祖嫡孫，裕皇正派，宗藩效順於外，臣民屬望於下，人心所共，神器有歸。朕俯徇輿情，已於上都即位。今遣尚書阿里灰諭旨，尚體同仁之視，益堅事大之誠。輯寧爾邦，以稱朕意。」

是年，安南遣阮克遵、范欹資入貢賀即位。至大二年，又遣童應韶、謝大薰入貢。

仁宗即位，世子陳日㷆遣使來朝，以禮部尚書乃馬台、吏部侍郎聶古伯、兵部郎中杜與可使安南，頒改元詔曰：「惟我祖宗受天明命，撫有萬邦，威德所被，柔遠能邇。乃者先帝龍馭上賓，朕以王侯臣民不釋之故，已即位於大都。其以明年爲皇慶元年，今遣尚書乃馬台等齎詔宣諭，仍頒新曆一本。卿其敬授人時，益修臣職，毋替爾祖事大之誠，以副朕不忘柔遠之意。」

皇慶二年，安南兵三萬餘人，突犯鎮安州，復分兵犯歸順州，屯聚未退。其世子復親領兵陷養利州，聲言：「知州事趙珏擒我思浪州商人，取金一碾，侵田千餘頃，故來讐殺。」樞密院使千户劉元亨赴湖廣詢察。元亨親詣上、中、下由邨。牒諭安南國曰：「昔漢置九郡，唐立五管，安南實聲教所及之地。况獻圖奉貢，上下之分素明；厚往薄來，懷撫之惠亦至。聖朝果何負於貴國！今乃自作不靖，狡焉啟疆。雖由邨之地所繫至微，而國家輿圖所關甚大。兼之殺掠者，皆朝廷屬籍編户，省院未敢奏聞。未審不軌之謀，誰實主之？」安南回牒云：「邊鄙鼠竊輩自作不靖，本國安得而知？」且以重賂至。元亨復牒，責以飾辭不實，卻其賂，且曰：「南金、象齒貴國以爲寶，而使者以不貪爲寶。請審察事情，明以告我。」然道里遼遠，情詞虚誕，終莫得其要領。元亨上言：「曩者安南人嘗侵永平邊境，今復倣效成風。爲今之計，莫若遣官宣諭，歸我土田，返我人民。仍令當國之人，正其疆界，究其首謀開釁之人，戮於境上，申飭邊吏毋令侵越。更於永平置寨募兵，設官統領，給田土、牛具，令自耕食，編立部伍，明示賞罰，令其緩急首尾相應。如此則邊境安静，永保無虞。」事聞，勅俟安南使至諭之。

延祐三年，命湖廣行省諭安南歸占城國王。先是，安南人攻占城國，執其王以歸，兵還，迎拜詔書，乃上表謝罪焉。

七年，日套卒，世子日爌遣陪臣鄧恭儉、杜士游來貢。

英宗至治元年，遣吏部尚書教化、禮部郎中文矩，頒登極詔。

泰定帝即位，詔安南國世子陳日爌曰：「我國家誕膺景命，撫綏萬邦，德澤普加，靡間華夏。乃者先朝奄棄臣民，朕以裕皇嫡孫，爲宗室大臣推戴，爰自太祖肇基之地入承天叙，其以甲子歲爲泰定元年。今遣尚書馬合謀、禮部郎中楊增瑞賫詔播告，賜爾《授時曆》一帙。惟乃祖乃父修貢内附有年矣，我國家遇卿良厚。以占城守臣上表，稱卿之邊吏累發兵相侵，朕爲惻然於中。不知卿何爲至是？豈信然邪？朕君臨天下，視遠猶邇，務輯寧日爌遣陪臣莫節夫入賀。

二年，寧遠知州添插言：「安南土官押那攻掠其本末諸寨。」敕押那歸其俘。三年，安南將阮叩侵思州路，命湖廣行省飭兵備之。

先是，陳益稷久居鄂州，遙授湖廣行省平章，其妻、子皆爲本國所害。當成宗朝，賜漢陽田五百頃俾自贍，既而奪之。武宗憫其老，重加恩命，制曰：「委贄歸朝，既去逆而效順；以爵馭貴，宜崇德而報功。誕播明綸，用孚衆聽。爾陳益稷，知畏天者事大，期保境以安民。慕帝王之有真，見幾而作；懼祖宗之不祀，自拔而來。以忠孝之誠，受知於世皇，蒙天地之德，錫封於故國。始者周王之赫怒，伐罪弔民；終焉堯、舜之誕敷，班師振旅。彼迷不復，爾守彌堅。拯溺救焚，從王師凡一再舉；授餐適館，留湖右幾三十年。身歷事於四朝，志不渝乎初節。肆朕即阼，亟其來庭，是用加新秩以示恩，乃舊封而授職。於戲！内寧外撫，朕不忘銅柱之南；近悦遠來，爾益拱星辰之北。對揚休命，永堅一心。可加金紫光祿大夫、安南國王，給田如故。」文宗天曆二年卒，年七十六，賜錢五千緡，謚忠懿。

三年，世子陳日焯遣其臣鄧世延等二十四人來貢。

至順元年，有廣源賊閉覆寇龍州羅回洞，龍州萬户移文詰安南，其回牒言：「自歸天朝，恪共臣職，彼疆此界，盡屬一統。豈以羅回原隸本國，遂起争端？此蓋邊吏生釁，假閉覆爲名，爾理宜即加窮治。」命龍州萬户仍還所掠。次年，日焯遣其臣段子貞、黎克遜來貢。三年，遣吏部尚書撒只瓦等使安南。

惠宗元統二年，遣尚書帖住、禮部郎中智熙善使安南，以《授時曆》賜之。安南遣童和卿、阮固夫入貢，賀即位。

後至元元年，封其世子陳端午爲國王。日焯退而學道，自號太虚子，惟章表猶署己名。四年至六年，再遣使入貢。初，朝廷以日烜不請命自立，故日烜以下四世，俱稱安南世子。至端午，始封爲國王焉。

其國制度：分十三道、五十二府、二百一十九州縣，其實一道不及中國一郡。所至皆設學校。惟諒山有城，甎色紅紫，相傳爲馬伏波所築。王宫用黄瓦，簷高不過丈。民房以草苫覆門，僅三尺許，俯首出入。文字與中土同，外别作數十字，多加土傍以示異，亦止行於國中。其物産多稻，無麥，重蠶桑，有紬布，不植棉花。所在竹木成林，蔽天日。其用人：文職有三公、太尉、平章政事、輔國、左右僕射、參知政事、御史臺、翰林院、尚書等，武職有都元帥、節度使、大將軍、内殿前指揮使、招討使等。又有方鎮及世襲鄉邑官。每三年一考試，初試經義，次試四六，三試詩，四試策。各道取中三場者曰生徒，中四場者曰貢生，至會試中四場者曰進士，無定額。其氏族如阮、裴、吴、楊、陶、黄、武、宋、陳、程、梁、胡之屬，外無他姓。男女皆披髮，以香蠟斂之，不令散亂。又以藥塗其齒，使之黑而有光。無陰晴俱戴笠。見貴人曰翁茶，譯言大官也。食生肉，不設几席，豪家始有牀褥，平民率籍草而卧。好怪異，尚巫鬼，不奉二氏教。婚姻：富貴家用媒妁，遵禮制，貧家男女相悦，即備錢成夫婦，雖同姓不避。獨喪祭各依古禮，禁官民不得卜地，止許葬田中，惟國王始擇地於山上。兵無甲冑，止用火器、長刀、標鎗、藤牌之屬。臨陣以象爲重。草木四時不凋，晝夜無長短，古所稱日南者，殆不虚云。

【校勘記】

〔一〕「承」，原作「丞」，據《元史》卷二〇九列傳第九十六《安南》及徐一夔《明集禮》卷三二改。

〔二〕「疆場」，原作「疆場」，《元史》卷二〇九列傳第九十六《安南》同，據徐一夔《明集禮》卷三二改。

〔三〕「何維嚴」，黎崱《安南志略》卷一四、陳孚《陳剛中詩集》附録《元史列傳》同，《元史》卷一六七列傳第五十四《張立道傳》及本書卷一七二《張立道傳》作「何惟嚴」。「上表」，原作「土表」，據《元史》卷一六七列傳第五十四《張立道傳》改。

新元史卷之二百五十二 列傳第一百四十九

外國四

緬 暹羅 八百媳婦

緬國爲西南夷，不知其族類所出。有城郭、宮室以居，有象、馬以乘，舟、筏以濟。其文字，進上者用金葉寫之，次用紙，又次用檳榔葉，謂之緬書。

世祖至元八年，大理宣慰司遣乞台脱因等招之，不得見其酋，見其長官，導使者偕來。

十年二月，以乞台脱因充禮部郎中，與勘馬剌失里及工部郎中劉源、工部員外郎卜云失，充國信使，賜以璽書，曰：「間者大理、善闡等路宣慰司導王國使詣京師，且言至王國，但見其臣下，未得見王，又欲觀吾大國舍利。朕矜憫遠來，即命來使覲見，又令縱觀舍利。益詢其所來，乃知王有内附之意。朕一視同仁，今再遣使往諭王國。誠能謹事大之禮，當遣子弟大臣來朝，彰我國家無外之義，用敦永好，時乃之休。至若用兵，夫誰所好？王其思之！」不報。

十二年，建寧路安撫使賀天爵奏：「金齒頭目阿郭言：入緬有三道，一由天部馬，一由驃甸，一由阿郭地界，俱會緬之江頭城。又阿郭族人阿提範在緬掌五甸，户各萬餘，欲内屬，請用爲引導。」因言緬王無降雲南行省意，去使不返，必須征討。帝曰：「姑緩之。」

既而金齒千額總管阿禾來附，具言國使前爲蒲賊阻道，今蒲人降，國使已達，緬王留之不遣。無何，緬人以阿禾内附，怨之，攻其地，欲立砦騰越、永昌間。時萬户忽都、總管信苴日、總把脱羅脱孩，方奉命伐永昌之西騰越、蒲驃、阿昌、金齒未降諸部族，駐兵南甸。阿禾來告急，忽都等遂晝夜兼行，與緬軍遇，阻河爲陣，衆約四五萬，忽都等兵僅七百人。緬人前乘馬，次象，次步卒，象被甲，背負戰樓，兩傍挾大竹筒及短槍。忽都下令：「賊衆我寡，當先衝河北賊。」親率二百八十騎爲一隊，信苴日以二百三十三騎傍河爲一隊，脱羅脱孩以一百八十七人依山爲一隊。戰良久，蠻兵敗走。追之三里，抵砦門，阻淖而返。有蠻兵萬餘繞出官軍後，忽都復列爲三陣，進至河岸擊之，又敗走。連破十七砦，逐北至窄山口，轉戰三十餘里，蠻兵爲象、馬所踐蹂，故大敗。日暮，忽都中傷，始收兵。明旦，追之至千額，不及而還。俘獲甚衆，軍中以一帽、一靴、一氈衣易一俘。其脱者又爲阿禾、阿昌邀殺，歸者無幾，官軍惟一蒙古人獲一象，不得其性，被擊死，餘無死者。時十四年三月也。

十月，雲南宣慰使都元帥納速剌丁率蒙古、爨、僰、摩些軍三千八百人征之，至江頭城，招降具木、朵要、蒙帖、木耳、木充、磨欲等三百餘砦，土官曲臘蒲折户四千、孟磨愛吕户一千，磨奈蒙匡黑答八剌户二萬、蒙忙甸土官甫禄保户一萬，木都彈圖户二百，凡三萬五千二百户。以暑熱，班師。

二十年，大軍再伐緬，緬人請降。先是，帝聽納速剌丁言，發四川軍萬人，命藥剌海領之，又僉思、播、叙三州軍及亦奚不薛諸蠻軍征緬，不果行。至是，詔宗王相吾答爾、右丞太卜、參政也罕的斤率諸將征之。是年九月，大軍發中慶。至南甸，太卜由羅碧甸進軍。十一月，王命也罕的斤取道阿昔江，達鎮西阿禾江，造舟二百艘，順流至江頭城，斷緬人水路，自將一軍從驃甸徑抵其國，與太卜軍會。令諸將分攻，破其江頭城。遣人説降緬王，不應。進攻建都太公城，擣其巢，建都及金齒十二部俱降，得珍珠、珊瑚、異綵、七寶束帶無算。

二十二年，緬王遣其鹽井大官阿必立相至太公城，請納款，爲孟乃甸白衣頭目解塞阻道，不得行，遣騰馬宅者持信劄來乞。驃甸土官匿俗報上司，免軍馬入境。匿俗給榜遣驃馬定回江頭城，招阿必立相赴省，且報鎮西、平緬、麗川等路宣慰司、宣撫司，差三參持榜至江頭城付阿必立相、忙直十弄二人，期兩月至江頭城，宣撫司率蒙古軍至驃甸相見議事。阿必立相先乞言於朝廷，降旨許其悔過，後差大官赴闕。朝廷尋遣鎮西平緬宣撫司達魯花赤兼招詔使怯烈詣其國，宣上威德。又以張萬爲征緬副都元帥，也先鐵木兒爲征緬招討使。勑造戰船，將兵六千人，以圖滿帶爲都元帥總之，由中慶抵永昌，經阿昔甸，以至忙乃甸。

二十四年正月，緬王爲其庶子速速古里所執，囚於昔怯答剌之地，又害其嫡子三人，與大官木浪周等四人同爲逆。雲南王所命官阿難答等，亦遇害。帝決意再征之，以脱滿答爾爲都元帥，李海剌孫爲征緬行省參政，將新附軍五千、探馬赤一千以行，仍調四川、湖廣軍五千赴之，募能通白夷、金齒道路者從征，令駐緬近郊，俟進止。既而雲南王與諸將進至蒲甘，緬人誘使深入，大軍失利，死七千餘人。緬遣使謝罪納款，雲南王允之，就命其渠長爲帥，定三歲一貢。二十六年，始遣委馬剌菩提班的來進方物。

成宗元貞元年，緬國阿剌札高微班的來獻舍利。二年，緬王遣子僧伽巴叔撒邦巴來貢。

大德元年，緬王請歲輸銀二千五百兩、帛千匹、馴象二十頭、糧萬石。始封其主的立普哇拿阿迪提牙爲緬國王，賜銀印，子僧哈八的爲緬國世子，賜虎符。又賜王弟撒邦巴一珠虎符，頭令阿撒三珠虎符，遣之。

踰年，復遣其世子奉表入謝，自陳部民爲金齒殺掠，率皆貧乏，以致上貢金幣愆期。帝憫之，止命間歲貢象，仍賜衣遣還。

是年，雲南省先遣管竹思加使登籠國，其國王遣其舅兀剌合兀都魯新合二人從管竹思加赴闕。二月，至蒲甘，緬王帖滅的，令可瓦力引兵登舟，執兀剌合兀都魯新合，劫掠貢物。六月，管竹思加至太公城，緬人阿只不伽闌等來言：「舊緬王帖滅的實劫奪於爾，今已去位，新王爲鄒聶，遣我輩召爾議，遣使入朝。」管竹思加至蒲甘，鄒聶曰：「帖滅的引八百媳婦兵破我甘當、散當、只麻剌、班羅等城，又劫奪登籠國貢物。爾等回朝，不知其故，必加兵於我。今帖滅的已廢，特差大頭目密得力、信者、章者思力三人奉貢物入朝。」又移文雲南省，稱：「木連城土官阿散哥也，皇帝命佩大牌子爲官人，初實無罪，前緬王欲殺之。聖旨令安治僧民，前緬王卻通叛人八百媳婦，引兵來壞甘當散當只麻剌班羅四族百姓，又劫奪登籠國貢物，故阿散哥也、阿剌者僧吉藍、僧哥速等廢前緬王，令我爲王。」行省以聞。

三年八月，太公城總管绷豆，移文江頭站頭目逮的剌必塞馬加剌言：「阿散哥也兄弟三人，領軍三萬，殺緬王以下世子、妻妾、臣僕百餘人。」雲南省問其持文書來者我文哥，言：「緬王就弒時，謂阿散哥也曰：『我祖以來，不死於刃，可投我水中，或縊死。』遂縊之，埋尸於屋下，七日風雨不止。見夢於國人曰：『吾埋不得其地，若焚屍棄骨於水則晴。』從之，果然。」我文哥出十餘日，又聞世子及逃出次子之母，與前此隨國信使留緬回回、畏吾兒、漢人百餘，皆被害。阿散哥也又逼淫新王之母。是月，緬王之子及其師來奔，陳辭於雲南省，乞復讎，大概謂：「阿巴民叛，緬王乞朝廷討之，叛人怒，謂王請兵來殺掠我等，遂修城聚兵，謀廢其王。又僧可速左右及阿剌者僧吉藍從人相繼從叛者，殺密里都拜加郎等族。王謂其兄阿散哥也，可勸汝兄弟勿爾。對曰：『我說必聽，不聽，我親伐之。』王悉以國事付阿散哥也，因此得衆，遂生二心。王執而囚之。僧哥速等於不雨宿吉老亦之地，築大城拒守，水陸進兵，來逼蒲甘王釋阿散哥也，出見僧哥速等，奪象馬，掠百官，求錢物，燒城池，鎖王足置豕牢中，分其妻妾。王爲皇帝奴，冤苦如此，望拯救。」雲南行省左丞忙兀都魯迷失又上言：「緬王歸朝十一年矣，未嘗違生。今其臣阿散哥也兄弟三人以三罪加其身，置父子縲絏，又通新王之母，據舊王之妻妾。假三罪皆實，亦當奏從朝廷區處，乃敢擅權廢立，豈有此理？今其子來求救。且小甸叛人劫虜官民尚且赴救，答麻剌的微王乃上命爲國主，叛臣囚之，豈可不救？抑使外國效尤爲亂，將至大患。」行省以聞。已而又聞新王亦被弑，阿散哥也篡立。九月，中書聞於上，上曰：「忙兀都魯迷失之言是也，速議奏行。」十二月，阿散哥也犯邊，攻阿真谷馬來城，距太公城二十里，兵尋退。

四年正月，召忙兀都魯迷失赴闕，議兵事。五月，故緬王婿馬來城土官納速剌上言：

「大德元年，朝廷遣尚書教化的伴送世子僧加八的還國，國王集衆聽詔，惟阿剌者僧吉藍、僧哥速不至。二年二月，興兵叛逆，駐蒲甘近境。王亦整兵，諭叛賊之兄阿散哥也曰：『爾二弟不聽詔，又敢爲亂。爾令退兵從命則已，否則治爾同謀之罪。』阿散哥也諭之不從，王遂囚阿散哥也。二人引兵逼城，王遣納速剌等出戰，納速剌敗，被擒。王令國中諸僧出謂二人曰：『毋徒苦百姓。爾欲害我乎？若無此心，當釋爾兄，復乃職。否則明以告我。』阿散哥也及二弟皆曰：『王是我主，豈有異心？如不信，請如大寺爲重誓。』從之。誓畢，釋之。賊退，納速剌亦得歸。至五月，三人合兵攻蒲甘，執王及世子僧加八的、次子朝乞力朝普，因於木連城，凡十有一月。三年四月十日，阿散哥也令弟阿難答速殺緬王並二子，餘子康吉弄古馬剌加失巴遁去，放世子於蒲甘而奪其妻，又分據王妻妾。共立王孽弟鄒聶，方十六歲，誅不附己者。十二月，又攻破阿真谷馬來兩城，納速剌逃來。」

五月十五日，中書樞密奏：「征緬事，忙兀都魯迷失請用六千人。臣等謂，緬與八百媳婦通好力大，非一萬人不可。」勅：「所擬猶少，可增爲一萬二千人。」又奏：「忙兀都魯迷失乞與薛超兀兒、劉都元帥德禄同事，及求雲南土官高阿康從軍，又請命親王闊闊監軍，以振兵威。」皆從之。上曰：「闊闊雖去，勿令預軍事。」

四年閏八月，雲南平章政事薛超兀兒、忙兀都魯迷失等發中慶，期至大理西永昌、騰衝會集。十月，入緬境。十二月五日，至馬來城大會。十五日，至阿散哥也兄弟三人所守木連城，三城相接，賊出戰，敗之。賊閉門拒守。忙兀都魯迷失、劉左丞據城東北面，薛超兀兒、高阿康參政據西面，正南無軍守之。賊日出戰，城內四面立三梢單梢砲，向外攻擊。官軍尋立排沙傳其城。

五年正月，分軍破石山寨，又召白衣催糧軍二千人攻其城南面。十九日，城上發矢石擂木，殺官軍五百餘人。二月二日，阿散哥也令十餘人呼曰：「我非叛人，乃皇帝良民。以緬王作違理三事，我等收之，彼自飲藥而死，非我等殺之。我等與蒙古人無甚作惡，若許我投降，願永受約束〔一〕。」又使人持金銀禮物出見。分省官諭賊：「三人親出方可，不然難信。若一年不出，我軍亦住一年。」賊竟不肯親出。

二十七日，萬户章吉察兒等言：「炎天瘴發，軍勞苦不還，實懼死傷獲罪。若令我等住夏瘴死，不如赴上前就死。若明白有旨，孰敢不住？在法，口傳聖旨勿行。我等今當回軍。」二十八日，分省官方議事，章吉察兒等遽率所部退走。二十九日，分省官亦回。三月五日，至阿占國城，追及章吉察兒等。忙兀都魯迷失移文稱：「大事未成，豈可回軍？若爾等果不肯住，可留軍一半或三千，住夏守賊。」平章薛超兀兒、劉左丞、高參政皆言：「平章能住夏，我輩願徧告軍官，俱令住夏。」是日，新王之母乘象追及分省官，訴：「賊拘我於木連城，今始放出。若大軍五日不退，必出降。」章吉察兒等宣言：「病軍已先行，我等明日亦去，無可議者。」分省官命追回先行軍，皆言：「已去遠，無及矣。」次日，分省官遂下令班師。薛超兀兒、忙兀都魯迷失上言：「賊兵困屈，旦夕出降。參政高阿康、土官察罕不花、軍官章吉察兒等，同稱軍人多病，不可住，擬合回軍。分省官留之，不聽。彼既行，分省官亦不能住。」又言：「賊饋阿康酒食，阿康受之，疑是寶貨。」又軍回五程，阿康出銀三千兩曰：「此阿散哥也賂諸將校者。」薛超兀兒等言：「此銀爾實受之，我輩未嘗知也。欲與諸將，爾自處之。」蓋因阿康與察罕不花等預此行，故功不成，乞置對以懲受賂者。

八月八日，丞相完澤等奏遣河南平章政事二哥等赴雲南，雜問之。自宗王闊闊，平章政事薛超兀兒、忙兀都魯迷失，左丞劉德禄，參知政事高阿康，下至一二大將校、幕官、令史，皆受賊賂，共爲金八百餘兩、銀二千二百餘兩，遂不能號令偏裨。阿康因與察罕不花，令諸將抗言不能住夏，擅回。於是阿康、察罕不花俱伏誅。忙兀都魯迷失前死。薛超兀兒、劉德禄遇赦，皆追奪宣勅，永不敍用。忙兀都魯迷失子萬户咬咬、忽都不丁，千户脱脱木兒真，杖決有差，皆奪所居官，籍其家産之半。其餘將校，各以輕重被笞。察罕不花者，麗江路軍民宣撫使也。是役也，自宗王以下皆以納賂麗於罰，辱國莫甚焉。

武宗至大元年，緬使貢白象。帝命朵爾只爲兵部侍郎，使其國。

仁宗延祐二年，緬王遣其子脱剌合來朝。六年，復遣其臣趙欽撒入貢。

英宗至治元年，帝御大明殿，受緬國使者朝。

泰定元年，緬國王子吾者那等争立，歲貢不至，命雲南省宣諭之。三年，緬國王答里耶伯以國亂來乞師，詔雲南就近安撫之。四年，答里必牙請復立行省於迷郎崇城，不允。

文宗至順三年，緬王遣使者阿落等十人來貢方物。

惠宗後至元四年，又遣使來貢方物。立邦牙等處宣慰司都元帥府并總管府。

緬國：東至八百宣慰司，南至海，西至孟養，北至猛密宣撫司，自司東北三十八程至雲南省治。其山曰小豹，其水曰金沙江，緬人恃以爲險。其俗狙詐慓悍。男子善浮水，綰髻頂前，用青白布纏之。婦人綰髻頂後，不施脂粉。事佛敬僧，有大事則抱佛説誓，或詣僧誓之，然後決。其産：象、犀、馬、椰子、白氎、布、兜羅綿。樹類椶，高五六丈，結實如掌。土人以麯納罐中，以索懸罐於實下，劃實取汁，熬爲白糖。其葉即貝葉，寫緬書用之。石油自石縫流出，臭惡而黑色，可塗瘡。都會：有江頭城，至騰衝十五日。太公城，在江頭南十日。馬來城，在太公城南八日。安正國城，在馬來城南五日。蒲甘，緬王城，在安正國城西南五日。所謂緬中五城也。

暹與羅斛，古之扶南國也。

暹國，北與雲南徼外八百媳婦接壤，東界安南，西北距緬國。

羅斛，在暹之南，濱大海。

暹土瘠，不宜稼穡。羅斛地平衍，種多穫，暹人仰給焉。有大河自暹達於羅斛，東南入海。每夏有黄水自海港漲入内河，農民乘時擢舟播種，苗隨水以漸而長，水尺苗亦尺，水退苗熟。有播植無耕耘，故穀豐而賤。《晉書》：「扶南國，西去林邑三千餘里，在海大灣中，其境廣袤三千里，人以耕種爲務，一歲種，三歲穫。」是也。歷晉、宋、齊、梁、隋、唐，屢通貢獻。後分爲暹、羅斛二國。

世祖至元二十六年，羅斛遣使入貢。成宗元貞初，暹國進金葉表。暹人與麻里予兒舊相讎殺，至是皆歸順。英宗至治三年，暹國來入貢。惠宗至正間，暹始降於羅斛，因合爲暹羅國。暹羅南境，斗入大海中，形如箕舌，延袤約三千里，遠出占城、真臘之西南，隔海相望，成一大灣云。

八百媳婦者，夷名景邁。世傳其長有妻八百，各領一寨，故名。自古不通中國。世祖中統初，命將征之，不能達而還。後遣使招徠，置八百大甸軍民宣慰司。

又有大、小徹里，本古產里。伊尹四方獻令曰：「產里以象齒、短狗獻周公，作指南車導之歸。」故又名車里，後譌爲徹里云。其地在元江南，與八百媳婦犬牙相錯。

成宗元貞二年，大徹里胡倫來降，立徹里軍民總管府，又置耿東路耿當、孟弄二州。大德元年，八百媳婦叛，寇徹里，遣野老不花討之，不克。

四年，用雲南右丞劉深計，發兵二萬，立征八百媳婦萬户府二，出四川、雲南囚徒從軍，人給貝八子六十索。深等將兵，取道順元路，調民供給。土官宋隆濟紿其衆曰：「官軍徵發汝等，將盡翦髮黥面爲兵，身死行陣，妻子爲奴，勢所必至。」衆惑其言，遂反。深復脅水西土官之妻蛇節，出金三千兩、馬三千匹。蛇節不能堪，聯結隆濟，率苗猺、紫江諸蠻，圍深窮谷中，攻破楊黄寨，殺掠甚衆。朝命陝西平章也速帶爾、湖廣平章劉國傑，將兵合討之，大敗隆濟兵於墨特川。其兄子順元路同知阿重，縛之來獻，蛇節亦乞降，並斬之。深坐棄市。於是罷所置萬户府，留蛇節養子阿闕于水西，以撫其民，而升阿重爲宣撫使。

武宗至大二年，八百媳婦與大、小徹里作亂，威遠州土官谷保奪據木羅甸，遣雲南右丞算只爾威招之，私受谷保賂，竟以敗還。

仁宗皇慶初，八百媳婦再寇邊，帝降詔招撫之，始獻馴象、白象，繼遣其子招三聽來朝。時大徹里哀用亦遣貢使七十五人詣闕，賜裘帽、韡韈有差。泰定二年，以土人寒賽爲徹里軍民府總管。四年，八百媳婦請官守，置蒙慶宣慰司都元帥，及木安、孟傑二府于其地。

文宗嗣位，八百媳婦使者昭哀入貢。

其地：東至老撾，南至波勒蠻，西至大吉剌，北至孟艮府。自姚關東南行五十程至其國，有南格剌山，下有河，南屬八百，北屬車里。平川數千里，幅員廣遠。其產：巨象，安息、白檀諸香。民皆僰種，剌花樣於眉目間，雕題也。好佛惡殺，每邨立一寺，每寺建塔，約以萬計。有敵人來侵，不得已舉兵應之，得其讐即止。俗名「慈悲國」也。

【校勘記】

〔一〕「願」，原作「顧」，據文意改。按「願永受約束」一句，蘇天爵《國朝文類》卷四一、佚名《皇元征緬録》均作「省官鑒之」。

新元史卷之二百五十三　列傳第一百五十

外國五

占城　爪哇　琉求　島夷諸國

占城，本秦象郡林邑縣地，東濱海，西際爪哇，南通真臘，北與安南之驩州接壤。東西五百里而羸，南北三千里。都城去海一百二十里，近瓊州，舟行順風一日可至。其南曰施備州，西曰上源州，北曰烏里州，領大小州凡三十有八。亦有縣、鎮諸名。宋淳熙中，占城以舟師襲真臘，入其國都。慶元五年，真臘大舉復仇，俘其主以歸，國遂亡，其地悉歸真臘，因名占臘。其後國王或曰真臘人，或又謂占城恢復云。

至元十五年，世祖既平宋，將有事海外。時荆湖行省左丞唆都遣人至占城，還言其王舍利咱牙信合八剌麻哈迭瓦願内附。詔封占城郡王，遣侍郎教化迪、總管孟慶元、萬户孫勝夫，與唆都同往，諭其王來朝。

十七年，國王保寶旦拿囉耶邛南詖占巴地囉耶遣使奉表降，兼貢珍物及犀、象。既而其子補的專國，不聽命。會萬户何子志、千户皇甫傑使暹羅，宣慰使尤永賢、亞闌等使馬八兒國，道占城，皆被執。事聞，命唆都討之。

初，朝廷以占城國王孛由補剌者吾稱臣内附，命唆都就其國立占城行省撫之。既而其子補的專國，不聽命。會萬户何子志、千户皇甫傑使暹羅，宣慰使尤永賢、亞闌等使馬八兒國，道占城，皆被執。事聞，命唆都討之。

兵出廣州，航海至占城港。港口北連海，旁有小港五，通其國大州，東南皆山，西傍木城。官軍依海岸屯駐。蠻兵治木城，四面約二十餘里，起樓棚，立礮臺百餘。又木城西十里建行宫，其國王親率重兵屯守。遣都鎮撫李天祐招之，七往，終不服。

分遣瓊州安撫使陳仲達以兵由水路攻木城北面，總把張斌，百户趙達攻東面沙觜，省官分二道攻南面。舟泊岸，爲風濤所碎者十七八。蠻兵開木城南門，建旗鼓，乘象拒戰，敗之。官軍入木城，與東北二軍合。其王棄行宫，燒倉廩，殺永賢、亞闌等，與其臣逃入山谷，遣使者陽乞降，許之。官軍入大州，王遣其舅寶脱秃花奉國王信物、雜布二百疋、大銀三錠、碎銀一甕爲質。又獻金葉九節標槍，言：「國王欲來，病未能起，先使持其槍來，以見誠意。」復令第四子利世麻八都八德剌、第五子舍利印德剌來見，詭言世子補的被傷死，王頰中箭未愈，故先使二子來議入覲事，以款我師。省官疑非真王子，聽其還，遣千户林子全偕往覘之。二子在途先歸，子全入山兩程，國王遣人來拒，不果見。又殺何子志、皇甫傑等百餘人。

寶脱禿花俄又至，自言：「我祖父、伯、叔，皆爲國王，傳至我兄孛由補剌者吾，殺而奪其位，我實銜之。願禽其父子以獻，請給大元服色。」唆都不虞其詐，賜衣冠，撫諭而行。有居占城唐人曾延者，來言：「國王逃於大州西北鴉侯山，詣交阯、真臘、闍婆諸國借兵未至，懼唐人洩其事，將盡殺之，延等覺而逃。」未幾，寶脱禿花偕其宰相報孫達兒及撮及大師等五人來降。省官引曾延與見，寶脱禿花曰：「此姦細也，國軍皆潰散，安敢復戰？且今未附州郡凡十二處，每州遣一人招之，無不服者。」

唆都猶信其言，遣子全等同赴大州。比至城西，寶脱禿花背約間行，自北門乘象去。萬户張顒等領兵赴國王所棲之地，近水城二十里。賊浚濠塹，拒以大木，官軍斬刈超距奮擊。轉戰至木城下，山林阻隘不能前，蠻兵旁出截歸路，官軍殊死戰，得脱。

朝廷更命阿塔海發兵萬五千人、船二百艘助討，以安南道阻，不果至。又命萬户忽都虎、烏馬兒率江淮軍二萬人赴唆都軍前，而唆都已回軍。

忽都虎等至占城，知官軍退，令百户陳奎招其國王來降。其王遣阿不蘭納款，具言被官軍劫掠，貧無以獻，俟來年當備物，令嫡子入朝。未幾，果遣其孫濟日理勒蟄奉表歸順。

朝廷未知也，再命鎮南王脱歡發兵假道交趾征之。國王乞回軍，願出土産，歲修職貢，使大盤亞羅日加翳大巴南等十一人詣闕獻馴象，並賀聖誕節。舊州主寶嘉婁亦奉表入附。自是終元之世，貢使不絶。

英宗至治三年，遣其弟保佑八剌遮貢方物。

泰定帝致和元年，遣使來貢，兼言屢爲交趾所侵，帝下詔和解。文宗至順三年，遣其臣阿南那那里沙等，奉金書表入貢。

惠宗後至元元年，遣使獻方物，且言交趾遏其貢道，詔遣使開諭。

其所貢：雲龍形通犀帶、菩薩石。薔薇水、猛火油，皆貯瑠璘缾中以進。有火珠，大如雞卵，正午承日影取艾燃之，立見火。其王每坐見官屬，一膜拜即起白事，事畢復一膜拜而退。親近之臣見王跪，疏遠者拱手而已。王腦後髽髻，散披吉貝衣，或大食錦，或川法錦大衫，戴金花冠，七寶裝瓔珞爲飾，脛股皆露，紅革履，無襪。男子以白氎布纏胸下，垂至足，衣袖甚窄，撮髮爲髻，散垂餘髾於後。婦人亦腦後撮髻，無笄梳，其服飾與男子同。人多乘象，食山羊、水兕。國無城郭，無絲蠶，有米、粟、豆、麻。每歲稻熟〔一〕，王自刈一把，從者及羣婦女競刈之。其王或以兄爲副王，或以弟爲次王。設高官八員，分掌東西南北各二，無奉禄，所管土俗資給之。別置文吏五十員，有郎中、員外、秀才等，管資儲寶貨。又司帑廩者二十員，主軍卒者二百餘員，皆給黿、魚以充食，免其調役而止。其大姓號婆羅門。兵萬餘，人月給秔米二斛，歲給布三五匹。王乘木杠，四人舁之，從者十餘輩，一人執檳榔柈合前導。樂有胡琴、笛、鼓、大鼓。樂部亦列舞人。兵器則刀、槍、弓矢、手牌。夜卧，惟王有床，諸臣則施地薦。以十一月十五日爲冬至，相賀。十二月十五日祀天，縛木爲㙗，王及官民用衣物、香藥焚其上，州縣各以土産獻王。人有疾病，采生藥服食。地不産茶，飲椰子酒。刑，小過以藤杖，當死者標槍抉其喉，或令象蹈之，或以鼻捲撲，皆馴習隨人意。世與交趾相惡，數攻殺。兩國使者並至，則分東、西賜宴。朝則交人入垂拱殿，占城趨紫宸以避，若誓不相見者。占城屬國曰賓章龍，即佛書之舍城，其地與占城相連。

爪哇在海外，視占城益遠。其名爲諸史所不載。自泉南航海者，先至占城，而後抵其國。

世祖出師海外，惟爪哇之役最大。自至元十七年，始降旨招諭其國。二十三年，遣必剌蠻等至爪哇，自是通使往來無間。後遣孟祺持詔往，國王剌其面遣歸，帝怒，決意伐之。

二十九年二月，詔史弼、高興、亦黑迷失，並爲福建行省平章，會福建、江西、湖廣三省兵凡二萬，發海舟千艘，賫糧一年，降虎符、金符、銀符以百計，用備功賞。大軍會泉州，自後渚啟行。風急濤湧，舟掀簸，士卒數日不能食。過七洲洋、萬里石塘，歷交阯、占城界。明年正月，至東董、西董山，牛崎嶼，入混沌大洋，橄欖嶼，假里、馬答、枸闌等山，駐兵伐木，造小船以入。遣宣撫官楊梓、全忠祖等，帶五百餘人先往慰諭。大軍繼進，弼等至爪哇之杜並足，議分軍水陸進攻。弼率都元帥那海等水軍，自杜並足，過戎牙港口，至八節澗。興與亦黑迷失帥馬步軍，自杜並足陸行，遣副元帥土虎登哥等，乘鑽鋒船，由戎牙路，至麻喏巴歇之浮橋。

時爪哇方與隣國葛郎搆怨，其王爲葛郎酋哈只葛當所殺。其壻土罕必闍耶攻葛郎不勝，退保麻喏巴歇。聞弼等至，以其國山川、户口，并獻葛郎國地圖納降。先令楊梓、全忠祖引其宰相昔剌難答吒耶等五十餘人來迎，大軍會八節澗。澗上接杜馬班王府，下通莆奔大海，乃爪哇咽喉要地。其謀臣者希寧官沿河泊舟楫，觀望成敗，再三招之，不降。乃於澗邊設偃月營，留萬户王天祥守河津，土虎登哥等水陸齊發。者希寧官懼，棄船宵遁，獲鬼頭大船百餘艘。令都元帥那海等鎮八節澗海口。大軍方行，土罕必闍耶遣使詐稱葛郎主追殺至麻喏巴歇，乞官軍救援。亦黑迷失信之，先遣都元帥鄭鎮國引軍赴章孤援之。高興抵麻喏巴歇，却稱葛郎兵未知遠近，興回至八節澗。尋報賊兵夜當至，興仍赴麻喏巴歇。未幾，葛郎兵果三路來攻。亦黑迷失率萬户李明迎賊于西南，不遇。興與萬户脱歡由東南路接戰，殺傷數百人，餘賊奔潰山谷。俄西南路賊奄至，興再戰至晡，又敗之。乃分軍三道伐葛郎，土虎登哥將水軍泝流而上，亦黑迷失由西道，興等由東道，土罕必闍耶以本軍繼其後。期會答哈城，葛郎國主將兵十餘萬拒敵，三戰，賊敗潰，擁入河死者亡算。進圍其城。是夕，哈只葛當出降，並俘其妻、子。

土罕必闍耶求歸，具降表，兼貢所獲珍器，遣萬户捏只不丁、甘州不花率兵護送之。至中途，殺二使叛去，且合衆來攻。弼等且戰且行，三百里，得登舟，行六十八日夜，達泉州，士卒亡者三千餘人。帝怒弼等玩寇無功，各杖之。

成宗大德元年，爪哇國遣舍剌班直木達奉表乞降，始授宣敕。元貞元年，來獻方物。仁、英兩朝，皆遣使賀天壽節。泰定二年，亦奉表入貢。致和元年，詔優護爪哇國王札牙納哥，仍賜衣物、弓矢。文宗至順三年，遣其臣僧伽剌等，奉金書表以獻。惠宗至正二十三年，遣使澹濛加伽殿來進方物，帝賜其王三珠虎符及織錦文幣。

其地平坦，宜稻、麻、粟、豆，不産茶。煮海爲鹽，出金銀、犀牙箋、檀香、茴香，亦務蠶織。室宇壯麗，多飾金碧。剪銀葉爲錢。其酒出蝦蝚丹樹，甚香美。其俗有名而無姓。王則椎髻，戴金鈴，衣錦袍，躡革履，坐方牀。官吏入謁，三拜而退。國人見王出則坐，俟其過乃起，以爲敬也。

琉求亦海中島也。當泉州東，水行五日而至。其王歡期氏。自隋時，王名渴剌兜，始見於史。

國人呼王爲可老羊，妻曰多拔茶，所居曰波羅檀。塹柵三，三重，環以流水，樹棘爲藩。土無賦斂，有事則均稅。用刑無枷鎖，縛以繩。死刑，以鐵錐尺許入其頂殺之。俗無文字，望月虧盈以紀時，候草榮枯以紀歲。人深目長鼻，有小慧。男女皆以白紵繩纏髮，從項後遶盤至額。男去髭鬢，鳥羽爲冠，裝以珠貝，飾以赤毛，形製不一。婦人黥手，蟲蛇文，以羅紋白布爲帽。土産多鬬鏤樹，似橘葉，密條，纖絲下垂，織其皮并雜色紵可爲衣，綴毛、垂螺爲飾，雜色相間，下垂小貝，聲如珮環。懸珠於頸，編藤爲笠，出入必戴之。有刀、矟、弓箭、劍、鈹之屬。鐵刃皆薄小，以骨角輔之。組紵爲甲，或用熊、豹皮。王出則乘木獸，舉之而行。人驍健善走，好格鬬，耐創而難死。收鬬死者祭神，羣聚食之，以髑髏告王，王則賜之冠，使爲隊帥。王所居壁下，多聚髑髏。土宜稻、粱、黍、豆，以石爲鍾，火耕水耨。氣候與嶺南相類。無牛、羊、驢、馬。煮海水爲鹽，釀木汁爲酢，米麴爲酒，食皆用手。凡宴會，必待呼名然後飲。上王酒，亦斥其名歌呼。一唱衆和，其音哀怨。嫁娶以酒肴、珠貝爲聘，相悦便爲匹偶。所産無他奇異，故市舶罕至。

隋大業三年，煬帝令羽騎尉朱寬，入海訪求異俗，海師何蠻言：「每天清風静時，東望隱約，若煙若霧，遠不知幾千里，未知何國。」遂與寬俱往，語言不相通，掠一人，并取其布甲而還。時倭國來使，見之曰：「此夷邪久國人所製也。」明年，遣武賁郎將陳稜等，自義安浮海擊之。至高華嶼，又東行二日，至鼊鼊嶼。又一日，至琉求。軍中有崑崙人，頗解其語，遣慰諭之。琉求不從，出兵抗拒，擊走之。入其都，焚宫室，俘男女數千人歸。歷唐、五代，皆與中國絶。

宋淳熙間，琉求巨豪率數百人，猝至泉州水澳圍頭等村殺掠，人閉户則免，刓其門圈以去。擲以匙筯，則縱拾之。見鐵騎，争刓其甲。官軍追襲之，泗水而遁。

其境在漳、泉、福、興界，與彭湖諸島相對，西、南、北岸皆水，水至彭湖漸低，近琉求則謂之落漈。漈者，水趨下而不回也。凡西岸漁舟到澎湖以下，遇颶風漂流落漈，回者百一，故其地小而最險。

世祖至元二十八年，海船萬户楊祥請以六千軍往，降則受之，不聽命則伐之。朝廷從其請，命祥爲都元帥，將兵抵其國。有書生吴志斗者，上言生長福建，熟知海道利病，若欲收附琉求，且就澎湖發船前往，相水勢地利，然後興兵未晚。乃命祥充宣撫使，志斗假禮部員外郎，捧詔以行。詔曰：「朕收撫江南已十七年，海外諸番罔不臣屬，惟琉求密邇閩境，未曾歸附，議者請即加兵。朕惟祖宗立法，凡不庭之國，先遣使招降，來則安堵如故，否則必致征討。今命使宣諭爾國，果能慕義來朝，存爾國祀，保爾黎民。若不効順，自恃險阻，舟師奄及，恐貽後悔。爾其慎擇之。」

明年三月，自汀州尾澳東行，至海洋中，遠望有山長而低者，約去五十里。祥言是琉求，獨乘小舟至山下見其部衆。令軍官劉閏等二百餘人，以小舟偕三嶼人陳煇登岸。衆不解三嶼人語，爲其殺死者三人。還至澎湖，覓志斗弗能得。初，志斗嘗斥言祥生事邀功，言誕妄難信。至是，疑祥害之。祥顧稱志斗懼誅逃去，志斗妻、子訴於官，勑發福建行省置對。後遇赦，不竟其事。

成宗元貞三年，福建行省平章高興言琉求可圖狀〔二〕。遣省都鎮撫張浩、新軍萬户張進赴其國，擒生口百三十人而返。自是終元之世，史不再見也。

史臣曰：琉求，今之臺灣。今之琉求，至明始與中國通。或乃妄合爲一，誤莫甚矣。

海外島夷之族，澎湖最近，分三十六島，有七澳介其間。其地屬泉州晉泉縣。土人煮海爲鹽，釀秫爲酒，採魚蝦爲食。至元初，設巡檢司，東爲琉求，與澎湖相對。

自琉求以南，曰三島，居大崎山之東，又名三嶼。其人常附海舶至泉州貿易。世祖至元三十年，選人招撫之。平章政事伯顏等言：「臣等與識者議，此國之民不及二百户，時有至泉州爲商賈者。入琉求軍船，過其國，國人餽以糧食，館我將校，無他意。乞不遣使。」世祖從之。

其附近小國曰答陪，曰海瞻，曰巴弄吉，曰蒲里咾，曰東流里。

其西南爲麻逸國，男女椎髻，俗尚節義。婦喪夫，則截髮絶食七日，多死，不死則終身不再醮。舶商守信，終不爽約。

在闍麻羅華之東南，爲無枝拔，漢言五山也。男女編髮纏頭，民種薯以食。有酋長，知信義，失信則罰金。煮海爲鹽，釀椰漿、蕨粉爲酒。

有龍涎嶼，羣龍出没海濱，故其地産龍涎香，一名撒八兒也。

西南爲丹馬令國，地與沙里佛來安爲鄰。

又有日麗國，地少稔，仰食於他國。

麻里嚕，即吕宋島，俗尚節義。番官死，其婦不再嫁於平民，必閥閲相稱乃嫁之，否則削髮爲尼。

遐來物，即吉利門之異譯。至元中，大兵攻爪哇，自枸欄山進至吉利門，即此地也。

俗尚怪妖，男女挽髻。人死，以生腦灌其尸，欲葬而不腐。

彭坑，俗亦如之，男女椎髮〔三〕。石崖周匝如山栅，田沃穀登。

吉蘭丹國，屬三佛齊。俗尚禮，男女束髮。外有小港，水深而鹽、魚美。

又有丁家廬國，與三角嶼相對，亦三佛齊之屬國。俗尚怪妖，男女椎髻，刻木爲神，殺人瀝血祭之，以禳旱疫及卜吉凶。

曰戎國，俗陋，男女方頭，蓋兒生之後以木板夾之，四季祝髮。

曰羅衛，在其南，風俗勤儉，男女文身爲禮，即唐羅越國也。

曰東冲古刺，俗輕剽，男女斷髮，人死撇于海。

曰蘇洛鬲，曰針路，曰八都馬，曰淡邈，皆附近羅斛之島國也。

尖山國，在小東洋中，因山建國，有屬地八節澗。史弼伐爪哇，由戎牙路港口至此。

三佛齊國，人多蒲姓，習水陸戰，服藥，刃不能傷。

嘯噴，本屬三佛齊，後自立爲王。

浡泥，崇佛像，愛中國人，去三佛齊四十日程。

其西南有國，曰明家羅，分三島。

曰重迦羅，産鹽敷樹及石楠，田沃，亞於爪哇。男女撮髻，無酋長，年尊者統攝之。其附近諸番曰孫陀，曰琵琶，曰丹重，曰員嶠，曰彭里。史弼帥水軍由戎牙路至八節澗、重迦羅，即戎牙路之異譯也。

曰都督岸，曰文誕，曰蘇禄，曰龍牙犀角，曰蘇門傍，皆近暹諸島國也。

曰舊港，爪哇屬國也。男女披長髮。

曰龍牙菩提，四面皆山。

曰毗舍耶，男女撮髻，以墨汁刺身，伏荒山窮谷，虜他國人而售之。

曰班卒，俗尚質，披短髮，煮海爲鹽，釀米爲酒，有酋長率之。

曰蒲奔，風俗果決，男垂髻，女拳髮，有酋長。所謂「莆奔大海」，蓋因此國而得名歟？

假馬裏打，俗澆薄，男女髡頭，不知廉恥。地産番羊，高大可騎。

文老古，俗薄，男女椎髻，煮海爲鹽，沙糊爲食。

古里地悶，俗浮濫，男女斷髮。

龍牙門，俗好劫掠，男女人多椎髻。

崑崙山，遠截於大海中，人無居室，怪形異狀，無衣褐，日食果及魚蝦。劉深追宋端宗，執其戚俞廷桂之地也。

靈山，民以結網爲生計，田野闢，宜耕種。

東西竺，俗樸陋，男女斷髮。田瘠，歲仰淡洋米穀以足食。

花面，其地沮洳，田沃，宜耕種。男女以墨汁刺于面，故謂之花面國。俗淳，有酋長。

淡洋，一名毯陽。俗淳，男女椎髻。港口通貿易，有大溪之源二千餘里，奔流合於海。其海水清淡，故名淡洋。元貞元年，遣使奉金字表來朝。

須文答剌，地墝穀少，男女繫布縵，俗薄。其酋軀幹長修，一日之間必三變色，或青，或黑、赤。每年殺十餘人，取血浴之，以免疾病。所謂「速木都剌」是也。

僧加剌，俗信佛。土人長七尺餘，面紫，身黑，巨眼而長手，温而壯。所謂「信合納帖音」是也。又名獅子國。

交欄山〔四〕，氣候熱，俗尚射獵。國初，史弼征爪哇，遭風於山下，舟幸多，壞一舟，免，唯存釘灰。見其山多木，大軍乃造舟十餘艘，若檣柁等靡不備〔五〕。有病卒百餘人不能去，遂留此，至今漢、番雜處。

特番利，俗淳，男女椎髮。田沃，稱爲樂土。

班達里，與鬼屈波思國爲鄰，俗尚怪妖，有鬼爲災，年必祭之。男女椎髻。

曼陀郎國之西北隅，與播寧接壤。二國不事侵伐，故累世婚姻。酋長七尺餘，男女挽髻。

南巫里，地當南洋要衝，民環山而居，田穀少，以劫掠爲俗，男女椎髻。至正二十一年十一月，福建行省遣八合魯思招降南巫里及別里剌、里倫、大力四國。北溜地勢下，千嶼萬島，潮流迅急，水中有石，槎利如鋒刃，不能行舟。番民以貝八子權錢用。

下里國，居小唄南古里佛之中，又名小港口。俗淳，民尚氣，出入必攜弓矢及牌。男女削髮。

高郎步，在大佛山之下。地濕，男女撮髻。

沙里八丹國，在古里佛山之後，地沃衍，俗美，男女繫布纏頭。民有罪，以石灰畫圈於地，令人立圈内，不令轉，此極刑也。

金塔，古崖下有金塔，高十丈，國名因之。土瘠民貧，男女椎髻。女業織，壽至百餘歲。

東淡邈，近希苓數日程。俗重耕，男女椎髻。

大八丹國，居西洋後，一名雀婆領。俗淳，男女短髮。

加里那國，近具山，產白牛。俗淳，男女髡髮。

土塔，居八丹之平原。俗好善，民事桑麻，男女斷髮，其身如漆。

第三港，古號馬淵，今名新港。風俗與八丹同。

華羅國，俗尚怪妖，民間常塑泥牛，刻石像，諷經敬之。男女皆黝黑，額搽牛乳、檀香。

麻那里，在迷黎國東南，居海中之絶島。俗侈，男女辮髮。

加將門里，去加里國二千餘里，其地堰水瀦，田宜穀。俗薄，男女挽髻，雜回回人。

波斯離，與大夏連境，地方五千餘里。俗尚侈麗，男女編髮。

撻吉那國，居達里之地。俗同戎、羌，男女黝黑，眼圓，白髮髻鬅。

千里馬，北接大奮山，田瘠穀少，俗淳，男女斷髮。

須文那，與班支尼那接界。俗鄙薄，男女蓬頭。又譯爲須門那。

小唄南，風俗、男女與古里佛同。元貞初，禁海商以細貨與馬八兒、唄南、梵荅剌亦納三國交易。

古里佛，當巨海之要衝，西洋都會也。俗近古，其用法至謹。

朋加剌，俗淳，女纏頭。鑄銀錢名唐加，每錢重八分，貝子一萬五百二十餘，以權小錢用。

巴南巴西，在大響山南。男女體小，俗澆薄。

放拜，居巴隘亂石之間。風尚樸厚，男女身黑，有酋長。

大烏麥，近巴南西洋中。俗淳，人脩長，女有髭焉。然善鬬，用標槍、毒矢，他族皆畏之。鑄金爲錢。即宋烏然泥國也。

萬年港，俗同之，人椎髻。

馬八兒嶼，在加將門之右。瀕山而居，俗淫氣熱，男女散髮，其地産珠，民以塗黑爲美，裸而居。曰拔忽，曰里達那，曰骨里傍，曰安其，曰伽忽，皆附庸於馬八兒。海外諸國，惟馬八兒與俱藍爲之綱領，而俱藍又爲馬八兒後障。其地産黄金、蘇方木及椒，氣熱而俗淫。

至元間，行省左丞唆都等奉璽書往招諸番，馬八兒、占城降，俱藍不降。復遣廣東招討使楊廷璧招之，行三月至其國，國主必納的遣其弟首那本不剌木奉表降，約來歲入貢。尋授哈撒兒海牙爲俱藍宣慰使，偕庭璧再往。自泉州入海，復行三月，抵僧伽耶山，舟人以阻風乏糧，勸往馬八兒，或可假陸路達俱藍。乃至馬八兒新村馬頭登岸，其國宰相馬因的問：「官人以何事至此？」庭璧告其故，因及假道事，以不通爲辭。與其宰相不阿里相見，又言假道，亦以他事辭。詰旦，二人至館，屏人，令其譯者通情實言：「我算灘兄弟五人，皆聚加一之地，議與俱藍交兵。及聞天使來，對衆詭稱本國貧陋。其實回鶻金珠寶玉盡出本國，算灘兄弟皆有降心。若馬八兒既下，我使人持書招之，可使盡降。」時庭璧以風不得至俱藍，遣哈撒兒海牙入朝計事，期以冬至候北風再舉。至期，朝廷遣庭璧獨往。抵俱藍，其國主迎拜璽書，遣其臣祝阿里沙忙里八的奉表，進寶貨及黑猿一。其後貢使時至。未幾，馬八兒果遣僧撮及班入朝，將至上京，帝遣使迓之。繼遣福建平章亦黑迷失詣其國取佛鉢舍利，浮海行一年乃至，與其國使偕來，進奇獸一，似騾而巨，毛黑白間錯，名阿塧必。又貢花牛、水牛、花驢、土彪，歲以爲常。

成宗元貞二年，遣樂也奴等使馬八兒，賜其國王塧喜二珠虎符。

仁宗延祐初，馬八兒國王昔剌丁遣其臣愛思丁入貢。

其附近諸國：曰放拜，曰大烏爺，曰阿思里，曰俚伽塔，曰天堂，曰天竺，曰層摇羅，曰馬魯澗，曰甘埋里，曰麻呵斯離，曰波羅斯，曰羅婆斯，曰烏爺。大率皆西印度之地焉。

【校勘記】

〔一〕「熟」，原作「熱」，據《宋史》卷四八九列傳第二百四十八《外國傳五》改。

〔二〕「狀」，原作「肰」，據文意改。邵遠平《元史類編》卷四二、周煌《琉球國志略》卷一五、潘相《琉球入學見聞録》卷一均作「狀」。

〔三〕「椎髮」，原作「稚髮」，據文意改。按本卷特番利、麻逸國均作「男女椎髮」、「男女椎髻」，查繼佐《罪惟録》卷三六、茅瑞徵《皇明象胥録》卷四、費信《星槎勝覽》卷

二、萬斯同《明史》卷四一四，並言彭亨一名彭坑，「椎髻繫單裙」。

〔四〕「交欄山」，原作「幻欄山」，據汪大淵《島夷志略》、張廷玉《明史·外國傳四》、萬斯同《明史》卷四一四、查繼佐《罪惟録》卷三六、費信《星槎勝覽》改。

〔五〕「柁」，原作「陀」。按汪大淵《島夷志略》云：「若檣柁、若帆、若篙靡不具備。」費信《星槎勝覽》、游樸《諸夷考》云：「舵桿、桅檣、篷箬無所不備。」據改。

新元史卷之二百五十四　列傳第一百五十一

外國六

西域上

西域爲唐波斯、昭武九姓、吐火羅等地。唐初，大食滅波斯，其酋本阿剌比人，奉謨罕默德之教，自稱爲哈里發都報達，在波斯西境。至波斯東境，非哈里發所屬也。或謂報達即波斯者，非也。阿剌比人游牧於西里亞者，西里亞人稱之若曰大抑，波斯人稱之若曰大希，其後阿昧尼亞人、突耳基斯單人稱之若曰塔起克，皆與大食音類。大食之名，蓋由於此。

大食既滅波斯，益拓土而東，分設大酋治各地。未及三百載，權日替，諸酋弱肉强食，建邦啟土，國姓屢易，曰他海爾，曰薩法爾，曰薩蠻，曰賽布克的斤，曰布葉，曰塞而柱克，雖受哈里發册封，然虛名羈縻，惟祈禱上帝文與鑄錢必用哈里發名，國之政令則不預焉。

塞而柱克者，烏古斯之部長也，亦作烏斯，又作古斯。居錫爾河及鹹海、裏海間。北宋中葉，據地自立。塞而柱克之孫率其部族滅布葉，盡併其地，西至地中海。

後王瑪里克沙，有僕曰奴世的斤，執刀衛左右，甚見寵任，除僕籍，爲貨勒自彌部酋。其子庫脱拔丁謨罕默德，乘塞而柱克之衰，諸酋裂土自王，亦僭稱貨勒自彌沙。「沙」爲部長之稱，突厥、回紇可汗以下曰「設」、曰「察」、曰「殺」，皆別部將兵酋，即「沙」也。遼耶律大石西來，敗塞而柱克之兵，復遣將征貨勒自彌。時庫脱拔丁已卒，其子阿切斯戰敗被獲，誓臣服於西遼，歲貢方物，始得歸。阿切斯子曰伊兒阿斯蘭，伊兒阿斯蘭子曰塔喀施，於南宋紹熙五年，滅塞而柱克，殺其王托古洛耳，受報達哈里發那昔爾之封，是爲貨勒自彌王，本其始起部落爲名，以别於塞而柱克。

慶元六年，塔喀施卒，子阿拉哀丁謨罕默德嗣位，復并巴而黑、海拉脱、馬三德蘭、起兒漫各部之地，戰敗奇卜察克。自謂地廣兵强，本國奉謨罕默德教，而西遼奉釋教，以服屬於異教爲大恥。其時撒馬爾干酋鍔斯滿亦叛西遼。西遼使者至貨勒自彌，故事，使者坐王側，王斥辱之，使者忿争，即殺之，舉兵伐西遼，兵敗，王與其大將俱被獲，王乃僞爲大將之奴得逸去。而貨勒自彌之地謌傳王已死，王弟阿立希耳與其伯叔將分國自立。王歸，亂始定。次年，復與鍔斯滿合兵伐西遼，敗之，凱旋。以女妻鍔斯滿，逐西遼監治官，遣使代之。未幾，鍔斯滿與使者不相能，殺使者。阿拉哀丁輕兵掩襲，破撒馬爾干，鍔斯滿頸繫刃，首羃布，以乞降。王女以鍔斯滿先娶西遼女，怨其夫寵禮不相等，使父殺之。於是撒馬爾干、布哈爾悉爲所有，建新都於撒馬爾干，稱貨勒自彌之烏爾鞬赤城爲舊都焉。

乃蠻古出魯克攘西遼直古魯之位，阿拉哀丁實助之，故突耳基斯單之地，向屬西遼者，亦歸於貨勒自彌。其東南境有郭耳國，酋曰希哈潑哀丁，與阿拉哀丁相攻，旋敗死。從子馬赫模特嗣位七年，爲國人所戕，或謂阿拉哀丁使人刺殺之。阿立希耳前以謫傳兄死分國自立之嫌，避於郭耳非洛斯固都城。至是，請於兄，欲得馬赫模特之位。阿拉哀丁遣使錫冠服，乘其迎受，突前殺之，遂併郭耳之地。

其國東北至錫爾河，東南至印度河，北至鹹海、裏海，西北至阿特耳佩占，西鄰報達，南濱印度海，奄有波斯、昭武九姓、吐火羅故地。無以名之，循漢之舊名，稱爲西域云。

西域王既滅郭耳後，得其屬地曰嘎自尼，檢文卷，獲哈里發那昔爾與郭耳酋書，告以貨勒自彌人志在囊括席捲，宜慎防之，惟謀於西遼，南北合攻，庶可得志。始知從前希哈潑哀丁之搆兵，乃哈里發嗾之，大怒。遣使告於報達，欲如塞而柱克故事，遣官涖治，專以教事屬哈里發，祈禱文增己名，並封己爲蘇爾灘。「蘇爾灘」猶言皇帝，曰「沙」、曰「汗」、曰

「瑪里克」次之。那昔爾不允。

王乃傳集教士，數那昔爾不能廣闡教化之罪：「報達之阿拔斯實奪忽辛之位，今宜廢那昔爾，別立阿里後爲哈里發。」衆教士應曰：「然。」遂起兵先平義拉克之亂，敗法而斯兵，擒其酋沙特阿塔畢，割地輸財而後釋之。阿特耳佩占部酋鄂思伯克敗遁，旋亦請成，遂進攻報達。中途大雨雪，士馬僵斃，前鋒在庫兒忒山中爲土人所攻，一軍盡没。

乃引還，至義拉克，分封諸子。以義拉克畀屋肯哀丁，以起兒漫、克赤、梅克藍畀吉亞代丁，以嘎自尼、八迷俺、波斯忒、郭耳之地畀札剌勒丁，以鄂斯拉克沙爲王母土而堪哈敦所鍾愛，畀以貨勒自彌、呼拉商、馬三德蘭三部。國人皆議其私。

王有兵四十萬，皆康里與突厥人，與國人不洽。土而堪哈敦爲康里巴牙烏脱部酋勤克石之女，康里人多從至西域入伍籍，勇於戰陣，王倚重之，屢有功。以是康里將多跋扈，土而堪之權亦以是埒於其子。國雖大，而上下之情未孚。

先是，太祖伐金，傾國遠出，乃蠻、蔑兒乞得以其暇，復然餘燼，煽結遠近。太祖十一年，自引大軍北還，次第命將討乃蠻、蔑兒乞，平禿馬特，自將征西夏，克之。使哲別征古出魯克，西遼境内悉定。於是東惟蒙古，西惟貨勒自彌，兩大國壤錯界接，而西征之役起。

當西域王自報達東歸，既定諸子封地，遂至布哈爾。是時，天山西北西遼之地已入蒙古，有西域商三人自東來，賫太祖所饋白駱駝、毛裘、麝香、銀器、玉器，述太祖語，若謂：「予知貴國爲極大之邦，君治國才能遠邁於衆，予慕悦君，等於愛子。君亦應知予已平女真，撫有諸部。予國之兵如武庫，財如金穴，予亦何必再攘他人地耶？願與君締交，通商賈，保疆界。」即夕，王召三人中一人曰馬黑摩特入見，謂：「汝爲我民，當以實告。聞彼征服大賀氏，然否？」因啟盒取珍珠與之。馬黑摩特對以實然。王又曰：「蒙古汗何等人，乃敢視我如子！彼兵數幾何？」馬黑摩特見王有怒意，乃曰：「彼兵雖衆，然與蘇爾灘相衡，猶燈火之與日光也。」王意釋，令往報如約。

未幾，又有西域商自東還，太祖命親王、諾延各出貲，遣人隨之西行購土物，衆四百餘，皆畏兀人。行至訛脱喇兒城，城酋伊那兒只克爲土而堪哈敦之弟，悉拘之，以蒙古遣細作告於王。王令盡殺之，惟一人得逸歸。

初，報達被兵，哈里發思報復，環顧列邦，無可與謀者。聞蒙古盛强，乃遣使來，導以西伐。然太祖方修鄰好，無用兵意。既聞逸者歸報，驚怒，免冠解帶，跪禱於天，誓雪仇恨。時古出魯克餘孽猶未靖，乃先遣西域人波合拉爲使，偕蒙古官四人往詰責，謂：「先允互市交好，何背約？如訛脱喇兒城酋所爲，非王意，請殺之，返所奪貨。不則以兵相見。」王箠死波合拉，薙蒙古官鬚髮，釋歸以辱之，自聚兵於撒馬爾干。已而錫爾河北警至，蔑兒乞部人自康里竄入境内。王亟由布哈爾至氈的城，又北行抵海哩、哈迷池兩河間，見蔑兒乞人被殺者相屬於道，一人傷未死，詢之，則云：「蒙古軍戕我等而東去，計程當未遠也。」進軍追之，越日追及。蒙古將遣使來告：「我所仇者蔑兒乞，與他國無釁。出師時奉主命，若遇貨勒自彌人，當待以友誼。今請分所掠以犒師。」王輕其兵少，乃曰：「汝雖不仇我，上帝令我仇汝。」遂戰。蒙古兵敗其左翼，攻至中軍。札剌勒丁以右翼敗蒙古兵，來援中軍。至夕始罷戰，勝負相當。蒙古兵多然火於營，乘夜疾馳去。王亦歸撒馬爾干，知蒙古爲大敵，心怯，集諸將議，以與野戰不利，不如深溝高壘爲自守之計。議既定，乃以其軍分守錫爾河、阿母河各城。

太祖十四年，會師於也兒的石河，以馬乏芻秣，緩師期。衆號六十萬。偵者歸報：「蒙古兵不可勝紀，饑餐羊、馬之乳，渴不得水，則飲其血，行不賫糧，戰不反旆，萬衆一心，有進無退。」王亦惶懼，計無所出。有西域人貝鐸哀丁，以全家受戮，逃至蒙古獻策，僞爲康里將與成吉思汗書云：「我等所以盡力輔王，成大業者，爲土而堪哈敦故也。今王乃不孝其母，大軍如來，我等當内應。」故遺其書，使王見之，王果大疑，遂不敢在軍中，而爲分地自守之計。太祖軍至錫爾河，無禦者。

秋，薄譌脱剌兒城，分軍爲四：察合台、窩闊台一軍留攻城，朮赤一軍西北攻氈的城，阿剌黑、速客圖、托海一軍東南攻白訥克特城，皆循錫爾河。太祖自與拖雷將大軍，逕渡錫爾河趨布哈爾，以斷其援兵。

察合台、窩闊台之攻譌脱剌兒也，伊那兒只克部兵數萬，繕守完備，王分軍萬人，令其將哈拉札率之，助守譌脱剌兒。大兵攻五月不下，哈拉札以力困議降。伊那兒只克自知無生理，誓死守。哈拉札夜率親軍潰圍遁，被獲，乞降。因詢得城内虛實，數其不忠之罪而誅之，遂克其外城。伊那兒只克退守内城，又一月，城始下，檻致撒馬爾干，大軍鎔銀液灌其口耳，以報前仇。

朮赤一軍先至撒格納克，遣畏兀人哈山哈赤諭降，被殺。力攻七晝夜，城破，大俘馘，以哈山哈赤之子守其地。復下奥斯懇、八兒真、遏失那斯三城。氈的守將先遁，招降，未及復命，兵已至，樹雲梯以入，命阿里火者守其地，即西域商三人中之一也。西距鹹海二日程有養吉千城，亦下之。

阿剌黑三將至白訥克特，攻三日，降其城。分康里兵與民於兩處，盡殺康里兵，取工匠隨軍，驅民間壯丁以往忽氈。城酋帖木兒瑪里克守河中洲，矢石不能及，與城爲犄角，造船十二艘，裹氈塗泥，以禦火箭，日與蒙古軍戰。三將以兵力不足，請濟師。師至，驅民運石於山，填河築堤，以達於洲。帖木兒瑪里克見事急，以船七十二艘載軍士輜重，奔白訥克特。大軍先以鐵索鎖河兩岸，帖木兒瑪里克斷之，路始通。捨船登陸，且戰且行，兵死傷殆盡，僅餘三人，射追者中目，乃得脱。遂至烏爾鞬赤，取其兵以往養吉干，殺朮赤所置守吏，復回烏爾鞬赤。

太祖大軍先至賽而奴克城，遣丹尼世們諭降之，簽壯者爲兵。循沙漠僻路，至努爾城，前鋒將岱爾巴圖招城人出降，城中無備禦，即納款。太祖令速不台收撫，令如向日賦額，輸金錢千五百底那〔一〕。

十五年春，師抵布哈爾，晝夜攻城。城中兵二萬，突圍遁，追及於阿母河，殲之，民出降。太祖入，至教堂，以回教戒飲酒，命取酒囊置教堂上，以經卷藉馬足，又使教士執馬韁以辱之。出城，登教士講臺，諭衆以背約殺使、起兵復仇之事：「上帝生我如執鞭之牧人，用以箠撻羣類。非汝等得罪上帝，天何生我？」丹尼世們譯其語，以令於衆。籍富民，令出窖藏財物。時猶有康里兵據内堡，驅民填濠以進。十二日，堡破，取其民爲奴。

大軍循賽拉甫散河至撒馬爾干，凡五日程。分軍下河濱寨堡。西域主先駐撒馬爾干，督民修城浚池，聞兵至，大懼，謂：「敵軍鋒鋭，我不可以居此。」即先去。城有兵四萬，守具完備。太祖見不易攻，先合圍以困之。朮赤等三路兵亦皆傅城下。城兵，塔起克人居三之一，康里人居三之二。及出戰，塔起克兵先進，中伏，康里兵不救，遂大敗。康里人自以與蒙古同類，事亟則降，故無鬭志。太祖誘其降，俾先以妻孥出城，民不得已亦降。守將阿兒潑汗引親軍潰圍遁。內外城兩重，五日悉下。以康里兵三萬別居一處，令薙髮結辮，示將入軍籍，夜乃盡殺之。取工匠分於各營，民丁三萬任役作，餘民五萬，令出金錢二十萬復其故居。

命哲別由北路，速不台由南路，各率萬人追西域主。戒以：「遇彼軍多，則不與戰，而俟後軍。彼逃，則亟追弗捨。所過城堡，降者勿殺掠，不降則攻下之，取其民爲奴。不易攻，則捨去，毋頓兵堅城下。」

西域主之去撒馬爾干也，大兵甫渡錫爾河。智謀之將，勸其速徵貨勒自彌等處之兵，同心禦侮，力扼阿母河，則錫爾河外險雖失，內險猶可守。或勸往嘎自尼，如敵兵深入，則赴印度，其地暑熱多山險，蒙古人不敢進。王以其計萬全，從之。使人至烏爾鞬赤，告其母、妻往馬三德蘭避兵。王渡阿母河，行抵巴爾黑，其子屋肯哀丁自義拉克遣使至，迎父西行，王又改計從之。札拉勒丁時從父，願假統帥之職，守阿母河。王斥其少不更事，弗之許。旋聞布哈爾陷，繼聞撒馬爾干亦陷，王亟往義拉克。從兵皆康里人，陰謀叛去。王有戒心，宿輒易處。一夕，已他徙，而空帳爲箭所攢射幾滿。至你沙不兒，聞大兵已渡阿母河，僞言出獵，奔於義拉克。

時哲、速二將抵烹綽克，欲渡阿母河，而無舟。伐木編爲箱篋，裹牛羊皮於外，繫馬尾，將士攀援以濟。既渡河，分道行。哲別入呼拉商，巴而黑民納幣輸款。進拔薩伯城，詢王蹤踪，分遣人招降各城。前鋒至你沙不兒，民饋糧，請俟其主就擒後歸附。哲別至城下，亦饋糧，令貴紳出見，予以太祖榜示，大意謂：「天已畀我西域，降者得安，不降者殺無赦。」速不台軍經徒思、枯母、噶部珊、伊斯法楞、塔蜜干、西模曩等地，不遇西域主，欲西赴義拉克。哲別自馬三德蘭踰山而南，兩軍遇於合而拉耳城，軍復合。

西域主與屋肯哀丁率數萬人，守義拉克之可斯費音城，軍警至，父子分路遁。王與吉亞代丁入喀隆堡，遇追兵，射傷其馬。居堡中一日，即西往報達。改道西北，入雖而哲寒山堡，駐七日，至基蘭，復東至馬三德蘭，輜重盡失。

大軍亦入馬三德蘭，破其會城曰阿模爾，掠阿士特拉拔特。王竄匿海濱，憂窮追無已，謀入海，艤舟以待。馬三德蘭舊有部酋，爲王所殺，其子思復仇，白王所在。大兵奄至，王亟登舟，有三騎入水追之，溺而斃，射以矢，亦不及。舟至東南小島，王憂憤，兼胸脇中塞，島民供粗糲不能食，又無醫藥。病革，召其子札剌勒丁、鄂斯拉克沙、阿克沙，命札剌勒丁嗣位，以佩劍繫其腰。越數日，卒，無以爲殮，埋尸土中。

屋肯哀丁遁入起兒漫，居半載，率衆至合而拉耳，蒙古將台馬司台納爾來攻，敗走蘇吞阿盆脱堡，攻半年，堡破，殺之。

王母土而堪哈敦，居烏爾鞬赤。太祖自撒馬爾干遣使者丹尼世們往，謂：「哈敦之子，不孝於母，開罪於我，我欲得而甘心焉。哈敦所主地，我不相犯，速遣親信人來與面議。」土而堪置不答而遁去。以兼并諸部落故酋皆居舊都，恐爲變，悉投之阿母河。凡殺忒耳迷酋、八迷俺酋、斡克石酋、巴而黑酋父子、塞而柱克王托古洛耳二子、郭耳酋馬赫模特二子、雪格納克酋二子。惟倭馬爾酋未殺，使導行，仍害之中途。土而堪入馬三德蘭伊拉耳堡，哲、速二將追西域主經其堡，知土而堪在内，留軍絶其汲道，踰月不雨，堡民渴欲死，乃出降，當夕即雨。以王母、妻送太祖軍中，殺其幼孫。土而堪後隨大軍東返，太宗六年卒於和林。

札剌勒丁與二弟既藁葬其父，由芒格世拉克之地至烏爾鞬赤。城兵六萬，多康里人，聞札剌勒丁嗣位，皆不服，謀殺之。事覺，札剌勒丁與帖木兒瑪里克以三百騎出奔，南踰沙漠，入呼拉商。遇游兵七百人於訥薩城，敗之。將至你沙不兒，大兵追及，令其將拒戰，自從間道逸去。迨敗退，札剌勒丁已去久，追者乃止。札剌勒丁出奔後三日，大兵至烏爾鞬赤，鄂斯拉克沙、阿克沙不能守，亦出奔。至訥薩，遇遊兵，避入喀侖特耳堡。堡人出戰，令乘間遁去。行抵匃世特之地，又有游兵自他道至，殺之。惟札剌勒丁得脱，由海拉脱東南，遁入嘎自尼。

太祖既定撒馬爾干，夏，避暑於渴石。秋，命朮赤、察合台、窩闊台攻烏爾鞬赤，自將大軍至忒耳迷，呼城人開門納降，不應。攻十日，破之，大殺掠。一老婦有大珠，不肯獻，而吞於口，剖其腹取之，於是死者多遭剖腹。至賽蠻，分軍入巴達克山，命拖雷將兵往呼拉商，爲哲別、速不台後援，平其未定之地。阿母河北悉定，遂渡河。巴而黑城迎降，太祖以將南行，恐留爲後路患，令民悉出城，焚其廬舍。遂由塔里堪山中，攻諾司雷脱柯寨，守兵潰遁，屠而隳之。

十六年夏，朮赤、察合台、窩闊台攻烏爾鞬赤，城民舉庫馬爾爲首領。前鋒至，守兵出戰，中伏，大敗。朮赤下令軍中禁焚掠，言：「我父將以此地封我。」遣使招降。初，西域主諭城民：「力不能禦蒙古，任民降敵紓禍。」而守將不願降蒙古，遂堅守。近城無石，伐大木爲衝車，填城濠而進。城跨阿母河，爲橋以通往來，遣兵斷其橋。三千人往，皆戰歿，守者益膽壯。朮赤、察合台素有違言，師不和，閲六月不克，使人告太祖於塔里堪。太祖廉得其實，改命窩闊台總諸軍，乃調和兩兄，併力攻城。城破後，巷戰七晝夜，民始降。既而悉戮之，惟工匠、婦女、幼穉得免。決河水浸其城。察合台、窩闊台赴塔里堪會師，朮赤仍駐鹹海、裏海間。

拖雷一軍，以脱忽察兒爲前鋒，渡阿母河至訥薩，攻半月，克之，恣行屠戮。駐三日，往喀侖特耳堡，以險峻不易下，令獻衣裘萬襲以免。至你沙不兒城，城兵射死脱忽察兒，別將代統其衆。以兵少，不攻城。分二軍：一軍攻克薩伯自窪，一軍至徒思，降其屬堡。馬魯者，塞而柱克之故都也。哲、速軍至，馬魯守將巴哈夷倭兒先遁，馬魯民約降。其守將木直而倭兒從西域主西奔，王卒，回至馬魯，議守禦。民之不欲降者，奉爲城主，士卒亦歸之。其欲降者，懼禍及，告於昔剌思大軍：「巴哈夷倭兒已降，請往收其地。」助以兵而行，至則盡爲所殺。

十六年春正月，拖雷下安狄枯城，遂討馬魯，先逐城外突厥人，奮力攻城。木直而倭兒知不支，乃乞降。大軍入城，併其親族殺之，城民惟工匠、婦女、童穉得免。發塞而柱克王散者耳之墓。西討你沙不兒城，有礮軍三千，礮五百，拖雷亦以礮軍三千人運石至，輔以雲梯、火箭，百計環攻。乞降，不允。三月，城破，脱忽察兒之婦率萬人入城，遇人畜悉殺，以報夫仇。拖雷聞人伏積尸中，令悉斷其首，分男女髑髏，堆二阜，惟工匠四百人未死。分軍毁徒思城外哈里發墓。自苦亦斯單至海拉脱，力攻八日，兩軍死傷甚衆，守將亦戰殁，民乃請降。惟誅守兵萬二千人。旋奉太祖命，東往塔里堪會師。

太祖以札剌勒丁居嘎自尼末下，議率三子新征。秋，自塔里堪南行，經凱而徒俺城，下之。踰印度固斯大山，至八米俺，以其城當衝要，留攻之。命失吉忽都虎東南往喀不爾山，阻札剌勒丁旁抄之兵。

當札剌勒丁之奔嘎自尼也，其地數有内亂，守將迭被殺。札剌勒丁至，衆情推戴，復有西域主母弟阿敏瑪里克、庫拉起人賽甫曷丁阿格拉克率衆助之，喀不爾土人亦起兵相應，有衆六七萬。聞大軍南來，禦之巴魯安。遇蒙古兵攻堡者，敗之，殺千人。越八日，失吉忽都虎至，戰竟日，互有勝負。次日，再戰，札剌勒丁先使兵下馬以待，戰酣，齊令上馬衝突，失吉忽都虎大敗而退。

陣獲一駿馬，二將爭欲之，阿敏以馬策撾阿格拉克之面，札剌勒丁以其爲王母弟，不能禁抑。阿格拉克怒，率庫拉起人去之，喀不爾衆亦散。札剌勒丁無如之何，乃還至嘎自尼，復退至印度河。

太祖攻八米俺，皇孫謨阿圖堪死之，太祖怒，屠其城。失吉忽都虎既敗，太祖捲甲南行，軍中不及炊，皆啖生米。至嘎自尼，則札剌勒丁已去，仍疾追之，及於印度河。札剌勒丁屢招阿格拉克等來助，猶未至，而太祖追及。聞其欲渡河，即夕列陣圍之。曉而戰，先敗其右翼，獲阿敏瑪里克，殺之。未幾左翼亦敗，中軍僅七百人，猶死戰。太祖欲生禽札剌勒丁，命諸將環攻，勿發矢。札剌勒丁策其馬，自數丈高崖投入印度河，泅水而逸。獲札剌勒丁妻、子，盡殺之。時十六年冬也。

尋遣巴剌、土爾台渡印度河追之〔二〕，破壁耶堡，躪轢木而灘、拉火耳、費耳沙波兒、蔑里克波兒等地，不知札剌勒丁所在，攻木而灘城未下，大暑，遂班師。

十七年春，以札剌勒丁未獲，軍退後，嘎自尼民必復叛，命窩闊台往，僞爲查閲户口，令民出城，盡戮之，取工匠從軍。巴魯安之敗，海拉脱城亦叛，命按只吉歹往攻之，六月城始下，屠之。師旋，恐有遺孽，復遣兵突往，再殺二千人，惟十六人以鄉居得免。

太祖自循印度河西岸北行，捕札剌勒丁餘黨。時阿格拉克與他族相仇殺，先死，諸部悉平。窩闊台既定嘎自尼，請進兵昔義斯單，太祖以天暑止之。是夏，太祖避暑於巴魯安，巴拉等自印度來會。六月，以西域大定，設達魯花赤監治其地。

秋，旋師。窩闊台來會於古南柯而干。自此渡阿母河，歷布哈爾，召天方教士曷世哀甫等二人來見，詳述教規。太祖謂：「所言亦是，惟赴麥哈禮拜，我不謂然。上帝降鑒，無在不周，何爲拘拘一地？」令此後祈禱文用己名，免教士賦役。渡錫爾河，令西域主母、妻及其親族辭故土，向國而哭。

哲别、速不台既迫西域主入海島，復獲王之母、妻，由馬三德蘭南至義拉克，所向無前。降合而拉耳，掠枯姆，定哈馬丹，下贊章。破可斯費音，以民堅守，多傷士卒，殺四萬人。北入西域之鄰部，曰阿特耳佩占。部酋鄂思貝克年老，不敢禦，迎饋衣馬，二將納其降。以部内莫干之地饒水草，遂駐冬。角兒只聞大敵近境，亟謀設備，不知阿特耳佩占已降，無鬭志，遣使約鄂思貝克，明春合力夾攻蒙古。而是冬二將即往角而只。鄂思貝克之將阿庫世反爲前鋒，突厥人、庫而忒人皆從征，鈔掠其境。未及帖費利司，角兒只人來禦，阿庫世戰不利，大軍繼進，敗之。南還，再經台白利司，進攻梅拉喀，數日城破，大殺掠。

欲從梅拉喀往哀而陛耳，以山路險隘，改而南行。報達哈里發那昔爾聞警，徵哀而陛耳、毛夕耳、美索卜塔米牙各部兵，僅哀而陛耳、毛夕耳兵至。大軍聞有備，亦退至哈馬丹，徵民貢獻。民以去年已輸納，不堪需索，遂殺留守官以叛。大軍攻城兩日，守將遁，民無固志，城破，縱兵大掠。

北行，破愛而達必爾城。又西至台白利司，鄂思貝克畏而遁去，守將納幣請成。復北下賽拉白城。遣使招下阿而俺之貝列堪城，使人被害，破其城而屠之。西北入角兒只，復敗其衆。

時哲、速二將已奉太祖命北征奇卜察克，以角兒只境内多山險，不欲假道，退而東行，渡庫耳河，破失兒灣之沙馬起城，又破得耳奔特。失兒灣部酋拉施忒守山堡未下，二將令以鄉導人來，即罷攻。拉施忒遣十人至，以不善導軍，殺一人以徇。遂踰高喀斯山而北。

太祖東歸，定四子分地，以和林封拖雷，以葉密爾河濱之地封窩闊台，以錫爾河東之地封察合台，以鹹海西南貨勒自彌之地，并鹹海、裏海之北，封長子朮赤。

【校勘記】

〔一〕「底那」，又見本書卷一五〇《岱爾拔都傳》。本書卷一〇八《太祖諸子傳三》、卷一〇九《太祖諸子傳四》、《西域傳下》作「的那」。

〔二〕「追」，原作「邊」，據本書卷三《太祖本紀下》改。

新元史卷之二百五十五　列傳第一百五十二

外國七

西域下　角兒只　羅馬　小阿昧尼亞　阿特耳佩占〔一〕　克兒漫　海拉脱　土耳基　印度

太祖既定西域，置達魯花赤監治之。命四子各出兵千人，分屯八迷俺、嘎自尼、塔里堪、石潑干、阿里阿拔脱、格温，皆阿母河以南地，兵少，控馭闊疏。西域主第三子吉亞代丁，匿於喀侖堡，俟大軍退，潛出糾合餘衆。時義拉克爲西域二將所據，曰阿塔畢托干太石，曰也特克汗。吉亞代丁先欲得也特克爲助，許妻以女弟。已而托干太石殺也特克，奪亦思法杭之地。吉亞代丁至亦思法杭，托干太石奉以爲主，吉亞代丁即以女弟歸之。遂據義拉克，復取呼拉商、馬三德蘭二部。吉亞代丁無才，不能馭衆，惟以爵位籠絡，向爲密米爾者，晉爲瑪里克，爲瑪里克者，晉爲汗。諸將專恣自擅，無饟給之，任其掠奪，故部衆有思札剌勒丁者。

札剌勒丁既泅水獲免，沿途掠衣食，敗印度別部之衆。聞巴拉等來追，謀入得里，請於其酋伊勒脱迷失。酋畏之，婉詞以拒，使赴木而灘。札剌勒丁不敢往，退至朱隄之地，敗其酋喀阿札之兵。伊勒脱迷失聯合他部，率衆逐之。札剌勒丁謀歸貨勒自彌復舊業，其部將歐思别吉謂：「蒙古兵不易禦，與其北歸，遇大敵而敗，不如處此，可以圖存。」札剌勒丁不從。

十八年，太祖旋師，札剌勒丁亦返。留歐思別吉守郭耳，自引兵循印度、克兒漫中間大沙漠以向西北，道亡士卒頗衆，惟餘四千人。先是，西遼故將薄拉克哈兒潑事吉亞代丁爲大將，與其用事者不相能，自請迎札剌勒丁，吉亞代丁許之。方渡漠，克哇希兒之守將受吉亞代丁密旨，率所部拒之，敗死。薄拉克進攻克哇希兒，聞札剌勒丁至，齎厚幣奉迎，且獻女焉。克哇希兒人亦開門納降。札剌勒丁居一月，知薄拉克有據地自王意，諸將請襲殺之。札剌勒丁以其歸附在先，忍而不發，仍西行，入法而斯。

將至設剌斯，遣使告其酋沙特阿塔畢，令其子阿蒲貝克耳以衆來迎。時吉亞代丁奪法而斯地，沙特怨之，乃迎札剌勒丁，亦妻以女。札剌勒丁進至亦思法杭，旗幟純白，冒爲蒙古軍。吉亞代丁來拒，望見即遁。而其部將偵知非蒙古軍，以札剌勒丁英武，不如吉亞代丁庸懦易制，仍悉力拒之，衆三萬。札剌勒丁見衆寡不敵，乃誘以甘言：「非來争國，欲助弟復舊物也。」吉亞代丁信之，迎以入，自返辣夷休息士馬。札剌勒丁請便宜用其名義立誓約，陰以厚賂啗其將校使附己，人賜一指環以爲信。俄事泄，吉亞代丁大驚，急捕殺受指環者，而札剌勒丁兵已至。吉亞代丁據宫城自守，札剌勒丁遣使慰諭，乃讓位於兄，避居遊牧舊地。於是義拉克、呼拉商、馬三德蘭三部，皆望風款附。

札剌勒丁以蒙古之來，哈里發導之也，首謀攻報達，以復世仇。二十年，引兵至庫昔斯單，圍呼思特拉城，以攻具未備，不能下。西北至牙庫拔，距報達不及百里。達思馬格酋謨阿襍姆，埃及蘇爾灘撒勒丁之從子也，札剌勒丁約與夾攻報達。謨阿襍姆覆書，謂蘇爾灘仇視哈里發，不敢預知，他事惟命。札剌勒丁乃獨進，哈里發使其將希古帖木兒率二萬人拒之。札剌勒丁分兵設伏，自將五百騎挑戰，佯卻。敵來追，伏兵夾擊之，希古帖木兒敗死。札剌勒丁知報達不易取，乃北攻達枯克城，拔之。哈里發先以鴿書徵哀而陛耳兵，酋以兵至，戰敗，爲札剌勒丁所獲，釋之。

北入阿特耳佩占，次蔑兒剌伽城。會哈里發封托干太石於哈馬丹，以惎札剌勒丁。托干方駐冬於阿剌温，札剌勒丁聞之，潛師夜薄其營。比曉，托干見札剌勒丁立於麾蓋之下，大驚，遣其妻迎降。托干妻，札剌勒丁之妹也。其衆遂屬於札剌勒丁。阿特耳佩占酋鄂思貝克望風而遁，奔甘札，留其妃蔑里克守台白利司。札剌勒丁圍城三日，民出降，遷蔑里克於倭向米湖北之庫頁城。

札剌勒丁既入台白利司，乃進攻角兒只，拔其土並城。又敗角兒只兵於戞而尼谷，角兒只大將意萬迺退保克格寨。札剌勒丁方分兵劫掠，而台白利司之降衆復叛。先是，札剌勒丁留大將舍里弗烏兒蔑里克守阿特耳佩占。台白利司之連斯陰謀擁鄂思貝克，使復位。舍里弗以報，札剌勒丁秘之，既戰勝，始告其事於諸將，以吉亞代丁統行營，自返台白利司，捕連斯殺之，而娶蔑里克，并收甘札之地。

復返角兒只，則角兒只酋已糾阿蘭、勒斯克、奇卜察克等部助戰，仍爲札剌勒丁所敗。乘勝攻帖弗利司，天方教人爲内應，引兵入，脅民從謨罕默德教。事定，移軍向凱辣脱。是時，克兒漫酋薄拉克已輸款於蒙古，謂札剌勒丁勢大，宜亟除之。札剌勒丁聞其事，分兵南至亦思法杭，薄拉克遣使來迎，卑辭解免。札剌勒丁乘機撫諭，還其舊職，且賜錦袍一襲以悦之。疾返帖弗利司，進圍孤尼城及伽兒斯城，又聲言伐黑海東之阿勃哈齊部，而潛回攻凱辣脱，仍不克。凱辣脱酋阿釋阿甫先與其兄達思馬格酋謨阿襍姆不相能，至是歸誠於兄，謨阿襍姆爲之和解，兵始退。

札剌勒丁有部將屯甘札，爲木剌夷人所殺，札剌勒丁怒，欲東伐木剌夷。時大軍已抵塔密干，前鋒爲札剌勒丁所敗，多所斬馘。未幾，阿特耳佩占人厭札剌勒丁之暴虐，密召凱辣脱守將忽桑兒丁，蔑里克亦以歸札剌勒丁爲恥，乞援於忽桑兒丁。於是忽桑兒丁以兵至，連拔罥伊、買兒蘭、那黑察哇三城，挈蔑里克而去。札剌勒丁不得已，再回攻凱辣脱。大軍遂徑至阿剌黑之地。

札剌勒丁以四千騎偵敵，爲大軍所卻，退守亦思法杭。大軍亦築壘於亦思法杭東，相距僅一日程。凡五隊，領隊者曰托海，曰巴康，曰阿薩徒干，曰台馬司，曰台納耳。札剌勒丁軍中有星者，卜四日内戰不利，過此則吉。札剌勒丁用其言，閉城不出。大軍疑札剌勒丁怯，議進攻，分遣二千人掠羅耳之糧。札剌勒丁遣部將據險要之，獲四百人，臠其肉以飼鷹犬。覩星擇日，定期出戰。吉亞代丁以前殺一文士，與其兄齟齬，及是，率所部去之。

札剌勒丁兵分左右翼，相距遠，大軍亦分右右翼當之。日暮，右翼敗大軍之左翼，逐北至柯傷，左翼猶未遇敵。札剌勒丁意氣甚逸，頓兵憩於谷口，部將伊蘭不花請亟進。札剌勒丁從之，麾左翼搏戰。大軍以突騎衝之，乘高而下，左翼奔潰，走中軍，中軍陣亦動，遂大敗，札剌勒丁單騎遁。右翼聞左翼敗，亦潰。然大軍雖勝，所亡失乃過於敵。太祖疾大漸信至，遂退北趨合拉耳，又東至你沙不兒，行甚疾，棄所虜户口，渡阿母河而去。

札剌勒丁不敢入城，匿於羅耳，八日始出。亦思法杭已謀立托干太石爲主，札剌勒丁歸，人心始定。遣兵躡大軍後，覘其所向。賞右翼將士，罰敗將有差。

吉亞代丁駐義昔斯單，謁傳札剌勒丁戰没，遣使請於哈里發復其位，哈里發饋以五萬的那。既而知札剌勒丁審不死，乃奔於木剌夷。札剌勒丁索之，木剌夷酋不與，吉亞代丁又奔於克兒漫。薄拉克欲妻其母，吉亞代丁不得已從之。未幾，薄拉克左右密勸吉亞代丁襲殺薄拉克，事覺，薄拉克以弓弦縊殺之，從者五百人盡死。

角兒只聞札剌勒丁新敗，圖復仇，聚高喀斯山南北各部族，曰阿昧尼亞，曰阿蘭，曰賽而里耳，曰勒斯克，曰奇卜察克，曰蘇散，曰阿勃哈齊，曰苦，凡九部，四萬餘人，屯於阿而俺之北。札剌勒丁兵少，大將舍里弗烏兒蔑里克請堅守，俟敵糧盡自退。札剌勒丁以爲怯，罰舍里弗五萬底那〔二〕，贖其妄言之罪。明日，兩軍相遇，札剌勒丁登山瞭敵，見奇卜察克人最衆，居敵之半，乃遣使告曰：「昔者我父欲伐汝，以我勸釋得免，今相迫何無情義？」奇卜察克遂引去。又告角兒只：「汝所仇者惟我，請單騎鏖戰，勿多傷士卒。」角兒只允之，迭遣驍將出，皆爲札剌勒丁所殺。乘勝麾軍進擊，大敗之。於是阿尼忒、麻而頓、愛而西楞三部皆降。

哈里發遣使來議和，要以二事：一，毛夕耳、哀而陛耳、阿蒲亦、哲潟耳四部，本屬哈里發，不得脅爲屬地；一，禱祝文仍用哈里發名。札剌勒丁從命，遂受波斯可汗之封。造大墓於亦思法杭以葬父，先迎其櫝，置於哀阿特汗堡。

凱辣脱人侵奪阿特耳佩占之地，並挾蔑里克去，興兵圍凱辣脱，逾半年，克之，納阿釋阿甫之妻。初，達思馬格酋謨阿雜姆卒，其子納薛兒嗣，埃及蘇爾灘奪其地以畀阿釋阿甫。至是，阿釋阿甫在達思馬格，聞札剌勒丁陷凱辣脱，而納其妻，大怒，遂與埃及蘇爾灘、羅馬蘇爾灘並毛夕耳、阿勒波諸部，連兵來伐。戰於愛而靖占城，札剌勒丁病新愈，兵又未集，爲所敗。回至凱辣脱，載所得軍俘及阿釋阿甫之妻，往阿特耳佩占。阿釋阿甫既入凱辣脱，貽書舍里弗烏兒蔑里克，謂：「有札剌勒丁，可以東禦蒙古，我誠不願戕害，請再勿相擾。」舍里弗以告札剌勒丁，許之，甫欲議和，而大軍至。時太宗二年也。

帝以西域未定，命綽兒馬罕統三萬人西征，由伊斯法楞至合拉耳。札剌勒丁方在台白利司，以天寒，大軍未必驟至，遣小校率十四騎向阿剌里，詗敵行。至贊章、阿八哈耳兩界之地，與大軍前鋒遇，從騎盡没，小校疾馳獲免，歸報。札剌勒丁即棄台白利司，倉卒走莫干徵兵。

是年冬，札剌勒丁駐莫干北設里汪之地，晝出獵，夜歸縱飲，帳下僅衛卒千人。大軍乘夜襲之，衛卒潰散，札剌勒丁奔於阿剌黑。大軍疑其渡阿母河，北向追之，故不及。

先是，札剌勒丁釋阿釋阿甫之弟，修好於阿釋阿甫，使舍里弗偕往涖盟。舍里弗怨札剌勒丁之罰己也，承命不行，以傔人代之，使反，盡修好之詞。及札剌勒丁走莫干，其妃俠重寶居台白利司，舍里弗遷之於阿剌温之辛忒蘇克寨，奪其貲。聞札剌勒丁自莫干出奔，舍里弗遂以甘札叛，傳檄各城，毋納莎爾灘。札剌勒丁聞之，不以爲意。

明年春，札剌勒丁由莫干突至甘札，遣使召舍里弗。舍里弗倉卒不知所爲，乃繫頸以組，出迎請罪。札剌勒丁陽爲不知其事，賜宴慰諭之。大臣賜宴，貨勒自彌之殊禮也。及將赴札納阿卜秃，始召舍里弗至，數其叛逆之罪，拘之。札剌勒丁去，守者乃縊殺舍里弗。

是時，札剌勒丁遣納薩斐乞師於丹馬斯克、阿尼忒、麻而頓等部，皆不應。與諸將議往亦思法杭，議已定，阿尼忒酋馬素忽脱遣使者至，勸西取羅馬，用其衆，可以禦敵，且願發四千騎以從。札剌勒丁信之，乃改赴阿尼忒。中道張幕，夜飲大醉。土人來告，昨夕有兵隊過此，形狀不類，宜爲備，札剌勒丁不謂然。黎明，大軍奄至，圍已合。部將裔勒汗突圍而入，扶札剌勒丁上馬，宿酲未解，猶謂左右善護法兒思公主，札剌勒丁之次妃也。大軍急追之，使裔勒汗力戰，趨別道以誤敵，自率百餘騎至阿尼忒，門者不納。又迂道向小亞細亞，至梅而法定，爲大軍所邀截，從者盡死。札剌勒丁單騎入阿兒忒山中，土人劫之，自言：「我貨勒自彌蘇爾灘也。」乃送於酋長家。札剌勒丁謂其酋曰：「能送我至哀而陛耳者，必獲厚賞，官爵、土地惟所擇，否則送我歸貨勒自彌。」酋喜，謂願送蘇爾灘歸，使其妻護視，自出求馬。俄頃，有一曲兒忒人入見之，詢知爲貨勒自彌莎爾灘。其人曰：「彼誠爲蘇爾灘，則攻圍凱辣脱時殺我兄者，乃我之仇人也。」遂以槍刺殺之。貨勒自彌亡。

札剌勒丁軀幹不踰中人，性沈毅，寡言笑，臨陣決機，雖衆寡不敵，而意氣自若。然自恃其勇，過示整暇，飲酒作樂，往往敗事。又馭下嚴，將士多怨之。蓋戰將才，非人君之度也。或謂札剌勒丁實未死，被刺者乃其廄卒云。

角兒只，亦譯爲谷兒只，在裏海、黑海之間，高喀斯山南。太祖二十年，哲别、速不台由阿特耳佩占侵角兒只，敗其兵。

札剌勒丁入阿特耳佩占，以角兒只奉天主教，屢與天方教争，遂來伐，破土並城，敗其兵七萬。角兒只大將意萬迺遁於克格里堡，攻之，分兵圍其台白利司都城，天方教人爲内應，遂克台白利司，部衆降於札剌勒丁。後札剌勒丁爲大軍所敗，角兒只圖復仇，徵兵於高喀斯山南北各部，與札剌勒丁戰於阿而俺之北，復爲札剌勒丁所敗。

綽兒馬罕既滅札剌勒丁，太宗七八年間，由莫干伐角兒只，女主魯速檀遁於烏治訥特堡。太宗十年，綽兒馬罕部將分下阿拉斯河、庫耳河中間角兒只各屬地。嘎達罕克聞達巴古城、法而沙拏速忒城，謨拉耳克商喀耳城，綽兒馬罕弟笠拉克喀程城，察格塔克羅黎城。圖格塔攻蓋恒城，其守將阿拔克爲意萬迺之子以城降。

太宗十二年，阿拔克偕其女兄湯姆塔入朝。湯姆塔者，凱辣脱部長阿釋阿甫之妃，札剌勒丁陷凱辣脱，娶爲婦者也。太宗厚撫之。既歸，詔綽兒馬罕盡返角兒只侵地。未幾，又諭綽兒馬罕：「角兒只國及其屬地，歲貢外勿苛斂。」

乃馬真皇后稱制四年，貝住取凱辣脱城，遵太宗之命，使湯姆塔主其地。是時，魯速檀仍居烏沙訥忒部，貝住招之不出。拔都亦遣使招之，魯速檀以子達比特爲質於拔都，求自附。貝住聞之，怒。魯速檀夫弟私於外而有子，亦名達鄙忒，魯速檀嫁開廓蘇，挈以俱往，拘於羅馬者十年。至是，貝住令商喀耳酋索之歸，使主角兒只國，即位於麥兹他起耳之禮拜堂。以兵向烏沙訥忒堡，魯速檀仰藥死。

定宗即位，貝住令達鄙忒入朝，拔都亦令達比特入朝。定宗乃以達鄙忒主角兒只東境，達比特主西境，皆封王號，而達鄙忒位次在上。

羅馬，在黑海南，本東羅馬屬地，古拂菻國也。宋神宗元豐三年，塞而柱克王瑪里克沙之弟素立蠻沙率突厥人、古斯人八萬帳自撒馬爾干西來，奪其地，建都於枯尼牙，仍東羅馬之名，名其國曰羅馬。第八世國主開廓蘇嗣位五年，而大將貝住兵至，以礮毀愛而西楞城，復陷其内城，兵民盡死，惟工匠及婦女獲免。開廓蘇率二萬騎至舍挖司城，有佛郎兵二千人爲助，復乞師於小阿尼亞國與希姆斯、梅法而定二部，皆不至。開廓蘇與貝住戰於愛靖而占城，大敗，棄輜重而遁。貝住恐有伏，不追。翌日，乃追至舍挖司，民乞降，貝住宥不殺，惟墮其城而去。西北略塔略特城，西南至愷撒里牙城。開廓蘇遣其大將來議款，納歲貢金錢四十萬的那，他物稱是，貝住許之。

又二年，開廓蘇卒，國人立其子亦思哀丁開喀而甫司，以弟屋肯曷丁開立蚩阿思蘭與阿拉哀丁開柯拔脱爲執政。國人有欲立開立蚩阿思蘭者，其宰相社姆薩丁娶開喀而甫司之母，故助其子嗣位，令開立蚩阿思蘭入貢和林，既行，誅其黨羽。開立蚩阿思蘭從官巴海曷丁台而朮滿訴於定宗，言社姆薩丁有三罪：一娶王妃，一妄殺，一立嗣君未請命於可汗。定宗令開立蚩阿斯蘭爲王，而廢開喀而甫司。

定宗崩後一年，還至羅馬，貝住以兵衛之，殺社姆薩丁，令開喀而甫司與開立蚩阿思蘭分國而治，以舍挖司河爲界。兄弟仍不相下，乃議兄弟三人三分其國。

憲宗二年，召開喀而甫司入朝，畏其弟不敢行，令開柯拔脱代往，以二使從之。繞黑海而北，先謁拔都，然後至和林。開立蚩阿思蘭之黨僞爲開喀而甫司書，遣二使持謁拔都，謂先所遣二使，一殘疾，恐其失儀，一藏毒物，恐不利於可汗。拔都考驗無實，乃令後二使爲從官，前二使賫貢物，分道以往。開柯拔脱道卒。四使至，各譽其主。憲宗仍命分治其國，歲賦亦均爲二，詔書未至，兄弟已開戰，開立蚩阿思蘭被禽下獄。

憲宗五年，貝住以羅馬歲貢不入，興師問罪。開喀而甫司奔東羅馬，貝住出開立蚩阿思蘭於獄，使主全境。

旭烈兀至西域，開喀而甫司上書求内附。旭烈兀遵憲宗前命，分其國爲二焉。

至東羅馬，不與元通使命，惟定宗即位和林，天主教王遣使來賀，旭烈兀建國波斯，與東羅馬修好，欲娶其王女，東羅馬王以私生女瑪里亞許字之。事具《旭烈兀傳》。

小阿昧尼亞，在阿昧尼亞國西南。貨勒自彌末代，阿昧尼亞分裂，各部酋長皆受封於角兒只，小阿昧尼亞尚爲貨勒自彌屬國，貝住攻羅馬，羅馬乞師於小阿昧尼亞，王海屯第一畏蒙古兵强，觀望持兩端。及貝住敗羅馬，乃介喀程堡酋札剌爾，納款於貝住，載幣而行。初，羅馬國王開廓蘇之妃與其子避兵於小阿昧尼亞。至是，貝住令獻，以爲信。海屯第一如約，貝住乃允其降。

定宗即位，遣其弟生拔特入朝。小阿昧尼亞有數城，先爲羅馬所奪，定宗令貝住返其地。海屯第一請拔都達其誠款，拔都勸使入朝，憚道遠，又恐内亂，不果往。阿兒渾爲行省，定小阿昧尼亞賦則重，民不堪命。海屯第一欲入朝申訴，其妃卒，又不果。

憲宗三年，始來朝，先見貝住於喀而斯城，又往見拔都及拔都之子撒里答。既至和林，憲宗優禮之。居五十日，辭歸，取道撒馬兒干以返。

阿特耳佩占在貨勒自彌西北，都城曰台白利司。其先世本塞而柱克王之僕，後爲阿特耳佩占、阿而俺兩部長官。塞而柱克亡，遂自立爲國，稱阿塔畢，下於蘇而灘，并下於沙。

哲別、速不台追貨勒自彌蘇而灘，乘勝入阿特耳佩占。其阿塔畢曰鄂思貝克，衰老，遂迎降，並遣其將阿庫世導哲別等攻角兒只。後哲別等欲攻報達，聞有備，回至哈丹馬城，縱兵大掠。復北行，破愛而達必爾城，皆阿特耳佩占之屬城也〔三〕。進至台白利司，鄂思貝克出奔，守將納幣獲免。蒙古遣使招降阿而俺之貝列堪城，城人殺使者，及城破，無男婦悉屠之。阿而俺都城曰甘札，望風納款。

太祖二十年，札剌勒丁來攻，鄂思貝克奔甘札，留其妃蔑里克守台白利司。城民降於札剌勒丁，已而復叛。札剌勒丁自往平之，娶蔑里克爲婦，遣別將攻克甘札。鄂思貝克遁走，阿特耳佩占遂亡。後其地復爲綽兒馬罕所取。

克兒漫，本貨勒自彌屬地。太祖平西域，克兒漫守將薄拉克據其地，自爲一國，請命於報達哈里發，封爲蘇而灘。薄拉克爲西遼故將，故又稱黑契丹。大軍敗札剌勒丁，薄拉克先納款於蒙古。及吉亞代丁來奔，薄拉克娶其母倍魯克阿伊爲妻。已而薄拉克近侍二人謀殺薄拉克，奉吉亞代丁爲主。事覺，薄拉克磔殺二人，以弓絃縊吉亞代丁，殺之。倍魯克阿伊往救，并遇害〔四〕。函吉亞代丁首，遣使獻於太宗。

及岱爾巴圖用兵於昔義斯單，招薄拉克，趣其入朝。薄拉克以年老，遣子洛肯哀丁火者代往。未至，而薄拉克卒，其兄弟之子庫特貝丁嗣位。太宗封洛肯哀丁火者爲克兒漫蘇爾灘，使歸國，徵庫特貝丁至和林，命隨牙剌瓦赤赴漢地治事。

定宗即位，庫特貝丁謀返國，未果。及憲宗立，牙剌瓦赤爲言於上，治事有功，且無罪被廢。乃封庫特貝丁爲蘇爾灘，遣歸。洛肯哀丁火者奔羅耳避之，後又奔報達。尋入覲，自言。憲宗召庫特貝丁至，使質對，不直洛肯哀丁火者，令庫特貝丁殺之。

旭烈兀西征，庫特貝丁迎至氈的城，從旭烈兀討木剌夷。

海拉脱〔五〕，本郭耳國屬地歇薩爾城。郭耳國王封其大將之弟台朮哀斯鑾，卒，子屋肯納丁嗣。札剌勒丁滅郭耳，歇薩爾城以險固，獨堅守自保。屋肯納丁自結於蒙古，常率其子入覲。

太祖卒，子射姆斯哀丁嗣。定宗元年，偕撒里諾延與木而灘、拉火耳二部議和，定貢獻數：木而灘金錢十萬的那，拉火耳三萬、布三捆、奴僕百名。蒙古他將嫉之，誣以與印度得里部酋交通，得里兵至，則爲内應。射姆斯哀丁懼，往見岱爾巴圖，遂留於岱爾巴圖營中。二年，岱爾巴圖卒，射姆斯哀丁申訴於察合台後王也速蒙哥，爲所逐，乃往依拔都。

憲宗即位，入覲和林。帝欲藉其力以撫定郭耳之地，北至阿母河、東南至印度河，皆畀之。稱臣納貢，錫以命服、寶劍、刀斧。又命阿兒渾畀以金錢五十萬，爲建國之資。旭烈兀西征，姆斯哀丁迎謁於撒馬爾干，從討木剌夷，招降賽耳塔石堡，因屬於旭烈兀。傳國百餘年，後爲帖木耳所滅。

土耳基，又名倭斯曼利，語譌爲倭士曼。地在黑海之南，波斯之西，地中海之北。其部族初居土耳基斯坦。王師西徇，其酋色夌曼沙乃由波斯入於亞美尼亞，而立國焉。色夌曼沙卒，子尼爾土國羅耳，繼領其衆。時木剌夷王阿拉愛丁方與大兵拒戰，將敗矣，尼爾土國羅耳援之，大敗王師。於是阿拉愛丁賜以近東羅馬之地，有二名城：曰色格德愛司，曰基希黑爾。

尼耳土國羅耳卒〔六〕，子倭斯曼立。小亞西亞王遂封之爲王，賜用馬尾纛旗，備王禮。乃自號其族曰倭斯曼利，建都於葉尼希黑爾〔七〕，與東羅馬戰，大敗之，取其六部。時武宗與東羅馬修好，以詔書諭之。倭斯曼利不答，侵掠彌甚，復降其大將馬吉耳。既而王師來伐，馬吉耳與倭斯曼子奧爾汗合兵敗之，遂攻白魯撒城。八年，白魯撒降。未幾，倭斯曼卒，時年七十。倭斯曼善於治國，持法廉平，爲倭斯曼利之令主。相傳東羅馬國人有襁負而至者。

子奧爾汗立。先是，大兵既下小亞西亞而棄其地，於是小國蠭起。至奧爾汗時，遂漸併吞之，土爾基益彊大。

奥爾汗卒，子摩招德立，爲敵人所刺，死，子貝葉西德立。貝葉西德善戰，時人號之曰「霹靂」，從父西征。既嗣位，又盡滅諸小國。佛郎西諸國恐其再西略也，先之。貝葉西德急歸，敗之。帖木兒乘虚入其名都西伐司，貝葉西德迴軍與戰，大敗被擒，逾年卒于囚所。或謂帖木兒獲貝葉西德，置諸鐵籠中以死。然自是土耳基人席其數世之武烈，浸以强大矣。

印度，東北與波斯界，西瀕阿剌伯海，西南瀕大海。都城曰得里，亦譯爲鐵利。其酋曰哥撻伯亭，篡其主麥尼而自立，始遷都於得里。太祖平西域，别將以兵侵印度，取數城而返。自此至憲宗，大兵屢伐印度，皆不得志。叛王篤哇子庫脱洛克火者，入印度東界，自立一國，旋爲得里酋所逐。

及世祖時，得里酋曰巴林，察合台後人，來奔。蒙古兵渡印度河，巴林子謨罕默德敗之。次年，諸王帖木兒復引兵至拉火耳，又失利，然謨罕默德亦陣歿。

大德初，得里酋只拉兒哀丁非魯慈敗諸王兵於比拉母小河邊。又五年，篤哇兵至火拉耳，爲得里酋阿來曷丁合勒赤之弟伊立施所敗。未幾，庫洛脱克火者引軍直至得里，印度將昔費爾不能禦。阿來曷丁哈勒赤以象軍衝之〔八〕，庫洛脱克敗走。大德七年，察合台後王土爾該引兵圍得里城，逾兩月不能克，乃退。明年，諸王阿里與火者塔失率四萬騎伐印度，至阿母羅失，爲印度將士克洛克所邀獲，置阿里、火者塔失於象足下，斃之。已而篤哇將葛貝克復仇，躪木而灘，直至西瓦而克而退。及渡印度河，又爲土克洛克所敗，蒙古兵逃入沙漠，皆渴死，騎兵五萬七千，僅餘三千人，爲印度所俘，盡斃於象足下，葛貝克亦死，印度人聚其首爲塔，以識武功。是年，土克洛克又敗蒙古別將，獲三千人，亦置象足下斃之。自是蒙古兵不復入印度。

泰定帝末，篤哇子合爾迷失攻印度，盡取其北邊諸城，進圍得里。時得里酋爲奇克洛卜之子謨罕默德，與議和，納女於合爾迷失。國内空虛，始行銅幣焉。

其後駙馬帖木兒攻印度，戰於得里城下，大敗之，直至古直拉德，印度全境俱爲所躪。事具《帖木兒傳》。

【校勘記】

〔一〕「阿特耳佩占」，原作「阿特而佩占」，據正文改。

〔二〕「底那」，本卷上下文均作「的那」。本書卷一五〇《岱爾拔都傳》、卷二五四《外國六·西域傳上》作「底那」，本書卷一〇八《太祖諸子傳三》、卷一〇九《太祖諸子傳四》作「的那」。

〔三〕「阿特耳佩占」，原作「阿特耳佩古」，據本卷上下文及本書卷一〇七《太祖諸子傳二》、卷一〇九《太祖諸子傳四》、卷二五四《外國六·西域傳上》改。

〔四〕「遇害」，原作「遇宫」，據文意改。

〔五〕「海拉脱」，原作「海拉特」，據本卷目録、本書卷三《太祖本紀下》、卷一〇七《太祖諸子傳二》、卷一〇九《太祖諸子傳四》、卷二五四《外國六·西域傳上》改。

〔六〕「尼耳土國羅耳」，上文作「尼爾土國羅耳」。

〔七〕「於」字上，原有「于」字，疑衍，删。

〔八〕「衝」，原作「沖」，據文意改。

新元史卷之二百五十六　列傳第一百五十三

外國八

木剌夷　報達　西里亞

木剌夷，非國名也，譯義爲「舍正路」者，蓋其同教之人詆之如此。其人自稱則曰「伊思馬耳哀」。伊思馬耳哀者，天方教主阿里之後，其父曰札非而沙。卒，伊思馬耳哀嗣位，以嗜酒爲教民所黜。十葉教民又奉伊思馬耳哀之子別爲教主，是爲伊思馬耳哀之教，其後遂爲國名。

北宋中，伊思馬耳哀教民相率至波斯之地，其酋曰哈山沙巴哈，居於低楞，自稱爲東方之伊思馬里愓，即後來之木剌夷也。宋哲宗五年，逐阿剌模忒堡酋，而奪其堡。西域塞而柱克王馬里克沙，使鹿忒巴耳堡酋阿兒蘭阿旭就近討之，不克。未幾，馬里克沙之相尼匝姆烏兒蔑里克被刺死，馬里克沙亦中毒卒，皆哈山沙巴哈爲之。又築堡於裏海西南，及裏海東南苦亦斯單之地，聲威始盛。

哈山沙巴哈教規：其徒黨必殺教主仇人，陰謀行刺，殺其人而後已。馬里克沙之子散者耳嗣位，屢遣兵攻苦亦斯單諸堡。夜寢，有人卓刃於地，遺書於案上，散者耳見之大恐，始罷兵。

哈山沙巴哈死，傳位於倫白塞而堡酋曰基牙布速而克烏米特，蓄刺客益衆。於所居堡内築宫室苑囿，務極華麗，供張豪侈，爲出力殺人者乃得入。蓄童子自十二歲至二十，擇其有膽勇者，日諭以天堂福地享用之樂，既而醉以酒，乘昏迷時載之入，恣所欲爲，俟飲醉仍載以出。其人醒，詢所遇，則告以謨罕默德所云天堂福地也。乃命往殺某某，事成復其故處，不幸身死，靈魂升天，樂亦如是。故人人踊躍用命，或爲商賈、爲奴僕，不遠千里以行其志焉。

宋寧宗慶元四年，復取可斯費音附近之阿斯蘭堡。貨勒自彌王喀塔施以兵至，僞請降，而夜從地道入，盡殺其兵。及兵再至，又乞降，請分先後行，以納還侵地。先行者不被殺，則以次出堡，否則死守。許之。迨前隊去後，無繼者，詗之，則已盡行矣。其詭譎類如此。

基牙布速而克烏米特死，子基牙謨罕默德嗣位。死，子哈山第二嗣位。哈山第二性放誕，多嗜欲，且獎誘同惡者，於是教徒始有「木剌夷」之名。哈山第二爲其妻弟刺死，子謨罕默德第二嗣位，中毒死，子札拉兒哀丁哈山嗣位。

太祖西征，大軍渡阿母河，札拉兒哀丁哈山遣使來送款。明年，又中毒死，子阿剌愛丁嗣位。時貨勒自彌王札剌勒丁建國，使其將士而堪侵掠木剌夷，爲刺客所殺。蒙古五將西伐之役，木剌夷乘機取塔密干城。札剌勒丁將伐之，木剌夷使者至。其相飲使者酒，及醉，使者曰：「公等軍中皆有我國人，特公等不覺耳。不信，請證諸從者。」呼其五僕至，一爲印度人，具言某月日某地，左右無他人，即可加刃，以未奉命，故不敢。其相大懼。札剌勒丁聞之，投五僕於火，議用兵，以輸賦納貢獲免。

憲宗二年，以木剌夷凶悍無道，使皇弟旭烈兀討之。乃蠻人怯的不花率萬二千人先行。次年，怯的不花至苦亦斯單，攻下數堡。復進至塔密干，攻吉兒都苦堡。其地高據山巔，爲矢石所不及，怯的不花築壘兩重，使其將布里守之，自引兵攻附近城堡。未幾，吉兒都苦人潛出，陷其壘，殺布里，傷士卒甚衆。怯的不花聞之，引還，攻益急。吉兒都苦堡病疫，木剌夷酋阿剌愛丁謨罕默德遺精鋭百餘人，持療疫藥，突圍入，仍堅守不降。

五年冬，阿剌愛丁謨罕默德死，子兀克乃丁庫沙嗣位。阿拉愛丁謨罕默德之立甫九歲，既長，有心疾，清狂不慧。十八歲，生兀克乃丁庫沙，定爲嗣，衆望屬之。而其父忌兀克乃丁庫沙得衆，待之虐，兀克乃丁庫沙告於部人：「我父不能理事，故民心涣散，致蒙古之兵禍。」衆然之。一日，阿刺愛丁謨罕默德醉卧，爲人所殺，咸謂其子弑之。未幾，兀克乃丁庫沙遷居梅門迭司堡。

六年，旭烈兀至西域，命怯的不花、庫喀、伊而喀分攻苦亦力斯單各城堡，遂克枯姆城。旭烈兀至噶部姗，遣使諭降。其相火者納昔兒哀丁，及數醫士，皆勸兀克乃丁庫沙降，乃遣其弟薩恒沙偕使者來謁。旭烈兀諭以「盡墮城堡，親來納降，則汝父從前虐待蒙古人之咎，可以恕」。已而兀克乃丁庫沙不至。旭烈兀進至波斯單，復遣使求寬期一歲，兀克乃丁庫沙當自來請命，吉兒都苦堡及他堡均諭以納款。旭烈兀知其意在緩兵，仍進攻各堡，抵迭馬温脱城。再遣使招降，兀克乃丁庫沙始諭吉兒都苦堡出降，而仍不自至。梅斤迭司、阿剌模忒、倫白賽耳三大堡，仍堅守如故。旭烈兀命布喀帖木兒、庫喀、伊而喀自馬三德蘭進，爲北軍；台古塔兒、怯的不花自胡瓦耳、西姆囊進，爲南軍；旭烈兀將中軍自塔勒干進。兀克乃丁庫沙又使其幼子來請降，尚未及十歲，旭烈兀遣歸。

六年冬，進軍至梅斤迭司。諸將以冬寒，馬乏食，請班師。布喀帖木兒不從，復遣人諭兀克乃丁庫沙，限五日内出降，許以不死。兀克乃丁庫沙計窮，遂與火者納昔耳哀丁等出降，盡獻其金玉寶貨。旭烈兀命兀克乃丁庫沙遣人偕蒙古官諭下四十餘堡，盡隳之。而阿剌模忒、倫白賽耳二堡猶拒命。旭烈兀自至阿剌模忒，攻之，始降。阿來曷丁阿塔瑪里克志費尼，得其内藏書籍、測量儀器。分遣諸將圍倫白賽耳，久始克之。木剌夷人居於西里亞者，亦來降。兀克乃丁庫沙從旭烈兀至哈馬丹，復遣至西利亞説降伊思馬里哀諸堡。

事定，旭烈兀欲殺之，恐負約爲天下笑，遲未發。兀克乃丁庫沙内不自安，請入朝。既至，憲宗拒不見，遣歸。行至通噶脱山，並其從者皆爲蒙古官所害。

旭烈兀之出師也，憲宗諭盡除木剌夷人。故旭烈兀分其人隸於各營，俟其酋入朝，下令無少長悉行誅戮。在苦亦斯單，殺一萬二千人，他處亦如之。間有得脱者，皆竄匿山谷以自活。其居西里亞者，不曰木剌夷，曰哈施身，能以麻葉釀酒迷人。其葉名哈施設，故稱其人爲哈施身，又譌爲阿殺辛。西域人稱謀殺者曰阿殺辛，語本於此。

木剌夷建國傳七世，共一百七十六年而滅。

報達，直波斯海灣西北，臨體格力斯河，天方教哈里發之都城也。天方教創於阿剌比人謨罕默德。其族分二派：一爲柯勒奚施，一爲倭馬亞。謨罕默德則系出柯勒奚施。謨罕默德卒，其妻阿夷舍之父阿部倍壳耳嗣爲教主，始名曰哈里發，譯言代天治事也。阿部倍壳耳立二年，卒，倭馬亞人倭馬爾嗣爲哈里發，十年，爲刺客所殺。謨罕默德之女婿奥自鑾嗣，十二年，爲其僚婿阿里所殺，阿里遂嗣爲哈里發。阿夷舍與奥自鑾同族大怒，集奥自鑾舊部，與阿里戰於蒲斯拉，不勝。丹馬斯克大酋謨阿費牙起兵助之，與阿里戰於西芬，相持不下。二人遂分國而治：謨阿費牙治達馬思格，阿里治苦法。未幾，阿里爲阿孛賭阿滿所害，子哈山嗣。甫半年，部衆潰亂，哈山遜位，還居默德那。謨阿費牙乃獨握政權。謨阿費牙爲倭馬亞人，故稱爲倭馬亞國。十五傳至末而換第二，逐其兄伊孛拉希母，而奪其位。旋爲謨罕默德族人阿蒲而阿拔斯所殺，稱爲阿拔斯國。是時，西里亞、埃及、阿非利喀、阿剌比、波斯、小亞細亞、阿昧尼亞等部，皆爲哈里發屬地。阿拔斯衣尚黑，唐人所謂黑衣大食是也。自末而换第二以前，則爲白衣大食。唐代宗時，嘗借兵於大食，以平兩京之亂。至德宗貞元二年，哈里發哈里突以謨薩，始遷都於報達，故又以報達爲國名云。哈里突以謨薩卒，三子：曰阿敏、曰麻謨訥、曰謨阿塔遜，分國而治。阿敏攻謨阿塔遜，爲其將他海爾所殺，立麻謨訥爲哈里發，卒，謨阿塔遜嗣，以土而基人爲左右親軍。寖久，爲親軍所挾制，其後哈里發之廢立，率出於親軍大將之手，紀綱陵替，國勢日衰。

太祖平西域，哈里發東方屬國存者無幾。時哈里發爲那昔兒纍丁，與西域主阿剌哀丁謨罕默德有隙。西域主以兵侵報達，至呼耳汪，阻風雪而退，那昔兒纍丁怨之，構於蒙古。太祖征西域，阿剌哀丁謨罕默德竄於海島，死後五年，那昔兒纍丁亦卒。子哀脱塔海壁拉立，一年卒。子木司丹錫爾壁拉嗣，十六年卒。子木司塔辛壁拉嗣。

乃馬真皇后稱制四年，大將貝住攻克羅哈你夕班等部兵，及舍海而蘇耳城，距報達僅八日程，鴿書告於哈里發，報達大震。值盛暑，駝馬多斃，貝住遂班師。五年，貝住攻牙庫拔城，爲報達兵所敗。定宗崩後一年，貝住復攻克達枯克城，殺報達所置官吏。是時蒙古屢侵其境。

木司塔辛壁拉之十五年，憲宗即位六年也。旭烈兀既滅木剌夷，謀攻報達。木司塔辛壁拉嗜音樂，嘗患頭痛，伶人作新琵琶七十二絃，聽之，病頓愈。其國事皆決於羣臣。屬國若羅馬，若法而斯，若克而漫，盡降於蒙古；若哀而陛耳，若毛夕耳等，尚依違不定。報達有十葉教人，聚居一地，木司塔辛壁拉縱親軍掠之。其用事大臣謨牙代丁亦奉十葉教，怨哈里發殘其同類，遂輸誠於旭烈兀，願爲大軍向導。旭烈兀懲貝住之失利，疑報達不易攻，又恐謨牙代丁爲誘敵之計，貽書責以要約。謨牙代丁復其書，具以虛實告之，勸旭烈兀亟進兵，又勸哈里發裁兵以省餉，有警則徵屬國之兵入衛。木司塔辛壁拉吝於財，從之。哈里發之相曰低瓦答兒，置正副各一人，低瓦答兒之副名哀倍克，與哈里發不協，謀廢立。謨牙代丁知其謀，哀倍克亦知謨牙代丁通蒙古，各言於木司塔辛壁拉，皆不問。

旭烈兀遣使以書諭之曰：「我征木剌夷，令汝助兵，非有他意，欲締好也，而汝之兵終不至。汝席祖業爲哈里發，但日入之後，月始有光，日出則月没矣。我蒙古自我祖西征，滅貨勒自彌，服塞而柱克，平低楞，收撫諸阿塔畢。凡此諸國逃人入汝境者，汝開門納之。我蒙古人至，則稱兵以拒。今我自至，汝如見機，毁平城堡，親來納降，或先遣將相大臣來議，汝位得保，我兵自退。如欲戰，則速集衆以待。屆飛走路窮，汝無後悔。」

木司塔辛壁拉復書曰：「汝以偶然得志，便藐視天下。自西自東，凡信上帝崇正教者，皆我管屬。我一震怒，則義而闌之人皆羣起逐汝，特我不願衆庶罹於鋒鏑，故相容耳。汝安得令我平毁城堡？」蒙古使者出城，報達人皆怒目視之，欲加刃，謨牙代丁以兵護之，始獲免。

旭烈兀得書，議進兵。木司塔辛壁拉問計於謨牙代丁，勸以納賄行成，而哀倍克不允。久之，始命其大將素黎曼沙集兵。謨牙代丁管財賦，不急籌兵餉，踰五月兵始集，而餉仍遷延不發。木司塔辛壁拉復遣二使往言，自來攻報達者無不受天譴，歷引列國故事爲證。旭烈兀斥其妄。

報達東界有山，爲義拉克阿剌比部分界之地，有得而屯克堡守將曰匇姆姍哀丁，以事忽哈里發。旭烈兀知其事，招之，果來降，使攻奪旁堡，爲大軍前驅。忽姆姍哀丁歸而悔之，旭烈兀聞其中變，使怯的不花誘擒忽姆姍哀丁，命招堡中人出降，怯的不花悉殺之，并殺忽姆姍哀丁。

憲宗遣星者窪殺哀丁至軍前，詢攻報達事。窪殺哀丁曰：「如攻報達，日不出，雨不降，士馬亡，年歲荒，風霾地震，國有大喪。」旭烈兀問奉釋教人及將士，皆曰：「吉。」詢納昔兒哀丁，則素仇哈里發，力言無此六殃，引往時哈里發爲人致死之事，以折窪殺哀丁。納昔兒哀丁者，爲木剌夷酋近侍，以書獻哈里發，報達之相致書木剌夷酋，謂其交通鄰國，乃拘納昔兒哀丁於阿剌模忒堡，後從木剌夷酋降於旭烈兀者也。

旭烈兀乃決計深入。以貝住爲右翼，自羅馬涉毛夕耳，自報達西北境進。不花帖木兒、蘇衮察兒，偕朮赤孫三人曰布而嘎、曰土拉爾、曰庫里，將別隊佐之。以怯的不花、庫圖遜爲左翼，自報達東南羅耳之境進。旭烈兀將中軍，自報達東境進，庫喀、伊而喀、鄂勒克圖、阿而衮阿喀、喀而拉克筆帖齊、賽甫曷丁、火者納昔兒哀丁、阿拉哀丁阿塔瑪里克志費尼皆從，法而斯之阿塔畢遣其姪讃罕默德率兵助之。

七年冬，大軍躪乞里茫沙杭城。召貝住等東渡體格力斯河上游，來議軍事。以羊胛骨卜之，吉。旭烈兀進至呼耳汪河，貝住等仍西渡體格力斯河，率所部進發。是時，哈里發遣哀倍克、費度曷丁、喀拉辛酷耳等，守體格力斯河東之牙庫拔城及八奇賽里城，聞貝住軍已在河西，行漸近，亦引兵西渡。遇前鋒將蘇袞察克於盎瓦拔耳城，蒙古軍敗退。費度曷丁老於軍事，持重不輕進，哀倍克不從。追及於堵者耳河，蒙古軍背水爲陣，戰竟日，無勝負。及暮，兩軍皆營河上。報達營地低下，大軍夜決堤淹之。次日進攻，覆其衆，費度曷丁、喀拉辛酷耳死之，哀倍克逃歸報達。

貝住等至報達西城外，據其街市。是時，怯的不花已平羅耳，與貝住會兵城下。旭烈兀中軍進駐報達城東，圍遂合。報達跨體格力斯河，分東、西二城。西城有子城，東城壁尤峻厚，城上築敵臺百六十三。中軍營於阿鄭門，怯的不花等營於開而拔提門，布而嘎等營於蘇克蘇而灘門，皆圍東城軍也。西則不花帖木兒、貝住等軍於體格力斯河上下游，列礮船上游，以防其逸。築壘掘濠，一晝夜工畢，取居民屋甓爲礮臺，攻具亦備。

哈里發懼，遣謨牙代丁等見旭烈兀，乞如前議納降。旭烈兀曰：「此我在丹馬時之議，今我在報達城下矣。速令素黎漫沙、低瓦荅兒來見我。」遲日，又遣使至旭烈兀，拒不見。攻克阿鄭門敵臺，城遂陷。哈里發先後遣長子、次子出城乞降，旭烈兀拒之如前。遣人召低瓦荅兒及諸將出城，哈里發來否聽之。哀倍克、素黎漫沙不得已，乃出謁，旭烈兀悉誅之。越日，哈里發挈其三子暨官吏三千人出降。時憲宗八年正月也。

旭烈兀置哈里發父子於怯的不花營，兵入城大殺掠，至第七日，居民求免，乃下令停刃，死者已八十萬人。旭烈兀至哈里發宫内，命畢獻庫藏，復詰窖金，目於井而出之，黄金珠玉充牣其中。旭烈兀以城中伏尸積穢，移駐郊外。遣使招諭庫昔斯單。木斯塔辛壁拉自知不免，請沐浴就死，同死者其長子及宦者五人，皆裹以氈，置衢路，驅戰馬蹴踏而斃。木司塔辛壁拉在位十六年，報達阿拔斯傳三十七世而滅。

次日，又殺其次子及親族等。幼子謨拔來克沙以倭而采哈屯乞免，得不死，後娶蒙古女，生二子焉。

自謨罕默德創立天方教，從者風靡。招徠不至，濟以兵力。闢地萬餘里，東西各國頫首臣伏，莫敢抵抗。有國者非受其册封，即無以自立於臣民之上。册封之禮，哈里發遣人賜以纏頭巾一、約指一、刀一、騾一，鞍轡備，飾以珠寶。使者至，官吏郊迎，國主迎於國門之内，以口嘬使者手背，如卑幼見尊屬，或云以口嘬騾蹄云。使者宣命，首以護衛其教爲勖，國主聽命惟謹。曆六百餘年，而哈里發之位始絶。

先是，哀脱塔海而壁拉之子阿卜而喀辛阿黑昧脱逃至阿剌比，旋至西里亞境。世祖中統二年，埃及國王迎至國中，立爲哈里發，受其策封爲蘇而灘，謀復報達。以騎兵二千及阿剌比兵護以東行，遇其族人哀而哈勤，以衆七百人會之，攻克歇拉城。蒙古將喀拉布哈與報達守將阿里巴圖皆以兵至，戰於盎拔城，大敗之。阿卜而喀辛阿黑昧脱走死，哀而哈勤遁歸埃及，嗣爲哈里發。然竊號一隅，託人宇下，不復能自立矣。

西里亞，埃及屬國，以他木古斯爲都城。埃及與蒙古隔絶，不通使命。憲宗初，西里亞酋納昔兒商拉哀丁耶思甫取埃及之塔木司古司之地，後爲埃及蘇而灘哀倍克所敗，納昔兒乃割基納斯列母克渣及納蒲列斯海岸以請平。

初，埃及蘇爾灘散里卒，瑪蔑里忽之長哀倍克代立。「瑪蔑里忽」，波斯語傭兵也。散里之先祖曰散拉赤，有騎兵一萬二千，皆購突厥之奴以供役，稱爲瑪蔑里忽。至散里，爲第六世，乃重用瑪蔑里忽，由是瑪蔑里忽之威權日重。至哀倍克，遂代散里爲蘇爾灘。已而哀倍克之部下七百騎，及所統巴阿里亞兵，逃於西里亞。巴阿里亞兵官見納昔兒巽懦不足恃，乃約埃及别部酋摩黑德阿馬兒攻哀倍克殺之。摩黑德阿馬兒，埃及前蘇而灘阿札兒之子也。

是時，納昔兒以蒙古强盛，遣其宰相塞伊哀丁耶兒哈甫基來貢方物。及旭烈兀平報達，納昔兒愈恐。憲宗七年，遣其幼子阿基斯，並乞毛夕耳酋貝特累丁羅魯，奉書於旭烈兀，爲之和解。旭烈兀問：「納昔兒曷不自來？」答以納昔兒出境，恐鄰國乘虚襲之。旭烈兀命阿基斯等返，以書諭納昔兒降，不應。

旭烈兀乃進兵攻西里亞，以毛夕耳酋篤老，使其子蔑里克散里伊思馬哀從行。怯的不花率沙古魯人爲前鋒，貝住將右翼，蘇衮察克將左翼，旭烈兀自將中軍。

八年，由巴喀克山入赤烏魯俾克，攻拔札基勒圖。旭烈兀子台古塔兒牙世摩特别將攻拔蔑雅爾克。伊思馬哀攻阿兀忒，不下，去之。旭烈兀進至哀甫拉特，西里亞人大震。

納昔兒方與摩黑德搆兵和議，甫成，返他木古斯。旭烈兀至哈兒納，會諸將尅期決戰。納昔兒兵雖衆，内有阿剌伯人、突厥人，實不用命。其宰相勸納昔兒降，大將哀密伊耳卑伊巴兒斥之，議未決。納昔兒與其弟撒魯屯於他木古斯城外，西里亞之瑪蔑里忽乘其無備，圍之。卑伊巴兒遣使告於埃及蘇爾灘，又求援於摩黑德及加伊羅。會瑪蔑里忽將綽馬哀丁等復請降，圍始解。

是時，旭烈兀已拔哀而陛忒，乃於瑪納札亞克爾烏脱羅姆、哀而陛忒及吉爾札亞造橋梁，濟師進掠瑪勒忽，遂圍阿列娑城。大軍至阿列娑附近之沙米哀特城，以城中無兵，引去。敗西里亞兵於巴庫遜山，拔阿列娑北之阿沙司城。旭烈兀諭阿列娑守將降，不從，攻七日，克之，殺戮五日，隳其城。其内城後一月始下，獲納昔兒之母及其子。

當旭烈兀入哀而陛忒，其酋瑪斯爾謨罕默德奔他木古斯，代治木剌夷。及大兵克阿列娑，乃逐謨罕默德後裔哈瑪脱之貴族，至阿列娑請降。旭烈兀以波斯人木司列烏沙爲哀而陛忒長官。

納昔兒聞阿列娑已失，退至加札耳，復求援於埃及。埃及蘇爾灘爲哀倍克之子瑪司兒，僅遣將守他木古斯，令城人携家貲避兵於埃及。納昔兒至半途，爲大軍所襲敗，乃奔於哀而阿庫奚。其宰相塞伊哀丁里列伊瑪伊布阿里，以他木古斯降，返旭烈兀之使者。旭烈兀受其降，下令城中安堵無恐。

九月，旭烈兀率大軍入他木古斯，其内城仍堅守不下，久始克之。又諭降哈列姆城。旭烈兀返阿列娑。明年，聞憲宗大漸，乃班師，以怯的不花留鎮西里亞，甫魯哀丁爲阿列娑長官，貝特那爲他木古司長官。

後旭烈兀與朮赤後王伯勒克相攻，埃及蘇爾灘遂與伯勒克連合。旭烈兀卒，阿八哈嗣位，埃及復以兵奪西里亞濱海之地。阿八哈與埃及搆兵十年，屢失利，事具《阿八哈傳》。

新元史卷之二百五十七　列傳第一百五十四

外國九

斡羅斯　欽察　康里　馬札兒　波蘭

斡羅斯，其族曰司拉弗哀。北齊末，日耳曼人南侵羅馬，日耳曼之地遂爲司拉弗哀人所據。唐以前爲西北散部，屬於柔然、突厥。

唐末，司拉弗哀人柳利哥兄弟三人皆有智勇，侵陵他族，爲衆部之長。其所居之地曰遏而羅斯，遂以此爲部落之名。遏而羅斯急讀爲斡羅斯，亦譯爲兀魯斯，又曰厄羅斯。柳利哥建國在唐咸通三年。其部初無城郭，至是，築諾物哥羅特。「諾物」謂新，「哥羅特」謂城也。

柳利哥亦譯爲魯立克。其弟曰西納非，曰忒魯博爾，分據倭齊羅湖之北與伯拉斯之地。後西納非、忒魯博爾皆卒，無子，柳利哥收其地，自立爲斡羅斯王。在位十七年，卒。

子依哥爾幼，其相阿列克攝政，拓地而南，遷都於計掖甫。阿列克爲毒蛇所齧而卒，依哥爾始親政，以兵四十萬、船萬艘伐希臘，泝泥泊河渡黑海，至君士坦丁，希臘人敗之。依哥爾至屬部徵餉，爲部人所殺。

子薩威亞得司拉夫亦幼，王后哦轕聽政。后有智略，始分立郡縣，設官徵税，國中大治。薩威亞得司拉夫年長，乃歸政焉。薩威亞得司拉夫再伐希臘，又大敗，歿於陣。子雅爾波拉克嗣，後爲其弟弗拉得莫爾所殺。弗拉得莫爾自立爲王，時宋太平興國五年也。

弗拉得莫爾卒，子斯昧挨多彼睦嗣，其弟雅兒阿司拉夫與之争，分爲兩部。兄卒，雅兒阿司拉夫始有全國之地。卒，子衣士埃阿司拉夫嗣。卒，弟威司埃烏拉嗣。卒，衣士埃阿司拉夫之子斯昧埃多彼睦嗣。卒，威司埃烏拉之子弗拉得莫爾第二嗣。卒，子斯的斯拉嗣。自後諸部皆擁兵自立，壤土分裂，斡羅斯王國僅有物拉的迷爾。歷十餘王，至威司埃烏拉第二，與諸部連和，兵争始息。卒，子攸利第二嗣。

時太祖已平西域，斡羅斯鄰部曰奇卜察克，納蒙古逃人，太祖索之，不與。十六年，命哲别、速不台進軍裏海之西，以討奇卜察克，殺奇卜察克酋霍灘之弟玉兒格及其子塔阿兒。十七年，遂自阿索富海踏冰以至黑海，入克勒姆之地。霍灘遁入斡羅斯境，乞援於其壻哈力赤王穆斯提斯拉甫。

穆斯提斯拉甫能用兵，屢勝同族，視蒙古蔑如也。允其妻父之請，遣告計掖甫王穆斯提斯甫拉羅慕諾委翅，集列邦議兵事。於是扯耳尼哥王穆斯提斯甫拉司瓦托司拉甫勒委翅與南境諸王皆至計掖甫議，出境迎擊，勿待其至。並告於首邦物拉的迷爾王攸利第二，請出兵爲援，分軍自帖尼博耳河、特尼斯特河以至黑海東北。

哲別、速不台聞斡羅斯起兵，遣使十人來告：「蒙古所討者奇卜察克，夙與斡羅斯無舋，必不相犯。蒙古惟敬天，與汝國宗教相若。奇卜察克素與汝有兵怨，盍助我攻仇人？」諸王謂：「先以此言餌奇卜察克，今復餌我，不可信。」殺其使。二將復遣使至，謂：「殺我行人，其曲在汝。天奪汝魄，自取滅亡。今以兵來，請決勝負。」霍灘又欲殺之，斡羅斯人釋之歸，刻期約戰。

哈力赤王先以萬騎東渡帖尼博耳河，敗蒙古前鋒，獲裨將哈馬貝，殺之。蒙古軍退，追至喀勒吉河，遇二將大軍。時斡羅斯兵八萬二千，分屯南北，南軍爲計掖甫、扯耳尼哥等部之兵，北軍爲哈力赤等部及奇卜察克兵。哈力赤王輕敵貪功，不謀於南軍，獨率北軍渡河，戰於孩耳桑之地，勝負未決。而奇卜察克兵怯敵先退，陣亂，蒙古軍乘之，斡羅斯人大敗。哈力赤等王得脱，渡河而西，即沈其舟。後至者不得渡，悉被殺。南軍不知北軍之戰，亦不知其敗。蒙古軍猝至，攻其營，三日不下，誘令納賄行成。俟其出，疾攻之，殲馘略盡。獲計掖甫、扯耳尼哥等部之王，縛置於地，覆板坐其上，飲酒歡會，多壓斃者。哲別令曷思麥里檻致扯耳尼哥王於太子朮赤，誅之。是役也，斡羅斯亡六王、七十侯，兵士十死八九。

攸利第二得請兵信令，其姪遏羅斯托王瓦西耳克康斯但丁諾委翅率兵往援，至扯耳尼哥，聞軍敗，亟引退。是時，列城無備，不能爲戰守，惟俟兵至乞降，舉國大震。而哲別等西至帖尼博耳河，北至扯耳尼哥城、諾拂郭羅特、夕尼斯克城而止。是冬，大軍東返。

斡羅斯雖敗於蒙古，境内未遭蹂躪，迨兵退，各部内鬨如故，不復慮外患。

太宗七年，以奇卜察克、斡羅斯諸部未服，遣諸王出師，以拔都爲統帥，速不台副之。八年，速不台首入不里阿耳。九年，入奇卜察克。是年冬，遂入斡羅斯。

自孩耳桑之戰至是，已十有四年，斡羅斯人久不以蒙古爲意。毛兒杜因人與斡羅斯有兵怨，導大軍自東南入，取勃欒思克、別兒郭羅惕等城。南境諸王呦里與其弟羅曼分主列也贊、克羅姆訥二城，乞援於攸利第二，兵不亟至。蒙古軍招降列也贊，令出民賦什一爲歲貢，呦里不從，城陷，呦里闔門殉之。攸利第二遣子務賽服洛特帥衆來援，而列也贊已破，乃援克羅姆訥，戰於城下。羅曼陣没，務賽服洛特逃歸物拉的米兒，大軍遂攻拔克羅姆訥。

進至莫斯科，長驅直入，獲攸利第二之孫。東趨物拉的米兒。時攸利第二令其子務賽服洛特木思提思老弗哀居守，而自引兵北駐錫第河，以待計掖甫王牙羅思剌弗哀、珀列思剌弗哀勒王士委阿脱思剌弗哀之援兵。大軍至，令攸利第二之孫在城下，招降不肯下，乃殺之。分軍下蘇斯達耳城而歸。

十年春，合圍物拉的米兒，凡七日，城陷。連拔攸利、計掖甫、遏羅斯托弗哀、雅洛思剌弗哀、喀辛特弗哀耳、的彌特洛甫勒、佛洛格的赤等城，所至成墟。時攸利第二尚軍錫第河上，大軍至，攸利第二與二姪皆戰没，兵士得脱者才什二三。拔都益北趨諾物哥羅特，未及城百餘里，阻潦而退。是爲斡羅斯極北境，始立國時定都於此。

一軍攻禿里思哥城，其王瓦夕里堅守不下，殺蒙古軍數千，閱四十九日始克，屠之，流血成渠。獲瓦夕里，投血渠中，斃之。謂其城曰卯危八里。是冬，圍阿速蔑怯思都城。

十一年春正月，攻拔之。略不里阿耳北境，直至烏拉嶺西北地。計掖甫者，斡羅斯舊都，南部之大城也。攸利第二王既戰殁，其弟計掖甫王牙羅思剌弗哀往援不及，乘大軍退，遂入物拉的米兒，嗣其兄位。而扯耳尼哥王米海勒，亦乘其北行，轉據計掖甫。

十二年，拔都至珀列思剌弗哀勒城，降之。攻下扯耳尼哥城，東掠戛魯和城，至於端河。既絶計掖甫旁援，而帖尼博耳河不得渡，蒙格駐河東，遣人諭降計掖甫，使者被殺。冬，帖尼博耳河凍合，大軍渡河，米海勒逃往波蘭，令其將狄米脱里居守，設備甚嚴。大軍晝夜環攻，克之，釋不誅。復下哈力赤城，達尼耳王亦遁。進攻波蘭、馬札兒，分軍西循奥斯大里亞境，直抵地中海北維尼斯國界。又一軍擾奥斯大里亞之柯倫城、韋兒乃斯達特城，皆旋退。會太宗崩，壬寅春，凶問至軍中，拔都下令班師。時斡羅斯北部已盡降，其列邦並受蒙古封。

定宗即位，召物拉的米兒王牙羅思剌弗哀、扯耳尼哥王米海勒入覲。米海勒至，以不肯拜跪，被殺。牙羅思剌弗哀歸而道卒，或謂在和林中毒。拔都立其子安德累第一主斡羅斯北部，歲入貢賦。其南部哈力赤王達尼耳，乘拔都入馬加，仍回所部，計掖甫等地皆爲所屬。拔都歸後，遣使諭降，達尼耳乞援於天主教王。教王脅以去東教，入西教，乃肯援。達尼耳從之，而援仍不至，復返東教，臣服蒙古。

定宗元年，自至斡兒朵，謁拔都。二年，又來謁拔都，厚禮之，使主南部，納歲賦。拔都卓帳亦的勒河下游，曰薩萊，其頂用金。凡斡羅斯諸王嗣位，必先至金斡爾朵謁見，再至上都朝覲，錫以册命。路遠，往返經年，所部或叛亂，不能猝制，咸憚苦之。

憲宗七年，拔都弟伯勒克嗣爲金斡兒朵汗，始遣官吏括斡羅斯户口，計出賦，每丁歲輸狐皮一、白熊皮一、黑貂皮一、常貂皮一、獺皮一。以八思哈三人總其事，一治蘇斯達爾，一治勒治贊，一治謨洛姆。田賦十取一，牛羊馬百取一，教士皆免賦。諾拂郭羅特城不服，他城應之。斡羅斯王阿拉克三德知不能抗，鎮撫其民，復謁伯勒克，請減賦。伯勒克拘之，旋遣歸，卒於中途，或謂爲伯勒克所毒。

伯勒克不受朝廷約束，斡羅斯諸王乃朝覲於薩萊，不復至上都。既而哈力翅王達尼爾逐蒙古官吏，吞併他部之衆。伯勒克遣忽侖薩赫來討，以兵弱不敢輕進，復以布侖台代之。布侖台者，從拔都征馬加之舊將也。布侖台諭達尼爾歸命，助攻力拖部，達尼爾畏而從之，使其弟瓦西里克從布侖台平力拖。時憲宗八年也。

逾年，拔都諸弟諸玹等伐波蘭，達尼爾之子弟復從征，平森他米爾以至克拉克。及忙哥帖木兒嗣爲金斡爾朵汗，斡羅斯諸王互相讒構，洛斯多王喝來伯瓦夕里克委特，譖勒治贊王羅曼倭爾格委特信回回教。至元十六年，忙哥帖木兒召勒治贊王至，殺之。洛斯多王之子又譖勒治贊王子於諸玹，引兵伐勒治贊。是年，阿剌叛，徵兵於物的米爾王狄迷特里，遣其弟安得累從軍，平阿速之亂，焚高喀斯山北脱甲柯甫城。十七年，哈力赤王勒輔從金斡爾朵兵，攻波蘭柳勃林城，進至森地米爾，爲波蘭人所敗。既而物拉的米爾王之弟安得累阿來三德勒委特，訴其兄之逼於金斡爾朵汗脱脱蒙哥。十九年，脱脱蒙哥出兵，攻物拉的米爾，直至諾拂哥羅特，狄迷特里奔於諾垓。二十年，諾垓仍立狄迷特里爲物拉的米爾王，時庫爾斯克王附於脱脱蒙哥，諾垓怒伐之，又殺配思克服洛郭爾王士委托司拉拂哀，皆斡羅斯之諸王也。

二十七年，斡羅斯諸王又訴物拉的米爾王狄迷特里之過，金斡爾朵汗脱脱討之，狄迷特里奔於諾物奇羅特。是年，狄迷特里卒，其叔父彌海勒第二嗣。莫斯克王攸利第三欲得首邦之位〔一〕，脱脱以彌海勒第二年長，不允其請。未幾，月思别爲金斡爾朵汗，攸利第三娶其妹孔察哈，遂與蒙古將喀瓦惕，攻物拉米爾，彌海勒第二退於持威亞之地。攸利第二追之，兵敗，孔察哈及蒙古將士皆爲彌海勒第二所俘。知爲貴主，禮而歸之，中道卒。攸利第三乃以鴆殺公主訴於金斡爾朵汗月思别。月思别本庇彌海勒第二，及聞鴆殺孔察哈，大怒，召彌海勒第二至，囚之。已而知其無罪，遣歸。攸利第三賄月思别左右，矯命殺之，襲位受封。

至治三年，攸利第三貢不如額，月思别召而讓之，中途爲彌海勒第二之子德彌特里所殺。月思别以其擅殺論抵，而封其弟阿來克三得爲特威爾王，以雪其父之冤。阿勒克三得嗣位，三年，欲盡殺蒙古人之居忒菲爾者。事聞，金斡爾朵汗命攸利第三弟伊葛爲王，諸藩盡受約束。進討阿勒克三得，伊葛率諸藩之衆，攻陷忒菲爾，械送阿勒克三得及其子於金斡爾朵，殺之。伊葛知欲滅蒙古，非聯合諸藩同心禦之不爲功，以人心未一，故奉蒙古之命惟謹。又以各城賦税皆由蒙古官徵收，乃以計紿之，請變通税法，由莫斯科王額徵轉輸蒙古。於是利權在握，益富强，諸藩之貧乏者售其地爲己有。國人以伊葛喜牟利，稱爲界利帶云。時希臘教最盛，其至貴者曰主教長。凡主教長所居之地，即爲都城。伊葛欲以莫斯科爲都，賂金斡爾朵汗，命主教長由弗拉得莫爾移居莫斯科，供張甚盛，以動諸藩之觀聽。伊葛卒於至正元年，子西面嗣。卒，其弟伊葛第二嗣。卒，子底米丟嗣。時至正二十一年。與宗族立約，王位以父子相承，著爲令，違者以兵討之。

時金斡爾朵與白斡爾朵、藍斡爾朵諸汗相攻，不能兼顧斡羅斯諸部。底米丟乃下令曰：「凡藩部皆吾一本，宜共相和協，以翦仇敵。凡軍國諸務，宜禀命於吾。若恃蒙古爲援，抗不遵命者，諸藩共討之。」於是諸王咸奉底米丟之號令，國勢始振焉。

其後金斡爾朵汗集兵六十萬來伐，至敦河，斡羅斯兵二十萬陣於北岸。底米丟詢於衆曰：「候彼濟而攻之，與我渡河迎擊，孰利？」皆曰：「願渡河一戰。」衆遂渡。既登岸，斬纜沈舟，誓無退志。陣甫合，殺傷相當。底米丟密以奇兵從上流濟，抄蒙古兵之後，蒙古兵望見，疑爲援兵大至，遂潰走。是役也，斡羅斯人雖幸勝，然死傷亦衆。

越二年，白斡爾朵帖米斯汗乘其不備，進圍莫斯科，忒菲爾叛降蒙古，底米丟乃遣使乞和，貢獻如初。

欽察，其先爲武平北折連川按答罕山部族。唐以前稱其種曰庫莫奚，後徙西北，居玉里伯里山。本遊牧之國，與蒙古同。其酋有曲出者，號其部爲欽察，亦曰乞卜察克。曲出生唆末納，唆末納生亦納思。

太祖討平蔑兒乞，蔑兒乞酋之子忽都西奔欽察，亦納思納之。太祖使人往索曰：「汝奚匿吾帶箭之麋？亟以相還，不然禍且及汝！」亦納思曰：「逃鸇之叢薄，猶能覆之，我顧不如草木耶？」不予。太祖乃命者別、速不台移軍討之。

時亦納思已老，國內大亂，其子忽魯速蠻與欽察別部酋庫灘弟玉兒格、子塔阿兒及阿速、撒耳柯思等部來拒。大軍入高喀斯山，迫於險，乃甘言誘其諸酋曰：「爾我同類，無相害意，何爲助他族？」忽都速蠻引軍退，哲別、速不台敗阿速等部，又追襲玉兒格、塔阿兒，殺之。其別部酋八赤蠻竄亦的勒深林間，太宗命拔都等討之，禽殺八赤蠻。忽魯速蠻率其子班都察舉族迎降。

康里，亦曰康鄰。古高車之後，赤狄之餘種也。或曰其先爲匈奴之甥。無總汗，各有君長。遷徙隨水草，衣皮食肉，牛羊畜牧與蠕蠕同，惟車輪高大，輪輻至多。後徙於鹿渾海西北。或謂其部侵掠他族，虜獲騎不勝負，有部人能製車高大，勝重載，故以高車名其部云。

蒙古初，康里之名始著其地，直鹹海北，而西及於裏海，與欽察爲鄰。太祖十六年，命哲別、速不台討欽察。十九年，乘勝東入，康里部衆迸散，與欽察並爲皇子朮赤封地。

馬札兒，亦曰馬加。與波蘭俱在斡羅斯之南，兩國相依如輔車。馬札兒之境，三面環山，形勢尤爲險固。初爲匈奴別部，北宋時，馬札兒人循北海之南，據其地有之。

太宗十二年，拔都平斡羅斯，遣貝達爾等進攻波蘭、馬札兒二國。時波蘭王波勒斯拉物卒，分地與四子。昆弟構兵，波勒斯拉物之孫波勒斯拉物第四爲克拉考部主，娶馬札兒王貝拉第四之女，屬地有珊特米而。波勒斯拉物之子康拉忒爲庫牙費部主，都城曰孛洛此克，屬地曰馬速費。又有一子曰亨力第二，爲昔來齊部主。其東南鄂嘖拉諦波，而部主爲昔斯拉物，都城曰拉諦波。

拔都五道分進，前鋒入路孛林城，退還。是冬，又至費斯倫而河，履冰而渡，掠珊特米而，進至克拉考。其大將物拉狄米而與大兵戰於潑蘭尼也之地，敗潰。大軍分爲二：一往倫昔斯克、庫牙費，一留珊特米而。於是珊特米而、克拉考之兵合攻大軍於昔奪洛城，又大敗。波勒斯拉物第四與其母、妻遁入喀而巴脱山中，大兵遂入克拉考，進克珊特米而。

時亨力第二集衆三萬，分五軍：第一軍爲日耳曼人，謨拉費牙王子波勒斯拉物領之；二軍爲波蘭人，克拉考將蘇立斯拉物領之；三軍亦波蘭人，米昔斯拉物領之；四軍日耳曼人，其部長泊破渥斯台侖奥耳領之；五軍亨力第二自將。戰於乃寒河邊瓦而司達忒之地。日耳曼人先進，大敗。亨力第二馬傷，欲易馬，爲我兵所刺殺，懸首竿上，以徇各部。南至倭忒莫搠甫城，駐軍十五日，西攻拉諦波而，又移屯波勒昔斯克。西南入奥斯大里亞國，至白吕門部之謨拉費牙城。白吕門王曰文測斯拉物，懼大兵至，以重兵守白吕門及勞昔司二城，以五千人往援拉謨費牙。其將爲日耳曼人斯德姆貝而克，有勇名。文測斯拉物戒以平地勿與蒙古戰，但守鄂而謀次、白倫二城。既至白倫，分城兵千人與己兵往鄂而謀次。斯德姆貝而克入城，大兵已傅城下，城中縛草爲人以守陴，須臾，矢蝟集草人上。大兵誘以出城，不肯應。貝達克以爲怯，不設備，斯德姆貝而克乘夜襲之，我軍失利，貝達克歿於陣，遂解圍。東南入馬札兒，以應拔都之軍。

初，拔都自將攻馬札兒，其王爲貝拉第四，在位五年，拔都遣使招降，不應，又不設備，僅遣部將守喀而巴脱山口，伐木塞塗。馬札兒都格蘭城，亦曰布達城，濱杜惱河，河東爲丕思城，王宫在焉。欽察王庫灘來奔，從者四萬家。貝拉喜於得衆，而馬札兒人怨其王納庫灘以致寇，乃大譁。貝拉不得已，下庫灘於獄。

十二年春三月，拔都至，斧其塞塗之木，長驅而入。貝拉下令徵兵，集西北部之兵於丕思，以俟諸路之援，送妃嬪輜重於奧國。拔都從東北喀而巴忒山，踰達羅斯門。貝達克所部，從西北謨拉費牙，踰馬札兒門。合丹、速不台從東，至莫而陶，踰山以進，直抵丕思城下。貝拉堅守不出，有教士烏哥領以爲怯，率所部出戰。大兵退，誘入淖中，馬札兒人被重鎧，陷於淖不能出，盡爲大兵所殪。烏哥領僅以身免，怒貝拉不出援兵，讓之。馬札兒人以兵禍由於庫灘，大軍中又多欽察人，疑其與庫灘通，遂殺之。庫灘餘衆渡杜惱河，奔於布噶而牙。

貝拉在丕思城俟援兵，大兵破丕思北之委琛城。貝拉兵既集而出，大兵退，貝拉從之，屯於賽育河西，以千人守河橋。大軍在河東，出其不意，夜攻之，以砲兵逐守橋兵，又由上游泅渡。天曉，圍貝拉營。貝拉弟廓落鑾與烏哥領力戰，不能出，俱負重傷。晡時，大軍故開一路，使之出。馬札兒人潰走，大軍逐於後，斬馘略盡。烏哥領戰歿，廓落鑾逸歸丕思西南，入地中海，創發亦死。貝拉以有良馬，奔至土洛斯，遇其壻克拉考王波勒斯拉物第四。

大兵攻丕思城，民堅守不降，逾三日，克而屠之。合丹自莫而陶逾山，入脱蘭吾西而伐尼，襲破路丹城，選日耳曼人六百爲嚮導，至滑拉丁，爲馬札兒要害之地，外城爲木城。大兵至，即破之，又以砲攻破内城。城民入教堂，盡焚之，有遁入林中者，出覓食，又爲邏者所殺，殆無噍類焉。別軍入札納忒城，又至丕勒克，以斡羅斯、欽察、馬札兒人爲先驅，蒙古人自後督之，踐積尸登城。前無堅堡，與定宗軍合於拔都。

拔都渡杜惱河，攻格蘭，使合丹追貝拉。貝拉自土洛斯入奥斯大里亞境，至勒泊斯波而克，遇奥王勿來特呂希第二，勸以過杜惱河，貝拉從之。復乘機索賄，以國界三城爲質。貝拉擕其孥至阿格拉拇城，伺敵動静，復往塔而馬西之司巴拉城，其妃自往克立薩堡，後與貝拉俱入地中海島中。合丹追貝拉不及，乃引軍東趨塞而維亞，旋奉拔都命班師。是時，太宗凶問至軍中，乃馬真皇后稱制元年也。拔都與合丹東返杜惱河，諸軍亦退。

明年，貝拉始返丕思。初，貝拉屢求救於日耳曼王勿來特呂希，以與教主構兵，不能赴援，令其子嚴兵守境上。又以書告英吉利諸國：「若塔塔兒來，我兵不能禦，則各國皆危，不能保，請併力敵之。」值太宗崩，拔都亟率兵東返，故日耳曼諸國皆未受兵禍云。

後金斡耳朵汗屢伐波蘭，焚珊特密而。至元二十二年，脱脱哥王伐馬札兒，敗績而歸。次年，復入波蘭無城堡之地，焚掠殆徧，以病疫班師。

【校勘記】

〔一〕「莫斯克王」，下文作「莫斯科王」。本書卷一〇六《朮赤傳》附月思別傳亦兼作「莫斯科王」、「莫斯克王」。

新元史考證

《新元史考證》整理説明

柯劭忞《新元史考證》五十八卷，民國十六年國立北京大學研究院文史部鉛印本。原本有雙行小字夾注，注明「句」、「闕」等情形，此次整理均改爲單行夾注。原本中又偶有訛字、缺字、誤倒，此次整理均予改正，正字用方括號〔　〕標出，同時用圓括號（　）標出誤字。如原本《楊惟忠傳》，「楊惟忠」當作「楊惟中」，即整理作「《楊惟（忠）〔中〕傳》」。

考證一　卷一　本紀第一　序紀

據《元秘史》、洪侍郎《元史譯文證補》。以後省稱《譯史》。凡卷内用《秘史》、《異史》之文，俱不標出處，惟標其事有異同者，他仿此。

蒙古之先出於突厥　《譯史》：「自東突而屈各族以及蒙兀爾。」洪侍郎曰：「突而屈爲突厥之本音。西域史列蒙古於突厥族類中，從其朔也。」劭忞案：孟珙《蒙韃備録》謂蒙古出於沙陀別種，正與西域史合。《蒙古源流》謂爲吐蕃贊博之季子，無稽之説，不足據也。黄東發《古今紀要逸編》謂韃靼與女真同種，亦非。《譯史》：「太祖攻撒馬兒罕突而屈兵，自以與蒙古同種，開門出降。」尤爲蒙古出於突厥之確證。

蒙古哩　據《契丹國志》。

「有黑達達」至「計牙特博兒濟錦」　據《蒙古部族考》。按拉施特分黑達達、白達達、野達達三部種，最爲詳晰，實他書所未及。《部族考》，《譯史》有目無篇，劭忞據未譯本輯補。

本稱蒙兀爾　《舊唐書・室韋傳》有蒙兀室韋，即《大金國志》之朦骨子，爲契丹之種類，與達達異族，洪侍郎誤合爲一。

博兒濟錦氏　據《蒙古部族考》，與《蒙古源流》正合。《秘史》與《譯史》均作孛兒只斤，下文又作孛兒只吉歹，皆一音之轉，譯音無定字也。

亦譯爲郤特　據《蒙古源流》。

孛爾帖赤那豁阿馬闌勒　據《蒙古秘史》。《譯史》作孛兒特郭斡馬特兒。按《秘史》譯爲狼鹿相配生人，《部族考》亦有此言，拉施特述太祖先世之事獨不取之，以爲夫婦二人之名，真可謂信史矣。

斡難河源不兒罕山　今爲敖嫩河必兒喀嶺。李侍郎《秘史注》以八剌合黑河爲不兒罕山所出之河，名不兒罕河，傅主事學濬駁之，以爲臆改不根之名，懸擬古地是也。

巴塔赤罕　《譯史》作必特赤汗。《蒙古源流》作必塔察汗。劭忞案：《秘史》譯音較審，今從之，下文仿此。

塔馬察　《譯史》作特馬徹，《蒙古源流》作特墨撤克。

豁里察兒蔑兒干　《蒙古源流》作和哩察爾。洪侍郎曰：西書譯爲乞楚，誤。

阿兀站孛羅溫阿　《譯史》作古津博郭羅兒，《蒙古源流》作阿固濟木博郭羅勒。

撒里合察兀　《蒙古源流》作薩里噶勒濟固。

也客你敦　《譯史》同，《蒙古源流》作尼格尼敦。

撏鎖赤　《譯史》作珊鎖赤，《蒙古源流》作薩木蘇齊。

哈兒出　《譯史》、《蒙古源流》均作哈里哈爾楚，《譯史》哈里哈生朵奔巴延，較《秘史》、《蒙古源流》少二代。洪侍郎曰：多桑書亦引《蒙古源流》以證異説。阿卜而嘎之書則哈里哈之下又多四代，尤不可解。劭忞案：蒙古世系，《譯史》、《蒙古源流》與《秘史》互有異同，今從《秘史》。

孛兒只吉歹蔑兒干　《蒙古源流》作博爾濟吉台墨爾根。劭忞案：即博兒濟錦之異譯。

忙豁勒真豁阿　《蒙古源流》作蒙郭勒真斡哈屯。

脱羅豁勒真伯顔　《蒙古源流》作都喇勒津巴延。

孛羅黑臣豁阿　《蒙古源流》作博囉克沁郭斡哈屯。

都蛙鎖豁兒　《蒙古源流》作多斡索和爾。劭忞案：《秘史》稱鎖豁兒額上生一目，語殊詭誕，蓋因鎖豁兒譯義爲一目，而演此妄説耳，今不取。

多奔蔑兒干　《舊史》作脱奔咩哩犍，《蒙古源流》作多博墨爾根。

阿蘭豁阿　《舊史》作阿蘭果火，《譯史》作阿蘭郭斡，《蒙古源流》作阿掄郭斡，譯義美女也。

生三子　《舊史》作二子，誤。

秃馬敦　亦作秃馬惕，又作土馬特，白達達十五部之一。

豁里剌兒台　《蒙古源流》作郭哩岱。

夜有白光　《舊史》作夢白光自天窗入，《蒙古源流》同，《秘史》、《譯史》則云見有白光，今從之。

衆疑之　據《譯史》。《秘史》作阿蘭豁阿告其子之言，日本田中萃一郎《蒙古史》作朵奔之父母詰之，《蒙古源流》則謂告其妯娌侍婢等。

不忽合塔吉不合秃撒勒只　《譯史》作不衮哈塔吉不固撒兒只，《蒙古源流》作布固哈塔吉博克多薩勒濟固。

多兒勒斤　即塔立斤。

乘一青白馬　《蒙古源流》作貉皮馬，《秘史》作短脊黑青馬。

黄鷹搏雉　《蒙古源流》作青色鷹攫野鴨。

阿勒敦阿剌　《舊史》作八里屯阿剌。李侍郎曰：《西域水道記》回語下山出口曰阿剌。阿剌，山口也。日本那珂通世《成吉思汗實録》譯阿剌爲河中島。按《蒙古源流》作獨向鄂諾江東去，則那珂通世之譯得之。

鄂郭爾察克部　據《蒙古源流》。

把林失亦剌禿合必赤　《舊史》作八林昔里禿合必畜，畜乃赤字之誤。劭忞案：《譯史》孛端察兒二子，長布格，次布克台，布格子土敦邁寧。《蒙古源流》孛端察兒既娶布丹哈屯將伊子名爲巴噶哩台之後哈必齊，哈必齊之子名伯格爾巴圖爾，伯格爾之子名馬哈圖丹，均與《秘史》不合，今從《秘史》。又《蒙古源流》將伊子名爲巴噶哩台之後裔，語不可解，審爲翻譯之誤。洪侍郎據多桑引《蒙古源流》，孛端察兒生三子曰巴噶哩台，曰亦察郭兒圖，曰哈必齊，文義較順，或不誤也。

蔑年土敦　《舊史》作咩撚篤敦，《譯史》作土敦邁寧，《蒙古源流》作馬哈圖丹。

那莫倫　《舊史》作拏倫，《譯史》作莫奴倫，《秘史》以那莫倫爲蔑年土敦子，合赤曲魯之妻，誤也。《舊史》與《譯史》均以那莫倫爲蔑年土敦之妻，情事較合，從之。

與契丹相拒　《蒙古史》作金軍，誤。

生七子　《舊史》同，《譯史》作九子。

匿於酒甕中　據《部族考》。拉施特書又云匿於積薪之下，《蒙古史》譯多桑書亦云乳母機智，匿海都於薪材處。

巴兒忽真土窟姆　《舊史》作八剌合黑河。傅主事曰：即俄羅斯境拜噶勒湖之巴爾古精。

伯升豁兒多黑申　《舊史》作拜姓忽兒，《蒙古源流》作星和爾多克新，《譯史》作拜桑克兒。

屯必乃薛禪　《舊史》作敦必乃，《蒙古源流》作托不巴該，《譯史》作托邁乃。

生九子　據《譯史》，《秘史》則云二子，《舊史·世系表》作六子。《譯史》屯必乃諸子之後，《秘史》皆屬於蔑年土敦之子，殊誤。塔塔兒之難，蔑年土敦惟餘一孫及幼子納臣，《秘史》之誤明矣。

合不勒　《舊史》作葛不律，《蒙古源流》作哈布勒。《大金國志》：皇統七年蒙古敖羅孛極至，自稱祖元皇帝。那珂通世《成吉思汗實録》注：敖羅即合不勒。劭忞案：祖元皇帝乃附會之說，當日無此事也。

合丹把阿禿兒　《舊史·世系表》作合丹八都兒，《秘史》作合答可，今從《譯史》。把阿禿兒即拔都勇士稱。

嫁女於塔塔兒　據《秘史》。《譯史》則云娶婦。

布勒格赤　《秘史》作八剌合赤。《譯史》俺巴該使告金主，《秘史》則云使歸告忽圖剌。按俺巴該被執，忽圖剌尚未爲汗，不應獨告忽圖剌，今從《譯史》。

金熙宗皇統七年　洪侍郎曰：多桑書在西曆一千一百四十七年，《續綱目》據《大金國志》所紀在金熙宗皇統七年，與西史正合。

金大定間童謠　據《蒙韃備録》。

阿勒壇　《舊史》作按彈。

把兒壇　《舊史》作八里丹，《蒙古源流》作巴爾達。按把兒壇、也速該，《秘史》均稱拔阿禿克，不嗣汗位，《舊史》誤。

也速該　《蒙古源流》作也蘇凱。

「部衆議立汗」至「屢爲泰兀赤部所困」　據拉施特書，爲洪侍郎所未取者。按也速該爲罕，《譯史》未載其事，拉施特詳加辨證云：忽都剌死後，他之姪也速該爲汗爲是，亦屬懸揣之詞。《蒙古史》謂烈祖爲尼倫族長，最合情事。《秘史》稱烈祖爲把阿禿兒，無汗號也。

捏坤太子 《譯史》作太石，《世系表》作聶昆太司，《蒙古源流》作訥袞泰實。

蒙力克 《蒙古源流》作莽古里克。

太祖年九年 《秘史》作九歲，《譯史》作十三歲。

考證二 卷二 本紀第二 太祖上

據《元秘史》、《譯史》。按《秘史》紀太祖攻討諸部年分，多前後訛舛，《譯史》較爲可據，今從之。

訶額倫 《舊史》從《親征録》作月倫，《譯史》作諤倫額格，《蒙古源流》作烏格楞，今從《秘史》。

帖木真兀格 《親征録》作帖木真斡怯。

迭里温孛勒答黑 據《秘史》。《譯史》作迭温布兒答克之地，《親征録》作迭里温盤陀孛勒答黑，譯言邱陵也。洪侍郎曰：俄羅斯人訪其地，在斡難河右岸，今地名如故。

宣懿皇后 按世祖至元二年，命平章趙璧等製尊謚廟號，烈祖神元皇帝，宣懿皇后爲第一室，是追謚訶額倫爲皇后，無太后之稱，《舊史》稱爲宣懿太后，殊乖典要。今改正。

是歲爲乙亥 案楊維楨《正統辨》，謂宋祖生於丁亥，我太祖之降年與宋祖同。維楨此文上於史館，以本朝人述太祖之生年，必無訛謬，此最爲確據。《舊史》本紀據《親征録》太祖丁亥崩、年六十六逆推之，當生於壬午，不可從。

脱端火兒真　《秘史》作脱朵延吉兒帖。洪侍郎曰：下三字音未確。今從《譯史》、《親征録》。

秃克　譯言旄纛。

察剌合　《舊史》、《親征録》作察剌海，《譯史》作察勒哈額不干。

腦中流矢　據《譯史》。《秘史》則云中槍。

合剌只魯格山青海子　《秘史》又作合剌主魯格地闊闊納浯兒海子。

脱里脱阿答亦兒兀孫　《譯史》作托克塔帶亦兒兀阿，《親征録》脱黑脱阿作脱脱。

駙馬孛圖　《舊史》有傳，《秘史》作不圖，《譯史》作孛徒。

請帝稱罕　此與丙寅年即皇帝位、共上尊號爲成吉斯罕爲二事，《秘史》此處即稱成吉思罕，固誤，洪侍郎並以稱汗爲妄，亦非。

皆汝等之離間　按阿勒壇二人離間札木合，其事不見《秘史》，或阿勒壇等棄札木合而歸太祖，故札木合疑其離間耳。阿勒壇、忽察兒雖前後反覆，然實有擁戴之功，殆猶鄭譯之附楊堅矣。

札木合弟紿察兒　《親征録》作札木合部人秃台察兒，《譯史》亦作部人紿古察兒。按僅殺其部人札木合，不至糾衆來攻，今從《秘史》。

斡列該不剌合　《譯史》作烏拉該布拉克，蒙古謂泉曰布拉克，《秘史》之布拉合即布拉克，《親征録》作玉律哥泉，可證。

答兒馬剌　《譯史》作拙赤塔兒蔑勒，《親征録》作揤只。

巴魯剌思人木勒客脱塔黑　據《譯史》。《秘史》不云揑坤所遣，又作亦乞别思人，其名則作木勒客脱塔里。句。孛羅勒歹，《親征録》作卜奕台慕哥。其云揑坤所遣，則與《譯史》同。何主事改《親征録》「揑辟」爲「揑群」，不知乃「坤」字之誤。

答蘭巴勒主愓　《親征録》作答蘭版朱思。

帝與宣懿皇后爲第一翼　按十三翼，《譯史》所載最爲詳明，《親征録》人名多譌字，今不取。

軍失利　《譯史》、《親征録》皆謂太祖勝，爲帝諱敗也。《秘史》獨得其實。《舊史》以此戰爲太祖沖年之事，尤誤。

哲别納牙來降　《秘史》在塔兒忽台等被誅後，今從《譯史》。

照烈　《譯史》作朱里。

哲兒們山　《親征録》作斡斡札勒馬思之野。

異日汝兵車所至　據《親征録》。

烏魯克塔海答魯　烏魯，《親征録》作玉律。

爲泰亦兀赤所殺　《親征録》作爲族人忽敦忽兒章所殺，即泰亦兀赤人也。西史爲蔑兒乞人所殺，誤。

察罕忽失亦文秣驪　據《譯史》哲别補傳。

主兒乞　《親征録》、《譯史》均作月兒斤，即主兒乞之異譯。

蔑古真薛兀勒圖　《譯史》作摩勒蘇里圖，《親征録》作兀真笑里徒。

札兀惕忽里　據《蒙文秘史》。《親征録》作察兀忽魯，《譯史》作察兀特忽里，《成吉思汗實録》譯爲百户長，《蒙古史》譯爲大將軍之義，《親征録》原注　若金招討使。今從那珂通世譯義。

帖列格秃之隘　《親征録》作帖列徒，《成吉思汗實録》引俄羅斯地圖作祖里格秃，爲車臣汗牧地。

帝大怒　《親征録》謂帝麾下爲乃蠻所掠，徵兵起衅，《秘史》謂老營被掠起衅，與《譯史》均不合。今分著於紀傳，以附傳疑之義。

完顔襄討塔塔兒　洪侍郎曰：襄討塔塔兒，以《金史》紀傳考之，是丙辰年事。案《大金國志》塔塔兒寇邊事在甲寅年，未可執《金史》以訂西書之誤。

額兒克合剌　《親征録》作也力克合剌。

王罕奔西遼　《秘史》載此事於辛酉，誤。

古薛兀兒海子　《親征録》作曲薛兀兒汗，《譯史》作庫思克兒淖爾。洪侍郎曰：當在克魯倫河南或在西。

宴於土兀拉河　《譯史》作宴於河上，注：多桑謂是土拉河。與《親征録》、《秘史》合。

塔海速客該　《譯史》作秃該蘇該，《親征録》作雪也該。

霍拉思布拉思之地　《親征録》作發兵哈喇哈河。

乞失泐巴失海　徐星伯《西域水道記》即噶勒札爾巴什淖爾，《親征録》作黑辛八失之地，乃乞失泐巴失之異譯。

謙謙州　《譯史》作侃侃助特。

可克薛古撒卜剌黑　《親征録》誤作二人。

巴亦答剌黑之地　洪侍郎引拉施特説，昔乃蠻主娶汪古部女拜答剌黑，結婚於巴勒赤列之地，蒙古遂並人名地名爲稱，或僅稱拜答剌黑。

王罕至土兀剌河　據《親征録》。《譯史》作塔塔兒土霍勒。洪侍郎曰：恐《譯史》誤。

金們呼兒　譯言大杯。

再伐乃蠻　據《親征録》。此事《譯史》、《秘史》均無之。

不魯古厓　《親征録》「古」字誤作「告」，今改正。

捕魚兒海子　《親征録》：作盃亦烈川。

徹徹兒山　《譯史》作察哈察兒。

又敗塔塔兒酋　《譯史》作蔑兒乞泰兀赤酋，誤。

泰亦赤兀酋盎庫庫楚等會於斡難河　按《秘史》此役在札木合稱汗之後，今從《譯史》。盎庫庫楚，《秘史》作阿兀出。

斬牛馬爲誓　《親征録》作斬白馬，《譯史》殺牛一、羊一、馬一。按《秘史》無此事，其後叙立札木合爲汗事亦多舛略。《譯史》叙次與《親征録》事事符合，今從之。

特因　《親征録》作迭夷。

刊河　《親征録》作犍河，《秘史》作刊沐漣河。按沐漣，蒙古語河也。

戰於海拉兒帖尼河　《秘史》誤以此戰爲闊亦田戰，今從《譯史》。

火力台　據《譯史》。《舊史·抄吾兀傳》及《親征録》載此事均與《譯史》不合，今《紀》、《傳》兩存其事。

卯温赤敦山　洪侍郎曰：即《舊史》之阿蘭塞。

桑昆　《親征録》作亦剌哈，《譯史》作鮮昆。

察罕塔塔兒按赤塔塔兒二部　《秘史》作四部察罕作察合安。

奎騰之地　蒙古語冷也。

札木合掠諸部而去　《譯史》繼乃歸於帝，殊誤。札木合與帝交已絶，無緣復歸也。此事《親征録》不誤，何主事以爲難解，何也？

阿剌兒　譯言水島。

阿兒卻宏哥兒之地　《親征録》作阿不禮闕忒哥兒。洪侍郎引多桑書，在沙漠中，離哈喇温赤敦不遠。《蒙古史》宏哥兒湖在阿兒卻山發源，故兩名合稱。

桑昆僞許婚　《親征録》作王罕事。

蒙力克　《親征録》作蔑里哥，《秘史》、蒙文《譯史》均作蒙力克額赤格。蒙古語額赤格，父也。

巴歹　《親征録》作把帶，《舊史·木華黎傳》作拔台。

卯温都山　《親征録》作莫運都兒山，張明經《蒙古遊牧記》：克什克騰旗西南有漠海恩都爾山，即此山。卯，蒙古語不好也。温都爾，蒙古語高也。

巴兒渚納　《親征録》作班朱尼河，《秘史》作巴兒渚納納兀兒。

飲水誓衆　《親征録》班朱尼飲水在遣使後，《譯史》在遣使前，今從《譯史》。

帖兒格阿蔑勒　《親征録》作帖木真阿亦。

阿剌忽思的斤忽里　《蒙古史》：阿剌忽思本名的斤。忽里，部長之稱。

斡兒訥兀山　《親征録》作建忒該山，《秘史》作客勒帖該合答，譯義爲山之半崖，非山名。

甲子春正月禡牙　據《譯史》。洪侍郎曰：哀忒巒謂回回曆六月十五日，西曆則在二月十九日，中西曆相差至多四十餘日，至少十餘日，當爲中曆正月望日。《秘史》四月之説不足憑。

再議進兵　《秘史》誤二役爲一。

杭海山之哈兒只兀孫河　《秘史》作康合兒山，《譯史》作阿勒台河與杭海山之間。今據《親征録》。

古出魯克　《親征録》作屈出律。

乞鄰古散城　《親征録》作塔思城。

札木合伏誅　《秘史》云：今札木合不出血而死，仍厚葬之。西書則云截其手足而死，未詳孰是。恐《秘史》非實録也。

考證三 卷三 本紀第三 太祖下

元年 《黑韃事略》：韃之本俗只是草青則爲一年，人問其庚甲若干，則倒指而數幾青草。那珂通世謂太祖建元爲世祖時所追定，是也。

建九斿白纛 洪侍郎曰：以白馬尾九爲旄纛，非旗也。《蒙古源流》作九烏爾魯克。

成吉思合罕 據蒙文《秘史》。《蒙古源流》作青吉斯。云有鳥，鳴聲似青吉斯，集方石，於石中得玉印。按《蒙古源流》多誣誕之辭，今不取。又《秘史》太祖與札木合分營後即已稱成吉斯罕，亦誤。蓋此時雖稱罕，乃一部之長，至丙寅，群臣始共上成吉思之號也。錢詹事謂先稱罕、後稱皇帝，未確。

古兒汗 又作局兒罕，譯義衆罕之長。日本田中萃一郎《蒙古史》：蒙古語古兒，總體之義。

國語成爲氣力强國吉思爲多數 洪侍郎曰：西人薈萃衆書，以考成吉思稱名之義。一曰：成，大也；吉思，最大也。一曰：即天子之義。别有蒙古人云：即位時有孔雀飛至，振翅有聲，似「成吉思」，遂以爲罕號。拉施特修史有譯義，則云：「成」爲氣力强固，「吉思」爲多數。拉施特親見國史，其言宜可信也。按《蒙古史》：「成」，蒙古語强健；「吉思」，複數之詞，正與拉施特之譯義合。有元一代有天生氣力的皇帝之稱，即沿此而起。

札兒忽　《百官志》作札魯忽赤。

入兀剌海城　兀剌海，唐古特語萬里長城也。《舊史》作斡羅孩，下文作兀剌海斡羅孩，乃兀剌海之異譯。蒙古伐西夏，再入長城，非一事兩書，特《舊史》不知斡羅孩即兀剌海耳。《譯史》作威剌哈。

阿勒壇布剌　《親征録》作按彈不兀剌。

「斡亦剌部長」至「望風納款」　洪侍郎《譯史》注：《本紀》斡亦剌之降在三年，乞力吉思之附在二年。考之西圖，應從《秘史》。先定斡亦剌東，由而西，軍程乃合。劭忞案：洪説得之，惟太祖遣使諭乞兒吉思，與朮赤之受降當爲二事。

也迪亦納勒，句。阿勒迪額兒　《舊史·本紀》作野牒亦納里阿里替也兒。《親征録》作斡羅思亦難阿忒里剌。此人名，《舊史》誤爲部名。

皇子朮赤征和林西北部族　《親征録》事在十一年戊寅，與《譯史》、《秘史》不合。

「失必兒」至「塔思巴只吉」　據《譯史·朮赤補傳》及那珂通世書。

以斡亦特部長爲嚮導　據《譯史·朮赤補傳》。《舊史·本紀》作斡亦剌遇我前鋒，不戰而降，《譯史·太祖本紀》同，與《朮赤傳》牴牾。按《舊史》依《親征録》，以朮赤北征斡亦剌降附爲十一年事也，今從《秘史》，以北征爲二年事。斡亦剌爲嚮導，則從《朮赤補傳》。

斡亦剌，《譯史》作衛拉特。

斡列别克的斤　據《成吉思汗實録》，與《朮赤補傳》合。《譯史·太祖本紀》：先至一部受降，又至一部。野牒鄂倫酉曰斡羅思亦納兒，與《朮赤傳》及《秘史》、《親征録》皆不合，今不取。

直魯古以女妻之　洪侍郎曰：拉施特謂古兒汗以女嫁古出魯克，他書有謂孫女者。哀忒鑾譯乃是外孫女，恐譯誤。

真河　《親征録》作蘄河，《秘史》作垂河，《舊史·速不台傳》作蟾河，又作檐河。

阿惕乞剌黑、句。答兒伯　《譯史》作阿勒潑魚土克迭兒拜，《録》作柯力也奴奴答拜，又作安魯不也女答兒班。

「遠辱天使」至「犬馬之勞」　據《親征録》。

賜大紅衣金帶　據《成吉思罕實録》。

水决壞其堤　據拉施特書，正與《舊史》合。

再伐西夏　《親征録》事在庚午，《大金國志》、《西夏書事》均在辛未。按太祖午未二年方用兵伐金，不應再有事於西夏，今從《舊史》。又《西夏書事》戰敗失其公主，《舊史》則云納女，未詳孰是。

「分屯山後」至「與金絶」　據《兩朝綱目備要》。

「納哈買」至「始釋之」　據《續通鑑綱目》。拉施特書亦有此人，作阿哈塔買住。《綱目》釋買住在六年四月，按太祖五年已與金絶，則買住之言驗矣，豈有遲至明年而始釋之？今改正。

阿勒敦　《録》作也立可敦。

哈剌魯　《譯史》作柯耳魯克。

粘合合達求和　據《續綱目》。

獨吉千家奴完顔胡沙　《金史》作獨吉思忠完顔承裕。

帝解衣置帶於頂　據《親征録》。按太祖伐金歲月，以耶律楚材進《庚午歷元表》「歲在庚午，決志南征，辛未之春，天兵南渡」之言爲确證。《親征録》秋上始南征，《金史·衛紹王紀》又載於四月，均誤。

復拔烏沙堡　《舊史》此年二月有敗金於野狐嶺之事，又以敗金於貛兒觜皆爲壬申年事，分野狐嶺、貛兒觜爲二役，又誤移辛未於壬申年。按烏沙堡在野狐嶺之北廢興和城，元兵安能先攻野狐嶺、後至烏沙堡乎？又元兵兩攻烏沙堡，一爲庚午，一爲辛未，《親征録》及《金史》獨吉思忠諸傳俱云辛未取烏沙堡，略庚午之役不書。那珂通世遂謂庚午取烏沙堡爲《舊史》之誤載，亦非。

「克烏沙堡」至「圍西京凡七日」　據薛應旂《宋元通鑑》。

會河堡　《譯史》作會河堡，《大金國志》作灰河，爲七月事。

九月完顔胡沙遁　據《金史》本紀。

閏九月進克宣德州　據《親征録》。

入居庸關　《兩朝綱目備要》、《宋史全文》均作七年事，誤。

糺軍來援　據《大金國志》。

哲別克東京　《秘史》作東昌，譯者之誤。那珂通世疑爲東勝。按六年朮赤等已克東勝，則東勝非堅城可知，何至難以衆克、必俟用計取之？今不取。《金史》本紀大安三年大元已定桓、昌、撫三州，徒單鎰請置行省於東京備不虞，帝不悦，未幾東京果陷，可爲哲別取東京之確證。又《譯史》係此事於庚午，亦誤。

喀台布札　《舊紀》作可忒薄刹，《録》作怯台薄察喀台，即九十五千户内之客台布札，即八札，見《趙柔傳》。

繞出紫荆關　據《親征録》。

乃徹圍　《舊史》此下有九月察罕克奉聖州一事，按德興府遼爲奉聖州，金人陞爲府，改名，八年帝尚圍德興府，乃前一年已爲察罕所克，無此事決矣！今不取。

哈台　即九十五千户内之合歹。

遣乙里只入城　據《金史・宣宗本紀》。

寅答虎　《舊史》作寅答虎烏古倫。烏古倫，寅答虎之氏也，《舊史》誤倒。《東平王世家》正作烏古倫寅答虎。

乙里只諭金主　據《金史・宣宗紀》，在二月，且有辛丑勅宰臣燕乙里只之事，《舊史》本紀誤爲七月。

十二月張鯨伏誅，鯨弟致叛　據《木華黎傳》，《舊史・本紀》誤爲四月事。

高琪拒戰，敗之，進至居庸北口　《舊史》誤作古北口，《譯史》亦誤，《親征録》可證。又《舊史》有大兵趨涿鹿、忽沙虎敗遁之事，按《金史》忽沙虎未嘗守涿鹿，李廣文《金史紀事本末》謂因高琪之敗而誤，得之。

循太行而南　《親征録》蒙古三道所取州郡與《舊史》不合，今從《舊史》。

駐蹕中都北郊　據《親征録》。

金粘罕營中都城　據《南遷録》。蒙古攻城事，《大金國志》所載亦略同。

圍太原府　據《宣宗紀》。

張開復取河間　同上。

「撒木合趨關中」至「圍平陽府」　據《金史·宣宗本紀》。按撒木合伐金之役，《金史》最爲詳核，可據。《譯史》載撒木合攻西京事，誤甚。西京久爲蒙古所有，安有遲至丙午年撒木合始取之耶？畢尚書《續資治通鑑》、何主事斠《親征録》，俱云蒙古兩由西夏入關中，亦誤。

耶律六哥　李齊賢《高麗世家》作金山王子，當是六哥僭號。《東國通鑑》作噉捨王子。

札剌　《舊史》作禮剌。

「趙冲以兵來會」至「百餘人」　據《高麗世家》。《東國通鑑》以克江東城爲十四年正月事。

木華黎圍北京　《譯史》誤作西京，守將又誤爲撒木合事。洪侍郎據《譯史》以改定《親征録》，非是。史秉直九年從木華黎攻北京，又史進道從木華黎圍北京，十年城降，均可證也。

自稱大真國　《舊史》僭號東夏，「夏」乃「真」字之誤。

木華黎覲帝於土拉河　據拉施特書。此事《譯史》所無。

速不台討蔑兒克　《秘史》以爲乙丑年事，誤。河，《譯史》作真河，《親征録》作嶄河，《速不台〈傳〉》作蟾河。

忽都赤剌温奔欽察　《譯史》有呼圖罕蔑兒根被殺之事。呼圖、忽都一音，無兄弟同名之理，恐《譯史》有誤。

察罕敗金將　《大金國志》謂元人患苗仙、郭忠元等聚兵，言於金，遣夾谷討之，仲元賜死，軍遂潰散，北軍歸。按金人雖愚，不至自戮其將以縱敵。《大金國志》多誣妄之詞，不足信也。

歹都忽勒莎豁兒　據《成吉思實録》。西書又作塔秃剌克速喀兒，《親征録》作都剌莎合兒，李注《秘史》本漏「莎豁兒」三字。

張柔擊敗之　《舊史》此下有伐西夏一事。按《秘史》，帝將伐回回國，徵兵於西夏，西夏阿沙敢不語不遜，太祖怒，謂回來時卻定征他。是此年並未出師，《舊史》此條實爲虛造。

以木華黎爲太師　《譯史》、《親征録》均爲戊寅事，《舊史》作丁丑事，今從《舊史》。《秘史》以封國王爲元年事，尤誤。

「金中山府」至「以城降」　據《史天倪傳》。《金史・宣宗紀》元兵徇中山，下磁州，正與《傳》合。

木華黎率步騎數萬自太和嶺〔徇〕河東　《金史・宣宗本紀》。

十四年己卯會師於也兒石的河　據《譯史・西域補傳》。《舊史》耶律楚材傳己卯夏六月帝親征回回國，駐也兒石的河，正與《西域補傳》合。《譯史・太祖本紀》以馳也兒石的河爲十五年，與《親征録》同，非是。也兒石的河即今之額爾齊斯河。

貨勒自彌蘇而灘　亦作貨勒自彌沙蘇爾灘，譯言皇帝，即《舊史》之筭端沙，譯言部長也。貨勒自彌，蒙古謂之烏爾鞬赤，又作花拉子模，本城名。其酋滅賽而克之蘇爾灘而代之，詳《貨勒自彌傳》。《舊史》謂之回回國，又謂之西域，魏源《元史新編》則誤爲西遼。

阿力麻里　洪侍郎曰即伊犂，《西游録》作阿里馬，西史作阿而麻力。

波合拉　即《秘史》之兀忽納。《秘史》爲其殺使臣兀忽納等百人，則誤合遺畏兀兒人與波合拉爲一事。

訛脱剌兒城　《舊史》據《親征録》作訛答剌。

伊那兒只克　據《西域補傳》。《譯史・本紀》作哈伊兒汗，《舊史》作哈只兒蘭禿。

岱爾巴圖　《譯史・本紀》作塔亦兒把阿禿兒。

夏五月進至撒馬爾干　據《西域補傳》。《譯史·本紀》則云春征撒馬兒干，《本紀》誤並十四年事於十五年，歲月均舛誤不可據，今不從。

「春張柔」至「三十餘城悉降」　據《續通鑑綱目》。惟《綱目》作五月事則誤。

布哈爾　《舊史》作蒲華城。撒馬爾干，《舊史》作尋斯干，又作薛米斯干，又云駐蹕也的石河。洪侍郎曰：也的石河必也兒的石河之誤，在尋斯干東北數千里。此是十四年事，《元史》誤從《親征録》，遺脱己卯而從庚辰年起，此後編年紀事遂盡移下一年。

康里兵波斯兵　據《譯史》引志費尼書。按《譯史》康里自以與蒙古同類，無鬥志。康里，突而克種，蒙古出於突厥，突而克即突厥之異譯，故云同類。

蘇爾灘母土而堪被獲　《譯史·西域補傳》序在蘇爾灘卒之後，誤甚。《本紀譯證》：蘇爾灘聞妻女被獲，幼子已飲刃，旋卒。可爲的證。

十二月蘇爾灘心悸而卒　洪侍郎曰：他西書考得王卒爲西一千二百二十一年正月十一日，合之中歷爲十五年十二月間。《耶律楚材傳》：庚辰冬大雨雪，楚材曰：回回主當死於野。時序正合。《舊史》繫之壬午，誤。

金主使烏庫里慶端　據《金史·本紀》。《舊史》係於十七年。按是年九月、十月，帝兩遣使於金，均見《金史·本紀》，則此事在十五年明矣。

渴石　即《西游記》之碣石。

莫圖克堪　又作莫圖根。

巴而黑　《舊史》作班勒紇。

塔里堪山　《舊史》作塔里寒。

札拉勒丁　又作只拉兒哀丁，《親征録》作札蘭丁。

阿敏瑪里克　阿敏，名也；瑪克里爲王爵之稱。《舊史》作滅里而，即瑪里克，惟不應加「汗」字耳。

帝欲從印度經唐古特而歸　《親征録》繫於十九年甲申，《譯史·太祖本紀》繫於十八年癸未，均誤。《西游記》長春於壬午四月還自欣都庫施山中行在所，五月五日達邪米斯干，八月十五日渡（河）〔阿〕母河，二十二日至行宫見上，二十七日車駕北回，年月最確，可證諸書之誤。

巴魯俺　《譯史》又作八米俺，又作巴蠻，《親征録》作八魯灣。

或曰左右見一角獸　《舊史》：帝至東印度，有一角獸作人言。帝問耶律楚材，對曰其名角端云云。蓋據宋子貞所作《耶律楚材神道碑》。按太祖西征，未至東印度，楚材亦未從行。考《湛然居士集》楚材在西域惟及尋斯干，未嘗出鐵門也，何由與太祖問答，其爲虛罔顯然。惟「角端」雖非實事，元人皆侈爲奇瑞，今仍書之，以附傳疑之義。

「十八年春駐蹕赤兒赤克」至「不出獵」　據《西游記》。

十九年夏駐蹕阿勒馬克城　據《西游記》。

皇孫忽必烈旭烈兀來迎　《太祖本紀譯證》：時忽必烈十一歲。按世祖生於太祖十年乙亥，十一歲當爲乙酉年事。蓋甲申冬來迎，乙酉春從太祖東歸耳。

乙酉春帝至和林行宮　《秘史》作乙酉秋，《舊史》作春二月，《親征録》、《譯史·太祖本紀》均作乙酉春。那珂通世疑《秘史》過遲，是也。

分封諸子　多桑書但言太祖東歸，定諸子封地。那珂通世叙於還行宮之後，今從之。那珂通世曰：拖雷得蒙古地，窩闊台得乃蠻故地，察合台得西遼故地，朮赤得貨勒自彌康里乞卜察克故地。

西夏主陰合漠北諸部爲拒守計　據《西夏書事》。《舊史》謂西夏納仇人翔昆帝，遂自將伐之。此事已二十餘年，不應今始尋仇，《舊史》誤也。

十一月帝駐蹕畏兀兒　據《湛然居士集·辨邪論》。

西夏率兵來援　《舊史》作嵬名令公，今從《譯史》。

「貢金佛」至「九九之數」　據《成吉思汗實録》。

孛魯遣李喜孫　據《木華黎傳》。《舊史》是年有李全來降一事，按全降在丁亥四月，《舊史》誤。

李晛率五十營來援　《舊史》作遣嵬名令公來援。

五月克臨洮府　《舊史》作二月，誤，今從《金史》改正。臨洮府，金地，非西夏地。

壬午帝疾甚　按《秘史》。帝於阿兒不合之地出獵，墜馬致傷。李侍郎注據《西游記》證爲十八年二月事，是也。《秘史》紀事得之傳聞，今不取。

己丑崩　《舊史》在七月，《譯史》則在八月。洪侍郎曰當依《舊史》，中西歷法不同，易於舛誤。

臨崩　《秘史》謂西夏主來朝，帝殺之，在未崩之前。《蒙古源流》又謂太祖納西夏之后致疾，皆失實，今不取。

年七十有三　《舊史》作六十六，誤甚。詳見洪侍郎《太祖年壽考》。

考證四 卷四 本紀第四 太宗

窩闊台 《秘史》作斡哥歹。

朮赤察合台攻烏爾鞬赤至班師 據《譯史》。

皇弟拖雷監國，帝留於霍博之地 《舊紀》作自霍博之地來會葬。那珂通世謂太祖崩時，太宗從軍居左右，葬畢始還霍博之地，《舊紀》誤。案那珂君糾《舊紀》會葬之誤，是也。惟據多桑之説，謂葬後皇子諸王各還分地，拖雷攝國事。考之拉施特書，既無確證，揆之當時情事，亦有不合。太宗已奉太祖之命爲嗣矣，何必再還分地，俟諸王百官總會於大斡兒朵然後即位乎？按《舊史·拖雷傳》，拖雷監國，太宗留於霍博之地，較爲近理。太宗分地在葉密爾河。《耶律希亮傳》：中統二年夏抵葉密里城，冬至火孛之地。火孛即霍博，當亦在太宗分地之内。太祖崩後，拖雷奉梓宫歸葬，太宗自往分地安輯部衆，以國遭大喪，恐新附之地易生變亂也。迨人心大安，始至太祖大斡朵行即位禮，視多桑説較合情事矣。

闊迭額阿剌勒 據《秘史》。《舊紀》、《親征録》作曲雕阿蘭，下文又作庫鐵烏阿剌里，一地誤二，不知爲譯文之異。闊迭額阿剌勒，那珂通世曰客魯連河中州。

木亦堅合罕　據《蒙古部族考》。

「察合台持右手」至「東向拜日」　據《蒙古部族考》。

金主遣完顏麻斤　據《哀宗本紀》。

完顏訥申　據《哀宗本紀》。《舊紀》作阿虎帶，據〔《金史》〕，阿虎帶爲天興元年之講和使，事在太宗四年，《舊紀》誤。

勑宿衛等依前番直　據《成吉思汗實録》。

復遣完顏訥申　據《哀宗本紀》。

獵於斡兒寒河　《舊紀》此下有遣兵圍京兆、金主率師來援敗之一事。按是時金哀宗在汴，並無自將援京兆之事，不審何以譌誤至此？今删。

盧鼓椎有不遜語　《舊史》本傳譌爲金主之言，今據《金史》改正。又《舊史》速哥使金，金主亦有拒戰之言，亦因此事附會之。

綽馬兒罕討札剌哀丁　據《異史》。

與完顏彝戰於大昌原　《金史·本紀》作正大六年，爲太宗元年。《忠義傳》作正大五年。其時太宗尚未即位，俱不合。《布哈》、《約赫德傳》作七年正月，今從之。《舊紀》：夏，朵忽魯及金兵戰，敗績，時亦誤。

以楊妙真爲山東行省　據《平都州重建真武廟碑記》。

四月克鳳翔府　《舊紀》作二月，今從《金史·哀宗紀》。《舊紀》又云攻洛陽河中，按蒙古未渡河，不能至洛陽，拔河中在十二月，亦非二月事，今並不取。

九月圍河中府　《舊紀》作十月，今從《金史》。

元兵渡漢水　據《金史》。

搠不罕使宋總制張宣殺之　《秘史》作主不罕，謂爲太祖時事。高寶銓《秘史補注》謂金人殺之，諉爲宋殺。按張宣爲宋青野原統制，紹定四年以宣戰青野原有功，授沔州都統，則宣殺蒙古使者爲太宗時事明矣。陳桱誤以宣爲金將，高君從之，尤非。

初皇叔斡赤斤遣著古與使於高麗　據《東國通鑑》。

綽馬兒罕追札拉勒丁　據《譯史》。

「拖雷敗金將完顏兩婁室於襄城」至「援南京」　據《哀宗本紀》。

丙戌帝自河清縣渡河，三日軍畢渡　《舊紀》作戊子，《哀宗紀》作丙戌，蓋丙戌渡河，戊子畢渡。

拖雷使者至　拖雷於三年十二月渡漢江，其使者今始達行在也，《舊紀》誤。

李平降　據《哀宗紀》。

撒里塔班師　據《高麗史》。

金兵不戰而潰　據《哀宗紀》。

以其弟之子曹王訛可爲質　據《哀宗紀》。《舊紀》作金主遣其弟，誤。

「金主遣楊仁乞和」至「詔諭金主」　同上。

金曹王訛可歸　據《哀宗紀》。

高麗叛　《舊紀》云殺所置官史，《高麗傳》亦云殺達魯花赤七十二人以叛。那珂通世曰：《高麗史》所載，惟有七月王遣尹復昌往北界，奪達魯花赤弓矢，被達魯花赤射殺，及謀殺達魯花赤不成一事，而無盡殺七十二人之事。《高麗傳》載太宗五年詔數高麗王五罪，亦不及此事，其爲妄傳無疑。按那珂君説得之，《舊史》誤采，今不取。

高麗奉表謝罪　據《高麗史》。

「遣王檝使於宋」至「歸河南地」　據《宋季三朝政要》。按《宋史》，是年蒙古再遣使於宋，《舊史》無徵，恐《宋史》誤也。

撒吉思卜華敗白撒　據本傳。《金史·哀宗紀》繫此事於丁巳。

梁王從恪，荆王守純　《舊史》作荆王恪，梁王守純，誤，今從《金史》。

詔諭高麗王　據《高麗傳》。

速不台克洛陽　據《哀宗本紀》。《舊紀》在上年三月。

王檝使於宋　據《哀宗本紀》。

畢賢甫殺鄭毅　據《高麗史》。《東國通鑑》作鄭顗。

承麟爲亂兵所殺　《舊紀》據《親征録》作獲承麟，殺之，今從《金史》。

追殺抹撚兀典　據《哀宗紀》。

武仙奔澤州　據《金史・武仙傳》。

頒大札撒以令於衆　《親征録》作宣布臺章札撒，譯言法令也。《舊史》書於即位之下，殊誤，《親征録》可證。

全子才自合肥趨汴　據《宋季三朝政要》。

宋制置使趙葵陷泗州　據《宋季三朝政要》。

遣王檝使於宋　據《宋史・理宗紀》。

「春帝居永安宮」至「率以爲常」　據《成吉思汗實録》。

居揭揭察哈殿　《舊紀》作迦堅茶寒殿，此以揭揭察哈澤得名。《舊紀》一卷之内既作迦堅茶，又作揭揭察哈，譯字參差，致讀者誤爲二地，今改。

闊闊腦兒　亦曰軍腦兒。闊闊，譯言青，「軍」字疑「庫」字之譌，庫庫、闊闊譯音之轉，

《舊史》奪一「庫」字，又訛「庫」爲「軍」。

汪吉河　亦曰翁奇河，耶律鑄《雙溪醉隱集》作旺結河。

「帝以欽察斡羅思諸部」至「皆從行」　據《譯史》。

全子才、劉子澄皆遁　據《宋季三朝政要》。

「敗宋趙范」至「引還」　《三朝政要》繫此事於十一月，《續資治通鑑》作七月，誤。

承制授汪世顯原官　《舊紀》作闊端攻石門，汪世顯降，據世顯本傳書之。按《金史·郭蝦蟆傳》：世顯得蔡州凶聞，即殺金行省粘葛完屠，送款於蒙古，遣使諭郭蝦蟆以禍福，蝦蟆不從。是世顯已早降矣。《元史》本傳乃謂金亡，世顯猶城守，闊端問何爲不降？世顯對以賣國市恩之人，諒所不取，庫端大悦。儼然節義之士，虚誣至此，可爲歎息。蓋採世顯碑狀之諛詞不暇審訂耳，今改正。

三月王旻、李伯淵等以襄陽來附　據《宋史·理宗本紀》。

夏四月曲出克隨、鄧二州　據《宋史·理宗本紀》。

「九月闊端攻武休關」至「斬友聞」　據《宋史》。

冬十月郭蝦蟆自焚死　據《金史·郭蝦蟆傳》。《舊史·按竺邇傳》事在甲午，誤。

速不台討布而嘎而部　據《譯史》。

斡魯朵　即拔都兒鄂爾達，見《譯史》。

茶合帶　即察合台。

孛魯古帶　即別里古台。

古與克　即貴由。

果魯干　即闊列堅，拉施特書亦作果爾干。

鍜真　朮赤台孫，本傳作端真。

折那顔　即《食貨志》之折米思卻兒，此與端真、按只那顔、火斜朮思等並屬於〔本〕〔木〕華黎，所謂五投下也，故皆於東平府内撥賜。或以折那顔爲折別，失之。

蒙古寒札　疑察罕之誤倒。察罕賜姓蒙古，《元史本證》以蒙古即畏答兒孫忙哥，恐非。

火斜朮思　即《食貨志》之和斜温。

波爾塔斯三部　據《譯史》。

自七歲以上未嫁之女得四千人　據《成吉思實録》引多桑書。

斡赤斤領地　據《秘史》。

宋知安豐軍杜杲　據《宋季三朝政要》。

拔都入斡羅斯　據《秘史》。

闊列堅中流矢卒　據《蒙古部族考》。

拔都克物拉的迷兒城　據《譯史》。

二月遣王檝使於宋，宋通好使周次説來　據《理宗本紀》。

杜杲拒戰，兵失利，引還　據《宋季三朝政要》。

綽馬兒罕再入義拉克　據《譯史》。

孟珙復取信陽軍　據《宋史·孟珙傳》。惟《珙傳》以取信陽、光化與取襄樊爲一年事，《舊史》宋取襄樊在十年，與《宋史》不合，今分年繫之。

冬十一月蒙哥圍蔑怯思城　《譯史》作十一年春。按《舊史·昔里鈐部傳》載此事年月最詳，《譯史》誤也。

塔海與宋兵戰於大埡砦　據《宋史·孟珙傳》。

金降將王榮　據《舊史·〔史〕天倪傳》。

綽馬兒罕分兵攻角兒只　據《譯史》。

「奥都剌合蠻」至「乃免死」　據《成吉思汗實録》。

拔都遣使奏捷　按《秘史》拔都自乞卜察遣使奏古余克不里，因筵會詈拔都事，斡哥歹大怒，詔古余克拜見責訓，蓋因拔都之奏召古余克還，非定宗已歸。《舊紀》皇子貴由遣使奏捷，即拔都遣使之事。

八月宋余玠以舟抵汴　據《宋史·理宗紀》。

拔都入波蘭馬加　據《譯史》。

「阿拔克入朝」至「不得額外苛斂」　據《譯史》。

拔都等敗波蘭兵（至）　據《譯史》。

田世顯　《舊史》作田顯，今從《宋史》。

敗宋統制王温　同上。

大兵攻叙州　同上。

右丞相鎮海罷　據《譯史·定宗本紀補異》。

克資州　據《宋史》。

「貝住征羅姆」至「開廓蘇納款」　據《譯史》。

「壽春兵掠膠密」至「堅守不下」　據《宋史·理宗紀》。

劉整襲陷鎮平縣　據本傳及《宋史》。

貝住克凱（竦）〔辣〕脱　據《譯史》。

朕有四功四過　據《秘史》。
朵豁勒　即朵忽魯。

考證五　卷五　本紀第五　定宗

貴由　《秘史》、《譯史》均作古余克，又作庫裕克。古余、庫裕、貴由譯音相近，「克」字蒙古語之尾音。

太宗五年以皇子從按赤帶討蒲鮮萬奴　據《舊史》太宗本紀。《定宗本紀》則云命諸王按只帶伐金帝，以皇子從，虜其親王。誤以討遼東爲伐金之役，今改正。

七年拔都速不台討奇卜察克斡羅思諸部　據《譯史・拔都補傳》。

「太宗以敵據堅城」至「俱從行」　據《秘史》及《拔都補傳》。

帝與蒙哥攻阿速部之蔑怯思城　據《譯史》。《舊史・本紀》作攻圍木柵山寨，即蔑怯思城。

選死士十人躡雲梯而上　據《曷思麥里傳》，《舊史・本紀》作以三十餘人與戰，帝及憲宗與焉，未得其實。

「與拔都大軍會於杜惱河」至「爲後援」　據《拔都補傳》。

春三月太宗凶問至　據《拔都補傳》。

「癸卯諸王斡赤斤」至「引衆還」　據《譯史・定宗憲宗本紀補異》。洪侍郎曰：《耶律楚材傳》事在癸卯夏正，西北軍還之時，時序亦合。薛氏《宋元通鑑》：議立帝，久不決，諸王將謀作亂，會雷雨大作，帳水深數尺，遂各散去。按太宗崩，皇后即議立定宗，無久不決之事，薛氏所言殊乖情實，今不取。

「拔都遷延不行」至「與其子來會」　據《拔都補傳》。

「帝與拔都大宴軍中」至「事始解」　據《秘史》。

諸王忙該及阿勒赤歹、晃豁兒、台掌吉等諫曰　據那珂通世《成吉思汗實録》。《秘史》李注本無晃豁兒、台掌吉二人，又李侍郎以忙該爲蒙哥，尤誤。

「斡羅斯姆」至「宥斡赤斤不問」　據《定宗憲宗本紀補異》。

皇后乃馬真氏崩　同上。《舊史·后妃傳》作至元二年崩，誤甚。《舊史·本紀》帝雖御極，而朝政猶出於六皇后，亦臆撰之辭。

始申令禁止之　《舊史·本紀》諸王徵求貨財，民力益困，乃六皇后攝政時事，與定宗無涉，宜據西書正之。

阿不都拉蠻伏誅　據《本紀補異》。此事《舊史》失載。

楊惟中宣慰平陽　據《楊惟(忠)〔中〕傳》。

以察罕經略江淮，賜貂裘一，鑌刀十　據《察罕傳》。

軍前左右司李楨表言　據《李楨傳》。按定宗即位，楨有此表，不應至庚戌皇后攝政時始以楨爲襄陽萬户，恐庚戌年有誤。

抽諸王部衆十之二　據《本紀補異》。《舊史》作率搠思蠻部兵，《親征録》太宗與太上皇共議搠乃蠻復征西域，疑即搠思蠻也。以語不可解，改從《譯史》。

柔帳下吏夾谷顯祖　據《張柔傳》。

「諸王拔都」至「捏迷思部平之」　據《兀良合台傳》。此事《譯史》無之。

「屬國如斡羅斯」至「以汝爲前鋒耳」　據《本紀補異》。

「西域婦法瑪克」至「亦誅之」　同上。

「西巡葉密爾河」至「未至别失八里，疾大漸」　同上。

秋七月帝西巡，郝和尚朝於行宫　《舊史・本紀》作西巡，《續資治通鑑》改爲西巡太原，以無确證，今不從。畢尚書曰：《郝和尚傳》爲甲辰事，定宗尚未即位也。本傳還治太原在戊申，則入朝當在前一年。又《郝和尚傳》作朝於宿瓮都之行宫。那珂通世《成吉思汗實録》謂宿瓮都即斡爾朵。劭忞案：「昔剌」急讀爲「宿」，「斡爾朵」急讀爲「瓮都」，「宿瓮都」即「昔剌斡爾朵」之異譯。《舊史》誤爲地名。

「帝嚴重有威」至「委鎮海、喀達克二人裁決之」　據《本紀補異》。

皇后斡兀立海迷失臨朝稱制　《舊史·后妃傳》：皇后立失烈門，垂簾聽政，誣妄殊甚。畢氏《續資治通鑑》從之，非是。

「己酉皇后遣使者帖木兒」至「皆不悦」　同上。

「宋制置使余晦攻興元」至「據階州以叛」　據《按竺邇傳》。《宋史·理宗本紀》同。

考證六 卷六 本紀第六 憲宗

莊聖皇后　《舊紀》作莊獻。汪龍莊曰：《后妃傳》：追謚莊聖皇后，至大三年加謚顯懿莊聖皇后，《舊紀》誤。

「從拔都討奇卜察克」至「寬田吉思海島」　據《譯史·拔都補傳》。

「八都鑾請受刃於帝」至「盡屠其衆」　同上。

遣使者帖木兒　《舊紀》作八拉，今據《譯史》作帖木兒，其人爲和林總管。

阿克塔隆　殺阿克塔隆事，《舊史》無之，其人見《公主表》。

忽必烈曰　《舊紀》作未哥詰八剌之言，《忙哥撒兒傳》又作忙哥撒兒之言，傳聞互異，今兩載。

「太祖分部衆」至「以國法從事」　據《本紀補異》。

別里古帶　洪侍郎曰：別里古台孫滅里吉歹，見史表，或即別里古帶。劭忞案：「古」字當是「吉」字之誤。

「即位之日」至「九白之貢」　據《本紀補異》。

車中藏甲　《忙哥撒兒傳》作刳車轅藏兵其中，事不近理，今不取。又云察合台之子及按赤台等之謀，亦誤。

野里知吉帶之二子皆坐誅　據《本紀補異》。

總治漢南諸路兵民　蒙古分漢人、南人爲二，「漢南」謂漢人、南人。

以孛爾該爲大必闍赤　據《本紀補異》，即《舊紀》之孛魯合。

賽典赤匿昝馬丁　當即瞻思丁之異文。

察罕　據本傳。《舊紀》作茶寒，《舊紀》又有葉丁千，乃葉不干之誤，即也不干，察罕其名也。不干譯言元帥。

封克薛傑爲荅剌罕　據《本紀補異》。

「依太祖、太宗舊制」至「五千錠」　同上。

顆顆腦兒　又作潤潤腦兒。那珂通世謂顆顆腦兒即軍腦兒，是也。本是「庫庫」，奪一字，又誤作「軍」字。

帝聞西夏人高智耀　據《廟學典禮》。

拔都誅野里知吉帶　《舊紀》作合丹，今從《譯史》。

命旭烈兀討木剌夷　據《譯史·木剌夷傳》。《舊史》：遣乞都不花攻末來吉兒都怯寨，末來即木剌夷，乞都不花即怯的不花，乃旭烈兀之前鋒也。下文七月乞都不花攻没里奚，没里奚亦即木剌夷，一事誤分爲二，今改正。

命諸王也苦征高麗　《舊紀》作耶虎，不知即上文之也苦也。今改正。

命萬户嚴忠濟　據《祭祀志》。

謫忽察於蘇里該之地，腦忽於没脱赤之地　據《本紀補異》。洪氏疑没脱赤即探馬赤，非是。《舊史》有也速孛里，誤甚。孛里即不里，爲拔都所殺。也速即也速蒙哥，爲忽剌旭烈妻所殺。

定太宗子孫之分地　據《本紀補異》。洪侍郎曰：此皆在太宗之分地，並未遠徙，特爲之分定疆域耳。泥於《元史》文義，一若盡投之遠方也者，未爲是也。

忽剌旭烈未至而卒　據《譯史》。《舊紀》合剌卒，即忽剌旭烈，又載旭烈卒，一事重出，今改正。

定宗用事大臣喀達克等並伏誅　《譯史》殺喀達克、鎮海二人，《舊史·鎮海傳》不言被殺。今但書喀達克，以附傳疑之義。

「八月庚申」至「以太祖、睿宗配」　據《舊史·祭祀志》。

掌斡脱　即斡爾朵。《舊史》此下有孛魯合掌闍必赤事，一事兩載，今削之。

「夏六月兀良合台」至「忽必烈征大理」　《舊史》作六月命諸王旭烈兀及兀良合台等

征西域。按兀良合台從忽必烈征大理，見《世祖本紀》、《兀良合台傳》，無再從旭烈之理，《舊紀》誤甚，今改正。

是年也的不花攻吉兒都苦堡　據《譯史·木剌夷補傳》。《舊紀》繫於二年正月，誤。吉兒都苦堡即《舊紀》之吉兒都怯寨。

皇弟旭烈兀征報達　《舊紀》作征西域哈里〔發〕、八哈塔等國。按八哈塔即報達，哈里發爲教主之稱，非國也，《舊紀》誤，今改從《譯史》。

城利州閬州　《宋史》作二年事，今仍從《舊紀》。

宋將余晦城紫金山　據《汪德臣傳》。

釋宋使王元善　據《宋史全文》。《宋史》本紀作王善。

忽必烈至自大理　據《世祖本（□）〔紀〕》。□□□□□□入覲之事，以《世祖紀》考之，無此事也，今不取。

攻烏蠻赤押城：據《兀良合台傳》。

城光化軍：據《續資治通鑑》。

「定漢民科差」至「顏料等物」：據《舊史·食貨志》。

兀良合台至三十七部：據《兀良合台傳》。

會都元帥察罕：《舊紀》作會大帥，今據《察罕傳》。

帝以宋人違命囚使者月里麻思：據《月里麻思傳》。

兒滅怯土：即昔剌斡兒朵，《舊紀》又譯爲欲兒陌哥都。

「旭烈兀分三道進（共）〔兵〕」至「殺之於中途」：據《譯史・木剌夷補傳》。

賜銀五千兩，綵帛二萬四千匹：據《本傳》。《舊紀》作五十兩萬、二百匹，均誤。

始建城郭宮室：據《劉秉忠傳》。

「命阿藍答兒」至「入覲」：據《世祖本紀》。此事《舊紀》繫於十一月，按世祖以十二月見帝於行宮，阿藍答兒等必不以十一月至陝西明矣，今從《世祖本紀》繫此事於七年春。

董文蔚與宋將高達戰於白河：據《宋史・高達傳》。

「兀良合台奏請」至「還鎮大理」：據《兀良合台傳》及《宋史》。

十一月陳日煚遁入海島：□□□□□。

駐蹕於玉龍棧赤：即烏爾韃赤。□□□□□□□□□，皆譯音之異。《舊紀》。

旭烈兀克乞里茫：□□□□□。

陪臣阮學士：據《安南□□》。

禽其哈里發木司塔辛：據《報達補傳》。

紐鄰敗宋(帥)〔師〕於靈泉山：《舊紀》作宋蒲擇之攻成都，紐郊與戰，敗之。按是時成都尚爲宋守，蒲擇之來援成都，非攻也。《舊紀》誤，今改正。

帝殺洪福源：據《洪福源傳》。

明安答兒：即石抹明安。

以大淵爲都元帥：《舊紀》作四川侍郎，今從大淵本傳，《舊紀》誤也。

考證七　卷七　本紀第七　世祖一

帝射一兔，旭烈兀射一山羊　據《譯史・太祖本紀譯證》。

「邢州爲帝分地」至「益以儒者爲可用」　《舊紀》叙此事殊舛，今據劉秉忠、張文謙諸傳正之。

脱兀脱及張耕爲安撫使，劉肅爲商榷使　《劉秉忠傳》作耕爲安撫使，肅爲副使，《張文謙傳》作近侍脱兀脱、尚書劉肅、侍御李簡三人往。彼此互異，今從《舊紀》。

孛蘭奚　《舊紀》奪「奚」字。

命姚樞裂帛爲旗　據《姚樞傳》。　按大理殺蒙古使者，世祖入大理不戮一人，真王者之師，《舊紀》略而不言，今稱之。

「祥不屈」至「帝曰忠臣也」　據（揚）〔楊〕慎《滇載紀》。　慎書高祥作高太祥。

「千户董文炳」至「舉鞭上指曰天也」　按《舊紀》叙此事殊失實，此役文炳先期請於世祖，渡江又力戰先登南岸，《舊紀》乃謂諸將以爲未可渡，帝不從，何也？

高達引兵入城　據《宋季三朝政要》。《宋史・理宗紀》亦言高達守鄂州，《舊紀》作呂文德事，誤。《三朝政要》謂張勝登城，紿蒙古以子女、玉帛皆在將台，北兵遂退。　按世祖軍令嚴明，必無此事，今不取。

高麗世子倎來迎　據《高麗史》。

哈丹阿只吉　《表》作合丹，太宗弟六子阿只吉察合台孫。按朮赤後王尚未至，以《譯史》考之，世祖即位時，朮赤後王爲伯克勒，《譯史》謂其素附世祖，阿里不哥自立，伯克勒不從叛。其時方與阿里不哥相持，不暇至開平勸進也。

塔察兒也，先哥，忽剌忽兒，瓜都　塔察兒，斡赤斤孫也。先哥，《表》作移相哥，哈薩兒子。忽剌忽兒，《表》作忽烈忽兒，哈赤温孫。瓜都，《表》作者多，別里古台子。此太祖同母弟四人之後。

略舉其切實便民者條列於後　據《元典章》。

「一諸軍每年征進」至「歲時致祭」　據《元典章》。此五條《元典章》分隸各門，標云「欽奉詔書内一款」。按《廟學典禮》所載諸條件俱云「一某事」、「一某事」，是當日文書之式如此，《元典章》删「一」字，改爲「欽奉詔書内一款」耳。

是月中書省奏　據《元典章》。

轉都兒哥　都兒哥即斡兒朵之異譯，非地名。

以信苴段實爲大理國總管　《舊紀》訛謬，據《滇載紀》改正。

「秋七月癸酉立中書省」至「張易爲平章政事」　據王惲《中堂事記》。按《舊紀》中統元年、二年除拜宰執，訛誤叢出，當由官書缺略之故。惲書逐日記事，必無錯誤，今據訂《舊史》之訛。

賜倎國王印及虎符　據《高麗史》。《舊紀》作賜國王封册、王印及虎符。按《舊紀》誤，《高麗史》所載僅賜國王印，無封册也。至次年六月，始封倎爲高麗國王。

先朝皇后帖古倫、皇后斡者思　帖古倫即后妃，《表》之帖木倫。斡者思即《表》之斡者忽思，皆太祖皇后。

兀魯忽乃妃子　即《表》之業里訖納妃子，太宗妃也。

宋兵攻漣水，李壇失利　據《宋史·理宗紀》，惟《宋史》事在前年十月。

中書省奏差發宜從實科徵　據《元典章》。

「丁酉詔行中書省丞相」至「赴開平」　據《中堂事記》。

丙午車駕幸察罕腦兒　據《中堂事記》。

己未車駕幸開平府　同上。

祀天於舊桓州　同上。

金齒蠻來貢方物，遣劉芳諭金齒蠻　據《中堂事記》。《舊記》作以劉芳使大理等國，誤甚。

命王文統舉讀史一人　據《中堂事記》。

丙寅命姚樞赴省同議軍須調度

戊辰發浪國來貢方物

封昌童爲永寧王　並同上。

「乙亥罷東平路嚴忠濟」至「封木苑大王爲建昌王」　據《中堂事記》。《表》有建昌王，軼其名。

丁丑以大司農左三部尚書賽典赤爲中書平章政事　《舊紀》事在八月丁酉，作燕京撫使賽典赤。

庚子封王倎爲高麗國王　據《中堂事記》。此事《高麗史》不載，諱之也。

詔曰諸路學校久廢　據《廟學典禮》。

「阿魯不哥復叛」至「踰沙漠而西」　據《譯史》。

「合丹等與阿里不哥戰於昔木土」至「棄和林西遁」　據《譯史》。按世祖待阿里不哥深，合緩追逸賊之義。《舊史》乃云帝親率大軍以躡其後，誣莫甚矣。

以尚書怯烈門等從塔察兒北上　稱世祖以前不設備，使阿里不哥入和林，故阿里不哥敗後，雖不使諸將窮追，仍嚴兵備之。

賜高麗國歷，且責其欺慢之罪　據《東國通鑑》。

享列祖於中書省　《舊紀》享太廟。按四年始建太廟，此年十二月安有廟享之事？今據《祭祀志》改正。

召商挺、趙良弼入覲　《宰相表》是年挺拜參知政事，本傳挺爲參政在至元元年，未詳孰是？

三月己酉高麗王禃遣使入貢　《東國通鑑》：中統三年十二月遣高汭如蒙古，仍獻方物。春三月，高汭還自蒙古。即此事。三月己酉，據禃表至之日書之。

十二月高麗王禃遣使貢方物，仍上表請免置馹、籍户口等事　據《東國通鑑》。《高麗史》禃四月遣使，八月使還，《舊紀》繫此事於十二月，誤也。然《高麗史》何時至燕，不可考，姑仍《舊紀》書之。《舊紀》謂謝免置馹等事，尤誤，今據《高麗史》改正。

考證八　卷九　本紀第九　世祖三

命忻都鄭温征耽羅　《耽羅傳》鄭温作史樞，《高麗史》史樞、鄭温俱不載。

阿不合　即阿八哈，旭烈兀長子。

師子國　即錫蘭。

落羽蠻叛　《舊唐書·南蠻傳》：烏蠻分七部，一曰阿芋路，落羽即阿芋之轉音。《舊紀》亦作羅羽，又誤作牢魚國。

其探馬赤等户　據《元典章》。

副使卜云失　《舊紀》有劉源，無卜云失，或一人二名。

丁未吕文焕以城降　《舊紀》上文克樊城，下云吕文焕懼而請降。按正月己未文焕已請降，豈有至二月丁未，歷四五十日始以城歸附之理？揆之情事，殊屬不合，其爲虚妄明矣。

立河南等處行中書省　《舊紀》十一月升襄陽府爲路，最舛。

立光州招討司　《舊紀》此上有劉整與阿里海涯不相能、分軍爲二之事。按是時阿海里海涯在襄陽，劉整在正陽，無合軍之理，《舊紀》所言乃樊城未拔以前之事，誤載於此。

六月戊申耽羅平　《東國通鑑》事在四月，《舊史》據奏到之日書之。
伐宋詔　據《元典章》。
七月癸巳高麗王禃卒　《東國通鑑》在六月癸亥。
九月癸巳朔伯顔、史天澤視師於襄陽　據《經世大典・叙録》。
忽敦等敗日本兵於博多　據《元寇紀略》。
召征日本諸將　《舊紀》此下有安童劾阿合馬、帝命窮治之一事。按《阿合馬傳》，帝委任如故，是帝並未用安童之言。《舊紀》虚妄，今删。
乙酉伯顔克陽宿堡
左衛指揮副使鄭温　本傳作右衛。
拔渠州禮義城　據《宋史・瀛國公本紀》。
丁丑管景模遣使請降　據《宋史》。《舊紀》誤。
來興國以城降　《舊紀》誤書於十一年十二月。
置合剌章民官　《元史本證》：《賽典赤贍思丁傳》奏合剌章、雲南壤地均也，而州縣皆以萬户主之，宜改置令長，從之。是置令長專爲合剌章，《本紀》失書(地)〔也〕。按汪説是，今據改。

二月癸卯范文虎以城降　《宋史》作正月戊戌事。

博魯歡爲淮東都元帥　即博羅歡，《舊紀》作淮南（設）〔誤〕。

丙午池州張林以城降　《宋史》作庚戌。

戊辰知和州王善降　《宋史》作壬戌。

知無爲軍劉權以城降　據《宋史·瀛國公本紀》。

知滁州王文虎降　《宋史》作王應龍。

計議官撒都魯丁　據《元寇紀略》。

甲申潛説友並以城降　據《宋史》。《舊紀》載於二月甲子，誤甚。

嚴忠範爲宋人所殺，執廉希賢送臨安　據《宋史》。

改順天路爲保定路　《舊紀》作順天府保定府，誤。

都統領使司　據《百官志》。下文十三年正月又書都院領司，爲通政院誤衍。

杜世忠等爲日本人所殺　據《元寇紀略》。

省重慶府隆化路　《舊紀》作重慶路，汪龍莊曰：重慶爲路在十六年，此不得稱路。

判官劉槃以城降　《舊紀》作知府，誤，據《宋史》改正。

立諸路都轉運司　《舊紀》作轉運司，上文八月庚午復立都轉運司，一事誤分爲二。

據《典章》，各路都轉司省文稱轉運司，非二官。

遣柳岳乞和　據《宋史·本紀》。

宋知隨州朱端履以城降　據《宋史》。

己巳伯顔次嘉興府　己巳日，據《宋史·本紀》。

宋主㬎遣其宗正少卿陸秀夫等至軍前　據《宋史·本紀》。《舊紀》載此事舛甚，《平宋録》：宋使劉廷瑞賫陳宜中書，未嘗賫《稱藩表》也。又《舊紀》下文有伯顔以降表不稱臣往易之一事，按《舊紀》載降表於前，已稱臣矣，何舛誤如此？檢《平宋録》，乃是换宋主降帝號表，《舊紀》誤爲降表不稱臣耳。

乞存境土以奉烝嘗　據《宋史·本紀》。

「戊子知建德軍方回」至「皆以城降」　《舊紀》誤書乙亥下。同上。

歸附州城至騷擾百姓　據《元典章》。

徐應鑣子琦、崧，女元娘，同赴井死　據《昭忠録》。

丙申召見㬎於大安殿　按㬎以乙未至上都，丙申召見，《舊紀》與《宋史》均不合。《山居新語》五月二日拜見世祖皇帝，正與《宋史》合，丙申即五月二日也。

改兩浙大都督府爲宣慰司　《舊紀》作立行尚書省於鄂州、臨安，訛謬最甚。

泰州知州孫良臣　據《昭忠録》。

闊闊帶、李庭征海都、篤哇　上文十二年敕追海都八剌金銀符，時八剌已卒，其子都哇從海都叛。

奥魯赤爲荆湖行省參知政事　《舊紀》無行省，據本傳增。

置元江府以羈縻阿僰諸蠻　《舊紀》作改雲南葡甸爲元江府路。按十三年置府，二十五年置元江路，《舊紀》已誤，又在阿僰諸蠻之地置府，非改也。蘿葡即阿僰之轉音。

張珏走涪州，獲之　按《昭忠録》，珏終不肯降，《舊紀》作張德潤以舟邀之，遂降，殊爲虚妄。

十二月甲子益王昰奉表請降　《舊紀》在十五年三月，今從《宋史》。《百家奴傳》亦作十四年十二月事。

十四年春正月癸巳　此下《舊紀》有高麗金方慶作亂，命高麗王討之，最爲誣妄。《高麗史》及《東國通鑑》具載其事，今削之。

阿剌罕攻處州，知州李珏以城降　據《宋史·度宗本紀》。《舊紀》以李珏與壽庚同爲漳泉守臣，誤。

戊辰蒲壽庚與田真子以城降　據《宋史》。〔《舊紀》〕爲十四年三月乙未事，誤。

戊申知潮州馬發以城降　據《宋史·度宗本紀》。

是月宋文天祥陷梅州　據《宋史·本紀》。

五月淮民張德興起兵　同上。《舊紀》載此事於七月，誤。

鄭鼎墜水死　同上。鼎本傳祇云鄿、黄二州叛，鼎將兵討之，戰於樊口，溺死，不言討張德興。

考證九　卷十　本紀第十　世祖四

斡端城　斡端今和闐，亦見《曷思麥里傳》。

以諸路管民官兼領收括闌遺　闌遺亦作孛闌遺，又作孛闌奚，譯言罪没爲奴者。此因收括闌遺官也，先闊闊出等擅易官馬及闌遺人畜，故使管民官兼領之。

張德潤克涪州　據《宋史·度宗本紀》。《舊紀》作大敗涪州兵。

别失八里　回回語，五爲别失，城爲八里。今烏魯木齊地，戍此以備海都。

宋張世傑以宋主昰奔碙州　《舊紀》作廣王昺，誤。是四月卒，始立昺。

江淮行省參知政事史弼　據《史弼傳》。弼一名塔剌渾，是卷前書史弼，後書史塔剌渾，參差不一，今改。

戊辰宋益王昰卒於碙州　據《宋史·本紀》。

張世傑等以衛王昺徙於崖山　據《宋史·本紀》。

湖廣行省左丞崔斌爲江淮行省左丞　據本傳。《舊紀》分命崔斌至揚州行省，張守智至潭州行省，叙事未明。

收括蘭遺　《舊紀》作中興等路。案天曆二年始改江陵爲中興路，世祖時不得有中興路。

省東西以作樞密院　《地理志》作十六年事，差一年。

詔淮南行省左丞陳巖入覲　《舊紀》此下有政和縣人黃華爲亂、詔行省討之一事。按《招捕總録》至元二十年八月建寧招討使黃華反，據政和縣，十月詔史弼等討之，華敗，自焚死。是華非政和人，事在二十年八月，不審《舊紀》何以誤載於十五年？

大蠻都掌蠻内附，以其酋得蘭紐爲大蠻都總管　據《地理志》。《舊紀》以其長阿永爲西南番蠻安撫使，按阿永，部名，非酋名，又與都掌蠻各爲一部，《舊紀》誤也。又《舊紀》此下有南寧、吉瑞、萬安三郡内附一事，按吉、瑞爲二州，萬安爲吉州路屬縣，江西諸路無南寧州縣名，《宋史·度宗本紀》是年十二月大軍破南安縣，或南安誤爲南寧也。此條訛謬叢出，今不取。

江南行御史台自揚州徙治杭州　《舊紀》作行中書省，邵二雲學士曰：《地志》集慶路云：至元十四年初立御史台於揚州，既而徙杭州，然則《本紀》所云十五年徙治杭州乃行台，非行省，蓋傳寫誤耳。劭忞案：邵説是，今據改。

張世傑奪港遁去　按《宋史·忠義傳》：世傑還收兵崖山，劉自立擊敗之，世傑復奉楊太妃，求趙氏後立之，俄舟壞溺死。是世傑復至崖山，爲《舊史》所未載。

並懷遠大將軍賜虎符　據《地理志》。

安西府爲安西路　《舊紀》作改京兆爲安西路。案上文七月已改京兆爲安西府，不應復稱京兆。

考證十 卷二十六 本紀第二十六 惠宗四

王奉國寇信州路，伯顏不花的斤敗之　《舊紀》及《明實録》均作陷信州，按《舊史·忠義傳》，信州六月始陷，今改正。

關先生、破頭潘等陷遼陽　《舊紀》但云賊陷遼陽，據《庚申外史》知爲關先生等。

明玉珍兵陷嘉定，左丞相完者都等死之　據《平夏録》。

知樞密院事佛家奴　《舊紀》作中書平章政事，誤。

乙巳常遇春攻衢州　據《明實録》。

總管馮浩死之，執宋伯顏不花　據《明實録》。

國珍已叛降　據《明實録》。

丁卯賊入高麗，陷義州　據《東國通鑑》。

常遇春攻杭州　據《明實録》。

殺中書右丞成遵　《舊史·成遵傳》及《庚申外史》均言成遵等六人誣以贓罪，皆杖死。按六人惟成遵、趙中、蕭庸三人見《舊史》，餘無考。至《外史》謂爲太平所譖，則野史之言，不足辨也。

庚申袁天禄以福寧州叛降　據《明實録》。

是月陽翟王阿魯輝舉兵反　《舊史》無月分，惟太平罷相，留守上都，實皇太子以阿魯輝反，欲置太平於死地之故。畢尚書《續通鑑》據此載阿魯輝反於正月，是也。《庚申外史》載於五月，不足信。

戊午陳友諒弑徐壽輝　據《明實録》。《舊紀》誤書於五月朔日之下。

戊寅胡大海陷信州　《舊紀》誤書於六月。

六月壬子石抹宜孫敗績　據《明實録》。

遣達識帖木兒七十諭察罕帖木兒　《舊紀》祇載七十一人，據《孛羅帖木兒傳》補。

泗州守將薛顯叛降　據《明實録》。

李武、崔德降於李思齊　據《明實録》。《舊紀》：明玉珍陷嘉定路，後書李思齊遣兵擊敗之。按李思齊未嘗入蜀，《舊紀》誤甚，今不取。

關先生、潘誠寇朔州　據《東國通鑑》。潘誠即《舊史》之破頭潘。

是月關先生等陷高麗東都　據《東國通鑑》。

乙丑高麗將鄭世雲等復東京，沙劉等伏誅　據《東國通鑑》。

三月戊辰明玉珍僭稱皇帝　月日據《平夏録》。《明史·太祖本紀》及《明玉珍傳》均作二十二年三月事，《舊紀》書於二十三年正月朔，誤也。

高家奴獲破頭潘　據《東國通鑑》。

賽甫丁、阿里迷丁　據《明實録》。

辛未明玉珍分兵寇興元、鞏昌等路　《平夏録》明玉珍寇興元在二十四年，或前後兩役。

高麗遣使告捷　據《東國通鑑》。

賜高麗王龍衣御酒　據《東國通鑑》。

廢高麗國王伯顏帖木兒　據《東國通鑑》。

遣張昶授朱元璋江西平章政事　據《明實録》。

劉福通爲張士誠將吕珍所殺　據《明實録》。

遣李家奴收高麗王印　據《東國通鑑》。

壬戌陳友諒敗死　據《明實録》。

朱元璋稱吴王　據《明實録》。

崔帖木兒與高麗人戰於定州　據《高麗史》。

徐達陷廬州　據《明實録》。

張士誠殺普化帖木兒　《明實録》張士誠酖殺之，《舊史》則謂其仰藥自殺。今從《實録》。

復高麗國王　據《東國通鑑》。

徐達陷辰州　據《明實録》。

正月己未朔常遇春陷贛州　據《明實録》。《舊紀》作己巳日事，誤。

册高麗王爲太尉　據《東國通鑑》。

胡深陷建寧松溪縣　據《明實録》。

常遇春陷安陸府　據《明實録》。

阮德柔獲胡深，殺之　據《明實録》。

禿堅帖木兒伏誅　本傳與老的沙並伏誅於十二月，今從《舊紀》。

「明玉珍死」至「改元開熙」　據《明實録》。

辛未徐達陷安豐　據《明實録》。

廖永忠殺韓林兒　《明史·韓林兒傳》：太祖爲吴王，又二年，林兒卒。或云太祖命永忠迎林兒歸應天，至瓜步舟覆，林兒沈於江。按明祖奉林兒正朔，至是天下大局將定，授意永忠殺之，《明實録》據掩飾之詞，非實録也。

吴王始稱元年　據《明實録》。

庚子松江守將王立忠叛降　據《明實録》。

丙午上海縣民錢鶴皋起兵　據《明實録》。

九月辛巳徐達克平江路　據《明實録》。

壬午王宣叛，降於達　據《明實録》。

方國珍降於湯和　據《明實録》。

平章政事保保叛降　《舊史》作李老保，《明實録》作保保。

乙亥吴王稱皇帝　據《明實録》。

平章政事陳友定死之　據《明實録》。

何真叛降於明　據《明實録》。

梁王阿魯温叛降　此擴廓帖木兒之父。

也兒自尼死之　據《永樂大典》引《桂林圖經》。

百官扈從者　據張佶《北巡私記》。

車駕次居庸關　據《北巡私記》。

觀音奴知樞密院事　據《北巡私記》。

壬申車駕至上都　據《北巡私記》。
加納哈出太尉　據《北巡私記》。
薛顯出古北口　據《明實録》。
乙丑明兵陷保定府　據《明實録》。
韓札兒敗明兵於韓店　據《明實録》。
擴廓帖木兒與明兵戰於保安州　據《明實録》。
頒新曆於高麗　據《北巡私記》。
晃火帖木兒入衛　據《北巡私記》。
封晃火帖木兒爲威定王　據《北巡私記》。
明兵陷孟州　據《明實録》。
也速率所部屯全寧州　據《北巡私記》。
高麗國遣使貢方物　據《北巡私記》。《東國通鑑》不載此事。
也速圍通州　據《明實録》。
御史桑哥失里等死之　據《明實録》。
詔晃火帖木兒、也速分道趨京師　據《北巡私記》。

明主遣使齎手書來　據《明實録》。

五月朔日有食之　據《明實録》。

也速攻永平路失利　據《明實録》。

明兵陷大興州　據《明實録》。《北巡私記》謂脱火赤迎降，《實録》不言，或傳聞之誤。

車駕幸應昌　據《北巡私記》。

晃火帖木兒死之　據《北巡私記》。

己卯明兵陷上都　據《明實録》。《北巡私記》不載日。

詔脱列伯、孔興攻大同　據《北巡私記》。

脱列伯被執，孔興爲部將所殺　據《明實録》。

哈剌章爲太保　據《北巡私記》。按哈剌章爲脱脱之子，《北巡私記》稱其忠實有父風。

郡王阿憐吉歹統五投下　據《北巡私記》。

丁酉帝不豫　據《北巡私記》。

考證十一　卷五十二　志第十九　河渠上　卷五十三　志第二十　河渠中　卷五十四　志第二十一　河渠下

黄河

至元十七年　《宋史》作二十七年，誤甚。以元人修《宋史》，訛謬至此！

以都實爲招討使佩虎符　據柯九思《河源序》。

阿剌腦兒　《宋史》作哈剌腦兒。

撮其大概著於篇　《舊志》載於《地理志》後，殊乖體例。

其治河之法　據贍思《河防通議》。此書《四庫》未收。

二十三年河決　《舊志》漏，今據《本紀》補之。

大德元年　《舊史》作三年，《尚文傳》作三年。今按《五行志》亦作元年，《舊史》誤，今改。

河決蒲口，遣尚書那懷、御史劉賡　孛朮魯翀撰《尚文神道碑》但云勅使，以《本紀》考之，爲那懷、劉賡。

文上言長河萬里　據《神道碑》。

修築之役無歲無之　據《尚文神道碑》。碑文之後卒入巴河乃止，按巴河乃河南官吏所開以分泄水勢者，不能容會河也，碑所言殊失實，今不取。

遵等以爲河之故道不可復　按成遵之議最爲迂謬，《舊志》不載，今特著之，以備參考。

通惠河

元之運河　《舊(忠)〔志〕》通惠河、白河前後羼錯，使元之運河不可考，今改訂。

中統三年郭守敬面奏　據《王忠文集·郭守敬傳》。

御河　《金史·河渠志》淇水東北流爲御河，是御河爲金之舊名。

兵部郎中李處道　《舊志》誤作尚書。

惠通河

壩河　《舊志》誤別爲一河，今改証。

桑哥建言　《舊志》衹云韓仲暉等上言，今據《本紀》補之。

二十六年引汶水達於御河　《本紀》二十四年命都水監開汶泗水以達京師，年分殊誤，今不取。

濟州河　《本紀》又名安山河。

膠萊河南流，自麻灣口入海　據《明史》。

姚演建議開膠萊河　據《明史》。

海沙易壅　據《齊乘》。

考證

渾河

孛羅帖木兒、傅佐建言　按二人蓋亦蹈襲郭守敬之緒論，故脱脱信之不疑，而不知守敬前後異議也。

浸没二十餘里，都人大駭　據《庚申外史》。

海塘

遣李家奴　《地理志》作遣都水監張仲仁，誤，當是仲仁亦同往，非獨任之。

泰定四年乃遣使祀海神　《本紀》作元年，誤也，今從《舊志》。《地理志》亦作四年。

既而李家奴等　《本紀》作六年事，當是四年遣之，至六年石囤之功始畢，故天曆元年庸田司奏其功效，改州名也。

東西接壘十里　按《地理志》作沿海三十里，下石囤四十四萬三千三百有奇，木櫃四百七十所。其言殊失實，前所修僅四千九百餘，今乃百倍之，必無其事也。

天曆元年　《地理志》作二年。

順德達活泉　（撰）〔據〕王忠文撰《郭守敬傳》。《舊史·守敬傳》奪「活」字。

成吾國家之任者　據《王忠文集》。

畿輔水利議　據《虞道園集》。

西台御史王琚　《舊志》作王承德。

渾河　《舊志》分盧溝河、渾河爲二，今併之。

樞密院同知塔失帖木兒　《舊志》作知院，誤。即達識帖睦邇。

滹沱河東抵寧晉縣并入御河　此元滹沱河之故道，後改從武邑縣與渾水合，至青州入海河。

元御史渠非白渠　據王太岳《涇渠論》。

考證十二 卷六十四 志第三十一 選舉一

太宗九年八月詔胡都虎等　據《廟學典禮》。

東平楊奐　《舊志》作楊英，乃傳寫之誤。

其合行事宜　《元典章》每條上冠以「一」字，乃詔書舊式。《舊志》刪之，文義轉窒。今據《元典章》改訂。

延祐元年中書省奏定科舉程式目　據《元典章》。

創於太宗，定於至元，議於大德，而後成於延祐　據《至正集》。

李孟言於仁宗　據《至正集》。

徹里帖木兒罷科舉　《舊史·徹里帖木兒傳》詳載此事，多許有壬、伯顔争論之詞。《徹里帖木兒傳》除載此事外，他事寥寥，其人本未足立傳，今删之，而詳罷科舉事於《志》，庶符體例。

考證十三 卷九十八 志第六十五 兵一 卷九十九 志第六十六 兵二 卷一百 志第六十七 兵三 卷一百一 志第六十八 兵四

宿衛

非其部族謂之㩅馬赤　據《秘史》。

八十人爲宿衛，七十人爲散班　據《秘史》。

赤老温卒　《舊志》赤老温絶無後，誤甚，本傳可證。

云都赤或二人四人　據《輟耕録》。

無云都赤則不敢還　據《輟耕録》。

又以宋將王青爲總管　據《本紀》補。

非朕命不得充他役　據《本紀》補。

四年諭東京等路　據《本紀》補。

又改隆鎮衛　《舊志》作皇慶元年，誤。

皇太后、太子之宿衛　《舊志》羼亂，今改正。

圍宿軍、儀仗軍、扈從軍等　皆衛軍之應役者，《舊志》别出，今改正。

僉軍

十三年忽都虎元籍民户，除逃户外，有七十二萬三千　按《舊紀》。太宗五年括中州户七十三萬餘，八年續括户口得户一百一十餘萬，此三年事宜兼兩次户籍僉之，何以不及續括户耶？又七十二萬，《舊紀》作三萬。

四川行省言宋昝萬壽攻成都　《世祖紀》叙此事較有首尾，《舊志》誤合京兆路僉軍爲一事。

軍户

至元九年樞密院取會諸色軍　據《元典章》。《舊志》作八年事，誤。

四月樞密院奏　據《元典章》。其條畫皆補上件未及者。

十二年萊州酒税官王貞言　據《元典章》。

十四年長清縣尹趙文昌言　據《元典章》。

淮西宣慰使昂吉兒　據《元典章》。

劉萬奴部領　《舊志》作劉萬户，乃翻本之誤。

御史台言　據《元典章》。

二十九年江西行省言　據《元典章》。

十三年樞密院議　《據元典章》。

至大四年頒優恤軍人條畫　據《元典章》。諸條與大德四年重複者俱删之。
撒花人投祥人　據《元典章》。
鎮戍
劉不里剌所統質子軍　《本紀》作統固安、平凉質子軍，小有同異。
忙古帶一萬一千五百人　據《本紀》增「五百」二字。
十三年　《本紀》作十六年事，未詳孰誤？忽别列，《本紀》作「忽必來」。
宣慰司塔海　據《本紀》增。
江浙行省平章卜憐吉帶　據《本紀》增。
河南行省平章孛羅歡言　據《本紀》增。
軍糧　據《元典章》補。
馬政
札木合稱七十二騸馬　據《秘史》。
汪罕欽青馬乳　據《秘史》。下文黑馬乳即青馬乳。
所乘馬於千户百户内取之　據《秘史》。
至元七年立群牧所　《舊紀》作中統四年，誤。

至元十年括諸路馬　按括民馬爲馬政之大者，《舊志》不詳，今補之。

站赤

至元元年中書省奏六部并爲四部　據《元典章》。刊本無年分，據《百官志》補。

良鄉馬站　據《元典章》。

皇慶元年監察御史言　據《元典章》。

急遞鋪兵

三年中書省言　據《元典章》。

至元八年命各處成造軍器　據《元典章》。

二十八年中書省　據《元典章》。《舊志》作江淮行省通爲一緘。按《元典章》兩見此例，一是通行，一是止爲江淮行省，《舊志》失考。

又省部議　據《元典章》。

「應入遞文字」至「不應入遞」　據《元典章》。

「鋪兵每名」至「回曆一本」　據《元典章》。

弓手

中統元年頒建都詔書　據《元典章》。

大德七年以弓手糧應人民包納　據《元典章》。

打捕鷹房

凡捕獵者正月初一日　據《元典章》。

至元八年　據《元典章》。

十六年　據《元典章》。

打捕户折納　據《元典章》。

考證十四　卷一百二　志第六十九　刑法上　卷一百三　志第七十　刑法下

挾私用譎，譎吏自售其奸　據孛朮魯翀《大元通制序》。

中統元年詔書内一款　據《元典章》。

五年詔書内一款　據《元典章》。

至元新頒條件　據《元典章》。

刑部尚書尚文請采用古律　據孛朮魯翀撰《神道碑》。

定改補鈔罪例　據《元典章》。

諭中樞省樞密院頒贓罰十二章　據《元典章》。《舊史》略載於至元二年，誤。

仁宗初命右丞相阿散等纂《大元通制》　據《大元通制序》。

「凡詔制所爲條八十四」至「二千五百二十條」　據《經世大典・叙録》。

流刑二千里　據《元典章》。《舊史・刑法志》作廣南及東北邊三地，《經世大典》同。

死刑二斬淩遲處死　《元典章》作斬絞，《經世大典・叙録》已明言之，《元典章》所載當係舊制如此。

笞杖以七起數　據《經世大典・叙録》。

死刑有斬無絞　據《經〔世〕大典·敘録》。

延祐六年更定諸盜例　據《元典章》。

贖刑之列　據《元典章》。

七年尚書省契勘舊例　據《元典章》。

尚書省臣言在先重囚侍報　據《元典章》。

收括闌遺官也先闊闊帶帶等等　據《元典章》。

刑部尚書呈鞫問囚　據《元典章》。

御史台准中丞崔少中牒　據《元典章》。

河内縣民劉蹺搭　據《元典章》。《舊紀》祇云禁罪人鞭背。

御史脱脱等言　據《至正集》，亦許有壬之言□□名也。

行台御史孔思迪言　據《元典章》。

武昌婦人　據《元典章》。

至元十三年刑部議　據《元典章》。

合鉢　即今之合包，《舊志》作佩帶。

三十年勅管民官　據《元典章》。

考證十五 卷一百十八 列傳第十五

抄思乃蠻太陽罕傳附

《抄思傳》斷事官忽都忽：《舊史》作内侍忽都留乞。留乞乃别乞之□頭目名，時忽都忽方爲中州斷事官，故□軍之事命抄思共之。

考證十六 卷一百十九 列傳第十六 木華黎

木華黎(傳) 《蒙古源流》作摩合賚,《秘史》作模合里,又作木合黎、木合里,《譯史》作木訶里。

札剌兒氏 《秘史》作札剌亦兒氏。按《譯史》 札剌亦兒部與太祖七世祖土邁敦寧妻莫奴倫爭鬬,並其八子皆殺之,惟幼子海都獲免,後海都攻札剌亦兒人,收爲奴僕。是札剌兒種人爲太祖先世之奴僕,《舊傳》孔溫窟哇以戚里,故在太祖麾下,恐出家乘附會之詞,非其實也。觀《秘史》古温兀阿將二子拜見太祖、永作奴婢之事,其素非戚里明矣。元明善《安童神道碑》「親連天家,世不婚姻」,似謂與却特氏同源,非謂戚里。

孔溫窟哇 《秘史》作古温兀阿,又作古温豁阿。元明善《安童神道碑》作孔温瓦荅。

太祖馬已憊 據黄溍《拜(往)〔住〕神道碑》。《舊傳》則謂太祖馬斃。

太祖征塔塔兒 據《秘史》。《舊傳》祇謂軍嘗失利。

張氈裘蔽太祖 《秘史》作氈衣,元明善《安童神道碑》作張馬韉蔽太祖。

汪罕信之 《舊傳》汪罕謀襲太祖,其下拔台知之,密告太祖,太祖遣木華黎選精騎夜斫其營,汪罕走死。按《舊傳》誤甚,拔台即《譯史》之巴歹。巴歹密告太祖,太祖移營於卯温都山，汪罕兵至，賴畏荅兒、朮赤台力戰，汪罕始斂兵而退，太祖遂避往班朱爾河，從者僅十有八人。安得有木華黎斫營之事？其後太祖詐汪罕，乘其不備而攻之，汪罕始走死。然則木華黎斫營之事當在太祖襲汪罕之日，與拔台密告事迥不相涉也。今改正。

獨吉思忠僕散揆　《金史》獨吉千家奴一名思忠，此據《舊史·郭寶玉傳》。《金史》則謂築烏沙堡者爲粘合合打與承裕二人。

思忠等遁走　按金築烏沙堡凡二次，一在太祖五年，一在六年。《舊史·太祖本紀》襲敗烏沙堡之金兵係五年事，但以爲哲伯之功。《郭寶玉傳》則云太師木華黎軍忽至，敗其兵三十餘萬，今從之。又畢沅《續資治通鑑》載此事於太祖六年，亦誤。《郭寶玉傳》明云歲甲申，與《本紀》合，是五年事，不得迻爲六年也。

陣野狐嶺北　《大金國志》金將爲獨吉毛吃哈及烏林荅，《譯史》金將爲完顔九斤及斡奴，薛應旂《通鑑》亦作九斤及萬奴。《舊史》不載金將，今仍之。

從太祖伐金，圍撫州　《舊傳》從伐金，薄宣德，遂克德興。壬申，攻雲中、九原，進圍撫州，陣野狐嶺北。《太祖本紀》則云：敗金將於野狐嶺，取大水濼、豐利等縣，九月拔德興府。按《秘史》，太祖伐金先取撫州，經過野狐嶺又取宣德府，與《本紀》略同，叙次最合。撫州爲今蘇格莊地，在張家口外，去宣府三百餘里。宣德州、德興府俱在張家口内，安有越撫州先取宣德、德興之理？

退至會河堡　《舊史》別卷又作澮河，《譯史》作會合鋪。《大金國志》元軍自和龍趨山後，與國兵戰於灰河。又作灰河。

從入紫荆關　《舊傳》遣別將闍別趨紫荆口，金左監軍高琪引兵來拒，不戰而潰，遂拔涿州。按《舊傳》誤闍別即者別，乃取居庸關者未嘗趨紫荆，誤一；是時太祖自將，木華黎等聽命於太祖，而云木華黎遣別將闍別，誤二；《太祖本紀》次懷來，及金帥完顏綱、高琪，戰敗之，追至古北口，是高琪方在古北口，不在紫荆口，誤三。今不取。

鄂屯襄　《舊傳》作銀青，今從《金史》。薛應旂《通鑑》作二年秋事。

溜石山　《續通鑑綱目》作淄石山。

引兵抵神水縣　據《續綱目》。

拔復州及化成縣　《舊傳》作蘇、復、海三州。按金東京路無海州，蘇州遼所設，金改爲化成縣。

遂定封國王　《本紀》封國王在十二年丁丑，與本傳同。《譯史》作戊寅後一年，《秘史》誤爲元年事，以元年亦虎耳遂致誤。

木勒格哈兒統之　即木哥漢札忽，亦荅兒之子。

吾也而與蒙古不花　《譯史》作烏葉兒元帥、禿花元帥。

遂克平陽府　《舊傳》遂徇平陽，金守將棄城遁。按《金史》，平陽提控郭用死之，行省參政李革等守平陽，城陷自殺。《舊傳》殊失之誣。

武貴亦降　貴爲武仙之兄，爲金安國節度使。

又攻拔代州，斬其守將奥屯醜和尚　據《金史》。至《元史類編》則云木華黎徇延安，經略使奥敦醜和尚戰歿，疑誤。

遇金將武仙遣葛鐵槍　按《續綱目》，張柔率兵南下攻中山，大破武仙將葛鐵槍兵，又以敗葛鐵槍爲張柔事。今從《舊史》。

張琳來降　《舊傳》作金將張琳，誤。琳已降宋，乃宋將。

趨邳州　《舊傳》作奔南京。呼爾噶、王庭玉作忙古。今從《通鑑輯覽》。

遣使來迎　《舊傳》從駐青塚，是謂木華黎從太祖駐青塚也。太祖方征西域，傳誤。

荅海監府　《續綱目》作塔爾海。

塔海　《續綱目》作唐海。

述僕　薛應旂《通鑑》馬蹄寨作馬克戍寨，述僕作瑪爾布。

侯小叔　《通鑑輯覽》作侯孝順。

侯小叔死之　按《舊傳》作侯七復遁去，今據《金史·忠義傳》改正。侯小叔爲金源忠臣，《舊傳》稱爲賊侯七，過矣。

斡可　《續綱目》作烏格。

遂振旅北還　《舊傳》五月還軍野狐嶺，石珪等始來降。攷木華黎謂東平破，可命嚴實、石珪分守，是珪之降實在木華黎北還之先。且木華黎已至野狐嶺，而張琳、鄭遵始乞降於數千里之外，亦非事實。今不取。

考證十七　卷一百二十一　列傳第十八　塔察兒博爾忽傳附

塔察兒傳　按《舊傳》以塔察兒爲博爾忽從孫，據孛朮魯翀撰《伯里閣不花神道碑》，則塔察兒乃博爾忽子，《舊史》誤甚。胡中丞聘之《許兀慎氏世表》曰：《元史》列傳伯祖父博爾忽，按孛朮魯翀撰《襄懋公神道碑》云：高祖博魯温諾延，曾祖塔察兒博魯温諾延，即博爾忽，爲塔察兒父，非伯祖。張敏《八撒兒德政碑》云：始祖孛□温諾延，曰塔察兒，曰□里胡歹，曰密里察而，曰阿魯灰，曰亦乞里歹，世次秩如。又按孛朮魯翀《河南淮北蒙古軍都萬户府增修公廨碑》，旭申氏自博魯温諾延、塔察兒、别里古台、密里察兒、宋都台、阿魯灰、伯里閣不花、昔里伯吉，六世八襲，蓋自博爾忽至昔里伯吉爲六世，宋都台爲密里察而之弟，伯里閣不花爲阿魯灰之弟，爲八襲，尤碻證也。劭忞案：胡氏據元碑考證甚核，足糾《舊傳》之誤。

燕南斷事官　據孛朮魯翀撰《碑》。

「自河中府渡河」至「取陝州」　《舊傳》誤以取河中府在取陝州、洛陽之後，《碑》誤以降洛陽在圍汴之後，今俱改正。

金西安節度使趙偉　據《金史·哀宗紀》。《碑》稱陝帥趙行省。

鷹揚都尉　據《續資治通鑑》。《碑》稱降洛帥馬行省，不知是否一人？

「玳瑁寨」至「迎降」　據《碑》。

「與金兵戰於南薰門」至「蔡州平」　同上。

「塔察兒奏言」至「養老户」　同上。

別里虎台　《舊傳》：戊午會師圍宋襄陽，逼樊城，力戰死之。按此是其子密里察而事，《碑》云攻襄陽卒是也。《舊傳》以爲別里虎台事，又云戰死，均誤。宜以《碑》正之。

密里察而　據孛朮魯翀撰《伯里閣不花碑》。《舊傳》不載。

宋都台　《舊傳》誤爲別里虎台弟，今據《碑》改正。

劉椝　據《世祖本紀》。《碑》作劉運使。

「奏言江西雖附」至「統之」　據《本紀》。《碑》言十三年正月卒，《本紀》詔益宋都台兵在六月，疑《本紀》月誤。

伯里閣不花　《舊史》無傳，據孛朮魯翀撰《神道碑》。

八撒兒　據張敏撰《德政碑》。

從平章劉國傑討叛寇　按《元史類編》載楊恪《平蠻記》：甲午，今天子龍飛，復命劉公率萬户別里哥不花會奚施溶口入，與《碑》合。

考證十八 卷一百二十三 列傳第十九 速不台

速不台 《舊史》列傳第八速不台，第九雪不台，實一人，誤分二傳。《秘史》作速別額台。

捏里必 《舊史·雪不台傳》作捏里弼。

敦必乃汗 《舊史》太祖本紀作敦巴該，《秘史》作屯必乃，《蒙古源流》作託木巴該徹辰，西史作托邁乃。

合赤温 《雪不台傳》作合飭温。

哈班 《雪不台傳》作哈班哈不里。

忽魯渾 《雪不台傳》作虎魯渾。

與乃蠻酋戰於闊亦壇之野 《舊史》本傳作戰於長城之南。按《本紀》帝移軍入塞，亦以此戰在長城内，皆誤。《元史譯證》作奎騰之地，奎騰即闊亦田之對音。《蒙古游牧記》蘇尼特左翼東北四十里有寒山，蒙名奎騰山，似即此地，決不在長城南也。今從《本紀》。《秘史》作戰於闊亦壇之野，《本紀》謂入塞，誤。謂戰於闊亦壇，則不誤也。

闊亦壇 《秘史》作闊亦田。

擢千户 據《秘史》增。

十一年征蔑兒乞　《秘史》載此事於太祖即位之前一年，誤。《舊史》：己卯，大軍至蟾河，與滅里吉一戰，獲其二將，其部(之)〔主〕霍都奔欽察，速不台追之，與欽察戰於玉峪，敗之。按：蟾河，西史作襜河。戰事在太祖三年，與速不台無涉。蔑兒乞部長脱黑脱阿，太祖三年已殺之，其子忽都即《舊史》之霍都。《元史譯證·木赤補傳》祇載其西奔，不云入欽察。《舊史》謂速不台追至欽察，戰於玉兒峪，尤誤。洪氏謂速不台乃至烏拉嶺西，孤軍深入，必無是理，良然。又按西史，欽察嘗納逃人，索之不與，蓋因此事誤爲忽都。《舊史》土土哈傳誤同。

命密釘鐵釘於車輪　《秘史》：成吉思汗造與速別額台一個鐵車，即此事。《元史譯證》謂據此可證《秘史》之誤，按《秘史》亦未嘗誤也。又《譯證》既載此事於《太祖本紀》，至《朮赤補傳》又載製鐵車以賜速不台，且用何秋濤臆改《秘史》之文云：與汝鐵車，以堅汝志。直謂製鐵爲車，與《本紀》自相剌謬，則真巨誤矣。

進至吹河：《秘史》作垂河，西史作吹河。《譯證》謂吹河即蟾河之轉音，誤。蓋不知蟾河即《西域史》之襜河。

十四年太祖親征西域　《舊史》本傳：壬午，帝征回回國，其主滅里委國而去，命速不台與只别追之，及于灰里河。只别戰不利，速不台駐軍河東，爇三炬以張軍勢。其王夜遁。按壬午爲太祖十七年，傳誤。《太祖本紀》：十四年，西域殺使者，帝親征。《西游記》：戊寅達行在，明年大舉西伐，與《本紀》合，據改。滅里，《秘史》作蔑力克，西史作西域王母弟阿敏瑪里克。《秘史》云篾里克出走，《西域史》云避兵出走，與《舊傳》合，但《秘史》以爲二十年事，西史以爲十六年事。據《秘史》追篾里克，西史追瑪里克，均非哲、速二將，《傳》誤。二將所追者，據西史乃西域主阿拉哀丁謨罕默德，爲十五年事，與《本紀》合。西史：蒙古主與札拉勒丁戰，札拉勒丁以右翼敗蒙古兵，至夕罷戰，蒙古兵多然燈火於營，乘夜去。《譯證》拉施特未言蒙古將何人，訥薩斐謂係朮赤。阿卜而嘎錫但云朮赤攻其中軍札拉而丁，敗，夕罷戰，多爇火以疑敵，未曉馳去。是爇炬之事並非速不台，尤非壬午年之事，《舊傳》誤，今俱改正。

撒馬兒罕：《本紀》作尋思干，又作薛迷思干，《地理志》作撒麻耳干，《西游記》作邪迷斯干，《秘史》作薛米思堅，又作薛米思加，又作馬思罕。今從西史。

十六年太祖命速不台、哲別進討欽察　《舊史》：癸未，速不台上奏，請討欽察。癸未是十八年，誤。

玉兒格　《舊傳》作玉里吉。

塔阿兒　《舊傳》作塔塔哈兒。

奏以蔑兒乞、乃蠻、怯烈、杭斤、欽察諸部　怯烈即克烈，克烈部長與蔑里乞部長合兵拒太祖者。杭斤即康里，亦作康鄰。

二十年太祖親征西夏　《舊》本紀、《秘史》均作二十一年，誤，據西史改正。

與金將完顏彝戰於倒回谷　《舊史》作從攻潼關，誤，據《金史》改正。

我軍四外圍之　《舊傳》謂金兵圍蒙古兵，《金史·合達傳》則謂在三峰山金兵，蒙古兵四外圍之。當是《金史》得實，今從之。

六年蔡州破　《舊傳》進圍蔡州，按圍蔡州乃塔齊爾，速不台未至蔡州，《傳》誤。

太宗以欽察、俄羅斯未定　《舊史》太宗令拔都西征八赤蠻。按八赤蠻乃欽察之別部，太宗興師爲定欽察、俄羅斯全境，不爲區區一部，《舊傳》誤。

十年復從拔都入俄羅斯　《舊傳》：辛丑，太宗命諸王拔都等討兀羅斯部主也烈班，爲其所敗。圍禿里思哥城，不克。拔都奏遣速不台督戰，一戰獲也烈班。進攻禿思哥城，克之。盡取兀羅斯所部而還。按辛丑爲太宗十三年，《傳》誤，據西史改正。也烈班即俄酋攸利第二，禿里思哥即廓在爾斯科。《元史譯證》、俄史謂錫第河之戰，蒙古軍受創，或係先敗後勝。蒙古當日攻俄羅斯各城，無如廓在爾斯科之難下者。《傳》歸功速不台，西史謂合丹原稿以下闕。

考證十九　卷一百二十四　列傳第二十一　伯都畏荅兒傳附

《伯都傳》　歲飢，奏請以十道贓罰鈔賑之：　據吴澄撰《神道碑》。

拜江南行台御史大夫　《舊傳》作御史中丞，誤。《碑》云復除南台御史大夫，可證。

修除運道　據《神道碑》。

起爲御史大夫　《舊傳》作江南行臺亦誤，此中臺御史大夫也。

二年春來朝　據《神道碑》。

三年賜鈔五萬緡，伯都辭　《舊傳》作千萬緡，叙次前。

謚元獻　據《神道碑》。

考證二十 卷一百二十七 列傳第二十四 耶律楚材

《耶律楚材傳》父履　即《金史》列傳之移剌履。錢詹事曰：移剌、耶律聲相近。陳旅《述律復舊氏序》稱，金人改耶律爲曳剌，述律爲石抹。曳剌謂前馬之卒，石抹謂臧獲也。《經世大典·序録》：守猘犴者曰禁子，追呼逮捕者曰曳剌。則「曳剌」非美名矣。《食貨志》有曳剌中書兀圖撒罕里，即楚材。蓋元初猶沿金之舊稱，後來皆易「耶律」字矣。

「楚材生」至「以爲名字」　據宋子貞撰《神道碑》。

「楚材不就」至「中甲科」　據《神道碑》。《舊傳》：金宰相子，例試補省掾，楚材欲就進士科，章宗詔如舊制。如《舊傳》所言，是楚材欲應進士，不欲試省掾。劭忞謂楚材不試省掾，或知金室將亡，不求仕進。《舊傳》之言，殊乖情實，今據《碑》改正。

謂楚材曰國家尚武而明公欲以文進　據《神道碑》。

「信安咫尺未下」至「從之」　同前。

陛下新登寶祚，願勿污白道子：

中使别迭：

「因從容進説周孔之教」至「漸獲進用」　並同前。

太傅禿花　按《舊史》耶律阿海傳　弟禿花封太傅濮國公，即此人。

苦木思不花　據《神道碑》。《舊傳》作吉思不花。

不如將河南俘户貸而不誅，使充此役　據《神道碑》。《舊傳》作今將征河南，請無殘民以給此役，叙事欠明曉。

四年從帝幸河南　按岳崧撰《郝巨卿墓碣》　天興壬辰，大中書丞相耶律公爲董軍國事適汴。壬辰，太宗三年。《舊傳》車駕幸河南，不云楚材從，今據補。

「皆曰本朝及西域」至「卒從楚材議」　據《神道碑》。

「國朝盜賊充斥」至「七萬七千定」　據《神道碑》。

「又請汰三教」至「始行之」　同前。

「時諸路官府」至「名器始重」　據《名臣事略》引趙衍撰《行狀》。

「天下旱蝗」至「民賴以蘇」　據《神道碑》。

歲銀一萬定　據《神道碑》。《舊傳》作一萬兩，誤。

「楚材曰雖取四十四萬」至「非國之福也」　同前。

多用南朝舊人　按粘合爲金源舊族，鎮海本田氏，邱真人《西游記》稱爲田鎮海，亦漢人也。故咸得卜譖之如此。

「惟憚楚材」至「不受」：

「戒其諸子」至「亦可學也」：

梭里檀當野死　並同前。《舊傳》此下有見角端事，已見《太祖本紀》，不重出。又太宗脈絶，肆赦復甦，事見《太宗本紀》，亦不重出。

親王斡赤斤引兵至　據《譯史》。《舊傳》朝廷用兵事起倉卒，后欲西遷避之，以《譯史》證之，當即此事。《元史類編・定宗本紀》云　議立帝，久不決，諸王將謀亂，會雷雨大作，帳水深數尺，遂各散去。或即斡赤斤此事，而誤移於會議之時耳。

「西域曆」至「行於世焉」　據《神道碑》。

《耶律鑄傳》遷右丞相　據《宰相表》。

遷調六部官吏，尋召還　據《元史類編》。

七年復拜左丞相　《舊傳》作五年，誤，據《宰相表》改正。

「十四年冬無雪」至「一切禁止」　據《元史類編》。

「奏言有司」至「從之」　同前。

黨罪囚阿里沙　按《世祖本紀》，三十年六月，阿里沙坐虚言惑衆誅。

《耶律希亮傳》鑄護輜重北歸　按此事《舊史・耶律鑄傳》不載。

從火忽大王　《舊傳》宗王火忽與定宗幼子大名王爲二人，按《宗室表》定宗三子，幼子爲禾忽大王，火忽即禾忽，然則大名王與禾忽爲一人明矣，今改正。

覲世祖於上都　《舊傳》作入覲世祖於上都之大安閣，錢詹事曰　《本紀》至元三年始建大安閣，今希亮中統四年入覲於大安閣，史誤。

詔董文忠讞之　《舊傳》作董文用，錢詹事曰　《文忠傳》及姚燧《集》云：大府監屬盧甲盜剪官布，帝命殺以懲衆，文忠請付有司。盧甲即盧摯也，《舊傳》作文用，誤。

《耶律有尚傳》「祖思忠」至「投濠中死」　據元好問撰《龍虎衛上將軍耶律公墓志銘》。按思忠殉國，《金史》宜附載於其父履傳後，乃略而不書，此與《五代史》不載韓通何異？至明人修《元史》竝不知有尚爲思忠之孫，其疏謬更不值一噱矣。

「父鈞」至「謚莊慎」　據姚燧《耶律鈞贈官制》。

王梓、韓思永等　據許文正《國學事蹟》。

考證二十一　卷一百三十一　列傳第二十八　札八兒火者（今本作阿剌淺）　哈三哈赤（今本作哈只哈心）　曷思麥里

《札八兒火者傳》有間道曰紫荆口　《舊史》：日暮入谷，黎明諸軍已在平地，疾趨南口，金鼓之聲若自天下，金人猶睡未知也，比驚起，已莫能支吾，關既破，中都大震。據《舊史》是太祖入北口，復南趨居庸，遂破之。按破居庸是哲别，非太祖自將。至云金鼓之聲若自天下，破居庸於睡夢之中，尤屬鋪張失實。諸軍既在平地，宜仰攻南口，安得云如自天下乎？洪氏《譯史補證》譏其全屬渺茫，信然。第《譯史》載此役甚詳，亦云繞出第二隘曰紫荆口。蓋出紫荆口之計發自札八兒，間道制勝，良爲奇計，惟《舊史》據家乘傳誌文字鋪張失實耳。又《譯史》作追至哈卜察勒，義爲口隘，洪氏遂據《舊史》本紀定爲古北口。按紫荆在居庸之西，居庸在古北口之西，云太祖攻古北口，越居庸，而遠繞紫荆，必無此理。揆之地勢，洪氏誤也。今從《譯史》以正《舊史》之失實，復據此《傳》以訂洪氏之誤，庶與當日情事符合。

隱居崑崳山　《舊史》誤作崑崙。

火者　西域部□名。《西域補傳》　阿里火者，有火者法克哀丁、洛克哀丁火者。火者即火和卓。

《哈三哈赤傳》哈三哈赤　《秘史》作阿三，《譯史》作忽遜哈赤，注：多桑作哈三，爲忽遜變音。今從多桑史，以與《秘史》音合。

《曷思麥里傳》率衆迎城　《舊史》作率可散等城。按可散即可孫，官名，非城名也。《舊史》誤，今改正。

古出魯　《舊史》作曲出律。

若可失哈兒、押兒牽、斡端　可失哈兒即額什噶爾，押兒牽即葉爾羌，斡端即和闐。

西域酋阿拉哀丁讃罕默德先遁　《舊史》帝親征，至薛迷斯干，與其主札拉丁合戰于月亦心竭赤之地，追襲札剌丁於阿剌黑城，戰于禿馬溫山，又敗之。追至憨顔城，又敗之。札剌丁逃入海。按《舊史》誤，太祖至撒馬兒罕，西域主阿拉哀丁已走，後竄入裏海之島中，《譯史》所載極爲詳明。至戰于月亦心竭赤，乃征其子札拉勒丁時事，與此役無涉。月亦心竭赤即烏爾韃赤，阿剌黑即阿格拉黑，乃從札拉勒丁者，人名誤西域名。憨顔城即□□□城，皆在札拉勒丁時事。《舊史》誤阿拉哀丁爲札剌丁，以子當其父，處處舛誤，今改正。

曲兒忒部、失兒灣等城　《舊史》作失兒灣沙等城，按沙爲部長之稱，非城名。曲兒忒即庫兒忒，乃族類名，非城名。《舊史》均誤，今改正。

谷兒只部　即角兒只，《譯史》作谷魯斤。

黑林城　即怯憐之對音，怯憐，馬札兒部長名。

鐵耳山　即《譯史》孩兒桑之對音，地名，非山名。

獲扯耳尼哥酋穆斯提拉甫　《舊史》作獲其國主密只思臘。按扯耳尼哥酋非俄羅斯酋也，《傳》誤。密只思臘即移斯提拉甫。

尋征康里至孛子八里　《譯史證補》蒙古滅康里不知在何年，西史亦失考，似在戰勝俄羅斯之後。按此《傳》明言征康里事在征俄羅斯之後，不必致疑。

軍還　《舊史》尋征康里，與其霍脱斯罕戰，又敗其軍，軍進至欽察，平之，軍還。按平欽察事在前，《傳》誤。霍脱即霍灘，乃欽察酋名，非康里酋，《傳》亦誤。

强伸　《舊傳》作强元帥，《舊傳》稱其圍懷州。按强伸死守濟陽，安能圍蒙古城邑？殊非事實。

考證二十二 卷一百三十三 列傳第三十 牙剌洼赤

《牙剌洼赤傳》牙剌洼赤 《譯史》作謨罕默德牙剌瓦赤，《舊史》太宗本紀作麻合没的滑剌西迷，他卷又作牙老瓦赤哈喇斯迷，今從《秘史》。李文田《元秘史注》謂牙剌洼赤即《昔班傳》之闊里别斡赤，非是，牙剌洼赤與闊里别斡赤亦非對音。

考證二十三 卷一百三十六 列傳第三十三 孟速思

《孟速思傳》後徙大都　據程鉅夫撰《武都忠簡王神道碑》。

八里木阿的息思　據《神道碑》。

又使迎安藏於和林　據《安藏傳》。

大德十一年　《舊傳》作武宗朝，誤。

買奴　據《神道碑》。

《阿失帖木兒傳》　《舊史》無傳，據《神道碑》補。

考證二十四　卷一百三十八　列傳第三十五　史天祥 史秉直傳附

《史天祥傳》秉直從祖弟也：《舊史》以懷原稿以下殘闕碑，天祥爲尚書曾祖仲氏之孫，是懷闕。

銀答忽　《太祖本紀》、《木華黎傳》均作寅闕。按《本紀》木華黎攻北京，金元帥烏古闕守，《舊傳》作降其北京留守銀答忽曰闕。元以後之官，《舊傳》誤。《本紀》先烏古闕寅答虎上降元後始爲同知，《舊傳》闕。

西乾河答魯　按《吾也而傳》，金將撻闕口即乾河，惟《吾也而傳》斬撻魯於闕戰死爲不同耳，今兩存之。

興州守將趙守玉反，天祥與吾也闕：討興州，禽其節度使趙守玉，不闕事亦不及天祥。

仙兄貴至，掩捕之　按《木華黎傳》闕。祥所掩捕，二傳互異，《舊傳》闕。實籍以來降之内，何煩兵力？

木華黎欲手斬吾也而　按吾闕以功上聞，正與此《傳》相反，今闕。

「世祖謂　『郭子儀、曹彬』」至「史天澤」闕。

考證二十五　卷一百四十　列傳第三十七　劉鼎　張迪同附張榮傳

《劉鼎傳》　《舊史》無傳，據程鉅夫撰《彭城獻穆侯劉府君神道碑》補。

《劉敏中傳》知制誥兼修國史　據《神道碑》。

《張迪傳》　《舊史》無傳，據歐陽玄撰《張公先世碑》補。

張鐸　從《舊史》。《碑》作「鑄」，乃字誤，以字「宣卿」推之，宜爲「鐸」。

考證二十六 卷一百四十四 列傳第四十一 匡才

《匡才傳》：《舊史》無傳，據程鉅夫撰《匡氏褒德碑》補。

率所部降於都元帥大赤：《碑》載降於甲午，爲太宗六年。按《本紀》五年金人以海、沂等州來降，才降蒙古必在此時，以邳與海、沂等州鄰境也。若甲午，則才以孤城獨守二年，恐無此情事矣。

考證二十七 卷一百四十五 列傳第四十二 靳用 靳和傳附

《靳用傳》：《舊史》無傳，據程鉅夫撰《靳同知墓碑》補。

考證二十八　卷一百四十八　列傳第四十五　王慶端王善傳附

《王慶端傳》「議用甓」至「賜銀鈔」　據程鉅夫撰《王忠穆公墓碑》補。

十九年設詹事院，就兼詹事丞　據《墓碑》。《舊傳》作改詹事丞，誤。

「世祖聞其事」至「宰相之器也」　同上。

慶端引義仍請扈從　同上。

「贈推忠」至「謚忠武」　據《恒山忠武王王慶端墓碑》，程碑贈官謚在前，此碑在後。

子桓　《舊史·文宗本紀》分命勇士執中書左丞朵朵等下獄，内有太子詹事丞王桓，桓由平章政事改除詹事丞，史無明文，其後或爲燕鐵木兒所殺或釋之，皆不可考矣。

考證二十九 卷一百四十九 列傳第四十六 月乃合

《月乃合傳》 馬祖常撰《禮部尚書馬公神道碑》作月合乃，又作月忽乃。

後徙於浄州 據《金史·馬慶祥傳》。

因以馬爲氏 錢詹事《攷異》曰：《馬祖常傳》：高祖錫里吉思，金季爲鳳翔兵馬判官，子孫因其官以馬爲氏。祖常撰月合乃《神道碑》同，與此《傳》皆不合。今考《金史·馬慶祥傳》，史既係以馬姓，則以馬立氏由來已久，當以昔里吉思以兵馬判官死節，子孫引以爲榮，故歸之耳。

「父馬慶祥」至「不屈而死」 據《馬慶祥傳》。

一嫗抱嬰兒出，即月乃合也 據袁桷《開封郡伯馬公神道碑》。《舊傳》父死時年方十九，誤甚。袁與馬祖常同僚，祖常請桷撰其父碑，不容紕繆。《舊傳》誤明矣。

金亡北渡河 《舊傳》作奉母渡河。按昔里吉思盡室自焚，月乃合乃一乳媪抱之出，安得有母奉之？《舊傳》殊失實。

《馬潤傳》 《舊史》無傳，據《神道傳》補。

考證三十　卷一百五十一　列傳第四十八　也黑迭兒

《也黑迭兒傳》　《舊史》無傳，據歐陽玄撰《馬合馬沙公碑銘》補。

西域人　《碑》云系出西域，世爲大食國人。按唐之大食國在元初爲報達，也黑迭兒是報達人也。以無明文，仍《舊史》體例，作西域人。

大興府尹張柔　據《張柔傳》。

考證三十一 卷一百五十二 列傳第四十九 阿兒思蘭

阿兒思蘭傳蔑怯思都城 《舊史》作圍阿兒思蘭之城即阿速都城名蔑怯思，今據《譯史》改正。

闊兒哥叛軍 即《譯史》之扯耳思哥，《舊史》以爲叛軍則誤。

諭降爲所殺 《舊史》作力戰死之，《譯史》載遣使諭降，不云是阿散真，今考酌書之，以憲宗未嘗與扯耳思哥王接戰也。

考證三十二 卷一百五十三 列傳第五十 田嗣叔

《田嗣叔傳》：《舊史》無傳，據程鉅夫撰《趙國公田府君神道碑》補。

考證三十三 卷一百五十五 列傳第五十二 闊闊

《闊闊傳》命闊闊與廉希憲皆師事之　按《王鶚傳》作命闊闊與柴禎等五人從之游。

考證三十四 卷一百六十 列傳第五十七 貫雲石阿里海牙傳附

《貫雲石傳》 《舊傳》作小雲石海涯，今據歐陽玄撰《貫公墓誌銘》。

貫只哥馭下寬 據《墓誌銘》。

考證三十五　卷一百六十三　列傳第六十　鄭制宜鄭鼎傳附

《鄭制宜傳》鼎擕之入見世祖　據袁桷撰《鄭公行狀》。叱之曰：「汝賊也！」

鄭制宜死惟一子　《舊傳》作而父歿王事，惟有一子。誤屬於鄭鼎，誤。

故事樞臣扈從　《行狀》：院留母行，公曰：「年少宜服勞，願以偕行。」上愛而勿許。與《舊傳》不同，今從《舊傳》。

籍於官者三十萬頃　據《行狀》。

「制宜性恭謹」至「眷之厚」　同前。

制宜事母孝　《舊傳》云以賜内醖奉母，帝聞之，封潞國大夫人。誤綴二事爲一，今不取。

「鄭阿思蘭」至「海内冤之」　據《武宗本紀》。

謚敬敏　據柳貫撰《鄭阿思蘭謚議》。

考證三十六 卷一百六十五 列傳第六十二 吴祐 吴安民吴祐傳附 梁禎

《吴祐傳》 《舊史》無傳，據陸文圭撰《武德將軍吴侯墓誌銘》補。

《吴安民〔傳〕》 《舊史》無傳，據袁桷撰《吴氏墓誌銘》補。

《梁禎傳》 《舊史》無傳，據袁桷撰《武義將軍梁公神道碑》補。

考證三十七 卷一百六十七 列傳第六十四 游顯 賈居貞

《游顯傳》 《舊史》無傳，據姚燧撰《神道碑》補。

劉儀 《太宗本紀》作義。

位宣撫使張文謙下 《世祖本紀》中統元年張文謙爲大名彰德路宣撫使，游顯副之。按《碑》不言顯爲副使。

「以顯行宣慰司」至「皆隸之」 據《世祖本紀》，此事《碑》不載。

綫真罷右丞相 按《舊史》無綫真傳，僅於游顯《神道碑》附見此事，然亦可見其人之諒直。

顯以七騎抵城下 按陳（元）〔立〕武撰《游資德生（詞）〔祠〕記》稱顯隻身渡略約抵城下，與《碑》小異。《碑》云遷中奉大夫、行浙西宣慰使，不言階資德大夫，陳《記》可補其闕。

《賈居貞傳》真定獲鹿人 按《金史・賈守謙傳》云沃州人，沃州元改趙州，似居貞當爲趙州人。姚燧撰居貞《神道碑》云歸葬威州井陘牛山先塋，似居貞又當爲威州井陘人。《舊傳》云真定獲鹿人，未知何據，不敢臆改也。

「祖守謙」至「蔡州推官」 據《神道碑》。

稱爲清慎

居貞習國語，命特入奏事：皆不許　並（且）〔同〕上。《舊傳》作不拜。按《舊傳》全用燧文，略爲删改。《碑》云皆不許，乃世祖不許其辭官，《舊》改不拜，正與《碑》相反。

罷諸侯世守，立遷轉法　據《世祖本紀》。

「知襄陽府」至「佩虎符」　據《神道碑》，《舊傳》略之。

「居貞嚴戢士卒」至「斬之」　同上。

「免括商船」　《舊傳》誤作免括商税。

「下令凡宋告身」至「坐死」　據《神道碑》，《舊傳》改告身爲文帖，尤誤。

「都昌與吾南康」至「磔之」　同上。

謚文正　據《神道碑》。

「居貞貌粹」至「〔負〕書讀之」：

「子鐸」至「鹽官州」　並同上。

子汝立　《舊傳》作子汝立嗣。錢詹事曰：史稱某入嗣者，皆謂先世有封爵，以其人承襲也。賈氏無世職，不當云嗣。

「冬大雪」至「悉以諮之」　據《神道碑》。

考證三十八 卷一百七十二 列傳第六十九 張庭珍 李克忠

《張庭珍傳》「性彊毅」至「《左氏春秋》」 據姚燧撰《神道碑》。

「庭珍勃然曰」至「撝之去」：

「庭珍嫌江水温惡」至「皆讋服」 並同上。

光昞惶恐下拜 按《舊史·〔安〕南傳》，七年十一月，中書省移牒光昞，言其受詔不拜，待使介不以王人之禮，光昞復書抗辯不屈。《庭珍傳》則云光昺惶恐下拜，姚燧撰《神道碑》亦云王屈下拜，蓋據傳狀之詞，未足馮信也。

聞喪不得輒行 據《神道碑》。

「河北旱」至「事寢不下」 同上。

年五十六：

「子岳」至「行省宣差」 並同上。

《李克忠傳》 據歐陽玄《李氏先塋碑》。

至元十二年世祖遣哈撒兒海涯、奴剌丁使安南 據《舊傳》。以下闕傳雖不言，然十二年三月遣哈撒兒海涯充安南達魯花赤，仍仝以下闕正合，非略奴剌丁及李克忠不言耳。

克忠要以三事　按《安南傳》下詔諭以六事：君長親朝，子弟入質，編民數，與此三事同。其出軍役，輸租税，當併入籍户之内。仍置達魯花赤，則是時安南雖請裁達魯花赤，中國並未允之，故克忠□以此相要也。

納洪土老鑾　《舊史》本紀作禿老鑾。十五年雲南行省招降禿老鑾高州、筠、連等城寨，即此。

工部郎中兼計議官　按《安南傳》，十五年，遣禮部尚書柴椿，會同舘使哈剌託，因工部郎中李克忠，工部員外郎董端，持詔往諭，與《碑》合。

陪臣黎仲堪　據《安南傳》，八年陳光昺復中書省書，有云陪臣黎仲堪等陛見之日，是前此仲堪已入覲，今復與克忠同來。《碑文》載克忠三至安南，以《史・安南傳》皆略之，僅一載其名，圭齋此《碑》足裨史闕。

考證三十九 卷一百七十三 列傳第七十 王顯祖 李元 孫顯

《王顯祖傳》 《舊史》無傳，據陸文圭撰《總管王公行狀》補。

要束木以貪暴聞，命達爾罕往鞫之 《舊史》作塔剌海，《本紀》二十六年詔械要束木，致湖廣省誅之，不載命塔剌海往鞫其事，衹云罷塔剌海等理算僧官錢穀。

先散鹽而後支價 《成宗本紀》：元貞元年，廣西鹽先給引而徵其直，私鹽日横，及官自鬻，民復不售。詔先以鹽與民，而後徵之。即顯祖此法。當是因顯祖申請，而推行於廣西。

《李元傳》 （史舊）〔《舊史》〕無傳，據《李元墓碑》。按其從北平王，爲昔里吉思所拘之事，《碑文》詳覈，可補史闕。

北平王那木罕 《舊(使)〔史〕》本紀中統三年封皇子南木合爲北平王，南木合即那木罕，惟《本紀》不載那木罕征西域事。

至元十四年諸王昔列及叛 《舊史》世祖本紀作十四年，昔列及，《舊史》作昔里吉。《碑》云十五年，誤。

王薨 按《舊史》諸王表，那木罕薨於大德五年。

《孫顯傳》《舊史》無傳，據姚燧撰《神道碑》補。

河南路課竹税　按《食貨志》至元四年命制國用使司印造懷、孟等路司竹監引一萬道，凡發賣皆給引。二十二年罷司竹監，聽民自賣輸税。明年，又用郭畯言，復立竹課提舉司，凡輝、懷皆隸焉，在官辦課，在民輸税。二十九年，丞相完澤言懷、孟竹課無所出，宜罷，世祖從之。顯爲懷、孟總管，在大德二年已經完澤奏罷竹課，而顯尚白其事於户部，改辦課爲納税。蓋完澤奏罷之後，又規復其舊額乎？史文闕略，不可徵矣。

考證四十 卷一百七十四 列傳第七十一 曹世貴 韓政 白棟 高良弼 詹士龍

《曹世貴傳》《舊史》無傳，據姚燧撰《神道碑》補。

副國王塔納格爾 《世祖本紀》作「頭輦哥」。

導其王入覲 《碑》云縛林衍致闕，按《世祖本紀》及《高麗傳》均云衍病死。《碑》云縛致，當據傳狀增飾之詞。

《韓政傳》《舊史》無傳，據袁桷撰《韓威敏公家傳》補。

相威討西番 按《相威傳》以海都有異志，拜征西都元帥。不載其討西番事，可補《舊史》之闕。

劾盧世榮 按政以武夫，能糾劾奸人，不愧風憲之臣，一時所罕也。

《白棟傳》《舊史》無傳，據姚燧(碑)〔撰〕《神道碑》補。

棟爲講鄭伯克段於鄢 按此爲阿里不哥事，棟可爲伉直矣。

《高良弼傳》《舊史》無傳，據姚燧(傳)〔撰〕《神道碑》補。

運使郭琮 按郭琮即賊殺趙炳者，良弼爲琮同官，坐視炳之冤死，亦不能無罪。

《詹士龍傳》《舊史》無傳，據劉楚臣《詹公墓誌銘》。

考證四十一　卷一百七十六　列傳第七十二　王綧

《王綧傳》高麗王暾族子也　《舊史》誤作暾。暾音徹。暾族子，據《太宗本紀》。《舊傳》作猶子。

封永寧公　據李齊賢撰《高麗忠憲王世家》。

入爲禿魯花　同上。

哈丹等收散卒，脅掠水達達女直之地　同上。

太宗十三年暾遣綧　據《太宗本紀》。以李齊賢撰《世家》考之，應在六皇后稱制二年。《玉昔帖木兒傳》，禿魯干不知所終，據此《傳》知古都與禿魯干俱降於兀愛，《玉昔帖木兒傳》未覈。《李庭傳》稱其走死高麗，亦誤。

考證四十二　卷一百八十二　列傳第七十九　羅璧

《羅璧傳》「幼孤以孝聞」至「善騎射」　據程鉅夫撰《都水監羅府君神道碑》。

「廷議轉江南之粟」至「海道使」　據《神道碑》。《舊傳》叙此事稍舛，璧先主海運之議，後漕粟至楊邨始擢萬户，與朱清、張瑄同列。

賜宴中書省　同上。

上便宜十二策　同上。

「峒蠻奪民田」至「民皆悦服」　同上。數事皆璧之惠政，《舊傳》删去之，殊不合。

浚阜通河而廣其隄　同上。《舊傳》改浚阜通河而廣之，誤。

奉命治邳、徐水災　同上。

考證四十三 卷一百八十八 列傳第八十五 閻復 白恪 張伯淳

《閻復傳》字子静 據袁桷撰《閻文康公神道碑》。《舊傳》作子靖。

時稱東平四傑 據《神道碑》。

兼集賢侍講學士 《舊傳》作改集賢侍講，誤。

改集賢學士 《舊傳》不載。

知讓誠美事勿强之 據《神道碑》。

條上十九事 同上。

以老致仕，進榮禄大夫，遥授平章政事 此因復致仕，故以摇授官寵其行。《舊傳》：未幾，進榮禄大夫，遥授平章政事，餘如故，復力辭，不允。誤以遥授官爲見任官，失其實矣。

婦弟李處恭 據《神道碑》。

子嗣度 同上。

拜翰林學士承旨 按袁清容撰白恪《神道碑》稱承旨閻公持士論賢否。撰復《碑》則云：「入議事堂，鵠峙山立，中外各改容以奉。」並著微詞，殆復以先進自居，有簡於同僚之意歟？

《白恪傳》《舊史》無傳，據袁清容撰《白公神道碑》補。

行省平章要束木　《碑》不言其人，以事考之，則要束木也。

哈剌哈孫拜行省平章　據《哈剌哈孫傳》。《碑》作丞相太傅公，據見官稱之。

公田租減十二　按公田爲宋賈似道之苛政，《碑》云賈某公田，某即似道。

《張伯淳傳》字師道　據程鉅夫撰《張公墓誌銘》。

知制誥，同修國史　同上。

考證四十四 卷〔百一〕〔一百〕八十九 列傳第八十六 程鉅夫 袁桷

《程鉅夫傳》十一年世祖召問宋何以亡　據揭傒斯撰《雪樓先生行狀》。

「以銀盆磨墨」至「頓首謝」　據《行狀》。

十六年授應奉翰林文學，明年進修撰　《行狀》。危素撰《神道碑》並同。《舊傳》以應奉翰林文字與召見爲一時事，誤。

「取會江南仕籍」至「給江南官吏俸錢」　據《雪樓集》。

「時宫門已閉」至「程秀才來矣」　據危素撰《神道碑》。

民間利病七事　《行狀》、《神道碑》俱作五事，乃字誤。

「江南買賣」至「江南官吏」　據《雪樓集》。

召屬吏諭之曰　據《行狀》。

明年加商議中書省事　《行狀》。《神道碑》並同，《舊傳》誤。

每呼程雪樓而不名　據《行狀》。

朱子《貢舉私議》可損益而行　據《行狀》。

經學當用程朱傳注　據《神道碑》。

「博聞強識」至「《雪樓集》四十五卷」　據《行狀》。

十年金谿縣尹　據《行狀》。

大本秘書省著作郎　據《雪樓集》。《行狀》作郊祀署□令，蓋作《行狀》時大本尚未官秘書。

孫世京集賢修撰　據《雪樓集》。按《雪樓集》爲世京重編。

《袁桷傳》父洪　據程鉅夫撰《袁府君墓誌銘》。

其序曰　據《清容居士集》。

少好學，讀書常達旦不寐　據蘇天爵撰《墓誌銘》。

「近代禮樂之沿革」至「爲之一更」　同前。

「修三史」至「著作郎」　同前。

考證四十五　卷一百九十　列傳第八十七　趙孟頫　趙與票趙孟頫傳附

《趙孟頫傳》宋太祖十一世孫　據歐陽玄撰《神道碑》。

宋亡，益自力於學　據楊載撰《行狀》。

「御史中丞」至「逐之出」　同上。

謝曰吾失在不學：

參議高明持不可：

戒毋令桑哥知：

狀元前受宋朝恩　並同上。

使我有萬世名，子昂之力　據《神道碑》。

賀勝以不通文字　據《行狀》。

「帝曰朕年老」至「謝不對」　同上。

遷集賢學士　《舊史》漏不載，據《行狀》。

「一帝胄」至「佛老之學」　據《行狀》。

贈江浙行省平章　據《神道碑》。

雍官至集賢侍制　據《元史類編》。

取孟頫及管氏子雍所書　據《行狀》。

《趙與票傳》十四年召至上都　據袁桷撰《趙公墓誌銘》。《舊傳》作十三年，誤。

「極言沈默爲高」至「深然之」　據《墓誌》。

孟實、孟賚　同前。

帝問宗室之賢者　按袁清容撰《行狀》：會大臣有奇公狀貌，告於世祖皇帝。不言伯顏荐之，與《舊傳》不同。

十五年與票奏之　據袁桷撰《趙公行狀》。

又言江南括責聚斂　同前。

考證四十六 卷一百九十一 列傳第八十八 王構

《王構傳》少以詞賦入鄉學 據袁桷撰《王文肅公墓志銘》。

行臺從事賈居貞 據《賈居貞傳》。居貞爲東平行臺掌書記，見構而器之，非構爲行臺官。《舊傳》誤以掌書記屬構，舛戾殊甚。

詔構與李槃徵賢能 據《墓志》。構奉詔至臨安求賢，因與董文炳言，輦致三館圖書，《舊傳》作構與李槃被旨至杭取三館圖籍云云，誤莫甚矣。

受業於東平李謙 據《墓誌》。

限一月治辦 同前。

「撰太祖追謚册」至「亡慮數十人」 同前。

贈大司徒謚文肅 同前。

文集三十卷 據袁桷撰《請謚事狀》。

考證四十七　卷一百九十二　列傳第八十九　大乘都　唐仁祖　潔實彌爾

《大乘都傳》　《舊史》無傳，據程鉅夫撰《秦國公先墓碑》補。

別失八里人　別八失里即高昌故地，大乘都亦畏兀氏。《碑》云別失八里人，今仍《碑》文之舊，不爲改易。

阿都直　《舊史・世系表》　安西王忙哥剌二子阿難荅。按檀不花無阿都直之名，可補《史》表之闕。

王出征土番　《世祖本紀》　三十年，敕選河西質子軍，赴皇孫阿難荅所出征，即此事。

大慈都平章政事　《舊史・宰相表》不載，《武宗本紀》　大慈都由太子少詹事爲太子詹事，不言爲平章。

《唐仁祖傳》拜參議尚書省事　按仁祖十八年往平陽閱真定等路，爲阿合馬秉政事。參議中書，則桑哥當國之時，在二十五年，相距七八年。仁祖前抗阿合馬，後抗桑哥，《舊傳》殊未分晰。

《潔實彌爾傳》　《舊史》無傳，據吳澄撰《齊國文忠公神道碑》補。

回鶻氏　《碑》作北庭人。按元人以回鶻種爲北庭人，裕宗謂高昌、回鶻皆貪，獨汝不樂其俗，是也。

考證四十八 卷一百九十五 列傳第九十二 蕭泰登 權秉忠

《蕭泰登傳》《舊史》無傳，據程鉅夫撰《監察御史蕭則平墓誌銘》補。

副李衎往諭安南 事見《舊史·安南傳》。

《權秉忠傳》《舊史》無傳，據程鉅夫撰《權公墓誌銘》補。

考證四十九 卷二百六 列傳第一百三 歐陽玄

《歐陽玄傳》「居父喪」至「三瑞焉」 據危素撰《行狀》。按《元史類編》注引元明善撰《行狀》、危素撰《墓碑》，今《圭齋集》止有危素撰《行狀》一篇，疑《類編》誤也。

「帝問前蕪湖尹」至「少監」 據《行狀》。

至順元年修《經世大典》 同上。

「元奏衍聖公」至「改給三品印」 據《元史類編》。

遺奎章閣典籤 據《行狀》。

湖廣行省中書左丞相 據《行狀》。《舊傳》作左丞誤。

《圭齋集》四十四卷 據揭傒斯撰《文集序》。宋濂爲《序》者，乃二十四卷本，今通行本十六卷。

考證五十 卷二百十一 列傳第一百八 曾福仲 劉聞均逯魯曾傳附

《曾福仲傳》 《舊史》無傳，據明曾鳳韶撰《墓誌銘》補。

逯魯曾不能對 按此事見《舊史·逯魯曾傳》，不云聞之福仲，第《魯曾傳》語前後違舛，恐有訛誤。

朵斤只歹 即朵兒只。

《劉聞傳》 據歐陽玄撰《劉聘君墓碑》。

天臨路 即潭州路，文宗天曆二年改爲天臨路。

考證五十一　卷二百十九　列傳第一百十六　星吉　石抹宜孫　邁里古思　蘇友龍均石抹宜孫傳附　也兒吉尼

《星吉傳》除中尚監丞　據宋濂撰《神道碑》。《舊傳》奪「丞」字。

「謹於出納」至「不與」

「疏劾帖木迭兒倒剌沙」至「出爲江南行台御史大夫」　並同前。按星吉涖官，並有名績，《舊史》削而不載，祇云十五遷至宣政使，出爲江南行台御史大夫，疏漏過甚。濂撰《神道碑》在《明史》既成之後，叙述特詳，殆欲彌縫其闕歟？

「星吉擇剛明御史」至「盡斷其田於民」　同前。

丞相脱脱惡之　據《神道碑》。《舊傳》作執政者惡之。

惡得從小門入　同前。《舊傳》作焉得從不退之道入乎？不如《碑》得其實。

械其酋數十人　《碑》作六百人，今從《舊傳》。

平章和尚　據《神道碑》。

「詔與浙西平章」至「守江州」

「星吉建闔太平」至「以圖恢復」　並同前。《舊傳》叙戰事前後舛錯，今依《碑》改正。

「狂賊我國家大臣」至「何謂降也」

「贈開府」至「謚忠肅」 並同前。

「子剌咱識理」至「山東按察副使」 據宋濂撰《章溢神道碑》。

《石抹宜孫傳》蘄黄賊自閩犯龍泉 據宋濂撰《章溢神道碑》。

處州判官欲盡誅良民注誤者 據《章溢碑》。《舊傳》漏此事，賴《碑》載之。

宜孫檄章溢以民兵赴援 同上。

「遣千户曹勝安」至「東陽諸賊」 據宋濂撰章溢、胡深《神道碑》。

其母與弟俱爲明兵所獲 據《明史·陳友定傳》。

明將胡大海間道攻處州 據《胡深碑》。

「走建寧」至「爲所害」 據《明史》。《舊傳》作至慶元縣爲亂民所害，殊失實。今據《明史》改正。

《邁里古思傳》 《舊傳》簡略，今據《輟耕録》補。

「黄中等以奇計給賊」至「大潰」 據宋濂《贈行軍鎮撫平寇詩序》。

方國珍遣兵侵紹興 按國珍先動兵，邁里古思始興師問罪。陶宗儀如斥其擅興師旅，黜之斬之皆可。是非倒置甚矣，今不取。

「贈中大夫」至「西夏侯」 據楊維楨撰《邁公墓志銘》。

《蘇友龍傳》　《舊史》無傳，據宋濂撰《墓誌銘》補。按濂文云：友龍以政事聞於時，附載《元史》。檢《舊史》，無《友龍傳》，惟《石抹宜孫傳》載其名，濂偶忘之耳。

《也兒吉尼傳》　《舊史》無傳，據《永樂大典》卷二千三百四十三引鄒魯撰《德政碑》、《蒼梧郡志》及《元史類編》補。

字尚文，唐兀氏　據鄒魯撰《德政碑》。

疏劾丞相別兒怯不花　《德政碑》但云疏劾丞相，無人名。證以《舊史》，則別兒怯不花也。按《別兒怯不花傳》，御史劾別兒怯不花，詔復加太保，言章交至，別兒怯不安，尋謫居渤海縣，皆與《德政碑》合。惟《碑》云罷相爲太保，《傳》云加太保爲不同。

「丁父憂」至「鼓行而西」　據《德政碑》。

「乃議繕城郭」至「皆出於此」　據《元史類編》（集）。

「集諸將謂之曰」至「廣西始定」　據《德政碑》。

都元帥甄崇福　《德政碑》祇云都元帥，無人名。《舊史·順帝紀》　廣西元帥甄崇福復道州，誅周伯顏。今據增。

使萬户孫思敬赴援　據《順帝紀》。則元帥甄崇福之功，蓋孫爲崇福之偏裨。

湖廣行省平章政事兼廣西道肅政廉訪使　據臨桂縣至正修《舜廟碑》。

「立廣西行省」至「十五年」　據《順帝紀》。

「使副使王暹」至「無中者」　據《永樂大典》引《蒼梧郡志》。

使萬户黄祖顯　按《順帝紀》　十二年徐壽輝僞將許甲攻衡州，洞官黄安撫敗之，即此事。

「六月璟使降將」至「城遂陷」　據《明太祖實録》。

「追執之」至「全家自殺」　據《元史類編》。

考證五十二 卷二百二十九 列傳第一百二十六循吏 王德亮 邢裕今本作邢德裕 柯謙 柯九思柯謙傳附

《王德亮傳》 《舊史》無傳，據程鉅夫撰《王君墓志銘》補。

《邢裕傳》 《舊史》〔無〕傳，據袁桷撰《邢尚書墓碑》。

教學者以雅樂祀孔子廟 武億《邢尚書墓碑跋》 秉仁移廣平路，教學者以雅樂祠事先聖。蓋即《禮樂志》延祐五年命各路府宣聖廟置雅樂。秉仁能奉行之，以淑其士民，良吏之績，莫著於兹。然《元史》不附於《良吏》之後，採摭之疏也。

充廣平彰德等鐵冶都提舉 武億《跋食貨志》。延祐六年始罷兩提舉司，併爲順德、廣平、彰德等處提舉司。此不言順德者，當未與廣平、彰德併爲一。是秉仁爲此官，在延祐以前。

民爲立去思碑 據邢氏《先塋碑》。

《柯謙傳》 《舊史》無傳，據張養浩撰《墓志銘》補。

《柯九思傳》 據《元史類編》。

「舉學士虞集」至「揭傒斯次之」 據《輟耕録》。

奎章閣學士院鑒書博士 據九思撰《河源志序》。

考證五十三　卷二百三十四　列傳第一百三十一儒林一　陳庾　徐之綱

《陳庾傳》《舊史》無傳，據程鉅夫撰《陳先生墓碑》補。

「兄賡」至「《敝帚集》」　據程鉅夫撰《河東宣慰司參議陳公墓碑》。

《徐之綱傳》《舊史》無傳，據袁桷撰《徐君墓志銘》補。

薛玄

《薛玄傳》《舊史》無傳，據程鉅夫撰《薛庸齋先生墓碑》補。《碑》稱河南薛玄微。鉅夫撰《洛西書院碑》則云下邽薛先生玄。是庸齋名玄，字玄微也。

考證五十四 卷二百三十六 列傳第一百三十三 儒林三 劉莊孫 劉彭壽

《劉莊孫傳》《舊史》無傳，據袁桷撰《劉隱君墓誌銘》補。

《劉彭壽傳》 據歐陽玄《功》》。下闕。

考證五十五 卷二百三十七 列傳第一百三十四 文苑上 戴表元 劉詵

《戴表元傳》 《舊史》無傳，據袁桷撰《墓誌銘》補。

《剡源集》 袁桷《師友淵源録》作《榆林集》。

《劉詵傳》鄉人鄧光薦至，深器之 據歐陽玄撰《墓碑》。

周鼎 據《元史類編》。

考證五十六 卷二百四十 列傳第一百三十七 篤行下 姚仲實

《姚仲實傳》 據程鉅夫撰《姚長者碑》。

考證五十七 卷二百四十一 列傳第一百三十八 隱逸

王義端 張慶之傳附

《王義端傳》《舊史》無傳，據程鉅夫撰《墓志銘》補。

考證五十八 卷二百四十二 列傳第一百十九 藝術 李時 胡夢魁

今本無傳，今附此卷後。

《李時傳》 《舊史》無傳，據劉楚臣《李時傳》。

《胡夢魁傳》 《舊史》無傳，據程鉅夫撰《胡君墓碣》補。